REALLEXIKON DER DEUTSCHEN LITERATURGESCHICHTE

BEGRÜNDET VON PAUL MERKER UND WOLFGANG STAMMLER

ZWEITE AUFLAGE

NEU BEARBEITET UND UNTER REDAKTIONELLER MITARBEIT VON KLAUS KANZOG
SOWIE MITWIRKUNG ZAHLREICHER FACHGELEHRTER
HERAUSGEGEBEN VON

WERNER KOHLSCHMIDT UND WOLFGANG MOHR

DRITTER BAND

P — Sk

1977

WALTER DE GRUYTER · BERLIN · NEW YORK

*Die Einzellieferungen, aus denen sich dieser Band zusammensetzt,
erschienen in den Jahren 1966 bis 1977.*

CIP-Kurztitelaufnahme der Deutschen Bibliothek

Reallexikon der deutschen Literaturgeschichte

begr. von Paul Merker u. Wolfgang Stammler. Neu bearb. u.
unter redaktioneller Mitarb. von Klaus Kanzog sowie Mitw.
zahlr. Fachgelehrter, hrsg. von Werner Kohlschmidt u. Wolfgang
Mohr. — Berlin, New York: de Gruyter.

NE: Merker, Paul [Begr.]; Kohlschmidt, Werner [Hrsg.];

Bd. 3. P — Sk. — 2. Aufl. — 1977.

ISBN 3-11-007399-4

Satz und Druck: Feese & Schulz, Berlin 41
Bindearbeiten: Th. Fuhrmann KG, Berlin 36

REALLEXIKON DER DEUTSCHEN LITERATURGESCHICHTE

DRITTER BAND

P

Pantomime

§ 1. Mimische, d. h. nachahmende Darstellung einer Rolle oder einer Handlung ohne Worte, auch Darsteller, der alles nur durch Mienenspiel und Körpergebärde ausdrückt, gebildet aus dem griech.-röm. *pantomimus*.

Die P. ist die Urform des Theaters. Sie findet sich bei den sog. Naturvölkern neben oder in Verbindung mit dem Tanz als einzige Kunst. Sie kommt aber auch bei allen Hochkulturvölkern des Altertums vor, bei den Chinesen und Ägyptern schon im 3. Jahrtausend v. Chr. Mimische Waffentänze, sog. *pyrrhicha*, deren Figuren mit mythologischen Szenen verbunden sind, führen die Knaben der Dorier auf. Die Anfänge der griech. Tragödie und Komödie in Attika gehen auf mimisch bewegte Aufzüge und pantomimische Tänze zu Ehren des Dionysos zurück. Von dem altgriech. Pantomimen Telestes wird berichtet, er habe Tanz, Gebärdensprache und das Spiel der Hände so beherrscht, daß man die ganze Handlung klar und deutlich habe erkennen können. In seinem *Gastmahl* beschreibt Xenophon die am Ende des Banketts getanzte Liebesszene *Bacchus und Ariadne*. Im alten Italien sind die Etrusker wegen ihrer mimischen Tänze mit Flötenbegleitung berühmt. Die ersten Aufführungen der Römer scheinen getanzte P.n gewesen zu sein, jedenfalls ist schon 364 v. Chr. von ihnen die Rede und werden sie immer wieder erwähnt. Als der 270 v. Chr. geborene Schauspieler Livius Andronicus seine Stimme verliert, trägt er die Handlung unbeschadet ihrer Wirkung pantomimisch vor, während ein Choreute den Text liest.

Im Augustäischen Zeitalter entwickeln die Griechen Pylades aus Cilicien (Kleinasien), der tragische Götter- und Heldengeschichten vorzieht, und Bathyllus aus Alexandrien, der gewagte mythologische Liebesszenen und Komödien tanzt, die P. zur ersten Gattung des röm. Theaters, wobei im allgemeinen nur ein maskierter Pantomime auftritt, dem Chöre und Statisten beigesellt werden, selten zwei. Der griech.-röm. Pantomimus, in dem die P. über dem Tanz steht, verdrängt mehr und mehr die bisherige Darstellung von Tragödien und Komödien. Lukian, der selber Libretti für P.n verfaßt, ist der Ansicht, daß man durch mimische Bewegung, insbesondere das Spiel der Hände, mehr ausdrücken könne als durch Worte und beschreibt die Wirkung des Pantomimus *Mars und Venus* auf den Philosophen Demetrius. Große pantom. Schauspiele werden auch im röm. Zirkus veranstaltet, wie z. B. *Hero und Leander* im Colosseum, wobei die unter Wasser gesetzte Arena den Hellespont darstellt.

Mit den röm. Heeren ziehen die Mimen und Pantomimen durch ganz Europa. Eine Nachwirkung des griech-röm. Pantomimus ist vom frühen MA. bis zur unmittelbaren Gegenwart auch im dt. Sprachgebiet festzustellen.

Mario B o n a r i a , *Pantomimo*, in: Enciclopedia dello spettacolo 7 (1960) Sp. 1580-1585. — Oskar E b e r l e , *Cenalora. Leben, Glaube, Tanz u. Theater der Urvölker* (Olten 1954; Schweizer Theater-Jb. 22/23). Edmund S t a d l e r , *Die Gebärde als Ursprache u. Kunstform*, in: Taubstummengemeinde, hrsg. vom Taubstummen-Pfarramt des Kt. Zürich (1961) S. 1-19 (mit Bibliographie). — Adolf Eduard Z u k k e r , *The Chinese Drama* (Shanghai 1930). Ders., *Le Théâtre chinois* (Peking 1933). Kou en K'n i , *Le Théâtre chinois ancien* (Paris 1932). Jack C h e n , *The Chinese Theatre* (London 1949). — Emma B r u n n e r - T r a u t , *Der Tanz im alten Ägypten* (1938; Ägyptologische Fschgn. 6). P. D o r a t h i B o o k , *Dance Evolution, Egypt and the ancient world.* Educational Dance, June 1940. Etienne Drioton, *Le Théâtre égyptien* (La Caire 1942). Ders., *Le Théâtre dans l'ancienne Egypte.* Revue d'Histoire de Théâtre 6 (1954) S. 7-45. — John W e a v e r , *A History of mimes and pantomimes* (London 1728). K. Z i e g l e r , *De mimis romanorum* (Göttingen 1788). Ludwig F r i e d l ä n d e r , *Darstellungen aus der Sittengeschichte Roms* (1862-1872; 8., neubearb. u. verm. Aufl. 1910), Teil 2, S. 323 ff. u. 455. R. J. B r o a d b e n t , *A History of pantomime* (London 1901). Hermann R e i c h , *Der Mimus.* Bd. 1 (1903). Hugo B i e r , *De saltatione pantomimorum.* Diss. Bonn 1917 (in Lithogr. 1921). Hendrik W a g e n v o o r t , *Pantomimus u. Tragödie im Augustäischen Zeitalter.* Neue Jbb. f. d. klass. Altert. Bd. 45 (1920) S. 101-113. L. R o b e r t , *Pantomimen im griech. Orient.* Hermes 65 (1930) S. 106-122. Ernst W ü s t , *Pantomimus*, in: P a u l y - W i s s o w a Bd. 18,3 (1949) Sp. 833-869. Heinz K i n d e r m a n n , *Europäische Theatergeschichte.* Bd. 1 (Salzburg 1957) S. 172 ff.

§ 2. Die mal. Joculatores (Gaukler), welche ihr Publikum mit Tänzen, mimischen Szenen und akrobatischen Kunststücken unterhalten, sind Nachfahren der röm. Mimen und Pantomimen. Zur Zeit Karls d. Gr. treten sie in Privathäusern bei Hochzeiten, Gastmählern und andern Festen auf. Alcuin wettert 791 in einem Briefe gegen diesen Brauch. Das Konzil in Aachen (816) verbietet den Geistlichen die Teilnahme an solchen Aufführungen. Die Joculatores treten vielfach maskiert auf und bedienen sich auch des Puppentheaters *(s. d.)*. Pantomimische Tänze (Schwerttänze, Moriskentänze u. a.), sowie tanzlose P.n, die z. T. heute noch im mimischen Brauchtum weiterleben, kennen aber auch die alten Germanen. Ein pantomimisches Aufzugsspiel ist eines der ältesten bekannten Fastnachtsspiele der deutschen Schweiz, *Von den zehn Altern* (1483) in Zürich. Pantomimische Szenen sind in die mal. Mysterienspiele eingefügt, die „Ludi Caesarii" des Humanisten Konrad Celtis, die Dramen von Hans Sachs, die lat. Schuldramen der Renaissance und die ersten Jesuitenspiele (Münchner *Hester* 1577).

Aus mimisch bewegten Aufzügen (Trionfi, Entrées solennelles), Maskeraden und pantomimischen Intermedien entstehen in der Renaissance an ital. und franz. Höfen getanzte P.n, die bald auch an dt. und österr. Höfen heimisch werden (s. *Ballett*). Stark pantomimisch-akrobatisch durchsetzt ist das Spiel der ital. Comici dell'arte, die sich in Paris Comédiens italiens nennen (Arlequin), der englischen Komödianten *(s. d.)* in Deutschland und ihrer deutschen (Pickelhäring) und österreichischen Nachfahren (Hanswurst). Im Hochbarock beendet die deutsche Wanderbühne ihre Tragödien- und Komödienaufführungen meist mit einer pantomimischen Schluß-Szene.

Hermann R e i c h, *Der Mimus*. Bd. 2 (1903), S. 744 ff. Eckehard C a t h o l y, *Das Fastnachtsspiel des SpätMA.s* (1961; Hermaea. NF. 8). Wilh. C r e i z e n a c h, *Geschichte des neuern Dramas*. Bd. 2 (2. Aufl. 1918). Max H e r r - m a n n, *Forschungen zur deutschen Theatergeschichte des MA.s u. d. Renaissance* (1914). — *Handwörterbuch d. dt. Aberglaubens*. Hg. v. Hanns B a e c h t o l d - S t ä u b l i. Bd. 1-10 (1927-1942), besonders folgende Artikel: *Bär* (1, 893-896), *Chlungeri* (2, 55-56), *Dämonen* (2, 153), *Drache* (2, 375-376), *Esel* (2, 1012-1014), *Fastnacht* (2, 1254-1256), *Hirsmontag* (4, 122-123), *Maibraut, -bräutigam* (5, 1524-1526), *Maske, Maskereien* (5, 1744-1851), *Metzger* (6, 229-232), *Schwerttanz* (7, 1548-1550), *Tiertänze* (8, 862-863), *Tierverkleidung* (8, 945-953), *Umzug, Umgang* (8, 1378-1398), *Weihnacht* (9, 864-872). Allerdyce N i c o l l, *Masks, mimes, and miracles* (London 1931). Otto H ö f - l e r, *Kultische Geheimbünde d. Germanen*. Bd. 1 (1934). Robert S t u m p f l, *Kultspiele d. Ger-

manen als Ursprung d. mal. Dramas* (1936). Adolf S p a m e r, *Dt. Fastnachtsbräuche* (1936). Richard W e i s s, *Volkskunde d. Schweiz* (Zürich 1946). — Otto R o m m e l, *Die Alt-Wiener Volkskomödie* (Wien 1952) S. 157 ff. Heinz K i n d e r m a n n, *Europäische Theatergeschichte*. Bd. 1-3 (Salzburg 1957-1959).

§ 3. Zu einer europäischen Renaissance kommen P. und pantomimischer Tanz im 18. Jh. im Gefolge der von England ausgehenden Bewegung „Zurück zur Natur und zur Natürlichkeit" und der Wiederentdeckung des griech.-röm. Pantomimus. John Weaver kreiert 1702 seine erste genrehafte P. *The Tavern Bilkers* (Die Zechpreller) und in der Folge auch mythologische P.n mit Musik, Tanz und Gesang wie z. B. *Orpheus und Euridice* 1718, und begründet sie in theoretischen Schriften. John Rich übertrumpft ihn seit Ende 1718 mit P.n, die ihre Stoffe aus der Commedia dell'arte, aus der antiken Sage und aus Ritterromanen nehmen. Während Weaver selber 1728 eine Monographie über den griech.-röm. Pantomimus verfaßt (s. Lit. § 1), findet das Gastspiel einer engl. Pantomimentruppe in Paris seinen Niederschlag in einer *Lettre écrite à un ami sur les danseurs de corde et sur les Pantomimes qui ont paru autrefois chez les Grecs et chez les Romains, à Paris 1738*. Die Deutschlandfahrten der Kindertruppe Nicolini, die 1742 zuerst in Holland nachgewiesen werden kann, geben Anlaß zu der 1749 anonym in Hamburg erschienenen *Abhandlung von den Pantomimen, historisch und kritisch ausgeführt*, worin die Kinder Nicolinis über die griech.-röm. P.n gestellt werden. Lessing plant schon 1747 gegen die Ueberbewertung der kindlichen Darsteller eine „Abhandlung von den Pantomimen der Alten", läßt es aber beim Entwurf bewenden und wünscht 1751 in den *Critischen Nachrichten auf das Jahr 1751*, daß sich ein Genie fände, das für Nicolini Stücke verfertigte, „worin durchaus starke Leidenschaften herrschen, eine wunderbare Begebenheit aus der andern folgt, und die Szene niemals durch bloß überlegende Personen kalt wird, und die Moral aus den Vorfällen fliesset, anstatt daß sie in andern Schauspielen oft ein deklamierender Redner mit Haaren herbeizieht". Die erste dt. Stadt, in der Nicolini auftritt, ist Frankfurt a. M. zur Wahl und Krönungszeit 1745. Er führt 1745/46 in Stuttgart mit holländischen Kindern, wie 1742 in Amsterdam, die Opera-Pantomimen *Der betrogene Arzt oder die Flucht des Arlequin in die Insel der Lilliputaner, Der hinckende Teufel, Das Grabmahl des Arlequin* und *Arlequin in den Höllen* auf. Weitere Stationen sind München 1746, Wien 1746/47, Prag 1747/48, Leipzig, wo ihn Lessing sieht, 1748, Hamburg 1748/49. 1749 wird Nicolini als Direktor und Intendant der Kapelle und des Theaters in Braunschweig verpflichtet und führt hier noch 1773 die Opera Pantomima *Die Rudera von Athen* auf. 1756 erscheint ein anderer Prinzipal einer Kindertruppe, Franz Sebastiani aus Straßburg, erstmals in Frankfurt a. M. und läßt 1757 seine 18 „Französischen Pantomimischen Kinder" u. a., „eine aus vielen Decorationen und Veränderungen bestehende P. in dreyen Aufzügen" aufführen, genannt *Arlequin fugitif, oder: Der flüchtige Arlequin.* Es folgen Gastspiele in Augsburg, Brünn, Bern, Mannheim u. a. Die dritte berühmte Kindertruppe des 18. Jh.s, die Felix Berner aus Wien leitet, spielt 1761-1787 neben zahlreichen Schauspielen, Singspielen und Balletten dreißig P.n in deutschen, schweizerischen und österreichischen Städten. Darunter findet sich sogar ein *Wilhelm Tell*, mit dem sie, neben einem Schweizer Ballett, 1765 in Basel debütiert. In einem Vorwort der 1765 in Bern gespielten Opera-Pantomime *Der vom Höllenfürst Pluto aufs neue begeisterte Harlekin* nimmt auch Berner auf das Ansehen der P. bei den Griechen und Römern und ihre glanzvolle Wiedergeburt im 18. Jh. Bezug.

Der außerordentliche Erfolg der Kindertruppen bewegt reguläre Truppen, Kinderaufführungen zu veranstalten, wobei auch P.n gespielt werden: 1749 wird in der franz. Komödie in Mannheim die *Comédie Pantomime: Arlequin, Paon, Pendule, Statue, Réchaud, Enfant et Ramoneur* dargestellt. 1752 führt Franz Schuch aus Wien in Frankfurt a. M. die dreiaktige P. *Die Geburt des Harlekin* auf. Joseph von Kurz, der berühmte Bernadon, setzt die Kinderpantomime zuweilen als besonderen Regieeffekt in gesprochene und gesungene Theaterstücke ein. So führt 1751 der krumme Teufel Asmodeus in *Der neue krumme Teufel* mit Musik von Joseph Haydn dem heiratslustigen Arnoldus in einer Pantomime *Arlequin, der neue Ab-*

gott *Ram in America* die Wankelmütigkeit und Untreue der Frauen vor. In der Komödie *Bernardon, der Einsiedler* wird Bernardons Traum in der Wüste als Kinderpantomime dargestellt, in der ein „kleiner" Bernardon mit Rosalba flieht, durch Wasserwogen von ihr getrennt, von Diana zurückgescheucht und von Jupiter in den Abgrund geschmettert wird. Auch Carl Theophil Doebbelin inszeniert seit 1766 mit Schauspielkindern P.n, wie 1772 und 1773 in Braunschweig *Der durch die Zauberkunst beglückte Arlequin in zwey Aufzügen von der Erfindung des Herrn Jaquemain* und 1779 in Berlin *Harlekins Geburt durch Zauberei,* Gustav Grossmann in Bonn *Der verjüngte Greis* und 1780 in Frankfurt a. M. *Pygmalion oder die belebte Statue* von Johannes Huber. Aber auch erwachsene Schauspieler führen in der 2. Hälfte des 18. Jh.s gelegentlich P.n und pantomimische Tänze auf, die oft den Abend beschließen (s. *Nachspiel*). In den Wiener Programmen 1769-1781 finden sich bei allen Wandertruppen P.n. Die Wanderprinzipalin Barbara Fuhrmann spielt mit Erfolg im Kärntnertortheater 1783 *Macbeth, der Hexenkönig* u. 1784 *Leben und Tod Marlboroughs.* Ja selbst stehende Bühnen wie das „Hamburgische Nationaltheater" und die „Nationale Schaubühne" in München müssen gelegentlich zu P.n greifen, um das Publikum anzulocken. Karl Friedrich Hensler macht 1790 am Leopoldstättertheater in Wien Versuche mit P.n, wie *Harlekin auf dem Paradebett* von Anton Baumann, welche den Grund legen zur kommenden Blüte der P. im Wiener Vormärz. Das Benediktinertheater in Salzburg spielt u. a. 1764 die Pantomime *Der Schwätzer und der Leichtgläubige,* in der neben Hanswurst und Figuren der Commedia dell'arte Zauberer, Richter, Totengräber, Wache, Straßenräuber und Geister auftreten, und fügt 1767 in die *Pietas in hostem* von Florian Reichsiegel einen pantomimischen Traum ein.

Nachdem Louis de Cahusac, der Librettist von Rameau, 1754 eine Art Tanzdichtung verlangt hat, leitet der Choreograph Jean-Georges Noverre, der Sohn eines Schweizer Offiziers in franz. Kriegsdienst, ein paar Jahre später eine Reform des B a l l e t t s von der P. her ein, indem er diese über den Tanz stellt. In London vor allem mit seinem dramatischen Ballett *Cupido und Psyche* als Neuerer gefeiert, findet er sein erstes großes Wirkungsfeld für seine ganz Europa erfassende Tanzreform am Hofe in Stuttgart (1760-1767) und am „Theater nächst der Burg" in Wien (1767-1774), wo man nach seinem Weggang einen eigenen „Pantomimenmeister" anstellt.

Von der P. her wird aber auch eine Reform des Schauspiels angestrebt. Der Engländer Aaron Hill stellt in seinem 1746 erschienenen *Versuch über die Schauspielkunst* als erster die Gebärdensprache an vorderste Stelle. David Garrick, der als Pantomime seine Theaterlaufbahn beginnt, wird seit den 40er Jahren zum Prototyp des modernen Natürlichkeitsstils für den ganzen Kontinent. In Frankreich erkennt Denis Diderot die Bedeutung der P. und will in jedem Drama P.n eingefügt wissen. In Deutschland machen seine Ideen dank der Übersetzung seiner Programmstücke und ihrer Vor- und Nachworte durch Lessing Epoche. Johann Georg Sulzer widmet in seiner *Allgemeinen Theorie der Schönen Künste* (1771-74) der P. einen besonderen Artikel, tritt für ihre Erneuerung ein und mißt ihr große Bedeutung für nationale Festspiele bei. Der junge Goethe räumt ihr 1777 in seinem „großen Schaustück mit Gesang und Tanz" *Lila* einen bevorzugten Platz ein. Friedrich Ludwig Schröder, der ebenfalls als Pantomime seine theatralische Laufbahn begonnen hat, begründet seit 1771 die sogenannte Hamburger Schule der dt. Schauspielkunst, welche die P. gleichberechtigt neben die Sprache stellt. In seinen 1797 erschienenen *Grundlinien zu einer Theorie der Schauspielkunst* betont Friedrich Hildebrand Einsiedel: „Sprache und Pantomime sind die Mittel, deren sich der Schauspieler bedient" und „Die Pantomime im eigentlichen Verstande ist der äußerlich körperliche Ausdruck der inneren geistigen Regung".

John W e a v e r, *An Essay towards the history of dancing* (London 1712). Ders., *Anatomical and mechanical lectures upon dancing* (London 1721). Aaron H i l l, *The Art of acting* (London 1746). Ders., *Works.* 4 Vols. (London 1753).[Johann M a t t h e s o n], *Abhandlung von den Pantomimen, Historisch und critisch ausgeführt* (Hamburg 1749). Gertraude D i e k e, *Die Blütezeit des Kindertheaters* (1934; Schaubühne 8). Otto R o m m e l, *Die Alt-Wiener Volkskomödie* (Wien 1952) S. 405 ff., 619, 723. K i n d e r m a n n Bd. 4 (1961) S. 245 ff., 622.

Louis de C a h u s a c, *La dance ancienne et moderne* (La Haye 1754). Jean-Georges N o v e r r e, *Lettres sur la danse, sur les ballets et les arts* (Lausanne 1757; 2 éd. Lyon 1760; 3 éd. 1803). André L e w i n s o n, *Jean-Georges Noverres 'Lettres sur la danse'* (Paris 1927). Max T e r p i s, *Tanz und Tänzer* (Zürich 1949). K i n d e r m a n n Bd. 4, S. 445 ff. Denis D i d e r o t, *Trois entretiens sur le 'Fils naturel'* (Paris 1757). Ders., *De la poésie dramatique. Appendice du 'Père de famille'* (Paris 1758). Gotthold Ephraim L e s s i n g, *Das Theater des Herrn Diderot* (Berlin 1760). Johann Georg S u l z e r, *Allgemeine Theorie der Schönen Künste.* Bd. 2 (Leipzig 1774) S. 876 ff., 1020 ff. Thomas D a v i e s, *Memoirs of the Life of David Garrick.* 2 Vols. (London 1780). Johann Jakob E n g e l, *Ideen zu einer Mimik.* 2 Bde (Berlin 1785-86). Ders., *Idées sur le geste et l'action* (Strasbourg 1788). Friedrich Hildebrand E i n s i e d e l, *Grundlinien zu einer Theorie der Schauspielkunst* (Leipzig 1797). Edmund S t a d l e r, *Die Entstehung des nationalen Landschaftstheaters in der Schweiz* (Einsiedeln 1951; Jb. d. schweizer. Ges. f. Theaterkultur 21) S. 139 ff. K i n d e r m a n n Bd. 4, S. 545 ff., S. 147.

§ 4. Zu einer eigentlichen Blüte kommt die P. in den Wiener Vorstadttheatern des Vormärz. 1803 führt Direktor Hensler am Leopoldstättertheater die erste abendfüllende P. auf: *Harlekin der Scherenschleifer* von Philipp Hasenhuth. Sie hat so großen Erfolg, daß das Kärntnertortheater Einspruch erhebt. Ein kaiserliches Dekret vom 19. Juli 1804 erlaubt jedoch den Vorstadttheatern, neben den ihnen bereits zugewiesenen Gattungen von „Spektakeln" auch P.n aufzuführen. Hensler engagiert 1805 Franz Kees (Pierrot) als Pantomimenmeister und stellt ein Pantomimenensemble zusammen, das für Jahrzehnte eine Stütze des Repertoires wird. Ihm gehören u. a. an Philipp Hasenhuth (Liebhaber, später „chargierte" Rollen, Intrigants, Bonvivants, Juden), Josef Einweg (Pantalon), Johann Brinke (Harlekin), Karl Hampel und Karl Leberbauer (2. Geck und komische Bediente). Aufgeführt werden vor allem große Zauberpantomimen mit Tänzen, Maschinen und Flugwerken wie 1804 *Die Geister im Wäschekasten oder Der reisende Schneider* von Hasenhuth, 1806 *Harlekin auf der Insel Liliput oder Das Laternenfest der Chinesen* und *Das bezauberte Kaffeehaus oder Pierrot der Markör auf Reisen* von Franz Kees, 1813 *Die Unterhaltung in der Ukraine* und 1816 *Die Zauberpyramiden oder Harlekins Treue an seinem Herrn* von Hampel, 1815 *Harlekin und Kolombine auf* den Alpen oder *Das bezauberte Bild,* 1823 *Die Zauberbirn,* welche den Philosophen Friedrich Hegel begeistert, und 1825 die große pantomimische Parodie der Zauber- und Ritterballette, *Der erste Mai im Prater* (mit erstmaliger Verwendung der Wandeldekoration), von Rainoldi, 1816 *Die schützende Juno oder Harlequins Abenteuer im Feuer- und Wasserbereiche,* 1823 das große pantomimische Quodlibet *Die Zauberschere oder Der Raub der Colombine* und 1824 *Harlekins Geburt oder das Zauberhorn* von Schadetzky, 1827 *Harlekin als Taschenspieler* nach einem Entwurf von Adolf Bäuerle mit Musik von Wenzel Müller. Im Josefstädtertheater werden mit Vorliebe parodistische P.n aufgeführt wie 1822 das Karikatur-Gemälde *Timur, der große Tartar-Chan oder Die Kavallerie zu Fuß* von Alois Gleich, eine P. des romantischen Melodramas nach dem Englischen des Lewis von Josef Ritter von Seyfried, 1827 *Colombine aus der Feenwelt oder Der Bauer als Millionär* und 1828 *Alpenkönig und Menschenfeind* nach Raimund von Ferdinand Occioni, 1829 *Der delikate Tyrann oder Der fünfjährige tapfere Stummerl oder Die verwechselten Bouteillen. Parodie der Stummen Rollen in modernen Dramen,* nach einer franz. Idee frei bearbeitet von Karl Meisl. Am Theater an der Wien führt der Ballettmeister Friedrich Horschelt 1815-1821 mit Kindern Ballette und P.n auf wie 1816 das pantomimische Kinderdivertissement *Nettchen und Paul oder Die Wäschermädchen* und das pantomimisch-charakteristische Ballett *Chevalier Dupe auf dem Jahrmarkt* mit Musik von Kinsky, 1817 die Pantomime *Aschenbrödel* nach Dupont bearbeitet, worin 176 Kinder mitwirken, und die ländliche komische Kinderpantomime *Die Portraits* mit Musik von Moscheles, 1818 *Die Redoute* als Fortsetzung des *Chevalier Dupe II* und die Zauberp. in drei Abteilungen *Der Berggeist,* nach dem Rübezahl-Volksmärchen von Musaeus, mit Musik von Riotte, 1819 die P. mit Nationaltänzen *Elisene, Prinzessin von Bulgarien* nach dem Schauspiel *Der Wald von Hermannstadt* von Johanna von Weissenthurn, 1820 die pantomimische Familienszene *Die zwei Wildschützen* und die große Feenp. in vier Abteilungen *Oberon,* bearbeitet nach Wieland, mit Musik von Ignaz Ritter von Seyfried,

1821 die große romantische Feenp. *Die Feuernelke* und die komische Zauberp. *Das Zauberglöckchen.* Die Einwirkung dieser P.n, vor allem des Leopoldstättertheaters, auf das gesprochene und gesungene Wiener Volkstheater ist beträchtlich.

Goethes Festspiel *Des Epimenides Erwachen,* das 1815 in Berlin und 1816 in Weimar aufgeführt wird, hat pantomimische Spielelemente. Heinrich von Kleist setzt die Pantomime als wortloses, rein durch Mienenspiel und Körpergebärde wirkendes Ausdrucksmittel in seinen Dramen ein. Franz Grillparzer, der die pantomimischen Szenen in Londoner Inszenierungen der Romantik bewundert, gestaltet den Kalab in *Der Traum, ein Leben* als stumme Rolle.

Die Schauspielerin Henriette Hendel-Schütz gibt seit 1811 auf Kunstreisen durch Deutschland, Schweden, Holland, Rußland und Frankreich vielbeachtete mimisch-plastische Darstellungen. Der in Kollin in Böhmen als Sohn einer franz. Artistengesellschaft geborene Jean-Baptiste-Gaspard Deburau (1796-1846), der um 1830 in dem 1816 eröffneten Pantomimentheater „Théâtre des Funambules" in Paris den tragischen Pierrot erschafft und als der größte Pantomime der neuern Zeit gilt, findet auch im dt. Sprachgebiet Beachtung. Während nach seinem Tode sein Sohn Charles Deburau und Paul Legrand die Kunst der P. in Frankreich bewahren, findet diese im dt. Sprachraum ihr Rückzugsgebiet im Zirkus (große folkloristische und historische P.n, sowie pantomimische Soli von Clown und dummem August). Nach dem engl. Vorbild der von Charles Kean 1850-1858 in London veranstalteten „Shakespeare Revivals" gliedern Friedrich Haase, Franz Dingelstedt und Georg II. von Meiningen Ausstattungspantomimen in ihre Klassikerinszenierungen ein.

Paul Hugounet, *Mimes et pierrots* (Paris 1889). Ludwig Eisenberg, *Großes biographisches Lexikon d. dt. Bühne im 19. Jh.* (1903). Franz Grillparzer, *Tagebuch auf der Reise nach Frankreich und England.* In: *Sämtliche Werke.* Hg. v. Moritz Necker. Bd. 16 (Berlin o. J.). Julius Bab, *Das Theater der Gegenwart* (1928) S. 12 ff. D i e k e , S. 165 ff. R o m m e l , S. 619, 723 ff., 777. K i n d e r m a n n , Bd. 5, S. 202, Bd. 6, S. 65.

§ 5. Um die Jh.wende 1900 beginnt eine neue Renaissance der P. und des pantomimischen Tanzes. André Antoine, der 1887 in Paris das „Théâtre Libre", die erste, für ganz Europa vorbildliche naturalistische Bühne eröffnet, nimmt beim Zirkusclown Medrano Unterricht, stellt eine Pantomimin in sein Ensemble ein und führt auch reine P.n auf. August Strindberg setzt in seinem programmatischen Vorwort zu *Fräulein Julie* (1888) die P. als besonderes Ausdrucksmittel ein. Gerhart Hauptmann schließt sein erstes Drama *Vor Sonnenaufgang* (Uraufführung an der „Freien Bühne" von Otto Brahm in Berlin 1889) mit einer pantomimischen Schluß-Szene. Konstantin Stanislawsky setzt in seinen Inszenierungen pantomimische Szenen an erste Stelle und läßt seine Schüler an seiner Schauspielschule, deren Richtlinien auch für das dt. Theater maßgebend werden, zuerst P.n aufführen. Edward Gordon Craig rückt die P. in seinem zuerst in dt. Sprache erschienenen Essay *Die Kunst des Theaters* ebenfalls in den Vordergrund. Auch Max Reinhardt lockert seine Inszenierungen mit großen und kleinen pantomimischen Szenen auf, bringt aber auch abendfüllende Pantomimen, wie 1914 *Das Mirakel* von Karl Vollmöller im Zirkus Busch in Berlin, und plant die Gründung einer internationalen pantomimischen Gesellschaft. Der westschweizerische Musikpädagoge Emile Jaques-Dalcroze läßt an den Schulfesten der von ihm 1911-1913 geleiteten Bildungsanstalt Jaques-Dalcroze in Hellerau bei Dresden seine P.n darstellen wie 1912 *Echo und Narcissus* und setzt 1913 in Glucks *Orpheus* große Tanzchöre ein. Die P. spielt eine bedeutende Rolle im dt. Ausdruckstanz Rudolf von Labans und Mary Wigmanns. Um die gleiche Zeit steigt der Berner Zirkus- und Varieté-Clown Grock zum Weltruhm empor. Die neue Aufgeschlossenheit für die P. erweist auch der Erfolg des Stummfilms.

In der Zwischenkriegszeit machen die „Neue Tanzbühne" von Hanns Niedeken-Gebhart, die pantomimischen Ballette von Max Terpis an der Staatsoper Berlin, von Kurt Jooss an der Folkwangschule in Essen, die Solop.n von Trudi Schoop und Harald Kreutzberg u. a. von sich reden. Auch das Kabarett (*s. d.*) wendet sich nach seinen literar. Anfängen um die Jh.wende vermehrt der P. zu, wie der nach der bolschewistischen Revolution nach Berlin emigrierte „Blaue Vogel" von Jascha Jushny oder das 1933 entstandene „Cabaret Cornichon" in Zürich.

Eine neue europäische Schule der P., welche nicht nur dieser besondern Gattung, sondern dem ganzen europäischen Theater fruchttragende Impulse bringt, begründet anfangs der dreißiger Jahre der Franzose Etienne-Marcel Decroux. Zu seinen unmittelbaren oder mittelbaren Schülern gehören nicht nur sein Sohn Maximien und Jean-Louis Barrault, sondern auch die Franzosen Etienne-Marcel Marceau und Jean Sobeyran und der Israeli Samy Molcho, die heute auch im dt. Sprachgebiet unterrichten, die Deutschen Ernst Georg Boettger, der eine realistische, und Rolf Scharre, der eine expressionistische P. anstrebt, sowie die Deutschschweizer Dimitri und Pierre Byland. Eine Mimen-Philosophenschule bildet sich an der Technischen Hochschule Stuttgart, wo 1959 die erste Dissertation über die moderne Pantomime angenommen wird, aus dem Schülerkreise von Max Bense. Rolf Scharre und Helmut Frank gründen das „Studio Mime-Pantomime", das in Waiblingen internationale Sommerkurse gibt. 1962 wird ein internationaler „Festival du Mime" in Berlin und 1965 in Zürich veranstaltet.

Edward Gordon Craig, *The Art of the Theatre* (Edinburgh, London 1905). Dt. Übersetzung: *Die Kunst des Theaters* (1905). Carl Storck, *Emile Jaques-Dalcroze. Seine Stellung u. Aufgabe in unserer Zeit* (1912). Heinz Herald, *Max Reinhardt* (1915). André Antoine, *Mes souvenirs sur le Théâtre Libre* (Paris 1921). Emile Jaques-Dalcroze, *Le rythme, la musique et l'éducation* (Paris 1920). Dt. Übers.: *Rhythmus, Musik u. Erziehung* (Basel 1922). Rudolf von Laban, *Die Welt des Tänzers* (1920). Hans Brandenburg, *Das neue Theater* (1926). Julius Bab, *Das Theater der Gegenwart* (Leipzig 1928; Ill. theatergeschichtl. Monographien 1). Rudolf Lämmel, *Der moderne Tanz* (Berlin 1928). Konstantin S. Stanislawsky, *Das Geheimnis des schauspielerischen Erfolges* (Zürich 1940). Ders., *Mein Leben in der Kunst* (1951). Benno Fleischmann, *Max Reinhardt* (Wien 1948). Helmar Frank, *Grundlagenprobleme der Informationsaesthetik u. erste Anwendung auf die Mime pure.* Diss. T. H. Stuttgart 1959. Wolfgang Martin Schede, *Farbenspiel des Lebens. Max Pfister Terpis, Architekt, Tänzer, Psychologe* (Zürich 1960; Schweizer Theater-Jahrb. 26). Marcel Marceau, *Die Weltkunst der Pantomime. Bekenntnisse und Gespräche mit Herbert Ihering* (Berlin 1956 u. Zürich 1961). Karl Günter Simon, *Wie steht es mit der P.? Ein Situationsbericht.* Theater heute Jg. 2, H. 10 (Okt. 1961) S. 19-23. Jean Dorcy u. Monique Jacot, *J'aime la mime* (Lausanne 1962). Dt. Ausg. u. d. T.: *Panto-*

mime. Übers. v. Heinr. Steyer (Lausanne 1963). *Internationale P. Aufführungen, Diskussionen u. Ausstellung 1.-25. Nov. 1962* (Akad. d. Künste Berlin 1962).

Edmund Stadler

Parabase

§ 1. Die P. war ursprünglich ein Epilog der griech. Komödie, in dem der Dichter auf seine persönlichen Verhältnisse zu sprechen kam, der Chor das Lob der Götter sang und ihren Segen erflehte, aber auch die Fehler und Schwächen der Zeitgenossen verspottete. Dann wurde die P. eine gewöhnlich in der Mitte der Komödie eingeschaltete, außer Zusammenhang mit der Fabel stehende, witzige und satirische Ansprache des Chors und seines Führers an das Publikum. Wahrscheinlich ist der Name (von griech. παραβαίνω) daraus zu erklären, daß sich der Chor in der Orchestra dabei von der Bühne ab- und dem Publikum zuwandte. Die ältesten Stücke des Aristophanes haben noch eine Nebenparabase, die beiden letzten Stücke zeigen kaum noch einen Rest der alten Form.

§ 2. Die P. besteht im Griechischen, wenn sie vollständig ist, aus zwei Hauptteilen. Der erste Teil hat keine respondierende Gestalt und setzt sich aus Kommation (κομμάτιον; für Gesang bestimmte lyrische Maße), Parabasis (παράβασις, meist anapästische Tetrameter), Makron oder Pnigos (μακρόν [πνῖγος], anapästische Hypermeter) zusammen. Dieser erste Teil ist ein zusammenhängender Vortrag des Chorführers. Der zweite Teil besteht aus Ode, Epirrhema, Antode, Antepirrhema (ᾠδή, ἐπίρρημα, ἀντῳδή, ἀντεπίρρημα) in den verschiedensten Versformen, ist, wie schon die Namen besagen, antistrophisch gegliedert und wird von zwei Halbchören gesungen.

§ 3. Das dichterische Mittel der P. hat in Anlehnung an Aristophanes zuerst Fr. Rükkert in seiner politischen Komödie *Napoleon* (1815 und 1818) nachgeahmt mit der Abwandlung, daß Schauspieler wie der Geist der Zeit, Ohnehose und Napoleon die P. sprechen. In umfänglicher Weise, aber in sehr vereinfachter Form, verglichen mit dem Vorbild des Aristophanes, hat sich Platen der P. in seinen beiden Literaturkomödien *Die verhängnisvolle Gabel* und *Der romantische Ödipus* bedient. In dem ersten Stück finden sich fünf Parabasen (nach jedem Akt

eine), in dem zweiten Stück drei (nach dem ersten, dritten und fünften Akt). Auch Platen weist die P. nicht dem Chor mit dem Chorführer zu. In der *Gabel,* in der ein Chor überhaupt nicht vorkommt, übernimmt der Jude Schmuhl die P., im *Ödipus* die Sphinx. An Versformen verwendet Platen in den Parabasen hauptsächlich den iambischen Tetrameter in akatalektischer und katalektischer Form. Während bei Aristophanes die katalektische Form besonders häufig ist, verwendet sie Platen nur einmal in der zweiten P. der *Gabel*. Die bei den Griechen seltenen akatalektischen Tetrameter stehen in der dritten P. des *Ödipus.* Die erste und vierte P. der *Gabel* sind in katalektischen, trochäischen Tetrametern gehalten. Die Tetrameter sind gereimt. Besonders gern verwendet Platen den anapästischen, katalektischen Tetrameter in der Form des Paroimiakos (‿‿⏑‿‿⏑‿‿⏑⏑), und zwar reimlos, mit Ausnahme der fünften P. der *Gabel*, die Paarreime zeigt. In diesem hastigen, eindringenden, leidenschaftlichen Vers sind auch die erste und dritte P. des *Ödipus* gehalten. Die dritte P. der *Gabel,* die einzige, die nicht in Tetrametern verfaßt ist, zeigt die Form der klingend gereimten Stanze. Nach seinem eigenen Zeugnis (30. 3. 1826) wollte Platen in den Parabasen „nach Aristophanischer Manier sein Herz ausschütten, z. T. mit satirischem Tadel, sodann aber öfters in die erhabensten Regionen der Poesie sich erheben" (*Briefw.* Bd. 4, S. 191). In der Schlußparabase des *Ödipus* hat er seine Anschauungen über die Dichtkunst und die Entwicklung der dt. Dichtung dargelegt.

Pauly-Wissowa. Bd. 18, 3 (1949) Sp. 1124-1126 (Kranz). Carl Agthe, *Die P. u. die Zwischenakte d. altattischen Komödie.* Nebst. Anh. (1866-1868). Otto Greulich, *Platens Literatur-Komödie* (Bern 1901). Ernst Burkardt, *Die Entstehung der P. des Aristophanes.* (Masch.) Diss. Marburg 1956.

Paul Habermann

Parabel

§ 1. Die Parabel (hebr. *Maschal,* gr. παραβολή, lat. *parabola, similitudo,* ahd. *parabola,* mhd. *bispel* [*s. d.*]) gehört mit der Fabel und der Allegorie zu jenen kleinen Erzählformen in der Rede, in denen das erzählte Ereignis vor allem um Sinn und Zweck der Rede willen erzählenswert ist. Im Unterschied zur Fabel (Tierfabel, s. *Fabel*) hat sich die P. erst viel später verselbständigt, aber als verselbständigte Form hat sie nie ganz zu überzeugen vermocht. In Verbindung mit der Allegorie wurde sie lange als Teil der (geistlichen) Rhetorik angesehen und hatte in der Lehrdichtung ihren Platz. Seit dem Ende der Renaissance hat sie ein wichtiges Muster der Hermeneutik abgegeben. Der Kunstentfaltung stand die ausdrückliche Nennung und Verwendung als Form der Unterweisung Jesu (Mt 13, 34/35) entgegen, und die hermeneutische Anwendung wurde durch die allegorische Ausdeutung gefördert, die die Theologen im Anschluß an allegorische Elemente der Parabeln Jesu entwickelt haben. Der Begriff der P. ist für die Poetik und Ästhetik erst dann relevant geworden, als sich die philosophische Hermeneutik der Dichtung zugewendet hat (F. Bacon). Daß aber auch im 17. und 18. Jh. die P. nicht das Grundmodell für das Dichtungsverständnis geworden ist, hängt mit der Ausweitung des Fabelbegriffs zusammen, der im Anschluß an die Antike Mythos, Tierfabel, Parabel, Handlungsfabel im Epos und Drama usw. umfaßte. Aber die Befreiung der P. aus der geistlichen Rede führte dazu, ihr die erste Stelle unter den Fabeln einzuräumen und damit den Fabelbegriff zu parabolisieren (Vermenschlichung der Tierfabel). Der Kunstcharakter dieser orientalischen Redeform wurde erst durch Herder erkannt. Damals aber war bereits durch die neue symbolische Dichtungsauffassung die Lehrdichtung überhaupt in den Hintergrund getreten, so daß das neue P.verständnis, das aus der Kenntnis der orientalischen Dichtung gewonnen war, nicht mehr zu einer Erneuerung der Gattungsform geführt hat. Erst im 20. Jh. ist die dichterische Relevanz der parabolischen Form in Dichtungen aus jüdischem Geist (F. Kafka) oder in dramatischen Lehrstücken und Balladen (B. Brecht) offenbar geworden.

§ 2. Die eigentliche Aufwertung der P. geht auf Francis Bacon zurück, der im 13. Kap. des *Advancement of Learning* (1605) der parabolischen Dichtung einen höheren Rang als der erzählenden und dramatischen zuerkannt hat. Über die Illustration der P. („as hieroglyphics were before letters, so parables were before arguments") stellt er noch immer ihre Kunst der Verhüllung („that is when the secrets and mysteries of religion, policy, and philosophy are involved in fables or parables"). Aber die theologisch-moralische Auslegung genügt ihm nicht mehr, und er verlangt jetzt eine philosophische Auslegung (als Beispiele dafür die Auslegungen der Pan-, Perseus- und Dionysus-Mythe). Dieser Aufwertung der P. schließt sich Harsdörffer in den Vorreden seiner P.sammlung *Nathan und Jotham* (1650) an. Er zitiert Bacon (dessen Fabel-Interpretation auch im 278. *Frauenzimmer-Gesprächsspiel*) und erhebt das „Lehrgedicht" über die gemeine Fabel: „Das Lehrgedicht (Parabola) erzehlet eine kurze Geschicht/ welche ihre Deutung hat/ und zuweilen auch geschehen könte: Die Fabel aber erzehlet vielmals was nicht geschehen kan/ und machet nicht nur die Thiere/ sondern auch die Steine reden: diese lassen wir den alten Weibern und Kindern/ welche der Lehre wenig achten/ jene aber wird verständigeren Leuten billich beygemessen" (II, S. 12). Ähnlich stellt auch G. Neumark (*Poetische Fabeln*, 1667) die parabelartigen Fabeln (mit „Figuren und Bildungen/ darin Wahrheit und Fabel untereinander vermischt ist") über die gewöhnlichen Fabeln (Apologi). Ebenso beruft sich Morhof in seinem *Polyhistor* auf Bacon: „Sunt qui poetico modo, per fictiones et fabulas, ethicam doctrinam tradiderunt". Die Bevorzugung der P. vor der Fabel wird im 18. Jh. von franz. und dt. Literaturkritikern zunächst noch beibehalten. So nur ist die mißverständliche Fabel-Definition von Gottsched (nach Le Bossu) zu erklären: „eine unter gewissen Umständen mögliche, aber nicht wirklich vorgefallene Begebenheit, darunter eine nützliche moralische Wahrheit verborgen liegt." Tatsächlich rechnet Gottsched die P. zu den wahrscheinlichen Fabeln im Unterschied zu den unwahrscheinlichen Tierfabeln. Breitinger bezeichnet nach de la Motte die P.n als „menschliche Fabeln" und legt umständlich dar, daß sie ebenso poetisch seien wie die äsopischen Fabeln. Indem bei beiden die moralische Lehre in den Vordergrund rückt, wird der Unterschied zwischen ihnen ausgeglichen: „Die Fabel ist demnach nichts anders, als eine Erinnerung, die unter die Allegorie einer Handlung verstecket wird, sie ist eine historisch-symbolische Morale, die durch fremde Beispiele Klugheit lehret . . ." (Breitinger: *Critische Dichtkunst*, S. 168). Auch das Reduktionsprinzip (principium reductionis), das Christian Wolff in seiner *Philosophia practica universalis* bei der Fabel betont, gilt ebenso für die P.: „Etenim fabula invenitur, si casus quidam verus veritatis cujusdam universalis reducitur ad alium fictum, qui notionem istius veritatis cum eo communem habet" (§ 310). Erst Lessing hat in seinen *Abhandlungen über d. Fabel* (1759) der Tierfabel wieder den Vorzug vor der P. gegeben: „Der einzelne Fall, aus welchem die Fabel bestehet, muß als wirklich vorgestellet werden. Begnüge ich mich an der Möglichkeit desselben, so ist es ein Beispiel, eine Parabel." Lessing behauptet das gegen Aristoteles, von dessen Unterscheidung in παραβολή und λόγοι er ausgeht (Aristoteles, *Rhetorik* II, 20). Lessing hatte offenbar die P. des 17. Jh.s und ihre Theorie vor Augen. Auch die beiden Artikel *Fable* und *Parabole* in der *Encyclopédie* machen diesen Umschwung deutlich, indem unter P. nur noch die biblische verstanden wird und der Fabel-Artikel um ein vielfaches länger ist. (Der Verfasser Marmontel sieht das Charakteristische der Tierfabel in ihrer Naivität.) Auch Herder schließt sich Lessings Bevorzugung der Tierfabel an; die Bewertung der P.n von J. V. Andreae erfolgt noch in überkommenen Anschauungen: „Parabel ist eine Gleichnisrede, eine Erzählung aus dem gemeinen Leben, mehr zur Einkleidung und Verhüllung einer Lehre, als zu ihrer Enthüllung; sie hat also etwas Emblematisches in sich" (Suphan 26, 164). Aber in seiner Abhandlung *Vom Geist der Ebräischen Poesie* (1782/83) hatte er das hebräische Maschal als „Bilderrede" entdeckt: „Ein erhabnes aber dunkles Bild, eine mit Scharfsinn verzogne Gleichnisrede, ein Götterspruch, den ein rätselhafter Parallelismus gleichsam nur von fern hertönet; diese Arten des Ausdrucks wollen Erläuterung, Auflösung" (2, 30). Selbst Herder kann also die P. noch nicht von der Allegorie trennen. Goethe fügt in den *Noten und Abhandlungen zum West-östlichen Divan* der Handbuch-Einteilung der P.n in ethische, moralische und ascetische noch zwei weitere Gruppen an: die islamischen (Erläuterung der Islam-Lehre) und die mystischen (Vereinigung mit Gott und Entsagung der Welt); d. h. er erweitert den inhaltlichen Bereich. An anderer Stelle nennt er eine bestimmte Art orientalischer Sprichwörter „lakonische Parabeln" (Hamb. Ausgabe 2, 205 und 200). Hegel behandelt in seiner Ästhetik

Parabel, Sprichwort und Apolog zusammen. Der Parabel weist er wieder eine höhere und allgemeinere Bedeutung zu als der Fabel: die Cyrus-P. bei Herodot (I, c. 126), die P. vom Sämann, die Ringparabel Lessings (nach Boccaccio) und Goethes „spaßhafte" P. *Katzenpastete*. Goethes *Der Gott und die Bajadere* hält er für einen Apolog, bemerkt aber: „Der Apolog kann für eine Parabel angesehen werden..." (Jub.-Ausg. Bd. 12, 518-521). Die älteren Versuche, die Gattungsform der P. zu bestimmen, scheitern alle daran, daß Gleichnis und P. nicht voneinander unterschieden werden. So nennt F. Th. Vischer die P. ein Gleichnis, „aber ein entwickeltes, zur Erzählung ausgebildetes, episch gewordenes Gleichniß, und diese Entwicklung hat ihren Grund darin, daß die vorzutragende Lehre nicht einfach, sondern vielseitig ist, eine Reihe von belegenden Momenten, eine Reihe von Vergleichspunkten fordert" (*Ästhetik*, S. 1465). Erst Adolf Jülicher hat Klarheit über diesen Punkt geschaffen (*Die Gleichnisreden Jesu*, 2. Aufl. 1910). Er unterscheidet: Gleichnisse (Vom Sämann), Parabeln (Der verlorene Sohn) und Beispielerzählungen (Vom barmherzigen Samariter). Alle diese Erzählformen in der Lehrunterweisung seien „eigentliche Rede", keine allegorische Rede. Die P. im besonderen sei ein Beweismittel, bei dem es um die Ähnlichkeit der Fälle und um die Anwendung eines vorgetragenen Falles auf einen zur Diskussion stehenden Fall gehe. Den Unterschied zur Fabel sieht Jülicher nur noch in der Thematik: die P. kenne nur ernsthafte und hohe Gegenstände, die Fabel nur moralische oder sogar komische. Insbesondere tritt Jülicher der alten Ansicht entgegen, daß die P. eine Allegorie mit verschlüsselter Bedeutung sei und sie infolgedessen durch eine durchgehende Identifizierung der einzelnen Elemente aufgelöst werden müsse. (Origenes gab folgende allegorische Auflösung vom *Barmherzigen Samariter*: Mensch = Adam, Jerusalem = Paradies, Jericho = Welt, Räuber = feindliche Mächte, Priester = Gesetz, Levit = Propheten, Samariter = Christus, Wunde = Ungehorsam, Herberge = Kirche usw., d. h. die Parabel wurde benutzt, um das System der Kirche zu erläutern; ähnlich noch Hartmann von Aue im Prolog des *Gregorius*.) Demgegenüber wird endlich betont, daß der eigentliche Sinn nur in der Anwendung eines Falles auf einen ähnlichen besteht. Wenn der einzelne Fall, der Kasus, eine solche Rolle in der Parabel spielt, müßte man erwarten, daß A. Jolles in den *Einfachen Formen* (1930) unter dem „Kasus" auch von der P. spricht. Merkwürdigerweise tut er das aber nicht, obwohl er doch orientalische (indische) Erzählungen heranzieht und auf die Moraltheologie hinweist. Von der Form Kasus sagt er: „daß sie zwar die Frage stellt, aber die Antwort nicht geben kann, daß sie uns die Pflicht der Entscheidung auferlegt, aber die Entscheidung selbst nicht enthält — was sich in ihr verwirklicht, ist das Wägen, aber nicht das Resultat des Wägens" (191). Das scheint auch für die P. zu gelten, soweit man die Erläuterung der Lehre von ihr abtrennen kann. Andernfalls haben wir es mit einer Art Enträtselung zu tun, durch die der Wissende in den Bund der Auserwählten aufgenommen wird (daher die alte allegorische Ausdeutung).

§ 3. Wie immer bei der Begriffsgeschichte einer literar. Gattungsform liefert ihre Geschichte nicht nur eine fortschreitende Entfaltung des Begriffs, sondern auch die bisherigen Verwendungsmöglichkeiten der Form. So können wir bei der P. unterscheiden: die theologisch-allegorische P. des MA.s — daneben freilich auch die moralische Beispiel-P. im *bîspel* (*s. d.*) und Predigtmärlein (*Exempel*, s. d.) —, die philosophisch-allegorische der frühen Neuzeit, das moralische Lehrgedicht des Barock und der Aufklärung, die symbolische Bilderrede Herders und die phänomenologische Kasus-Parabel des 20. Jh.s. Diese bisher verwirklichten Variationen der P. machen eine allgemeine Bestimmung schwierig. Soviel aber kann man sagen, daß das Allegorische oder das Universelle, das Moralische oder die Bilderrede, die Anwendung oder das Wägen jeweils allein und für sich genommen nicht die Struktur und den Bestand der Parabel ausmachen; sondern diese verschiedenen Verwendungsweisen hängen ab von dem Zusammenhang oder von dem Zeitalter, in dem die Parabel erzählt wird. Zur Parabelstruktur aber gehören folgende Elemente: die bündige Erzählung als Beweisstück der Rede; die Beschränkung auf einen Fall (Kasus), der ähnliche Fälle erhellen kann; die Zuspitzung auf ein Wort oder Zeichen (Apophthegma oder Emblem). Von der Fabel unterscheidet sie sich eigentlich nur durch die zwischenmenschliche Thematik, die ihr aber auch einen anderen Geist und eine andere Würde verleiht.

§ 4. Aus der Bedeutungsgeschichte geht hervor, daß die P. sowohl in der (Kanzel-) Rede als in der Lehrdichtung zu finden ist. Beide Bereiche sind bisher wenig erforscht. In mhd. und fnhd. Zeit sind die Bîspel- und Schwanksammlungen noch nicht auf Parabeln untersucht worden. Eine der ersten Parabelsammlungen, die durch den Titel als solche gekennzeichnet ist, scheint Harsdörffers *Nathan und Jotham* (1650) zu sein (Titel nach der Nathan-Parabel und Jotham-Fabel, 2. Sam. 12 und Richter 9), die beiden Bände enthalten je 150 geistliche und 150 weltliche Parabeln. Vorauf ging die lat. *Mythologia christiana* (Straßburg 1619) von J. V. Andreae. Im 18. Jh. verbergen sich die P.n unter den Titeln *Fabeln* und *Erzählungen*. Hagedorn hat beispielsweise die Nathan-Parabel in Reime gebracht (*Das geraubte Schäfgen*). Gellerts Annäherung von Fabel und Parabel im kleinen anmutigen Lehrgedicht wurde durch mehrere Übersetzungen in ganz Europa bekannt. Goedeke IV, 1 gibt eine Übersicht über die zahlreichen Nachfolger (S. 44-48 „Fabeldichter"). Herder (*Blätter der Vorzeit, Jüdische Parabeln*, Suphan 26, 311-369) schöpft zwar aus alten Quellen, führt aber auch das empfindsame Element und den „blumenreichen" Stil ein: „man kleidete in ein Bild, in eine P., was lieber eine freie Dichtung werden möchte" (S. 365). Seine „Paramythien" sind eigentlich parabolische Mythennachdichtungen (Suphan 28, 127 ff). Vollends die P.n von F. A. Krummacher (Duisburg 1805-07, 3 Bde) sind eher gefühlserbauliche Betrachtungen. Goethes *Buch der Parabeln* im *West-östlichen Divan* enthält durchweg ironische Parodien der alten orientalischen Form und Thematik. Von den erzählenden P.n Rückerts will Jülicher die bekannteste „Es ging ein Mann im Syrerland", die im MA. schon in Rudolfs von Ems *Barlaam* auftaucht, nicht mehr als P. gelten lassen, (a. a. O., S. 60), weil sie die allegorische Deutung anfüge. Als Ausläufer der P.sammlungen sind die *Histoires et Paraboles du P. Bonaventure* [Giraudeau] (Paris 1768) anzusehen, die, in einer erw. Ausgabe, 1830 mit einer Vorrede Brentanos ins Deutsche übertragen wurden, und als Nachzügler davon die *Katholischen Parabeln und Erzählungen* (hg. von M. Jocham, Sulzbach 1852), die 17 Stücke aus den *Studien* A. Stifters als Parabeln aufführen.

§ 5. Dies Curiosum weist darauf hin, daß noch wichtiger als die P.-sammlungen die P.-einlagen sind, weil sie dort als Stücke der Rede erscheinen, oder die parabelhaften Strukturen von Dramen, Balladen und Novellen. Bekannt sind die dramatisierten biblischen P.n aus dem späten MA. und der Renaissance. Kaum berücksichtigt ist bisher die parabelhafte Struktur von Balladen bei Goethe, Schiller, der Droste, Brecht. Der Hinweis von A. Jolles auf den Zusammenhang von Kasus und Novelle könnte als parabolische Struktur von Novellen verstanden werden: Goethes Novellen in den *Wanderjahren*, Kellers *Die Leute von Seldwyla*, Musils *Amsel* usw. Man müßte überhaupt den ganzen Komplex der Dramen und Novellen, die Sprichwörter als Titel verwenden und damit die Anwendbarkeit auf ähnliche Fälle nahelegen, in diesem Zusammenhang berücksichtigen (von Calderons *La vida es sueño* über Grillparzers *Ein treuer Diener seines Herrn* bis zu Hofmannsthals *Gestern*). Auch Kafka hat seine P. *Vor dem Gesetz* dem *Prozeß*-roman eingefügt und dabei die alte allegorische Exegese ad absurdum geführt. Aus all dem mag hervorgehen, daß die entscheidende Bedeutung der Parabel weniger in der Nachbildung alter Vorbilder bestanden hat als in der hermeneutischen Hilfe, die sie für die Ausbildung neuer Strukturen geboten hat.

Vgl. folgende Artikel: *Fabel*, in: Johann Georg S u l z e r , *Theorie der schönen Künste* (Blankenburgs *Zusätze*, Bd. 1, 1796, S. 535 bis 572). Die Artikel *Fable* und *Parabole* in der *Encyclopédie* (Genève 1778), Bd. 13, S. 733 bis 745 u. Bd. 24, S. 519-520. *Parable*, in: *The Oxford English Dictionary*. Bd. 7 (1933) S. 445. *Gleichnis*, in: *Encyclopedia Judaica*. Bd. 7 (1931) Sp. 434-437. *Maschal*, in: *Jüdisches Lexikon*, hg. v. Georg Herlitz u. Bruno Kirschner. Bd. 3 (1929) Sp. 1412-1415.

Zur Theorie der Parabel: A r i s t o t e l e s , *Rhetorica*, B. II, c. 20. Francis B a c o n , *Advancement of Learning* (1605), 2. Buch, 13. Kap. (*The Works of F. B.*, Facs. Neudr. der Ausgabe London 1857-1874, 1962, Bd. 4, S. 314-335). Georg Philipp H a r s d ö r f f e r , *Nathan und Jotham: Das ist Geistliche und Weltliche Lehrgedichte ...* (Nürnberg 1650; Vorreden zum 1. und 2. Band, II, 26 *Fabeln oder Lehrgedichte*). Georg N e u m a r k , *Poetische Tafeln* (Jena 1667) S. 35. Daniel Georg

M o r h o f , *Polyhistor, Liber Ethicus De philosophiae moralis scriptoribus* (Lübeck 1707; Bd. 3, Buch 1, § 5). P. René Le B o s s u , *Traité du poème épique* (La Haye 1675). Antoine Houdard de l a M o t t e , *Fables* (Paris 1719; *Discours sur la fable*). J. Chr. G o t t s c h e d , *Versuch einer Critischen Dichtkunst* (2. Aufl. Leipzig 1737), IV. Hauptstück: *Von den drey Gattungen der poetischen Nachahmung, und insonderheit von der Fabel* (§ 9, S. 144 ff.). Chr. W o l f f , *Philosophia practica universalis*, 2 Bde, 1738/39 (Pars posterior § 302-322). Joh. Jakob B r e i t i n g e r , *Critische Dichtkunst* (Zürich 1740), Der 7. Abschnitt: *Von der Esopischen Fabel*, S. 164-262. C. F. G e l l e r t , *Nachricht und Exempel von alten deutschen Fabeln* (Vorrede zu *Fabeln und Erzählungen*, Leipzig 1746). G. E. L e s s i n g , *Fabeln. Drey Bücher. Nebst Abhandlungen mit dieser Dichtungsart verwandten Inhalts* (Berlin 1759). J. G. H e r d e r , *Vom Geist der Ebraischen Poesie*, 2 Bde, Dessau 1782/1783 (Suphan 11 u. 12). Ders., *Über Bild, Dichtung und Fabel* (Zerstreute Blätter, 3. Samml. 1787; Suphan 15, 523-568). Ders., I. *Parabeln* (des Joh. Val. Andreae) II. *Über die vorstehenden Parabeln u. die nachfolgenden Gespräche* (Zerstr. Bl., 5. Samml., 1793; Suphan 16, 137-167). Johann Joachim E s c h e n b u r g , *Entwurf einer Theorie u. Literatur der schönen Wissenschaften* (2. Aufl. Berlin und Stettin 1789; *Aesopische Fabel*, S. 78-88). J. W. G o e t h e , *Noten und Abhandlungen zu besserem Verständnis des westöstlichen Divans* (Hamb. Ausgabe, Bd. 2, S. 126-267). G. W. F. H e g e l , *Vorlesungen über die Ästhetik*. I (Sämtl. Werke, Jubiläumsausgabe, Bd. 12, S. 518-521). Friedr. Theodor V i s c h e r , *Ästhetik* (1857), § 925, S. 1462-1472.

Zu einzelnen P.n und parabolischen Formen: *Parabeln, Legenden u. Gedanken aus Talmud u. Midrasch*, ges. u. geordn. v. Giuseppe L e v i , übertr. v. Ludwig S e l i g m a n n (2., verm. Aufl. 1877). — Adolf J ü l i c h e r , *Die Gleichnisreden Jesu* (2. Aufl. 1910). Walter L e h m a n n , *Die P. von d. klugen u. törichten Jungfrauen* (1916). Alice R ö s s l e r , *Die P. vom verlorenen Sohn d. 16. Jh.s als Spiegelbild der rechtl., wirtschaftl. u. sozialen Verhältnisse jener Zeit*. (Masch.) Diss. Jena 1952. Otti S c h r a m m e n , *Die P. vom Barmherzigen Samariter. Die Darstellungen u. ihr Verhältnis zur theol. Auslegung von d. Anfängen bis zum HochMA.* (Masch.) Diss. Münster 1953. — André J o l l e s , *Einfache Formen* (1930), Kasus, S. 171-199. Helmut de B o o r , *Die dt. Lit. im späten MA. T. 1, 1250-1350* (1962), Kap. 6 passim. Willy V o n t o b e l , *Von Brockes bis Herder, Studien über die Lehrdichter d. 18. Jh.s* (Bern 1942). — Clemens H e s e l h a u s , *Kafkas Erzählformen*. DVLG. 26 (1952) S. 353 ff., bes. 371-376. Werner H e l d m a n n , *Die P. u. d. parabolischen Erzählformen bei Franz Kafka*. (Masch.) Diss. Münster 1953. Heinz P o l i t z e r , *Franz Kafka. Parable and Paradox* (New York 1962); dt. Übers u. d. T.: *Franz Kafka, der Künstler* (1965). Herbert D e i n e r t , *Kafka's parable*

'Before the Law'. GermRev. 39 (1964) S. 192-
200. Beda All e m a n n u. Helmut A r n t z e n :
Franz Kafka 'Von den Gleichnissen'. ZfdPh.
83 (Sonderheft, Mai 1964) S. 97-113. — *P. als
Grundfigur*. Akzente 6 (1959) S. 200-227, mit
Beiträgen von Norbert M i l l e r (*Moderne
P.?*), Alfred B o u r k (*Geste u. P.*), Roland
B a r t h e s (*Gibt es eine Schreibweise der
Lyrik?*).   *Clemens Heselhaus*

Parallelismus s. Stil.

Parodie

I. B e g r i f f. § 1. So selbstverständlich das
Wort P. verwendet wird, so wenig ist der
Begriff im Sinnbereich zwischen Nachahmung und Satire geklärt. Bereits das griech.
παϱῳδία (Neben-, Gegengesang) wird, nachdem es in klassischer Zeit als Fachausdruck
eines neuen musikalisch-rezitatorischen Stils
gedient hat (Trennung von Musik und
Wort), offenbar für verschiedene Formen der
Nachahmung verwendet (Benützung von
Worten eines bekannten Werks für einen
andern Zweck, Übernahme aus der Tragödie
in die Komödie, komisches Epos usw.). Diese
Vielfalt klingt in der lat. Poetik bis in die
Neuzeit nach, auch wenn sich das komische
Element verstärkt. Wie das Wort im 17. Jh.
in die dt. Sprache eindringt, bedeutet es spielerische Nachahmung (im Königsberger Dich-
terkreis) oder geistliche Kontrafaktur (bei
Siegmund von Birken).

§ 2. Etwa dem heutigen Sprachgebrauch
entspricht die Auffassung Paul Lehmanns,
der für das lat. MA. unter P.n nur solche
literar. Zeugnisse verstehen will, die „irgend-
einen als bekannt vorausgesetzten Text oder
— in zweiter Linie — Anschauungen, Sitten
und Gebräuche, Vorgänge und Personen
scheinbar wahrheitsgetreu, tatsächlich ver-
zerrend, umkehrend mit bewußter, beabsichtigter und bemerkbarer Komik, sei es im
ganzen, sei es im einzelnen formal nachahmen oder anführen". Doch befriedigt
diese vom MA. her verständliche Einschränkung auf bewußte, beabsichtigte Komik
nicht. Deshalb formuliert unter dem Einfluß
moderner P.n Erwin Rotermund mit Dämpfung des komischen Akzentes und Verzicht
auf den metaphorischen Gebrauch des Wortes vorsichtiger: „Eine P. ist ein literar. Werk,
das aus einem andern Werk beliebiger Gattung formal-stilistische Elemente, vielfach
auch den Gegenstand übernimmt, das Entlehnte aber teilweise so verändert, daß eine

deutliche, oft komisch wirkende Diskrepanz
zwischen den einzelnen Strukturschichten
entsteht." Freilich schließt auch diese Definition entweder vollendete artistische P.n und
jene spielerischen Stilübungen aus, für die
im Französischen das (allerdings oft auch
synonym mit P. verwendete) Wort *pastiche*
zur Verfügung steht, oder sie zwingt dazu,
einen Bruch zwischen den Strukturschichten
zu suchen. Es empfiehlt sich deshalb, auch
keine deutliche Diskrepanz zwischen den
einzelnen Strukturschichten zu verlangen,
mit der Rotermund Beda Allemann folgt,
sondern an einer älteren Umschreibung
Gustav Gerbers festzuhalten, die jede Gefahr
einer Vergewaltigung alter Texte durch
eine neue Begriffsbildung vermeidet. Für
Gerber will die P. „das Original irgendwie in seinem Inhalt, seinem Wesen oder
doch in der Art des Eindrucks, welche diesem zu eigen ist, durch Verwendung derselben Worte treffen, wenigstens berühren,
sei es, um an diese Worte eine weitere,
tiefere Bedeutung zu knüpfen, als ihnen im
Original zukommt, sei es, um scherzend
oder spottend deren Gewicht zu zerstören,
sei es auch nur, um durch Erinnerung an ein
von Trefflichen trefflich Gesagtes Teilnahme
und verstärkte Wirkung für eigene Darstellung zu gewinnen".

Nur diese Definition umfaßt alle Arten
von P. (unter Ausschluß des metaphorischen
Wortgebrauchs), denn allen P.n ist bloß d a s
b e w u ß t e S p i e l m i t e i n e m (m ö g l i -
c h e r w e i s e a u c h n u r f i n g i e r t e n) l i t e -
r a r. W e r k gemeinsam. Mit Lehmann eine
komische P. von den übrigen Arten der Nachahmung zu trennen, bedeutet vor allem dort
reine Willkür, wo dem Parodisten am form-
virtuosen Können in scherz- oder ernsthafter
Nachahmung mehr liegt als an der möglichen komischen Wirkung. Ob und wann eine
P. tatsächlich komisch wirkt, ist ohnehin trotz
den zahlreichen Theorien des Komischen
eine kaum lösbare und für ihr Wesen nicht
entscheidende Frage. Manche P. erheitert
nur dadurch, daß der Leser — häufig aus
dem Titel — weiß, daß es sich nicht um ein
Original handelt. Die P. nähert sich oft der
literar. Fälschung, welche das franz. *pastiche*
ebenfalls umfaßt. Gerbers Definition schließt
auch die Lücke, welche die neueren Begriffsbestimmungen zwischen der Literatur- und
der Musikwissenschaft, wo die P. auch die

ernste, umformende Nachahmung eines Werks bedeutet, aufzureißen drohen.

§ 3. Die Travestie hat theoretisch mit der P. nichts zu tun, da sie bloß einen bedeutenden — oft mythischen — Stoff in eine andere Sphäre überträgt; doch spielen praktisch die meisten Travestien auch parodistisch auf das literar. Werk an, aus dem sie schöpfen, und ebenso travestieren die meisten P.n, so daß sich grundsätzlich eine Trennung beider Arten literar. Spiels nicht empfiehlt. Die Bevorzugung des einen der beiden Begriffe bedeutet vielfach nur eine Akzentsetzung, falls nicht überhaupt beide — wie früher oft — gleichbedeutend verwendet werden.

§ 4. Da das Spiel keine Wertmaßstäbe beachtet, ist nichts vor Parodierung gefeit; das Allerheiligste wird ebenso parodiert wie das Allerprofanste; Meisterwerke können heruntergezogen, Triviales kann hinaufgehoben werden. Doch muß das Original dem Kreis, für den die P. bestimmt ist, bekannt sein. Deshalb werden erfolgreiche Werke sehr häufig parodiert, während Hölderlin- und Stifter-P.n von Zeitgenossen fehlen. Die P. ist das literarischste aller Spiele, nicht dagegen das freieste. Ihr Ruhm ist bis zu einem gewissen Grade vom Ruhm des Originals abhängig. Ist das Vorbild vergessen, so wird sie als Original angesehen, hält aber selbst dann verhältnismäßig oft der literar. Kritik stand. Denn je höher das Können des Parodisten steigt, desto stärker gerät die P. ohnehin in Gefahr, sich selbst aufzulösen. Nicht allzu selten ist ein dichterisches Meisterwerk ursprünglich eine P., über der das parodierte Original untergeht. Jeder Kenner einer bestimmten literar. Epoche stößt auf solche versteckten P.n, sogar in das volkstümliche Lied dringen sie ein (Lied von der Wassermaus und Kröte als P. auf M. G. Lichtwers Fabel, Holteis Kosciuszko- als Handwerksburschenlied usw.). Anderseits sind auch schon hilflose Werke als P.n aufgefaßt worden (Ph. Beusts *Familie Willmore* 1829).

§ 5. Das an der Goethezeit gebildete Wertempfinden der dt. Lit.wiss. mit seiner Überbetonung des schöpferischen Individuums besaß lange Zeit keinen Sinn für die P. als kunstvolle Nachahmung. Obwohl einzelne Germanisten selbst gerne parodierten (s. § 27, 37 usw.), wurde die P. nur in Epochen stärker beachtet, deren literar. Dürre zu keiner Auslese zwang. Erst in neuester Zeit wird ein leichter Wandel erkennbar. Überdies hat Deutschland — etwa schon im Gegensatz zu England und Frankreich — nie ein breiteres literarisch versiertes und Sprachkunstwerke genießendes Publikum besessen. Deshalb kommt der P. in der dt. Lit. nicht entfernt die gleiche Bedeutung zu wie in andern neueren Literaturen, ganz zu schweigen von derjenigen, die sie in den verschiedensten Formen, als Kritik wie als Spiel mit der literar. Bildung, in der Antike hat (Aristophanes, Petronius, Lukian usw.). Oft steht die dt. P. sehr stark unter dem Einfluß fremdsprachiger Vorbilder.

§ 6. Eine Geschichte der dt. P. fehlt, was im folgenden zu ungewohnt ausführlichen Angaben zwingt. Als einziger hat bis jetzt Hans Grellmann in der 1. Aufl. dieses Lexikons das ganze Gebiet zu überblicken versucht. Auch Teiluntersuchungen sind selten. Besondere Schwierigkeiten bereitet das Ordnen des sehr zerstreuten und sehr heterogenen Materials. C. F. Flögel teilt nach dem Verhältnis zum Original ein (Original ernsthaft—Nachahmung ernsthaft; Original ernsthaft—Nachahmung bloß komisch; Original ernsthaft—Nachahmung satirisch usw.). P. Lehmann unterscheidet innerhalb seiner (nur) komischen eine kritisierende, streitende und triumphierende von einer heiteren, erheiternden und unterhaltenden P. — H. Grellmann kennt rein komische und kritische (rein kritische und polemische) P.n. In E. Rotermunds Strukturanalyse löst sich die P. in zahllose Unterabteilungen auf, von denen jedoch die meisten dem die Technik des Parodisten bestimmenden Stil der Originale entspringen (Laut-, Wort-, Metaphern-, Pointen-P.n usw.). Keine dieser Ordnungen vermag zu befriedigen; auch die folgende, die drei grundsätzlich verschiedene Arten voneinander zu scheiden versucht, vermittelt nur sehr allgemeine Erkenntnisse, wie überhaupt das ganze Gebiet beim derzeitigen Stand der Forschung nicht zu bewältigen ist.

§ 7. Das bewußte Nachahmen, von dem die P. nur eine Sonderform bildet, ist ein Urtrieb des Menschen, und zwar vor allem eine Geschicklichkeitsübung. Deshalb ist die artistische P. (§ 8 ff.) in den mannigfachsten Schattierungen und von unterschiedlichstem Wert die verbreitetste. Ihr letztes Ziel ist —

im Scherz oder Ernst — die vollendete Nachahmung; ihre Ähnlichkeit mit dem Original nimmt also bei steigender künstlerischer Qualität zu, bis sie von einem solchen nicht mehr zu unterscheiden ist. Die kritische P. (§ 43 ff.) greift das Original an und will es zerstören. Ihr letztes Ziel ist die vollendete Polemik und Satire; die Ähnlichkeit mit dem Original nimmt also meist bei steigender künstlerischer Qualität ab. Für die agitatorische P. (§ 80 ff.) dagegen ist die umformende Benützung einer Dichtung ein wirksames Werkzeug der Propaganda.

II. Artistische P. und Spiel mit der literar. Bildung. § 8. In ihren bescheidensten Formen setzt die artist. P. als bewußtes Spiel mit der Überlieferung bloß voraus, daß literar. Werke in den geistigen Besitz des Parodisten übergegangen sind. Sie brauchen nicht besonders geschätzt zu werden, sie sind einfach als poetischer Vorrat vorhanden; ihre Parodierung drängt sich zur Lösung von körperlicher oder geistiger Anspannung, in Langerweile, zur Unterhaltung geselliger Kreise, unter dem Einfluß von Alkohol usw. nahezu automatisch auf.

Das Spiel beginnt bereits beim Kind mit einfachsten Namensverdrehungen und steigert sich mit jedem aufgenommenen Sprachwerk, bis der anfänglich reine Unsinn allmählich gewissen Regeln unterworfen wird und schließlich in durchgeführte sinnvolle Scherze übergeht. Die Umgebung vermittelt nicht nur Originale, sondern auch traditionelle P.n, wie Scherzsegen, Scherzbeschwörungen und Scherzrätsel, später Schul-P.n bekannter Gedichte (*Lenore fuhr ums Morgenrot/Und, als sie 'rum war, war sie tot*), parodistische Wetterregeln und Sprichwörter (Beispielsprichwörter, Sagwörter), P.n auf kirchliche Texte (Bibelstellen, Vaterunser und andere Gebete, Beichtformel, Bruchstücke aus der Messe). Traditionell sind auch die von der Melodie getragenen P.n auf Volks- und Kirchenlieder, Landeshymnen und Gassenhauer. Der Übergang von diesen vorliterar. zu den literar. P.n erfolgt völlig bruchlos, sobald sich bedeutendere Köpfe ihrer bemächtigen und sie der Aufzeichnung für würdig erachten. Dies ist in der dt. Lit. des 14. Jh.s der Fall.

§ 9. Ihre vollste Blüte erreicht die artist. P. aber dort, wo die Dichtkunst zur Hauptsache als Wissen und Kunsthandwerk betrachtet und vom Dichter keine künstlerische Originalität und keine Rücksichtnahme auf das geistige Eigentumsrecht anderer erwartet wird. Da ist dann alle Dichtung P. und Cento.

§ 10. So darf man im Mittelalter für den dt. Minnesang als gewiß annehmen, daß die besten P.n von der Lit.wiss. auf Grund der stilistischen und andern Merkmale dem parodierten Verfasser als Originale zugeschrieben werden. Der Begriff P. löst sich auf und kommt höchstens noch für die engste und auffallendste Form der Nachahmung in Frage, wie sie etwa für Walthers Vokalspiel bei Ulrich von Singenberg, Rudolf dem Schreiber, dem Marner (lat.) und dem sog. Seifried Helbling (geistl. Kontrafaktur) vorliegt. Ulrich von Singenberg ist auch der einzige, der in der P. von Walthers Bitte an König Friedrich auf den Parodierten scherzend anspielt und damit seine Absicht enthüllt. Sonst ist, selbst wo zwei Gedichte nebeneinander stehen wie beim Kürenberger (MF 8, 1 und MF 8, 9), nicht mehr zu erkennen, ob die P. ursprünglich scherz- oder ernsthaft gemeint war. Wo aber alles P. ist, fehlen auch die eindeutigen Kriterien, die eine kritische von einer artistischen P. zu unterscheiden gestatteten. So ist nicht verwunderlich, daß man schon in einigen Liedern Wolframs kritische P.n auf Walther gesehen hat (besonders L. 5, 16 und 7, 11 mit den Variationen von Walthers Versen und Reimen), in dem umstrittenen *Guot wip, ich bitte dich minne* (L. 9, 4) sogar eine artistische Selbst-P. als Stilübung oder eine — möglicherweise Walther zuzuschreibende — P. auf Wolfram (Scholte, Rompelman). Doch muß hier wohl die Forschung in mehr oder weniger überzeugenden Vermutungen stekkenbleiben. Zu leicht werden auch inhaltliche Abweichungen vom Codex des Minnesangs als kritische P.n erklärt. Das scherzhafte Spiel mit dem Üblichen gehört jedoch zu jeder höfischen Kunst und ist neben dem Formkunststück beinahe die einzige Möglichkeit, die andern Dichter zu übertreffen. Beliebtestes Mittel ist die Travestie. Schon dem Hofskalden Thjodolf wird im 11. Jh. von seinem König die Aufgabe gestellt, aus dem Stegreif einen zufällig beobachteten Streit zwischen einem Schmied und einem Gerber als Kampf Thors mit Geirröd und Sigurds mit Fafnir darzustellen (*Morkinskinna* 94). Genauso ist aber auch die Minnetravestie Neidharts und seiner Schüler, die schon Uhland als „Gegengesang" bezeichnet hat, ein Kunststück. Die gattungshafte Umkehr des Minnesangs in der Gestalt des sehnenden Bauernmädchens, des herzlosen Ritters, der warnenden Tochter und der minnekranken Alten in den Sommerliedern, das direktere parodist. Spiel der Winterlieder mit dem höfisch werbenden und abgewiesenen Ritter in der Bauernwelt, selbst später Steinmars Herbst- und Schlemmerlieder zerstören trotz Walthers Klage das rechte Singen erst dann, wenn keine bedeutenden „normalen" Minnesänger mehr auftreten und **die Formen nach eigenen Gesetzen** zu wuchern beginnen. Vorher sind sie bloß Variationen zum aufgegebenen Minnesanggesellschaftsspiel. Kritische Angriffe auf Morungen, Reinmar oder Walther, an die besonders einzelne Verse von Neidharts Winterliedern parodistisch anklingen, sind kaum anzunehmen. Ähnlich werden auch Gattungen wie das Tagelied nicht nur kunstvoll ins Geistliche (von Hugo von Montfort bis Philipp Nicolai), sondern auch in die Dörperwelt (Steinmar, Mönch von Salzburg, Oswald von Wolkenstein) transponiert, ohne daß darin vorab unter Verlust des „Glaubens an den Minnesang" ein neuer religiöser Glaube oder Bauernspott durchbräche. Auch des Tannhäusers unmögliche Herrin in den Liedern, seine gehäuften Modefremdwörter, verdrehten bekannten und unbekannten Liebenden, geographischen Exkurse in den Tanzleichen, die spätern Übertreibungen des Talers oder Friedrichs des Knechts, sind nur Formen scherzenden Spiels mit einer literar. Strömung, keine Polemiken. Wie seit der 2. Hälfte des 13. Jh.s mit der hohen Dichtung gespielt wird, zeigen deutlich die beiden Schwänke vom *Weinschwelg* und von der *bösen Frau*, deren parodist. Anspielungen auf berühmte Helden, Liebespaare, den Minnesang usw. sich keimhaft dem komischen Epos nähern. Wenn dann im 14. Jh. Peter Suchenwirt — wohl auf Bestellung — mit *Herr Gumolf Lapp von Ernwicht* seine eigenen Ehrenreden parodiert, dann ist seine P. reines Formkunststück wie seine Palindromreime. Auch Hermanns von Sachsenheim *Grasmetze* und seine P.n der

Minnereden und -prozesse in der *Mörin* und dem *Spiegel*, ferner die P. der ritterlichen Beizjagd im Schwank vom *Reiher* gehören wohl noch in diesen Zusammenhang.

§ 11. Wie wenig die Frage nach Scherz und Ernst für die mal. P. von Belang ist, zeigt sich an der grobianischen Tischzucht und dem grobianischen Sittenspiegel. Unserm Empfinden gelten diese Umkehren, die im 14. und 15. Jh. einsetzen (Winsbecken- und Cato-P.) und sich besonders mit Dedekinds *Grobianus* von 1549 bzw. dessen Übersetzungen durch Kaspar Scheidt (1557) und Wenzel Scherffer (1640) bis ins 18. Jh. halten, als komische Dichtungen. Seit Dedekind überwiegt auch in der Tat die komische Wirkung. Heinrich Wittenwiler jedoch bezeichnet um 1400 seine Umkehr im *Ring* (V. 5541 ff.) mit der roten Farbe der ernsten, lehrhaften Teile. Offenbar ist ihm der Abschreckungseffekt wichtiger als die Belustigung. In demselben Werk sind auch die Umkehr des höfischen Frauenideals (V. 76 ff.) oder die P. des Eckenliedes (V. 5929 f.) rot angestrichen, die Umkehr des ritterlichen Turniers und die parodist. Liebesbriefe dagegen nicht. P. und Travestie sind Wittenwilers Lieblingsmittel, und in seinem ungeheuerlichen Spiel mit der Bildung gehen Scherz und Ernst so unvermittelt ineinander über, daß er selbst sie mit grünen und roten Farbstrichen zu trennen für nötig hält, wobei wir nicht sicher wissen, ob er nicht auch mit diesen Unfug treibt, wie einige Stellen vermuten lassen. Nimmt man den *Ring* als komisches Epos, als Kulmination der hyperbolischen Elemente, die im „Volksepos" seit etwa 1250 anschwellen, als aufgeblähten Neidhart- und Bauernhochzeitsschwank (*Meier Betz, Metzen Hochzeit*) oder als ernstes, durch Scherze bloß gewürztes Haus- und Lebensbuch, so wird man ihm nicht gerecht. Er ist vor allem artistische P. und Travestie in dem Sinne, daß die ganze höfische Welt systematisch in eine andere (hier die Dörper-) Welt übertragen wird. Was standhält (Laiendoktrinal, Gesundheits-, Tugend-, Kriegslehre usw.), bleibt auch im Munde von Narren ernst; was die Umkehr nicht aushält, wirkt komisch. Ein ähnliches, wenn auch viel bescheideneres Spiel treiben vor Wittenwiler im 14. Jh. schon die Reimreden des Königs vom **Odenwald**.

§ 12. F. Ranke hat das 14. und 15. Jh. eine Blütezeit der dt. P. genannt und diese als typischen Ausdruck der in der spätmal. dt. Dichtung herrschenden Freude am Gegensatz gesehen. Doch darf man nicht außer acht lassen, daß die Dichtung schon eine gewisse Blüte erreicht haben, die Volkssprache als Schriftsprache gefestigt, die literar. Bildung über einen engsten Kreis hinausgewachsen und eine Sammelfreude dem literar. Erbe gegenüber in Erscheinung getreten sein muß, bevor P.n aufgezeichnet werden. Alle diese Faktoren dürften für die dt. Lit. erst vom 14. Jh. an zusammentreffen und besonders für die folgenden Gattungen eine Rolle spielen, die in der lat. Dichtung z. T. schon seit der Karolingerzeit überliefert sind und sich dort seit dem 11. Jh. entfaltet haben.

§ 13. Formen des parodist. Spiels mit der literar. Bildung gehen an sich meist rasch in den Bildungsschatz ein, und die artist. P. neigt somit allgemein zur Bildung fester Gattungen. Für das MA. kommt noch hinzu, daß es überhaupt mehr Gattungen als Einzelwerke parodiert. Obwohl die bescheidensten, direkt an die vorliterar. Formen anschließenden Arten gewiß keine besonderen literar. Leistungen darstellen, wird man sie trotzdem der artist. P. zuzählen, denn ihr ganzes Bemühen ist auf das Kunststück gerichtet, das überlieferte Werk oder die überlieferte Gattung auf ein anderes Thema umzudichten. Einige solcher Spiele sind zeitlos, werden nur für das MA. von der Lit.wiss. beachtet und für die Neuzeit der Volkskunde überlassen, so etwa die scherzhafte Verkleidung von Trinksitten in Gesetze (lat. bereits im 8. Jh.) oder von Liebeserklärungen in Urkunden (dt. 1371). Ein verhältnismäßig bescheidenes Können verlangen und der zeitlosen Volkspoesie am nächsten stehen die gereimten und ungereimten Predigt-P.n, die im 14. Jh. aus der lat. in die dt. Lit. eindringen und nach F. Lehr zur Hauptsache „komische Einzelvorträge" aus dem Repertoire der Spielleute sein sollen. Im 15. Jh., wo einige vielleicht von Hans Rosenplüt stammen, heißen sie Fastnachts- (d. h. lustige), im 16. Jh. meist Freihartspredigten. Sie predigen mit Benützung von Bibelstellen die Minne (bis zum Gebet an den „Geilen Geist"), das Trinken oder in der Sonderform der Lügenpredigt reinen Unsinn.

Ihre beiden bedeutendsten Beispiele, die vor 1589 in Mitteldeutschland entstandenen *Doktor Schwarm* und *Doktor Schmoßmann*, verraten gebildete Parodisten und spielen für Zecher und Schlemmer den ganzen Gottesdienst bis zu den kirchlichen Bekanntmachungen und dem Schlußsegen durch. Als akademische und handwerkliche Depositionsrede, als Polterabend- und Karnevalsspaß, als Kinderpredigt usw. fristet die Gattung bis zur Gegenwart ein bescheidenes Dasein, hie und da belebt durch ein Auftreten bei bedeutenderen Dichtern (satirische Leichenpredigt in Chr. Reuters *Denk- und Ehrenmal*, vernichtende Handwerksburschenpredigt in Büchners *Woyzeck*). Eine literarischere Abart entzündet sich an Schillers Kapuzinerpredigt (s. § 92).

§ 14. Bedeutend höhere Anforderungen an die literar. Kenntnisse und parodist. Fähigkeiten stellt die U m d i c h t u n g k i r c h l i c h e r T e x t e (Evangelium, Messe, Brevier, Hymne, Sequenz usw.) zu Zech-, Schlemm-, Spiel- und Liebespoesie, die in der mlat. Dichtung in eigentlichen Spiel- und Saufmessen gipfelt. Seit dem 14. Jh. werden auch dt. P.n dieser Art aufgezeichnet, ein Vaterunser und ein Mariengruß als Liebesgeflüster zwischen Mönch und Nonne oder Zech-P.n auf Psalm 95 in dt.-lat. Mischdichtung. Sie setzen sich in einem die Seligpreisungen parodierenden Weinsegen Hans Rosenplüts und in dessen nur noch andeutungsweise den Mariengruß parodierenden Wein-, Bier- und Metgrüßen fort, verschwinden im großen ganzen nach dem 16. Jh. aus der gedruckten Lit., leben jedoch in der mündlichen Überlieferung weiter (vgl. Mozart an den Vater 14. 11. 1777 mit P. der Beichtformel). Umgekehrt werden jedoch auch weltliche Texte ins Geistliche transponiert, wofür die Liedforschung meist den Begriff K o n t r a f a k t u r verwendet. Der geistlichen wird dann eine weltliche Kontrafaktur gegenübergestellt, so daß sich die Begriffe verwirren. Mit P. Lehmanns P.-Begriff müßten wir die Umdichtung des Textes vom Geistlichen ins Weltliche P. nennen, die vom Weltlichen ins Geistliche Kontrafaktur. Lassen wir jedoch das kritische Element bei der Umdichtung ins Geistliche (Ersatz für Buhllieder, aber sehr selten mit direkter Polemik gegen den Text des Originals) und ebenso das agitatorische

Element (Umdichtung auf Zeitereignisse usw.) beiseite, da sie nur einem Teil der Texte innewohnen, so handelt es sich in beiden Fällen um dasselbe artistische Spiel mit dem überlieferten Text. Gegengesang bedeutet eben nicht nur: erheitern oder lächerlich machen, sondern auch: durch einen geschickten Trick ins Gegenteil verkehren. Das gilt nicht nur für die weltlichen, sondern auch für die geistlichen Kontrafakturen, und nicht nur für die des MA.s, wo sie seit dem 12. Jh. auftreten und seit dem 15. Jh. (Heinrich von Laufenberg u. a.) blühen, sondern auch (entgegen Hennigs Meinung) für die späteren, mehr kritischen und agitatorischen des 16. Jh.s (H. Linck, H. Knaust, H. Wespe-Vespasius) bis zu Siegmunds von Birken geistlicher *Parodia* eines Zotenliedes, Klaus Harms' *Vaterland,* einer geistlichen P. auf Mignons Sehnsuchtslied (*Kennt ihr das Land? Auf Erden liegt es nicht*) und Eichendorffs beiden Liedern Fortunatos im *Marmorbild.* Daß der vollendeten Kontrafaktur die „Diskrepanz zwischen den einzelnen Strukturschichten" Rotermunds (s. § 2) fehlt, ist selbstverständlich; trotzdem ist sie als Transposition vom Weltlichen ins Geistliche und umgekehrt eine Untergattung der P. Bedeutend freier und kunstloser lassen sich Allegorien umdichten; so wird im 15. Jh. etwa die Minnejagd Hadamars von Laber in eine Trinitätsjagd verwandelt oder ein *Weltliches Klösterlein* (1572) erfunden.

§ 15. Andere Gattungen, wie die Legenden-, Kalender- und Praktik-P., die Horaztravestie und die parodist. Grabschrift, setzen zwar im MA. ein, erreichen aber in der dt. Lit. erst später eine gewisse Bedeutung oder können, wie die P. des Streitgedichts (s. § 33), als Vorstufen späterer Gattungen angesehen werden. Eine Sonderform wäre der Cento, der in seiner strengsten Ausprägung aus Versen und Versteilen eines bekannten Werks ein neues Gedicht zusammensetzt, im späten dt. MA. jedoch nur in seiner freiesten und unsinnigsten Art vorkommt, welche Gedichte aus Redensarten, Liedfetzen usw. zusammenstoppelt, meist *abenteuerliche Rede* oder *Geplärr* überschrieben ist und später Quodlibet heißt. Ein parodiertes Weistum schließlich besitzt Deutschland im *Benker Heidenrecht.*

§ 16. Das 16. Jh. ist trotz der Meistersängerei der artist. P. abhold. Selbst was es aus dem MA. an parodist. Gattungen weiterbildet (s. § 11, 13 ff.) bekommt einen kritischen und mehr noch einen agitatorischen Zug (s. § 81 ff.). Eine Ausnahme bildet Fischarts *Geschichtklitterung* (1575 u. ö.), die mit stärkerem kritischem Einschlag das parodist. Spiel mit der gesamten Bildung und Sprache der Zeit auf die Höhe von Wittenwilers *Ring* führt. Fischart verwendet dazu nicht nur alle überlieferten parodist. Gattungen, gelehrte wie volkstümliche, sondern geht sehr oft auch persönliche Wege, so mit der Parodierung des Altdeutschen in der *Antidotirten Fanfrelischeit* (Kap. 2). Ein weiterer Sonderfall wäre das akademisch-gelehrte Kunststück der maccaronischen Dichtung (s. d.), die auch im dt. Sprachgebiet vom 16. Jh. (bes. *Floia* 1593) bis zum Anfang des 18. Jh.s einige parodierende Werke hervorgebracht hat.

§ 17. Erst das 17. Jh. bringt eine neue Blüte der eigentlichen artist. P., denn in Opitz' Ästhetik vereinigen sich Wissenschaft und Dichtkunst, das Dichten verlangt die Kenntnis der großen Vorbilder, an diese sich anzulehnen ist empfehlenswert und der Begriff des literar. Diebstahls der Zeit völlig fremd. So wird in der Opitznachfolge wiederum die Dichtung weitgehend P. und Cento. Nicht von ungefähr führt diese Zeit überhaupt erst den Begriff *Parodia oder Nachahmung* ins Deutsche ein und entstehen aus Opitz-Versen die beinahe einzigen dt. Centonen im strengsten Sinne (Siegmund von Birken, Wenzel Scherffer). Die Nachahmung reicht von der freien Imitation über die Benützung und Variierung von Anfangsversen berühmter Dichtungen (bereits in der afranz., aprovenz. und aitalien. Poesie verbreitet), über die Parodierung einzelner bekannter Verse oder ganzer Gedichte, über Palinodien mit parodist. Anspielungen, über parodist. Entlehnungen aus fremden Literaturen bis zum Nachdruck ohne „Quellenangabe". Um die Mitte des Jh.s werden einzelne Gedichte Opitzens bis über zwanzigmal parodiert, besonders *Ich empfinde fast ein Grauen* (nach Ronsard), *Wohl dem, der weit von hohen Dingen* (nach Horaz), *Komm, Liebste, laß uns eilen, An die Morgenröte, Coridon, der ging betrübet* und *Viermal ist der Früh-*

ling kommen werden unendlich variiert. Von den häufigen Fleming-P.n wird die Umdichtung von dessen *Will sie nicht, so mag sie's lassen* durch G. Finkelthaus selbst wieder Ausgangspunkt zahlreicher P.n. Neben Finkelthaus stechen D. Schirmer, H. Albrecht und G. Schoch durch engste Nachahmungen hervor. Daß sie als kleinere Dichter gelten, hängt mit der unvermeidlichen Tendenz der Lit.wiss. zusammen, das Neue als groß zu sehen. Wie in jeder Blütezeit der artist. P. werden besonders auch die Umkehren gepflegt. H. Albert dreht Opitzens *Ich empfinde fast ein Grauen* und S. Dachs *Lesbia, mein Leben* um und druckt die P.n direkt neben den Vorbildern in seinen *Arien* ab, ebenso R. Roberthins Herbstlied *Die Sonn' ist abgegangen* zusammen mit S. Dachs Frühlingslied und Vorbild *Die Sonne rennt mit Prangen*. Auf *Der Tod ist kein Tanz* läßt N. Schlott *Der Tod ist ein Tanz* folgen; Liebeserfüllung wird in Liebesversagung, Schönheitspreis in Lob der Häßlichkeit, Zotenlied in Kirchenlied, Kirchenlied in Blasphemie umgedichtet. Aus engster Anlehnung — oft mit Beibehaltung der gleichen Reime — läuft das Spiel in größere Werke aus, die meist nur noch thematische Gegensätze aufweisen, wie E. Stockmanns Lob des Land- bzw. des Stadtlebens (1681 und 1683), und ist weniger typischer Ausdruck eines barokken antithetischen Lebensgefühls (A. Hübscher) als eines Bedürfnisses, die eigene Kunstfertigkeit zu erproben oder das Vorbild zu übertreffen. Auch hier sind Scherz und Ernst kaum zu trennen: so schwebt etwa das aus Neukirchs Sammlung (II 318) bekannt gewordene und im Kreise Chr. Reuters (*Harlequins Hochzeitsschmaus*) travestierte anonyme allegorische Sonett *Amanda, liebstes Kind, du Brustlatz kalter Herzen* zwischen artist. Spiel mit der literar. Bildung und Spott.

Außer freieren Nachbildungen wie den Simpliziaden, die in den spätern Epochen von den Robinsonaden, Wertheriaden usw. abgelöst und hier übergangen werden, trägt das 17. Jh. zu den parodist. Gattungen nur die aus der Antike (Martial) und dem lat. MA. übernommene s c h e r z h a f t e G r a b s c h r i f t bei, die neben der ernsthaften als eine Sonderform des Epigramms Mode wird, in der dt. Lit. bis zu Lessing, Grillparzer und Glaßbrenner, in der franz. jedoch bis in die Gegenwart weiterlebt und mit erfundenen Marterln auch in die volkstümliche Sphäre eindringt.

§ 18. Im 18. Jh. setzt jene Entwicklung ein, welche die Anschauungen von Wesen und Wert der P. beinahe bis heute bestimmt. Einmal drängt die kritische P. (s. § 48 ff.) in den großen literar. Fehden die artistische derart in den Hintergrund, daß man von nun an P. mit Kritik gleichsetzt. Zum zweiten dient die unkritische P. unter allmählichem Verlust des eigentlichen artist. Strebens einem eindeutig heitern Spiel mit der literar. Bildung; fast nur in diesem Jh. trennt sich auch eine nicht oder nur wenig parodierende Travestie ab. Zum dritten werden in der Ästhetik nun Tendenzen wirksam, die der artist. P. ausgesprochen feindlich sind.

Trotzdem bricht das Zeitalter, das schließlich zuletzt in Mozarts *Così fan tutte* die höchste musikalische Form eines zwischen Scherz und Ernst schwebenden parodist. Spiels hervorbringt, nicht grundsätzlich mit den überkommenen Formen. Wenn Bodmer den 22. *Diskurs der Maler* (1721) eine P. nennt, so meint er damit noch eine enge Nachahmung (von Boileaus 9. Satire).

Auf J. A. Eberts *Verzweifelnden Schäfer* (nach Prior) folgt in den Bremer *Neuen Beiträgen* eine anonyme *Mitleidige Schäferin* (1744 I.1, I.6). *Versuch einer Nachahmung* sind die Brockes-P.n Hagedorns überschrieben. Ramlers *Tänzerin* wandelt Hagedorns *Verliebte Verzweiflung*, J. W. B. Hymmens *Greis* dessen *Jüngling* ab. H. A. Hille parodiert 1759 Hagedorns *Verleumdung*, Chr. E. Rosenbaum Lessings *Tod* (*Der Liebesgott* 1762), J. F. v. Gentzkows *Thyrsis und Lespia* Ewald v. Kleists *Damöt und Lesbia* (nach Horaz Od. III. 9).

Überdies paßt die artist. P. als ausgesprochen gesellschaftliche Kunst zum Rokokostreben nach einer eleganten und graziösen Gesellschaftskultur, verlagert sich nun jedoch in die bürgerliche Sphäre. So sind besonders in den gefühlvollen Freundschaftsbünden der zweiten Jh.hälfte *Gegenstücke, Seitenstücke zu ...*, *Lieder im Geschmacke von ...* verhältnismäßig beliebt. Selbst Bodmer stellt sich als munterer Alter (*Der Greis* 1767) seinem über Beschwerden klagenden Freund Gleim (*Der Greis* 1766) parodistisch entgegen.

Auf Schubarts *Schwabenmädchen* (1760) entgegnet Joh. Chr. Giesecken *Ich Mädchen bin aus Sachsen*. Vier Tage nach dem Erstdruck von Klopstocks *Vaterlandslied (Ich bin ein deutsches Mädchen)* dichtet Claudius *Ich bin ein deutscher Jüngling* (1771), später kritischer Schubart *Ich bin ein gnädigs Fräulein* (1776). Claudius' Werk ist reich an solchen Scherzen, die freilich bei ihm auch in tiefen Ernst umschlagen können, so in seinem *Wohlauf Kameraden, vom Pferd, vom Pferd (Die zurückgekehrten Vaterlandskämpfer* 30. Juni 1814). Auf Claudius' *Phidile* antwortet Bürgers *Robert.* Bürgers Trinklied *Herr Bacchus ist ein braver Mann* verwandelt Blumauer in *Herr Bacchus ist ein schlechter Mann,* während ein Anonymus fast mit den gleichen Worten Apollo lobt. Mozart dreht Klopstocks *Ode an Edone* auf das Bäsle (10. 5. 1779) zu, und der junge Zacharias Werner dichtet ein *Lied im Geschmack des Wandsbecker Boten. Gegenstück zum Lied im Reifen.* Werner (*Parodie auf das Lied . . .*) und Herder (*Der Geliebte*) wandeln Uzens *Eigenschaften einer Geliebten* (nach Marot) ab. Zwei Variationen von Klopstocks *Kriegslied (Heinrich der Vogler)* — ein Liebes- und ein Trinklied — wurden seinerzeit dem Verfasser des Originals zugeschrieben, da dieser öfters im geselligen Kreis eigene Oden parodierte und sich gern am Geburtstag vorparodieren ließ. E. L. Th. Kosegarten variiert Höltys *Aufmunterung zur Freude* zu einem *Klaglied eines Mißvergnügten.* Noch im 19. Jh. schreiben kleinere Dichter Seitenstücke, etwa zu Körners *Eichen* (Franz Canaval) oder Höltys *Mailied* (W. E. Reichel *Winterlied*). Meister in harmlosen parodist. Scherzen sind die Hainbündler und ihre Freunde, unter ihnen neben Claudius vor allem Hölty. Von dessen — nach Voß' Zeugnis häufig mit andern zusammen verfertigten — P.n sind eine *Bardenode,* eine Ode *An Braga* und eine *Petrarchische Bettlerode,* die P. auf ein bereits aus dem Franz. variierte Gedicht J. G. Jacobis, erhalten. Voß macht aus Matthissons *Elysium* einen *Orkus.* Cramer bedichtet den *Jungen Grafen Stolberg, als er anfing Griechisch zu lernen* und freut sich, wie ihn Voß unter Mithilfe von Boie in einer *Schwergereimten Ode* (1773) hochnimmt. Voß wiederholt dann dieses Spiel in einer *Schwergereimten Ode an mich selbst* (1777). Bürger verschont sogar seine eigenen Gedichte nicht; sein *Mädel, das ich meine* schreibt er mit Lichtenberg zusammen in die *Hexe, die ich meine* um, und mit einer weitern Variation beantwortet er eine anonyme P. Die *Drei Übersetzungen der Verse Ovids: Si, nisi que . . .* verspielt er in zwei zusätzlichen P.n. Ähnlich dichtet J. Chr. Krüger selbst eine P. *Daphnis auf Ismene* zu seiner Romanze *Ismene auf Daphnis* (1763).

Von der artist. P. des 17. Jh.s unterscheiden sich alle diese Spiele durch eine oft graziösere Form, vor allem aber durch ihren deutlichen Scherzcharakter, den die häufige Travestierung unterstreicht.

§ 19. In jedem Sinne ihre Vollendung findet die artist. P. bei G o e t h e. Bekannt ist,

wie dieser bei Gleims Besuch im Juli 1777 den Musenalmanach aus dem Stegreif mit scherzhaften eigenen Gedichten in allen möglichen Manieren ergänzt. Aber Scherz und Ernst sind in der artist. P. durch keinerlei Schranke getrennt. Denn mit geringen Veränderungen parodiert derselbe Goethe auch das *Heidenröslein,* mit stärkern andere Volkslieder. Friederike Bruns *Ich denke dein* wird zur *Nähe des Geliebten,* Pfeffels *Nelke* zu *Gefunden. Gewohnt, getan,* das Goethe selbst eine P. nennt (an Zelter 3. 5. 1813), kehrt das „elendeste aller jammervollen deutschen Lieder" (*Ich habe geliebt, nun lieb' ich nicht mehr*) um; *Ergo bibamus* verbessert ein Trinklied Riemers. Anderseits beeinflußt möglicherweise eine Gegendichtung Charlotte von Steins (*An den Mond meiner Manier*) die zweite Fassung des Mondliedes. Für Privates und Privatestes dichtet Goethe mit Marianne v. Willemer Hafis-Centonen (s. *Chiffer* in den *Noten und Abhandlungen*) oder für Silvie von Ziegesar eine Versepistel im Stile Chr. Gregors (*An Silvien* 21. 8. 1808). Freier variiert er im *Reineke Fuchs* das Tierepos, oder er versucht, die *Zauberflöte* fortzusetzten, usw. In der Meisterschaft, sich fremde Vorbilder einzuverleiben, erreicht die artist. P. bei ihm jene Höhe, wo über der P. das Original untergeht.

§ 20. Als Gattung der artist. P. eng verbunden ist die H o r a z - P. und -Travestie des 18. Jh.s, die besonders im anakreont. Lied blüht, wo sich ohnehin gern jeder zweite Poet für seine Eleganz und Formkunst einen dt. Horaz nennen läßt. Seit den *Quirinalia* des Metellus von Tegernsee (1150/60) — recht eigentlichen Horazcentonen — ist Horaz immer wieder das Opfer der Parodisten geworden. Während aber bis jetzt mit Ausnahme der Spiele Jacob Baldes und Charles Beys' der lat. *Horatius Christianus* als *Parodia* das 16. und 17. Jh. beherrschte (z. B. *Proteus Horatianus* des Baslers J. J. Hofmann 1684), der noch im 19. Jh. Nachzügler findet (J.-F. Bergier 1886), werden im 18. Jh. die Gedichte bewußt (nach vielen unfreiwillig travestierenden Übersetzungen) durch Bodmer, Zachariä, Hagedorn, Hölty, Gleim, Voß, Thümmel, Bürger, J. B. Alxinger, F. J. v. Ratschky usw. in die eigene Zeit verpflanzt.

§ 21. Da das Epos in der Aufklärung als die Krone der Dichtung gilt, die antiken Vorbilder jedoch allen bürgerlichen vernünftigen und moralischen Tendenzen der Zeit zuwiderlaufen und ein eigenes noch fehlt, muß hier die P. als Brücke dienen. Doch läßt sich die Parodierung eines größern Werks nur schwer durchhalten und wirkt rasch langweilig. Deshalb parodiert man unmittelbar bloß Einzelepisoden, übernimmt vor allem die Bilder, den äußern Bau, die entsprechende metrische Form (zuerst Alexandriner, dann Hexameter), wendet aber diese Elemente, oft unter gleichzeitiger Travestierung der antiken Mythologie, auf nicht gemäße Gegenstände und Nichtigkeiten der bürgerlichen tändelnden Salonwelt an. So entsteht, als wohl lockerste und freieste Form der P., das k o m i s c h e E p o s (s. d.), das unter dem Einfluß fremder Vorbilder (besonders Popes *Lockenraub* von 1712, weniger Boileaus *Chorpult* von 1674, nur indirekt Tassonis *Geraubter Eimer* von 1614) auch in Deutschland kurze Zeit, etwa 1740 bis 1770, blüht, in dem von Gottsched wie von den Bremer Beiträgern gepriesenen *Renommisten* (1744) Zachariäs seinen bekanntesten Vertreter besitzt und mit seiner langen Geschichte von der *Batrachomyomachia*, die im 18. Jh. u. a. Hölty und später Chr. von Stolberg übersetzen, bis ans Ende des 19. Jh.s in diesem Lexikon gesondert behandelt ist. Das komische Epos ist immer P. auf das Heldenepos als Gattung, dagegen schwankt der Anteil der direkten P. auf einzelne Werke; im 18. Jh., wo man gern noch in Anmerkungen die parodierten Originalstellen verzeichnet, ist er eher groß, aber Zachariäs *Murner in der Hölle* (1757), der eine ganze Episode der *Odyssee* (Elpenor) auf einen Kater überträgt, bildet bereits eine Ausnahme. Obwohl sich von Anfang an auch satirische Elemente (bes. gegen die Gallo- und Anglomanie) einmischen, ist das komische Epos doch vor allem ein Kunststück, da es — auch wo auf den Vers verzichtet wird — zumindest eine sichere Beherrschung der antiken epischen Bilderwelt verlangt. Allmählich verliert es dann den parodistischen Charakter und geht über die Idylle und die komischen Ritterepen und Verserzählungen Wielands in den komischen Roman usw. ein. In den Schüler- und Studentenepen des 19. Jh.s (Heine *Wünnebergiade* ca. 1815;

W. Woltersdorf *Der Helden Primas und Secundas Schneekampf* 1815; Hauff *Die Seniade* 1822; Oskar Kraus *Die Meyeriade* 1891) wird es dann aber wieder völlig zum parodist. Bildungsspiel und lebt als solches noch in der Gegenwart (Arnold Kübler *Velodyssee* 1955). Eigene Wege beschreitet im 18. Jh. Chr. G. Richter, wenn er die neuere Geschichte im Stil der alttestamentlichen Chroniken behandelt (*Die Bücher der Chronika von den Kriegen der Franzosen mit Maria Theresia* 1744 usw.).

§ 22. Auch die reinen T r a v e s t i e n der Zeit wollen die Antike als stolzen Besitz des belesenen Aufklärers in die bürgerliche Weltharmonie der Vernunft und des guten Geschmacks einbauen. Sie verzichten beinahe vollständig auf die P. und sind somit keine Formkunststücke, sondern Spiele des geistreichen „Witzes", die mit ihren meist anspruchslosen Knittelversen auch jedem Gebildeten ohne dichterisches Können offenstehen, deshalb später besonders in akademischen Kreisen beliebt sind und in ihren besten Produkten zu gelehrten Spielen werden. Ansätze zu bewußter Travestie finden sich schon im 17. Jh., etwa in W. H. v. Hohbergs *Unvergnügter Proserpina* (Versepos 1661), vor allem aber in den *Überschriften* Chr. Wernickes (1697, 1701, 1704), der nach dem Vorbild der franz. *vers burlesques* z. B. *Des Schäfers Paris Urteil in einem Knittelgedicht* travestiert und auch die Travestie zur Kritik Hofmannswaldaus benützt (s. § 48). Ausgangspunkt für die Travestie des 18. Jh.s ist neben Vereinzeltem, wie Hagedorns travestierend-parodierendem *Leichen-Carmen*, der S a l o n b ä n k e l s a n g in Gleims Halberstädter Kreis, ein neues artistisch-parodist. Spiel der Gebildeten mit dem „Volkston" nach franz. Vorbild (Moncrif), in dem J. F. Löwen, D. Schiebeler (bei *Harlekin und Colombine* verbunden mit P. auf R. E. Raspes *Hermann und Gunilde*), Geißler, F.W. Gotter, A. Blumauer u. a. „pikante" Begebenheiten aus Mythologie und Geschichte zu travestieren beginnen. Hölty behandelt so 1769/70 Hero und Leander, Aktaeon (auch Thümmel 1773), Apollo und Daphne, Clytia und Phoebus, Narciss und Echo; Bürger 1770/71 die Europa. J. B. Michaelis, der Freund Gleims, erweitert die Kleinform in *Leben und Taten des teuren Helden Aeneas* zu einer Travestie des ersten und eines Stücks des zweiten Buches der *Aeneis* (1771, z. T. auch erst aus dem Nachlaß publiziert, von Friedr. Berkhahn schlecht weitergeführt). Der Wiener Zensor Alois Blumauer setzt zuerst Michaelis' Werk mit der Travestie des zweiten Buches (1782) fort, bearbeitet dann auch das erste und dringt schließlich bis zum neunten Buch (1788) vor. Mit Blumauers Erfolg wird die Travestie für kurze Zeit Mode, wie sie es schon in Frankreich um die Mitte des 17. Jh.s durch Scarrons *Virgile travesti* (1648-52, bis zur Mitte des 9. Buchs), der wiederum auf G. B. Lallis *Eneide travestita* von 1633 zurückgeht, gewesen war. Bei Blumauer wie bei Scarron ist die Travestie offensichtlich eine erste halbgelehrte und rationalistische Verarbeitung des von den Poetikern als vorbildlich hingestellten Altertums für den Bonsens der Gesellschaft, bevor die franz. bzw. die dt. Klassik tiefer dringt. Mit den Vorgängern hat Blumauer die witzigen, auf die Gegenwart und Lokales (nur wenig auf die Lit.) anspielenden Anachronismen, den Tonfall der vernünftigen Alltagssprache und das Erotisch-Pikante gemeinsam. Eigen ist der kulturkämpferische Pfaffenhaß des josephinischen populären Aufklärungsschriftstellers (Aeneas als Gründer des Vatikans), der das Werk in die Nähe der Agitation rückt und Blumauer bei den Gegnern zum dt. Voltaire stempelt, obwohl er die Eleganz der *Pucelle*, von der er kleine Stücke zu übersetzen versucht, nie erreicht. Die Zukunft, die Aeneas auf den beiden Seiten eines Wirtshausschildes schaut, gipfelt in einer Apotheose Josephs II. Manches erinnert auch an Wieland, besonders an dessen 1765 gedruckte *Komische Erzählungen* (*Diana und Endymion, Das Urteil des Paris, Aurora und Cephalos*) und ihre nächsten Verwandten. Wieland setzt Blumauer in dem Augenblick, wo er sich selbst aus der Dichtung in sein „Schneckenhaus" zurückzieht, zum „natürlichen Erben" seines Talents ein, freilich mit der Aufmunterung, nun ebenso rühmliche Eroberungen in höheren Gegenden der Musenkunst zu wagen (an Blumauer 25. 9. 1783), und wird von ihm bei persönlicher Bekanntschaft zum Ärger Schillers (an Körner 29. 8. 1787) stark angezogen. Aber um diese Zeit erlischt auch Blumauers dichterische Produktivität; er überläßt die Travestie des 10. bis 12. Buches dem schwachen Stuttgarter K. W.

F. Schaber, der die Polemik von den Pfaffen und Jesuiten auf die Jakobiner abbiegt (1794).

Von den andern Nachahmern Blumauers seien wenigstens erwähnt: F. Chr. Paldamus (*Des teuren Helden Aeneas Fahrt über den Styx* . . . 1785), B. J. Koller (*Herkules travestiert* 1786, unter Blumauers Namen veröffentlicht), K. A. v. Boguslawsky (*Homers Iliade* 1787), E. F. Hübner (*Verwandelte Ovidische Verwandlungen* 1790/92), G. G. Fülleborn (*Odyssee* 1792), Freiherr v. Hohenfels (*Der Engelfall* 1793, eine antiklerikale Bibeltravestie), K. Dieffenbach (*Travestierte Fabeln des Phädrus* 1794/ 95), J. E. D. Bornschein (*Homers Iliade* 1796/97, mit einer Verteidigung Blumauers gegen Schiller), F. Chr. Weisser (*Aeneas der Fromme* 1798). Noch im 19. Jh. setzen Blumauers Art fort: F. Sonnenberg (*Der Laufpaß fürs 18. Jahrhundert* 1801) oder B. v. Wagemann (*Ovids Trauerbücher* 1806, 1829). Zuletzt landet sie bei Improvisatoren wie M. Langenschwarz (*Der Hofnarr* 1831, 1832).

§ 23. Wieland hat sich in Blumauer nicht getäuscht. Dessen Aufklärungsspiel mit der Bildung, das die ganze Welt- und Geistesgeschichte in die Travestie einbezieht, steht turmhoch über dem seiner Nachahmer; für den jungen Grillparzer, der die mythologischen Karikaturen, travestierten Opern usw. der Franzosen und Wiener („Perinet und Konsorten") heftig ablehnt und Blumauer in *Mein Traum* (1805/06?) nachahmt, ist es „vielleicht das Beste, was je in dem Gebiete der Parodie emporgeblüht ist", und Blumauer ist „der größte Dichter dieses Fachs" (*Zerstreute Gedanken über das Wesen der Parodie* 1808). Aber Blumauer kommt auf eine Weise zu spät, wie es fast nur noch in Wien möglich ist. Die klassische Sicht der Antike hat der dt. Dichtung bereits einen Weg gewiesen, der jede spielerische Travestie verunmöglicht. Noch am leichtesten gelingt der Übergang in die Klassik vom komischen Epos her, das den Gehalt des ernsten Epos höchstens indirekt trifft, sich ohnehin der Idylle nähert und durch die *Batrachomyomachia* als echt antik geadelt ist. Deshalb nimmt Goethe seine Ode an Zachariä zu dessen Leipziger Aufenthalt von 1767 (in welcher Zeit Goethe noch selbst für ein Hochzeitsgedicht den ganzen Olymp „parodistisch" heranzieht, *Dichtung und Wahrheit* VII) in die Sammlung seiner Gedichte auf und gedenkt ehrend des *Renommisten* als des Dokuments einer zwar schwachen, aber wegen ihrer Unschuld und Kindlichkeit liebenswürdigen Zeit (*Dichtung und Wahrheit* VI). Von Blumauer aber führt kein Weg zur klassischen Dichtung. Doch behandelt ihn Goethe später verhältnismäßig glimpflich: das Werk gilt ihm in seinen schroffen Gegensätzen als typisch deutschkomisch, die Vers- und Reimbildung trage den komischen Inhalt leicht dahin (*Byrons Don Juan, Kunst und Altertum* III. 1, 1821); nur in den *Tag- und Jahresheften* erschrickt er vor der grenzenlosen Nüchternheit und Plattheit (1820). Schiller jedoch, den 1787 noch Blumauers *Ode an den Leibstuhl* begeistert (an Körner 5. 1. 1787), führt einen ersten Hieb in der Vorrede zum eigenen Übersetzungsversuch *Die Zerstörung von Troja* (1792), der Vergil gegen den durch die Blumauerische Muse einreißenden Geist der Frivolität in die ihm gebührende Achtung einsetzen soll, und erledigt, nachdem er 1794 die Travestie gekauft hat, in der Abhandlung *Über naive und sentimentalische Dichtung* — wo Claudius nur durch Fürsprache seiner Freunde einer ähnlichen Verurteilung entgeht — den „schmutzigen Witz des Herrn Blumauer", spricht ihm aber Talent und Laune, beide freilich ungereinigt, nicht ab. Damit ist die Travestie aus der Dichtung entfernt. Im Briefwechsel mit Zelter nennt sich Goethe sogar einen „Todfeind von allem Parodieren und Travestieren" und meint damit das aufklärerische Spiel mit der Bildung, das „garstige Gezücht", welches das Schöne, Edle, Große herunterziehe, um es zu vernichten (26. 6. 1824). Goethe versucht auch in drei, von Eckermann unter dem Titel *Über die Parodie bei den Alten* verbundenen Fragmenten (1824-1826) jeden Faden zwischen den antiken heitern Nachspielen bzw. entsprechenden Darstellungen der bildenden Kunst und der P. und Travestie zu zerschneiden; jene höben das Niedrige empor, diese zögen es herunter, verschleppten es ins Gemeine und seien ein Symptom dafür, daß sich die Nation, die sich daran erfreue, verschlechtere.

§ 24. Dieses Urteil Goethes ist nicht nur in der neuen Sicht der Antike gegründet, sondern schließt auch eine andere Entwicklung ab. Bereits vier Jahre nach Zachariäs *Renommisten* erhält die dt. Dichtung in Klopstocks *Messias* ein — allerdings nur kurzlebiges — ernstes Epos, dessen Grundhaltung jede artistische P. gefährdet. Denn wo sich die Dichtung der religiösen Sphäre

nähert, verbietet nicht nur eine neue, aus den bürgerlich-moralischen Tendenzen der Zeit entwachsende heilige Scheu vor der Blasphemie das Parodieren (deshalb fehlen später P.n auf Goethes *Iphigenie*), sondern es erstarkt gleichzeitig der Glaube an die Dichtung und die Vorstellung von einer besonderen Würde des Dichterberufes, die bald einmal auch ein unterhaltsames geselliges Parodieren ausschließt. Wird noch, wie seit dem Sturm und Drang, göttliche Begeisterung, Originalität und Naturnachahmung gefordert, dann ist in der hohen Dichtung für die artistische P. — die kritische bleibt zur Bekämpfung der niedern Dichtung erlaubt — überhaupt kein Platz mehr. Das „Genie" verachtet den „Witz". Niedrigster Ausdruck dieser neuen Gesinnung wird später das geistige und wirtschaftliche Copyright, das auch jede artistische Nachahmung suspekt macht (siehe *Plagiat*).

§ 25. Die Folgen sind für die P. des 19. Jh.s denkbar unglücklich. Das aufklärerische Spiel mit der Bildung bricht selbstverständlich nicht ab, aber es wird von der hohen Dichtung abgeschnitten und auch von der Literaturkritik verachtet. Das Niveau senkt sich. Es parodieren nicht mehr bedeutende Dichter, sondern gebildete Durchschnittsschriftsteller oder Studenten und Gelehrte für ihre Stammtische, Klubs und Witzblätter. Wo ein besserer artist. Parodist auftaucht, vermag er sich gegen die dogmatische Literaturästhetik nicht durchzusetzen, es sei denn, er greife zur satirischen Kritik. Deshalb versucht Hauff — freilich vergeblich — seine unter dem Namen des Parodierten veröffentlichte virtuose Clauren-P. (*Der Mann im Mond* 1826) nachträglich als kritische P. (*Controverspredigt* 1827) auszugeben. In einem ähnlichen Zwielicht stehen die ersten Heine-P.n (H. Anselmi *Zuckerpastillen für die Geliebte* 1822, W. Neumann), die parodist. Scott-Scherze von Willibald Alexis (*Walladmor* 1823/24) und Carl Spindler (*Der große Unbekannte* 1829), David Schiffs *Lebensbilder von Balzac* (1832), die unter dem Namen der parodierten Gräfin Hahn-Hahn veröffentlichte *Diogena* Fanny Lewalds (1847) und noch einzelne Jugendgedichte Georg Heyms oder in jüngster Zeit Robert Neumanns artist. P. moderner Trivialromane (*Meine schöne Mama* 1956, unter dem Pseudonym Mathilde Walewska veröffentlicht).

Selbstverständlich stirbt die artist. P. erst allmählich ab, sie blüht sogar im Seitentrieb der gelehrten P. Aber die erste Hälfte des Jh.s gehört doch einer eindeutig komischen P. und Travestie, die in weniger bedeutenden Formen die bürgerliche Klubgeselligkeit beherrscht und im Altwiener Volkstheater einen glänzenden Höhepunkt erreicht. In der zweiten Hälfte des Jh.s setzt die Travestie der Wissenschaften diese Tendenz fort; gleichzeitig erobert sich aber die artist. P. in neuen Parodienzyklen unter dem Deckmantel der Kritik wieder einen bedeutenderen Platz, den sie bis zur Gegenwart behauptet, wie überhaupt artist. P. und unkritisches Spiel mit der Bildung bruchlos ins 20. Jh. übergehen. Die Klubs und die Theater-P. finden im Kabarett eine neue Wirkungsstätte, die Travestie erhält in Thomas Mann einen eigentlichen Virtuosen.

§ 26. In der 1. Hälfte des 19. Jh.s wird selbst mit den Werken Goethes anfänglich noch rein artistisch gespielt. So variieren etwa A. M. v. Thümmel (*Des Jägers Abendlied*) und Sophie Mereau (*Der Hirtin Nachtlied*) Goethes *Jägers Abendlied*. Besonders häufig wird Mignons Sehnsuchtslied verändert, z. B. von F. Lerse (1796), J. D. Falk (1798), F. Brun (1803), K. Harms (1817), L. v. Rohr (1824), M. Schleifer (1830); selbst in Liederbüchern gehen einzelne Variationen ein. Jens Baggesen erweitert *Wer nie sein Brot mit Tränen aß* um zwei palinodische Strophen (*Leiden* 1803) und dichtet Schillers *Künstler* auf die *Krieger* um. A. W. Schlegel parodiert Byron (*Parodien auf Lord Byrons Zeilen ...*). Stilübungen sind E. T. A. Hoffmanns Jean Paul- und Sterne-P. (1795?). Noch um die Mitte des Jh.s wird Anastasius Grün vom Frankfurter Liederkranz mit einer Kontrafaktur seines eigenen *Frühlingsgrußes* empfangen. Einen krönenden Abschluß der alten Form artist. P. bilden die Gedichte auf den Tod des Maria, mit denen Brentano den Anhang zum *Godwi* (1801) schließt. Wenn man von Claudius' *Übungen im Stil*, einem kritischen und spielenden Kunterbunt ohne artistische Ambitionen, absieht, ist dies wohl der erste dt. P.n-Zyklus. Brentano, der auch sonst gern mit dem Werk seiner Freunde und Zeitgenossen spielt (so etwa mit Arnims *Melück von Blainville* in der *Schachtel mit der Friedenspuppe*, s. a. § 86), ahmt die Stile

Matthissons, Schillers, Vermehrens, A. W. Schlegels (mit Übernahme von Reimwörtern) und weniger bekannter Dichter nach. 1826 folgt die *Leier der Meister in den Händen des Jüngers, oder achtzehn Gedichte in fremder Manier und eins in eigner* des Oldenburgers Theodor von Kobbe. Angeregt durch Variationen eines befreundeten Musikers parodiert Kobbe ausgezeichnet Blumauer, Bürger, Claudius, Cronegk, Gellert, Geßner, Gleim, Hebel, Körner, Lichtwer, Matthisson, Salis-Seewis, Schiller, A. W. Schlegel, Seume, Tiedge, Uhland, Voß und fügt — wie bald die meisten artistischen Parodisten — eine Selbst-P. hinzu. Der Untertitel verrät die Verbindung zum 18. Jh., wo man noch unkritisch in fremder Manier dichten durfte, die Erfolglosigkeit der Sammlung aber — es wurden nur sechs Exemplare verkauft —, daß das Verständnis für das rein artist. Spiel geschwunden war. Die nächste bedeutendere Sammlung eines einzelnen Parodisten erscheint erst 1853; 1869 heißt eine solche bereits beinahe programmatisch *Lyrische Karikaturen* (s. § 38).

Einen Sonderfall stellen später noch die zahllosen Variationen, Antworten, P.n und P.n über die P.n usw. auf Nikolaus Beckers *Deutschen Rhein* (*Sie sollen ihn nicht haben*, 1840) dar, an denen sich Arndt, Maßmann, Simrock, Grillparzer, Ludwig I. von Bayern, Musset, Herwegh, F. W. Bruckbräu u. a. beteiligen.

§ 27. Ganz verbunden mit dem 18. Jh. bleibt noch lange als Zweig der artistischen die gelehrte P. Die intensive Neigung zu einer vergangenen Epoche, der Genuß, Fachgenossen und literar. Umwelt mit außerordentlichen Kenntnissen zu täuschen, und der Reiz, die eigenen künstlerischen Fähigkeiten mit dem Wissen schöpferisch zu verbinden, verführen immer wieder zu scherzhaften Mystifikationen und eigentlichen literar. Fälschungen (s. d.). Neben den bekannten fremdsprachigen Fällen (Macphersons *Ossian* 1765, Chattertons *Thomas Rowley* vor 1770, später Mérimées *La Guzla* 1827) weist auch das dt. Sprachgebiet bereits im 18. Jh. solche gelehrte Spiele auf, so K. F. Renners *Hennynk de Han* (1732) und Paul von Stettens *Briefe eines Frauenzimmers aus dem 15. Jahrhundert* (1777). In der 1. Hälfte des 19. Jh.s dichten junge Germanisten gern alt- (Hoffmann von Fallersleben) oder mittelhochdeutsch (Wilhelm Wackernagel u. a.). Wackernagels Waltram-Bruchstücken (*Zwei Bruchstücke eines unbekannten mittelhochdeutschen Gedichts* 1827) erliegen sogar Lachmann und Docen (der selbst 1818 die Catalani im Stil des Heldenepos und 1823 eine Kunstausstellung im Tone Schelmuffskys besingt), nur Laßberg erkennt den Scherz; anderseits durchschaut Wackernagel sofort August Hagens *Norica, das sind Nürnbergische Novellen aus alter Zeit* (1829). Die philologisch gekonnteste Mystifikation ist wohl die griech. Übersetzung der Urgeschichte der Phönizier von Sanchuniathon, erfunden und geschrieben von dem Bremer Theologen F. Wagenfeld (1837, mit lat. Übers. und Kommentar). Wegen ihres Stoffes bekannter ist W. Meinholds *Maria Schweidler, die Bernsteinhexe* (1843). Bescheidenere artist. Versuche in Altdeutsch und Mönchslatein bietet noch Scheffel. 1908 geben die Münchner Bibiophilen und C. G. v. Maaßen *Ein Dutzend Briefe von Kant, Lessing, Schlözer, Lichtenberg, Bürger, Goethe, Fichte, Hoffmann, Görres, Heine, Grabbe, Halbe* heraus, von denen nur zweieinhalb echt sind, und noch 1924 enthält das *Jubelschiff* für A. Kippenberg Goethe-Beiträge als scherzhafte Mystifikationen.

§ 28. Nimmt man den Sonderfall der romantischen P. (s. § 65) aus, so ist die 1. Hälfte des 19. Jh.s jedoch vor allem die Blütezeit des uns heute oft kaum mehr erträglichen komisch-parodistischen Spiels der Gebildeten mit der dt. klassischen Dichtung. Sie ist eine Folge des an Schiller und Goethe erstarkten Stolzes auf das dt. literar. Erbe und wird getragen von der durch die Schule und die aufstrebende Lit.wiss. genährten Popularität „klassischer" Gedichte. Der Gebildete will seine Kenntnisse der Lit. zur Schau stellen, vermag jedoch als nüchterner Bürger einer zensurierten Welt den nun gesteigerten Anforderungen der Dichtkunst nicht mehr zu genügen; er wehrt diese ab, indem er die Lit. zur Unterhaltung benützt und halbverdaut in travestierende P.n entleert. Deren künstlerischer Wert ist meist gering; trotzdem gehören sie als Seitentrieb zur artist. P., weil sie — dem Vorbild keineswegs feindlich gesinnt — ein ungeschickter, banaler Ausdruck schulmäßiger, von der literar. Entwicklung bereits abgeschnittener Verehrung sind. Bei aller Kritik darf nicht übersehen werden, daß das parodist. Spiel für die weite Verbreitung eines literar. Hausschatzes zeugt. So steht es unserer Zeit schlecht an, diese bescheidenen P.n des 19. Jh.s zu verachten.

Als typisch für die ganze Gattung können die zahllosen P.n auf Schillers Gedichte gelten. Das *Lied von der Glocke*, die *Würde der Frauen* und die Balladen fallen der Kluft zwischen ihrer Verbreitung als effektvollste Deklamationsparadestücke für Schule und Haus und dem selten über die nüchternsten moralischen Lehren hinausgehenden Verständnis besonders leicht zum Opfer. So wird aus dem Lied von der Glocke ein solches vom Rocke (O. v. Plänckner), vom Kaffee (G. G. Röller), vom Theater (M. G. Saphir), von der Wurst (K. Drut), von der Uhr (F. Freisleben), und noch in der 2. Hälfte des Jh.s entstehen Lieder von der Börse (E. König), vom Forestiere in Rom (A. Ander), vom Hause (K. Miller), vom Levi (E. Schwechten) usw. Von Goethes Werken werden vor allem einzelne Szenen des *Faust* (Auerbachs Keller, Schülerszene, Walpurgisnacht) und der *Erlkönig* auf die verschiedensten Gebiete übertragen, ohne daß es sich lohnte, einzelne P.n zu erwähnen. Zu den Prunkstücken dieses Spiels gehören ferner P.n auf den Hamletmonolog, auf Bürgers Balladen, Holteis *Fordre niemand mein Schicksal zu hören* (aus *Der alte Feldherr* 1829), auf den Jägerchor und das Lied vom Jungfernkranz aus Webers *Freischütz*.

Symptomatisch für die Blüte dieser Art zu Beginn des 19. Jh.s sind die ersten dt. P.-Anthologien von K. F. Solbrig (1816), K. Müchler (1817), G. G. Röller (1818), K. F. Kunz (1840/41). Außer den Herausgebern heben sich etwas über das allgemein tiefe Niveau der Parodisten: J. D. Falk, F. Freisleben, K. Herloßsohn, K. v. Holtei, F. A. Korn, A. v. Kotzebue, G. A. v. Maltitz, M. G. Saphir, F. K. J. Schütz, K. F. G. Wetzel, A. Wichmann und O. v. Plänckner, der unter dem Pseudonym Eginhardt 1827-37 auch Sammlungen eigener P.n (meist auf Schiller) veröffentlicht. K. v. Holtei dichtet sogar für Festgedichte eigene Werke um, so sein *Lied vom Mantel* für *Goethes 81. Geburtsfest* (1829) und sein *Denkst du daran, mein tapferer Lagienka* für zwei Feiern W. v. Schadows. Ähnlich macht Rückert aus seinem *Marschall Ney* einen *Marschall Mai*, und noch Fontane travestiert den eigenen *James Monmouth* im geselligen Kreis zu einer Warnung vor wilder Ehe.

§ 29. Neben der Übertragung auf andere Themen ist die travestierende Übersetzung in die Mundart unerschöpflich und hält sich bis in die Gegenwart. Ihre geistige Haltung charakterisiert E. Bormanns Titel *Wenn Geedhe und Schiller gemiethlich sin* (1899). Auf Plattdeutsch (z. B. E. Brandenburg *Plattdt. P.n* 1827), Schwäbisch (neben K. M. Rapp usw. auch der junge Büchner), Bayrisch, Elsässisch (z. B. noch C. Knapp *D'r Schiller in der Krütenau* 1902, 5. Aufl. 1912), Berlinisch (F. E. Moll usw.), Jiddisch (z. B. J. Ahrons *Das Lied vun die Kuggel* 1842, 4. Aufl. 1888), besonders aber auf Sächsisch (z. B. E. Bormann *Liederhort in Sang und Klang* 1888, C. v. Planitz *Wilhelm Tell in der sächsischen Schweiz* 1897, C. Bauermann *Die Raiwer* 1897 usw.; Ernst Eß *Klassiker contra Glassiger* 1957) werden Stoffe bekannter Dichtungen durch die Mundart und die damit verbundene kräftige Anpassung an das Lokalkolorit ihres pathetischen Anspruchs entkleidet. Oft ist die mundartliche Travestie aber auch nur ein Seitentrieb des Spiels mit der fremden Sprache — unsatirisch bereits in der 1. Hälfte des 18. Jh.s beim „Deutschfranzosen" J. Ch. Trömer — und hilft mit, das Gehaben eines andern Volksteils zu karikieren, harmlos durch schwäbische Gedichte, bösartiger durch P.n in einem polnisch-, böhmisch-deutschen und vor allem in einem jiddisch-deutschen Kauderwelsch (z. B. J. F. S. Holzschuher als Itzig Feitel Stern).

Gelehrte Gegenstücke dazu bilden die zahllosen Übersetzungen bekannter dt. Werke ins Lateinische oder Griechische, mit denen Schulmänner seit Ramler u. a. ihre Kollegen ergötzen (B. G. Fischer 1826, E. Eckstein 1894, A. Pernwerth v. Bärnstein 1897, in der Gegenwart: A. Lenard, P. Wiesmann u. a., besonders häufig *Struwwelpeter-* und *Max-und-Moritz*-Übersetzungen) oder die polyglotten Zusammenstellungen zu einem bekannten Gedicht (J. F. H. Schlosser *Freudvoll und leidvoll* 1851, W. Ehrenthal *Das Kutschkelied auf der Seelenwanderung* 2.

Aufl. 1871, F. Thiel *Schillers Handschuh* 1881 usw.).

§ 30. Heitere Gedichte, die nicht unmittelbar parodieren, werden formal oft von der Moritaten-P., einer Sondergattung des Bildungsspiels im 19. Jh., beherrscht. Wie Blumauers epische Travestie geht diese vom Salonbänkelsang in Gleims Halberstädter Kreis aus, in dessen Ton bereits im 18. Jh. auch Stoffe der dt. Dichtung travestiert werden (H. G. v. Bretschneider *Eine entsetzliche Mordgeschichte von dem jungen Werther* 1776; anonym auf Nicolai: *Leiden und Freuden Werthers des Mannes;* F. Bernritter *Sigwart oder der auf dem Grabe seiner Geliebten jämmerlich verfrorne Kapuziner* 1777 usw.). Das 19. Jh. benützt nun einen gröbern Bänkelsängerstil als leicht zu beherrschende Form für die travestierende balladenhafte Schilderung lokaler Begebenheiten oder weltgeschichtlicher Ereignisse und somit als eine Art Ersatz für das alte komische Epos. Meist nicht mehr erreichtes Vorbild ist Kortums Jobsiade (*Leben, Meinungen und Taten von Hieronymus Jobs, dem Kandidaten* 1784, erweitert 1799), ursprünglich eine harmlose P. auf Nicolais *Leben und Meinungen des Herrn Magisters Sebaldus Nothanker,* welche einen großen Teil der durchschnittlichen humoristischen Dichtung des 19. und 20. Jh.s über W. Busch hinaus beeinflußt (Wedekinds Simplicissimusgedichte; F. Gruener *Reisebriefe im Jobsenstil* noch 1932). Neben die allgemeine, freie Bänkelsangimitation tritt die eigentliche Moritaten-P. Der Gebildete hält es für einen Hauptspaß, die Poesie des etwas weniger Gebildeten zu parodieren; er wird zugleich von der Moritat angezogen, weil er in ihr den etwas verschrobenen Ausdruck einer Naivität sieht, die er längst verloren hat. F. Th. Vischer beginnt als Schartenmayer 1825 mit einer echten Moritaten-P. *Datpheus,* die er wie die bekanntere *Leben und Tod des Joseph Brehm* (1829) von einem Buchdrucker als Flugblatt verbreiten läßt, überträgt aber bald den Ton auch auf andere Gelegenheitsgedichte (*Vermählung Banzhaft* 1825) und endet schließlich bei einem bänkelsängerischen Heldengedicht *Der deutsche Krieg 1870/71,* das freilich mißlingt, weil dem kriegsbegeisterten Professor über der Größe des Stoffes der Witz und der Mut zur P. vergehen. Über L. Eichrodt, der sich besonders an komisch erzwungenen Reimen ergötzt, über die Witzblätter und die Kommersbücher reicht die Geschichte der Moriaten-P. als eines reinen Bildungsspiels bis zum jungen Wedekind (*Auf die Ermordung Alexanders II., Sancta Simplicitas* usw.), der auch Gellerts *In Krankheit* (*Ich hab' in guten Stunden*) verkneipt, zu Dauthendey (*Bänkelsang vom Balzer an der Balz* 1905, *Die Ammenballade - Neun Pariser Moritaten* 1913), zu O. J. Bierbaum (*Seeschlacht im Mondschein*), Liliencron (*Der Hunger und die Liebe*), erhält jedoch schon bei Wedekind selbst auch eine andere Funktion (s. § 78).

§ 31. Mit den *Musenklängen aus Deutschlands Leierkasten* (vermutlich 1849), einer Sammlung von P.n auf Moritaten — darunter Bretschneiders *Werther* und Vischers *Brehm* —, Travestien und P.n auf Balladen und Volkslieder (darunter eine *Schwäbische Ballade*), P.n auf Schiller und die Schiller-Epigonen und von allerlei reinem gereimtem Unsinn, geht die Glanzzeit dieser Spielform zu Ende. Die Überlieferung, daß O. Jahn, M. Haupt und Th. Mommsen die Redaktoren gewesen seien, hat G. Thimme nicht stichhaltig zu entkräften vermocht. Auf jeden Fall ist die Sammlung in einem der geselligen Kreise um den Verleger G. Wigand entstanden.

§ 32. Denn das bürgerliche Klubleben des 19. Jh.s in unsinntreibenden Gesellschaften, geselligen Zirkeln und Vereinen ist die eigentliche Brutstätte des parodierend-travestierenden Spiels mit der Bildung. Unter einem komischen Zeremoniell, mit dem einzigen ernsthaften Verbot zu politisieren, behandeln die Mitglieder interne und lokale Begebenheiten im Stil beliebter Gedichte oder als Moritaten; z. T. treten auch musikalische P.n hinzu, oft werden die Poesien in Gesellschaftsbüchern gesammelt und in geschriebenen Zeitungen glossiert. So setzt man in kleinbürgerlichen und organisierteren Formen die Freundschaftsbünde des vorhergehenden Jh.s fort, die ebenfalls schon teilweise ein komisch-parodistisches Zeremoniell aufweisen. Goethes Wetzlarer Tafel etwa scherzt mit der mal. Welt wie im 19. Jh. zahllose gesellige Ritterbünde, darunter als verbreitetster die *Schlaraffia* (Prag 1859). Geht man noch weiter zurück, so findet man als Vorläufer bereits die Gralsritterspiele des

14. und 15. Jh.s an den Höfen Ottos des Fröhlichen, Albrechts III. und in den Städten (Brun von Schönbeck in Magdeburg). Das Parodieren von Institutionen in einem durch Wein und Bier fröhlich gemachten Kreis ist ohnehin uralt. Freilich konzentriert sich das volkstümliche und gelehrte parodist. Brauchtum, soweit es überliefert ist, meist auf bestimmte kirchliche und weltliche Festtage, wie auf die Fastnacht mit ihren parodistischen Bräuchen (Grabreden, Gant- und Todesanzeigen usw.). Die (besonders auf franz. Gebiet heimischen) kirchlichen Narrenfeste des MA.s mit ihren Papst- und Bischofswahlen, Eselsmessen usw. finden meist an Neujahr oder Epiphanias statt; vereinzelte Nachläufer im 17. und 18. Jh. auch an andern Tagen (Gersauer parodist. Karfreitagsprozession 1696; Hirsmontagsfeier im Kapuzinerkloster zu Arth 1765/66 mit parodist. kirchl. Jahrzeitfeier usw.). Ähnlich gehört die P. zum jüdischen Purim- als Freudenfest; und auch im weltlichen Bereich wird bei bestimmten Gelegenheiten parodiert (Landsgemeinde, Gericht usw. im Schweizer Brauchtum), oder die P. wird zur festen Institution, so im Hofnarren als „komischer Parallele" zum Herrscher. Zwar wird ein solches parodist. Brauchtum oft von Gesellschaften organisiert, die auch das übrige Jahr hindurch zusammentreffen (Karnevalsgesellschaften usw.), der heiter-gesellige Klub mit parodist. Zeremoniell tritt jedoch erst im 19. Jh. auf dt. Sprachgebiet deutlicher in Erscheinung. Er setzt voraus, daß seit der Aufklärung allmählich Bildung und Wissen jede Standesgrenze (außer der des Hochadels) überspringt und Angehörige der verschiedensten Berufe in einer Schicht von „Gebildeten" vereinigt. Kaufleute, Offiziere, Beamte usw. schließen sich den Literaten, Künstlern und Gelehrten an. Die treibenden Kräfte der Gesellschaften sind meistens Theaterleute. Das Theater ist auch die Macht, welche die Gebildeten aller Berufe im 19. Jh. am leichtesten vereinigt und nach Schluß der Vorstellung im Kaffeehaus zu gemeinsamem Gespräch verbindet. Nicht zufällig ist deshalb die Urmutter vieler Gesellschaften eine Tochter des Wiener Volkstheaters, und zwar eine parodierende Tochter, denn leicht befreit sich die Gesellschaft vom Drucke der vorangegangenen Vorstellung damit, daß sie aus dem Stegreif das eben gesehene Stück parodiert. Die P. für

einen geselligen Kreis von gleichem Bildungsniveau ist die ideale Kleinform der Theater-P. Kurze Improvisationen geraten einerseits nicht selten witziger als die eigentlichen Theater-P.n, die mit Einlagen und Konzessionen an die untersten Schichten des Publikums über einen ganzen Theaterabend gestreckt werden müssen; anderseits entwickeln sie jedoch nicht so wie diese ein Eigenleben und wirken kaum mehr, wenn sie gedruckt werden.

Aus einem Theaterereignis ist die Wiener Ludlamshöhle (1817-26) entstanden. Sie heißt nach dem am Gründungsabend im Theater an der Wien aufgeführten Stück, dessen Verfasser (A. Oehlenschläger) bei der Gründung dabei ist. Seele der Höhle ist I. F. Castelli, der als Dramatiker mit einem *Travestierten König Lear* beginnt, mit seiner bearbeitenden Übers. von A. L. D. Martainvilles *Roderich und Kunigunde* (1807 als P. auf die Rettungs-, Ritter- und Spektakelstücke) noch Nestroys *Gefühlvollen Kerkermeister* beeinflußt, mit einer P. (*Auf dem Ballplatz sitzt ein Preuße*) Holteis neue österr. Volkshymne erledigt und mit dem *Schicksalsstrumpf* (1818, zusammen mit A. Jeitteles) eine ausgesprochen literar. und deshalb kaum (in Wien gar nicht) gespielte P. auf die Schicksalstragödie schafft. Parodisten wie Gleich, Bäuerle, Meisl sind Ehrenludlamiten, andere wie Giesecke, Halirsch und Parodierte wie Grillparzer, Holtei, Holbein, K. F. G. Töpfer und C. M. v. Weber Mitglieder. Holtei, der sich mit einem Vorspiel (1825) zu H. Schmelkas Bearbeitung des Giesecke-Perinets *Hamlet*-Travestie, einer Staberliade (*Staberl als Robinson* 1827, als P. auf Karl Carl), einer oft nachgeahmten Possenfolge (*Die Wiener in Berlin* 1825, *Die Berliner in Wien* 1826, *Die Wiener in Paris* 1839) und einer Berliner P. auf Halms *Sohn der Wildnis* (*Die beschuhte Katze* 1843) auch außerhalb Wiens in die Wiener Theatertradition einzugliedern sucht, gründet nach der polizeilichen Auflösung der Ludlamshöhle das Soupiritum (1841-48); A. Baumann, von dessen zahlreichen P.n eine postum auf dem Carl-Theater aufgeführt wird (*Der blaue Frack und seine Folgen* 1857, als P. auf das Familienrührstück), versammelt die Baumannshöhle oder Mittwochgesellschaft (1852-57, mit einer Fortsetzung von 1860-74 unter dem Ludlamiten H. Sichrowsky und unter Bauernfeld); F. Kaiser ist der Initiant der Grünen Insel (1855 ff.).

Obwohl bereits in ältern Kreisen sporadisch parodiert wird, so im Montagsclub (gegr. 1849) durch F. Gedike, in Hitzigs Gründungen (z. B. in der Mittwochgesellschaft von 1824) oder in Arnims Christlich-Deutscher Tischgesellschaft nach dem ernsthaften Teil der Zusammenkünfte, kommt erst mit M. G. Saphir, der zahllose P.n des üblichen, bekannte Gedichte für andere Zwecke benützenden Stils schreibt, und mit dem Schauspieler F. W. Klemm Ludlam als „Tunnel über der Spree" nach Berlin (1827), wiederum in enger Verbindung mit dem Theater: nach Spontinis Zauberoper heißt der stellvertretende Vorsitzende Alcido(h)r. Mit Saphirs Weggang (1829) wird freilich der Tunnel trotz dem Beibehalten des Zeremoniells und trotz einzelnen Scherzen bald ein ernsthafter Dichterverein und später eine „Kleindichterbewahranstalt" (Geibel); aber selbst im steifen Münchner Krokodil (1856/57) wird hie und da parodiert.

§ 33. Die schönste Frucht des Spiels mit der Bildung im 19. Jh. ist die Theaterparodie. Das Theaterpublikum ist der weiteste Kreis, der zusammenkommt, um sich unterhalten zu lassen. Imitator ist der Schauspieler ohnehin, Spaßmacher oft. Der seelische Druck der hohen Tragödie ruft nach einer Befreiung, in der sich auch die Schauspieler mit dem Publikum, das sie erschüttert haben, wieder versöhnen können. Auf die antike Tetralogie folgt das trotz parodist. Einzelzügen im ganzen doch wohl unparodist. Satyrspiel. Der Theatermann der Neuzeit versetzt die Götter und Helden des Dramas in die Welt seines Publikums und verharmlost so das unerhörte Geschehen. Der Erfolg einer direkten P. setzt jedoch voraus, daß das Publikum das parodierte Stück genau kennt. Damit kann der Schauspieler nur rechnen, wenn er Original und P. am gleichen Theaterabend aufführt. Dies kommt selten vor, so etwa auf der franz. Bühne des 18. Jh.s, wo überdies zur großen Empörung eines fremden Besuchers wie J. G. Sulzers (der deshalb in seiner *Allg. Theorie der schönen Künste* die Theater-P. für eine der „frevelhaftesten Erfindungen des ausschweifenden Witzes" hält) die P. mehr Beifall fand als das Original; auch in Klagenfurt folgte 1800 bei der Aufführung eines Schauerspektakelstücks in Anwesenheit des Autors (F. Dutwar) unmittelbar auf das Stück die P., nach dieser erstach sich sogar der Souffleur, damit wirklich alle tot waren. Wird die P. nicht am gleichen Abend gespielt, so kann sie sich an die erfolgreichsten Stücke halten und muß dazu ein Eigenleben entwickeln, das auch denjenigen Zuschauer ergötzt, der sich keiner Einzelheit des — oft nicht gedruckten — Originals erinnert. So wird das Vorbild nur ganz allgemein parodiert und mit andern Elementen der Komödie, mit lokalen Anspielungen, Einlagen usw. gewürzt, bis schließlich Lokalstücke, Possen usw. entstehen, die kaum

mehr das Gerüst des ursprünglich parodierten Originals durchschimmern lassen.
Diese Entwicklung kann man an der P. der
Altwiener Volkskomödie, der einzigen bedeutenden des dt. Sprachgebiets, ablesen.
Ansätze zu einer Theater-P. weist freilich
schon das späte MA. auf, in den Predigt-P.n
als humoristischen Einzelvorträgen (s. § 13)
oder in den parodist. Redewettstreiten, die
aus den lat. parodist. Streitgedichten (*Lie-
beskonzil von Remiremont* um 1150, *Salomo
et Marcolfus* um 1200) in das dt. Fastnachtsspiel (*Von der Buhlschaft;* Hans Folz *Spiel
von König Salomon und Markolfo*) übergehen, doch parodiert hier meist innerhalb desselben Stückes der eine (Markolf) die Reden
des andern (Salomon) oder begleitet als Narrenfigur (Rubin usw.) das heilige Geschehen,
wie im Innsbrucker und vor allem im Erlauer Osterspiel (3. Fassung), wo Rubin und
Pusterpalk auch vor blasphemischer Parodierung heiliger Handlungen nicht zurückschrecken. Von solchen an sich zeitlosen
„komischen Parallelen" zur Unterhaltung des
Publikums führt über die Stegreifspiele Italiens, Frankreichs und Deutschlands ein direkter Weg zum Wiener Urhanswurst Stra-
nitzky am Beginn des 18. Jh.s, der noch mit
Vorliebe in ernsten Haupt- und Staatsaktionen auftritt. Auch wo der Hanswurst dann
zur selbständigen P. fortschreitet, wie J. F.
Kurz-Bernardon in seiner *Prinzessin Pumphia* (Druck 1756), lebt diese vom Kontrast
der freilich nur noch scheinbar ernsthaften
Handlung zu allerlei harmlosen Commedia
dell'arte- und Hanswurstspäßen (die Prinzessin ersäuft ihren Jammer in Bier und vermeint zu sterben; eine Festung wird auf die
Bühne getragen usw.), obwohl das Stück
eine „Critique oder Parodie über die sonst
von vielen deutschen Truppen übel vorgestellten Tragödien" sein soll. Als P. auf das
Schmierentheater ist ihr schließlich schon
Gryphius' *Peter Squentz* (1657/58) mit Shakespeare selbst vorangegangen. Erst in der
tiefgreifenden Bearbeitung Ph. Hafners (*Evakathel und Schnudi* 1765), in den Neufassungen J. Perinets (*Die Belagerung von Ypsilon*
1804, *Pumphia und Kulikan* 1808), in denen
sich Kurz' P. bis fast zur Mitte des 19. Jh.s
hält, tritt unter Verlust des kritischen Elements jene Verwienerung hinzu, die in der
Folge die Wiener Theater-P. bestimmt. Zwar
ist die Assimilierung eines fremden Theater-

stücks an andere zeitliche und lokale Verhältnisse in älterer Zeit nichts Außergewöhnliches, auch wenn sie selten so weit geht wie
in den herrlichen geistlichen Komödien des
Oberschwaben S. Sailer im 18. Jh. Auf uns
wirkt sie bei ernsten Stücken — in der Posse
ist sie auch heute noch möglich — oft als
unfreiwillige Travestie, in der Blütezeit
der Altwiener Volkskomödie wird sie jedoch
zum Hauptjux. Sie ist die Antwort eines
theaterbegeisterten, aber aufklärerischen
Großstadtbürgertums auf die Ansprüche der
hohen Dichtung. Als Gegen- und Seitenstücke sind diese P.n kaum je direkt gegen
das parodierte Stück gerichtet, sondern einesteils ein sich selbst genügendes Spiel mit der
Bildung wie die lyrischen P.n der Zeit, an-
dernteils der bloß äußere Rahmen eines
heitern, volkstümlichen und hie und da auch
kritischen Wiener Sittenspiegels. Meisls
Worte: „Ich entweih' kein Heiligtum. Scherzen will, verletzen nie, Eure Sklavin Parodie" (*Die Weihe des Hauses* 1822) gilt für
alle Wiener P.n und selbst noch, wenn auch
mit Einschränkungen, für Nestroys *Judith
und Holofernes*. Oft ist für den Parodierten
die P. der schönste Beweis seines Erfolges,
so verfaßt etwa Raimund persönlich die Einladung zur Aufführung von Meisls P. auf
seinen *Bauer als Millionär*. Eine Übersicht
über die Altwiener P. fällt schwer, hat doch
der größte Teil des Heeres von Schauspielern und kleinen Beamten, die seit der
Spektakelfreiheit von 1776 für die zeitweise
über 80 Theater schreiben (nach Rommel
werden allein am Leopoldstädter Theater
von 1781 bis 1860 rund 900 Autoren gespielt), P.n verfertigt, wobei meist die
Grenzen zur Posse, zum Zauberspiel usw.
verschwimmen. Überdies vermitteln die gedruckten Texte nur einen schwachen Abklatsch, sie sind oft einem bestimmten Schauspieler auf den Leib geschrieben und kommen durch dessen Kunst, die auch die Ticks
des Kollegen imitiert, der die Rolle im Original spielt, zu einem vom gedruckten Text
her unbegreiflichen Erfolg. „Geschriebene
Schauspielkunst" nennt K. Kraus die Stücke
Nestroys. Auch der musikalische Anteil der
Kapellmeister und komponierenden Schauspieler (W. u. A. Müller, K. Binder, J.
Drechsler, J. Fuß, F. Glaeser, F. Kauer, H.
Proch, J. Ph. Riotte, Ph. Röth, F. Roser, A.
Scutta, K. F. Stenzel usw.) ist nicht zu über-

sehen. Die musikalischen P.n des 18. Jh.s (Musica bernesca am Hofe Karls VI., Heinrich Rademins *Römische Lukretia* 1731 usw.) sind ohnehin eine weitere Quelle der Altwiener P. Sie stehen unter dem Einfluß Frankreichs, das auch für die Wiener Blütezeit der bedeutendste Stückelieferant bleibt und wo im ganzen 18. Jh. kaum eine neue Oper aufgeführt wird, die nicht sofort parodiert würde. In Frankreich spielen besonders durch die ital. Komödianten auch die andern Formen der Theater-P. eine bedeutende Rolle, so daß in dieser Hinsicht die Selbständigkeit der Wiener P. nicht überschätzt werden darf.

Die Wiener Theater-P. beginnt nach der Hanswurstzeit recht eigentlich mit aufklärerischen Mythentravestien (Anfänge im Jesuitentheater, in Stranitzkys *Amphitruo* und bei Prehauser), und zwar gleichzeitig mit Blumauers Aeneistravestie, aber ohne deren antiklerikale Spitzen. Blumauers Freund C. Ayrenhoff veröffentlicht 1782 eine *Alceste*, 1783 wird J. v. Pauerspachs *Alceste, Opera seria, wobey Kasperle den Höllengeist spielen wird* mit großem Erfolg aufgeführt, beide entzünden sich an Glucks Oper (1767), stehen nur in einem losen Zusammenhang mit Wielands Singspiel (1773) und in keinem mit Einsiedels Weimarer P. von 1779 (*Orpheus und Eurydice*). In den Bearbeitungen durch J. Richter (1800), der auch 1800 das Urteil des Paris travestiert, und durch J. Perinet (1806, mit neuer Musik von W. Müller) hält sich Pauerspachs Oper noch lange. Erst mit C. L. Giesecke, dem zeitweiligen Theaterdichter Schikaneders und späteren Mineralogen, ergreift die Travestie auch klassische und zeitgenöss. Dramen, doch bleibt seinem *Travestierten Hamlet* (1794) und seiner *Agnes Bernauerin* (1797, nach J. A. v. Törring-Cronsfelds Ritterstück) noch der Erfolg versagt, einzig sein unter dem Einfluß Blumauers stehender *Travestierter Aeneas* (1799) setzt sich durch und verleitet ihn zu einer erfolglosen Fortsetzung (*Aeneas' Reise in die Unterwelt* 1799). Selbst K. F. Hensler, der Vater des dramat. Volksmärchens, versucht sich in Travestien (*Telemach, Prinz von Ithaka* 1802, 1805), ebenso Kotzebue (*Cleopatra* 1803, *Ariadne auf Naxos* 1803) oder Joh. Möser (*Der Tod der Dido* 1811).

Unbestrittene Meister bis zur Zeit des Wiener Kongresses sind J. Perinet und J. F. Kringsteiner. Im Anschluß an Blumauer, den er mit *Komischen Lobsprüchen in Blumauers Manier* (1806) nachahmt, vollzieht P e r i n e t mit seinen Karikatur- und Travestie-Opern in Knittelreimen und seinen Umarbeitungen älterer Stücke (s. o.) den Übergang vom 18. ins 19. Jh. Gieseckes *Hamlet* spielt auf dem Mond, Perinet verlegt den Schauplatz nach Wien, Hamlet wird *Prinz von Tandel-*

markt (1807), noch eine Paraderolle Raimunds (besonders mit dem Monolog *Heiraten oder nicht heiraten, das ist die Frage*), die dieser in seine Quodlibets aufnimmt und die so haften bleibt, daß sich bis heute die Legende hält, er habe sie für sein wichtiges Debüt am Leopoldstädter Theater gewählt. Die Musik der Opern-P.n und -Travestien Perinets und seiner Nachfolger parodiert meist kaum die Vorbilder, sondern baut im Quodlibetstil bekannte und beliebte Volkslied-, Couplet-, Opernmelodien usw. in das Lokalkolorit ein. Es sind also zur Hauptsache Libretto-P.n. Das Lachen erzeugen anspruchslose und derbe Späße unter kräftiger Verwendung der Theatermaschinerie nach dem Vorbild der Dekorationsopern. Mit wechselndem Erfolg parodiert Perinet u. a. *Ariadne auf Naxos* (1803, nach Benda), *Telemach* (1805), *Idas und Marpissa* (1807, nach M. Stegmayer, der selbst Shakespeare in den *Weibern von Wien* verwienert), *Die Neue Semiramis* (1808, nach Gluck), *Der Baum der Diana* (1812, nach Martin), *Aschenschlägel* (1812, nach Isouard), *Kora die Sonnenjungfrau* (1812, nach Kotzebue), *Fridolin* (1812, nach Holbein) und noch auf dem Sterbebett das von Castelli übers. und bearb. franz. Spektakelstück *Der Hund des Aubri de Mont-Didier* (1816), das wegen Goethes Rücktritt von der Weimarer Theaterleitung bekannt geblieben ist. Die besten, schon durch ihre straffe Kürze auffallenden P.n schreibt jedoch J. F. K r i n g s t e i n e r : *Romeo und Julie* (1803), *Die Braut in der Klemme* (1804, nach Grétrys *Raoul dem Blaubart*), *Othello der Mohr in Wien* (1806, in Meisls Bearb. v. 1829 als *Othellerl der Mohr von Venedig* noch zu Nestroys Zeiten lebendig), *Werthers Leiden* (1806), *Orpheus und Euridice* (1808). Küfer, Sesselträger, Obstlerinnen usw. füllen die alte Handlung mit einem neuen Wiener Leben in echtem Volkstheaterstil. Berühmte Szenen des Originals werden beibehalten. In der Posse von Werthers Leiden etwa, die einem längst abgeklungenen Wertherfieber nachhinkt und in der Nestroy noch zwischen 1835 und 1862 einen durch Meisl u. a. bearbeiteten Werther spielt, schneidet auch die Wirtshaussängerin Lotte ihren Geschwistern die Brote, allerdings unter sehr handfesten Kommentaren beider Seiten. Der Laternenanzündervorsteher Albert weist dem empfindsamen Kesselschmied Werther, der bei dem Paar wenigstens Zimmerherr werden möchte, energisch die Türe. Lotte sucht am Hackbrett Trost, aber Gott Amor bringt persönlich alles in Ordnung; ein schwarzer Pudel apportiert Werther aus der Donau, und Albert verzichtet. Kringsteiner nennt alle seine P.n Possen, und sie stehen tatsächlich bereits weit von aller literar. P. entfernt in der Nähe des Lokalstücks; ihre volkstümlichen Späße bedürfen kaum mehr der Kenntnis des Vorbilds. Ähnlich behandelt J. G. Schildbach den *König Lear* (*Der Schenkbrief* 1809). Etwas eleganter, modischer und mit einem literatursatir. Einschlag spielt F. X. K. Gewey mit dem Pygmalionstoff (1812) und parodiert 1801 Blumauers einzigen dramatischen Versuch *Erwine von Steinheim*. Deshalb zieht ihn Bäuerle dem derberen Perinet vor.

Die nächste Generation mit Gleich, Bäuerle und Meisl, welche die Vorstadttheater etwa seit dem Wiener Kongreß beherrschen, verfeinert die Mittel. Die beiden einzigen erhaltenen P.n J. A. Gleichs, des Meisters des Besserungsstückes, schließen an Kringsteiner an und sind trotz den zahlreichen wörtlichen Anspielungen auf die Originale zur Hauptsache Wiener Sittenbilder. In *Fiesko dem Salamikrämer* (1813) kämpfen Fiesko und seine Berufskollegen gegen das Salami-Monopol des bürgerlichen Wurstmachers Andreas, Gianettino ist Friseur, Verrina Gastwirt, Muley Hassan Sesselträger, Leonore gewesene Köchin usw. Für den Kampf werden Küfer und Sesselträger engagiert, Ordnungsmacht ist die Wache. Schließlich läßt sich Andreas erweichen und nimmt Fiesko, der keinen Anspruch auf ein bürgerliches Gewerbe hat, zum Kompagnon. Als musikalisches Quodlibet wird das Stück durchzogen von bekannten Melodien mit den originalen (auch italien.) oder neuen, z. T. auch nur leicht abgeänderten Texten (*Salamikrämer sind wir ja, stets lustig heysa, hopsasa. – In diesen feuchten Hallen, wo man mit Wein sich labt*). Auch Gleichs *Johann von Wieselburg* (1813, auf Boieldieus *Johann von Paris*) parodiert ähnlich. Nur aus zweiter Hand kennen wir seine übrigen P.n: *Lanassa* (1807, nach K. M. Plümicke), *Die neue Gurli* (1813, nach Kotzebue), *Kaspar der Torriegler* (1813, nach J. A. v. Törring-Cronsfeld), *Die vornehmen Wirtinnen* (1813, nach Catel), *Die Schreckensnacht im Heustadel* (1818, nach H. Cuno), *Zwei Uhr* (1825, zus. mit F. Rosenau, nach W. Vogels *Ein Uhr*); *Peter und Pauerl* (1827, nach Aubers *Maurer*), *Die schwarzen Frauen* (1827, nach Boieldieus *Weisser Dame*), *Ein ungetreuer Diener seiner Frau* (1829, nach Grillparzer), *Der Postillon von Stadl-Enzersdorf* (1838, zus. mit F. X. Told, nach Adam). Neben Melodramen, Schauspielen und Opern werden auch die modischen Pantomimen einbezogen (*Ismaans Grab* 1824, nach L. Henry; *Die weisse und die schwarze Feder* 1823, nach B. Fourneaux). Manche P.n von A. Bäuerle, dem wohl bedeutendsten Dichter des Dreigestirns, unterscheiden sich kaum von denen Gleichs; auch sie setzen Werke der hohen Sphäre in heitere Wiener Possenverhältnisse um, so u. a. *Maria Stuttgardin* (1815), *Tankredi* (1817, nach Rossini) und der erfolgreiche *Leopoldstag oder: Kein Menschenhaß und Reue* (1817, nach Kotzebue; mit einer Fortsetzung *Würfels Ehestandsjammer* 1836). Mit dem parodist. Zauberspiel, seiner eigentlichen Domäne, die sich von 1818 an über alle Bühnen verbreitet, entführt er witzige Wiener Figuren vor sich in dieser Zeit deutlich verschärfenden Zensur in ein harmloses Zauber- oder exotisches Reich, wo er zugleich alle Effekte der barocken Theatermaschinerie parodistisch spielen lassen kann. Nur ein Teil dieser Stücke knüpft noch an ein bestimmtes Original an. Der Untertitel seines *Verwunschenen Prinzen* (1818, nach Grétrys *Zemire und Azor*): *Lokale Parodie mit Zauberei und Gesang* und der von *Gisperl und Fisperl* (1825 als lose P. auf typische Szenen sentimentaler Liebesromane in der Werther-Nachfolge): *Alle Minuten etwas anderes* charakterisieren die ganze Gattung. *Aline oder Wien in einem andern Weltteile* (1822, nach Bertons Oper *Aline*), die P., deren Titelgestalt der gewiß kritische Saphir wegen ihrer lebensfrohen Menschenfreundlichkeit die „Wienerische Sappho" nennt, und *Lindane oder Die Fee und der Haarbeutelschneider* (1824, nach einem Ballett von A. Vestris) überleben als Bäuerles beste Werke die parodierten Originale um Jahrzehnte. Selbst aus *Kabale und Liebe* macht er ein Zauberstück (1827), in dem freilich von Schillers Trauerspiel beinahe nur die Namen der Personen übrig bleiben. 1829 zieht er sich vom Theater zurück und widmet sich ausschließlich seinen Romanen und seinen Journalen, in denen er schon früh lyrische P.n des üblichen Bildungsspiels veröffentlicht (z. B. *Das Schnupftuch* nach Schillers *Handschuh*), wie überhaupt die Wiener Theater-P. die undramatischen Arten fördert: so erscheinen in den 1830er Jahren bei F. Wimmer zahlreiche Umdichtungen (*Der Kampf mit der Öbstlerin*, nach Schillers *Kampf mit dem Drachen*; *Der Zwetschgenkrampus*, nach dem *Erlkönig*; *Der Kunstreiter und sein Pferd*, nach Bürgers *Prinzessin Europa*; *Der Hausknecht und die Wäscherin*, nach dessen *Lenardo und Blandine*; *Die Fahrt nach der Brigittenau*, nach dessen *Lenore* usw.). Um 1830 hat sich auch Gleich ausgeschrieben, nur K. Meisl, das eigentliche parodist. Talent der drei, hält sich bis 1844. Meisl dichtet in allen Formen der Wiener Theater-P. und erhält mit seinen Bearbeitungen Kringsteiners P.n am Leben (s. o.). Er beginnt mit einem der zahlreichen verwienernden Seitenstücke zu Isouards *Cendrillon* (*Der Gürtel der Bescheidenheit* 1811) und findet dann in „mythologischen Karikaturen" eine erste Spezialität, die Perinets Linie auf eine neue, modernere Art fortsetzt. Meisl hält sich nicht mehr an ein bestimmtes Stück als Vorbild, sondern benützt in freier Kombination die ganze griech. Mythologie. Aus Perinets Späßen wird ein ironischer Abklatsch der angeblich nach dem Staatsbankrott von 1811 locker gewordenen Wiener Geschäfts- und Liebesbräuche mit dem auch für die unparodistischen Possen typischen Spott auf die Negozianten und Spekulanten, auf die verwischte Ständeordnung usw. Tröstlicherweise geht es selbst bei den Göttern nicht besser zu als in Wien. Dichter und Publikum amüsieren sich an einem Olymp von windig-harmlosen Wiener Früchtchen, am Lebemann und Pantoffelhelden Jupiter, der die Europa nach verabredeter Entführung mit großem Aufwand auszuhalten bereit ist, an der bösen Alten Juno, an fidelen, beim Wucherer Plutus verschuldeten und über die Teuerung klagenden Göttern, an eitlen, putzsüchtigen, bei Damentees klatschenden Göttinnen usw. Die göttlichste Unterhaltung ist ein Ringelspiel aus dem Prater. Herkules arbeitet — mehr als hundert Jahre vor Dürrenmatt — wie ein Zirkusakrobat (*Die Stärke und die Arbeiten des Herkules* 1819, beim Wiener Gastspiel eines „nordischen Herkules"). Mit alledem entfernen sich aber die stärksten Travestien Meisls schon etwas vom eigentlichen Volkstheater auf eine lokal gefärbte Gesellschaftskomödie hin, wobei die Versetzung Wiens in den Olymp die satirischen Spitzen auf ein zensurgerechtes Maß abstumpft. Auch Seitenhiebe auf die zeitgenöss. Lit., besonders auf die Schicksalstragödie fehlen nicht. Im gleichen Jahr 1813, in dem Meisl mit *Orpheus und Euridice oder So geht es im Olymp zu* seinen größten Erfolg feiert, fällt die frühere Art mit Perinets *Travestierter Medea* durch, und wo Meisl Elemente der Barocktradition, wie allegorische Figuren, stärker verwendet, findet auch er vor seinem Publikum keine Gnade (*Der Esel des Timon* 1819). Die mythologischen Karikaturen nützen sich überhaupt sehr schnell ab und verlieren bereits um 1817 an Wirkung (*Die Entführung der Prinzessin Europa* 1816, *Amor und Psyche* 1817, *Diogenes und Alexander* 1818). Deshalb greift Meisl wieder zur travestierenden P. einzelner Stücke. Rund acht Monate nach der Uraufführung parodiert er Grillparzers *Ahnfrau* (*Frau Gertrud*, auch: *Frau Ahndel* 1817). Hier gibt sich die Ahnfrau nur für tot aus, um ihr Geld vor der versoffenen Schneidersfamilie zu retten und diese als Gespenst zu schrecken und zu bessern. Jaromir ist ein Vagabund (*Ja, ich bin von leichtem Stamm, bin's, den alle Kellner kennen . . .*), aus dem Vatermord wird eine Prügelei, aus dem Schicksalsdolch ein Ochsenziemer, statt Gift gibt man Hoffmannstropfen, so daß sich am Schluß alles in Minne mit Würstchen und Bier auflöst. 1818 folgen eine *Travestierte Zauberflöte* und das Besserungsstück *Der lustige Fritz*, das rund fünfzehn Mal öfters aufgeführt wird als das parodierte Spektakel von K. F. van der Velde und in dessen unsinnigem Wahnsinnsquodlibet Raimund das Publikum fasziniert. Meisls *Gespenst auf der Bastei* (1819) wiederum leitet die Mode der Geisterkomödien, freier P.n auf die Gespensterdramen der Zeit, ein, in denen Raimund als berühmtes Gespenst ebenfalls brilliert. Mit der hervorragenden P. auf Wilhelm Vogels Melodrama *Ein Uhr* (nach M. G. Lewis): *Fünfzehn Minuten über ¼ auf 12 Uhr* (1823, in der Ankündigung *Fünf Minuten auf ¾ Eins*, im Druck *Sechzig Minuten nach zwölf Uhr*) beginnt Meisls parodist. Alterswerk, in dem er den Theaterdirektoren mit sichtlich geschwächter Gestaltungskraft P.n zu allem liefert, zu Balletten (*Die Fee und der Ritter* 1824, nach dem gleichen Ballett, das Bäuerles *Lindane* parodiert, und kurz vor dieser ein Mißerfolg; *Arsena die Männerfeindin* 1823, nach L. Henry), zu Schauspielen (*Der schwarze Bräutigam* 1830, nach Clauren; *Der Müller und sein Kind* 1830, nach Raupach;

Die Kathi von Hollabrunn 1831, nach Holbeins Bearbeitung; *Griselina* 1836, nach Halms Griseldis) und vor allem zu Opern (*Die schwarze Frau* 1826, nach Boieldieus *Weißer Dame; Der Barbier von Sievering* 1828, nach Rossini; *Julerl die Putzmacherin* 1829, nach Spontinis *Vestalin; Die geschwätzige Stumme von Nußdorf* und *Fra Diavolo*, beide 1830 nach Auber), aber auch seiner Vorstadtkonkurrenz stellt er (meist erfolglose) Seitenstücke entgegen, so zu Bäuerles *Falscher Primadonna in Krähwinkel* (*Die Liebesabenteuer in Strümpfelbach* 1827), zu Raimunds *Bauer als Millionär* (*Fee Sanftmut und Fee Gallsucht* 1827), *Moisasurs Zauberspruch* (*Moisasurs Hexenspruch* 1827), *Alpenkönig und Menschenfeind* (*Der Alpenkönig und die Mutter* 1829) und zum *Verschwender* (*Die Streichmacher* 1834). Sogar sich selbst kontrastiert er im Taschenbuch des Leopoldstädter Theaters (*Meine Frau ist ein Engel* 1834, *Meine Frau ist ein Satan* 1835).

Soll diese Aufzählung auch einen Eindruck von der Fülle der Altwiener P.n vermitteln, so stellt das parodist. Schaffen Gleichs, Bäuerles und Meisls doch nur einen kleinen Ausschnitt aus der parodist. Gesamtproduktion dar. Besonders zwischen 1817 und 1825 werden an einzelnen Vorstadttheatern ausschließlich P.n gespielt. An weitern Parodisten bis in die Zeit Nestroys seien bloß genannt: F. Hopp, J. St. v. Menner, P. Rainoldi, F. Rosenau, J. K. Schickh, F. X. Told, J. Welling, F. Wimmer. Deren mythologische Karikaturen und P.n unterscheiden sich jedoch nicht wesentlich von denen ihrer bedeutenderen Kollegen; auch sie benützen Pantomimen, Ballette (besonders des Kärntnertortheaters), Opern von Grétry, Isouard, Herold, Auber, Meyerbeer usw., Schauspiele und dramatisierte Werke von Schiller (*Die Bräute von Messina, Johanna Dalk, Maranterl oder Die drei Rätsel, Die verhängnisvolle Limonade, Fritzl oder Der Gang nach dem Backofen, Der Kampf mit dem Drachen*), Grillparzer (*Frau Ahnl* [von J. Welling], *Hutmacher und Strumpfwirker oder Die Ahnfrau im Gemeindestadel, Seppherl, Der Traum am Tannenbühl*), Calderon (*Das Leben ein Rausch*), Raupach (*Enzian und Lucinde*), Kotzebue (*Die kuriose Frau im Walde*), Scribe (*Ein Glas Punsch*), Birch-Pfeiffer (*Die lustige Schuster-Reserl, Das Pfeffer-Dösel*) und Raimund (*Colombine aus der Feenwelt, Das Fischweib als Millionärin, Monsieur Asurs sauberer Fluch, Das goldpapierne Zauberkrone*) usw. Dabei werden nicht selten die gleichen Werke mehrfach benützt, die P.n durch Fortsetzungen weitergeführt oder selbst nochmals parodiert. Auf F. G. Grueners *Süßen Brei* (1816) folgt Gleichs *Saure Brühe* (1816) und Menners *Süßer Most* (1816), auf Bäuerles *Tancredi* Gleichs *Neuer Tancredi* (1817), auf Bäuerles *Falsche Primadonna* (1818) Rosenaus *Echte Primadonna* (1819), auf Bäuerles *Dr. Fausts Mantel* (1817) Gleichs *Dr. Fausts Schlafhaube* (1819) und Fr. Hopps *Dr. Fausts Schlafkäppchen* (1842). Meisls *Schwarze Frau* versammelt eine ganze Familie um sich: Gleichs *Schwarze Frauen* (1827), unter dem Namen von W. Scholz einen *Schwarzen Mann* (1828) und von Fr. Hopp ein *Schwarzes Kind* (1829). Aus Meisls *Lustigem Fritz* ergibt sich ein *Trauriger Fritz* und ein *Närrischer Fritz* von F. Wimmer (1818/1819) und nochmals ein *Trauriger Fritz* von F. X. Told (1821). Kommt noch später von F. Kaiser *Sie ist verheiratet* (1845) zur Aufführung, so antwortet J. K. Schickh mit *Er ist verheiratet* (1845, Musik v. F. v. Suppé). Zu einer Art Selbst-P. bringt es F. Rosenau, wenn er auf seinen *Vizlipuzli* (1817) einen *Puzlivizli* (1819) folgen läßt. Dazu kommen die zahlreichen Nachahmungen im weiteren Sinne; Hanswurstiaden, Kasperliaden, Bernardoniaden, Taddädliaden, Krähwinkliaden (seit Kotzebue und Bäuerle), Staberliaden (seit Bäuerles *Bürger in Wien*) und Alineaden (seit Bäuerles *Aline*), ferner die allgemein parodierenden Geister-, Ritter-, Zauberstücke usw., die Possen auf Tagesereignisse wie das Auftreten von Sängerinnen (Catalani), Virtuosen (Paganini), Artisten, Improvisatoren, Zauberern, Bauchrednern, Tiermimikern, dressierten Hunden, exotischen Tieren und Menschen usw. usw. Hier wird einem klar, wie untrennbar die P. mit einer lebendigen Theaterkultur verbunden ist. Wenn Scholz und Nestroy gegen ihre Beschäftigung als Frieshart und Leuthold in Schillers *Tell* protestieren wollen, zerstören sie die Aufführung durch parodist. Einlagen; wenn die Schauspieler brillieren möchten, so verbinden sie ihre beliebtesten Rollen zu unsinnigen theatralischen Quodlibets.

§ 34. In diesem alles parodierenden Wien nehmen die beiden Vollender des Volkstheaters Raimund und Nestroy eine Sonderstellung ein, auch wenn sie in den herkömmlichen parodist. Formen beginnen. In Raimunds ersten Stücken (*Der Barometermacher auf der Zauberinsel* 1823, *Der Diamant des Geisterkönigs* 1824) vollendet sich zwar das parodist. Zauberspiel, das nicht mehr ein bestimmtes Stück parodiert (der Untertitel des Barometermachers „als Parodie des Zaubermärchens Prinz Tutu" bezieht sich nur auf die Fragmente Meisls, die Raimund gezwungenermaßen für seinen Benefizabend zum ersten Stück ausarbeiten muß). Finden wir hier noch alle lokalisierenden und anachronisierenden Späße der üblichen P., so sind bereits im *Mädchen aus der Feenwelt oder Der Bauer als Millionär* (1826) nach Raimunds eigenen Worten die „vielen täppischen Kleinigkeiten" bloß Konzessionen an das Publikum, und seit *Moisasurs Zauberfluch* (1827) verschwindet das parodist. Element beinahe vollständig aus

den neuen Ideendramen, die das Volkstheater ohne höhere Ansprüche überwinden wollen. Wie Nestroy als Theaterdichter in Wien Fuß zu fassen versucht, hält er die P. für einen der sichersten Wege, nachdem er schon in Graz Grillparzer verspottet hat (*Der Einsilbige oder Ein dummer Diener seines Herrn* 1829, verloren). *Der gefühlvolle Kerkermeister oder Adelheid die verfolgte Wittib* (nach einem Ballett von L. Henry), *Nagerl und Handschuh* (nach Isouards *Cendrillon* in der bereits verwienernden Bearb. durch A. Schreiber) und *Zampa der Tagdieb oder Die Braut von Gips* (nach Herolds *Zampa oder Die Marmorbraut*), alle 1832 in kurzen Abständen aufgeführt, sind harmlose P.n der herkömmlichen Art mit verschwenderischer Benützung der Theatermaschinerie, die höchstens durch ihren überschäumenden Witz und Unsinn auffallen. Auch später pflegt Nestroy noch die Tradition, so im *Zauberer Sulphurelektromagnetikophosphoratus und die Fee Walburgiblocksbergiseptemtrionalis* (1834, nach Raupachs *Robert dem Teufel*), im *Kobold* (1838, nach einem Ballett von J. Perrot) und in *Martha oder Die Mischmonder Markt-Mägde-Mietung* (1848, nach Flotow), die alle nur das Handlungsgerüst für eine lokale Posse mit und ohne Zauberei oder für eine Staberliade benützen. Aber schon 1833 läßt die Meyerbeer-P. *Robert der Teuxel* — wenige Monate nach J. K. Schickhs *Robert dem Wauwau* — Nestroys zusätzlichen scharfen Blick für die Schwächen eines ganz auf den Effekt ausgerichteten, auf jede psychologische Vertiefung verzichtenden Textbuchs erkennen. Nestroy begnügt sich nicht mit einer durch Juxe verbrämten Umsetzung der heroisch-pathetischen Dichtung in den Wiener Alltag, sondern enthüllt gleichzeitig sarkastisch alles, was im Original gegen den gesunden Menschenverstand verstößt, so daß jene Mischung von traditionellem Spiel mit der Bildung und satirischer Polemik entsteht, die Nestroys beste P.n auszeichnet. Daß sich das Publikum erst an diese eigene Form gewöhnen muß, zeigt der nur allmähliche Erfolg dieser und die Erfolglosigkeit der P. auf Holteis tränenseligen Westentaschen-Tasso *Lorbeerbaum und Bettelstab* (*Weder Lorbeerbaum noch Bettelstab* 1835). Dagegen schlägt die zweite Holtei-P. *Die verhängnisvolle Faschingsnacht* (1839, nach dem *Trau-

erspiel in Berlin) sogar auf norddt. Bühnen dermaßen ein, daß Holtei sich beklagt, sie werde mehr gespielt als sein nervensägendes Kriminalmelodrama. In der genauen Travestie der Handlung bis zu dem für eine Wiener Posse gewagten Kindesraub — nur der Mord des Originals wird durch eine Ohrfeige ersetzt, damit alles gut ausgehen kann — nimmt Nestroy vor allem den seine Ehre ängstlich hütenden Pseudosohn des Volkes, den Taglöhner Franz, aufs Korn und schraubt ihn auf ein bei aller Lächerlichkeit natürliches Wiener Mittelmaß hinunter. Nestroys Meister-P. *Judith und Holofernes* (1849) entzündet sich an einer solch abnormen Figur wie Hebbels Holofernes, der sich bereits im Original, nachdem er alles unterworfen hat, bloß noch an seinen bramarbasierenden Reden und an Hinrichtungen eigener Soldaten und Offiziere zu berauschen vermag. In wenige geniale Superlative, z. T. bloß leicht verdrehte Zitate (*Ich möcht' mich einmal mit mir selbst zusammen hetzen, nur um zu sehen, wer der stärkere is', ich oder ich. — Man sattle mir das buckligste meiner Kamele!*) und in einen größern Haufen schneller produzierter Leichen zieht Nestroy diese Maßlosigkeit zusammen und macht aus Holofernes eine Capitano-Gestalt der Commedia dell'arte oder des Kasperletheaters, die listig aus dem Vorhang blinzelt, wenn Judith einen Pappkopf (wie anderes bereits ein Requisit in Kurz' *Prinzessin Pumphia*) abhaut. Die travestierende Verwienerung ist bei Holofernes selten, nur nebenbei fällt er einige Male aus der orientalischen Rolle. Dagegen muß der Dichter schon der Zensur wegen auf die Geschlechtertragödie verzichten; bloß die Manasses-Geschichte, mit deren Hilfe Hebbel Judith zur benötigten jungfräulichen Witwe macht, läßt er sich nicht entgehen; hier genügt schon eine Zusammenfassung zum Gelächter. Den „Mord" begeht ein als Frau verkleideter Mann (Joab als Bruder Judiths), also eine stehende Possenfigur. Im üblichen Possenstil mit Sprach- und Sittenkarikatur, Anachronismen und lokalen Anspielungen sind auch die Juden gezeichnet (wie schon in einem anonymen Drama *Judith und Holofernes* 1818), so daß die ganze Kraft des Stückes, wenn man von den erschlagenden Knittelreimen (besonders auf Namen, z. B. „gern es": „Holofernes") und

bodenlos tiefen Witzen absieht, in der Gestalt des Holofernes liegt. Die beiden letzten P.n sind deutlich schwächer. Mit Absicht nennt Nestroy sich beim *Tannhäuser* (1857, Zukunftsposse mit vergangener Musik und gegenwärtigen Gruppierungen) nicht als Verfasser, da er nur einen studentischen Jux des Breslauers H. Wollheim (*Tannhäuser oder Die Keilerei auf der Wartburg* 1852, für einen Burschenschaftstag; Druck 1854) strafft, aus dem akademischen ins wienerische Milieu verlegt und mit eigenen Späßen garniert. K. Binder ersetzt überdies die musikalischen Quodlibets aus Studentenliedern durch eigentliche musikalische P.n, die selbst Richard Wagners Anerkennung finden. Vollends fällt die *Lohengrin*-P. ab (1859, in der erfolglosen Fortsetzung zu Morländers *Theatralischem Unsinn*). Zahlreiche Einzel-P.n, in denen oft reiner Unsinn pathetisch vorgetragen wird, enthalten natürlich auch Nestroys übrige Werke, und fremden Stücken legt er parodist. Glossen ein (erhalten zu L. Angelys *Zwölf Mädchen in Uniform*).

Was die übrigen Zeitgenossen an P.n bieten, fällt nicht ins Gewicht, genannt seien Karl Carl (meist Staberliaden, so schon 1822 in München eine *Freischütz*-P.), F. Kaiser, E. Ritter (Steinhauser von Treuberg), A. Lödl, A. Berla, J. Landner, Morländer (Moritz od. Siegm. Engländer), A. Baumann. Was später folgt, ist bloß Nachwirkung der Glanzzeit. So versucht sich noch der junge Anzengruber in P.n (*Die Lebzelter von Nürnberg* 1861, nach O. v. Redwitz, verloren; *Die schauderliche Plunzen* 1862, auf die romant. Ritterstücke), oder Josefine Gallmeyer parodiert ihre Rivalinnen Sarah Bernhardt und Charlotte Wolter (*Sarah und Bernhard* 1884; *Die elegante Tini*, nach E. Mautners *Eglantine* usw.). Schon Nestroy hat aber nicht nur den Jupiter Meisls, sondern auch den Offenbachs gespielt. Die Zukunft der Theatertravestie gehört dessen neuer Operettenform (*Orpheus in der Unterwelt* 1858, *Die schöne Helena* 1864 usw.), nach der später auch Nestroys *Lohengrin* erfolglos umgearbeitet wird (C. Costa u. M. A. Grandjean *Lohengelb* 1870, Musik v. F. v. Suppé).

§ 35. Verglichen mit der Fülle des österr. Volkstheaters tritt die Theater-P. im übrigen dt. Sprachgebiet während des ganzen 19. Jh.s eher vereinzelt auf. Freilich muß darauf hingewiesen werden, daß die außerhalb Wiens und Berlins gespielte noch kaum wissenschaftlich bearbeitet ist. Immerhin läßt sich erkennen, daß einerseits hie und da schon in der ersten Hälfte des Jh.s versucht wird, an die Wiener Tradition anzuknüpfen, so von Karl Carl vor seiner Wiener Zeit (vor 1826) am Münchner Isartortheater, wo ihm u. a. sein Sekretär A. Lewald eine Aschenbrödel-P. schreibt (1823), oder von L. Lax, A. Vincenz, H. Schmelka, später auch von K. A. Görner (*Die Waise von Berlin*, nach der Birch-Pfeiffer; *Die Afrikanerin*, nach Meyerbeer) oder von F. Fränkel (*Der Zunftmeister von Krähwinkel*, nach Redwitz), und daß anderseits große Opernerfolge wie Webers *Freischütz* oder Gounods *Margarete* in ganz Europa zu P.n verlocken. Der *Freischütz* wird nicht nur in Deutschland (*Samiel oder Die Wunderpille* 1824; J. Hopp *Der Freischütz* 1872, K. Höpfner *Der Freischütz in Kamerun* 1887, von Höpfner auch eine *Afrikanerin*, nach Meyerbeer), sondern auch in England und Irland (*Der Freischütz* travestie by Septimus Globus 1824 usw.) parodiert und travestiert; *Faust und Margarete* von C. Schultze und L. Schöbel (Musik v. W. Homann) wird in Hamburg um 1880 über dreihundert Mal gespielt, nachdem schon verschiedene P.n derselben Oper an andern Orten vorangegangen sind (s. a. § 68 und Wagner-P.n § 72). Nur in Berlin entwickelt sich allmählich ein Theaterleben, welches die P. begünstigt. Doch wirken die P.n und Travestien des Schöpfers der Berliner Posse und Vielschreibers Julius von Voß (*Coriolan* 1811, *Orpheus und Euridike* 1811, *Die travestierte Jungfrau von Orléans* 1803) bedeutend witzloser und literarischer als der Wiener Durchschnitt; sein bekannterer *Travestierter Nathan der Weise* (1804, mit einem *Travestierten Alarcos* nach F. Schlegel als Kasperle-Nachspiel) versandet in einem Spiel mit dem Jiddischen, auf das Voß besonders stolz ist, und in magern Schacher- und Trödlerspäßen der Judenposse, garniert mit Travestien anderer Werke (z. B. *Braut von Messina*, Matthissons Genfersee-Ode, Sophie Mereau). Auch Ludwig Roberts *Kassius und Phantasus oder Der Paradiesvogel, Eine erzromantische Komödie mit Musik, Tanz, Schicksal und Verwandlungen. Nebst einer empfehlenden Vorrede von dem berühmten Hunde des Aubry* (1825), das alle Motive der Zeit-Erfolge zu einem Überkassenschlager zusammenbraut, oder sein *Schicksalstag in Spanien* (1839) sind mehr literar. Satire als Theater-P., obwohl Robert auch eine (schwache) Staberliade (*Staberl in höhern Sphären* 1826) dichtet. Später lassen

einige Stücke Kalischs (*Peter Schlemihl* 1850, *Tannhäuser* 1856) Travestie und P. nicht ganz vom Berliner Theater verschwinden, oder es nimmt Carlchen Mießnick (*Komm her!* 1862) am Wallner-Theater die ältere dramatische Aufgabe von F. v. Elsholtz (*Geh hin!* Druck 1835) wieder auf, in der eine Schauspielerin die Titelworte in 24 Rollen ausdrücken muß und die neben F. A. Steinmann (*Morgen!* 1827) der Verfasser bereits selbst parodiert hat (*Komm her!* 1835). Erst gegen das Ende des Jh.s sind die Berliner theaterwütig genug, daß sich — zeitweise sogar in Konkurrenz mit andern parodierenden Bühnen — von 1889 bis 1910 ein eigenes „Parodie-Theater" halten kann. Doch wachsen weder die zahlreichen P.n M. Böhms (*Ahnfrau, Faust 3. Teil, Ring des Nibelungen,* besonders erfolgreich die P.n auf Wildenbruchs *Quitzows* und Sudermanns *Ehre*) noch die H. Busses (*Tannhäuser*), Julius Freunds (*Kabale und Liebe*, satir.-parodist. Revuen und Operetten), Paul Linckes (*Lysistrata* 1902) über den Durchschnitt hinaus. Die große Zeit des volkstümlichen Spiels ist ohnehin vorbei; dieses verhüllt sich bald als P. auf das Schmierentheater (P. Filucius *Die lustige Salome*), bald als literar. Satire im Überbrettl-Stil (Stettenheim *Fuhrmann Henschel*, s. § 39, 73). Daß freilich auch die reine Theater-P. wieder aufleben kann, zeigt neben einigen Filmen mit parodist. Einschlag W. Fincks und W. Meißner-Rulands *Orpheus in der Unterwelt* (Druck 1949), der wie die Altwiener-P. reinen Theaterunfug mit einem harmlos kritischen Spiegel dt. Nachkriegssitten verbindet. Der eindrücklichste Beweis für die tiefe Verwurzelung dieses Spiels ist die Oper *Der Läusekrieg auf der Waldburg*, welche Häftlinge des Konzentrationslagers Buchenwald heimlich aufführten.

Gegen das Ende des 19. Jh.s verschwindet auch eine andere Volksbelustigung, die sich teilweise von absichtlicher — neben unfreiwilliger — P. und Travestie nährt: das Puppentheater, das noch im 19. Jh. Travestien wie August Mahlmanns *Travestierten Doktor Faust* (1806) und Kasperlestücke wie Silvius Landsbergers *Don Carlos der Infanterist von Spanien* (1851, bearb. v. „N. Spitzel" 1898) hervorbringt und in F. Huchs Richard Wagner-P.n (*Tristan und Isolde, Lohengrin, Der fliegende Holländer* 1911) einen bescheidenen literar. Niederschlag findet. Im Kölnischen Volkstheater werden noch um 1870 Dramen der großen Bühne parodiert. Sonst bleiben eigentlich nur der halbliterar. Bereich der Jux-, Karnevals-usw.-Spiele „für lustige Kreise" mit Titeln wie *Schillers Tante, Krawall und Liebe um Louise* (1896), *Don Carlos, Tragödie im Depeschenstil für 3 Herren* (1894), *Der blutige Pantoffel an der Kirchhofsmauer* (1885), für die gegen Ende des Jh.s zahlreiche Buchreihen erscheinen (z. B. *Wallners Thespiskarren*), und die Imitatoren der Varietébühne übrig (um 1870 zuerst Carl und Camillo Schwarz), die zwar berühmte Stars usw., aber kaum mehr literar. Texte parodieren.

§ 36. Nach den *Musenklängen* ist die Glanzzeit des naiven Spiels mit der Bildung, nach Nestroy die der Theater-P. vorbei. Wie Eichrodt und Kussmaul auf die Gedichte des 1846 verstorbenen Schulmeisters S. F. Sauter stoßen, ist dessen aufklärerische Naivität für sie bereits in einem solchen Maße Vergangenheit, „fossiler Überrest vormärzsintflutlicher Zeiten", daß sie ihn als bloßes Gegenstück zu Vischers Bänkelsänger Schartenmayer (s. § 30) sehen, ihn deshalb Biedermeier nennen, ihm einen literarisch gebildeteren und politisch interessierteren Buchbinder Treuherz eigener Erfindung beigesellen und seine Gedichte zum Ergötzen der Gebildeten bearbeiten und parodieren (1855-57 in den *Fliegenden Blättern*, später als *Buch Biedermaier*). Nachdem die Moritaten-P. zur beinahe unparodist. Form der humoristischen Dichtung geworden ist, lenken sie so wieder in eine direktere und feinere P., zugleich aber auch in jenes dünkelhafte Spiel der Gebildeten mit den naiven Poeten ein, das sich an der Friederike Kempner bis zur Gegenwart hält. E i c h r o d t steht an einer Wende des Bildungsspiels. Einzelne seiner Gedichte gehen noch in die *Musenklänge* ein, viele andere dagegen in die Kommersbücher, von denen er selbst die „Lahrer Bibel" (*Allgemeines Deutsches Commersbuch* 1859) mit herausgibt. Burschenschaften und Honoratiorenkneipen bestimmen einen großen Teil des Bildungsspiels der 2. H ä l f t e d e s 1 9. J h.s. Sie tragen neben den Kommersbüchern auch Sammlungen, wie Eichrodts *Hortus deliciarum* (1877-79), als Ersatz für den 1870 verbrannten Hortus der Herrad von Lands-

perg), und „gebildete" Witzblätter, wie die *Fliegenden Blätter* (1844), den *Kladderadatsch* (1848) oder den *Schalk* (1878). Jedoch nimmt hier die Umdichtung bekannter Werke auf andere, besonders studentische Themen allmählich ab, auch wenn sie nie ganz verschwindet (Scheffels *Letzte Hose*, nach Thomas Moore bzw. Flotow; später besonders Struwwelpeter-P.n: *Technischer Struwwelpeter* 1896; C. H. Stratz *Gynaekolog. Struwwelpeter* 4. Aufl. 1885; ders. *Heidelberger Studentenstruwwelpeter* 1885 usw. und noch im 20. Jh. Morgenstern-Umdichtungen: Zarathustra u. P. G. Ehrhardt *Palmström als Flieger* 1917, Neuaufl. 1942). Zur Hauptsache wird die Umdichtung ersetzt durch die T r a v e s t i e d e r W i s s e n s c h a f t e n , deren Stoffe und Erkenntnisse im Tone des Bänkelsangs (bei Eichrodt) oder Heines, der romant. Ballade und des Volkslieds (bei Scheffel) behandelt werden. Travestiert Eichrodt mehr die Geisteswissenschaften (Geschichte, Geographie, Philologie, Jurisprudenz, Archäologie, Mythologie usw.), so benützt S c h e f f e l (seit 1848 in den *Fliegenden Blättern*, 1867 gesammelt als *Gaudeamus*) vor allem die aufstrebenden Naturwissenschaften, daneben Kultur- und Lokalgeschichte. Bezeichnenderweise parodieren Scheffels zahlreiche Anmerkungen zu den Liedern, welche die travestierten Fakten stützen, nie. Wohl wird mit der Wissenschaft gespielt, aber Scheffels bildungsbesessenes akademisches Publikum (zuerst die Kommilitonen, dann der Heidelberger *Engere Ausschuß*, eine Honoratiorenkneipe, später die Naturforscher-, Philologen- und Schulmänner-Versammlungen) verlangt genaueste Beachtung der Tatsachen. So sind die Wissenschaftstravestien scherzhafte Parallelen zur übrigen Bildungsdichtung der Zeit ohne jegliche Ironie. Eichrodts und Scheffels oft nachgeahmter (selbst F. Th. Vischer dichtet 1867 eine *Prähistorische Ballade*) travestierender „höherer Blödsinn" ist die letzte und bei Scheffel wohl auch dumpfeste Ausprägung des aufklärerischen Spiels mit der Bildung, die sich erst zusammen mit der Bildungsgläubigkeit im 20. Jh. verliert. Noch 1935 singen Germanisten eisern travestierend aus *Des Germanisten Bescheidenheit*. Die 156. Auflage des Allg. Dt. Kommersbuches (1963) enthält aber nur wenige Gaudeamuslieder und keine einzige Nachahmung mehr. Völlig vergessen sind die zahlreichen, meist epischen Travestien und P.n Moritz Reymonds (*Das Buch vom gesunden und kranken Herrn Meyer* 2. Aufl. 1877, *Das Buch vom bewußten und unbewußten Herrn Meyer* 2. Aufl. 1879, *Das Neue Laienbrevier des Häckelismus* 1877, Jubiläumsausg. 1912, *Neuer freier Parnaß* 1881, mit juristisch kommentiertem *Faust* usw.). Offenbar ähnliche Spiele F. Gundolfs (Mutterrecht für Anfänger, Literatur-, Philosophie-, Weltgeschichte in Versen) sind überhaupt nie an die Öffentlichkeit gelangt. Vergessen sind aber auch die einst für den Unterhaltungsteil wissenschaftlicher Jahresversammlungen beliebten dramatischen Scherze im Stile von *Kohlenstoff dem chemischen Tannhäuser* (Chem. Gesellschaft Würzburg 1891), *Darlehn oder Schenkung oder Faust 17. Teil* (v. H. Eifert, Dt. Anwaltstag 1897).

§ 37. Ist die Travestie der Wissenschaften heute verstaubt, so lebt dagegen immer noch die Wissenschafts-P. Mit Ausnahme einzelner scharfer Angriffe wie jener Liscows (s. § 48) oder P. E. Thieriots (*Der Scholiast zum teutschen Homer oder Journal für die Kritik und Erklärung des Vossischen Homers* 1798) ist diese bereits im 18. Jh. zum reinen Bildungsspiel gerade jener Kreise geworden, die der Wissenschaft besonders nahe stehen, denen es aber Spaß macht, einmal den akademischen Pedanten zu verspotten. In einer P. auf die zahllosen und gesuchten Preisfragen der Akademien beschäftigt sich etwa der *Wandsbecker Bote* (1774 Nr. 8, von Goethe?) mit dem Problem, „welche Hand Götzens von Berlichingen eisern gewesen", oder es spielen — nur teilweise parodierend — Goethes Freunde (Seckendorff, Herder, Merck, evtl. Wieland) im *Journal von Tiefurt* (1. St., 1781) mit der Preisfrage: „Wie ist eine unoccupierte Gesellschaft für die Langeweile zu bewahren?" Schon früh (Rabener, Liscow usw.) entwickelt sich allerdings aus solchen Formen die kaum mehr parodierende scherzhafte Abhandlung, die mit möglichst viel Geist eine möglichst verblüffende Frage behandelt, ein Lieblingsspiel Jean Pauls ist und etwa auch in Brentanos Abhandlung für Arnims Christlich-Deutsche Tischgesellschaft *Der Philister vor, in und nach der Geschichte* (1811) weiterlebt. Nur scheinbar kritischer verspotten die

philologischen Noten und Abhandlungen zu Dichtungen. Schon die *Anmerkungen von meinem Vetter* zu Claudius' *Morgenlied eines Bauersmannes* (1777) sind sehr wahrscheinlich als gelehrte Selbst-P. von Voß verfaßt. Im 19. Jh. entkleidet einerseits Jean Paul das Spiel mit den Anmerkungen — wie das mit parodistischen Zitaten aus gelehrten Schriften — vollends des kritischen Mäntelchens und macht es zum integrierenden Bestandteil einer Dichtung, die bildungsspielend über das Bildungsspiel hinauswächst; andererseits bleibt es von Grillparzers *Des Poetae celeberrimi Homeri Ilias oder Trojanisches Gedicht* (1816) bis zum Stettenheim-Jahrbuch hrsg. v. d. Stettenheim-Forscher-Gesellschaft (1891), zu R. Presbers *Der Ehezwist im Hause Nolte, Aus einem philolog.-philosoph. Kommentar zu W. Buschs* 'Frommer Helene' (*Das Eichhorn und andere Satiren* 1905), Hanns von Gumppenbergs zwei Weimarer Vorträgen *Goethes* 'weder-weder' und *Schillers* 'noch-noch' (1913) und Chr. Morgensterns *Anmerkungen von Dr. Jeremias Müller zu den Galgenliedern* (*Über die Galgenlieder* 1921, veränd. Neuausgabe u. d. T.: *Das aufgeklärte Mondschaf* 1941) als harmlos unkritischer Spott auf die übereifrige Kunst der Interpretation erhalten. Im 20. Jh. zieht es sich mehr in die bibliophilen Kreise zurück; von den Münchner Bibliophilen um C. G. v. Maaßen stammen u. a. die Dissertation von „Gussie McBill" *Über den Lyrismus bei Max Halbe in seinen Beziehungen zur Anakreontik der Spätromantik* (1911) und die P. auf Hans von Müller *Zu E. T. A. Hoffmann, Ergänzungen zu Hans von Müllers grundlegendem Werke* (1912); für die Berliner Bibliophilen dichtet Gerhard Scholem ein *Amtliches Lehrgedicht der Philosophischen Fakultät der Haupt- und Staatsuniversität Muri* (1928). *Neue Beiträge zur Rowohlt-Forschung* publiziert „Fürchtegott Hesekiel" 1933; 1962 verwendet Heimito von Doderer das Spiel in seinen Anmerkungen zu den *Merowingern*, und noch 1963 erscheint als Werk der „Märchenarchäologie" Hans Traxlers *Wahrheit über Hänsel und Gretel*. Nur bei wenigen Dichtern rückt das Bildungsspiel in die Nähe der kritischen P., so in Grillparzers Angriffen auf Ethnologen, Mythologen und Germanisten (*Korrespondenznachrichten aus* dem Lande der Irokesen 1820, *Gegen Th. G. v. Karajans Zwei bisher unbekannte Deutsche Sprach-Denkmale* 1857/58) oder in Spittelers parodierender dramatischer Satire *Rede des Dr. Michel Genialowitz Modernefritz an der Schillerfeier* (1905).

Wenn man von den Spottversen auf die Fachkollegen in den *Altdeutschen Guckkastenbildern* (1836) Hoffmanns von Fallersleben und M. Haupts und von F. Th. Vischers Stoff- und Sinnhubern im *Nachspiel* (1886) der *Faust*-P. absieht, so hat sich offenbar als einziger Germanist des 19. Jh.s W. Wackernagel mit der Abhandlung *Die Hündchen von Bretzwil und Bretten, Ein Versuch der Mythenforschung* (1865) als Parodist bewährt. Erst in unserm Jh. folgen ihm noch H. Haas (*Bin des Professortons nun satt*, Festschrift Mogk 1924), Th. C. van Stockum (*Zur Deutung des Wortkunstwerks, ein hermeneutisch-philologisch-methodologischer Versuch*, Neophil. 35, 1951, S. 116-120) und ein „Horst-Heinz Deutinger" (*Huckebeins Ende, Strukturmodell e. daseinsanalytischen Lit.betrachtung*, MhDtUnt. 53, 1961, S. 301-302).

§ 38. Viel entscheidender als diese zeitbedingten wie zeitlosen Spiele der Gebildeten bestimmen die P a r o d i e n z y k l e n seit Ludwig Eichrodts *Gedichten in allerlei Humoren* (1853) und *Lyrischen Karikaturen* (1869) bis zur Gegenwart selbst die wissenschaftlichen Anschauungen von der P., obwohl das 19. Jh. diese Form aus einer heute doch wohl überwindbaren Not wählt. Denn da die Ästhetik im 19. Jh. der eingehenden Kenntnis literar. Vorbilder und der künstlerischen Begabung, sich in fremde Dichtungen einzufühlen, keinen Platz mehr einräumt — die meisten unparodist. Werke der bedeutendsten Parodisten des 19. und 20. Jh.s bleiben völlig unbeachtet —, kann der Parodist nur dann auf Anerkennung hoffen, wenn er sowohl seine Begabung durch Verzerrung des Vorbildes zu einem Jux unter literarisch Gebildeten macht als auch in seiner sonstigen Erfolglosigkeit durch Parodierung möglichst vieler und verschiedenartiger Töne beweist, daß er eigentlich fähig wäre, jedes erfolgreiche Werk der Zeit zu schreiben, wenn er nur wollte. Die Stilübung wird also in eine Satire verkleidet — scheinbar wahrheitsgetreue, tatsächlich verzerrende Nach-

ahmung mit bemerkbarer Komik, wie es die neueren P.-Definitionen (s. § 2) verlangen. Die scheinbare Kritik wird dadurch wieder aufgehoben, daß der Parodist ganze Sammlungen solcher P.n veröffentlicht, nach allen **Seiten** hin ausschlägt, auch seine Lieblinge **nicht verschont** und sich meist noch selbst parodiert oder von einem Freund parodieren läßt. So verspottet der „raffinierte moderne Weltmensch" Eichrodt, Kobbes tändelndes und deshalb erfolgloses Spiel (s. § 26) vergröbernd, den ganzen literar. Hausschatz der Zeit (Matthisson, Tieck, Novalis, Eichendorff, Lenau, Heine, die Droste, Herwegh, Freiligrath, Rückert, Platen, Geibel, Lingg, Scheffel usw.), gleichzeitig aber auch als literarisch gebildeter Kritiker — wie die 1855 wohl von M. Drucker und A. Zander herausgegebenen (verfaßten?) *Blüten aus dem Treibhause der Lyrik* (3. Aufl. 1882) — die triviale Almanachpoesie. Daß sich Eichrodts P.n auf diese in keiner Weise von den andern unterscheiden, zeigt deutlich, wie es für den virtuosen Artisten gleichgültig ist, was und warum er parodiert. Selbst wo er kritisch verspotten will, auch bei der „lächerlichen Ähnlichkeit", geht es ihm von nun an um die Ähnlichkeit, d. h. um die kunstfertige Nachahmung. Mit Eichrodt tritt diese neue s c h e i n k r i t i s c h e P.n s a m m - l u n g im dt. Sprachgebiet verhältnismäßig spät auf, das englische kennt sie schon 1812 mit den *Rejected Addresses* von Horace und James Smith, welche die P.n — wie Eichrodt noch nicht — bereits um ein bestimmtes Thema (Wiedereröffnung des Drury Lane Theaters) gruppieren; überhaupt tragen alle Formen des parodist. Bildungsspiels auf ags. Boden seit Swift bessere Früchte (W. M. Thackeray, W. S. Gilbert, Bret Harte usw.). Die nächste bedeutendere dt. Sammlung eines Parodisten, Fritz Mauthners *Nach berühmten Mustern* (1878, NF. 1880), verbindet ebenfalls Neckerei aus Liebe (P.n auf Auerbach, Scheffel, G. Freytag usw.) mit „exemplarischer Kritik" an abschreckenden Mustern erfolgreicher Trivialliteratur (Sacher-Masoch, E. Marlitt usw), ohne daß die beiden Gruppen zu unterscheiden wären. Mauthner muß erleben, daß eine P., die er aus Liebe dichtet, gegen den Parodierten (Auerbach) ausgeschlachtet wird. Typisch für seine wie für alle andern Sammlungen dieser Art ist aber auch, daß sie in keiner Weise den Publikumsgeschmack beeinflussen. Als Scherze für Kenner und Liebhaber gedacht, werden sie zu Bestsellern. In eine solche Sammlung aufgenommen zu werden, bedeutet für den Parodierten eine Bestätigung seines Ruhmes, deshalb steht er dem Parodisten meist wohlwollend gegenüber. Hanns von Gumppenberg ist erstaunt, wenn eines seiner Opfer (Arno Holz) die P. „als bitterbösen Angriff mißversteht", sind doch seine Scheerbart-P.n im Heim des Parodierten entstanden, der selbst Titel und Untertitel beiträgt. Gumppenbergs parodistische Anthologie von Eichendorff — auch dieser Rückgriff auf die vergangene Lit. bestätigt die scheinkritische Tendenz — bis Arno Holz, später bis Else Lasker-Schüler *Das teutsche Dichterross in allen Gangarten vorgeritten* (1901, 13. u. 14. erw. Aufl. 1929, entstanden seit 1888) bringt nicht nur die scheinkritische lächerliche P. zu einer seither nicht mehr erreichten Vollendung, sondern steigert sie auch in einigen Fällen (Eichendorff, Scheerbart) zur direkten Nachahmung, deren Scherzcharakter sich nur noch aus der ganzen Sammlung ergibt und die sonst selbst Kenner für ein Original halten würden. Oft zwingt sich freilich der Parodist zu einem blödelnden Einschub, um die Nachahmung in den von seinem Publikum verlangten Spaß zu verwandeln. Wenn Gumppenberg franz. Chansons scherzhaft ins Oberbayrisch-Münchnerische übersetzt, nähert er sich der Horaztravestie (s. a. § 20), die als untrügliches Zeichen für ein Interesse an artistischen Versuchen nach Mörikes privatem Wispelunsinn, Scheffels *Fahrender Schüler Psalterium* und Raabes Spielen in *Höxter und Corvey* bereits in dem von Th. Mommsen hochgeschätzten *Dilettantenspiegel* F. Mauthners, einer Travestie der *Ars poetica* (1884), wieder erwacht. A. Brandt (*In Lust und Leed* 1896) und E. Stemplinger (*Horaz in Lederhos'n* 1905) übertragen Horaz — Stemplinger auch Ovid (Ars amatoria: *Vom Buab'n- und Dirndlfang* 1921) — in mecklenburgische bzw. bayrische Mundart und Verhältnisse; Chr. Morgenstern versetzt ihn — wohl am kunstvollsten — in die Berliner Moderne (*Horatius travestitus* 1897). Selbst das gelehrte Kunststück, in der Sprache und Bilderwelt einer frühern Epoche zu dichten, das einst der Stolz der jungen Germanisten war (s. § 27),

dringt wieder in die Dichtung ein: Arno Holz dichtet im Ton der Gesellschafts- und vor allem der Schäferpoesie des 17. Jh.s. Den für Holz seltenen Erfolg verdanken allerdings die *Lieder auf einer alten Laute* (1903) und der *Dafnis* (1904, endgültige Fassung 1924) nicht der erstaunlichen Kunstfertigkeit, sondern den erotischen Motiven. In den letzten Jahrzehnten des 19. Jh.s dringen endlich auch mit J. Stettenheims Schiller-, Uhland-, Freiligrath-, Heine- und Scheffel-usw.-P.n im *Schalk* (1881 Nr. 156) und mit Karlshoffs *Variationen über das Thema 'Laura am Klavier' von einem Ungenannten* (1883) die Variationen eines bekannten Textes im Stile berühmter Dichter in die dt. Lit. ein, erreichen aber noch nicht die musikalischen Abwandlungen von W. Müllers *'s kommt ein Vogerl geflogen* durch Siegfried Ochs (der seine Neigung zur artist. Fälschung in einem angeblichen Arioso Händels *Dank sei dir, Herr* enthüllt, worin ihm in unserm Jh. F. Kreislers *Klassische Manuskripte* nachfolgen). Die reine Stilübung vermag gegen den scheinkritischen Bildungsspaß nur durchzudringen, wenn sie sich unter andern P.n oder unter Erotik versteckt; für den Reiz reiner formvirtuoser Kunstfertigkeit ist die dt. Leserschaft auch jetzt noch nicht reif. Immerhin hat die artist. P. als l'art pour l'art, als spielerischer Genuß eigener Imitierfähigkeit in Gumppenberg und Holz eine durchaus beachtliche Höhe erreicht. Selbst der junge Hermann Hesse dichtet 1902 eine Variationenfolge *Die gelbe Rose* im Stile Dehmels, Rilkes, R. A. Schröders, veröffentlicht sie aber nicht.

Auch Chr. Morgenstern ist mit seinem *Horatius travestitus* (1897) und seinen eigentlichen P.n (aus dem Nachlaß, zuerst als *Schallmühle* 1928, später als *Böhmischer Jahrmarkt* 1938, *Egon und Emilie* 1950) ein ästhetischer Genießer und feinfühliger Nachempfinder, der sich eine private „Literaturgeschichte in Beispielen" zusammendichtet, die keinen der Parodierten wirklich kritisch angreift. Die *Galgenlieder* (1905) und ähnlichen Werke, denen er seinen Ruhm verdankt, benützen freilich alle Formen der zeitgenössischen ernsten und heitern Dichtung zu einem genüßlichen Spiel mit den Trümmern einer durch Nietzsche und Mauthner aufgelösten Welt und Sprache (s. § 77) und werden gegen den Willen des Dichters als parodist. höherer Blödsinn und Kommersbierulk in der Art Eichrodts und Scheffels, deren Einfluß auf die Frühzeit des Galgenbergs trotzdem unverkennbar ist, bejubelt und parodiert (O. H. Palm *Der neue Palmström* 1924, S. Römer *Neues von Palmström* 1925 usw.).

§ 39. Gumppenberg und Morgenstern parodieren für g e s e l l i g e K r e i s e (Galgenberg bzw. Gesellschaft für modernes Leben, Maultrommel). Damit führen sie auch diese Tradition ins 20. Jh. hinüber, die bereits gegen Ende des 19. Jh.s mit den Publikationen des Allgemeinen Deutschen Reimvereins (*Die Aeolsharfe 3. Jg. Nr. 8, Aeolsharfenkalender für 1886, Aeolsharfenalmanache für 1888 und 1896*) in Parodierung des Allgemeinen Deutschen Sprachvereins (1885) beachtliche scheinkritische P.n auf die Dilettantendichtung, auf Naturalismus und „Gründeutschland" hervorgebracht hat, obwohl die Mitglieder dieses Kreises (u. a. H. Seidel, J. Trojan, J. Stinde, .J Lohmeyer) in ihren sonstigen P.n eher der Art Scheffels verhaftet bleiben. Überhaupt halten neben einzelnen humoristischen Schriftstellern und „Berufshumoristen", wie Franz Bonn (Ps. v. Miris), A. Moszkowski, J. Stettenheim, Th. v. Sosnosky, F. Schloemp, R. Presber u. a., die Klubs am längsten am alten Bildungsspiel fest, so etwa in gröbern Formen die Leipziger Stalaktiten um E. Bormann (Goethe-Scherzcentonen usw., s. a. § 29) und G. Bötticher (*Wenn du noch eine Tante hast; Die Schweinskarbonade*, nach Tolstois *Kreutzersonate*), in feinern die Münchner Kreise um C. G. v. Maaßen (Verein süddeutscher Bühnenkünstler, Hermetische Gesellschaft, s. a. § 27, 37) und Artur Kutscher (Junges Krokodil usw.), welche erst der Krieg 1914/18 zerstreut; am hartnäckigsten erweisen sich die akademischen Kreise (Kutscher-Seminar; Stadelmann-Gesellschaft A. Kippenbergs bis 1941 usw.). Als kommerzielle Form des geselligen Klubs entstehen bereits an der Jahrhundertwende unter franz. Einfluß die literar. K a b a r e t t s (s. d.), die — in ihren Anfängen meist geschlossene Gesellschaften — durch ein komisches Zeremoniell (Scharfrichter) oder durch ihre Zusammensetzung (acht Schriftsteller und bildende Künstler, ein Rechtsanwalt, ein Architekt und ein Komponist als Urscharfrichter; Ringelnatz als

Sohn G. Böttichers) ihre Herkunft aus den Höhlen des 19. Jh.s nicht verleugnen und meist auch, wenn sie allzu professionell werden, zugrunde gehen. Gumppenbergs und Morgensterns P.n trägt man in M. Reinhardts *Schall und Rauch* (1900), in Wolzogens *Überbrettl* (*Buntes Theater* 1901) und bei den *Elf Scharfrichtern* (1901) vor. Aus den Höhlen des 19. Jh.s stammen neben der Bänkelsang-P. (s. § 30, 78) vor allem auch die im franz. Kabarett der Zeit seltenen d r a m a t. P.n, die in einer Kleinform nochmals die Theater-P. aufleben lassen. In *Don Carlos an der Jahrhundertwende* (1900) verbindet M. Reinhardt die Schmieren-P. (*Don Carlos auf der Schmiere*) mit Variationen nach G. Hauptmann (*Karle, eine Diebskomödie*) und Maeterlinck (*Carleas und Melisande*). Nur ein Teil der vielen Kabarett-P.n stützt sich auf ein bestimmtes Stück oder einen bestimmten Autor (Morgenstern *Das Mittagsmahl*, nach d'Annunzio; Gumppenberg *Die Frau an der Isar*, nach Ibsen; ders. *Monna Nirwana*, nach Maeterlinck usw.), die meisten treiben einen oft über das Parodistische hinausgehenden Unfug mit den Modeströmungen des zeitgenössischen Dramas, d. h. mit dem historischen (Morgenstern *Der Laufgraf*, Gumppenberg *Napoleon*), dem naturalistischen und symbolistischen Drama (Morgenstern *Egon und Emilie*, Gumppenberg *Der Veterinärarzt*, s. a. § 73 f.). Verglichen mit ihren Altwiener und selbst mit ihren Berliner Vorgängern geraten sie freilich bedeutend literarischer und wachsen sich bei Gumppenberg sogar zum Kunststück aus (*Der Nachbar, Monodrama in einem Satz*), aber wie das Altwiener Volkstheater parodieren sie nicht kritisch im Dienste einer bestimmten Stilrichtung, sondern im Auftrag eines durchaus aufklärerischen „gesunden Menschenverstandes", der sich an den Übertreibungen der Dichtung stößt. Mit der auf den Krieg von 1914/18 folgenden Verpolitisierung des Kabaretts bricht diese Entwicklung wieder ab; der Anteil der dramatischen P.n am Nachkriegskabarett ist gering und agitatorisch.

§ 40. Dagegen tauchen die s c h e i n k r i t i s c h e n Sammlungen bereits 1919 mit H. H. Twardowskis (d. i. P. Bernhardt) *Rasendem Pegasus* wieder auf, der geschickt vor allem die Dichter der Sammlung *Der*

Jüngste Tag — der er auch in der äußern Aufmachung folgt —, der *Aktion* und selbst des Dadaismus parodiert, während H. Reimann eher grobschlächtig meist die erfolgreiche Trivialliteratur der Zeit verarbeitet (*Artur Sünder, Die Dinte wider das Blut* 1921, nach Artur Dinter; *Ewers, Roman von Hanns Heinz Vampyr* 1921; *Von Karl May bis Max Pallenberg in 60 Minuten* 1923; *Männer, die im Keller husten* 1929, nach Edgar Wallace usw.). Mit Robert Neumann (*Mit fremden Federn* 1927; *Unter falscher Flagge* 1932) rückt die scheinkritische P. wieder in die Nähe der artistischen, obwohl Neumann sich auf die hohe und niedere Dichtung der Zeit beschränkt, später in theoretischen Äußerungen eine kritische Zerstörung von innen her, eine Entlarvung der Parodierten für seine besten P.n in Anspruch nimmt und die rein formvirtuose Imitation ablehnt (zuletzt abgedr. in Gesamtausgabe 1962). Doch bleiben auch seine P.n zwar erfolgreiche scherzhafte, aber den Publikumsgeschmack nicht beeinflussende Kunststücke — z. T. in Variationen eines gegebenen Themas — des gebildeten, jedoch erfolglosen Schriftstellers, der seinen gebildeten Lesern beweist, daß er eigentlich zu jedem erfolgreichen Modeton fähig wäre; auch die übliche Selbst-P. fehlt nicht, gedichtet freilich von F. Torberg, der auch sonst parodiert (*PPP, Pamphlete-Parodien-Post scripta* 1964). In jüngster Zeit hingegen (s. spätere Zyklen in der Gesamtausgabe 1962; *Die Staatsaffäre* 1964) gibt Neumann das Bildungsspiel zugunsten der Polemik, die früher schon in den Sammlungen mit ironischen „Zitaten statt Parodien" vertreten war, so weitgehend auf, daß aus einem hervorragenden Parodisten ein mäßiger Satiriker wird.

§ 41. Die allgemeine Neigung der scheinkritischen zur artistischen P. zeigt sich auch darin, daß sowohl unter nationalsozialistischer (W. Hammond-Norden *Der Zerrspiegel* 1937) wie unter kommunistischer Herrschaft (Manfred Bieler *Der Schuß von der Kanzel* 1958, 2. Aufl. 1959; Rolf Schneider *Aus zweiter Hand* 1958) sich die P.n auf die Staatsdichter in keiner Beziehung von solchen auf politische Gegner unterscheiden. Stehen Bieler und Schneider sowie W. Buhl (*Die Äpfel des Pegasus* 1953), A. Eichholtz (*In flagranti* 1954), J. P. Scherer

(*Das vergiftete Spiegelei* 1963, in Hottinger-Scherer *Krimi für Anfänger*) noch den ersten Sammlungen Neumanns auch in der Beschränkung auf die Zeitgenossen verhältnismäßig nahe und flackert bei W. Deneke (in Heimerans Anthologie 1943) nochmals das alte Bildungsspiel mit travestierenden Umdichtungen auf, so bieten R. Müller-Freienfels als Sebastian Segelfalter (*Die Vögel deutscher Dichter* 1947) und R. H. Matkowsky (*Was ich atme, wird Moral* 1961) Stilgeschichten vom Minnesang bis zur Gegenwart in Variationen eines bekannten Liedes (*'s kommt ein Vogerl geflogen* bzw. *Wenn ich ein Vöglein wär'*). Manches deutet darauf hin, daß die scheinkritische P. des 19. Jh.s endgültig überwunden und die Zeit reif ist für die virtuose, wenn auch scherzhafte Stilübung, wie sie etwa neuestens Gaston Richolet (*Kostümprobe mit einem Heiligen* 1963) an den verschiedensten geistlichen Stilen versucht und wie sie vor allem in der franz. Lit. auch im 20. Jh. von Paul Reboux', Charles Müllers (und Fernand Greghs) *A la manière de …* (1908) bis zu Raymond Queneaus *Exercices de style* (1947) in den verschiedensten Formen immer wieder hervorragende Vertreter und ein kunstsinniges Publikum gefunden hat. Völlig allein stehen aber selbst in dieser Entwicklung Josef Weinhebers rein artistische *Variationen auf eine Hölderlinische Ode* (*Adel und Untergang* 1934), die Hölderlins *An die Parzen* metrisch-formal, inhaltlich und glossierend in engster wie in freiester Anlehnung kunstvoll abwandeln und zu denen sich nur von der Antike bis zum 17. Jh. Vergleichbares finden läßt.

§ 42. Einen neuen Weg schlägt die alternde Travestie im 20. Jh. bei Thomas Mann ein. Stand sie bis jetzt auf dem sichern Fundament eines aufklärerischen Bonsens oder eines unerschütterten Bildungsglaubens, so führt sie Th. Manns ironisches Spiel auf das hohe Seil, wo in einem Balance-Akt biblische (*Joseph und seine Brüder* 1933-43), germanistische (*Lotte in Weimar* 1940) und Legendentravestien (*Die vertauschten Köpfe* 1941, *Der Erwählte* 1949), verbunden mit Stil-P.n auch in andern Werken (*Bekenntnisse des Hochstaplers Felix Krull* 1954 usw.) entstehen. Gehalten wird sie noch von einem etwas verschwommenen, psychologistischen und frevelhafterweise Goethe in den Mund gelegten Bildungsglauben, P. oder Travestie (gleichbedeutend verwendet) sei fromme Zerstörung, lächelnd Abschiednehmen, bewahrende Nachfolge, die schon Scherz und Schimpf; gefährdet wird sie durch die weniger fromme Frage Leverkühns (*Doktor Faustus* 1947), warum die Kunst heute nur noch zur P. tauge. Die Zerstörung der Bildung durch P. hat aber bereits vor den travestierenden Werken Th. Manns in bedeutend klareren Formen eingesetzt (s. § 77 ff.).

III. Kritische P. und parodistische Anspielung. § 43. So wenig jedes Lachen ein Auslachen bedeutet, so wenig läßt sich grundsätzlich die weitverbreitete und meist mit Oscar-Wilde-Zitaten gestützte Meinung halten, man könne nur parodieren, was man liebe. Die P. kann sehr wohl tiefsten Haß ausdrücken. Der Gegner wird mit seinen eigenen Worten verhöhnt, bevor man ihn umbringt. Die parodist. Verspottung der Baalspriester durch Elia ist keine liebende Nachahmung und kein Bildungsscherz. Das eindrücklichste dt. literarische Beispiel „leichtsinnig trunknen Grimms" ist Goethes *Woldemar*-P. Von einer Eiche des Schloßparks in Ettersburg herab verhöhnt Goethe im Juli (?) 1779 F. Jacobis Roman und nagelt ihn zum Schluß an den Baum. Diese „Kreuzerhöhung" (Goethe) erregt beträchtliches Aufsehen; Jacobi ist mit Recht tief getroffen; Goethe ist die Geschichte äußerst peinlich, und es dauert Jahre bis zur Versöhnung. Eine solche P. ist allerdings in der Lit.-geschichte sehr selten. Bei den starken Schöpfernaturen — oft auch den Vertretern des neuen Stils — schrumpft die kritische P. meist zugunsten der allgemeinen Satire oder der direkten Polemik zur parodist. Anspielung zusammen. Die Schwächern dagegen suchen sich derart weit unterlegene Gegner für ihren Hohn aus, daß die kritische P. auf die Trivialliteratur im 19. und 20. Jh. zu einem öden Spiel des eingebildeten Halbgebildeten wird.

Wo der Schwächere — oft der Vertreter des herrschenden Stils vor einem neuen — gegen einen überlegenen Gegner zur P. greift, soll diese wie ein Analogieschadenzauber wirken. Kleine und kleinste „Fehler" des Originals werden hämisch herausgestellt, um am Abbild das Original hintenherum zu vernichten. Hier bekommt die kritische P. oft einen artistischen Zug, wenn der Unterlegene eine leise Bewunderung nicht zu verhehlen vermag und auch gern ein Stückchen virtuosen Imitiervermögens zum Beweis seines noch ungebrochenen Könnens ausspielt. So umfaßt die krit. P. alle Geisteshaltungen, vom Übermut des Starken bis zum gedrückten Grinsen des Schwachen, und nicht immer befreit sich der Haß in Gelächter, wie es die Theorie haben möchte. Am seltensten verwenden zwei annähernd ebenbürtige Gegner die P. als Waffe.

§ 44. Für den feindlichen Hohn ist die P. bloß ein Mittel der Polemik gegen den Geist, der im parodierten Werk steckt, ein literar. Zeremoniell der Zerstörung ohne artistische Ambition. Der häufige Vorwurf (z. B. gegen die P.n Nicolais), der Parodist halte die P. nicht durch, sondern falle in die Polemik und Predigt, verwechselt die kritische mit der artistischen P. Doch kann sich die kritische P. auch sehr eng an das Original halten. Der *Woldemar*-P. genügen schon minime Verdrehungen des ursprünglichen Textes, weil sie weit stärker wirken als kunstvolle Nachahmungen. Uhlands Gedichte erledigt der angebliche (?) Druckfehler im *Vorwort*: *Leder sind wir* statt *Lieder sind wir*. Oft ist die kritische P. bloß eine centohafte Zusammenstellung „aristophanisch" leicht abgewandelter oder in einen andern Sinnzusammenhang gelegter Zitate.

§ 45. Gegen die Nachahmung werden die Grenzen der artist. P. meist zu eng, gegen die Polemik und Satire diejenigen der kritischen dagegen meist zu weit gezogen, weil sich einerseits bei der Satire der metaphorische Gebrauch des Wortes P. einmischt und anderseits bei der Polemik jede an sich unparodist. Erwiderung zumindest die Gedankengänge des Gegners parodiert, besonders häufig auch den Titel, von den Hand-, Augen- und Brandspiegeln des Reuchlin-Pfefferkornstreites — die *Epistolae obscurorum virorum* selbst sind ein Seitenstück zu Reuchlins *Clarorum virorum epistolae* — über J. v. Hammer Purgstalls *Fug und Wahrheit* (1816) gegen F. v. Diez' *Unfug und Betrug* bis zu E. Rohdes *Afterphilologie* (1872) auf U. v. Wilamowitz-Moellendorffs *Zukunftsphilologie*.

§ 46. In der Geschichte der kritischen P. wiederholen sich regelmäßig die gleichen Zielsetzungen: parodiert werden eine noch herrschende, aber absterbende, zu überwindende literar. Strömung, dann der persönliche Gegner im Kampf zwischen den Generationen oder zwischen Vertretern derselben Richtung, und schließlich wird die errungene literar. Macht gegen Trivialisierungen und gegen neue literar. Strömungen verteidigt. Die literaturwissenschaftliche Wertung folgt meist brav diesem Ablauf: die P. auf die absterbende Epoche gilt als gut, ebenso der Kampf gegen Trivialisierungen; beim Streit innerhalb derselben Strömung schwankt das Urteil, die Verteidigung gegen das Neue wird abgelehnt. Oft wird der Wert einer kritischen P. auch an der Kunstfertigkeit gemessen und dabei übersehen, daß allein die Wirkung den Ausschlag gibt. Im übrigen wirft die Geschichte der kritischen P. keine besondern Fragen auf. Sie begleitet die auch sonst bekannten literar. Kämpfe und zeigt wie andere Dokumente, was der einen Partei an der andern mißfällt.

§ 47. Vor dem Ende des 17. Jh.s existiert in der dt. Lit. kaum eine direkte krit. P. auf ein anderes (auch fingiertes) literar. Werk. Im dt. MA. kommt zu der bereits geschilderten Problematik (s. § 10 ff.) noch hinzu, daß wir auch bei eindeutig scherzhaften P.n nicht erkennen, wo das Spiel in den Angriff übergeht. Hinter den *valschen mæren*, über die etwa Reinmar klagt, P.n zu suchen, ist wohl müßig. Wo sichtbar angegriffen wird, wie in den Fehden zwischen Reinmar und Walther, ist der Anteil der zwar vorhandenen parodist. Anspielung im Vergleich zum unparodist. Widerspruch und zur satirischen Polemik verhältnismäßig sehr gering. Dies gilt auch noch für den später eindeutigen Spott auf den Minnesang beim Geltar usw. Daß selbst die Kontrafaktur des 16. Jh.s sich selten mit dem ursprünglichen Text auseinandersetzt, haben wir bereits erwähnt (s. § 14); immerhin gibt es Ausnahmen, wie Simon Reutingers kritische P. von Luthers *Ach Gott vom Himmel sieh darein (Ein neu Lied von Martin Luther* 1583). Kritisch wollen die Los- und Würfelbücher-, die Kalender-, Praktik- und Laßtafel-P.n sein. Sie setzen im dt. Sprachgebiet mit H. Folz' parodist. Ader-

laßkalender auf 1480, dem Basler Wahrsagebuch von 1485 und der Schweizer *Practica Dr. Johannis Roßschwanz* (1509) ein, gipfeln in Wickrams *Losbuch* von 1539 (zahlr. Aufl.) und Fischarts *Aller Praktik Grossmutter* von 1572 (2., erw. Aufl. 1574), einer Weiterführung von Rabelais' *Pantagruelin Prognostication* (1532), und leben noch in der Mitte des 17. Jh.s, ergänzt um Werke wie Heinrich Göttings *Bewährte Kunst, Gold und Geld zu machen* (1590). Als eine erste und noch kräftige Form der später so beliebten P.n auf die „Schundliteratur" verraten sie wie diese freilich oft mehr scherzhaftes Spiel des überlegenen Gebildeten als Zerstörungswillen.

§ 48. Abgesehen vom Grenzfall der verbreiteten parodist.-satirischen Polemik gegen die Fremdwörterei des Alamodewesens wächst sich auch im 17. Jh. die Kritik an literar. Strömungen nicht zu P.n aus. Bei J. B. Schupp und Chr. Weise vermehren sich zwar die parodist. Anspielungen auf Zesen, Rist usw. und weiten sich in G. W. Sacers *Reime dich oder ich fresse dich* (1673) zu kleinen parodist. Einlagen gegen die Moderomane usw. aus, wie sie später auch Chr. Thomasius' *Raisonnement über die Romane* (1708) enthält, die zerstörende parodistische Kritik beginnt jedoch erst am Ende des Jh.s mit Chr. Wernickes Kampf gegen die Schüler Lohensteins und Hofmannswaldaus, d. h. mit dem Kampf gegen einen absterbenden Stil. Bei Wernicke ist dieser zugleich Selbst-P., indem der Dichter den eigenen Hofmannswaldau-Imitationen aus der Jugendzeit später in den *Überschriften* (1697, 1701, 1704) unter Berufung auf die franz. *vers burlesques* grobe und frivole Heldenbriefe in Knittelreimen anhängt. Satz und Gegensatz des 17. Jh.s werden so zur Verhöhnung der Hofmannswaldaschüler benützt. Im Gedicht *Furor poeticus* häuft er — wohl in Anlehnung an den franz. *Galimatias* — die Bilder der metaphernjagenden Jünger des schlesischen Literaturbarocks als nichtsbedeutende Worte — er selbst möchte am liebsten nur Gleichnisse dulden — und zerstört sie durch eine witzige Schlußpointe. Zur persönlichen P. kommt es im Streit mit Postel und Hunold. Die kompilierende Anmerkungssucht des Lohensteinverteidigers Postel parodieren Wernickes *Dunkle Erklärungen* zum

Heldengedicht, Hans Sachs genannt (Einzeldruck 1702), einer sonst unparodist. Bearbeitung von Drydens *MacFlecknoe*. Wernickes eigene, oft pedantische Anmerkungen nimmt dafür Chr. Fr. Hunold als Verteidiger Hofmannswaldaus in seinem Anti-Wernicke-Stück *Der törichte Pritschmeister* (1704), das selbst nur wenig parodiert, aufs Korn. Wernicke ist der erste dt. krit. Parodist, aber ein Anfänger im Vergleich zu anderssprachigen Zeitgenossen. 1704 schreibt etwa Swift seine vernichtende *Betrachtung über einen Besenstil* (Druck 1710) auf Boyle's Meditationen. Immerhin wirken Wernickes Angriffe stärker als die neckischen P.n, die J. L. Frisch für sein *Schulspiel von der Unsauberkeit der falschen Dicht- und Reimkunst* (1700) gegen Sprachmengerei, Mythologisiererei, Leberreim, Figurengedicht, Cento und andere Spiele des 17. Jh.s zusammenbastelt. Noch 1720 steht G. B. Scharffs *Parodie*, mit der er die gereimten Bitten um Verständnis seinem Schüler und Schützling J. Chr. Günther kalt moralisierend und theologisierend abschlägt, dem Satz-Gegensatz-Spiel des 17. Jh.s so nahe, daß sie der erste Herausgeber Günthers „wegen ihrer Nettigkeit" mitteilt. Heftiger wirkt bei Chr. L. Liscow die krit. P., die er neben andern satirischen Mitteln gegen H. J. Sivers in der *Erläuterten Zerstörung Jerusalems* (1732) auf dessen *Erläuterte Passion* und in einem *Schreiben des Ritters Robert Clifton an einen gelehrten Samojeden* (1732) auf Sivers' Briefe über naturwissenschaftliche und andere Raritäten einsetzt. Aber Liscow weiß selbst, daß er „keine Riesen erlegt, sondern nur mit Zwergen" kämpft; der Überlegene spielt mit einem von vornherein unterlegenen Gegner.

§ 49. Zu literar. Bedeutung gelangt die krit. P. erst in dem um 1740 einsetzenden Streit zwischen Gottschedianern und Schweizern. Denn neben der spontanen Verhöhnung ist die mehr rezensierende krit. P. ein Bestandteil der Literaturkritik, die erst im 18. Jh. aufblüht. Nun schaffen auch für die P. einen günstigen Boden, weil sie den persönlichen wie den allgemeinen literar. Streit begünstigen: die Publizierungswut der Zeit mit ihren zahllosen Veröffentlichungsmöglichkeiten (Wochenschriften usw.), die rationalistische Tendenz zur literar. Gesetzgebung, wobei sich die Dichtungslehren in verhältnismäßig rascher Folge ablösen und nur von Gruppen innerhalb der gleichen Epoche angenommen werden, das häufig herausfordernde Mißverhältnis zwischen dem denkerischen und dem dichterischen Können der Gesetzgeber und schließlich der Konflikt zwischen den immer stärker durch Originalität ihr Schöpfertum beweisenden Dichtern und dem trägen, sich nur langsam wandelnden, auf seine Vernünftigkeit pochenden Durchschnittsgeschmack, der eine sich weitende Kluft zwischen der hohen Dichtung und der Gebrauchsliteratur aufreißt. Die Vertreter der hohen Dichtung parodieren die „Plattheiten" der Gebrauchsliteratur, die Vertreter des vernünftigen Durchschnittsgeschmacks die „Übertreibungen" und „Dunkelheiten" der hohen Dichtung, wobei sich mannigfache Beziehungen zu dem Spiel mit der Bildung ergeben. Ausdrücklich sei festgehalten, daß die mehr rationalistische krit. P. des witzigen Kopfes an kein bestimmtes Lager gebunden ist; trotz ihrer verschiedenen Ziele stehen sich etwa die P.n Nicolais und A. W. Schlegels verhältnismäßig nahe.

§ 50. Am Anfang dieser Blütezeit der krit. P. kämpft für die Gottschedianer der *Neue kritische Sack-, Schreib- und Taschen-Almanach auf das Schaltjahr 1744*, der — angeblich von „Christian Mathanasius" zusammengestellt — als ältester literar. Almanach die ältere Kalender-P. ins Agitatorische wendet, mit F. M. Grimms *Lobs- und Lebenslauf* (Bodmers und Breitingers) auf Tirolisch den Schweizer Widerstand gegen Gottscheds strenge mitteldt. Sprachnormen parodiert und mit J. F. Lamprechts *Unvollkommener Ode über den Wein und die Liebe* als einer P. auf Hallers *Unvollkommenes Gedicht über die Ewigkeit* die spielerisch travestierende Umdichtung ins Kritische dreht, ein Verfahren, das u. a. auch C. M. Priebst (*Ode an den Bräutigam, Ode an den Odenmeister* 1752) gegen Klopstock und J. M. Dreyer (P. auf die *Trauer-Ode beim Absterben seiner geliebten Mariane*) gegen Haller in Gottscheds Diensten oder auf eigene Initiative benützen. Mit einem Heldengedicht *Wurmsamen* (1751) wendet sich der besonders von Breitinger bös hergenommene Fabeldichter D. W. Triller gegen Klopstock als den Schützling der Zürcher. Am gröbsten und zugleich wirkungsvollsten geht Chr. O. von

Schönaich vor. An seinem stärksten Werke allerdings, dem satirischen, an die Vorbilder Le Clercs, Swifts und Desfontaines' sich anlehnenden *Neologischen Wörterbuch* (*Die ganze Ästhetik in einer Nuß oder Neologisches Wörterbuch* 1754; 1755 erw. um Erläuterungen, Zugaben usw.), das über jede von der eigenen, durch Gottsched geregelten Sprache abweichende Form, über jede stilistische, metrische oder orthographische Eigenheit herfällt, ist die P. nur mit (oft verdrehten) Zitaten und Anspielungen beteiligt. Aber sonst parodiert der poetische Dorfjunker für seinen Gottsched Oden Klopstocks (*Ode auf die gedrungene Schreibart* 1751, *Ode an den Menschen* 1753) oder in seiner Lessing-Satire die Lesarten der 7. Aufl. von Hallers Gedichten (*Die Nuß oder Gnißel, ein Heldengedicht, mit des Verfassers eignen Lesarten, von ihm selber fleißig vermehrt, Siebente Auflage, dem großen Rellah zugeeignet*). Die Epigramme der Feinde wirft er parodierend auf diese zurück, wobei ihm auch passieren kann, daß er sie auf den falschen Gegner (Lessing statt Kästner) umdreht.

§ 51. Als das *Neologische Wörterbuch* erscheint, ist der Kampf bereits zugunsten der Schweizer entschieden; Schönaich verteidigt schon einen Durchschnittsgeschmack, d. h. eine erstarrte Norm gegen die von allen Seiten her einbrechenden Neuerungen. Überdies zeigen sich gerade in der P. die Schweizer und ihre dt. Anhänger den Gottschedianern völlig überlegen; selbst Breitinger läßt hie und da parodist. Anspielungen in seine Abhandlungen einfließen, und *Gottsched ein Trauerspiel in Versen oder Der parodierte Cato* (entstanden vor 1751, hg. v. den Zürchern 1765) ist trotz Herders Ablehnung (Rezension 1765, Suphan I 101) die beste krit. P. des Streits. Der anonyme Verfasser (nicht Bodmer!) schreibt den ersten und den letzten Akt von Gottscheds Erfolgsstück (1731, Druck 1732), das Bodmer wie Pyra bereits 1743 als ein anfänglich offen zugegebenes, später vertuschtes Schere- und Kleisterprodukt aus Deschamps' und vor allem Addisons *Cato* charakterisiert hat, mit wenigen Änderungen auf Gottsched, seine Familie und seine Anhänger (Krüger, Grimm usw.) um, doch muß Gottsched-Cato wenigstens nicht sterben, sondern nur sein Schreibzeug

und damit die literar. Tätigkeit opfern. Neben diesem Anonymus und kleinern Geistern wie dem Verfasser des *Denkmals der seltenen Verdienste um ganz Deutschland* (1746), dessen 2. Teil Gottsched-Gedichte parodiert, besitzen die Schweizer überdies in B o d m e r selbst einen ausgezeichneten Parodisten, der freilich in seinem berühmten kindlichen Begeisterungsvermögen auffällig zwischen der P. als artistischer Nachahmung und als zerstörender Waffe hin und her schwankt. Zerstörend sind die P.n seiner Pamphlete *Aufrichtiger Unterricht von den geheimsten Handgriffen in der Kunst Fabeln zu verfertigen* (1745) gegen D. Stoppe und *Arminius-Schönaich, ein episches Gedicht von Hermannfried* (1765), in welcher Hexametersatire Bodmer das *Neologische Wörterbuch* damit beantwortet, daß er in sie zwei aus dem von Gottsched hochgelobten *Hermann* zusammengestellte Centonen als Reden Schönaichs einbaut. Aber bereits bei den ersten verteidigenden P.n der *Lessingischen unäsopischen Fabeln* (1760, der 2., theoret. Teil von Breitinger) mischt sich in die satirische Kritik der moralisch schädlichen Tendenzen der Wunsch, die Originale nach den Regeln der Schweizer Fabeltheorie zu verbessern. Der *Polytimet* (1760) stellt dem „ungeratenen Helden" Philotas, dessen Selbstmord wegen einiger Landstriche eine unvernünftige, überspannte und keine edle Tat sei, im Titelhelden unter Parodierung Lessings ein vernünftiges Idealbild gegenüber, und noch der viel spätere *Odoardo Galotti, Vater der Emilia* (1778) korrigiert parodierend: Odoardo und der Prinz bereuen, die Helden werden zum Natürlichen, Vernünftigen und Wahrscheinlichen zurückgeführt. Daß von solchen P.n keine vernichtende Gewalt ausgehen kann, ist selbstverständlich. Diejenigen auf Wielands *Johanna Gray* (*Johanna Gray* 1758, Druck 1761), auf Klopstocks *Tod Adams, Salomo, Hermannsschlacht* (*Der Tod des ersten Menschen* 1763, Druck 1776; *Die Torheiten des weisen Königs* 1764, Druck 1776; *Die Cherusken* 1769, Druck 1778) und auf Lavaters *Abraham und Isaak* (*Der Vater der Gläubigen* 1776, Druck 1778) sind denn auch rein nachahmende und verbessernde Seitenstücke mit nur wenigen oder gar keinen kritischen Anspielungen auf die Vorbilder. Für die heftigere Kritik verwendet Bodmer jetzt eine Verbindung parodierter oder unparodierter Zitate mit ironischem und satirischem Kommentar durch Schauspieler, die aus der Rolle fallen, durch das Publikum oder einen Erzähler, so in *Nicolais Monologen unter Absingung der Alceste* (1763, ungedr., auf Wieland), *Atreus und Thyest, ein Trauerspiel in fünf Akten von* [Chr. F.] *Weiße, jetzo zum Besten der Logen und des Parterre charakterisiert, humanisiert* (1768), *Eindrücke von der Befreiung von Theben, eines leipzigischen Trauerspiels* [von Weiße] *auf einen Kenner der Griechen* (1768), *Der neue Romeo* (1769, auf Weiße), *Das Parterre in der Tragödie Ugolino* (um 1769, auf Gerstenberg; keine P. desselben Stückes ist Bodmers *Hungerturm in Pisa* 1769). Noch in den letzten Lebensjahren leistet er sich im *Untergang der berühmten Namen* (1781) den fragwürdigen Scherz, die ihm selbst gewidmete Idylle *Der siebzigste Geburtstag* von J. H. Voß neben dessen *Bezaubertem Teufel* zu parodieren, worauf Voß in der 2. Auflage die Widmung streicht. Allerdings ist die Stoßkraft von Bodmers P.n im allgemeinen derart bescheiden, daß die spätere Versöhnung mit den Parodierten (Weiße, Gerstenberg) meist leicht gelingt, nur die Abneigung gegen Lessing, Klotz und Nicolai bleibt bestehen, weil Bodmer sich ihrem schärferen Witz unterlegen fühlt („Ihr Geschmack ist Gottscheds und ihr Witz Satans").

§ 52. Bodmers P.n zeigen, an wie vielen Fronten ein Literat in der 2. Hälfte des 18. Jh.s die einmal errungene Machtposition verteidigen muß. In den zahlreichen Fehden, in denen nun die P. — ganz zu schweigen von der parodist. Anspielung — zu einer geschätzten Waffe wird, gruppieren sich überdies die Gegner beständig um; Feinde finden sich im gemeinsamen Kampf gegen eine dritte Gruppe oder eine einzelne Person. Als etwa Lessing, der mit Nicolai zusammen ein Heldengedicht auf Gottsched und seine Schüler plant (1755), aber auch Bodmer verspottet, von den *Possen im Taschenformate* (1754) angegriffen wird, die in einem witzigen Durcheinander gelehrten, poetischen und kritischen Unsinns das noch jugendliche Sammelsurium seiner *Schriften* von 1753/54 parodieren, hält er Schönaich für den Verfasser; wahrscheinlich stammen sie aber aus dem Kreis der von J. D. Titius herausgegebenen Leipziger *Neuen*

Erweiterungen der Erkenntnis und des Vergnügens, die Gottsched und Bodmer gleichermaßen verhöhnen (so im komischen Epos *Der Grenadier oder Gustav Schnurrbart,* Neue Erweiterungen Aug. 1754) und selbst Opfer von Schönaichs Satiren sind. Lessing persönlich verzichtet auf die kritische P. Sogar aus seinem bis zum Handlungsentwurf einer Szene gediehenen *Werther dem Besseren* (1774 oder 1775) wäre schließlich wohl doch keine solche geworden.

§ 53. Als sein nicht ebenbürtiger Statthalter verteidigt dagegen Friedrich N i c o l a i in zahlreichen parodist. Anspielungen und einigen P.n bis zu seinem Tode (1811) die Vernunft und den gesunden Menschenverstand gegen alle theologischen, philosophischen und literarischen Gefahren. Seine *Freuden des jungen Werthers, Leiden und Freuden Werthers des Mannes, Voran und zuletzt ein Gespräch* (1775) beginnen und enden mit einer P. auf die Modesprache der Genies (*Gespräch*), lassen in der Sprache des Originals unter eifrigem Zitieren Lotte und Werther durch den Edelmut Alberts vereinigt werden (*Freuden des jungen Werthers*), nachdem eine List Alberts den Selbstmord verhindert hat. Am Amts-Alltag Werthers und an seiner Eifersucht auf ein zudringliches Genie scheint die Ehe zu scheitern (*Leiden Werthers des Mannes*), wird jedoch wiederum dank Albert so glücklich, daß ein zweites störendes Genie sie nicht mehr aus der idyllischen Ruhe bringen kann (*Freuden Werthers des Mannes*). Die praktisch handelnde Vernunft Alberts gewinnt der menschlichen Gesellschaft das wirre Genie Werther als nützliches Glied zurück. Mit dieser Vernüchterung des Vorbildes steht Nicolai den nicht viel späteren P.n des Altwiener Volkstheaters nahe (s. § 33 ff.); deren Eigenleben ist für seine rein literar. Form nicht erforderlich. Die *Freuden* sind eine ausgezeichnete P., auch wenn uns ihre Geisteshaltung nicht passen mag; sie wirken selbst noch in der den Parodisten verspottenden Umdichtung zum Bänkellied (s. § 30) und treffen auch Goethe, wie dessen zornige (*Nicolai auf Werthers Grab*) und schwache (*Anekdote zu den Freuden des jungen Werthers*) Antworten zeigen, während z. B. J. J. Hottingers *Briefe von Selkof an Welmar* (1777) völlig wirkungslos bleiben, weil sie in der genauen Nachahmung des Wertherstils beinahe ein liebevolles artistisches Seitenstück schaffen. Ebenso trifft Nicolais *Feyner kleyner Almanach* (1. Jg. 1777, 2. Jg. 1778) Herder und Bürger, indem er ihrer Begeisterung für das Volkslied das entgegenstellen will, was das Volk wirklich singt. Das „altdeutsche Vorwort" parodiert zuerst Bürgers *Herzensausguß über Volkspoesie* und polemisiert dann direkt. Trotz der Übertreibung alter Schrifteigentümlichkeiten und trotz einiger polemischer Änderungen auf die Geniebuben bildet der Almanach noch heute eine nicht unbedeutende Quelle der Volksliedforschung, weil Nicolai neben den *Bergreihen* nicht nur seltene Flugblätter benützt, sondern auch seine Freunde (Justus Möser usw.) Lieder aufzeichnen läßt. Die neubegeisterten Volksliedfreunde müssen sich damit retten, daß sie (fälschlicherweise) die Echtheit der Lieder bezweifeln. Wirkungslos bleibt aber die P. trotzdem, weil das Volkslied alle schöpferischen Kräfte, welche die alte Kunstdichtung satt haben, um sich vereinigt und so der Almanach die Begeisterungswelle nicht aufhalten kann und weil überdies das von Nicolai an Lächerlichem, Grobem und Frivolem Zusammengesuchte nach dem ersten Schreck nur in den Augen dieses Sammlers so entsetzlich ist. Trotz eifrigstem Bemühen — Lessing lehnt die Mitarbeit ab, weil er Volk und Pöbel nicht vermengt haben will — gelingt es Nicolai nicht, eine wirkliche Gegensammlung zu schaffen; selbst seine Pöbellieder strahlen noch weit mehr Kraft aus als ein Vernunftglaube, der an ihnen zum Dünkel des Gebildeten wird. So ist der *Almanach* bedeutend schlechter als die *Freuden*. Vollends treffen die *Vertrauten Briefe von Adelheid B** an ihre Freundin Julie S*** (1799) als Gegendichtung kaum mehr Schleiermachers *Vertraute Briefe über die Lucinde*, den Kreis um die Brüder Schlegel usw., obwohl sie die Vernüchterung der Werther-P. wiederaufnehmen. Nicolai ist zweifellos der konsequenteste kritische Parodist des 18. Jh.s und deshalb bis in die Romantik auch das bevorzugte Opfer der Satire und Karikatur. Er ist der Vertreter einer befestigten und dogmatisch erstarrten Aufklärung, die sich neuer Strömungen erwehren muß.

§ 54. Der Kampf gegen alte Richtungen, wie gegen die Orthodoxie, bringt beinahe nur im josephinischen Wien krit. P.n hervor. Dort provoziert Blumauers antiklerikale Haltung die Gegenpartei (*Blumauer travestiert von Bockornius* 1784), besonders sein *Glaubensbekenntnis eines nach der Wahrheit Ringenden* (1782) löst eine Flut von Gegengedichten aus. Klopstocks *Ode an den Kaiser* (Joseph II.) erregt einen weiteren parodist. Kleinkrieg, an dem sich auch Blumauer beteiligt (vgl. *Vier Oden in der Affaire wegen der Ode Klopstocks an den Kaiser, von dem Verfasser der Antiphone herausgegeben* 1782). Ähnlich wird noch anderswo auf Schillers *Götter Griechenlands* (z. B. Franz v. Kleist *Das Lob des einzigen Gottes*, Teutscher Merkur Aug. 1789) und im Norden auf Claudius' gegen die dänische politische Aufklärung gerichtete *Urians Nachricht von der neuen Aufklärung* (1797) geantwortet (*Wir Dänen an Asmus, Die Dänen an Asmus, Urians Revozierung* usw.). Selbst Voß reagiert auf Claudius' *Fabel* gegen die Pressefreiheit mit einer Gegenfabel (*Der Kauz und der Adler*, später umgearb. in den *Lichtscheuen*). Selbstverständlich werden dann im Kampf um die Französische Revolution die *Marseillaise* oder das *Ça ira* kritisch erwidert (z. B. K. Billeter *Helvetisches Freiheitslied nebst Parodie eines emigrierten Schweizers* 1799). Ein rührender Sonderfall von Selbstkritik ist schließlich Lavaters *Parodie*, mit der dieser im Oktober 1792 sein eigenes *Lied eines Schweizers über die französische Revolution* widerruft.

§ 55. Der größte Teil der kritischen P.n der Aufklärung gehört jedoch im letzten Viertel des 18. Jh.s zu der Unzahl der literar. Kampfschriften, die sich um einzelne umstrittene Persönlichkeiten, wie K. F. Bahrdt, J. G. Zimmermann und Lavater, aber auch um Wieland und Goethe drehen oder in die Satire auf das „verrückte" Treiben und Dichten der Genies münden, das von Wien (*Geburt, Leben und Tod Alexanders des Großen, ein Schauspiel für Wahnsinnige, aufzuführen von einer Horde reisender Komödianten*, Wienerischer Musenalmanach 1779; Blumauer *Liebeserklärung eines Kraftgenies* usw.) bis nach England (G. Canning u. J. H. Frere *The Rovers* 1798) ausgelacht wird. Nicht selten finden sich dabei wiederum Orthodoxe, Aufklärer und sogar Stürmer und Dränger im gleichen Lager. Bahrdts

Standrede auf Goeze (1787) beantwortet J. F. Stadelmanns *Standrede am Sarge des weyland hochgelahrten Herrn Carl Friedrich Bahrdt* (1787), auf sein Lustspiel *Religions-Edikt* (1789) folgt ein entsprechendes Trauerspiel *Die Ketzer* (1789, von Deginhardt Pott?). Auf eine Erklärung der Theologischen Fakultät zu Halle antwortet E. Chr. Trapp mit dem *Theologischen Beweis, daß der Doctor Bahrdt schuld an dem Erdbeben in Kalabrien sei* (1785), ein Spiel, das im 19. Jh. ein Anonymus (wahrscheinlich Joh. Meyer 1799-1833) auf Hartwig Hundt wiederholt (*Sonnenklarer Beweis, daß der Hundt-Radowsky der in der Offenbarung Johannis beschriebene Antichrist sei* o. J.). Kotzebues berüchtigtes dramatisches Pasquill *Doctor Bahrdt mit der eisernen Stirn* (1790) verwendet parodistisch Zitate aus den Werken Bahrdts, Lichtenbergs, Kästners, Nicolais usw., ebenso verfahren die Pamphlete gegen J. G. Zimmermann, die sich besonders heftig über den Unterredungen mit Friedrich dem Großen (1788) entladen, so etwa Th. G. Hippels *Zimmermann I. und Friedrich II.* (1790) oder Bahrdts *Mit Herrn Zimmermann . . . deutsch gesprochen* (1790). Auf Goethes *Götter, Helden und Wieland* (1774) folgt J. J. Hottingers *Menschen, Tiere und Goethe* (1775, 2. Aufl. 1776), auf Wagners *Prometheus, Deukalion und seine Rezensenten* (1775) Chr. G. Contius' *Wieland und seine Abonnenten* (1775). Der Anteil der P. an diesen Gegenschriften ist verschieden groß, reicht aber von der häufigen Titel-P. über kleinere und größere parodist. Anspielungen eher selten bis zur Voll-P. Die streng aufklärerischen *Brelocken* [so] *an's Allerley der Gross- und Kleinmänner* etwa (1778, von Johann Rud. — genannt Jeannot — Sulzer unter Mitarbeit J. J. Hottingers?) benützen von Chr. Kaufmanns *Allerlei* nur den „neusten Schnitt und Ton" der Geniemode, kleiden also ihre ernste Polemik in „nichts Tiefgedachtes, nichts Umfassendes, nichts Zusammenhängendes; Fragmente, numerotirte Gedanken, Grillen, Bitten, Wünsche, Deklamationen". Joh. Heinr. Christian Meyers *Neue Deutschheit nuniger Zeitverstreichungen* (1776) dagegen entspricht der Art von Nicolais *Almanach*.

§ 56. Als genauere Parodisten kämpfen vor allem Lichtenberg, Knigge, J. F. Ratschky und J. F. Schink. Lichtenberg freilich parodiert voll nur in dem *Fragment von Schwänzen, einem Beitrag zu den Physiognomischen Fragmenten* (1783). Bloß Titel, Gesamtton und einzelne Wendungen des Frankfurter-Leipziger Druckes von Lavaters Predigt bei der Taufe zweier Israeliten (*Rede bei der Taufe zweier Berlinischen Israeliten so durch Veranlassung der Lavater und Mendelssohnischen Streitschriften zum wahren Christentum übergetreten*, 1771) verspottet sein *Timorus, das ist Verteidigung zweier Israeliten, die durch die Kräftigkeit der Lavaterischen Beweisgründe und der Göttingischen Mettwürste bewogen den wahren Glauben angenommen haben* (1773). Enger an die Vorbilder lehnen sich die P.n von Knigge an: *Über Friedrich den Liebreichen und meine Unterredungen mit ihm* (1788) auf Zimmermann und die *Reise nach Fritzlar im Sommer 1794* (1795) auf Lavaters *Reise nach Kopenhagen im Sommer 1793* (1794). J. F. Ratschky parodiert noch Klopstock in einem *Jungen Odenmeister* (Dt. Museum 1788), wendet sich dann aber vor allem gegen Voß und dessen Durchsetzung des Hexameters (*Bürgers Weiber von Weinsberg im modernsten Geschmack hexametrisiert und stylisiert . . . 1799*), auch seine Satire gegen die Französische Revolution in Form eines komischen Epos' *Melchior Striegel* (1793/94, 1799) verhöhnt die „Regeln der Epopee". Joh. Friedr. Schink, der nach einer Genieperiode halbwegs zu Nicolai hinüberschwenkt, greift in seiner Hanswurstiade *Hanswurst von Salzburg mit dem hölzernen Gat, Historisch Schauspiel in drei Aufzügen* (*Marionettentheater* 1778) das sich aus Goethes *Götz* (Titel!), Lenzens und Wagners Dramen ergebende Normalschauspiel der Geniezeit an. Beischlaf, Geburt und Kastrierung folgen sich auf offener Szene; die durch den glücklichen Rückgriff auf den Hanswurst in jeder Beziehung „natürliche" Handlung springt gegen die drei Einheiten von Europa nach Asien und zurück usw., dazwischen legt Schink — wie Goethes gleichzeitige Bearbeitung des *Jahrmarktsfests zu Plundersweilern* — eine P. auf die klassizistische Alexandrinertragödie unter Verwendung von Favarts *Soliman dem Zweiten* und Voltaires *Zaïre*. Schließlich endet das auch sprachlich das Geniewesen verlachende Geschehen im Boudoir einer Berliner Dirne, wo alle Schauspieler und der Souffleur an der Vorrede des *Feynen kleynen Almanachs* zugrunde gehen. Damit bekommen auch Nicolai und seine Berliner ihren Teil; von den bekanntern Zeitgenossen wird nur Wieland verschont. Schinks P., die oft in die direkte Polemik übergeht, wirkt noch heute erstaunlich frisch und verdiente mehr Beachtung als manche anderen durch eine glücklichere literaturwissenschaftliche Konstellation bekannter gewordenen P.n und Pasquille der Zeit. *Der Staupbesen, Eine dramatische Fantasei,* der zweite und schwächere Teil des *Marionettentheaters,* benützt zur Polemik nach dem Vorbild eines anonymen „Schauspiels im neuesten Geschmack" (*Der deutsche Parnaß* 1776) und wie später W. A. v. Edlings Verteidigung Blumauers (*Blumauer bei den Göttern* 1792) die Travestie des Olymps als eine Sonderform des Lukianischen Göttergesprächs — das Totengespräch dient schon seit J. E. Schlegels *Demokritus* (1741) auch der dt. literar. Satire. Die Musen sind auf die verschiedenen modischen Arten genietoll geworden, so daß auf die Klagen Merkurs, d. h. des *Teutschen Merkurs* (das Wortspiel schon in Goethes *Götter, Helden und Wieland* 1774) und der besudelten Minerva, die sich wegen K. W. Brumbeys Zeitschrift *Minerva* erhängen will, Apollo strafend eingreifen muß. Die Theater-P. und -Travestie, zu der u. a. ein *Werther-und-Lotte*-Stück gehört, benützt Schink später auch gegen die Romantik, indem er einen travestierten *Hamlet* (in Schinks *Momus* 1799), um den Wahnsinn vorzutäuschen, wie einen romantischen Philosophen sprechen läßt. In Zitaten aus romantischen Schriften redet ferner sein *Peter Strohkopf* im gleichnamigen antiromantischen Roman (1801). Verloren ist eine offenbar sehr derbe P. auf K. W. Brumbeys *Minerva* (*Kleine oder poetische Scheißereien* 1778).

§ 57. Den letzten wirklichen literar. Kampf des 18. Jh.s lösen Schillers und Goethes *Xenien* (1797) aus, die selbst nur am Rande mit Lieblingswörtern der Opfer (z. B. Nicolais „deutlich" und „nützlich") oder mit entstellten Zitaten (z. B. aus F. Schlegels Almanach-Rezension) parodieren. Gegen diese erbarmungslose Generalabrechnung mit den Strömungen der Zeit, die nur erträglich ist, wenn man sich bewußt bleibt, wer sie vollzieht, wehren sich neben unparodist. Gegenschriften zahllose A n t i x e n i e n, von denen (wie von den *Xenien*) nicht einmal alle in der Zeit publiziert werden; Nicolai etwa hält die seinen zurück. Am häufigsten parodiert wird die metrische Form, in die selbst eine Rezension (Chr. D. Ebeling in der Hamburg. Neuen Zeitung 1796), manche direkte Antwort, wie J. H. Campes *Doppelverse,* und allgemeine Satiren auf die *Xeniendichter,* wie im giftigen und originellen *Mückenalmanach auf das Jahr 1797,* gekleidet werden. Neben vereinzelten P.n, wie denen Chr. Garves (Brief an Chr. F. Weiße vom 14. 1. 1797) und Claudius' großartig zornigem *Distichon,* halten sich wenigstens teilweise enger an den ursprünglichen *Xenien*text: G. N. Fischers *Körbchen voll Stachelrosen,* F. Chr. Fuldas *Trogalien zur Verdauung der Xenien,* J. K. F. Mansos und J. G. Dyks *Gegengeschenke an die Sudelköche zu Jena und Weimar,* J. Smidts *An die Xeniophoren* und Chr. Fr. Tr. Voigts *Berlocken an den Schillerschen Musenalmanach* (alle 1797). Auswüchse dieses Modekampfes enthüllen eine Rezension und P.n in F. W. Schütz' *Neuem Archiv der Schwärmerei* (1797 H. 2), deren Autor offensichtlich die *Xenien* selbst gar nicht kennt, sondern aus Nicolais *Anhang* und Fischers *Körbchen* schöpft. Noch während des Xeniensturmes mischt sich auch die mehr oder weniger artist. Nachahmung hinein, so wenn G. N. Fischer und Klamer Schmidt den verwundeten Gleim mit *Xenien* zu seinem Geburtstag trösten oder wenn *Verschen nach dem neuesten Geschmack für Hamburg und Altona* gedichtet werden, ganz zu schweigen von der Xenienmode, die noch 1826 K. Simrocks und J. Curtius' literar. *Xenien* und 1827 W. E. Webers *Kleine Schwärmer über die neueste deutsche Literatur* hervorbringt.

§ 58. Läßt sich der literar. Streit hier noch überblicken, so wird er in der P. auf die E r f o l g s b ü c h e r durch kleine und kleinste Geister unentwirrbar. Das gilt vor allem für die unzähligen Werther-Schriften, in denen sich artistische Nachahmung, Umdichtung, Fortsetzung, kritische Polemik, buchhändlerische Titelspekulation (noch 1805 K. J. Kügelgens *Die Leiden des jungen Hubers oder Die schrecklichen Folgen der Onanie*), Satire auf das Wertherfieber usw. zu einem dichten Gestrüpp verheddern, es gilt aber auch für die Nachahmungen von Millers *Siegwart* (1776), für die Schauspiele um Schillers *Räuber* (1782), nach 1799 für die Flut von Schriften um F. Schlegels *Lucinde* (M. Kosmeli, S. Ascher usw.) und schließlich für die vielen Bearbeitungen des Faust-Stoffes, die kaum je im 19. Jh. nicht auf Goethes *Faust* schielen. Zu den kritisch oder unkritisch oft parodierten Erfolgsbüchern gehören ferner Trivialromane, wie H. Zschokkes *Aballino* (1794, als Trauerspiel 1795) — eine parodierende Fortsetzung von Zschokkes *Kuno von Kyburg* plant sogar der Kreis um Tieck —, Chr. A. Vulpius' *Rinaldo Rinaldini* (1798) und W. C. v. Wobesers *Elisa oder Das Weib wie es sein sollte* (1795), an die sich krit. P.n (*Elisa kein Weib wie es sein sollte* 1800) und Titelspekulationen (*Der Hengst wie er sein sollte*) anschließen. Dagegen ruft zu Beginn des 19. Jh.s ein weiteres Erfolgsbuch, K. Wötzels *Meiner Gattin wirkliche Erscheinung nach ihrem Tode* (1805) neben würdigen Gegenschriften wie der *Euthanasia* des greisen Wieland (1805) meist nur krit. P.n hervor (G. R. N. *Meines Gatten wirkliche Erscheinung* 1805; G. H. Heinse *Meiner Katze wirkliche Erscheinung* 1805; K. F. Döhnel *Kilian, ich komme wieder!* 1805; C. M. *Meiner Großmutter wirkliche Erscheinung* 1805).

§ 59. Die parodierende Schreib- und Streitwut des 18. Jh.s entwickelt aber auch eigentliche, für die Zeit typische Gattungen, so die p a r o d i e r e n d e n Nachdrucke und Fortsetzungen. Bereits Liscow will Philippi mit dem reinen Zitat erledigen; er verschafft sich das Manuskript von dessen heimlich verfaßtem Schäfergedicht und veröffentlicht es unter dem Titel *Sottises champêtres* (1733); ähnlich publiziert glossierend noch mehr als hundert Jahre später H. E. G. Paulus *Vorlesungen Schellings über die Offenbarung* (1843). Lessing druckt die gegen ihn gerichteten *Possen im Taschenformate* (s. § 52) mit leicht verändertem Titelblatt nach, worauf die anonymen Verfasser mit einem dritten Titelblatt antworten. Das erste Stück von F. J. Riedels *Bibliothek der elenden Skribenten* (1768) wird von einem zweiten unechten (1769) parodiert. Auch auf den ersten Band von Nicolais *Nothanker* (1773) folgt ein zweiter parodierender (1774) vor dem richtigen (1775). Justus Möser plant eine parodierende Fortsetzung von Voltaires *Candide*, kommt aber über ein Stück Vorrede, eine Übersicht und ein ausgeführtes Kapitel nicht hinaus. Bloß um ein Schreiben in der Vorrede und um sechs Lieder „vermehrdt von Uriel Spildt" (1777) wird Nicolais *Feyner kleyner Almanach* zur P. auf den ursprünglichen Herausgeber. Eine zweite, vermehrte Auflage (1779) setzt Lichtenberg gegen J. G. Zimmermanns *Versuch in anmutigen und lehrreichen Erzählungen ...* ein. In einer vermehrten Auflage werden Bahrdts *Gedichte dieses Naturalisten* (1782) hergenommen; ein *Dritter und Vierter Aufzug* (1789) vollenden Bahrdts Lustspielskizze *Religions-Edikt*. Die bekanntern kritischen Fortsetzungen von Werken Goethes gehören also zu einer eigentlichen Modeströmung. Überdies fordert der Schluß von Goethes *Stella* die Kritiker geradezu zu einer Fortsetzung heraus. Als Seite 117 ff. der Originalausgabe (Berlin: Mylius 1776) erscheint deshalb sowohl separat als auch mit Goethes *Stella* vereinigt: *Stella, ein Schauspiel für Liebende von J. W. Goethe, Sechster Akt*, der Fernando zu lebenslänglicher Festungshaft verurteilt. Alle Einwände der christlichen Orthodoxie und des Pietismus gegen Goethe (Apostolat der freien Liebe, hektische Sentimentalität, kaltes Virtuosentum usw.) fassen schließlich im 19. Jh. F. W. Pustkuchens *Wilhelm Meisters Wanderjahre* (1821-28, Bd. 1-3 in verb. Aufl. 1823) und *Wilhelm Meisters Tagebuch* (1822, 2., verm. Aufl. 1824) zusammen, denen sich noch *Wilhelm Meisters Meisterjahre* (1824) eines unbekannten Verfassers beigesellen. Pfarrer Pustkuchen, der in der Einleitung zum *Tagebuch* seine *Wanderjahre* als die echten und die Goethes als die unechten hinstellt und der selbst bei Börne und andern bedeutenderen Goethe-Gegnern Beifall findet, geht es wie vielen kritischen Parodisten und im Gegensatz zu artistischen wie Hauff nicht um die enge oder gar täuschende Nachahmung des Vorbildes. Die Form wird bloß übernommen, soweit sie dem Ziel dient, die Gestalten des Originals über polemische Auseinandersetzungen in die „gute" Richtung zu lenken. Ein zweiter Typ parodist. Fortsetzung verzichtet auf die leicht mystifizierende Wirkung des Anschlusses an den Titel des Originals und versieht einen neuen Titel mit Zusätzen wie „Seitenstück zu ...",

„ein Nachtrag zu ...". So setzt *Der Mönch von Libanon* (1782, 2. Aufl. 1789, 3. Aufl. 1817) des Meininger Hofpredigers J. G. Pfranger Lessings *Nathan* fort, wobei selbst die Ringparabel um ein christl. Gegenstück ergänzt wird. Eine *Stella Nummer Zwei oder Fortsetzung des Göthe'schen Schauspiels* (1776) beendet den Konflikt mit zwei normalen Einehen.

§ 60. In einem Zwischenbereich zwischen Bildungsspiel, krit. und agitator. Tendenzen bewegt sich die L e g e n d e n - P. der Aufklärung. Als Bildungsspiel (*S. Nemo, Hl. Niemand, Officium der Heiligen Sieben Schläfer*) bereits im MA. bekannt und mit den Heiligen Albinus (Silber) und Rufinus (Gold) auch agitatorisch benützt (Traktat von Garsias Toletanus 1099), gerät sie im 16. Jh. in die Religionskämpfe (Fischart *Von S. Dominici, des Predigermünchs, und S. Francisci Barfüssers, artlich Leben* 1571; Philipp Marnix *Byenkorf* dt. 1576 usw.). Bereits bei den Travestierungen zum komischen Epos im 18. Jh. (K. A. Schmid *Des hl. Blasius Jugendgeschichte und Visionen* 1786, entstanden 1775-84; Wieland *Clelia und Sinibald* 1784) oder zur komischen Romanze (Schiebeler *Honesta;* Hölty *Töffel und Käthe* 1772; Bürger *Frau Schnips* 1777; Goethe *Legende [In der Wüsten ...]* 1778) mischen sich in das Bildungsspiel oft kritische Seitenhiebe. Heftig greifen neben J. Richters *Neuer Legende* (1784/85) usw. vor allem die Sammlungen an, die sich zeitlich um H. G. v. Bretschneiders *Almanach der Heiligen auf das Jahr 1789* gruppieren (*Chronik der Heiligen* 1787, *Kordon der Heiligen um den Bettelsack* 1790, *Satirische Biographie der Altväter und Apostel* 1790). Parallel dazu entstehen P.n auf Prozessionen, Passionsspiele, Kinderlehren usw., etwa von K. M. v. Güntherode und A. v. Bucher. Die Legenden-P. lebt bis ins 20. Jh. weiter (W. Busch *Der h. Antonius von Padua* 1865, Druck 1870; Chr. Morgenstern *Der Hecht, Vier Legendchen, St. Expeditus* usw., Druck 1910 ff.; R. Huch *Wonnebald Pück* 1913) und erreicht in Gottfried Kellers *Sieben Legenden* (1872, entstanden um 1851) die Höhe der Neuschöpfung, die als Gegendichtung das Vorbild (Kosegarten) erledigt.

§ 61. Eine Sonderform der krit. P. der Aufklärung an der Grenze zur artist. P. bil-

den die Versuche, eine Art d e u t s c h e n D o n Q u i j o t e zu schaffen. Harmlos kritisch verspottet Musäus' *Grandison der Zweite* (1760/62) im Sinne Fieldings die dt. Richardson-Nachahmer und in der Umarbeitung (*Der deutsche Grandison* 1781/82, 2. Aufl. 1803) Lavater und das Geniewesen, gegen das sich auch in Sterne-Nachfolge Musäus' *Physiognomische Reisen* (1778/79 usw.) richten. Noch freier, artistischer und unkritischer spielen Wielands *Abenteuer des Don Sylvio von Rosalva* (1764) mit der P. des Feenmärchens. Gleichzeitig lenken diese Versuche in den komischen Roman ein, in den auch später verhältnismäßig häufig krit. parodist. Anspielungen eingelegt werden (z. B. Jean Paul *Flegeljahre* Nr. 12 usw.).

§ 62. Überblickt man das 18. Jh., so fällt auf, daß der Sturm und Drang seiner Art gemäß bedeutend derbere und direktere Mittel als die P. verwendet. In den bekanntern Lit.satiren von Lenz, Wagner oder Goethe spielt diese gar keine oder nur eine sehr unbedeutende Rolle, vielleicht mit Ausnahme der Wieland stärker parodierenden *Menalk und Mopsus, Eloge du feu Monsieur **nd* von Lenz (1775) und Wagners *Sudelkoch* als Pendant zu Goethes *Unverschämtem Gast* (1774). G o e t h e liegt im Gegensatz zur artistischen (s. § 19) die krit. P. eher fern. Wenn er in der Leipziger Zeit den Stil von Chr. Aug. Clodius' professoraler Gelegenheitspoesie durchaus aufklärerisch auf den Kuchenbäcker Hendel überträgt, so erregt die P. erst einen kleinen Sturm, wie sie Freund J. A. Horn auf Clodius' Lustspiel *Medon* zuspitzt (*Dichtung und Wahrheit* VII). Auch die P. auf den Ton des Briefwechsels zwischen Gleim und J. G. Jacobi *Mädchens Held* (*Flieh, Täubchen, flieh ...*) von 1772 oder 1773 ist harmlos. Was er in den ersten Weimarer Jahren für die höfische Rokokogesellschaft um die Herzogin Anna Amalia — besonders für die Sommer- und Herbsttage in Ettersburg und Tiefurt — an Satirischem dichtet, wie den *Triumph der Empfindsamkeit* (1777) oder *Die Vögel. Nach dem Aristophanes* (1778-80, bearb. 1786), verletzt nicht. Die später in das *Jahrmarktfest zu Plundersweilern* eingelegte P. auf die Alexandrinertragödie ist reines Bildungsspiel. Ein bedeutend frivolerer, wenn auch nicht ausgesprochen kritischer Parodist desselben Kreises ist der Kämmerer der Herzoginmutter und spätere Oberhofmeister F. H. v. Einsiedel, der etwa Ramler (*Almanach der dt. Musen für 1775*) oder in *Orpheus und Eurydice* (1779) die *Alceste* parodiert und damit selbst den doch verträglichen Wieland ärgert; noch 1795 verwandelt er Zschokkes *Abällino* in ein Puppenspiel. Nur Goethes *Woldemar*-P. (s. § 43) sprengt den Rahmen der gesellschaftlichen Konvention und erregt gerade deshalb solches Aufsehen. In der Xenienzeit folgen noch die harmloseren *Musen und Grazien in der Mark* auf den biedern Schmidt von Werneuchen und dessen *Neuen Berlinischen Musenalmanach*.

§ 63. Der Übergang ins 19. Jh. bedeutet keinen Einschnitt in die Geschichte der krit. P. Die orthodoxe Kritik an Goethe verliert zwar nach Pustkuchens Fortsetzung (s. § 59) allmählich bei Seb. Brunner usw. das parodist. Element, die rationalistische dagegen parodiert bis zu F. Th. Vischer. Zwischen der unerhört scharfen und insofern kritisch ausgezeichneten P. auf Goethes *Zur Jubelfeier des siebenten November* eines Philipp Lehmann im Allg. Anzeiger der Deutschen von 1826 (Nr. 253: *Göthe's vielfacher Dank für die Feier seines Geburtstages in Berlin*, abgedr. in Jb. d. Sammlg. Kippenberg 1, 1921, 268 ff.) und F. Th. Vischers *Faust, Der Tragödie dritter Teil* (1862) liegen 36 Jahre, und doch atmen beide (und ebenso Vischers *Ein einfacherer Schluß der Tragödie Faust* von 1885), beim Jüngern um die aufklärerischen Tendenzen des Jungen Deutschland verstärkt, denselben Geist der Kritik an den „halbkindischen Altersprodukten Goethes", an der „Unnatur" des „Allegorientrödlers" und „Geheimnisdüftlers" (Vischer *Pro domo*). Vischers Faust-P., die den bei Goethe zu leicht selig werdenden Faust im Himmel allerlei derb unsinnigen Prüfungen aussetzt, ist nicht als Dokument des Goetheverständnisses eines über das Wesen der Dichtung theoretisierenden Rationalisten unerfreulich, sondern dadurch, daß der Verfasser sich bemüht, die kritische P., die sich formal in ständig wiederholten Variationen des *Chorus mysticus* — der ohnehin nur allzu oft der artist. P. und dem Bildungsspiel zum Opfer fällt — beinahe erschöpft, unter Einbeziehung von Gestalten des ersten Teils, der Helenatragödie und von politisch-patrioti-

schen und antiklerikalen Elementen zu einer aristophanischen Komödie auszuweiten, die dichterische Kraft jedoch unter dem Symbol des Stiefelknechts (das schon Baggesens *Vollendeter Faust* [s. § 64] und der „Tunnel über die Spree" benützen) nur bis zu den „Zwerchfell erschütternden Späßen" des höhern Blödsinns im professoralen Bildungsspiel ausreicht, dem auch die häufigen P.n des *Auch Einer* von 1878 (Pfahlbaugeschichte) huldigen. Die zweite Auflage von 1886 dämpft die krit. Tendenz noch stärker, die zahlreichen Neuauflagen bis zur Gegenwart dienen ohnehin nur noch dem Bildungsspiel.

§ 64. Bedeutet Vischer im großen ganzen den Endpunkt parodistischer Goethe-Kritik, so kämpft am Beginn des 19. Jh.s die aufklärerische krit. P. in Fortsetzung der früheren Abwehr des Geniewesens vor allem — oft verbunden mit Angriffen auf Goethe — gegen die Romantik. Kurz vor der Jh.wende erscheinen die P.n Nicolais und Schinks (s. § 53, 56), ferner Angriffe auf die *Lucinde* und die Athenäumsfragmente, wie P. E. Theriots *Ankündigung und Probe einer Ausgabe der römischen und griechischen Klassiker in Fragmenten* (1798) oder die *Diogenes-Laterne* (1799, vom Berliner Prediger D. Jenisch ?) mit ihrem *Allg. satir. Reichsanzeiger* als Gegenstück zum satir. *Literar. Reichsanzeiger des Athenäums*. 1800 folgt A. Bodes *Gigantomachia* mit P.n auf Tieck usw. 1801 Bodes Goethetravestie *Hermann und Dorothea*, vor allem aber eröffnet Kotzebues *Hyperboreeischer Esel oder Die heutige Bildung* den Kampf. Dieses „drastische Drama und philosophische Lustspiel für Jünglinge" von 1799 lebt von dem centohaften Scherz, daß in einer dürftigen Handlung der negative Held, der bei Fichte Wissenschaftslehre, bei Schlegel Ästhetik und bei Schiller Historie gehört hat, ausschließlich in gewagten Zitaten aus der *Lucinde* und in Athenäumsfragmenten spricht, deshalb seinem nüchternen, lebensrettenden Bruder bei der Braut und beim Fürsten unterliegt und schließlich ins Tollhaus gesteckt, also nicht einmal wie in den ähnlichen, aber optimistischeren P.n Nicolais zur Räson gebracht wird. Mit seinem *Freimütigen* (1803) schafft Kotzebue mit Merkel zusammen den Berlinern das neue antiromantische Organ, dessen Geist eine ganze Reihe zumindest das parodist.

Zitat als Waffe benützender Streitschriften fördert (*Ansichten der Literatur und der Kunst unsres Zeitalters* 1801, wohl von G. Merkel; *Expectorationen* 1803, von Kotzebue; *Die ästhetische Prügelei* 1803, vielleicht von Kotzebue). Mischen sich bei Kotzebue persönliche Motive in die Verteidigung der allgemeinen Moral und Sittlichkeit, so verteidigt der Heidelberger Kreis um Voß die alte Einfalt des 18. Jh.s und die aufklärerisch-klassizistische Vernunft gegen die fremdländischen poetischen Künsteleien und den neuen Obskurantismus. So zielen die P.n des alten Voß gegen A. W. Schlegels Übersetzung eines „Mönchslieds", d. h. des *Dies irae*, (*Bußlied eines Romantikers* 1801, Morgenblatt 1808 Nr. 12) und besonders gegen die Sonettenwut der Zeit, in welchen Kampf Voß auch Goethe hineinzieht (*An Goethe*, Morgenblatt 1808 Nr. 58, als Antwort auf Goethes *Sonett*, s. Goethe an Zelter 22. 6. 1808). Die drei Sonette der *überkünstlichen Klingsonate* am Schluß von Voß' Aufsatz über Bürgers Sonette (Jen. Allg. Lit.ztg. 1808 Nr. 128-131) treffen zugleich auch die romantischen wortmusikalischen Experimente. Im Jahr darauf doppeln Voß, Vater und Sohn, Jens Baggesen, Alois Schreiber und Otto Martens mit einer Sammlung aus der Fabrik zur mechanischen Herstellung genialischer, romantischer und mystischer Sonette, dem *Karfunkel oder Klingklingel-Almanach*, einem „Taschenbuch für vollendete Romantiker und angehende Mystiker auf das Jahr der Gnade 1810" nach, den sie unter dem Zeichen des Karfunkels (eines der Blauen Blume entsprechenden Symbols aus Loebens eben erschienenem *Guido*) gemeinsam fast aus lauter Sonetten mit aufgegebenen Endreimen in acht Tagen anfertigen. Einen weiteren parodist. Sonettenkranz *Phosphorus Carfunculus Solaris* veröffentlicht W. v. Blomberg 1810 in Schreibers Heidelberger Taschenbuch. Bereits 1808 publiziert dieser Kreis auch die hervorragende — vielleicht von Alois Schreiber zusammengestellte — *Comoedia divina* mit drei Vorreden, einem *Jahrmarktsfest der Leipziger Messe*, einem Drama *Der Sündenfall* (mit Hanswurst-Nachspiel) und mit der Anthologie *Des Dichters Küchengarten*. Jean Paul, die Brüder Schlegel, Novalis und dessen Bruder Rostorf (Karl von Hardenberg), Otto Heinr. v. Loeben, W. Schütz, F. Lassaulx, K. v. Rottmanner u. a. werden hier in einen Regen von Zitaten, eigenen Gedichten, Anmerkungen und P.n (meist unter Beibehaltung der Endreime des Originals) gestellt. Bei keinem Verleger unterzubringen vermag dagegen 1808/09 Jens Baggesen sein denselben Geist atmendes, aber viel zu umfangreiches dramatisches Gedicht in drei Abteilungen *Der vollendete Faust oder Romanien in Jauer*, das im parodierten Stil der romantischen Literaturkomödie und mit vielen parodist. Einlagen die ganze Romantik einschließlich der Goethemanen (Goethe tritt als Opitz, Wieland als Werder auf) verspottet, es erscheint erst postum (1836). Der Kampf gegen das Sonett zieht sich lange hin und erhält durch Rückerts Sonette wie durch Raßmanns Sammlung von 1817 neue Nahrung. Am mystischen Faß zum Sonettdichter geweiht wird noch 1818 der Held des romantischen Trauerspiels *Die Karfunkel-Weihe*, mit dem J. L. Casper der romantischen „Poetischen Schusterinnung an der Leine" absagt und unter eifriger Verwendung von Zitaten Arnim, Loeben, Brentano, die Brüder Schlegel usw. ad absurdum führt. Schon diese bekanntern P.n zeigen den Umfang der rationalistisch-klassizistischen, sich oft auf Schiller berufenden Gegenströmung. Die kleinern und meist nur noch schwer zugänglichen Satiren in der Art der pseudonymen *Comödie von der schönen Io* (1804) oder des *Vergötterungsalmanachs* (1801 konfisziert und unter dem Titel *Galgenreden, Monumente, Grabschriften, Stand- und Leichenreden auf noch lebende Armesünder* neuaufgelegt) sind unübersehbar.

§ 65. Von den kritischen P.n der Romantiker geht keine zerstörende Kraft aus. Wenn etwa Görres und Arnim in der *Zeitung für Einsiedler* (1808 Nr. 26 und Beilage) auf die Angriffe von Voß und seiner Freunde antworten, so greift nur Görres (neben der freien Satire der *Sonettenschlacht bei Eichstädt*) zur direkten Parodie der Parodie und stellt gegen den *Küchengarten* aus Voß' Werken eine dramatische Idylle *Des Dichters Krönung* zusammen. Arnim hingegen reizt den Feind mit dem Abdruck eines griech. Sonetts (von A. Böckh), vor allem aber mit der ironischen Steigerung der eigenen Sonettenkunstfertigkeit bis an die Grenzen des Möglichen in der *Geschichte des*

Herrn Sonett und des Fräulein Sonette..., einem Monstrum von 93 Sonetten, deren wildunsinnige Phantastik in den Anmerkungen durch ironische Zitate aus Voß' Bürger-Aufsatz glossiert wird. Die Fähigkeit zu überbordender Selbstironie verleiht ihm ein Gefühl der Überlegenheit über Voß' Gepolter. Aber dieser spielende Genuß der Gegnerschaft — die Romantiker ergötzt es, wenn sie parodiert werden — hebt die kritisch-zerstörende Wirkung auf und nähert die romantische krit. P. dem scheinkritischen Bildungsspiel. Bei der Bearbeitung (*Der Autor*) des *Neuen Herkules am Scheidewege* (1800) kann Tieck den Untertitel „Eine Parodie", der sich ohnehin mehr auf die Anlehnung an Goethes *Faust* als auf die krit. Partien bezieht, leicht durch „Ein Fastnachtspiel" ersetzen. Wie Brentano Kotzebues *Hyperboreeischen Esel* auf Seite 58 kritisch fortsetzt und um eine P. auf Kotzebues *Gustav Wasa* ergänzt (1800), gelingen ihm Travestie und direkte P. einzelner Szenen bis in den 2. Akt. Dann fängt er an, Tiecks Literaturkomödien zu übertiecken; Kotzebues Stück spielt nur noch eine auslösende Rolle. Ähnlich werden zu artistischen Kunststücken die Gedichte im Anhang des *Godwi* (s. § 25) und die P.n auf Voß, Jean Paul, den *Wilhelm Meister*, den Trivialroman der Zeit usw. im gemeinschaftlichen Roman *Die Versuche und Hindernisse Karls* (1800) von W. Neumann, A. F. Bernhardi, Fouqué und Varnhagen van Ense.

Alle bekannten romantischen Satiren (Görres, Brentano usw.) und die Literaturkomödien von Tieck bis Grabbe enthalten zwar unzählige parodist. Anspielungen — zuerst auf die Aufklärer, dann auf die Pseudoromantiker, Schicksalsdramatiker usw. —, aber bloß als Teil des allgemeinen Spiels der romantischen Ironie in seinen verschiedensten Schattierungen mit allen überlieferten literar. Formen und Gattungen; sie tragen nur als bescheidene Zerstörungsmittel bei, die bestehende Ordnung in eine höhere Schönheit des Naturchaos aufzulösen. Vollends sind natürlich die größern Werke Jean Pauls trotz ihrem parodistischen Reichtum mit einem unmetaphorischen Parodiebegriff nicht mehr zu fassen. Was als P. begonnen wird, wächst schnell darüber hinaus, kann dann aber wieder zu einer P. im metaphorischen Sinne werden, wie etwa das *Leben*

Fibels als selbstkritische Bilanz des eigenen Schaffens.

§ 66. Eine Ausnahme bildet A. W. Schlegel. Diesem kritischsten Geist der Romantik liegt die P., und sein Pamphlet *Ehrenpforte und Triumphbogen für den Theater-Präsidenten von Kotzebue bei seiner gehofften Rückkehr ins Vaterland* (1800), das kurz nach Brentanos *Gustav Wasa* erscheint, wird auch von Goethe und Schiller geschätzt. Sonett, Epigramm, Buchanzeige, Ode, gereimte Reisebeschreibung, Festgesang usw. und als (von Schlegel später gestrichenes) Kernstück ein empfindsam-romantisches Schauspiel in Kotzebues Stil und mit dessen Gestalten ertränken den Parodierten in einer erbarmungslosen Spottflut, die trotz dem deutlichen Selbstgenuß vernichtet. A. W. Schlegel hat die Stärke der *Ehrenpforte* kaum mehr erreicht. Außer dem Voß, Matthisson und Schmidt von Werneuchen auf den Spuren von Goethes *Musen und Grazien in der Mark* parodierenden *Wettgesang dreier Poeten* (1800) und dem Triolett *An Garlieb Merkel* (1806) erscheinen seine meisten andern P.n erst in Wendts *Deutschem Musenalmanach für 1832* oder bleiben zu Lebzeiten ungedruckt. Wie seine Epigramme richten sie sich einerseits gegen Schiller und Goethe, vor allem gegen Schillers *Lied von der Glocke* und *Würde der Frauen* als scheinbaren Inbegriff aufklärerischer Trivialpoesie und gegen Schillers Übersetzungen, die in Schlegel den Fachmann ärgern. Von diesen Angriffen (*An die Dichter der Xenien, Das Lied von der Glocke*) trifft nur *Schillers Lob der Frauen* ins Ziel. Anderseits wehrt sich A. W. Schlegel gegen die Jungen und Jüngsten von Rückert bis Freiligrath, wobei bloß die P.n auf die orientalisierenden Dichter (*Des vers un peu plus longs que les Alexandrins; An Rückert*) und auf die Elsi-Szene von Immermanns *Trauerspiel in Tirol* (*Die Tiroler, Tragische Szene*) hervorstechen.

§ 67. Aus der Vielzahl der sonstigen kritischen Gelegenheitsp.n und parodierenden Satiren der ersten beiden Jahrzehnte des Jh.s heben sich noch etwas heraus: F. G. Wetzels ermüdend langes *Rhinozeros* (1806, 2. Aufl. 1810) auf Tiedges Lehrgedicht *Urania*, K. Müchlers *Weihe der Unkraft, Nebst einer* [synoptisch daneben gedruckten] *Antwort von einem Deutschen* (1814) und A.

W. Schneiders antiromantischer *Deutscher Parnass* (1820). Andere Versuche, wie die handschriftliche Gegengründung der Tübinger Romantiker um Kerner und Uhland zu Cottas Morgenblatt (*Das Sonntagsblatt für gebildete Stände* 1807) parodieren fast nur im Titel. Politisch aufeinander treffen dagegen in den württemberg. Verfassungskämpfen Uhland und Rückert (Uhland *Gespräch* — Rückert *Gegenstück* 1816).

§ 68. Brentanos *Wasa* und A. W. Schlegels *Ehrenpforte* öffnen vor allem die Schleusen für eine ganze Reihe von Pamphleten auf Kotzebue und sein trivialsentimentales Schauspiel (*Die Eumeniden* 1801; Frey *Herr von Kotzebue in Sibirien* 1803; *Der Freimütige, Ein Trauerspiel* 1803; *Freimütigkeiten*, von F. G. Wetzel? usw.), die sich bis zu K. M. Rapps politischer Komödie *Wolkenzug* (1836) hinziehen; A. F. Bernhardi fügt noch mit seinem *Seebald dem edlen Nachtwächter* (*Bambocciaden* III, 1800) die P. auf Iffland hinzu. Sie alle erreichen Schlegels Pasquill bei weitem nicht; nahe kommt ihm auf einem andern Weg höchstens August Mahlmann, der klassizistisch-rationalistische Mitherausgeber der romantikfreundlichen *Zeitung für die elegante Welt*, mit seinem Schau-, Trauer- und Tränenspiel *Herodes vor Bethlehem oder Der triumphierende Viertelsmeister* (1803) als P. auf Kotzebues *Hussiten vor Naumburg.* Mahlmann bekämpft mit dem Stück die eigene Rührung bei der Uraufführung des Originals, für die ihm Kotzebue persönlich die Hand gedrückt hat. Er verwandelt nun die *Hussiten* in eine harmlose Judenposse und stellt so die spielende Theater-P. (s. § 33 ff.) in den Dienst des literar. Streits. Großartig vernichtend wirkt allerdings nach mannigfachen Sticheleien erst die Schlußszene, wo die Kinder mit unsinnigen ABC-Versen (*Der Affe gar possierlich ist, o grosse Majestät* ...) Herodes in Tränen zerfließen lassen und daneben Kotzebue preisen (*Steig empor zum Göttersaal, großer Tränenprinzipal*).

Allmählich versickert jedoch der direkte Kampf in ganz allgemeine P.n auf das Durchschnittslustspiel, wie die witzigkuriosen *999 und noch etliche Almanachslustspiele durch den Würfel, Das ist Almanach dramatischer Spiele für die Jahre 1829 bis 1961* ...

(1829, von G. N. Bärmann, der 1826 auch eine *Kunst, ernst- und scherzhafte Glückwunschgedichte durch den Würfel zu verfertigen* publiziert). Nicht nur, Kotzebue zu verspotten, gehört zum guten Ton unter literarisch Gebildeten, sondern auch, das Schicksalsdrama und Clauren zu parodieren. Obwohl nicht häufiger als andere Schauspiele der Zeit aufgeführt und besonders von den Gebildeten geschätzt, reizen die Schicksalstragödien als ausgeprägte, extreme Sonderform Aufklärer wie Romantiker, Dichter wie Durchschnittsschriftsteller. Außer einigen Wiener 'Ahnfrauen' (s. § 33) bleiben die P.n durchwegs literar. Kritiken, sind selten für eine Aufführung berechnet oder werden selbst dann kaum aufgeführt, wenn sie sich der bildungsspielenden Theater-P. nähern, wie I. Castellis und A. Jeitteles' *Schicksalsstrumpf* (1818), A. Schadens *Ahnfrau* (1819, von Schaden auch eine P. auf Grillparzers *Sappho*) und L. Roberts *Schicksalstag in Spanien* (1839). Zwischen 1818 und etwa 1830 kommt kaum eine literar. Zeitschrift oder ein Taschenbuch ohne eine — meist anonyme — P. auf das Schicksalsdrama aus, wobei sich freilich der Witz meist schon im Titel erschöpft: *Der Rührlöffel oder Die Burg des Schreckens* (Morgenblatt 1818 Nr. 70-71), *Hans Dampf der Frauenmörder oder Der Tod versöhnt* (Wiener Convers.blatt 1820 Nr. 32), *Der tote Hund* (Hesperus 25, 1820, Beilage Nr. 28), *Die neue Delila, Ein anfangs lustiges, aber gegen Ende höchst trauriges Schäfer- und Ritterspiel* (Almanach dramat. Spiele 1823, von L. Geyer, dem Stiefvater R. Wagners). Sogar das gesellschaftliche Juxspiel bemächtigt sich dieser dramatischen Form (K. v. Decker *Die Schicksalswanne* 1827). Sind die Stücke etwas besser, so sind sie meist so harmlos wie A. Richters den *29. Februar* verulkende P. *Eumenides Düster, Ein Trauerspiel nach Adolf Müllners Weise* (1819), die Müllner selbst seinen Dramatischen Werken (I 1828) beibinden läßt. In E. Houwald huldigt ein Schicksalsdramatiker mit einem witzlosen Schwank *Seinem Schicksal kann niemand entgehen* (1818, Druck 1822) der allgemeinen Mode. Ähnlich bringt in den gleichen Jahren die Flut von P.n auf Webers *Freischütz* (Erstaufführung 1821, s. a. § 35) mit Ausnahme von Grillparzers *Der Wilde Jäger, Romantische Oper* (1822) kaum wirklich kritische Angriffe hervor. Die Texte der dt. Oper haben schon Voß (gemeinsam mit J. M. Miller) in *Der Bleidecker* und Herder in der *Olla potrida* (Adrastea II. 4, 1801) lächerlich gemacht; unverfälschten Unsinn mit einem Schuß Tieckscher Literatursatire produziert Grabbe in einem Opernlibretto *Der Cid* für Norbert Müller (1835). Nur kurze Zeit ist unter dem Eindruck von Hauffs eindeutig artistischem *Mann im Mond* (1826, s. § 25) und des daran anschließenden Prozesses die P. auf den süß-pikanten H. C l a u - r e n (Carl Heun) Mode; aber weder David Schiff (*Assessor-Winchen oder Die Liebe ist das höchste Leben* in der Novelle *Die Genialen* der Sammlung *Höllenbreughel* 1826) noch Karl Herloßsohn, der seine P.n wie Hauff unter dem Namen des Parodierten erscheinen läßt (*Emmy oder Der Mensch denkt, Gott lenkt* 1827; *Der Luftballon oder Die Hundstage in Schilda* 1827), noch vereinzelte Parodisten in Zeitschriften (z. B. in Lotz' Originalien 1828 Nr. 120-122) erweisen sich als Meister. Originell ist wenigstens der Kaplan K. F. Grimmert, wenn er in *Die Familie Clauren oder Nichts als Clauren* (1827) eine Henriette Clauren in Variierung des Amphitryon-Stoffes auf der Bühne den falschen Clauren-Hauff dem echten Clauren vorziehen läßt.

§ 69. Bei einer solch allgemeinen Mode der P. auf die trivialen und extremen Formen der Romantik wird klar, daß auch die Spottwerke bedeutenderer Dichter, wenn sie um 1825 entstehen, keine entscheidenden Hinrichtungen mehr bedeuten. E i c h e n d o r f f , der bereits in *Ahnung und Gegenwart* (1815) mehr mutwillig bildungsspielend als kritisch Goethes *Nachtgesang* (Kap. 5), die literar. Teegesellschaften mit ihren Sonetten und Assonanzen (Kap. 12) und Motive aus den Romanen Fouqués und Loebens (Kap. 21) verspottet, räumt zwar in *Krieg den Philistern* (1824) und besonders in *Meierbeths Glück und Ende* (1827/28), wo bereits der Titel den Shakespeare-Herausgeber und -Bearbeiter Julius Meyer mit Grillparzers *Ottokar* verbindet, der direkten P. auf alle Formen wirklicher oder vermeintlicher Pseudoromantik einen verhältnismäßig großen Platz ein, aber weder die Absage an Dichter, die seine eigenen Jugendwerke beeinflußt haben (Loeben u. a.), noch die P. auf die Schick-

salstragödie vermögen den Rahmen der eigentlich schon veralteten Tieckschen Literaturkomödie zu sprengen, deren Entwicklung er zusammen mit Grabbes kaum direkt, meist nur allgemein parodierendem *Scherz, Satire, Ironie und tiefere Bedeutung* (1822, Druck 1827) abschließt. Im unvollendeten Puppenspiel *Incognito* (nach 1841) müssen sogar die alten, vergessenen, z. T. bereits verstorbenen Aufklärer Nicolai, Biester und Fessler neben Rückert usw. die Szene beleben. Die kritische P. ist weder die Stärke dieser an sich reizvollen Stücke noch die der beiden Literaturkomödien P l a t e n s . Platens Ziel ist durch Briefe und Tagebücher belegt: tief an seiner eigenen Unfähigkeit zur großen Tragödie leidend, möchte er wenigstens ein dt. Aristophanes werden, was um so leichter gelingen sollte, als er die schwierigsten griech. Versmaße auf eine fast unbegreifliche Weise beherrscht. Schon seine „auf das erhabenste ausgestatteten" Parabasen gewährleisten ihm, mit einer Literaturkomödie, „wie sie niemals in irgend einer andern Sprache gedichtet worden", in die „Zunft der Unsterblichen" einzugehen. Für eine dritte Komödie dichtet er dann überhaupt nur eine Parabase (1834). Bereits in der Kadettenzeit neigt er zur aufklärerischen Bildungs-P., indem er Schillers *Jungfrau* in einen Krieg zwischen Schneidern und Schustern travestiert (1808/09, verloren). Wenn er so nach intensiver Aristophanes-Lektüre einen Stoff sucht, an dem er sich als Aristophanide bewähren kann, findet er ihn in seiner Phantasielosigkeit nur in dem bereits zu Tode parodierten Schicksalsdrama und in der ebenso häufig parodierten Trivialromantik; selbst die Clauren-P. nimmt er auf. Die Schicksalstragödie verhöhnt er in der aus Improvisationen für einen privaten Kreis entstandenen *Verhängnisvollen Gabel* (1826, verbessert 1839) wenigstens noch aus eigener Anschauung. Seine *Tochter Kadmus* (1816) steht sichtlich unter dem Einfluß Müllners, und die eigene Erfolglosigkeit schärft den Blick für die Schwächen der erfolgreicheren Dramatiker, so daß er auch das Detail zu parodieren vermag. Aber schon hier bezieht er die Kritik am zeitgenössischen Theater und an einzelnen Hegelianern von Schelling. Die Wortwitze, überkomplizierten literar. Anspielungen und konstruierten Nachahmungen aristophanischer Wortungeheuer muß er angestrengt mit Grobheiten, mit Späßen aus der Judenposse, mit einer Travestie der Pförtnerszene des *Macbeth* aufpäppeln. Eichendorffs Urteil, daß Platen statt des großen Welthumors des Aristophanes einen „kleinlichen, beinahe fieberhaften, neidgelbsüchtigen Witz" biete, besteht völlig zu recht. Sein Versuch, in priesterlicher Abkanzelung das Theaterpublikum zu bilden und zu bessern, scheitert daran, daß er seine Berufung wie jeder gebildete Durchschnittszeitgenosse aus der Lektüre der Klassiker bezieht und sein Denken weit hinter seinem virtuosen Können nachhinkt. Ist der Haß auf die Schicksalstragödie in der *Verhängnisvollen Gabel* im Grunde angelesen, so fällt ihm während der Arbeit an dem nur mühsam vollendeten *Romantischen Oedipus* (1829), der anfänglich bloß den scheinbaren Erfolg der *Gabel* fortsetzen soll, wie ein Geschenk des Himmels noch ein persönliches Motiv in den Schoß. Platen braucht — was ihm Goethe nicht verzeiht (zu Eckermann 11. 2. 1831) — Gegner zum Beweis seiner Einzigartigkeit. So erledigt er die Kritik Knebels an seinem *Gläsernen Pantoffel* mit unverhältnismäßig großem Aufwand (*Klagen eines Ramlerianers bei Durchlesung des gläsernen Pantoffels; Antwort an den Ramlerianer* 1823). Immermanns Spott auf die *Östlichen Poeten*, den Heine in den 2. Band der *Reisebilder* aufnimmt, ist zufällig das erste gedruckte Anzeichen einer kritischen Zeitstimmung, nicht viel später hätte Platen auch auf A. W. Schlegel (s. § 66), Mörike (*Apostrophe*) und andere einschlagen müssen. Ohne Immermanns Hieb hätte er aber die P. nie zustande gebracht. Denn was nicht auf Immermann und Heine geht, ist wiederum die übliche P. von Schicksalsdrama und Trivialromantik, sogar die romantische Glossendichterei auf Tiecks *Liebe denkt in süßen Tönen*, die bereits mehr als zehn Jahre zuvor E. Schulze, Uhland (*Der Rezensent*) und andere parodiert haben, wird nochmals hervorgeholt. An die Stelle des Juden Schmuhl der *Gabel* tritt — angeblich mit aristophanischer Feinheit — der Jude Heine als notwendiges „komisches Ingrediens", d. h. als reine Possenfigur, wobei Platen gewunden seinen üblichen Durchschnittsantisemitismus, den einige erst postum veröffentlichte Epigramme auf unflätige Weise enthüllen, vor der Umwelt dadurch

zu rechtfertigen sucht, daß nicht Immermann als Verfasser der *Östlichen Poeten*, sondern Heine als deren Herausgeber seine Gedichte in einem populären Buche vor ganz Deutschland für etwas Gespieenes erklärt habe. Daß Platen von Immermann nur *Cardenio und Celinde* kennt und sich nach dem Inhalt des *Trauerspiels in Tirol* erst erkundigen muß, spricht nicht gegen die Qualität der P., da der kritische Parodist im Gegensatz zum artistischen nicht auf eine genaue Kenntnis des Vorbilds angewiesen ist, wohl aber spricht dagegen, daß es Platen mißlingt, die Oedipus- und die Celinde-Handlung witzig-schonungslos zu verbinden. Dadurch und durch die zahlreichen Einlagen zerfällt der *Oedipus* selbst in eine nichtparodierte, mäßige romantische Literaturkomödie. Nicht einmal ein ganz persönlicher Streit stachelt Platen zu einer wirklich vernichtenden P. auf. Trotz der schon von den Zeitgenossen unangenehm empfundenen Selbstbeweihräucherung gelingt es ihm nicht, das „ganze Lumpengesindel der Zeit die Zentnerlast" seiner Überlegenheit fühlen zu lassen. Deutlich wird dieses Fiasko durch den Schluß des *Oedipus* unterstrichen; läßt er doch Nimmermann genau wie Kotzebue dreißig Jahre vorher den Helden seines *Hyperboreeischen Esels* im Tollhaus enden. Außer in der Nachahmung des Aristophanes unterscheidet sich Platen von Kotzebue nur in der höchsten Vollendung der Form, die als „metrische Rekonstruktion" (Immermann) der Antike immer von den Philologen bewundert werden wird.

§ 70. Mit Platens Gegnern Immermann und Heine endet nicht nur die romantische, sondern recht eigentlich auch die sich über rund hundert Jahre hinziehende Blütezeit der krit. P. Nach der nur am Rande (Sonette und Parabasen als Form) parodierenden Antwort an Platen (*Der im Irrgarten der Metrik umhertaumelnde Kavalier* 1829) und nach dem bloß allgemein die Trivialromantik verspottenden *Tulifäntchen* (1830) quillt I m m e r m a n n s *Münchhausen* (1839) besonders in den beiden ersten Teilen über von satirisch-parodist. Anspielungen auf Zeitgenossen, wie A. v. Humboldt, Görres, Müllner, Houwald, Menzel, A. v. Sternberg, Raupach, K. F. Becher, Gervinus, von der Hagen, Gutzkow, Scott, K. Witte, auf die zeitgenössische Almanachpoesie, auf die Journale usw. In der äußern Anordnung — die ersten zehn Kapitel folgen auf das fünfzehnte — parodiert er Pückler-Muskaus *Briefe eines Verstorbenen* und gehorcht so einer andern Zeitmode, denn P.n auf den vielschreibenden Reisefürsten sind — ebenso wie Titelnachahmungen usw. — ziemlich häufig (*Des Kometen neuester Weltgang* 1835; J. F. Neigebaur *Memoiren eines Verstorbenen* 1835, ders. *Tuttolassos Wanderungen . . .* 1839 usw., von Neigebaur auch eine P. auf E. van Vaersts *Kavalierperspektive* 1836). Mit dem 4. Buch des 2. Teils (*Poltergeister in und um Weinsberg*) reiht sich der *Münchhausen* überdies in die aufklärerisch-parodist. Satiren auf das Interesse des 18. und beginnenden 19. Jh.s an spiritistischen, somnambulistischen und magnetistischen Erscheinungen, zu denen u. a. J. H. Voß (*Rundsang für die Schnellgläubigen* 1787), K. A. Kortum (*Geschichte einer Somnambüle, genannt Elsabe Schlunz* 1819) und W. Waiblinger (*Olura der Vampyr . . .* 1826) beitragen (s. a. die P.n auf Wötzel § 58). Aber Immermanns parodist. Anspielungen bleiben doch bei allem Scharfsinn Arabesken und verlieren ihre kritische Kraft in dem unverbindlichen Spiel einer romantischen Ironie, die bereits als ein Stück Überlieferung zum Bildungsgut gehört. Dieses Bildungsgut bis in die letzten Möglichkeiten artistisch-parodistisch auszuwerten und gleichzeitig aber auch kritisch-ironisch zu zerstören, gehört zum Wesen der Kunst H e i n e s. So sehr dieser jedoch alle romantischen Formen parodiert, so sehr sich auch parodist. Anspielungen bei ihm häufen und so sehr er in einem metaphorischen Sinn als Parodist der Romantik überhaupt gelten darf, so wenig parodiert Heine direkt kritisch ein anderes literar. Werk. Neben der Polemik gegen die Erklärung Louis Wihls (Zeitung für die elegante Welt 1839 Nr. 102) sind die vernichtende Zitierung von Schillers *Klage der Ceres* in dem für private Zwecke travestierten Mythos der *Unterwelt* (III, 1840) und *Unsere Marine* (1844) auf Freiligraths *Flottenträume* beinahe die einzigen Beispiele, sonst verwendet er die direkte P. meist zur literar. und politischen Agitation. Doch bekommt bei ihm selbst die ebenso häufige wie harmlose bildungsspielende Umdichtung eines klassischen Gedichtes (s. § 28)

einen kritischen Aspekt, so etwa die Verwandlung von Goethes *Nachtgesang* in ein Liebesgedicht (*Buch der Lieder. Die Heimkehr* Nr. 62). Unbewußt und bewußt wird bei ihm das parodistische Spiel mit der literar. Bildung zum erstenmal auch ein Mittel zur Zerstörung dieser Bildung, als was es sonst erst in unserm Jh. häufiger verwendet wird (s. § 77 ff.). Daß es bei ihm noch überdies Selbstzerstörung bedeutet, verleiht ihm doch eine eigene Größe.

§ 71. Die übrigen kritischen P.n der ersten Jh.-hälfte fallen nicht ins Gewicht. W. Waiblingers *Drei Tage in der Unterwelt* (1826) verhöhnen — nur z. T. parodierend — Voß, F. Horn, K. Pichler, Jean Paul, den alten Goethe, die Musiktheorien H. G. Nägelis, die Trivialromantik, auf die ebenso sein *Olura der Vampyr* (1826) zielt. Chamisso trifft auch sich selbst, wenn er mit dem *Armen Sünder* (1832) die Schauerballade auslacht. K. A. Halling parodiert systematisch den von H. Stieglitz und M. Veit herausgegebenen Berliner Musenalmanach für 1830 (*Anderer Berliner Musen-Almanach . . .* 1829); A. Lewald erlaubt sich einige literar. Seitenhiebe auf Heine, Platen u. a. (*Die Primadonna in Hamburg*, 2. H. 1830 etc.); Hebbel erschlägt privatim den Gelegenheitsdichter A. Schilling (SW. ed. Werner I. 7, S. 207 ff.); Willibald Alexis parodiert in einer Erzählung ein Trauerspiel F. v. Uechtritz' (*Rosamunde* 1836). Mode ist auch bis über die Jh.mitte hinaus die P. auf den Partizipialstil Ludwigs I. von Bayern (Immermann, Grillparzer, Herwegh, Anastasius Grün, Prutz, Simrock). Selbstverständlich stecken auch voller parodist. Anspielungen die zahlreichen Satiren auf die Philosophen der Zeit, von den antiromantischen, wie J. Chr. W. Augustis *Erscheinungen des Engels Gabriel* (1799), wie der übermütigen anonymen philosophisch-historischen Posse *Die Versöhnung* (1803), Jens Baggesens *Adam und Eva* (1826) bis zu F. A. Gruppes *Die Winde . . . von Absolutus von Hegelingen* (1831), Karl Rosenkranz' *Zentrum der Spekulation* (1840) und Struwwelpeter-Hoffmanns *Mondzügler* (1843, 2. Aufl. 1847).

§ 72. Schon bei den Jungdeutschen ist die krit. P. verhältnismäßig selten. A. Ruge parodiert die formlosen Reisegedichte Tiecks und Rückerts Sonette, Menzel den alten

Goethe, Schiller und Voß; Herwegh, der selbst in den *Gedichten zweier Lebendigen* (1844) verspottet wird, ahmt 1863 kritisch den Ton Heines nach *(Heinrich Heine)*, und Gutzkow nimmt in den *Literarischen Elfenschicksalen* (1838) Kerner, die Romantik und das Junge Deutschland hoch; im Vordergrund steht jedoch die politische Dichtung und damit die agitatorische P. (s. § 80 ff.). Doch kann auch diese ein parodiertes Original treffen; so bleibt Goethes *Nachtgesang* von Herweghs *Wiegenlied* (1844) und Hoffmanns von Fallersleben *Schlafe! was willst du mehr?* (1840) nicht unberührt. Der Streit um Heine bringt mehr Artistisches als Kritisches. Sieht man von Emma von Hallbergs harmloser *Heinrich Heines Himmelfahrt* (1857) als Antwort auf Wolfgang Müllers von Königswinter im Tone von Heines *Deutschland* mehr allgemein literaturkritisch agitierender als Heine parodierender *Höllenfahrt von Heinrich Heine* (1856), von einigen Auerbach-P.n, wie O. B. Friedmanns *Gescheitem Arturle* (Satir.-liter. Taschenbuch für 1848) oder einem Entwurf O. Ludwigs, und von W. v. Merckels *Siegelinde* (1854) als P. auf Redwitz ab, so weicht die kritische P. der scheinkritischen (s. § 38 ff.), der agitatorischen und andern Formen, wie den zeitlosen Stil-P.n für ein bestimmtes Thema, z. B. Gottfried Kellers P. des Chronik- *(Der Schmied seines Glücks)*, Liebesbrief- *(Die mißbrauchten Liebesbriefe)* oder liberalen Predigtstils *(Das verlorene Lachen)*. Nestroy (s. § 34) und Vischer (s. § 63) sind doch Sonderfälle, ebenso G. Kellers kritische Gegenübungen, wie die ernste, fortschrittsgläubige P. *An Justinus Kerner* (1845) auf Kerners wehleidig-romantische Klage *Unter dem Himmel*, die *Sieben Legenden* (s. § 60) und der *Apotheker von Chamounix oder Der kleine Romanzero* (1851 ff.), der zwar auf dem langen Weg zum Druck (1883) die schärfsten literatursatirischen Spitzen verliert, in Ton und Form aber eine P. auf den „Bosheitsdilettanten" Heine bleibt. Nur der Streit um Richard Wagner, dessen Selbst-P. im Lied Beckmessers mehr Bildungsspiel als Kritik oder gar Selbstkritik verrät, löst als weitere Form des alten Kampfes um die dt. Oper (s. § 68) eine neue Welle von P.n aus, die sich zwar alle — soweit sie nicht bloß Einzelheiten wie den Stabreim parodieren (vgl. etwa Bernhard Gugler im Brief Mörikes

an Margarethe 6.-8. 11. 1865) — vom travestierenden Unfug der bildungsspielenden Theater-P. im Stile von *Parsifal der reine Tor oder Die Ritter vom Salvator* (München 1883, von „Germanicus") nähren, aber doch auch eine kleinere oder größere Dosis Kritik an Wagners Dichtung und Musik enthalten, so K. Weisers *Mammuth* (1868), F. Bittongs *Die Meistersinger von Nürnberg oder Das Judentum in der Musik* (1870) oder R. Schmidt-Cabanis' *Hepp! Hepp! oder Die Meistersinger von Nürnberg* (s. a. § 33 ff.).

§ 73. Auch das letzte Viertel des 19. Jh.s bietet wenig krit. P.n. Ähnlich entschieden wie Keller in seinem Kerner-Gedicht stellt Nietzsche in *An Goethe (Lieder des Prinzen Vogelfrei;* Druck in *Fröhliche Wissenschaft* 2. Aufl. 1887 Anhang) sein neues Denken dem *Chorus mysticus* entgegen und wird selbst beachtlich von F. Groß und J. Gans von Ludassy in *Also sprach Confusius, Von einem Unmenschen* (1893) parodiert, während Angriffe auf den Rembrandtdeutschen Julius Langbehn (F. Pfohl, *Höllenbreughel als Erzieher* 1890) oder auf den kath. Historiker J. Janssen (Dr. Quellobold Falsifizinsky Jesuitowitsch, *Der kleine Geschichtsfälscher oder Janssen in der Westentasche* 1890) sehr bescheiden wirken. Erst eine neue extreme Strömung wie der Naturalismus in allen Schattierungen und Wandlungen fordert einen stärkern parodist. Widerspruch heraus. Ihn bekämpfen mit P.n vor allem die Vertreter einer aus dem literar. Schulerbe gewonnenen epigonalen Durchschnittsnorm, die sich als gesunden Menschenverstand ausgibt und damit die Grenzen zum Spiel mit der Bildung und dessen Theater-P. wieder verwischt (s. a. § 35, 39). So stoßen wir auf P.n bei Schriftstellern, die auch sonst im geselligen Kreis mit der literar. Bildung spielen: O. E. Hartleben *(Der Frosch, Familiendrama in einem Akt,* von Henric Ipse 1891, 3. Aufl. 1901; *Kollege Crampton,* Freie Bühne 1892, als Fortsetzung des Originals), Oskar Wagner *(Der Dussel* 1897), J. Stinde *(Das Torfmoor* 1893, mit parodist. Kommentaren), F. v. Ostini *(Die versunkene Glocke, 6. Akt,* Jugend 1897), J. Stettenheim *(Das Lied von der versunkenen Glocke* 1898, *Fuhrmann Henschel* 1901), Leopold Wulff *(Die Weber* 1898), R. Presber *(Florian Geyer, Traumulus 6. Akt,* in: *Das Eichhorn und an-*

lere Satiren 1905). Daneben entstehen eigentliche Theater-P.n, besonders auf Sudermann und G. Hauptmann (C. Costa, M. Böhm, M. Reinhardt usw., s. § 33 ff.) und Juxspiele (Paul Kersten, *Die versunkene Glocke*). Nur wenige Verhöhnungen entwickeln deshalb eine so schneidende Schärfe in Zitaten aus dem Original und in direkter Polemik wie R. v. Muths *Fastnachtsfreuden oder Die Stiefzwillinge, Der Komödie 'Johannisfeuer' 2. Teil* (1901). Leicht gleitet die P. in die allgemeine Satire auf die literar. Zustände hinein, die besonders um die Jh.wende blüht (J. Bierbaum, *Stilpe* 1897, F. v. Zobeltitz, *Tam-Tam* 1899, E. Otto, *Jugend von heute* 1900, A. Schnitzler, *Literatur* 1901, L. Wulff, *Die Insel der Blödsinnigen* 1901, ders. *Der Drehwurm im Überbrettl* 1902), die noch bei Wedekind (*Oaha* 1908) nachwirkt, schließlich bei K. Kraus von der *Demolierten Literatur* (1897) bis zur magischen Operette *Literatur oder Man wird doch da sehn* (1921) eine außerordentliche Zerstörungskraft beweist, dann aber in G. Kaisers *Kolportage* 1924) sich auf die halb artistische P. der Trivialliteratur zurückzieht. In Arno Holz' *Blechschmiede* führt sie sich daneben selbst ad absurdum, indem das riesige Quodlibet, das die ganze „falsche" Lyrik der Zeit (George, Dauthendey, Dehmel, Mombert usw.) und der Tradition (Hagedorn, Gleim, Platen usw.) kritisch, die barocken Formen artistisch parodiert und Verse Goethes agitatorisch umdichtet, zuletzt überhaupt alle Anschauungen der Zeit und der Geschichte in einen Wirbel hineinzieht und sich von Fassung zu Fassung von 1902 bis 1924 so weit aufbläht, daß jede kritische Wirkung verpufft.

§ 74. Der größte Teil der P.n auf die extrem antinaturalistische Strömung der Zeit, auf Maeterlinck, Wilde und besonders auf George und seinen Kreis, sind modisches Bildungsspiel in der Art von F. Evers' *Am Tag der Heimkehr meiner englischen Tante, von Georg Stefan* (Die Gesellschaft 1899), bei George vor allem auch eine Abwehr von dessen ungewohnter Form und Darstellung wie auch seines ausschließenden Anspruchs. Doch bemühen sich die Parodisten — dem Vorbild gemäß — um eine artistische Nachahmung, selbst wo sie bloß wie U. v. Wilamowitz-Moellendorff (z. B. *Stefan* 1898,

Erstdruck in Heimerans Anthologie 1943) kritisch zerstören wollen. Persönliche Absage nach tiefer Einwirkung sind die P.n von A. Schaeffer und L. Strauß (*Die Opfer des Kaisers, Kremserfahrten und die Abgesänge der hallenden Korridore* 1918).

§ 75. Mit den zuletzt Genannten ist bereits der Übergang ins 20. Jh. vollzogen, der auch bei der krit. P. vorerst keinen Einschnitt bedeutet. Besonders reibungslos geht er in der P. auf die Trivialliteratur vonstatten, wo nur die Namen wechseln. Statt Kotzebue, Clauren usw. werden nun verlacht: das Normalstück des gesunkenen Wiener Volkstheaters (Julius Löwy, *Das Normalstück* 1886), Friederike Kempner (Methusalem, *Dichtergrüsse an Friederike Kempner* 1885), O. Meding (W. Meyer-Förster, *Die Saxo-Saxonen* 1886), E. v. Heyking (C. G. v. Maaßen, *Pakete, die ihn nicht erreichten* 1904), G. Frenssen (*G. Meyrink contra G. Frenssen, Jörn Uhl und Hilligenlei* 1908; G. Meyrink, *Das Buch Hiopp*), N. v. Eschstruth (Roda Roda, L. Schmidt usw.), H. Courths-Mahler (H. Reimann, s. § 40; A. Hein, *Kurts Maler* 1922 usw.), E. R. Burroughs' *Tarzan* (St. Sorel, *Tarzan hat geträumt* 1924 usw.), Remarques *Im Westen nichts Neues* (Emil Maria Requark, *Vor Troja nichts Neues* 1924) usw. Einzig der geistreiche Mynona (S. Friedländer) ragt mit seinen mehr oder weniger stark parodierenden grundsätzlichen Satiren (*Tarzaniade* 1924, *Das Eisenbahnunglück oder Der Anti-Freud* 1925, *Hat Erich Maria Remarque wirklich gelebt?* 1929) weit über die andern Parodisten hinaus.

§ 76. Überhaupt zieht sich die Geschichte der krit. P. bis in die Gegenwart hin, ohne daß sie allzu Beachtenswertes brächte. Wedekind parodiert in einem der frühesten Werke H. v. Gumppenbergs *Drittes Testament* (*Das neue Vater Unser* 1892), Th. Lessing Maximilian Harden in *Das Gesetz der Kalozelie* (*Der fröhliche Eselsquell* 1912), Paul Graf Keyserling E. Mühsams Zeitschrift für Menschlichkeit *Kain* (*Abel, Zeitschrift für Sklaverei* 1912). In der *Aktion* werden u. a. K. Kraus (*Sprüche und Widersprüche eines Vorahmers* 1913) und K. Hiller (*Aufruf zum Manifestantismus* 1913) verhöhnt. A. R. Meyer nimmt sich E. Lissauers *Haßgesang gegen England* vor (*Wir haben alle nur einen Feind — Lissauer*), H. Havers die Lautgedichte von K. Schwitters (*Weltgericht AEIOU: Tragödie der Urlaute* 1921). Klabunds *Brigitte* (1913, in: *Kunterbuntergang des Abendlandes* 1922) spielt mit A. Kutscher und Wedekind, dessen mimische Technik wiederum zu Imitationen durch seine Schauspielerkollegen Anlaß gibt (s. Wedekind *Parodie und Satire*). Die meisten der häufigen P.n auf die expressionistische Avantgarde sind wie die beliebten Thomas Mann-P.n Witzblattscherze; nur selten verleihen ihnen persönliche Motive eine gewisse Schärfe (E. Ludwig, *Tommy in Weimar*). In jeder Beziehung eine Ausnahme bildet die einzige wirklich kritische Selbst-P. der dt. Literatur, J. Weinhebers *An den antiken Gallimathias* [so] (Erstdruck in Heimerans Anthologie 1943), mit welcher der Dichter auf qualvollste Art das eigene Werk vernichtet (und die deshalb wohl auch nicht in die Sämtlichen Werke aufgenommen worden ist). Erst mit G. Kreislers nur halb gelungener P. auf M. Frischs *Andorra* (*Sodom und Andorra* 1962) soll in jüngster Zeit wieder ein literar. Werk durch Hervorhebung seiner eklatanten Schwächen unter Zuhilfenahme aller Mittel der Theater-P. vernichtet werden, wobei Kreisler gegen Schluß in die typische direkte unparodistische Polemik gegen das Original fällt. Ein modernster Versuch von Hans G. Helms, Martin Heidegger mit einem Cento aus seinen Schriften zu erledigen (*Golem, Eine Polemik für neun Vokalsolisten in vier Ansätzen* 1962), scheitert an der Verquickung mit dem literar. Experiment; wirksamer bleibt die primitivere Polemik von Günter Grass' *Hundejahren* (1963).

§ 77. Der bedeutendste Beitrag der krit. P. an die Dichtung des 20. Jh.s besteht jedoch nicht in dieser Weiterführung herkömmlicher Formen, sondern in der Benützung des Spiels mit der Bildung zur Z e r s t ö r u n g d e r T r a d i t i o n. Nicht mehr eine sich überlebende oder feindliche literar. Richtung wird bekämpft, sondern das ganze literar. Erbe soll als verlogener, steriler Selbstgenuß des gesättigten Bürgertums vernichtet oder zumindest in Frage gestellt werden.

Dabei entwickeln sich drei Formen dieser an Nietzsche anknüpfenden Zertrümmerung. Wird sie als rein künstlerische Befreiung

konsequent bis in die kleinsten Bildungsfetzen durchgeführt, so verliert sie schnell ihren parodist. Charakter und wird zu einem heitern Spiel mit den Trümmern wie bei Chr. Morgenstern (*Galgenlieder, Palmström* s. a. § 38 f.) oder zum Ausgangspunkt einer neuen Kunst, die nach den frühen Anfängen in der romantischen Theorie bei K. Schwitters, H. Arp usw. nun die Schönheit des Chaos heraufbeschwören will und so außer in einzelnen polemischen Ausfällen nur noch indirekt die bestehende Ordnung und Zivilisation oder in der äußern Form einzelne überlieferte Gattungen (Totenklage, Liebesgedicht usw.) parodiert. Zuletzt endet diese Art in der Verwendung der literar. Überlieferung für Sprachexperimente.

Auf völlig einsamer Höhe steht in der zweiten Form kritischer und agitatorischer Verwendung der P., der parodistischen Anspielung und des Zitats K. Kraus. Sein ungeheurer Cento der Sprache einer ganzen Zeit *Die letzten Tage der Menschheit* (1915-1926) verwandelt die Weltsatire in eine echte Tragödie.

§ 78. Parodistisch bleibt dagegen die Zerstörung im Dienste der politischen und sozialen Agitation. Von der reinen agitatorischen P. (s. § 80 ff.) unterscheidet sich diese Sonderform vor allem darin, daß das parodierte Werk mitgetroffen wird, von der üblichen kritischen P. darin, daß das parodierte Werk als solches kaum interessiert; es ist nur Ausdruck bürgerlicher Geisteshaltung, quälende Schulerinnerung. Wenn F. Th. Vischer Goethes *Faust* parodiert, treibt er Literaturkritik, wenn Brecht Goethes *Über allen Gipfeln ist Ruh'* parodistisch verwendet und verdreht (*Liturgie vom Hauch*), zielt er auf die bürgerlichen Bewunderer dieses Gedichts. Weil es im Schullese- oder Kirchengesangbuch eine falsche, unmenschliche Ordnung stärkt, muß der Parodist das Werk selbst dann vernichten, wenn er dessen künstlerische Qualitäten schätzt. Meist verwendet er auch nur kleine Fetzen von „klassischen" Gedichten oder von Chorälen zur Charakterisierung der feindlichen Geisteshaltung.

An Heine anknüpfende parodist. Formen nimmt bereits die antibürgerliche Dichtung der Bohème dorée vor 1914 an (z. B. C. G. v. Maaßen *Gedichte eines Gefühllosen*

1903); selbst das Sonett wird als streng geformtes klassisch-bürgerliches Erbe gegen das Bürgertum und dessen „hohe" Dichtung gerichtet (L. Rubiner, F. Eisenlohr u. L. Hahn, *Kriminalsonette* 1913; Mynona, *100 Bonbons* 1918). Wedekind entwindet in einzelnen Liedern dem Bürgertum das Spielzeug der Moritaten-P. und das Gebet und richtet sie in parodist. Umkehr der christlichen „Moral" gegen den Bürger (*Der Tantenmörder, Gebet einer Jungfrau* usw.). Doch ist die Gesellschaftsordnung noch stark genug, diese Angriffe als Vaganten-, Verbrecher- und Asphaltzynismus des Kabaretts aufzusaugen und als Romantisierung des nüchternen Existenzkampfes über Ringelnatz, Klabund, E. Kästner usw. bis zur Gegenwart (G. Kreisler) zu genießen, wobei das sozialkritische Element sich allmählich vollständig auflöst und einem surrealen Einschlag Platz macht. Vom Zerstörungswillen des vom Futurismus ausgehenden Berliner Dadaismus (R. Hülsenbeck u. a.) bleibt außer der ästhetischen Revolution nur eine politisch-agitatorische Verschärfung des Chansons bei W. Mehring, der dazu — vor allem im *Ketzerbrevier* (1921) — auch die kirchlich-liturgischen Formen (Gebet, Litanei, Sequenz) benützt. Gleichzeitig nimmt in den Kriegs- und Nachkriegsjahren die unliterarische volkstümliche agitatorische P. heftigere Formen an und wendet sich nun auch gegen den Text des Vorbilds (*O Deutschland, hoch in Ehren, du kannst uns nicht ernähren*).

§ 79. Alle diese Elemente — Moritat und Ballade mit parodist. Umkehr der Moral, Sonett mit parodist. Widerspruch von Form und Inhalt, P. liturgischer Texte, des christlichen Andachts- und Gesangbuches, des klassischen Gedichts und volkstümliche agitatorisch-kritische P. — kristallisieren sich im animalischen Lebensgenuß der Gegengesänge des jungen B r e c h t , vor allem in seiner seit 1918 entstehenden *Hauspostille;* der *Baal* (1918) beginnt gar mit einer P. auf den literar. Salon, wie sie jede Literaturkomödie seit der Romantik aufweist. Da die *Hauspostille* erst 1927 erscheint, schließt sie zusammen mit der *Dreigroschenoper* vom Jahr darauf gleichzeitig auch die Entwicklung der bildungszerstörenden P. und der Halunkenromantik ab; der durchaus bürgerliche Opernerfolg bedeutet das Ende jeder antibürgerlichen Wirkungsmöglichkeit dieser Parodieform. Eines von deren Elementen trägt zugleich zu Brechts eigenem neuen Stil bei: Brecht ahmt in seiner Moritaten-P. auch den hoffnungslosen Kampf des echten Bänkelsängers mit Rhythmus und Reim nach, freilich nicht um wie der Moritatenparodist des 19. Jh.s damit das beifällige Gelächter der Kneipkumpane zu erregen; die artistisch-parodist. Nachahmung soll den Leierkasten der dt. Goldschnittpoesie kräftig zerschlagen und einen neuen Volkston schaffen. Wo das gelingt, hört die Parodie auf, Parodie zu sein.

Brechts nächster großer Schritt im parodist. Bereich ist die blutige Klassiker-P. der *Heiligen Johanna der Schlachthöfe* (1929/1930). Kritisch zerstörend macht er die Sprache Schillers und Goethes (*Faust II*) neben der des Kirchengesangs zur Sprache der kapitalistischen Ausbeuter. Was die *Liturgie vom Hauch* bereits ankündigt, wird konsequent in einem ganzen Stück durchgeführt, so konsequent, daß Brecht sich der Theater-P. nähert. Das Schillersche Jambenpathos schafft weniger den zu überdenkenden Kontrast, die verfremdende Distanz zum modernen Geschehen, als es der Handlung selbst, die sich ohnehin auf der Grenze zur Schillertravestie bewegt, den leicht komisch wirkenden Beigeschmack eines „Schiller für moderne Menschen" verleiht, der nur durch den parodist. Schlußlärm überdeckt wird. Vielleicht kündigt sich schon hier unbewußt die Tendenz des späten Brecht an, eine neue Klassik in alten Formen zu schaffen, wie sie dann u. a. in der Hexameterchronik vom Kommunistischen Manifest (*Das Manifest,* 1945) zu Tage tritt. Wird in einzelnen Liedern der *Hauspostille* die volkstümliche P. literarisch, so soll in der *Heiligen Johanna* eine literar. P. volkstümlich werden; ob dies gelungen, ist fraglich. Später setzt Brecht solche leicht artistischen Versuche in bedeutend freieren und agitatorischeren Formen fort, vor allem im doppelt verfremdeten Gangster-Nationalsozialisten-Parabelstück *Der Aufhaltsame Aufstieg des Arturo Ui* (1941) mit Blankversen, Benützung der Gartenszene von Goethes *Faust* und von Szenen aus Shakespeares *Richard III*. Beinahe zum gelehrten Bildungsspiel wächst sich die *Heilige Johanna* in kleineren parodistischen Zitaten aus, wie

der Umdichtung von *Hyperions Schicksalslied* auf die Rindfleischpreise, die nicht zerstörend wirkt, weil die Zuschauer mit Ausnahme gewitzigter Philologen sie gar nicht
erkennen, und die sich kaum von den bildungsspielenden Umdichtungen des letzten
Jh.s unterscheidet. Tatsächlich besitzt der
Hörer Artur Kutschers (dessen Seminar immer Theaterunsinnn treibt, s. a. § 39) und
Mitarbeiter Karl Valentins eine gewisse Neigung zum Bildungsspiel, die sich besonders
in kleinen Nebenwerkchen äußert, wie in
der *Matinee in Dresden* (Berliner Börsen-
Courier 22. 3. 1926), in der Brecht ein halb
privates Skandälchen im Bibelstil bedichtet.
Doch gehört die Umdichtung von Hölderlins *Schicksalslied* auch einer andern, ent-
scheidenderen Schicht an: Brecht zerstört
bewußt die heilige Ehrfurcht vor der Einmaligkeit des genialen Kunstwerks und das
Copyrightdenken als letzte kapitalistische
Form des Geniewesens. Dichtkunst soll wieder ein Bereich des Wissens und des vollendeten Kunsthandwerks werden. Damit taucht
sofort auch die über hundert Jahre lang aus
der „hohen“ Dichtkunst verbannte artistische P. auf. Mit der ihm eigenen virtuosen
Kunstfertigkeit macht Brecht jedes dafür geeignete Werk aus dem literar. Erbe seiner
Dichtung dienstbar; zahllos sind die direkten oder umgedichteten Entlehnungen, nicht
selten wird er von Autoren und Gegnern des
Plagiats bezichtigt. Gleichzeitig mit dieser
auswählenden und bearbeitenden Bewahrung des Erbes erscheinen sogar—eingehüllt
in den Mantel lehrender Dialektik — auch
Spiele, die das 17. Jh. beschäftigt haben: Die
Schulopern *Der Jasager* und *Der Neinsager*
(1929/30) sind eine moderne Form des alten
Satz-Gegensatz-Spiels! Nimmt man noch die
rein agitatorische P. hinzu, die Brecht auf
seinem ganzen Lebensweg begleitet, die
sich aber besonders in der Kampflyrik gegen
den Nationalsozialismus (*Hitler-Choräle, Käl-
bermarsch*) und in der Parteilyrik der Nachkriegszeit (*Kinderlieder* 1950 usw.) in den
Vordergrund schiebt, so hat Brecht außer
der scheinkritischen sämtliche Formen der
volkstümlichen wie der literarischen P. benützt und einige davon zu neuem Leben
erweckt. Dasselbe läßt sich von seinen Nachfolgern noch nicht behaupten, die meist aus
der Fülle Einzelnes herausnehmen und zer-
spielen. Peter Rühmkorffs scheinbar zeit-

kritisch parodierende *Kunststücke* (1962)
mit Variationen von Hölderlins *Gesang des
Deutschen*, Klopstocks *Dem Erlöser*, Eichendorffs *Zerbrochenem Ringlein* und Claudius'
Abendlied ersticken an einem hybriden Bil-
dungs- und Wortprunk ohne zerstörende
Wirkung. Wenn Friedrich Dürrenmatt, dessen Dramen den Einfluß Brechts nicht verleugnen, der hie und da die Übernahme
fremder Dichtungen in die eigene versucht
(z. B. Brechts und Wielands in dem *Prozeß
um des Esels Schatten* 1958) und der daneben auch die seit Spitteler, Wedekind, dem
jungen G. Kaiser (*Die jüdische Witwe* 1911,
Europa 1915) wieder lebendige Mythen-P.
und -Travestie aufnimmt, die P. für einen
der kennzeichnendsten Faktoren der modernen Dichtung hält, da eine historische Persönlichkeit usw. nur noch in einer Gegen-
darstellung zu ihren bisherigen literar. Gestaltungen lebendig gemacht werden könne
(*Theaterprobleme* 1955, 2. Aufl. 1963), so
knüpft er an Brecht und dessen Verfrem-
dungstheorie an; ebenso, wenn er behauptet,
die P. setze ein Erfinden voraus — für F.
Schlegel war sie noch eine witzige Übersetzung. Doch schränkt Dürrenmatt auch Brechts
parodistischen Reichtum ein, indem er die
P. dem Lachen zuweist, wo sich allein noch
die Freiheit des Menschen manifestieren
könne.

IV. Agitatorische P. § 80. Eine
Urform der P. ist die Schwarze Messe. Überhaupt parodiert der Zauberer gern kirchliche
Handlungen. Auch wer sonst ein religiöses
oder dichterisches Werk für ein bestimmtes
Ziel benützt, ist davon überzeugt, daß dem
Original Kräfte innewohnen, die zumindest
für die Agitation nutzbar sind. Diese Art P.
steht also dem Original keineswegs feindlich gegenüber und beabsichtigt nicht, es
zu verspotten. Je weiter die agitator. P. wirken soll, desto bekannter muß das Vorbild
sein; literarische Ansprüche an das Publikum
darf sie keine stellen. Einziges Kriterium
der Wertung ist auch hier die Wirkung, die
an der Verbreitung des Textes sichtbar wird.

§ 81. Als wirksamstes Original erweist
sich das V a t e r u n s e r. Das lat. MA.
kennt Vaterunser gegen die Bauern, das
deutsche gegen die Hussiten. Vom 16. bis
19. Jh. bildet die Vaterunser-P. eine eigene
Gattung des Historischen Volkslieds, die

allen möglichen Zeitereignissen dient. Bekannt sind die protestantischen Vaterunser des Papstes aus dem 16. und 17. Jh. oder das Reutlinger Vaterunser auf Herzog Ulrich von Württemberg (1519). Weit verbreitet ist das Bauernvaterunser (Soldatensegen usw.), ein Zorn- und Klagegebet des Bauern gegen die Soldaten, zu Beginn des 18. Jh.s gegen die Schweden oder gegen die Deutschen gerichtet, am Anfang des 19. Jh.s auf die Franzosen gemünzt (z. B. J. M. Usteri, *Das Vaterunser eines Unterwaldners* 1803). Ein Vaterunser auf Wilhelm Tell (*Wilhelm Tell, der du bist der Stifter unsrer Freiheit*) soll in der Schweiz die Helvetische Constitution propagieren (1798). In der revolutionären Dichtung wirkt die Vaterunser-P. vom Lola Montez- und Metternich-Vaterunser über die Vaterunser gegen Wilhelm II. im Weltkrieg 1914/18 bis in die Gegenwart, doch fehlen auch patriotische, gegen innere und äußere Feinde gerichtete nicht. Der Prediger — etwa Abraham a Sancta Clara — benützt ironische Vaterunser der Wucherer (dt. 1481), der Trinker usw.; auf der Gegenseite kennt auch die Verbrecherliteratur Vaterunser-P.n. Dabei ist zu beachten, daß, wenn ohnehin nur ein geringer Teil der agitatorischen P.n schriftlich überliefert ist, eine Vaterunser-P. aus Scheu vor der Blasphemie noch seltener aufgezeichnet wird.

§ 82. P.n auf andere k i r c h l i c h e T e x t e (Evangelien, Credo, Messe, Katechismus usw.) treten im lat. MA. (Geldevangelium wider die Simonie, Passionen auf unterlegene Feinde, auf die Juden usw.) bedeutend häufiger auf als in der dt. Lit. Nur vereinzelt haben sie die Religionskämpfe (*Doktor Martin Luthers Passion* usw.) überlebt. Neben rein formalen Litanei-P.n (z. B. Schubart gegen die Advokaten) bleiben verhältnismäßig beliebt die Katechismus- und Credo-P.n, vom MA. über die Reformation bis zum Credo auf die Helvet. Constitution (1798), zu Kleists *Katechismus der Deutschen* gegen die Franzosenherrschaft (1809), den *Zwölf Glaubensartikeln eines Österreichers* in der Märzrevolution oder bis zu den Wahl- und Abstimmungskämpfen der Gegenwart. Trotz den entsprechenden Titeln nehmen die direkten parodist. Anspielungen in größern Werken wie Anton von Päumanns (?) *Messe zu Frankfurt* (1848) oder in W. Meh-

rings *Ketzerbrevier* (1921) einen schmalen Raum ein. Auch die Teufelsbriefe usw. haben die Religionskämpfe kaum überdauert.

§ 83. Wer außerhalb dieser Texte weiteste Wirkung sucht, kann nur noch an das K i r c h e n - und V o l k s l i e d anknüpfen. Deshalb entstehen bei religiösen und politischen Umwälzungen auch agitatorische Kontrafakturen. Das gilt nicht nur für das MA., das 16. und 17. Jh. (vgl. etwa Luthers Umdichtung des alten Judasliedes auf Heinz von Braunschweig in *Wider Hans Worst* 1541), sondern auch für die neuere Zeit, wo z. B. Fouqué B.Ханckes Volkslied gewordenes Jägerlied zum *Kriegslied* für 1813, M. v. Schenkendorf Novalis' *Wenn alle untreu werden* zum patriotischen *Erneuten Schwur* (1814) umdichtet, während W. Tr. Krug ein *Neues Gaudeamus* (von F. Förster kopiert) verkündet. Später parodiert Geibels *Türmerlied* (1840) Ph. Nicolais *Wachet auf* ins Patriotische. Herwegh bittet 1845 mit *Veni, creator spiritus* für den deutschen Geist. Julius Grosse zieht mit einem Luthers *Ein' feste Burg* variierenden *Reichslied* in den Kulturkampf; auf der Gegenseite dichtet Emilie Ringseis vor einer Wahl in Bayern *Tag und Nacht schrein wir zu dir*. Die Kirchenlied-P. bleibt bis ins 20. Jh. lebendig (Börries v. Münchhausen *De profundis* 1919), gerät aber in den Bereich des kritischen Spiels mit der Bildung, das auch das Original mittreffen will (Brecht *Großer Dankchoral*, A. Ehrenstein *Ein fester Mörser ist unser Gott* in *Eurasien*, W. Mehring usw., s. § 77 ff.). Riesig ist die Zahl der vom 16. bis 20. Jh. für bestimmte politische Situationen umgedichteten Volkslieder; sie füllen z. B. einen Teil der Flugblätter von 1848. Auch zum Volkslied Gewordenes wird benützt, Claudius' *Rheinweinlied* etwa bereits im Kampf um die Franz. Revolution (*Umhängt mit Flor den umgestürzten Becher*), ebenso Usteris *Freut euch des Lebens*, das später Hoffmann von Fallersleben zu einem politischen *Neujahrslied aller Deutschen für 1845* umformt. Noch in den Revolutionstagen nach dem Krieg von 1914/18 werden vor allem auf sozialistischer Seite populäre Lieder zur Agitation verwendet (*O Tannebaum, o Tannebaum, der Kaiser hat in' Sack jehaun*); Freiligraths *Im Hochland fiel der erste Schuß* wird zum Hamburger Jung-

Spartakus-Lied (*In Hamburg fiel der erste Schuß*).

§ 84. Was sonst noch für die religiöse, politische und soziale Agitation parodiert wird, ist zeitgebundener. Vielleicht dreht schon das Spiel von des *Entkrist Vasnacht* (15. Jh.) ein Antichristspiel ins Politische; im Sterzinger Spiel *Die zwen Stend* (aufgez. 1535) dient die Freihartspredigt der protestantischen Politik. Zu persönlicher Polemik benützt Chr. Reuters *Denk- und Ehrenmal* (1697) die Leichenpredigt. A. Zaupser erregt mit einer Ode im Stile Ramlers *Auf die Inquisition* 1777 Aufsehen. Den seltenen Fall einer agitatorischen Selbst-P. bietet Chr. v. Stolberg, der einen Chor seines *Belsazar* gegen die Franz. Revolution und Napoleon umdichtet (*Parodie des Chorgesangs...*). Klopstock wird eine jüngst (Euph. 57, 1963) wieder entdeckte Ode untergeschoben, mit der er der Franz. Nationalversammlung seinen Ehrenbürgerbrief zurückgeschickt haben soll. Zahlreiche Nachahmungen bei Freund und Feind ruft K. F. Bahrdts *Kirchen- und Ketzeralmanach aufs Jahr 1781* (2., verm. Aufl. 1787), der selbst wiederum auf Murners *Lutherisch-evangelischen Kirchendieb- und Ketzerkalender* (1572) zurückgeht, hervor (*Katholischer Fantasten- und Prediger-Almanach 1783-1786*, *Kirchen- und Ketzeralmanach auf das Jahr 1786*, J. G. Grohmann oder J. O. Thieß *Neuer Kirchen- und Ketzeralmanach 1797/98*, A. G. F. Rebmann *Obskuranten-Almanach 1798-1800*, J. G. Grohmann *Satirisch-theolog. Kalender* 1800). Sehr gelehrt bekämpft I. v. Born das Mönchstum mit einer Einteilung nach Linné (*Specimen monachologiae ...* 1783).

§ 85. Ein guter Teil der harmlosen, sich dem Bildungsspiel nähernden Polemik vom Ende des 18. und Beginn des 19. Jh.s benützt neben Steckbriefen, Dankadressen (z. B. K. Müchler *Dankadresse für Napoleon Buonaparte* 1814, mit Bibel-P.) Blumauers Aeneistravestie; oft tragen die Titelblätter den Zusatz: „In Blumauers Manier". Außer Gedichten zu andern kleinern und größern Zeitereignissen (*Volkslied nach der Eroberung Belgrads* 1789, Streitschriften um den Revolutionsfreund F. M. Biergans und gegen den Minister Wöllner usw.) bedienen sich vor allem die zahlreichen Bonapartia-

den, Jeromiaden (Jerôme Bonaparte) und Murat-Gedichte von 1813 bis 1816 der Form Blumauers (u. a. von K. Scheller, J. Chr. Keil, J. Drews, Chr. G. Hempel, K. F. Köhler, J. Perinet), doch geht die Bindung an das Original schnell verloren; das politisch-satirische Heldenepos wird eine eigene unparodist. Gattung und vermischt sich gegen Ende des 19. Jh.s mit der Bänkelsang-P. (F. Th. Vischer *Der deutsche Krieg 1870/71*). Die politische Moritaten-P. beginnt bereits bei Heine, beherrscht die politischen Flugblätter der 1848er Jahre und endet bei Wedekind, E. Mühsam, Brecht usw. (s. § 30, 77 ff.). In den Simplicissimus-Gedichten verwendet Wedekind auch den Stil von Kortums *Jobsiade* politisch.

§ 86. Erst die Ausbreitung der literar. Bildung im 19. Jh. läßt von der P. k l a s s i - s c h e r G e d i c h t e eine größere Wirkung erhoffen. Frühere Ansätze wie die politischen Horazumdichtungen des 16. und 17. Jh.s bleiben gelehrtes Spiel. Aber auch im 19. Jh. sind literar. P.n gewiß nicht das stärkste Mittel der Agitation; nur selten wirken sie über die Gebildeten hinaus und verlieren ihren literar. Beigeschmack nie, zumal oft nicht die rhetorische Wirksamkeit, sondern die ähnliche Lage über die Wahl des Originals entscheidet. Daß als Vorlagen Schiller und Goethe im Vordergrund stehen, verwundert nicht. Bereits 1799 parodiert J. R. Suter S c h i l l e r mit *Freiheit, schöner Götterfunken;* bei F. G. Wetzel wird Schillers Reiterlied zum patriotischen *Feuerlied,* ein entsprechendes *Kriegslied* läßt 1806 Arnim unter die Soldaten verteilen, zum Friedenslied macht es Claudius (s. § 18). *Wallensteins Lager* benützen u. a. Heinr. Schmidt (*Das Österreich. Feldlager* 1813), ein anonymes Stück *Die Alliierten vor Leipzig* (1814) und in freierer Variation Brentanos *Viktoria und ihre Geschwister* (1813), für welches Spiel Brentano u. a. auch Goethes *Meeresstille* und *Glückliche Fahrt,* ferner Arnims *Soldaten-Katechismus* parodiert. Einer eigenartigen Beliebtheit erfreut sich *Thekla, Eine Geisterstimme,* das zur Zeit Napoleons mehrfach politisch umgedichtet wird (u. a. von F. A. v. Staegemann, E. Schulze). Eine anonyme P. auf Jerôme Bonaparte *Der König vor seiner Abreise* (1813) spottet in Schillers *Erwartung*. Im Vorfeld der 1848er Wirren stehen *Die Freiheit der Presse* als P. des *Lieds von der Glocke*, G. Maltitz' *Landtag* (P. des *Handschuh*) und Karl Herloßsohns politische P.n: *Das Große Ordensfest* (*Die Teilung der Erde*), *Die drei Worte* und die *Totenklage* (*Nadowessische Totenklage*). Ignaz Christian Schwarz verteidigt dagegen mit den *Drei Worten* für die Bamberger Gott, König und Vaterland; Herwegh greift mit ihnen die *Drei Juden des Kredits* an. Mit der *Nadowessischen Totenklage* jubeln 1848 gleichzeitig Saphir und Dingelstedt über die Aufhebung der Zensur (*Der tote Zensor* bzw. *Literarische Totenklage*), mit dem *Mädchen aus der Fremde* erinnert ein Flugblatt an den 11. Februar 1848, den Tag der Verbannung der Lola Montez; andere Flugblätter benützen vor allem die Kapuzinerpredigt und den Tellmonolog, auch der *Graf von Toggenburg* kommt vor. Noch 1902 wird mit der *Würde der Frauen* auf die Gegner der Frauenemanzipation gezielt.

§ 87. Von den Werken G o e t h e s wird auffallend häufig Mignons Sehnsuchtslied in alle politischen Richtungen gezogen, zu Preußens bzw. zu Deutschlands Ruhm von A. Paetow (1814) bzw. K. Müchler, gegen das Frankfurter Parlament von Dingelstedt (*Kennst du das Land, wo Einheits-Phrasen blühn*), aber auch Flugblätter halten mit ihm eine *Große reaktionäre Parade* (1848) ab. Daß die politischen Möglichkeiten des Lieds bis zur Gegenwart erhalten sind, beweist Erich Kästners *Kennst du das Land, wo die Kanonen blühn*. Mit Goethes *Nachtgesang* verspotten Hoffmann von Fallersleben und Herwegh Deutschlands politischen Schlaf (s. § 72), mit dem *Erlkönig* verhöhnt J. B. Rousseau den Herweghzug (*Treffkönig* 1848). Die parodist. Möglichkeiten des *Königs in Thule* deutet Heines *Neuer Alexander* (I) an, ein Berliner Flugblatt von 1848 führt sie aus. Zahllos sind die politischen *Faust*-P.n, vor allem der Walpurgisnacht und der Schülerszene (*Mephistopheles als Volksmann* 1848; A. Hopf, *Mephistopheles und der deutsche Michel als Schüler* 1852; D. Kalisch, *Faust, der zu spät bekehrte Demokrat* 1853 usw.). Freilich wird hie und da der Faust-Stoff über Goethe hinaus benützt, und ähnlich greift A. Glaßbrenner, der im 1. Akt von *Kaspar dem Menschen* (1850) Goethes *Faust* parodiert, im

Neuen Reineke Fuchs (1846) auf das alte Tierepos zurück, von Goethe angeregt, aber nicht diesen parodierend.

§ 88. Werke aus der übrigen Lit. werden nur vereinzelt agitatorisch umgedichtet. Ein anonymer travestierter *Nathan der Weise* (1804) richtet Lessings dramatisches Gedicht gegen Napoleon. Friedr. Schultz und seine Freunde benützen Swift zu einer Satire auf den Rastatter Kongreß (*Der Friedenskongreß zu Lagado* 1799). B. A. Dunker braucht *Esops Fabeln* für die Helvetische Revolution. Bürgers *Lenore* wie Raimunds *Aschenlied* dienen gegen Napoleon. Grillparzer spielt verschiedentlich mit Textstellen aus der *Zauberflöte* politisch-agitatorisch (wie auch zu privaten Zwecken). Dingelstedt verwendet den Hamletmonolog *Sein oder Nichtsein* für einen Monolog des Reichsadlers (1848), A. Strodtmann Wilh. Müllers *Griechen an den österreich. Beobachter* für ein Schleswig-Lied. Halb politisch, halb literarisch sind die P.n, die Heine (*König Ludwig an den König von Preußen* usw.), Herwegh (*Kürassiere Clam-Gallas' durch München ziehend*), Flugblätter usw. dem Partizipialstil König Ludwigs I. von Bayern widmen (s. a. § 71). Allzu gelehrt parodieren G. Schwetschkes *Novae epistolae obscurorum virorum ex Francoforto Moenano . . .* (1849, übers. v. F. Lucae) und rufen dennoch ergänzende (Jacob 1850) wie Gegenschriften (Morgenstern 1849) in der gleichen P. hervor; 1855 ahmt sich Schwetschke gegen den Preuß. Landtag überdies selbst nach. Wiederholt wird Heines *Deutschland, ein Wintermärchen* (1844, Gegengedicht von G. Günther 1845) auf neue politische Zustände übertragen (A. Meissner 1850, F. Steinmann 1861, O. Hörth 1872, C. Heinzen 1872, F. Lorenz 1906, M. Neander 1920). Heines *Nachtgedanken* müssen sogar bei E. v. Wildenbruch zu einem patriotischen *Deutschland und die Welt* (1889) herhalten. Ähnlich mißbraucht G. Hauptmanns *O mein Vaterland* im August 1914 G. Kellers *An mein Vaterland* (1844). A. Moszkowski wendet Schwabs *Gewitter* auf ein preuß. Sonntagsruhegesetz an. Die *Kriegsstruwwelpeter*, die der Krieg von 1914/18 auf deutscher (K. E. Olszewski 1915) und sogar auf englischer Seite (*Swollen Headed William* 1914) hervorbringt, zeigen, wie auch beliebte Kinderbücher agitieren können. Sehr selten sind politische Centonen. In einem Fastnachtsspiel von 1859 *Der politische Jahrmarkt* (von J. G. Hertel?) sprechen alle Personen in Schillerzitaten, und mit Bibelstellen wirbt Weinhebers *Saar*.

§ 89. Wie weit die rein agitator. P. auf ein klassisches Gedicht heute noch wirkt, läßt sich schwer beurteilen, richtet sie sich doch immer an die gebildeten Schichten, die zwar die Revolution von 1848 getragen haben, für die heutige Massenpropaganda jedoch bedeutungslos sind. Schon im Kampf um den Nationalsozialismus tritt sie nur noch vereinzelt auf; der *Stürmer* (1943 Nr. 30) vergreift sich zwar noch in entsetzlicher Weise an Goethes *Über allen Gipfeln* (*In allen Börsensälen ist Ruh'*); aber nichts ist typischer für die Hoffnungslosigkeit des geistigen Kampfes als K. Tucholskys *Altes Lied 1794*, das mit einer P. auf Matthissons *Lied aus der Ferne* Goebbels und Hitler bekämpfen will! Selbst in der Geschäftsreklame, wo noch in den 1880er Jahren das von Fontane besungene Berliner Kleidergeschäft „Die Goldne Hundertzehn" wahrscheinlich vom Komiker M. Bendix verfaßte Lieder-Alben mit jeweils mehr als 360 Reklame-P.n auf klassische Gedichte verteilte, tritt sie heute immer stärker zurück, ein Symptom für die schwindende öffentliche Bedeutung des literarischen Erbes. Eine moderne Satire, die sich wie die *Technik der Diktatur* (1960) von „Traugott Gründlich" in eine Aristoteles-P. kleidet, ist schon gar reines und völlig wirkungsloses Bildungsspiel. Wirksam bis heute bleibt dagegen das agitatorische Parodieren populärer Lieder, Schlager, Kinderverse und Choräle.

§ 90. Bezieht man in die agitatorische P. auch die Verwendung traditioneller Gattungen ein, so ist der Reichtum nicht mehr zu bewältigen. Denn einem politischen Dichter werden eben alle poetischen Formen der Zeit zu Werkzeugen der Agitation. Im Kampf um die Franz. Revolution spielen in Deutschland agitatorische Schauerballaden neben Volks- und Bänkelliedern eine nicht unbedeutende Rolle, später treten bei Heine, Herwegh, Dingelstedt, Hoffmann von Fallersleben, Freiligrath usw. an lyrischen Gattungen noch das politische Trink-, Wiegen-, Kinder-, Vaganten-, Nachtwächterlied usw.

hinzu und halten sich bis zur Gegenwart (Brecht usw.). Noch unübersehbarer sind die agitatorisch parodierten prosaischen Gattungen, angefangen bei den deutsch-franz. Wörterbüchern gegen die Franz. Revolution oder Kleists *Lehrbuch der französischen Journalistik* (1809). Ein so harmloser Kritiker wie K. H. Ritter von Lang verwendet zur Polemik: Reiseschilderung (*Hammelburger Reisen* 1817-1833), Konversationslexikon (*Hammelburger Konversationslexikon* 1819), Strafgesetzbuch (*Birmanisches Strafgesetzbuch* 1822-25), Chronik (*Chronica der Stadt Eulenhausen* 1822) usw. Ganz entziehen sich einer Behandlung in diesem Rahmen die selbständig gewordenen satirisch-agitatorischen, kaum mehr parodierenden Gattungen, wie die politische „aristophanische" Komödie des 19. Jh.s (Rückert, K. M. Rapp, Goedeke, R. E. Prutz usw.) oder wie die parodist. Briefwechsel von den *Epistolae obscurorum virorum* (1515/17) bis zu denen des 19. Jh.s, wie Kleists *Satirischen Briefen* (1809) oder den *Briefen eines Eipeldauers*, die sich, von Josef Richter begründet, als Wochenschrift unter verschiedenen Herausgebern (F. Gewey, A. Bäuerle, J. A. Gleich u. a.) und unter neuen Titeln (*Briefe des Hansjörgel von Gumpoldskirchen*) von 1785 bis 1937(!) halten und in Ludwig Thomas *Briefwexel Jozef Filsers* (1909/12) einen neuern bayrischen Ableger mit Fortsetzungen bis in die Gegenwart (Adolf Althen) bekommen.

§ 91. Eine Sonderform der agitatorischen P. dient als Waffe im literarischen Streit. Da sie nur auf andere Literaten wirken will, kann sie im Gegensatz zur übrigen agitatorischen P. auch weniger bekannte Dichtungen verwenden, doch nützt dies nur das 18. Jh. aus, wo A. G. Kästner mit Hilfe parodierter Gedichte Hagedorns (*Die Verleumdung*, *Der Blinde*), Gellerts, Hallers und J. E. Schlegels die Schriftsteller der Zeit kritisiert (*Die Schriftsteller*, *Die Reimer*, *Die Dichter*) und wo B. A. Dunker unter dem Pseudonym P. Ignatius Rivero mit einer P. auf Hallers *Doris* gegen die Werther- und Siegwart-Mode kämpft (1785). In eine Handschrift des 16. Jh.s kleidet sich *Plimplamplasko der hohe Geist* (1780), Jacob Sarasins, Lavaters und Klingers Satire auf Chr. Kaufmann und das Geniewesen, in eine arabische

Handschrift aus dem 14. Jh. J. Th. B. Helfrechts Pasquill auf Jean Paul (*Shakal der schöne Geist* 1799, 2. Aufl. 1801), als Nachzügler gehört hierher auch W. Tr. Krugs Satire auf A. Müllner (*Apollo der Leukopeträer, Ein Beitrag zur griechischen Anthologie . . .* 1820). Sonst stoßen wir auf dieselben Vorbilder wie bei der politischen, religiösen und sozialen Agitation, nur die Vaterunser-P. ist mit K. Herloßsohns *Schriftstellervaterunser* (*Mixturen* 1828, dort auch eine Heiligsprechung der Henriette Sontag) in der dt. Lit. sehr bescheiden vertreten, dafür ist aus der span. Lit. ein Credo an Lope de Vega überliefert. Benützt werden das Kirchenlied (J. L. Ummius, *Freudenlied der Jünger Lavaters in Bremen* von 1787: *Wie schön leucht't uns von Zürich her . . .*), die Predigt-P. (J. Chr. Gretschel, *Standrede am Grabe des 18. Jahrhunderts* 1800, W. Hauff, *Controverspredigt über H. Clauren* 1827), verhältnismäßig häufig die Litanei (etwa Hoffmann von Fallersleben, *Autorenlitanei* 1841), der Kindervers (A. W. Schlegel, *Rezept:* „Zu guten Mus'-Almanachen muß man haben dreierlei Sachen . . ."), der Fibelvers (*Neues Leipziger Allerley für 1755;* F. F. Hempel, *Nachtgedanken über das ABC-Buch* 1809 usw.), das Wörterbuch (Schönaich, *Neologisches Wörterbuch* 1754, s. § 50), das Volkslied (Claudius, *Die Nachahmer* 1771: „Es ritten drei Reuter zum Tor hinaus . . .") und selbst die Marseillaise (A. W. Schlegel, *Schlachtlied der beliebten Schauspielschreiber gegen die Dichter*). Des Bänkelsangs bedienen sich zur literar. Kritik neben Bretschneider, Bernritter usw. (s. § 30) u. a. auch eine anonyme Satire auf Jean Paul (*Die Tageszeiten geschildert von Jean Paul* 1803) und A. W. Schlegel gegen Niebuhr (*Ballade vom Raube der Sabinerinnen* 1827). Einige Formen parodist. literar. Agitation haben das 18. Jh. nicht überlebt, so vor allem die Almanach-P., die vom *Neuen kritischen Sack-, Schreib- und Taschen-Almanach auf 1744* (s. § 50) über Nicolais *Feynen kleynen Almanach* (1777 f., s. § 53), den *Almanach für Belletristen und Belletristinnen für 1782* (von J. Chr. Fr. Schulz und K. Fr. Erbstein) und Chr. J. Wagenseils *Almanach für Dichter und schöne Geister* (1785) nur bis zum *Vergötterungsalmanach für 1801* (s. § 64) reicht. Nach dem franz. Vorbild des Abbé Antoine Furetière (*Nouvelle allégorique . . .* 1658)

kämpft man mit dem komischen Epos vor allem für oder gegen Gottsched (Gottsched, *Deutscher Dichterkrieg* 1741; J. Chr. Rost, *Das Vorspiel* 1742; Chr. K. Reichel, *Bodmerias* 1755; Chr. O. Schönaich, *Der Sieg des Mischmasches* 1755, gegen Zachariä, usw.), doch brauchen diese Form literatursatirisch auch noch A. Bode (*Gigantomachia* 1800, gegen die Brüder Schlegel), K. Gößel (*Menzel, Gutzkow und Shakespeares Geist* 1840) und R. Hamerling (*Homunculus* 1880).

§ 92. Bedeutend weniger, als man erwartet, werden im 19. Jh. die Werke Schillers und Goethes im literar. Streit benützt. Von Schiller eignet sich vor allem die Kapuzinerpredigt zu allerlei literar. Hieben, so in K. Meisls *Dichterzorn über manche Schauspieler* (Wiener Theater-Ztg. 1818), in zwei P.n K. Herloßsohns von 1827/28 und vor allem in C. M. v. Webers bekanntem Angriff auf Rossini und dessen Nachahmer (1821); allein steht A. Chr. Neumanns literatursatirische Tell-Travestie (*Wilhelm Tell der Tausendkünstler* 1805). Von Goethe verwendet Eichendorff *Das Göttliche* in *Krieg den Philistern* und Lenau *Schäfers Klagelied* als *Des Dichters Klagelied über das Junge Deutschland*. Aus den *Musen und Grazien in der Mark* macht Wilh. Neumann ein Geburtstagsgedicht der Berliner *An Goethe, den 28. August 1825*. Mignons Sehnsuchtslied dient noch der *Blechschmiede* von Arno Holz (s. § 73) agitatorisch. Hie und da tauchen auch — u. a. bei J. D. Falk — Abwandlungen des *Jahrmarktsfests zu Plundersweilern* auf, und mit dem *Pater Brey* agitiert der junge Immermann gegen Pustkuchen (*Ein ganz frisch schön Trauer-Spiel von Pater Brey dem falschen Propheten in der zweiten Potenz* 1822). Mit einem mäßigen *Briefwechsel zwischen Schiller und Goethe in den Jahren 1905-1907* will A. F. Seligmann die literar. Zustände beleuchten, und zum Goethejahr 1932 erscheinen „funkelnagelneue Briefe Sr. Exzellenz" (Rud. Geck, *Herr von Goethe im Jahre 1932*, Frankf. Ztg. 26. 8. 1932, separat 1935). Mit einer P. auf die erste Szene des *Macbeth* zeigt A. F. Bernhardi *Die Kunst falkische Taschenbücher zu machen*. Grillparzer dichtet ein *Narrennest nach Pater Abraham a Sancta Clara* (1808, Fragment). Gegen das Stuttgarter Theater benützt D. F. Strauß *In diesen heil'gen Hallen* aus der

Zauberflöte (1860). Wohl die einzige Selbst-P. im Dienste der literar. Agitation stellt Lenaus Gedicht *Die drei Skribenten* (in K. F. Kunz' Anthologie 1841) als P. auf *Die drei Zigeuner* dar, falls es wirklich von Lenau stammt. Schließlich werden auch die Komödien des Aristophanes, harmlos bei Goethe (*Die Vögel* 1780, bearb. 1786), agitatorischer von den *Modernen Fröschen* eines unbekannten Philanders von Sittewald des Jüngeren (1829) bis zu J. Ruederer (*Wolkenkukkucksheim* 1909) und K. Kraus (*Wolkenkukkucksheim* 1923) auf die zeitgenöss. Lit. übertragen. Doch zeigt schon diese Übersicht, daß der literaturkritischen agitatorischen P. nach dem 18. Jh. keine allzu große Bedeutung mehr zukommt. Am verbreitetsten, weil auch am bequemsten zu handhaben, ist noch die P. der Zeitungsanzeige, des Büchertitels, des Meßkatalogs, als *Literarischer Reichsanzeiger* bereits eine Rubrik des *Athenäums* und von Grillparzer als *Avertissement* besonders geschätzt.

Anthologien: Z. F u n c k [d. i. Karl Friedrich K u n z], *Das Buch dt. P.n u. Travestieen*. 2 Bde. (1840-1841; 2., verm. Aufl. in 1 Bd. 1885). David H a e k, *P.n u. Travestien* (1912; Reclam UB. 5398). Ernst H e i m e r a n, *Hinaus in die Ferne mit Butterbrot u. Speck. Die schönsten P.n auf Goethe bis George. Nebst e. Kapitel zeitgen. Selbstp.n u. e. Bilderanhang* (1943 u. ö.). Richard M. M e y e r, *Dt. P.n. Dt. Lied im Spottlied von Gottsched bis auf unsere Zeit* (1913; 2. Aufl. 1915; Pandora 12). Karl M ü c h l e r, *P.n* (1816; 2. Aufl. 1820). *Der parodierende Deklamator. Erheiternde Vorträge u. Schwänke u. P.n klassischer Dichtungen* (2. Aufl. 1870). Gottfried Günther R ö l l e r, *Almanach der P.n u. Travestien*. 2. Almanach (1818). Erwin R o t e r m u n d, *Gegengesänge. Lyrische P.n vom MA. bis z. Gegenwart* (1964). Karl Friedrich S o l b r i g, *Almanach der P.n u. Travestien* (1816; 2. verm. u. verb. Aufl. 1826). *Travestieen u. P.n* (1837). Friedrich U m l a u f t, *Das Buch der P.n u. Travestien aus alter u. neuer Zeit. Mit e. lit.-hist. Anhange* (1894; 2. verm. Aufl. 1909; 3. Aufl. 1928).

Teilsammlungen: Rudolf F ü r s t, *Raimunds Vorgänger. Bäuerle-Meisl-Gleich* (1907; SchrGesThg 10). Gustav G u g i t z, *Das Wertherfieber in Österreich* (1908). Hermann H a k e l, *Richard [Wagner] der Einzige. Satire-P.-Karikatur* (1963). C. C. L. H i r s c h f e l d, *Die Romanzen der Deutschen* (1774, 1778). Fritz Adolf H ü n i c h, *Werther-Schriften* (1924). Andreas M ü l l e r, *Satiren u. P.n* (1935; Dt. Lit., Reihe Romantik 9). Otto R o m m e l, *Altwiener Volkstheater*. 7 Bde. (1913; Dt.-österr. Klassiker-Bibl.). Ders., *Ein Jh. Alt-Wiener P.* (1930; Dt. Hausbücherei 191). Ders., *Dt. Lit.,* *Reihe Barocktradition im österr.-bayr. Volkstheater*. 6 Bde. (1935-1939). Oskar S c h a d e, *Satiren u. Pasquille aus der Reformationszeit*. 3 Bde. (1856-1858; 2. Aufl. 1863). Friedrich S c h a e f e r, *Das Lied von der Glocke u. s. geistvollsten P.n* (1895). *Die elf Scharfrichter. Münchner Künstlerbrettl. Bd. 1: Dramatisches* (1901). Wolfgang S t a m m l e r, *Anti-Xenien* (1911; Kl. Texte f. Vorlesgn. u. Übgn. 81). Heinrich S t ü m c k e, *Die Fortsetzungen, Nachahmungen u. Travestien von Lessings 'Nathan der Weise'* (1904; SchrGesThg 4).

Lexikalische Artikel: Joh. Georg S u l z e r, *Allgemeine Theorie der Schönen Künste*. T. 3 2. Aufl. 1793) S. 650-652. Friedr. Aug. E c k s t e i n, *P.,* in: Ersch-Gruber, *Allgem. Enzyklopädie d. Wiss. u. Künste*, Sect. 3, T. 12 (1839) S. 266-272. Hans G r e l l m a n n, *P.,* in: Reallex. Bd. 2 (1. Aufl. 1926/28) S. 630-653. Paul M a a s, *Parodós,* in: Pauly-Wissowa. Bd. 18, 4 (1949) Sp. 1684-1686. Giulio Caesare C a s t e l l o, *Parodia,* in: Enciclopedia dello Spettacolo. T. 7 (1960) Sp. 1689-1700, Taf. 32. Ludwig F i n s c h e r u. Georg von D a d e l s e n, *P. und Kontrafaktur,* in: MGG. Bd. 10 (1962) Sp. 815-834.

Einzelstudien zum Problem d. P.: Eduard G r i s e b a c h, *Ges. Studien* (4. Aufl. 1886) S. 175-213: *Die P. in Österreich* (zuerst als Einl. *Die P. u. die Parodisten* zu: Aloys Blumauer, *Virgil's' Aeneis travestirt*, 1872, Bibl. d. dt. Nat. lit. d. 18. u. 19. Jh.s 35, S. 1-27; auch in: Grisebach, *Die dt. Lit. seit 1770*, 1887, S. 175-213). Gustav G e r b e r, *Die Sprache als Kunst*. 2 Bde. (2. Aufl. 1885), Bd. 2, S. 222, 373 ff. Richard M. M e y e r, *P.studien*. Velh. u. Klasings Mhh. 24 (1909/10) Bd. 2, S. 200-209; wiederabgedr. in: Richard M. Meyer, *Aufsätze literarhistor. u. biogr. Inhalts*. 2 Bde (1912; Dt. Bücherei 116/119) Bd. 1, S. 37 ff. Robert N e u m a n n, *Zur Ästhetik d. P.,* in: Lit. 30 (1927/28) S. 439-441; erg. in: Rob. Neumann, *Die P.n, Gesamtausg.* (1962) S. 551-562. Emil L u c k a, *Karikatur u. P.,* in: Lit. 30 (1927/28) S. 128-131. Fred W. H o u s e h o l d e r jr., *Parodia*. Class. Philology 39 (1944) S. 1-9. Hermann K o l l e r, *Die Parodia*. Glotta 35 (1956) S. 17-32. Herman M e y e r, *Das Zitat in der Erzählkunst* (1961). Wido H e m p e l, *P., Travestie u. Pastiche. Zur Geschichte von Wort u. Sache*. GRM. 46 (1965) S. 150-176.

Umfassende Darstellungen größerer Zeiträume: Carl Friedr. F l o e g e l, *Geschichte des Burlesken*. Hg. v. Friedr. Schmit (1794). Ders., *Geschichte des Groteskkomischen* (1788; 4. Aufl. v. Friedr. Wilh. E b e l i n g 1887; neu bearb. v. Max B a u e r 1914, 2 Bde.). Ders., *Geschichte der komischen Literatur*. 4 Bde. (1784-1787), bes. Bd. 1, S. 84 ff., 349 ff. Friedr. Wilh. E b e l i n g, *Geschichte der komischen Literatur in Deutschland seit der Mitte d. 18. Jh.s I. Gesch. d. kom. Lit. in Deutschland während d. 2. Hälfte d. 18. Jh.s*. 3 Bde (1869), bes. Bd. 3, S. 3 ff., 448-465. Octave-Joseph D e l e p i e r r e, *La P. chez les Grecs, les Romains et chez les modernes* (London 1870).

Ders., *Tableau de la littérature du centon chez les anciens et chez les modernes* (London 1874/ 75). Ders., *Ouvrages écrits en centons depuis les temps anciens jusqu'au XIXième siècle* (London 1868). Heinrich S c h n e e g a n s , *Geschichte der grotesken Satire* (1894).

Zur P. in einzelnen Epochen: J. V. Z i n g e r l e , *Zwei Travestieen* [*Der pater noster* und *Daz Ave Maria*]. Germania Pf. 14 (1869) S. 405-408. G. M. D r e v e s , *Zur Geschichte der fête des fous.* Stimmen aus Maria Laach 47 (1894) S. 571-587. Leo W o l f , *Der groteske u. hyperbolische Stil des mhd. Volksepos* (1903; Pal. 25). Friedr. L e h r , *Studien über den komischen Einzelvortrag in der älteren dt. Lit. I. Die parodist. Predigt.* Diss. Marburg 1908. Friedr. R a n k e , *Zum Formwillen und Lebensgefühl in d. dt. Dichtung d. späten MA.s.* DVLG. 18 (1940) S. 307 ff. Friedrich G e n n r i c h , *Liedkontrafaktur in mhd. u. ahd. Zeit,* in: *Der dt. Minnesang,* hg. v. Hans F r o m m (1961) S. 330-377. Burkhard K i p p e n b e r g , *Der Rhythmus im Minnesang* (1962; Unters. z. dt. Lit. d. MA.s 3) S. 152 ff.: *Zur Erforschung der Kontrafaktur.* Hans F r o m m , *Komik und Humor in der Dichtung des dt. MA.s* DVLG. 36 (1962) S. 321-339. — Paul L e h m a n n , *Die [lat.] P. im MA. Mit 24 ausgew. parodist. Texten* (2., neu bearb. u. erg. Aufl. 1963). — Eduard S t e m p l i n g e r , *Das Fortleben der horazischen Lyrik seit d. Renaissance* (1906). Ders., *Horaz im Urteil der Jh.e* (1921; Das Erbe d. Alten NF. 5). Kurt H e n n i g , *Die geistl. Kontrafaktur im Jh. der Reformation* (1909). Heinrich S c h a l l e r , *P. u. Satire d. Renaissance u. Reformation.* FschgnFortschr. 33 (1959) S. 183-188, 216-219. Max Frh. v. W a l d b e r g , *Die dt. Renaissancelyrik* (1888) S. 201 ff., 217 ff. — Arthur H ü b s c h e r , *Barock als Gestaltung antithet. Lebensgefühls.* Euph. 24 (1922) S. 517 ff., 759 ff. — Otto v. L e i x n e r , *Dt. literar. Streitschriften des 18. Jh.s.* Dt. Revue 7 (1882) Bd. 3, S. 233-250, 361-379. Eberhard S a u e r , *Die franz. Revolution von 1789 in zeitgen. dt. Flugschriften und Dichtungen* (1913; Fschgn-NLitg. 44). Wolfgang P f e i f f e r - B e l l i , *Antiromant. Streitschriften und Pasquille (1798-1804).* Euph. 26 (1925) S. 602-630. Karl Philipp M o r i t z , *Satire und P. der Frühromantik.* (Masch.) Diss. Münster 1944. — Ludwig G e i g e r , *Vier literar. Kuriositäten 1821 bis 1835.* ZfBüchfr. NF. 10 (1918/19) Bd. 2, 173-178. Ders., *Firlifimini u. andere Curiositäten* (1885). Eugen K a l k s c h m i d t , *Dt. Freiheit u. deutscher Witz: e. Kapitel Revolutionssatire 1830/ 50* (1928). Alfred L i e d e , *Dichtung als Spiel.* 2 Bde (1963). Franz G l ü c k , *P.n auf österr. Dichter aus der Zeit der 'demolierten Literatur'.* Philobiblon (Hamburg) 1 (1957) S. 223-230. — Erwin R o t e r m u n d , *Die P. in der modernen dt. Lyrik* (1963; erw. Diss. Münster 1960).

Volkstümliche u. polit. P.: Albert B e c k e r , *Gebetsp.n. E. Beitr. z. religiösen Volkskunde d. Völkerkrieges.* SchwArchfVk. 20 (1916) S. 16-

28. Ders., *Hambacher Gebetsparodien.* Bll. f. pfälz. Kirchengesch. 8 (1932) S. 61-62. Franz Magnus B ö h m e , *Dt. Kinderlied u. Kinderspiel* (1897). Joh. B o l t e , *Eine Predigtp.* ZfVk. 12 (1902) S. 224 f. Ders., *Weitere Predigtp.n.* ZfVk. 19 (1909) S. 182-185. Oskar E b e r m a n n , *P.n von Segenssprüchen u. Verwandtem.* Hess. Bll. f. Vk. 12 (1912) S. 182-198. Julius H a g e n , *Polit. P.n zur Bibel.* Bll. f. pfälz. Vk. 22 (1923) S. 91-92; Bll. f. pfälz. Kirchengesch. 10 (1934) S. 71-74. W. H a r d e b e c k , *Das Vaterunser d. Osnabrück. Bauern.* Zs. d. Ver. f. rhein. u. wfäl. Vk. 14 (1917) S. 125 ff. Hugo H e p d i n g , *P.n von Segenssprüchen.* Hess. Bll. f. Vk. 22 (1923) S. 91 f. u. ebd. 26 (1927) S. 184 f. Günter K i e s l i c h , *Das 'Historische Volkslied' als publizist. Erscheinung.* (1958; Stud. z. Publizistik 1). Wolfgang K r ä m e r , *Über dt. Vaterunserp.n.* Allg. Ztg. München 122 (1919) S. 481 f., 494 f., 505 f. Horst K u n z e , *Dunkel war's, der Mond schien helle ... Eine Slg. v. herrenlosen Scherzdichtungen ...* (1940; 7., neubearb. Aufl. 1964). Johann L e w a l t e r und Georg S c h l ä g e r , *Dt. Kinderlied und Kinderspiel* (1911) Nr. 574 ff., 587 ff. Gebhard M e h r i n g , *Das Vaterunser als polit. Kampfmittel.* ZfVk. 19 (1909) S. 129 ff. John M e i e r , *P.n.* Schweiz. Vk. 2 (1912) S. 32 f. Oswald M e n g h i n , *Kriegsvaterunser und Verwandtes* (1916; Natur u. Kultur 9). Hans M e y e r , *Der richtige Berliner in Wörtern u. Redensarten* (5. Aufl. 1904) S. 150 ff. Curt M ü l l e r , *Parodist. Volksreime aus der Oberlausitz.* ZfVk. 15 (1905) S. 274-282. Ders., *Predigtp.n und andere Scherzreden aus der Oberlausitz.* ZfVk. 19 (1909) S. 175-181. H. M ü l l e r , *Sächs. Bauernvaterunser wider die Teutschen.* Korrespondenzbl. f. siebenbürg. Landeskde. 22 (1899) S. 25 f. H. E. M ü l l e r , *P.n aus d. Schule.* Hess. Bll. f. Vk. 12 (1913) S. 132 f. M. U r b a n , *Alte deutsche Volkslieder.* Zs. f. österr. Vk. 5 (1899) S. 269-289. Karl W e h r h a n , *Gloria! Viktoria! Volkspoesie an Militärzügen* (1915). *Weltkriegs-Liedersammlung* (1926). Richard Maria W e r n e r , *Das Vaterunser als gottesdienstliche Zeitlyrik.* VjsLitg. 5 (1892) S. 1-49. Helmut W o c k e , *Zur soldatischen Volkskunde.* Mitt. d. Schles. Ges. f. Vkde 22 (1920) S. 91-95. Gertrud Z ü r i c h e r , *Kinderlieder der Dt. Schweiz* (Basel 1926; Schr. d. Schweiz. Ges. f. Vk. 17) Nr. 5391-5438. Zur polit. P. ferner passim: Robert F. A r n o l d , bzw. Ernst V o l k m a n n , *Dt. Lit. Reihe, Polit. Dichtung.* 8 Bde. (1930-1934) und die dort angegebene Lit.

Theater-P. (s. a. Teilslgn.): Eckehard C a t h o l y , *Das Fastnachtspiel d. Spätma.s* (1961; Hermaea NF. 8). Curt H i l l e , *Die dt. Komödie unter der Einwirkung des Aristophanes* (1907; BreslBtrLitg 12). Sigmund H i r s c h , *Die Schicksalstragödie im Spottbild der Satire.* ZfDtk. 1926, S. 276-284. Erich K r ü g e r , *Die komischen Szenen in den dt. geistlichen Spielen des MA.s.* Diss. Hamburg 1931. Hans L a n d s b e r g , *Dt. Literaturkomödien.* Dramaturg. Bll. 1 (1898) S. 405-409; 2 (1899) S. 5-

8, 13-16; Lit. Echo 4 (1901/02) Sp. 1445-1453. Ders., *Dt. literar. Zeitgemälde.* ZfBüchfr. 6 (1902/03) Bd. 2, S. 345-360; 7 (1903/04) Bd. 2, S. 393-419. Paul Alfred M e r b a c h, *P.n und Nachwirkungen von Webers 'Freischütz'.* ZfMusikwiss. 2 (1919/20) S. 642-655. Dietrich S t e i n b e c k, *Theatergeschichtl. Aspekte der 'Tannhäuser'-P.n d. 19. Jh.s.* Kleine Schr. d. Ges. f. Theaterg. 18 (1962) S. 15-41. — Berlin: Manfred B a r t h e l, *Das Berliner P.-Theater (1889-1910).* (Masch.) Diss. Berlin FU 1952. — Wien: Emil Karl B l ü m m l u. Gustav G u g i t z, *Alt-Wiener Thespiskarren. Die Frühzeit der Wiener Vorstadtbühnen* (Wien 1925). Fritz B r u k n e r, *Die Alt-Wiener P.* Jb. Dt. Bibliophilen und Lit.freunde 21/22 (1937) S. 83-97. Ders. u. Franz H a d a m o w s k y, *Die Wiener Faust-Dichtungen von Stranitzky bis zu Goethes Tod* (1932; Wiener Bibliophilenges VerH. 8). Eduard C a s t l e, *Alceste in Wien.* Alt-Wien 4 (1895) S. 23—25, 41-45. Rudolf F ü r s t, *Travestierte u. parodierte Klassiker.* Bühne und Welt 9 (1906/07) S. 56-63, 99-106. Ernst H ä c k e l, *Die mythologischen Travestien auf der Wiener Volksbühne zu Ende d. 18. u. zu Beginn des 19. Jh.s.* (Masch.) Diss. Wien 1924. Ernst K ö h l e r, *Die literar. P. auf dem älteren Wiener Volkstheater.* (Masch.) Diss. Wien 1930. Joh. Willibald N a g l, Jakob Z e i d l e r, Eduard C a s t l e, *Dt.-österr. Literaturgeschichte* (1898-1937) Bd. 2, S. 507-523. Otto R o m m e l, *Die Altwiener Volkskomödie* (1952). Richard R u s c h k a, *Wiener literar. P.n von den Anfängen bis auf Nestroy.* (Masch.) Diss. Wien 1935. O. Paul S t r a u b i n g e r, *Grillparzer in der P. des Alt-Wiener Volkstheaters.* Jb. d. Grillp.-Ges. 3. Folge 3 (1960) S. 115-126. Jakob Z e i d l e r, *Eine Wiener Wertherparodie.* Forschungen z. neueren Lit.gesch., Festgabe für Richard Heinzel (1898) S. 235-244. Julius Z e i d l e r, *Die P. auf der Wiener Volksbühne am Ende des 18. Jh.s u. zu Beginn d. 19. Jh.s.* Wiener Statist. Jb. 1890, S. 368-384.

Moritaten-, Balladen-P. usw.: Friedrich D e g e n e r, *Formtypen d. dt. Ballade im 20. Jh.* (Masch.) Diss. Göttingen 1961. Paul H o l z h a u s e n, *Ballade u. Romanze von ihrem ersten Auftreten in der dt. Kunstdichtung bis zu ihrer Ausbildung durch Bürger.* ZfdPh. 15 (1883) S. 129 ff. Camillo v. K l e n z e, *Die komischen Romanzen der Deutschen im 18. Jh.* Diss. Marburg 1891. Erwin S t e r n i t z k e, *Der stilisierte Bänkelsang.* Diss. Marburg 1933. — Komisches Epos: Lüder B e e k e n, *Das Prinzip der Desillusionierung im komischen Epos d. 18. Jh.s.* (Masch.) Diss. Hamburg 1954. Helmut K i n d, *Das Rokoko u. s. Grenzen im dt. kom. Epos.* (Masch.) Diss. Halle 1945. Erich P e t z e t, *Die dt. Nachahmungen des Popeschen Lockenraubes.* ZfvglLitg. NF. 4 (1891) S. 409-433. Karlernst S c h m i d t, *Vorstudien zu einer Geschichte des komischen Epos* (1953).

Goethe-P.n (s. a. Teilslgn.): Karl A l b r e c h t, *Die parodist. Fortsetzungen von Goethes 'Stella'.* ArchNSprLit. 94 (1895) S. 253-263. A.

F r e s e n i u s, *Zwei Fortsetzungen der 'Stella'.* Münchener Allg. Ztg. 1907 Nr. 404. Max H e c k e r, *Sturm im Wasserglase.* Jb. d. Slg. Kippenberg 1 (1921) S. 268 ff. Fritz Adolf H ü n i c h, *Zehn bish. unbekannte P.n Goethischer Gedichte.* ZfBüchfr. NF. 2 (1910/11) Beibl. Sp. 397. Ders., *Weitere zwölf unbekannte P.n u. Nachbildungen Goethischer Gedichte.* ZfBüchfr. NF. 3 (1911/12) Beibl. Sp. 413 f. M. R a p i s a r d i, *Das parodierte Mignonlied.* Frankf. Ztg. 1914, Nr. 29. Valerian T o r n i u s, *Die humorist. Travestien von Goethes Roman 'Die Leiden des jungen Werthers'.* Philobiblon 5 (1932) H. 3, S. 85-90.

Schiller-P.n (s. a. Teilslgn.): Georg E l l i n g e r, *Säkularbetrachtung zum Jubiläum von Schillers Glocke.* Voss. Ztg. 1899, Nr. 40/41. Otto F r a n c k e, *Eine Travestie auf Schillers 'Wilhelm Tell'.* Bühne und Welt 6 (1903/04) S. 551-554. Wolfgang H e c h t, *Kapuzinerpredigt und Tell-Monolog als polit. Zeitsatire auf Berliner Flugblättern von 1848.* Goethe 22 (1960) S. 112 ff. Hans H o f m a n n, *Wilh. Hauffs P. von 'Wallensteins Lager',* in: Hofmann, *Wilh. Hauff* (1902) S. 270-274. Anton L a n g g u t h, *Schiller in der P.* Berliner Tageblatt, Beil. Zeitgeist Jg. 36 (1907) Nr. 18. Louis M o h r, *Schillers Lied von der Glocke. Eine bibliog. Studie* (1877) S. 26-33. E. P e r l m a n n, *Schiller auf dem Variété u. in d. Manege.* Artist 1905 Nr. 1056.

Sonstige P.n: Karl S c h i n d l e r, *Eichendorff-P.n.* Aurora 22 (1962) S. 97-99. Anton H o l z n e r, *Fichtep.n u. Fichtesatiren in d. Dichtung um 1800.* (Masch.) Diss. Wien 1935. Zu einzelnen Parodisten, Gesellschaften und Sammlungen: Antixenien s. Lit. zu Xenien in den bibliogr. Handbüchern. — Walter J a f f é, *Alexander Baumann* (1913; FschgnNLitg. 42). — Paul von H o f m a n n - W e l l e n h o f, *Alois Blumauer* (Wien 1885). — Erich M e i ß n e r, *Bodmer als Parodist.* Diss. Leipzig 1905. — Hannah A r e n d t, *Der Dichter B. Brecht.* NRs. 61 (1950) S. 53-67, bes. 64 f. Thomas O. B r a n d t, *Brecht u. die Bibel.* PMLA. 79 (1964) S. 171-176. Reinhold G r i m m, *Bertolt Brecht. Die Struktur s. Werkes* (1959; Erlanger Beitr. z. Sprach- u. Kunstwiss. 5) bes. S. 42 ff. Hans M a y e r, *Bertolt Brecht u. d. Tradition* (1961). Andrzej W i r t h, *Stufen d. krit. Realismus. Dargest. an Bertolt Brechts 'Dreigroschenoper'.* Neue dt. Lit. 5 (1957) H. 8, S. 121-131, — Reinhold G r i m m, *P. u. Groteske im Werk Friedrich Dürrenmatts.* GRM. 42 (1961) S. 431-450; u. a. wiederabgedr. in: Reinhold Grimm, *Strukturen* (1963) S. 44-72. — Ilse H e y e r, *Eichendorffs dramat. Satiren im Zusammenhang mit dem geistigen und kulturellen Leben ihrer Zeit* (1931; Hermaea 28). — A. K e n n e l, *Ludwig Eichrodt* (1895). — G o e t h e, *Sämtl. Werke, Jubiläumsausgabe* (1902 ff.) Bd. 1 S. XVII f. (Eduard v. d. H e l l e n). Theodorus Cornelis van S t o k k u m, *Von Friedr. Nicolai bis Thomas Mann* (Groningen 1962) S. 76-87: *Goethe, Jacobi u. d. Ettersburger 'Woldemar-Kreuzigung'* (aus: Neophil. 41, 1957). Hellmuth von M a l t z a h n,

Woldemars Kreuzerhöhungsgeschichte. Insel-Almanach auf das Jahr 1961, S. 112-130. Heinz Nicolai, *Goethe u. Jacobi* (1965) S. 126-149. Goethe, *Die Vögel.* In der urspr. Gestalt hg. v. Wilhelm Arendt (1886). Otto Köpert, *Goethes 'Vögel' in der komischen Literatur,* Progr. Altenburg 1873.—Karl-Wilhelm Freiherr von Wintzigerode-Knorr, *Hanns von Gumppenbergs künstlerisches Werk.* Diss. München 1958. Paul Wittko, *Hanns von Gumppenberg.* Der Türmer 33 (1928) S. 216 f. Rudolf Lothar, *Hanns von Gumppenberg.* Lit. Echo 6 (1903/04) S. 8 ff. — Karl Emil Franzos, *P. oder Selbstp.? Eine Glosse zu Heines Lyrik.* Dt. Dichtung 31 (1901) S. 27-31. Erich Eckertz, *Heine u. s. Witz* (1908; LithistFschgn. 36). Karl-Heinz Brokerhoff, *Zu H. Heines Ironie.* Heine-Jb. 3 (1964) S. 37-55. — Burkhard Seubert, *'Die Blechschmiede' von Arno Holz.* Diss. München 1955. — Hugo Rüger, *Immermanns Humor.* (Teildr.) Diss. Bonn 1920. — Kurt Weinberg, *Kafkas Dichtungen. Die Travestien des Mythos* (1963). — Heinrich Schwarz, *Theodor von Kobbe.* Diss. Münster 1913. — K. Deicke, *Der Jobsiadendichdichter Carl Arnold Kortum* (1893). Hans Dickerhoff, *Die Entstehung der Jobsiade.* Diss. Münster 1908. — Artur Kutscher, *Der Theaterprofessor* (1960), bes. S. 67 ff., 194 ff. — Otto Zausmer, *Der Ludlamshöhle Glück und Ende.* Jb. d. Grillparzer-Ges. 33 (1934) S. 86-112. — Erich Schmidt, *Ein Skizzenbuch Otto Ludwigs.* SBAkBln. 1909, S. 223-244, bes. 238. — Thomas Mann: Reinhard Baumgart, *Das Ironische u. d. Ironie in d. Werken Th. Manns* (1964). Hans Düwel, *Die Bedeutung d. Ironie u. P. in Thomas Manns Roman 'Der Erwählte'.* (Masch.) Hab.schr. Rostock 1954. Erich Heller, *Th. Mann. Der ironische Deutsche* (1959). Karl Kerényi, *Die goldene P. Randbemerkungen zu den 'Vertauschten Köpfen'.* NRs. 67 (1956) S. 549-556, wiederholt in: Kerényi, *Tessiner Schreibtisch* (1963) S. 67-76. Siegfried A. Schulz, *'Die vertauschten Köpfe'. Thomas Manns indische Travestie.* Euph. 57 (1963) S. 245-271. Karl Stackmann, *'Der Erwählte'. Thomas Manns MA.-P.* Euph. 53 (1959) S. 61-74. Gertraude Wilhelm, *Sprachimitation in Th. Manns Roman 'Der Erwählte'.* Diss. München 1962. Hans Wysling, *Die Technik der Montage. Zu Th. Manns 'Erwähltem'.* Euph. 57 (1963) S. 156-199. Marianne Zerner, *Th. Manns 'Der Bajazzo', a parody of Dostoevski's 'Notes from underground'.* MhDtUnt. 56 (1964) S. 286-290. — Emil Geschke, *Untersuchungen über die beiden Fassungen von Musäus' Grandison-Roman.* Diss. Königsberg 1910. — Otto Deneke, *Die 'Musenklänge aus Deutschlands Leierkasten'.* Sammelfreuden H. 2, Okt. 1927. Adolf Thimme, *Georg Wigand, ein Göttinger u. d. 'Musenklänge aus Deutschlands Leierkasten'* (1935; Göttingische Nebenstunden 12). — Johannes Günther, *Die Minnep. bei Neidhart.* Diss. Jena 1931. Ferdinand Schürmann, *Die*

Entwicklung der parodist. Richtung bei Neidhart von Reuenthal. Progr. Düren 1898. — Alphons Hämmerle, *Komik, Satire und Humor bei Nestroy.* Diss. Fribourg 1951. Max Bührmann, *J. N. Nestroys P.n.* Diss. Kiel 1933. — Martin Sommerfeld, *Friedr. Nicolai u. d. dt. Sturm und Drang* (1921). F. C. A. Philips, *Friedr. Nicolais literar. Bestrebungen* (Haag 1926).—Siegfried Dörffeldt, *Die musikal. P. bei Offenbach.* (Masch.) Diss. Frankfurt/M. 1954. — Hermine Hackl, *Die Komödien Ph. Hafners in d. Bearbeitung von Perinet.* (Masch.) Diss. Wien 1925. — Otto Buchwald, *Platen u. Aristophanes.* Dt. Museum 17 (1867) Bd. 2, S. 737-746, 769-783; wiederabgedr. in: Buchwald, *Kleine Bausteine* (1869) S. 82-132. Oskar Greulich, *Platens Literatur-Komödien* (Bern 1901). Wilfried Heuss, *Platens dramatisches Werk* (1935; SprKult. B, 17). Hanns Jobst, *Über den Einfluß d. Antike auf die Dichtung A. v. Platens* (1928; Schr. d. Platen-Ges. 5). Christian Muff, *Platen als Aristophanide.* Grenzboten 32 (1873) 2. Sem. 1. Bd. S. 201 ff. Erich Petzet, *Platens Verhältnis zur Romantik in seiner italien. Zeit.* SB.Bayr.Ak. 1911, Abh. 11. — Karl-Heinz Schirmer, *Der mhd. Schwank vom Reiher — eine P.* Festgabe f. Ulrich Pretzel (1963) S. 223-238. — Heinz Greul, *Die elf Scharfrichter* (Zürich 1962; Galerie Sanssouci). — Richard Bitterling, *Joh. Friedr. Schink* (1911; ThgFschgn. 23). — *Chronik des Verbandes Allschlaraffia A. U. 100 (1959).* 2 Bde. (1959/60). — Fritz Behrend, *Der Tunnel über der Spree. I. Kinder- und Flegeljahre* (1919; Schr. d. Ver. f. d. Gesch. Berlins 51). Ders., *Geschichte des Tunnels über der Spree* (1938). — Ilse Frapan, *Vischer-Erinnerungen, Äußerungen u. Worte. E. Beitr. z. Biographie F. Th. Vischers* (1889), bes. S. 59-81. Ottomar Keindl, *F. Th. Vischer. Erinnerungsblätter* (1888). R. Kraus, *F. Th. Vischer u. Goethe.* Tägl. Rundschau 1907. Unterh.beil. Nr. 149, 150. P. Landau, *F. Th. Vischer u. Goethes Faust.* Bresl. Ztg. 1907, Nr. 451. Theodor Alexander Meyer, *Friedrich Vischer u. d. zweite Teil von Goethes Faust.* Rede (1927; Techn. Hochschule Stuttgart 1). Friedrich Theodor Vischer, *Pro domo,* in: F. Th. Vischer, *Kritische Gänge.* NF. H. 4 (1863) S. 71-95; *Krit. Gänge.* 2. verm. Aufl. Bd. 2 (1922) S. 349-364. Johannes Volkelt, *Vischers Faust.* Beil. z. Allg. Ztg. München 1886 Nr. 142, 146. — Johannes Hahn, *Julius von Voß* (1910; Pal. 94). — Kurt Matthaei, *Das 'Weltliche Klösterlein' und die dt. Minne-Allegorie.* Diss. Marburg 1907. — T. A. Rompelman, *Walther und Wolfram. E. Beitr. z. Kenntnis ihres persönlich-künstlerischen Verhältnisses.* Neophil. 27 (1942) S. 186-205. Jan Hendrik Scholte, *Wolframs Lyrik.* PBB. 69 (1947) S. 409-419. Peter Wapnewski, *Wolframs Walther-'P.' und die Frage der Reihenfolge seiner Lieder.* GRM. 39 (1958) S. 321-332. — Richard Brinkmann, *Zur Deutung von Wittenweilers 'Ring'.* DVLG. 30 (1956) S. 201 ff. Walter Friedrich, *Die Wurzeln d. Komik in Wittenwilers*

'Ring'. Diss. München 1942. Martha K e l l e r, *Beiträge zu Wittenwilers 'Ring'* (Zürich 1935; Sammlg. Heitz 10, 5). Fritz M a r t i n i, *Wittenwilers 'Ring'*. DVLG. 20 (1942) S. 200 ff. P. B. W e s s e l s, *Wittenwilers 'Ring' als Groteske.* Wirk.Wort 10 (1960) S. 204 ff. — Ernst K ö n i g, *Das Überbrettl Ernst v. Wolzogens u. d. Berliner Überbrettl-Bewegung.* (Masch.) Diss. Kiel 1956. A. H e r t w i g, *Ernst von Wolzogens Überbrettl in Wort u. Bild* (1901). — Hermann K a s p a r, *Die komischen Epen von Friedr. Wilh. Zachariae* (1935; SprKult. B, 16). — Gustav R o h m e r, *Die Zwanglose Gesellschaft in München 1837-1937* (Privatdr. 1937).

s. a. *Fälschung, Literarische; Humor, Humoreske, Ironie, Komische Dichtung, Komisches Epos, Kontrafaktur, Lustspiel, Satire, Schmähschrift; Bänkelsänger, Chanson, Dörperliche Dichtung, Farce, Grobianische Dichtung, Kabarett, Kirchenlied, Legende, Maccaronische Dichtung in Deutschland, Politische Dichtung, Praktik, Satir. Roman, Streitgedicht, Tischzuchten, Tunnel über der Spree.*

Alfred Liede

Patriarchade

§ 1. P. ist eine Art Epos, das einen Stoff aus der alttestamentlichen Patriarchenzeit nach dem Vorbild Miltons und Klopstocks behandelt. Auch Gestalten zwischen Adam und Abraham gelten als Helden von P.n. Die erste Anregung geht von dem *Verlorenen Paradies* aus, auf das Bodmer durch den *Spectator* aufmerksam gemacht wurde. Dort hatte Addison für den bis dahin in England wenig bekannten Dichter geworben. Bodmer fand im *Verlorenen Paradies* Naturschwärmerei, Einfalt, glücklichen Urzustand der Menschheit, sah in Milton einen Gesinnungsgenossen, einen Republikaner und Puritaner. Er übersetzte das *Verlorene Paradies* schon 1724; erst 1732 wurde die Übersetzung gedruckt (bis 1769 4 Auflagen). Er wollte eine ähnliche Dichtung schreiben, teilte in seiner *Sammlung kritischer Schriften* (1741) einen Plan seines *Noah* mit; aber erst Klopstocks *Messias* begeisterte ihn zur Ausarbeitung und gab ihm im Hexameter den brauchbaren Vers. Gesang 1 und 2 erschienen 1750, Gesang 3 und 4 kamen gesondert heraus unter dem Titel *Unschuldige Liebe;* das Ganze lag 1752 fertig vor. 1753 lieferte er vier weitere P.n. Dasselbe Jahr bringt in Wielands *Geprüftem Abraham,* in Michaelis' *Moses* und Naumanns *Nimrod* Nachahmungen. 1754 überträgt Bodmer durch seinen *Joseph* die P. ins Dramatische, noch vor Klopstocks biblischen Dramen.

1758 geht mit S. Geßners *Tod Abels* die P. zur Prosa und Idylle über. Zwischen 1750 und 1760 zähle ich 14 P.n., 8 von Bodmer selbst. Zwischen 1760 und 1770 sind mir 4, 1770-1780 3, in den nächsten beiden Jahrzehnten noch je 2 bekannt.

§ 2. Nach der zeitlichen Reihenfolge der behandelten biblischen Ereignisse ordnend, erhält man folgende Übersicht: Sturz der Engel (Zachariä), Geschichte Adams und Sündenfall (Lavater, Maler Müller), Abel (Geßners *Tod Abels* — Prosa, Eingreifen von himmlischen und höllischen Mächten und Gestalten wie bei Milton-Klopstock; Maler Müllers *Der erschlagene Abel* (1775) — Prosa, viel Zwiegespräch, Schmerzausbrüche, Schreck ob des ersten Todesfalles), Zwischen Adam und Sündflut (Naumanns *Nimrod,* 1752, — 8000 Hexameter), Sündflutzeit (Bodmers *Noah,* in den späteren Auflagen *Noachide* genannt; Bodmers *Sündflut,* 1753), die eigentliche Patriarchenzeit (Wielands *Geprüfter Abraham,* 1753). Die Geschichte Jakobs hat Bodmer selbst weidlich ausgeschlachtet: *Jakob und Rachel* (Jakobs Aufenthalt bei Laban), *Dina und Sichem, Jakob und Joseph* (was sich seit der Gefangennahme Simeons begeben hat bis zu Jakobs Zug nach Gosen, 1751), der dem jungen Goethe fälschlich zugeschriebene *Joseph. Moses* ist behandelt von dem Göttinger Orientalisten Joh. David Michaelis. Die späteren Bücher der Bibel ergeben noch: *Ruth oder die gekrönte häusliche Tugend,* den *Daniel in der Löwengrube* von dem bekannten F. K. von Moser (1763). Dazu, in dramatischer Form mit kantatenhaften Elementen, A. H. Niemeyers *Thirea* (1778, 2. Macc.). Aus dem NT. stammen *Lazarus* (Niemeyer 1778) und *Joseph von Arimathia* (Lavater 1794, Grablegung Christi, Blankverse). In seinen alten Tagen hat Bodmer noch einen merkwürdigen, im Keime schon historischen Versuch unternommen, indem er Homerisches mit Biblischem mischte: *Menelaus und David* (1782): Menelaus wird auf der Rückfahrt von Troja in Davids Zelt verschlagen, hilft die geraubte Gattin wiedergewinnen; die Helden erzählen sich ihre Geschichte, Menelaus den Fall Trojas; durch Bericht über die jüdische Religion wird er in seinem Heidenglauben wankend! Eine weitere Abhandlung ist Bodmers *Colombona*

(1753); Entdeckung Amerikas, Kolumbus als christlicher Held, Engel greifen ein.

§ 3. *Noah* hat 12, *Nimrod* sogar 24 Gesänge. Wie bringen die Dichter die wenigen Zeilen biblischen Berichts auf so ansehnliche Länge? Klopstock hatte für seine 20 Messiasgesänge wenigstens die Evangelien in ganzer Ausdehnung zur Verfügung; aber schon Milton hatte einige Seiten der Bibel zu 12 Gesängen verarbeitet. Beispiel sei *Noah*. Zunächst werden Liebesgeschichten eingeflochten. Die drei Söhne Noahs erhalten Frauen; die Hochzeitsreise geht nach den denkwürdigen Stätten des Paradieses(!). Dann werden den biblischen Gestalten Brüder und Schwestern mit Schicksalen ersonnen. Dann wird eine Göttermaschinerie eingeführt, durch Gott, Engel und Teufel gebildet. Aus Homer und Milton ist es übernommen, daß Dinge, die auf Erden vorgehen, Gott durch Engel berichtet werden; Gott geht ausführlich mit sich zu Rate. Und dauernd verkünden Engel den Gerechten, was Gott vorhat. Ferner kann die ganze Zukunft der Menschheit und die ganze Weltgeschichte in Träumen, Gesichten und Prophezeiungen eingewoben werden (Entdeckung Amerikas, Negersklaverei, Erfindung des Schießpulvers). Lieder werden eingeschoben: Morgen- und Abendlieder, Festgesänge. Noah ist andauernd auf Bußpredigten abwesend, erzählt zurückgekehrt von den Sitten und Lastern der Menschen. Das gibt Gelegenheit zu satirischen Bildern: Unter einem der Wollust ergebenen Volke sind die Franzosen oder die Anakreontiker zu verstehen. Noahs Bericht von der Vernichtung einer religiösen Partei erzählt in Wirklichkeit die Bartholomäusnacht. Die Teufel stacheln die Bosheit der Menschen noch an; sie helfen den Riesen bei einem Luftschiffangriff(!) auf den Himmel. Auch naturwissenschaftliche Weisheit wird ausgekramt: Als die Tiere in die Arche einziehen, werden sie nach Linnés System beschrieben. Ferner sind wilderfundene Episoden da: 50 Söhne des Sipha, alle bis auf einen in der Brautnacht ermordet.

Nicht alle P.n sind von der Ausdehnung des *Noah*. In den anderen begnügt sich Bodmer mit 2-5 Gesängen; S. Geßners *Tod Abels* hat rund 90 Seiten. Aber auch da muß noch viel hinzuerfunden werden. Geßners Werk schwenkt mehr in die Idylle ab, ebenso wie die beiden Dichtungen des Malers Müller. Die Handlung ist einfacher, die Personen sind rühr- und redseliger, die Ausmalung ist breiter.

§ 4. Die Rückkehr zu alttestamentlichen Stoffen, die schon dem 16. Jh. so lieb waren, hängt mit dem Pietismus und subjektiver Frömmigkeit im Umkreis der reformierten Konfessionen zusammen. Das Wunderbare, das man gegen Gottsched so emsig verteidigt hatte, sollte in Dichtungen lebendig werden. Mit Frömmigkeit und Glauben verbindet sich sittliche Besserungsabsicht, Eintreten für Sitte und Tugend. Man steht im Gegensatz zur frivolen Seite des Rokoko, steht im Bann der moralischen Wochenschriften, die ja für Milton eingetreten waren. Ein Beispiel erhabener Tugend, wie es aber auch in Aufklärerkreisen hätte erzählt werden können, ist die die Giftwunde aussaugende Tochter Noahs. Im *Noah* verkündet ein Engel, es müsse jemand aus der Familie sterben, und nun streiten sich mehrere um den Vorzug, sterben zu dürfen. Die Schweizer hatten seit Haller eine starke Freude an Einfachheit, Einfalt, Natur. Das verbindet sich mit der sentimentalen Rokokoschwärmerei für Natur und Unschuld. Daher der starke Anteil der Idylle in Bodmers P.n. Bodmer gelingen die idyllischen Züge am besten. In der P. sieht man ein geistliches Arkadien. In der Frühzeit der Menschheit glaubt man das reine Glück des Naturzustandes zu finden. S. Geßner überträgt in die einfach-ländlichen Verhältnisse der Zeit Adams das Rüstzeug seiner Idyllen. Als dritter Bestandteil kommt die Empfindsamkeit hinzu, das Streben nach zärtlichem und tiefem Gefühl, in Liebe, Ehe und Verwandtschaft. Klopstocks Tränenseligkeit findet sich besonders bei S. Geßner: zärtliches Anblicken, Freudentränen, endlose Aussprache der Empfindungen. Aber die Familienzärtlichkeit ist allen P.n gemein; daher der oben erwähnte Wettstreit, wer zuerst sterben soll.

Nach alledem kann es nicht verwunderlich erscheinen, wenn Geistliche sich der neuen Gattung besonders annehmen; Bodmer selbst, der etwa acht P.n geschrieben hat, stammt aus einem Pfarrhause und hat Theologie studiert; Geistliche sind Lavater, Heß und Georg Geßner in Zürich. Wieland, der Pfarrerssohn, ist nur durch eine Jugendsünde beteiligt. Die Gattung bleibt (bis auf den Ulmer Augustinerpater Lederer) auf protestantische Kreise beschränkt.

§ 5. Der K u n s t w e r t ist sehr gering. Die Hexameter (dies ist der beliebteste Vers) Naumanns waren berüchtigt. Moser mußte sich mit Prosa begnügen. S. Geßners und Maler Müllers biblische Gedichte gehören nur dem Stoff nach hierher; ihnen steht die Prosa so gut an wie Geßners weltlichen Idyllen. Unter der Frömmigkeit und dem Streben nach erbaulicher Wirkung leidet allgemein die Charakterzeichnung, die nur Fromme, Gute, Zärtliche, Mitleidige einerseits und Böse andrerseits kennt. Die P. ist Musterbeispiel für totgeborene Gattungen, wie sie zu einer Zeit entstehen konnten, in denen ein neues Lebensgefühl noch nicht aus den Fesseln traditioneller Formen und Stoffe freikam (s. a. *Bardendichtung*).

Jacob B a e c h t o l d, *Gesch. d. dt. Lit. in d. Schweiz* (1892). Rich. N e w a l d, *Die dt. Lit. vom Späthumanismus zur Empfindsamkeit* (2. Aufl. 1961) S. 505 f. — Johannes B o l t e, *Die beiden ältesten Verdeutschungen von Miltons 'Verlorenem Paradies'*. ZfvglLitg. N. F. 1 (1887/88) S. 426-438. Gustav J e n n y, *Miltons 'Verlorenes Paradies' d. dt. Lit. d. 18. Jh.s.* Diss. St. Gallen 1890. Enrico P i z z o, *Miltons 'Verlorenes Paradies' im dt. Urteil d. 18. Jh.s* (1914; LithistFschgn. 54). — Hans B o d m e r, *Die Anfänge des Zürcherschen Milton. Studien zur vergl. Lit.gesch.* M. Bernays gewidmet (1893) S. 177-199. C. H. I b e r s h o f f, *Bodmer u. Milton.* JEGPh. 17 (1918) S. 589-601. Ders., *Bodmer as a literary borrower.* PhilQuart. 1 (1922) S. 110-116. Ders., *Bodmer and Milton once more.* PMLA. 43 (1928) S. 1055-1061. Elisabeth F l u e l e r, *Die Beurteilung J. J. Bodmers in d. dt. Lit.geschichte.* Diss. Fribourg 1951.

Julius Wiegand / Werner Kohlschmidt

Periodisierung

§ 1. Vor das Problem der P. sieht sich jede Geschichtsschreibung gestellt. Es fragt sich aber, ob das Problem in allen Kulturwissenschaften das gleiche ist. Werner M i l c h (*Aufgaben*, S. 59) behauptet zwar, die Lit.geschichte sei „ein Sektor der großen Wissenschaftsgruppe Geschichte, und mit den gleichen Mitteln, mit denen man die Geschichte der Literatur untersucht, beschäftigt man sich mit der Geschichte der politischen und wirtschaftlichen Entwicklungen und mit der Geschichte der Religionen und der Wissen

schaften". Demgegenüber ist aber zu bedenken, daß ein Kunstwerk kein rein geschichtliches Phänomen ist: Es veraltet nicht unbedingt, noch weniger kann es etwa durch folgende „überwunden" werden. Die Überzeitlichkeit der Dichtung wird extrem betont von T. S. E l i o t: „The whole of the literature of Europe from Homer has a simultaneous existence and composes a simultaneous order" (*The Sacred Wood*, London 1920, S. 42). Auf ähnlichem ahistorischen oder antihistorischen Standpunkt stehen u. a. Servais E t i e n n e, Michel D r a g o m i r e s c u, Horst O p p e l in seiner *Methodenlehre* (Stammler Aufr.) und im großen und ganzen der amerikan. New Criticism. Entweder hebt man die Einmaligkeit, das „Inkommensurable" des Kunstwerks hervor und beschränkt sich auf die Interpretation (s. d.), oder aber man arbeitet allen oder einer Gruppe von Dichtungen gemeinsame Züge systematisch heraus. Eine Lit.systematik, die das Geschichtliche ausklammert, gerät jedoch bald an ihre Grenzen, wie besonders die Gattungslehre (nicht zufällig der schwächste Teil von K a y s e r *Kunstw.*, der nun aber gerade Synthese und Abschluß des Ganzen sein soll), aber auch die Stiltypologie in S t a i g e r s *Poetik* zeigt. Was die Interpretationen betrifft: „Literaturwissenschaft ist Philologie und nicht Geschichte", lautete das Programm der Zeitschrift *Trivium* (1942), aber ihr bedeutendster Herausgeber, Emil Staiger, bezieht in *Die Kunst der Interpretation* und in späteren Arbeiten die Biographie und die Geschichte ausdrücklich in den Kreis seiner Betrachtungen ein. Andererseits ist Lit.geschichte ohne Berücksichtigung der systematischen und interpretatorischen Bemühungen heute nicht mehr denkbar. Die Animosität zwischen den Vertretern der historischen und der ahistorischen Betrachtungsweise kann als überwunden gelten: Kennzeichnend für die heutige Forschungslage ist die sich durchsetzende Einsicht, daß geschichtliche und systematische, bzw. interpretatorische Dichtungswissenschaft aufeinander angewiesen sind. Das heißt nicht nur, daß Literatur g e s c h i c h t e notwendig ist und bleibt, sondern gleichfalls daß die Literatursystematik, die ja auch die Methodologie der Lit.geschichte umfaßt, die Prinzipien der Literaturgeschichtsschreibung mitzubestimmen hat. Daher werden wir mit der Möglichkeit einer relativen Eigenstän digkeit der Lit.geschichte den anderen Geschichtswissenschaften gegenüber rechnen müssen.

Jedenfalls aber kann Literaturgeschichtsschreibung ohne P. nicht auskommen. Um dem Chaos zu entrinnen, braucht sie F o r m, G l i e d e r u n g. Angesichts des ewigen Fließens in der Geschichte hat eine solche Gliederung notwendigerweise etwas Artifizielles. Nach den Untersuchungen S i m m e l s und R i c k e r t s wissen wir aber, daß Geschichte als Wissenschaft nicht etwa ein Abbild des Geschehens, sondern Auswahl und Durchformung des Materials nach bestimmten Gesichtspunkten bedeutet. Die leitenden Gesichtspunkte ändern sich im Verlauf der Zeit, das hat seine Folgen in bezug auf die Aufgliederung der Lit.geschichte. Die Lit.-wissenschaft ist nicht statisch, daher sind nicht nur die einzelnen Perioden immer wieder neu zu bestimmen, das ganze Einteilungssystem wird von Zeit zu Zeit überprüft werden müssen. Es ist z. B. von entscheidender Bedeutung, ob wir uns von geistes- oder von form- (stil-, struktur-) geschichtlichen Gesichtspunkten leiten lassen. Ausschlaggebend ist nicht die Frage, wie wir periodisieren sollen, sondern die Einsicht, daß wir periodisieren müssen.

Insofern die P. von den jeweiligen Leitideen abhängig ist, hat sie nur eine relative Gültigkeit. Es fragt sich ferner, was die P. für die Erkenntnis des Einzelwerks leisten kann und welche Grenzen ihr in dieser Hinsicht gezogen sind. Gesetzt den Fall, wir wüßten genau, was „Barock" oder „Romantik" heißt, so fragt es sich doch, was wir gewonnen haben, wenn wir eine Dichtung als barock oder romantisch bezeichnen. Dadurch wird natürlich die Einzeldichtung in ihren spezifischen Zügen keineswegs erfaßt, aber der Rahmen, das Bezugssystem der Interpretation, ist damit gegeben. Geschichtliche Orientierungspunkte sind für die Interpretation zwar notwendig, aber gefährlich. Die Gefahr ist, daß die Dichtung dadurch von vornherein falsch anvisiert wird. Es muß bei der Interpretationsarbeit immer die Bereitschaft bestehen, die Zugehörigkeit einer Dichtung zu einer Periode (sagen wir von Grimmelshausens *Simplicissimus* zum Barock) kritisch zu überprüfen, wo notwendig in Frage zu stellen. Nur durch die Zusammenarbeit von Interpretation und literarhistorischer P. kann

letztere von bequemen, aber allzu vereinfachenden Schematisierungen gereinigt werden. Ohne geschichtliche Orientierung jedoch ist die Gefahr der Fehldeutung bedeutend größer. Staiger berichtet darüber aus eigener Erfahrung (*Die Kunst der Interpretation*, S. 15 f.).

„Es ist gleich tödlich für den Geist, ein System zu haben und keins zu haben. Er wird sich also wohl entschließen müssen, beides zu verbinden" (Friedrich S c h l e g e l). Auf unseren Fall angewendet, heißt das, etwas weniger geistreich und paradox formuliert: Wir brauchen ein System der P., müssen aber die Grenzen seiner Leistungsfähigkeit stets im Auge behalten und dürfen die Gefahren der Überspannung nicht unterschätzen.

Vgl. (auch zu den folgenden §§): *Literaturwissenschaft.* — René W e l l e k, *Periods and Movements in Literary History.* English Institute Annual 1940 (New York 1941) S. 73-93. H. C y s a r z, *Das Periodenprinzip in der Lit. wiss.*, in: Philosophie d. Lit.wiss., hg. v. Emil Ermatinger (1930) S. 92-129. H. P. H. T e e s i n g, *Das Problem der Perioden in d. Lit.-gesch.* (Groningen 1948 u. 1949; Lit.: S. 140-145). Ders., *Literatuurgeschiedenis en literatuurwetenschap* (Groningen 1952). René W e l l e k and Austin W a r r e n, *Theory of Literature* (New York 1949 u. ö.; dt. 1959; bes. 19. Kap.). Max W e h r l i, *Allg. Lit.wiss.* (Bern 1951; Wiss. Forschungsber. Geisteswiss. Reihe 3). René W e l l e k, *Concepts of Criticism* (New York/London 1963). Zur P. im allg.: Georg S i m m e l, *Die Probleme der Geschichtsphilosophie* (1892; 5. Aufl. 1923). Heinr. R i c k e r t, *Die Grenzen der naturwiss. Begriffsbildung* (1896-1902; 5. Aufl. 1929). Ders., *Kulturwiss. u. Naturwiss.* (1899; 7. Aufl. 1926). Jakob B u r c k h a r d t, *Weltgeschichtl. Betrachtungen* (hg. v. Jakob Oeri, 1905, v. Werner Kaegi, Bern 1941). Benedetto C r o c e, *Zur Theorie u. Gesch. der Historiographie* (dt. 1915). Erich R o t h a c k e r, *Logik u. Systematik der Geisteswissenschaften* (1926; aus: Handbuch d. Philosophie; Neuaufl. 1948). Johan H u i z i n g a, *Wege der Kulturgesch.* (1930; 2. Aufl. Amsterdam 1941). Ders., *Im Bann der Gesch.* (Basel/Amsterdam 1942; 2. Aufl. Basel 1943; urspr. Fassung in *Verzamelde Werken* I/IX (Haarlem 1948/53: s. Register-Bd. IX, S. 26 bzw. 43). Johan H. J. van der P o t, *De periodisering der geschiedenis. Een overzicht der theorieën* ('s-Gravenhage 1951). P. L. F r a n k, *Historical or Stylistic Periods?* Journal of Aesthetics and Art Criticism 13 (1954/55) S. 451-457. Michael L a n d m a n n, *Das Zeitalter als Schicksal* (Basel 1956; Philosoph. Fschgn. 16). Walther B r ü n i n g, *Geschichtsphilosophie der Gegenwart* (1961). Zur Lit.gesch.: R. M. M e y e r, *Prinzipien* der wiss. Periodenbildung. Mit bes. Rücksicht auf die Lit.geschichte. Euph. 8 (1901) S. 1-42. G. Baesecke, Zur P. der dt. Lit. DVLG. 2 (1924) S. 17-28. Michel Dragomirescu, La science de la littérature. Vol. 1-4 (Paris 1928/ 1938). Rudolf Unger, Aufsätze zur Prinzipienlehre der Lit.gesch. (1929; Unger, Ges. Studien 1; Neue Fschg. 1). Proceedings of the First International Congress of Literary History Budapest. Bulletin of the International Committee of Historical Sciences, Vol. 4 (1932) S. 1-144. Le second Congrès international d'Histoire littéraire, Amsterdam. Ebd. Vol. 9 (1937) S. 255-398. Servais Etienne, Défense de la philologie (Paris 1933; Bibl. de la Fac. de Phil. et Lettr. de l'Univ. de Liège 54; 2. Aufl. Brüssel 1947). Jean Pommier, Questions de critique et d'histoire littéraire, in: Franz Cumont u. Jean Pommier, Conférences (Paris 1945; Publ. de l'École Normale Supérieure. Sect. des Lettres 2) S. 3-119. K. Viëtor, Dt. Lit.gesch. als Geistesgesch. Ein Rückblick. PMLA. 60 (1945) S. 899-916. Emil Staiger, Grundbegriffe der Poetik (Zürich 1946; 3. Aufl. 1956). Ders., Die Kunst der Interpretation (Zürich 1955; 2. Aufl. 1957), Ders., Stilwandel (1963). K. May, Über die gegenwärtige Situation e. dt. Lit.wiss. Trivium 5 (1947) S. 293-303. Werner Milch, Über Aufgaben u. Grenzen d. Lit.gesch. AbhAkMainz 1950, 2. Martin Kessel, Die epochale Substanz der Dichtung. AbhAkMainz 1950, 3. H. Oppel, Methodenlehre der Lit.wiss., Stammler Aufr. Bd. 1 (2. Aufl. 1957) Sp. 39-82. F. Martini, Poetik, Stammler Aufr. Bd. 1 (2. Aufl. 1957) Sp. 223-280. E. E. Tolk, Der Beitrag des Geschichtlichen zum Verstehen von Literatur. WirkWort 2 (1951/52) S. 294-298. Erik Lunding, Strömungen u. Strebungen d. modernen Lit.wiss. (Kopenhagen 1952; Acta Jutlandica 24, 1). Ders., Wege zur Kunstinterpretation (Kopenhagen 1953; Acta Jutlandica 25, 3). E. Trunz, Lit.wiss. als Auslegung u. als Gesch. der Dichtung. Festschr. f. Jost Trier (1954) S. 50-87. G. Rudolph, Die Epoche als Strukturelement in d. dichter. Welt. Zur Deutung der Sprache H. v. Kleists u. A. v. Arnims. GRM. 40 (1959) S. 118-139. F. Sengle, Zur Einheit von Lit.-gesch. u. Lit.kritik. DVLG. 34 (1960) S. 327-337. F. Strich, Zeitgenossenschaft, in: Strich, Kunst u. Leben (1960) S. 9-23. Gerard Knuvelder, Problemen der literatuurgeschiedschrijving ('s-Hertogenbosch 1963; Tilliburgis Nr. 12). B. von Wiese, Geistesgesch. oder Interpretation? in: Die Wiss. v. dt. Sprache u. Dichtung, Festschr. f. Friedr. Maurer z. 65. Geb. (1963) S. 239-261. H. Rüdiger, Zwischen Interpretation u. Geistesgeschichte. Euph. 57 (1963) S. 227-244.

§ 2. Die Gefahren des Periodisierungssystems sind augenfällig bei der Metaphysizierung der Epochebegriffe, zu der vor allem Cysarz neigt. Eine solche Hypostasierung erweist sich jedoch als sinnwidrig, wenn wir uns vergegenwärtigen, wie es zu einem Bild einer Periode kommt.

Eine Periode, sagen wir die Renaissance, ist etwas Einmaliges, ein Individualbegriff, und läßt sich im Gegensatz zu den Allgemeinbegriffen nicht definieren, da ja eine Definition grundsätzlich die Möglichkeit einschließt, daß sie auf mehrere Gegenstände paßt. Das Wesen des Individuums (sei es Lebewesen, Ding oder ideeller Natur) läßt sich nicht erfassen, wir unterscheiden es nur von anderen durch eine Gruppe von Merkmalen, welche für sich bei vielen Individuen vorkommen können. Nur wenn wir sie in ihrer Gesamtheit, und zwar in einer genau bestimmten Proportion und Struktur vorfinden, haben wir es mit dem fraglichen Individuum zu tun. Auf die Struktur des Ganzen, nicht auf die einzelnen Elemente kommt es an. Das Vorkommen gewisser Gedanken in anderen Zeiten ist in unserem Zusammenhang belanglos; sie müssen in ein bestimmtes Weltbild organisch eingefügt sein, wodurch sie erst die Fähigkeit erlangen, zu wirken. Genau so gewinnen Formelemente erst Bedeutung in einem Stilganzen.

Die „Wurzelzieher der Renaissance" (Huizinga) haben leichtes Spiel, wenn sie allerhand Merkmale der Renaissance bereits im MA. finden. Es fehlt aber noch der innere Zusammenhang, und — ein weiterer Gesichtspunkt — die Renaissancetendenzen beherrschen nicht die Kultur. Erst wenn diese Tendenzen sich zusammenschließen, sich um gewisse Grundanschauungen kristallisieren und sich ferner gewisse Gruppen im Besitze irgendeiner sozialen Macht bilden, welche sich für die neuen Ideen einsetzen, läßt sich mit gutem Recht von Renaissance reden.

Wie das Neue nicht aus dem Nichts entsteht, sich im Gegenteil ganz allmählich vorbereitet, so verschwindet auch das Alte nicht plötzlich, sondern lebt, auch wenn es aufgehört hat, kulturschöpferisch zu sein, lange Zeit weiter. Die Grenzen der Perioden lassen sich also nie genau angeben: Jahreszahlen sind bequem, aber verdächtig, da sich die Perioden überlagern (Pinders „Ungleichzeitigkeit des Gleichzeitigen").

Wie der Literarhistoriker eine Periode aus dem geschichtlichen Material herausarbeitet, läßt sich besonders deutlich dort verfolgen, wo eine Periode neu angesetzt (Barock, Biedermeier, Manierismus, Jugendstil) oder neu bestimmt wird (Poetischer oder Bürgerlicher Realismus, Expressionismus). Er findet in den Dichtungen, Poetiken, Programmen einer Zeit gewisse gemeinsame Züge — Gedanken, Schlüsselworte, Rangordnung und spezifische Beschaffenheit ästhetischer und ethischer Werte, Aufbau- und Stiltendenzen —, was besonders auffallend ist, wenn Möglichkeiten der Beeinflussung nicht oder kaum vorhanden sind. Er wird versuchen, diese Elemente in einer sinnvollen Struktur zusammenzufassen; ihr innerer Zusammenhang muß uns einleuchten. Er wird ferner aufzeigen müssen, wie weit sich diese Sinneinheit in der Zeit erstreckt und inwiefern sie sich von den Wesenszügen der vorangehenden und der folgenden Zeit abhebt. Wenn es sich etwa um den Sturm und Drang handelt, so wird er dessen Eigenart vielleicht schon bis zu einem gewissen Grade bei H a m a n n oder gar schon bei G ü n t h e r vorfinden und wird diese etwa Vorläufer nennen, andererseits S c h i l l e r einen Nachzügler. Er wird sich ferner die Frage vorlegen, wie sich der Sturm und Drang aus der innerliterarischen Entwicklung oder durch die Einwirkung äußerer (allgemeinkultureller, politischer, gesellschaftlicher) Faktoren verstehen läßt, und vielleicht Parallelen suchen in anderen Nationalliteraturen oder in den anderen Künsten, in der Philosophie, in den religiösen Anschauungen der Zeit.

Es erscheint nicht sehr wahrscheinlich, daß bei einem solchen Verfahren eine metaphysische Entität erfaßt wird. Soll das aber heißen, daß eine Epoche eine Konstruktion der Geschichtswissenschaft ist, die jeder objektiven Grundlage entbehrt? Hier scheiden sich die „Nominalisten" (H u i z i n g a) von den „Realisten" (C y s a r z). Da die Geschichte sich überhaupt prinzipiell von dem „Geschehen" unterscheidet und die Perioden grundsätzlich mit Begriffen wie „Französische Revolution", „Schlacht an der Marne" und sogar „Luther" (als historische Gestalt, nicht als empirische Persönlichkeit) auf gleicher Linie stehen, erscheint es am vernünftigsten, alle solche Begriffe als c o n c e p t u s c u m f u n d a m e n t o i n r e zu betrachten, als dem erkennenden Geist entsprungene, aber in der Wirklichkeit verankerte, nicht nur ideelle Sinngebilde.

C y s a r z u. H u i z i n g a s. zu § 1. — B. von W i e s e, *Zur Kritik des geistesgesch. Epoche-*begriffs. DVLG. 11 (1933) S. 130-144. Hans E p s t e i n, *Die Metaphysizierung in d. lit.-wiss. Begriffsbildung u. ihre Folgen, dargelegt an drei Theorien über das Literaturbarock* (1929; GermSt. 73). Nicolai H a r t m a n n, *Das Problem des geist. Seins* (1933; 2. Aufl. 1949). Friedrich M e i n e c k e, *Die Entstehung des Historismus* (1936).

§ 3. Stellt man sich die Frage nach der Genese der Perioden, so stößt man auf die G e n e r a t i o n als den Träger des kulturellen Wandels. Mit dem biologischen, genealogischen oder rein chronologischen Generationsbegriff (Lorenz, Pinder, Ortega y Gasset, Peyre, Hans von Müller) läßt sich wenig anfangen. Fruchtbar dagegen ist der geistesgeschichtlich-soziologische Generationsbegriff (Dilthey, Mannheim, Petersen, Kamerbeek). Mit seiner Hilfe läßt sich verstehen, wie es in einer jungen Generation zu Neuem kommt durch die innere Notwendigkeit, sich schöpferisch von der älteren Generation zu unterscheiden und neue Wege zu gehen, weil die alten Kunstmittel sich verbraucht haben; oder durch äußere Faktoren: gemeinsame Erlebnisse, Kriege, Revolutionen, soziale oder wirtschaftliche Umwälzungen, neue Entwicklungen in Philosophie, Theologie, Naturwissenschaften oder in den anderen Künsten usw.

Es empfiehlt sich jedoch kaum, nach Generationen zu periodisieren, schon deshalb nicht, weil ihre Vertreter oft eine weitere Entwicklung durchmachen, die sie von ihrem Ausgangspunkt entfernt (Wieland, Herder, Goethe, Schiller, Fontane, Hauptmann, um nur einige Beispiele zu nennen): Stilwandel wird keineswegs immer von einer neuen Generation hervorgerufen. Umgekehrt scheint manchmal ein Stil oder Geist mehrere Generationen zu umfassen (Barock, Aufklärung). Besser als nach Generationen zu periodisieren erscheint es, nur dann von einer Generation zu sprechen, wenn sie geistes- oder stilgeschichtlich etwas Neues bringt, eine neue Periode eröffnet.

Es wurden interne und externe F a k t o r e n des S t i l w a n d e l s erwähnt. Welche von beiden sind letzten Endes ausschlaggebend? Die Frage ist kühn, muß aber gestellt werden, weil sie die Form der Literaturgeschichtsschreibung entscheidend bestimmt. Soll eine Lit.geschichte grundsätzlich die „äußeren" Umstände, die politischen, sozialen und wirtschaftlichen Verhältnisse, die Religion, die Philosophie, die Wissenschaft, die Kunst und Musik der Zeit berücksichtigen, oder darf, kann oder gar soll sie sich möglichst auf die „immanente" Entwicklung der Literatur beschränken? Einige Hinweise müssen hier genügen. 1. Fragt man sich, ob literarische Blütezeiten auch Zeiten wirtschaftlicher Blüte und politischer Machtentfaltung sind, so lautet die Antwort ungefähr ebenso oft ja als nein: Dem niederländischen Goldenen Zeitalter stehen in dieser Hinsicht etwa die Klassik und Romantik in Deutschland gegenüber. Zwischen kulturellem Leben, Wirtschaftslage und politischen Verhältnissen besteht wohl kaum ein einfaches Kausalverhältnis. 2. Vergleicht man die Geschichte verschiedener Kultursektoren, z. B. der Philosophie, der Dichtung und der anderen Künste miteinander, so zeigen sich — soweit ein solcher Vergleich methodisch überhaupt möglich ist — auffallende Analogien, aber auch auffallende Abweichungen. Übersieht man die Abweichungen, wozu viele Forscher neigen, so kann man aufgrund der Parallelismen auf eine einzige Ursache des kulturgeschichtlichen Wandels (wirtschaftliche Verhältnisse, „Zeitgeist") oder auch auf einen funktionalen Zusammenhang schließen. Tut man letzteres (wofür mehr spricht), so ist jedenfalls auch die eigengesetzliche Entwicklung der verschiedenen Kultursektoren von Bedeutung. Berücksichtigt man auch die Abweichungen, so wird man noch stärker dazu neigen, jeder Kunst letzten Endes eine Sonderentwicklung zuzusprechen.

Entschließt man sich dazu, so läßt sich in Lit.geschichten der fortwährende Wechsel des Gesichtspunkts und damit der Methode vermeiden, und wird Lit.geschichte als Geschichte der „Literatur" (literarischer Stile, Strukturen usw.) ermöglicht.

Damit wäre zugleich das P r i n z i p literarhistorischer P. aufgestellt. Man wird dann nicht mehr versucht sein, die Literatur nach politischen, soziologischen, sprachlichen oder allgemeinkulturellen Gesichtspunkten zu periodisieren: Man wird nicht mehr von elisabethanischer oder viktorianischer Literatur sprechen, das Biedermeier in die Zeit zwischen 1815-48 pressen wollen und dabei Storm, Raabe und Ferdinand von Saar über-

sehen; man wird es lieber vermeiden, geistliche, ritterliche und bürgerliche Dichtung zu unterscheiden (wobei das Adjektiv durchaus nicht immer zu den Verfassern, dem Inhalt der Dichtung oder der Hörer- oder Leserschaft stimmen will) oder ahd., mhd., nhd. Lit. als literarisches Einteilungsprinzip gelten zu lassen (als ob die sprachlichen Zeitgrenzen feststünden und für die Dichtung als solche relevant wären). Nützlich für die P. sind dagegen Wortschatzuntersuchungen (Langen, Kohlschmidt). Man wird es ferner ablehnen, aus einem gewissen Systemzwang heraus von Jugendstil in der Literatur zu sprechen, n u r weil es einen solchen in den bildenden Künsten gibt. Daß eine Zeit eine alle Gebiete des Lebens (also auch die Philosophie, die Wissenschaften, die verschiedenen Künste) umfassende Stileinheit ist, darf man nicht — wie es fast immer geschieht — als selbstverständlich v o r a u s s e t z e n, man darf es allenfalls zu b e w e i s e n versuchen. Der Nachweis wird nur dann überzeugend sein, wenn die P. der Einzeldisziplinen vorausgegangen ist. Da die Methoden des Vergleichs musikalischer, bildkünstlerischer und dichterischer Stile und Strukturen, von wenigen Ausnahmen abgesehen, noch äußerst problematisch sind, fehlt vorläufig jede solide Grundlage für die Feststellung von Analogien. Auf diesem Gebiet finden sich denn auch die wunderlichsten Spekulationen.

Eher lassen sich selbstverständlich die Nationalliteraturen vergleichen, obgleich man auch hier mit Sonderentwicklungen und zeitlichen Verschiebungen rechnen muß. Wenn man hier nicht gleich aufs Ganze geht, sondern etwa das literarische Barock oder die Romantik als europäische Bewegung zu beschreiben versucht, erscheint die k o m p a r a t i s t i s c h e F o r s c h u n g begrüßenswert, ja notwendig, damit die nationale Erscheinung in die richtige Perspektive gerückt wird. Solche Untersuchungen zeigen manchmal deutlich die relative Unabhängigkeit der Dichtung von vermeintlichen politischen, soziologisch-ökonomischen oder auch religiösen Voraussetzungen.

Die bereits gestreifte Frage, ob geistes- oder stilgeschichtlich periodisiert werden soll, ist insofern keine Frage, als „Geist" (nach U n g e r u. a.) auch die Form, „Stil" (nach

Staiger u. a.) auch die Gedanken und das Weltbild umfaßt. Es muß nur vor der Neigung der Geistesgeschichte gewarnt werden, explizite in der Dichtung ausgesprochene Gedanken als die „Idee" des Werkes anzusehen, ohne daß man auf den Stellenwert im Werkganzen achtet. Der sowohl gedankliche wie formale Elemente umfassende Strukturbegriff, wie er im Prager Kreis und vor allem von W e l l e k ausgearbeitet wurde. erscheint hier fruchtbar: Es kommt darauf an, ein dichterisches Werk als formal-gedankliche Einheit zu erfassen. Der Struktur in diesem Sinne kommt der Begriff Stil (wenn man ihn nicht rein sprachlich oder als künstlerische Technik faßt) sicher näher als der abstraktere (und befrachtete) Begriff Geist. In der heutigen Forschungslage empfiehlt sich die stilgeschichtliche P. im angedeuteten Sinne.

Es erübrigt sich, auf die Periodizitätslehren einzugehen. Die Idee der regelmäßigen Wiederkehr zweier oder mehrerer Perioden (im etymologischen Sinne), symbolisiert in der Pendelbewegung (zwischen rationalistischen und irrationalistischen, harmonischen und antithetischen Perioden usw.), in der Wellenlinie, im Kreis oder in der Spirale, ist zu schematisch und unhistorisch, da sie die Einmaligkeit geschichtlicher Erscheinungen nicht zu ihrem Recht gelangen läßt. Auch den Biologismus in der Geschichtsauffassung eines S p e n g l e r oder die historische Konstruktion eines T o y n b e e wollen wir außer Betracht lassen. Das zugrundeliegende Problem einer gewissen Gesetzmäßigkeit im Ablauf der Perioden verdient jedoch Beachtung. Man hat auf auffallende Parallelismen im Ablauf der Perioden in verschiedenen Kulturkreisen hingewiesen (am eindrucksvollsten M a s s o n - O u r s e l). Hier tut eingehende und umfassende Forschung not. Solange sie noch aussteht, läßt sich die Frage historischer Gesetzmäßigkeit nicht beantworten. Für das Prinzip der P. ist dieses Problem aber von entscheidender Bedeutung.

Zum Generationsproblem: Wilhelm D i l t h e y, *Leben Schleiermachers* (1870). Ottokar L o r e n z, *Die Geschichtswiss. in ihren Hauptrichtungen u. Aufgabe kritisch erörtert*. 2 Bde (1886/1891). José O r t e g a y G a s s e t, *Die Aufgabe unserer Zeit*. Übers. v. Helene Weyl (2. Aufl. 1931). Wilhelm P i n d e r, *Das Problem der Generation in der Kunstgesch. Europas* (1926; 4. Aufl. mit e. Einf. v. Herb. Wolfg. Keiser 1961). K. M a n n h e i m, *Das Problem der Generationen*. Kölner Vjs. f. Soz. 7 (1928) S. 157-185 u. 309-330. Hans v. M ü l l e r, *Zehn Generationen dt. Dichter u. Denker* (1928). R. A l e w y n, *Das Problem der Generation in d. Geschichte*. ZfDB. 5 (1929) S. 519-527. J. P e t e r s e n, *Die literarischen Generationen*, in: Philos. d. Lit.wiss., hg. v. E. Ermatinger (1930) S. 376-397. Eduard W e c h s s l e r, *Die Generation als Jugendreihe und ihr Kampf um die Denkform* (1930). K. H o p p e, *Das Problem der Generation in der Lit.wiss.*, ZfDtk. 44 (1930) S. 726-748. Jan K a m e r b e e k, *Creatieve wedijver* (Amsterdam 1962). Theodor L i t t, *Das Verhältnis d. Generationen, ehedem u. heute* (1947). Henri P e y r e, *Les générations littéraires* (Paris 1948). Dazu: H.P.H. T e e s i n g, *Die Magie der Zahlen. Das Generationsprinzip in der vergleichenden Lit.-gesch.*, Miscellanea litteraria, hg. v. H. Sparnaay u. W. A. P. Smit (Groningen 1959; Studia Litteraria Rheno-Traiectina 4) S. 149-173. H. P l e s s n e r, *Het probleem der generaties*. Sociologisch Jaarboek 3 (Leiden 1949) S. 3-24. N. A. D o n k e r s l o o t, *De relativiteit der literaire generaties*. Neoph. 63 (1959) S. 279-288.

Zur Soziologie: Levin L. S c h ü c k i n g, *Die Soziologie der lit. Geschmacksbildung* (1923; 3. neubearb. Aufl. 1961; Dalp-Taschenb. 354). F. B a l d e n s p e r g e r, *Ist die Literatur Ausdruck der Gesellsch.?* DVLG. 2 (1924) S. 770-776. Pitirim A. S o r o k i n, *Social and Cultural Dynamics*. Vol. 1-4 (New York 1937/1941). Hugo K u h n, *Soziale Realität und dichterische Fiktion am Beispiel d. höf. Ritterdichtung Deutschlands*, in: Soziologie und Leben, hg. v. Carl Brinkmann (1952) S. 195-219. Arnold H a u s e r, *Sozialgeschichte der Kunst und Literatur*. 2 Bde (1953; 2. Aufl. 1958). Vgl. auch: *Soziologie und Literatur*.

Zur wechselseitigen Erhellung der Künste s. *Literatur und bildende Kunst* und *Literatur und Musik* mit Bibl. Nachzutragen sind: F. M e d i c u s, *Das Problem e. vergleichenden Gesch. der Künste*, in: Philos. d. Lit.wiss., hg. v. E. Ermatinger (1930) S. 188-239. Ch. E. W h i t m o r e, *On the Unity of Art*. Helicon 1 (1938) S. 151-155. Curt S a c h s, *The Commonwealth of Art* (New York 1946). J. G. L a D r i è r e, *Literary Form and Form in the Other Arts*, in: Stil- u. Formprobleme in d. Lit. Vorträge d. 7. Kongr. d. Intern. Vereinigung f. moderne Spr. u. Lit., hg. v. P. Böckmann (1959) S. 28-37. K. G. J u s t, *Musik u. Dichtung*. Stammler Aufr. Bd. 3 (2. Aufl. 1962) Sp. 699-750. Gustav René H o c k e, *Die Welt als Labyrinth* (1957; Rowohlts dt. Enzyklopädie 50/51). Ders., *Manierismus in der Literatur* (1959; Rowohlts dt. Enzyklopädie 82/83). E. S c h m i d t, W. H ö l l e r e r, H. H. S t u c k e n s c h m i d t, H. T r i e r, *Gibt es Gemeinsamkeiten moderner Lit., Musik u. bildender Kunst?* Akzente 8 (1961) S. 488-534. Alb. W e l l e k, *Über das Verhältnis von Musik u. Poesie*, in: Festschr. f. Erich Schenk (1962; Studien zur Musikwiss. 25) S. 574-585. H. P.

H. Teesing, *Literature and the Other Arts: Some Remarks.* Yearbook of Comparative and General Literature 12 (1963) S. 27-35. Ernst Troeltsch, *Der Aufbau der europäischen Kulturgesch.*, Schmollers Jb. f. Gesetzgebung 44 (1920) S. 633-680. Paul Masson-Oursel, *La philosophie comparée* (Paris 1923; Bibl. de philosophie contemporaine 585). U. Leo, *Historie und Stilmonographie.* DVLG. 3 (1925) S. 339-386. J. Petersen, *Nationale oder vgl. Lit.gesch.?* DVLG. 6 (1928) S. 36-61. J. Nadler, *Das Problem der Stilgesch.*, in: Philosophie d. Lit.wiss., hg. v. E. Ermatinger (1930) S. 376-397. F. Strich, *Der europäische Barock*, in: Strich, *Der Dichter u. die Zeit* (Bern 1947) S. 71-131. August Langen, *Der Wortschatz des dt. Pietismus* (1954). W. Kohlschmidt, *Der Wortschatz der Innerlichkeit bei Novalis,* in: Kohlschmidt, *Form u. Innerlichkeit* (1955) S. 120-156. H. Oppel, *Engl. u. dt. Romantik, Gemeinsamkeiten und Unterschiede.* NSpr. NF. 5 (1956) S. 457-475. Reginald Anthony Foakes, *The Romantic Assertion. A Study of the Language of 19th Century Poetry* (London 1958). Eudo C. Mason, *Deutsche und engl. Romantik. Eine Gegenüberstellung* (1959; Kleine Vandenhoeck-Reihe 85/85 a). J. Kamerbeek, *Geschiedenis en problematiek van het begrip „tijdgeest".* Forum der Letteren 5 (1965) S. 191-215. Cornelis de Deugd, *Het metafysisch grondpatroon v. h. romantisch literair denken. De fenomenologie van een geestesgesteldheid* (Groningen 1965). *H. P. H. Teesing*

Pessimismus s. Weltklage und Weltschmerz.

Philhellenismus

Ph., wörtlich „Neigung zu (den) Griechen", ist eine Neuprägung der ersten Hälfte des 19. Jh.s (zuerst wohl von dem Freiwilligen Friedrich Müller gebraucht), die von dem Wiener Germanisten Robert Franz Arnold in die wissenschaftliche Lit. eingeführt wurde (1896). Das Wort leitet sich von dem historisch gewachsenen Gattungsbegriff „Philhellenen" ab, den zuerst Herodot (*Hist.* II, 178) für einen ägyptischen König verwendete. In der röm. Kaiserzeit wurde der Begriff auf den Freund griechischer Kulturleistungen eingeschränkt, im MA. war er angesichts der sprichwörtlichen „perfidia Graeca" der Byzantiner ebenso tot wie die Sache und lebte erst in der frühen Neuzeit wieder auf, als die Abwehr der islamischen Türken das gesamteuropäische Interesse wieder auf die Griechen lenkte. Erst mit der erneuten Aneignung der griech. Antike durch die europäischen Völker seit der zweiten Hälfte des 18. Jh.s gewann das Wort wieder Lebenskraft und war den Zeitgenossen des griech.

Unabhängigkeitskrieges daher geläufig.

Heute umfaßt der Begriff „Philhellenismus" zweierlei: Einmal im weiteren Sinne die Begeisterung für alles von den Griechen im Laufe ihrer alten Geschichte Geschaffene sowie für Land und Leute des heutigen Griechenlands — mit der charakteristischen Ausklammerung der Jahrhunderte von Justinian I. bis zum Fall von Konstantinopel — zum anderen im engeren Sinn das politische Engagement für die Interessen des um seine Freiheit ringenden und seit 1830 unabhängigen Griechenlands mit dem Höhepunkt in den Jahren 1821 bis 1827, aber auch später noch mehrfach, z. B. im Zusammenhang mit der Kretafrage (1867, 1897, 1913).

Als geistesgeschichtliche Erscheinung wird der Ph. vornehmlich aus zwei Quellen gespeist: Aus der durch den Neuhumanismus geschaffenen Bereitschaft, die antik-griechischen Leistungen auf dem Gebiet der politischen Theorie, der Philosophie und Literatur als nicht zu überbietende Vorbilder zu betrachten, und aus der Übernahme der von J. J. Winckelmann formulierten Ansicht, daß man aus der griech. bildenden Kunst und Architektur einen Kanon für eine allgemein verbindliche Ästhetik gewinnen könne. Nur in einzelnen Fällen griff der Ph. auf die noch in unmittelbarer Berührung mit griech. Gelehrten stehenden Humanisten des 15. Jh.s zurück.

Der politische Ph. der Aufstandsjahre wurde zusätzlich getragen von der im 16. und 17. Jh. geborenen Angst des Abendlandes vor den osmanischen Heeren und von der langen Überlieferung des einseitig negativen Türkenbildes, das erst in unserer Zeit durch die wissenschaftliche Forschung zurechtgerückt wurde. Ferner belebte ihn ein Zusammengehörigkeitsgefühl der Christen Europas mit ihren griech. Glaubensgenossen gegenüber den islamischen Türken. Schließlich förderte den politischen Ph. auch der durch die restaurative Politik der Metternichzeit in seiner Entfaltung gehemmte Liberalismus der Bildungsschichten, so wie dieser in Italien die piemontesische Revolution, in Spanien die Verfassungspartei, in Südamerika die Rebellion gegen die Kolonialmächte und in Polen die Erhebung gegen die Russen jeweils als Schläge gegen fortschrittsfeindliche Autokratien unterstützte.

Versteht sich, daß die Mächte der „Heiligen Allianz" der philhellenischen Agitation nach Kräften entgegenarbeiteten, so daß der Umfang der Griechenschwärmerei in den einzelnen europäischen Staaten und den USA ebenso verschieden wie im zeitlichen Ablauf starken Schwankungen unterworfen war (Höhepunkte 1821/22 und 1826). Am stärksten von der Bewegung erfaßt wurden die deutschen Bundesstaaten (zuerst die süddeutschen), die Schweiz, Frankreich, die USA und etwas später Großbritannien. Weniger lebhaft war die Anteilnahme in dem weit entfernten Skandinavien, in den Niederlanden und in den stark mit sich selbst beschäftigten südeuropäischen Ländern. Nur einzelne Zeugnisse berichten von griechenfreundlicher Stimmung in den habsburgischen Ländern und im zaristischen Rußland (hier vor allem in seinen polnischen Gebieten).

Während der Kriegsjahre äußerte sich der Ph. in vielerlei Formen. An 1000 Freiwillige aus allen genannten Staaten ließen sich aus den verschiedensten Gründen, aber doch durchweg von einem einseitig günstigen Griechenbild unter die blau-weißen Fahnen locken. Rund 2,5 Millionen Francs spendeten die Griechenfreunde. Anleihen wurden gezeichnet, in einzelnen Parlamenten erhoben sich Stimmen für die Griechen. Hunderte von Traktaten, Dramen, Gedichten, Romanen und historischen Darstellungen wurden zu Gunsten der griech. Sache geschrieben und verkauft. Maler (Delacroix) und Kupferstecher gestalteten Stoffe aus dem griechischen Freiheitskampf. Zahlreiche Vereine widmeten sich der Arbeit für Griechenland. Hoch (König Ludwig von Bayern) und niedrig beteiligten sich an dieser Woge des kollektiven Enthusiasmus. Die wenigen türkenfreundlichen Stimmen gingen darin unter. Die Hauptzentren der Bewegung waren zuerst Leipzig, Hamburg, Stuttgart, Darmstadt und Zürich, später Paris, Genf, London, Berlin u. v. a.

In den deutschen Bundesstaaten stand die Mehrzahl der großen Tageszeitungen (*Augsburger Allgem. Zeitung, Hamburger Unparteiischer Correspondent, Gothaischer Allgemeiner Anzeiger* u. a.) dem Aufstand wohlwollend gegenüber. Sie veröffentlichten zahlreiche Gedichte, Novellen, Kommentare, Erlebnisberichte und Skizzen, die einer breiten Leserschicht den Schauplatz der Kämpfe

und einzelne Ereignisse näherbrachten. Freilich keine der literar. Schöpfungen der Kriegsjahre erreichte den Rang von Hölderlins *Hyperion* (1797-1799); man muß sagen, daß die Zahl der Werke im umgekehrten Verhältnis zu ihrem dichterischen Wert stand. Unter den Gedichten ragen eigentlich nur die *Lieder der Griechen* von Wilhelm Müller (vgl. Gaston Caminade, *Les chants des Grecs et le philhellénisme de Wilhelm Müller*, Paris 1913) und einige Gedichte Chamissos heraus. Die Romane und Novellen — vor allem in den beliebten Almanachen — sind kaum erwähnenswert, die Schauspiele, von denen sogar einige vertont wurden, nicht besser. Bemerkenswert sind einige politische Analysen, die historischen Darstellungen wiederum nur zweitrangig. Verstärkt wurde diese literarische Flut durch zahlreiche Übersetzungen (z. B. Pouquevilles Reisebeschreibungen, den Appell Lord Erskines u. v. a.).

Formal stehen die dt. Philhellenen vor allem unter dem Einfluß von Lord Byron und Chateaubriand, inhaltlich sind sie fast alle durch Schule und Universität zur Voreingenommenheit zu Gunsten der Griechen erzogen, was die Wahl der Motive stark einschränkt. Sie bilden unter sich einen ziemlich fest geschlossenen Kreis, der mit und für die Lit. lebt. Nur einige wenige Außenseiter steigen durch ihren Ph. in diese Schicht auf. Die etwa zwei Dutzend Memoiren von Kriegsteilnehmern, die fast durchweg von bitteren Enttäuschungen berichten, werden von den Daheimgebliebenen ignoriert oder gar leidenschaftlich bekämpft. Die mögliche Korrektur des Griechenbildes wird dadurch in die 30er und 40er Jahre hinausgeschoben.

Eine zweite, lokal begrenzte Welle des Ph. erhob sich in Bayern nach der Wahl des Wittelsbacherprinzen Otto zum König von Griechenland mit fast denselben Erscheinungsformen (Freiwilligenmeldungen für die Schutztruppe, Liedern und Gedichten, Novellen und Festspielen). Wiederum erstickten die vereinzelten Gegenstimmen im allgemeinen Begeisterungstaumel. Die Ernüchterung trat erst nach der griechischen Revolution von 1843 ein, die der sogenannten „Bavarokratie" ein Ende bereitete.

Ein Ergebnis der philhellenischen Bewegung ist die Bereicherung der dt. Lit. um Motive, die sich aus den religiösen Konflikten zwischen Anhängern von Islam und

6

Christentum ergaben, und um die brennenden Farben des levantinisch-orientalischen Lokalkolorits, das freilich in kaum einem Fall aus eigener Anschauung gewonnen wurde. Die Begegnung mit der balkanischen Volksdichtung, in der Form des neugriech. Klephtenliedes (zumeist in der franz. Übers. von C. Fauriel 1824/25), war auf einige wenige Übersetzer (C. J. L. Iken) und Nachdichter (Goethe, Chamisso) beschränkt, während das neugriech. Märchen überhaupt erst in der Zeit König Ottos entdeckt wurde (L. Ross). Auch nur durch einzelne Vertreter hat der Ph. die politische Dichtung des Vormärz geprägt. Es gibt zwar einige Berührungen zwischen den Vertretern des Ph. und der Polenschwärmerei, aber auf die Gesamtzahl gesehen sind sie eher die Ausnahme als die Regel. Auf die Politik der europäischen Großmächte hatte der Ph. kaum Einfluß; deren Eingriff in die türkisch-griechische Auseinandersetzung wurde durch nüchterne Interessenabwägung bestimmt.

Das literar. Nachleben des Ph. in Deutschland wurde einerseits durch die fortschreitende Korrektur des Griechenlandbildes — nicht zuletzt durch die in ihrer Überspitzung falschen Thesen Fallmerayers —, andererseits durch die nationalstaatliche Umwandlung des mitteleuropäischen Raumes beeinträchtigt, so daß ein Heinrich von Treitschke nur noch giftigen Spott für die Philhellenen übrig hatte. Dennoch haben ganze Generationen deutscher Gelehrter, die sich mit Griechenlands Geschichte, Sprache, Kultur beschäftigten, ihren jugendlichen Ph. in eine auf eindringlicher Sachkenntnis ruhende, tiefe Hinneigung zu dem griech. Land und seinen Menschen geläutert (E. Curtius, K. Krumbacher u. v. a.).

Ph. im weiteren Sinne: Adolf B e c k, *Griechisch-deutsche Begegnung. Das dt. Griechenerlebnis im Sturm u. Drang* (1947). Richard B e n z, *Wandel d. Bildes d. Antike in Deutschland. Ein geistesgeschichtl. Überblick* (1948). Eliza Marian B u t l e r, *The Tyranny of Greece over Germany* (Cambridge 1935). Dt. Übers.: *Deutsche im Banne Griechenlands* (1948). Charlotte E p h r a i m, *Wandel d. Griechenbildes im 18. Jh.* (*Winckelmann, Lessing, Herder*). (1936; SprDchtg. 61). Walter R e h m, *Griechentum u. Goethezeit. Gesch. e. Glaubens* (1936; Das Erbe der Alten 26). Humphry T r e v e l y a n, *Goethe and the Greeks* (Cambridge 1941). Dt. Übers.: *Goethe u. d. Griechen* (1949). — Griechenlandbild der Reisenden: Richard B e c h t l e, *Wege nach Hellas. Studien z. Griechenlandbild deutscher Reisender* (1959). Émile M a l a k i s, *French Travellers in Greece (1770-1820). An early phase of French philhellenism.* A thesis (Philadelphia 1925; Publ. of the Univ. of Pennsylv. Ser. in Romanic Lang. and Lit. 15). Politischer Ph.: Gesamtdarstellungen: Alfred S t e r n, *Geschichte Europas seit d. Verträgen von 1815 bis zum Frankfurter Frieden von 1871.* 2. Aufl. Bd. 2 (1913) u. Bd. 3 (1919). Wilhelm B a r t h u. Max K e h r i g - K o r n, *Die Philhellenenzeit. Von der Mitte d. 18. Jh.s bis z. Ermordung Kapodistrias am 9. Oktober 1831* (1960; Schriftenreihen d. Inst. f. Auslandsbeziehungen, Stuttgart, Wiss.-Publ. Reihe 3). — England: Douglas D a k i n, *British and American Philhellenes during the war of Greek independence, 1821-1833* (Thessaloniki 1955; Hetaireia Makedonikon Spoudon, Hidryma meleton chersonesou tou Haimou 8). Julius Z i e h e n, *Byronstudien z. Gesch. d. Ph. in d. engl. Literatur.* BerFDH. N. F. 12 (1896) S. 72-81. — Frankreich: Aristide G. D i m o p o u l o s, *L'opinion publique française et la révolution grecque (1821-1827)* (Nancy 1962; Publication du Centre européen universitaire, collection de mémoires). — Italien: Guido M u o n i, *La letteratura filellenica nel romanticismo italiano* (Mailand 1907). — Kurie: Georg H o f m a n n, *Das Papsttum u. d. griech. Freiheitskampf 1821-1829* (Rom 1952; Orientalia Christiana Analecta 136). — Rußland: Untersuchungen fehlen. — Schweiz: Emil R o t h p l e t z, *Zur Geschichte des Ph. im 19. Jh. Die Griechenbewegung in d. Schweiz während d. hellenischen Freiheitskampfes* (Affoltern 1948). — USA: Myrtle A. C l i n e, *American Attitude toward the Greek war of independence* (Atlanta 1930; Diss. phil. Columbia). Stephen A. L a r r a b e e, *Hellas observed. The American experience of Greece 1775-1865* (New York 1957). Deutsche Staaten: Bibliographie: G o e d e k e Bd. 8 (1905) S. 255-293; Robert Franz A r n o l d, *Der dt. Ph. Kultur- u. literarhistor. Untersuchungen.* Euph.-Ergänzungsheft 2 (1896) S. 71-181. Christos A x e l o s, *Das philhellenische Freiburg u. s. Universität* (1957). Werner B ü n g e l, *Der Ph. in Deutschland 1821-1829.* Diss. phil. Marburg 1917; Karl D i e t e r i c h, *Aus Briefen u. Tagebüchern z. dt. Ph. (1821-1828).* (1928; Histor.-Literar. Schriftenreihe d. Dt.-griech. Ges. 2). Karl D i e t e r i c h, *Deutsche Philhellenen in Griechenland 1821-1828. Auswahl aus ihren Tagebüchern* (1929; Histor.-Literar. Schriftenreihe d. Dt.-griech. Ges. 4). Curt E r l e r, *Der Ph. in Deutschland 1821-1829.* Diss. phil. Leipzig 1906. Peter G o e ß l e r, *Schwäbische Philhellenen.* Universitas 2 (1947) S. 275-289. Siegfried M a c k r o t h, *Das Deutschtum in Griechenland* (1930; Schriften d. Dt. Auslandsinstituts A, 27). Bernard V o n d e r l a g e, *Die Hamburger Philhellenen* (1940, Schriftenreihe der Dt.-griech. Ges. 6). Paul W a h l, *Dessau als Philhellenenstadt.* Hellas-Jahrbuch 1936 S. 59-67.

Gerhard Grimm

Philosophie und Dichtung

§ 1. Um die Frage nach dem Verhältnis von Philosophie und Dichtung zu beantworten, scheint es zunächst notwendig zu erklären, was man unter diesen beiden Begriffen verstehen will. Eine gehaltvolle Erörterung ihrer Beziehungen ist jedenfalls nicht möglich, wenn man den Begriff der Philosophie so bestimmt, daß er von vornherein jedes positive Verhältnis zur Dichtung ausschließt, wie das etwa der Tendenz des sogen. Neopositivismus (R. Carnap u. a.) entspricht. Man kann den Schwierigkeiten, die sich hier ankündigen, auch nicht dadurch ausweichen, daß man die beiden Begriffe willkürlich definiert. Es empfiehlt sich vielmehr, von der Geschichte ihrer Beziehungen auszugehen; denn Dichtung und Ph. standen jedenfalls in früheren Zeiten in einem engen, wenn auch von gelegentlichen Krisen nicht freien Verhältnis zueinander. Auch dieser Weg der Erörterung bedarf jedoch einiger vorbereitender Überlegungen.

Ph. u. D. haben miteinander gemeinsam das Medium der Sprache. Gewiß hat die Sprache in beiden nicht durchaus dieselbe Funktion. Aber jedenfalls ist Dichtung von aller anderen Kunst abgehoben als Wortkunst, und das Wort und noch mehr der Zusammenhang der Wörter sind dabei zwar keineswegs ausschließlich, aber doch immer auch bestimmt durch die denkende Reflexion und deren Gesetzmäßigkeiten, und noch die antilogischen Tendenzen moderner Lyrik haben diesen Tatbestand zur Voraussetzung. Dichtung hat also stets ein Moment ursprünglicher Besinnlichkeit, und dies ist es zunächst und vor allem, worauf die Verwandtschaft von Ph. und Dichtung beruht.

Der Unterschied ihrer Reflexivität läßt sich am einfachsten zeigen durch die Erinnerung an ihren Ursprung. Beide, Ph. und Dichtung, gehen hervor aus der Religion als der ursprünglichsten Weise menschlichen Welt- und Seinsverständnisses, die sich realisiert in Mythos und Kultus und sich im Medium der Sprache ls Gebet und als Sage vom Göttlichen vollzieht. Dichtung ist Formwerdung solchen ursprünglichen sprachlichen Ausdrucks, und von diesem Ursprung her wird sie zur Kundgabe von menschlichen Dingen und Begebenheiten, zur Selbstaussage des Menschen wie zur Artikulation von Lebenserfahrung und Lebensweisheit.

In dieser Kontinuität bezeichnet die Entstehung der Ph. einen deutlichen Bruch. Sie emanzipiert sich von der religiösen Tradition, sie reflektiert nicht mehr im Nachdenken ursprünglicher Frömmigkeit, sondern in einem völlig neuen, prinzipiellen Sinn, und ihr Auftreten setzt darum eine entscheidende Krise des menschlichen Bewußtseins voraus. Die philosoph. Reflexion löst sich bewußt von aller überkommenen Autorität, sie folgt einzig dem Gesetz vernünftiger Überlegung, dem Logos, wie das griech. Schlüsselwort dafür heißt, und sie nimmt dabei ebenso die Ansätze der gleichzeitig entstehenden Wissenschaft auf wie die lebendige ethische Reflexion, welche sich mit den überkommenen Gottesvorstellungen und den traditionellen Weisungen an das menschliche Lebensverhalten auseinandersetzt. Ihr Medium kann gleichwohl weiterhin die in der frommen Tradition gewachsene Sprache der Dichtung sein. Die Vorsokratiker, welche diesen Umbruch in der abendländischen Geistesgeschichte vollzogen haben, greifen zum Sinnspruch und zum Lehrgedicht, um ihre völlig andersartige Weisheit zu verkünden, und nicht nur Parmenides bedient sich dabei der Form und Sprache der mythischen Erzählung. Dieses enge Verhältnis von Dichtung und Philosophie war jedoch nur von kurzer Dauer. Notwendig gerieten beide in größere Distanz, als die Entwicklung der rein diskursiven Argumentation in Wissenschaft und Philosophie zur Ausbildung einer eigenen wissenschaftlichen Sprache führte. Die weitere Geschichte ihres Verhältnisses ist dann bestimmt von der Gesamtentwicklung der Kultur, in welcher Perioden der Annäherung und der Entfremdung einander ablösen. Gleichwohl zeigt die Ph. anders als die Wissenschaft immer wieder eine besondere Affinität zur Dichtung.

Die folgenden Hinweise beschränken sich im wesentlichen auf Literatur philosophischer Provenienz. Ferner werden die bekannten Literaturgeschichten nicht eigens zitiert. Neuere Beiträge genereller Art zum Thema sind selten. Zu nennen: Wilhelm D i l t h e y , *Die Einbildungskraft des Dichters. Bausteine für eine Poetik*, in: Dilthey, *Gesammelte Schriften*, Bd. 6 (1924) S. 103-241. Michael L a n d - m a n n , *Die absolute Dichtung. Essays zur philosophischen Poetik* (1963). Ferner: Hermann G l o c k n e r , *Philosophie und Dichtung. Typen ihrer Wechselwirkung von den Griechen bis auf Hegel.* ZfÄsth. 15 (1921) S. 187-

204. Karl Hoppe, *Philosophie und Dichtung*. Stammler Aufr. Bd. 3 (2. Aufl. 1962) Sp. 751-1098. Zum Einsatz beim Griechentum: Hermann Fränkel, *Dichtung u. Philosophie des frühen Griechentums* (1951; 2., überarb. Aufl. 1962).

§ 2. In den ersten Jh.en deutscher Geistesgeschichte wird das sogleich augenfällig. Ihr Kulturbewußtsein ist ganz geprägt durch die von der kirchlichen Tradition vertretenen Vorstellungen des christlichen Glaubens, die dann in der Scholastik ihre gedankliche Durchformung erfahren haben. Diese Theologie hat ihrerseits die antike Philosophie in einer seit dem HochMA. vor allem an Aristoteles orientierten Traditionsform in sich aufgenommen, sie stand aber dabei in einem andauernden Abwehrkampf gegen gedankliche Prägungen, welche die Gefahr des Pantheismus in sich bargen. Dem christlich-theologisch nicht gebundenen, rein philosophisch orientierten Nachdenken über das Wesen Gottes hat es zu allen Zeiten nahegelegen, das Verhältnis Gottes zur Welt oder, wie man sich genauer ausdrückt, zum All des Seienden unter dem Begriff der Identität zu denken, so daß also Gott und das All als voneinander untrennbar, ja als eines und desselben Wesens begriffen wurden. Eine solche Anschauung, die man Pantheismus zu nennen pflegt, widerspricht aber dem biblischen Begriff von Gott als dem Schöpfer und Herrn der Welt.

Eine historisch besonders wirksame Ausprägung hat der Pantheismus in den Anschauungen und Denkformen des Neuplatonismus gefunden, welche, z. T. schon bei Platon selbst vorgebildet, besonders von Plotin entwickelt wurden. Neuplatonische Denkformen waren auch später fast stets beteiligt, wenn es zu einer stärkeren Berührung von Philosophie und Dichtung kam. Deshalb ist hier näher auf sie einzugehen. Für den Neuplatonismus ist Ph. eine Betrachtung oder eigentlich Erfahrung des Seins im Ganzen als eines Stufenbaues von durchgängiger Einheit, einer Hierarchie, deren oberste Stufe nicht nur die größte Vollkommenheit, sondern auch den höchsten Grad von Realität besitzt. Von ihr läßt sich allerdings nur via negationis etwas aussagen: sie ist das Über-Eine, Über-Seiende, welches dann von den christlichen Denkern mit Gott gleichgesetzt wurde. Die niederen Seinsstufen sind seine Erzeugungen oder auch Ausstrahlungen, die es aus sich selbst entläßt, ohne doch dabei aus sich herauszugehen oder von seiner Vollkommenheit etwas preiszugeben. Es gibt also in diesem All Unterschiede, Stufen der Vollkommenheit, aber dennoch ist alles mit allem verwandt und in einer alles Seiende durchdringenden Sympathie verbunden. Auch die menschliche Einzelseele ist zwar in das Irdische verstrickt, das unter ihr seine Sphäre hat, aber sie bleibt dabei immer in Verbindung mit dem Göttlichen. Freilich muß diese Verbindung nun auch ausdrücklich vollzogen werden. Das geschieht insbesondere, wenn die Seele in der Ekstase aus sich heraustritt. Die Vorbedingung dafür ist Askese, Einübung der inneren Schau, methodische Vorbereitung auf dem doppelten Wege der Erhebung zum Ur-Einen und seiner vollendeten Schönheit und der Versenkung in das eigene Innere. So kann der Mensch der mystischen Schau und schließlich der Vereinigung mit dem Höchsten teilhaftig werden. Diese aus Plotin schöpfende Tradition dringt nun in der dt. Mystik mit Macht hervor. In ihr fanden die Mystiker eine Philosophie, eine freie Geistesreligion vor, welche es ihnen im Unterschied von der zur ancilla theologiae herabgesunkenen aristotelischen Schulphilosophie ermöglichte, die eigene religiöse Erfahrung zu artikulieren. Die geschichtliche Offenbarung im Sinne der christlichen Heilslehre, die Erlösungstat Christi schienen dafür mehr und mehr entbehrlich. So emanzipierte sich die christliche Mystik von der kirchlichen Lehrtradition. Dem entsprach bei den Mystikern schon des 13. Jh.s die Befreiung zur Muttersprache, aus der das erste dichterische Prosawerk in deutscher Sprache entsteht, Mechthilds *Fließendes Licht der Gottheit*. Auch die schöpferische Sprachkraft Seuses und Taulers und vor allem Meister Eckharts stammt aus dem Ringen um den angemessenen dt. Ausdruck für das durch die neuplatonische Tradition bereits vorgeformte Verständnis der mystischen Erfahrung. Außerhalb der Mystik wurde diese Denktradition weiter entwickelt durch Nicolaus Cusanus, den großen Denker an der Wende zur Neuzeit, bei dem sich fast alle Philosopheme der kommenden deutschen Philosophie vorgebildet finden. In seinen Schriften bedient er sich jedoch der lateinischen Sprache, und gegenüber der mystischen Intuition bevorzugt er den Weg des spekulativen Denkens. Aber auch er entging dem Vorwurf des Pantheismus nicht.

Zum Neuplatonismus: Hugo F i s c h e r, *Die Aktualität Plotins* (1956). Karl Heinz V o l k - m a n n - S c h l u c k, *Plotin als Interpret der Ontologie Platos* (1941; 2., unveränd. Aufl. 1957; Philosoph. Abhandlgn. 10). — Zum Fortleben: Franz K o c h, *Goethe u. Plotin* (1925). Ders., *Schillers philosoph. Schriften u. Plotin* (1926). — Zur dt. Mystik: Ernst B e r g - m a n n, *Die dt. Mystik* (1926; Bergmann, *Gesch. d. dt. Philosophie* 1; Jedermanns-Bücherei). Dietrich M a h n k e, *Unendliche Sphäre u. Allmittelpunkt* (1937; DVLG., Buchr. 23).

§ 3. Das dt. Denken der R e f o r m a - t i o n s z e i t verleugnet den Zusammenhang mit der christlichen Tradition auch da nicht, wo es, wie bei Kopernikus und Kepler, in die Naturforschung einmündet. Nicolaus Cusanus und die dt. Mystik stellen die Denkformen für diese Weltdeutung bereit, und so ist es wiederum die neuplatonische Tradition, welche hier wirksam ist. Deutlicher vollzieht sich eine geistige Emanzipation von der Theologie im H u m a n i s m u s der dt. Universitäten, der seine Anregungen dazu aus Italien erhielt. In Prag übersetzte schon um 1400 Johann von Neumarkt die Augustin zugeschriebenen *Soliloquia* ins Deutsche, in Böhmen dichtet Johannes von Saaz seinen *Ackermann*, jenes Streitgespräch, in welchem der Mensch seine Eigenwürde gegenüber der Übermacht des Todes behauptet. Aus den Niederlanden kommt der in Heidelberg wirkende Rudolf Agricola, welcher die Ersetzung der Autoritäten von Bibel- und Kirchentradition durch die Vernunft proklamiert. Johannes Reuchlin hat unmittelbar Fühlung mit der platonischen Akademie zu Florenz, er wird durch Pico della Mirandola in den Neuplatonismus eingeweiht und macht ihn in Deutschland bekannt. In dieser Tradition steht auch der Erfurter Mutianus Rufus, für den die Religion in der Sittlichkeit aufgeht, während die Dogmen ihm als Fiktionen gelten, mit denen der Mensch sich über seine Zweifel hinweghilft. Diese Männer sind zwar philosophisch nicht originell, sie bringen jedoch in ihrer literar. Wirksamkeit die neue, in Italien gewonnene Bewußtseinsstellung in Deutschland zur Geltung.

Die stärkste Persönlichkeit des christlichen Humanismus diesseits der Alpen ist jedoch E r a s m u s. Die Auseinandersetzung zwischen ihm und L u t h e r macht die Deutschland damals bestimmende geistige Situation mit voller Deutlichkeit sichtbar. Dem feingebildeten, menschlich zurückhaltenden und eher skeptischen Humanisten tritt in dem Reformator der tiefreligiöse Voluntarist entgegen, welcher aus der Erfahrung des ganz in Gottes Hand gegebenen und auf Gedeih und Verderben seiner Gnade ausgelieferten Menschen argumentiert. Dessen Unfreiheit stammt aus der Sünde, von deren Knechtschaft der Mensch sich nicht selbst zu befreien vermag. Es bleibt ihm nur, die in der Erlösungstat Christi angebotene Gnade im Glauben zu ergreifen. Eine an der Freiheit des Menschen orientierte Philosophie, welche den Menschen auf sich selbst stellt und ihm die Beherrschung der Natur ermöglicht, hat Luther leidenschaftlich abgelehnt, und eine andere Philosophie kannte er nicht. So blieb das durch ihn bestimmte Zeitalter rein theologisch orientiert. Mit Luthers Grundanschauungen stimmte auch Huldreich Z w i n g l i, der Reformator der deutschen Schweiz, im wesentlichen überein. Aber die direkte Begegnung mit Erasmus und die Bekanntschaft mit der florentinischen Akademie erschloß ihm die antike Geisteswelt, so daß er die Natur als Offenbarung Gottes verstand und dessen Wort auch aus Platon und Seneca zu vernehmen meinte. Auch der dritte große Vertreter des deutschen Protestantismus, M e l a n c h t h o n, ist in seiner Auffassung von Philosophie durch den Humanismus bestimmt. Der durch ihn begründete christlich-humanistische Aristotelismus prägt als protestantische Scholastik den Geist der neuen Hochschulen. Seine Aufwertung der natürlichen Vernunft wirkte weiter bis in das „Natürliche System" des 17. Jh.s.

Diese dt. Schulphilosophie ist unbedeutend. Sie hält die aristotelische Tradition der mal. Scholastik aufrecht. So vermag die Philosophie der Reformationszeit der Dichtung keine unmittelbaren Anregungen zu geben. Eine gewisse Nachwirkung mochte die Lehre vom Schönen haben, welche zuerst der reformierte Theologe Bartholomäus Keckermann vertreten hat: im Unterschied zum Guten, das Gegenstand des Strebens und daher immer von einem Gefühl der Unerfülltheit begleitet ist, erweckt das Schöne vollkommene Freude (delectatio). Jacob Martini in Wittenberg veröffentlichte 1618 seinen *Vernunftspiegel*, das erste Werk der Schulphilosophie in dt. Sprache. Für die philosophische Dichtungstheorie der Poetiken schuf Julius Caesar Scaliger eine fast zwei Jh.e lang in ganz Europa maßgebende Tradition, welche den Zusammenhang mit der antiken Rhetorik und Poetik herstellt. Sie reicht in Deutschland über Opitz bis zu Gottsched und Bodmer, ihr Einfluß in Deutschland wurde erst durch Baumgarten und Lessing gebrochen.

Ursprüngliches Philosophieren ist damals nur in einigen Randfiguren lebendig gewesen. Sie lösten sich jedoch keineswegs von der christlich-kirchlichen Autorität, sondern interpretierten sie höchstens in ihrem Sinne um. Unter den Zeitgenossen Luthers ist hier vor allem Theophrastus P a r a c e l s u s zu nennen, der leidenschaftlich der empirischen Wirklichkeit zugewandte Arzt und Naturforscher, in seinen dt. Schriften von urtümlicher Sprachgewalt. A g r i p p a   v o n   N e t t e s h e i m mit seiner zur Magie neigenden Weltgeistphilosophie begegnet uns, durch Emanuel Swedenborg vermittelt, in den ersten Monologen von Goethes *Faust*, während dessen spätere Verzweiflung an der Wissenschaft ihr Urbild in Agrippas Schrift *Von der Eitelkeit der Wissenschaften* hat. Johannes R e u c h l i n wurde auf einer zweiten Italienreise mit den Geheimnissen der Kabbala vertraut. In der Form einer antirationalistischen Glaubensphilosophie, jedoch auf der Grundlage neuplatonischer Metaphysik, lehrt er nun eine christliche Magie, deren Wunder sich dem Gläubigen eröffnen, der für die göttliche Gnade empfänglich ist. Bei ihnen allen finden sich Ansätze einer christlichen Naturphilosophie. Eine zweite Gruppe bilden die protestantischen Mystiker dieses Zeitalters, zunächst Sebastian F r a n c k und Valentin W e i g e l. Der bedeutendste ist der letzte unter ihnen, Jacob B ö h m e. Seine Philosophie, die gewissermaßen unterirdisch an der Ausbildung der klassisch-romantischen Weltanschauung beteiligt ist, geht aus von einer Grunderfahrung: alles, was ist, ist in sich gegensätzlich, und nur so vermag es überhaupt zu erscheinen und sich zu offenbaren. Selbst Gott hat seinen von ihm unterschiedenen Ungrund, auch in ihm steht Kraft gegen Kraft, ist der erste und anfangslose Wille des Vaters unterschieden von dem „faßlichen" Willen des Sohnes, und erst im Geist finden beide ineinander. Ebenso steht aber in Gottes Schöpfung das ursprüngliche Dunkelwort der ewigen Begierde gegen das Lichtwort des göttlichen Sohnes, und erst aus diesem sich dann auf mannigfache Weise differenzierenden Gegeneinander fügt sich schließlich die volle Natur, die bei Böhme wiederum in einer Stufenordnung nach Art des Neuplatonismus gedacht ist. Von diesem unterscheidet sich Böhme allerdings, sofern er den Menschen der Freiheit ausgesetzt denkt, sich im Wissen um die Realität des Bösen gegen Gott entscheiden zu können. Durch ihre wortschöpferische Genialität haben diese Mystiker auch die Sprachentwicklung wesentlich beeinflußt. So greift vor allem Böhme nach mythischen Bildern, aber er beruft sich zugleich auf die umgebende Natur und auf die Erfahrung. Er ignoriert hergebrachte philosophische Methodik und bemüht sich stattdessen selbständig um scharfsinnige begriffliche Unterscheidungen. In der Art seiner Darstellung wie in seiner Sprache ist er der Dichtung unmittelbar benachbart, und auch seine Einsichten kommen aus einer Schau, welche der dichterischen Anschauung verwandt erscheint. Von Böhme ist im 18. Jh. Friedrich Christoph Oetinger ausgegangen, der sich von dessen Naturmystik her gegen den Spiritualismus von Leibniz wandte; über ihn wurden dann im 19. Jh. vor allem Franz v. Baader und Schelling, aber auch Hegel und Schopenhauer von Böhmes Denken ergriffen.

Zum Ganzen: Ernst B e r g m a n n a. a. O. (über Nicolaus Cusanus, Paracelsus, Agrippa v. Nettesheim, Reuchlin). Will-Erich P e u c k e r t, *Pansophie* (1936; 2., überarb. u. erw. Aufl. 1956). — Zu Scaliger: Michael L a n d m a n n, *Die absolute Dichtung* (1963) S, 179–188: *Kant u. Scaliger.* — Zu Paracelsus: Will-Erich Peuckert, *Theophrastus Paracelsus* (1941; 3., verb. u. verm. Aufl. 1944). — Zu Böhme: Hans G r u n s k y, *Jakob Böhme* (1956; Frommanns Klassiker d. Philosophie 34).

§ 4. Erst L e i b n i z hat die Tradition der dt. Schulphilosophie in einem eigenständigen Denken aufgenommen und mit der damals in Frankreich und England blühenden Weltphilosophie verbunden und so das dt. philosophische Denken in die Welt eingeführt. Seine Auseinandersetzung mit dem Empirismus John Lockes und mit dem Skeptiker Pierre Bayle sind die dafür entscheidenden Taten. Die Schriften, mit denen er sie vollbracht hat, sind noch in franz. Sprache abgefaßt. Gleichzeitig trat jedoch in den Werken des Leipziger Juristen und Philosophen Christian Thomasius eine nationale Wissenschaftssprache ins Leben.

Leibniz bemüht sich um die Versöhnung von Wissen und Glauben, von traditioneller und neuer Philosophie, von mechanistischer und teleologischer Weltauffassung in einem Idealismus, welcher sowohl die durch Descartes philosophisch begründete mechanistisch-kausale Naturerklärung wie andererseits die Möglichkeit des Wunders in sich enthält: Wahrnehmung und Empfindung sind weder Grund noch Ursprung von vernünftiger Einsicht, die ewigen Wahrheiten sind vielmehr in unserem vernünftigen Geist ursprünglich angelegt, und so können wir auch das nur durch Erfahrung zugängliche Reich der Tatsachen in seinem Zusammenhang nur erforschen, indem wir das der Vollkommenheit Gottes Angemessene zum Leitfaden seiner vernünftigen Durchdringung nehmen. Leibniz vertritt also eine rationale Ph. mit entschieden wissenschaftlicher Tendenz. Aber sie steht nicht im Widerspruch zu Geist und Leben der Dichtung. Vielmehr sind Vorgehen und Ergebnisse der Wissenschaft hier so gedeutet, daß sie weder zum Atheismus noch zur Absage an die mythische Welt der Religion nötigen. Die Welt der Natur und die Welt der Gnade sind harmonisch aufeinander bezogen. Das heuristische Prinzip seiner Naturerklärung ist die Teleologie, also die Frage nach dem Zweck. Sie weist den kürzesten Weg zu dem von der Natur jeweils Erstrebten. Daß aber in der Tat die Natur so vorgeht, verweist uns auf Gott als ihren Urheber. In dieser Naturanschauung sind Innen und Außen stets aufeinander bezogen. Ihre Grundkategorie ist der Begriff der Kraft, der aus der inneren Anschauung unser selbst als lebendiges Wesen seinen Sinn erhält. Kraft ist also etwas Immaterielles, dem Seelisch-Geistigen Verwandtes. Die immateriellen Kräftepunkte hat Leibniz Monaden genannt. Sie sind unzerstörbar, nur ihre Kombination zu bestimmten Lebewesen löst sich mit dem Tode wieder auf. So verbindet sich die unsterbliche menschliche Seele im Leben vorübergehend mit einem Leibe. Die Monaden-

lehre ermöglichte Leibniz eine rationale Begründung der Unsterblichkeitslehre, sie gestattete ihm aber weiter, die Grundmotive des Neuplatonismus in sein Weltbild aufzunehmen: Gott, mit seiner Schöpfung und vor allem mit dem Menschen, seinem vornehmsten Geschöpf, ursprünglich verwandt, ist die Urmonade. Nach dem von ihm verordneten Weltplan stehen aber auch alle anderen Wesen bis zur leblosen Materie mit ihm in einem wohlgeordneten Lebenszusammenhang, der prästabilierten Harmonie. Damit hat Leibniz das durch die neue Naturwissenschaft unsicher gewordene Selbstverständnis des Menschen auf neue Weise begründet und dessen sinnvolle Einordnung in den Kosmos gedanklich möglich gemacht. An diese Lehre konnte die dt. Klassik unmittelbar anknüpfen. Die Dichtung der Aufklärung stand aber vor allem unter dem Eindruck von Leibniz' Theodizee. Deren Wahrheiten sind, wie Leibniz erklärt, wegen unseres endlichen Verstandes zwar übervernünftiger, aber nicht widervernünftiger Natur. Gott wählt kraft seiner Weisheit aus allen möglichen Welten stets die beste. In ihr vereinigt sich die größte Mannigfaltigkeit mit der größten Ordnung, sind Ort, Raum und Zeit am besten ausgenutzt, wird die größte Wirkung auf dem einfachsten Wege hervorgebracht, finden sich bei allen Geschöpfen Macht, Wissen, Glück und Güte in der höchsten Potenz, welche das Universum fassen konnte. Das gilt sogar gegenüber den Übeln: auch sie sind von Gott vorhergesehen. Sie begegnen uns als Beschränkungen durch die Endlichkeit, als Leiden, die jedoch stets höheren Zwecken dienen, und als Sünde, welche das Gute hervorruft und das Versöhnungswerk Christi auslöst. Mit dieser Lehre hat Leibniz den Optimismus als Weltanschauung begründet. Sein Denken hat vor allem über die Vermittlung von Christian Wolff weitergewirkt. Unmittelbar hat Albrecht v. Haller auf ihn zurückgegriffen, dessen große Versepen in Kant einen besonderen Verehrer fanden.

Gottfried Wilhelm L e i b n i z , *Monadologie* (1714) und *Theodizee* (1710). Dietrich M a h n - k e , *Leibniz u. Goethe* (1924; Weisheit u. Tat 4). *Gottfried Wilhelm Leibniz. Vorträge d. aus Anlaß s. 300. Geburtstages in Hamburg abgeh. wiss. Tagung* (1946). Kurt H i l d e b r a n d t , *Leibniz u. d. Reich d. Gnade* (den Haag 1953) —Zuverlässige Referate über Lehre u. Schriften der einzelnen Denker bis Schopenhauer in: Joh. Ed. E r d m a n n, *Versuch einer wissenschaftl. Darstellung der Geschichte d. neueren Philosophie.* Bd. 1-7 (1931-1934). Weiterführende Darstellung: Wilh. W i n d e l b a n d, *Die Geschichte d. neueren Philosophie in ihrem Zusammenhange mit der allg. Kultur u. d. besonderen Wissenschaften.* Bd. 1. 2. (7. Aufl. 1922); hier über Leibniz Bd. 1, S. 454-505.

§ 5. A u f k l ä r u n g ist nach den Worten Kants der Appell an den Menschen, sich seiner geistigen Mündigkeit bewußt zu werden und sich der in ihm schlummernden Kräfte seines eigenen Verstandes zu bedienen. Notwendig bekommt auch die Dichtung etwas den Charakter lehrhafter Programmatik, welcher besonders der Wissenschaft und Ph. dieses Zeitalters eignet. Die poetische Besinnlichkeit wird dadurch zur Reflexion auf die dem dichterischen Tun gemäße Regelhaftigkeit.

Das Haupt der dt. Aufklärungsphilosophie ist Christian W o l f f. In umfassender Weise hat er das Recht der Vernunft gegen die Ansprüche der Glaubensautorität verteidigt. Methodisch hielt er am Rationalismus fest: nur eine formale Deduktion ermöglicht es, das Sein der Gegenstände wirklich zu erkennen. Den metaphysischen Tiefsinn von Leibniz hat er nicht begriffen. Von ihm ausgehend schuf Alexander Gottlieb B a u m - g a r t e n die erste Ästhetik im Sinne einer „philosophischen Theorie des Schönen". Zwar gehört diese auch in seiner Systematik zur Theorie des niederen Erkenntnisvermögens, der Sinnlichkeit, die nur das Verworrene und Niedere erfaßt. Aber das in der Erscheinung sich Darstellende und auch der Zauber eines Gedichts haben für ihn eine eigentümliche bildhafte Vollkommenheit. Nur ein „schönes Denken", ein Geschmacksurteil, vermag die Schönheit zu erfassen, während jede logisch-verallgemeinernde Erklärung, jede gedankliche Vereinfachung sie zerstört. Kunst und Dichtung werden so zum erstenmal als ein bedeutender Teil der menschlichen Erkenntnis verstanden. In ihre Erörterung hat Baumgarten auch das künstlerische Schaffen mit einbezogen und dessen schöpferische Potenz anerkannt. Wolff und Baumgarten haben auch die Ausbildung einer dt. philosophischen Terminologie entscheidend gefördert.

L e s s i n g ist der erste Deutsche, der zugleich als Dichter und als Denker geistesgeschichtliche Bedeutung besitzt. Im Anschluß an Aristoteles und in der Auseinandersetzung mit ihm kommt er zur Ausbildung einer neuen Poetik. Durch seine Interpretation der aristotelischen Lehre von den drei Einheiten des Dramas hat er die Dichtung von dem bisher gültigen klassizistischen Kanon befreit, er hat ferner die Theorie der Tragödie erneuert. Im Streit mit der offenbarungsgläubigen Theologie aber wird er zum Philosophen. Hinter dem von ihm proklamierten Vernunftchristentum steht eine optimistische Geschichtsphilosophie: wie er sich selbst als einen „Pädagogen zum systematischen Denken" verstand, so glaubte er auch an eine „Erziehung des Menschengeschlechts", in welcher Gott die Menschheit durch seine allmähliche Selbstoffenbarung zur religiösen Erkenntnis heranbildet, so daß sie schließlich instandgesetzt wird, die Religion reinen Herzens ohne Offenbarung in der Moral zu fassen. Im Sinne von Leibniz unterscheidet Lessing dabei zwischen zufälligen Geschichts- und notwendigen Vernunftwahrheiten. Endziel der Entwicklung ist eine natürliche Religion, ein „Christentum der Vernunft", welches das Prinzip der Toleranz in sich schließt. Lessings Auseinandersetzung mit der Theologie bedeutet also die Emanzipation vom Christentum in seiner bisherigen Gestalt, aber keine Absage an das Christentum überhaupt. Diese mit den Denkmitteln der Ph. errungene Position ist bestimmend geworden für die Weltanschauung der dt. Klassik.

Wie hierin, so ist Lessing auch in seinen ästhetischen Untersuchungen durch Moses Mendelssohn mitbestimmt worden. Seine Haltung gegenüber der theologischen Orthodoxie hat er sich vor allem erarbeitet in der Beschäftigung mit Leibniz, besonders mit dessen Theodizee, und mit Spinoza. Lessings Emanzipation von der theologischen Denkweise schuf so die Voraussetzung dafür, daß nunmehr, hundert Jahre nach seinem Tode, S p i n o z a s Ph. zu immer stärkerer Wirksamkeit gelangte. Neben der durchschlagenden Kritik, welche Spinoza an der positiven Religion und ihrem Offenbarungsbegriff geübt hat, schlug vor allem sein Pantheismus die Geister in Bann. Gott ist hier das absolut unendliche, ewige und notwendige Wesen, die Welt eine ewige Folge aus Gott. Diese Gott-Welt-Lehre suchte Lessing mit Leibniz' Metaphysik zu verknüpfen. J a c o b i sah in ihr die konsequenteste Form selbstbewußten Philosophierens, woraus für ihn freilich die vollständige Ablehnung aller Philosophie folgte. Und Goethe nennt Spinoza und Shakespeare die beiden, von denen die größte Wirkung auf ihn ausgegangen sei.

Im Gefolge des von Jacobi entfachten Streites um Lessings Religion wurde nach Lessings Tode der Pantheismus Spinozas zum Wahrzeichen der neuen Weltanschauung, zu welcher sich Goethe und Herder im Gegensatz zu Jacobi und Mendelssohn bekannten. Die Dichter der Klassik kamen dabei zur Leugnung eines persönlichen außerweltlichen Gottes, sie folgten jedoch Leibniz und Lessing in der Deutung der Welt als eines Prozesses lebendiger Kräfte, durch welchen Gott in unendlichen Verwandlungen gleichsam hindurchgeht. Dies gestattete ihnen, das Naturgeschehen dem Zusammenhang einer unverbrüchlichen göttlichen Gesetzmäßigkeit zu unterstellen, ohne darum die Möglichkeit menschlicher Freiheit im Gehorsam gegenüber dem Göttlichen in uns zu verneinen.

Zu Lessing: Christoph S c h r e m p f, *Lessing als Philosoph* (1906; 2. Aufl. 1921; Klassiker d. Philosophie 19). Wilh. D i l t h e y, *Das Erlebnis u. d. Dichtung* (8. Aufl. 1922) S. 17-174. Benno v. W i e s e, *Lessing. Dichtung, Ästhetik, Philosophie* (1931; Das wiss. Weltbild 8). — Zur Nachwirkung Spinozas: Friedr. Heinr. J a c o b i, *Über die Lehre des Spinoza, in Briefen an Herrn Moses Mendelssohn* (1785). Wilh. D i l t h e y, *Ges. Schriften.* Bd. 2 (1914) S. 391-415: *Aus der Zeit der Spinozastudien Goethes.* — Zu Wolff u. Baumgarten: Alfred B ä u m l e r, *Kants Kritik d. Urteilskraft.* Bd. 1 (1923).

§ 6. Die Geistigkeit der dt. K l a s s i k hat wesentliche Voraussetzungen in der Aufklärung. Sie ist aber auch nicht zu denken ohne die Kritik an der Aufklärung, welche in jeweils ganz verschiedener Weise Rousseau, in Deutschland Herder, Kant, Hamann und Jacobi geübt haben. In der Dichtung entsprechen dieser Denkbewegung in erster Linie die Tendenzen des Sturm und Drang; sie hat aber bis in die Romantik hinein weitergewirkt. Vor allem R o u s s e a u s Kulturkritik, mit der er sich gegen den Fortschrittsoptimismus der Aufklärung wandte, hat in der dt. Geistesgeschichte seine Spuren hinterlassen. Ihr Enthusiasmus war eindrucksvoll besonders durch die Abwendung von der Verstandeskultur, der gegenüber Gefühl und Natürlichkeit emporgehoben wurden. „Natur" wurde durch Rousseau zum Leitbegriff in den verschiedensten Bedeutungszusammenhängen. Die Innerlichkeit der eigenen Persönlichkeit aber wurde zum Thema nicht nur seiner eigenen Confessionen. Seinem Kulturpessimismus hielt der Glaube an das ursprünglich Gute im Menschen wie im Naturzustand der ganzen Menschheit die Waage; aus ihm fand Rousseau den Mut zu einer nach seinen eigenen Prinzipien gestalteten Erziehungslehre, welche ihm selbst und seinem Zeitalter auch für die gesellschaftliche Zukunft der Menschheit von größter Bedeutung schien.

Von einer zugleich theonomen und antirationalistischen Grundanschauung aus hat H a m a n n seine bedeutungsvolle Sprachtheorie entwickelt. In der menschlichen Sprache haben wir Zugang zur Sprache Gottes, welche sich in Natur, Geschichte und biblischer Offenbarung vernehmen läßt, und überhaupt ist Erkennen nichts anderes als ein Lesen in der anschaulich gegebenen Offenbarung Gottes. Nur das lebendige Wort der Gottheit konnte den Menschen zu Leben und Sprache erwecken, das menschliche Wort ist Abbild eines göttlichen Urbildes, und zwar zunächst als Poesie, die Hamann „Muttersprache des menschlichen Geschlechtes" nennt. Künstliche Eingriffe in die Sprache sind eine Verirrung, und da Vernunft nur vernehmen kann, wenn ihr eine Offenbarung vorhergegangen ist, so ist auch das Streben nach einer Vernunftreligion eine vergebliche Bemühung.

H e r d e r, der in seiner Jugend wesentliche Anregungen von Kant empfangen, sich aber später leidenschaftlich gegen ihn gewandt hat, ist in seinem eigenen Denken zunächst durch Hamann bestimmt worden. Wie dieser geht er aus von der Einheit von Vernunft und Sprache. Jedoch ist ihm die Sprache nicht einfach ein Geschenk der Götter, sondern zunächst ein künstlicher Sinn der Seele, die sich die Wirklichkeit in „Merkworten" vergegenwärtigt und in „Mitteilungsworten" sich den anderen kundgibt, wobei sie zunächst an die sinnliche Fülle der Naturlaute sich anschließt, um das dadurch Gewonnene dann durch Vernunft beständig vollkommener zu gestalten. Die auf getrennten Wegen sich bildenden Sprachen der Völker wachsen so alle aus einem Grund, für den auch Herder später eine gemeinsame, durch göttliche Offenbarung gestiftete Urüberlieferung annimmt. Hier ist der Ausgangspunkt von Herders Geschichtsphilosophie, welche für die Dichtung bedeutsam wird, auch durch ihr neues Verständnis des MA.s. Gegenüber Renaissance und Aufklärung setzt seine Kulturkritik ein. Später sieht Herder Kultur und Geschichte im Zusammenhang mit der Natur als eine einzige aufsteigende Reihe von Formen und Kräften, die ihr Ziel in der Entfaltung der Humanität und einer auf Billigkeit und Humanität gegründeten Wohlfahrt findet. Ähnlich wie Hamann hat auch Jacobi zugleich theistisch und antirationalistisch gedacht. Die in seinen Romanen dargestellte Harmonie von subjektiver Gefühlsgewißheit und objektiver Norm suchte er auch philosophisch zu begründen. Und wie nach seinem Programm die Philosophie, so ist auch die Dichtung berufen, „Dasein zu enthüllen".

Ganz anders als bei den vorgenannten Denkern war K a n t s Stellung zur Aufklärung. Er philosophiert mit dem Anspruch strenger Wissenschaftlichkeit, die Thesen seiner Ph. müssen sich rechtfertigen lassen vor dem Forum der Vernunft. Als Vernunft bezeichnet Kant das höchste menschliche Erkenntnisvermögen, dessen besondere Funktion die Ideenbildung ist. Er führt also einerseits die große, in Deutschland von Leibniz begründete Linie einer vernünftigen Ph. weiter, welcher die antirationalistischen Tendenzen widerstreiten. Das Entscheidende ist jedoch — und damit wird Kant zum Überwinder der Aufklärung — daß er die philosophierende Vernunft nunmehr, angesichts des unversöhnlich scheinenden Gegensatzes von Rationalismus und Empirismus, die Prüfung ihrer eigenen Möglichkeiten in Angriff nehmen läßt. Mit dieser Selbstkritik der Vernunft ist jene Ebene der Reflexion gewonnen, die im Zeitalter der deutschen Klassik und Romantik eine einzigartige innere Gemeinsamkeit von Dichtung und Philosophie ermöglicht hat.

Wie Kant einsichtig macht, hebt alle Erkenntnis zwar mit Erfahrung an, ohne jedoch darum auch ganz aus Erfahrung zu entspringen. Es gibt vielmehr einen Bestand von Erkenntnissen a priori, welche an der Konstitution unserer Erfahrung und damit unserer Erkenntnis entscheidend beteiligt sind. Dieser dann reich entfaltete Grundgedanke bezeichnet das Prinzip des „kritischen Idealismus". Für eine solche Philosophie, welche sich — eben als Kritik — „nicht sowohl mit Gegenständen, sondern mit unserer Erkenntnisart von Gegenständen, sofern diese a priori möglich sein soll, überhaupt beschäftigt", hat Kant die Bezeichnung „Transzendentalphilosophie" eingeführt. Von Bedeutung für das Einverständnis zwischen Ph. und Dichtung wurde besonders Kants Lehre vom Schematismus der Verstandesbegriffe und von der produktiven Einbildungskraft. Beide dienen der genaueren Bestimmung des Verfahrens, nach welchem sich Anschauung und Begriff in der Erfahrung vereinigen. Wir bringen nämlich nicht nur Begriffe zur Anschauung hinzu, sondern erzeugen durch das Ineinanderwirken der Formen der Anschauung mit den reinen Verstandesbegriffen, den Kategorien, bereits im vorhinein jeweils ein Schema, eine Regel, welche es uns ermöglicht, die konkreten Erfahrungsinhalte in einer gewissen Ordnung aufzufassen. Diese Lehre ließ sich unschwer im Blick auf die dichterische Einbildungskraft, die Phantasie erweitern und mit Kants Ideenlehre verbinden. Kant hat sie zunächst für die Ethik fruchtbar gemacht: Die Bindung der Erkenntnis an die Erfahrung schließt nicht aus, daß die Vernunft mit den ihr eigenen Begriffen, den Ideen, über den Bereich der Erfahrung hinausstrebt. Das Recht dazu wird ihr durch die Vernunftkritik zuerkannt, sofern sie dabei ihre Grenzen erkennt und ihre Ideen als regulative, nicht aber als konstitutive Prinzipien gebraucht. So haben die Begriffe eines Welturhebers oder der menschlichen Freiheit zwar keine gegenständliche, durch Erfahrung realisierbare Bedeutung, aber darum doch innerhalb der praktischen Ph., der Ethik, durchaus ihre Berechtigung. Sie sind Begriffe des Glaubens, deren Möglichkeit ein selbstkritisches Wissen nicht in Abrede stellen kann. Innerhalb der praktischen Ph. wird also die Vernunft spontan und konstitutiv, so vor allem im kategorischen Imperativ, in der Betätigung ihrer Entscheidungsfreiheit nach dem „Du sollst" des Gewissens. Mit dieser Lehre von der tätigen Selbstprüfung der praktischen Vernunft hat Kant seinem Zeitalter ein neues Verständnis des Gewissensbegriffs ermöglicht. Dagegen haben viele, unter ihnen Goethe, ihm leidenschaftlich widersprochen, als er später seine Lehre vom radikalen Bösen, d. h. von der ursprünglichen Verderbtheit der menschlichen Natur hinzufügte.

Zu Rousseau: Richard F e s t e r, *Rousseau u. d. dt. Geschichtsphilosophie* (1890). Paul H e n s e l, *Rousseau* (1907; 3., durchges. Aufl. 1919). Wolfgang R i t z e l, *J. J. Rousseau* (1959; Urban-Bücher 37). — Johann Georg H a m a n n, *Kreuzzüge eines Philologen* (1762) und *Metakritik über den Purismus der Vernunft.* Hg. v. F. T. Rinck (1800). Hansjörg S a l m o n y, *J. G. Hamanns metakritische Philosophie.* Bd. 1 (Zollikon 1958). Rud. U n g e r, *Hamann u. d. Aufklärung.* 2 Bde (1911; 2., unveränd. Aufl. 1925). — Zu Herder: Theodor Litt, *Kant u. Herder als Deuter d. geistigen Welt* (1930; 2., verb. Aufl. 1949). — Zu Jacobi: Otto Friedr. B o l l n o w, *Die Lebensphilosophie F. H. Jacobis* (1933; Göttinger Forschungen 2). — Zu Kant: Ernst C a s s i r e r, *Kants Leben u. Lehre* (1918). Wilh. W i n d e l b a n d a a. O. Bd. 2, S. 1-182. Heinrich R i c k e r t, *Kant als Philosoph d. modernen Kultur* (1924).

§ 7. Nicht minder bedeutsam als die Gegenbewegungen zur Aufklärung war für die Entstehung der dt. Klassik die Wiederaufnahme der neuplatonischen Tradition, die bereits um die Wende des 18. Jh. durch S h a f t e s b u r y geschah. Seine Gedanken kamen aber erst jetzt eigentlich zur Wirkung. Besonders das neue Selbstverständnis der Dichtung, welches dann in der Klassik seinen Höhepunkt erreicht, wurde dadurch vorbereitet. Wie bei Leibniz ist auch für Shaftesbury bestimmend der Gedanke der durchgehenden Harmonie, welche das Weltall durchwaltet. Er wird bei ihm zum Ausdruck einer enthusiastisch ergriffenen inneren Grunderfahrung. Die in der Welt zunächst sich aufdrängenden Gegensätze und Dissonanzen — Shaftesbury nennt das Nebeneinander von Lust und Schmerz, Schönheit und Häßlichkeit, Gut und Böse — vereinigen sich in dieser Weltharmonie zu einem Ganzen von vollkommener Schönheit. So kommt es zur Ausbildung einer ästhetischen Weltanschauung, einer Frömmigkeit, welche die Natur selbst als das größte, aber auch das einzige denkbare Wunder erfährt. In seinem *Naturhymnus,* mit dem er an Giordano

Bruno anknüpft, hat Shaftesbury vorweggenommen, was später bei Goethe lebendig wurde. Auch menschlichem Streben kann nur die Harmonie als Ziel gesetzt sein: Tugend ist vollkommene innere Ausgeglichenheit, sie ist vor allem Gleichgewicht zwischen Geselligkeits- und Selbstbehauptungstrieb und damit die vollkommenste Weise der Schönheit. Andererseits hat Shaftesbury die Eigenständigkeit des Ästhetischen mit besonderer Entschiedenheit behauptet: der ästhetische Geschmack, bisher als Form des niederen Erkenntnisvermögens erklärt, ist etwas anderes als ein Gefallen an sinnlichen Reizen. Sein Gegenstand aber, das Kunstwerk, die Dichtung, ist das Wunder einer „Zweiten Schöpfung", in welcher alles miteinander im richtigen Verhältnis steht, ist die Hervorbringung eines Genies, das selbst von Harmonie und Tugend erfüllt ist.

Der Holländer Frans H e m s t e r h u i s hat diese ästhetische Weltansicht in der zweiten Hälfte des 18. Jh.s weiterentwickelt. Auch er sieht den schöpferischen Menschen in Analogie zu Gott. Aber im Grunde ist er Mystiker: der Mensch ist Gottes eigenstes Werk, und so ist Selbsterkenntnis in Wahrheit Gotteserkenntnis und zugleich Zentrum aller Welterkenntnis. Ihr Medium ist die Empfindung, und darunter versteht Hemsterhuis die Empfänglichkeit für die Harmonie im Ganzen der Schöpfung. Diese und alle Harmonie, auch die moralische, ist aber nicht ohne innere Gegensätzlichkeit. So ist Schönheit, ist vor allem die Dichtung genau wie für Shaftesbury gespannte Harmonie. Das Ästhetische wird so zum Weltgefühl: die Seele ist ein Saitenspiel, das sich selbst empfindet in der Wahrnehmung der leisen Schwingungen der Weltbeziehungen. Aus dem ursprünglichen Verhalten der Seele entspringt der Enthusiasmus für das Gute wie für das Schöne, ein Vermögen der Form, dessen tiefsten Ausdruck Hemsterhuis in der Musik erkennt. Dieser Enthusiasmus ist unendliches Verlangen, Sehnsucht nach dem All-Einen, Gefühl und Erkennen einer letzten Identität. Freilich ist die Erkenntnis dieser Zusammenhänge den Menschen heute zumeist verborgen, jene Sehnsucht lebt nur noch unbewußt in ihnen. Aber wie einst im goldenen Zeitalter die Seele die Organe dafür besaß, so muß sie sich diese heute wieder zueignen, um ihre Stellung im Kosmos wiederzufinden. Herder, der ihn persönlich kannte, und Schiller, vor allem aber die Romantiker haben an diese Weltsicht angeknüpft.

Anthony Ashley-Cooper, 3. Earl of S h a f t e s b u r y, *A Letter concerning Enthusiasm* (1708) und *The Moralists* (1709). Christian Friedr. W e i s e r, *Shaftesbury u. d. dt. Geistesleben* (1916). — Zu Hemsterhuis: Erwin K i r c h e r, *Philosophie d. Romantik* (1906) S. 7-34. Nicolai H a r t m a n n, *Die Philosophie d. dt. Idealismus.* Bd. 1 (1923) S. 190-198.

§ 8. Erst in der Klassik wurden die Gedanken der europäischen Ph. seit Spinoza und Leibniz von der dt. Dichtung wirklich aufgenommen. Aber nicht nur dies: aus der Phasenverschiebung, welche bis dahin in der Rezeption der Philosophie durch die dt. Dichtung zu beobachten ist, wird nunmehr die Gleichzeitigkeit lebendiger Wechselwirkung. Ph. und Dichtung bewegen sich nun nicht mehr, wie bisher, auf getrennten Bahnen, um sich nur gelegentlich zu berühren, sondern sie bilden bei aller Mannigfaltigkeit, ja Gegensätzlichkeit ihres Verhältnisses im einzelnen eine geistesgeschichtliche Einheit — mögen sich auch die einzelnen Persönlichkeiten vornehmlich als Dichter oder als Denker fühlen und deklarieren. Es ist die „Deutsche Bewegung" (H. Nohl) in welcher dieses einzigartige geschichtliche Phänomen sich verwirklicht. Das aus dem eigenen Können genährte Selbstbewußtsein der Dichtung vereinigt sich in dieser Epoche auf einmalige Weise mit einer der Ph. adäquaten Höhe gedanklicher Reflexion. So begegnen wir hier einer Reihe von großen Deutschen, welche Denken und Dichten in fast ebenbürtiger Weise in sich vereinigen. Sie wird eröffnet bereits von Lessing, sie setzt sich fort in Herder, in Goethe und Schiller, in Schlegel und Novalis. Weimar und Jena werden zum Lebenszentrum des dt. Geistes, in welchem gleichzeitig die klassische dt. Dichtung und die klassische dt. Philosophie sich entfalten. Fichte, Schelling und Hegel stehen mit den Großen von Weimar in lebendigem Gedankenaustausch, deren Dichtung ist ihnen gegenwärtiger Besitz; dadurch angeregt, suchen sie gelegentlich selbst ihren Ideen dichterischen Ausdruck zu verleihen.

Schon das neue Selbstgefühl der dt. Dichtung wurde im Bunde mit der Ph. errungen. Es verdankt seine Entstehung wesentlich der Emanzipation von der christlich-theologischen Tradition. In der dadurch gewonnenen Freiheit bildet sich nun, wiederum unter Mitwirkung der Ph., eine eigene Denktradition, durch welche die Vorstellungen von Welt, Mensch und Gottheit bestimmt sind. Der Gehalt einer solchen dogmenfreien Gesamtanschauung kann freilich nicht ein für allemal festgelegt sein, sie hat verschwimmende Konturen, und sie wird auch nicht notwendig immer als ein Ganzes artikuliert. Was davon zur Aussage kommt, entspricht insbesondere innerhalb der Dichtung einer jeweils spezifischen Erfahrung, ohne daß sich die einzelnen Aussagen immer zu einem Weltbild von logischer Geschlossenheit zusammenfügen. Die philosophische Reflexion gelangt dank der ihr eigentümlichen Systematik leichter zu solcher Geschlossenheit. Auch entwickelt sich aus ihrer besonderen Weise der gedanklichen Durchdringung bei aller Gegensätzlichkeit eher eine die einzelnen Denker verbindende Kontinuität. Gleichwohl kann man von einer Weltanschauung der dt. Klassik reden, welche die Dichter und Denker dieser Epoche verbindet.

Die Voraussetzungen für diesen nunmehr erreichten Gleichklang waren also von beiden Seiten her gegeben. Die Dichtung hatte über die klassizistische Regelhaftigkeit hinaus zu der klassischen, aus der Kraft des dichterischen Genius entspringenden Formbestimmtheit gefunden, und die Ph. ihrerseits konnte der Dichtung für die in ihr lebendige Reflexion die nötigen Kategorien bereitstellen, da sie sich inzwischen selbst über die Sphäre rationalistischer Verständigkeit erhoben hatte. Dieser Vorgang kommt zu voller Entfaltung bei den großen Vertretern des Deutschen Idealismus. Aber bereits Kant, dem das Verständnis für das Wesen der klassischen Dichtung noch verschlossen blieb, hat doch durch seine Bestimmung des Begriffes „Vernunft" dazu beigetragen, diese gemeinsame Basis des Dichtens und Denkens herauszubilden; seine darüber noch hinausführende Theorie der Urteilskraft erhellte, wie wenigstens Goethe sie verstand, den gemeinsamen Ursprung von Kunst- und Naturerzeugnissen. In besonderer Weise aber kam er der Klassik entgegen mit seiner Lehre vom Genie: es ist **nicht an Regeln gebunden,** es schreibt vielmehr der Kunst die Regel vor und handelt dabei aus schöpferischer Freiheit; zugleich aber ist sein Schaffen unbewußt wie das der Natur, und es weiß darum die Regel nicht anzugeben, nach welcher es selbst produziert. Schiller hat diesen Grundgedanken von Kants Ästhetik aufgenommen, indem er Schönheit als in der Erscheinung sichtbare Freiheit in der Gesetzmäßigkeit verstand.

Ausdruck der Gemeinsamkeit von Ph. und Dichtung waren aber vor allem die Schlüsselworte 'Natur' und 'Geist'. Für das darin sich ankündigende Weltverständnis wurde der Übergang vom kritischen Idealismus Kants zum spekulativen Idealismus von besonderer Bedeutung, den F i c h t e in seiner *Wissenschaftslehre* von 1794 vollzogen hat. Fichte suchte Natur und Geist als Einheit zu begreifen, indem er beide zu Objektivationen des absoluten Ich erklärte. In ihrer Einseitigkeit sprengte diese Konzeption freilich die Harmonie von Ich und Welt, welche dem Weltgefühl der Klassik entsprach. Erst in der romantischen Dichtung fand sie ihren Widerhall, während Goethe sich entschieden von ihr abwandte. Nur in der ironischen Gestalt des Baccalaureus in *Faust II* ist sie bei ihm vertreten. Von Fichte ausgehend vollzog jedoch S c h e l l i n g die „Rückkehr der Goethezeit zu ihrer ursprünglichsten Idee ‚Natur'" (Korff). Er erwarb sich damit G o e t h e s besondere Sympathie, der sogar daran dachte, ihm die Ausführung eines geplanten großen Lehrgedichts über die Natur anzuvertrauen, die dann freilich nicht zustande kam. Ganz in Goethes Sinn begriff Schelling die Natur als eine organische Einheit, in deren unendlichen Gestaltungen und Wandlungen ein geheimnisvolles Wesen nach Leben drängt und sich in einem großen Stufenbau entfaltet. Der Geist aber steht dieser Natur nicht fremd gegenüber, er erscheint vielmehr in ihr in bewußtloser Gestalt, um sich in einem ungeheuren Prozeß zu seiner eigensten selbstbewußten Form zu entwickeln: Natur als sichtbarer, wenn auch unbewußter Geist, Geist als unsichtbare, weil bewußt gewordene Natur. So kommt Schelling zur Ausbildung seiner Lehre von der Weltseele, welche dieses gegliederte All durchflutet. Der Begriff, zunächst konzipiert von Herder und Franz von Baader, wurde dann wiederum von Goethe aufgenommen, der darin sein eigenes Naturgefühl zum Ausdruck brachte. Er bezeichnet aber zugleich einen Ausgangspunkt des romantischen Naturverständnisses, welches vor allem an die darin sich ankündigende Entdeckung des Unbewußten anknüpft.

Mit der Ausbildung der Naturphilosophie überwand Schelling die noch in *Faust I* ausgesprochene Erfahrung der Ohnmacht gegenüber dem All: „Nicht mehr in der enthusiastischen Schau des Alls noch in der unmittelbaren Selbstanschauung können sich Ich und All vereinen", sondern das Selbst übernimmt hier „den Weg durch alles Endliche hindurch, um die eigene Freiheit wiederzufinden" (J. Hoffmeister). Es ist derselbe Weg, den Goethe bei seiner Naturforschung, den auch die heute wieder positiver gewürdigte romantische Naturwissenschaft einschlug. Überhaupt waren dichterische Naturbetrachtung, Naturphilosophie und Naturwissenschaft damals keine Gegensätze, sie standen in regem Austausch miteinander. Und wer sich mit der Natur befaßte, hatte dabei gegenwärtig, daß er hier mit Göttlichem umging: dem „Deus sive natura" Spinozas, das Goethe als „Gott-Natur" in seiner Dichtung wiederholt hat.

Durch ihre Leitbegriffe Polarität und Steigerung steht Goethes Naturbetrachtung in engster geistiger Verbindung mit Schellings, aber auch mit Hegels Naturphilosophie. Der Begriff der Steigerung, angeregt zunächst durch Herder, führt Goethe dann zu seinem Grundprinzip, der Metamorphose. Im Begriff des Urphänomens aber war er besonders mit Hegel im Einverständnis. In Schellings Identitätsphilosophie (*Bruno, Methode des akademischen Studiums*) findet dann der Pantheismus der Goethezeit seine umfassendste philosophische Formulierung: Aufhebung des Dualismus zwischen Gott und Welt, Seele und Leib, Subjekt und Objekt, Idee und Wirklichkeit, das war der Grundgedanke. Die Identität wird so zum weltanschaulichen Symbol, das durch die Methode philosophischer, erkenntniskritisch begründeter Spekulation gerechtfertigt erscheint. Gleichzeitig wird hier in veränderter Gestalt die seit der Mystik lebendige neuplatonische Denktradition in einer die Ph. wie die Dichtung übergreifenden Weise wiederaufgenommen.

Wenn aber die Dichtung der Klassik mit der Ph. die außerordentliche Kraft der Reflexion gemeinsam hat, so ist sie darum doch nicht durchwegs „Ideendichtung" (Korff). Das ist sie eigentlich nur bei S c h i l l e r. Sein Dichtertum ist bestimmt durch die Spannung zwischen der wachen Impulsivität seines Wesens (Schiller nennt sie: sinnlicher Trieb) und verantwortlicher, ideell bestimmter Vernunft. Seine starke und ursprüngliche Reflexivität ließ ihn stets den Umgang mit der Philosophie suchen. Durch sie erkannte er in seinem persönlichen ein allgemeines Problem: die Spannung zwischen der Ursprünglichkeit der menschlichen Natur in ihrem vielfältigen Drang nach Entfaltung und dem Sittengesetz. Denkend sucht Schiller zunächst die Versöhnung durch eine ästhetische Erziehung, welche die sinnliche Natur des Menschen emporbilden soll zur sittlichen, er sieht das erlösende Prinzip in der Schönheit, der Kunst, weil sie allein unser ganzes Wesen zu erfassen und uns so erst das Gefühl vollen Menschentums zu geben vermag. Universal gedacht, ist das freilich nur ein Fernziel der Kulturentwicklung und darum nur die halbe Wahrheit. Jene Spannung bleibt bestehen im Dasein des einzelnen, hier zeigt sie sich sogar erst in ihrer ganzen Schwere. Die Idee der inneren Freiheit, welche sich durch Harmonisierung der widerstreitenden Lebenstendenzen in der Schönheit verwirklichen soll, muß im täglichen Leben und seinen realen Konflikten behauptet werden. Hier erst, in dieser Sicht, wird sie in ihrer Erhabenheit offenbar. So kommt Schiller zu seiner Lehre vom Erhabenen und damit zur Gewißheit von der Möglichkeit eines höheren Lebens gegenüber dem gemeinen Dasein. Diese Gewißheit feiert ihre höchsten Triumphe gerade im tragischen Konflikt. Den Ansatz zu diesem Begriff des Erhabenen hat Schiller bei Kant gefunden. Aber erst er hat ihn bis zur Höhe des Tragischen gesteigert. Überhaupt ist Schiller der einzige Denker dieser Epoche, der sich mit dem Wesen des Tragischen befaßt hat.

Schillers Idee der inneren Freiheit in ihrer Doppelgestalt des Schönen und des Erhabenen gehört in den größeren Zusammenhang des Humanitätsbegriffs. Humanität ist eine der Leitideen, in denen Dichter und Denker dieser Epoche verbunden waren. Herder hat sie noch religiös unter Berufung auf die Gottebenbildlichkeit des Menschen begründet, Kant faßte sie philosophisch: es macht die Würde des Menschen aus, daß er die Möglichkeit hat, sich frei für das Gute zu entscheiden; dadurch ist er Zweck an sich selbst, der nie zum bloßen Mittel herabgewürdigt werden darf, ist er zugleich Bürger der übersinnlichen Welt. Aber schon Goethe wandelt diesen Gedanken ab zum Recht der Individualität, dem eigenen, individuellen Gesetz zu gehorchen. Die Idee der H u m a - n i t ä t hat jedoch für die Klassik wie bereits in der Aufklärung eine universale, über das Individuum hinausweisende Bedeutung. Sie führt zum Entwurf einer Rechtsordnung, wie sie sein soll — bei Kant, bei Fichte, in Schillers Dramen, in seinen *Briefen über die ästhetische Erziehung*. Unter dem Eindruck der Wirren der franz. Revolution erkennen sie freilich alle mehr oder weniger deutlich, daß die Humanität nicht Folge, sondern vielmehr Voraussetzung einer wahren Gemeinschaftsordnung sein muß. So kommt es zu dem seit Lessing von Dichtung und Ph. immer wieder neu gefaßten Gedanken der Erziehung. Es ist ein Lieblingsgedanke der Aufklärung, der hier in vertiefter Weise aufgegriffen wurde, und er entspringt hier wie dort dem Bewußtsein der Autonomie des Menschen. Der von den Bindungen der Tradition emanzipierte Mensch bedarf der Selbsterziehung, und ebenso bedarf ihrer die Menschheit insgesamt. Das Ziel aber, das dabei angestrebt werden soll, ist die Humanität, und die Menschheit auf dem Wege zu diesem Ziel — das wird in der Klassik zum Thema der Reflexion über die kommende Geschichte, in der Dichtung ebenso wie in der Philosophie. Das Ziel ist der freie Mensch, aber es ist erreichbar nur durch die Bindung an ein inneres Gesetz. Weltgeschichtlich gesehen aber ist das Ziel ein humanes Weltbürgertum, wobei schon Herder, aber auch Schiller und der spätere Fichte im Volkstum, in der Nation den Boden der humanen Kultur gesehen haben. Denn aus dem neuen Selbstbewußtsein der dt. Dichtung und der dt. Ph. entstand nunmehr auch ein neues N a t i o n a l b e w u ß t - s e i n, das durch die Erkenntnis der Eigenart von Volkstum und Sprache, auf die

Herder und dann vor allem W. v. Humboldt hingewiesen haben, weiter vertieft wird, um sich später in der Romantik voll zu entfalten.

Einen eigenen Weg ist, dichtend und denkend, innerhalb der Klassik H ö l d e r l i n gegangen. Von dem idealistischen Ausgangspunkt, den er mit Schelling und Hegel gemeinsam hatte, wobei er den beiden Freunden philosophisch wohl sogar ein Stück voraus war, hat er sich mehr und mehr entfernt. Zum Christentum fand er später von einer originalen Erfassung des Griechentums aus ein neues, wesentlich geschichtsphilosophisches Verhältnis. Seine gedankenträchtige und tief religiöse Dichtung ist begleitet von philosophischen Reflexionen hohen Ranges. Sie kreisen um das Ideal der Schönheit und des schönen Lebens und zugleich um dessen Tragik in der gegenwärtigen Weltzeit: während das Griechentum der heiligen Schönheit der Natur erschlossen war, ist die gegenwärtige Menschheit in die Nacht der Barbarei versunken, aus der sie nur die Wiederkunft der Götter erlösen kann. Ansätze zu einem eigenartigen Philosophieren zeigen sich auch bei J e a n   P a u l . Er führt eine lebhafte Polemik gegen Fichte, den er wegen seines radikalen subjektiven Idealismus zum „Nihilisten" erklärt. Wie kongenial er aber mit den Denkmitteln Kants und Fichtes umzugehen weiß, zeigt vor allem seine Bestimmung des Humors: er entsteht, wenn wir das Reale an idealen Maßstäben messen, wenn wir uns also über den Bereich des bloßen Verstandes oder seines Gegenspielers, des Unverstandes erheben, der uns im Komischen und im Lächerlichen begegnet. Zu dieser Erhebung gehört aber, daß wir uns selbst ebenfalls in diesem Verhältnis sehen: die Selbstironie.

Die Beziehungen von Philosophie und Dichtung in diesem Zeitraum umfassend dargestellt bei: Hermann August K o r f f , *Geist der Goethezeit*. Bd. 1-4 (1923-1953). Wilhelm W i n d e l b a n d a. a. O. Bd. 2. Ders., *Die Philosophie im deutschen Geistesleben des 19. Jh.s* (1909; 3. Aufl. 1927). Nicolai H a r t m a n n a. a. O. Bd. 1 (vor allem: *Fichte*), Bd. 2: *Hegel* (1929). Hermann Z e l t n e r , *Schelling* (1954; Frommanns Klassiker d. Philosophie 33). — Für die Beziehungen zwischen den einzelnen Dichtern und Denkern vgl. vor allem die Briefausgaben; dazu ferner: Goethe über seine Beziehungen zur Philosophie der Zeit in den beiden Aufsätzen *Anschauende Urteilskraft* und *Einwirkung der neueren Philosophie*, zuerst 1820 in den *Heften zur Morpho-*

logie; Sophien-Ausg. II, 11, S. 47-53, 54-55. Johannes H o f f m e i s t e r , *Goethe u. d. Deutsche Idealismus* (1932; Philosoph. Bibl. 66 a). Zu Goethe und Hegel auch: Johannes H o f f - m e i s t e r , *Die Heimkehr des Geistes. Studien zur Dichtung u. Philosophie d. Goethezeit* (1946). Hans M a y e r , *Goethe u. Hegel*, in: Mayer, *Von Lessing zu Thomas Mann* (1959) S. 180-197. Karl L ö w i t h , *Von Hegel zu Nietzsche* (2. Aufl. 1949), bes. S. 17-44, 220-257. Zu Goethe u. Schelling: Margarete P l a t h , *Der Goethe-Schellingsche Plan eines philosophischen Naturgedichts*. PreußJbb. Bd. 106 (1901) S. 44-74. — Kants Lehre vom Genie: *Kritik der Urteilskraft* (1790; 2. Aufl. 1793) §§ 46-48. — S c h i l l e r , *Vom Erhabenen*. Neue Thalia 3. Stück (1793), S. 320-394. Ders., *Über das Erhabene*, in: *Kleine prosaische Schriften* 3 (1801) S. 3-43. Heinz Otto B u r - g e r , *Schillers letzte Worte*, in: *Schiller. Reden im Gedenkjahr 1955*, S. 390-403. Wilh. D i l - t h e y , *Von deutscher Dichtung und Musik* (1933) S. 325-427. — Zu Hölderlin: Kurt H i l d e b r a n d t , *Hölderlin. Philosophie u. Dichtung* (1939; 3. Aufl. 1943). Johannes H o f f m e i s t e r , *Hölderlin u. d. Philosophie* (1942; 2., durchges. Aufl. 1944). Emil S t a i - g e r , *Der Geist der Liebe u. d. Schicksal. Schelling, Hegel u. Hölderlin* (1935; Wege z. Dichtg. 19). Zu Jean Paul: Wilhelm D i l t h e y , *Von deutscher Dichtung u. Musik* (1933) S. 428-463.

§ 9. Das die Klassik bestimmende Verhältnis von Ph. u. D. setzt sich in der R o m a n t i k fort, es scheint sogar zunächst noch enger zu werden. Die Führer der neuen Bewegung, Friedrich S c h l e g e l und N o v a l i s , philosophieren selbst aus Passion. Die Romantik ist in ihren Anfängen ausgesprochen programmatisch: weniger das neue Kunstwerk als der Wille zu einem neuen Kunstwerk kennzeichnet diesen Anfang. Dieses Programm steht im Zeichen Goethes und Fichtes, aber beide werden dabei in einem durchaus unklassischen Sinn genommen: *Wilhelm Meister* als die Verherrlichung des Individuums, das seine Eigenart in den Zufälligkeiten eines verworrenen Schicksals entfaltet, Fichtes *Wissenschaftslehre* als das Evangelium vom Ich und seiner schaffenden Einbildungskraft, nach welchem alle menschliche Wirklichkeit, die außermenschliche wie die menschliche, Schöpfung der Subjektivität ist, so daß am Ende allein die poetisch-subjektive Auffassung des ganzen Wirklichkeitserlebnisses Gültigkeit besitzt. Goethes letzter Schluß war jedoch schon in den *Lehrjahren* die Entsagung, die Selbstbegrenzung gewesen, die Anerkennung von Maß und Ordnung; nicht die Erschaffung der Wirklichkeit durch die geniale Subjektivität war seine Losung, sondern die Hingabe gelassenen Schauens. Die Lehre vom absoluten Ich hatte er ihrer Einseitigkeit wegen zurückgewiesen; in der Romantik wird sie nicht nur rehabilitiert, es wird an die Stelle des reinen Ich das Individuum gesetzt, das sich selbst zur Grundlage aller Wirklichkeitsbestimmung macht.

Dieser Subjektivismus ist ein anti-philosophischer Zug — jedenfalls im Sinne der bisherigen Philosophie. Aber die Romantik ist philosophisch auf ihre Weise, und das Lebenswerk ihrer Führer ist weithin philosophischer und wissenschaftlicher Art. Nur handelt es sich dabei nicht um Systemphilosophie, die meisten ihrer philosophischen Äußerungen haben den Charakter des Aphorismus oder doch des Fragments. Die beiden großen Systematiker aber, welche gleichzeitig mit der Romantik die idealistische Ph. weiterführen, S c h e l l i n g und H e g e l , gehören selbst nicht der Romantik an. Schellings Andersartigkeit war auch in der Zeit seines unmittelbaren Umgangs mit den Romantikern nicht zu übersehen. Auch er war damals mit 20 Jahren wohl ein genialer Schwärmer, in seinem Philosophieren führt er Fichte weiter, aber ganz anders, als es den Tendenzen der Romantiker entsprach. Scheinbar in ihrem Sinn erklärt er zwar: „Über die Natur philosophieren heißt die Natur schaffen", versteht aber darunter eine systematische Analyse im Sinne der Transzendentalphilosophie Kants und Fichtes. Seine Naturphilosophie war darum eher in der Art Goethes gedacht, sie bemüht sich in genialer Apperzeption, aber nicht ohne Gediegenheit, um die philosophische Synthese des vielschichtigen Materials, das die Naturwissenschaften der Zeit ihm bereitstellten. Hegel verhält sich in seinen Jenenser Jahren nicht anders, und keiner ist mit den Romantikern so rasch und so schonungslos ins Gericht gegangen wie er bereits 1806 in der *Phänomenologie des Geistes*. Zeitgenossen der Romantik waren beide in der Thematik ihrer Ph., aber sie setzen damit eher die Klassik fort. So fehlt in der Romantik die tiefere Gemeinsamkeit zwischen Ph. und Dichtung, wie sie in der Klassik bestand.

Die Aphorismen von F. Schlegel und Novalis sind bedeutsam als Formulierung bestimmter geistiger Erfahrungen; ihre Reflexionen beschäftigen sich weiter mit dem zunächst kaum greifbaren Zusammenhang dieser Erfahrungen und schließlich mit den Möglichkeiten ihrer dichterischen Gestaltung. Sie dienen also der Selbstverständigung, und dabei machen die Romantiker Anleihen vor allem bei den großen idealistischen Systemen. Der Grundgedanke der Transzendentalphilosophie in der Fassung, die Fichte ihm gegeben hatte, wurde dafür besonders wesentlich. So versteht S c h l e g e l das Wesen des Menschen und im besonderen des Dichters als produktive Einbildungskraft. Aber er kommt auch hier zu anderen Folgerungen als Fichte. Wahre Dichtung scheint ihm ebensowenig wie wahre Ph. denkbar ohne Selbstreflexion, denn beide sind wesentlich Selbstmitteilung. Eine vollständige Selbstmitteilung ist also beiden notwendig, aber sie ist zugleich unmöglich, weil sie letztlich umschlagen muß in eine Selbstaufhebung des Ich. Die ihr angemessene Form ist darum das Paradox, ihr Charakter die Ironie, und diese ist also ein Wesenszug des Dichtens wie des Philosophierens. Aber auch von ihrem Gegenstand her haben Dichtung und Ph. Entscheidendes gemeinsam. Wahrheit und Schönheit sind nämlich gleicherweise unendlich, sie überschreiten die Möglichkeiten rationaler Erfaßbarkeit, und so bilden Poesie und Ph. eine jenseits aller Rationalität liegende, mystische Einheit, sie münden ins Ewige und sind der Religion unmittelbar benachbart. So kommt Schlegel zur Proklamation einer neuen Religion jenseits aller Dogmen und Abstraktionen, für welche das Genie der wahre Mittler ist. So fordert er eine neue Ethik der schöpferischen Individualität, in der einzig das individuelle Gesetz bestimmt, was schicklich ist. Der Mensch als sich selbst bildendes sittliches Wesen ist ein Gegenstück zum Künstler. Die bewegende Kraft dieses sittlichen Strebens aber ist die persönliche Liebe, und so läßt sich auch nur in der Gemeinsamkeit, im Symphilosophein, die Wahrheit entdecken, die zugleich die vollkommene Schönheit ist.

Noch kühner sind die Folgerungen, die N o v a l i s aus Fichtes Grundkonzeption gezogen hat. Er sieht die Menschheit in das Zeitalter der Magie eintreten und postuliert demgemäß eine grenzenlose schöpferische Freiheit des menschlichen Ichs. Ein solches

Vermögen tragen wir zunächst als sittliches Gefühl in uns. Aber schon aus dem philosophisch gewonnenen Bewußtsein vom Scheincharakter der Objektivität folgt die Freiheit des Genies zur aktiven, willkürlichen Beherrschung und Gestaltung der Realität. Dieses Genie ist zunächst der Künstler; er verzaubert gleichsam die Welt, indem er etwa im Roman sich ganz seiner Phantasie überläßt und nicht mehr nach der durch Realität oder Idee vorgezeichneten Ordnung der Geschehnisse fragt, und so bringt er das Fremde und Wunderbare hervor. Dieser Dichter ist aber in jedem Menschen angelegt. Hier treffen sich aber insbesondere Dichtung und Philosophie: auch Philosophie ist absolute Poiesis, Selbstoffenbarung nicht nur, sondern Selbstschöpfung und Selbstvollendung des Ich und damit zugleich Vollendung der Welt.

Das Verlangen der Romantik nach Bindung und Autorität steht zu dieser Autonomie in einem zunächst befremdlichen Widerspruch. Der romantische Individualismus ist immer auf dem Punkt, wo er in Anti-Individualismus umschlägt. Mit Schopenhauer sucht er schließlich die Erlösung vom Fluch der Individualität.

Schon die Frühromantik fragt nach überpersönlichen Ideen. Allerdings kann man sie nicht mit der Aufklärung in der abstrakten und nur darin auch überpersönlichen Vernunft, sondern nur in konkret geschichtlicher Gestalt zu finden hoffen. So wird in der Romantik auf ganz neue Weise die G e - s c h i c h t e zum Thema der Reflexion, und damit erfährt insbesondere die geschichtliche R e l i g i o n , das Christentum, eine neue Wertschätzung, am deutlichsten bei Novalis in seiner unveröffentlichten, aber gleichwohl programmatisch gemeinten Schrift: *Das Christentum oder Europa.* Die abendländische Kultur, so argumentiert Novalis, gehört der christlichen Religion zu, diese ist die Seele des Abendlandes.

Hier ist der geistesgeschichtlichen Bedeutung S c h l e i e r m a c h e r s zu gedenken. Durch seine Religionsphilosophie hat er den Prozeß der Annäherung der Romantik zunächst an die Religion allgemein, sodann an das Christentum wesentlich gefördert. Auch er gehört nicht eigentlich in den Kreis der Romantiker. Er war Theologe und zugleich

Philosoph und hat als beides auf das Leben der Dichtung in mannigfacher Weise eingewirkt. Seine Platon-Übersetzung hat der dt. Bildungsschicht diesen Denker erst erschlossen. Von besonderer Bedeutung aber ist seine Religionstheorie. Das religiöse Leben ist ihm die alles tragende Grundschicht. Aber Religion ist etwas ganz anderes als Naturphilosophie, Ethik und Metaphysik, ist Sache nicht des Wissens, sondern des Glaubens oder vielmehr des Herzens, und so ist Gegenstand der Theologie und der Religionsphilosophie nicht Gott als Objektivität, auch nicht seine Offenbarung, sondern das religiöse Bewußtsein, das wie das ästhetische Bewußtsein auf dem Gefühl begründet ist. Während aber das ästhetische Gefühl im künstlerischen Schaffen Gestalten erzeugt, ist das religiöse Gefühl reine Hingabe und Hinnahme, Bewußtsein der schlechthinnigen Abhängigkeit. Religion ist also kein gegenständliches Verhältnis, sondern reiner Zustand des Gemüts, die Gewißheit der Gegenwart Gottes. Wie Gott vorgestellt wird, ist für das Wesen der Religion gleichgültig. Als unmittelbare Gegenwart Gottes ist sie der gemeinsame, aber unerkennbare Grund alles Wissens und Wollens, und als solche ist sie notwendig individuell. In ihrer geschichtlichen Gestalt als positive Religion aber ist sie eine Schöpfung ihres Stifters und ersten Verkünders, dessen Genie dem des Künstlers zu vergleichen ist, nur daß er nicht ein einzelnes Kunstwerk schafft, sondern eine neue Form des Gesamtlebens.

Das auf diesem Wege erreichte Verständnis der Religion ermöglichte der Romantik ein neues und positives Verhältnis auch zu der traditionellen Form christlicher Religiosität, insonderheit zum Katholizismus. Das Christentum als der geschichtlich tragende Grund wird aber weiter verstanden als die Religion der Deutschheit, und hier treffen sich die Romantiker mit Fichte, aber auch mit Schelling und Hegel — mochte auch deren Begründung sich von der ihrigen unterscheiden. Die Konversionen in ihrem Kreis sind allerdings eher ein Zeichen für den beginnenden Zerfall der Einheit von Ph. und Dichtung. Denn die Ph. geht andere Wege. H e g e l erklärt die Religion zum Epiphänomen der Geschichte des Geistes, in welchem dessen Selbstbewußtsein zwar auf unersetzliche Weise Gestalt gewinnt, das aber durch die Ph. abgelöst werden muß, wenn der absolute Geist zum vollen Bewußtsein seiner selbst kommen soll. Auch Schelling hat anfangs die Religion in ähnlicher Weise mediatisiert. Erst später ist er zu einer anderen Auffassung gelangt, und zwar über die philosophische Erfassung der Mythologie, also auf dem Wege einer universalgeschichtlichen Spekulation. Als Ziel der geschichtlichen Entwicklung gilt ihm auch jetzt noch die freie oder philosophische Religion, aber diese ist nicht als Vernunftreligion zu denken, sie ist vielmehr ein Verlangen nach dem wirklichen Gott und nach Erlösung durch ihn. Da die bisherige Ph. jedoch nur von einem rationalen, nicht von einem realen Verhältnis zu Gott weiß, so bedarf es einer anderen, einer positiven Ph., um jene philosophische Religion zu ermöglichen. Schelling hat damit noch entschiedener als Hegel die geschichtlichen Religionen, insbesondere die christliche Offenbarungsreligion, als gründende Wirklichkeit des gegenwärtigen Bewußtseins zu fassen versucht, und er hat sich bemüht, sie dabei nicht zu mediatisieren.

Die Mythologie war eines der neuen Themen von Ph. und Dichtung (*s. Mythos und Dichtung*). Mythologie interessiert hier als möglicher, aber mit dem eigenen gerade nicht identischer Bewußtseinszustand oder auch einfach als geschichtliche Wirklichkeit, zu der man sich in historischer Distanz und Kontinuität zugleich verhält. Hier wird also besonders deutlich die Macht des geschichtlichen Denkens sichtbar. Sie äußert sich im übrigen in der Dichtung als Tendenz zu historischer Treue und Genauigkeit und zugleich als Liebe zur eigenen Tradition. Die schöpferische Gestaltungsfreiheit wird dadurch nicht beeinträchtigt. Ohnehin sind bereits bei der Auswahl des historischen Gegenstandes Motive noch ganz anderer Art im Spiel, etwa die Vorliebe für das MA. mit ihren verschiedenartigen Motivationen. Auch das nationale Moment kommt dabei besonders zur Geltung.

In allen diesen Einzelzügen bestehen Querverbindungen zwischen Dichtung und Ph. der Zeit. Besonders deutlich sind sie in den Reflexionen, die sich dem Wesen der romantischen Dichtung selbst zuwenden. Das Nachdenken über Kunst und Dichtung hat ja bereits die Entstehung und Entfaltung der Klassik beständig begleitet, es beschäftigte ebenso die Dichter wie die mitlebenden Philosophen. Nunmehr wird daraus eine ausgeführte geschichtsphilosophische Dichtungstheorie. Für die Klassik war die Antike das im allgemeinen unbezweifelte Vorbild. Aber schon in Schillers Gegenüberstellung von naiver und sentimentalischer Dichtung (s. d.) sieht sich diese im Verhältnis zur Vergangenheit, sie kämpft um das Recht ihrer Eigenart, sie sieht jedoch in der Etablierung des Neuen Gewinn und Verlust zugleich. Das ist zunächst gewiß auch die Absicht bei der Proklamation der neuen, romantischen Dichtungsart bei F. Schlegel. Aber zugleich bewegt ihn die Frage: Wo stehen wir? Ganz unüberhörbar jedoch meldet sich diese Frage in der Philosophie. Hegels Unterscheidung der symbolischen, klassischen und romantischen Kunstform ist geschichtlich gemeint. Auch sie weiß Verlust und Gewinn aufzurechnen und verrät damit eine normative Tendenz. Aber sie denkt auch darin zuletzt geschichtlich: auch was ästhetisch als normierender Wert anzusehen ist, kann seinem Wesen nach nicht gültig für alle Zeiten sein. Dahinter aber steht ein noch ernsteres Problem: auch die heute gültige Kunstform ist historisch und also vergänglich. Ihre philosophische Durchdringung lehrt, daß sie die letzte sein wird: die romantische Kunstform ist bereits „das Hinausgehen der Kunst über sich selbst", wenn auch noch „innerhalb ihres eigenen Gebiets und in der Form der Kunst selber". So ist also die Kunst am Ende, ihre Funktion erfüllt, sie wird sich auflösen in Philosophie. Nichts zeigt deutlicher als diese These, daß die enge Gemeinschaft zwischen Ph. und Dichtung, welche die deutsche Klassik charakterisiert, sich nunmehr aufzulösen beginnt.

Korff a. a. O. Bd. 3 u. 4 (1940-1953). Erwin Kircher, *Philosophie d. Romantik* (1906). Nicolai Hartmann a. a. O. Bd. 1 (1923), darin: *Die Philosophie der Romantiker*. Emanuel Hirsch, *Die Beisetzung der Romantiker in Hegels Phänomenologie*, in: Hirsch, *Die idealistische Philosophie u. d. Christentum* (1926; Studien d. apologet. Seminars 14). Carl Schmitt, *Politische Romantik* (1919; 2. Aufl. 1925). — Zu Hegels Theorie vom Ende der Kunst: Hegel, *Vorlesungen über die Ästhetik*. Hg. v. G. Hotho (1836-1838; *Werke* 10). Helmut Kuhn, *Die Vollendung der klassischen* deutschen Ästhetik durch Hegel (1931; Kuhn: Die Kulturfunktion der Kunst 1). Löwith a. a. O., S. 44-64. — Zu Novalis: Wilh. Dilthey, Das Erlebnis u. d. Dichtung (8. Aufl. 1922) S. 268-348. Werner Kohlschmidt, Der Wortschatz der Innerlichkeit bei Novalis, in: Kohlschmidt, Form u. Innerlichkeit (1955) S. 120-156. Otto Friedr. Bollnow, Der „Weg nach innen" bei Novalis, in: Bollnow, Unruhe u. Geborgenheit im Weltbild neuerer Dichter (1953) S. 178-206. Theodor Haering, Novalis als Philosoph (1954). — Friedr. Schleiermacher, Über die Religion. Reden an die Gebildeten unter ihren Verächtern. Zum 100. Gedächtnis ihres 1. Erscheinens in ihrer ursprüngl. Gestalt neu hg. (1899; 3. Aufl. mit neuer Einl. u. e. Sachreg. v. Rud. Otto 1913). Ders., Der christliche Glaube nach d. Grundsätzen d. evangel. Kirche im Zusammenhang dargest. (1821). Felix Flückiger, Philosophie u. Theologie bei Schleiermacher (Zürich 1947; zugl. Diss. Basel). Emanuel Hirsch, Geschichte der neueren evangelischen Theologie. Bd. 5 (1954); dieses Werk, das die Beziehungen zu Dichtung und Philosophie ausführlich und original erfaßt zu Worte kommen läßt, ist für die Gesamtentwicklung von Leibniz bis Nietzsche mit Gewinn heranzuziehen.

§ 10. Das Ende der Romantik bedeutet für das Verhältnis von Ph. und Dichtung einen tiefen Einschnitt. Die in der Klassik entstandene Gemeinsamkeit zwischen beiden, die sich, wenn auch in veränderter Gestalt, in der Romantik erhalten hatte, zerbricht nun, und damit verliert die Philosophie als das Prinzip, welches die Einheit dieser Epoche bestimmt hatte, ihre Wirkung, ohne daß ein neues Prinzip an seine Stelle getreten wäre. Einheit besitzt das folgende Zeitalter wohl in seinen Voraussetzungen und damit in seinen Problemen, seinen Nöten und Sehnsüchten; in deren Beantwortung aber strebt es in vielfache Richtungen auseinander, eine gemeinsame Grundanschauung bildet sich nicht heraus. So kann man in der Richtung wohl eine Reihe mehr oder weniger deutlich ausgeprägter Tendenzen neben- und nacheinander unterscheiden, aber es fehlt mit der Einheit stiftenden Kraft der Ph. der gemeinsame Boden. Die Ph. ist aber auch im Einzelfall, bei der Ausbildung einer bestimmten literar. Richtung, kaum mehr beteiligt.

Mit Hegels Tod (1831) ist die große Epoche der dt. Ph. zu Ende gegangen. Ihre Epigonen schließen sich zu Schulen zusammen, aber es fehlt dieser Schulphilosophie die inspirierende Kraft. Die bedeutendsten Philosophen der nachhegelschen Epoche jedoch werden in die Situation des Außenseiters gedrängt: Schopenhauer hat sich freiwillig auf sich selbst zurückgezogen, Feuerbach verlor wegen seines entschiedenen Atheismus die Lehrbefugnis, und auch Nietzsche hat sich nach nur kurzer Lehrtätigkeit mit schriftstellerischer Wirksamkeit begnügt. Diese drei waren aber bis auf unsere Tage die einzigen Philosophen in Deutschland, welche eine bestimmende Wirkung auf das Verhältnis von Ph. und Literatur ausgeübt haben. Diese Wirkung ist nicht mehr an den persönlichen Umgang gebunden, sie stellt sich ein über Jahrzehnte und Generationen hinweg, es kehrt also jene Phasenverschiebung wieder, welche vor dem Zeitalter der Klassik die Regel war.

Die Funktion der Ph. bei der Ausbildung der Weltanschauung übernimmt nun mehr und mehr die Wissenschaft; daneben spielt die Politik eine wesentliche Rolle. Denn auch der Dichter wird in der bürgerlichen Gesellschaft zum Außenseiter, ja zum Kämpfer gegen seine Zeit. Die Dichtung des Jungen Deutschland (s. d.) ist eindeutig politisch engagiert, sie stammt aus derselben Wurzel wie die erst später zur Wirkung kommende sozialistische Bewegung, die durch Karl Marx einen philosophischen Einschlag bekommt. Es ist also mehr die Gemeinsamkeit der Situation als unmittelbare Wirkung der Ph., wenn die Literaten, vielfach selbst halbe Politiker, für den liberalen Zeitgeist votieren, wenn sie diese Parteinahme als Kriterium echten Dichtertums proklamieren und die Kunst zum abhängigen Element der Gesamtbewegung erklären. Sie, die zumeist der sog. Hegelschen Linken angehörten, betrachteten das als legitime Konsequenz aus der Lehre des Meisters selbst, während Karl Marx, der einzige genuine Philosoph unter ihnen, in bewußter Einschränkung des Dialektischen Materialismus, den er in Anlehnung an Hegel und zugleich in entschiedener Abkehr von ihm entwickelt hatte, „das inegale Verhältnis der Entwicklung der materiellen Produktion zur künstlerischen" ausdrücklich anerkannte. Andererseits dachte er freilich radikaler als sie alle: „Die Philosophen haben die Welt nur verschieden interpretiert; es kömmt darauf an, sie zu verändern". Unter dieses Motto hat dann im 20. Jh. vor allem

Bertolt Brecht seine Dichtung gestellt, bis jetzt der einzige wirklich exemplarische Fall eines deutschen Dichters, über den der Denker Karl Marx Gewalt bekommen hat.

Gesellschaftskritik wird die Lit. auch bei Heinrich H e i n e. Als einziger hat er damals auch die philosophischen Hintergründe dieses Vorganges erkannt und bloßgelegt. In seinen ironischen Berichten über *Religion und Philosophie in Deutschland* vollzieht er die kritische Auseinandersetzung mit den großen idealistischen Systemen und mit den Romantikern, er prophezeit zugleich die politische Revolution, welche der religiösen und der philosophischen mit Notwendigkeit folgen muß. Wie diese Literaten, so ist auch Ludwig F e u e r b a c h in erster Linie Kritiker und Programmatiker. Er will das Denken beunruhigen, den Willen der Zeitgenossen herausfordern. Die bisherige theologisch orientierte Philosophie muß von der Anthropologie abgelöst werden: Gott ist tot, die Religion eine Mystifikation, Gegenstand der Ph. soll der wirkliche Mensch sein, der in der irdisch-leiblichen Wirklichkeit als Mitmensch existiert. Diese Ph. wurde Gottfried Kellers Credo, auch Hebbel war davon beeindruckt.

Wie das Junge Deutschland, so ist auch das B i e d e r m e i e r (s. d.) vom Ende des Deutschen Idealismus und von der politischen Reaktion her zugleich zu sehen. Es tritt den Rückzug in die Sphäre des Unpolitisch-Kulturellen an. In ihm lebt die idealistische Humanitätsidee in verbürgerlichter Form weiter. Seine Resignation ist etwa bei Stifter mit katholischen Motiven verschmolzen. Sie greift aber weit über das Biedermeier hinaus und steigert sich etwa bei Grabbe zu einem tiefen Pessimismus. Jetzt werden Gedanken S c h o p e n h a u e r s lebendig, dessen Lehre ein Jahrhundert lang bedeutenden Einfluß übte und so verschiedene Geister wie Richard Wagner, Wilhelm Raabe und Thomas Mann für sich eingenommen hat. Schopenhauer hat auf seine Weise das Fazit aus den Lehren des Deutschen Idealismus gezogen. Er fragt nach einem Jenseits der Erscheinungen, aber nicht, um diese in ihrer Fülle daraus abzuleiten, sondern um sie auf ihren identischen Grund zurückzuführen und sich damit ihrer zu entledigen. Als diesen Grund erkennt er den Willen, aus dem alle Regungen des Lebens, ja selbst die Bewegungen der toten Körper entspringen. Diese Erkenntnis eröffnet zugleich die Einsicht, daß Raum, Zeit und Kausalität nur der Schleier der Maja, nur vordergründiger Natur sind. Auch der individuelle Wille zum Leben ist nur solange wirksam, als der Mensch sich dem principium individuationis und damit dem Drang zur Objektivation unterwirft. Das künstlerische Genie und die philosophische Meditation vermögen die Objektivation zu durchbrechen und in das ungeschiedene Wahre einzudringen. Die Aufhebung des Individuationsprinzips und damit die Erlösung von der niemals zu befriedigenden Lebensgier, den Eingang in das Nirwana kann aber nur die Verneinung des Willens zum Leben bringen. Wieder haben wir hier also eine Abwandlung des Neuplatonismus vor uns. Das Bestimmende darin ist aber der grundsätzliche Pessimismus: nicht der Fülle der Erscheinungen und Gestaltungen ist der Denker zugewandt, sondern deren Jenseits, das er nur durch deren Verneinung erreichen kann.

Diesen Pessimismus Schopenhauers hat N i e t z s c h e wiederaufgenommen, aber er erfährt bei ihm eine grundlegende Umwandlung. Dem geht jedoch eine Veränderung des ganzen Weltbildes voraus, in der philosophisch die Abkehr vom Idealismus sich fortsetzt. Die Führungsrolle hat dabei die moderne Wissenschaft, für welche die Natur die einzige Wirklichkeit ist; die Erscheinungen des Geistes schrumpfen hier zu Modifikationen des Bewußtseins zusammen. Und auch die Natur ist nicht mehr die göttliche Allnatur Goethes und Schellings. Das Organische wird nunmehr vom Anorganischen her nach dessen mechanischen Gesetzmäßigkeiten erklärt, denen die Entwicklungslehre Darwins auch das menschliche Individuum und die Menschheit im ganzen unterwirft. Der Positivismus Comtes erklärt die Frage nach dem Wesen der Dinge als sinnlos: einzig das Gegebene, Tatsächliche, das der Erfahrung Zugängliche, also nur die Erscheinungen der Sinne und ihre Beziehungen untereinander sind Gegenstand unserer Erkenntnis. Dem entspricht es, wenn der dichterische R e a l i s m u s sich nicht die Deutung oder Umgestaltung der Wirklichkeit, sondern ihre Beschreibung zum Ziel setzt. Der N a t u r a l i s m u s (s. d.) ist, was seine philosophischen Voraussetzungen betrifft, nur eine Spielart dieses Realismus. Sein Bestreben, es der Psychologie an Exaktheit gleichzutun und so eine möglichst vollkommene Illusion der menschlichen Wirklichkeit hervorzurufen, leitet jedoch bei einzelnen seiner Vertreter (z. B. Liliencron, H. Bahr) bereits in den Impressionismus über. Beide, Realismus und Naturalismus, beweisen aber im Grunde nur, daß aus der Anlehnung an die positive Wissenschaft eine genuine Dichtungstheorie nicht zu gewinnen ist.

Ohnehin läßt sich nicht übersehen, daß in die Positionen des Positivismus wie des Realismus-Naturalismus bestimmte weltanschauliche, vor allem ethische Prämissen eingehen, so die politischen Axiome des nationalen Liberalismus oder auch des Sozialismus, der Fortschrittsglaube und schließlich der jeder universalistischen Bindung widersprechende Individualismus. Ein Urteil über die geschilderte Wirklichkeit ist schon in dem liebenswürdigen oder grimmigen Humor enthalten, mit welchem der Dichter die „schlichte Wirklichkeit" zu vergolden strebt. Noch deutlicher sind übergreifende Gesichtspunkte im Gedanken der Dekadenz zu beobachten. In das Allgemeinbewußtsein ist er etwa durch die Kulturkritik J. Burckhardts getreten, er wirkt literarisch weiter ins 20. Jh. bis zu Th. Manns *Buddenbrooks* oder Oswald Spenglers Kulturmorphologie. Inzwischen hat Nietzsche ihn vertieft und radikalisiert. Repräsentanten der Dekadenz sind für ihn u. a. der zunächst schwärmerisch verehrte Richard Wagner, aber auch der Sozialismus, die Zivilisation, das Christentum mit seiner Leidensmoral, schließlich der passive Pessimismus Schopenhauers. Ihm setzt Nietzsche seinen heroischen Pessimismus entgegen.

Selbst ein großer Schriftsteller, ja eine dichterische Begabung, war Nietzsche zeitlebens der großen Dichtung eng verbunden. In freier Übernahme von Schopenhauers Grundgedanken entfaltete er seine frühe Deutung der griech. Geisteswelt aus der Gegensätzlichkeit zwischen der Oberflächlichkeit der rationalen Ph. und dem Tiefsinn der Dichtung. Diesen Gegensatz versteht er als die Spannung von Maß und Maßlosigkeit, von apollinischer, lichtvoller Klarheit und dionysischem Dunkel in Traum und Rausch. In der attischen Tragödie und im Gesamtkunstwerk R. Wagners sind diese beiden Prinzipien verschmolzen. Unter Berufung auf diese Synthese erklärt Nietzsche die Kunst zum wahren Organon der Ph.: im tragischen Kunstwerk strebt der Urgrund des Seins, der selbst als der Urkünstler zu gelten hat, sich selbst anzuschauen. Der künstlerische Genius allein, der diese Synthese schaffend verwirklicht, vermag es darum auch, die Welt zu rechtfertigen. In einer radikalen Umkehr, die mit der Abwendung von Wagner zusammenfällt, stellt Nietzsche jedoch später die Scheinhaftigkeit des Kunstwerks, seinen nur illusionären Charakter in den Vordergrund, sucht er den Künstler der Lüge zu überführen durch seine scharfsinnig „entlarvende Psychologie", die dann ihrerseits auf die Dichtung zurückwirkt. Dichtung gilt ihm nun genau wie Metaphysik als Lebenslüge: sie verklärt und befestigt die metaphysischen und religiösen Illusionen und verführt dadurch zum Leben. Dieser Kunst sagt Nietzsche den Untergang voraus: der Glaube an die von ihr vorgetäuschte absolute Wahrheit nimmt zusehends ab. Das ist eine Folge des heraufkommenden Nihilismus. Gerade er aber wird die Voraussetzungen für eine neue, eine Kunst der Wahrheit schaffen. Sie wird die Leistung eines illusionsfreien Menschentums sein. Nochmals ist damit der Dichter wie in der Romantik zum großen schöpferischen Menschen deklariert: er soll die Wahrheit schaffen, den Aufgang eines neuen Weltverständnisses ins Werk setzen. Dann werden Philosophie und Dichtung eins sein. Im *Zarathustra* wird Nietzsche selbst zum Dichter. In seiner letzten Ph., der Lehre vom Willen zur Macht und von der ewigen Wiederkehr des Gleichen, kehrt Nietzsches Kunstphilosophie in gewisser Weise zu ihrer Ausgangsposition zurück: Kunst gilt ihm nun geradezu als Wiederholung des metaphysischen Grundvorgangs, welcher das Sein der Welt bezeichnet; vor allem die Tragödie ist Erkenntnis des letzten Prinzips, des Willens zur Macht, sie vermag noch das Entsetzliche im Glanz des Schönen zu offenbaren und wird so zur Erlösung gerade für jenes tathafte Menschentum, dem Nietzsche die Zukunft verheißt, des tragisch-kriegerischen Menschen, des Helden, der zugleich der große Erkennende ist. Damit hat Nietzsche zum erstenmal seit Schopenhauer wieder die Autonomie und den Eigenwert der Dichtung metaphysisch begründet. Das erklärt bereits zu einem Teil die starke Resonanz, welche seine Ph. in der Dichtung gefunden hat. Dazu kamen die emotionalen Impulse seiner weltanschaulichen Thesen. Unter dem Eindruck Nietzsches stehen darum sowohl Dichter des Symbolismus und Neuklassizismus wie Stefan George und Spitteler als andererseits Gottfried Benn, Liliencron, Th. Mann und Christian Morgenstern.

Die Dichtungstheorien des 20. Jh.s verdanken wesentliche Anregungen der Philosophie Henri B e r g s o n s . Sie war ein Akt der Selbstbefreiung aus den Fesseln des Verstandes und des diskursiven Denkens, das nach Bergsons Auffassung die Einheit des Lebens in eine raumzeitliche Diskontinuität aufspaltet. Gegen die Übermacht der durch die exakte Wissenschaft allein für real erklärten Wirklichkeit sucht er das gelebte Leben zur Geltung zu bringen, das in seiner Ganzheit und Einheit, seiner unräumlich strömenden Bewegtheit nur der unmittelbaren Intuition zugänglich ist. Die Phänomenologie Edmund H u s s e r l s und Max S c h e l e r s , aber auch die Lebensphilosophie Wilhelm D i l t h e y s zeigen mit der Konzeption Bergsons manche verwandte Züge; für die Dichtungsgeschichte sind sie jedoch nicht von Bedeutung geworden. Eher gilt dies von Georg S i m m e l , dessen verständnisvolles Interesse sich besonders Rilke und Stefan George zugewandt hat. An Bergson konnte die Dichtungstheorie des Impressionismus anknüpfen. Dieser reduzierte das dichterische Dasein auf die bloße Impression und lehnte jede reflektierende Verarbeitung oder die Erhebung des so Erfaßten zum Symbol ausdrücklich ab. Dichtung gilt ihm also zwar als Selbstaussage, aber sie soll dabei nicht über die reine Zuständlichkeit hinausgreifen. Gegenüber diesem Appell zur dichterischen Abstinenz bedeutet der Expressionismus eine radikale Umkehr. Mit der Neuheit seiner Gestaltungsprinzipien verbindet er den Willen zum Appell an den Menschen und zum Ausdruck seiner metaphysischen Situation. Damit war die Autonomie der Dichtung gegenüber allen anderen Interpretationen des Daseins proklamiert. Zur Ph. steht er nicht in unmittelbarer Beziehung. Lediglich bestimmte inhaltliche Entsprechungen lassen sich feststellen, etwa zwischen der Gestaltung der Angst angesichts der bedrohenden Unheimlichkeit des Daseins in der Dichtung Franz Kafkas und den wesentlich späteren

Ausführungen über die Angst in Heideggers *Sein und Zeit,* die jedoch aus ganz anderen Quellen gespeist sind und vor allem — entgegen einem landläufigen Mißverständnis — eine ganz andere, philosophisch-systematische Bedeutung haben.

Der Symbolismus scheint in der Abkehr von allem außerdichterischen Sinn, aller abstrakt geistigen Bedeutung die Tendenzen des Impressionismus wieder aufzunehmen. Auch bei ihm spielt die Emanzipation von der Rationalität eine wesentliche Rolle. Aber er sieht die Substanz der Dichtung nicht eigentlich in den Impressionen des Dichters als vielmehr in der Sprache, deren vor allem in Rhythmus und Klang schlummernde Magie durch die dichterische Wortfügung beschworen werden soll. In verwandtem Sinn hatte bereits Novalis die Poesie als Magie intellektueller Art, ein beschwörendes Operieren mit Worten verstanden. Und schon Nietzsche hatte die Worte der dichterischen Sprache mit mathematischen Formeln verglichen, die eine Welt für sich ausmachen und nur mit sich selbst spielen, so daß der Dichtende zuweilen selbst nicht in der Lage ist, sich zu verstehen. Es ist deutlich, daß dieser Theorie für die Gegenwartsdichtung entscheidende Bedeutung zukommt. Ihr Verhältnis zu den verschiedenen Theorien der Gegenwartsphilosophie bedürfte einer speziellen Erörterung, welche eine kritische Analyse der Weisen moderner Dichtung voraussetzte. Eine Möglichkeit des Einverständnisses zwischen moderner Dichtung und Ph. zeigt sich insbesondere in der Sprachphilosophie Martin Heideggers, die sich zwar abseits der Welterfahrung des modernen Menschen hält, aber der Selbsterfahrung gerade der Dichtung besonders nahekommt: „Die Sprache allein ist es, die eigentlich spricht" und dazu den Dichter gebraucht — den Dichter, aber auch den Denker. Offensichtlich sind damit Dichten und Denken wiederum in jene Nähe zueinander gerückt, die ihnen von ihrem Ausgang her zu eigen ist.

Zum Jungen Deutschland und zur Hegelschen Linken: Karl L ö w i t h a. a. O. sowie: *Die Hegelsche Linke.* Hg. v. Karl L ö w i t h (1962). — Zu Ludwig Feuerbach: Löwith a. a. O., S. 84-96. — Karl M a r x u. Friedr. E n g e l s , *Über Kunst u. Literatur. E. Sammlung aus ihren Schriften.* Hg. v. Michail L i f s c h i t z (6. Aufl. 1953). Zu Marx: Peter D e -

metz, *Marx, Engels u. die Dichter* (1959). —
Arthur Schopenhauer, *Die Welt als Wille
u. Vorstellung* (1844), Buch 3 sowie die *Ergänzungen zum 3. Buch*. Georg Simmel, *Schopenhauer u. Nietzsche* (1907). Johannes Volkelt, *Arthur Schopenhauer* (1900; 5. Aufl.
1923; Frommanns Klassiker d. Philosophie 10).
— Friedrich Nietzsche, *Die Geburt der
Tragödie aus dem Geiste der Musik* (1872),
Menschliches-Allzumenschliches (1878) I, 4.
Hauptstück; *Der Fall Wagner* (1888); die Aufzeichnungen aus dem Nachlaß am leichtesten
zugänglich in der Zusammenstellung von Alfred Bäumler u. d. T.: *Die Unschuld des
Werdens*. Bd. 1 (1931; Kröners Taschenausgabe 82), Abschn. IV. Eugen Fink, *Niet-
sches Philosophie* (1960; Urban-Bücher 45).
Martin Heidegger, *Nietzsche*. Bd. 1 (1961)
S. 11-254. Kurt Hildebrandt, *Wagner u.
Nietzsche* (1924). Löwith a. a. O., S. 192-219.
Georg Lukács, *Nietzsche als Vorläufer d.
faschistischen Ästhetik*, in: Franz Mehring
u. Georg Lukács, *Friedrich Nietzsche* (1957;
Philosoph. Bücherei 14) S. 41-84. — Henri
Bergson, *Evolution créatrice* (1907). Günther Pflug, *Henri Bergson. Quellen u. Konsequenzen e. induktiven Metaphysik* (1959). —
Zu den Problemen des Symbolismus u. d. modernen Lyrik: Hugo Friedrich, *Die Struktur der modernen Lyrik* (1956; Rowohlts Dt.
Enzyklopädie 25). — Zu Heideggers Sprachphilosophie: Martin Heidegger, *Unterwegs
zur Sprache* (1959).

Hermann Zeltner

Pietismus

§ 1. Zwei große Säkularisierungsvorgänge
bestimmen die Entwicklung der neueren dt.
Geistesgeschichte: die Verweltlichung des
Verstandes, die in der europäischen Aufklärung gipfelt, und die des Gefühls, die im
P. einsetzt und sich im Irrationalismus der
zweiten Hälfte des 18. Jh.s vollendet. Geistesgeschichtlich läßt sich also der P. begreifen als noch religiös gebundene Anfangs-
stufe der Emanzipation des seelischen Erlebens; er wird damit zu einer wichtigen
eigendeutschen Voraussetzung für die geistige Kultur des 18. Jh.s.

P. ist nach Inhalt und Umfang kein einheitlicher, fest umrissener Begriff, sondern
ein oft unscharf gebrauchter Sammelname
für eine Anzahl religiöser Bestrebungen im
dt. Protestantismus des 17. und 18. Jh.s, die
zwar einen gemeinsamen Grundcharakter
aufweisen, in den Einzelheiten ihrer theologischen Überzeugungen aber recht verschiedenartig sind. Für die Zwecke der Literaturwissenschaft kommt es darauf an, nicht die
theologischen Unterschiede, sondern die gei-

stesgeschichtlich wirksam gewordenen Gemeinsamkeiten herauszuarbeiten. Der P. entsteht in der zweiten Hälfte des 17. Jh.s als
Reaktion des Gefühlslebens gegen den oft
starr gewordenen dogmatischen Intellektualismus der protestantischen Orthodoxie und
seine zu einseitige Ausbildung der objektiven, verstandeshaft erfaßbaren Seite des
Glaubens, die dem Rationalismus der Barockzeit entspricht. Die ursprünglich vorhandenen, später zurückgedrängten individualistischen Elemente der Reformation werden
vom P. aufgenommen, neu belebt und zu
einer Verinnerlichung der Religiosität auf
der Grundlage des subjektiven Gefühls im
Einzelmenschen weiter entwickelt. Der P.
strebt also zur Individualisierung und Subjektivierung des religiösen Erlebnisses, er
legt das Schwergewicht auf die innere Erfahrung und die Gewißheit Gottes in der Einzelseele. In der Bekehrung und in einem
lebendigen und persönlichen Umgang mit
Gott erlebt der Mensch seine Rechtfertigung;
gegenüber Luther werden das Streben nach
Heiligung, individuelles Gebetsleben und
praktische Frömmigkeit stärker betont.

Das religiöse Grundelement des P. ist
das Bewußtsein der Sündhaftigkeit und die
„Wiedergeburt" oder der „Durchbruch". In
vielen Selbstbiographien zeichnet sich ein
typisch wiederkehrender Weg der Seele zu
Gott ab. Er beginnt mit dem Zustand der
Unerwecktheit und Gottesferne, führt dann
durch „Wirkung" und „Zug" der Gnade zur
Krisis des Bußkampfes und endet im Erlebnis des Gnadendurchbruchs. Bei Francke und
seinen Anhängern wird dieses Schema besonders betont.

Durch das Streben zum persönlichen Umgang mit Gott tritt die Gestalt des Mittlers
Christus, die schon in den mystischen Strömungen der Barockzeit eine besondere Rolle
gespielt hatte, stark hervor. Christus ist der
Freund, der Bruder, der Geliebte, der Ehemann der Seele, teilweise wird auch wie in
der mal. Nonnenmystik der Kult des Jesus-
Kindes gepflegt. Das alte Gleichnis der mystischen Hochzeit Christi mit der Kirche wird
individualistisch umgedeutet zur Ehe Christi
mit der Einzelseele, dabei kehrt die Bildlichkeit der Geschlechterliebe und des Ehelebens
in allen Einzelheiten immer wieder. Die Beziehungen der Seele zu Christus und die Ver-

ehrung seines Leidens boten vor allem der Äußerung subjektiven Gefühls weiten Spielraum. Das Motiv der Jesusminne durchzieht die Barockmystik und die verschiedenen Strömungen des P.; der ebenfalls früh ausgeprägte Blut- und Wundenkult wird später vor allem im Herrnhutertum gepflegt und besonders in Zinzendorfs „Eruptionsperiode" (nach Pfister etwa 1741-1749) zu den oft angeführten Auswüchsen, die indes nicht verabsolutiert werden dürfen, übersteigert.

Werden somit die Glaubenswahrheiten von der gefühlsmäßigen und erlebnishaften Erfassung der subjektiven Evidenz abhängig, so tritt damit die Einzelseele in den Mittelpunkt. Das führt zu jener Übung in Selbstbeobachtung und Analyse, die den Weg für den Hochsubjektivismus des 18. Jh.s bereiten hilft. Die kirchlichen Dogmen des Protestantismus werden von der Mehrzahl der Pietisten nicht verneint, sondern wenigstens z. T. (Erbsünde und Rechtfertigung durch das stellvertretende Leiden Christi) beibehalten, aber verinnerlicht und im ganzen gegenüber den subjektiven Faktoren zurückgedrängt. An Bedeutung verlieren ebenso alle Heilsmittel der protestantischen Kirche, so die Vermittlung durch Berufsgeistliche, die Sakramente und die Religionsübung der größeren Gemeinde, an deren Stelle die für den P. bezeichnende und soziologisch wichtige Form der kleinen Konventikel tritt, weil sie dem subjektiven Einzelerlebnis und dem Austausch persönlicher religiöser Erfahrungen größeren Spielraum läßt. Die Konventikel sind Vorläufer der an dieselben gesellschaftlichen Formen gebundenen Empfindsamkeit des 18. Jh.s (vgl. z. B. den Darmstädter Kreis), in ihnen wurzelt die seelische Kultur des P. Die Bindung an die bestehende Staatskirche wird in den meisten Fällen nicht aufgegeben; Spener und Francke z. B. betonen ihre kirchliche Rechtgläubigkeit. Der P. will also nicht Umsturz, sondern Reform des Bestehenden. Nur in den radikalen Strömungen des Separatismus wird der Bruch vollzogen. Zu ihnen zählen z. B. Gottfried Arnold in seiner mittleren Zeit, der Chiliast Petersen, Dippel, Edelmann, Hochmann von Hochenau u. a. Aus der Konzentration auf das subjektiv-gefühlshafte Erlebnis der Religion ergibt sich leicht ein gewisser konfessioneller Relativismus. Die Pietisten neigen zu überkonfessioneller Haltung. Sie ziehen gern katholische Quellen namentlich mystischer Richtung als „Zeugen der Wahrheit" heran oder berufen sich auf die abseits der Kirche stehenden „Ketzer" (Arnold) früherer Jh.e. Die Gegner werfen ihnen häufig katholisierende Neigungen vor. Mit dem Zurücktreten des dogmatisch-spekulativen Elements ist weiter eine starke Betonung der praktischen Ethik, der sozialen Tätigkeit und des werktätigen Glaubens gegeben. Diese Tendenz ist im P. allgemein, im Halleschen P. tritt sie wohl am sichtbarsten hervor.

M. Stallmann, *P.* RGG. 5 (3. Aufl. 1961) Sp. 370-383. Carl Mirbt, *P.* REPTh. 15 (3. Aufl. 1904) S. 774-815. H. R. G. Günther, *Psychologie des dt. P.* DVLG. 4 (1926) S. 144-176. Theophil Steinmann, *Der P. u. s. Problem.* Zs. f. Theologie u. Kirche 26 (1916) S. 26-70.

§ 2. Der P. wird vorbereitet durch die niederländ. Erweckungsbewegung des 17. Jh.s, die ihrerseits wieder vom englischen Puritanismus beeinflußt ist. Die wichtigsten Vertreter dieser religiösen Strömung in der calvinistischen Kirche Hollands sind: der Utrechter Theologe Gisbert Voet (1588-1676), Johann Coccejus (1603-1669), der „erste Pietist" (Ritschl) Jodocus von Lodensteyn (1620-1677) und der Franzose Johann de Labadie (1610-1674), seit 1666 Prediger der wallonischen reformierten Gemeinde in Middelburg, nach Ritschl „der Urheber des Separatismus in der reformierten Kirche". Seit etwa 1650 breitet sich der Einfluß dieses niederländ. P. in Deutschland aus, zunächst naturgemäß in den reformierten Gemeinden am Niederrhein, dann in Westfalen und Hessen, im Norden bis nach Ostfriesland (Emden, Bremen). Vertreter sind u. a. der in Mülheim a. d. Ruhr, Hessen-Kassel und Bremen wirkende Theodor Untereyck (1635-1693), der Liederdichter Joachim Neander (1650-1680), Friedrich Adolf Lampe in Bremen (1683-1727) und als die menschlich und dichterisch bedeutendste Persönlichkeit Gerhard Tersteegen in Mülheim a. d. Ruhr (1697-1769).

Auf dt. Boden war der P. vorbereitet durch die mystischen Strömungen, die das 16. u. 17. Jh. durchziehen. Einer der wichtigsten und bekanntesten Vorläufer ist der in Quedlinburg, Braunschweig, Eisleben und Celle wirkende lutherische Theologe Johannes Arndt (1555-1621). Sein Hauptwerk, die *Vier Bücher vom wahren Christentum* (1605-

1610, die später hinzukommenden Bücher 5 und 6 sind von anderer Hand aus Arndts kleinen Schriften zusammengestellt) ist mehrere Jh.e lang das bedeutendste lutherische Erbauungsbuch gewesen und auch im P. überall bekannt. Speners Programmschrift *Pia desideria* erscheint zuerst 1675 als Vorrede zu einer Neuausgabe von Arndts *Postille*.

Der Beginn des P. im engeren Sinne im Luthertum wird nach diesen Vorformen meist mit Philipp Jakob S p e n e r s (1635-1705) Einrichtung der „Collegia pietatis" in Frankfurt a. M. (1670) angesetzt. In die breitere Öffentlichkeit tritt die neue Bewegung um 1690 durch den Streit von Speners Anhänger A. H. Francke mit der orthodoxen theologischen Fakultät der Universität Leipzig. Ungefähr gleichzeitig taucht auch als Spottbezeichnung der (von Spener und Francke nie anerkannte) Name „Pietist" auf.

Die von Spener ausgehende Bewegung verbreitet sich schnell. Sein bedeutendster Anhänger ist der eben genannte August Hermann F r a n c k e (1663-1727), seit 1698 als Prof. der Theologie (vorher der hebräischen Sprache) an der 1694 neu gegründeten preuß. Universität H a l l e a. d. Saale, die durch ihn und seinen Kreis zu einem Hauptsitz des P. wurde (Streit mit Chr. Wolff). Dort entstehen die bis heute berühmten Franckeschen Stiftungen (vgl. § 5): Schulen, Waisenhaus, Bibelanstalt, Buchhandlung usw. Von Halle ausgehend faßt der P. auch an Universitäten Fuß, so in Gießen (Rambach), Marburg, Königsberg, Leipzig, Greifswald, Rostock, Wittenberg u. a. Mitarbeiter und Nachfolger Franckes in Halle sind sein Schwiegersohn J. A. Freylinghausen, der das vielbenutzte Hallesche Gesangbuch redigiert hat, J. J. Breithaupt, Joachim Lange (Vater von Pyras Freund und Lessings Gegner S. G. Lange), J. D. Herrnschmidt u. a.

Seit etwa 1680 bilden sich, durch einen Besuch Speners mitveranlaßt, pietist. Gemeinden in W ü r t t e m b e r g, wo der P. eine sehr starke und dauernde Verbreitung in Kirchenleitung, Pfarrerstand und Volk fand. Noch Hermann Hesse kommt aus dieser Überlieferung. Bezeichnende Vertreter der schwäbischen Gruppe sind der Bibelforscher J. A. B e n g e l (1687-1752), der Theologe Fr. Christian O e t i n g e r (1702-1787), der Staatsmann Johann Jakob M o s e r (1701-1785) und sein Sohn Friedrich Karl von

M o s e r (1723-1798), Johann Michael H a h n (1758-1819), Chr. Matthias P f a f f, der Liederdichter Philipp Friedrich H i l l e r u. a.

Eine eigentümliche Weiterbildung erfuhr der P. durch den von Spener und Francke ausgehenden Grafen Nikolaus Ludwig von Z i n z e n d o r f (1700-1766), der seit 1722 auf seinem Gut in der Oberlausitz eine Anzahl wegen religiöser Verfolgung ausgewanderter Mährischer Brüder (Nachfolger der Hussiten) ansiedelte und dieser Kolonie 1724 den Namen H e r r n h u t gab. Sein wichtigster Mitarbeiter ist A. G. S p a n g e n b e r g. In der Brüdergemeinde tritt der christozentrische Standpunkt stark hervor, Jesusminne und Wundenkult nehmen zeitweilig extreme Formen an. Wie in Halle wird auch hier das Schulwesen gepflegt, das einen nicht unbedeutenden kulturellen Einfluß ausübt; noch Schleiermacher ist hier erzogen worden. Das Herrnhutertum verbreitete sich in zahlreichen europäischen und außereuropäischen Ländern und übte auch eine erhebliche Missionstätigkeit aus; noch Coopers *Lederstrumpf* ist von seinem Geist geprägt.

Die B l ü t e z e i t des P. liegt zwischen etwa 1690 und 1740. In der zweiten Hälfte des 18. Jh.s beginnt der P. an Kraft und Bedeutung zu verlieren, obwohl seine geistes- und dichtungsgeschichtlichen Auswirkungen z. T. erst dann in Erscheinung treten und in Ausläufern bis in das 19. Jh. hinein sichtbar bleiben. Bekannte Vertreter des Spätpietismus sind in der reformierten Kirche der Zürcher Pfarrer Johann Caspar L a v a t e r (1741-1801) und der Westfale Johann Heinrich J u n g, genannt S t i l l i n g (1740-1817), während der im Guyonschen Quietismus aufgewachsene Hannoveraner Karl Philipp M o r i t z (aus Hameln, 1756-1793) die religiösen Erlebnisse seiner Kindheit später aus wissenschaftlicher Distanz darstellt und damit den Übergang zur weltlichen „Erfahrungsseelenkunde" vollendet. Im frühen 19. Jh. hat der P., namentlich in Preußen, eine Wiederbelebung erfahren, er besteht in mannigfachen Formen und Sekten bis heute fort. Seine geistesgeschichtliche Sendung ist mit dem Ausklang des 18. Jh.s und der Romantik im wesentlichen abgeschlossen.

Albrecht R i t s c h l, *Geschichte des P.* 3 Bde. (1880-1886). Max G o e b e l, *Geschichte d. christl. Lebens in d. rheinisch-westfäl. evangel. Kirche.* 3 Bde. (1849-1860). Heinrich H e p p e, *Geschichte d. quietist. Mystik in d. kathol.*

Kirche (1875). Ders., *Geschichte des P. u. d. Mystik in d. reformierten Kirche, namentlich d. Niederlande* (Leyden 1879). — Heinrich B o r n k a m m, *Mystik, Spiritualismus u. d. Anfänge des P. im Luthertum* (1926; Vorträge d. theol. Konferenz zu Gießen 44). Kurt R e i n - h a r d t, *Mystik u. P.* (1925; Der kathol. Gedanke 9). Ernst T r o e l t s c h, *Leibniz u. d. Anfänge des P.,* in: Troeltsch, *Aufsätze zur Geistesgeschichte u. Religionssoziologie* (1925; Ges. Schr. 4) S. 488-531. Ders., *Protestantisches Christentum u. Kirche in d. Neuzeit* (3. Aufl. 1922; aus: Die Kultur der Gegenw. Teil 1, Abt. IV, 1). Karl H o l l, *Die Kulturbedeutung d. Reformation,* in: Holl, *Ges. Aufsätze zur Kirchengeschichte.* Bd. 1 (6. Aufl. 1932). Ders., *Die Rechtfertigungslehre im Licht der Geschichte d. Protestantismus.* Ebda. Bd. 3 (1928). Max W e b e r, *Die protestant. Ethik u. d. Geist d. Kapitalismus,* in: Weber, *Ges. Aufsätze zur Religionssoziologie.* Bd. 1 (1920) S. 17-206. Paul W e r n l e, *Der schweizer. Protestantismus im 18. Jh.* 3 Bde. (1923 ff.). Emanuel H i r s c h, *Geschichte d. neuern evangel. Theologie im Zusammenhang mit d. allgem. Bewegungen d. europäischen Denkens.* 5 Bde. (1949-1954). Wilhelm L ü t g e r t, *Die Religion d. dt. Idealismus u. ihr Ende.* 4 Bde. (1923-1930; Beitr. z. Förderung christl. Theol. II, 6. 8. 10. 21). Gerhard K a i s e r, *P. u. Patriotismus im literar. Deutschland. E. Beitr. z. Problem d. Säkularisation* (1961; Veröff. d. Inst. f. Europ. Gesch., Abt. f. abendl. Religionsgesch. 24). Friedr. Wilh. K a n t z e n b a c h, *Die Erweckungsbewegung* (1957). Hermann B ö ß e n e c k e r, *P. u. Aufklärung.* (Masch.) Diss. Würzburg 1958. Monographien: Paul G r ü n b e r g, *Ph. J. Spener.* 3 Bde. (1893-1906). — Gustav K r a - m e r, *Aug. Herm. Francke.* 2 Bde. (1880-1882). Herbert S t a h l, *Aug. Herm. Francke. Der Einfluß Luthers u. Molinos auf ihn* (1939; Fschgn. z. Kirchen- u. Geistesgesch. 16). Erich B e y r e u t h e r, *Aug. Herm. Francke* (1956). — Erich S e e b e r g, *Gottfried Arnold* (1923). — Walter N o r d m a n n, *Die theolog. Gedankenwelt in d. Eschatologie des pietist. Ehepaars Petersen.* (Teildr.) Diss. Berlin 1929. — Friedr. W i n t e r, *Die Frömmigkeit G. Tersteegens in ihrem Verhältnis zur franz. quietist. Mystik* (1927; Theolog. Arbeiten aus d. wiss. Prediger-Ver. d. Rheinprov. N. F. 23). Rudolf Z w e t z, *Die dichter. Persönlichkeit G. Tersteegens.* Diss. Jena 1915. Gertrud W o l t e r, *G. Tersteegens geistl. Lyrik.* Diss. Marburg 1929. — Hans Rich. Gerh. G ü n t h e r, *Jung-Stilling* (2. Aufl. 1948). — Ernst v. B r a c k e n, *Die Selbstbeobachtung bei Lavater* (1932; Universitäts-Archiv. 69). Otto U t t e n d ö r f e r, *Zinzendorfs Weltbetrachtung* (1929; Bücher d. Brüder 6). Ders., *Z.s religiöse Grundgedanken* (1935). Ders., *Z.s christl. Lebensideal* (1940). Oskar P f i s t e r, *Die Frömmigkeit des Grafen Z.* (2. Aufl. Wien 1925; Schriften z. angew. Seelenkunde 8), psychoanalytisch. Erich B e y r e u - t h e r, *Der junge Z.* (1957). Ders., *Z. u. die sich allhier beisammen finden* (1959). Ders.,

Z. u. d. Christenheit (1961). Ders., *Studien zur Theologie Z.s. Ges. Aufsätze* (1962). — Gerhard R e i c h e l, *Aug. Gottlieb Spangenberg* (1906). — Julius R ö s s l e, *Leben u. Theologie des Ph. M. Hahn.* Diss. Bonn 1929. — Elisabeth Z i n n, *Die Theologie des Fr. Chr. Oetinger* (1932; Beitr. z. Förderung christl. Theologie 36, 3). — Marianne F r ö h l i c h, *Joh. Jakob Moser in s. Verhältnis zum Rationalismus u. P.* (Wien 1925; Dt. Kultur, Literarhistor. R. 3).

§ 3. Der P. ist keine stark eigenschöpferische und geistig selbständige Bewegung wie etwa die spätmal. Mystik; er ist mehr Sammelbecken und Mittler als selbständiger Ursprung. Dadurch ist die Frage nach seinen Quellen besonders wichtig. Die auf ihn wirkenden Einflüsse liegen zwar in großen Zügen zutage, sind aber im Einzelfall oft schwer zu bestimmen. Einmal bedienen sich die Pietisten, wie erwähnt, aller Zeugnisse der Vergangenheit, die ihnen als Vorläufer der eigenen Bestrebungen erscheinen, zweitens aber fließen ihnen diese Quellen selten rein, sondern meist bearbeitet und mit andersartigen Elementen vermischt zu. Mit dieser Einschränkung können folgende für die Genealogie des P. wichtige, ihm unmittelbar oder mittelbar bekannte Vorläufer genannt werden: Von der Patristik Augustin, Cyprian, der Pseudo-Dionysius Areopagita, Gregor von Nyssa, Makarius der Große, Bonaventura u. a. Ferner der für alle neuzeitliche Mystik zentrale Bernhard von Clairvaux, der Begründer der Jesusminne, des Wundenkults und der Bildlichkeit des connubium spirituale, Hugo von St. Viktor, lat. Hymnik, die (u. a. von Arndt edierte, von Tersteegen übersetzte) *Nachfolge Christi,* Ruysbroeck, von der deutschen mal. Mystik vor allem der überall bekannte und gelesene Tauler und die (schon von Luther edierte) *Deutsche Theologie,* während Seuse ganz zurücktritt und von Eckhart anscheinend nur die unter Taulers Namen überlieferten Bruchstücke bekannt sind. Von späteren direkten oder indirekten Einflüssen sind zu nennen: Die Vertreter der quietistischen Mystik in Spanien: Theresa von Avila, Johannes vom Kreuz und vor allem Michael Molinos († 1696), sodann die dt. Mystiker und Theosophen des 16. Jh.s, Sebastian Franck, Valentin Weigel und Caspar Schwenkfeld.

Wichtige Vermittler mystischen Schrifttums sind im frühen 17. Jh. der oben genannte Johannes A r n d t und der Schwenk-

felder Daniel S u d e r m a n n (1550 bis frühestens 1631), dessen umfangreicher ungedruckter Nachlaß mehr noch als die veröffentlichten Schriften und Dichtungen eine
Fülle älterer mystischer Literatur exzerpiert
und verarbeitet, sodann um die Jh.mitte vor
allem Johannes S c h e f f l e r (Angelus Silesius), dessen auf zahlreichen und weitverzweigten mystischen Quellen beruhende
Hauptwerke (*Geistreiche Sinn- und Schluß-
reime*, späterer Titel: *Cherubinischer Wandersmann*, und *Heilige Seelenlust*, beide zuerst 1657) im P. stark wirken. Neben diesen
älteren Quellen und ihren Vermittlern bilden
im 17. Jh. die verschiedenen mystischen Strömungen eine wichtige Voraussetzung für die
Entstehung des P., doch bedürfen Art und
Stärke dieses Einflusses im einzelnen noch
der Untersuchung. Näher zu bestimmen
bleibt vor allem die Rolle, die Jakob B ö h m e
(über den Spener z. B. sehr vorsichtig urteilt)
im P. gespielt hat.

Von ausländischen Einflüssen des 17. und
18. Jh.s sind außer den erwähnten niederländ. Vorläufern vor allem der (seinerseits
stark von Böhme bestimmte) Pierre P o i r e t
(1646-1719) und die franz. Quietistin Marie
Bourier de la Mothe G u y o n (1648-1717,
Wirkung ihrer *torrents spirituels* auf Klopstock und den jungen Goethe) zu nennen.
Daneben steht eine große Anzahl weniger
bekannter Namen. Religiöse Parallelerschei-
nungen der Nachbarländer sind in England
der P u r i t a n i s m u s, in Holland die genannten Sekten, in Frankreich neben der
quietistischen Mystik der J a n s e n i s m u s,
„die pietistische Erscheinung des Katholizismus" (Troeltsch). Auch in den skandinavischen Ländern spielt der P. eine große Rolle.

Karl H e u s s i, *Zur Geschichte der Beurteilung der Mystik*. Zs. f. Theologie u. Kirche 27
(1917) S. 154-172. Hanfried K r ü g e r, *Verständnis u. Wertung d. Mystik im neueren
Protestantismus* (1938; Christentum u. Fremd-
religionen 6). Friedr.-Wilh. W e n t z l a f f -
E g g e b e r t, *Dt. Mystik zwischen MA. u.
Neuzeit* (1944; 2. Aufl. 1947). Wilh. K o e p p,
Johann Arndt (1912; Neue Studien z. Gesch.
d. Theol. u. d. Kirche 13). Marie-Luise W o l f s -
k e h l, *Die Jesusminne in d. Lyrik des dt. Barock* (1934; GießBtrDtPhil. 34). Paul A l v e r -
d e s, *Der mystische Eros in der geistl. Lyrik
d. P.* (Masch.) Diss. München 1921. — Beziehungen zum Ausland: Kurt Z a b e l, *Die Einwirkung d. engl. u. d. niederländ. Frühpietis-
mus auf Ph. J. Speners Lehre von der Rechtfertigung u. Heiligung.* (Masch.) Theol. Diss.

Rostock 1942. Aug. L a n g, *Puritanismus u. P.*
(1941; Beitr. z. Gesch. u. Lehre d. Reformierten
Kirche 6). Auguste S a n n, *Bunyan in Deutschland* (1951; GießBtrDtPhil. 96). Hilding P l e i -
y e l, *Der schwedische P. in seinen Beziehungen zu Deutschland* (Lund 1935; Lunds Univ.
Årskr. N. F. 1, 31, 4). Leopold M a g o n, *Ein
Jahrhundert geistiger u. literar. Beziehungen
zw. Deutschland u. Skandinavien, 1750-1850.
1. Die Klopstockzeit in Dänemark, Johann
Ewald* (1926). Ders., *Die drei ersten Versuche
einer Übers. von Miltons 'Paradise Lost'*, in:
Gedenkschr. Ferd. Jos. Schneider (1956) S. 39-
82. Georg M i s c h, *Die Autobiographie d.
franz. Aristokratie d. 17. Jh.s.* DVLG. 1 (1923)
S. 172-213. Martin E c k h a r d t, *Der Einfluß
der Mme Guyon auf die norddt. Laienwelt im
18. Jh.* Diss. Köln 1928. Max W i e s e r, *Der
sentimentale Mensch. Gesehen aus der Welt
holl. u. dt. Mystiker im 18. Jh.* (1924). Ders.,
Peter Poiret (1932; Mystiker d. Abendlandes 3).

§ 4. Das Schrifttum des dt. P. setzt sich
zusammen aus theologischen Abhandlungen,
denen wegen ihrer speziellen Fragestellung
für unsere Zwecke eine geringere Bedeutung
zukommt, Erbauungsbüchern (z. B. die beiden Hauptwerke von Christian Scriver: *Gottholds zufällige Andachten*, 1671, *Seelenschatz*, 1675 ff.), Biographien, Selbstzeugnissen und lyrischer Dichtung. Das einzige
Geschichtswerk von Rang ist Gottfried A r -
n o l d s durch ihren Einfluß auf Goethe bekannte *Unpartheyische Kirchen- und Ketzer-
Historie* (zuerst 1699-1700). Die Selbstzeugnisse (Brief, Tagebuch, Autobiographie) sind
geistesgeschichtlich gesehen der vielleicht be-
deutsamste Teil dieser umfangreichen Literatur, weil sich in ihnen die für die dt. Dichtung folgenreichste Leistung des P., die Ausbildung der deskriptiven Psychologie und
Ich-Analyse, vollzieht. Beispiele für die
B r i e f l i t e r a t u r sind in der Frühzeit etwa
die von Spener und A. H. Francke geführten
Briefwechsel, in der Spätzeit vor allem die
wertvollen Briefe Tersteegens. Das Führen
von T a g e b ü c h e r n zum Zweck der Gewissenserforschung wird in pietist. Schriften
(z. B. in Reitz' *Historie der Wiedergeborenen*) öfter empfohlen und darf als verbreite-
ter Brauch angenommen werden, wenn auch
von diesen Aufzeichnungen relativ wenig
gedruckt vorliegt. Für den P. des 18. Jh.s
sind die Tagebücher Zinzendorfs, Albrecht
von Hallers, Gellerts und J. C. Lavaters bezeichnende Beispiele. In Lavaters *Geheimem
Tagebuch. Von einem Beobachter seiner
selbst* (I, 1771, II, 1773) wird der Übergang

von religiös bestimmter Gewissenserforschung zu subjektivistischer Selbstbespiegelung und weltlicher Psychologie am deutlichsten faßbar (Mahrholz). Noch die Tagebücher des Romantikers Novalis stehen in der pietist. Tradition. Unter den sehr zahlreichen S e l b s t b i o g r a p h i e n ragen hervor in der Frühzeit die von A. H. Francke (geschrieben 1690-91) und dem Ehepaar Johann Wilhelm und Johanna Eleonore Petersen (zuerst 1717), im weiteren Verlauf des 18. Jh.s die zuerst von Max Dessoir ausgewertete, psychologisch ergiebige des Breslauer Pfarrers Adam Bernd (1738), J. G. Hamanns im Londoner Durchbruchserlebnis gipfelnde *Gedanken über meinen Lebenslauf* (1758), Heinrich Jung-Stillings *Lebensgeschichte* (*Jugend*, 1777 von Goethe zum Druck befördert, *Jünglingsjahre, Wanderschaft*, 1778, *Häusliches Leben* 1789, *Lehrjahre* 1804, *Alter* 1817) und, vom Religiösen schon ganz losgelöst, der „psychologische Roman" von Karl Philipp Moritz, *Anton Reiser* (1785-1790). Hierher dürfen wir auch Goethes *Bekenntnisse einer schönen Seele* (1795) rechnen, die, wenn sie auch wohl kaum auf verlorenen Aufzeichnungen der Susanna von Klettenberg beruhen, eine sehr tiefe Kenntnis der Psychologie und Ausdrucksweise eines herrnhuterisch gefärbten Pietismus verraten.

Zahlreiche pietist. Lebensbeschreibungen oder Selbstbiographien liegen in S a m m e l w e r k e n vor, deren wohl typischstes die fünfbändige *Historie der Wiedergeborenen* (1717 ff.) des zur Zeit der Abfassung in Wesel lebenden reformierten Pfarrers Johann Heinrich Reitz ist. Er schöpft aus französischen, englischen und niederländischen, nur zum kleineren Teil aus dt. Quellen aller Art und mischt, oft frei bearbeitend, Biographien und Selbstzeugnisse aller christlichen Bekenntnisse und Zeitalter. Ähnlich verfährt Gerhard Tersteegen in seinen *Auserlesenen Lebensbeschreibungen heiliger Seelen* (1733 ff.), die sich hauptsächlich an Poirets *Bibliotheca mysticorum* anschließen und somit überwiegend Lebensläufe katholischer Mystiker enthalten. Ein mitteldt. Seitenstück ist die *Historia derer Wiedergebohrnen in Sachsen* (1732) des Lutheraners Christian Gerber, die meist Persönlichkeiten des sächsischen Adels und Hochadels behandelt. Berichte von Sterbestunden sammelt der pietist. Nekrolog von Erdmann Heinrich Graf Henckel: *Die*

letzten Stunden einiger der evangelischen Lehre zugethanen . . . Persohnen (1722 ff.). Ein Beispiel aus dem 19. Jh. ist die Sammlung des Sprachforschers Johann Arnold Kanne: *Leben und aus dem Leben merkwürdiger und erweckter Christen aus der protestantischen Kirche* (zuerst 1816-17, noch zwei ähnliche Sammlungen).

Die D i c h t u n g des P. besteht vorwiegend aus geistlicher Lyrik und Kirchenlied. Bezeichnende E i n z e l s a m m l u n g e n stammen von Joachim Neander (*Glaub- und Liebesübung*, 1680), Gottfried Arnold (*Liebesfunken*, 1698 ff. u. a. Sammlungen), Johann Caspar Schade (*Fasciculus cantionum*, 1699), Laurentio Laurenti (*Evangelica melodica*, 1700), Zinzendorf (Gedichte, entstanden zwischen 1713 und 1734, gedr. zuerst 1735), Tersteegen (1727 u. ö.), F. A. Lampe (*Gesänge*, 1726), Henriette Catharine von Gersdorf (*Geistreiche Lieder*, 1729), Ph. Fr. Hiller (entstanden um 1748), Carl Heinrich von Bogatzky (*Die Übung der Gottseligkeit in allerley geistlichen Liedern*, 1750), u. a. m. Die relativ bedeutendsten dichterischen Kräfte des P. sind Arnold, Zinzendorf und Tersteegen.

Die Sonderform der geistlichen S p r u c h s a m m l u n g, im Barock vor allem durch Czepko und Scheffler vertreten, wird im P. unter Schefflers Einfluß von Tersteegen aufgenommen (*Geistliches Blumengärtlein inniger Seelen*, zuerst 1727), ein weiteres Beispiel ist Bogatzkys *Güldenes Schatzkästlein der Kinder Gottes* (zuerst 1718), in dem z. B. Goethes Mutter zu „däumeln" pflegte.

Die Gebrauchslyrik des pietist. K i r c h e n l i e d e s liegt in einer Anzahl von G e s a n g b ü c h e r n gesammelt vor, die natürlich auch viel älteres Gut des 16. und 17. Jh.s enthalten. Die wichtigsten sind: das von J. A. Freylinghausen herausgegebene *Geistreiche GB.* (die repräsentative Sammlung des Halleschen P., zuerst 1704 und 1714), das *GB. der Gemeine in Herrnhut* (zuerst 1735, darauf mehrere stark erweiternde Neuausgaben, später kürzende Bearbeitungen), das von Fr. Chr. Steinhofer redigierte, u. a. von Goethe und den Frankfurter Pietisten benutzte *Evangelische GB. . . . der Gemeine in Ebersdorf* (1742), die *Sammlung der Cöthnischen Lieder* (zuerst 1736), das *Wernigerödische GB.* (zuerst 1712), für Schwaben das von J. R. Hedinger zusammengestellte *Württembergische GB.* (seit 1705) usw. (s. *Kirchenlied*).

Wichtig für die Erkenntnis des P. und seiner Ursprünge ist schließlich die umfangreiche Übersetzungsliteratur, über deren Durchschnittspraxis der erste Teil des *Anton Reiser* anschaulich berichtet. Fast alle geistigen Führer des P. (z. B. Spener, Francke, Arnold, Tersteegen) haben entweder selbst übersetzt oder solche Übertragungen gefördert und eingeleitet. Oft handelt es sich dabei um freie Bearbeitungen, die nur auf den praktischen Zweck der Erbauung abzielen. Verdeutscht werden so z. B. die *Nachfolge Christi* (Tersteegen), Schriften von Molinos, Labadie, der Guyon usw.

Auch die Bibelübersetzung wird vom P. gepflegt. Bezeichnende Beispiele sind die von Johann Heinrich Haug redigierte sogen. *Berleburger Bibel*, die 1726-1742 in acht Bänden am Hof des Grafen Casimir von Wittgenstein-Berleburg erschien, und die sogen. *Ebersdorfer Bibel* (1726), eine unter der Mitwirkung von Zinzendorf geschaffene Übersetzung des NT.

Textsammlungen: DtLit., Reihe: Dt. Selbstzeugnisse, Bd. 6: *Selbstzeugnisse aus d. 30jähr. Krieg u. d. Barock* (1930), Bd. 7: *Pietismus u. Rationalismus* (1933), beide hg. v. Marianne Beyer-Fröhlich. Werner Mahrholz, *Der dt. Pietismus. E. Ausw. v. Zeugnissen, Urkunden u. Bekenntnissen aus d. 17., 18. u. 19. Jh.* (1921). Albert Friedr. Wilh. Fischer, nach dessen Tode vollendet u. hg. v. Wilh. Tümpel, *Das dt. evangel. Kirchenlied d. 17. Jh.s.* 6 Bde (1904-1916). — Darstellungen: Max Dessoir, *Gesch. d. neueren dt. Psychologie* (1894; 2. Aufl. 1902). Werner Mahrholz, *Dt. Selbstbekenntnisse. Ein Beitr. z. Gesch. d. Selbstbiographie von der Mystik bis z. P.* (1919). Fritz Stemme, *Die Säkularisation des P. zur Erfahrungsseelenkunde.* ZfdPh. 72 (1953) S. 144-158. Walter Beyse, *Die Wernigeröder Gesangbücher von 1712 u. 1735. Ein Beitr. z. Gesangbuchbewegung des P.* (Masch.) Diss. Halle 1926.

§ 5. Auf sozialem Gebiet hat der P. zur Förderung der Armen- und Waisenpflege und überhaupt aller karitativen Tätigkeit beigetragen. Die Franckeschen Stiftungen in Halle bedeuten einen wichtigen Schritt in dieser Entwicklung. Von entscheidender Bedeutung ist auch die pädagogische Leistung des P., die in Halle und in der Brüdergemeine am deutlichsten hervortritt. Franckes Bemühungen gelten den elementaren und höheren Schulen für beide Geschlechter (die Mädchenschulen sind allerdings noch kurzlebig), mit besonderer Betonung der Realien,

die hier zum erstenmal Schulfächer werden, ferner dem Internatwesen und der Lehrerbildung. Franckes Schüler Johann Julius Hecker verpflanzt diese Bestrebungen unter der Förderung des Königs von Preußen nach Berlin.

Darüber hinaus hat der P. die Entwicklung der bürgerlichen Kultur des ausgehenden 17. und 18. Jh.s in mannigfacher Hinsicht gefördert. Aus der Praxis der religiösen Konventikel erwächst eine verinnerlichte und seelisch vertiefte Form des gesellschaftlichen Verkehrs, in dem die Unterschiede der Geschlechter und die sozialen Gegensätze weitgehend zurücktreten und dessen schriftliche Ausdrucksformen Briefe und Selbstzeugnisse werden. Hier wird der religiöse Erlebnisse analysierende Bekenntnis- oder Trostbrief gepflegt. Er steht im Gegensatz zum offiziellen, zeremoniös-höflichen Brief des Barock wie auch zu dem an franz. Mustern geschulten Plauderbrief des Rokoko vom Typus Gellerts und bereitet die Briefkultur der Empfindsamkeit und der späteren Zeit vor. Der Anteil der Frau am religiösen Leben des P. ist sehr groß. Ihre gesellschaftliche Stellung wird dadurch gehoben, auch dies eine Vorform der Frauenkultur und -Literatur des 18. Jh.s seit der Empfindsamkeit. Der zunächst der Frau geltende Begriff der „Schönen Seele" bezeichnet auf seinem Weg von der span. Mystik über den P. zur Empfindsamkeit und weiter zu Wieland, Goethe und Schiller etwas von dieser Wirkung.

Die eigentliche geistesgeschichtliche Bedeutung des P. liegt in der Verfeinerung und Vertiefung des Seelenlebens durch eine Generationen lange Übung in der Beobachtung und Aufzeichnung eigener und auch fremder Erlebnisse. Zum erstenmal in nhd. Zeit lernt man, auch die zartesten seelischen Regungen zu analysieren und solche Beobachtungen sprachlich auszudrücken. Die Genauigkeit und Feinheit der Schilderung ist in dieser Zeit einzigartig. Besonders wird die Erfassung der Stimmungen entwickelt. Das Verhältnis des Menschen zu Gott durchläuft die ganze Stufenleiter oft schnell wechselnder und gegensätzlicher Seelenlagen von „Dürre", „Trockenheit", „Zerstreuung" oder „Unruhe" bis zu „Stille" und „Gelassenheit" und den Entzückungen des „Durchbruchs" oder der Unio mystica. Alle diese einzelnen

Phasen des Weges zu Gott werden bemerkt und gebucht, und dieses aus der religiösen Gewissenserforschung erwachsene ständige Aufmerken auf die leisesten Schwingungen des Augenblicks ist eine bedeutsame Voraussetzung für die Entstehung weltlicher Stimmungspsychologie seit der Empfindsamkeit. Die pietist. Autobiographie verlegt alles Schwergewicht der Darstellung auf die zielstrebige seelische Entwicklung vom Zustand der Sündhaftigkeit bis zur Vereinigung mit Gott, für die alle äußeren Lebenstatsachen, die bisher in Biographie und Roman durchaus im Vordergrund standen, nur das notwendige Gerüst bilden. Durch diesen Begriff der innerseelischen Entwicklung des Menschen ist eine wichtige Voraussetzung für die Entstehung des dt. Entwicklungs- und Bildungsromans im 18. Jh. gegeben: seine Hauptvertreter Wieland, Moritz und Goethe sind von daher beeinflußt und ohne diese pietist. Vorarbeit schwerlich zu denken. Fruchtbar ist auch in den pietist. Selbstbiographien das Achten auf entscheidende seelische Lebenssituationen, d. h. vor allem auf den oft bis zur Stunde genau fixierten Augenblick des Gnadendurchbruchs. Dadurch wird, abermals zum erstenmal in nhd. Zeit, der Stoff des menschlichen Lebenslaufs von innen her durchformt und auf einen einmaligen Höhepunkt hin komponiert: das Leben vor dem Durchbruch ist nur Vorbereitung und Anstieg, die spätere Existenz oft nur Epilog. In den so aufgebauten Selbstzeugnissen entsteht eine Art religiöser Vorform des Novellenprinzips: sie gipfeln in einem wunderbaren Ereignis und entscheidendem Wendepunkt. Im weltlichen Schrifttum wird Ähnliches in solcher Verinnerlichung erst wesentlich später gestaltet.

Durch diese Lockerung und Verfeinerung des Seelenlebens wird der P. zur religiösen Vorstufe der weltlichen Gefühlskultur im 18. Jh., zunächst der Empfindsamkeit, deren innere Verwandtschaft mit den Stillen im Lande seit Goethe oft bemerkt worden ist. Eine Einwirkung wird dadurch möglich, daß weltliche Erlebnisse von ähnlicher Struktur und Intensität an die Stelle des religiösen treten, vor allem Freundschaft und Geschlechterliebe, vielleicht auch das Verhältnis des Menschen zur Natur. Der Freundschaftskult des 18. Jh.s entwickelt sich (nach Rasch) aus pietistischen Wurzeln (ursprüng-

liches Vorbild: Christus als Freund der Seele). Eine geistesgeschichtlich wichtige Übergangsstufe bildet die von Fr. Karl von Moser, Susanna von Klettenberg und ihrer Schwester verfaßte Aufsatzsammlung *Der Christ in der Freundschaft* (1758), auf dichterischem Gebiet die *Freundschaftlichen Lieder* der Pietisten Immanuel Jakob Pyra und Samuel Gottlob Lange (nach Pyras Tod 1745 hrsgg. von Bodmer unter dem Titel: *Thirsis und Damons freundschaftliche Lieder*). Die psychologisch vertiefte Schilderung der Geschlechterliebe findet sich zwar stoffbedingt im pietist. Schrifttum kaum (Ansätze etwa in der Selbstbiographie der Eleonora Petersen), aber dennoch dürfen wir annehmen, daß die pietist. Kunst der Seelenanalyse die Dichtung des 18. Jh.s auch auf diesem Gebiet befruchtet hat, etwa in Schnabels *Insel Felsenburg*, in Sophie Laroches *Geschichte des Fräuleins von Sternheim*, in Goethes *Werther* u. a. Auch die Schilderungen der Liebe und Freundschaft in Klopstocks *Messias* stehen möglicherweise indirekt unter diesem Einfluß. Wenn auch eine unmittelbare Wirkung des P. nicht erweisbar ist, muß seine vorbereitende Arbeit doch als unerläßliche Voraussetzung für die seelische Kultur und die psychologische Dichtung der Empfindsamkeit und des Irrationalismus betrachtet werden; erst seine Leistung ermöglicht eine Befruchtung durch die einströmende englische und französische Sentimentalität.

Vielleicht, freilich in ungleich geringerem Maße, hat der P. auch zur Ausbildung des empfindsamen Naturgefühls beigetragen. Die große Masse der pietist. Literatur, von dem einzigen Thema Gott-Seele beherrscht, scheint dafür zunächst wenig Raum zu bieten. Immerhin zeigt das auf B. H. Brockes wirkende prosaische Erbauungsbuch des Pietisten Christian Scriver: *Gottholds vierhundert zufällige Andachten bei Betrachtung mancherlei Dinge der Kunst und Natur* (1671, 23. Aufl. 1843) eine aus der Allegorienfreude des Barock erwachsene Einbeziehung der Naturdinge in das religiöse Leben. Im 18. Jh. bieten vor allem die Gedichte G. Tersteegens Beispiele einer seelenhaft vertieften religiösen Naturbetrachtung (z. B. *Innige Frühlingsbelustigung, Einsame Sommerlust, Christliche Herbstgedanken*), die allerdings auch außerhalb des P. in der religiösen Lyrik der Barockzeit (Spee, Gerhardt) schon vorhanden war. In den pietist. Konventikeln der späteren Zeit scheint eine Verbindung von religiöser Empfindung und sentimentalischem Naturgefühl häufiger gewesen zu sein. Der rationalistische Theologe Semler z. B. berichtet in seiner Selbstbiographie aus seiner Jugendzeit (1738) von Mondscheinandachten der Saalfelder Pietisten im Wald, die er ausdrücklich mit der späteren Empfindsamkeit vergleicht, und ähnliches findet sich in der fragmentarischen Autobiographie des Musikers Reichardt. Die Naturschilderung in den Dichtungen von Schnabel, Pyra und Lange, Klopstock, Jung-Stilling, Hippel u. a. ist also möglicherweise vom P. beeinflußt, das Naturgefühl der Empfindsamkeit hat vielleicht in ihm eine religiöse Vorstufe.

Gustav F r e y t a g, *Bilder aus d. dt. Vergangenheit*. Hg. v. Johannes B ü h l e r ([1926]): *Aus neuer Zeit*, 1. *Die Stillen im Lande*. Horst S t e p h a n, *Der P. als Träger des Fortschritts in Kirche, Theologie u. allgemeiner Geistesbildung* (1908; Samml. gemeinverständl. Vorträge 51). Koppel Shub P i n s o n, *Pietism as a factor in the rise of German nationalism* (New York 1934). Waldemar R e i c h e l, *Die ethische Persönlichkeit in d. Erziehung des P.* Diss. Leipzig 1935. Ferdinand S c h w e m m l e r, *Die Staats- u. Sozjallehren des dt. P. im 17. Jh. u. ihre Bedeutung für d. dt. Bürgertum*. (Masch.) Diss. Frankfurt 1925. Konrad B u r d a c h, *Faust und Moses*. SBAkBln, Phil.-hist. Kl. 1912, S. 358-403, 627-659, 736-789. Wolfdietrich R a s c h, *Freundschaftskult u. Freundschaftsdichtung im dt. Schrifttum des 18. Jh.s* (1936; DVLG., Buchr. 21). Paul K l u c k h o h n, *Die Auffassung der Liebe in d. Lit. d. 18. Jh.s u. in d. dt. Romantik* (1922; 2. Aufl. 1931). Heinz K i n d e r m a n n, *Durchbruch der Seele. Literarhistor. Studie über die Anfänge d. 'Dt. Bewegung' vom P. zur Romantik* (1928; Gedanken u. Gestalten 1). Erich J e n i s c h, *Die Entfaltung des Subjektivismus. Von der Aufklärung zur Romantik* (1929; Königsbg. Dt. Fschgn. 6). Ferd. Jos. S c h n e i d e r, *Die dt. Dichtung d. Aufklärungszeit* (2. Aufl. 1949; Epochen d. dt. Lit. III, 1). Ders., *Die dt. Dichtung der Geniezeit* (1952; Epochen d. dt. Lit. III, 2).

§ 6. Für die Breite des pietist. Einflusses im 18. Jh. zeugt schon die Tatsache, daß zahlreiche Dichter und Schriftsteller bis zur Romantik in ihrem Leben (meist in ihrer Jugendzeit durch das Elternhaus) vom P. mehr oder minder eng berührt worden sind. So in der Aufklärung der Francke von Leipzig nach Halle folgende Thomasius und der Zittauer Schulrektor Chr. Weise, der in dem Pietistenzentrum Stolberg-Wernigerode ansässige Romancier J. G. Schnabel, Albrecht von Haller und Gellert, die beide pietistisch gefärbte Tagebücher hinterlassen haben, zu Beginn des Irrationalismus die oben erwähnten Pyra und Lange und sehr wahrscheinlich Klopstock, vom Göttinger Hain die durch ihr Elternhaus dem P. eng verbundenen Grafen Stolberg. In Schwaben Wieland (der wie Matthisson in dem pietist. Klosterbergen bei Magdeburg erzogen worden war), seine Jugendfreundin Sophie Laroche, Schubart, Schiller und Hölderlin; in Ostpreußen Hamann, Herder (Mohrungen und Bückeburg), Kant und Hippel, in Livland Lenz, am Rhein Goethe und Fr. H. Jacobi, im Bergischen Sektiererland Jung-Stilling, in Norddeutschland K. Ph. Moritz, in Mitteldeutschland Matthisson, während der Berliner Aufklärer Nicolai von seiner Schulzeit an den Franckeschen Stiftungen in Halle nur negative Eindrücke empfing. Noch in der Romantik sind Schleiermacher und Novalis vom Geist der Brüdergemeinde berührt worden, und auch Zacharias Werner hat Einflüsse des Königsberger, Schelling solche des schwäbischen P. in sich aufgenommen.

Der Einfluß des P. auf die dt. Dichtung des 18. Jh.s ist über die erwähnte geistige Vorbereitungsarbeit hinaus im Einzelfall häufig nur mittelbar wahrscheinlich zu machen. Er tritt zutage in Lyrik, Versepos und Roman, wohl kaum im Drama. Im lyrischen Bereich ist, wenn wir von dem möglicherweise gelegentlich pietistisch beeinflußten J. Chr. Günther absehen, die schon erwähnte Gedichtsammlung von Pyra und Lange (vgl. § 5) an erster Stelle zu nennen; sie zeigt nicht nur in dem speziellen Thema der Freundschaft, sondern in der ganzen Gefühlshaltung ihrer sprachlichen Formulierung pietistischen Geist. Für Klopstock ist eine breitere Kenntnis pietist. Quellen aus den biographischen Zeugnissen nicht zu beweisen, darf aber dennoch als fast sicher angenommen werden. Pietistischer Einfluß zeigt sich zwar nicht in den um orthodoxe Rechtgläubigkeit bemühten theologischen Anschauungen, wohl aber in der Geistes- und Gefühlshaltung des *Messias*, der christozentrischen Einstellung, den psychologischen Schilderungen empfindsamer Freundschaft und Liebe (Lebbäus, Lazarus - Cidli u. a.) und den starken sprachlichen Gemeinsamkeiten (vgl. § 7).

Auf dem Gebiet des Romans äußert sich pietist. Geist zuerst in der Sonderform der Utopie. Der aus Hessen gebürtige Pietist Philipp Balthasar Sinold, genannt von Schütz (1657-1742), Dichter vielgelesener geistlicher Lyrik und Erbauungsbücher, schreibt 1723 unter dem Pseudonym Constantin von Wahrenberg den utopischen Roman: *Die glückseligste Insul auf der gantzen Welt oder das Land der Zufriedenheit* (unveränderter Neudruck 1728 unter dem Pseudonym Ludwig Ernst von Faramund, dies war Sinolds Deckname in der „Fruchtbringenden Gesellschaft"), in dem ein patriarchalisches Staatswesen aus pietist. Geist nach dem Vorbild des Frühchristentums geschildert wird. Das bekannteste Beispiel für diese Gruppe ist J. G. Schnabels (1692 bis nach 1750) *Insel Felsenburg* (vier Teile 1731-1743), deren pietist. Grundlagen Brüggemann überzeugend erwiesen hat. Indirekt wirkt der P. nicht nur auf die Sonderform des Entwicklungs- und Bildungsromans (vgl. § 5), sondern durch seine Kunst der Seelenanalyse auf den ganzen psychologischen Roman des 18. Jh.s seit der Empfindsamkeit neben den bekannten Einwirkungen des franz. und engl. Romans. Zwar hält sich Gellert, obwohl durch sein Tagebuch als Pietist erwiesen, in seinem von Richardson beeinflußten Roman *Leben der schwedischen Gräfin von G.* (1747-48) in knappester Tatsachenschilderung von aller deskriptiven Psychologie fern, aber Sophie Laroches von Wieland herausgegebener Erstlingsroman *Geschichte des Fräulein von Sternheim* (1771) zeigt nicht nur in seinem Handlungsaufbau (nach Christine Touaillon, *Der dt. Frauenroman d. 18. Jh.s*, 1919) vielleicht das Schema der pietistischen Autobiographien (Fall, Bußkampf, Gnadendurchbruch), sondern auch sonst bis in die Sprache hinein manche Verwandtschaft mit pietist.Gefühlshaltung. Auch für die psychologische Beschreibung in Wielands Romanen, vor allem dem *Agathon* (1766-67), darf man wohl, ohne die nur sehr flüchtige Berührung des Verfassers mit dem P. zu überschätzen, eine indirekte Nachwirkung pietist. Schulung in der Selbstanalyse annehmen, und ebenso stehen Goethes *Werther* und das schon erwähnte sechste Buch von *Wilhelm Meisters Lehrjahren* (1795) unter dieser Voraussetzung. Unmittelbar von einem quietistisch getönten P. inspiriert sind ferner nicht nur Jung-

Stillings erwähnte Selbstbiographie, sondern auch seine Romane (*Theobald oder die Schwärmer,* 1784 f., *Das Heimweh,* 1794-96, geschrieben nach dem Vorbild von John Bunyans auch in Deutschland stark wirkendem Erbauungsbuch *Pilgrim's Progress* (1678-1684). Th. G. v. Hippels Hauptroman *Lebensläufe in aufsteigender Linie* (1778-81) erwächst ganz aus dem Geist des ostpreußischen P., während K. Ph. Moritz' oben erwähnter Roman *Anton Reiser* die vom P. erlernte Kunst der deskriptiven Psychologie schon rein weltlichen Zielen dienstbar macht. Auch in den Romanen Fr. H. Jacobis (*Allwill,* zuerst 1775, *Woldemar,* zuerst 1777) sind pietist. Nachwirkungen biographisch möglich und inhaltlich wie sprachlich wahrscheinlich. Vielleicht schöpft auch die Seelenschilderung der Romane Jean Pauls (in denen sich mehrfach die Gestalt des herrenhuterischen Erziehers findet) aus dieser Quelle. Im Roman der dt. Aufklärung endlich wird, parallel zu der Fülle antipietistischer Streitschriften, die Gestalt des Pietisten negativ-satirisch gezeichnet, so in Nicolais *Sebaldus Nothanker,* in Hermes' *Sophiens Reise von Memel nach Sachsen,* in J. K. Wezels *Herrmann und Ulrike* u. a. (vgl. dazu auf dramatischem Gebiet Frau Gottscheds nach dem Vorbild einer franz. Jansenistensatire geschriebenes, den Königsberger Pietismus karikierendes Lustspiel *Die Pietisterey im Fischbeinrock oder die Doktormäßige Frau,* 1736).

Allgemeines: Max Freih. von W a l d b e r g, *Studien u. Quellen z. Gesch. d. Romans. 1. Zur Entwicklungsgeschichte der 'schönen Seele' bei den span. Mystikern* (1910; LithistFschgn. 41). Hans S c h m e e r, *Der Begriff der 'schönen Seele' bes. bei Wieland u. in d. Lit. d. 18. Jh.s* (1926; GermStud. 44). Adalbert R e i c h e, *Der P. u. d. dt. Romanliteratur d. 18. Jh.s.* (Masch.) Diss. Marburg 1947 (1941).
Verhältnis Einzelner zum P.: Margarete Z a r n e c k o w, *Christian Weises 'Politica christiana' u. d. Pietismus.* (Masch.) Diss. Leipzig 1924. Liselotte N e i s s e r, *Chr. Thomasius u. s. Beziehungen zum P.* Diss. Heidelberg 1928. Fritz B r ü g g e m a n n, *Utopie u. Robinsonade. Untersuchgn. z. Schnabels 'Insel Felsenburg'* (1914; FschgnNLitg. 46). Else E i c h l e r, *Chr. Scrivers 'Zufällige Andachten'.* (Masch.) Diss. Halle 1926. Gustav W a n i e k, *Jakob Immanuel Pyra u. s. Einfluß auf d. dt. Lit. d. 18. Jh.s* (1882). Gisela M r o z, *Klopstocks Verhältnis zum P.* (Masch.) Diss. Bonn 1945. Gerhard K a i s e r, *Klopstock. Religion u. Dichtung* (1963; Studien zu Religion, Geschichte u. Geisteswiss. 1). Rudolf U n g e r, *Hamann u. d. Aufklärung.* 2 Bde (1911; 2. Aufl. 1925).

Hans v. S c h u b e r t, *Goethes religiöse Jugend-entwicklung* (1925). Else K o e p p e, *Das Verhältnis des jungen Goethe zum Christentum* (1939; GermStud.206).Walther B i e n e r t, *Goethes pietistisch-humanistisches Privatchristentum* (1935; Theolog. Arb. z. Bibel-, Kirchen- u. Geistesg. 5). John B e c k e r, *Goethe u. d. Brüdergemeinde.* Zs. f. Brüdergesch. 3 (1909) S. 94-111, wiederholt, mit e. Geleitw. v. Friedr. Lienhard (1922). Wilh. B e t t e r m a n n, *Goethes 'Bekenntnisse einer schönen Seele' u. d. Religion.* Zs. f. Brüdergesch. 6 (1912) S. 166-185. Ders., *'Wilhelm Meisters Theatralische Sendung' u. d. Brüdergemeinde.* Ebda, S. 119-128. Franz S a r a n, *Goethes 'Mahomet' und 'Prometheus'* (1914; Baust. 13). Herbert S c h ö f f l e r, *Die 'Leiden des jungen Werther'. Ihr geistesgeschichtl. Hintergrund* (1938). Christian J a n e n t z k y, *Lavaters Sturm u. Drang im Zusammenhang seines religiösen Bewußtseins* (1916). Jul. F o r s s m a n n, *Lavater u. d. religiösen Strömungen d. 18. Jh.s* (Riga 1935; Abhdlgn. d. Herder-Ges. 5, 2). Heinz K i n d e r m a n n, *J. M. R. Lenz u. d. dt. Romantik* (1925). Ferd. Jos. S c h n e i d e r, *Das Religiöse in Millers 'Siegwart' u. s. Quellen.* ZfdPh. 64 (1939) S. 20-40. Wilh. I f f e r t, *Der junge Schiller u. d. geistige Ringen s. Zeit* (1926). Robert M i n d e r, *Die religiöse Entwicklung von K. Ph. Moritz auf Grund s. autobiograph. Schriften* (1936; Neue Forschung 28). Fritz S t e m m e, *K. Ph. Moritz u. d. Entwicklung von d. pietist. Autobiographie zur Romanliteratur der Erfahrungsseelenkunde.* (Masch.) Diss. Marburg 1950. Fritz W e r n e r, *Das Todesproblem in d. Werken Th. G. Hippels* (1938; Hermaea 33). Christoph B e c k e r, *Jean Paul u. d. Herrnhuter.* Zs. f. Brüdergesch. 10 (1916) S. 150-158. E. R. M e y e r, *Schleiermachers u. C. G. v. Brinkmanns Gang durch die Brüdergemeinde* (1905). Wilh. D i l t h e y, *Leben Schleiermachers* (1870; 2., verm. Aufl. 1922). Johann T h i e r s t e i n, *Novalis u. d. Pietismus.* Diss. Bern 1910. Irmtrud von M i n n i g e r o d e, *Die Christusanschauung des Novalis* (1941; NDtFschgn. 284). Theo P e h l, *Zacharias Werner u. d. Pietismus.* Diss. Frankfurt 1933. Franziska W e s s e l y, *Die Bedeutung des P. für die Romantik u. im bes. für Schelling.* (Masch.) Diss. Wien 1930. Ernst B e n z, *Schellings theologische Geistesahnen.* AbhAkMainz, Geistes- u. sozialwiss. Kl. 1955, 3.

§ 7. **Die sprachgeschichtliche Bedeutung** des P. besteht zunächst in seinem, den gleichartigen Bestrebungen der Aufklärung parallel laufenden, Kampf gegen die Vorherrschaft des Lateinischen im religiösen Schrifttum und im Unterricht. „Der P. hat zuerst eine deutsche Erbauungsliteratur geschaffen und mit ihr in allem die Entstehung unserer klassischen Literatur vorbereitet" (Holl), er übt also eine ähnliche Funktion aus wie das puritanistische Schrifttum in England. Daneben sind die verschiedenen Formen der pietist. Selbstzeugnisse nicht nur gehaltlich, sondern auch sprachlich dadurch wichtig, daß sie zum erstenmal sehr differenzierte seelische Zustände in Worte zu fassen versuchen. Die Fähigkeit zum sprachlichen Ausdruck zartester seelischer Regungen wird im P. eigentlich erst ausgebildet, sie ist eine Vorbedingung für die Entstehung der Seelensprache des 18. Jh.s. Ein weiteres sprachliches Verdienst des P. ist sein Eintreten für die Verwendung des Deutschen als Unterrichtssprache. Spener wird vom orthodoxen Klerus angegriffen, weil er die jungen Theologen in deutscher statt in lat. Sprache prüft, und hat daraufhin seinen Standpunkt auch theoretisch ausführlich verteidigt. Neben und nach ihm fördert vor allem A. H. Francke in Halle das Deutsche als Unterrichtssprache. Auch Gottfried Arnold, der Schwabe Joh. Fr. Flattich, die beiden Moser u. a. treten für die dt. Sprache ein.

Auf syntaktischem Gebiet trägt der P., wiederum den Bestrebungen der Aufklärung entsprechend, zur Überwindung des barocken Schachtelsatzes bei und bemüht sich in Erbauungsbüchern und Selbstzeugnissen um einen klareren und durchsichtigeren Satzbau. Die größte Bedeutung in der dt. Sprachgeschichte kommt aber dem W o r t s c h a t z des P. zu. Der P. ist auch sprachlich nicht sowohl schöpferisch als vielmehr Sammelbecken älteren Gutes, das er aufnimmt und der Folgezeit übermittelt. Die oben (§ 3) genannten Quellen des P. haben auch sprachlich gewirkt, von ihnen sind wohl Lutherbibel und mystische Strömungen am wichtigsten. Der sprachliche Einfluß der oben erwähnten religiösen Parallelströmungen des Auslands ist noch zu untersuchen, vermutlich werden sich auch hier starke Übereinstimmungen ergeben. Von der älteren dt. Mystik übernimmt der P. meist wohl indirekt durch ein oder mehrere Zwischenglieder vermittelt eine ziemlich große Anzahl einzelner Ausdrücke, allerdings oft mit Bedeutungswandel oder Verflachung, am erfülltesten wohl bei Tersteegen, ferner die Wortbildungsweise der Verbalsubstantiva und Verbalabstrakta auf -ung, -heit und -keit und namentlich die Vorliebe für die bewegungschaffenden verbalen Präfixbildungen. Die Möglichkeit solcher sprachlichen Beeinflussung ergibt sich aus der dem mystischen Erlebnis verwandten pietist. Grundkonstellation der polaren Spannung und des Zueinanderstrebens von Gott und Menschenseele. Daraus fließen die wichtigsten sprachlichen Ausdrucksmittel des P., 1. eine Anzahl schon der lat. u. dt. Mystik bekannter fester Termini des mystischen Erlebnisses (z. B. Grund, Rührung, Eindruck, Einkehr, Innigkeit, Gelassenheit und viele andere), 2. eine gegenüber der Mystik gewaltig vermehrte Zahl meist mit Präfix (ein, hinein, durch, entgegen, hinab, hinauf, aufwärts, nach usw.) verstärkter Bewegungsverben. Sie sind als Ausdruck der dynamischen Spannung der Pole Gott und Seele das wohl kennzeichnendste Sprachmittel des P. überhaupt. Die Sprache des P. ist damit, wie wichtig auch die substantivischen Termini sein mögen, wesentlich verbal. In der sehr reichlich ausgebildeten, namentlich von der Bibel beeinflußten Bildlichkeit scheint, wie in der Mystik, die Wassermetaphorik (Quelle, Brunnen, Strom, Fluß, Regen, fließen, gießen usw. mit den zugehörigen verbalen oder substantivischen Bildungen und Zusammensetzungen) als Ausdruck der seelischen Dynamik am wichtigsten zu sein.

Die spezifische Terminologie des P. ist an das besondere religiöse Erlebnis gebunden und kann daher von der weltlichen Seelensprache des 18. Jh.s nur zum kleinen Teil unmittelbar übernommen werden. Es scheint, daß Wörter wie: Aufschluß, aufschließen, Selbstverleugnung, selbstgefällig, Selbstbetrug, rühren, Gelassenheit, Eindruck, einleuchten, zerstreut, Bildung (diese Beispiele nach Sperber), vielleicht auch Ausdrücke wie: sich hingeben, sich überlassen, sich aufopfern, sich verlieren, sich versenken, versinken, zerfließen, zerschmelzen, sich neigen, Neigung, offen, Offenherzigkeit, ausschütten u. a., ferner eine Anzahl von Verbalkomposita mit den Präfixen entgegen, zusammen, durch u. a. durch den Einfluß des P. im psychologischen Wortschatz der dt. Sprache eingebürgert worden sind.

Wichtiger und stärker als diese unmittelbare Übernahme bestimmter einzelner Wörter, die sich selten unwiderleglich beweisen läßt, ist die indirekte Wirkung des pietist. Wortschatzes auf die sprachliche Schilderung seelischer Erlebnisse im Irrationalismus, besonders in den erwähnten Themen der Freundschaft, Liebe und Natur. In manchen Fällen scheint hier Klopstock, der mit dem

P. das Hauptkunstmittel der verbalen Präfixbildungen in stärkstem Maße gemein hat, der Vermittler gewesen zu sein. Die verbale Dynamik und in der Sprachbildlichkeit das große Feld der Wassermetaphorik scheinen die wichtigsten Bezirke dieser Nachwirkung zu sein.

Hans S p e r b e r, *Der Einfluß des P. auf die Sprache d. 18. Jh.s.* DVLG. 8 (1930) S. 497–515. August L a n g e n, *Der Wortschatz des dt. P.* (1954). Erich Ernst R o t h, *Die Stilmittel im Kirchenlied des P.* Theol. Diss. Heidelberg 1932. Wilh. B e t t e r m a n n, *Theologie u. Sprache bei Zinzendorf* (1935). Hans-Günther H u o b e r, *Zinzendorfs Kirchenliederdichtung* (1934; GermStud. 150). Gustav M u t h m a n n, *Der religiöse Wortschatz in der Dichtersprache des 18. Jh.s.* (Masch.) Diss. Göttingen 1952. Wolfgang W. M i c k e l, *Der gefühlsmäßigreligiöse Wortschatz Klopstocks insbes. in s. Beziehung zum P.* (Masch.) Diss. Frankfurt a. M. 1957.   *August Langen*

Plagiat

§ 1. B e g r i f f: P. ist Diebstahl geistigen Eigentums durch Inanspruchnahme oder widerrechtliche Wiedergabe des Werkes eines anderen Urhebers (oder von Teilen daraus) unter eigenem Namen. Insofern dabei auch Urheberrechte im Sinne der Gesetze zum Schutz geistigen Eigentums verletzt werden, ist P. auch gerichtlich verfolgbar (Schadenersatz). Völlig unabhängig davon gilt P. als Usurpation von Erzeugnissen der Geistesarbeit anderer, auch wenn diese urheberrechtlich nicht mehr geschützt ist, in der öffentlichen Meinung als unehrenhaft oder sogar moralisch verwerflich.

§ 2. R e c h t s l a g e: Auch in Zeiten ohne Urheberschutz galt eindeutiges P. meist als verwerflich und wurde gelegentlich, z. B. im Ägypten der Ptolemäerzeit, als Diebstahl bestraft. Erst in neuerer Zeit wurde das Urheberrecht eindeutig formuliert und P. unter Strafe gestellt. In Deutschland wurde das Urheberrecht durch „Gesetz betr. das Urheberrecht an Werken der Literatur und Tonkunst" (LUG) vom 19. 6. 1901 (Novelle 22. 5. 1910), „Gesetz betr. Urheberrecht an Werken der bildenden Künste und Photographie" (KUG) vom 9. 1. 1907 (Novelle 22. 5. 1910), „Gesetz über Verlagsrecht" vom 19. 6. 1901 und „Gesetz zur Verlängerung der Schutzfristen im Urheberrecht" vom 13. 12. 1934 geregelt. Die „Berner Übereinkunft zum Schutze von Werken der Literatur und Kunst" vom 9. 9. 1886, revidiert Berlin 1908, Rom 1928, Brüssel 26. 6. 1948, brachte eine internationale Regelung, der sich jedoch USA und UdSSR nicht anschlossen. Sie erklärt als unerlaubte Wiedergabe „insbesondere auch die vom Urheber nicht gestattete mittelbare Aneignung eines Werkes der Literatur und Kunst wie Adaptionen, musikalische Arrangements, Umgestaltung eines Romans, einer Novelle oder einer Dichtung in ein Theaterstück oder umgekehrt und dergleichen, sofern die Aneignung lediglich das Werk in derselben oder einer anderen Form und unwesentlichen Änderungen, Zusätzen oder Abkürzungen wiedergibt, ohne die Eigenschaft eines neuen Originalwerkes zu besitzen".

Im Einklang damit gilt als unerlaubt (Plagiat) „jede Aneignung irgendwelchen fremden urheberrechtlich geschützten oder gemeinfreien Geistesgutes, die von unbefugter Besitzergreifung des höchst persönlichen Rechts der Autorschaft begleitet ist"; „das P. ist die unter Usurpation des Erzeugnisses der Geistesarbeit eines anderen begangene Antastung der Autorpersönlichkeit" (Röthlisberger).

§ 3. U m f a n g: Insofern es sich nicht um die Usurpation eines Gesamtwerkes handelt, sondern um Teile, Motive und Gedanken, ist die Grenze zwischen P. und erlaubter Wiederverwendung von Gedanken, Stoffen, Motiven und Klangfolgen fließend und oft schwer bestimmbar. Eine zweite Frage ist, ob bewußte, fahrlässige oder unbewußte Aneignung fremden Gedankengutes vorliegt.

Im Bereich der Musik wird deshalb bei Anklängen an Werke anderer Komponisten meist nicht von P., sondern von mangelnder Originalität gesprochen, während im literar. Bereich auch übernommene Teilstücke als P. gelten können. Bei wissenschaftlichen Werken besteht die unbedingte Verpflichtung, Zitate als solche unter Quellenangabe zu kennzeichnen und auch bei Verwendung von Gedanken oder Ergebnissen anderer ohne wörtliches Zitat dies anzugeben, auch wenn keine schriftliche Quelle, sondern ein mündlicher Vortrag zugrundeliegt. Trotzdem ist Nichtbezeichnung von Zitaten aus Fahrlässigkeit oder unbewußter Adaption sowie auch unbewußte Aneignung von Gedanken und Forschungsergebnissen anderer ungemein häufig. Wenn solche Adaptionen gehäuft auftreten, ist auch da, wo weder Absicht noch Bewußtheit vorliegt, der Vorwurf des P.s berechtigt.

Bei dramat. Werken einschließlich von Film- und Hörspielwerken kann die Übernahme der dramat. Konzeption im einzelnen schon zum Vorwurf des P.s und gegebenenfalls zur urheberrechtlichen Klage führen. Ungemein häufig sind seit dem 19. Jh. die Klagen, daß ein eingereichtes Stück als unbrauchbar zurückgegeben, aber dann vom Zurücksender in umgearbeiteter und verbes-

serter Form ausgewertet wird. Wenn dieser dann leugnet, das eingereichte Stück überhaupt gelesen zu haben, so liegt die Beweislast bei gerichtlicher Auseinandersetzung beim Einsender. Dagegen ist der Ausdruck „Selbstplagiat" für ein Selbstzitat bei Dichtern, Künstlern oder Wissenschaftlern nicht zu empfehlen, obwohl eine urheberrechtliche Schadenersatzklage möglich ist und auch häufig erhoben wird in Fällen, in denen der Autor das Recht auf sein Geistesprodukt veräußert hat, aber bei einem neuen Werk sich mehr oder weniger unbewußt weitgehend selbst wiederholt.

Jos. K o h l e r, *Das Autorrecht.* Jbb. f. d. Dogmatik d. heutigen röm. u. dt. Privatrechts 178 (1880) S. 129-478. Ders., *Das literar. u. artistische Kunstwerk u. s. Autorschutz* (1892). Rich. W e y l, *Das P. u. seine Rechtsfolgen,* in: Beiträge zum Urheberrecht, Festgabe für den 17. internationalen litterar. u. künstler. Kongreß (1895), S. 84-92. Ernst R ö t h l i s b e r g e r, *Das P.* Zs. f. schweizer. Recht 58 (1917) S. 131-200. Hans W i d m a n n, *Gesch. d. Buchhandels vom Altertum bis z. Gegenwart* (1952). Heinr. H u b m a n n, *Urheber- u. Verlagsrecht* (1959; Jurist. Kurz-Lehrbücher). Eugen U l m e r, *Urheber- u. Verlagsrecht* (2. Aufl. 1960). Hansjörg P o h l m a n n, *Die Frühgeschichte d. musikalischen Urheberrechts, ca. 1400-1800* (1962). Walter B a p p e r t, *Wege zum Urheberrecht. Die geschichtl. Entwicklung des Urhebergedankens* (1962). — Der Entwurf des neuen Urheberrechtsgesetzes (am 5. 5. 1965 erstmals im Dt. Bundestag erörtert) sieht eine Verlängerung der Schutzfrist von 50 auf 70 Jahre vor.

§ 4. N a c h d r u c k: Der widerrechtliche Nachdruck hat mit dem P. Verwandtschaft und wird deshalb oft, z. B. schon bei Thomasius 1673 und in Zedlers *Universallexikon* 23 (1740) S. 60-80 mit dem P. auf eine Stufe gestellt und als Diebstahl oder Laster gebrandmarkt. Freilich kannte das MA. keinerlei Urheberschutz: Handschriften wurden nach Bedarf mit oder auch ohne Angabe des Verfassers abgeschrieben. Die früheren Buchdrucker als unmittelbare Nachfolger der gewerbsmäßigen Handschriftenabschreiber druckten deshalb ohne Scheu geeignete Werke nach, und die Zahl der Nachdrucke ist größer als die der Drucke nach alten Handschriften oder neuen Manuskripten. Besonders Verleger, die unter Hilfe von Gelehrten textkritische Ausgaben veranstalteten oder große Summen in Illustrationen investierten, sahen sich durch Nachdruck um die Frucht ihrer Ausgaben betrogen und suchten bei Papst, Kaiser, Landesherrn oder Städten Schutz vor Nachdrucken durch Privilegien. Das erste nachweisbare Druckprivilegium erhielt 1469 Johannes von Speyer in Venedig. Seit 1511 erteilte der Kaiser Schutzbriefe, und am 25. 10. 1685 verbot ein kaiserlicher Erlaß auch den Nachdruck der unprivilegierten Bücher. Schon im 16. Jh. entwickeln sich die Druckprivilegien zu einem regelrechten Autorenschutzrecht mit direkter Vollstreckungsklausel (Pohlmann). Trotzdem verstummen Jahrhunderte lang nicht die Klagen gegen die skrupellosen Nachdrucker. Auch Luther wandte sich schon 1525 heftig gegen die Nachdrucker, aber nicht wie die Verleger aus finanziellem Interesse, sondern weil sie seine Schriften mit entstelltem Text abdruckten. Grimmelshausen und sein Verleger versuchten den Nachdruck des *Simplicissimus* (1668) nebst dem des erst 1669 erschienenen 6. Buches im Jahre 1669 durch einen schwülstigen neuen Titel ihrer eigenen Neuauflage aus dem Felde zu schlagen (1670) und weiterhin durch „Kontinuationen" zu übertrumpfen, und die „Vorerinnerung" der 4. Auflage 1670 wettert gegen das „frevelhaftige Beginnen" der Nachdrucker. Die 2. Hälfte des 18. Jh.s, eine Blütezeit der dt. Lit., nennt man geradezu „Nachdruckerzeit"; so sehr nahmen damals die Nachdrucke überhand. Das entfesselte auch eine heftige literar. Fehde zwischen den Geschädigten und den Nachdruckern. Sie verlief zunächst ergebnislos, jedoch wurde 1791 im Preußischen Landrecht erstmals von Verlagsrecht und Rechtsschutz gesprochen. Erst 1832 unterbanden Österreich und Preußen, am 2. 4. 1835 der Deutsche Bund wirksam den Nachdruck. Die § 2 zitierten modernen Gesetze regelten dann diese Frage endgültig, indem sie dem Urheber das Alleinrecht zur Veröffentlichung seiner Werke einräumten, eingeschränkt nur durch das Recht der Wissenschaft auf Zitat und durch das Recht der Öffentlichkeit auf Verbreitung öffentlicher Reden, Gesetze und Entscheidungen durch die Presse. Während seit dem Anfang des 19. Jh.s somit der widerrechtliche Nachdruck fast völlig inhibiert werden konnte, blieb das P. auch weiterhin ein ungelöstes Problem.

Karl S c h o t t e n l o h e r, *Nachdruckerzeit.* Lexikon d. gesamten Buchwesens 2 (1936) S. 511-512. Horst K u n z e, *Über d. Nachdruck im 15. u. 16. Jh.* Gutenberg-Jb. 1938, S. 135-

143. Horst K l i e m a n n, *Über einige Versuche, sich gegen Nachdruck zu wehren.* Festschr. f. Josef Benzing (1964) S. 252-254. Hansjörg P o h l m a n n, *Das neue Geschichtsbild d. dt. Urheberrechtsentwicklung* (1961). Ders., *Der Urheberrechtsstreit des Wittenberger Professors Dr. med. Kaspar Peuker mit dem Frankfurter Verleger Sigmund Feyerabend, 1568-1570.* Archiv f. Geschichte d. Buchwesens 5 (1964) S. 1489-1512. Ders., *Weitere Archivfunde zum kaiserlichen Autorenschutz im 16. u. 17. Jh.* Archiv f. Gesch. d. Buchwesens 5 (1964) S. 1513-1532.

§ 5. W o r t: Der röm. Epigrammatiker Martialis († 100 n. Chr.) bezeichnete die widerrechtliche Aneignung von Versen nicht nur (wie schon Terentius [† 158 v. Chr.] im Prolog des *Eunuchus*) als Diebstahl (*Epigr.* I, 53, 12), sondern brandmarkt sie, wie scheint, als erster als *crimen capitale*, als *plagium* (= Menschenraub), indem er Versdiebe als *plagiarii* bezeichnete (*Epigr.* I, 52, 9). Seitdem boten sich *plagium, plagiarius, plagiator, plagiare* als Bezeichnung für geistigen Diebstahl an, ohne doch genutzt zu werden. Erst in der Neuzeit fanden Bezeichnungen dieser Art Aufnahme in die lebendige Sprache, zuerst in Frankreich, wo 1584 *plagiere* (*plagiaire*) und 1715 *plagiat* belegt ist. Für die lat. Rechtsprache, die *plagium* weiterhin für Menschenraub gebraucht, wird *plagium* im Sinne von Plagiat erst für 1727 (Sperander) gebucht. In der neulat. Lit. der Renaissance wurde jedoch Martials *plagiarius* schon durch Laurentius Valla 1444 aufgenommen. Schon 1549 schrieb Fr. Duarenius *De plagiariis*, 1673 Jacob Thomasius *De plagio literario*, und letzterem folgen zahlreiche andere Autoren des 17. und 18. Jh.s (vgl. Klinckowstroem). Im Deutschen wird 1615 *Plagiarius* gebraucht, 1689 *Plagium* (so noch bei Lessing und Goethe!), 1741 *Plagiator* (dann wieder 1844), 1754 *Plagiat*, 1896 *plagiieren*, im Englischen im 17. Jh. *plagiary*, zu Beginn des 19. Jh.s *plagiat*, 1889 *plagiator*. Die verhältnismäßig späte Aufnahme dieser Wörter in die modernen Sprachen beweist, daß man sich Jahrhunderte lang über P.e keine großen Gedanken machte.

Außer den einschlägigen Wörterbüchern und Fremdwörterbüchern vgl. Carl Graf v. K l i n c k o w s t r o e m, *Plagiat.* Börsenblatt f. d. dt. Buchhandel 11 (1955) S. 775-776.

§ 6. K u n s t u n d M u s i k: Für die bildende Kunst ist die Frage des P.s nicht so aktuell, jedenfalls nicht da, wo es weniger

auf die Erfindung als auf die technische Ausführung ankommt. Die Wiedergestaltung
eines überkommenen Bildmotives gehört in
allen bildenden Künsten zu den Selbstver-
ständlichkeiten, und wenn etwa Vincent van
Gogh (1853-1890) das „bäuerliche Angelus-
Gebet" des J.-Fr. Millet kopierte, so setzte
er es doch völlig in seine ganz andere Pin-
selsprache um, so daß niemand von P. sprechen könnte. Daß man aber gelegentlich
auch vom Diebstahl eines Motives und damit
von P. reden kann, zeigt Gottfried Kellers
Grüner Heinrich, Teil 4, Kap. 2, wo dem
Titelhelden sein Landschaftsmotiv von einem
Routinier gestohlen wird. Bezeichnenderweise sind es die praktischen Künste wie
Architektur und Gebrauchsgraphik, die am
ehesten dem Vorwurf des P.s unterworfen
werden.

Dagegen gibt es in der Musik häufiger
Fälle, wo anerkannte Komponisten sich die
Kompositionen eines anderen aneignen.
Solch ein P. beging bekanntlich Friedemann
Bach († 1784), als er zu einer Universitäts-
feier in Halle die Kantatenkomposition seines Vaters Sebastian Bach dem ihm aufgegebenen Text anpaßte, oder Giovanni Battista Buononcini, als er Lottis Madrigal *In
una siepe ombrosa* als eigenes ausgab. Jedoch hat man es Georg Friedrich Händel
(† 1759) nicht verübelt, als er bald nach
ihrem Erscheinen (1735) Gottlieb Muffats
Composimenti musicali verwertete und in
Israel in Ägypten teilweise Stradella kopierte. Ludwig van Beethoven († 1827)
konnte in seiner *Pastoralsymphonie* kroati-
sche Volkslieder, Richard Wagner († 1883)
in den *Meistersingern* die Ouvertüre von
Nicolais *Lustigen Weibern von Windsor*,
Richard Strauss († 1949) Motive aus Tschai-
kowsky, Dvořák und Mendelssohn verwenden, ohne als Plagiatoren angegriffen zu
werden. Der Schlagerkomponist Werner Richard Heyman betonte sogar, daß in seinen
Schlagern oft eine ganze Ahnenreihe von
Vorläufern mitklinge und daß diese Anklänge das Wesen des Schlagers ausmachten
(Tempo 1932, Nr. 44). Es scheint somit, daß
das Problem des P.s vornehmlich an Lit. und
Dichtung gebunden ist.

Zu van Gogh/Millet: Oskar H a g e n, *Deutsches Sehen* (1923) S. 96 f. Alexander B e r r -
s c h e, in: Kunstwart 42, 1 (1928/29) S. 272-
274. Hellm. R o s e n f e l d, *Das dt. Bildgedicht*

(1935) S. 2 f. — Konrad E n g l ä n d e r, *Gedanken über Begriff u. Erscheinungsform des
musikalischen Plagiats*. Archiv f. Urheber-,
Film- u. Theaterrecht 3 (1930) S. 20-32. Richard
E n g l ä n d e r, *Das musikalische P. als ästhetisches Problem*. Archiv f. Urheber-, Film- u.
Theaterrecht 3 (1930) S. 33-44.

§ 7. A n t i k e : Mit dem Persönlichkeitsbewußtsein der antiken Schriftsteller war
der Stolz auf die Originalität des eigenen
Schaffens verbunden. Daraus erwächst eine
persönliche Polemik gegen Zeitgenossen oder
gegen Vorgänger und der Schulen gegen andere Schulen, wobei unbequeme Konkurren-
ten oder größere Vorgänger gern als unselb-
ständige Geister angeprangert wurden. So
haben Kratinos und Eupolis dem jungen
Aristophanes euripidäische Floskeln angekreidet oder Hermippos den Komiker Phrynichos des P.s beschuldigt. Dem Sokratiker
Aischines wurde vorgeworfen, sokratische
Dialoge unter eigenem Namen verbreitet zu
haben. Epikur, der so stolz auf seine Eigenständigkeit war, mußte sich von seinem
Schüler Timokrates der Ausbeutung seines
Lehrers Nausiphanes zeihen lassen. Die
Peripatetiker stellten die *Medea* des Euripides als P. an der *Medea* des Neophron
hin. Selbst Homer warf man P. an anderen
Epen vor, vor allem am Iliasepos des Ko-
rinnos, und Platon P. an Aristipp, Antisthe-
nes und Bryson. Die Rhetoren aber, vor
allem die pergamenisch-stoische und die rho-
dische Schule, propagierten die Nachahmung
der Alten, d. h. die Nachahmung fremder
Muster, was Übelwollende dann als P.
brandmarken konnten, obwohl als P. höchstens die sklavische, gezwungene oder oberflächliche Nachahmung galt. Das harte Wort
plagiarius „Menschenräuber" prägte dann
Martialis, als Fidentinus ein unveröffentlich-
tes Gedicht Martials als eigenes verbreitete,
während Vergilius in einem ähnlichen Falle
den Plagiator Bathyll mit seiner berühmten
„*Vos-non-vobis*"-Strophe zu beschämen suchte. Wenn Vitruvius (*De architectura*, praef.
ad VII) recht hat, so hätte König Ptolemaeus
alle Dichter als Diebe bestraft, die Aristophanes der Grammatiker als Preisrichter bei
einem Wettbewerb in Alexandria als Plagiatoren überführte.

Eduard S t e m p l i n g e r, *Das P. in d. griech.
Literatur* (1912). Ders., *Das P. in d. antiken
Literatur*. GRM. 6 (1914) S. 193-206. Konrat
Z i e g l e r, P. Realencyclopädie d. klass. Alter-
tumswiss. 20 (1950) Sp. 1956-1997.

§ 8. Mittelalter: Bei Autoritätsgläubigkeit und Traditionsfreude des MA.s mußte das Problem des P.s im MA. alle Aktualität verlieren, nicht nur für die Wissenschaft, sondern auch für die Dichtung. Die Dichter nahmen nicht nur Aufträge an, ein bestimmtes Werk, das ihren Auftraggebern gefiel, zu bearbeiten, sie nennen auch gern und mit einem gewissen Stolz ihre Vorlage. Freilich fühlten sie die Verpflichtung, das Übernommene neu, modernisiert und für ihren eigenen Hörerkreis zugeschnitten zu bringen. Aber es ist wohl Eigenart Wolframs von Eschenbach, wenn er ausdrücklich und nicht ohne Grund im *Parzival* 115, 27 in Anlehnung an Psalm 70, 15 (vgl. H. Eggers, in: Festgabe U. Pretzel 1963, S. 162-72) erklärt, er wisse sich von aller sklavischen Anlehnung an den Buchstaben seiner Vorlage frei. Deshalb brandmarkt ihn Gottfried von Strassburg im *Tristan* v. 4645 f. als *„vindaere wilder maere, der maere wildenaere"* und veranlaßte damit wohl Wolfram, vom 8. Buch an (416, 20 ff. u. ö.) Kyot als fingierte Quelle zu nennen.

Daß gleichwohl Dichterwort nicht Freigut war im MA., beweist die Nachricht, der provenzal. Dichter Fabres d'Uzès sei ausgepeitscht worden, als herauskam, daß er Verse des Troubadours Albertet von Sesterom auf die Marquise de Malespina sich selbst zugeschrieben habe. Nicht Stoff, Motiv und Gedanke war es, sondern ganz offensichtlich vor allem die Melodie, der Ton, der als Eigentum geachtet und stets mit dem Namen des Erfinders weitergegeben wurde (vgl. *Kontrafaktur* und R. J. Taylor, in: London Medieval Studies 2, 1951, S. 125 ff.). Auch die Heldenepiker, die als Weitergeber einer Art Geschichtstradition anonym blieben, zeigen das Bestreben, doch die Strophenform ihrer Vorgänger zu variieren.

§ 9. Renaissance und Barock: Bei den Meistersingern mischt sich schon etwas vom Persönlichkeitsbewußtsein der Renaissance ein, wenn entgegen der vorherigen Übung, die Töne der alten Meister nachzudichten, seit Hans Folz (1450-1515) die Erfindung eines selbständigen Tones zum Prüfstein der Meisterschaft wird und dieser Ton dann Jh.e lang handschriftlich unter dem Namen und der Benennung seines Erfinders weitergegeben wird. Freilich läßt die Beschränkung des Inhaltes auf eine Versifizierung der Bibel seit der Reformation die Lebendigkeit des Meistersangs in einer mittelalterlich anmutenden Traditionshörigkeit versiegen. Zur gleichen Zeit aber beginnt in der sonstigen Lit. durch Humanismus und Renaissance die Entfaltung der Persönlichkeit und eine neue Aufmerksamkeit auf Originalität und geistiges Eigentum in Gedanke und Wort. Laurentius Valla († 1457) greift in *Elegantiae latini sermonis* (1444) bezeichnenderweise Martials Formulierung *plagiarius* auf. Obwohl die Renaissancegelehrten es mit Quellenzitaten selbst nicht eben sehr genau nehmen, sind sie in ihrer Eifersucht aufeinander gern bereit, anderen mangelnde Selbständigkeit vorzuhalten und etwa die Benutzung antiker Quellen als Diebstahl auszulegen und den Täter als *plagiarius*, die Tat als *plagium litterarium* zu bezeichnen. Fr. Duarenius schrieb 1549 *De plagiariis et scriptorum alienorum compilatoribus epistola* (Opera 2, 1608, S. 293-97), und schon 1482 wurde im *Dialogus creaturum moralisatus*, Bl. 82 eine Satire auf den literar. Diebstahl unter dem Titel *De simia, qui scribebat libros* veröffentlicht.

Im Gegensatz zu dem Gedanken der imitatio bei den Alten gilt es jetzt als ehrenrührig, in Gedanken und Wort einem Vorgänger zu folgen oder ihn nachzuahmen. Aus den gegenseitigen Beschuldigungen oder Anklagen gegen frühere Autoren, wie sie die Renaissance und die Barockzeit erfüllen, hat dann Jakob Thomasius (der Vater des berühmteren Christian Thomasius) eine Liste von 176 Plagiatoren zusammengestellt, angefangen mit den berühmtesten Autoren der Antike, und gab sie seiner theoretischen Abhandlung *De plagio literario* (1673, 2. Aufl. 1679, 3. Aufl. 1692) bei. Für ihn ist P. nicht nur ehrenrührig, sondern auch Sünde. Aber hatte nicht auch der große Rabelais († 1563) im 3. Buch seines *Gargantua* den Aulus Gellius ausgiebig geplündert? Auch Lope de Vega (1562-1635) und Calderon (1600-1681) übernahmen ganze Akte von ihren Vorgängern. Das Gleiche tat Molière (1622-1673), und er bekannte sich ausdrücklich zu dem Grundsatz: „Je prends mon bien, où je le trouve."

§ 10. Auch für die neuere Zeit gilt, daß Eifersucht kleinerer Geister gern nach

Plagiat sucht, während gerade große Geister sich ähnlich wie Molière zur bedenkenlosen Inanspruchnahme fremden Gutes bekannten. So erklärte Goethe: „Was da ist, ist mein; ob ich es aus dem Leben oder aus dem Buch genommen, das ist gleichviel, es kam bloß darauf an, daß ich es recht gebrauchte" (*Gespräche mit Eckermann* 18. 1. 1825). Heinrich Heine sekundiert ihm im 6. Brief über die franz. Bühne: „Nichts ist törichter als der Vorwurf des Plagiates; es gibt kein sechstes Gebot, der Dichter darf überall zugreifen, wo er Material zu seinen Werken findet!" Damit wird eine feine Grenze zwischen Quellenbenutzung und P. aufgezeigt, nämlich in dem Kriterium, ob der Dichter seine Quelle als Material für ein neues, eigengeprägtes Kunstwerk benutzt oder ob es sich um einen bloßen Abklatsch, um die Wiedergabe einer vorhandenen Prägung mit unwesentlichen Veränderungen handelt.

Gerade die Großen des Geistes haben sich nicht gescheut, das Bildungsgut ihrer Zeit, wo es am Platze war, wörtlich zu übernehmen, was ihnen dann von kleineren als Teilplagiat vorgehalten wurde, ohne zu berücksichtigen, daß die Verwertung vorgeprägter Einzelbausteine den Kunst- und Eigenwert großer Werke nicht schmälern kann. Malone wies 1790 nach, daß von 6043 Versen William Shakespeares († 1616) 1771 wörtlich abgeschrieben und 2373 aus Versen anderer umgebildet seien: mindert das Shakespeares Leistung als Dramatiker? Eine ähnliche Rechnung stellte Paul Albrecht 1890/91 für G. E. Lessing († 1781) auf (*Lessings Plagiate*). Er wies für *Minna von Barnhelm* 319, für *Nathan den Weisen* 340, für *Miss Sara Sampson* 436, für *Emilia Galotti* 499 fremde Flicken nach; nur machen solche Lesefrüchte, die Lessing in die Feder flossen, weder Inhalt, Aufbau noch Gehalt seiner bahnbrechenden Dramen aus!

Einen peinlichen Eindruck ruft Friderike Brun (1765-1835) hervor, wenn als Refrain ihres *Alpenrösleins* (1795) und ihres *Trostliedes* wohlbekannte Verse auftauchen („Röslein, süßes Röslein rot" und „Kennst du das Land? Dahin . . ."). Goethe seinerseits benutzte Strophenform, Anlage und Reime von Friderikes *Ich denke dein* (1795) und machte daraus und aus Friedrich Matthissons *Andenken* sein Gedicht *Nähe der Geliebten;* jedoch entstand dabei ein völlig neues naturhaftes Kunstwerk (Geilinger, Eich). Das Gleiche sehen wir bei Heinrich Heine († 1856). Er übernahm in *Da droben auf jenem Berge* (*Heimkehr*, 1824, Nr. 15) 8 Verse aus *Des Knaben Wunderhorn* und in *Hände küssen* (1845) drei von 4 Versen aus Friedrich Logaus *Geschminkte Freundschaften* und den 4. Vers aus *Schola curiositatis* (A. Englert, *Euphorion* 4, 1897, S. 558) und machte mit wenigen Änderungen echt Heinesche Kunstwerke daraus! Ebenso hat C. F. Meyer († 1898) in dem Gedicht *Ende des Festes* (1891) Jules Telliers Todesvorahnung *Le banquet* (1890) in ein gestrafftes Symbolgedicht eigener Prägung umgestaltet. In diesen Fällen entstand aus dem Material der vorliegenden Verse etwas völlig Neues. Peinlich wirkte dagegen, als Bert Brecht († 1956) in seine *Dreigroschenoper* (1928) Songs einflocht, die er 1929 eigens herausgab mit dem Zusatz „nach Villon", ohne anzugeben, daß er weitgehend dabei die Nachdichtungen Villons durch K. L. Ammer (d. i. Karl Klammer) von 1907 benutzte (Englisch). Alfred Kerr griff Brecht deswegen heftig an. Juristisch wurde die Angelegenheit durch Beteiligung Klammers an den Tantiemen der Dreigroschenopernaufführungen behoben.

§ 11. Wieweit bei der epischen oder dramat. Bearbeitung eines Stoffes aus literar. Quelle von P. gesprochen werden muß, bleibt in jedem Einzelfall zu prüfen. Goethe wurde es 1774 bei einer Gesellschaft aufgegeben, aus Beaumarchais' Memoiren ein Drama zu gestalten. Daß er sich in seinem schnell fertiggestellten *Clavigo* sehr eng an Beaumarchais' Text hält, wurde ihm vielfach als P. verübelt; sicher zu unrecht, da er in wichtigen Punkten seine Vorlage durchaus umgestaltet und verinnerlicht. Wenn Heinrich von Kleist († 1811) für seine *Marquise von O.* (1808) Madame de Gomez' *Les cent nouvelles* Nr. 97 (1740) benutzte, so übernahm er hieraus höchstens das Handlungsgerippe, während Clemens Brentano († 1842) seinen *Traum des Domküsters Andreas Otto* fast wörtlich dem *Europäischen Staatswahrsager* von 1741 entnahm. Brentano war hier genau wie in *Des Knaben Wunderhorn* bestrebt, einen vergessenen Schatz zu heben, wobei er eben nur so viel modernisierte, wie es ihm notwendig erschien; bei *Des Knaben Wunderhorn* war es nicht eben wenig!

Seit der Jh.mitte, eben der Zeit, in der der Urheberschutz sich durchsetzte, wurde man bezüglich der Originalität empfindlicher und zu P.vorwürfen geneigter. Als Friedrich Halms *Griseldis* 1836 mit großem Erfolg in Wien aufgeführt wurde, behaupteten Mißgünstige, das Stück stamme in Wahrheit von Michael Enk, Halms ehemaligem Gymnasialprofessor, der ihn tatsächlich bei der Abfassung beraten hatte. Als dann nach der Aufführung von Halms *Fechter von Ravenna* in Wien (1854) und München (1855) der Schulmeister Franz Bacherl 1856 behauptete, Halms Stück sei ein P. an seinen *Cheruskern in Rom* (1856), die er bereits 1854 an Laube in Wien eingesandt habe, wurde ihm allenthalben geglaubt, und bei einer Münchner Aufführung von 1856 wurde statt Halms der anwesende Bacherl ostentativ gefeiert. Erst neuerdings hat man aus den Akten nachgewiesen, daß Halm Bacherls Stück gar nicht gekannt haben kann und daß die Ähnlichkeit beider Stücke auf der gemeinsamen histor. Quelle beruht — oder darauf, daß Bacherl nach der Münchner Aufführung von 1855 sein ursprüngliches Stück dem Halms nachträglich angenähert hat; wahrscheinlich ist also Bacherl, nicht Halm der Plagiator.

Auch der Vorwurf, Heinrich Laubes *Essex* (1856) sei ein P. an C. L. Werthers *Liebe und Staatskunst* (1855), läßt sich nicht halten, obwohl Laube dieses Stück neben anderen Essexdichtungen und Lessings Essexkritik studiert hatte. Ebenso kann Laubes *Struensee* (1844) nicht als P. an Michael Beers *Struensee* angesehen werden, wenn ihn auch der Widerspruch gegen Beers Stück zur Dramatisierung angereizt hat. Da Laube als Theaterdirektor ohne Erlaubnis und Nennung der Autoren Jerrmanns Tartüffeübersetzung (als unbrauchbar zuvor zurückgesandt), Deinhardtsteins *Viola* und B. A. Hermanns *Vater der Debütantin* aufgeführt hatte, traute man ihm offenbar jedes P. zu. Auch war es zweifellos mit den Urhebergesetzen nicht vereinbar, wenn Laube Meinholds *Bernsteinhexe* (1843) unmittelbar nach Erscheinen in 5 Wochen in ein Drama umgoß (1843). Auch Charlotte Katharina Birch-Pfeiffer (1800-1868), die mehrfach Erzählungen geschickt in Bühnenstücke verwandelte, mußte sich in

der Wiener *Gegenwart* 1848 P.-Vorwürfe gefallen lassen, als sie Berthold Auerbachs *Frau Professorin* in *Dorf und Stadt* (1847) dramatisierte. In einem ähnlichen Fall, der Dramatisierung des Romans *Die Geyer-Wally* (1875), bekam die Autorin Wilhelmine von Hillern (1836-1916) bei ihrem Plagiat-Prozeß recht. Natürlich spielte dabei auch die Ausnutzung der Konjunktur einer Neuerscheinung eine Rolle. Dagegen wurde Gustav Vollmoeller, als er 1906 Balzacs *Falsche Herrin* zu seinem Drama *Der deutsche Graf* verarbeitete, im *Literar. Echo* 1909 nur die mangelnde Quellenangabe bei seiner Buchausgabe angekreidet. Sollte C. F. Meyer für *Gustav Adolfs Page* (1882), wie E. Ermatinger behauptet, Laubes Jugenddrama *Gustav Adolf* (1830, aber ungedruckt) benutzt haben und nicht nur A. F. Gfrörers *Gustav Adolf* (1837 u. ö.), so könnte man hier überhaupt nur von Übernahme von Stoff und Motiv, aber keineswegs von P. sprechen.

Lehrreich sind auch zwei andere Fälle. Gegen die Komödie *Attraktion* (1930) des mehrfach preisgekrönten Dramatikers Alexander Lernet-Holenia (°1897) wurde der Vorwurf des P.s an Karl Streckers *Krokodil* erhoben, mit dem es einige Ähnlichkeit hat. Jedoch hatte der Autor in diesem Fall seine Idee von Paul Frank bezogen und mit ihm zusammen drei Fassungen erarbeitet, und auch dieser kannte das *Krokodil* nicht, hatte höchstens gesprächsweise von dritter Seite über den Inhalt erfahren. Hagen Thürnau veröffentlichte 1952 eine Humoreske *Die Frau Pastor und der Nachtwächter* (Kristall 7, S. 575), in der ich eine Humoreske von Eberhard König (1871-1949) zu erkennen glaubte, die dieser bei einem Vortragsabend ca. 1932 in Berlin vorgetragen, aber nie gedruckt hatte. Es kam heraus, daß eine Hörerin dieses Vortragsabends die Geschichte als eigenes Erlebnis weitererzählt hatte und so die Quelle der Neufassung von 1952 geworden war.

§ 12. Die Zahl der Fälle, in denen ganze Werke oder Teilstücke fast unverändert plagiiert wurden, ist auch in neuerer Zeit nicht gering, wenn auch Anlaß und Beweggrund schwankt. Da auch die „Berner Übereinkunft" gesetzwidrigen Werken insbesondere unzüchtigen Charakters keinen Urheberschutz gewährt, ist in der erotischen und pornographischen Literatur das P. nach wie vor zu Hause. Schon Johann Bernhard Gabriel Büschels frivoler Studentenroman *Wild oder das Kind der Freude* (1781) hat seinen die Zeugung des Helden betreffenden Eingangsteil einem älteren Roman von 1770 gestohlen. Der Fortsetzer des Erotikons *Die reizenden Verkäuferinnen oder Julchens und Jettchens Liebesabenteuer auf der Leipziger Messe* (1855) im Jahre 1865 (Band 3) plünderte Wihelm Heinses *Ardinghello* (1787) aus. Ein Erotikon wie *Fanny Hill* erlebte ca. 100 Ausgaben in den verschiedensten Sprachen. In anderen Fällen wurde ein und dasselbe Erotikon unter immer wieder neuen zugkräftigen Titeln wörtlich nachgedruckt. In wieder anderen Fällen wurden aus älteren Erotika neue zusammengesetzt. Als Margarete Böhme mit ihrem Dirnenroman *Tagebuch einer Verlorenen* (1905) einen beispiellosen Erfolg hatte (1909 erschien die 128. Auflage), wurde die Konjunktur von zahlreichen Nachahmungen ausgenützt. Die beste von ihnen, R. Felsecks *Tagebuch einer anderen Verlorenen* (1906), war jedoch (nach Droit d'auteur 19, 1935) ein P. an J. Zeisigs *Memoiren einer Prostituierten* (1847).

Aber auch außerhalb dieser aus Profitgier und Spekulieren auf niedrige Instinkte geborenen Lit. gibt es eklatante P.fälle verschiedenster Art. Als größter Plagiator aller Zeiten gilt Alexandre Dumas, père (1802-1870). Er hat die Produkte von 74 Mitarbeitern (wir würden sie heute als „ghost writers" bezeichnen) unter seinem eigenen Namen veröffentlicht, weil er auf andere Weise der vielen Aufträge nicht Herr werden konnte. In Deutschland wirbelte der tragische Fall von Heines Freund Alfred Meissner (1822-1885) viel Staub auf. Meissner war ein erfolgreicher Romanschriftsteller und hatte aus Gutmütigkeit Romane Franz Hedrichs auf dessen Bitte unter eigenem Namen erscheinen lassen; er wurde dann von diesem seinem „ghost writer" erpreßt, bis der um seinen Ruf bangende Dichter Selbstmord verübte. Jetzt beanspruchte Hedrich nicht nur die Autorschaft der wirklich von ihm verfaßten Romane, sondern auch anderer Romane Meissners, und teilweise hatte er in diese beim Korrekturlesen bereits Akrosticha eingeschmuggelt, die diese spätere Usurpation durch ihn vorbereiteten. Vielleicht waltete aber eine höhere Gerechtigkeit. Meiss-

ner hatte 1860 in der Wiener *Presse* eine Kurzgeschichte seines Freundes Moritz Reich († 1857) unter eigenem Namen herausgegeben, die er zuvor in dem von ihm herausgegebenen Nachlaßband *An der Grenze* ausgelassen hatte (Eich). Andrerseits hatte er Karl Robert, d. i. Eduard von Hartmann (1842-1906) die bittersten P.-Vorwürfe gemacht, als dieser sich von Meissners Drama *Weib des Urias* zu seinem Drama *David und Bathseba* (1871) anregen ließ, obwohl im Vorwort ausdrücklich auf die Vorlage hingewiesen war (Eich).

Als P. darf auch Franz Castellis *Russische Schauergeschichte* (1858) gelten, da alles Grillparzers *Kloster von Sendomir* (1828) entnommen wurde (nur einen einzigen Absatz ließ Castelli aus); er hatte sich offenbar darauf verlassen, daß die 30 Jahre ältere Vorlage schon vergessen sei. Wie Leichenfledderei mutet es an, wenn Karl Bleibtreu einen kulturhistorischen Roman *Ein Freiheitskampf in Siebenbürgen* (1896) veröffentlichte, aber verschwieg, daß dabei ein fast vollendet zurückgelassener Roman *Horra, Kriegs- und Friedensbilder der Rumänen oder Walachen in Siebenbürgen* des 25jährig gestorbenen siebenbürgischen Dichters Joseph Marlin zugrundelag, auf den Bleibtreu durch die Biographie Marlins von O. Wittstock aufmerksam geworden war (Eich).

War es hier der Nachlaß eines Ausländers, so sind es in anderen Fällen überhaupt ausländische Vorlagen, die man ohne Sorge plündern zu können meint. Der 1902 mit dem Bauernfeld-Preis ausgezeichnete *Komtessenroman* von Richard Nordmann (d. i. Margarete Langkammer, 1866-1922) erschien schon 1903 unter dem Titel *Édes otthon* und unter dem Namen der kaum 18jährigen Tochter des Herausgebers, der Schauspielerin Aranka Váradi (°1885) zur guten Hälfte in fast wörtlicher ungarischer Übersetzung, aber mit anderem Schlußteil in der ungarischen Zeitschrift *Ország-Világ*. Vater und Tochter leugneten, als dieser P.fall durch die Presse der Welt ging, jede Kenntnis des deutschen *Komtessenromans*, vielmehr habe eine nach Budapest gekommene Berliner Bankiersgattin der jungen Ungarin den Romaninhalt als wahre Begebenheit erzählt. Diese die fast wörtliche Übereinstimmung keineswegs erklärende Darstellung fand in der Welt wenig Glauben (Droit d'auteur 17, 132 f.). Ein an-

deres hierher gehörendes recht krasses Beispiel bietet der Roman *Zweifelhafte Charaktere* von Tom Graf v. Podewils (1909). Der
Verfasser hatte lediglich die Übersetzung
eines Romans des Russen Michael J. Lermon-
tow (1814-1841) *Ein zeitgenössischer Held,
Prinzessin Maria* abgeschrieben, aber statt
des ihm nicht zusagenden Schlußteiles ein
kurzes Happy-end von nur 24 Druckzeilen
zugefügt; nach Bekanntwerden dieser Tatsachen zog natürlich der Verlag das Buch
zurück (Droit d'auteur 22, 143).

Auch das Ausschreiben älterer Stoffquellen kann P.charakter annehmen. So hat etwa
Ferdinand Kürnberger (1823-1879) in seiner
Novelle *Am Abend* (1862) 25 von 53 Seiten
wörtlich seiner Quelle, *Franz Xaver Brom-
mers Leben, von ihm selbst erzählt* (1795)
entnommen, und nach M. Thalmann ist Jakob Wassermanns *Kaspar Hauser* (1908) eine
Art Mosaik aus seinen verschiedensten historischen Quellen. Derselbe Jakob Wassermann
(† 1934) entnahm auch Dreiviertel seiner Novelle *Das Gold von Caxamalca* (1928) wörtlich aus William H. Prescotts *History of the
conquest of Peru* (1847), wie A. Steiner dar-
tat. Wassermann verteidigte sich in einer
deutschen Tageszeitung damit, er habe Prescott für einen großen Kulturroman studiert,
den Plan aber aufgegeben und nur die bereits gemachten Studien auf Wunsch seiner
Freunde zu einer Publikation geordnet; es
sei „in bestimmten Partien nicht auf das
Wort, sondern auf den Rhythmus des Vorganges angekommen". Mit solcher Behauptung wie auch mit dem anderen (zur Verteidigung seiner zum P. neigenden Arbeitsweise geäußerten) Grundsatz, „alle Produktion sei im Grunde nur der Versuch einer
Reproduktion, sei Annäherung an Gehörtes,
Geschautes" (J. Speyer-Wassermann *J. W.
und sein Werk*, 1923, S. 663 ff.), ließe sich
jede Art P. rechtfertigen. Selbst bei weniger
intensiver wörtlicher Übernahme hätte natürlich bei der Veröffentlichung Prescotts
Name genannt werden müssen.

Aber auch die Produkte zeitgenössischer
Dichter sind erfindungsärmeren Kollegen
nicht heilig und unantastbar. Paul Zechs *Geschichte einer armen Johanna* (1925) ist in
Idee, Aufbau, Stil und z. T. auch im Wortlaut ein P. der Novelle, die Robert F. Schmidt
1914 an Zech gesandt hatte. So behauptete
jedenfalls Schmidt 1928, und Zech konnte es

offensichtlich nicht widerlegen, denn er ließ
bei Gericht Versäumnisurteil über sich ergehen. Franz Hormeyers Novelle *Ein Gastmahl*
erwies sich als P. an der Erzählung *Nagy
Pistas Einladung* von Alexander Roda-Roda
(1872-1943), und Roda-Rodas Behauptung,
Johann Hanns Rösler habe seine Geschichte
Die Gans von Podwolotschyska 1933 unter
eigenem Namen abgedruckt, blieb unwider-
sprochen.

Dagegen bekam der Dramatiker und Romanschriftsteller Ludwig Wolff 1930 vor
Gericht recht, als er die Behauptung Stefan
Grossmanns zurückwies, sein Einakter *Mond-
scheinsonate* sei P. an dem gleichnamigen
Einakter, den Grossmann der Jarno-Bühne
in Wien 1898 eingereicht hatte. Dieser Fall
beweist ebenso wie der P.streit um Halms
Fechter von Ravenna, daß P.vorwürfe gegen
erfolgreiche Autoren nur allzu gern ausgesprochen und geglaubt werden und daß
man sie deshalb mit aller Akribie prüfen
muß. Auch im Falle Franz Hormeyer (*Ein
Gastmahl*) war zunächst Roda-Roda in der
Öffentlichkeit als Plagiator angegriffen worden, bis nachgewiesen wurde, daß Roda-
Roda seine Novelle bereits 1893 veröffentlicht hatte, Hormeyer aber erst 1906 geboren
wurde. Trotzdem bleiben genug Fälle, in
denen auch erfolgreiche Autoren nicht ohne
Grund in den Verdacht des P.s gerieten.

Wie Mißgunst gegenüber Erfolgreicheren,
so ist auch politische Voreingenommenheit
gelegentlich Anlaß zu unberechtigten P.vor-
würfen. Seit 1949 wird z. B. behauptet, Vercors' (Jean Brullers) *Le silence de la mer*
(Paris 1942, dt. München 1948) sei P. an
Rudolf Bindings 1922 veröffentlichter *Un-
sterblichkeit* (La Bataille 28. 4./5. 5. 1949;
Antiquariat 5, 1949, S. 189; Spiegel 15. 1.
1958). Über eine vage Motivähnlichkeit hinaus besteht hier keinerlei Ähnlichkeit in
Stoff, Problem, Motiv, Tendenz, Milieu und
Darstellung (Berliner Hefte 4, 1949 S. 295 f.;
Antiquariat 5, 1949, S. 221), so daß der P.-
vorwurf oder die immer wieder hämisch an
Vercors gestellte Frage, ob er Bindings No-
velle gekannt habe, allein der politischen
Gegnerschaft entspringen dürfte.

§ 13. Kryptomnesie und Montage.
Neben dem eigentlichen P. in seiner fahrläs-
sigen oder böswilligen Form gibt es zwei
Extreme, die auf die eine oder andere Weise

sich vom P. entfernen. Kryptomnesie, d. h. unbewußte Anlehnung an früher Gelesenes, in der Meinung, Eigenes zu produzieren, führt zweifellos in manchen Fällen zu Übereinstimmungen, die objektiv den Tatbestand des P.s erfüllen. Es gehörte zu den furchtbarsten Erlebnissen der taubstummen Helen Keller (°1880), als sich ihr Märchen *Der Froschkönig* als unbewußte Reproduktion einer ihr früher vorgelesenen Geschichte *Die Frosthelfer* von Margaret T. Canby erwies. Ein Schulbeispiel für Kryptomnesie ist (nach C. C. Jung) Friedrich Nietzsche (1844-1900), der in *Also sprach Zarathustra* (1883/85) auf Grund von Jugendlektüre Details aus Justinus Kerner brachte (Eich).

Das genaue Gegenteil ist die in neuerer Zeit auftretende Neigung, die unbedenkliche, gewissermaßen naive Verwendung von literar. Fremdgut, wie sie im 16.-18. Jh. von Rabelais über Grimmelshausen bis zu Lessing im Schwange war, als bewußte und spätstilgemäße Kunsttechnik wiederaufzunehmen. Der Meister solcher Montage, Thomas Mann, mußte im *Doktor Faustus* (1947) nachträglich durch Quellennachweis dem urheberrechtlichen Schutz geistigen Eigentumes Rechnung tragen. Der intellektuelle Reiz solcher Montage, der auch die Eigenart von Manns *Josephroman* (1933/42), *Die vertauschten Köpfe* (1940) und *Der Erwählte* (1951) bildet, wird erkauft durch Affinität zum P. und erregt deshalb Bedenken. Jedoch: „Auch Zitat und Montage sind Künste, und das Erbe fruchtbar zu machen, erscheint uns als ein Metier, das aller Ehren wert ist" (Walter Jens, *Statt einer Literaturgeschichte*, 5. Aufl. 1962, S. 9); freilich nur, wenn es Grenzen einhält und, wo nötig, Quellennachweise gibt.

§ 14. Auch im Bereich der wissenschaftlichen und populärwissenschaftlichen Lit. fehlt es nicht an P.vorwürfen und auch an nachweisbaren P.en. Der seinerzeit sehr berühmte Orientalist Louis-Matthieu Langlès (1763-1824) wurde 1812 als Plagiator entlarvt. Neben anderen P.en hatte er seine angebliche Übersetzung aus dem Persischen *Ambassades réciproques d'un roi des Indes* (von Kamâl 'Abd al-Razzaq) wörtlich von Antoine Galland (1646-1715) abgeschrieben und vorsorglicherweise das, wie er

glaubte, einzige Exemplar von Gallands Übersetzung aus der Pariser Nationalbibliothek gestohlen. Selbst der nachmals so berühmte Henri Stendhal-Beyle (1783-1842) schrieb nach Feststellung Romain Rollands Dreiviertel seiner Musikerbiographie *Vie de Haydn* (1814) aus dem 2 Jahre vorher erschienenen Buch des Italieners Giuseppe Carpani (1812) wörtlich ab. Zur Zeit der Hochblüte von Bismarcks internationalem Ansehen brachte Robert von Brunschwig ein Buch heraus *Fürst Bismarck, der Mann von Welt in seinem Umgange* (1874). Die dort angeblich aus dem Munde von Ohrenzeugen gesammelten Gedanken und Bemerkungen Bismarcks erwiesen sich aber in Wirklichkeit als Sentenzen des Spaniers der Barockzeit Balthasar Gracian (1601-1658) und waren teils der Gracian-Übersetzung Schopenhauers (1862) entnommen, teils der noch viel älteren von Karl Heinrich Heydenreich *Der Mann von Welt, nach Gracian* (1802).

Strittig mag es sein, ob die Übereinstimmungen zwischen Kuno Fischers Hamletinterpretation (1891 und 1894) und den zeitlich vorangehenden Büchern des jungen Herman Türck *Hamlet ein Genie* (1888) und *Das psychologische Problem der Hamlettragödie* (1891) so stark waren, um Türcks P.vorwürfe und Streitschriften gegen Fischer zu rechtfertigen; daß Fischer Türcks Bücher intensiv studiert hatte und sie deshalb in seiner Hamletinterpretation hätte nennen sollen, steht außer Frage. Großes Aufsehen erregten seinerzeit die sogen. P.affairen des Kunsthistorikers Richard Muther. Er hatte in seiner *Geschichte der Malerei im 19. Jh.* (1893) und in seinem Aufsatz *Goethe und die Kunst* (1896) Formulierungen anderer ohne Quellenangabe eingeflochten. Bei solchen populärwissenschaftlichen Darstellungen alle Formulierungen anmerkungsweise zu belegen, ist allerdings schwer möglich, wenn auch grundsätzlich jedes Zitat belegt werden sollte.

Völlig abwegig waren die P.vorwürfe, die Hans v. Müller 1921 und 1927 gegen die zweibändige E. T. A. Hoffmann-Biographie des Dichters Walter Harich (1920) erhob. Da Harich den Verdiensten Müllers um die Erforschung Hoffmanns drei Vorwortseiten gewidmet und seine Einzelergebnisse 45mal namentlich zitiert hatte, konnte wirklich nicht von deren „skrupellosem Nachdruck" gesprochen werden. Anders liegt es, wenn der Dichter Josef Weinheber 1940 in seinem *Einleitenden Vorwort zu einer Hölderlin-Feier* (SW. 4, 1954, S. 38-80) seitenlang einem Aufsatz von Fr. E. Peters teils wörtlich, teils freier folgte. Aber die Übernahme fremder Formulierungen und Gedanken für eine nicht zum Druck bestimmte Gedenkrede war weniger P. als eine durch Gewohnheitsrecht entschuldbare Lässigkeit, jedoch hätte der Vortrag von den posthumen Herausgebern nicht in Weinhebers Werke aufgenommen werden dürfen. Was ein eindeutiges und unverzeihliches P. ist, dafür bilden die *Blätter des Burgtheaters* 1 (Wien 1920) Nr. 8, S. 11-14 ein Dokument. Georg Kulka († 1929) druckte hier unter eigenem Namen und mit dem Titel *Der Gott des Lachens* wörtlich und ohne jeden eigenen Zusatz verschiedene Abschnitte aus Jean Pauls *Vorschule der Ästhetik* §§ 32, 33 und 40 ab und spekulierte offensichtlich darauf, daß keiner seiner Leser Jean Paul so genau kenne. Im Falle von Max Kemmerichs Buch *Brücke zum Jenseits* (1927) wurden die Gerichte bemüht, um erfolgreich nachzuweisen, daß S. 304-314 eine widerrechtliche Inhaltsangabe aus Manuskripten von Karl Gruber seien (27. 11. 1929).

Etwas post festum und von Mißgunst getragen kam die Behauptung von Heinz Thies 1930, Hans Blühers zweibändiges Werk *Die Rolle der Erotik in der männlichen Gesellschaft* (1917/19) sei ein P., da es sich im wesentlichen um Gedanken (nicht etwa um Formulierungen) von Benedikt Friedländer handele. Die publizistische Bedeutung dieses für die Beurteilung und Entwicklung der damaligen Jugendbewegung so aufschlußreichen Werkes würde nicht gemindert, auch wenn Blüher der Friedländerschen Gedankenwelt stärker verpflichtet wäre, als er selbst annimmt. Er hat Friedländer im Vorwort anerkennend erwähnt und an zwei Stellen zitiert; auf Thies' Angriff hin erklärte er, er habe Friedländers Gedanken als unzureichend empfunden, aber nach dem Tode Friedländers keine Auseinandersetzung mit ihm bringen wollen. Ob nun Blühers Buch, das eine große Wirkung hatte, auch auf Kreise, die Friedländer niemals angesprochen hätte, Originalität der Gedanken für sich beanspruchen darf, gehört nicht in eine Geschichte des P.s, sondern muß von der Geschichtsphilosophie objektiv geprüft werden.

Anderer Art sind die P.vorwürfe, die gegen Emil Ludwig († 1948) und insbesondere gegen sein Michelangelo-Buch (1930) gerichtet wurden. Ludwig hat in sein Buch nicht nur weitgehend wörtlich die Übersetzung der Michelangelo-Briefe von Karl Frey (1907) eingeflochten, sondern auch dessen Zwischenbemerkungen, ohne Frey je zu zitieren. Dies und seine Entstellungen, Irrtümer und Fehlurteile brachten die Kunsthistoriker gegen Ludwig auf. Max Dessoir beschied diesen Streit salomonisch, indem er zwar feststellte, daß Ludwig auf die schwarze Liste der „Abschriftsteller" gehöre, aber ihm bescheinigte, seine Gesinnung sei nicht die eines Diebes, sondern eines Menschen mit unausgebildetem Verantwortungsgefühl.

Verantwortungsgefühl für geistiges Eigentum ist aber in erster Linie auch von der wissenschaftlichen Fachforschung zu verlangen. Vielfach werden die Artikel wissenschaftlicher Fachlexika, obwohl sie mit Verfassernamen gezeichnet sind, als Freigut betrachtet und skrupellos ausgeschlachtet, ebenso Handbücher der Wissenschaft. Auch benutzen oft Studenten und Wissenschaftler die Formulierungen ihrer Professoren im Kolleg, ohne an Kennzeichnung ihrer Quelle zu denken. Eine andere Fehlerquelle ist, wie Dessoir betont, wenn Professoren bei Publikationen ihre eigenen Kolleghefte heranziehen und dabei außerachtlassen, daß sie gelegentlich neue Forschungsergebnisse ohne Quellenzitat nachgetragen haben; da sie diese Forschungsergebnisse als richtig sich zu eigen machten, vergessen sie manchmal, daß die Formulierung nicht von ihnen selbst stammt. Diese Feststellung Dessoirs will einerseits zur Vorsicht mahnen, andrerseits auch zur Nachsicht, wenn es einem anderen passiert.

Alexander Moszkowski, *Das P. in d. Literatur.* LE. 1 (1898/99) Sp. 1014-1018. James Anson Farrer, *Literar. Fälschungen* (1907). George Maurevert, *Le livre de plagiats* (9. éd. Paris 1923). Erwin Stranik, *Über das Wesen d. P.s* DtRs. 211 (1927) S. 258-265. Kurt Martens, *Grenzen d. P.s* Lit. 31 (1928/29) S. 381-384. Erwin Stranik, *Das Wesen d. P.s* ZfdB. 6 (1930) S. 499-507. Ders., *Das P. in d. Literatur.* Prisma 1930, S. 205-208. Paul Englisch, *Meister d. P.s oder die Kunst d. Abschriftstellerei* (1933). Max Dessoir, *Das schriftstellerische P.* Berliner Hefte f. geistiges Leben 1 (1946) S. 363-376. Max Christian Feiler, *Plädoyer für d. P.* Thema 1 (1949) S. 39-40. Max Geilinger, *Das literar. P.*, in: Geilinger, *Von lyrischer Dichtkunst* (Zürich

1951) S. 113-131. Alexander L i n d e y, *Plagiarism and originality* (New York 1952). Hans E i c h u. Günther M a t t h i a s, *Falsch aus der Feder geflossen. Lug, Trug u. Versteckspiel in d. Weltliteratur* (1964).

Heinz T h i e s, *Hans Blühers Hauptwerk 'Die Rolle der Erotik in d. männlichen Gesellschaft, ein P.* (1930); dazu Hans B l ü h e r, in: Börsenblatt f. d. dt. Buchhandel 97, Nr. 106, S. 3727 und in: Blüher, *Werke u. Tage, Geschichte e. Denkers* (1935) S. 345 f. — Zu Brechts *Dreigroschenoper:* Karl K l a m m e r, *Erinnerungen.* Hochland 48 (1955) S. 352-360. — Zu Friderike Brun/Goethe/Coleridge: Max G e i l i n g e r, *Von lyrischer Dichtkunst* (Zürich 1951) S. 121-131. — Josef L e s o w s k y, *Castelli als Plagiator Grillparzers.* GrillpJb. 19 (1910) S. 293-298. — Herman T ü r c k, *Kuno Fischers kritische Methode. E. Antwort auf s. Artikel 'Der Türcksche Hamlet' in d. Beil. d. Allgem. Ztg.* (1894). Ders., *Die Übereinstimmung von Kuno Fischers u. Herman Türcks Hamlet-Erklärung* (1894). Ders., *Ein Verteidiger d. Unschuld. Antwort auf d. neuesten Artikel d. Allgem. Ztg. 'Herman Türck, der „Hamlet-Commentator" gegen Kuno Fischer'* (1894). — Georg G r e m p l e r, *Goethes 'Clavigo'* (1911; Baust. 5) S. 163-172. Erich S c h m i d t, *Charakteristiken* 2 (1901) S. 105-116. — Zu Friedrich Halm/Bacherl: Otto S c h o r n, *Die Autorschaft des 'Fechters von Ravenna'* 1856). Kurt V a n c s a, *Der Streit um die Urheberschaft des 'Fechters von Ravenna'. Versuch einer Lösung.* ArchfNSprLit. 154 (1928) S. 267-271. — Zu Harich/v. Müller: Hans v. M ü l l e r, *Harichs 'Hoffmann'.* ZBüchfr. NF. 13 (1921), H. 3, S. 69-71. Erwiderung v. H a r i c h, in: Faust 1 (1922), H. 7, S. 36-40. — Ludwig F r ä n k e l, *Franz Hedrich.* ADB. 50 (1905) S. 561-567. — Helen K e l l e r, *Geschichte meines Lebens* (1904) S. 62-72 (14. Kapitel, spätere Ausgaben lassen dieses Kapitel aus und ändern die Kapitelzählung). — R. M. W e r n e r, *Kleists Novelle 'Die Marquise von O.'* VjsLitg. 3 (1890) S. 483-500. — Ferdinand B r o s s w i t z, *Heinrich Laube als Dramatiker* (1906). — Paul A l b r e c h t, *Lessings Plagiate.* 6 Bde (1890/91). — Niels H a n s e n, *Der Fall Emil Ludwig* (1930). Emil L u d w i g u. Ernst S c h ü r c h, *Erklärung u. Replik.* Neue Schweizer Rds. 13 (1945) S. 386-388. — Ludwig F r ä n k e l, *Alfred Meissner.* ADB. 52 (1906) S. 773-782. — Zu C. F. Meyer/Tellier: Eduard K o r r o d i, *C. F. Meyer zu seinem 100. Geburtstag.* Literar. Welt 1, Nr. 3 (1925) S. 1. Hellm. R o s e n f e l d, *Das dt. Bildgedicht* (1935) S. 3-5. Emil E r m a t i n g e r, Einl. zu: *C. F. Meyer, Gustav Adolfs Page* (1922; Sämtl. Werke, Taschenausg. 5). — Theodor V o l b e h r, *Ein Originalaufsatz Richard Muthers* (1896). Richard M u t h e r, *Die Muther-Hetze. Beitrag zur Psychologie des Neides u. d. Verläumdung* (1896). — S h a k e s p e a r e, *The plays and poems in ten volumes.* Ed. by Edmond M a l o n e (London 1790). — Arpad S t e i n e r, *William Prescott and Jakob Wassermann.* JEGPh. 24 (1925) S. 555-559. Marianne T h a l-

m a n n, *Wassermanns 'Kaspar Hauser' u. s. Quellen.* Dt. Volkstum 1929, 1, S. 208-218. — Helmut H e n n i n g, *Kritischer Beitrag zu: Weinheber und Hölderlin. Mit e. unveröffentl. Brief Jos. Weinhebers.* Festgruß f. Hans Pyritz (1955) S. 74-80.

§ 15. Zusammenfassend kann man sagen: das Wort „Plagiat" umfaßt eine Skala von bewußtem Diebstahl ganzer Werke oder Teile daraus über bewußte Aneignung fremder Handlungsgerippe, Ideen, Motive, Gedanken und Formulierungen bis zu unbewußter Beeinflussung oder Aneignung fremder Formulierungen und Gedanken, die eher die Bezeichnung „mangelnde Originalität" verdienen. Aus Mißgunst und Neid werden P.vorwürfe oft übertrieben oder zu moralischer Vernichtung in Gunst stehender Autoren mißbraucht. Andrerseits erforderten der Begriff des geistigen Eigentums wie auch Anstand und Moral eine Achtung vor dem geistigen Eigentum anderer und verbieten eine bewußte oder auch nur fahrlässige Verletzung des Eigentumsrechts anderer. In manchen Fällen, in denen P.vorwürfe erhoben werden, wäre eine Beanstandung unterblieben, wenn im Vorwort oder in einer Anmerkung auf die Quelle hingewiesen wäre. Eine solche Kennzeichnung ehrt die Wahrheitsliebe des Autors, ohne seiner Leistung Abbruch zu tun, und sie würde dazu helfen, die wirklich unverzeihlichen P.e als solche abzuheben von der erlaubten Quellenbenutzung. Zum mindesten bei denen, die durch die Schule der Universität gehen, sollte Akribie in der Kennzeichnung der Quellen und Zitate zu erreichen sein.

Treffend sagt Dessoir zum Problem des P.s: „Die Berufskrankheit des Entlehnens verschont keinen Schaffenden. Sie kann jedoch in so engen Grenzen gehalten werden, daß sie die geistige und sittliche Sauberkeit nicht gefährdet und den Wert der Leistung nicht verringert. Eine ununterbrochene Stufenfolge führt von den inhaltlich und formal schöpferischen Geistern hinab zu denen, die in betrügerischer Absicht, ohne jeden Hinweis auf die als unbekannt angenommenen Vorlagen, Gedanken und ihre Fassungen stehlen. Weder über den einen noch über den anderen kann das Urteil schwanken. Dazwischen aber gibt es viele Schattierungen, und es ist nicht leicht, im Einzelfall zu entscheiden, welche noch zu Weiß und welche schon zu Schwarz zu rechnen sei."

Hellmut Rosenfeld

Poetik

§ 1. P. bedeutet Theorie der Dichtkunst. Sie entfaltet sich zwischen den Polen: Kunsttechnik einerseits und Lit.philosophie andererseits. Sie befaßt sich zunächst einmal mit Wesen und Wirkung, Aufgabe und Wert der Poesie im allgemeinen sowie deren Gattungen und Arten (Genres) im besonderen. Neben dem Wesen versucht neuere Forschung, das „Sein" der Poesie zu ermitteln, indem sie von ontologischen (R. Ingarden), erkenntnistheoretischen (Ernst G. Wolff) oder logischen (K. Hamburger) Ansätzen aus die Vorfrage nach dem Seinsgrund der Dichtung stellt. Mehr auf das Wesen (das spezifische Eigenwesen) der Poesie zielen Bemühungen, durch Abgrenzung das, was „eigentlich" Dichtung sei, von dem abzuheben, was nicht Dichtung ist, obgleich es auf den ersten Blick Dichtung zu sein scheint und wohl auch dichterische Einschläge aufweist. Kurz, man scheint verstärkt interessiert an einem verläßlichen Kriterium für eine „objektive" Bestimmung des dichterischen Wesens jenseits der subjektiven Bewertung (O. Walzel, W. Kayser u. a.), wobei man selbst auf Methoden der experimentellen Psychologie mit Testverfahren usw. zurückgreift. Das Vorherrschen der Interpretationsmethode in der Lit.wiss. greift merklich auf das Verfahren in der P. über (E. Staiger). Demgegenüber tritt die Beschäftigung mit dem Schaffensvorgang merklich zurück, zum mindesten in der deutschen P., während das Ausland (bes. Frankreich, England, Amerika) den Schaffensproblemen weit mehr Aufmerksamkeit zuwendet. Von der Philosophie aus betrachtet, ist die P. ein Sonderbereich der Ästhetik, die indessen, historisch gesehen, selber einmal aus der P. hervorgegangen ist (G. A. Baumgarten). Von der Lit.wiss. aus gesehen, galt P. als eine der „Realien" (P., Metrik, Stilistik) oder als Hilfswissenschaft, während sich jetzt die Einsicht anbahnt, daß man es bei der P. mit einer Grundwissenschaft zu tun habe. Schon das 18. Jh. rechtfertigte die P. als unentbehrliche Grundlage für eine Lit.kritik, die mehr bieten will als bloße Geschmacksurteile. Das kritisch überprüfte Kunstgesetz wurde seinerseits Voraussetzung

für eine kritische „Urteilskraft" und damit für alle ernst zu nehmende Lit.kritik. Aber noch neuere Forschung muß sich mit Problemen der literar. Wertung (L. Beriger) gründlich auseinandersetzen. Vollzieht sich die Abgrenzung von „Poesie und Nichtpoesie" bzw. „Unpoesie" bereits innerhalb der Poesie als sprachlicher Kunst, so strebte man z. T. die Eigenart der dichterischen sprachlichen Kunst als „Wortkunst" zunächst einmal zu ermitteln durch Abgrenzungen und Unterscheidungen von den Nachbarkünsten (Lessings *Laokoon*). Insgesamt ergibt sich der Eindruck eines Einkreisens vorerst des Gesamtgebietes und dann des Kernbezirkes des „Dichterischen", teils im Raume der Künste überhaupt, sodann im Raume der sprachlichen Künste (Rhetorik, Stilistik). Das gilt jedoch vorab für die prinzipielle P., weniger für den histor.-krit. Ablauf der P. Auch der immer wieder sich durchsetzende Naturnachahmungsbegriff (Mimesislehre) war prinzipiell und ideell ein Abgrenzungs- und Unterscheidungskriterium. Er besagte zunächst einmal, daß die Gegenständlichkeit der Kunst nicht gleichzusetzen sei mit den Gegenständen und der Dingwelt der Natur, sondern daß es sich nur um eine illusionäre Gegenständlichkeit handelte. Und noch die moderne ontologische, phänomenologische Seinsbestimmung der Dichtkunst und des „literar. Kunstwerks" greift mittelbar darauf zurück, indem sie das Sein der Dichtung nur in einer „intentionalen Gegenständlichkeit" sieht (R. Ingarden). Die Lehre vom „sinngetragenen Gefüge" (Satzgefüge) greift dagegen auf die Poesie als sprachliche Kunst zurück und gründet auf sprachphilosophischen und stiltheoretischen Vorstellungen und Erwägungen. Der Nachahmungsbegriff zielt mehr auf die Darstellungsgegenstände, der „Gefüge"-Begriff mehr auf die Darstellungsweise und die Darstellungsmittel. Vereinfacht und vergröbert gesagt: Nachahmung meint vorzüglich den Inhalt, Gefüge meint vorzüglich die Form. Dagegen greift die sich aus der Naturnachahmung entwicklungsmäßig ablösende und idealich von ihr absetzende Vorstellung der Naturnacheiferung vom Inhalt stärker auf die Bewältigung der Gestaltfindung und Formgebung über, indem ihr vor allem der Schaffensprozeß vorschwebt. Sie meint nicht sowohl das Ma-

terial der Natur als vielmehr die Methode
der Natur.

§ 2. Nach dem von der P. jeweils gewählten und bevorzugten Blickwinkel kann man
unterscheiden: Anweisungspoetik, Schaffenspoetik, Wirkungspoetik und in weiterem
Umkreis „werkimmanente Poetik". Die An-
weisungs-P., in der Humanisten-P. und P.
der Barockzeit bis in den Weise-Gottsched-
Raum der vorherrschende Typus, ist seit
dem Sturm und Drang im wesentlichen
überwunden. In der milderen und moderne-
ren Spielform von Anregungs-P. aber hat er
sich bis in die Gegenwart hinein erhalten.
Der Schaffende lehnt zwar die Bevormundung durch Anweisungen und Vorschriften
ab, ist aber behutsam vermittelten Anregungen gegenüber durchaus empfänglich. Zahlreiche Zeugnisse (aus Brief, Tagebuch, Gespräch usw.) bekunden, daß dem ausüben-
den Künstler der kunsttechnische Einzelhin-
weis weit brauchbarer und fördernder erscheint als allgemeine Ideen der Ästhetik
und Kunstphilosophie. Selbst ein an kunst-
philosophischen Gedankengängen so lebhaft
und aktiv Anteil nehmender Dichter wie
Schiller hat u. a. in einem Brief an W. v.
Humboldt diesen Gedanken klar ausgesprochen. Die Unterscheidung von Schaffens-P.
und Wirkungs-P. empfiehlt sich, weil sie
mancherlei umständliche Erörterungen über-
flüssig macht. Man spricht aneinander vorbei, weil der eine Schaffens-P., der andere
aber Wirkungs-P. meint. Zahlreiche, nachweisbare Mißverständnisse und Polemiken
gehen auf jenes Versäumnis einer klärenden
Unterscheidung zurück. Die Schaffens-P.
sieht, interpretiert und bewertet den Dich-
tungszweck vor allem vom Werden und seinen Voraussetzungen aus (Anlage, Begabung,
Erfindung, dichterischer Typus, äußere und
innere Schaffensbedingungen, Anlaß, Stoffwahl, Ausführung, Umformung, kritische
Überprüfung, Fassungen usw.). Die Wirkungs-P. geht vom gehabten Eindruck des
abgeschlossenen Werkes aus und mißt sein
Wesen und seinen Wert an den beabsichtigten und erreichten Wirkungen auf den
Kunstwertaufnehmenden unter Berücksichtigung von Wirkungsgesetzen. Die Interpretationsmethode verstärkt z. Z. den Anteil an
Wirkungspoetik. Aber auch „Gesetze" wie
Erregung von Mitleid und Furcht oder der

Katharsisbegriff (Tragödie) gehen von Wir-
kungswerten aus und wieder auf Wirkungs-
werte zu. Die zweckgerichtete P. ist überwiegend zugleich Wirkungs-P. Die zweck-
befreite P. ist überwiegend Schaffens-P. bis
hin zur Ablehnung jedes Wirkenwollens auf
Dritte (Stefan George, Gottfried Benn, „monologische Kunst", bes. bei Lyrikern vertreten). Aber auch dort, wo man nach neuen
Spielformen des Genres Ausschau hält, zeigt
man sich vorzugsweise auf Schaffens-P. eingestellt (K. Gutzkows „Roman des Nebeneinander", G. Benns „Roman des Phänotyp"),
weil vor allem die ganze, vom Bisherigen
abweichende Anlageart, Bauweise usw. der
angestrebten Sonderform den Hauptakzent
trägt. Dort dagegen, wo bei diesem Erkunden und Erläutern des Neuen ein Zweck-
gerichtetsein übergreift, entsteht folgerichtig
eine Mischform von Schaffens-P. und Wirkungs-P., so etwa bei B. Brechts Konzeption
eines „epischen" oder „dialektischen" Theaters. Die Schaffens-P. ist nun nicht etwa auf
Kunsttechnik eingeschränkt. Auch sie kann
sich bis zur Lit.philosophie vertiefen (sprach-
philosophische Theoreme angesichts der Ausdrucksgrenze der Sprache, metaphysische
Anteile in der „Schöpfer"-Vorstellung usw.).
Auf der anderen Seite ist die Wirkungs-P.
nicht auf literar. Wertung (Wirkungswert)
eingegrenzt, deckt sich also nicht mit Lit.-
kritik. Ihre literaturphilosophischen Möglichkeiten werden z. B. sichtbar, wenn das Einwirken auf seelische Tiefenschichten, nicht
nur im Sinne der Tiefenpsychologie, auch im
Sinne der religiösen Symbolik oder auch in
Richtung der Soziologie und Gesellschafts-
philosophie, der Humanitätsidee usw. entsprechende Berücksichtigung und Bewertung
findet. Denkt man an die Schaffens-P., die
von schaffenden Künstlern entwickelt wurde,
so nimmt sie leicht die Sonderform der Selbst-
rechtfertigungs-P. an, die natürlich an Wert
gewinnt, wenn sie mit Selbstkritik verbunden auftritt (Schillers *Briefe über Don Carlos*, Thomas Manns *Entstehung des Doktor
Faustus* u. a.). Die fachwissenschaftliche P.
wird sich im allgemeinen bemühen, sowohl
der Schaffens-P. wie der Wirkungs-P. gerecht zu werden, zum mindesten in der stofflichen Verteilung. Hinsichtlich der persönlichen Einstellung läßt sich indessen erkennen,
wie die Anteilnahme für eine der beiden
Hauptarten der P. vorherrscht. Die P. etwa,

die W. Dilthey ein Leben lang plante, zu der er aber nur einzelne, wenngleich imposante „Bausteine für eine Poetik" bereitstellte, wäre wahrscheinlich eine Schaffens-P. geworden. Denn den Psychologen Dilthey beschäftigten vor allem wesentliche Voraussetzungen und Bildekräfte des Schaffensvorgangs wie die „Einbildungskraft" (Phantasie) und das „Erlebnis". Emil Ermatinger, obwohl eine Förderung der P. seitens der Philosophie und Psychologie prinzipiell ablehnend, bleibt in seiner P. *Das dichterische Kunstwerk* (1921) vom Erlebnisbegriff Diltheys schon in der Anlage der drei Hauptteile („Gedankenerlebnis, Stofferlebnis, Formerlebnis") abhängiger, als er selber es wahrhaben möchte, und neigt schon deshalb zur Schaffens-P. Sein Schüler Ernst Hirt nennt seinen Beitrag zur Gattungstheorie *Das Formgesetz der epischen, dramatischen und lyrischen Dichtung* (1923), scheint also der Wirkungs-P. zuzuneigen. Aber das Wesentliche liegt nicht in der „Wirkungsform", sondern im „Formgesetz", das mehr als Formungsgesetz aufgefaßt werden darf. „Wirkungsform" statt Gestaltungsform war da, als ein allgemein beliebter Terminus. Jedenfalls zeigt die P. starke Anteile der Schaffens-P. Zum psychologisch-induktiven Typus wäre vor allem Müller-Freienfels zu rechnen; aber auch vorher schon in gewissem Grade W. Scherers „empirische" P. (1888). E. Wolff steuerte *Prolegomena der literar.-evolutionistischen Poetik* (1890) bei und eine P. als *Gesetze der Poesie in ihrer geschichtlichen Entwicklung* (1899). Der Entwicklungsgedanke Darwins greift in die P. über. Etwa gleichzeitig wird eine Stofferweiterung zum Realistischen spürbar: Fr. Brentano *Das Schlichte als Gegenstand dichterischer Darstellung* (1892) oder K. Bruchmann *Poetik. Naturlehre der Dichtkunst* (1892). Worauf es aber hier ankam: die Schaffens-P. beschränkt sich keineswegs auf die Beiträge von schaffenden Künstlern, sondern ihr wird auch von fachwissenschaftlicher Seite gelegentlich merklich ein Vorrang eingeräumt. Allgemein gilt dies von einer ästhetisch-analytisch eingestellten P. (Walzel, Ermatinger, Hirt, H. Hefele). Ein Überwiegen der Wirkungs-P. wird erkennbar bei der P., die von der Interpretation ausgeht (E. Staiger, H. Seidler u. a.). Aber auch das an sich ontologisch-phänomenologisch gerichtete *Literarische Kunst-*

werk (1930; 1960) von R. Ingarden neigt, so weit es überhaupt Fragen der P. berührt, zur Wirkungs-P. Die „ontische Stelle des literarischen Werks" (Abzweigung von E. Husserl) wird nämlich nicht zuletzt ermittelt durch ein Abrücken vom Psychologismus und durch ein Heranrücken an die Aufnahmefunktion beim Kunstwertaufnehmenden, der das literar. Werk zu „konkretisieren" hat und der es letztlich ist, der die „Leerstellen" und „Unbestimmtheitsstellen", die Raum- und Zeitlücken im literar. Werk konstatiert, wenn er es konkretisieren möchte. Dort z. B., wo R. Ingarden es geradezu als ein „Wunder" erklärt, daß ein nur „seinsheteronomes" und nicht „seinsautonomes" Gebilde eine derartig nachhaltende und tiefgreifende Wirkung hervorzurufen vermag, bestätigt sich die Grundeinstellung auf Wirkungs-P. Zudem wird mit dem Dichter auch der Schaffensprozeß von vornherein und betont ausgeklammert. Ingarden geht ganz vom fertigen Werk aus. Es geht um die „Ontologie des literar. Werkes", nicht um die Psychologie des Werkschaffens. Ganz ähnlich steht es bei Ernst Georg Wolff.

An sich läßt sich vom abgeschlossenen Werk sehr wohl eine P. ableiten, nämlich die ihm innewohnende Gesetzlichkeit. Geschieht dies durch Rückschlüsse von der Praxis auf die Theorie, so kann das Ergebnis als „werkimmanente Poetik" bezeichnet werden. Im Unterschied zur bloßen Werkanalyse zielt die werkimmanente P. auf die letzte Konzentration struktureller Gesetzlichkeiten, die vom dichterischen Kunstwerk als einer Ganzheit verwirklicht und evident gemacht werden. Es kommt bei diesem Verfahren darauf an, daß die Immanenz zur Evidenz gelangt. Eine wertvolle Lit.kritik arbeitet letztlich immer mit der Methode der werkimmanenten Poetik. Mit ihr grenzt die speziellere P. in ihrem Randgebiet an die lit.wiss. Interpretation einerseits und die Werkanalyse andererseits. Durch das Erstreben und Erfassen der wesenhaften Grundstruktur stellt sie der Interpretation einerseits und der Lit.kritik andererseits ein wertvolles Regulativ und Korrektiv zur Verfügung.

§ 3. Betrachtet man die P. im Rahmen der Ästhetik und allgemeinen Kunstphilosophie, so kommt der Gattungs- und Genre-Theorie nicht die dominierende Bedeutung zu, die ihr noch vielfach zuerkannt wird. Aber auch die Überschau über die Geschichte der P. läßt neben der bloßen Gattungs- und Art-Theorie, und in diese regulativ, ja konstitutiv eingreifend, andere Anliegen, Probleme und Kriterien weit bedeutsamer und kontinuierlicher hervortreten. Die Dreigattungsgliederung z. B. ist relativ jüngeren Datums, wenn auch Ansätze zur Konzeption einer eigenen lyrischen Gattung wesentlich früher liegen, als sie die Sonderforschung verzeichnet, so bei G. Neumark, *Poetische Tafeln* 1667, Vorstufe 1650. Mehrfach verweist man auf das Strophische, der Musik Nähere als Kriterium (so M. Opitz schon 1624, *Lyrica oder getichte*, Joh. P. Titz 1642, August Buchner *Gesetz-weise gesetzt* 1663). Nach Herausbildung der Dreigattungsgliederung erwies sich vielfach die Notwendigkeit, eine vierte „didaktische" Gattung als Abstellraum für sonst schwer Klassifizierbares anzubieten. Alfred Kerr forderte allen Ernstes für die künstlerisch geformte Theaterkritik den Rang der vierten Dichtungsgattung. Auf der anderen Seite wird die Tendenz einer Reduzierung auf die Zweizahl in Anpassung an die Zweitypenbildung deutlich erkennbar, und zwar gerade dort, wo man über die Rubrizierung hinausstrebt. Joh. Jakob Engel (*Anfangsgründe einer Theorie der Dichtungsarten*, 1783) faßt Drama und Epos als „pragmatische" Dichtungsart zusammen. W. v. Humboldt unterscheidet „plastische" und „lyrische" Dichtung, Schiller „naive" und „sentimentalische" Dichtung. J. Görres unterscheidet „eduktive" und „produktive" Dichtungsart, Jean Paul die Dichtweise der „poetischen Materialisten" von der der „poetischen Nihilisten"; Fr. Hölderlin operiert mit den Kriterien „naiv, heroisch, idealisch", wobei „heroisch" wohl auch durch „energisch" ersetzt wird und komplizierte Abstufungen und Zwischenschichten erwogen werden, während zugleich die Vorstellung des „Mythischen" hineinspielt. A. F. Bernhardi staffelt seine Typengruppen der Dichtung (1802) jeweils nach der Intensität der Universum-Anschauung. Die Typenbildung bei C. A. H. Clodius scheint auf Klopstock zurückzugreifen, wenn sie „göttliche" und „menschliche" Poesie trennen möchte; anderes nähert sich der Typenbildung Jean Pauls. Fr. Bouterwek behalf sich (1806) mit der Viergattungsgliederung: lyrisch, didaktisch, episch,

dramatisch. Einen starken Auftrieb erfuhr die Zweitypengliederung durch die Konzeption des „Dionysischen" und „Apollinischen" bei Fr. Nietzsche. Was auf derartige Typenbildungen übergriff, waren nun nicht die Gattungsvorstellungen, sondern durchgreifende Prinzipien und Kriterien wie: Schaffenstypus, Schaffensverfahren, philosophische oder religiöse Wertbegriffe, Idealvorstellungen aus Nachbarkünsten („plastisch" und beim histor. Ansatz zur lyr. Gattung: Musik, Gesang / strophische Dichtung usw.). Der von Lessing herausgestellte Handlungsbegriff war z. B. beteiligt, wenn Engel und Eberhard (Spätaufklärung) eine handlungshaltige Obergruppe zusammenzogen (Dramatisches, Episches). Der Handlungsbegriff ist ebenfalls noch beteiligt, wenn in relativ neuerer Zeit die handlungsreiche Ballade von der Lyrik gelöst und der Epik zugeteilt wird, obgleich gerade wegen der Handlungsdichte, dem Szenischen, verbunden mit dem Dialogischen, der Konzentration auf Situation und Aktion usw. das dramatische Moment weit mehr ins Gewicht fallen dürfte. Es steht die Suggestion dahinter, daß Lyrik (angeblich) kein Handlungsgeschehen enthalten dürfe. Immerhin ist das Handlungskriterium schon eine Ablösungsform des alten Redeverteilungskriteriums (Barock-P.). Das Problem Poesie/Nicht-Poesie wurde in früheren Entwicklungsstadien der P. teilweise mit Hilfe des Verskriteriums gelöst. Es wird schon in der ersten Hälfte des 18. Jh.s von C. F. Brämer (*Gründliche Unterweisung . . . 1744*) kritisch beanstandet. Aber noch die aus Vorlesungen hervorgegangenen fachwissenschaftlichen P.n von Wilh. Wackernagel und Wilh. Scherer erkennen den Primat der gebundenen Rede an. Wackernagel z. B. verweist (noch 1873) alle Prosaepik in die Rhetorik. Wilh. Scherer bevorzugt jedenfalls in der Poesie die gebundene Rede, wie er denn „Poetik" so umschreibt: „Die P. ist vorzugsweise die Lehre von der gebundenen Rede, außerdem aber von einigen Anwendungen der ungebundenen, welche mit den Anwendungen der gebundenen in naher Verwandtschaft stehen." Neben dem Naturnachahmungsprinzip, verbunden mit dem Wahrscheinlichkeitsprinzip, hat sich also auch das Gesetz der gebundenen Rede (teilweise im Dienst der Grenzfindung von Poesie/Rhetorik) als recht zählebig erwiesen. Kurz, es handelt sich jenseits der Gattungs- und Arten-Theorie um Prinzipien, Kriterien, Probleme und Begriffe, welche erst in ihrem Gesamt die P. ausmachen. Es kommt in Betracht: der Naturnachahmungsbegriff im Verhältnis zur Vorstellung einer Naturnacheiferung (bis hin zur Dingablösung der „Moderne"), der Autonomiegedanke im Verhältnis zur Zweckgebundenheit, das Verhältnis von spontanem Schaffen und bewußtem „Machen" (bis hin zur „Montage"), das Verhältnis von Stoff und Form, von Idee und Gehalt, von Dichtertum und Schriftstellertum, von Genie und Talent, Gestalter und Virtuosen, Virtuosen und Dilettanten, von dichterischer Freiheit und Datentreue (histor. Poesie) usw. Weiterhin stellt einen wesentlichen Anteil der Schaffensvorgang mit seinen Voraussetzungen sowie Begleiterscheinungen (äußere, innere Schaffensbedingungen, Anregungen, Anlaß, Konzeption, Hilfskonzeptionen, Ausführung, Abwandlung, kritische Kontrolle usw.). Hierher gehören: Grundstrukturen und Typenbildungen im dichterischen Verhalten und Verfahren (bis hin zur Kunsttechnik), Stoffwahl und Motivabwandlung, Originalitätsbewertung und Modellduldung (Dichtungen nach persönlichen Modellen, Porträt-Poesie), Modellbildung und Modellaufstellung (Dichtungswerke als Modelle, Paradigma-Poesie), Berücksichtigung oder Nichtberücksichtigung des Kunstwertaufnehmenden beim Schaffensvorgang, dialogische und „monologische" Kunst. Ein Herausstellen dieser Elemente empfiehlt sich, um einer Einengung der P. auf abstrakte Wesensbestimmungen, konkrete Kunsttechnik und Gattungs- oder Genres-Theorie vorzubeugen und demgegenüber die durchgreifenden und übergreifenden Prinzipien und Kriterien zur Geltung zu bringen.

Ältere Poetiken: Rud. G o t t s c h a l l, *Poetik. Die Dichtkunst u. ihre Technik* (1858; 6. Aufl. 1893). Johannes M i n c k w i t z, *Katechismus d. dt. P.* (1868; 3. Aufl. u. d. T.: *Dt. Poetik,* 1899; Webers illustr. Katechismen 63). Herm. O e s t e r l e y, *Die Dichtkunst u. ihre Gattungen* (1870). Wilh. W a c k e r n a g e l, *P., Rhetorik, Stilistik.* Hg. v. Ludwig Sieber (1873; 2. Aufl. 1888). Moriz C a r r i è r e, *Die Poesie. Ihr Wesen und ihre Formen* (1884). Wilh. S c h e r e r, *Poetik.* Aus d. Nachl. hg. v. R. M. Meyer (1888). Eugen W o l f f, *Prolegomena d. litterar-evolutionistischen P.* (1890). Ders., *Poetik. Die Gesetze d. Poesie in ihrer geschichtl. Entw.* (1899). Theod. A. M e y e r, *Das Stilgesetz d. Poesie* (1901), wichtiger Versuch, eine spezifische Wort-Kunsttheorie zu begründen.

Hubert R o e t t e k e n, *Poetik.* Bd. 1 (1902), dazu als Teil 2: *Aus der speziellen Poetik.* Euph. 25 (1924) S. 169-194, 309-353, 517-569. Rud. L e h m a n n, *Dt. Poetik* (1908; 2., verb. Aufl. u. d. T.: *Poetik,* 1919; Handb. d. dt. Unterr., 2). Rich. M ü l l e r - F r e i e n f e l s, *Poetik* (1914; 2., verb. Aufl. 1921; Aus Natur u. Geisteswelt 460). Karl B o r i n s k i, *Dt. Poetik* (4. Aufl. 1916; Samml. Göschen 40).

Neuere Poetiken: Emil E r m a t i n g e r, *Das dichter. Kunstwerk* (1921; 3., neubearb. Aufl. 1939). Ernst H i r t, *Das Formgesetz d. epischen, dramat. u. lyr. Dichtung* (1923). Hermann H e f e l e, *Das Wesen d. Dichtung* (1923). Oskar W a l z e l, *Gehalt u. Gestalt im Kunstwerk d. Dichters* (1923; 2. Aufl. 1929; HdbLitwiss.). Ders., *Poesie u. Unpoesie* (auch u. d. T.: *Poesie u. Nichtpoesie*) (1937). Leonhard B e r i g e r, *Die literar. Wertung* (1938). Ernst Georg W o l f f, *Ästhetik d. Dichtkunst. Systematik auf erkenntnistheoretischer Grundlage* (Zürich 1944). Rob. P e t s c h, *Wesen u. Formen d. Erzählkunst* (1934; 2. Aufl. 1942; DVLG., Buchr. 20). Ders., *Die lyr. Dichtkunst. Ihr Wesen u. ihre Formen* (1939; Handbücherei d. Deutschkde 4). Ders., *Wesen u. Formen d. Dramas* (1945; DVLG., Buchr. 29). Emil S t a i g e r, *Grundbegriffe d. Poetik* (Zürich 1946; 3. Aufl. 1956). Wolfgang K a y s e r, *Das sprachliche Kunstwerk* (Bern 1948; 8. Aufl. 1962). René W e l l e k u. Austin W a r r e n, *Theory of literature* (New York 1949; dt. Ausg. 1959). Willi F l e m m i n g, *Epik u. Dramatik* (1925; Wissen u. Wirken 27; Neuaufl.: Bern 1955; Dalp-Taschenb. 311). Käte H a m b u r g e r, *Die Logik d. Dichtung* (1957). Fritz M a r t i n i, *Poetik.* Stammler Aufr. Bd. 1 (2. Aufl. 1957) S. 223-279. Otto M a n n, *Poetik d. Tragödie* (Bern 1958). Herbert S e i d l e r, *Die Dichtung. Wesen, Form, Dasein* (1959; Kröner Taschenausg. 283). Roman I n g a r d e n, *Das literar. Kunstwerk* (1930; 2., verb. u. erw. Aufl. 1960). *Poetics, Poetyka, Poetika.* [Vorträge des Warschauer Poetik-Kongresses.] Editorial Board: Donald Davie, Ivan Fónugy u. a. (Warszawa, 's-Gravenhage 1963), darin: Bruno M a r k w a r d t, *Das Verhältnis von formulierter u. werkimmanenter P.* (S. 733-744). Michael L a n d m a n n, *Die absolute Dichtung. Essais zur philos. Poetik* (1963). Gerd W o l a n d t, *Philosophie d. Dichtung. Weltstellung u. Gegenständlichkeit des poet. Gedankens* (1965).

Zur Psychologie des dichterischen Schaffens und der Inspiration: Wilh. D i l t h e y, *Die Einbildungskraft d. Dichters, Bausteine für eine Poetik,* in: Philosophische Aufsätze Eduard Zeller gewidm. (1887) S. 303-482. Ders., *Erlebnis u. Dichtung* (1906; 12. Aufl. 1950). Walter H e y n e n, *Diltheys Psychologie d. dichter. Schaffens* (1916; Abhdlgn. z. Philosophie u. ihrer Gesch. 48). Kurt M ü l l e r - V o l l m e r, *Towards a phenomenological theory of literature. A Study of Wilh. Dilthey's 'Poetik'* (The Hague 1963; Stanford Studies in Germanics and Slavics 1). Otto B e h a g h e l, *Bewußtes u. Unbewußtes im dichterischen Schaffen* (1906). Ilse

Reicke, *Das Dichten in psychologischer Betrachtung.* Diss. Greifswald 1915. Max Darnbacher, *Vom Wesen der Dichterphantasie* (1921). Stefan Zissulescu, *Zur Psychologie d. produktiven Phantasie* (1938). Gerh. Kleiner, *Die Inspiration d. Dichters* (1949; Kunstwerk u. Deutung 5). Hans Henny Jahnn, *Über den Anlaß.* Vortr. (1952; Die Zeit im Spiegel d. Geistes 4). *The creative process.* A symposium ed. by Brewster Ghiselin (Berkeley 1952). George Whalley, *Poetic process* (London 1953). Cecil Maurice Bowra, *Inspiration and poetry* (London 1955). Robin Skelton, *The poetic pattern* (London 1956). Aug. Closs, *Intuition and intellect,* in: Closs, *Medusa's mirror* (London 1957) S. 1-7.

Zum Genie-Begriff: Edgar Zilsel, *Die Entstehung des Geniebegriffs* (1926). Willy Müller, *Genie u. Talent. Über d. Ethos im Kunstwerk* (1940). Wilhelm Lange-Eichbaum, *Genie, Irrsinn u. Ruhm. Eine Pathographie d. Genies.* Vollst. neu bearb. v. Wolfram Kurth (5. Aufl. 1961). Dieter v. Kiebelsberg, *Werk u. Persönlichkeit d. Genies in wertmäßiger Betrachtung.* (Masch.) Diss. Innsbruck 1952. Ders., *Über grundsätzliche Fragen d. Genialitätsbegriffes.* Studium generale 13 (1960) S. 739-745. — Anikó Szabó, *Der Geniebegriff in d. dt. Lit. vom 18.-19. Jh.* Literaturwiss. Jb. d. Dt. Inst. d. Univ. Budapest 6 (1940) S. 311-386. Herman Wolf, *Versuch e. Gesch. d. Geniebegriffs in d. Ästhetik d. 18. Jh.s.* 1. *Von Gottsched bis auf Lessing* (1923; Beiträge z. Philosophie 5). Bronislawa Rosenthal, *Der Geniebegriff d. Aufklärungszeitalters. Lessing u. d. Popularphilosophie* (1933; GermSt. 138). Pierre Grappin, *La Théorie au génie dans le préclassicisme allemand* (Paris 1952). Nedd Willard, *Le Génie et la folie au 18ième siècle* (Paris 1963). Julius Ernst, *Der Geniebegriff d. Stürmer u. Dränger u. d. Frühromantik.* Diss. Zürich 1916. Berta Drechsel, *Herders Anschauungen vom Genie u. ihr Verhältnis zum Geniebegriff Hamanns u. Goethes.* (Masch.) Diss. Wien 1945. Hellm. Sudheimer, *Der Geniebegriff d. jungen Goethe* (1935; GermStud. 167).

Zum Problem der „Nachahmung": Ernst Bergmann, *Die antike Nachahmungstheorie in d. Ästhetik d. 18. Jh.s.* Neue Jbb. f. d. klass. Altertumswiss. 27 (1911) S. 120-131. Oskar Katann, *Ästhetisch-literar. Arbeiten* (Wien 1918), Kap. IV: *Die Frage d. Nachahmung, ein Problem d. Poetik.* Anna Tumarkin, *Die Überwindung d. Mimesislehre in d. Kunsttheorie d. 18. Jh.s,* in: Festgabe Sam. Singer (1930) S. 40-55. Erich Auerbach, *Mimesis. Dargestellte Wirklichkeit in d. abendländ. Lit.* (Bern 1946). Willem Jacob Verdenius, *Mimesis. Plato's doctrine of artistic imitation and its meaning to us* (Leiden 1949; philosophia antiqua 3). Hermann Koller, *Die Mimesislehre in d. Antike. Nachahmung, Darstellung, Ausdruck* (Bern 1954; Dissertationes Bernenses I, 5). Herbert Mainusch, *Dichtung als Nachahmung. E. Beitr. z. Verständnis d. Renaissancepoetik.* GRM. 41 (1960) S. 122-138.

Zum histor. Ablauf der Poetik: Bruno Markwardt, *Geschichte d. dt. Poetik* Bd. 1 (1937; 3. Aufl. m. Nachtr. 1964), Bd. 2 (1956), Bd. 3 (1958), Bd. 4 (1959), Bd. 5 (1965); Grundr. d. Germ. Philologie 13, 1-5). René Wellek, *A History of modern Criticism.* Vol. 1-2 (New Haven 1955). Dt. Übers. von Bd. 1 u. 2 d. amerikan. Ausg. in einem Bd. u. d. T.: *Gesch. d. Lit.kritik* (1959).

§ 4. Die Humanistenpoetik brauchte um den Wert der Poesie nicht besorgt zu sein. Man bewegte sich in einer klassischen Tradition und zog sich notfalls auf den göttlichen Ursprung der Poesie zurück. So etwa Hieronymus Vida mit seiner in lat. Hexametern verfaßten P. (1520, 1627). In den göttlichen Orakelsprüchen seien Vorstufen der Poesie anzuerkennen. Die Barock-P. übertrug diese Legitimierung z. T. auf christliche Vorstellungen, so etwa wenn bei S. v. Birken (1679) der göttliche Ursprung (Plato) ins Christliche transponiert wird, indem die „Ebreer und Israeliten" den Griechen vorangegangen seien. Die Poesie hat schon deshalb zu Gottes Ehre zu dienen, weil sie von Gott „einfliesset". Der Himmel ist allein der rechte Parnass, daraus „diese Geistesflut erquillet und herabschiesset". Daher soll die Poesie „wieder gen Himmel steigen und Gott zu Ehren verwendet werden". Das hindert Birken nicht, andererseits zu betonen, „das Dichten hat den Namen von Denken". Der metaphysische Bezug ist also kein Beleg für irgendwelchen Irrationalismus. Es geht mehr um den Wert als um das Wesen der Poesie. Greift man von hier aus in den frühaufklärerischen Raum, so verwahrt sich Christian Thomasius (1713) gegen den Irrglauben, „als ob was Göttliches in der Poesie wäre". Und in Gottlieb Stolles *Gelehrtengeschichte* (1718 u. ö.) stellt das P.-Kapitel (*Von der Poesie*) ausdrücklich klar, daß es sich bei dem göttlichen Ursprung um ein von „heydnischen Pfaffen" mit Hilfe von Orakelsprüchen erzeugtes „Vorurtheil" handle. Der wackere Stolle glaubt angesichts jener vermeintlichen Sprache der Götter ausdrücklich feststellen zu müssen, daß „Gott niemahlen wahrhafftig in Versen geredet" habe. Das Verskriterium ist also noch wirksam, auch in seiner Abhebung der Poesie von der Rhetorik: „Die Poesie ist eine Kunst, etwas in gebundenen wie die Rhetoric in ungebundenen Worten vorzustellen." Die Unterscheidung von Poesie und Redekunst, auch von Poesie und Historie bewegte sich durchweg in konventionellen Bahnen. Vielfach fällt sie nur recht unbestimmt aus, so etwa auch bei M. A. Christian Rotth (*Vollständige Deutsche Poesie*, 1688), der aber immerhin eine Wesensbestimmung versucht: „Es ist nehmlich die Poesie nichts anders als eine Nachahmung menschlicher Verrichtung..., in einer angenehmen Rede vorgestellet", damit böse „Affecten oder Gemütsregungen durch dieselbe möchten gereiniget werden" (Ausweitung des Katharsisbegriffs). Derartige Anläufe zu Wesensdefinitionen sind damals keineswegs häufig anzutreffen. Und so mag die von M. Daniel Omeis versuchte danebengestellt werden, wonach Poesie bedeutet, „entweder die wahre Geschichte mit erdichteten Umständen ausschmücken, oder die Geschichte als wahre Geschichte Kunst-geistig vorstellen". Das Verhältnis von Stoff und Gestaltungsart wird also immerhin ins Auge gefaßt. Als „Seele des Gedichts" gilt eine gute Erfindung (Fabelbewertung). Georg Neumark, frühzeitig so etwas wie eine eigene lyrische Gattung antizipierend, sieht im Dichten „eine Fertigkeit, aller Sachen schickliche Gestalt zu erfinden, beweglich in gebundener Ahrt vorzutragen und wohlständig auszutheilen", wobei er sich auf Buchner als Gewährsmann stützt. Es kommt auf die wirksame Einkleidung von gut erfundenen Fabeln an, die zur „Seele der Poeterey" erklärt werden. August Buchner hebt den Dichter vom Philosophen so ab: „es ist genug (verglichen mit der philos. Wesenserfassung), daß er selbiges abbilde und darstelle, als es sein äusserlich Wesen und der Augenschein mit sich bringet". Bei Thomasius wird schon ein Rangverhältnis daraus; Poesie sei nützlich und nötig für die „Schwachen", die die reine philosophische Wahrheit nicht „vertragen", sondern „allerhand Erfindungen" und Einhüllungen brauchen, um überhaupt zu Annäherungswerten zu gelangen (vgl. noch M. Mendelssohn). Die Ausweitung des Motivbereiches auf Dinge, wie sie sein „könnten" (Harsdörffer) oder „sollten" (Titz), ist nicht neuartig, aber doch erwähnenswert mit dem Blick auf Schwankungen im Nachahmungsbegriff, wie denn in beiden Fällen von „Nachahmung" die Rede ist. Als Wir-

kungszweck ist das prodesse/delectare konventionell gegeben, wenn auch leichten Variationen in der Akzentverteilung unterworfen. Harsdörffer z. B. läßt das „Belusten" etwas mehr hervortreten als Birken; zum mindesten durch die Formgebung soll dem Leser „gleichsam das Herz abgewonnen" werden. Zugleich wird das Grundelement barocker Steigerung theoretisch gesichert, indem der Dichter (im Unterschied zum Historiker) „das Schöne schöner, das Abscheuliche abscheulicher" darstellen darf und soll, „als es an ihm selbsten ist". Verglichen mit der Humanisten-P. schränkt die Barock-P. die Mustergeltung der „Alten" gelegentlich beträchtlich ein. Das gilt auch von der noch in lat. Sprache verfaßten Jesuitenpoetik von Jakob Masen (Masenius, 1654) und wird durch die Einwirkung der *Querelle des Anciens et des Modernes* entsprechend verstärkt im frühaufklärerischen Raum, der „galant-curiösen" Übergangsepoche, die kaum noch ernstlich als Spätbarock (eher als Frührokoko) bezeichnet werden kann.

Opitz: *Aristarchus . . . und Buch v. d. dt. Poeterey*. Hg. v. Georg W i t k o w s k i (1888). Nach d. Edition v. Wilh. Braune neu hg. v. Rich. Alewyn (1963; NDL. N. F. 8). *Buch v. d. dt. Poeterey*. Hg. v. Christian Wilh. B e r g h o e f f e r. Diss. Göttingen 1888. Karl R i n s k i, *Die Kunstlehre der Renaissance in Opitz' 'Buch v. d. dt. Poeterey'*. Diss. München 1883. Otto F r i t s c h, *M. Opitz' 'Buch v. d. dt. Poeterey'*. Diss. Halle 1884. Ders., *Zu Opitzens 'Dt. Poeterey'*. PBB. 10 (1885) S. 591-598. Rich. B e c k h e r r n, *M. Opitz, P. Ronsard u. D. Heinsius*. Diss. Königsberg 1888. G. W e n d e r o t h, *Die poet. Theorien der franz. Plejade in Opitz' 'Dt. Poeterey'*. Euph. 13 (1906) S. 445-468. Herbert R a d e m a n n, *Versuch eines Gesamtbildes über d. Verhältnis von M. Opitz zur Antike*. Diss. Jena 1926 (Teildr.). Ursula B a c h, *Die Sprachbehandlung M. Opitzens in seiner Theorie u. Praxis*. (Masch.) Diss. Halle 1949. Marian S z y r o c k i, *Martin Opitz* (1956; Neue Beitr. z. Litwiss. 4).

Allgemeines: Karl B o r i n s k i, *Die Poetik d. Renaissance u. d. Anfänge d. literar. Kritik in Deutschland* (1886). Theod. R u c k t ä s c h e l, *Einige arts poétiques aus der Zeit Ronsards u. Malherbes. Beitr. z. Gesch. d. franz. Poetik d. 16. u. 17. Jh.s*. Diss. Leipzig 1889. A. R o s e n b a u e r, *Die poetischen Theorien der Plejade* (1895; Münchner Beitr. z. roman. u. engl. Philologie 10). Georg B r a t e s, *Die Barockpoetik als Dichtkunst, Reimkunst, Sprachkunst*. ZfdPh. 53 (1928) S. 346-363. Eva L ü d e r s, *Die Auffassung d. Menschen im 17. Jh., dargestellt an Hand d. Poetischen Wörterbücher*. Diss. Köln 1935. — Georg P o p p, *Über d. Begriff d. Dramas in d. Poetiken d. 17. Jh.s.*

Diss. Leipzig 1895. W. R e i s s , *Die Theorie d. Tragischen im 17. Jh. in Deutschland u. Frankreich.* Diss. Berlin 1910. Alfred H a ɒ p , *Die Dramentheorie d. Jesuiten.* (Masch.) Diss. München 1923. Werner J u k e r , *Die Theorie d. Tragödie in d. dt. Poetiken u. ihre Durchführung in d. bedeutendsten Trauerspielen d. 17. Jh.s.* (Masch.) Diss. Heidelberg 1924. Georg B r a t e s , *Hauptprobleme d. dt. Barockdramaturgie in ihrer geschichtlichen Entwicklung.* Diss. Greifswald 1935 (mit Bibliogr.). Willi F l e m m i n g , *Drama u. Theater d. dt. Barock.* ZfDtk. 49 (1935) S. 458-464. Erik L u n d i n g , *Das schlesische Kunstdrama.* Diss. Kopenhagen 1940. — Max Ludwig W o l f f , *Gesch. d. Romantheorie* (1915). Erwin N e u s t ä d t e r , *Versuch einer Entwicklungsgeschichte d. epischen Theorie in Deutschland v. d. Anfängen bis z. Klassizismus.* Diss. Freiburg 1928. Franz W e i ß k e r , *Der heroisch-galante Roman u. d. Märtyrerlegende.* (Masch.) Diss. Leipzig 1924. Hans E h r e n z e l l e r , *Studien zur Romanvorrede v. Grimmelshausen bis Jean Paul* (Bern 1955; Basler Stud. z. dt. Spr. u. Lit. 16). Wolfgang L o c k e m a n n , *Die Entstehung d. Erzählproblems. Untersuchungen z. dt. Dichtungstheorie im 17. u. 18. Jh.* (1963; Dt. Studien 3). — Ingeborg Z i e m e n d o r f f , *Die Metapher b. d. weltl. Lyrikern d. dt. Barock* (1933; GermSt. 135), Abschnitt: *Die wichtigsten theoret. Auffassungen d. dt. Barock von d. Metapher.* — Agnes R o s e n o , *Die Entwicklung d. Brieftheorie von 1655-1709.* Diss. Köln 1933. — Ulrich W e n d l a n d , *Die Theoretiker d. sogen. galanten Stilepoche u. d. dt. Sprache* (1930; FuG. 17). Hermann R i e f s t a h l , *Dichter u. Publikum in d. 1. Hälfte d. 18. Jh.s, dargestellt an d. Gesch. d. Vorrede.* Diss. Frankfurt 1934.

Einzelne Dichter und Theoretiker: Hans Heinr. B o r c h e r d t , *Aug. Buchner u. s. Bedeutung f. d. dt. Lit. d. 17. Jh.s* (1919) S. 45-102. Ders., *Andreas Tscherning* (1912) S. 149 f., 200 f. Joh. B o l t e , *Eine ungedruckte Poetik Kaspar Stielers.* SBAkBln. 1926, S. 97-122. Marie K e r n , *D. G. Morhof.* Diss. Freiburg 1928, dort weitere Lit. — Gerh. F r i c k e , *Die Bildlichkeit in d. Dichtung d. Andreas Gryphius* (1933; Neue Fschgn. 17). Oscar N u g l i s c h , *Barocke Stilelemente in d. dramat. Kunst v. Andreas Gryphius u. D. C. v. Lohenstein* (1938; SprKult 30). Fritz S c h a u f e l b e r g e r , *Das Tragische in Lohensteins Trauerspielen* (1945; WegezDichtg. 45). Walter E g g e r t , *Chrn. Weise u. s. Bühne* (1935; GermDt. 9). — J. H. S c h o l t e , *Der Simplizissimus u. s. Dichter* (1950). C. B r u m a n n , *Ph. Zesens Beziehungen zu Holland.* Diss. Bonn 1916. — Werner M i l c h , *Daniel v. Czepko. Persönlichkeit u. Leistung* (1934; Einzelschr. z. Schles. Gesch. 12). Albert K r a p p , *Die ästhet. Tendenzen Harsdörffers* (1903; BerlBtrGRPhil. 25). Adolf N a r c i s s , *Studien zu d. 'Frauenzimmergesprächspielen' G. Ph. Harsdörffers* (1928; FuG. 5). Wolfgang K a y s e r , *Die Klangmalerei bei Harsdörffer* (1932; Pal. 179). Siegfried F e r s c h m a n n , *Die P. Georg Philipp Harsdörffers.* (Masch.) Diss. Wien 1964. Paul S t a c h e l , *Seneca* (1907; Pal. 46) S. 274 ff. (Nürnberger Poeten u. Poetiker). Albin F r a n z , *Johann Klaj* (1908; Beitr. z. dt. Litw. 6) S. 113-133. Leopold P f e i l , *G. W. Sacers 'Reime dich, oder ich fresse dich'.* Diss. Heidelberg 1914. Gottfried C l a u s s n i t z e r , *G. Neumark.* (Masch.) Diss. Leipzig 1924. Hans P y r i t z , *Paul Flemings dt. Liebeslyrik* (1932; Pal. 180). Zu Joh. Chr. Günther siehe die Ausg. v. Wilh. K r ä m e r , bes. Bd. 3 (1934) u. 4 (1935).

§ 5. Für Gottsched ist nur alles fabelbildende, eine deutliche Fabel enthaltende und gestaltende Dichten im strengeren Sinne „poetisch". Es überwiegt insoweit die Inhaltsbewertung. Gewisse lyrische Genres wie Ode, Elegie u. a. werden auf Grund ihrer Inhaltsarmut geringer bewertet. Noch die *Beobachtungen* lexikalischer Art verzeichnen unter dem Stichwort „Dichten, Dichtkunst, Gedicht", der Dichter müsse „Fabeln erfinden und Gedichte machen" unter Abwehr von Dornblüths Vorschlag „Verskunst". Auch das Schöne steht im Dienst der Erziehung. Das Prinzip der Naturnachahmung (Batteux) hat wenig mit Realismus zu tun; es handelt sich um eine Als-Ob-Natürlichkeit, die auch noch bei Gellerts Forderungen vorherrscht. Entscheidender ist das Prinzip der Wahrscheinlichkeit. Eine vereinzelte Auflockerung dieses Prinzips wird ausdrücklich begründet (Tierfabel; bei der Oper im späteren Nachgeben). Trotz der Vorrangstellung des „Vergnügens" (Wohlgefallen) in der Aufgabenstellung und im Wirkungswert der Poesie bleibt der erzieherische Anteil erhalten, verlagert sich aber in Form einer Übertragung des Bildungsideals von der Einzelpersönlichkeit auf ein ganzes Volk. Es werden volkserzieherische Möglichkeiten (bes. des Theaters und Dramas) erwogen, die einer Vervollkommnung des Nationalcharakters dienen könnten. Der „Ähnlichkeits"-Begriff zieht gewisse, damals mutige Folgerungen aus dem Problematischen des Naturnachahmungsbegriffs. Das Bewußtbleiben der bloßen Illusion gilt nicht als abträglich, sondern als zuträglich für die Wirkung der Poesie (J. E. Schlegel).

Von der Position der Ausdruckslehre erfolgt (1759) in der Lyriktheorie ein entscheidender Vorstoß durch Joh. Adolf Schlegel gegen die Definition Batteux' (Verbindlichkeit des Naturnachahmungsbegriffs) und bringt die Gegendefinition: „Die Poesie ist der sinnlichste Ausdruck des Schönen oder Guten zugleich durch die Sprache." Das liegt zeitparallel mit Gottscheds Erklärung in den *Beobachtungen*. Bemerkenswert erscheint, daß Joh. A. Schlegel den Passus Baumgartenscher Art „sinnlichste Vorstellung" nachträglich in „sinnlichsten Ausdruck" verbesserte, sich so auch terminologisch bewußt abhebend. So gelangte er zu der Notwendigkeit, eine „Poesie der Empfindung" von einer „Poesie der Malerei" abzuheben. Eine zeitgenössische Rezension (Neue Bibliothek 1771) erkennt bereits das Vorwärtsweisende im Erkunden einer „bessern und richtigern Theorie"; denn J. A. Schlegels „Unterschied zwischen Nachahmung und Ausdruck hat uns vielleicht zuerst auf die Bahn geholfen . . .". Ende der 50er Jahre liegt schließlich Klopstocks von Dubos' Emotionstheorie gestützte Erklärung: „Die tiefsten Geheimnisse der Poesie liegen in der Aktion, in welche sie unsere Seele setzt. Überhaupt ist uns Aktion zu unserem Vergnügen wesentlich." Noch weiter reicht die Position, die Klopstocks Ode *Ästhetiker* in Abwehr sollästhetischer Forderungen mehr impulsiv gewinnt: „Die Natur schrieb in das Herz sein Gesetz ihm!" Bei aller Berücksichtigung von Auslandsanregungen (J. Harris, Dubos u. a.) blieb es doch symptomatisch, daß es Lyriker waren, die von der Ausdrucks- und Emotionstheorie gegen die Naturnachahmungstheorie zu rebellieren begannen. Insgesamt aber formuliert Klopstock in der Theorie noch recht behutsam.

Wenn J. A. Schlegel eine „Poesie der Empfindungen" einer „Poesie der Malerei" gegenüberstellte, so blieben doch beide Sonderformen im Bereiche der Dichtkunst. Erst Lessing, hinter dessen P. allenthalben die Lit.kritik als antreibende Kraft erkennbar ist, gelangte von einer Kritik der „malenden Poesie" (Lyrik) zur Grenzziehung zwischen Dichtung und Malerei, doch nicht zugunsten einer „Poesie der Empfindung" als vielmehr einer Poesie der Handlungen, was für ihn als Dramatiker näherliegen mußte (*Laokoon* 1766). Die durch das Darstellungsmittel bedingte und begrenzte Möglichkeit wird für ihn zu einer Notwendigkeit und damit zur Wesenhaftigkeit des Dichterischen schlechtweg. Der Methode nach ist die Poesie auf das Sukzessive und Transitorische angewiesen. Das betrifft letzten Endes aber vorerst nur ein Kunsttechnisches. Der zweite Teil des *Laokoon* ist nicht geschrieben worden. Aber schon jetzt wird deutlich, daß Lessing einen verinnerlichten Handlungsbegriff der Seelenbewegung durchaus kennt. Der *Laokoon* könnte den Anschein erwecken, als ob Lessing die Schaffenspoetik bevorzuge. Aber er bleibt überwiegend im Rahmen der Wirkungspoetik. Der Wirkungsgrad einer Dichtung nämlich ist abhängig von der richtigen, d. h. wirksamen Handhabung der dichterischen Mittel und Möglichkeiten. Das Wirkungsziel ist Vertiefung der Humanität durch Rührung und Erschütterung, durch Reinigung von den Leidenschaften, durch Anregung nicht nur zum Mitleidhaben, sondern auch zum Mitleidüben (Zutagetreten des christlichen Untergrundes). Die „Furcht" muß sich wandeln zur Ehrfurcht vor dem Leid des anderen, wenn auch erzieherisch über das Bezogensein auf sich selber der Zugang erleichtert wird (*Hamburgische Dramaturgie*). Dem entspricht es, wenn Lessing die Absichterfülltheit alles wertvollen Dichtens, das „mit-Absicht-Dichten" gegenüber einer Vorstellung des spontanen, unkontrollierten „Ausdrucks" selbst im turbulenten Zeitraum der Geniewillkür (Sturm und Drang) aufrechterhält. Wie ihm im historischen Drama die Verpflichtung gegenüber den historischen Charakteren als bindender erscheint als die Datentreue der Fakten, so auch ist ihm der Mensch und seine Gesinnung im Wirkungskraftfeld der Poesie wichtiger als eine minutiöse Nachbildung der Natur auf Grund des Naturnachahmungsprinzips. Die Anknüpfung einer Furcht als „auf uns selbst bezogenes Mitleid" fordert ebenfalls ein schlechthin Humanes auch im tragischen Helden. Lessings Funktionalismus, der alle Funktionen einer Dichtung absichtsvoll und zweckmäßig aufeinander abstimmt und einspielt, bleibt ständig kritisch orientiert und kontrolliert. Er strebt über die Regel hinweg nach dem Gesetz, und zwar nach dem kritisch überprüften Gesetz, sowohl im *Laokoon* wie in der *Hamburgischen Dramaturgie*. Noch 1776 warnt er vor dem beliebten, aber irreführenden Verfahren, „wenn man die (bloßen) Regeln sich als Gesetze denkt". Auch im Bereich der Genre-Theorie (Tierfabel, Epigramm) sucht er über die Regel zum Wirkungsgesetz vorzudringen, das ihm zugleich als Wesensgesetz gilt. Aber in dem Grade, wie er nicht nur Kunstkritiker, sondern auch Kunstschaffender war, interessiert ihn auf diesem Wege zur Wirkung doch auch ausschnittweise der Schaffensvorgang. Die Absicht der Wirkung verbindet sich, so verstanden, mit der Einsicht in das Werden eines Kunstwerkes.

Gegenüber der allgemeinen Menschenbildung, die Lessing als letztes Ziel vorschwebt, konzentriert sich G. Aug. Bürger auf den Primat der „Popularität" und „Volksmäßigkeit" und gelangt so zu der temperamentvollen Bestimmung: „Alle Poesie soll volksmäßig sein; denn das ist das Siegel der Vollkommenheit." Aber das ist mehr der Kernsatz seiner Lit.programmatik, während seine Kunsttheorie in beachtenswerter Weise den Begriff der „Darstellung" in die Zentralstellung rückt. Diesen von Klopstock und Fr. L. v. Stolberg vorgebildeten Terminus wünscht er dort einzusetzen, „wo sonst das erbärmliche Wort Nachahmung in den Poetiken stand". Es handelt sich also um einen Ausschnitt der Verdrängung des Nachahmungsbegriffs durch den Darstellungsbegriff. Dichtung ist eine „darstellende Bildnerei". Und so verbindet er nun Programmatik und Kunsttheorie zu der These: „Alle darstellende Bildnerei kann und soll volksmäßig sein." Das Wort „Bildnerei" stellt nicht einfach einen Affront gegen Lessing dar; aber meint gewiß auch nicht schon das „Bildende" im Sinne von Karl Phil. Moritz und Goethe. Anders steht es mit dem Versuch Gerstenbergs, Nachahmung durch „Nachbilden" zu ersetzen und es mit dem Fund J. A. Schlegels anzureichern: „Das Nachbilden ist also der höchste sinnlichste Ausdruck, der die Illusion erreicht." Dieses Nachbilden Gerstenbergs fordert Beachtung in der Reihe „Darstellen" (Klopstock, Stolberg, Bürger) und „Bilden" (K. Ph. Moritz und Goethe), weist also auf die Klassik hin über den Sturm und Drang (s. d.) hinaus.

Allgemeines: K. Heinr. v. S t e i n, *Die Entstehung d. neueren Ästhetik* (1886). Friedr. B r a i t m a i e r, *Gesch. d. poet. Theorie u. Kritik von d. 'Diskursen d. Maler' bis auf Lessing.* 2 Tle (1888-1889). Robert S o m m e r, *Grundzüge einer Gesch. d. dt. Psychologie u. Ästhetik v. Wolff-Baumgarten bis Kant-Schiller* (1892). Alb. K ö s t e r, *Von der 'Crit. Dichtkunst' zur 'Hamburg. Dramaturgie'.* Festschr. Joh. Volkelt dargebr. (1918) S. 58-86. Ferd. D e n k, *Das Kunstschöne u. Charakteristische v. Winckelmann bis Fr. Schlegel.* Diss. München 1925.

Władisław F o l k i e r s k i, *Entre le classicisme et le romantisme. Étude sur l'esthétique et les esthéticiens du 18ᵉ siècle* (Cracovie; Ac. polonaise des sciences et des lettres 1925). Annaliese K i e m l e, *Anschauungen über d. Wesen d. dichter. Kunstwerks von 1750 bis 1920.* Diss. Tübingen 1932/33. Kurt B e r g e r, *Zur Antikenauffassung in d. Kunsttheorie u. Dichtung d. frühen 18. Jh.s.* ZfÄsth. 37 (1943) S. 55-78. Hans M. W o l f f, *Die Weltanschauung d. dt. Aufklärung in geschichtl. Entwicklung* (1949). Armand N i v e l l e, *Les Théories esthétiques en Allemagne, de Baumgarten à Kant* (Paris 1955; Bibl. de la Fac. de phil. et lett. de l'Univ. de Liège 134), dt. Übers. 1960 — Erich K l o t z, *Das Problem d. geschichtlichen Wahrheit im histor. Drama Deutschlands von 1750 bis 1850.* Diss. Greifswald 1927. Mary B e a r e, *Die Theorie d. Komödie von Gottsched bis Jean Paul.* Diss. Bonn 1928. Erwin N e u s t ä d t e r, *Entwicklungsgeschichte d. epischen Theorie in Deutschland.* Diss. Freiburg 1928. Walter B r a u e r, *Geschichte d. Prosabegriffs* (1938; FrkfQuFschgn. 18). Max S t a e g e, *Die Gesch. d. dt. Fabeltheorie* (Bern 1929; SprDchtg. 44). Therese E r b, *Die Pointe in d. Dichtung von Barock u. Aufklärung* (1929). Paul B ö c k m a n n, *Das Formprinzip d. Witzes in d. Frühzeit d. dt. Aufklärung,* in: Böckmann, *Formgeschichte d. dt. Dichtung.* Bd. 1 (1949) S. 471-552. Alfons E i c h s t a e d t, *Gedichtete Poetik. Versuch über d. Kunstgespräch in d. Geniezeit,* in: Worte u. Werte. Bruno Markwardt z. 60. Geb. (1961) S. 79-84.

Einzelne Dichter und Theoretiker: Herm. B a c k e r s, *Boileaus Einfluß in Deutschland bis auf Lessing.* Diss. Greifswald 1910. Friedr. Arno G e i ß l e r, *Die Theorien Boileaus.* Diss. Leipzig 1909. Antoine A l b a l a t, *L'Art poétique de Boileau* (Paris 1929). René B r a y, *Boileau* (Paris 1942; Le Livre de l'étudiant 9). — Eberhard Frh. v. D a n c k e l m a n n, *Ch. Batteux. Sein Leben u. s. ästhet. Lehrgebäude.* Diss. Rostock 1902. Manfred S c h e n k e r, *Ch. Batteux u. s. Nachahmungstheorie in Deutschland* (1909; UntsNSprLitg. NF. 2). — Oskar W i c h m a n n, *L'Art poétique de Boileau dans celui de Gottsched* (1879). Franz S e r v a e s, *Die Poetik Gottscheds u. d. Schweizer* (1887; QF. 60). Gustav W a n i e k, *Gottsched u. d. dt. Lit. s. Zeit* (1897), bes. S. 127-182. Alfred P e l z, *Die vier Auflagen von Gottscheds 'Crit. Dichtkunst' in vergleichender Betrachtung* (1929). Susi B i n g, *Die Nachahmungstheorie bei Gottsched u. d. Schweizern* (1934). Walter K u h l m a n n, *Die theolog. Voraussetzungen von Gottscheds 'Crit. Dichtkunst'.* Diss. Münster 1935. — Alessandro P e l l e g r i n i, *Gottsched, Bodmer, Breitinger e la poetica dell'Aufklärung* (Catania 1952. Bibl. della Fac. di Lett. 9). — Hugo B i e b e r, *J. A. Schlegels poetische Theorien* (1912; Pal. 114). Jennie G i e h l, *Joh. Heinr. Schlegel.* Diss. Heidelberg 1911. Joh. Elias S c h l e g e l, *Ästhetische u. dramaturgische Schriften.* Hg. v. Jan Bołoz A n t o n i e w i c z (1887; DLD. 26), Einleitung. Werner

Schubert, *Die Beziehungen J. E. Schlegels zur Aufklärung.* (Masch.) Diss. Leipzig 1959. — Herbert Sommer, *Die poet. Lehre Baumgartens.* Diss. München 1911. Alb. Riemann, *Die Ästhetik A. G. Baumgartens* (1928; Baust. 21). Paul Menzer, *Zur Entstehung von A. G. Baumgartens Ästhetik.* Zs. f. Kulturphilosophie 4 (1937/38) S. 288-296. Alexander Gottlieb Baumgarten, *Reflections on poetry (Meditationes philosophicae,* lat. u. engl.). Ed. with introd. and notes by Karl Aschenbrenner and William B. Holter (Berkeley 1954). — Karl Jos. Groß, *J. G. Sulzers 'Allgem. Theorie d. schönen Künste'* (1905). Johannes Leo, *J. G. Sulzer u. d. Entstehung s. 'Allgem. Theorie d. schönen Künste'* (1907). Anna Tumarkin, *Der Ästhetiker J. G. Sulzer* (1933; Die Schweiz im dt. Geistesleben 79/80). Oskar Walzel, *J. G. Sulzer über Poesie.* ZfdPh. 62 (1937) S. 267-303. — Kurt May, *Das Weltbild in Gellerts Dichtung* (1928; DtFschg. 21). — Friedr. Nicolai, *Abhandlung vom Trauerspiele.* Hg. v. Robert Petsch (1910; Philos. Bibl. 121). Martin Sommerfeld, *Friedr. Nicolai u. d. Sturm u. Drang* (1921) S. 22 ff. — Ludwig Goldstein, *Moses Mendelssohn u. d. dt. Ästhetik* (1904; Teutonia 3). A. Editius, *Theorien über die Verbindung von Poesie u. Musik bei Moses Mendelssohn u. Lessing.* Diss. München 1918. Liselotte Richter, *Philosophie d. Dichtkunst. Mendelssohns Ästhetik zwischen Aufklärung und Sturm u. Drang* (1948). — Gottfried Baumecker, *Winckelmann in seinen Dresdener Schriften. Die Entstehung von W.s Kunstanschauung u. ihr Verhältnis zur vorhergehenden Kunsttheoretik* (1933). Werner Kohlschmidt, *Winckelmann und der Barock,* in: Kohlschmidt, *Form u. Innerlichkeit* (Bern 1955; Slg. Dalp 81) S. 11-32. Armand Nivelle, *Winckelmann et le Baroque.* Revue Belge de Philologie et d'Histoire 36 (1958) S. 854-860. — Kasimir Filip Wize, *Fr. J. Riedel und seine Ästhetik.* Diss. Leipzig 1907.
Lessing: Aus der älteren Lessing-Lit. sei hervorgehoben: Hugo Blümner, *L.s 'Laokoon'* (1880). Neuere Lit.: Oskar Walzel, *Vom Geistesleben alter u. neuer Zeit* (1922) S. 231-261: *L.s Begriff des Tragischen.* Kurt May, *L.s u. Herders kunsttheoret. Gedanken in ihrem Zusammenhang* (1923; GermSt. 25). Jürgen Ricklefs, *L.s Theorie vom Lachen u. Weinen* (1927; aus: Dankesgabe f. A. Leitzmann). Werner Eichhorn, *Die Auffassung der Darstellung d. Bewegung in d. bildenden Kunst bei L.* Diss. Göttingen 1927. Jos. Clivio, *L. u. d. Problem d. Tragödie* (1928; WegezDchtg. 5). Franz Koch, *L. u. d. Irrationalismus.* DVLG. 6 (1928) S. 114-143. Hans Leisegang, *L.s Weltanschauung* (1931). Otto Mann, *L. u. d. Tragische.* PreußJbb. Bd. 238 (1934) S. 142-155. Max Kommerell, *L. und Aristoteles. Unters. über die Theorie der Tragödie* (2. Aufl. 1957). Benno v. Wiese, *L. Dichtung, Ästhetik, Philosophie* (1931). Bronislawa Rosenthal, *Der Geniebegriff d. Aufklärungszeitalters* ⟨*L. u. d. Popularphilo-*

sophen⟩ (1933; GermSt. 138). Willibald Doenhardt, *L. u. Corneille.* Diss. Münster 1934. Laura Citoni, *Il dramma di L. Contributi di L. all'estetica* (Palermo 1936). Harald Henry, *Herder u. L.* (1941; Stadion 9). Folke Leander, *L. als ästhet. Denker* (1942). Adolf Baumann, *Studien zu L.s Literaturkritik.* Diss. Zürich 1951. Nikolaj Gavrilovic Tschernyschewsky, *Fortschrittliche Ideen in d. Ästhetik L.s* (1856), übers. v. W. Dietze (1957). Elida Maria Szarota, *L.s 'Laokoon'* (1959; Beitr. z. dt. Klassik, Abhdlgn. 9). Siegfried Krause, *Das Problem d. Irrationalen in L.s Poetik.* Diss. Köln 1962. Luigi Quattrocchi, *La poetica di L.* (Messina, Firenze 1963; Bibl. di cultura contemporanea 80), dort S. 197-208 weitere Lit. Siehe auch die Lessing-Abschnitte bei René Wellek (1955, übers. 1959), Bruno Markwardt (1956) und Armand Nivelle (1955, übers. 1960).
Klopstock: Walter Lich, *Klopstocks Dichterbegriff.* Diss. Frankfurt 1934. Karl August Schleiden, *Klopstocks Dichtungstheorie* (1954). B. A. T. Schneider, *Grundbegriffe der Ästhetik Klopstocks.* (Masch.) Diss. Stellenbosch 1960. Gerhard Kaiser, *Denken und Empfinden. Ein Beitr. z. Sprache u. Poetik Klopstocks.* DVLG. 35 (1962) S. 321-343. — Herder: Bruno Markwardt, *Herders 'Kritische Wälder'* (1925; Fschgn. z. dt. Geistesg. d. MA.s u. d. Neuzeit 1). Wilhelm Dobbek, *Die Kategorie d. Mitte in d. Kunstphilosophie J. G. Herders,* in: Worte u. Werte. Bruno Markwardt z. 60. Geb. (1961) S. 70-78. — Klaus Gerth, *Studien zu Gerstenbergs Poetik. Ein Beitr. z. Umschichtung d. ästhet. u. poet. Grundbegriffe im 18. Jh.* (1960; Pal. 231).

§ 6. Die P. der Klassik hat wesentliche Antriebe und Konzeptionen ihrer grundlegenden Strukturen nicht allein von Winckelmann erfahren, sondern auch von Karl Philipp Moritz (1757-1793) und dem reiferen Herder. Von K. Ph. Moritz sind hervorzuheben *Der Versuch einer Vereinigung aller schönen Künste und Wissenschaften unter dem Begriff des in sich selbst Vollendeten* (1785, also nicht mehr der Naturnachmung), der *Versuch einer deutschen Prosodie* (1786) sowie seine Hauptschrift *Über die bildende Nachahmung des Schönen* (1788). Herder kommt vor allem mit mehreren Aufsätzen in den *Zerstreuten Blättern* (1785 f.) in Betracht: *Anmerkungen über die Anthologie der Griechen, Anmerkungen über das griechische Epigramm* (mehr auf Goethe einwirkend) sowie *Nemesis, ein lehrendes Sinnbild* (mehr auf Schiller einwirkend). In der P. erfolgen also die entscheidenden Vorstöße etwa seit 1785. Grundlegend war dabei die Ganzheitsvorstellung einer in sich selber ru-

henden und vollendeten Einheit und Ausgeglichenheit unter Abwehr eines bewußten
Zweckes und einer beabsichtigten Wirkung.
In Auseinandersetzung mit M. Mendelssohn
verwarf K. Ph. Moritz auch den Zweck des
„Vergnügens", der bereits als die Reinheit
der „edlen Einfalt und stillen Größe"
(Winckelmann) eintrübend empfunden wurde. Nach Moritz ist das Kunstwerk „wegen
seiner eignen innern Vollkommenheit da";
es ist etwas, „das bloß um sein selbst willen
hervorgebracht ist, damit es etwas in sich
Vollendetes sei", kurz ein (mit sich selber)
„übereinstimmendes harmonisches Ganze".
Diese „Ganzheits"-Idee verdrängt jetzt das
ältere Ideal der Einheit in der Mannigfaltigkeit. Sie ist geschlossener, strenger, reiner,
absoluter, kompromißloser. Die Linie verläuft weiter zu W. v. Humboldts Totalitäts-
begriff und zu Fr. Hölderlins „Einheit des
Einigen". Ähnlich wie das Schöne erhebt
Moritz das „Edle" zum absichtslosen Selbst-
wert. Haltung und Gestaltung sind untrennbar im Sinne integrierender Wechselfunktio-
nen. Zugleich wird das Wesenhaft-Typische
herausgearbeitet. Herder drückt jenes Nach-
Innen-Verlegen des Vergnügens so aus: der
„Vorzug der griechischen Kunst und (!)
Dichtkunst" liege darin, „daß beide gleichsam nur für sich dastehen und . . . sich in
ihrem Innern geniessen". Dergestalt wirke
jedes dieser mustersetzenden Kunstwerke
„in sich vollendet und glücklich". Stärker
aber als Moritz greift Herder zugleich auf
den „Darstellungs"-Begriff (s. o.) zurück.
Auch bleibt kennzeichnend, daß es wiederum wie schon bei der Einwirkung auf den
Goethe der Straßburger Zeit (Sturm und
Drang) ein lyrisches Teilgebiet ist, von dem
aus nun auch die Anregungsimpulse in Weimar erfolgen. Aber von der Ästhetik aus hat
K. Ph. Moritz das Fundament der klassischen
P. gesichert, wie das kritische Anknüpfen an
Mendelssohn andeutet. Rückwirkungen Goethes auf Moritz gingen mehr von dem Künstler und Menschen als dem Kunsttheoretiker
Goethe aus. Goethes *Italienische Reise* und
sein Referat über Moritz' *Bildende Nachahmung* im *Teutschen Merkur* (1789) folgen
deutlich den von Moritz entwickelten kunst-
theoretischen Konzeptionen, und zwar mit
wörtlichen Anklängen („ein für sich bestehendes Ganzes . . .", das „seine Beziehung
(nur) in sich haben" müsse.

Das Eigene bei Goethe dürfte mehr in
einer biologisch-morphologischen Sicht zu suchen sein, wie sich denn das Naturwissenschaftliche in der Kunstanschauung des späten Goethe erneut kräftigt. Schon die „Erfahrung" der Urpflanze läßt ihn von einem „Ge-
wahrwerden der wesentlichen Form" sprechen. Der Stilbegriff, der Typusbegriff, der
Symbolbegriff sind kaum denkbar ohne naturkundliche Bezüge, ohne Bezug auf das „Leben". Der „Vollkommenheit der Lebensäußerung" im Naturgebilde entspricht das In-
Sich-Selbst-Vollendete im Kunstgebilde. Aber
auf der anderen Seite sind die Zuströme
aus der Vorbildtheorie der bildenden Kunst
(Winckelmann, später Heinrich Meyer) zu
stark, um sich widerstandslos und wider-
spruchslos dem Biologisch-Morphologischen
anzuverwandeln. Insgesamt kommt es mehr
zu einer Art von Symbiose als wirklich zu
einer Synthese jener beiden Grundkräfte des
biologischen Erfahrens und des bildenden Er-
schauens. Das Gegenständliche strebt, an sich
vollendet, dennoch geistig „bedeutend" über
sich hinaus (Symbolbegriff); an sich eigenständig, eigengültig, wird es dennoch unbewußt allgemeingültig (Ansatz für den Typusbegriff). Der Art, die allegorisch zu einem
Allgemeinen ein Besonderes bewußt „sucht",
steht jene andere, spezifisch poetische Art gegenüber, die „im Besonderen das Allgemeine
schaut". Diese „letztere (Art) aber ist eigentlich die Natur der Poesie: sie spricht ein
Besonderes aus, ohne ans Allgemeine zu
denken oder darauf hinzuweisen. Wer nun
dieses Besondere lebendig (!) fasst, erhält
zugleich das Allgemeine mit, ohne es gewahr
zu werden oder erst spät" (gewahr zu werden im Sinne eines Gewahrwerdens der wesentlichen Form). Drängt das Gewahrwer-
den-Wollen der wesentlichen Form zum Typusbegriff, so führt das Gewinnenwollen der
idealistischen Form, der „bedeutenden" Gestalt, zum Symbolbegriff. Das Symbolische
ist den Gegenständlichkeiten immanent, so
daß sie „im Tiefsten bedeutend" sind. Das
Kunstwerk hat die Immanenz zur Evidenz zu befreien und zu erhöhen. Im
engeren Rahmen der spezifisch „klassischen"
P. aber überwiegt der Primat der Plastik,
doch so, daß sich neben dem „Bildenden"
das „Bedeutende" hinreichend Lebensraum
zu schaffen vermag. Datenhaft seien verzeichnet *Einfache Nachahmung der Natur,*

Manier, Stil (1789); *Über Wahrheit und Wahrscheinlichkeit der Kunstwerke* (1798); *Einleitung in die Propyläen* (1798); *Über Laokoon* (1798) u. a.

Auf Schillers Weg zur klassischen P. liegen *Die Götter Griechenlands* (1788), *Die Künstler* (1789) mit entsprechenden Briefen an Körner (Dez. 1788, Febr. 1789). Doch ist auch der Brief an Körner vom 25. Dez. 1788 bemerkenswert mit seinen Anklängen an K. Ph. Moritz, so etwa mit dem Satz: „Ich bin überzeugt, daß jedes Kunstwerk nur sich selbst ... und keiner anderen Forderung unterworfen ist." Einzelzüge der *Künstler* greifen auf die *Philosophischen Briefe zwischen Julius und Raphael* (1786) zurück. Wohl noch schärfer zeichnet sich die Schwenkung zum klassischen Kunstwollen ab in der Rezension *Über Bürgers Gedichte* (1791). Soweit Schiller seine Problemstellung nicht besonders im Kraftfeld Kants ins Philosophisch-Ästhetische ausweitet, bleibt sie, seiner speziellen Berufung entsprechend, deutlich auf Dramentheorie eingestellt. Der Dramatiker in Schiller lenkt und bestimmt den Kunsttheoretiker aber auch dort, wo nicht von Dramaturgie die Rede ist, weit entscheidender, als vielfach noch angenommen wird. Gegenüber der Statik des Plastischen bewahrt er den ihm unentbehrlichen Anteil des dramatisch Dynamischen, bald als „energische Schönheit" (*Über Anmut und Würde*), bald als „lebendige Kraft" (*Kalliasbriefe*) oder als das „Pathetische", als „Freiheit in der Erscheinung", als „Freiheit des Gemüts in dem lebendigen Spiel aller seiner Kräfte". Für Schiller lag die Schwierigkeit nicht im Plastisch-Bildenden einerseits und Biologisch-Naturgesetzlichen andererseits (Goethe), sondern in den Kraftpolen Freiheit / Bindung, Ethik / Ästhetik, geistiger Abstand / ethische Anteilnahme, Ideal / Leben. Und in gewissem Sinne kommt es auch bei ihm eher zu einer Symbiose als zu einer echten Synthese, jedenfalls innerhalb seiner Kunstanschauung. Das Nebeneinander transponiert er nicht zufällig in ein Nacheinander; denn: „Es gibt keinen anderen Weg, den sinnlichen Menschen vernünftig zu machen, als daß man denselben zuvor ästhetisch macht." Der Durchgang zur Philosophie (und Ethik) erfolgt über die Poesie (soziologische Funktion der Kunst, Rechtfertigung und Rangerhöhung). Zugleich klingt der Ganzheitsbegriff deutlich auf, wenn nur

der ästhetische Zustand als „ein Ganzes in sich selbst" gilt, „der alle Bedingungen ... in sich vereiniget". Folgerichtig wird die Wirkung der wertvollen Kunst so umschrieben: „Diese hohe Gleichmütigkeit und Freiheit des Geistes, mit Kraft und Rüstigkeit verbunden (Bewahren des Dynamischen), ist die Stimmung, in der uns ein echtes Kunstwerk entlassen soll (Abhebung von Goethes ‚vagem' Zustand), und es gibt keinen sicherern Probierstein der wahren ästhetischen Güte." Bei alledem steckt im Attribut „ästhetisch" vieles von dem Attribut „bildend" im Sinne, wie Moritz (und Goethe) von „bildender Nachahmung" gesprochen hatten. Der Dramatiker (und Ethiker) Schiller sieht merklich auf den „Menschen" mehr als auf das „Leben" (Goethe). Und so lautet eine seiner bündigsten Definitionen des Dichterischen und dessen Wesensbestimmung nicht von ungefähr „der Menschheit ihren möglichst vollständigen Ausdruck zu geben".

Der späte Herder der *Kalligone* (1800) und *Adrastea* (1801/02) sieht in Schillers Spielbegriff, den er zu empirisch auffaßt, eine Entwertung der Poesie. Daher pocht er auf „leib- und geisthafte Wahrheit" im dichterischen Kunstwerk, die beim bloßen „Spiel" verloren ginge. Und er hält daran fest: „Der Poet ist Erschaffer, Schöpfer; wer dies nicht kann, ist kein Dichter." Fast wie er einst den jungen Goethe gemahnt hatte, daß Shakespeare ihn ganz verdorben habe, so meint er jetzt, auch das Vorbild der Antike sei schließlich schädlich geworden; denn: „Nicht also von der zeichnenden oder bildenden Kunst empfängt die Dichtkunst Gesetze." Etwa gleichzeitig sucht Hölderlin den „Gesichtspunkt, aus dem wir das Altertum anzusehen haben" (1799). Und ihm will scheinen, „wir müssen die Mythe überall beweisbarer darstellen". Er ringt um eine „Junonische Nüchternheit", warnt jedoch vor einer absoluten Vorbildgeltung der Alten, vor einer „blinden Unterwerfung unter alte Formen". Noch aber besteht der Primat eines „Ganzen des Kunstwerkes", also der klassischen Ganzheitsidee, die indessen durch Identitätsvorstellungen leicht romantisch ausgeweitet erscheint („Einheit der Entgegensetzung"). Selbsthingabe und Selbstbewahrung bestimmen zu gleichen Teilen die Haltung des echten Dichters, der die Besonnenheit, ja „Nüchternheit" in das leidenschaftliche Gefühl hineinnimmt und es so zügelt und ausgleicht, um durch höchste Anspannung die übermächtige Spannung in einem "Ursprünglich-einigen" aufzuheben. Dennoch entscheidet wie in der klassischen P. der Wille zum Werk unter Ausschaltung der romantischen Ironie; und ebenso begegnet das klassische Ausgleichsstreben in immer neuen Formen und Fassungen.

Allgemeines: Otto H a r n a c k, *Die klass. Ästhetik d. Deutschen* (1892). Helene S t ö k - k e r, *Zur Kunstanschauung d. 18. Jh.s. Von Winckelmann bis zu Wackenroder* (1904; Pal. 26), im Thema unklar. Maria D e e t z, *Anschauungen von italienischer Kunst in d. dt. Lit. von Winckelmann bis zur Romantik* (1930; GermSt. 94). H. A. K o r f f, *Geist d. Goethezeit.* Bd. 2 (2. Aufl. 1930; Nachdr. 1955) S. 401-497.

Einzelne Dichter und Theoretiker: Konrad K r a u s, *Winckelmann u. Homer* (1935). Wolfgang S c h a d e w a l d t, *Winckelmann u. Homer* (1941; Lpz. Univ.reden 6). Curt M ü l l e r, *Die geschichtl. Voraussetzungen d. Symbolbegriffs in Goethes Kunstanschauung* (1937; Pal. 211), über Winckelmann, S. 20-85. Ingrid K r e u z e r, *Studien zu Winckelmanns Ästhetik. Normativität u. histor. Bewußtsein* (1959; Jahresgabe der W.-Ges.). Walter B o s s h a r d, *Winckelmann. Ästhetik der Mitte* (1960). — Karl Philipp M o r i t z, *Schriften z. Ästhetik u. Poetik.* Krit. Ausg. Hg. v. Hans Joachim S c h r i m p f (1962; NDL. N. F. 7). Max D e s - s o i r, *Karl Philipp Moritz als Ästhetiker* (1889). Karl K i n d t, *Die Poetik von K. Ph. Moritz.* (Masch.) Diss. Rostock 1924. Eduard N a e f, *K. Ph. Moritz, seine Ästhetik.* Diss. Zürich 1930. Bruno M a r k w a r d t, *Gesch. d. dt. Poetik.* Bd. 3 (1958) S. 46-60. Erich T h a t, *Goethe u. Moritz.* (Masch.) Diss. Kiel 1921. — Goethe: Wilh. B o d e, *Goethes Ästhetik* (1901). Franz Z i n - k e r n a g e l, *Goethes 'Ur-Meister' u. d. Typusgedanke.* Akademierede Zürich 1922. Ferdinand W e i n h a n d l, *Die Metaphysik Goethes* (1932). Heinr. S p i n n e r, *Goethes Typusbegriff* (1933; WegezDchtg. 16). Hans K e i - p e r t, *Die Wandlung Goethescher Gedichte zum klass. Stil* (1933; JenGermFschgn. 21). Wilh. P i n d e r, *Goethe u. d. bildende Kunst.* Festrede Bayr. Akad. d. Wiss. 1932 (1933). Curt M ü l l e r (s. o.), S. 213-235: *Auftauchen d. Symbolbegriffs bei Goethe.* Karl S c h l e c h t a, *Goethe in seinem Verhältnis zu Aristoteles* (1938; Frankf. Stud. z. Rel. u. Kultur d. Antike 16). Günther M ü l l e r, *Die Gestaltfrage in der Lit.wiss. u. Goethes Morphologie* (1944; Die Gestalt 13). Ders., *Gestaltung - Umgestaltung in 'Wilh. Meisters Lehrjahren'* (1948). Wilhelm E m r i c h, *Die Symbolik von Faust II* (1943; 2. Aufl. 1957). Georg L u k á c s, *Goethe u. s. Zeit* (1950). Wolfgang K a y s e r, *Goethes Auffassung von d. Bedeutung d. Kunst.* Goethe-Jb. 16 (1954) S. 14-35. Naoji K i m u r a, *Goethes Wortgebrauch zur Dichtungstheorie im Briefw. mit Schiller u. in d. Gesprächen*

mit *Eckermann* (1965). Matthijs J o l l e s, *Goethes Kunstanschauung* (Bern 1957). Walther K i l l y, *Wirklichkeit u. Kunstcharakter. Über die 'Wahlverwandtschaften Goethes'.* NRs. 72 (1961) S. 636-650. — Schiller: Gustav Z i m m e r m a n n, *Versuch einer Schillerschen Ästhetik.* Diss. Leipzig 1889. Victor B u s c h, *La Poétique de Schiller* (Paris 1902). Paul B ö c k m a n n, *Schillers Geisteshaltung als Bedingung s. dramat. Schaffens* (1925; Hambg. Texte u. Unterschgn z. dt. Phil. 2, 3). Wilh. B ö h m, *Schillers 'Briefe über d. ästhet. Erziehung'* (1927; DVLG., Buchr. 11). Hermann O e r t e l, *Schillers Theorie d. Tragödie.* Diss. Leipzig 1934. Gottfried B a u m e c k e r, *Schillers Schönheitslehre* (1937). Bruno M a r k - w a r d t, *Schillers Kunstanschauung im Verhältnis zu s. Kunstschaffen.* Wiss. Zs. d. Univ. Greifswald, Ges.- u. sprachwiss. Reihe 4 (1954/55) S. 259-283. Georg L u k á c s, *Beiträge zur Gesch. d. Ästhetik* (1956) S. 1-96: *Zur Ästhetik Schillers.* Claus T r ä g e r, *Schiller als Theoretiker des Übergangs vom Ideal zur Wirklichkeit.* Sinn u. Form 11 (1960) S. 546-576. — Benno v. W i e s e, *Die Utopie des Ästhetischen bei Schiller,* in: Wiese, *Zwischen Utopie u. Wirklichkeit* (1963) S. 81-101. — Wilh. v. H u m b o l d t, *Ansichten über Ästhetik u. Lit., seine Briefe an Chr. G. Körner (1793/1830).* Hg. v. Fritz J o n a s (1880). Eduard S p r a n g e r, *Wilh. v. Humboldt u. d. Humanitätsidee* (1909) S. 309 ff. Gustav v. S t r y k, *Wilh. v. Humboldts Ästhetik, als Versuch e. Neubegründung d. Sozialwiss. dargestellt* (1911). Hans a u s d e r F u e n t e, *Wilh. v. Humboldts Forschungen über Ästhetik* (1912; Philos. Arbeiten 4, 3). Annelise M e n d e l s - s o h n, *Die Sprachphilosophie u. d. Ästhetik Wilh. v. Humboldts als Grundlage für d. Theorie d. Dichtung.* Diss. Hamburg 1931. Hans E b e r l, *Wilh. v. Humboldt u. d. dt. Klassik* (1933). — H e r d e r: *Kalligone.* Hg. v. Heinz B e g e n a u (1955; Beitr. z. dt. Klassik, Texte 1). Günther J a c o b y, *Herders u. Kants Ästhetik* (1907). Wolfgang N u f e r, *Herders Ideen zur Verbindung von Poesie, Musik u. Tanz* (1929; GermSt. 74). Hans B e g e n a u, *Grundzüge d. Ästhetik Herders* (1956; Beitr. z. dt. Klassik, Abhdlgn. 2), einseitig. — Veronika E r d m a n n, *Hölderlins ästhet. Theorie im Zusammenhang mit seiner Weltanschauung* (1923; JenGermFschgn. 2). Gottfried H a s e n - k a m p, *Hölderlins Anschauung vom Beruf d. Dichters.* (Masch.) Diss. Münster 1923. Walter H o f, *Hölderlins Stil als Ausdruck s. geistigen Welt* (1954), berücksichtigt Kunsttheoretisches. Lawrence J. R y a n, *Hölderlins Lehre vom Wechsel der Töne* (1960). Ders., *Hölderlins Dichtungsbegriff.* Hölderlin-Jb. 12, 1961/62 (1963) S. 20-41. Ulrich G a i e r, *Das gesetzliche Kalkül. Hölderlins Dichtungslehre* (1962; Hermaea. NF. 14).

Chr. F. W e i s e r, *Shaftesburys Ästhetik.* Diss. Heidelberg 1913. Grete S t e r n b e r g, *Shaftesburys Ästhetik.* Diss. Breslau 1915.

§ 7. Die P. und das Kunstwollen der R o - m a n t i k zielen auf das Wunder der Weite und die Weite des Wunders, das kein Genüge finden konnte in der Diesseitigkeit des „In-Sich-Selbst-Vollendeten", wie das Wunder der Weite kein Genüge fand an einer „ins Reale verliebten Beschränktheit" (Goethe). Die P. weitet sich aus zur Lit.philosophie, entsprechend dem kaum entwirrbaren Wechselspiel von P. und Philosophie im Raum der Romantik (bes. der Frühromantik); denn „die transzendentale Poesie ist aus Philosophie und Poesie gemischt" (Novalis). Der Einbruch der spekulativen Philosophie in die literaturphilosophische Spekulation bleibt allenthalben spürbar. Wie die philosophische Reflexion den Denker beflügelt, so beflügelt die poetische Reflexion den Dichter, wobei das Reflektieren mit Potenzieren verbunden ist („Poesie der Poesie" — „poetische Poetik" usw.). Teilweise liegt auch nur Lit.programmatik vor. Sie klingt z. B. an, wo es heißt: „Die romantische Dichtart ist noch im Werden; ja, das ist ihr eigentliches W e s e n, daß sie ewig nur werden, nie vollendet sein kann." Also auch von hier aus wird eine Position erstrebt aus Opposition gegen das „In-Sich-Selbst-Vollendete". Systemfeindschaft, Willkürfreiheit und Stimmungsfreiheit sind Programmthesen und gelten als Tugenden. Dementsprechend besteht keine günstige Voraussetzung für eine spezifisch romantische P. Selbst ein wesentlicher Beitrag wie Friedrich Schlegels *Gespräch über die Poesie* (1800), das nicht nur im Titel sich Schleiermachers *Reden über die Religion* nähert, ist vergleichsweise weitgehend literaturhistorisch orientiert; und selbst der dritte Essay als *Brief über den Roman* zeigt eine Mischform aus Kunsttheorie und Lit.kritik. Am ehesten noch die *Rede über die Mythologie* bringt etwas Spezielles zur P., genauer zur Lit.programmatik (neue Mythologie als Voraussetzung für eine neue Poesie). Trotzdem ist das Ganze unverkennbar mit Lit.philosophie angereichert. Eine derartige Mythologie glaubte man künstlich und kunstreich konstruieren zu können, wie denn überhaupt in der Frühromantik viel kunstverstandesmäßig Bewußtes mit übergreift oder doch durchschimmert. Gegenüber der strengen Umschränkung der Poesie und ihrer P. (Klassik), die zugleich den Vorteil

der Konzentration bot, erfolgte in der romantischen P. eine grenzenlose Ausweitung, die notwendig mit der Gefahr der Zersplitterung verbunden war und die Grenzen verschwimmen ließ. Denn „die romantische Poesie ist eine progressive Universalpoesie. Ihre Bestimmung ist nicht bloß, alle getrennten Gattungen der Poesie wieder zu vereinigen und die Poesie mit der Philosophie und Rhetorik in Berührung zu setzen. Sie will und soll auch Poesie und Prosa, Genialität und Kritik, Kunstpoesie und Naturpoesie bald mischen, bald verschmelzen, die Poesie lebendig und gesellig und das Leben und die Gesellschaft poetisch machen . . ." (*Athenäum-Fragment* 116). Neben dem kühneren Fr. Schlegel stellt auch der besonnenere A. W. Schlegel in seinen Berliner Vorlesungen (1801-04), deren 1. Teil *Die Kunstlehre* (1801/2) von ihm selbst als „Poetik" bezeichnet wurde, nachdrücklich heraus, daß Poesie eigentlich in allen Künsten zu finden, ja, daß sie das allen Künsten Gemeinsame sei (also Urtypus wie bei W. v. Humboldt die bildende Kunst). Damit ist schon der Gegenstand, der Stoffkreis der P., eben die Dichtung selbst, in ihren Grenzen fließend geworden. Das Kernstück der *Athenäum-Fragmente* (Nr. 116) übersah diese Problematik keineswegs, half sich jedoch vorerst kurzerhand mit der rebellierenden Abwehr aller P., denn die romantische Dichtkunst „kann durch keine Theorie erschöpft werden. Sie allein ist unendlich, wie sie allein frei ist und das als ihr erstes Gesetz anerkennt, daß die Willkür des Dichters kein Gesetz über sich leide". Im Gegensatz zum ruhenden Sein der Klassik erhebt man wieder das lebendige Werden der Geniezeit (Herder) zur bewußten Forderung: „Grenzenlose Progressivität" (A. W. Schlegel), „ewiges Werden" (Fr. Schlegel). Eine P. in Aphorismenform fand nach alledem günstige Entfaltungsmöglichkeiten in den *Lyceums-Fragmenten* (1797 f.), in den *Athenäums-Fragmenten* (1798-1800), in Novalis' *Blütenstaub* (1798) usw. Die „romantische Ironie" (Formulierung: Novalis; Entwicklung des Begriffes: bes. Fr. Schlegel) gilt als die „freieste aller Lizenzen, denn durch sie setzt man sich über sich selbst weg" (Fr. Schlegel, *Lyceums-Fragment* 108). Aber man setzt sich durch sie auch über den Eigenwert des Kunstwerkes hinweg. Geschieht dies anfangs unter

Einwirkung der Philosophie (bes. Fichtes), so weiterhin unter der — bisher unterschätzten — Einwirkung der Religion. Denn wenn Fr. Schlegel betont: „Poesie allein kann sich nur durch Ironie bis zur Höhe der Philosophie erheben", so macht z. B. Adam Müller mit merklich persönlichem Einsatz geltend: „Nennen Sie diesen nun den Geist der Liebe oder den Geist der Freiheit, nennen Sie ihn Herz oder Gott — mir schien . . . am geratensten, ihn mit dem bewegtesten, zartesten, geflügeltsten Geist der alten Welt . . ., mit Platon Ironie zu nennen" (1812). Die Annäherung an die Gottesvorstellung ist dabei unverkennbar. Die romantische Ironie als Funktionsform der poetischen Reflexion kann in größerem Zusammenhange als eine höchste Manifestation der Zweckfreiheit der Kunst, als letzte Stufe der Steigerung und Übersteigerung der Zweckbefreitheit der Poesie und des schlechthin Poetischen aufgefaßt werden. Der begrifflichen Ableitung nach zunächst philosophisch konzipiert, wird sie dem Lebensgefühl nach zum Ausdruck eines religiösen Bewußtseins, daß unter dem Gesichtspunkt der Ewigkeit auch das dichterische Kunstwerk, dem die P. der Klassik höchste Wichtigkeit beigemessen hatte, immer noch der irdischen Nichtigkeit zugekehrt bleibt. Der Wille zu Gott überwältigte dergestalt den Willen zum Werk. Hierher gehört auch Brentanos briefliches Geständnis: „Seit längerer Zeit habe ich ein gewisses Grauen vor aller Poesie, die sich selbst spiegelt und nicht Gott" (Jan. 1816). Man braucht nicht einmal bis zur Auffassung des Dichters als Priester (Hankamer: „Priesterkünstler") durch Zacharias Werner und dessen Konzeption einer „tragoedia sacra" zu gehen. Schon Fr. Schlegel ersetzt in den *Ideen* den Passus „eigne Weltanschauung" durch das Wertwort „Religion", indem er die Endfassung bevorzugt: „Wer Religion hat, wird Poesie reden"; denn „nur derjenige kann ein Künstler sein, welcher eine eigne Religion und eine originelle Ansicht des Unendlichen hat". Für Wackenroder verstand sich das religiöse Wertkriterium von selbst. Für ihn glimmt im Künstler der „himmlische Funke", der nun Gott aus dem Kunstwerke wieder „entgegenglimmt" (s. Birken, Quirinus Kuhlmann, Hamann, Lavater, Kaufmann u. a. Traditionsträger). Während N o v a l i s noch die Genievorstellung des Schöpferischen vertritt: „Dichten

heißt Zeugen. Alles Gedichtete muß ein lebendiges Individuum sein", betont A. W. Schlegel in Abweichung von der bei K. Ph. Moritz zu beobachtenden scharfen Trennung von Genialität und Geschmack, daß Genie nichts weiter sei als „produktiver Geschmack", als „Geschmack in seiner höchsten Wirksamkeit". Auch der Novalis des *Ofterdingen* forderte neben dem „Sinnberaubten" des „magischen" Dichtertums das Walten eines geschmackvollen Kunstsinnes: „Nichts ist dem Dichter unentbehrlicher als Einsicht . . .; Begeisterung ohne Verstand ist unnütz und gefährlich" (Annäherung an Hölderlin). Aber derselbe Novalis scheut nicht den latenten Anteil des Chaotischen: „Das Chaos muß in jeder Dichtung durch den regelmäßigen Flor der Ordnung schimmern." Ludwig T i e c k versucht es mit einer Identität von Begeisterung und „schaffender Klarheit", räumt jedoch zugleich dem genialen Dichter die Fähigkeit ein, das Wunderbare und Mystische suggestiv zu machen. Für A. W. Schlegel ist die „Symbolik der Wortsprache . . . das Medium der Poesie"; und er hofft, von hier aus in das Wesenszentrum der Poesie vorzudringen und „über das Geheimnis der Dichtung überraschende Aufschlüsse zu gewinnen". So unterbaut er auch die in der romantischen P. ganz geläufige Vorstellung einer „Poesie der Poesie" von der sprachtheoretischen Seite her, indem schon die Sprache an sich „selbst ein immer werdendes, sich wandelndes, nie vollendetes Gedicht des gesamten Menschengeschlechts" darstelle. Der Dichter ist kein Nachbildner der Natur, sondern ein „Spiegel des Universums". Auch von dieser Seite will die progressive Universalpoesie verstanden sein. Die Mimesislehre wird nicht nur verworfen, sondern sie erfährt eine Umkehrung.

Indem S c h e l l i n g die intellektuelle Anschauung zur „produktiven Anschauung" erhebt, gewinnt er eine hohe „Meinung von dem bewußtlosen Anteil an der Poesie"; und jene produktive, intellektuelle Anschauung ist für ihn eben das, „was wir Dichtungsvermögen nennen". Dichtung erhält so ihre transzendental-idealistische Weihe, die sich nicht mit dem Naturnachahmungsprinzip vereinbaren läßt. Vielmehr, so betont Schelling, für den die Natur nur ein von der Anschauung Objektiviertes bedeutet: weit entfernt davon, daß die nur zufällig schöne Natur der Kunst ihr Gesetz aufzwinge, bietet umgekehrt das, „was die Kunst in ihrer Vollkommenheit hervorbringt, Prinzip und Norm für die Beurteilung der Naturschönheit". Das dürfte der schärfste Gegenstoß sein, den die Lehre von der Nachahmung der Natur als Wesen und Aufgabe der Poesie in ihrer jahrhundertelangen Entwicklung überhaupt erfahren hat. Und A. W. Schlegel vollzieht ebenfalls diese radikale Schwenkung. Er selber betont, daß man den alten Lehrsatz „geradezu umkehren" müsse und zwar zu der These: „der Mensch ist in der Kunst Norm der Natur". Der Anklang an Schelling ist unverkennbar. Innerhalb der Gehaltsästhetik sind Einwirkungen Schellings in dem *System der Kunstlehre* (1805) von Friedrich Ast zu verzeichnen. Fr. Ast (Förderer des frühen Eichendorff) sieht in der Poesie „eine rein geistige, aber bewußte Absolutheit", in welcher sich Realität und Idealität zu einer „idealen Einheit" durchzuringen haben. „Die Poesie stellt demnach die Absolutheit in ihrer höchsten Vollendung auf der geistigen Stufe des geistigen Bildens dar...‚ darum ist die Poesie der Gipfel der Kunst." Sie gilt zugleich als eine Art Synthese von bildender Kunst und Musik.

Etwa gleichzeitig legte Christian Aug. Heinr. C l o d i u s (1772-1836) den sehr umfangreichen *Entwurf einer systematischen Poetik* (Bd. 1, 1804) vor, wobei er die Aufgabe und Begrenzung der P. kritisch zu bestimmen versucht, aber streckenweise in die reine Ästhetik gerät. Das „poetisch Schöne" gilt als der Widerschein des Idealen im Realen, und die Poesie bringt ein Reales nur hervor, „um die innere, formelle, idealisierende Geistesnatur darinnen anzuschauen". Demnach stellt die Poesie (wie bei Fr. Ast) „ausgemacht die höchste und reinste Kunst" dar. Der Philosophieprofessor Clodius, der einen *Grundriß der allgemeinen Religionslehre* (1808) verfaßt hat, bevorzugt Klopstock als Meister- und Musterdichter. Seine P. ist keine spezifisch romantische, ruht aber merklich auf christlichem Traggrund. Clodius beherrscht die ältere P., die er weitgehender und gründlicher in sein System einer P. hineinverarbeitet, als es damals sonst zu geschehen pflegte. Einflußreicher als Clodius'P.-System erweist sich mit seiner *Ästhetik* (1806), die im 2. Teil eine eigene P. enthält, der Literarhistoriker (*Geschichte der neueren Poesie*, 1801 f.) und Ästhetiker Friedr. B o u t e r -

w e k, auf den sich später noch Platen und Grillparzer, aber auch L. Wienbarg dankbar zurückbeziehen. Bouterwek wendet sich mit aller Schärfe gegen die frühromantische, „allerneueste Modemetaphysik" und den „toll gewordenen ästhetischen Idealismus" und „absoluten Mystizismus". Er will sich an den Weg Herder-Jean Paul halten, wobei merklich Herder die Hauptrichtung bestimmen hilft. Teilweise sucht er mit der Klassik ein heilsames Gegengewicht zu schaffen. Er will die blaue Blume der Romantik nicht ersticken, aber „diese Blume erziehen". In der Tat setzt sich der Einfluß der romant. P. doch stärker durch, als Bouterwek wahrhaben möchte. So dürfte die hohe Bewertung der Poesie innerhalb der Frühromantik beteiligt gewesen sein an seiner Erhebung der Dichtkunst zur Urkunst. Bouterwek bevorzugt den Terminus „Dichtkunst", da „Poesie" durch die Romantiker für alle ästhetisch eingestellte Geistestätigkeit gebraucht und mißbraucht werde („Poesie der Poesie" usw.). Aus der Dichtkunst spricht Seele und „Weltseele". Soweit Vernunft hinzutritt, hat sie „unmittelbar darstellend, nicht räsonnierend" zu wirken (Abwehr der romant. „Reflexion"). Romantisches aber klingt an, wenn die dichterische Schönheit als „intellektuelle Universalität" umschrieben wird. Ebenso arbeitet er mit der Unterscheidung von Naturpoesie und Idealpoesie (Kunstpoesie). Besondere Aufmerksamkeit widmet er der dichterischen Sprachformung.

Kritische Abwehrstellung gegen die „Metaphysik" des absoluten Idealismus und die spekulative Transzendentalphilosophie bezieht unter den Dichtern vor allem J e a n P a u l mit seiner *Vorschule der Ästhetik* (1804), der weit später eine *Kleine Nachschule* (1825) folgt, die mehr satirische Zeitkritik als Poetik treibt. Es handelt sich recht eigentlich (wie die zeitgenöss. Kritik sogleich erkannte) um eine Vorschule der Poetik, die vor allem den „komischen" Wirkungsformen Geltung und Ansehen gewinnen möchte. Den Humor bestimmt er dabei als das „umgekehrt Erhabene". Wie seine hohe Stoffbewertung von der P. der Klassik abrückt, so entfernt ihn seine Auffassung des Genial-Schöpferischen vom Geistig-Reflektierenden der romant. P. (Frühromantik). Schon in den *Ästhetischen Untersuchungen* (1794 f.) hatte das Ziel vorgeschwebt: „Die beste Poetik wäre, alle Dichter zu charakterisieren." So will er auch in der *Vorschule* empirisch-induktiv und als Dichter verfahren (trotz des feierlichen Paragraphen-Gewandes!) und gerät nicht selten von der Lit.theorie in die Lit.-kritik (z. B. an Joh. Th. Hermes' Romanschaffen). In seiner Art verfaßt er auch eine „poetische Poetik" (nur etwas anders, als es das *Athenäum-Fragment* 28 meinte). Ein romant. Virtuosentum erfährt Mißbilligung. Trotz Herausstellung einer geistig regulierenden „Besonnenheit" ist Jean Paul überzeugt „Das Mächtigste im Dichter ist gerade das Unbewußte". Von dem Prinzip der Naturnachahmung rückt er ab, so etwa mit dem kunsttechnischen Hinweis: „weder der Stoff der Natur, noch weniger deren Form ist dem Dichter roh brauchbar". Er unternimmt eine Art Typenbildung: „poetischer Materialist/ poetischer Nihilist", die beide als verfehlte Extreme der Kritik verfallen. Dichtung ist kein bloßes „Kopierbuch des Naturbuchs". Aber der Lebensbezug muß ständig hindurchscheinen; denn „dem reinen durchsichtigen Glase des Dichters ist die Unterlage des dunklen Lebens notwendig".

Trotz mancher Teilberührung auf Grund derselben Anregung (Schiller) hebt sich dieses Paar doch deutlich ab von dem „produktiven" und „eduktiven" Typus, den Josef G ö r r e s in seinen *Aphorismen über die Kunst* (1802) zu entwickeln suchte, wobei er den „produktiven" Typus das Naturbild zum Phantasiebilde verklären läßt, der „eduktive" Typus dagegen sitzt „mit wachem, offnem Sinn ... zu Füßen seiner Mutter, der Natur". Über beiden „schwebt" als etwas billige Synthese der „ideale" Typus. Die Poesie umschreibt Görres damals so: „Ein Segment aus seiner inneren Sphäre oder aus der Sphäre außer ihm stellt der Dichter dar im Wort." Die im Hintergrunde erkennbare Unterscheidung von Naturdichter und Kunstdichter geht dann schon im Raume der Jüngeren Romantik über in die Gruppe Volksdichtung/Kunstdichtung. Erwähnt sei beim Herausgeber der *Deutschen Volksbücher* (1807) die Umschreibung des Volksbuches als Verkörperung, oder wie es Görres ausdrückt, als „Körper des Volksgeistes". Bei Jakob Grimm, der ein Sich-Selber-Dichten der Volksepen annimmt, bildet sich die Vorstellung eines dichtenden Volksgeistes oder richtiger vielleicht eines dichtenden Volksgemüts heraus. In diesem

Sinne ist die Umschreibung als Vorbereitung zu verstehen: „Die Poesie ist das, was rein aus dem Gemüt ins Wort kommt." Mit dem Begriff des „Lebendigen" versucht J. Grimm eine Brücke zu schlagen vom „Poetischen" zur Volkspoesie, die aus den Sagen fließt. Auch Sage sei in ihrer Art Poesie, weil „Poesie nichts anders ist und sagen kann als lebendige Erfassung des Lebens". Frühzeitig machte sich J. Grimm „Gedanken, wie sich die Sagen zur Poesie und Geschichte verhalten" (1808), und bezweifelte, daß in einer Epoche der Kunstdichtung überhaupt noch „Naturdichtung" und Volksdichtung, die für ihn kollektiv entstand, möglich seien.

Allgemeines: Christoph David P f l a u m, *Die Poetik d. dt. Romantiker* (1909). Johannes B o b e t h, *Die Zeitschriften der Romantik* (1911). Adolf B ö g e r, *Die Anschauungen d. dt. Frühromantik über d. Wesen d. poetischen Gattungen*. (Masch.) Diss. Greifswald 1923. Käte F r i e d e m a n n, *Die romant. Kunstanschauung*. ZfÄsth. 18 (1925) S. 487-525. Julius P e t e r s e n, *Die Wesensbestimmung d. dt. Romantik* (1926) S. 186 ff. Eva F i e s e l, *Die Sprachphilosophie d. dt. Romantik* (1927). Jos. K ö r n e r, *Die Botschaft d. dt. Romantik* (1929). Oskar W a l z e l, *Romantisches* (1934; Mnemosyne 18), kunsttheoret. beachtenswert. Rob. U l s h ö f e r, *Die Theorie d. Dramas in d. dt. Romantik* (1935; NDtFschgn. 29). Herm. Aug. K o r f f, *Geist d. Goethezeit*. Bd. 3 (1940), Bd. 4 (1953). Paul K l u c k h o h n, *Das Ideengut d. dt. Romantik* (1941; 4. Aufl. 1961; Handbücherei d. Dtkde 6). Erich R u p r e c h t, *Der Aufbruch d. romant. Bewegung* (1948). Friedluise H e i n r i c h s, *Die Aufgabe d. Dichters nach d. Auffassung d. Frühromantik*. (Masch.) Diss. Bonn 1948. — Herbert L e v i n, *Die Heidelberger Romantik* (1922). Carlo E n g e l, *Studien z. Dichterbegriff u. z. poet. Anschauung d. Heidelberger Romantik*. Diss. Frankfurt 1934. Bengt Algot S ø r e n s e n, *Symbol u. Symbolismus in d. ästh. Theorien d. 18. Jh.s u. d. dt. Romantik* (Kopenhagen 1963; zugl. Diss. Aarhus 1962). — Siehe auch den Artikel *Ironie*.

Friedrich Schlegel: *Krit. Friedrich-Schlegel-Ausgabe.* Hg. v. Ernst B e h l e r (1958 ff.). *Neue philosophische Schriften.* Hg. v. Josef K ö r n e r (1935), bes. S. 331-387 (*Aufzeichnungen z. Ästhetik u. Poetik*). *Kritische Schriften.* Hg. v. Wolfdietrich R a s c h (1956). — Bernhard P i e r t, *Friedr. Sch.s ästhet. Anschauungen*. Progr. Neunkirchen 1910. Bernhard B o l l e, *Friedr. Sch.s Stellung zu Lessing*. Diss. Münster 1912. Hans v. Z a s t r o w, *Die Unverständlichkeit der Aphorismen Fr. Sch.s im 'Athenäum' und 'Lyceum'*. Diss. München 1918. Julius G o e t z, *Friedr. Sch.s Theorie von d. romant. Objektivität*. (Hsl.) Diss. München 1923. Margaret G r o b e n, *Zum Thema: Fr. Sch.s Entwicklung als Literarhistoriker u. Kritiker.*

Diss. Köln 1934. Alfred S c h l a g d e n h a u f - f e n, *Fr. Sch. et son groupe. La doctrine de l'Athénaeum* (Paris 1934; Publ. de la Fac. des lettres de l'Univ. de Strasbourg 64). Kurt-Heinz N i e d r i g, *Die Lustspieltheorie Fr. Sch.s — ihre Stellung u. Wirkung in d. Romantik.* (Masch.) Diss. Heidelberg 1951. Wolfgang M e i n h a r d, *Die Romantheorie d. älteren Romantik unter bes. Berücks. Fr. Sch.s* (Masch.) Diss. Göttingen 1955. René W e l l e k, *A History of modern criticism.* Vol. 2 (1955) S. 5-35. H. E i c h n e r, *Fr. Sch.'s Theory of romantic Poetry.* PMLA. 71 (1956) S. 1018-1041. Ernst B e h l e r, *Fr. Sch.s Theorie d. Universalpoesie.* Jb. d. Dt. Schiller-Ges. 1 (1957) S. 211-252. Rich. B r i n k m a n n, *Romant. Dichtungstheorie in Friedr. Sch.s Frühschriften u. Schillers Begriffe d. Naiven u. Sentimentalischen.* DVLG. 32 (1958) S. 344-371. Eugen K l i n, *Ursprung u. Entwicklungsgang d. frühromant. Literaturtheorie Friedr. Sch.s.* Germanica Wratislav. 3 (1959) S. 137-155. Ders., *Friedr. Sch.s frühromant. Theorie d. modernen Lit.* Ebda 4 (1960) S. 77-113. Karl Konrad P o l h e i m, *Studien zu Fr. Sch.s poet. Begriffen.* DVLG. 35 (1962) S. 363-398. Klaus B r i e g l e b, *Ästhetische Sittlichkeit. Versuch über Friedr. Sch.s Systementwurf zur Begründung d. Dichtungskritik* (1962; Hermaea NF. 12). Zur romant. Ironie s. Reallex. Bd. 1 (2. Aufl. 1958) S. 760. Andere Dichter u. Theoretiker: Aug. Wilh. S c h l e g e l, *Krit. Schriften u. Briefe.* Hg. v. Edgar L o h n e r. Bd. 1: *Sprache u. Poetik* (1962; Spr. u. Lit. 2). Bd. 2: *Die Kunstlehre* (1963; Spr. u. Lit. 5). Ders., *Krit. Schriften.* Ausgew., eingel. u. erl. v. Emil S t a i g e r (1962). Otto B r a n d t, *Aug. Wilh. Schlegel. Der Romantiker u. d. Politik* (1919). Pauline de P a n g e, *Auguste-Guillaume Schlegel et Madame de Staël. D'après des documents inéd.* (Paris 1938; dt. Übers. 1940). Elisabeth G r a h l - S c h u l z e, *Die Anschauungen d. Frau v. Staël über d. Wesen u. d. Aufgaben d. Dichtung* (1913). Max A d a m, *Schellings Kunstphilosophie* (1907); Abhdlgn. z. Philosophie u. ihrer Geschichte 2). Jean G i b e l i n, *L'Esthétique de Schelling et Mme de Staël* (Paris 1924). Gerhard S c h u l t z e, *Die Poesie im Urteil d. dt. Gehaltsästhetik von Schelling bis Vischer.* Diss. Leipzig 1917. — Karl Wilh. Friedr. S o l g e r: *Vorlesungen über Ästhetik.* Hg. v. Karl Wilh. Ludw. Heyse (1829). — Novalis: *Briefe u. Werke.* Hg. v. E. W a s m u t h. Bd. 3 (1943) S. 604-632 (Poetik). Waldemar O l s h a u s e n, *Fr. v. Hardenbergs Beziehung z. Naturwiss. seiner Zeit.* Diss. Leipzig 1905. Oskar W a l z e l, *Zur Novalisliteratur.* Euph. 15 (1908) S. 792-819. Ed. H a v e n s t e i n, *Fr. v. Hardenbergs ästhet. Anschauungen* (1909; Pal. 84). Luitgart A l b r e c h t, *Der magische Idealismus in Novalis' Märchentheorie u. Märchendichtung* (1948; Dchtg., Wort u. Sprache 13). Theodor H a e r i n g, *Novalis als Philosoph* (1954). Bruca H a y w o o d, *Novalis. The veil of imagery* ('s-Gravenh. 1959; Harvard Germ. St. 1). — P. F. R e i f f, *Plotin u. d. dt. Romantik.* Euph. 19 (1912) S. 591 ff. Rud. U n g e r,

Hamann u. d. Romantik, in: Festschr. Aug. Sauer z. 70. Geb. (1925) S. 202 ff. Elsbeth B o n n e m a n n, *Lessingkritik u. Lessingbild d. Romantik.* Diss. Köln 1933. David B a u m - g a r d t, *Franz v. Baader u. d. philos. Romantik* (1927; DVLG., Buchr. 10). — Kleist: Gerh. F r i c k e, *Gefühl u. Schicksal bei Heinr. v. Kleist* (1929; Neue Fschg. 3), Clemens L u g o w s k i, *Wirklichkeit und Dichtung. Untersuchgn. z. Wirklichkeitsauffassung H. v. Kleists* (1936). Otto R e u t e r, *H. v. Kleists Art zu arbeiten.* (Masch.) Diss. Greifswald 1922. Tino K a i s e r, *Vergleich d. verschiedenen Fassungen v. Kleists Dramen* (1944; SprDchtg. 70). Hans Matthias W o l f f, *H. v. Kleist. Die Geschichte seines Schaffens* (Bern 1954), Rekonstruktion von Urfassungen. — J e a n P a u l: *Vorschule der Ästhetik.* Hg. v. Ed. B e r e n d, in: *Sämtl. Werke.* Histor.-Krit. Ausg. I, II (1935). *Vorschule der Ästhetik. Kleine Nachschule zur ästhet. Vorschule.* Hg. u. komm. v. Norbert M i l l e r. Studienausgabe (1963). Ed. B e r e n d, *Jean Pauls Ästhetik* (1909; Fschgn. NLitg. 35). Max K o m m e r e l l, *Jean Paul* (1933; 3. Aufl. 1957). Kurt B e r g e r, *Jean Paul, der schöpferische Humor* (1939). Eva W i n k e l, *Die epische Charaktergestaltung bei Jean Paul* (1940; Dchtg., Wort u. Spr. 7). Therese H a u k, *Jean Pauls 'Vorschule d. Ästhetik' im Verhältnis zu Hamanns Kunstlehre.* (Masch.) Diss. Wien 1947. Ernst B e h - l e r, *Eine unbekannte Studie Friedr. Schlegels über Jean Pauls 'Vorschule d. Ästhetik'.* NRs. 68 (1957) S. 647-672. Paul B ö c k m a n n, *Die humorist. Darstellungsweise Jean Pauls.* Festgabe f. Ed. Berend (1959) S. 38-53. Käte H a m b u r g e r, *Don Quijote u. d. Struktur d. epischen Humors.* Ebd., S. 191-209. — Hans-Egon H a s s, *Eichendorff als Literarhistoriker.* JbÄsth. 2 (1954) S. 103-177, dort über Eichendorffs Dichtungsbegriff, S. 120-134.

§ 8. Heinrich H e i n e, mehr Kunstkritiker als Kunsttheoretiker, sprach von einer einseitigen „Kunstidee" der Goethezeit als einer ausgesprochenen „Kunstperiode" und schließlich einer „Endschaft" dieser „Kunstperiode" überhaupt. Das Rätsel, was denn nun Kunst eigentlich sei, überließ er lächelnd der „Sphinx". Sah er zu den politischen Zeitnöten hinüber, so schien ihm der skeptische Seufzer berechtigt: „Die Poesie ist am Ende doch nur eine schöne Nebensache" (brieflich). Irgendwie klingt das wie ein dumpfes Vorspiel zu der späten Resignation Thomas Manns, der vor einer Überforderung der Poesie warnte, nicht ohne Bitterkeit ihre Machtlosigkeit zugestand und sie nur in den Funktionswert eines „Trostes" einsetzte. An sich war Heine schon dem frühen Einfluß A. W. Schlegels entwachsen, als er die Mimesislehre ablehnte und als eine „irrige Ansicht" bezeichnete. Es handelt sich denn auch nicht um eine radikale prinzipielle Schwenkung, sondern mehr um eine kunsttechnische Erwägung, wenn er erklärt: „In der Kunst bin ich Supernaturalist. Ich glaube, daß der Künstler nicht alle seine Typen in der Natur auffinden kann, sondern daß ihm die bedeutendsten Typen als eingeborene Ideen gleichsam in der Seele geoffenbart werden." Der letzte Passus klingt gar ein wenig nach — Friedrich Schiller, während im ganzen weniger das qualitative Nachbilden als das quantitative der „Natur" in Frage steht. Angedeutet werden soll offensichtlich die ergänzende und vertiefende Funktion der dichterischen Phantasie. Terminologisch klingt Philosophisches leicht an. Zugleich wird die Distanz zur Tendenzdichtung theoretisch betont. Denn Ludolf W i e n b a r g fordert abweichend: „Charaktere mit scharf begrenzter Individualität", die tätig ins Leben wirken, „ihren Geist auf bestimmte Zwecke richten, deren Verwirklichung fordern und anstreben". Der Dichter hat nicht eine Gestaltenwelt aus sich herauszuheben, sondern die umgebende wirkliche Welt umgestaltend zu beeinflussen: „Und nur in dieser Eintracht des Willens (Absichtsdichtung) mit der Tat (aktivistische Dichtung) sehen wir poetische Lebendigkeit und poetische Wirkung". Nicht nur der Zweck, sondern auch das Wesen der Poesie wird also vom Politischen gesehen und bestimmt (s. *Junges Deutschland*). Die Ästhetik, so meint Wienbarg, sei für Deutschland zu früh gekommen, die Politik hätte vorausgehen sollen. Immerhin bezieht er ergänzend die Gefühlswelt mit ein gemäß seiner gefühlsmäßig getönten Pathetik: „Die Poesie ist die Dolmetscherin aller Gefühle und Bestrebungen." Das Binde- und Schmelzmittel, das die widerstrebenden Elemente bewältigen soll, ist letzten Endes die Begeisterung, aber vorzüglich eine politische Begeisterung (vgl. B. Brecht). Das Poetische wird merklich dem Publizistischen anverwandelt. Kennzeichnend dafür ist das Auftauchen von Bezeichnungen wie „Schriftstellerei" oder „ästhetische Prosaisten". Das Verskriterium als Merkmal echter Poesie scheint endgültig überwunden zu sein: „Die Prosa ist eine Waffe jetzt und man muß sie schärfen." Die (politische) Poesie gibt das Gesetz, nicht die P., die dem Werk nur gesetzempfangend nachfolgt. Die politische

Theorie darf führen, nicht die poetische Theorie. Es geht Wienbarg mehr um die „Einleitung zur künftigen Ästhetik" mit Hilfe einer „beginnenden Weltanschauung" (Hauptabsicht der *Ästhetischen Feldzüge*, 1834). H. L a u b e, der das Theater zum „Telegraphen der Zeit" deklariert hatte, flüchtet sich bald in die recht extreme Gegenposition: „Die Poesie ist sich Selbstzweck, sie will erfreuen und erheben." Gewiß ist das nicht der ganze Laube; aber auch Heine bekennt sich theoretisch zum Autonomiegedanken (Abweichung: Theorie/Praxis). Georg B ü c h n e r erneuert hinsichtlich der Natur- und Wirklichkeitsnähe manche Sturm- und Drangansichten (nahegelegt durch die *Lenz*-Novelle). Die Suggestivkraft des Lebensvollen, Lebendigen (der junge Goethe) bewährt sich aufs neue, wenn G. Büchner als das „einzige Kriterium in Kunstsachen" gelten lassen will, daß, „was geschaffen sei, Leben habe". Verklärungstendenz wird abgewehrt. Die werkimmanente Poetik wirkt weit wertvoller als die formulierte (von H. Mayer zunächst überschätzt, mit späterer Berichtigung). Georg H e r w e g h spricht den Dichtern, die nicht nur für eine Klasse von „bevorzugten Geistern" schaffen, den Philosophen gegenüber den Vorteil zu, unmittelbar auf das Volk einwirken zu können (in *Literatur und Volk*). Seine Programmthese vom Poeten als einem „Richter im höchsten umfassendsten Sinne des Wortes" könnte fast schon einen kritischen Realismus antizipieren. In gewissem Sinne spielt er, ähnlich und doch anders als Schopenhauer, den Poeten gegen den Historiker aus. Denn für ihn ist die Poesie keine bloße Vermittlerin der Historie, sondern sie repräsentiert selber die „innere Geschichte der Menschheit"; zum mindesten ist sie „als Supplement der Weltgeschichte" anzuerkennen. Freilich stellt sich Herwegh die bewegenden Kräfte wesentlich anders vor als Hegel, der erklärt, daß uns das Kunstwerk „die in der Geschichte waltenden ewigen Mächte ohne dies Beiwesen (= ‚gewöhnliche Wirklichkeit') der unmittelbaren sinnlichen Gegenwart und ihres haltlosen Scheins entgegenbringt".

Von Hegel aus liegt der Blick auf Friedrich H e b b e l nahe, der das Wesen und die Aufgabe der Poesie frühzeitig (1836) darin sieht, daß sie „an der singularen Erscheinung das Unendliche veranschaulichen" solle. Seine komplizierte, zum Metaphysischen tendierende Kunstphilosophie kann nicht beiläufig erörtert werden. Den alten Gedanken der Naturnacheiferung (statt Naturnachahmung) greift Otto L u d w i g wieder auf, jedoch in besonders klarer Formulierung: „Dem Dichter liegt es ob, nicht was die Natur, sondern wie die Natur schafft, ihr nachzuschaffen." Das Dichterische wird sehr stark auf das Typische zurückgeführt: „Dadurch hauptsächlich entsteht Poesie, daß im Typus stets der einzelne Fall und im einzelnen Fall der Typus zugleich erscheint, zu dem er gehört." (Im gewissen Grade ist O. Ludwig Traditionsträger für die Typus-Diskussion in der marxistischen P.). Unter dem Eindruck neumaterialistischer Lehren gesteht G. K e l l e r, die romantische Vorstellung von dem Poetischen aufgegeben zu haben zugunsten der sich bescheidenden Einsicht, daß „Schlichtheit und Ehrlichkeit mitten in Glanz und Gestalten herrschen müssen, um etwas Poetisches oder, was gleichbedeutend ist, etwas Lebendiges und Vernünftiges hervorzubringen", eine liebende Hingabe an das Leben und eine verehrende Achtung vor dem Daseinsrecht des Dinghaft-Daseienden haben dem echten Dichter eigen zu sein.

Von einem wesentlich anderen Lebensgefühl gelangt A. S t i f t e r ebenfalls zum Leitwort des äußerlich Schlichten und innerlich Ehrlichen und Wahrhaftigen, nämlich vom christlich-humanistischen Wertungswinkel aus, wobei sich die Einfalt christlicher Demut in der ästhetischen Schicht mit der edlen Einfalt der Klassik verbindet. Der stillen Größe entspricht die verinnerlichte Größe des Stillen und äußerlich Kleinen (Rezension der *Mohnkörner*, 1846; Vorrede, 1852, zu den *Bunten Steinen*). Der parallel gerichtete Brief an Heckenast (Juli 1847) betont: „Jede Größe ist einfach und sanft..." Und dieses „sanfte Gesetz" durchwaltet auch seine Poetik. Es geht letztlich zurück auf die ihm aus christlicher Erziehung früh zugeflossene Lehre vom „Schönen" als dem „Göttlichen im Gewande (oder ‚Kleide') des Reizes". Dieses Moment des Reizes kehrt wieder in der Wesensbestimmung und Aufgabenstellung: „Das Sittengesetz, durch den Reiz der Kunst zur Anschauung gebracht, ist der Kern der Kunst." Der Zweck der Dichtkunst liegt darin, daß sie „sittlich Schönes fördern hilft". Dabei wird der Schiller-Einfluß durch den Jean-Paul-Einfluß (*Vorschule der Ästhetik*) modifiziert. Das Sittliche ist ein spezifisch Göttliches; wie denn die „Darstellung der objektiven Menschheit" im Dichtungswerk stets „als Widerschein des göttlichen Waltens" erfolgen und auch eindrucksmäßig wirksam werden muß. Eine Verengung auf das Konfessionelle jedoch lehnt er (Eichendorff gegenüber) als Einseitigkeit, die nicht die Ganzheit der Kunst umgreife, ab: „Ich glaube, die Kunst soll das Leben der gesamten Menschheit fassen." Es ist die Sendung des Dichters, „ein Körnlein Gutes zu dem Baue des Ewigen beizutragen". Voraussetzung ist das persönliche Würdigsein des Poeten (*Über Stand und Würde des Schriftstellers* 1848). Der ethisch-christliche Primat bestimmt weiterhin die Grundrichtung des Aufsatzes *Die Poesie u. ihre Wirkungen*. Als Einzelkriterium und Terminus sei der Begriff des „Zusagenden" in Stifters P. hervorgehoben, der etwa das dem Menschen Zukommende umschreibt, das ihm zugleich das Bekömmliche bedeutet. Insgesamt geht Stifters Theorie weitgehend mit seiner Praxis konform. Angesichts der volkstümlichen Bemühungen B. Auerbachs ist dessen Zugeständnis oder Warnung bemerkenswert: „Es gibt keine besondere Ästhetik des Volkstümlichen. Die Zustände und Motive sind hier nur noch einfacher, ursprünglicher" (in *Schrift u. Volk* 1846). Wenn man bedenkt, daß viele Dichter bis in die Gegenwart hinein für jedes einzelne Gedicht auch eine „eigene Ästhetik" oder „eigene Poetik" in Anspruch nehmen (Deckung vor Kritik?), so wirkt dieser Verzicht eines ganzen Sonderbereiches der Dichtkunst auf eine Spezialästhetik wohltuend.

Allgemeines: Friedr. B r i e, *Ästhet. Weltanschauung in d. Lit. d. 19. Jh.s* (1921). Hugo B i e b e r, *Der Kampf um die Tradition* (1928; Epochen d. dt. Lit. 5, 1). Heinrich R e i n h a r d t, *Die Dichtungstheorie d. sogen. Poetischen Realisten.* Diss. Tübingen 1939 (reiches Material). Martin G r e i n e r, *Zwischen Biedermeier u. Bourgeoisie* (1954). Franz K o c h, *Idee u. Wirklichkeit. Dt. Dichtung zwischen Romantik u. Naturalismus.* 2 Bde (1956). Richard B r i n k m a n n, *Wirklichkeit u. Illusion. Studien über Gehalt u. Grenzen d. Begriffs Realismus f. d. erzählende Dichtung. d. 19. Jh.s* (1957). Walter H ö l l e r e r, *Zwischen Klassik u. Moderne. Lachen u. Weinen in d. Dichtung einer Übergangszeit* (1958). Ernst A l k e r, *Die dt. Lit. im 19. Jh.* (1962; Kröners Taschenausgabe 339). Fritz M a r t i n i, *Dt. Literatur im bürgerlichen Realismus, 1848–1898* (1962; Epochen d. dt. Lit. 5, 2).

Schopenhauer: Eduard M a y e r, *Sch.s Ästhetik u. ihr Verhältnis zu d. ästhet. Lehren Kants u. Schellings* (1897; Abhdlgn. z. Philosophie 9). Erdmann M ü l l e r, *Sch.s Verhältnis z. Dichtkunst.* Diss. Erlangen 1904. André F a u c o n - n e t, *L'Esthétique de Sch.* (Paris 1913). Herbert C y s a r z, *Sch. u. d. Geisteswissenschaften* (Wien 1925). Hellmuth T ö p f e r, *Deutung u. Wertung der Kunst bei Sch. u. Nietzsche.* Diss. Leipzig 1933. Waltraud R o t h, *Neues zu Sch.s Musikästhetik.* Schopenhauer-Jb. 35 (1953/54) S. 60-66. Guido B o n i, *L'arte musicale nel pensiero di Sch.* (Rom 1954). Einschlägige Abschnitte bei Oskar W a l z e l, *Poesie u. Nichtpoesie* (1937), Bruno M a r k w a r d t, *Gesch. d. dt. Poetik,* Bd. 4 (1959) und René W e l l e k, *A History of modern criticism,* Bd. 2 (1955).

Grillparzer: Emil R e i c h, *G.s Kunstphilosophie* (Wien 1890). Fritz S t r i c h, *F. G.s Ästhetik* (1905; FschgnNLitg. 29). Horst G e i s s - l e r, *G. u. Schopenhauer.* Diss. München 1915. Friedr. J o d l, *G.s Ideen zur Ästhetik,* in: Jodl, *Vom Lebenswege,* hg. v. Wilh. Börner (1916). Walter B l a s e, *Kunstfragen bei G. u. d. Romantikern.* Festschr. z. 23. Versamml. dt. Bibliothekare (1927) S. 65-88. Joachim M ü l l e r, *G.s Menschenauffassung* (1934; Lit. u. Leben 4). Fritz S t ö r i, *G. und Kant* (1935; Wegez-Dchtg. 20). Erich W e i s s, *G. als Beurteiler dichterischer Werke.* Diss. Zürich 1938. Rob. M ü h l h e r, *G. u. der dt. Idealismus, e. Beitr. z. Säkularisationsproblem.* Wiss. u. Weltbild 1 (1948) S. 62-75. Erich H o c k, *G.s Besinnung auf Humanität* (1949). Frank D. H o r v a y, *G. as a critic of German literature.* Diss. Washington 1949. Gerhart R i n d a u e r, *Das Problem d. Tragischen in G.s Studien z. Dramaturgie.* (Masch.) Diss. Wien 1956. G. F r i c k e, *Wesen u. Wandel d. Tragischen bei G.,* in: Fricke, *Studien u. Interpretationen* (1956) S. 264-284.

Karl S t e i g e l m a n n, *Platens Ästhetik.* Diss. München 1925. Heinr. M e r s m a n n, *Platen u. George.* (Masch.) Diss. Kiel 1952. — Karl-Heinz W o r p e n b e r g, *Das Problem d. Tragik bei Immermann.* (Masch.) Diss. Münster 1951. Manfred W i n d f u h r, *Immermanns erzählerisches Werk* (1957; Beitr. z. dt. Philologie 14). — Ferd. Jos. S c h n e i d e r, *Chr. D. Grabbe* (1934), Abschnitt: *Grabbe als Kritiker.* Rudi B o c k, *Das Verhältnis von Dichtung u. Datentreue in d. histor. Dramen Grabbes.* Diss. Greifswald 1940. — M. C o l l e v i l l e, *La Conception de la poésie et du poète chez Mörike.* Les Langues modernes 43 (1949) S. 265-281. Benno v. W i e s e, *Mörike* (1950). Gerda N e u - m a n n, *Romantik u. Realismus bei Ed. Mörike.* (Masch.) Diss. Göttingen 1951. Liselotte D i e c k m a n n, *Mörike's presentation of the creative process* IEGPh. 53 (1954) S. 291-305. — Margarete G u m p, *Stifters Kunstanschauung* (1927). Erik L u n d i n g, *A. Stifter* (Aarhus 1946; Studien zu Kunst u. Existenz 1). Lothar W e b e r, *Die Bedeutung d. Künstlertums in Leben u. Werk A. Stifters.* (Masch.) Diss. Freiburg 1950. Emil S t a i g e r, *A. Stifter als Dichter d. Ehrfurcht* (Zürich 1952; Die kl. Bücher

d. Arche 135/36). Joachim M ü l l e r, *A. Stifter, Weltbild u. Dichtung* (1956), dort weitere Lit. — Herm. G l o c k n e r, *Fr. Th. Vischers Ästhetik in ihrem Verhältnis zu Hegels Phänomenologie d. Geistes* (1920; Beitr. z. Ästh. 15). Ewald V o l h a r d, *Zwischen Hegel u. Nietzsche. Der Ästhetiker Fr. Th. Vischer* (1932). Hannalene K i p p e r, *Die Literaturkritik Fr. Th. Vischers* (1941; GießBtrDtPhil. 78). Fritz Ernst S c h l a - w e, *Fr. Th. Vischer als Lit.kritiker.* (Masch.) Diss. Tübingen 1954. Willi O e l m ü l l e r, *Das Problem d. Ästhetischen bei Fr. Th. Vischer.* Schiller-Jb. 2 (1958) S. 237-265. Georg L u - k á c s, *Beiträge z. Gesch. d. Ästhetik* (1956) S. 190-285: *Einführung in die ästhetischen Schriften von Marx u. Engels* und: *Karl Marx u. Fr. Th. Vischer.* — Hugo S p i t z e r, *H. Hettners kunstphilosoph. Anfänge u. Literaturästhetik* (1913; Hettner, *Untersuchungen z. Theorie u. Gesch. d. Ästhetik* 1). Fritz B u r - w i c k, *Die Kunsttheorie d. Münchner Dichterkreises.* Diss. Greifswald 1932. Erika D a m e - r a u, *Paul Heyses Dichterbegriff.* Diss. Frankfurt 1932.

Junges Deutschland: Martha A l e x a n d e r, *Die Novellentheorien der Jungdeutschen.* (Masch.) Diss. München 1923. Werner S t o r c h, *Die ästhetischen Theorien d. jungdt. Sturm u. Dranges.* Diss. Bonn 1924. Hugo v. K l e i n - m a y r, *Welt- u. Kunstanschauung d. Jungen Deutschland* (1930). Günther B l i e m e l, *Die Auffassung des J. D. von Wesen u. Aufgabe d. Dichters u. d. Dichtung.* (Masch.) Diss. Berlin F. U. 1955. Walter D i e t z e, *J. D. u. dt. Klassik* (1957; 3. Aufl. 1962; Neue Beitr. z. Litwiss. 6). — Robert R o s e a u, *Ludw. Börne als Kunstkritiker.* Diss. Greifswald 1910. Paul S a n t k i n, *Ludw. Börnes Einfluß auf Heine.* Diss. Bonn 1913. — Erich L o e w e n t h a l, *Studien zu Heines 'Reisebildern'* (1922; Pal. 138), enthält Abschnitt *Theorie der Dichtung u. Lit.* Ferdinand G o w a, *Heines Ästhetik.* (Masch.) Diss. München 1923. W. L e i c h, *Heines Kunstphilosophie.* ZfÄsth. 17 (1924) S. 411-415. Alfred M a y r h o f e r, *Heines Literaturkritik.* Diss. München 1929. Frank Higley W o o d, *Heine as a critic of his own work* (1934; OttMemSer. 20). Esther C a f f é, *Heinrich Heine, critique littéraire.* Thèse Paris 1952. Horst K r ü g e r, *Die freie Kunst als ästhet. Prinzip bei Heine.* (Masch.) Diss. Würzburg 1952. Walter W a d e p u h l, *Heine-Studien* (1956; Beitr. z. dt. Klassik, Abhdlgn. 4). Hans P f e i f f e r, *Begriff u. Bild. Heines philos. u. ästhet. Ansichten* (1958; Wir diskutieren 6). — Viktor S c h w e i z e r, *Ludolf Wienbarg. Beiträge zu e. jungdt. Ästhetik* (1897). Adolf G r a f, *Freiheit u. Schönheit bei Ludolf Wienbarg.* (Masch.) Diss. Bonn 1952. — Harry I b e n, *Gutzkow als literar. Kritiker.* Diss. Greifswald 1928. Klemens F r e i b u r g - R ü - t e r, *Der literar. Kritiker K. Gutzkow* (1930; FuG. 15). Hermann G e r i g, *K. Gutzkow. Der Roman d. Nebeneinander.* Diss. Bern 1954. Eva S c h m i d t, *Möglichkeiten u. Verwirklichungen d. Gutzkowschen Romans d. Nebeneinander.* (Masch.) Diss. Erlangen 1954. —

Wolfgang F ö r s t e r, *H. Laubes dramat.
Theorie im Vergleich zu seiner dramat. Leistung.* Diss. Breslau 1932. — Hanna Q u a d -
f a s e l, *Mundts literar. Kritik u. d. Prinzipien
seiner Ästhetik.* Diss. Heidelberg 1933. —
Hans M a y e r, *Georg Büchners ästhetische
Anschauungen,* in: Mayer, *Studien z. dt. Literaturgeschichte* (1954; Neue Beitr. z. Litw. 2)
S. 143-170. Ludwig B ü t t n e r, *Georg Büchner, Revolutionär u. Pessimist* (1948), dort
weitere Lit. — Anton D i e t r i c h, *R. Prutz
als polit. Tendenzdichter.* (Masch.) Diss. Wien
1928. Karl-Heinz W i e s e, *Robert E. Prutz'
Ästhetik u. Literaturkritik* (1934). — Heinz
S t o l t e, *Drei Dichter von 1848: Hoffmann
v. Fallersleben, Herwegh, Freiligrath* (1948).
Hegel: *Vorlesungen über die Ästhetik.* Hg.
v. Heinr. Gustav H o t h o (1832); jetzt in: Jubiläumsausgabe Bd. 12-14 (3. Aufl. 1953 ff.).
Jonas C o h n, *Hegels Ästhetik.* Zs. f. Philosophie. Bd. 120 (1902) S. 160-86. Kurt L e e s e,
Die Geschichtsphilosophie Hegels (1922). Helmut K u h n, *Die Vollendung d. klass. dt.
Ästhetik durch Hegel* (1931; Kuhn, *Die Kulturfunktion d. Kunst* 1). Filippo P u g l i s i,
L'estetica di H. e i suoi presapposti teoretici
(Padova 1953; Il pensiero moderno 2, 1).
Georg L u k á c s, *Hegels Ästhetik,* in: Lukács,
Beiträge z. Gesch. d. Ästhetik (1954) S. 97-134.
Hebbel: Theod. P o p p e, *Friedr. H. u. sein
Drama* (1900; Pal. 8). Arno S c h e u n e r t, *Der
Pantragismus als System d. Weltanschauung
u. Ästhetik Friedr. H.s* (1903; Beitr. z. Ästhetik 8). Arthur K u t s c h e r, *Fr. H. als Kritiker
d. Dramas* (1907), S. 6 ff.: *H.s Verhältnis zur
Ästhetik seiner Zeit.* Louis B r u n, *Hebbel*
(Paris 1919), dt. Umgestaltung (1922) S. 155-
938: *H. als Lyriker.* Herm. G l o c k n e r, *H. u.
Hegel.* PreußJbb. Bd. 188 (1922) S. 63-86. Heinz
P i n k u s, *H.s u. Wagners Theorie vom dramat. Kunstwerk.* Diss. Marburg 1935. Benno v.
W i e s e, *Das Tragische in H.s Welt- u. Kunstanschauung.* DuV. 41 (1941) S. 1-22. Joachim
M ü l l e r, *Das Weltbild Fr. H.s* (1955). Karlheinz S c h u l z - S t r e e c k, *Das Komische u.
d. Komödie im Weltbild u. im Schaffen Fr. H.s.*
Diss. Marburg 1956. Klaus Z i e g l e r, *Wandlungen d. Tragischen,* in: *Hebbel in neuer
Sicht,* hg. v. Helmut Kreuzer (1963; Spr. u.
Lit. 9) S. 11-25.
Otto Ludwig: Ernst W a c h l e r, *Über O.
L.s ästhetische Grundsätze.* Diss. Berlin 1897.
Kurt A d a m s, *O. L.s Theorie d. Dramas.*
Diss. Greifswald 1912. Heinrich L o h r e, *O.
L.s Romanstudien u. s. Erzählungspraxis* (1913).
Gaston R a p h a ë l, *O. L., ses théories et ses
œuvres* (Paris 1920). Léon M i s, *Les Études
sur Shakespeare de O. L.* Thèse Lille 1925.
Harald S c h ö n e w e g, *O. L.s Kunstschaffen
u. Kunstdenken* (1941; Dt. Arbeiten an d.
Univ. Köln 16). Hans S t e i n e r, *Der Begriff
d. Idee im Schaffen O. L.s* (1942; WegezDchtg.
37). Leonhard A l f e s, *O. L.s 'Shakespeare-
Studien' u. ihre Beziehungen z. romant.-idealistischen Shakespeare-Kritik.* Diss. Bonn 1943.
W. S i l z, *O. L. and the process of poetic
creation.* PMLA. 60 (1945) S. 860-878. Robert H.

E s s e r, *O. L.s dramatic theories.* Diss. Ohio
1949. Hans Eugen L ö s i n g, *Der Aufbau d.
Novellen O. L.s u. ihr Verhältnis zu seinen Romanstudien.* (Masch.) Diss. Bonn 1953. Waltraut
L e u s c h n e r - M e s c h k e, *Das unvollendete
dramat. Lebenswerk eines Epikers* (1958; Veröff. d. Inst. f. Dt. Spr. u. Lit. 10). Dies., *Aus
O. L.s Kunstauffassung,* in: Worte u. Werte.
Bruno Markwardt z. 60. Geb. (1961) S. 200-213.
Martha G e l l e r, *Fr. Spielhagens Theorie
u. Praxis d. Romans* (1917; SchrGesBonn. N. F.
10). — Hans A s c h a f f e n b u r g, *Der Kritiker
Theodor Fontane.* Diss. Köln 1930. Rüdiger
Ruprecht K n u d s e n, *Der Theaterkritiker Th.
Fontane* (1942; SchrGesThg. 55). Ingeborg
S c h m e i s e r, *Th. Fontanes Auffassung von
Kunst u. Künstlertum unter bes. Berücks. d.
Dichtung.* (Masch.) Diss. Tübingen 1955. —
Walter B e i s s e n h i r t z, *Th. Storms Theorie
d. reinen Lyrik.* Diss. Marburg 1932. Homer
W. F u l l e r, *Th. Storm as a theorist of the
'Novelle'.* Summ. of Doctor-Diss. Wisconsin
13 (1952) S. 394 ff. Franz S t u c k e r t, *Th.
Storm, s. Leben u. s. Welt* (1955). — Regina
S c h m i t t - S o e d e r, *Die Anschauungen G.
Kellers vom Wesen u. d. Aufgabe d. Künstlers* (1927; GießBtrDtPhil. 8). Joh. K l i n k -
h a m m e r, *G. Kellers Kunstanschauung.* Diss.
Gießen 1928. Gerh. W e i s e, *Die Herausbildung d. ästhet. Prinzipien G. Kellers.* (Masch.)
Diss. Jena 1955. — Ernst S t i m m e l, *Der
Einfluß d. Schopenhauerschen Philosophie auf
Wilh. Raabe.* Diss. München 1918. Herm.
P o n g s, *Wilh. Raabe* (1958).

§ 9. Im N a t u r a l i s m u s als dem „konsequenten Realismus" wurde das alte Naturnachahmungsprinzip in modernisierter Gestalt wieder aufgegriffen und bis zur letzten
Folgerung zugespitzt, der Arno H o l z die
bekannte Fassung gab: „Die Kunst hat die
Tendenz, wieder die Natur zu sein. Sie wird
sie nach Maßgabe ihrer jedweiligen Reproduktionsbedingungen und deren Handhabung"
(in: *Die Kunst, ihr Wesen und ihre Gesetze,*
1891); verändert und etwas entschärft zu
„Die Kunst hat die Tendenz, die Natur zu
sein; sie wird sie nach Maßgabe ihrer Mittel
und deren Handhabung" (im *Nachtrag* zu:
Revolution der Lyrik 1899). Er beabsichtigte
damit, E. Zolas Definition noch zu überbieten: „Un œuvre d'art est un coin de la nature, vu à travers un tempérament", an der
ihn besonders das „tempérament" als individuell subjektiver Faktor störte. Versuche
der Holz-Forschung, so weit sie eine falsch
verstandene Holz-Rettung beabsichtigten
(W. Milch 1933, K. Turley 1936), laufen auf
eine wohlmeinende Umbiegung und Uminterpretation seiner klaren Formel hinaus,
die historisch nicht vertretbar erscheinen.

Jedoch sei in diesem Zusammenhang auf eine Zielgebung der Kunst hingewiesen, die sich mehr auf den Lessing des *Laokoon* zurückzieht und m. E. glücklicher wirkt als jene beiden Fassungen. Danach erklärt A. Holz als das „Ziel der Kunst . . . die möglichst intensive Erfassung desjenigen Komplexes, der ihr durch die ihr eigentümlichen Mittel überhaupt offensteht". Hier scheint es fast, als habe Holz dem Rat seines Freundes R. Dehmel doch noch Folge geleistet, der ihm (bereits im Sept. 1892) anriet, „das Schuldogma von der Naturnachahmung an den Nagel" zu hängen. Daß seiner im Kern hartnäckig verteidigten Definition durch den Definitionsteil „Handhabung" auch wieder ein unbestimmt subjektiver Faktor (vgl. „tempérament") anhaftete, entging seinem durch subtile Ableitungen etwas strapazierten Scharfsinn. A. Holz lehnte die Genievorstellung ab, weil sie eine Ausnahme vom Naturgesetz darstelle. Ganz anders hatte im Übergang zum Naturalismus noch Karl Bleibtreu über die Genialität gedacht. Ihm war das Dichten kein realistisches Abbilden, sondern ein „Erinnern, Festhalten von Phantasien, — denn die Einbildungskraft bildet das eigentliche Element jeder schöpferischen Tätigkeit". Und er macht noch im Rahmen seiner Genievorstellung dem Irrationalen gewisse Zugeständnisse, wonach Dichter „Gefäße der göttlichen Gnade, des heiligen Geists, der über den Dingen schwebenden Zentralkraft" bedeuten. Auch Wilhelm Bölsche, obwohl er „die naturwissenschaftlichen Grundlagen der Poesie" als *Prolegomena einer realistischen Ästhetik* (1887) festzulegen unternimmt, vertritt noch bewußt einen „besonnenen Realismus" bei der Suche nach den „Prämissen der realistischen Poesie und Ästhetik". Deutlich aber wird sowohl bei ihm wie vollends bei Arno Holz, daß man sich nicht mit einer bloßen Literaturprogrammatik zufriedengeben, sondern eine eigene Poetik und Ästhetik begründen wollte, um dem Naturalismus ein festes Fundament und würdiges Postament zu errichten.

Dieser Vorgang wiederholt sich später beim „sozialistischen Realismus", der eine eigene marxistische Literaturtheorie und Ästhetik anstrebt und an bloßer Programmatik kein Genüge findet. Trotz gewisser Anläufe bei Herwarth Walden findet sich ein solcher Ehrgeiz nicht im Expressionis-

mus und vollends nicht im Impressionismus. Etwas anders steht es mit der gesetzesfreudigen Neuklassik; aber auch dort beschränkt man sich auf Poesie, ja recht eigentlich nur auf Gattungs- und Genretheorie (Drama, Novelle: Paul Ernst, Wilh. v. Scholz). Wilhelm Bölsche rückt die Poesie nahe an die Naturwissenschaft heran, deren Methode sie zu übernehmen hat. Dichtung „im echten und edeln Sinne" soll „eine Anpassung an die neuen Resultate der Forschung" praktizieren und ein „in der Phantasie durchgeführtes Experiment" (Zola), eine „Art von Mathematik" repräsentieren. Aufgenommen wird die an sich schon von Julian Schmidt und Gustav Freytag erhobene Forderung: „Die Dichtung soll das Volk bei der Arbeit aufsuchen." Aber auch der Dichter selber kann Wertvolles nur ehrlich erarbeiten; denn „echte realistische Dichtung . . . ist eine harte Arbeit". Man nähert sich so — nur von einer anderen fachlichen Seite her — dem gelehrten, emsig studierenden Dichter der Frühaufklärung. Das bekannte Ergebnis, das sich schon merklich der Formel von A. Holz zukehrt, lautet: „Der realistische Dichter soll das Leben schildern, wie es ist." Bemerkenswert bleibt immerhin, daß W. Bölsche insofern noch die Linie des „besonnenen Realismus" innehält, als er die Vererbungslehre noch nicht für poetisch spruchreif erklärt. Auch gewisse andere Reservate hat er eingebaut. Daher wird erst A. Holz der theoretische Begründer des (damals so genannten) „konsequenten Realismus", während W. Bölsche der Dichtung noch die „alte Rolle als Erzieherin des Menschengeschlechts" mit einem neuaufklärerischen Erziehungsoptimismus zuweist. Doch gilt schon die „Tatsache (!) der Willensunfreiheit", weil sie ein exaktes Ableiten der Charaktere aus Milieu usw. ermöglicht, als „der höchste Gewinn" für den Dichter. Was also für Schopenhauer zum Pessimismus drängte, das wird von Bölsche auf Optimismus umgeschaltet.

§ 10. Fr. N i e t z s c h e allerdings brach vermeintlich den Pessimismus in eine „fröhliche Wissenschaft" um. Aber der ausgestaltende „apollinische" Trieb, der dem „dionysischen" die Waage hält, determiniert nicht, sondern er „differenziert". Der Dichter, in Nietzsches Wertung starken Schwankungen unterworfen, hat sich nicht durch den Determinis-

mus begabt und beglückt zu fühlen wie bei
W. Bölsche, sondern durch die Differenzierungsgabe, die im sprachlichen Bereich zugleich als seine entwicklungsgeschichtliche
Aufgabe einzuschätzen ist: „Der Dichter
geht voran, er erfindet die Sprache, differenziert." An und für sich freilich ist „das
Dichten selbst nur eine Reizung und Leitung
der Phantasie". Aber in dem Maße, wie das
Phänomen der Welt nur ästhetisch zu ertragen (und zu erhöhen) ist, gewinnt die Dichtung ihre Daseinsberechtigung im Überwinden des Daseinskampfes, zum wenigsten auf
ideeller Ebene durch Idealisierung: „Der
Dichter überwindet den Kampf ums Dasein
(Darwin), indem er ihn zu einem freien
Wettkampf idealisiert" (Ansatzstelle für das
„Heroische"). Nietzsche wird nicht willkürlich an dieser Stelle eingelagert. Es sei daran
erinnert, daß zeitparallel mit den *Kritischen
Waffengängen* der Julius und Heinrich Hart
(Frühnaturalismus) der *Zarathustra* (1872)
erschienen ist. Und ihm waren bereits die
grundlegenden Schriften Nietzsches vorausgegangen. Das besagt: bevor noch der konsequente Realismus seine Fronten gegenüber dem poetischen und ideellen (z. T.
schon „kritischen") Realismus geklärt und
theoretisch gefestigt hatte, wurden wesentliche Grundstrukturen für das Kunstwollen
der Neuromantik und Neuklassik (auf beide
wirkt Nietzsche) ausgebildet oder doch weitgehend vorbereitet. Dies zur Abwehr der
schiefen Vorstellung eines beruhigenden
Nacheinanders im Ablauf der Kunstrichtungen. Der Dichter hat nach Nietzsche wohl
den Daseinskampf zu idealisieren, nicht aber
die Welt so zu verändern, daß kein Kampf
ums Dasein mehr statthaben kann und stattzufinden braucht. Nietzsche will nicht dahin
mißverstanden werden, „als ob der Dichter
gleich einem phantastischen Nationalökonomen günstigere Volks- und Gesellschafts
Zustände und deren Ermöglichung im Bilde
vorwegnehmen sollte". Vielmehr hat der
Künstler der Zukunft auch unter ungünstigen Lebensverhältnissen die Stellen auszuspähen und „auszuwittern" und die Sonderfälle aufzusuchen und tröstlich aufzugreifen,
„wo die schöne große Seele noch möglich ist"
(Ansatzstelle für die Neuklassik).

Stärker von Nietzsche abhängig, als er
wahrhaben möchte, wendet sich Richard
D e h m e l entschieden ab von Naturbild und

Nachahmung überhaupt. Die Kunst nämlich
bescheide sich mit dem schönen Schein einer
Naturbeherrschung, die von Biologie und
Soziologie beansprucht werde. Im übrigen
sei der Naturbezug überhaupt nicht entscheidend für die Leistung der Kunst; denn
„sie schafft nicht Abbilder des natürlichen,
sondern Vorbilder des menschlichen Daseins
und Wesens". Dementsprechend will der
echte Künstler „überhaupt nicht nachahmen;
er will schaffen, immer wieder zum ersten
Mal". Damit nähert er sich der Idealforderung eines unermüdlichen Neubeginnens,
das zu preisen und anzuregen Gerhart
Hauptmann nicht müde wurde. Ungewollt
an Nietzsche jedoch (Phantasiereizung) klingt
Dehmels zusammenfassender Ertrag an, nicht
ohne zugleich zum Impressionismus hinüberzuweisen: „Das also ist das Grundwesen jeglicher Kunst: maßvolle Anordnung teils natureller, teils kultureller Einbildungsreize (!)
zur Befriedigung von Freiheitsgelüsten." Ein
Spezialsteckenpferd reitet er auf den „rhythmodynamischen Instinkt" zu, nicht ohne es
merklich zu überanstrengen. Theorie und
Praxis klaffen bei ihm zum Teil beträchtlich
auseinander (Vorbild-Theorie).

Seit Dehmel werden zahlreiche Bestimmungen vom Wesen, Zweck und Wollen der
Poesie in ihrer Position deutlich mitbestimmt
durch eine Opposition gegen die Kunstlehre
des konsequenten Realismus. Dasselbe gilt
von der Lit.-Programmatik ganzer Kunstrichtungen (Neuromantik, Neuklassik, George-
Kreis, Charon-Kreis, Expressionismus usw.).
Bei Otto zur Linde, der Zentralgestalt im
Charonkreis, wird neben dem Philosophischen das spezifisch Christlich-Religiöse ein
wesentliches Wertmerkmal des echten Dichters. Seine Forderung lautet: „Der Dichter
werde wieder fromm wie alle großen Menschen / Wie alle echten Menschen." Zum
Teil aber geraten die Charontiker in eine
neue Religionsstifterrolle hinein und damit
in eine Art von Gegenmythus zu Nietzsche.
Im Wirkungsraum A. Momberts wird ein
kosmisches Idealbild entwickelt, wobei die
Dichtung von mythenbildender Kraft zu der
hohen Geltung einer „Gipfel"-Kunst emporgepreßt wird (Ansatz für den Expressionismus). Auch der Zarathustra-Mythus bleibt
virulent. Das priesterliche Dichterbild im
Bereich der l'art pour l'art stellt ein säkularisiertes Abbild des Seher-Dichters und

Propheten-Dichters. Nicht alle grenzten den Dichter so behutsam wie Otto zur Linde vom Priester ab und seine „Schöpfung" von Gottes Schöpfung. Der Dichter ist für ihn nur bedingte Identität (Raum / Zeit; Ich / Du). Im Dichter lebt die „Vielheit", aber nicht das „All". Er repräsentiert einmal das Ich, einmal das Du; aber „nicht Ich und Du" zugleich — „denn das ist Gott". R. M. Rilke war da weniger bedenklich in der Vergottungstendenz, und das Zwielichtige seiner Einstellung spiegelt sich nicht zufällig gerade in zahlreichen neuen Rilke-Interpretationen. Hinsichtlich der Wirkung der Poesie bezieht schon er merklich die exklusive Position einer letzten Endes monologischen Kunst. Im Grunde kam er nie ganz frei von der frühen Weisheit des Einsamen: „Wisset denn, daß die Kunst ist: das Mittel Einzelner, sich selbst zu erfüllen" und auf den Träger der Kunst transponiert: „Wisset denn, daß der Künstler für sich schafft — einzig für sich" (längst vor G. Benn). Aber das Sich-Erfüllen durch Kunst und in der Kunst erweist sich später denn doch nicht vor Zweifeln an der Verwirklichungsmöglichkeit gefeit (*Sonette an Orpheus* I, 3). Das Labile dieser Haltung, die viele Masken braucht, um doch nur den Abglanz des Gottes im „Göttlichen", des Unaussprechlichen im „Unsäglichen" reflektieren zu lassen, wird trotz aller Deutungsvarianten sogleich evident, wenn man etwa Carl Hauptmanns, das Numinose keineswegs unterschätzende gottsucherhafte Prägung danebenstellt: „Auch die Dichtung ist nie verständige Rede, sondern aus aufgescheuchten Ahnungen und Gefühlen sucht der Dichter nach Erlösung." (Dagegen ist m. E. das von A. Soergel unternommene Herauslesen vorexpressionistischer Elemente nicht gerechtfertigt oder doch stark zeitbedingt). Nun hat auch Gerhart Hauptmann mit Vorliebe das „Mysterium" des Dichterischen herausgestellt; aber durchweg bleibt es dem „Elementaren" näher.

§ 11. Verfolgt man das Wegsuchen zwischen Impressionismus und Expressionismus, so erscheint die Kunst einmal als Reduktion auf die nervöse Reizsamkeit und das jeweils sensationsmäßig Reflektierte der Außenwelt (Impressionismus), zum anderen als Konzentration auf die forcierte und exaltierte Wesenserfassung und das jeweils gefühls-mäßig Intensivierte oder vernunftsmäßig Abstrahierte der Innenwelt (Expressionismus). Der Extensivierung des Daseins-Details auf der einen Seite entspricht die Intensivierung des Wesenhaft-Seinshaltigen auf der anderen Seite. Und man sollte neben Merk- und Kennwörtern wie: Ekstase und Vision für das spezifisch Expressionistische auch den Terminus der „Intensität" und des „Eigentlichen" nicht außer acht lassen, die nicht von ungefähr in der Poetik des Expressionismus mehrfach begegnen. Für die impressionistische Wesensdeutung des Dichtertums ist das Vergleichsbild vom „Seismographen" kennzeichnend, das damals das weit ältere Spiegel-Symbol vorübergehend verdrängt. Die mehr passive, aber sehr subtile, leicht erregbare und aufs feinste registrierende passive Aufnahmefunktion überwiegt in dieser Vorstellung, die sowohl H. v. Hofmannsthal wie Thomas Mann u. a. vertraut ist. Dort gilt es als unerläßliches Gebot für den echten Dichter, „keinem Ding den Eintritt in seine Seele zu wehren" und „die Unendlichkeit der Erscheinungen leidend zu genießen" (Hofmannsthal). Es geht hier um „Vibrationen" so gut wie bei Thomas Mann, der einmal betont: „Der Dichter . . . als Meldeinstrument, Seismograph, Medium der Empfindlichkeit ohne klares Wissen von dieser seiner organischen Funktion..., es scheint mir die einzig richtige Perspektive." Für Hermann Bahr ist der Impressionist „nichts als Echo", er will den sinnenhaften „Reiz bei seinem Eintritt in uns erhaschen". Dabei kam es auf das Eigentümliche an, bei Expressionisten auf das Eigentliche (wie K. Edschmid es immer wieder einhämmert), auf das „Direkte". Nicht das Landschaftsgefühl fächert sich aus in Reizreflexen; vielmehr: „Größer entfachtes Weltgefühl schafft die Kunst zur Vision!" Der „Wille zur Steigerung" dominiert, und die Welt wird zur „Melodie der Schöpfung aus dichterischem Ruf". Wenn der Expressionist „großen Gefühlen untertan, auf ihnen schweifend" erscheint, (vgl. das „Schweben" in der P. der Romantik), so dient er doch zugleich einer „Kunst, die aus dem Geist kommt" (vgl. Frühromantik). Der Anteil des Barocken ist auch in der expressionistischen P. nachweisbar. Die präzise Abhebung der dichterischen Wesensart geht aber insgesamt verloren im Verweben aller Künste zu einer Art von

Kunst-Kosmos. Nur dort, wo man die Aufmerksamkeit mehr dem sprachlichen Problem zuwendet (Ausdrucksgrenze der Sprache), wie besonders im „Sturm"-Kreis, bleibt man der Sonderkunst näher und verfällt, fast wie die Anweisungspoetik der Barockzeit, in Schulungsmethoden (H. Waldens Dichterhochschule). Das erinnert daran, daß man zeitweise die Poesie ganz auf Wortkunst festlegte. In der Zeitnähe des Expressionismus, obwohl diesem nicht zugeneigt, legt Hermann Hefele sein Buch über *Das Wesen der Dichtung* (1923) ganz auf Wortkunsttheorie an unter Abwehr der Konzeption einer bloßen Erlebnisdichtung. Denn, so betont er, „nur wo sich die ganze Dynamik des Erlebens im Wort vollzogen hat, geschieht volle und reine Dichtung". Hervorhebenswert ist seine Herausarbeitung von Inhalt / Form-Einheit bzw. Idee / Form-Einheit im Sinne der Integration: „Im Licht des Substantiellen gesehen, sind Idee und Form eins." Die Dichtkunst speziell als Sprachkunst hat recht eigentlich Thomas Mann einmal bündiger umschrieben: „Eine andere Bestimmung des Dichterischen als: sprachverbundene Leidenschaft, der Affekt der Sprache — ich finde sie nicht." Diese Ausschließlichkeit im Sichfestlegen auf ein von Fall zu Fall austauschbares Moment darf man freilich nicht so genau nehmen (vgl. Seismograph als einzig richtige Perspektive). Vielfach bestimmt der Kontext den jeweiligen Akzent, so etwa, wenn es um die Ironie geht: „Denn was wäre Dichtung — wenn nicht Ironie, Selbstzucht und Befreiung." Außerdem steht im Hintergrunde immer ein unterdrücktes „höchstens", das sich aus dem, von Th. Mann laufend und erbittert geführten Gefecht von Dichtkunst und Schriftstellertum erklärt. Eigentlich darf es auf Grund dieser prinzipiellen Einstellung nämlich überhaupt nichts „Dichterisches" geben. In Wirklichkeit ist sich Th. Mann einer Spezifik des Dichterischen auch in eigener Angelegenheit durchaus bewußt gewesen, wie z. B. die Bemerkung in der *Entstehung des Doktor Faustus* (1949) mit Bezug auf den Tod des Knaben Echo (als die „wohl dichterischste" Episode des ganzen Werkes) eindrucksvoll kundgibt. Hinsichtlich des soziologischen Wirkungswertes der Poesie bescheidet er sich in der Rede *Der Künstler und die Gesellschaft* (1952) mit der resignierenden Formel: „Sie ist keine Macht, sie ist nur ein Trost."

Nietzsche: Julius Z e i t l e r, *N.s Ästhetik* (1900). Hans L a n d s b e r g, *N. u. d. dt. Lit.* (1902). Erich W i t t e, *Das Problem d. Tragischen bei N.* (1904). Ingeborg Beithan, *Friedr. N. als Umwerter d. dt. Lit.* (1933; Beitr. z. Philosophie 25), bes. S. 34-76: *Umwertung d. Werte in d. Ästhetik.* Hellmuth T ö p f e r, *Deutung u. Wertung d. Kunst bei Schopenhauer u. N.* Diss. Leipzig 1933. Otto Heinr. O l z i e n, *N. u. d. Problem d. dichterischen Sprache* (1941; NDtFschgn. 301). Paul B ö c k m a n n, *Die Bedeutung N.s f. d. Situation d. modernen Lit.* DVLG. 27 (1953) S. 77-101. Maria B i n d s c h e d l e r, *N. u. d. poetische Lüge* (Basel 1954; Philos. Fschgn. N. F. 5). R. A. N i c h o l l s, *N. in the early works of Thomas Mann* (Berkeley 1955; Univ. of Calif. Publ. in modern phil. 45). Georg L u k á c s, *N. als Vorläufer d. faschistischen Ästhetik,* in: Lukács, *Beiträge zur Gesch. d. Ästhetik* (1956) S. 286-317. Stanley H u b b a r d, *N. u. Emerson* (Basel 1958; Philos. Fschgn. N. F. 8). Heinz Peter P ü t z, *Kunst u. Künstlerexistenz bei N. u. Thomas Mann. Zum Problem d. ästhet. Perspektivismus in d. Moderne* (1963; Bonner Arbeiten z. dt. Lit. 6).

Naturalismus: Adalbert v. H a n s t e i n, *Das jüngste Deutschland* (1900; 3. Abdr. 1905). Albert S o e r g e l, *Dichtung und Dichter d. Zeit* (1911; 19. Aufl. 1928), Neubearb. v. Curt H o h o f f, Bd. 1 (1961). *Literar. Manifeste des Naturalismus 1880-1892.* Hg. v. Erich R u p r e c h t (1962; Epochen d. dt. Lit., Materialienbd.). — René H a r t o g s, *Die Theorie d. Dramas im dt. Naturalismus.* Diss. Frankfurt 1931. Erich Herbert B l e i c h, *Der Bote aus d. Fremde als formbedingender Kompositionsfaktor im Drama d. Naturalismus.* Diss. Greifswald 1936. Helmut K a s t e n, *Die Idee d. Dichtung u. d. Dichters in d. literar. Theorie d. sogen. 'Dt. Naturalismus'.* Diss. Königsberg 1938. Helmut H l a u s c h e k, *Der Entwicklungsbegriff in d. theoret. Programmschriften d. Frühnaturalismus.* Diss. München 1941. Bernd H a b e r, *Die Gestalt d. Dichters in d. Moderne: A. Holz, G. Hauptmann, R. M. Rilke.* (Masch.) Diss. Münster 1950. Wolfgang K a y s e r, *Zur Dramaturgie d. naturalist. Dramas.* MhDtUnt. 48 (1956) S. 169-181, wiederholt in: Kayser, *Die Vortragsreise* (1958). Helmut P r a s c h e k, *Das Verhältnis v. Kunsttheorie u. Kunstschaffen im Bereich d. dt. naturalist. Dramatik.* (Masch.) Diss. Greifswald 1957; Selbstreferat in: Wiss. Zs. d. Univ. Greifswald, Ges.- u. sprachwiss. R. 7 (1957/58) S. 235-36. Ders., *Zum Zerfall d. naturalist. Stils.* Worte u. Werte. Bruno Markwardt z. 60. Geb. (1961) S. 315-321.

Einzelne Dichter u. Theoretiker: F. D o u c e t, *L'Esthétique de Zola et son application à la critique.* Thèse 1923. Julius Z e i t l e r, *Die Kunstphilosophie v. H. A. Taine* (1901). Carl de S c h a e p d r y v e r, *Hippolyte Taine* (Paris 1938). Heinr. M e y e r - B e n f e y, *Hen-

rik Ibsen u. d. Weltanschauung in seiner Kunst (1946). J. T e n e r o m o, *Gespräche mit Tolstoi* (1911). Romain R o l l a n d, *Das Leben Tolstois* (1922). Käte H a m b u r g e r, *Tolstoi, Gestalt u. Problem* (Bern 1950). — Leo Hans W o l f, *Die ästhet. Grundlage d. Literaturrevolution d. 80er Jahre.* Diss. Bern 1921 (Die *Krit. Waffengänge* d. Brüder Hart). Ingeborg J ü r g e n, *Der Theaterkritiker Julius Hart.* Diss. Berlin (F. U.) 1956. — Werner K l e i n e, *Max Halbes Stellung z. Naturalismus.* Diss. München 1937. — Rud. M a g n u s, *Wilhelm Bölsche* (1909). — Arno H o l z, *Die neue Wortkunst,* in: Ges.-Ausg. v. Hans W. Fischer. Bd. 10 (1925). Robert R e ß, *Arno Holz* (1913). Hans W. F i s c h e r, *Arno Holz. Eine Einf. in s. Werk* (1924). Werner M i l c h, *Arno Holz. Theoretiker, Kämpfer, Dichter* (1933). Karl T u r l e y, *Arno Holz. Der Weg eines Künstlers.* Diss. Breslau 1935. Hans Georg R a p p l, *Die Wortkunsttheorie von Arno Holz.* (Masch.) Diss. Köln 1957. Wilh. E m r i c h, *Arno Holz u. d. moderne Kunst,* in: Emrich, *Protest u. Verheißung* (1960) S. 155-168.

Elsbeth P u l v e r, *Hofmannsthals Schriften zur Lit.* (Bern 1956; SprDchtg. N. F. 1). Anni C a r l s s o n, *Gesang ist Dasein. Rilkes geistiger Weg von Prag nach Muzot. Ein Beitr. z. Typologie d. Genius* (1949). H. P. R i c k m a n n, *Poetry and ephemeral. Rilke's and Eliot's conceptions of the poet's task.* GLL. 12 (1960) S. 174-185. Beda A l l e m a n n, *Zeit u. Figur beim späten Rilke. Ein Beitr. z. Poetik d. modernen Gedichtes* (1961). Eudo C. M a s o n, *R. M. Rilke. Sein Leben u. s. Werk* (1964; Kl. Vandenhoeck-Reihe 192/194). — Paul Gerhard K l u s s m a n n, *Stefan George zum Selbstverständnis d. Kunst u. d. Dichters in d. Moderne* (1961; Bonner Arbeiten z. dt. Lit. 1). — Cecil Maurice B o w r a, *The Heritage of Symbolism* (London 1947). — Werner K u g e l, *Weltbild und Lyrik Otto zur Lindes.* (Masch.) Diss. Köln 1959. — Gerhard F. M e g o w, *Die geistige Entwicklung Paul Ernsts in s. theoretischen Schriften von den Anfängen bis 1918.* (Masch.) Diss. Indiana Univ. 1959. — Hans Gerd R ö t z e r, *Reinhard Johannes Sorge. Theorie u. Dichtung.* Diss. Erlangen 1961. Gerhart H a u p t m a n n, *Die Kunst d. Dramas.* Zsgst. v. Martin M a c h a t z k e (1963). — Ernst N ü n d e l, *Th. Manns Kunstanschauungen in s. Essays, Reden u. Miszellen.* Diss. Münster 1963. — Helmut R i c h t e r, *Franz Kafka, Werk u. Entwurf* (1962; Neue Beitr. z. Lit.wiss. 14). Heinz P o l i t z e r, *Franz Kafka. Parable and paradox* (Ithaca, New York 1962); dt. Übers. u. d. T.: *Franz Kafka, der Künstler* (1965). Heinz H i l l m a n n, *Franz Kafkas Dichtungstheorie u. Dichtungsgestalt* (1964; Bonner Arbeiten z. dt. Lit. 9).

§ 12. Die fachwissenschaftliche P. der Gegenwart und jüngsten Vergangenheit, die in der angedeuteten Weise stark auf eine Wesens- und Seinsbestimmung ausgerichtet erscheint, hat neben sich eine P. der Schaffen-

den, die vergleichsweise weniger auf Wesen und Sein zielt als vielmehr auf die Theorie der Gattungen und Genres: so G. Benn (Lyrik und Roman), O. Loerke (bes. Lyrik). R. Musil (bes. Roman), B. Brecht (Drama und Lyrik), Joh. Rob. Becher (bes. Sonett und volkstümlich sangbares Gedicht), K. Krolow (bes. Lyrik), C. Zuckmayer (bes. Drama), Fr. Dürrenmatt (Drama), Fr. Wolf (Drama), Wilh. Lehmann (bes. Lyrik).

Entsprechend den politisch bewegten und weltanschaulich erregten Zeitverhältnissen und dem Umgebensein von heißen und kalten Kriegen ist diese P. weniger interessiert an den Problemen von Poesie / Nichtpoesie (fachwissenschaftl. P.) als etwa an der Entscheidung zwischen „poésie pure" und „poésie engagée", an dem Verhältnis Persönlichkeitswert / Gemeinschaftswert, an dem Verhältnis der Poesie zu anderen z. T. als übergeordnet empfundenen Wertwelten, wie vor allem Religion einerseits und Politik andererseits. Doch ist gleichsam als kleinerer Ableger von der Problemstellung Poesie / Nichtpoesie das vielerörterte Verhältnis Kunst / Kitsch zu verzeichnen, das trotz G. Benns schier klassischer Formulierung, Kitsch sei nicht der Gegensatz von Kunst, sondern „gut gemeint", zahlreiche Federn fesselt. Während in der fachwissenschaftl. P. (zum mindesten in Deutschland) die Beschäftigung mit dem Schaffensvorgang vergleichsweise zurücktritt, wird Art und Methode beim Schaffensprozeß von der P. der Kunstschaffenden eingehend erörtert, wie es ihrem Aufgabengebiet gemäß ist. Insgesamt hat man den Anspruch auf Inspiration und z. T. auch auf Intuition merklich eingeschränkt; streckenweise im Zusammenhang mit dem Primat des „Unpersönlichen" in der Dichtung überhaupt. Eine Ablehnung der Inspirationshaltung vertritt längst vor G. Benn bereits J. Weinheber (*Gedanken zu meiner Disziplin*, 1935), ebenso die Vorstellung, daß ein Gedicht „gemacht" wird. Man spricht in Übertragung technischer Verfahren auch im Bereich des Kunsttechnischen gern von einer „Montage", und zwar nicht nur hinsichtlich des Strukturgedichts. Diese besonders von G. Benn in aller Schroffheit herausgestellte These, die nachgerade zur Programmthese geworden ist, spiegelt sich z. B. deutlich wider in einer Sammlung von Bekundungen moderner Lyriker über ihre Erfahrungen und Bräuche beim Schaffensvorgang (*Mein Gedicht ist mein Messer; Lyriker über ihre Lyrik*, 1955), wobei freilich auch extravagante Praktiken enthüllt werden. Erinnert sei in diesem Zusammenhange an die verwandte Erklärung Herwarth Waldens, der den Schaffensvorgang und dessen Darstellungs- bzw. Erfassungsmittel einmal so umschrieben hatte: „Der Dichter begreift das Sinnliche unsinnlich, und zwar mit Hilfe des Begrifflichen." Man könnte angesichts der bekannten Unpersönlichkeitsthese variieren: der Dichter ergreift das Persönliche unpersönlich, und zwar mit Hilfe des Typischen oder Symbolischen. Ernst Jünger z. B. weist im Rahmen der Rechtfertigungspoetik nachträglich erfahrene kritische Vorhaltungen hinsichtlich eines Mangels an persönlicher Unmittelbarkeit und echter Gefühlsbeteiligung in seinem Sprachstil (schon in seinen früheren Arbeiten) auf Grund der Entindividualisierung zurück mit dem Hinweis auf die allgemeine Tendenz zum Unpersönlichen im modernen Dichtungsstil (nicht nur Sprachstil). Gottfried Benns *Probleme der Lyrik* (1951) spitzen die These von der unpersönlichen, nicht inspirierten und also „monologischen Kunst", ohne Rücksicht auf den Kunstwertaufnehmenden bewußt „gemachten" und montierten Dichtung im Sinne einer absoluten Lyrik im Bereich des Strukturgedichts merklich programmatisch zu. Ähnlich wie seine Forderung eines Romans des „Phänotyps" das Gemeinte zwar an einem organischen Vergleichsbild erläutert (Wuchsform und Struktur einer Orange), in der letzten Konsequenz aber ebenfalls auf ein mehr gemacht „Organisiertes" als ein spontan gewachsen Organisches zielt, und zwar ebenfalls mit dem Anspruch auf eine Konzentrationsform im Sinne absoluter Prosaepik. Sein Terminus „Ausdruckswelt" darf keineswegs einfach mit Expressionismus gleichgesetzt werden. Gattungstypologisch beschäftigen ihn besonders Lyrik und Roman. Das „lyrische Ich" ist nicht identisch mit dem empirischen Ich und bleibt zudem auf ein sehr bedingtes und ungesichertes Reservat angewiesen. Karl Krolow lockert in seiner Kunsttheorie (Vorlesungen über Poetik in Frankfurt) merklich die Bindung an G. Benn und bemüht sich um eine originale Weiterbildung unter relativer Zurückdrängung des Extrems (mit dem Benn unverkennbar auf ein „épater le bourgeois" hinarbeitete), aber unter Beibehaltung des Unpersönlichen, nicht spezifisch Subjektiven und Individuellen. Einige Schwierigkeiten in der Programmatik einer „Entindividualisierung" und Entpersönlichung macht Krolow (und nicht nur ihm) das immer noch vegetierende Liebesgedicht. Obgleich manches nachexpressionistisch wirkt in der „Moderne", erinnert der unverkennbare „Reduktionsprozeß" an gewisse Verfahrensweisen im Impressionismus; nur eben, daß im Modernismus selbst noch das reduziert werden soll, „was am Gedicht Stoff, Gegenstand, Ensemble ist". Der Mensch wird elidiert, d a s Ding (und nicht nur v o m Ding) abstrahiert. Aber der Kunstwertaufnehmende wird geduldet. Denn schwerlich würde K. Krolow die „Monologische Kunst" so hartnäckig verteidigen wie G. Benn in dessen „Offenem Brief" an Lernet-Holenia (zugleich Abwehr einer religiösen Verpflichtung und Verflechtung). Von einer politischen Verflechtung und Verpflichtung möchte sich K. Krolow merklich freihalten, wie seine Andeutungen über das „öffentliche Gedicht", die außerordentlich behutsam bleiben, erkennen lassen. Der Gedichtverfasser ist nämlich in seiner Haltung nicht nur von einem kritischen Mißtrauen gegenüber der eigenen Individualität bestimmt, sondern auch gegenüber der fremden Individualität. Hinsichtlich der hiermit ins Blickfeld der Kunstbesinnung und Kunstgesinnung tretenden Macht / Kunst-Problematik sei an die frühere, ihrerseits problematische Kompromißneigung G. Benns erinnert. Eine derartige Ästhetisierung der Macht als „Nötigung" hat Bertolt Brecht nie anerkannt, der im Gegenteil aus der Opposition heraus seine ständig verstärkte ideologische Position (sozialistischer Realismus) sich erst voll bewußt gewann. Das Moment des Unpersönlichen ist zwar auch ihm geläufig. Aber er aktiviert und installiert es im Sinne und als Funktion der „Verfremdung" zwischen Bühne und Publikum, um den Zuschauer dem Suggeriertwerden vom Bühnengeschehen zu entziehen und ihn jederzeit kritisch diskutierfähig in der befreienden Distanz besonnener Betrachtung zu erhalten. In vollem Gegensatz zu G. Benn fordert er nicht nur die fortgesetzte Beziehung zum Du, sondern auch die prinzipielle Einwirkung und Hinwirkung auf das Wir. Seine

Konzeption des „epischen Theaters", die vorzüglich einer Sicherung der betrachtenden, Einsicht fördernden Distanz dient, verbindet sich mit der Vorstellung eines „wissenschaftlichen Theaters" im „wissenschaftlichen Zeitalter", um sich schließlich auf das „dialektische Theater" einzurichten und auszurichten. An dem Modell des „epischen Theaters" war merklich und nicht zuletzt der Regisseur beteiligt, der jeden Zuschauer gleichsam in die Haltung und das Verhalten eines Regisseurs versetzen und ihn zum Durchhalten in dieser „Regie"-Haltung befähigen und jedenfalls vorerst ermutigen möchte. Eine Grundvoraussetzung der Verfremdung, durch welche Kritik provoziert werden soll, ist die Illusionsbrechung, ebenso wie die damit verbundene Erfahrung einer Veränderbarkeit des für die Gewöhnung und durch sie vermeintlich Festliegenden am konkreten Anschauungsfall einer zur Parabel durchgestalteten Fabel. Demgemäß besteht betonte Inhaltsbewertung, doch so, daß ein „ästhetisches Vergnügen" nicht vernachlässigt werden soll und darf. Als bedingte Traditionsträger in der deutschen P. können etwa Joh. E. Schlegel und M. Mendelssohn gelten. Konzentrationsstelle für die Theatertheorie: *Kleines Organon für das Theater* (1949), für die Theorie der Prosalyrik: *Über reimlose Lyrik mit unregelmäßigen Rhythmen* (1939). Für beide Bereiche will die Lehre vom „gestischen Rhythmus" (Anreger K. Weill) beachtet sein. Es darf bei alledem nicht vergessen werden, daß es sich nicht sowohl um Dramentheorie, als vielmehr um Theatertheorie handelt, die allerdings mittelbar auf die Methode des Stückeschreibens zurückwirkt und auch zurückwirken soll. Dem optimistischen Vertrauen Brechts auf die Bestimmbarkeit und Lenkbarkeit der menschlichen Denkart durch eine wirksame künstlerische Methode (Erziehungsoptimismus) steht mit aller Schroffheit Benns tiefe Skepsis gegenüber: „Das Gehirn ist ein Irrweg, ein Bluff für den Mittelstand. Wir wollen den Traum. Wir wollen den Rausch." Mit Nachwirkungen Nietzsches dürfte es zusammenhängen, wenn der Kunst allein die Möglichkeit bleibt, aber auch innewohnt, den Nihilismus gestalterisch produktiv zu machen. In gewissem Sinne würde die Welt ästhetisch bewältigt, nicht nur erträglich (Nietzsche), sondern auch (künstlerisch) er-

tragreich werden (Annäherung an den sog. „produktiven Nihilismus"). Mit dem Gedanken eines „heroischen Nihilismus" liebäugelt Ernst Jünger, der sich zugleich dem metaphysischen Neusymbolismus anzunähern und anzupassen trachtet.

Während für G. Benn erst aus der „Wirklichkeitszertrümmerung" gleichsam künstlerisch brauchbare Splitter und Fragmente hervorgehen, wobei das Dinghafte insgesamt nur Chiffre bleibt, erhält H. Henny Jahnn den Glauben an die Möglichkeit und die daraus abgeleitete Forderung an die Notwendigkeit von Originalprägungen dichterischer Urworte und Urwerte aufrecht. Das geht z. B. hervor aus seinem *Klopstock*-Aufsatz, der für die P. ertragreicher ist als der zunächst einmal mehr versprechende Essay *Anlaß* (mehr musiktheoret. bezogen). Danach ist der gültige Ausweis für den echten Dichter letzten Endes immer und immer nur das „Wort aus erster Hand" (Annäherung an eine gewisse Aufwertung der Inspiration); nicht zuletzt deshalb bietet Klopstock eine Art von Vorbild-Poetik (wortschöpferische Begnadung). Abweichend von G. Benn ist Hermann Broch nicht bereit, eine „formfordernde Gewalt des Nichts" (vgl. die Benn-Deutung E. Lohners) dem Künstler gleichsam als Sprungbrett unterzulegen. Aus den breiten Kunstgesprächen seines Künstlerromans *Der Tod des Vergil* läßt sich vielmehr, besonders wenn man auf den mit dem Kunstgespräch verflochtenen inneren Monolog Vergils horcht, ablesen, daß der Wert der Dichtkunst fast im Sinne der romantischen Ironie ernstlich in Frage gestellt wird. Durch die Konfrontation mit dem glaubenden Menschen einerseits und dem handelnden Menschen andererseits verliert der Dichter wesentlich an Bedeutung. Vollends der Ewigkeitswert eines dichterischen Werkes erscheint in zwiespältiger Beleuchtung, sobald man andere übergeordnete Wertwelten mit ins Spiel bringt, vor allem die Religion. Aber auch schon vor der Ethik: „da wird die Kunst beinahe nebensächlich". Poesie erträgt nicht das volle Licht der inneren Wahrheit und echten Wirklichkeit, denn „Dichtung entstammt der Dämmerung". Im Wechselspiel Poesie/Philosophie dagegen gewinnt die Poesie, da hier Übergänge leichter sich anbieten, an Geltung und anregendem Funktionswert, indem sie durch „ahnende Liebe" ins Philosophische hinüberragt. Klingt E. Husserl oder H. Bergson an, wenn gefordert wird, daß die Philosophie gelegentlich gut beraten sei, „ihren Erkenntnisgrund aus der Kunst zu holen"? Die These von der monologischen Kunst wird vernehmbar, wo Vergil sein inneres Besitzrecht an seinem Werke betont, das „nicht nur für den Leser, sondern zuerst für mich geschrieben" worden sei als Ausdruck „innerster Notwendigkeit". Von einer Ausschließlichkeit eines Ausschließens des Kunstwertaufnehmenden (wie bei G. Benn) kann indessen keine Rede sein. Im Zuge eines metaphysischen Neu-Symbolismus, dem nach formulierter und werkimmanenter Poetik H. Broch ebenso zuzuordnen wäre wie letzten Endes auch Franz Kafka und der späte Franz Werfel, gewinnt der Symbolbegriff beherrschende Bedeutung. So verweist der Endertrag jener Kunstgespräche auf das Verhältnis des Symbolischen und Religiösen (Religion / Poesie), etwa mit der fordernden Umschreibung: „Das Überirdische im Irdischen erkennen und kraft solchen Erkennens es zu irdischer Gestalt bringen als geformtes Werk, als geformtes Wort und eben auch als geformte Tat, dies ist das Wesen des echten Sinnbildes."

Gelockerter wirkt zum mindesten theoretisch und also auch kunsttheoretisch der Primat der metaphysischen Bindung im Raum des sogenannten „Naturgedichts" und seiner Vertreter, wie besonders W. Lehmann und O. Loerke. Einerseits scheint man sich hier in die Natur als in ein noch Halt Bietendes zu flüchten. Aber die innere Haltbarkeit dieses äußeren Halts wird wiederum ihrerseits skeptisch, doch zugleich verinnerlichend, in Frage gestellt. Die rein kunsttheoretische Interessiertheit und auch Fähigkeit scheint bei Wilhelm Lehmann, der eine ganze Reihe einschlägiger Schriften vorgelegt hat, ausgeprägter zu sein als bei Oskar Loerke. Selber mit einer ausgesprochenen kritischen Begabung ausgestattet, rückt W. Lehmann auch im Bereich der Wesensbestimmung und des Schaffensprozesses der Dichtkunst die dichterische Anlage sehr nahe an die kritische Begabung heran. So etwa in der Schrift *Dichtung und Dasein*, die vielfach durch Interpretationen erläutert, beachtenswerte Beiträge zur P. der Gegenwart enthält und dabei zugleich umsichtig und kenntnisreich die Kunsttheorie des (westlichen) Auslandes aus-

zuwerten versteht (T. S. Eliot u. a.). Aber Andeutungen müssen hier genügen.

Insgesamt folgt auch die derzeitige P. dem übermächtigen Druck und Zug der Interpretationsmethode, streckenweise unter bedauerlichem Verzicht auf philosophische Leitideen und konstruktive Ansprüche. Das Sichhingeben an die Details droht in ein Sichverlieren an die „faszinierenden, erregenden" Einzelzüge umzuschlagen. Man bleibt nicht selten nur bei „Bausteinen zu einer Poetik" stehen wie einst, freilich aus anderen Gründen, Wilhelm Dilthey. Die Rückwirkung einer solchen Theorie auf die Praxis zeichnet sich bereits ab im Kultus von absichtlich zusammenhanglos kombinierten und montierten Einzelassoziationen dergestalt, daß der „Wirklichkeitszertrümmerung" (Benn) die Gefahr einer Kunstzertrümmerung nicht gerade fern liegt, selbst wenn man von „avantgardistischen" Extravaganzen absieht. Unterstellt und betont man jedoch (wie etwa Helmut Motekat *Experiment u. Tradition. Vom Wesen d. Dichtung im 20. Jh.* 1963), daß eben das Experiment nicht nur ein Begleitmotiv, sondern geradezu das Leitmotiv (und die Leitidee) der modernen Dichtung und P. ausmache, so würde die Poesie und P. zum Abklatsch der Naturwissenschaft, zum mindesten der vorherrschenden Methode nach. Der „Vorstoß ins Sprachlose" (T. S. Eliot „new beginning, a raid on the inarticulate"), der um jeden Preis „Neues", bisher gar nicht Mögliches einbringen möchte, kann nur von letzten Meistern des Wortes mit Gewinn gewagt werden, während er bei den forcierten Talenten leicht mit einem Verstoß gegen die Sprache endet. Außerdem handelt es sich bei dem Aufstellen derartiger Thesen stets nur um zeitgebundene Lit.-Programmatik oder um Selbstrechtfertigungspoetik. Denn eine ausgebaute, anwendbare P. darf nicht vorwiegend auf die früheste Konzeptionsstufe eingeschränkt werden. Ein erwünschtes Gegengewicht sucht Joh. Pfeiffer (*Die dichterische Wirklichkeit. Versuche über Wesen und Wahrheit der Dichtung*, 1962) zu schaffen, bleibt jedoch mit der Formel „Geschautes durch Gestaltung beschwören" (als Aufgabe des Dichters) zu nahe der Konzeption von Ludwig Klages, den er an sich kritisch umzuwerten unternimmt. — Im Rahmen und Raum des Sozialistischen Realismus wirkt die Definition von Fr. Engels von den „typischen Charakteren in typischen Verhältnissen" (bzw. Umständen) stark nach, hat aber jüngst eine Transponierung erfahren zu „exceptionellen Charakteren in exceptionellen Umständen" (bzw. Verhältnissen) gemäß der Ausrichtung auf den „positiven Helden". Einige wesentliche Beiträge zur marxistischen P. stellten u. a. Frz. Mehring, B. Brecht, Joh. Rob. Becher (mehrere umfangreiche Schriften, darunter das *Prinzip der Poesie* mit der *Kleinen Sonettlehre*, gesammelt u. d. T. *Über Lit. u. Kunst*, hg. v. Marianne Lange, 1962), P. Hacks, Fr. Erpenbeck und lange Zeit hindurch auch vom Fachwissenschaftlichen her Georg Lukács. Im Vordergrund steht das Bemühen um die Methode, innerhalb derer jedoch individuelle Stilentfaltungen theoretisch angestrebt werden. Dabei gewinnen Fabel und Parabel eine hohe Bedeutung (Brecht „Parabelstück").

Benn: Dieter W e l l e r s h o f f, *Gottfried Benn. Phänotyp dieser Stunde* (1958). Else B u d d e b e r g, *Gottfried Benn* (1961). Gerhard L o o s e, *Die Ästhetik Gottfried Benns* (1961). Peter M i c h e l s e n, *Das Doppelleben u. d. ästhetischen Anschauungen G. Benns.* DVLG. 35 (1961) S. 247-261. — Max B e n s e, *Literaturmetaphysik* (1950). Ders., *Aesthetica. Metaphysische Beobachtungen am Schönen.* T. 1-4 (1954-1960). Ders., *Theorie der Texte. E. Einf. in neue Auffassungen u. Methoden* (1962). Karl Aug. H o r s t, *Ein Prokurist der Sprache. Zu d. ästhet. Schriften v. Max Bense.* Merkur. 16 (1964) S. 1069-1075. — Brecht: Materialsammlungen: Bert B r e c h t, *Schriften zum Theater.* Red. Werner H e c h t. Bd. 1-7 (1963/64). Ders., *Über Lyrik.* Red. Elisabeth H a u p t m a n n u. Rosemarie H i l l (1964; Edition Suhrkamp 70). Martin E s s l i n, *Das Paradox des polit. Dichters* (1962; engl. Frühfassung u. d. T.: *Brecht, a choice of evils*, London 1959). Werner M i t t e n z w e i, *Bertolt Brecht. Von der ‘Maßnahme’ zu ‘Leben des Galilei’* (1962). Paul B ö c k m a n n, *Provokation u. Dialektik in d. Dramatik B. Brechts* (1961; Kölner Universitätsreden 26): „Verfremdung" als Mittel zur „Provokation". Sammy Mc L e a n, *Aspects of the Bänkelsang in the works of B. Brecht.* Diss. Univ. of Michigan 1963. Heinz K u h n e r t, *Zur Rolle der Songs im Werk von B. Brecht.* Neue Dt. Lit. 11, H. 3 (1963) S. 77-100. *Bert Brecht. Leben u. Werk.* Mit Beitr. v. Werner H e c h t, Hans-Joachim B u n g e u. Käte R ü l i c k e - W e i l e r (1963; Schriftsteller d. Gegenw. 10), darin: *Zur Theorie d. epischen Theaters.* — *Georg Lukács zum 70. Geb.* (1955). Cleto C a r b o n a r a, *L'estetica del particolare di G. Lukács* (Napoli 1960). *Georg Lukács und d. Revisionismus.* E. Sammlg. v. Aufsätzen (1960). Horst A l t h a u s, *G. Lukács oder Bürgerlichkeit als Vorschule der marxistischen Ästhetik*

(1962). — Wilhelm L e h m a n n, *Dichtung als Dasein. Poetolog. u. krit. Schriften* (1956; Neuausg. 1960; mainzer reihe 5). — *Poetik.* Hg. v. d. Bayr. Akad. d. Schönen Künste. Red.: Clemens Graf Podewils (1962; Gestalt u. Gedanke 7). — Wilhelm E m r i c h, *Zur Ästhetik d. modernen Dichtung*, in: Emrich, *Protest u. Verheißung* (1964) S. 123-134.   *Bruno Markwardt*

Politische Dichtung

§ 1. Das Wesen der P. D. ist keineswegs leicht zu definieren. In der 1. Auflage des *Reallexikons* wurden die Erscheinungen der P. D. (Heckel), der *vaterländischen (nationalen) D.* (Heckel) und der *Tendenzdichtung* (Wiegand) noch getrennt behandelt. Durch die in Literaturkritik und Ästhetik der 20er Jahre aufgekommene Unterscheidung von *Littérature (Poésie) pure* und *engagée* sowie durch die Bestimmtheit, die die Erscheinung und damit der Begriff der P. D. selber in der Neuzeit gewonnen hat, ergibt sich heute stärker als früher die Einsicht in ein gemeinsames Fundament der verschiedenen Erscheinungsformen. Der Gesichtspunkt der „Geschichtlichkeit" des menschlichen Daseins (Heidegger, Jaspers, Sartre), der auch das „Politische" in die gesamte Existenz einbezieht, dürfte nicht nur eine Umwertung des „Politischen" als Existentialität zur Folge haben, sondern auch dem historischen Betrachter eine methodische Handhabe geben, Motivik und Gattungen „politischer" Dichtung vergangener Zeiten als besondere Erscheinung der Existentialität zu verstehen.

§ 2. „Politisches" Verhalten, Handeln, Entscheiden und entsprechende Dichtung, die es spiegelt oder darüber reflektiert, gibt es natürlich schon im german. Altertum und das ganze MA. hindurch, wenn auch noch kein Wort zur einheitlichen Bezeichnung dieses Komplexes zur Verfügung steht. Das Fremdwort *politisch*, dem franz. *politique* und gr.-lat. *politicus* nachgebildet, wird seit der 2. H. des 16. Jh.s belegt, bei Fischart schon fast im heutigen Sinne (Belege im DWb.). Wohl durch den Quereinfluß des Fremdworts *polit* (aus lat. *politus*, ital. *polito*, franz. *poli*) rückt in der Barockzeit die Bedeutung mehr ins Gesellschaftliche; *politisch* nennt man die Bildung des Cavaliers für die Welt, seine Geschicklichkeit in der Menschenbehandlung und seine Redegewandtheit (Chr. Weise). Schon früh mischt sich Abwertung ein: „Was heißt politisch sein?

verdeckt im Strauche liegen / fein zierlich führen um und höflich dann betriegen" (Logau). Noch am Ausgang des 18. Jh.s (Campe, Adelung) ist die Bedeutungssphäre „fein", „listig", „schlau", „der gesellschaftlichen Klugheit gemäß" in der Bestimmung des Wortes gewahrt. Dieser Gesichtspunkt ist weitgehend ein bildungsformaler, kein inhaltlicher. Das schwingt in satirischem Sinne noch in Holbergs *Politischem Kannegießer* nach, obwohl hier schon, wo die Erziehungsarbeit der moral. Wochenschriften zu wirken beginnt, das Wort *politisch* auch Stellungnahme in innenpolit. Dingen beinhaltet, nur daß sie moralistisch noch zum aufklärerischen Narrenkatalog gezählt wird. Im Sinne weltpolitischer Entscheidung füllt sich die Bedeutung des Wortes erst im Laufe des späteren 18. Jh.s und seiner geschichtlichen Ereignisse (siebenjähr. Krieg, franz. Revolution). Der Historiker sieht zudem in der gleichen Epoche den modernen Nationalismus sich herausbilden. Jetzt wird das Für und Wider der Parteinahme im ausschließlich weltlichen Bereich zu einer Charakter- und Existenzfrage. Dem ist es zuzuschreiben, daß die Wortverbindung von politisch mit literar. Erzeugnissen (*polit. Buch, Blätter, Zeitungen*: Belege im DWb. aus Jean Paul und Klinger) nach und nach eine positive Entscheidungsnote bekommt, die der kannegießernden Spießerperspektive von *Auerbachs Keller* („Ein garstig Lied! Pfui! Ein politisch Lied!") noch abgeht. Eine Weile konkurrieren noch die Wörter *patriotisch* (Mösers *Patriotische Phantasien*) und *vaterländisch* (Hölderlin). Völlig in den Sprachgebrauch eingedrungen ist die Verbindung wohl erst im Jungen Deutschland (s. d.), wo sie schon auf Historisches angewendet (*Politische Gedichte aus der dt. Vorzeit* von Hoffmann von Fallersleben, 1843) oder verhüllend parodiert werden kann (*Unpolitische Lieder* von Hoffmann von Fallersleben, 1840—1842: Modell für Th. Manns Titel *Betrachtungen eines Unpolitischen*).

Seitdem die polit. Geschichte Europas nicht mehr bloße Geschichte der Dynastien ist, sondern nationale und weltanschauliche Auseinandersetzungen zwischen den Völkern beinhaltet, in denen Tradition und Fortschritt in eine permanente prinzipielle Auseinandersetzung treten, wird das polit. Verhalten des Menschen zu einer Form des Engagements innerhalb seiner ganzen Geschichtlichkeit. Von dieser Bedeutung des „Politischen" muß heute ausgegangen werden. Sie enthält von dem Bedeutungserbe nicht mehr die Beziehung zur „gesellschaftlichen Klugheit" (diesen Sinn fangen heute Wörter wie *diplomatisch* oder *taktisch* auf), auch nicht mehr das Kannegießernde von Holberg oder Goethes *Bürgergeneral*; verflüchtigt hat sich für das Allgemeinverständnis auch die Beschränkung auf das Innenpolitische, an der die 1. Aufl. des *RLex.* noch festhielt. Heute wird die polit. Entscheidung und ihr literar. Ausdruck weitgehend verstanden als Erscheinungsform der Selbstverwirklichung des geschichtlichen Menschen innerhalb der Bedingtheit seines gegenwärtigen Lebensmoments durch überpersönliche Mächte: Stand, Gesellschaft, Staat, Nation, Kirche, Wirtschaft, religiöse oder säkulare Weltanschauungen. Die Bedingtheit durch sie kann subjektiv erfahren werden als Erhebung oder Bedrohung, Eingefügtsein oder Unterworfensein, Zustimmung oder Ärgernis.

Keineswegs ist jedoch unmittelbare Aktualität in allen Fällen ein Kriterium des Politischen. Vielmehr zieht sich durch alle Epochen eine Strömung des polit. Selbstverständnisses, die den idealen Standort nicht in der Gegenwart, sondern in einem fast mythischen überzeitlichen Modell sucht; sei es in einem überzeitlich gültigen Menschen- und Gesellschaftsbilde (Antike), oder in der Idee einer von Gott eingerichteten Geschichts- und Gesellschaftsordnung (christl. MA.), oder in der *translatio* einer Herrschafts-, Standes- oder Reichsidee (MA.), oder in einer Identifizierung von Natur und Ur-Menschenbild (Rousseau), oder auch in der säkularisierten Gottesreichsidee der heutigen totalitären Ideologien. Dabei kommt es immer wieder zu Rückgriffen. Der Mythos des MA.s in der Gegenreformation und im Barockmoralismus, später in der Romantik, der Mythos der Antike im Humanismus und in der Klassik deuten solche überzeitliche „polit. Romantik" an —: Utopie, aus der Kategorie des Raumes in die der Zeit versetzt. Von den genannten, sehr verschiedenen Aspekten des „Politischen" hängen die Formen, in denen sich p. D. äußert, weitgehend ab. Eine dem heutigen Sprachgebrauch gemäße weitgefaßte Definition des

„Politischen" ermöglicht auch, die entsprechenden Erscheinungen der P. D. altgermanischer Zeit und des MA.s fester in den Gesamtverlauf einzubinden.

§ 3. Von diesen Voraussetzungen her zeigt es sich, daß man P. D. nicht ohne weiteres nach dem polit. Inhalt oder Thema als solche fixieren kann. Dichtung — im weiteren Sinne: Literatur — wird immer auch als Spiegel der Wirklichkeit deren geschichtlich-politische Ansicht mitspiegeln, wenn vielleicht oft sehr indirekt. Das gehört einfach zu ihrer realistischen Seite. Im strengen Sinn p. D. ist sie damit nicht. Das gleiche gilt für Dichtung, die sich an einem mythischen oder pseudomythischen Geschichts- oder Gesellschaftsbilde orientiert und dieses rein spiegelt. Auch Dichtung, die im gegenwärtig Geschichtlichen den eigenen Standort zu finden sucht, wird nicht im engeren Sinn als p. D. zu bezeichnen sein. Zu dieser gehört ein a k t i v e s Element, das über die Ichsphäre hinausgeht, mit dem Willen zu Eingriff und Wirkung in der Geschichte. Die literar. Aussageform wird dabei zwischen Direktheit und Indirektheit schwanken. Was dichterisches Bild oder Maske ist und was nicht, kann jeweils nur die Interpretation im Einzelfalle klären.

P. D. ist, so definiert, keine poet. Gattung, auch kein dichterischer Stoff- und Motivkreis, sondern eine Dichtungs-Art oder -Kategorie. Jedoch scheinen sich gewisse Gattungen seit alters für die poet. oder literar. Aussage des „Politischen" anzubieten, teilweise schon in vorliterarisch-germanischer oder antiker Tradition. Es sind dies sämtliche didaktisch-moralistischen Formtypen positiv lehrhafter wie satirisch-parodistischer Art (in Prosa: Rede, Traktat, Essay, Brief, Dialog, Streitschrift; in poet. Form: Fürsten-, Stadt- und Landespreis, Zeitlied, mal. Liedspruch und *rede*, historisches Lied, Epigramm sowie alle Formen späterer „Gedankenlyrik"); ferner Formen des religiösen oder weltanschaulichen Bekenntnisses entweder urtümlicher oder national wie sozial sentimentalischer Art. Als besondere Eigenart der p. D. aber erscheint die Neigung, sich hinter traditionellen Formtypen zu verstecken und damit auch das Motiv zu verhüllen. Der Grund dafür ist nicht nur, besonders seit dem 18. Jh., die Vermeidung der geistlichen oder staatlichen Zensur, obwohl auch diese zu Zeiten

eine erhebliche Wirkung ausübt (Absolutismus, Sturm und Drang, Junges Deutschland). Was später Zensur ist, war schon zur Zeit der Antike als persönliche Exponiertheit aus religiösen, philosophischen oder sozialen Gründen eine Realität. Aber auch das Bedürfnis, der polit. Anschauung und Wirkung eine quasi sakrale Weihe und damit Würde zu verleihen, führt zu verhüllenden Effekten. Bei alledem übt eine besondere ästhetische Spielfreude ihren Reiz aus und treibt immer neue Formmöglichkeiten hervor. Vor allem der Kontrafaktur ist kaum eine Grenze gesetzt, bis hin zur Parodie liturgischer oder andrer religiöser fester Formen (Kirchenlied, Katechismus). Aber auch Formen einer objektiven Welt- und Gesellschaftsbetrachtung werden als Verkleidung aktiver politischer Tendenz gewählt (Traktat, Brief, Dialog, Reisebericht). Die scheinbar objektiv die Welt spiegelnde Vers- und Prosaepik kann polit. Schlüsselcharakter erhalten. Die eigene Handlungsgesetzlichkeit des Dramas neigt schon durch die unmittelbare Wirkungsmöglichkeit der Bühne zu politischer Funktion, nicht nur bei der Komödie, sondern gerade auch beim Ideen- und Problemstück. „Die Szene wird zum Tribunal", und von der polit. Stoßkraft bleibt auch dann noch etwas bewahrt, wenn das Problem seine direkte Aktualität verloren hat. Der Verschleierungscharakter der p. D. verursacht, daß Dichtungen der Vergangenheit in viel späterer Zeit eine neue, aktuelle Wirkung ausüben können. Nach dem 1. Weltkrieg hat man das an *Wilhelm Tell*, zur Zeit des Nationalsozialismus an *Don Carlos, König Ottokars Glück und Ende* und sogar an der *Antigone* erlebt. Das kann zum Anlaß moderner Adaptionen älterer Dichtungen oder der Parodie von mythischen und historischen Titeln und Themen werden, wie sie besonders gegenwärtig im Schwange sind. Überhaupt ist die Wahl historischer Stoffe in Roman und Drama nicht selten durch die Absicht, Aktuelles zu verschlüsseln, mitbestimmt. Darüber hinaus spielen sogar bei der Wiedererweckung verschütteter Kulturdokumente der Vergangenheit fast immer auch politische Triebkräfte mit. Das gilt sowohl für die verschiedenen Renaissancen der Antike wie für die Wiederentdeckung und -belebung altgerman. und mal. Dichtung Eine Affinität der p. D. zum Historischen im weitesten

Sinne ist nicht zu verkennen. Unter gewissen Bedingungen kann p. D. selbst gattungsprägend werden: die Fabel, die Utopie mitsamt der Robinsonade, die polit. Allegorie haben in ihr geradezu ihren Ursprung. Umgekehrt kann das Ärgernis an politischer Wirklichkeit zur Entpolitisierung dieser Gattungen führen (wie bei der Fabel allgemein; oder bei einer ästhetisch-apolitischen Utopie wie Hesses *Glasperlenspiel*) oder eine ausgesprochen gegenpolitische Gattung wie das Idyll hervorbringen.

§ 4. Die p. D. stellt ein nur schwer lösbares W e r t u n g sproblem. Eine Ästhetik, die dem *prodesse* neben dem *delectare* gleiches Recht verleiht, wurde damit unbefangener fertig als die klassische Ästhetik, die der Dichtung ihre Autonomie jenseits aller Wirkungszwecke zu wahren trachtet. Trotz ihres Einflusses hat das 19. Jh. jedoch nicht auf p. D. verzichtet, wenn es sie auch mit schlechtem Gewissen übte. Die Konfrontation von *Poésie pure* und *Poésie engagée*, anfangs aus der Verteidigung der „reinen" Dichtung von Seiten des Symbolismus her gewonnen, ermöglicht es, auch einer Dichtung, die von dem Willen zum Wirken und Eingreifen in die geschichtliche und gesellschaftliche Welt getragen ist, ihren Platz in der ästhetischen Wertskala zu geben.

Politik als Stoff sagt noch nichts über den Rang aus. Die Argumentation mit der „Wahrheit" des Gegenstandes, die überall auftritt, wo polit. Leitbilder absolute Geltung beanspruchen, besagt auch nichts, einerlei ob man die „Wahrheit" religiös oder (als „Realismus") säkular faßt. Wo der Tendenz das Element persönlicher Betroffenheit fehlt (und das geschieht meist, wenn von einem fraglos gesicherten polit. Standpunkt aus argumentiert wird), kommt der dichterische Wert in der Regel zu kurz. Sogar werthaltige p. D. kann nachträglich entwertet werden, wenn sie zum problemlosen Besitz der Erben geworden ist. Wenn umgekehrt die Zeitdiagnose überzeugt, jedoch ohne zu provozieren oder sich in Aktion umzusetzen, entsteht Dichtung von hohem Rang, in der jedoch das Politische stumpf bleibt. Gerade die dt. Lit. nimmt immer wieder diese Wendung. Ganz außerhalb ihres Gegenstandes kann der Rang von p. D. in der Entfaltung eines Spieltriebes liegen, der die vom Zweck bedingte Ver-

schleierung doch als Kunstmittel sichtbar werden und als ästhetischen Reiz genießen läßt (z. B. bei Heine). Ihr Rang kann auch im Dialogcharakter liegen, indem der Autor in der Auseinandersetzung mit dem Partner Pathos und Stoßkraft entfaltet. Die ästhetische Wirkung liegt dann in der Kraft der Leidenschaft und in dem Zwang zu unbedingter, oft sogar ungerechter Kontrastierung (Walthers Papstsprüche; Schillers Gestalten Franz Moor, Wurm, Geßler). Er kann darin gegründet sein, daß der Zwang zur Zuspitzung auch zu einem Ernstnehmen des Gegners führt, bis in echte Tragik menschlicher Gegensätze hinein. Der höchste Rang, den p. D. erreichen kann, liegt doch wohl da, wo ursprünglich zeitbedingt aktuelle Auseinandersetzungen b e i d e Seiten zu Repräsentationen angefochtener oder siegreicher Menschlichkeit sublimieren. Gemeint ist hier die Linie, die von der *Antigone* des Sophokles zu Goethes *Iphigenie*, von Wolframs *Willehalm* zu Lessings *Nathan dem Weisen*, vielleicht auch von Grimmelshausens *Simplicissimus* zu Stifters *Witiko* gezogen werden kann. Jedoch gerät man mit diesen Werken schon aus dem engeren Umkreis der p. D. heraus. —

§ 5. Von p. D. der G e r m a n e n vor der Völkerwanderungszeit ist im Wortlaut nichts bewahrt. Aus den spärlichen Zeugnissen der antiken Berichte, der Bodenfunde, Orts-, Götter- und Personennamen und Rückschlüssen aus späteren Überlieferungen kann man ein Mosaik zusammensetzen, das freilich nur ein sehr fragwürdiges und ungenaues Bild ergibt. Nach der Völkerwanderung bis ins hohe MA. hinein treten, teils lateinisch, teils volkssprachig, an verschiedenen Stellen der Germania, besonders reich im Norden, direkte Zeugnisse der Geschichtsüberlieferung, Heldensage und (politischer) Mythologie auf. Wie weit ihr Zeugnis zurückreicht und für andere Gebiete der Germania mitgilt, ist unsicher. Gerade die kontinentale Mitte Germaniens, in der sich allmählich die dt. Nation bildet, ist besonders arm an Denkmälern und Zeugnissen.

Was für das früheste Germanentum an polit. Vorstellungen und damit indirekt an p. D. bezeugt ist, steht in Zusammenhang mit Religion und Mythos. Stünde nicht die Vieldeutigkeit des Mythos entgegen, so ließe sich aus der german. Mythologie eine prähistorische p. D. rekonstruieren. Die vergleichende Religionswissenschaft hat sich in dieser Richtung weit vorgewagt, indem sie aus dem spät, unscharf und nur im Norden überlieferten Mythos vom Krieg der Asen- und Wanengötter auf Vorgänge der Indogermanisierung Nordeuropas zurückschloß und damit einen „polit. Mythos" postulierte, dessen geschichtliche Erinnerungen bis in die Steinzeit zurückreichen sollten. Als halbwegs gesicherte Tatsache kann man das nicht nehmen. Dennoch ist nicht zu bestreiten, daß im frühen Germanentum Politisches und Religiöses eine untrennbare Einheit bildet. Die germ. Stämme haben ihre eigenen Götter, Kulte, Kultstätten und Stammesmythen. Kult- und Dingstätte gehören zusammen. Ortsnamen zeugen von räumlichen und zeitlichen Schichtungen verschiedener Götterkulte. Stämme, Herrschergeschlechter oder einzelne Personen stellen ihr Staatsleben oder ihre momentanen polit. Entscheidungen unter den Schutz oder die Macht bestimmter Götter —: ein Motiv, das noch bei der Christianisierung wirksam ist, freilich nicht nur bei den Germanen. Manche Götternamen bezeichnen den Gott als „Herrscher über eine Gruppe" (*Wodan-Odin, Heriann, Ullinn;* noch der christl. *dryhtentruhtin* entspricht diesem Wortbildungstyp). Aus diesen Grundlagen können gewisse Typen von „polit. Mythen" entstehen, deren an verschiedenen Stellen bezeugter Bestand und Variationsbreite nicht gering ist:

1. Genealogische Mythen: a) Der S t a m m gründet seinen geschichtlichen Ursprung auf einen urtümlichen Schöpfungsmythos. Das eindrucksvollste Beispiel ist die Genealogie der germ. Haupt-Stämme auf Tuisto und Mannus bei Tacitus (*Germania* cap. 2), wichtig vor allem, weil mit dem Hinweis auf *carmina antiqua* zugleich mythisch-polit. Dichtung bezeugt wird —: Dichtung in Form eines Stammbaums, der von den personalen Stammesgöttern über das menschliche Urwesen Mannus auf ein zwitterhaftes, erdgeborenes Naturwesen Tuisto zurückreicht.

b) Der H e r r s c h e r führt sein Geschlecht auf einen bestimmten Gott zurück. Theogone Königsgenealogien sind bei Goten, Langobarden, Angelsachsen und Nordgermanen bezeugt. Im anord. *Ynglingatal* ist eine Dichtung erhalten, die in denkmalhaften Einzelstrophen Erinnerungen an ein sakrales Königtum in Schweden bewahrt, welche vom 9. bis ins 5. Jh. zurückreichen. Daß derartige Genealogien nicht nur der Geschichtserinnerung dienten sondern auch polit. Stoßkraft besaßen, geht daraus hervor, daß noch zur Zeit der späten heidnischen Restauration in Norwegen dem Jarl Hakon ein solches Gedicht gewidmet wurde (*Háloygjatal*).

2. Theophore Volksgründungsmythen: Stämme und Kriegergruppen der Wanderzeit stellen ihre Eroberungs- und Gründungsgeschichte unter die Führung göttlicher Heroen, die oft paarweise, als „Dioskuren", auftreten: Die Alcis bei den Naharnavalen (Tacitus, *Germania* cap. 43); die Wandalenführer Raos und Raptos (Dio Cassius); Kampf der Langobarden unter Ibor und Aio gegen die Wandalen unter Ambri und Assi (Paulus Diaconus); Hengest und Horsa als Führer der angelsächsischen Expedition.

3. An „Translationsmythen" ist zu denken bei dem Übersiedeln eines Gottes von dem einen Stamm zum andern. Das ae. *Runenlied* bewahrt in seiner Strophe von Ing — er ist einer der drei Stammesgottheiten in der Mannus-Stammtafel und die mythische Spitze der Genealogie des norweg.-schwed. *Ynglingatal* — etwas vom Wortlaut eines solchen Mythos: „Ing wurde z u f r ü h e s t bei den Ostdänen gesehen, s p ä t e r wanderte er nach Osten übers Meer, der Wagen hinterdrein. So nannten die Heardinge ihn." Auf ähnliche Weise stellt die rätselhafte Dietrich-Strophe des *Röksteins* ein Einst und Jetzt einander gegenüber (Thiodrek ritt . . . am Ufer des Hreidmeers; jetzt sitzt er zu Rosse . . .). Wenn es angeht, in Thiodrek den zum Gott erhobenen Theoderich zu sehen (Höfler), dann wäre auch hier an mythische Translation zu denken.

4. Ein Stamm oder sein Führer weiht sich für eine besondere (kriegerische) Aufgabe bestimmten Göttern und erfährt ihre Hilfe: Sieg der Hermunduren über die Chatten (Tacitus, *Hist.* XIII, 57); die „Namenssage" der Langobarden und die mit ihr verwandte (gotische?) Rahmenfabel des eddischen *Grimnirliedes*. In der Heldensage des Nordens kommt es zu dem Typus des „Odinshelden", vorwiegend bei einheimischen Helden (Starkad, Hadding, Hrolf Kraki, Harald Kampfzahn), aber auch auf südgermanische übergreifend (Sigmund, Sigurd). Das polit. Motiv dieser mythischen Sagenbildung kann in der Konkurrenz verschiedener göttlicher Helfer liegen; es kommt darauf an, den richtigen und wirksamen zu finden. Im Sagen vom „Odinshelden" ist es jedoch tiefer gefaßt: hier ist der Gott die Macht, die den Helden zu Glück und Ruhm führt und ihn doch am Ende verdirbt. Noch in einigen Preisliedern des ausgehenden nordischen Heidentums (*Eiríksmál, Hákonarmál*) liegt das aktuelle religiös-politische Motiv an dieser Stelle.

5. Mythologische Weltgeschichte, die von den Weltanfängen bis zum Weltende reicht und in deren gegenwärtiger Mitte ein von innen und außen gefährdetes und vielfach abgesichertes Friedensreich der Götter steht — eine Kosmogonie und Eschatologie, die dem christlichen Mythos verwandt ist —, begegnet erst im nordischen Spätheidentum. Ob der Pseudomythos des 2. *Merseburger Zauberspruchs* etwas davon auch für Binnengermanien bezeugt, ist nicht ganz sicher. Die großartige Dichtung im Um-

kreis der anord. *Völuspá* (*Vafthrúdnismál,*
Grímnismál, die Balder-Dichtungen), im Umkreis der Zeitdichtung die „eddischen Preislieder") entspringt doch wohl erst der letzten
Selbstbesinnung des ausgehenden Heidentums
in Norwegen zur Zeit des Religionswechsels. Die
Völuspá selbst ist freilich, auch wenn man ihren
Zeugniswert nicht auf andere Teile Germaniens
übertragen kann, eines der bedeutendsten Dokumente vorchristlicher religiös-politischer Dichtung und ein Werk von weltliterarischem Rang.

   Außerhalb des Nordens spiegelt sich die
Bekehrung zum Christentum nicht in polit.
D. — will man nicht die von G. Eis aus Legenden erschlossenen „Lieder" des 8. Jh.s
als vollgültige Zeugnisse anerkennen. Überhaupt ist es merkwürdig, wie wenig über die
Motive des heidnischen Widerstands oder
Nachgebens in der Bekehrungsgeschichte der
Germanen überliefert ist. Im Norden stehen
den eddischen und skaldischen Zeugnissen
eines bewußten Spätheidentums ein paar
persönliche Einzelstrophen der widerstrebenden Abkehr von der alten Religion gegenüber (Hallfreðr vandræðaskald) und ein
christlicher Propaganda-Zweizeiler (Hjalti
Skeggjason), der trotz seiner Niveaulosig-
keit um seiner Form willen genannt werden
muß: Der südliche, endgereimte „Otfrid-
vers" macht die üble Provokation der „hün-
dischen" Freyja erst recht wirksam.

   Zu §§ 5-8 s. *Literatur u. Geschichte,* Bibliographie zu § 3. — Jan de V r i e s , *Altgerm.*
Religionsgeschichte, 2 Bde. (2. Aufl. 1956/57
PGrundr. 12). Werner B e t z , *Die altgerm.*
Religion, Stammler Aufr. Bd. 3 (2. Aufl. 1962)
Sp. 1547-1646. — Rud. M u c h , *Die 'Ger-*
mania' des Tacitus, 2. Aufl. v. Rich. Kienast
(1959; GermBibl. I. Reihe). — Magnus O l -
s e n , *Aettegård og Helligdom* (Oslo 1926;
Instituttet for sammenlignende Kulturfors-
kning A, 9 a). Søren Kristian A m t o f t , *Nor-*
diske Gudeskikkelser i bebyggelseshistorisk
Belysning. Studier over Forholdet mellem
Oldtidsreligion og Stednavnetyper (Kopenhagen 1948). — Felix G e n z m e r , *Ein german.*
Gedicht aus d. Hallstattzeit. GRM. 24 (1936)
S. 14-21. Georg B a e s e c k e , *Über german.-*
dt. Stammtafeln u. Königslisten. GRM. 24
(1936) S. 161-181. Karl H a u c k , *Carmina*
Antiqua. Abstammungsglaube u. Stammesbe-
wußtsein. Zs. f. bayer. Landesgesch. 27 (1964)
S. 1-33. Ders., *Lebensnormen u. Kultmythen*
in german. Stammes- u. Herrschergenealogien.
Saeculum 6 (1955) S. 186-222. — Otto H ö f -
l e r , *Zur Bestimmung myth. Elemente in d.*
gesch. Überlieferung. In: Beitr. z. dt. u. nord.
Gesch. Festschr. f. Otto Scheel (1952) S. 9-27.
Ders., *Der Sakralcharakter des german. Kö-*
nigtums. In: *Das Königtum. Seine geistigen*
u. rechtl. Grundlagen. Mainauvorträge 1954
(1956; Nachdr. 1963; Vorträge u. Fschgn.,

hg. v. Inst. f. gesch. Landesforschung des Bo-
denseegebiets, Bd. 3) S. 75-104. Ders., *Ger-*
manisches Sakralkönigtum. 1. *Der Runenstein*
von Rök u. d. german. Individualweihe (1952).
— Jan de V r i e s , *Über d. Verhältnis v. Óðr*
u. Óðinn. ZfdPh. 73 (1954) S. 337-353. Norb.
W a g n e r , *Dioskuren, Jungmannschaften u.*
Doppelkönigtum. ZfdPh. 79 (1960) S. 1-17,
225-257. — Felix G e n z m e r *Die Götter des*
zweiten Merseburger Zauberspruchs. Arkf-
NordFil. 63 (1947) S. 55-72). — Helm. de
B o o r , *Die religiöse Sprache der 'Völuspá' u.*
verwandter Denkmäler. Dt. Islandforschg.
1930 I, S. 68-142, wiederholt in: de Boor,
Kleine Schriften. Bd. 1 (1964) S. 209-283. —
Wolfgang L a n g e , *Texte zur german. Be-*
kehrungsgeschichte (1962). Hans K u h n , *König*
u. Volk in der german. Bekehrungsgeschichte.
ZfdA. 77 (1940) S. 1-11. Alois W o l f , *Olaf*
Tryggvason u. d. Christianisierung des Nor-
dens. In: Germanist. Abhandlungen, Hg. v.
K. K. Klein u. Eugen Thurnher (1959;
Innsbr. Beitr. z. Kulturwiss. 6) S. 9-32. Wolf-
gang L a n g e , *Studien zur christl. Dichtung*
d. Nordgermanen 1000-1200 (1958; Pal. 222).
— Gerh. E i s , *Drei dt. Gedichte des 8. Jh.s,*
aus Legenden erschlossen (1936; GermSt. 181).
Ders., *Zu dem Heldenlied vom Überfall auf*
Lüttich. GRM. 33 (1951/52) S. 153-156. Felix
G e n z m e r , *Liobwins Dingfahrt.* GRM. 32
(1950/1951) S. 161-171.

§ 6. Außerhalb des kultisch-mythischen
Umkreises besaß das Frühgermanentum
Gattungen geschichtsbezogener Dichtung, die
in gewissem Grade als p. D. gewirkt haben
kann. Wo Tacitus in der *Germania* von „alten Liedern", *quod unum apud illos memo-*
riae et annalium genus est, spricht, so
meint er an dieser Stelle (cap. 2) allerdings
jene ethnischen Theogonien, von denen
schon die Rede war. In den *Annalen* (II, 88)
sagt er jedoch auch von Arminius: *canitur*
adhuc barbaras apud gentes. Ähnliche Hinweise auf „historische" Lieder begegnen
noch Jh.e später, wo german. Volks- und
Herrschergeschichte überliefert wird (Cas-
siodor-Jordanes. Paulus Diaconus usw.). Ob
sie sich auf Heldenlied, Preislied oder andere Gattungen der Memorialpoesie beziehen, ist im einzelnen schwer zu entscheiden.
In den bewahrten Denkmälern agerm. Dichtung haben sich die Gattungen auch hinsichtlich ihrer Funktionen getrennt. Das
P r e i s l i e d ist gehobene, zweckgebundene
Gelegenheitsdichtung, bleibt aber, wenigstens im Norden, als Geschichtsdokument
und persönliche Leistung namentlich bekannter Dichter über Jh.e in der Erinnerung haften, während das Z e i t l i e d , falls es dane-

ben als besondere Gattung bestanden hat, eher zugleich mit den Anlässen vergessen wird, falls es nicht in Chroniken Aufnahme findet (in volkssprachigem Wortlaut nur in England). Ferner gab es eine abstraktere Memorialpoesie von Stammbäumen, Herrscherlisten (z. B. ae. *Widsith*) und Kriegerlisten (z. B. im Zusammenhang der Bravallaschlacht). In der politischen Wirklichkeit wird zudem die R e d e vor dem Ding und im Königsrat als zweckgebundene prosaische Kunstform eine bedeutende Rolle gespielt haben. In ihr fielen, ähnlich wie in der Rechtsrede, auf Grund eines Pragmatismus der geschichtlichen Voraussetzungen und im Abwägen des Möglichen gegen das Ziemliche politische Entscheidungen. Das H e l d e n l i e d hingegen war in seinen gültigsten und daher bewahrenswerten Ausprägungen seit der Völkerwanderungszeit zweckfreie Dichtung hohen Ranges geworden, in der die Elemente eines parteilichen geschichtlichen Engagements im Sinne einer allgemeinen Erfahrung geschichtlichen Schicksals objektiviert erscheinen. Es steht zur Heldensage in einem ähnlichen Verhältnis wie das klass. griechische Drama zum heroischen Mythos.

Andreas H e u s l e r , *Die agerm. Dichtung.* (2. Aufl. 1943; Neudr. 1957). Georg B a e s e c k e , *Vorgeschichte des dt. Schrifttums* (1940). Helm. de B o o r , *Dichtung.* In: German. Altertumskunde, hg. v. Herm. Schneider (1938; Nachdr. 1951) S. 306-430. Jan de V r i e s , *Altnord. Literaturgeschichte* Bd. 1 (2. Aufl. 1964).

§ 7. Trotzdem ist es sinnvoll, zu fragen, in welchem Grade die H e l d e n s a g e und die sie bis ins späte MA. begleitende H e l d e n d i c h t u n g als p. D. aufgefaßt werden kann. Für die Zeit vor der Völkerwanderung verlieren sich ihre Spuren. Zwar versucht die Forschung immer wieder, jene bei Tacitus erwähnten Arminiuslieder durch scharfsinnige und z. T. bestechende Indizienbeweise an spätere Heldensage und -dichtung (Siegfried) anzuschließen, aber es ist unmöglich, von so hypothetischen Grundlagen aus Schlüsse auf ein polit. Selbstverständnis der Germanen während der ersten nachchristl. Jh.e zu ziehen. Fragt man nach der polit. Aktualität der erhaltenen Heldensage und -dichtung, so sind dabei verschiedene Gesichtspunkte zu unterscheiden:

1. In ihr spiegelt sich mehr oder minder deut-lich etwas von dem polit. Engagement ihrer Entstehungszeit. Einerseits in dem, was ihr erzählenswert ist: Existenz- und Abwehrkampf des Stammes (Hunnenschlacht, Offa, Finnsburgkampf, Ingeld); Rechtfertigung einer ethisch bedenklichen polit. Tat durch die Sage (Theoderich und Odoakar); Verherrlichung der Niederlage des Stammes als moralischer Sieg des Königs und seiner Sippe (Burgundenuntergang); Konflikt der Erbherrschaft mit dem überlegenen Außenseiter (Siegfried). Andrerseits in Einzelmotiven, wie den heiligen Herrschafts- und Stammessymbolen im *Hunnenschlachtlied*, den Besitzsymbolen des *alten Atliliedes*, den Spuren haßerfüllter Gegnerschaft gegen die Hunnen (*Atlilied*) oder den tyrannischen Stammesfeind Ermanrich (*Hamdirlied*). Solche Politica der Entstehungszeit können immer wieder in Analogie zu Gegenwartserfahrungen polit. Aktualität gewinnen. Noch das Bild der Ungarn in Ottokars *Reimchronik* trägt Züge des Hunnenbildes der Etzelsage.

2. Das Geschichtsbild der Helden d i c h t u n g (Lied und Epos) ist „entmythologisiert"; an die Stelle des mythischen Herrscherglücks tritt die ethische Bewährung des Helden in der Pragmatik eines schicksalhaften Geschichtsverlaufs, dessen Weg meist in den Untergang oder in tragischen Frevel führt. Die Lösung von mythischen Bindungen mag dadurch mitbedingt sein, daß der klassische Typus des Heldenliedes sich bei den südl. Germanen ausbildete, die schon Christen, aber noch nicht von der christl.-mal. Geschichtstheologie erfaßt waren. Das Geschichtsbild der Heldendichtung bleibt wirksam, so lange sie selbst lebt. Es tritt im MA. in Konkurrenz zu dem neuen christlichen Geschichtsmythos und wird von dessen Vertretern als „politische Gefahr" empfunden und bekämpft (z. B. *Annolied* Str. 1).

3. Andrerseits bewahrt die Helden s a g e noch etwas von der Vorstellung der mythischen Heiligkeit der Herrscher und Heroen. Im mal. Deutschland lebt die Vorstellung von der Entrückung und Wiederkehr Dietrichs von Bern als „Volksaberglaube" in der Unterschicht, und die kirchliche Legende wehrt sie durch den Antimythos der Teufelsentführung ab. In Dänemark konzentriert sich die Idee der Königsheiligkeit auf die Gestalt des Friedenskönigs Frodi, dessen Name auch in Deutschland bekannt war (Fruote). Die Idee setzt sich im MA. ins Christliche um und bildet zum mindesten eine Komponente im Bilde des christlich-sakralen mal. Königs. Ohne den Weg über die Heldensage, in unmittelbarem Anschluß an die vorausgehenden heidnischen Herrscher, wird in Norwegen Olaf der Heilige zum christlichen Sakralkönig. Das Herrscherbild der franz. Karlssage integriert antik-christliches Sakralkaisertum in das der heimischen Heldensage, wie es schon dem Selbstverständnis Karls des Großen entsprochen haben mag. Auffällig ist es, wie sich noch im hohen MA. vom 11. bis zum 13. Jh. an verschiedenen Stellen umfassende Geschichtsmythen aus den nationalen Heldensagen ausbilden, meist mit der ausgesprochenen Tendenz, dem christ-

lich-universalen und imperialen Mythos von „Kaiser" und „Reich" Widerpart zu bieten: in Frankreich entsteht die feudal getönte Karlssage, im angevinischen England wird die keltische Artussage zum national-mythischen Symbol (Gottfried von Monmouth), in Dänemark erdichtet Saxo Grammaticus aus heimischer und entliehener Heldensage eine nationale Vorgeschichte mit Abwehrtendenz gegen den südlichen Nachbarn. In Deutschland dagegen wird das von der Heldensage getragene Geschichtsbewußtsein durch den Reichsmythos auf die Stämme abgedrängt: Dietrich von Bern ist der Held des bairisch-österreichischen Südostens, Siegfried der des fränkischen Westens. In den *Rosengarten*-Epen symbolisiert sich dieser Gegensatz. Die Wirksamkeit derartiger nationaler Geschichtsmythen bei der Ausbildung des modernen Nationalbewußtseins muß hoch veranschlagt werden.

Bibliographie s. *Heldendichtung*. — Ferner: Jan de V r i e s , *Heldenlied u. Heldensage* 1961; Samml. Dalp 78). Werner B e t z , *Die dt. Heldensage*. Stammler Aufr. Bd. 3 (2. Aufl. 1962, Sp. 1871-1970). *Zur germanisch-deutschen Heldensage*, hg. v. Karl Hauck (1961; Wege der Forschung 14). Darin: W. M o h r , *Geschichtserlebnis im agerm. Heldenliede*, S. 82-101. Franz Rolf S c h r ö d e r , *Mythos u. Heldensage*, S. 285-315 (=GRM. 36, 1955, S. 1-22). Otto H ö f l e r , *Die Anonymität des Nibelungenlieds*, S. 330-392 (=DVLG. 29, 1955, S. 167-213). Hans K u h n , *Heldensage u. Christentum*, S. 416-426 (= Studium Berolinense, 1960, S. 515-524). — Ernst B i c k e l , *Arminiusbiographie und Sagensigfrid* (1949). Otto H ö f l e r , *Siegfried, Arminius u. die Symbolik. Mit e. histor. Anh. über d. Varusschlacht* (1961; erw. Abdr. aus: Festschr. f. Franz Rolf Schröder 1959). Karl H a u c k , *Heldendichtg. u. Heldensage als Geschichtsbewußtsein*. In: Alteuropa u. d. moderne Gesellschaft. Festschr. f. Otto Brunner (1963) S. 118-169. — Jan de V r i e s , *Theoderich der Große*. GRM. 42 (1961) S. 319-330). — F. P. P i c k e r i n g . *Notes on Fate and Fortune*. In: Mediaeval German Studies, presented to Fr. Norman (University of London Institute of Germanic Studies, 1965) S. 1-15.

§ 8. Die an Zweck und Gelegenheit gebundene Hochform p.er D. Altgermaniens, das Z e i t - u n d P r e i s l i e d , kennen wir nur aus außerdeutschen Quellen. Was an der nord. S k a l d e n d i c h t u n g orts- und zeitgebunden ist, die besondere, weder von der germ. Stabreimdichtung noch aus fremden Einflüssen sicher ableitbare Metrik und Strophik, die artifizielle Syntax, die verrätselnde Metaphorik der Kenningar, macht zugleich den gehobenen, ritualen Stil dieser Dichtung aus, der wiederum den besonderen Bedingungen eines Sippenkönigtums entstammt,

das in Schweden als Großkönigtum schon eine Jh.e alte Tradition hatte, in Norwegen aber erst mit Harald Schönhaar als Einheitskönigtum über die adelsbäuerlichen Geschlechter in der Schlacht im Hafrsfjord (872?) den Sieg gewann. Zieht man der Skaldendichtung ihr stilistisches Schmuckgewand ab, so bleibt etwas übrig, das der persönlichen und polit. Dichtung des dt. MA.s in Spruch und *rede* von Herger bis zur Heroldsdichtung merkwürdig ähnlich sieht: Gelegenheitsdichtung in Einzelstrophen, mehrstrophige Zeit-, Preis- und Totenlieder, die Taten und Tugenden von Königen und herrschenden Großen verherrlichen. Eine der Quellen dieser nord. Hofpoesie ist sicher das T o t e n p r e i s l i e d , das als *erfidrápa* auch in der Skaldendichtung eine besondere Gattung bildet. Schon des Tacitus Zeugnis über Arminius-Lieder könnte sich auf diese Gattung beziehen. Sicherer bezeugt ist sie durch den Bericht des Priscus von Attilas Bestattung und in poetischer Spiegelung durch die Bestattungsszene des ae. *Beowulf*. Neben dem Totenpreislied steht in der Skaldendichtung, thematisch von diesem nicht unterschieden, das Preislied auf den lebenden Fürsten. Es beginnt mit einer Eingangsformel, in der der Sänger Gehör verlangt. Dann folgt eine Aufzählung der Kriegstaten des Gepriesenen oder die Darstellung seines letzten Kampfes. Die Fakten werden zwar unentfaltet und wenig individualisiert dargeboten, sind aber in konkretem Sinne wahr; deshalb waren den kritischen Historikern Islands im 13. Jh. diese Lieder als Quellen willkommen. Die Kampfschilderungen erstarren in festen Topoi: Die Tiere des Schlachtfelds, Adler, Rabe und Wolf, werden satt; Kriegersarkasmus sieht den Kampf als Spiel (Tanz?), auch als Brautwerbung; das soldatische Leben stellt sich in Gegensatz zum Wohlleben „daheim bei den Weibern" oder „beim Becher". Vor der Schlacht pflegt der König eine Mahnrede an seine Leute zu halten, aus der das Lied ein kraftvolles „Kernwort" überliefert. Alle diese Züge treten in franz. und dt. Heldendichtung, in der Heroldsdichtung und im „historischen Lied" der späteren Zeit ebenso topisch auf. Das Preislied klingt meist aus in einem formelhaften Tugendkatalog des Gepriesenen, in dem die Freigebigkeit wie in der mal. dt. Spruchdichtung und der spätmal. Heroldsdichtung besonders nachdrücklich gerühmt wird. Wie beim dt. „histor. Lied" kommen auch aufeinander abgestimmte Parallelberichte über das gleiche Ereignis vor (Hallfreðr und Halldórr ókristni zur letzten Schlacht von Olaf Tryggvason). Dem Typus des Zeitliedes scheint das älteste der „eddischen Preislieder", das Harald Schönhaar feiert, nahe zu stehen (*Haraldskvaedi*). Der Rahmen (ein Rabe gibt einer Walküre Bericht) erinnert an die allegorischen Einkleidungen der Heroldsdichtung oder an den Frage-Antwort-Rahmen des „kleinen Lucidarius" *Seifrid Helbling*. Die Schlachtenschilderung spart nicht mit kriegerischem Sarkasmus in der Verunglimpfung der Gegner. Hinterdrein folgen Strophen über Haralds erfolgreiche politische Heirat, und am Schluß erbost sich der Dichter über den Unfug der Gaukler und Spielleute in ähnlicher Weise, wie es seit Walther in Deutschland üblich ist.

Am deutlichsten zeigt die Person, Biographie und das Werk des Skalden Sigvat Thordarson (1. H. 11. Jh.), daß im Norden zwei Jh.e vor Walther von der Vogelweide aus ähnlichen gesellschaftlichen Voraussetzungen etwas Ähnliches wie die mhd. polit. Spruchdichtung entstehen konnte. Sigvat, der als Isländer aus wenig bekannter Familie an den norweg. Königshof kommt, steigt auf zum Hofskalden, vertrauten Ratgeber, Marschalk, politischen Gesandten bei König Olaf Haraldsson und seinem Sohn Magnus. Er drängt in seiner Dichtung den rituell-ornamentalen Stil der älteren Skaldik zurück, beschränkt die traditionellen Schemata der Hofdichtung auf ihre rationale Typik und reichert sie mit persönlichen Tönen an. Das Ergebnis ist ein Bestand, der stark an den der mhd. Spruchdichtung und *rede* erinnert: Das annalistische Preislied (vom Typus der Ehrenreden der Heroldsdichtung), das Zeitlied über eine bestimmte Schlacht (ähnlich dem „historischen Lied"), das rückblickende Memorialgedicht, das die Heiligkeit des gefallenen Königs Olaf propagiert (zugleich entritualisierte nordische *erfidrápa* wie nordisches Gegenstück des *Annoliedes*), anekdotenreiche Reiseberichte über eine Gesandtschaft nach Schweden und eine Englandfahrt (mit dem Typus der Reiselieder Oswalds von Wolkenstein vergleichbar), vor allem die eindrucksvolle aktuelle polit. Mahnrede der „Freimutsstrophen" (nach Gattung und Rang Seitenstück zu Walthers p. D.), schließlich persönliche und polit. Gelegenheits- und Bittstrophen. In den „Freimutsstrophen" (*Bersöglisvisur*) ist außerdem durch die poet. Form ein Stück echter polit. R e d e im Wortlaut enthalten, wie sie sonst im Rahmen der isl. Geschichtsschreibung (Snorri Sturluson und die übrige Königssaga) häufig begegnet und in ihr Träger eines politischen Pragmatismus ist, der sich in der Königssaga mit dem tragischen Pragmatismus der Heldendich-

tung zu einem für das europäische MA. ungewöhnlichen Geschichtsbilde verbindet. Doch fehlen auch dazu nicht die späteren Gegenstücke in Deutschland: Politische Pragmatik in den öffentlichen Reden ist das eindrucksvollste Formelement in Ottokars *Österreichischer Reimchronik*.

Ob die Ähnlichkeit der p. D. und polit. Rede im Norden und in Deutschland auf einem Traditionszusammenhang beruht, der vom Frühgermanentum bis ins Hoch- und Spätma. reicht, oder ob aus ähnlichen Bedingungen verwandte Gattungen und Formen jeweils neu entstanden sind, wird sich kaum entscheiden lassen. Zusätzlich muß man in Rechnung stellen, daß von der lat. Enkomienpoesie der Kaiserzeit aus eine Linie entsprechender Formen und Themen in der mlat. Dichtung des MA.s weiterläuft. Die Geschichte der p. D. im dt. MA. ist zudem dadurch belastet, daß sie in der Volkssprache erst seit Walther von der Vogelweide auftritt und erst die nach-Waltherischen Ausprägungen ihre Gattungstypen deutlicher hervortreten lassen. Vorher erahnen wir vom Zeitlied u. ähnl. nur etwas durch gelegentliche Erwähnungen oder durch Spiegelungen in andersartiger Literatur. Das mag zum Teil an ihren besonderen Überlieferungsbedingungen liegen. P. D. übt ihre Wirkung in dem Augenblick, wo sie vorgetragen wird. Sie verfällt der Vergessenheit, wenn sie nicht aus besonderen Gründen bewahrenswert erscheint, sei es als histor. Dokument oder um der Person des Dichters willen. Das gilt für die volkssprachige Dichtung Deutschlands stärker als für die lateinische, die früher und leichter die Grenze vom mündlichen Vortragsstück zum literar. Buchwerk überschreiten konnte. Ähnlich sind wohl die Bezeugungen einer aktuellen polit. Redekunst, die einerseits das Modell für p. D. abgab, andrerseits als Formbestandteil in die volkssprachige Geschichtsschreibung des Nordens und später auch Deutschlands einging, zu beurteilen. Daß dort für die nord. Königssaga, hier für die großen rechtlich-polit. Redeszenen der Reimchroniken und spätmal. historischen „Sprüche" die antike Geschichtsschreibung allein das Vorbild gab, ist nicht wahrscheinlich. In Frankreich und Deutschland spiegelt sich diese Redekunst früher in den „politischen" Szenen der Romane (*Ruodlieb, Tristanroman, Iwein, Parzival*) als in der Geschichtsdarstellung der Chroniken. Auch hier muß man damit rechnen, daß Darbietungsformen eines mal. polit. Brauchtums von früh an durchlaufen und an verschiedenen Orten und zu verschiedenen Zeiten in die Lit. aufsteigen.

Die lat. Panegyrik des MA.s selbst setzt einerseits ihre aus der Antike stammende Tradition fort, andrerseits integriert sie sich volkssprachige Formen und wird dadurch zum Spiegel für diese. Zieht man ihr das Festgewand des Lateins aus, so erscheinen ähnliche Typen wie in der nordischen Skaldik, wenn man dieser ihren stilistischen Prunk abgezogen hat. Ihre ersten mal. Züge zeigt sie schon in der Merowingerzeit (Venantius Fortunatus). Einen Höhepunkt erreicht sie in der Zeit Karls des Großen und seiner Nachfolger (s. *Mittellat. Dichtung* § 6 und 7). In Zeitliedern wie dem des Angilbert auf die Schlacht von Fontenay steht sie dem mündlichen Vortragsstück nahe und tritt damit in die Nachbarschaft des ahd. *Ludwigsliedes*. Intensiver tritt die Gattung dann wieder hervor unter Otto III. und Heinrich II. mit dem halb-deutschen *De Heinrico*, dem *Modus Ottinc*, Krönungsgruß und Totenklagen (s. *Mlat. D.* § 13). Damals beginnen auch die „wandernden Journalisten" (Wilh. Scherer) in ihren anekdotischen „Modi" zeitgemäße Belanglosigkeiten zu bedichten. Einen neuen Höhepunkt bildet die p.D. Wipos unter Konrad II. und Heinrich III. (s. *Mlat. D.* § 18). Seine Rolle als Hofbeamter und Hofdichter ist der der nordischen Skalden nicht unähnlich, wenn man die verschiedenen Proportionen in Rechnung stellt, durch die sich ein nordischer Königshof von dem des Reiches unterscheidet. Aus der breiten epischen Panegyrik der Zeit Friedrichs I. hebt sich allein der *Kaiserhymnus* des Archipoeta als polit. Vortragsstück heraus, nach Form und Gattung ein Einzelgänger in seiner Zeit aber gerade dadurch näher den volkssprachigen Liedformen zugeordnet als der antiklateinischen Tradition. Man wird dieses bedeutende Lied vielleicht eher als Spiegelung denn als Vorläufer der volkssprachigen polit. Lyrik ansehen dürfen.

A. Heusler, *Altgerm. Dichtung*, S. 97-120. J. de Vries, *Anord. Literaturgeschichte*, Bd. 1 (2. Aufl. 1964) §§ 46-89, 96-116. Jón Helgason, *Norges og Islands digtning*. In: Litteraturhistoria. Norge og Island, udg. af Sigurður Nordal (Stockholm, Oslo, København 1953; Nordisk Kultur 8. B). (Zur Skaldendichtung S.

101-158). — Klaus von See, *Skop und Skald. Zur Auffassung des Dichters bei den Germanen.* GRM. 45 (1964) S. 1-14. Åke Ohlmarks, *Till frågan om den fornnord. skaldediktningens ursprung.* ArkfNordFil. 57 (1944) S. 178-207. Felix Genzmer, *Das eddische Preislied.* PBB. 44 (1920) S. 146-168. Hallvard Lie, *'Natur' og 'unatur' i skaldekunsten.* Avh. utg. av Det Norske Videnskaps-Akademi Oslo II, 1957, 1. Ders., *Skaldestil-studier.* Maal og Minne, 1952, S. 1-92. — Siegfr. Beyschlag, *Konungasögur. Untersuchgn. z. Königssaga bis Snorri.* (Kopenhagen 1950; Bibl. Arnamagnaeana 8). Ders., *Möglichkeiten mündlicher Überlieferung in der Königssaga.* ArkfNordFil. 68 (1953) S. 109-139. W. Mohr, *König u. Volk im german. Norden.* Die Welt als Geschichte 1941, S. 181-201. — Karl Hauck, *Mittellat. Lit.* Stammler Aufr. Bd. 2 (2. Aufl. 1960) Sp. 2555-2624. Walther Bulst, *Polit. u. Hofdichtg. d. Dt. bis zum hohen MA.* DVLG. 15 (1937) S. 189-202. — Reto R. Bezzola, *Les origines et la formation de la littérature courtoise en Occident (500-1200)* I. *La tradition impériale de la fin de l'Antiquité au XIe siècle* (2. ed. Paris 1958). Franz Bittner, *Studien zum Herrscherlob in der mlat. Dichtung.* Diss. Würzburg 1962.

§ 9. Die dt. Literatur beginnt erst in einer Epoche, in der sich gegen das mythischgeschichtliche Weltbild des german. Heidentums, das pragmatisch-geschichtliche Weltbild der Heldendichtung und den Kanon kriegerischer und fürstlicher Tugenden, die das Zeit- und Preislied feiert, das christlichantike Welt- und Geschichtsbild durchsetzt. Das polit. Schauspiel der Auseinandersetzung dieser Geschichtsbilder bleibt uns weithin unzugänglich, da die erhaltene Lit. nur den Standpunkt der neuen, siegreichen Idee zu Wort kommen läßt.

Karls des Großen beharrliche innenpolitische Bildungsarbeit für das Verständnis des Christentums spiegelt sich nur in der Glossen- und Übersetzungslit. der Klöster (s. *Ahd. Lit.*). Die polit. Seite der „Karlischen Renaissance" kommt naturgemäß in lat. Sprache aufs Pergament, nicht nur im gelegenheitsgebundenen Preis der kriegerischen Taten des Kaisers, sondern auch in der Formulierung der Idee der Restauration des (römischen) Weltreichs. Aus welchen politischen Motiven Karl „barbara et antiquissima carmina, quibus veterum regum actus et bella canebantur", aufzeichnen ließ, läßt sich nicht mehr sicher ausmachen, da wir nicht wissen, ob Heldenlieder oder Zeit- und Preislieder damit gemeint sind.

Die christliche Dichtung der beiden nachfolgenden Generationen ist zwar nicht p. D.
in eigentlichem Sinn, aber sie hat ihre politischen Seiten, die in diesem Zusammenhang
zu fassen und herauszuheben sind.

Der unmittelbare politische Impuls, der von
der nddt. Evangelienharmonie *Heliand* ausgeht
(s. *Altsächs. Lit.* § 3), ist die Verkündigung des
neuen Glaubens bei den Sachsen eine Generation nach ihrer Bekehrung. Christus erscheint
als königlicher Heilsbringer, Friedensfürst im
erduldeten Leiden, der, von seinem eigenen
Volke verschmäht, gerade den andern Völkern
in der dafür vorbestimmten geschichtlichen Stunde ein überzeitliches Heil schenkt. Von seiner
Gefolgschaft fordert er festes Vertrauen und jene
neue Ethik der Bergpredigt, deren Verkündigung die geistige und kompositionelle Mitte der
Dichtung ausmacht. Den Dichter bewegt die
Sorge, ob ein Volk wie das seine, das erst
zu so später Stunde zum Heil gelangt, noch
daran Anteil haben wird; darin verrät sich sein
persönliches Engagement. Von daher bekommt
der Gedanke, daß das Heil, das doch „von den
Juden kommt", von ihnen verworfen und von
den Heiden gläubig angenommen wird, das
durch den Apostolischen Auftrag in die Welt
gesandt und jetzt von den Nachfolgern Petri
verwaltet wird, seine besondere Aktualität. Die
Person Christi und sein Werk in der Geschichte,
die Forderung der Nachfolge an seine Anhänger
im Sinne des Vertrauens und eines richtigen
Handelns stehen in diesem großen Verkündi-
gungsepos in so harmonischem Verhältnis zueinander wie selten sonst in der Geschichtsmetaphysik des Mittelalters.

Otfrids Evangeliendichtung ist demgegenüber in ihrer Verkündigung ganz und gar unpo-
litisch. Die politische Seite seines Werks liegt
in dem bescheidenen und stolzen Anspruch, mit
dem Otfrid es wagt, sein Fränkisch auf die Höhe
der „Adelssprachen" zu heben, um den höchsten
Gegenstand in einem durch und durch literarischen Kunstwerk darzustellen. Die Form des
Werkes repräsentiert bis in die kleinsten Züge
diese humanistischnationale Tendenz. Am Anfang der hochdt. Lit. steht das vollkommenste
„Buch", das das MA. in dt. Sprache hervorgebracht hat. Eine wohlbedachte, konsequente
Orthographie, eine gepflegte, auf leise Gefühls-
und Zwischentöne gestimmte Sprache, der nicht
klassizistische, aber christlich-humanistische Vers,
dem im volkssprachigen Abendland einmal die
Zukunft gehören wird, die gebildete Synthese
von teilnehmender Erzählung, sachlicher und
theologischer Didaktik, hymnischer Lyrik, die
Möglichkeit, Stücke daraus nach Art der kirchlichen Hymnus zu singen (Neumen), die planvolle
Gliederung in Büchern und Kapiteln, jeweils mit
Inhaltsverzeichnissen versehen, das Ganze ein-
gefaßt in lateinische und deutsche, mit Akrosti-
chen geschmückte Vor- und Nachreden —: dieses
Buchwerk ist in der Tat das repräsentative volkssprachige Denkmal einer „karolingischen Re-

naissance" und stellt insofern eine polit. Tendenz der Epoche zur Schau.

In direkterer Weise politisch gibt sich die
Muspilli genannte Mahnpredigt von den letzten
Dingen in ihrer Tendenz, dem weltlichen Rechts-
denken, in dem ein Sippengenosse dem andern
Rechtshilfe leistet, das ganz andere Recht des
letzten göttlichen Gerichts, wo der Einzelne für
sich selbst gegen die Anklage des Teufels ein-
stehen muß, gegenüberzustellen. Das Motiv der
Sippenhilfe entspricht dabei der aktuellen, heimischen Gegenwart, das Motiv der Bestechlichkeit des Rechtsprechenden (V. 67) stammt als
Sündentopos schon aus der patristischen Sozialkritik und wird beharrlich bis ins späte MA.
weitergetragen.

Das einzige Denkmal eines polit. Zeitliedes in ahd. Sprache, das *Ludwigslied* auf die
Schlacht bei Saucourt gegen die Normannen
(881) bekommt gerade durch seine Vereinzelung eine Schlüsselstellung nach vorwärts
und rückwärts. Hinsichtlich der Gattung
kann es an das german. Preislied angeschlossen werden als einziges bewahrtes Denkmal
außerhalb des Nordens, aber auch an die
Zeitlieder in lat. Sprache. Wie im skaldischen
Preislied steht die eine, rühmenswerte
Schlacht in einem weiter gespannten biographischen Rahmen. Auch die gattungstypische
Mahnrede des Königs vor der Schlacht fehlt
nicht. Der sakrale Bezug des Königs auf
Gott, der Leitgedanke des Gedichtes, wandelt jedoch nicht schlechthin die heidnische
Königsheiligkeit in eine christliche. Das Motiv der Fürsorge Gottes als *magezoge* für
den verwaisten jungen Herrscher und der
Anspruch Gottes auf seine Hilfe für „seine
Leute" im Kampf gegen die Heiden ist mit
so viel rhetorischer Bewußtheit vorgetragen,
daß ihm die naive Sicherheit fehlt. Was A.
Heusler grimmig „die geistliche Drahtpup-
pen-Gesinnung" des Ludwigsliedes nennt
(*Agerm. Dichtung* § 109), mutet an wie ein
Vorklang der Kreuzzugspredigt. Wenn man
bedenkt, daß später der Grenzkampf gegen
die Sarazenen, die Abwehr der heidnischen
Normannen, die Fahrt „über Meer", die
Preußenfahrt, der Hussitenzug, die Kämpfe
gegen die Türken als eine einheitliche polit.
Aufgabe im Sinne der Kreuzfahrt angesehen
wurden und daß z. B. Wolfram die Nord-
völker zusammen mit den Sarazenen zur
gleichen ethnischen *familia* rechnete, so wird
man das *Ludwigslied* an den Anfang der
mal. Kreuzzugsdichtungen stellen dürfen.

Literaturgeschichten: s. *Ahd. Lit.* u. *Altsächs. Lit.* — Mal. Geschichtsauffassungen: s.

Lit. u. Geschichte zu § 4. — Heinz L ö w e , *Von Theoderich d. Gr. zu Karl d. Gr. Das Werden d. Abendlandes im Geschichtsbild d. frühen MA.s* (1956; Lizenzausg. 1958; Libelli Bd. 29). Ders., *Regino von Prüm u. d. histor. Weltbild d. Karolingerzeit*, in: *Geschichtsdenken u. Geschichtsbild im MA.* (1961; Wege der Fschg. 21) S. 118-124. Percy Ernst S c h r a m m , *Kaiser, Rom u. Renovatio* (3. Aufl. 1962). — John K. B o s t o c k , *A handbook on Old High German literature* (Oxford 1955). Heinz R u p p , *Forschung zur ahd. Lit.* DVLG. 38 (1964), Sonderh. S. 1-67. Werner S c h r ö d e r , *Grenzen u. Möglichkeiten einer ahd. LitGesch.* (1959; BerSächsGes. 105, 2). Peter v. P o l e n z , *Karlische Renaissance, karlische Bildungsreformen u. d. Anfänge der dt. Lit.* Mittlgn. Universitätsbund Marburg 1959, S. 27-39. — Friedrich von der L e y e n , *Das Heldenliederbuch Karls des Großen* (1954). Gerhard M e i ß b u r g e r , *Zum sogenannten Heldenliederbuch Karls d. Großen.* GRM. 44 (1963) S. 105-119. — Herbert K o l b , *Vora demo muspille. Versuch e. Interpretation.* ZfdPh. 89 (1964) S. 2-33. — Walter B u l s t , *Susceptacula regum.* In: Corona quernea, Festgabe K. Strecker (1941) S. 97-135. — Theodor S i e g r i s t , *Herrscherbild u. Weltsicht bei Notker Balbulus. Untersuchgn. zu den 'Gesta Caroli'* (Zürich 1963; Geist u. Werk der Zeiten 8). *Karl d. Gr. Lebenswerk u. Nachleben.* Bd 2: *Das geistige Leben.* Hg. v. Bernhard B i s c h o f f (1965).

§ 10. Die f r ü h m h d . D i c h t u n g (*s. d.*), die nach der „ottonischen Lücke" in Erscheinung tritt, ist ausschließlich geistlich. Die Ausrichtung ist die gleiche, die schon in der ahd. *Muspilli*-Predigt sichtbar wird. Ihr autoritativer Charakter zeigt sich in der monotonen Ausschließlichkeit, mit der sie das christliche Welt- und Heilsbild vorstellt, ohne Abstufungen und ohne daß die Möglichkeit einer individuellen Auslegung, ja auch nur der Zustimmung des gläubigen Fühlens freigestellt wird. Jedes Einzelleben ist in der kurzen Spanne seiner Zeitlichkeit eingefügt in den sozusagen statischen Verlauf der Heilsgeschichte, ausdrücklich wird seine Entscheidungsfreiheit (*selbwala*) betont, doch wer den Lebensmoment nicht zur richtigen Wahl nutzt, ist auf ewig verloren. Vorgetragen wird dies als predigthaft-mahnende Lehrdichtung, die einzig von dem einen, sicheren Standpunkt aus argumentiert (vom *Memento mori* bis zu *Vom Rechte*, dem Armen Hartmann und Heinrich von Melk), als „Wissenschaft", die die verstreuten Phänomene der Natur und der Menschenwelt in einen symbolischen Kosmos

einordnet, und als „mit einem dogmatisch-symbolischem Gerüst arbeitende heilsgeschichtliche Erzählung" (Hugo Kuhn zu *Ezzolied, Summa Theologiae* usw.). Der Rigorismus der Propaganda des christlichen Welt- und Geschichtsbildes in dieser Dichtung ist nur zu begreifen, wenn man die Gegenpositionen einer andersartigen „natürlichen" Ordnung der Gesellschaft und des polit. Handelns, die damals wirksam waren, in Rechnung stellt. Die Geistlichendichtung steht in Abwehr und bezeugt dadurch indirekt, daß es Mächte gab, gegen die sie sich wehren mußte.

Worin diese Gegenposition vor allem gesehen wurde, spricht die Eingangsstrophe des *Annoliedes* aus: Die Lieder „von den alten Dingen, wie tapfere Helden fochten und Burgen brachen, feste Freundschaften sich trennten, Königreiche zugrundegingen" sollen fürderhin nichts mehr gelten. Hauptwidersacher ist damals immer noch der tragische Geschichtspragmatismus der Heldendichtung, dessen Wirkung offenbar bis tief in die polit. Ethik reichte. Im Zeit- und Preislied, das wir aus dieser Zeit nur in seinen lat. Ausprägungen kennen, setzt sich dagegen mehr und mehr das Idealbild des Rechts- und Friedensherrschers und die Pragmatik des Ausgleichs politischer Konflikte durch. Das halb-deutsche Zeitlied *De Heinrico* hat die Versöhnung zweier Herrscher zum Gegenstand, und das Preislied *Modus Ottinc* stellt zwar eine Schlacht in den Mittelpunkt, aber es ist eine Abwehrschlacht gegen die heidnischen Ungarn, und das Lied gipfelt im Preise Ottos III. als Friedenskaiser. In der Geschichtsschreibung werden diese Tendenzen noch nicht ausdrücklich wirksam, wohl aber in dem Fragment des ersten mal. Romans, dem *Ruodlieb*, in dem ein menschlich einsichtiges, Rechte und Kräfte richtig abschätzendes, Tugenden und Schwächen mit wohlwollendem Verständnis berücksichtigendes Verhalten im privaten und öffentlich-politischen Zusammenleben der Menschen geradezu zum Programm erhoben wird, eine vornehme, christliche Humanität, die das Selbstverständnis der späteren ritterlichen Dichtung vorwegnimmt. In dt. Sprache wäre damals ein Werk wie der *Ruodlieb* wohl noch nicht möglich gewesen, aber auch im mal. Latein ist dies frei in den ästhetischen Raum einer anmutigen Erzählung gestellte symbolische Spiegelbild exemplarischer menschlicher Gesellschaftsformen ein einmaliges Wunder.

Das Lateinische hatte seine eigentliche literar. Domäne stärker in der irgendwelchen Zwecken dienenden und damit auch in gewissem Grade „politischen" Geschichtsliteratur, der Welt-, Hof-, Bistums- und Klosterchronik und der kirchlichen Vitenliteratur. Von der letzteren ausgehend findet ein Denkmal den Weg ins Deutsche und macht dabei einen Wandel durch, es wird zum Heiligen-Preislied und zugleich zum mahnenden Exempel für die richtige Einordnung des Menschen in die Heilsgeschichte: das *Annolied*. Es feiert einen geistlichen „Helden" und bedeutenden geschichtlichen Täter so, daß von seinen Taten nichts, von seinen frommen Tugenden und seiner Heiligkeit nur zum Schluß einiges Anekdotische in Erscheinung tritt, ja, daß die menschliche Figur selbst verschwindet, weil sie nur als Beziehungspunkt in einem „doppelten Cursus" der Weltgeschichte gesehen wird. Der Gedanke der Translatio imperii ist von der Person des Kaisers auf den Stammesraum der Franken abgeleitet, der Gedanke der Translatio des Apostolats von dem römischen Nachfolger Petri auf den heiligen Kirchenfürsten in Köln. Darin liegt nicht etwa eine zwiefache polemische Spitze, sondern es ist analogisch gemeint: die weltgeschichtlichen Linien sind für das typologische „Programm" dieses besonderen Heiligenpreisliedes zurechtgebogen. Was sonst als tätiges Heldentum des Besingens wert gewesen wäre, gilt nichts, die Person ist ausgeschaltet, wenn es um die Entscheidung geht, „wie wir einmal enden werden". Der Investiturstreit, der im Lat. eine leidenschaftliche Streitschriftenliteratur beider Parteien hervorgebracht hat, bleibt tief unter dem Gesichtskreis, obwohl der Dichter wie sein Held der Reformpartei nahesteht. Nur an einer Stelle (Str. 40) ist der welthistorische Aspekt aufgegeben, und der Dichter spricht unmittelbar betroffen und erschüttert von der unheilbaren Disordinatio des Bürgerkrieges, der das Reich verwirrt. Da spiegelt sich im *Annoliede*, das als Ganzes das extremste Beispiel einer p. D. im Sinne der frühmhd. Geistlichendichtung ist, jene zeitdiagnostische polit. Spruchdichtung, die unmittelbar erst mit Walther von der Vogelweide in die Überlieferung tritt.

Mit der *Kaiserchronik*, die Teile des *Annoliedes* in sich aufgenommen hat, tritt die Gattung der Weltchronik, die bisher dem Lat. vorbehalten war, in die Volkssprache. Durch die Beschränkung auf den Geschichtsausschnitt der „Kaisergeschichte" von Caesar bis zur Gegenwart, durch den denkmalhaften Rahmen der frühen Kaiserviten mit Regierungszeit und Art des Todes (man denkt zurück an das Dispositionsschema des *Ynglingatal* und voraus an das der *Braunschweiger Reimchronik*), in dem Ersatz verbürgter Geschichte durch eine vom Sinn des Ganzen bestimmte Auswahl von exemplarischen Erzählungen und Legenden, mit der Aufnahme von Sagen, in denen sich ein stammesbewußtes Nationalgefühl regt (Adelger) und in der leitmotivischen Orientierung des ganzen episch-historischen Sammelwerks auf die Idee der Ehre des Reiches und seiner Herrscher rastet die Kaiserchronik in verschiedenartige Traditionen der lat. und dt. historischen und politischen Dichtung ein und fügt sie zu einem Gesamtbild zusammen. Im Lat. ist die Weltchronik (*Historia de duabus civitatibus*, 1147) des Otto von Freising ihr genau zeitgenössisches Gegenstück. Beide Werke identifizieren „Reich" und Christenheit, sehen das Imperium christianum durch Kaiser und Papst repräsentiert und verstehen Geschichte als Widerspiel zwischen dem Guten und dem Verwerflichen. In dem dt. Werk ergibt das eine bunte Folge exemplarischer Geschichten von richtigem und verkehrtem Handeln, keineswegs nur das polit. Handeln und die Erfüllung herrscherlicher Aufgaben betreffend — diese Dimension ist noch kaum entdeckt —, jedoch in ihrer historischen Reihung den Lauf der Geschichte „sinnvoll" symbolisierend. Das lat. Werk ist eine geschichtstheologische und zugleich tief pessimistische Deutung der Gegenwart als Vorzeit der letzten Dinge. Da die Geschichte des Reiches die der Christenheit ist, bekommen für das dt. Geschichtsbewußtsein alle aktuellen Katastrophen eschatologischen Sinn. Das bleibt auch in Zukunft so, wenn auch zur Zeit Friedrichs Barbarossa der Weg der Geschichte ins Helle zu führen scheint.

S. Bibliographie zu *Frühmhd. Dichtung; Literatur und Geschichte* §§ 6-8. Ferner: Cornelius S o e t e m a n, *Dt. geistl. Dichtg. des 11. u. 12. Jh.s* (1963; Sammlung Metzler). Heinz R u p p, *Dt. religiöse Dichtungen d. 11.*

u. 12. Jh.s (1958). Albert B r a c k m a n n, *Zur polit. Bedeutung der Kluniazensischen Bewegung* (1955; Libelli 26). — Hugo K u h n, *Gestalten u. Lebenskräfte der frühmhd. Dichtung.* DVLG. 27 (1953) S. 1-30, wiederholt in: Kuhn, *Dichtung u. Welt im MA.* (1959) S. 112-132. Ingeborg S c h r ö b l e r, *Das mhd. Gedicht 'Vom Recht'.* PBB. 80 (Tüb. 1958) S. 219-252. Hans-Joachim G e r n e n t z, *Soziale Anschauungen u. Forderungen einiger frühmhd. geistl. Dichter.* Weim.Beitr. 3 (1957) S. 402-428. — Hans N a u m a n n, *Der 'Modus Ottinc' im Kreis s. Verwandten.* DVLG. 24 (1950) S. 470-482. — Karl H a u c k, *Heinrich III. und der 'Ruodlieb'.* PBB. 70 (1948) S. 372-419. Werner B r a u n, *Studien zum 'Ruodlieb'. Ritterideal, Erzählstruktur u. Darstellungsstil* (1962; QF. 131). — Doris K n a b, *Das 'Annolied'. Probleme s. literar. Einordnung* (1962; Hermaea NF. 11). Hans E g g e r s, *Das 'Annolied' — eine Exempeldichtung?* In: Festschrift für Ludw. Wolff (1962) S. 161-172. Peter K n o c h, *Untersuchgn. z. 'Annolied'.* ZfdPh. 83 (1964) S. 275-301. — Eberhard N e l l m a n n, *Die Reichsidee in dt. Dichtungen d. Salier- u. frühen Stauferzeit* (1963; Philol. Studien u. Quellen 16). — Ferdinand U r b a n e k, *Zur Datierung d. 'Kaiserchronik'. Entstehung — Auftraggeber — Chronologie.* Euph. 53 (1959) S. 113-152. Friedr. N e u m a n n, *Wann entstanden 'Kaiserchronik' u. 'Rolandslied'?* ZfdA. 91 (1962) S. 263-329. — Karl H e i s i g, *Die Geschichtsmetaphysik des 'Rolandsliedes' u. ihre Vorgeschichte.* ZfromPh. 55 (1935) S. 1-87. Friedr. O h l y, *Zum Reichsgedanken des dt. 'Rolandsliedes'.* ZfdA. 77 (1940) S. 189-217.

§ 11. In der Stauferzeit erreicht Deutschlands mal. Geschichte ihren Höhepunkt. Die Spannungen zwischen dem universalen Imperialismus des Reichs und dem Universalitätsanspruch der Kirche, den konkurrierenden Herrschaftsansprüchen Frankreichs, Englands und des Nordens, den beginnenden regionalen Nationalismen und der Auflehnung der Fürsten gegen die Reichskonzeption des Kaisers scheinen eine Weile im Gleichgewicht gehalten, Christenheit und Reich wenden sich trotz der Katastrophe von 1149 mit neuer Zuversicht der Kreuzzugsaufgabe zu. Die erste Generation glaubte an die tatsächlich gelungene Synthese aller geschichtlichen und politischen Impulse, die in ihrem Gesichtskreis lagen, und Ottos von Freising Geschichtspessimismus schlug in die Hochstimmung der *Gesta Friderici I.* um. Im *Antichristspiel* freilich wird gerade die gelungene Vollendung der Geschichte zum eschatologischen Vorzeichen. Die folgende Generation bekam zu spüren, daß die ver-

meintliche Synthese nur ein labiles Gleichgewicht der Kräfte war, und erlebte nach Heinrichs VI. Tode dessen Schwanken und Zusammenbrechen. Ihr dennoch bewahrter Glaube ringt sich aus Erschütterung und Sorge empor und kämpft sich in leidenschaftlicher Abwehr und im polit. Tageskampf müde (Walther von der Vogelweide). Der dritten Generation blieb es vorbehalten, ihre Enttäuschung mit rechthaberischem Realismus und grimmigem Sarkasmus auszusprechen (Neidhart, Tanhuser, Freidanks *Akkon-Sprüche*). In ihr meldet sich das Lebensgefühl des Spätma.s schon zu der Zeit, als Friedrich II. auf der Höhe seiner Macht stand.

Erst in der um 1150 beginnenden Epoche wird im mittleren Europa die volkssprachige Dichtung in vollem Umfang literarisch. Vorher ragt sie nur in einzelnen, inselhaften Erscheinungen über die literar. Oberfläche, so daß ihre Geschichte gerade auch in Hinsicht ihrer gesellschaftlichen und politischen Wirkung nur indirekt und hypothetisch erfaßt werden kann. Die nunmehr fürs Buch geschaffene oder ins Buch gelangende volkssprachige Dichtung löst sich jedoch nicht mit einem Schlage von ihren bisherigen Lebensbedingungen. Sie bedarf zum großen Teil auch weiterhin des mündlichen Vortrags vor der Gesellschaft, für die sie gedichtet ist. Gerade ihre polit. Wirkung übt sie eher auf den Hörer denn auf den Leser. Erstaunlich ist, in wie hohem Maße die volkssprachige Lit. sowohl in Frankreich wie in Deutschland den Bereich einer eigenen ästhetischen Wirklichkeit entdeckt und ausbaut. Literatur, die unmittelbaren Zwecken dient, die Wissenswertes bewahren und Lehre verbreiten will, tritt in den Hintergrund zurück. Das hängt mehr mit der Volkssprachigkeit als mit dem Literarischwerden zusammen. In der von Anfang an literarischen lat. Lit. war der Bereich schmal, in dem sich Dichtung als freies Spiel entfalten konnte, die Wahl zwischen Poesie und Prosa betraf die Darbietungsweise, nicht die Gegenstände. Ein Werk wie der *Ruodlieb* ist innerhalb des Lat. ein Sonderfall und nimmt etwas vorweg, was sich erst volkssprachig voll entfaltete.

Dennoch entsteht mit der ästhetisch autonomen Dichtung des hohen MA.s kein Bereich des ganz und gar Unpolitischen.

Die Dichtung bleibt poésie engagée, wenn auch in neuem Sinne. Sie gewinnt gerade aus der Spannung des eigenen Wirklichkeitsanspruchs der Innerlichkeit mit der Forderung der Gesellschaft ihre besondere, zeitgemäße Aktualität. Das gilt z. B. für die erste, aus Sagen-, Novellen- und Schwankmotiven „frei komponierte" große Romanschöpfung Frankreichs, den *Tristanroman*, in dem der Held, gesellschaftlicher „Künstler", kluger polit. Ratgeber und waghalsiger Täter bei ausweglosen Staatskrisen (Irenzins) und heiklen Gesandtschaften (Brautwerbung im feindlichen Ausland), in das Schicksal einer Liebesbindung gerät, die ihn völlig in Disproportion zu der Gesellschaft, der er dient und derer er bedarf, bringt. Es gilt in anderer Weise auch für den Minnesang, in dem sich ein personales Innenreich vor der Gesellschaft zugleich abschirmt und zur Schau stellt. Bezeichnenderweise wird das Minnelied als Kreuzlied zu dem Ort, wo der seelische Kampf zwischen persönlicher Bindung und ritterlich-politischer Aufgabe ausgefochten wird (s. *Kreuzzugsdichtung*). Nachdem in Deutschland die erotische Lieddichtung geradezu zur gesellschaftlichen Institution geworden ist, ehrt der Frauenpreis zugleich den Hof und spiegelt symbolisch soziale Wertungen und Umwertungen. Walthers *Preislied* (56, 14) zeigt, wie sehr die Grenzen zwischen Minnelied und politischem Lied verschwinden können, und in den Auseinandersetzungen zwischen Reinmar und Walther, Walther und Neidhart verhüllen sich vermutlich gesellschaftliche Probleme allgemeinerer Art. Desgleichen führt die Entdeckung der religiösen Innerlichkeit in der Mystik anfangs noch nicht in eine Flucht aus der polit. Existenz. Von Bernhard von Clairvaux über Hildegard von Bingen bis zu Mechthild von Magdeburg fühlten sich gerade die Mystiker berufen, Rat und Weisungen von z. T. weltpolitischem Ausmaß zu geben.

S. Bibliographie zu: *Mhd. Dichtung; Höfisches Epos; Minnesang; Kreuzzugsdichtung.* — Ferner: Hans Naumann u. Günther Müller, *Höfische Kultur* (1929; DVLG., Buchr. 17). Hans Naumann, *Dt. Kultur im Zeitalter des Rittertums* (1938-39; Hdb. d. Kulturgesch. I, 5) Joachim Bumke, *Studien z. Ritterbegriff im 12. u. 13. Jh.* (1964; Euph., Beih. 1). Erich Köhler, *Ideal u. Wirklichkeit in d. höf. Epik. Studien z. Form d. frühen Artus- u. Graldichtung* (1956; ZfromPh. Beih. 97).

— *Der deutsche Minnesang. Aufsätze zu s. Erforschung*, hg. v. Hans Fromm (1961; Wege der Forschung 15). Darin: Paul Kluckhohn, *Der Minnesang als Standesdichtung*, S. 58-84. Hugo Kuhn, *Zur inneren Form des Minnesangs*, S. 167-179. — Erich Auerbach, *Lit.sprache u. Publikum in der lat. Spätantike u. im MA.* (Bern 1958). Reto R. Bezzola, *Les origines et la formation de la littérature courtoise en Occident (500-1200). II. La société féodale et la transformation de la litt. de cour* (Paris 1960). — Wolfgang Stammler, *Die Anfänge weltl. Dichtung in dt. Sprache*, in: Stammler, *Kleine Schriften z. Litgesch. des MA.s* (1953) S. 3-25. — Friedr. Wilh. Wentzlaff-Eggebert, *Kreuzzugdichtung d. MA.s* (1960). Anne-Marie Kray, *Der Glaubenskrieg u. s. Darstellung in den Kreuzzugsepen d. MA.s.* (Masch.) Diss. Freiburg i. Br. 1950. Fr. W. Wentzlaff-Eggebert, *Der Hoftag Jesu Christi 1188 in Mainz* (1962; Inst. f. Europ. Geschichte, Mainz. Vorträge 32).

§ 12. Um die Zielrichtung der hochmal. poésie engagée zu fassen, tut man gut, sie in Hinsicht auf die in ihr herrschenden geschichtlichen und gesellschaftlichen Weltbilder zu gruppieren. In Deutschland steht das christlich-imperiale Reichsbild im Vordergrund. Im großen von monumentaler Einheitlichkeit, im einzelnen mit feinen Abschattungen, beherrscht dieser Geschichtsmythos die dt. Dichtung vom *Annolied* über die *Kaiserchronik*, den *Grafen Rudolf* hin zu den lat. Hofdichtungen aus dem Kreise Friedrichs I. (*Ludus de Antichristo*, Archipoeta, Gunther von Pairis) und zu Walther von der Vogelweide. Im Sinn der translatio imperii werden auch Stoffe der antiken Geschichte in dies Geschichtsschema hineingezogen. Der Alexanderroman (Lamprechts und der Straßburger Alexander) ist Weltherrscher-Spiegel aus der Zeit des vorletzten Weltreichs. In Veldekes *Eneit* ist die Hochzeit des Aeneas so selbstverständlich das Hoffest, bei dem die Herrlichkeit des immer noch bestehenden, letzten Weltreichs begründet wird, daß sich ihm ohne künstliche Analogie das Gegenwartsbild des Mainzer Hoffestes von 1184 assoziiert. Spielerischer und artifizieller lassen Dichtungen aus dem näheren oder ferneren Umkreis der Spielmannsepik ihre Handlung zum Schluß in die Reichsgeschichte einmünden (*Rother;* später: *Floire, Die gute Frau*) und legen damit den Grund für die typologisch-genealogische Symbolik der Epik des späteren 13. Jh.s

Der mit dem Reichsmythos konkurrierende

nationale Geschichtsmythos Frankreichs mit
Karl dem Großen als herrscherlicher Spitze
findet in Deutschland wegen des aktuellen
Kreuzzugthemas Aufnahme und wird vom
Französisch-Nationalen auf die Weltidee des
Reiches umstilisiert (*Rolandslied* des Pfaffen
Konrad, Wolframs *Willehalm*). Hingegen
kommt ein aus nationaler Heldensage her-
vorgehender oder ihr ähnlicher, nationaler
oder stammeshafter Geschichtsmythos in
Deutschland nicht zum Zuge. Ansätze wie die
Adelgergeschichte in der *Kaiserchronik* und
der *Herzog Ernst* bleiben unentwickelt und
geraten in den Sog des imperialen Geschichtsbildes. Ganz und gar fehlt die aus der Heldensage komponierte heroisch-ideale völkische Vorgeschichte, wie sie Saxo Grammaticus für das Dänemark der Waldemarzeit
schuf. Das Geschichtsbild der dt. Heldenepik
(*Nibelungenlied*, verlorene Dietrichepik des
12. Jh.s) ist allen diesen Geschichtsideologien
genau entgegengesetzt. Sie bewahrt streng
die folgerechte Pragmatik eines jeweils einmaligen heroisch-tragischen Geschichtsab-
laufs, wie sie das klassische Heldenlied der
späten Völkerwanderungszeit ausgebildet
hatte. Mit ihr ragen immer noch die „alten
Dinge", die das *Annolied* bekämpfte, als
provozierende Wirklichkeit in das in metaphysischem Sinne durchsichtige und erklär-
bare Geschichtsbild des Hochma.s hinein.
Angesichts so viel umgebender „histoire
moralisée" mögen diese Dichtungen damals
von Einigen als „Warnlieder" verstanden
worden sein, konzipiert sind sie sicher nicht
als solche. Erst die *Kudrun* in der Mitte des
13. Jh.s stellt programmatisch das alte, heroische Geschichtsethos einem Ethos des Ausgleichs und der Versöhnung gegenüber, verteilt auf zwei Generationen von verschiedener Gesittung. Widerhall fand die heroische
Epik wohl vor allem bei den Angehörigen
des alten Adels, wie noch der polit. Excurs
Dietrichs Flucht V. 7999-8028 bezeugt.

Besonders folgenreich für die mal. Dichtung war die zwiefache Verwandlung, die
der aus keltischer Sage erwachsene nationale
Geschichtsmythos des angevinischen England, die Artussage, durchmachte (s. *Artusroman*). Chrestiens von Troyes machte ihn
zum Bezugspunkt einer nur noch von fern
an „Geschichte" angelehnten gesellschaftlichen Romanwelt, in der der Ritterstand
sein ideales Spiegelbild fand. Als dieser

Typus durch Hartmann von Aue nach
Deutschland überführt wurde, löste er sich
noch mehr aus seinem historischen Mutterboden und wurde zur symbolischen Vorgeschichte der höfischen Gesellschaft in der
europäischen mal. Gegenwart. Hartmann verlegt, noch konsequenter als Chrestiens, die
gesellschaftliche Problematik in die persönliche Gewissensentscheidung der Figuren des
Romans. Wolfram von Eschenbach, der mit
dem *Parzival* Hartmann das Monopol des dt.
Artusromans entwand, öffnet die Gattung
wieder der Weltgeschichte. Der aktuelle
Reichsmythos verwandelt sich in das reine
Geschichts-Symbol einer ritterlich-christli-
chen Weltherrschaft um die beiden Pole
Artushof und Gralsburg, im Hintergrund
taucht das heidnische Morgenland auf, und
mit dem Priester-Johannes-Schluß läßt Wolfram — ähnlich wie es der *König Rother* tat —
die symbolische Prähistorie in die (für seine
Zeit) wirkliche Geschichte einmünden. Wie
weit der ritterliche Roman von Chrestiens
bis Wolfram und über ihn hinaus reale gesellschaftliche Wirklichkeit ideal abspiegelt,
wie weit er selbst zur Ausbildung des Stan-
desethos und der ständischen Lebensformen
des Rittertums mit beigetragen hat, läßt sich
nicht sicher ausmachen. In einer Zeit, die in
Bildern und Symbolen dachte, ist es sehr
wohl möglich, daß poetische Konzeptionen
unmittelbar geschichtswirksam werden.

Angesichts der Bereitschaft, im vordergründig Dargestellten einen Hintersinn zu
erkennen, muß auch damit gerechnet werden, daß die höfische Dichtung insgesamt
nicht nur in allgemeinstem Verstande Gesel-
schaftlich-Politisches im Symbol spiegelt,
sondern auch Politisch-Aktuelles verschlüsselt
wiedergibt. Daß es bisher trotz mancher Versuche in keinem Fall gelungen ist, den einen,
passenden Schlüssel zu finden, spricht nicht
dagegen; es zeigt nur, welche Grenzen unserm heutigen Verstehen gezogen sind. Schon
durch seine Form und Gattung — parodistischer Antitypus der „modernen" höfischen
Romanform von Art des *Tristrant*, gefüllt
mit dem Personal und Traditionsstoff der
Tierfabel — fordert *Reinhard Fuchs* von
Heinrich dem Glichezære dazu heraus, als
Schlüsselroman verstanden zu werden. Pseu-
dohistorie (*Herzog Ernst*) und Pseudohel-
densage, die sich novellistisch aufputzt und
ihre Handlung in den durch die Kreuzzüge

politisch aufgeladenen Mittelmeerraum verlegt (*König Rother, Wolfdietrich, Ortnid*), unterliegen dem gleichen Verdacht. Auch in Wolframs *Parzival* nimmt der Artusroman eine Wendung ins „Politische", nicht nur in allgemeinem sondern auch in speziellem Sinne. An Parallelen, die sich aufdrängen, fehlt es nicht: Templeisen und Templerorden, Gahmuret und Richard Löwenherz, der *lantgrave* Kingrimursel und Landgraf Hermann von Thüringen; auch die Lösung des Rätsels der „angevinischen Motive", die man bisher meist im Quellengeschichtlichen gesucht hat (Kyot), könnte im Politisch-Aktuellen liegen.

S. *Literatur u. Geschichte*, Bibliographie zu §§ 8 u. 9. – Karl B o s l, *Das Hochma. in der dt. u. europ. Geschichte*. Histor. Zs. (1962) S. 529-567. Friedr. H e e r, *Mittelalter* (Zürich 1961; Kindlers Kulturgeschichte. *Geschichtsdenken u. Geschichtsbild im MA.*, hg. v. Walther L a m m e r s (1961; Wege d. Fschg. 21). – Hans R a l l, *Zeitgeschichtliche Züge im Vergangenheitsbild mal.er, namentl. mlat. Schriftsteller* (1937; Histor. Studien. 322). Rud. K ö s t e r, *Karl d. Gr. als polit. Gestalt in d. Dichtg. d. dt. MA.s* (1939; Hansische Fschgn. 2). – Helm. de B o o r, *Der Wandel des mal. Geschichtsdenkens im Spiegel der dt. Dichtung*. ZfdPh. 83 (1964), Sonderh. S. 6-22. – Hugo M o s e r, *Dichtung u. Wirklichkeit im Hochma.* WirkWort 5 (1954/1955) S. 79-91. Hugo K u h n, *Soziale Realität u. dichter. Fiktion am Beispiel d. höf. Ritterdichtung Deutschlands*. In: Kuhn, *Dichtg. u. Welt im MA.* (1959) S. 22-40. – Hans Robert J a u s s, *Epos und Roman — eine vgl. Betrachtung an Texten des XII. Jh.s (Fierabras — Bel Inconnu)*. Nachrichten d. Gießener Hochschulges. 31 (1962) S. 76-92. – *Arthurian literature in the middle ages. A collaborative history.* Ed. by Roger Sherman L o o m i s (Oxford 1959). Jean M a r x, *La légende arthurienne et le Graal* (Paris 1952; Bibl. de l'école des hautes études. Sciences religieuses. 64). Helen A d o l f, *Visio pacis. Holy City and Grail. An attempt at an inner history of the Grail legend* (Pennsylvania State University Pr. 1960). – Joachim B u m k e, *Wolframs 'Willehalm'* (1959), (S. 126-142 zur Reichsidee). – Karl H a u c k, *Die geschichtl. Bedeutung d. german. Auffassung v. Königtum u. Adel*. XIᵉ Congrès International des Sciences Historiques. Rapports III, 1960, S. 96-120. – Henrik B e c k e r, *Warnlieder*. 2 Bde. (1953). Adolf B e c k, *Die Rache als Motiv u. Problem in d. Kudrun*. GRM. 37 (1956) S. 305-338. Hans F r o m m, *Das Heldenzeitlied des dt. Hochma.s*. Neuphilol. Mittlgn. 62 (1961) S. 94-118. – Georg B a e s e c k e, *Heinrich der Glichezaere*. ZfdPh. 52 (1927) S. 1-22. Max W e h r l i, *Vom Sinn des mal. Tierepos*. GLL. N.S. 10 (1956/57) S. 219-228. Hans Robert J a u s s, *Untersuchungen z. mal.*

Tierdichtung (1959; ZfromPh. Beih. 100). – Willem S n e l l e m a n, *Das Haus Anjou und der Orient in Wolframs Parzival*. Diss. Amsterdam 1941. Herbert K o l b, *Munsalvaesche. Studien zum Kyotproblem* (1963). W. M o h r, *Landgraf Kingrimursel*. Philologia Deutsch, Festschr. z. 70. Geburtstag von Walter Henzen (Bern 1965) S. 21-38. Ders., *Wolframs Kyot und Guiot de Provins*. Festschr. f. H. de Boor, 1966, S. 48—70.

§ 13. Neben diese ihre Zeit auf verschiedenartige Weise deutende und auch beeinflussende *poésie engagée* tritt jetzt auch p. D. in engerem Sinn in Erscheinung. Ihrem Auftreten in dt. Sprache geht lat. Dichtung voraus, die um ihres Ranges willen hier nicht unerwähnt bleiben darf.

Schon der *Ludus de Antichristo* ist ein absoluter Höhepunkt der p. D. in Deutschland. Zugrunde liegt der seit Adso in seinen Motiven festliegende Mythos von den Ereignissen, die die christl. Weltgeschichte einmal beenden und die Voraussetzung der Wiederkehr Christi zum letzten Gericht bilden werden, kein poetisch-symbolischer Weltgeschichtsmythos wie der vom Gral, sondern ein Mythos, der als zukünftige Realität geglaubt wurde. Die Kühnheit des *Antichristspiels* liegt einerseits darin, daß in ihm etwas, was für die Menschheit als dunkle Erwartung in der Zukunft lag, in konkreter Vergegenwärtigung auf der Bühne abläuft, andrerseits darin, daß gerade das im Sinne der staufischen Weltkaiseridee „politisierte" Vorspiel die Voraussetzung für die Katastrophe schafft. Die Stunde des Antichrist ist dadurch gekommen, daß der deutsche Imperator, nachdem er die Weltherrschaft erlangt hat, Krone und Herrschaft an die Kirche zurückgibt. Der Mythos verlangt es freilich so, aber da die metaphysische Notwendigkeit als dramatische Pragmatik dargestellt wird, schlägt das Spiel hier in die Tragödie um: *Romani culminis dum esset advocatus, Sub honore viguit ecclesia status: Nunc tue patens est malum discessionis*. Nach ihren „Nationalcharakteren" differenziert, verfallen die Nationen der Verführung. Der Grieche wird *terroribus aut bello subiugatus*, der Franke fällt seiner *subtilitas* zum Opfer, der Deutsche läßt sich nicht durch Geschenke, nicht einmal durch die Anerkennung seiner Weltherrschaft täuschen, aber das Scheinwunder des Widersachers — Antitypus des Wunders Silvesters, durch welches die christliche Kaiserherrschaft begründet wurde — überzeugt ihn. Während er als Gläubiger des Antichrist die Heiden dem vermeintlich christlichen Monotheismus unterwirft, wird die Synagoge sehend und fällt als Märtyrin des Glaubens ihrer Propheten. Siegreich bleibt der Antichrist, bekleidet mit den sakralen Herrscherattributen, die vorher der christliche Imperator trug. — Im *Antichristspiel* steht der Weltgeschichtspessimismus der *Weltchronik* Ottos von Freising und das sakrale und imperiale Selbstbewußtsein seiner *Gesta Friderici* in einer dialektischen Spannung, die sich nicht löst. Es ist keine Dichtung, die ein weltpolitisches Ziel propagiert, sondern Geschichtsdiagnose, die Unruhe und Erschütterung hinterläßt, radikaler noch als die spätheidnische *Völuspá*, aber an dichterischem Rang ihr hochmal.-christliches und, trotz des Lateins, deutsches Gegenstück. Außerdem ist es ein einsames Werk, das weder einem Gattungstyp angehört noch ihn begründet.

Der *Kaiserhymnus* des Archipoeta ordnet sich in die vielfach unterbrochene Linie, die vom german. Preislied über das *Ludwigslied* und den *Modus Ottinc* zur mhd. polit. Spruchdichtung und dann zur Heroldsdichtung und zum histor. Lied des Spätma.s führt. In die Mitte des weiter gespannten historischen Rahmens tritt das Bild der Schlacht um Mailand, in dem Züge parteilicher Drastik und Metaphorik nicht fehlen (*ludum tandem Caesaris terminavit rocus*); am Ende geht der siegreiche Kaiser als Repräsentant des Rechts und Wahrer des Friedens daraus hervor. Schon die Strophenform, die „moderne", nicht antike Reimstrophe des christl. Hymnus, aber auch der Vagantendichtung und der neuerwachten Lieddichtung der Volkssprachen, ist zugleich rituelles wie historisches Symbol. An die Stelle des antik-mythologischen Bilderschmucks tritt eine biblisch-weltgeschichtliche Typologie, die jedem Gegenwartsereignis vorherbestimmte Notwendigkeit und Würde gibt. Ein wenig wirkt dies freilich als poetische Verkleidung, zumal da der Archipoeta auch in diesem Gedicht nicht darauf verzichten kann, sich selbst in seiner Vagantenrolle zu Füßen seines Gönners, Reinalds von Dassel, abzubilden, den er eben im Bilde des Vorläufers Johannes groß neben den Kaiser-Christus gestellt hatte. — Im Umkreis der Vagantendichtung ist auch dies Lied ein einmaliges Gebilde. Wenn es einen Typus repräsentiert oder vorwegnimmt, so wird man ihn eher in der volkssprachigen Dichtung zu suchen haben. Dort begegnet er eine Generation später in der polit. Lyrik Walters von der Vogelweide.

Lit. s. *Mittellat. Dichtung* § 24. — Wilh. Kamlah, *Der Ludus de Antichristo.* Hist. Vjs. 28 (1933) S. 53-87. Ders., *Apokalypse u. Geschichtstheologie* (1935; Histor. Studien 285). Karl Young, *The Drama of the Medieval Church* Vol. 2 (Oxford 1962; Neudr. nach verb. Bogen d. 1. Ausg. v. 1933) S. 369-396. Karl Hauck, *Zur Genealogie u. Gestalt des stauf. 'Ludus de Antichr.'* GRM. 33 (1951) S. 11-25.

§ 14. Daß Walther von der Vogelweide sich die schärfste Waffe, die er als Dichter führt, den gesellschaftlichen und politischen Lied-Spruch, selbst erst geschaffen hat, ist unwahrscheinlich. Doch gehörte Walther einer Dichtergeneration an, der jeder Gattungstypus zur plastischen Gestalt, von der persönlichen Hand ihres Schöpfers geprägt, wurde; erst bei seinen Nachfolgern

werden die gattungstypischen Züge deutlicher. Die Beziehung auf einen festen Kanon sittlicher Werte und Unwerte, die Typologie im Sinne der christlichen und imperialen Motive geben Walthers Strophen und Liedern den Anspruch absoluter Gültigkeit, zugleich aber operiert er von dieser Grundlage aus auf konkrete politische Ziele hin, große und kleine, gerechte und ungerechte, und nie verfehlt die geschliffene Spitze ihr Ziel. Objektive Zeitdiagnose und Ausrichtung auf metaphysisch begründete Hochziele verbinden sich mit politischer Aktion, die alle Mittel dem Zweck unterwirft. Mit dem gleichen Absolutheitsanspruch verkündet er Ideen und verficht er Ideologien. Sogar die sittliche Selbstbesinnung beim Wechsel der Partei dient als Prolog eines vernichtenden Angriffs auf den polit. Gegner (26, 3 ff.). Das meiste von Walthers p. D. wird im Dienst und Auftrag gedichtet sein. Er ist Wortführer von einzelnen Fürsten, Fürstengruppen und jenen Gruppen, die wechselnd die Reichspolitik bestimmten. Daß er dabei in eigenem Namen auftritt, gehört wohl zum Stil der Gattung und ist selbst politisches Mittel. Er kleidet sein Ich in Rollen, die vom unbehausten Vaganten (31, 23), kleinen Ministerialen (10, 17), Angehörigen einer höfischen Familia (35, 7) bis zum Weltweisen, Seher und Propheten (Reichston) und zum Gesandten Gottes an die irdische Majestät (12, 6) reichen. Davon spaltet sich als symbolischer Partner die Gestalt des Klausners ab (9, 35), der sich jedoch ebensowenig enthalten kann, sehr realpolitische Ratschläge zu erteilen (10, 33). Auch Walthers Rolle als höfischer Minnesinger kann ins Politische umschlagen (*Preislied*, 56, 14). Einmalig in der mal. Dichtungsgeschichte ist es, daß Walther, obwohl er für andere spricht, für Wirkung und Folgen seiner p. D. persönlich haftbar gemacht wird, anscheinend sogar aus gemäßigten Kreisen seiner eigenen Partei (Thomasin, *Welscher Gast* 11163 ff.).

Walthers polit. Themen sind weitgehend von dem Auftrag, den er zu erfüllen hat, bestimmt. Vertritt er den Standpunkt der großen Reichsfürsten, die ihre eigne und nicht ganz uneigennützige Reichsidee gegen die Herrschaft der Reichsministerialen verteidigen, so wird er aggressiv, wenn der König es an *milte* fehlen läßt (19, 17, 16, 36 f., 26, 33 usw.), wenn die „Freundschaft" nicht gegenseitig ist (79, 17) oder wenn die hohen Herren im Rate nichts mehr gelten (83, 14, 103, 29?). Er traut sich auch zu, vor dem

Reich selbst Stimmung für die Fürsten zu machen und Argwohn zu zerstreuen (19,5, 11,30, 105,13). Umgekehrt kann er auch vom Standpunkt des Reiches aus den Egoismus der Großen mit scharfem Sarkasmus angreifen (29,15). Alle realpolitischen Aufgaben, die er dem Reiche gestellt sieht, sind bestimmt durch den sakralen und imperialen Reichsmythos: Schaffung von Frieden und Sicherheit im Innern (*Reichston, Ottenton*), Abwehr der Ansprüche *der armen künige* (8,28) oder *fremden zungen* (12,18), Kreuzzug unter Führung des dt. Kaisers. Da diese geschichtsnotwendigen Pflichten des imperialen Herrschers immer wieder durch den Papst durchkreuzt werden, ist Rom und die romhörige Geistlichkeit für Walther der Feind, den er lebenslang prinzipiell, mit Sarkasmen, Invektiven und Verdächtigungen, je nach der Lage vorsichtig oder aggressiv, versteckt oder offen, mit historischen, moralischen, nationalen oder realpolitischen Argumenten bekämpft. Hier entfaltet sich die Skala seiner p. D. am weitesten und am unbedenklichsten, und hier bestimmt er auch die öffentliche Meinung seiner Gegenwart und weit in die Zukunft hinein am nachhaltigsten. Die übrigen Höfe trifft weniger politischer als gesellschaftlicher Preis oder Tadel, und hier spricht Walther wohl öfter und ausdrücklicher für sich selbst. Auch in diesem Bereich ist seine Wirkung so stark, daß er von Zeitgenossen zitiert wird (Wolfram, *Parzival* 297, 24). Im *Preislied* (56,14) wird der Höfepreis zum Nationalen gewendet. Vom universalen Reichsgedanken ließ sich kaum ein Ansatz für ein dt. Nationalbewußtsein gewinnen, wohl aber von der höfischen Gesellschaft aus. Dabei spielt mit, daß die neue höf. Kultur von der Dichtung her gesehen eine Kultur der Volkssprache geworden ist. Neben der polit. und gesellschaftlichen Dichtung Walthers, deren unmittelbare Anlässe und Ziele zu erkennen sind, bleibt eine breite Schicht persönlicher und allgemein gesellschaftskritischer Didaktik übrig, von deren Beziehungen wir nichts wissen. Aber auch wenn Walther sich allgemein faßte, wird er meist Spezielles gemeint haben. Schon der Stil der höfischen Dichtersprache bot eine Skala von weiten und übergeordneten Begriffen, die sich von Fall zu Fall mit konkreter Bedeutung füllten, und das Reden in solchen Begriffen gehörte mit zur Distanz und Verschleierung, derer die p. D. bedarf.

Der Rang von Walthers p. D. beruht darin, daß er sich selbst leidenschaftlich mit seiner Aufgabe identifiziert. Er ist ein Mensch, der durch die geschichtlichen Vorgänge seiner Epoche zutiefst betroffen wird, und man kann an seinem Werk wie an einem Barometer die Zeitstimmung ablesen. Heinrichs VI. frühen Tod erlebt er als weltgeschichtliche Katastrophe, die Krönung Philipps von Schwaben, später die Rückkehr des gekrönten und dann gebannten Kaisers Otto nach Deutschland sind ihm erhoffte Wendepunkte der Geschichte; der Kreuzzug ist und bleibt das letzte Hochziel der Reichspolitik, und wenn der Papst dem Kaiser diese Aufgabe entwinden will, so identifiziert Walther ihn mit Judas, Simon Magus, dem Zauberer Gerbrecht und dem Antichrist. Auch auf Dinge des Werts und Unwerts höfischer Sitte und höfischen Singens reagiert Walther anläßlich bestimmter Gelegenheiten mit persönlicher Leidenschaft. Dazwischen liegen Strecken, wo sein polit. Sang aufhört oder in gleichgültigeren Bahnen läuft. Bei Philipps von Schwaben gewaltsamem Tode bleibt er stumm, während die Ermordung Engelberts von Köln ihn zu einer glühenden Haßstrophe veranlaßt. Als polit. Diagnostiker zugleich scharfsichtig und blind, bald politischer Realist, dann wieder bedenkenloser Ideologe, immer aber ein Dichter, dem seine Dichtung zur Aktion wird, verkörpert Walther von der Vogelweide den Typus des polit. Dichters sowohl in den bewundernswerten wie in den bedenklichen Zügen reiner als jeder andere in der Geschichte der dt. Literatur.

Walther v. d. V., hg. u. erkl. v. Wilh. Wilmanns, 4. Aufl. hg. v. Victor Michels. 2 Bde (1916-1924). Friedrich Maurer, *Die polit. Lieder Walthers v. d. V.* (1954; 2. Aufl. 1964). Hugo Moser, *„Lied" u. „Spruch" in d. hochmal. dt. Dichtg*. WirkWort 3. Sonderh., 1961, S. 82-97. Kurt Herbert Halbach, *Walther v. d. V.* (1965; Sammlung Metzler). — J. G. Sprengel, *W. v. d. V. u. der staufische Staatsgedanke*. ZfdB. 8 (1932) S. 8-21. Friedr. Neumann, *Walther v. d. V. und d. Reich*. DVLG. 1 (1923) S. 503-528. — Wilhelm Nickel, *Sirventes u. Spruchdichtung* (1907; Pal. 63). — Konrad Burdach, *W. v. d. V., philolog. u. histor. Fschgn*. (1900). Ders., *Der mythische u. der geschichtl. Walther*. DtRs. 22 (1902) S. 37 ff., wiederholt in: Burdach, *Vorspiel*. Bd. 1 (1925) S. 334-400. Ders., *W. v. d. V. u. d. 4. Kreuzzug*. Histor. Zs. 145 (1932) S. 19-45. Ders., *Walthers Aufruf z. Kreuzzug Kaiser Friedrichs II*. DuV. 36 (1935) S. 50—68, 382-384. Ders., *Der gute Klausner W.s v. d. V. als Typus unpolit. christl. Frömmigkeit*. ZfdPh. 60 (1935) S. 313 bis 320. Ders., *Der mal. Streit um das Imperium in d. Gedichten W.s v. d. V*. DVLG. 13 (1935) S. 509-562. Ders., *Der Kampf Walthers v. d. V. gegen Innozenz III. u. gegen das zweite Lateranische Konzil*. Zs. f. Kirchgesch. 55 (1936) S. 445-522. Ders., *Die Wahl Friedrichs II. zum röm. Kaiser*. Histor. Zs. 154 (1936) S. 513-527. Hans Sperber, *Kaiser Ottos Ehre (Walther 26,33)* In: Corona. Studies in Celebration of the Eightieth Birthday of Sam. Singer (Durham/North Carolina 1941)

S. 180-185. Arthur Thomas H a t t o, *W. v. d.
V.s Ottonian Poems*. Speculum 24 (1949) S.
542-553. — Karl Kurt K l e i n, *Zur Spruchdichtung u. Heimatfrage W.s v. d. V.* (Innsbruck 1952; Schlernschriften 90). Ders., *Walthers Scheiden aus Österreich*. ZfdA. 86
(1955/56) S. 215—230. Dazu: Siegfried B e y -
s c h l a g, *W. v. d. V. und die Pfalz der Babenberger (Walthers Scheiden v. Wien)*. In:
Jb. f. fränk. Landesfschg. 19 (1959) S. 377-388.
— Judy M e n d e l s u. Linus S p u l e r, *Landgraf Hermann von Thüringen u. s. Dichterschule*. DVLG. 33 (1959) S. 361-388.

§ 15. Vergleicht man die *Akkon-Sprüche*
Freidanks (154, 18 ff.), die *Kreuzlieder* Neidharts (11, 8 ff.) und das *Pilgerlied* des Tanhuser (Nr. XIII) mit Walthers Altersdichtung,
die auf dem dunklen Hintergrund der Resignation und Zeitklage die alten gesellschaftlichen Ideale und politisch-religiösen
Hochziele um so leuchtender hervorscheinen
läßt, so erkennt man, wie genau die nächste
Generation den geschichtlichen Wetterwech-
sel des Interregnums vorausspürte. Im Gesellschaftlichen wird der Umschlag am deutlichsten bei N e i d h a r t spürbar. Walther
selbst hatte in seinen „Mädchenliedern" den
höfischen Minnesang in die „a-soziale", d. h.
rein menschliche Umwelt des schäferlichen
Idylls hinübergeführt, die Generation nach
ihm rückt das Idyll wieder näher an das
Höfische, entleert aber dabei das Menschliche
zum marionettenhaft preziösen Spiel (Gottfried von Neifen und seine Nachfolger);
Neidhart hingegen verwandelt es zum dörperlichen Anti-Idyll, in dem die menschlichen Werte parodistisch zersetzt werden.
Anscheinend kämpft er an verschiedenen
Fronten zugleich. Eine Seite seiner Tendenz
ist die Satire auf ein aufsteigendes, üppiges
Bauernrittertum, das damals zur polit. Wirklichkeit gehörte. Aber auch die Hofgesellschaft selbst sollte sich wohl im Zerrspiegel
der Dörpereien wiedererkennen; wie weit
Neidhart dabei Konkretes verschlüsselte, läßt
sich nicht mehr ausmachen. Entscheidend
für Wirkung und Nachwirkung ist, daß ein
allgemeines Zerrbild einer Gesellschaft entsteht, in der sich Hochfahrt, Triebhaftigkeit,
falsches Standesbewußtsein und falsches Kol-
lektivbewußtsein mit dem zerschlissenen
Gewand schöner Gefühle und moralischen
Ordo-Denkens behängt. Die Sprengkraft
dieser a-sozialen Symbolik erkannte schon
Walther und bekämpfte sie bei ihrem ersten
Auftreten (64, 31), sie wirkt in Neidharts

anonymer „Schule" zwei Jh.e lang nach, und
das von ihm geschaffene Anti-Idyll liefert
den szenischen Raum für diejenigen epischen
Dichtungen, die am gültigsten der spätmal.
Erfahrung der Disordinatio Wort und Ge-
stalt geben: Wernhers *Meier Helmbreht*
(Mitte 13. Jh.) und Heinrich Wittenwilers
Ring (um 1410).

Die dörperliche Anti-Idylle grenzt an die
S c h w a n k - u n d B i s p e l - D i c h t u n g,
jenes Teilgebiet der mal. Versnovellistik, das,
insofern das unterhaltsam Erzählte um einer
„Moral" willen dargeboten wird, noch eben
zur politisch engagierten Dichtung gerechnet
werden kann. Diese spielt in verschiedenen
sozialen, meist unterständischen Umwelten,
die sich gegenseitig aufheben, weil im Speziellen allgemeinmenschliche Gebrechen bloß-
gestellt werden. Der Kaiser von Rom taugt
ebensogut als Bispelfigur für menschliche
Überheblichkeit wie ein Parabel-Kater hinterm Ofen (Herrand von Wildonie: *Der
nackte Kaiser; Die Katze*). Der Stricker kleidet den Bauernaufstand der *Gäuhühner* in
eine Allegorie, die für jede andere Unsicherheit in dieser Welt eintreten könnte. Aber
gerade das Punktuelle hebt die Allgemein-
gültigkeit wieder auf; man sieht jeweils den
andern im Zerrspiegel und freut sich, daß
man selbst nicht gemeint ist. Die Gestalt des
„Toren", des a-sozialen Typs, der aus dem
gottgewollten Ordo heraustritt und sich seinen eigenen, närrischen Ordo schafft, wird
jetzt zur Leitfigur. Strickers Mären stellen
ihn mit sachlichem Humor in vielerlei Spielarten dar, er präsentiert sich auch selbst als
rechthaberischer Verkünder seines neuen
Standes (*Der Weinschwelg;* der Schlemmer
in Steinmars *Herbstlied*), er erscheint als
statisches Bild im Ornat seiner Widersinnig-
keit (der junge Helmbreht in der Haube),
später agiert er im Fastnachtspiel und geht
dann ein in die Kataloge der Narrenliteratur
(s. d.) des 15. und 16. Jh.s. Sein Gegenspieler, wenn er überhaupt einen hat, ist der
gerissene Betrüger, aber auch er gehört mit
zu den Narren. Dem Stricker gelingt es im
Pfaffen Amis noch einmal, mit der Technik
der „Reihenepik" eine fast plastische Großform um diesen Typus zu schaffen. Was
dabei erreicht wird, ist humorvoll-skeptische
Weltlaufdiagnose; anders als beim *Reinhart
Fuchs* erwartet man hier keine aggressive
politische Tendenz im Besonderen mehr. Im

spätmal. *Eulenspiegel* verteidigt nur noch die gerissene Primitivität ihr närrisches Recht in einer Welt von Narren. Die Bispeldichtung kann aber auch in aktuelle Zeitkritik umschlagen. Der sogenannte *Seifrid Helbling* spiegelt als „kleiner Lucidarius" in der Form von Auskunft-Gesprächen die politische und gesellschaftliche Gegenwart Österreichs zur Zeit Rudolfs von Habsburg, ist zugleich aber auch Satire auf den Lauf der Welt, an der man mancherlei auszusetzen hat.

Die „Torenliteratur" in epischen und dramatischen Kleinformen ist aber im Grunde wiederum nur ein Bereich der die spätmal. Lit. beherrschenden D i d a k t i k. Diese versucht die Welt immer noch als geordnetes und begrenztes Ganzes zu fassen, wo jedes Einzelne seinen festen und sinnvollen Platz hat. Tugend- und Lasterschemata, die immer mehr an individueller Plastizität verlieren, werden durch die Jh.e weitergereicht, Standespflichten und Standestorheiten werden kategorisiert, jede Standespervertierung (Bauer als Ritter, verbauerte Ritter, Abweichungen in der Kleidertracht usw.) erscheint als ein Symptom der Endzeit. Die Neigung, das Lehrhafte in großen S u m m e n zusammenzufassen, herrscht im Lat. und Dt. (Thomasins *Welscher Gast* [1216], das *Speculum maius* des Vincent von Beauvais [Mitte 13. Jh.], das *Schachbuch* des Jacobus de Cessolis [Ende 13.Jh.] und seine dt. Nachdichtungen, Hugo von Trimberg, *Der Renner* [Ende 13. Jh.], *Des Teufels Netz* [Anf. 14. Jh.], Hans Vintlers *Blumen der Tugend* [1411, nach ital. Vorbild] usw.). Auch die Gelegenheitsdidaktik erscheint seit Freidank und Reinmar von Zweter vielfach in Gesamtausgaben, die die lehrhaften Gegenstände in einer Rang- und Sachordnung als Summa darbieten. In ähnlicher Weise wird die moralisch-halballegorische Epik zum Speculum mundi, sei es im Rahmen einer Legende (Rudolf von Ems, *Barlaam)* oder einer dörperlichen Satire (Wittenwilers *Ring).* Bis in die Sprache hinein wirkt die Neigung zur vollständigen Aufzählung. Stände und Pflichten, Werte und Unwerte, Tugenden und Laster sind in ein gewissermaßen verzunftetes System eingefangen, das nichts ausläßt und allem seinen Platz anweist. Aber gerade dadurch wird alles Besondere nivelliert, alles Individuelle ausgelöscht. Schon in der *Weltklage* des Stricker

ergeben die, gewiß als aktuelle erfahrenen, Gravamina einen Katalog, der sich mit ähnlich monotoner Vollständigkeit in der zeitkritischen Didaktik von zwei Jh.en wiederholt.

Dabei gewinnt das beharrliche Thema von M e m e n t o m o r i und letztem Gericht wieder unmittelbare Aktualität. Dagegen schützt auch nicht die metaphysische Nestwärme einer intimen Marien- und Heiligenverehrung, die literarisch in einer breiten, seit der *Legenda aurea* auch zur Summa systematisierten Legendendichtung wirksam wird und im Kapellenkranz der Stadtkirchen den Raum für ein bürgerliches, religiösgesellschaftliches Jahresbrauchtum schafft. Den Umschwung der Zeitstimmung vom Thüringen des Landgrafen Hermann zu dem der hl. Elisabeth und der Bettelorden erkennt man beispielhaft an der Parabel vom schlafenden Kind hinterm Deich im Rätselstreit des *Wartburgkrieges* (Simrock Str. 29-36). Die Erschütterung, die 1322 im gleichen Thüringen Landgraf Friedrich bei der Aufführung des *Spiels von den zehn Jungfrauen* erfuhr, zeigt etwas von der unmittelbaren „politischen" Wirkung, die vom Weltgerichtsthema ausgehen konnte. In der Geißlerbewegung (Mitte 14. Jh.) artet diese Wirkung zur Massenpsychose aus. Die Totentänze schließlich stellen eine auf Bild und Spruch zusammengedrängte Stände-Summa unter das Zeichen der alles gleichmachenden Vergänglichkeit.

Zu §§ 15-18 s. *Literatur und Geschichte* § 10. – Helmut de B o o r, *Die dt. Lit. im späten MA. Zerfall u. Neubeginn (1250-1350)* (1962). – Zu den einzelnen Namen s. *Verf. Lex.* – Zu Neidhart u. der Kleinepik s.: *Dörperliche Dichtung; Novellistik, mhd.* – Günther C u r r l e, *Die Kreuzzugslyrik Neidharts, Tannhäusers u. Freidanks u. ihre Stellung in d. mhd. Kreuzzugslyrik.* (Masch.) Diss. Tübingen 1957. W. M o h r, *Tanhusers Kreuzlied.* DVLG. 34 (1960) S. 338-355. Walther R e h m, *Kulturverfall u. spätmhd. Didaktik.* ZfdPh. 52 (1927) S. 289-330. — Alfred K r a c h e r, *Herrand von Wildonie, Politiker, Novellist u. Minnesinger.* Blätter f. Heimatkde. 33 (Graz 1959) S. 40-53. Friedr. N e u m a n n, *Meier Helmbrecht.* WirkWort 2 (1951/1952) S. 196-206. Hanns F i s c h e r, *Gestaltungsschichten im Meier Helmbrecht.* PBB. 79 (Tüb. 1957) S. 85-109. Rich. B r i n k m a n n, *Zur Deutung v. Wittenwilers 'Ring'.* DVLG. 30 (1956) S. 87-231. Jos. S e e m ü l l e r, *Seifried Helbling,* hg. u. erkl. (1886). Ders., *Studien zum Kleinen Lucidarius.* SBAKWien 102, 1882, S. 567-

674. Anton W a l l n e r , *Seifr. H.* ZfdA. 72 (1935) S. 267-278. — Hans T e s k e , *Thomasin von Zerklaere. Der Mann u. s. Werk* (1933; Germ. Bibl. Abt. 2 Bd. 34). Sr. Catherine Teresa R a p p , *Burgher and Peasant in the Works of Thomasin von Zirclaria, Freidank and Hugo von Trimberg* (Washington 1936; The Cathol. Univ. of America. Studies in German 7). — Friedr. N e u m a n n , *Meister Freidank.* Wirk.Wort 1 (1950/1951) S. 321-331. Hermann G u m b e l , *Brants 'Narrenschiff' u. Freidanks 'Bescheidenheit'.* In: Beitr. z. Geistes- u. Kulturgesch. der Oberrheinlande, Franz Schultz z. 60. Geb. (1938) S. 24-39. — Gustav E h r i s m a n n , *Hugos v. Trimberg 'Renner' u. d. mal. Wissenschaftssystem.* In: Aufsätze z. Sprach- u. Lit.gesch., Wilh. Braune dargebracht (1920) S. 211-236. Fritz V o m h o f , *Der 'Renner' Hugos v. Tr. Beiträge z. Verständnis d. nachhöf. dt. Didaktik.* Diss. Köln 1959. Franz G ö t t i n g , *Der 'Renner' Hugos v. Tr. Studien z. mal. Ethik in nachhöf. Zeit* (1932; Fschgn. z. dt. Spr. u. Dichtung 1). — Hellmut R o s e n f e l d , *Die Entwicklung der Ständesatire im MA.* ZfdPh. 71 (1951/1952) S. 196-207. — Julius P e t e r s e n , *Das Rittertum in d. Darstellung des Johannes Rothe* (1909; QF. 106). — Eberhard D ü n n i n g e r , *Polit. u. geschichtl. Elemente in mal. Jenseitsvisionen bis z. Ende des 13. Jh.s.* Diss. Würzburg 1962.

§ 16. Bewahrung der höfischen und herrscherlichen Leitbilder und eines gesellschaftlichen Rituals —: darin liegt die polit. Funktion der nachlebenden h ö f i s c h - r i t t e r l i c h e n D i c h t u n g s g a t t u n g e n. Die Wirkung geht in die Breite, umfaßt weitere soziale und landschaftliche Räume, und die Erfüllung der Formen wird wörtlicher genommen. Der Minnesang an den nord- und ostdt. Höfen, die kultivierte höf. Epik in Braunschweig (Berthold von Holle) und in Böhmen (Ulrich von Etzenbach, Heinrich von Freiberg) dient der Repräsentation einer nachgeholten höf. Kultur. In anderer Weise gilt das auch für die spätere Deutschordensdichtung (*s. d.*); ihr Thema ist streng dienstlich, geistlich, aber in ihrer bewußt gepflegten Form vom Vers und Sprache bis zur Gestaltung der Handschriften erfüllt sie höfische Ansprüche. Restauratives Selbstbewußtsein der Stadt kommt unmittelbar schon in Rudolfs von Ems Patrizierdichtung *Der gute Gerhard* zum Wort, mittelbar darin, daß Konrad von Würzburg seine breite Produktion ebenso unpolitischer wie bis zum Manierierten höfischer Erzähldichtungen auf städtische Auftraggeber gründen kann.

Die geschichtssymbolische Erzähldichtung wird immer mehr zum Modell eines vorbildlichen herrscherlichen und höfischen Daseins. Auch sie nimmt Summa-Charakter an und übergreift die ganze Welt; auch der Kampf gegen die Heiden gehört seit Wolframs *Willehalm* zu ihrem unvermeidlichen Repertoire. Wolfram ist für die Epiker wie die Spruchdichter das große Vorbild einer weltumfassenden Laienbildung und -gelehrsamkeit. Albrechts *Jüngerer Titurel* (um 1275) galt schon um die Jh.wende 1300 als Wolframs Werk, und in diesem *haubt ob teutschen buchen* fand Rittertum und Adel bis ins 15. Jh. alle Vorbilder und goldenen Lebensregeln, derer man zu einem vornehmen Leben bedurfte. Das poetische Spiel geht ohne Grenze in die Wirklichkeit über an den Fürstenhöfen, beim Adel und in den Städten: die Venusfahrt Ulrichs von Lichtenstein; die von Heinrich von Freiberg bedichtete Turnierfahrt des Johann von Michelsberg; der Magdeburger Gral; Gral-, Artus- und Titurel-Gilden in den Städten; der nachgebaute Graltempel in Ettal (Ludwig der Bayer) und Prag (Karl IV.). — Auch die hochmal. Dichter waren auf Auftraggeber für das Zustandekommen ihrer Werke angewiesen; jetzt aber werden gerade die repräsentativen Werke zum Mittel politischer Huldigung, und, vom Empfänger her gesehen, der politischen Repräsentation. Schon Rudolf von Ems steigt mit dem *Wilhelm von Orlens*, dem *Alexander* und der *Weltchronik* zum Hofdichter der Söhne Friedrichs II. auf (die Widmung der *Weltchronik* an König Konrad IV. steht bezeichnenderweise an der Stelle, wo zu Beginn des 5. Weltalters mit David das Königtum in die Weltgeschichte eintritt, V. 21518 ff.). Albrechts *Titurel* sollte Ludwig den Strengen von Bayern in sein königliches Amt geleiten, die Widmung unterblieb, als statt seiner Rudolf von Habsburg gewählt wurde. Der *Alexander* Ulrichs von Etzenbach war als königliches Buch für Ottokar von Böhmen bestimmt und wurde nach dessen Tode seinem Sohn Wenzel gewidmet. Von da ist der Weg nicht weit zum polit. Schlüsselroman, in dem ein ideales Herrscherleben zum huldigenden Symbol und schließlich ausdrücklich zur symbolischen Vorgeschichte eines gegenwärtigen Herrschers wird. Die Reihe der „Wilhelmsromane", vom *Wilhelm von Orlens* Rudolfs von Ems zum *Wilhelm von Wenden* Ulrichs

von Etzenbach und *Wilhelm von Österreich*
Johanns von Würzburg gehört in diesen Zusammenhang. — Der „geschichtliche Raum",
in dem die Handlung der geschichtssymboli-
schen Epen spielt, ist zumeist der einer vagen prähistorischen Vergangenheit des gegenwärtigen Weltstatus, wie schon in Wolframs *Parzival*. In Albrechts *Titurel* sucht er
Anschluß an einen weitgespannten Zeitraum
der Weltgeschichte. Etwas Einmaliges ist es,
wenn im *Lohengrin* (um 1280) die Grals-
sippe in die aus der *Sächsischen Weltchronik*
entlehnte „Wirklichkeit" der Zeit Heinrichs I.
gestellt wird und damit eine näherliegende,
geschichtlich verbürgte Vergangenheit das
Idealbild einer gerechten und kraftvollen
Königsherrschaft liefert, das der Gegenwart
des Interregnums als mahnendes Vorbild gegenübertritt. Die freie Epik nähert sich der
Chronik — das gilt auch für die Heldenepik
(*Dietrichs Flucht*) —, umgekehrt übernimmt
die Chronik die Darstellungsmittel der höf.
Epik und wird zum historischen Roman.

Friedrich S e n g l e, *Die Patrizierdichtung
'Der gute Gerhard'*. DVLG. 24 (1950) S. 53-82.
Ludwig W o l f f, *Welfisch-Braunschweig.
Dichtung d. Ritterzeit*. Jb. d. Ver. f. nddt.
Sprfschg. 71-73 (1948/1950) S. 68-89. Gerh.
E i s, *Die sudetendeutsche Lit. d. MA.s*. Ostdt.
Wissenschaft Bd. 6 (1959) S. 71-116. — Ge-
orge C a r y, *The medieval Alexander*. Ed.
by D. J. A. Ross (Cambridge 1956). — Hanns-
Friedr. R o s e n f e l d, *Zum 'Wilh. v. Wenden'
Ulrichs v. Eschenb*. Neophil 12 (1927) S. 173-
186. — Otto H ö f l e r, *Ulrichs v. Lichtenstein
Venusfahrt u. Artusfahrt*. In: Studien z. dt.
Philologie d. MA.s. F. Panzer z. 80. Geb.
(1950) S. 131-152. Ludw. W o l f f, *Das Mag-
deburger Gralfest Bruns von Schönbeck*. Nddt.
Zs. f. Volkskde. 5 (1927) S. 202-216. Theod.
Hirsch, *Über den Ursprung der Preuß.
Artushöfe*. Zs. f. Preuß. Gesch. u. Landeskde.
1 (1864) S. 3-32. Weitere Lit.: s. *'Artushof'*,
Reallex. z. dt. Kunstgesch. hg. v. O. Schmitt 1
(1937) Sp. 1134.

§ 17. In der dt. R e i m c h r o n i k (s. *Chronik*) begegnet Geschichte nicht wie im höf.
Roman in einer symbolischen oder allegorischen Vorzeithandlung, sondern als Wirklichkeit eines episch gestalteten Geschichtsab-
laufs, der mit dem Übergang von der Weltchronik zur Regionalchronik ein überschau-
bares Stück selbsterlebter oder doch unmittelbar in der Erinnerung haftender Geschichte umfaßt. Das ergibt entweder dyna-
stische Geschichte (*Braunschweiger Reimchronik*, bis 1292; Ernst von Kirchberg,

Mecklenburgische Reimchronik, bis 1329;
Gelres Chroniken der Grafen von Brabant
und Holland, um 1370, u. a. m.), oder Landesgeschichte im Verband der Reichsgeschichte (Ottokars *Österreichische Reimchronik*, bis 1309), oder reichsgeschichtlich tro-
pierte Ordensgeschichte im Geist der alten
Kreuzzugsepik von Art des *Rolandliedes*
(Nicolaus von Jeroschin, um 1340), in einem
Sonderfall Welt- und Landesgeschichte als
unterhaltsames Lesebuch erbaulicher, novel-
listischer und anekdotischer Geschichten am
Rande der Geschichte — chronikalisches Gegenstück der unpolitischen, bürgerlich-höfi-
schen Erzählkunst Konrads von Würzburg
(Jansen Enikel, *Weltchronik* und *Fürstenbuch*, letztes Viertel des 13. Jh.s).

Ottokars *Österreichische Reimchronik* verdient
in diesem Zusammenhang besonderes Interesse.
Sie versucht, Geschichte der Gegenwart und jüngeren Vergangenheit aus ihren politischen Motiven zu verstehen, ohne daß ein beharrlicher
Parteistandpunkt das Blickfeld einengt. Wo die
genaue Einsicht fehlt, tritt episches Kombina-
tionsvermögen ein und schafft einen lückenlos
motivierten historischen Roman. Die Mittel lebendiger, epischer Vergegenwärtigung nimmt
Ottokar aus dem höfischen Roman, die Genauigkeit, mit der die epische Bildfläche bis zum
Rande ausgefüllt ist, entspricht dem Zeitstil, jedoch das Darstellungsmittel, das ihm vor allem
ermöglicht, einen pragmatischen Nexus des historischen Ablaufs über fast 100 000 Verse durch-
zuhalten, findet sich im höf. Roman nur gelegentlich, und zwar gerade da, wo dieser „Politisches" darstellt: die große politische Rede und
die Aussprache im Rat. Ottokar läßt vor allem in
solchen Redeszenen das politische Handeln aus
seinen vielfältigen Bedingungen hervorgehen,
seien es alte Rechte, weit in die Vergangenheit
zurückreichende Ereignisketten, persönlicher Ehrgeiz oder persönliches Versagen, sei es das Abwägen des Kräftespiels politischer und sozialer
Machtordnungen. Dabei kommt eine Geschichtsdarstellung zustande, die der nordischen Königssaga ähnlich ist, im Faktischen nicht selten ungenau, aber ein fast überdeutliches Abbild der
Personen, Kräfte und Tendenzen, die Geschichte
machen: Fürstliche und bischöfliche Landesherrschaft in Österreich und Salzburg im Zusammenspiel mit dem Reich und mit Rom, Einwirken
der Nachbarn Bayern, Böhmen und Ungarn,
Konflikte der Landesherrschaft mit den „Landherren" in der Steiermark und Kärnten, der
mächtigen Abtei Admont und der Stadt Wien,
das ganze durchsetzt von Reichsgeschichte und
einer Reihe von weltgeschichtlichen Ereignissen
wie dem Untergang der Staufer, dem Fall Akkons, dem Aufstand der flandrischen Städte gegen Philipp von Frankreich. Die absoluten ge-
schichtstheologischen Werte und der Rang des
Ordo der Herrschenden werden noch anerkannt,

sogar das Bild des „edlen Heiden" gilt noch —
die Geschichte bestätigt angeblich Wolframs
dichterische Konzeption —, aber alle idealen
Motive wirken sich im pragmatischen Kräfte-
spiel aus, das um seiner selbst willen sinnhaltig
ist, selbst wenn es wie beim Verlust Akkons,
beim Fall Ottokars von Böhmen oder bei der
Ermordung König Albrechts tragisch ausgeht.
Es entsteht der Eindruck, daß die Katastrophen
vermeidbar wären, wenn die Mächtigen die Einsicht walten ließen, die der Darsteller der Ereignisse besitzt. Im einzelnen vermittelt die
Chronik einen sehr genauen Einblick in die Institutionen, in denen Politisches ausgehandelt
wird, Rat und Schiedsgerichtsbarkeit. Auf diese
legt Ottokar besonderen Nachdruck, denn wenn
er eine Tendenz verfolgt, so ist es die, zu zeigen, daß ein gerechter, schiedlicher Ausgleich
im Sinne von *fride, suone, friuntschaft* und
minne Konflikte ausschalten und überwinden
kann. Dies Motiv hatte seit dem *Ruodlieb* im
höf. Roman eine nicht unbedeutende Rolle gespielt; jetzt ist es zum Leitthema einer Geschichtsdarstellung geworden.

Ottokars Österreichische Reimchronik, hg.
v. Joseph Seemüller (1890-1893; MGH. Dt.
Chron. 5) (wichtige Einleitung). Walter H e i -
n e m e y e r, *Ottokar v. Steier u. d. höf. Kultur.* ZfdA. 73 (1936) S. 201-227. Maja L o e h r,
*Der Steierische Reimchronist: her Otacher ouz
der Geul.* Mittlgn. d. Inst. f. Österr. Geschichts-
forschg. 51 (1937) S. 89-130. — Otto B r u n-
n e r, *Das Wiener Bürgertum in Jans Enikels
Fürstenbuch.* In: Brunner: *Neue Wege der
Sozialgeschichte* (1956) S. 116-135.

§ 18. Die p. D. des späteren MA.s, die in
direkter Weise politische Funktionen ausübt,
zu Zeitereignissen Stellung nimmt oder sie
als Aktualitäten berichtet, findet sich vor
allem in der liedhaften Spruchdichtung (*s.
d.*) der „wandernden Literaten" (de Boor)
und in der didaktischen *rede* (*s. d.*), später
in der Heroldsdichtung (*s. d.*) und im historischen Lied (*s. d.*). Die Gattungen, die jetzt
auftreten, verkörpern den Typus der polit.
Z w e c k d i c h t u n g als Preis und Schelte
von Höfen und Fürsten, Totenklage und
Zeitlied reiner als je zuvor. Das gleiche gilt
für den Typus der Dichter, die einen Berufs-
stand außerhalb der „natürlichen" Stände
bilden und in erbittertem Konkurrenzkampf
bestimmte Funktionen in einem politischen
und gesellschaftlichen Ritual ausüben. Sie
reflektieren selbst über die Aufgaben, die sie
in ihrem *orden* zu erfüllen haben (Heinrich
von Meißen [Frauenlob], Str. 186-188: Apologie des Fürstenlobs; Der Unverzagte III,
8: Politische Wirkung von Preis und Rüge;
Friedrich von Sonnenburg I, 7-10: Sittliche
Rechtfertigung des Gehrens). Noch Peter

Suchenwirt faßt sie zu Ende des 14. Jh.s
folgendermaßen zusammen: *Durch notdurft
meinez leibs nar Nam ich der piderben herren war. Als gerndem orden wol antzimpt,
Der gut durich got, durich ere nympt Und
chunst bescheidenlichen phligt, Der piderben
herren ere wigt Für die pösen wirdichlich*
(XXIX, 3 ff.). Was bei Walther aus Ethos,
Leidenschaft und Begabung zum persönlichen Schicksal zu werden scheint, begegnet
bei den Späteren als Amt und kollektives
Standesschicksal. Macht die spätmal. Zeitdichtung das, was das Hochma. als einmalige
persönliche Leistung (Walther) oder als dichterisches Idealbild (Schwertleiten, Turnier-
beschreibungen und Totenklagen in der höf.
Epik) ausgebildet hatte, zum gesellschaftlichen Ritual der Höfe und Ritterorden, oder
setzt sich in ihr eine uralte, vorliterarische
Tradition der politischen Zweckdichtung in
zunftmäßigen Formen des literar. Betriebs
fort? Wahrscheinlich wirkt das eine in das
andere hinein.

Die Typen des persönlichen Preis- und Rüge-
liedes und der allgemeinen Hoflehre und -kritik
innerhalb der liedhaften S p r u c h d i c h t u n g
geben unmittelbar als p. D. nicht viel her. Die
Kategorien des Lobens- und Tadelnswerten wiederholen sich monoton: *tugent, ere, höfischeit,
milte, bescheidenheit* auf der einen Seite, *schande*
und *gitekeit* auf der andern, hier die Forderung
nach würdigen und ehrenwerten Männern im
Rat, dort die Abwehr der Schmeichler und Zu-
träger. Die polit. Wirkung liegt wahrscheinlich
weniger im Besonderen der Lehre als in dem
Faktum selbst. Es bedeutete etwas für das Ansehen eines Hofes, wenn ihm eine Spruchreihe
wie die Frau-Ehre-Strophen Reinmars gewidmet
wurde, es kompromittierte ihn, wenn ihn eine
Rüge traf, auch wenn, wie bei den Rügestro-
phen üblich, kein Name genannt wurde. Auch
hier sind es jetzt vor allem die Höfe des Ostens
und des Nordens bis nach Dänemark, an denen
die Spruchdichter ihr Amt ausübten. Die Propaganda der Hofesehre durch die Fahrenden
war selbst ein Politicum. Noch Jörg Kienast
empfiehlt sich 1518 in seinem Straßburger Wap-
penspruch als Verbreiter des Ansehens der Stadt
an den Höfen, die er als Fahrender besucht.

Gezielte p. D. hält sich weiterhin an Gegenstände der großen Politik und verliert ihren
Blick für das Wesentliche keineswegs: Friedrichs
II. Konflikt mit seinem Sohn Heinrich (Reinmar, Hardegger), der Mainzer Landfriede von
1237 (Reinmar), Abkehr von Friedrich II. nach
seiner Absetzung durch den Papst (Reinmar,
Der von Wangen, Friedrich von Sonnenburg),
Klage über die zerstörte Ordnung während des
Interregnums, Hoffnung auf den starken Kaiser,
der sie wiederherstellt, Wahlpropaganda für verschiedene Anwärter, Gegenpropaganda gegen

die „Pfaffenkönige" (Meißner, Marner, Sigeher, Helleviur, Kelin), Hoffnung auf Konradin und Erschütterung durch sein Ende (Marner, Meißner; rückblickend Der Schulmeister von Eßlingen), politische Hoffnungen auf Ottokar von Böhmen (Sigeher, Friedrich von Sonnenburg, Meißner), Enttäuschung über Rudolfs von Habsburg neuen Herrschaftsstil (Schulmeister von Eßlingen, Stolle, Der Unverzagte) und spätere Anerkennung Rudolfs (Konrad von Würzburg, Rumelant, Boppe, Friedrich von Sonnenburg). Von den Themen und Gesichtspunkten her läßt sich der Unterschied zwischen Walthers p. D. und der der späteren Zeit kaum fassen. Eher bemerkt man in Walthers Dichtungen die Vorzeichen des „Spätmittelalterlichen", wenn man von seinen Nachfolgern aus auf ihn zurückblickt. Erschütterung und Ratlosigkeit angesichts einer in Unordnung geratenen Welt sind bei Walther ebenso stark wie zur Zeit des Interregnums. Rücksicht auf die Ansprüche der Fürsten, Abkehr von dem einen Repräsentanten des Reiches zu einem andern findet sich bei ihm wie bei Reinmar von Zweter oder Friedrich von Sonnenburg. Neue Herrschaftsformen erscheinen ihm als mangelnde *milte* ebenso wie den Dichtern, die sich anfangs nicht mit Rudolf von Habsburg abfinden konnten. Die gewisse Erstarrung der späteren Zeit ist allenfalls darin spürbar, daß die p. D. weiterhin an den Leitbildern des sakralen Herrschertums wie des ritterlichen Standesanspruchs festhält, anstatt sich an neuen polit. Wirklichkeiten zu orientieren. Die kündigten sich aber schon zu Walthers Zeit an und stießen auch bei ihm auf erbitterte Abwehr. Der Unterschied zwischen der „klassischen" und der späteren Spruchdichtung liegt mehr im Stilistischen. Was Walther, auch wenn er nach objektiven Ideen und dem Tugendkanon einer festen Standesmoral mißt, in plastischer Deutlichkeit herausgearbeitet, gerät bei den Späteren in die ornamentale Fläche eines Katalogs von Leitbegriffen oder in eine lückenlose Allegorie. Walther genügte eine Zeile, um den Verfall des Wiener Hofs ins Bild eines verfallenden Hauses zu fassen (24, 5), schon Bruder Wernher füllt damit zwei lange Strophen.

Im 14. Jh. geht die polit. Lieddichtung der Fahrenden an die gesprochene *rede* der Heroldsdichter über. Bei dem bedeutendsten, Peter Suchenwirt, tritt neben den „rituellen" Formen der Ehrenrede und Totenklage auch noch p. D. von Rang auf.

Den Raum des Reiches, den er in Nr. XXXV nach dem Topos des *Annoliedes* (Str. 40) und Walthers (56, 38 f.) definiert als *Von Leyfflant in Tuschkane, Von dem Rein in Ungerlant*, füllt er in Nr. XXIX durch eine gegliederte Aufzählung fürstlicher, geistlicher und städtischer Herrschaften als lückenlose Fläche einer polit. Geographie aus: eindrucksvolles Zeugnis für ein neues, in Zentren und Gebieten denkendes polit. Raumbewußtsein. Auch oberitalienische Fehden spielen für ihn noch nicht im „Ausland". Im Politischen sieht er die schlimmste Gefahr in der inneren Fehde, und das Schicksal des Braunschweiger Herzogtums ist ihm das warnende historische Beispiel (XXXIII). Die Spruchrede Nr. XXXVII aus dem Jahr 1387 *Von der fürsten chrieg und von des reiches steten* enthält eine differenzierte politische Diagnose aus hoher Warte aus: Fürsten und Städte werden ohne Parteinahme als rechtmäßige polit. Gewalten anerkannt. Sie müssen untereinander Frieden halten, weil sie beide vom Bauern, der sie ernährt, abhängig sind. Denn Hungersnot verschärft die soziale Spannung zwischen Arm und Reich, und ein Aufstand des Proletariats bedroht jede legitime Gewalt. Bis hierher wägt der Spruch sachlich das Spiel der polit. Kräfte ab. Dann aber glaubt auch Suchenwirt noch das Heil in der Erneuerung des sakralen Kaisertums zu finden, indem er König Wenzel mahnt, sich in Rom krönen zu lassen und als rückkehrender Friedenskaiser im Reich Recht und Ordnung zu schaffen. Das päpstliche Schisma bezieht Suchenwirt auf die europäische Gruppenbildung mit dem Reich, England, Polen und Skandinavien auf der einen, der Provence, Frankreich und den iberischen Königreichen auf der andern Seite; seine Lösung ist wieder mehr geschichtstheologisch als realpolitisch begründet: anstelle der Disordinatio von zwei Päpsten und keinem Kaiser muß das Gleichgewicht von einem Kaiser und einem Papst wiederhergestellt werden (XXXV). Desgleichen ist sein Herrscherspiegel *Aristoteles rêt* (XXXVIII) eine auf Politisches und Gesellschaftliches gerichtete, klug abgewogene Summa, nicht in den leeren Raum des abstrakten Moralisierens gestellt, sondern aktuell auf die Zustände nach König Wenzels Gefangensetzung (1394) bezogen. Auch die Gesellschaftskritik, die ihm kraft seines Amtes zukam, enthält scharfe Diagnosen. Er erkennt, daß die Ideale eines schönen und kriegerisch-tätigen ritterlichen Lebens durch das moderne wirtschaftliche Denken und die daraus hervorgehenden Ansprüche auf Besitzvermehrung und Wohlleben gefährdet sind (XXX, XXXI), stimmt aber nicht ein in die zeittypische Verdammung des „Pfennigs", sondern wägt ab, wo mit der neuzeitlichen Finanzkraft richtig und wo falsch umgegangen wird (XXIX). Im ganzen hat Suchenwirt, wenn auch dem *gernden orden* zugehörig, kraft seines höfischen Amtes noch viel politischen Weitblick. Auch er kann freilich die Maßstäbe verlieren, wenn er z. B. in Nr. XXVII alle Tugenden und Laster aufbietet, um seine jungen Herzöge von der Getränkesteuer abzubringen.

Im Gegensatz zu ihm zeigt die große Summa der Reimreden von Heinrich dem Teichner, dem Suchenwirt um 1377 einen poetischen Nachruf widmete, den völlig apolitischen Horizont des abhängigen „Bürgers" oder „Landeskindes". Bei ihm herrscht die schlichte Moral des einfachen Mannes so ausschließlich, daß trotz aller Standeskritik, trotz Parabeln und „aus dem Leben gegriffener" Beispiele aus seinem umfangreichen Werk weder das Abbild einer spezifischen Gesellschaft in ihrem Zusammenleben noch eine feste Orientierung an Tagesereignissen zu gewinnen ist. Er ist Fürsprecher der abhängigen „armen Leute", das ist seine einzige erkennbare Position. Aktuelle Polemik richtet er gegen neue Moden der Haar-, Bart- und Kleidertracht, gegen Tänze oder Musik: das sind ihm die erkennbaren Symptome der neuen Zeit, und sie fallen ihm noch ein halbes Jh. nach Rudolf von Habsburg als „Rheinischkeit" auf

Als letzter der fahrenden Liedspruchsänger ist M u s k a t b l ü t zu nennen. Vom bürgerlichen Meistersinger unterscheidet ihn, daß er noch ganz und gar im Herrendienst seine Kunst ausübt; sein Zeitgenosse Michael Beheim beneidet ihn um dies Glück.

Sein dichterisches Programm umfaßt immer noch, wie 200 Jahre vor ihm das Reinmars von Zweter, geistliche Lieder, Minnesprüche und gesellschaftskritisch-politische Lieder. Die stereotypen Anreden — Standessummen in nuce — zeigen, wo er Gehör beansprucht und gefunden hat: *ir fürsten, graven, herren, ritter, knechte,* oder: *werder fürst, ritter, knechte, priester, amtlude, burger, buman.* Auch bei ihm herrschen noch die allgemeinen Topoi des Lobens- und vor allem Tadelnswerten, aber er verteilt sie systematisch auf die Stände (62, 63). Gelegentlich gewinnt die Zeitkritik an Konkretheit: *Stede, merkt, burch, vesten und slos wirt allzomal versetzet* — das ist die Folge der Verschuldung der Fürsten bei den „Wucherern" (55). Der Fürst soll sein Gesinde nicht mästen wie die Schweine sondern beschäftigen (61). Er soll sich an die Eingesessenen halten, wohlangesehene *ritter und knechte* zum Rat heranziehen und den *holwangen und gitzigen gesellen* keine Rechtsgewalt über die *armen lude* geben (64). Das Konstanzer Konzil ist um *der werelt nutz* und nicht *durch pris* eingesetzt (70). Für das Reich sind die Kurfürsten verantwortlich (71). Seine Kreuzzugaufgabe konzentriert sich jetzt auf die Fahrt gegen Preußen, Polen und Böhmen. Die böhmische Ketzerei wird historisch auf Wicliff zurückbezogen, Hus' Name emblematisch als „Gans" verdeutscht, und der Hussitenkrieg ist ein „Gänsleinrupfen" (71, 72; ähnlich Oswald von Wolkenstein, Klein Nr. 27). Noch die Reformation knüpfte an diese Schlagwortsymbolik an. Dadurch, daß die allgemeinen moralischen Kategorien auf Stände und Gruppen bezogen und in konkretem Sinn wörtlich genommen werden, entstehen Kollektivvorurteile, die das spätmal. Denken nicht leicht durchbricht. Das fängt zwar schon bei Walther an, aber wirkt sich erst in der Spätzeit in vollem Maße verhängnisvoll aus.

Herta G e n t, *Die mhd. polit. Lyrik* (1938; Dtschkdl. Arbeiten A 13). A. S c h m i d t, *Die*

polit. Spruchdichtg. E. soziale Erscheinung d. 13. Jh.s. Wolfram-Jb. 1954, S. 43-109. Hugo M o s e r, *Die hochmal. dt. „Spruchdichtung" als übernationale u. nationale Erscheinung.* ZfdPh. 76 (1957) S. 241-268. Walther G e i s l e r, *Fürsten u. Reich in d. polit. Spruchdichtung des dt. MA.s nach Walther v. d. V.* (1921; Dt. Sammlung 1). Alfons W e b e r, *Studien zur Abwandlung der höf. Ethik in d. Spruchdichtung d. 13. Jh.s.* Diss. Bonn 1936. Manfred S c h o l z, *Der Wandel der Reichsidee in der nachwaltherschen Spruchdichtung.* (Masch.) Diss. FU Berlin 1952. — Gustav R o e t h e, *Die Gedichte Reinmars von Zweter* (1887) (wichtige Einleitung). Edgar B o n j o u r, *Reinmar v. Zweter als polit. Dichter* (1922; SprDchtg. 24). — Hans-Georg F e r n i s, *Die Klage um den toten Herrn. E. german. Motiv in höf. Dichtg.* GRM. 25 (1937) S. 161-178. Hellmut R o s e n f e l d, *Nord. Schilddichtung u. mal. Wappendichtung.* ZfdPh. 61 (1936) S. 232-269. — Otfried W e b e r, *Peter Suchenwirt. Studien über s. Werk* (1937; Deutsches Werden 11). Anton V e l t m a n n, *Die polit. Gedichte Muskatblüts.* Diss. Bonn 1902.

§ 19. Die Spruchreden der Heroldsdichter und die mit Muskatblüt auslaufende Sangspruchdichtung gehören einem dichterischen Brauchtum an, das an Amt und höfische Gesellschaft gebunden ist. Diesen genauer bestimmbaren Kreis von Amts- und Standesdichtung aber begleitet eine Lit., deren gesellschaftlicher Ort nicht so festliegt, wenn sie sich auch z. T. ähnlicher Formen bedient. Es gibt das ganze MA. hindurch eine lat. polit. T r a k t a t l i t. in Prosa oder Vers, die seit dem Hochma. auch als deutscher Verstraktat auftritt und die sich durch ihre Inhalte als p. D. von der breiten Masse allgemeiner Didaktik absetzt. Und es gibt seit dem 13. Jh. eine dt. Gegenwartschronistik, auch zumeist in Versen, die aktuelle Einzelereignisse von einem Parteistandpunkt aus darstellt. Im 15. und 16. Jh. verfestigen sich die Formen einerseits zum gesprochenen Z e i t s p r u c h (*spruch, rede, reim, (ge)ticht, hofmäre, büchlin*), andrerseits zum gesungenen Z e i t l i e d oder „historischen Lied" (s. d.).

Aus der lat. Traktatlit. heben sich einige Werke aus der Zeit Rudolfs von Habsburg heraus, in denen die Zeitstimmung des Interregnums noch nachklingt und die in der Zukunft weitergewirkt haben: Nicolaus' von Bibera *Occultus* (1282), dessen Pfaffenkritik die Hussiten und dann die Reformation aufgreifen, und Alexanders von Roes *Memoriale de prerogativa Imperii Romane* (1281), das in der Konzilszeit wieder aktuell wird und 1470 noch zum Druck kommt. Reichspolitik im Sinne Ludwigs des Bayern verficht das *Ritmaticum* des Lupold von Bamberg (1341), das sofort von Otto Baldeman ins Dt. übersetzt (*Von dem Romischen riche eyn clage*) und dann von Lupold Hornburg für eine etwas spätere Gelegenheit bearbeitet wird. Die Fragmente eines anonymen dt. Gedichts über Ludwig den Bayern (SBAkWien 41, 1863, S. 328 ff.; ZfdA. 30, 1886, S. 71 ff. und 58, 1921, S. 87 ff.) enthalten dagegen mehr allegorisch eingekleidete Ehrenreden zum Zweck höfischer Repräsentation. Die lat. polit. Schriften von Konrad Megenberg reichen in die Zeit Karls IV. Zum Konstanzer Konzil sind die lat. Traktate des Dietrich von Niem zu nennen, die noch auf die 1513 in Straßburg gedruckte Gerichtsallegorie in Versen, die *Welschgattung*, gewirkt haben. Mit dieser kommen wir in den Umkreis der meist zugleich lat. und dt. veröffentlichten polit. Schriftstellerei des Sebastian Brant. In den meisten dieser Schriften steht immer noch die Reichsidee im Mittelpunkt; die Auseinandersetzung mit besonderen Gegenwartsproblemen gibt ihnen Zeitkolorit, aber das Denkschema ist so ähnlich, daß die früheren Werke bis ins 16. Jh. nachwirken können.

Gottfried Hagen schildert 1270 als Parteigänger der Patrizier den Kampf des Kölner Patriziats gegen Erzbischof und Zünfte. Dies frühe Beispiel einer parteilichen Z e i t c h r o n i k hat schon die Nahsicht auf die Ereignisse, die dem späteren Zeitspruch und Zeitlied eigen ist, aber noch nicht die knappe Form, die den Gegenstand auch dem nicht unmittelbar Beteiligten zugänglich macht. Innere und äußere Kämpfe der Städte kommen dann in den (Prosa-) Städtechroniken zu Wort. Diese erheben noch weniger den Anspruch, Aktuelles in weiterem Umkreis bekannt zu machen, dienen vielmehr als städtische „Hausbücher" dazu, polit. Traditionen, wahllos mit Anekdoten und Kuriositäten durchmischt, auf Annalenweise im Gedächtnis der Stadtgemeinde festzuhalten. Mehr auf der Linie von G. Hagens *Kölner Chronik* liegen Michael Beheims *Buch von den Wienern* (1461–63), Christian Wierstraits Verschronik von der Belagerung von Neuß durch Karl den Kühnen (1475), Rainer Groningens Darstellung des miterlebten Braunschweiger Aufruhrs von 1488 bis 1491 und die Chronik des Schwabenkriegs 1499 von Hans Lenz aus Rottweil. Manche Ereignisse werden durch Parteidarstellungen von verschiedenen Seiten her gespiegelt, so die Soester Fehde von 1477–79 (Bartholomäus van der Lake: Soest; Johan Kerkhörde: Dortmund; Gert von Schüren: Cleve). Der Straßburger Drucker Knoblochtzer publiziert um 1477 eine ganze Folge von Kriegslit. zum Burgundischen Krieg (von Hans Erhart Tüsch, Konrad Pfettisheim und die anonyme *Burgundische Legende*), der die *Breisacher Reimchronik* von 1477 gegenübersteht. Historische Grundlegung der „Türkenlit.", die in Zeitlied und Zeitspruch von Michael Beheim bis zum Lied vom *Prinzen Eugen* lebendig ist, bietet die *Türkenchronik* des Georgius von Ungarn, die dt. als *Chronica*

und Beschreibung der Türkey von Sebastian Frank 1530 mit einer Vorrede Luthers erschien.

Wie Zeitspruch und Zeitlied des ausgehenden MA.s mit den bisher genannten Gattungen genetisch zusammenhängen, ist nicht sicher auszumachen. Der Spruch ist gegenüber dem Lied die stärker literar. Form; bald wirkt er wie eine komprimierte Zeitchronik, bald ordnet er sich dem didaktischen Traktat, den Ehrenreden der Herolde oder den Spruchreden der Meistersinger zu. Steht der Zeitspruch der Heroldsdichtung nahe, so nutzt er noch die Darstellungsmittel der höf. Epik mit Beschreibung von Einzelkämpfen und Wappen (z. B. *Schlacht von Göllheim* 1298 bei Hirzelin und Zilies von Sayn (?); *Böhmerschlacht*) oder er bedient sich allegorischer Einkleidungen. Als kurzer polit. Traktat übt er Gegenwartspropaganda unter übergeordneten weltgeschichtlichen oder gesellschaftskritischen Gesichtspunkten (Thomas Prischuch und Johannes Engelmar zum Konstanzer Konzil, Jacob Stößelin zu den Mainzer Unruhen von 1428, Nyssing zum Osnabrücker Aufstand 1488–90 usw.). Die offizielle Hof- und Reichsdichtung wird noch von einem Dichterstand, der nach Amt und Brot strebt, geübt: Michael Beheim („*ich aß sin brot und sang sin lied*"), Jacob Vetter (nennt sich in dem Lied von König Ladislaus' Tod „*aller welt spiegler*"), Hanns Schneider (anfangs *sprecher des fürsten von pairn*, später *seiner küniglichen* oder *kayserlichen majestet sprecher* und *poet*) und andere; auch städtische Meistersinger wie Hans Rosenplüt und Hans Sachs und freie Literaten wie Sebastian Brant und Pamphilius Gengenbach beteiligen sich. Bei den Meistersingern gewinnt der polit. Spruch das Städtelob als neues, eine Untergattung bildendes Thema hinzu (Johannes Steinwert 1501 auf Frankfurt, Hans Rosenplüt 1447 und Kunz Has 1490 auf Nürnberg).

Das Lied ist vor allem für den mündlichen Vortrag bestimmt. Die Töne erfolgreicher Lieder werden jahrzehntelang nachgesungen (der *Winsbecken Ton* reicht vom Tod des Königs Ladislaus 1457 bis zu den Türkenliedern des 16. Jh.s, der *Schweizerton* vom Murtenlied 1476 über den *Alten gris* des Schwabenkriegs 1499 bis zur Schlacht von Kappel 1531 und dem Zug der Berner zur Unterstützung der Genfer Reformierten 1534; der *Toller Ton* (1479) hat, als *Genowerlied*

1507 und als *Bemunderlied* 1544 erneuert, seine innerschweizer Geschichte, wird aber auch im Reich zum Bauernkrieg und Schmalkaldischen Krieg gesungen, sogar 1543 in Lüneburg). Muß man einerseits damit rechnen, daß Traditionen einer bisher unter der Schwelle der Überlieferung liegenden Zeitdichtung erst jetzt literar. faßbar werden, so entsteht das Zeitlied des 15. und 16. Jh.s doch aus neuen soziologischen Bedingungen: weithin ist es das Lied des Soldatenstandes der Landsknechte und Söldner, der den älteren ritterlichen Soldatenstand ablöst. Dabei wirkt die ritterliche Heroldsdichtung mit ihren Kämpferregistern, Schlachtberichten und emblematischen Motiven auf den neuen Typus ein. In den Schweizerliedern ist die ritterliche Emblematik zur Wappenallegorie der eidgenössischen Landstände und Städte umgebildet. Das schafft für die Schweiz politische Tradition und fordert bald eine Gegenallegorik der dt. Landsknechtslieder heraus. Die Kampfschilderungen sind mit soldatischen allegorischen Sarkasmen durchsetzt: der Kampf ist Spiel, Tanz, Kirchweih, die Belagerung Brautwerbung, Raubrittern wird auf der Vogelweide nachgestellt, die Feinde werden purgiert, zum Tode Verurteilte balbiert. Ein neuer Dichterstand von Amts wegen entsteht mit der Gattung nicht, die Lieder sind von Gelegenheitsdichtern geschaffen, die oft treulich bezeugen, ob sie als Teilnehmer oder vom Hörensagen berichten. An Dichternamen fehlt es nicht, doch bedeuten sie literarhistorisch nicht viel; stärker noch als die Spruchlieddidaktik nach Walther von der Vogelweide erfüllen diese Zeitlieder das überpersönliche Gesetz ihrer Gattung. Wenn bekannte Literaten (H. Rosenplüt, P. Gengenbach, N. Manuel) gelegentlich mitmachen, so ist das ein Anzeichen dafür, daß man der Gattung erhebliche polit. Stoßkraft zutraut.

Zeitlied und Zeitspruch rücken im 15. und 16. Jh. nahe aufeinander zu. Nachdem Überschriften üblich werden — in den Flugblattdrucken sind sie die Vorläufer der Zeitungsschlagzeilen —, unterscheiden diese mehr die inhaltlichen als die äußeren Gattungsformen. *Ein schön lied (spruch) von . . .* läßt einen Bericht über ein Ereignis erwarten, *ein neu lied von . . .* bezeichnet oft Fortsetzung, Wiederaufnahme oder Gegensang zu vorausgehenden Liedern; auch *zeitung, historia, geschicht* meint den Bericht. *Ermanung* bezeichnet den polit. Aufruf in Lied oder Spruch, *warnung* das Pamphlet, *klage* kann „Anklage" bedeuten, aber auch „Totenklage" oder satirische „Sündenklage". Alle Bericht- und Zeitungsdichtungen sind parteilich; wenn sie sich objektiv geben, so liegt auch darin Tendenz. Manche Lieder und Sprüche sind geradezu verreimte amtliche Verlautbarungen. Pamphlet, Satire und Apologie kommen häufig vor. In Spruch und Lied kommt es zu Sang und Gegensang; dabei hat der Gegensang oft apologetischen Charakter. Die Form selbst wird zum polit. Symbol. Die Bischofspartei in der Hildesheimer Stiftsfehde (1519-23) rahmt ihre Lieder mit einem Marienlob, das Gegenlied der herzoglichen Partei parodiert dies. Die Wahl des Tons *Von erst so wölln wir loben Maria* wendet sich mitunter gegen die Evangelischen. Im 16. Jh. bedienen sich Anhänger und Gegner der Reformation der Parodie lutherischer Choräle, und Luthers Parodie des Liedes vom *Armen Judas* auf Heinrich von Braunschweig findet Nachfolge.

Im Verf. Lex, sind folgende Stichwörter (Namen und Titel) zu beachten: Polit. Traktate: Herman Bote. Günther von Mosbach. Felix Hemmerlin. Lupold Hornburg. Jörg Katzmair. *Welschgattung.* Heinrich v. Würzburg. Lupold von Bebenburg. Nicolaus v. Bibera. — Gesellschaftskritik: *Buch der Rügen. Der Bauern Lob. Von dem Hurübel.* Meister Ingold. Johann von Morsheim. Josep *Die 7 Todsünden.* Hans Ober *Von dem geytzigen Mammon. Des Teufels Netz.* — Zeitchronik: Andreas v. Regensburg. Eikhart Artzt. Wolfgang Baumgartner. Herman Bote. Heinrich Deichsler. Nicolaus Grill. Rainer Groningen. Gottfried Hagen. Henning Hagen. Hermann von Wartberg. Heinrich Hug. Johann von Guben. Konrad Justinger. Johann Kerkhörde. Klesse. Christan Kuchimeister. Bartholomäus v. d. Lake. Hinrick Lange. Hans Lenz. Martin von Bolkenhain. Mathias Widman. Hektor Mülich. Diebold Schilling. Diebold Schilling d. J. Ulrich v. Richental. Johann Wassenberch. Christian Wierstrait. Eberhard Windeck. Andreas Zainer. Burkhard Zink. — (Bd. V:) Ernst von Kirchberg. Konrad Pfettisheim. *Lübecker Ratschronik. Breisacher Reimchronik.* Johannes Rothe. Hans Erhart Tüsch. — Zeitspruch und Zeitlied: Erasmus Amman. Michael Beheim. *Der Bauern Lob. Der Bauernfeind.* Hans Birker. Herman Bote. Chiphenberger. Johannes Engelmar. Peter Frey. Gabriel von Liechtenstein. Gilgenschein. Hans Glaser. Heinz Gluf. Jörg Graff. Hermann Grevenstein. Hans Gutkorn. Hans Halbsuter. Hans von Anwil.

Hans von Hof. Hans von Schore. Hans von Westernach. Kunz Has. Peter Hasenstand. Haspel der Fischer. Hirzelin. Ulrich Höpp. Isenhofer. Matthäus Jelin. Johannes von Soest. Hans Judensint. Kempensen. Jörg Kienast. Königsberg. Hans Kugler. Johannes Kurtz. Lurlebat. Martin Maier. Baltasar Mandelweiß. Konrad Mayer. Hans Möttinger. Peter Müller. Nyssing. Der Pfaffenfeind. Georg Pleicher. Pochsfleisch. Thomas Prischuch. Hans Probst. Hans Rosenplüt. Georg Schan. Mathes Schantz. Der Schenkenbach. Scherer von Illnau. Hans Schneider. Veit Schreiber. Konrad Silberdrat. *Störtebekerlied.* Jacob Stoßelin. Wilhelm Sunneberg. Caspar Suter. H. Erh. Tüsch. Heinz Überzwerch. *Ulrich v. Württemberg* (IV 614-621, Zusammenstellung von Krogmann). Hans Umperlin. Nikolaus Uppslacht. Jakob Vetter. Vrischeman. Veit Weber. Peter Weiglein. Christoph Weiler. Martin Weiße. Hans Wick. Jörg Widmann. Ulrich Wiest. Hans Wispeck. Zilies von Sayn. Matthias Zoller. — (Bd. V:) Heinz Dompnig. Köne Finke. Oswald Fragenstainer. Gelre. *Herzog Friedrichs Jerusalemfahrt.* Jakob von Ratingen. *Burgundische Legende.*

Günther M ü l l e r , *Dt. Dichtung von d. Renaissance bis z. Ausgang d. Barock* (1927; Nachdr. 1957). Hermann G u m b e l , *Dt. Kultur v. Zeitalter d. Mystik bis z. Gegenreformation* (1936-39; Hdb. d. Kulturgesch.) Wolfgang P f e i f f e r - B e l l i , *Mönche u. Ritter, Bürger u. Bauern im dt. Epos des Spätma.s* (1934). Friedr. H e e r , *Zur Kontinuität des Reichsgedankens.* Mittlgn. d. Inst. f. Österr. Geschichtsfschg. 58 (1950) S. 336-350. — Hans W a l t h e r , *Das Stegreifgedicht in der lat. Lit. des MA.s* (1920; Quellen u. Unters. z. lat. Philol. d. MA.s Bd. 5,2). — Clair Hayden B e l l , Erwin G. G u d d e , *The Poems of Lupold Hornburg* (Berkeley und Los Angeles 1945; Univ. of California Publ. in Mod. Philol. 27,4). Sabine K r ü g e r , *Untersuchungen zum sog. Liber privilegiorum des Lupold von Bebenberg.* Dt. Arch. 10 (1953) S. 96-131. Helmut I b a c h , *Leben u. Schriften des Konrad von Megenberg* (1938; NDt. Fschgn. 210). — Adolf B a c h , *Die Werke des Vf.s der Schlacht bei Göllheim* (1930; Rhein. Archiv 11). — Gerhard C o r d e s , *Hermann Bote u. sein 'Köker'.* In: Festschr. für Ludw. Wolff (1962) S. 287-319. — Hans G i l l e , *Die histor. u. polit. Gedichte Michel Beheims* (1910; Pal. 96). Theodor Georg v. K a r a j a n , *Michael Beheims Buch von den Wienern* (Wien 1843). Ders., *Zehn Gedichte M. B.s zur Geschichte Österreichs u. Ungarns.* Quellen u. Fschgn. z. vaterld. Gesch., Lit. u. Kunst (Wien 1849) S. 1-65. Fr. M o r r é , *Die polit. u. soziale Gedankenwelt des Reimdichters Michael Beheim* ArchfKultg. 30 (1940) S. 4-26. Hans G i l l e , *Michel Beheims Gedicht 'Von der Statt Triest'.* ZfdPh. 77 (1958) S. 259-281 u. 78 (1959) S. 50-71, 291-309. — Gustav R o e t h e , *Hans Rosenplüt.* ADB. 29, S. 222-232.

§ 20. Rochus von Liliencrons Sammlung *Die historischen Volkslieder der Deutschen*

vom 13. bis 16. Jh., 1865-69, veranschaulicht die bedeutende Rolle der p. D. im ausgehenden MA. An Konkretheit und soziologischer Breite ist sie der p. D. der Stauferzeit überlegen, in ihrem poet. Rang erreicht sie diese nicht. Eine knappe Skizze der Themen und Motive möge sich hier anschließen; dabei wird entweder auf die Jahreszahl oder die Nr. in Liliencrons Sammlung verwiesen.

Die Tradition der S c h w e i z e r l i e d e r scheint bis ins 14. Jh. zurückzureichen. Das Schweizer Selbstbewußtsein (Kantonsemblematik) prägt sich in der Schlacht von Sempach 1386, deren Lied (Nr. 34) um 1450 von Hans Halbsuter in Luzern erneuert wird. Im 15. Jh. stößt im Aargau (1415) und Thurgau (1461) die Expansion der Eidgenossen auf Widerstand. Zürich verteidigt 1443 sein österr. Bündnis mit dem Argument der rechten Obrigkeit. Vor dem Burgunderkrieg wird bei Rudolf Montigel (Nr. 129) das Legitimitätsprinzip zu einer Weltherrschafts- und Weltfriedens-Utopie von Schweizer Gnaden gesteigert. Dann folgen die Kampflieder (Granson, Murten, Nancy) von Veit Weber, Hans Viol und Mathis Zoller: Sieg des eignen Völkleins (Israel-Typus) über „gekrönte Ritter"; Karl der Kühne ein durch seine superbia gestürzter „Alexander". Der Schwabenkrieg 1499 läßt Lieder wider die Schweizer „Kühe", die „Bauernjunker", die „selber Ritter machen wollen" und sich für „beider schwerter gnoß" erachten, entstehen. Das im Kampf gegen „Reich, Fürsten und Bund" gestärkte Selbstbewußtsein der Schweizer äußert sich in den Liedern, die die Aufnahme neuer Eidgenossen feiern (Nr. 203 Thurgauer Ritterschaft und St. Gallen 1499, Nr. 222 Basel 1501, Nr. 290 Mühlhausen 1515: die Neuen werden in das emblematische Kantonsregister einbegriffen). Im 16. Jh. ist die Spannung zwischen schweizer Söldnern und dt. Landsknechten ein Hauptthema von Schelte und Apologie. Unter der Reformation fühlen sich die kathol. Kantone in der Schlacht von Kappel 1531 als siegreiches „Häuflein klein", umgekehrt verbindet sich bei der Hilfe der Berner für die Genfer Reformierten der Typus „Israel wider Pharao" mit der Wiederaufnahme von Motiven des Murten-Liedes. Zur Zeit des Schmalkaldischen Krieges und des Interims setzen die dt. Protestanten ihre Hoffnung auf die Eidgenossen und warnen sie vor der Begehrlichkeit des Kaisers (Nr. 583, 549).

Der Aufstand der Eidgenossen wird alsbald als polit. Symptom verstanden und die Bezeichnung „Schweizer" auf „Ordnungswidrige" im allgem. übertragen. Das *Hofmär vom punt* (Nr. 173) fürchtet, daß im schwäb. Bund eine „neue Eidgenossenschaft" entstehe, größere und kleinere Adelsherrschaft sieht in den Städten „Schweizer" hochkommen (Nr. 190 Nürnberg, 194 die „Heidingsfelder Schweizer"). Die Bauernschelte der Dörperdichtung politisiert sich an den Erfahrungen mit der Eidgenossenschaft: Nürnberger *ratzgepawrn* (Nr. 123 b), *pauren und feigenseck* (190), Ritter gegen *buren* in der Braunschweiger Fehde (Nr. 185-187), der Graf von Ostfriesland ist *pauren knecht* (Nr. 288). Umgekehrt wird in den Schweizerliedern „Bauer" zum Ehrennamen; doch auch in den Dithmarscher Liedern steht der Adel gegen die *helde*, der Goldgerüstete gegen den *landman* (Nr. 213-220), und noch 1531 heißt es von den Dithmarschern: *dat schülen buren sin? it mögen wol wesen herren* (Nr. 434). Als „Bauern" fühlen sich auch 1516 die Anhänger des geächteten Herzogs Ulrich im Widerstand gegen Reich, Fürsten und fränkische „Raubritter". Auch ein prot. Trutzlied zum Reichstag von Speyer 1526 macht *bur* und *ungelarder lei* zum Ehrentitel.

Das ist damals eine gefährliche Terminologie, denn der B a u e r n k r i e g hat das Wort auch für die Protestanten suspekt gemacht. In ihm kommt fast nur die Gegenposition zu Wort. Voraus geht der „Bundschuh" (1513), mit polemischer Lit. vor allem von Pamphilius Gengenbach, und der württemb. Aufstand des „Armen Conrad" (1514), den halbapologetische Verreimungen amtlicher Verlautbarungen von Herzog Ulrichs Seite begleiten (Nr. 285, 286). Der große Bauernkrieg von 1525 wurde ausdrücklich als Wiederholung der Schweizer Revolte verstanden (Nr. 376), und ein Scheltlied der Landsknechte auf die Schweizer in der Schlacht von Marignano wurde auf den Bauernkrieg umgedichtet (Nr. 375). Prinzipiell verdammen die Lieder den Aufruhr gegen die gesetzte Herrschaft und propagieren Ordnung und Frieden (wichtig das Lied von „Jedermann" und „Niemand", Nr. 381). Auch die Evangelischen stimmen, gemäß Luthers Stellungnahme, darin ein (Nr. 393). Die grundsätzliche Sozialkritik der Bauern am Adel mit dem Schlagvers *„Da Adam reutet und Eva spann . . ."* im Zeitspruch *Der Bauern Lob* liegt dem Bauernkrieg um einige Jahrzehnte voraus (Drucke in den 1490er Jahren).

Auch die Lieder und Sprüche, die die Konflikte zwischen S t a d t und L a n d e s h e r r s c h a f t begleiten, argumentieren von Stand und Ordnung aus. In der jh.elangen Gegnerschaft zwischen Nürnberg und den Markgrafen hält sich beharrlich die Polemik gegen den Hochmut der Bürger, die sich herausnehmen, gegen Fürsten und Adel zu fechten. Auch Herzog Ulrich von Württemberg läßt in seiner Apologie (Nr. 318) den Städten des schwäb. Bundes ihre proletarische Handwerkerregierung vorhalten. Auf Seiten der Stadt spricht ein reichsstädtisch-reichsbewußter Stolz, der gelegentlich in „schweizerische" Adelsverachtung umschlägt und den Gegner als „Raubritter" verunglimpft (Kirchweih von Affalterbach, 1502). Höheres polit. Niveau hat das Reimpamphlet von 1498 zur Auseinandersetzung Regensburgs mit dem Münchner Landesherrn (Nr. 163), das die Sorge ausspricht, die Stadt könne dem Reich verloren gehen. — I n n e r s t ä d t i s c h e K o n f l i k t e zwischen Patriziat und Zünften bringen parteiliche Berichte, Pamphlete und Apologien der Gegenseite hervor, meist in der Form der Reimrede oder des Knittelversspruchs. Über die eigne Stadt hinaus wirkt der Lüneburger Prälatenkrieg, in den sich 1456 ein Hamburger Pasquill

zugunsten der Emigranten einmischt (Nr. 105). Reichspolitisch argumentiert nur das Pamphlet zum Kölner Zunftaufstand von 1513 (Nr. 279), das den alten Rat verdächtigt, mit Frankreich zu konspirieren: Köln, einer der „vier Bauern des Reichs", darf nicht an Frankreich geraten. — Gegen das R a u b r i t t e r t u m richten sich einige Lieder und Sprüche. Die Berennung des Hohenkrähen 1512 wird dabei zu einem Politicum, bei dem Reich und schwäb. Bund als Garanten der Ordnung auftreten. Das Ausmaß des militärischen Aufgebots macht das lokale Ereignis zum lohnenden Thema von Landsknechtsliedern, die Beteiligung des Reiches fordert sogar den kaiserlichen Sprecher Hanns Schneider auf den Plan. — Die Publizistik in Lied und Spruch, die H e r z o g U l r i c h s wechselnde Schicksale begleitet, spiegelt eindringlich das Schwanken der öffentlichen Meinung. Bei Ulrichs Ächtung 1516 steht das polit. Lied zu ihm und ruft Bauern und Adel zu seiner Unterstützung gegen das Reich, Bayern und den fränkischen Adel auf (Nr. 299-302). Im Jahr 1519 schlägt die Stimmung um. Eine satirische Vaterunser-Parodie stellt des Herzogs „Übermut" bloß, ein *frummer minch* nimmt sie ernst und polemisiert gegen sie. Man wirft dem Herzog vor, er wolle König werden und warnt die „verführten Bauern". Auf den apologetischen Spruch der herzoglichen Partei (Herzog Ulrich = David in der Verfolgung) antwortet der Adel, indem er nicht viel moralisiert, sondern auf die Machtverhältnisse hinweist (Nr. 313-322). Im Jahre 1531 ist das Wetter wieder umgeschlagen. Jetzt ist der Bund in der Defensive. Die Dichtungen der Herzogspartei zeigen Ulrich vor Bund, Fürsten und Reich als den Sachwalter der Legitimität und machen zudem die evangelische Sache zu der seinen (Nr. 446-453).

Fürsten, Adel und Städte sprechen als Wahrer des Rechts und der Ordnung zugleich für das R e i c h. In den Liedern und Sprüchen, die vom dt. König ausgehen oder sich an ihn wenden, steht die Reichsidee noch ganz unter dem sakralen Denkschema. In Th. Prischuchs wirrem Traktat vom Konstanzer Konzil (Nr. 50) erscheint König Sigmund anfangs realpolitisch gesehen als König und Fürst seiner östlichen Länder, am Ende jedoch in dem welthistorisch-sakralen Bilde des wiedererstandenen Moises. Ulrich Höpp feiert in seinem Programmspruch zum Türkenreichstag zu Regensburg 1471 Kaiser Friedrich III. als den, der mit Karls Insignien und der vom Himmel gesandten Krone in Rom gekrönt wurde, der durch seine Reformatio Freiheiten und Rechte im Innern herstellte und in seiner Jugend zum hl. Grab gezogen ist: jetzt steht ihm der Kreuzzug wider die Türken bevor. Seine Mißerfolge sind als Prüfungen stilisiert, die ihn David und Alexander gleichmachen (Nr. 126). Die gleiche Tendenz setzt sich 1492 fort in den Sprüchen Hanns Schneiders und Seb. Brants, die Maximilian als „neuen Alexander" zum Sieg über Frankreich und dann zum Türken- und Jerusalemzug auffordern (Nr. 181-183). 1507, vor Maximilians Romzug, nimmt H. Schneider den Spruch Höpps wörtlich wieder auf (Nr. 250), und noch einmal dichtet ihn 1518 Jörg Graff nach fast einem halben Jh. auf den prophetisch vorherbestimmten Türken- und Heidenbezwinger Maximilian um (Nr. 306). Es sind immer noch die Leitmotive der Kaiserdichtung der Stauferzeit, jetzt eingeebnet in die trockne Beredsamkeit der Knittelreime. Sogar vor dem Schmalkaldischen Kriege, 1546, richten die Protestanten noch eine *Warnung* an Karl V., in der „Papst" und „Kaiser" einander strophenweise gegenübertreten wie in Walthers *Ottenton* (Nr. 525). — Zumal wenn die Herrschaft wechselt, schlägt die Reichsideologie in U t o p i e um. Wie nach König Sigmunds Tode die *Reformatio Sigismundi* ihr radikales Reformprogramm formuliert, so erhofft man 1519 nach der Wahl Karls V. die Dämpfung der Pfaffen und Mönche, Befreiung von Zins und Fron, Reichslande statt der Fürstenbünde und geistl. Herrschaften und Befreiung des Reichs vom welschen Erbfeind, dem Papst (Nr. 343). Zweifel an Sinn und Macht des Reiches kommt nur selten zu Wort; eine prinzipielle Satire wie die auf König Wenzels Landfrieden von 1378 (Nr. 41) wird später nicht mehr laut. Jede Sicherung der Ordnung im Inneren, jeder erwartete oder eingetretene außenpolitische Erfolg (gegen Burgund, Frankreich, Venedig) löst den Gedanken aus, daß das Reich nun frei ist zum Kreuzzug wider die T ü r k e n. Er gehört im 15. und 16. Jh. zum imperialen Programm des Kaisers und wird sakral motiviert, auch wenn die Türken vor Wien stehen. Haben sie es doch, ähnlich wie weiland Wolframs Terramer auf den *stuol ze Ache*, auf die hl. drei Könige von Köln abgesehen (Nr. 348). Die Aufrufe richten sich an die Stände des Reichs; nur ein Lied von 1532 entfaltet die Stände-Summa zu einem realistischen Bilde der damaligen politischen und militärischen Kräfte: Kaiser, Reich, Bund, Fürsten, Landherren, Ritterschaft, Adel, geistliche Herren, Reichsstädte, christl. Regenten, Reitersknaben, Hauptleute, Büchsenmeister, Landsknechte, Bauern (Nr. 439). Man sieht: an den inneren Kreis der Reichsstände fügen sich immer noch die christlichen *reguli* (jetzt vor allem die von Böhmen, Ungarn, Polen); neu hinzugekommen sind die nicht ritterlichen Berufssoldaten, schon nach Waffengattungen unterschieden.

Bezeichnend für das 16. Jh. ist der Übergang des Reichsbewußtseins in ein dt. N a t i o n a l b e w u ß t s e i n. Die Türkengefahr ist daran mitbeteiligt; das erste dt. Nationallied *Frisch auf in Gottes Namen* (1540, Nr. 469) ist in der Tat ein Türkenaufruf; doch ebenso stark wirkt der Gegensatz zu Frankreich, Burgund, Venedig und Rom, und das lokale Vaterlandsgefühl in der Schweiz ruft bei den dt. Landsknechten ein reichsbewußtes Nationalgefühl hervor. Der eigentliche Wortführer im Innern wird aber der Protestantismus. In dem Bestreben, nicht als „schweizerische Aufrührer" zu erscheinen, machen die Reformierten die Sache der inneren Ordnung zu der ihren und prägen dabei ein neues Bild des Reichs als *Teutscher Nation*, die in Abwehr des welschen Erbfeinds und Anti-

christs in Rom christliche Freiheiten und Rechte gewährleistet. Die evangelische Pamphletlit. in Spruch und Lied gibt sich vielfach als *Ermanung* und *Warnung* an den Kaiser und die Reichsstände mit der Tendenz einer nationalen Friedensordnung: gelegentlich extrem „demokratisch", wie in dem Warnlied des Paulus Speratus zum Augsburger Reichstag 1530 (Nr. 422), das sich auf die große Masse des evangel. Volkes beruft: nicht nur die herrschenden Stände sind das „Reich"; häufiger jedoch in dem Bewußtsein, als kleines Häuflein der Macht der Tyrannen ausgesetzt zu sein wie Israel den Ägyptern und allein aus dem Evangelium die Kraft wider die „weltlichen Potentaten" zu schöpfen (Nr. 470). Vor dem Ausbruch des Schmalkaldischen Krieges werden die nationalen Töne lauter: *Teutsch nation, vaterland, deudsche christen, liebhaber des evangeliums und der freiheit der deutschen nation* sind die Schlagwörter. An die Stelle des Reichssymbols tritt die Allegorie der Germania, die Herrscherreihe der Translatio-Idee wird humanistisch ersetzt durch Ariovist, Arminius, Friedrich Barbarossa und Georg Frundsberg, die jetzt über das heutige Deutschland im Totengespräch Gericht halten. Die Stände des Reiches stellen sich unter ihr eigenes Recht; ist der Kaiser „Pfaffenknecht" und „Papstes Amtmann", so haben die Deutschen nichts mit ihm zu schaffen (Joh. Schradin, Nr. 521, 522). Bei Hans Sachs ist der „treue Eckhart" allegorischer Redepartner Deutschlands (Nr. 520). Ein neues historisches Bewußtsein verfolgt die Vorgeschichte der Gegenwartskonflikte bis zum Investiturstreit zurück. Immer wieder taucht das Tyrannenregister (Cain, Pharao, Saul, Nero, Domitian u. ähnl.) auf (Nr. 526-530). Dem „kleinen Häuflein" wird es glücken wie einst dem David gegen Goliath; „*secht, wies den Hussiten geglückt*", wagt Peter Watzdorf zu sagen in seiner *Vermanung an alle christlichen stende;* dabei sind auch den Reichsständen aus den christlichen Stände geworden, und sie treten in „demokratischer" Ordnungslosigkeit auf: *heuptleut, adel, bürger, bawern, fürsten, prediger* (Nr. 544). Die Gegenpropaganda von kaiserlicher Seite muß sich auf die neuen Argumente einstellen. Sie beruft sich auf die Erfolge des Kaisers in der Abwehr der Türken; auf seiner Macht beruht das Bestehen des „Vaterlandes"; in die Glaubensfragen will er sich nicht einmischen, er will nur Ausgleich schaffen und den inneren Frieden sichern (Nr. 531-533).

Zeitlied und Zeitspruch machen sich seit dem Ende des 15. Jh.s das neue Mittel der Publizistik, den Druck, zunutze; nach der Erfindung des Buchdrucks erscheint das meiste von ihnen als Flugschrift (*s. d.*). Aber als Gattungen, die von Haus aus für den mündlichen Vortrag bestimmt waren, ist ihre Zeit abgelaufen, nachdem sich der literar. Verkehr auf den Schriftsteller und seine Leser umgestellt hat. Literarsoziologisch liegt an dieser Stelle die deutlichste Grenze zwischen MA. und Neuzeit. Die Flugschriften und

Drucke der Reformationszeit in Form von
Prosa-Pamphleten, -Traktaten und -Dialogen
haben diese Grenze überschritten. Das Lied
hat mehr Zukunft als der Reimspruch. Soweit es vom Vortragslied zum gemeinsam
gesungenen Lied geworden ist, bewahrt es
einige seiner polit. Funktionen und gewinnt
sogar neue hinzu. Die Geschichte des Soldatenliedes (s. d.) hört mit den Landsknechtsliedern des 16. Jh.s nicht auf, und im Kirchenlied (s. d.) entsteht ein neues Gemein-
schaftslied, dessen polit. und gesellschaftliche
Wirkung nicht übersehen werden darf.

An die „Reichsdichtung" in Lied und
Spruch grenzen die beiden letzten Ausläufer
des höf. Schlüsselromans und allegorisch-uto-
pischen Herrscherspiegels, der *Teuerdank*
(1503) und *Weiskunig* (1513) Kaiser Maximilians, ebenso mittelalterlich wie diese in
ihrem Festhalten an ritterlicher und Reichs-
Ideologie. Überhaupt bleibt die p. D. des
Spätma.s an diese Ideologie so fest gebunden, daß das geschichtlich Neue der Übergangszeit, das Entstehen eines bürgerlichen
Gemeinbewußtseins in den Städten, eines
regionalen Zugehörigkeitsgefühls in den
Landesherrschaften und eines neuen Stan-
desbewußtseins von unten her, nur mittelbar, gewissermaßen in einem veralteten Dialekt, zu Wort kommt. Die p. D. registriert
entweder den Verfall der Ordnungen oder
sucht sie zu bewahren oder verteidigt das
Neue mit alten Denkformen. Das geistliche
Spiel und das Fastnachtspiel, hinsichtlich
ihrer gesellschaftlichen Funktion Ausdruck
neuen Gemeinschaftsbewußtseins, halten sich
vor der Reformationszeit fast frei von Politischem (Ausnahmen sind: *Des Entkrist Vasnacht* [Keller Nr. 68], das *Spiel von dem
herzogen von Burgund* [Nr. 20], Hans Rosenplüts *Des Türken Fastnachtspiel* [Nr. 39]
und das anläßlich der Hildesheimer Stiftsfehde erwähnte Spiel mit dem *Scheven Kloth;*
das *Endinger Judenspiel* ist nicht viel mehr
als dramatisierte Ortsmoritat). Erst um die
Mitte des 16. Jh.s, mit Zachar. Bletz, Niklas
Manuel, Naogeorg und Burkhart Waldis,
wird das anders. — Gültiger als die Dichtung
bezeugt die profane und kirchliche Baukunst
das neue Selbstbewußtsein der Städte und
ihres Bürgertums, und sogar die rückge-
wandte Ritter- und Reichsideologie hat in
Maximilians Innsbrucker Grabmal höheren
Rang als im *Teuerdank* und in Hanns
Schneiders Hofsprüchen.

Wolfgang S t a m m l e r, *Von der Mystik
zum Barock* (1400-1600). (2. Aufl. 1950; Epochen d. dt. Lit. Bd. 2). — Willy A n d r e a s,
*Deutschland vor der Reformation. E. Zeit-
wende* (6. überarb. Aufl. 1959). Jan H u i z i n -
g a, *Herbst des MA.s* (7. Aufl. 1953). Rudolf
S t a d e l m a n n, *Vom Geist des ausgehenden
MA.s* (1929; DVLG. Buchr. 15). Herm. H e i m -
p e l, *Das Wesen des dt. Spät-MA.s.* Archf-
Kultg. 35 (1953) S. 29-51. Friedr. H e e r, *Die
dritte Kraft. Der europ. Humanismus zwischen
den Fronten des konfessionellen Zeitalters*
(1959). Will-Erich P e u c k e r t, *Die große
Wende. Das apokalyptische Saeculum und
Luther. Geistesgeschichte u. Volkskunde* (1948).
Adalbert K l e m p t, *Die Säkularisierung der
universalhistor. Auffassung. Zum Wandel des
Geschichtsdenkens im 16. u. 17. Jh.* (1960;
Göttinger Bausteine z. Gesch.wiss. 31). — Fritz
J a c o b s o h n, *Der Darstellungsstil der hist.
Volkslieder d. 14. u. 15. Jh.s u. die Lieder v.
d. Schlacht bei Sempach.* Diss. Berlin 1914.
A. G ö t z e, *Graff, Landsknecht u. Poet.* ZfdU.
27 (1913) S. 81-107. Hans-Georg F e r n i s,
*Die polit. Volksdichtung der dt. Schweizer als
Quelle für ihr völkisches u. staatliches Bewußtsein vom 14.-16. Jh.* Dt. Arch. f. Landes-
u. Volksforschg. 2 (1938) S. 600-639. Günter
K i e s l i c h, *Das „Histor. Volkslied" als publizist. Erscheinung. Untersgn. z. Wesens-
bestimmg. u. Typologie d. gereimten Publizistik z. Zt. d. Regensburger Reichstages ...*
(1958; Studien z. Publizistik. 1). Aloys D r e y -
e r, *Nürnberg u. die Nürnberger in d. Karikatur u. Satire ihrer Zeit* (1920). — Ehrenfried
H e r r m a n n, *Türke u. Osmanenreich in der
Vorstellung der Zeitgenossen Luthers.* (Masch.)
Diss. Freibg. Br. 1961. Carl G ö l l n e r, *Tur-
cica. Die europ. Türkendrucke des XVI. Jh.s.*
Bd. 1 (Bucureşti 1961). — Sylvia R e s n i k o w,
The cultural history of a democratic proverb
[*Als Adam grub ...*] JEGPh. 36 (1937) S. 391-
405. — Gottfried Z e d l e r, *Die Sibyllenweis-
sagung. Eine in Thüringen entstandene Dichtung aus d. J. 1361.* ZfdPh. 61 (1937) S. 136-
167, 274-288. Karl B e e r, *Die Reformation
Kaiser Sigmunds. E. Schrift d. 15. Jh.s zur
Kirchen- u. Reichsreform* (1933; Dt. Reichs-
tagsakten, Beih.). Ders., *Der gegenwärtige
Stand d. Forschg. über die RS.* Mittlgn. d.
Inst. f. Österr. Geschichtsfschg. 59 (1951) S. 55-
93. Julius H e i d e m a n n, *Die dt. Kaiseridee
u. Kaisersage im MA. u. die falschen Fried-
riche.* Progr. Berlin 1898. Karl H a m p e, *Kaiser Friedr. II. in der Auffassung der Nachwelt* (1925). Norman C o h n, *The Pursuit of
the millennium* (London 1957) Dt. Ausg. u.
d. T.: *Das Ringen um das tausendjähr. Reich.
Revolutionärer Messianismus im MA. u. sein
Fortleben in den modernen totalitären Bewegungen* (1961). — Gerald S t r a u ß, *Sixteenth-Century Germany. Its Topography and
Topographers* (Madison 1959). — Hedwig
R i e s s, *Motive des patriot. Stolzes b. d. dt.*

Humanisten. Diss. Freiburg 1934. Peter D i e - d e r i c h s, *Maximilian I. als polit. Publizist* (1933). Auguste A d a m, *Kaiser u. Reich in d. Dichtung des dt. Humanismus.* (Masch.) Diss. Wien 1938. Anna C o r e t h, *Maximilians I. polit. Ideen im Spiegel der Kunst.* (Masch.) Diss. Wien 1940. — Heinrich S c h m i d t, *Die dt. Städtechroniken als Spiegel des bürgerl. Selbstverständnisses im Spätma.* (1958; Schriftenreihe d. Hist. Komm. b. d. Bayr. Ak. d. Wiss. 3). Helius E o b a n u s Hessus, *Noriberga illustrata u. andere Städtegedichte.* Hg. v. Jos. Neff (1896; LLD. 12). — Adolf H a u f f e n, *Die Verdeutschungen polit. Flugschriften aus Frankreich, der Schweiz u. d. Niederlanden* (= Fischart-Studien 6). Euph. 8 (1901) S. 529-571; 9 (1902) S. 637-656; 10 (1903) S. 1-22. Ders., *Der Anti-Machiavell* (= Fischart-Studien 5). Euph. 6 (1899) S. 663-679. — Wolfgang R a i n e r, *Sprachl. Kampfmittel in der Publizistik Johann Fischarts.* (Masch.) Diss. FU Berlin 1959.

§ 21. Das MA. hinterläßt dem aufkommenden H u m a n i s m u s als sein Erbe einen beträchtlichen Bestand vorgeprägter Formen politischer D.: die didaktisch-satirische Versrede und den Schwank mit zeit- und ständekritischer Moral, die z. T. zum Volksbuch sich erweiternde Tierfabel und Narrenkritik, das historische Lied, soweit es Parteilied ist, und das Ständelied, schließlich das Fastnachtspiel. Nicht zu übersehen ist der soziologische Wandel vom Rittertum zum Bürgertum, der innerhalb der neuen Stadtkultur ein Phänomen wie den Meistersang ermöglicht, dessen Träger im Gefüge ihrer Stadtdemokratie zu polit. Interesse und Urteil, wenn auch selten zu polit. Aktivität gelangen Hier klaffen kaum polemische Fronten auf. Doch kann die alte Standes- und Typensatire jetzt neue Gesichtspunkte der Tüchtigkeit oder Untüchtigkeit als Bürger, über die mal. Laster- und Narrenkataloge hinaus, enthalten. Der Bauernspott der Neidhartiade bleibt übrigens durch das Fastnachtspiel konserviert, büßt jedoch etwas von seiner Standespolemik ein, zumal mit dem Humanismus Dummheit und Tölpelhaftigkeit zum Ungenügen im bürgerlich-intellektuellen Bereich werden können. Auch der Typus des Taugenichts erhält vom Gesichtspunkt des Moralismus der Stadtdemokratien eine schärfere Note. Sie mag sich in der allmählichen Ablösung des Schalks mit Eulenspiegel-Charakter im Barock durch Schellmuffsky oder „Die drei größten Erznarren" (Weise) widerspiegeln. In der humanistisch-meistersinger-

lichen Gattung des Städtelobs (neulat. z. B. Hermann von dem Busches *Flora* [1508; DtLit. Humanismus und Renaissance Bd. 2, 5. S. 140-149], dt. Hans Sachsens *Ein lobspruch der statt Nürnberg* [1530; Keller Bd. IV, S. 189-199]) drückt sich ein neues Selbstbewußtsein bürgerlicher Ordnung und Tugend aus, das in dem Stolz auf vorbildliche polit. und soziale Einrichtungen der Heimatstädte (Köln oder Nürnberg) gründet. Es ist auch die Welt Jörg Wickrams, in der sich nicht zufällig der dt. Prosaroman ausbildet.

Der Bereich der eigentlichen polit. Polemik hingegen trennt Kirchen- und Reichspolitik noch kaum voneinander. Er hat zuerst seine humanistische Linie vom Reformkatholizismus des 15. Jh.s (Gregor Heimburg) bis zu den *Dunkelmännerbriefen.* Das Thema ist vorreformatorisch: Unrecht und Unbildung auf der Seite der Kirche, wovon sich der Reformationsgedanke des Reiches kaum scheiden läßt. Beides geht ja auch in der Lit. zum Bauernkriege miteinander und durcheinander. Die eigentliche Reformation verschärft hier die Fronten und führt zu jener Formenfülle von kirchen- und reichspolitischer Streitlit., in der nun der Eingriff des Handelnden in die Geschichte klarer heraustritt als im ruhigeren Bereich des Meistersangs, wenn dieser auch z. T. die Ausdrucksformen zu liefern hat. Hier ist nicht nur die Ausdehnung des theolog. Reformgedankens auf das menschliche Dasein auch als polit. Dasein bei Luther (*Von den guten Werken*) und Zwingli mit ihrem neuen Begriff der weltlichen Arbeit zu nennen. Stellvertretend für den primär humanistisch, sekundär reformatorisch bestimmten Handelnden der Zeit ist sicher die Gestalt Ulrichs von Hutten. In ihr spiegelt sich der Übergang von einem geschliffenen literar. Wirkungswillen in lat. Sprache zur Ausdrucksebene der Volkssprache als dem eigentlichen Medium, polit. Bewußtsein zu wecken und dabei zugleich einen Gegner, der nicht ohne apokalyptische Züge ist, geschichtlich auszuschalten. So schlüpft dieser Reichsritter und Humanist in die Verkleidung der ihm ursprünglich fremden Volkssprache, die in den Selbstübersetzungen seiner Dialoge nicht zu jener unmittelbaren Kraft wird, die Luther auf umgekehrtem Weg, nämlich dem der Heiligung des unmittelbar Vulgärsprachlichen schon durch die Bibelübersetzung er-

reicht. Für Luther ist die Volkssprache kein
allos genos sondern ein sowohl angeborenes
wie in der theolog. Praxis rhetorisch längst
geläufiges Element. Zugleich ist aber die
Sprachanschauung des *Sendbriefs vom Dolmetschen* — samt ihrer Praxis, nach der
Luther verfährt — für ihn ein sprachlich-
ästhetisches Kunstmittel, auf das hin er seinen politischen Wirkungswillen abstellt. Der
Wort- und Bildschatz seiner großen reformator. Streitschriften (z. B. in *An den christl.
Adel deutscher Nation*), seiner Predigten und
Tischreden ist daher nicht nur elementare,
sondern auch bewußt politische Rhetorik.
Der Grobianismus, der im Verlaufe des Auf-
einanderpralls der kirchenpolit. Gegensätze
im Streitschriftentum der Reformationsapo-
logeten zweiten Ranges zutagetritt, ist eine
Folge davon, daß man dem Reformator die
Sinnlichkeit abguckt, ohne seine souveräne
Sprachkraft zu besitzen, dem Humanismus
die Direktheit der Polemik, ohne deren rhetorischen Spielcharakter zu bewahren. Daher
können im Verlauf des Prozesses Reforma-
tionsstreitschrift wie Reformationsspiel häufig zu Schimpfkatalogen ausarten, wie z. B.
Niklas Manuels *Traum vom Papst und seiner
Priesterschaft* (1523), so daß die p. D. hier,
als Polemik um ihrer selbst willen, simplifi-
zierend und typisierend, weitgehend sprachlich unfruchtbar bleibt, ja depravierend wirken kann. Das Ergebnis ist dann jene, in der
2. H. des Jh.s etwa durch Rollenhagen re-
präsentierte sprachliche Lage, aus der der
Barock als rehumanisierende Reformbewegung des Deutschen (Opitz), d. h. als zugespitzt sprachpolitische Epoche, hervorgeht.

Das histor. Parteilied des ausgehenden
MA.s (Typus *Schlacht von Dornach* [1499;
Liliencron, *Histor. Volkslieder* Nr. 196-211],
Türkenlieder) mit seinen Schlachtberichten
und Siegesmeldungen und seiner Anvisie-
rung eines im engsten Sinne polit. Gegners,
wird im Verlaufe des gleichen Prozesses auch
dem Bekenntnislied der Reformationszeit
gewisse seiner Züge vererben (Luthers Lied
Von den zween Merterern, ja sogar „Ein
feste Burg"). Das gilt selbst für das polit.
uninteressierte Gesellschaftslied, so daß der
neue theologisch-politische Geist sich kontra-
faktorisch mit dem Liebeslied älterer Prägung verbinden kann (Luther „Sie ist mir
lieb die werde magd"). Zugleich setzt sich
hier ein soziologischer Prozeß in Gang: Aus

dem Lied der höfischen, bürgerlichen oder
auch soldatischen Gesellschaft sondert sich
das Bekenntnislied der Gemeinde ab, gleich
welcher Konfession oder auch Sekte, das
seine Stoßkraft und die Sicht des „altbösen
Feindes" aus einem unbedingten, sozusagen
geheiligten Standortbewußtsein empfängt.

Heinrich B o r n k a m m , *Das Jahrhundert
der Reformation: Gestalten u. Kräfte* (1961).
— Texte: *Die Sturmtruppen der Reformation.
Ausgew. Flugschriften d. Jahre 1520-1525.*
Hg. v. Arnold E. B e r g e r (1931; DtLit.,
Reformation 2). *Lied-, Spruch- u. Fabeldichtung im Dienste der Reformation.* Bearb.
v. Arnold E. B e r g e r (1938; DtLit., Reformation 4). *Die Schaubühne im Dienste der
Reformation.* Hg. v. Arnold E. B e r g e r ; 2 Bde
(1935; DtLit., Reformation 5.6).

Zu Luther: Gustav T ö r n v a l l , *Geistliches
u. weltliches Regiment bei Luther. Studien zu
Luthers Weltbild u. Gesellschaftsverständnis*
(1947; Fschgn. z. Gesch. u. Lehre d. Protestan-
tismus. 10, 2). Hans Robert G e r s t e n k o r n ,
*Weltlich Regiment zwischen Gottesreich u.
Teufelsmacht. Die staatstheoret. Auffassungen
Martin Luthers u. ihre polit. Bedeutung* (1956;
Schriften z. Rechtslehre u. Politik 7). Paul
A l t h a u s , *Luthers Haltung im Bauernkrieg*
(Basel 1953). Helmut L a m p a r t e r , *Luthers
Stellung zum Türkenkrieg* (1940; Fschgn. z.
Gesch. u. Lehre d. Protestantismus 9, 4).
Harvey B u c h a n a n , *Luther and the Turks
1519-1529.* Arch. f. Reformationsgesch. 47
(1956) S. 145-160. Heinrich B o r n k a m m ,
Luthers geistige Welt (1947; 4. Aufl. 1960).
Ders., *Luther als Schriftsteller.* SBAkHeidel-
berg 1965, 1. Heinz-Otto B u r g e r , *Luther
als Ereignis der Literaturgeschichte.* Luther-
Jahrbuch 24 (1957) S. 86-101 Maurice G r a -
v i e r , *Luther et l'opinion publique. Essai sur
la littérature satirique et polemique en langue
allemande pendant les années décisives de la
réforme, 1520-1530* (Paris 1942; Cahiers de
l'Inst. d'études germaniques 2). Ieva A s m y t e ,
Luther's sermons as a mirror of his time. Diss.
Univ. of North Carolina 1960/61. Friedrich
S p i t t a , *Ein feste Burg ist unser Gott. Die
Lieder Luthers in ihrer Bedeutung für das
evangel. Kirchenlied* (1905). Julius S m e n d ,
Das evangelische Lied von 1524 (1924; Schr.
d. Ver. f. Reformationsgesch. 137).

Erich Z i m m e r m a n n , *Huttens literar.
Fehde gegen Herzog Ulrich v. Württemberg.*
(Masch.)Diss. Greitswald 1922. Fritz W a l s e r ,
*Die polit. Entwicklung Ulrichs v. Hutten wäh-
rend der Entscheidungsjahre d. Reformation*
(1928; Histor. Zs., Beih. 14). Helmut R ö h r ,
*Ulrich v. Hutten u. d. Werden d. dt. National-
bewußtseins.* Diss. Hamburg 1936. Richard
K ü h n e m u n d , *Arminius or the rise of a
national symbol in literature* (Chapel Hill
1953; Univ. of North Carolina Stud. in
Germanic lang. and lit. 8). Conrad André
B e e r l i , *Le peintre-poète Nicolas Manuel et
l'évolution sociale de son temps* (Genève 1953;

Travaux d'humanisme et renaissance 4). Hans Jürgen G e e r d t s, *Das Erwachen des bürger-lichen Klassenbewußtseins in d. Romanen Jörg Wickrams.* Wiss. Zs. d. Friedr.-Schiller-Univ. Jena, Ges.- u. sprachwiss. Reihe 2 (1952/53) S. 117-124.

Geschichte d. dt. Lit. von 1480-1600. Bearb. v. Joachim G. Boeckh, Günter Albrecht, Kurt Böttcher, Klaus Gysi u. Paul Günter Krohn (1961; Gesch. d. dt. Lit. 4). Fritz B e h r e n d, *Die Leidensgeschichte d. Herren als Form im polit.-literar. Kampfe, besonders im Reforma-tionszeitalter.* Arch. f. Reformationsgesch. 14 (1917) S. 49-64. Paul B ö c k m a n n, *Der ge-meine Mann in den Flugschriften der Refor-mation.* In: Böckmann, *Formensprache* (1966) S. 11-44. Karl Gotthilf K a c h l e r, *Das Fast-nachtsspiel im 15. u. 16. Jh. u. seine polit. Be-deutung für die Schweiz.* Stadttheater Basel Jg. 1940/41, Nr. 6. Hans S t r i c k e r, *Die Selbst-darstellung des Schweizers im Drama d. 16. Jh.s* (Bern 1961; SprDichtung NF. 7). Wolfgang S t e i n i t z, *Deutsche Volkslieder demokrati-schen Charakters.* Bd. 1.2. (1954-1962; Veröff. d. Inst. f. Volkskunde 4). Günther V o i g t, *Friedrich Engels u. d. dt. Volksbücher.* Jb. f. Volkskunde 1 (1955) S. 65-108. Karl S c h o t-t e n l o h e r, *Die Widmungsvorrede im Buch d. 16. Jh.s* (1953; Reformationsgeschichtl. Stu-dien u. Texte 76/77).

§ 22. Das 17. Jh., bestimmt durch die im 30jähr. Kriege gipfelnden Konfessions- und polit. Machtkämpfe, reagiert nicht allein dar-auf mit p. D., sondern auch auf die sich da-mals entfaltende höfische Gesellschaftsform des A b s o l u t i s m u s. Höfisch-politisch —: das war die Übertragung der humanistischen laudatio-Formen auf die Person des mit neuen Augen gesehenen Landesfürsten. In diesem Sinne „politisch" werden damals vor allem die Gattungen des Gelegenheitsge-dichts und des Festspiels (*s. d.*), doch kann auch die Gelegenheitsoper polit. Bedeutung oder Nebenbedeutung gewinnen (Avancinis *Pietas victrix* [1659]). Denn „politisch" sind auch festliche Gelegenheiten wie Brautzüge, Thronfolgergeburten, Geburtstage, Siege oder Fürstentod. Hier entwickelt der B a-r o c k seine eigenen Formen dichterischer laudatio oder promemoria, wie sie prunkvoll Weckherlins Ode am Heidelberger Hofe des Winterkönigs, in der Form gemäßigter, im Inhalt nicht minder voll Reverenz Opitz sel-ber übt. Politisch sind auch Ereignisse wie die persianische Reise des Holsteiner Her-zogs, die Flemming in Epigramm und So-nett besingt. In einer Demokratie wie der Schweiz kann es auch zu einer vollendeten staatlich-gesellschaftlichen Satire kommen

(Graviseths *Heutelia* 1658). Daß die Zeit auch auf die K r i e g s ereignisse empfindlich mit p. D. reagiert, ist im Rahmen der ge-sellschaftlichen Ordnung wie der noch immer konfessionspolitisch gespannten Situation verständlich. Die Zerstörung Magdeburgs hat eine eigene Literatur vom Prosabericht bis zum polit. Lied zur Folge, Zeichen der Erschütterung, die angesichts eines so ele-mentaren Ereignisses die ganze Zeit ergrei-fen konnte. Das Kriegserlebnis treibt — über der Ebene der polit. Parteinahme — die eine Seite des Barockstils, den Barockrealismus, geradezu heraus und bringt damit auch seine menschlichste und überzeitliche wie überge-sellschaftliche Seite zum Klingen. Hier ist der Ort von Grimmelshausens Prosaepik, der Zeitgedichte eines Gryphius oder Logau, als Spiegel der Leiden und des Todes. In den Kirchenliedern Paul Gerhardts und seiner Zeitgenossen versucht man dieser Erfahrun-gen religiös Herr zu werden, indem man sie als Gottes Strafe oder Gnade verarbeitet. Die andere Seite im Motivischen ist für die, die ihn erleben, der F r i e d e von Münster und Osnabrück, dessen Abschluß eine eigene polit.-religiöse Lit. hervortreibt, hier nun auch im Festspiel (Rist u. a.).

Weitgehend unabhängig von der polit. Zeitgeschichte, direkt abhängig aber vom Gradualismus der Gesellschaftsordnung, ent-faltet sich der B a r o c k m o r a l i s m u s als auch-politische Erscheinung in anderm Sinne. Hier setzt sich der besonders vom elsässi-schen Humanismus begründete Nationalge-danke unmittelbar fort. Auf Wimphelings *Germania* (1501), ergänzt durch spanische Anregungen, beruht Moscheroschs großes zeitkritisches Werk *Gesichte Philanders von Sittewald* (1642). Da entsteht ein regel-rechter früher Nationalmythos unter Einbe-ziehung der Heldensage und der Erinnerung an die Größe des Germanentums karolingi-scher Zeit. Aber das Kernmotiv ist dessen moralistische Deutung. Philander, vor das Gericht der alten Recken auf der Burg Ge-roldseck gestellt, sieht sich von ihnen als dt. Zeitgenosse im Vergleich zur Treue und Biederkeit der Vorzeit kompromittiert. Hier wird Nationalmythos schon zur National-romantik auf Vorzeitgrundlage. Die ganze Narrenspiegeltypologie von Seb. Brant her wird politisiert, nunmehr als nationale De-kadenz. Die Wurzel ist soziologisch: es ist die antihöfische Strömung, die, im Bereich übrigens der Höfe selber, auch zu einer moralistischen Kulturpolitik führt. Grimmelshausens zeitkritische Ironie zielt in der gleichen Richtung. Bei Logau trifft sich diese Tendenz besonders deutlich mit der alten idyllischen Traditionslinie, die in Stadt oder Hof den Ort der moralischen Verderbtheit konzentriert sieht. Es ergibt sich also eine Position dieser Zeitströmung zu einem Idealbilde der Deutschheit, das sich nur fern vom Sündenbabel der Residenzen und Metropolen verwirklichen kann (nachwirkend bis zu Jean Paul). Sie beruht auf dem formelhaften Gegenbilde, das man sich von Frankreich und seiner Hauptstadt als dem Inbegriff des Höfisch-Verlogenen und der menschlichen Eitelkeit machte. Die wunderlichen Blüten, die das Wesen der Sprachgesellschaften allenthalben treibt, mit ihrem Ideal der „alten Haubt- und Heldensprache" und seiner Konsequenz, dem Purismus, sind Ausdruck derselben Tendenz.

Diese Art zeitkritischer Einstellung spielt freilich keine bedeutende Rolle für die moralistische Seite der g e g e n r e f o r m a t o r i s c h e n Bewegung. Auch diese gewinnt ja in den Predigten des Abraham a S. Clara einen ähnlichen Unbedingtheitscharakter im Anthropologischen und ähnliche antihöfische Tendenz. Doch ist hier die Unbedingtheit eine Folge vor allem der spanischen Mystik (Medien: Guevara, Aegidius Albertinus). Die antihöfische Tendenz hat ihre Wurzel dementsprechend weniger im Moralistischen als im theologisch begründeten Gedanken von der Eitelkeit der Welt an sich. Die Direktheit im Ansprechen und Zugreifen, wie sie Abraham a S. Claras Prosa und Reimprosa als eine gezielte Paränese für das Volk — die potentielle Gemeinde — auszeichnet, beruht wie bei Luther auf der Mischung von rhetorischer Kunstform und Unmittelbarkeit. Hier schafft die theologisch-politische Literaturform der Volkspredigt zugleich ein landschaftlich-nationales Selbstbewußtsein, ohne es massiv zu propagieren.

Göran R y s t a d, *Kriegsnachrichten u. Propaganda während des 30jähr. Krieges. Die Schlacht bei Nördlingen in den gleichzeitig gedruckten Kriegsberichten* (Lund 1960; Skrifter utg. av Vetenskaps-Soc. i Lund 54). *Geschichte d. dt. Lit. 1600-1700.* Bearb. v. Joachim G. Boeckh, Günter Albrecht, Kurt Böttcher, Klaus Gysi, Paul Günter Krohn u.

Herm. Strobach (1962; Gesch. d. dt. Lit. 5). Johannes R. B e c h e r, *Dichtung d. 30jähr. Krieges.* Neue dt. Lit. 2 (1954), H. 10, S. 84-88. Berta M ü l l e r, *Der Friede von Osnabrück u. Münster im Lichte d. dramat. Lit. d. 17. Jh.s* (Masch.) Diss. Frankfurt 1923. Brigitte W a l t e r, *Friedenssehnsucht u. Kriegsabschluß in d. dt. Dichtung um 1650.* Diss. Breslau 1940. Willi Erich W e b e r, *Die Motive Krieg u. Frieden in d. Dichtung d. dt. Barock.* (Masch.) Diss. Marburg 1950. Irmgard W e i t h a s e, *Die Darstellung von Krieg u. Frieden in d. dt. Barockdichtung* (1953; Studienbücherei 14). Josef J a n s e n, *Patriotismus u. Nationalethos in d. Flugschriften u. Friedensspielen d. 30jähr. Krieges.* Diss. Köln 1964. Josef F u c h s, *Die Türkenkämpfe seit d. 30jähr. Kriege im Spiegel d. histor.-polit. Liedes.* (Handschr.) Diss. Wien 1914.

Kurt W e l s, *Die patriotischen Strömungen in d. dt. Lit. d. 30jähr. Krieges, nebst e. Anh.: Das tyrtäische Lied bei Opitz und Weckherlin in ihrem gegenseitigen Abhängigkeitsverhältnis.* Diss. Greifswald 1913. Leonard Wilson F o r s t e r, *Georg Rudolf Weckherlin. Zur Kenntnis seines Lebens in England* (1944; Basler Studien z. dt. Spr. u. Lit. 2). Kurt W e l s, *Opitzens polit. Dichtungen in Heidelberg.* ZfdPh. 46 (1915) S. 87-95. Adam S t ö s s e l, *Die Weltanschauung des M. Opitz, besonders in seinen Trostgedichten in Widerwärtigkeit d. Krieges.* (Masch.)Diss. Erlangen 1922. Marian Szyrocki, *Martin Opitz* (1956; Neue Beitr. z. Lit.wiss. 4). Friedr. K o c h w a s s e r, *Die holsteinische Gesandtschaftsreise 1633/1639.* Mittlgn. d. Inst. f. Auslandsbeziehungen 10 (1960) S. 246-255. Robert T. C l a r k, *Gryphius and the night of time.* Wächter u. Hüter. Festschr. f. H. J. Weigand (New Haven 1957) S. 56-66. Mary E. G i l b e r t, *Carolus Stuardus by Andreas Gryphius. A contemporary tragedy on the execution of Charles I.* GLL. N. S. 3 (1949/50) S. 81-91. Ernst B a r n i k o l, *Paul Gerhardt, seine geschichtliche, kirchliche u. ökumenische Bedeutung.* Wiss. Zs. d. Univ. Halle, Ges.- u. sprachwiss. Reihe 7 (1957/58) S. 429-450.

Richard Alewyn u. Karl S ä l z l e, *Das große Welttheater. Die Epoche d. höfischen Feste in Dokument u. Deutung* (1959; Rowohlts dt. Enzyklopädie 92). Egon Cohn, *Gesellschaftsideale u. Gesellschaftsroman d. 17. Jh.s* (1921; GermSt. 13). Arnold Hirsch, *Bürgertum u. Barock im deutschen Roman* (1934; 2. Aufl., besorgt v. Herbert Singer 1957; Lit. u. Leben. N. F. 1), Kap. 5: *Der polit. Roman als literar. Bewegung.* — Julie C e l l a r i u s, *Die polit. Anschauungen Joh. Michael Moscheroschs.* (Masch.) Diss. Frankfurt 1925. K. G. K n i g t h, *Joh. Moscherosch; a satirist and moralist of the 17th century.* Diss. Cambridge 1950/51. Brigitte H ö f t, *Joh. Michael Moscheroschs' Gesichte Philanders von Sittewald. Eine Quellenstudie zum 1. Teil d. Werks.* Diss. Freiburg 1964. — Fritz S t e r n b e r g, *Grimmelshausen u. d. dt. satirisch-po-

lit. *Lit. seiner Zeit.* Triest 1913. Julius P e -
t e r s e n, *Grimmelshausens 'Teutscher Held'.*
Euph., Erg.-H. 17 (1924) S. 1-30. Ders., *Joh.*
Chr. v. Grimmelshausen als Politiker. Eckart
20 (1938) S. 33-45. Hans E h r e n z e l l e r,
Studien zur Romanvorrede von Grimmelshau-
sen bis Jean Paul (Bern 1955; Basler Stud. z.
dt. Spr. u. Lit. 16), Kap.: *Grimmelshausen u.*
d. höfische Eingangszeremoniell. Werner
W e l z i g, *Ordo u. verkehrte Welt bei Grim-*
melshausen. ZfdPh. 78 (1959) S. 424-430 u.
79 (1960) S. 133-141. — E. V e r h o f s t a d t,
Politieke en filosofische thema's in een 17e-
eeuwse roman: Een interpretatie von Lohen-
steins 'Arminius'. Handlingen van de Zuid-
nederlandse Maatschappij voor Taal- en Let-
terkunde 16 (1962) S. 411-421. — Rudolf
B e c k e r, *Christian Weises Romane u. ihre*
Nachwirkung. Diss. Berlin 1910. Klaus
S c h a e f e r, *Das Gesellschaftsbild in d. dich-*
terischen Werken Christian Weises. (Masch.)
Diss. Berlin 1960. Auszug in: Wiss. Zs. d.
Humboldt-Univ. Berlin, Ges.- u. sprachwiss.
Reihe 10 (1961) S. 123-124.

§ 23. Das 18. Jh. erbt in starkem Maße
und im Einklang mit dem neuen Menschenbilde, das sich unter dem Gesichtspunkt der
Vernunftmündigkeit herausbildet, vom polit. Barock vor allem den Maßstab des Mo-
ralisch-Antihöfischen. Die Übergangsgenera-
tion der sogen. Hofdichter ist nach der Seite
der p. D. hin nichts anderes als eine End-
regung des abklingenden barock-höfischen
Geistes. Die Funktion Goethes aber als späteren Weimarer Hofdichters beruht schon
auf dem freien Spiel mit dem höfischen
Formerbe, das sich inzwischen zudem auf
eine ganz andere Bildungsgrundlage gestellt
hat.

Charakteristisch für das A u f k l ä r u n g s -
j h. bleibt bei aller philosophischen und politischen Fortschrittlichkeit eine gewisse Neigung zur Grundkonzeption des I d y l l s, die
bei Albrecht von Haller politischer, bei Geßner apolitischer Rationalismus ist. Hallers
zeit- und sittenkritische Gedichte sind sogar
in ausgesprochenem Sinne konkret politisch.
Die Alpen (1729) dagegen sind der Reflex
auf sein Leiden an den „amoralischen" politischen Zuständen seiner Vaterstadt Bern.
Goldenes Zeitalter, im höfischen Barock
Schäferleben nach Theokrit, im antihöfischen
Barock germanische Vorzeitbiederkeit —:
bei Haller verbindet sich beides zu der bergbäuerlichen Idealität seiner Heimat. Doch
trägt ihr Bild so deutlich utopisch-idyllische
Züge, daß es kaum in dem Sinne als rea-

listisch angesprochen werden kann, wie der
Dichter selber und viele seiner Zeitgenossen
meinten. Das Politische als Teil dieser bäuerlichen Lebensordnung bekommt hier im
Idyll ähnlich ideale Prägung wie in jener
andern für die Zeit typischen Gattung: der
eigentlichen U t o p i e und ihrem Kinde, der
R o b i n s o n a d e. Selbstverständliche Konsequenz aus dem Natur- und Völkerrechtsge-
danken der Aufklärung und ihres Menschenbildes ist ja das Wunschbild einer perfekten
polit. Ordnung in einem abgeschlossenen
Inseldasein Einzelner oder quasi-staatlicher
Gemeinschaften, denen nichts von den Un-
vollkommenheiten der polit. Realität be-
fleckend anhaftet. Auch diese Gattung p. D.
entstammt dem Humanismus (Thomas Morus). Als moralistische Vorrobinsonade taucht
sie in der *Continuatio* des *Simplicissimus*
(auf Grund einer engl. Vorlage) auf. Inzwischen ist, ebenfalls in England, Defoes *Ro-*
binson Crusoe (1719) erschienen und setzt
die Mode der Robinsonaden in der dt. Frühaufklärung mit Schnabels (von Tieck so genannter) *Insel Felsenburg* (1731-43) ein.
Alles, was zur Sozial- und Staatskritik an
europäischen Verhältnissen in absolutisti-
scher Zeit aufzuführen war, wird hier indirekt im Bilde der um Albertus Julius, den
Ältervater, sich scharenden Gemeinschaft
namhaft gemacht. Erstaunlich und zugleich
bezeichnend für die Kapazität der Aufklärungszeit, daß der Verfasser dieser sorgfältig
nach allen Seiten hin abgesicherten polit.
Utopie keineswegs Staatsmann und großer
Literat, wie Defoe, sondern ein kleiner Hof-
balbier und Winkelschreiber in einer dt.
Duodezresidenz war. Die großen Ideen der
Zeit konnten jetzt auch beim kleinen Mann
ohne Cavaliererfahrung zünden.

Freilich war polit. Bildungsarbeit schon
getan, angeregt wiederum von England. Die
m o r a l i s c h e n   W o c h e n s c h r i f t e n bezogen hier schon nahezu jedes Motiv polit.
Irrtums oder polit. Klugheit in ihren Stoffkreis ein. Und sie zielten bereits auf das
Bürgertum als Grundlage des aufgeklärten
Staates. In dieser populären Didaktik erreicht wohl Justus Möser, selber politischer
Lenker eines dt. Kleinstaates, mit seinen
Patriotischen Phantasien (1774-78) die größte
Kraft und das höchste Niveau. Bei ihm verbündet sich auch die politische mit einer
ganz konkreten sozialen Konzeption; Sozial-

bewußtsein, Geschichtsbewußtsein und polit. Aktualität sind bei ihm kaum noch voneinander zu trennen. Sein Gedanke des Aufbaus polit. Verantwortlichkeit auf der
Grundlage eines altgerman. Ehr- und Rechts-
begriffes ist mehr als eine Fortsetzung von
Moscheroschs Nationalromantik; der darin
integrierte geschichtliche Realismus gerade
machte die *Patriotischen Phantasien* dem
alten Goethe so wichtig.

Die Verbindung von aufklärerischer Philosophie und Geschichtsbewußtsein, wie sie
Mösers politischer Erziehungsarbeit zugrundeliegt, ist überhaupt bezeichnend für die
beste Schicht polit. Lit., die der Rationalismus erzeugt. Neu ist nämlich die Intensität
des Nachdenkens, die Leidenschaft, das Geschehen an der geschichtlichen Oberfläche zu
verarbeiten und einem Weltbild zu integrieren. Hierher gehören des Schweizers Joh.
Georg Zimmermann Schrift *Vom Nationalstolze* (1758) und Thomas Abbts *Vom Tode
fürs Vaterland* (1761), die Schrift des Schweizers auf dem Grunde einer Idealdemokratie
fußend, die Abbts auf dem einer aufgeklärten Monarchie, mit dem Geschichtserlebnis
Friedrichs des Großen im Hintergrund.
Diese Lit. liegt im Niveau auf Mösers Linie,
in der Tendenz diesem wenigstens nicht
fern. Der Gedanke des Opfers des Einzelnen
(Abbt kann in einem Kapitel vom Verdienste des Eroberers, des Heiligen und des Helden handeln) zugunsten einer Allgemeinheit,
die Anspruch auf das Opfer hat, bewegt sich
durchaus innerhalb des Komplexes rationalistisch aufgefaßter Menschenwürde. Der
Nationalgedanke ist noch kaum mehr als
menschliche Selbstverwirklichung im höchsten Sinn. In der Dichtung repräsentiert dies
Niveau etwa Lessings *Philotas* (1759) oder
Ewald von Kleists *Cissides und Paches*
(1759). Alles dies ist weit entfernt von dem
auch vorhandenen Hurrapatriotismus der
friderizianischen Zeit, wie ihn Ramlers
preuß. Odendichtung oder — in politischer
Rollenmaskierung — Gleims *Preußische
Kriegslieder in den Feldzügen 1756 und
1757 von einem Grenadier* (1758) vertreten.
Von der Friedrich-Begeisterung der Karschin
schon gar nicht zu reden, die historisch gesehen nur eine Fortsetzung des barocken
Gelegenheitsgedichts mit patriotischem Stoff
ist.

Dagegen führt auch eine Linie von den

moral. Wochenschriften über die Satire in
die Nähe Mösers und Abbts. Wie gefährlich
für den Autor die Verschlüsselung seiner
Kritik an polit. Zuständen sein konnte, erweist dabei das Schicksal Liskows, der im
absolutistischen Sachsen des Grafen Brühl
durch Festungshaft gebrochen wird. Im aufgeklärten Preußen, im friderizianischen Berlin dagegen konnte man mit der Theorie
Rabeners von der Verallgemeinerung des
Konkreten, das die Satire kritisiere, durch-
schlüpfen. Die Voraussetzung bot Friedrichs
des Großen eigene politisch-historische Produktion und sein vor allem aus England,
aber auch aus Frankreich übernommener
Toleranzgedanke. Der Schüler Voltaires,
Verfasser des *Anti-Machiavell* und verwandter Fürsten- und Regentenspiegel,
konnte auch den polit. Konsequenzen nicht
ausweichen, die ein Kleist, Abbt, Möser oder
Lessing aus den vom König vertretenen
Grundgedanken des Dienstes, des Rechts
und der Toleranz in ihren Schriften zogen.
Ausdrücklich blieb auch noch im Alter des
Königs seinen Berlinern das Recht zur „Sot-
tise" vorbehalten. In dieser Hinsicht bot das
von Friedrich zur Großmacht erhobene
Preußen von der Person des Königs aus denn
auch kaum Anlaß zu einer irgendwie revolutionär gesinnten polit. Literatur. Disziplin
und Fortschritt waren hier noch eine Einheit. Natürlich gibt es das histor. und Solda-
tenlied des 7jähr. Krieges als Parteilied von
beiden Seiten. Indessen tritt zur gleichen
Zeit auch Habsburg in seine josephinische
Epoche ein, so daß sich auch dort die Kräfte
vor allem auf die Position der Verarbeitung
aufgeklärter Ideen und ihre Nutzbarma-
chung für eine entsprechende Staatsordnung
konzentrierten.

Es ist ein besonderes Kennzeichen des rationalistischen Jh.s, daß mit gleicher Logik
in ihm sowohl ein neues Staats- und Nationalbewußtsein wie ein umfassender
Toleranzgedanke sich herausbilden.
Was Gottsched und seine dt. Gesellschaften
in nationalerzieherischer Hinsicht wollen, beruht z. T. noch auf dem Barocknationalismus
der Sprachgesellschaften und Moscheroschs
Moralismus. Aber in Verbindung mit dem
Geschichtsbewußtsein der Möser, Abbt und
Lessing wird allmählich ein Selbstbewußtsein entfaltet, das auf dem aufklärerischen
Gedanken eines freien geistigen Wettbe-

werbs der Nationen beruht. Hier wird das Ästhetische zur nationalen Aufgabe und die nationale Aufgabe zur ästhetischen. Nationale Existenz nicht ohne Geschichte als Nationalstoff; Nationaltheater und Nationaldichtung nicht ohne diese Voraussetzung —: das Ergebnis muß, wie in Lessings *Hamburgischer Dramaturgie*, Shakespeare contra Voltaire heißen, oder, wie dann allgemein im Sturm und Drang: echte Antike als vorbildliche Nationalkultur, und nicht französisch-wielandische. Das bedeutet: das ästhetische Selbstbewußtsein bekommt eine polit. Drehung, die, im Gegensatz zum Barock, nicht mehr überwiegend moralistisch bedingt ist. Am Ende steht Herders selbstbewußter Gedanke der Nationalkultur und des Dichters als Geschichtsschreibers der Nation, der erst in späteren Epochen seine im engeren Sinn polit. Dynamik zur Auswirkung bringen wird.

In denselben Lessing und Herder aber ist, auf Grund der allgemein anthropologischen Basis des Nationalbewußtseins, in gleicher Dynamik und ohne innere Widersprüchlichkeit auch die Toleranzidee angelegt. Der Deutsche oder Franzose oder Grieche sind Menschheit in ihren verschiedenen Möglichkeiten der Selbstverwirklichung; so wie in der Ringparabel des *Nathan* Religion in verschiedener geschichtlicher Ausprägung, aber auch unter dem Gesichtspunkt der Gleichberechtigung, sich symbolisiert. Humanität ist nicht nur Selbstachtung (in ihr wirkt sie sich nationalpolitisch aus), sondern zugleich Verpflichtung zur Achtung des Andern und Andersartigen. Diese Verpflichtung gilt auch für das Zusammenleben in staatlicher Ordnung. Die Rolle, die historisch ein Moses Mendelssohn im friderizianischen Berlin spielen konnte, spielt in Lessings Dichtung das Motiv des Freigeistes und der Judenemanzipation von den Jugenddramen bis zum *Nathan*. Der Jude kann nun als Mensch zum Bruder werden, wie selbst ein zweitrangiges, jedoch sehr zeittypisches Werk schon der 40er Jahre, Gellerts Roman *Leben der schwedischen Gräfin von G...* (1747/48) es zeigt.

Paul H a z a r d, *La crise de la conscience européenne 1680-1715* (Paris 1934). Dt. Ausg. u. d. T.: *Die Krise d. europäischen Geistes* (1939). Ders., *La Pensée européenne au 18e siècle de Montesquieu à Lessing* (Paris 1946). Dt. Ausg. u. d. T.: *Die Herrschaft d. Vernunft*

(1949). Hans M. W o l f f, *Die Weltanschauung d. dt. Aufklärung* (1949; 2. Aufl. 1963). Herbert S c h ö f f l e r, *Dt. Geistesleben zwischen Reformation u. Aufklärung* (2. Aufl. 1956). Werner K r a u s s, *Über d. Konstellation der Aufklärung in Deutschland.* Sinn u. Form 13 (1961) S. 65-100; 223-288.

Gustav R o e t h e, *Dt. Dichter d. 18. u. 19. Jh.s u. ihre Politik. E. vaterländ. Vortrag* (1919; Staat, Recht u. Volk 1). Julius S c h w e r i n g, *Zur Gesch. d. polit. Dichtung im 18. Jh.,* in: Schwering, *Literar. Streifzüge u. Lebensbilder* (1930; Universitas-Archiv 15) S. 1-21, 317-323. Hermann R i e f s t a h l, *Dichter u. Publikum in d. ersten Hälfte d. 18. Jh.s, dargest. an d. Gesch. d. Vorrede* (1935). Wolfgang S t a m m l e r, *Die polit. Schlagworte in d. Zeit d. Aufklärung,* in: *Lebenskräfte in d. abendländ. Geistesgesch. Dank- u. Erinnerungsgabe an W. Goetz* (1948) S. 199-259. Hubert E f f e n b e r g e r, *Studien z. Einfluß von Ges. u. Wirtschaft auf das literar. Leben d. 18. Jh.s.* (Masch.) Diss. Wien 1950. James Alexander M c N e e l y, *Political themes in the lit. of the German Enlightenment.* (Masch.) Diss. Berkeley 1957/58.

Koppel Stub P i n s o n, *Pietism as a factor in the rise of German nationalism* (New York 1934; Studies in history, economics and public law 398). Carl H i n r i c h s, *Pietismus u. Militarismus im alten Preußen.* ArchfReformationsgesch. 49 (1956) S. 270-323. Gerhard K a i s e r, *Pietismus u. Patriotismus im literar. Deutschland. E. Beitr. z. Problem d. Säkularisation* (1961; Veröff. d. Inst. f. Europ. Gesch. 24). — *Der Siebenjähr. Krieg im Spiegel d. zeitgenöss. Lit.* Hg. v. Fritz B r ü g g e m a n n (1935; Dt. Lit., Aufklärung 9). Karl S c h w a r z e, *Der Siebenjähr. Krieg in d. zeitgenöss. dt. Lit.* (1936).

Friedrich G u n d o l f, *Friedrichs d. Gr. Schrift über d. dt. Lit.* Hg. v. Elisabeth Gundolf (Zürich 1947). Leopold M a g o n, *Friedrichs II. 'De la littérature allemande' u. d. Gegenschriften. Zur Gesch. d. literar. Publikums im Deutschland d. 18. Jh.s.* Acta Litteraria Academiae Scient. Hungarica 2 (1959) S. 317-346. Maximilian H i r s c h b i c h l e r, *Der Kampf um die Eigenständigkeit d. dt. Geistes gegen d. franz. Überfremdung von Leibniz bis Herder.* (Masch.) Diss. Wien 1937.

Texte: Emil H o r n e r, *Vor d. Untergang d. alten Reichs 1756-1795* (1930; DtLit., Polit. Dichtung 1). *Vorboten d. bürgerl. Kultur. Joh. Gottfried S c h n a b e l u. Albrecht v. H a l l e r.* Hg. v. Fritz Brüggemann (1931; DtLit., Aufklärung 4). Joh. Gottfried S c h n a b e l, *Die Insel Felsenburg.* In d. Bearb. v. Ludw. Tieck neu hg. mit e. Nachw. v. Martin Greiner (1959; Reclams Univers.-Bibl. 8419/28). Albrecht v. H a l l e r, *Die Alpen.* Bearb. v. Harold T. Betteridge (1959; Studienausg. z. neueren dt. Lit. 3).

Einzelne Gattungen: Hans F r i e d e r i c i, *Das dt. bürgerliche Lustspiel d. Frühaufklärung, 1736-1750. Unter bes. Berücks. s. Anschauungen von d. Gesellschaft* (1957). Wolf-

gang S c h a e r, *Die Gesellschaft im dt. bür-
gerl. Drama d. 18. Jh.s. Grundlagen u. Be-
drohung im Spiegel d. dramat. Lit.* (1963;
Bonner Arb. z. dt. Lit. 7). — *Der Wolf u. d.
Pferd. Dt. Tierfabeln d. 18. Jh.s.* Hg. v. Karl
E m m e r i c h (1960). — Stefan H o c k, *Österr.
Türkenlieder 1788-1790.* Euph. 11 (1904) S. 90-
103. Peter Heinz H o f f m a n n, *Die österr.
Kriegs-, Soldaten- u. histor.-polit. Dichtung im
18. Jh.* (Masch.) Diss. Wien 1964 (mit Bi-
bliogr.).
     Einzelne Dichter: Karl L o h m e y e r, *Der
Ratsherr B. H. Brockes (1680-1747) als polit.
Dichter.* Hamburger Geschichts- u. Heimatbll.
10 (1938) S. 1-8. — Kurt M a y, *Das Weltbild
in Gellerts Dichtung* (1928; Dt. Fschgn. 21). —
Carl B e c k e r, *Gleim, der Grenadier u. s.
Freunde* (1919). — Werner K o h l s c h m i d t,
Hallers Gedichte u. d. Tradition, in: Kohl-
schmidt, *Dichter, Tradition u. Zeitgeist* (1965)
S. 206-221. — Hans G u g g e n b ü h l, *Ewald
von Kleist. Weltschmerz als Schicksal.* (Zürich
1948). Heinr. S t ü m b k e, *Ewald v. Kleist.
Krieger, Dichter, Denker.* (Masch.) Diss. Göt-
tingen 1949. — Karl R e i c h e r t, *Utopie u.
Satire in J. M. von Loens Roman 'Der redliche
Mann am Hofe'* (1740). GRM. NF. 15 (1965)
S. 176-194. — Hans M. W o l f f, *Rousseau,
Möser u. d. Kampf gegen das Rokoko.* Mh-
DtUnt. 34 (1942) S. 113-125. Ludwig B ä t e,
Justus Möser. Advocatus patriae (1961). —
Armin B i e r g a n n, *Gottlieb Wilhelm Rabe-
ners Satiren.* Diss. Köln 1961.
     Lessing: Franz M e h r i n g, *Die Lessing-
Legende. Zur Gesch. u. Kritik d. preuß. Des-
potismus u. d. klass. Lit.* (1893; 3. Aufl. 1909).
Heinz K a m n i t z e r, *Lessing u. d. Nation.*
Neue dt. Lit. 2 (1954) H. 1, S. 115-131. Paul
R i l l a, *Lessing u. s. Zeitalter* (1960). Hannah
A r e n d t, *Von der Menschlichkeit in finsteren
Zeiten. Rede über Lessing* (1960; Piper-Büche-
rei 148). Werner H a f t m a n n, *G. E. Lessing.
Über d. Auftrag d. Schriftstellers in krit. Zei-
ten. Rede* (1962). Hans Joachim S c h r i m p f,
Lessing u. Brecht (1965; opuscula 19). — H.
H. J. de L e e u w e, *Lessings 'Philotas'. E.
Deutung.* Neophil. 47 (1963) S. 34-40. Bernh.
U l m e r, *Another Look at Lessing's 'Philo-
tas',* in: *Studies in Germanic lang. and lit. In
memory of Fred O. Nolte* (1963) S. 35-42.
Georg L u k á c s, *Minna v. Barnhelm.* Ak-
zente 11 (1964) S. 176-191.

§ 24. Anders als im friderizianischen Preußen und josephinischen Österreich, nämlich
in Sachsen, Württemberg oder Hessen, wo
die Monarchie mehr despotische als fortschrittliche Züge aufwies, häufte sich ganz
anderer Zündstoff, so daß sich hier auch
eine eigene Stellung zur franz. Revolution
ergab. Aber längst vorher schon hatte der
Sturm und Drang die Devise „In ty-
rannos" mit vorrevolutionärer Pointe in seine
Dichtung aufgenommen, selbst wo er in

gemäßigter Form auftrat wie im Göttinger
Hain. Da der Sturm und Drang den Toleranzgedanken fallen läßt zugunsten einer
radikalen Parteinahme für Menschenwürde
und Menschenrecht, pointiert sich in ihm das
Gefühl des Abscheus vor Gewaltherrschaft
programmatisch unbedingter als in der Aufklärung. Im übrigen hat ja selbst Lessing in
der *Emilia Galotti* (1772) eine nicht minder
radikale polit. Zustandskritik getrieben,
wenn man auf die schwache Triebfigur des
Fürsten und ihres Systemvertreters Mari-
nelli abstellt. Für einen solchen deformierten
Staat wäre natürlich das Selbstopfer des
Philotas ein barer Unsinn. Die alte, stehende
Rolle des Intriganten füllt sich jetzt im
Drama mit dem Motiv politischer Gewissen-
losigkeit. Die ebenso typische Tyrannenfigur
des Barockromans und -dramas wird zugleich mit der polit. Verantwortlichkeit belastet, die sich aus dem Zuwiderhandeln
gegen Vernunft und Naturrecht ergibt.
Während der alte konservative Haller in
seinen Staatsromanen, vor allem im vielzi-
tierten *Usong* (1771), das Idealbild des aufgeklärten und zeitoffenen Herrschers zeichnet, entrüstet sich der Sturm und Drang
revolutionär über die Gegenhumanität seines
Tyrannentyps. Dies ist eminent polit. Tendenz, jedoch noch immer eingebettet in ein
imaginäres Idealbild menschlicher Ordnung,
wie sie sein müßte. Doch ist dieses Idealbild
des Menschen nicht mehr das der Aufklärung. Das zeigen Gestalten wie Götz und
Karl Moor deutlich genug. Das Denken ist
hinter dem Fühlen zurückgetreten, die Abstraktion hinter der Sinnlichkeit. Götz und
Moor sind Antirationalisten, die das Ideal
einer autonomen Subjektivität inmitten einer
verfallenden Gesellschaft verkörpern. Dagegen werden Repräsentanten des Absolutismus wie der Großinquisitor in *Don Carlos*
oder Alba im *Egmont* im antithetischen
Gefüge der Sturm-und-Drang-Dramatik
weitgehend mit Zügen eiskalten rationalen
Denkens und Rechnens ausgestattet und so
ästhetisch in den Rang einer fast dämonischen Partnerschaft zum dramatischen Helden erhoben. Von hier ergibt sich eine Linie,
die von Lenz zu Büchner weiterführt: Offene
Sozialkritik, wie die aufklärerische Satire sie
niemals gewagt hat, an einer ganzen, das
Ich vergewaltigenden Gesellschaftsordnung
(Lenz' *Hofmeister* [1774], *Die Soldaten*

[1776]; das Kindsmorddrama von Wagner bis zum *Urfaust*). Politisch in diesem Sinne ist auch die dramatisierte Satire in der Form der Farce bei Goethe, Lenz, Wagner u. a. Was *Emilia Galotti* oder *Kabale und Liebe* als Tragödien in sich schließen, das wird zur teilweise dramatisierten polit. Flug- und Programmschrift etwa in Leisewitz' *Der Besuch um Mitternacht* (1775) oder, in gerader Wendung gegen die Aufklärung selber, zur Gesellschaftskritik im Antivoltaire- und Antiwieland-Motiv des jungen Goethe, Lenzens und Wagners. Auch hier können die Folgen für den Autor persönlich gefährlich werden, wie der Fall Schubarts oder des jungen Schiller es in Württemberg beweisen.

Auf der Idee des Nationalstoffs und der Nationalkultur weiterbauend, wozu auch die Wiederentdeckung mal. Dichtung durch Gottsched und Bodmer schon gehört, begeistert sich der Sturm und Drang von Klopstock und Gerstenberg bis zu Herder und dem jungen Goethe auch an jener altgermanischen Vorzeit, die man noch nicht von der altkeltischen scheidet, welche durch das Thema Bardendichtung und Ossian gekennzeichnet ist. Das Neue gegenüber Bodmers Minnesängern ist die Identifizierung dieser Welt mit einer starken, sinnlichen, vorbewußten Urstufe der Menschheit, die, auf die Gegenwart umbezogen, zum „Volk" hinführt. Hier liegt gleichfalls eine der Wurzeln des künftigen romantischen National- und Volksbewußtseins wie auch seines späteren Mißbrauchs. Alles dies steht in jener Zeitsituation nicht in Widerspruch zu der bekannten Tatsache, daß derselbe Bardensänger Klopstock und auch Schiller im Ausklang der Sturm-und-Drang-Periode sich zeitweise politisch enthusiastisch zur franz. Revolution einstellen. Sie sehen in ihr die Dynamik des Menschheitsfortschritts in ihrer Zukünftigkeit. Aber das Menschenbild ist das voller, sinnlicher Kraft, das ihnen in der Geschichte das ungebrochene Urzeitalter der Menschheit verkörperte.

Roy P a s c a l, *The German Sturm and Drang* (Manchester 1953), dt. Ausg. 1963. Heinz S t o l p e, *Versuch e. Analyse d. gesellschaftsgeschichtl. Grundlagen u. Hauptmerkmale d. Sturm-u.-Drang-Bewegung d. dt. Lit. im 18. Jh.* Wiss. Zs. d. Humboldt-Univ., Ges.- u. sprachwiss. R. 3 (1953/54) S. 347-389. Edith B r a e m e r, *Goethes 'Prometheus' u. 1. Grundpositionen d. Sturm u. Drang* (1959; Beitr. z. dt. Klassik. Abhandlgn. 8). Hans

M a y e r, *Faust, Aufklärung, Sturm u. Drang.* Sinn u. Form 13 (1961) S. 101-120. — Clara S t o c k m e y e r, *Soziale Probleme im Drama d. Sturmes u. Dranges* (1922; DtFschgn. 5). Dieter E b e r l e, *Die publizist. Situation im Sturm u. Drang nach Klopstocks 'Dt. Gelehrtenrepublik'.* (Masch.) Diss. Leipzig 1951. Willy A n d r e a s, *Sturm u. Drang im Spiegel der Weimarer Hofkreise.* Goethe 8 (1943) S. 126-149, 232-252.

Klinger: Paul D i r k i n g, *F. M. Klinger als polit. Dichter.* (Masch.) Diss. Münster 1926. Manfred J e l e n s k i, *Kritik am Feudalismus in d. Werken F. M. Klingers bis zur Franz. Revolution, speziell in s. Dramen.* (Masch.) Diss. Berlin 1953. Hans Jürgen G e e r d t s, *Über d. Romane F. M. Klingers. Zur Gesch. der Intelligenz in d. Periode d. Franz. Revolution.* Wiss. Zs. d. Friedr. Schiller-Univ., Ges.- u. sprachwiss. R. 3 (1953/54) S. 455-470. Reinhold H e r r m a n n, *Das Bild d. Gesellschaft in d. Werken d. älteren Klinger, bes. in s. Aphorismen.* (Masch.) Diss. Berlin 1958. Hans Jürgen G e e r d t s, *F. M. Klingers Faust-Roman in s. histor.-ästhet. Problematik.* Weimarer Beitr. 6 (1960) S. 58-75. — Lenz: Roy P a s c a l, *Lenz. A bicentenary lecture.* Publ. of the Engl. Goethe-Soc. NS. 21 (1951) S. 1-26. Elisabeth G e n t o n, *Lenz-Klinger-Wagner. Studien über die rationalist. Elemente im Denken u. Dichten d. Sturmes u. Dranges.* (Masch.) Diss. Berlin (FU) 1955. Evamarie N a h k e, *Über d. Realismus in J. M. R. Lenzens sozialen Dramen u. Fragmenten.* (Masch.) Diss. Berlin 1955. Joseph T o r g g l e r, *Sozialbewußtsein u. Gesellschaftskritik bei J. M. R. Lenz.* (Masch.) Diss. Innsbruck 1957. Gerh. U n g e r, *Lenz' 'Hofmeister'.* (Masch.) Diss. Göttingen 1949. Walter H ö l l e r e r, *Lenz 'Die Soldaten', in: Das dt. Drama.* Hg. v. Benno v. Wiese. Bd. 1 (15.—20. Tsd. 1964) S. 128-147. — Schubart: Erich S c h a i r e r, *Chr. Daniel Friedr. Schubart als polit. Journalist* (1914). Theod. L ü c k e, *Der polit. Aktivismus Schubarts.* Aufbau 6 (1950) S. 643-650. Rudolf K e g e l, *Die nationalen u. sozialen Werte in d. Publizistik Chr. Friedr. Dan. Schubarts.* (Masch.) Diss. Greifswald 1960.

Zum National- und Volksbewußtsein: Gerh. F r i c k e, *Die Entdeckung d. Volkes in d. dt. Geistesbewegung von Sturm u. Drang bis zur Romantik,* in: Fricke, *Vollendung u. Aufbruch* (1943) S. 88-110. Ernst Rudolf H u b e r, *Lessing, Klopstock, Möser u. d. Wendung vom aufgeklärten zum histor.-individuellen Volksbegriff.* Zs. f. d. gesamte Staatswiss. 104 (1944) S. 121-159. — Klopstock: Friedr. B e i s s n e r, *Klopstocks vaterländ. Dramen* (1942). Erich K ü h n e, *Die nationale Tendenz im Schaffen Klopstocks.* Wiss. Zs. d. Martin-Luther-Univ. Halle, Ges.- u. sprachwiss. R. 3 (1953/54) S. 365-376. Joachim M ü l l e r, *Wirklichkeit u. Klassik* (1955) S. 63-115: *Revolution u. Nation in Klopstocks Oden.* Gerh. K a i s e r, *Klopstock als Patriot.* Vortrag. In: *Nationalismus in Germanistik u. Dichtung.* Hg. v. Benno v. Wiese

u. Rud. Henß (1967) S. 145-169. — Herder:
Hans Georg G a d a m e r, *Volk u. Gesch.
im Denken Herders* (1942; Wiss. u. Gegen-
w. 14). Theod. L i t t, *Die Befreiung d. ge-
schichtl. Bewußtseins durch Herder* (1942).
Friedr. W e n d e l, *Die Frage d. Friedens.
Herder u. Kant in ihrem Verhältnis zur
nationalstaatl. Souveränität* (1947). Hans
T ü m m l e r, *Zu Herders Plan einer Dt.
Akademie.* Euph. 45 (1950) S. 189-211. Heinz
S t o l p e, *Die Auffassung d. jungen Herder
vom MA* (1955; Beitr. z. Klassik, Abhdlgn. 1).
Wilh. D o b b e k, *J. G. Herders Haltung im
polit. Leben seiner Zeit.* Zs. f. Ostforschung 8
(1959) S. 321-387. Frederick M. B a r n a r d,
*Zwischen Aufklärung u. polit. Romantik. E.
Studie über Herders soziolog.-polit. Denken*
(1964; Philolog. Stud. u. Quellen 17).

Mainzer Revolution: Hedwig V o e g t, *Die
dt. jakobinische Lit. u. Publizistik 1789-1800*
(1955). Claus T r ä g e r, *Aufklärung u. Jakobi-
nismus in Mainz 1792/93.* Weimarer Beitr. 9
(1963) S. 684-704. Gerh. S t e i n e r, *Theater u.
Schauspiel im Zeichen d. Mainzer Revolution,*
in: *Studien z. neueren dt. Literatur.* Hg. v.
Hans Werner Seiffert (1964; Veröff. d. Inst.
f. dt. Spr. u. Lit. 29) S. 95-163.

§ 25. Maßgebend für die K l a s s i k ist
dagegen auch im Politischen nicht mehr das
Motiv entfalteter oder an der Entfaltung
gehinderter Subjektivität, sondern der Ord-
nungsgedanke. Goethe hat ihn schon nach
seinem Übergang nach Weimar gefunden
und in seiner klassischen Frühphase von der
Abhandlung *Über den Granit* bis zum *Torquato Tasso* ausgebaut, der klassische Herder und Schiller schwenken in ihn ein. Die
weltgeschichtliche Wende der franz. Revolution und ihrer Folgen wird ihn auf die
Probe stellen.

Das entscheidende letzte Jahrzehnt des
18. Jh.s wird in der dt. Dichtung eröffnet durch Schillers Zeilen: „Wie schön, o
Mensch, mit deinem Palmenzweige / Stehst
du an des Jahrhunderts Neige ..., / Frei
durch Vernunft, stark durch Gesetze ..."
(*Die Künstler,* 1789). An seinem Ausgang
heißt es: „Das Jahrhundert ist im Sturm
geschieden, / Und das neue öffnet sich mit
Mord"; und auf dem „unermeßlichen Rük-
ken" der Welt „Ist für zehn Glückliche nicht
Raum" (*Der Antritt des neuen Jahrhunderts,*
1801). Dazwischen liegen die Schriften von
1793-95 *Über die ästhetische Erziehung des
Menschen in einer Reihe von Briefen* und
*Über die notwendigen Grenzen beim Ge-
brauch schöner Formen,* in denen sich
Schiller in wenigen Sätzen zu dem „politi-

schen Jammer" äußert. Als Dramatiker von
Natur faßt er seine Einsicht in eine apokalyptische Zukunftsvision (zu Ende des 7.
Briefes), die man neben diejenige Grillparzers im *Bruderzwist* halten möge. Schiller
reagiert damals auf die Zeitereignisse, indem
er sich darauf besinnt, was in solcher Lage
eine Erziehung zum Schönen leisten könne,
und indem er, wieder als Dramatiker, in
dialektischem Umschlage die Frage stellt, wo
gerade sie versagen muß. Das ist die klassische Fortsetzung des weltgeschichtlich-uto-
pischen Erziehungsprogramms der Aufklärung (etwa in Lessings *Erziehung des Menschengeschlechts*), aber schon Klassik auf des
Messers Schneide. Die jüngere Generation
reagiert auf die gleiche Zeitstimmung durch
geschichtliche Epochendiagnose (in Friedrich
Schlegels frühen Schriften), die dann zur
Geschichtsutopie hin tendieren kann (Novalis, *Die Christenheit oder Europa,* 1799,
Glauben und Liebe, 1798). Bei Friedrich
Hölderlin schlägt der Ansatz Schillers ins
Subjektive um, in die Erfahrung des Daseins als „Dichter in dürftiger Zeit". Eben
dadurch aber entsteht in seinem Werk das
gültige und erst viel später wirkende Bild
des in seiner Existenz durch die Geschichte
betroffenen, sozusagen wehrlosen, und doch
unter dem Auftrag seines Amtes stehenden
Dichters. Trotz des bedenklichen Alibis, das
darin mitenthalten ist, wird man festhalten
dürfen, daß darin wohl der gültigste Beitrag zur Erscheinung der p. D. liegt, den
gerade die dt. Lit. hat leisten können.

Goethe selbst reagiert anfangs sehr viel
unmittelbarer und gegenständlicher (*Der
Großkophta,* 1791; *Der Bürgergeneral,*
1793), aber bleibt eben dadurch unter dem
Niveau. Auch in *Reineke Fuchs* (1793), den
Unterhaltungen deutscher Ausgewanderten
(1795) und *Hermann und Dorothea* (1796)
weicht er der prinzipiellen Auseinandersetzung eher teilweise noch aus. Er stellt
sich ihr erst ganz in der Tragödie *Die natürliche Tochter* (1799-1803), in der die parabolische Form des polit. Dramas zwar ge-
ahnt, jedoch nicht erfüllt wird. Die Tatsache, daß er den Zeitereignissen als „Fachmann" und Sachwalter der konservativ-legi-
timistischen Partei gegenüberstand, sowie
seine aristokratische Geringschätzung der
Masse, der „Menge", stand der distanzierten
Diagnose im Wege und verhinderte auch,

daß sich existentielle Betroffenheit unmittelbar aussprechen konnte. Seine Haltung hat ihm später im großen polit. Zeitstreit ja dann noch den Haß der Börne und Gutzkow eingetragen, die in ihm mit Recht den genauen Gegensatz zu den revolutionären Tendenzen des Jungen Deutschland sahen. Auch seine Entscheidung für Napoleon mit dem Endergebnis der ziemlich unglücklichen Selbstapologie in *Des Epimenides Erwachen* beruht noch auf dem Gegensatz des klassischen Begriffs der „Größe" zur „Menge", hat also seinen Ansatz schon in der Winckelmann-Komponente der Klassik. Dafür aber durchzieht die Auseinandersetzung mit den polit. Umwälzungen dieser Jahre das Spätwerk in vielfach verschlüsselter Weise. Auf der einen Seite findet Goethe sich mit dem „vulkanischen" Prinzip der Geschichtlichkeit bis in seine furchtbarsten Konsequenzen widerstrebend und resignierend ab und integriert es in seine Dichtung. Bezeichnenderweise verbirgt sich diese Anerkennung bis zur Unkenntlichkeit hinter höfischen (*Mummenschanz* im *Faust*), geschichtsmythischen (*Klassische Walpurgisnacht*), militärischen (IV. Akt von *Faust zweitem Teil*) und ästhetisch-erotischen (*West-Östlicher Divan*) Spielformen. Der andere, gleichfalls resignierende Aspekt ist der einer traditionsfreien, tätigen Zukunft, wie er in den *Wanderjahren* und in dem zwielichtigen Spruch „Amerika, du hast es besser" zu Wort kommt. Freilich ist dies kaum mehr der klassische Goethe. Diese Offenheit für eine sich erst andeutende gesellschaftliche Umwälzung, die einem Kontinuitätsbruch gleichkommt, bedeutet eine tiefere Resignation gegenüber der europäischen Überlieferung, als die Klassik sie für erlaubt halten konnte, und ein Abrücken vom klassischen Ordnungsgedanken zugunsten eines Experiments, dessen dämonische Züge nicht zu übersehen sind. Noch im Schluß des *Faust* treffen beide Seiten in widersprüchlicher und tragischer Spannung aufeinander: in der Zukunftsvision eines „freien Volkes auf freiem Grunde", von Mephistopheles durch politische Verbrechen ermöglicht und gleichzeitig sarkastisch in Frage gestellt — und doch auch sie für Fausts Irdisches kennzeichnend und damit zu den Vorbedingungen seiner „Erlösung" gehörend.

Maurice B o u c h e r , *Le sentiment natio-nal en Allemagne 1750-1815* (Paris 1947). Ders., *La Révolution de 1789 vue par les écrivains allemands* (Paris 1954). Jacques D r o z , *L'Allemagne et la Révolution française* (Paris 1949). Fritz V a l j a v e c , *Die Entstehung der polit. Strömungen in Deutschland 1770-1815* (1951). — Ernst von H i p p e l , *Geist u. Staat in d. Goethezeit*, in: Hippel, *Künder der Humanität* (1946) S. 43-58. Willy A n d r e a s , *Carl August von Weimar als polit. Persönlichkeit d. Goethezeit*, in: *In Memoriam Werner Näf*, hg. v. Ernst Walder (Bern 1961; Schweizer Beitr. z. Allgem. Gesch. 18/19) S. 401-414. Walter Horace B r u f o r d , *Culture and society in Classical Weimar 1775-1806* (Cambridge 1962). — Ernst C a s - s i r e r , *Freiheit und Form. Studien z. dt. Geistesgeschichte* (1916; 2. Aufl. 1918). Ders., *Idee u. Gestalt. Goethe, Schiller, Hölderlin, Kleist. 5 Aufsätze* (1921). Georg Lukács, *Fortschritt u. Reaktion in d. dt. Lit.* (1947). Alexander v. G l e i c h e n - R u s s w u r m , *Die Klassiker u. d. Politik*, in: Gleichen-Russwurm, *Schiller u. d. Weimarer Kreis. Reden u. Aufsätze* (1947) S. 187-210. Hans T ü m m l e r , *Der Friede d. klassischen Weimar. Wege u. Erfolge weimarischen Friedensmühens am Beginn d. hohen Klassik 1795/96.* Goethe 10 (1947) S. 181-218. Hans P f e i f f e r , *Studie über polit. Ethik im Denken Goethes, Schillers u. Hölderlins.* (Masch.) Diss. Würzburg 1952. Edith B r a e m e r u. Ursula W e r t h e i m , *Studien z. dt. Klassik* (1960; Germanist. Studien).

Goethe: Frederick S. S e t h u r , *Goethe u. d. Politik.* PMLA. 51 (1936) S. 1007-1055; 52 (1937) S. 160-194. Heinr. Ritter v. S r b i k , *Goethe u. d. Reich.* Goethe 4 (1939) S. 211-232 (als Buch 1940). Joh. H o f f m e i s t e r , *Goethe u. d. Franz. Revolution.* Goethe 6 (1941) S. 138-168. Wilh. M o m m s e n , *Die polit. Anschauungen Goethes* (1948). Arnold B e r g s t r ä s - s e r , *Goethe's Image of man and society* (Chicago 1949). Hans H a u s s h e r r , *Goethes Anteil am polit. Geschehen seiner Zeit.* Goethe 11 (1949) S. 165-186. Ernst von H i p p e l , *Goethes polit. Grundanschauungen*, in: *Um Recht u. Gerechtigkeit. Festgabe f. Erich Kaufmann* (1950) S. 123-139. Georg Lukács, *Goethe u. seine Zeit* (1950). — Andreas F i s c h e r , *Goethe u. Napoleon* (1899; 2. Aufl. 1900). Ilse P e t e r s , *Das Napoleonbild Goethes in seiner Spätzeit, 1815-1832.* Goethe 9 (1944) S. 140-171. Erich W e n i g e r , *Goethe u. d. Generale.* JbFDH. 1936/40, S. 408-593 (Buchausg. 1942; 2. Aufl. 1959). — R. S c h m i d t , *Der polit. Lehrgehalt in Goethes Lebenswerk.* Zs. f. Politik 22 (1932) S. 75-91. Arnold B e r g s t r ä s - s e r , *Der Friede in Goethes Dichtung*, in: *Dt. Beiträge z. geistigen Überlieferung.* Hg. v. A. Bergsträsser (Chicago 1947) S. 134-153. Eva Alexander M e y e r , *Polit. Symbolik bei Goethe* (1949). Erwin G. G u d d e , *Goethe u. d. polit. Dichtung.* MhDtUnt. 44 (1952) S. 177-186. Walter H. B r u f o r d , *Goethe's 'Literar. Sanskulottismus'. Classicism and society*, in: *Festgabe f. L. L. Hammerich* (Kopenhagen 1962) S. 45-59. Brigitte G e r i c h t e n , *Die*

Deutung d. Franz. Revolution in Goethes Werken von 1790 bis 1800. Diss. Tübingen 1964.

Zu einzelnen Werken Goethes: Arnold H i r s c h, *Die Leiden d. jungen Werthers. Ein bürgerliches Schicksal im absolutistischen Staat.* ÉtudGerm. 13 (1958) S. 229-250. — Georg K e f e r s t e i n, *Die Tragödie des Unpoliti- schen. Zum polit. Sinn d. 'Egmont'.* DVLG. 15 (1937) S. 331-361. — H. H ü f f e r, *Zu Goethes 'Campagne in Frankreich'.* GJb. 4 (1883) S. 79- 106. Gustav R o e t h e, *Goethes 'Campagne in Frankreich',* 1792 (1915). Alfred Gilbert S t e e r, *Goethe's Social Philosophy as reveal- ed in 'Campagne in Frankreich' and 'Belage- rung von Mainz'* (Chapel Hill 1955; Univ. of North Carolina. Studies in Germanic Lang. and Lit. 15). — Peter D e m e t z, *Goethes 'Die Aufgeregten'. Zur Frage d. polit. Dichtung in Deutschland* (1952). — Heinz M o e n k e - m e y e r, *Das Politische als Bereich der Sorge in Goethes Drama 'Die natürliche Tochter'* MhDtUnt. 48 (1956) S. 137-148. Theo S t a m - m e n, *Goethe u. d. Franz. Revolution. E. In- terpretation d. 'Natürlichen Tochter'* (1966; Münchener Stud. z. Politik 7). — Hans M o r s c h, *Goethes Festspiel 'Des Epimeni- des Erwachen'.* GJb. 14 (1893) S. 212-244. Konrad B u r d a c h, *'Des Epimenides Er- wachen'.* SBAkBln. 21 (1932) S. 383-395. Hans-Heinr. S c h a e d e r, *'Des Epimenides Erwachen'.* Goethe-Kalender 34 (1941) S. 219- 263. — Gustav R a d b r u c h, *Wilhelm Mei- sters sozialpolit. Sendung.* Logos 8 (1919) S. 152-162. W. H. B r u f o r d, *'Wilhelm Meister' as a picture and a criticism of society.* Publ. of the Engl. Goethe-Soc. 1933, S. 20-45. Anna H e l l e r s b e r g - W e n d r i n e r, *So- ziolog. Wandel im Weltbild Goethes. Ver- such e. neuen Analyse v. 'Wilhelm Meisters Lehr- u. Wanderjahren'.* PMLA. 56 (1941) S. 447-465. — Paul M ü l l e n s i e f e n, *Faust als Napoleon* (1932; Beitr. z. Philosophie u. Psychol. 11). Benedetto C r o c e, *Nuovi saggi sul Goethe* (Bari 1943) S. 73-93: *Impe- ratore, antiimperatore e arcivesco.* Alexander R. H o h l f e l d, *Faust am Kaiserhof.* Euph. 50 (1956) S. 249-270. Harold J a n t z, *The symbolic prototypes of Faust the ruler,* in: Wächter u. Hüter, Festschr. f. H. J. Weigand (New Haven 1957) S. 77-91. Joachim M ü l - l e r, *Goethes 'Faust' u. Hölderlins 'Empe- dokles'. Vision u. Utopie in d. Dichtung,* in: Müller, *Der Augenblick d. Ewigkeit* (1960) S. 193-228; 254-256. Paul R e q u a d t, *Die Figur d. Kaisers im 'Faust II'.* Jb. d. Dt. Schil- lerges. 8 (1964) S. 153-171. G. C. L. S c h u - c h a r d, *Julirevolution, St. Simonismus u. d. Faust-Partien von 1831.* ZfdPh. 60 (1935) S. 240-274; 362-384. Edmond V e r m e i l, *Revolutionäre Hintergründe in Goethes 'Faust'* (1957). Hans S c h w e r t e, *Faust u. d. Faustische. E. Kapitel dt. Ideologie* (1962).

Schiller: Benno v. W i e s e, *Polit. Dichtung in Deutschland* (1931) S. 50-54. Ders., *Friedr. Schiller* (1959) S. 446-506. Hans M a y e r, *Schiller u. d. Nation* (1953; 2. Aufl. 1955).

Ders., *Studien z. dt. Literaturgeschichte* (1954) Neue Beitr. z. Lit.wiss. 2) S. 79-122. Paul B ö c k m a n n, *Politik u. Dichtung im Werk Friedr. Schillers,* in: *Schiller-Reden im Ge- denkjahr 1955* (1955) S. 192-213. Wilh. E m - r i c h, *Schiller u. d. Antinomien d. mensch- lichen Gesellschaft.* Ebda, S. 237-250. Joachim M ü l l e r, *Bürgerfreiheit, Nationalbewußtsein u. Menschenwürde im Werk Friedr. Schillers.* Ebda, S. 214-236. André G i s s e l b r e c h t, *Schiller et la nation allemande* (Paris 1956). Walter M u s c h g, *Schiller. Die Tragödie d. Freiheit. Rede* (1959). — Georg L u k á c s, *Beiträge zur Geschichte d. Ästhetik* (1956) S. 11-96: *Zur Ästhetik Schillers* (geschr. 1935). Benno v. W i e s e, *Die Utopie d. Ästhetischen bei Schiller,* in: Wiese, *Zwischen Utopie u. Wirklichkeit* (1963) S. 81-101. Karl-Heinz H a h n, *Die Begriffe Bürgerfreiheit und natio- nale Unabhängigkeit in Schillers histor. Schrif- ten.* Weimarer Beitr. 5 (1959), Sonderh. S. 180- 195. Hans-Günther T h a l h e i m, *Volk u. Held in d. Dramen Schillers.* Ebda, S. 9-35. Ders., *Schillers Stellung z. franz. Revolutionsproblem,* in: *Forschen u. Wirken. Festschr. z. 150-Jahr- Feier d. Humboldt-Univ. zu Berlin.* Bd. 3 (1960) S. 193-211. Günter S c h u l z, *Schillers 'Horen'. Politik u. Erziehung. Analyse e. dt. Zeitschrift* (1960; Dt. Presseforschung 2).

§ 26. „Das Herz des Volkes ist in den Staub getreten" war schon das Motto über dem *Ur-Götz* gewesen: ein Zitat aus Hallers *Usong.* Aber es war zur Sturm-und-Drang-Zeit noch nicht national nach außen gemeint, sondern ein Motiv der kleinstaatlich-deutschen Innenpolitik. Die Erfahrung der n a - p o l e o n i s c h e n K r i e g e, die geschichtlich mit der jüngeren Romantik zusammenfällt, füllte es mit dem Haß gegen den korsischen Eroberer, der wieder nur auf der Grundlage einer neuen geistigen Empfindlichkeit für den Wert des Deutschen, das nun als bedrohte Nation begriffen wird, denkbar ist. Diese Empfindlichkeit muß zunächst verstanden werden von dem Preis Götzens, Luthers, Erwins von Steinbach, der Lieder der altdeutschen und germanischen Zeit, die der Sturm und Drang in vielen Formen ausgedrückt hatte. In der Tat ist das Geschichtsbewußtsein der R o m a n t i k eine direkte Folge dieser Vorromantik, wie es zugleich eine Reaktion gegen den Kosmopolitismus der Klassik ist. Goethes *Campagne in Frank- reich* wie auch das Emigrantenmotiv in den *Unterhaltungen deutscher Ausgewanderten* standen, für die jüngere Generation fast provozierend, noch unter dem Zeichen allgemeiner Humanitäts- oder übernationaler Gesellschaftsprobleme. Ähnliches galt für Schillers

Dramen, deren Blickrichtung anthropologisch-ethisch, aber nicht national war, selbst nicht in der *Jungfrau von Orleans* und im *Wilhelm Tell*. Schillers, Klopstocks, Jean Pauls, Friedrich Schlegels zeitweiser Enthusiasmus für die franz. Revolution lag auf derselben Ebene der Menschlichkeit. Selbst ein Phänomen wie die Kanonade von Valmy war von Goethe nicht als nationale Niederlage gedeutet worden, sondern als Anbruch eines neuen Zeitalters, das Überlebtes zu bereinigen hatte, ebensowenig wie Hölderlin den Frieden von Lunéville als nationale Schmach empfand, sondern ihn als Vorzeichen hellerer Zeiten deutete.

Aber die Frühromantik hatte mit Novalis, Wackenroder und dem jungen Tieck den Stolz auf dt. MA. und dt. Dürerzeit, den der Sturm und Drang aufgebracht hatte, vertieft, und der Schlag Napoleons gegen das alte Reich und Preußen hatte vorher noch nicht so vorhandene Gefühle empfindlich getroffen. Es war jetzt ein Kulturbewußtsein vorhanden, das sich mit den Niederlagen gegen Napoleon vergewaltigter vorkam als in der Lessingzeit, in der das Bewußtsein der Gleichwertigkeit des Deutschen und Französischen sich ausgebildet hatte. Über Riccaut de la Marlinière konnte man belustigt zur Tagesordnung übergehen, über das Frankreich Napoleons nicht. Anfängliche Revolutionsanhänger wie Friedrich Schlegel oder Ernst Moritz Arndt konnten in dieser Situation zu Nationalisten werden, Fichte und Schleiermacher, Arnim, Eichendorff, Görres und Chamisso auch zu aktiven Teilnehmern der Befreiungskämpfe, Kleist, der sie nicht mehr erlebte, zum polit. Journalisten. Es war eine geschichtliche Ironie, daß der Gedanke einer levée en masse, auch im geistigen Sinne, wie Kleist und Arndt ihn z. B. vertraten, seinen Ursprung in der franz. Revolution selber hatte.

Da für die Romantik nationale Vergewaltigung und geistige Tyrannis letztlich eins sind, so ergibt sich eine neue Mythisierung des Gegners, die der Haß färbt und die von der Person des Kaisers auf das Volk als den nunmehrigen „Erbfeind" übertragen wird. Es ist die unselige Situation, in der der Nationalfeind in religiöser Kontrafaktur zur „babylonischen Hure" werden kann (E. M. Arndt). In der eigentlichen Dichtung führt das zu Kleists *Hermannsschlacht*. D. h., der Volksfeind wird verteufelt, der Haß gegen ihn wird nicht nur gerechtfertigt, sondern geradezu geheiligt. Am deutlichsten tritt das bei Erscheinungen wie Arndt und Kleist zutage. Bei ihnen geht, in der Übernahme der Form der Soldatenkatechismen, das Bewußtsein der Sittlichkeit des Nationalhasses bis in die Kinderlehre. In den extremsten Formen kann die antinapoleonische Dichtung der Befreiungskriege geradezu zu einer polit. Anwendung jesuitischer Ethik werden, bei der der gute Zweck das Mittel heiligt; auch darin ein Erbe der franz. Revolution und Vorfahr zugleich auch heutiger polit. D. und Meinungsbildung innerhalb des Bereichs totalitärer und klassenkämpferischer Ideologien sowie der beiderseitigen „Kreuzzugsideologien" der Kriege des 20. Jh.s. Das Gefährliche, das mit dieser Wendung einsetzt, ist vielleicht nicht so sehr die Dynamik eines gefühlsbestimmten Nationalismus als vielmehr der offene und bewußte Wille zur Ungerechtigkeit. Gefährlich ist ferner die propagandistische Form, in der er sich niederschlägt. Gleims Preußische Kriegslieder waren auch schon polit. Propagandadichtung, aber ihr Formethos war Herablassung des Aufklärers auf das Niveau der Allgemeinverständlichkeit in Wortschatz und Strophe, natürlich auch in der Vorstellungswelt. Damit aber war die Wirkung von vornherein begrenzt, denn sie konnte nicht bei denen ankommen, auf die sie mehr oder weniger spielerisch zielte. Es war die Parallele zu der ebenfalls im Anfang spielerischen Begründung der dt. Ballade (Romanze) bei Gleim auf dem Bänkelton. Um 1800 aber war die literarsoziologische Situation völlig gewandelt. Die Träger der Résistance gegen Napoleon waren vorwiegend Intellektuelle und das geistig von ihnen beeinflußte Kleinbürgertum (nicht die Bauern). In diesen Schichten aber hatte das historische Bewußtsein des Sturm und Drangs und der Romantik zusammen mit dem Formbewußtsein der Klassik ein Stilgefühl ausgebildet, von dem in der Aufklärung noch nicht die Rede sein konnte. Dieses Stilgefühl umfaßte die Bekanntschaft mit originalen Formen und Motiven nationaler Traditionen, die von Herders *Volksliedern* bis zum *Wunderhorn*, von der altdt. Fabel bis zur Wiedererweckung der Volksbücher durch Görres und der Chroniküberlieferung in der Prosaepik reichte.

Dieser Wiedererweckungsprozeß war in die Breite gegangen und hatte eine Virtuosität der nachahmenden Selbstidentifizierung und Wiedereinfügung in die Tradition bis zur Selbstverständlichkeit erreicht. Man konnte daher nicht nur die akademische Jugend, sondern auch den einfachen Wehrmann der Befreiungskriege vermittels dieser wiedererweckten Formen ansprechen. Der Gebrauch, den man von Luther und dem Luther-Ton machte — besonders bewußt tat das Arndt —, bildete in dieser Lage die Nationalgemeinschaft fast zur pseudokirchlichen Gemeinde um (Schleiermachers Predigten, Fichtes *Reden an die deutsche Nation*). Zugleich verband sich der wiedererweckte Sinn für volkstümliche Formen mit dem rhetorischen Pathos, das Aufklärung und Klassik gemeinsam war und in Schiller seine größte und wirksamste Gegenwärtigkeit gewonnen hatte. Man brauchte es nur von der Menschenwürde auf die Würde der Nation umzubeziehen. Der Wirkungsbereich der pathetischen Rede lag vor allem in Hörsaal und Kirche, der ihrer schriftlichen Fixierung in der Proklamation, einer politisch-literar. Gattung, an der sich die führenden Romantiker kräftig beteiligten, so wie sie das auch, unter Rückgriff auf alte wieder geläufig gewordene Formen, in ihren polit. Zeitschriften taten (Kleist, Adam Müller, Arndt, Görres). Die größte Wirkung auf die Allgemeinheit aber entfaltete hier das polit. Lied, das wohl am wenigsten als historische Maske empfunden wurde, selbst da nicht, wo es ausgesprochen historisierte: weder vom Dichter her noch von denen, die es aufnahmen. Gerade auf dieser subjektiven Ehrlichkeit beruhte seine starke gemeinschaftsbildende Stoßkraft. Denn diese war ja mit dem Sturz Napoleons nicht gebrochen, sondern bewegte letztlich auch die um die Früchte ihres Idealismus gebrachten Freiheitskämpfer zu ihrem Ringen um ein nationales und demokratisches Deutschland durch die ganze Restaurationszeit bis zu den tiefen Auseinandersetzungen von 1848. Es ist merkwürdig zu sehen, wie lange sich diese subjektive Ehrlichkeit des polit. Pathos hält; bis 1848 ist sie noch vorhanden, wenn auch ihr Gegenstand nur noch in der schleswig-holsteiner und vielleicht der Habsburger Frage mit dem nationalen Freund-Feind-Verhältnis von 1814 vergleichbar bleibt. Das Professo-

renparlament von 1848 ist sogar nahezu Wiedergeburt des Idealismus der Befreiungskriege. Mit der kleindt. Lösung von 1871 wird dies alles weitgehend epigonal oder unecht, entartet z. T. zu einem nationalstaatlichen Hurrapatriotismus, der sich bis in die Zeit der Weltkriege als falscher, sentimentalischer Ton weiter vererbt (nicht mehr E. M. Arndt oder Uhland oder „Die Wacht am Rhein" selbst — sondern all dieses erstarrt und konserviert in Kommersbuch, Schullesebüchern und Unterricht). Das hat aber seine geschichtlichen Gründe. Das Selbstbewußtsein der P. D. der Befreiungskriege ging durch alle Schichten. Es waren dann im großen ganzen dieselben Schichten, die im Verlauf der Burschenschaftskämpfe und der anschließenden Demagogenverfolgungen durch die restaurativen dynastischen Mächte die Blickrichtung von außen nach innen ändern mußten, wobei sie aber den nationalen Idealismus von 1814 festhielten. Die subjektive Ehrlichkeit blieb, so lange der Druck des polit. Gegners als sozusagen schicksalshaft empfunden wurde. Sie konnte sich sogar vorübergehend wieder spontan einstellen bei Ausbruch des 1. Weltkrieges.

Da die in Juli- und Märzrevolution schließlich ausmündende Restaurationszeit den Freiheitskämpfern von 1814 die Verwirklichung ihrer großdt. gedachten Nationalidee versagte, wurden die vorher gegen Napoleon gerichteten Energien jetzt verschoben, da sie sich auch mit Gewalt nicht verdrängen ließen. Da Deutschland selber nicht angegriffen wurde, so zieht sich durch diese Jahrzehnte gleichsam stellvertretend die leidenschaftliche Anteilnahme am Schicksal der Herzogtümer Schleswig-Holstein unter der dän. Krone, wobei bedeutende Vertreter der jüngeren Romantik und überhaupt die tragende Schicht des Frankfurter Parlaments sich engagierten, so wie es später Th. Storm tat. Das war schon eine Restriktion gegenüber 1814, ein Ausweichen auf ein bloßes Teilgebiet. Andere Provinzen des Ausweichens fand die P. D. im Philhellenismus (s. d.) und Philpolonismus; beide relativ gefahrlos und beide gelegentlich bis in die literar. Topik ähnlich. Hier wurden je edle Kulturvölker von „barbarischen Unterdrückern" ihrer Freiheit beraubt. Dabei war das Griechenthema aktualisierte Klassik, das Polenthema aktualisierte Romantik. Phil hellenentum war aber schon Sache der früheren Goethezeit gewesen mit dem großartigen Versuch eines Brückenschlages zwischen griech. und dt. Schicksal, wie Hölderlins *Hyperion* (1797-99), nach dieser Seite auch ein polit. Roman, ihn darstellt. Die Deutschen und Griechen werden hier nicht umsonst in ihrer Friedlosigkeit und Angefochtenheit wie in ihrer Größe auf gemeinsamer Ebene betrachtet, ihre Partnerschaft wird aus der klassischen Ferne der Vergangenheit in die Gegenwart projiziert. Am Ende dieser Entwicklung steht dann die biedermeierliche Sentimentalität der *Lieder der Griechen* (1821-24) Wilhelm Müllers. In beidem, dem Mitgefühl mit dem vergewaltigten edelsten der Völker und der Anteilnahme am Schicksal des aufgeteilten Polens, das von jedem mittleren Dichter eingefühlte ritterliche Lieder zu fordern schien, schwang übrigens eine erhebliche Portion Selbstmitleid der verhinderten deutschen Generation mit. Daher ballte sich gerade in diesen beiden polit. Themen so viel Sentimentalität zusammen, daß es bei Heine schon zu ihrer Parodierung kam.

Albert P o e t z s c h, *Studien zur frühromant. Politik u. Geschichtsauffassung* (1907; Beitr. z. Kultur- u. Universalgesch. 3). Carl S c h m i t t, *Polit. Romantik* (1919; 2. Aufl. 1925). Jakob B a x a, *Einführung in die romant. Staatswissenschaft* (1923; 2., erw. Aufl. 1931; Herdflamme, Erg.-Bd. 4). Paul K l u c k h o h n, *Persönlichkeit u. Gemeinschaft. Studien zur Staatsauffassung d. dt. Romantik* (1925; DVLG., Buchr. 5). Ferdinand L i o n, *Romantik als dt. Schicksal* (1927). Henri B r u n s c h w i g, *La crise de l'Etat prussien à la fin du 18ᵉ siècle et la genèse de la mentalité romantique* (Paris 1947). H. G. S c h e n k, *Leviathan and the European Romantics.* Journal 1 (1947/48) S. 240-254. Jacques D r o z, *Le romantisme allemand et l'état. Résistance et collab. dans l'Allemagne napoléonienne* (Paris 1966; Bibl. historique 380). Ders., *Le Romantisme politique en Allemagne.* Textes choisis et présentés (Paris 1963). *Dt. Vergangenheit u. dt. Staat.* Bearb. v. Paul K l u c k h o h n (1935; DtLit., Romantik 10). Robert F. A r n o l d, *Fremdherrschaft u. Befreiung 1795-1815* (1932; DtLit., Polit. Dichtung 2). Wilh. W o h l r a b e, *Die Freiheitskriege in Lied u. Geschichte.* 2 Bde (1933). Robert F. Arnold u. Karl W a g n e r, *Achtzehnhundertneun. Die polit. Lyrik d. Kriegsjahres* (1909; Schriften d. Literar. Ver. in Wien 11). Wilhelm K o s c h, *Dt. Dichter vor und nach 1813. Befreiungskampf u. Burschenschaft im Spiegel d. zeitgenöss. dt. Dichtung* (1925). Hans H i r s c h s t e i n, *Die franz. Revolution*

im dt. Drama u. Epos nach 1815 (1912; Bresl-BeitrLg. N. F. 31).
Otto B r a n d t, *A. W. Schlegel. Der Romantiker u. d. Politik* (1919). — Richard V o l p e r s, *Friedr. Schlegel als polit. Denker u. dt. Patriot* (1917). Marianne L u n z e r - L i n d h a u s e n, *Friedr. Schlegel als Publizist der österr. Regierung im Kampf gegen Napoleon,* in: *Publizistik. Festschr. f. Emil Dovifat* (1960) S. 202-211. Gerd Peter H e n d r i x, *Das polit. Weltbild Friedr. Schlegels* (1962; Schriften z. Rechtslehre u. Politik 36). — Rich. S a m u e l, *Die poetische Staats- u. Gesellschaftsauffassung Fr. v. Hardenbergs* (1925; Dt. Fschgn. 12). Ders., Einl. zu '*Glauben u. Liebe*', in: Novalis, *Schriften* Bd. 2 (1965) S. 475 ff. Hans Wolfgang K u h n, *Der Apokalyptiker u. d. Politik. Studien z. Staatsphilosophie d. Novalis* (1961; Freiburger Studien z. Politik u. Soziologie). Claus T r ä g e r, *Novalis u. d. ideologische Restauration. Über d. romant. Ursprung e. methodischen Apologetik.* Sinn u. Form 13 (1961) S. 618-660. Wilfried M a l s c h, '*Europa*'. *Poetische Rede d. Novalis. Deutung d. Franz. Revolution u. Reflexion auf die Poesie in d. Geschichte* (1965). Hans-Joachim M ä h l, *Die Idee des goldenen Zeitalters im Werk d. Novalis* (1965; Probleme d. Dichtung 7). — Bruno W a c h s m u t h, *Joseph v. Eichendorffs histor. u. polit. Anschauungen.* (Masch.) Diss. Rostock 1921. Karl d ' E s t e r, *Eichendorff als Politiker.* Aurora 4 (1934) S. 81-87. Ewald R e i n h a r d, *Joseph von Eichendorff als Freiheitssänger.* Aurora 6 (1936) S. 86-92.

Hans M. W o l f f, *Heinr. v. Kleist als polit. Dichter* (1947; Univ. of Calif. Publ. in modern phil. 27, 6). Georg Lukács, *Die Tragödie H. v. Kleists,* in: Lukács, *Dt. Realisten d. 19. Jh.s* (1952) S. 19-48 (geschr. 1936). Gustave M a t h i e u, *Heinr. v. Kleist as political propagandist.* (Masch.) Diss. Columbia 1956/57. Heinr. D e i t e r s, *Heinr. v. Kleist u. d. polit. Kämpfe seiner Zeit,* in: *Beiträge zum neuen Geschichtsbild. Zum 60. Geb. v. Alfred Meusel* (1957) S. 184-200. Kurt M a y, *Kleists 'Hermannsschlacht'. Eine Strukturanalyse,* in: May, *Form u. Bedeutung* (1957) S. 254-262. Rich. S a m u e l, *Kleists 'Hermannsschlacht' u. d. Freiherr vom Stein.* Jb. d. dt. Schillerges. 5 (1961) S. 64-101. Sigurd B u r c k h a r d t, *Kleists polit. Testament.* Frankf. Hefte 16 (1961) S. 545-555. Ders., *Heinr. v. Kleist. The poet as Prussian.* The Centennial Rev. of Arts and Science 8 (1964) S. 435-452. Joh. Karl-Heinz M ü l l e r, *Die Rechts- u. Staatsauffassung Heinr. v. Kleists* (1962; Schriften z. Rechtslehre u. Politik 37). Hans M a y e r, *Heinr. v. Kleist. Der geschichtliche Augenblick* (1962). *Kleist u. d. Gesellschaft. Eine Diskussion.* Hg. v. Walter M ü l l e r - S e i d e l (1965).

Hans K o h n, *Ernst Moritz Arndt and the character of German nationalism.* American Histor. Rev. 54 (1948/49) S. 787-803. Annemarie W i n d e m u t h, *Ernst Moritz Arndts Napoleonbild im Vergleich mit der Auffassung Fichtes.* (Masch.) Diss. Berlin 1946. Vera

Macháčková, *Ernst Moritz Arndt in d. Einschätzung d. jungen Engels.* Weimarer Beitr. 5 (1959) S. 145-165. — Gottfried Fittbogen, '*Die Wacht am Rhein*' *u. ihr Dichter* [Max Schneckenburger]. ZfdUnt. 29 (1915) S. 570-577.

Friedrich Beissner, *Hölderlin u. d. Vaterland.* Iduna 1 (1944) S. 20-34. Heinz Stolte, *Hölderlin u. d. soziale Welt. Eine Einf. in* '*Hyperion*' *u.* '*Empedokles*' (1949). Maurice Delorme, *Hölderlin et la Révolution française* (Monaco 1959). Ed. Spranger, *Hölderlin u. d. dt. Nationalbewußtsein,* in: *Hölderlin. Beiträge zu s. Verständnis in unserm Jh.* Hg. v. Alfred Kelletat (1962; Schriften d. Hölderlin-Ges. 3) S. 119-130. Lawrence Ryan, *Hölderlins prophetische Dichtung.* Jb. d. dt. Schillerges. 6 (1962) S. 194-228. Horst Nalewski, *Friedr. Hölderlins Naturbegriff u. polit. Denken.* (Masch.) Diss. Leipzig 1963. *Der Streit um den Frieden. Beiträge z. Auseinandersetzung um Hölderlins* '*Friedensfeier*'. Hg. v. Ed. Lachmann (1957). Wolfgang Binder, *Friedensfeier,* in: *Hölderlin* (1962) S. 342-370.

Bernhard Birk, *Ein Jh. schwäbischer polit. u. patriot. Dichtung.* Diss. München 1926. Heinr. v. Treitschke, *Über Uhlands polit. Stellung u. Kämpfe,* in: Treitschke, *Histor.-polit. Aufsätze.* Bd. 1 (6. Aufl. 1903) S. 197-304. Wilh. Bernhardt, *Ludw. Uhlands polit. Betätigung u. Anschauungen.* Diss. Leipzig 1910. Walther Reinöhl, *Uhland als Politiker* (1911; Beitr. z. Parteigesch. 2). Helmut L. Roesler, *Ludwig Uhland als polit. Journalist.* (Masch.) Diss. München 1950. Hellmut Thomke, *Zeitbewußtsein u. Geschichtsauffassung im Werke Uhlands* (Bern 1962; SprDchtg. NF. 9).

§ 27. Es war ganz natürlich und beruhte nicht auf polit. Taktik, daß die p. D. der Befreiungskriege dem Jungen Deutschland sowohl ihre meisten Formen wie auch ihr Gesinnungspathos vererbte. Nur in der Prosa, sowohl im Roman (Immermann, Gutzkow, Laube) wie im polemisch-ironischen Essay oder fingierten Brief, war das J. Deutschland im Formalen originell oder entwickelte es literar. Techniken der Aufklärung in schöpferischer Weise weiter. Für sie darf L. Wienbargs Satz in vollem Umfang gelten: „Die Prosa ist eine Waffe jetzt und man muß sie schärfen." Im Drama blieb das Schiller-Körnersche Vorbild des nationalen und weltanschaulichen Geschichtsstücks maßgebend (Hohenstaufen-, Sickingen-, Hutten-, Luther-Motiv; das Emanzipationsmotiv von Gutzkows *Uriel Acosta* greift sogar auf Lessing zurück). Es deutete nur die Freiheitsidee nationaler und demokratischer, als Schiller es tat. In der Revolutionslyrik der Prutz, Herwegh, Freiligrath, Fallersleben zielt man auf die gleiche Wirkungsmöglichkeit wie das polit. Lied der Befreiungskriege und auch mit den gleichen historisch-sentimentalischen Formen. Das Zeitalter der Juli- und der Märzrevolution ist zugleich auch das Zeitalter, in dem das Nationallied (*Die Wacht am Rhein* [1840], „Deutschland über alles" [1841]) sich durchsetzt. Hier gibt es stofflich eigentlich nur die eine neue Stoßrichtung von Herweghs „Reißt die Kreuze aus der Erden" und der polit. wie kulturkämpferischen Gedichte des jungen Gottfried Keller (1840), die im Gefolge des neu aufkommenden Materialismus und der in ihm sich vollziehenden klassenkämpferischen Umdeutung der Freiheitsidee liegt. Der Unterschied der polit. Lyrik des J. Deutschland zu der der Romantik liegt kaum im Formalen, aber er wird deutlich an der Vielzahl der neu aufkommenden „Anti" (Anti-Tyrannen, -Zensur, -Polizei, -Orthodoxie, -Muckertum, -Papsttum, -Jesuitismus usw.). Der Ton wird dabei vielfach auf das Tagesjournalistische herabgestimmt, die p. D. wird mehr und mehr zur zweckgebundenen Gebrauchsliteratur. Die Idee einer freien Nation und der Gewinnung des „Volkes" für sie bleibt bestehen, doch verschwindet sie häufig hinter dem bloß Tages- und demokratisch Parteipolitischen. Sie zündete noch, wo das Pathos vorhanden ist, wie in Herweghs *Gedichten eines Lebendigen* (1841-44), bei Dingelstedt oder Freiligrath. Hier ergab sich eine eigene Topik des Gegners, der man z. B. fast kataloghaft auch in der Lyrik des jungen G. Keller begegnet. Naturgemäß ist dabei die apokalyptische Mythisierung des Gegners, der dazu immerhin ein Napoleon sein mußte und kein Kotzebue sein durfte, verlorengegangen. Eher wird umgekehrt der Gegner seiner königlichen oder priesterlichen Scheinwürde entkleidet. Es entsteht p. D. von teilweise hochgespannter Taktik mit einem Einsatz von manchmal grimmiger Ironie, den die Dichtung der Befreiungskriege, trotz ihrer Unbedenklichkeit in der Wahl ihrer Mittel, so noch nicht gekannt hatte (man vergegenwärtige sich die totale Humor- und Ironielosigkeit eines Jahn). Die polit. oder politisierende Schriftstellerei eines Hoffmann von Fallersleben (*Hoffmannsche Tropfen* [1844]) oder Heine (*Atta Troll* [1843]; *Deutschland, ein Wintermärchen* [1844]) aber lebt vom ironischen Gebrauch des romantischen Erbes. Der makropolitische, nationale Gesichtspunkt der polit. Romantik mit seiner Möglichkeit der Mythisierung der Konflikte wird sozusagen mikropolitisch: zum dt. Hausstreit um die Freiheit, die nun wieder aufklärerisch begriffen wird. Das gestattet Heine das Zurückweichen in das Quasi-Märchen. Im übrigen kann sogar bei diesem dezidierten Ironiker und Satiriker der romantische Kaisermythos noch immer sein Réduit finden (in dem Napoleonmythos der *Beiden Grenadiere*), wie sich ja auch der Ton von Rükkerts *Geharnischten Sonetten* aus dem Jahr 1813 in den vaterländischen Sonetten Geibels der 40er Jahre fortsetzt mit dem Ingrediens auch des alten deutschen Reichsmythos. War schon das Formspiel der Romantik Lust an der Kontrafaktur, so erreicht in Heine das J. Deutschland Souveränität in Parodie und Persiflage der Romantik. Seine Haßliebe zu ihr — grundsätzliche Zwiespältigkeit der inneren Beziehung des J. Deutschland zu diesen unmittelbaren Vorgängern überhaupt — verleiht seiner wie auch Börnes oder Gutzkows Essayistik den florettierenden Spielcharakter, der ihr über den unmittelbaren Zweck der Verschleierung hinaus ästhetischen Wert gibt und der Beweglichkeit der dt. Prosa so viel einbringt. Dabei wird die polit. Pointe eleganter und geschliffener denn je, der parteipolitische Ernst manchmal aber dialektisch zweideutiger, da empfindliche persönliche Erfahrungen und ästhetische Spielfreude mitunter den Parteistandpunkt relativieren und sublimieren. Demokrat, aber zugleich Anhänger einer sentimentalen Napoleon-Verherrlichung, Freiheitskämpfer, der die Polenbegeisterung lächerlich findet, polit. Dichter und Schriftsteller, der das reine dichterische Spiel gegen das Pathos der P. D. seiner Gesinnungsgenossen verteidigt —: mit all diesem legt Heine den Grund zu einem provokativen und aktiven (nicht biedermeierlich resignierenden) Nonkonformismus, der bis in die Gegenwart nachwirkt. Um der Erscheinung Heine historisch gerecht zu werden, wird man immer wieder bis auf die Aufklärung zurückblicken müssen, aus der Heine sowohl seinen zugleich aggressiven wie maskierten Essaystil wie die Einmischung des ironischen Bänkelklangs in seine „Volkslied"töne holt. Durch seine (nachro-mantische) empfindliche Subjektivität ist ihm jedoch die Standfestigkeit im Gesellschaftsgefüge, die der Aufklärung selbstverständlich war, verlorengegangen: verkannter (und dabei doch ungemein wirkungsmächtiger) Poet und Literat, heimatloser Deutscher, emanzipierter Jude, der doch seine Ghettoherkunft nicht vergessen kann. Die gesellschaftliche Einordnung, die Moses Mendelssohn und vielen nach ihm — z. B. in der Sphäre der Berliner Salons — gelungen war und die auch noch seinem Zeitgenossen Felix Mendelssohn-Bartholdy gelang, ist ihm versagt. Die Provokation, die von seinem gesamten literar. Schaffen, nicht nur dem politischen, ausging und die zwar subjektiv bedingt war und doch mit ähnlicher geistesgeschichtlicher Notwendigkeit wie die durch Neidhart im MA. erfolgte, hat in verhängnisvoller Weise zum Antisemitismus des dt. Durchschnittsbürgertums beigetragen, das von ihm zugleich fasziniert und abgestoßen wurde.

Die Ereignisse von 1830 und 1848 wirkten aber keineswegs ausschließlich in dieser fortschrittlichen Richtung. Weit entfernt von der jungdeutschen polit. Gebrauchslyrik und Prosa ist die Reaktion auf die Märztage z. B. in Österreich. Stifter wird bekanntlich durch die Vorgänge in Wien an seinem bislang liberalen Menschenbilde irre. Er wird zuerst im Pessimismus seiner Novellen, dann im utopischen Optimismus seines *Wittiko* (1865-67) darauf antworten. Kaum anders geht es Grillparzer, auch er ursprünglich liberal, der in dem Heraufkommen der neuen Zeit eine echte Existenzkrise erfährt, ähnlich wie die klassisch-frühromantischen Zeitgenossen vor und um die Jh.wende. Sein geschichtliches Kontinuitätsbewußtsein und sein individuelles dramatisches Genie machen ihn unfähig, etwa wie Hebbel Trost in der Hegelschen Geschichtsphilosophie zu finden. Seine Vision des aufsteigenden Dämons der Masse in *Ein Bruderzwist im Hause Habsburg* (nach 1855) mythisiert das, was für die Jungdeutschen Zukunft in Freiheit hieß, wieder apokalyptisch zum Anfang der letzten Tage der Menschheit, so wie er in *Libussa* (1844) einen der nationalen Gründungsmythen mittelalterlichen Geistes schwermütig wiedererklingen ließ. Dagegen steuert Österreich zur polit. Lyrik der Zeit eines der auf die Revolution hin wirksamsten

Bücher bei: die damals nicht nur im Habs-
burgerreich epochemachende Gedichtsammlung von Anastasius Grün (Graf Auersperg)
Spaziergänge eines Wiener Poeten (1831).

Allgemeine Darstellungen zur Epoche: Robert Eduard P r u t z , *Die polit. Poesie der
Deutschen* (in: Literarhistor. Taschenbuch 1,
1843), wiederholt in: Prutz: *Kleine Schriften.*
Bd. 2 (1847) S. 91-135: *Die polit. Poesie, ihre
Berechtigung u. Zukunft.* Ders., *Die dt. Lit.
d. Gegenwart 1848-1858* (1859; 2. Aufl. 1860).
Paul T r ä g e r , *Die polit. Dichtung in Deutschland. E. Beitr. zu ihrer Gesch. während d.
ersten Hälfte unseres Jh.s.* Diss. München
1895. Alexander B r o e c k e r , *Die Wirkung d.
dt. Revolution auf d. Dichtung d. Zeit mit
bes. Berücks. d. polit. Lyrik.* Diss. Bonn 1912.
James Granville L e g g e , *Rhyme and revolution in Germany. A study in German history,
life, literature and character, 1813-1850* (London 1918). Eilhard Erich P a u l s , *Der polit.
Biedermeier* (1925; Pauls: *Dt. Leben.* Bd. 7).
Alfred K l e i n b e r g , *Die dt. Dichtung in ihren
sozialen, zeit- u. geistesgeschichtlichen Bedingungen* (1927), Kap. 12 ff. Hugo B i e b e r ,
*Der Kampf um d. Tradition. Die dt. Dichtung
im europ. Geistesleben, 1830-1880* (1928; Epochen d. dt. Lit. 5). Fritz M a r t i n i , *Dt. Lit.
im bürgerlichen Realismus, 1848-1898* (1962;
Epochen d. dt. Lit. 5/2). Martin G r e i n e r ,
Zwischen Biedermeier u. Bourgeoisie (1954).
Friedr. S e n g l e , *Voraussetzungen u. Ent-
wicklungsformen d. dt. Restaurationslit.* DV-
LG. 30 (1956) S. 268-294, wiederholt in: Sengle, *Arbeiten zur dt. Lit. 1750-1850* (1965)
S. 118-154. Karl M a r x u. Friedr. E n g e l s ,
Über Kunst u. Lit. Hg. v. Michail Lifschitz
(30.-34. Tsd. 1950; erschien zuerst russ. 1933).
Peter D e m e t z , *Marx, Engels u. d. Dichter*
(1959). *Die Hegelsche Linke.* Texte ausgew. u.
eingel. v. Karl L ö w i t h (1962).

Zu einzelnen Gattungen: Arnold R u g e ,
*Die polit. Lyriker unserer Zeit. E. Denkmal
mit Porträts u. kurzen histor. Charakteristiken*
(1847). — Karl F r e n z e l , *Der histor. Roman
- der polit. Roman,* in: Frenzel, *Neue Studien*
(1868) S. 70-86; 122-140. Robert R i e m a n n ,
*Die Entwicklung d. polit. u. exotischen Romans
in Deutschland.* Progr. Leipzig 1911. Georg
L u k á c s , *Der histor. Roman* (1955). — Eugen
K a l k s c h m i d t , *Dt. Freiheit u. dt. Witz.
E. Kapitel Revolutions-Satire aus d. Zeit v.
1830-1850* (1928).

Anthologien polit. Lyrik: Hermann M a r g -
g r a f f , *Polit. Gedichte aus Deutschlands Neuzeit* (1843). Ders., *Das ganze Deutschland soll
es sein* (1861; 2. Aufl. 1870). Viktor K l e m -
p e r e r , *Dt. Zeitdichtung von d. Freiheitskriegen bis zur Reichsgründung. 2 Tle* (1910;
Bücher d. Wissens 142/143). Benno v. W i e s e ,
Polit. Lyrik 1756-1871 (1933; Literarhistor.
Bibl. 6). Ernst V o l k m a n n , *Um Einheit u.
Freiheit 1815-1848* (1936; DtLit., Polit. Dichtg.
3). Bruno K a i s e r , *Das Wort d. Verfolgten.
Anthologie eines Jh.s* (1948). Ders., *Dt. Vermächtnis. Anthologie eines Jh.s* (1952). Alfred

D ö b l i n , *Minotaurus. Dichtung unter d. Hu-
fen von Staat u. Industrie* (1953). Hans-Heinrich R e u t e r , *Polit. Gedichte d. Deutschen
aus acht Jh.n* (1960). *Es ist kein Krieg, von
dem die Kronen wissen. Ausw. aus d. Lit. d.
19. Jh.s* (1962; Humanist. u. revolutionär-de-
mokrat. Traditionen d. Bürgertums 3). Kurt
F a s s m a n n , *Gedichte gegen den Krieg*
(1961).

Vormärz: Valentin P o l l a k , *Die polit. Lyrik u. d. Parteien d. dt. Vormärz* (Wien 1911).
Otto R o m m e l , *Die polit. Lyrik d. Vormärz
u. d. Sturmjahres.* Hg. u. mit Einl. vers. (1912;
Dt.-österr. Klassiker-Bibl. 33). Walther R o e r ,
*Die soziale Bewegung u. polit. Lyrik im Vor-
märz* (1933; Universitas-Archiv 16). Bruno
K a i s e r , *Die Pariser Kommune im dt. Gedicht* (1958). Solomon L i p t z i n , *The Weavers
in German Lit.* (1926; Hesperia 16). Hermann
S c h n e i d e r , *Die Widerspiegelung d. We-
beraufstandes von 1844 in d. zeitgenöss. Prosa-
lit.* Weimarer Beitr. 7 (1961) S. 255-277. Paul
R e q u a d t , *Hölderlin im Vormärz. Über
Ernst Wilhelm Ackermann, 1821-1846.* Hölderlin-Jb. 12 (1961/62) S. 250-262.

Revolution 1848: Jacques D r o z , *La révolu-
tion allemande de 1848* (Paris 1957; Publ. de
la Fac. des lettres de l'Univ. de Clermont II,
6). — Texte: Elfriede U n d e r b e r g , *Die
Dichtung d. ersten dt. Revolution 1848/49*
(1930; DtLit., Polit. Dichtung 5). — Georg
Christian P e t z e t , *Die Blütezeit d. dt. polit.
Lyrik von 1840-1850* (1903). Walter D o h n ,
Das Jahr 1848 im dt. Drama u. Epos (1912;
Bresl. Beitr. z. Litg. NF. 32). Wilh. K o s c h ,
*Die dt. Lyrik unter d. Einfluß d. Tendenzen
vor u. nach 1848.* ZfdU. 27 (1913) S. 161-176.
Franc Petrovič Š i l l e r , *Poezija Germanskoj
revoljucii 1848 goda. Istoriko-literaturny očerk*
(Moskau 1934). J. D r e s c h , *La révolution de
1848 et la littérature allemande.* RLC. 22 (1948)
S. 176-199. Siegfried S i e b e r , *Die 48er Revolution im Spiegel d. polit. Liedes.* Aufbau 4
(1948) S. 191-196. — Wolfgang H e c h t , *Kapuzinerpredigt u. Tell-Monolog als polit. Zeitsatire auf Berliner Flugblättern von 1848. E.
Beitr. z. Wirkungsgesch. Schillers.* Goethe 22
(1960) S. 112-134. Josef Konrad K a n n e n -
g i e ß e r , *Die Sturmjahre 1848/49 u. d. polit.
Lyrik in Westfalen.* (Masch.) Diss. Münster
1925. Gottlieb Augustus B e t z , *Die dt.-ameri-
kanische patriot. Lyrik d. Achtundvierziger u.
ihre histor. Grundlage* (Philadelphia 1916).

Einzelne Dichter: Franz M e h r i n g , *Sozialist. Lyrik: G. Herwegh, F. Freiligrath, H. Heine.* Archiv f. d. Gesch. d. Sozialismus 4 (1913/
14) S. 191-221. Solomon L i p t z i n , *Lyric
pioneers of modern Germany. Studies in German social poetry* (New York 1928). — Robert
G r a g g e r , *Károly Beck és a nemet politikai
költészet* (Budapest 1909). — Büchner: Karl
V i ë t o r , *G. Büchner. Politik, Dichtung, Wissenschaft* (Bern 1949). Ders., *G. Büchner als
Politiker* (Bern 1950). Georg L u k á c s , *Dt.
Realisten d. 19. Jh.s* (Bern 1951) S. 66-88. Eva
F r i e d r i c h , *G. Büchner u. d. franz. Revolution.* Diss. Zürich 1956. Hans M a y e r , *G.*

Büchner u. s. Zeit (2., erw. Aufl. 1960). Reinhard R o c h e , *stilus demagogicus. Beobachtungen an Robespierres Rede im Jakobinerklub.* WirkWort 14 (1964) S. 244-254. — Hildegard B. J o h n s o n , *Caspar Butz of Chicago - politician and poet.* American-German Rev. 12, 6 (1945/46) S. 4-7; 13, 1 (1946/47) S. 9-11. — Bernhard K l o s t e r m a n n , *Franz Dingelstedt, s. Jugendleben u. d. Entw. s. polit. Dichtung.* Diss. Münster 1913. — Anton V o l - b e r t , *Freiligrath als polit. Dichter* (1907; Münster. Beitr. z. neueren Lit.gesch. 3). Erwin Gustav G u d d e , *Freiligraths Entw. als polit. Dichter* (1922; GermSt. 20). David M e n - s c h e n f r e u n d , *Ferdinand Freiligrath.* Diss. Dijon 1935. Hans R e i n o l d , *Freiligraths polit. Entwicklung. Auf Grund von 70 neuentdeckten Briefen d. Dichters.* Forum 1 (1947) S. 90 f. — Heine: Helmut P a g e l , *H. Heine als Politiker.* (Masch.) Diss. Freiburg 1922. G. R a s , *Börne u. Heine als polit. Schriftsteller* (Groningen 1927). Ernst F e i s e , *H. Heine. Political poet and publicist.* MhDtUnt. 40 (1948) S. 211-220. William R o s e , *Heine's political and social Attitude,* in: *Men. H. Heine. Two Studies* (Oxford 1956). Louis L. H a m - m e r i c h , *H. Heine som politisk digter.* Tale (København 1957). Hans-Georg W e r n e r , *Heine. Seine weltanschauliche Entw. u. s. Deutschlandbild* (Bukarest 1958). Karl E m - m e r i c h , *H. Heines polit. Testament in dt. Sprache.* Weimarer Beitr. 4 (1958) S. 202-213. Adolf L e s c h n i t z e r , *Vom Dichtermärtyrtum z. politisierten Dichtung. Heines Weg z. Demokratie,* in: *Zur Gesch. u. Problematik d. Demokratie. Festg. f. H. Herzfeld* (1958) S. 665-693. Eduard N i e m e y e r , *Die Schwärmerei für Napoleon in d. dt. Dichtung, mit bes. Beziehung auf 'Die Grenadiere' von Heine u. 'Die nächtl. Heerschau' von Zedlitz.* ArchfLitg. 4 (1875) S. 507-517. Hans K a u f m a n n , *Polit. Gedicht u. klassische Dichtung. H. Heine: 'Deutschland. Ein Wintermärchen'* (1958). Jakob S t ö c k e r , *H. Heine im Jahre 1844. Begegnung mit Karl Marx - 'Deutschland. Ein Wintermärchen'.* Geist u. Zeit 4 (1959) S. 103-113. Siegbert Salomon P r a w e r , *Heine, the tragic satirist. A study of the later poetry, 1827-1856* (Cambridge 1961). Günter S c h w e i g , *Die polit. Dichtung H. Heines im franz. Urteil.* Diss. Saarbrücken 1952. — Ernst B a l d i n g e r , *Georg Herwegh. Die Gedankenwelt d. 'Gedichte eines Lebendigen'* (1917; SprDchtg. 19). Friedr. A. S c h m i d t - K ü n - s e m ü l l e r , *G. Herweghs Wandlung zum polit. Radikalismus.* Heine-Jb. 1965, S. 68-80. — Martin B o l l e r t , *Kinkels Kämpfe um Beruf u. Weltanschauung bis zur Revolution* (1913; Stud. z. rhein. Gesch. 10). Ders., *F. Freiligrath u. G. Kinkel* (1916; Veröff. d. Abt. f. Lit. d. Dt. Ges. f. Kunst u. Wiss. in Bromberg 8). Alfred R. de J o n g e , *Kinkel as political and social thinker* (New York 1926; Columbia Univ. Germanic Stud. 22). — Heinr. R e n c k , *Platens polit. Denken u. Dichten* (1911; Bresl. Beitr. z. Litg. 19). — Anton D i e t r i c h , *Robert Prutz als polit. Tendenz-*

dichter. (Masch.) Diss. Wien 1928. — Friedr. R e i s c h , *Joh. Scherr als polit. Schriftsteller.* (Masch.) Diss. Graz 1940. — Viktor K l e m - p e r e r , *Spielhagens Zeitromane u. ihre Wurzeln* (1913; FschgnNLitg. 43). — Karl W e e r t h , *Georg Weerth, d. Dichter d. Proletariats. E. Lebensbild* (1930). Franc Petrovič Š i l l e r , *Georg Veert. Očerk po istorii nemeckoj socialističeskoj poezii pervoj poloviny 19 veka* (Moskau 1932).

Zum vaterländischen Lied: Theodor N e e f , *Hoffmann von Fallersleben als vaterländ. u. polit. Dichter.* Diss. Münster 1912. Max P r e i t z , *Hoffmann v. Fallersleben u. s. Deutschlandlied.* JbFDH. 1926, S. 289-327 (auch als Buch). Werner D e e t j e n , *Sie sollen ihn nicht haben! Tatsachen u. Stimmungen aus d. Jahre 1840. E. Studie* (1920). Heinr. S c h i f - f e r s , *'Sie sollen ihn nicht haben, den freien deutschen Rhein!' Neue Aktenfunde über Nikolaus Beckers 'Rheinlied'* (1930).

Zur Polenliteratur: Texte: *Polenlieder deutscher Dichter.* Hg. v. St. L e o n h a r d . 2 Bde (Krakau 1911-1917). — Robert F. A r n o l d , *Gesch. d. dt. Polenlit.* Bd. 1. *Von d. Anfängen bis 1800* (1900). Joseph M ü l l e r , *Die Polen in d. öffentlichen Meinung Deutschlands 1830-1832* (1923). Anton B o d m a n n , *Die polit. Bewegung von 1830 und die Blütezeit d. dt. Polenlyrik 1830-1834.* (Masch.) Diss. Münster 1926. Wolfgang H a l l g a r t e n , *Studien über die dt. Polenfreundschaft in d. Periode d. Märzrevolution* (1928).

Österreich: Johann K o b l e r , *Oberösterr. polit. Dichtung im 19. Jh.* (Handschr.) Diss. Wien 1921. Otto R o m m e l , *Der österr. Vormärz 1816-1847* (1931; DtLit., Polit. Dichtg. 4). — Wilhelm B ü c h e r , *Grillparzers Verhältnis zur Politik seiner Zeit* (1913; Beitr. z. Lit.wiss. 19). Anton B i s t r i c k y , *Grillparzers 'Bruderzwist im Hause Habsburg' im Spiegel seiner polit. u. geschichtl. Auffassung.* (Masch.) Diss. Wien 1947. Gertrud M e t z , *Grillparzer u. Stifter. Ihre polit. Grundsätze u. Gedankengänge.* (Masch.) Diss. Graz 1947. Claus T r ä - g e r , *Problematische Freiheit u. Irrwege d. Tragödie. Der junge Grillparzer u. d. Krise d. bürgerlichen Geschichtsbewußtseins.* Sinn u. Form 12 (1960) S. 613-650. Dolf S t e r n b e r - g e r , *Polit. Figuren u. Maximen Grillparzers.* Merkur 17 (1963) S. 1142-1153. — Herbert A h l , *A. Stifter als Politiker.* DtRs. 75 (1949) S. 143-152. Theodor P ü t z , *Witiko als Urbild des polit. Menschen. E. Einf. in A. Stifters 'Witiko'* (Wien 1950; Klassiker d. Staatskunst 7). Erich F e c h n e r , *Recht u. Politik in A. Stifters 'Witiko'* (1952). Paul B o c k e l - m a n n , *Vom rechten polit. Handeln. Bemerkungen zu Stifters 'Witiko',* in: *Festschr. f. Hans Niedermeyer* (1953) S. 7-30.

§ 28. Nicht ausbleiben konnte auch in der S c h w e i z , die den Emigranten des Jungen Deutschland samt ihrem Hauptverlag, dem Literarischen Comptoir in Winterthur, Asyl gewährte, die selbst aber auch von den Freischaren-Unruhen (G. Keller) im Gefolge der Machtergreifung durch Freisinn und Radikalismus geschüttelt wurde, ein konservativer Gegenstoß gegen die europäischen Bewegungen von 1830 und 1848. Ihn führte vor allem, jedoch ohne die Resignation Grillparzers und Stifters, Jeremias Gotthelf (Albert Bitzius). Dieser Pfarrherr im Emmental begriff sich selbst als Volkserzieher auch im dezidiert polit. Sinne. Seine Konfrontation von *Zeitgeist und Bernergeist* (1852), seine erbarmungslose Satire auf die gesellschaftlichen Zustände im seit bald nach der Julirevolution radikal geleiteten neuen Staat (*Der Herr Esau* [1844], unvollendet posthum erschienen), sein Hohn auf den Typus der nichtsnutzigen polit. Wanderprediger aus der dt. Linken (*Dr. Dorbach der Wühler*, 1849), sind ebensowenig resignativ wie Bitzius' zornige Auseinandersetzung mit dem Frühsozialismus in *Jakobs des Handwerksgesellen Wanderungen durch die Schweiz* (1846/47). Im Grunde ist die polit. Verantwortung des selbstbewußten Schweizer Bürgers in fast jedes seiner Werke eingegangen, auch wo sie nicht offene Satire oder gar Pamphlet sind. Hier ist der polit. Standort christlich konservativ und mit Bewußtsein nicht humanistisch wie der Stifters und Grillparzers. Nicht viel anders beim späteren K e l l e r , der die vor-48er Hurra-Lyrik bald hinter sich gelassen hat. Aber worauf anders als aufs Politische zielt der Weg des *Grünen Heinrich* (1854/55 und 1881) mit der ihn heimwärts in die Verantwortung des Bürgers entlassenden beschwörenden Rede des Grafen? Was anderes meint das Seldwyler Motiv in seiner Parodierung untüchtigen Bürgertums oder der Sinn der Lehren des Paten für den jungen Herrn Jacques in den *Züricher Novellen* einschließlich der positiven politisch-gesellschaftlichen Didaktik im *Fähnlein der sieben Aufrechten* (1861)? Daß polit. Parteinahme im dt.-franz. Krieg zugunsten der Bismarckschen Reichsgründung sogar bis in die *Sieben Legenden* (1872) hineinschlägt, ist ebenso bezeichnend für den nicht mehr revolutionären späten Keller wie die außergewöhnlich mutige, dem „Zeitgeist" ins Gesicht schlagende Kritik der fortschrittlichen Gesellschaft (merkwürdig dem früheren Gegner Gotthelf angenähert) in dem großartigen Altersroman *Martin Salander* (1886) und in der ihm verwandten letzten

Seldwyler Novelle *Das verlorene Lachen* (1874). Daß Keller in *Am Mythenstein* (1860) und in den *Bettags-Mandaten,* die in sein Amt als Zürcher Stadtschreiber fielen, auch polit. Schriftsteller im engsten Sinne sein konnte, fällt darin an Gewicht weit zurück.

Vom Leiden des älteren Keller an politisch-gesellschaftlichen Zuständen seiner Heimat, die ihm als Zerstörung der Ethik erschienen, kann man nicht allein die polit. Briefäußerungen Jacob B u r c k h a r d t s verstehen, sondern auch manche Züge seiner gesamten Geschichtskonzeption —: nämlich als Konzeption einer noch großzügigen Herrenmenschlichkeit ohne Kleine-Leute-Mediocrität. Auch das, was an C. F. M e y e r s epischer Kunst als „politisch" ansprechbar ist: der Nachklang des 48er-Mythos wie der dt. Reichsgründung in *Huttens letzte Tage* (1871), dazu die immer wieder auftauchenden Kulturkampf-Motive (*Das Amulett* [1863], *Jürg Jenatsch* [1874], *Gustav Adolfs Page* [1882]) sowie die diesem verwandte Hugenotten-Lyrik: Auch sie sind politisch, wenn gleich in einem sublimierten Sinne. Überdies gehen sie mit einer Distanzierung von Frankreich Hand in Hand, in dessen Sprache der junge Meyer einst debütiert hatte, und mit dem Engagement außer für die deutsche auch für die italienische Einigung, in deren Probleme ihn einer der Begründer des neuen Italiens (der Baron Bettino Ricasoli) selber eingeweiht hatte.

Werner N ä f , *Das liter. Comptoir. Zürich u. Winterthur* (1929; Neujahrsbl. d. Literar. Ges. Bern. N. F. 7). Werner S u t e r m e i s t e r , *Zur polit. Dichtung d. dt. Schweiz 1830-1848.* (1907; Neujahrbl. d. Literar. Ges. Bern 1908). Henry Ernest T i è c h e , *Die polit. Lyrik d. dt. Schweiz von 1830-1850.* Diss. Bern 1917. Thomas V e l i n , *Polit. Poesie zur Sonderbundszeit.* Schweizer Rundschau 47 (1947/48) S. 344-353. Alfred Z ä c h , *Liberalismus u. Bundesreform 1848 im Urteil zeitgenöss. Dichter.* Die Schweiz. Ein nationales Jb. 19 (1948) S. 63-75.

Hans B l o e s c h , *Jeremias Gotthelf, ein staatsbürgerlicher Mahner.* E. Vortrag (Zürich 1940). Paul B a u m g a r t n e r , *Jeremias Gotthelfs 'Zeitgeist und Bernergeist'* (Bern 1945). Renate R i t t e r , *Jeremias Gotthelf als Volksprediger. Studien über s. religiöse u. polit. Haltung.* Diss. Freiburg 1945. Jean-Daniel D e m a g n y , *Les idées politiques de Jeremias Gotthelf et de Gottfried Keller et leur évolution* (Paris 1954). Josef M a y b a u m , *Gottesordnung u. Zeitgeist. E. Darstellung d. Gedanken Jeremias Gotthelfs über Recht u. Staat* (1960; Schriften z. Rechtslehre

u. Politik 29). Walter Heinrich S t r a s s e r , *Jeremias Gotthelf als Satiriker.* Diss. Basel 1960.

Jonas F r ä n k e l , *Gottfried Kellers polit. Sendung* (1939). Emil Ermatinger, *Gottfried Keller u. d. Demokratie.* Schweizer Monatshefte 20 (1940/41) S. 172-184. Harold H. von H o f e , *Gottfried Kellers conception of democracy as reflected in his characters.* (Masch.) Diss. Northwestern Univ. 1940. Georg Luk á c s , *Gottfried Keller* (1946, wiederholt in: Lukács, *Dt. Realisten d. 19. Jh.s* (1952) S. 147-230 (geschr. 1939). Hans R i c h t e r , *Gottfried Kellers frühe Novellen* (1960; Germanist. Studien). Ludmiła N o w a k , *Der Werdegang zum bewußten Bürger bei Gottfried Keller.* Diss. Poznań 1961. Willy R ö l l i , *Das Bild des Volkes bei Gottfried Keller* (Winterthur 1960). Luzius G e s s l e r , *Lebendig begraben. Studien zur Lyrik d. jungen Gottfried Keller* (Bern 1964; Basler Studien z. dt. Spr. u. Lit. 27). Michael K a i s e r , *Literatursoziologische Studien zu Gottfried Kellers Dichtung* (1965; Abhdlngn. z. Kunst-, Musik- u. Lit.wiss. 24). Werner K o h l - s c h m i d t , *Louis Wohlwend u. Niggi Ju. Eine vergl. Studie zum Zeitgeistmotiv bei Keller u. Gotthelf,* in: Kohlschmidt, *Dichter, Tradition u. Zeitgeist* (1965) S. 337-348. Ders., *Der Zeitgeist in Kellers 'Salander',* in: Festschr. f. F. J. Billeskov-Jansen (1967).

Paul H. S c h a f f r o t h , *Heinrich Zschokke als Politiker u. Publizist während der Restauration u. Regeneration* (Aarau 1950).

§ 29. Nicht einer dieser großen Schweizer war weltpolitisch wie innenpolitisch unengagiert, so wie dies auch für jene deutschen Realisten gilt, die alle weit unmittelbarer von der Romantik herkommen: Storm, Raabe, Fontane. Es war, was vor allem für R a a b e und F o n t a n e entscheidend wird, dafür gesorgt, daß sie einen neuen provozierenden geschichtlichen Gegenstand vorfanden, an dem sie politisch litten: das Reich der Gründerzeit und dann der Wilhelminischen Ära, für dessen erbarmungsloseste Analyse bald die Kulturkritik Nietzsches sorgen sollte: legitime deutsche Selbstkritik am Deutschen, wie sie selbst der alte Goethe so radikal nicht getrieben hatte. Nietzsche — auf Schopenhauers Spuren — leitet mit seiner Annihilierung des Bildungsphilisters und der Dekadenz der Kultur die Reichskritik des Naturalismus und seiner politischen Nachfolgebewegungen Expressionismus und Aktivismus ein, die freilich gezwungen sein werden, Nietzsches aristokratischen Individualismus auszuklammern und durch soziale Ideologien zu ersetzen.

Geht man von diesem Vorgriff auf das Zeit-

alter Raabes und Fontanes zurück, das im übrigen die geschärfte Waffe der Prosa vom Journalismus des Jungen Deutschland übernommen hat, so darf man ihre auch politische Distanz vom hektischen Materialismus des Gründertums und der Wilhelminischen Bildungsmisere sowohl auf reale Erfahrung zurückführen wie auf den noch immer idealistisch-romantischen Maßstab, den sie an die moderne Jagd nach Geld und Macht und Standesfassade legen. Raabe hat das geradezu bitterböse in der Vorrede zur 2. Aufl. des *Pechlin* (1890) festgehalten: „Wie während oder nach einer großen Feuersbrunst in der Gasse ein Sirupfaß platzt, und der Pöbel und die Buben anfangen zu lecken; so war im deutschen Volke der Geldsack aufgegangen, und die Taler rollten auch in den Gossen, und nur zu viele Hände griffen auch dort danach. Es hatte fast den Anschein, als sollte dieses der größte Gewinn sein, den das geeinigte Vaterland aus seinem großen Erfolge in der Weltgeschichte hervorholen könnte! Was blieb da dem einsamen Poeten in seiner Angst und in seinem Ekel, in seinem unbeachteten Winkel übrig, als in den trockenen Scherz, in den ganz unpathetischen Spaß auszuweichen, die Schelmenkappe über die Ohren zu ziehen und die Pritsche zu nehmen?"

So entspringt dem Unbehagen des nachdenklichen Bürgers nicht eigentlich aktive Polemik (außer in Storms Parteinahme in der dänischen Frage), sondern das Gefühl einer Ohnmacht und Leere angesichts der Ungeistigkeit des neuen Reiches bei Streben nach äußerlicher Repräsentation und Weltmacht. Ein fröhliches Mitplätschern mit dem „Fortschritt", wie z. B. Gustav Freytag es in den *Journalisten* (1883) praktiziert, ein sich liberal gebendes Stützen des nationalen Anspruches, wie es die polit. Seite des einstigen Bestsellers *Soll und Haben* (1855) mit kräftigen frühantisemitischen Zügen zu verbinden wußte, gehört weithin auch zur damaligen Bürgerlichkeit. Jedoch ist dies weder Raabes noch Fontanes Sache, obwohl Raabe Figuren wie den nationalen Rhetor mit Schillers Pathos, Rektor Fischart (*Der Dräumling*, 1871), schaffen, Fontane in Balladen wie Prosaepik ganz tüchtig in die preußische und bismarcksche Kerbe hauen kann. Man sollte jedoch in Fontane nicht in erster Linie den geschichtsbewußten Märker sehen, der er auch war, sondern man muß auch seine ständig sich vertiefende gesellschaftlich-politische Kritik am alten Preußen wie am neuen Reich in seiner Prosaepik wie in seinen Briefen in Rechnung stellen. Man wird dort schon in seinem Roman-Erstling *Vor dem Sturm* (1878) Preußen durch die Stimme des Polen in Frage gestellt sehen („... nicht ein Land mit einer Armee, sondern eine Armee mit einem Land"). Und eine solche Linie der Diskussion, die vor keinem Tabu zurückschreckt (weil es immer den Partner gibt, der es ausspricht), zieht sich hin bis zu den profunden Auseinandersetzungen über die Aspekte der Zukunft, die unwiderruflich nicht mehr patriarchalisch und junkerlich, sondern von neuen Gesellschaftsschichten bestimmt sein wird, in Fontanes Alterswerk *Der Stechlin* (1898). Der Rang dieses Romans als polit. Dichtung ist hoch, weil es in ihm nicht einfach um die Liquidation eines Systems durch ein anderes geht, sondern Menschliches sich mit Menschlichem auseinandersetzt unter Anerkennung geschichtlicher Ordnungen und Gesetze der Ablösung. Das gleiche darf aber auch für Höhepunkte des Raabeschen Schaffens gelten. Raabe kennt (nicht nur im *Hungerpastor*, 1863/64) die soziale Frage und versucht sie geistig zu bewältigen, sondern ist in der Mehrzahl seiner Werke ein ironischer Kritiker des bürgerlichen Materialismus wie wenige. Freilich bleibt seine ursprünglich romantische Position zu den Gemütswerten des Volkes ebenso kennzeichnend für ihn. Ja, daß er sie oft allzu sentimental verklärt, konnte später, in der polit. Krisensituation nach dem ersten Weltkrieg, dazu führen, daß er in gewissen Schichten zu einer Art nationalem Trostdichter der Innerlichkeit wurde.

Theodor Fontane: Rolf Norbert L i n n, *Prussia and the Prussians in the works of Th. Fontane.* (Masch.) Diss. Univ. of California 1949. Georg L u k á c s, *Der alte Fontane,* in: Lukács, *Dt. Realisten d. 19. Jh.s* (1952) S. 262-307 (geschr. 1950). P. G r a p p i n, *Th. Fontane et la révolution de 1848.* ÉtudGerm. 13 (1958) S. 18-31. Wilh. J ü r g e n s e n, *Th. Fontane im Wandel s. polit. Anschauungen.* DtRs. 84 (1958) S. 561-569. Joachim R e m a k, *The gentle critic. Th. Fontane and German politics, 1848-1898* (Syracuse 1964). Walter Müller-S e i d e l, *Fontane u. Bismarck.* In: *Nationalismus in Germanistik u. Dichtung.* Hg. v. Benno v. Wiese u. Rud. Henß (1967) S. 170-201. — Peter W r u c k, *Schach v. Wuthenow*

u. d. 'preuß. Legende', in: *Frieden-Krieg-Militarismus im krit. u. sozialist. Realismus,* hg. v. H. Kaufmann u. H.-G. Thalheim (1961) S. 55-82.
Wilhelm Raabe: Georg L u k á c s, *Wilh. Raabe,* in: Lukács, *Dt. Realisten d. 19. Jh.s* (1952) S. 231-261 (geschr. 1939).
Gustav Freytag: Helm. P r e u s s, *Volk u. Nation im Werk G. Freytags.* (Masch.) Diss. Frankfurt 1950. Christa B a r t h, *G. Freytags 'Journalisten'. Versuch e. Monographie.* (Masch.) Diss. München 1950.

§ 30. Schon mit Immermann (*Oberhof*-Handlung aus dem *Münchhausen*), Gotthelf und Raabe begegnet man hintergründig auch gesellschaftskritisch-polit. Leitmotiven, die im Gegensatz zu den Tendenzen des Jungen Deutschland und des später aufkommenden klassenbewußten Naturalismus der 80er Jahre als Heilungsversuche einer durch die Politik verstörten Situation gemeint sind, die eigene Tendenz aber an das Bauern- oder Kleinbürgertum als Remedien binden. Damit ergeben sich zwangsläufig aber auch formale Bindungen an Relikte des alten Idylls. Das beginnt nicht erst mit dem *Oberhof,* sondern galt auch schon für die polit. Seite von *Hermann und Dorothea.* Bei Gotthelf und Keller (*Romeo und Julia auf dem Dorfe*) war dagegen das bäuerliche Dasein weitgehend nach den Gesetzen ihres Realismus ohne verklärende Idealisierung gestaltet, indem sie die verderbten Züge auch der ländlichen Gesellschaft bis fast zur Parodierung des Sentimentalen hervorhoben. Dies war aber schon nicht mehr der Fall bei den vielgelesenen *Dorfgeschichten* von Berthold Auerbach, von denen, im Verein mit Immermanns aus der *Münchhausenschen* Zeitkritik emanzipiertem *Oberhof,* die immer mehr aktualisierte H e i m a t k u n s t sich entwickelte (s. *Dorfgeschichte, Heimatkunst*). Freilich konnte sich dies im vollen Ausmaß erst im Rückschlag zur klassenbewußten Stadt- und Proletarierdichtung des Naturalismus vollziehen, der zugleich die formalen Mittel einer neuen Deskriptionsweise lieferte. Um 1900 war diese Heimatdichtung eine polit. Macht in den Händen kundiger Literaten wie des Dithmarschers Adolf Bartels oder des Elsässers Friedrich Lienhard, durch beide ausgerechnet von Weimar aus gesteuert. Die österreichische Parallele war Peter Rosegger, obwohl dessen Waldbauernbuben-Realismus echter war. Der idyllische Ausgangspunkt, die verklärende laudatio des Bauern und seiner Welt und unberührten Landschaft, verband sich in der Geschichte dieser Gattung immer mehr mit einer politisch-nationalen Note, die mit dem Zeitalter des ersten Weltkriegs und seiner Folgejahre sich noch stärker akzentuierte. Hier wurden dann der Bauer und die heimatlichen Stämme und Landschaften, für die er stellvertretend angesprochen wurde, zum Hort nicht nur der Tradition (was er tatsächlich sein kann), sondern des tüchtigen Kerns der Nation überhaupt. Die Trostwirkung, die in der Nachkriegszeit von der Raabe- und Stifter-Renaissance ausging, wurde hier, weitgehend mit falschem Zungenschlag, zu etwas Unheilvollem. Dies war nicht nur in Deutschland und Österreich so, sondern auch in der Schweiz, die ähnlich eine auch politisch gemeinte Heimatdichtung erzeugte. Nieder- wie oberdeutscher Sprachbereich hatten hier einander nicht viel vorzuwerfen (s. a. *Mundartdichtung*). Das Dritte Reich hatte, was die dt. und später auch die österreichische Dichtung anging, damit seine Ahnenreihe für die erwünschte, nicht „entartete", immer ausgesprochener politisch im Sinne der Rassenlehre gezielte „Blut und Boden-Dichtung".

Georg M a u r e r, *Zum Problem d. Heimatdichtung*, in: Maurer, *Der Dichter u. s. Zeit* (1956) S. 108-124. Ernst W a l d i n g e r, *Über Heimatkunst und Blut- u. Bodenideologie.* GLL. NS. 10 (1956/57) S. 106-119. Fortschrittliche Tendenzen: Hans Joachim G e r n e n t z, *Der demokratisch-oppositionelle Gehalt in Fritz Reuters literar. Schaffen, unter bes. Berücks. d. Einflusses d. Ideen d. bürgerl. Revolution von 1848/49*, in: *Fritz Reuter E. Festschr. zum 150. Geb.* (1960) S. 23-40. — Rud. B ü l c k, *Klaus Groths polit. Dichtung.* NddJb. 69/70 (1943/47) S. 71-83.

§ 31. Es wurde hier antizipierend eine Entwicklungslinie gleich ausgezogen, die zum Teil auch als Reaktion gegen erst noch darzustellende Vorgänge verstanden werden muß. Diese Vorgänge setzen schon mit dem N a t u r a l i s m u s der 80er Jahre ein, der, neben seinen literar. Voraussetzungen in Frankreich, Rußland und Skandinavien, auch die polit. Wurzel in der internationalen Arbeiterbewegung hat. Der junge Arno Holz und der frühe Gerhart Hauptmann stehen ihr nahe mit anderen der Friedrichshagener Naturalisten, vor allem Wilhelm Bölsche und Bruno Wille, die die Weltanschauung Ernst Haeckels, den Monismus der *Welträtsel* (1899), mit dem literar. Programm der „Moderne" verbinden und die auch die neue Wissenschaft der Soziologie zu ihrer Sache machen möchten. Nicht umsonst heißt die Programmzeitschrift *Die Gesellschaft*. In diesem geistigen Raume entfaltet sich die nächste Phase klassenbewußter Dichtung seit dem Jungen Deutschland, formal denn auch besonders in der Lyrik auf dessen Spuren, vor allem in der Nachfolge Heines, Herweghs, Hoffmanns von Fallersleben. Ernst Alker hat diese Strömung treffend „sozialsentimental" genannt. Denn im Gegensatz zu England (seit Dickens) und Frankreich (von V. Hugo bis Zola) sind in Deutschland die sozialen Folgen der Industrialisierung den Dichtern und Schriftstellern erst nachträglich und über fremde Anregungen zum Bewußtsein gekommen. Auch Karl Marx übte ja seine publizistische Wirkung aus dem Exil von England aus. Zwar hatte schon G. Büchner im *Woyczek* die Gestalt des Proletariers in seinem erniedrigten und dumpfen Menschentum geschaffen; aber das war so gründlich vergessen, daß es erst im Gefolge des Naturalismus wiederentdeckt werden konnte. So übernahm der dt. Naturalismus diesen Typus und das mit ihm verbundene soziale Problem zunächst sentimentalisch aus zweiter Hand, und erst nachträglich gelang ihm in gewissem Grade, es zum eigenen Existenzproblem zu verwandeln. Zolas „Lohnsklave" geistert nicht nur durch des jungen Arno Holz' *Das Buch der Zeit, Lieder eines Modernen* (1885) und die folgenden Sozialromane Ernst Kretzers, sondern auch durch die (vorsichtshalber meist in Zürich herausgekommene) polit. Lyrik des Karl Henkell und John Henry Mackay; wie er denn auch das Zentralmotiv des das Zeitalter erregenden sozialen Märtyrerdramas G. Hauptmanns, *Die Weber* (1892), ist.

Unter dem Naturalismus der jüngeren Generation überwiegt schon ein vitalistisches Element, das klassenkämpferische. In dessen Zeichen steht Richard Dehmels *Lied des Arbeitsmannes* und *Predigt an das Großstadtvolk*, Gedichte, die die Lösung der Arbeiterfrage in der Bildung und Wiederbeheimatung des „Lohnsklaven" sehen. Sie setzen bereits den Rückschlag auf den Naturalismus der Hinterhöfe und Proletarierfamilien der modernen Großstadt voraus.

Der ursprünglich dezidiert apolitische Symbolismus hat dennoch in seinen großen Vertretern George, Hofmannsthal, Rilke, Rudolf Borchardt auf den ersten Weltkrieg auch politisch reagiert, freilich in sublimster, vergeistigter Form und im Grunde mehr zugunsten der durch die Zeitereignisse gefährdeten oder erhobenen eigenen Existenz. George freilich hatte schon seit den „Zeitgedichten" des *Siebenten Rings* (1907) den Zirkel des Ästhetischen für sich bewußt gesprengt, hauptsächlich im Sinne einer Nachfolge von Nietzsches Zeitkritik. Antibürgerlich waren Kunst und Standort der Symbolisten nicht minder als die der Naturalisten, wenn auch aus einem ganz andern Gesichtspunkte, dem der Verachtung des Gewöhnlichen. Für die naturalistisch-aktivistische literar. Front bedeutete das natürlich politisch reaktionäre Gesinnung und extremen Aristokratismus. Das war es aber im wesentlichen auch. Man braucht nur an Hofmannsthals *Österreichischen Almanach* (1916) zu denken, Zeugnis einer bewußt staatserhaltenden Kulturpolitik im Sinne der Tradition des Habsburger Reiches, an das unmittelbar anschließende Absinken des Dichters in eine neue Phase der Schwermut (*Der Schwierige* [1921], *Der Turm* [1927]) oder an die Gedichte Georges aus dieser Zeit (später in *Das neue Reich* [1928] eingegangen), oder an die auf den ersten Weltkrieg folgenden Gedichtzyklen Ernst Bertrams einschließlich seines unmittelbaren polit. Engagements gegen Barrès in *Rheingenius und Génie du Rhin* (1922), dann sieht man die naheliegende Vermutung widerlegt, daß Symbolismus apolitisch sein müsse. Im übrigen war bei allen symbolistischen Dichtern von Rang ein Gerichtsgedanke in das Motiv des Krieges integriert, besonders deutlich bei George (*Der Krieg, Der Dichter in Zeiten der Wirren*, 1917) und bei Rilke (*Der Krieg. Vier Gesänge*, 1914), bei dem die Pointe schließlich zum In-Sich-Gehen des menschlichen Herzens wird, vom Rühmen zum Leiden führt.

Das alles liegt weit ab von der gleichzeitigen Haß- und Begeisterungsdichtung zu Anfang des ersten Weltkrieges, vor deren fürchterlichen Vereinfachungen George ausdrücklich warnte („er [der Dichter] kann nicht schwärmen / Von heimischer tugend und von welscher tücke"), bleibt aber auch

hinsichtlich der momentanen Stoßkraft weit hinter ihr zurück. Wieder zeigt sich, daß die dt. polit. Dichtung eher in der existentiellen Zeitdiagnose als im aktuellen Engagement ihren Rang zu wahren weiß. In die gleiche Zeit fällt die Wiederentdeckung und späte Nachwirkung Hölderlins, der jetzt auch als polit. Dichter verstanden wird. Der Rückgriff auf seine Form bei George und Rilke ist deutlich. Wo dieser Rückgriff ins Kunstgewerbliche umschlägt, wie in Rud. Alexander Schröders *Deutschen Oden* (1914), wird der Stil schon zur rituellen Maske. Noch bedenklicher sind die Folgen, wenn die Rolle des Dichters als die des vaterländischen Sehers (wofür sowohl George wie Hölderlin das Modell abgaben) allzu aktualisierend nachgespielt wird, wie in Ernst Bertrams Gedichtbänden nach 1920 und später bei Weinheber.

Georg Lukács, *Dt. Lit. im Zeitalter d. Imperialismus* (1945). Wolfgang Rothe, *Der Schriftsteller u. d. Gesellschaft,* in: *Dt. Lit. im 20. Jh.* Hg. v. Herm. Friedmann u. Otto Mann. Bd. 1 (4. Aufl. 1961) S. 179-211. Harry Pross, *Lit. u. Politik. Gesch. u. Programme d. polit.-literar. Zeitschriften im dt. Sprachgebiet seit 1870* (1963). Peter Paul Schwarz, *Dichtung u. Politik. Versuch e. soziolog. Darstellung d. Beziehungen zwischen Dichtung u. Politik im Deutschland d. Nachkriegszeit.* Diss. Heidelberg 1934.

Helene Adolf, *Dem neuen Reich entgegen 1850-1871* (1930; DtLit., Polit. Dichtung 7). — Harry Walter Paulin, *Criticism of the 'Zeitgeist' in pre-naturalistic German literature, 1860-1880.* (Masch.) Diss. Univ. of Illinois 1958/59. — Georg Lukács, *Nietzsche als Vorläufer d. faschistischen Ästhetik,* in: Franz Mehring u. Georg Lukács, *Friedr. Nietzsche* (1957; Philosoph. Bücherei 14) S. 41-84. — Maurice Boucher, *Les idées politiques de Richard Wagner, exemple de nationalisme mythique* (Paris 1947). Alexander Baillot, *Les idées politiques de Richard Wagner.* Schopenhauer-Jb. 33 (1949/50) S. 82-94. Leon Stein, *The racial thinking of Richard Wagner* (New York 1950). — Helene Adolf, *Im Neuen Reich 1871-1914* (1932; DtLit., Polit. Dichtg. 7).

Kriegsdichtung: Paul Bähr, *Vergleichung d. Lyrik d. Befreiungskriege mit d. Lyrik d. dt.-franz. Krieges von 1870-1871* (1888). Ernst Georg Oswald Fritzsche, *Die franz. Kriegslyrik des Jahres 1870 in ihrem Verhältnis zur gleichzeitigen deutschen.* Progr. Zwikkau 1889. — Julius Bab, *1914. Der Dt. Krieg im Dt. Gedicht.* H. 1-12 (1914-1918), umgearb. Gesamtausg. d. H. 1-6 in einem Bd. (1916). Ernst Volkmann, *Dt. Dichtung im Weltkrieg 1914-1918* (1934; DtLit., Polit. Dichtg. 8). William Karl Pfeiler, *War and*

the German mind. The testimony of men of
fiction who fought at the front (New York
1941).
Gattungen: Ernst S c h u s t a, *Bismarckro-*
man u. Bismarckepos in d. dt. Lit. (Masch.)
Diss. Wien 1935. Hanna P i t t n e r, *Bismarck-*
dichtungen. (Masch.) Diss. Wien 1943. —
Klaus V ö l k e r l i n g, *Der Crimmitschauer*
Textilarbeiterstreik von 1903/04 in d. frühen
sozialist. Lit. u. im revolutionären Arbeiter-
volkslied. Weimarer Beitr. 8 (1962) S. 614-640.
— Lotte C l e v e, *Das polit.-histor. Drama*
vom Naturalismus bis zum Ende d. Weltkrie-
ges. Diss. Rostock 1936.
Gerhart Hauptmann: Herm. B a r n s t o r f f,
Die soziale, polit. u. wirtschaftliche Zeitkritik
im Werke G. Hauptmanns (1938; JenGerm-
Fschgn. 34). Werner Z i e g e n f u ß, *G. Haupt-*
mann. Dichtung u. Gesellschaftsidee d. bür-
gerl. Humanität (1948). Herbert J h e r i n g,
G. Hauptmann u. d. Wende d. Zeit. Aufbau 1
(1945) S. 254-265. Alexander A b u s c h, *Größe*
u. Grenzen G. Hauptmanns. Sinn u. Form 15
(1963) S. 48-61. Benno v. W i e s e, *G. Haupt-*
mann, in: Wiese, *Zwischen Utopie u. Wirk-*
lichkeit (1963) S. 193-214. Hans S c h w a b -
F e l i s c h, *G. Hauptmann: 'Die Weber'.*
Vollst. Text u. Dokumentation (1963; Dichtung u. Wirklichkeit 1). Frank X. B r a u n,
Hauptmann's 'Festspiel' and Frenssen's 'Bis-
marck'. A study in political contrasts. Germ-
Rev. 22 (1947) S. 106-116. Karl E m m e r i c h,
G. Hauptmanns Roman 'Atlantis'. Kritik an
d. preußisch-dt. Gesellschaft u. symbolische
Prophetie ihres Untergangs, in: *Frieden-Krieg-*
Militarismus im krit. u. sozialist. Realismus,
hg. v. Hans Kaufmann u. Hans-Günther Thalheim (1961) S. 85-110.
Zum Begriff der 'Konservativen Revolution':
Detlev W. S c h u m a n n, *Gedanken zu Hof-*
mannsthals Begriff der 'Konservativen Revo-
lution'. PMLA 54 (1939) S. 853-899. Armin
M o h l e r, *Die Konservative Revolution in*
Deutschland 1918-1932. Grundriß ihrer Welt-
anschauungen (1950; Diss. Basel 1949). Fran-
ciszek R y s z k a, *Wege u. Irrwege d. 'Kon-*
servativen Revolution' in Deutschland. Germanica Wratislav. 5 (1960) S. 39-78.
Hugo v. Hofmannsthal: Michel V a n h e l -
l e p u t t e, *Le patriotisme autrichien de H.*
v. Hofmannsthal et la première guerre mon-
diale. Revue Belge de Philologie et d'Histoire
35 (1957) S. 683-704. Brian C o g h l a n, *The*
cultural-political development of H. v. Hof-
mannsthal. Publ. of the Engl. Goethe-Soc. 27
(1958) S. 1-32. Carl E. S c h o r s k e, *Schnitz-*
ler u. Hofmannsthal. Politik u. Psyche im
Wien des fin de siècle. Wort u. Wahrheit 17
(1962) S. 367-381.
Hölderlin-Rezeption: Werner B a r t s c h e r,
Hölderlin u. d. dt. Nation. Versuch e. Wir-
kungsgeschichte (1942; NDtFschgn. 309).
Herm. P o n g s, *Einwirkungen Hölderlins auf*
d. dt. Dichtung seit d. Jh.wende. Iduna 1
(1944) S. 114-159. Otto H e u s c h e l e, *Be-*
gegnung mit Hölderlins 'Empedokles'. E. Er-
innerung. Hölderlin-Jb. 1947, S. 179-189.

§ 32. Der historischen Betrachtung stellt
sich der Sachverhalt freilich nicht so einfach
dar, als sei die vorwiegend „linksorientierte"
Dichtung des aufkommenden E x p r e s s i o -
n i s m u s und A k t i v i s m u s gerade hinsichtlich des Weltkriegsmotivs, an dem die
Geister sich scheiden, die simple Antithese
zum aristokratisch-konservativen Symbolismus. Nicht nur der „Großkapitalist" und
Gründer der „Insel" Alfred Walther von
Heymel, selbst ein Vertreter einer Art symbolistischen Jugendstils, sondern auch der
Expressionist Georg Heym lassen im Gedicht
und Tagebuch schon vor 1914 den „Schrei
nach dem Kriege" laut werden. Das ist aber
ganz logisch, vor allem wenn man es bei
Heym nachliest. Für beide Seiten, für rechts
und für links, hat sich ein Zeitalter der Sicherung verbraucht. Man will wieder aus dem
„Stockigen" (Heym) ins Freie, Offene, ins
Wagnis, in die Selbstbewährung. Man will
aus der Konvention in die „Existenz". In
dieser Situation ist auch polit. Entscheidung
notwendig. Jedoch ist sie nicht, wie einst im
Jungen Deutschland, das Primäre. Vor dem
Kriege entdeckten Rilke und Kassner die
Existentialtheologie Kierkegaards für sich,
und damals beginnt dessen Renaissance.
Wie es denn in Rilkes und Georges Kriegs-
gedichten eigentlich nicht um Vordergrunds-
politik, sondern sozusagen um Existenzpoli-
tik ging. Der symbolistische Titel über Ernst
Stadlers unmittelbar vor dem Kriege entstandenem Gedichtband *Der Aufbruch* (1914)
ist mitsamt dem gleichnamigen Gedicht repräsentativ für diese vitalistische Wurzel,
die Symbolismus und Expressionismus in
Deutschland gemeinsam haben. Aus ihr ent-
wächst bis zu Kasimir Edschmids Stockholmer Programmrede von 1916 vorerst durchaus keine pazifistische Tendenz. Das gilt
selbst von dem „Weltfreund"-Expressionis-
mus des jungen Werfel, der gleichfalls ein
Ausbruch ins Offene sein will; indirekt ist
auch er politisch, insoweit er weder den
Haß unter Mitmenschen noch unter Völkern
vorsehen kann. Die unmittelbarer politisch
anwendbare Seite expressionistischer Anthropologie wird dann erst Leonhard Franks
Der Mensch ist gut (1918) bringen.
Politische Agressivität ist natürlicherweise
in dem Kreise um die „Aktion" zu Hause
und lebt sich schon während des Krieges im
Dada-Kabarett „Voltaire" in Zürich aus.

Das Kabarett als auch polit. Waffe vor allem mit zügigen Chansons gab es freilich schon vor dem Expressionismus seit der Jh.wende, weniger im eigentlichen „Brettl" als bei den „Elf Scharfrichtern" in Simplizissimus-Nähe, wo schon das Klassenkampfthema „Proleta sum" aufklang (s. *Kabarett*). In dem politisch revolutionären Expressionismus und Aktivismus wird diese Waffe mit Bewußtsein übernommen. Doch gab es daneben die dazugehörige Vorgeschichte des radikal antibürgerlichen Dramas, die eng damit verwandt war. Die Brücke zu den „Scharfrichtern" bildet hier Wedekind. Neben seiner entmythologisierenden Dramatik steht Karl Sternheims politisch noch schärfer geschliffener Zyklus *Aus dem bürgerlichen Heldenleben* (1911-13) und Georg Kaisers mitten ins Herz des Bürgertums zielende Produktion für die Bühne (s. *Drama* u. *Lustspiel*). Die Parallele im Roman bietet hier Heinrich Manns ätzende Abrechnung mit dem Wilhelminischen Deutschland in *Der Untertan* (1913) mit seiner schwächeren Fortsetzung *Die Armen* (1917). Besonders in dem letztgenannten Werk, für das Käthe Kollwitz das eindrückliche Titelbild schuf, ist nicht nur das Bündnis der herrschenden Gewalten, des Feudalismus mit dem Kapitalismus, gegen das Proletariat dargestellt und damit der ganze Jammer der sozialen Frage (nicht mehr sentimental) zum Aufruf an das Gewissen geworden, sondern auch aktivistisch die Frage der Pflicht zur Revolution aufgeworfen.

Kurt H i l l e r , *Ortsbestimmung des Aktivismus*, in: *Die Erhebung*, hg. v. Alfred Wolfenstein. Bd. 1 (1919) S. 360-377. Wolfgang P a u l s e n , *Expressionismus u. Aktivismus. E. typologische Untersuchung* (1935; Diss. Bern 1934). Georg L u k á c s , „*Größe und Verfall" des Expressionismus*, in: Lukács, *Probleme des Realismus* (1955) S. 146-183 (geschr. 1934). Klaus Z i e g l e r , *Dichtung u. Gesellschaft im dt. Expressionismus*. Imprimatur NF. 3 (1961/62) S. 98-114. — Paul R a a b e , *Vorwort* zu: *Die Aktion* Jg. 1-4 (1911-1914), Nachdr. (1960/61). Erwin P i s c a t o r , *Die polit. Bedeutung d. 'Aktion'. Zum 50. Jubiläum ihrer Gründung.* Imprimatur NF. 3 (1961/62) S. 211-214. Herwig D e n k e r , *Der pazifist. Protest d. 'Aktion'.* (Masch.) Diss. Freiburg 1962.

Kriegsthematik: Julius Z e i t l e r , *Kriegsdichtung vor dem Kriege.* ZfBüchfr. NF. 7 (1915) S. 20-27. — Detlev W. S c h u m a n n , *Ernst Stadler and German Expressionism.* JEGPh. 29 (1930) S. 510-534. Arno S c h i r o-

k a u e r , *Über Ernst Stadler*, Akzente 1 (1954) S. 320-334. — Fritz M a r t i n i , *G. Heym: 'Der Krieg'*, in: *Die dt. Lyrik*, hg. v. Benno v. Wiese. Bd. 2 (1956) S. 425-449. Kurt M a u t z , *Mythologie u. Gesellschaft im Expressionismus. Die Dichtung G. Heyms* (1961). Karl Ludwig S c h n e i d e r , *G. Heym*, in: *Dt. Dichter d. Moderne*, hg. v. Benno v. Wiese (1965) S. 361-378. — Rudolf B a y r , *Über R. M. Rilkes Dichtung vom Kriege*, in: Bayr, *Essays über Dichtung* (Wien 1947) S. 41-47. — George: Edith L a n d m a n n , *Mensch u. Erde.* Neue Schweiz. Rs. NF. 13 (1945/46) S. 624-632. Bertil M a l m b e r g , *Georges adepter i nazismen*, in: Malmberg, *Utan resolution* (Stockholm 1949) S. 125-132. Elisabeth G u n d o l f , *Stefan George* (1965). — Pavel P e t r , *Bemerkungen zu einigen dt. Prosawerken über d. ersten Weltkrieg. L. Frank, Ludwig Renn, E. M. Remarque.* Germania Wratislaviensia 7 (1962) S. 19-34.

Sozialkritik: S. I. V o s t o k o v a , *Social'naja drama nemeckogo ekspressionizma.* Diss. Moskau 1946. — Gustav S c h r ö d e r , *Die Darstellung d. bürgerlichen Gesellschaft im Werk Leonhard Franks.* (Masch.) Diss. Potsdam 1957. Ders., *L. Franks literar. Anfänge.* Weimarer Beitr. 5 (1959) S. 410-420. — Johannes M i t t e n z w e i , *Carl Sternheims Kritik am Bürgertum im Rahmen e. Darstellung d. Pessimismus.* (Masch.) Diss. Jena 1952. Paul R i l l a , *Sternheims Bürgerkomödien*, in: Rilla, *Literatur. Kritik u. Polemik* (1953) S. 90-97. Wolfgang P a u l s e n , *Das Ende d. Immoralismus.* Akzente 3 (1956) S. 273-287. — Walther H u d e r , *Die polit. u. sozialen Themen d. Exil-Dramatik Georg Kaisers.* Sinn u. Form 13 (1961) S. 596-614. Robert K a u f , *Georg Kaiser's social tetralogy and the social ideas of Walter Rathenau.* PMLA 77 (1962) S. 311-317. — Klaus P f ü t z n e r , *Das revolutionäre Arbeitertheater in Deutschland, 1918 -1933* (1959; Schriften z. Theaterwiss. 1).

§ 33. Aktivistisch-revolutionär, zum Teil mit deutlicher Wendung zum polit. Kommunismus, sind dann aber auch die Manifeste der Hülsenbeck, Ehrenstein und Rubiner („Der Dadaismus fordert: 1. die internationale revolutionäre Vereinigung aller schöpferischen und geistigen Menschen der ganzen Welt auf dem Boden des radikalen Kommunismus", 1920), wie denn auch diese Strömung sich mit Erich Mühsam und Ernst Toller an dem kurzen Zwischenspiel der Münchener Räterepublik engagiert. Für die Verbindung zwischen Kommunismus und Literatur sorgt neben anderen in der Zeit der Weimarer Republik die Kunst Bertolt Brechts und wird sie bis nahe an die Gegenwart noch repräsentieren, in der Lyrik wie im Drama. Mit dem Zwang zur Emigration während der Hitlerzeit wächst z. T. die Radikalität des polit. Engagements ganz natürlich (s. *Emigrantenliteratur*).

Gegen diesen Radikalismus kann die unter Gewissensdruck erkämpfte Wendung eines Thomas M a n n vom konservativen Autor der *Betrachtungen eines Unpolitischen* (1917) zum bürgerlichen Repräsentanten des Geistes der Weimarer Republik nicht aufkommen, trotz der bewußt kulturpolitisch gemeinten essayistischen Tätigkeit dieser Zeit und trotz des im *Zauberberg* (1924) in der Form des Erziehungsromans meisterhaft herausgearbeiteten Standortes der liberalen Mitte. Auch in und nach der Emigration (*Vom kommenden Sieg der Demokratie* [1938], *Deutschland und die Deutschen* [1945], *Doktor Faustus* [1948]) hat Thomas Mann seinen polit. Standpunkt zwar, besonders als Radioautor während des Krieges, verschärft und manchmal auch verbittert, aber höchstens kaum merklich nach links hin radikalisiert. Es mag sein Festhalten an der Tradition bezeichnen, daß er mit die schärfsten Worte über das deutsche Wesen, die er auch im polit. Sinne münzte, Goethe untergeschoben hat (*Lotte in Weimar*, 1939). Während des Krieges gingen sie in Deutschland in Abschriften von Hand zu Hand, und noch im Nürnberger Kriegsverbrecherprozeß sollten sie als Beweismaterial aus klassischem Munde dienen. Die viel zu wenig grobe, vermittelnde Form, wie sie Dichter und Literaten der Weimarer Republik vertraten (z. B. etwa Bruno Franks *Politische Novelle*, 1928), mußte zwischen links und rechts zerrieben werden. Erst recht blieb der polit. Schlüsselroman des Elsässers René Schickele mit seiner zwischen den Nationen vermittelnden Tendenz, die Trilogie *Das Erbe am Rhein* (1925-31), ohne aktuelle Wirkung. Wie die linksradikale Linie z. T. noch in denselben Vertretern von 1918 das heute kommunistisch beherrschte Gebiet führt, so führte auch ein Rückschlag nach rechts von dem verlorenen ersten Weltkrieg zum Dritten Reich hinüber, übrigens keineswegs überall durch Sympathisieren mit dessen Partei.

Denn es gibt schon in der Folge des ersten Weltkriegs weite Kreise enttäuschter Nationaler, die sich, ähnlich der Generation um 1815, mit dem Vertrag von Versailles um ihren polit. Lebensinhalt betrogen fühlten. Ihren liter. Ausdruck findet diese Stimmung zunächst im Rückblick auf das Kampferleb-nis des Krieges, dessen Sinn, wie er zu Kriegsanfang etwa in dem auf die Jugendbewegung so stark wirkenden *Wanderer zwischen beiden Welten* (1916) von Walter Flex zum Ausdruck gekommen war, durch die Niederlage und die polit. Umwälzungen verloren zu gehen schien. Es war dies im wesentlichen Prosaepik, die das Kampferlebnis des Kriegsteilnehmers entweder als Reportage oder als Mythos wiedergab. *Der Kampf als inneres Erlebnis* (1922) ist die Formel, unter der der damalige Ernst Jünger dies gefaßt hat. Er entwickelt dabei (*In Stahlgewittern* [1920], *Das Wäldchen 125* [1925]) einen Stil einerseits gewollter Sachlichkeit der desinvoltura, andrerseits integriert er Elemente des Expressionismus. Nur die erste dieser beiden Stilkomponenten wird er bis in *Auf den Marmorklippen* (1939), die weithin als Widerstandsdichtung in verschlüsselter Form interpretierte Erzählung, und in die *Strahlungen* (1949), seine Aufzeichnungen im 2. Weltkrieg, bewahren. Doch ging der Roman nach dem 1. Weltkrieg sonst andere Wege: bis zum Zynischen in Ernst von Salomons Darstellung der Rathenau-Mörder, *Die Geächteten* (1929), oder auch zur mehr oder weniger simplen nationalen Demonstration wie etwa bei Dwinger, oder auch zu einem sentimentalen Ausdruck eines verstörten germanischen Lebensgefühls, wie einer der Bestseller aus der Zeit der Republik, Hans Grimms *Volk ohne Raum* (1926) es war. Es gab auch einen Bestseller nach der anderen Seite: Otto Erich Remarques Entmythisierungsversuch des Kampfgeschehens *Im Westen nichts Neues* (1929). Doch blieb die weitreichende Wirkung vor allem auf diesen Fall beschränkt. Auch Ludwig Renns *Der Krieg* (1929) konnte sie nicht erreichen. Viel stärker war der Trend nach rechts, zur Mythisierung der damals jüngsten Vergangenheit. Er drückt sich sowohl in gewissen Entwicklungen keineswegs unbedeutender älterer Dichter aus wie Rudolf G. Bindings oder Ernst Bertrams, dessen Versbände (*Straßburg* [1920], *Der Rhein* [1922], *Das Nornenbuch* [1925], *Wartburg* [1933]) in erster Linie um jeden Preis das geistige Erbe bewahren wollen, weniger das Aktuelle als die Tradition mythisierend. In diesem Zusammenhang sind auch noch Gestalten wie Weinheber und Kolbenheyer einzuordnen.

Das polit. Bild der durch die Reichsschrifttumskammer des Dritten Reiches organisierten Lit. ist dadurch gekennzeichnet, daß in ihr alle kritischen Gegenstimmen vom radikalen Aktivismus linkssozialistischer Prägung bis zur bürgerlichen Selbstkritik, die außer von Th. Mann vor allem auch durch das gebildete Judentum getragen worden war, ausgeschaltet wurden. Außerdem ermöglichte der Begriff der „entarteten Kunst", Unerwünschtes wegen seiner Stilform zu unterdrücken. So blieb als geduldet bestenfalls ein Rest-Humanismus und -Idealismus in unauffällig gepflegter Form, der sich mit der neuen Gegenwart so wenig wie möglich einließ.

Die Lit. des nationalen, teilweise auch rassischen Mythos hatte ihre Resonanz auch in den Kreisen der bündischen Jugendbewegung gefunden, die einst (Hoher Meißner, 1913) nicht unter diesem Zeichen angetreten war, sich jedoch nach dem Kriege zunehmend nach rechts engagiert hatte, so daß es dem Nationalsozialismus verhältnismäßig leicht fiel, auch aus der Jugendbewegung stammende Formen für seine polit. Zwecke zu usurpieren. Auch auf diesem Wege geht, zum Teil unvermittelt und in den gleichen Persönlichkeiten, die Lit. der Zwischenkriegszeit dann in die autorisierte Lit. der zwölf Jahre des Dritten Reiches über, über der die berüchtigte Reichsschrifttumskammer waltete, in der das Genre Hans Friedrich Bluncks und des aus der Jugendbewegung herkommenden Hanns Johst tonangebend war. In dieser Zeit blüht denn auch die z. T. aus der bündischen Jugendbewegung herausgewachsene polit. Lieddichtung, die sich in zahllosen Liederbüchern niederschlägt: die Fahrten- und Fest-Lyrik der Anacker, Baumann, Schumann, Baldur von Schirach von meist massiver Tendenz; weithin auch die fragwürdige Erneuerung der Töne des alten Landsknechts- und Soldatenliedes, politisch verkitschtes, z. T. aber gläubig aufgenommenes Erbe der Volksliedüberlieferung. In dieser Epoche liegt das literarisch Entscheidende im polit. Raum bei den Emigranten (s. *Emigrantenlit.*). Daran ändern auch die gewichtigen Namen wie Benn, Ernst Jünger, Carossa nichts. Denn mit dem damals geprägten Terminus der „Emigration nach innen" kann man nur äußerst vorsichtig operieren angesichts der Tatsache,

daß er nach dem Zusammenbruch auch von Unberechtigten als Alibi in Anspruch genommen wurde.

Alfred K a n t o r o w i c z, *Heinrich u. Thomas Mann. Die persönlichen, literar. u. weltanschaulichen Beziehungen der Brüder* (1956). Monika P l e s s n e r, *Identifikation u. Utopie. Versuch über Heinrich u. Th. Mann als polit. Schriftsteller.* Frankfurter Hefte 16 (1961) S. 812-826. — Max R y c h n e r, *Th. Mann u. d. Politik,* in: Rychner, *Welt im Wort* (Zürich 1949) S. 349-394. Georg L u k á c s, *Th. Mann* (1950). Hans M a y e r, *Th. Mann. Werk u. Entwicklung* (1950). Alfred A n d e r s c h, *Th. Mann et la politique* (1955). Inge D i e r s e n, *Untersuchungen zu Th. Mann* (1959; Germanist. Studien). Martin F l i n k e r, *Th. Mann's polit. Betrachtungen im Lichte d. heutigen Zeit* ('s-Gravenhage 1959). Georges F o u rr i e r, *Th. Mann. Le message d'un artiste-bourgeois, 1896-1924* (Paris 1960; Annales littéraires de l'Univ. de Besancon II, 30). Bernt R i c h t e r, *Th. Manns Stellung zu Deutschlands Weg in die Katastrophe.* (Teildr.) Diss. Berlin (FU) 1960. Manfred H a i d u k, *Wesen u. Sprache d. polemischen Schriften Th. Manns.* (Masch.) Diss. Rostock 1960. Kurt S o n t h e im e r, *Th. Mann u. d. Deutschen* (1961). — Ernst K e l l e r, *Der unpolit. Deutsche. E. Studie zu d. 'Betrachtungen e. Unpolitischen'* (1965). Hans M a y e r, *Th. Manns 'Mario u. d. Zauberer'.* Aufbau 6 (1950) S. 499-505. Harry M a t t e r, *'Mario u. d. Zauberer'. Die Bedeutung d. Novelle im Schaffen Th. Manns.* Weimarer Beitr. 6 (1960) S. 579-596. Bernt R i c ht e r, *Psychologische Betrachtungen zu Th. Manns Novelle 'Mario u. d. Zauberer',* in: *Vollendung u. Größe Th. Manns* (1962) S. 106-117. Erich K a h l e r, *Die Säkularisierung d. Teufels.* NRs. 59 (1948) S. 185-202, wiederholt in: Kahler, *Die Verantwortung des Geistes* (1952) S. 143-162. Ernst F i s c h e r, *'Doktor Faustus' u. d. dt. Katastrophe. E. Auseinandersetzung mit Th. Mann,* in: Fischer: *Kunst u. Menschheit* (Wien 1949) S. 37-97. Werner K o h l s c h m i d t, *Musikalität, Reformation u. Deutschtum in Th. Manns 'Doktor Faustus'.* Zeitwende 21 (1950) S. 541-550, wiederholt in: Kohlschmidt, *Entzweite Welt* (1953) S. 98-112. Helmut P e t r i c o n i, *Das Reich d. Untergangs* (1958) S. 151-184: *Verfall e. Familie u. Höllensturz e. Reiches.* Hans M a y e r, *Th. Manns 'Doktor Faustus',* in: Mayer, *Von Lessing bis Thomas Mann* (1959) S. 383-404. — Pieter Evert B o o n s t r a, *Heinr. Mann als polit. Schriftsteller* (Utrecht 1945; Diss. Groningen). Ulrich W e i s s t e i n, *Heinr. Mann. E. histor.-krit. Einführung in sein dichter. Werk* (1962). Werner M i d d e l s t a e d t, *Heinr. Mann in d. Zeit d. Weimarer Republik. Die polit. Entw. d. Schriftstellers u. seiner öffentlichen Wirksamkeit.* Diss. Potsdam 1964. Lorenz W i nt e r, *Heinr. Mann. E. literatursoziologische Studie z. Verhältnis von Autor u. Öffentlichkeit* (1965; Kunst u. Kommunikation 10). Klaus S c h r ö t e r, *Anfänge Heinr. Manns. Zu d.*

Grundlagen s. Gesamtwerks (1965; Germanist. Abhandlgn. 10). — Ulrich W e i s s t e i n, *'Die kleine Stadt'. Art, life and politics in Heinr. Mann's novel.* GLL. 13 (1960) S. 255-261. N. S e r e b r o w, Heinr. *Manns Antikriegsroman 'Der Kopf'.* Weimarer Beitr. 8 (1962) S. 1-33. Werner M i l c h, *Über nachfaschistisches Denken* [G. Benn u. E. Jünger]. Der Bund 1948/49, S. 90-109. Helmut K a i s e r, *Mythos, Rausch u. Reaktion. Der Weg Gottfried Benns u. Ernst Jüngers* (1962). — Karl O. P a e t e l, *Ernst Jünger. Weg u. Wirkung* (1949). Ders., *E. Jünger u. d. Politik.* Neues Abendland 13 (1958) S. 226-238. Werner K o h l s c h m i d t, *Der Kampf als inneres Erlebnis. Ernst Jüngers weltanschaulicher Ausgangspunkt in krit. Betrachtung,* in: Kohlschmidt, *Entzweite Welt* (1953) S. 113-126. Hans-Peter S c h w a r z, *Der konservative Anarchist. Politik u. Zeitkritik E. Jüngers* (1962; Freiburger Studien z. Politik u. Soziologie). Hans-Joachim B e r n - h a r d, *Die apologetische Darstellung d. imperialist. Krieges im Werk E. Jüngers.* Weimarer Beitr. 9 (1963) S. 321-355.

Hellmuth L a n g e n b u c h e r, *Volkhafte Dichtung d. Zeit* (1933; 5. Aufl. 1940). Walter M u s c h g, *Die Zerstörung der dt. Lit.* (Bern 1956; 3. Aufl. 1958). Dietrich S t r o t h m a n n, *Nationalsozialist. Kulturpolitik* (1960; 2. Aufl. 1963; Abhandlgn. z. Kunst-, Musik- u. Lit.- wiss. 13). Joseph W u l f, *Literatur u. Dichtung im Dritten Reich. E. Dokumentation* (1963; Kunst u. Kultur im Dritten Reich. 3). Rolf G e i ß l e r, *Dichter u. Dichtung d. Nationalsozialismus,* in: Handbuch d. Gegenwartslit., hg. v. Hermann Kunisch (1965) S. 721-730. Ernst L o e w y, *Literatur unterm Hakenkreuz. Das Dritte Reich u. s. Dichtung. E. Dokumentation* (1966). — Werner B e r t - h o l d, *Exil-Literatur 1933-1945. E. Ausstellung aus Beständen d. Dt. Bibliothek, Frankfurt a. M.* (2. Aufl. 1966). Klaus J a r m a t z, *Literatur im Exil, 1933-1945* (1966). Matthias W e g n e r, *Exil u. Literatur, Dt. Schriftsteller im Ausland 1933-1945* (1967). Hildegard B r e n - n e r, *Dt. Lit. im Exil, 1933-1947,* in: Handbuch d. Gegenwartslit., hg. v. Hermann Kunisch (1965) S. 677-695. Herbert W i e s n e r, *'Innere Emigration'.* Ebda, S. 695-720. Charles Wesley H o f f m a n n, *Opposition Poetry in Nazi Germany 1933-1945.* (Masch.) Diss. Univ. of Illinois 1956/57. *An den Wind geschrieben. Lyrik d. Freiheit. Gedichte d. Jahre 1933-1945.* Ges., ausgew. u. eingel. v. Manfred S c h l ö s - s e r (1960; Agora 13/14). — H. L. W ü s t e n - b e r g, *Stimme eines Menschen. Die polit. Aufsätze u. Gedichte Hermann Hesses* (1947; Schriften d. Südverlages 5). Lothar B o s s l e, *Utopie u. Wirklichkeit im polit. Denken von Reinhold Schneider* (1965).

Georg L u k á c s, *Schicksalswende. Beiträge zu einer neuen dt. Ideologie* (1947; 2., verb. Aufl. 1956). *Lexikon sozialist. dt. Lit.* Hg. v. e. Autorenkollektiv (1963). Elisabeth S i m o n s, *Aufgaben der 'Thesen zur Geschichte d. dt. Nationalliteratur von d. Anfängen d. dt. Arbeiterbewegung bis zur Gegenwart'.* Weimarer

Beitr. 10 (1964) S. 56-76. Kurt F a u s t m a n n, *Parteilichkeit in der literarisch-künstlerischen Methode d. sozialist. Realismus.* (Masch.) Diss. Berlin (Inst. f. Gesellschaftswiss.) 1965. — Autorenkollektiv: F. Albrecht, K. Kändler, A. Klein u. E. Mehnert, *Zur Geschichte d. sozialist. Lit. in Deutschland zwischen 1917 u. 1933.* Weimarer Beitr. 6 (1960) S. 780-816. N. W. K l j u s c h n i k, *Das Thema d. Arbeiterbewegung im dt. proletarisch-revolutionären Roman Anfang der 30er Jahre.* Kunst u. Literatur 6 (1958) S. 608-627, 700-723. Helmut K a i s e r, *Die Dichter d. sozialist. Realismus* (1960; Wissen u. Gegenw. 7). Klaus H e r m s d o r f, *Die nationale Bedeutung d. zeitgenöss. sozialist. Literatur.* Weimarer Beitr. 7 (1961) S. 290-315. Josef P a l á č e k, *Zum Thema d. bürgerlich-individualist. Revolte in d. dt. pseudosozialen Prosa.* Philologica Pragensia 7 (1964) S. 1-14. — Jürgen R ü h l e, *Literatur u. Revolution. Die Schriftsteller u. d. Kommunismus* (1960). Ders., *Das gefesselte Theater. Vom Revolutionstheater zum sozialist. Realismus* (1957), neubearb. Ausg. u. d. T.: *Theater u. Revolution. Von Gorki bis Brecht* (1963; dtv. 145). Lothar von B a l l u s e c k, *Dichter im Dienst. Der sozialist. Realismus in d. dt. Lit.* (1956; 2., neubearb. u. erg. Aufl. 1963).

Edgar K i r s c h, *Die dt. Novemberrevolution in d. Romanen 'Der 9. Nov.' von Bernhard Kellermann u. 'Vaterlandslose Gesellen' von Adam Scharrer.* Wiss. Zs. d. Martin-Luther-Univ. Halle, Ges.- u. sprachwiss. R. 8 (1958/59) S. 154-159. Alfred K l e i n, *Zwei Dramatiker in d. Entscheidung: Ernst Toller, Friedrich Wolf u. d. Novemberrevolution.* Sinn u. Form 10 (1958) S. 702-725. Martin R e s o, *Die Novemberrevolution u. E. Toller.* Weimarer Beitr. 5 (1959) S. 387-409. Walther P o l l a t s c h e k, *Das Bühnenwerk Friedrich Wolfs. E. Spiegel d. Geschichte d. Volkes* (1958). — Horst H a a s e, *Probleme d. sozialist. Parteiliteratur in d. Emigrationsdichtung Joh. R. Bechers.* Weimarer Beitr. 7 (1961) S. 278-289. Ders., *Joh. R. Bechers Deutschland-Dichtung. Zu dem Gedichtband 'Der Glücksucher u. d. sieben Lasten', 1938* (1964; Germanist. Studien). *Über das Schaffen von Johannes R. Becher. Referate u. Diskussionsbeiträge aus d. wiss. Konferenz d. Germanist. Inst. Wiss. Zs. d. Fr.-Schiller-Univ. Jena,* Ges.- u. sprachwiss. R. 10 (1960/61) S. 375-490 (mit Beitr. v. Joachim Müller, Günther Hartung, Ilse Siebert, Tamara Motylowa, Ilja Fradkin, Ernst Fischer, Jean-Pierre Hammer, Horst Haase, Peter Fiedler, Hans Richter), bes. Pawel B i r k a n, *Das Prinzip d. Parteilichkeit d. dichter. Schaffens in d. ästhet. Konzeption J. R. Bechers,* S. 449-457. Außerdem: Sinn und Form, *Zweites Sonderheft Johannes R. Becher.* Hg. v. Johannes-R.- Becher-Archiv (1961). — Willi B r e d e l, *Dichter u. Tribun. Erich Weinert zu s. 60. Geb.* Aufbau 6 (1950) S. 763-770. Gerh. Z i r k e, *Im tagespolit. Auftrag. Weinert contra Goebbels.* Neue dt. Lit. 14 (1966) S. 168-186. — R. C. A n d r e w s, *The novel as a political vade-*

mecum. Willi Bredel's 'Verwandte u. Bekannte'. GLL. 10 (1956/57) S. 131-138. Klaus
K ä n d l e r, *Arbeiter, Politiker, Schriftsteller.*
Sinn und Form, Sonderheft Willi Bredel (1965)
S. 24-35. — Georg L u k á c s, *Arnold Zweigs
Romanzyklus über den imperialist. Krieg,* in:
Lukács, *Schicksalswende* (1948) S. 273-313. Eva
K a u f m a n n, *Arnold Zweigs Auseinandersetzung mit d. Wesen des Krieges u. d. Perspektive des Friedens im Zyklus 'Der große
Krieg der weißen Männer',* in: *Frieden-Krieg-
Militarismus im krit. u. sozialist. Realismus,*
hg. v. Hans Kaufmann u. Hans-Günther Thalheim (1961) S. 111-138. — Inge D i e r s e n,
*Kritik d. Militarismus u. Gestaltung d. nationalen Perspektive in Anna Seghers Roman 'Die
Toten bleiben jung'.* Weimarer Beitr. 7 (1961)
S. 80-98. Dies., *Seghers-Studien* (1965), S. 85-
182: *Vorstoß zur sozialist. Parteilichkeit.* —
Klaus W a s h a u s e n, *Die künstlerische u. polit. Entwicklung Goyas in Lion Feuchtwangers
Roman* (1957; Wir diskutieren 2).

§ 34. Die Katastrophe des Endes des totalen Krieges traf die dt. Lit. teils durch Engagement für das Regime paralysiert, teils,
vor allem durch die Wiederkehr der Emigranten, vor der Aufgabe (um es mit Rilke
auszudrücken), an unzähligen „Bruchstellen
wiederanzuknüpfen", was zunächst eine eminent politische Aufgabe war. Das zeigte sich
alsbald, als zwei gewaltsam voneinander getrennte dt. Territorien entstanden, mit einem
ebenfalls schließlich geteilten Berlin als trister Zugabe. Damit war es für die zurückkehrenden Emigranten keineswegs gleichgültig, für welchen Teil Deutschlands sie optierten. Das Problem Benn und das Problem
Brecht können hier fast als symbolische Fälle
gelten. Schon der Unterschied, daß es im
Bereich jenseits der heutigen Mauer eine
rigoros gehandhabte Zensur gibt, im Westen
nicht, bedeutet Erhebliches. Während die
Lit. im Westen in den Nachkriegsjahren existentielle Auseinandersetzungen mit der unmittelbaren Vergangenheit wie der fernsten
Zukunft sich leisten kann, z. T. in utopischen
Formen bei Kasack, Ernst Jünger und Elisabeth Langgässer, ohne dem polit. Tagesbedürfnis unmittelbar zu dienen — Thomas
Manns Abrechnung mit der romantischen
und absoluten Kunst im *Doktor Faustus* gehört auch hierher so wie H. Hesses im Apolitischen politisches *Glasperlenspiel* (1947) —,
wird nach wie vor im abgetrennten Gebiet
vom Schriftsteller wieder eine Leistung für
ein polit. System erwartet. Der Staat überwacht sie genau und versucht sie zu lenken

im Sinne politischer Schlagwörter wie „sozialistischer Realismus" oder „Antiformalismus". Das polit. Engagement der „Gruppe
47" kann sich dagegen im Westen Deutschlands ungehindert auswirken, so wie auch
die Dramatik Brechts auf der Seite, für die
er nicht optiert hat, die größere Resonanz
findet. Die derzeit im Westen geltende Freiheit für jede Form von „littérature engagée"
läßt vielmehr ein vielleicht nie so divergentes Nebeneinander von Stilen gelten, von
Zuckmayers psychologisch-politischem Drama *Des Teufels General* (1945) und dem
jüngeren Bewältigungsversuch von Deutschlands Vergangenheit in Hochhuths *Der Stellvertreter* (1963) und Peter Weiss' Marat-
Experiment (1964) bis zu der chaotische Züge aufweisenden Prosaepik von G. Grass'
Blechtrommel (1960) und Uwe Johnsons
Grenz- und Mauerromanen in ihrem komplexbehafteten Deutsch (*Mutmaßungen über
Jakob* [1959], *Das dritte Buch über Achim*
[1961]). Übrigens liegt es heute selbst in der
konservativen Schweiz mit den Erscheinungen Fr. Dürrenmatts und M. Frischs kaum
anders, deren „Unbehagen am Kleinstaat"
(K. Schmid) sich ebenfalls in radikaler polit.
Kritik ausdrückt, die keinesfalls nur für den
helvetischen Raum gilt.

Für den mitbeteiligten Historiker liegen
die Dinge der jüngsten Vergangenheit zu
nahe, als daß er die geschichtliche Relevanz
der Erscheinungen schon deutlich erkennen
könnte. Das Lebensgefühl der Epoche hat
B. Brecht schon 1938 gleichsam für beide
Seiten vorweg formuliert in *An die Nachgeborenen:* „Was sind das für Zeiten, wo / Ein
Gespräch über Bäume fast ein Verbrechen
ist / Weil es ein Schweigen über so viele
Untaten einschließt!" Die Verpflichtung zum
Politischen (und der Verzicht auf ein „Gespräch über Bäume") bestimmt daher weitgehend die dt. Lit. des Exils wie der Nachkriegszeit. Auch die Stilverwirrung ist dadurch mitbedingt, daß durch die Kulturpolitik des Nationalsozialismus gewisse Stilarten als „entartet" abgekappt wurden, an
die die Lit. nach 1945 wieder anknüpfte.
Das gilt vor allem für die Formen des aktivistischen Expressionismus, aber auch für
Kafka, dessen Wirkung erst jetzt begann.
Merkwürdigerweise ist dieser Anschluß an
eine weit zurückliegende „Moderne" jedoch
nicht nur eine deutsche, sondern eine über-

nationale Erscheinung und wirkt in Deutschland eher provinzieller als anderswo.

In der P r o s a suchte die Zeitdiagnose anfangs Distanz durch die Wahl utopischer oder allegorischer Gattungen (manchmal ist es zum Allegorischen vergröberter Kafka) bei Kasack, Ernst Jünger und Elisabeth Langgässer. Erst später knüpft die Prosa beim alten Expressionismus, dessen Modell nun eher durch James Joyce als etwa durch Döblins *Berlin Alexanderplatz* gestellt wird, an (G. Grass, Uwe Johnson). Im D r a m a läßt sich der von Bertolt Brecht geschaffene Typus am ehesten als folgerechte Fortsetzung der Dramenform der Wedekind, Sternheim, G. Kaiser verstehen. Nicht so sehr die gegen-aristotelischen Techniken (Anrede der Zuschauer, Einlage von Chansons, Film, Spruchbänder), durch die Brecht dialektisch-politische Wirkungen auszuüben beabsichtigte, bestimmen den Formtypus als vielmehr die parodistisch-historische Allegorik (*Heilige Johanna der Schlachthöfe*) und die Wendung zur Parabel (*Mutter Courage und ihre Kinder, Der gute Mensch von Sezuan, Der kaukasische Kreidekreis*), wobei dann auch aktuelle (*Der aufhaltsame Aufstieg des Arturo Ui*) oder historische Stoffe (*Das Leben des Galilei*) parabolisch werden. Für die L y r i k darf hinsichtlich seines Formenreichtums das Werk B. Brechts ebenfalls als bezeichnend genommen werden. Wohl nie bisher war polit. Lyrik unter so vielen Masken aufgetreten (als Chanson, Kantate, Elegie, lyrisch-parabolischer Aphorismus z. T. nach ostasiatischem Vorbild; als Parodie des Sonetts, Kinderlieds, Psalms, Chorals, des Hexameter-Lehrgedichts; dazu mit parodierendem Einschuß von Zitaten von Horaz über das altdt. Volkslied bis zu Schiller und Rückerts *Geharnischten Sonetten*). Darin lebt eine Spielfreude, die freilich des gebildeten spätbürgerlichen Partners als Mitspielers bedarf. Aber vieles ist in der Tat als Provokation an dessen Adresse gerichtet. Auch in ihrer Dialektik erreicht seine polit. Lyrik oft hohen Rang im Sinne des geistigen Spiels, das zum Nachdenken (er selbst sagt: „Lernen") zwingt. Wo er direkt rühmt oder verurteilt, droht die Parodie jedoch auf den Urheber zurückzuschlagen.

Das Tragische der heutigen Situation scheint zu sein, daß der Unterschied der polit. Systeme auf der einen Seite die Lit.

wiederum zur Magd der Politik macht, auf der andern Seite z. T. eine polit. Dichtung stiftet, die Freiheit weitgehend als Freiheit „wovon" und nicht „wozu" auslegt. Dagegen kann auch eine ebenfalls vorhandene handfeste polit. Reeducation-Lit., auch die aus dem Geiste der Konfessionen, keine echte Alternative darstellen. Für die histor. Betrachtung liegt alles dieses übrigens noch zu nahe. Formal mag es ihr aufschlußreich sein, wenn sie wahrnimmt, wie in der jüngsten Anthologie polit. Lyrik des 20. Jh.s von Albrecht Schöne ein Gedicht an den „Führer" von 1938, zwischen Gedichte Kubas und Joh. R. Bechers auf Stalin gestellt, den Blick schärft für die Relativität des Parteisymbols und das an seiner Stelle gewachsene Gewicht des polit. Systems, dessen Faszination auf die Dichtung heute eher weltanschaulich als parteipolitisch im ererbten Sinne sein mag.

Brecht: Martin E s s l i n, *Brecht. A choice of evils; a critical study of the man, his work and his opinions* (London 1959), dt. u. d. T.: *Das Paradox d. polit. Dichters* (1962). Walter J e n s, *Poesie u. Doktrin: Bertolt Brecht*, in: Jens, *Statt einer Literaturgeschichte* (1957) S. 159-192. Peter S c h n e i d e r, *Polit. Dichtung. Ihre Grenzen u. Möglichkeiten*. Der Monat Jg. 17, H. 207 (1965) S. 68-77. Norbert Kohlhase, *Dichtung u. polit. Moral. E. Gegenüberstellung v. Brecht u. Camus*. (1965; Sammlung dialog 2). — Ernst S c h u m a c h e r, *Die dramatischen Versuche Bertolt Brechts 1918-1933* (1955; Neue Beitr. z. Lit.wiss. 3). Paul B ö c k m a n n, *Provokation u. Dialektik in d. Dramatik Bert Brechts* (1961; Kölner Universitätsreden 26). Rolf G e i s s l e r, *Brechts dramatische Intention - polit. Dogma oder polit. Forum?* WirkWort 11 (1961) S. 209-218. Hans K a u f m a n n, *Bertolt Brecht. Geschichtsdrama u. Parabelstück* (1962; Germanist. Studien). Alfred B e r g s t e d t, *Das dialektische Darstellungsprinzip des „Nicht-sondern" in neueren Stücken Bertolt Brechts. Literarästhetische Untersuchungen z. polit. Theorie d. Verfremdungseffektes*. Diss. Potsdam 1963. Reinhold G r i m m, *Ideologische Tragödie u. Tragödie d. Ideologie. Versuch über e. Lehrstück von Brecht* ['*Die Maßnahme*']. ZfdPh. 78 (1959) S. 394-424. Klaus L a z a r o w i c z, *Herstellung einer praktikablen Wahrheit. Zu Brechts 'Die Ausnahme u. d. Regel'*. Litwiss. Jb. d. Görres-Ges. N. F. 1 (1960) S. 237-258. Johannes G o l d h a h n, *Das Parabelstück Bertolt Brechts als Beitr. z. Kampf gegen d. dt. Faschismus. Dargest. an d. Stücken 'Die Rundköpfe u. d. Spitzköpfe' und 'Der aufhaltsame Aufstieg d. Arturo Ui'* (1961; Wir diskutieren 7). Klaus S c h u h m a n n, *Der Lyriker Bertolt Brecht 1913-1933* (1964; Neue Beitr. z. Lit.-wiss. 20).

Zur literar. Situation nach 1945: *Literatur u. Politik. 7 Vorträge z. heutigen Situation in Deutschland. Geh. auf d. dt. Schriftstellerkongreß in Frankfurt a. M. 1948.* Hg. u. eingel. v. Heinr. Bechtoldt (1948; AsmusBücher 6). Eugen Gürster, *Der Schriftsteller im Kreuzfeuer d. Ideologien* (1962; Bücherei d. Salzburger Hochschulwochen). Walter Jens, *Literatur u. Politik* (1963; Opuscula aus Wiss. u. Dichtung 8). Wilh. Emrich, *Dichterischer u. polit. Mythos. Ihre wechselseitigen Verblendungen,* in: Emrich, *Geist u. Widergeist. Wahrheit u. Lüge d. Lit.* (1965) S. 78-96. Marcel Reich-Ranicki, *Dt. Lit. in West und Ost. Prosa seit 1945* (1963). Ders., *Literar. Leben in Deutschland. Kommentare u. Pamphlete* (1965). Karl Aug. Horst, *Neue Strömungen in d. dt. Lit. d. Nachkriegszeit,* in: *Handbuch d. dt. Gegenwartslit.* Hg. v. Hermann Kunisch (1965) S. 731-745. Jan Peddersen, *Die literar. Situation in d. DDR.* Ebda, S. 746-760. — Anthologien: *Almanach der Gruppe 47, 1947-1962.* Hg. v. Hans Werner Richter (1962; 16.-20. Tsd. 1964; Rowohlt Paperback 14). *Zeitgedichte. Dt. polit. Lyrik seit 1945.* Hg. v. Horst Bingel (1963). Albrecht Schöne, *Über polit. Lyrik im 20. Jh.* Mit e. Textanh. (1965; Kl. Vandenhoeck-Reihe 228/229).

Zu viel diskutierten Werken d. polit. Dichtung: Paul Rilla, *Zuckmayer u. d. Uniform,* in: Rilla, *Literatur. Kritik u. Polemik* (1953) S. 7-27. — *Der Streit um Hochhuths 'Stellvertreter'.* Mit Beitr. v. Joachim Günther u. a. (1963). Walter Adolph, *Verfälschte Geschichte. Antwort an Rud. Hochhuth.* Mit Dokumenten u. auth. Berichten (1963). Hans Rud. Tschopp-Brunner, *Hochhuth u. kein Ende. Krit. Bemerkungen zum 'Stellvertreter'. Theater u. Verantwortung* (1963). — Ernst Wendt, *Peter Weiss zwischen den Ideologien.* Akzente 12 (1965) S. 415-425 — Gotthart Wunberg, *Die Funktion d. Zitates in d. polit. Gedichten v. Hans Magnus Enzensberger.* Neue Sammlung 4 (1964) S. 274-282.

Wolfgang Mohr, Werner Kohlschmidt

Posse

§ 1. Mit Posse (f.) wird heute im allgemeinen eine bestimmte Form des komischen Dramas bezeichnet. Das Wort leitet sich von franz. (*ouvrage à*) *bosse* (erhabene Arbeit) her, von wo spätmhd. *possen* (m.) (Figur) und frühnhd. *posse* (m.) (Beiwerk an Kunstdenkmälern) entlehnt sind. Im 16. Jh. werden Scherzfiguren an öffentlichen Brunnen auch *possen* (m.pl.) genannt. Daran erinnert noch „Possen reißen" (nämlich urspr. auf dem Reißbrett). Von einer komischen Figur wird das Wort schließlich auf einen komischen Vorfall übertragen. (Hans Sachs [1494-1576] kann deshalb sein komisches

Gedicht *Der schuester mit seim knecht zu Ulm* (1550) *poß* (m.) nennen.)

Sofern ein „Possen" in dramatischer Form berichtet wird, wie das in vielen Fastnachtspielen vor allem von Hans Sachs geschah, bürgert sich dafür langsam die Bezeichnung Possenspiel ein. Jakob Ayrer (1543 -1605) gebraucht den Ausdruck allerdings noch selten und zieht den traditionsreicheren Begriff Fastnachtspiel vor. Beide Termini meinen bei ihm jedoch ein und dieselbe Sache (*Ein Fassnacht- und Possenspiel ... Die zwey paar verwechselten Eheleut ...*).

Da die Aufführung derbkomischer Stücke vor allem in protestantischen Gebieten nicht mehr auf die Periode der Fastnacht beschränkt bleibt, wird die alte Bezeichnung sinnleer und im Laufe der Zeit ganz durch das zeitlich neutralere „Possenspiel" ersetzt, das schließlich zu „Posse" vereinfacht wird. Diese Rückbildung wurde möglich, weil unter dem Einfluß der Schauspielkunst der engl. Komödianten die dramatische Gestalt alle anderen Darbietungsformen eines oder mehrerer *possen* in den Hintergrund gedrängt hatte. Für erzählte Possen stand nun ausschließlich das sinnverwandte Wort „Schwank" zur Verfügung, das erst im Laufe des 19. Jh.s in die Terminologie des Dramas aufgenommen wurde.

Im Spielplan des Wandertruppen-Prinzipals Johannes Velten (1640-1692) finden sich die Bezeichnungen „Possenspiel" und „Posse" noch nebeneinander (*Posse vom Münch und Pickelhäring, eines Bauern Sohn mit der Fidel;* 1679. *Posse das Waschhaus in Amsterdam;* 1679. *Possenspiel von dem betrogenen Sicilianer;* 1680. *Das singende Possenspiel mit der Kist;* 1680). Es handelt sich hierbei meist um mehr oder weniger extemporierte komische Zwischen- oder Nachspiele deutscher, englischer, niederländischer oder französischer Herkunft. Am Ende des 17. Jh.s kommt für Stegreifstücke, die nach dem Prinzip der ital. Commedia Burlesca auf der Grundlage eines rohen Handlungsentwurfs von den Darstellern frei improvisiert wurden, die Bezeichnung „Burlesken" auf. Um die Mitte des 18. Jh.s sind die Termini „Burleske" und „Posse" fast Synonyma. Als sich im Laufe der zweiten Hälfte des Jh.s auch bei den derbkomischen Stücken der fixierte Text durchsetzt, werden sie weiter als „Possen" bezeichnet. Der im-

provisatorische Charakter verschwindet jedoch niemals ganz und ist noch in den
Extempores der Possendarsteller des
19. Jh.s zu erkennen.

§ 2. Spricht man heute von „Possen", so
hat man mit gutem Grund dabei die P.n des
19. Jh.s im Auge, die gelegentlich noch jetzt
aufgeführt werden. Sie zeichnen sich aus
durch die Tendenz zu gröberen komischen
Effekten, die dem Text vor allem durch
mimische und musikalische Ausgestaltung
abgewonnen werden. Die komische Figur (der Komiker) bildet den darstelleri-
schen Mittelpunkt. Von diesen grundlegenden Übereinstimmungen abgesehen, lassen
sich verschiedene Typen erkennen: Lokalposse (Adolf Bäuerle, *Die Bürger in Wien;*
1813), Zauberposse (Ferd. Raimund,
Der Barometermacher auf der Zauberinsel;
1823), parodierende oder travestierende Posse (Johann Nestroy, *Judith
und Holofernes;* 1849), Liederposse
(Karl von Holtei, *Wiener in Berlin;*
1825), wobei die Übergänge freilich fließend
sind. Repräsentativ ist allein die Lokalposse.
Ihr zollen die anderen Typen zumindest in
mehr oder weniger ausgedehnten Anspielungen auf den Ort der Aufführung und die
Verhältnisse des Publikums Tribut. Der lokale Effekt der P.n — neben Musik und Tanz
ihr Hauptanziehungspunkt — entspringt dabei nicht in erster Linie der Handlung.
Lokaler Reiz geht nicht nur vom Dialekt
aus, sondern vor allem von den Couplets
mit deren Lokalstrophen und von den
wohlüberlegten ortsbezogenen Extempores. Diese Technik macht eine Übertragung
auf andere Orte möglich. In ihren höchsten
Formen jedoch, so vor allem in den Wiener
Stücken Raimunds und Nestroys, bleibt die
P. gebunden an die Eigentümlichkeit ihres
Entstehungsortes. Bei diesen beiden Autoren erhebt sich die P. — freilich in verschiedener Weise — zur Dichtung (s. *Zauberstück*). Vor allem die kleineren Repräsentanten der Wiener Possenliteratur (Josef Alois
Gleich, 1772-1841; Karl Meisl, 1775-
1853; Adolf Bäuerle, 1786-1859) werden
hingegen gern und häufig ausgeschlachtet
und erleichtern das Entstehen einer norddt.
P., deren Zentrum die Großstadt Berlin ist.

Die Berliner P. des 19. Jh.s stellt trotz
starker Anleihen bei der Wiener P. eine
eigentümliche Leistung dar. Das hängt in
erster Linie damit zusammen, daß die Autoren zum Teil mit Glück versuchen, von der
damals beliebtesten komischen Theatergattung Frankreichs, dem Vaudeville, zu lernen. Die liberaleren Schriftsteller der ersten
Hälfte des 19. Jh.s erblickten in Paris ihre
eigentliche Heimat und wurden dort bei
kürzeren oder längeren Aufenthalten auch
durch das Vaudeville fasziniert. Karl Ludwig Blum (1786-1844) führte es in Deutschland ein, wo es freilich niemals die gleiche
Beliebtheit erlangte wie in Dänemark (Johan Ludwig Heiberg, *Aprilsnarrene;* 1826).
Das konstituierende Element des Vaudevilles
ist das Couplet, dessen letzte Verse die
scharf zugespitzte Pointe enthalten und als
Refrain suggestiv wiederholt werden. Die
Form des Couplets, das in der vom Vaudeville abhängigen Berliner Lokalposse an die
Stelle des 'Lieds' der Wiener P. tritt, ermöglicht eine Verschärfung des satirischen Elements. Dies tritt besonders während der
Blütezeit der Berliner P. in den Revolutions-
jahren in Erscheinung, nachdem Julius von
Voß (*Der Stralower Fischzug;* 1822) und
Louis Angely (*Das Fest der Handwerker;*
1830) zunächst eine gemütvollere Form entwickelt hatten. Der bedeutendste Vertreter
der leicht satirischen Berliner Couplet-P. ist
David Kalisch (*Einmalhunderttausend
Thaler;* 1847). Der Niedergang setzte in der
Restaurationszeit mit dem Erlöschen jeglicher Kritik an den öffentlichen Zuständen
ein und verstärkte sich in den Gründerjah-
ren. Er wurde unterstützt durch die Tatsache, daß der vom Couplet geforderte pointierte Sprechgesang in Deutschland nur
wenige Repräsentanten fand, weil hier im
Gegensatz zu Frankreich die selbstverständliche Basis eines kultivierten Konversations-
tones fehlte. Am Ende des 19. Jh.s haben
sich in Berlin Couplet und P. auseinander-
entwickelt, einmal zum Kabarett-Couplet
(Otto Reutter), zum andern zur Ausstat-
tungsoperette (Paul Lincke). Mit dem
Wachstum Berlins zur Weltstadt verlor auch
das lokale Element an Bedeutung, das sich
nur noch in den Vorstädten bewahren
konnte. Damit werden die entsprechenden
Werke (Couplets bzw. Ausstattungsoperet-
ten) zu Waren, die sich überall verkaufen
lassen. Diese Entwicklung hatten freilich
schon die Possenautoren Karl von Holtei
(*Dreiunddreißig Minuten in Grünberg;* 1834)

und Gustav Ra e d e r (*Robert und Bertram oder Die lustigen Vagabunden;* 1856) vorbereitet. Sie machten ihre Stücke vor allem dadurch in einem größeren Umkreis attraktiv, daß in ihnen Dialekte verschiedener Landschaften und Städte zu Worte kamen; auch erhielt die Ausstattung immer größere Bedeutung.

Gegenüber den Leistungen der Wiener und Berliner P. verlieren die Versuche, in München, Frankfurt am Main, Köln und Hamburg eigene Lokalpossen zu schaffen, an Wichtigkeit. Den höchsten literarischen Rang, von den Wiener Stücken Raimunds und Nestroys abgesehen, erreicht Ernst Elias N i e b e r g a l l s *Datterich* 'in der Mundart der Darmstädter' (1841). Obwohl als „Posse" bezeichnet, fällt das Werk doch aus dem Rahmen der Gattung; es ist nicht in erster Linie auf Aufführung angelegt und angewiesen und verzichtet auf viele der P. sonst eigentümliche Wirkungsmittel. So stellt es vielmehr ein Stück 'autonomer' Literatur dar, dessen Berührungspunkte mit Georg B ü c h n e r s Sprache und Dramaturgie nicht zu übersehen sind.

§ 3. Nicht zufällig tragen viele P.n den Untertitel: mit Gesang und Tanz. Schon dadurch wird erkennbar, daß die 'Handlung' der Stücke keine zentrale Bedeutung hat. Das Publikum wird vielmehr gerade durch diejenigen Elemente herbeigelockt und fasziniert, welche die Handlungsvorgänge unterbrechen. Diese Elemente sind einmal musikalischer Natur (z. B. Lied, Chanson, Couplet, Quodlibet, Chorgesang, Orchestervorspiele und -zwischenspiele, musikalische Illustration lebender Bilder), zum andern handelt es sich um choreographische Einlagen und um die Gestaltung von 'Tableaus'. Die offene Form der Possen-Aufführungen wird weiterhin betont durch die Scherze der jeweils örtlich gebundenen k o m i s c h e n F i g u r (z. B. der Parapluiemacher Staberl in Wien), die sich meist direkt an die Zuschauer wendet und von deren Reaktion nicht unabhängig ist. Der Reiz dieser Scherze, die sich von dem vorgeschriebenen Text sehr schnell freimachen können, liegt oft gerade darin, daß sie mit der eigentlichen Handlung konstrastieren.

§ 4. Im allgemeinen waren sich Autoren, die ihre Stücke „Possen" nannten, recht ge-

nau im klaren über den Typus des komischen Dramas, zu dem sie sich bekannten. Allerdings gibt es gelegentlich Stücke, die eindeutig den Typus P o s s e repräsentieren, obwohl sie sich anders nennen. Deutlicher als es bisher geschehen ist, läßt sich die P. von anderen Typen des komischen Dramas und Theaters abgrenzen. Die F a r c e (s. d.) unterscheidet sich von ihr durch die Neigung, der eigentlichen Handlung größere Bedeutung und größere Geschlossenheit zu geben. Das V o l k s s t ü c k (s. d.) bemüht sich im Gegensatz zur P. vor allem um ein realistisches Genrebild sentimentaler Prägung; wo Lieder vorkommen, ergeben sie sich im Gegensatz zu den Musikeinlagen der P. stärker aus der jeweiligen Situation. Ganz zu Unrecht wird jedoch häufig die P. mit dem S c h w a n k (s. d.) identifiziert. Der dramatische Schwank, in dessen Mittelpunkt meist eine sehr domestizierte komische Person steht, ordnet alle komischen Elemente in eine spannungsreiche, in sich gerundete Handlung ein. Damit bildet der Schwank strukturell den Gegentypus zur P., die ihre entscheidenden Wirkungsmittel gerade aus einem meist ganz schematischen Handlungsgerüst ausgliedert. Als sich gegen Ende des 19. Jh.s in der ernsten Dramatik die realistische und naturalistische Ästhetik endgültig durchsetzte, mußte sich auch das komische Drama den neuen Prinzipien beugen: Die P. wurde durch den Schwank verdrängt.

§ 5. Fast immer wurde die P. als niedrigste Form des Lustspiels betrachtet und angegriffen. Diese Gegnerschaft hängt aufs engste mit dem jeweiligen dramaturgischen Ideal zusammen. In der zweiten Hälfte des 18. Jh.s, das sich weithin für die geschlossene Realität des Dramas einsetzte, verfiel die P. strengem Verdikt, weil ihre Herkunft von Stegreif-Burlesken offenkundig war. In der zweiten Hälfte des 19. Jh.s widersprach sie den Vorstellungen des psychologisch-realistischen Dramas. Nicht zufällig fällt die Blütezeit der P. deshalb in die erste Hälfte des 19. Jh.s, in der unter dem Einfluß romantischer Tendenzen gerade der Formauflösung ein künstlerischer Sinn abgewonnen wurde. Wenn die P. vor allem in Wien ihre bedeutendsten Vertreter fand, so läßt sich das daraus erklären, daß sich im katholischen Süddeutschland und Österreich die strengen Vorschriften Gottscheds nicht in dem Maße durchgesetzt hatten, wie das in Norddeutschland der Fall war. Vor allem wurde hier die Bedeutung der komischen Figur niemals für längere Zeit ernsthaft in Frage gestellt. All jene mehr vom Publikum als von der Handlung bestimmten Wirkungsmittel, deren sich mittels der komischen Figur gerade die P. zu bedienen pflegt, waren in ihrem Recht unangefochten geblieben.

Die Gegenwart, die unter dem Einfluß der Dramaturgie Bertolt Brechts nicht mehr von der Alleingültigkeit der 'klassischen' Form des in sich geschlossenen Dramas überzeugt ist, hat weniger ästhetische Vorurteile gegen die P. als die Vergangenheit. (In vielen seiner Stücke bedient sich Brecht der gleichen Elemente wie die P.). Trotzdem scheint die P. ihre Rolle ausgespielt zu haben. Gelegentliche Wiederaufnahmen älterer P.n im Theaterspielplan werden meist als deutlich historisierende Versuche dargeboten, was dem Wesen der stets gegenwartsbezogenen P. vollkommen widerspricht. Wenn die P. trotz des Nachlassens der bisher aus ästhetischen oder moralischen Gründen gegen sie vorgebrachten Angriffe keine Zukunft hat, so liegt das einmal daran, daß das 'Lokale' aus der modernen immer enger zusammenrückenden und daher immer gleichförmigeren Welt schwindet. Die P. — die dramatische Gestalt burlesker Komik — tritt schließlich zurück in einer Zeit, in der die menschliche Wirklichkeit eher mit den Mitteln des Grotesken wiedergegeben wird. Wenn Robert Musil seine grotesk-satirische Komödie *Vinzenz und die Freundin bedeutender Männer* (1924) eine „Posse" nennt, ironisiert er damit zugleich das naiv-unreflektierte Lebensgefühl, das die Basis der echten P. gewesen war.

Trübners *Deutsches Wörterbuch*. Bd. 5 (1954) S. 179 f. — *Allgemeines Theater-Lexikon*. Bd. 6 (1842) S. 112-114. Sören Kierkegaard, *Die Wiederholung* (1843), in: Kierkegaard, *Gesammelte Werke*, übers. v. Emanuel Hirsch. 5. u. 6. Abt. (1955) S. 32-45. Gottfried Keller, *Brief an Herm. Hettner* (1850), in: Keller, *Gesammelte Briefe in vier Bänden*, hg. v. Carl Helbling (1950), Bd. 1, S. 329-335. Hans Michael Schletterer, *Das dt. Singspiel von s. ersten Anfängen bis auf die neueste Zeit* (1863; Zur Geschichte dramat. Musik u. Poesie in Deutschland 1). Carl Biltz, *Über das Wort u. d. Begriff Posse*. ArchfNSprLit. 73 (1885) S. 36-44. Carl Heine, *Johannes Velten. E. Beitr. z. Gesch. d. dt. Theaters im 17. Jh.* Diss. Halle 1887. Otto Brahm, *Die Berliner

Posse*, in: Brahm, *Kritische Schriften über Drama u. Theater*, hg. v. Paul Schlenther (1913) S. 93-95. Gilbert Keith Chesterton, *A Defence of Nonsense and other Essays* (New York 1911). Moriz Enzinger, *Die Entwicklung des Wiener Theaters vom 16. zum 19. Jh. (Stoffe und Motive)* (1918/19; Schriften der Gesellschaft für Theatergeschichte 28/29). Karl Holl, *Geschichte d. dt. Lustspiels* (1923, unveränderter fotomech. Nachdruck 1964) S. 239-262. Friedrich Liebstöckl, *Das dt. Vaudeville. E. Beitr. z. Gesch. d. dt. Dramas u. Theaters*. (Masch.) Diss. Wien 1923. Walter Bardeli, *Theorie d. Lustspiels im 19. Jh.* Diss. München 1935. Kurt Kaiser, *Schlesische Possendichtung in d. ersten Hälfte d. 19. Jh.s.* Diss. Breslau 1940. Herbert Ihering, *Vom Geist und Ungeist der Zeit* (1947) S. 20-22. Curt Meyer, *Alt-Berliner polit. Volkstheater (1848-1850)* (1951; Die Schaubühne 40). Otto Rommel, *Die Alt-Wiener Volkskomödie. Ihre Geschichte vom barocken Welt-Theater bis zum Tode Nestroys* (1952). Heinrich Henel, *Szenisches und panoramisches Theater. Gedanken zum modernen dt. Drama.* NRs. 74 (1963) S. 235-249. Walter Hinck, *Das deutsche Lustspiel des 17. und 18. Jh.s u. d. italienische Komödie. Commedia dell'arte und Théâtre Italien* (1965; Germanistische Abhandlungen 8).

Eckehard Catholy

Predigt

§ 1. Der vom lat. *praedicatio* hergeleitete Terminus hat in der über tausendjährigen Geschichte deutscher Kanzelansprachen seinen Bedeutungsinhalt wiederholt gewandelt; ahd. *predigōn* bezeichnet 'jedes öffentliche Vorlesen oder Vortragen des kirchlichen Wortes', wozu also auch z. B. die bair. *Exhortatio ad plebem christianum* gehört; mhd. *predige* (>Predig[t]) ist der Oberbegriff für geistliche Ansprachen schlechthin, worunter man *sermo, homilia, tractatus* und *collatio* stellt; zum außerkirchlichen Gebrauch vgl. *Meier Helmbrecht* V. 561 ff. Luther zählt zur P. neben der eigentlichen Kanzelsprache auch Auslegung, Traktat und Vorlesung und drückt damit die Einheit von wissenschaftlicher Exegese und praktischer Verkündigung aus; heute versteht man unter P. im engeren, kirchlichen Sinne ganz allgemein Verkündigung der christlichen Botschaft.

Im Laufe der Entwicklung haben sich Sonderformen herausgebildet, die durch bestimmten Anlaß, spezifischen Hörerkreis oder Eigenart des Vortrags bedingt sind. Teilweise über das MA. hinaus ist schon wegen unterschiedlicher Bildungsvoraussetzungen die lat. Kleriker- von der dt. Laienp. deutlich abgehoben; Sammlungen kurzer Perikopenauslegungen mit veranschaulichendem Erzählgut heißen *Plenarien*; bei den Brüdern vom gemeinsamen Leben und in Frauenklöstern trägt man *collâzien* vor: ursprünglich Verlesung der *Collationes Patrum*, dann schlichter, umfangreicher, außergottesdienstlicher Vortrag mit Unterweisung und Aussprache über Glaubensfragen; damit kommt man der frühchristlichen Bedeutung des ὁμιλεῖν nahe. Seit vorreformatorischer Zeit wird neben dem allgemeineren Begriff *Contio* zwischen *Sermo* und *Homilie* unterschieden; letztere bedeutet zunächst Auslegung des Bibeltextes, dann volkstümliche, erbauliche Kanzelansprache mit analytischer Methode; *Sermo* setzt einen nicht unbedingt den Perikopen entnommenen Bibeltext oder ein anderes Thema (aus Glaubens- und Sittenlehre, aus Heiligenviten o. a.) voraus, worüber in durchgestalteter Form und synthetischer Methode gesprochen wird. Die besonders seit der Reformation gepflegte Form der *Postille* hat ihren Namen davon, daß sie ursprünglich nach dem Bibeltext (*post illa verba scripturae*) der Gemeinde vorgelesen wurde. Dem Wesen der antiken *Diatribe* kommt die reich veranschaulichte und moralisierende katholische Barockp. oft nahe.

Zu einzelnen Festzeiten hat die P. ein besonderes Gepräge erhalten: schon im MA. während der Passionswochen; zu Ostern vergnügt man die Gemeinde mit dem *risus paschalis*; seit dem 15. Jh. wird der Neujahrs- und Fastnachtstage mit ermunterndem Vortrag gedacht; von der gleichen Zeit ab wird andererseits in Türken- und Ablaßp. zur Buße gerufen; in Notzeiten stehen Seuchen, Kriege, Kometenerscheinungen im Mittelpunkt der Kanzelansprache; im ganzen MA. wird die panegyrische oder Legendenp. gepflegt; ergötzliche Züge bringen die Ernte- und Kirchweihp.n; die einzelnen Stände werden aus Anlaß ihrer Festtage angesprochen. Mit der Reformation kommt die didaktisch gestimmte Katechismusp. auf. Die technischen Einrichtungen unserer Zeit, Rundfunk und Fernsehen, haben auch neue Formen der geistlichen Ansprache gebracht.

Kasualrede, Traktat (*s. d.*) und Erbauungsschrifttum (*s. d.*) können hier nur beiläufig berücksichtigt werden, wenn von Letztgenanntem P.sammlungen auch bisweilen schwer zu trennen sind, vgl. Hermann B e c k, *Die reli-*

giöse Volkslitteratur der ev. Kirche Deutsc‹ lands (1891; Zimmers Handbibl. d. prak Theol. 102).

Eine neuere umfassende Monographie üb‹ Wesen, Form und Geschichte der P. gibt weder von Literaturwissenschaftlern noch v‹ Theologen. Die germanist. Handbücher lasse uns weithin im Stich; so ist Josef Oswald den *Grundzügen der kath. Kirchengeschich‹* (StammlerAufr. 3, 2. Aufl. 1962, Sp. 1647-172 auf die P. überhaupt nicht eingegangen. D‹ für verweisen wir auf Abhandlungen in d‹ theologischen Sammelwerken. Den gesamt‹ Zeitraum behandeln folgende k a t h o l i s c ‹ D a r s t e l l u n g e n : W. K e u c k , J. S c h n e y e r u. V. S c h u r r in: *Lexikon Theologie und Kirche*, Bd. 8 (2. Aufl. 196 Sp. 705-718. Anton K o c h , *Homiletisch‹ Handbuch* (5. Aufl. 1953 ff.). K e p p l e r ‹ Wetzer-Weltes *Kirchenlexikon*. Bd. 10 (189 Sp. 313-348. Treffl. Zitate und Charakterisi‹ rungen in Franz S t i n g e d e r s *Geschichte d‹ Schriftpredigt* (1920; Predigt-Studien 2). F‹ den Philologen noch immer unentbehrlich ‹ Jos. K e h r e i n , *Gesch. d. kath. Kanzelbere‹ samkeit d. Deutschen v. d. ältesten bis z. ne‹ esten Zeit*. 2 Bde (1843). — P r o t e s t a n t ‹ s c h e G e s a m t d a r s t e l l u n g e n : Alfr‹ N i e b e r g a l l , *Die Gesch. d. christl. P.*, ‹ *Leiturgia, Handb. f. d. evang. Gottesdien‹* Bd. 2 (1955) S. 181-352 sowie in: RGG. 5 ‹ Aufl. 1961) Sp. 516-530. Wolfg. T r i l l h a ‹ in: *Kirchl.-Theol. Handb.*, T. 2, 1941, S. 501 ‹ Martin S c h i a n in: *Realenc. f. prot. Theol. Kirche*, 3. Aufl. Bd. 15 (1904) S. 623-747 ‹ Bd. 24 (1913) S. 333-346. Die beste Zusa‹ menfassung u. krit. Sichtung gibt Her‹ H e r i n g , *Die Lehre v. d. P.* (1905; Samr‹ v. Lehrb. d. prakt. Theol. 1). Ausführlic‹ Quellenzitate bringt August N e b e, Z‹ *Gesch. d. dt. P., Charakterbilder der bede‹ tendsten Kanzelredner*, 3 Bde (1879). Er‹ S t a e h e l i n , *Die Verkündigung des Reich‹ Gottes in der Kirche Jesu Christi*, 7 Bde 19‹ bis 1964. Monographien über bedeutende P‹ diger bringt die von Gustav L e o n h a r d i u‹ Wilh. v. L a n g s d o r f hg. Reihe *Die P. c‹ Kirche*, 32 Bde (1888-1905).

Einzelne größere Zeiträume behandeln: A‹ Grund der Münchner Codices Anton L i ‹ s e n m a y e r , *Gesch. d. P. in Dtld. v. K‹ d. Gr. bis z. Ausg. d. 14. Jh.s* (1886). F. A l b e r t , *Die Gesch. d. P. in Dtld. bis Luth‹* 3 Tle (1892-1896). Joh. M a r b a c h , *Gesch. dt. P. vor Luther* (1874). R. C r u e l , *Gesch. dt. P. im MA.* (1879). Rich. R o t h e , *Ges‹ d. P. v. d. Anf. bis auf Schleiermacher*, ‹ v. Aug. Trümpelmann (1881). Gustav W o ‹ *Quellenkunde der dt. Reformationsgesch.* ‹ Bde (1915-1923), bringt Lit. zur Gesch. der ‹ von der Franziskanerp. des 12. Jh.s bis zu ‹ Anf. der luth. Orthodoxie. Wilh. B e s t e, *‹ bedeutendsten Kanzelredner d. ält. luth. Kir‹ von Luther bis zu Spener*, 3 Bde (1856-188‹ C. G. F. S c h e n k , *Geschichte der deuts‹ protestant. Kanzelberedsamkeit von Luth‹ bis auf die neuesten Zeiten* (1841). W. S t ö ‹

kicht, *Die christl. P. in d. ev. Kirche Dtlds., Sammlung geistl. Reden,* 3 Bde (1876-1880). Clem. Gottlob S c h m i d t, *Gesch. d. P. in der ev. Kirche von Luther bis Spener in einer Reihe von Biographien u. Charakteristiken* (1872). Ludw. S t i e b r i t z, *Zur Gesch. d. P. in d. ev. Kirche von Mosheim bis auf d. Gegenw.* (1875). *Klassiker des Protestantismus,* hg. v. Christel Matthias S c h r ö d e r, 8 Bde (1963 ff.; Samml. Dieterich). Joachim K o n r a d, *Die evang. P., Grundsätze u. Beispiele homilet. Analysen, Vergleiche u. Kritiken* (1963; Samml. Dieterich 226). Adolf D o n d e r s, *Meister der P. aus dem 19. u. 20. Jh., e. homilet. Lesebuch* (1928). Darüber hinaus liegen weitere Quellensammlungen vor. Über die älteren Autoren informiert mit Literaturangaben das *Verfasserlexikon.*

§ 2. Im Rahmen dieses Art. ist es unmöglich, die P. auf dt.sprachigem Boden in ihrer Gesamtheit, insbesondere aber ihre theologische Funktion, zu betrachten. Vielmehr greifen wir heraus, was für ihre Stellung in der Sprach- und Lit.geschichte von Bedeutung ist, beachten hauptsächlich S p r a c h e, S t i l u n d F o r m. Auch hierbei ist der Umfang der Aufgabe kaum überschaubar, braucht man doch nur daran zu erinnern, wie wichtig die P. für die Entwicklung der dt. P r o s a ist. Man muß allerdings stets die Überlieferungsform beachten: denn die uns vorliegenden Niederschriften oder Druckfassungen weichen meist vom vorgetragenen Original ab. Das große Vorbild war seit der Scholastik die lat. Eloquenz, dabei namentlich der zwischen Niedrigem und Erhabenem stehende *sermo humilis;* das zeigt sich an der umfassenden Aufnahme und Verdeutschung patristischer Homiliare (schon A u g u s t i n legt Wert auf rhetorische Form, übernimmt *inventio et elocutio* von der antiken Rhetorik: *De doctrina christ.* IV, Kap. 10 f.; 26,2 f.). Das wird durch das noch lange Zeit übliche Verfahren bestätigt, volkssprachlich vorgetragene P.n lat. zu konzipieren und zusammenzufassen. Hier sind Reimprosa und Cursus anzuführen, die rhythmische Gestaltung der Satzschlüsse, die allerdings nach Schönbachs Feststellungen in der mhd. P.überlieferung spärlich ist, weil diese meist auf Hörernachschriften beruht. Die klass. Rhetorik hat auch die Vorliebe für verschiedene Stilfiguren gefördert, ohne daß diese Einflußwege bisher eindeutig nachgewiesen wären. Daneben zeigen die P.n mehr als andere Lit.werke stilistische Er-

scheinungen, die aufschlußreiche Zeugnisse der gesprochenen Sprache sind, z. B. das häufige Präsens historicum in der Grieshaberschen Sammlung.

Günther K e r t z s c h e r, *Der Cursus in der altdt. Prosa.* Diss. Leipzig 1944. Friedr. W e n z l a u, *Zwei- u. Dreigliedrigkeit in der dt. Prosa des 14. u. 15. Jh.s* (1906; Hermaea 4). Albert H a s s, *Das Stereotype in den altdt. P.n.* Diss. Greifswald 1903. Margar. K e i e n b u r g, *Studien zur Wortstellung bei Predigern des 13. u. 14. Jh.s* (Teildr.) Diss. Köln 1934. H. H a s s e, *Beiträge zur Stilanalyse der mhd. P.* ZfdtPh. 44 (1912) S. 1-37 u. 169-198 (weithin überholt durch Helmut d e B o o r, *Frühmhd. Sprachstil,* ebda. 51, 1926, S. 244 bis 274 u. 52, 1927, S. 31-76). Hans F r o m m, *Zum Stil der frühmhd. P.* Neuphil. Mitt. 40 (1959) S. 405-417. P.-G. V ö l k e r, *Die Überlieferungsformen mittelalterl. dt. P.n.* ZfdA. 92 (1963) S. 212-227. Leopold Lentner, *Volkssprache u. Sakralsprache. Gesch. e. Lebensfrage bis z. Ende d. Konzils v. Trient* (1964; Wiener Beitr. z. Theol. 5). Wolfgang S t a m m l e r, in: Aufr. Bd. 2 (2. Aufl. 1960) Sp. 980-1004. Kurt G e r s t e n b e r g, *Dt. Sondergotik* (1913). Hermann G u m b e l, *Dt. Sonderrenaissance in dt. Prosa, Strukturanalyse dt. Prosa im 16. Jh.* (1930; Dt. Fschgn. 23). Irmgard W e i t h a s e, *Zur Gesch. der gesprochenen dt. Sprache* Bd. 1. 2. (1961). Hugo M o s e r, *Sprache und Religion. Zur muttersprachl. Erschließung des relig. Bereichs* (1964; WirkWort. Beih. 4), bes. S. 48.

§ 3. V o n d e n A n f ä n g e n b i s z u m 1 2. J h. Seit Beginn der Missionierung in Deutschland gibt es die volkssprachliche P., die sich allerdings zunächst ganz auf lat. homiletische Lit. stützt, dabei stilistisch wenig schöpferisch ist; auch fehlen ihr Gliederung und Durcharbeitung des Themas. Konzilien und Synoden der Karlingerzeit ordnen das P.wesen u. a. mit der Forderung ʿ*transferre homilias patrum in rusticam Theotiscam linguam*ʾ (Syn. von Tours 813). Aber die mit der *Admonitio generalis* von 789 einsetzenden Reformen schaffen weniger eine Erneuerung von Form und Sprache (hätte man doch eine Belebung der Rhetorik durch die karlingische Renaissance erwarten können), sondern dringen mehr auf die Einhaltung der regelmäßigen Verkündigung in der Volkssprache. Die P. war damals und zum Teil noch bis ins 12. Jh. weitgehend unselbständig. Sie war ein ganz der Messe untergeordneter Teil, der auf die *lectio* folgte. In verhältnismäßig früher Zeit wurde ihr die Exegese der Perikopen aufgetragen, und zwar möglichst in der seit Origines üblichen

dreifachen Sinndarlegung (allegorisch, tropo-
logisch, anagogisch).

Die Quellen fließen in der frühesten Zeit spärlich: von der irischen Missionsp. (600-900) ist
nichts erhalten geblieben; das unter dem Namen
ags. Mönche Überlieferte hält der kritischen Forschung nicht stand. Die im Folgenden aufgeführten Zeugnisse sind alle lat. niedergelegt,
was aber nicht ausschließt, daß sie ursprünglich
in der Volkssprache gehalten worden sind. Einige
P.n und homiletische Stücke schuf P a u l u s D i a -
c o n u s († 799) nach patristischen Vorlagen; zwei
Sammlungen moralisierender Homilien des
H r a b a n u s M a u r u s († 856; Migne 110 Sp.
9 ff. u. 135 ff.) sind in klarer Gliederung, leicht
verständlich mit mystischer und allegorisch
erklärender Darstellung abgefaßt, jedoch ohne
rhetorischen Schmuck; von ihm ist auch in der
Institutio Clericorum (Migne 107 Sp. 293 ff., bes.
B. III Kap. 28 ff.) eine Art Homiletik mit Anweisungen für die P.praxis erhalten. Moralisch-
allegorisch-anagogische Exegese prägt die drei
überlieferten Homilien des W a l a h f r i d S t r a -
b o († 849; Migne 114 S. 849 ff. u. 965 ff.) —
Eigenheiten, die uns ebenfalls in einigen stilistisch schlichten, aber streng textgebundenen
P.n begegnen, die dem Bischof H a i m o v o n
H a l b e r s t a d t († 853) zugeschrieben werden.
Noch älter ist vielleicht das Würzburger Homi-
liarium, das seinen dt. Glossen zufolge wohl unmittelbare Vorlage für Volksp.n war.

Um 1000 haben einige bedeutende Prediger im dt. Sprachraum gewirkt, so der Mainzer Erzbischof B a r d o. Da die P.n hoher
kirchlicher Würdenträger von der Überlieferung begünstigt waren, hat man die Zeit
von 900-1100 — sicher zu Unrecht — die
Periode der Bischofsp. (nach der voraufgehenden Missionsp.) genannt. Es liegen aber
doch zu wenige dieser Zeugnisse vor, als daß
man Ehrismanns Urteil billigen könnte, damals hätte die dt. P. schon einen Höhepunkt
in ihrer Geschichte erreicht. Die im Folgenden angeführten spärlichen Reste in ahd.
Sprache geben vielmehr ein bescheideneres
Bild.

Zwei P.bruchstücke des 10. Jh.s nach Gregors
Homilien enthält die Wiener Notker-Hs.: sie
zeigen mit der regelmäßigen Rhythmisierung in
den Satzschlüssen lat. Einfluß. Diese Fragmente
werden durch zwei P.bruchstücke einer Münchner Hs. ergänzt (E. v. S t e i n m e y e r, *Die kleineren ahd. Sprachdenkmäler*, 1916, Nr. XXX,
XXXII und XXXIII). Der gleichen Zeit gehören
vier P.fragmente aus einer anderen Ambraser
Hs. an. Die Monseer Fragmente enthalten eine
Übers. von Augustins 76. P. Ferner sind zu
nennen Bruchstücke einer St. Gallener P. und
P.reste aus Wessobrunn, die in leichtverständ-
licher Form Sermones von Augustin bzw. Caesarius von Arles übertragen, aber bereits einige
Selbständigkeit im Stil erreichen (I. S c h r ö b -
l e r, *Zu d. Vorlage d. ahd. P.sammlung A.*

PBB. 63, 1939, S. 271-287). Zum Teil gleicher
Herkunft sind P.fragmente in München und
Nürnberg, die u. a. Gregors und Bedas Homilien folgen. Ein anderes Bruchstück einer Beda-
Homilie stammt aus dem Anfang des 10. Jh.s;
es ist in mittel- bzw. niederfränk. Sprache aufgezeichnet und steht in der Syntax seiner lat.
Vorlage schon verhältnismäßig unabhängig gegenüber.

Da die direkte Überlieferung früher volks-
sprachlicher P.n so dürftig ist, sind uns Zeugnisse über das Verkündigungswesen in ahd.
Zeit aus verschiedenen literar. Denkmälern
außerordentlich wertvoll. O t f r i d v o n W e i -
ß e n b u r g († 870) hat seinem *Evangelienbuch* sogar Homiliare zugrunde gelegt (vgl.
Georg L o e c k, *Die Homiliensammlung d.
Paulus Diakonus*, Diss. Kiel 1890) und trifft
in seiner Dichtung gut den Ton der Volksp.,
der auch im M u s p i l l i, H e l i a n d, in
W i l l i r a m s *Hohes-Lied-Paraphrase* und
N o t k e r s *Psalmerklärung* anklingt.

Als frühe poetische Zeugnisse sind der P.
an die Seite zu stellen: Das um 1090 im Stil
der damaligen Kanzelberedsamkeit wohl
vom Geistlichen N ô k e r geschaffene alemann. Bußgedicht *Memento mori;* H e i n -
r i c h s v o n M e l k satirische *Erinnerung*
und *Priesterleben;* das um 1150 in Österreich nach Art einer Bußp. im Reimstil abgefaßte Gedicht *Die Wahrheit;* die um 1180
in Oberdeutschland entstandene Mönchsp.
Trost in Verzweiflung; die der volkstümlichen P. entsprechenden Dichtungen *Vom
Rechte* und *Die Hochzeit,* beide um 1140 in
guter Reimtechnik und schlichter Sprache
geschrieben; die vor 1150 anzusetzende sit-
tenstrenge *Rede vom Glauben* des sogen.
a r m e n H a r t m a n n. Der bereits in der
jüngeren Fassung des *Ezzoliedes* anklin-
gende Typ der Reimp. findet im zweiten
Teil der nach 1100 gedichteten rheinfrän-
kischen *Summa theologiae* und in dem elsässischen Lehrgedicht *von Meßgewändern
und Meßritus* (um 1160) eine stark allegori-
sierte Ausprägung. Auch in der wenige Jahre
später in Österreich entstandenen Lehrdichtung *Anegenge* herrscht der P.stil vor.

In die erste Hälfte des 12. Jh.s fällt die
Entstehung der frühmhd. P.kompilation
Speculum Ecclesiae (hg. v. Gert Mellbourn
1944; Lunder germanist. Fschgn. 12) aus
Benediktbeuren; es sind 68 Sermones für
das Volk, als homiletische Hilfsmittel gedacht, die jeweils ein Thema als Mittelpunkt
haben, das sie in biblisch-allegorischer Dar-

stellungsweise unter Verwendung von naturgeschichtlichem, legendarischem und klassisch-mythologischem Beiwerk abhandeln. Vereinzelt wird der Reim als Stilmittel angewandt, Eingang und Schluß sind fast durchgehend formelhaft gleich. Der St. Blasier Abt Werner von Ellerbach (†1126) verfaßte unter dem Titel *Deflorationes patrum* eine ähnliche homiletische Sammlung, der wahrscheinlich dt. Sonntagsp.n zu Grunde liegen. Zur Veranschaulichung dienen ihm Beispiele aus der Naturgeschichte und antiken Mythologie, aber auch Anekdoten und Bilder. 25 vollständige und mehrere fragmentarische Fest- und Heiligenp.n des 12. Jh.s hat Heinrich Hoffmann (*Fundgruben* I, 1830, S. 70-126) aus einem im 13. Jh. geschriebenen Wiener Codex herausgegeben.

Mit Namensnennung tritt uns kurz vor 1200 der Priester Konrad in 114 belehrenden P.n entgegen; 79 legen allegorisch die Sonntagsperikopen aus, 35 feiern die Heiligen nach Legendenüberlieferung (A. E. Schönbach, *Altdt. P.n* III 1891); sie sind in schlichtem, volkstümlichem Deutsch geschrieben und als Vorlage für seine Amtskollegen gedacht. Der Admonter Abt Gottfried (†1167) hat 92 lat. aufgezeichnete Sonntagshomilien hinterlassen, in denen eine genaue Texterklärung und Ermahnung gegeben wird (Migne 174, 21 ff.). Aus der gleichen Zeit stammen 29 Homilien des Mönchs Boto von Prüfening; der 1163 verfaßte Bibliothekskatalog von St. Emmeram/Regensburg verzeichnet auch *Sermones ad populum teutonice*. Ferner kennen wir fünf Sermones als textuale Spruchreden des Berengoz von St. Maximin/ Trier sowie 108 P.n Hermanns von Reun (Anton E. Schönbach, *Die Reuner Relationen*. SBAkWien, phil.-hist. Kl. 139 (1898). Abh. V. Ders., *Über H. v. R.* Ebda 150 (1904/05) Abh. IV). Jetzt tauchen die ersten homiletischen Hilfsbücher und Materialsammlungen auf.
    C. Schmidt, *Über das Predigen in den Landessprachen während des MA.s*, in: Theol. Stud. u. Krit. 19 (1846) S. 243-296. Joh. Bapt. Hablitzel, *Hrabanus Maurus, e. Beitr. z. Gesch. d. ma. Exegese* (1906; Bibl. Studien 11, 3). Anton E. Schönbach, *Altdt. P.n* 3 Bde (1886-1891; Neudruck 1964). Ders., *Über eine Grazer Hs. lat.-dt. P.n* (Graz 1890). Wilh. Wackernagel, *Altdt. P.n u. Gebete*, hg. v. M. Rieger (Basel 1876; Neudr. 1964). Ehrismann, I, S. 345 ff., II, 1 S. 184 ff. *Dt. P.n des 12. u. 13. Jh.s*, hg. v. Carl Roth (1839; Bibl. d. ges. dt. Nationallit. 1, 11).

§ 4. Einfluß der Scholastik und Anfänge der Predigerorden.

Mag die dt. P. um 1200 auch stark von Frankreich her beeinflußt worden sein, so hat sie doch andererseits maßgeblich zur Entwicklung der dt. Prosa seit dem 13. Jh. beigetragen. Die Diktion der Volkssprache zeigt sich vor allem in der den P.n gern beigefügten literar. Kleinform des *Exempels* (auch *P.märlein*), das mit lehrhafter und veranschaulichender Tendenz auftritt (Herb. Wolf, *P.erzählgut*, Deutschunterricht 14, 1962, H. 2, S. 76-99). Die Landessprache wird — soweit sie in der Laienp. noch nicht eingeführt war — u. a. durch das 9. Dekret des Laterankonzils von 1215 verlangt. Die schon vorher gepflegte allegorische Exegese wird jetzt weitergetrieben; schreibt doch der sog. St. Georgener Prediger: *Disiu zaichen sol man gaischlich verstan und sol siu ôch gaischlich tůn, won siu sint vil niutzer denne die liplichen zaichen ... so diu zaichen ie gaischlicher sint, so siu ie besser sint.* Insbesondere durch W. Stammlers Untersuchungen wissen wir, daß bereits die Scholastik — nicht zuletzt aus den Bedürfnissen ihrer volkssprachlichen P. heraus— wesentlich zur Bereicherung unseres Wortschatzes beigetragen hat.

Seit dem 13. Jh. tritt uns die dt. P. in zunehmendem Maße schematisch gestaltet entgegen: auf das *Thema* folgt das *Prothema*, dem das *Exordium* (Anruf an Gott und die Gemeinde) untergeordnet ist; darauf wird das Thema in drei Teilen abgehandelt: *Divisio* (Bedeutung des Textes, Analyse des darin gebotenen Materials nach mehr oder minder festen Kategorien), *Distinctio* (Darlegung des Hauptbegriffs dem Wortsinne nach) und damit zuweilen eng verbunden: *Dilatatio* (Erklärung nach tropologischen, allegorischen und anagogischen Gesichtspunkten). Auch der theologisch beschlagene Schwarzwälder Prediger (der den Text nach Tagesevangelien wählt und hiervon das lat. vorgetragene Thema ableitet, in frischem, didaktisch geprägtem Stil mit Bevorzugung von Allegorie und Personifikation vorträgt) liebt strenglogische, meist gereimte Disposition; er gliedert in vier, der Engelberger in 10 bis 15 Teile. Mit der Scholastik kommt die Vorliebe für Anschwellung, *prolongatio* mit Schmuckwerk und Beweismaterial auf; dabei tritt der Text stärker in Erscheinung. Über die textuale Spruchp. führt dann der Weg zur Perikopenp. der Reformation. Neben die vorwiegend zur Fastenzeit gepflegte Reihenp. tritt die thematische P., beide mit unmittelbarem Bezug auf die Gemeinde und den Alltag. Außerdem werden von dieser Zeit ab Collationen und Traktate gepflegt.

Vertreter der scholastischen Methode mit fast ausschließlich lat. P.überlieferung sind A l b e r - t u s   M a g n u s (1193-1280) mit *Sermones de tempore et de sanctis* (vgl. auch Ausg. seiner „Prophetenpostille", 1952; Opera Omnia 19) und der Zisterzienserabt K o n r a d   v o n   B r u n d e l s - h e i m, wahrscheinlich Vf. der vor 1323 entstandenen *Sermones Socci*, die erstmals zusammenhängende P.n über ein einheitliches Thema vorlegen. Strenge kunstvolle Gliederung, die schon Anzeichen des Formalismus trägt, findet sich in den lat. P.n des T h o m a s   v o n   A q u i n († 1274). Wegen seiner kunstvollen Formgestaltung, der Beachtung von *distinctio, divisio et dilatatio* wichtig ist der von Kurt Ruh hg. *Bonaventura deutsch, ein Beitrag zur dt. Franziskaner-Mystik und Scholastik* (Bern 1956; Bibliotheca Germanica 7). Unter deutlichem Einfluß Bernhards von Clairvaux mit kunstvoller Gliederung, klarer und systematischer Analyse, rhetorischem Schmuck steht C a e s a r i u s   v o n   H e i s t e r b a c h († 1240) mit seinen 115 Homilien, darunter eine in Dialogform, während sein *Dialogus miraculorum* und *Fasciculus moralitatis* vielen späteren Predigern als Materialfundgrube dienen. Die unter dem Namen S t.   G e - o r g e n e r   P r e d i g e r bekannte Sammlung ist deutlich von Bernhards Mystik geprägt; sicher war der Kompilator, auch einer der Verfasser Zisterzienser (vgl. Wolfgang F r ü h w a l d, *Der St. Georgener Prediger*, 1963; QF. NF. 9). Von N i k o l a u s   v o n   L a n d a u († 1354; Hans Z u - c h o l d, *Des N. v. L. Sermone als Quelle f. d. Predigt Meister Eckharts u. s. Kreises*, 1905; Hermaea 2) liegt eine vierbänd. Sammlung dt. P.n vor; sie sind in trockenem Stil ohne große rednerische Begabung abgefaßt und von stark schematisierter Form, setzen ein lat. Exordium voraus und sind durch Fragen aufgelockert. Hier klingt die Mystik an wie bei J o r d a n u s   v o n   Q u e d l i n b u r g († 1380), von dem zwei P.-sammlungen und eine Stoffzusammenstellung für die Leidensgeschichte erhalten sind (Joh. F l e n s b u r g, *Die mnd. P.n des J. v. Q.*, Diss. Lund 1911). Der Erfurter H e i n r i c h   v o n   F r i e m a r († 1342) zerfasert seine mit pedantischer Gelehrsamkeit zusammengestellten P.n über Heilige und Perikopen; er war ein beliebter Prediger, doch fehlen ihm innige Züge (vgl. Clemens S t r o i c k, *Heinrich von Friemar. Leben, Werke, philosoph.-theolog. Stellung in d. Scholastik*, 1954; Freib. Theol. Stud. 68). H e i n - r i c h   v o n   S t.   G a l l e n hat in der 2. Hälfte des 14. Jh.s in Prag gepredigt; seine dt. P.n über die acht Seligkeiten, ein Jg. Kanzelansprachen sowie seine Traktate sind schlicht und gemütvoll, mit Vorliebe für allegorische Einkleidung. Daneben wird der Geist der Scholastik in vielen anonymen P.sammlungen bis zum Einsetzen des Buchdrucks weitergetragen (s. u.).

Die Vertreter der P r e d i g e r o r d e n halten sich weniger streng an die teilweise schon sterilen Kunstformen der scholastischen P.,

lassen dafür mehr den individuellen Vortrag zum Ausdruck kommen. Sie tragen vorwiegend als Wanderprediger zur lebendigen Aufnahme ihrer missionierenden zeit-, orts- und gemeindebezogenen P. bei, die nicht immer an den Kirchenraum und die Meßhandlung gebunden ist. Insbesondere lassen sich die Mendikanten die Seelsorge angelegen sein, wobei sie nicht auf die Verdeutlichung des Schrifttextes durch Bericht über Natur- und Geschichtsereignisse sowie Volksüberlieferungen verzichten. Die starken Ketzerbewegungen des hohen MA.s, die u. a. für die Verkündigung in der Volkssprache eintreten, ziehen Gegenmaßnahmen der Kirche nach sich. Sie setzt seit 1210 Franziskaner, seit 1215 Dominikaner speziell mit Kontroversp.n in der Landessprache an. Die andere große Bewegung des 12./13. Jh.s, die K r e u z z ü g e, wird vielfach von besonders beauftragten Predigern im Abendland vorbereitet und getragen; von ihnen verlangt man eine genaue Schilderung des Heiligen Landes; ihre dt. Ansprachen sind nicht mehr erhalten, sie spiegeln sich teilweise im Liedgut wider (s. *Kreuzzugdichtung*). Schließlich hat sich auch die G e i ß l e r b e w e g u n g in zahlreichen P.n niedergeschlagen, die aus starker innerer Erregung heraus vor dem Gericht warnen und zur Buße rufen.

Die meisten Prediger treten anonym hinter ihren Sammlungen zurück, so in den derben, den Bedürfnissen des Alltags zugewandten el- s ä s s i s c h e n P.n. Wir kennen K o n r a d   v o n   S a c h s e n († 1279) mit seinen drei Zyklen lat. Heiligen- und Sonntagsp.n, Abt E c k b e r t   v o n   S c h ö n a u als Verfasser von 13 Sermones, den Albertus-Schüler und Straßburger Dominikaner U l r i c h   E n g e l b e r t i († 1277) als Vf. einer innigen, geisterfüllten dt. P. über die dreifältige Art der Gottesschau, ferner den Augustiner E b e r h a r d, der Ende des 13. Jh.s wirkt — sie zeichnen sich durch klare, einfache Disposition und anschauliche Sprache aus. Ebenfalls gegen Ende des 13. Jh.s verfaßt der Dominikaner P e - r e g r i n u s ein P.-Annal, das noch im 16. Jh. neu aufgelegt wurde; es sind Sermones bzw. textuale Evangelienp.n, die das Thema durch Zergliederung des Textes gewonnen haben. Der Dominikaner D i e t r i c h   v o n   F r e i b e r g († 1310) trägt erstmals in dt. P.n mystische Ideen vor. Dem gleichen Orden gehört der frühe Thomasschüler J o h.   v o n   S t e r n g a s s e n († 1320) an, dessen dt. P.n in eindringlicher Sprache abgefaßt sind und mystische Gedanken enthalten, die jedoch den neuplatonisch-pantheistischen Vorstellungen Eckharts fernstehen. Ebenfalls mit mystischem Einschlag, jedoch in alltäglicher Redeweise predigt der Franziskaner M a r - q u a r d   v o n   L i n d a u († 1392). Aus der gleichen Zeit stammen die z. T. auszugsweise erhaltenen dt. P.n des Dominikaners H e i n - r i c h v o n K ö l n, die zwar ganz von der Scholastik geprägt, aber durch anschauliche Alltagsbilder leicht verständlich sind. Neben einer Anzahl ungenannter süddt. Minoriten (Adolph F r a n z, *Drei dt. Minoritenprediger aus dem 13. u. 14. Jh.*, 1907) sind die bedeutendsten Vertreter der Predigerorden die Franziskaner D a v i d v o n A u g s b u r g († 1272), von dem in dt. Sprache nur Traktate mit myst. Einschlag erhalten sind, und vor allem B e r t h o l d v o n R e g e n s b u r g († 1272). Er hat den seit dem 12. Jh. spürbaren französischen Einfluß weitgehend überwunden. Die Franziskaner haben wesentlich dazu beigetragen, daß das geistliche Schrifttum in kunstvoller Prosa abgefaßt wird und auch für den Laien bestimmt ist (A. E. Schönbach, *Studien zur Gesch. d. altdt. P.*, VI, SBAkWien., phil.-hist. Kl. 153, 1906).

Durch die eindringlichen Untersuchungen A. E. S c h ö n b a c h s haben wir wenigstens einen gewissen Eindruck von der lebendigen Vortragsweise B e r t h o l d s, der uns ca. 470 P.n, darunter 71 dt. (vorwiegend in den drei Landpredigersammlungen) hinterlassen hat. Ihm sind auch mehrere P.n des St. Georgener Kompilators zuzuschreiben. Bertholds dt. P.n sind frühestens sechs Jahre nach seinem Tod aus Hörernachschriften mhd. niedergelegt, er selbst konzipierte sie lateinisch. Was in dieser Sprache erhalten ist, zeugt von sorgfältiger Ausarbeitung, wenn B. auch selbst keinen Anspruch auf kunstvolle Sprechweise erhob; so ist der Gebrauch des Cursus in seinen Satzschlüssen möglicherweise erst den Nachschreibern zu verdanken. Sein Satzbau ist schlicht und bevorzugt die übersichtliche Parataxe. Seine von der Tagesperikope oder dem Heiligenbezug unabhängigen P.n haben strengen, einprägsamen Aufbau, sind in volkläufig kerniger, zuweilen humorvoller Sprache (deutlich gegen den höfischen Stil abgesetzt) mit Vorliebe für Sprichwörter, Bilder und Vergleiche aus der Natur und dem Alltag sowie Volksmeinungen abgefaßt. Zuweilen wird seine allegorische Deutung willkürlich. Im Gebrauch der Stilmittel folgt er hauptsächlich dem Zuge seiner Zeit; Epizeuxis, stereotype Wendungen, formelhafte Verbindungen (besonders feste Epitheta), Mehrgliedrigkeit, Synonyma, Alliteration, Gradation, Neigung zu dramatischer Gestaltung durch direktes Ansprechen mit fingierter Antwort, Interjektionen, Befehle, Fragen; auf rhetorische Fertigkeiten hingegen verzichtet er. Zur Verdeutlichung flicht er Erzählgut ein: *dâ von wil ich iu ein mærlîn sagen, daz behaltet ir vil lihte baz danne die predige alle samt*. In allen seinen P.n tritt das belehrende Element stark hervor, insbesondere versucht er als Bußprediger gegen die Hauptsünde seines von starken sozialen Spannungen erfüllten Jh.s anzugehen, die *gîtigkeit*. Auch warnt er vor den „Pfennigpredigern", die üble Ablaßgeschäfte mit den um ihr Seelenheil Besorgten machen. Im Mittelpunkt steht das mit dem Text nur lose verknüpfte Thema, das nach dem vorangestellten Textspruch eingehend in schematische Teile aufgegliedert wird.

Herm. G r e e v e n, *Die P.weise des Franzisk. B. v. R.* Progr. Rheydt 1892. Die Ausg. s. P.n hg. v. Franz Pfeiffer u. Heinr. Strobl. 2 Bde. (1862-1880; Neudr. 1964) hält der Kritik nicht stand.

Ende des 13. Jh.s übt Bertholds Schüler B r u - d e r L u d w i g scharfe Kritik an kirchlichen Mißständen und weltlichen Unsitten im Geiste franziskanischer Endzeiterwartung; außer zwei großen lat. P.sammlungen sind ihm nur zehn Sprüche aus dt. P.n und vielleicht eine P.kunst zuzuschreiben. Eine Übergangsgestalt ist Eckharts Verteidiger N i k o l a u s v o n S t r a ß b u r g, der hohe Ämter im Dominikanerorden bekleidete. Von ihm sind mehrere dramatisch gestaltete und treffend illustrierte dt. P.n erhalten, die unter dem Einfluß des Aquinaten stehen. Sie zeichnen sich aus durch lebendige Darstellung sowie durch Reichtum an Bildern und Gleichnissen aus dem Alltag. Ihr Aufbau ist lose, aber mit durchgehender Einzelgliederung bei freier Gedankenabfolge; die mit Volkserzählgut ausgestatteten P.n haben eine innige Sprache und sind reich an Wortschöpfungen (R. N e b e r t, *Die Heidelberger Hs. 641 und St. Florianer Hs. XI 284 d. P.n des N. v. S.*, ZfdPh. 34, 1902, S. 13-45).

Die reiche Überlieferung meist anonymer P.n liegt in großen Sammlungen vor: die vor 1187 entstandene, Anfang des 14. Jh.s geschriebene Leipziger Sammlung mit 259 P.n (S c h ö n b a c h, *Altdt. P.n* I 1886); die Oberaltaicher (ebda II 1888); die Haager, Weingartner, Basler, Regensburger, Zürcher, Wiener, Prager, St. Pauler, Graffsche, von der Hagensche und Kuppitsche Sammlung, von der Hagensche und Kuppitsche Sammlung, von der die bei E h r i s m a n n II 2, 2 S. 414 f. angeführten Fragmente. — Als literarisch verwandte Denkmäler sind zu nennen: die nach 1250 von H e i n r i c h v o n K r ö l l w i t z in Form eines breitangelegten Lehrgedichtes geschaffene *Vaterunser-Paraphrase*, deren allegorische Auslegungen P.charakter haben; das Ende des 13. Jh.s entstandene *Buch der Rügen* — heftige Gesellschaftskritik aus der Feder eines Geistlichen, der den Prediger auffordert, die damaligen Mißstände anzuprangern. Beliebt ist die Gattung der geistlichen *Bîspelrede*, die Ute S c h w a b untersucht hat (*Zur Interpretation d. geistlichen Bîspelrede*. Annali Istituto Universitario Orientale, Sez. Germ. 1, Napoli 1958 S. 153-181).

§ 5. Die P. der Mystik (s. d.) ist formal von der Scholastik beeinflußt; in Sprache und Stil zeigt sie ihr Wesen: zur *unio mystica* hinzuführen. Anstelle der trockenen Klarheit in der scholastischen P. tritt die kühne schöpferische Bemühung, das Unsagbare in subtiler Diktion auszusprechen. Bilder und Gleichnisse werden zunächst in enger Anlehnung an die Bibel gewählt, später tragen sie zuweilen zur Verkünstelung des verinnerlichten P.inhalts bei. Stofflich gesehen werden die Heiligen- und Marienp.n durch die Christusp. zurückgedrängt. Mit dem 14. Jh. tritt die moralisch erbauende Richtung an die Stelle der spekulativen.

Am Beginn der reichen Überlieferung stehen Hildegard von Bingen († 1178 hier ist bes. ihr homiletisch-exegetischer *Liber vitae meritorum* zu nennen) und Mechthild von Magdeburg († ~ 1282), die beide mittelbar und unmittelbar viel zur Verselbständigung der dt. Prosa beigetragen haben. Vor allem hat Mechthild durch ihre kunstvolle Handhabung der festen Vorstellungsform und Metapher die dann in der Allegorese zum Ausdruck kommende Übertragungsfreude der Mystik gefördert (Grete Lüers, *Die Sprache der dt. Mystik des MA.s im Werke der Mechthild v. Mgdb.*, 1926). Die Anfänge der dt.sprachigen Mystikerp. in den Frauenklöstern gehen u. a. auf eine Anordnung des Dominikaner-Ordensprovinzials Hermann von Minden (1286/90) zurück: der niedrige Bildungsstand in diesen Gemeinschaften zwang die Prediger, an Stelle des gewohnten Latein die Volkssprache zu setzen, womit auch eine neue theologisch-philosophische Terminologie erforderlich wurde. Überdies trug dieses Bedürfnis nach dt. Erbauungsschrifttum zur Ausbildung der volkssprachlichen Prosaliteratur bei.

Auf dem Gipfel dieser Epoche steht das Dreigestirn: Eckhart, Tauler und Seuse. Seit der zweiten Hälfte des vorigen Jh.s bemühen sich Theologen und Germanisten um Wiederherstellung der ursprünglichen Fassung von Meister Eckharts (1260-1327) P.n, selbst der eindringlichen Editionstechnik J. Quints ist es nur z. T. gelungen, neben dem gedanklichen Gehalt auch den Wortlaut getreuer herauszuarbeiten. Das hat seinen Grund in der Überlieferungsform: Lediglich sein *Büchlein von der göttlichen Tröstung* ist von ihm deutsch niedergelegt worden;

außer der P. *Von dem edeln menschen* liegen ca. 160 Eckartp.n nur in Hörernachschriften vor, die nicht vom Vf. autorisiert wurden und mitunter keine sichere Zuweisung ermöglichen. So wird die Hälfte der 64 P.n in der Sammlung *Paradisus animae intelligentis* aus dem Kartäuserkloster auf dem Mainzer Michelsberg Eckhart zugeschrieben. Trotzdem klingt noch durch diese Textfassung Eckharts rhetorische Meisterschaft, die sich häufig im streng architektonischen Aufbau zeigt, wobei seine Homilien auf die zusammenhängende Exegese des ganzen Perikopentextes verzichten und dafür einzelne Motive, *die wôrtlîn*, herausgreifen — übrigens eine schon vorher gepflegte Methode. In seinen lat. P.n verwendet er sogar den *color rhythmicus*, den reformierten kurialen Cursus, Gliederung in Reimprosa. Burdach spricht auch vom „Walten bestimmter rhythmischer Typen in den Satzausgängen", was nicht schlechthin mit dem Cursus gleichzusetzen ist. Oft greift er zur grammatischen Auslegung, wählt unmittelbare Anrede, Fragen und (Schein-)Dialog, überhaupt fällt der Gebrauch dialektischer Denk- und Sprachformen auf. Eckhart liebt Wiederholungen, Gleichnisse, Vergleiche und veranschaulichendes Material aus Fabel- und Beispielsammlungen. Er läßt äußerste geistige Zucht walten, wenn seine schöpferische Phantasie den von der Scholastik geprägten wissenschaftlichen Wortschatz aus dem Lateinischen ins Mhd. überträgt. Sein Bemühen, die mystischen Gedanken und Einsichten in der Volkssprache vorzutragen (die Anklageschrift hat ihm das zur Last gelegt), gilt als wichtiger Markstein auf dem Weg der Ausbildung der deutschen Prosa. *M. E. der Prediger*. Festschr. z. Eckhart-Gedenkjahr. Hg. v. Udo M. Nix u. Raphael Öchslin (1960). *M. E.s P.n* Hg. v. J. Quint. Bd. 1 (1958; M. E.: *Die dt. u. lat. Werke*. II, 1).

Johannes Tauler (1300-1361) wirkt als Prediger auf Grund seiner schlichteren Verständlichkeit und Ausdruckskraft bereits zu Lebzeiten auf weitere Kreise als Eckhart, vor allem auf die Gottesfreunde. Seine auf den Wortklang abgestimmte Sprache ist volkstümlich und verinnerlicht zugleich, bevorzugt deutliche Bilder, Beispiele und Erzählgut aus dem bäuerlichen Leben und der Natur. Er konzentriert seine Gedanken oft zu sprichwortartiger Prägnanz. Als Kind seiner Zeit spielt er gern mit Zahlenmystik. Er spricht seine Hörer unmittelbar an durch rhetorische Fragen, direkte Anrede und Dialog. Der Aufbau seiner P.n ist z. T. thematisch durchgeführt, z. T. nach analytischer Methode angelegt; die innere Gliederung ist ohne Schema. Überhaupt legt er auf die Form weniger Wert, verwendet häufig Anakoluthe. Tauler bringt die Form der Homilie zur Geltung, vernachlässigt allerdings die geschichtliche Grundlage der Perikopen zugunsten schematisch geeigneter Texte, die er allegorisch auslegt. Die Nachwirkungen seiner P.n lassen sich u. a. bei Luther, Seb. Franck, Spener ablesen.

Johann Taulers P.n, hg. v. Georg H o f - m a n n (1961). *J. T., ein dt. Mystiker*. Hg. v. E. F i l t h a u t (1961).

H e i n r i c h S e u s e (1295-1366) hat im Rheingebiet eine ausgedehnte P.tätigkeit entfaltet; er ist weniger Prediger für das breite Volk gewesen, vielmehr führt er mystische Gemeinschaften zur Abkehr von der Welt und zur Hingabe an Gott. So ist er besonders durch die Gottesfreunde bekannt geworden. Von seinen Kanzelreden werden nur vier für echt gehalten. Sie zeichnen sich durch Eindringlichkeit, Innigkeit und lyrische, ja fast musikalische Tönung der Sprache aus; man hat diese gemüts- und gefühlsstarke Diktion, in der allerdings auch nicht didaktische Züge fehlen, den *weichen Stil* genannt, der auch auf die höfische Ausdrucksweise zurückgreift. Ihm sind poetisch-phantasiereiche Gestaltungskraft eigen, nicht zuletzt durch häufigen Gebrauch von Formeln, Metaphern und Bildern — Einzelerscheinungen der *geblümten Rede;* noch im Pietismus kehren solche Wendungen wieder. Gern greift Seuse auch zu Assonanz, Alliteration und Reim, gestaltet die P.n durch direkte Anrede und Ausrufe dramatisch aus. Oft vermißt man die strenge Durchführung der Gedanken; Text und Thema sind nur lose verbunden.

Heinrich Seuses dt. Schriften, hg. v. Karl B i h l m e y e r (1907; Neudr. 1961).

Mystisches Gedankengut bietet auch die in mehreren Hss. überlieferte Sammlung des sogen. *Oberrhein. Predigers*, die aus dem Ende des 13. Jh.s von einem wahrscheinlich in Frauenklöstern tätigen Dominikaner stammt. Tauler und den Gottesfreunden steht der schon genannte *Engelberger Prediger*, B a r t h o l o m ä u s F r i d a u e r († 1391) nahe, der in seinen 41 Nonnenp.n Kenntnisse der Patristik wie Scholastik aufweist und in gewandter allegorisieren-

der Textauslegung auf Geistes- und Sittenzucht dringt.

Vielfältig spiegelt sich die mystische Bewegung bei Predigern am Niederrhein wider. Die Mißstände in Kirche und Welt hat J a n v a n R u y s b r o e c († 1318) in Bußp.n und Traktaten angeprangert, ebenso der Anreger der Windesheimer Kongregation sowie der devotio moderna, G e e r t G r o o t e (1340-1384). Unter seinem Einfluß stehen der Franziskaner H e i n r i c h H e r p und der Kartäuser H e i n r i c h v o n K a l k a r († 1408), der außer mystisch-erbaulichen Traktaten mit scholastischem Einschlag *Sermones capitulares* hinterließ, wortgewaltige Ansprachen für die Festtage des Kirchenjahres. Der ndrhein. Franziskaner J o h a n n e s B r u g m a n n († 1473) blieb über seinen Tod hinaus ein geschätzter Prediger und Schriftsteller. Sein geistesverwandter Landsmann D i e t r i c h C o e l d e († 1515) verfaßte neben erbaulichen Schriften mitreißende Volksp.n. Der Niederdeutsche J o h a n n e s V e g h e († 1504) vertritt in seinen anschaulichen und lebendigen P.n das Gedankengut der devotio moderna und der Brüder vom gemeinsamen Leben; seine oft dichterische Sprache liebt Reim und Rhythmus. Als bedeutendster Nachfolger Grootes im ausgehenden MA. gilt T h o m a s v o n K e m p e n († 1471), der Klosterp.n von eindringlicher Sprachkraft, inniger Frömmigkeit und Volkstümlichkeit hinterlassen hat.

In Eckharts Heimat schlugen des Meisters Gedanken rasch Wurzel. Sein Schüler H e l w i g v o n G e r m a r entwickelt in seinen P.n die mystischen Anschauungen weiter. Die von H a r - t u n g v o n E r f u r t oder G i s e l h e r v o n S l a t - h e i m um 1330 zusammengetragenen P.n üben auch harte Kritik an der unzuverlässigen Geistlichkeit. Diese Sammlung deckt sich inhaltlich teilweise mit der vom Dominikaner H e i n r i c h v o n E r f u r t kompilierten Postille; diese P.n handeln von der Geburt des ewigen Wortes und erlauben zuweilen einen Einblick in die damalige Diskussion um theologische Begriffe. Zur Umkehr mahnt D i e t r i c h v o n G o t h a mit seinen 57 in einer Leipziger Hs. von 1385 überlieferten P.n, die den vorangestellten Perikopentext in allegorischer Form moralisch ausdeuten. D e r v o n A p o l d a bevorzugt in Aufbau und Formulierung die klare geistliche Sentenz (Karl B i h l m e y e r, *Kleine Beitr. z. Gesch. d. dt. Mystik*, in: *Beiträge z. Gesch. d. Ren. u. Reformation. Joseph Schlecht als Festgabe zum 60. Geb. dargebr.*, 1917, S. 45-62). Chr. H. S c h e e b e n, *Über d. P.weise der dt. Mystiker*, in: K. R u h, *Altdt. u. altniederländ. Mystik*, 1964, S. 100-112).

Eckharts Straßburger Aufenthalt klingt bei oberrhein. Predigern noch lange nach. Erhalten ist vom Franziskaner R u d o l f v o n B i b e r a c h neben wichtigen Traktaten zwei P.sammlungen erhalten. H u g o v o n S t r a ß b u r g übt nachhaltigen Einfluß durch sein *Compendium theologicae veritatis* aus. Der jüngere F u t e r e r schmückt seine P.n mit Allegorien, Legenden und naturgeschichtlichen Exempeln aus. Der 1425 als Prediger im Kolmarer Nonnenkloster Unterlinden bezeugte Dominikaner G e r h a r d v o n N ü r n b e r g ist durch einen reichen, wenn auch wenig originaltreuen P.nachlaß bekannt geworden. In Oberdeutschland findet die Mystik durch weitere bedeutende Prediger Verbreitung. Der aus Schwaben stammende Franziskaner S t e p h a n F r i d o l i n († 1498) wirkte seit 1482 als Prediger am Nürnberger Klarissenkloster; aus dieser Praxis gingen zahlreiche dt.-sprachige Erbauungsschriften mystischen Gehalts hervor: die bemerkenswerteste ist 1491 unter dem Titel *Schatzbehalter* gedruckt worden (Ausgabe seiner dt. P.n von Ulrich S c h m i d t, H. 1. 1913; Veröff. aus d. Kirchenhistor. Sem. München IV, 1). Sein Ordensbruder K o n r a d B ö m l i n († 1449) hinterließ acht bild- und gleichnisreiche P.n in dt. Sprache, die sich durch schlichte, doch schwungvolle Diktion auszeichnen (Paul Gerhard V ö l k e r , *Die dt. Schriften des Franziskaners K. B.*, Teil 1, 1964). Diese späten Vertreter der Mystik bevorzugen Belehrungen, die durch anschauliche Vergleiche und Allegorien vermittelt werden. Neben dem hier Genannten steht eine reiche P.überlieferung, teils anonym, teils zu Unrecht den hervorragenden Vertretern der mystischen Bewegung zugeschrieben, die großenteils noch wenig untersucht worden ist (vgl. z. B. die von Friedrich W i l h e l m hg. dt. Mystikerp.n in: Münchener Museum für Philologie des MA.s u. d. Ren. 1 [1911/12] S. 1-36).

§ 6. Die P. des ausgehenden Mittelalters ist durch eine fast unüberschaubare Vielfalt gekennzeichnet, sowohl hinsichtlich der nunmehr verstärkten Überlieferung, als auch in bezug auf den Reichtum an Formen. In dieser Zeit wird ebenso das Andachts- und Erbauungsschrifttum stark gepflegt, z. B. durch H e i n r i c h v o n L a u f e n b u r g und E r h a r t G r o ß ; die katechetische Literatur ist reich vertreten. Neben Nachwirkungen der in den beiden voranstehenden §§ besprochenen geistigen Strömungen tritt jetzt eine unmittelbarere breite Volksfrömmigkeit hervor, zeichnet sich andererseits als Vorbote der Reformation die kritische Einstellung gegenüber kirchlichen Institutionen ab; der Prediger (jetzt in Städten oft ein eigens bestellter Prädikant) wird zum Künder sozialer und sittlicher Reform. So fehlt denn auch nicht die deutliche Kritik am Verkündigungswesen; wir erinnern an die Scherz- und Nemop.n, an P.n über das Nichts oder das Konkubinat; Nachklänge bringen Hans S a c h s : *Die drei schlechten P.n*, Thomas M u r n e r : *Von blouwen enten predigen* und *Badenfahrt* (vgl. ferner J. B o l t e , *Eine P.parodie*, ZfVk. 12, 1902, S. 224 f.; ebda 19, 1909, S. 182-185). Trotz der Fülle des vorliegenden, zum Großteil kaum ausgeschöpften

Materials kann man nicht von einer Blüte im damaligen P.wesen sprechen, die etwa der Bedeutung der Kanzelansprache nach der Reformation gleichkommt, wenn auch vom 13./14. Jh. ab der P. im Kirchenbau Rechnung getragen wird durch Errichtung von Kanzeln u. dgl. Zudem haben kirchliche Gremien seit dem 13. Jh. wiederholt darauf gedrungen, das P.wesen zu ordnen, es schließlich zu einem unentbehrlichen Bestandteil des Gottesdienstes zu machen. Wohl ging von vielen Predigern eine direkte Wirkung zur ethischen und geistlichen Förderung der Gemeinde aus, aber meistens litt die P. unter der Oberflächlichkeit ihres Gehaltes. Auch hören wir jetzt noch von Schwierigkeiten im Gebrauch der Volkssprache: '*vix in vulgari exponere evangelia didicerunt*' schreibt Trithemius im 4. Kap. seiner *Institutio*. Häufig werden den Laien lateinische Zitate zugemutet. D u n g e r s h e i m fordert in seinem homiletischen Handbuch zwar eine gute Ausbildung für Prediger, in der Praxis mangelt es aber daran, wie F r i e d r . W i l h . O e d i g e r , *Über die Bildung der Geistlichen im späten MA.* (1953; *Stud. u. Texte zur Geistesgesch. des MA.s* 2) zeigt. Zu beachten ist ferner die vielfach strenge Abkehr der Geistlichkeit von volkssprachlichen Büchern; als Gründe führt man an: die dt. Übersetzungen vulgarisierten das Evangelium (so in Surgants *Manuale* zu lesen); die dt. Bücher hätten gar ketzerische Gedanken, heißt es in Niders *Formicarius*.

Neben dem breiten Überlieferungsstrom, in dem die formal verspielten P.n einen bedeutenden Platz einnehmen, steht die Neubesinnung auf ihre Grundlagen in zahlreichen seit dem 13. Jh. geschriebenen homiletischen Untersuchungen. Allein 229 Titel verzeichnet Harry C a p l a n , *Mediaeval Artes praedicandi* (Ithaca N. Y. 1934/36; Cornell stud. in classical philology 24/25), ferner Ders., in *Classical rhetoric and the medieval theory of preaching*. Classical Philology 28 (1933) S. 73-96, bes. S. 76 ff.; sowie Th.-M. C h a r l a n d , *Artes praedicandi. Contributions à l'histoire de la rhétorique au moyen âge* (Paris 1936; Publ. de l'Inst. d'études médiévales d'Ottawa 7). Als deren wichtigste sind Hieronymus D u n g e r s h e i m s Traktat *De modo praedicandi* (1514) und Johann Ulrich S u r g a n t s *Manuale curatorum* (1504) zu nennen (Dorothea R o t h , *Die mittelalterl. P.theorie u. das Man. cur. des J. U. S.*, 1956; Basler Beitr. z. Geschichtswiss. 58). Das letztere erreichte zehn Auflagen und bietet neben einer Theorie der geistlichen Beredsamkeit praktische Erläuterungen über die fünf üblichsten P.arten. Auch von Johann G e i l e r v o n K a i s e r s b e r g besitzen wir eine Schrift zur P.theorie. Johann R e u c h - l i n s *Liber Congestorum de arte praedicandi* (1504 gedruckt) hat mit seinen von der antiken Rhetorik übernommenen Regeln und Klassifizierungen stark auf Melanchthon (s. u.) gewirkt. Diese homiletischen Werke greifen in die Auseinandersetzung um rhetorische Form und Gestaltung ein, die die Humanisten bewegt. Neben etymologischen Erörterungen über einzelne Wörter versucht man gelegentlich diese in Anwendung des kabbalistischen Notarikons in ihre Buchstaben aufzugliedern, aus denen neue Wörter gebildet werden. Neben derartig äußeren Spielereien beschäftigt man sich auch mit dem inneren Gehalt der Wörter.

Außer den theoretischen Betrachtungen über die P. gibt es im Spätma. eine Fülle praktischer Handreichungen zur unmittelbaren Hilfe für den Kanzelredner. Es sind vor allem lat. Handbücher wie Stoff- und Exempelsammlungen (mit theologischen und profanen Autoritäten, Denkwürdigkeiten, Moralitäten), Konkordanzen, Zitatenlexika, Florilegien, Kommentare, P.skizzen und -dispositionen. Häufig haben diese Kompendien Titel wie *Materiae seu Collationes praedicabiles, Dictionarii, Vocabularii, Distinctiones praedicabiles;* Distinktionen sind schon seit dem ausgehenden 12. Jh. in der Form allegorisierender Wörterbücher bekannt. Der auch als scholastischer Prediger geschätzte J a c o b v o n S o e s t gibt seinem alphabetischen Dispositionsmagazin den Titel *Distinctiones.* Außer den theologischen Sammlungen werden auch philosophische und naturkundliche Enzyklopädien ausgebeutet und dabei ins Geistliche übertragen.

Ein häufig benutztes P.magazin ist das schon genannte Werk K o n r a d s v o n B r u n d e l s - h e i m († 1321). Das von A e g i d i u s A u r i f a - b e r zusammengetragene *Speculum exemplorum* (Straßburg 1490) wurde wiederholt aufgelegt. Gleichzeitig erschien M e f f r e t h s *Hortulus reginae,* in dem Natur und Geschichte des In- und Auslands in teilweise allegorischer Form verwertet werden. Von den zahlreichen Sammlungen mit Musterp.n ist insonderheit die allein in 46 Auflagen bis zum Jahre 1500 verbreitete des Johann H e r o l t zu nennen. Seine *Sermones de sanctis et de tempore* wenden sich unmittelbar an den Predigernachwuchs, der ihre Brauchbarkeit schätzte. Immerhin auf 24 Auflagen im 15. Jh. brachten es die *Sermones dominicales... qui dormi secure vel dormi sine cura nuncupati* des Kölner Minoriten J o h a n n v o n W e r d e n. Um 1500 waren als Präparationshilfe die *Sermones pomarii de tempore et de sanctis* des Franziskaners Oswald P e l b a r t u s stark verbreitet. Um 1481 erschien Joh. M e l b e r s *Vocabularius predicantium: idem vocabulum diversimode acceptum varie theutonizando exprimens,* der sich teilweise auf die vielbewunderten P.n

des Heidelberger Theologen Jodocus E i c h - m a n n stützt und von dem allein 23 Auflagen bekannt sind; dem Gebrauch des Synonyma ist hier besondere Beachtung geschenkt worden.

Trotz dieser vielen Hilfsmittel leidet die P. am Vorabend der Reformation unter großen inhaltlichen wie formalen Mängeln. Damals ist die t h e m a t i s c h e Spruchp. vorherrschend, die statt des biblischen Textes verschiedenste Themen zugrunde legt, die mit weitgehender Aufgliederung abgehandelt werden. In ihr tritt das Exordium stärker hervor. Auch Postillatio und Admonitio werden in dieser Zeit besonders gepflegt.

Oft beschränken sich die spätmal. Prediger nicht auf das Material der geistlichen Handbücher, sondern greifen zu Sammlungen mit weltlichen Beispielen, mögen diese auch der Würde des Kanzelvortrags unangemessen sein. Eine *Practica de modo praedicandi* aus dem 15. Jh. wendet sich heftig gegen den Gebrauch ungehöriger Anekdoten (Ad. F r a n z, in: Der Katholik, Jg. 84, 1904, S. 161-166), sind doch volkstümliche Legenden, anschauliche Fabeln, derbe Schwänke und selbst Witze reichlich vertreten. Thomas M ü n t z e r soll weltliche Lieder auf der Kanzel gesungen haben, von Geiler wird berichtet, er hätte Tierstimmen nachgeahmt. Der Mißbrauch des Verkündigungsauftrages gipfelt im sogenannten R i s u s p a s c h a l i s, der nach den ernsten Passionsp.n die Gemeinde mit Scherzen erfreuen sollte. Gegen solche Auswüchse schwingen die Humanisten wie Reuchlin, Erasmus und Ludwig Vives ihre Geißel.

Während die Predigerorden sich um die innere Wandlung des Menschen bemühen, treten besonders im 15. Jh. sogen. „Pfennigprediger" auf, die auf marktschreierische Weise versuchen, für Bauten und andere Aufwendungen Geld einzutreiben; ihnen folgen die Ablaßprediger. Oft werden auf den Kanzeln abstruse theologische Fragen abgehandelt.

Im 15. Jh. kommen P.n auf, die anstelle des biblischen Textes ein Sprichwort setzen oder ganze Kataloge von Proverbien vortragen: *Dt. Sprichwörter aus Hss. d. Schwabacher Kirchen-Bibl.,* hg. v. H o f m a n n. SBAk. München 1870, 2, I S. 15-38. Ad. F r a n z, *Sprichw.p.n aus dem 15. Jh.* Der Katholik, Jg. 84 (1904) S. 373-384. Ludwig S t e r n, *Mittlgn. aus der Lübener Kirchenbibliothek* in: Beiträge z. Bücherkunde u. Philologie. Aug. Wilmanns gewidmet, 1903. S. 75-96). Zu der Frage, ob einige spätmhd. Denkmäler den Begriff Reimp. verdienen, vgl. E. S c h r ö d e r in: AnzfdA. 7 (1881) S. 189.

Viele spätmal. P.n wuchern mit dem Gebrauch der Allegorien, oft als Übertragung eines Leitthemas. So werden die sieben Todsünden nach P.art in symbolisch-moralisierender Deutung und Veranschaulichung im *Goldenen Spiel* (ca. 1432/33) des Straßburger Dominikaners Mag. I n g o l d (auch Vf. dreier P.n) behandelt. Eine Kirchweihp. des redegewandten Kartäusers N i k o l a u s von N ü r n b e r g von 1452 vergleicht die christlichen Tugenden mit den Baulichkeiten des Gotteshauses. *Narrenschiffsp.n* aus der Zeit Sebastian Brants beziehen sich auf das bekannte Literaturwerk (so von J. Geiler von Kaisersberg, vgl. Adolf S p a m e r , *Eine Narrenschiffp. aus der Zeit Sebastian Brants* in: Otto Glauning zum 60. Geb. Festgabe aus Wiss. u. Bibl. Bd. 2, 1938, S. 113-130). Ebenso fehlt es nicht an der Wiedergabe allegorischer P.n durch die bildende Kunst: Ein Bamberger Tafelbild stützt sich auf eine geistliche Ansprache Capistranos. Man predigt einerseits bis zu 6 Stunden lang, vernachlässigt andererseits das Verkündigungsamt ganz (Parthenius M i n g e s , *Johannes Link, Franziskanerprediger*, in: *Beiträge z. Gesch. d. Ren. u. Ref. Joseph Schlecht, als Festgabe zum 60. Geb. dargebr.*, 1917, S. 248-255). Leichenp.n werden mitunter recht umfangreich angelegt, wenn es sich um einen notablen Verstorbenen handelt (z. B. G. S o m m e r f e l d t , *Die Leichenp.n des Mag. Matthias v. Liegnitz auf den Tod des Prager Erzbischofs Johann v. Jenstein*, Mittlgn. d. Ver. f. Gesch. d. Dt. in Böhmen 42, 1904, S. 269-275).

Als besondere Formen haben sich im Spätma. herausgebildet die Neujahrs- und Fastnachtsp.n (Luzian P f l e g e r , *Altdt. Neujahrp.n*, 1912). Letztere hat vor allem der Leipziger Kanonikus Georg M o r g e n s t e r n gepflegt und in einem Band Strafp.n veröffentlicht (um 1494). Die jetzt einsetzende Ablaßp. warnt in lebhafter Anschaulichkeit vor Höllenstrafen (Gg. B u c h w a l d , *Die Ablaßp.n des Leipziger Dominikaners Herm. Rab*, in: Arch. f. Ref.gesch. 22, 1925, S. 128-152 u. 161-191; sowie Hans v. G r e y e r z , *Ablaßp.n des Joh. Heynlin aus Stein*, Arch. d. Histor. Ver. Bern 32, 1934, S. 113-171). Zusammenstellungen geistlicher Ansprachen für das Volk begegnen uns ab ca. 1400 unter dem Begriff Postille (= Homilien über die Jahresperikopen) sowie Plenarien (zwischen 1473 und 1521 erschienen 57 anonyme Ausgaben; es sind kurze Perikopenauslegungen in vorwiegend anschaulicher Sprache, mit üblichem Beiwerk illu-

striert: J. A l z o g , *Die dt. Plenarien im 15. u. zu Anfang d. 16. Jh.s*, Freiburger Diözesanarchiv 8, 1874, S. 255-330; vgl. auch Winfried K ä m p f e r , *Studien zu den gedruckten mittelniederdeutschen Plenarien*, 1954; Ndt. Stud. 2).

In der Tradition der Scholastik stehen noch viele Geistliche, so der als Reform- und Sittenprediger bedeutsame Erfurter Kartäuservikar J a k o b v o n J ü t e r b o g († 1465) sowie der letzte namhafte Nominalist Gabriel B i e l († 1495) mit seinen verbreiteten *Sermones sacri totius anni tum de tempore tum de sanctis cum aliis nonnullis*, in denen das scharf durchdachte lehrhafte Element in schwerfällig breitem Stil erscheint. Der Dominikaner Joh. H e r o l t († 1468) hat wie die eben Genannten ausgezeichnete Heiligenp.n gehalten, die das Legendarische stark hervortreten lassen (H. S i e b e r t , *Die Heiligenp. des ausgehenden MA.s*, Zs. f. Kath. Theol. 30, 1906, S. 470-491). Ferner hat Herolt zahlreiche lat. Sermones sowie dt. Adventsp.n hinterlassen, deren Struktur durch seine Vorliebe zur Distinktion ebenfalls scholastisch geprägt ist. Herolt bevorzugt den dreiteiligen Aufbau und benutzt Exempla, Allegorie sowie Emblematik zum Verständnis und Alltagsbezug. Der auch als lat. Schriftsteller Mitte des 15. Jh.s hervorgetretene Franziskaner Herm. E t z e n hat vier P.zyklen auf Maria verfaßt, die eine gedankenreiche, auf dem Schrifttext aufbauende Disposition haben. Der Basler Franziskaner Joh. G r i t s c h hat seine Fastenp.n (1440) zwar dt. gehalten, aber wie seine anderen P.bände lat. veröffentlicht: bis 1500 erreichten sie 26 Auflagen; im Aufbau sind sie klar, fast pedantisch und finden trotz gelehrt scholastischer Ausführung den Bezug zur konkreten Lebenssituation; zur Verdeutlichung zieht Gritsch neben volkstümlichem Erzählgut auch antike Autoren heran. Um 1400 wirken in Wien drei wortgewandte Prediger mit scholastischer Tradition: der Karmeliter Magister F r i e d r i c h hat in glattem sachlichen Deutsch eine Postille abgefaßt, mit der er für die reine Lehre und innerkirchliche Ordnung eintritt; dem aus Hessen stammenden Gelehrten H e i n r i c h v o n L a n g e n s t e i n verdanken wir neben wichtiger Erbauungslit. und einer ars praedicandi in sicherem Stil geschriebene dt. P.n; an Bildung stand ihm N i k o l a u s v o n D i n k e l s b ü h l kaum nach, ein weit geschätzter Kanzelredner, dessen P.n vorwiegend dogmatische Fragen in zeitnaher Diktion und mit allegorischen Mitteln behandeln (F. S c h ä f f a u e r , *N. v. D. als Prediger*, Theol. Quartalsschr. 115, 1934, S. 405-439, 516-547). In Wien war zeitweilig auch P a u l u s W a n n tätig, dessen eindringliche Passionsp.n von Scholastik und Mystik beeinflußt sind. Am Ende der scholastischen Tradition steht Luthers Erfurter Lehrer Joh. v o n P a l t z , der mit seiner *Himmlischen Fundgrube* und ihren lat. Erweiterungen ein Kabinettstück scholastischer Gliederung und Unterteilung gibt (Herb. W o l f , *Die H. F. u. d. Anfänge d. dt. Bergmannsp.*, Hess. Bll. f. Volkskde. 49/50, Textteil, 1958, S. 347-354). Für die lat. vorgetragene scholastische Gelehrtenp., die sich in der Regel an den Perikopentext hält, haben wir eine zuverlässige Untersuchung von Paul A r e n d t , *Die P.n des Konstanzer Konzils* (1933). Er betont ihren ausgeprägten Formalismus, der sich vor allem in der kunstfertigen Gliederung (*Qui bene distinguit, bene docet*) zeigt: nach dem persönlichen Wort an die Gemeinde, dem *Prothema*, kommt das *Exordium*, dem die eigentliche Einleitung, *Prooemium* oder *Introductio thematis* als Überleitung zum Hauptteil folgt; das meist dreigeteilte Thema wird von der Abhandlung = *persecutio, amplificatio* und *dilatatio thematis* abgeschlossen.

In der vorreformatorischen Zeit bringen einige vom Humanismus beeinflußte Prediger die formalen Regeln der weltlichen antiken Beredsamkeit auf die Kanzeln. Auch das *Euagatorium optimus modus praedicandi* von 1502 stellt die Anwendung rhetorischer Formen in den Mittelpunkt seiner homiletischen Anweisungen. Außerdem breitet sich die Synonymik in den geistlichen Ansprachen aus. Durch den Humanismus erhält die formal durchgestaltetere P. damals auch eine inhaltliche Vertiefung, vgl. die 108 erhaltenen P.n des durch seinen Ehetraktat bekannten Leipziger Dominikaners M a r k u s v o n W e i d a († 1516; F r a n z B r e i t k o p f , *M. v. W., ein Prediger u. theol. Volksschriftsteller des ausgehenden MA.s*, Diss. Greifswald 1932). Einfluß der Mystik und der jungen humanistischen Strömung zeigt sich bei N i k o l a u s v o n K u e s († 1464), der ca. 300 lat. P.n hinterlassen hat, die er wenigstens z. T. in der Volkssprache gehalten hat; sie haben einen logisch-rhetorischen Aufbau und zeichnen sich durch starke dramatische Ausdruckskraft aus, hinter der man die Dialogform spürt. In seiner Frühzeit benutzt er noch Exempla zur Verdeutlichung, legt die ethischen Forderungen in symbolträchtigen Bildern seiner dichterischen Sprache dar. Deutsch sind nur zwei P.n über das *Vaterunser* erhalten, die mit volkstümlichen Elementen ausgestattet sind. Seine lat. Klerikerp.n fügen mehrfach ein Memoriale an, das die Hauptpunkte wiederholt (*Predigten. 1430-1441*. Dt. v. Josef Sikora u. Elisabeth Bohnenstädt, 1952; *Schriften des N. v. C.*, hg. v. Ernst H o f f m a n n).

Des Cusanus späte Kanzelreden sind Zeugnisse für intensive r e f o r m e r i s c h e Tätigkeit, die jetzt auch bei anderen begabten Predigern in Erscheinung tritt, so in den kunstfertigen Melker Klosterp.n des P e t r u s v o n R o s e n h e i m († 1433). Nachhaltig setzt sich ebenfalls der Augustiner K o n r a d v o n W a l d h a u s e n († 1369) für die Erneuerung von Kirche und Gesellschaft ein, weswegen man ihn zu einem Vorläufer von

Johann Hus erklärt hat. Wohl steht er in der streng formalen scholastischen Tradition, bevorzugt die allegorisch-moralische Exegese in enger Anlehnung an den Evangelientext und Erweiterung des *Exordiums* durch das *Prothema*; dabei versteht er es, alle Teile seiner Prager Gemeinde wirkungsvoll anzusprechen. Erhalten ist nur eine lat. Postille mit Musterp.n; berühmt ist seine *Postilla studentium sanctae Pragensis universitatis*. Für die Ordensreform spricht sich der Dominikaner Johannes M u l b e r g († 1414) aus, ein geschätzter Volksprediger mit mystischen Anklängen. Nikolaus G r o ß von Jauer († 1435) hat bedeutende Reformtraktate verfaßt und als reichgebildeter Prediger Aberglauben sowie Häresie bekämpft. Von dem auch als Wissenschaftler bedeutsamen Thomas E b e n d o r f e r († 1464) haben wir zwei P.bände über Paulusbriefe; durch seine Auseinandersetzung mit Aberglauben und außerkirchlichen Volkssitten überliefere er uns reiches kulturgeschichtliches Material. Vom Basler Dominikaner Johann N i d e r († 1438) stammen zahlreiche P.sammlungen, in denen er für innerkirchliche Reform eintritt. Er bedient sich dabei wie in seinem wissenschaftlichen Werk der allegorischen Methode und bringt Vergleiche aus Natur und praktischem Leben. Johannes K r e u t z e r († 1468) vertritt die kirchliche Reform mit erbaulichen P.n, die z. T. banale Allegorien und Bilder aus dem Volkstreiben enthalten. Joh. H e y n l i n v o n S t e i n († 1496) redet in seinen 1410 hinterlassenen lat. P.n der Reform von Kirche und weltlichen Ständen das Wort, z. T. in dt. Sprache. In ihm verbinden sich Scholastik und Humanismus (strenger Aufbau), was nicht eine mit Illustrationsmaterial und Tagesbezug verlebendigte Sprache ausschließt. Vom Geist der antiken Beredsamkeit ist auch Melanchthons Lehrer P a l l a s S p a n g e l († 1512) durchdrungen, dessen Heidelberger P.n an die Geilerschen heranreichen. Der humanistischen Kreisen nahestehende und in der epideiktischen Rhetorik erfahrene Abt J o h. T r i t h e m i u s (1462-1516) fördert durch seine den Mönchen vorgetragenen Homilien die Klosterreform.

Die volkssprachliche P. wird vor allem in den Frauenklöstern gepflegt, wo neben schon genannten, vorwiegend mystischen Predigern im ausgehenden Mittelalter wirken: der Franziskaner H e i n r i c h V i g i l i s († 1499) sowie der Augustinerchorherr P e t e r v o n H a s e l b a c h († 1506), der schon von Zeitgenossen gerühmt ward und u. a. deutsche P.n über das Leiden Christi hinterlassen hat.

Eine Predigerpersönlichkeit mit mystischem und scholastischem Einschlag, die tiefgreifende sittliche Ermahnung und populäre, mitreißende Beredsamkeit in sich vereinigt, ist Heynlins Schüler Joh. G e i l e r v o n K a i s e r s b e r g (1445-1510). Formal löst er sich von den hergebrachten Regeln, indem

er neben dem Evangelientext auch freie Themen über seinen Kanzelvortrag stellt, die oft
von vornherein drastische Gestaltung ankündigen; er setzt seinen P.n entsprechende
Titel voran oder umrahmt sie mit bildhafter
Erzählung (emblematische Form). Zur Disposition und Darstellung bedient er sich oft
der Allegorie; zuweilen wird er komisch,
derb, banal, ja grobianisch im Ausdruck,
liebt den satirisch-realistischen Ton, Dialog
sowie Wortspiele (z. B. *Kirchweih — Kuech-
weih*). Er besitzt die Gabe, sich in die Lebenssituation seiner Gemeinde zu versetzen,
die Sprache des niederen Volkes, vorab ihre
Sprichwörter und Redensarten, kanzelfähig
zu machen.

Eine Sammlung solch ergötzlicher P.zutaten
hat Joh. Ad. Muling unter dem Titel *D. Kai-
serspergs Passion ... in stückes weiß eins süßen
Lebkuchen* in seiner *Margarita Facetiorum* 1508
vorgelegt. Von Geiler kommt die Gewohnheit
her, allg. beachtliche Vorkommnisse zu in sich
geschlossenen P.reihen zusammenzufassen (Irmgard W e i t h a s e, *G. v. K. als Kanzelredner*,
Sprechkunde u. Sprecherziehung IV 1959 S.
116 ff.). Auch seinem Landsmann und Hrsg. Johann P a u l i sind humorvoll-landläufiger Ton
sowie plastische Veranschaulichung durch dramatische Gestaltung eigen.

Ausgesprochen volkstümliche Töne finden wir
ferner in D i e p p u r g s *Sermones dominicales;*
bei dem Franziskaner Heinrich K a s t n e r (†
1530) mit seinen allein erhaltenen *Sermones de
sanctis et aliis variis,* die antike und scholastische
Provenienzen beibringen, aber auch lebhaft auf
Zeitereignisse eingehen, Volkssprache und -leben
widerspiegeln; bei dem Ulmer Ulrich K r a f f t
(† 1516) und dem Basler Joh. M e d e r mit Bevorzugung des Dialogs in ihren Fastenp.n; bei
dem Passauer Kanonikus Michael L o c h m a i r
mit *Sermones de sanctis,* die reiches Material an
Legenden, Sagen und Fabeln bieten und im
allegorischen Stil ohne eigentliche Gliederung
abgefaßt sind; bei Hugo von E h e n h e i m (†
1447), der seine P.n durchsichtig anlegt, trotz
seiner trockenmoralischen Züge mit schlichter
Sprache und anschaulichen Beispielen Anklang
findet, dabei seine scholastische Bildung ebensowenig verleugnet wie der Augustinereremit
Gottschalk H o l l e n († 1481), der seine Sonn-
tags-, Kirchweih- und Katechismusp.n mit z. T.
derben Schwänken und Spottanekdoten würzt,
überhaupt eine realistische Darstellung aller Lebensbereiche nicht verschmäht, die Anwendung
der Volkssprache auf geistliches Schrifttum verteidigt.

Moritz K e r k e r, *Die P. in d. letzten Zeit
d. MA.s*, (1861). Ders., *Zur Gesch. d. P.wesens
in d. letzten H. d. 15. Jh.s mit bes. Beziehung
auf d. südwestl. Deutschland* (1864). Florenz
L a n d m a n n, *Das P.wesen in Westfalen in
der letzten Zeit d. MA.s* (1900; Vorref. Fschgn.
1). J. K e l l e, *Dt. P.n d. 15. Jh.s.* Serapeum 21

(1860) S. 57-59. — R. H e r r m a n n, *Die Prediger im ausgeh. MA.* Beitr. z. thür. Kirchengesch. 1 (1929/31) S. 20-68.

§ 7. Die p r o t e s t a n t i s c h e P. der R e -
f o r m a t i o n s z e i t hat ihren theoretischen
Ausgang in Melanchthons (1497-1560) Homiletik, die er in verschiedenen Schriften darstellt (hg. von Drews und Cohrs, 1929) und
auch in einigen seiner rhetorischen Abhandlungen berücksichtigt. Seine Grundsätze sind:
dem Bibeltext sollen gewisse beherrschende
Gesichtspunkte entnommen werden, *loci*,
die, mehr den Gesetzen der Dialektik denn
der Rhetorik entsprungen, als heilsgeschichtliche Beweise zum Corpus der P. auszuarbei-
ten sind, damit Belehrung, Glaubensermah-
nung und sittliche Besserung vorgetragen
werden. Zu den drei Genera der klassischen
Rhetorik stellt er speziell für die P. ein *genus
dialecticum*, das dem missionarisch-kateche-
tischen Zug der Reformationsp. entgegenkommt. Melanchthon selbst gibt in seiner
Postille aber keine Vorbilder für die später
vorwiegend synthetisch aufgebaute protestant. Gemeindep., knüpft vielmehr unter
Betonung seiner Lokalmethode an die Beredsamkeit der klass. Schriftsteller und
griech. Kirchenväter an. Er ist zu sehr humanistisch gebildeter Gelehrter und findet darin Entsprechung im 2. und 3. Teil der auf
die patristischen Muster der Eloquenz zurückgreifenden Schrift des E r a s m u s: *Ecclesiastes sive de ratione concionandi libri
quatuor* (1535), die neben dem vordring-
lichen Belehren noch die Berücksichtigung
der Affekte des Volkes sowie die Anwendung
rhetorischer Mittel fordert. Die von gebildeten Geistlichen vorgetragene P. sollte die
Kirche reformieren und das Volk an die Bibel
heranführen. Als frühe protestantische Pasto-
ralanweisung ist Johann E b e r l i n s Schrift:
*Wie sich ein Diener Gottes Worts in all sei-
nem Thun halten soll* (1525) zu nennen, in
der er zwar die Begnadung des Predigers
voraussetzt, aber das Studium antiker und
zeitgenössischer Rhetorik empfiehlt.

Der Vorzug der protestant. P. liegt in der
funktionellen Verbindung von Homiletik und
Hermeneutik, in der strengeren Textbezogen-
heit und in der unmittelbar christologischen
Exegese. Äußerlich distanziert sie sich vom
Beiwerk der Legenden, Fabeln, Volkserzäh-
lungen, antiken Zitate (vgl. Herb. W o l f,
Das P.exempel im frühen Protestantismus,

Hess. Bll. f. Volkskde. 51/52, Textteil, 1960, S. 349-369). Sie bringt eine klare Textanalyse unter Verzicht auf allegorische und dialektische Künste, aber auch auf scholastischen Formzwang. Trotzdem entbehrt sie nicht eines gewissen Schematismus, besonders durch die emblematisch verdeutlichte Belehrung. Doch wird das entgolten durch schärferes Hervortreten der Predigerpersönlichkeit, in der bald die heftigen Töne der Kontroversen, bald die gemütstiefen Züge einer neu belebten Frömmigkeit durchbrechen. Einige Kanzelredner bemühen sich darum, die P. als literar. Kunstwerk zu gestalten; vom Ende des 16. Jh.s ab wirkt sich dabei der Manierismus aus. Seit der Reformation wird auch die Kasualrede, vor allem Hochzeits- und Leichenp. (die bereits nach 1200 üblich geworden ist), mehr gepflegt.

Ohne Unterschätzung des bisherigen P.wesens ist festzustellen, daß erst durch Martin L u t h e r (1483-1546) die P. die Hauptfunktion der Verkündigung erhält, die Mitte des Gottesdienstes darstellt. Bis an die Grenzen des Reiches dringt der Ruf, *Das man in Deudschen Kirchen deudsch predigen, lesen, singen ... soll* (Titel einer Flugschrift von Th. Albertus aus Königsberg/Preußen, 1553). In Lehr- und Pfarramt, die sich bei ihm unabdingbar ergänzen, trachtet Luther danach, *das es ia alles geschehe / das das wort ym schwang gehe / und nicht widderumb eyn loren vnd dohnen draus werde / wie bis her gewesen ist* (Weim. Ausg. XII, S. 37). So mag es nicht verwundern, wenn er das Verkündigungswort der P. über das biblische Schriftwort stellt, zumal es ihm weniger um die didaktisch-katechesierende Funktion als um die Realpräsens Christi geht. In der P. kommt die *viva vox evangelii* zum Klingen.

Der frühe Luther ist noch von der scholastischen Tradition abhängig, verfängt sich in schwierigen theologischen Auseinandersetzungen, gebraucht die herkömmliche vierfache Auslegung, stellt ein Thema in den Mittelpunkt der Abhandlung; in den P.n über die zehn Gebote (1518) wuchert noch die Bezifferung der Einzelabschnitte. 1516/17 zeigen sich stärker Einflüsse der Mystik. Ab 1516 beginnt sich aber auch allmählich seine selbständige theologische Konzeption in den P.n abzuzeichnen (Elmar Carl K i e s s l i n g, *The early Sermons of Luther and their relation to the pre-reformation sermon*, Diss. Chicago 1935). Er hat selbst seine P.weise beschrieben: *Als ich jung war, da war ich gelehrt ... da ging ich mit Allegoriis, Tropologiis und Analogiis um und machte eitel Kunst ... Nu hab ichs fahren lassen, und ist mein beste und erste Kunst: tradere scripturam simplici sensu* (WA Tischreden V Nr. 5285).

Von Anfang an ist ihm die gewaltige, zuweilen affektgeladene, meist volkstümliche Sprache eigen, die sich trotz seines Festhaltens an der allegorischen Deutung von dem seither üblichen Schema abhebt. Auch verwirklicht er seine Forderung: man soll sich vom Latein abwenden und dem Volk *'auff das maul sehen'* (WA XXX, 2 S. 637). Man hat Luther als den genialen Vertreter des *sermo humilis* auf dt. Kanzeln, den Schöpfer der „heroischen P.weise" genannt. Zeigen doch seine P.n ungekünstelte Naivität, streitbaren Eifer, poetische Sprache, sprichwortartige Diktion, dramatische Redefiguren, Veranschaulichungen durch Bilder und Vergleiche; vielfach knüpft er dabei an die volkstümliche Erbauungslit. des ausgehenden MA.s an. Diese Eigenheiten finden sich auch bei einigen seiner frühen Anhänger, unter denen der ehem. Ulmer Franziskaner H e i n r i c h v o n K e t t e n b a c h († 1524) als Wanderprediger heftig gegen die alte Kirche zu Felde gezogen war. Anstelle der kunstvoll durchgestalteten Form bevorzugt Luther den einfachen, durchsichtigen Aufbau. Seit 1521 zerlegt er den Text nach Art der Homilie und analytischen P. in einzelne Stücke, die aber doch unter dem scopus generalis stehen. Mehr als von Augustin ist sein zentrales Predigen von Tauler abhängig. Den bei strenger Schriftgebundenheit auf seine Rechtfertigungslehre abgestimmten Inhalt komprimiert er gern in einem Merkspruch, wie er auch sonst mit Vorliebe einen Spruch in den Mittelpunkt der Darlegung stellt. Anstelle des Exordiums trägt er nach einem Gebet gleich den Text vor oder nimmt auf seine Gemeinde konkret Bezug. Dem unvermittelten Eingang entspricht häufig der abrupte Schluß, manchmal mit einer Applikation. Den Sonntagsp.n legt er die Perikopen zugrunde, behandelt hingegen in Wochen- und Reihenp.n ganze biblische Bücher oder einzelne Kapitel, woraus sich die später oft gepflegte Form der Serienp. entwickelte. Daneben predigt Luther auch über freie Themen aus dem Bereich der Ethik und Dogmatik oder über Katechismusabschnitte, für die er die spezifische Form der Zyklenp. fand, die seine Schüler gern aufnehmen.

Der Inhalt steht im Zeichen der Belehrung, Ermahnung und Erbauung, nicht selten auch der situationsbedingten Polemik, wie überhaupt das Zeitkolorit und der okkasionelle Bezug stark hervortreten. *'Ein Prediger soll ein Dialecticus und Rhetor sein, das ist, er muß können lehren und vermahnen ... zum Andern definiren, beschreiben und anzeigen, was es ist; zum Dritten soll er die Sprüche aus der Schrift dazu führen ... zum Vierten mit Exempeln ausstreichen und erklären; zum Fünften mit Gleichnissen schmücken'* (WA Tischr. II Nr. 2216). Wiederholt hat er geäußert, daß er Rhetorik nur als verständnisfördernde *'Wolredenheit oder Eloquentia'* dulde, nicht als gekünstelte Schönrednerei. Mehr als es empfiehlt er ein gründliches Studium der Dialektik, die er das *'Werkzeug, dadurch wir fein richtig und ordentlich lehren*' nennt (WA *Tischr.* II Nr. 2629 b).

Illustrierendes Beiwerk wie P.exempel (vor allem Fabeln) wendet er maßvoll an, greift hin und wieder zu drastischer, humorvoller Wendung, Wortwitz und Wortspiel oder zu derbem Ausdruck. Er liebt Metapher, Personifizierung, Synonyma, Sprichwörter und dicta probantia aus Antike und Patristik, ferner das eingeflochtene Gespräch. Wie Geiler ist er ein 'tardiloquus' und verlangt auch von anderen bedächtig-eindringlichen Vortrag mit vernünftigem, begrenztem Umfang.

Wir besitzen von ihm ca. 2000 P.n — großenteils Nachschriften. In diesen mündlich vorgetragenen Zeugnissen ist seine von der volkstümlichen Sprachform beeinflußte Syntax am unmittelbarsten zu fassen. Sein erster und nachhaltigster P.band ist die 1519-21 als Anleitung für protestant. Geistliche entstandene *Kirchenpostille.* Im Anschluß daran erlebt die P.publikation und Erbauungslit. der Reformation überall einen sichtbaren Aufschwung: aus ihnen spricht die streng auf die Bibel gegründete, absolute Gültigkeit beanspruchende Dogmatik — vielfach trocken vorgetragen.

M. D o e r n e, *Luther u. d. Predigt.* Luther. Mittlgn. d. Luther-Ges. 22 (1940) S. 36-42. Gerh. H e i n t z e, *L.s P. von Gesetz u. Evangelium* (1958; Fschgn. z. Gesch. u. Lehre d. Protestantismus 10, 11). E. H i r s c h, *L.s P.weise.* Luther. Mittlgn. d. Luther-Ges. 25 (1954) S. 1-23. Ders. hat in der Bonner Lutherausgabe (Bd. VII S. 1 ff.) des Reformators Äußerungen über die P. zusammengestellt.

§ 8. Unter L u t h e r s S c h ü l e r n und den von der Reformation beeinflußten Zeitgenossen gibt es profilierte Predigergestalten, die Eigenes und Neues bieten, dabei Form und Stil allmählich umprägen. Hier darf man jedoch nicht übersehen, daß in der frühen Reformationszeit Mangel an ausreichend gebildeten Kanzelrednern herrscht, zumal in e i n e m Gotteshaus zuweilen sonntags bis zu sechs, werktags bis zu vier P.n gehalten werden mußten. Also bedient man sich fremder P.vorlagen, am liebsten des *Büchleins Urbani Rhegii,* das sich durch volkstümlichen Ausdruck und verständliche Vortragsweise auszeichnet.

Langsam setzt die Besinnung auf die homiletischen Grundlagen wieder ein, teilweise im Anschluß an Melanchthons Rhetorik in Nicolaus H e m m i n g s *Unterrichtunge wie ein Pfarrherr ... sich christlich verhalten soll* (1566). Nachhaltige Wirkung geht von Hieronymus W e l l e r s *De modo et ratione concionandi* (1562) und von Ägidius H u n n i u s' *Methodus concionandi*

(NA 1608) aus. Werke gleichen Titels legten auch die Vertreter der synthetischen Methode vor: Andreas P a n c r a t i u s (1571) und Jacob A n d r e a e (1595). Der redebegabte Stuttgarter Hofprediger Lukas O s i a n d e r führt in *De ratione concionandi* (1582) wie Melanchthon die P. in ihrer Grundlegung und Gestaltung auf die klassische Rhetorik zurück, betrachtet aber den Text als Mittelpunkt. Zu Weiterem vgl. M. S c h i a n, *Die lutherische Homiletik in der 2. Hälfte d. 16. Jh.s,* Theol. Stud. u. Krit. 72 (1899) S. 62-94 sowie W e i t h a s e a. a. O. Bd. 2, S. 30.

Vorerst bleibt die analytische P.methode noch bestimmend. Ihr ist vor allem Veit D i e t r i c h (†1549) verpflichtet in seinen P.n über den *91. Psalm* (Nürnberg 1543); auch seine zweiteilige *Kinderpostille* (Nbg. 1546) und *Summarien*(Wittenberg 1541ff.) zeichnen sich durch schlichte, edle Sprache aus. Z. T. setzt sich anstelle der Homilie mit Vers-für-Vers-Auslegung Melanchthons Vorliebe für die Herausarbeitung bestimmter theologischer loci durch, um schließlich in der 2. H. des 16. Jh.s zeitweilig der synthetischen P.-weise Platz zu machen, die sich auf den Hauptgedanken des Textes konzentriert (Sebastian F r ö s c h e l † 1570, Georg M a j o r † 1574, Cyriacus S p a n g e n b e r g † 1604 und Johann G i g a s † 1581). Neben P.n mit genauer Perikopenauslegung finden sich also — vor allem in den Nebengottesdiensten — auch solche, die ein Thema behandeln, das mitunter über einen ganzen Zyklus gestellt wird. Dieser Wandel vollzieht sich bei einigen Predigern erst im Laufe ihrer Amtstätigkeit. Am Ende des Reformationsjh.s setzt sich die analytische Methode wieder durch mit ihrer Überbetonung der Rhetorik, der strengen Abfolge fester Teile, der übertriebenen Untergliederungstechnik bei der Exposition, der systematischen Darstellung nach vielfachem 'usus'. Die Exegese geht vorwiegend dem Wortsinn nach, verzichtet aber nicht auf überspitzte etymologische Erörterungen, so daß man meinen könnte, in den Kirchenbänken hätte eine humanistisch gebildete Gemeinde der Verkündigung gelauscht. Es hat freilich auch nicht an begabten Predigern gefehlt, die den Reichtum humanistischer Bildung in geschliffener Sprache vorzutragen verstanden, wie Johann B r e n z († 1590), vor allem in seiner *Evangelien-Postille* (Frankfurt 1550) und in den P.n über die *Apostelgeschichte* (dt. 1564). In der Überbetonung formaler Eigenheiten (z. B. Wortspiele, Synonymik, blümelnde

Ausdrucksweise) zeigt sich merklich ein Nachlassen der geistigen Frische und Kraft: in der zweiten Generation institutionalisiert sich die reformatorische Bewegung. In die Sprache dringen derb-bäurischer Tonfall und Kanzleistil ein (Schwulst, Weitschweifigkeit, vom Latein beeinflußter Satzbau).

Die von Luther geschaffene K a t e c h i s m u s p. wurde zur fruchtbarsten Verkündigungsform der jungen reformatorischen Bewegung, zumal sie durch den Wechsel von Frage und Antwort dem dieser Zeit eigenen lehrhaften Verlangen nachkam; sie hat längere Zeit hindurch ihre Lehrfunktion bewahrt, allerdings selten im Hauptgottesdienst. Sie wird von Hieronymus M e n c e l († n. 1560), dem Begründer der thematisch-synthetischen P.methode, sowie den schon genannten M a j o r , G i g a s , F r ö s c h e l , S p a n g e n b e r g und B u g e n h a g e n gepflegt und findet eine musterhafte Ausprägung in der farbenfrohen, humorgewürzten *Bauernpostille* (1597 ff.) des Lukas O s i a n d e r. Um 1600 tritt die allgemeine Lehrp. an ihre Stelle.

Seit Beginn der Reformation gibt es lebhafte Fehden innerhalb des protestant. Lagers, die auch in der P. ihren Niederschlag gefunden haben. Urbanus R h e g i u s († 1541) hat sich als Prediger nicht vor satirischen Tönen gescheut, ist aber mit seiner Schrift *Formulae quaedam caute et citra scandalum loquendi* (dt. 1536) gegen polemische und schwärmerische Ausfälle aufgetreten. Kräftige Kontroversp.n hat Caspar G ü t t e l († 1542) gehalten. Johann B u g e n h a g e n († 1558), von dem wir auch ein P.hilfsbuch haben (*Dominicalia*, Wittenberg 1524), polemisiert mit zuweilen unverblümter Grobheit gegen die Schwärmer; seine an Allegorien, Humor und volkstümlichen Zügen reichen P.n sind wegen ihres ungewöhnlichen Umfanges schon von Luther getadelt worden, zu dem er mit den Worten aufblickt: '*Wenn Luther predigt, habt ihr etwas Gebratnes und Gesottnes, wenn ich predige Wasser und Brot*' (Hermann H e r i n g , *Doktor Pomeranus J. B.*, 1888; SchrVerReformGesch. 22. Georg B u c h w a l d , *B.s Katechismusp.n v. Jahre 1534.* Arch. f. Reformationsgesch. 17 (1920) S. 92-104. Ders., *Ungedruckte P.n J. B.s aus den Jahren 1524-29* (1910; Quell. u. Darstellgn. aus d. Gesch. d. Reformationsjh.s 13). Die polemische Haltung kommt auch bei Nikolaus von A m s d o r f deutlich zur Geltung.

Vor allem bis ins 18. Jh. sind mehr oder minder heftige Polemiken konfessioneller Widersacher in der Form von Kontroversp.n auf die Kanzeln gebracht worden.

Aus der Fülle der P.publikationen im 16. Jh. ragt das reiche Werk des Magisters Johannes M a t h e s i u s (1504-65) hervor. In seinen nahezu 1500 gedruckten P.n kommt er als gelehriger Schüler Luthers dessen Sprachgewalt nahe. In ihm verbinden sich umfassende Bildung mit herzhafter Volkstümlichkeit, umsichtige Frömmigkeit mit wissen-

schaftlichem Eifer. Er bevorzugt vielfältiges Anschauungsmaterial, um lebendig, eindringlich und nicht selten humorvoll den Schrifttext darzulegen. Hohe Bewunderung und zahllose Nachahmung findet seine eigenartige Kunst, vor der Joachimsthaler Bergbaugemeinde in fachbezogener Sprache Berufsund Glaubenswelt gleichnishaft zu verbinden (*Bergpostilla oder Sarepta*, Nürnberg 1562). Ihm verdanken wir auch die erste protestant. Lutherbiographie, und zwar in Form von 17 P.n, die in mehr als 50 Auflagen verbreitet ist (Herbert W o l f , *Die Sprache des J. M., philologische Untersuchung frühprotestant. P.n.* Phil. Habil. Schr. Marburg 1966).

Neben den schon genannten Geistlichen sind noch die folgenden Vertreter der reform. Lehre hervorzuheben: Martin M o l l e r († 1606; mit gefühlsreicher Diktion), Wenzeslaus L i n k († 1547; mit volkläufiger, gleichnisreicher Sprache), Michael C o e l i u s († 1559; mit klarer Gliederung), Erasmus S a r c e r i u s († 1559; mit übersichtlichem Aufbau und einfacher Ausdrucksweise), Gregor S t r i g e n i t z († 1603; dessen Jonasauslegung in 122 P.n sowie P.n über Kirchenliedertexte wertvoll sind). Anton C o r v i n († 1553; predigte niederdt.), Arsatius S c h o f e r († 1542), Joachim M ö r l i n († 1571), und Martin C h e m n i t z († 1586) haben sich als „Postillatoren" betätigt. Ferner sind zu nennen: Caspar C r u c i g e r († 1543), Justus J o n a s († 1555), Andreas O s i a n d e r († 1552), Erhard S c h n e p f († 1558), Johann P o l i a n d e r († 1541), Paul E b e r († 1569), Kaspar A q u i l a († 1560). Reiche Angaben über gedruckte P.n des frühen Protestantismus bringen die Buchmeßkataloge.

Im Gefolge der Reformation haben T ä u f e r und S c h w ä r m e r verschiedenster Ausprägung gewirkt. Ihre theologischen Meinungen sind durch einige wortgewaltige Prediger verbreitet worden, bei denen die geistliche Erneuerung vielfach mit sozialreformerischen Ideen verbunden ist. Neben den Kreisen um Johannes D e n k († 1527), Andreas K a r l s t a d t († 1541), Balthasar H u b m a i e r († 1528), Menno S i m o n s († 1559) und Kaspar S c h w e n k f e l d († 1561) ist vor allem Thomas M ü n t z e r († 1525) hervorgetreten (Otto S c h i f f , *T. M. als Prediger in Halle*, Arch. f. Reformationsgesch. 23 (1926) S. 287-293; seine Fürstenp. und Bundesp. in: Th. M.: *Politische Schriften*. Mit Komm. hg. v. Carl H i n r i c h s , 1950; Hallische Monographien 17). Allgemein unterrichtet Gerhard J. N e u m a n n , *P. und Predigerstand in den Täuferdiskussionen der Reformationszeit*, Zs. f. Religions- u. Geistesgesch. 10 (1958) S. 209-219.

§ 9. Gegen Ende des 16. Jh.s dringt mit dem schon genannten Cyr. Spangenberg († 1604, vgl. besonders seine 21 *Lutherpredigten*, 1589) und Nicolaus S e l n e c k e r

(† 1592) als frühem und Johann Gerhard († 1637) als wichtigstem Vertreter die protestant. Orthodoxie durch, die das religiös-seelsorgerliche Anliegen der Reformation durch konfessionelle Polemik in trockenem Scholastizismus ersetzt und damit die dogmatischen und lehrhaften Züge verstärkt: von der Kanzel herab werden theologische Auseinandersetzungen ausgetragen, nicht die Hörer angesprochen. In der Orthodoxie übernimmt die P. lediglich die Funktion, Gottes Wort zu vermitteln, während die Kanzelverkündigung der frühen Reformation als unmittelbarer Heilszuspruch Gottes selbst galt. Wie Johann Hülsemanns Homiletik *Methodus concionandi* (Wittenberg 1625) zeigt, erschöpft sich der P.stil in sterilem Formalismus der dreifachen Analyse (grammatisch, logisch, rhetorisch), im fünffachen *genus* und *usus;* die Darlegung selbst des unbedeutendsten Einzelworts wird vor die Betrachtung des Schriftsinns gestellt. Das damals verbreitete P.schema ist stark von rhetorischen Grundsätzen beeinflußt: Exordium und Conclusio rahmen Propositio und Expositio partium ein, die wiederum in Applicatio und Explicatio aufgegliedert werden. In der synthetischen Methode entwickelt sich das Exordium allmählich zum Hauptstück der P. Das vorherrschende rhetorische Mittel ist die Emblematik mit absonderlichen, vielfach unangemessenen Übertragungen, die sich z. T. schon in den Themen und Überschriften zeigen, z. B. Christus als Handwerker, Anwendung der Symbolik verschiedener Mineralien auf die christlichen Tugenden (Quartband 184 der *Homiletica* im Landeskirchenarchiv Nürnberg). Schließlich ist die emblematische P.weise durch die Realienmethode des Zittauers Christian Weise († 1708) auf die Spitze getrieben worden. Andererseits hat sich durch die Verbindung mit den Dichterorden der Manierismus der P. bemächtigt und zu teils drastischer, teils überzierlicher Ausdrucksart geführt.

An den Haaren herbeigezogene Nebensächlichkeiten des Bibeltextes werden zum Thema, das eine geschmacklose und unschickliche Darstellung findet. Mit Hilfe der Konkordanz, jedoch ohne inhaltlichen Zusammenhang werden die verschiedensten biblischen Aussagen über ein bestimmtes (mitunter belangloses) Wort für die P. aufbereitet, wie es z. B. im Titel eines Werkes von Michael Baumann zum Ausdruck kommt: *Lexicon allegorico-evangelicum, sonderbare Erklärung der Evangelien, da aus jedem Evan-*

gelio nur ein einziges Wort genommen und ausgeführt wird (Nürnberg 1674). Andere Auswüchse dieser zu Extremen neigenden Periode sind der ungewöhnliche Umfang zwei- bis dreistündiger Kanzelansprachen sowie die Sammelleidenschaft. Hermann Samson hat in seiner *Himmlischen Schatzkammer* (1625) viele Anekdoten zusammengetragen. Konrad Dietrich († 1639), dem markante Sprache, volkläufiger Stil und zeitkritische Darstellung eigen sind, füllt seine beiden P.bände über den Prediger Salomo mit ca. 7000 Geschichten und Histörchen. Christian Weidling schafft eine reiche Realiensammlung, *Oratorische Schatzkammer* (1701), Caspar Titius ein theologisches Exempelbuch (1684) mit vielen, zumeist vom Verfasser erfundenen Histörchen. Einige theologische Fakultäten entwerfen Predigerkünste zur Ausdehnung der Kanzelansprache. Beliebt werden P.n, die aus der Häufung von Bibelsprüchen oder Sprichwörtern hervorgegangen sind, z. B. Philipp Ehrenreich Widerers *Evangelische Reise- und Sprichwörter-Postill auf alle Sonn-, Fest- und Aposteltage* (Nürnberg 1673) und Michael Cordes(ius)' *Sprichwörter-Postill, darin LXXI allgemeine, wohlbekannte, deutsche Sprichwörter geistlich erkläret und auf die gewöhnlichen Sonn- und Festtagsepisteln durchs ganze Jahr appliciret werden* (Rostock 1669).

Die hier aufgezeichneten Mißstände begegnen mehr oder minder deutlich in den zahlreichen Homiletiken dieser Periode. Christoph Schleupner (1608) klassifiziert noch vier verschiedene Genera, Fr. Balduin (1623) erweitert sie schon auf sieben, Nikolaus Rebhan (1625) wie auch später (1720 ff.) Valentin Ernst Löscher auf 25, Johann Förster (1638) bringt es auf 26, Johann Benedikt Carpzov d. Ä. (1656) stellt als strenger Verfechter der neuen Scholastik sogar hundert P.arten auf. Auch Christian Chemnitz (1658), Johann Olearius (1665), Sebastian Göbel (1672) und Christian Krumholz (1699) erschöpfen sich in verkünsteltem Schematisieren sowie willkürlicher Aufgliederung der Textgedanken. Eine anonyme Schrift von 1703 beklagt sich, daß die Prediger bisweilen vier Exordia vorausschicken und 22 verschiedene Versionen des Bibeltextes zugrundelegen. Hingegen hat Konrad Dannhauer († 1666) mit rhetorischen Effekten und gelehrtem Beiwerk Anklang gefunden. J. H. Alsted († 1638) befürwortet eine Rhetorica Ecclesiastica, die auf den sermo humilis abgestimmt war. Das Überwiegen der formalen Logik und Redekunst zeigt sich übrigens auch im kathol. Lager, wo damals gleichfalls der Prediger mehr Rhetor als Seelsorger sein wollte (s. § 15).

Trotz alledem kann man dieser Zeit ihre tiefe Religiosität nicht absprechen. Auch reichen die Ansätze für die moderne P. in die Jahre um 1660 zurück, was sich in der Diskrepanz zwischen dogmatisch-belehrendem Kanzelwort und zu selbständigem Denken heranreifender Gemeinde ausdrückt. Blühen doch jetzt Kirchenlied und -gebet, bildet sich doch in Süddeutschland ein volkstümlicher P.stil aus. Auch die Mystik schlägt neue Wurzeln: Zuerst bei Valentin W e i g e l († 1588), dem als Prediger sonderlich mit seiner *Kirchen- und Hauspostille* Bedeutung zukommt. Noch deutlicher ist dieser Einfluß bei Johann A r n d (1555-1621) zu spüren, der mit seiner praktisch-sittlichen Haltung die trockenen Lehrmeinungen der Zeitgenossen übertönt. Von ihm liegen mehrere P.-bände vor, die weniger durch ausgeprägte stilistische Kunst als durch ihre schon auf den Pietismus hindeutende erbauliche Absicht und subjektive Frömmigkeit mit stark emblematischen Zügen und strenger Formgestaltung noch auf die folgenden Generationen wirken, z. B. auf Valerius H e r b e r - g e r (1562-1627). Dieser schwelgt im Gebrauch von Bildern, Allegorien, Sprichwörtern, Wortspielen, Anekdoten, ohne sich dadurch etwas von seiner mit innigen und glaubensvollen Zügen, aber auch witzigen und drastischen Wendungen erfüllten Beredsamkeit zu vergeben. Besonders beliebt und verbreitet war seine vierteilige *Herzpostille.* Ihm verwandt durch humorvollen, zeitsatirischen, beispielgewürzten, freimütigen Vortrag sowie Originalität anstelle herkömmlicher Stilmoden (Rhetorik- und Dispositionszwang) ist Johann Balthasar S c h u p p (1610-1661), der schon zu Lebzeiten wegen seiner „untheolog." P.weise gerügt wurde. Dem erbaulichen Ton der Arndschen P.n stehen noch die folgenden Kanzelredner nahe: Johann G e r h a r d († 1637), der in seiner *Postilla Salomonaea* (1631) die Brücke von mystischen Gedanken zum tätigen Christentum schlägt; Johann Matthäus M e y f a r t († 1642), der seinen verinnerlichten und dichterisch durchdrungenen P.n ein erhabenes Sprachgewand verleiht; Johann Valentin A n d r e a e († 1654), der nach einer Vereinigung von weltläufigem und glaubensinnigem Leben in seinen anspruchsvoll gestalteten P.n trachtet; Paul E g a r d († 1655), dessen schlichte Bußp.n von ergreifender Herzlichkeit sind.

In dieser Zeit findet sich oft sittliche Lauterkeit im Gewande einer süßlich künstelnden, von gefühlsbetonten Bildern überwucherten Sprache, so in Johann H e e r m a n n s *Christlichen Träuungs-Sermones* (1657). Davon befallen ist ebenso der gewiß geistreichste Prediger des 17. Jh.s, Heinrich M ü l l e r (1631-1675), der nicht gegen die überkommene Form der Kirchlichkeit steht. Er predigt wohl mit den gewohnten emblema-

tischen Einkleidungen der Begriffe, besitzt aber eine virtuose Gabe für rhetorische und poetische Ausschmückung sowie prägnante Diktion, ohne auf rührende Töne zu verzichten. Aufgrund seiner Forderung nach innerer Vertiefung des Glaubens ist er — trotz seiner orthodox lutherischen Einstellung — vor allem durch sein zuweilen sentimentales Erbauungsschrifttum neben Arnd, Herberger und Scriver als Vorläufer des Pietismus anzusehen. Sein gezierter, symbolisch übertragender Stil zeigt sich am deutlichsten in den *Geistlichen Erquickstunden* sowie den *Passionsp.n.* Wie der durch seinen *Seelenschatz* einflußreiche Christian S c r i v e r († 1693) ist er Schüler des in schlichter, eindringlicher Sprache vortragenden asketischen Schriftstellers Joachim L ü t k e m a n n († 1655). Das in mehreren Bänden vorliegende P.werk des Johann L a s s e n i u s († 1692) huldigt der emblematischen Manier in mitunter kerniger Sprache; ihn zeichnen Reichtum an Gedanken und innige Bußstimmung aus.

Wie eindringlich und nachhaltig die Wirkung des Pietismus auch ist, vermag er doch die protestant. Orthodoxie nicht völlig abzulösen oder gar zu beseitigen. Vielmehr findet man ihre Vertreter noch im 18. Jh. und darüber hinaus. Vom festen Boden des Luthertums aus erhebt Valentin Ernst L ö s c h e r (1673-1749) seine Stimme gegen die starre Gesetzlichkeit des Hallischen Pietismus als P.theoretiker, in der Praxis hängt er aber selbst dem scholastischen Formalismus mit allegorienreicher und gelehrter Darstellung an (Martin S c h i a n, *Orthodoxie und Pietismus im Kampf um die P.*, 1912; Studien z. Gesch. d. neueren Protestantismus 7). Auf einer unteren Ebene bekämpft der ebenso wie Löscher zeitweilig in Dresden tätige Prediger Gottlieb C o - b e r (1682-1717) den Pietismus. Er hat sich durch seine Bußp.n Verdienste erworben, in denen er die Zeitgebrechen deutlich anprangert. Er verdient außerdem erwähnt zu werden, weil er das protestant. Gegenstück zu den sprachgewaltigen kathol. Volkspredigern vom Schlage Abrahams a Santa Clara ist. Vorzügliche Proben seines Talentes liegen in Cobers häufig aufgelegten Bänden *Der Cabinett-Prediger* (1711) vor. Hier findet man dramatische Gestaltung durch Fragen, Dialoge, Interjektionen sowie prägnant-eindringlichen Satzbau. Aufmerksam werden die Lebensgewohnheiten der Menschen beobachtet, und in volkstümlicher, zuweilen drastischer Sprache wird die lutherische Lehre strenger Observanz weitergegeben. Reim, Wortspiel und Sprichwort, aber auch kabbalistische Wortdeutungen wendet Cober mit Vorliebe an (Moritz G e y e r, *Gottlieb Cober, e. Moralprediger d. vorigen Jh.s.* 78. Nachricht des Friedrichs-Gymn. Altenburg, 1885). Sein gröberes ländliches Pendant ist der auf einem hannoverischen Dorf amtierende Jacobus S a c k m a n n (1643-1718). Weit über seinen engen Wirkungsbereich hinaus war er als origineller, eindringlicher, dabei frommer Prediger geschätzt. Die wenigen Proben seiner Beredsamkeit, die durch die Ausgabe von H. Mohrmann (1880) erhalten sind, zeigen Sackmann als volksverbundenen Seelsorger, der in seiner nddt. Mundart auch nicht mit kräftigen Äußerungen zurückhält, dramatische Gestaltung und beispielreiche Veranschaulichung liebt. Seiner ganzen Art steht der Franke Johann Friedrich S p ö r r e r (1678-1720) nahe, der Prediger zu Rechenberg bei Dinkelsbühl war. Seinen Bauernp.n fehlt es nicht an derben und niedrigen Tönen. Seine bodenständigen Kirchweihp.n sind eindrucksvolle Zeugnisse herzhafter Volksverbundenheit.

§ 10. Verhaltene Innerlichkeit und subjektive Glaubenserfahrung des gegen 1675 einsetzenden P i e t i s m u s (s. d.) war die natürliche Reaktion auf die bisherige dogmatische Erstarrung. Dabei sind eigentlich die sprachlichen Mittel in beiden Strömungen weithin identisch, zumal die säkulare Barockkultur den gesamten Zeitraum überspannt (August L a n g e n , *Der Wortschatz des dt. Pietismus*, 1954; Maximilian N e u m a y r , *Die Schriftp. im Barock*, 1938).

Schon zu Beginn des 17. Jh.s wird das Bedürfnis nach vertiefter Frömmigkeit in neuen Formen der Erbauungslit. sichtbar. Ursprünglich von der Kanzel vorgetragene P.n werden zu einer spezifischen Andachtsform für den Druck umgearbeitet, so des Altenburger Hofprediger Arnold Mengerings *Suscitabulum conscientiae* (1638) und *Informatorium conscientiae* (1644), oder des Salzwedeler Stephan P r ä t o - r i u s ' *Achtundfünfzig Traktätlein* (1662) in schwungvoller, farbenreicher, gewandter Sprache, nicht ohne gemütvolle Tönung. Im Pietismus setzt sich diese Tradition neben einer Flut von Erbauungsbüchern in der außergemeindlichen Verkündigung vor besonderen Versammlungen (*Konventikeln*) fort. Dieses Schrifttum nimmt auf lange Zeit den größten Anteil unter allen Druckerzeugnissen ein.

In der P. des Pietismus bekommt die Sprache allerdings durch das verinnerlichte Glaubenszeugnis einen Beigeschmack süßlicher Sentimentalität. Wohl wird der Gegenstand in belehrendem Ton und Applikation gründlich erörtert, doch tritt das nur Gelehrte, Bild- und Gleichnishafte wie alles gekünstelte und schmückende Beiwerk zugunsten des gefühlsstarken Ausdrucks zurück. Der Aufbau ist klar und wohlgestaltet, auf formale Kunstfertigkeit, aber auch Schematismus wird weitgehend verzichtet.

Philipp Jakob S p e n e r (1635-1705), der ein umfangreiches P.werk veröffentlicht hat, ist nicht besonders rhetorisch und sprachlich begabt. Er fordert Natürlichkeit des Ausdrucks statt Zierlichkeit der Worte, betont die mitunter in pedantischer Didaktik als Katechisation vorgetragene praktische Sittenlehre. Spener vermischt analytische und synthetische Methode zu einer planmäßigen Durchführung mit formaler Schablone, wobei der Einleitung eine gewisse Selbständigkeit zukommt; im Ganzen steht ihm aber

der Inhalt vor der Form. Er spricht in getragener Diktion ohne jeglichen Höhepunkt, denn durch pathetische oder gar polemische Töne glaubt er die Erbauung zu stören. In vieler Beziehung wächst August Hermann F r a n c k e (1663-1727) über Spener hinaus: so ist sein Ausdruck gewählter, doch bleibt er ebenfalls bei der einfachen Struktur, beschränkt sich auf die Darlegung des Textes in synthetischer Form. Seine vor allem in der Applicatio erscheinende eindringliche Veranschaulichungsgabe übertreibt zuweilen den Gebrauch biblischer Metaphern, stört den Gedankengang durch dunkle Sprüche und Redensarten, die vielen Hörern unverständlich bleiben. Im Vortrag ist Francke trocken und langatmig.

Johann Anastasius F r e y l i n g h a u s e n (1670 bis 1739) steht mehr unter Speners Einfluß. Er verzichtet auf Bilder, liebt klaren Vortrag, strenge Ordnung und ungekünstelten Stil. Gottfried A r n o l d (1666-1714) treibt die undurchsichtige, empfindsame Ausdrucksweise vor allem in seiner *Evangelischen Botschaft* (1706) auf die Spitze. Bei ihm tritt die Form weitgehend hinter dem Inhalt zurück. Georg N i t s c h (1663-1729) hingegen bedient sich einer wortgewandten, zuweilen mit Humor gewürzten und natürlichen Darstellung. Seine Bedeutung als erbaulicher Kanzelredner zeigt sich besonders in der Abhandlung *Von der Einfalt, welche ein Prediger auf der Kanzel gebrauchen soll* (1716). Fr. Andreas H a l l b a u e r s *Nötiger Unterricht zur Klugheit erbaulich zu predigen* (1723) will die trockene Pedanterie verbannen, vermag aber bei allem Streben nach klarem und erbaulichem Vortrag nicht auf gekünstelte Methoden zu verzichten. Gerhard T e r s t e e g e n (1697-1769) bringt einen mystischen Einschlag in seine eindringlichen Ermahnungsp.n.

Den mechanischen Methodismus der Hallischen Schule überwindet die Herrnhuter P.weise durch ihre Vorliebe für anschauliche Bilder, die das Gefühl ansprechen, durch ihre Sentimentalität und Drastik allerdings oft maniriert wirken. Bei Nikolaus Ludwig Graf von Z i n z e n d o r f (1700-1760) treten dazu Originalität und eine ausgeprägte Rednergabe. Auf strenge Gliederung legt er keinen Wert. In seinem reichen P.werk verfügt er über eine empfindungsvolle, naiv-überschwengliche Sprache, die reich an Tropen und Gedanken ist, dadurch vielfach nur im Kreise seiner Gemeinde richtig verstanden werden konnte. Seine Homilien sind seit 1744 wiederholt aufgelegt worden. Der Geist der Herrnhuter beschränkt sich nicht auf die Entstehungszeit des Pietismus, sondern wirkt weiter. Zu seinen Vertretern gehört C. G. S a l z m a n n (1744-1811), dessen P.n von herzlicher Innigkeit getragen sind. Johann Baptist von A l b e r t i n i (1769-1831) führt die P. der Brüdergemeine zu klarem Ausdruck und zu sachlicher Anschaulichkeit. Seine nicht selten dichterisch gestaltete Sprache mit rhythmischen Elementen und sorgfältig gewähltem und abgewogenem Wortschatz, der das Adjektiv bevorzugt, gewinnt durch ihren gefühlswarmen Ton der Heilsgeschichte überraschende Eindringlichkeit ab.

Johann Albrecht B e n g e l (1687-1752) greift in seinen P.n bei offensichtlicher Unabhängigkeit von dogmatischen Überlieferungen auf den ursprünglichen Text zurück. Diese aus der reformierten Theologie resultierende Richtung ist der B i b l i z i s m u s. In Bengels Kanzelansprachen steht die Exegese im Mittelpunkt, dazu kommen bodenständige Züge und landschaftliches Kolorit. Bengel setzt sich bewußt von der Hallischen Form des Pietismus ab und begründet den Schwäbischen Pietismus. Seiner Betonung der Schriftautorität folgen der unten genannte G. K. Rieger und vor allem Friedrich Christoph Ö t i n g e r (1702-1780), letzterer mit pietistisch-mystischem Einschlag. Er trägt in kräftiger Sprache vor, verzichtet auf kunstvolle logische Disposition und wissenschaftliches Beiwerk. Doch vermag er mit großer Eindringlichkeit darzustellen, indem er die ganze Schöpfung zur Veranschaulichung heranzieht und in natürlicher Manier das Alltägliche anspricht. Georg Konrad R i e g e r (1687-1743) versteht geschickt zu gliedern und rhetorisch zu gestalten, kann sich aber nicht vom Stil des 17. Jh.s lösen.

Als Vermittler zwischen den Anschauungen von Pietismus und Aufklärung ist Speners bedeutendster Schüler Johann Jakob R a m b a c h (1693-1735) zu nennen, der A. H. Franckes Nachfolge am Hallischen Waisenhaus antrat und vielseitig als praktischer Theologe wirkte, nicht zuletzt mit Abhandlungen zur Hermeneutik und Homiletik. In ihm hat auch schon die Wolffsche Philosophie Wurzel geschlagen — man spürt es an dem logischen Aufbau, der klaren Gedankenabfolge und Durchführung sowie an der Deutlichkeit der Begriffe. Zuweilen huldigt er noch dem alten Schematismus in der Betonung des Exordiums, in der Anwendung des dreifachen *usus*. Trotzdem kann er als bester Vertreter der Kanzelberedsamkeit vor Mosheim angesehen werden, denn emphatischer Ausdruck, lebhafte Phantasie und unmittelbarer Bezug auf den Hörer verleihen seinen P.n nachhaltige Wirkung. Rambach führt in seiner Erläuterung über die *Praecepta homiletica* (1736) die Anweisungen der wichtigsten Homiletik des Pietismus weiter, die Joachim L a n g e 1707 unter dem Titel *Oratoria sacra ab artis homileticae vanitate repurgata* vorgelegt hatte.

§ 11. Hatte der Pietismus die Grundübel der Polemik und der selbstgefälligen Gelehrsamkeit überwunden, so sorgen die Anhänger des R a t i o n a l i s m u s unter Einfluß der franz. und engl. Kanzelberedsamkeit für einen klaren, schriftgetreuen und zugleich lebensnahen Vortrag. An die Stelle weltfremder Dogmatik tritt jetzt mehr die Sittenlehre; gelegentlich werden statt biblischer Texte sogar philosophische Themen abgehandelt, die vorwiegend aus dem Bereich der Ethik stammen. Gegen dieses „Moralisieren" auf der Kanzel erheben sich viele Stimmen.

Weder der Pietismus noch die Aufklärung haben das gesamte kirchliche Leben des 18. Jh.s zu prägen vermocht. Es gibt vielmehr in dieser Zeit eine ganze Anzahl bedeutender Prediger, die zwischen diesen beiden Bewegungen oder gar gegen sie ihre Selbständigkeit bewahren, dabei teilweise von der einen oder anderen Seite Anregungen erhalten. Andererseits haben sich sowohl orthodoxe wie pietistische Wesenszüge über diesen Zeitraum hinaus gehalten, um im 19. Jh. neue Bedeutung zu erlangen.

Durch seine vermittelnde Stellung hat sich Johann Gustav R e i n b e c k (1683-1741) Verdienste erworben. Er verbindet die Frömmigkeit der vorangegangenen Generation mit der aus Christian Wolffs Lehre gewonnenen Klarheit in der „philosophischen P.weise" und verwendet die demonstrierende Methode. Seine P.n bedienen sich einer gereinigten Sprache mit mystischen Bildern und allegorisierenden Ausdrücken; das waren Gründe genug, seine P.weise für alle Kanzeln in Preußen amtlich zu empfehlen. Der Einfluß der Wolffschen Philosophie ist ebenso bei Georg Joachim Z o l l i k o f e r (1730-1788) festzustellen, der in klarer Darstellung und edler Sprache über moralische Themen, z. T. in der Form des philosophischen Traktats predigt. Abraham Wilhelm T e l l e r s (1734-1804) P.n sind wegen ihrer stilistisch abgerundeten Redegewandtheit geschätzt. Mit dialektischer Prägnanz und einfacher Anschaulichkeit behandelt er vorwiegend Gegenstände der christlichen Moral, vermag indes wegen seines verstandesmäßigen, phantasie- und farblosen Vortrags keinen weitreichenden Einfluß zu gewinnen.

Als hervorragendster Prediger dieser Zeit weiß Johann Lorenz von M o s h e i m (1694-1755), von der engl. und franz. Kanzelberedsamkeit beeinflußt, die Erkenntnisse der frühen Aufklärung mit dem Offenbarungsglauben zu vereinbaren. In Lehre und Praxis sieht er die dt. P. als oratorisch elegantes Kunstwerk an, das nicht zuletzt durch guten Vortrag die Glaubensfragen mit dem Verstand in Einklang bringen soll. Der Individualität des Predigers setzt er keine Schranken, auch empfiehlt er den Gebrauch von bildlichen Veranschaulichungen, wendet sich aber gegen die mystische, emblematische und allegorische Darstellungsweise. Dieses Streben nach einem klassisch reinen Stil wird nicht zuletzt durch Gellerts schriftstellerisches Werk, Gottscheds Bemühungen um die Rhetorik sowie die Errichtung einer Professur für dt. Beredsamkeit an der Universität Halle unterstützt. Hiermit soll Mosheims persönliches Verdienst nicht geschmälert werden. Begründet er doch die pädagogisch-psychologisch angelegte P.art mit erbaulicher Tendenz, die dann in der Erweckungsp. ihre volle Ausprägung findet (*Anweisung, erbaulich zu predigen*, Erlangen 1762). Auch beherrscht er glänzend die demonstrierende Methode und bemüht sich um Klarheit der Form, um Deutlichkeit und Beweiskraft der Gedanken. In seinem Streben nach einer erkenntnisgesicherten Offenbarungsreligion wird er zum Künder des aufgeklärten Supranaturalismus. Im Gefolge dieser Entwicklung tritt neben die schriftgebundene Perikopenp. in zunehmendem Maße die situationsbezogene Kanzelansprache mit den Eigenschaften der vom Thema geprägten Kasualrede.

Karl H e u s s i, *J. L. v. M., ein Beitrag zur Kirchengesch. des 18. Jh.s* (1906). Martin P e t e r s, *Der Bahnbrecher der modernen Predigt. J. L. v. M. in seinen homilet. Anschauungen dargestellt und gewürdigt* (1910).

Aufgrund dieser Verdienste gilt Mosheim als Begründer der modernen P., die sich der veränderten Welt stellt, aber mit dem kasuellen Bezug die Abhängigkeit vom Text lockert. Die klassizistische Form seiner Hof- und Universitätsp.n war zwar wenig geeignet, unmittelbar einer Durchschnittsgemeinde vorgesetzt zu werden. Trotzdem hat Mosheim mehreren Generationen als Vorbild gedient. Zunächst zeigt sich sein Einfluß bei Johann Friedrich Wilhelm J e r u s a l e m († 1789), der seine Beredsamkeit dem pathetischen Ausdruck verdankt, bei Johann Andreas C r a m e r († 1788), der in über 20 Bänden P.n stärkere Betonung auf das Formale legt und seine literarische Begabung in lebendigen Bildern entfaltet. Der Supranaturalismus mit antirationalistischen Anklängen wird von dem gefeiertsten Prediger seiner Zeit, dem sächsischen Oberhofprediger Franz Volkmar R e i n h a r d (1753-1812), vertreten, der seine Kanzelansprachen in 43 Bänden herausgegeben und damit nachhaltig gewirkt hat. Er greift darin gern aktuelle Themen auf und spricht durch geschickte Textbehandlung das Gemüt an. Formal ist er noch von der orthodoxen P.weise abhängig;

er formuliert ein Thema und bringt eine durchsichtige, meist dreiteilige Disposition, die schließlich schematisch wird; am Schluß steht eine Zusammenfassung oder Paränese. Seine Sprache hat klassizistischen Charakter, sie strebt nach Schlichtheit und Würde, doch wirkt sie durch die gewählte Diktion steif und zu wenig eindringlich. Er behandelt den geistlichen Stoff mit scharfem Verstand und arbeitet in geistvoller Weise, aber lehrhaft-moralisierender Absicht die sittlich-religiösen Gesichtspunkte heraus. Dabei macht er sich weithin vom Text unabhängig und bedient sich der Mittel der antiken Rhetorik.

Hingegen kehrt Johann Joachim S p a l d i n g (1714-1804) wieder zur prunklosen, didaktisch-moralisierenden Redeweise zurück und verzichtet auf rhetorischen Aufbau sowie kunstvolle Gestaltung. Andererseits sind seine nach Erkenntnis strebenden figürlichen Redensarten nicht ohne Pedanterie. Seine würdige Sprache strahlt volkstümliche Herzlichkeit aus. Spaldings *Gedanken über den Wert der Gefühle im Christentum* (1761) warnen davor, Erbauung durch schwärmerische Phantasie erreichen zu wollen. Vielmehr trachtet er nach moralischer Besserung der Gemeinde durch erhabene Aufklärung. Er hat unter dem Titel *Von der Nutzbarkeit des Predigeramts* seine homiletische Konzeption vorgetragen, worin Johann Gottfried H e r d e r (1744-1803) ungerechtfertigterweise einen Angriff auf die Offenbarungsreligion erblickte. Neben schlichter, antirhetorischer Natürlichkeit, anschaulicher Darstellung und klarer Gedankenführung zeigen Herders P.n eine ernste, zuweilen dithyrambisch-überschwengliche Sprache. Er möchte mit seinen P.n die Andacht wecken, aber im Grunde genommen lehren sie nur christliche Humanität und sind dadurch theologisch fragwürdig. Nannte man doch Herder einen „Aufklärer mit der Bibel in der Hand", der den Menschen vornehmlich psychologisch betrachtet und das humanistische Bildungsideal anstrebt; allerdings lehnt gerade er es ab, der klassischen Beredsamkeit auf der Kanzel nachzueifern. In seinen einfach und ungezwungen vorgetragenen Homilien, die wegen ihrer aphoristischen und poetischen Sprache nur einen Teil seiner Hörer anzusprechen vermochten, wendet er sich von der durch Mosheim geförderten synthetischen P.methode wieder ab. Die Übernahme solcher dichterischer Vorbilder führt in dieser Zeit zur Verbreitung der ästhetischen P.weise, die auch poetisch-prosaische genannt wurde; bei vielen unberufenen Vertretern artet ein derartiger Vortrag in sentimentalen Schwulst aus.

Eine dichterische, oft rhythmische Sprache ist gleich Herder dem Zürcher Johann Caspar L a v a t e r (1741-1801) eigen, der einen starken alemannischen Einschlag in seinen streng textgebundenen P.n spüren läßt. Seiner lebendigen, bald enthusiastischen, bald schwärmerisch-gefühlsgebundenen Vortragsweise fehlt es nicht an Originalität. Er beschränkt sich auf einen prägnanten Stil, der bei allem Gedankenreichtum keine Ausschmückung duldet. Aus der Schweiz ist neben ihm David M. M ü s l i n († 1821) zu nennen, der seine Darstellung ebenfalls ganz vom Text her in klarem, nüchternem Stil ausführt. Durch seinen konkreten Bezug auf die Lebensverhältnisse der Hörer, durch seine patriotische und philanthropische Haltung erwirbt er sich tiefe Popularität.

Grundsätzlich muß man der Aufklärung einen festen Platz in der Geschichte der P. zusprechen, da in ihr erstmals die Konfrontierung mit der Entwicklung von Wissenschaft und Gesellschaft gewagt worden ist, was dann im 19. Jh. zu einer Lebensfrage der Verkündigung wird. Dabei ist eine innerkirchliche Funktionsverlagerung nicht zu übersehen; jetzt hängt die Legitimation des Predigers nicht mehr von der charismatischen Amtsauffassung ab, sondern von seiner subjektiven rhetorischen Fähigkeit, der Gemeinde nützliche Anweisungen zu geben; er gilt als Moral- und Religionslehrer. Dabei darf nicht übersehen werden, daß der aufgeklärte Prediger die Substanz der Verkündigung, die Botschaft von der Offenbarung Gottes, weitgehend hinter einem gepflegten Stil, durchsichtigen Aufbau und intellektuellen Religionsverständnis zurücktreten läßt. Die P. dieser Richtung, als deren hervorragender Exponent der Göttinger Universitätsprediger Johann Gottlob M a r e z o l l (1761-1828) gilt, erschöpft sich nahezu in ihrem Bemühen um moralische Besserung und geistige Läuterung der Hörer. Es ist bezeichnend für den Geist dieser Zeit, daß der Begriff P. gern durch den der Kanzelrede ersetzt wird. (Reinhard K r a u s e , *Die P. der späten dt. Aufklärung, 1770-1805*, 1965).

Auch diese Zeit kann nicht auf die üblichen P.hilfsmittel verzichten, zu denen jetzt noch homiletische Zeitschriften kommen. Chr. S t o c k s *Homiletisches Real-Lexikon* (Jena 1725) wurde wiederholt aufgelegt. Phil. David B u r k s *Evangelischer Fingerzeig* bringt in 7 Bänden (1760 bis 1766) Dispositionen über sämtliche Perikopen. Chr. Samuel U l b e r gibt in seinem *Erbaulichen Denkzettel* (noch 1847 aufgelegt) P.skizzen. Einige Sammlungen schmücken sich nach bewährten Vorlagen auch jetzt noch mit lat. Titeln als *Sermones parati, Manuale curatorum, Collectanea, Praedicandi praebens modum*. Andere Ausgaben häufen in enzyklopädischer Breite den Stoff an, z. B. Chr. Friedrich K r a u s e s *Evangelischer und erbaulicher Predigerschatz*, 4 Bde (1719 ff.). In der Vorrede zu Johann L a s e n i u s ' *Heiligem Perlenschatz* (1739) werden Beispiele „aus den Geschichten und der Weltweisheit zur Erläuterung" der P. gutgeheißen. Die meisten solcher Handreichungen trachten danach, durch die Aufbereitung verschiedenster Realien dem Prediger Material zur Ausgestaltung eines jeglichen Schrifttextes zu bieten und ihm somit die eigene geistige Bewältigung des Textes abzunehmen. Es fehlt nicht an Kritikern, die dem Mißbrauch der inhaltlichen Entwertung der P. durch formale Künstelei, sachfremde Illustrierung und à la mode-Sprachmanier entgegentreten. Seine theoretische Stütze findet der aufgeklärte Prediger in Romanus T e l l e r s *Demonstrationes homiletico-theologicae* (Leipzig 1728) oder in Christoph Weißenborns *Gründlich unterrichtetem Kirchen-Redner, welcher die Hauptregeln der geistlichen Beredsamkeit ... durch deutliche Fragen und Antworten beybringet* (Jena 1721; weiteres homiletisches Schrifttum aus dem 18. Jh. bei Irmgard W e i t h a s e , *Zur Gesch. d. gesproch. dt. Sprache*, Bd. 2, 1961, S. 56 f. und Ursula S t ö t z e r , *Deutsche Redekunst im 17. u. 18. Jh.*, 1962). Oder er greift gleich zu den weltlichen Anleitungen: zu J. A. F a b r i c i u s ' *Philosophischer Redekunst* (1739) oder zu G o t t s c h e d s *Ausführlicher Redekunst* (1736; deren V. Hauptstück die geistlichen Reden behandelt), die gegen die homiletischen Methodenkünstler mit ihren Kunstkniffen und Zergliederungsschemata kämpfen und den Anschluß an die „vernünftige" Rhetorik fordern. — Seit die weltliche Beredsamkeit für die Homiletik nutzbar gemacht wird, mangelt es nicht an Bemühungen, die P. als poetische Kunstform zu gestalten. Dabei wird gewöhnlich die Aufnahmefähigkeit der Gemeinde außer Betracht gelassen.

Im protestantischen Deutschland zeigen sich im Laufe des 18. Jh.s mehrere vom Inhalt her bestimmte P.weisen, deren Großteil unter den Nenner des bildungsfreudigen Rationalismus zu stellen ist. Auch die Homilie kommt wieder in Gebrauch. Wesentlichen Anteil an der Verbesserung der P. hat die damals einsetzende Bibelkritik. Man versucht, durch eine exakte Exegese den unmittelbaren Lokalsinn der Schrift für den Kanzelvortrag nutzbar zu machen. Praktische Anweisungen bietet u. a. das von C. C. S t u r m hg. *Journal für Prediger* (100 Bde 1770-1842). Daneben erscheint eine Fülle homiletischer Lehrschriften. Endlich wird der Homiletik auch der gebührende Platz in der theologischen Ausbildung eingeräumt. Ein neuer Zug in der Verkündigung deutet sich an: man achtet auch auf die außerkirchlichen Sorgen und Interessen der Hörer.

Im Zuge der jetzt mit der P. angestrebten Aktualität steht auch die Tendenz zur reflektierenden Naturbetrachtung. Einmal artet sie zu deklamatorischer Empfindsamkeit aus, zum anderen (so bei G. Chr. Benjamin M o s c h e) werden teleologische Nutzanwendungen — häufig auf nichtreligiöse Gegenstände — daraus gefolgert. Beispielhaft hierfür ist der schon genannte Christoph Christian S t u r m († 1786), der aus seinen Naturp.n belehrende und erzieherische Schlüsse zieht, später reine Sachthemen ohne theologischen Bezug vorträgt. Es fehlt auch nicht an P.n über die Blatternimpfung und den Kartoffelanbau! Johann Jacob H e ß (1741-1828) predigt über konkrete Lebensfragen mit lebhafter Veranschaulichung; am Ende steht stets eine Nutzanwendung. J. F. K r a u s e gibt 1797 seine P.n über einige Landesgesetze heraus. Der sprachbegabte reformierte Joh. Kaspar H ä f e l i († 1811) vertritt mit kraftvollem Stil Vernunft und Freiheit als Grundlagen des bürgerlichen Lebens; in seinen weitgehend improvisierten P.n zieht er aus dem Text unmittelbare Nutzanwendungen für die Hörer. Mit nationalen Tönen regt sich die politische P. zuerst Ende des 18. Jh.s in Sachsen und Preußen. Neben anderen erhebt S c h l e i e r m a c h e r während der napoleonischen Herrschaft seine patriotische Stimme in der P. und äußert sich auch grundsätzlich über die Anwendung der Politik auf der Kanzel.

Dieser Aufgeschlossenheit entspricht eine allgemeine Versöhnung zwischen Christentum und Kultur, was auch — bei aller Bewahrung der aus dem Zeitalter der Orthodoxie stammenden Form — in der nunmehr nüchternen, zeitbezogenen P.sprache zum Ausdruck kommt. Doch darf man nicht übersehen, daß immer nur ein Teil der Gemeinde von diesen säkularen Themen angesprochen wird. Reißt doch noch in unseren Tagen die P. innerhalb der Gemeinde Fronten auf, wenn sie — selbst notgedrungen — zu aktuellen außerkirchlichen Vorgängen Stellung nimmt.

Karl Heinr. S a c k, *Geschichte der P. in der dt. evang. Kirche von Mosheim bis auf d. letzten Jahre von Schleiermacher u. Menken* (1866). Adolf H e g e r, *Evangelische Verkündigung u. dt. Nationalbewußtsein. Zur Gesch. der P. von 1806-1848* (1937; NDtFschgn. 252). Ernst S c h u b e r t, *Die evang. P. im Revolu-tionsjahr 1848* (1912; Stud. z. Gesch. d. neueren Protetantismus 8).

§ 12. Die protestant. Theologie ist im 19. Jh. so vielfältig (vgl. Karl B a r t h, *Die protestant. Theologie im 19. Jh., ihre Vorgesch. und Gesch.*, 1947; Em. H i r s c h, *Gesch. der neueren evang. Theologie*, Bd. 5, 1954), daß es ein Wagnis bedeutet, die P. dieses Zeitraums in einem Abschnitt abzuhandeln. Angefangen von der wieder stark reformationsbezogenen Orthodoxie werden die meisten theologischen Anschauungen seit dem 17. Jh. neu aufgegriffen, davon aber nicht alle vertieft. Stilistisch läßt sich über das P.wesen im 19. Jh. wenig Allgemeingültiges oder auch nur das Wesentliche Erfassendes sagen. Wir stellen deshalb die profiliertesten Prediger dieses Zeitraumes vorwiegend nach ihrer theologischen Konzeption vor.

Die P. erhält jetzt auch allgemeinere Bedeutung, weil sie sich mit den großen Bewegungen und Erschütterungen der Zeit auseinandersetzt. Das tut sie zumeist in einem verweltlichten und nüchternen Ton. In den Freiheitskriegen setzt ein starker Säkularisierungsprozeß ein, der sich auf Sprache und Inhalt der P. auswirkt. Viele Geistliche stellen ihren christlichen Verkündigungsauftrag zurück, um desto mehr als Sprecher nationaler Ideen aufzutreten. Vielfach dient die P. als Propagandainstrument konservativer Kräfte, die unter Vorgabe kirchlichen Auftrags von der Kanzel aus die Vertreter des Fortschritts und der Volkssouveränität bekämpfen. Dieser bis ins 20. Jh. wirksamen Zweckentfremdung begegnet am entschiedensten die Bekenntnis- und Erweckungsp. mit ihrer Besinnung auf die Glaubensgrundlagen. Sie setzt sich allerdings vielfach selbst Grenzen durch ihre bewußt archaisierende Ausdrucksweise. Diese wirklichkeitsentzogene „Sprache Kanaans" wird in orthodoxen und Gemeinschaftskreisen gepflegt. — Im 19. Jh. verklingt die mundartgebundene P. fast ganz. Ihre letzten Gebiete waren die Schweiz, Siebenbürgen und Niederdeutschland. Noch heute fehlt es nicht an Versuchen, sie bei besonderen Anlässen gelegentlich wieder aufleben zu lassen.

Die Methode des Kanzelvortrags bleibt nunmehr weniger der persönlichen Begabung und Originalität des einzelnen Geistlichen überlassen, vielmehr wird seit dem

Ende des 18. Jh.s eine systematische homiletische Ausbildung schon auf der Universität angestrebt. Das Bemühen um gründlicheres P.studium spiegelt sich auch im Aufkommen zahlreicher homiletischer Zeitschriften.

In der Gestaltung des Inhalts zeigt sich die historisch kritische Bibelforschung: man bevorzugt Texte, die das geschichtliche Christentum zu Wort kommen lassen. Anstelle der an die ganze Gemeinde gerichteten Moralp. des Rationalismus tritt die zur persönlichen Entscheidung drängende Glaubensp. Theoretisch wird die allegorische Deutung damals abgelehnt, in praxi findet man sie nicht selten. Zur Analyse der aus dem Text gewöhnlich in Dreiteilung gewonnenen Gedanken bedient man sich eines freien Zusammenwirkens von analytischer und synthetischer Methode. Ansonsten treten die Bemühungen um eine bestimmte, vorgeprägte Form jetzt zurück; in wachsendem Maße sucht man sich unmittelbar auf die jeweilige Situation und Gemeinde einzustellen. Die Verbindung mit dem von Reinhard in klassizistischer Beredsamkeit vorgetragenen Supranaturalismus nimmt Ludwig Ernst B o r o w s - k i (1740-1831) auf. Seine dichterisch gehobene, stark rhythmische Sprache greift zuweilen auf den patristischen Tonfall zurück.

Der Schöpfer der neueren darstellenden P.weise, die später in Smend einen trefflichen Vertreter findet, ist Daniel Friedrich S c h l e i e r m a c h e r (1768-1834), dessen wissenschaftliche Bedeutung neben der des Predigers steht. Man hat ihn den ersten dt. Kanzelredner genannt, der unbeeinflußt von der lat. Diktion gesprochen hat. Gleichwohl hat er die antike Rhetorik studiert (ihre nur schmückenden Elemente aber nicht gebraucht), außerdem zeitgenössische engl. Prediger auf sich wirken lassen. In den P.n tritt im Laufe seines Schaffens die anfangs noch streng gehandhabte Disposition zugunsten einer organischen Entfaltung der Gedanken zurück. Er stützt sich in Anlehnung an die Themap. seltener auf den Text, sondern sucht gewöhnlich von religiös-moralischen Gegenständen her seine originellen und stark subjektiven Ausführungen weniger auf Belehrung als auf Erbauung und „Erhebung des Gemüts" zu richten. Neben der Reflexion gehört zu Schleiermachers wesentlichen Vortragselementen die dialektische Entwicklung des Gedankens, und an dieser erweist sich

seine konkrete Einstellung auf die vorwiegend gebildete Gemeinde. Mit psychologischem Gespür erfaßt und behandelt er Zusammenhänge der christlichen Existenz und analysiert auch das politische Geschehen in patriotischer Haltung (vgl. Johannes B a u e r , *S. als patriotischer Prediger*, 1908; Stud. z. Gesch. d. neueren Protestantismus 4). Indem er als Vertreter des Idealismus die Verbindungen zwischen Christentum und allgemeinem Geistesleben darlegt, schafft er mit der Kultp. eine Verkündigungsform, die dann der Kulturprotestantismus zur modernen P. weiterentwickelt. Schleiermacher verdanken wir auch eine gültige Ausprägung der Kasualrede, die auf gegenstandsfremde Zutaten und äußerlichen Sprachschmuck verzichtet, aber von feierlichem Enthusiasmus getragen ist und sich eines „edel-antiken" Ausdrucks bedient. Über die zu seiner Zeit herrschenden Anschauungen von Supranaturalismus und Aufklärung hat er sich in seinen P.n, von denen zehn Bände (für den Druck stark überarbeitet, 1834-1856; *Sämtliche Werke*, Abt. 2) erschienen sind, hinweggesetzt.

Wolfgang T r i l l h a a s, *S.s P. und das homiletische Problem* (1933). Christoph S e n f t, *Wahrhaftigkeit und Wahrheit* (1956; Beitr. z. histor. Theologie 22).

Wie Schleiermacher verfügt auch Heinrich August S c h o t t (1780-1835) in seinen P.n über die klassischen Mittel der allgemeinen Rhetorik, inhaltlich herrscht bei ihm die Erbauung vor; von ihm stammt auch eine ausgezeichnete *Theorie der Beredsamkeit* (1815 ff.). Schleiermachers Einfluß zeigt sich deutlich bei dem Theoretiker der „Vermittlungstheologie" Karl Immanuel N i t z s c h (1787-1868). Er vermag geschickt psychologische Mittel einzusetzen und ist wegen seiner lehrhaften Tendenz zum Kulturprediger erklärt worden. Bei aller Hochschätzung durch die Zeitgenossen fehlt ihm doch letzte Klarheit in der Äußerung seiner Gedanken. Auch Julius M ü l l e n s i e f e n (1811-93) kommt von Schleiermacher her. Sprache und Inhalt sind bei ihm formal durchsichtig und eindringlich, dabei verzichtet er auf rhetorische Effekte.

Als Vertreter der Vermittlungstheologie, die die Verbindung des Glaubens mit den Zeitproblemen erstrebt, ist ferner Carl S c h w a r z (1812-85) zu nennen, ein Wegbereiter der modernen P. Durch seine gehalt-, aber maßvolle Beredsamkeit und sein Bestreben, das Christentum mit den Forderungen des Humanismus in Einklang zu bringen, hat er sich Verdienste erworben. In diesem Zusammenhang müssen noch erwähnt werden: Julius M ü l l e r († 1878), der auch als theoretischer Homilet Bedeutung erlangt hat; Willibald B e y s c h l a g († 1900), der eine Brücke zwischen Christentum und moderner Bildung in seinen künstlerisch durchgeformten P.n schlägt; Rudolf K ö g e l († 1896), der mit poetischer Begabung die Sprache rhythmisch durchgestaltet, ausschmückt und emphatisch darstellt, hinter der edlen Form tritt der Gehalt der P. stark zurück; Emil F r o m m e l († 1895), der aus seiner humor- und gemütvollen süddeutschen Art heraus in naiver, frischer Sprache predigt; sein Bruder Max F r o m m e l († 1890), dessen P.n reich an Poesie und Kunstfertigkeit sind; B. B. B r ü c k n e r († 1905), der klar zu gliedern versteht, geistreich vorträgt und kunstvoll die Form beherrscht; der Vermittlungstheologe Richard R o t h e († 1867), ferner J. F. W. A r n d t († 1881), Heinrich H o f f m a n n († 1899), Ernst v o n D r y a n d e r († 1922).

Auch der Rationalismus findet im 19. Jh. unter den Predigern noch späte Anhänger, die sich vor allem an Reinhard stützen. Hier ist der Dresdner Oberhofprediger Christoph Friedrich von A m m o n (1766-1850) anzuführen, dem ausgesprochene Formbegabung, gewandter Ausdruck und phantasievoller Gedankengang eigen sind.

Eine Vertiefung des Supranaturalismus zeigen die künstlerisch vorgetragenen und mit patriotischem Geist erfüllten P.n Bernhard D r ä s e k e s (1774-1849), die oft Eingebungen des Augenblicks enthalten und dem Charakter der allgemeinen Rede folgen, dabei klar gegliedert sind und durch gemütvollen Ton, ausgeprägtes Pathos und prägnante Diktion über den Rationalismus hinausreichen. Hingegen vermittelt Ludwig August K ä h l e r (1775-1855) unter Anknüpfung an den Biblizismus zwischen Aufklärung und Supranaturalismus. Seine künstlerisch gestalteten P.n zeichnen sich durch eigentümliche Gedankenführung und knappe Darstellung aus. Der Biblizismus begegnet uns auch in den P.n Geroks und Johann Tobias B e c k s (1804-1878; letzterer folgt dem schwäbischen Pietismus. Bei ihm herrscht der pädagogische Aspekt vor, auf Ausgestaltung von Thema und Disposition verzichtet er. Sein Landsmann Karl G e r o k (1815-90) läßt bis in den Aufbau seiner P.n die dichterische Begabung erkennen. Durch den melodischen Fluß seiner durchgebildeten Sprache erreicht er stilistische Formvollkommenheit, jedoch vermissen wir tiefere Eindringlichkeit.

Der erste bedeutende Vertreter der aus England eingeführten Erweckungsp. ist der Württemberger Ludwig Hofacker (1798 bis 1828), der die von Idealismus und Romantik gezeichnete Verinnerlichung mit pietistischer Frömmigkeit erfüllt, dazu eine neue homiletische Grundlegung schafft: der Text steht im Mittelpunkt und wird in schmuckloser, biblisch-archaisierender Sprache ausgelegt. Hofacker ist Bußprediger mit leidenschaftlichem Affekt, die Anschaulichkeit bis zum derben Ausdruck steigern kann, hingegen auf Rhetorik und formale Gestaltung verzichtet (Hans Jacob H a a r b e c k, *Erweckliche Predigt, dargestellt an L. H.* (Masch.) Theol. Diss. Göttingen 1959). Johann Evangelista G o s s n e r (1773-1858) trägt originell vor und versteht mit kerniger Sprache und

humorvollem Freimut alle Stände anzusprechen. Aloys H e n h ö f e r (1789-1862) liebt gleichnisartige Gestaltung der Bilder, witzige Pointen und badenisches Kolorit. Claus H a r m s (1778 bis 1855) spiegelt den nddt. Charakter in seiner kernigen *Winter- und Sommerpostille*, die von herzlichem Volkston und Humor durchdrungen sind. Er bemüht sich um eine natürliche Sprache, der auch enthusiastische Züge nicht fehlen und zu der sich eine geistreiche, zuweilen eigenwillige Diktion gesellt. Harms verzichtet bewußt darauf, seinen P.n einen Text zugrunde zu legen (Friedr. Z i p p e l, *C. H. und die Homilie*, 1908).

Ludwig H a r m s (1808-65) hat durch die naive, beseelte Art seiner eindringlichen Erweckungsp.n bei seiner Hörerschaft tiefen Eindruck hinterlassen (H. G r a f e, *Die volkstümliche P. des L. H.*, 1963). Um stärkere theologische Fundierung der Erweckungsp. bemüht sich August T h o l u c k (1799-1877), der mit seelsorgerlichem Geschick und verhaltener Erhabenheit auch die gebildeten Kreise anspricht; natürliche Bilder und Vergleiche tragen zum Verständnis seiner aussagestarken und ergreifenden P.n bei. Nachhaltige Verdienste hat er sich durch die Empfehlung von Homilien und P.zyklen über ganze biblische Bücher erworben (Martin S c h e l l b a c h, *T.s P., ihre Grundlage und ihre Bedeutung für die heutige Praxis*, 1956; Theolog. Arbeiten 3). Tiefe Wirkung geht von den Erweckungsp.n Johann Christoph B l u m h a r d t s (1805-80) aus, die sich durch schlicht-volkstümliche Sprache auszeichnen. Diese gleichen Voraussetzungen bringt sein Sohn Christoph B l u m h a r d t (1842-1919) mit, der vor allem die Fähigkeit besaß, in bewußt nüchternem Ton die der Kirche entfremdeten einfachen Volksschichten anzusprechen, wobei sein Verständnis für die sozialen Belange ebenfalls zum Ausdruck kommt (Roger L e j e u n e, *C. B. und seine Botschaft*, 1938). Von der schweizerischen Erweckungsbewegung herkommend steht Adolf S c h l a t t e r (1852-1938) auch als Prediger auf traditionalistischer Basis in der Auseinandersetzung mit dem Idealismus. S c h l a t t e r und Karl H e i m (1874-1958) gehören zu den Vertretern des Biblizismus; Heims P.n tragen die schlichten und erwecklichen Züge des schwäbischen Pietismus, enthalten allerdings auch eine lebhafte Aufgeschlossenheit für die moderne Naturwissenschaft.

Der K o n f e s s i o n a l i s m u s hat schon im 19. Jh. die Grundlagen der reformatorischen Bewegung neu belebt. Im Stil seiner P. klingt die kraftvolle Verkündigungsweise des 16. Jh.s an. Hier finden wir aber auch gelegentlich das Erstarren in überkommener Sprache und Form, wodurch sich der innerkirchliche Bereich von der in rascher Entwicklung befindlichen säkularisierten Gesellschaft abschließt und sie, sofern nicht eine besonders überzeugende und wortgewaltige Persönlichkeit dahintersteht, kaum anzusprechen vermag.

Das bewußte Luthertum vertritt am Beginn des Jh.s Johann Gottfried S c h ö n e r (1749-1818), der seine streng schriftgebundene P. in schlichter Sprache und klarer Disposition mit lehrhafter Tendenz vorträgt. A. W o l f († 1841) hingegen verfügt über eine wortreiche, fast zu breite Beredsamkeit, die durch geistvolle Themafindung und geschickte Kombinationsgabe Wurzel schlägt. Die nachhaltigste Bedeutung kommt J. K. Wilhelm L ö h e (1808-1872) zu. Seine natürliche rhetorische Begabung verbindet sich mit klarer Gliederung, einfacher, bisweilen emphatischer Sprache und affektvoller Reflexion zur meisterhaft gestalteten, scharf umrissenen Themap., die trotz des hohen klassischen Stiles den gottesdienstlichen Charakter nicht vermissen läßt (Hans K r e ß e l, *L. als Prediger*, 1929; Ders., *W. L., der Prediger der Einfalt*, Pastoralbll. 84, 1941/42, S. 156-158). Friedrich A h l f e l d (1810-1884) hat durch anschauliche Sprache, klar verständliche emblematische Disposition, durch knappen einprägsamen Satzbau und Vorliebe für Gleichnisse, Bilder, Beispiele mit seinen Kanzelansprachen Popularität erlangt. Die begabten Prediger Gerhard U h l h o r n (1826-1901) und Hermann von B e z z e l (1861-1917) stellen die Verbindung zwischen dem lutherischen Konfessionalismus und der Neubelebung des Reformationserbes in unserem Jh. her. Als markanter Vertreter des evang. Bekenntnisses tritt Karl H o l l (1866-1926) mit seinen P.n hervor, deren bedeutendste in den *Christlichen Reden* (1927) gedruckt wurden; sie setzen sich intensiv mit dem Rechtfertigungsglauben auseinander.

Von großem Einfluß ist gegen Jh.ende die komplexe Bewegung des K u l t u r p r o t e s t a n t i s m u s , die von Schleiermacher ausgehend den allgemeinen Bildungsstand der Zeit berücksichtigt und die Fragen der modernen Kulturentwicklung mit dem evangel. Glauben in Einklang zu bringen sucht. Gewiß ist der Ansatz gerechtfertigt, den Menschen auch außerhalb des kirchlichen Bereiches anzusprechen und zugleich für die P. die Erkenntnisse der Soziologie, Psychologie sowie der Volkskunde heranzuziehen. Die Kritik richtet sich vor allem dagegen, daß sich die Vertreter des Kulturprotestantismus vielfach in diesen säkularen Gebieten erschöpfen.

In diesem Zusammenhang sind die hervorragenden und weitgeschätzten Prediger Friedrich Rittelmeyer und Christian Geyer zu nennen, die auch zwei P.bände zusammen herausgegeben haben. R i t t e l m e y e r (1872-1938) schloß sich später den Anthroposophen an. Andererseits gilt G e y e r (1862-1922) als typischer Vertreter des liberalen Protestantismus, dessen P.weise insonderheit den kulturellen und theologischen Fragen der Zeit offen gegenübersteht. An die Stelle der christlichen Botschaft und des biblischen Textes treten mehr die Anschauungen der Lebensphilosophie und einer allgemeinen Reli-

giosität, dazu kommt noch ein betont psychologischer Aspekt der P. Ihre Gedanken werden in gehobener Sprache, aber ohne Gliederung und in aphoristischer Form aneinandergereiht, um den Hörer zu ergreifen.

In Verbindung mit dem Kulturprotestantismus stehen auch einige profilierte Verfechter der sozialen Frage. Adolf S t o e c k e r s (1835-1909) P.n lösen sich in Aufbau und sprachlicher Gestalt von der Tradition und nähern sich dem Stil der politischen Rede. Friedrich N a u m a n n s (1860-1919) P.n weisen eine Form auf, die aufgrund der anschaulichen und klaren Darstellung dem künstlerisch ausgearbeiteten Essay nahesteht. Der Schweizer Hermann K u t t e r (1863-1931) wahrt in seinen prophetisch gestimmten P.n in bezug auf den Inhalt eindeutiger die theologischen Grundlagen.

Einige dem Kulturprotestantismus nahestehende Kanzelredner haben auch durch ihr dichterisches Werk Bedeutung erlangt; diese Begabung wirkt sich in ästhetisch anspruchsvoller Diktion der P. aus. Adolf S c h m i t t h e n n e r s (1854-1907) zwei gedruckte P.sammlungen zeigen sprachliche Meisterschaft, lassen jedoch eine angemessene Formbehandlung vermissen. Gustav F r e n s s e n (1863-1945) legte nach den großen Erfolgen seiner ersten Romane das Pfarramt nieder. Unter den Bauern seiner Dithmarscher Heimat galt er als geschätzter Kanzelredner, dessen bodenständige und kernige *Dorfp.n* (3 Bde 1899-1902) aus seiner liberalen Glaubenshaltung kommen, in der sich Naturfrömmigkeit und völkische Ideen begegnen. Der Predigerton klingt oft in seinen realistischen Romanen durch.

Die P. konnte sich auch einer Auseinandersetzung mit den Fragen der modernen Naturwissenschaften nicht verschließen, vor allem in den Fällen, da die Forschungsergebnisse als Grundlage einer Ideologie benutzt wurden, die gegen das christliche Weltbild anging. Dabei bedienten sich die Gegner der Kirche sogar der Mittel, die ihr eigen waren. Die Titel wie Wilhelm O s t w a l d s *Monistische Sonntagsp.n* (1911/12), Henry van de V e l d e s *Kunstgewerbliche Laienp.n* (1902), Julius B u r g g r a f s *Goethep.n* (1913) und *Schillerp.n* (1909) zeigen, daß der P.begriff auch in anderen Kreisen säkularisiert worden ist.

Moderne P.bibliothek (Reihe 14 ff. u. d. T.: *Göttinger P.bibliothek*), hg. v. Ernst R o l f f s u. (Reihe 15:) Friedr. N i e b e r g a l l (1909-1920). Paul D r e w s, *Die P. d. 19. Jh.s, kritische Bemerkungen u. praktische Winke* (1903; Vortr. d. theolog. Konferenz zu Gießen 19). E. Chr. A c h e l i s, *Meister evangel. Kanzelberedsamkeit*, in: *Der Protestantismus am Ende des 19. Jh.s*, hg. v. Carl Werckshagen, Bd. 2, 1902, S. 693-716. Otto B a u m g a r t e n, *P.-Probleme* (1904). Friedrich N i e b e r g a l l, *Wie predigen wir dem modernen Menschen?* Teil 1 (1902; 2. Aufl. 1905), 2 (1906), 3 (1921). Aufschlußreich ist die Darstellung verschiedener Predigertypen in der Dichtung, wovon es gerade für den behandelten Zeitraum gute Beispiele gibt: den Pastor Pringsheim in Thomas M a n n s *Buddenbrooks*, Wilhelm R a a -

bes *Hungerpastor*; ein bemerkenswerter Predigertyp des ausgehenden 18. Jh.s ist Karl
Philipp M o r i t z' *Andreas Hartknopf*, 2 Teile
(1786/90).

§ 13. Die p r o t e s t a n t i s c h e P. der
j ü n g s t e n Z e i t ist vor allem von zwei
Strömungen geprägt, die vielfach zusammenwirken: Besinnung auf das reformatorische Erbe (Lutherrenaissance) sowie Berücksichtigung des modernen Lebens und
Denkens und der jeweiligen Gemeindezusammensetzung. Hatte sich vor dem ersten
Weltkrieg die Vorliebe für freie Texte im
Gefolge einer subjektiveren Verkündigungsform verbreitet, so rückt später nach Art
der Homilie der Bibeltext wieder in den Mittelpunkt; außerdem wird die P. in noch stärkerem Maße als bisher fest in das liturgische
Gepräge des Gottesdienstes eingefügt (vgl.
Günther D e h n, *Unsere P. heute*, 1946;
Kirche f. d. Welt 8).
Zu Beginn des Jh.s sucht man nach neuen
Ausdrucksmöglichkeiten: es fehlt nicht einmal an expressionistischen Tönen. Meist bemüht man sich, Reflexion und Gefühl in angemesseneren Formen anzuwenden. Liberale
Kreise drängen auf Verzicht einer geistlichen
Eigenform der P.: unter Voranstellung eines
Mottos oder eines als Frage formulierten
Themas sucht man Anklänge an die Volksrede oder an den Essay, wobei die ästhetischen Belange erfüllt werden. Carl J a t h o
(1851-1913) bringt den Sprachschatz der allgemeinen Bildung unter Hintansetzung des
Dogmas auf die Kanzel und predigt in erhabenem, oft dithyrambischem Stil.
Hier müssen wir den Anschluß an die freisinnigen Prediger des Kulturprotestantismus
im vorigen Jh. suchen, die den modernen
theologischen Liberalismus entwickelt haben.
Ein markanter Vertreter ist Otto B a u m
g a r t e n (1858-1934), der sehr konsequent
Folgerungen aus der historisch-kritischen
Theologie für die Verkündigung zieht, ohne
dabei das persönliche Zeugnis zu vernachlässigen. Die liberalen Prediger stellen
sich den Auseinandersetzungen mit den gro
ßen geistigen und technischen Wandlungen
und sozialen Problemen. An Schleiermachers
Homiletik anknüpfend wird der Typ der
Kultp. entwickelt. Sie ist stark subjektivistisch und auf die jeweilige Gemeinde zugeschnitten, sie nähert sich somit der Kasualrede. Daraus folgt größere stilistische Dif

ferenzierung. Die nüchterne Sprache dringt
auf unmittelbaren Kontakt mit den Hörern,
doch finden klare Disposition und formale
Gestaltung weniger Beachtung. Auf sachgemäßen, zeitbezogenen Vortrag wird besonderer Wert gelegt. Verschiedentlich beruft man sich auf Origines und Johannes
Chrysostomos, die gegen die antike Rhetorik
und Dialektik standen.
Die Konfrontierung mit Kultur und Bildung nimmt neben den eigentlichen Lebensfragen auch jetzt noch breiten Raum ein;
angesichts der vielen Ansprüche, denen der
heutige Mensch ausgesetzt ist, muß die P.
nicht zuletzt im Zeichen der Apologie stehen. Dazu tritt das Bemühen um die schriftgegründete Situationsbezogenheit und Akkommodation der christlichen Botschaft.
Dementsprechend bedient man sich einer
unkonventionellen Sprache ohne Traditionstümelei und Pathos, unter bewußtem Verzicht auf den binnenkirchlichen Stil. Insbesondere versucht man, abgegriffene theologische Begriffe in das zeitgemäße Verständnis zu übersetzen, dabei auch alte
Wörter aufzugreifen und mit neuem Sinn
zu erfüllen. Ernst K ä h l e r ist der Auffassung: „Je stärker ein Wort ursprünglich im
Kerngebiet der christlichen P. beheimatet
war, desto gefährdeter ist heute sein Bestand", demzufolge fordert Dietrich B o n
h o e f f e r „die nicht-religiöse Interpretation
biblischer Begriffe". Noch weiter geht die
d i a l e k t i s c h e T h e o l o g i e mit ihrer Anschauung vom Unvermögen, den göttlichen
Verkündigungsauftrag ganz zu erfüllen;
Karl Barth vertritt die Auffassung: Gott sei
der menschlichen Sprache unzugänglich. Das
spiegelt sich in den von K. B a r t h und Eduard T h u r n e y s e n hg. P.sammlungen:
Suchet Gott, so werdet ihr leben (1917),
Komm Schöpfer Geist (1924), *Die große
Barmherzigkeit* (1935). Sie zeichnen sich aus
durch prägnanten, gedrängt-dynamischen
Stil, Reichtum an Bildern und Vergleichen,
doch verzichten sie gewöhnlich auf klare
Disposition sowie psychologische und rhetorische Anlage; im Mittelpunkt steht der
Schrifttext. Auch die anderen theologischen
Richtungen üben durch die P. als einem unabdingbaren Verkündigungsmittel weitreichenden Einfluß aus: Rudolf B u l t m a n n,
Marburger P.n, 1956; Helmut T h i e l i c k e,
Das Bilderbuch Gottes, Reden über die

Gleichnisse Jesu, 2. Aufl. 1958; Heinrich Vogel, *Wir sind geliebt,* 1958; Günther Jacob, *Heute, so ihr seine Stimme höret,* 1958; Helmut Gollwitzer, *... und lobten Gott,* 1962.

Anstelle der bisherigen Unterscheidung von synthetischer und analytischer P. läßt sich heute in technisch-formaler Beziehung das Vorherrschen einer Mischform feststellen; doch ist auch diesbezüglich kein strenger Schematismus abzulesen. Neben dem dialektischen oder seelsorgerlichen Aspekt werden jetzt Zeugnis und Anbetung mehr herausgestellt. Vor allem hat die Zeit des Kirchenkampfes seit 1933 eine strenge Besinnung auf das Schriftwort gefordert, wobei sich zeigt, daß diese textgebundene P. auch in der Auseinandersetzung mit den Gegenwartsfragen wirksam werden kann (Friedrich Delekat, *Die politische P.,* 1947; Lebendige Wiss. 2).

Karl Fezer hat im Anschluß an Harnack, Steinmeyer und Holl sowie gestützt auf die dialektische Theologie erkannt, daß die adäquate Form der P. theozentrisch sein muß; sie darf also nicht bei der Erklärung des Schriftwortes oder gar bei der erzieherischen Absicht und künstlerischen Darstellung stehenbleiben (*Das Wort Gottes und die P.,* 1925; Handreichung f. d. geistl. Amt 2). Ausgehend von den liturgischen Erneuerungsbestrebungen ist die P. auf ihre homiletische Funktion hin untersucht worden von: Wolfgang Trillhaas, *Evangelische P.-lehre* (4. Aufl. 1955; Pfarrbücherei f. Amt u. Unterweisung 4), Helmuth Schreiner, *Die Verkündigung des Wortes Gottes* (5. Aufl. 1949), Leonhardt Fendt, *Homiletik. Theologie und Technik der P.* (1949; Sammlg. Töpelmann 2, 4). Hans-Rudolf Müller-Schwefe, *Homiletik,* Bd. 1 (1961), Bd. 2 (1965). Hier ist auch hinzuweisen auf: Julius Schieder, *Unsere P. Grundsätzliches, Kritisches, Praktisches* (1957), Walter Uhsadel, *Die gottesdienstliche P.* (1963), Ernst-Rüdiger Kiesow, *Dialektisches Denken u. Reden in der P. An Beispielen aus der P.literatur der Gegenwart untersucht* (1957; Theolog. Arbeiten 5). Walter Ruprecht, *Die P. über alttestamentl. Texte in d. luth. Kirchen Deutschlands* (1962; Arbeiten z. Theol. II, 1).

Neben der an den Gemeindegottesdienst gebundenen P. wird gegenwärtig die Verkündigung in mannigfaltiger, von der Tradition weitgehend unabhängiger Form gepflegt. Eine große Bedeutung kommt der sozialen Standesp. zu. Sie hat ihre besten Vorläufer in Th. Müntzers *Fürstenp.* (1524), J. Mathesius' *Bergpostille* (1562) und L. Osianders *Bauernp.n.* Seit dem Ende des 18. Jh.s kommt diese Gattung

mehr zur Geltung; Erwähnung verdienen die *Landp.n* von Schmaling und J. Tobler (beide 1768). Bald gibt es auch spez. P.n für Soldaten, Gewerbetreibende, bürgerliche und höhere Stände. Berufsständische P.n sind vor allem im Bergbau seit der Reformation üblich; nach 1850 kommen auch Kanzelansprachen für andere Arbeiter auf. Die von Samuel Keller (1856-1924) eingeführte Evangelisation versucht, die christliche Botschaft in eindringlicher, gegenwartsbezogener Vortragsweise über die Kerngemeinde hinaus zu verbreiten.

Göttinger P.-Meditationen, hg. v. Hans Joachim Iwand u. a. (1946 ff.). Friedr. Niebergall, *Die moderne P.* (1929). *Pastoralbll. Monatschrift f. d. Gesamtbereich des Evangel. Pfarramtes.* Hg. v. Erich Stange. Bd. 1-12 (1859-1870) u. d. T.: *Gesetz u. Zeugnis.* Bd. 13-50 (1871-1908) u. d. T.: *Pastoralbll. f. Homiletik, Katechetik u. Seelsorge.* Bd. 51-84 (1908/09-1941/42) u. d. T.: *Pastoralbll. für P., Seelsorge u. kirchl. Unterweisung.* Artur Fehlberg, *Die Form d. modernen P.* Pastoralbll. 68 (1925/26) S. 519-536. *Kleine P.-Typologie,* Bd. 1, hg. v. Ludwig Schmidt, 1964, Bd. 2, hg. v. C. H. Peisker, 1965. Gerd Albrecht, *Film und Verkündigung* (1962; Neue Beitr. z. Film- u. Fernsehforschung 2).

§ 14. Wenn wir in den folgenden Kapiteln die nachreformatorische P. außerhalb des Luthertums gesondert behandeln, so hat das seine Berechtigung, weil mit der konfessionellen Ausprägung auch die Verkündigung weithin eigene Gestalt gewinnt. Hat doch jede Kirche die Einwirkungen der verschiedenen geistesgeschichtlichen Epochen in der ihr eigenen Art verarbeitet. Im Vorstehenden haben wir schon einige reformierte Kanzelredner genannt, die mehr der allgemeinen Entwicklung des protestantischen P.wesens verbunden sind.

Die Reformierte Kirche hat ihrer P. besondere Vollmacht zugesprochen. So heißt es in der *Confessio Helvetica posteriori* (1562): *praedicatio verbi Dei est verbum Dei.* Die Anfänge der reformierten P. sehen in Zürich anders als in Genf aus. Obwohl Johann Calvin (1509-1564) mit Zwingli verglichen die eindringlichere und nachdrücklichere Art zu predigen besitzt, ist sein Einfluß auf die dt. reformierte P. weniger stark, weil er sich der franz. Sprache bediente. Calvin bringt den in die Form der Homilie gekleideten, mit klaren Worten und bilderreichen Wendungen gestalteten Kanzelvortrag in didaktischer Absicht und stellt katechisierend die Exegese in den Mittelpunkt. (Erwin M ü l h a u p t , *Die P. Calvins*, 1931; Arbeiten z. Kirchengesch. 18). Seine Nachwirkung zeigt sich deutlich bei dem Reformator Württembergs Ambrosius B l a u r e r (1492-1564), der zunächst allegorische Deutungen bevorzugt, dann in zunehmendem Maße seine P.n konkret auf das praktische Leben zu beziehen weiß, wobei ihm seine volkstümliche und poetische Begabung zugute kommt, die sich auch in seinen zahlreichen Kirchenliedern offenbart. Calvins Vorbild folgt mit hohem rhetorischen Können der Straßburger Reformator Martin B u c e r (1491-1551), der seine Gedanken in dialektischer Entwicklung vortrug. In diesem Zusammenhang sind ferner vor allem Caspar O l e v i a n (1536-87) und Caspar H e d i o (1493-1552) zu nennen; die Überlieferung ihrer P.n ist aber zu schlecht, als daß man sie charakterisieren könnte.

Eindringlicher hat Huldreich Z w i n g l i (1484-1531) die reformierte dt.-sprachige P. beeinflußt. Von ihm sind allerdings nur acht P.n erhalten. Neben dem patristischen Erbe ist ihm die humanistische Bildung mit dem Blick auf die antike Rhetorik eigen, sie klingt auch noch durch seinen Satzbau; er entwickelt jedoch aus ihr einen selbständigen Stil mit einfacher, herzhafter, allerdings dialektgebundener Sprache, klarer Gliederung und einem von den Perikopen gelösten, in sich geschlossenen Aufbau, der die praktische Schriftauslegung in die Mitte stellt. Bei Zwingli steht die pastorale Aufgabe im Vordergrund: er ist vorwiegend Buß- und Sittenprediger und verhehlt seine pädagogische Absicht nie, die am stärksten in seinen patriotisch-politischen Ansprachen zum Ausdruck kommt und die Hörer gewaltig beeindruckt hat (Rudolf S t ä h e l i n , *Z. als Prediger*, Basel 1887, Oskar F a r n e r , *Aus Z.s P.n* 2 Bde Zürich 1957). Ihm schließen sich in stilistischer Hinsicht an Caspar M e g a n d e r († 1545) und die Zürcher Johannes W o l f († 1571), Rudolf W a l t e r († 1586) und Ludwig L a v a t e r († 1586). Andere seiner Anhänger und Schüler erreichen von ihm ausgehend gewisse Selbständigkeit. Johannes O e - k o l a m p a d (1482-1531) läßt in seinen P.n über ganze biblische Bücher seine reiche humanistische Bildung zu Wort kommen; mit seinem vielgerühmten Zyklus über den 1.

Johannesbrief verhilft er der Reformation in Basel zum Durchbruch. Überhaupt ist das Durchpredigen ganzer biblischer Bücher in der Reformierten Kirche verbreitet und üblich geworden, während sich die Lutheraner mehr an die Perikopenordnung hielten. Heinrich B u l l i n g e r s (1504-75) P.n sind von künstlerisch reifem Stil und tief seelsorgerlichem Gehalt; auch er stellt die Schriftauslegung in den Mittelpunkt. Insgesamt sind 618 seiner P.n gedruckt worden. Sein bedeutendstes Werk ist das *Hausbuch* (1549 ff.), das am Anfang der gedruckten P.-Literatur der Reformierten Kirche steht und durch seine weite Verbreitung einen nachhaltigen Einfluß gewann (vgl. Walter H o l l w e g , *H. B.s Hausbuch* 1956; Beitr. z. Gesch. u. Lehre d. Ref. Kirche 8). Zunächst erschien Bullingers Sammlung textloser P.n in lat. Sprache — wohl wegen der größeren Verbreitungsmöglichkeit unter den reformierten Geistlichen verschiedener Länder. Bullinger bedient sich, im Gegensatz zur Forderung der Reformatoren, der allegorischen Schriftauslegung.

Die theoretischen Grundlagen des P.wesens untersucht der in Marburg lehrende reformierte Theologe Andreas H y p e r i u s in seinem 1553 erschienenen Lehrbuch *De formandis concionibus sacris* (erweitert 1562). Er unterscheidet zwischen weltlicher und geistlicher Redekunst und knüpft weitgehend an altkirchliche Vorbilder an. Hyperius gibt bereits der Form den Vorzug vor dem Inhalt; er macht die fünf P.genera von der antiken Rhetorik unabhängig und stellt der Inventio die Aufgabe, aus dem Text Lehrstücke zu suchen (Peter K a w e r a u , *Die Homiletik des A. H.*, Zs. f. Kirchengesch. 71, 1960 S. 66-81).

Johannes W o l l e b (1586-1629) ist der hervorragendste Prediger der reformierten Orthodoxie. Seine P.n zeichnen sich aus durch individuelle Gestaltung, klare Sprache und durchsichtige Disposition; in ihnen spiegelt sich auch die wissenschaftliche Bedeutung Wollebs.

Aug. Fr. Wilh. S a c k (1703-1786) steht unter dem Einfluß Mosheims sowie der engl. und franz. Kanzelberedsamkeit, auch aus dem kathol. Lager. Sein reformiertes Bekenntnis ist gleich dem seines schon genannten Glaubensgenossen Zollikofer von der Wolffschen Philosophie durchdrungen. Deshalb behandelt Sack mit Vorliebe christlich-moralische Gegenstände, die er in nüchternem Gedankengang direkt auf die Hörer zu beziehen versteht. Dabei verliert seine schlichte, erbauliche Sprache nicht den unmittelbar volkstümlichen Ausdruck. Er trägt mit gewandtem Stil vor und disponiert auf analytische Weise. In seinem Amt als Berliner Hofprediger hat er als einer der ersten auf dt. Kanzeln die patriotische Stimme erhoben; an den historischen Ereignissen nahmen auch H e ß und J. J.

Stolz lebhaften Anteil, letzterer mit seinen *Historischen P.n* (1806 f.); nationale Züge hatten wir schon oben bei den reformierten Predigern L a v a t e r, M ü s l i n und H ä f e l i festgestellt. Der zuletzt in Bremen auftretende Erweckungsprediger Gottfried M e n k e n (1768-1831) setzt sich in bewußter Frömmigkeit deutlich von den philosophischen Strömungen der Zeit ab und schafft streng textbezogene, sehr sachlich darstellende Homilien, die auf rednerischen Schmuck verzichten.

Die moderne reformierte P. beginnt mit dem Supranaturalisten Franz T h e r e m i n (1780-1846), der sich die antike Beredsamkeit und die klassischen franz. Kanzelredner zum Vorbild wählt, dabei aber eine persönlich geprägte, rhetorisch-kunstvolle Form mit glänzender Diktion und Neigung zum Demonstrieren entwickelt. Zum Zeichen seiner Auffassung vom Predigen als einer sittlichen Aufgabe stellt er statt des Textes Ideen in den Vordergrund, ohne hierdurch den Bezug auf das Leben aufzugeben. Neben 9 P.bänden hat er Erbauungsliteratur und Schriften zur Rhetorik veröffentlicht. Der Schweizer Albert B i t z i u s (Jer. Gotthelf, 1797-1854), dessen schriftstellerische Begabung für treues Darstellen des Volkslebens selten in seinen Kanzelansprachen wiederkehrt, bevorzugt konkrete Lebensfragen vor einer strengen Textanalyse (Renate R i t t e r, *Jer. Gotthelf als Volksprediger*, Masch. Diss. Freiburg 1945). Friedrich Wilhelm K r u m m a c h e r (1796-1868) vertritt den Neupietismus in der reformierten P. Er setzt sich über den nüchternen Schriftsinn hinweg und wendet eine stark emphatische Sprache an, die der Theatralik zuweilen nahesteht. Dazu bringt er phantasie- und stimmungsvolle Gemütstöne, verschmäht auch nicht das gelegentliche Einflechten romantisch gefärbter Erzählungen — trägt mithin unter Anwendung des Allegorischen und Typischen mit „biblischer Massivität" vor. Den bewußt auf das reformatorische Erbe zurückgreifenden K o n f e s s i o n a l i s m u s vertritt H. F. K o h l b r ü g g e (1803-75).

In der Gegenwart läßt sich die reformierte P. vom Stilistischen her gesehen — und darüber hinaus — kaum von der lutherischen trennen: vgl. das im vorigen § zur dialektischen Theologie Gesagte, wobei besonders hinzuweisen ist auf Karl B a r t h, *Das verkündigte Wort Gottes* (in: *Die kirchliche Dogmatik*, Bd. I 1, 1932). Albert S c h ä d e l i n, *Die rechte P.*, *Grundriß der Homiletik* (Zürich 1953) fordert theologische Fun-

diertheit der P. bei Zurückstellung des lehrhaften Elements; die Prinzipien der Rhetorik sollten der P. nicht zugrunde gelegt werden.

§ 15. Die katholische P. des 16. Jh.s führt hinsichtlich Form, Sprache und gottesdienstlicher Funktion die spätmal. Tradition vorerst weiter. Die inhaltlich bestimmende Gattung bleibt noch auf lange Zeit die Moralp. Durch die Auseinandersetzung mit der Reformation mehren sich die Kontroverstöne; schließlich unterscheidet sie sich mit den apologetischen wie polemischen Stimmen kaum von ihren Gegenstücken im anderen Lager.

Der sprachgewaltigste Vertreter der alten Kirche, der Franziskaner Thomas M u r n e r (1475-1537), wird von Zeitgenossen „declamator sermonum dei ad populum famosus et praestans" genannt — unmittelbare Zeugnisse dafür fehlen, doch klingt noch in seinen Satiren der Stil seiner dt. P.n nach (F. L a n d m a n n, *M. als Prediger*, Archiv f. elsäss. Kirchengeschichte 10, 1935, S. 295-368). Johannes E c k s (1486-1543) Auseinandersetzung mit der lutherischen Lehre spiegelt sich auch in seinen P.n, die einer seiner Schüler übersetzt und 1530 ff. in Ingolstadt in fünf Teilen herausgegeben hat. Seine dreiteilige *Evangelienauslegung* erscheint 1532 am gleichen Ort. Eck zeigt sich darin als kundiger Exeget, der nach klarem Aufbau und nüchterner, unmittelbarer Sprache strebt. (August B r a n d t, *Ecks P.tätigkeit an U. L. Frau zu Ingolstadt, 1525-1542*, 1914; Reformationsgeschichtl. Studien u. Texte 27/28). Der Wiener Bischof Friedrich N a u s e a († 1552) verkörpert die humanistische Tradition und vertritt die apologetische Themap., in der noch synthetischer und analytischer Aufbau nebeneinander stehen und die Gestaltung *in mediocri et plane homiliatico dicendi genere* durchgeführt ist (*Centuriae IV homiliarum* 1530, dt. 1535). Er faßt seine P.n lateinisch ab.

Bei dem Mainzer Domprediger Johann W i l d (1494-1554) herrscht die populäre Exegese mit didaktischer Tendenz vor. Diesen Charakter haben auch seine vielbenutzten Auslegungszyklen über mehrere Bibelbücher. Ihm verdanken wir ferner *Heiligenp.n* (Mainz 1554 f.), die stärker vom jeweiligen Festevangelium als von der Legendentradition geprägt sind. Der konvertierte Georg W i t z e l (1501-1573) ist auf strenge Wahrung der sittlichen Ordnung und des rechten Glaubens bedacht. Von ihm besitzen wir u. a. deutsche Postillen sowie homiletische Abhandlungen. Der aufgrund vieler Veröffentlichungen einflußreiche Franziskaner Johannes N a s (1534-1590) zeichnet sich als scharf polemisierender Kanzelredner mit ausgeprägtem oberdt. Kolorit aus; auch er war zeitweilig Lutheraner.

Als bedeutende Prediger verdienen in diesem Zusammenhang noch genannt zu werden der ermländische Bischof Stanislaus H o s i u s (1504-1573) sowie der kaiserliche Hofprediger Martin E i s e n g r e i n († 1578). Letzterer bevorzugt die beliebte Form der *Postille* (Teil I Ingolstadt 1576, II Mainz 1601) und hält sich an die strenge Schriftauslegung, insbesondere in seiner *Osterp.* (Luzian P f l e g e r, *Martin Eisengrein*, 1908; Erläut. u. Erg. zu Janssens Gesch. d. dt. Volkes VI, 2. 3).

Wesentlichen Einfluß auf die kathol. Verkündigung üben die Orden der Theatiner, Kapuziner und Jesuiten aus. Die Jesuiten kritisieren schonungslos den nachlässigen Klerus und vertreiben ihn von den Kanzeln; im Volk erfreuen sie sich großer Beliebtheit durch ihre mit Erzählgut veranschaulichte Verkündigung. Auch auf dem Tridentinischen Konzil wird eine Verbesserung des P.wesens gefordert, jedoch dem Kanzelwort nicht die zentrale Stellung eingeräumt, die es im evangel. Gottesdienst besitzt.

Die Auswirkung der Reformdekrete macht sich schon bei Petrus C a n i s i u s (1521-1597) bemerkbar, der als Professor der Rhetorik die homiletischen Grundlagen durchdenkt und vorbildlich in seinen P.n anwendet. An eindringlicher Beredsamkeit steht ihm Georg S c h e r e r (1539-1605, meist in Wien tätig) kaum nach, der seine hohe Sprachbegabung mit stark polemischen Zügen erfüllt (*Postill oder Auslegungen der Sonn-, der Fest- und feyertägigen Evangelien*, 2 Bde München 1603; über ihn: Paul M ü l l e r, *Ein Prediger wider die Zeit. Georg Scherer*, 1933; Kl. histor. Monogr. 41).

Im 17. Jh., insbesondere seiner zweiten Hälfte, beginnt auch im kathol. Lager eine grobe Entartung des P.geschmacks durch einen ganz auf das Äußere bedachten Formalismus; die Disposition wird durch gekünstelte Aufteilung überspitzt — innere Gehaltlosigkeit und sprachliche Abhängigkeit treten dazu. Der homiletische Theoretiker Karl R e g i u s zählt allein 29 Dispositionsmöglichkeiten auf, wie sie vor allem die emblematische Artikel-, Konzepten- und Paragraphenp. liebt. Jetzt löst die aus Frankreich kommende thematische P. die Homilie ab und verliert sich dabei in grenzloser Übertragungssucht, die schon in den Titeln zum Ausdruck kommt (z. B. Friedrich H a i l m a n n, *Lilium sionaeum quinquagena prole foecundum*, Nürnberg 1694). Dazu treten

Wucherungen im stofflichen Bereich: man häuft Zitate, Sentenzen, Anekdoten, Sprüche an, z. T. ohne Rücksicht auf den Hörer beim deutschen Vortrag in fremdsprachigem Gewand. Die Emblematik nimmt besonders in den Neujahrsp.n überhand: Friedrich H a i l m a n n, Prag 1691 sowie Hermann S c h l ö s s e r (*Verbum breviatum*, Köln 1699), der die Wünsche zum Jahreswechsel durch ein lückenloses Aneinanderreihen von Bibelsprüchen ausdrückt. Balthasar K n e l l i n g e r predigt in volkstümlicher Beredsamkeit mit anschaulichen Worten und Beispielen etwa über das Thema *Der Haußher muß zuforderst über sich selbsten Herr seyn*, ein weiterer Band enthält *Predigen auf alle Sonntäg deß gantzen Jahrs* (München 1706).

Es fehlt auch nicht an Predigern in dieser Zeit, die ihre Sprachbegabung ausschließlich in den Dienst der schriftgebundenen Verkündigung stellen. Hier ist der auch als Lyriker bekannte Tiroler Michael S t a u d a c h e r († 1673) mit seinen 1656 hg. *Geistlichen und sittlichen Redeverfassungen* anzuführen. Die barocke Lebenshaltung klingt in den sprachgewaltigen P.n des Christian B r e z an († um 1730; Monographie von Gandulf K o r t e, 1935). Neben ihm ist der Schweizer Kapuziner Michael Angelus von S c h o r n o (†1712) zu nennen, der in seinen didaktisch gestimmten, klar gegliederten P.n gern rhetorischen Schmuck, Concetti, Steigerung, Kontrast, Syllogismus und Dialog anwendet (Leutfried S i g n e r, *Die P.anlage bei P. M. A. v. S.*, Assisi 1933; Bibliotheca Seraphico-Capuccina, Sect. hist. 1.).

Im übrigen findet sich in dem breiten Überlieferungsstrom der kathol. P. des 17./18. Jh.s beachtliches Material einer landschaftsgebundenen, im Volk wurzelnden Erzähltradition, die Elfriede M o s e r - R a t h untersucht hat (*P.märlein der Barockzeit, Exempel, Sage, Schwank u. Fabel in geistlichen Quellen des oberdt. Raumes*, 1964; Fabula, Suppl. A 5. Eine unzureichende Anthologie mit P.n zwölf bair. Barockprediger hat Georg L o h m e i e r 1961 hg.). Allerdings vermißt man in diesen Spiegelungen einer beredten Volksverbundenheit die tiefere Auseinandersetzung mit den Glaubensfragen als den Kernstücken der Verkündigung. Am wenigsten gilt dieser Vorwurf noch dem vorwiegend in Salzburg tätigen Kapuziner Prokop von T e m p l i n († 1680), dessen anschauliche P.n die ethische Gesinnung hervorkehren, dabei auf Naturschilderungen, Mundartszenen und P.märlein nicht verzichten. Sein Ordensbruder Conrad von S a l z b u r g zeigt sich in seinem *Treuer Hails-Ermahner* (1683) zwar noch zurückhaltend im Gebrauch von Scherz, Reim, Wortspiel und gelehrtem Beiwerk, doch liebt er Sprichwörter, Redensarten, Anekdoten, Tiergleichnisse und Zeugnisse über Volksbrauch, -glauben und -kultur. Darin schwelgt mit zuweilen derben und effektvollen Bildern der Franziskaner Joh. Capistranus B r i n z i n g im *Apocalyptischen Leichter* (1677) und in *Fastnachtsp.n*, zumal er ein versierter Erzähler ist (zu beiden Ignaz Zingerle, *P.literatur d. 17. Jh.s*, ZfdPh. 24, 1892, S. 44-64 u. 318-341).

Der bedeutendste unter ihnen ist der Wiener Hofprediger A b r a h a m a S a n t a C l a r a (1644-1709). Seine P.n zeichnen sich aus durch drastisch anschauliche, den Satzrhythmus beachtende Vortragsweise mit Anwendung der naiven, teils burlesken Komik und Mimik, durch den Gebrauch von Parodie, Satz- und Wortspielen (*Himmelreich-Limmelreich; Fasttag-Lasttag; Schildwacht-Wacht schilt* usw.) sowie Ausrufen (*holla! wollan! auff, auff!* usw.), durch emblematisches Wuchern mit Vergleichen und Beispielen, durch die Vorliebe für Synonymik (so bringt er allein 17 Epitheta zur Charakterisierung des Todes), Volksüberlieferung und gelehrt-historisches Beiwerk (mythologische Spielerei mit Venus, Mars, Vulkan wider das Fluchen, Ehebrechen, Stehlen), durch verspielte Exegese sowie sprachschöpferisches Fabulieren mit Anekdote, Schwank, Fabel und Legende, durch kritische Zeit- und Situationsbezogenheit. Zu seinen bezeichnendsten P.n gehören: *Wiener Dankp. für die Überwindung der Pestseuche; Judas, der Ertz-Schelm; Auff, auff ihr Christliche Soldaten und erwöget woll, daß euer sträfflicher Wandel ein grosse Hindernuß seye der Victori und Sieg.*

Neben der sechsbändigen Ausgabe von Hans S t r i g l (Wien 1904-1907) ist recht brauchbar: *Neun neue Predigten.* Aus d. Wiener Hs. cod. 1171. Hg. v. Karl B e r t s c h e (1930; NDL. 278/81) und: *Neue Predigten.* Nach d. Hss. d. Wiener Nationalbibl. hg. v. Karl B e r t s c h e (1932; BiblLitVer. 278). — Untersuchungen: H. S t r i g l, *Einiges über d. Sprache d. A. a. S. C.* Zs. f. dt. Wortf. 8 (1906/07) S. 206-312. Wilhelm B r a n d t, *Der Schwank u. die Fabel bei A. a. S. C.* (Masch.) Diss. Münster 1923. Hellmut H o f f m a n n, *Die Metaphern in P.n und Schriften A. a. S. C.s.* Diss. Köln 1933. Ambros H o r b e r, *Echtheitsfragen bei A. a. S. C.* (1929; Fschgn. z. neueren Litg. 60). Vgl. zu dieser Periode auch Leutfried S i g n e r, *Zur Forschungsgeschichte der katholischen Barockpredigt.* Kirche u. Kanzel 12 (1929) S. 235-248. Bonaventura von M e h r, *Das P.-wesen in der Köln. u. Rhein. Kapuzinerprovinz*

im 17. u. 18. Jh. (1945; Bibliotheca Seraphico-Capuccina, Sect. hist. 6). Leutfried S i g n e r, *Beiträge zur Bibliographie der oberdt. Renaissance- u. Barockliteratur.* Lit.wiss. Jb. d. Görres-Ges. 1 (1926) 142-161 und 2 (1927) 136-150. Leonhard I n t o r p, *Westfäl. Barockp.n in volkskundl. Sicht* (1964; Schriften d. volkskundl. Komm. d. Landschaftsverb. Westf.-Lippe 14).

Gemütvollere Töne und barocke Bilder finden sich bei dem auch durch sein Erbauungsschrifttum bekannten Kapuziner Martin Linius von C o c h e m († 1712); sein *History- und Exempelbuch* ist eine vielbenutzte Materialsammlung. Der schwäbische Kapuziner Moritz N a t t e n h a u s e n besticht durch seine humorvolle Darstellung. Ansonsten herrscht seit der 2. Hälfte des 17. Jh.s in der kathol. P. die trockene Emblematik vor, die den Bibeltext weitgehend vernachlässigt. Klagt doch schon Abraham in seiner *Lauberhütt* (Wien und Nürnberg 1723, Bd I S. 430) mit Recht über die Vortragsweise seiner Amtskollegen, die *„ihre P.n nicht mit einfältig-eifrigen, sondern mit zierlichen, hochmütigen rhetorischen Figuren zieren, daß sie von dem gemeinen Volk nicht können verstanden werden".*

Seit der Mitte des 18. J.s kommt der Geist der Aufklärung auch in die kathol. P.; das zeigt sich im nüchternen, aber weithin unbeholfenen Ausdruck. Insbesondere leidet der theologische Gehalt der P.n unter der Bevorzugung seichter Naturbetrachtungen und erbaulicher, moralphilosophischer Reflexionen. Das geht schon aus manchen Titeln hervor: *Wohlmeynender Seelen-Eyffer, erzelget in verfaßten sittlichen Predigen* (Innsbruck 1724) von J o r d a n A n n a n i e n s i s, der aus dieser Haltung heraus auch gegen das Fastnachtstreiben mit einer drastischen Bußp. zu Felde zieht: *Was falscher und gefährlicher Irrwahn es seye, glauben, daß man zur Faßnachts-Zeit den sündhafften Muthwillen abwarten därffe.*

Jetzt hat die Themap. ganz die Homilie verdrängt. Über den Durchschnitt der damaligen Kanzelredner ragen hinaus: der Wiener Jesuit Franz P e i k h a r d t, in dessen zahlreichen Homilien die Exegese noch im Vordergrund steht (*Lob-, Dank- u. Leich-Reden*, Wien 1749); der Augsburger Domprediger und Rhetorikprofessor Franz N e u m a y r († 1765), der sich durch Kontroversp. verdient macht; mit Einfluß der franz. Kanzelberedsamkeit — aber selbst in schlichtem Ton — der Trierer Jesuit Franz H u n o l t († 1740), der die thematische Anlage bevorzugt, dem Geist der Aufklärung widersteht und unter Verzicht auf rhetorische Kunstfertigkeit mit reicher Sach- und Menschenkenntnis Lebensfragen aufgreift. Darin verwandt ist ihm der Wiener Hofprediger Johann Nepomuk T s c h u p i e k († 1784), dessen P.n sich durch prägnante Darstellung und klare Gliederung auszeichnen (Ausg. seiner P.n in 6 Bdn von J. H e r t k e n s, 1898 ff.) sowie der Benediktiner Adrian G r e t s c h († 1826), der besonders in seinen *Fastenp.n* (Wien 1796 ff.) durch anschauliche und ausdrucksstarke Sprache wirkt, aber auch in seinen *Sonn- und Feyertagsp.n* (6 Bde Wien 1797 ff.) Vorbildliches schafft. Einer fast modern anmutenden klaren Sprache und kraftvollem Stil mit rationalistischen Einschlägen begegnen wir bei dem Wiener Rhetorikprofessor Ignaz W u r z († 1784). Gegen Jh.ende ragen der Homiletikprofessor Eulogius S c h n e i d e r († 1794) und Anton J e a n j e a n († 1790) hervor. Jeanjeans P.n, die in 13 Bänden 1830 neu aufgelegt worden sind, sind reich an empfindsamen Einschlägen.

Als Wegbereiter für den Rationalismus in der katholischen P. des 19. Jh.s sind Benedikt Maria W e r k m e i s t e r († 1823) und Georg H e r m e s († 1831) zu nennen, die die immer noch lebendige Volksfrömmigkeit des Barock zu überwinden trachten. Aus dem Geist der Aufklärung heraus trägt der Benediktiner Ägidius J a i s († 1822) aufgrund seiner pädagogischen Begabung Wertvolles zur P.-theorie bei, was er in vier veröffentlichten P.bänden praktisch angewandt hat. Anstelle des Bibeltextes wird jetzt häufig kirchliches Überlieferungsgut — vorwiegend Heiligenviten und Legenden — der kathol. P. zugrunde gelegt. Ein Teil der Kanzelredner bemüht sich um eine anspruchsvollere Gestaltung von Sprache und Form der P., während andere mit veräußerlichtem Gepränge, eine dritte Gruppe mit vulgärem Ton und auf derbe Volksart drastisch den Bezug zwischen Glaubensbotschaft und Lebensfragen herzustellen versuchen.

Eine abgewogene Synthese zwischen gewähltem Äußeren und eindringlichem, zeitgebundenem Inhalt erreicht der Bischof Johann Michael von S a i l e r (1751-1832) in seinen P.n, die noch stark dem Geist der Aufklärung verpflichtet sind. Seine thematischen Homilien zeichnen sich durch Klarheit, gewandte Darstellung, Gedankenreichtum, Volkstümlichkeit und Herzenswärme aus. Dem vorwiegend christologischen Gehalt seiner auch von der protestantischen Theologie beeinflußten Kanzelreden kommt die eindeutige Trennung von der weltlichen Rhetorik zugute (*Sämtliche Schriften*, hg. v. Joseph W i d m e r, 1830 ff. — Über ihn: Chrysostomus S c h r e i b e r, *Aufklärung u. Frömmigkeit. Die katholische P. im dt. Aufklärungszeitalter u. ihre Stellung z. Frömmigkeit u. z. Liturgie*, 1940; Abhdlgn. d. Bayr. Benediktiner-Akad. 4).

In letztgenannter Hinsicht folgen ihm auch die zeitgenössischen homiletischen Untersuchungen. Für eine Besinnung und Erneuerung des kathol. P.-wesens setzen sich vor allem Ignaz Heinrich Frh. von W e s s e n b e r g († 1860) sowie die von Paderborner Franziskanern hg. Vierteljahresschrift *Kirche und Kanzel* ein. Das katechetische, dem moralisierenden Rationalismus abholde Anliegen verficht vor der Mitte des 19. Jh.s die T ü b i n g e r S c h u l e mit ihrem beredtsten Vertreter J. B. von H i r s c h e r. Empfindsame Töne schlägt Joseph Ludwig C o l m a r († 1818) in seinen klar gegliederten, in zeitnaher Sprache, lebendiger Form und übersichtlichem Aufbau gestalteten P.n an (3. Aufl. seiner siebenbändigen P.ausgabe 1879 ff.). Ignaz L i n d l († 1834) trägt seine schwärmerischen Gedanken in begeisternder Diktion mit kühnen Bildern vor.

Moderne Sprache, die bei aller Ausdrucksschärfe und klassischer Gewandtheit gänzlich die Aufklärung überwindet, ist Johann Emanuel V e i t h (1787-1867) eigen, der sich auch mit der geistigen und technischen Entwicklung auseinandersetzt. Zuweilen ist seine Neigung, durch Zeugnisse der Volksüberlieferung und seines Wiener Milieus zu illustrieren (Chr. S c h r e i b e r, *P. und Volksbrauch*, Volk und Volkstum, 1, 1936, S. 241-249), übertrieben; sie wird aber durch Gedankenreichtum und Inhaltstiefe seiner P.n aufgewogen. Seine thematisch orientierten Homilien gehen von den Perikopen aus.

Des Trierer Bischofs Matthias E b e r h a r d (1815-76) thematische P.n und Homilien zeigen großes rhetorisches Geschick. In kunstvollen Analogien und mit exegetischer Begabung predigt er geistreich und gedankentief, wobei es ihm treffend glückt, die biblische Überlieferung durch anschauliche Schilderung zu beleben und in die moderne Vorstellungswelt zu übertragen; doch gelingt es ihm weniger, praktische Nutzanwendungen daraus abzuleiten. Seine Sprache kommt über eine klassische Verhaltenheit, die zuweilen an den sublimen Konferenzton erinnert, nicht hinaus, sie ist allerdings ohne die übliche allegorische oder gar phantastische Willkür und fesselt seine Gemeinde durch lebendiges Ortskolorit. Seine P.n hat Ägidius D i t s c h e i d (*Kanzel-Vorträge*, 6 Bde, 4. Aufl. 1904-14) herausgegeben.

Die franz. Kanzelberedsamkeit des 18. Jh.s nimmt sich noch einmal der Breslauer Fürstbischof Heinrich von F ö r s t e r (1799-1881) zum Vorbild und trägt seine thematischen P.n, später auch Homilien (6 Bde 1912 in 7./8. Aufl. erschienen), in formgewandter Sprache und klarer Disposition vor. Alban Isidor S t o l z (1808-83) läßt seine schriftstellerische Gabe für realistische Darstellung auch in seinen P.n deutlich werden, von denen 3 Bde veröffentlicht worden sind (1908-1912). Seine Sprache reicht von schlichter Anschaulichkeit über fromm-empfindsame Töne bis zum derb-humoristischen Ausdruck. Nicht zuletzt kommt ihm Bedeutung durch seine 188? erschienene Homiletik zu. Der dichterische Einschlag spricht auch aus den P.n Wilhelm M o l i tors († 1880, dreibdge P.ausgabe 1880-82) und Melchior von D i e p e n b r o c k s († 1853, 3. Aufl. seiner P.n 1849; A. D o n d e r s, *Zur P.weise des Kardinals D.* Kirche u. Kanzel 1918, S. 235-246); er hat lange unter dem Einfluß Sailers gestanden und nimmt in seinen P.n beispielhaft zu sozialen und politischen Fragen der Zeit Stellung. Überhaupt werden von der katholischen Kanzelrede um die Jh.mitte die sozialethischen Belange in zunehmendem Maße berücksichtigt, damit auch die S t a n d e s p. neu belebt. Um sie hat sich der Mainzer Bischof Wilhelm Emmanuel Frh. von K e t t e l e r († 1877) durch seine gewaltige und klare Sprache Verdienste erworben (zweibdg. Ausgabe seiner P.n 1878 von R a i c h).

Um die Jh.wende schätzt man Joseph Georg von E h r l e r († 1905) als weithin vorbildlichen Prediger; seine in 7 Bdn 1871 ff. und 1920 ff. aufgelegten P.n haben einen übersichtlichen Aufbau und bieten in klassisch-eindringlicher Sprache reichen Inhalt. Der Rottenburger Bischof Paul Wilhelm von K e p p l e r (1852-1926) gilt als Erneuerer der katholischen Beredsamkeit in Blick auf Gehalt und Form. In moderner, lebhaft gestalteter Diktion stellt er dem weltfrohen Bildungsdünkel seinen einfältigen Glauben gegenüber. Neben Schriften zur Homiletik haben die drei Teile seiner Homilien und (thematischen) P.n (1912) heute noch exemplarische Bedeutung. Das gilt ebenso von dem in Lehre wie Praxis gleichermaßen richtungsweisenden Schweizer Albert M e y e n b e r g († 1934).

Johann Nepomuk B r i s c h a r, *Die kath. Kanzelredner Deutschlands seit den drei letzten Jhh.* 5 Bde (1867-71). *Fundgrube für den kath. Prediger, e. Auswahl anerkannt guter u. empfehlenswerter P.n älterer u. neuerer Zeit m. vollständ. Inhaltsangabe des jedesmaligen Werkes und nach Rubriken geordnet* (1897 ff.).

Heute spricht man in kathol. wie im protestant. Bereich von einer P.krise, die in der religiösen Entfremdung des Gegenwartsmenschen zu suchen ist, bei dem der gleichsam von oben herab gegebene und vielfach sprachlich konservative Kanzelzuspruch nicht mehr 'ankommt'. Daraus wird u. a. gefolgert: die P. müsse dem Wesen des Gesprächs angepaßt werden; entsprechende Versuche hat man seit geraumer Zeit mit der D i a l o g p. unternommen. Kirchlicherseits sieht man eine Erneuerung der P.vollmacht und des P.auftrages eher in ihrer stärkeren Bindung an die liturgische Form des Gottesdienstes (sog. Wortgottesdienst). Dabei sollen die Probleme der modernen Welt nicht außer Betracht bleiben, sondern in einer le-

bensnahen Sprache dargestellt werden; die formalen Fragen der P.gestaltung treten demgegenüber zurück. Eine stärkere Förderung der volkssprachlichen P. im katholischen Gottesdienst entspricht auch dem Liturgie-Schema des 2. Vatikan. Konzils.

Viktor S c h u r r, *Situation und Aufgabe der P. heute,* in: *Verkündigung und Glaube, Festgabe f. Franz Xaver Arnold* (1958) S. 185-208. Joseph J u n g m a n n, *Theorie der geistlichen Beredsamkeit* (4. Aufl. 1923). Anton K o c h, *Homiletisches Handbuch* (1952 ff.). Thaddäus S o i r o n, *Die Verkündigung des Wortes Gottes, homiletische Theologie* (1943; Bücher august. u. franziskan. Geistigkeit 2, 1). Pie D u p l o y é, *Rhetorik und Gotteswort* (1957). Emil K a p p l e r, *Die Verkündigungstheologie* (1949; Studia Friburgensia N. F. 2). *Theologie und P., ein Tagungsbericht,* hg. v. Otto W e h n e r u. Michael F r i c k e l (1958; Arbeiten u. Berichte. Arbeitsgemeinschaft Kathol. Homiletiker Deutschlands 1). Johannes R i e s, *Krisis u. Erneuerung d. P.* (1961). Anselm G ü n t h ö r, *Die P., theoret. u. prakt. theolog. Wegweisung* (1963).   *Herbert Wolf*

Preislied s. Politische Dichtung

Priamel s. Spruch

Pritschmeister

§ 1. Ein bemerkenswerter Stand von Berufs- wie Gelegenheitsdichtern, die in der Übergangszeit vom späten MA. zur frühen Neuzeit (15.-17. Jh. mit Schwerpunkt im 16.) bei höfischen und bürgerlichen Festen als vielseitige Akteure auftreten. Zumal bei fürstlichen Festlichkeiten und landesherrlichen wie städtischen Schützenfesten haben sie wichtige Ämter mit verschiedenen Funktionen als Sprecher, Stegreifdichter, Ordner, Aufseher mit Protokoll- und Strafbefugnis, auch als Spaßmacher. Überall bei höfischen Feiern wie bürgerlichen Festen legt man Wert darauf, daß das festliche Gepränge durch das Auftreten der Pr. geordnet und erhöht werde.

§ 2. Ihren Namen führen sie von der *Pritsche:* einem 35-45 cm langen, bis auf den handbreiten gerundeten Griff in schmale, dünne Blätter gespaltenen, oft bunt bemalten Klappinstrument aus Holz oder Leder, nach Landschaft und Zeit variierend, das als Schlagwerkzeug den Trägern inmitten des Festtrubels Gehör verschaffen soll. Das Wort wird bisher abgeleitet von ahd. *britissa,* Dim. zu *bret,* das nur einmal belegt ist (Pariser Hs. des 11. Jh.s, Latin. 16702) und zwar als Übersetzungswort für *cancile* = Dim. von *cancer* = Gitter, Schranken vor Gericht, mhd. *gater.* Diese Erklärung befriedigt keineswegs, weder lautlich noch sachlich:

der Unterschied in der Sachbezeichnung von Pritsche = 1. Sitzbrett, einfache Liegestatt, Schlagholz beim Keltern und 2. gefächerter Schlagstock, deutet auf zwei sachlich wie zeitlich verschiedene Herkunft-Wörter: das eine sicher von Brett herzuleiten, das andere m. E. vom Schlaggeräusch wie ähnliche lautmalende Wörter. Darauf weisen auch mundartliche Bedeutungen von *britschen* (vgl. Schmeller, *Bayr. Wb.* I, 375): „mit einem klatschenden Laut auffallen: platschen, plätschern, regnen, daß es *britscht* oder *britschelt*, wobei man *pritsch-* oder *pritschelnaß* werden kann“. Auch im heutigen Nd. (Oberweser) begegnet *britschen* lautmalend: ähnlich wie trillern, wenn junge Mädel sich auf der Straße anrufen. Wir hätten mit dieser Erklärung dann eine Parallele zu *Narr* und *narren*, wie oben Bd. II, S. 592 begründet. Die Belege für *brizzelmeister, britze-slahen* in den mhd. Wörterbüchern stammen aus der vermutlich Nürnberger Neidhartüberlieferung der Hs. c (15. Jh.) und des alten Druckes z (1537). Neidh. 49, 18 ersetzt Hs. c älteres *bickelmeister* (*bichel meister* R) durch *brizzelmeister* (vgl. a. 36, 26 *prittelspill* c für älteres *bickelspil*). Es liegt deshalb nahe, die Entstehung von *brizzelmeister* und *britze slahen* erst ins Frühnhd. zu rücken, zumal in mhd. Zeit *plaz-meister* = Aufseher, Ordner des Tanzes oder Spieles und auch *bickelmeister* die gleiche Funktion ausüben, wobei sie als Waffe das *loterholz* verwenden, wie auf mehreren Bildern zur Manessischen Liederhs. zu sehen ist. — Frühnhd. *prize, prizenschlaher, britzschen* (1517), *Pritzen-* und *Pritschenmeister*, latinisiert *tympanista pygaeus* (so bei J. A. Comenius, *Orbis sensualium pictus* 1658); im 17. Jh. Pritschen- und Britschenmeister für „Festordner, Stegreifdichter und Spaßmacher“; auch andere wie Narren, Gaukler, Hanswurste und Harlekine griffen bei ihren Darbietungen gern zum Instrument der Pritsche. So war das Pritschen (= mit der Pritsch schlagen) ganz geläufig.

§ 3. Die eigentliche Zeit der Pritschmeister bricht an in den bewegten Jh.n des ausgehenden MA.s, wo das aufstrebende Bürgertum, vorweg in den Hanse- und den Reichsstädten, seine Stellung in Wirtschaft, Gesellschaft und Kultur erstmals mit voller Kraft entfaltet. Dabei kommt den Pr.n zugute, daß sie sich auf die Tradition der Herold- und Wappendichter (*s. d.*) sowie der Spruchsprecher aller Art stützen können. Seit dem MA. sind Spaßmacher wie Reimsprecher an den fürstlichen Höfen zur Unterhaltung bei der Tafel beliebt, vor allem auch bei prunkvollen Hochzeiten, als lustige „Räte“ bis ins 18. Jh. Narrenfreiheit genießend: in jenen Zeiten die einzige Möglichkeit, in diesen Grenzen gewisse Kritik zu üben.

Gegen Ende des 14. Jh.s werden die mal. Turniere der Ritter abgelöst durch stattliche Volksfeste, wie sie an erster Stelle als Freischießen der Städte und Fürsten abgehalten werden. Auch dies sind Waffenfeste, doch volkstümlicher, gefahrloser, weniger aufregend. Seit 1300 existieren in den Städten Schützengenossenschaften mit strengen Satzungen (vgl. z. B. Wolfenbüttler Sammelhs. der Gildevorschriften und Schießbeschreibungen), Schützenhäusern, Schießanlagen und jährlichen Schützenfesten, an denen die ganze Bürgerschaft Anteil nimmt und zu denen weithin Einladungen ergehen (so z. B. schon 1387 in Magdeburg, unter Beteiligung von Braunschweig, Halberstadt, Quedlinburg, Aschersleben, Blankenburg, Halle u. a.). Seit 1400 feiern alle dt. Städte von Rang im Süden wie im Norden großangelegte Schützenfeste, bei denen auch Fürsten und Adel nicht abseits stehen. Das von Volksbewegungen getragene 16. Jh. führt, eine natürliche Entwicklung, auch diese Großveranstaltungen auf die Höhe ihrer Zug- und Strahlkraft, die erst in den Wirrnissen des 30jährigen Krieges verblaßt. Bei ihrer Durchführung waren Amt und Person erfahrener Pr. von entscheidender Bedeutung. „Ein Schießen ohne pritschen Gesang Ist wie ein Glocken ohne Klang“ (Wolfgang Ferber, Dresden 1610). Sie marschieren an der Spitze vor der Kapelle in prächtigen farbigen Gewändern jeweils in den Farben der Feststadt oder des Landes, mit Federhut, buntem Wams, seidenen Strümpfen und Tüchern, Borten und Verzierung. So findet man sie in Prachthss. abgebildet und in Festgedichten beschrieben. Wo nötig, wird der leitende Pr. von Gehilfen unterstützt, damit die Festordnung überall eingehalten wird: beim Aufmarsch, beim Schießen, bei der Preisverteilung. Daneben müssen sie noch durch allerhand Späße, Spott- und Scherzreden das Publikum unterhalten und erheitern. In der Blütezeit ist das Pr.-Amt in der Regel hauptberuflich, auch erblich in den Familien berühmter Meister, die nicht zu den Fahrenden gezählt sein wollen. Seit dem 17. Jh. treten auch bei anderen Gilden Pr. — meist verkleidete Gesellen — auf, jedoch mehr und mehr in der Rolle des Harlekin oder „Paias“ (in der Umgebung von Braunschweig). Der Pr.-Titel lebt fort bis ins 18. Jh., in traditionsbewußten Städten sogar bis in die Gegenwart. So ließ die Hauptschützen-Stahlbogen-Gesellschaft von 1429 in Nürnberg-Erlenstegen bei ihrer 525-

Jahrfeier 1954 den Pr. in alten Funktionen in historischer Tracht auftreten.

§ 4. Zu den Pr.n von Rang zählen: Der Augsburger Lienhard (Leonhard) F l e x e l , einer der bekanntesten Vertreter des 16. Jh.s, der mit seinem Sohn Valentin viele Schützenfeste (Heidelberg 1554, Passau 1555, Rottweil 1558, Stuttgart 1560, Wien 1563, Innsbruck 1569, Worms 1575, München 1577) bereist und bedichtet, sich selbst einen „geschwornen und bestallten" Pr. nennt, zwischendurch als höfischer Reimsprecher im Dienst des Herzogs Christoph von Württemberg steht. Alle genannten Feste hat er in Reimchroniken beschrieben, die in reich illustrierten, von seinem Sohn ausgemalten und vervielfältigten Hss. (heute in Heidelberg, Rottweil, Stuttgart, München, Wien) ungedruckt erhalten sind (im Druck nur ein Auszug im *Journal von und für Deutschland* I, 1786, 331 ff.).

Karl B a r t s c h , *Leonhard Flexel*. ADB. 7 (1878) S. 119. Ludwig U h l a n d , *Zur Geschichte der Freischießen*, in: Uhland, *Schriften*. Bd. 5 (1870), über Flexel, S. 299 ff. H. v. C ö l l e n , *'Das große Rottweiler Herrenschießen anno 1558' von Lienhart Flexel*. Alemannia 6 (1878) S. 201-228.

Heinrich W i r r i (Wirry, Wiri, Wire), geb. in Aarau, gelernter Weber, der sich selbst einen Schneider, auch einen „Spillmann von Aarau" heißt, nebenher auch als Schauspieler auftritt; 1544 in Solothurn als Bürger aufgenommen, dann sich als „wonhafft in Zürich" angibt, doch wie andere Pr. ein unstetes Wanderleben führt, um in Südwestdeutschland, Österreich und der Schweiz Schützen- (in Lauingen 1555, Schwaz, Passau 1556, Wien 1568), Hof- und Hochzeitsfeste zu besingen als Ordner, Spaßmacher und Festpoet. Als „obrister Britschenmeyster in Schweytz" wie in Österreich schildert er die Krönung Maximilians II. zum König in Ungarn und als „teutscher Poet und Prütschenmeister" mehrere fürstliche Hochzeiten, 1570 auch den Reichstag zu Speyer. Zwischendurch organisiert er als Schauspieler in Köln (1558), Freiburg/Schweiz (1562) und Schaffhausen (1563) vorwiegend Rollen aus der Passionsgeschichte, doch soll er dafür (so in Schaffhausen) „nit mehr dann 1 Pfennig von einer Person nemmen". Auch sonst scheint er nicht viel verdient zu haben, wie seit alters die Fahrenden. Laut Znaimer Stadtrechnungs-

buch von 1572 (letzte Nachricht) wird er „umb verehrte Abcontrafactur des Turniers Platz und andere Geschichten" bei der Hochzeit des Erzherzogs Karl mit 1 Gulden belohnt. So bekennt er am Schluß seines Wiener Schützenspruchs:

„Hainrich Wirre, das Edle Blut

Das wenig gewint und viel verthut."

Doch verliert er darüber nicht seinen Humor. Seine Prosa ist im Stil der damaligen Jahrmarktlit. gehalten.

E. H o f f m a n n - K r a y e r , *Heinrich Wirri*. ADB. 55 (1910) S. 385-387. Camillus W e n d e l e r , *Zu Fischarts Bildergedichten*. III. *'Audienz des Kaisers' von Heinrich Wirri*. ArchfLitg. 7 (1877/78) S. 361-368.

Ulrich W i r r i : gleichfalls in Aarau nachweisbar (1577-83) (wahrscheinlich verwandt mit Heinrich W.) als Stadtbote, Ratsmitglied, im Gegensatz zum Namensvetter kaum über die Grenzen seiner engeren Heimat hinausgekommen, nur vorübergehend in Zürich, wo laut Notiz einer Bauamtsrechnung von 1578 der „Gaukler oder Sprecher von Aarau" „uß Erkenntnis wegen etlicher frygen Künste" belohnt wird. Vorher hat er an der Fahrt nach Straßburg zum berühmten Schießen teilgenommen, das Fischart beschrieben und auch er mitsamt der Stadt besungen hat: „Hauptschießens Anfang, so man zu Strassburg gehalten, in rymen gestellet" (1576) und „Lobspruch der Freyen Reychstatt Strassburg zu ehren gestelt." Seine Reimereien halten sich, trotz mehrfacher Auflagen, im üblichen Rahmen und Stil.

Benedikt E d e l b e c k (Edelpöck) aus Budweis war Siebmacher und herzoglich-österreichischer Pr. im Dienste Erzherzog Ferdinands, Maximilians II. und Rudolfs II., in seiner Zeit angeblich der in Schützengewohnheiten kundigste aller Pr., zugleich gefürchtet als schlagfertiger Witzbold, weithin als Pr. bei großen Schützenfesten begehrt, so auch beim Schießen in Zwickau (1573), wo er mit Georg Ferber, dem Vater Wolfgangs, im Auftrag der Stadt als Hauptverantwortlicher seines Amtes waltet und in einem langen Reimwerk (Dresden 1574) den Verlauf jenes großzügigen und kostspieligen Fürstenschießens schildert.

Jos. Maria W a g n e r , *Benedict Edelpöck*. Serapeum 25 (1864) S. 308-309. Franz S c h n o r r v. C a r o l s f e l d , *Über Benedict Edelbeck u. andere Pritschmeister*. ArchfLitg. 5 (1876) S. 137-151. Reinhold B e c h s t e i n , *Gereimte Vorrede d. Pr. Be-*

*nedict Edelbeck 'An den gütigen Leser' zu
seiner Beschreibung des im Jahre 1575 in
Zwickau abgehaltenen Armbrustschießens.*
GermaniaPf. 8 (1863) S. 462-464.

Seine Zwickauer Festdichtung nahm sich
zum Vorbild Wolfgang F e r b e r (der Ältere, 1586-1657), geb. als erster Sohn des
Tuchmachers und Färbers Georg F. in
Zwickau, wo er auf der weit bekannten Lateinschule eine gute Ausbildung auch in den
klassischen Sprachen erfuhr, und früh sich
seine Neigung zu eigenem dichterischen
Schaffen regte. Außer dem väterlichen Beruf betätigt er sich als Steuereinnehmer,
doch führt er bald auf vielen seiner Schriften
den Titel „Churfürstlich Sächsischer Pr.",
was schon sein Vater war, auch sein Bruder
Andreas und sein Sohn Georg; so konnten
sie beim großen Stahlschießen in Dresden
(1615) zu dritt gleichzeitig als Pr. fungieren.
Seine Vorfahren hatten wiederholt in Zwikkau den Schützenkönig gestellt. Auch Wolfgang F. verbringt die meiste Zeit nicht
daheim in seiner Vaterstadt; neben den
fürstlichen und städtischen Schützenfesten
beansprucht der Hof in Dresden ständig
seine Dienste. Gegen Ende seines Lebens
muß er noch den Niedergang des Pritsch-
meistertums mit ansehen; er weist jedoch,
zugleich im Namen seines Vaters, Bruders
und Sohnes, die verständnislosen Angriffe
energisch zurück, die der Superintendent
Kirchbach von der Kanzel in Zwickau gegen
die „unehrliche Zunft" gerichtet hatte:
Selbstbewußtsein wie Stolz auf sein dichterisches Können, neben Bescheidenheit,
Frömmigkeit und Heimatliebe bestimmen
die Grundzüge seiner Art und Haltung.
Sein Sohn Georg übernimmt als dritter in
der Generation, wohl auch als letzter das Pr.-
Amt im Kurfürstentum Sachsen. Das umfangreiche Schaffen Ferbers (bisher sind an
die 70 Dichtungen aus den Jahren 1610-53
bekannt), gliedert sich in drei Gruppen: er
beginnt als beauftragter und besoldeter Pr.
mit Darstellungen großer Schützenfeste wie
des Armbrustschießens des Herzogs Christian II. von Sachsen (Febr. 1610), neben
dem sorgfältigen Festbericht bemerkenswert
durch eine gekonnte Schilderung der Schönheiten von Stadt und Festung Dresden. Die
zweite, aus Zeitmangel weniger gelungene
Pr.-Dichtung Ferbers ist dem „fürnehmen"
fürstlichen Armbrustschießen des Herzogs
Joh. Casimir von Sachsen (Mai 1614 in Co-

burg) gewidmet. Auf der Heimreise erreicht
ihn die Aufforderung des Kurfürsten von
Sachsen, sich alsbald nach Dresden zu begeben, wo er im September gleichen Jahres
aus Anlaß der Geburt des Prinzen August
ein „fürnehmes Stahelschiessen" abhalten
will, zu dem auch Ferbers Heimatstadt
Zwickau geladen wird. Gemeinsam mit Vater und Bruder waltet er dort seines Amtes
und beschreibt Schießplan, Aufzug und Kritik der Schützen, Preisverteilung ziemlich
genau (gedruckt Dresden 1615). Die zweite
Gruppe umfaßt Ferbers höfische Dichtung,
der Feier bei Fürsten oder anderen Würden-
trägern aller Art gewidmet. Hier kann sich
seine dichterische Begabung freier entfalten,
weil er nicht wie beim Pritschensang so
streng an feste Formen und Normen gebunden ist. Ähnlich ist die dritte Gruppe zu beurteilen, die stattliche Zahl reiner Gelegenheitsgedichte von durchweg geringem Umfang, von denen sicher nur ein Teil erhalten
blieb. Für die Würdigung des dichterischen
Gesamtwerks kommt dieser Gruppe geringe
Bedeutung zu.

Zacharias T h ü m l i n g , *Schuldiges Gra-
tial dem Ehrenvesten, Vorachtbaren und teutscher Poesie fleissig ergebenem Herrn Wolfgang Ferber* (Zwickau 1650). Chr. Gottl. J ö -
c h e r , *Allg. Gelehrtenlexikon* II, (1750) Sp.
559 (Wolfg. Ferber). Karl B a c h l e r , *Der
Pr. Wolfgang Ferber der Ältere (1586-1657) u.
s. Stellung in der dt. Lit.entwicklung*, Diss.
Breslau 1930.

Von den übrigen nennenswerten Pr.n wis-
sen wir nur wenig, da sich die Forschung bis
heute mit ihnen noch kaum befaßt hat. Namentlich bekannt sind etwa noch Wenzel
Braun, ein Kamerad W. Ferbers, Georg
Schwarze, gleichfalls aus Zwickau, Johannes
Kolb, Ulrich König, Sebastian Luther, Ulrich
Erthel, Heinrich Gering, Christoff und
Waldlaufer Staudinger, H. Lutz, G. Reutter,
H. Weitenfelder. Von ihnen würde der eine
oder andere sicherlich eine nähere Untersuchung verdienen: so etwa der Österreicher
Hans Weitenfelder, geb. um die Mitte des
16. Jh.s, Seiler und Pr.: neben einem Lobgedicht auf das große Freischießen der
„fürstlichen Stadt" Klagenfurt (1571) sind
ein Lobspruch auf die Frauen, doch auch
eine Satire auf ihre „Klappersucht" bemerkenswert: beide gehören zu den besten Erzeugnissen der humoristischen Lit. des 16.
Jh.s; der Lobspruch wurde alsbald auch ins

Nd. (Magdeburg) übertragen, zugleich als Volkslied gedruckt.

Jos. Maria W a g n e r , *Hans Weitenfelder.* Serapeum 25 (1864) S. 310-315.

§ 5. Die literar. Gesamtleistung der Pr. muß man in erster Linie aus soziologischer und kulturhistorischer Sicht, nach Kunstverständnis und Lebensgefühl jener Zeit beurteilen, so wie sie selbst vielseitig und gleichzeitig als Dichter und Sprecher, Ansager, Festordner und öffentlicher Amtswalter, als lustige Unterhalter höfischer Gesellschaft wie breiter Volksmassen gewirkt haben. Gewiß, ihr dichterischer Stil ist, zumal bei durchschnittlichem Können, oft schablonenhaft wie weithin im damaligen Schrifttum, und neben der Würde gaukelt oft das Närrische. Doch bei den Könnern wird die Schablone durch individuelle Züge markanter, und der Humor treibt, wie selten in der Folge, frische Blüten. Das gilt im besonderen für die Reimturniere der Pr., die Edelbeck erwähnt, die mit alten Späßen und lustigen Wendungen gespickt, als Tagesreimereien meist nicht erhalten sind, aber sicher als Augenblicksdichtung eine Tradition haben aus der ritterlichen Turnierzeit. Geschichtliche wie lokale Betrachtungen sind beliebt, beherrschend Pflege und Preis ererbter Tugenden und freundnachbarlicher Beziehungen, wie sie Fischart im *Glückhaften Schiff* noch einmal verherrlicht. Das Lob der Feststadt hält sich an die überkommene Art enkomiastischer Städtegedichte (s. d.), während bei höfischen Festen Geschichte und Ruhm des fürstlichen Hauses gepriesen werden. In der Form, in Aufbau und Metrik sind die Pritschgedichte einander recht ähnlich: gern greift man zu einer poetischen Einkleidung (etwa Traum oder Dialog) wie in der Herold- und Wappendichtung. Bei den fürstlichen Schießveranstaltungen werden die gemalten Wappen der adligen Teilnehmer, die in den dem jeweiligen Fürsten gewidmeten Prachthss. farbig ausgemalt sind, gern allegorisch ausgedeutet. Die Beschreibung der bürgerlichen Schützenfeste ist genau geregelt vom Aufmarsch der Schützen bis zur Preisverteilung, auch die Schilderung der Aufbauten (Schießhaus und -ständer, Krambuden, Pritschbank u. a.). Die Sache bietet da wenig Raum für eigene Ausschmückung. Wie bezeichnend, daß die Pr. selbst ihr dichterisches Tun als Handwerk

bezeichnen: „in Reime stellen". Ähnlich eng gezogen sind die Grenzen für die metrische Gestaltung: der Normalvers der Pritschdichtung ist der strenge, silbenzählende Knittel (Achtsilber bei stumpfem, Neun- bei klingendem Ausgang, paargereimt), weit verbreitet in der gesamten Lit. der Reformationszeit (Brant, Sachs, Murner, Fischart), oft geradezu „Pritschmeistervers" genannt. Der bei strenger Alternierung häufige Verstoß gegen den Wortakzent läßt sich bei schwebender Betonung mildern. Im Ausklang der Pr.-dichtung werden auch der fünfhebige (Blankvers) und seit W. Ferber (von 1626 an) der sechsfüßige Jambus (Alexandriner) verwendet, womit der Übergang von der volkstümlichen zur gelehrten Dichtung sich vollzieht.

§ 6. Die Pr. stehen keineswegs isoliert im Rahmen der Lit. ihrer Zeit: schon ihre Doppelfunktion als Reimsprecher und Amtswalter bei bürgerlichen wie höfischen Festen mit jeweils verschiedener Tradition schützt sie vor Einseitigkeit ebenso wie ihre Verbindung zu der überkommenen Herold- und Wappendichtung. Die Pr.-dichtung der Hochblüte hat ihre Geltung so gefestigt, daß sich andere Gattungen wie die Fechtsprüche und auch der Meistersang an sie in der Form anschließen. Gewiß sind Pritscher und Meistersinger unterschiedliche Gestalter volkstümlicher Reimpflege, doch haben sie vieles gemeinsam. In Nürnberg, dem Vorort beider, glaubt auch Hans Sachs der Pritscherei in drei Gedichten huldigen zu müssen. Und als der Meistersang verfällt, sucht er sich noch an den pritschmeisterlichen Spruchsprechern zu stützen.

Selbst bekannte Humanisten halten sich, was man beachten sollte, der Pritscherei nicht fern. So widmet der Straßburger Jacob M o l s h e m , der sich M i c y l l u s nannte, als Hochschullehrer der griech. Lit. gefeiert, dem großen Heidelberger Schützenfest (1554) ein klassisches Festgedicht „*Toxeuticon sive certamen sagittariorum*". Und Nicodemus F r i s c h l i n tritt unter der Maske eines Pr.s der Braunschweigischen Schützengesellschaft (1589) auf, als er in dt. Reimen einen theologischen Gegner (Seb. Gobler) „verpritscht", also die Pritscherei zu lit. Fehde nutzt, wie das auch andre tun. Und F i s c h a r t rückt sein *Glückhafft Schiff* schon durch seine Überschrift nah an die

Pritschgedichte heran und spielt in seinen Dichtungen wiederholt auf das Pritschen an, z. B. in der *Geschichtklitterung* (Alsleben S. 6), wo er als Beispiel „kurtzweiligs Gespötts", das zu allen Zeiten bei allen Völkern üblich gewesen, auch das „Pritzenschlagen", an anderer Stelle (S. 83) unter „allerhand Hoffartbröcklin" das „Pritschenschlagerische Schellenröcklin" anführt. Auch in der klassischen Lit. tritt der Pr. noch auf: z. B. im *Egmont* (1, 1), bei Jean Paul im *Siebenkäs* (Schützenfest in Kuhschnappel).

Abschließend sei noch auf die „Bilderbritscher" verwiesen, die, als auf den Märkten die Guckkasten aufkamen, ein buntes Bildgemisch von merkwürdigen Personen, Lokalitäten, Ereignissen etc. aushingen und ihre Erklärungen mit der Pritsche verdeutlichten (J. A. Schmeller, *Bayr. Wb.* I (2. Aufl.), S. 375).

Ludwig Uhland, *Zur Gesch. der Freischießen*, in: Fischart, *Glückh. Schiff* hrg. von Karl Halling (Tübingen 1828), wiederh. in: Uhland, *Schriften*. Bd. 5 (1870) S. 293-321. August Edelmann, *Schützenwesen und -feste der dt. Städte vom 13. bis 18. Jh.* (1890). Eugen Diederichs, *Dt. Leben d. Vergangenheit in Bildern.* Bd. 2 (1908), Abb. 1237. Theo Reintges, *Ursprung u. Wesen d. spätmal. Schützengilden* (1963). Gustav Freytag, *Bilder aus der dt. Vergangenheit.* Bd. III, 2 (1924), *Die Waffenfeste des Bürgers*, S. 420 ff. Georg Baesecke, *Joh. Fischart 'Das glückhafte Schiff'* (1901; NDL. 182), Einl. S. XIV-XXV. Wolfg. Stammler, *Von der Mystik zum Barock, 1400-1600* (2. Aufl. 1950; Epochen d. dt. Lit. II, 1) S. 606 ff. Goedeke. Bd. 2 (1886) S. 325-328. Franz Fuhse, *Der Pr. Ein altdt. Festordner im Wandel der Zeiten.* Braunschweiger Blätter 1936, S. 17-23 (mit Abbildungen).

Gustav Bebermeyer

Prolog

I. § 1. Eingangsrede, Vorrede, Vorspruch, Vorwort, Vorfabel, Vorauskündigung, nach dem griech. *prólogos* und dem lat. *prológus*. Es gibt allgemeine, Dramen- und Festp.e (s. II). Die Dramenp.e zerfallen in dramatische, reflektierende und erzählende P.e, die bereits Handlung sind oder in diese einführen, und P.e, die nichts mit der Handlung zu tun haben. Die Abgrenzung des in mehrere Szenen aufgeteilten dramatischen P.s vom *Vorspiel* (s. d.) ist oft schwierig.

§ 2. Der Begriff und das auch die Lit. des deutschen Sprachgebietes mitbestimmende Wesen werden in der Antike geprägt. Aristoteles vergleicht den P. in der Poesie mit der Einleitung der Rede und bezeichnet als dramatischen P. den ersten Teil des Dramas, der dem Eintritt des Chores vorausgeht. Er soll Thespis, der in einem der ersten drei Jahre der Olympiade 536/5-533/2 v. Chr. als Leiter der großen Dionysien nach Athen berufen wurde, Erfinder des P.s genannt haben. Der Name P. taucht erstmals in den *Fröschen* des Aristophanes auf (405 v. Chr.): die durch Schauspieler dargestellten Tragiker Aischylos und Euripides definieren in einem Wettstreit den dramatischen Tragödienp. Der erste bekannte P. ist für die nicht erhaltene Tragödie des Phrynichos, *Die Phoinissen* (476 v. Chr.), verbürgt: Ein Eunuche, der den Raum für die Sitzung des persischen Kronrates vorbereitet, gibt Ort, Zeit, Situation und Vorgeschichte der Handlung an, indem er über die Niederlage des Xerxes bei Salamis berichtet. Die älteste erhaltene Tragödie des Aischylos, *Die Perser* (472 v. Chr.), hat keinen P. im aristotelischen Sinne, doch hat der in die Situation einführende und die Vorgeschichte erzählende Chor nach neuerer Auffassung P.charakter (A. W. Schlegel s. u.). Durch einen reich gegliederten P., bestehend aus einem Gespräch von Kratos und Hephaistos während der Fesselung und einem Monolog des gefesselten Prometheus, ist der ein paar Jahre jüngere *Prometheus* ausgezeichnet. In *Sieben gegen Theben* (467 v. Chr.) folgt auf zwei längere Reden des Eteokles und eines Boten das Gebet des Eteokles. Hochdramatisch ist der am Schluß das wechselnde Schicksal vorausverkündende P. des Wächters auf dem Dache im *Agamemnon*, stimmungsgeladen der P. des Orestes am Grabe seines Vaters in den *Choephoren*, äußerst bewegt der P. der Priesterin Apollons in den *Eumeniden* (458 v. Chr.). Ein „Prolog im Himmel" ging der verlorenen *Psychostasie* voraus. Die ähnlich aufgebauten P.e des Sophokles bestehen manchmal aus drei, die Erregung steigernden Szenen wie im *König Oedipus* (429 v. Chr.) und *Oedipus auf Kolonos* (401 v. Chr.). Ein selbständiges, an eine Rahmenerzählung erinnerndes Vorspiel mit Einleitung, Beispiel und Moral ist der von Athene, Odysseus und Aias bestrittene P. des *Aias* (445-442 v. Chr.). Die P.e des Euripides beginnen meist mit längeren Monologen, denen selbständige Stellung und Funktion zukommt; sie werden deswegen als *Prooemia*, d. h. Eingänge bezeichnet. Die meist folgende Dialogszene, die zwar noch zum P. gehört, schließt sich mit dem *parodos* (Eingangsgesang des Chores) und dem ersten *epeisodion* (Dialogszene der Handlung) fast immer zum ersten Akt zusammen. In fünf Tragödien sprechen Hauptpersonen das exponierende Prooemium, wie in der *Andromache* (zwischen 430 und 415) und *Iphigenie auf Tauris* (nach 412), in fünf andern erscheinen Figuren, die später nicht mehr auftreten, wie der Schatten des Polydor in der *Hekabe* (zwischen 430 und 415) oder Götter wie Poseidon und Athene in den *Troerinnen* (415 v. Chr.), deren vollständig vom Klagemonolog Hekabes abgehobene Dialogszene zu einem geschlossenen Göttervorspiel wird. In der Mehrzahl sind Nebenpersonen Sprecher des Prooemiums wie die Amme in *Medea* (431 v. Chr.) oder der Landmann in der *Elektra* (406 v. Chr. oder später), dessen P. einen in bezug auf die Neugestaltung eines bereits behandelten Stoffes polemisch-antithetischen Charakter hat. Der P. des *Hippolytos* (428 v. Chr.) besteht aus nicht weniger als fünf Szenen und hat chorlyrische Einlagen: Monolog der Aphrodite, Einzug des Hippolytos mit einem eigenen, vom Hauptchor verschiedenen P.chor, Gebet des Hippolytos zu Artemis, Gespräch von Hippolytos und Diener, Gebet des Dieners zu Aphrodite. Der P. der *Alkestis* (438 v. Chr.) mit Monolog Apollons und Streitgespräch des Gottes mit dem später geprellten Totendämon Thanatos nimmt Goethes *Prolog im Himmel* (s. u.) vorweg. Gelegentlich werden die Zuschauer in Geheimnisse eingeweiht, welche den auftretenden Personen noch unbekannt sind, wie im P. der *Bakchen* (406 v. Chr. oder später), den Dionysos spricht. Im *Ion* (zwischen 415 und 410) erzählt der Götterbote Hermes nach Anführung der Genealogie, Selbstvorstellung und Nennung des Ortes weitschweifig Einzelszenen der Vorgeschichte, worin der Dichter sein gelehrtes Wissen ausbreitet und Geschehnisse begründet, und vergleicht dann nach knapper Exposition des Lebens des Helden und des Schicksals seiner Mutter das Kommende mit einem Spiel, welches sein Bruder inszeniert habe. An diesen z. T. bereits außerhalb der Illusion stehenden P.teil schließt sich der dramatisch-lyrische Monolog des *Ion* an.

Die P.e der Satyrspiele sind durch idyllische und ländliche Motive charakterisiert und begründen das Auftreten der *Satyroi* in Geschehnissen, wo sie in der mythischen Tradition fehlen. Ausgesprochen statisch-monologisch ist der P. des *Kyklops* des Euripides (um 440 v. Chr.), dramatisch jener der *Ichneutai* des Sophokles (um 445 v. Chr.). In der griech. Komödie lassen sich die ersten P.e bei Aristophanes nachweisen. Meistens finden wir zwei Sklaven im Gespräch miteinander wie in den *Rittern* (424 v. Chr.) oder Herr und Knecht unterwegs wie im *Plutos* (388 v. Chr.) oder eine Ehefrau allein oder in Gesellschaft wie in der *Lysistrata* (401 v. Chr.) oder einen biedern Landmann wie Dikaiopolis in den *Acharnern* (425 v. Chr.). Auf ein witziges, oft aber auch polemisches Gespräch, wobei sich der P.sprecher manchmal direkt an die Zuschauer wendet, folgt die Exposition. Auch die P.e des Aristophanes sind reich gegliedert und können sogar bis auf neun Szenen anwachsen wie im *Frieden* (421 v. Chr.). Menander beginnt oft mit einer oder mehreren P.szenen, die mitten in die Handlung hineinführen, klärt dann in einem Monolog eines Gottes die Zuschauer über innere Zusammenhänge der Handlung auf und weist auf die Zukunft hin. P.sprecher sind Allegorien oder Gottheiten wie Pan im *Dyskolos* (317/16 v. Chr.), der zuerst in direkter Anrede an die Phantasie der Zuschauer in bezug auf die Dekoration appelliert und am Schluß seiner Exposition das Publikum auffordert, nun selbst zu sehen.

§ 3. Im alten Rom, das Komödie und Tragödie als Kunstform von den Griechen übernimmt, erfordert die Rücksicht auf ein nicht vorbereitetes Publikum eine didaktische Form des P.s, wie wir sie zuerst bei den Komödien des Plautus (geb. zwischen 259 u. 251 gest. 184 v. Chr.) feststellen können, bestehend aus Unterhaltung zwischen Dichter und Publikum, Bitte um Ruhe, Captatio benevolentiae, Anpreisung von Stück und Autor, sowie Quellennachweis. Exposition im griech. Sinne kann (*Amphitruo* u. a.), muß aber nicht hinzukommen. Neben Gottheiten wie Lar in der *Aulularia* und allegorischen Figuren wie Luxuria und Inopia im *Trinummus* sprechen auch Schauspieler als solche P.e, wobei sie gelegentlich im lockeren Tone eines Conférenciers beginnen wie im *Poenulus.* Der P. des *Miles gloriosus* setzt mit einem, den Charakter des bramarbasierenden Soldaten aufdeckenden Gespräch des Offiziers Pyropolinices mit seinem Parasiten Artotrogus ein, der später nicht mehr auftritt; im zweiten Teil kommt der Sklave Palaestrio aus dem Haus des Offiziers, unterhält sich zuerst wie ein an der Handlung ganz unbeteiligter Prologus mit dem Publikum, nennt erst spät den Titel des Stückes und gibt endlich die Exposition. In einer zweiten Gruppe von Komödien des Plautus stehen die P.e in gar keiner Beziehung zur Handlung, was vermutlich römische Erfindung ist: Der P.sprecher, gelegentlich der Schauspieldirektor, wird einfach 'prologus' genannt wie in der *Asinaria.* Bei den immer außerhalb der Handlung stehenden P.n des Terenz (geb. um 195, gest. 159 v. Chr.) ist an Stelle von Plautus' lockerem Tone eines Conférencier polemische Rhetorik getreten. Der P.sprecher der *Andria* z. B. betont die Notwendigkeit der literar. Polemik im P. und verteidigt den Dichter gegen Angriffe von Kollegen. Im *Heautontimorumenos* geht der literar. Polemik eine Captatio benevolentiae eines greisen Schauspielers für seine eigene Person voraus und folgt die Bitte um Ruhe und gütiges Anhören der Truppe nach. In den *Adelphoe* wird das Publikum als Schiedsrichter im liter. Streit aufgerufen und um geneigtes Gehör gebeten, damit der Dichter noch mehr Eifer zum Schreiben bekomme. Ein eigens zur dritten Aufführung eines bisher erfolglosen Stückes gedichteter P. findet sich in der erhaltenen Ausgabe der *Hecyra,* der vermutlich ältesten Komödie des Terenz: Der bekannte Schauspieldirektor Ambivius Turpio weist auf seine frühere Taktik hin, durchgefallene Werke wieder aufzuführen, um einen Dichter der Bühne zu erhalten; er erklärt dann die äußern Gründe, die zum vorzeitigen Abbruch der ersten beiden Aufführungen von *Hecyra* führten (Konkurrenz der Gladiatorenspiele u. a.), legt das Schicksal der dritten Aufführung in die Hand des Publikums und erbittet, nicht zuletzt im Hinblick auf seine eigenen Verdienste um die Bühne, dessen moralische Hilfe, damit der Dichter weiter für die Bühne schaffen könne. In den Tragödien des Seneca (4 v. Chr.-65 n. Chr.) ist der P. weder von der Handlung losgelöst, noch bringt er die eigentliche Exposition. Die von den

Hauptpersonen (*Oedipus,* Hekuba in den *Troades*) oder von den Schatten der Unterwelt gesprochenen Monologe (Thyestes im *Agamemnon,* Tantalus im *Thyestes*) dienen zur Aufpeitschung der Leidenschaften und zur Ausbreitung der Atmosphäre des Grauens und des Verbrechens. Senecas Eingangsmonolog ist dramatisch-theatralisch und zählt als erster der fünf Akte, wie z. B. in der *Medea.* Er kann von einer (*Hercules furens*) bis zu vier Szenen anwachsen (*Hercules Oetaeus*).

Karlhans A b e l , *Die Plautusprologe.* Diss. Frankfurt a. M. 1955. Kurt A n l i k e r , *P.e und Akteinteilung in Senecas Tragödien* (Bern 1960; Noctes Romanae). Guilielmus F r a n t z , *De comoediae Atticae prologis.* Diss. Straßburg 1891. Friedrich F r e n z e l , *Die P.e der Tragödien Senecas.* Diss. Leipzig 1914. Ingeborg G o l l w i t z e r , *Die P.- u. Expositionstechnik der griech. Tragödie mit bes. Berücksichtigung d. Euripides.* Diss. München 1937. Severin H e s s , *Studien zum P. in der attischen Komödie.* Diss. Heidelberg 1954. Max I m h o f , *Bemerkungen zu den P.en der sophokleischen u. euripideischen Tragödien.* Diss. Bern 1957. Albin L e s k y , *Die griech. Tragödie* (1958; Kröners Taschenausg. 143; Schlagwort P.). Max P o h l e n z , *Der P. des Terenz.* Studi Italiani di Fil. Class. 27/28 (1956) S.434-443. Walter N e s t l e , *Die Struktur d. Eingangs in der attischen Tragödie* (1930; Tübinger Beitr. z. Altertumswiss. 10). Augustus R o e h r i c h t , *Quaestiones scaenicae ex prologis Terentianis petitae.* Diss. Straßburg 1885. Franz S t ö s s l , *Prologos.* In: Pauly-Wissowa Bd. 23,1 (1957) Sp. 632-641; Bd. 23,2 Sp. 2312-2440. — M e n a n d e r , *Der Menschenfeind (Dyskolos).* Übertr. von Bernard Wyss (1961; Insel-Bücherei 740).

§ 4. Ob die P.technik des antiken Dramas bereits das Schauspiel des MA.s beeinflußt hat, ist ungewiß. P.e können bei ähnlichen Voraussetzungen auch spontan entstehen, wie es das ältere asiatische Theater erweist; auch das indische Drama des 4. und 5. nachchristlichen Jh.s und das jüngere chinesische Schauspiel, deren reiche P.technik in der Neuzeit und Gegenwart für das europäische und amerikanische Theater anregend wirkt (s. u.), dürfte kaum in einem Zusammenhang mit der Antike stehen. Im europäischen MA. scheint die griech. Dramatik, abgesehen von einer Komödie Menanders, unbekannt gewesen zu sein. Senecas Tragödien werden erst im 14. Jh. der Vergessenheit entrissen. Der Italiener Albertino Mussato verfaßt 1315 nach dem Vorbild von Versmaß und Stil des römischen Dramatikers die dramatisch-epische Tragödie *Ecerinis,* die mit der grauenvollen Enthüllung der Adelaide über die Zeugung ihrer Kinder durch den Teufel beginnt. Von Plautus sind immerhin 8 Komödien in drei Abschriften aus dem 11./12. Jh. bekannt. Terenz wird sehr oft gelesen, und seine Kommentatoren Donatus aus dem 4. und Eugraphius aus dem 6. Jh. tragen zur Bildung der mal. Rhetorik bei. Der St. Galler Mönch Notker Labeo (um 950-1022) kommentiert Terenz und übersetzt die *Andria* (Ms. verloren). Die Nonne Hrotswitha von Gandersheim (955-nach 1000) schreibt nach dem Vorbild des röm. Dramatikers einen Anti-Terenz, eine Sammlung christlicher Lesedramen, worin sie an Stelle des P.s ein Vorwort an den Leser mit Hinweisen auf ihre Absicht und die Quellen schreibt und den einzelnen Stücken kurze Inhaltsangaben in der Art eines Index voranstellt. Die noch weniger dramatischen Elegienkomödien des Franzosen Vitalis von Blois aus dem 12. Jh. (*Querolus* und *Geta* nach Prosabearbeitungen der *Aulularia* und des *Amphitruo* des Plautus) lassen auf das 'Argumentum', d. h. eine kurze Inhaltsangabe, P.e folgen, in welchen der Autor seine persönlichen Anliegen vorbringt, während Wilhelm von Blois im P. der wohl nach einer Prosabearbeitung von Menanders *Androgynos* geschaffenen *Alda* nach der Quellenangabe seine Bearbeitung verteidigt. Im allgemeinen sind sich jedoch die Verfasser der Elegienkomödien der Funktion des P.s nicht mehr bewußt: die P.e werden zu abstrakten Abhandlungen, fußend auf der epischen Prooemium-Tradition, mit Entschuldigung schlechter Verse und anderen mal. Demutsformeln.

§ 5. Mit größter Wahrscheinlichkeit sind die Berührungen der P.e des volkstümlichen mal. Schauspiels mit der Antike nicht unmittelbare, sondern nur mittelbare. Ausgehend von Aristoteles, vor allem aber Cicero, dem großen römischen Redner des 1. vorchristlichen Jh.s und Verehrer des Terenz, sowie dem jüngeren Rhetor Quintilianus (35-um 100 n. Chr.), hat sich die mal. Rhetorik zunächst in der Gerichtsrede entwickelt, die in diesem 'Exordium' (d. h. Eingang) eine Captatio benevolentiae der Richter (Zuhörer) anstrebt, denen das Urteil zufällt, und zwar bestehend aus Würdigung der eigenen Person, Verächtlichmachung des

Gegners und Appellation an das Urteilsvermögen der Zuhörer. Von hier gehen nicht nur Einflüsse auf den mal. Briefstil und die Predigt aus, in welcher der Priester zuerst für sich selbst und das gute Gelingen bittet oder Gott um Gnade anfleht, sondern auch auf die mal. Lit., wozu als offenbar mal. Zutat das 'Proverbium', d. h. Sprichwort, Sentenz, tritt, welches als allgemeine Lebenswahrheit an die Spitze gestellt wird. Konrad von Hirsau nennt in seinem *Dialogus super auctores sive Didascalion* (12. Jh.) als Einleitungen 'titulus' und 'prologus', die sich darin unterschieden, daß der Titel den Autor kurz einführe, der P. den Hörer oder Leser geneigt mache, den Unterweisungen des Dichters zu folgen, und alles für das Verständnis des Werkes oder der Predigt Notwendige mitteile. Bei Magister Ludolf (13. Jh.) erscheinen 'proverbium', 'exordium' und 'prooemium' als verschiedene Namen für die Captatio benevolentiae. Während die mhd. Heldengedichte wie z. B. *Die Rabenschlacht* und *Dietrichs Flucht* von Heinrich dem Vogler (um 1275) oder Zeitgedichte wie jenes über *Die Schlacht bei Göllheim* (1275) sich mit kurzen formelhaften Aufforderungen zum Zuhören begnügen, hat die ritterliche Epik mehr oder weniger umfangreiche zweiteilige P.e, deren erster Teil das Gespräch mit den Hörern oder Lesern aufnimmt und deren zweiter Teil in die Dichtung einführt, und manchmal auch Epiloge, die aus der Erzählung hinausführen. Das gilt schon für den altfranz. Theben-Roman, mit dem die ritterliche Dichtung einsetzt. Im deutschen Sprachgebiet finden wir größere P.e mit Bitte um Gehör, Quellennachweis, Inhaltsangabe und Hinweis auf den moralischen Nutzen für die Zuhörer oder Leser u. a. beim *Alexander* des Pfaffen Lamprecht (um 1130), dem *Servatius* des Heinrich von Veldeke (um 1170), dessen Eingang aus nicht weniger als 198 Versen besteht, ganz im Gegensatz zum knappen P. der lat. Vita des Heiligen. 176 Eingangsverse, auf die sich 47 Schlußverse beziehen, weist der *Gregorius* des Hartmann von Aue auf (vor 1196). In seinem *Armen Heinrich* entsprechen die ersten 5 Verse dem 'titulus', die folgenden 23 Verse dem 'prologus' Konrads von Hirsau, während die 4 die Hörer- oder Leserschaft vom Gedichte wegführenden Schlußverse kaum als Epilog anzusprechen sind. 30 Verse hat der Eingang seines *Iwein* (ebenfalls vor 1203), während ein Epilog fehlt. Ihren Höhepunkt erreicht die mal. P.technik im *Parzival* des Wolfram von Eschenbach (vor 1200-1210) und *Tristan und Isolt* des Gottfried von Straßburg (um 1210). Jener beginnt mit einem 'prologus praeter rem' (Gesprächssituation, Kontaktnahme des Autors mit dem Hörer oder Leser) und schließt daran einen 'prologus ante rem' an, der in das Werk einführt. Dieser setzt mit Sentenzen ein und läßt auf die Vorgeschichte einen geschlossenen P. von nicht weniger als 244 Versen folgen, bevor die eigentliche Erzählung beginnt. 100 Eingangsverse haben die *Metamorphosen*dichtung des Albrecht von Halberstadt aus dem 2. Jahrzehnt des 13. Jh.s und der *Silvester* des Konrad von Würzburg aus dem späteren 13. Jh. Zweifelsohne sind von hier Einflüsse auf das geistliche Volksschauspiel des MA.s ausgegangen. Das älteste Mysterienspiel in dt. Volkssprache, das der ritterlichen Dichtung nahestehende *Osterspiel von Muri* (um die Mitte des 13. Jh.s), dessen Anfang leider verlorenging, hatte vermutlich einen P., da ja direkte Ansprache ans Publikum auch in der Krämerszene vorkommt.

§ 6. Der P. im geistlichen Spiel ist zuerst Brücke zwischen Gemeinde und Gott. Ausgangspunkt des geistlichen P.sprechers ist vielleicht der Priester, der die Predigt hält. Als Keim eines P.s wird gelegentlich der 'sermo' oder die 'lectio' bezeichnet, die von einem Priester oder vom Chore gesungen oder den drei Marien in den Mund gelegt wird wie in der *Engelberger Osterfeier* (12. Jh.) und dem *Klosterneuburger Osterspiel* (Anfang des 13. Jh.s). Eigentliche P.e tauchen erst im geistlichen Schauspiel des SpätMA.s auf. Sie werden zumeist von besonderen P.sprechern (gelegentlich zwei) vorgetragen, die die verschiedensten Namen haben wie 'auszriefer' d. h. Ausrufer (*Hl. Georg*), 'de bode' d. h. der Bote (*Trierer Theophilus*), 'expositor ludi' d. h. Spielerklärer (*Innsbrucker Osterspiel*), 'praecursor' d. h. Vorläufer (*Egerer Passion*), 'prelocutor' d. h. Vorredner (*Wolfenbüttler Sündenfall* von Immessen), 'proclamator' d. h. Ausschreier (*Augsburger Oster- und Passionsspiel*), 'proclamator' und 'regens' d. h. Leiter (*Alsfelder Passion*), 'proclamators knecht' und 'proclamator' (*Donaueschinger Passion*),

'rector processionis' und 'rector ludi' d. h. Prozessions- und Spielleiter (*Künzelsauer Fronleichnamsspiel*), 'reigierer des spils' (*Heidelberger Passion*). Manchmal übernehmen auch Spielfiguren den P. wie Johannes (*Bordesholmer Marienklage*), Pilatus (*Erlauer Osterspiel II*), Lucifer (*Wiener Passion*), Theophilus (*Helmstedter Theophilus*). Den Kirchenvater Augustinus finden wir u. a. in der *St. Galler Passion* und in der *Frankfurter Passion*, Sophonias und Gregorius im *Rheinauer Weltgerichtsspiel*. Der Wirt eröffnet das *Vordenberger Weihnachtsspiel* und das *Glazer Weihnachtsspiel*. Beliebt als P.sprecher sind auch Engel (einer im *Erlauer Dreikönigsspiel* und *Innsbrucker Mariae Himmelfahrtsspiel*, zwei Engel im *Redentiner Osterspiel* und *Innsbrucker Osterspiel*, der Erzengel Gabriel im *Reichenbacher Weihnachtsspiel*). Im *Reichenbacher Dreikönigsspiel* hat der P. die Form eines Liedes. Die neutralen P.sprecher haben meist einen Stab als Attribut ihrer Würde und tragen in der Spätzeit vermehrt das weltliche Kostüm des Herolds, der als Eröffner mal. Turniere den P. des geistlichen Spiels mitbestimmt hat. Im *Luzerner Osterspiel* ist der Proclamator zu Pferde in voller Rüstung. Der bekannte Tiroler Autor und Spielleiter Vigil Raber stellt 1514 in Cavalese selber den 'praecursor' dar (*Ludus de ascensione domini*). Die mehr oder weniger formelhaften P.e des geistlichen Schauspiels beginnen mit der Begrüßung der Zuschauer, oft mit launiger Namensfiktion, der Bitte, Platz zu nehmen, zu schweigen und aufzuhorchen, der Aufforderung, dem biblischen Geschehen mit wachem Herzen zu folgen, einem Gebet, manchmal durch einen Aufruf zur Buße oder das Versprechen eines Ablasses (*Künzelsauer Fronleichnamsspiel*) ergänzt, der Inhaltsangabe und didaktischen Auslegung, gelegentlich auch mit Bezugnahme auf bühnentechnische Voraussetzungen. In seltenen Fällen dient der P. dem Autor zu einer Auseinandersetzung mit dem Publikum. P.e des geistlichen Schauspiels, die in Ton und Haltung Ähnlichkeit mit den Vorsprüchen des Fastnachtsspiels haben, wie das *Erlauer Osterspiel* und das *Wiener Osterspiel*, sind zweifelsohne von diesem beeinflußt worden.

§ 7. Urahne des P.sprechers der erst seit dem 14. und besonders seit dem 15. Jh. literar. erfaßbaren Fastnachtspiele ist der Anführer und Platzmacher der magisch-kultischen Maskenzüge, -tänze und primitiven Schauspiele. Die P.e des spätmal. Fastnachtspiels beginnen bei abendlichen Aufführungen im geschlossenen Raum mit der Begrüßung des Hauswirtes und humoristischer Entschuldigung wegen der nächtlichen Störung, sowie der Aufforderung, Nachbarn zu holen. Dann ersucht der P.sprecher um Ordnung und Raum, gibt eine ausführliche oder kurze Inhaltsangabe, die nur in ganz primitiven Stücken fehlt, fordert zur Aufmerksamkeit und zum Stillschweigen auf, bittet selten um Getränke, ersucht, allfällige Rohheiten entschuldigen zu wollen, warnt gelegentlich vor Taschendieben, droht Mißfallenskundgebungen mit Prügeln und entschuldigt etwaige Fehler der Spieler. Fast in allen bekannten Fastnachtspielen führt der P. mit notwendigster Exposition und kurzem Hinweis auf das Thema und die Hauptpersonen in die Handlung ein. Die P.sprecher heißen besonders häufig 'precursor', bisweilen auch 'proclamator', 'prolocutor' und 'exclamator'. Älter sind vermutlich die dt. Namen 'einschreier', 'ausschreier', 'auszriefer', 'vorlaufer' und 'gewaltnär'. In ungefähr der Hälfte der erhaltenen Fastnachtspiele, die bei Hofe oder am Gericht spielen, spricht ein 'herolt' den P., der gelegentlich aber auch in andern Stoffkreisen vorkommt. Im gedruckten Text des *König Salomon und Markolf* von Hans Folz (spätestens 1512) steht an Stelle des Herolds im Manuskript der Name 'Einschreyer'. In dem Tiroler *Spill von dem Totenkönig mit den dreien seinen sün* heißt der P.sprecher 'precursor oder Herolt', im *Rex Violae cum filia sua* (1511) nur 'precursor'. In nddt. Fastnachtspielen ist P.sprechende Respektsperson der 'puttel' d. h. Büttel. In einigen Fastnachtspielen spricht eine Person des Stückes den P. wie 'Gumprecht', 'Hansmist', 'der erst paur' oder auch nur 'der erst'. Vor allem in jüngeren Fastnachtspielen taucht der 'Narr' als P.sprecher auf. Selten wird der P. der Fastnachtspiele auf zwei Personen verteilt wie 'erst paur' und 'ander redner' oder 'ausschreier' und 'nachpaur', oder Narr und Herold in dem *Spiel von dem herzogen von Burgund*. Gelegentlich fehlt der P. Meist hat der P. von schwerfälliger Reimerei bei den Fastnachtspielen den volkstümlichen Ton des Spaßmachers. Das älteste

erhaltene weltliche Spiel des deutschen Sprachgebietes hingegen, das *St. Pauler Neidhartspiel* (um 1350), kündigt ein 'proclamator' wie ein frommes Spiel an. Auch in der von 58 auf 2200 Versen angeschwollenen Fassung des 15. Jh.s verheißt der 'einschreier' ernsthaft, der Finder des ersten Veilchens dürfe seiner Herrin dienen.

Hennig B r i n k m a n n, *Der P. im MA. als liter. Erscheinung. Bau u. Aussage.* Wirk.Wort 14 (1964) S. 1-21. Theodor F r i n g s u. Gabriele S c h i e b, *Heinrich von Veldeke. X. Der Eingang des 'Servatius'.* PBB. 70 (1947) S. 1-50. Siegfried G r o s s e, *Beginn u. Ende der erzählenden Dichtungen Hartmanns von Aue.* PBB. 83 (Tüb. 1961) S. 137-166. Ernst Friedrich O h l y, *Der P. des 'St. Trudperter Hohenliedes'.* ZfdA. 84 (1952/53) S. 198-232. Albrecht S c h ö n e, *Zu Gottfrieds 'Tristan'-Prolog.* DVLG. 29 (1955) S. 447-474. Hans S c h r e i b e r, *Studien zum P. in der mhd. Dichtung.* Diss. Bonn 1935. Edward S c h r ö d e r, *Vom P. deutscher Dichtungen im 13. Jh.* ZfdA. 76 (1939) S. 301 f. Walter Johannes S c h r ö d e r, *Der P. von Wolframs 'Parzival'.* ZfdA. 83 (1951/52) S. 130-143. Eckehard C a t h o l y, *Das Fastnachtspiel des SpätMA.s* (1961, Schlagwort P. im allgem. Register S. 380). Wilhelm C r e i z e n a c h, *Geschichte des neuern Dramas.* I. MA. u. Frührenaissance (1893). Balwant G a r g i, *Theater u. Tanz in Indien* (1960) S. 24 f. Carl H a g e m a n n, *Geschichte des Theaterzettels.* I. *Das mal. Theater.* Diss. Heidelberg 1900. Heinz K i n d e r m a n n, *Theatergeschichte Europas.* Bd. 1 (Salzburg 1957) S. 314, 406. Otto K o i s c h w i t z, *Der Theaterherold im MA. u. in d. Reformationszeit* (1926; GermSt. 46). Eva M a s o n-V e s t, *P., Epilog und Zwischenrede im dt. Schauspiel des MA.s.* Diss. Basel 1949. Otto S p a a r, *P. u. Epilog im mal. englischen Drama.* Diss. Gießen 1913. Dieter W u t t k e, *Zum Fastnachtspiel des SpätMA.s. E. Auseinandersetzung mit Eckehard Catholys Buch.* ZfdPh. 84 (1965) S. 247-267. Ders., *Die Druckfassung des Fastnachtspieles „Von König Salomon und Markolf".* ZfdA. 94 (1965) S. 141-170. Edwin Z e l l w e k e r, *P. u. Epilog im dt. Drama* (1906) 1. *Das geistliche Drama bis zum Beginn der Reformation.* 2. *Das Fastnachtspiel um das Jahr 1500.*

§ 8. In der Renaissance wird der antike Bühnenp. wiedergeboren. Auf das dt. Sprachgebiet wirken dabei vornehmlich italienische und niederländische Vorbilder ein. In Italien, wo im frühen 15. Jh. 12 weitere Komödien des Plautus und der Terenzkommentar des Aemilius Donatus entdeckt und im späten in Rom, Ferrara und Florenz zum ersten Mal seit der Antike wieder Tragödien des Seneca und Komödien des Plautus und Terenz gespielt werden, wird das Wissen um

die antike Funktion des P.s wesentlich vertieft. In dem 1444 von Humanisten in Ferrara aufgeführten Dialog *Isis* von Francesco
Ariosto ist 'Calliopius' (röm. Terenz-Kommentator aus dem 3. Jh.) P.- und Epilogsprecher; er empfiehlt zu Beginn das Werk,
begrüßt die Zuschauer und gibt eine kurze
Inhaltsangabe, wonach die Schauspieler den
Dialog selber sprechen, und tritt erst wieder
am Schluß auf. Als P.- und Epilogsprecher
finden wir ihn auch in den Terenzdrucken
um die Wende des 15. zum 16. Jh. Auf den
von röm. Aufführungen des Pomponius
Laetus angeregten Holzschnitten der Lyoner
Terenzausgabe (1493) trägt er, von einem
um die Schultern drapierten phantastischen
Mantel abgesehen, von Stück zu Stück wechselnde Tracht. Die ersten Wiederaufführungen von röm. Tragödien und Komödien geben Gelegenheit, neue P.e zu schreiben, wie
es z. B. Sulpitius für die Darstellung des
Hippolytos von Seneca an der römischen
Akademie von Pomponius Laetus tut (1486),
oder Angelo Poliziano, der für eine Schulaufführung der *Menaechmi* des Plautus in
Florenz (1488) einen literarisch-polemischen
P. in der Art des Terenz verfaßt, in dem er
in heftigster Weise die neulat. Komödien
kritisiert und erbittert die Darsteller antiker
Komödien gegen heuchlerische Klostergeistliche in Schutz nimmt. Nie fehlt der P. in
der italienischen, der röm. Komödie nachempfundenen 'Commedia erudita', worin
meist die P.technik des Terenz vorgezogen
wird. Lodovico Ariosto tritt in seiner *Cassaria* (1508), deren P.e die Mitte zwischen
Plautus und Terenz einhalten, selber als
P.sprecher auf. Der reflektierende P. in Versen des Niccolo di Machiavelli zu seiner
Mandragola (zwischen 1514 und 1519) hat
autobiographische Züge. Ein selbständiges
Vorspiel ist der P. der *Calandria* von Casentino Bibbiena (1513).

In der Seneca nachempfundenen, 1541 in
Ferrara aufgeführten *Orbecche* von Giovan
Battista Giraldi-Cinthio, der ersten erfolgreichen Renaissancetragödie auf der Bühne,
folgen auf einen besondern P.teil, in dem
der Sprecher zart besaiteten Damen empfiehlt, im Hinblick auf die gleich beginnende
grauenvolle Geschichte wieder nach Hause
zu gehen, die Ansprache der Nemesis und
der Monolog des Schattens von Orbecches
Mutter. In der 1542 entstandenen, 1546 gedruckten *Canáce* des Sperone Speroni tritt
in origineller Weise der Schatten des Kindes, das erst im Laufe der dargestellten
Handlung geboren wird, als P.sprecher auf.
In einem später hinzugefügten zweiten P.
erscheint die Göttin Venus und begründet
die unnatürliche Geschwisterliebe als göttliche Rache wie Aphrodite im *Hippolytos* des
Euripides die verbotene Liebe Phädras zu
ihrem Stiefsohn.

In den Pastoralen sind vornehmlich Gottheiten oder mythologische und allegorische
Figuren Sprecher des Arguments wie Merkur im *Orfeo* des Poliziani (1472), Venus in
der *Aminta* des Tasso (1573), der Fluß Alfeo
im *Pastor fido* des Guarini (1585). Der Schauspieler-Dichter Angelo Beolco Ruzzante verwandelt den P. in seiner *Vaccaria* nach der
Asinaria des Plautus (1533) und *Anconitana*
in ein in bezug auf Sprache und Mimik
komödiantisches Bravourstück. In der Commedia dell'Arte beschränkt sich der P. auf
Begrüßung des Publikums und Captatio
benevolentiae.

§ 9. Martin Dorpus, seit 1504 Lehrer an
der Lilien-Burse der Universität Leiden, verfaßt 1509 anläßlich der Wiederaufführung
der *Aulularia* und des *Miles gloriosus* des
Plautus zusätzliche P.e, worin er sich stolz
als „Plautina simia" bezeichnet und gegen
Neider und Murrköpfe ausfallend wird. Guilielmus Gnaphäus beginnt in seinem *Acolastus* 1529, der ersten geglückten antikisierenden Darstellung eines biblischen Stoffes
(Parabel vom Verlorenen Sohne), mit dem
Argumentum. Georgius Macropedius ersetzt
in seinem 1538 in Utrecht gespielten *Hecastus* (Jedermann) den üblichen P. durch
eine breit angelegte Exposition. P.charakter
mit Charakterisierung einer Hauptperson
hat das Selbstgespräch des Dieners Nago in
der 1535 in Amsterdam uraufgeführten
Comoedia sacra cui titulus Joseph des Cornelius Crocus. Die mit den halbgelehrten dt.
Meistersingern verwandten ndl. 'Rederijker'
lassen in ihren über ein aufgegebenes Thema gedichteten „Speelen van Sinne" Allegorien von Lastern, sog. 'Sinneken', P.e aufsagen, setzen gelegentlich aber auch besondere P.sprecher in langen Kleidern und lorbeerbekränzt ein.

§ 10. Im dt. Sprachgebiet schreibt der elsäss. Humanist Jakob Wimpheling (1450-
1528) für seinen lat. Festdialog zur Verteidi

gung des Studiums einen besonderen P. Die 1501 in Tübingen vorgetragene *Comoedia vel potius dialogus de optimo studio scholasticorum* von Heinrich Bebel beginnt mit einer Anrede 'ad spectatores' in Hexametern. Der P. des *Ludus Dianae* von Konrad Celtis, der im selben Jahre im Schloß von Linz dem Kaiser und der Kaiserin vorgespielt wird, ist eine Rede in Senaren zur Einführung der Diana. In dem vom Autor Jakob Locher selbst gesprochenen P. des *Spectaculum de iudicio Paridis,* das Studenten 1502 an der Universität Ingolstadt aufführen, werden in einem vorangestellten Argumentum die Göttinnen Juno, Pallas und Venus als Personifikationen des tätigen, beschaulichen und genießenden Lebens erklärt. In dem 1515 zum Fürstenkongreß in Wien von Schülern des Schottengymnasiums aufgeführten Humanistenspiel von Wollust und Tugend, *Voluptatis cum virtute disceptatio* des Benedictus Cheldonius, folgen auf ein Vorwort an die Zuschauer in lat. Prosa ('ad spectatores praefatio') Lobpreisung des Studiums und Bitte um Aufmerksamkeit für das Argumentum in lat. Versen; sodann verkündet der 'preco' (Herold) in dt. Versen die folgende 'kurzweil', erzählt den Inhalt des 1. Aktes und fordert Frau Venus auf, hervorzutreten und lateinisch zu sprechen. Der P. der am Ende des 15. Jh.s entstandenen, wegen Spötteleien gegen die unwissenden Mönche nicht zur Aufführung gekommenen, satirischen Humanistenkomödie *Sergius* des Johannes Reuchlin begründet die sprachliche Form in Trimetern, die Beschränkung auf 3 Akte und den Verzicht auf lüsterne Dirnen und ängstlich besorgte Greise. Melanchthon schreibt für die 1525/26 an seiner Schola privata aufgeführten Komödien *Miles gloriosus* des Plautus und *Eunuchus, Andria* und *Phormio* des Terenz liebenswürdig-heitere P.e, in denen es aber auch nicht an Seitenhieben auf falsche Sittenrichter und heuchlerische Theologen fehlt. Er verfaßt ebenfalls zusätzliche P.e für die von seinen Schülern zur selben Zeit gespielten Tragödien *Hecuba* von Euripides und *Thyestes* von Seneca. In den neulat. Humanistenkomödien des dt. Sprachgebietes sind die P.e gegenüber den antiken Vorbildern erweitert, um die erzieherischen Momente des Vorwurfs in ein besonderes Licht zu rücken. In dem 1538 gedruckten polemisch-protestantischen *Pam-*

machius von Thomas Naogeorgus verschmelzen P. und Argument. Die 1545 von dem neunzehnjährigen Christophorus Stymmelius vollendete, 1549 gedruckte neulat. Studentenkomödie *Studentes* läßt auf eine Captatio benevolentiae in Versen und eine längere Anrede an die Konsuln und Senatoren von Frankfurt an der Oder in Prosa einen P. in Versen folgen, in dem der Autor auf die Schwierigkeit hinweist, es allen recht zu machen, die Moral des ihm nahegelegten Themas des guten und bösen Studenten erklärt, sowie den Inhalt angibt. Immer mehr werden im lat. Schultheater P.e und Argumente in dt. Sprache abgefaßt, je mehr die Vorstellungen vor einer breitern Öffentlichkeit stattfinden, bis es mit der Zeit zu ganz deutschen Spieltexten kommt. In der *Parabel vom verlorenen Sohn* des Burkhard Waldis (1527) spricht ein 'Actor' d. h. Darsteller die 'Vorrhede' von 198 Versen; dann steht ein Kind auf und verliest das Evangelium; nach 22 weiteren Versen des 'Actors' mit der Bitte, den schlichten, mit Terenz und Plautus so wenig übereinstimmenden Stil entschuldigen zu wollen, ertönt der Lobgesang 'Nun bitten wir den heilgen Geist'. Um 1530 wird in Leipzig die *Hecyra* des Terenz in der Übersetzung von Muschler aufgeführt, noch vor 1534 in Halle die *Aulularia* des Plautus in der Übersetzung von Joachim Greff und die *Andria* in jener von Heinrich Ham. Zu beiden letzteren Komödien verfaßt Greff zusätzliche P.e, die von dem Narren Morio gesprochen werden. Dieser weist zwar auf seine Unersetzlichkeit im Spiel hin, erinnert aber in ganz humorloser Weise an das Beispiel der Vorfahren, die mit ihren geistlichen Spielen ebenfalls eine sittliche Wirkung erzielen wollten, spielt ebenso auf die Zuchtlosigkeit der Gegenwart und ihre Folgen an und fordert bessere Erziehung der Kinder. In einer 1535 anonym in Magdeburg erschienenen *Susanna* ist ein Teil des P.s gesprochene Dekoration nach der Art der ital. Komödie. In Greffs Fastnachtspiel *Mundus* (1537), das die alte Fabel von Vater, Sohn und Esel dramatisiert, entschuldigt sich der Narr Morio für sein ungebetenes Erscheinen, bittet um Erlaubnis, die übrigen hereinrufen zu dürfen, und zählt dann die handelnden Personen auf, was wieder ganz an die P.-technik des älteren Fastnachtspiels erinnert. Während auch die 'vorrede' Paul Rebhuhns zu seiner *Hochzeit zu Cana* (1538) und der P. in Jaspar von Genneps *Homulus* (1539) ungeteilt sind, ist der P. von Hans Ackermanns *Verlorenem Sohn* (1536) zweigeteilt: im ersten Teil werden der Spielzweck zum Lob Gottes und zum Gefallen der Obrigkeit betont, die Quelle angegeben und auf die Lehren des Gleichnisses hingewiesen; nach der Captatio benevolentiae tritt ein Knabe auf und spricht als zweiten P.teil das Argument. Originelle Züge haben die P.e von Johannes Krüger, der als Zweck des Spiels die Unterweisung der Jugend in der Gebärdenkunst anführt (*Lazarus* 1543), und von Johannes Chryseus, der nach der Inhaltsangabe den Spöttern und Tadlern rät, selber ein Stück zu schreiben (*Haman* 1546). Der 1540-1553 als Schulmeister am Schottengymnasium in Wien wirkende Wolfgang Schmeltzl beruft sich im P. seiner *comedia des verlorenen sons* (1540) auf die antiken Spiele. Zweigeteilt in 'vorred' und 'argument' ist auch sein P. zur *aussendung der zwelffpoten.* In seiner *Hochzeit Cana Galilee* werden 'vorred', in der Schmeltzl die Aufführung als praktisches Beispiel für die jungen Mädchen und Gesellen bezeichnet, die heiraten wollen, und 'jnnhalt' genannt. In der *hystoria von dem jüngling David* sind 'vorred' und 'jnnhalt' in einem besonders frommen, vom 'precursor' gesprochenen P. mit Hinweis auf Gottes Strafen, die Türkenkriege, Pest und Mißernte, verschmolzen. Im P. seines letzten Dramas *Samuel und Saul* (1551) wendet sich Schmeltzl zuerst an den siegreich aus dem Felde zurückgekehrten Kaiser. Johannes Baumgart gibt im P. seines *gericht Salomonis* (1561) eine genaue Übersicht über die verschiedenen Arten von Schulaufführungen: lateinische Aktion vor dem Schulherrn in der Schule, deutsche vor dem Rat im Rathaus und allgemeine für jedermann unter freiem Himmel. Einen ganz umfangreichen historischen Exkurs über den Ursprung und die Geschichte des türkischen Volkes enthält der P. der *tragoedia von den dreyzehn türkischen fürsten* des Paul Pantzer (1595).

§ 11. Im schweizerischen Volksschauspiel, das im 16. Jh. noch näher beim MA. steht (Fastnachtspiele, Bibeldramen, Stücke mit antiken und nationalen Stoffen) tritt immerhin zur mal. P.-technik oft die antike hinzu. Der erste Herold des alten Tellspiels (1512) gibt in der röm. Geschichte von Sextus und Lucretia ein Tellvorbild, der zweite erzählt die Völkerwanderung und damit die Herkunft der Urschweizer, der dritte stellt in einem kirchlichen und staatlichen Bilde die Geschichte des MA.s dar. Pamphilius Gengenbach läßt in seinem Fastnachtspiel *Die zehn Alter dieser Welt* (1515) den „einsiedel" eine 'vorred' von 70 Versen sprechen, in welcher die Darstellung in freier Form begründet wird: Preis von Gottes Güte als Schöpfer und Erlöser, Sorge um die immer üppiger gedeihende Sünde, Bitte an die Zuschauer, aufzumerken, wie jedes Alter sich halten werde. Die 85 Verse der 'vorred' zu Gengenbachs *Gouchmatt* d. h. Narrenwiese (1516) spricht der Narr, der in mindestens 36 schweizerischen Spielen Vorredner und im Gegensatz zu dem, oft mit ihm zusammen auftretenden, steifzeremoniellen Herold durch mimische Ausgelassenheit gekennzeichnet ist. In den 102 Versen des P.s zum *Nollhart* (1517) wettert Gengenbach gegen die Laster, nennt als seine Quelle das Buch *Nollhart* (1488), das er zur Besserung der Zuschauer und zum Trost der Christenheit vollendet habe, und warnt vor Strafe und Untergang der Heimat. In dem *Verlorenen Sohn* des Hans Salat (1537) leitet der Knecht des Proclamators das Gebet ein und kündigt den Proclamator an, der die Quelle angibt, sich gegen allfällige Kritik wehrt, den Inhalt kurz andeutet, zur tatkräftigen Nachfolge Christi auffordert und um Aufmerksamkeit für das folgende Argument von 93 Versen bittet, die ein Evangelist spricht. In der *Lucretia* des Heinrich Bullinger (1533) weist ein 'herolt' auf das Beispiel des Seneca hin, der gegen die Ausschreitungen der Spiele eifert, und gibt nach dem Schweigegebot die Quelle an; hernach verliest ein 'schryber' die Fabel nach Livius, worauf der Herold den Zweck der Aufführung bekannt macht. Im *Zorobabel* von Sixt Birk (1539) betont der 'ernholt' die Bedeutung einer zu Gott geführten Obrigkeit für die Erhaltung der göttlichen Ehre, wofür es in der Schrift viele Beispiele gebe, und charakterisiert nach der Quellenangabe die Hauptperson des Darius. In Jakob Ruofs Parabelspiel *Von des Herrn Weingarten* (1539) beginnt ein, auf das Ungewohnte seines Auftretens hinweisende 'junger knab' mit Stab und Schild den P. den der Herold in gewohnter Weise fortsetzt. In seinem Spiel *vom wol oder übel stand eyner loblichen eydgnossenschaft* (1542) spricht der Herold nicht weniger als 144 Verse lang über Schweizer Verhältnisse. Der P. seines *Tellspiels* (1545) ist aufgeteilt in die Vorrede des 'erst herold' und Ansprache mit Mitteilung der Vorfabel durch ein Knäblein. In Hans von Rütes *Joseph* (1538) verteidigt der Herold das Unternehmen, ein Theaterstück zu schreiben, mit der Berufung auf alten Spielbrauch, betont nach der Quellenangabe, daß sich die Personen des Spiels nicht auf anwesende Zuschauer beziehen, und appelliert an die äußere Aufmerksamkeit des Publikums. Am zweiten Spieltag erinnert der Herold an das bisher Vorgefallene, vergleicht Joseph mit Christus und Frau Potiphar mit der Welt und bittet wieder um Ruhe. In seinem *Noe* (1546) fordert der Teufel die Zuschauer auf, sich nicht still zu halten, zu schwatzen und zu schreien und sich unzüchtig zu gebärden, und verspricht ihnen dafür seine Hilfe; dann erst tritt der Herold hervor, umschreibt in vielen Versen die Schwierigkeit, es allen recht zu machen, weist auf den alten Spielbrauch hin, gibt eine theoretische Erklärung der besondern Form und betont den Spielzweck, die Jugend zu üben, die Laster zu zeigen und die Menschen für das Jüngste Gericht vorzubereiten, worauf das Argument folgt. Einen P. hat auch das, dem tafelnden Noah von Knaben vorgeführte kleine Festspiel. In seinem *Kurtzen Osterspiel* nach der Offenbarung des Johannes (1552) nennt er den ersten Teil des P.s, in dem der 'erst herold' dem Publikum für das Erscheinen dankt, den Spielgrund zu Ehren der Obrigkeit hervorhebt, die Quelle angibt und zum Schweigen auffordert, 'Prohoemium' (!), den zweiten vom 'ander herolt' gesprochenen Teil wie üblich 'Argument'. Im *Weinspiel* von Hans Rudolf Manuel (1548) treten nicht weniger als drei Narren im P. auf, die insgesamt 132 Verse sprechen. In der *Tragoedia Johannes des Täufers* von Johannes Aal (1549) hat der P., in dem ein ausgelassener Narr, der Herold (Quellen- und Inhaltsangabe) und Caliopius (s. o.) als Ausleger der Schrift auftreten, nicht weniger als 335 Verse. Im *Abraham* von Hermann Aberer (1562) fallen Begrüßung, Schweigegebot und kurze Inhaltsangabe einem vierstimmigen Chorlied zu, wonach der Herold das Argumentum des 1. Aktes spricht. Das Römerdrama *Appius und*

Virginia (1591) leiten nicht weniger als je zwei Narren, Herolde und Teufel ein. In der *Comedia von zweien jungen Eheleuten* von Tobias Stimmer (1580), der einzigen wirklichen Renaissancekomödie der Schweiz, tritt der 'Schalknarr' an die Rampe, verbeugt sich, entschuldigt mit der Fastnacht sein Erscheinen, betont, daß er kein grober Narr sei und mit einem feinen Scherz aufwarte, und ruft die Spieler herein, von denen ein jeder in langsamem Vorüberschreiten an der Rampe die Zuschauer begrüßt.

§ 12. Bei den Meistersingerdramen des an Plautus und Terenz geschulten Hans Sachs (1494-1576) können zwei Gruppen von formelhaften P.n unterschieden werden. In der ersten größeren Gruppe finden wir bei 70 Tragödien und Komödien Anrede ans Publikum, Quellennachweis, Inhaltsangabe und Schweigegebot, das bei 23 andern Stücken fehlt, in der zweiten kleineren Gruppe bei 17 Stücken keine Quellenangabe, bei vier auch kein Schweigegebot. Anrede, Schweigegebot, Inhaltsangabe und zweites Schweigegebot enthält der P. des *Fürst Concretus*. Im ersten Vers des P.s der *bulerin Thais* steht an Stelle der Anrede ein Hinweis auf Terenz. Zwei weitere Stücke, *comedia, dass Christus der Messias sei* und *Waldbruder*, haben überhaupt keine P.e. P.sprecher ist im allgemeinen der 'ernholt' d. h. Herold, dessen Tracht aus dem Alltäglichen herausfällt. Ausnahmen sind der Cherub (*schöpfung*), Narr (*Juno und Jupiter*), Herr Lamprecht, der Träger der Hauptrolle (*Alt reich burger*). In der einen Hälfte der Fastnachtspiele fehlt der P., in der andern ist P.sprecher meist die erste auftretende Person, und nur in Fällen, wo er sich anstandslos in den Rahmen der Stücke fügt, der Herold. Zwei Stücke, *zweyer philosophen disputation* und *L. Papitius Cursor*, zeigen die P.art der Tragödien mit Quellenangabe, gesprochen von dem 'Minister, diener' bzw. dem 'Ernholt'.

§ 13. Im Barock hat zwar nicht mehr jedes Stück einen P., aber dieser behauptet sich immer noch. Gesungene P.e eröffnen die ersten ital. Opern wie *Euridice* von Jacopo Peri (1600), worin nach einer Trompetenfanfare die allegorische Figur der 'Tragödie' den Inhalt in kurzen Versen skizziert, *Il Rapimento di Cefalo* von Giulio Caccini (1600) mit Apollo und den neun Musen in einer prächtigen P.-Dekoration oder *Dafne* von

Marc Antonio Galliano (1608) mit Ovid als P.sänger. Erst in der venezianischen Oper wird seit Mitte des 17. Jh.s der P. weggelassen. Auch im ital. Schauspiel geht die Bedeutung des P.s mehr oder weniger verloren. Carlo Goldoni verwendet den P. nur ganz ausnahmsweise, um sich gegen Angriffe zu verteidigen, wie in der *Schalkhaften Witwe* (1748). In Spanien hingegen lebt der P., auch 'introito' genannt, noch im 18. Jh. fort. Im 17.Jh., dem 'Goldenen Zeitalter', folgt in den 'Corrales' (Vorstellungen von Berufsschauspielern in Höfen) auf die zu Beginn gesungene Romanze ein von einer allegorischen Figur gesprochener P. wie z. B. von der auf zwei Rädern hereinrollenden Fortuna. Lope de Vega (1562-1635) schreibt zahlreiche P.e in Dialogen, worin sich z. B. die allegorische Figur 'Theater' mit dem Dichter unterhält. Calderon (1600-1681) macht aus dem P. einen integrierenden Bestandteil seiner Dramen. Auch tritt er mit zahlreichen 'loas' d. h. Lobpreisungen hervor, die im 17. Jh. äußerst beliebt sind, wie Lobpreisungen Gottes in den 'autos sacramentales', des Königs in den 'fiestas reales' und Lobpreisungen von Schauspieltruppen. In Frankreich dichtet Pierre Corneille einen Huldigungs-P. in freien Versen für seine Maschinenkomödie *Andromède* (1650), den die hoch über einem Gebirge durch die Wolken ziehende Melpomene an Ludwig XIV. richtet. Aus fünf Szenen mit mythologischen Gestalten aus Himmel, Erde und Meer besteht der Huldigungs-P. seines, alle Maschinenkünste spielen lassenden Festspiels zur Hochzeit Ludwig XIV., *La Toison d'Or* (1660). Jean Racine läßt in seiner *Esther* (1689) die allegorische Figur der 'Frömmigkeit' ein den König verherrlichendes Gebet sprechen. In ihren klassischen Tragödien jedoch verzichten beide Dichter auf P.e. Molière läßt sich für sein erstes 'Comédieballet', *Les Fâcheux* (1661), von Pellisson einen P. schreiben und verfaßt selber P.e für die folgenden: *La Princesse d'Elide* (1664), *L'Amour médecin* (1665), *Monsieur de Pourceaugnac* (1669), *Les Amants magnifiques* (1670), *Le Malade imaginaire* (1674), der bei der Uraufführung mit einem szenischen P. (Elogue en musique et en danse) eröffnet wird, später oft mit einer einfacheren P.-Variante, sowie das 'Tragédie-ballet': *Psyche* (1671). Von seinen klassischen Ko-mödien hat nur *Amphitryon* (1668) einen P., mit einem auf die Liebe Ludwigs XIV. zu Madame Maintenon anspielenden Gespräch von Merkur und der Nacht. Von der Handlung losgelöste Lobpreisungen des Königs sind die P.e der franz. Opern von Jean-Baptiste Lully wie z. B. *Alceste* (1676), die auch seine Nachfolger bis zu ihrer Abschaffung im Jahre 1748 einfügen.

§ 14. Besonders beliebt bleiben die P.e vom späten 16. bis gegen Ende des 18. Jh.s in England. Das Lustspiel *Campaspe* von John Lyly (1583/84) hat zwei P.e und Epiloge, je einen kürzeren für die Darstellung bei Hofe und einen längeren für die öffentliche Aufführung. Im Eingang der *Spanischen Komödie* von Thomas Kyd (1586) erzählt der Geist Andreas von seiner Liebe zu Belimpera, die er durch seinen Tod im Kampfe mit Portugal verlor, und seinem Aufenthalt im Hades, bis die 'Rache' erscheint und ihm (und den Zuschauern) verkündet, daß er gleich sehen werde, wie seine Geliebte dem Räuber seines Lebens den Tod geben werde. In der *Tragischen Geschichte des Doktor Faustus* von Christopher Marlowe (1589) übernimmt ein Chor P. und Epilog. Einen P. hat auch die bürgerliche Komödie *Feiertag eines Schuhmachers* von Thomas Dekker (1599), einen kurzen P. und Epilog die bürgerliche Tragödie *Ein Weib mit Güte getötet* von Thomas Heywood (1603). Ben Jonson entdeckt wieder die Bedeutung des P.s als polemisches Instrument: In *Everyman out of his humour* (1598) treten 'Zuschauer' auf, denen der Dichter seine Forderung einer den klassischen Regeln folgenden sozialkritischen Komödie an Stelle des sprunghaften Szenenaufbaus populär-romantischer Werke in den Mund legt. Im Eingang seines Römerdramas *The Poetaster* (1601) wird der 'Neid' von einem bewaffneten 'Prologue' angegriffen, der u. a. die Wahl des röm. Stoffes verteidigt. In seinem *Volpone* informiert nach kurzem Argument der P. die Zuschauer über die Absichten des Dichters. In seinem *Bartholomäus-Markt* (1614) hat auch das auf einen kurzen begrüßenden P. folgende längere Vorspiel von Theaterdiener, Souffleur und Schreiber P.-charakter. Zwei P.sprecher, die das Pro und Contra des Werkes glossieren, hat seine *Schweigsame Frau* (1632). In der gesellschaftskritischen Handwerkerkomödie *Der*

Ritter vom brennenden Stössel von Beaumont und Fletcher (1607/8) stellt der P.-sprecher ebenfalls zur Debatte, ob man dem Hofe nahestehende romantische Dramen oder bürgerliche Stücke spielen solle, wie es der vom Zuschauerraum mit seiner Frau und seinem Lehrling auf die Bühne kommende Krämer verlangt. William Shakespeare (1564-1616) setzt in verhältnismäßig wenigen Dramen P.e ein. Parodierenden Charakter haben sie natürlich in den Spielen im Spiel des *Sommernachtstraum* und des *Hamlet*. Durchaus ernst gemeint sind sie in *Romeo und Julia* und *Troilus und Cressida* (Exposition und Captatio benevolentiae), *Heinrich IV. Zweiter Teil* (Erweckung der Atmosphäre des Grauens durch das ganz mit Zungen bemalte 'Gerücht'), *Heinrich V.* ('Chorus', der die Dekoration spricht, an die Phantasie, aber auch an den Patriotismus der Zuschauer appelliert), *Heinrich VIII.* (P., der betont, daß die Geschichte wahr sei und die Zuschauer auffordert, die Spielpersonen mit solchem Ernst anzusehen, als wenn sie lebten). 1630 bis 1640 sind die meist in Versen geschriebenen engl. P.e selbständige Kompositionen, denen sich bei schwer verständlichen Texten das Argument anschließt. In der Restauration beginnt jede Vorstellung nach zwei Musikstücken mit einem anspielungsreichen, oft auch das Publikum kritisierenden P., der von einer Haupt- oder Nebenperson des Spiels gesprochen wird. P.e und Epiloge haben z. B. die Gesellschaftskomödie *Die Frau vom Lande* von William Wicherly (1675) und die Tragödie *Das gerettete Venedig* von Thomas Otway (1682). Die P.e und Epiloge von John Dryden (1631-1700) werden oft einzeln gedruckt und an die Zuschauer verkauft. Im Spätbarock lassen sich engl. Autoren manchmal von noch berühmteren Dichtern P.e schreiben, die Stück und Autor anpreisen und gelegentlich auch die literarische oder theatralische Situation beleuchten. Lord Lyttleton verfaßt den P. zu der nach dem Tode des Dichters aufgeführten Tragödie *Coriolanus* von James Thomson (1748). Noch im spätern 18. Jh. haben fast alle gedruckten engl. Komödien und Tragödien P.e und Epiloge. Der berühmte Schauspieler, Theaterdirektor und Dramatiker David Garrick (1717-1779) verfaßt nicht nur P.e für seine eigenen Komödien, sondern auch für andere.

§ 15. Im dt. Sprachgebiet haben die Eingänge der auf der Tradition des humanistischen Schultheaters weiterbauenden barocken Jesuitendramen P.charakter, ob man sie nun 'Prologi' oder 'Praeludia' d. h. Vorspiele nennt. Sie dienen wie die Zwischenspiele (s. d.) und Epiloge dazu, durch meist allegorische Figuren die in den Heiligen und Helden dargestellte religiöse und sittliche Wahrheit zu verdeutlichen. Jakob Masen (1606-1681) hält in seiner Theorie des Dramas den P. für unentbehrlich. Bereits in dem 1602 uraufgeführten und besonders häufig nachgespielten *Cenodoxus* des Jacob Bidermann finden wir ein Gespräch von 'Gleißnerei' und drei Teufeln. In dem stummen 'Vorspiel' eines *Xaverus*-Drama zur Jahrhundertfeier des Einzuges der Jesuiten in Wien (1651) will der 'Prologus' angesichts der in Dunkelheit liegenden, nur von Blitzen erhellten Bühne und der beängstigenden Bilder auf dem Zwischenvorhang fliehen und hält erst ein, als dieser sich öffnet und ein heiteres Bild enthüllt. Das Festspiel *Zelus sive Franciscus Xaverus* des Nicolaus Avancini (1640) eröffnet ein Chorus der Völker des Ostens beim Klange von Pauken und Trommeln, während der Morgenstern aufsteigt; dann erscheint unerwartet Hesperus (der Abendstern) und verkündet, daß die Sonne heute im Westen aufgehe: Xaverus, die Sonne Indiens. Das erste seiner 'Ludi Caesarii', d. h. Kaiserspiele, die dem Hofe und dem ganzen Volke vorgeführt wurden, die *Pietas victrix, sive Flavius Constantinus Magnus de Maxentio Tyranno Victor* (1653), wird mit einem allegorischen 'Praeludium' eröffnet. Der 'Prologus' zu seiner *Fides conjugalis* (1667) nimmt die Fabel von der ehelichen Treue in einem allegorischen Vorspiel mit Vulcanus, Fides conjugalis, Hymen, Amores, Discordia mit Ira und Furores voraus. Ein aus drei Szenen bestehender 'Prologus' kündigt die Spielhandlung an im *Divus Othmarus* von Athanasius Gugger (1608-1660) am Schultheater der Benediktiner in St. Gallen (1660); 'Neid' und 'Rache', aber auch der böse Viktor und als Hauptsprecher die Heiligen Gallus und Florinus treten darin auf; ein Engelschor im Himmel zeigt am Schluß des P.s an, daß durch die Verdienste und Fürbitte der Heiligen die Welt und die Gerechtigkeit noch nicht vernichtet seien, während sich unten auf der Bühne ein Bär tummelt.

P.e mit allegorischen Szenen eröffnen die, antike Stoffe gestaltenden Dramen von Simon Rettenbacher (1634-1706) am Akademietheater der Benediktiner in Salzburg. Der P. der Komödie *Castra Domini Exercitium* (1674) von Norbert Theuerkauf (1637-1683) im Zisterzienserkloster Heiligenkreuz bei Wien besteht aus einem, vor dem Janustempel geführten Streitgespräch der eroberungssüchtigen 'ambitio' d. h. Ehrgeiz, des 'Achilles Austriae' und des 'Mars Alemanniae', die Deutschland gegen die unbilligen Vorstöße des 'Ehrgeizes' verteidigen.

§ 16. Vom lat. Ordenstheater wird das dt.-sprachige Volksschauspiel beeinflußt. Im *Bruder Klaus* von Johannes Mahler (um 1615) kommen die drei ersten Eidgenossen nach einem Vorredner und einem allegorischen, die Zukunft der Schweiz voraussagenden Gespräch zwischen dem Engel Cherubin, dem Teufel Zwietracht und der 'Zeit' auf die Bühne. Der 'Prologus' des *Bacqueville-Spiels* von Kaspar Abyberg (1645) erzählt, nach Anrufung der Dreifaltigkeit und Begrüßung der Gäste nach Stand und Rang, die Legende nicht in der folgenden dramatischen Gestalt, sondern wie sie in den alten Büchern steht; im 'Vorspiel' nehmen 'Individia' und 'Fortuna' den Kampf um die Seele Bacquevilles auf. Im Bilderspiel vom Aufstieg und drohenden Untergang der Schweiz, *Eydgenössisches Contrafeth auff- und abnehmender jungfrauen Helvetiae*, von Johann Kaspar Weissenbach (1672) begrüßt der 'Prologus' die Zuschauer und weist sie auf die Vergänglichkeit der Welt hin; dann deutet er 'Phoebus', der auf der Oberbühne mit Einigkeit, Gerechtigkeit und Vorsichtigkeit auf der einen und Hoffnung, Glaube und Liebe auf der andern Seite erschienen ist, als Schöpfung der Unbeständigkeit und vergleicht ihn mit Helvetia; dieser zeigt jedoch auf seine Begleiterinnen, welche den Untergang der Sonne des Glücks verhinderten. In dem 'Trauer-Freuden-Spiel' *Die erbärmliche Belagerung und der erfreuliche Entsatz der Kayserlichen Residenz-Stadt Wien* von Johann Matthäus Lüther (1683) hält „Das Römische Reich/in Gestalt eines mit Trauer-Flor umhüllten Weibs-Person in der rechten Hand ein Zepter/auf welchem eine erbliche Sonne zu sehen", den P. In der ältesten bekannten Fassung des Oberammergauer *Passionsspiels* (1662) tritt ein 'Prolo-

gus' auf, 1680 gefolgt von Sathan, der einen Brief Luzifers vorliest. 1748 zeigt ein Genius durch seine Vorrede den Inhalt an. In der Fassung von 1750 erklärt ein Schutzgeist den Endzweck der ganzen Aktion und erscheinen Luzifer, Tod und Sünde, welche den Kampf gegen Christus beginnen, in jener von 1811 rezitiert der Schutzgeist seine kurze Ankündigung und singt eine Arie, der sich ein Chor der Genien anschließt. In der 1850 erstmals aufgeführten Bearbeitung von Alois Daisenberger tritt der P.sprecher erst nach dem Chor auf, der das erste lebende Bild beschreibt. Gesungen wird der P. in der *Comedy vom jüngsten Gericht* in Altenmarkt (1755, 1764, 1781). Das *Spiel vom jüngsten Gericht* in Laas im Südtirol (1805) wird mit einer Art 'Prolog im Himmel' eröffnet, in dem der erzürnte Gottvater nur knapp besänftigt wird.

§ 17. Die in Deutschland im späten 16. Jh. erstmals auftretenden engl. Komödianten (s. d.) eröffnen ihre Vorstellungen vermutlich mit dem niederländisch sprechenden oder deutsch radebrechenden Clown, der nachweislich die Pausen überbrückt. Jedenfalls finden wir in 10 Stücken des *Opus theatricum* von Jakob Ayrer (1618) den nach engl. Vorbild (Johan Clant, Johan Bouset) geschaffenen Jahn Clam oder Jan Posset als P.sprecher. Von seinen dreißig Komödien und Tragödien haben nur 2 keine P.e. 12 Dramen zeigen die P.form des Hans Sachs mit Begrüßung, Quellenangabe, Inhaltsskizze und Schweigegebot. Bei vier weiteren Stücken fehlt das Schweigegebot, die übrigen Dramen geben keine Quellen an. Die Inhaltsangabe ist selten so ausführlich wie bei Hans Sachs. Die *Comedi von dem getreuen Ramo, dess Soldans von Babilonien Sohn* beginnt mit einem humoristischen P. der drei Teufel Lucifer, Sathanas und Asmotheus. In der *Comedia von der schönen Sidea* treten der Postbote Ruprecht mit einem Brief, der die Exposition gibt, der Bauer Rollus und Jahn Molitor als P.sprecher auf. Vorfabel und Schweigegebot enthält der P. des Jahn Clam in der *Comedia vom König Edwardt dem Dritten diss Namens, König von Engelland*. Im P. des *Spiegel weiblicher zucht und ehr* treten die Göttin Venus und Cupido auf. In der *Comedia Julius Redivivus aus Nicodemus Frischlino* nennt eingangs der Bauer Dramo die lärmenden Zuschauer Tölpel und kündigt vornehme Leute an, die er einerseits für Götter, andererseits für Teufel hält, worauf zuerst Mercurius mit seinem Szepter und dann Pluto mit Krone und Gabel auftreten. In 12 Dramen, darunter den 5 Römerdramen, spricht der 'Ehrnholt' den P., in andern sind es Personen der dramatischen Handlung. Von den 36 Fastnachtspielen sind 17 ohne P. und Epilog, 4 haben nur einen P. in der Art des Hans Sachs, den der Narr spricht, 15 nur einen Epilog. Von den 11 Dramen des Herzogs Heinrich Julius von Braunschweig, der 1592 englische Komödianten an seinen Hof beruft und sich als Dramatiker von Thomas Sackville beraten läßt, haben, jedenfalls in der Druckausgabe (1593/94), nur 3 P.e mit Begrüßung, Schweigegebot und Inhaltsangabe: *Susanna I* und *II*, sowie *Tragoedia Hibeldeha von einem buler und einer bulerin*. Nur aus 4 Zeilen bestehen Argument und Bitte um Aufmerksamkeit in *Von einem ungeratenen Sohn*. 2 der ursprünglich prologlosen Stücke (*Von der ehebrecherin* und *Vincentio Ladislao*) bekommen bei spätern Aufführungen außerhalb von Hofkreisen P.e, weil das Volk eine nähere Aufklärung benötigt. Martin Opitz bearbeitet Senecas *Trojanerinnen* (1625) und übernimmt in seinem Libretto für die *Dafne* von Heinrich Schütz (1627) nach ital. Vorbild Ovid als 'Vorredner'. Angeregt von einer dt. Bearbeitung des Handwerkerspiels in Shakespeares *Sommernachtstraum* schreibt Andreas Gryphius seine *Absurda Comica oder Herr Peter Squenz* (1665) als Satire auf das Spiel unbefugter Laien und verspottet auch die konventionelle volkstümliche Form des P.s. In seinen übrigen Werken hält er noch an den einleitenden Reden fest. Der Eingangsmonolog seiner Tragödie *Der sterbende Aemilius Paulus Papinianus* (1659) erinnert in seiner, die Atmosphäre des Grauens erweckenden Art an einen P. Senecas.

Bei den dt. Wandertruppen bleiben P.e und Epiloge bis ins späte 18. Jh. hinein beliebt: Ein Sprecher begrüßt die Zuschauer zu Beginn und führt sie ein und verkündet am Schluß das Programm des nächsten Tages und bittet um freundlichen Beifall. Sophie Charlotte Schröder verfaßt in den fünfziger und sechziger Jahren des 18. Jh.s für die berühmte Gesellschaft ihres Gatten Konrad Ernst Ackermann meist selber P.e, wie z. B. einen Schäferp., und Epiloge. Carl

Friedrich Cramer hält sich noch 1776 in seiner Schrift *Über den Prolog* darüber auf, daß die Theaterdichter und Schauspieler mit ihren P.n um die Gunst des Publikums buhlen, und fordert eine Bezugnahme des P.s auf das aufgeführte Werk.

§ 18. Im 7. Stück seiner *Hamburgischen Dramaturgie* (1767) lobt Lessing hingegen die Verwendung des literarisch-polemischen, außerhalb der Handlung stehenden P.s bei den Engländern und wünscht, daß auch „bei uns neue Originalstücke nicht ganz ohne Einführung und Empfehlung an das Publikum gebracht würden". Er stellt die P.e Drydens über dessen Dramen und übersetzt den P. zu Thomsons *Coriolanus*. Im 48. Stück verteidigt er die P.technik des Euripides, der dem Publikum gleich zu Beginn die äußern und innern Zusammenhänge aufdecke und die Katastrophe voraus verkünde, gegen den Franzosen François Hédelin (D'Aubignac: *Pratique du théâtre*, Paris 1657). In seinen eigenen Dramen verzichtet er auf P.e, und nicht einmal sein einaktiges Lustspiel *Der Schatz* nach dem *Trinumnus* des Plautus hat einen P. In dem auf Goethe und seinen *Werther* anspielenden *Prometheus, Deukalion und seine Recensenten* von Heinrich Leopold Wagner (1775) tritt ein Hanswurst, der Straßburger Dialekt spricht, als Prologus und Epilogus auf. Der Prolog des Epimetheus im Festspiel *Pandora* von Goethe (1807/8) macht kurz mit der Kindheit und Jugend des Helden bekannt. Der Eingang der endgültigen Fassung des *Faust I* (1808) mit *Zueignung, Vorspiel auf dem Theater* (angeregt durch den P. des altindischen Dramas *Der Ring der Sakuntala*) und *Prolog im Himmel* kann als dreigeteilter P. bezeichnet werden. Einen eigenen, über das Schauspiel *Der Krieg* von Carlo Goldoni reflektierenden P. dichtet Goethe für die Aufführung vom 15. Oktober 1793 in Weimar, einen andern, in dem Christiane Becker-Neumann über ihre Rolle des Jakob reflektiert, für das Lustspiel *Alte und neue Zeit* von Iffland, einen Epilog zum Trauerspiel *Graf Essex* von Thomas Corneille und einen, von einem 'Meistersinger' vorgetragenen P. zum *Hans Sachs* von Johann Ludwig Deinhardstein (Berlin 1822). Auch tritt er bei Feiern mit P.n (s. II), Vorspielen und Epilogen hervor. Friedrich Schiller nennt in seinen Briefen vom 18. und 21. September 1798 an Goethe *Wallensteins*

Lager, das doch ein längeres selbständiges Vorspiel ist, selber P. und läßt diesen Ausdruck auch für das Vorspiel der *Jungfrau von Orleans* (1801) in der Druckausgabe stehen. Einen echten P. von 139 Versen dichtet er für die Uraufführung von *Wallensteins Lager* (Weimar 1798). Goethe schreibt dazu: „Herr Vohs hielt ihn, in dem Kostüm, in welchem er künftig als Piccolomini erscheinen wird; er war hier gleichsam ein geistiger Vorläufer von sich selbst und ein Vorredner in doppeltem Sinne." Schiller nimmt tatsächlich nicht nur auf die Wiedereröffnung der Schaubühne in Weimar Bezug (s. II), sondern umreißt den Charakter Wallensteins. P.charakter hat die exponierende Ansprache der Fürstin Isabella an die Ältesten der Stadt in der *Braut von Messina* (1803).

§ 19. Eine größere Bedeutung bekommen P. und Epilog in der Romantik, wobei neben der Antike vor allem das dt. Fastnachtspiel und die engl. Dramatiker der Shakespearezeit anregend wirken. Einen P. von 26 Versen hat schon die erste Märchenkomödie von Ludwig Tieck, *Ritter Blaubart* (1796). Im *Gestiefelten Kater* (1797) setzt Tieck einen längeren P. und Epilog mit Gesprächen im Zuschauerraum und auf der Bühne als illusionsstörendes Element ein. In seiner Komödie *Die verkehrte Welt* tauscht er aus dem gleichen Grunde P. und Epilog aus. In seinem Trauerspiel *Leben und Tod der Heiligen Genoveva* (1799) tritt der Geist des Hl. Bonifatius mit Schwert und Palmenzweig als P.sprecher auf, stellt sich selber vor, berichtet von seinem irdischen Wirken und der Verehrung nach seinem Tode, bedauert die schwindende Frömmigkeit und gibt dann den Inhalt des Stückes an. Ein langer P. mit einem Aufzug von Kriegern, Schäfern und Schäferinnen, dem Dichter, einem Liebenden, einer Pilgerin, einem Ritter, einem Hirtenmädchen, zwei Reisenden, einem Küster und der, von andern allegorischen Figuren begleiteten 'Romanze' zu Pferde geht seinem *Kaiser Oktavianus* (1804) voran. Ludwig Achim von Arnim dichtet für sein 'Schattenspiel' *Das Loch oder das wiedergefundene Paradies* (1813) einen 'Prolog des Schattendichters', der das Publikum ironisiert. Im P. seiner 'dramatischen Erzählung in drei Handlungen', die 1667 in Ragusa spielt, *Marino Caboga,* treten der Historiker Johannes Müller und der Geograph Anton Friedrich Bü-

sching vom Bücherschrank herunter und geben eine geschichtliche und geographische Beschreibung Ragusas aus ihren Werken. Das 'Pilgerabenteuer' *Jerusalem* (1813) eröffnet die als 'Die ernste Erscheinung' bezeichnete Vision mit kurzem Dialog von Christi Tode am Kreuze in Wolken und Nebeln. Die 'Erste Periode' der nachgelassenen episch-dramatischen *Päpstin Johanna* beginnt mit einer Erzählung, dem die Vorgeschichte aufdeckenden und in die Zukunft weisenden Monolog der Melancholia mit einem schlafenden Kind auf dem Arm und dem Selbstgespräch Luzifers. August Wilhelm Schlegel läßt in *Ein schön kurzweilig Fastnachtspiel vom alten und neuen Jahrhundert. Tragirt am ersten Januarii im Jahr 1801* den Herold 46 P.- und 17 Epilogverse sprechen.

Realismus und Naturalismus verbannen den P. als illusionsstörendes Element, so daß es in dieser Zeit, von den Aufführungen von Goethes *Faust I* abgesehen, nur noch Festp.e gibt (s. II). Gustav Freytag stellt in seiner *Technik des Dramas* (1863) fest: „Bei uns ist die Einleitung wieder in die rechte Stelle getreten, sie ist mit dramatischer Bewegung erfüllt und ein organischer Teil im Bau des Dramas geworden." Er lehnt nicht nur den P. als 'Ansprache des Dichters' ab, sondern hält auch die 'Vorspiele' von Goethe, Schiller und Kleist als 'Ablösung der Eröffnungsszene' für bedenklich.

Ludwig Achim v. A r n i m, *Sämtl. Werke.* Hg. v. Wilh. Grimm. Bd. 6 (1840) S. 1 ff., Bd. 15 (1846) S. 319 f., Bd. 16 (1846) S. 249 f., 398 ff., Bd. 19 (1846) S. 3-20, 150 ff. Jakob A y r e r, *Dramen.* Hg. v. Adalbert v. Keller. 5 Bde (1865; BibLitV. 76/80). Hubert B e c h e r, *Die geistige Entwicklungsgeschichte d. Jesuitendramas.* DVLG. 19 (1941) S. 269-302. Berchtold B i s c h o f, *Jakob Bidermann's 'Joannes Calybita' (1618). Textgeschichtliche Untersuchung* (Luzern 1932; Schriften der Ges. f. schweizer Theaterkultur 3) S. 49, 52-56, 100 f. Johann Aug. B i s c h o f, *Athanas Gugger, 1608-1669, u. die theatergeschichtl. Bedeutung d. Klosters St. Gallen im Zeitalter d. Barock* (St. Gallen 1934) S. 53 f., 71 f. G. S. B. [d. i. George Spencer B o w e r], *A Study of the Prologue and Epilogue in Engl. Literature from Shakespeare to Dryden* (London 1884). Ernst C a s p a r y, *P. u. Epilog in d. Dramen d. Hans Sachs.* (Masch.) Diss. Greifswald 1920. Wilh. C r e i z e n a c h, *Die Schauspiele d. engl. Komödianten* (1889; DNL. 23). Herbert E i c h h o r n, *Konrad Ernst Ackermann u. d. Ackermannische Gesellschaft deutscher Schauspieler* (Masch.) Diss. Berlin (FU) 1957, S. 57,

208, 329, 330, 332, 335, 336, 337, 339, 340. Ferdinand F e l d i g l, *Denkmäler d. Oberammergauer Passionslit.* (1922) S. 111 f., 113 f., 116, 121 f., 148 f., 280 f. Oskar E b e r l e, *Theatergeschichte d. inneren Schweiz* (1929; Königsberger dt. Fschgn. 5) S. 73, 81, 89, 94 f., 98, 102, 104, 109, 118 f., 135, 150, 156, 160, 168, 169, 177, 179. Gustav F r e y t a g, *Die Technik d. Dramas* (12. Aufl. 1912) S. 103. Joh. Wolfgang v. G o e t h e, *Gedenkausg. d. Werke, Briefe, Gespräche.* Hg. v. Ernst Beutler. Bd. 3 (1948) S. 662, 664 f., 666-669, 675-689, 819 f., 821, 822; Bd. 5 (1951) S. 9-14, 141-152, 701, 835; Bd. 6 (1954) S. 102 f., 406 f., 444, 895 ff., 1214-1218; Bd. 14 (1950) S. 17 f., 36; Bd. 15 (1953) S. 297 f.; Bd. 21 (1951) S. 1176. A. T. G r i f f i t h, *A Collection of English Prologues and Epilogues from Shakespeare to Garrick.* 4 Bde (London 1779). Max H e r r m a n n, *Forschungen z. dt. Theatergeschichte d. MA.s u. d. Ren.* (1914) S. 40-43, 284 ff., 305 (Abb. 32), 322 (Abb. 42), 345, 407-409, 471-474, 483-485. Helmut H i r t h e, *Entwicklung d. P.s u. Epilogs im frühengl. Drama.* Diss. Gießen 1928. Heinz K i n d e r m a n n, *Theatergeschichte Europas.* Bd. 2-5 (1959-1962) Stichwort 'P'. Mary Etta K n a p p, *Prologues and epilogues of the eigtheenth century* (New Haven 1961; Yale stud. in Engl. 149). Eva Maria K r a m p l a, *P. u. Epilog vom engl. Mysterienspiel bis zu Shakespeare. Sinn, Zweck u. geschichtl. Darstellung.* (Masch.) Diss. Wien 1957. 'Loa', in: Enciclopedia Universal Illustrada. Bd. 30 (1931) S. 1224 f. Dieter M e h l, *The Elizabethean Dumb show. The History of a Dramatic Convention* (London 1965). Robert P e t s c h, *Wesen u. Formen d. Dramas* (1945; DVLG., Buchr. 29) S. 365-369. Arthur P o u g i n, *Dictionnaire historique et pittoresque* (Paris 1885), Artikel 'Prologue', S. 622 f. 'Prologo', in: Enciclopedia dello Spettacolo. Bd. 8 (1961) Sp. 525-534. Ingo R ö s e c k e, *Drydens P.e u. Epiloge.* Diss. Hamburg 1938. Otto R o m m e l, *Die Alt-Wiener Volkskomödie* (Wien 1952) S. 83-88, 126, 132. H. S c h a u e r, *P.,* in: Reallex. 1. Aufl. Bd. 2, (1926/28) S. 725-727. Aug. Wilh. S c h l e g e l, *Poet. Werke.* Bd. 2 (1811) S. 77 f., 256 f. Leopold S c h m i d t, *Das dt. Volksschauspiel* (1962) S. 266, 306. Ernst Leopold S t a h l, *Shakespeare u. d. dt. Theater* (1947) S. 18 f., 26 f., 627 f. Heinz W y s s, *Der Narr im schweizer. Drama d. 16. Jh.s* (Bern 1959; Sprdchtg. NF. 4) S. 53-78, 148-157. Edwin Z e l l w e k e r, *P. u. Epilog im dt. Drama* (1906), 3: *Das Schauspiel d. Reformationszeit,* 4: *Das Drama Hans Sachsens, Herzog Julius' v. Braunschweig u. Jakob Ayrers.*

§ 20. Eine Renaissance des P.s auf internationaler Basis bahnt sich seit der letzten Jh.wende an, wobei sich Einflüsse der Antike (Neuklassik), des MA.s und der Renaissance (Wiedergeburt des Mysterien- und Fastnachtspiels), der Shakespearezeit und der Romantik (Neuromantik) bemerkbar machen, aber auch vom asiatischen Theater (modernes episches Drama). Früheste Ansätze zeigen sich im franz. Symbolismus der 90er Jahre. In der ersten Inszenierung eines symbolistischen Dramas, *La fille aux mains coupées* von Pierre Quillard, einem Schüler von Stéphane Mallarmé (Théâtre d'Art 1891), steht eine Rezitierende in langer, blauer Tunica vor dem mit Gaze bespannten Bühnenrahmen und erläutert vor und während des eigentlichen Spiels Ort und Handlung. Wie ein die fatalistische Stimmung des Werkes aufdeckender P. wirkt die Eingangsszene der Mägde am Schloßtor, die erst im letzten Bild als eine Art Chor wieder erscheinen, in *Pelleas und Melisande* von Maurice Maeterlinck (1893, Erstaufführung in dt. Sprache Berlin 1898, dt. Ausg. 1902). Im Versdrama *Brocéliande* von Jean Lorrain (1897) beginnt ein Gaukler in einem gotischen Zimmer die Erzählung, worauf sich der Zwischenvorhang öffnet und die Handlung im Wald von Brocéliande gespielt wird. André Gide bezeichnet den die Vorgeschichte streifenden Eingangsmonolog des Gyges in seinem *König Candaules* (1897, dt. 1905) selber als P. Einen szenischen P. hat die dritte Fassung der *Verkündigung* von Paul Claudel (1912, dt. 1913). In seinem 'Opus mirandum' *Der seidene Schuh* (1917-1919, dt. 1939), der formal vom altchines. Drama mitbestimmt wurde, tritt ein grotesker P.sprecher auf, der den Ort der Handlung angibt und die erste Szene mit dem havarierten Schiff und den auf ihm befindlichen Personen beschreibt, um dann die Zuschauer um Ruhe und Aufmerksamkeit zu bitten. In seinem *Buch von Christoph Columbus* (1929) zieht in einer militärischen Prozession ein Ansager auf, gefolgt von einem Chor, der sich bald in szenischer Unordnung auflöst, dann wieder auf bestimmtem Platze aufstellt, während die Musiker ihre Instrumente vorbereiten. Nachdem der kommandierende General „Silentium" gerufen hat, schlägt der Ansager das Buch auf und liest, im 2. Bild bittet er Gott um Erleuchtung und Gnade, im 3. Bild zeigt eine Filmprojektion die Erschaffung der Welt beim Gesang des Chores und eines Solo; erst im 4. Bild tritt, vom Ansager angekündigt und beschrieben, Columbus stumm auf. Die *Geschichte von Tobias und Sara* (1938, dt. 1953) beginnt mit zwei erläuternden Chören, welche die Dekoration sprechen; in der 2. Szene des Eingangs berichten drei Erzähler die biblische Geschichte, unterstützt vom Chor, bis Anna auftritt und zornig die Erzähler von der Bühne stößt. Im *Spiel von der Teufelsbrücke* des Henri Ghéon (1925, dt. 1928) kommt der Spielleiter auf die Vorbühne, verkündet die unbeschränkte Herrschaft der Frau Phantasie und spricht, nur mit Stäben, Pfählen und blauem Tuch nachhelfend, die Dekoration. Im P. des surrealistischen Schwankes *Die Brüste des Teiresias* von Guillaume Apollinaire (1928) begrüßt der Direktor bei geschlossenem Vorhang das Publikum, persifliert den Krieg und appelliert an die Franzosen, wieder mehr Kinder in die Welt zu setzen. Im *Orpheus* von Jean Cocteau (1927) erklärt der Darsteller der Hauptrolle vor dem Vorhang, daß der P. nicht vom Dichter, sondern von ihm selber sei, und bittet das Publikum, mit der Bekundung seines Mißfallens bis zum Ende der Vorstellung zu warten, da sie sehr hoch und ohne Sicherheitsnetz spielten und der geringste Lärm seine Kameraden zu Tode bringen könnte. Sprechchöre, Rezitierender und Rezitierende eröffnen den *Raub der Lucretia* von André Obey (1932). In der *Antigone* von Jean Anouilh (1942, dt. 1949) sitzen zu Beginn die Schauspieler plaudernd und strickend auf der Bühne, werden von einem Sprecher vorgestellt, der auch eine Einführung in die Handlung gibt, und verlassen dann die Bühne, um sich für den ersten Auftritt vorzubereiten.

Ein P. des 'Jemand in Grau' kündigt in einem leeren grauen Gemache das russische Mysterienspiel *Das Leben des Menschen* von Leonid N. Andrejew an (1906, dt. 1907) und interpretiert es auf nihilistische Weise. Ein szenischer P. führt in die Atmosphäre der ungarischen Vorstadtlegende *Liliom* von Ferencz Molnar ein (1909, dt. 1912) und charakterisiert die Hauptperson. In dem span. Stück *Die frohe Stadt des Leichtsinns* von Benavente Jacinto (1916, dt. 1919) beschreibt Crispin eingangs das Los der Fahrenden in guten und bösen Tagen und bittet das Publikum für die nachfolgende Farce um nachsichtige Teilnahme. Einen die Wahl des Themas entschuldigenden Vorspruch des Dichters, dessen Rede immer wieder von der noch unsichtbaren Hauptperson unter-

brochen wird, weist *Die wundersame Schustersfrau* von Federico Garcia Lorca (1930) auf.

Im angelsächsischen Sprachgebiet berichten in der *Jakobsleiter* von Laurence Housman zwei Chorsprecher den Inhalt. P. und Epilog umrahmen die *Romance* von Edward Sheldon (1912) und das Schauspiel *Der große Gott Brown* von Eugene O'Neill (1926). Im *Schlafwagen Pegasus* und in *Unsere kleine Stadt* von Thornton Wilder (1938, Erstaufführung in dt. Sprache 1939 am Schauspielhaus Zürich) spricht der Spielleiter die Dekoration und klärt die Situation auf. In *Wir sind noch einmal davongekommen* (1942, Erstaufführung in dt. Sprache 1944 am Schauspielhaus Zürich) meldet ein unsichtbarer Ansager mit Projektionen und Worten, daß der Weltuntergang nicht stattgefunden habe, und führt dann die amerikanische Familie Antrobus im Bilde vor. Mit einer Szene 'Vor dem Schauspiel' beginnt *Die Nacht wird kommen* von Emlyn Williams (1935, Erstaufführung in dt. Sprache am Schauspielhaus Zürich 1939). Im Eingang des kultisch-chorischen Festspiels *Mord im Dom* von Thomas St. Eliot (1937, Erstaufführung in dt. Sprache am Stadttheater Basel 1939) wird in Chor der Frauen von Canterbury und in Wechselrede der drei Priester die politische Spannung zwischen König Heinrich II. und Erzbischof Thomas Becket enthüllt und die Atmosphäre kommenden Unheils heraufbeschworen. In der *Glasmenagerie* von Tennessee Williams (1944, dt. 1946) ist eine der Hauptfiguren, Tom Wingfield, zugleich Ansager des 'Spiels der Erinnerung'. Sein *Camino real* (1953, dt. 1954) beginnt mit einem P. P.e haben auch *Johanna aus Lothringen* von Maxwell Anderson (1947) und *Das Zeitalter der Angst* von Wystan Hugh Auden (1948). Die *Quelle* von Robert Jeffers (1950/51, dt. 1960) erweist durch einen durch das ganze Spiel gehenden Sprecher, der zu Beginn die triumphierende Heimkehr des Siegers Agamemnon verkündet, ihre epische Struktur. Eine Art P. hat endlich das Schauspiel *Unter dem Milchwald* von Dylan Morlais Thomas (1953, dt. 1954).

§ 21. Im dt. Sprachgebiet eröffnet ein Prologus im Erzengelgewand und schließt ein Epilogus den ersten Teil *Die frohe Botschaft* des Mysteriums vom Leben und Leiden des

Heilands *Ein Osterfestspiel in drei Tagewerken nach volkstümlichen Überlieferungen* von Richard Kralik (1895); im zweiten Teil *Die Passion* singt ein Trauerchor den P. und weist im Epilog auf *Die Auferstehung* am kommenden Tage hin. Josef Viktor Widmann beginnt seine episch-dramatische *Maikäferkomödie* (1897) mit einer einführenden 'Vorrede im Hoftheater der Maikäfer' und stellt den drei Handlungen P.e voraus. Hugo von Hofmannsthal gibt im reflektierenden Eingangsmonolog des Claudio in seinem Totentanzspiel *Der Tor und der Tod* (1893, Uraufführung 1910) die Grundstimmung der Todesnähe wieder. Im *Tod des Tizian* (1892) spricht ein Page den P., im Mysterienspiel *Das kleine Welttheater* (1903) der Dichter in einem dunklen Mantel. In seiner *Alkestis* nach Euripides (1894, erschienen 1911) übernimmt er das Streitgespräch Apollos mit dem Tode, das hier eine Stimme ankündigt. Einen P. schreibt er auch für das Zwischenspiel *Der weiße Fächer* (1897). P.-charakter hat das Gespräch der Dienerinnen in *Elektra* (1903), welches die Heldin charakterisiert und die Stimmung des Grauens erweckt. Im *Jedermann*, dem 'Spiel vom Sterben des reichen Mannes', erneuert nach dem mal. engl. Legendenspiel *Everyman*' (1911, Uraufführung im Zirkus Schumann in Berlin 1912, seit 1920 fester Bestandteil der Salzburger Festspiele), spricht Gott den P., in dem er seinen Zorn über die Abkehr des Menschen ausdrückt und dem Tode befiehlt, Jedermann mit seinem 'Rechenbuch' vor seinen Thron zu bringen. Im Scherzspiel *Schluck und Jau* von Gerhart Hauptmann (1900) bedauert ein Jäger, daß die Jagdzeit zu Ende gegangen sei, und kündigt als Überraschung für die Gäste des letzten Abends ein 'derbes Stücklein' an. In seinem Breslauer *Festspiel in deutschen Reimen* (1913) spricht zuerst der 'Dichter des Weltheaters' als Magier mit dem Zauberstab; dann gesellt sich der Jüngling Philistades zu ihm, nimmt Requisiten und Puppen aus seinem Ranzen und präsentiert sie dem Publikum. In der Komödie *Michel Michael* von Richard Dehmel (1911) tritt Eulenspiegel als Vor- und Zwischenredner auf. In der romantischen Tragikomödie *König Nicolo oder So ist das Leben* von Frank Wedekind (1902) bezeichnen König Nicolo und Prinzessin Alma im Kostüm des

achten Bildes als P.sprecher das Spiel als Tragödie eines unbekannten Genies, an dessen Königtum niemand glauben wolle, und wenden sich zuletzt in direkter Ansprache ans Publikum.

P.e finden sich schon in zwei früheren, den Expressionismus mit vorbereitenden Tragödien Wedekinds: Den *Erdgeist* (1893, Uraufführung 1898 in München) eröffnet ein Tierbändiger in der Manege, der den Zuschauern seine Tiere anpreist und als besondere Attraktion die 'Schlange' Lulu vorführt, *Die Büchse der Pandora* (1892-1901, Uraufführung 1903 in München) ein P.gespräch des 'normalen Lesers', des 'rührigen Verlegers', des 'verschämten Autors' und des, zuerst dem Werk feindlich eingestellten, zuletzt bekehrten 'hohen Staatsanwalts', worin die Funktion der Kunst im geistigen und bürgerlichen Leben der Nation umrissen und zuletzt das Publikum direkt angesprochen wird. In seinem *Herakles* (1917) tritt der Götterbote Hermes vor den Vorhang, begrüßt die Zuschauer und kündigt das Schauspiel an. Das erste bedeutende expressionistische Drama in Deutschland, *Der Bettler* von Reinhard Sorge (1910, gedr. 1912), beginnt mit dem an einen ältern Freund gerichteten Geständnis des Dichters, daß er und die Hauptperson des Spiels identisch seien, wobei hinter dem Vorhang die gedämpften Stimmen der Darsteller zu vernehmen sind. Sein *Guntwar. Die Schule eines Propheten* (1914) hat ein p.artiges 'Vorspiel zwischen Himmel und Erde'. P.charakter hat auch das kurze Vorspiel der vier Wesen auf einer Bergkuppe in *Das bist Du* von Friedrich Wolf (1917). *Der große Kampf* von Franz Theodor Czokor (1915) beginnt mit einem P. im Himmel (Ego, Cherub und Stimme aus der Wolke), *Die Wandlung. Das Ringen eines Menschen* von Ernst Toller (1917-1918, gedr. 1920) mit dem ekstatischen Gedichte 'Aufrüttelung' und dem kurzen 'Vorspiel, das auch als Nachspiel gedacht werden kann: Die Totenkaserne' (Der Kriegstod, Der Friedenstod, Skelette). P.artig ist der vierzehnstrophige 'Choral vom großen [Gott] Baal' in Brechts dramatischer Biographie vom [kleinen Bürger] *Baal* (1919, gedr. 1922), für dessen Wiener Aufführung im Theater in der Josefstadt Hugo von Hofmannsthal 1926 einen eigenen P. *Das Theater des Neuen* dichtet. Der epische Vorspruch von Brechts Schauspiel *Im Dickicht der Städte* (Uraufführung München 1922, gedr. 1927) leitet zu Brechts epischen Dramen über (s. u.). Ein P. ist das 'Vorspiel auf dem Theater' im *Wahnschaffe* von Rolf Lauckner (1920), der bezeichnenderweise für das neue Interesse am P. in seiner Übersetzung der *Sakuntala* (1924) das Eröffnungsgebet des Brahmanen und die Ansage des Spielleiters vor dem Vorhang ebenso übernimmt wie Lion Feuchtwanger in seiner Übertragung des *Irdenen Wägelchens* (*Vasantasena* 1916) den P. mit Wunsch um Segen Sivas, Begrüßung der Zuschauer und Bericht über Stück und Autor, ganz im Gegensatz zu den Bühnenbearbeitungen des 19. Jh.s von Freiherr Alfred von Wolzogen bzw. Emil Pohl. In dem expressionistischen Legendenspiel *Christoffer* von Dietzenschmidt (1920) spricht ein Jüngling einen P. mit knapper Inhaltsangabe und Aufdeckung der Moral. Seine *Nächte des Vitalis* (1922) leitet der 'Vorspruch' des Priors ein, der mit Maske an die Rampe tritt und die Verse 30—32 aus dem Evangelium des Lukas vorliest.

Zur Renaissance des P.s trägt auch die Erneuerung des Volksspiels bei, die sich in der Zwischenkriegszeit zu einer eigentlichen Bewegung auswächst und auch Anlaß zu Neuschöpfungen bietet. Leo Weismantel stellt im *Spiel vom Blute Luzifers* anläßlich der Uraufführung an den Bauernfestspielen in Langenbiber (1921) einen langen P. von drei Vorsprechern voran und behält einen kürzeren P. auch in der Druckausgabe (1922) bei. In seiner *Wallfahrt nach Bethlehem* (1923) heißen die drei Vorsprecher Schlaf, Spielmann und Leben. Ein kurzes Vorspiel hat sein *Wächter unter dem Galgen*. Im *Apostelspiel* von Max Mell (1922) bezeichnet ein alter Mann, nach dem Hinweis auf die Schuld des Menschen, das folgende Spiel als tröstliches Gleichnis und macht darauf aufmerksam, daß er gleich den Großvater spielen werde. In seinem *Nachfolge Christispiel* (1927) spricht ein Spielansager den P. Im *Berner Oberlandspiel* des Caesar von Arx (1926, Uraufführung 1940) tritt nach einem 'Vorspiel im Himmel' der Spielansager auf, zieht sich während seiner Ansage ans Publikum fertig an und entschuldigt sich für sein Zuspätkommen, öffnet dann den Vorhang und unterhält sich mit den Spielfiguren. In seinem *Drama vom verlorenen Sohn* nach Hans Salat (1934) läßt er den Evangelisten vor den Vorhang treten und nach einem Gebete die Zuschauer begrüßen, im Epilog den Schluß der Parabel aus dem Evangelium vorlesen und die Zuschauer um Nachsicht bitten. Im *Tobias Wunderlich* von Heinz Ortner (1932) kommt ein Handwerksbursche in den Zuschauerraum, stellt sich vor, berichtet von seinem Wanderleben und erzählt die Vorfabel. Im *Spiel vom deutschen Bettelmann* von Ernst Wiechert (1933) verkündet ein Sprecher, nach dem Hinweis auf die Jahreswende und der Bitte um Gnade, das Gleichnis vom deutschen Hiobssohn, worauf ein kurzes Vorspiel folgt. Ausgesprochenen P.charakter haben die zwölf schwarzgekleideten Bauern mit einem 'Vorsager' vor dem schwarzen Vorhang in der *Hexe von Passau* von Richard Billinger (1935) und das Gespräch zwischen dem 'Herrn vor dem Vorhang' und dem 'Herrn im Parkett' im *Michael Kohlhaas* von Walter Gilbricht (1935). In der 'dramatischen Ballade' *Lilofee* von Manfred Hausmann (1936) bereitet der gespenstige Herr Smolk von Brake in direkter Ansprache die Zuschauer auf das kommende Spiel vor und stellt Traum und Spuk in ihrer lebenserklärenden Funktion zur Diskussion.

In den 20er und beginnenden 30er Jahren wird es unter Berufung auf den 'Chorus' in *Heinrich V.* Mode, einen Ansager auch in Werken Shakespeares einzusetzen, wo er in den Originalen fehlt, wie bei Leopold Jessner in Berlin. Im Landestheater Braunschweig inszeniert Julius Cserwinka einen derart bearbeiteten *Cymbelin* (Übertragung von Simrock) und umrahmt seine aus beiden Teilen des *Heinrich IV.* zusammengestellte Komödie *Sir John Falstaff* mit P. und Epilog (1931/32). Paul Barnay führt in seiner Inszenierung des *Richard III.* in Breslau (1931) einen Chronisten ein, Clemens Schubert in jener des *Wintermärchens* in Nürnberg (1932) eine Großmutter mit Strickstrumpf, die an einem engl. Kaminfeuer einem kleinen Kinde die Geschichte erzählt. Zweifelsohne liegen hier auch Einflüsse des modernen epischen Dramas vor, das an Stelle der dramatischen Handlung den epischen Ablauf des Stoffes setzt und deswegen auch erzählende P.e oder p.artige Vorspiele liebt. In den 1918 entstandenen, 1924 an der

Berliner Volksbühne uraufgeführten *Fahnen* von Alfons Paquet besteht das 'Vorspiel auf dem Puppentheater' aus einer Ansprache des 'Drahtziehers' an die Zuschauer. Ein 'Prolog in Versen' gibt den Auftakt zu seiner *Sturmflut* (1926), ein kurzes 'Vorspiel' mit 'Sager' und 'Teufel' zu seinem *Stinchen von der Krone* (1931). P.charakter hat das kurze 'Vorspiel' mit dem Moritatensänger der *Dreigroschenoper* von Bert Brecht (1928). Trickfilme von George Grosz stellen die p.artige Einleitung für *Die Abenteuer des braven Soldaten Schwejk* nach dem tschechischen Roman des Jaroslav Hašek von Brecht, Gasbarre, Lania und Piscator (1928). Die wichtigste Figur in Brechts Lehrstück *Der Flug der Lindbergs* (1928/29) ist der Sprecher, Vorsänger, Kommentator. In *Der Jasager und der Neinsager* (1929/30) trägt ein Chor das Programm vor und gibt der Lehrer, der sich zuerst vorstellt, die Exposition. In der ersten Szene der *Maßnahme* (1930) werden die vier Agitatoren, welche den jungen Genossen getötet haben, vom 'Kontrollchor' aufgefordert, den Vorgang zu rekonstruieren. P.charakter hat das 'Vorspiel' des Parabelstückes *Der gute Mensch von Sezuan* (1938, Uraufführung am Schauspielhaus Zürich 1943). Den P. zu *Herr Puntila und sein Knecht Matti* (1940), der ein komisches Spiel ankündigt und die Hauptperson charakterisiert, spricht in der Zürcher Uraufführung (1948) der Knecht Matti, in der Berliner Fassung (1949) das Kuhmädchen. P.charakter haben auch der 'Streit um das Tal' der Mitglieder zweier Kolchosendörfer im *Kaukasischen Kreidekreis* (1944/45) und das während der Vorbereitung der Bühne dargestellte 'Vorspiel von 1945' zu Brechts Inszenierung der *Antigone* von Sophokles/Hölderlin (Stadttheater Chur 1948), sowie das kürzere 'Vorspiel in höheren Regionen' mit Hitler, Göring und Goebbels in seinem *Schwejk im zweiten Weltkrieg* (1941-1944, gedr. 1957). Einen eigenen P., in dem sich die Hauptperson dem Publikum vorstellt, verfaßt Brecht für seine Bearbeitung der Tragikomödie *Der Hofmeister* von Lenz 1951). In *Es steht geschrieben* (1947) fügt Friedrich Dürrenmatt nach dem ersten Auftritt von drei Wiedertäufern einen, an die Zuschauer gerichteten P. des Mönchs Maximilian Bleibeganz ein, der bei langsam sich öffnendem Vorhang zuerst die Wiedertäu-

fer, dann sich selber und zuletzt die Zuschauer glossiert, die als Dekoration unsichtbare Stadt Münster beschreibt und die neu auftretenden Personen vorstellt. In seinem ursprünglich als Hörspiel (1954) verfaßten und später für die Bühne bearb. *Herkules und der Stall des Augias* (1959) weist Polybios, der Sekretär des Herkules, auf offener Bühne das Publikum auf die dargestellte Geschichte hin und spricht, mit vorgeführten Beispielen, von den technischen Möglichkeiten der Bühne. In seinem *Frank V. Oper einer Privatbank* (1960) bereitet der festlich gekleidete Personalchef Richard Egli das Publikum vor der Ouvertüre in Versen vor. In der dramatischen Bearbeitung von Tolstois Roman *Krieg und Frieden* durch Alfred Neumann, Erwin Piscator und Guntram Prüfer (Uraufführung am Schillertheater Berlin 1955) macht ein Sprecher mit den historischen Voraussetzungen bekannt, zitiert Betrachtungen Tolstois, erläutert die pazifistische Tendenz des Stückes, stellt die Hauptpersonen vor und spricht die Dekoration. *Das Spiel von der schwarzen Spinne* von Robert Faesi und Georgette Boner nach der Erzählung von Jeremias Gotthelf (1956) eröffnet nach einleitender Musik von Willy Burkhard ein alter Emmentaler Bauer als Erzähler, unterbrochen durch die Titelansage von Sprechstimmen. P.charakter hat der Chor der Feuerwehr mit Chorführer in dem 'Lehrstück ohne Lehre' *Biedermann und die Brandstifter* von Max Frisch (1958). In *Korczak und seine Kinder* von Erwin Sylvanus (1961) betritt der Sprecher die leere Spielfläche und beginnt aus roten Bauklötzen ein Tor aufzubauen, dann wendet er sich an die Zuschauer, erinnert an den Krieg und fegt die Bauklötze weg; nachdem er die Zuschauer aufgefordert hat, den Raum zu verlassen, wenn sie der Krieg erschrecke, erzählt er die Vorfabel und ruft, nach abermaliger Aufforderung ans Publikum, zu gehen, wenn es das Polen von 1942 und 1944 nicht kümmere, die zwei Schauspieler und die Schauspielerin auf, die sich nur widerwillig zur Darstellung bereitfinden. Eine große Rolle spielt der P. endlich im modernen Hörspiel.

Julius B a b , *Das Theater der Gegenwart* 1928; Ill. theaterg. Monogr. 1) S. 215 f. Josef G r e g o r , *Der Schauspielführer.* 6 Bde (1953-1957). Bd. 7: *Ergänzungen zu Bd. 1-6.*

Hg. von Margaret D i e t r i c h u. Siegfried
K i e n z l e (1964). Artur K u t s c h e r, *Stil-
kunde der deutschen Dichtung* (1952) S. 348-
353. Jacques R o b i c h e z, *Le Symbolisme
au Théâtre* (Paris 1957) S. 115 f., 308-316, 385,
552. Ernst Leopold S t a h l, *Shakespeare und
das deutsche Theater* (1947) S. 627 f., 630.
Otto C. A. Z u r N e d d e n u. Karl H. R u p -
p e l, *Reclams Schauspielführer* (9. Aufl. 1960).

II. § 22. P.e werden auch unabhängig von
dramatischen Dichtungen zu besonderen Anlässen geschrieben. Zur Hundertjahrfeier der
Schauburg in Amsterdam z. B. dichtet Jan
de Marre 1738 einen szenischen P., zur Wiedereröffnung der Opéra-Comique Georges
Fleury 1752 den das abenteuerliche Schicksal dieses Pariser Theaters schildernden P.
L'heureux retour, zur Einweihung des nach
dem Brande von 1809 neuerrichteten Drury
Lane-Theater in London 1812 Lord Byron
den berühmten Begrüßungsp.: „In einer
graus'gen Nacht im Flammensturm..." Im
dt. Sprachgebiet zeichnet 1781 Johann Jakob
Engel für den P. zu Lessings Totenfeier im
Nationaltheater Berlin, in dessen Schluß-
versen er das deutsche Publikum anklagt,
Lessings Schauspiele zu wenig zu schätzen.
Am 15. Oktober wird das neuerrichtete Hoftheater in Esterhaza (Ungarn) von der dt.
Truppe des Franz Joseph Diwald mit einem
P. des Direktors eröffnet, am 19. Januar
1791 das Deutsche Theater in Amsterdam
mit dem vom Direktor Dietrich verfaßten
szenischen P. mit Gesang *Der Triumph der
Kunst.* Christian August Vulpius verfaßt
1791 den Abschieds-P. für den auf den Rat
Goethes entlassenen Direktor des Hoftheaters Weimar, Joseph Bellomo. Johann Wolfgang von Goethe dichtet eine ganze Reihe
von besonderen P.n: Zur Eröffnung des
Weimarer Hoftheaters unter seiner Leitung
am 7. Mai 1791, worin er sein Ziel einer
'Harmonie des ganzen Spiels', des 'schönen
Ganzen' verkündet, zum Beginn der Spielzeit am 1. Oktober 1791, zum Auftakt der
Gastspiele des Weimarer Hoftheaters in
Leipzig am 24. Mai 1807 und in Halle am
6. August 1811. Zur festlichen Einweihung
des von Carl Friedrich Schinkel errichteten
Neubaus des Kgl. Schauspielhauses in Berlin am 26. Mai 1821 dichtet er einen längeren Festp. mit Tanzeinlage im zweiten Teil,
den Madame Stich in wechselndem Kostüm
bei zweimaliger offener Verwandlung der
P.-Dekoration von Schinkel spricht. Zur

Schiller-Trauerfeier am 10. August 1805 läßt
er nicht nur *Das Lied von der Glocke* szenisch darstellen, sondern verfaßt auch einen
Dankp., der mit dem Schwure endet, Schillers Erbe weiter zu tragen als große Verpflichtung des gesamten deutschen Theaters,
zur Wiederaufführung von Schillers *Glocke*
an dessen 10. Todestage (10. Mai 1815) den
Epilog zu Schillers Glocke mit dreizehn hervorragenden Stanzen. P. und Epilog umrahmen Goethes *Festzug dichterischer Landes-
erzeugnisse, darauf aber Künste und Wissenschaften vorführend* vom 18. Dezember
1818 in Weimar. Schiller betont im ersten
Teil seines P.s zur Eröffnung des Hoftheaters Weimar am 12. Oktober 1798 den harmonischen hohen Geist des neuen Hauses,
erinnert die Schauspieler an den Schöpfer-
genius ihres Meisters [Goethe] und wünscht,
daß des Raumes neue Würde die Würdig-
sten nach Weimar ziehe und dem Urteil
höhere Gesetze gebe; dann kommt er auf
die Vergänglichkeit der mimischen Kunst zu
sprechen ('Dem Mimen flicht die Nachwelt
keine Kränze') und geht erst im zweiten Teil
auf *Wallenstein* ein (s. o.). Der berühmte
Theaterdirektor und Schauspieler August
Wilhelm Iffland spricht zur Eröffnung des
neuen Kgl. Schauspielhauses von Karl Lang-
hans in Berlin am 1. Januar 1802 den Dank-
und Eröffnungsp. von Karl Alexander Her-
klots, der den preuß. König als Begründer
und Beschützer des neuen Hauses feiert,
und spielt zur Feier der Koalition von
Preußen und Rußland am 24. Januar 1814
den Friedrich d. Gr. in seinem szenischen P.
Liebe und Wille. Im Burgtheater Wien
trägt der Schauspieler Maximilian Korn am
18. Oktober 1816 zum Gedächtnis der
Schlacht bei Leipzig den P. *Der Denkstein
unserer Jahre* von H. K. Philippi vor. Das
50jähr. Regierungsjubiläum des Herzogs
Leopold Friedrich Franz wird am 20. Oktober 1808 im Hoftheater Dessau mit dem
P. *Der deutsche Fürst* und Glucks *Armide*
begangen. Freiherr Ludwig von Lichtenberg
eröffnet am 24. September 1813 das Stadttheater Bamberg mit einem eigenen P. *Der
Sang der Musen,* während für den Eröffnungsp. des Stadttheaters Aachen am
25. Mai 1825 Jean Baptiste Rousseau zeichnet. Die Weihe des Braunschweigischen Nationaltheaters am 29. Mai 1818 vollzieht
Madame Klingemann als Vestalin mit einem

P., der ganz kurz das dramaturgische Programm ihres Gatten August Klingemann verkündet. Das von Gottfried Semper gebaute neue Hoftheater in Dresden wird am 12. April 1841 mit einem P. von Theodor Hell und Goethes *Torquato Tasso* eingeweiht. Zur Nachfeier des Geburtstages des Königs von Preußen im Schauspielhaus Potsdam am 16. Oktober 1848 spricht der berühmte Schauspieler Friedrich Haase, ein Schüler Tiecks, den P. von C. Bornemann.

In der zweiten Vorstellung der Schillerwoche des Stadttheaters Hamburg am 8. November 1859 wird nach der Jubelouvertüre des Carl Maria von Weber Schillers P. zu *Wallensteins Lager* (s. o.) rezitiert, sowie ein von Theodor Gassmann zu Bildern aus Schillers Leben verfaßter Festprolog. Georg Herwegh spricht an der Gedenkfeier von Schillers hundertstem Geburtstag im Stadttheater Zürich am 10. November 1859 nach der Aufführung der Neunten Symphonie von Beethoven seinen P. selber. Gottfried Keller dichtet aus demselben Anlaß einen Festp., der an der Vorfeier am 9. November im Stadttheater Bern rezitiert wird, und schreibt für die Eröffnung der Spielzeit 1864/65 des Stadttheaters Zürich ein Eröffnungsgedicht von 104 hervorragenden Versen. Franz Dingelstedt verfaßt 1864 einen P. zur ersten zyklischen Aufführung der Königsdramen in Deutschland, worin er Shakespeare als den größten Weltdramatiker preist, das Wagnis am kleinen Hoftheater in Weimar mit dessen einstiger Stellung unter Goethe und Schiller begründet, aber auch politische Anspielungen macht, indem er von einem künstlerischen Warnsignal vor kontinentalen Verwicklungen spricht. Charlotte Wolter trägt Dingelstedts P. zur Eröffnung des Neuen Hauses der Wiener Hofoper am Ring am 29. Mai 1869 vor.

P.e zur Eröffnung neuer Theater oder zu Gedächtnisfeiern sind noch um die letzte Jh.wende beliebt. Zur Einweihung des Deutschen Theaters in Berlin am 29. September 1883 spricht Hedwig Niemann-Raabe den P., zu jener des Lessingtheaters am 11. September 1888 die ebenso berühmte Hermine Claar-Delia das Festgedicht von Oskar Blumenthal. Zur Eröffnung des neuen Burgtheaters am 14. Oktober 1888 wird ein längerer szenischer P. von Josef Weilen aufgeführt. Conrad Ferdinand

Meyer dichtet für die Weihe des neuen Stadttheaters in Zürich am 30. September 1891 den Festp., dem das Festspiel von Carl Spitteler folgt, Josef Viktor Widmann den p.artigen 'Festakt' für jene des neuen Stadttheaters in Bern am 25. September 1903. Hugo von Hofmannsthal den P. zur Feier von Goethes 150. Geburtstag am 8. Oktober 1899 im Burgtheater, Ferdinand Saar den P. zum 70. Geburtstag von Marie v. Ebner-Eschenbach ebendort am 13. September 1899. Das neue Stadttheater in Köln wird am 6. September 1902 mit einem P. von Josef Lauff, Goethes *Vorspiel auf dem Theater*, Schillers *Huldigung der Künste* und dem dritten Akt von Richard Wagners *Meistersingern* eröffnet.

Alfons F r i t z , *Theater u. Musik in Aachen seit dem Beginn der preuß. Herrschaft*. 2. Teil (1904) S. 16 f. J. W. G o e t h e , *Gedenkausgabe*. Bd. 3, S. 644-653. Fritz H a r t m a n n , *Sechs Bücher Braunschweigischer Theater-Geschichte* (1905) S. 350. Heinz K i n d e r m a n n , *Theatergesch. Europas*. Bd. 4, S. 330, 634; 5, S. 149, 166 f., 184, 221, 226, 265, 444, 465, 709; 6, S. 85; 7, S. 166 f., 171. Reinhold R ü e g g , *50 Jahre Zürcher Stadttheater 1834-1884* (1884) S. 43, 54 f., 112 ff. Otto R u b , *Das Burgtheater. Statistischer Rückblick 1776-1913* (Wien 1913) S. 47, 106, 113. *Schweizer Theaterbuch* (Zürich 1964) S. 78, 79, 104, 108, 167. Edmund S t a d l e r , *Friedrich Schillers 'Wilhelm Tell' und die Schweiz*. Bibliothek des Schweizerischen Gutenbergmuseums in Bern 28 (Bern 1960) S. 51 f. Otto W e d d i g e n , *Geschichte der Theater Deutschlands*. 2 Bde (1904-1906) Bd. 1: S. 67, 110, 147, 298, 365, 504, 510, 552, sowie Reprod. zwischen S. 250 u. 251; Bd. 2: S. 552, 669, 672, 751, 905, 936, 958, 998, 1093, sowie Reprod. zwischen S. 970 u. 971.

Edmund Stadler

Psalmendichtung

§ 1. Mit dem Namen Psalterium bezeichnet man das Buch der Psalmen, das liturgische Gesangbuch der Synagoge, das auch von der christlichen Kirche als Grundlage ihres liturgischen Gebetsgottesdienstes übernommen wurde. Alle liturgischen Bücher der christlichen Kirche (Psalterium, Vesperale, Graduale, Antiphonar, Rituale, Pontificale; Brevier, Missale, Agende) enthalten Psalmen, sei es vollständige oder einzelne Verse aus ihnen, und lehnen sich auch bei ihren übrigen Gebeten in Stil und Ausdruck an die Psalmen an.

§ 2. Einen wesentlichen Bestandteil bildet das Psalterium im Brevier; es ist hier in der

Weise auf die sieben Tagzeiten verteilt, daß in der Woche sämtliche 150 Psalmen gebetet werden. Bevor das Brevier seit dem 11. Jh. als einheitliches Buch zusammengefaßt wurde, war unter den einzelnen Büchern, in denen bis dahin seine verschiedenen Bestandteile vereinigt waren, das Psalterium das wichtigste; es enthielt außer den Psalmen zumeist auch noch die *Cantica*, den Ambrosianischen Lobgesang, das Glaubensbekenntnis, die Allerheiligenlitanei und andere Zusätze. Diese Psalterien blieben auch nach der Einrichtung des Breviers noch in Gebrauch. In unverkürzter oder verkürzter Form und vermehrt um andere Gebete wurden sie auch von Laien als Gebetbücher benutzt (*salter, saltari*); ihre Ausläufer sind seit dem 15. Jh. die *Livres d'heures* und *Hortuli animae*.

Vgl. den Artikel *Liturgie:* § 5 *Psalterium*, § 6 *Brevier* und § 9 *Gebetbuch* und die dort angeführte Literatur. — Ferner Wilh. B r a m - b a c h , *Psalterium. Bibliogr. Versuch über die liturg. Bücher des christl. Abendlandes* (1887; Sammlung bibliothekswiss. Abhandlungen I).

§ 3. Psalterium wurde im MA. auch eine Art lat. geistlicher Gedichte genannt, deren Beziehung zu den Psalmen darin gegeben war, daß die Zahl ihrer Strophen der Zahl der 150 Psalmen entsprach. Ursprünglich sollte dabei jede Strophe eine Anspielung auf den ihr entsprechenden Psalm oder eine inhaltliche Berührung mit ihm enthalten; doch ist das keineswegs immer durchgeführt und später ganz vernachlässigt worden. Der größte Teil dieser P.en sind Marien-Psalterien. Man teilte sie auch in drei Abschnitte von je 50 Strophen ein, die bisweilen als „Rosarien" bezeichnet werden, wie das *Rosarium*, der Rosenkranz, der ebenfalls *Psalterium Mariae*, Marienpsalter, genannt wird, wegen seiner Zusammensetzung aus dreimal 50 Ave Maria.

Guido Maria D r e v e s , *Psalteria Rhythmica.* Bd. 1-2. (1900-1901; Analecta hymnica 35/36). Ders., *Psalteria Wessofontana* (1902; Analecta hymnica 38).

§ 4. Bei der großen Bedeutung, die dem Psalter für die Liturgie zukam, mußte Wert darauf gelegt werden, sein Verständnis durch Erklärung und Übersetzung vor allem dem Klerus zu erschließen, der die Psalmen täglich beten und singen mußte. Die älteste bekannte dt. Übersetzung mit Kommentar von N o t k e r L a b e o (gest. 1022) ist wohl zur Unterweisung der St. Galler Klosterschüler angefertigt worden. Interlinearversionen (s. d.) des Psalters und der Cantica reichen vom 9. bis ins 14. Jh.; sie waren sicherlich in erster Linie zum Studium für geistliche Kreise bestimmt. Mit dem 14. Jh. beginnt dann die lange Reihe der Psalterübersetzungen, die mit oder ohne den lat. Text zur Seite und mit oder ohne Kommentar in zahlreichen Hss. erhalten und auch in der Frühzeit des Buchdrucks oft gedruckt worden sind. Sie enthalten zumeist auch die üblichen Zutaten der *Cantica*, des *Te Deum*, des Glaubensbekenntnisses, der Litanei (s. d.) u. a. Gebete. Sie mögen ebensosehr zur Belehrung des Klerus wie zum Gebrauch für Nonnenklöster und als Gebet- und Erbauungsbücher für Laien benutzt worden sein. Vornehmlich an Laienkreise wandten sich die „Seelenwurzgärtlein" und ähnliche Büchlein, die als verdeutschte *Livres d'heures* und *Hortuli animae* eine Reihe von Psalmen enthielten.

Rich. H e i n z e l u. Wilh. S c h e r e r , *Notkers Psalmen nach der Wiener Hs.* (1876). Horst K r i e d t e , *Dt. Bibelfragmente in Prosa des XII. Jh.s* (1930). D e B o o r Bd. 1 (6. Aufl. 1964) S. 118 f. Wilh. W a l t h e r , *Die dt. Bibelübersetzung des MA.s.* Bd. 1—3 (1889-92; Nachdr. 1966), besonders I 119 ff. und III 557 ff. — Weitere Lit. s. *Interlinearversion*.

§ 5. Ältere gereimte Übertragungen einzelner Psalmen sind nur wenige überliefert: aus dem 10. Jh. der 138. Psalm *Uuellet ir gihôren Dâvîden den guoten* und ein Bruchstück des 139. Psalms (MSD. Nr. XIII); sodann aus dem 13. Jh. eine Übersetzung des 51. Psalms *Miserere* (Wackernagel, *Kirchenlied* II Nr. 45). Doch war bei diesen gereimten Verdeutschungen an einen Gebrauch für den Volksgesang nicht gedacht; das Bedürfnis nach sangbaren Übertragungen der Psalmen in Liedform entstand erst durch die Reformation infolge der Beseitigung der lat. Liturgie.

Die Psalmenverdeutschung von ihren ersten Anfängen bis Luther. Hg. in Gemeinschaft mit Fritz J ü l i c h e r u. Willy L ü d t k e v Hans V o l l m e r. 2 Bde (1932-1933; Bibel u. dt. Kultur 2/3). Kurt Erich S c h ö n d o r f *Die Tradition d. dt. Psalmenübersetzung. Unters. zur Verwandtschaft u. Übersetzungstradition d. Psalmenverdeutschung zwischen Notker u. Luther* (1967; Mitteldt. Fschgn. 46). — F. W i l l e m s , *Psalm 138 u. ahd. Stil.* DVLG 29 (1955) S. 429-446. Samuel S i n g e r , *Di religiöse Lyrik d. MA.s. Das Nachleben d. Psalmen* (Bern 1933; Neujahrsbl. d. Literar. Ges. Bern N. F. 10). F. W. R a t c l i f f e , *Die Psalmenübers. Heinrichs v. Mügeln.* ZfdPh. 84 (1965) S. 64-76. — Vgl. ferner den Artikel *Bibelübersetzung.*

Joseph Gotzen

§ 6. Das katholische MA. interessierte der Psalter wegen seines Lehrgehalts: *psalterium est registrum et consummatio totius theologicae paginae* (Augustin). Daher er vom 9. Jh. bis in die Zeit der frühen Drucke häufiger als irgendein anderes biblisches Buch in prosaischer Übertragung eingedeutscht wurde. Poetische Bearbeitungen erscheinen nicht, mit einziger Ausnahme der ahd. Behandlung des 138. Psalms, die aber nicht als Bruchstück einer Übersetzung des ganzen Psalters anzusehen ist. Das änderte sich mit der Reformation. Denn für die neue Form des Gottesdienstes bedurfte man der Choräle, und für sie war der Psalter der gegebene Anhalt und Ausgang, zumal man an der überkommenen, theologisch begründeten Wertschätzung dieses Buches festhielt. So hat nicht nur Luther selbst, sondern, z. T. auf sein ausdrückliches Geheiß, die ganze erste Generation der protestantischen Geistlichkeit sich mit der Umwandlung von Psalmen in Kirchenlieder befaßt. Die Stärke dieser ersten Schicht von P. liegt in der Wärme und Tiefe der religiösen Empfindung und in der Freiheit der Behandlung des biblischen Textes, die oft nur eine ganz lockere Paraphrasierung ist, zumal man auch diese Dichtung gelegentlich aktuell färbte und dogmatischen oder polemischen Zwecken dienstbar machte. Auch daß man vorerst nur einzelne Psalmen nach persönlichem Gefallen herausgriff, gab einen Vorsprung vor der Massenproduktion der Folgezeit. Aus solchen Einzelbearbeitungen einen vollständigen dt. Psalter zusammenzustellen, lag nahe; seit Ende der dreißiger Jahre des 16. Jh.s sind mehrere derartige Sammlungen erschienen, von denen die älteste, von Jochim Aberlin herausgegeben (1537), Stücke von mehr als dreißig Dichtern bietet, unter denen kaum ein hervorragender Name der Reformation bis zu Zwingli und den Calvinisten fehlt.

§ 7. Der nächste Schritt führte zu dt. Psalterien, die durchweg von demselben Bearbeiter herrührten, und dieser Form von P. gehörte die Zukunft. Den Anfang machte *Der gantz Psalter Davids* des Augsburger Geistlichen Jacob D a c h s e r (1538), und schon bis auf Opitz sind mehr als 25 solcher poetischen Psalmenübersetzungen erschienen, neben denen stückweise Bearbeitungen, wie sie noch Fischart im *Straßburger Gesangbüchlein* von 1576, z. T. mit gutem Gelingen, bot, schließlich mehr und mehr verschwinden. Formal halten sich die Bearbeitungen gewöhnlich in einfachen, sangbaren Strophen; doch erscheinen, und zwar unter den gröbsten und ledernsten Arbeiten, auch Übersetzungen in Reimpaaren (Johann Claus 1542, Vitus Abel Entter 1559, Gregor Sunderreuter 1574, Zacharias Eiring 1608). Überhaupt ragt künstlerisch nur weniges über das Niveau des Handwerksmäßigen empor und an die Leistungen des ältesten Kreises heran, am ehesten noch einige Stücke des Burchard W a l d i s (1553), der auch in der freien Behandlung und Aktualisierung der biblischen Vorbilder, ebenso in dem Kampf- und Bekennergeist seiner Lieder sich noch ganz zu der ersten Generation der Psalmendichter stellt. Nicolaus S e l n e k k e r , der seiner Psalterauslegung (1565-66) freilich nur einige Psalmenlieder eingelegt hat, ist ihm in manchem ähnlich. Zu beachten ist, wie man immer mehr treue Wiedergabe des Originals, und zwar in der Lutherschen Fassung, erstrebt, und wie man diese Treue immer bestimmter als Ziel der Bearbeitung hinstellt. Aber mit solcher Beschränkung der subjektiven Freiheit verringert sich Kraft und innerer Wert dieser poetischen Erzeugnisse zusehends, zumal die steigende Entwicklung des Kirchengesanges, besonders des chormäßigen, den untergelegten Psalmentexten etwas von ihrer selbständigen Bedeutung benahm. Es ist begreiflich, wenn in Werken wie dem *Ganzen Psalter Davids* des Cyriacus Spangenberg (1582) oder der *Himlischen Cantorey* des Franciscus Algermann (1604) das Vorwiegen musikalischer Interessen von einer formalen Vernachlässigung der Texte begleitet ist.

§ 8. Auf dem Gebiet der Sangbarkeit liegt auch der Hauptgrund, der im späteren 16. Jh. mehrere Dichter die franz. Psalmenübersetzung von Clemens Marot und Theodor Beza als Grundlage dt. Bearbeitungen wählen ließ, ein Werk reformierter Richtung. Um die Melodien übernehmen zu können, war es nötig, auch Strophe und Vers des franz. Textes silbengetreu zu kopieren. Das geschah zuerst von Paul S c h e d e - M e - l i s s u s , der aber nur die ersten 50 Psalmen erscheinen ließ (1572), bald danach (1573) durch Ambrosius L o b w a s s e r , der eine vollständige Übersetzung vorlegen konnte, die überdies an künstlerischer und sprachlicher Gewandtheit der Schedischen Bearbeitung mit ihrer künstlichen Syntax und ihrer halb gequälten, halb gespreizten Sprache erheblich überlegen war und ihre Schwäche eher in übergroßer Planheit hatte. Dieser Lobwassersche Psalter, gegen den auch eine ähnlich geartete Arbeit des noch von Opitz gerühmten Freiherrn Philipp v. Winnenberg (1588) nicht ankam, ist die erfolgreichste aller Psalmenbearbeitungen geworden: er hat der reformierten Kirche bis in die neuere Zeit als Gesangbuch gedient, ja er hat sich früher gelegentlich auch lutherische Gemeinden und Schulen erobert. Daher lutherische Konkurrenzarbeiten wie *Der Psalter Davids Gesangweis* des Cornelius Becker (1602), der unter offener Polemik gegen die reformierte Skepsis den christologischen Gehalt der Psalmen stark, bisweilen grob unterstreicht, freilich musikalisch Lobwasser seinen Vorsprung lassen mußte, weil er seine Texte den in der protestantischen Kirche üblichen Melodien unterlegte. Gleichwohl war sein Werk einflußreicher als die Bearbeitung des Johannes Wüstholz, der in seinem *Lutherischen Lobwasser* (1617) auch die ketzerischen Weisen beibehielt.

§ 9. Was der Psalmendichtung von Luther bis Opitz den Stempel gibt, ist, daß dieses erste Jh. sich an das breite Volk wendete und aus den Psalmen Choräle schuf, die gesungen werden sollten. Nebenher läuft freilich fast von Anfang an eine künstlichere, wesentlich aufs Lesen berechnete Form der Psalterbearbeitungen, aber sie ist l a t e i - n i s c h. Bis zu Opitz' Anfängen sind in Deutschland an die 15 poetische Bearbeitungen des Psalters in lat. Sprache entstanden, formal denkbar bunt, von rein antiken Vers- und Strophenmaßen bis zur Nachbildung dt. Strophenformen. Am Anfang steht das von Luthers Beifall begrüßte *Psalterium Davidis* (in elegischen Versen) des Eobanus Hessus (1542); einen späten Nachläufer bildet der eigentümliche lat.-dt. *Davidische Jesuspsal-*

ter des Narciss Rauner (1670), den Spener einleitend empfahl.

§ 10. Diese gelehrte, unvolksmäßige Tendenz bleibt auch die Signatur für die dt. P. im O p i t z i a n i s c h e n J a h r h u n d e r t. Nicht daß man auf den Gesang bereits verzichtete, aber auf Vers, Reim, Diktion wird solch Gewicht gelegt, daß diese jüngeren Bearbeitungen notwendig mehr und mehr den Charakter von Lesewerken annahmen; und einige Werke wie die umständlichen und künstlichen Psalmenparaphrasen Weckherlins wollen nur noch so genommen sein. Auch darin bewährt sich der gelehrte Zug der Bearbeitungen des 17. Jh.s, daß man, statt sich mit dem Luthertext zu begnügen, des öfteren auf die hebraica veritas zurückgeht (so, nächst Opitz, Georg Werner, der 1638 und 1643 zweimal 50 Psalmen Davids erscheinen ließ). Im übrigen war Opitz nicht der erste, der die Regeln der neuen Verskunst auf die P. anwendete. Schon 1628 ließ Johann Vogel 12 Psalmen nach neuer Manier, und zwar in Alexandrinern, erscheinen (1638 den ganzen Psalter), 1631 kamen die 10 Bußpsalmen Flemings heraus, ebenfalls in Alexandrinern abgefaßt, und auch der *Poetische Psalter Davids* des Andr. Heinr. Bucholtz (1640), dessen „Zierlichkeit" noch Spener hoch belobte, ist vor dem Erscheinen der Opitzischen Bearbeitung begonnen. Diese kam, nach mehreren Einzelveröffentlichungen, 1637 heraus, glatt und elegant, verhältnismäßig schlicht in den Formen, aber dem hymnischen Charakter der Psalmen so wenig konform wie die anderen Bearbeitungen dieser Richtung, etwa die Psalmen des Landgrafen Ludwig von Hessen (1657) die *Davidische Herz-Lust* des Const. Christ Dedekind (1669), die mit ausgesprochener Absicht ihr ganzes Augenmerk auf Vers und Reim richtet, der *Lust- und Artzeney-Garten des Königlichen Propheten Davids* von Freiherrn v. Hohberg (1675), eine Alexandriner bearbeitung, die sich schon durch die kostbaren emblematischen Kupfer zu jedem Psalm als ein bibliophiles Lesewerk darstellt Freilich fehlt es auch an Reaktionserscheinungen nicht. Die *Musica Sionia* des Danie Zimmermann (1656) ist eine Bearbeitung die in ihrem bewußten Verzicht auf die mo dernen Zierate, der Schwerfälligkeit ihre Form und der Wärme und Echtheit ihre Empfindung noch ganz den Geist des 16. Jh atmet; und die *Neugestimmte Davidsharfe* des Christian v. Stöcken (1656) legte es darauf an, die Opitzische Übersetzung dem Luthertext anzubequemen, stieß auch die Lobwasserschen Melodien ab, an die sich Opitz noch gehalten hatte.

§ 11. Auch im 18. Jh. dauert der Strom der Psalmenbearbeitungen in unverminderter Stärke an: jede Veränderung des literarischen Geschmacks, jede Neuerung poetischer Formgebung macht das Genos getreulich mit. Aber Werke, die für den Gesang bestimmt sind oder wenigstens diese Fiktion aufrechterhalten, werden nunmehr selten. Dahin gehören als verbreitetstes Werk die mehrfach aufgelegte Übersetzung des Joh. Jak. Spreng, „auf die gewöhnlichen Singweisen gerichtet" (1741), oder die des Daniel Wolleb (1751), die den veralteten Lobwasser ersetzen möchte. Im allg. bekennen sich die Bearbeitungen als reine Lesewerke, die bisweilen schon im Titel ihre literarische Richtung erkennen lassen. So erschienen 1746 erstmalig *Oden Davids* von S. G. L. (Samuel Gotthold L a n g e); ihr Verfasser stellt sich als Anhänger Breitingers vor, dem das Werk gewidmet ist, und proklamiert die Psalmen Davids als Muster der Ode, ohne daß er freilich schon auf den Reim zu verzichten wagte. Und die künstlerische Form der Ode in diesem freien Sinne herrscht auch in den Bearbeitungen des späteren 18. Jh.s vor, die sich mehr oder minder stark von Klopstock beeinflußt zeigen. Mit der Lockerung der Form geht öfter eine Befreiung vom Inhalt der Vorlage Hand in Hand, so daß an die Stelle von Übersetzungen wieder freie Paraphrasen treten. So nähert sich auf gewisse Weise die P. nun ihren Anfängen im 16. Jh., auch darin, daß man öfter wieder nur Auszüge nach subjektiver Wahl bearbeitet (Joh. Ad. Schlegel in den *Bremer Beiträgen*) und eine Übersetzung des ganzen Psalters ablehnt (so sehr entschieden Lavater in seinen *Auserlesenen Psalmen Davids* 1765). Die stärkste dichterische Leistung dieser Zeit ist die *Poetische Übersetzung der Psalmen* von Joh. Andr. C r a m e r (von 1755 an), in sehr freien Strophenmaßen, aber noch gereimt. Auch in die wenig paßrechte Form antiker Metra hat man die Psalmen wiederholt gegossen (Jos. Ant. Cramer 1787, Ernst Wetisl. Wilh.

v. Wobeser 1793, am gelungensten noch J. Zobel 1790). *Arthur Hübner*

§ 12. Eine neue Gruppe von Psalmendichtungen beginnt mit Herder und Mendelssohn, die in Freien Rhythmen übersetzen und die beide vom Hebräischen ausgehen. Herder, der sich schon 1772 mit Psalmenübersetzungen beschäftigt hatte, übertrug in seinen ersten Weimarer Jahren 51 Psalmen und eine Anzahl anderer biblischer Dichtungen für sein Werk *Vom Geist der Ebräischen Poesie*, 1782-83. Es sind wohl die schönsten dt. Psalmenbearbeitungen seit Luther. Mendelssohn, in der hebräischen Sprache wie in der deutschen zu Hause, hatte den Klang der Gebete der Synagoge im Ohr und paßte seine Übertragung dem Urbild eng an, knapp und herb, sachlich und mit verhaltenem Schwung. — Im allgemeinen aber blieb man bei Übertragungen in den zeitüblichen Formen, d. h. in Reimstrophen oder in antikisierenden Odenmaßen. Seit dem Ausgang des 18. Jh.s nahmen auch kathol. Schriftsteller, meist Geistliche, lebhaft daran teil, denn die kathol. Aufklärung brachte eine Wendung zur Volkssprache und vollzog den literar. Anschluß an Norddeutschland, insbesondere an Klopstock. Übertragungen in Reimstrophen gaben F. K. Kienle, 1787; M. F. Jäck, 1817; J. F. Weinzierl, 1819; antike Formen benutzten J. Zobel, 1790, und Friedrich Leopold Graf Stolberg (dessen Übertragung, bald nach 1800 geschrieben, erst 1918 gedruckt wurde). — Auch im 19. Jh. entstand eine Fülle von Nachdichtungen der Psalmen in Kirchenliedform (typisch etwa Wilh. Koethe, 1845, oder Julius Hammer, 1861); doch sie sind alle sprachlich schwach und bleiben formal in den gängigen Strophenarten. Der Versuch von Wilhelm Storck, den parallelismus membrorum der zwei Psalmen-Halbverse durch deutsche Stabreime aus zwei Halbversen wiederzugeben, ist nur als Form-Experiment bemerkenswert. (*Die Psalmen in stabreimenden Langzeilen*, 1904.)

§ 13. Aus ganz anderem Welt- und Sprachempfinden, nämlich aus der Aufgewühltheit expressionistischen Geistes, kam die Übersetzung von Theodor Tagger, 1918, die in kühner Wortprägnanz, locker-assoziativer Satzfügung und freier Rhythmik den Text wiedergibt, knapp, hymnisch und ausdrucksstark. 1925 begannen Martin Buber und Franz Rosenzweig eine Bibelübersetzung, die in erster Linie für das deutsche Judentum gedacht war. In ihr erschienen 1927 die Psalmen *Das Buch der Weisungen*, von Buber übertragen; seine freien Rhythmen bleiben denen des Urbilds nahe, und seine Wortwahl versucht, die Hauptbegriffe des religiösen Wortfeldes der Psalmen eindeutig wiederzugeben. — Rudolf Alexander Schröder, der sich in seiner Spätzeit viel mit dem Kirchenlied des 16. und 17. Jh.s beschäftigte und Abhandlungen darüber veröffentlicht hat, dichtete 1937-40 einige Psalmen in Kirchenlieder um, in der Sprache seiner Zeit, der Form und Art nach aber die Tradition von Paul Gerhardt, der Psalmen in Kirchenlieder umgeformt hatte, fortsetzend (*Werke*, Bd. 1, 1952, S. 940 ff.).

Die kathol. Kirche hatte den Psalter seit je in der lat. Fassung der Vulgata benutzt. Da die moderne Bibelphilologie nachwies, daß viele Stellen treffender und besser übersetzt werden könnten, ordnete Papst Pius XII. im Jahre 1941 an, daß eine neue lat. Übers. durch eine dafür eingesetzte Kommission erarbeitet werde. Sie erschien 1945 und wurde vom Papst für das Breviergebet empfohlen, jedoch nicht allgemein vorgeschrieben. (Einige monastische Orden benutzen weiterhin den alten Text.) Dieser lat. Text (*Psalterium Pianum*) wurde die Grundlage für die dt. Übersetzung von Romano Guardini, 1950, deren Sprache und Klang, obgleich eng an das Vorbild anschließend, eine Geschultheit durch dt. Verse, zumal die Freien Rhythmen seit Klopstock, erkennen läßt. Guardinis Übertragung ist in den dt. Bistümern eingeführt, sofern nicht der lat. Text benutzt wird.

§ 14. Die dt. Übersetzungskunst hat sich wohl keinem Werk so vielfach zugewandt wie den Psalmen. Die Zahl der Übertragungen vom 16. bis zum 20. Jh. ist so groß, daß man jeden Wandel des literar. Stils daran ablesen kann. Die Psalmen wurden einerseits getreu übersetzt, und unter den vielen Werken dieser Art gibt es Meisterwerke der Übersetzungskunst (Luther, Herder, Mendelssohn). Sie haben anderseits immer wieder zu freien Ausgestaltungen angeregt, und unter diesen Umformungen gibt es Lieder, die in den festen Bestand deutscher Lyrik eingegangen sind (Luther, Paul Gerhardt

u. a.). Nur wenige dichterische Übersetzer übertrugen unmittelbar aus dem Hebräischen (Luther, Herder, Mendelssohn, Buber); die lutherischen Psalmendichter benutzten Luthers Übersetzung und setzten diese in Verse und Strophen um. Die kathol. Psalmenlieder sind meist von Geistlichen verfaßt, die auf Grund der Vulgata arbeiteten. Oft lagen den Bearbeitern mehrere Übertragungen zugleich vor; Lobwasser hatte außer dem Hugenottenpsalter auch Luthers Übersetzung zur Hand. Die Psalmen haben der deutschen Sprache und Dichtung eine Fülle von Bildern und Ausdrücken vermittelt, die zumal die religiöse Denk- und Gefühlswelt bereichert haben. Darüber hinaus haben sie durch das Medium von Luthers Übersetzung die Schaffung der Freien Rhythmen als dichterischer Form mit angeregt, bei Klopstock, der diese Form dann an Goethe und Hölderlin weitergab.

Das Interesse an den Psalmen ist immer ein religiöses gewesen, erst in zweiter Linie ein künstlerisches. Sie waren gottesdienstliche Texte, und in dieser Funktion sind sie seit Jahrtausenden gesungen, gesprochen und gelesen worden. Sie haben die europäischen Literaturen, seitdem diese sich schriftlich auszuformen begannen, immer wieder bereichert. So gehören die dt. Psalmendichtungen in eine Tradition, die lückenlos ist und dauernd wirksam gewesen ist. Hier zeigt sich also eine Kontinuität, wie sie in der Weltliteratur nur selten vorkommt.

A Dictionary of Hymnology. Ed. by John Julian (London 1925) S. 1542 ff., bibliographiert 135 vollständige dt. poet. Übertragungen und nennt mehr als 100 unvollständige oder in Prosa geschriebene. E. Werner, Bruno Stäblein u. Ludwig Finscher, *Psalm*. MGG. Bd. 10 (1962) Sp. 1668-1713; ausführlich und gründlich. Jos. Kehrein, *Kathol. Kirchenlieder, Hymnen, Psalmen* 4 Bde (1859-65; fotomech. Neudr. 1965). Insbes. Bd. 1, S. 63-67, Bd. 3, S. 113-422. Ph Wackernagel, *Das dt. Kirchenlied von der ältesten Zeit bis zum Anfang des 17. Jh.s* 5 Bde (1864-77; fotomech. Neudr. 1964), enthält 541 Psalmenlieder, die durch die Register mühelos zu finden sind. Albert Fr. Wilh. Fischer u. Wilh. Tümpel, *Das dt. ev. Kirchenlied d. 17. Jh.s* 6 Bde. (1904-1916 fotomech. Neudr. 1964), enthält 183 Psalmenlieder und vorzügliche Bibliogr. Julius Petersen u. Erich Trunz, *Lyrische Welt dichtung in dt. Übertragungen aus 7 Jahr hunderten*. (1933; Literarhistor. Bibl. 9), mi Bibliogr. Goedeke, *Grundriß* Bd. 2 (1893

S. 172 f.; Bd. 7 (1900) S. 589 ff. Phil. Jacob S p e n e r s Einleitung zu: Narziß Rauner, *Davidischer Jesus-Psalter* (Augspurg 1670), nennt viele neulat. Psalmendichtungen des 16. und 17. Jh.s — Eine Fülle von Psalmenübersetzungen und -nachdichtungen aus den Jahren 1750-1832 nennt: Chr. Gottl. K a y s e r, *Vollständiges Bücher-Lexicon.* Bd. 4 (1834) S. 409 ff. Für die Jahre nach 1832 sind die jeweiligen Bände von Kaysers Bücher-Lex. unter dem Stichwort *Psalmen* heranzuziehen. Max H o r n, *Der Psalter des Burckard Waldis.* Diss. Halle 1911. Helmut L e r c h e, *Studien zu den dt.-evangel. Psalmendichtungen des 16. Jh.s.* Diss. Breslau 1936. MGG. Bd. 2 (1952): Walter B l a n k e n b u r g, *Calvin,* Sp. 653-666 u. Henry A. B r u i n s m a, *Calvinistische Musik,* Sp. 666-674. E. T r u n z, *Die dt. Übers. des Hugenottenpsalters.* Euph. 29 (1928) S. 578-617. Ders., *A. Lobwasser.* Altpreuß. Forschungen 9 (1932) S. 29-97. Ders., *Über dt. Nachdichtungen d. Psalmen seit d. Reformation,* in: Gestalt, Gedanke, Geheimnis. Festschr. f. Joh. Pfeiffer (1967) S. 365-380. Max E i t l e, *Studien zu Weckherlins Geistlichen Gedichten.* Diss. Tübingen 1911. Hugo M a x, *M. Opitz als geistlicher Dichter* (1931; BeitrNLitg. 17). Friedr. Aug. H e n n, *Matth. Jorissen, der dt. Psalmist* (1955). Rudolf H a y m, *Herder.* Bd. 2 (1885). *Encyclopaedia Judaica* Bd. 4 (1929) Art. *Bibel* (Übersetzungen). Augustin B e a, *Die neue lat. Psalmenübersetzung* (1949).

Erich Trunz

Publikum s. Soziologie der Literatur.

Puppentheater

§ 1. Aufführung oder Bühne, in der an Stelle von lebendigen Schauspielern Puppen bewegt werden, denen Puppenführer und andere Mitwirkende ihre Stimme leihen. Nach der Führungstechnik unterscheidet man: 1. H a n d p u p p e n (dt. Kasperletheater, franz. Guignol); 2. S t o c k - o d e r S t a b p u p p e n (javanisches Wajang-Golek, Kölner Hänneschen), die auf einem von unten geführten Stock aufsitzen, wobei ein Arm oder beide, gelegentlich auch der Kopf, mit Stäben bewegt werden; 3. M a r i o n e t t e n (Faden- oder Drahtpuppen), deren mit Gelenken versehene Körper an Fäden oder Drähten hangen, die meist von einem Spielkreuz aus gespannt oder gelockert werden; 4. F i g u r e n t h e a t e r (bewegliche Weihnachtskrippen, Theatrum mundi d. h. Szenen der Zeitgeschichte, Kinder- oder Papiertheater), in dem flächige Figuren aus Holz, Metall oder Karton von unten in Rillen verschoben werden; 5. S c h a t t e n t h e a t e r, das durch die Bewegung von flachen oder reliefartigen Puppen aus bemaltem Leder, Pergament oder schwarzem Papier hinter einer beleuchteten Leinwand entsteht; 6. A u t o m a t e n, deren Puppen sich mittelst Gegengewicht, Uhrwerk, Hydraulik und anderer Technik von selbst bewegen. Dazu kommen noch Abarten: wie Marionetten, die an einem einzigen Haken hangen, der bewegt wird (Lütticher Marionetten); Metamorphosen, d. s. bemalte Pappfiguren mit waagrechten Klappteilen in der Mitte, welche eine schnelle Verwandlung ermöglichen; Handschattenspiel (Ombromanie) am Ende des 19. Jh.s; in neuester Zeit Spiel mit bloßen oder behandschuhten Händen und von unten geführten Gegenständen wie Papier, Straußenfedern, Spiralen u. a., die Personen bloß suggerieren ('Tragédie de papier' und 'Les mains seules' von Ives Joly in Paris, Fred Schneckenburgers Puppen-Cabaret in Zürich). Von den Spielvoraussetzungen hängen auch die Theaterstücke ab. Das Handpuppenspiel z. B. ermöglicht im Allgemeinen nur das gleichzeitige Auftreten von zwei oder drei Figuren an der Spielleiste, sofern diese nicht überwunden wird (Max Jakob in Hohnstein) oder die Aufführung in einem Rundtheater stattfindet (Fred Schneckenburger). Durch die Führung steht die Handpuppe in unmittelbarstem Kontakt mit dem Spieler, daher liegt dem Handpuppenspiel Aktualität und Ansprache des Publikums näher als dem Marionettentheater, das hingegen größere Ansprüche an Text, Kostüm und Dekoration stellt. Zwischen beiden steht das Stockpuppentheater; die dreigeteilte Bühne des Hänneschentheaters bietet besondere Möglichkeiten für Zwischenspiele: rechts von der etwas zurückliegenden Mittelbühne mit Vorhang auf einer offenen Dorfstraße, links auf einer Straße in der Stadt.

Philipp L e i b r e c h t, *Über Puppenspiele u. ihre Pflege* (Innsbruck 1921; BVB Bundesschriften). Peter Richard R o h d e n, *Das Puppenspiel* (1922; Unser Volkstum 2). Alfred A l t h e r r, *Schatten- u. Marionettenspiele* (Zürich 1923; Schriften d. Gemeindestube 1). Leo W e i s m a n t e l, *Das Werkbuch d. Puppenspiele* (1924). Lothar B u s c h m e y e r, *Die ästhet. Wirkungen d. Puppenspiels.* Diss. Jena 1931. Fritz E i c h l e r, *Das Wesen d. Handpuppen- u. Marionettenspiels* (1937; Die Schaubühne 17). Luzia G l a n z, *Das Puppenspiel u. s. Publikum* (1941; NDtFschgn. 33). Ergenij S. D e m e n i j, *Puppenspiel auf d.*

Bühne. Handbuch des Puppenspiels. Aus d. Russ. übers. von Alice Wagner (1951). Klaus E i d a m , *P. u. Autor. Referat auf d. Konferenz d. Puppenspieler u. Autoren am 20./21. Mai 1959 in Karl-Marx-Stadt* (1959). — Erich S c h e u r m a n n , *Handbuch d. Kasparei.* Vollst. *Lehrbuch d. Handpuppenspiels* (1924). Ders., *Spielt Handpuppentheater* (1930). Carl I w o w s k i , *Darstellungskunst mit Handpuppen* (Berlin 1925). Friedrich A r n d t , *Das Handpuppenspiel. Erzieherische Werte u. praktische Anwendung* (Kassel 1950; 3. Aufl. 1961). Friedrike S c h i n d l e r , *Das Lyoner Puppentheater - Spiegel des Lyoner Volkscharakters* (Masch.) Diss. Innsbruck 1960. Rodolphe de W a r s a g e , *Histoire du célèbre Théatre Liégeois de Marionnettes* (Bruxelles 1905). Ders., *Das altehrwürdige Lütticher Marionettentheater.* Theater der Welt 2 (1938) S. 4-8. — Heinrich M e r c k , *Die Kunst der Marionette* (1948; Hamburger Theaterbücherei 7). Holger S a n d i g , *Die Ausdrucksmöglichkeiten d. Marionetten u. ihre dramaturgischen Konsequenzen.* Diss. München 1958. Eric B r a m a l l , *Making a start with Marionettes* (London 1960). Ders., *Puppet Plays and Playwriting* (London 1961). Bil B a i r d , *The Art of the puppet* (London 1965). — Edmund W a l l n e r , *Schattentheater, Silhouetten und Handschatten.* Oscar C h a m i s s o , *Die Kunst der Schattenbilderdarstellung, theoretisch und praktisch erläutert* (4. Aufl. 1895). Adolf A g - m a n n , *Der Schattenspiel-Künstler.* Vollst. *Anleitung z. Anlernung der Schattenspielkunst* (1900). Friedrich Wilhelm F u l d a , *Schattenspiele. Erfahrungen und Anregungen* (1914; Bühne u. Spiel 1). Leo W e i s m a n t e l , *Schattenspielbuch* (1930; Bücherei d. Adventstube 2). Margarete C o r d e s , *Die Technik d. Schattenspiels mit beweglichen Figuren* (1950). Max B ü h r m a n n , *Das farbige Schattenspiel. Besonderheit, Technik, Führung* (Bern 1955; Hochwächter-Bücherei 12). Janina S k o w r o n - s k a - F e l d m a n o v a , *Wie Jan Theaterdirektor wurde. Die Entstehungsgesch. e. Schattentheaters mit Konstruktionszeichnungen, Figuren, Bühnenbildern u. e. Szenarium.* Dt. Übers. v. Ruth Nagel u. Barbara Sparing (1956). Olive B l a c k h a m , *Shadow Puppets* (London 1960). Josef R e n n h a r d , *Unser Schattentheater* (Solothurn 1962). — Leo W e i s m a n t e l , *Buch der Krippen* (1930; Bücherei d. Adventstube 3).

§ 2. Der Ursprung des P.s liegt im Dunkeln. An seinen Anfängen stehen einerseits das Kinderspiel mit Puppen, andrerseits das bewegliche Götzenbild. In einem Zauberjagdspiel der Wilden Wedda auf Ceylon wird das Wildschwein, aus Blättern, Gras und Zweigen gefertigt, von einem Knaben, der das Quieken des verendenden Tieres nachahmt, an einer Liane hin und hergezogen. Bei den Primitiven Afrikas und Ozea-

niens kommen bewegliche Puppen bei kultischen Feiern vor. Die javanischen Begriffe *wajang* (Spiegelbild, Theater), *dalang* (Puppenspieler, der die Toten in Abbilder bannt) und *kelir* (Bildschirm) gehören einer praehistorischen Sprachperiode an. *Wajang-pûrwa* ('antikes Theater' im Gegensatz zum neueren *wajang-wong* d. h. 'Menschentheater') heißt das Spiel mit reliefartigen und flachen Figuren aus bemalter Büffelhaut, welche den Mythos Râmas darstellen; sie werden von den Männern hinter dem Schirm als Puppen, von den Frauen vor dem Schirm als Schattenfiguren gesehen. Auf das hohe Alter des P.s weist auch der indische Mythos, in dem sich Gott Shiva in die von seiner Frau Parva hergestellte Puppe verliebt, ihr Leben einhaucht und sie als Gesandte zu den Menschen schickt. *Sûtradhârah* d. h. Fadenhalter, wird noch im 10. Jh. n. Chr. der indische Theaterdirektor genannt. Uralt sind die bunten transparenten Schattenspielfiguren Chinas.

In Ägypten sind hölzerne Gelenkpuppen aus dem Jahre 1900 v. Chr. gefunden worden. Herodot (484-425 v. Chr.) berichtet von beweglichen ägypt. Götterstatuen, Dio Cassius (155-240 n. Chr.) von ägypt. Plastiken, die Blut vergießen, vor Angst schwitzen und vor Schrecken umfallen. Die griech. Marionetten aus Ton, Wachs, Elfenbein und Holz, ausnahmsweise auch aus Bronze und Silber, heißen *agálmata neurospásta* (mit Fäden bewegliche Bilder), was auf ihren religiösen Ursprung hinweist. Xenophon schildert in seinem *Symposion* das Gastspiel eines syrakusanischen Wanderkomödianten im Hause des reichen Kallias in Athen, der 422 v. Chr. eine Pantomime mit lebendigen Darstellern und auch (zum Mißfallen des Sokrates) ein Puppenspiel vorführt. Athenaios erwähnt in seinem Sammelwerke *Deipnosophistai* den Marionettenspieler Potheinos, einen Nachfahren des Euripides, dem die Athener um 300 v. Chr. sogar das Dionysostheater zur Verfügung stellten. Aristoteles berichtet von *autómata thaúmata* (sich selbst bewegende Erscheinungen), wie einer mittelst Quecksilber beweglichen Venus aus Holz, die Dädalus zugeschrieben werde. Heron von Alexandria gibt im 2. Jh. v. Chr. ein Werk über die von ihm konstruierten Automaten heraus: mittelst Fäden und Gegengewichten bewegliche Figuren, die auf beweglicher Bühne

z. B. eine Apotheose des Bacchus oder auf
statischer Bühne mit Dekorationswechsel
kleine Tragödien mit Zwischenspielen darstellen. Titus Livius (59 v. Chr.-17 n. Chr.)
berichtet von beweglichen röm. Götterstatuen, Horaz von „an Strängen beweglichen
Holzfiguren" (*nervis alienis mobile lignum*).
Noch im 12. Jh. bedauert Eustathios, Erzbischof von Thessalonike, die Blüte der Marionettenspiele. Ausläufer des griech.-röm.
P.s ist das türkische und griech. Schattenspiel.

Schon in der Antike erscheint das P. als
Bild des menschlichen Lebens und Schicksals, und dieses Motiv wird als Topos an das
MA. und die Neuzeit weitergegeben. Platon
vergleicht den Menschen mit einer Marionette in der Hand der Götter und seine Leidenschaften mit den Fäden, die ihn ziehen,
Aristoteles den Meister des Universums mit
einem Marionettenspieler, der die Menschen
wie Puppen an Kopf, Augen, Händen, Schultern und allen Gliedern bewegt. Horaz, dann
der Satiriker Persius Flaccus (34-62) und
Kaiser Marcus Aurelius stellen die Hand-
lungsfreiheit des Menschen durch den Vergleich mit der Marionette infrage. Synesius,
Bischof in Ägypten um 370 n. Chr., vergleicht
die Einwirkung Gottes auf die Dämonen mit
den Handgriffen des Puppenspielers. Realistischer sieht der röm. Arzt Gallienus (131
-201) den Mechanismus des menschlichen
Körpers im Bilde der von Fäden geführten
Marionette.

Oskar E b e r l e, *Cenalora. Leben, Glaube,
Tanz u. Theater d. Urvölker* (1954; Schweizer
Theater-Jb. d. Schweiz. Ges. f. Theaterkultur
22/23) S. 152. Carl N i e s s e n, *Handbuch d.
Theaterwissenschaft.* 1, 2 (1953) S. 341-347,
1, 3 (1958) S. 666 f., 678-680, 696 f., 705 f., 794,
1010-1015, 1062-1066, 1079, 1226. — Godard
Arend Joh. H a z e u, *Bijdrage tor de kennis
van het javaansche tooneel* (Leiden 1897). J.
K a t s, *Het javaansche tooneel.* 1: Wajang
poerwa (Weltevreden 1923). Otto H ö v e r,
Javanische Schattenspiele (1923). Erich H o r -
s t e n, *Beiträge z. Erforschung d. javanischen
Schattentheaters* (Masch.) Diss. Wien 1963. —
Richard P i s c h e l, *Die Heimat* [Indien] *des
Puppenspiels* (1900; Hallesche Rektoratsreden
2). Otto S p i e s, *Das indische Schattentheater*
(Theater der Welt II 1 S. 1 ff.). — Josef
R a a b e, *Die Donnergipfel-Pagode. E. Beitr.
z. Gesch. d. chines. Schattenspiels.* Diss. Bonn
1940. Max B ü h r m a n n, *Studien über das
chines. Schattenspiel* (1963; Lüdenscheider Beiträge 10). — Curt P r ü f e r, *Ein ägyptisches
Schattenspiel.* Diss. Erlangen 1906. Paul K a h -

l e, *Zur Gesch. d. arabischen Schattenspiels in
Egypten* (1909; Neuarabische Volksdichtung
aus Egypten 1). — Otto S p i e s, *Türkisches
Puppentheater. Versuch e. Geschichte d. P.s im
Morgenland* (1959; Die Schaubühne 50). Georg
J a k o b, *Das Schattentheater in seiner Wanderung vom Morgenland zum Abendland.* Vortrag (1901). Ders., *Gesch. d. Schattentheaters*
(1907; 2. Aufl. 1925 mit bibliogr. Nachtr. 1929
u. 1930). Ders. u. Paul K a h l e, *Das orientalische Schattentheater.* 3 Bde (1930—1933). —
Karl H a g e m a n n, *Spiele der Völker* (1919)
S. 130-137, 149-165, 253-261. — Albert M a y -
b o n, *Le Théâtre Japonais* (Paris 1925) S. 30-
38. Charles James D u n n, *The early Japanese
puppet drama* (London 1966). — Alfred C h a -
p u i s u. Edouard G é l i s, *Le Monde des automates.* 2 Tle (Paris 1928). — Camille P o u -
p e y e, *Danses dramatiques et théâtres exoti-
ques* (Bruxelles 1941; Les Cahiers des Journals
des poètes. Série théatrale 87. — Charles M a -
g n i n, *Histoire des marionnettes en Europe
depuis l'antiquité jusqu'à nos jours* (Paris 1852;
2. Aufl. 1862). Victor P r o u, *Les théâtres
d'automates en Grèce au II ième siècle avant
l'ère chrétienne* (Paris 1881; Mémoires prés.
par divers Savants à l'académie royale des
inscr. et belles lettr. 9,2).— Hermann R e i c h,
Der Mimus (1903) I 2 S. 669-675, 686-693,
833-836. Max von B o e h n, *Puppen u. Puppenspiele.* 2 Bde (1929; engl. Ausg. 1932; rev.
ed. 1956). Guilio C a ï m i, *Karaghiozi ou La
comédie grecque dans l'âme du théâtre d'ombres* (Athènes 1935). Edmund S t a d l e r, *Wo-
her kommen die Marionetten?* Der kleine
Bund 28 (Bern 1947) Nr. 14, S. 56-58. Denis
B o r d a t u. Francis B o u c r o t, *Les théâtres
d'ombres. Histoire et techniques* (Paris 1956).
Gabrielle W i t t k o p - M é n a r d e a u, *Von
Puppen u. Marionetten. Kleine Kulturgesch.
für Sammler u. Liebhaber* (Zürich 1962).

§ 3. Mittelst Fäden oder Federn bewegliche Christus-, Marien- und Heiligenfiguren
sind anscheinend schon im 7. Jh. von der
christl. Kirche in Byzanz nach heidnischem
Vorbild eingeführt und später vom Abendland übernommen worden. Das altehrwürdige Kruzifix von Boxley, dessen Christus-
figur Augen und Mund bewegen konnte,
wird 1538 als Teufelswerk zerbrochen. Ein
ebenso alter Gekreuzigter aus der Bretagne
mit vier beweglichen Figuren zu seinen
Füßen ist in einer Sammlung in London erhalten, ein hölzerner Palmesel mit Christus,
der einen beweglichen Arm hat, in Aachen,
der barocke Torso eines Gekreuzigten aus
Holz, der im Tode mittelst einer Feder das
Haupt senkt und Blutfarbe verströmt, wenn
ihn die Lanze des Longinus an der Seite berührt, in Brig (Wallis). Ein fast vier Meter
hohes Kreuz mit einem beweglichen Christus

im Rahmen eines christl. Missionsspiels mit lebenden Darstellern sah noch Ende des 18. Jh.s ein franz. Reisender in Indien. In der Provence gibt es „Crèches parlantes": von unten geführte, mit einem Hebelwerk an den Armen bewegte Figuren führen Weihnachtsspiele auf, in denen auch profane Szenen vorkommen.

Im christl. Byzanz wird auch die Kunst der Automaten weiter entwickelt und an die Araber vermittelt, die ihrerseits das Abendland damit beschenken. Hydraulische Automatenuhren mit beweglichen Figuren lassen Harun-al-Raschid Kaiser Karl d. Gr. (807) und Sultan Saladin von Ägypten Kaiser Friedrich II. (1232) überbringen. Automaten werden in Albrechts von Scharfenberg *Jüngerem Titurel* (um 1270) bei der Beschreibung des Graltempels erwähnt: fliegende Engel, eine an einer Schnur herabschwebende Taube und verschiedene, auf einem goldenen Baume singende Vögel. 1356-1361 wird in der Marienkapelle in Nürnberg ein „Männlein-Laufen" eingerichtet. Eine mechanische Krippe stellt der Augsburger Goldschmied Hans Schlottheim 1585 für den Churfürsten Christian I. von Sachsen her. Unterhalb der Orgel im Nordschiff des Straßburger Münsters bewegten sich früher mittelst Drähten, die mit den Pedalen verbunden waren, ein lebensgroßer Samson auf einem brüllenden Löwen, dem er das Maul öffnete (seit 1489), und zu beiden Seiten ein Trompetenbläser und ein „Meistersinger". Heute noch funktionieren Automatenwerke u. a. am Zeitglockenturm in Bern. Auch die Karussell-Orgeln bewahren noch Reste davon.

Vermutlich auf ein von unten geführtes Figurentheater bezieht sich der Ausdruck *himmelreich*, der in Basler Zollerhebungen 1470 und 1474, einem Wiener Ratserlaß 1479, in Zürcher Wörterbüchern des 16. Jh.s und in Nürnberger Ratserlassen derselben Zeit im Zusammenhang mit umherziehenden Gauklern gebraucht wird. In einem Straßburger Ratsprotokoll 1513 werden „himmelreich und puppenspiel, wo in der messzeit pflegen gehalten zu werden" erwähnt. In einem Nördlinger Ratsprotokoll 1575 ist von „gaukelspiel" oder „himmelrich" die Rede; Frischlin (1547-1590) übersetzt *himmelreich* mit „ludus puparum", was keinen Zweifel an seinem Spielcharakter

läßt. Daß dabei auch komisch-dämonische Szenen vorkamen, erweist eine Stelle der *Narrenbeschwörung* von Thomas Murner (1512), wo in einem *himelrych* Meister Isengrimm einer Begine den Braten stiehlt und den Ehebrechern mit seinem Pfeil die Nase abschießt, ein Knabe um sich schlägt und die Leute narrt und ein Mönch ein Kissen nach einer Äbtissin wirft. Passions- und andere geistliche Spiele, die ausdrücklich „von Figuren" dargestellt werden, sind im späten 16. Jh. und nachher mehrfach bezeugt.

Noch in der 2. H. des 18. und im beginnenden 19. Jh. gibt es in Wien und Niederösterreich z. T. mechanische, z. T. von unten geführte Krippenspiele, wie z. B. in St. Pölten, wo das Spiel von den Paradeisszenen über die Christgeburt bis zu Christi Lehrtätigkeit reicht. In Hötting bei Innsbruck entfaltet sich aus ähnlichen Grundlagen das 'Peterlspiel', bei dem allmählich der lokale Lustigmacher Peterl dominiert. Auf rhein. Krippenspiele mit von unten geführten Figuren geht das 1802 eröffnete 'Hännesche-theater' in Köln zurück, ein Stockpuppentheater, das ursprünglich 'Kreppche' hieß. Noch heute ist das 'Steyrer Krippl' erhalten, das mit mechanischen Mitteln den Einzug der hl. drei Könige, eine Fronleichnamsprozession, die Parade der Bürgergarde, Schlittenfahren, Kindstaufe, den Steyrer Schiffszug und die Einkehr des hl. Nikolaus vorführt.

A l b r e c h t von Scharfenberg, *Der jüngere Titurel.* Hg. v. Werner Wolf. Bd. 1 (1955; DTMA. 45) S. XXXVII, 86 (344), 88 f. (352. 353), 99 (392-395). Albert C a r l e n, *Das Oberwalliser Theater im MA.* Schweizer. Archiv f. Volkskde 42 (1945) S. 70 u. 102. — A.-M. V i x - B e u l a y, *L'Enigme du Roraffe. Essai sur les mannequins articulés du buffet des orgues de la cathédrale de Strasbourg.* L'Alsace française 20 avril 1935, S. 5-59. — A. Rudolf J e n e w e i n, *Das Höttinger Peterlspiel* (Innsbruck 1903). Ders., *Alt-Innsbrucker Hanswurst-Spiele. Nachträge zum Höttinger Peterlspiel* (Innsbruck 1905). Margarete B i s c h o f f, *Alte Puppenspiele in u. um Innsbruck. E. Beitr. z. Höttinger Peterlspiel.* Österr. Zs. f. Volkskde 63 (1960) S. 85-104. Victor v. G e r a m b u. Victor Z a c k, *Das Steyrer Kripperl.* Wiener Zs. f. Volkskunde 25 (1919) S. 1-40. Raimund Z o d e r, *Das Traismaurer Krippenspiel. E. dt. Weihnachtsspiel aus d. Beginn d. 19. Jh.s* (Wien 1920). Ders., *Das St. Pöltener Krippenspiel* (Wien 1930; Unsere Heimat. NF. 3) S. 1-30. Emil Karl B l ü m m l u. Gustav G u g i t z Alt-*Wiener Krippenspiele* (Wien 1925; Kultur u. Heimat 1). Dies., *Alt-Wiener Thespiskarren*

(Wien 1925) S. 66, 87, 308, 334, 495. Gustav Gugitz, *Regesten z. Gesch. d. mechanischen Theaters in Wien u. Niederösterreich.* Jb. d. Ges. f. Wiener Theaterforschung 1954/55 (Wien 1958) S. 69-79.

§ 4. Wann die Handpuppe und Marionette im dt. Sprachgebiet erschienen sind, ist unbekannt. Aus der lat. Übers. des ahd. Begriffes *tocha* (Docke, Puppe) mit *mima* oder *mimula* schließen einige Forscher, daß röm. Wanderkomödianten im Gefolge der röm. Heere die Spielpuppe nach Deutschland gebracht haben. Leopold Schmidt sieht in dem im Hochma. erscheinenden Puppenspiel Wandergut fahrender Gesellen, das im Zug der Kreuzzüge und in den anschließenden Berührungen Mitteleuropas mit dem östlichen Mittelmeergebiet hier Eingang fand. Herrad von Landsberg bildet in ihrem *Hortus deliciarum* (1170) unter dem Titel 'ludus monstrorum' ein Kinder-Marionettenspielzeug ab, das in ähnlicher Form noch im *Weisskunig* des jungen Maximilian (1513) erscheint: Ein Knabe und ein Mädchen bewegen an horizontalen Fäden geführte Ritter zum Kampfe. Auf ähnliche Schaukelpuppen ('marionnettes à planche') deuten die im ritterlichen Erziehungsspiegel *Der Jüngling* des Konrad von Haslau (spätes 13. Jh.) und im Lügenmärchen *Das Wachtelmære* (Mitte 14. Jh.) erwähnten *tatermanne* hin, die an Schnüren bewegt werden; ihr Name erweist den dämonischen Eindruck, den diese beweglichen Puppen auf den Zuschauer machen. 1363 läßt Graf Jan von Blois in Dordrecht ein 'Dockenspiel' aufführen, 1395 wird dort ein Mann dafür bezahlt, daß er vor dem Grafen von Holland ein 'Dockenspiel' aufgeschlagen hat; 1451 wird ebendort verboten, in der österlichen Zeit „Dockenspiele zu hantieren". Das Vorhandensein des Hand-P.s im 14. Jh. erweisen die 1344 zu dem franz. Heldengedicht *Li romans du boin roi Alixandre* gemalten Illuminationen des vermutlich aus den Niederlanden stammenden Jehan de Grise: u. a. drei Mädchen vor einer Kasperbude, an deren Spielleiste sich eine männliche und weibliche Figur hauen und stechen. Daß Spielleute Puppen mit sich führten, zeigt das dt. Rittergedicht *Malagis* (15. Jh., nach einer ndl. Übertragung einer franz. Chanson de geste): Die Fee Oriande, als Spielmann verkleidet, führt im Schlosse zwei Puppen (vermutlich Schaukelpuppen) vor.

1574 taucht in Lüneburg der Begriff *hamerlink* auf, der erste bekannte Name eines Lustigmachers des dt. P.s. Fischart spricht in seiner *Geschichtsklitterung* (1575) von den Possenreißern „Kunzenjäger, Meister hemmerlein und Rosstreckgaukler" und erwähnt in seinem *Bienenkorb* (1588) die „batzen oder stiber", die man zahlt, um „ein meister Hemmerlinsspil oder andern Gaukelmarkt zu sehen". Im *Ambraser Liederbuch* (1582) und in der *Sprachenschule* von Scheräus (1619) ist Meister Hemmerlein der Teufel. Auch Johann Valentin Andreae erwähnt ihn in seiner *Christenburg* (1626) in diesem Sinne. Leopold Schmidt vermutet in ihm einen phallischen Dämon und in seinem Auftreten im Puppenspiel eine Anregung des türkischen Karagöz. Caspar von Stieler setzt in *Der deutschen Sprache Stammbaum und Fortwachs* (1691) „meister Hämmerling" dem Hanswurst gleich; noch Johann Leonard Frisch sagt in seinem *Teutschlateinischen Wörterbuch* (1741) von ihm: „im Puppenspiel, da man die Hand in die Puppe steckt ... ist es der Pickelhäring". In dem 1550 in Nürnberg verlegten Werke *De varietate rerum* des ital. Arztes und Mathematikers Hieronymus Cardanus werden erstmals in Deutschland neben den bereits bekannten Schaukelpuppen eigentliche Marionetten beschrieben. 1596 taucht in Frankreich der Ausdruck *marionnette* ('kleines Mariechen') auf, den franz. Forscher von den beweglichen Marienfigürchen herleiten, wie sie, trotz des Verbotes des Tridentiner Konzils, bewegliche Heiligenfiguren anzufertigen, noch im 16. Jh. gebräuchlich waren. Erst um 1700 wird das Wort *Marionette* in die dt. Sprache übernommen.

In seiner sozialen Stellung steht der Puppenspieler im MA. dem niederen Spielmann gleich. Hugo von Trimberg in seinem Lehrgedicht *Der Renner* (um 1300) urteilt satirisch, wer reich und achtbar werden wolle, brauche nicht nach Ehrbarkeit und Können zu streben, er solle nur *goukel spil* lernen, *under des mantel er kobolde mache* (V. 5008-11). Im *Redentiner Osterspiel* (1464) fordert Luzifer seine Gesellen auf, *die dar spelen mit den docken und den doren ere geld aflocken,* vor ihn zu schleppen.

Den Topos vom „P. des Lebens" kennt auch das MA. Thomasin von Zerklaere im *Wälschen Gast* (1216) und Ulrich von dem

Türlin im *Willehalm* (2. H. 13. Jh.) nennen der Welt Freude *ein tocken spil;* der Spruchdichter Meister Sigeher (1253) sieht das Umspringen des Papstes mit den dt. Kurfürsten im Bilde des P.s.

Jakob u. Wilh. G r i m m, *Dt. Wörterbuch.* Bd. IV, 1, 5 (1958) Sp. 57-58 (Gliederpuppe), Bd. VII (1889) Sp. 2245-2249 (Puppe). *Schweizer. Idiotikon.* Bd. VI (1909) Sp. 158 f. Hans S c h u l z u. Otto B a s l e r, *Dt. Fremdwörterbuch.* Bd. II (1942) S. 73. — Handwb. d. dt. Aberglaubens. Bd. 3 (1930/31) Sp. 1376-1378 (Hämmerlein), Bd. 5 (1932/33) Sp. 29-47 (Kobold), Bd. 7 (1935/36) Sp. 388-399 (Puppe), Bd. 8 (1937) S. 676-683 (Tattermann). H. F r e u d e n t h a l, *Puppenspiel.* Sachwb. d. Deutschkunde. Bd. 2 (1930) S. 962-964. Rich. B e i t l, *Wörterbuch d. dt. Volkskunde* (2. Aufl. 1955) S. 615-619. — Johann G. Th. G r ä s s e, *Zur Gesch. d. Puppenspiels u. d. Automaten* (1856; Gesch. d. Wiss. im 19. Jh., hg. v. J. A. Romberg). Hermann Siegfried Rehm, *Das Buch d. Marionetten* (1905). Georg J a c o b, *Erwähnungen d. Schattentheaters in d. Weltlit.* (3. Aufl. 1906). Jacques C h e s n a i s, *Histoire générale des marionnettes* (Paris 1947). Hans Rich. P u r s c h k e, *Vom Bavastell zum Meister Hämmerlein.* Perlicko-Perlacko. Fachblätter f. Puppenspiel. Bd. 4, S. 64-69 (H. 4, 1959, 2)., S. 80-89 (H. 5, 1959, 3). — Philipp L e i b r e c h t, *Zeugnisse u. Nachweise z. Gesch. d. dt. Puppenspiels.* Diss. Freiburg 1918. Ders., *Gesichtspunkte zu e. Gesch. d. Puppenspiels in Deutschland.* LE. 23 (1920/21) Sp. 1211-1214. Hans N a u m a n n, *Studien über d. Puppenspiel. Kurzer Versuch e. wirklichen Gesch. desselben in Deutschland.* ZfdB. 5 (1929) S. 1-14. Hans M o s e r, *Volksschauspiel* (1931; Dt. Volkstum, hg. v. John Meier 3) S. 40 f., 99, 122, 128. Carl N i e s s e n, *Das Volksschauspiel u. Puppenspiel.* Handbuch d. Dt. Volkskunde, hg. v. Wilh. Pessler. Bd. 2 (1938) S. 462-487. Leopold S c h m i d t, *Dämonische Lustigmachergestalten im dt. Puppenspiel d. MA.s u. d. frühen Neuzeit.* Zs. f. Volkskde 56 (1960) S. 226-235. Ders., *Volksschauspiel.* Stammler Aufr. Bd. 3 (2. Aufl. 1962) Sp. 2767-2768.

§ 5. Seit dem Barock nimmt das P. auch im dt. Sprachgebiet einen großen Aufschwung. Viele Wanderkomödianten nehmen auf ihren Reisen Spielpuppen mit, die sie in Notzeiten oft allein einsetzen, und spielen z. T. noch im 18. Jh. mit Marionetten und lebendigen Darstellern. Neben deutschen treten auch Puppenspieler aus England, Frankreich, Holland, Italien und Spanien in Deutschland und Österreich auf. In der Schweiz können von 1670 bis 1800 bei insgesamt 200 Wanderkomödianten 60 Marionettenspieler deutscher, österreichischer, böhmischer, französischer, italienischer, holländischer und englischer Herkunft festgestellt werden. Die dt. Puppenspieler bilden bald eine förmliche Zunft mit besondern Gesetzen, zu denen auch das Verbot der Niederschrift der Spieltexte gehört, und besonderer Berufstracht (schwarzem Mantel und schwarzem Krempenhut). Gespielt wird mit Handpuppen, Marionetten und (seit dem letzten Drittel des 17. Jh.s, von Italien angeregt) mit Schattenfiguren. Gelegentlich werden noch die bisher üblichen geistlichen Stücke gezeigt wie 1618 in Braunschweig ein *Jüngstes Gericht* oder die alten Rittergeschichten wie 1611 in Berlin *Vom alten Hildebrandt.* Bevorzugt werden jedoch die auch geistliche Stoffe umfassenden Haupt- und Staatsaktionen der Wanderkomödianten, in denen Pickelhäring oder Hanswurst eine Hauptrolle haben. Sie gehen, wie z. B. die beliebten Puppenspiele vom *Doktor Faust* und *Vom verlorenen Sohn* auf Aufführungen engl. Komödianten zurück. Diese treten gelegentlich selber mit Puppen auf, nachdem das Marionettentheater um die Wende des 16. zum 17. Jh. in England zu einer ersten Blüte gekommen war. So führt z. B. ein engl. Komödiant 1608 in Köln „englische Docken" vor. 1644 zeigen die Springer von Freiberg vor dem kurfürstlichen Hofe in Dresden ihre Sprünge, einen Bären, eine Fechtschule und Puppen; 1646 spielen sie auf der Moritzburg bei Dresden eine *Comödie von Erschaffung der Welt* mit Puppen. Grimmelshausen (um 1625-1676) erwähnt im *Seltzamen Springinsfeld* „Pupaper, Seiltänzer, Taschenspieler, Zeitungssinger und was des ehrbaren Gesindels mehr ist" auf einem Jahrmarkt. Abraham a Santa Clara (1644-1709) spricht von Prinzipalen, welche die „hölzerne Comödie am Buckel hatten, damit sie die lebendigen Darsteller entlassen konnten, wenn die Geschäfte schlecht gingen. Magister Johann Velthen (1640 bis um 1690) zeigt 1686 in Bremen „italienische Schatten" und bietet in einer Eingabe an Frankfurt „Puppenspiel und Schatten" an. Seine Witwe spielt noch 1712 in Köln mit „angerühmten Marionetten". Um 1695 spielen „dänische privilegierte Hofakteurs" in Hamburg *Die öffentliche Enthauptung des Fräulein Dorothe* (nach einer Haupt- und Staatsaktion der engl. Komödianten) mit Figuren, wobei die Exekution der Märtyrin mehrmals da capo verlangt wird. 1698 werden auf dem Hamurger Marktplatz „mit grossen Posituren ierrliche Actiones" wie *Fausts Leben und ود* gezeigt. 1701 darf der Danziger Bür-;erssohn Ernst Carcerius in seiner Vater-tadt „Porcionettenspiel, welches in kleinen Marionetten" besteht und „Nachspiele mit ebendigen Personen" veranstalten. 1719 erheißt der starke Mann, Zahnbrecher und Komödiant Ferdinand Beck in Basel, „die Comödie entweder in lebendigen Personen orzustellen oder aber ihr Marionettenspiel ehen zu lassen", und belebt 1731 in Frankfurt . Main seine Aufführungen mit einem Schat-enspiel. 1731 spielen die „Hochfürstlich aden-Durlachische Hochdeutsche Comödi-nten" unter der Direktion von Titus Maass ı Berlin mit „großen englischen Marionet-en". Auf dem Programm steht auch „eine ehenswürdige, ganz neu elaborirte Haupt-ktion, genannt: „Die remarquable Glücks-nd Unglücksprobe des Alexander Danielo-vitz, Fürsten von Mentzikoff, eines großen avoriten Cabinetsminister und Generalen etri I., Czaaren von Moskau . . ., mit Hans-vurst, einem lustigen Pastetenjungen, auch chmirfax und kurzweiligen Wildschützen in ibirien", also ein aktueller Stoff, wogegen ie preußische Regierung aus polit. Gründen in Spielverbot erläßt. 1746 eröffnen in Iamburg „extraordinär sehenswerte Pup-enspieler ihre Bühne mit der *Erzzauberin Medea*, einer galanten Aktion aus der *My-hologie*". Der Schneider Carl Friedrich Rei-ehand aus Sachsen, der seit 1734 mit Ma-onetten und lebendigen Darstellern auf-itt, spielt 1752/53 in Hamburg Burlesken, Iaupt- und Staatsaktionen und ital. Schat-enspiele. Hauptzugstücke sind: Ein *Dr. aust-Spiel* mit dem lustigen Nachspiel *Her-og Michel* von Johann Christian Krüger, owie *Der verlohrne Sohn*; von ihnen war denfalls letzteres eine Puppenkomödie, erden doch darin nur dem Marionetten-heater mögliche Maschinenkünste entfesselt: rüchte, die der verlohrne Sohn essen ollte, verwandelten sich in Totenköpfe, Was-r, das ihn zu trinken gelüstete, in Feuer. elsen wurden vom Blitze zerschmettert und präsentieren — einen Galgen, an welchem n armer Sünder hing, welcher stückweise erunterfiel, sich wieder zusammensetzend ifstand und den verlohrnen Sohn verfolgte. ann sah man diesen in Gesellschaft lebendi-er grunzender Säue beim Trebernschmaus."

1774/75 zeigt E. H. Freese in Hamburg mit mechanischen Miniaturpuppen „Stücke mit durchgängigen Lustbarkeiten und Intriguen" wie *Don Juan* nach Molière, *Die Verwirrung bei Hofe* (nach einer ndl. Bearbeitung der span. Komödie von Mescua), *Das zerstörte Fürstentum*, und präsentiert gleichzeitig sein bewegliches „Theatrum mundi" mit Figu-ren. Der Puppenspieler Storm führt im Win-ter 1777/78 in Hannover *Donschang, der desparate Ritter* (Don Juan) auf.

Im Südosten des dt. Sprachgebietes ist eines der großen Puppenspielzentren die Stadt Wien, wo 1667 von dem Italiener Peter Resonier das erste stehende Marionet-tentheater im dt. Sprachgebiet eröffnet wird, das sich 40 Jahre lang behauptet und u. a. das *Puppenspiel vom Doktor Faust* mit Opernarien und Balletten ausschmückt. 1669 wird Stephan Landolfi als Pulcinella gefei-ert. 1669-1672 setzt sich der österr. Pulcinel-laspieler Joris Hilverding durch, der 1671 auch in München „fünfmal das Politschi-nellaspil exhibirt". Nach seinem Tode (1672) führt sein Sohn Johann Baptist Hilverding das Theater weiter und gastiert mit seinen 1,50 Meter hohen Marionetten 1698 in Prag, 1699 in Danzig, 1700 in Bremen und Stock-holm, 1701 in Hannover und Lübeck, 1702 in Köln und Lüneburg, wo er sich rühmt, über fünfzig Komödien und gesprochene Opern bei wechselvoller Dekoration geben zu können, wie z. B. *Hercules und Alceste, Jason und Medea, Perseus und Andromeda, Aurora und Cephalus*. 1685 und 1697 führt ein Peter Hilverding im alten Wiener Ball-haus sein „Polizinelltheater" vor; 1706 fin-den wir ihn in Breslau, 1707 in Hannover. Mit Puppen spielt zuerst auch der bekannte Hanswurst und eigentliche Begründer des Wiener Volkstheaters, Joseph Anton Stra-nitzky (1676-1726), der vermutlich auf dem P. seinen berühmten Salzburger Bauern-Hanswurst geschaffen hat. Erwähnt werden 1698 sein „Putschenell-Spill" in Burghausen, 1699 seine „Polichinellspiele" in München und Nürnberg, 1701 und 1702 seine „Ma-rionettenspiele" in Nürnberg und Augsburg. 1702 rühmt er sich in Köln der Pantomimen, Ballette und Maschinensingspiele, die er auf seiner Puppenbühne mit „offener Verwand-lung des theatri" aufführt. Obwohl er 1705-1706 in Wien gemeinsam mit den Puppen-spielern Johann Baptist Hilverding und Jakob Nafzer zum Theater mit lebendigen Darstellern übergeht, gibt er die Marionetten nicht ganz auf und erhält noch 1714 ein ausdrückliches Marionetten-Spielprivileg in Wien. Stranitzkys Nachfolger, der Hanswurst Gottfried Prehauser (1699-1869), tritt in seiner Jugend sowohl im Personen- wie im Marionettentheater auf. Der von Johann Laroche 1764 in Graz auf der Personenbühne kreierte und seit 1769 in Wien Begeisterung erweckende Lustigmacher „Kasperl" wird bald von der österr. und süddt. Puppenspielbühne übernommen und bringt dem Handpuppenspiel die allgemeine Bezeichnung 'Kasperletheater' ein. Einer der letzten berühmten Wiener Marionettenspieler ist der Mechanikus Georg Geisselbrecht, der 1790 in Solothurn mit Marionetten- und Schattenspielen gastiert und während des Friedenskongresses in Rastatt (1797-1799) ebenso wie 1804 in Weimar vor allem mit seinem *Doktor Faust* erfolgreich ist.

Um die Mitte des 18. Jh.s ist das P. in F r a n k f u r t sehr rege. Bei der Krönung Franz I. zum dt. Kaiser 1745 treten nicht weniger als drei Puppenspieler auf: Eberhard Meyer, Jakob Saler und Matthäus Buschmann; 1753 und 1754 Eberhard Meyer und Robert Schäffer; 1754—1757 finden wir die Puppenspielerin Anna Regina Heimännin, 1754-1755 Franz Lindt, 1757 Johann Friedrich Weber aus Mainz und Wolfgang Hochstetter.

In der dt. S c h w e i z tritt in den 30er Jahren des 18. Jh.s der norddt. Puppenspieler Johannes Kunninger mit „Englischen Marionetten in Lebensgröße" in Basel, Solothurn und Bern auf. 1745-1750 gastieren Johannes Lind und seine Frau Eva Margareta aus Gerabronn bei Ansbach hauptsächlich mit „großen und propre gekleideten Marionetten auf ihrem oft veränderten Theatro" in Basel, Solothurn, Zürich, Winterthur, St. Gallen und Bern, 1752-1758 hauptsächlich mit lebendigen Darstellern, bis Eva Lind 1768 zum Puppenspiel zurückkehrt. Erhalten sind 6 Theaterzettel von Marionettenspielen Linds der Zürcher Pfingstmesse 1750: *Don Juan, David und Absalon, Die Zauberschule, Augustus und Cleopatra, Das Narrenspital* und *Dr. Faust*. 1776-1777 gastieren Eberhard Meyer und seine Tochter Elisabeth aus Gerabronn bei Ansbach mit „großen Drahtpuppen", bis 1779 noch sein

Sohn Johannes. 1768-1779 zeigen Jean Joseph Marquis aus Fossano bei Turin, der vermutlich Goethe 1773 in Frankfurt a. M gesehen hat, „Ombres chinoises oder chinesische Schatten", 1769-1779 Joseph Gelmy au Venedig „Singspiele mit chinesischen Schatten", 1785 Jakob Chiarini aus der bekannten ital. Artistenfamilie neben Seiltanz Chinesische Marionetten- und Schattenspiele.

Einen besondern Aufschwung nimmt in der 2. Hälfte des 18. Jh.s trotz zeitweilige Verbote das Marionettenspiel in M ü n c h e n An der Jacobi-Dult veranstaltet ein Man, Hage oder Joseph Haage seit 1751 für 4 Jahre regelmäßig seine „englischen soge nannten Marionettenspiele oder Schauspiel mit leblosen Figuren". Seit 1758 spielt Fran Paul Aulinger mit Marionetten. 1772 gebe er und Lorenz Lorenzoni gemeinsam „geist liche Hütten- und Kreuzerspiele". 1791 tre ten die Marionettenspieler Joseph und Anto Heuberger, Franz Xaver Wagner sowie Jo hann Springer auf, der u. a. einen inhaltlic an Schillers *Kabale und Liebe* erinnernde *Heiligen Taglöhner* aufführt, 1792 Josep Wieser und Simon Leimberger, 1793 Fran Paul Schmid, dessen *Bettelstudent* über da gleichnamige Lustspiel von Paul Wiedman auf das Fastnachtspiel *Der fahrende Schüle mit dem Teufelsbanner* (Hans Sachs) zurüc geht.

In U l m eröffnet Georg Lindner 1772 m dem Tanzlehrer und Musiker Joseph Anto Mayer eine erste stehende „Dockenkom die", die später Mayer allein fortführt un auf seine Töchter vererbt, von denen s 1824 der Enkel Josef Anton Weyerman übernimmt. Hauptzugstück ist das im 19. J herausgegebene altertümliche *Ulmer Pu penspiel vom Doktor Johann Faust*, in de noch der auf die engl. Komödianten zurüc gehende Pickelhäring vorkommt. Am 4. D zember 1781 wird in S t r a ß b u r g ein st hendes „Püppelspiel" eröffnet, wobei in d Folge Hanswurst jedes Neujahr von der B völkerung beschenkt wird. Im Winter 18 gibt das Straßburger Püppelspiel chinesc Schattenspiele und Marionetten-Theater.

Christian Heinr. S c h m i d t, *Chronolog d. dt. Theaters* (1775). Neu hg. v. Paul Le band (1902; SchrGesThg. 1) S. 34, 48, 1 113 f., 219. Theodor H a m p e, *Die fahrend Leute in d. dt. Vergangenheit* (1902; Mor graphien z. dt. Kulturgesch. 10) S. 12, 37, 11 Wilh. C r e i z e n a c h, *Die Schauspiele*

engl. Komödianten (1889; DNL. 23) S. XV,
XXX. Ders., Gesch. d. neueren Dramas. Bd 1
(1893) S. 388 ff., 3 (1903) S. 445, Anm. 2. — Philipp Leibrecht (s. § 4). Leopold Schmidt,
Das dt. Volksschauspiel in zeitgenöss. Zeugnissen vom Humanismus bis z. Gegenw. (1954)
S. 13, 15, 35, 65 f., 77 f., 78-80. Ders., Das dt.
Volksschauspiel. E. Handbuch (1962) S. 15, 16,
30, 33 f., 45 f., 55, 56, 58, 71, 83, 166, 167, 181,
199, 210, 211, 223, 241 f., 328, 336, 350. Hans
Netzle, Das Süddt. Wander-Marionettentheater (1938; Beitr. z. Volkstumforschung 2).
Heinz Kindermann, Theatergeschichte
Europas. Bd. 3 (1959) S. 389 ff., 553 ff., Bd. 5
(1962) S. 152, 210, 273, 295, 390, 420, 675.
— Eva Friedländer, Das Puppenspiel in
Österreich. (Masch.) Diss. Wien 1948. — Max
Fehr, Die wandernden Theatertruppen in d.
Schweiz (Einsiedeln 1949; Theaterkultur-Jb.
18) S. 50-56, 69-70, 167-175. Roberto Leydi
u. Renata Mezzanotte Leydi, Marionette e burattini. Testi dal repertorio classico
ital. del teatro delle marionette e dei burattini
(Milano 1958). — J. E. Varey, Historia de
los titeres en España (Madrid 1957).
  Will Hermanns, Aus d. Frühgesch. d.
Aachener Puppenspiels. Rhein. Jb. f. Volkskde 1 (1950) S. 101-111. A. E. Brachvogel,
Gesch. d. Kgl. Theaters zu Berlin. 1. Das alte
Berliner Theaterwesen bis z. ersten Blüte d.
dt. Dramas (1877) S. 49 f., 54 ff., 69 f. Herm.
Siegfr. Rehm, Berliner Puppenspiele im 18.
u. 19. Jh. Mittlgn. d. Ver. f. d. Gesch. Berlins 22 (1905) S. 138-139. Heinr. Bulthaupt,
Die bremischen Theaterzettel von 1688. Zf
Büchfr. 2 (1898/99) S. 170-175. Gerhard Hellmers, Zur Gesch. d. Theaters in Bremen.
Zur Erinnerung an d. Jubiläum d. 75jähr. Bestehens d. Bremer Stadttheaters 1842-1918, in:
Stadttheater Bremen. Jb. f. d. Spielzeit 1926/
27 (1926). S. 6. Joh. Bolte, Das Danziger
Theater im 16. u. 17. Jh. (1895; ThgFschgn.
NF. 12) S. 21, 22, 27, 32 f., 151 f., 154, 155,
159, 161. Alfred Overmann, Aus Erfurts
alter Zeit (1948) S. 80-90. Elisabeth Mentzel, Gesch. d. Schauspielkunst in Frankfurt
a. M. (1882; Archiv f. Frankf. Gesch. u. Kunst)
S. 103. Dies., Zwei Frankfurter Faustaufführungen in den 30er Jahren d. 18. Jh.s. BerFDH.
NF. 9 (1893) S. 229-247. Dies., Zwei interessante Faust-Zettel d. alten Frankfurter Marionetten-Theater. Frankfurter General-Anzeiger 1902, Nr. 264. Johann Friedrich
Schütze, Hamburgische Theatergeschichte
(1794) S. 20 ff., 104 f., 121 f. Joh. E. Rabe,
Kasper Putschenelle. Historisches über d. Handpuppen u. althamburg. Kasperlespiele (1912;
2., verm. Aufl. 1924). Bruno Heyn, Wanderkomödianten d. 18. Jh.s in Hannover (1925;
Fschgn. z. Gesch. Niedersachsens VI, 2) S. 10,
15, 18 f., 19 f., 121—127. Martin Jacob, Kölner Theater im 18. Jh. bis z. Ende d. reichsstädtischen Zeit (1938; Die Schaubühne 21) S.
7 f., 13 f., 24, 28, 168 f. Paul Legband,
Münchner Bühne u. Litteratur im 18. Jh.
(1904; Oberbayr. Archiv f. vaterländ. Gesch.
51) S. 98-100. Theodor Hampe, Die Ent

wicklung d. Theaterwesens in Nürnberg von
d. 2. Hälfte d. 15. Jh.s bis 1806 (1900) S. 157 ff.
Oskar Tauber, Gesch. d. Prager Theaters.
3 Bde (Prag 1883-1888), Bd. 1, S. 93 f. F. Arnold Mayer, Beiträge z. Kenntnis d. Puppentheaters. 1. Repertoirelisten von Spielern
aus Wien u. Umgebung. Euph. 7 (1900) S.
139-150. Alexander von Weilen, Das Theater 1529-1740 (1918; Gesch. d. Stadt Wien 6)
S. 407 ff. Gustav Gugitz, Der weiland
Kasperl (Johann La Roche). E. Beitr. z. Theater- u. Sittengesch. Alt-Wiens (Wien 1920).
Otto Rommel, Die Alt-Wiener Volkskomödie (Wien 1952) S. 198-200.
  Wilh. Creizenach, Versuch e. Gesch. d.
Volksschauspiels vom Doctor Faust (1878).
Ludwig Fränkel, Beiträge z. Lit.gesch. d.
Faustfabel. Goethe Jb. 14 (1893) S. 289-296.
Siehe auch § 10. — Reinhold Köhler, Der
alte Hildebrand als Puppenspiel, in: Köhler,
Kleinere Schriften. Bd. 2 (1900) S. 265. —
Fritz Winter, Carl Friedr. Reibehand u.
Gottsched. VjsLitg. 2 (1889) S. 264-271.

§ 6. Im frühen 18. Jh. wird in Frankreich das Marionettentheater durch die
Aufführungen der Duchesse de Maine, der
Tochter Ludwigs XIV., hoffähig. Le Sage
und Piron, die in Arlequin-Deucallion (1722)
die Eifersucht des Personen- auf das Puppentheater geißeln, verfassen für die Marionetten der Pariser Jahrmarktstheater satirische Komödien; Favart debütiert hier 1732
mit einem Marionettenspiel. Voltaire bewundert 1738 in seinem Schlosse Cirey ein Marionettenspiel vom Verlorenen Sohn und
dichtet 1746 zwei Couplets für Polichinelle.
Auch vergleicht er den berühmtesten Automatenkonstrukteur seiner Zeit, Vaucanson,
dessen Trommler, Flötenspieler und körnerfressende und verdauende Ente Aufsehen
erregen, mit Prometheus. Für das 1770 von
Dominique Séraphin in Versailles eröffnete
Schattentheater, das 1784 den offiziellen Titel 'Spectacle des Enfants de France' bekommt und 1785 ins Palais-Royal in Paris
umzieht, dichtet u. a. Dorvigny, illegitimer
Sohn Ludwigs XV. und Schauspieler. Hauptzugstück ist Le Pont cassé von Guillemin
(1784), das Daniel Chodowiecky in einem
Kupfer 'Die chinesischen Schatten' wiedergab. In England verherrlicht der junge
Joseph Addison den Punch, den Lustigmacher des englischen P.s, in einem lat. Gedichte und protegiert als arrivierter Literat
zusammen mit Richard Steele den Puppenspieler Powell aus Bath in den moralischen
Wochenschriften The Tatler (1709-1711) und
The Spectator (1711-1712). Jonathan Swift

bewundert in den 20er Jahren den irischen Marionettenspieler Stretch in Dublin und sieht im Marionettenspiel ein Sinnbild des wechselvollen Lebens und seiner Lächerlichkeit. Henry Fielding legt in seine satirische Komödie *The Author's farce* (1729) das Marionettenspiel *The Pleasures of the town* ein und läßt in seinem Roman *Tom Jones* (1749) seinen Helden das Verschwinden von Punch und Jeanne aus dem Puppenspiel bedauern. Samuel Johnson zieht nach dem Zeugnis seines Biographen James Boswell für die Darstellung der Dramen Shakespeares, vor allem des *Macbeth*, die Marionettenbühne vor. Henry Rowe († 1800) in York ist mit seinen Shakespeare-Aufführungen, die große Marionetten agieren, erfolgreich.

Weniger günstig ist die d e u t s c h e A u f - k l ä r u n g dem P. gesinnt, was noch in der 2. Hälfte des 18. Jh.s zu obrigkeitlichen Verboten von Aufführungen wandernder Puppenspieler führt wie 1765 in Dresden, 1772 in München, 1776 in Aachen und 1797 in Salzburg. Philipp Jakob Spener beschwert sich 1703 beim geistlichen Ministerium Preußens wegen Sebastiano di Scio's Berliner Aufführungen von „ärgerlichen Narretheidungen" und „reizenden Liebesgeschichten", vor allem aber der *Tragoedie Doctor Faustus* mit ihrer „förmlichen Beschwörung des Teufels" und „lästerlichen Abschwörung Gottes an den bösen Feind". In der Oper *Der Hamburger Jahrmarkt oder Der glückliche Betrug* von Reinhard Keiser (1725) läßt der Librettist Praetorius in einer Art Vorspiel die Plakatanschlager der Oper, der Komödie und des Marionettenspiels um den besten Platz streiten, worauf Herr Unpartheiisch Comödie und Puppenspiel für abgeschmackt hält und die Oper verteidigt. Georg Paul Hönn führt in seinem *Betrugslexikon* (Leipzig 1721; 2. Aufl. Coburg 1761) auch den Puppenspieler an. Sogar Lessing, der wahrscheinlich vom P. zu seinem *Faust* (Fragment 1759) mit angeregt wurde, schreibt im *41. Literaturbriefe* (1759) verächtlich: „... der Guckkasten wird nun zu einem Marionettenspiel". Johann Friedrich Löwen hält sich in seinem Gedichte *Der Puppenspieler* (1762) am sozialen Elend wandernder Puppenspieler auf. Johann Jakob Felzer (geb. 1760) erzählt in seiner Autobiographie, daß er als Schüler nicht in der Bibelstunde vorlesen durfte, weil er in der „Schule des Teufels" d. h. im Ma-

rionettentheater gewesen sei. Goethe hingegen macht sich im *Urfaust* (V. 230 f.) über die „trefflichen pragmatischen Maximen" des P.-Stils lustig. Friedrich Nicolai reiht in seiner *Beschreibung einer Reise durch Deutschland und die Schweiz im Jahre 1781* das aus 31 Maschinen bestehende Wiener Krippenspiel und ein anderes mechanisches Theater, das die *Geschichte der Armida* u. a. zeigt, unter die „Kreuzerkomödien" ein (IV, 620 f., VIII, 152-154). In Augsburg wundert er sich, in einem Marionettentheater „eine viel vornehmere Gesellschaft" zu finden, als er sich vorgestellt hatte. Er spricht von dem Grotesken dieser Art von Schauspielen, das er in der Diskrepanz von Puppe und Sprecher sieht; das Puppenspiel vom *Doktor Faust* nimmt ihn allerdings nicht zuletzt wegen der neuen improvisierten Szenen gefangen.

Ernest M a i n d r o n, *Marionnettes et Guignols. Les poupées agissantes et parlantes à travers les âges* (Paris 1900). Frank. W. L i n d s a y, *Dramatic parody by marionnettes in eighteenth century Paris* (New York 1946). — George S p e a i g h t, *The History of the English puppet theatre* (London 1955). Paul M c - P h a r l i n, *The puppet theatre in America. A history. With list of puppeteers, 1524-1948* (New York 1949). — Joh. Georg K r ü n i t z, *Ökonomisch-technologische Encyclopädie.* Th. 84 (1801) S. 446 f. Grete de F r a n c e s c o, *Die Macht des Charlatans* (Basel 1937) S. 205 ff. — *Lessings Faustdichtung.* Mit erl. Beig. hg. v. Rob. Petsch (1911; Germanist. Bibl. 2,4). Charles M a g n i n, *Histoire des marionnettes en Europe* (Paris 1852) S. 319-330: *Des emprunts que Lessing et Goethe ont faits aux théâtres de marionnettes.* Waldemar O e h l k e, *Lessing u. s. Zeit.* 2 Bde (1919) I, 307 ff., II, 501.

§ 7. Um die Mitte des 18. Jh.s beginnt man aber auch in Deutschland und Österreich, die erzieherische, gesellschaftliche, volkskundliche und literarische Bedeutung des P.s zu erkennen. Als ein jüngerer Prediger 1744 gegen eine Spielerlaubnis des Amtsrates Deting in Detmold angeht, verteidigt dieser das Schauspiel als Schule des Volkes. Das Hauspuppentheater wird in gehobenen Gesellschaftskreisen als Erziehungsmittel der Kinder eingeführt. Aber auch Marionettentheater für Erwachsene werden von privaten Kreisen eingerichtet. In Mannheim z. B. gründen kurpfälzische Offiziere 1767 eine 'Neue Gesellschaft der dt. Marionetten' und spielen zur Eröffnung *Don Juan* von Molière und *Herzog Michel* von Krüger mit Puppen des Hofbildhauers Engel. Der Wiener Staats-

sekretär und Dramatiker Joseph von Pauers-
bach wird von dem Fürsten Nikolaus Esterházy zur Einrichtung und Leitung eines Marionettentheaters auf Schloß Esterháza berufen und verfaßt u. a. die Parodien *Alceste,*
Demophon, Arlequin der Hausdieb, Die Pro-
be der Liebe, Alcide de Bivio und *Das länd-*
liche Hochzeitsfest. Joseph Haydn, der selber
ein kleines Marionettentheater sein eigen
nennt, komponiert für das fürstliche Marionettentheater *Philemon und Baucis* sowie die
„dt. Marionettenoper" *Hexenschabbas* 1773,
Genovevens Vierter Teil 1777, *Dido abando-*
nata 1778, *Die bestrafte Rachgier, oder Das*
abgebrannte Haus 1780. 1776 wird *Die Fee*
Urgèle nach Favart mit der Musik von Ignaz
Pleyel aufgeführt. Kaiserin Maria Theresia
ist von *Philemon und Baucis* so begeistert,
daß sie sich 1777 von Fürst Esterházy eine
Aufführung in Schloß Schönbrunn in Wien
erbittet.

Mit Herder setzt das literarische und volkskundliche Interesse am P. ein. 1769 bedauert
er in einem Briefe an Johann Georg Hamann
die vorzeitige Abreise eines Marionettenspielers, von dem er sich „Entwürfe zu seinen Durchlauchtigsten Helden- und Staatsaktionen" beschaffen wollte, da er die Pup-
penspieltexte für ein „Präparat der alten
deutschen Schauspielkunst" hält (*Briefe an*
J. G. Hamann, hg. v. Otto Hoffmann, 1889,
S. 57). In seinem Shakespeare-Aufsatz aus
der Sammlung *Von Deutscher Art und Kunst*
(1773) weist er darauf hin, daß Shakespeare
keinen Chor vor sich fand, „aber wohl
Staats- und Marionettenspiele", aus welchem „schlechten Leim" er das „herrliche
Geschöpf" gebildet habe, das da vor uns
stehe und lebe, und erhofft von seinem eigenen Volke, daß es sich „wo möglich, sein
Drama . . ., wenn auch aus Fastnachts- und
Marionettenspiel (eben, wie die edlen Griechen aus dem Chor) erfinden" werde (*Werke,*
hg. v. B. Suphan, Bd. 5, 1891, S. 217 u. 218).
Lenz, der 1773 in Straßburg gerne das Puppentheater besucht, läßt in seiner Komödie
Der neue Mendoza (1774) den Bürgermeister das „Püppelspiel" und seinen Hanswurst
gegenüber seinem aufklärerischen Sohne verteidigen (V, 2). Auch Maler Müller (*Fausts*
Leben, Golo und Genoveva 1775-1781) und
Klinger (*Fausts Leben, Taten und Höllen-*
fahrt 1791) begeistern sich für das volkstümliche P. von Wanderkomödianten; ihre Faust-

gestaltung wirkt wie *Doktor Faust* von Julius
Graf von Soden (1797), *Faust* von Ernst Au-
gust Friedrich Klingemann (1815) und in
etwas geringerem Maße Goethes *Faust* auf
das P. zurück. In der *Jobsiade* (1784) erwähnt
Karl Arnold Kortum eine Pupenspielerbande,
die *Fausts Leben* und *Genoveva* aufführt.
Im Singspiel *Schatten an der Wand* von
Christoph Friedrich Bretzner erscheinen drei
Personen als ital. Schattenspieler.

Aufklärung und Sturm und Drang entdecken von der Einsicht in die Ursprünglichkeit des P.s aufs neue seine symbolische Bedeutung. Moritz August von Thümmel sieht
in ihm „die Schauspielkunst mit all dem
Pomp ihrer ersten Erfindung" und vergleicht
„den vielstimmigen Mann, der unsichtbar
über einer lärmenden thörichten Welt
schwebt, und mit seiner Rechten ganze tragische Jahrhunderte lenkt", mit Jupiter (*Wil-*
helmine, 1764). Johann Georg Jacobi macht
in seinem Gedicht *An Aglaya* (1771) das P.
zum kritischen Bild der Gesellschaft, wobei
er an die Zerstörung von Meister Pedros P.
in Cervantes' *Don Quixote* erinnert. In Goethes *Werther* und Schillers *Kabale und Liebe*
ist die „Drahtpuppe" das Bild für einen
Menschen ohne Willen und Bewegungsfrei-
heit; das Schlagwort dient dann auch, vom
Gesellschaftskritischen ins Ästhetische übertragen, bei Herder, Goethe und Klinger der
Kritik am klassischen franz. Drama.

Eine besondere erzieherische und literar.
Bedeutung hat das P. für G o e t h e. Es erscheint in *Wilhelm Meisters Theatralischer*
Sendung (1776-1785) und *Wilhelm Meisters*
Lehrjahren (1793-1796), aber auch in *Dich-*
tung und Wahrheit (1813) als eines der Bildungselemente des jungen Menschen. Vermutlich sah Goethe als Knabe und später als
junger Mann in Straßburg, wo ein „vielfältiges Summen und Klingen der Puppenspiel-
fabel" anhebt, das alte Volkspuppenspiel
Doktor Faust, das ihn mit zu seinem *Urfaust*
(1773-1775) anregte. Als einen Teil der alten
P.-Überlieferung bezeichnet er selber 1826
die Beschwörung der Helena im *Faust II.*
Auch das Fragment *Hanswursts Hochzeit*
(1775) ist „nach Anleitung eines älteren Pup-
pen- und Buden-Spiels" entstanden. Auf ein
„Bibbelspiel", wie er sie auf einer Marionettenbühne mit über halblebensgroßen Puppen in Straßburg gesehen hat, geht vermutlich auch das in *Das Jahrmarktsfest zu Plun-*

dersweilern eingelegte Spiel von *Esther und Haman* zurück, während der auftretende Schattenspieler durch einen ausländischen Gaukler angeregt wurde, den Goethe 1773 sah. 1774 faßt er dieses Gelegenheitswerk mit *Künstlers Erdenwallen* und *Pater Brey* unter dem Prolog *Neueröffnetes Moralisch-politisches Puppenspiel* als Triptychon im Sinne eines kleinen satirischen Welttheaters zusammen. 1781 führt man in Tiefurt zum Geburtstag Goethes als „Ombres chinoises" ein Schattenspiel mit lebendigen Schauspielern auf, wie sie der Autor Siegmund von Seckendorf in Spanien gesehen hatte: *Minervens Geburt, Leben und Taten*, in dessen drittem Akt auf den Genius Goethes angespielt wird. In dem bald darauf in Weimar folgenden Schattenspiel *Die Geschichte des Königs Midas* von Seckendorf spielt Goethe den Kammerdiener Amyon. Zweifellos hat er auch in der Folge für das P. des Weimarer Hofes anregend gewirkt, wo Herzog Georg von Meiningen das Schattentheater mit Figuren nach Pariser Vorbild eingeführt hat; erhalten sind drei Handschriften des Kammerherrn Friedrich Hildebrand von Einsiedel: die vier ersten Szenen eines Schattenspiels *Colombine als Hausfrau* und die Puppenspiele *Die glücklichen Schleyer* und *Der große Bandit*, eine literar. Parodie von Zschokkes *Abällino* (1795). An Weihnachten 1800 schenkt Goethe seinem Sohne August ein Figurentheater, wofür er zusammen mit seinem ehemaligen Schreiber Götze die beiden ersten Dekorationen malt. Mit einem P. spielt als Kind auch Schiller und dichtet dafür mit seiner Schwester Stücke. 1800 plant er ein Drama *Rosamund oder: die Braut der Hölle*, angeregt von Goethe, der das „alte Marionettenstück" in seiner Jugend selber gesehen hat und als eine Art von Gegenstück zum *Faust* oder vielmehr *Don Juan* bezeichnet.

Die literatur- und gesellschaftliche Tendenz unter der Maske des P.s, die schon in Goethes *Moralisch-politischem Puppenspiel* von 1774 erkennbar wird, setzt sich fort in dem *Marionettentheater* (1778) von Johann Friedrich Schink mit dem „historischen Schauspiel" *Hanswurst von Salzburg* und der „dramatischen Fantasei" *Der Staubbesen*, einem Gericht auf dem Parnass über die Dichter der Geniezeit. Ebensowenig wie diese Stücke ist seine als „Plaisanterie mit

Gesang" bezeichnete Gelehrtensatire *Der neue Doktor Faust* (1778-82) für die Aufführung auf dem P. bestimmt. Für ein privates Marionettentheater verfaßt Schink jedoch als antiromantisches Tendenzstück in Alexandrinern *Prinz Hamlet von Dänemark* (*Momus und sein Guckkasten*, 1799). 1790 erscheint im 'Neuen dt. Museum' *Alfarazambul oder die Marionetten*, worin ein menschenfreundlicher Zauberer Geschöpfe der großen Welt in Drahtpuppen verwandelt. 1796 wird in Halle die „dramatisch-satirische Rapsodie" *Die Uhu* von Johannes Falk, eine Satire auf die reaktionären Geistlichen in Preußen und andere Mißstände, von Marionetten gegeben. Mehr Sinn für den besonderen Stil eines P.s zeigt Falk in dem Märchenspiel *Die Prinzessin mit dem Schweinerüssel*, welche er unter dem Einfluß der Romantik 1804 für den in Weimar gastierenden Wiener Marionettenspieler Geisselbrecht verfaßt, eine Satire gegen die Zunft der Schauspieler, was zu einem eigentlichen „Marionettenkrieg" der Weimarer Hofschauspieler führt.

Aug. Moritz von T h ü m m e l, *Sämtliche Werke*. 8 Bde (1853-1854), Bd. 2, S. 200, 300, Bd. 3, S. 25, 60, Bd. 4, S. 17, 20, 142, 166-169, Bd. 7, S. 152-154. — Goethe: *Gedenkausausgabe d. Werke*, hg. v. Ernst Beutler. 24 Bde (Zürich 1949), Bd. 4, S. 160-170, 242 f., 1027-1030, 1051, Bd. 5, S. 672-674, Bd. 7, S. 12-26, Bd. 8, S. 525-539, 955, Bd. 10, S. 453, Bd. 20, S. 808-810. *Goethe u. d. P. Auszüge aus 'Wilhelm Meisters Lehrjahre'* hg. v. Maria Scholastica H u m f e l d (1933; Schönings Dombücherei 106). G o e t h e: *Das P. — Der neue Paris. Aus d. Prosaschriften ausgew. v. Erika R h e n s o r* (Wien 1919). *Das Journal von Tiefurt*. Mit e. Einl. v. Bernh. S u p h a n hg. v. Ed. v. d. H e l l e n (1892; SchrGoeGes. 7). — Elisabeth M e n t z e l, *Der junge Goethe u. d. Frankfurter Theater*. Festschr. zu Goethes 150. Geb. dargebr. v. FDH. (1899) S. 105-178. Max H e r r m a n n, *Das Jahrmarktsfest zu Plundersweilern* (1900). Siegmar S c h u l t z e, *Falk u. Goethe* (1900). Ernst T r a u m a n n, *Goethes 'Faust'. Nach Entstehung u. Inhalt erklärt.* Bd. 1 (2. Aufl. 1919) S. 34, 39. Alfred L e h m a n n, *Puppenspieler aus Goethes Jugendzeit*. Illustrierte Ztg. Bd. 156 (1921) S. 400. Walter R ö h l e r, *Das P. im Weimarer Goethehaus*. Goethe 3 (1938) S. 282-286 mit Abb. 'Minervens Geburt, Leben u. Taten'. JbGoeGes. 4 (1917) S. 235-244. Ders., *Tiefurt* (1929) S. 93-98. — Zum Faust-Puppenspiel siehe § 10.

§ 8. Seinen Höhepunkt erreicht das allgemeine Interesse am P. in der R o m a n t i k, wobei schon die ältere Romantik den besonderen Spielstil der Marionette und dessen vorbildliche Bedeutung für ein stilisiertes Personentheater entdeckt, die jüngere vor allem die Harmonie, aber auch die Dämonie der mechanischen Bewegung. Leben, menschliches Theater und Marionettenspiel gehen jetzt ohne Grenze in einander über, und so wird der symbolische Topos von der „Puppe" zu einem Leitmotiv der Epoche.

Ludwig Tieck, der als Kind ein P. sein eigen nannte und den *Don Quixote* mit seinem Puppenspielkapitel übersetzte, verfaßt 1795 für eine Geburtstagsfeier das Puppenspiel *Hanswurst als Emigrant*, dessen satirische und burleske Szenen mit romantischer Ironie immer wieder unterbrochen werden. Mechanistische Lehren des Geheimbundromans wirken im Briefroman *William Lovell* (1795/96) nach; Lovell schreibt an Rosa: „alle Menschen tummeln sich wie klapprende Marionetten durch einander, und werden an plumpen Drähten regiert" (*Schriften*, Bd. 6, 1828, S. 306), und Lovell selbst erscheint als eine Puppe in den Händen Waterloos. In *Ritter Blaubart* (1796) heißt es: „Das Leben von uns Allen ist wohl nur ein albernes Puppenspiel." Marionetten als Theater auf dem Theater finden sich im 4. Akt der Komödie *Zerbino* (1799) mit Prolog und Parodie der Modegattungen des Dramas, des politischen Spiels, der bürgerlichen Tragödie und des rührenden Familiengemäldes. Am Schluß tritt die Marionette des Zauberers Polykomikos dem lebendigen Polykomikos gegenüber. In seinen *Briefen über Shakespeare* (1800) beschreibt Tieck die Aufführung eines P.s von Schatzgräbern mit Hanswurst und Teufel und sieht darin „die alten Wünsche, auf dem Wege der Marionetten das Volk zu bilden und von manchen Vorurtheilen zu säubern, hier plötzlich in Erfüllung gegangen" (*Krit. Schriften.* Bd. 1, 1848, S. 160, 164, 170-173). Er plant, eine Sammlung von Marionettenspielen zu dichten (1802-1803). Für Novalis († 1801), der von der notwendigen Grobheit des Lustigen spricht, ist das Marionettenspiel das eigentlich komische Theater. Er erkennt auch die „tragische Wirkung der Farce, des Marionettenspiels, des buntesten Lebens, des gemeinen Trivialen". August Wilhelm Schlegel spricht 1802 in Entgegnung auf eine abschätzige Bezeichnung des *Alarcos* seines Bruders

Friedrich als „tragisches Marionettenspiel in Assonanzen" im positiven Sinne vom Puppentheater. Jean Paul fordert im § 41 seiner *Vorschule der Aesthetik* (1804) für dramatische Burlesken Marionetten statt Menschen zu Spielern: „Die Schaupuppe ist für das niedrigste Spiel das, was für das erhabenste die Maske der Alten war." In dem Sonett *Die Puppen- und Menschenkomödie* im Musen-Almanach von Chamisso und Varnhagen auf das Jahr 1804 werden die Marionetten gegen die kalten, an Moral- und Tugendseilen gezogenen Personen der bürgerlichen Rührstücke ausgespielt. 1804 veröffentlicht August Mahlmann in der *Zeitung für die elegante Welt* den *Prolog* für Marionetten von August Bode († 1804), der satirische Anspielungen auf die Rührstücke Kotzebues enthält. 1803 hat Mahlmann selber eine Parodie mit Marionettencharakter auf die „vielbeweinten Hussiten von Naumburg" von Kotzebue, das „Schau-, Trauer- und Thränenspiel" *Herodes von Bethlehem* verfaßt, das der Wiener Puppenspieler Geisselbrecht 1804 in Weimar mehrere Male aufführt, und vom Spiel im Spiel (Parodie der griech. Tragödie im allgemeinen und von Schillers *Braut von Messina* im besondern) im 4. Aufzug seines Lustspiels *Simon Lämmchen* verlangt, daß es im „Marionettentone" gegeben werde. Im Vorwort seines anonym herausgebenen *Marionetten-Theaters* (1806) bedauert er, daß die Deutschen keine kleinen Lustspiele besitzen; deswegen habe er hier einen Versuch zu solchen Stücken gemacht und sie Marionettenspiele genannt, weil er glaube, „gezogene Puppen von Holz werden sie eher und besser aufführen als die hölzernen lebendigen auf unsern Haupt- und Staatstheatern". Literarische Puppenspiel-Parodien sind die satirischen Stücke des ebenfalls unter dem Einflusse Tiecks stehenden Friedrich Laun: das „Marionettenspiel mit lebendigen Figuren" *Die Kuhglocken oder Der Ehrenschnurrbart* (1803) und das „Marionetten-Trauerspiel" *Das Schicksal* (1808), eine Parodie in Knittelversen auf die Schicksalstragödie.

In den *Nachtwachen des Bonaventura* (1804) ist die Marionette Symbol der Unfreiheit und Ohnmacht des Menschen gegenüber den unerforschlichen Gewalten und Bild des zur Maschine gewordenen Menschen; das Marionettentheater wird zum adaequaten Ausdruck der Tragikomödie angesichts der mechanischen Gebundenheit des kühnen Strebens menschlichen Geistes in die Unendlichkeit. Andererseits ist die Marionette der geeignetste Akteur für die kleinen, das große Theater des Lebens nachahmenden Bühnen, deren „hölzerne mechanische Bewegung" und „steinerner antiker Stil" sich von den lebendigen Schauspielern abhebt. Die Marionettendämonie ist in Heinrich von Kleists *Familie Schroffenstein* (1803), das auch Einzelzüge vom P. übernimmt, Grundzug. Burlesken mit Tanz und Gesang, die er auf einem Jahrmarkt von Puppen dargestellt sieht, regen ihn zu seiner berühmten Studie *Über die Marionettentheater* (1810) an.

E. T. A. Hoffmann, der selber Puppenspielaufführungen für seine Freunde veranstaltet, spielt in den *Seltsamen Leiden eines Theater-Direktors* (1814) die Marionette gegen den lebendigen Schauspieler aus: jene ist für ihn der ideale Darsteller für das nur von der Außenwelt bedingte Possenhafte; echte romantische Dramen können nur von Marionetten wiedergegeben werden. In andern Erzählungen zeigt sich Hoffmann von den Automaten fasziniert, wie in *Der Sandmann* von der Puppe Olimpia und in *Die Automate* von dem „redenden Türken". In *Die Elixiere des Teufels* wird Medardus Zeuge des Puppenspiels *David und Goliath* auf dem spanischen Platz in Rom (*Sämtl. Werke*. Histor.-krit. Ausg. hg. v. C. G. v. Maassen, Bd. 2, 1912, S. 302). Justinus Kerner sah auf seiner Reise nach Hamburg 1808/9 dort eine Reihe von Marionetten-Aufführungen und berichtete nach seiner Heimkehr an Varnhagen begeistert über „chinesische Schatten", die er in Tübingen sah. In seinen *Reiseschatten* (1811) führt er sich selber als Schattenspieler Luchs ein (*Die Dichtungen*. Neue vollst. Sammlung in 1 Bd., 1834, S. 263-512). Die in die Erzählung eingefügten Schattenspiele veranlaßten Ludwig Uhland, seinem Freunde zu raten: „Du solltest mehreres auf solche Art bearbeiten, Volksromane, Novellen, etwa aus den 'Sieben weisen Meistern', du würdest ein neues und den ästhetischen Theoretikern noch nicht bekanntes dramatisches Genre, das Schattenspiel begründen" (*J. Kerners Briefw. mit s. Freunden*, hg. v. Th. Kerner. Bd. 1, 1897, S. 43). 1835 erscheint Kerners

Schattenspiel *Der Bärenhäuter im Salzbade*. Clemens Brentano lernt mit seinem Freunde Achim von Arnim das Puppen- und Schattenspiel schon in der Kinderzeit im Vaterhause in Frankfurt lieben. Zu einem Geburtstagsfest dichtet er ein Schattenspiel, sein Bruder Christian das politische Schattenspiel *Der unglückliche Franzose oder der deutschen Freiheit Himmelfahrt* (1816). Achim von Arnim läßt in der *Gräfin Dolores* (1810) den Grafen Professor Beireis in Helmstedt besuchen und seine Automaten bewundern; auch wird darin von dem Dichter Wallner das volkstümlich-burleske Marionettenspiel *Tragikomödie von dem Fürstenhaus und der Judenfamilie* vorgeführt, eine Satire auf die verschuldeten kleinen Fürstenhäuser in Deutschland mit Kasperl als eigentlichem Helden, deren Entwurf von Arnim selber stammt, angeregt durch Volksstücke und politische Satiren wandernder Puppenspieler in Karsdorf und Berlin. Auch dichtet er das Schattenspiel *Das Loch oder das wiedergefundene Paradies* und das Puppenspiel *Die Appelmänner* nach einem altdt. Stoff mit Kasperl in der Hauptrolle (1813). In einer Vorrede zu Marlowes *Faust* in der Übersetzung von Wilhelm Müller (1817) legt er das Stück dem Kasperle ans Herz, es werde allen Freude machen „die sich an dem ehrlichen Puppenspiel zu ergötzen verstehen". Nach seiner Verbindung mit den Heidelberger Romantikern zieht Jakob Grimm das „Puppenspiel von altem Schrot, mit Hanswurst und Teufel" in seine *Rundfrage über verschiedene alte Volksgüter* (1815) ein. Julius von Voss veröffentlicht 1816 und 1826 *Possen und Marionettenspiele*, die am Rande den grotesken Stil der Romantik aufweisen, wie es die drei ausdrücklich als Marionettenspiele bezeichneten Stücke *Pigmalion und die Bildsäulen, Der große Hamilkar*, eine Satire auf die Zustände im preußischen Heer vor 1816, und *Das Judenkonzert in Krakau* erweisen. Christoph Wargas gibt 1826 sein *Neues Marionettentheater* heraus, nachdem er angesichts des Mangels an guten Puppenspielen Burlesken bearbeitet hat, um die „unmoralischen" und „unflätigen" Stücke, aber auch die triviale Lokalposse vom Puppentheater zu verdrängen. Grabbe ist in *Scherz, Satire, Ironie und tiefere Betung* (1827) wohl durch das literar. Marionettentheater seines Studienfreundes Carl

Köchy in Berlin angeregt, wo anfangs der 20er Jahre Komödien von Holberg und Parodien für einen literar. Zirkel gegeben werden, dem auch Heine angehörte. Lenau läßt in einem Gedichte *Die Marionetten* („Nachtstück" 1831-1834) einen Klausner von der Aufführung eines grausamen Ritterstückes durch Marionetten berichten, um eine unheimliche, grauenerregende Stimmung zu schaffen (*Sämtl. Werke*, hg. v. Hermann Engelhard, 1959, S. 171-182). 1833 beginnt er in Wien seinen *Faust* (1836), zu dem ihn auch das Puppenspiel anregt. Auch er sieht im Marionettentheater „das eigentliche dt. Volkstheater" (an M. von Löwenthal 1839). In einem Briefe an seine Braut Luise Rauh (17. Juli 1831) begeistert sich Eduard Mörike für die Marionetten eines Wanderpuppenspielers (*Briefe*, hg. v. Friedr. Seebaß, 1939, S. 289 f.). Im *Maler Nolten* (1832) tritt er für eine künstlerische Vervollkommnung der Zauberlaterne (Laterna magica) ein, die „so recht der Märchenpoesie zum Dienst geschaffen" sei, und fügt dem Roman das „phantasmagorische Zwischenspiel" *Der letzte König von Orplid* ein. Im *Stuttgarter Hutzelmännlein* (1852) erwähnt er ein Spiel vom *Doktor Veylland* mit dem Stiefelknecht in einem schwäbischen „Dockenkasten" *Sämtl. Werke*, hg. v. Herbert G. Göpfert, 3. Aufl. 1964, S. 508-555, 978-1012). Der 1832 verstorbene Carl Julius Weber widmet ein Kapitel seines *Democritos oder hinterlassene Papiere eines lächelnden Philosophen* 12 Bde 1832-40) dem Marionettentheater; er hebt die besondern Verdienste des Marionettenspielers Geisselbrecht hervor und schlägt die Ausführung von Lichtenbergs Plan vor, die Fabeln Aesops durch Tiermarionetten vorstellen zu lassen (Bd. 12, S. 66-71). Georg Büchner läßt in *Dantons Tod* 1835) seinen Helden zu Julie sagen: „Puppen sind wir von unbekannten Gewalten am Draht gezogen; nichts, nichts wir selbst! Die Schwerter, mit denen Geister kämpfen, man sieht nur die Hände nicht, wie im Mährchen" Histor.-krit. Ausg. hg. v. Werner R. Lehmann. Bd. 1, S. 41), und in *Leonce und Lena* (1837) Valerio den Prinzen und die Prinzessin als zwei Automaten („nichts als Kunst und Mechanismus, nichts als Pappendeckel und Uhrfedern") dem König Peter vorstellen (S. 131). Ein satirisches Puppenspiel im romantischen Sinne ist *Das Incognito*

von Joseph von Eichendorff, nach den drei erhaltenen Entwürfen (1841) einzelne, lose verknüpfte Bilder voll von politischer und sozialer Zeitsatire und gleichzeitig marionettenhafter Märchenunwirklichkeit. Heinrich Heine weist in den „Erläuterungen" zu seinem Tanzpoem *Doktor Faust* (1847) auch auf die „schlichte Puppenspielform" hin, die ihn mit zu seinem Werk angeregt habe. Iffland in seinem Lustspiel *Die Marionetten* (1807) und Kotzebue in seinem *Grafen von Gleichen* („Ein Spiel für lebendige Marionetten" 1807) ironisieren die romantische Vorliebe für die Marionette.

Eleonore R a p p, *Die Marionette in d. dt. Dichtung vom Sturm u. Drang bis z. Romantik*. Teildr. (1924), Ms. aus d. Jahre 1917 in d. Schweizer. Theatersammlung. Dies., *Die Marionette im romant. Weltgefühl* (1964; Fschg. u. Lehre, hg. v. Inst. f. Puppenspiel 1). Rud. M a j u t, *Lebensbühne u. Marionette. E. Beitr. z. seelengeschichtl. Entw. d. Geniezeit bis z. Biedermeier* (1931; GermSt. 100). Elisabeth B l o c h m a n n, *Die dt. Volksdichtungsbewegung in Sturm u. Drang u. Romantik*. DVLG. 1 (1923) S. 419-452. Ilse S c h n e i d e r, *Puppen- u. Schattenspiel in d. Romantik*. (Masch.) Diss. Wien 1920. — Marianne T h a l m a n n, *Der Trivialroman d. 18. Jh.s u. d. romant. Roman* (1923; GermSt. 24). Dies., *Ludwig Tieck. Der romant. Weltmann aus Berlin* (Bern 1955; Dalp-Taschenbücher 318) S. 10, 99-102, 116. — *Die Nachtwachen des Bonaventura*. Hg. v. Walter W i d m e r (Zürich 1945) S. 21, 33 ff., 60-70, 93 f., 190, 232-237. Joachim S t a c h o w, *Studien zu d. 'Nachtwachen von Bonaventura' mit bes. Berücks. d. Marionettenproblems*. (Masch.) Diss. Hamburg 1957. Wolfgang P a u l s e n, *Bonaventuras 'Nachtwachen' im literar. Raum. Sprache u. Struktur*. Jb. d. Dt. Schiller-Ges. 9 (1965) S. 447-510, bes. S. 454 f. — Heinrich v. K l e i s t, *Über d. Marionettentheater*, zusammen mit 11 Studien u. Interpretationen in: *Kleists Aufsatz über das Marionettentheater*. Mit e. Nachw. hg. v. Helmut S e m b d n e r (1967; Jahresgabe d. Heinr.-v.-Kleist-Ges. 1965/66). Amalie R o h r e r, *Das Kleistsche Symbol d. Marionette u. s. Zusammenhang mit d. Kleistschen Drama*. (Masch.) Diss. Münster 1948. Walter S i l z, *Heinr. v. Kleist. Studies in his works and literary character* (Philadelphia 1961) S. 69-85. Heinr. M e y e r - B e n f e y, *Das Drama H. v. Kleists*. Bd. 1 (1911) S. 140 f., Bd. 2 (1911) S. 531, Anm. 17. Friedr. B r a i g, *H. v. Kleist* (1925) S. 100 f., 517-556. — Alfred C h a p u i s, *Les Automates dans les œuvres d'imagination* (Neuchâtel 1947; Les idées et les lettres 4) S. 64-80. Joachim M a y, *E. T. A. Hoffmanns theatralische Welt*. (Masch.) Diss. Erlangen 1950, S. 168-199. Dietrich K r e p l i n, *Das Automaten-Motiv bei E. T. A. Hoffmann*. Diss. Bonn 1957. Serge T a u b e r, *Die Bedeutung d. künstler. Menschenfigur im Werke*

E. T. A. Hoffmanns. (Masch.) Diss. Innsbruck
1959. Dieter Müller, *Zeit d. Automate.*
Mittlgn. d. E. T. A. Hoffmann-Ges. 12 (1966)
S. 1–10. — Karl Mayer, *Uhland, s. Freunde
u. Zeitgenossen* (1867), Bd. 1, S. 139–152. —
Alfred Bergmann, *Christian Dietrich
Grabbe 1801–1836* (1930) S. 15. — Heinz Lip-
mann, *Georg Büchner u. d. Romantik* (1923)
S. 60 ff. — Eichendorff: *Das Incognito.*
Mit Fragmenten u. Entwürfen anderer Dichtungen nach d. Hs. hg. v. Susanne Weich-
berger (1901). Hugo Häusle, *Eichendorffs
Puppenspiel 'Das Incognito'. E. politisch-lite-
rar. Satire aus d. Zeitalter Friedr. Wilhelm IV.*
(1910; Dt. Quellen u. Studien 6).

§ 9. Das romantische Interesse am P.
kommt auch den Puppenspielern zugute.
Das einheimische 'Püppelspiel' in Straßburg z. B. erlebt unter dem Schreiner
Joseph Cadard (1771–1833) und dem Orgel-
schreiner und Schnitzer Johann Anton Stoff-
let (1774–1831) eine Hochblüte, wobei die
lokale Satire besonders in Nachspielen gepflegt wird; 1845 tritt der ehemalige Gehilfe
Friedrich Heinrich Daniel Krah die Nachfolge an. Zugstücke von Cadard und Krah
sind *Don Juan oder der steinerne Gast* und
Der weltberühmte Doktor Faust. Im übrigen
spielt man immer noch Bibel- und Märtyrer-
spiele, Haupt- und Staatsaktionen (von Karl
d. Gr. über Thomas Morus, Karl XII. bis zu
Napoleon oder Die Belagerung von Ulm),
Lustspiele und viele derbe Ein- und Zwei-
akter als Nachkomödien, oft mit zweispra-
chigen Titeln wie z. B. *Le médecin malgré
lui, oder: Hanswurst Doktor.* Friedr. v. Matthisson, der 1803 das Schauspiel *Alcesta,
oder: Der höllenstürmende Herkules* sieht,
findet das Straßburger Marionettentheater
in seiner Art vollkommen und betont, daß
sich Hanswurst selber übertraf und der El-
säßer Dialekt in diesem heroischen Drama
eine ganz vorzügliche Wirkung tat (*Schriften.*
Ausg. letzter Hand. Bd. 6, 1828, S. 57 f.).

In Köln gründet 1802 der Schneidermei-
ster Christoph Winters († 1872) das „Krepp-
chen", das später 'Hänneschentheater' genannt wird und heute noch besteht. Daneben
finden zahlreiche Gastspiele von wandernden
Puppenspielern statt und hält sich bis 1809
ein zweites stehendes Puppentheater: In
einem handschriftlichen 'Buch über verschiedene Stücke zum Aufführen durch Jos. Spiegel' (1807) sind 33 Szenarien verzeichnet, die
den gleichen romant. Grundzug haben, der
das Theater der Zeit bestimmt (vor allem

Ritterdramen und Feenmärchen mit den
Bühneneffekten der Wiener Zauberstücke).
Komische Hauptfigur ist in den ersten sechs
Stücken Zipperle, der dann von Hänneschen
abgelöst wird. Während der Grundton Spiegels in der Regel sentimental-ernst ist, spielen bei Winters Hänneschen und seine Sippe
eine größere Rolle. Wie in der ital. Commedia dell'arte, als deren rhein. Nachkömmling
das Hänneschentheater manchmal bezeichnet wird, und wie im flämischen Puppenspiel mit dem Lustigmacher Tchantchès und
seinen Leuten, das Winters nachweislich angeregt hat, hat Hänneschen Familie und
Nachbarn vor der Stadt und städtische Gegenspieler, wodurch sich die Sprache vom
Grobmundartlichen bis zur Umgangssprache
abstuft. In den 103 Szenarien, die Winters
zwischen 1803 und 1813 verfaßte, finden sich
noch zahlreiche Bibeldramen, Bearbeitungen
von Volksbuchstoffen und Ritterdramen, von
Räuberstücken wie Schillers *Räuber,* Zschokkes *Aböllino,* Körners *Hedwig die Banditen-
braut,* wozu 1818 der aktuelle *Schinderhannes oder die Mühle an der Mosel* hinzukommt, dem Winters in seiner Jugend selber
begegnet sein soll, von Wiener Singspielen
und Zauberstücken, ja sogar von Opern. In
einem Register über das *Introludium zum
Puppenspiel in Zwischenakten* von Winters
(1820) sind 61 Inhaltsangaben zu sog. 'Faxen'
in Prosa (lokalkritischen Zwischenspielen)
enthalten.

Einen fruchtbaren Boden findet das P. in
der 1. Hälfte des 19. Jh.s aber auch in Berlin. Die aus Süddeutschland stammende
Marionettentruppe Schütz und Dreher hat
bei ihrem ersten Besuch in Berlin 1804 einen
solchen Erfolg bei allen Ständen, daß sie sich
in der Folge im nahen Potsdam niederläßt
und von hier aus in Berlin und Breslau spielt.
Während die anonym erschienene Schrift
*Ideen über das Theater, dessen Zweck und
Einrichtung* (1816) festhält, daß „recht nette"
Stücke von Mahlmann" in Berlin gegeben
wurden (S. 18), nehmen den Literarhistoriker Franz Horn vor allem die dt. Volksschauspiele gefangen, von denen keine Literaturgeschichte rede, da sie nicht gedruckt seien.
Im Spielplan von Schütz und Dreher, in
deren Theater man schon 1804 nach dem
Zeugnis von Franz Horn „fast alle Abend"
die geistreichsten Männer, Frauen, Philosophen, Dichter und Kritiker zu finden hof-

fen" konnte (*Leben u. Wiss., Kunst u. Religion*, 1807, S. 188), finden sich noch ältere Bibeldramen, historische Stücke, Ritterdramen und romant. Umdichtungen antiker Mythen sowie als Hauptzugstücke *Genoveva*, *Don Juan* und *Doktor Faust*, zu dem als eine Art Fortsetzung *Doktor Wagner, oder Fausts Höllenzwang* hinzukommt.

Vermutlich der erste dt. Verlag, der *Bilderbögen* für Figurentheater herausbringt, ist Winckelmann & Söhne in Berlin (seit 1829), dem bald Oemigke & Riemenschneider in Neuruppin bei Potsdam, Josef Scholz in Mainz, der 1830-1900 rund 300 Theaterbilderbögen herausbringt, Trentsensky in Wien u. a. folgen.

Josef L e f f t z, *Straßburger Puppenspiele. E. geschichtlicher Rückblick mit d. alten Texten d. Straßburger Don Juan u. Faust* (1942). — Carl N i e s s e n, *Das rhein. Puppenspiel.* ZfDtk. 39 (1925) S. 488-503. Ders., *Das rhein. Puppenspiel* (1928; Rhein. Neujahrsbll. 7), S. 1-119 (Darstellung), S. 120-264 (Texte). Ders., *Schinderhannes im Puppenspiel.* Unsere Heimat. Bll. f. saarländ.-pfälz. Volkstum 1935/36, S. 104-107. *Das alte Kölner Hänneschen-Theater* (1931; Gabe f. Freunde rhein. Volkskunst 3). — A. D e l e n, *Het Poppenspel in Vlaanderen* (Antwerpen 1916). — Adolf G l a ß b r e n n e r, *Théâtre en miniature, oder: Neues Berliner Puppenspiel.* Der Freimüthige 36 (1839), Nr. 173-174, S. 696 u. 700. Aug. M a h l m a n n, *Marionettentheater* (1806; auch: *Sämtl. Schriften*, Bd. 6 u. 7, 1840). Gotthilf W e i s s t e i n, *Berliner Puppenspiele* (s. § 10) S. 50-62. Fritz J o h a n n e s s o n, *Berliner Puppenspiele.* Mittlgn. d. Ver. f. d. Gesch. Berlins 44 (1927) S. 109-116. Gustav G o t t s c h a l k, *Das Berliner Spiel vom Doktor Faust.* Der Roland 2 (1904), Nr. 44/45, S. 638-644 u. Nr. 46/47, S. 670-673. Otto G l a s e r, *Ein Berliner Faustpuppenspiel.* Berlin. Bll. f. Gesch. u. Heimatkde 1 (1934) S. 80-82. Therese K r i m m e r, *Schattentheater*, in: *Beiträge aus d. bibliothekar. Arbeit. Wilh. Schuster z. 70. Geb. gewidm.* (1959) S. 93-98. — Carl N i e s s e n, *Über den Quellenwert d. Theater-Bilderbogen.* Das dt. Theater-Jb. f. Drama u. Bühne 1 (1923) S. 159-167. Walter R ö h l e r, *P. aus Papier. Die Theaterbilderbogen u. ihr theatergesch. Quellenwert.* Theater d. Welt 2, H. 1 (Jan. 1938) S. 42-50. Ders., *Shakespeare auf d. Kindertheater.* Shakespeare-Jb. 82/83 (1948) S. 186-189. Ders., *Große Liebe zu kleinen Dingen. E. Beitr. z. Kulturgesch. d. Papiertheaters* (1963; Das Geschenk 5).

§ 10. Nun wird auch das Interesse der Wissenschaft am P. rege. Friedr. Heinr. von der Hagen spricht zur Berliner Goethefeier 1814 über *Das alte und neue Spiel von Dr. Faust.* Franz Horn nimmt in seine *Poesie*

und Beredsamkeit der Deutschen (1822-29) die Marionettenspiele von Schütz und Dreher mit auf (II 262-284). Adolf Glaßbrenner weist 1836 im Heft *Puppenspiele* seiner Reihe *Berlin wie es ist — und trinkt* Dichter und Kritiker auf das P. hin. Gustav Freytag bezieht in seine Berliner Dissertation *De initiis poesis scenicae apud Germanos* (1838) auch das P. ein. Karl Simrock gibt 1846 auf Grund der Spieltexte von Schütz-Dreher und Geisselbrecht das Puppenspiel *Johannes Faust* heraus und würdigt im Vorwort seine dramatischen Qualitäten. Johann Scheible bringt im 5. dem 'Faust' gewidmeten Band des Sammelwerks *Das Kloster* (1847) neben Ulmer, Kölner, Augsburger und Straßburger Fassungen auch den Spieltext von Geisselbrecht, an anderen Stellen einen *Herodes* des Johann Falck von Neustadt, *Abällino* und *Don Juan* des Augsburger Marionettentheaters sowie zwei weitere Fassungen des *Don Juan* aus Straßburg und Ulm.

Auch in der 2. Hälfte des 19. Jh.s interessieren sich einige Literaten und Gelehrte für das Puppenspiel. Ferdinand Gregorovius hält in seinen *Römischen Figuren* (1853) den Eindruck fest, den auf ihn Marionettentheater in Rom machten, das gesellschaftlich gehobenere in Sant' Apollinare vor allem mit seiner Kunstfertigkeit und Grazie, dem „Nonplusultra von Gelenksamkeit, wozu es die Puppen gebracht haben" und das ursprünglichere für das niedere Volk auf der Montanara mit seinen Ritterstücken nach Ariost, bisweilen auch Geschichten von Aeneas und König Turnus oder selten *Faust*, und betont, daß damit die romantischen Sagen im Volke lebendig erhalten bleiben, was kein kleines Verdienst sei (*Wanderjahre in Italien*, hg. v. Fritz Schillmann, 1928, S. 208 ff., 217-229, Anm. S. 1149). Johann C. Th. Grässe spricht in seiner Untersuchung *Zur Geschichte des Puppenspiels und der Automaten* (1856) dem P. das Verdienst zu, in seiner Zeit die wandernden Schauspielertruppen in Deutschland ersetzt und somit auch das dt. Drama wenigstens scheinbar vom Untergang bewahrt zu haben. Karl von Holtei erwähnt in seinem Roman *Die Vagabunden* (1852) die Aufführung eines *P.s* von *Genoveva* und läßt seinen Helden jene des *Verlorenen Sohns* beschreiben, voll Achtung vor dem alten Volksschauspiel, das in reizend naiver Einfalt jenen ewigen Stoff auffasse und behandle, und nicht zuletzt auch vor Kasperle, dem „Chorus der Romantik", der mit derben, treffend ironialen Witzworten gleichsam die Moral der Fabel expliziere (2. Aufl. 1895, S. 431-446). Richard Wagner erkennt nach der Aufführung eines wandernden Puppenspielers im Kasperletheater „die Geburtsstätte des deutschen Theaterspiels"; in dem „Spieler dieses Puppentheaters und seinen ganz unvergleichlichen Leistungen" geht ihm „seit undenklichen Zeiten der Geist des Theaters zuerst wieder lebendig auf" (*Ges. Schriften* u. Dichtungen, Bd. 9, 4. Aufl. 1907, S. 181 f.). (*Über Schauspieler und Sänger*, 1872.) Theodor Storm verklärt in *Pole Poppenspäler* (1873/74) einen bis nach Husum vorstoßenden Mechanikus und Puppenspieler aus München.

Neben zahlreichen Einzelausgaben verschiedener Spieltexte, darunter an erster Stelle *Doktor Faust*, der auch literarisch bearbeitet wird von Karl Simrock (1872), Richard Kralik (1895) und Carl Höfer (1914) u. a., werden größere Sammlungen herausgegeben von Carl Engel (1874-1892), dessen *Puppenkomödien* allerdings nur zum Teil auf alte Spieltexte zurückgehen, von Richard Kralik und Joseph Winter mit älteren Spieltexten aus Niederösterreich und der Umgebung Wiens (1884) und von Arthur Kollmann (1891). Johann Lewalter und Johannes Bolte können 1913 auf insgesamt 30 dt. Fassungen des Puppenspiels von *Faust* hinweisen.

Das Puppenspiel vom Doktor Faust. T e x t - a u s g a b e n : Augsburger Fassung, in: J. S c h e i b l e, *Das Kloster*. Bd. 5 (1847) S. 818-852. — H. L ü b k e, *Die Berliner Fassung d. Puppenspiels vom Doctor Faust*. ZfdA. 31 (1887) S. 105-171. — Ernst K r a u s, *Das böhmische Puppenspiel vom Doctor Faust*. Abhandlung u. Übers. (1891). — Chemnitzer Fassung: *Das Puppenspiel vom Doctor Faust, wortgetreu nach d. hsl. Textbuche d. Marionetten-Theater-Besitzers* Rich. Bonesky hg. v. Georg E h r h a r d t vom Zinnwalde (1905). — Engelsche Fassung: *Das Volksschauspiel Doctor Johann Faust*. Hg. v. Carl E n g e l (1874; 2. Aufl. 1882; 3. Aufl. 1906; Dt. Puppenkomödien 1). Hierzu: Joh. W. B r u i n i e r, *Das Engelsche Volksschauspiel 'Doctor Johann Faust' als Fälschung erwiesen* (1894). — Rob. P e t s c h, *Das fränkische Puppenspiel von Doktor Faust*. ZfVk. 15 (1905) S. 245-260. — *Doctor Faust, oder: der große Negromantist. Schauspiel mit Gesang in fünf Aufz.* Textbuch d. Puppenspielers Geißelbrecht abgedr. durch Oberst von B e l o w (Berlin [1832]).

Faks.-Neudr. mit e. Nachw. v. Rud. F r a n k u. e. Bibliographie d. dt. Faust-Puppenspiels (1912). — *Ein Kärtner Spiel vom Doktor Faust*. Nach e. Hs. d. Klosters St. Georgen am Längssee. Hg. v. Georg G r a b e r (Graz 1943; Kärtner Fschgn. 1, 2). — Kölnische Fassung, in: J. S c h e i b l e, *Das Kloster*. Bd. 5 (1847) S. 805-817. Vgl. auch: Carl N i e s s e n, *Das Rheinische Puppenspiel* (1928; Rhein. Neujahrsbll. 7) S. 167-181. — Leipziger Fassung: *Das Puppenspiel von Doctor Faust. Heroischkom. Schauspiel in 4 Aufz.* Nach d. Hs. d. Puppenspielers Guido Bonneschky. Zum 1. Mal in s. ursprüngl. Gestalt wortgetreu hg. v. Wilh. H a m m (1850; Kasperle-Theater 1). — *Das Volksschauspiel vom Doktor Faust in drei Fassgn. d. Moebiusschen Überlieferung.* Einl. u. Text, in: Joh. W. B r u i n i e r, *Faust vor Goethe*. T. 2. Progr. Anklam 1910. — *Der Münchener Faust*. Chronik d. Wiener Goethe-Ver. 26 (1912) S. 1-16. — Niederösterr. Fassung: *Der Schutzgeist, oder Johann Doctor Faust*, in: Rich. K r a l i k u. Joseph W i n t e r, *Dt. Puppenspiele* (Wien 1885) S. 157-193. — *Doctor Faust. Schauspiel in drei Akten.* [„Als Puppenspiel v. E. Wiepking im Jahre 1865 in Oldenburg wiederholt aufgeführt."] Hg. v. Carl E n g e l (1879; Dt. Puppenkomödien 8). — *Doktor Johann Faust. Volksschauspiel vom Plagwitzer Sommertheater.* Nach d. Bühnenhs. der J. Dreßler'schen Truppe hg. u. mit d. übrigen Volksschauspielen von Faust verglichen v. Alexander Tille ([1895]; Dt. Puppenkomödien 10). — Die Schütz-Drehersche Fassung: F. H. von der H a g e n, *Das alte u. d. neue Spiel vom Dr. Faust*. GermaniaH. 4 (1841) S. 211-224 (Text, S. 214-223). — *Das Schwiegerlingsche Puppenspiel vom Dr. Faust*. Zum erstenmale hg. v. Albert B i e l s c h o w s k y. Jahresber. d. Kgl. Gewerbeschule Brieg 1881/82, S. 1-50. — Straßburger Fassung, in: J. S c h e i b l e, *Das Kloster*. Bd. 5 (1847) S. 853-883. Vgl. auch: Josef L e f f t z (s. u.) S. 69-107. — Tiroler Fassung: Erich S c h m i d t, *Volksschauspiele aus Tirol. Don Juan und Faust*. T. 2. ArchfNSprLit. Bd. 98 (1897) S. 266-276. *Der Teufelsbanner, oder Dockter Faust's Leben. Zauberspiel in 3 Acten*, hg. v. Friedr. Arnold M a y e r, *Goethe auf d. P.* Forschgn. z. neueren Lit.gesch. Festg. f. Rich. Heinzel (1898) S. 245-257. *Das Prettauer Faustus-Spiel.* Hg. v. Wilh. H e i n. Das Wissen für Alle. Bd. 1 (Wien), Nr. 36-41. Rud. P a y e r von Thurn, *Faustisches aus Tirol*. T. 1. *Das Zingerlesche Faustspiel*. Chronik d. Wiener Goethe-Ver. 25 (1911) S. 34-59. — Die Ulmer Fassung, in: J. S c h e i b l e, *Das Kloster*. Bd. 5 (1847) S. 783-805. — Oskar S c h a d e, *Das Puppenspiel Doktor Faust*. [Nach zwei Hss. d. Landesbibl. Weimar]. Weimar. Jb. f. Dt. Spr., Litt. u. Kunst 5 (1856) S. 241-328.—Andere Fassungen u. Bearbeitungen: F. T i e t z, *Faust's Leben u. Höllenfahrt. Für d. Figurentheater d. Kinder. E. Weihnachtsgeschenk für d. Jugend* (Berlin 1839). Karl S i m r o c k, *Doktor Johannes Faust. Puppenspiel in vier Aufz.* (1846), der

gleiche Text in: S i m r o c k , *Faust. Das Volksbuch u. d. Puppenspiel nebst e. Einl. über d.
Ursprung d. Faustsage* (1872; 3. Aufl. Basel
1903). Ders., *Doktor Johannes Faust nach d.
Ausg. v. 1872*, hg., eingel. u. um weitere Pup-
penspieltexte verm. v. R o b . P e t s c h ([1923];
Reclams Universal-Bibl. 6369/69). Rich. K r a -
l i k , *Das Volksschauspiel vom Doktor Faust
erneuert* (Wien 1895). Elisabeth M e n t z e l ,
*Das Puppenspiel vom Erzzauberer Dr. J.
Faust. Tragödie in 4 Akten u. 4 Bildern.* Nach
alten Mustern bearb. u. mit e. Vor-, Zwischen-
u. Nachspiel sowie e. Einl. vers. (1900). *Drei
Puppenspiele vom Doktor Faust* [Stephani, O.
Seidel, Julius Kühn]. Hg. v. Joh. Lewalter u.
Joh. Bolte. ZfVk. 23 (1913) S. 36-51, 137-146.
Conrad H ö f e r , *Das Puppenspiel vom Dok-
tor Faust.* Mit e. Nachw. vers. ([1914]; Insel-
Bücherei 125).

Bibliographie: G o e d e k e . Bd. 4, 3 (1912)
S. 782-785 u. Bd. 4, 5 (1957) S. 863-864: Hans
H e n n i n g , *Faust-Bibliographie.* T. 1 (1966)
Nr. 2387-2504 (Texte u. Theaterzettel), Nr.
2505-2654 (Untersuchungen). — Handschrif-
tenverzeichnisse: Carl N i e s s e n , *Puppen-
spiel-Hss.*, in: N i e s s e n , *Katalog d. Ausstel-
lungen Faust auf d. Bühne, Faust in d. bildenden Kunst* (1929) S. 57-60. Nils G. S a h -
l i n , *The Faust puppet play. Manuscr. in the
W. A. Speck Collection of Goetheana.* (Masch.)
Diss. New Haven 1937. — Untersuchungen:
Albert B i e l s c h o w s k y , *Das Alter d. Faust-
spiele.* VjsLitg. 4 (1891) S. 193-226. Artur
K o l l m a n n , *Dt. Puppenspiele.* H. 1 (1891)
S. 79-109: *Zum Puppenspiel vom Doktor
Faust.* Alfred Frh. v. B e r g e r , *Die Puppen-
spiele vom Doktor Faust.* Zs. f. österr. Volks-
kde 1 (1895) S. 97-106. Joh. W. B r u i n i e r ,
*Untersuchungen z. Entwicklungsgesch. d.
Volksschauspiels vom Dr. Faust.* ZfdPh. 29
(1897) S. 180-195, 345-372; 30 (1898) S. 324-
359; 31 (1898) S. 60-89, 194-231. Hermann
U l l r i c h , *Zum Puppenspiel vom Doktor
Faust.* Euph. 22 (1919) S. 348-349. Konrad
B i t t n e r , *Beitr. z. Gesch. d. Volksschauspiels
vom Doctor Faust* (1922; PrgDtSt. 27). John
A. W a l z , *Notes on the puppet play of Doc-
tor Faust.* PhilQuart. 7 (1928) S. 224-230. Ma-
rianne T h a l m a n n , *Weltanschauung im
Puppenspiel vom Doktor Faust.* PMLA 52
(1937) S. 675-681. Anton D ö r r e r , *Die Pret-
tauer Volksschauspielbücher, ihre Besitzer u.
ihre Aufführungen.* Beitr. z. Gesch. u. Heimat-
kunde Tirols. Festschr. zu Ehren Hermann
Wopfners. Bd. 2 (Innsbruck 1947; Schlern-
Schriften 53) S. 35-55. Ders., *Dr. Faust in d.
Ostalpen.* Mimus u. Logos. E. Festg. f. Carl
Niessen (1952) S. 27-34.

Andere ältere Spieltexte: *Aballino der große
Bandit*, in: J. S c h e i b l e , *Das Schaltjahr.*
Bd. 4 (1847) S. 555 ff. *König Herodes.* Ebda,
S. 702 ff. — Georg E l l i n g e r , *E. dt. Puppen-
spiel: Alzeste oder: Der Höllenstürmer.* ZfdPh.
18 (1886) S. 257-301. Ders., *Die Braut der
Hölle.* ZfdPh. 23 (1891) S. 286-290. — Silvius
L a n d s b e r g e r , *Don Carlos, der Infanterist von
Spanien, oder das kommt davon, wenn man*

seine Stiefmutter liebt. Neu hg. u. mit e. bio-
graph. Nachw., sowie e. Abh. über Berliner Pup-
penspiele vers. v. Gotthilf W e i s s t e i n (1852;
Berliner Curiosa 2). — *Don Juan:* Augsburger
Fassung, in: S c h e i b l e , *Das Kloster.* Bd. 3
(1846) S. 699-725. Straßburger Fassung, ebda,
S. 725-759. Ulmer Fassung, ebda, S. 760-765.
Hierzu: Carl E n g e l , *Zwei Kapitel aus d.
Gesch. d. Don-Juan-Sage.* ZfvglLitg. 1 (1887)
S. 402 f.

Sammlungen: *Dt. Puppenkomödien.* Hg. v.
Carl E n g e l . 12 Hefte (1874-1892). *Dt. Puppenspiele.* Hg. v. Rich. K r a l i k u. Joseph
W i n t e r (Wien 1885). *Dt. Puppenspiele. Ges.
u. mit erl. Abh. u. Anm.* hg. v. Artur K o l l -
m a n n . H. 1: *Judith u. Holofernes* (1891).
Ernst T r o m m e r , *Repertoire d. sächs. Marionettentheaters.* H. 1. *Genoveva* (1905),
H. 2. *Der sächs. Prinzenraub. Vaterländisch-
historisches Ritterschauspiel in 6 Akten.* Nach
e. alten Ms. v. 1825 bearb. (1905; Zwickauer
Theaterbibl. 7). *Das Handpuppentheater. Eine
Reihe alter u. neuer Komödien f. d. Hand-
puppenbühne.* Hg. v. Rob. Adolf S t e m m l e .
18 Bdchn (1928-1932).

§ 11. Noch blüht das Wanderpuppenspiel,
vielfach generationenweise im Familienbe-
trieb: In den 50er und 60er Jahren des 19.
Jh.s tritt in Oldenburg, Ostfriesland und
Holstein E. Wiepking († 1871) hervor, in
dessen Spielplan sich neben bekannten ältern
Volksschauspielen auch ein *Wilhelm Tell* und
Der travestierte Don Carlos finden. In Preußen machen zur selben Zeit Fritz und Theodor Schwiegerling mit ihrem 'Kunst und Figurentheater' von sich reden. In Bayern sind
es vor allen Franz Xaver Widmann, der
1850 in Landsberg am Lech beginnt, und
seine Söhne Xaver und Michael, sowie Ignaz
Schichtl (geb. 1849), der zuletzt mit Marionetten spielt, seine Söhne Johann und
Franz August, die als Handpuppenspieler
hervortreten, Augustin und Julius, sowie sein
Enkel Xaver, der 1913 das Unternehmen
übernimmt. In Sachsen führen Witwe und
Sohn Guido des Constantin Bonneschky
(† 1864) bis 1875 das schon in der 1. Hälfte
des Jh.s bekannte Marionettentheater weiter, die Schwiegertochter bis in die 90er
Jahre hinein. Der 1867 geborene Richard
Bonesky, der bei Ferdinand Listner und
Moritz Richter in die Lehre gegangen ist,
macht sich 1889 in Chemnitz selbstständig
und führt jedes Jahr an die zwölf Mal den
Doktor Faust auf.

Während das 'Püppelspiel' in Straßburg
1851 und kurz darauf, mit dem Tode von
Josef Anton Weyermann, die zuletzt scherz-

haft „Ulmer Nationaltheater" genannte 'Dockenkomödie' in Ulm ihre Pforten schließen, führt Witwe Klotz nach dem Tode ihres Großvaters Winters in Köln das Hänneschentheater erfolgreich weiter. Daneben halten sich dort andere stehende P. wie das seit 1849 konzessionierte P. von Franz Millowitsch aus Küstrin, dem Stammvater der später zum Personentheater übergegangenen Kölner Komikerdynastie. In Berlin versucht der Buchhändler Silvius Landsberger die im Vormärz in Berliner Konditoreien organisierten Weihnachtsausstellungen mit P. neu zu beleben. Für eine solche im Jahr 1851 verfaßt er die „spanische Lokalposse mit starkem Berliner Beigeschmack" *Don Carlos, der Infanterist von Spanien*, „Zeit zwischen 1651 und 1852". In den 60er Jahren werden in der Berliner Walhalla alljährlich einaktige Possen gespielt, in welchen polit. Tagesereignisse oder Berliner Persönlichkeiten von Kasperl ironisch beleuchtet werden.

In München gelingt es dem Aktuar Joseph Leonhard S c h m i d, ein stehendes P. fest in das Kulturleben der Stadt einzugliedern: das bald über die Landesgrenzen berühmte *Münchener Marionettentheater*. Als Hausdichter gewinnt er Franz Graf P o c c i, der schon im Winter 1849/50 acht Kasperlkomödien für sein Haustheater im Ammerland und 1854 die Schattenspiele *Unter den Wilden* und *Kasperl in der Türkei* verfaßt hat, in denen der von ihm geschaffene Münchner Kasperl Larifari der Lustigmacher ist. Am 5. Dezember 1858 findet in München die Eröffnung mit einem Prolog und dem „romantischen Zauberstück" *Prinz Rosenroth und Prinzessin Lilienweiss oder: Die bezauberte Lilie* von Pocci statt. Schmid kann in der Folge seine Bühne vergrößern und verschönern, wobei u. a. Simon Quaglio und Mettenleitner Kulissen und Prospekte malen. Pocci dramatisiert neben eigenen Entwürfen auch Märchen der Brüder Grimm und von Perrault, die *Undine* von Fouqué, ferner Geschichten von Christoph Schmid, Hebel und Isabella Braun. Auch schreibt er seine Kasperliaden des Handpuppentheaters für das Marionettentheater um. Andere literar. Mitarbeiter der ersten Zeit, die aber nicht an Pocci heranreichen, sind Emil Harless, Freiherr von Gumppenberg und der Hofmedikus Koch. Daneben gibt es in Gemein-

schaftsarbeit entstandene Parodien auf Musikdramen Richard Wagners wie z. B. *Isarblech vulgo Rheingold* (1869) mit lokalen Anspielungen, die aber auch in den andern Stücken nie ganz fehlen. Nach dem Tode Poccis (1876) führt „Papa Schmid" neben Werken jüngerer Schriftsteller wie z. B. Ernst von Destouches, der u. a. zum 25. Jubiläum das Festspiel *Casperl Jubilaus* verfaßt, auch ältere Volkspuppenspiele auf, wie z. B. 1876 *Der Kampf der guten und bösen Geister* (*Amanda, die wohltätige Fee* des früheren Marionettentheaters in Augsburg und Ulm), 1887 *Glückssäckel und Wünschhut (Fortunatus)* nach der Ausgabe von Carl Engel und *Johannes Faust* nach der Ausgabe von Simrock. 1900 kann er ein von der Stadt München errichtetes Theater beziehen. Hier macht er 1902 ein letztes Experiment, indem er auf einer 'Hans Sachs-Bühne' Stücke des Nürnberger Dichters mit Marionetten spielt. Nach seinem Tode (1912) bleibt das 'Münchener Marionettentheater' bis 1933 Hochburg des volkstümlich-literar. Puppenspiels, nachdem inzwischen nach seinem Muster u. a. Georg Pacher (1871-1923) in Bad Tölz, Wilhelm Löwenhaupt in Offenburg und Hermann Scherrer (1853-1948) in St. Gallen 1903 als erstes stehendes P. in der Schweiz eröffnet, Marionettentheater errichtet haben. Um die letzte Jh.wende floriert in Berlin Julius Lindes 'Erstes Berliner Marionetten und vorzügliches Metamorphosen-Kunstfigurentheater', das erfolgreiche Berliner Bühnenaufführungen in eigenen Bearbeitungen nachspielt wie z. B. als Hauptzugstück *Die Afrikanerin* nach Meyerbeer.

A. R i e d e l s h e i m e r, *Die Gesch. d. Joseph Schmidschen Marionettentheaters in München von der Gründung 1858 bis zum heutigen Tage* (1906; neue Ausg. 1922). Franz P o c c i (Enkel), *Das Werk d. Künstlers Franz Pocci. E. Verz. s. Schriften, Kompositionen u. graph. Arbeiten* (1926; Einzelschr. z. Bücher u. Hss.-Kunde 5). Franz Pocci, *Sämtliche Kasperl-Komödien.* Hg. v. P. Expeditur S c h m i d t. 6 Bde (1910). Ders., *Puppenspiele.* Ausgew. u. eingel. v. Karl S c h l o ß (1909). Hyazinth H o l l a n d, *Franz Graf Pocci, Dichter- u. Künstlerleben* (1890; Bayr. Bibl. 8). Aloys D r e y e r, *Franz Pocci, d. Dichter, Künstler und Kinderfreund* (1907). Georg S c h o t t, *Die Puppenspiele d. Grafen Pocci.* Diss. München 1911. Günter B ö h m e r u. Ludwig K r a f f t, *Papa Schmidt. Altmünchner großer Puppenspieler. Ausst. d. P.sammlung im Münchner Stadtmuseum* (1967), mit Verz. der Ur- u. Erstaufführungen 1858-1929. –

Hugo S c h m i d t, *Puppenspiel*, in: *Grundriß d. sächs. Volkskde*, hg. v. Walter Frenzel, Fritz Karg, Otto S p a m e r. Bd. 2 (1933) S. 331 ff. — Hermann S c h e r r e r, *20 Jahre St. Galler Marionettentheater, 1902-1922*. Das Puppentheater 1 (1923), H. 4 (Sonderheft). Ders., *30 Jahre St. Galler Marionettentheater, 1903-1933* (St. Gallen 1934).

§ 12. Mit dem franz. Symbolismus wird Paris zum europäischen Ausstrahlungspunkt des modernen Puppenspiels. Im Pariser 'Chat Noir', dem ersten literar. Kabarett, läßt sein Gründer Rodolphe Salis 1885 den Komponisten Charles de Sivry ein künstlerisches Handpuppenspiel und 1887 den Graphiker Henri Rivière das bald weltberühmte 'Théâtre d'Ombres' aufschlagen. Gleichzeitig gründet Henri Signoret in bewußter Abkehr vom Personentheater das Figurentheater 'Le Petit Théâtre', das 1888 mit dem *Wachsanen Wächter* von Cervantes und den *Vögeln* von Aristophanes seine Pforten öffnet. Die Inszenierung des *Sturm* von Shakespeare im Herbst 1888 wird als Sieg des Symbolismus bezeichnet. Nachdem Signoret anfangs 1889 noch die Komödie *Abraham der Eremit* aus dem Antiterenz der Hrotswitha von Gandersheim inszeniert hat, übernehmen die Brüder Maurice und Jean Bouchor die Leitung: Jener dichtet poetische Legendenspiele aus der christlichen und antiken Tradition wie *Tobias* 1889, *Noël ou Le Mystère de la Nativité* 1890, *L'amour aux enfers* 1892, *Les Mystères d'Eleusis* 1894. Maurice Maeterlinck, überzeugt, daß in Zukunft der Schauspieler durch geschnitzte Personen, Wachsfiguren oder sogar durch einen Schatten, einen Reflex, eine Projektion symbolischer Formen ersetzt wird, dichtet sein erstes symbolisches Legendenspiel *La princesse Maleine* (1889) für Marionetten. Lugné-Poe, der Regisseur der symbolistischen 'Théâtre d'Art' und 'Oeuvre' versucht den typischen P.stil auf das Personentheater zu übertragen.

In Deutschland ahmt man das Pariser Vorbild vor allem in M ü n c h e n nach. Die 1901 erstmals öffentlich auftretenden 'Elf Scharfrichter' führen auch literar. Puppenspiel vor, entweder mit Stockpuppen oder mit Schattenbildern; Puppenführer und -sprecher sind Otto Falkenberg, Leo Greiner und später auch Frank Wedekind. 1906 gründet Paul Brann das 'Marionettentheater Münchener Künstler', das zuerst auf der Bayrischen Landes- und Jubiläumsausstellung in Nürnberg Puppenspiele von Pocci aufführt, in der Folge ältere und neuere Stücke in München, seit 1910 im eigenen Hause, und auf Gastspielen. Im Spielplan stehen neben dem *Doktor Faust* in der Augsburger Fassung, Puppenkomödien Poccis und Stücken von Hans Sachs, Molière, Polgar, Maeterlinck (*Der Tod des Tintagiles*) auch eigens für die Marionettenbühne geschaffene ältere und neuere Werke wie *König Violon und Prinzessin Klarinette* (Mahlmann), *Der tapfere Cassian* (Arthur Schnitzler), *Der große und der kleine Klaus* (nach Andersen) und *Die Legende von der Geburt des Heilands* (mit Benutzung alter Weihnachtsspiele und Lieder, von Brann), aber auch ältere Singspiele, komische Opern und Operetten. 1906 gründet Alexander von Bernus die 'Schwabinger Schattenspiele', die nach Privatvorstellungen des *Don Juan* von Bernus 1907 an die Öffentlichkeit treten und in zwei Spielzeiten neben modernen Schattenspielen auch ältere Werke aufführen: 1907/08 *Pan* (Bernus), *Wegewart* (Adelheid von Sybel-Bernus), *Leben und Tod des kleinen Rotkäppchens* (Tieck), *Der Totengräber vom Feldberg* (Kerner), *Vormitternacht* (Bernus), *Der wundertätige Stein* (Arnim), *Kasperl wird reich* (Pocci), *Thors Hammer* (Karl Wolfskehl), *St. Anton oder der Heiligenschein* (Coppelius); 1908/09, neben türkischen Schattenspielen mit echten orientalischen Figuren, den Osterspaziergang aus *Faust*, *Der letzte König von Orplid* (Mörike), *Der Sieg der Gläubigen*, „ein geistliches Nachspiel" (August von Platen), *Der Bärenhäuter im Salzbade* und *König Eginhard* (Kerner), *Kasperl unter den Wilden* (Pocci), *Fallada* (Wolfskehl), *Im Zwischenreich* (Paula Rösler), *Der Dichter*, „ein Vorspiel" (Bernus), *Der Teufel mit dem alten Weibe* (Hans Sachs), *Fortunatus* und *Der Blinde* (Will Vesper). 1924 gründen die Schwestern Marie, Magdalena und Sofia Jannsen die 'Sollner Puppenspiele', die für geladene Gäste mit stilisierten Figuren auch Stücke von Wilhelm von Scholz, Ricarda Huch und Emil Kaiser vorführen und Ellen van Valkenburg die Anregung zum ersten künstlerischen Puppentheater in Amerika geben. 1917 eröffnet Albert Huth die 'Künstlerische Puppenbühne' mit unbeweglichen, beidseitig bemalten Flachpuppen, wobei der Hauptwert auf Gruppierung und Bühnenbild (Drehbühne) gelegt wird. Im Spielplan stehen u. a. das altflämische Spiel *Lanzelot und Sanderein,* die spanische Komödie *Die Höfe in Salamanca* (Cervantes) und die Wiener Zauberstücke *Moisars Zauberfluch* (Raimund) und *Lumpazivagabundus* (Nestroy). 1921 eröffnete Hilmar Binter das von seinem Vater übernommene, künstlerisch erneuerte 'Münchner Marionettentheater'. Im Spielplan stehen neben den Volkspuppenspielen *Doktor Faust* und *Don Juan* Werke von Hans Sachs und Pocci, *Robinson soll nicht sterben* von Forster, klassische Dramen wie *Turandot* (Schiller), *Der zerbrochene Krug* (von Kleist), Opern von Mozart (*Zaide, Die Entführung aus dem Serail, Der Schauspieldirektor*), Weber (*Abu Hassan*), und die Operette *Der Mikado* von Sullivan. Im Winter 1925/26 bringt Alfred Hahn das farbige Schattenspiel *Christi Geburt* in München heraus, 1932 Heinz Brenner sein „zeitgenössisches Puppenspiel" *Spiel.*

Ein zweites dt. Zentrum des künstlerischen P.s entsteht vor dem ersten Weltkrieg in Baden-Baden, als der Maler und Grafiker Ivo Puhonny 1911 das 'Baden-Badener Künstler-Marionettentheater' gründet, das oft längere Zeit in Berlin weilt, seit 1916 unter der Leitung von Ernst Ehlert in der ganzen Welt gastiert, sogar in Java, und bis in die 30er Jahre hinein in Bezug auf Artistik der Bewegung, Bühnenbild, Kostüm und Repertoire als das künstlerischste dt. Marionettentheater gilt. Neben Fastnachtspielen von Hans Sachs, *Philotas* (Lessing), *Pater Brey* und Szenen aus *Faust* (Goethe), *Das Duell* (Ludwig Thoma), *Das Spukhaus* (Hans Gumppenberg), *Das Herzwunder* (Wilhelm von Scholz), *Tod und Teufel* (Wedekind), *Wunderkur* (Herbert von Eulenberg) werden außer dem alten *Faust-Puppenspiel* und Puppenkomödien Poccis auch moderne, eigens für die Puppenbühne geschaffene Stücke aufgeführt wie *Die Rache des Hakim* (Rolf Gustav Haebler), *Der Doppelkopf* (Wilhelm von Scholz) und *Der Froschprinz* (Otto Eichrodt). Der Maler Hans Thoma erkennt 1921 nach einem Besuche im Puppenspiel Puhonnys die „ursprünglichste Kunst", den „Anfang aller Künste". — 1919 eröffnet der Dichter Wilhelm Hermanns die 'Aachener Kammerpuppenspiele' mit seinem, im Aachener Dialekt verfaßten Legendenspiel *Der Teufel in Aachen*, in dem Schängchen (Jean) als loka-

ler Lustigmacher hervortritt. Neben vieler andern Marionettenbühnen treten das 'Theater Rheinischer Marionetten' der Brüder Zangerle mit *Doktor Faust*, Fritz Gerhards Marionetten in Schwäbisch-Hall mit *Lanzelot und Sanderein* und Peter Anton Kastner Marionetten mit dem *Oberuferer Krippenspiel* hervor. Leo Weismantel richtet in der Gesolei in Düsseldorf eine Abteilung Puppenspiel ein, Harro Siegel, beeindruckt von einem Berliner Gastspiel des 1912 gegründeten 'Teatro dei Piccoli' von Vittorio Podrecca, errichtet an der Berliner Hochschule für Kunsterziehung eine Marionettentheater Klasse und tritt 1927 mit den Originalpuppenspielen *Zirkus Juhu* (Traugott Vogel) und *Doppelkopf* (von Scholz) an die Öffentlichkeit. Zu seinen wesentlichen Inszenierungen gehören an modernen Dichtungen neben dem *Herzwunder* (von Scholz) eigens für die Marionettenbühne geschriebene Werke von Hans Watzlik und Richard Seewald und an musikalischen Werken die *Coffee-Cantate* (Johann Sebastian Bach), *Aeneas und Dido* (Purcell) und die moderne israelitische Kammeroper *David und Goliath* (Karel Salomon).

Nach dem zweiten Weltkrieg rufen Studenten in München das Marionetten-Studio 'kleines spiel' ins Leben, das neben gelegentlichen Kabarettprogrammen ältere und neuere Dramen aufführt und später in Zusammenarbeit mit Tankred Dorst in surrealistische und abstrakte Reiche vorstößt (s. u.). Im Verband der Städtischen Bühnen Augsburg eröffnet 1948 Walter Oehmichen die 'Augsburger Puppenkiste'. Im Spielplan stehen neben Bearbeitungen Grimmscher Märchen u. a. *Cenodoxus* (nach Bidermann von Joseph Gregor), das chin. Spiel *Das Lied der Laute* die dramatische Bearbeitung des *Kleinen Prinzen* (Antoine de Saint-Exupéry), *Peter und der Wolf* (Prokofieff), sowie 1960 *Die Dreigroschenoper* (Brecht/Weill) mit lebendigen Personen auf der Vorbühne für die Songs.

Seit dem Ende des ersten Weltkriege geht auch ein Teil der dt. Handpuppenspieler neue künstlerische Wege. 1919 beginnt Carl Iwowski in Berlin den Auftritt der Puppen von der Spielleiste in die Mitte und Hinterbühne zu verlegen, 1921 Liese Simon in Frankfurt a. M., die bald zum hessischen Rundfunk-Kasperl avanciert, 1923 Werner Perrey in Kiel, der in seinem 'Nielerdeutschen Puppenspiel' Nöte der Zeit atirisch durchleuchtet und insbesondere Max Jacob, der auf der Stilbühne seiner Hartensteiner, seit 1928 'Hohnsteiner Puppenspiele', bis zu acht Handpuppen gleicheitig auftreten läßt, teils in selber verfaßten eitsatirischen Kasperspielen, teils in Volksnd Kunstmärchen nachgebildeten Puppenpielen. Den Handpuppen werden aber auch er *Doktor Faust, Der Freischütz* (ohne Mulk), *Fasnachtspiele* von Hans Sachs, *Die geebte Dornrose* (Andreas Gryphius) u. a. esonders angepaßt. Jacob entwickelt sich zu inem der besten Handpuppenspieler Euroas. Nach seinem Rücktritt (1953) führen Harald Schwarz, der u. a. das zeitkritische Handpuppenspiel *Goldzauber* (Max Jacob) ur Uraufführung bringt, in Essen und 'riedrich Arndt in Hamburg die Hohnsteier Puppenspiele weiter. Arndt schreibt wie ein Lehrmeister meist selber Stücke, bearbeitet zusammen mit Jacob *Das Incognito* 'on Eichendorff) für das Handpuppeneater und kreiert 1960 *Undine 60* (Max acob). Eine vielseitig schöpferische Persönchkeit ist auch Carl Schröder aus Radebeul ei Dresden, der sich seit 1930 ein bedeutenes Repertoire ohne Kasperle schafft, nach em zweiten Weltkrieg in den Ateliers der 'EFA wie Carl Iwowski als Librettist, Puppengestalter und Regisseur Puppenfilme herellt und 1966 die Leitung des 'Puppentheaers Berlin' übernimmt. 1952 wird nach eiem Gastspiel des russischen Handpuppenielers Sergei Obraszow ein 'Staatliches uppentheater' in Dresden gegründet, das f einer ungerahmten, oben offenen, halbeisförmigen Bühne mit zwei Spielebenen ziert. Es tritt 1960 mit *Der große und der eine Klaus* von Katharina Benkert besonders hervor, 1962 mit *Kasper und das Wahreitstuch* von Peter Beckert nach Stücken von ena Foellbach, 1963 mit *Der Wettkampf it dem Wolf* von Georgi Landau, das tädtische Puppentheater' in Magdeburg 063 mit *Lachen und Weinen* von S. Michalw, in Karl-Marx-Stadt 1964 mit *Das 'Mären' vom Schlaraffenland* von Marie Turra. 066 gliedern sich die 'Bühnen der Stadt era' das seit 1951 bestehende Puppenthear Oestreich-Ohnesorge an.

1919 kreiert Lotte Reiniger ihren ersten hattenspielfilm *Das Ornament des verliebn Herzens*; 1933 emigriert sie in die Schweiz, dann nach England, wo sie weiter auf ihrem Sondergebiete tätig bleibt. Seit 1932 widmet sich Max Bührmann dem farbigen chines. Schattenspiel und spielt mit Original-Stech'nan-Figuren altchines. Volksstücke in dt. Übersetzung im ganzen dt. Sprachgebiet, in England, Frankreich, Italien und China. Der Dresdener Schriftsteller und Dramatiker Fritz Gay (geb. 1907) übernimmt für seine Bühne 'Die Schatten' die chines. Technik und das stilbindende Repertoire des orientalischen Vorbildes und schreibt eigene Texte von dichterischem Werte.

In Österreich verfertigt der Bildhauer und Maler Richard Teschner (1879-1948) schon während seines Kunststudiums in Prag Marionetten. 1911 wird er in Holland durch javanische Schattenfiguren und Stockpuppen zu seinem Schatten- und Figurentheater 'Der goldene Schrein' angeregt, für deren Eröffnung 1912 er indonesische Sagen, Tierfabeln und Märchen bearbeitet. 1920 tritt er mit seinen ersten vier Spielen und dem neugeschaffenen hoffmannesken *Nachtstück* und der *Tänzerin* im Kunstgewerbemuseum Wien erstmals an die Öffentlichkeit. Regelmäßige Spielzeiten bringen neue Stücke, wobei Teschner auch die Musik komponiert. 1931 baut er ein neues Theater, den künstlerisch und technisch vollendeten 'Figurenspiegel', der 1932 mit *Orchidee* und *Farbenklavier* seine Pforten öffnet und bis 1948 viele Uraufführungen bringt, darunter die Wiener Sagenspiele *Der Basilisk* und *Schab' den Rüssel*. In Salzburg gründet der Bildhauer Anton Aicher die 'Salzburger Marionetten', die 1913 mit *Bastien und Bastienne* (Mozart) erstmals auftreten. 1926 schafft der Sohn des Gründers, Hermann Aicher, neue Puppen von einer Größe bis zu einem Meter. Rund 150 Opern und Singspiele, in deren Mittelpunkt Mozart steht, Ballette und Pantomimen. Schauspiele und Märchenstücke werden bis heute in der ganzen Welt aufgeführt.

In der dt. Schweiz führt auf der Schweizerischen Landesausstellung in Bern 1914 das 'Basler Käsperlitheater' mit Handpuppen Basler Satiren vor. Angeregt durch die an der Theaterkunstausstellung Zürich 1914 ausgestellte Sammlung fernöstlicher Puppen von Edward Gordon Craig und ein Gastspiel des Marionettentheaters Münchner Künstler, gründet Alfred Altherr, Direktor der Kunstgewerbeschule in Zürich, das 'Schweizerische Marionettentheater', das anläßlich der schweizerischen Werkbundausstellung 1918 in Zürich an die Öffentlichkeit tritt und 1919 als Experimentierbühne der Zürcher Kunstgewerbeschule angegliedert wird. Bis 1935 werden hier unter der Leitung von Altherr in Zusammenarbeit mit dem Bildhauer Carl Fischer, Malern, Dichtern und Musikern der dt. und franz. Schweiz über 300 Aufführungen veranstaltet u. a. *Der rotseidene Seiltänzer* (René Morax), *Die beiden Brüder* (nach dem Grimmschen Märchen von Werner Wolff), *Die heilige Kümmernis* (Daniel Baud-Bovy), *Der Mann aus einer andern Welt* (Wolff), *Das Eulenschloß* (Pocci), *Die Rache des verhöhnten Liebhabers* (Ernst Toller, Musik von Ernst Krenek), *Meister Pedros Puppenspiel* (Manuel de Falla), *Ungarische Nacht* (Albert Ehrismann) und *Der Spuk im Grichtshuus* (Paul Altherr). In seiner Nachfolge entstehen eine ganze Reihe künstlerischer Puppenbühnen, wie die 1926 von dem Dichter Fritz Ringgenberg und dem Maler Arnold Brügger gegründeten 'Meiringer Marionetten', welche u. a. das in Berner Oberländer Dialekt verfaßte Sagenspiel *Drei Meitleni von Isenbolgen* (Ringgenberg) uraufführen, 1928 die 'Marionettenbühne Festi Ligerz' bei Biel von Elsi Giauque-Kleinpeter und Fernand Giauque, welche französisch (*Fantasio* von Alfred de Musset, *L'Histoire du Soldat* von Ramuz — Strawinsky) und deutsch spielt (*Die Vögel* von Goethe, *Seewy*, Winzerspiel von Walter Clénin, *Das singende Knöchlein* nach Grimm von Emil Schibli). Jakob Flach, der 1928 am Schweizerischen Marionettentheater Regie geführt und hier 1930 sein Puppenspiel *Ein armer Teufel* kreiert hat, gründet 1937, nach dem Erfolg seines surrealistischen Spiels *Turandot* in einer Villa in Ascona, zusammen mit den Malern Mischa Epper, Fritz Pauli und Werner J. Müller das 'Marionettentheater Asconeser Künstler' und bringt, seit 1938, bis 62 Programme heraus mit 46 eigenen und 5 selbst übersetzten und eingerichteten Stücken von Plautus, Cervantes, Molière sowie 11 weiteren literar. Werken wie *Das Kälberbrüten* (Hans Sachs), *Der Prozeß um des Esels Schatten* (Wieland), *Lyrisches Intermezzo* (Heine), *Ein Heiratsantrag* (Tschechow), *Das Nusch-Nuschi* (Franz Blei), *Der tapfere Cassian* (Schnitz-

ler), ferner eigens für die Asconeser Marionetten geschriebene Spiele von Richard Seewald, Richard B. Matzig, Jacob Bührer, F. Treubler und Jakob Vischer. 1940 gründet Max Theo Zehntner die 'Basler Marionettenspiele', die neben Märchen und Puppenkomödien Poccis u. a. mit *Scherz, List und Rache* (Goethe) und *Der Paur inn dem Fegefeuer* (Hans Sachs) hervortreten. 1941 dichtet der Zürcher Rudolf Jakob Humm für das seit 1940 bestehende Haustheater seines Sohnes sein erstes Marionettenspiel *Theseus und der Minotaurus* und für das erstmals 1944 an die Öffentlichkeit tretende 'Humm's Marionettentheater' die Novelle *Belfagor* (Machiavelli), der weitere Spiele folgen. 1945 läßt der Maler-Dichter Heinrich Danioth in Flüelen sein *Urner Krippenspiel*, das lebendige Darsteller und Figuren mischt, durch die Marionettenbühne der Künstlergruppe Gelb/Schwarz kreieren. 1945 wird in Basel das unter der Leitung von O. Proskauer vom Goetheanum Dornach stehende 'Marionettentheater Zum Gold' mit *Prinz Rosenrot* (Pocci) eröffnet, er bringt u. a. 1946 in sog. Kammerspielen für Marionetten *Manuel* (Stefan George) zur Uraufführung. Längern Bestand haben die 1942 von Hans Boller und Pierre Gauchat in Verbindung mit der „Freien Bühne" Zürich gegründeten 'Zürcher Marionetten', die neben Reprisen von Inszenierungen des Schweizerischen Marionettentheaters Neuinszenierungen von selten gespielten musikalischen Werken und älteren Schauspielen auch Uraufführungen literarisch wertvoller Puppenspiele veranstalten. Das 1944 von Richard Koelner in der Kunsthalle Basel mit *Doktor Faust* eröffnete 'Basler Marionettentheater' ist heute noch tätig. Aus seinem Spielplan seien neben Spielopern von Mozart und Pergolesi Fastnachtsspielen von Hans Sachs und Märchen besonders erwähnt *Turandot* (Schiller), *Triptychon* (Timmermann) 1945, *Il Pastor fido* (Händel), *D'Mondladärne* (Basler Märchenspiel von Paul Koelner), *Der Dreispitz* (nach der Novelle von Pedro de Alarcon von Richard Koelner), *Goethe im Examen* (Groteske von Egon Friedell und Alfred Polgar), *Dr Dood im Epfelbaum* (nach Osborne von Marianne und Lukas Buschhand), *Chantecler* (Rostand). 1956 eröffnet das 'St. Galler Puppentheater' seine Pforten, das geleitet von Hans Hiller, auch andere Mrionettenbühnen des Kantons St. Gallen in seine Veranstaltungen einbezieht. Zu den bedeutendsten Handpuppenspielern gehört die Bernerin Therese Keller, welche Puppen und Texte kreiert.

Mit Oskar Schlemmer erfolgt ein Einbruch der surrealistischen und abstrakten Spielpuppe. Er entwirft 1912-1926 für sein *Triadisches Ballett* (Musik von Hindemith) menschliche Figuren, die halb in Perspektiven in der Art Leonardo da Vincis, halb in Marionetten aufgeteilt sind, und Barometergestalten für den Stab- und Formentanz seines 'Figuralen Kabinetts'. Sophie Täuber-Arp setzt 1918 winzige und spitze, fast abstrakte Metallstücke für *König Hirsch* (Gozzi) vor abstrakten Hintergründen ein und erregt damit anläßlich der Erstaufführung im Schweizerischen Marionettentheater in Zürich 1918 weltweites Aufsehen. Ernst Gubler kreiert hier 1920 seine abstrakten *Tänzer und Tänzerin*. Paul Klee schenkt seinem Sohne Felix 1922-1925 selbstgefertigte Handpuppen wie den Zündholzschachtelgeist, Elektrischer Spuk, Breitohrclown, Reiner Tor, Vogelscheuchengespenst. In Kurt Schmidt's 'Mechanischen Balletten von 33' werden *Die Abenteuer eines hl. Buckligen* in einem Tanz von Stangen dargestellt. Die aus der dt. Schweiz stammende Hildegard Weber-Lipsi, Gattin des polnischen Malers Lipsi, stellt in Paris für ihre Kinder Puppen her, die aus einer Spiralfeder mit fliegenden Schleiern bestehen und bekommt den Auftrag für 43 Puppen zur Aufführung des *Mystère de la Vierge* (Hérault) an Weihnachten 1938 in Paris, die einer modernen Umgestaltung provençalischer Weihnachtskrippen gleichkommen. In der dt. Schweiz stellt 1943 Fred Schneckenburger (1902-1966) seine ersten abstrakten Hand- und Stabpuppen her und startet 1945 in Frauenfeld ein selber gedichtetes Kabarettprogramm 'Unentschlossen' mit „Chasper" als Conférencier. 1948 eröffnet er mit seinem 'Puppen-Cabaret' die Juni-Festwochen Zürich und gastiert in Amsterdam und London, seither regelmäßig in Deutschland. Inzwischen hat er 1961 die Leitung der 'Zürcher Marionetten' übernommen, wo bereits Josef Müller-Brockmann Versuche mit abstrakten Marionetten gemacht hat (*Hin und Zurück* von Hindemith). Zu surrealistischen und abstrakten Marionetten stößt in den 50er Jahren auch das 'Kleine Spiel' in München bei den Uraufführungen der Marionettenspiele von Tankred Dorst vor, der mit seinem Puppenspiel *Eine Trompete für Nap* auch im dt. Fernsehen auftritt. 1952 stellt Harry Kramer seine ersten abstrakten Marionetten her, 1953 32 Figuren für sein „mechanisches Theater" *13 Szenen*, die 1955 in der Galerie Springer in Berlin mit konkreter Musik von Wilfried Schröpfer zur Uraufführung kommen. 1956 siedelt er nach Paris über, wo er den Film *Die Stadt* kreiert und Automaten zu *Signale im Schatten* baut (Uraufführung 1959). In Bern beschäftigt sich der Grafiker Ulrich Baumgartner seit 1953/54 mit dem Schattenspiel, bringt 1955 *Das verlorene Wort* und 1962 im Rahmen der Puppentheaterausstellung „Asiatica und Experimente" in der Berner Kunsthalle *Das Loch in der Pfanne* (Melodrama über Oedipus und den weisen Sigmund) zur Uraufführung. Der Berner Bildhauer Luginbühl schnitzt abstrakte Handpuppen. Der Deutsche A. Köhler stellt 1962 abstrakte Marionetten für den Film *Traum an Fäden* her, die an Schöpfungen von Oskar Schlemmer erinnern.

Paris: Jacques R o b i c h e z, *Le Symbolisme au théâtre. Lugné-Poe et les débuts de l'œuvre* (Paris 1957) S. 83 ff. Paul J e a n n e, *Le Théâtre d'ombres à Montmartre de 1887 à 1923* (Paris 1937). André-Charles G e r v a i s, *Marionnettes et marionnettistes de France* (Paris 1947). Gaston B a t y u. René C h a v a n c e, *Histoire des marionnettes* (Paris 1959). Paul B l a n c h a r t, *Gaston Baty et les marionnettes*. Revue d'Histoire du Théâtre 15 (1953) S. 111-123. — Edward Gordon C r a i g, *On the Art of the theatre* (London 1911) S. 54-94. — Teatro dei Piccoli: *Puppen-Oper*. Programmschrift für die Gastspiele im dt. Sprachgebiet (1927).

München: Karl S c h l o ß, *Münchner Marionetten*. März. Jg. 2, Bd. 4, H. 24, (Dez. 1908) S. 470-479. *Das künstlerische Puppenspiel in München*. Das Bayernland. Jg. 48, H. 4 (1937) S. 97-128 (mit Beitr. v. Rich. Elchinger, Hanns Kalb, Franz Langheinrich, Franz Rauh, Reinhold Zenz u. Hansheinz Kösters). Emil V i e r l i n g e r, *München. Stadt d. Puppenspiele* (1943). Ludwig K r a f f t, *München u. d. Puppenspiel. Kleine Liebe e. großen Stadt belauscht u. ausposaunt* (1961). — Paul B r a n n, *Zum 10jähr. Bestehen d. Marionettentheaters Münchner Künstler*. Über Land u. Meer. Jg. 59 Bd. 118, Nr. 28 (1917) S. 533. Georg Jacob W o l f, *Das Marionetten-Theater Münchner Künstler*. Dekorative Kunst. Jg. 15, Bd. 20 (1912) S. 441-452 mit Abb. Ders., *Das Krippenspiel d. Marionettentheaters Münchner Künstler*. Ebda Jg. 29, Bd.

34 (1926) S. 77-84 mit Abb. Text: Paul B r a n n, *Legende von der Geburt des Heilands. In 6 Bildern mit Benützung alter Weihnachtsspiele u. Lieder* (1922). — Alexander v. B e r n u s, *Sieben Schattenspiele* (1910). Georg S c h a u m - b e r g, *Die Schwabinger Schattenspiele.* Bühne u. Welt. Jg. 10 Nr. 17 (Juni 1908) S. 712-715. Franz D ü l b e r g, *Bühnensilhouetten, Schwa- binger Schattenspiele.* Zs. f. bildende Kunst. NF. 19 (1908) S. 217-219. — 'Das kleine Spiel': Tancred D o r s t, *Marionetten.* Mit e. Vorw. v. Marcel Marceau (1957). Ders., *auf kleiner bühne. versuche mit marionetten* (1959; das kleine studio 2). — *Augsburger Puppenkiste. Oehmichens Marionettentheater* (1959; Meister d. Puppenspiels 6). — J.-L. W o h l l e b, *Das Marionettentheater von Ivo Puhonny, Baden- Baden.* Mit e. Brief Hans Thomas an d. Künst- ler. Ekkart. Kalender f. d. Badener Land 3 (1933) S. 35-62. — Harro S i e g e l, *Hand- puppen und Marionetten* (1941). — Rich. S c h i m m r i c h, *Das Hohnsteiner Handpup- penspiel* (1937). Ders., *Das Handpuppen- Laienspielbuch d. Hohnsteiner* (1943). *Pup- penspieler, Mensch, Narr, Weiser. Festgabe Max Jacob z. 70. Geb.* Für d. Freundeskreis d. Hohnsteiner Puppenspiele hg. v. Herbert Just (1958).

Ernst Leopold S t a h l, *Marionettentheater. Von d. heutigen Puppenbühne u. ihrer Gesch.* Bühne u. Welt Jg. 9 (1906/07), Bd. 17, S. 227- 230. Paul L e g b a n d, *Die Renaissance d. Marionette.* LE. 9 (1906) S. 247-257. Wilh. v. S c h o l z, *Marionetten,* in: Scholz, *Gedanken zum Drama* (1915) S. 146-154. *Das Puppen- buch.* Mit Beitr. v. René Schickele, Kasimir Edschmid, Theodor Däubler, Carlo Mieren- dorf (1921). Rich. B e i t l, *Das P.,* in: Beitl, *Dt. Volkstum der Gegenwart* (1933) S. 202- 279. Gustav K ü p p e r, *Das aktuelle Ereignis im Puppenspiel. E. stoff- u. motivgeschichtl. Untersuchung.* (Masch.) Diss. Köln 1949, ver- öffentlicht u. d. T.: *Aktualität im Puppenspiel* (1966; Die Schaubühne 65). Elena D a b c o - v i c h, *Die Marionette. Die Lösung eines künstler. u. moralischen Problems durch e. techn. Gedanken.* Humanismus u. Technik 1 (1953) S. 145-152. Hans R. P u r s c h k e, *Pup- penspiel in Deutschland* (1957). Ders., *Lie- benswerte Puppenspiele. Dt. Puppenspiel- kunst heute* (1962; Das Geschenk 1). Hans B e l l m e r, *Die Puppe* (1962). Paul-Louis M i g n o n u. Jean M o h r, *Marionettenthea- ter.* Übers. v. Gerda Montier-Caspary (Lau- sanne 1963). — Texte: Arthur S c h n i t z l e r, *Marionetten. Drei Einakter* ('Der Puppenspie- ler', 'Der tapfere Cassian', 'Zum großen Wur- stel') (1906). Julius M e i e r - G r ä f e, *Orlando u. Angelica. E. Puppenspiel in 10 Akten* (1912). Gerhart H a u p t m a n n, *Festspiel in dt. Rei- men* (1913; vgl. Centenar-Ausg. Bd. 2, 1965, S. 943-1006). Wilh. v. S c h o l z, *Doppelkopf. E. Groteske f. Marionetten* (1918). Ernst T o l - l e r, *Die Rache d. verhöhnten Liebhabers oder Frauenlist u. Männerlist. Galantes Pup- penspiel in 2 Akten* (1925). Max K o m m e -

r e l l, *Kasperle-Spiele für große Leute.* Mit e. Nachw. v. Arthur Henkel (1948).

Österreich: Arthur R o e s s l e r, *Richard Teschner* (Wien 1947). Franz H a d a m o w s k y, *Richard Teschner u. s. Figurenspiegel. Die Gesch. e. P.s* (1956). — Herm. S t u p p a c h, *Das große Puppen-Welttheater. Salzburger Marionetten.* Christ u. Welt Jg. 11 (1958), Nr. 11 (Sondernr.). Hermann A i c h e r, *Mozart u. d. Marionetten von Salzburg* (1956). Gott- fried K r a u s, *Die Salzburger Marionetten.* Mit Aufnahmen v. Gretl Aicher (1966).

Schweiz: Alfred A l t h e r r, *Die Gesch. d. Marionettenspiels in d. Schweiz* (Prag 1930; UNIMA 3, Sonderheft). Ders., *Marionetten* (Zürich 1926). Werner W o l f f, *Drei Puppen- spiele* (Zürich 1918). — Rich. B. M a t z i g, *Notturno. E. neuzeitliche Harlekinade f. d. Marionetten von Ascona* (Elgg 1938), neue Ausg. (St. Gallen 1964; Die Quadrat-Bücher 39). Ders., *Plautus im Marionettentheater,* in: Matzig: *Träume vom Magnolienbaum* (Zürich 1954). — Pierre G a u c h a t, *Marionetten.* Einl.: Edwin Arnet (Zürich 1949). R. J. H u m m, *Zürcher nichtsubventioniertes Theater.* Jb. f. Zürichsee 1945/46, S. 92-97. *zürcher puppen- spiele.* Ausstellungskatalog (Helmhaus, Zürich 1963). — Therese K e l l e r, *Münsingen-Bern* (1959; Meister d. Puppenspiels 5). Therese K e l l e r, *Der dreiköpfige Drache. Drei Stücke f. Handpuppentheater. Mit e. Anl. z. Spielen u. Anfertigen von Tierfiguren* (Bern 1964; Hochwächter-Bücherei 55).

Experimentalbühne: *Ballett.* Programm d. Uraufführung d. Triad. Balletts am Württem- berg. Staatstheater (1922). Oscar S c h l e m - m e r, *Mensch u. Kunstfigur. Die Bühne im Bauhaus* (1925; Bauhausbücher 4). Ders., *Mechanisches Ballett. Tanz u. Reigen.* Hg. v. Bühnenvolksbund (1927). Hans H i l d e - b r a n d t, *Oskar Schlemmer* (1952). — Fred S c h n e c k e n b u r g e r, *Gesammeltes u. Ge- stammeltes* (Zürich 19). *Woche europäischen Puppenspiels.* Programm (Braunschweig 1957). — *Puppen, Marionetten, Schattenspiel (Asia- tica und Experimente).* Ausstellungskatalog (Kunsthalle Bern 1962). — Georg J a p p e, *La Marionnette artistique.* (Masch.) Diss. Wien 1961.

Sowjetunion: Sim. D. D r e i d e n, *Teatr ku- kol CCCR,* in: *Kukly, Makety, Eskizy. Kata- log vyctabky* (Moskau 1957) S. 3-26. Natalija I. S m i r n o v a, *Sovetskij teatr kukol 1918- 1932* (Moskau 1963). Sergej O b r a s z o w, *Mein Beruf. Aus d. Russ.* (1952). — Jan M a - l í k, *Loutkářství v Československi* (Prag 1948). Jaroslav B o č e k, *Jiří Trnka.* Dt. Übers. v. Anna Albertovà (Prag 1964). — Ostasien: Ser- gej O b r a s z o w, *Theater in China.* Übers. aus d. Russ. (1963). Saito S e i j i r o, Yamagu- chi Hiroichi, Yoshinaga T a k a o, *Master- pieces of Japanese puppetry, sculptured heads of the Bunraku theatre.* English adaption by Roy Andrew M i l l e r (Tokyo 1958). Donald K e e n e, *Bunraku, The Art of the Japanese puppet theatre* (Tokyo 1965).

Puppentheater d. Welt. Zeitgenöss. Puppenspiel in Wort u. Bild. Zsgest. v. Union Internationale des Marionnettes (UNIMA) (1965), mit zahlreichen Aufsätzen u. 238 Abb. — *Meister d. Puppenspiels. Hervorragende dt. u. ausländ. P. d. Welt.* Hg. v. Inst. f. Puppenspiel, Bochum, Schriftleitung: Fritz Wortelmann. H. 1 (1959 ff.). Ludwig Krafft u. Hans Purschke, *Die ganze Welt im Puppenspiel.* Ausstellungskatalog, Gewerbemuseum d. Bayr. Landesgewerbeanst. Nürnberg (1962).

Bibliographie: Paul Jeanne, *Bibliographie des marionnettes* (Paris 1926). Hugo Schmidt, *Bibliographie d. Handpuppentheaters.* Börsenblatt f. d. dt. Buchhandel v. 23. Okt. 1928 u. 12. Dez. 1933. Grace Greenleaf Ransome, *Puppets and shadows. A Bibliography* (Boston 1931). Wim Meilnik, *Bibliografie van het Poppenspel* (Amsterdam 1965). Hans Henning, *Faust-Bibliographie.* T. 1 (1966).

Zeitschriften: *Das Puppentheater.* Hg. v. Joseph Bück. Jg. 1 u. 2 gel. v. Alfred Lehmann (1923-1927), 3. u. 4. gel. v. Otto Link (1928-1931). — *Der Puppenspieler. Monatszeitschrift f. d. gesamte Puppenspielwesen.* Jg. 1-3 (1930-1933), im Jahre 1932 vereinigt mit d. Zs. *Das Puppentheater.* Fortges. Jg. 4 (1948/49) u. 5 (1950/51), beide hg. v. Fritz Wortelmann, abermals fortges. u. d. T.: *Figurentheater. Vierteljahreszeitschrift.* Hg. v. Dt. Inst. f. Puppenspiel, Bochum, Schriftleitung: Fritz Wortelmann. Jg. 6 (1963 ff.). — *Die Puppenbühne. Fachblatt f. d. ges. Puppenspielwesen in Deutschland.* Hg. v. Dt. Bund f. Puppenspieler. Jg. 1 u. 2 (1933-1934). — *Perlicko-Perlacko. Fachblätter f. Puppenspiel.* Hg. v. Hans R. Purschke. Bd. 1 (1950/53 ff.). — *Puppenspiel u. Puppenspieler. Mitteilungen* (1964 ff.: *Vierteljahrsschrift*) d. Vereinigung schweizer. Puppenbühnen. Nr. 1-29 (Zürich 1960-1961; Biel 1962 ff.).

Edmund Stadler

R

Rätsel

§ 1. Ursprünge und Entwicklung. Gesamtkreis und Teilformen. Das R. ist die als Frage, daneben aber auch als Aussage formulierte Aufforderung, ein Dunkles (vgl. die ahd. Umschreibung *tunchil* für *enigma*), der Einsicht zunächst Entzogenes zu benennen oder zu deuten. Die Schwierigkeit kann bestehen im Objekt selbst oder — was in der späteren Entwicklung überwiegt — in der Art der Aussage, der „Verrätselung", d. h. in der absichtlichen Erschwerung der Lösung. Zuweilen wird nur dieses letzte Merkmal als Kriterium anerkannt und die Weisheits- und Wissensfragen werden ausgeschlossen. Aber Ursprünge und Frühgeschichte des R.s, das Durchstehen von Weisheits- und Wissensfragen bis in die Volksrätsel der Gegenwart, nicht zuletzt auch die Etymologie ahd. *râtussa*, as. *râdisli*, die auf eine Deutung verwandt der der Runen hinweist, stehen einer engen Begrenzung entgegen. Den Ausschlag geben kann nicht der (überwiegende) Bestand der gegenwärtigen Volksrätsel, sondern nur die Gesamtentwicklung des R.s.

Was Objekte, z. T. auch Aussageform (nicht dagegen durchaus die Stilformen) angeht, lassen sich in der Entwicklung V o l k s - r ä t s e l und K u n s t r ä t s e l nicht völlig voneinander trennen. Einerseits nimmt das literar. R. immer wieder alte Volksformen auf, wie schon die lat. Reichenauer Hs. des 10. Jh.s das vom *Vogel federlos* (MSD Nr. VII 4), in mhd. Zeit Reinmar v. Zweter und jüngere handschriftliche und gedruckte Sammlungen des 15. und 16. Jh.s und späterer Zeit, lateinische wie deutsche. Andrerseits hat das „Volk" immer wieder literar. Rätsel „rezipiert" (z. B. vom Jahresbaum, von Adam, Eva, Kain) und bis in die Gegenwart weitergeführt. Immerhin sind die Schwergewichte bei Kunst-R. und Volks-R. gegensätzlich gelagert: 1. Beim Volks-R. sind die Objekte überwiegend konkret; beim Kunst-R. ist die Zahl der abstrakten Objekte oder konkreter in vergeistigter Auffassung relativ groß. 2. Das Volks-R. neigt zur Knappheit, das Kunst-R. zur breiten Ausmalung, so daß oft durch die Fülle der Einzelangaben das R. überaus schwierig, ja unlösbar wird. 3. Beim Volks-R. überwiegt die Bildlichkeit der Darstellung, bei Kunst-R.n besteht oft auch die Tendenz zur rein begrifflichen und spitzfindigen Formulierung.

Unentbehrlich ist es, für Ursprünge, Biologie und Motive das deutsche und germanische R. nach zwei Richtungen weiterzuverfolgen: räumlich durch Europa und darüber hinaus, zeitlich bis zu den der mittel- und nordeuropäischen Entwicklung vorausliegenden Stufen: christliche und nichtchristliche Spätantike, Antike und vorderer Orient (Juden, Araber), Persien und Indien (Veden, Brahmana). Die Entscheidung zwischen „Polygenese" und kultureller Übertragung („Wanderung") ist nicht allgemein möglich, sondern in günstigen Fällen jeweils nur für das einzelne R.

Ganz im Gegensatz zu späteren Perioden stehen die Anfänge des R.s im engen Zusammenhang mit Magie (Lösung von R.n u. a. als Fruchtbarkeitszauber) und Kultus (Unterweisung, Einweihung in einen Kultus, Wettstreit um das wahre Wissen). Die Magie des „Wortes" (zu dem auch der „Name" gehört) ist eine der wesentlichen Wurzeln des R.s, andererseits die gesteigerte Kräfte des Ahnens und des Verstandes von Auserwählten. Stärker beachtet werden sollte die Traditionsgebundenheit der R., von denen nicht nur die Fragen, sondern auch die Antworten von Geschlecht zu Geschlecht weitergegeben wurden, offen oder, in gewissen Fällen, als Geheimnis für die zu einem kultischen oder sozialen Verband Gehörigen: Familie, Sippe, Stamm; in neuerer Zeit auch Stände, wie z. B. Zünfte und Jäger (vgl. Rudolf Wissell, *Des alten Handwerks Recht u. Gewohnheit*. Hg. v. Konrad Hahm, 2 Bde, 1929 und Joh. Georg Theod. Grässe, *Jägerbrevier*, 2. Aufl. 1885).

Eine Abzweigung aus dem Geheim-R. eines Verbandes ist wohl das sogenannte „Halslösungsrätsel"; das Individualerlebnis des R.-stellers ist unratbar und befreit aus einer Gefahr oder Verurteilung oder gibt ihm den Sieg in einem Rätselstreit (Simsons Rätsel, *Richter* 14,14; Odins Wort zum toten Baldr: *Heidreksrätsel*, Edda II, Nr. 24, Str. 36 und *Wafthrudnirlied* Nr. 12, Str. 52; Ilo-Rätsel, Wossidlo Nr. 962 mit Var.; KHM 22, vgl. Bolte-Polívka, Anm. I, 188 ff.).

Neben diesen verschiedenen Wurzeln des R.s ist schon sehr früh die Neigung zum geistigen „Spiel" zu erkennen; aus geringen, nicht überall eindeutigen (von Huizinga überschätzten) Anfängen hat sie allmählich die unbedingte Herrschaft über das R. gewonnen. Die magischen, kultischen, sozialen Zweckformen werden mehr und mehr zu Spielformen. Parallel mit dieser Entwicklung geht die von der nichtreflektierenden Anschauung der Erscheinungen der Welt und der nachschaffenden Phantasie zur verstandesmäßigen Überlegung und Erfassung, die Entwicklung vom Begriffsrätsel (das übersetzbar ist und darum von Kulturkreis zu Kulturkreis leicht weitergegeben werden kann) zum Worträtsel. Dieses baut auf den Homonymien und den verschiedenen Bedeutungen eines Wortes innerhalb der Einzelsprache auf. Oder es löst die Wörter in ihre Silben oder Buchstaben auf und gewinnt so vielfache Möglichkeiten der „Verrätselung": aus den Bedeutungen des Wortganzen und seiner Teile das Silbenrätsel, die Charade (Hans-Wurst-Hanswurst). Durch Umstellung von Buchstaben das Logogryph (Rose-Eros), durch Umkehrung der Buchstaben- oder Silbenfolge das Anagramm (Rebe-Eber; Schlagbaum-Baumschlag); durch Austausch von Lauten (Last-List-Lust); durch Weglassung oder Zusatz von Lauten (Greis-Reis-Eis und umgekehrt). Mehrere Formen der „Verrätselung" können auch kombiniert werden (Beispiele zu den einzelnen Formen bei Friedrich § 6 ff.).

Eine zeitliche Einstufung der Teilgattungen ist fast unmöglich, da auch künstliche Arten schon sehr früh belegt sind und einfache naturgemäß bis in die Gegenwart lebendig bleiben. Dagegen ist bei Einzelrätseln mitunter aus Kulturellem oder Gedanklichem ein terminus post oder ante quem zu ermitteln, ebenso das Ursprungsgebiet (Schreibfeder, Kartoffel; Galgen. - Reis, Obsidian).

§ 2. Überlieferung. — Volks-R. werden in größerer Zahl erst durch die Volkskunde des 19. und 20. Jh.s aufgezeichnet. Für die

ältere Zeit lassen sie sich nur aus lat. und dt. literar. Denkmälern herauslösen. An eigenen Dichtungen volkstümlicher Art, die eine Anzahl von R.n enthalten, sind bewahrt nur das Traugemundslied (14. Jh.) und die Kranzsingelieder (seit dem 16. Jh.), die in den „Rätselliedern" der folgenden Jhh. fortgesetzt werden (Erk-Böhme, *Liederhort* III, Nr. 1062 ff.). Die Kunst-R. begegnen entweder als eigene Kurzformen, oder sie sind eingefügt in größere Dichtungen. Aufgenommen sind sie hier entweder als lehrhaftes Element, oder sie dienen der Handlungsführung. Wichtiger als der kurze Rätseldialog ohne Bedeutung für die Handlung ist der Rätselwettstreit, vor allem aber die Verwendung des R.s als Aufgabe, deren Lösung der Handlung eine entscheidende Wendung gibt, im Schwank (z. B. Stricker, *Pfaffe Amis*, vgl. Kinder- u. Hausmärchen, Nr. 152: *Hirtenbüblein*) und im Drama (*Turandot*, vgl. Walter Anderson, *Kaiser u. Abt*, Helsinki 1923, FFC. 42, und Jan de Vries, *Die Märchen von den klugen Rätsellösern*, Helsinki 1928, FFC. 73).

An spätantike R. (Symphosius, 4./5. Jh.; sogen. Berner Rätsel, 7. Jh.) knüpfen die ältesten R. des Nordens an, die von Angelsachsen verfaßten des 7. und 8. Jh.s. Lateinisch sind die des Aldhelm, Tatwine, Eusebius, Winfrid-Bonifatius und Alkuins *Disputatio regalis iuvenis Pippini cum Albino scholastico*, angelsächsisch die des Exeterbuches. Sie sind, bis auf die Definitionsfragen Alkuins, breit ausgemalt und zeigen auch in der Wahl der Gegenstände den wachsenden Anteil biblischer und gelehrter Fragen. Sehr viel näher stehen nach Inhalten und Form dem Volksmäßigen die altnordischen *Heidreksrätsel* der Wikingzeit, stabende Strophen, deren Wettkampf in eine „Halslösungsszene" einmündet. Einem Drittel etwa, die als Volksrätsel zu bezeichnen sind, stehen solche kunstvolleren Stils gegenüber, ohne doch gelehrten Einfluß zu verraten.

Die dt. Tradition setzt ein mit den *Enigmata risibilia* einer Reichenauer Hs. des 10. Jh.s (MSD, Nr. VII), die u. a. das Volksrätsel von Schnee und Sonne bewahrt hat. Dem Charakter des Schulgesprächs entsprechen die z. T. noch älteren Sammlungen der sogen. *Joca Monachorum* (in Hss. seit dem 8. Jh.), die bei aller Erforschung biblischen Wissens doch auch der spielerischen Frage

Raum geben (z. B. *Qui aviam suam virginem violavit?*). Sie stehen am Anfang von Traditionslinien, die über die Elucidarien und Katechismen bis zu Volksrätseln der Gegenwart führen.

Die Tradition der R. wird, abgesehen von den Lehrgesprächen, fortgesetzt durch lateinische isolierte und in größere Dichtungen eingefügte R. (z. B. Egbert von Lüttich, *Fecunda ratis;* vgl. Manitius II, S. 537); dagegen sind bis zum Ausgang der klassischen mhd. Zeit deutsche R. nur aus Andeutungen zu erschließen (vgl. Uhland, *Schriften z. Gesch. der Dichtg. u. Sage* III S. 304-306). Nicht alles, was als R. bezeichnet wird, gehört hierher. Eher ein Wettkampf in Allegorien und ihrer Deutung als ein echter Rätselkampf ist das „Rätselspiel" im *Wartburgkrieg* (Str. 25-114). Ebenso ist das Stück A des *König Tirol* (2. Hälfte d. 13. Jh.s; vgl. VerfLex. II 864), das als „Rätselgedicht" bezeichnet wird, nur die Dialogisierung einer breit durchgeführten Allegorie vom Priestertum. Im *Appollonius* des Heinrich von Neustadt (Anf. 14. Jh.) dagegen sind echte R. eingefügt, außer einem aus der lat. Quelle stammenden reduzierten (V. 679 ff.; Bolte-Polívka I 200; Heinr. Weismann, *Alexander* I 473 ff.), das für die Handlung ursprünglich entscheidend war, auch solche ohne stärkere epische Funktion (V. 16 709 ff.). Wie sehr R. biblischen Inhalts auf allgemeines Verständnis rechnen konnten, zeigt ihre Aufnahme in Freidanks *Bescheidenheit* (1. Hälfte d. 13. Jh.s; vgl. Wilh. Grimm CXXII) und beim Tanhuser (Mitte d. 13. Jh.s; vgl. Singer, Nr. 16; Loewenthal S. 64 f.).

Eine größere Bedeutung erhält das R. seit etwa der Mitte des 13. Jh.s bei den mehr oder minder gelehrten Spruchdichtern, die sich nun nicht damit begnügen, Bekanntes zu wiederholen. Sie bauen vielmehr das Überkommene breit aus. An der Spitze steht Reinmar von Zweter, der charakteristischerweise dem Volkstümlichen noch am meisten Raum gibt; er bringt R. über das Jahr, die Eisbrücke, Sonne und Wind. Die Späteren bevorzugen Abstraktes (Alter, Gedanke, Laster, Lüge): der Hardegger, Friedr. von Suonenburg, Meister Kelin, Reinmar der Fiedler, Meister Stolle, der Marner, der Meißner, Rumzland und Singuf, Hermann der Damen und Wizlav v. Rügen, Frauenlob und Regenbogen. Neu ist das Rätsel auf politische Er-

eignisse und Persönlichkeiten der Zeit beim Wilden Alexander, beim Tanhuser, bei Reinmar dem Fiedler. Neu ist auch die Verwendung voneinander gelöster Silben eines Namens (Marn-er) beim Meißner und bei Rumzland. Wie schon bei den lat. und ags. R.n geht auch hier mit der Aufschwellung die Schärfe der Darstellung verloren, so daß die Lösung heute oft nur mühsam zu finden ist.

Die bürgerliche Dichtung des späten MA.s führt das R. nach zwei Seiten weiter, einmal in den lehrhaften Sprüchen der Meistersinger (vgl. F. J. Mone, in: Anz. f. Kunde d. teutschen Vorzeit 7, 1838, Sp. 372 ff.; Archer Taylor, *Literary History of Meistergesang,* 1937, S. 98 ff.; Loewenthal, S. 107 ff.), auf der anderen Seite als ein bequemes Mittel der Dialogisierung und der komischen Wirkung in Fastnachtsspielen (Ad. v. Keller, *Fastnachtsspiele aus d. 15. Jh.* 3 Bde nebst Nachtr. 1853-58, passim).

Mit dem Ausgang des MA.s beginnt dann die Reihe der dt. und lat. S a m m l u n g e n im eigentlichen Sinne. An der Spitze steht die von Reinhold Köhler (Weimarisches Jb. 5, 1856, S. 329 ff., wiederholt in: Köhler, *Kl. Schriften* Bd. 2, 1900, S. 499 ff.) hgg. Weimarer Hs. noch des 15. Jh.s. Es sind meist R. in Prosa, daneben aber auch einige in Reimpaaren. Auffallend ist die inhaltliche Buntheit; von der theologischen Frage bis zum derben und obszönen R. finden sich alle Zwischenstufen, ebenso zwischen dem auf mehreren Bedeutungen eines Wortes beruhenden R. und dem kniffligen Zahlenrätsel bis zur simplen Scherzfrage. Zurückhaltender sind die Sammlungen, die seit dem Anfang des 16. Jh.s in rascher Folge bei genannten und ungenannten Druckern erscheinen, in Straßburg, Augsburg, Nürnberg Frankfurt, Hamburg. Neben dem Titel „Ratbüchlein" u. ä. begegnet schon im 16. Jh auch „newe Spinstub" oder „Rockenbüchlein"; das weist hin auf die geselligen Zusammenkünfte des Bürger- und Bauerntums in denen R. aufgegeben wurden. Obwoh „Kurtzweil" ihr Zweck ist und daher da scherzhafte und auch das derbe und obszöne R. überwiegen, werden doch auch die alte biblischen Fragen weiter gestellt. Andere Charakter haben die lat. Sammlungen, etw des Joan. Lorichius Hadamarius (1540/45) des Julius Caesar Scaliger (1591), des Nico laus Reusnerus (1599/1602). Humanistisch

Bildung bestimmt die Auswahl der Objekte (Antikes, Mittelalterliches, Eigenes, ohne alteinheimisches Gut ganz auszuschließen), ebenso die Mittel der Verrätselung und die strenge Form (Hexameter oder Distichon).

Ein neuer Geist spricht aus den Titeln, die seit dem Ende des 17. Jh.s begegnen: „Neualamodische Rätzel-Fragen". Als Herkunftsländer der R. werden sowohl der Orient wie Frankreich, Spanien, Italien genannt. Als neuer Zweck erscheint nun u. a.: „zur ergetzlichen Zeitverkürtzung auf Mahl- und Hochzeiten". Was hier als Sammlung gedruckt geboten wird, geht auf altes Brauchtum der bäuerlichen Hochzeit zurück, bei dem das Rätsel nicht nur zur Unterhaltung diente. Das Bürgertum hat daraus seit dem 16. Jh. das kunstmäßige Hochzeitsrätselgedicht entwickelt, das handschriftlich oder im Druck dem Brautpaar überreicht wurde (vgl. Max Hippe, *Hochzeitsbräuche d. 17. Jh.s*, in: Festchr. Theod. Siebs z. 70. Geb., 1933, S. 421-44).

Auch das 18. Jh. bietet immer neue Sammlungen an; in einem Titel von 1791 erscheint als Verfasser ein „Kinderfreund"; das deutet schon das Absinken des R.s im bürgerlichen Haus an. Aber bevor es dazu kommt, wird es als kunstvolle Form erneuert durch Fr. Schiller, der aus der Bearbeitung des Turandot-Stoffes durch Carlo Gozzi (1762) nur ein R. übernahm, für die Aufführungen seines Dramas (1802) aber immer neue, im ganzen 4 R. dichtete. Goethe, der gleichfalls eins dazu beisteuerte, nennt sie „entzückte Anschauungen des Gegenstandes". Dieser Anstoß löst eine Welle neuer Rätseldichtungen aus, deren Wirkung bis ins 20. Jh. hineinreicht. Außer Goethe seien nur genannt W. von Humboldt und Schleiermacher, Th. Körner, Hebel, Hauff, Uhland und Fr. Th. Vischer; Platen, Rückert, Geibel, Freytag.

Während das kunstvolle R. nach einer kurzen Blütezeit und einer modischen Ausbreitung um die Mitte des 19. Jh.s durch den Rebus" und noch später durch das „Kreuzworträtsel" verdrängt wird, vollzieht sich in der Stille die Sammlung der noch mündlich umlaufenden R. Außer K. Simrocks *Räthselbuch* (1850 u. ö.) offenbaren dann vor allem die großen Sammlungen von E. L. Rochholtz (1857) und R. Wossidlo (1897) die Fülle und vielseitige tiefe Verwurzelung der Volksrätsel.

§ 3. Form. — Nicht ohne Einfluß auf den Darstellungsstil ist die äußere Form, d. h. ob das R. in Prosa gehalten ist oder rhythmisch gebunden. Auch das Prosa-R. weist gelegentlich rhythmischen Bau auf; oft geht die Prosa auch unmerklich in die Versform über. Dieser Übergang ist um so leichter, als das Volksrätsel seine Verse sehr frei baut, sowohl was Taktfüllung als auch was die Taktzahl angeht; reimlose Verse stehen neben solchen mit Voll- und Halbreim öfters in ein und demselben R. Häufiger begegnen Reimpaarfolgen. Das Kunst-R. folgt in seinen Formen der allgemeinen Stilentwicklung des Verses. Antike Maße, besonders Hexameter und Distichen, greift die Dichtung vom 16. Jh. an wieder auf. Strenger oder freier Zeilenstil und andrerseits der Bogenstil zwingen entweder zur knappen Formulierung oder geben der Darstellung freien Raum. Die german. R. bedienen sich im Altnordischen der Strophe, im Westgermanischen der stichischen Folge im knappen Zeilen- oder fülligen Bogenstil. Die deutsch-mittelalterlichen R. verwenden in epischen Gedichten das Reimpaar, während den Spruchdichtern in den umfänglichen Strophenformen ein breiterer Darstellungsraum zur Verfügung steht. Den freien Formen des 16. Jh.s stellt das 17. den Alexandriner gegenüber, während neue R.-dichtung seit dem 18. Jh. sich der vielfältigen Möglichkeiten der Zeit bedient.

§ 4. Aufbauformen und Mittel der Darstellung. — Das R. kann, wie es das neuere Kunst-R. fast stets tut, unmittelbar mit der Darstellung einsetzen. Des öfteren jedoch wird diese eingerahmt durch Elemente, die nicht zu ihr gehören und daher ablösbar sind. Rahmenelemente können als Einleitung oder als Abschluß zugefügt sein. Die Einleitungsformel bringt gelegentlich einen Hinweis auf das „wunder" des nun folgenden Rätsels, am häufigsten aber die Aufforderung zum Raten, die auch den Abschluß bilden kann. Der Schluß enthält außerdem oft einen Hinweis auf die Schwierigkeit oder (scheinbare) leichte Lösbarkeit oder auch das Versprechen einer Belohnung. Rahmen und Kern werden gewöhnlich getrennt gehalten.

Die ganze Fülle der Ausdrucksmittel entfaltet sich in den „Kernelementen". Die Weisheits- und Wissensfragen bedürfen einer Verdunkelung nicht, da die Schwierigkeit im Objekt der Frage selbst ruht. Bei den Scherzfragen liegt die Erschwerung in der inhaltlichen Unvollständigkeit oder Unbestimmtheit der im allgemeinen außerordentlich knapp formulierten Frage; dazu gehört auch die Doppel- oder Mehrdeutigkeit eines Satzgliedes, die den Ratenden auf ein falsches Gleis locken soll, oft auf das Gebiet des Obszönen, so daß er die richtige, oft simple Lösung nicht findet.

Diesen beiden durch die Kürze der Frage einander nahestehenden, dem Sinngehalt nach gegensätzlichen R.-arten stehen die R. gegenüber, die das Objekt der Frage näher andeuten. Es sind das diejenigen R., die man oft als die „echten" bezeichnet. Sie sagen im Gegensatz zu den beiden anderen Arten über das Objekt etwas aus, unvollständig andeutend, oft auch unvollständig verhüllend, kurz oder ausführlicher. Sie sind als Aussage formuliert, seltener als Frage. Da die allzu kurze Andeutung vieldeutig, nicht erratbar, auch nicht anziehend genug sein kann (z. B. „Alles geit rin un alles geit rin" = Das Alter. Woss. 395), wird die Andeutung gern durch den paradox wirkenden Gegensatz ergänzt („'s brennt ums Hus und zündt's net â" = Brennnessel. Rochholz Nr. 417).

Soweit nicht durch die Vermehrung der direkten oder als Vergleich formulierten Angaben (z. B. weiß wie Schnee; so groß wie; kleiner als) das Objekt deutlicher und damit ratbar gemacht wird, ist das wichtigste Mittel der Verrätselung und zugleich das poetisch fruchtbarste die Metaphora im weitesten Sinne, d. h. ein partieller oder totaler Austausch der Lebensebenen und -bereiche. Vertauscht werden die Ebenen der Dinge, Pflanzen, Tiere, Menschen, des Abstrakten und Konkreten, ebenso die Teilbereiche innerhalb dieser Ebenen. Zur Personifizierung gehört auch die Namengebung, wobei der Name ein realer („Peter Kruse") oder ein (oft andeutender oder ausmalender) Phantasiename sein kann (Kringelkrumum für den Bach; Klippermann und Klappermann für Halfterkette und Wagen). Vertauscht wird auch Nähe und Ferne: eine Beschreibung oder ein Bericht kann als Ich-Feststellung oder -erlebnis des Erzählenden oder seines engsten Umkreises oder auch des Objektes, aber ebenso auch, freilich seltener, als Aussage oder Erlebnis eines fernen Gewährs-

mannes oder Erlebenden, als Geschehen im fernen Lande gegeben werden, schließlich auch als Dialog. Eine besonders kunstvolle Vertauschung der Ebenen ist die des Stils, wenn z. B. eins der *Heidreksrätsel* (Edda II Nr. 24, Str. 22) die Sau mit den saugenden Ferkeln im hohen Stil eines Preisliedes darstellt, bis ein Stilumschlag zurücklenkt.

Mittel der Darstellung sind Benennung, Beschreibung der Eigenschaften (Farbe, Form, Größe, Zahl; innere Eigenschaften) und Handlungsbericht oder eine Mischung von ihnen. Meist ist das Objekt ein Einzelnes (Zwiebel, Regenwurm; Rauch, Regenbogen; Spinnrad, Geige; Auge, Mensch). Nicht selten aber ist Objekt eine Gruppe gleichartiger Gegenstände (die Speichen eines Rades, Stricknadeln) oder eine funktionell oder örtlich zusammengehörige Gruppe verschiedener Objekte (Roß und Reiter, Pflug mit Zugtieren und Pflüger; Wiese und Bach). Eine besondere Schwierigkeit entsteht dann, wenn sachlich und gedanklich Unzusammengehöriges in einem R. vereint wird (Rochholz II Nr. 375: Biene, Eule, Fledermaus; Wossidlo Nr. 419a: Hahn, Hund, Katze, Wiege). Soweit es sich dabei nicht einfach um Summierung ursprünglich getrennter Einzelrätsel handelt, wie sie auch die Rätselgedichte kennen, sind sie durch Anklänge, Reime oder Parallelismen miteinander verbunden, also nicht zerlegbar in Einzelrätsel. Trotzdem scheinen sie aus solchen hervorgegangen zu sein; wegen ihrer Kürze stehen sie den Wissensfragen nahe.

Die Gesamtgeschichte des R.s zeigt zugleich Konstanz und Wechsel in der Wahl der Objekte, der Aufbau- und der Stilformen. Während das literarische R. jeweils eine individuelle Gestalt (nach Auffassung und Form) annimmt, lassen die mündlich überlieferten R. — bei einer erstaunlichen Zähigkeit des Festhaltens am vielschichtig Überlieferten — die Kräfte der Umgestaltung deutlicher werden. Das gilt einmal für den Wechsel der sprachlichen Ausdrucksformen bei gleichbleibendem Objekt, dann aber auch gelegentlich im Objektwechsel bei gleichbleibender Form (z. B. Wossidlo Nr. 403 f. Sarg — falsches Geld). Die Reihenbildung von Fragen mit gleichem Eingang lockt auch zur R.-Parodie, in der eine falsche Frage gestellt wird, die darum auch nicht wie eine übliche Scherzfrage beantwortet werden kann (vgl. z. B. Wossidlo Nr. 647 f. Lewalter-Schläger Nr. 910). Das literarische R. hat von jeher die Tendenz, zum Leserätsel zu werden, was auch für seine gedankliche und stilistische Ausformung von Bedeutung ist. Das mündlich überlieferte Volksrätsel, an dem auch das Bürgertum Anteil hatte, ist dagegen nur verstehbar aus dem lebendigen Austausch größerer Gemeinschaften. Es steht, gebend und nehmend, in lebendiger Verbindung mit Redensart und Sprichwort, Volkslied und Kinderreim, Märchen, Sage und Schwank. Auch zum Brauch gehen noch letzte Fäden hinüber, während die in den Anfängen so bedeutsamen Bindungen zum Volksglauben ganz aufgelöst erscheinen.

Bibliographie: John M e i e r, *Dt. u. niederländ. Volkspoesie*. PGrundr. Bd. 2, 1 (2. Aufl. 1909) S. 1281-1290. Archer T a y l o r, *A Bibliography of riddles* (Helsinki 1939; FFC. 126), international. Hugo H a y n, *Die dt. Räthsel-Litteratur*. ZblBblw. 7 (1890) S. 516-540, erweitert, jedoch ohne die lat. Sammlungen, in: H a y n - G o t e n d o r f, *Bibliotheca Germ. erotica et curiosa*. Bd. 6 (1914) S. 348-358 (bes. Drucke d. 16.-18. Jh.s). Aldo S a n t i, *Bibliografia della enigmistica* (1952; Biblioteca bibliografica italica 3). Laurits B ø d k e r, *The Nordic Riddle. Terminology and bibliography* (Copenhagen 1964; Skrifter. Nordisk Inst. f. folkedigtning 3). Mathilde H a i n, *Rätsel* (1966; Slg. Metzler).

Darstellungen: Johann Baptista F r i e d r e i c h, *Geschichte d. R.s* (1860). Archer T a y l o r, *The literary riddle before 1600* (Berkeley 1948). Robert P e t s c h, *Neue Beiträge zur Kenntnis d. Volksrätsels* (1899; Pal. 4). Ders., *Das dt. Volksrätsel* (1917; Grundriß d. dt. Volkskde 1). Ders., *Spruchdichtung d. Volkes* (1938; Volk. Grundriß d. dt. Volkskde 4) S. 132 ff. Friedrich P a n z e r, *Das Volksrätsel*, in: *Die dt. Volkskunde*. Hg. v. Adolf Spamer Bd. 1 (1935) S. 263-282. Will-Erich P e u c k e r t, *Dt. Volkstum in Märchen, Sage, Schwank u. R.* (1938; Dt. Volkstum 2) S. 179 ff. Wilh. B o b z i n, *R.atlas*. T. 1-3 (1941). Antti A a r n e, *Vergleichende R.forschungen*. 3 Bde (Helsinki 1918-20; FFC. 26-28). Rich. T h u r n w a l d, *Rätsel*, in: E b e r t, *Reallexikon d. Vorgeschichte*. Bd. 11 (1928) S. 27-31. Ders., *Des Menschengeistes Erwachen, Wachsen u. Irren* (1951) S. 118 ff. S c h r a d e r - N e h r i n g, *Reallexikon d. idg. Altertumskunde*. Bd. 2 (2. Aufl. 1929) S. 210-211. André J o l l e s, *Einfache Formen* (1930; 2. Aufl. 1956) S. 104-123. J. H u i z i n g a, *Homo ludens* (Amsterdam 1940) S. 171 ff. — Martin H a u g, *Vedische Räthselfragen u. Räthselsprüche*. SBAkMünchen 1875, 2, S. 457 ff.; vgl. W. W i l m a n n s, *Einige Sprüche Reinmars v. Zweter u. d. Tragemundslied*. ZfdA. 20 (1876) S. 250-254. Wolfgang S c h u l t z,

Rätsel, in: P a u l y - W i s s o w a, *Realencyklopädie d. class. Altertumswiss*. 2. Reihe, Bd. 1 (1914) S. 62-125. Ders., *R. aus d. hellenist. Kulturkreise*. 2 Bde (1909-1912; Mytholog. Bibl. 3, 1 u. 5, 1). Hugo H e p d i n g, *Hess. Hausinschriften u. byzant. R*. Hess. Bll. f. Volkskde 12 (1913) S. 161-182. Max M a n i t i u s, *Gesch. d. lat. Lit. d. MA.s* 3 Bde (1911-1931; Handbuch d. Altertumswiss. 3, 2) passim. — Fritz L o e w e n t h a l, *Studien zum german. R.* (1914; Germanist. Arbeiten 1), anord. H e i d r e k s r., aengl. R. des *Exeterbuchs*, R. bei den mhd. Spruchdichtern. Georg B a e s e c k e, *Vorgeschichte d. dt. Schrifttums* (1940) S. 380 ff. Ders., *Das lat.-ahd. Reimgebet u. das R. vom Vogel federlos* (1948; Probleme d. Wiss. in Verg. u. Gegenw. 1) S. 32 ff. — Archer T a y l o r, *English Riddles from oral tradition* (Berkeley 1951), Motivverzeichnis der „echten" R. aus England, unter Ausschluß d. keltischen und der englisch sprechenden westlichen Hemisphäre, mit vergleichenden Anmerkungen. — Dorothee G r o c k e n b e r g e r, *Studien zum Volksrätsel d. Romanen*. (Masch.) Diss. München 1943. Linda S a d n i k, *Südosteuropäische R.studien* (1952; Wiener slavist. Jb., Erg.-Bd. 1).

Texte: F r i e d r e i c h (Proben überwiegend aus dt. u. außerdt. literar. Quellen). *Edda*. Übers. v. Felix Genzmer. Bd. 2 (2. Aufl. 1932). L o e w e n t h a l (anord., aengl. u. mhd. R.). K ö h l e r (R. d. 15. Jh.s). — *Straßburger Rätselbuch, die erste zu Straßburg ums Jahr 1505 gedruckte dt. R.-sammlung*. Neu hg. v. Albert Fidelis B u t s c h (1876). Franz Jos. M o n e, *Räthselsammlung*. Anz. f. Kunde d. teutschen Vorzeit 7 (1838) Sp. 32-50, 258-268, 371-383; 8 (1839) Sp. 217-229, 315-326 (R. d. MA.s u. d. Renaissance). — Ernst Ludw. R o c h h o l z, *Alemann. Kinderlied u. Kinderspiel aus d. Schweiz* (1875) III, S. 199 ff. Rich. W o s s i d l o, *Rätsel* (1897; Wossidlo, *Mecklenburgische Volksüberlieferungen* 1). Joh. L e w a l t e r u. Georg S c h l ä g e r, *Dt. Kinderlied u. Kinderspiel. In Kassel aus Kindermund in Wort u. Weise ges.* (1911) S. 218 ff., 398 ff. Liesl H a n i k a - O t t o, *Sudetendt. Volksrätsel* (1930; Beitr. z. sudetendt. Volkskde 19). — Robert F. A r n o l d, *Der Irrgarten, 333 dt. Rätsel* (1928), literar. S. d. 18.-20. Jh.s. —
Studien: Albert G é r a r d, *L'énigme poétique* (Bruxelles 1947; Coll. Lebègue 7, 79). Alfred M a n n, *The Riddle of Mephistopheles* [Faust II, 4743 f.]. Germ. Rev. 24 (1949) S. 265-268.

Kurt Wagner

Rahmenerzählung

§ 1. Die einfachste Definition, „daß eine Erzählung wie ein R a h m e n eine andere umschließt" (Erna Merker), und der Hinweis auf die beiden Erscheinungsformen, die „zyklische R." und die „gerahmte Einzelerzählung", sind dahingehend zu erweitern, daß die Einkleidung der R. eine f i k t i v e E r z ä h l s i t u a t i o n als Anlaß einer oder mehrerer Erzählungen (= Binnenerzählungen) unmittelbar vorstellt, den Erzähler also als eine Gestalt der Dichtung selbst erscheinen läßt, die „sich in einem mündlichen Bericht an gegenwärtige Zuhörer wendet" (Käte Friedemann). Dieser Typus muß aus der „Ursituation des Erzählens", d. h. aus der Vermittlerrolle des E r z ä h l e r s zwischen Vorgang und P u b l i k u m begriffen werden. Wir sind daher nicht gezwungen, den Ursprung der R. ausschließlich im Orient zu suchen, auch wenn die literar. Traditionen auf den Orient weisen. Die s c h r i f t l i c h e Form der R. ist ein „technischer Kunstgriff", durch den „diese Ursituation sichtbar gemacht und gesteigert werden kann" (Wolfgang Kayser), und sie ist in dieser Funktion als „Ersatz für den m ü n d l i c h e n Bericht" (Käte Friedemann) aufgefaßt worden. Beiden Erzählweisen liegt ein r e d a k t i o n e l l e s Moment zugrunde: wie der mündlich Erzählende bei der Reproduktion seines Erzählschatzes oder in der Darbietung aktueller Neuigkeiten auf wirkungsvolle „Einsätze", assoziative Verknüpfungen, Spannungsbögen und befriedigende „Schlüsse" bedacht sein muß, so bleibt auch die schriftliche Fixierung an diese Erzähldynamik gebunden, — was überlieferungsgeschichtliche Brüche nicht ausschließt. Je höher jedoch die Kunstform der R. entwickelt wurde, desto stärker wurde aus dem redaktionellen Vorgang eine I n t e g r a t i o n verschiedener Erzähleinheiten; hinter dem absichtsvollen Erzählen und den eigenen Erfindungen trat das Stoffliche immer mehr zurück, zugleich wurde die Erzählerrolle durch Vorleser- und Manuskriptfiktionen erweitert. Die Tatsache, daß das Erzählen selbst „erzählt" wird, hat schließlich dazu geführt, die weitgehend experimentelle Kunstform der R. als d i d a k t i s c h e s und p o e t o l o g i s c h e s Mittel einzusetzen.

Im Laufe der Entwicklungsgeschichte hat sich ein Kanon zweckmäßiger Rahmen-Techniken ausgebildet. Der Rahmen ist oft nicht mehr als eine K l a m m e r, aber er kann ebenso zu einer e i g e n e n G e s c h i c h t e ausgebaut werden. Er ist primär „Medium" der Erzählung und wird daher gern im Sinne einer E x p o s i t i o n oder Einstimmung in das Erzählgeschehen benutzt; er kann darüber hinaus durch Binnenerzählungen tiefere Bedeutung erlangen. Die i n n e r e E i n h e i t von Rahmen und Gerahmtem ist als Grundvoraussetzung für die Logik und Wirksamkeit der Form anzusehen. Dem G r a d d e r V e r k n ü p f u n g und der Rolle des fiktiven Erzählers kommen gewisse Schlüsselfunktionen zu.

Entweder ist der Rahmen auf nur e i n e n E r z ä h l e r, der an den erzählten Vorgängen nicht beteiligt zu sein braucht, oder auf g e s e l l i g e U n t e r h a l t u n g und perspektivische Vielfalt des Erzählens angelegt. Daraus ergeben sich unterschiedliche Erzähltechniken, die einmal von der H ö r e r-, bzw. L e s e r - A n r e d e, zum anderen von der D i a l o g f o r m her zu interpretieren sind und auf den soziologischen Aspekt des Erzählten weisen, wobei die gesellschaftliche Funktion des Rahmens fiktiven Charakter hat. Die Grenzen werden dort überschritten, wo der Erzähler sich ausschließlich an ein Publikum außerhalb der Erzählung wendet oder ins Monologische ausweicht. In jedem Fall muß die E r z ä h l p e r s p e k t i v e den Ausgangspunkt für die Analyse einer R. bilden, denn sie steht in enger Beziehung zu einem d i s t a n z i e r e n d e n M o m e n t, durch das die R. zu „einem bedeutsamen Mittel wird, die künstlerische Entfernung spürbar zu machen, die zwischen dem Gegenstand und dem Betrachter waltet" (Erna Merker). Es ist kein Zufall, daß der Rahmen sowohl eine Ausdrucksform der romantischen I r o n i e als auch ein Funktionselement des V e r f r e m d u n g s e f f e k t e s geworden ist; Gesellschaftskritik und literar. K r i t i k haben sich der R. ebenfalls mit Erfolg bedient.

Die typische Rahmen-Situation ist nicht immer gattungsprägend. Auch sind die Grenzen zwischen Binnenerzählung und bloßer E r z ä h l e i n l a g e (innerhalb eines Romans oder eines Gesprächs) sowie zwischen Rahmen- und S c h a c h t e l t e c h n i k (als Mittel eines zentralgesteuerten Erzählvorgangs) fließend. Vor allem im Umkreis der gerahmten Einzelerzählung ist ein Spektrum unterschiedlicher Rahmenformen entstanden, das von der Bilddeutung, der chronikalischen Erzählung (s. d.), der Herausgeberfiktion sowie der Brief- und Tagebuch-Stilisierung bis zum Bekanntschafts-Rahmen reicht. In diesem Zusammenhang wird gelegentlich von einem l e g i t i m i e r e n d e n R a h m e n gesprochen, in dem der Erzähler sich und seine Geschichte dem Leser selbst vorstellt. Dieter Stephan hat eine Ausklammerung dieser Phänomene durch den Terminus „Mantelfiktionen" vorgeschlagen und als Kriterium einer echten R. angesehen, daß der Rahmen „selbst ein Stück erzählte Welt sein" muß. Bei näherer Betrachtung erweisen sich dann manche „Rahmen" als mehr oder weniger äußerliche Erzählfaktoren oder als ein Stimulans, durch das die Unmittelbarkeit des Erzählens wiedergewonnen werden soll. Die Vorstellungen eines „idealen" Rahmens, bzw. „virtueller" Rahmenansätze (z. B. im Zyklus) gehören dagegen eigenen Problemkreisen an; sie reichen nur in Einzelfällen in das Gebiet der Erzähl-Rahmung.

Die zentrale Bedeutung des redaktionellen Moments lenkt den Blick auf die K l e i n - f o r m e n des mündlichen Erzählens. Diese werden meist durch die Gebrauchsliteratur (Exempla, Predigtmärlein) überliefert. Sie werden gelegentlich auch durch Amplifikationstechniken zu größeren Erzählgebilden ausgedehnt oder fügen sich in einen R a h - m e n ein, dessen verschiedene Erscheinungsformen noch nicht die speziellen Bedingungen einer R. erfüllen. Das kann einmal der a n n a l i s t i s c h - h i s t o r i s c h e Rahmen sein, wie er von der *Kaiserchronik* bis zu Jansen Enikel begegnet; er kann auch darin bestehen, daß Geschichten für einen bestimmten Z w e c k zusammengestellt werden (*Rollwagenbüchlein*). In der Anekdote ist der Rahmen von der P e r s o n oder vom T h e m a her angelegt (Eulenspiegel, Schildbürger), aber meist nicht weiter ausgeführt. Oft genügt schon der T i t e l, um den Rahmen zu geben (Geschichten vom alten Fritz, Max-Reger-Anekdoten); wird eine chronikalische V i t a daraus, so ist der Anekdote bereits ein neues Schema übergestülpt. Erst mit der Wahl der E r z ä h l s i t u a t i o n als Rahmen ist eine besondere Stufe der Künstlichkeit erreicht. Dieser scheinbar so selbstverständlichen Künstlichkeit verdankt die Rahmenform ihre bevorzugte Ausprägung zum Typus.

Erna Merker nennt als Voraussetzung für die „Rahmenform als Kunstwerk" die „vollendete Ausbildung der N o v e l l e n technik", und einige Novellen-Theoretiker bevorzugen noch immer den Terminus „Rahmennovelle"; Fritz Lockemann sieht in dieser „Rahmennovelle" sogar „so etwas wie den Prototyp der Novellenform", den er aus dem Wendepunkt-Argument ableitet. Doch hat die enge terminologische Verbindung mit der Novellentheorie das Phänomen der R. ebenso einseitig fixiert wie der Versuch von André Jolles, die zyklische R. ihrem Ursprung nach als „Bilderbuch für Moral und Lebensweisheit" zu verstehen. Erst unter dem Eindruck „moderner" Erzählweisen wurde erkannt, daß durch die exemplarische Bedeutung der R.en Gottfried Kellers und C. F. Meyers auch der Terminus R. steril geworden war. Strukturuntersuchungen und Zeitanalysen klassischer R.en haben seitdem zu einem besseren Verständnis der verschiedenen O r d n u n g s - und B e d e u t u n g s g e f ü g e beigetragen und auf die Vielfalt der Erzählmöglichkeiten aufmerksam gemacht. Neben m e c h a n i s t i s c h angewandten Rahmentypen setzen sich immer wieder s p o n t a n e Erzählweisen durch, die den Wechsel der Erzählperspektive überhaupt erst bewirken und assoziativ bedingte Ketten- und Schachtelformen erzeugen. Von den Erzählstrukturen und der Eingliederung unterschiedlicher Erzähleinheiten her gesehen wird die gegenseitige f u n k t i o n e l l e A b h ä n g i g k e i t von Binnen- und Rahmenelementen deutlich. Diese Betrachtungsweise führt zu der Erkenntnis, daß die R. nicht allein Gegenstand der Formen-, sondern in weit stärkerem Maße der Funktionslehre zu sein hat.

Daß die Rahmen-Komposition nicht auf eine Gattung beschränkt geblieben ist, zeigt ein Blick auf das D r a m a mit seinen reichen perspektivischen Abgrenzungsmöglichkeiten (Vor- und Nachspiel, Prolog, Spiel im Spiel, Ansage und Lehr-Demonstration). Auch die O p e r hat sich dieses Mittel nicht entgehen lassen, wie Offenbachs *Hoffmanns Erzählungen*, Max von Schillings *Mona Lisa* und Richard Strauss' und Hugo von Hofmannsthals *Ariadne auf Naxos*, aber auch moderne Darbietungsformen des „szenischen Berichts" von Igor Stravinskijs *Ödipus rex* bis zu Benjamin Brittens *Lukrezia* zeigen. So haben wir es bei der R. mit einem äußerst d y n a - m i s c h e n M o m e n t schöpferischer Phantasie und hochentwickelten Form-Bewußtseins zu tun. Die vorliegende Darstellung wird sich auf typische R.en beschränken und andere Phänomene nur heranziehen, soweit sie für die Abgrenzung von Interesse sind.

Moritz Goldstein, *Die Technik d. zyklischen R.en Deutschlands. Von Goethe bis Hoffmann.* Diss. Berlin 1906. Käte Friedemann, *Die Rolle d. Erzählers in d. Epik* (1910; UntsNSprLitg. NF. 7; Neudr. 1965) S. 34 ff. Fritz Leib, *Erzählungseingänge in d. dt. Lit.* Diss. Gießen 1914. Oskar Walzel, *Die Kunstform d. Novelle.* ZfdU. 29 (1915) S. 161-184, wiederholt in: Walzel, *Das Wortkunstwerk* (1926/27) S. 231-259. Erna Merker, *R.*, in: Reallex. 1. Aufl. Bd. 3 (1928/29) S. 1-4. André Jolles, Einleitung zu: Boccaccio, *Das Dekamerone* (1928; Insel-Ausg.) S. VII-XCVI. Rob. Petsch, *Wesen u. Formen d. Erzählkunst* (1934; DVLG., Buchr. 20) S. 63 ff. Otto Löhmann, *Ursprung u. Begriff d. R.*, in: Löhmann, *Die R. des 'Decameron'. Ihre Quellen u. Nachwirkungen* (1935; Romanist. Arbeiten 22) S. 2-8, dort auch Lit. zu folklorist. Phänomenen. Wolfgang Kayser, *Das sprachliche Kunstwerk* (1948; zit. nach d. 4. Aufl. 1956) S. 201 f. Walter Pabst, *Novellentheorie u. Novellendichtung. Zur Gesch. ihrer Antinomie in d. romanischen Literaturen* (1953; 2., erw. Aufl. 1967). Eberhard Lämmert, *Bauformen d. Erzählens* (1955; 2., durchges. Aufl. 1967) passim. Fritz Lockemann, *Die Bedeutung d. Rahmens in d. dt. Novellendichtung.* WirkWort 6 (1955/56) S. 208-217, wiederholt in: Lockemann, *Gestalt u. Wandel d. dt. Novelle* (1957) S. 11 ff. Nino Erné, *Kunst d. Novelle* (1956; 2. Aufl. 1961) S. 30-52. Herbert Seidler, *Die Dichtung. Wesen, Form, Dasein* (1959; Kröners Taschenausg. 283) S. 514-516. Rafael Koskimies, *Die Theorie d. Novelle.* Orbis Litterarum 14 (1959) S. 65-88, bes. S. 67-70. Dieter Stephan, *Das Problem d. novellist. Rahmenzyklus.* (Masch.) Diss. Göttingen 1960. Hellmuth Himmel, *Gesch. d. dt. Novelle* (1963). Karl Konrad Polheim, *Novellentheorie u. Novellenforschung (1945-1963).* DVLG. 38 (1964), Sonderh., bes. S. 254-258. Hans Hermann Malmede, *Wege zur Novelle. Theorie u. Interpretation d. Gattung Novelle in d. dt. Lit.wiss.* (1966; Sprache u. Lit. 29).

§ 2. Bereits das Form-Muster, die *Erzählungen aus den Tausendundein Nächten* (durch Gallands franz. Übers. 1704-1708 in Europa erneut bekannt gemacht, in erster dt. Übers. v. Friedr. Heinr. von der Hagen u. Karl Schall 1824-1825), zeigt die beiden Haupt-Rahmenphänomene, die assoziative Staffelung, bzw. Schachtelung und den Rahmen als redaktionelle Einkleidungsform nebeneinander und läßt sie als Zäsuren verschiedener Überlieferungs- und Erzählprozesse hervortreten. Die Darstellung der fiktiven Erzählsituation bleibt nicht auf typische „Erzähleingänge" beschränkt, sie ist ebenso häufig ein Binnenelement des Erzählens.

Bezeichnend für diesen Zyklus ist die Vielfalt der einbezogenen Gattungen und Rahmenkonstruktionen. In der *Erzählung von dem Kaufmann und dem Dämon* (1.-3. Nacht) handeln drei Scheiche durch ihre Geschichten dem Dämon das Leben des Kaufmanns ab. Die *Erzählung von dem Fischer und dem Dämon* (3.-9. Nacht) verwendet zwei verschiedene Binnenerzählungen mit eigenen Rahmen-Situationen als Zwischenglieder eines in sich geschachtelten Märchenvorgangs; durch die *Geschichte vom König Junan und dem Wesir Duban* versucht der Fischer den Dämon zur Milde zu bewegen, die *Geschichte des versteinerten Prinzen* führt zur Befreiung des Prinzen und zur Erlösung der toten Stadt. Die *Geschichte von der Schlangenkönigin* (482.-503. Nacht) enthält Erzählungen der Königin selbst, durch die der junge Hâsib in den Stand gesetzt wird, eine Weissagung (die Heilung des Königs) zu erfüllen; die Königin wird damit zur bewußten Vollzieherin ihres eigenen Schicksals, das sie durch ihren Bericht über die Abenteuer Bulukîjas (die noch einige weitere Binnenerzählungen enthalten) hinauszuzögern sucht. In der *Geschichte vom Buckligen* (24.-34. Nacht) wird die R. als Maßstab für die zu erzählenden Geschichten genommen: die verschluckte Fischgräte und der vermeintliche Tod des Hofnarren führen zu vier Kettenvorgängen (Beseitigung der Leiche) und einer rückläufigen Kette (beabsichtigte Hinrichtung des jeweiligen Täters); vor dem König versuchen sich die vier Beteiligten durch Geschichten frei zu erzählen, wobei die Erzählschachtelung zur Einführung einer 5. Person führt, die nach Erzählung sechs weiterer Geschichten den „Toten" wieder erweckt. In der *Geschichte des Lastträgers und der drei Damen* (9.-19. Nacht) vermischen sich Märchen und Anekdoten im Rahmen einer „lasziv-komischen Novelle". Die *Geschichte von Sindbad dem Seefahrer* (536.-566. Nacht) reiht Seefahrergeschichten aneinander und ist in den Rahmen eines Lebensrückblickes gefaßt. Didaktische Absichten verfolgt die *Geschichte des Königs Dschalî'âd und seines Sohnes Wird Chân* (900.-930. Nacht); Rahmen und Lehrbeispiele sind Grundelemente des typischen Fürstenspiegels. Der „Kriminalfall" der *Geschichte von den drei Äpfeln* (19.-24. Nacht) gibt den Rahmen für die „noch wunderbarere" Erzählung von den Wesiren Nur ed-Dîn und Schems ed-Dîn. Die *Geschichte von der Messingstadt* (566.-578. Nacht) wählt als Ausgangspunkt den Hof eines omaijadischen Kalifen, wo das Geschichtenerzählen zur Ausrüstung einer Expedition führt; die Schicksale der Stadt können nur noch an Tafeln „abgelesen" werden. Mit den vielen auf Harûn ar-Raschîd übertragenen Erzählungen tritt die höfische Einkleidung als stilbildendes Element hervor. Selbst die eigentliche R. der *Erzählungen aus den 1001 Nächten* ist eine Zusammenfügung dreier aus Indien stammender Geschichten, die im Zuge überlieferungsgeschichtlicher Kontaminationen zu einer redaktionellen Form entwickelt wurden.

Die Erzähl-Situation der Schehrezâd enthält drei typische Momente der R. als

Zykluseinfassung: das Erzählen über eine bestimmte Z e i t hinweg und die R e i h u n g von Erzählungen auf ein Z i e l hin. Sie wird daneben durch zwei charakteristische Motive zusammengehalten: ein V e r z ö g e r u n g s - motiv und das Motiv der F r e i l ö s u n g durch eine aufgegebene Leistung. Während jedoch Schehrezâd ihr Ziel erreicht, gelingt es der Amme Sutlemema in der R. zu der Sammlung *Tausendundein Tag* (1710-1712 von Petis de la Croix ins Franz. übers. u. von Lesage überarb.) nicht, den Sinn der durch einen Traum verwirrten Prinzessin Farrukh- nâz zu wenden, d. h. ihre Haltung den Be- werbern gegenüber zu ändern. Die der R. in *1001 Nacht* nachgebildete R. hat im übri- gen etwas Äußerliches, so daß Paul Ernst sie in der ersten dt. Ausgabe (1909) mit gutem Grund fortließ. Ein anderes Beispiel für diese w e c h s e l n d e n M ö g l i c h k e i t e n des E r z ä h l a u s g a n g e s der R. bietet die Über- lieferung des *Papageienbuches* (*Tuti-Na- meh*): in der pers. Neufassung des Zijai-ed- din Nachschebi (von Joh. Gottfried Ludw. Kosegarten in Deutschland bekanntgemacht) wird die Ehefrau allein für ihren bösen Wil- len (zum Ehebruch) mit dem Tode bestraft, in der türk. Fassung (erste dt. Übers. v. Ge- org Rosen. 1858) dagegen kommt sie mit dem Leben davon. In *1001 Tag* und im *Pa- pageienbuch* begegnet uns der Erzähler zu- dem in einer anderen Rolle als Schehrezâd: sowohl die Amme als auch der Papagei han- deln im A u f t r a g e eines anderen, erzählen also zunächst nicht für sich selbst.

Ein anderes typisches Moment der R. ist die Absicht, Sinnzusammenhänge durch B e i - s p i e l e zu verdeutlichen. Als Form-Muster kann hier das ind. *Pañcatantra*, eine aus fünf Klugheitsfällen bestehende Sammlung ange- sehen werden, deren Lehrbuchcharakter auf die späteren Fürstenspiegel weitergewirkt hat. Ihre lat. Fassung gilt u. a. als eine Quelle für Boccaccio; aus ihr fertigte Antonius von Pfnorr um 1480 eine dt. Übers. (*Das Buch der Beispiele*) an. Gegenüber der vorwort- ähnlichen R., in der berichtet wird, daß der König Amarasakti seine einfältigen Söhne durch einen Brahmanen habe unterrichten lassen, weisen die fünf Bücher jeweils selb- ständige R.en mit eigenen Themen und in- einandergeschachtelten Sprüchen, Fabeln, Märchen und Schwänken auf.

Auf orientalische Muster gehen auch die im MA. weit verbreiteten *Sieben Weisen Meister* zurück. Die R. enthält eine K o m - b i n a t i o n v e r s c h i e d e n e r M o t i v e: Schweigemotiv (dem Kaisersohn ist das Re- den verboten), Potipharmotiv (die Stiefmut- ter klagt ihn der versuchten Verführung an), Verzögerungsmotiv (die Aufschiebung der Hinrichtung) und Unterweisungsmotiv (die Erzählungen der sieben weisen Meister). Be- sonders auffallend ist dabei die Z a h l e n - s y m m e t r i e: das Erzählen von 14 Ge- schichten in sieben Tagen (jeweils Erzählung und Gegenargument) und die Entdeckung der Wahrheit durch die 15. Geschichte.

Pavel Aleksandrovič G r i n c e r, *Drevne- indijskaja proza* (*obramlennaja povest*) (Mos- kau 1963). Theod. B e n f e y, *Pantschatantra* (1859). Joh. H e r t e l, *Pañcatantra* (1913). Friedmar G e i ß l e r, *Das Pañcatantra, e. alt- ind. „Fabelbuch"*. Wiss. Annalen 3 (1954) S. 657-669 (mit Stemma u. Übers.-Tabelle). J. K l a p p e r, *Antonius v. Pfnorr.* VerfLex. 1 (1933) Sp. 93-96 u. Nachtr. 5 (1955) Sp. 48 (Ludw. Denecke). *Die Erzählungen aus den Tausendundein Nächten.* Übertr. v. Enno L i t t m a n n. Bd. 6 (1953; Insel-Ausg.) S. 649- 738 (mit Bibliogr.). Mia Irene G e r h a r d t, *The Art of story telling. A literary study of the Thousand and One Nights* (Leyden 1963), mit Bibliogr. Kaarle K r o h n, *Übersicht über einige Resultate der Märchenforschung* (Hel- sinki 1931; FFC. 96). *Sukasaptati. Das ind. Papageienbuch,* aus d. Sanskrit übers. v. R. S c h m i d t (1913). Otto S p i e s, *Türk. Volks- bücher. E. Beitr. z. vgl. Märchenkunde* (1929). Jos. K l a p p e r, *Sieben weise Meister.* Verf- Lex. 3 (1943) Sp. 338-344.

§ 3. Bedeutenden Anteil an der Entwick- lung der Rahmentechnik hat auch die A n - t i k e durch Werke, die zwar Orientalisches in sich aufgenommen haben, aber ihrerseits stilbildend wurden und teilweise auf den Orient zurückwirkten. Am bekanntesten ist der von Odysseus den Phäaken vorgetragene A b e n t e u e r z y k l u s (*Odyssee*, 9.-12. Ge- sang), in dem eine eigene Textschicht des Epos sichtbar wird. Neben dem G a s t - m a h l g e s p r ä c h, seit Platons *Dialogen* li- terar. Allgemeingut, sind einige Erzählver- fahren des hellenistischen Romans zu nen- nen. Von rahmenbildender Kraft ist z. B. das L i e b e s g e s p r ä c h (Chariton, *Chaireas und Kalirrhoe*, Xenophon von Ephesos, *Ephesia- ka* und die *Historia Apolloni*) mit seinen Kunstgriffen der gegenseitigen R e k a p i t u - l a t i o n des Geschehens und der R ü c k -

blende. Die Technik der allmählichen Enthüllung der Vorgeschichte durch Erzählungen anderer Personen (zugleich ein Verzögerungsmittel) erscheint vorbildhaft in Heliodors *Äthiopica* (erste dt. Übers. 1554). In *Daphnis und Chloe* des Longos begegnet die beliebte Form der Bilderzählung (später auch bei Achilles Tatius, *Leukippe und Kleitophon*), die das Rahmenmoment in sich einschließt und dadurch ein „genrehaftes Erzählen" erlaubt. Auch heroische Bildbeschreibungen wie der *Schild des Achilleus* in der *Ilias* (XVIII, 478-607), die Kampfbilder des Junotempels und der *Schild des Aeneas* in Vergils *Aeneis* (I, 466-493 u. VIII, 626-728) leben weiter. Die Idee der Metamorphosen, für die ein Hinweis auf Nicander und Ovid genügen mag, begünstigt die Ausbildung des Schachtelprinzips; das vierte Buch der *Metamorphosen* Ovids enthält (1-415) eine kleine Rahmenhandlung (Erzählung von den Töchtern des Minyas und ihrer Bestrafung) mit drei Binnenerzählungen (*Pyramus und Thisbe, Phoebus und Leucothoë, Hermaphroditus und Salmacis*); im fünften Buch (294-678) erzählen die Musen Minerva das Schicksal der Pierustöchter; im sechsten Buch (1-145) gibt der Spinnwettstreit zwischen Minerva und Arachne Gelegenheit, Göttermetamorphosen einzuflechten. Im *Goldenen Esel* hat Apuleius eine Reihe unterhaltsamer Geschichten mit den Abenteuern des Helden verknüpft und dadurch den redaktionellen Rahmen zu einem Roman erweitert, dessen Erzählstaffelungen Binnenfunktionen erfüllen. Ein weiterer Romantyp wird durch die Formkontamination der ind. Buddhalegende mit dem christl. Legendenroman repräsentiert, wie er in *Barlaam und Josaphat* des Johannes Damascenus für das gesamte MA. zum Vorbild wurde; seine Rahmenansätze liegen im apologetischen Gespräch, das jeweils biblische Geschichten, Gleichnisreden, aber auch außerbiblische Parabeln aufnehmen kann.

Uvo Hölscher, *Untersuchungen zur Form der 'Odyssee'. Szenenwechsel u. gleichzeitige Handlung* (1939; Hermes, Einzelschr. 6). Reinhold Merkelbach, *Untersuchungen zur Odyssee* (1951; Zetemata. 2). Wilh. Mattes, *Odysseus bei den Phäaken. Kritisches zur Homeranalyse* (1958). Erwin Rohde, *Über griech. Novellendichtung u. ihren Zusammenhang mit d. Orient*, in: Rohde, *Der griech. Roman* (3. Aufl. 1914) S. 578-601. Ot-

mar Schissel v. Fleschenberg, *Technik d. Romanschlüsse im griech. Liebesroman.* Wiener Studien 30 (1908) S. 231-242. Otto Weinreich, *Der griech. Liebesroman* (Zürich 1962). M. Oeftering, *Heliodor u. s. Bedeutung für d. dt. Lit.* (1901). Victor Hefti, *Zur Erzählungstechnik in Heliodors 'Äthiopica'* (Wien 1950). Wolfgang Schadewaldt, *Der Schild des Achilleus*, in: Schadewaldt, *Von Homers Welt u. Werk* (1944) S. 280-302. Rich. Heinze, *Virgils epische Technik* (1902; 3. Aufl. 1914; Nachdr. 1957) S. 398 ff. Walther Ludwig, *Struktur u. Einheit der 'Metamorphosen Ovids'* (1965). Ernst Jürgen Bernbeck, *Beobachtungen zur Darstellungsart in Ovids 'Metamorphosen'* (1967; Zetemata 43). Paul Junghans, *Die Erzählungstechnik von Apuleius' 'Metamorphosen' u. ihrer Vorlagen* (1932; Philologus, Suppl. 24, 1). Hermann Riefstahl, *Der Roman des Apuleius. E. Beitr. z. Romantheorie* (1938; Frankf. Studien z. Religion u. Kultur d. Antike 15). Rud. Helm, Einl. zu: Apuleius, *Metamorphosen oder Der goldene Esel* (2. Aufl. 1956; Schr. u. Quellen d. alten Welt 1). Franz Dölger, *Der griech. Barlaam-Roman, e. Werk d. Johannes v. Damaskos* (1953; Studia patristica et byzantina 1). Hiram Peri (Pflaum), *Der Religionsdisput d. Barlaam-Legende, e. Motiv abendländ. Dichtung* (Salamanca 1959; Acta Salmanticensia. Fil. y Letras XIV, 3).

§ 4. Die mittellateinische Literatur bewahrt viele Topoi und schafft innerhalb des romanischen Kulturkreises die Voraussetzungen für die Wiederbelebung und Umgestaltung einzelner Rahmenformen. Neue Formkräfte gehen zuerst vom Klerus aus, der sehr früh die lehrbuchhafte Verbindung von Exemplum (s. d.) und Gespräch gesucht hat. Die *Dialogorum libri quattuor* Gregors d. Gr. (um 594) enthalten zahlreiche Kurzgeschichten, die Gregor einem Diakon erzählt. Aus den Zwischenbemerkungen des Diakons entwickelt sich ein Gespräch mit rahmenzyklischem Charakter; Gregor erscheint als ein unterhaltsamer Erzieher, der das Bedürfnis nach Wundergeschichten für heilsgeschichtliche Belehrungen zu nutzen weiß und seine Überlegenheit dem Gesprächspartner gegenüber wahrt. Die Volkstümlichkeit der Erzählweise hat dem Werk eine nachhaltige Wirkung gesichert. So greift noch Caesarius von Heisterbach in seinem *Dialogus miraculorum* (1219-1223) auf die Rahmenform Gregors zurück; in der Rolle eines monachus respondens führt er einen novicius interrogans in Glaubenslehren und in die Gedankenwelt des Ordenslebens ein, doch das Lehrgebäude (in 12 distinctiones thematisch geordnet) ist dogmatisch starrer und der Stoff weit weniger unterhaltsam dargestellt. Typische Exempla-Zyklen sind auch die *Disciplina clericalis* des Petrus Alphonsus (nach 1106) und der span. *Conde Lucanor* des Infanten Don Juan Manuel (1335), die als Rahmen ebenfalls Dialog-Situationen benutzen. Die auf geistliche Unterweisung ausgerichtete und weitverbreitete *Disciplina clericalis* wirkte vor allem durch die Fülle des vermittelten Stoffes. Im höfischen *Conde Lucanor* fallen die redaktionellen Formulierungen am Schluß der einzelnen Gespräche zwischen dem Grafen und seinem Rat Patronius auf: „Da aber Don Juan befand, daß das Beispiel gut sei, ließ er es in dieses Buch aufnehmen und machte folgenden Reim" (Übers. v. Eichendorff, 1840). — Daß das Exemplum in der Predigt stets lebendig geblieben ist, darf für die weitere Entwicklung der R. in der dt. Lit. nicht übersehen werden. Umgekehrt enthält auch die Beichte Momente einer „Ursituation" des Erzählens, die später in säkularisierten literar. Formen von Bedeutung geworden sind.

Neben dem Exemplum ist die Fabel als Binnenerzählung besonders im höfischen Bereich beliebt. Einige Erzählsituationen sind historisch belegt. Durch die *Geschichte von der vollgesoffenen Schlange* versucht König Theodobald (Gregor v. Tour, *Hist. Franc.* IV 9) einen vermeintlichen Dieb einzuschüchtern. Bischof Lesio von Mainz stachelt König Theuderich II. von Burgund durch die *Geschichte vom friedlosen Wolf* zur Vernichtung seines Gegners Theudebert an (Fredegar, *Chron.* IV 38). Am Hof von Byzanz trägt Tholemus das *Märchen von Hirsch, Löwe und Fuchs* vor, um Theoderich zu warnen (Fredegar, *Chron.* II 57). — Ein ähnliches Warnmärchen wird in der *Kaiserchronik* (V. 6854 ff.) am Hofe des Kaisers Severus erzählt. Stärker literarisch ausgeprägt ist der Typus in der *Ecbasis captivi* zwischen 1043 u. 1045), die zwei Tierfabeln, als Rahmen- und Binnenerzählung verknüpft, zur Allegorie ausgestaltet.

Richard Reitzenstein, *Historia Monachorum u. Historia Lausiaca* (1916; Fschgn. z. Religion u. Lit. d. Alten u. Neuen Testaments. NF. 7). Margaret D. Howie, *Studies in the use of Exempla* (London 1923). J. Th. Welter, *L'Exemplum dans la litterature religieuse et didactique du moyen âge* (Paris 1927; Bibl.

d'histoire ecclés. de France). Erich Auerbach, *Literatursprache u. Publikum in d. lat. Spätantike u. im MA.* (Bern 1958). Ders., *Mimesis* (Bern 1946; 3. Aufl. 1964; Samml. Dalp 90). — P. R. C. Norton, *The Use of dialogue in the 'Vita sanctorum'*. Theological studies 27 (1926). S. 388-395. Karl Langosch, *Caesarius v. Heisterbach*. VerfLex. 1 (1933) Sp. 344-370; 5 (1955) Sp. 129-130. Max Manitius, *Gesch. d. lat. Lit. d. MA.s* Bd. 3 (1931; Hdb. d. Altertumswiss. 3, 2) S. 274-277: *Disciplina clericalis*. Zum *Conde Lucanor*: J. Simon Diaz, *Bibliografia de literatura hispanica*. Bd. 3, 1 (Madrid 1963) S. 257-270. — Frederick R. Whitesell, *Fables in mediaeval exempla*. JEGPh. 46 (1947) S. 348-366. Zur *Ecbasis captivi* s. *Reallex.* Bd. 2 (2. Aufl. 1965) S. 364.

§ 5. Die altnordische Lit. besitzt in der *Gylfaginning* des Snorri Sturluson (*Jüngere Edda*, Anf. d. 13. Jh.s) eine gerahmte Darstellung der „heidnischen" Mythologie. Den Rahmen bildet ein Gespräch zwischen dem fragenden Gylfy-Gangleri und den auskunftgebenden Asen Har, Jafnhar und Thridi. Snorri weicht durch diese Einkleidung möglichen Angriffen des Klerus aus; sein eigener Standpunkt ist daher schwer zu bestimmen. Im zweiten Teil der *Jüngeren Edda (Skaldskaparmal)* belehrt Snorri den Leser über Skaldenkunst durch ein einleitendes Gespräch des Dichtergottes Bragi mit dem zauberkundigen Ägir (Kap. 55-58). — Rahmengliederung haben schon die eddischen Götterlieder *Vafþrúdnismál, Grímnismál, Alvissmál, Heidreksgátur, Vǫluspá.* Den Binnenraum füllt ebenfalls mythologisches Wissen; es wirkt durch seine Häufung auf den dramatischen Rahmen-Vorgang retardierend: man wartet auf die letzte, entscheidende und enthüllende Rätselfrage, oder (*Alvíssmál*) darauf, daß so lange gefragt wird, bis die Sonne aufgeht und der Nachtalb versteint. — Erzähler und Publikum gehören zu den elementaren Bestandteilen jeder Saga. Der mündliche Sagavortrag ist am anschaulichsten in der *Morkinskinna* (199 ff.) belegt, die von einem jungen Isländer an König Haralds Hof berichtet; seine letzte Geschichte (*König Haralds Südfahrt*) wird vom König selbst in 12 Erzählabende eingeteilt und entscheidet das Schicksal des Gastes. Wir begegnen hier einer eigenen Erzähltradition, einem für Geschichten empfänglichen Fürstenhof und einem (vom Skalden zu unterscheidenden) Erzähler, der sich durch ein umfangreiches

Repertoire empfiehlt. Da die Erzählsituation in den *sögur* jeweils vorgegeben ist, erübrigte sich bei der Kodifizierung eine zusätzliche R. — Die Erzählpartien des *Landnamabóks* sind chronikalisch miteinander verbunden.

In der mittelhochdeutschen Lit. erwartet man R.en analog zu den Exempla-Zyklen am ehesten bei den Mären (s. d.). Doch sind sie von ihren Verfassern und Redaktoren weder rahmentechnisch gestaltet noch zu Rahmenzyklen verbunden worden, wodurch sie gegenüber der geistlichen Lit. eine Sonderstellung einnehmen. Die mhd. Novellistik (s. d.) ist damit für das Thema ebenso wenig ergiebig wie das höfische Epos. Am 7. Buch von Wolframs *Parzival* kann andererseits gezeigt werden, daß spontane Erzählvorgänge und redaktionelle Verfahren zwei grundverschiedene Denkweisen voraussetzen. Die dort im Gegensatz zu Chrestiens Graalbuch stark ausgeweitete *Geschichte von Obie und Meljanz* erscheint als eine „Novelle", zu der die Abenteuer Gawans eine Art Rahmen bilden. Es fehlt jedoch die typische Erzählsituation. Wir haben es hier mit der Expansion und gleichzeitigen Integration einer Binnenhandlung (nicht: Binnenerzählung) zu tun, d. h. „gerade weil die Geschichte von Obie und Meljanz sich in Wolframs Phantasie so sehr verselbständigt hatte, mußte er sie um so dichter in das Motivgewebe des ganzen Epos einfangen" (W. Mohr). Dagegen kann die Exempla-Tradition auch im Bereich des höfischen Romans zu echten R.en führen. Im *Guten Gerhard* (1220/25) des Rudolf von Ems enthält die umfangreiche Binnenerzählung (Geschichte eines demütigen Kaufmanns) das Exemplum für den Rahmen (Hochmut und Selbstgerechtigkeit, Sündenbekenntnis und Buße Kaiser Ottos) und die Beantwortung der Frage nach dem „rechten Weg zur Vollkommenheit"; in *Barlaam und Josaphat* (1225/1230) ist gemäß der literar. Überlieferung Josaphats Bekehrungs- und Bewährungsweg aufs engste mit den „Lehren" (Legenden, Gleichnissen und Geschichten) verknüpft. Predigthaftes wird ins Höfische umgeformt, aber die Kraft der „Lehre" bleibt ungebrochen.

Vom Verhältnis zwischen Dichter und Publikum her gesehen, ist festzustellen, daß die Vortragssituation in den großen Epen auf andere Weise (u. a. durch Dedikationen und Vortragspointen) werkimmanent vorhanden ist und daß daher die Notwendigkeit einer redaktionellen Rahmung nicht gegeben war. Man begegnet aber rein ornamentalen Rahmen, wie in Konrad Flecks *Floire und Blantscheflur* (um 1220), die das Handlungsgeschehen in Reflexionen einschließen. Ausgeprägte rahmenkompositorische Verbindungen sind in den Minneallegorien (s. d.) zu erkennen. In Gottfrieds *Tristan* hat die Allegorie der Minnegrotte noch den Charakter einer mit dem Gedankengehalt des Werkes verwobenen Erzähleinlage. In Eberhards von Cersne *Der mynnen regeln* (nach 1404) treten die beiden typischen Erzählbereiche — Handlungsschauplatz und Allegorie — sowie der charakteristische „Eingang" (der Dichter vor der Mauer der Burg) besonders deutlich hervor; die „Lehren" werden teils in Frage und Antwort, teils durch Gebote vermittelt. Die allegorischen Parteien wie auch die Minneregeln sind innerhalb des romanhaften Werkes so beweglich, daß sie terminologisch nicht mit dem Begriff „Binnenerzählung" gleichzusetzen sind. Auch die Rahmenhandlungen tragen durch Zahlenverhältnisse, Namen und Dingsymbole allegorische Züge; in Hadamars von Laber *Die Jagd* (1335/40) versinnbildlicht schon das Rahmengeschehen das Liebeswerben. In der stoffreichsten Allegorie, der *Minneburg* (um 1340) werden verschiedene Erzählungen über Entstehung und Wesen der Minne zusammengefügt, wobei Allegorie und Handlung — von der Eingangs-Aventiure abgesehen — kaum noch zu trennen sind.

Andreas H e u s l e r, *Die altgerm. Dichtung* (2. Aufl. 1941; HdbLitw.) S. 200-216. Jan de V r i e s, *Altnord. Literaturgeschichte.* Bd. 2 (2. Aufl. 1967; PGrundr. 16) S. 217-222, 538 u. 541. — Elfriede S t u t z, *Frühe dt. Novellenkunst.* (Masch.) Diss. Heidelberg 1950. Wolfgang M o h r, *Obie u. Meljanz,* in: *Wolfram v. Eschenbach.* Hg. v. Heinz Rupp (1966) Wege d. Forschung 57) S. 261-286. F. S e n g l e, *Die Patrizierdichtung 'Der gute Gerhard'* DVLG. 24 (1950) S. 53-82. Heinz R u p p, *Rudolf v. Ems 'Barlaam u. Josaphat'.* Dienendes Wort. E. Festg. f. Ernst Bender z. 70. Geb. (1959) S. 11-37. Xenja v. E r t z d o r f f, *Rudolf v. Ems. Untersuchgn. z. höf. Roman im 13. Jh.* (1967) S. 67-89, 160-216.

§ 6. Auf dem Boden einer breiten novellistischen Erzähltradition gediehen im 14. Jh. in der Romania und in England verschiedene Sammlungen, in denen das Problem der redaktionellen Eingliederung unterschiedlich gelöst wird. Der „gesellschaftliche Rahmen" ist nicht das einzige Stilmittel. Die R. des anonym überlieferten Werkes *L'Intelligenza* (zwischen 1305 u. 1310) knüpft an antike Traditionen der Bilddeutung an, wie sie auch G u i l l a u m e d e L o r i s im *Roman de la rose* und B o c c a c c i o in dem allegorischen Gedicht *L'Amorosa visione* (entst. 1342/43) verwenden. Die überragende Bedeutung des *Decamerone* (entst. 1349/53) und die glücklichen Umstände seiner Wirkungsgeschichte haben den s o z i o l o g i - s c h e n A s p e k t des Rahmen-Problems zu einem Angelpunkt der Novellentheorie gemacht. Die politischen und wirtschaftlichen Bedingungen Oberitaliens beeinflußten die Entstehung der novella dell'arte und führten den Bruch mit geistlichen Erzählpraktiken herbei; es bleibt aber umstritten, wie weit Boccaccios Rahmen als Spiegel realer gesellschaftlicher Formen und Gepflogenheiten interpretiert werden kann. Die von Friedr. Schlegel (*Prosaische Jugendschr.*, hg. v. J. Minor II 409) am *Decamerone* gerühmte „fast geometrisch geordnete Darstellung seines geselligen Kreises" (an 10 Tagen werden von 7 Damen und 3 jungen Männern 100 Geschichten erzählt), die thematische Gliederung (nur der 1. und 9. Abend haben kein festes Thema), der Bildungshorizont und das Zeremoniell des Erzählens sowie die Handlungslosigkeit des Rahmens lassen dieses klassische Form-Muster der Stegreifrunde in erster Linie als ein E r z ä h l s p i e l erscheinen. Die geschickte Täuschung der Zensur, die „versteckte Polemik gegen die Novellendoktrin der Zeit" (W. Pabst) und die sichere Einschätzung des Publikums weisen auf den soziologischen Aspekt zurück. Schließlich ist der Rahmen durch die einleitende Pestschilderung zum Symbol für die Gesittung einer Kultur geworden, die sich des Chaos bewußt ist.

Gegenüber den wenig profilierten Rahmengestalten des *Decamerone* zeichnen sich die Erzähler in C h a u c e r s *Canterbury Tales* (1387-1400) durch Realistik aus, während die Binnenerzählungen selbst den mal. Exempla vielfach näher stehen. Der lebendige Pilgerfahrt-Rahmen und die Fülle der verwendeten Stoffe sind Kompositionselemente eines z e i t g e s c h i c h t l i c h e n P a - n o r a m a s; die gesellschaftliche Schichtung

und die Erzählperspektiven der Erzähler strukturieren den Zyklus stärker als alle Themengruppierungen und Zahlentechniken. Kurz zuvor hatte Chaucer mit *The Legend of good women* (1386) für die Redaktion antiker Liebesgeschichten den Topos der Dichtervision (Anklage Amors und Niederschrift der Geschichten als „Sühne") benutzt. Ähnlicher Topoi bediente sich John G o w e r : im *Speculum Meditantis* (1376-1379) gibt die Aussendung der sieben Todsünden durch den Teufel einen Lehrgedicht-Rahmen ab, in der *Confessio Amantis* (1390-1393) umschließt der aus dem *Roman de la rose* übernommene Rahmen verschiedene Liebesallegorien. So stehen im 14. Jh. mal. und „moderne" Rahmen nebeneinander und beweisen ihre Zugkraft gegenüber dem Publikum.

D i e w e i t e r e E n t w i c k l u n g der zyklischen R., insbesondere der Formenreichtum in den romanischen Literaturen kann hier nicht einmal andeutungsweise umrissen werden. Es seien nur noch zwei Werke genannt, die auch in der dt. Lit. stärkere Beachtung gefunden haben. — M a r g a r e t e v o n N a - v a r r a verlegt das Erzählspiel ihres *L'Heptameron* (1585) in ein abgelegenes Pyrenäenkloster. Dem Rahmen liegt das Form-Muster Boccaccios zugrunde, aber die Standpunkte der Erzähler in Fragen der Liebesleidenschaft und die didaktische Erzählhaltung der Autorin bringen eine Zersetzung der gesellschaftlichen Ordnungen zum Ausdruck. — Giambattista B a s i l e s *Pentamerone* (1637) greift auf einen orientalischen Rahmentypus zurück; zehn alte Weiber erzählen Wundergeschichten und Märchen, durch die letzte Erzählerin wird die Auftraggeberin selbst entlarvt.

August B u c k, *Grundzüge d. ital. Geistesgeschichte* (1947; Erbe u. Schöpfung 12). Ders., *Ital. Dichtungslehren* (1952; Zs. f. roman. Philologie, Beih. 94). Erich A u e r b a c h, *Zur Technik d. Frührenaissancenovelle in Italien u. Frankreich*. Diss. Greifswald 1921. Walter P a b s t, *Novellentheorie u. Novellendichtung* (1953; 2., erw. Aufl. 1967). Ders., *L'Intelligenza, e. Rahmenerz.* Romanist. Jb. 1 (1947/48) S. 276-304. — Luigi R u s s o, *Letture critiche del 'Decamerone'* (Bari 1956; Bibl. di cultura moderna 514). Otto L ö h - m a n n, *Die R. des 'Decameron'. Ihre Quellen u. Nachwirkungen* (1935; Romanist. Arb. 22). V. B r a n c a, *Linee di una storia della critica al 'Decamerone'* (Mailand 1939). A. L i p a r i, *The Structure and real significance of the 'Decameron'*. Yale Romanic Studies 22

(1943) S. 42-83. Erich A u e r b a c h, *Mimesis*
(3. Aufl. 1964) S. 195-221. — Herbert G.
W r i g h t, *Boccaccio in England from Chau-*
cer to Tennyson (London 1957). Dudley David G r i f f i t h, *Bibliography of Chaucer*
1908-1953 (Seattle 1955; Univ. of Washington
Publ. in lang. and lit. 13). Henry L ü d e k e,
Die Funktion d. Erzählers in Chaucers epi-
scher Dichtung (1928; Stud. z. engl. Philologie 72). Muriel B o w d e n, *A commentary on*
the general prologue to the 'Canterbury Tales'
(New York 1948). Harold F. B r o o k s, *Chau-*
cer's Pilgrims. The artistic order of the por-
traits in the prologue (London 1962; Repr.
1963). Claes S c h a a r, *Some types of narra-*
tive in Chaucer's poetry (Lund 1954; Lund
unv. årsskrift I, 50, 8). *Sources and analogues*
of Chaucer's 'Canterbury Tales'. Ed. by William Frank B r y a n and Germaine Dempster
(New York 1958). — John H. F i s h e r, *John*
Gower (New York 1964). — Jules Gelernt,
World of many loves: The 'Heptameron' of
Marguerite de Navarra (Chapel Hill 1966;
Univ. of North Carolina Stud. in comp. lit. 38).
Peter B r o c k m e i e r, *Das Privileg d. Lust.*
Bemerkungen z. Darst. d. irdischen Liebe im
Heptameron. GRM. 48 (1967) S. 337-353. —
L. H a e g e, *'Lo cunto de li cunti' di Giam-*
battista Basile. Diss. Tübingen 1933.

§ 7. Die erste dt. Ü b e r s e t z u n g des
Decamerone erschien ein Jahr nach der ver-
besserten 2. Venediger Ausgabe des Werkes
(Ulm: Joh. Zainer 1472); als Übersetzer
(Pseudonym: Arigo) wird heute Heinrich
Schlüsselfelder angesehen. 1490 kam das
Werk abermals auf den dt. Büchermarkt
(Augsburg: Anton Sorg), und aus dem 16. Jh.
sind sechs weitere Ausgaben bekannt. Doch
schon die Ausgabe von 1472 verstümmelt
den R a h m e n, in der Ausgabe von 1535
(Straßburg: Cammerlander) und den auf ihr
beruhenden Drucken (1551, 1557, 1561)
fehlt er gänzlich. Mit anderen gesellschaftlichen Voraussetzungen (Zunftbürgertum) ist
dieses mangelnde Interesse allein kaum zu
erklären. Es kommt hinzu, daß Erzählkon-
volute in der Regel stärker durch Stofffülle
als durch formale Reize wirken. Sein P u -
b l i k u m hat der Dichter des 16. Jh.s nicht
weniger vor Augen als Boccaccio, er wählt
lediglich andere Einkleidungsformen. So haben z. B. in den Schwanksammlungen die
groß aufgemachten T i t e l b l ä t t e r mit ihren Stichworten und Werbetexten in gewisser Weise die Funktion der R. übernommen;
gesellige Unterhaltung und abgegrenzte Le-
serkreise treten nunmehr plakativ hervor.
Jörg Wickram empfiehlt im *Rollwagenbüch-*
lein (1555) Geschichten, „so man in schiffen

und auff den wegen deßgleichen in scher-
heuseren unnd badstuben zů langweiligen
zeiten erzellen mag". Jakob Frey erklärt
dagegen mit Bezugnahme auf Wickram, daß
er „keine weiten Reisen zu thun tauglich",
und nennt seine Schwanksammlung *Die*
Gartengesellschaft (1556). Auch die W i d -
m u n g s v o r r e d e n des 16. Jh.s — wie die
Vorreden überhaupt — verdienen in diesem
Zusammenhang stärkere Beachtung.

Im 17. Jh. kehrt der Rahmen-Typus in den
G e s p r ä c h s s p i e l e n (s. d.) wieder. Ge-
lehrtengespräch und Gesellschaftsunterhal-
tung gliedern das Themen- und Erzählgefüge auch dort, wo der Rahmen selbst (wie
in G. Ph. Harsdörffers *Frauenzimmer Ge-*
sprechspielen, 1641-1649) nicht näher ausgeführt ist. Getreu ihrem Vorbild spielen sich
diese Formexperimente in einer höheren
Bildungsatmosphäre (ital. Akademien —
Sprachgesellschaften) ab, doch greifen sie
bald auf den Roman über und dringen auch
in die volkstümliche Literatur ein (Grimmelshausen, *Ratstübel Plutonis*, 1672). Wer
ausschließlich auf die Adaption des Boccac-
cio-Schemas achtet, verliert die Entwicklung
neuer Rahmenphänomene aus den Augen.
Gerade im R o m a n der Folgezeit sind Ansätze für Erzählschachtelungen zu erkennen,
die schon immer ein Pendant zur strengen
Form der R. gewesen sind.

Johann Gottfried S c h n a b e l s Roman *Die*
Insel Felsenburg zeigt dies deutlich. Das Werk
besteht aus der Schachtelung von R.en, ohne
selbst R. zu sein. — Der erste Teil (1731) beginnt nach einer Vorrede (Manuskriptfiktion) mit
der Ich-Erzählung des Eberhard Julius. Der Leser wird in eine spannende „Handlung" hineingezogen, die sich zunächst auf den abenteuerlichen Kapitän Wolfgang konzentriert. Dieser erzählt während der Seereise seine Lebensgeschichte
in „Fortsetzungen" und hebt den „Schluß" für
später auf. Die Ankunft auf der Insel fordert
einen eigenen Berichtsraum, um den Leser mit
den dortigen Verhältnissen bekannt zu machen.
Kern des Buches ist die Lebensgeschichte des
Altvaters Albert Julius (mit der in direkter
Rede wiedergegebenen „Beichte" des „gottlosen
Schandbuben" Lemelie); sie wird ebenfalls in
„Fortsetzungen" mitgeteilt, so daß Zeit für eine
Besichtigung der Insel bleibt. Die Schilderung
der Inselbesiedelung wird durch die Erzählungen der Judith Manders, des David Rawkin (mit
der eingeschachtelten Lebensgeschichte des
Simon Heinrich Schimmer) und das „Frauen-
zimmermanuskript" der Virgilia von Catmers
belebt. Wichtig ist, daß der Erzähler, bzw. Vorleser sich jeweils unmittelbar an ein Binnen-
Publikum wendet; Tafeln mit langen Inschriften

wie die Lebensgeschichte des Cyrillo de Vala-, des Vorbewohners der Insel, erfüllen Hilfs-nktionen; das Manuskript des letzteren wird s „Anhang" beigegeben, um dem „geneigten eser in den Geschichten keine allzu große Verirrung zu verursachen". — Das glückliche Insel-asein und das Europa der Kriege und Intrigen Binnenerzählungen) wirken durch Kontraste, gleich wird die Vorgeschichte dieser „erzähl-n Gegenwart" aus verschiedenen Perspektiven konstruiert. Die Lebensgeschichten nehmen en Charakter religiöser Erweckungsbekennt-sse an und machen aus der Robinsonade ein rbauungsbuch.

Im 18. Jh. tritt die m o r a l i s c h e E r z ä h - ng an die Stelle des Exempels. Dabei ommt es in Frankreich unter dem Einfluß er „orientalischen Mode" in Claude Jolyot e C r é b i l l o n s *Le Sopha* (1745) zu einer erbindung von orientalischem Rahmen und oralischen Erzählungen als Binnenelemen-en. Das Werk weist einen Doppelrahmen uf: die Gespräche zwischen dem Erzähler manzeï und Schah-Baham, dem fiktiven nkel des Schah-Riar aus *1001 Nacht* und ie Erlebniskette des in ein Sofa verwandel-n Amanzeï, der bis zu seiner „Erlösung" ugenzeuge verschiedenster Liebesaffären ird. Die auf den ersten Blick recht frivolen eschichten dienen in ihrer geschickten An-rdnung und Darbietung den gesellschafts-ritischen und didaktischen Absichten Cré-llons, so daß der Untertitel *Contes morales* urchaus zu Recht besteht. Das Werk wurde 765 ins Dt. übersetzt.

D i d e r o t s Roman *Jacques le Fataliste* ntstanden 1773/75, im Ausz. gedr. 1778/80 nd 1782 in dt. Übers.) ist dagegen als E r -ä h l e x p e r i m e n t von Interesse. Den Rah-en bilden die Erlebnisse des Dieners Jac-ues und seines Herrn sowie ihre Gespräche ber göttliche Prädestination und die Un-öglichkeit, deterministische Kausalzusam-enhänge zu erkennen. Das Erzählmosaik us verschiedenen Liebesgeschichten ist fe-er Bestandteil der Gesprächsargumentatio-en, stützt aber andererseits den Handlungs-blauf, der durch Dialog-Einteilungen sze-isch hervorgehoben wird. Goethe und chiller zeigten sich von dem Werk sehr an-etan; Schiller übersetzte daraus die Haupt-ovelle (*Merkwürdiges Beispiel einer weib-chen Rache*). — So darf also der Einfluß anz. Vorbilder für die Entwicklung der R. Deutschland nicht vergessen werden.

Florence N. J o n e s , *Boccaccio and his imitators in German, English, French, Spanish and Italian literature* (Chicago 1910). Wilh. B r a u n s , *Heinrich Schlüsselfelder.* VerfLex. 5 (1955) Sp. 1032-1040. Klaus W e t z e l , *Zur Überlieferung d. ersten dt. Übers. v. Boccaccios 'Decameron'.* Leuvense Bijdragen 54 (1965) S. 53-62. Erich H. E i c h h o l z , *Boccaccios 'Dekameron' in d. dt. Lit. bis zum Ausgang d. 18.Jh.s.* (Masch.) Diss. Wisconsin 1950. Joachim W o h l r a b , *Die Bedeutung d. Werke Boccaccios für d. Dichtung d. Hans Sachs.* (Masch.) Diss. Leipzig 1924. Joh. I s e n r i n g , *Der Einfluß d. 'Decameron' auf d. Spruchgedichte d. Hans Sachs.* Diss. Genf 1962. — Herbert V o l k m a n n , *Der dt. Romantitel, 1470-1770.* Archiv f. Gesch. d. Buchwesens. 8 (1967) S. 1146-1323, bes. 1211 ff. Karl S c h o t t e n - l o h e r , *Die Widmungsvorrede im Buch d. 16. Jh.s* (1953; Reformationsgeschichtl. Stud. u. Texte 76/77). — Käte W e r n e r , *Der Stil von J. G. Schnabels 'Insel Felsenburg'.* (Masch.) Diss. Berlin 1950. Hans S t e f f e n , *J.G.Schnabels 'Insel Felsenburg' u. ihre formgeschichtliche Einordnung.* GRM. NF. 11 (1961) S. 51-61.

H. P e t r i c o n i , *'Le Sopha' v. Crébillon d. J. und Kellers 'Sinngedicht'.* Roman. Fschgn. 62 (1950) S. 350-384. Clifton C h e r p a c k , *An Essay on Crébillon fils* (Burham 1962). — Hans M a y e r , *Diderot u. s. Roman 'Jacques le Fataliste',* in: Mayer, *Dt. Lit. u. Weltliteratur* (1957) S. 317-349. L. G. C r o c k e r , *'Jacques le Fataliste', an experience morale.* Diderot-Studies 3 (1961) S. 73-99. R. L a u f e r , *La structure et la signification de 'Jacques le Fataliste'.* Revue des sciences 1963, S. 517-535. Roger K e m p f , *Diderot et le roman* (Paris 1964). Roland M o r t i e r , *Diderot en Allemagne, 1750-1850* (Paris 1954, erw. dt. Übers. 1967) S. 190-205.

§ 8. G o e t h e s *Unterhaltungen deutscher Ausgewanderten* (zuerst 1795 in Schillers *Horen*) leiten mit ihrem Rückgriff auf das Boccaccio-Schema und auf *1001 Nacht* eine Entwicklung ein, die bis zu den Erzähleinlagen in *Wilhelm Meisters Wanderjahren* reicht. Die Wiederbelebung des Konversationsstils und die Hinwendung zu einem exemplarischen Erzählen lassen eine variationsreiche, zuletzt sogar auf den Roman einwirkende Rahmenform entstehen; Binnenerzählungen und Erzähleinlagen sind Teile einer werkimmanenten Poetik, die auf eine Erneuerung der gebräuchlichen, vielfach abgegriffenen Erzähl-Gattungen gerichtet ist.

Hinzuweisen ist auf die Rangfolge der Erzählungen in den *Unterhaltungen.* Die Erzählung von der Sängerin Antonelli und ihrem sterbenden Liebhaber sowie die Geschichte eines seltsamen Klopfens gehören zu den sog. Gespenstergeschichten (s. d.); sie werden mit einem mysteriösen Ereignis der R. (dem Schreibtisch-Vorfall) verbunden. Das Unheimliche erfährt seine Ergänzung durch das Abenteuerliche zweier Geschichten aus den *Memoiren* des Marschalls von Bassompierre. Diesen negativen Erzählbeispielen werden die „moralische Erzählung" von der jungen Frau des Handelsmannes und dem Prokurator und ein „Familiengemälde" (*Ferdinand*) gegenübergestellt. Das Hauptthema dieser Gegenerzählungen ist die Entsagung; dieses wiederum steht in Beziehung zum Anlaß der *Unterhaltungen* (dem Krisenbewußtsein der Adelsgesellschaft und dem unbeherrschten Ausbruch Karls in der R.). Das *Märchen* läßt das Exemplarische des Erzählens vollends hervortreten und setzt durch das Erzählprinzip (Selbstdeutung des Werkes) einen Endpunkt, der die Erzählsymmetrie des Zyklus verändert. In der Anlage kommt Goethe Schillers Kunstprinzipien und Bildungsabsichten entgegen, in der Durchführung treten Gegensätze hervor: eine das Unbewußte mobilisierende Erzählhaltung und die Kritik an Schiller (alle moralischen Geschichten „gleichen sich dergestalt, daß man immer nur dieselbe zu erzählen scheint"). - Als beispielhafte Gestalten wählt Goethe innerhalb des Rahmenpersonals die Baronesse und den geistlichen Hausfreund.

Dieses Spiel mit Gattungen und Begriffen (auch der Begriff R. wird reflektiert) bestimmt über das Bildungsprogramm und die zeitpolitischen Akzente (Franz. Revolution und konservative Haltung) hinaus die eigentliche Motorik des Zyklus. — Mit seinem Almanach-Beitrag *Die guten Weiber* (*Taschenbuch für Damen auf das Jahr 1801*) knüpft Goethe an 12 Rambergsche Kupfer (Karikaturen böser Weiber) an und versetzt den Leser in ein „protokolliertes" Gespräch, das als eine kleine Schule des Lesergeschmackes verstanden sein will; Dialogstrukturen, kurze Erzähleinlagen und die Fiktion eines mißglückten Rahmenzyklus sind auf den Almanachton abgestimmt.

Goethes Plan einer Fortsetzung der *Unterhaltungen* geriet sehr bald in den Konzeptionsbereich der *Wanderjahre* (begonnen 1807, Wiederaufnahme 1820, 1. Teil 1825, erw. Neufassung 1829); eine Reihe von Erzählungen, die nach den *Unterhaltungen* entstanden und z. T. bereits veröffentlicht waren (*Die neue Melusine, Der Mann von 50 Jahren* u. a.), sollten durch einen „romantischen Faden zusammengehalten" werden und ein „wunderlich anziehendes Ganze" bilden (*Annalen* 1807, vgl. Jubil.-Ausg. Bd. 30, S. 218). Die Umsetzung des Rahmenschemas in das Motiv der „Wanderungen" führte jedoch zu einer Divergenz zwischen

dem Zyklus-Prinzip und der Vielzahl de Roman-Aspekte (Bildungs-, Reise-, Zeit- un Weltroman). Da das Werk „zwar nicht au einem Stück, aber doch in einem Sinne e scheinen" sollte (*Annalen* 1821, vgl. Jubil Ausg. Bd. 30, S. 355), erwies sich die Redal tion des teilweise heterogenen Materials a schwierig; nur *Das nußbraune Mädchen* un *Nicht zu weit* stehen in engem Zusammen hang mit der Romanfabel; die *Novelle*, a Paralleldemonstration zum *Märchen* geplan wurde wieder entfernt. Die Synthese ist de noch gelungen. Wie in den *Unterhaltunge* haben die Binnenerzählungen, bzw. Erzäh einlagen auch hier einen festen Platz inne halb der Komposition.

In Wielands *Hexameron von Rosenhai* (1802 als *Pentameron von Rosenhain* begon nen, 1805 erschienen) sind drei Märchen un drei Novellen (mit dem gemeinsamen Motiv glücklicher oder unglücklicher Liebesau gang) in ein Decameron-Schema mit Verl bungsschluß eingebettet. Mit der *Novell ohne Titel* und der vorangestellten Novelle theorie hatte Wieland ähnliche Absichten w Goethe im Sinn: das Erzählen selber soll Gegenstand der Dichtung sein; so ist d Reihenfolge der sechs Binnenerzählunge gleichfalls Ausdruck literar. Kritik (Able nung „aller empfindsamen Familiengeschic ten" und „aller sogen. moralischen Erzählu gen"). Aber der Abstand zu den Erzählpar digmen Goethes ist trotz aller Gespräch und Kompositionskunst nicht zu überseher Der Eindruck eines unterhaltsamen Zeitve treibs dominiert, die Erzählhaltung blei unverbindlich. Auch mußte der in der dre geteilten Erzählkonstruktion (fiktiver He ausgeber, Rahmenerzähler, Binnenerzähle und der Spielauflösung angelegte Effekt de Illusionsdurchbrechung (der letzte Erzähle ist Held seiner eigenen Geschichte) ang sichts der neu aufkommenden romantische Stimmungsmittel als allzu preziös empfu den werden.

Bernhard v. A r x, *Novellistisches Dasei Spielraum e. Gattung in d. Goethezeit* (195 Züricher Beitr. z. dt. Lit. u. Geistesgesch. 5). Hans P y r i t z, Heinz N i c o l a i u. Ger B u r k h a r d t, *Goethe-Bibliographie* (196 Nr. 9866-9893 (*Unterhaltungen*), Nr. 9796-98 (*Wanderjahre*). *Goethes Werke* (Hamburg *Ausg.*). Hg. v. Erich T r u n z. Bd. 6 (4. Au 1960) S. 596-620 (*Unterhaltungen*). Bd. 8 (195 S. 579-581 (zum Rahmen der *Wanderjahre*). - Herm. P o n g s, *Goethes Novellenform in de*

'Unterhaltungen dt. Ausgewanderten', in: Pongs, Das Bild in d. Dichtung. Bd. 2 (1939) S. 124-134. Myra J. Jessen, Spannungsgefüge u. Stilisierung in d. Goetheschen Novellen. PMLA. 55 (1940) S. 445-471. Katharina Mommsen, Goethe und 1001 Nacht (1960; Veröff. d. Inst. f. Dt. Spr. u. Lit. 21) S. 57-66 u. ö. Ilse Jürgens, Die Stufen d. sittlichen Entw. in Goethes 'Unterhaltungen dt. Ausgewanderten'. WirkWort 6 (1955/56) S. 336-340. Theodore Ziolkowski, Goethes 'Unterhaltungen dt. Ausgewanderten', a reappraisal. MhDtUnt. 50 (1958) S. 57-74. Gerh. Fricke, Zu Sinn u. Form von Goethes 'Unterhaltungen dt. Ausgewanderten', in: Formenwandel. Festschr. z. 65. Geb. v. Paul Böckmann (1964) S. 273-293. — Bernh. Seuffert, Goethes Erzählung 'Die guten Weiber'. GoetheJb. 15 (1894) S. 148-177. Ed. Castle, Goethe, 'Die guten Frauen'. Chronik d. Wiener Goethe-Vereins 57 (1953) S. 9-12. — Robert Riemann, Goethes Romantechnik (1902). Eugen Wolff, Die ursprüngl. Gestalt v. 'Wilhelm Meisters Wanderjahren'. GoetheJb. 34 (1913) S. 162-192. Emil Krüger, Die Novellen in 'Wilh. Meisters Wanderjahren'. Diss. Kiel 1926. Deli Fischer-Hartmann, Goethes Altersroman. Studien über d. innere Einheit v. 'Wilh. Meisters Wanderjahren' (1941). E. F. v. Monroy, Zur Form d. Novellen in 'Wilh. Meisters Wanderjahren'. GRM. 31 (1943) S. 1-19. Arthur Henkel, Entsagung. E. Studie zu Goethes Altersroman (1954; Hermea. NF. 3). Helmut Praschek, Bemerkn. zu Goethes Arbeitsweise im Bereich s. Erzählungen, in: Goethe-Studien (1965; SBAkBln, Kl. f. Spr., Lit. u. Kunst 1965, 4) S. 97-117. Volker Neuhaus, Die Archivfiktion in 'Wilh. Meisters Wanderjahren'. Euph. 62 (1968) S. 13-27. — Friedr. Sengle, Wieland (1949) S. 535-540.

§ 9. Gelegentlich tritt die Rahmen-, bzw. ʒachteltechnik auch dort als redaktionelles Mittel in Erscheinung, wo gar ʒine R. beabsichtigt ist. Nur eine Analyse ʒr Erzählphasen deckt hier Grenzlinien auf. ʒ kann man an der Entstehungsgeschichte ʒn Kleists Erzählung Der Zweikampf ʒ811) verfolgen, wie aus einer Anekdotenʒarbeitung (Berliner Abendblätter v. 20. u. ʒ. Febr. 1811) kompliziertere Erzählstrukʒren entstanden. Kleist gestaltete die Geʒhichte eines merkwürdigen Zweikampfes ʒach Froissart) zu einem Kriminalfall um, ʒr erst im Rahmen eines anderen (tödlicher ʒeilschuß eines Unbekannten auf Herzog ʒilhelm von Breysach) in Bewegung gerät; ʒr Leser empfindet die Schachtelung kaum, ʒ Kleist aus dem Rahmen-Ansatz eine lükʒnlose Beweiskette entwickelt hat. Eine R. ʒ Kleinformat ist die zuerst in den Berliner ʒendblättern (10. Jan. 1811) erschienene ʒnekdote" Unwahrscheinliche Wahrhaftig-

keiten. In einer Gesellschaft erzählt ein „alter Offizier" drei Begebenheiten, um die These zu stützen, daß „die Wahrscheinlichkeit, wie die Erfahrung lehrt, nicht immer auf Seiten der Wahrheit ist". Unterhaltsames Faktum und Rahmung sind aufs äußerste verkürzt; die Darbietungsform läßt vergessen, daß es sich ursprünglich um ein geschicktes redaktionelles Verfahren handelt.

Deutlich tritt die Integration auch in Clemens Brentanos Geschichte vom braven Kasperl und dem schönen Annerl (Gubitz, Gaben der Milde, 1817) zutage. Brentano hat zwei mündlich überlieferte Erzählungen (den Selbstmord eines Unteroffiziers und eine Kindsmordgeschichte) miteinander verbunden und das „Wunderhorn"-Gedicht „Weltlich Recht" als Motivstütze eingefügt. Neben dem Rahmenerzähler, einem Schriftsteller, der im entscheidenden Augenblick in die Handlung eingreift, fungiert eine alte Bäuerin als Binnenerzählerin. Die Verschränkung von erzählter Handlung und erzählter Vergangenheit läßt die expositorische Rahmensituation (Topos: eine alte Frau erzählt) in den Hintergrund treten und durch die „Zeitnot" (immer näher rückender Hinrichtungstermin) unmittelbar Erzählung werden. — Brentanos Rahmenzyklen enthalten im wesentlichen Übersetzungen und Nachbildungen. Die unter dem Namen (und der Mitwirkung) Sophie von Brentanos erschienenen Spanischen Novellen (1804-1806) schöpfen die Novelas exemplares y amorosas María de Zayas y Sotomayor aus und benutzen als Rahmen fünf Erzählnächte, in denen ein Freundeskreis der fieberkranken Donna Lisis die Zeit durch Geschichten und Spiele vertreibt. Versuche einer Rezeption des Pentamerone in den Italienischen Märchen (Konzeption 1804, Buchausgabe postum 1846/47) und die Nachahmung des orientalischen Schachtelprinzips in den Rheinmärchen (mit dem einleitenden Märchen von dem Rhein und dem Müller Radlauf, Konzeption 1816, Buchausgabe postum 1846) blieben Fragment. — Im Zyklus Die mehreren Wehmüller (1817) wird der unfreiwillige Grenzaufenthalt einer Reisegesellschaft zum Anlaß, drei Erzählungen (Das Picknick des Kater Mores, Von den Hexen auf dem Austernfelsen, Vom wilden Jäger) unterzubringen und die Pest-Situation Boccaccios im donauländischen Milieu zu parodieren.

Redaktionellen Charakter haben auch die Rahmenzyklen Achim von A r n i m s. Im *Wintergarten* (1809) hat Arnim, der sich in der „Einführung der Leser" als Protokollant ausgibt, eine Reihe ansprechender Nachdichtungen („nach alten Erzählungen") zusammengefaßt und mit Balladen, Liedern und Verserzählungen vermischt; die Rahmenfiktion (Landhaus-Topos, Zeitflucht-Thematik, Liebeshandlung mit abschließender Winter-Frühling-Allegorie) wird zur erweiterten „Leseranrede". Umgekehrt hat Arnim in die ursprünglich als Erzählung konzipierte *Gräfin Dolores* (1810) verschiedene Dichtungen eingeflochten und sogar einen Rahmenzyklus eingelegt, der als integrierter Bestandteil der Romanhandlung angesehen werden kann. Der *Isabella*-Zyklus (1812) beginnt mit einer „Anrede an meine Zuhörer" und verrät durch die Identität der Erzähler und die Rahmen-Einstimmung (Pegasusritt und Lustfahrt auf dem Rhein) die gleiche Absicht, dem Leser die Lektüre durch einen gefälligen Vorwand zu erleichtern. Die im *Landhausleben* (1826) aneinandergereihten Dichtungen sind äußerlich nach fünf Wochentagen und Erzähler-Typen (Landprediger, Liebhaber, Kunstfreund, Direktor der Theaterschule und Theater-Dichter) geordnet; der nachträgliche Versuch, der Erzähl-Gesellschaft stärkere Konturen zu geben, blieb im Ansatz stecken. Arnim hat offenbar gespürt, daß diese redaktionelle Technik inzwischen verbraucht war. Das geplante Gegenstück zum *Wintergarten* — ein „Sommerkarneval" — kam nicht mehr zur Ausführung.

E. F e i s e, *Brentanos Geschichte vom braven Kasperl u. d. schönen Annerl. E. Formanalyse.* Corona. Festschr. f. S. Singer (Durham 1941) S. 202-211. Benno v. W i e s e, *Die dt. Novelle von Goethe bis Kafka. Interpretationen.* Bd. 1 (25.-28. Tsd. 1963) S. 64-78. — Heinz A m e l u n g, Einl. zu Brentanos *Sämtl. Werken.* Bd. 13 (1911) S. VII-XXIX (*Span. Novellen*). Franz S c h u l z, *Zu Clemens Brentano.* Euph. 8 (1901) S. 330-335. Rich. B e n z, Einl. zu Brentanos *Sämtl. Werken* Bd. 11 (1914) S. VII-LXXV (*Märchen*). Werner H o f f - m a n n, *Clemens Brentano. Leben u. Werk* (1966) passim. — Anton R e i c h l, *Über die Benützung älterer dt. Literaturwerke in L. A. v. Arnims 'Wintergarten'.* 2 Tle. Progr. Arnau 1889/90. Monty J a c o b s, *Arnims „Altdeutsche Landsleute".* Euph. 16 (1919) S. 179-180. Gertrud H a u s n e r, *Achim v. Arnim u. d. dt. Lit. d. 17. Jh.s.* (Masch.) Diss. Wien 1934.

§ 10. T i e c k beruft sich im *Phantasus* (Bde 1812-1816) auf Boccaccio (*Schriften* Bd 4, S. 104 ff.), aber unter dem Aspekt de werkimmanenten Poetik betrachtet, steh sein Erzählschema Goethes Absichten nähe als dem Boccaccio-Muster. Der Plan daz läßt sich bis ins Jahr 1800 zurückverfolge Von den ursprünglich vorgesehenen 49 Ei zelwerken enthält diese *Sammlung von Mä chen, Erzählungen, Schauspielen und Nove len* lediglich 14 Stücke, die von 7 Erzähler wechselseitig (und durch anekdotische Ei lagen angereichert) vorgelesen werden; di 4 anwesenden Damen fungieren nur als Z hörer. Die Brüche zwischen den einzelne (zu verschiedenen Zeiten entstandenen) We ken sind ebensowenig zu übersehen wie di Brüche in der R. selbst, die zwar die Funl tion eines redaktionellen Mittels weitgehen erfüllt, aber zugleich Keim eines Romar (Adelheid-Friedrich-Episode) und eines gr ßeren Ästhetik-Dialoges ist. Das Fragme tarische gehört jedoch zur Struktur d Sammlung, die eigene Zahlenproportione und Erzählpolaritäten aufweist; sie en spricht der literar. Situation, in der sie a eine Retrospektive der bisherigen Produl tion Tiecks gedacht war.

Am besten ist die Tiecksche Rahmendyn mik als ein Kontrastphänomen zu begreife das von den frühen Märchen bis zu de späten Novellen in unterschiedlicher Au prägung wiederkehrt und im *Phantas* Einblicke in die Stimmungsskala des Roma tischen ermöglicht. Stimmungserzeugung un scheinbare Aufhebung der Stimmung dur Reflexionen oder Gegensituationen erweis sich bei Tieck als ein Mittel, durch das seine Werke davor bewahrt, in Trivialb reiche der Empfindsamkeit oder des Schre kens zurückzufallen. Schon im *Blonden Ec bert* (1796) ist dieses Prinzip voll ausgeb det: hier greifen Alltag und Märchen, Ps chologie und Schicksal ineinander und erze gen erst durch die Erzähl-Schachtelung „r mantische Stimmung". Im *Zauberschlc* (1830) ist dagegen das Moment der Spa nung Gegenstand werkimmanenter Kriti als Kontrasterzählung wird die Mustern velle *Die wilde Engländerin* eingelegt, u den Abstand zur Rahmengesellschaft u zu ihren Stimmungsreflexen bewußt zu m chen. Auf dem Gebiet des Dramas sind D *Gestiefelte Kater* (1797) und *Die Verkehr*

Welt (1799) Beispiele für die Einlagerung romantischer Momente in Rahmenformen (hier der Satire, der Ironie und des Witzes). Die meisten Rahmen Tiecks enthalten eine Fülle terminologischer Bezüge auf Poetologisches (ebenso zahlreiche Namenanspielungen), aus denen Tiecks Poetik der Einstimmung in literar. Phänomene abgelesen werden kann.

Die R. im *Phantasus* ist Ausdruck einer zwiespältigen gesellschaftlichen Haltung: während die Rahmengesellschaft die verlorene Zeit zurückzugewinnen hofft, ist sich Tieck selbst der Esoterik dieser Gartenidylle und der Nicht-Wiederholbarkeit seiner früheren Werke bewußt. Bereits im Jahre 1807 hatte Aug. Wilh. Schlegel in seiner Rezension der von Karl von Hardenberg herausgegebenen Anthologie *Dichtergarten* bemerkt, daß der „Lauf der weltlichen Dinge" der Poesie neue Aufgaben stellte. In diesem Sinne wird die R. zum Wendepunkt in der Entwicklung Tiecks. Während der folgenden „Novellenperiode" Tiecks ist es allerdings zu keinem neuen Zyklus gekommen, wohl aber zu neuen Rahmenexperimenten, die — erst in der Novelle *Die Gemälde* (1823) — zu einer immer stärkeren Verbindung von Diskussions-Argument und beispielhaften Binnenerzählungen führten. Gerade diese Umwandlung des alten Rahmens bewirkte schließlich den pädagogisch-besinnlichen Effekt der späten Werke Tiecks.

Edwin H. Z e y d e l , *Ludwig Tieck, the German Romanticist. A critical study* (Princeton 1935) S. 193-203 u. ö. Robert M i n d e r , *Un poète romantique allemand: Ludwig Tieck* (Paris 1936; Publ. de la Fac. des Lettres de l'Univ. de Strasbourg 72). Rud. L i e s k e , *Tiecks Abwendung von der Romantik* (1933; GermStud. 134). Marianne T h a l m a n n , *Ludwig Tieck. Der romant. Weltmann aus Berlin* (Bern 1955; Dalp-Taschenbücher 318) S. 54-73: *Die Rahmennovelle d. 'Phantasus'.* — Horst L i n d i g , *Der Prosastil Ludwig Tiecks.* Diss. Leipzig 1937. Sonja B e r g e r , *Das Gespräch in d. Prosadichtung d. Romantik.* (Masch.) Diss. Köln 1948. Helmut E n d r u l a t , *Tiecks Altersnovellistik u. d. Problem d. ästhet. Subjektivität.* Diss. Münster 1957. Paul Gerhard K l u s s m a n n , *Die Zweideutigkeit d. Wirklichen in Ludw. Tiecks Märchennovellen.* ZfdPh. 83 (1964) S. 426-452.

§ 11. Das Prinzip der Rahmung und Schachtelung wird von E. T. A. H o f f m a n n virtuos weiterentwickelt; es erscheint als Folie in fast jeder seiner Erzählungen und ist auf eine suggestive Lenkung des Lesers berechnet. Abgesehen von der Herausgeberfiktion (*Elixiere des Teufels, Kater Murr*) sind fünf typische Erzählweisen auffällig: Erzählungen, die aus einer gesellschaftlichen Unterhaltung hervorgehen (*Magnetiseur, Der unheimliche Gast*), Lebensgeschichten als Binnenerzählungen (*Abenteuer in der Sylvesternacht, Die Jesuiterkirche in G., Spielerglück*), Situationsdeutungen von Bildern (*Die Fermate, Doge und Dogaressa*), Erzähleinlagen in Dialogpartien (*Hund Berganza* unter dem Einfluß von Cervantes' *Novelas ejemplares*) und Märcheneinlagen im Märchen (*Goldener Topf, Prinzessin Brambilla*). Das Ganze ist auf die gegenseitige Durchdringung der Erzähleinheiten, häufig mit Fragment-Effekt, angelegt, so daß die Rahmenform sich als eigenständiges Gebilde selbst aufhebt.

Der Magnetiseur ist ein Musterbeispiel für solche Tendenzen: im Erzähleinsatz wird die typische Rahmensituation (Abendgesellschaft) zu einem Spannungsmoment der Formerwartung: die folgenden Erzählungen wahrer Begebenheiten und Träume werden jedoch durch das unerwartete Eintreten des Magnetiseurs in die Gesellschaft zur beängstigenden Wirklichkeit. Das weitere Schicksal der nunmehr in die Handlung einbezogenen Personen erfährt der Leser aus einer Aneinanderreihung von Briefen und Tagebuchaufzeichnungen, die durch eine kurze Ich-Erzählung miteinander verbunden sind. — Ein Beispiel für die Macht des Erzählten gibt *Das Sanctus*: hier wird eine Sängerin durch die eingelegte Erzählung von einer Neurose geheilt. Ähnliche therapeutische Effekte (später von Tieck nachgebildet) lassen sich auch in anderen Erzählungen nachweisen, die bezeichnend für das Einfühlungsvermögen Hoffmanns und den Einfluß der zeitgenöss. Psychiatrie auf die Romantik sind.

Mit den *Erzählungen der Serapionsbrüder* übertrifft Hoffmann sein Vorbild Tieck vor allem durch die einheitliche Konzeption und die konsequente Durchführung. Die motivischen Gemeinsamkeiten der *Phantasiestücke* und *Nachtstücke* beweisen, daß der Zyklus-Charakter früh in Hoffmann lebendig ist und daß es nur einer tragenden Rahmen-Idee bedurfte, um ein Werk entstehen zu lassen, das in viel stärkerem Maße als Tiecks *Phantasus* zum Symbol der Romantik (z. B. für die russ. Dichtergruppe der „Serapionsbrüder") geworden ist. — Die eigene Erzählwelt der R. geht auf einen persönlichen Anlaß zurück; sie ist ein Nachklang seines geselligen Verkehrs mit Freunden in Berlin (November 1818 - Frühjahr 1821), und so hat der Zyklus, dessen acht Erzählabende sich fast genau datieren lassen, den Wert eines Freundschafts-Bekenntnisses. Handelt es sich auch um eine Sammlung von z. T. bereits in Taschenbüchern erschienenen Erzählungen, so entspricht die gelegentliche Abwertung und Auflösung des Zyklus (Walter Harich, Nino Erné) nicht den editorischen Absichten Hoffmanns. Das Ordnungsgefüge der Sammlung und der Perspektivwechsel zwischen assoziativer Gesprächsverknüpfung und Erzählbeispielen haben ihren Mittelpunkt in dem aus der Rahmenepisode des Einsiedlers Serapion abgeleiteten „serapiontischen Prinzip". Die darin enthaltene Forderung Hoffmanns an den Dichter, nur das darzustellen, was er wirklich im Innern geschaut, ist dem Philistertum aller Lebensbereiche entgegengesetzt. In den *Erzählungen der Serapionsbrüder* wird eine Kunstlehre transparent, die das Unbewußte und die höhere Heiterkeit des Erzählens als Hauptfaktoren des Schöpferischen begreift.

Hubert O h l, *Der reisende Enthusiast. Studien z. Haltung d. Erzählers in d. 'Fantasiestücken' E. T. A. Hoffmanns.* (Masch.) Diss. Frankfurt 1955. Christel S c h ü t z, *Studien z. Erzählkunst E. T. A. Hoffmanns. Untersuchungen zu d. 'Nachtstücken'.* (Masch.) Diss. Göttingen 1955. — Friedr. S c h n a p p, *Der Seraphinenorden u. d. Serapionsbrüder E. T. A. Hoffmanns.* Litwiss. Jb. d. Görres-Ges. NF. 3 (1962) S. 99-112. Walter M ü l l e r - S e i d e l, Nachwort zu: E. T. A. Hoffmann, *Die Serapionsbrüder* (1963) S. 999-1026. Lothar K ö h n, *Vieldeutige Welt. Studien z. Struktur d. Erzählungen E. T. A. Hoffmanns u. d. Entw. s. Werkes* (1966; Studien z. dt. Lit. 6) S. 109-141: *Die Serapionsbrüder. Probleme des Rahmens.* — Walter H a r i c h, *E. T. A. Hoffmann.* Bd. 2 (1920) S. 183-210. Nino E r n é, Vorrede zu: E. T. A. Hoffmann, *Ges. Werke.* Bd. 1 (1964) S. 8-12.

§ 12. In den folgenden Jahrzehnten wirkt das Verhältnis zwischen Autor und Publikum weitaus stärker auf die Funktionalisierung der Rahmenform ein als der Wille zu Stilexperimenten. Dabei treten die gesellschaftlichen Konflikte auch dort in Erscheinung, wo man sie zu umgehen sucht. Das zeigt sich bereits bei Hauff und Heine.

Die Wirkungsgeschichte der Märchen H a u f f s ließ in Vergessenheit geraten, daß z. B. *Kalif Storch, Zwerg Nase* und *Das kalte Herz* eigentlich Teile dreier Zyklen sind.

Wie Hauff die Form des „Almanachs" (1826 1828) benutzt, um ein märchenmüdes Lese publikum für diese „alte Jungfer" zu erwär men (Einleitung *Märchen als Almanach*), s versucht er dem Bedürfnis nach Spannun, und Rührung durch wirkungsvolle Rahme entgegenzukommen. Er rechnet mit Assozia tionen an orientalische Muster und gibt sei nen R.en einen kriminalistischen Einschlag im *Kalten Herz* wendet er zusätzlich die M thode des „Fortsetzung folgt" an.

In der *Karawane* halten die Figur des „Frem den" und die Furcht vor einem Überfall die Au merksamkeit des Lesers bis zum Schluß wac das *Wirtshaus im Spessart* lockt mit einer ei heimischen Räubergeschichte; im *Scheik vo Alessandria* überdeckt die Rückkehrerwartun des Vaters die Entführungsgeschichte des Soh nes. Auch als redaktionelles Mittel sind die Rah men Hauffs ein Stück „erzählte Welt" und i ihrer Motivverflechtung für die Einschätzung d Lesergeschmacks aufschlußreich. In der *Kara wane* und im *Scheik von Alessandria* ist jewei eine Binnenerzählung (*Geschichte von der abg hauenen Hand - Geschichte Almansors*) mit de Rahmenschluß (Lebensgeschichte des Räube Orbassan - Wiedererkennungsszene) verbunde im *Wirtshaus im Spessart* entspricht das Schic sal des jungen Goldschmieds Felix Perner d Vorstellung vom armen Kinde und seinem b scheidenen Glück.

H e i n e s *Florentinische Nächte* (1836 i *Morgenblatt für gebildete Stände,* 1837 i 3. Bd. des *Salon*) zeigen die Form eines sta verkürzten Erzähldialoges. Vom Arzt aufg fordert, der todkranken Patientin Maria z Zerstreuung „allerlei närrische Geschichte zu erzählen, läßt sich Maximilian durch d Situation zu kleinen Episoden anregen. D scheinbar beiläufigen Einfälle und Erinn rungen (darunter der Bericht über ein Pag ninikonzert) sind ebenso wie der abrup Schluß Glieder einer bewußten Erzähli provisation. Zensurrücksichten und Wünsc des Verlegers beeinflußten die Konzepti des Werkes; die im Mittelpunkt stehen Binnenerzählung von der Tänzerin Laure und dem Zwerg Türlütü hat Hoffmannesk Zuschnitt.

Julius M o s e n s „Novellenbuch" *Bilder Moose* (1846) steht im Banne Tiecks u Hoffmanns, gleichzeitig ist der Einfluß jun deutscher Ideen nachzuweisen. Mitglied eines „renovirten Mönchsordens" treffen si „zwischen Estomihi und Palmarum" zu 1 zählabenden, einem „harmlosen Novelle und Idyllenleben" (II,63). Dieses Rahme

Milieu weckt Erinnerungen an einen Dresdener Kunstkreis, der sich gegenüber politischen Verdächtigungen nur kurze Zeit behaupten konnte (die *Acta ordinis Benedictorum* sind im Nachlaß Mosens erhalten). Die Novellenfiktion wird schnell durchsichtig, denn die meisten Geschichten enthalten Lebensbekenntnisse der Teilnehmer, und aus der Verknüpfung von Rahmen und Erzählfakten entwickelt sich eine romanhafte Liebesgeschichte, die gegen Ende triviale Züge annimmt. Mosen hat die reinen Erzählstoffe geschickt eingeordnet, aber die Diskrepanz zwischen den szenischen Effekten der Handlung und dem stilisierten Novellenton nicht zu überwinden vermocht.

Karl Immermann setzt sich mit dem Rahmenproblem sowohl in den *Epigonen* (1836) als auch im *Münchhausen* (1838/39) auseinander. Die Orientierung an Goethes *Wilhelm Meister* und die Beschäftigung mit Jean Paul und den Romantikern löst eine interessante Entwicklung aus, die jedoch nicht zum Abschluß kommt. Die Erzähleinlage (am deutlichsten in der Kontrastierung durch die *Oberhof*-Geschichte) setzt zeitkritische Akzente, die gesellschaftliche Erzählsituation (Münchhausen und seine Zuhörer) wird zum Mittel tagespolitischer Charakterisierung. Der Plan des Rahmenzyklus *Die Quarantäne* (Entwurf 1831) beweist, wie stark Immermann die Fragwürdigkeit des „novellistischen Daseins" und seiner Erzählordnungen empfand.

Stifter dagegen versucht, diese Erzählwelt zu bewahren. Sein Einkleidungsstil ist an romantischen Vorbildern geschult; Vor- und Nachwort, Gesprächsfiktion, Brief- und Tagebuchtechnik, Ich-Einsätze und Rahmen werden wechselseitig, teils in Jean Paulscher Manier angewandt. Als echte R. kann nur *Granit* (erste Fassung *Die Pechbrenner*, 1849) gelten. Hier gibt eine Kinderepisode den Anlaß zu einer Geschichte aus der Pestzeit, die der Großvater seinem Enkel erzählt. In *Katzensilber* (1853) führt die Erzählerrolle der Großmutter nur zu einer Schachtelung verschiedener Erzählungen. In der rahmenähnlichen Einleitung zum *Waldbrunnen* (1866) erwecken zwei in Ich-Form vorgetragene Eingangs-Episoden (das „Zigeunermädchen" und „die schöne schwarze Dame") eine gewisse Spannung. Auch die Manuskriptfiktion fehlt nicht; in der *Narrenburg* (1841) er-

scheint sie in der stark reduzierten Form der Manuskripteinlage, in der *Mappe meines Urgroßvaters* (1. Fassung 1841) wird sie zur Exposition einer Lebensgeschichte. Ansätze zyklischer Gestaltungen bleiben ohne Erzählrahmen; in den *Bunten Steinen* (1853) haben Leitmotive die Funktion des Rahmens übernommen. Manche Einkleidungsformen sollen offenbar persönliche Erlebnisse verbergen; wichtiger ist Stifters Auffassung von der trennenden und dennoch alles verbindenden Zeit, die im Rahmen Symbolkraft erlangt.

Zu überzeugender symbolischer Wirkung kommt der Rahmen nur dort, wo eine in ihren sozialen Bedingungen erfaßte Erzählsituation den Kunstgriff der Einkleidung vergessen läßt. So gelingt Gotthelf in der *Schwarzen Spinne* (1842) eine nahtlose Verbindung zwischen redigierter Binnenerzählung und Rahmen. Die breitausgemalte bäuerliche Idylle (festliche Kindstaufe) und die Geschichte der Spinnenplage wirken nicht allein durch Kontraste, bzw. ihre wechselseitige Bezogenheit, sondern vor allem durch die bewußt gemachte Gefährdung dieser gesellschaftlichen Ordnung.

Wie Stifter wendet sich Grillparzer mehr dem biographisch skizzierten Einzelschicksal zu. Während das *Kloster bei Sendomir* (1828) noch nach gängigen Rahmenmustern gearbeitet ist, treten im *Armen Spielmann* (1847) Binnenerzählung (Kunst als Lebenshilfe) und Rahmen (Psychologische Charakterstudie) in ein dialektisches Verhältnis, in dem die Stellung des Künstlers der Restaurationszeit reflektiert wird.

Janaki Arnaudorff, *W. Hauffs Märchen u. Novellen*. Diss. München 1915. Hilde Schulhof, *Hauffs Märchen*. Euph. 29 (1928) S. 108-132. A. Jaschek, *W. Hauffs Stellung zwischen Romantik u. Realismus*. Diss. Frankfurt 1956. — Walter Wadepuhl, *Eine unveröff. Episode aus Heines 'Florentin. Nächten'*, in: Wadepuhl, *Heine-Studien* (1956) S. 109-113. Joh. Mittenzwei, *Musikalische Inspiration in Heines Erzählung 'Florentin. Nächte'*, in: Mittenzwei, *Das Musikalische in d. Lit.* (1962) S. 231-251. — Marta Alexander, *Die Novellentheorien d. Jungdeutschen*. (Masch.) Diss. München 1923. Werner Mahrholz, *Julius Mosens Prosa* (1912; FschgnN-Litg. 41). — Hugo Blanck, *Die Technik d. R. bei Adalbert Stifter*. Diss. Münster 1925. — Benno v. Wiese, *Die dt. Novelle von Goethe bis Kafka*. Bd. 1 (25.-28. Tsd. 1963) S. 134-153 (*Der arme Spielmann*), S. 176-195 (*Die schwarze Spinne*). Wolfgang Paulsen, *Grillparzers Erzählkunst*. GermRev. 19 (1944) S. 59-68.

Wolfgang B a u m g a r t, *Grillparzers 'Kloster bei Sendomir'.* ZfdPh. 67 (1942) S. 162-176.
Heinz P o l i t z e r, *F. Grillparzers 'Der arme Spielmann'* (1967; Dichtung u. Erkenntnis 2).

§ 13. Mit dem *Sinngedicht* (1851 geplant, in den 70er Jahren wieder aufgegriffen, 1881 in der DtRs. und im gleichen Jahr erw. als Buchausgabe erschienen) gelang Gottfried K e l l e r ein Meisterwerk zyklischer Rahmenkomposition, das innerhalb der Formentwicklung im 19. Jh. einen Höhe- und Endpunkt darstellt. Rahmenhandlung und Binnenerzählungen sind zu einer Einheit zusammengewachsen, so daß jede Analyse von der Ökonomie des Erzählens und der Architektonik der Zuordnungen auszugehen hat. Sind die Rahmenformen E. T. A. Hoffmanns musikalischen Tempi verwandt, so liegen die Zahlen-Symmetrien und Erzählgruppierungen Kellers mehr im Bereich instinktiv erzählpädagogischer Neigungen; eine Reihe vorausgegangener Formexperimente zeigt die Tendenz Kellers, von kleineren Erzähleinheiten stets zu umfassenderen vorzudringen.

Die „seltsamen Geschichten und Lebensläufe" der *Leute von Seldwyla* (Bd. 1, 1856, Bd. 2, 1874) werden durch eine gemeinsame Fiktion des Ortes zusammengehalten. Der kurzen Einführung kommt wie dem „Vorwort" zu den *Sieben Legenden* (1872) nur eine redaktionelle Funktion zu. Dagegen ist der Rahmen zu den *Züricher Novellen* (1878) zu einer eigenen Erzählsituation (Heilung des originalitätssüchtigen Herrn Jacques durch Beispielgeschichten) ausgebaut, in der die Fiktion des mündlichen Berichtes zu drei (später fünf) Binnenerzählungen überleitet. Sind auch hier noch Reste des redaktionellen Prinzips zu entdecken, so nimmt die Integration von Rahmen und Binnenerzählungen im *Landvogt von Greifensee* (Dt. Rs. 1877, danach in den *Züricher Novellen*) das Erzählprinzip des *Sinngedichts* z. T. vorweg. Im Unterschied zu den Beispielerzählungen im *Sinngedicht* sind die fünf Liebesgeschichten im *Landvogt* Teile einer chronikalischen und biographischen Struktur; sie gehören zum Typus der sog. „Rückblenden" und sind daher kaum aus dem Zusammenhang zu lösen. Auch werden sie nicht von Salomon Landolf selbst erzählt, sondern von einem Nacherzähler, der „alles ordentlich einteilt, abrundet und für unser Verständnis einrichtet".

In die Rahmenhandlung sind fünf beispielhafte Gerichtsszenen eingelegt, die zu den Liebesgeschichten in zahlensymmetrischer Beziehung stehen.

Das *Sinngedicht* reicht über den ursprünglichen Plan eines „artigen kleinen Decameron" hinaus, und Kellers Bezeichnung „eine Art von Duell" berührt nur einen Teilaspekt dieses Gesprächsspiels, in dem das Sich-frei-erzählen, die Selbsterkenntnis und das Eindringen in das Wesen des Partners von entscheidender Bedeutung sind. Die Rahmenhandlung erscheint als eine Kombination verschiedener Topoi und Motive.

Logaus Sinngedicht ist für Reinhart ein „Rezept", das er in drei E x p e r i m e n t e n (Zöllners-, Pfarrers- und Wirtshaustochter) zu erproben versucht; der Weg zu Lucie gleicht dagegen einer M ä r c h e n situation (Forstwildnis, Galathee von Disteln umgeben), in der durch eine F e h l l e i s t u n g (vorzeitige Preisgabe der Absicht) die L i e b e s p r o b e zunächst unmöglich wird. Im anschließenden Gesprächsspiel klingen Probleme der Ebenbürtigkeit von Mann und Frau, der gesellschaftlichen Schranken und des gegenseitigen Verständnisses als Grundthemen an, Bildungsabsichten und Selbständigkeitsideale werden kritisch abgewogen, doch tragen gerade diese V e r z ö g e r u n g s momente wesentlich zum Abbau der Hemmungen und Vorurteile bei. Die Abreise Reinharts schafft eine zeitliche Distanz, durch die der Weg zur Liebesprobe frei wird. Auch in der letzten Phase (Wiedersehen) folgt das Geschehen einem strengen Bauprinzip: Lucie erzählt Reinhart die Geschichte ihrer Konversion zum Katholizismus, und obgleich sie Reinhart bittet, die Erzählung „nicht unter die Beispiele zu mischen", hat diese B e i c h t e (ebenso wie die symbolische Befreiung der Schlange von dem Hirschkäfer durch Reinhart) einen bestimmten Stellenwert im Erzählgefüge. Der B a n n ist endgültig gebrochen; eine kurze lyrische Passage leitet die E r f ü l l u n g des Spruches ein.

Die sechs Erzählbeispiele umfassen Selbsterlebtes und Literarisches und sind jeweils antithetisch aufeinander bezogen. Lucies Erzählung *Von einer törichten Jungfrau* und Reinharts Beitrag *Regine* decken in den „verunglückten Heiratsgeschichten" Selbsttäuschungen auf. In der zweiten Erzählgruppe beweisen Reinhart mit der *Armen Baronin* und Lucies Oheim mit dem *Geisterseher* (einer Geschichte um Reinharts Vater), daß der äußere Schein durch Tatkraft überwunden werden kann. Danach stellt Reinhart in der Geschichte des Seehelden *Don Correa* Hochmut und Demut am Beispiel zweier Frauen gegenüber, und Lucie antwortet mit einem „satirischen Pfeil", indem sie den Abenteurer Thibaut de Vallorme und seinen Mißbrauch der Frauen als Souvenir lächerlich macht (*Die Berlocken*). Andere Erzählungen, die ursprünglich für das *Sinngedicht* vorgesehen waren, hatten in-

zwischen in den *Sieben Legenden* Platz gefunden.

Die Individualität der drei „Erzähler" und
die kräftige Ausbildung ihres persönlichen
Erzählstils sind eigenständige Teile der souveränen, gelegentlich ironisch gefärbten Erzählhaltung Kellers. Die Einheit des Ganzen
wird vor allem durch die Sprache, ein leit-
motivisches Geflecht von Bildern und Redefiguren hergestellt, das — in Logaus Sinnspruch keimhaft enthalten — die Macht des
Eros als erzähldynamischen Faktor deutlich
hervortreten läßt.

Hans B r a c h e r , *R. und Verwandtes bei G.
Keller, C. F. Meyer u. Th. Storm* (1909; Unts-
NSprLitg. NF. 8; 2. Aufl. 1924). Agnes W a l d -
h a u s e n , *Die Technik d. R. bei G. Keller*
(1911; Bonner Fschgn. NF. 2). Werner M i t -
t e l b a c h , *Die Rolle d. Erzählers bei G. Keller.* (Masch.) Diss. Rostock 1923. Georg L u -
k á c s , *Gottfried Keller* (1946) S. 76-81 (geschrieben 1939), wiederholt in: Lukács, *Dt.
Realisten* (1952) S. 190-193. — Hans T i e t -
g e n s , *Möglichkeiten einer Zeitgestalt-Unter-
suchung,* dargest. an *G. Kellers 'Leuten von
Seldwyla'.* (Masch.) Diss. Bonn 1949. Karl
P o l h e i m , *Die zyklische Komposition der
'Sieben Legenden' G. Kellers.* Euph. 15 (1908)
S. 753-765. Hanna Martha L e i s t e , *G. Kellers 'Züricher Novellen' im Umkreis d. 'Sinngedicht'-Motivs.* (Masch.) Diss. Graz 1942. Erwin A c k e r k n e c h t : *Die Kunst des Lesens*
(1949) S. 123-162: *Die R. d. 'Züricher Novellen'.* Karl E s s l , *Über G. Kellers 'Sinngedicht'*
(1926; Prager dt. Studien 40). Priscilla M.
K r a m e r , *The cyclical Method of composi-
tion in Keller's 'Sinngedicht'* (New York 1939).
H. P e t r i c o n i , *'Le Sopha' v. Crébillon d. J.
u. Kellers 'Sinngedicht'.* Roman. Fschgn. 62
(1950) S. 350-384. Henrich B r o c k h a u s , *Kellers 'Sinngedicht' im Spiegel s. Binnenerz.*
(Masch.) Diss. Seattle 1967.

§ 14. Als Antwort auf die Kritik Paul Heyses am Rahmen der *Hochzeit des Mönchs*
hat C. F. M e y e r von seiner „instinctiven
Neigung" zum Rahmen und der Absicht gesprochen, sich den Gegenstand seiner Erzählungen „gerne so weit als möglich vom
Auge" zu halten; die Begründung, daß das
„Indirecte der Erzählung (und selbst die
Unterbrechungen) die Härte der Fabel mildern" (Brief v. 12. Nov. 1884, vgl. *Sämtl.
Werke* Bd. 12, 1961, S. 251), läßt an eine
bloße Distanz-Technik denken. Aber in dem
Novellen-Jahrzehnt zwischen *Amulett* und
Hochzeit des Mönchs ist nicht nur eine zunehmende Ausbildung dieser Technik (bis
an die Grenze manieristischer Formgebung),
sondern zugleich eine kunstvolle Verknüp-

fung von Rahmen und Binnenerzählung zu
beobachten, die den Blick auf die Einheit
des Erzählvorganges lenkt.

Im *Amulett* (1873) sind lediglich drei Ich-Be-
richte (die chronikalische Vorbemerkung, die An-
laßsituation und die Niederschrift Hans Scha-
daus) miteinander verknüpft. In der Novelle *Der
Heilige* (DtRs. 1879/80, Buchausg. 1880) läßt
Hans der Armbruster in einem Gespräch mit
dem Zürcher Chorherrn Burkhard noch einmal
die Vorgänge um Thomas Becket und Heinrich II. von England lebendig werden; aus den
wechselnden Perspektiven des Augenzeugen und
des nur historisch Wissenden entsteht ein eindrucksvolles Porträt Beckets. Für die Einkleidung
des *Plautus im Nonnenkloster* (DtRs. 1881, Buchausg. 1882) hat Meyer eine „Gesellschaft gebildeter Florentiner um Cosmas Medici" als
Zuhörerkreis gewählt, vor dem Poggio, zur Mitteilung einer „Facezia inedita" aufgefordert,
Selbsterlebtes zum besten gibt. In den *Leiden
eines Knaben* (Schnorrs Familienblatt 1883,
Buchausg. 1883) wird der Rahmenschauplatz
nach Paris verlegt: als Zuhörer fungieren Ludwig XIV. und die Maintenon, als Erzähler der
Arzt Fagon, der den König durch die Leidensgeschichte Julian Boufflers' vor dem neuen Je-
suiten-Beichtvater warnt. Der Rahmen der *Hochzeit des Mönchs* hat wieder Renaissance-Kolorit:
im Kreise der Hofgesellschaft des Scaligers Cangrande in Verona „bezahlt" Dante mit der weit
ausholenden Deutung eines Grabspruches und
der Erzählung von Astorre und Antiope seinen
„Platz am Feuer".

Auch die Typologie der Rahmenerzähler umfaßt eine Entwicklungsreihe, die von dem im
erzählten Geschehen selbst verstrickten Erzähler bis zur Rolle der „überlegenen Figur" reicht.
Hans Schadau „erleichtert" durch die Niederschrift der Ereignisse der Bartholomäusnacht sein
„Gemüt" (Bd. 11, S. 8), Hans der Armbruster
erlebt das Gespräch mit Burkhard als „Beichte"
(Bd. 13, S. 139), und von Poggio sagt Cosmas,
er habe seine „Facetie" in jungen Jahren skrupellos gelebt, nun aber als ein „Gereifter" mit
der Weisheit der Jahre erzählt (Bd. 11, S. 163);
auch Fagon ist noch mit dem Schicksal des jungen Boufflers verbunden, während Dante einen
Standpunkt außerhalb des Geschehens einnimmt
und der Gesellschaft um Cangrande einen Spiegel vorhält. In der *Hochzeit des Mönchs* wird
eine Parallelität von Rahmen- und Binnenfigu-
ren (vor allem der Herrschergestalten Cangrande
und Ezzelin) angedeutet, die dem Erzählgefüge
eine größere Geschlossenheit verleihen soll.

Erzähldistanz und relativierende Perspektiven stehen in engem Zusammenhang mit
Meyers Auffassung des Geschichtlichen, das
wie ein Trauma erst durch einen schöpferischen Bewußtseinsakt bewältigt werden
kann. Doch enthüllen die Erzählungen dabei
weniger historische Fakten als Leidenschaften und psychologische Motivierungen. Indem Meyer „die Härte der Fabel mildert",

steigert er die Intensität der Ereignisse, und indem er den Abstand zu seinen Helden vergrößert, erzeugt er erst das Gefühl für tragische Situationen. Sein unbedingter Wille zur Form, seine Rahmengestik, die von den übrigen Erzähleinsätzen (z. B. der Brautfahrtzeremonie in der *Hochzeit des Mönchs*) nicht zu trennen ist, und das „Pathos der Distanz" beruhen weitgehend auf einer Motiv- und Themenwahl, deren psychologische Voraussetzungen am besten in den *Leiden eines Knaben* zu analysieren sind. — Der gekonnte Faltenwurf seines Erzählgewandes und das geschichtliche Dekor haben lange Zeit vergessen lassen, daß die R.en Meyers in ihrem Prinzip, den Erzählprozeß sichtbar zu machen, Ansätze für moderne perspektivische Erzählweisen enthalten.

In den Novellen S t o r m s werden die Rahmen auf Begleit-Funktionen reduziert. Die „Erzähleingänge" rufen Stimmungen hervor, in denen Grundakkorde der Binnenerzählungen anklingen: Landschaftsimpressionen, Lebenshaltungen, Zeitdistanzen. Diese Anfangstempi beeinflussen die weitere Erzähldynamik; durch den Erzähleinsatz in den Binnenelementen wird sogleich ein Stimmungswechsel bewirkt, Illusionsdurchbrechung aber vermieden. Die Erzählperspektiven Storms stehen lyrischen Kompositionsprinzipen sehr nahe.

Die Resignation des *Immensee*-Anfangs (1850) weist auf den unglücklichen Ausgang der Binnengeschichte um die verlorene Jugendgeliebte; die Novelle *Ein Doppelgänger* (1887) umfaßt Vergangenheit und Gegenwart als Kontrastsituationen; im *Schimmelreiter* (1888) erreicht die Binnenerzählung erst durch die Tatsache, daß ein „aufgeklärter Schulmeister" sie erzählt, spukhafte Wirkung. Storm lenkt den Leser bewußt auf das „gesprochene Wort", bzw. das vor langer Zeit niedergeschriebene, und setzt die Ich-Form als Mittel der Vergegenwärtigung ein. Gelegentlich weist er sich selbst als Erzähler aus (oder läßt einen Dichter in der Gesellschaft seiner Freunde zum Erzähler werden), in anderen Fällen wird der Erzähler erst allmählich in das Blickfeld des Lesers gerückt. Der fiktive Hörer nimmt kaum Gestalt an, vielfach wird überhaupt auf ihn verzichtet; Rahmenhandlungen entwickeln sich nur vereinzelt. Das Dominieren des Erinnerungsmomentes (Lebensgeschichte, Beichte) führt zu chronikalischen Erzählungen, die R.en einschließen können; in *Renate* (1878) ist der Manuskriptfiktion die Erzählung eines alten Weibes vorangeschickt, in *Zur Chronik von Grieshuus* (1883) wird der Chronist durch die Heidestimmung („Hier hat Grieshuus gestanden") veranlaßt, Material zur Chronik zusam-

menzutragen. In *Aquis submersus* (1876) wirken verschiedene Steigerungsmittel zusammen. Die Ich-Erzählung des Rahmens (mit Landschafts-„Eingang" und allmählicher Heranführung an den Gegenstand der Erzählung) erregt das Interesse des Lesers an der rätselhaften Inschrift eines Bildes. In der zweiten Erzählphase des Rahmens wird die Manuskriptfiktion vorbereitet, die zur Niederschrift des alten Malers überleitet; der Schluß läßt den Titel „Aquis submersus" noch einmal leitmotivisch aufleuchten.

Erwin K a l i s c h e r, *C. F. Meyer in seinem Verhältnis z. ital. Ren.* (1907; Pal. 64). Franz Ferdinand B a u m g a r t e n, *Das Werk C. F. Meyers. Renaissance-Empfinden u. Stilkunst* (1917) S. 147-178: *Die dekorative Darstellung.* Robert M ü h l h e r, *C. F. Meyer u. d. Manierismus*, in: Mühlher, *Dichtung d. Krise* (1951) S. 147-230. Karl-Heinz S y l l a, *Der monumentale Stil C. F. Meyers als Symptom d. Zeitstils.* (Masch.) Diss. Jena 1960. Klaus J e z i o r k o w s k i, *Die Kunst d. Perspektive. Zur Epik C. F. Meyers.* GRM. 48 (1967) S. 398-416. — Louis W i e s m a n n, *C. F. Meyer* (1958) passim. E. F e i s e, *Xenion* (Baltimore 1950) S. 215-255: '*Die Hochzeit des Mönchs*', *eine Formanalyse.* Benno v. W i e s e, *Die dt. Novelle v. Goethe bis Kafka*, Bd. 2 (1962) S. 176-197 (*Die Hochzeit des Mönchs*).

Hans E i c h e n t o p f, *Theodor Storms Erzählkunst in ihrer Entwicklung* (1908; Btrdt-Litw. 11). E. Allen M c C o r m i c k, *Th. Storm's Novellen. Essays on literary technique* (Chapel Hill 1964; Univ. of North Carolina Stud. in the Germ. lang. and lit. 47).

§ 15. Paul H e y s e bedient sich ebenfalls der Manuskriptfiktion (*Märtyrer der Phantasie*, 1847; *Beatrice*, 1867; *Die Stickerin von Treviso*, 1867), des fingierten Briefes (*Die beiden Schwestern*, 1868; *Antiquarische Briefe*, 1900), des Tagebuchs (*Unheilbar*, 1862), des Bekanntschafts-Rahmens (*Frau Marchese*, 1876; *Der Blinde von Dessau*, 1898; *Die Ärztin*, 1902) und läßt Novellen aus Gesprächen hervorgehen (*Die Eselin*, 1881; *Die schwarze Jakobe*, 1883). In zwei Werken wird der Rahmen weiter ausgeführt. Im Zyklus *In der Geisterstunde* (1894) dienen vier thematisch verwandte Beiträge als Diskussionsargumente wider die materialistische Einstellung einiger Zuhörer. Die *Plaudereien eines alten Freundespaares* (1911/12) berühren wechselnde Themen; am Schluß wird aus den beiden verwitweten Gesprächspartnern ein Ehepaar.

Die Wahl dieser Einkleidungsformen steht im Zusammenhang mit der Novellentheorie Heyses. Stilisierung der Wirklichkeit und Wendepunktmechanismus des Erzählgefüges täuschen „Klassizität" vor. Im Gesellschaftsbild der Rahmen und Expositionsskizzen spiegeln sich Selbstverständnis und Ideale des gebildeten Bürgertums. Die Intimität des Salons (*Plaudereien eines alten Freundespaares*) und die Gemütlichkeit der Erzählatmosphäre (*Unwiederbringlich*, 1916) befriedigen das Bedürfnis nach unangreifbaren Erzähl-Idyllen, in denen die Gesellschaft sich zugleich gegenüber dem Erzählten abschirmt. Die Typologie der Erzähler ist daher auch soziologisch von Interesse.

In Jakob W a s s e r m a n n s *Goldenem Spiegel* (begonnen 1907, beendet 1911) bleibt das Gesellschaftsbild des Rahmens schemenhaft. Gemäß der im Dialog *Die Kunst der Erzählung* (DtRs. 1901, Buchausg. 1904) vertretenen Ansichten, sucht er vielmehr, das „unbegreifliche Spiel des Schicksals" zu gestalten. Die Bürgerlichkeit der Erzählgesellschaft wird zwar äußerlich gewahrt, aber die eigentliche Rahmenfiktion gleitet ins Zeitlose hinüber.

Die Schauspielerin Franziska und ihre Freunde ein Arzt, ein Privatgelehrter ⟨Archäologe⟩, ein angehender Diplomat und ein junger Ingenieur) bilden den Rahmen für den Erzählwettstreit um den von Franziska als Preis ausgesetzten goldenen Spiegel der Aphrodite". Wassermann hat die nach Stil und Inhalt sehr unterschiedlichen Beispielerzählungen (darunter eine Geschichte über Gauguin und van Gogh) in ein Gesprächsgewebe aus Argumenten, Erlebnissen und Anekdoten eingeflochten und schon durch die Rahmeneinleitung, das plötzliche Verschwinden Franziskas und ihr völlig verändertes Wesen bei der Rückkehr nach Jahresfrist, für Spannung besorgt. Die Erzählungen tragen dazu bei, daß schließlich Franziska selbst zum Sprechen über ihre schicksalhafte Begegnung mit dem Abenteurer Riccardo Troyers gebracht wird. Der zuletzt erzählten Lebensgeschichte des Ingenieurs wird der Preis zuerkannt. Doch inzwischen ist der Haus-Affe Quácola mit dem Spiegel entlaufen, der unauffindbar bleibt. Das Werk endet mit einer jugendstilhaften Stimmungsszene.

Victor H a d w i g e r s Roman *Abraham Abt* (postum 1912) verdient wegen seiner gegensätzlichen Stilebenen Interesse. Neben neuromantischen Stimmungsmitteln kündigen sich expressive Ausdrucksformen an. Lyrische Passagen, Novellensachlichkeit und Satire greifen ineinander, das Künstlerschicksal Abts wird zum Vermächtnis des Dichters.

Hadwiger hat die hier vereinigten und bereits früher publizierten Novellen vier Büchern zugewiesen und durch das Motiv der Wanderungen seines Helden auf eine Handlungslinie

gebracht. Das *Buch der Felsen* und das *Buch des Gartens* führen den Leser in ein gralsburgähnliches Schloß, in dem der Hausherr seine Gäste mit hypnotischen Mitteln zu Erzählungen veranlaßt. Im eingeschalteten *Buch der Herberge* erzählt Abt seine drei Geschichten Bettlern; im letzten *Buch der Sonnen und Sterne* weitet sich der Rahmen zur Liebeshandlung (Abraham Abt und Beate). Hier tritt ein neuer Wechsel der Erzählhaltung ein. Abt wendet sich mit der *Geschichte vom Müller* allein an seine Geliebte. Nach ihrem Tode rückt die Wanderschaft des Vereinsamten und Enttäuschten in den Mittelpunkt des Geschehens; die *Geschichte vom Knechte Isenbein* erscheint als Monolog. Keine einzige Geschichte weist einen glücklichen Ausgang auf.

Georg von O m p t e d a bezieht in seiner *Tafelrunde* (1913) für Rahmenschauplatz und -situation (ein Château vor Paris während der Belagerung 1871) die Zeitgeschichte stärker ein. Auch die Beispielerzählungen, durch „Stimmungen" aufgeladen, sind „zeitgemäßer". Durch den Titel „Novelle" für den ganzen Zyklus wird die Selbständigkeit des Rahmens stark betont.

Paul E r n s t hat vor allem durch seine fruchtbare editorische Tätigkeit auf die klassizistische Formerneuerung Einfluß genommen. Die von ihm herausgegebenen und mit einem Prolog-ähnlichen Rahmen versehenen *Altitaliänischen Novellen* (1902) sind als Beitrag zur Novellen-Poetik bedeutsam. Aber er empfand bald das Formalistische der redaktionellen Zyklus-Rahmungen; so verzichtete er in der 2. Ausgabe seiner *Gesammelten Werke* (1928 ff.) auf den gemeinsamen Rahmen, den er seinen drei Novellensammlungen *Die Hochzeit* (1913), *Die Taufe* (1916) und *Der Nobelpreis* (1919) gegeben hatte. — Die R. hatte sich nach einer mehr als hundertjährigen Ausbreitung in der dt. Lit. abgenutzt, alle Wiederbelebungsversuche der Neuklassiker (zuletzt Wilhelm v. Scholz, *Vincenzo Trappola*, 1921) konnten darüber nicht hinwegtäuschen. Mit der Besinnung auf alte Formen waren Erzählkonventionen schwerlich zu durchbrechen. Dennoch entstanden auch in den folgenden Jahrzehnten R.en, in denen Rahmen- und Binnenelemente durch neue Kombinationen überzeugten. Nur einige Werke seien genannt.

In ihrem Alterswerk *Die Nacht im Teppichsaal* (1933) verzichtet Isolde K u r z auf den gesellschaftlichen Rahmen. Durch die monologische Vergegenwärtigung von 6 Liebesgeschichten aus der ital. Renaissance läßt sie den Leser an der dichterischen Inspiration ihres „Wanderers" teilnehmen. In Kurt K l u g e s *Nocturno* (1939) gerät ein Reisender in ein unbekanntes Gasthaus, in dem zwei Bilder Anlaß zu einer Phantasie um das Schicksal der „echten Charlotte", der Tochter Marie-Antoinettes, werden. Stefan A n d r e s verknüpft in der Erzählung *Das Grab des Neides* (1940) eine antike Legende mit der Lebensbeichte eines einsamen Inselbewohners und kleidet diese zweifache Gestaltung des Kain- und Abel-Motivs in einen Reisebericht ein. In der Novelle *Der spanische Rosenstock* (1940) läßt Werner B e r g e n g r u e n einen jungen Dichter seiner Geliebten anläßlich der bevorstehenden längeren Trennung eine gleichnishafte Geschichte erzählen; im *Letzten Rittmeister* (1952) schließt der alte Erinnerungsrahmen memoirenähnliche Erzählungen ein. In Stefan Z w e i g s *Schachnovelle* (1943) ist die Rahmensituation durch zwei Spiele mit unterschiedlichem Ausgang gegeben; die eingeblendete Lebensgeschichte des Dr. B. offenbart eine menschliche Tragödie. Gertrud von Le F o r t setzt in der Erzählung *Die Verfemte* (1952) Kriegsschicksale der Jahre 1675 und 1945 zueinander in Beziehung; daneben verwendet sie das Tagebuch (*Die Unschuldigen*, 1952) und die Manuskriptfiktion (*Am Tor des Himmels*, 1954) und sucht durch zeitgeschichtliche Konfrontation den Sinn für die Geschichte als Glaubenserfahrung zu wecken. — Eine zyklische R. von großer Breitenwirkung gelang Hans S c h o l z mit dem Unterhaltungsroman *Am grünen Strand der Spree* (1955); der Erzählort (eine Berliner Bar) und die sechs Binnenerzählungen gefallen durch Fabulierlust und Lokalkolorit, aber die gesellschaftskritischen Möglichkeiten des Themas bleiben ungenutzt.

Kathi B r o e k m a n n, *Sprache u. Stil in Heyses italien. Novellen; die Beziehungen d. Novellenform Heyses zu der d. Boccaccio.* (Masch.) Diss. Köln 1923. Max W. Q u a d t, *Die Einkleidungsform d. Novellen Paul Heyses.* GermRev. 2 (1927) S. 26-39. Manfred S c h u n i c h t, *Die Novellentheorie u. Novellendichtung Paul Heyses.* (Masch.) Diss. Münster 1957. — Ruth H ü b l e r, *Isolde Kurz 'Die Nacht im Teppichsaal. Erlebnisse e. Wanderers'. Interpretation e. zykl. R.* (Masch.) Diss. Tübingen 1954. — John C. B l a n k e n a g e l, *The Writings of Jakob Wassermann* (Boston 1942). — Ferd. Jos. S c h n e i d e r, *Victor Hadwiger, 1878-1911* (1921) S. 32-45.

§ 16. In der expressionistischen Prosa wurde zunächst kein neues Rahmenprinzip ausgebildet; G. Heym, A. Döblin und G. Benn redigierten ihre Novellensammlungen ohne Einkleidung; in K. Edschmids *Sechs Mündungen* (1915) kommt das zyklische Moment nur in Titel und Vorwort zur Geltung; die fünf novellistisch gestalteten Einzelschicksale in L. Franks *Der Mensch ist gut* (1918)

sind Teile einer Gesamtkonzeption. Der Ruf nach gesteigerter Intensität des Ausdrucks ließ den Gedanken an solche „veralteten" Mittel nicht aufkommen; ebenso ist vom Typus der chronikalischen Erzählung in Carl Sternheims Novellensammlung *Chronik von des 20. Jahrhunderts Beginn* (1918) allein der Titel übriggeblieben.

Am Ende dieser Stilphase benutzt Hans Henny J a h n n in seinem Roman *Perrudja* (1929) die Folie des Bildungsromans, um Handlung und einzelne in sich abgeschlossene Erzähleinheiten zu verketten. Dabei bedient er sich teilweise der Lese-Fiktion (*Sassanidischer König, Die Geschichte eines Sklaven*). Anderes ist episodisch eingeflochten (*Ein Knabe weint, Die Marmeladenesser*) aber Gattungsprobleme und formale Zuordnungen sind weniger wichtig: die eruptive Gewalt der Assoziationen und der mitreißende Erzählfluß lassen auch das rahmenkompositorische Phänomen des Romans in einem großangelegten erzählerischen Fugato untergehen. Die 1954 erschienenen *13 nicht geheuren Geschichten* verwenden Erzählmaterial des Romans und sind ein Beispiel für die rückläufige Redaktion von Erzählungen.

In Weiterführung der seit Carl Einstein gepflegten „absoluten Prosa" produziert die jüngere Generation mit Vorliebe „Texte". In ihnen treten Erzähler und Publikum als Gegenstand des Erzählens zurück, doch sind im Prinzip der Erzählmontage wieder Neuansätze für Rahmenkonstruktionen enthalten.

Der stärkste Antrieb für neue R.en bleibt der W i l l e zu b e i s p i e l h a f t e m Erzählen, wobei didaktische Inhalte nicht allein formprägend zu sein brauchen. Alfred D ö blins *Hamlet, oder Die lange Nacht nimmt ein Ende* (geschrieben 1945/46, veröffentlicht 1956) zeigt, wie das Erzählen selbst als Problem begriffen und gestaltet werden kann.

Der schwerverwundet aus dem Kriege heimgekehrte Edward Allison wird von Döblin in die Rolle eines „modernen Hamlet" versetzt, der durch die Aufklärung der „Strindberg-Ehe" seiner Eltern die eigene Existenz wiederzufinden hofft. Aus den „Kreuzverhören" wird ein „Prozeß"; der Zeitvertreib geselliger Erzählungen im Landhaus des Vaters, des berühmten Schriftstellers, enthüllt die Erzählfiktionen als Teil einer Traumwelt der Erzähler. Der Hausarzt glaubt anfangs noch an ihre therapeutische Wirkung („man muß Nerven für eine solche Kur haben. Wir erzählen eben nicht Märchen à la Tausendundeine Nacht", S. 182), aber die Ehe ragödie ist nicht mehr aufzuhalten; sie schreitet n gleichem Tempo fort wie Edwards Genesung und Befreiung vom Kriegstrauma. Die Binnenerzählungen sind organische Glieder des Ganzen; ie gehören zum „Hamlet-Spuk" des Romans, zu den poetischen Verschleierungen und Lügen und ihren gleichnishaften Entschlüsselungen. Döblin legt jeweils die Motivierungen der einzelnen Erzählungen frei und beschreibt die tragische Wechselbeziehung von Phantasie und Realität; seine Erzählhaltung verrät den Psychoanalytiker.

In den beiden umfangreichsten Binnenerzählungen *Die Prinzessin von Tripoli* (einer Konrasterzählung zu Swinburne) und der *Geschichte von König Lear* (einem „Kommentar" zur Tragödie Shakespeares) werden poetische Legenbildungen entlarvt. Die Erzählungen der Mutter Edwards umfassen Erlebtes (zwei Geschichten, die um das vergebliche Warten einer Mutter auf den Sohn kreisen) und Literarisches *Die Geschichte Theodoras*) und erreichen ihren Höhepunkt in einer selbstquälerischen Bilddeutung (*Pluto und Proserpina*). Mit den Sonetten Michelangelos und der Geschichte *Michelangelo und die Liebe* versucht der Vater, sich eine Deutung des eigenen Schicksals zurechtzulegen. Edward formuliert in einer Kurzerzählung *Der Löwe und das Spiegelbild* das Motto aller Geschichten: „Wir schlagen uns mit unseren eigenen Wahngebilden herum." Selbst die Lebensgeschichten der Eltern, aus verschiedenen Perspektiven erzählt, sind als umfunktionierte Binnenerzählungen Teile dieses Erzählsystems, in dem auch Gespräche (*Über den Illusionismus in der Malerei*) und Zitate (Kierkegaard, Buddha) nicht fehlen. Die zerfallende Bürgerlichkeit der Rahmensituation bezeichnet den gesellschaftskritischen Standpunkt Döblins.

Max Frischs Roman *Stiller* (1955) berührt Grenzbereiche der R. Manuskriptfiktion (Stillers *Gefängnisaufzeichnungen*), Herausgeber-Fortsetzung (*Nachwort des Staatsanwalts*), Elemente der Kriminalgeschichte und Erzählschachtelungen werden als Rekonstruktionsmittel eingesetzt, um das Verhalten des Helden als Identitätsproblem zu veranschaulichen. Aus diesem Spannungsfeld von Roman und R. sind auch in der Zukunft neue Impulse zu erwarten.

Ein Meister beispielhaften Erzählens (und zenischen Demonstrierens) ist Bert B r e c h t. Man entdeckt bei ihm viele Rahmenformen; die Tatsache, daß sie Bestandteile seiner Dramen sind, darf nicht der Grund sein, sie aus der Betrachtung der R.en auszuschließen. Episches Theater und Erzählperspektiven berühren sich eng, und gerade Brecht hat die Ursituation" des Erzählens wieder wirkungsvoll ins Licht gerückt; erinnert sei nur an die *Finnischen Erzählungen* in *Herr Pun-*

tila und sein Knecht Matti (1940) und an das Vorspiel zum *Kaukasischen Kreidekreis* (1944/45). Wie das Vorspiel dienen auch andere Rahmenformen bei Brecht der „Aufdeckung gesellschaftlicher Kausalitäten". Aus dem „Viergespräch über eine neue Art, Theater zu spielen" (*Der Messingkauf*) und den *Übungsstücken für Schauspieler* (1939/40) entstand der *Brecht-Abend Nr. 3* des Berliner Ensembles (1964); durch fünf Gespräche und vier Einlagen wird eine Poetik aufgebaut, die Grundformen des Rahmenerzählens in sich aufgenommen hat. Unter den Prosawerken zeigt das Fragment *Die Geschäfte des Herrn Julius Cäsar* (entst. 1938, Buchausg. 1957) Rahmen-Struktur; hier wird die Manuskript-Fiktion (*Aufzeichnungen des Sklaven Rarus*) ihrer traditionellen Gefühlswerte beraubt und das Erzählprinzip der „legitimierenden" Einführung zu einer ironischen Abfertigung des vorgeblichen „Biographen" und seiner Helfershelfer benutzt.

Theodor A d o r n o, *Noten zur Literatur*. Bd. 1 (1958; Bibliothek Suhrkamp 47) S. 61-72: *Der Standort des Erzählers im zeitgenöss. Roman*. — Rüdiger W a g n e r, *H. H. Jahnns Roman 'Perrudja'*. Diss. München 1965. — Wolfgang G r o t h e, *Die Theorie des Erzählens bei A. Döblin*. Text und Kritik 13/14 (Juni 1966) S. 5-21. Dieter B a a c k e, *Erzähltes Engagement. Antike Mythologie in Döblins Romanen*. Ebda. S. 22-31, bes. S. 26-28. Stefanie M o h e r n d l, *'Hamlet oder Die lange Nacht nimmt ein Ende'*. (Masch.) Diss. Graz 1964. — Eduard S t ä u b l e, *Max Frisch* (2. Aufl. 1960). Monika W i n t s c h - S p i e s s, *Zum Problem d. Identität im Werk Max Frischs* (Zürich 1965). Max G a s s m a n n, *Max Frisch. Leitmotive d. Jugend*. (Masch.) Diss. Zürich 1966. Werner K o h l s c h m i d t, *Selbstrechenschaft u. Schuldbewußtsein im Menschenbild d. Gegenwartsdichtung. E. Interpretation d. 'Stiller' von Max Frisch u. d. 'Panne' v. F. Dürrenmatt*, in: *Das Menschenbild. Sieben Essays* hg. v. Albert Schaefer (1965; Beck'sche Schwarze Reihe 34) S. 174-193. — Ernst N i e k i s c h, *Heldendämmerung. Bemerkungen zu B. Brechts Roman 'Die Geschäfte d. Herrn Julius Caesar'*. Sinn u. Form. Brecht-Sonderh. 1 (1949) S. 170-180. Käthe R ü l i c k e - W e i l e r, *Die Dramaturgie Brechts* (1966). Ernst N e f, *Das Aus-der-Rolle-Fallen als Mittel d. Illusionszerstörung bei Tieck u. Brecht*. ZfdPh. 83 (1964) S. 191-215. *Klaus Kanzog*

Realismus

§ 1. Die Vieldeutigkeit des B e g r i f f s R., bezogen auf die literar. Darstellung einer äußeren (objektiven) oder inneren (subjektiven) Erfahrungswirklichkeit, die der empirischen Erfahrungswirklichkeit analog erscheint, weiterhin als Bewußtseinslage gegenüber der umgebenden Welt verstanden und endlich bezogen auf die Intentionen und Formen der Darstellung und deren Funktionsbestimmung, ist in den letzten Jahrzehnten der internationalen Forschung unter poetologisch-kritischer wie historischer Problemstellung nachdrücklich bewußt geworden. Sie hat zu einer mannigfaltig begründeten Skepsis gegenüber der wissenschaftlichen Brauchbarkeit eines so vage und diffus erscheinenden, zudem durch unreflektierten Gebrauch entwerteten Begriffs geführt; sie hat lebhafte Diskussionen über Möglichkeiten und Grenzen seiner Definition unter vielen Problemaspekten ausgelöst. Sie wurden um so komplexer, je deutlicher bewußt wurde, daß das Verhältnis zwischen Kunstwerk und Wirklichkeit ein generelles und fundamentales Problem in der Ästhetik aller Künste ist, sich aber je nach ihrem Typus und Charakter, weiterhin je nach der Geschichtszeit und Bewußtseinslage, in der es sich stellt, modifiziert und differenziert; ebenso dadurch, daß der literar. R. zwar ein allen Literaturen inhärentes Phänomen ist, das sich nicht lediglich auf ihre neuzeitlichen oder spätneuzeitlichen Phasen beschränkt, aber sich in den einzelnen nationalsprachlichen Literaturen aus einer Vielzahl historischer und formgeschichtlicher Voraussetzungen jeweils so unterschiedlich darstellt, daß kaum möglich ist, seine Entwicklung und Ausprägung in der einen Lit. mit generellen Formeln und maßstäblicher Geltung auf eine andere zu übertragen. Damit ist nicht nur die quantitative und qualitative Bestimmung des Stofflichen gemeint, auch nicht nur dessen faktischer und geistiger Aktualitätsrang, sondern ebenso, in welchen künstlerischen Methoden sich formal-stilistisch ein R. objektiviert. Allgemein deutlich wurde, daß ein naiver, unkritischer Gebrauch des Begriffs, wie er seit dem 19. Jh. lange, mit pauschalen Übertragungen auf frühere Epochen und Stilrichtungen geläufig war, sich wissenschaftlich selbst negiert. Daß, aus der Sache, dem Problemobjekt heraus, bisher nicht möglich wurde, zu einer definitiven oder nur relativ einheitlichen Begriffsklärung zu gelangen, macht den folgenden Überblick zu einem offenen Problembericht, im Gegensatz zu dem Bericht in der 1. Auflage. Er vermag, in Stich-

worten, historische Stilphasen zu skizzieren, auch eine Begriffsgeschichte anzudeuten, aber er ist nicht legitimiert, einen Oberbegriff R. gegenüber dessen Wandlungen innerhalb der einzelnen Epochen, Literaturen und ästhetisch-poetologischen Auffassungsformen zu einer Formel abzuschließen. Sie würde zu weit, um konkret sinnvoll zu sein, oder zu eng, um die Objektdimension zu umfassen.

§ 2. Es ist zu unterscheiden: Als erstes das generelle ästhetische Problem der Spannungspolarität zwischen Kunst und Wirklichkeit, das dialektisch allen Kunstarten und Stilformen eingelegt ist, auch dort also, wo in der Opposition zu irgendwelchen Formen der Imitatio und realistischen Illusion die Künste eine Beziehung zur außerkünstlerischen Realität verneinen und das Postulat autonomer ästhetischer Eigengesetzlichkeit dogmatisieren. So wenig geleugnet werden kann, daß jedes literar. Werk im Medium der Sprache einen Bezug zur Erfahrungswelt hat, mit der sie dies Medium, wie es auch ästhetisch verändert oder philosophisch gedeutet werde, teilt, so wenig weiterhin zu übersehen ist, daß es immer einen Bezug zur „Wirklichkeit" hat, wie verschieden sie sich aktuell in Erfahrung, Vorstellung und Imagination, in der Zuordnung des Fiktiven und Realen, des Geistigen und des Faktischen, des Ideellen und des Konkreten darstellen möge — es ist festzuhalten, daß das Kunstwerk der Fiktion und die empirische Erfahrungswirklichkeit inkommensurabel sind und verschiedenen Seinsbereichen angehören. Das Kunstwerk ersetzt und kopiert nicht die Realität, es stellt selbst eine ästhetische (geistige, dichterische) Realität her, die nach eigenen Gesetzen konstituiert ist und in deren Sinnzusammenhang eine Wahrheit darzustellen beansprucht, die nur ästhetisch mitteilbar ist, nicht aber über eine außerliterarische Faktizität informiert. Es ist für die ästhetische (nicht hingegen für die historisch-deskriptive) Fragestellung unergiebig, den realistischen Kunstcharakter eines Werkes daran zu messen, welche Quantität an realistischem Detail es enthält, zumal dies einer nicht abgrenzbaren historischen Relativität unterliegt und nicht nur für jede geschichtliche Phase, auch für jede literar. Gattung und Darbietungsform unterschiedlich bestimmt werden müßte. Ebenso unergiebig erscheint, nach Rangqualitäten des Realen zu fragen; sie unterliegen der gleichen Relativität, zusätzlich der Relativität des Blickpunktes des analysierenden und wertenden Interpreten. Was zu bestimmter Zeit, an bestimmtem Ort als hochgradige Realitätsaussage wirkt, kann aus anderer Perspektive als realitätsarm, sogar als Realitätsverfehlung beurteilt werden. Solche Diskrepanzen haben sich z. B. auch angesichts der Bewertung kritischer Darstellung der gesellschaftlich-politischen Wirklichkeit ('outer reality') oder der Darstellung des Objektiven im Reflex des Subjektiven, also aus innerer Bewußtseinsperspektive ('inner reality') eingestellt, wie sie sich vorwaltend im dt. R. darbietet. Die Frage nach Umfang, Auswahl, Genauigkeit und Eigenart des Stofflichen in einem literar. Werk gibt zwar eine Fülle historischer Information über das Verhältnis eines Autors zu seiner Zeit und deren Geschichte, über die historische Position des Werkes, seine möglichen Wirkungen und Funktionen im historischen Bewußtseinsprozeß. Sie kann auch graduelle Unterschiede stilhistorischer Valenz angesichts des Verhältnisses zwischen literar. Darstellung und zeitgenössischem Realitätsstoff erkennbar machen. Sie läßt jedoch die Frage nach dem R. als ästhetischem Phänomen, nach Methoden und Formen seiner Objektivation in der literar. Darstellung außer acht, jene Frage also, die den R. als ästhetisch-stilistisches Gestaltungsproblem erkennt.

§ 3. Als zweites die stiltypologische Fragestellung. — Sie geht von einem typologischen Begriff R. aus, der, grundsätzlich von überhistorischer Artung, in allen Geschichts- und Stilepochen möglich ist und dialektisch mit wechselnden Gegenbegriffen wie z. B. Idealismus, Romantizismus, Abstraktion, Sentimentalismus verknüpft wird. Er wurde einerseits vielfach aus anthropologischen, weltanschaulichen und psychologischen wie soziologischen Allgemeinvoraussetzungen interpretiert, ist aber andererseits auf fruchtbare, literaturimmanente Weise von Erich Auerbach als „Interpretation des Wirklichen durch literarische Darstellung oder Nachahmung" in der Weltliteratur analysiert worden. Auerbach bezieht ihn auf bestimmte Grundkomponenten, die innerhalb seiner wandlungsreichen Geschichte prinzi-

piell wiederkehren. Er wird als Darstellung „der alltäglichsten Vorgänge der Wirklichkeit in einem ernsten und bedeutenden Zusammenhang" charakterisiert, die, im Mittelalter wie in der Neuzeit von grundsätzlich gleicher Art und Tendenz, die klassische bzw. klassizistische Unterscheidung verschiedener Höhenlagen des Stils, wie sie in der Rhetorik begründet ist, durchbricht und aufhebt. Auerbach zeigt sich in dieser These besonders an der romanischen Literaturentwicklung orientiert. Er erweitert diesen stilhistorischen Aspekt um eine zweite Grundkomponente, die dort von R. sprechen läßt, wo eine Enthüllung der nicht mehr ideologisch überformten Wirklichkeit einsetzt, die den Menschen in Grenzsituationen der Not, des Leidens versetzt. Es handelt sich da nicht um einen 'sozialen', sondern 'existentiellen' Realismus. René Wellek hat kritisch akzentuiert, daß in Auerbachs R.-auffassung derart die stilhistorische, auf das Gesellschaftliche zurückreflektierende und die existentielle Interpretation unvermittelt nebeneinandertreten. Auerbach vermeidet, der Schwierigkeit einer Definition und Geschichte des „Realismus überhaupt" bewußt, Generalisierungen vorzunehmen, und er hält den Blick für dessen unterschiedliche Erscheinungen offen. „Die Anschauung von der Wirklichkeit, die aus den christlichen Werken der Spätantike und des Mittelalters spricht, ist vollkommen anders als die des modernen Realismus" (S. 495). Dennoch geht es ihm im Wechsel der geschichtlichen Erscheinungsweisen um eine differenzierte Typologie, die den R. als „Maß und Art des Ernstes, der Problematik oder Tragik in der Behandlung von realistischen Gegenständen" (S. 496) auffaßt. Es geht hier nicht um das Stoffliche der Wirklichkeit, sondern um einen bestimmten Aspekt ihrer Interpretation. Die Auswahl dessen, was von Auerbach als exemplarisch realistisch interpretiert wird, verrät eine zu enge Begrenzung dieses Aspektes. Er eliminiert andere Interpretationen der Wirklichkeit, wie sie sich aus ethischem, didaktischem, idyllischem, humoristischem, komischem und selbst tragischem Aspekt ergeben, und schließt derart den dt. R. des 19. Jh.s aus, da er, trotz der Ansätze am Ende des 18. Jh.s, nicht zum Hauptmerkmal des modernen europäischen R., nämlich „ernster Darstellung der zeitgenössischen alltäglichen gesellschaftlichen

Wirklichkeit auf dem Grunde der ständigen geschichtlichen Bewegung" (S. 460) gelangt ist. Was dichterisch deutsche Autoren wie Stifter oder Keller an reinerem, innigerem Entzücken als Balzac, Flaubert oder Zola dem Leser geben (S. 458), zieht ihrem R. die von der weltliterarischen Entwicklung abschneidende Grenze. Auerbachs Kritik hat in mancher Hinsicht, parallel der Kritik durch G. Lukács unter der Perspektive gesellschaftswissenschaftlich-marxistischer Interpretation, in der internationalen Diskussion ein breites Echo gefunden, das sich zu der Formel vereinfachen läßt, über der Akzentuierung der 'inner reality' sei in Deutschland die adäquate literar. Darstellung der 'outer reality' versäumt worden; zumindest seit Goethe. („Als Ergebnis bleibt, daß Goethe die Wirklichkeit des ihm zeitgenössischen gesellschaftlichen Lebens niemals dynamisch, niemals als Keim werdender und zukünftiger Gestaltungen dargestellt hat" (E. Auerbach S. 397). „Die Zerstückelung und Einschränkung des Realistischen blieb auch bei seinen jüngeren Zeitgenossen und bei den nächsten Generationen die gleiche; bis gegen Ende des 19. Jh.s blieben die bedeutendsten Werke, die überhaupt Gegenstände der zeitgenössischen Gesellschaft ernsthaft zu gestalten suchen, im halb Phantastischen oder Idyllischen oder doch wenigstens im engen Bezirk des Lokalen; sie geben das Bild des Wirtschaftlichen, Gesellschaftlichen und Politischen als ein ruhendes." (S. 399). G. Lukács radikalisierte solche Kritik an der dt. Lit. trotz ihrer einzelnen progressiven Ansätze (Kleist, Heine, Büchner, Keller, Raabe, Fontane) aus der Perspektive der objektiven Rückständigkeit der ökonomisch-gesellschaftlichen Verhältnisse, die sich literarisch-ideologisch widerspiegelt, die Ausbildung eines kritisch-progressiven und objektiven politisch-gesellschaftlichen R. verhindert hat. Indem der einzelne Autor, trotz kritischer Bewußtseinsansätze, aufgrund der deutschen historischen Realität nicht in der Lage war, den objektiven dialektischen Gesellschaftsprozeß darzustellen, konnte er nicht zur vollen künstlerischen Entwicklung des R. vordringen, der, auf eine andere Weise als von E. Auerbach, als ein Typus der Interpretation der Wirklichkeit verstanden wird. Diesen Typus bestimmt bei Lukács die marxistische Gesellschafts- und Geschichtsphilosophie; der lite-

rarsoziologische Aspekt geht in den geschichtssoziologischen ein. Die Geschichte des dt. R. ist derart eine Geschichte des verhinderten Realismus: in der Epoche vor der Revolution von 1848/49, die als „letzte große progressive Aufschwungsperiode ... aus objektiv gesellschaftlichen Gründen in den großen Formen keinen spezifisch deutschen zeitgemäßen realistischen Stil ausbilden" konnte (*Dt. Realisten d. 19. Jh.s* S. 10), wie nach deren Scheitern, das „die ideologischen Krankheiten des deutschen Geistes und damit der deutschen Literatur" (S. 13) endgültig machte. Zwar zeigt Keller eine schweizerische politische Sondersituation, erringen Raabe, Storm ihre Leistung aus der Opposition gegen die Zeit, aber ihr Lebenswerk ist „mit provinziellen, engen und skurrilen Zügen behaftet", weil ihre Opposition nicht entschieden, nicht prinzipiell genug war, was seine Gründe in der gesellschaftlich-politischen Gesamtbewußtseinslage hatte. Auerbachs Maßstab war die Kunstleistung des franz. R., Lukács' Maßstab ist daneben die Frage, was der sozialistische R. (s. d.) kritisch als lebendiges Erbe aus dem dt. R. aufzunehmen vermag. Bei beiden kombiniert sich die historische Fragestellung mit typologischen Perspektiven entsprechend ihrer Typusdefinition dessen, was als R. verstanden wird. Wie die internationale und die deutsche Diskussion zeigt, haben der weltliterarische und der soziologische Aspekt wesentlich auf die Neubestimmung des Begriffs R. in der dt. Lit. eingewirkt, seine Grenzen so wie aber auch die Grenzen dieser Aspekte bemerklich gemacht. Denn sie haben in vereinfachter Anwendung dazu geführt, daß der Begriff R. überhaupt „kaum als charakteristisch für das 19. Jh." in der dt. Lit. angesehen wurde, da sie, sich bewußt vom Geschichtlichen der Zeit distanzierend, einerseits nur das Individuelle, Besondere, Sonderlinghafte, andererseits nur das Allgemeine, Typische, Abstrakte akzentuiert habe. (Claude David *Zwischen Romantik u. R.*, 1966).

Arthur Sydney M c D o w a l l, *Realism. A study in art and thought* (London 1918). Syed Zafarul H a s a n, *Realism. An attempt to trace its origin and development in its chief representatives* (Cambridge 1928). Erich A u e r b a c h, *Mimesis. Dargestellte Wirklichkeit in d. abendländischen Literatur* (Bern 1964; 4. Aufl. 1967; Slg.Dalp 90). — Georg L u k á c s, *Karl Marx u. Friedr. Engels als*

Literarhistoriker (1948; 2. Aufl. 1952). Ders., *Essays über R.* (1948; 2., erw. Aufl. u. d. T.: *Probleme d. R.*, 1955). Ders., *Dt. Realisten d. 19. Jh.s* (Bern 1951). Ders., *Balzac u. d. franz. R.* (1952). Ders., *Der russ. R. in d. Weltliteratur* (1952) Ders., *Der historische Roman* (1955). Ders., *Beiträge z. Geschichte d. Ästhetik* (1956). Ders., *Wider d. mißverstandenen R.* (1958), hierzu: Th. W. Adorno, *Erpreßte Versöhnung*, in: Adorno, *Noten z. Lit.* Bd. 2 (1961; Bibl. Suhrkamp 71) S. 152-187. G. Lukács, *Die Eigenart d. Ästhetischen = Ästhetik.* T. 1, Halbbd. 1 u. 2 (1963; Lukács, *Werke* 11. 12). Ders., *Probleme d. R.* Bd. 1-3 (1965-1967; Lukács, *Werke* 4-6). Zur Diskussion um Lukács: *Georg Lukács u. d. Revisionismus. E. Sammlung v. Aufsätzen* (1960). *Falschmünzer der Literatur. Zur Kritik bürgerlicher u. revisionist. Literaturanschauungen* (1962) S. 56-77. Alfred Kazin, *Georg Lukács on European realism.* Partisan Review 31 (1964) S. 231-240. Petr Rákos, *Lukácsovo pojetí realismu dnešním pohledem.* Česká literatura 13 (1965) S. 233-244 (mit dt. Resumé). Werner Mittenzwei, *Die Brecht-Lukács-Debatte.* Sinn u. Form 19 (1967) S. 235-269. — George J. Becker, *Realism. An essay in definition.* MLQ. 10 (1949) S. 184-197. *A Symposium on Realism*, arranged by Harry Levin. CompLit. 3 (1951) Nr. 3, S. 193-199: Harry Levin, *What is realism?* S. 200-217: Robert G. Davis, *The Sense of real in English fiction.* S. 218-233: Albert J. Salvan, *L'essence du réalisme français.* S. 234-252: Henry C. Hatfield, *Realism in the German novel.* S. 253-267: Renato Poggioli, *Realism in Russia.* S. 268-285: Bernard R. Bowron, *Realism in America.* — René Wellek, *Auerbach's special realism.* Kenyon Review 16 (1954) S. 299-307. Ders., *A History of modern criticism.* Vol. 1 (New Haven 1955) dt. Ausg. u. d. T.: *Geschichte d. Literaturkritik 1750-1830* (1959). Ders., *The Concept of realism in literary scholarship*, in: Wellek, *Concepts of criticism* (New Haven 1963) dt.: *Der R.begriff in d. Lit.wiss.*, in: Wellek, *Grundbegriffe d. Lit.-kritik* (1965; Sprache u. Lit. 24). Ders. u. Austin Warren, *Theory of literature* (New York 1942; 3. ed. 1963), dt. Ausg. (1959). — *Réalisme et naturalisme.* Avec la collaboration de G. Delaisement, M. Giraud [u. a.] Revue des sciences humaines. NS. Facs. 69, Numéro spécial (Jan./Mars 1953). — N. G. Tschernyschewski, *Die ästhetischen Beziehungen d. Kunst z. Wirklichkeit.* Aus d. Russ. Mit. e. einf. Essay v. Georg Lukács (1954). G. V. Plechanow, *Kunst u. Lit.* Aus d. Russ. (1955). *Problemy realizma russkoj literatury 19 veka.* Red.: Borisa I. Bursova, I. Z. Sermana (Moskau, Leningrad 1961). Ulrich Richardovič Focht, *Puti russkogo realizma* (Moskau 1963). Aleksandr Grigor'evič Cejtlin, *Stanovlenie realizma v russkoj literature* (Moskau 1965). *Sovremennye Problemy realizma i modernizm.* Red. A. S. Mjasnikov (Moskau 1965). Ernest J. Simmons, *Introduction to Russian realism. Pushkin, Gogol, Dostoevsky, Tolstoy, Chekhov, Sholokhov* (Bloomington 1965). *Kritičeskij Realizm 20 veka i modernizm.* Red.: Nikolaj N. Žegalov (Moskau 1967). — Mary McCarthy, *The Fact in fiction.* Partisan Review 27 (1960) S. 438-458. Erwin Pracht, *Probleme d. Entstehung u. Wesensbestimmung d. R.* Dt. Zs. f. Philosophie 9 (1961) S. 1078-1101. Ders., *Zur Wesensbestimmung d. R. als künstler. Gestaltungsweise.* Wiss. Zs. d. Humboldt-Univ. Berlin 13 (1964) S. 207-261. Ders., *Mythos u. R.* Dt. Zs. f. Philosophie 13 (1965) S. 806-827. *Probleme d. R. in d. Weltliteratur.* Aus d. Russ. Red.: Eberhard Dieckmann (1962). Peter Demetz, *Defense of Dutch painting and the theory of realism.* CompLit. 15 (1963) S. 97-115. *Littérature et Réalité.* Hg. v. Béla Köpeczi u. Péter Juhász (Budapest 1966). *Realism. A Symposium.* Ed. by Henry H. Remak. MhDtUnt. 59 (1967) S. 97-130.

§ 4. Als drittes die spezifisch stilhistorische Fragestellung. — Sie beschränkt sich auf jene Epochen, in denen der R. in der Literaturtheorie und -praxis für Stoffe, Themen und Formen eine programmatische Geltung erhalten hat. Das poetologische Leitmotiv bildete in ihnen den Anspruch aus, es solle im Literaturwerk eine Welt dargestellt werden, die der Erfahrungswirklichkeit analog konstruiert und derart fähig ist, die Illusion einer ihr kommensurablen Wirklichkeit fiktiv herzustellen. Man kann in diesem Sinne von einem R. erst sprechen, wo, vor der Frage nach den verarbeiteten Stoffen, ihrer Auswahl, ihrer detaillierten Naturgemäßheit und aktuellen Bedeutsamkeit, die Frage vordringlich wird, mit welchen Stilmitteln diese Illusion erzeugt werden kann, ohne daß das Literaturwerk seine Eigenständigkeit als Kunstwerk einbüßt. Man wird hingegen nicht von einem R. in diesem Sinne sprechen können, wo, wie in der dt. Lit. seit dem 16. Jh. (z. B. die Romane von J. Wickram, das protestantische Drama etc.), ein Detail der zeitgenössischen Realität um einer bestimmten, z. B. moralisch-didaktischen Funktion willen übernommen und ihr angepaßt wird. Das europäische Jh. der vollen Entfaltung des R. ist das 19. Jh. Seine Vorbereitung hat sich, angedeutet schon mit der Selbstbewußtwerdung bürgerlicher Literaturtendenzen zu Ende des 17. Jh.s, in der Ästhetik und Produktion des 18. Jh.s vollzogen. Seine Nachwirkungen, teils in Übernahmen, die in die Triviallit. absinken, teils in Umformungen und Antipositionen, reichen tief in das 20. Jh. hinein. Daß erst im 19. Jh. der bisher im philosophischen Sprachgebrauch längst geläufige Begriff auf die Künste übertragen wurde (ohne aus der Philosophie oder, wie bei W. Dilthey, aus der Typenstrukturenlehre der Weltanschauungen auszuscheiden), weist darauf hin, daß seine Deskription sich vor allem auf diese Zeit, die in ihr sich darbietenden literar. Konkretisationen zu begrenzen hat.

In sie einbezogen ist das seit Aristoteles diskutierte Problem des Verhältnisses zwischen Kunst und Wirklichkeit, jedoch unter den spezifischen historischen Voraussetzungen dieses Jh.s, seiner Bewußtseinslage. (Poetik: „Da der Dichter ein Nachahmer ist, genau wie der Maler oder ein andrer Bildner, so muß man immer eines von den drei Dingen nachahmen, die es gibt: man soll die Wirklichkeit nachahmen, entweder so wie sie war oder ist, oder so, wie man sagt, daß sie sei, und wie man meint, oder so, wie sie sein soll.“). Dies bezeichnet drei zentrale Aspekte: 1. eine Wiedergabe der Wirklichkeit aus Beobachtung (Erkenntnis) oder Erinnerung (Tradition) 2. ihre Wiedergabe nach den sie aufnehmenden inneren Erfahrungs- und Bewußtseinsperspektiven 3. ihre Wiedergabe unter dem Gesichtspunkt eines sie typisierenden Wertpostulats. Neben die Wiedergabe, wie sie ist, stellt sich eine Wiedergabe, wie sie sein soll. Einbezogen ist weiterhin die stiltypologische Fragestellung. Der europäische R. und besonders der dt. R. wird historisch und stilistisch stark durch die Gegensatzspannung zur Tradition des Idealismus, Klassizismus und Romantizismus einerseits bestimmt, andererseits durch die ihn ablösenden, aber in ihm sich bereits vorbereitenden Folgephasen des Naturalismus, Symbolismus, der Subjektivierung spätneuzeitlicher Kunst. Die Diskussion, die werkimmanente Poetik der Autoren bleiben immer wieder auf diese Gegensätze bezogen; Otto Ludwig zielt in seiner Bestimmung des 'poetischen Realismus' beständig darauf, ihn gegen den Naturalismus und Idealismus abzugrenzen, zugleich darauf, deren Gegensätze in ihm zur Synthese als Vollendung des Künstlerischen zu versöhnen. Das Historische geht derart bei ihm wie ähnlich in der *Ästhetik* von F. Th. Vischer in das Typologische ein. Das Selbstverständnis des R. entwickelt sich in seinen wesentlichen Zügen aus solcher Gegensatzspannung.

Es erscheint nicht zweckmäßig, den Begriff ins Spiel zu bringen, wo es um die Nachfolge der aristotelischen Poetik in der klassizistischen *imitatio naturae* geht oder wo, wie seit dem MA. bis in das 17. Jh., Details der Wirklichkeit als Teilhaftes, sei es nun stofflich, didaktisch, satirisch, nach dem Gesetz der gewählten Stilebene, aufgenommen werden. Daß dies Prinzip der verschiedenen Stilebenen, wenn auch unter zunehmenden Mischungen, bis in das 19. Jh. hineinreicht, ist von der neuen Forschung mehrfach erwiesen worden (z. B. F. Sengle). Es verliert erst seine Geltung um die Jh.mitte, mit dem Einsatz des voll entwickelten Realismus. Man kann von ihm erst sprechen, wo das Detail der Wirklichkeit ganz aus der Funktion der Gegenbildlichkeit (heilsgeschichtlicher, moralischer, komischer, satirischer, idyllischer etc. Art) herausgelöst, als etwas an und für sich Selbständiges und Werthaftes dargestellt wird.

§ 5. Typologische, historische und literatursoziologische Aspekte verknüpfen sich in der Beobachtung, daß eine Tendenz zum R. dort eintritt, wo die Lit. Stoffe aus der bürgerlichen Welt, gemäß eines bürgerlichen Erfahrungs- und Wertungssystems und für ein bürgerliches Publikum aufnimmt. Dies gilt in der dt. Lit. bereits für das 16. Jh. (H. Sachs, J. Wickram, das protestantische Lehr- und Schuldrama) und macht sich, in der Auseinandersetzung mit anders bestimmten gesellschaftlich-literarischen, bzw. satirischen Stilebenen, zunehmend gegen Ende des 17. Jh.s bemerkbar. Die Verknüpfung von bürgerlichem Bewußtsein und Literatur führt im 18. Jh. in der europäischen Lit. zur dominierenden Tendenz zum Realismus. Frankreich und England übernahmen unter verschiedenen Voraussetzungen (Kampf gegen den Klassizismus, Anknüpfung an die Shakespeare-Tradition, Entwicklung des Romans) die Führung in der Diskussion des Verhältnisses zwischen künstlerischer Darstellung und Wirklichkeit und in der Ausbildung einer realitätsnahen Literatur. Stichworte müssen zum Überblick ausreichen. Das Prinzip der *imitatio naturae* löste sich von der Vorstellung einer schönen, universalen oder typischen Natur zugunsten der Aufmerksamkeit auf das zeitlich, örtlich und individuell-konkret Begrenzte. An die Stelle des Primats des

Ideal-Schönen und der ästhetischen Forderung nach Allgemein-Gültigem trat ein Kriterium der Wirklichkeitsnähe und -vergleichbarkeit, das nicht nur die Stoffwahl (zum partikular Charakteristischen, Individuellen, zum Alltäglichen, Unedlen und Häßlichen) erweiterte, sondern auch die traditionellen Gattungswertungen und Stilerwartungen veränderte und die ebenso traditionellen Sprachebenen aufhob. In Frankreich und England entstanden, auf die gleichzeitige dt. Lit. ausstrahlend, im Drama (comédie larmoyante, bürgerliches Trauerspiel, Gesellschaftskomödie) und im Erzählen (Sittenroman, moralische Beispielgeschichte, psychologischer und autobiographischer Roman, das beschreibende Lehrgedicht) neue, einander verwandte Darbietungsformen. Sie verdrängten in Darstellungsgegenstand und -methoden die „doctrine classique", damit die klassischen Gattungsformen (Epos, Tragödie, Ode) oder drangen in sie ein; sie erhielten eine eigene Poetik und wurden zu Mitteln verstärkter Wirklichkeitswiedergabe, die bis zu Postulaten und Formen des Naturalismus oder Verismus führten. Insbesondere setzte sich eine andere Bestimmung und Wertung des Romans durch. La Varenne forderte 1738, also zur Zeit des franz. frühaufklärerischen Romans, in der Zeitschrift *L'Observateur* eine Umstellung des Romans von eingebildeten Abenteuern und Fiktionen zu einer Wahrheit und Nachahmung des Wirklichen. Ähnliche Umwertungen erfuhr die beschreibende Dichtung; in der Lyrik gewann, wenn auch meist scherzhaft gemeint, das Genrehafte an Spielraum. Diese durch ihre philosophischen (Aufklärung, Empirismus) und naturwissenschaftlichen Voraussetzungen und durch viele kunsttheoretische Diskussionen sehr belebte Entwicklung (in England z. B. Dr. Johnson's Kunsttheorie, im Drama G. Lillo, W. Congreve, R. B. Sheridan, im Roman D. Defoe, S. Richardson, H. Fielding, L. Sterne, im beschreibenden Gedicht S. Thomson u. a.) gipfelte in Frankreich in D. Diderots Wertung der „petites circonstances" als Auslösungsmittel einer „illusion de réalité" (*Éloge de Richardson*, 1764), in seiner Forderung nach der Wirklichkeitsunmittelbarkeit des Dramas (*Entretiens sur le Fils Naturel*, 1757). Der Leser oder der Zuschauer sollte in eine Illusion versetzt werden, welche die in Gesellschaft, Personen, Konflikten, Erfahrungen fiktiv dargestellte Welt mit der gelebten realen Welt gleichsetzte. Besondere Bedeutung kam für Diderot der Beachtung der lebenswahren kleinen Details im Gegenständlichen und Psychologischen zu. Der Realist wurde als „peintre de la nature" verstanden.

Grundsätzliche, dem R. inhärente Fragen wurden bewußt; sie behandelten insbesondere das Verhältnis zwischen Fiktion und Wirklichkeit, Schein und Faktizität, Illusion und Kunstcharakter; weiterhin zwischen Genauigkeit und Vielzahl des Details einerseits, dem Postulat des Schönen andrerseits. Diese Fragen betreffen das Verhältnis zwischen fiktivem Erzählen und geschichtlicher Realität, zwischen moralischer, typischer Wahrheit und faktischer Wirklichkeit. Neben einen R. als Wiedergabe der konkreten Erfahrungswelt stellt sich ein R. in Abbildung und Ausdruck des Gefühls, der inneren Affekte (Gefühlsästhetik des 18. Jh.s) und der ihnen korrespondierenden Wirkungserregung beim Zuschauer und Leser (z. B. J.-J. Rousseau, *Julie ou la nouvelle Héloïse*, 1761). Das psychologische Interesse lenkte Beobachtung und Analyse auf die innere Realität, ihre „immense variété des nuances" (Diderot, Rousseau's *Confessions* 1765/70). Eine nicht mehr abreißende Diskussion über den Roman ('roman historique') führte zu Bestimmungen des 'réel', die eine Begriffsprägung 'Réalisme' vorbereiteten. Sie begann sich bald nach dem Beginn des 19. Jh.s in Frankreich durchzusetzen. („Diese Doktrin, die sich jeden Tag mehr durchsetzt und zur treuen Nachahmung nicht der Meisterwerke der Kunst, sondern der von der Natur angebotenen Originale führt, kann man sehr wohl Realismus nennen. Nach einigen Kennzeichen zu urteilen, wird er die Literatur des 19. Jh.s, die Literatur des Wahren sein." Mercure de France, 1826).

Arnold H a u s e r, *Sozialgeschichte d. Kunst u. Lit.* (1953; Sonderausg. 1967). René W e l l e k, *History of modern criticism* (s. o.). Alan D. M c k i l l o p, *The early Masters of English fiction* (Lawrence 1956). Herman M e y e r, *Das Zitat in der Erzählkunst. Zur Geschichte u. Poetik d. europäischen Romans* (1961). *Nachahmung u. Illusion. Poetik u. Hermeneutik. Arbeitsergebnisse einer Forschungsgruppe*: Hans Blumenberg, Clemens Heselhaus, Wolfgang Iser, Hans Robert Jauss. Kolloqium Gießen, Juni 1963. Vorlagen und Verhandlungen (1964), darin insbesondere: Herbert D i e c kmann, *Die Wandlung d. Nachahmungsbegriffs in d. franz. Ästhetik d. 18. Jh.s*, S. 28-59. Werner K r a u s s, *Zur franz. Romantheorie d. 18. Jh.s*, S. 60-71. Hans Robert J a u s s, *Nachahmungsprinzip u. Wirklichkeitsbegriff in d. Theorie d. Romans von Diderot bis Stendhal*, S. 157-178.

§ 6. In der dt. Lit. des 1 7. J h. s erhält die Darstellung von gehäuftem Wirklichkeitsdetail, wie sie vornehmlich im Roman (Grimmelshausen, J. Beer u. a.) dargeboten wird, eine Stilisierung unter Aspekten der Gegenbildlichkeit, der Kontrastsprache, die moralisch-didaktisch, satirisch, komisch, parodistisch und durch die Prinzipien des niederen Stils bestimmt ist. Man hat angesichts des heroisch-galanten Romans von einem „Realismus, der sich am Märchen ausrichtet" (C. Lugowski S. 391) gesprochen; im Typus des Schelmenromans wird das nieder-alltägliche Detail zum Material des moralisch oder komisch-satirisch Exemplarischen. „Und wo Begriffe wie 'Wahrheit', 'Wirklichkeit' gebraucht werden, gehören sie weder in die Ästhetik, noch gar in die Erkenntnistheorie, sondern ausschließlich in die Ethik und die Metaphysik ... Die Welt darzustellen, wie sie ist, heißt sie satirisch darstellen." (R. Alewyn S. 368). Das Wirkliche wird mit dem Komischen gleichgesetzt, es wird als Negation bzw. als Opposition zum Idealen interpretiert. Dies bedeutet Auswahl, Steigerungen, Stilisierungen und Maskierungen des faktisch Realen. Offen bleibt, wieweit der Begriff 'Naturalismus' für solche wesentlich arealistischen Stilzüge rechtens gewählt ist. Erst gegen Ende des 17. Jh.s zeichnet sich, unter Einfluß der europäischen Entwicklung und auf bürgerlicher Gesellschaftsgrundlage, eine Wendung ab, die in Roman (J. Beer, Chr. Weise, J. Riemer) wie Drama (z. B. Chr. Weise, *Masaniello*, 1683) zur Aufnahme empirischer, gesellschaftlich-alltäglicher Wirklichkeit mit der Tendenz zur durchschnittlichen bürgerlichen Lebenswelt hinleitet. Damit beginnt, unter noch anhaltender moralischer Perspektive, ein Ausgleich zwischen dem hohen und niederen Stil, zwischen idealistischer und satirischer Stilisierung und eine Anreicherung mit 'müßigem', d. h. illustrativ-genrehaftem Detail aus der zeitgenössischen Umwelt.

Die dt. Entwicklung im 1 8. J h. folgte den franz. und engl. Anregungen. Sie verharrte aber, trotz vermehrter Realitätsaufnahme im Drama (das Lustspiel, das bürgerliche Trauerspiel seit G. E. Lessing), im Erzählen (der Roman; Einfluß der englischen Wochenschriften), in beschreibender Dichtung (B. H. Brockes u. a.) länger unter der Dominanz der Gattungsformen, und, als Gegenbild oder Vorbild, der Wirkungsfunktionen (komischer, satirischer, moralisch-didaktischer, rührender idyllischer usw. Art). Dies limitierte das Ausmaß an Realitätsdarstellung bis um die Jh.mitte. Man suchte im Realen das Typische Exemplarische. Eine Realitätsdarstellung wurde weder in J. Ch. Gottscheds *Critischen Dichtkunst* (1730), in der die *imitatio naturae* nicht als eine Nachahmung des Tatsächlichen, sondern des Wahrscheinlichen und Möglichen in der wahrscheinlichen Fiktion der Fabel interpretiert wurde, noch in der poetologischen Schriften von J. J. Bodmer und J. J. Breitinger zum Diskussionsgegenstand. Es heißt in J. J. Breitingers *Critischer Dichtkunst* (1740), Dichtung müsse „ihre Originale und die Materie ihrer Nachahmung nicht so fast aus der gegenwärtigen, als vielmehr aus der Welt der möglichen Dinge entlehnen." Das Mögliche wird als Reich des Wunderbaren begriffen. (Faks. Ausg. Stuttgart 1966 Bd. 1 S. 57). Jedoch drängte das Denken der Aufklärung zunehmend zur gesellschaftlich-moralischen und psychologischen Bewußtseinserziehung und Wirkung auf die konkreten, aktuellen Lebenszustände mittels deren literar. Darstellung. Auf dem Gebiet des Dramas leistete G. E. Lessing Entscheidendes mittels seiner eigenen Theorie des Dramas, von dessen psychologischen und sozialen Funktionen, wie dank der Vermittlung von Diderots Theorie und Praxis und des engl. Theaters seit Shakespeare. Im Roman hat künstlerisch konsequent Chr. M. Wieland, unter Einwirkung der Schweizer Poetik, ihres Verbindens des Wunderbaren mit dem Wahrscheinlichen, die Wendung zu „Subjektivität der Welterfahrung" (W. Preisendanz S. 79), zum typologisch Naturgemäßen und zur Wiedergabe psychologischer Erfahrungswirklichkeit erreicht. Seine *Geschichte des Agathon* (1. Fassung 1766) gab ein „Bild eines wirklichen Menschen ... in welchem viele ihr eigenes und alle die Hauptzüge der menschlichen Natur erkennen möchten". Wieland vermied noch, sich um der

Herausarbeitung des Typisch-Exemplarischen willen auf das Partikulare und Individuelle der realen zeitgenössischen Lebenswelt einzulassen, doch meldete sich zunehmend die Erwartung (z. B. J. E. Merck) realistischer Darstellung zeitgenössischer Wirklichkeit für den Roman an. Dem entsprach die Forderung nach originärer Wahrheit der Sprache. „Das, was man wahr empfindet, auch wahr auszudrücken, das heißt, mit jenen kleinen Beglaubigungszügen der Selbstempfindung, macht eigentlich den großen Schriftsteller, die gemeinen bedienen sich immer der Redensarten, das immer Kleider vom Trödelmarkt sind" (G. Ch. Lichtenberg). Der Akzent lag hier auf Analyse und Darstellung innerer Bewußtseinsprozesse, psychischer Konflikte und Erfahrungen. In Wielands Romanen zeichnet sich zuerst eine für die dt. realistische Erzählkunst charakteristische Polarität von faktischen Vorgängen und Bewußtseinsabläufen, also eine zweifache, äußere und innere Wirklichkeit ab. „Dies Verhältnis von subjektiver und objektiver Wirklichkeit kennzeichnet die weitere Geschichte der dt. Erzählkunst und bestimmt deren eigentümliche Struktur, so daß Wieland in ihr einen maßgeblichen Platz erhält" (W. Preisendanz). Wichtiger als die Wiedergabe zeitgenössischer Lebensrealität war, wie er Bewußtsein und Entwicklung des Menschen im Bedingungszusammenhang seiner konkret-geschichtlichen Modifikationen auffaßte.

Es trafen viele Impulse in der dt. Lit. seit der Mitte des 18. Jh.s zusammen, ihr eine zunehmende Tendenz zum R. in Sujets wie Formen und Sprache zu geben. Zu den in der Aufklärung und in der neuen rational-kausalen und empiristischen Naturwissenschaft gegebenen Anlässen trat die von J. G. Hamann inspirierte Wertung des Sinnlichen, Besonderen, Individuell-Konkreten im produktiven Prozeß. Er setzte dem klassizistisch-rationalistischen Prinzip der Nachahmung der schönen Natur (Batteux) die Forderung nach schöpferischer Rückkehr zur ursprünglichen, elementaren Natur entgegen; eine Forderung, in der sich religiöse und realistische Antriebe verknüpften. Hamann, zugleich die englische Rückentdeckung der Volksdichtung, wurden Grundlagen von J. G. Herders Entwicklung des konkret-historischen Bewußtseins, das auf die individuell-spezifi-

schen Lebensbedingungen (Zeit, Ort, Nation, Gesittung, Gesellschaft) hinwies, ebenso seiner Wertung des subjektiv-natürlich Ausdruckhaften, die das Einzigartig-Charakteristische über das Allgemein-Typische erhob. Wahrheit und Wirklichkeit der Natur wurden als unbegrenzbare Mannigfaltigkeit individueller Wesen und Erscheinungen verstanden. Zugleich verschärfte ein neues sozialkritisches Bewußtsein den Blick auf die gesellschaftliche Realwelt und ihre Zusammensetzung aus einer Vielzahl von Einzelzügen (im Drama J. M. R. Lenz, H. L. Wagner, der junge Goethe). Die psychologische Selbstdarstellung, ausgelöst durch die pietistische Analyse des Innenlebens, die sich daraus entfaltende Gefühlskultur, bettete die Autobiographie in die Realbedingungen der Umwelt ein (H. Jung-Stilling, K. Ph. Moritz, U. Bräker u. a.). Das Genrehafte erhielt in der Lyrik breite Ausführung und ernste Akzente (G. A. Bürger, J. H. Voß, J. P. Hebel), es wurde in der Idylle durch die heimatliche Folklore (Maler Müller) aufgefüllt. In der Erzählung intensivierte sich ein psychologisch-kritischer Realismus (F. Schiller). Die Lyrik wurde Aussprache unmittelbar subjektiver Erlebnisfaktizität (G. A. Bürger, Ch. F. D. Schubart). Entsprechend vollzogen sich Veränderungen der Darbietungsformen und der Sprache, traten Darbietungsformen wie z. B. die Ballade in den Vordergrund. Solche Veränderungen wurden am weitesten zu einem expressiven Realismus im Drama (J. M. R. Lenz, *Der Hofmeister*, 1774, *Die Soldaten*, 1776) vorangetrieben. Der Annäherung von Literaturwerk und Realität folgte die Mischung der Töne, des Tragischen und Komischen und die ernste Aufnahme von Alltagsjargon, Standessprache, Mundart — durchweg auf Realitätsgehalt und Individualisierung der Sprachführung gerichtet. Die Literatursprache näherte sich dem Stil der gesprochenen Rede (Goethe *Die Leiden des jungen Werthers*), sie erhielt eine realistisch-historisierende Fassung (*Götz von Berlichingen mit der eisernen Hand*, 1773) Es fielen stoffliche und sprachliche Begrenzungen, die traditionellen Auswahlgesetze gegenüber dem Schönen und Häßlichen wurden hinfällig, alles, was sich in der Natur des Lebens beobachten und erfahren ließ, wurde der beschreibenden und malenden Darstellung erlaubt. Jedoch wurde die Freiheit des imaginativen Verfahrens (Hochwertung des Schöpferischen, des Genies) nicht der lediglich faktischen Wiedergabe des Wirklichen geopfert. Es blieb die poetische Legitimation, es umzuformen, zu steigern, zu expressiven Wirkungen zu bringen.

Es ist fraglich, ob E. Auerbachs Urteil zutrifft, es sei im Sturm und Drang ein R. erreicht worden, wie er im 19. Jh. in der dt. Lit. nicht wieder gestaltet wurde. Das Realistische wurde, unter dem Prinzip des schöpferischen Nachbildens der Natur anstelle der Naturnachahmung, in das Poetisch-Expressive (Gefühl, Phantasie, Auswahl, Erhöhung zum Tragischen, Grotesken, Pathetischen, Provokativen) überführt. Spaltungen zwischen Subjektivismus und Naturalismus, zwischen Phantastik und Verismus sind für die Dichtung des Sturm und Drang (z. B. W. H. v. Gerstenberg, J. M. R. Lenz, F. Klinger, Chr. D. Schubart, G. A. Bürger, der junge Schiller) charakteristisch. Das Prinzip der Natur-Nachbildung setzte die produktive Imagination frei und verwandelte das Material der Wirklichkeit zum Material des schöpferischen Ausdrucks, der über das lediglich Reale hinausgriff.

Wenn R. Pascal sagte, die Verschmelzung von imaginativer Erfahrung mit erfahrener Wirklichkeit sei eine der größten Leistungen des Sturms und Drangs und habe ihn zum geistigen Vater der Romantik und des R. gemacht, gilt dies insbesondere für den jungen Goethe (J. M. Merck: „Dein Bestreben, deine unablenkbare Richtung ist, dem Wirklichen eine poetische Gestalt zu geben; die andern suchen das sogenannte Poetische, das Imaginative zu verwirklichen, und das gibt nichts wie dummes Zeug", *Dichtung u. Wahrheit* IV 18, Jub.-Ausg. Bd. 25, S. 67).

Rich. A l e w y n , *Johannes Beer. Studien z. Roman d. 17. Jh.s* (1932) S. 196-215: *R. u. Naturalismus*, wiederholt in: *Dt. Barockforschung*. Hg. v. Rich. Alewyn (1965; Neue Wiss. Bibl. 7) S. 358-371. Clemens L u g o w s k i , *Wirklichkeit u. Dichtung. Untersuchungen z. Wirklichkeitsauffassung H. v. Kleists* (1936) S. 1-25: *Die märchenhafte Enträtselung d. Wirklichkeit im heroisch-galanten Roman*, wiederholt in: *Dt. Barockforschung*, S. 372-394. Wilh. V o s s k a m p , *Zeit u. Geschichtsauffassung im 17. Jh. bei Gryphius u. Lohenstein*. (1967; Lit. u. Wirklichkeit Bd. 1). — Joh. Jakob B r e i t i n g e r , *Critische Dichtkunst* (1740), Faks.-Ausg. (1966). Martin S o m m e r f e l d , *Romantheorie u. Romantypus in d. dt. Aufklärung*. DVLG. 4 (1926) S. 459-490. Bruno M a r k w a r d t , *Ge-*

sch. d. dt. Poetik. Bd. 2 (1956; PGrundr. 13, 2). Rich. D a u n i c h t , *Die Entstehung d. bürgerlichen Trauerspiels in Deutschland* (1963; QF. 132). Wolfgang P r e i s e n d a n z , *Die Auseinandersetzung mit. d. Nachahmungsprinzip in Deutschland u. d. besondere Rolle d. Romane Wielands* ('Don Sylvio', 'Agathon'), in: *Nachahmung u. Illusion* (s. § 5) S. 72-93. Horst S t e i n m e t z , *Die Komödie d. Aufklärung* (1966; Slg. Metzler). Dieter K i m p e l , *Der Roman d. Aufklärung* (1967; Slg. Metzler). L. L. A l b e r t s e n , *Das Lehrgedicht. E. Gesch. d. antikisierenden Sachepik in d. neueren dt. Lit.* (Aarhus 1967). — Clara S t o c k m e y e r , *Soziale Probleme im Drama d. Sturm u. Drang* (1922; DtFschgn. 5). Roy P a s c a l , *The German Sturm u. Drang* (Manchester 1950), dt. Ausg. (1963; Kröners Taschenausg. 335). Karl S. G u t h k e , *Englische Vorromantik u. dt. Sturm u. Drang* (1958; Pal. 223).

§ 7. Es ist hier nicht möglich, die Geschichte von G o e t h e s Realitätsbegriff, die Wandlungen seiner dichterischen Aufnahme und Darstellung von Wirklichkeit, die Grade und Phasen von deren Verwandlung, Einschmelzung ins Imaginative darzulegen. Grundsätzlich bleibt seine Vorstellung von Wirklichkeit auf die Wirklichkeit und Wahrheit der Natur, die in ihr erkennbaren Gesetze, Urformen, Urbilder bezogen; auch das Geschichtliche und Gesellschaftliche wird ihr zugeordnet. Ebenso grundsätzlich blieb ihm eine „einfache Nachahmung der Natur" (*Einfache Nachahmung der Natur, Manier, Stil*, 1789) im untergeordneten Rang der fähigbeschränkten Kunstfertigkeit, „im Vorhofe des Stils". Dieser selbst hingegen ruht „auf den tiefsten Grundfesten der Erkenntnis, auf dem Wesen der Dinge, insofern uns erlaubt ist es in sichtbaren und greiflichen Gestalten zu erkennen". Damit ist jener Symbolcharakter von Goethes dichterischer Sprache gekennzeichnet, der erneut nach der Mitte des 19. Jh.s entscheidend, wenn auch nicht mehr adäquat erreichbar, das Verhältnis zwischen Dichtung und Wirklichkeit, Poetischem und Realem in der dt. Erzählkunst bestimmt hat. In Goethes Jugendperiode liegt der Akzent auf der „Reproduction der Welt um mich durch die innere Welt" (Br. 21. 8. 1774) also auf der produktiv-imaginativen Subjektivität, im Alter liegt der Akzent in freien Verhalten gegenüber dem Realen auf den unendlichen poetischen Symbolbezug, eine geistige Verchiffrierung des Realen. „Denn was soll das Reale an sich? Wir haben Freude daran, wenn es mit Wahrheit dar gestellt ist, ja es kann uns auch von gewissen Dingen eine deutlichere Erkenntnis geben; aber der eigentliche Gewinn für unsere höhere Natur liegt doch allein im Idealen, das aus dem Herzen des Dichters hervorging" (zu Eckermann 18. 1. 1827). Wenn Goethe von einer Phantasie für die Wahrheit des Realen, von seinem „eingeborenen und angebildeten Realismus" sprach, bezeichnete er mehr als nur ein ästhetisches Grundverhalten zur Wirklichkeit. Es lag darin, daß es sich im Anschauen, Durchdringen und Durchbilden des zufällig und gemein Wirklichen zur höheren beständigen Wahrheit des Gesetzlichen, Wesenhaften, Typischen, Urbildhaften richtete. Mit leichter Ironie hat Goethe jene äußerste Spannung brieflich an Schiller gekennzeichnet, die er zu Gleichgewicht und Synthese zu bringen bemüht war. „Die Dichtkunst verlangt im Subjekt ... eine gewisse gutmütige, ins Reale verliebte Beschränktheit, hinter welcher das Absolute verborgen liegt" (4. 4. 1801). Im Wirklichen wird mittels anschauenden Erkennens eines immanenten gesetzlichen Gefüges, der inneren Bezüge im sinnlich Gegebenen, das objektiv Wahre faßbar. Es ist Sinn der Kunst, „durch den Schein die Täuschung einer höheren Wirklichkeit" zu geben, die, objektiviert gestaltet, einen Anspruch auf Wahrheit legitimiert. Sie ist derart ein Resultat von Beobachtung, Anschauung, Erkenntnis und Einbildungskraft. „Und zwar meine ich nicht eine Einbildungskraft, die ins Vage geht und sich Dinge imaginiert, die nicht existieren; sondern ich meine eine solche, die den wirklichen Boden der Erde nicht verläßt und mit dem Maßstabe des Wirklichen und Erkannten zu geahnten, vermuteten Dingen schreitet." Diese Spannungsdimension, innerhalb derer sich Goethes Realitätsverhältnis mit wechselnden Polakzenten bewegt hat, fand dichterische Objektivation in der Symbolstruktur seines Werkes. Sie bedeutete ihm, sinnlich darstellend und das Stoffliche zum Geistigen, Bedeutenden, Typischen und Poetischen transparent machend, Kunst auf höchster Stufe. („Das ist die wahre Symbolik, wo das Besondere das Allgemeine repräsentiert, nicht als Traum und Schatten, sondern als lebendig augenblickliche Offenbarung des Unerforschlichen.") Das nur willkürlich-zufällig Einzelne erschien ihm nicht nur unpoetisch, vielmehr als Abnormes, widersprach es

doch jener Ganzheit ideeller Ordnung, auf die Goethes poetisches, imaginatives Verhältnis zum Realen zielte. „Es ist ein Realitätsbegriff, für den das sinnlich Gegenwärtige weder aufgelöst oder herabgewürdigt, noch materialistisch oder sensualistisch verabsolutiert, das Unendliche, Absolute weder verleugnet noch spiritualisiert noch auch in die Enge des dogmatischen Gedankens hinabgezogen wird" (W. Schadewaldt).

Während E. Auerbach aus seiner Realismus-Definition heraus kritisch Goethes Abgrenzung des Bezirks des Realen, auch in den am meisten realistischen *Wilhelm Meisters Lehrjahren* hervorhob, so daß er „die Wirklichkeit des ihm zeitgenössischen gesellschaftlichen Lebens niemals dynamisch, niemals als Keim werdender und zukünftiger Gestaltungen dargestellt hat" (S. 397), hat die marxistische Lit.wissenschaft gerade Goethes humanistisch-gesellschaftl. begründeten und bewußten R., seine Bestimmung der Kunst aus dem konkreten Leben der historischen Epoche hervorgehoben und darin seine Kritik am Idealismus, der Kunst und Leben trenne, gesehen. Goethe erscheint in dieser Auffassung, im Gegensatz zu Schiller, als Repräsentant einer „realistischen Ästhetik und Kunst", die unmittelbar in das 19. Jh., zu H. Heine überleitet. Entgegen Schiller werden Lessing und Goethe als realistisch-progressive Begründer der dt. klassischen Lit. zusammengefaßt.

Goethe, *Über Kunst u. Literatur*. E. Ausw. Hg. u. eingel. v. Wilh. Girnus (1953), S. 9-197: *Goethe, d. größte Realist dt. Sprache*. Georg Lukács, *Goethe u. s. Zeit* (1955). Hans Mayer, *Goethes Begriff d. Realität*. Goethe 18 (1956) S. 26-43. Wolfgang Schadewaldt, *Goethes Begriff d. Realität*. Ebda, S. 44-88.

§ 8. Die einseitige Bestimmung der Kunst Schillers aus dem „Idealismus" übersieht, daß es bei ihm, wie die Forschung längst herausarbeitete, in anderer Weise um eine Spannungspolarität geht, die erlaubt, seinen R. zu akzentuieren. Er war ethischer und tragischer Artung, er meinte zugleich den Bereich des Gegenständlich-Anschaulichen. Zwar äußerte er anläßlich des *Wallenstein*, da poetische Personen symbolische Wesen seien, müsse der Dichter „auf eine öffentliche und ehrliche Art von der Wirklichkeit sich entfernen", doch hob er hervor, es sei nicht nötig, daß der Gegenstand, an dem wir den schönen Schein finden, ohne Realität sei, „wenn nur unser Urteil darüber auf diese Realität keine Rücksicht nimmt; denn soweit es diese Rücksicht nimmt, ist es kein ästhetisches." Der Realitätsanteil ist derart keine Bedingung des Poetischen, aber er hebt es ebensowenig auf. Beides soll sich in der Synthese vereinigen, die das Ideelle wirklich und das Reale wahr werden läßt. Wenn er im Briefwechsel mit Goethe anmerkte, es sei eine andere Operation, „das Realistische zu idealisieren, als das Ideale zu realisieren" (5. 1. 1798), so war das beschränkt-objektiv Anschaulich-Gegenständliche gemeint, das im Kunstwerk in die Einheit des Sinnzusammenhangs eingelassen wird, der im Wirklichen die höhere geistige Wahrheit verbürgt. Auf eine Synthese zielt ebenso seine psychologische und ästhetische Analyse der Typenphänomene des Realismus (das Naive) und Idealismus (das Sentimentalische) in *Über naive und sentimentalische Dichtung*. Ihr 'Antagonism' war ihm einerseits ein typologisch und kunstmethodisch überhistorisches Problem, andererseits mit historischer Aktualität ein Ausdruck der Situation des Menschen in einem sich kultivierenden, schon spätzeitlichen Jahrhundert, die dem Modernen die überwiegende Tendenz zum Ideellen (reflexiv und subjektiv Sentimentalischen) zusprach. Schiller gab den Begriffen Realist und Realismus, die er vornehmlich als Typen des Lebensverhaltens verstand, keine Kunstvalenz; er verwies sie vielmehr mit negativem Akzent in das „gemeine" Leben. Sie lösen sich nur aus ihm in der Vereinigung mit dem 'Naiven', das sie in das Poetische überführt, das mit ansteigenden Graden fähig wird, den Antagonismus im Kunstwerk aufzulösen. Das Poetische befreit den Realisten wie den Idealisten aus seinem begrenzten Zustand.

> Kurt M a y, *F. Schiller. Idee u. Wirklichkeit im Drama* (1948). Ders., *Schillers 'Wallenstein'*, in: May, *Form u. Bedeutung. Interpretationen dt. Dichtung d. 18. u. 19. Jh.s* (1957) S. 178-242. Wolfgang B i n d e r, *Ästhetik u. Dichtung in Schillers Werk*. Schiller. Reden im Gedenkjahr 1959 (1961) S. 9-36.

§ 9. Schiller verstand das nichts als Realistische als eine Negation des Poetischen („... daß der Realismus keinen Poeten machen kann"), er verlangte aber, das Ideelle müsse

realisiert, anschaulich werden. Friedrich Schlegel, von dem die entscheidenden Impulse der r o m a n t i s c h e n Kunstauffassung ausgingen, gab dem Begriff die Wendung, daß das Reale mit dem Idealen im Sinne der Realität des Ideellen identisch würde. Was er als „neuen Realismus" bezeichnete, war eingebettet in seine Konzeption der Universalpoesie. Dieser R. sollte „idealistischen Ursprungs sein und gleichsam auf idealischem Grund und Boden schweben". Was als R. dem künstlerischen Darstellen zugesprochen wurde, meinte die sinnlich-allegorische, subjektiv-idealistische, ironische und märchenhaft-phantastische Realisierung des Poetischen. „Alle Philosophie ist Idealismus und es gibt keinen wahren Realismus als den der Poesie." Aus dieser Anschauung, nach der nur das Ideelle das real Wahre sei, alle einzelne Wirklichkeit im Kunstwerk nur Bedeutung habe, soweit sie Allegorie, Chiffre, Signal dieses Ideellen werde, erwuchs F. Schlegels Kritik gegen die Einlagerung der poetischen Darstellung in das Profan-Wirkliche und seine Theorie des Romans als „Poesie der Poesie", die in Novalis' bekannter Kritik an Goethes *Wilhelm Meisters Lehrjahre* als „durchaus prosaisch und modern" ein radikalisiertes Echo fand. F. Schlegel lehnte es ab, daß sich die moderne (romantische) Poesie „ganz an die Gegenwart anschließt und in die Wirklichkeit einengt, damit unter die Herrschaft der beschränkten Zeit gerät" (*Lit. Notebooks* S. 243), er schloß die dichterische Darstellung gegen den landläufigen Begriff der Wirklichkeit als „das Gewöhnliche und Gemeine" ab, „dessen Dasein man so leicht vergißt". F. W. J. Schelling hat in seiner *Philosophie der Kunst* (*Vorlesungen* 1802/03) systematisch die romantische Scheidung zwischen dem Poetischen und dem Realistischen entwickelt. Er begriff wie F. Schlegel das Ideelle als das wahrhaft Reale. „Die Ideen also, sofern sie als real angeschaut werden, sind der Stoff und gleichsam die allgemeine und absolute Materie der Kunst" (S. 14). Zwar gab ihm Goethe das Beispiel, wie es das Wesen moderner Dichtung sei, das Besondere als Allgemeines erscheinen zu lassen (S. 100), die Originalität zu ihrem Element zu machen, doch er folgerte, daß „gerade je origineller" auch „desto universeller" bedeuten müßte, wobei er das Originelle von der „Partikularität" des nur Realistischen unterschied (S. 91). Es erhielt derart den Charakter der Gegenbildlichkeit, des Negativen zurück. „Die gemeine Wirklichkeit soll sich nur darstellen, um der Ironie und irgendeinem Gegensatze dienstbar zu sein" (S. 322). Wenn der nach der Jh.mitte von Otto Ludwig ausgearbeitete Begriff „poetischer Realismus" auf Schelling (14. der *Vorlesungen über die Methode des akademischen Studiums*, 1803) zurückgeführt wird, ist dies insofern problematisch, als Schelling ihn, auf Platos Verwerfung der Dichtkunst anspielend, offenbar pejorativ meint — gegensätzlich zur „enthusiastischen Poesie" einerseits, abgehoben von der „christlichen Poesie" andererseits, „welche im Ganzen ebenso bestimmt den Charakter des Unendlichen trägt, wie die antike im Ganzen den des Endlichen." Die christlich-romantische Poesie erfüllt, was „Plato weissagend vermißte" (Ed. M. Schröter Bd. 3 S. 368). Die Einigung des Allgemeinen und Besonderen, von Idee (Wesen) und Erscheinung (Wirklichkeit), die in der klassischen Symbolsprache vollzogen war, veränderte sich in der romantischen Symbolkunst zur Negation der Brechungen des Symbolisch-Ideellen und Poetischen durch das Reale. „Das Symbol ist die Existenz der Idee selbst; es *ist* das wirklich, was es *bedeutet*, es ist die Idee in ihrer unmittelbaren Wirklichkeit. Das Symbol ist also immer selbst wahr, kein bloßes Abbild von etwas Wahrem" (K. F. W. Solger *Vorlesungen* S. 129). Jean Paul lehnte in Paragraph 3 der *Vorschule der Aesthetik* (1804), der die „Poetischen Materialisten" behandelt, ein Bestreben der „Nachdrucker der Wirklichkeit", die Natur getreu zu kopieren, sie prosaisch nachzuäffen, als Widerspruch gegen den poetischen Geist, dessen Bestimmung die „poetische Nachahmung" ist, ab. Wenn im Erzählen (Roman, Novelle) der späteren Romantik zunehmend Bezüge auf zeitgenössische und historische Lebensverhältnisse, insbesondere unter gesellschaftlich-politischem Aspekt (A. v. Arnim, J. v. Eichendorff), und Details der Umweltrealität aufgenommen werden, bleiben sie gleichwohl unter dem Primat der poetischen Verarbeitung, oder sie erhalten, wie bei E. T. A. Hoffmann, den Charakter der ironisch-satirischen Gegenbildlichkeit; oder aber sie werden bestimmt und umgeformt durch den poetisch strukturierten Auswahltypus der Darstellungsform (die sog. realistische Novellistik von H. v. Kleist oder L. Tieck).

Friedr. S c h l e g e l, *1794-1802. Seine prosaischen Jugendschriften*. Hg. v. Jakob Minor (Wien 1882). Ders., *Literary Notebooks 1797-1807*. Ed. by Hans Eichner (London 1957). Carl E n d e r s, *Friedr. Schlegel. Die Quellen s. Wesens u. Werdens* (1913). Hans E i c h n e r, *Friedr. Schlegel's theory of romantic poetry*. PMLA. 71 (1956) S. 1018-1041. Ernst B e h l e r, *Friedr. Schlegels Theorie d. Universalpoesie*. Jb. d. Dt. Schiller-Ges. 1 (1957) S. 211-252. Rich. B r i n k m a n n, *Romantische Dichtungstheorie in F. Schlegels Frühschriften u. Schillers Begriffe des Naiven u. Sentimentalischen*. DVLG. 32 (1958) S. 344-371. Klaus B r i e g l e b, *Ästhetische Sittlichkeit. Versuch über Friedr. Schlegels Systementwurf z. Begründung d. Dichtungskritik* (1962; Hermaea. NF. 12). Karl Konrad P o l h e i m, *Die Arabeske. Ansichten u. Ideen aus Friedr. Schlegels Poetik* (1966). Friedr. W. J. v. S c h e l l i n g, *Philosophie d. Kunst* (1859). Nachdr. (1960). Karl Friedr. W. S o l g e r, *Vorlesungen über Ästhetik*. Hg. v. K. W. L. Heyse (1829). Jean P a u l, *Vorschule d. Ästhetik*. Hg. v. Norbert Miller (1963; *Werke*. Bd. 5).

Clemens H e s e l h a u s, *Die Wilhelm-Meister-Kritik d. Romantiker u. d. romant. Romantheorie*, in: *Nachahmung u. Illusion* (s. § 5) S. 113-127. Wolfgang P r e i s e n d a n z, *Zur Poetik d. dt. Romantik. 1. Die Abkehr vom Grundsatz d. Naturnachahmung*, in: *Die dt. Romantik*. Hg. v. Hans Steffen (1967; Kl. Vandenhoeck-Reihe 250) S. 54 ff. Wolfdietrich R a s c h, *Die Poetik Jean Pauls*. Ebda, S. 98 ff. — Fritz L ü b b e, *Die Wendung vom Individualismus zur sozialen Gemeinschaft im romant. Roman (von Brentano zu Eichendorff u. Arnim)* E. Beitr. z. Vorgesch. d. R. (1931; Lit. u. Seele 2). Gisela J a h n, *Studien zu Eichendorffs Prosastil* (1937; Pal. 206). Clemens L u g o w s k i, *Wirklichkeit u. Dichtung. Untersuchungen z. Wirklichkeitsauffassung H. v. Kleists* (1936). Walter S i l z, *Heinrich v. Kleist. Studies in his works and literary character* (Philadelphia 1961) S. 247-270: *Art and reality*. — Hans M a y e r, *Die Wirklichkeit E. T. A. Hoffmanns*, in: Mayer, *Von Lessing bis Thomas Mann* (1959) S. 198-246. Hans-Georg W e r n e r, *E. T. A. Hoffmann. Darstellung u. Deutung d. Wirklichkeit im dichter. Werk* (1962; Beitr. z. dt. Klassik 13). Claus Friedr. K ö p p, *R. in E. T. A. Hoffmanns Erzählung 'Prinzessin Brambilla'*. Weimarer Beitr. 12 (1966) S. 57-80. — Jörg H i e n g e r, *Romantik u. R. im Spätwerk Ludwig Tiecks*. Diss. Köln 1955.

§ 10. Die generelle Wendung des europäischen 19. Jh.s zur Beobachtung, Analyse und Wertung der Erfahrungswelt, in ihrer Totalität wie in ihren sich verselbständigenden Details, bedarf hier keiner erneuten Beschreibung. Ihre Impulse lagen in eingreifenden gesellschaftlich-politischen Veränderungen, im Pragmatismus bürgerlicher Lebensorientierung, in der Ablösung von Glaubensbindungen und metaphysischen Systemen, in der Abwendung von einem idealistisch-spekulativen Denken, in einem neuen, auf die Aufklärung zurückweisenden szientifischen Weltverhältnis (Naturwissenschaft, Psychologie, Soziologie, Historismus), in ökonomisch-industriell begründeten Interessenumschichtungen. Sie lagen ferner in der Emanzipation des seiner autonomen Willens-, Sinnes- und Vernunftkräfte bewußt gewordenen Menschen, der sich zum Herrn seiner realen Welt machte (Sensualismus, Voluntarismus, Rationalismus, Positivismus). Dieser Übergang schloß sich in Frankreich und England mit größerer Kontinuität an die Aufklärungsprozesse im 18. Jh. an; er mußte sich in Deutschland mit stärkerer antihistorischer, oppositioneller und deshalb auch gesteigert produktiver Wendung gegen die Tradition von Idealismus und Romantik frei kämpfen. „Eine neue Ordnung der Dinge gestaltet sich; der Geist macht Erfindungen, die das Wohlsein der Materie befördern; durch das Gedeihen der Industrie und durch die Philosophie wird der Spiritualismus in der öffentlichen Meinung diskreditiert; der dritte Stand erhebt sich; die Revolution grollt schon in den Herzen und Köpfen; und was die Zeit fühlt und denkt und bedarf und will, wird ausgesprochen, und das ist der Stoff der modernen Literatur" (H. Heine, *Der Salon* Bd. 2). Die Jahrzehnte zwischen 1830, dem markanten Auftritt einer neuen Generationsgruppe, und 1848/49, eingelagert in das Spannungsfeld zwischen Restauration und Revolution, einem historischen und einem progressiven Denken, bilden die erste Phase einer Tendenz zum R. von eigener stofflicher, ideologischer und stilistischer Prägung. Sie ist gekennzeichnet durch große produktive Energien, eine Häufung von Gegensätzen, eine kreative Unruhe, die zu erheblichen Veränderungen in den literar. Darbietungsformen, im Verhältnis zwischen Lit. und Leben, in den Kriterien des Künstlerischen und in der Handhabung der Sprache führten. Überall wird ein anderes Verhalten gegenüber der faktisch-zeitgenössischen und historischen Wirklichkeit zum Antrieb, so wenig dies auf eine einzige Formel

reduziert werden kann, betonten doch die Zeitgenossen selbst das Krisenhafte, Widersprüchliche und Offene, also Experimentelle dieser „Übergangsjahre". Es lassen sich vereinfacht zwei antinomische, gleichwohl geschichtlich zusammenhängende Grundtendenzen unterscheiden. Die eine Grundtendenz findet, in einer Art von weitgehend säkularisiertem Pantheismus, zur positiven Wertung des Gegenständlich-Individuellen, der Weltvielfalt in der Menge ihrer einzelnen Details an Fakten und Dingen aus einem ihr immanenten, harmonisierenden Bezug zu einer inneren Geistigkeit und Ordnung, in die das Bestehende, das Gewesene wie das Werdende eingebettet ist. Dem Realen wird eine in ihm gegebene und ruhende Sinnordnung zuerkannt. Es ist Teil einer geschlossenen Welt. Dies Verhalten zur Realität, wie sie sich in der Geschichte, der Natur, den menschlichen Grundverhältnissen und einzelnen Dingen darstellt, zeigt (z. B. die 'Historische Schule', J. Grimm, F. C. v. Savigny, B. G. Niebuhr, L. v. Ranke u. a.) einen konservativen Zug, der sich literar. auch in Formenwahl und Sprachhandhabung (F. Grillparzer, A. Stifter, E. Mörike) bemerkbar macht und Rückbezüge zur klassisch-romantischen Tradition bewahrt. Doch wird deutlich, daß in sie Veränderungen und Brüche sich einlegen, die zu Zeichen einer anderen, zwiespältigen, das Disharmonische bewußt machenden Welterfahrung werden. Die andere Grundtendenz versteht die Wirklichkeit antihistorisch, vorwiegend unter gesellschaftlicher und ideologischer Perspektive, als problematisch, offen und veränderbar. Sie bestimmt sie, unter Akzentuierung des subjektiven und kritisch-reflexiven Verhältnisses zu ihr, als Aufgabe des aktiven Geistes, der ihre moralisch-politische Ordnung neu zu bestimmen hat. Die Realität wird als widersprüchlich, krisenhaft erkannt und die Herstellung einer neuen Einheit von Geist und Leben als Ziel der Zukunft bestimmt. Diese Grundtendenz erkennt sich, wie in den sog. Jungdeutschen, als progressiv-modern, als oppositionell emanzipiert und der „feudal-historischen Schule" (L. Wienbarg, *Ästhetische Feldzüge* S. 34) entgegengesetzt. Beide Tendenzen fassen das Reale unter der Perspektive eines Ideellen auf: entweder als in ihm naturhaft-historisch und schließlich göttlich Gegebenes, das zur

Ehrfurcht vor dem Bestehenden, dem Wesen und Gesetz der Dinge hinleitet, oder als ein aufzulösender Widerspruch, der ein negatives Verhältnis zu dem Geschichtlichen und Bestehenden aufnötigt. Graduelle Mischungen beider Tendenzen lassen sich, wie z. B. kunsttheoretisch bei F. Th. Vischer, künstlerisch bei G. Büchner beobachten. G. Büchner bestimmt den Grad künstlerischer Wirklichkeitsdarstellung antiidealistisch, antiromantisch, mit Ausgriff zum Sozialen und Kreatürlichen, zu bisher unaufgedeckten inneren Bewußtseinsvorgängen, aus der Einheit exakter Beobachtung und des humanen Mitfühlens, aus der Ehrfurcht vor der geschaffenen Wirklichkeit, aus der Intensität der Lebensunmittelbarkeit („Möglichkeit des Daseins"), die sich in beständiger Bewegung darstellt („Nur eins bleibt: eine unendliche Schönheit, die aus einer Form in die andre tritt, ewig aufgeblättert, verändert" [Lenz]) und nicht lediglich an Kopien des Äußeren gebunden ist („Der Dichter und Bildende ist mir der liebste, der mir die Natur am wirklichsten gibt, so daß ich über seinem Gebild fühle" [ebd.]). Stilgeschichtlich haben in diesen Jahrzehnten G. Büchner in Drama und Erzählung, A. v. Droste in der Lyrik den R. als komplexes künstlerisches Prinzip am weitesten vorangetrieben.

So vielfältig das Verhältnis zwischen Kunst und Wirklichkeit, Geist und Leben jetzt erörtert wird, so verändernd diese Auseinandersetzung in die literar. Formen eindringt: im Drama (Chr. D. Grabbe, G. Büchner), in der Lyrik (H. Heine, A. v. Droste, auch E. Mörike; Bevorzugung der Ballade), in der Prosa als eine allgemeine ästhetische Höherwertung wie thematisch und stilistisch im Roman (K. L. Immermann, der junge Gotthelf) und in der Novelle (G. Büchner, A. v. Droste, F. Grillparzer), in der Annäherung von Dichtung und Publizistik (H. Heine, G. Weerth, H. Laube, K. Gutzkow u. a.), in der Sprengung von Stoff- und Gattungsgrenzen und in Anreicherungen der Literatursprache: die programmatische Verfestigung eines Kunstprinzips R. ist ausgeblieben, im Unterschiede zu Frankreich, wo der R.begriff als Bezeichnung einer unpersönlichen, getreuen und detaillistischen Darstellungsmethode für zeitgenössische Stoffe und Konflikte, die beobachtet und analysiert werden, in diesen Jahrzehnten geläufig ist. Dabei

wirkte mit, daß in der dt. Ästhetik und Literaturpraxis, die sich nur schwer von idealistischer Tradition (Wertung des Ideellen), klassizistischer Tradition (Dogma des Schönen) und romantischem Erbe (Primat des Poetischen) ablösten, dem Begriff lange etwas Negatives anhaftete. So energisch die jungdeutsche Ästhetik (L. Wienbarg, Th. Mundt, K. Gutzkow), unter Einfluß H. Heines eine „Poesie des Lebens" als Ausdruck und Abprägung des gesellschaftlichen Zustandes, als Darstellung von Charakteren mit scharf begrenzter Individualität und bestimmter Zwecke, als ethisch-politisch engagierte Aussprache des „Zeitgeistes" verlangte, der Akzent lag auf einem Poetischen, welches die produktiv-reflexive Subjektivität des Künstlers als Realisierung des Ideellen erzeugt. Die „Repräsentation einer Zeit durch Dichter und Schriftsteller" sollte sich „auf die Weise nämlich" vollziehen, „daß sie Zeichnung und Färbung von ihrer Zeit entlehnen, dennoch aber in Gemälden selbständig und schöpferisch zu Werke gehen und einen ihnen eigenthümlichen Stil an den Tag legen" (Wienbarg *Ästh. Feldzüge*, S. 280). „Sie können die Natur nicht über die Kunst vergessen machen ... die Wahrheit und Wirklichkeit hat sich ihnen zu gewaltig aufgedrungen ... und mit dieser muß ihre Kraft so lange ringen, bis das Wirkliche nicht mehr das Gemeine, das dem Ideellen feindlich Entgegengesetzte ist" (ebd. S. 299). R. wurde verstanden im radikalen Spannungsfeld zwischen nur pragmatischer Wirklichkeit und der Realisation des Ideellen, die noch über das Literarische in die Praxis des Lebens zielte. Th. Mundt (*Kunst der Prosa*, 1837) betrachtete die Ineinsbildung von Idee und Wirklichkeit, von Poesie und Prosa als Hauptthema seiner Generation. Er wehrte sich gegen bloße „Detailseligkeit", er postulierte für den Roman ein Aufheben der Trennung zwischen Poetischem und Realistischem. Die 'moderne' Zuwendung zu realistischen Stoffen, zu deren gesellschaftlicher Wirkungsfunktion (K. Gutzkow), also die literar. Ausprägung eines kritischen Gesellschaftsbewußtseins, die sich seither im engeren Sinne mit dem Begriff R. verknüpft hat, hob nicht die Intention zum Poetischen als essentiell für das Literaturwerk auf. Der Gegensatz zur Romantik lag darin, daß jetzt das Ideelle auf das Reale bezogen, in ihm seine Realisation erwartet wurde.

Diese Grundposition, die das Wirkliche nur in der Perspektive auf ein Ideelles als darstellenswert erachtete — allerdings differenziert je danach, was man als auswahlwürdige stoffliche Wirklichkeit und als ideelle Tendenz bestimmte (der Unterschied etwa zwischen Immermanns *Oberhof*-Kapiteln, dem jüngeren Stifter und Gotthelf und den jungdeutschen Erzählern), auch je danach, welche Intensität künstlerischer Darstellung (G. Büchner, A. v. Droste) erreicht wurde — hat G. W. F. Hegels Ästhetik (*Nachgelassene ästhetische Vorlesungen*, textlich bearbeitet hsg. von H. G. Hotho, 1835) bestätigt. Er sah, darin wirkte der Klassizismus nach, in der Kunst die Verwandlung der zufälligen, willkürlichen, gewöhnlichen Wirklichkeit in eine „höhere geistgeborene Wirklichkeit" (I, S. 20), die Aufgabe der Vermittlung zwischen dem Äußeren und Inneren, dem Individuellen und dem Allgemeinen. „Die wahre Selbständigkeit besteht allein in der Einheit und Durchdringung der Individualität und Allgemeinheit, indem ebensosehr das Allgemeine durch das Einzelne erst konkrete Realität gewinnt, als das einzelne und besondere Subjekt in dem Allgemeinen erst die unerschütterliche Basis und den echten Gehalt seiner Wirklichkeit findet" (I, S. 180). Dies bedeutete zugleich, daß „die subjektive innere Totalität des Charakters und seiner Zustände und Handlung und die objektive des äußeren Daseins nicht" auseinanderfallen dürfen, „sondern ein Zusammenstimmen und Zusammengehören zeigen" (I, S. 248). Zugleich aber machte Hegel die Problematik bewußt, die für die Lit. aus dem zunehmenden Auseinanderfallen von nur abständiger, entpersönlichter und institutionalisierter Wirklichkeit hier, der inneren subjektiv-humanen Welt dort folgen mußte. Er forderte einerseits die Einheit des „konkreten Allgemeinen", er analysierte andererseits für die geschichtliche Lage den Prozeß der Entfremdung zwischen Ideellem und Wirklichem, Totalem und Einzelnem, derart das Grundproblem der realistischen Kunst im 19. Jh. Das Kapitel *Das Zusammenstimmen des konkreten Ideals mit seiner äußerlichen Realität* (I, S. 248 ff.) enthält die Grundthematik und -problematik des späteren 'poetischen Realismus'.

Es läßt sich nicht übersehen, daß die nachklassische Bemühung um eine Einung des Ideellen und Realen in der Kunst dialektisch auf das Bewußtsein jener Verstörungen und Brüche hinwies, mit denen die konkrete Gestaltung um so mehr zu tun hatte, je mehr sie sich zu einer Wahrhaftigkeit gegenüber dem Wirklichen (als Beobachtung und innere Erfahrung) verpflichtet wußte. Das Ideelle und das Reale traten auseinander, Imagination und Erfahrung widersprachen sich, dem 'Subjektiven' stellte sich das 'Objektive' einer abständigen, entfremdeten Wirklichkeit entgegen. Alle Grundverhältnisse (Natur, Gesellschaft, Ethik, Bildung etc.) werden davon so betroffen wie die literar. Formen. Vereinfacht läßt sich sagen, daß diese Erfahrung, wo die konservative Grundhaltung überwog, zu Eingrenzungen des dargestellten Weltausschnitts führte, die eine Illusion der Einstimmung gewährten (die Idylle jenseits der zeitgenössischen Gesellschaft, von Immermanns *Oberhof* im *Münchhausen* bis zur trivialen Dorfgeschichte), oder aber zu dessen Stilisierung unter mehr ethisch-ästhetischen (Stifter) oder ethisch-religiösen Voraussetzungen (Gotthelf). Die poetische Übereinstimmung (Weltganzheit) ließ sich nur durch Beschränkung oder Überformung (z. B. Geschichtsdarstellung) der dargestellten Wirklichkeit oder derart erreichen, daß die faktischen Zustände einen Charakter der Gegenbildlichkeit (ironisch-satirisch und moralisch-religiös bei Gotthelf) erhielten. Wo hingegen die 'moderne', progressive Grundhaltung überwog, wurde die Disjunktion durch die subjektive, kritische Reflexion, durch das Prinzip der 'offenen' Darstellung in Sujet und Form verdeutlicht und die poetisch-reale Harmonie zur ideologischen und künstlerischen Zukunftsaufgabe unter der Voraussetzung politisch-gesellschaftlich versöhnter Realität gemacht. Vom Aspekt der Wertung aus erscheinen Grad und Rang der künstlerischen Leistung im R. der ersten Jh.hälfte dort am höchsten, wo, wie gattungsgemäß und individuell unterschiedlich auch immer, die Erfahrung dieses Widerspruchs zwischen Ideellem und Realem, der sich mehr und mehr zum Widerspruch zwischen dem reflexiv Subjektiven und dem faktisch Objektiven verändert, sei es mit dem Akzent der Unaufhebbarkeit, sei es unter dem Vorzeichen potentieller Aufhebung im Kunstwerk, gestaltet worden ist. Wo er schließlich ebenso im subjektiven Selbstbewußtsein wie in der äußeren Wirklichkeit erfahren wird. Dies gilt für Drama und Prosa (s. oben) wie für die Lyrik (H. Heine, N. Lenau, E. Mörike, A. v. Droste). Der Spannungsintensität dieser Widerspruchserfahrung entstammte die produktive Unruhe, die formschöpferische Vielfalt in diesen Jahrzehnten, mochte auch außerhalb Deutschlands eine Entwicklung zum R. programmatisch und praktisch eindeutiger erscheinen. F. Th. Vischer: „Belgier und Franzosen sind uns wie in der Malerei, so in der Poesie hierin vorausgeeilt, daß sie diesen packenden, schüttelnden Geist der Realität in ihre Kunst aufzunehmen verstanden; uns haben sie den unfruchtbaren Idealismus gelassen" (*Herwegh*, 1844. *Krit. Gänge* II, S. 128).

Ludolf W i e n b a r g, *Ästhetische Feldzüge* (1834). Theodor M u n d t, *Die Kunst d. dt. Prosa* (1837). G. W. F. H e g e l, *Ästhetik*. Mit e. Einf. v. G. Lukács. Hg. Friedr. Bassenge (2. Aufl. 1965). Friedr. Theod. V i s c h e r, *Kritische Gänge*. Hg. Robert Vischer (2. Aufl. 1914-1922). Ders., *Ästhetik oder Wissenschaft des Schönen*. Hg. Robert Vischer (2. Aufl. 1922-1923). Julian S c h m i d t, *Geschichte d. dt. Lit. im 19. Jh. Bd. 3: Die Gegenwart* (2. Aufl. 1855). Ders., *Bilder aus d. geistigen Leben unserer Zeit*. 4 Bde (1870-1875). Robert P r u t z, *Die dt. Lit. d. Gegenwart. 1848-1858* (2. Aufl. 1860). Heinrich H e i n e, *Sämtl. Werke*. Hg. v. Ernst Elster. 7 Bde (1887-1890). Georg B ü c h n e r, *Sämtl. Werke und Briefe*. Histor.-krit. Ausg. hg. mit Komm. v. Werner R. Lehmann Bd. 1 u. 1a (1967). Otto L u d w i g, *Gesammelte Schriften*. Hg. v. Erich Schmidt u. Adolf Stern. Bd. 5/6: *Studien 1/2* (1891). Theodor F o n t a n e, *Aufsätze zur Literatur*. Hg. u. mit e. Nachw. v. Kurt Schreinert (1963). Adalbert S t i f t e r, *Kulturpolitische Aufsätze*. Hg. u. mit e. Nachw. vers. v. Willi Reich (Einsiedeln-Zürich 1948).

§ 11. Die Revolution von 1848/49 bedeutete einen markanten Phasenabschnitt; um die Jh.mitte setzte eine neue Generation ein. Formengeschichtlich ist für sie charakteristisch das Ausbleiben des Dramas (trotz der Anstrengungen, es zu erreichen), ein Zurücktreten der Lyrik (Dominanz der Ballade), das Primat von Roman und mehr noch Novelle, ein gewandeltes Verhältnis zu Formgestaltung, Stil und Sprache. Die Autoren dieser Generation repräsentieren die Breiten- und Höhenentfaltung des 'bürgerlichen' oder 'poetischen' R. in der dt. Literatur. Der Begriff 'b ü r g e r l i c h e r R.' bezieht sich historisch-literatursoziologisch auf den Zusammenhang dieser Lit. mit der zu vollem Selbstbewußtsein gelangten bürgerlichen Gesellschaft: als Herkunftsort und Umwelt der Autoren, als Thematik und Milieu ihrer Stoffe und Probleme, als Leserpublikum. Er bezieht die dem dt. R. eigene Vermittlungs- oder Ausgleichshaltung in Konfliktgestaltung, Problemlösungen, Stil und Sprache ein. Der Begriff 'p o e t i s c h e r R.' gründet auf der formgeschichtlich-stilkritischen Perspektive; er zielt auf das Problem künstlerischer Bewältigung der Disjunktion zwischen Dichtung und Wirklichkeit, Imagination und Realität. Er ist geeignet, Charakter und Typus des dt. realistischen Erzählens gegen dessen andersartige Ausprägung in der franz., engl., russ. Erzähllit. der Zeit abzuheben. Auf sie ist hier nicht einzugehen. In den Jahren um 1850 hat sich durchweg in Europa das Leitwort R. als Programm objektiver, unpersönlicher Beobachtung und Abbildung zeitgenössischer Wirklichkeit, oppositionell zu 'idealistischer' Thematik und Sprache und zu einem klassizistisch-romantisch ästhetischen Illusionismus des Schönen, Erhabenen und Poetischen verbreitet. In Rußland bezog schon 1836 V. Belinskij Schlegels Begriff der „realen Poesie" umdeutend auf Shakespeare und Scott. In Frankreich stellte G. Courbet 1855 seine Bilder im „Pavillon du réalisme" (mit provokativer Wortbedeutung) aus, es folgten 1856/57 eine Zeitschrift *Le Réalisme* (Hg. E. Duranty), 1857 eine Essaysammlung von J. Champfleury *Le Réalisme*. Während in England der Begriff noch bei Emerson und Ruskin 1856/57 negativ gemeint war (Materialismus, Groteske), bezog ihn 1853 ein Beitrag in *Westminster Review* auf Balzac, 1858 G. H. Lewes in einem Aufsatz *Realism in Art: Recent German Fiction* auf die dt. Erzähler, von denen er P. Heyse und G. Keller anerkannte, G. Freytag und O. Ludwig ablehnte. Offen muß bleiben, ob er den Wortgebrauch aus Deutschland übernahm. Während in Frankreich der R. als kritische Analyse der Typenzüge gesellschaftlicher Realität, als deren demaskierende Psychologie in der Diskrepanz von Realität und Idealbild ('Desillusionsroman' zwischen Stendhal und E. Zola), als moralische Opposition gegen Konventionsschemata, als Erkenntnis von Naturgesetzlichkeiten ('Wahrheit') im Detail des Zeit- und Gesellschaftspanoramas ('Wirklichkeit') aufgefaßt wurde, blieb er in Deutschland auf das Problem der 'poetischen' Realisierung bezogen.

A. Stifter sprach unter ethisch-ästhetischem und metaphysischem Aspekt von einer „Reinheit der Darstellung des Gegebenen", der Dinge „in ihrer objektiven Giltigkeit" und „Wesenheit" (*Über Stand und Würde des Schriftstellers*, 1848). F. Th. Vischer betonte in seiner *Ästhetik* (1846/57) zwar die Gesamtwirkung realer Auffassung (IV, S. 485), lehnte jedoch „ein Ertränken der Idee in der Sachlichkeit des Gegenstandes" ab, der vielmehr so zu behandeln sei, daß der Gedanke selbst schlagend aus ihm herausleuchte. Er vermied den Begriff R. als mehrdeutig. Denn er bezog sich einerseits auf den Klassischen Stil als Objektivität der Vergegenwärtigung (wie sie z. B. bei A. Stifter vorliegt), andrerseits auf einen naturalisierenden und individualisierenden Stil des Hereinziehens der Einzelzüge des Daseins zum ausführlicheren Schein des Lebens. Der Klassische Stil war aber zugleich in Ausscheidung des Partikularen idealistisch. Der naturalisierend-individualisierende Stil war es ebenfalls insofern, als er seinen Ausgang aus der Tiefe verborgener Innerlichkeit nimmt (*Ästhetik*, VI, S. 68). Otto Ludwig entwickelte die Theorie des 'poetischen' R. (*Shakespeare-Studien*, veröff. 1871) als Vermittlung zwischen dem lediglich Zufällig-Realen und dem Ideell-Typischen, das im Partikularen einen immanenten Zusammenhang erfassen läßt, der zugleich kausaler und irrationaler Art ist. G. Keller sprach in dem Aufsatz *Die Romantik und die Gegenwart* (1849) von dem Ringen „nach einem neuen Sein und nach einem neuen Gewande", Th. Fontane formulierte ein zeitgemäßes Programm des R. (*Unsere lyrische und epische Poesie seit 1848*, 1853), das er als Ausdruck einer neuen Generationsgemeinschaft vortrug: „Der Realismus in der Kunst ist so alt als die Kunst selbst, ja noch mehr: Er ist die Kunst." H. Hettner fand in *Das moderne Drama* (1851) dessen Zukunft in der Wendung zum sozialen Thema. Julian Schmidt wurde, oppositionell der „Willkür der alten Romantik" und der „jungdeutschen Abhängigkeit von französischer Bildung", aus einer bürgerlich-nationalen, auf beharrende gesellschaftlich-volkliche Lebenszustände gerichteten Perspektive, ein kritischer Wortführer des literarischen R., zugleich ein

kritischer Vermittler zur europäischen realistischen Erzählkunst. Wenn er in der *Geschichte der dt. Lit. im 19. Jahrhundert* in dem die Gegenwart behandelnden 3. Bande sagte, der Inhalt romantischer Kunst war das Ideale, der modernen Kunst sei die Wirklichkeit, so setzte er die jungdeutsche Programmlinie fort. Jedoch mit einer für die nachrevolutionäre Phase signifikanten Wendung, indem er den R. gegen jenen abgrenzte, der, französischer Herkunft, als Reales nur anerkannte, was dem Idealen widersprach, ferner gegen die „roheste Nachbildung des wirklichen Lebens", die er dem Sozialismus zuschob (S. 9). R. bedeutete für ihn, die sittliche Idee ins Detail des wirklichen Lebens auszubreiten und zu vertiefen (S. 379). „Durch den Realismus, d. h. durch die Nachbildung der gemeinen empirischen Wirklichkeit müssen wir uns durcharbeiten, um zur Wahrheit zu dringen, und es ist kein so großes Unglück, wenn wir zunächst in die Selbsttäuschung verfallen, als hätten wir in diesem Realismus bereits die volle Wahrheit" (S. 9). Ähnlich forderte Robert Prutz entgegen abstraktem Idealismus und brutalem R. der „gemeinen" Wirklichkeit die Synthese des Realen und Ideellen. Ihre Zeit schien ihm, wie für Julian Schmidt, erst seit 1848/49, seit der Abstandnahme vom revolutionären jungdeutschen „Idealismus" gekommen zu sein. G. Keller suchte die Darstellung des rein und dauernd Menschlicher im Alltäglichen und Nahen, des „Innerlichen Zuständlichen und Notwendigen" im Bekannten und Einfachen (*Am Mythenstein*) er sprach im *Grünen Heinrich* von dem wirklich Bestehenden als dem einzig möglichen Ideal, sofern „alles Wirkliche, Geschehende und Bestehende, sobald es sein eigenes Wesen ausreichend und gelungen ausdrückt" als das Ideale zu bezeichnen ist. Im Wirklichen ist eine Substantialität der Grundphänomene enthalten, welche die Dichtung im Konkret-Sinnlichen anschaubar macht. Das poetische Verfahren führt derart nicht von der Wirklichkeit fort, sondern zu dem, was in ihr als naturhaft-humane Wahrheit enthalten ist. Keller sprach von der „Reichsunmittelbarkeit der Poesie" als dem Recht „auch im Zeitalter des Fracks und der Eisenbahnen, an das Parabelhafte, das Fabelmäßige ohne weiteres anzuknüpfen" (*Br. 27. 7*. 1881); Fontane sprach von der „Widerspie gelung alles wirklichen Lebens, aller wahren Kräfte und Interessen im Elemente der Kunst"; es ging darin nicht um Reproduktionen und Kopien der Wirklichkeit, sondern um den Aufbau der dargestellten Welt analog und verantwortlich der äußeren und inneren Erfahrungswirklichkeit in der Vielstimmigkeit und Komplexität ihrer Dimensionen und unter Prinzipien der künstlerischen Auswahl, Durchdringung und Gestaltung. Diese Prinzipien stellen sich in der Entwicklung der Erzählkunst zwischen A. Stifter, J. Gotthelf und Th. Fontane, C. F. Meyer individuell und je nach geschichtlicher Position sehr verschiedenartig dar. Keinesfalls kann bei den dt. Autoren im R. von einer normativen Erzählmethode gesprochen werden.

§ 12. Dies macht die Schwierigkeit einheitlicher Begriffsbestimmung aus. Generell gilt eine Abwendung vom Subjektiven, Pathetischen, Rhetorischen, Geistreich-Ironischen, ideologisch Tendenziösen zugunsten einer Verfestigung der Formen, einer Objektivierung der Gehalte, Konflikte und des Stils, eines mittleren Ausgleichs der Sprache. An die Stelle der offenen Form trat ein welthaft geschlossenes Darstellen, die Tendenz zu epischer Ganzheit. Dem entsprach eine künstlerische Disziplinierung der Prosa, eine Dämpfung des Expressiven. Subjektive Reflektion der Welt unter ideologischen Voraussetzungen und Engagements wurde abgelöst durch die Darstellung objektiver Zusammenhänge, in welche die subjektive Erfahrungs- und Erlebnisweise als Reflex des Subjektiven im Objektiven eingelegt wurde. Der objektivierenden Formhaltung entsprach die Bevorzugung der Novelle, zugleich jene Reduktion des Weltausschnitts, die Bedingung wurde, eine erzählerische Ganzheit herzustellen. Es wird ein Anschluß an Form und Symbolsprache Goethes, an klassische Formobjektivität (typisch Kellers Veränderung des Jean Paul-Zitats in der 1. Fassung zu dem Goethe-Zitat in der 2. Fassung des *Grünen Heinrich*, F. Hebbels Wendung zur klassischen Tragödienform nach 1848/49, oder Stifters Symbolstil im *Nachsommer* und *Witiko*) zurückgewonnen. Allerdings begleiten diesen Anschluß eingreifende Wandlungen stofflicher, formaler und sprachlicher Art, die sich am Drama (Grillparzer, Heb-

bel), am sog. Bildungsroman (Stifter, Keller), in der Psychologisierung und Vergesellschaftung der Themen und Konflikte so erkennen lassen wie in Reduktionen der Symbolsprache. Das Symbolische verengt sich zu funktionaler Geltung im Erzählgefüge; es büßt seinen universellen Charakter ein. Eine Verengung liegt ebenso in der Tendenz zum Ethischen und Pädagogischen (Stifter, Keller, Raabe) wie zur Innerlichkeitsthematik (Raabe, Storm) und zum Regionalen, selbst Lokalen, das Detail- und Atmosphäre-Echtheit um den Preis von Weltdimension erkauft. Die Entfaltung mundartlicher Lit. (F. Reuter, K. Groth, J. Brinckmann u. a.) folgt gleicher Tendenz zur Echtheit der Sprache, die die Suggestion unmittelbarer Realitätswiedergabe enthält.

Generell bestimmt den dt. 'poetischen' R. weiterhin die Tendenz zur Vermittlung zwischen Poetischem und Wirklichem, Normativem und Partikularem, Typischem und Individuellem. Sie verstärkte sich angesichts zunehmender Erkenntnis der in diese Spannungen eingelegten Widersprüchlichkeit, die sich gegen das Jh.ende als zentraler Konflikt- und Problemgegenstand dem Erzählen aufzwang (das Alterswerk von Keller, Raabe, Storm, Fontane, in der Novelle C. F. Meyer). Der Disjunktion in der Gesellschafts- und Bewußtseinswelt sollte sich im Kunstwerk eine 'poetisch' ausgleichende Ganzheit, die dessen Kunstcharakter ausmacht, entgegenstellen. Damit legte sich über das objektive Bild der Gesellschaft ein vorwiegend moralisch-kritischer Aspekt, bestimmt von der Subjektivität des betroffenen und eingegrenzten Menschen, der einen Schutzraum innerer Freiheit gegenüber der Außenwirklichkeit im Humor, in der Erinnerung, in der Idylle oder Resignation, in humaner Introversion sich bereitet. A. Stifter bildete unter Stilisierungen die erzählte Welt zu einer objektiven, naturhaft, ethisch und ästhetisch begründeten Sinnordnung, in welche die objektiv-humane Innerlichkeit des Erzählers einging. G. Keller hielt, bei wesentlich komplexerer Problemerkenntnis in Psychologie, Gesellschaft und Weltbeschaffenheit, an einer naturhaft-humanen Ganzheit des Daseins und der Gewißheit von deren Wiederherstellung gegenüber Brüchen und Verstörungen fest. W. Raabe fügt durch die Erzählsubjektivierung eine auseinanderfallende

Welt zur Erzähleinheit zusammen; auf andere Weise Storm im Typus der Erinnerungserzählung, in der die innere Bewußtseinsperspektive eine Einheit schafft. Fontanes Objektivitätshaltung analysiert die zerfallende Gesellschaftswelt, läßt aber in ihr dem Einzelnen die Chance individueller Humanität. Doch erhält auch bei ihm das realitätsbezogene Erzählen die dominante Bestimmung zum Kunstwerk (Prinzip der humoristischen Läuterung, Verklärung).

Otto Ludwigs 'poetischer' R. zielte darauf, den Widerspruch zwischen Kausalität und Irrationalem, Zufall und Notwendigkeit zu einem inneren Zusammenhang („idealer Nexus") zu überwinden, der sich als sittlich-poetische Realität zwischen dem Wirklichen und Ideellen darbot. Dies hieß, die Fakten gemeiner Wirklichkeit zu Fakten poetischer, künstlerischer Wirklichkeit (Bd. 2, S. 33) umzusetzen; es hieß, in der Realität jenes hintergründige, allgemeingültige anthropologische Normensystem faßbar zu machen, an das er als objektive Gegebenheit glaubte. „Also das ideale wie das reale Element, beide in möglichster Steigerung ins möglichste Gleichgewicht gebracht" (*Ges. Schr.* Bd. 6, S. 194). Ludwigs Überzeugung vom im idealen Nexus enthaltenen Objektiven veranlaßte ihn, das im pragmatischen Nexus gegebene Zufällige zum Typischen zu formen, das sich ihm mit dem poetisch Totalen identifizierte. „Die wahre Poesie muß sich ganz von der äußeren Gegenwart loslösen, sozusagen von der wirklichen Wirklichkeit. Sie darf bloß das festhalten, was dem Menschen zu allen Zeiten eignet, seine wesentliche Natur, und muß dies in individuelle Gestalten kleiden, d. h. sie muß realistische Ideale schaffen" (Bd. 5, S. 411).

Otto Ludwig sprach eine generelle, im sozialen Sinne stofferweiternde Tendenz aus, wenn er die „Poesie der Wirklichkeit" dazu bestimmte, auch „das Gewöhnlichste im Leben zu beleuchten" (vgl. G. Büchner u. a.); wenn er von ihr die psychologische Analyse (Ausmalen der Stimmungen) verlangte, zugleich ein Herausarbeiten der Idee, „die aber nie ein Parteistandpunkt, sondern stets über den Parteien schwebend sein muß" (Bd. 2, S. 75), also Objektives (und Typisches) im Realen darstellt. Otto Ludwigs Theorie des poetischen R. als objektive Poetisierung des Wirklichen hat lange die

Interpretation des dt. R. bestimmt; ungeachtet jener Brüche, die in seinen Erzählungen der Theorie widersprechen.

Dieser Identifizierung von R. und objektiver gegenständlicher Realität hat sich in der gegenwärtigen Diskussion die These (von R. Brinkmann entwickelt) entgegengestellt, daß was als Wirklichkeit vermittelt wurde, „nur mit den Mitteln der subjektiven Phantasie, mit subjektiven Assoziationen und Manipulationen und auf dem Boden der Illusion intentional" erfaßt und vorgestellt wurde (S. 311 f.). Der Grad der Subjektivierung nahm zu, „je genauer und differenzierter die Realisten das Einzelne, die Tatsächlichkeit in allen individuellen Besonderheiten zu umschreiben versuchten" (S. 312). Paradox führt die sich aufzwingende Fülle des Tatsächlichen „zur differenzierten Erschließung des Einzelsubjekts, seiner Organe, seiner Empfindungen und Reaktionen" (S. 319). Indem sich in der Erzählkunst bis zu Th. Fontane zunehmend ein Schwund normativer Ganzheiten, eine Isolierung des Einzelnen herausstellt, das Tatsächliche sich zu seiner subjektiven Wirklichkeit reduziert, wird die Erzählkunst allerdings zum Ausdruck der realen Bewußtseinslage, des tatsächlichen Verhältnisses dieser Zeit zur Wirklichkeit. Sie wird als 'Objektives' nicht mehr faßbar. Das Produktive der Interpretation Brinkmanns, die sich G. Lukács und E. Auerbachs Interpretation entgegenstellt, lag in der Ablösung von einem 'naiven' R.begriff, der Akzentuierung der Problematik realistischer Erzähldichtung. Indem er jedoch den Pol einseitig beschwerte, hob er jene Spannungspolarität auf, aus der die realistische Erzählkunst ihre Vielschichtigkeit gewinnt. Denn in der „Spannung zwischen dem Subjektivierten und dem intendierten Objektivismus der Wirklichkeitsspiegelung lag das ästhetische Grundproblem der Dichtung dieser Jahrzehnte. Daß es zum Problem wurde, deutet auf die Überschneidung gegenläufiger Intentionen. Sie lag darin, daß sowohl die Aussage des nur Subjektiven wie die Preisgabe des dichterischen Sprechens an das nur Tatsächliche vermieden und die Verwobenheit des Subjektiven und Objektiven, von Individualsphäre und Objektsphäre in ihrer beiderseitigen Anerkennung und Gegebenheit, in ihrem weltaufschließenden Zusammenhang erstrebt wurde" (F. Martini S. 74).

Daß dieser Zusammenhang zunehmend brüchiger wurde, zeigen die Konfliktthemen und die Formen in der Erzählkunst, aber auch Veränderungen in der Lyrik (Subjektivierung, Perspektivismus, Momentanisierung, Psychologisierung, die Form des Dinggedichts, das Impressionistische). Dichterisches Darstellen wurde in dieser Spannungslage dadurch möglich, daß das Reale zunehmend in die innere Bewußtseinsperpektive (Darstellung des Objektiven im Reflex des Subjektiven) überführt, derart in ihr gegenüber dem Faktischen eine Dimension des Poetischen bewahrt wurde. In welchem Umfange der Humor eine vermittelnde, poetische Sprachfähigkeit schaffende Funktion gewann, hat W. Preisendanz dargestellt. Zu ihm gesellt sich das Gefühlhafte in mannigfaltigen Entfaltungen (z. B. Raabe, Storm). Humoristisches Erzählen erweist die Möglichkeit eines freien beweglichen souveränen Bezuges zu der Eigengesetzlichkeit dessen, was dargestellt wird" (W. Preisendanz, *Formkräfte*, S. 208). Die „humoristische Vermittlung" (der Humor als „angewandte Phantasie") „von objektiver Faktizität und poetischer Wirklichkeit, die Spannweite zwischen Erscheinung und Bedeutung" macht im dt. R. einen spezifisch poetischen R. möglich; in vielstimmiger, je individueller Ausformung. Der Humor muß dabei in ganzer Spielbreite bis zum Ironischen, Grotesken und Parodistischen (z. B. Keller, Raabe) verstanden werden; zugleich führt die Darstellung des Objektiven im Reflex des Subjektiven auch zu den Dimensionen des Emotionalen (das Idyllische, die introvertierte Resignation, die 'Läuterung', 'Verklärung') und Irrationalen, die bis über Ränder des Sentimentalen führen können (z. B. Raabe, Storm, auch Th. Fontane). Dies Durchdringen der erzählten Wirklichkeit mit innerer Bewußtseinsperspektive macht die künstlerische Eigenart, aber auch Schwäche der dt. Erzählkunst gegenüber dem europäischen Roman aus. Sie werden dort nicht gemindert, wo sich in ihr eine akzentuierte Tendenz zum verobjektivierten Darstellen (der 'dramatische' Roman, Spielhagens Romantheorie, C. F. Meyers Novellistik) entgegensetzt. Allerdings dankt Th. Fontane seiner künstlerisch sublimierten Tendenz zum Objektiven, die das Einzelmenschliche in Konflikten wie Selbstbewahrung in das Gesellschaftlich-Hi-

storische einbettete, die Nähe seines Erzählens zum Rang des europäischen Realismus. Doch erweist sich andererseits W. Raabes humoristisch subjektivierte Innerlichkeitssprache in der künstlerischen Nähe zum modernen europäischen Erzählen aus der inneren Bewußtseinsperspektive. Der Ausgleich — nicht zwischen Idealem und Realem zu einem objektiv-typischen Real-Idealen im Sinne Otto Ludwigs —, aber zwischen Faktischem und Imaginativem, Empirischem und Poetischem, der, auf bei den verschiedenen Erzählern heterogene Weise, künstlerisch der Generation der realistischen Prosa möglich wurde, fiel gegen Jh.ende in jene Pole auseinander, die dieser Kunst die innere Spannungsdimension, die Vielschichtigkeit der Erzählformen und -sprache gaben. Neben die Radikalisierung des Prinzips entpersönlichter realistischer Illusion (Naturalismus) trat eine Radikalisierung der Subjektivierungen des künstlerischen Formens und Sprechens (Impressionismus), die zu einer antirealistischen Wendung (Symbolismus, sog. Neuromantik, Jugendstil) führte. Der R. blieb eine immer wieder zu Auseinandersetzungen herausfordernde, in Nachwirkungen breit gelagerte Grundlage der ihm folgenden Entwicklung, aber er sank, wo er nicht kritisch umgebildet wurde (z. B. Thomas Mann), ins Epigonal-Belletristische ab (Heimatkunstbewegung) und verlor jene thematischen und künstlerischen Spannungs- und Problemenergien, die ihn zum Ausdruck einer historischen Lebens- und Bewußtseinsproblematik im 19. Jh. gemacht hatten. Das Mißverständnis ihm gegenüber, das lange Kritik und Lit.wissenschaft durchzogen hat, hatte seinen Grund nicht zuletzt in seinen ermatteten, epigonalen Nachwirkungen, die sich bis tief in das 20. Jh. erstrecken, aber nicht dem Begriff und der Geschichte des R. in seinem Jahrhundert zugeordnet werden dürfen. Beides läßt auch nicht angängig erscheinen, schlankweg überall nur dort von R. zu sprechen, wo zeitgenössische historisch-gesellschaftliche Stoffe ('outer reality') zum Erzählinhalt gemacht werden, da derart das entscheidende Element ihrer Interpretation mittels der künstlerischen Gestaltung unter gegenüber dem 19. Jh. verwandelten Bewußtseinsvoraussetzungen vernachlässigt wird. Es sei denn, der Begriff werde typologisch, nicht aber stilkritisch eingesetzt.

Forschungsberichte: Franz Stuckert, *Zur Dichtung d. R. u. d. Jh.endes. E. Lit.bericht.* DVLG. 19 (1941), Ref.-H., S. 78-136. Fritz Martini, *Dt. Lit. in d. Zeit d. bürgerlichen R. E. Lit.bericht.* DVLG. 34 (1960) S. 581-666, auch als Buch. — Zur Terminologie: Elbert B. O. Borgerhoff, *Réalisme and kindred words.* PMLA. 53 (1938) S. 837-843. Sigmund v. Lempicki, *Wurzeln u. Typen d. dt. R. im 19. Jh.,* in: *Internationale Fschgn.* Jul. Petersen z. 60. Geb. dargebr. (1938) S. 39-57. Heinrich Reinhardt, *Die Dichtungstheorien der sog. poetischen Realisten* (1939). Gerh. Kaiser, *Um e. Neubegründung d. R.begriffs.* ZfdPh. 77 (1958) S. 161-176. Clemens Heselhaus, *Das R.problem,* in: *Hüter d. Sprache. Perspektiven d. dt. Lit.* Hg. v. Karl Rüdinger (1959) S. 39-61. James McPherson Ritchie, *The Ambivalence of 'Realism' in German literature 1830/1880.* Orbis litterarum 15 (1960) S. 200-217. Herm. Kunisch, *Zum Problem d. künstler. R. im 19. Jh.* Festschr. H. de Boor z. 75. Geb. (1966) S. 209-240.

Zur Epoche: Friedrich Meinecke, *Die Entstehung d. Historismus* (1936; 2. Aufl. 1946). Rudolf Kassner, *Das 19. Jh. Ausdruck u. Größe* (Zürich 1947). Karl Löwith, *Von Hegel zu Nietzsche. Der revolutionäre Bruch im Denken d. 19. Jh.s* (1953). Helmuth Plessner, *Das Schicksal d. dt. Geistes im Ausgang s. bürgerlichen Epoche* (Zürich 1935; 2. Aufl. u. d. T.: *Die verspätete Nation,* 1959). Franz Schnabel, *Dt. Geschichte im 19. Jh.* 4 Bde (1927-1937). Neuaufl. 8 Bde (1964-65; Herder-Bücherei 201/212). Golo Mann, *Gesch. d. 19. u. 20. Jh.s* (1958; erw. Sonderausg. 1966).

Darstellungen und Interpretationen: Adrianus Pieter Berkhout, *Biedermeier u. poetischer R.* Diss. Amsterdam 1942. Emil Staiger, *Meisterwerke dt. Sprache aus d. 19. Jh.* (2. Aufl. Zürich 1948). Georg Lukács, *Dt. Realisten d. 19. Jh.s* (Bern 1951). H. O. Burger, *Der R. d. 19. Jh.s,* in: *Annalen d. dt. Lit.* (1952) S. 621-718. Martin Greiner, *Zwischen Biedermeier u. Bourgeoisie* (1953). Paul Reimann, *Hauptströmungen d. dt. Lit. 1750-1848. Beiträge zu ihrer Gesch. u. Kritik* (1956). Walter Dietze, *Junges Deutschland u. dt. Klassik* (1957; 3., überarb. Aufl. 1962; Neue Beitr. z. Lit.wiss. 6). Walter Höllerer, *Zwischen Klassik u. Moderne* (1958). Hans Mayer, *Literatur u. Weltliteratur. Reden u. Aufsätze* (1957). Ders., *Von Lessing bis Thomas Mann* (1959). Walter Weiss, *Enttäuschter Pantheismus. Zur Weltgestaltung d. Dichtung in d. Restaurationszeit* (1962; Gesetz u. Wandel 3). Fritz Martini, *Dt. Lit. im bürgerlichen R. 1848-1898* (2. Aufl. 1964; Epochen d. dt. Lit. 5, 2). Friedr. Sengle, *Arbeiten z. dt. Lit. 1750-1850* (1965). Claude David, *Zwischen Romantik u. Symbolismus 1820-1885* (1966; Gesch. d. dt. Lit. 2).

Entwicklung im Ausland: George Joseph Becker, *Documents of modern literary realism* (Princeton 1963). — Walter L. Myers,

The later Realism: a study of characterizatio[n] in the British novel (Chicago 1927). Rich[ard] Stang, *The Theory of the novel in Englan[d] 1850-1870* (London 1959). J. Hillis Miller[,] *Poets of Reality. Six twentieth century writer[s]* (Cambridge, Mass. 1965). — René Dumes[-] nil, *Le Réalisme* (Paris 1936; Histoire de l[a] littérature française 9). Bernard Weinberg[,] *French Realism. The critical reaction 1830[-] 1870* (New York 1937). Henry H. Remak[,] *The German Reception of French realism[.]* PMLA 69 (1954) S. 410-431. — Karl Fehr[,] *Der R. in d. schweizer. Lit.* (1965). — Zum R[.] in der russ. Lit. s. Lit. zu § 1.

Zu den Gattungen: Jean Dresch, *L[e] roman social en Allemagne, 1850-1900* (Par[is] 1913). Oskar Walzel, *Objektive Erzählung[,]* in: Walzel, *Das Wortkunstwerk* (1926) S. 182[-] 206. Walter Silz, *Realism and reality. Stu[-] dies in the German novel* (Chapel Hill 1954[;] Studies in the German lit. and lang. 11). Ro[y] Pascal, *The German Novel* (Manchester 1956). Rich. Brinkmann, *Wirklichkeit u[.] Illusion. Studien über Gehalt u. Grenzen d[es] Begriffs R. für d. erzählende Dichtung d. 1[9.] Jh.s* (1957; 2. Aufl. 1966). Ders., *Zum Begrif[f] d. R. für d. erzählende Dichtung d. 19. Jh.s[,]* Orbis Litterarum 13, Suppl. II (1958) S. 29-3[9.] Fritz Martini, *Zur Theorie d. Romans i[m] dt. R.* Festgabe f. Eduard Berend (1959) S[.] 272-296. Ders., *Die dt. Novelle im 'bürgerli[-] chen R.'.* WirkWort 10 (1960) S. 257-278. Ders[.] *Die Spätzeitlichkeit in d. Lit. d. 19. Jh.s,* in[:] *Stoffe, Formen, Strukturen,* Festschr. f. H. H[.] Borcherdt (1962) S. 440-470. Roy Pasca[l,] *Fortklang u. Nachklang d. R. im Roman.* Spä[t-] zeiten u. Spätzeitlichkeit. Vorträge geh. auf d[.] 2. Intern. Germanistenkongr. 1960 (1962) [S.] 133-146. Walther Killy, *Wirklichkeit u. Kuns[t-] charakter. Neun Romane d. 19. Jh.s* (196[3.] Wolfgang Preisendanz, *Humor als dichte[r.] Einbildungskraft. Studien z. Erzählkunst d[.] poet. R.* (1963; Theorie u. Gesch. d. Lit. u. [der] schönen Künste 1). Ders., *Voraussetzungen d[es] poet. R. in d. dt. Erzählkunst d. 19. Jh.s,* i[n:] *Formkräfte d. dt. Dichtung vom Barock bis z[ur] Gegenwart.* Hg. v. Hans Steffen (1963; K[leine] Vandenhoeck-Reihe, Sonderbd. 1) S. 187-21[0.] Marie Luise Gansberg, *Der Prosa-Wortschat[z] d. dt. R.* (1964; Abhndlgn. z. Kunst-, Musik- [u.] Lit.wiss. 27). — Heinz Friedr. Lohmann[,] *Die Entw. d. realistischen Seelenhaltung i. Zei[t-] drama von 1840-1850* (1931; Lit. u. Seele 1[).] Fritz Martini, *Drama u. Roman im 19. Jh[.]* in: *Gestaltprobleme d. Dichtung.* Festschr[.] G. Müller, hg. v. Rich. Alewyn (1957) S. 207[-] 237. Klaus Ziegler, *Stiltypen d. dt. Dra[-] mas im 19. Jh.,* in: *Formkräfte d. dt. Dichtun[g]* (1963) S. 141-164. — Walther Killy, *Wand[-] lungen d. lyrischen Bildes* (3. Aufl. 1961; K[leine] Vandenhoeck-Reihe 22/23). Paul Böckmann[,] *Wandlungen d. Ausdruckssprache in d. d[t.] Lyrik d. 19. Jh.s,* in: *Langue et littératur[e.]* Actes du 8ième congrès de la Féd. intern. de[s] lang. et. litt. modernes 1960 (Liège 1961; Bib[l.] de la Fac. de Phil. et Lettr. de l'Univ. d[e] Liège 161) S. 61 ff. Heinz Schlaffer, *Lyri[k]*

im R. Studien über Raum u. Zeit in d. Ge-dichten Mörikes, d. Droste u. Liliencrons (1966; Abhdlgn. z. Kunst-, Musik- u. Lit.wiss. 38).
Zu einzelnen Dichtern: Hugo F r i e d r i c h, *Drei Klassiker d. franz. Romans: Stendhal, Balzac, Flaubert* (1939; 2. Aufl. 1950). Georg L u k á c s, *Balzac u. d. franz. R.* (1952). Elena E b e r w e i n - D a b c o v i c h, *Balzac u. d. Wirklichkeit.* Romanist. Jb. 3 (1952) S. 499-522. Erich K ö h l e r, *Balzac u. d. R.*, in: Köhler, *Esprit u. arkadische Freiheit. Aufsätze aus d. Welt d. Romania* (1966) S. 177-197. — Hans M a y e r, *Georg Büchner u. s. Zeit* (Neuausg. 1960). Gonthier-Louis F i n k, 'Leonce und *Lena'. Komödie u. R. bei Georg Büchner*, in: *Georg Büchner.* Hg. v. Wolfgang Martens (1965; Wege d. Forschung 53) S. 488-506. — Clemens H e s e l h a u s, *Annette v. Droste-Hülshoff. Die Entdeckung d. Seins in d. Dichtung d. 19. Jh.s* (1943). — Peter D e m e t z, *Formen d. R.: Theodor Fontane. Krit. Untersuchungen* (1964; 2. Aufl. 1966). J. T h a m - m e r, *Die Stilistik Th. Fontanes. Untersuchgn. d. Begriffes „R." in d. Lit.* (The Hague, Paris 1967; Studies in German lit. 9). — Fritz R u m - l e r, *Realistische Elemente in Immermanns 'Epigonen'.* Diss. München 1965. — Edgar N e i s, *Romantik u. R. in Gottfried Kellers Prosawerken. Zugl. e. Beitr. z. Begriffsbe-stimmung d. literarhistor. Terminologien d. 19. Jh.s* (1930; GermSt. 85). Georg L u - k á c s, *Gottfried Keller* (1946). — Albert M e y e r, *Die ästhet. Anschauungen Otto Ludwigs* (Winterthur 1957). William H. M c C l a i n, *Between real and ideal. The course of Otto Ludwig's development as a narrative writer* (Chapel Hill 1963; Univ. of North Carolina Stud. in the Germanic lang. and lit. 40). Dietrich S o m m e r, *Studie z. Begriff d. poetischen R. bei Otto Ludwig.* Wiss. Zs. d. Martin-Luther-Univ. Halle-Wit-tenberg, Ges.- u. sprachwiss. R. 15 (1966) S. 591-596. — Fritz M a r t i n i, *Wilh. Raabes 'Prinzessin Fisch'. Wirklichkeit u. Dichtung im erzählenden R. d. 19. Jh.s* Deutschunt. 11 (1959) S. 31-58. — Winfried H e l l m a n n, *Objektivität, Subjektivität u. Erzählkunst. Zur Romantheorie Friedr. Spielhagens,* in: *Wesen u. Wirklichkeit d. Menschen. Festschr. f. H. Plessner,* hg. v. K. Ziegler (1957) S. 340-397. — Marianne L u d w i g, *Stifter als Realist. Untersuchungen über die Gegenständlichkeit im 'Beschriebenen Tännling'* (Basel 1948). Paul B ö c k m a n n, *Die epische Objektivität in Stifters Erzählung 'Die Mappe meines Ur-großvaters',* in: *Stoffe, Formen, Strukturen, Festschr. f. H. H. Borcherdt* (1962) S. 398-423.
Fritz Martini

Reformationsliteratur

§ 1. Eine genaue Umgrenzung des Begriffs R.sliteratur stößt auf erhebliche Schwierig-keiten. Die naheliegende Definition, unter R.sliteratur das gesamte durch die R. hervor-gerufene Schrifttum zu begreifen, ist für die Zwecke der Literarhistorie unbrauchbar, da das mit der R. zusammenhängende Schrift-tum zum überwiegenden Teil theologisch-fachliche Gebrauchsliteratur ohne jede literar. Intention ist. Aber auch die andere Möglich-keit, unter R.sliteratur die Gesamtheit der Lit. im Zeitalter der R. zu begreifen, trifft nicht den Kern der Sache, sondern führt zu einem Literaturkomplex, der viele heterono-me Elemente enthält, die kaum etwas mit der R. zu tun haben dürften. So bleibt nur, unter dem für die Lit.geschichte nicht sehr glücklichen Begriff der R.sliteratur jene Er-scheinungen zu erfassen, in denen 'Reforma-tion' und 'Literatur' eine einander bedin-gende Synthese von Gedanklichem und For-malem eingegangen sind.

Ein weiteres Problem für die Literarhisto-rie ist die Abgrenzung der geschichtlichen Erscheinung der R.sliteratur nach rückwärts und nach vorwärts. Die Geschichtsschreibung greift zur kausal-genetischen Erklärung des Reformations-Phänomens weit in die Vorzeit der R.sbewegung zurück und zeigt deren Vor-aussetzungen in den geistesgeschichtlichen, po-litischen, sozialen und kirchlichen Verhältnis-sen des ausgehenden MA.s auf: den Nomina-lismus Ockhams, neuplatonische und mysti-sche Strömungen, den religiösen Platonismus der Renaissance (Ficino), die neue, diesseiti-ge Literaturbereiche erschließenden und zu den Quellen zurückdringenden Humanismus, den erstarrten Formalismus des scholasti-schen Schulbetriebes, den Beginn des Buch-drucks, Erasmus' Ausgabe des Neuen Testa-ments, Vallas Schrift über die Konstantini-sche Schenkung, Reuchlins Kampf um die Erhaltung der jüdischen Literatur, das auf-keimende Nationalbewußtsein (Wimpheling, Celtis), Territorialstaatlichkeit und Städte-wesen, das Aufkommen des Frühkapitalismus und die Emanzipation des Bürgertums, die wachsende Kritik an der Kirche und das Ver-sagen des Klerus bei notwendigen Reformen. Die Fülle der Ideen und Spannungen entlud sich, als Luther gegen den Ablaßhändler Tetzel auftrat. Aber diese mehr als ein Jh. dauernde Vorgeschichte, in der Generationen ihre Kritik an der Kirche in politischer, reli-giöser, sozialer und moralischer Hinsicht äußerten, ist noch nicht eigentliche R.; in Brants *Narrenschiff,* in Geilers von Kaisers-berg Predigten, in der *Reformatio Kaiser Sigmunds,* in den *Epistolae obscurorum viro-rum,* in Erasmus' *Encomion moriae* liegt uns noch keine R.sliteratur vor. Wollte man ein fixes Datum für den Beginn der R.sliteratur angeben, müßte man auf Luthers Thesenanschlag hinweisen, der zwar das äußere Zeichen der einsetzenden Konfessionsspaltung ist, aber für die Lit.geschichte nur einen ungefähren Orientierungspunkt darstellt. Offen bleibt auch die Abgrenzung der R.sliteratur nach vorn. Der Augsburger Religionsfriede von 1555 vermochte nicht unmittelbar die Impulse, die die Lit. von der R. erhalten hatte, außer Kraft zu setzen; ehe die Gegenreformation sich auch literarisch manifestierte, vergingen noch einige Jahrzehnte, doch hebt mit dem Barock — auch mit dem protestantischen — ein neuer literaturgeschichtlicher Abschnitt an. Unter R.sliteratur ist demnach jene Lit. des 16. Jh.s zu verstehen, in der in sprachkünstlerischer Form Gedankengut der R. zum Ausdruck kommt. Sie setzt mit der reformator. Tendenzschriftstellerei Luthers ein und läuft in der zweiten Hälfte des 16. Jh.s aus.

Die Schwierigkeit der Umgrenzung des Begriffs R.sliteratur macht deutlich, daß die R.sliteratur keine Epoche der dt. Lit.geschichte darstellt. Die R.sliteratur hat keinen eigenen, epochalen Literaturstil ausgebildet. Vielmehr hat das geistesgeschichtliche Ereignis der Konfessionsspaltung eine Fülle von menschlichen, gesellschaftlichen und politischen Existenzproblemen aufgeworfen, die der Lit. verschiedenste Impulse gegeben haben, die teilweise lange anhielten, teilweise Früchte vorzüglich in der nachfolgenden Lit. zeitigten.

Ein besonderes Kennzeichen der R.sliteratur ist ihre Zweisprachigkeit; die R.sliteratur begegnet uns sowohl im lat. wie im volkssprachlichen Gewande; eine hie und da von der Literarhistorie vorgenommene Trennung der R.sliteratur nach ihren Sprachen, wobei die lat. Lit. zugunsten der dt.sprachigen in den Hintergrund gedrängt wurde, zerstört das wahre Bild der geistigen und literar. Leistung dieser Zeit. Dt.sprachige und lat. R.sliteratur können nur gemeinsam betrachtet werden, zumal eine nicht geringe Zahl von Autoren sich beider Idiome bediente. Entscheidend für die Wahl der Sprache war der Kreis, an den man sich wandte. Gelegentlich haben auch Autoren wie Hutten ihre lat. Schriften selbst ins Deutsche übersetzt. Die großen geistigen Auseinandersetzungen allerdings finden in der Mehrzahl zunächst noch in Latein statt. Doch läßt sich eine Tendenz zum Übergang zur dt. Sprache erkennen, die mit der Absicht zusammenhängt, das R.sgedankengut auch den lateinunkundigen Schichten zugänglich zu machen, um sie für die neue Bewegung zu gewinnen. Nach dem statistischen Befund des Buchdrucks überwiegt bei weitem noch die Produktion lat. Texte.

Es gehört zur Eigenart dieser R.sliteratur, daß sich die geistige Erschütterung, die die konfessionelle Spaltung hervorrief, im Traditionsstrom herkömmlicher Formen manifestiert. Der anhaltende heftige Kampf der einzelnen Bekenntnisse wurde mit literar. Mitteln geführt, die aus der Vorzeit des 15. Jh.s stammten. Literaturformen des Spätmittelalters und des Humanismus waren die Gefäße, die sich nun mit Erörterungen über die zentralen Probleme des Glaubens füllten. Entscheidend aber war, daß die mit den neuen Inhalten gefüllten Formen neue Funktionen erhielten. Durch die Art der Selbstauseinandersetzung, der Argumentation, der Redeweisen, der Überzeugungskraft und der Ablehnungen, Widerlegungen und Verdammungen erfuhren die übernommenen Formen gewisse Veränderungen und — wie etwa beim Drama — eine grundlegende gattungsgeschichtliche Weiterentwicklung. Die Zweckgerichtetheit der R.sliteratur, bei das Horazische *prodesse* wichtiger war als das *delectare*, konnte nicht, wenn sie wirken wollte, einer bestimmten, noch wenig erforschten Form- und Stilkraft entraten; nur wurden für diese engagierte Lit. weithin andere Mittel und Verfahren angewandt, als eine klassisch orientierte Ästhetik sie sich vorstellte. Die von der R.sliteratur bevorzugten Gattungen sind der Traktat, die Flugschrift, die Predigt, die Fabel, das Kirchenlied, das historische Lied, die lateinische Ode oder Elegie und das Drama. Auch die Erbauungsliteratur unter protestantischem Vorzeichen wie die Lehr- und Mahndichtung (Teufelbücher) erfreuten sich nicht geringer Beliebtheit.

Der noch junge Buchdruck erlebte durch die R. einen ungeheuren Aufschwung und hat seinerseits zur Verbreitung des reformatorischen Gedankengutes am meisten beigetragen. Von 1517 bis 1523 stieg die Buchproduktion dt. Texte von 85 auf tausend Titel jährlich, aber bis an die Schwelle des

17. Jh.s sind die lat. Druckerzeugnisse in der Mehrzahl.

Bibliographie: Karl G o e d e k e, *Grundriß z. Gesch. d. dt. Dichtung*. Bd. 2 (2. Aufl. 1886). Gustav W o l f, *Quellenkunde d. dt. R.sgeschichte*. 3 Bde (1915-1923). D a h l m a n n - W a i t z, *Quellenkunde d. dt. Gesch.* (9. Aufl. 1931) S. 587-667: R., *Gegenreformation*. Karl S c h o t t e n l o h e r, *Bibliographie z. dt. Gesch. im Zeitalter d. Glaubensspaltung 1517-1585.* 6 Bde (1932-1940; 2. unveränd. Aufl. 1956-58). Bd. 7: *Das Schrifttum von 1938 bis 1960.* Bearb. v. Ulrich T h ü r a u f (1966). Harold John G r i m m, *The Reformation era 1500-1650* (New York 1954; 2. ed. 1955). *Bibliographie de la Réforme, 1450-1648. Ouvrages parus de 1940 à 1955* (Leiden 1961 ff.).

Darstellungen: Leopold v. R a n k e, *Dt. Gesch. im Zeitalter d. R.* (1839-1847; hg. v. Paul Joachimsen, 1925, Ranke, *Werke* 1, 7). Friedr. v. B e z o l d, *Gesch. d. dt. R.* (1890). Wilh. M ö l l e r, *R. u. Gegenref.* (2. Aufl. bearb. v. Gustav Kawerau, 1899; Lehrbuch d. Kirchengesch. 3). Heinrich H e r m e l i n k, *R. u. Gegenref.* (1911; 2. Aufl. 1931; Hdb. d. Kirchengesch. f. Studierende 3). Joh. H a l l e r, *Die Ursachen d. R.* (1917; Reformations-Reden). Eberhard G o t h e i n, *R. u. Gegenref.* (1924; Gothein, *Schriften z. Kulturgesch. d. Ren., R. u. Gegenref.* 2). Herbert S c h ö f f l e r, *Die R. Einf. in e. Geistesgesch. d. dt. Neuzeit.* (1936; Abendland 1). James M a c k i n n o n, *The Origins of the reformation* (London 1939). Paul J o a c h i m s e n, *Die R. als Epoche d. dt. Geschichte.* Hg. v. Karl Schottenloher (1951). Roland Herbert B a i n t o n, *The R. of the 16th century* (Boston 1952). Ricarda H u c h, *Das Zeitalter d. Glaubensspaltung* (1937; 2. Aufl. 1954). Elmore Harris H a r b i s o n, *The Age of the R.* (Ithaca 1958). Gerhard R i t t e r, *Die Weltwirkung d. R.* (2. Aufl. 1959). Karl B r a n d i, *Dt. Gesch. im Zeitalter d. R. u. Gegenref.* (3. Aufl. 1960). Herbert S c h ö f f l e r, *Wirkungen d. R. Religionssoziologische Folgerungen für England u. Deutschland* (1960). Josef L o r t z, *Die R. in Deutschland.* 2 Bde (1939/40; 4. Aufl. 1962). Heinr. H e r m e l i n k, *Der Toleranzgedanke im R.szeitalter* (1908; Schr. d. Ver. f. R.sgesch. 98). Heinr. H o f f m a n n, *R. u. Gewissensfreiheit* (1932). Günter M o l d a e n k e, *Schriftverständnis u. Schriftdeutung im Zeitalter d. R.* (1936; Fschgn. z. Kirchen- u. Geistesgesch. 9). Hans R ü c k e r t, *Die geistesgeschichtliche Einordnung d. R.* Zs. f. Theologie u. Kirche 52 (1955), S. 43-64. Gustav A u b i n, *Der Einfluß d. R. in d. Gesch. d. dt. Wirtschaft* (1929; Hallische Universitätsreden 44). Friedr. v. B e z o l d, *Staat u. Gesellschaft d. R.szeitalters,* in: *Die Kultur d. Gegenwart.* II, 5,1 (1908) S. 1-136. E. W o l f, *Reformator. Religiösität u. neue Weltlichkeit.* Studium generale 14 (1961) S. 704-713.

Renaissance u. Humanismus: Konrad B u r d a c h, *Vom MA. z. R.* (1896 ff.). Paul J o a c h i m s e n, *Vom MA. z. R.* Histor. Vierteljahrschr. 20 (1920/21) S. 426-470 (Neudr. 1959; Libelli 50). Rich. N e w a l d, *Renatae litterae u.*

Reformatio. Gedanken z. Geistesgeschichte d. ausgehenden MA.s. Histor. Jb. 71 (1952) S. 137-164. Willy A n d r e a s, *Deutschland vor d. R.* (1932; 6. Aufl. 1959). Ludwig G e i g e r, *Ren. u. R.,* in: Friedr. v. H e l l w a l d, *Kulturgeschichte* Bd. 4 (4. Aufl. 1898) S. 68-217. Konrad B u r d a c h, *Sinn u. Ursprung d. Worte Ren. u. R.* SBAkBln. 32 (1910) S. 594-647. Wilh. D i l t h e y, *Weltanschauung u. Analyse d. Menschen seit Ren. u. R.* (1914; Dilthey, *Gesammelte Schriften.* Bd. 2). *Beiträge zur Gesch. d. Ren. u. R. Josef Schlecht als Festg. z. 60. Geb. dargebr.* (1917). Paul T i l l i c h, *Ren. u. R.* Theol. Blätter 1 (1922) Sp. 265-267. F. S t r i c h, *Ren. u. R.* DVLG. 1 (1923) S. 582-612 (wiederholt in: Strich, *Dichtung u. Zivilisation,* 1928, S. 25-57). Paul J o a c h i m s e n, *Ren. Humanismus u. R.* Zeitwende 1 (1925) S. 402-425. Ernst T r o e l t s c h, *Ren. u. R.* Histor. Zs. 110 (1912/17) S. 519-556 (wiederholt in: Troeltsch, *Gesammelte Schriften.* Bd. 4, 1925, S. 261-296). Konrad B u r d a c h, *R., Ren., Humanismus. Zwei Abhdlgn. über d. Grundlage moderner Bildung u. Sprachkunst* (1918; 2. Aufl. 1926). Ders., *R. u. Ren.* (1928; Burdach, *Vorspiel,* Bd. 1, 2). Karl B r a n d i, *Ren. u. R.,* in: Brandi, *Ausgewählte Aufsätze. Als Festg. z. 70. Geb. dargeb. von s. Schülern u. Freunden* (1938) S. 348-354. Vernon H a l l, *Renaissance literature criticism: a study of its social content* (New York 1945). H. A. Enno van G e l d e r, *The two Reformations in the 16th century. A study of the religious aspects and consequences of renaissance and humanism* (The Hague 1961). Paul D r e w s, *Humanismus u. R.* Vortrag (1887). Rich. O e h l e r, *Die Bedeutung d. Humanismus für d. R. u. d. Protestantismus.* Protestant. Kirchenzeitung 38 (1891) Sp. 121-136; 145-158. Max L e n z, *Humanismus u. R.* (1910; Lenz, *Kleine histor. Schriften,* S. 75-90). Joh. H a l l e r, *Humanismus u. R.* Zs. f. Kirchengesch. 42 (1923) S. 328-331. Dazu: Gerhard R i t t e r, *Humanismus u. R. Eine Replik.* Ebda 43 (1924) S. 169-173. Paul J o a c h i m s e n, *Loci communes. E. Untersuchung z. Geistesgesch. d. Humanismus u. R.* Jb. d. Lutherges. 8 (1926) S. 27-97. Jan Hendrik S c h o l t e, *Humanismus u. R.* Neophil. 11 (1926) S. 108-115. Hans von S c h u b e r t, *R. u. Humanismus.* Jb. d. Lutherges. 8 (1926) S. 1-26. Otto C l e m e n, *Humanismus u. R.,* in: *Grundriß d. Deutschkunde,* hg. v. Otto H. Brandt (1927) S. 302-319. Paul K a l k h o f f, *Die Stellung d. dt. Humanisten z. R.* Zs. f. Kirchengesch. 46 (1928) S. 161-231. Otto K l u g e, *Der Humanismus d. 16. Jh.s in s. Beziehungen zur Kirche u. Schule, zu d. theologischen u. philosophischen Studien.* Zs. f. Gesch. d. Erziehung u. d. Unterr. 17/19 (1929) S. 1-68. Arnold E. B e r g e r, *Humanismus u. R. in geistesgeschichtlicher Betrachtung,* in: *German. Philologie. Ergebnisse u. Aufgaben. Festschrift für Otto Behaghel* (1934) S. 381-409. Justus H a s h a g e n, *Die Devotio Moderna in ihrer Einwirkung auf Humanismus, R., Gegenref. u. spätere Richtungen.* Zs. f. Kirchengesch. 55 (1936) S. 523-531. Friedr. S t ä h l i n, *Humanismus u. R. im bürgerlichen Raum. E. Unter-*

suchung d. biograph. Schriften d. Joachim Camerarius (1936; SchrVerReformgesch. 159). Robert S t u p p e r i c h, *Der Humanismus u. d. Wiedervereinigung d. Konfessionen* (1936; SchrVerReformgesch. 160). Robert H. F i f e, *Humanistic currents in the Reformation era.* GermRev. 12 (1937) S. 75-94. Wilh. M a u r e r, *Humanismus u. R.* Theolog. Rundschau. N.F. 3 (1931) S. 49-74, 104-145. Quirinus B r e e n, *Some Aspects of humanistic rhetoric and the R.* Nederlands Archief voor Kerkgeschiedenis 43 (1959) S. 1-14. Friedr. H e e r, *Die dritte Kraft. Der europäische Humanismus zwischen d. Fronten d. konfessionellen Zeitalters* (1959). Bernd M o e l l e r, *Die dt. Humanisten u. d. Anfänge d. R.* Zs. f. Kirchengesch. 70 (1959) S. 46-61. Lewis W. S p i t z, *The religious Renaissance of the German humanists* (Cambridge/Mass. 1963). Paul J o a c h i m s e n, *Geschichtsauffassung u. Geschichtsschreibung in Deutschland unter dem Einfluß des Humanismus.* (1910; Beitr. z. Kulturgesch. d. MA.s u. d. Ren. 6; Neudr. 1968). Hanns R ü c k e r t, *Die Stellung d. R. zur mal. Universität,* Vortrag (1933). Elmore Harris H a r b i s o n, *The christian scholar in the Age of the Reformation* (New York 1956; Scribner Library 46).

Kultur- und Sozialgeschichte: Carl U l l m a n n, *Reformatoren vor der R.* 2 Bde (Hamburg 1841-42). Johann F r i e d r i c h, *Astrologie u. R.* (1864). Julius W a g e n m a n n, *Die R., ihr Einfluß auf die Erziehungsideen u. Schuleinrichtungen* (1867; aus: K. A. Schmid, *Encyklopädie d. ges. Erziehungs- u. Unterrichtswesens.* Bd. 6, 1867, S. 869-936). Karl v. R a u m e r, *Geschichte d. Pädagogik vom Wiederaufblühen klassischer Studien bis auf unsere Zeit.* T. 1. (1843; 4. Aufl. 1872). Karl H a r t f e l d e r, *Erziehung u. Unterricht im Zeitalter d. Humanismus* (1889; aus: K. A. Schmidt, *Geschichte d. Erziehung,* Bd. 2, Abt. 2, S. 1-150). Georg M e r t z, *Das Schulwesen d. dt. R. im 16. Jh.* (1901). Alwin S c h u l t z, *Das häusliche Leben d. europ. Kulturvölker v. MA. bis z. zweiten H. d. 18. Jh.s* (1903; Hdb. d. mal. u. neueren Gesch. IV, 1). Arnold E. B e r g e r, *Die Kulturaufgaben d. R. Einleitung in e. Lutherbiographie* (1895; 2. Aufl. 1908). Carl K r ü c k e, *Dt. Mäßigkeitsbestrebungen u. -vereine im R.szeitalter.* ArchfKulturgesch. 7 (1909) S. 13-30. Christian B ü r c k s t ü m m e r, *Der Anteil d. dt. Bürgertums an d. R.* Neue kirchl. Zs. 28 (1917) S. 673-691; 741-758. Albert H a u c k, *Die R. in ihrer Wirkung auf das Leben* (1918). Peter P e t e r s e n, *Gesch. d. aristotelischen Philosophie im protestant. Deutschland* (1921). Joh. V o i g t, *Dt. Hofleben zur Zeit d. R.* (1928). Arnold E. B e r g e r, *R. u. Kultur* (1927; Protestant. Studien 6). Ermentrude v. R a n k e, *Der Interessenkreis d. dt. Bürgers im 16. Jh.* Vjs. f. Sozial- u. Wirtschaftsgesch. 20 (1928) S. 474-490. Friedr. S t ä h l i n, *Die Verbürgerlichung d. R. Zur Deutung d. protestant. Humanismus.* Die Zeitwende 9 (1933) S. 379-384. Gerhard H u m m e l, *Die humanistischen Sodalitäten u. ihr Einfluß auf d. Entw. d. Bildungswesens d. R.szeit.* Diss. Leipzig 1940.

Will-Erich P e u c k e r t, *Die große Wende Das apokalyptische Saeculum u. Luther. Ge[i stesgeschichte u. Volkskunde* (1948). Dir B a i e r, *Psychopathen in d. Satire u. im Le ben d. 16. Jh.s.* (Masch.) Diss. München 195 Friedr. H a h n, *Die evangelische Unterweisun in den Schulen d. 16. Jh.s* (1957; Pädagog. Fo schungen 3). William James D u r a n t, *Th Reformation. A history of European civiliza tion from Wyclif to Calvin, 1300-1564* (Ne[York 1957). Übers. u. d. T.: *Das Zeitalter d. Eine Gesch. d. europ. Kultur von Wiclif b Calvin.* (1959; 2. Aufl. 1962; Durant, *Kultu geschichte d. Menschheit* 6). Paul Z i n s l i *Volkstum u. Bildung in d. dt. Lit. d. R.sjah hunderts.* Reformatio 13 (1964) S. 685-70. Ernst Walter Z e e d e n, *Dt. Kultur in d. fr hen Neuzeit* (1968; HdbKultg.).

Literaturgeschichte: Hans R u p p r i c h, *D Lit. im Zeitalter d. Humanismus u. d. R. Bericht.* DVLG. 17 (1939) Referatenheft S. 8 133. Richard N e w a l d, *Dt. Lit. im Zeitalt d. Humanismus. Ein Lit.bericht.* DVLG. 2 (1953) S. 309-326. Ludwig U h l a n d, *Gesc d. dt. Dichtkunst im 15. u. 16. Jh.,* in: Uhlan *Schriften z. Gesch. d. Dichtung u. Sage.* Bd. 1866, S. 193-592. Karl H a g e n, *Deutschlan literar. u. religiöse Verhältnisse im R.szeitalte Mit bes. Rücksicht auf Willibald Pirkheime* 3 Bde (1841-44; 2. Ausg. 1868; Neudr. 196 Theod. H a m p e, *Meistergesang u. R.* Monat hefte d. Comenius-Ges. 7 (1898) S. 148-17 Johannes B o l t e u. Johannes L u t h e r, *D 16. Jh.,* in: Rich. B e t h g e, *Ergebnisse u. Fo schritte d. germanist. Wissenschaft im letzt Vierteljahrhundert* (1902) S. 300-324. Wal Brecht, *Einführung in d. 16. Jh.* GRM. (1911) S. 340-348. Heinrich N e e d o n, *Techn u. Stil d. dt. R.sdialoge* (Masch.) Diss. Greif wald 1922. Carl K a u l f u ß-D i e s c h, *R. literatur.* Reallex. Bd. 3 (1929) S. 12-22. Wern Kienitz, *Formen literar. Ankündigung i 15. und 16. Jh.* Diss. Köln 1931. Paul M e r k e *Das Zeitalter d. Humanismus u. d. R. Aufriß dt. Lit.gesch. nach neueren Gesichtspunkte* Hg. v. H. A. Korff u. W. Linden (3. Au 1932) S. 337-358. Günther M ü l l e r, *Dt. Dic ten u. Denken vom MA. zur Neuzeit* (193 2. Aufl. 1949; Slg. Göschen 1086). Archer T a l o r, *Problems in German literary history of t 15th and 16th centuries* (New York 1939; T Modern Lang. Ass. of America. general Ser. Wolfgang S t a m m l e r, *Von der Mystik zu Barock. 1400-1600* (1927; 2. durchges. u. e Aufl. 1950; Epochen d. dt. Lit. 2, 1). G. B bermeyer, *Frühnhd. Lit.* Reallex. Bd. (2. Aufl. 1957) S. 507-521. Günther M ü l l e *Dt. Dichtung von d. Ren. bis zum Ausgang Barock* (1927-29; 2. Aufl. 1957; HdbLitwis Richard N e w a l d, *Humanismus u. R. 14. 1600.* Annalen der deutschen Literatur, hg. H. O. Burger (2. Aufl. 1962) S. 287-338. Ge Ellinger, *Gesch. d. neulat. Lit. Deutsc lands im 16. Jh.* 3 Bde (1929/33). Paul v Tieghem, *La littérature latine de la Rena sance. Étude d'histoire littéraire européen* Bibliothèque d'Humanisme et Renaissance

(1944) S. 177-418 auch als Buch; Neudr. Genève 1966. Georg E l l i n g e r u. Brigitte R i s t o w, *Neulat. Dichtung Deutschlands im 16. Jh.* Reallex. Bd. 2 (2. Aufl. 1965) S. 620-645. Karl Otto C o n r a d y, *Die Erforschung d. neulat. Lit. Probleme u. Aufgaben.* Euph. 49 (1955) S. 413-445. Johann N e u b a u e r, *Die kathol. Dichtung in der dt. Lit. seit d. R.* (Prag 1874). Rudolf W o l k a n, *Gesch. d. dt. Litt. in Boehmen bis zum Ausgange d. 16. Jh.s* (Prag 1894; Wolkan, *Böhmens Antheil an d. dt. Litt. d. 16.Jh.s* 3). Joh. Willib. N a g l u. Jakob Z e i d l e r, *Dt.-Oesterreich. Literaturgeschichte* (Wien 1899). Carl K a u l f u ß - D i e s c h, *Das Buch d. R.* (1917). Josef N a d l e r, *Lit.geschichte d. dt. Stämme u. Landschaften* Bd. 1 u. 2 (3. Aufl. 1929-31). Georg Theodor S t r o b e l, *Beyträge z. Lit., bes. d. 16. Jh.s.* 2 Bde (Nürnberg 1784-1787). Johannes V o i g t, *Über Pasquille, Spottlieder u. Schmähschriften aus der ersten H. d. 16. Jh.s.* Histor. Taschenbuch 9 (1838) S. 321-524. Emil W e l l e r, *Annalen d. poetischen National-Literatur d. Deutschen im 16. und 17. Jh. Nach d. Quellen bearb.* 2 Bde (1862-1864; Nachdr. 1964). Ernst H ö p f n e r, *Reformbestrebungen auf d. Gebiete d. dt. Dichtung. 16. u. 17. Jh.s* (1866). Herm. P a l m, *Beiträge z. Geschich. d. dt. Lit. d. 16. u. 17. Jh.s* (1877). Ludwig G e i g e r, *Dt. Satiriker d. 16. Jh.s* (1878; Sammlung gemeinverständl. wiss. Vorträge. 295). Emil S i n d e l, *Das volkstümliche dt. Schrifttum im 16. Jh. Aus der Zeit der Reformation.* Festschr. z. Honterusfeier (Kronstadt 1898) S. 141-173. Hans P r e u s s, *Die Vorstellungen vom Antichrist im späteren MA., bei Luther u. in d. konfessionellen Polemik* (1906). Frida H u m b e l, *Ulrich Zwingli u. seine R. im Spiegel d. gleichzeitigen schweizer. volkstümlichen Lit.* (1912; Quell. u. Abhdlgn z. schweizer. R.sgesch. N.F. 1). Paul M e r k e r, *Die R. u. Lit.* E. Vortrag (1918). Pontien P o l m a n n, *Die polemische Methode d. ersten Gegner d. R.* (1931; Kath. Leben u. Kämpfen im Zeitalter d. Glaubensspaltung 4). Hermann G u m b e l, *Volk u. Reich im Schrifttum der Reformbewegung.* VDtArtSprDchtg. 3 (1941) S. 147-168. Marieluise H e l d, *Das Narrenthema in d. Satire am Vorabend u. in d. Frühzeit d. R.* (Masch.). Diss. Marburg 1945. Rich. K o p p, *Die Praefatio im lat. Schrifttum d. R.szeit.* Diss. München 1958. Hans-Gert R o l o f f, *Ein Textzentrum für frühnhd. Lit.* Euph. 56 (1962) S. 125-143.

Buchdruck und Buchillustration: Friedr. K a p p, *Gesch. d. dt. Buchhandels bis in das 17. Jh.* (1886). Rich. M u t h e r, *Die dt. Bücherillustration d. Gotik u. Frührenaissance (1460-1530).* 2 Bde (1883/84). Joh. F i c k e r u. Otto W i n c k e l m a n n, *Handschriftenproben d. 16. Jh.s nach Straßburger Originalen.* 2 Bde (1902/1905). Alfred G ö t z e, *Über Bestimmung heimatloser Drucke d. R.szeit.* NJbbAGLP. 9 (1906) S. 310-312. Ders., *Die hochdt. Drucker d. R.szeit* (1905; Neudr. 1963). Joh. L u t h e r, *Aus d. Druckerpraxis d. R.szeit.* ZblBblw. 27 (1910) S. 237-264. Otto C l e m e n, *Handschriftenproben aus d. R.szeit* (1911). Hans W o l f f, *Die Buch-*

ornamentik im 15. u. 16. Jh. (1911; Monographien d. Buchgewerbes 5). Georg M e n t z, *Handschriften d. R.szeit.* (1912; Tabulae in usum scholarum editae 5). Karl S c h o t t e n l o h e r, *Beiträge z. Bücherkunde d. R.szeit.* ZblBblw. 38 (1921) S. 20-33; 67-78. Ders., *Das alte Buch* (1921; 3. Aufl. 1956; Bibl. f. Kunstu. Antiquitätensammler 14). James Bennett C h i l d s, *Sixteenth century books: a Bibliography of Literature describing books printed between 1501 and 1601.* Papers of the Bibliographical Soc. of America 17 (1923) S. 73-152. Paul P i e t s c h, *Ewangely u. Epistel Teutsch. Die gedruckten hochdt. Perikopenbücher (Plenarien) 1473-1523* (1927). Hildegard Z i m m e r m a n n, *Beiträge z. Werk einzelner Buchillustratoren d. ersten H. d. 16. Jh.s.* Buch und Schrift. Jb. d. Dt. Ver. f. Buchw. u. Schrifttum 1 (1927) S. 39-91. Max G e i s b e r g, *Die dt. Buchillustration in d. ersten H. d. 16. Jh.s* (1930). Erich von R a t h, *Buchdruck u. Buchillustration bis zum Jahre 1600.* Handbuch der Bibliothekswissenschaft. Bd. 1 (1931) S. 332-460. Neu bearb. v. Rud. Juchhoff. Ebda. Bd. 1 (2. Aufl. 1952) S. 388-533. Karl S c h o t t e n l o h e r, *Das Buch im geistigen Leben d. 16. u. 16. Jh.s.* ZfBüchfr. N.F. 23 (1931) S. 9-15. Martin H o b e r g, *Die Gesangbuchillustration d. 16. Jh.s.* E. Beitr. z. Problem R. u. Kunst (1933; Studien z. dt. Kunstg. 296). Joseph B e n z i n g, *Der Buchdruck d. 16. Jh.s im dt. Sprachgebiet.* (1936; ZblBblw., Beih. 68). Otto C l e m e n, *Buchdruck d. dt. R.,* in: *Geschichte d. Buchdruckerkunst.* Bd. 2 (1936) S. 35-66. Heinr. K r a m m, *Dt. Bibliotheken unter d. Einfluß von Humanismus u. R.* (1938; ZblBblw., Beih. 70). Horst K u n z e, *Über d. Nachdruck im 15. u. 16. Jh.* Gutenberg-Jb. 1938, S. 135-143. Otto C l e m e n, *Die lutherische R. u. d. Buchdruck* (1939; SchVerfReformgesch. 167). Karl S c h o t t e n l o h e r, *Die Widmungsvorrede im Buch d. 16. Jh.s* (1953; R.sgeschichtl. Studien u. Texte 76/77). Joseph Benzing, *Die Buchdrucker d. 16. u. 17. Jh.s im dt. Sprachgebiet* (1963; Beitr. z. Buch- u. Bibliotheksw. 12).

Sprache: Karl H e i n r i c h s, *Studien über die Namengebung im Deutschen seit dem Anfang d. 16. Jh.s* (1908; QF. 102). Alfred G ö t z e, *Evangelisch.* ZfdWf. 13 (1911/12) S. 1-24. Friedrich L e p p, *Schlagwörter d. R.szeit* (1908; Quell. u. Darstell. aus d. Gesch. d. R.sjahrhunderts. 8). Gabriel M e i e r, *Phrasen, Schlag- u. Scheltwörter d. schweizer. R.szeit.* Zs. f. schweizer. Kirchengesch. 11 (1917) S. 81-102; 221-236. Conrad B o r c h l i n g, *Der Einfluß d. R. auf d. ndd. Sprache.* Mittlgn. aus d. Quickborn 11 (1917/18) S. 2-8. Herm. G u m b e l, *Dt. Sonderrenaissance in dt. Prosa. Strukturanalyse dt. Prosa im 16. Jh.* (1930; Neudr. 1965; Dt Fschgn 23). Arno S c h i r o k a u e r, *Der Anteil d. Buchdrucks an d. Bildung d. Gemeindeutschen.* DVLG. 25 (1951) S. 317-350. Ders., *Frühneuhochdeutsch.* in: Stammler Aufr. Bd. 1. (2. Aufl. 1957) Sp. 855-930. Paul H a n k a m e r, *Die Sprache. Ihr Begriff u. ihre Deutung im 16. u. 17. Jh.* E. Beitr. z. Frage d. literarhistor. Gliederung d. Zeitraums (1927; Neudr. 1965).

Erwin A r n d t , *Die Zeit d. Großen Bauernkrieges u. d. R. in d. dt. Sprachgeschichte.* Weimarer Beiträge 11 (1965) S. 953-970. Adolf
B a c h , *Gesch. d. dt. Sprache* (8. Aufl. 1965).
     Texte: Gottlieb F r i e d l ä n d e r , *Beiträge z.
R.sgeschichte. Sammlung ungedr. Briefe des
Reuchlin, Beza u. Bullinger, nebst e. Anh. z.
Gesch. d. Jesuiten. Mit Einl. u. Anm.* hg. (Ber-
lin 1837). Otto C l e m e n , *Beiträge z. R.s-
gesch. aus Büchern u. Handschriften d. Zwik-
kauer Ratsschulbibliothek.* H. 3. (1903). Ders.,
Briefe aus d. R.szeit. Zs. f. Kirchengesch. 31
(1910) S. 81-105; 300-323. Marianne B e y e r -
F r ö h l i c h , *Aus dem Zeitalter d. R. u. d.
Gegenreformation.* (1932; DtLit., Dt. Selbst-
zeugnisse 5). *Corpus Catholicorum. Werke
katholischer Schriftsteller im Zeitalter der
Glaubensspaltung* (1919 ff.), bisher 29 Bde.
Corpus Reformatorum. 1. Abt. *Melanchthon,*
Bd. 1-28. Hg. v. Karl Gottlieb B r e t s c h n e i -
d e r ; 16 ff. von Heinr. Ernst B i n d s e i l (1834-
1860). 2. Abt. *Calvin,* Bd. 29-87. Hg. v. Wilh.
B a u m , Eduard C u n i t z , Eduard R e u ß (1863-
1900). 3. Abt. *Zwingli,* Bd. 88-98. Hg. v. Emil
E g l i s , Georg F i n s l e r , Walther K ö h l e r , Os-
kar F a r n e r , Fritz B l a n k e , Edwin K ü n z l i ,
Leonhard v. M u r a l t (1905 ff.). *Klassiker des
Protestantismus.* Hg. v. Christel Matthias
S c h r ö d e r . 8 Bde ([1960 ff.]; Sammlung
Dieterich 226-273). Bd. 1: *Wegbereiter der Re-
formation.* Hg. v. Gustav Adolf B e n r a t h
(1967). Bd. 2: *Der Glaube d. Reformatoren
(Luther, Calvin, Zwingli).* Hg. v. Franz L a u
(1964). Bd. 3: *Reformator. Verkündigung u.
Lebensordnung.* Hg. v. Robert S t u p p e r i c h
(1963). Bd. 4: *Der linke Flügel d. R. Glaubens-
zeugnisse d. Täufer, Spiritualisten, Schwärmer
u. Antitrinitarier.* Hg. v. Heinold F a s t (1962).
Bd. 5: *Der Protestantismus d. 17. Jh.s.* Hg. v.
Winfried Z e l l e r (1962). Textreihen: NDL
Begr. von Wilhelm B r a u n e , später hg. v.
Ernst B e u t l e r , jetzt von Rich. A l e w y n
(1876 ff.). *Dt. Dichter d. 16. Jh.s.* Hg. v. Karl
G o e d e k e u. Julius T i t t m a n n . 18 Bde
(1867-1883). *Reformation.* Hg. von Arnold E.
B e r g e r . 7 Bde (1930-1942; Dt. Lit.). *Ausga-
ben Dt. Lit. d. 15. bis 18. Jh.s.* Unter Mitw. v.
Käthe K a h l e n b e r g hg. v. Hans-Gert R o -
l o f f (1967 ff.).

§ 2. L u t h e r . Das Phänomen 'Luther' ist
bisher vom literarhistor. Standpunkt aus
wenig gewürdigt worden. Zwar fehlte es nie
an Lobeserhebungen der schriftstellerischen
Genialität Luthers, aber das Wesen seiner
literar. Leistung harrt noch der Erforschung.
Der Anstoß zur R.sbewegung ging von ihm
aus, und zwar mit dem Wort, mit literar.
Mitteln. Die Vorbildlichkeit und Verbindlichkeit seiner Art zu schreiben ist nicht nur
in neuen Gedanken und Vorstellungen, sondern auch in den mit Erfolg angewandten
literar. Mitteln zu sehen. Der in jeder Hinsicht unermeßliche Erfolg seiner Schriften hat

nicht nur seine Ursache in einem nach neuen
Gedanken hungernden, rezeptionsbereiten
Publikum, sondern mindestens ebenso im
schriftstellerischen Geschick, sich weiten Kreisen überzeugend verständlich zu machen.
Die Anwendung der dt. Sprache ist dabei
nur eins der Elemente, die Luther im Kampf
um die Popularisierung seiner Ideen einsetzte. Die Skala der von ihm verwendeten
Mittel, um seiner Tendenz Gehör zu verschaffen und bestimmte Reaktionen zu
provozieren, reicht vom Innigsten und Einfachsten bis hin zum Kunstvoll-Rhetorischen
und Grobianischen. Rechtfertigung und innerer Kern dieser Haltung war das unbedingte
Engagement an die eigene Idee der Erneuerung des Christentums aus dem Worte des
Evangeliums. Die schriftstellerische Leistung
seiner Bibelübersetzung, seiner aufklärenden
Traktate und seiner zweckgebundenen Dichtung verschafft ihm einen bevorzugten Platz
in der Lit.geschichte, abgesehen von dem
nachhaltigen Einfluß des Werkes auf die dt.
Lit. und abgesehen von dem umfangreichen
theologisch-fachlichen œuvre und dem riesigen Briefwechsel.
     Luthers B i b e l ü b e r s e t z u n g steht mit
der R. in engem Zusammenhang; war das
reine Wort des Evangeliums die Basis seiner
reformatorischen Bestrebungen, so wurde
die übersetzte Bibel, die jedermann zugänglich und verstehbar war, zu einem wichtigen
Instrument seines Kampfes gegen die röm.
Kirche. Luther gab dem „Volk", das er für
seine reformatorischen Absichten brauchte,
mit der dt. Bibel die Möglichkeit an die
Hand, das Mißverhältnis zwischen dem
Evangelium und den kirchlichen Zuständen
der Zeit selbst zu kontrollieren. Insofern war
die Bibelübersetzung 'nur' die Konsequenz
aus seinen bisherigen Ansätzen zur Veränderung der kirchlichen Verhältnisse. Daß
Luther sich mit diesem Unternehmen in eine
längere Tradition dt. Bibelübersetzungen
stellte, schränkt die Leistung seiner Überset-
zerkunst nicht im mindesten ein, denn gerade
ihr ist es zu verdanken, daß die Bibel in dieser Gestalt über den unmittelbaren Anlaß
hinaus von nicht abzuschätzender Bedeutung für das Abendland geworden ist. — Der
Grund dafür, daß Luther nicht eine der bereits vorliegenden dt. Bibeln verwandte
— immerhin lagen bis 1522 vierzehn hdt.
und vier nddt. Bibeldrucke und zahlreiche

Perikopenbücher und Teilübersetzungen vor — ist darin zu sehen, daß die älteren Übersetzungen auf der Vulgata basierten, deren Textzuverlässigkeit zwar kanonisiert war, aber durch die philologische Kritik der Humanisten erheblich in Zweifel gezogen wurde. Der Rückgriff auf die griech. Fassung, die Septuaginta, war für die humanistisch gebildeten Reformatoren nicht nur vom philologischen, sondern auch vom reformatorischen Standpunkt aus selbstverständlich. Die Übers. der Bibel nach den Urtexten trug dem humanistischen Geist der Zeit Rechnung. — Luthers Plan zur Übers. war auf der Wartburg herangereift; die Hauptanregung ging von Melanchthon aus, der bis zu Luthers Tod der vertrauteste Mitarbeiter an dem Unternehmen blieb. Mitte Dezember 1521, nach seinem heimlichen Aufenthalt in Wittenberg, begann Luther mit der Übersetzung des NT; das Manuskript war elf Wochen später bei seiner Rückkehr nach Wittenberg am 6. März 1522 fertig und wurde unter Mithilfe Melanchthons und anderer (u. a. Spalatin und Mutian) ausgefeilt und verbessert. — Die Frage, welche Textvorlagen Luther auf der Wartburg für die Übers. des NT zur Verfügung standen, hat die Luther-Forschung sehr beschäftigt; von theologischer Seite neigt man heute zu der Auffassung, daß es eine „im einzelnen nicht unterscheidbare griech.-lat. Textkombination" war (Bornkamm). Vorgelegen haben Luther die Vulgata (vermutlich in einem Handexemplar und in einem größeren mit der *glossa ordinaria*), der griech. Text in der Ausgabe des Erasmus (1518/19, 2. Auflage) und dessen *Annotationes* (1515, 1519), evtl. auch Gerbels *Novum Testamentum Graece* (Hagenau, März 1521). Luther hat sich keiner der Vorlagen sklavisch angeschlossen; er folgte zwar dem griech. Text und verbesserte die Fehler der Vulgata, aber er griff auch an einigen Stellen in den Text des Erasmus ein. Umstritten ist, ob Luther noch ältere dt. Übers.en heranzog. Während Freitag die Benutzung der Zainer-Bibel glaubte nachweisen zu können, sind andere (Bebermeyer, Bornkamm) der Ansicht, Luther habe zwar die älteren Übers.en, Perikopenbücher und Evangelienharmonien gekannt, aber nicht für seine Arbeit verwendet. Auch Schirokauers Vorstellung, Luther habe die nddt. Bibel benutzt, hat sich nach Bluhms Untersuchungen als kaum haltbar erwiesen; zwar stehen die nddt. Bibeln näher zu Luthers Text als die obdt., aber ein direkter Einfluß läßt sich an den wenigen Berührungspunkten nicht eindeutig nachweisen. Viel für sich hat die Vorstellung, Luther habe im „Bann einer kirchensprachlichen Überlieferung" (Bruchmann) gestanden.

Kurz vor dem 21. September 1522 erschien in Folio *Das Newe Testament Deutzsch*, Vuittemberg in Verlegung Chn. Dörings und Lukas Cranachs d. Ä., der Drucker war Melchior Lotter; die Auflage betrug wahrscheinlich 3000 Exemplare. Die Namen des Übersetzers, der Verleger und des Druckers wurden verschwiegen. In der Luther-Philologie wird dieser Erstdruck als 'Septembertestament' bezeichnet — im Unterschied zu der im gleichen Jahr im Dezember erschienenen zweiten Auflage des NT, dem 'Dezembertestament', das bereits zahlreiche Verbesserungen (vor allem in der Wortstellung) enthält. Das Septembertestament erfuhr mehrere Nachdrucke in Oberdeutschland: Augsburg, Basel, danach Straßburg und Nürnberg. 1523 erschien die nddt. Übertragung des NT in Wittenberg bei Lotter. Noch während der Drucklegung des Septembertestaments begann Luther mit der Übers. des AT, von dem der erste Teil, die fünf Bücher Mose, im Sommer 1523 die Presse verließ: *Das Allte Testament deutsch. M. Luther. Vuittemberg;* eine zweite Auflage desselben Jahres verfügte schon über 150 neue Textveränderungen. 1523 erschien der *Pentateuch* auch niederdeutsch. Im Januar 1524 kam *Das Ander teyl des alten testaments (Josua bis Esther)* heraus, im Herbst *Das Dritte teyl des allten Testaments (Hiob und Psalter bis Hohelied)*. Danach trat wegen anderer beruflicher und schriftstellerischer Verpflichtungen eine Pause im Übersetzen ein; erst vier Jahre später erschien der Rest in zeitlichen Abständen: September 1528 *Jesaja*, Juni 1529 *Weisheit Salomonis*, Frühsommer 1530 *Daniel*, März 1532 *Die Propheten alle Deudsch*, 1533 *Jesus Sirach* und weitere Bücher der Apokryphen, von denen Melanchthon das erste Buch der *Makkabäer* übertrug. Zur Leipziger Michaelismesse 1534 kam die erste 'Vollbibel' heraus, der die nddt. Version um ein halbes Jahr vorausgegangen war. Die beiden letzten Ausgaben der Vollbibel, auf die Luther noch Einfluß hatte, sind die Drucke von 1545 und 1546. Über die Frage, ob 1545 oder 1546, die nach Luthers Tode erschien, als Ausgabe letzter Hand zu gelten habe, hatte sich in der Luther-Philologie ein Streit entsponnen, der mit dem Kompromiß beigelegt wurde, daß das NT von 1546 als Ausgabe letzter Hand zu gelten hat, da hier Rörer, Luthers langjähriger Korrektor, *mit vorwissen und rath der Gelerten von Wittenberg* Textkorrekturen im Römerbrief und in den Korintherbriefen einfügte, die nachweislich auf Luthers Textrevision vom Herbst 1544 zurückgehen. Die Ausgabe letzter Hand des AT ist die Fassung der Vollbibel von 1545. — Luthers Bibelübers. ist vom Erscheinen des Septembertestaments bis zur Ausgabe letzter Hand einem permanenten Werdeprozeß unterworfen gewesen. Die Arbeit daran war nie abgeschlossen, zahlreiche Verbesserungen bietet fast jeder neue, von Luther besorgte Druck. Die Geschichte dieses philologischen Vorganges ist punktuell beleuchtet worden, harrt aber noch einer wünschenswerten Gesamtdarstellung. In die einzelnen Stationen des Textes gewähren die noch erhaltenen sog. Bibelrevisionsprotokolle (WA 3-4) Einblicke; es handelt sich um die von Rörer geschriebenen Protokolle der Arbeitssitzungen, die Luther mit Freunden (Melanchthon, Bugenhagen, J. Jonas, Cruciger, Aurogallus, Ziegler, Forstemius u. a.) abhielt, um an einzelnen Textstellen den Sinn oder die dt. Formulierung zu verbessern. Die Resultate dieser Sitzungen mündeten in die folgenden Druckfassungen der Texte. Fünf solcher Revisionstagungen sind bekannt: 1531, 1534, 1539/40, 1541, 1544.

Die Art und Weise, wie Luther die Bibel verdeutschte, hängt mit seiner theologischen Grundkonzeption zusammen: die Heilige Schrift ist die einzige Quelle religiöser Erkenntnis; durch sie redet Gott zum Menschen; das Evangelium enthält die Offenbarung des göttlichen Willens. Diese humanist. Rückführung auf das Wort als den Vermittler des Glaubens setzte sich bewußt gegen die scholastische Bibelexegese ab, die von der Vorstellung des vierfachen Schriftsinns bestimmt war, und forderte die Erfassung und Erhellung des Wortsinns allein mit Hilfe philologisch-grammatischer Mittel. Der evangelische Theologe mußte, um die Hl. Schrift richtig erfassen zu können, durch die philologische Schule des Humanismus gegangen sein. Für Luther, der jede allegorische Auslegung ablehnte (*Ego odi allegorias*), galt nur das reine Wort als alleinige Autorität. *Es liegt alles am Wort* (WA 18, 204) und *Maior est enim huius scripturae authoritas quam omnis humani ingenii capacitas* (WA 9, 66). So sollte seine Übers. dem Laien den Bibeltext in möglichster Reinheit nahe bringen. Hier kam es ihm zugute, daß er außer seiner religiösen Berufung auch eine Begabung für Sprache, *diese schöne, große, herrliche gabe Gottes* (WA TR 3, 3271), besaß, die es ihm ermöglichte, zu der bis heute gültigen Synthese zwischen Inhalt und Form der dt. Bibel zu kommen.

Luther ging beim Übersetzen, soweit es sich rekonstruieren läßt, etwa folgendermaßen vor: zunächst wurde der Sinn der Vorlage nach grammatischen Kriterien, dann aus der Kenntnis der ganzen Hl. Schrift heraus zu erfassen gesucht (*verbi intelli-*

gentia ex tota scriptura et circumstantia rerum gestarum petenda est, WA 2, 302); war der Sinn geklärt, dann wurde er in die adaequate dt. Fassung gebracht, was nach Luthers und anderer Berichten von größter Schwierigkeit war. Für drei Zeilen *Hiob* z. B. brauchten Luther, Melanchthon und Aurogallus einmal vier Tage (WA 30, 2, 636). Die sprachliche Tendenz ging auf eine einfache, volkstümliche Fassung, die vom nichtgelehrten Laien verstanden werden konnte. Im *Sendbrief vom Dolmetschen* (1530) hat Luther, herausgefordert durch die Kritik der kathol. Gegner, insbesondere Emsers, seine Übersetzungstendenzen klargelegt und an einzelnen Beispielen die philologische wie theologische Richtigkeit seiner Übertragung demonstriert. Generell kam es darauf an, von dem lat. Duktus, der stellenweise (aber nicht überall) die dt. Sprache der Zeit bestimmte, loszukommen und eine Ausdrucksweise und Sprachform zu finden, die der dt. Sprache a priori wesensgemäß waren. In religiöser wie sprachlicher Hinsicht war damit die „Neuschöpfung des Bibelwortes" (Bornkamm) vollzogen. Luther war sich der Bedeutung seiner Übers. bewußt (*Vorrede* zum AT 1523), und die heftige Kritik seines ehemaligen Erfurter Lehrers, Hieronimus Emsers (*Ausz was grund unnd ursach Luthers dolmatschung uber das nawe testament dem gemeinen man billich vorbotten worden sey*, 1523) bezeugt das, denn er behauptete, 1400 'Fehler' und 'Ketzereien' in Luthers NT-Übertragung gefunden zu haben, die aber fast sämtlich Luthers Abweichung vom Vulgata-Text waren. Emser selbst machte sich dann an eine Überarbeitung des Luther-Textes (1527), indem er dessen Fassung wieder in Übereinstimmung mit der Vulgata brachte. Den geringfügigen Eingriffen Emsers kann man ablesen, wie sehr er an sich den Luther-Text als dt. Übertragung gutheißen mußte. Diese Fassung diente dann später Eck für seine sprachlich sehr interessante Übers. der mitteldt. Version ins Oberdeutsche. Gegen Emser trat bereits 1524 Urbanus Rhegius mit seiner Schrift *Ob das new testament yetz recht verteutscht sey* auf.

Luthers deutsche Schriften, die seit 1518 in kurzen Abständen erschienen, waren durch verschiedene Absichten veranlaßt worden. Zunächst ging es ihm um Information und Aufklärung breiter Laienschichten, die keinen Zugang zur theologischen Fachlit. hatten, dann sah er sich zu Erwiderungen auf Schriften seiner Gegner veranlaßt; diese Streitschriften nehmen einen beträchtlichen Platz in Luthers œuvre ein und begegnen von Anfang bis Ende in einer wesentlich gleichen Stillage. Schließlich verlangte auch die neue Kirche nach Unterweisung für ihre Gemeinden, und Luther sah sich genötigt, mit Lehrbüchern, Texten, Predigten usw. diesem Bedürfnis entgegen zu kommen. Der Grundtenor aller dieser Schriften ist Luthers zentrales Anliegen des rechten Verhältnisses des Menschen zu einem gnädigen Gott. Nichts dürfe sich zwischen Gott und die Seele einschalten, das Heil sei nicht durch eigene irdische Anstrengungen des Menschen, sondern durch die unverdienbare Gnade Gottes und allein durch den Glauben daran zu erlangen. Die Aufgabe, die Luther vor sich hatte, war eine dreifache: er mußte sich gegen die kirchliche Tradition fachlich zur Wehr setzen; er mußte gleichzeitig seine neuen Gedanken so popularisieren, daß die breite Masse sie verstand und ihr die Richtigkeit der Argumentation einleuchtete, und er mußte schließlich auch aus seiner religiösen Vision die polit. und sozialen Konsequenzen ziehen und Empfehlungen für neue politisch-gesellschaftliche Strukturen geben. Mag manche Publikation ihre Entstehung dem Zufall verdanken, die Richtungen, in die Luthers Appelle gingen, zeichnen klar seine Konzeption ab.

Nach dem Anschlag der Thesen, die an die Adresse der theologischen Fachkollegen gerichtet waren, aber gleichwohl in die breite Öffentlichkeit gedrungen waren, verfaßte Luther in den Jahren 1518/19 eine Reihe von Traktaten, in denen er zunächst die Hauptgedanken der Thesen (*Sermon von dem Ablas und gnade*, 1518) popularisierte, dann aber zur Kritik an den kirchlichen Verhältnissen überging, so im *Unterricht auf etlich Artickell* (1519), in denen er noch für eine Reformierung der Papstkirche aufgrund des Evangeliums eintritt. Gegenüber den drei Drucken der lat. Thesen erlebten diese beiden Traktate jeweils 16 bzw. 10 Auflagen allein im Erscheinungsjahr. Auch die weiteren dt. Schriften des Jahres 1519 sind der klärenden Unterweisung des Laien gewidmet. Im *Sermon von der Betrachtung des heiligen Leidens Christi*, der die Ansätze zu Luthers Christologie enthält, geht es ihm darum, das mitfühlende Leiden bei der Betrachtung von Christi Opfertod, das durch die Passionsspiele oder durch die mal. Andacht gefördert worden war, umzuwandeln in den aktiven Prozeß der Selbsterkenntnis des eigenen sündhaften Zustandes und der Zerknirschung darüber, die wiederum nur aus dem Glauben an die durch Christi Opfertod erfolgte Erlösung und durch die Gnade Gottes überwunden werden soll. In den drei zusammenhängenden Sermones von der Beichte, von der Taufe und vom Abendmahl greift Luther in die Sakramentslehre der alten Kirche ein: nur diese drei seien als Sakramente anzusehen. Er möchte zur Verinnerlichung und zum unbedingten Glauben führen und bemüht sich, seine christl. Lehre — ohne Kritik an den Zeitläuften und ohne Polemik — den Laien verständlich zu machen. Mit dem *Sermon von der Bereitung zum Sterben* griff Luther eine Lit.gattung auf, die sich im späten MA. reich entfaltet hatte: die *ars-moriendi*-Schriften; geschickt wird hier die Gattung neuen Vorstellungen angepaßt: man müsse nicht nur die äußerliche (Testament) und die innerliche Ordnung (Vergebung angetanen Unrechts) schaffen, sondern im Bilde Christi und im Glauben an Gott den Tod zu überwinden suchen; die Sakramente allein bewirkten nichts, wenn nicht der Glaube da ist.

Mit diesen Schriften hatte Luther dem Laien seine Vorstellungen der neuen Kirche und ihrer Heilsmittel vor Augen geführt; er tat es in einem besonderen, dem Adressaten angemessenen Stil, der sich von anderen Veröffentlichungen nicht unwesentlich unterscheidet: klar, einfach, einprägsam, wenig Zitate und kaum gelehrte Anspielungen. Die Art der Beweisführung und die behutsame Einführung des Lesers in die Probleme haben sicherlich zu dem ungewöhnlichen Erfolg dieser Schriften beigetragen.

Nach dieser Vorbereitung erschienen im Jahre 1520 die großen programmatischen R.sschriften, die frühere Gedanken aufnehmen, weiter ausbauen, gelehrt dokumentieren, Argumente der Gegner widerlegen und Neues hinzutun. Die nun zu einem Politicum gewordene R. erhält in diesen Schriften ihr Programm. Im Traktat *Von den guten Werken* legte Luther seine Vorstellungen der neuen Frömmigkeit vor. Die guten Werke sind die Befolgung der Gebote Gottes; nicht die Kirche, nicht Beten, Fasten, Almosen sind gute Werke an sich, sondern ein gotterfülltes tätiges Leben in seinen täglichen Verrichtungen, wenn sie aus dem Glauben als der Quelle allen menschlichen Tuns geschehen. Der Unterschied der mal. Ethik zwischen profanem und heiligem Handeln ist aufgehoben, denn alles, was aus der rechten Gesinnung gegen Gott geschieht, ist heilig; die

Lust am Guten und die Gewißheit der Gnade Gottes schälen sich hier als der Kern der reformatorischen Ethik heraus. Luther selbst hielt diese Schrift für das Beste, was er bisher geschrieben hatte (an Spalatin, 25. 3. 1520). Im gleichen Jahr erschien die berühmteste reformatorische Schrift *An den christlichen Adel deutscher Nation...*, in der Luther versuchte, Karl V. und die deutschen Fürsten für sein Reformprogramm, das auf die weltliche Entmachtung der Kurie zielte, zu gewinnen.

Der Kaiser und der Adel sollen zum Heil der Christenheit die drei Schutzmauern der Romanisten brechen: die geistliche Gewalt, die sich über die weltliche erhebt, die alleinige Autorität des Papstes in der Schriftauslegung und das alleinige Recht des Papstes, Konzile einzuberufen. Luther forderte damit die Aufhebung der Zwei-Gewalten-Lehre, denn alle Christen seien geistlichen Standes und nur durch ihr Amt unterschieden; der Anspruch der Unfehlbarkeit des Papstes in Glaubensdingen sei ebensowenig aus der Schrift zu belegen wie die Eigengesetzlichkeit der Kurie, allein Konzile einberufen zu dürfen. Der Kaiser solle das notwendige Konzil gegen den Papst einberufen. Luther gibt dann im zweiten Teil der Schrift einen umfangreichen Katalog der Gravamina auf kirchlichem und sozialem Gebiet, beginnend mit der lapidaren Aufgabenteilung: der Papst soll beten, der Kaiser schützen, der gemeine Mann arbeiten, jedem sei sein Werk zugeordnet. Aus der Fülle der abzustellenden Mißstände, die Luther anführt, seien hier nur die hauptsächlichsten Forderungen genannt: Schutz des Volkes gegen die Praktik Roms, Ausschaltung der Kurie bei der Ernennung von Bischöfen und Abschaffung des Bischofeides gegenüber dem Papst; die Kurie dürfe weder weltliche Sachen verhandeln noch sich in weltliche Händel mischen; die *casus reservati* seien abzuschaffen und das Messe-Lesen stark einzuschränken; Pilgerreisen nach Rom und Wallfahrten zu Wunderstätten wären sinnlos; das päpstliche Interdict sei aufzuheben; es dürften keine kirchlichen Feiertage auf Werktage gelegt werden; es sollen keine Bettelklöster errichtet werden, das Keuschheitsgebot der Priester sei zu annullieren. Eine Universitätsreform sei unerläßlich (u. a. Abschaffung der Schriften des Aristoteles, außer der Logik, Rhetorik und Poetik). Auf sozialem Gebiet wünscht Luther eine Bekämpfung der herrschenden weltlichen Gebrechen: Armenfürsorge durch einzusetzende Almosenschaffner, Kleidergebote gegen Hoffart und Luxus, Importverbote, Ordnung des Zins- und Kreditwesens, Gesetze gegen Mißbrauch des 'Fressens und Sauffens', weil dies Ursache von Mord, Ehebruch, Diebstahl wäre, Abschaffung der Frauenhäuser usw. Luthers theologischer Kampf gegen die alte Kirche verbindet sich hier mit dem praktischen Zweck einer Reform kirchlicher und sozialer Mißstände; die Bedeutung der Schrift (in 18 Tagen sollen 4000 Exemplare verkauft worden sein!) basiert auf der Fixierung der Gravamina und auf der Aufhebung der mittelalterlichen Lehre von den zwei Völkern, zwei Gewalten, zwei Reichen; das die Zeitgenossen überraschende Ergebnis war, daß man keine Furcht mehr vor der geistlichen Gewalt zu haben brauchte. Darüber hinaus ist die Schrift auch vom Sprachlich-Formalen her für die Zeit ansprechend gewesen. Luther zieht hier bereits alle Register seiner Sprachkunst: eindrucksvolle Bilder wie das der drei Mauern des Klerus, Wortspiele, Grobianismen, die Mittel der Ironie und der Klimax, häufige Anaphora, Synonymenketten usw. bestimmen die Stillage, die im ganzen auf den Grundton scheinbarer Demut, auf das Narrenthema, wie es in der Vorrede anklingt, abgestellt ist.

Luthers dritte für die reformatorische Bewegung bedeutungsvolle Schrift *Von der Freiheit eines Christenmenschen* gehört, obwohl sie nachweislich in zwei Tagen entstanden ist (13./14. Oktober 1520), zu dem Großartigsten, was Luther geschrieben hat. Die neue Glaubenslehre ist hier klar und prägnant formuliert worden. Der Anlaß der Schrift war der Versuch, sich mit dem Papst auf friedlichem Wege auseinanderzusetzen, wozu Miltitz kurz zuvor angeregt hatte. Luther faßte seine Glaubensvorstellungen zusammen und widmete sie mit einem Sendschreiben Leo X.; die dt. Fassung erschien zuerst, die lat., überarbeitete, etwas später. Als Sinn der Schrift gab Luther an: *es ist eyn kleyn buechle / ßo das papyr wirt angesehen / aber doch die gantz summa eyniß Christlichen leben drynnen begriffen / ßo der synn vorstannden wirt.*

Luther beteuert in der Einleitung, nichts gegen die Person Leos X. gesagt zu haben, sondern sich gegen die Machenschaften der Kurie zu wenden, durch die die allerheiligste Kirche zu einer *Mordgrube, einem Bubenhaus, einem heubt vnd reych aller sund des todts vnd vordamniß* geworden sei. Die Schrift hat die Aufgabe, das scheinbare Paradoxon zu klären: *Eyn Christen mensch ist ein freyer herr / über alle ding / und niemandt unterthan. — Eyn Christenmensch ist eyn dienstpar knecht aller ding und yderman unterthan.* Der inbrünstige Glaube macht ohne alle Werke den Menschen *frum, frey und selig*, er macht den Christen in geistlicher Hinsicht zum Herrn; in der Gemeinschaft aber hat der Christenmensch aus diesem Glauben und der Liebe zu Gott heraus zu dienen und nützlich zu sein. Die Freiheit des Christenmenschen besteht darin, daß er freiwillig nach Gottes Geboten lebend im Glauben alles ohne Absicht auf Verdienste vor Gott tut. Das alte Dualitätsproblem, Gott und der Welt zu gefallen, hat damit für Luther und den Protestantismus seine Lösung gefunden.

Zielten die dt. Schriften Luthers vor allem darauf ab, das reformator. Gedankengut im eigenen Volk zu verbreiten, so drang Luther mit der lat. abgefaßten Schrift *De captivitate Babylonica ecclesiae* (1520) in die Gelehrtenkreise Europas ein, wohin die dt. Texte weniger gelangten, trotz ihrer teilweisen lat. Übers.en anderer. Luther greift hier ein Herzstück der alten Kirche, den Sakramentsglauben, an. Die Bibel kenne nur ein Sakrament, nämlich das Wort Gottes, und drei sakramentale Zeichen (Taufe, Buße, Abendmahl); die anderen Sakramente lassen sich aus der Bibel nicht belegen und seien abzuschaffen; die Kirche könne keinesfalls Sakramente einrichten. Diese Ablehnung rief nun auch bei den europäischen Gelehrten Erregung und Verstimmung hervor; es ist bezeichnend für Luthers weitreichende Absichten, daß er gerade diese Schrift in Latein ausgehen ließ.

In den Jahren nach dem Wartburgaufenthalt hat Luther in zahlreichen Schriften zu Themen der Zeit und der Tagespolitik von seinem Standpunkt aus Stellung genommen; dazu gehören die Schriften *Von Kaufmannshandlung und Wucher* (1524), *Ein treu Vermahnung zu allen Christen, sich zu verhüten vor Aufruhr und Empörung* (1522), *Von weltlicher Obrigkeit, wie weit man ihr Gehorsam schuldig sei* (1523), *Ordnung eines gemeinen Kasten* (1523). Besondere Beachtung verdient im Rahmen der Bildungsgeschichte die Empfehlung *An die Ratsherrn aller Städte deutschen Landes, daß sie christliche Schulen aufrichten und halten sollen* (1524), in der sich reformator. und humanist. Forderungen zu einem christlich orientierten Erziehungsprogramm verbinden; Erziehung und Ausbildung der Kinder ist nicht allein Sache der Eltern, sondern auch des Rats, der für die entsprechenden Schulen zu sorgen und sich um deren Leistungsfähigkeit zu kümmern hat. Insbesondere fordert Luther eine gute Ausbildung in den drei Sprachen Hebräisch, Griechisch und Lateinisch; ohne diese Sprachen müßte das Evangelium untergehen. Außerdem schlägt er die Errichtung von Bibliotheken vor, die neben der Hl. Schrift die Lit. der Antike, juristische und medizinische Bücher und Chroniken und Historien enthalten sollen. Diese Empfehlungen haben in der ersten Hälfte des 16. Jh.s allenthalben ein Echo gefunden.

Unter den polit. Stellungnahmen ragen besonders Luthers drei Schriften zu den Vorgängen des Bauernkriegs hervor (1525); in der *Ermahnung zum Frieden* versuchte Luther noch im Sinne des Evangeliums zwischen den Parteien zu vermitteln; der Bauernaufstand helfe nicht der Verbreitung des Evangeliums, sondern verhindere sie. Das Begehren der Bauern könne nicht im Namen Christi geführt werden. Luthers theologische Trennung von geistlich-christlichem und weltlichem Verhalten der Bauern befremdete die sich namentlich auf ihn berufende Bewegung. Die flammende Schrift *Wider die räuberischen und mörderischen Rotten der Bauern* zeiht die Bewegung des Teufelswerks, der Sünde wider Gott und Menschen (Ungehorsam gegen Obrigkeit, Aufruhr und Plünderei, Mißbrauch von Christi Namen). Die harte Abfertigung ist nur verständlich aus Luthers religiöser — und nicht gesellschaftlicher — Obrigkeits- und Ordnungsvorstellung, die er durch den Bauernkrieg bedroht sah. Das „Zetergeschrei" wegen dieser Schrift veranlaßte Luther zu einem Sendbrief, in dem er seinen Standpunkt zu erklären suchte. Luther war einerseits verärgert, daß die Bauern nichts aus dem Evangelium gelernt hatten, und andererseits stand er prinzipiell auf seiten jener, die vom Aufruhr heimgesucht wurden, ganz gleich, ob sie schuldig oder unschuldig waren. In der *Treuen Vermahnung zu allen Christen* (1522) ist der Schlüssel für Luthers häufig mißverstandenen Umschlag in seinem Verhältnis zu den Bauern zu finden. — Auch in späteren Jahren griff Luther — meist in scharfem polemischen Ton — in die polit. Auseinandersetzungen ein. Die Argumente sind dabei im wesentlichen die bekannten, die literar. Diktion und die Treffsicherheit im Ausdruck aber noch wirkungsvoller. In Schriften wie *Von der Winkelmesse und Pfaffenweihe* (1533) und vor allem in *Wider Hans Worst* (1541), letztere gegen Heinz von Wolfenbüttel gerichtet, findet Luther eine Form der Polemik, die weit über das Maß der gewöhnlichen Auseinandersetzungen der Zeit hinausgeht. Trotz der Verwendung des grobianischen Stils par excellence tritt als leuchtender Gegenpol Luthers Auffassung von der neuen Urkirche des Christentums hervor, so daß Polemik hier nicht leeres Eifern ist, sondern zu positiver Klärung führt. *Wider Hans Worst* gehört zu Luthers interessantesten literarischen Leistungen.

Wie die Bibelübersetzung und die Prosaschriften verdankt auch Luthers Liederdichtung ihre Entstehung praktischen Bedürfnissen. Sie hängt mit der Entwicklung des dt. Gottesdienstes zusammen, denn die Einbeziehung der Gemeinde in die Liturgie erforderte dt. Lieder. Luther schwebten dabei sowohl die Belebung des Gottesdienstes als auch die Einprägung der Lehre und die Verkündung des Wortes Gottes vor. Der plötzliche Beginn seiner Liederdichtung läßt sich aus Thomas Müntzers liturgischer Reform, der als erster dt. Kirchenlieder in seine dt. Liturgie aufnahm, erklären; Luther sah sich genötigt, neben der dt. Predigt nun auch die Messe deutsch zu fassen und Kirchenlieder als Bestand der Liturgie aufzunehmen. Im Alter von vierzig Jahren verfaßte Luther allein 1523/24 vierundzwanzig geistliche Lieder, das sind Zweidrittel aller Luther-Lieder. Eine Entwicklung im Liedschaffen läßt sich ebensowenig feststellen wie irgendwelche biographischen Bezüge. Ihrem Wesen nach sind es liturgische Lieder und nicht Ausdruck mittelbarer Herzenserlebnisse, wie es ältere Liedforscher annahmen (Spitta z. B.). Noch in der *Formula missae et communionis* (1523) beklagte Luther das Fehlen derartiger Lieder: *Cantica velim etiam nobis esse vernacula quam plurima, quae populus sub missa cantaret. Sed poetae nobis desunt;* er empfahl zunächst einige ältere dt. geistliche Lieder als Gemeindegesang zu verwenden. Um die Wende 1523/24 teilt er Spalatin mit: *Consilium est, exemplo prophetarum et priscorum patrum ecclesiae psalmos vernaculos condere pro vulgo, id est spirituales cantilenas, quo verbum Dei vel cantu inter populos maneat* (WA Br. 3, 698); er bittet um Mitarbeit und um Vermittlung von Poeten für diese Aufgabe.

Obwohl einzelne von Luthers Liedern in Einblattdrucken erschienen, werden sie uns erst in den 1524 gedruckten Liederbüchern greifbar: das sogen. Achtliederbuch des Nürnberger Drukkers Jobst Gutknecht (1523/24) enthält 4 Lieder, zwei Erfurter Enchiridien (1524) 14 Lieder; der authentische Text liegt wohl im Wittenberger Gesangbüchlein von 1524 vor, das Johannes Walther, der Musikmeister des Kurfürsten, mit einer Vorrede von Luther herausgab. Die beiden frühesten Lieder, *Eijn newes lied wyr heben an* und *Nu frewt euch liebe Christen gmeyn* sind noch nicht für den Gemeindegesang konzipiert gewesen; das erste Lied bezieht sich auf die am 1. Juli 1523 erfolgte Hinrichtung zweier Antwerpener Augustiner durch die Inquisition. Die anderen Lieder Luthers dieser ersten Phase sind größtenteils Übersetzungen mal. Hymnen oder Bearbeitungen von Psalmentexten. Das Reformationslied *Ein feste Burg* hat sich nach neueren Forschungen nicht mit dem Wormser Reichstag in Zusammenhang bringen lassen, es dürfte im Herbst 1527 entstanden und 1528 veröffent-

licht worden sein und zu dem Kreis der übrigen reformator. Psalmenlieder Luthers und seiner Freunde gehören; der 46. Psalm (*Deus noster refugium et virtus*) hat wohl den Anstoß zu diesem 'lutherischsten' Lied gegeben. Auch die übrigen nach 1524 entstandenen Lieder, unter ihnen Weihnachtslieder (*Vom Himmel hoch* 1535), Katechismuslieder und Umdichtungen mal. Hymnen, sind ebenfalls für den Gemeindegesang gedacht gewesen.

Wieweit Luther an der musikalischen Bearbeitung seiner Lieder selbst teilhatte, ist nur in einigen Fällen genau geklärt, anderes ist umstritten oder noch offen. Formale Untersuchungen haben ergeben, daß Luthers Liederschaffen von verhältnismäßig großem Formenreichtum gekennzeichnet ist; Traditionen der Meistersänger, des weltlichen und geistlichen Liedes und des alten Kirchenliedes begegnen in Versmaß und Strophenform. Der Verzicht auf Neuerungen und die Verwendung von dem Volk bekannten und geläufigen Formen ist abermals eine bewußte Entscheidung gewesen, mit vorliegenden literar. Mitteln die eigene Lehre zu propagieren. Die literar. Leistung besteht darin, daß von nun an das protestant. Gemeindelied eine neue Funktion als liturgisches Lied erhielt, während die mal. Lieder außerhalb der Liturgie standen; unter diesem Zeichen setzte dann die Flut der geistlichen Liederdichtungen des 16. Jh.s ein.

Die pragmatische Tendenz, die Luthers ganzes Werk durchzieht, ist auch die Ursache seiner Vorliebe für die F a b e l: *wuesste ich ausser der heiligen Schrifft / nicht viel Buecher / die diesem* (Äsop) *uberlegen sein solten / so man Nutz / Kunst und Weisheit / und nicht hochbedechtig Geschrey wolt ansehen* ... (Vorrede). Die Fabel war Luther ein willkommenes Mittel, die Menschen zu warnen und in ihrem Wandel und Wesen zu unterweisen. In kurzer Mußezeit Ende April bis Anfang Mai 1530, als er sich auf Geheiß des Kurfürsten während des Augsburger Reichstages auf Schloß Koburg aufhielt, nahm er sich die Erneuerung der äsopischen Fabeln vor; doch ist die Arbeit Fragment geblieben und erst nach seinem Tode gedruckt worden (1557 in der Jenaer Ausgabe); Vorlage war Steinhöwels Äsop-Fassung (1480), die er von ihren Zusätzen und Auslegungen reinigen und der er *ein wenig besser Gestalt geben* wollte. Es sollte ein schlichtes, allgemeinverständliches Buch moralischer Unterweisung werden, daraus *ein*

Hausvater uber Tisch seiner Familie und dem Gesinde vorlesen sollte; deshalb sollte es ein *lustiger und lieblicher / doch erbarlicher und züchtiger und nützlicher Esopus* werden. Außer der für die Geschichte der Fabel bemerkenswerten Vorrede sind nur 13 Fabeln zu den Themen Torheit, Haß, Untreue, Neid, Geiz, Gewalt zustande gekommen. Ihre einfache Diktion macht sie zu Musterstücken deutscher Prosa des 16. Jh.s.

Luthers sprachliche Leistung, die frühere Forschung an den Anfang des Frühneuhochdeutschen setzte, beruht in allmählicher Erarbeitung eines seinen Zwecken angemessenen literar. Stils, als dessen Faktoren eine erstaunliche Begabung für Sprache und deren Ausbildung durch Lektüre, Beobachtung und unermüdliche Schulung gelten können. Zu seiner Zeit war die dt. Sprache weder in lautlicher noch in grammatischer, geschweige in formaler Hinsicht zu einer Einheitlichkeit gereift. Luther war sich der mundartlichen Gebundenheit des Deutschen bewußt (WA TR 5, 512/524, WA 18, 180; 15, 38); er entschied sich mit Absicht für eine Sprachform, in der er sich, aus Gründen der Propaganda, im gesamten dt. Sprachgebiet verständlich machen konnte; die Basis hierfür war die Sprache des ostmitteldeutschen Raumes. So unbestreitbar ist, daß Luthers dt. Schriften zur Vereinheitlichung der dt. Schriftsprache mitgeholfen und wesentliche Impulse der Stilgestaltung des Deutschen im 16. Jh. vermittelt haben, so wird man aber kaum Luther aufgrund seiner ganz anderen schriftstellerischen Intentionen als Schöpfer des Neuhochdeutschen apostrophieren können. Luthers Literatursprache steht in einer längeren Tradition, die noch keineswegs hinreichend untersucht ist, deren einzelne Elemente er virtuos zu gebrauchen vermochte und durch hohes Stilempfinden zu veredeln wußte. An seinen dt. Schriften läßt sich die Leistungsfähigkeit der dt. Sprache im 16. Jh. ablesen, aber die stilistisch-formale Wirkung war geringer als die gedankliche. Luthers Sprache ist, der Zeit entsprechend, von starker Bildlichkeit bestimmt; die Diktion ist klar, einfach und hilfreich bei der Explizierung schwieriger Gedanken für den Laien, auf dessen Verständnis Rücksicht genommen wird; in der Polemik wird der Ton satirisch gefärbt und spart nicht an grobianischen Derbheiten. Luthers stilistische Fähigkeiten

zeigen sich in der Auswahl und Anwendung der Strukturmittel (Antithesen, Fragen, direkte Reden, Wiederholungen als Mittel der Intensivierung, Anreden, Technik der Argumentation und Widerlegung); ein gewisses Maß an Pathos überträgt seine innere Erregung und Beteiligung unmittelbar auf den Leser. Seine sprachliche Begabung zeigt sich vor allem in den in Fülle verwendeten hyperbolischen Vergleichen, Metaphern, Wortspielen, Wortneubildungen, Sprichwörtern, Personifizierungen usw., deren er sich besonders in polemischen Schriften bedient. Obwohl kein Zweifel besteht, Luther qualitätsmäßig zu den bedeutendsten dt. Schriftstellern zu rechnen, und er auch im 16. Jh. der meistgelesene Autor war, ist sein Einfluß als Schriftsteller auf die Lit. seiner Zeit relativ gering. Wenn auch die Zeitgenossen wie Erasmus Alberus behaupteten, *Lutherus linguae Germaniae parens, sicut Cicero Latinae* und ein Mann wie Rebhun vorhatte, aufgrund von Luthers Schriften eine dt. Grammatik zu verfassen, so haben die Poeten in ihrer Lit.sprache wenig darauf Rücksicht genommen. Wohl aber gab er durch die Art seiner Auseinandersetzung mit der alten Kirche nicht nur die gedankliche Richtung, sondern auch Impulse für die Formen der literar. Kämpfe seines Jh.s an, so daß sich einzelne Hauptgattungen der R.sliteratur entweder auf sein Vorbild (Traktat, Predigt, Lieder) oder aber mindestens auf seine Empfehlungen (Drama, Historien- und Exempeldichtung) zurückführen lassen. Auffälligerweise bediente sich Luther keiner Form der humanist. Lit. wie etwa der *oratio*, des Dialogs, der Ode, der Satire oder des Lehrgedichts. Literatur war für Luther ein brauchbares Vehikel zur Unterweisung und Erziehung. Das *prodesse* stand weit vor dem *delectare*. Er selbst wollte auch gar nicht als *poeta* angesehen werden (*Nam poetae nolo ullo modo comparari, sicut nec debeo neque possum,* an Eobanus Hessus, WA Br. 5, Nr. 1686). Von frühester Zeit an aber war er vom didaktischen Wert der Lit. überzeugt (*Exempel unnd Hystorien geben und leren altzeit mehr / dan die gesetz unnd recht / dort leret die gewiß erfarung / hie leren die unerfarene ungewisse wort* WA 6, 261). Nützlichkeit und Lehrhaftigkeit waren für Luther und seine Anhänger entscheidende literar. Wertkriterien, sofern sie sich in Übereinstimmung

mit dem religiösen Anliegen befanden. So
äußerte Luther im Hinblick auf Erasmus:
*Potentior est veritas quam eloquentia, potior
spiritus quam ingenium, maior fides quam
eruditio.* Aus Gründen der Lehrhaftigkeit
verteidigte Luther die antike Komödie,
schätzte er Cicero und Quintilian, stellte er
Cato und die Fabeln des Äsop nächst der
Bibel und wollte Iuvenal, Martial und Catull
ausmerzen. Der Dichter, der *instructus doctrina christiana* sein sollte, hatte im Dienst
des Glaubens und der Sittlichkeit zu stehen:
*Die Theologie soll Kaiserin sein, die Philoso-
phia und andere gute Künste sollen derselben Dienerin sein* (WA Tischr. 5, 6351).
Diese Ansichten Luthers finden sich allenthalben in der Lit. des 16. Jh.s wieder.

H. Volz, *Luther-Ausgaben.* RGG. IV (3.
Aufl. 1960) Sp. 520-523. Josef Benzing, *Lu-
therbibliographie* (1966; Bibliotheca biblio-
graphica Aureliana. 10, 16, 19). *Luther-Bi-
bliographie,* in: Luther-Jb. 1926-1940, 1957 ff.
H. Volz, *Die Lutherbibliographie im Lichte
d. Gesch.* Gutenberg-Jb. 1969, S. 313-330. —
A. Hausrath, *Luther als Dichter.* Neue
Heidelberg. Jbb. 8 (1898) S. 58-75. Theod.
Lockemann, *Technische Studien zu L.s
Briefen an Friedrich den Weisen* (1913; Probe-
fahrten 22). Adolf v. Harnack, *M. L. u. d.
Grundlegung d. R.* (1917). Gustav Roethe,
D. Martin L.s Bedeutung für d. dt. Lit. (1918);
wiederholt in Roethe, *Dt. Reden* (1927) S. 134-
171. Heinz Dannenbauer, *L. als religiöser
Volksschriftsteller 1517-1520* (1930; Samml.
gemeinverst. Vorträge 145). Hans Preuß, *M.
L., der Künstler* (1931). Georg Baesecke,
L. als Dichter (1935; Hallische Univ.reden 65).
Emanuel Hirsch, *Lutherstudien.* 2 Bde
(1954). O. Mann, *L.s Anteil an d. nhd.
Schriftsprache u. Literatur.* Luther 34 (1963)
S. 8-19. Heinz Otto Burger, *L. als Ereignis
d. Literaturgeschichte* (1957). In: Burger, *Da-
sein heißt eine Rolle spielen* (1963) S. 56-74.
Heinr. Bornkamm, *L.s geistige Welt* (4.
Aufl. 1960). Ders., *L. als Schriftsteller* (1965;
SBAkHeidelb., Phil.-hist. Kl. 1965, 1).
Vincenz Hasak, *Dr. M. L. u. d. religiöse
Lit. s. Zeit bis zum Jahre 1520* (1881; Neudr.
1967). Wilh. Reindell, *L., Crotus u. Hutten.
E. quellenmäßige Darstellung d. Verhältnisses
L.s zum Humanimus* (1890). Hans Preuß,
*Die Vorstellung vom Antichrist im späteren
MA., bei L. u. in d. konfessionellen Polemik*
(1906). Ed. Gronau, *L.s Stellung z. schönen
Lit. u. ihre Bedeutung für uns.* Allgem. Evan-
gel.-Luther. Kirchenztg. 61 (1928) Sp. 789-794;
816-823. W. Friedensburg, *L. als Satiri-
ker.* Archiv f. Reformationsgesch. 30 (1933)
S. 129-133. E. Vogelsang, *L. u. d. Mystik.*
Luther-Jb. 19 (1937) S. 32-54. Hans Wernle,
Allegorie u. Erlebnis bei L. (Bern 1960; Base-
ler Studien z. dt. Spr. u. Lit. 24). M. Elze,

Züge spätmal. Frömmigkeit in L.s Theologie.
Zs. f. Theol. u. Kirche 62 (1965) S. 381-402.
Biblia, d. ist d. gantze Hl. Schrifft Deutsch.
Wittenberg: Hans Lufft 1534. Faks.-Ausg. 2
Bde (1934/35). *Biblia Germanica.* 1545. Faks.-
Ausg. (1967). Karl Ed. Schaub, *Über d. ndt.
Übertragungen d. Lutherschen Übers. d. N.
T., welche im 16. Jh. im Druck erschienen.*
Diss. Greifswald 1889. Rich. Kuhn, *Verhält-
nis d. Dezemberbibel zur Septemberbibel,*
Diss. Greifswald 1901. Otto Reichert, *L.s
Deutsche Bibel* (1910; Religionsgeschichtl.
Volksbücher, IV, 13). Holm Zerener, *Stu-
dien über d. beginnende Eindringen d. Luthe-
rischen Bibelübersetzung in d. dt. Lit. nebst e.
Verz. über 681 Drucke - hauptsächlich Flug-
schriften - d. J. 1522-1525* (1911; Archiv f. Re-
formationsgesch., Erg.-Bd. 4). Wilh. Wal-
ther, *L.s Deutsche Bibel* (1917). Joh. Lu-
ther, *Bibelübersetzung u. Sprache L.s.* In:
Luthervorträge, gehalten in Greifswald (1918)
S. 54-77. Adolf Risch, *L.s Bibelverdeut-
schung* (1922; SchrVerReformgesch. 135). Hans
Schmidt, *L.s Übersetzung d. 46. Psalms.*
Jb. d. Luther-Ges. 8 (1926) S. 98-119. Emanuel
Hirsch, *L.s Deutsche Bibel. E. Beitr. z.
Frage ihrer Durchsicht* (1928; Veröff. d. Luther-Ges. 4). H. W. Beyer, *L.s Bibelüberset-
zung.* Theolog. Rundschau N. F. 1 (1929) S.
313-360. Albert Freitag, *Die Urschrift d.
Lutherbibel als Dokument für L.s Benutzung
d. dt. Bibel d. MA.s.* SBAkBln, Phil. Hist. Kl.
1929, S. 216-237. H. W. Beyer, *Die Urge-
stalt d. L.bibel.* Luther 12 (1930) S. 43-55. G.
Bebermeyer, *Die Schlußgestalt d. L.bibel.
Zur Kritik d. Wittenberger L.bibeln 1545 u.
1546.* In: *Die Lutherbibel. Festschr. z. 400jähr.
Jubiläum d. Lutherbibel.* (1934) S. 48-65. Joh.
Michael Reu, *L.s German Bible* (Columbus/
Ohio 1934). Ilse Becker, *L.s Evangelien-
übersetzung von 1522 u. 1546.* (Teildr.) Diss.
Köln 1935. G. Bruchmann, *L.s Bibelver-
deutschung auf d. Wartburg in ihrem Verhält-
nis zu d. mal. Übersetzungen.* Luther-Jb. 18
(1936) S. 47-82. H. Bornkamm, *Die Vor-
lagen zu L.s Übersetzung d. Neuen Testa-
ments.* Theolog. Literaturztg. 72 (1947) Sp. 23-
28. Hans Volz, *Melanchthons Anteil an der
L.bibel.* Archiv f. Reformationsgesch. 45 (1954),
S. 196-233. Ders., *Hundert Jahre Wittenberger
Bibeldruck 1522—1626* (1954; Arbeiten aus d.
Göttinger Staats- u. Univ.bibl. N. F. 1). Ders.,
*Neue Beiträge zu L.s Psalmenübersetzung.
Die Wittenberger Psalterdrucke d. Jahres 1525.*
ZfdPh. 73 (1954) S. 291-305. Ders., *Neue Beiträge zu L.s Bibelübersetzung.* PBB. (Tüb.) 77
(1955) S. 393-423. H.-G. Rosenfeld, *L.,
Erasmus u. wir. E. Betrachtung zu L.s Übers.
d. Neuen Testaments.* FschgnFortschr. 29
(1955) S. 313-317. Heinz Bluhm, *M. L.: creative translator* (St. Louis 1965). Ders., *The
literary quality of L.s Septembertestament.*
PMLA 81 (1966) S. 327-333. Ders., *Emser's
„emendation" of L.s New Testament, Galatians I.* MLN. 81 (1966) S. 370-397. Ders., *Martin Luther and Pre-Lutheran Low German
Bibles.* MLR. 62 (1967) S. 642-653. Albert

S c h r a m m, *Die Illustration d. Lutherbibel*
(1923). Hildegard Z i m m e r m a n n, *Beiträge
z. Bibelillustration d. 16. Jh.s* (1924). Philipp
S c h m i d t, *Die Illustration d. Lutherbibel,
1522-1700* (Basel 1962). — Georg K e f e r -
s t e i n, *Der Lautstand in den Bibelübersetzungen von Emser u. Eck aus den Jahren 1527
(1528) und 1537 in seinem Verhältnisse zur
nhd. Schriftsprache.* Diss. Jena 1888. Bernhard
L i n d m e y r, *Der Wortschatz in Luthers, Emsers u. Ecks Übersetzung d. Neuen Testaments*
(1900). Friedr. J e n s s e n, *Emsers Neues
Testament in ndd. Übertragung. Geschichte d.
Druckes, s. Sprache u. s. Stellung innerhalb d.
ndd. Bibelübersetzung.* Diss. Rostock 1934. H.
B l u h m, *Emser's „emendation" of Luther's
New Testament, Galatians I.* MLN. 81 (1966)
S. 370-397.

Wilh. M a u r e r, 'Von d. Freiheit e. Chri-
stenmenschen'. *Zwei Untersuchungen zu. L.s
R.sschriften 1520/21* (1949). Ruth W e l l m e r,
*Sprache u. Stil in L.s reformator. Schriften:
'Von den guten Werken'. 'An den christlichen
Adel dt. Nation u. d. christlichen Standes
Besserung'. 'Von der Freiheit e. Christenmen-
schen'. 'Das Magnificat verdeutscht u. ausge-
legt'.* (Masch.) Diss. Berlin (FU) 1954. Birgit
S t o l t, *Studien zu L.s Freiheitstraktat* (Stock-
holm 1969; Stockholmer Germanist. Fschgn. 6).

Martin L.s geistliche Lieder. Hg. v. Philipp
W a c k e r n a g e l (1848). G. S c h l e u s n e r,
*L. als Dichter, insonderheit als Vater d. dt.
evangel. Kirchenliedes* (1883). Julius S m e n d,
*Die evangel. dt. Messen bis zu L.s 'Deutscher
Messe'* (1896). Friedr. S p i t t a, *'Ein feste
Burg ist unser Gott'. Die Lieder L.s in ihrer
Bedeutung für d. evangel. Kirchenlied.* (1905).
G. K a w e r a u, *Neue Forschungen über L.s
Lieder.* Dt.-evangel. Blätter 31 (1906) S. 314-
335. M. L u t h e r, *Sämtliche dt. geistliche Lie-
der. In der Reihenfolge ihrer ersten Drucke.*
Hg. v. Friedr. K l i p p g e n (1912; NDL. 230).
Paul A l t h a u s, *L. als Vater d. evangel. Kir-
chenliedes* (1917). A. L e i t z m a n n, *Kleine Be-
merkungen zu L.s Liedern.* PBB. 52 (1928)
S. 304-308. Hans-Joachim M o s e r, *Die Melo-
dien d. Lutherlieder* (1935). Felix M e s s e r -
s c h m i d, *Das Kirchenlied L.s. Metrische u.
stilist. Studien.* Diss. Tübingen 1937. G. B a e -
s e c k e, *L.s deutscher Versbau.* PBB. 62 (1938)
S. 60—121. Otto S c h l i s s k e, *Handbuch d.
Lutherlieder* (1948). Wilh. S t a p e l, *L.s Lieder u. Gedichte. Mit Einl. u. Erl.* (1950). Joh.
M i t t e n z w e i, *L.s musikalisch-volkstümliche
Reform d. Kirchengesangs.* In: Mittenzwei, *Das
Musikalische in der Literatur* (1962) S. 20-33.
M. J e n n y, *Neue Hypothesen z. Entstehung
u. Bedeutung von „Ein feste Burg".* Jb. f. Li-
turgik u. Hymnologie 9 (1964) S. 143-152.
E. S o m m e r, *Die Metrik in L.s Liedern.* Jb.
f. Liturgik u. Hymnologie 9 (1964) S. 29-81.
Joh. J a n o t a, *Studien zu Funktion u. Typus
d. geistl. Liedes im MA.* (1968; Münchener
Texte u. Untersuchungen z. dt. Lit. d. MA.s
Bd. 23).

Karl F r a n k e, *L.s Fabel vom Löwen u.
Esel u. ihre polit. Bedeutung.* Theolog. Stu-

dien u. Kritiken 92 (1919) S. 322-326. Wolf
v. B o t h, *L. u. d. Fabel.* Diss. Breslau 1927.
K. D o d e r e r, *Über das „betriegen zur
Wahrheit". Die Fabelbearbeitungen M. L.s*
WirkWort 14 (1964) S. 379-388.

Philipp D i e t z, *Wörterbuch zu M. L.s deutschen Schriften* (1870-72; Neudr. 1961). P.
P i e t s c h, *M. L. u. d. hdt. Schriftsprache*
(1883; Luther-Jubiläum 30). Herm. W u n d e r -
l i c h, *Untersuchungen über d. Satzbau L.s*
1887). H. R i n n, *Bild u. Gleichnis in L.s Briefen.* ZfdU. 9 (1895) S. 476-486. Bernhard
L i n d m e y r, *Der Wortschatz in L.s, Emsers
u. Ecks Übers. d. Neuen Testamentes* (1899).
Hans B y l a n d, *Der Wortschatz d. Zürcher
Alten Testaments von 1525 u. 1531 verglichen
mit d. Wortschatz L.s.* Diss. Basel 1902/03. Karl
B a c h m a n n, *Der Einfluß von L.s Wortschatz auf d. schweizer. Lit. d. 16. u. 17. Jh.s.*
Diss. Freiburg/Br. 1909. Carl F r a n k e,
*Grundzüge e. Schriftsprache L.s in allgemein-
verständl. Darstellung.* 3 Tle. (1913-1922).
Erich G i e s e, *Untersuchungen über d. Ver-
hältnis von L.s Sprache z. Wittenberger Druk-
kersprache.* Diss. Halle 1915. Lic. K i n a s t,
L. ein Meister deutscher Prosa. Neue kirchl.
Zeitschr. 29 (1918) S. 22-58; 83-104. Ludwig
M e y e r, *L.s Stellung z. Sprache.* Diss. Hamburg 1930. G. B e b e r m e y e r, *Stand u. Aufgaben d. sprachgeschichtlichen L.forschung.*
Luther-Jb. 13 (1931) S. 69-82. Georg B a e -
s e c k e, *Die Sprache d. Lutherbibel u. wir*
(1932; Hallische Univ.reden 53). P. L o r e n t z,
Die Bildkraft in L.s Sprache. Muttersprache 50
(1935) Sp. 235-244. R. P e t s c h, *M. L. als
Meister d. dt. Sprache.* Luther-Jb. 17 (1935)
S. 87-110. Adda S c h ö n i n g h, *Der intellek-
tuelle Wortschatz L.s in d. paulinischen Brie-
fen d. Septembertestaments.* Diss. Münster
1938. P. L o r e n t z, *Die Anschaulichkeit in
L.s Bildersprache.* Luther 20 (1938) S. 81-94.
A. E. B e r g e r, *L. u. d. nhd. Sprache.* In: *Dt.
Wortgeschichte* Bd. 2 (1943; PGrundr. 17, 2)
S. 37-132. Karl B i s c h o f f, *Über L.s Sprache.*
In: *450 Jahre Martin-Luther-Universität* Bd. 1
(1952) S. 271-282. Joh. E r b e n, *Die sprach-
geschichtliche Stellung L.s. E. Skizze vom
Standpunkt d. Syntax aus.* PBB. 76 (1954)
S. 166-179. Ders., *Grundzüge e. Syntax d.
Sprache L.s. Vorstudie zu e. Luthersyntax*
(1954; Veröff. d. Inst. f. dt. Spr. u. Lit. 2).
Sabine K r ü g e r, *Zum Wortschatz d. 16. Jh.s:
Fremdbegriff u. Fremdwort in L.s Bibelüber-
setzung.* PBB. 77 (1955) S. 402-464. R. H.
B a i n t o n, *L.'s use of direct discourse.* In:
Luther Today (Decorah, Iowa 1957) S. 13-25.
Erwin A r n d t, *L.s dt. Sprachschaffen. E. Ka-
pitel aus d. Vorgeschichte d. dt. Nationalsprache
u. ihrer Ausdrucksformen* (1962; Wissenschaftl.
Taschenbuch u. Sprachwiss. 3). Birgit S t o l t,
*Die Sprachmischung in L.s Tischreden. Stu-
dien z. Problem d. Zweisprachigkeit* (Stock-
holm 1964; Acta Univ. Stockholmiensis. Stockholm. germanist. Forschg. 4). F. T s c h i r c h,
*Probeartikel zum Wörterbuch d. Bibelsprache
L.s.* Nachr. d. Akad. d. Wiss. in Göttingen 1
(1964), Nr. 3, S. 151-197. H. B e i n t k e r, *Zum

Stand der lexikalischen Erfassung von L.s Wortschatz. FschgnFortschr. 40 (1966), S. 21-24. A. S c h i r o k a u e r, *Frühneuhochdeutsch.* Stammler Aufr. Bd. 1 (2. Aufl. 1957) Sp. 855-930. F. T s c h i r c h, *Die Sprache d. Bibelübersetzung L.s damals. E. notwendige Auseinandersetzung mit d. Thesen A. Schirokauers.* In: Tschirch, *Spiegelungen* (1966) S. 53-67. H. B e i n t k e r, *Zu L.s Anteil an d. Sprachwerdung d. Neuhochdeutschen u. dessen möglicher Ermittlung durch lexikalische Untersuchungen.* Muttersprache 76 (1966), S. 228-34. F. D e p k e n, *M. L. u. d. dt. Sprache.* Muttersprache 77 (1967), S. 321-32. Hugo M o s e r, *'Fromm' bei L. u. Melanchthon. E. Beitr. z. Wortgeschichte in d. R.szeit.* ZfdPh. 86 (Sonderheft, 1967), S. 161-82.

§ 3. Die Flugschriften-Literatur. Streitschriften und Flugblätter als literar. Kampfmittel politischer oder ideologischer Auseinandersetzungen oder als Formen kürzerer sensationeller Mitteilungen sind lange vor der R. bekannte und erprobte Erscheinungen literar. Kommunikation gewesen. Durch den Buchdruck und die zunehmende Lesekenntnis weiter Kreise erfährt dieses Mittel seit dem Ende des 15. Jh.s neuen Aufschwung. Einblattdrucke bieten Heiligenviten, Kalender, Bilderbogen, Sensationsmeldungen (Erdbeben, Mißgeburten, Morde), Veröffentlichungen und amtliche Erlasse, Lieder und Sprüche. Angesehene Autoren wie Sebastian B r a n t und Künstler wie Hans B u r g k m a i r und D ü r e r haben sich mit diesem Genre, dem Vorläufer unserer Zeitungen, befaßt. Die Beliebtheit dieser Schriften und ihr Einfluß auf die Menschen der Zeit machten sie für Zwecke der öffentlichen Meinungsbildung besonders geeignet, so daß sich die R. zur Popularisierung der neuen religiösen Grundfragen und der klerikalen Kritik ihrer mit Vorliebe bediente. Die neue, von Luthers Gedanken bestimmte Richtung und die weithin von Gelehrten und humanistisch gebildeten Laien geprägte Form haben diese Flugschriften-Literatur zu den „Sturmtruppen der Reformation" (Berger) werden lassen. Humanismus und R. haben sich hier wie in anderen Fällen häufig verbündet. Für den Tag geschrieben, der Verbreitung der reformator. Ideologie gewidmet, spiegelt die Vielfalt dieser Schriften den Meinungskampf in allen seinen Nuancen wider. Die allgemeine Tendenz bestand in der Propagierung der neuen Glaubensauffassung, in der Unterbreitung von Reformvorschlägen

und in der geharnischten Kritik an den Mißständen der röm. Kirche und des Klerus. Die Gravamina der Zeit werden in fiktivem schlichten Volkston, aber auch in funkelndem Latein allenthalben behandelt; zwar streben die dt. Schriften im Stil eine gewisse Volkstümlichkeit in Argumentation und Ausdrucksweise an, doch scheint meistens die wissenschaftlich-theologische Beweisführung durch. Als polemisch konzipierte Lit. sind Flugschriften hyperbolisch in jeder Richtung, sei es zum Grobianischen, sei es zum Religiösen hin; sie dürfen nicht als Abbild der wirklichen Verhältnisse angesehen werden, sondern als deren fiktiver, stilistisch überhöhter Ausdruck.

Die Fülle der in dt. und in lat. Sprache erschienenen Texte ist noch gar nicht zu übersehen; was bisher bekannt und beachtet worden ist, gehört überwiegend in die Frühzeit der R., etwa in die Jahre 1520 bis 1526; danach geht diese spezifische Produktion etwas zurück; bei einzelnen politisch-religiösen Höhepunkten steigt sie wieder, so bei der Konzilsfrage, bei dem Streit um Heinz von Wolfenbüttel, während des Schmalkaldischen Krieges, bei der Türkenfrage und während des Interims. Die Themen sind keineswegs nur auf Luthers Kampf gegen die Kurie abgestellt; es werden vielfach allgemeine Glaubensfragen behandelt, die durch die R. hochgespült wurden; politische Probleme (Reichstage), wirtschaftliche (Steuerwesen, Zins und Wucher) und soziale (Armenpflege, Stellung der Juden, Rechtswesen) Fragen und kulturelle Erscheinungen werden einzeln oder im Zusammenhang besprochen. Eberlin von Günzburg z. B. entwarf in seinen Flugschriften ein umfassendes Reformprogramm.

Für die Ausbildung der dt. Literatursprache des 16. Jh.s waren die hier verwendeten Kleinformen eine vorzügliche Stilschule. Der Prosastil (Geläufigkeit) und die sprachliche Ausdrucksfähigkeit (Klarheit im Begrifflichen) haben durch das ideologische Engagement, das die Autoren dazu brachte, sich über die Funktion von Lit. und sprachlichen Mitteln klar zu werden, gegenüber dem 15. Jh. sehr gewonnen. Wenn auch bei solcher Tagesliteratur nüchterne, flüchtige und ungefeilte Beiträge nicht selten sind, so weist sie doch ebenso Texte auf, die von hoher Stilkunst zeugen. Einen großen Teil der Schriften kennzeichnet prägnante und treffende Bildlichkeit. Gegner werden gern in Tiermasken dargestellt, der evangel. Weingarten wird durch geistliche Böcke verwüstet, man stellt fiktive Versammlungen von Gegnern dar und bedient sich allegorischer

Vorgänge, um geistige Vorstellungen und Einrichtungen des Gegners durch die Sinne erfahrbar zu machen (Sterben der Messe, medizinische Prozeduren an Gegnern). In grandiosen 'Bildern' wird die geistige Lage der R. dokumentiert: etwa in der Strebkatz, einem Kraftspiel, in dem Luther und seine Gegner an einem Seil ziehend sich gegenseitig zu Fall bringen wollen, oder in dem Bild der göttlichen Mühle: Christus schüttet das Wort Gottes in den Mahlkasten, Erasmus mahlt das Korn, Luther backt daraus das Brot, der Karsthans beschützt sie mit dem Dreschflegel, während ein Vogel ihnen 'Bann' zuschreit. Nicht minder treffend das Bild vom Kegelspiel, in dem Luther, Zwingli, Hutten und Erasmus die Kugel der Hl. Schrift nach dem Ziel des Glaubens stoßen. Die Situation des Reformationsausbruchs ist glänzend im Bild des ominösen *Spil gehalten in dem küniglichen Sal zu Pariß* (1524) erfaßt: der Papst, Kurienvertreter, Bischöfe und Mönche sitzen um ein Feuer; Reuchlin schürt es ein wenig mit seiner Kritik. Erasmus rät der Versammlung, mit Geduld die Wunden zu heilen, und läßt sich von den Kardinälen hofieren; Hutten hält eine scharfe Rede gegen den Papst, bläst das Feuer mächtig an, fällt im Zorn aber tot um. Luther schleppt daraufhin Holz herbei und entfacht die Glut zu einem großen Feuer. Der Papst bittet die Bettelmönche, das Feuer zu löschen; das Löschwasser aber verwandelt sich in Branntwein; die Flammen sind nicht mehr einzudämmen.

Die Forschung hat sich bisher weniger um die literar. Beschaffenheit dieser Zeugnisse und um ihre nicht leichte Eingrenzung als um die mögliche Verfasserschaft einzelner Texte gekümmert. Nur der geringere Teil der Verfasser ist namentlich bekannt; es sind Autoren, die auch sonst in der Lit. oder Theologie des 16. Jh.s hervorgetreten sind: Hutten, Eberlin von Günzburg, Heinrich von Kettenbach, Michael Stifel, Utz Eckstein, Hans Sachs, Lazarus Spengler, Erasmus Alberus, Johannes Brenz, Nikolaus Hermann, Andreas Osiander, Murner, Eck, Emser, Hartmut von Cronberg, Urbanus Rhegius, Justus Jonas u. a. Für einzelne anonyme Flugschriften hat man versucht, die Autoren durch philologisch-stilistische und motivliche Untersuchungen zu ermitteln, doch sind die Ergebnisse in nahezu keinem

Fall unbestritten geblieben. Entscheidendes Ergebnis dieser Arbeiten ist aber die Widerlegung der romantischen Ansicht, es handele sich um Schriften aus dem 'Volk'. Vielmehr sind die Verfasser durchweg gebildete Schriftsteller, die für das 'Volk' zu dessen Unterrichtung schrieben. Dabei bedienten sie sich der Maske des schriftstellernden einfachen Mannes und trugen von Anfang an zu dem Eindruck bei, die R. sei eine Volksbewegung. Man wird berücksichtigen müssen, daß es sich z. T. um fiktive Volksmeinung handelt.

Unter den literar. Formen der R.sflugschriften ist der D i a l o g am meisten und am kunstvollsten verwendet worden. Humanistischer Einfluß, insbesondere das Vorbild des Lukian, ist hier am deutlichsten zu spüren. Die Dialoge H u t t e n s, die an die satir. Götter- und Totengespräche Lukians anknüpfen, sind für die ganze Gattung richtungweisend gewesen. Hutten schwenkte seit 1519 in seinen lat. Dialogen auf die R.spolemik ein, als deren temperamentvollster Autor er angesehen wurde. Rastlos opponierte er gegen alles 'Römische', Kirche, Recht, Finanzwirtschaft und Kaufmannschaft, gegen Juristen und Theologen; sein Ziel war die Erneuerung des Reiches, die der Ritterstand mit Unterstützung der neuen geistigen Mächte (Humanismus und Reformation) herbeiführen sollte. Schärfster Protest und überschäumendes Nationalgefühl durchziehen Huttens gesamtes Schrifttum.

1520 erschien in Mainz bei Schöffler das Büchlein mit den vier lat. Dialogen *Febris prima, Febris secunda, Trias Romana* und *Inspicientes*. In den witzig-satirischen Gesprächen mit dem Fieber empfiehlt Hutten, das ihn plagende Fieber möchte sich einen anderen Wohnsitz suchen, z. B. den Kardinal Cajetan oder andere Zeitgenossen; das Fieber kehrt aber bald zurück und berichtet von seinen Erfahrungen mit den Kurtisanen und Theologen. Im Laufe des Gesprächs werden Probleme der Zeit mit satir. Ausfällen gegen die Gegner behandelt; es klingt in der Hoffnung auf Karl V. aus. Mit der *Trias Romana* gab Hutten den Ton der antirömischen Publizistik an; z. T. über ein Jh. alte Klagen werden hier in größter Schärfe und brillanter Form als Protest gegen die römische Bevormundung vorgetragen. In der satirischen Form der römischen Dreifaltigkeit, die die heilige Dreifaltigkeit pervertiert, werden die Übel der Kurie litaneiartig gekennzeichnet. Der vierte Dialog, die *Inspicientes*, führt mit Sol und Phaeton als Zuschauern des Augsburger Reichstages eine journalistische Zeitanalyse vor, deren Kritik sich gegen die herrschenden politischen, kirchlichen und wirtschaftlichen Verhältnisse Deutschlands wendet. Hutten übertrug diese Dialoge im Winter 1520/21 auf der Ebernburg bei Franz von Sickingen ins Deutsche und faßte sie zu dem weithin berühmt gewordenen *Gesprächbüchlein* zusammen (Straßburg: Hans Schott 1521), dessen einzelnen Gesprächen das leitmotivartige 'ich hab's gewagt' angefügt ist. Huttens literar. Wirkung ging von dieser dt. Version der Dialoge aus und wurde für die Zeitgenossen zu einem Muster, brennende Zeitfragen zu behandeln.

Hutten nahe stehen die *Dialogi septem festivi candidi* (1520), die unter dem Decknamen S. Abydenus Corallus Germ. erschienen. Hutten dürfte kaum als Verfasser in Frage kommen; ob man sie Nikolaus Gerbel nach Merkers Vorschlag zuweisen kann, ist umstritten. Die Dialoge sind thematisch aufeinander abgestimmt; sie führen von der Darstellung negativer Zeiterscheinungen zur Verherrlichung Huttens, in dem sich die angestrebte geistige Freiheit verkörpert; als Unterredner begegnen neben typischen Figuren Maximilian und Karl V. in der Unterwelt; Pietas und Superstitio streiten miteinander; eine Sitzung der Kölner theologischen Fakultät mit Eck und Hochstraten wird satirisch im Stil der *Epistulae obscurorum virorum* vorgeführt. Die beiden letzten Dialoge zeigen die Verfolgung Huttens seitens der Kurie, seine Rettung durch Sickingen und Huttens Verklärung durch die Göttin Wahrheit, die Hutten mit dem „Panzer der Gerechtigkeit, dem Helm der christlichen Heilsbotschaft, dem Schilde der Wahrheit und dem Schwerte des göttlichen Wortes" rüstet. In formaler Hinsicht sind diese Dialoge erstaunlich kunstvoll und ragen teilweise über Hutten hinaus. Von ähnlichem Kaliber sind auch die Murner- und Eck-Satiren der gleichen Zeit. Im *Murnarus Leviathan*, einer der schärfsten Satiren, wird Murner aufs Korn genommen; er wird als übler Geldnarr und Verschwender hingestellt, der mit einem Kumpan und mit Hilfe eines Wahrsagers Pluto beschwört, um seiner ständigen finanziellen Schwierigkeiten ledig zu werden. Als Gegenleistung verspricht er Pluto, Verleumdungen der Lutherischen zu liefern; ein Horoskop sagt ihm in diesem Vorhaben Erfolg voraus. Der szenisch arrangierte Dialog ist reich an biographischen Details und stammt sicherlich aus dem oberrhein. Raum. Als ein Musterwerk satir. Dichtkunst, dessen Szenenfolge nahe am Übergang zum Drama steht, gilt der *Eccius dedolatus*, in dem in geistreichen, witzigen Gesprächen und grobianischen medizinischen Prozeduren Eck einer Kur unterzogen wird. Das kleine Werk ist in thematischer wie in formaler Hinsicht so vorzüglich geraten, daß die Suche nach dem mutmaßlichen Verfasser mit viel Aufwand betrieben wurde, doch hat sich das Problem nicht eindeutig klären lassen: Hutten, Pirckheimer und Gerbel sind als Autoren beansprucht worden. Zu den Satiren auf Eck gehören auch die beiden Dialogi *Decoctio* und *Eccius Monachus*, die aber kein großes Aufsehen erregt haben.

Die deutschsprachigen Dialoge, angeregt von Huttens *Gesprächbüchlein*, erschienen seit 1521 in großer Zahl, doch ist ihnen die formale Eleganz und die konzentrierte Gedankenführung der lat. Dialogi nicht eigen. Sie unterscheiden sich von diesen auch weitgehend durch die Themen und die Sprecher. Pfarrer, Bürgermeister, Adlige und Priester, Bauern und Mönche, Arbeiter und Handwerker begegnen neben typischen Repräsentanten der Stände und Gruppen: Bischof, Wirt, Knecht, Christ, Jude usw. Die Rolle des Bauern ist besonders auffällig; er gilt als geistig interessiert, bibelfest, ehrlich, witzig und schlau. Die Bibel ist die allgemeine Argumentationsgrundlage, der Laie legt sie selber aus und führt die Spitzfindigkeiten der scholastischen Theologen ad absurdum. Die Tendenz dieser Schriften zielt auf Überzeugung und Gewinnung des Gegners durch Diskussion und Argumentation; die Dialoge haben stets einen positiven Ausgang, der von nicht zu unterschätzender propagandistischer Wirkung auf die Zeitgenossen war.

Unter der Vielzahl der Texte ist der 1521 erschienene *Karsthans*, fortan der Begriff des geistig emanzipierten Bauern, besonders beachtenswert. Das Gespräch wird von Karsthans und Studens, seinem Sohn, geführt, später treten Murner und Luther hinzu; der Laie wird zum Anwalt der Lehre Luthers; die Disputation über Zeitereignisse endet mit einer Niederlage der Lehre Murners. Gewaltsame Lösungen werden abgelehnt, Mißbräuche lassen sich nur mit der Hl. Schrift, nicht mit Waffen korrigieren. Der anonyme Verfasser erweist sich als sehr gelehrter Zeitgenosse, der in der antiken Lit., im kanonischen Recht, in Erasmus und Reuchlin ebenso beschlagen ist wie in naturkundlichen und medizinischen Fragen; man nimmt an, daß Vadian der Autor ist. Kurz darauf erschien der *Neu-Karsthans* (1521), in dem in einem Gespräch zwischen Sickingen und einem Bauern die Zeitläufte diskutiert werden; auch hier wird Aufruhr abgelehnt, Vertrauen in den Kaiser gefordert, und Hutten und Sickingen werden als Ritter Christi apostrophiert. Indizien deuten darauf hin, daß der Text aus der Feder Martin Butzers stammt. Zu den interessanten und in ihrer Art für die Gattung typischen Dialogen gehören *Das Gespräch eines Fuchses und eines Wolfes auf dem Steigerwald*, der *Dialog zwischen Cunz und Fritz*, das Gespräch *Wie ein Bauer mit einem Mönch rede, daß er die Kutte von sich wirft* (1525), die Diskussion der Pflanzen in einer Apotheke über Religionsfragen, das *Weggespräch gen Regensburg* (1525) u. a. Auch Hans S a c h s' vier Prosadialoge (1524) zu Fragen der Reformation sind bemerkenswert. Von besonderer Eigenart ist der *Triumphus Veritatis* (um 1525), in dem Luther als gottgesandter Erlöser des Christenvolkes von Patriarchen, Propheten, Aposteln, Hutten gepriesen wird; Luther selber verflucht den überwundenen römischen Türken, dem man das Hl. Gra-

(d. i. die Hl. Schrift) wieder habe entreißen können, und gibt einen Abriß der kirchlichen Mißstände; Karlstadt aber will von der alten Kirche auch das noch einreißen, was Luther stehen ließ.

Eine andere Erscheinungsform der Flugschriften ist die O r a t i o : auch sie in gewisser Hinsicht dem Humanismus verpflichtet. 1519 erschien Lazarus S p e n g l e r s mutige *Schutzred eines ehrbaren Liebhabers göttlicher Wahrheit,* in der er sich vor Luther stellte; O e c o l a m p a d i u s veröffentlichte im selben Jahr seine ironisch-bissige *Canonicorum indoctorum Lutheranorum ad Joh. Eccium responsio.* Eine 1521 erschienene *Oratio pro Ulricho Huttenio . . . et Martino Luthero, Patriae et christianae libertatis adsertoribus* rühmt beide als Streiter der christlichen deutschen Freiheit wider die Papisten. In Deutsch oder Latein, in Vers oder Prosa war die Oratio eine beliebte Gattung der Streitlit., sei es als Schutzrede, sei es als Strafrede. Ihr benachbart steht die P r e d i g t (sermo), die sich in polemischer Weise gegen Mißstände wendet; nächst Luther hat sich Heinrich von K e t t e n b a c h in diesem genus versucht. Eberlins von Günzburg als Flugschriften publizierte Predigten zeigen eine mehr seelsorgerische Absicht. Im ganzen sind die Themen dieselben wie in den anderen Gattungen, nur im Predigtton, gelegentlich auch in dessen Parodierung gehalten. Eine Sonderspezies stellen die in der Zeit beliebten P a r o d i e n auf Messe, Paternoster, Credo, Ave Maria usw. dar; auch Passionen mit der Umsetzung von Christus = Luther wurden mehrfach verfaßt, in denen die Gegner Christi als die Gegner Luthers z. T. mit starken satirischen Zügen dargestellt werden. Man verfaßte daneben ein *Evangelium secundum Pasquillum Romae* (1536), Erasmus Alberus schrieb ein *Tedeum laudamus von Bapst Paulo dem Dritten* (1541); Horoskope und Prognostica wurden mit Witz und Satire in den Dienst der Reformationspropaganda gestellt, und noch 1559 erschien ein Handbüchlein der Papisten, das in Erklärung, Gebeten und Geboten die Gepflogenheiten der Andersgläubigen karikieren zu müssen glaubte.

Eine ebenfalls beliebte und auch von den Humanisten verwendete Form war die des B r i e f e s oder S e n d s c h r e i b e n s ; auch sie wurde von Luther der Reformationspublizistik gewonnen. Da schrieb ein Student aus Wittenberg angeblich an seine Eltern nach Schwaben über Luthers Lehre, eine Ehefrau beschwor eine Nonne, Luthers Schriften zu lesen, statt sie zu verdammen; Hartmut von Cronberg schreibt an den Kaiser und den Papst. Im Gefolge dieser fiktiven Briefliteratur (die *Epistulae obscurorum virorum* waren noch in allgemeiner Erinnerung) stellen sich die H i m m e l s - und T e u f e l s b r i e f e ein, die fingierten E d i k t e und Mandate. Leo X. schreibt angeblich an Luzifer und erhält prompt eine Antwort; ebenso steht der Klerus mit dem Höllenfürsten in regem Briefwechsel. Der Teufel seinerseits korrespondiert aber auch mit Luther: *Absag oder vhedschrifft des Hellischen Fürsten Lucifers Doctor Martin Luther jetzt zugesandt* (1524). — Auch die der Tradition des späten Mittelalters entstammende kurze R e i m e r z ä h l u n g wird nun in den Glaubenskampf integriert und vielfach verwendet. Muster sind die *Göttliche Mühle,* das *Gedicht des thurgauischen Bauern zu lob der Lehre Luthers* und vor allem Burkhard Waldis' Streitgedichte gegen Heinz von Wolfenbüttel; auch Hans Sachs' *Wittembergisch Nachtigall* kann man hierzu rechnen.

Aus der Fülle der ernsten T r a k t a t e und S t r e i t s c h r i f t e n , die sich mit theologischen und sozialen Problemen der Zeit beschäftigen und teilweise Fachprobleme von allgemeinem Interesse für den Laien populärwissenschaftlich erörtern, ragen nur wenige hervor, die das Format der Schriften Luthers aufzuweisen haben. Zu ihnen gehört neben Hartmut von Cronberg, Hutten, Kettenbach, Rhegius vor allem E b e r l i n v o n G ü n z b u r g , einer der sprachgewaltigsten Schriftsteller des 16. Jh.s. In seinen 1521 zunächst als Einzelschriften, dann zusammengefaßt erschienenen *Fünfzehn Bundsgenossen* geht es ihm um Aufklärung des gemeinen Mannes über die sozialen und religiösen Mißstände; er tritt für Luther und Hutten ein und wendet sich an den Kaiser mit der Bitte, der Reformation Vertrauen zu schenken; er plädiert für Abschaffung der Fasten, Seelenmesse, Bettelmönche, Frauenklöster und der *horae canonicae,* gibt Richtlinien, wie eine Gemeinde einen Prediger anstellen soll, welche Hilfe man den Klosterinsassen angedeihen lassen soll und warnt vor den Irrlehren der Kleriker.

Texte: *Flugschriften aus d. R.szeit.* Bd. 1-19 (1877-1928; NDL.). *Flugschriften aus d. ersten*

Jahren d. R. Hg. v. Otto Clemen. 4 Bde (1906-1911). *Flugschriften aus d. R.szeit in Facsimiledrucken.* Hg. v. Otto Clemen (1921-22). Oskar Schade, *Satiren u. Pasquille aus d. R.szeit.* 3 Bde (1856-58; 2. Aufl 1863; Neudr. 1966). Karl Schottenloher, *Flugschriften zur Ritterschaftsbewegung vom Jahre 1523* (1929; R.sgeschichtl. Studien u. Texte 53). Arnold Erich Berger, *Die Sturmtruppen d. R. Ausgew. Flugschriften d. Jahre 1520-25* (1931; 1964; DtLit., Reihe: Reformation 2). Werner Lenk, *Die R. im zeitgenöss. Dialog. 12 Texte aus d. Jahren 1520 bis 1525.* Bearb. u. eingel. (1968; Dt. Bibliothek. Studienausg. 1). *Eccius dedolatus.* Hg. v. Siegfried Szamatolski (1891; LLD. 2). *Karsthans.* Hg. v. A. E. Berger in: *Sturmtruppen der Reformation.* Martin Butzer, *Gesprechbiechlin neüw Karsthans.* Hg. v. Ernst Lehmann (1930; NDL. 282/84).

Darstellungen: Karl Hagen, *Polit. Flugschriften aus d. 16. Jh. u. d. 30jähr. Kriege.* In: Hagen, *Zur polit. Gesch. Deutschlands* (1842) S. 269-339. Arnold Kuczyński, *Thesaurus libellorum historiam reformationis illustrantium* (1870/74). Aug. Baur, *Deutschland in d. Jahren 1517-1525. Betrachtet im Lichte gleichzeit. anonymer u. pseudonymer Volks-u. Flugschriften* (1872). G. Heine, *Reformator. Flugschriftenlit. als Spiegel d. Zeit.* Dt.-evangel. Blätter 21 (1896) S. 441-462. Arwed Richter, *Über einige seltenere R.s-Flugschriften aus d. Jahren 1523-25.* Realschule auf der Uhlenhorst. Beilage zum Bericht über das Schuljahr 1898 bis 1899 (Hamburg 1899). W. G. Goeters, *Flugschriften aus d. ersten Jahren d. R.* Dt. evangel. Blätter 32 (1907) S. 577-582. W. Lucke, *Dt. Flugschriften aus d. ersten Jahren d. R.* Dt. Geschichtsblätter 9 (1908) S. 183-205. Paul Roth, *Die neuen Zeitungen in Deutschland im 15. u. 16. Jh.* (1914). F. Behrend, *Die literar. Form d. Flugschriften.* ZblBblw. 34 (1917) S. 23-34. O. Clemen, *Flugschriften des 16. Jh.s in Neu- und Facsimiledrucken.* JEGPh. 23 (1924) S. 325-330. Paul Hohenemser, *Flugschriftenslg. Gustav Freytag* (1925; Neudr. 1966). Hans Fehr, *Massenkunst im 16. Jh. Flugblätter aus d. Slg. Wickiana* (1924). G. Blochwitz, *Die antiröm. dt. Flugschriften d. frühen R.szeit (bis 1522) in ihrer religiös-sittlichen Eigenart.* Archiv f. Reformationsgesch. 27 (1930) S. 145-254. K. Uhrig, *Der Bauer in d. Publizistik d. R. bis z. Ausgang d. Bauernkrieges.* Archiv f. Reformationsgesch. 33 (1936) S. 70-125 u. 165-225. Lothar Kramer, *Die Publizistik d. alten Lehre während d. R.szeit* (Masch.) Diss. Berlin 1941. Herm. Klöss, *Publizist. Elemente im frühen Flugblatt (1450-1550).* (Masch.) Diss. Leipzig 1943. P. Böckmann, *Der gemeine Mann in d. Flugschriften d. R.* DVLG. 22 (1944) S. 186-230; wiederholt in: Böckmann, *Formensprache* (1966) S. 11-44. Ingeborg Praschinger, *Beiträge z. Flugschriftenlit. d. R. u. Gegenreformation in Wien u. auf dem Lande Österreich unter den Enns.* (Masch.) Diss. Wien 1950. G. Stuhlfauth, *Drei zeitgeschichtliche Flugblätter des Hans Sachs.*

ZfBüchfr. NF 10 (1918/19), II, S. 237-248. Ingeborg Kolodziej, *Die Flugschriften aus d. ersten Jahren d. R. (1517-1525)* (Masch.) Diss. Berlin (FU) 1956. H. Schnabel, *Zur histor. Beurteilung d. Flugschriftenhändler in d. Zeit d. frühen R. u. d. Bauernkrieges.* Wissenschaftl. Zs. d. Humboldt-Univ. zu Berlin 14 (1965) S. 869-81.

Rich. Ebermann, *Die Türkenfurcht. E. Beitr. z. Gesch. d. öffentlichen Meinung in Deutschland während d. Reformationszeit.* Diss. Halle 1904. O. N. Waldeck, *Die Publizistik d. Schmalkaldischen Krieges.* Archiv f. Reformationsgesch. 7 (1909/10) S. 1-55 u. 8 (1910/11) S. 44-133. Rudolf Hirzel, *Der Dialog.* 2 Bde (1895). Gottfr. Niemann, *Die Dialogliteratur d. R.szeit* (1905; Probefahrten 5). Heinr. Needon, *Technik u. Stil d. dt. Reformationsdialoge.* (Masch.) Diss. Greifswald 1922. — C. J. Wagenseil, *Ulrich von Hutten nach s. Leben, s. Karakter u. s. Schriften geschildert.* (1823). *Ulrichi Hutteni ... Opera.* Hg. v. Ed. Böcking. 7 Bde. Leipzig 1859-1869. Rich. Förster, *Lucian in d. Renaissance.* ArchfLitg. 14 (1886) S. 337-363. Ludw. Geiger, *U. von Hutten.* In: Geiger, *Vorträge u. Versuche* (1890) S. 50—63. Siegfried Szamatolski, *Huttens dt. Schriften* (1891; QF. 67). Paul Kalkoff, *U. von Hutten u. d. R.* (1920; Quellen u. Forschngn z. R.sgesch. 4). Karl Artur Werner, *Studien über Huttens dt. Stil.* (Masch.) Diss. Greifswald 1922. P. Kalkoff, *Der geschichtliche U. v. Hutten in s. Verhältnis zu Luther.* Jb. d. Luther-Ges. 5 (1923) S. 22-55. Olga Gewerstock, *Lukian u. Hutten* (1924; Neudr. 1967; GermSt. 31). Paul Kalkoff, *Huttens Vagantenzeit u. Untergang* (1925). Paul Held, *U. v. Hutten* (1928; SchrVerReformgesch. 144). Hajo Holborn, *U. v. Hutten and the German R.* (New Haven 1937; Yale Historical Publ. Ser. 1, Studies 11). Ders., *U. v. Hutten* (1968; Kl. Vandenhoeck-Reihe 266). A. Götze, *U. v. Hutten Nachrichten d. Gießener Hochschulges. 13* (1939) S. 79-92. R. H. Fife, *U. v. Hutten as a literature problem.* GermRev. 23 (1948) S. 18-29. Hans Gust. Keller, *Hutten u. Zwingli* (Aarau 1952; Berner Unters. z. allgem. Gesch. 16). Robert C. Goodell, *U. v. Hutten as a orator-poet; a study in rhetoric.* (Masch.) Diss. Columbia Univ. 1952. Josef Benzing, *U. v. Hutten u. s. Drucker* (1956; Beitr. z. Buch- u. Bibliotheksw. 6). — Paul Merker, *Der Verfasser des 'Eccius dedolatus' u. anderer R.sdialoge* (1923). Hans Rupprich, *Der 'Eccius dedolatus' u. s. Verfasser* (1931). — O. Clemen, *Die lutherische Strebkatz.* Archiv f. Reformationsgesch. 2 (1904/05) S. 78-93. — Heinrich von Kettenbach, *Schriften.* Hg. v. Otto Clemen, in: *Flugschriften aus d. ersten Jahren d. R.* Bd. 2 (1907). — Johann Eberli von Günzburg, *Sämtliche Schriften.* Hg. von Ludw. Enders. 3 Bde (1896-1902; NDL. 139-41, 170/72, 183/88). Bernhard Riggenbach, *Johann Eberlin von Günzburg u. s. Reform-programm* (1874). Joh. Heinr. Schmidt, *Die '15 Bundesgenossen' d. J. Eberlin von Günz-*

burg. Diss. Leipzig 1900. Wilh. L u c k e, *Die Entstehung der '15 Bundesgenossen' d. J. Eberlin von Günzburg.* Diss. Halle 1902. A. G ö t z e, *Ein Sendbrief Eberlins von Günzburg.* ZfdPh. 36 (1904) S. 145-54. Hans-Herbert A h r e n s, *Die religiösen, nationalen u. sozialen Gedanken J. Eberlins von Günzburg mit bes. Berücks. s. anonymen Flugschriften.* Diss. Hamburg 1939. Kurt S t ö c k l, *Untersuchungen zu J. Eberlin von Günzburg.* (Masch.) Diss. München 1952. — J. G. K. K r a n o l d, *Urbanus Rhegius.* Vierteljahrsschr. f. Theol. u. Kirche 1 (1845) S. 172-196. A. G ö t - z e, *Urban Rhegius als Satiriker.* ZfdPh. 37 (1905) S. 66-113 (vgl. hierzu: P. M e r k e r, in: Studien zur Lit.geschichte für Alb. Köster, 1912, S. 18 ff.). — Hartmut von C r o n b e r g, *Schriften.* Hg. v. Eduard Kück (1899; NDL. 154/56). Wilh. B o g l e r, *Hartmuth von Cronberg.* (1897; SchrVerReformgesch. 57). — Waldemar K a w e r a u, *Hans Sachs u. d. R.* (1889; SchrVerReformgesch. 26). Siegfried W e r - n i c k e, *Die Prosadialoge d. Hans Sachs.* Diss. Berlin 1913. — Burkard W a l d i s, *Streitgedichte gegen Herzog Heinrich d. J. von Braunschweig.* Hg. v. Friedr. Koldewey (1883; NDL. 49). Friedr. K o l d e w e y, *Heinz von Wolfenbüttel* (1883; SchrVerReformgesch. 2). Georg B u c h e n a u, *Leben u. Schriften d. Burcard Waldis* (1858). Hans L i n d e m a n n, *Studien zu d. Persönlichkeit von Burkard Waldis.* (Masch.) Diss. Jena 1922.

§ 4. Von k a t h o l i s c h e r S e i t e ist der Flut der Reformationslit. in der ersten Hälfte des 16. Jh.s kaum etwas Entsprechendes entgegengesetzt worden. Was an Schriften gegen das Luthertum erschienen ist, verließ nur selten den Rahmen der Fachliteratur und bediente sich kaum literar. Mittel zur Auseinandersetzung. Die Gründe dafür liegen einmal in der Zurückhaltung der kathol. Kirche, die sich scheute, die kontroversen Glaubensfragen vor dem Laien zu diskutieren, statt sie im internen Kreise der Kirche zu behandeln. Zum anderen aber befand sich die alte Kirche in der Rolle der Verteidigerin des Bestehenden und konnte so über Widerlegungen und Abwehr von Angriffen nicht hinauskommen; eine literar. Apologie des alten Glaubens entstand zu dieser Zeit nicht, sie blieb der Gegenreformation vorbehalten. Hinzukommt, daß man die Tiefe und Weite des lutherischen Ansatzes auf kathol. Seite zunächst kaum durchschaute, denn „dem damaligen deutschen Katholizismus fehlte eine umfassende und tiefgreifende Erkenntnis des reformatorischen Vorganges" (Lortz II, 170). Zu den bedeutendsten Repräsentanten des Kontroversschrifttums kann man

Eck, Emser, Cochläus und Witzel rechnen, doch bleiben sie in ihren Schriften fachlich-theologisch orientiert und erreichen nirgends die literar. Popularität der reformator. Streitschriften. Die antilutherische Polemik hat nur in ganz wenigen Fällen Texte von literar. Rang vorzuweisen. An erster Stelle ist hier Thomas M u r n e r zu nennen, der sich von 1520 an in den Reformationskampf einschaltete.

Murner, poeta laureatus und Doktor zweier Fakultäten, war, als er sich in die R.polemik stürzte, bereits ein bekannter und vielgelesener Volksschriftsteller gewesen; seine großen Werke lagen schon längere Zeit vor. Wie Brant, Geiler von Kaisersberg und andere gehört auch er zu dem Kreis jener kathol. Reformatoren, denen es auf eine Renovatio der alten Kirche und der bestehenden Verhältnisse, nicht auf eine Spaltung in Glaubensdingen ankam. So ging Murners Kampf nach zwei Seiten, einmal für die Erneuerung der alten Kirche, zum anderen aber gegen Luther. Er war einer der wenigen Zeitgenossen, die die weiten Dimensionen der neuen Lehre durchschauten. Murner hatte an Luthers Lehre insbesondere vier Punkte auszusetzen; er berief sich auf die Gewohnheiten und den Brauch der Väter, d. h. das alte Herkommen der kirchlichen Tradition wäre sanktioniert und müßte beibehalten werden; er protestierte gegen Luthers Vorstellung vom Priestertum aller Gläubigen und wandte sich gegen die öffentlichen Diskussionen der Streitfragen, da derartige Auseinandersetzungen nur dazu angetan wären, den Laien in seinem Glauben irre werden zu lassen. Der schärfste Punkt in Murners Lutherpolemik war der, daß er Luther für einen politischen Revolutionär, nicht für einen Reformator der Mißstände der alten Kirche hielt. Murner handelte aus eigener Verantwortung gegenüber der alten Kirche, und sein Vorgehen muß von diesem Aspekt aus gewürdigt und beachtet werden; das Murner-Bild der protestantischen Geschichtsschreibung des 19. Jh.s bedarf erheblicher Korrekturen.

Von Murners Plan eines *Corpus antilutheranum,* das 32 Schriften gegen die Wittenberger enthalten sollte, sind nur 6 Schriften zustande gekommen. Im November und Dezember 1520 erschienen bei Murners Verleger Grienninger in Straßburg die ersten 4 Schriften gegen Luther. Im ersten Traktat (*Eine christliche und brieder-*

liche ermanung) macht er Einwendungen gegen Luthers Forderung des Allpriestertums, gegen die Abschaffung der Messe und gegen die dt.-sprachige Liturgie. Er ermahnt Luther, von der alten Lehre nicht abzuweichen; der Ton ist sachlich, mäßigend und in gewisser Weise populär gehalten. 14 Tage später erschien ein Traktat gegen Luthers Lehren und Predigten (*Von Doctor Martinus luters leren und predigen*). Er warnt hierin den *frummen eynfeltigen christen man* vor den Unwahrheiten Luthers, die er von sich aus nicht richtig verstehen könne. Eine weitere Schrift verteidigt die göttliche Einsetzung des Papsttums (*Von dem babstenthum*). Kurz darauf erschien Murners groß angelegter Versuch, Luthers erfolgreichste R.sschrift zu widerlegen: seine Erwiderung *An den Großmächtigsten ... adel tütscher nation* ist ein vorzüglich gelungenes Prosawerk, das frei von allen Grobianismen ist, dennoch nicht trocken wirkt und auf den Laien mit seinem begrenzten Fachverständnis zugeschnitten ist. Murner ruft hierin den Adel auf, dem alten christlichen Glauben Schutz zu gewähren und sich nicht dem Verführer Luther auszuliefern. Luther als ein Catilina redivivus wolle nur unter dem Deckmantel der zugestandenen Mißstände der Kurie Aufruhr und Unruhe stiften. Murner versucht im weiteren, Luther in 4 Punkten zu widerlegen, und verteidigt nicht ohne Kritik gegenüber den Gravamina der eigenen Kirche die althergebrachte Tradition. Die Schrift ist sehr persönlich gehalten; sie gibt keine bestimmte Richtung für eine weitere Auseinandersetzung an, ist aber im Ton wiederum sehr sachlich. Luther habe nicht in allem, was er fordere, Unrecht, sondern er mische nur Wahrheit und Unwahrheit durcheinander und säe damit Aufruhr. Eine ausgesprochene Verurteilung oder Verdammung der Person Luthers erfolgt nicht.

Die protestant. Seite schlug gegen diese Schriften Murners mit einer Fülle von Satiren zurück. Sie lassen an Grobheit nichts zu wünschen übrig. Murner war der populärste Luthergegner, und die Schärfe der Polemik gegen seine Schriften hängt wohl mit seinem Einfluß auf jene Kreise zusammen, die auch das Luthertum für seine Bewegung brauchte, nämlich das 'Volk'. Nur eine möglichst rasche moralische wie geistliche Diffamierung des protestierenden Franziskaners konnte seinen Einfluß bei weiteren Volkskreisen außer Kraft setzen. Der polemischen Kampagne der oberdeutschen Flugschriftenliteratur ist das auch weithin gelungen. Doch war Murner nicht der Mann, sich einschüchtern zu lassen, wenngleich er sich da und dort über die Verunglimpfungen bitter beklagte. Er griff 1522 in die Auseinandersetzungen zwischen Luther und Heinrich VIII. ein, indem er dessen lat. Begründung der sieben Sakramente ins Deutsche übersetzte und in der

Schrift *Ob der künig uß Engelland ein lügner sey oder der Luther* die Gründe beider Kontrahenten gegenüberstellte und die einzelnen Argumente selbst kommentierte. Luther werden 50 Lügen nachgewiesen. Murner zeigt sich wieder im ganzen als guter Kenner der Schriften und Meinungen der Lutheraner und als ein fairer Gegner. Die Anlage der Schrift ist recht originell und hat ihre Wirkung wohl nicht verfehlt. — Zum Gegenschlag gegen die lutherische Bewegung und gegen seine anonymen Gegner holte Murner in der groß angelegten Satire vom *Lutherischen Narren* aus.

Nach dem erprobten Modell der Narrenbeschwörung tritt der Autor hier als Exorzist des lutherischen Narren auf, der als allegorische Gestalt die Kräfte der neuen Bewegung repräsentiert, die hier widerlegt und mit Hilfe der Satire ungefährlich gemacht werden sollen. Ausführlich wendet sich Murner gegen die Parteigänger Luthers, die als einzelne Narren aus dem großen lutherischen Narren beschworen bzw. durch medizinische Prozeduren ans Tageslicht befördert werden. Da begegnen sich Karsthans und Fugger, Landsknechte und Heerführer und vor allem die 15 Bundesgenossen Eberlins, die wirkungsvoll parodiert werden. Unter Luthers Führung wird ein Heerhaufe gebildet, der zum Sturm auf Klöster, Kirchen und Festungen anrückt; die Hauptfestung (der alte Glaube) wird von Murner verteidigt, der sich aber von Luther zur Hochzeit mit dessen Tochter verführen läßt; nach der Hochzeitsfeier verjagt er aber Luthers Tochter, da sie von unheilbarem Grind befallen ist. Luther, der auf dem Sterbebett die Sakramente verschmäht, wird von Murner im Abort begraben. Nachdem auch der große Narr zu Grabe getragen wurde, stülpt Murner sich dessen Narrenkappe auf — eine ironisch-humorvolle Geste, die zu einer gewissen Nivellierung der Gegensätze führt.

Trotz der kontroversen Meinungen und aller Karikaturen zeigt sich auch hier ein gewisses Maß von Respekt vor Luthers Person. Das Spiel mit dem Narrenmotiv wird kunstvoll in allen Gangarten durchgeführt; Murner selbst baut sich in die Satire ein und zitiert mit Humor die gegen ihn erhobenen Schmähungen seiner Gegner. Durch seinen Witz und seinen Erfindungsreichtum gehört dieses satirische Epos zu den besten Leistungen der R.sliteratur. Trotz des genialen, bizarren und einfallsreichen Spielens mit allen Dingen, die die R. betreffen, kommen Murners Gegenargumente treffend und einleuchtend heraus; die politischen Konsequenzen von Luthers Lehre sind klar erkannt, und die Hauptpunkte seiner Glaubenslehre werden drastisch-satirisch in ihrer 'Unsinnigkeit' vorgeführt. Die Wirkung des Werkes auf die Zeitgenossen wäre sicherlich nicht unbeträchtlich gewesen, wenn es nicht kurz nach seinem Erscheinen vom Straßburger Rat konfisziert und verbrannt worden wäre; nur wenige Exemplare sind damals in die Öffentlichkeit gedrungen. — Nach 1525 hat sich Murner, als er Stadtpfarrer in Luzern war, noch einmal in den Kampf gegen den neuen Glauben eingelassen, diesmal gegen den Zwinglianismus in der Schweiz. Die Schriften aus dieser Zeit zeigen ihn als einen tüchtigen und stilgewandten Journalisten. Sein *Kirchendieb- und Ketzerkalender* (1527) dürfte als Gattung literar. Interesse beanspruchen. Hier werden nach Art der Wandkalender Protestanten als Bösewichte, Diebe, Lecker, Schelme wie Kalenderheilige vorgeführt.

Eine meisterhafte Satire, die nach Form und Gehalt der Murnerschen Leistung sich an die Seite stellt, ist D a n i e l v o n S o e s t s *Ein Gemeyne Bicht oder bekennung der Predicanten to Soest* (1534; 1539 gedruckt). Der anonyme Autor, hinter dem man den Soester Juristen Johann Gropper (1503 geb.), Sohn des Bürgermeisters von Soest, oder Jasper van der Borch, einen Kanonikus in Bielefeld und Herford, der aus Soest stammte und dessen Vater Sekretär der Stadtkanzlei war, vermutete, tritt wie Murner für die Ausrottung der kirchlichen Mißstände ein, möchte aber beim alten Glauben bleiben; die R. müsse von der Kirche aus, nicht durch Laien und gegen die kirchliche Autorität in die Wege geleitet werden.

Seine satirische Dichtung, die eine Mittellage zwischen Dialog und Komödie einnimmt, schildert die Einführung der Reformation in Soest. Der Teufel steht in Verbindung mit den evangel. Prädikanten. Aus der lutherischen Lehre werden sehr geschickt dieselben Vorwürfe entwickelt, die diese dem alten Klerus machte: Teufelsbündnis, Unkeuschheit, Fälschung, Gewalt, Heuchelei, Volksverhetzung, Hurerei, Gebetsparodie. Die Schilderung des 3520 Verse umfassenden Werkes gipfelt in der Darstellung einer Superintendentenhochzeit, bei der an Witz und Drastik nicht gespart wird. Das Pikante an dieser *Bicht* ist, daß sie hinsichtlich der Fakten und der Ereignisse ziemlich wirklichkeitsgetreu dargestellt worden ist, wie einzelne Nachforschungen ergeben haben. - Aus der satir. Feder des Daniel von Soest sind noch einige weitere Texte bekannt, so ein Kettenspiegel, ein Apologeticon, Lieder und ein Dialogon, aber sie haben in keiner Weise die Frische, den Witz, die

gute Sprachführung und das schriftstellerische Geschick aufzuweisen wie die *Bicht*.

Murners Kampf gegen die R. in der Schweiz setzte der Luzerner Hans S a l a t (1498-1561) fort. Im *Tanngrotz* gab er einen tendenziösen Bericht über die Schlacht bei Kappel, der ihm einen Prozeß und einige Tage Haft einbrachte. Bullinger antwortete auf dieses Pamphlet mit seinem bekannten *Salz zum Salat*. Salat revanchierte sich 1532 mit dem *Triumphus Herculis helvetici*. Hierin wird das Wesen des Zwinglianismus und Zwinglis selbst, der der Hercules helveticus ist (in Analogie zu der Darstellung Luthers als Hercules germanicus), in ebenso satirischer wie literarisch glänzender Weise dargestellt. — Aus dem alemannischen Gebiet stammen auch noch zwei weitere antilutherische Satiren, die anonym erschienen sind, vermutlich aber aus einer Feder stammen: Das *Bockspiel* (1531) greift Luthers Neuerungen an und wendet sich gegen die Vermischung politischer und sozialer Tendenzen mit theologischen Angelegenheiten. Die andere Schrift ist *Martin Luthers Klaglied* (1534), in der mit Bravour Luther in der Vollkraft seiner Schimpfkanonaden und seiner Verfälschungen vorgeführt wird.

Das vielfältige Schrifttum, das durch die R. angeregt, dessen Autoren aber andere Wege als die Orthodoxie des Luthertums gingen, ist bisher von der Literaturwissenschaft noch kaum gewürdigt worden. Die geringe Beachtung anderer bedeutender Männer der R.szeit durch die Geschichtsschreibung hat sich auch in der Folge auf die Literaturgeschichte ausgewirkt, so daß vom literarhistor. Standpunkt weder Männer wie Sebastian Franck, Karlstadt, Schwenckfeld, Münzer noch die Täufer, Schwärmer, Spiritualisten insgesamt, bisher genügend berücksichtigt worden sind. Luthers negative Urteile über diese und andere Zeitgenossen waren für die historische Erforschung des 16. Jh.s zu lange verbindlich.

Corpus Catholicorum. Werke kathol. Schriftsteller im Zeitalter der Glaubensspaltung Bd. 1 ff. (1919 ff.); 28 (1959). — *Luther u. Emser. Ihre Streitschriften aus dem Jahr 1521.* Hg. v. L. E n d e r s. 2 Bde. (1890-92; NDL. 96-98). Gustav K a w e r a u, *Hieronymus Emser, e. Lebensbild aus der R.sgesch.* (1898; SchrVerReformgesch. 61). O. C l e m e n, *Briefe von Hieronymus Emser, Johann Cochlaeus, Johann Mensing u. Petrus Rauch an die Fürstin Margarethe u. d. Fürsten Johann u. Georg von Anhalt*

(1907; R.sgeschichtl. Studien u. Texte 3). A. Leitzmann, *Zu H. Emsers Streitschriften gegen Luther.* PBB. 52 (1928) S. 453-457. O. Vossler, *Hieronymus Emser.* Histor. Zeitschr. 184 (1957) S. 272-291.

Urban von Weldige-Cremer, *De Joannis Cochlaei vita et scriptis, Commentatio historica.* Diss. Münster 1865. Carl Otto, *Johannes Cochläus, d. Humanist* (1874). Felician Gess, *J. Cochläus, d. Gegner Luthers.* Diss. Leipzig 1886.—Martin Spahn, *J. Cochlaeus. E. Lebensbild aus d. Zeit d. Kirchenspaltung* (1898). Adolf Herte, *Die Lutherbiographie d. J. Cochläus. E. quellenkrit. Untersuchung.* Diss. Münster 1915. Vollst. u. d. T.: *Die Lutherkommentare d. J. Cochläus. Krit. Studie z. Geschichtsschreibung im Zeitalter d. Glaubensspaltung* 1935. Hubert Jedin, *Des Johannes Cochlaeus Streitschrift de libero arbitrio hominis (1525)* (1927; Breslauer Studien z. histor. Theologie 9).

A. Ritschl, *Georg Witzels Abkehr vom Luthertum.* Zeitschr. f. Kirchengesch. 2 (1877/78) S. 386-417. N. Paulus, *Pseudonyme Schriften von G. Witzel.* Der Katholik 74 (1894), II, S. 473-477. Gregor Richter, *Die Schriften G. Witzels, bibliographisch bearbeitet* (1913; Veröffentl. d. Fuldaer Geschichtsver. 10). O. Clemen, *G. Witzel u. Justus Jonas.* Archiv f. Reformationsgesch. 17 (1920) S. 132-152. Ludw. Pralle, *Die handschriftlichen Quellen d. Liturgikers G. Witzel (1501-1573).* (Masch.) Theol. Diss. Freiburg 1940. Ders., *Die volksliturgischen Bestrebungen d. G. Witzel (1501-1573).* Jahrbuch f. d. Bistum Mainz 3 (1948) S. 224-242. Winfried Trusen, *Georg Witzel (1501-1573). Studien zu s. Leben u. Werk.* (Masch.) Diss. Göttingen 1950. R. Padberg, *G. Witzel d. Ä., e. Pastoraltheologe d. 16. Jh.s.* Theolog. Quartalschr. 135 (1955) S. 385-409. Paul Ludw. Sauer, *Der Dialog bei G. Witzel in seiner zeitgeschichtl. u. entwicklungsgeschichtl. Bedeutung.* (Masch.) Diss. Frankfurt 1956. Winfried Trusen, *Um die Reform u. Einheit d. Kirche. Zum Leben u. Werk d. G. Witzel* (1957; Kathol. Leben u. Kämpfen im Zeitalter d. Glaubensspaltung 14).

Thomas Murner, *Dt. Schriften mit d. Holzschnitten d. Erstdrucke.* Hg. v. Franz Schultz. 9 Bde (1918-1931). B. Hidber, *Doktor Th. Murners Streithandel mit d. Eidgenossen von Bern u. Zürich, mit Urkunden.* Archiv f. Schweizer. Gesch. 10 (1855) S. 272-304. Charles Schmidt, *Th. Murner.* In: Schmidt, *Histoire littéraire de l'Alsace.* Bd. 2 (Paris 1879; Neudr. 1966) S. 209-315; 419-431. F. Lauchert, *Studien zu Th. Murner.* Alemannia 18 (1890) S. 139-172; 283-288 u. 19 (1892) S. 1-18. Waldemar Kawerau, *Th. Murner u. d. Kirche d. MA.s* (1890; SchrVerReformgesch. 30). Ders., *Th. Murner u. d. dt. R.* (1891; SchrVerReformgesch. 32). M. Spanier, *Tanz u. Lied bei Th. Murner.* ZfdPh. 26 (1894) S. 201-224. O. Clemen, *Eine fast verschollene Streitschrift Th. Murners* ('Antwort u. Klag mit Entschuldigung wider Bruder Michel Stifel'). Alemannia 26 (1898) S.

183-190. Julius Popp, *Die Metrik u. Rhythmik Th. Murners.* Diss. Heidelberg 1898. Hans Schatz, *Stimmungen u. Affekte in Murners Dichtungen.* Diss. Kiel 1909. Theodor v. Liebenau, *Der Franziskaner Dr. Th. Murner* (1913; Erl. u. Erg. zu Janssens Gesch. d. dt. Volkes IX, 4/5). Joseph Lefftz, *Die volkstümlichen Stilelemente in Murners Satiren* (1915). A. Risse, *Sprichwörter u. Redensarten bei Th. Murner.* ZfdU. 31 (1917) S. 215-227; 289-303; 359-369; 450-458. Maria Wolters, *Beziehungen zw. Holzschnitt u. Text bei Seb. Brant u. Th. Murner.* Diss. Straßburg 1917. Max Scherrer, *'Des alten christlichen Bären Testament', e. Kampfschrift Th. Murners.* Anzeiger f. Schweizer. Gesch. 50 (1919) S. 6-38. Ed. Fuchs, *Murners Sprichwörter u. ihre Quellen.* Beiträge zur Deutschkunde. Festschr. Theod. Siebs (1922) S. 76-84. P. Scherrer, *Zwei neue Schriften Th. Murners.* 'Mendatia Lutheri' (1524) u. 'Tractatus de immaculata virginis conceptione' (1499). Basler Zeitschr. f. Gesch. u. Altertumskde 29 (1930) S. 145-167. Arnold E. Berger, *Th. Murner u. s. Kampf gegen d. R.* In: Berger, *Satirische Feldzüge wider d. R.* (1933; DtLit., Reihe R.) S. 5-145. F. Landmann, *Th. Murner als Prediger.* Archiv f. elsäss. Kirchengesch. 10 (1935) S. 295-368. P. Scherrer, *Zum Kampfmotiv bei Th. Murner (1520-1522)* Festschr. Gustav Binz (1935) S. 201-227. Rich. Newald, *Wandlungen d. Murnerbildes.* Beiträge z. Geistes- u. Kulturgesch. d. Oberrheinlande, Franz Schultz gewidm. (1938) S. 40-78. *Th. Murner im Glaubenskampf.* Hg. v. Wolfgang Pfeiffer-Belli (1939; Corpus Catholicorum 22). R. Gruenter, *Th. Murners satir. Wortschatz.* E. Vortrag. Euph. 53 (1959) S. 24-40. Rich. Newald, *Th. Murner,* in: Newald, *Gestalten u. Probleme d. dt. Humanismus* (1963) S. 387-442.

Daniel von Soest. Ein westfäl. Satiriker d. 16. Jh.s. Hg. u. erl. v. Franz Jostes (1888; Quellen u. Untersuchngn. z. Gesch., Kultur u. Lit. Westfalens 1). Arnold E. Berger, *Die R. in Soest u. 'Daniel von Soest'.* In: Berger, *Satirische Feldzüge wider die R.* (1933) S. 146-335.

Johann Salat, *Chronik d. Schweizerischen R.* in Archiv f. d. Schweizer. Reformationsgesch. 1 (1868) S. I-LXXVI; 1-427. *Hans Salats Drama vom verlornen Sohn.* Hg. v. J. Baechtold. Der Geschichtsfreund 36 (1881) S. 1-90. Jacob Baechtold, *Hans Salat, e. Schweizer. Chronist u. Dichter aus d. ersten Hälfte d. 16. Jh.s. S. Leben u. s. Schriften* (1876). P. Cuoni, *Hans Salat. Leben u. Werk.* Der Geschichtsfreund 93 (1938) S. 98-225. F. Kümmerli, *Hans Salats 'Triumphus Herculis Helvetici'.* LitwJbGörrGes. 6 (1931) S. 25-64.

M. Spahn, *Bockspiel Martin Luthers.* Der Katholik 77 (1897), II, S. 360-368. Otto Kaufmann, *'Bockspiel Martin Luthers' u. 'Martin Luthers Clagred'.* Diss. Halle 1905. Ludw. Zopf, *Zwei neue Schriften Murners* ('Bockspiel Martin Luthers', 1531. 'Martin Luthers Clagred', 1534). Diss. Freiburg 1911.

Gust. Bebermeyer, *Murnerus pseudepigraphus* ('*Bockspiel Martini Luthers*' *1531 und* '*Martin Luthers Clagred*' *1534).* Diss. Göttingen 1913.

§ 5. Drama. Erst im weiteren Verlauf der R. ist das Drama generell in die Auseinandersetzungen einbezogen worden; dann aber übernahm es die Führung und wurde zu einem vorzüglichen Spiegel der die Zeit bewegenden vielfältigen Grundprobleme. Dieses unmittelbare Engagement hatte eine große Zahl von verschiedenen dramaturg. Experimenten zur Folge, die in formaler Hinsicht den besonderen Reiz dieses Dramas ausmachen, denn das vorreformator. Drama besaß nur drei Typen: das geistliche Spiel des MA.s, das bis weit ins 16. Jh. hineinragte, sein weltliches Pendant, insbesondere das vielfältige Fastnachtspiel, und die schüchternen Anfänge des im ganzen noch sehr ungestalten Humanistendramas. Hinzu kommt eine zunehmend tiefere Vertrautheit mit der röm. Komödie, insbesondere mit Terenz, dem bevorzugten Schulautor der Zeit. Die große Beliebtheit, die dem Drama im Zuge der R. zuteil wurde, beruht nicht so sehr auf der literar. Qualität dieser Voraussetzungen, sondern auf einer elementaren Freude am Spielen und Zuschauen, die sich seit dem 15. Jh. bemerkbar machte. Das Spiel, gleich welcher Art, war eins der wichtigsten und wirkungsvollsten Kommunikationsmittel der Zeit, dessen Bedeutung für Popularisierungsmöglichkeiten durch den Druck dieser Texte noch gesteigert wurde. Das dt. Drama hat nie wieder eine solche soziale Funktion gehabt wie in dieser Zeit. So konnte auch diese Gattung in den Dienst der *propaganda fides* gestellt werden. Das brachte gewisse Änderungen mit sich. Gegen die spätmal. katholischen geistlichen Spiele machte sich in allen an der R. sich orientierenden Gebieten eine breite Abneigung bemerkbar, und zwar vor allem aus religiösen Gründen: Luther sprach sich gegen Passionsdarstellungen aus, da in ihnen der Zuschauer in Christus nur eine beklagens- und beweinenswerte Person sähe, mit der er Mitleid hätte; die Betrachtung der Passion auf der Bühne brächte ihm auf diese Weise keinen seelischen Gewinn, solange sie ihn nicht zur Selbsterkenntnis des eigenen sündhaften Zustandes führte, aus dem er aus Gnade erlöst werden könne. Das empfundene Mitleid lasse aber nicht die Erkenntnis der Sündhaftigkeit aufkommen. Luther war keineswegs gegen die Darstellung der Gesta Christi auf der Bühne, wohl aber gegen eine Darstellungsweise, die den Zuschauer nicht aktivierte. Diese Meinung findet sich auch bei Melanchthon, Birck, Greff, Naogeorg u. a. Außerdem werden da und dort auch dramaturg. Einwände gegen die Passionen vorgebracht, so vor allem gegen die Kreuzigungsszene. Das Drama, das sich im Zuge der R. entwickelte, hatte von Anfang an die Aufgabe, bestimmte Tendenzen zu verbreiten und bestimmte Lehrmeinungen spiegelartig zu verkünden. Aus dieser Absicht entstand seine Berechtigung und gleichzeitig seine formale Konzeption. Nicht ästhetische Probleme, nicht zwischenmenschliche individuelle Spannungen werden vorgestellt, sondern Stoffe, Ereignisse, Geschichten, mit deren Hilfe sich entweder parabolisch eine Unterweisung rechten menschlichen und gesellschaftlichen Verhaltens geben läßt oder mit denen sich die Wunder Gottes preisen und verkünden lassen. Das Drama ist ein anderes Mittel als die Predigt, verfolgt aber dasselbe Ziel. Seine Bedeutung und sein Wert liegen, abgesehen von der Vielgestaltigkeit der experimentellen theatralischen Formen, in den dramatischen Exegesen, die bei jeweils gleichen Stoffen sehr verschieden ausfallen können. Die Form dieser Dramen ist weithin bedingt durch die Art der Aussage und deren beabsichtigter Wirkung. Die dramaturg. Strukturen reichen von der offenen, reihenden Spielform bis zur geschlossenen antikisierenden Dramenform, von der Revuetechnik, bei der jeder Ausschnitt für sich unverbunden da ist, bis zur nlat.-klassizistischen Konzentrationsform; beide Extreme und ihre Verbindungsglieder sind jeweils eigenständige Ausdrucksformen, die der Aussagefunktion entsprechen. Die Vorstellungen von 'Form' sind in dieser Zeit noch andere, als man im allgemeinen erwartet, und die Frage, ob es sich 'nur' um einen Spieltext oder 'schon' um ein Literaturdrama handelt, dürfte für diese Art Dramen nicht wesensgerecht sein. Man stößt auf diesem Theater auf szenische Verwirklichungen, die mutatis mutandis sehr modern anmuten.

Die in unmittelbarer Beziehung zur R. stehenden zahlreichen Dramen haben im wesentlichen drei verschiedene Typen herausgebildet: die M o r a l i t ä t und das allegorische Spiel, wie sie etwa in den Jedermannsspielen, in den Spielen von der verfolgten Religion oder Wahrheit oder in den frühen schweizer polemischen Dramen von Gengenbach und Manuel begegnen. Dann das B i b e l d r a m a, ein *drama sacrum*, das aber seinem Ausgang zuliebe meist als *comoedia* bezeichnet wird. Hierunter fällt die Hauptmasse der R.sdramen. Ihre Aufgabe bestand weitgehend darin, die Geschichten der Bibel den Zuschauern einzuprägen und die Lehren des göttlichen Wortes mit ihren Konsequenzen für die Menschen aufzuzeigen. Sie waren eine andere Form der Seelsorge und deshalb nicht ästhetisch sondern moralisch orientiert; sie sollten der Festigung des Glaubens und der Stärkung der evangel. Tugenden dienen; in diesem Sinne wurden sie von Luther empfohlen. Statt Glaubenspolemik findet sich hier viel öfter Gesellschaftskritik. Der dritte Typ schließlich enthält H i s t o r i e n stücke, deren Stoffe entweder der Vergangenheit (*Lucretia, Hus*) oder der Gegenwart (Naogeorgs *Incendium*, Cochlaeus' *Heimlich Gespräch*) entstammen; starke polemische oder pädagogisch-soziale Tendenzen walten hier vor und integrieren die Stoffe durch deren Interpretation der Problematik der Zeit. Wie die Dramenform ist auch die Bühnenform uneinheitlich; Versuche, bestimmte Bühnentypen zu fixieren, haben keine für alle Dramen verbindliche Ergebnisse gezeigt. Die Möglichkeit, mit situationsbedingten Mischformen zu rechnen, ist fast immer gegeben. Die Spieler dieser Stücke waren Schüler, Studenten oder Bürger, das Publikum meistens Bürger, seltener ein Hof oder ein gelehrtes Kollegium.

Die unmittelbaren Anfänge des R.sdramas erstrecken sich auf die 20er Jahre des 16. Jh.s. Zwar lassen sich überall Ansätze zur polemischen Auseinandersetzung mit der alten Kirche feststellen, doch sind wir hierbei nur auf Nachrichten von Spielen oder 'Scherzen' in der Fastnachtszeit angewiesen, in denen der Klerus verspottet wurde. Manches scheint nur mimische Darbietung ohne Bezug auf eine literar. Tradition gewesen zu sein. Erste erhaltene literar. Texte werden in der Schweiz greifbar. Ob es sich bei diesen Spielen um Fastnachtspiele handelt, die der

neuen Propaganda dienstbar gemacht werden, oder, was einleuchtender ist, da sich im alemann. Raum keine direkte Fastnachtspieltradition findet, ob es sich um polemische allegorische Spiele handelt, die zur Fastnachtzeit als der bevorzugten Spielzeit aufgeführt wurden, sonst aber sui generis sind, ist noch nicht genau geklärt.

Des Baseler Buchdruckers Pamphilus G e n g e n b a c h *Totenfresser* (1521/22) ist das erste religiöse Tendenzstück; in knapper, aber wuchtiger Form stellt es Papst und Klerus als Leichenfresser dar und erhebt unter diesem allegorischen Bild schärfste Anklagen gegen Ablaßhandel und Totenmessen. Nikolaus M a n u e l (1484-1530), ein genialer Polemiker, nahm dieses Motiv für das erste seiner Tendenzspiele *Vom Papst und seiner Priesterschaft* (1523) auf und gestaltete es zu einer umfangreichen und eindrucksvollen dramatischen Dichtung aus, die im 16. Jh. nur wenig ihresgleichen hat. Mit der satirischen Technik der Selbstentlarvung werden die Gebrechen der alten Kirche und deren Folgen für die Christenheit höchst klar und wirkungsvoll gebrandmarkt. Das Spiel ist zur Fastnachtzeit in Bern (Kreuzgasse) aufgeführt worden. Ähnlich geht Manuel in den beiden anderen Spielen *Von Papsts und Christi Gegensatz* und im *Ablaßkrämer* vor, der eine der besten satirischen R.sdichtungen darstellt: Richardus Hinderlist, eine Tetzelgestalt, wird von Bauern in die Mangel genommen und bekennt seine schändlichen Betrügereien und Listen. Aus dem Alemann. sind noch zwei weitere anonyme Spiele dieser Art überliefert, *Ein frischer Combiszt* und *Der neu deutsch Bileamsesel*, aber beide sind spätere Fassungen; sie wurden 1540/45 von Jacob Cammerlander in Straßburg gedruckt. — Aus Gegenden mit einer Fastnachtspieltradition sind sonst keine derartigen reformator. Spiele überliefert; in Nürnberg schrieb Hans S a c h s zur gleichen Zeit seinen bekannten Dialog von der Disputation eines Chorherrn mit einem Schuster (1527), der an der Grenze zum Spiel steht; aus Tirol ist aus Vigil R a b e r s Sammlung ein munteres Spiel mit reformatorischer Tendenz: *Die zwen Stenndt* (um 1529) bekannt. Auch im Norden zeigen sich Ansätze zu derartigen Spielen. 1523 verfaßte B a d o v o n M i n d e n seinen *Klas Bur*, in dem ein Bauer im Wirtshaus einen Vikar zum Evangelium bekehrt.

Eine der Grundlehren der R. — die Rechtfertigung des Menschen vor Gott allein durch den Glauben — gestaltete der aus Allendorf in Hessen stammende Franziskaner Burkard W a l d i s, der 1524 zur R. übertrat und als 'Zinngießer' in Riga lebte, in seinem Spiel *De parabell vam verlorn Szohn*, das am 17. Februar 1527 in der Petrikirche in Riga aufgeführt wurde. Die theologisch-exegetische Absicht des Verfassers bekundet bereits der Untertitel: *luce am XV.*

*gespelet unnd Christlick gehandelt nha ynn-
holt des Texts ordentlick na dem geystliken
vorstande sambt aller umstendicheit uthge-
lacht.* Die Parabel wurde szenisch dargestellt
und gleichzeitig im protestant. Sinne ausgelegt; die Polemik gegen die Werkheiligkeit
tritt deutlich hervor. Der Schluß bietet eine
theologische Allegorese, in der die Söhne jeweils die röm. bzw. die evangel. Kirche bedeuten. Der zweite Sohn wird zum Pharisäer
und Einsiedler, der verderbte Hurenwirt
aber zum reuigen Sünder mit der Hoffnung
auf Gnade. Das Spiel gehört zu den stärksten Glaubenszeugnissen der neuen Lehre;
leider ist es in seiner Zeit wenig bekannt geworden, was einerseits am fernen Druckort
Riga und andererseits auch am ndd. Idiom
liegen mag. — Mit der Dramatisierung der
gleichen Parabel trug Guilelmus G n a -
p h e u s (1493-1568) unsterblichen Ruhm
durch das ganze 16. Jh. davon. Seine
Comoedia Acolastus erlebte über 50 Auflagen und wurde mehrmals ins Deutsche
übersetzt. In der gelungenen Darstellung
von religiöser Problematik mit humanist.
Formgebung, von Rechtfertigungslehre mit
der terenzianischen Komödienform, war dem
Autor die Verwirklichung einer Lieblingsvor-
stellung seiner Zeit, des Terentius christianus,
gelungen. Obwohl der Text frei von aller
direkten Glaubenspolemik ist, hat die protestant. Welt ihn in ihrem Sinne verstanden.
Darüber hinaus nimmt das Stück auch in der
Formgeschichte des dt. Dramas eine Sonderstellung ein, da es für das 16. Jh. als Muster
eines humanistischen, an der Palliata orientierten Dramas galt.

Textsammlungen: *Schauspiele aus d. 16. Jh.*
Hg. v. Jul. T i t t m a n n (1868). *Das Drama d.
R.szeit.* Hg. v. Rich. F r o n i n g (1894; Nachdr.
1964). *Die Schaubühne im Dienste d. R.* Hg.
v. Arnold E. B e r g e r (1935; DtLit., Reihe
R. 5/6). *Vom Sterben d. reichen Mannes. Die
Dramen von Everyman, Homulus, Hecastus u.
d. Kauffmann.* Übers., hg. u. eingel. v. Helmut
W i e m k e n (1965; Samml. Dieterich 298).
Leicester B r a d n e r, *A Check-list of original
neo-Latin dramas by continental writers,
printed before 1650.* PMLA. 58 (1943) S. 621-
633. Ders., *List of original neo-Latin plays,
printed before 1650.* Studies in the Renaissance 4 (1957) S. 55-70. Rolf T a r o t, *Lit. z.
dt. Drama u. Theater d. 16. u. 17. Jh.s. E. Forschungsbericht.* Euph. 57 (1963) S. 411-453.
Siehe auch Literaturangaben zum Artikel *Neu-
lateinisches Drama.*

Darstellungen: Karl G o e d e k e, *Everyman,
Homulus u. Hekastus* (1865). H. H o l s t e i n,
Dramen u. Dramatiker d. 16. Jh.s. ArchfLitg.
10 (1881) S. 145-173. Rud. G e n é e, *Lehr- u.
Wanderjahre d. dt. Schauspiels. Vom Beginn
d. R. bis z. Mitte d. 18. Jh.s.* (1882; Allgem.
Ver. f. dt. Lit. 35). Hugo H o l s t e i n, *Die R.
im Spiegelbilde d. dramat. Litt. d. 16. Jh.s*
(1886; SchrVerReformgesch. 14.15). Alexander
von W e i l e n, *Der Ägyptische Joseph im
Drama d. 16. Jh.s* (Wien 1887). Rochus von
L i l i e n c r o n, *Die Chorgesänge d. lat. dt.
Schuldramas im 16. Jh.* Vjs. f. Musikwiss. 6
(1890) S. 309-386. Gust. A l b r e c h t, *Die alttestamentl. Stoffe im Schauspiel d. R.szeit.*
Dt. Dramaturgie. Zs. f. dramat. Kunst u. Lit. 4
(1897) S. 8-14; 33-37. Pater Exp. S c h m i d t,
*Die Bühnenverhältnisse d. dt. Schuldramas im
16. Jh. u. s. volkstüml. Ableger* (1903; Fschgn-
NLitg. 24). Siegfr. M a u e r m a n n, *Die Büh-
nenanweisung im dt. Drama bis 1700* (1911;
Pal. 102). Walther L o h m e y e r, *Die Dramaturgie d. Massen* (1913). Maximilian J. R u d -
w i n, *Der Teufel in d. dt. geistlichen Spielen
d. MA.s u. d. R.szeit* (1915; Hesperia 6). J. E.
G i l l e t, *Über d. Zweck d. Dramas i. Deutschland im 16. u. 17. Jh.* PMLA 32 (1917) S. 430-
467. Wilh. C r e i z e n a c h, *Gesch. d. neueren
Dramas.* Bd. 2 u. 3 (2. Aufl. 1918-23). Paul
T i m p e, *Die Entwicklung d. Scenenbegriffs
im lat. u. dt. Drama d. 16. Jh.s* (Masch.). Diss.
Greifswald 1919. J. E. G i l l e t, *The German
Dramatist of the sixteenth century and his
bible.* PMLA 34 (1919) S. 465-493. Maximilian
J. R u d w i n, *A historical and bibliographical
survey of the German religious drama* (Pitts-
burgh 1924; Studies in lang. and lit. 1). Friedr.
M i c h a e l, *Das MA. u. s. Ausklang.* In: Ro-
bert F. A r n o l d, *Das dt. Drama* (1925) S. 3-
106. H. H. B o r c h e r d t, *Der Renaissancestil
d. Theaters.* In: *Die Ernte. Abhdlgn. z. Lit.-
wiss. Festschr. f. Muncker* (1926) S. 338-384.
Ernst N a h d e, *Der reiche Mann u. d. arme
Lazarus im Drama d. 16. Jh.s.* (Teildr.) Diss.
Jena 1928. Joh. M a a s s e n, *Drama u. Theater
der Humanistenschulen in Deutschland* (1929;
Schriften z. dt. Lit. 13). Eberhard Jos.
E c k a r d t, *Studien z. dt. Bühnengeschichte
der Renaissance* (1931; ThgFschgn. 41). Henning B r i n k m a n n, *Anfänge d. modernen
Dramas in Deutschland* (1933; JenGermFschgn.
22). Kurt M i c h e l, *Das Wesen d. R.sdramas,
entwickelt am Stoff d. verlorenen Sohns.* Diss.
Gießen 1934. Hans Heinr. B o r c h e r d t, *Das
europäische Theater im MA. u. in d. Renaissance* (1935). Eberhard W a g e m a n n, *Die
Personalität im dt. Drama d. 16. Jh.s* (Masch.)
Diss. Göttingen 1953. Hugo B e k k e r, *The
Lucifer motif in the German drama of the
16th century.* MhDtUnt. 51 (1959) S. 237-247.
Heinz K i n d e r m a n n, *Theatergeschichte Europas.* Bd. 2. *Renaissance* (1959). Heinz W y s s,
Der Narr im schweizer. Drama d. 16. Jh.s
(Bern 1959; SprDchtg. N.F. 4). Fritz R e c k -
l i n g, *Immolatio Isaac. Die theolog. u. exem-
plarische Interpretation in d. Abraham-Isaak-
Dramen d. dt. Lit.* Diss. Münster 1961. Derek

M. van A b b é, *Drama in Renaissance Germany
and Switzerland* (Melbourne 1961). Wolfgang
F. M i c h a e l, *Frühformen d. dt. Bühne* (1963;
SchrGesThg. 62). P. S v e n d s e n, *Ein Blick
auf d. Theaterspiel in d. R.szeit.* Nerthus 1
(1964) S. 176-190. Horst H a r t m a n n, *Bürgerliche Tendenzen im dt. Drama d. 16. Jh.s.*
(Masch.) Habil.-Schr. Potsdam 1965.

Einzelne Dichter u. Werke: Pamphilus
G e n g e n b a c h, *Werke.* Hg. v. Karl G o e -
d e k e (1856). S. S i n g e r, *Die Werke d.
Pamph. Gengenbach.* ZfdA. 45 (1901) S. 153-
177. H. K ö n i g, *Pamph. Gengenbach als Verf.
der 'Totenfresser' u. der 'Novella'.* ZfdPh. 37
(1905) S. 40-65; 207-252. Carl L e n d i, *Der
Dichter Pamph. Gengenbach. Beiträge zu s.
Leben u. Werk* (Bern 1926; SprDchtg. 39).
Rud. R a i l l a r d, *Pamph. Gengenbach u. d.
R.* Diss. Zürich 1936. D. M. van A b b é, *Development of dramatic form in Pamph. Gengenbach.* MLR. 45 (1950) S. 46-62. — *Des Ven-
ners der Stadt Bern Niklaus Manuel Fastnachtspiele.* Nach Hss. u. d. Ausg. v. 1540 neu
abgedr. v. Max S c h n e c k e n b u r g e r (1836).
Niklaus Manuel. Hg. v. Jakob B a e c h t o l d
(1878; Bibl. älterer Schriftwerke d. dt. Schweiz
2). *Dichtungen d. Niclaus Manuel.* Aus e.
Hs. d. Hamburger Stadtbibl. mitget. durch
Fritz B u r g. In: *Neues Berner Taschenbuch
auf d. Jahr 1897* (1896) S. 1-136. *Ein Rufer im
Streit. Niklaus Manuels erste reformator. Dichtungen.* Erneuert in Hochdeutsch u. Bern-
deutsch v. Ferd. V e t t e r (1917). *Niklaus
Manuels Spiel evangelischer Freiheit: Die
Totenfresser 'Vom Papst u. s. Priesterschaft',
1523.* Hg. v. Ferd. V e t t e r (1923; Die Schweiz
im dt. Geistesleben 16). Niklaus M a n u e l,
Der Ablaßkrämer (1525). Genaue Textwieder-
gabe. Hg. v. Paul Z i n s l i (1960; AdtÜbtexte
17). Carl G r ü n e i s e n, *Niclaus Manuel*
(1837). G. F. R e t t i g, *Über e. Wandgemälde
von N. Manuel u. s. 'Krankheit d. Messe'.* Progr.
d. Berner Kantonsschule 1862, S. 3-36. Otto
von G r e y e r z, *N. Manuel. E. Lebensbild aus
d. Gesch. d. bernischen Reformation.* Berner
Taschenbuch 16 (1867) S. 1-45. S. S i n g e r,
Sprache u. Werke d. N. Manuel. ZfHdMda 2
(1901) S. 5-13, wiederholt in: Singer, *Aufsätze
u. Vorträge* (1912) S. 174-182. F. V e t t e r,
*Über d. zwei angeblich 1522 aufgeführten
Fastnachtspiele N. Manuels.* PBB. 29 (1904)
S. 80-117. Ders., *Die Basler R. u. N. Manuel.*
Schweiz. theol. Zeitschr. 24 (1907) S. 217-232;
241-261. W. M u s c h g, *N. Manuel.* In: *Große
Schweizer* (1942) S. 62-66. D. M. van A b b é,
*Change and tradition in the work of N.
Manuel of Berne.* MLR. 47 (1952) S. 181-198.
— [B a d o v o n M i n d e n], *Claws Bur. E.
Niederdt. Fastnachtspiel.* Hg. v. Albert H o e -
f e r (1850; Denkmäler ndd. Spr. u. Lit. 1). *Der
Bauer Claus E. Mecklenburger Fastnachtspiel
aus d. R.szeit,* übertr. v. Albert F r e y b e
1879). — *Sterzinger Spiele.* Nach Aufzeichnungen d. Vigil Raber hg. v. Oswald Z i n -
g e r l e. 2 Bde (1886; Wiener Neudrucke 9.11).
— Burkard W a l d i s, *Parabel vom Verlornen Sohn.* Hg. v. Albert H o e f e r (1851;

Denkmäler ndd. Spr. u. Lit. 2). Ders., *Der verlorene Sohn.* Hg. v. Gust. M i l c h s a c k (1881;
NDL. 30). Gust. M i l c h s a c k, *Burkard Waldis,* nebst e. Anh.: *Ein Lobspruch d. alten
Deutschen v. Burkard Waldis* (1881; NDL. 30,
Erg.-H.). L. A r b u s o w jun., *Des Rigaschen
Franziskaners Burkard Waldis Romfahrt u. s.
nachmalige Rolle während d. R. Rigas.* Riga-
scher Almanach für 1914, S. 106-133. Otto
P o h r t, *Zum Fastnachtspiel d. Burkard Waldis: 'Der verlorene Sohn',* 1527. In: Pohrt, *Re-
formationsgeschichte Livlands* (1928) S. 126-
134. — Guilelmus G n a p h e u s, *Acolastus.*
Hg. v. Joh. B o l t e (1891; LLD. 1). Ders., *Acolastus. Latijnse tekst met Nederlandse verta-
ling . . . door* Pieter M i n d e r a a (Zwolle 1956).
T. J. G e e s t, *Guilelmus Gnapheus, Humanist-
Hervormer - Paedagog.* Bijdragen voor vader-
landsche geschiedenis en oudheidkunde VI,4
(1926) S. 77-96. Heinr. B a b u c k e, *Wilhelm
Gnapheus, e. Lehrer aus d. R.szeitalter* (1875).
Hendrick R o o d h u y z e n, *Het leven van
Guilhelmus Gnapheus, een' der eerste hervor-
mers in Nederland* (Amsterdam 1858).

Fast alle Spiele im alemann. Gebiet stehen noch in der formalen Tradition der
geistlichen Spiele des MA.s; der Einfluß der
röm. Komödie macht sich nur zögernd bemerkbar. Auch Georg Binders deutsche Aco-
lastus-Überarbeitung von 1530 (1535 gedr.)
vermochte nur sehr ungefähr den Eindruck
einer antikisierenden Dramenstruktur zu
vermitteln. Für die vielen spielfreudigen
schweizer Bürger galt das Theater in erster
Linie als moralische Anstalt; die Verbreitung
religiöser und politischer Tendenzen und die
Unterweisung in sittlichen Fragen sind die
Rechtfertigungsgründe für diese Spiele.

Das *Zürcher Spiel vom reichen Mann und vom
armen Lazarus,* 1529 in Zürich gespielt, ist ein
kurzes Bibeldrama ohne protestant. Polemik, das
nach Struktur und Bühnenform den herkömmlichen Traditionen entspricht. Auch Sixt B i r c k,
der erste Autor dieses Genre, hat während seiner
Baseler Lehrtätigkeit sich dieser Form für seine
Spiele bedient. Abgesehen von seinen handl-
ungsarmen Schulstücken (*Ezechias, Zorobabel*)
hat er in seinen für Bürger geschriebenen Bibel-
spielen (*Susanna, Joseph, Judith, Beel*) seine
sozialen Absichten und Vorstellungen spezifiziert
und in breit angelegten Szenen (Gerichts- und
Beratungsszenen) richtiges verantwortungsbe-
wußtes und gottgefälliges Verhalten exemplarisch vorgeführt. Er wollte seine Spiele als eine
Art Predigtunterweisung verstanden wissen. Im
Beel, einem Konfessionsdrama, wagte er sich an
eine Kritik der kathol. Kirche, deren Wesen mit
dem Götzendienst indirekt identifiziert wird.
Später hat Birck, als er in Augsburg tätig war,
einen Teil seiner Stücke ins Lat. umgearbeitet;
sie sind dadurch beweglicher, klarer und aus-
drucksvoller geworden und hatten in dieser Version großen Erfolg. Zwei weitere Dramen kamen

hinzu: *Eva*, in dem die Geschichte der ungleichen Kinder Evae behandelt wird, und *Sapientia Salomonis*, worin das Bild eines vorbildlichen Herrschers gezeichnet wird. — Bereits vor 1530 hatte der junge B u l l i n g e r in seinem Schauspiel *Lucretia*, das Birck in Basel 1533 edierte, den Versuch gemacht, die röm. Geschichte von der Vertreibung der Tyrannen als Folie für eine wirkungsvolle Darstellung polit. Verhaltens, wie es die eigene Zeit nötig hatte, zu verwenden. So wundert es nicht, wenn nach den ersten 554 Versen die Lucretia-Geschichte bereits erledigt ist und der umfangreiche Rest des Stückes staatsmännischer Kritik und regierungspolitischen Empfehlungen gewidmet ist. Aufschlußreich ist, daß die harte Römertugend hier als nachahmenswertes Vorbild hingestellt wird. Die Form des Spiels entspricht wie bei vielen dieser Stücke den Erfordernissen der beabsichtigten Aussage. — Einen anderen Weg schlug Johannes K o l r o ß mit seiner 1532 in Basel gespielten, sehr pädagogisch-seelsorgerisch orientierten Moralität von den *Fünferlei Betrachtnissen*, die den Menschen zur Buße reizen, ein; er knüpfte an ältere Formen an, wie sie etwa in Brants *Tugendspiel* vorliegen. Diese Gattung lebte noch weiter bei Valentin B o l t z fort, der den Baslern in seiner Moralität *Der Weltspiegel* (1550) ein kritisches Gesellschaftsspektrum lieferte; auch seine anderen Spiele (*Spiel von Pauli Bekehrung, Ölung Davids*) wurden in Basel von Bürgern aufgeführt. — Hans von R ü t e, Berner Ratsmitglied, verfolgte in seinen Spielen zunächst die Bahn von Manuel (*Spiel von päpstlicher Abgötterei*), ging dann aber zu sehr umfangreichen, zwei Aufführungstage beanspruchenden geistlichen Spielen über, in denen vor dem Hintergrund der biblischen Vorgänge auf Zeitprobleme eingegangen wurde (*Joseph* 1538, *Gedeon* 1540, *Noah* 1546, *David* 1555). Ähnlich waren die dramatischen Produktionen von Jakob R u o f in Zürich, der 5 große geistliche Spiele verfaßte: *Hiob* 1535, eine Weingärtner-Parabel nach Math. 21, (1548 *Joseph* 1540, *Das Leiden unseres Herrn Jesu Christi* 1545, *Adam und Eva* 1550. Zu diesem Autorenkreis gehören auch Jacob F u n c k e l i n (1565 gest.), von dem leider nicht alle Stücke erhalten geblieben sind, und der etwas jüngere Glasmaler und Dramatiker Jos. M u r e r (1530-1580), dessen sieben biblische Spiele die Gattung in der zweiten Hälfte des 16. Jh.s noch auf ihrem Höhepunkt zeigen.

Von den schweizer Spielen wurden die elsässischen Autoren stark beeinflußt; Georg W i c k r a m s geistliche Spiele — *Verlorener Sohn* 1540, *Apostelspiel* 1550, *Tobias* 1550 — zeigen das deutlich, gleichwohl erreichen sie nicht die Theaterwirksamkeit der schweizerischen Vorbilder. Eine Ausnahme macht allerdings der *Joseph* (1540) des Thiebold G a r t, der in Schlettstadt von Bürgern gespielt wurde: *Ein schöne und fruchtbare Comedia auß heiliger Biblischer schrifft in Rheimen bracht mit anzeygung irer Allegori und geistliche bedeüttung in welcher vil Christlicher zucht Gottsfurcht gelernet wird*. Das Stück gehört nach Gehalt, dramaturgischer Struktur und sprachlichem Stil zu den

besten Bibeldramen des Jahrhunderts. — Sehr kompliziert im Geflecht seiner Vorstellungen (Freiwilligkeit des Bekenntnisses zu Christus, Toleranz in Glaubensdingen, gegen Ketzerverfolgung usw.), voll von theologischem Bildungsgut der Zeit, ist das allegorische Endzeit-Spiel des Alexander S e i t z, das in formaler Hinsicht in die alemann. Spieltradition gehört; dennoch ist es eines der interessantesten R.sdramen, weil in ihm mit den Mitteln des Theaters öffentliche Meinungsbildung betrieben wird. Wegen seiner Spielanordnung ist das Stück auch von theaterwissenschaftlicher Bedeutung.

Schweizerische Schauspiele d. 16. Jh.s. Bearb. v. Jakob B a e c h t o l d. 3 Bde (Zürich 1890-1893). — Oskar E b e r l e, *Theatergesch. d. inneren Schweiz* (1929; Königsberger Dt. Fschgn 5). Hans S t r i c k e r, *Die Selbstdarstellung d. Schweizers im Drama d. 16. Jh.s* (Bern 1961; SprDchtg. NF. 7). Ad. F l u r i, *Dramatische Aufführungen in Bern im 16. Jh.* Neues Berner Taschenbuch auf d. Jahr 1909 (1908) S. 133-159. — '*Das Zürcher Spiel vom reichen Mann u. vom armen Lazarus' und P. Gengenbach, 'Die Totenfresser'.* Hg. v. Josef S c h m i d t (1969; Reclams Universalbibl. 8304). — Sixt B i r c k, *Sämtliche Dramen.* Hg. v. Manfred B r a u n e c k (1969 ff.; Ausg. Dt.Lit.). — Xystus B e t u l i u s, *Susanna.* Hg. v. Joh. B o l t e (1894; LLD. 8). [Sixt B i r c k,] *Sapientia Salomonis dramate comicotragico descripta.* Ed. by Elizabeth Rogers P a y n e (New Haven 1938; Yale Studies in English 89). Friedr. Aug. W i t z, *Versuch e. Gesch. d. theatralischen Vorstellungen in Augsburg* (1876). Friedr. M i c h a e l, *Sixt Birck in Augsburg.* ZfdPh. 47 (1918) S. 99-100. Josef Franz S c h ö b e r l, *Über d. Quellen d. Sixtus Birck.* (Teildr.) Diss. München 1919. Ernst M e s s e r s c h m i d, *Sixtus Birck (1500-1554), e. Augsburger Humanist u. Schulmeister aus d. Zeit d. R.* (Masch.) Diss. Erlangen 1923. Helene L e v i n g e r, *Augsburger Schultheater unter Sixt Birck (1536-1554)* (1931; Drama u. Theater 2). — Käthe H i r t h, *Heinrich Bullingers Spiel von 'Lucretia und Brutus' 1533.* Diss. Marburg 1919. — E. L ä u c h l i, '*Fünferlei Betrachtnisse' von Johann Kollross. E. Basler Drama d. 16. Jh.s.* In: *Basler Stadtbuch* (1959) S. 158-176. G. B o s s e r t, *Zur Biographie d. Dichters Valentin Boltz von Ruffach.* Zs. f. d. Gesch. d. Oberrheins 53 (1899) S. 194-206. Fritz M o h r, *Die Dramen des Valentin Boltz.* Diss. Basel 1916. — W. C r e s c e l i u s, *Hans Rüte in Bern u. s. 'Spil von der heidnischen u. päpstlichen Abgötterei'.* Alemannia 3 (1875) S. 120-128. Ders., *Die Heiligenverehrung in d. Schweiz im 16. Jh. (Nach d. Fastnachtspiel von Hans von Rüte).* Alemannia 3 (1875) S. 53-61. B. E r n o u f, *Le Mystère de Noé, 1546. (Von Hans von Rüte).* Bulletin du Bibliophile et du Bibliothécaire 48 (1881) S. 53-64; 288. — Robert W i l d h a b e r, *Jakob Ruf. E. Zürcher Dramatiker d. 16. Jh.s.* Diss. Basel 1929. Jakob R u f f, *Adam und Heva.* Erl. u. hg. v. Herm. Marc K o t t i n g e r (1848; Bibl. d. ges. dt. National-Lit. I, 26). — Georg W i c k r a m,

Werke. Hg. v. Joh. B o l t e. 8 Bde (1901-1906; BiblLitV. 222/23. 229/30.232.236/37.241).Georg W i c k r a m, *Sämtliche Werke.* Hg. v. Hans-Gert R o l o f f (1967 ff.; Ausg. Dt. Lit.). — Thiebold G a r t, *Joseph. Biblische Komödie, 1540.* Hg. v. Erich S c h m i d t (1880; Elsäss. Literaturdenkm. aus d. 14.-17. Jh. 2). Marianne K l e i n l o g e l, '*Joseph*', e. *Biblische Komödie von Thiebolt Gart aus d. Jahre 1540.* Diss. Gießen 1932. A. L e i t z m a n n, *Zu Garts Joseph-Drama.* PBB. 50 (1927) S. 413-415. — Alexander S e i t z, *Sämtliche Schriften.* Hg. v. Peter U k e n a (1969 ff.; Ausg. Dt.Lit.). Joh. B o l t e, *Eine protestant. Moralität von Alexander Seitz.* ZfdPh. 26 (1894) S. 71-77.

In M i t t e l d e u t s c h l a n d bildete sich eine im Prinzip andere Dramenform heraus, als sie in den alemann. Volksspielen begegnet; der Tendenz und dem Anliegen nach bestehen aber keine grundsätzlichen Unterschiede. Der strukturelle Ausgangspunkt war hier die Neigung zur Konzentration; diese antikisierende Dramenform läßt sich aus einem intensiven Terenzstudium erklären, das von den Wittenbergern immer wieder empfohlen wurde und festen Bestandteil der Schulordnungen bildete. Eine Vorstellung von der Struktur der Palliata gaben auch die zeitgenöss. Übersetzungen, die eher freie Bearbeitungen waren, wie sie Muschler, Greff, Ham, Agricola vorlegten. Ferner dürften die humanist. Dramenversuche wie Gnapheus' *Acolastus* oder des Sapidus 'Aνάβιον sive *Lazarus* (Straßburg 1538) nicht ohne Einfluß gewesen sein. Aber wie die praktizierten Formen zeigen, war diesen Dramatikern das Wesentliche der Palliata in Struktur und Bühnenform noch nicht aufgegangen, so daß wir trotz äußerer Akteinteilung immer wieder auf die Simultanbühne als dramaturg. Spielvorstellung stoßen. Daß in Sachsen in den 30er Jahren eine solche rege Dramenproduktion einsetzte, geht schließlich auch auf Luthers Zuspruch zurück, der in den Vorreden zu den Büchern *Judith* und *Tobias* darauf hinwies, daß die Stoffe des AT. für geistliche Spiele geeignet wären. Als Joachim Greff 1543 von Dessauer Geistlichen untersagt wurde, ein Bibelspiel aufzuführen, erbat er sich von maßgeblichen Theologen Gutachten über die Frage, *an sacras historias carmine redditas tamquam Comoedias Christiano populo quovis in loco sacro vel profano audiendas et spectandas liceret proponere.* Luther, Melanchthon, Georg Major, Hieronymus Noppus und Georg Eber spra-

chen sich einhellig dafür aus, daß derartige Dramen die Kenntnis der biblischen Geschichte u. U. mehr fördern könnten als Predigten.

Joachim G r e f f s 1534 erschienenes *Spiel vom Patriarchen Jacob* trug den sächs. Formvorstellungen eines Bibeldramas zum erstenmal Rechnung. Auf fünf Akte bei nur 2090 Versen war der ganze Stoff knapp und übersichtlich zusammengedrängt; das Stück erfuhr bei den Zeitgenossen mehr Beachtung, als ihm im Vergleich zu anderen Leistungen zukommt. Auch Greffs andere Stücke gehören nicht zu dem Besten dieser Gattung, wohl aber sind sie als rudimentäre Versuche interessant (*Judith* 1536, *Mundus* 1536, *Abraham* 1540, *Osterspiel* 1542, *Lazarus* 1544, *Zacheus* 1546). Nach Greffs Muster sind auch die Stücke der anderen Autoren angelegt, denn sie standen alle miteinander in Verbindung und hingen mit Wittenberg eng zusammen; in Chemnitz brachte Valentin V o i t h 1536 eine *Esther* und 1538 ein *Spiel von dem herrlichen Ursprung... des Menschen,* das in lutherischer Sicht die Anfänge der Menschheitsgeschichte darstellt, zur Aufführung; Hans A c k e r m a n n aus Zwickau schrieb einen *Verlorenen Sohn* (1536) (nach Gnapheus), später einen *Tobias* (1539) und einen *Barmherzigen Samariter* (1546). Hans T y r o l f, der einiges von Rebhun und Naogeorg gelernt hatte, veröffentlichte 1539 ein Spiel von der *Heirat Isaaks*; der Joachimsthaler Schulmeister Johannes Criginger (Krüginger) ließ ein *Lazarus*-Spiel (1543) und einen *Johannes* (1545) erscheinen, in denen z. T. mit treffenden satir. Darstellungen Laster der Zeitgenossen angeprangert werden. Der junge Heinrich K n a u s t, der sich in seinen späteren lat. Dramen anderen Stoffen zuwendete, schrieb eine *Tragedia von der Verordnung der Stände* (1539) und 1541 ein dt. Weihnachtsspiel. Die Palme in diesem Kreis gebührt aber Paul R e b h u n, dessen *Susanna* (1536) am besten dem Typ des formstrengen Bibeldramas entspricht. Die literar. Leistung, die dem Stück bis heute kanonisches Ansehen verschafft hat, liegt in der Textexegese und in deren gelungener Formgebung; gleichzeitig zeigt gerade dieses Stück auch die Besonderheit des Dramas im 16. Jh. auf. Rebhuns anderes Spiel, das Hochzeitsspiel auf die Hochzeit von Cana (1538), ist im Hinblick auf seine Lehre über den Ehestand und auf einige formale Erscheinungen von Interesse. — Auch Johann Agricolas *Tragedia Johannis Hus* (1537) verdient nach Gehalt und Stil mehr Beachtung, als ihr bisher zugebilligt wurde; sie stellt in recht origineller Form das erste dt. Märtyrerdrama dar. Die Zeit hielt das Stück für so bedeutend, daß der Kurfürst es am 31. 12. 1537 in Torgau aufführen ließ, daß es mehrfach gedruckt wurde und daß schließlich ein so prominenter Gegner wie Johannes Cochlaeus sich veranlaßt fühlte, ein Gegenstück zu schreiben, in dem er Agricola und die Wittenberger Theologen auf ebenso witzige wie satirische Weise angriff und ihre Eigenheiten wie ihre 'Weiberwirtschaft' de

Lächerlichkeit preisgab. Das *Heimlich Gespräch von der Tragedia Johannis Hussen* erschien 1538 und ist der *Tragedia* durch seine geschliffene Form und seinen treffenden Witz ebenbürtig. Auch dieser Text ist ein Beispiel für die besondere satir. Begabung des 16. Jh.s. Zu den erfolgreichsten Stücken dieses Kreises gehört auch des Johannes C h r y s e u s *Hofteufel* (1545), der die Geschichte Daniels in der Löwengrube behandelt, aber auf Erscheinungen am sächsischen Kurfürstenhof gemünzt war. Das in Gestalt des Teufels dargestellte Intrigenwesen interessierte bis ins frühe 17. Jh., wo das Stück noch gespielt wurde.

In Verbindung mit diesem Dramatikerkreis stand auch Thomas N a o g e o r g, der wohl genialste Theaterdichter des 16. Jh.s. Seine sechs lat. Dramen entstanden zwischen 1538 und 1552, wurden teils bis zu viermal ins Deutsche übersetzt und bis ins 17. Jh. hinein gespielt. Jedes seiner Stücke entspricht einem Idealtypus des R.sdramas. Im *Pammachius* (1538) wurde im protestant. Geschichtsbild des tausendjährigen Machtkampfes der Päpste und der Kurie vorgeführt, die vor dem Teufelsbündnis nicht zurückschrecken; in ein groteskes Siegesbacchanal dringt die Nachricht von der Reformation; der fünfte Akt blieb ungeschrieben. Das zweite Drama, die *Tragoedia alia nova Mercator* (1540), demonstriert Luthers Rechtfertigungslehre am Beispiel des Jedermannstoffes ungemein originell und wirkungsvoll. In den *Incendia* (1541) schaltete sich Naogeorg in den Kampf gegen Heinz von Wolfenbüttel ein und schrieb ein polit. Schlüsseldrama auf diese Affaire. In der Tragödie *Hamanus* (1543), in dessen Titelhelden ihm die erste Gestaltung eines intriganten Fürstendieners gelang, zieht Naogeorg gegen Intrigenwesen, Standesdünkel, Bestechlichkeit und Heuchelei vom Leder. Auch in der Tragödie *Jeremias* (1551) ist der Bibeltext nur die Folie für die eigene Zeit mittelbar betreffende Probleme; gleiches gilt für den *Iudas Iscariotes* (1552), der gegen die Verräter des Evangeliums nach Einführung des Interims gerichtet ist und wohl hauptsächlich auf Melanchthon zielt. Die antikisierende Struktur der Dramen Naogeorgs entsprach den humanist. Vorstellungen dieser Gattung; eklektisch werden bestimmte Formelmente verwendet, soweit sie der primär vorhandenen Absicht, vom Theater aus ideologische Propaganda zu betreiben, nützlich waren; denn das Ziel des Schreibens war für Naogeorg die Verkündung der Glaubenswahrheit; er schätzte sein Drama als ein Mittel zur Ausrottung der Übel dieser Welt ein.

Reinhard B u c h w a l d, *Joachim Greff. Untersuchungen über d. Anfänge d. Ren.dramas in Sachsen* (1907; Probefahrten 11). W. K a w e r a u, *J. Greff in Magdeburg.* Geschichtsblätter f. Stadt u. Land Magdeburg 29 (1894) S. 154-77; 401-402. H. S u h l e, *J. Greff, Schulmeister zu Dessau, d. Verf. d. Dramas vom Patriarchen Jacob (1534).* Mitteilgn. d. Ver. f. Anhalt. Gesch. u. Altertumskunde 5 (1890) S. 91-98. W. S c h e r e r, *J. Greff.* SBAkWien 90 (1878) S. 193-242. — *Dramen von Acker-*

mann und Voith. Hg. v. Hugo H o l s t e i n (1884; BiblLitV. 170). P. U h l e, *Der Dramatiker u. Meistersänger Valentin Voith aus Chemnitz.* Jahrb. d. Ver. f. Chemnitzer Gesch. 9 (1895/97) S. 159-92. — Paul R e b h u n, *Dramen.* Hg. v. H. P a l m (1859; BiblLitV. 49). Paul R e b - h u n, *Susanna* Hg. v. H.-G. Roloff (1968; Reclams Universalbibl. 8787/88). — K. H a h n, *Biographisches von P. Rebhun u. Hans Ackermann.* Neues Archiv f. Sächs. Gesch. u. Altertumskunde 43 (1922) S. 80-97. Joh. M ü l l e r, *Eine Predigt P. Rebhun's nebst Bemerkungen über s. Schriften.* Mitteilgn. d. Altertumsver. zu Plauen i. V. 6 (1887) S. 65-83 H. P a l m, *P. Rebhun.* In: Palm, *Beiträge z. Gesch. d. dt. Lit. d. 16. u. 17. Jh.s* (1877) S. 84-102. — J. B o l t e, *Joh. Ackermanns Spiel vom barmherzigen Samariter* (1546). ArchfNSprLit. 77 (1887) S. 303-28. H. H o l s t e i n, *Ackermann u. Agricola.* ZfdPh. 12 (1881) S. 455-67. B. S t r a u s s, *Joh. Ackermann u. Hans Sachs.* ZfdA. 53 (1912) S. 303-308. A. L e i t z m a n n, *Zu den Dramen von Ackermann u. Voith.* PBB. 40 (1915) S. 536-38. — Herm. M i c h e l, *Heinrich Knaust. E. Beitr. z. Gesch. d. geistigen Lebens in Deutschland um d. Mitte d. 16. Jh.s* (1903). — O. C l e m e n, *Zwei 1543 u. 1545 in Zwickau gedruckte Dramen e. Crimmitschauer Schulmeisters [Johann Criginger].* Alt-Zwickau 1924 S. 41-44. — Gustav K a w e r a u, *Johann Agricola von Eisleben. E. Beitr. z. R.sgeschichte* (1881). Ders., *Über d. Verfasser d. 'Tragedia Johannis Huss'.* ArchfLitg. 10 (1881) S. 6-12. — *Johann Vogelsang [Cochläus]. Ein heimlich Gespräch von der Tragedia Johannis Hussen, 1538,* Hg. v. Hugo H o l - s t e i n (1900; Flugschriften aus d. R.szeit 17). Thomas N a o g e o r g, *Pammachius.* Hg. v. Joh. B o l t e u. Erich S c h m i d t (1891; LLD. 3). *Drei Schauspiele vom sterbenden Menschen:* 1. *Das Münchner Spiel von 1510,* 2. M a c r o - p e d i u s: *Hecastus 1539,* 3. N a o g e o r g u s: *Mercator 1540.* Hg. v. Joh. B o l t e (1927; BiblLitV. 269/70. — P. V e t t e r, *Th. Naogeorgs Flucht aus Kursachsen.* Arch. f. Reformationsgesch. 16 (1919) S. 1-53; 144-89. — Fritz W i e n e r, *Naogeorgus im England d. R.szeit.* Diss. Berlin 1907. Leonhard T h e o - b a l d, *Th. Naogeorgus, d. Tendenzdramatiker d. R.szeit.* Neue Kirchl. Zeitschr. 17 (1906) S. 764-94; 18 (1907) S. 65-90; 327-350; 409-425. — Ders., *Das Leben u. Wirken d. Tendenzdramatikers d. R.szeit Th. Naogeorgus seit s. Flucht aus Sachsen,* (1908; Quellen u. Darstellgn aus d. Gesch. d. Reformations-Jh.s 4). H. L e w i n g e r, *Die Bühne d. Th. Naogeorg.* Archiv f. Reformationsgesch. 32 (1935) S. 145-66. A. H ü b n e r, *Studien zu Naogeorg.* 1. '*Pammachius*', 2. '*Mercator*', 3. '*Incendia seu Pyrgopolinices*'. ZfdA. 54 (1913) S. 297-338; 57 (1920) S. 193-222. Paul Heinr. D i e h l, *Die Dramen des Th. Naogeorgus in ihrem Verhältnis z. Bibel u. zu Luther.* Diss. München 1915.

Im Gefolge der R. drang das geistliche Spiel auch in den Bereich des M e i s t e r -

singerdramas ein. Hans Sachs hat derartige Spiele erst spät in sein Repertoire aufgenommen; die *Comedi daß Christus der wahr Messias sei* (1532), die auf alte Prophetenspiele zurückgeht, ist der früheste Beleg; ihr folgen ein *Tobias* (1533) und eine *Esther* (1536). Erst etwa ab 1550 erscheinen die biblischen Spiele häufiger; sie lassen sich teilweise auf andere Bibeldramen zurückführen. Die Tendenz dieser Stücke ist einerseits protestantisch-lutherisch, andererseits auch stark auf praktische sittliche Unterweisung ausgerichtet. Das geistliche Spiel der sächsischen Art begegnet auch in Süddeutschland, so bei Hieronimus Z i e g l e r in seiner *Immolatio Isaac* (1544), bei Johann N a r h a m m e r im *Hiob* (1546) und vor allem bei Leonhart C u l m a n n, der als Schulmeister und Prediger in Nürnberg neben weltlichen auch zwei beachtenswerte geistliche Spiele (*Wie ein Sünder zur Buße bekehrt wird*, 1539 und *Spiel von der Witfrau*, 1544) verfaßte.

Friedrich Wilh. T h o n, *Das Verhältnis d. Hans Sachs zu d. antiken u. humanist. Komödie*. Diss. Halle 1889. Waldemar K a w e r a u, *Hans Sachs u. d. R.* (1889; Schr. Ver. Reform.sgesch. 26). A. L. S t i e f e l, *Über d. Quellen d. Hans Sachsischen Dramen*. Germania Pf. 36 (1891) S. 1-60; 37 (1892) S. 203-30. J. B e i f u s, *Hans Sachs u. d. R. bis zum Tode Luthers*. Mitteilungen d. Ver. f. Gesch. d. Stadt Nürnberg 19 (1911) S. 1-76. Ernst Caspary, *Prolog u. Epilog in d. Dramen d. Hans Sachs*. (Masch.) Diss. Greifswald 1920. Alfons H u g l e, *Einflüsse d. Palliata auf d. lat. u. dt. Drama im 16. Jh. mit bes. Berücks. d. Hans Sachs*. (Masch.) Diss. Heidelberg 1921.

§ 6. L y r i k. Die Ausbreitung der reformatorischen Ideologie ist in der ersten Hälfte des 16. Jh.s auch seitens der lyrischen Dichtformen der Zeit wesentlich gefördert worden. Die hauptsächlichen Erscheinungen waren das weltliche politische Lied, die Spruchdichtung, das geistliche Lied, insbesondere das liturgisch orientierte Gemeindelied, und Teile der anspruchsvollen neulat. Lyrik. Sie alle wurden unzählige Male in den Dienst der neuen Sache gestellt und vermitteln ein breites Spektrum individueller Meinungen und Stellungnahmen zur Reformation und ihrer Notwendigkeit.

Das weltliche p o l i t i s c h e Lied, von der älteren Forschung fälschlich als 'historisches Volkslied' bezeichnet, ist seinem Charakter nach polit. Gelegenheitsdichtung, in der zu

religiösen und politischen Fragen der Zeit Stellung genommen wird. Wegen ihrer Vielschichtigkeit und relativen Unerforschtheit ist diese Gattung noch schwer zu fassen; im ganzen gilt von ihr aber, was bereits Rochus von Liliencron, dem wir die umfangreichste derartige Textsammlung verdanken, gesagt hat: daß nämlich diese Lieder „nicht ... geschichtliche Begebenheiten in objektiver Auffassung darstellen, sondern daß sie in den noch fortdauernden Verlauf hineingehören, daß sie aus den Begebenheiten selbst als eine unmittelbare Folge hervorwachsen und daß ihre nächste Absicht dahin gerichtet ist, auf den weiteren Gang der Dinge einzuwirken, indem sie die Gemüter stimmen und die Geister im Volke für eine bestimmte Auffassung der Sachlage gewinnen." Als 'politische Volksdichtungen', wie sie Liliencron entgegen dem Titel seiner Sammlung bereits auffaßte, sind sie auf eine bestimmte Wirkung ausgerichtet; sie sind zwar 'Tagesware', die der Information und Meinungsbildung diente, und sind deshalb auch den Frühformen des Journalismus zugerechnet worden, andererseits aber geschieht die Art und Weise des Mitteilens in traditionellen literar. Formen, vornehmlich denen des sangbaren strophischen Liedes (Spottlied, Klagelied, Loblied, Zeitungslied) und des Reimpaar-Spruches kürzeren oder längeren Umfanges, so daß diese Texte in den Bereich literarhistorischer Betrachtung gehören. — Die Höhepunkte dieser Gattung liegen in den 20er und in den 40er Jahren des 16. Jh.s; das erste Jahrzehnt der R.sauseinandersetzungen und dann die Affäre um Heinz von Wolfenbüttel, der schmalkaldische Krieg und das Interim haben die meisten Anlässe zu diesen Dichtungen gegeben; nach 1554 versiegt diese Produktion fast völlig.

Die Gegenstände dieser Lieder und Sprüche waren Fehden und Kriege, Klagen über den Adel, die Türkenfurcht, der Bauernkrieg, der Aufruhr in Danzig, Reichstage, die Schlacht bei Kappel, Wiedertäufer, der schmalkaldische Krieg und das Interim, die Belagerung Magdeburgs und die Schlacht bei Mühlberg; Preis- und Schmählieder auf Hutten, Zwingli, Luther, Karl V., Heinz von Wolfenbüttel, Moritz von Sachsen und Ermahnungen an die Evangelischen, an die Fürsten usw. begegnen in bunter Mischung und Fülle; allein Liliencron brachte über 400 derartige Texte zusammen; inzwischen ist weiteres Material zum Vorschein gekommen. Als Muster dieser Gattung gelten Luthers Lied von den Brüsseler Märtyrern: *Ein newes Lied wyr heben an* und Huttens berühmtes *Ich hab's gewagt;* Hans Sachs' allegorisches Gedicht *Die wittembergisch nachtigal* und Burkard Waldis' 'Streitgedichte' repräsentieren die Formen der Spruchdichtung dieser Periode.

John M e i e r, [*Bibliographie zum Historischen Volkslied*]. PGrundr. Bd. 2 (1899/1902) S. 1200-1203. — Friedr. Leonhard v. S o l t a u, *Ein Hundert Dt. Histor. Volkslieder* (1836; 2. Ausg. 1845). H. R. H i l d e b r a n d, *Fr. L. v. Soltaus dt. histor. Volkslieder, Zweites Hundert* (1856). Ph. Max K ö r n e r, *Histor. Volkslieder aus d. 16. u. 17. Jh.* (1840). Aug. Heinr. H o f f m a n n v. F a l l e r s l e b e n, *Die dt. Gesellschaftslieder d. 16. u. 17. Jh.s* (2. Aufl. 1860; Nachdr. 1966). Rochus von L i l i e n c r o n, *Die histor. Volkslieder d. Deutschen vom 13. bis z. 16. Jh.* 4 Bde. m. Nachtr. (1865/ 69). Karl G o e d e k e u. Julius T i t t m a n n, *Liederbuch aus d. 16. Jh.* (1867; Dt. Dichter d. 16. Jh.s 1). Rochus von L i l i e n c r o n, *Dt. Leben im Volkslied um 1530* (1885; DNL 13). L. E r k u. F. M. B ö h m e, *Deutscher Liederhort.* 3 Bde (1893/94). Aug. H a r t m a n n, *Histor. Volkslieder u. Zeitgedichte vom 16. bis 19. Jh.,* 3 Bde (1907/13). J. O. O p e l, *Die histor. Volkslieder d. Deutschen.* Histor. Zs. 25 (1871) S. 1-48. W. C r e c e l i u s, *Das geschichtliche Lied u. d. Zeitung im 16. u. 17. Jh.* Zs. d. Bergischen Geschichtsver. 24 (1888) S. 1-22. Karl S t e i f f u. Gebhard M e h r i n g, *Geschichtliche Lieder u. Sprüche Württembergs* (1912). Ursula T h y m, *Herzog Heinrich von Braunschweig-Wolfenbüttel im Historischen Lied s. Zeit.* Diss. Greifswald 1934. G. K i e s l i c h, *Das 'Historische Volkslied' als publizistische Erscheinung* (1958; Studien z. Publizistik 1). Jan M. R a h m e l o w, *Die publizist. Natur u. d. historiograph. Wert dt. Volkslieder um 1530.* Diss. Hamburg 1966.

Das g e i s t l i c h e L i e d der R.szeit (*christlich lied, evangelisch lied, kirchengesang, geystlicher gesang, geistlich lied*) läßt sich trotz fließender Grenzen zwischen dem liturgisch orientierten Gemeindelied und den religiösen Erbauungs-, Bekenntnis-, Kampf- oder Lehrliedern, die nicht unmittelbar für den Gebrauch im Gottesdienst gedacht waren, differenzieren. Das protestantische Gemeindelied hat eine Sonderstellung im Bereich des geistlichen oder Kirchenliedes; es ist eine zweckgebundene Schöpfung der R. und umfaßt Lieder für die besonderen kirchlich-liturgischen Bedürfnisse, die nach den Sonn- und Festtagen des Kirchenjahres orientiert sind. Die de tempore-Ordnung war bald die Grundstruktur der Gesangbücher. Thomas M ü n t z e r hatte vor Luther in seine deutsche Liturgie 10 alte Hymnen in deutscher Übersetzung aufgenommen, die

von der Gemeinde gesungen wurden. Luther griff diesen Anstoß auf und machte durch seine eigenen ad hoc verfaßten Lieder wie durch seine Anregungen auf andere Wittenberg zu einem Zentrum des evangel. Gemeindeliedes. Seit 1523/24 erscheinen die zunächst sehr schmächtigen Gesangbüchlein, die seit dem sogenannten 'Gesangbuch von Klug' (1529) den Zusatz 'geistliche Lieder zu Wittemberg' führen; Johannes W a l t h e r s (1496-1570) *Geystlich Gesangk-Buchleyn* (1524) wurde zum „Grundstock aller evangelischen Liedmusik". Luther hat sich bis ins Alter um die Auswahl der Texte dieser Gesangbücher gekümmert. Aufgabe dieser liturgischen Lieder war es, die evangel. Glaubensvorstellungen zu festigen, die Heilswahrheiten zu verkünden, zum Glauben zu ermahnen und den Dank an Gott in würdiger Form zum Ausdruck zu bringen. Nicht ohne Absicht sind christlich-didaktische Elemente in diese Lieder eingeflossen; sie wenden sich an Verstand und Erfahrung und sind nicht Ausdruck inbrünstig-gläubigen Überschwanges. Neben Übersetzungen alter Hymnen, die für das protestant. Publikum bearbeitet wurden, sind biblische Texte, insbesondere die Psalmen, als Vorlage verwendet worden. In formaler Hinsicht, so beim Strophenbau, lassen sich Einflüsse des Meistersangs und des Volksliedes feststellen. Als Verfasser dieser strengen liturgischen Gemeindelieder begegnen neben Luther S p e r a t u s, Justus J o n a s, Lazarus S p e n g l e r, Nicolaus H e r m a n n, Johann S p a n g e n b e r g, Johannes W a l t h e r, Herzog Albrecht von Preußen, Johann M a t h e s i u s u. a.; nicht wenige Lieder erschienen übrigens anonym. Evangelische geistliche Lieder hat es bereits vor Luther gegeben, so von Z w i n g l i, Hans S a c h s, Michael S t i f e l, Ambrosius B l a r e r, aber sie waren als liturgischer Gemeindegesang ungeeignet oder gar nicht dafür vorgesehen. Um die Jh.-mitte verwischen sich die Grenzen zwischen diesen Typen zusehends; das geistliche Lied paßt sich dem weltlichen an, versucht, Religion und bürgerliches Leben in Beziehung zu setzen, und wird teilweise flach und trivial. Wo dies nicht der Fall ist, geht das Gemeindelied zum Erbauungs- und Andachtslied über, wie es sich bei den späteren geistlichen Liederdichtern Nicolaus S e l n e c k e r

(1530-1593) und Bartholomäus Ringwald (1530—1591) beobachten läßt.

Das geistliche Lied erfuhr auch im Gebiet der reformierten Kirche einen starken Aufschwung, auch wenn es hier nicht als liturgisches Lied, abgesehen von Psalmenliedern, die dem Wort der Schrift gleichgestellt waren, begegnet. Zum Teil hat man lutherische Texte entsprechend umgearbeitet. Von besonderem Interesse dürfte das reformierte *Nüw gesangbüchle* sein, das Johannes Zwick (1542 gest.) um 1533/34 erstmals in Zürich herausgab; es enthält eine Auswahl der besten Lieder aller evangelischen Kreise; die Wittenberger sind darin ebenso vertreten wie Hans Sachs und die Schweizer Zwingli, Jud, Bullinger, Musculus; dazu gesellen sich noch die Brüder Blarer (Konstanz), der Schwenckfeld-Jünger Reussner und Zwick mit mehreren eigenen Liedern.— Neben Nürnberg mit Hans Sachs und Lazarus Spengler und Königsberg mit Herzog Albrecht von Preußen war Straßburg ein weiteres bedeutendes Zentrum des evangel. geistlichen Liedes. Hier erschien 1541 (danach mehrfach neu gedruckt) das große Straßburger Gesangbuch mit einer Auswahl von Liedern von Wolfgang Capito, J. Englisch, H. Hubert, Leo Jud und Wolfgang Musculus. Eine Sonderstellung nehmen die geistlichen Lieder der böhmischen Brüder insofern ein, als sie auf eine Tradition bis zur Zeit Hus' zurückblicken können. Die Hussiten pflegten bereits im 15. Jh. den Gemeindegesang in der Nationalsprache. Der bedeutendste Liederdichter dieses Kreises ist Michael Weiße (1534 gest.); er gab 1531 das erste dt.sprachige Gesangbuch der böhmischen Brüder heraus, das weit über hundert eigene Lieder neben Übersetzungen aus dem Tschechischen und dem Lat. enthielt. Mehrere Lieder Weißes, die auch Luther zu schätzen wußte, gingen in die evangel. Gesangbücher des 16. Jh.s ein. Auch die Täufer hatten ihre eigenen geistlichen Lieder, in denen sie in Analogie zum lutherischen Gemeindelied ihre Glaubensgrundsätze vortrugen und vermittelten. Aus dem Schwenckfeld-Kreis gingen so wortmächtige Dichter wie Adam Reussner und Daniel Sudermann hervor. — Im ganzen entstand im Zuge der R. eine Flut von mannigfachen geistlichen Liedern, die auf die Zeitgenossen

von großem Einfluß gewesen sein müssen; selbst die katholische Kirche entschloß sich zu einem derartigen Liederbuch für ihre Gläubigen; 1537 gab es der Propst Michael Vehe in Halle heraus; hier wurde aus dem vorhandenen Liederschatz geschöpft und ggf. von Ketzereien gereinigt und dem eigenen Glauben angepaßt.

Gottlieb von Tucher, *Melodien d. evangel. Kirchengesangs im ersten Jh. d. R.* (1848). Philipp Wackernagel, *Bibliographie z. Gesch. d. dt. Kirchenliedes im 16. Jh.* (1855; Nachdr. 1961). F. A. Cunz, *Gesch. d. dt. Kirchenliedes v. 16. Jh. bis auf unsere Zeit* (1855). Jos. Kehrein, *Kathol. Kirchenlieder* 3 Bde (1859-63). Aug. Heinr. Hoffmann v. Fallersleben, *Gesch. d. dt. Kirchenliedes* (3. Ausg. 1861). Philipp Wackernagel, *Das dt. Kirchenlied von d. ältesten Zeit bis z. Anfang d. 17. Jh.s.* 5 Bde (1862-77; Nachdr. 1964). Ed. Emil Koch, *Gesch. d. Kirchenlieds u. Kirchengesangs d. christlichen, insbes. d. dt. evangel. Kirche.* 8 Bde. (1866-76). Alb. Friedr. Wilh. Fischer, *Kirchenlieder-Lexikon.* 3 Bde (1878-86). Wilh. Bäumker, *Das kathol. dt. Kirchenlied.* 4 Bde (1883-11). Otto Wetzstein, *Das dt. Kirchenlied im 16., 17. u. 18. Jh.* (1888). Theod. Odinga, *Das dt. Kirchenlied d. Schweiz i. R.szeitalter* (1889). Joh. Zahn, *Die Melodien d. dt. evangel. Kirchenlieder,* 6 Bde (1889-93). Philipp Wolfrum, *Die Entstehung u. erste Entwicklung d. evangel. Kirchenliedes in musikalischer Beziehung* (1890). *Das dt. Kirchenlied d. 17. Jh.s.* Hg. v. Eugen Wolff (1894; DNL 31). Georg Berlitt, *Martin Luther, Thomas Murner u. d. Kirchenlied d. 16. Jh.s.* Ausgew. u. mit Einl. u. Anm. vers. (1900; Samml. Göschen 7). Kurt Hennig, *Die geistliche Kontrafaktur im Jh. d. R.* (1909). Julius Smend, *Das evangel. Lied von 1524* (1924; Schr. d. Ver. f. Reformationsgesch. 137). Joh. Westphal, *Das evangel. Kirchenlied nach s. geschichtl. Entwicklung* (6. Aufl. 1925). Karl Böhm, *Das dt. evangel. Kirchenlied* (1927). Wilh. Nelle, *Gesch. d. dt. evangel. Kirchenliedes* (3. Aufl. 1928). Leopold Cordier, *Der dt. evangelische Liedpsalter* (1929). Georg Kempff, *Der Kirchengesang im Lutherischen Gottesdienst u. s. Erneuerung* (1937; SchrVer-Reformgesch. 161). Maria Carmelita Pfleger, *Untersuchungen am dt. geistlichen Lied d. 13.-16. Jh.s.* Diss. Berlin 1937. *Lied-, Spruch- u. Fabeldichtung im Dienste der Reformation.* Hg. v. Arnold E. Berger (1938; DtLit., Reihe Reformat. 4). Paul Gennrich, *Die ostpreuß. Kirchenliederdichter* (1939). Rud. Sellgrad, *Welt u. Mensch im dt. Kirchenlied vom 16.-18. Jh.* (Masch.) Diss. Köln 1955. W. Salmen, *Das Gemeindelied d. 15. u. 16. Jh.s in volkskundlicher Sicht.* Jb. f. Liturgik u. Hymnologie 1 (1955) S. 128-132. Hans Friese, *Gloria sei dir gesungen, Liederdichter aus der Zeit Martin Luthers* (1963). Hans Volz, *Eine un-*

bekannte Kirchenlieder-Hs. d. R.szeit. Jb. f. Liturgik u. Hymnologie 8 (1963) S. 55-79. Helene Werthemann, *Studien zu d. Adventsliedern d. 16. u. 17. Jh.s* (1963; Basler Studien z. histor. u. system. Theologie 4). Winfried Ulrich, *Semantische Untersuchungen zum Wortschatz d. Kirchenliedes im 16. Jh.* (1969; GermSt. 237).

R. Herrmann, *Thomas Münzers 'Deutschevangelische Messe'.* Zs. d. Ver. f. Kirchengesch. in d. Prov. Sachsen 9 (1912) S. 57-91. Karl Schulz, *Th. Müntzers liturgische Bestrebungen.* Zs. f. Kirchengesch. 47 (1928) S. 369-401. O. J. Mehl, *Th. Müntzer als Liturgiker.* Theol. Lit.zeitung 76 (1951) Sp. 75-78. — *Das Achtliederbuch, Nürnberg 1523/24.* In originalgetr. Nachdruck. Hg. v. Konrad Ameln (1957). — C. J. Cosack, *Paulus Speratus' Leben u. Lieder* (1861). K. Budde, *Paul Speratus als Liederdichter.* Zs. f. prakt. Theologie 14 (1892) S. 1-16. Martin Graf, *Paul Speratus, d. Reformator Altpreußens* (1917). — Georg Heinr. Klippel, *Johannes Spangenberg.* In: Klippel, *Dt. Lebens- u. Charakterbilder* Bd. 1 (1853) S. 1-29. — Hans von Schubert, *Lazarus Spengler u. d. R. in Nürnberg* (1934; Quellen u. Forschgn. z. Ref.-Gesch. 17). — Johann Walther, *Wittembergisch Geistlich Gesangbuch von 1524.* Hg. v. Otto Kade (1878; Publ. älterer prakt. u. theoret. Musikwerke 7). Hugo Holstein, *Der Lieder- und Tondichter Johann Walther.* ArchfLitg. 12 (1884) S. 185-218. W. Gurlitt, *Johannes Walther u. die Musik d. R.szeit.* Luther-Jb. 15 (1933) S. 1-112. — Georg Loesche, *Mathesius als Dichter.* Theol. Studien u. Kritiken 66 (1893) S. 541-567. Ders., *Johannes Mathesius. E. Lebens- u. Sittenbild aus d. R.szeit.* 2 Bde (1895). — C. J. Cosack, *[Michael Stiefel] Ein Prediger, Prophet u. Mathematiker in Luthers Freundeskreis.* Neue Preuß. Provinzial-Blätter 3,7 (1861) S. 193-216. Adolf Guddas, *Michael Styfel* (1922; Schr. d. Synodalkomm. f. ostpreuß. Kirchengesch. 25). — *Nicolaus Selneccers geistliche Lieder.* Hg. v. Heinr. Thiele (1855). F. Dibelius, *Zur Gesch. u. Charakteristik Nikolaus Selneckers.* Beiträge z. sächs. Kirchengesch. 4 (1888) S. 1-20. G. Buchwald, *Nikolaus Selnecker.* In: *Unsere Kirchenliederdichter* 4 (1905) S. 17-32. — *Bartholomäus Ringwaldt's geistliche Lieder.* Hg. v. Herm. Wendebourg (1858). F. Sielek, *Bartholomäus Ringwaldt* (1899). F. Kiesel, *Bemerkungen z. Bibliographie Bartholomäus Ringwaldts.* Euph. 24 (1922) S. 508-17. — *Die zwei ältesten Königsberger Gesangbücher von 1527.* Hg. v. Jos. Müller-Blattau (1933). H. Weber, *Gesch. d. Kirchengesanges in d. dt. reformierten Schweiz seit d. R.* (Zürich 1876). Hannes Reimann, *Die Einführung des Kirchengesangs in d. Zürcher Kirche nach d. R.* Diss. Zürich 1959. Markus Jenny, *Gesch. d. dt.-schweizer. Gesangbuchs im 16. Jh.* (1958). — G. Weber, *Der Reformator Ulrich Zwingli in s. Liedern.* Theol. Zs. aus d. Schweiz 1884, S. 33-61. F. Spitta, *Zwinglis Reforma-*

tionslied. Monatsschr. f. Gottesdienst u. kirchl. Kunst 2 (1897/98) S. 196-99; 320-22. Ders., *Neue Entdeckungen z. Zwingli-Liede.* Monatsschr. f. Gottesdienst u. kirchl. Kunst 3 (1898) S. 22-23. A. E. Cherbuliez, *Zwingli, Zwick u. d. Kirchengesang.* Zwingliana 4 (1921/28) S. 353-377. M. Jenny, *Zwinglis mehrstimmige Kompositionen.* Zwingliana 11 (1960) S. 164-82; 223-240. — Friedr. Spitta, *Die Lieder d. Konstanzer Reformatoren.* Monatsschr. f. Gottesdienst u. kirchl. Kunst 2 (1898) S. 350-360; 370-383; 19 (1914) S. 333-336. Friedr. Hindenlang, *Die Konstanzer Reformatoren u. ihre Kirchenlieder* (1937; Welt d. Gesangb. 12). *Konstanzer Gesangbuch.* Facsimile-Nachdr. (1946). Friedr. Spitta, *Die Entstehungszeit d. Pfingstlieder A. Blaurers.* Monatsschr. f. Gottesdienst u. kirchl. Kunst 16 (1911) S. 21-24; 70. Ders., *Das Gesangbuch Ambrosius Blaurers. E. Beitr. z. hymnolog. Gesch. d. Schweiz im R.szeitalter.* Zs. f. Kirchengesch. 38 (1920) S. 238-61. Ders., *Johannes Zwick.* Monatsschr. f. Gottesdienst u. kirchl. Kunst 3 (1898) 323-32. Ders., *Zwicks Wort z. Beschirmung d. Kirchengesanges.* Monatsschr. f. Gottesdienst u. kirchl. Kunst 5 (1900) S. 279-284. F. Cohrs, *Ein bisher unbekanntes Liederbuch von Joh. Zwick.* Monatsschr. f. Gottesdienst u. kirchl. Kunst 2 (1898) S. 346-50. Lukas Vischer, *Die erste Auflage von Joh. Zwicks 'nüw gsangbuechle'.* Zwingliana 9 (1949/53) S. 310-16. — Friedr. Hubert, *Die Straßburger liturgischen Ordnungen im Zeitalter d. R. nebst e. Bibliographie d. Straßburger Gesangbücher* (1900). M. Jenny u. K. Ameln, *Zur Entstehungszeit u. Herkunft d. Straßburger Liedweisen.* Jb. f. Liturgik u. Hymnologie 4 (1958/59) S. 101-109. — Wilh. Theod. Streuber, *Wolfgang Musculus oder Müslin* (Bern 1860). F. Grimme, *Wolfgang Musculus.* Jb. d. Ges. f. lothring. Gesch. u. Altertumskde 5 (1893), II, S. 1-20.

Gesangbuch der Böhmischen Brüder 1531. (Ein new Geseng buchlen.). Hg. v. Konrad Ameln (1957). R. Wolkan, *Michael Weisse.* Sudetendeutsche Lebensbilder Bd. 1 (1926) S. 96-99. S. Fornaçon, *Michael Weisse.* Jb. f. schles. Kirche u. Kirchengesch. N. F. 33 (1954) S. 35-44. Rud. Wolkan, *Die Lieder der Wiedertäufer* (1903). Walther Lipphardt, *Das wiedergefundene Gesangbuch-Autograph von Adam Reißner aus dem Jahre 1554.* Jb. f. Liturgik u. Hymnologie 10 (1965) S. 55-86. J. Seyppel, *Zu unbekannten Gedichten Daniel Sudermanns.* ZfdPh. 79 (1960) S. 150-155. — *Michael Vehe's Gesangbüchlin vom Jahre 1537.* Hg. v. Aug. Heinr. Hoffmann von Fallersleben (1853). N. Paulus, *Michael Vehe. Der Herausgeber des ersten deutschen katholischen Gesangbuches.* Hist.-polit. Blätter 110 (1892) S. 469-489.

Auch die neulat. Lyrik des 16. Jh.s stand zum Teil unter dem Eindruck der R.; das betrifft sowohl die frommen Betrachtungen gewidmete religiöse Poesie als auch die

Gelegenheitsdichtung, in der sich politisch-religiöse Stellungnahmen und scharfe R.s-polemik befinden. Die Autoren, meist Philologen oder Theologen, die als Professoren, Schulmeister, Pastoren oder Beamte tätig waren, gehören überwiegend dem protestant. Lager an. Ihre Dichtungen sind vielfach von reformatorischem Gedankengut oder von aktuellen Zeitfragen durchzogen; vor allem der Wittenberger Kreis um Melanchthon versuchte, auch diese Art Dichtung der Idee der R. dienstbar zu machen. Die dabei entstandene religiöse und politische Gelegenheitsdichtung gestattet manchen interessanten Einblick in die Reaktionsweise bedeutender Gelehrter auf aktuelle Probleme ihrer Zeit.

Eine besondere Rolle im Kreise dieser protestantischen neulateinischen Dichter spielte Melanchthon, der weniger durch seine sechs Bücher Epigramme, in denen er nach Gelegenheit Themen der Bibel und der Antike mit religiösen Betrachtungen verbunden behandelte und in schlichten, klaren Formen tiefes und inniges Gottvertrauen verkündete, als vielmehr durch seinen Zuspruch und Rat diese Art der Dichtung gefördert hat. Wie sehr sich humanistische Begeisterung für Luthers Sache engagieren konnte, läßt sich an Eobanus H e s s u s (1488-1540) erkennen, der in vier Elegien Luthers Wesen und Taten pries, nach dem Wormser Reichstag Hutten zum Kampf gegen den Papst aufrief und gegen Luthers Gegner polemisierte; 1523 ließ er im von ihm meisterhaft gehandhabten Stil der Heroiden ein Schreiben der Kirche an Luther erscheinen, das die Hoffnungen, die die Zeit auf den Reformator setzte, ausdrückt. In späteren Gedichten finden sich Klagen über die Unruhe der Zeit, über den Bauernkrieg, den sacco di Roma und immer wieder antipapistische Polemik. Wie Eoban trat auch Euricius C o r d u s (1538 gest.) mit geschliffenen romfeindlichen Epigrammen für Luther ein; in der *Antilutheromastix* (1525) polemisiert er gegen die Feinde des Evangeliums, und in der *Exhortatio* (1525) ermahnt er Karl V. und die dt. Fürsten, Luthers Lehre als die wahre Religion anzuerkennen. Politisch-religiöse Fragen (Türken, Schmalkaldischer Krieg) sind auch dichterische Gegenstände bei Johannes L a n g e (1503-1564), einem Mann, der im öffentlichen Leben der Zeit stand und die Zeitläufte aus eigener Anschauung kannte. Dieselben Themen — Türkenkrieg, Zeitklage, Politik — begegnen auch in dem lyrischen Werk des Johannes D a n t i s c u s (1485-1548). An der ganzen Generation dieser Autoren, die vor oder kurz nach der Jh.wende geboren wurden, läßt sich am besten die Bedeutung der reformatorischen Bewegung für die geistigen Vorstellungen der Zeit erkennen. Ihr polemisches Engagement trägt den erregten Auseinandersetzungen, von denen kaum jemand verschont blieb, in vollem Maße Rech-

nung, waren sie doch in der Tradition des Humanismus groß geworden und setzten nun ihre Kenntnisse und Fähigkeiten in den Dienst von Luthers Sache, freilich nicht ausschließlich; denn so aufschlußreich diese Texte sind, so sind sie andererseits nur ein kleiner Teil der umfangreichen neulat. Lyrik, die eher dem unpolitischen privaten Bedarf entsprach.

Die jüngere Generation, die im R.sjahrzehnt geboren wurde, schloß sich den polemischen Älteren nur zum Teil an oder nahm, wie etwa Melanchthons Schwiegersohn Georg S a b i n u s, der zu den stärksten Förderern der neulat. Lyrik in Deutschland rechnet, zu Zeitfragen in der Dichtung keine Stellung. Eine Sondererscheinung ist der junge, begabte Simon Lemnius (1511-1550) gewesen, der in seinen Epigrammen scharfe Kritik an den Wittenberger Verhältnissen übte und in gleichem Atem Albrecht von Mainz pries; er erwarb sich dafür den Zorn Luthers, wurde relegiert und mußte Wittenberg verlassen. Seinem Ärger über den Reformator machte er in dem dritten Band der Epigramme und in einem gesalzenen lateinischen Drama Luft. Antipäpstliche R.spolemik, Mönchinvektiven, Türkenprobleme, Schmalkaldischer Krieg begegnen abermals als die zeitbezogenen Themen bei Caspar B r u s c h (1518-1559) in seinen *Silvae* (1543) und *Poemata* (1553) und bei Michael T o x i t e s (1515-1581); eine scharfe Kritik gegen die Orthodoxie des Luthertums und gegen das Papsttum wird in den rückhaltlos offenen Satiren von Thomas N a o g e o r g sichtbar, die bereits in die Spätzeit der Reformationsbewegung gehören. Die fünf Bücher der *Satiren* (1556) beleuchten besonders die Verhältnisse um die Jh.mitte. — Daneben bildete sich bei Johannes S t i g e l (1515-1562) und Georg F a b r i c i u s (1516-1571) eine besondere Art von geistlicher Dichtung aus, die in mancher Beziehung der religiösen Lyrik des 17. Jh.s verwandt ist. Aus dem persönlichen R.serlebnis heraus forderte Stigel, daß die Dichtung Gottes Lob zu verkünden habe; Klagen über die Nöte der Zeit und seine Auseinandersetzungen mit Flaccius Illyricus sind in seine Verse eingegangen; aus seinen Eklogen aber spricht der tiefe Eindruck, den Luther auf ihn gemacht hat. Bei Fabricius hingegen zeigt sich die Neigung, eine christliche Dichtung gemäß den alten Poetae christiani (*Prudentius, Sedulius, Avitus*) neu zu schaffen. Die Hymne war eine von ihm bevorzugte Form. Stigel wie Fabricius waren für nicht wenige junge Poeten nacheifernswerte Vorbilder, so etwa für Johannes M a j o r (1533-1600) oder Adam S i b e r (1516-1584). Von der Unruhe der Zeit und von religiösen Elementen mitbestimmt zeigt sich schließlich auch das lyrische Werk des Meisters der Elegie, des jung verstorbenen Petrus L o t i c h i u s Secundus (1528-1560); auch er stellt, nach dem Vorbilde seines Lehrers Melanchthon, mit dem er eng verbunden war, einen großen Teil seiner Kunst in den Dienst Christi und der neuen Kirche; die *Carmina* lassen das noch stärker erkennen als die fünf Bücher *Elegien* (1547-50).

Goedeke, *Grundriß*. Bd. 2 (2. Aufl. 1886). — Georg Ellinger, *Die nlat. Lyrik Deutschlands in d. ersten H. d. 16. Jh.s* (1929; Gesch. d. nlat. Lit. Deutschlands Bd. 2). *Dt. Lyriker d. 16. Jh.s*. Ausgew. u. hg. v. Georg Ellinger (1893; LLD. 7). *Lateinische Gedichte deutscher Humanisten. Lat. u. dt.* Ausgew., übers. u. erl. v. Harry C. Schnur (1967; Reclams Universalbibl. 8739/45). — *Melanchthons Gedichte*. Ausgew. u. übers. v. Christian Oberhey (1862). Karl Hartfelder, *Philipp Melanchthon als Praeceptor Germaniae* (1889; Monumenta Germaniae Paedagogica 7). Ders., *Melanchthoniana paedagogica* (1892). Georg Ellinger, *Ph. Melanchthon. E. Lebensbild* (1902). Otto Clemen, *Studien zu Melanchthons Reden u. Gedichten* (1913). Franz Krautwurst, *Ph. Melanchthon u. d. Musik*. Gottesdienst u. Kirchenmusik 11 (1960) S. 109-121. — Carl Krause, *Helius Eobanus Hessus. S. Leben u. s. Werke*. 2 Bde (1879; Neudr. 1963). — Euricius Cordus, *Epigrammata (1520)*. Hg. v. Karl Krause (1892; LLD. 5). Karl Krause, *Euricius Cordus* (1863). R. Ischer, *Euricius Cordus u. d. Jetzer-Handel*. Neujahrsblatt d. Literar.Ges. Bern, 1917, S. 77-84. O. Clemen, *Des Euricius Cordus Epigramme auf Philipp von Hessen*. Zs. d. Verf. f. hess. Gesch. u. Landeskde 54 (1924) S.224-30. Georg Wegemann, *Der Humanist Euricius Cordus, 1486-1535. S. Leben u. Wirken im Urteil d. Nachwelt* (Masch.) (1943). — Georg Theod. Strobel, *Leben u. Schriften Simonis Lemnii* (1792). *Die Schutzschrift d. Dichters Simon Lemnius (Lemchen) gegen d. gewaltsame Verfahren d. Wittenberger Akademie wider ihn 1538*. Hg. v. Constantin Ritter von Höfler (Prag 1892). Theod. Distel, *Zu Lemnius' Epigrammen (1538)*. ZfvglLitg. N. F. 9 (1896) S. 423. Paul Merker,, *Simon Lemnius. E. Humanistenleben* (1908; QF. 104). G. Ellinger, *Simon Lemnius als Lyriker*. Festgabe Friedrich von Bezold (1921) S. 221-233. — Adalbert Horawitz, *Caspar Bruschius* (1874). Charles Schmidt, *Michael Schütz genannt Toxites* (1888). — Leonhard Theobald, *Das Leben u. Wirken d. Tendenzdramatikers d. R.szeit Thomas Naogeorgus* (1908; Quellen u. Darst. aus d. Gesch. d. Reformationsjh.s. 4). — O. Clemen, *Zur Bibliographie d. Gedichte Johannes Stigels*. ZblBblw. 21 (1904) S. 557-59. G. Ellinger, *Johannes Stigel als Lyriker*. Neue Jb. f. d. klass. Altertum, Gesch. u. dt. Lit. 20 (1917) S. 374-398. — G. Frank, *Johann Major, d. Wittenberger Poet*. Zs. f. wiss. Theologie 6 (1863) S. 117-163. — Heinr. Aug. Schumacher, *Historia vitae Adami Siberi* (Grimma, um 1735). — *Des P. Lotichius Secundus Elegien*. Aus dem Lat. übers. v. Ernst Gottlob Köstlin. Hg. v. Friedr. Blume (1826). J. G. E. Bernstein, *Biographie d. Lotichius Secundus*. Zs. f. d. Provinz Hanau 1 (1839) S. 181-196; 360-388. Aug. Erbrard, *Peter Lotich d. Jüngere. S. Leben u. e. Ausw. s. Gedichte* (1883). Adalbert Schroeter, *Beiträge z. Gesch. d. nlat. Poesie Deutschlands*

u. Hollands (1909), S. 36-128: Petrus Lotichius Secundus. *Gedichte d. Humanisten Petrus Lotichius Secundus*. Ausgew. v. Carl Heiler (1926). Aug. Heimpel, *Quellen und Verzeichnisse zum Leben und zu den Werken des Petrus Lotichius Secundus*. Unsere Heimat 20 (Schlüchtern 1928); 21 (1929); 22 (1930); 23 (1931); 24 (1932).

§ 7. Teufelbücher. Am Ende der R.s-literatur tritt eine neue und eigentümliche Gattung moraldidaktischen Schrifttums auf den Plan, die man seit Goedeke als Teufelbücher bezeichnet. Bereits in der 2. H. des 16. Jh.s ist ihre literar. Eigenständigkeit evident; als satirisch gefärbte Unterhaltungsliteratur, von protestant. Predigern verfaßt, heben sich diese Texte von anderen homiletisch-erbaulichen Schriften der Zeit ab. Ihr äußeres Kennzeichen ist die Personifizierung von Sünden, Lastern und moralisch anfechtbaren Marotten mit einem Spezialteufel. Jede dieser Schriften behandelt einen dieser Spezialteufel, der angeblich wesentlichen Anteil an der Verkehrtheit der Welt haben soll und als Feind der göttlichen Weltordnung gilt. Der Anlaß zu dieser didaktischen Lit. ist die Sündenklage; das Ziel der Autoren war es, der Sündhaftigkeit der Menschheit abschreckend entgegenzuwirken, damit das Böse in der Welt nicht überhand nähme. Ex negativo lehren diese Schriften Tugend, Zucht, Ehrbarkeit, Maß und Vernünftigkeit und dürfen den Anspruch erheben, als protestantische Sittenspiegel zu gelten.

Die Dämonisierung der Laster setzt einen festen Teufelglauben voraus; der Teufel galt dieser Zeit als alles zerstörende widergöttliche Macht, die sich in eine Vielzahl von Einzelteufeln aufteilte, die jeweils genau festgelegte Funktionen innehatten. Nur aufgrund dieses verbreiteten Teufelglaubens war eine moralische Polemik, wie sie die Verfasser der Teufelbücher anstrebten, möglich. Die Herkunft dieser didaktisch verwendbaren Teufellehre ist noch nicht hinreichend geklärt; der Teufel war in der Lit. als Mittel der Belehrung und der Unterhaltung seit dem späten MA. beliebt; teilweise überschneidet sich seine Funktion mit der des Narren, etwa bei Sebastian Brant, und häufig läßt sich beobachten, daß der Lasterkatalog der vorreformatorischen Moralsatire in der Teufellit. vielfach wieder auflebt. Insofern darf Luther nicht als der einzige Anreger dieser Literaturgattung angesehen werden, obwohl die Verfasser sich oft auf ihn berufen und obwohl zahlreiche Einzelzüge von Luthers Teufelvorstellung in diese Lit. Eingang gefunden haben. Für Luther war die Teufelpersonifizierung von Lastern und Mißständen eher ein Stilmittel der Konkretisierung seiner abstrakten Vorstellungen als ein Ausfluß eines festen diabologischen Systems. In diesem Sinne finden sich in seinem Werk einzelne Teufelnamen zur Kennzeichnung bestimmter Laster und Mißstände (der Hausteufel, der Saufteufel, der Landteufel, der Hofteufel, der Werkteufel, der Wallfahrtsteufel, der ABC-Teufel und das Schulteufelein); ihre ad-hoc-Erwähnungen bezeugen, daß Luther keine eigentliche Teufellit. vorschwebte. Ihm galt alles, was sich gegen Gott und seine Gebote richtete, als Unterstützung des Teufels; dem Gottesreich stellte er ein Teufelsreich gegenüber, aber in geistiger Beziehung, nicht in konkreter Identifikation. Die Vorstellung der älteren Forschung, daß Luther für die Teufelbücher-Autoren „Wegbahner, Vorbild, Lehrer" (Osborn) war, ist zumindest stark einzuschränken. Die Teufelbücher gehen nicht in erster Linie auf Luther zurück, sondern dürften im wesentlichen Ausdruck bestimmter theologischer und moralischer Vorstellungen der Orthodoxie des Luthertums in der zweiten Hälfte des 16. Jh.s sein.

Mit guten Gründen wird der Beginn der Gattung mit Matthäus F r i e d e r i c h s *Saufteufel*, der 1552 erschien, festgesetzt. Sowohl die 1538 in Frankfurt a. d. Oder gedruckte Flugschrift *Von einem Geldteuffel* als auch das Drama *Hofteuffel* des Johann Chryseus vom Jahre 1545 kann man wegen ihrer gattungsmäßigen Andersartigkeit den Teufelbüchern noch nicht zurechnen. Nach jüngsten Ermittlungen haben sich für die Zeit zwischen 1552 und 1604 31 Autoren mit 38 Teufelbüchern eruieren lassen. Sie behandeln jeweils Themen aus dem Bereich der Sünden und Laster (so der Saufteufel, Hosenteufel, Fluchteufel, Spielteufel, Jagdteufel, Werkteufel, Wucherteufel, Müßiggangteufel, Hoffartsteufel, Tanzteufel, Kleiderteufel, Schmeichel-, Lügen- und Lästerteufel, Neidteufel, Melancholieteufel), der Ehe und Familie (Eheteufel, Weiberteufel, Hausteufel, Sorgenteufel, Gesindeteufel), des kirchlichen und öffentlichen Lebens (Sabbatteufel, Sakramentsteufel, Gewissensteufel, Pfründ- und Beschneidteufel, Eidteufel, Gerichtsteufel, Pestilenzteufel) oder beschreiben Wesenszüge des Teufels an sich (der Teufel selbst, Teufelstyrannei, Zauberteufel, Bannteufel usw.). Die Verbreitung dieser Lit. ist zu ihrer Zeit ungemein stark gewesen; Verfasser, Verleger und Leser gehören fast ausschließlich dem protestant. Raum an. Die Hauptdruckorte (Eisleben, Erfurt, Frankfurt a. d. Oder, Oberursel) waren bezeichnenderweise Zentren des orthodoxen Luthertums. Alle Verfasser waren lutherische Pastoren; unter ihnen ragen besonders Matthäus F r i e d e r i c h mit seinem *Saufteuffel* (1552), Andreas M u s c u l u s mit seinen vier Teufelbüchern (*Hosenteuffel* 1555, *Fluchteuffel* 1556, *Eheteuffel* 1556, *Teuffelstyrannei* 1556) — er gab die stärksten Impulse für diese Gattung — und Cyriacus S p a n g e n b e r g mit dem *Jagteuffel* (1560) hervor; ihnen schließen sich Ludwig M i l i c h i u s mit dem vor allem soziologisch beachtenswerten *Zauberteuffel* und *Schrapteuffel* an; aus der späteren Produktion verdienen insbesondere der *Neidteuffel* des Johannes R h o d e (1582), der *Kleider-, Pluder- Pauss-, und Kraussteuffel* des Johannes S t r a u ß (1581), der u. a. ein drastisches Modebild der Zeit bietet, genannt zu werden. Der große Erfolg der Gattung reizte den Frankfurter Verleger Siegmund F e y r a b e n d, bereits 1569 einen Sammelband dieser Texte herauszubringen, das sogenannte *Theatrum diabolorum*; 1575 erschien davon eine zweite erweiterte, 1587/88 eine dritte, reich vermehrte Auflage, die insgesamt 33 Spezialteufel vorführte.

Die Formgebung dieser Schriften ist naturgemäß unterschiedlich; zum Teil sind es Predigten oder moralische Traktate, zum Teil Kompendien, zum Teil Lehrgedichte oder Sendschreiben. Sie arbeiten mit den Mitteln der Exemplifikation und kompilieren zu diesem Zweck alles an literar. Traditionsgut, was für die Argumentation von Nutzen sein kann; so finden sich neben vielen Gedanken und Bildern Luthers und der Bibel vor allem Belege aus der Patristik, der antiken Lit. und aus zeitgenössischen populär-theologischen Veröffentlichungen; auch Sprichwörter haben reichliche Verwendung gefunden. Es gibt sehr humorvolle, stilistisch vorzüglich gestaltete Texte neben nüchternen oder grobianisch gehaltenen Fassungen. Für die Literatur- und Sozialgeschichte der zweiten Hälfte des Reformationsjh.s sind diese Texte wegen ihrer spiegelhaften Zeitschilderungen und ihrer didaktischen Forderungen von großem Interesse.

Teufelbücher in Auswahl. Hg. v. Ria S t a m b a u g h. (1970 ff.; Ausg. Dt.Lit.). Bd. 1: Ludwig Milichius, *Der Zauberteufel. Schrapteufel* (1970). Max O s b o r n, *Die Teufellit. d. 16. Jh.s* (1893; Acta Germanica 3,3). Rich. N e w a l d, *Die Teufellit. u. d. Antike.* Bayer. Blätter f. d. Gymnasial-Schulwesen 63 (1927) S. 340-347. Heinrich G r i m m, *Die dt. „Teufelbücher" d. 16. Jh.s.* Archiv f. Gesch. d. Buchwesens 2 (1960) S. 513-570, zugl. Börsenblatt f. d. dt. Buchh., Red. Beil. 16 (1959) S. 1733-1790. Bernhard O h s e, *Die Teufellit. zwischen Brant u. Luther.* Diss. Berlin (FU) 1961. Gustav F r e y t a g, *Der dt. Teufel im 16. Jh.* In: Freytag, *Bilder aus d. dt. Vergangenheit.* Ges. Werke 19, 1888, 360-396. Gustav R o s - k o f f, *Geschichte d. Teufels.* 2 Bde. (1869). W. N. J o h n s o n, *The devil in the literature.* Manchester Quarterly, Nov. 1911. Harmannus O b e n d i e k, *Der Teufel bei Martin Luther* (1931; Furche-Studien 4). Ders., *Der alt böse Feind. Das biblisch-reformator. Zeugnis von d. Macht Satans* (1930). Andreas M u s c u l u s, *Vom Hosenteufel.* Hg. v. Max O s b o r n (1894; NDL. 125). Christian Wilhelm S p i e k e r, *Lebensgeschichte d. Andreas Musculus* (1858). Richard G r ü m m e r, *Andreas Musculus, s. Leben u. s. Werke.* Diss. Jena 1912.

Hans-Gert Roloff

Reim

§ 1 Wort- u. Bedeutungsgesch. § 2 Der R. in der dt. Dichtung. 1. Herkunft; 2. Ahd.; 3. Frühmhd.; 4. Mhd.; 5. Spätmhd., Frühnhd.; 6. Nhd. § 3 Funktion und Wesen. 1. Funktion; 2. R.technik; 3. R.aesthetik; 4. R. und Sinn; 5. R. und Sprache; 6. R. als Hilfsmittel d. Philologie. § 4 I R.formen; II R.stellungen.

§ 1. W o r t - u n d B e d e u t u n g s g e - s c h i c h t e. Der älteste Beleg für eine poetologische Verwendung von mhd. *rîm* findet sich in Albers *Tnugdalus* (Ende 12. Jh., v. 2163 f.): *Der dise rede hât getihtet / und ze rîmen gerichtet.* Das als älter geltende nfränk. Zeugnis in Heinrichs v. Veldeke *Sente Servas* (v. 3229): *Die sijn leven in rymen dichte* soll nach Frings/Schieb (Ausgabe 1956, S. XLI) jüngerer Zusatz sein. Die Etymologie von mhd. *rîm* ist ebenso strittig wie seine Bedeutung:

1. Z u r E t y m o l o g i e : Seit den ersten Erklärungsversuchen stehen sich zwei Theorien gegenüber:

a) Ableitung von lat. *rhythmus* über afranz. *rime* (fem.): A. Schmeller (*Bayerisches Wörterbuch* III, 1836, S. 86), W. Wackernagel (*Lit.- Gesch.,* 1852), Fr. Zarncke (*Mhd. Wörterbuch* II, 1, 1863), W. Braune (1916), L. Wolff (1930). Für diese Ableitung scheint zu sprechen, daß seit dem 8. Jh. mit *rhythmus* nichtmetrische Verse bezeichnet wurden, die im Lat. seit dem 11. Jh., im Afranz. und Ahd. schon früher meist Reimverse waren (vgl. *Rithmus teutonicus* im Titel des ahd. *Ludwigslieds,* vgl. auch *Rhythmus* § 15). Der Genuswechsel (lat. masc., afranz. fem., mhd. masc.) steht dieser These nicht unbedingt im Wege, auch nicht, daß **ritme, *ridme* als Vorstufen von afranz. *rime* belegt sind. Von Gewicht ist jedoch, daß nach Gamillscheg ein Zusammenhang von mlat. *rhythmus* mit afranz. *rime* „lautlich unwahrscheinlich" ist (so schon

Diez, 1853). Auch die literatur- und formgeschichtlichen Voraussetzungen, die bereits für Schmellers Überlegungen entscheidend waren, sind fraglich (vgl. § 2). Glossographische Belege für die Gleichsetzung von lat. *rhythmus* und mhd. *rîm (ricmus, rithmus, eyn rym)* sind ebenso mehrdeutig wie mhd. *rîm* (vgl. 1 b) und reichen nicht über das 14. Jh. zurück (Diefenbach 497, Braune 40 f.). Die Schreibweise von engl. *rhyme* (ältester Beleg 1550) ist das Ergebnis humanistischen Etymologisierens (me. *rime*).

b) E. G. Graff (*Ahd. Sprachschatz* II, 1836, Sp. 506) setzte ahd. *rîm* als Etymon von mhd. *rîm* an. In der Bedeutung 'Reihe', 'Zahl' begegnet *rîm* im Ahd. mehrfach, so in Glossen (Steinmeyer I, 72, 3) und bei Otfried *(manodo after rime,* I, 5, 2, weiter III, 14, 1; V, 14, 19); letztes ahd. Zeugnis: Regensburger Glosse (10. Jh.): *series. numerus. vel hrim* (Ahd. Gl. II, 328, 4). Braune hatte angenommen, das ahd. Wort sei im 10. Jh. ausgestorben; mhd. *rîm* sei aus dem Franz. (afranz. *rime < rhythmus*) entlehnt. Törnquist dagegen vermutete, ahd. *rîm* sei ins Franz. gelangt, habe dort „poetische" Bedeutung gewonnen und sei dann im 12. Jh. ins Dt. rückentlehnt worden. Nach Trübner, Kluge/Mitzka soll der Niederrhein (Veldeke) wie bei anderen Begriffen der höfischen Kultur vermittelt haben. Trier hat jedoch gezeigt, daß ahd. *rîm* durchaus im dt. Sprachraum fortgelebt haben kann: Neben der Bedeutung 'Zahl', späterhin allein durch ahd. *zala* vertreten, könne unterliterarisch auch die aus dem Reihenbegriff entwickelte „musische Bedeutung" im Ahd. bestanden haben. Franz. Kultureinfluß brauchte also höchstens eine heimische Tendenz zu aktivieren. Franz. *rime* (ältester Belege 2. Hälfte des 12. Jh.s, Bedeutung: 'Vers' und 'Reim') ist nach Gamillscheg ein postverb. Subst. zu gallorom. **rimare* 'in eine Reihe stellen', abgeleitet von fränk. **rîm* ≙ ahd. *rîm* (so schon Diez). Das Verbum *rimoier* ist seit etwa 1120 im Sinne von *écrire, mettre en vers* bezeugt. Offen ist, ob prov. *rima* (fem.), *rim* (masc.), beide ca. 1200, und die entsprechenden Bildungen im Kelt. ebenfalls auf germ. Wurzel zurückgehen oder ob es sich um parallele Ableitungen aus einem idg. Erbwort handelt, vielleicht mit wechselseitiger Beeinflussung der Bedeutungsentwicklung, die schließlich auch mlat. *rhythmus* erfaßt haben kann.

Zur idg. Verwandtschaft gehören: griech. ἀριθμός 'Zahl', lat. *rītus* 'hergebrachte Weise', air. *rîm* 'Zahl', *dorimu* 'zähle', anord. *rîm* 'Rechnung', 'Verzeichnis', ags. *rîm* 'Zahl', 'Reihenfolge', as. *unrîm* 'große Menge'.

2. Z u r B e d e u t u n g s g e s c h i c h t e : Die Grundbedeutung von mhd. *rîm* ist 'Vers' (Braune, Trier), schwerlich 'Reim' (Törnquist). Die ahd. Bedeutung *rîm* = 'Reihe' im Sinne von 'Mannring' (= im Ring versammelte Gemeinde) läßt sich im Ndd. noch im 15. Jh. greifen (Trier). Die Bedeutung 'Vers' (< 'Wortreihe') begegnet zum ersten Mal bei Alber (12. Jh., Braune, dagegen Törnquist). Bis ins 17. Jh. gibt es eindeutige Belege für die Bedeutung *rîm*/Reim = 'Vers', so bei Puschmann (16. Jh.), der *Waisen* und *blose Reimen* synonym gebraucht, oder Stieler, der in sei-

nem *Teutschen Sprachschatz* (1691, Sp. 2510, cf. Sp. 1513) definiert: *Synonyma enim sunt nobis Vers et Reim*. Auch späterhin kommt *Reim* = 'Vers' vor, so bei Hölty, Wieland, Goethe, Uhland, Platen u. a. (DWb, VIII). Die Grundbedeutung hält sich bis heute in *Kehrreim, Abzählreim, Kinderreim, Reimpaar, Leberreim, Reime* 'kurzes Gedicht'. Des weiteren findet sich das Wort *Reim* (meist in der schwachen Form: *ein reymen*) seit dem Spätma. auch im Sinne von 'Gedicht' (so Opitz: *die reimen deren weibliche verß* ...), 'Spruch' und allgemein 'in poetischer Form' (im Gegensatz zur Prosa).

Seit dem 13. Jh. tritt das Wort aber auch in Zusammenhängen auf, in denen (wie im Franz.) die Bedeutung 'Reim' ebenfalls einen Sinn zu geben scheint, mhd. *rîm* also *totum pro parte* verwendet sein könnte. Unsicher ist, ob die *behendeclichen rime* (v. 4715) in Gottfrieds *Tristan* als 'Reime' oder als 'Reimverse' zu verstehen sind. Doppeldeutig ist auch der Lobpreis auf Heinrich von Veldeke in Rudolfs von Ems *Alexanderroman* (v. 3113): *von Veldeke der wise man / der rehter rîme alrêrst began*. Besagt er, Veldeke habe als erster den „reinen Reim" (Wackernagel, Behaghel) durchgeführt oder „in guter poetischer Darstellung" gedichtet (Braune, C. v. Kraus)? Auch im *Renner* Hugos von Trimberg kann mit *rîm* 'Reimvers' oder 'Reim' gemeint sein (v. 17817 ff.). Die Bedeutung 'Reim' liegt nahe in Albrechts von Halberstadt Ovid-Übersetzung (v. 49 ff.), in Ulrichs von Lichtenstein *Frauendienst* (v. 444, 8 zu Lied 33), in Konrads von Würzburg *Goldener Schmiede* (v. 70), und in *Mariengrüßen* des 13. Jh.s (v. 257 ff., ed. ZfdA. 8, 276 ff.).

Auch Umschreibungen des Phänomens R. wie *rime limen* (Gottfried, *Tristan* v. 4716), so noch Theobald Hock (*Reime gleimen*, 1601) oder *rime binden* (Hesler, 14. Jh.; v. 1381 f.) sind mehrdeutig, im Gegensatz zu den Ausführungen des Nicolaus von Jeroschin (14. Jh., v. 299 f.): *und mîn rîm werdin gebuit / an dem ende ûf glîchin luit*. Aus der Wendung *rime binden* wurden aber die ersten eindeutigen Begriffe für den Endr. abgeleitet, so *gebint* (Nic. v. Jeroschin, v. 26663), *in punt* 'gereimt' (Suchenwirt, XXI, 14. Jh.), *bunt* (Kolmarer Liederhs., 15. Jh., ed. Bartsch, S. 76, S. 320), *Bundwort* (Puschmann, 16. Jh.).

Erst mit dem Vordringen des Wortes *Vers*, das in älterer Zeit im besonderen den metrisch gebauten (lat.) Vers im Unterschied zum akzentuierenden bezeichnet (Lexer, III, 208, Braune, Götze), wird das Wort *Reim* immer mehr auf die Bedeutung 'Gleichklang' eingeengt. Auch hier wird franz. Kultureinfluß angenommen und die Wende bei Opitz gesehen (Braune), bei dem im *Buch von der Deutschen Poeterey* (1624) *Reim* und *Vers* (Kap. VII) in heutigem Sinne differenziert sind: *Ein reim ist eine vber einstimmung des lautes der syllaben und wörter zue ende zweyer oder mehrer verse*. Aber auch nach Opitz lebt *Reim* in alter Bedeutung fort: Schottel schreibt in seiner *Teutschen Vers- oder Reimkunst* (1645): *Ein Reim / oder Teutscher Vers / ist eine Kunstmessige Ordnung der Wörter / vermit*telst erforderter gewisser Reimmaassen / mit gehörigem Reimlaute sich schliessend.

Der Endr. wird im 17. Jh. meist noch durch spezifizierende Komposita benannt: so bei Harsdörffer *Reimschluß, Reimwort* oder umschreibend *der Reimen Reimung* (im Plural auch nur *Reimen*). Mit *Reimendung* meint er nur den Gleichklang in *fragen : sagen*. Auch für 'Vers' verwendet Harsdörffer ein Kompositum: *Reimzeile*. Bei Zesen steht *Reimband* im Sinne von 'Reimschema'. Nähere Bestimmungen wie *rührende Reimen* (Wagenseil 1697) oder bei Stieler *reine, unreine, Reime, Endreim* (= *homoeoteleuticus*) sind ebenfalls auf den Gleichklang bezogen. Seit dem 18. Jh. tritt dann *Reim* in heutiger Bedeutung immer häufiger auf: *Man setzt gar offt ein Wort der lieben Reime wegen* (J. Chr. Günther); ebenso in Daniel Georg Morhofs *Unterricht von der Teutschen Sprache und Poesie* (1700; *Reim* und *Reimschluß*) oder bei B. H. Brockes (in *Weichmanns Poesie der Niedersachsen*, 1725). Bei dieser Entwicklung spielte wohl auch mit, daß im 17. Jh. die bisherige selbstverständliche Identität von Vers und R.vers in Frage gestellt wurde (vgl. § 2, 2).

Das Verbum *rîmen* begegnet ebenfalls schon im Ahd.: Otfried I, 3, 17 'sich in eine Ordnung fügen' (weiter IV, 2, 13 'zuteil werden'), *irreimen* (schw. V., II, 14, 120). Im Mhd. findet es sich wie das Substantiv zum ersten Mal in Albers *Tnugdalus* (v. 2148), doppeldeutig wie in vielen späteren Belegen: Nach Braune heißt die Stelle „in Verse" oder „in poetische Form gefaßt", nach Törnquist „gereimt". Im Sinne von 'Reimverse dichten' (im Gegensatz zu *versen ûf latîn*) steht das Wort im *Renner* Hugos von Trimberg (v. 17836). Bedeutungsverengung auf mhd. 'reimen' scheint gegeben bei Nicolaus v. Jeroschin (v. 243 ff.): *vil wort man glîche schribit, / der luit unglich sich tribit, / sulch rîmen sol man mîden...*, wenn *rîmen* als Verbum (wie in v. 251 f.: *zwischin den zwên endin / rîmen dî behendin*) verstanden wird und nicht als schwaches Substantiv (Törnquist), das häufiger erst seit dem 16. Jh. auftaucht. Bei Stieler (Sp. 1514) ist *reimen* zwar noch allgemein mit 'poetari', 'versificare', 'rhythmificare' erklärt, bei Puschmann (16. Jh.) und Harsdörffer (17. Jh.) sind jedoch *binden* und *reimen* Synonyma.

Friedr. D i e z, *Etymol. Wörterbuch d. roman. Sprachen* (1853). Laurentius D i e f e n - b a c h, *Glossarium Latino-Germanicum* (1857). Ernst G a m i l l s c h e g, *Etymol. Wörterbuch d. franz. Sprache* (1928). Walther v. W a r t - b u r g, *Franz. etymol. Wörterbuch*. Bd. 16 (1959). *Trübners Dt. Wörterbuch*. Bd. 5, hg. v. Walther Mitzka (1954). Friedr. K l u g e u. Walther M i t z k a, *Etymol. Wörterbuch der dt. Sprache* (19. Aufl. 1963).

Carl v. K r a u s, *Heinrich von Veldeke u. d. mhd. Dichtersprache* (1899) S. 165, A. 2. Wilh. B r a u n e, *R. u. Vers*. SBAkHeidbg., phil.-hist. Kl. VII, 1916, 11. Alfr. G ö t z e, *R., Vers, Strophe*. NJbbAGLP. 20. Jg., 39. Bd (1917) S. 141 f. Ludw. W o l f f, *Zur Bedeutungsgeschichte d. Wortes R*. ZfdA. 67 (1930) S. 263-271. Nils T ö r n q u i s t, *Zur Geschichte d. Wortes R.* (1935). Jost Trier, *Zaun u. Mannring.* PBB. 66 (1942) S. 232-264.

Nicolaus von Jeroschin, *Di Kronike von Pruzinlant.* Hg. v. Ernst Strehlke (1861; Scriptores rerum prussicarum. 1). *Visio Tnugdali.* Hg. v. Albr. Wagner (1882). Heinrich von Hesler, *Die Apokalypse.* Hg. v. Karl Helm (1907; DTMA. 8). Adam Puschmann, *Gründlicher Bericht d. dt. Meistergesangs.* Hg. v. Rich. Jonas (1888). Theobald Hock, *Schoenes Blumenfeld.* Hg. v. Max Koch (1899). Georg Philipp Harsdörffer, *Poetischer Trichter* (1647 ff.). Justus-Georgius Schottelius, *Teutsche Vers- oder Reim-Kunst* (1656). Ders., *Ausführl. Arbeit von der Teutschen Haubt Sprache* (1663). Kaspar Stieler, *Der Teutschen Sprache Stammbaum und Fortwachs / oder Teutscher Sprachschatz* (1691). Johann Christof Wagenseil, *Buch von der Meister-Singer Holdseligen Kunst* (1697).

§ 2. Der Reim in der deutschen Dichtung.

1. Herkunft des R.s: Gleichklang am Wortanfang (Alliteration, Stabreim) oder am Wortende (Homoeoteleuton) oder im Wortinnern (Assonanz) findet sich in den Dichtungen aller Völker. Daraus hatte schon Adelung geschlossen, der R. müsse „sehr tief in der menschlichen Natur, und ihrer Art zu empfinden gegründet" sein. Ähnlich äußerten sich Gottsched, Herder, Rask, Uhland oder in neuer Zeit Polheim („Endreim und Anreim sind allenthalben autochthon").

Das Homoeoteleuton gehört in der antiken Dichtung wie das Paromoeon (= Alliteration, dieser Terminus erst im 16. Jh. gebildet) zu den rhetorischen Figuren. R.e lassen sich von Homer bis zu den christlichen Epikern Juvencus und Arator (4. Jh.) beobachten; ungewiß ist aber, inwieweit sie zufällig, geduldet oder gewollt sind.

In dichterischen Kleinformen (Inschriften, Merk- und Segensprüchen) könnte der R., meist bedingt durch syntaktischen Gleichlauf (Homoeoptoton, Gleichformr.), neben der Alliteration immer schon eine Rolle gespielt haben. In den lat. Hymnen, die sich an die Volkspoesie anlehnen, stammen die ältesten Beispiele mit Tiradenr. von Commodian und Augustin (4. Jh.). Diese frühesten vollständig gereimten Gedichte stehen aber vereinzelt. In den Ambrosianischen Hymnen und in der spätantiken Hexameterdichtung erscheint der R. lange Zeit nicht häufiger als in der klassischen Dichtung. Lat. Hymnen und lat. Hexameterdichtung weisen einen regelmäßigen R.gebrauch erst nach der ahd. Zeit auf: leoni-

nische Hexameter seit dem 10., Hymnen seit dem 11. Jh.

Trotz diesem Tatbestand hat man die Wurzeln des ahd. Endr.s immer wieder in lat. Dichtung gesucht. Seit Wackernagel (1846, *Lit. Gesch.* 1852) wird meist die lat. Hymnenpoesie als Vorbild für die ahd. R.dichtung genannt. Die lat. Hymnen sollen den R. entweder aus romanischer Volksdichtung (Wackernagel), aus syrischer Hymnendichtung (W. Meyer), aus der antiken Kunstprosa (Norden) oder aus frühchristl. Psalmen (K. G. Kuhn) übernommen haben. Arabische Herkunft des R.s (meist abgelehnt, so von Gottsched, Adelung, Uhland, F. Wolf) wurde von Schmeller (*Bayer. Wörterb.*, 1836), neuerdings wieder von Hunke (*Allahs Sonne über dem Abendland*, 1960) vertreten. Zwischen der lat. und ahd. R.dichtung setzte Fränkel ein vorotfriedisches Kirchenlied an. Auch Spielleute wurden als Mittler zwischen ahd. und rom. R.poesie vermutet (Ehrismann, *Lit.-Gesch.* I, 1932). H. Brinkmann hat jüngst die These verfochten, Otfried habe von irisch-angelsächsischer Lateindichtung gelernt. (Diese verwendet allerdings neben R. in prägnanter Weise auch Alliteration.) Den leoninischen Hexameter als Vorbild für ahd. R.gedichte haben Jac. Grimm, Uhland, zuletzt Hörmann, Jammers, Rupp erwogen.

Die Meinung, Otfried habe den R. als Kennzeichen lat.-christl. Dichtung in bewußter Wendung gegen germ.-heidnische Formen aufgegriffen (Schirokauer), findet in seinen Bemerkungen zur Form (*Ad Liutbertum*, Kap. I, 1) keine Stütze. Uhland, Wackernagel und Kelle (*Otfr.-Ausg.* 1856) haben schon beobachtet, daß Otfried vom R. wie von einem „ganz gewöhnlichen Erforderniss" spreche. Heimischen Ursprung des ahd. R.s hatten Gottsched, Rask und Wilh. Grimm vertreten. Die Möglichkeit der Ausbildung des ahd. R.s auf dem Boden autochthoner Anlagen und Traditionen stellt jetzt wieder Schweikle zur Diskussion, mit Berufung auf Otfrieds poetologische Äußerungen und deren Verhältnis zu den bekannten form- und überlieferungsgeschichtlichen Daten.

Die älteren Hypothesen bauten auf der Meinung auf, in germ. Dichtung habe ausschließlich der Stabreim geherrscht; so vor allem Heusler, der sogar behauptete, die germ. Dichtung sei dem Endr. „mit Fleiß aus dem Wege gegangen". Endr. gibt es jedoch nicht nur im Ahd., sondern auch im Ae. (*Reimlied*), als Phänomen auch sonst in ae. Dichtung, selbst in anord. Runeninschriften, in *Edda*-Strophen, vor allem in der Skaldendichtung. Namen werden im Germ. nicht nur durch Alliteration, sondern auch durch R. (vgl. *Edda*, *Grímnismál*) verbunden. Gegen die verbreitete Vorstellung, die germ.-heidnische Stabreimdichtung sei gleichsam durch Konfrontation mit dem Christentum „zerbrochen", spricht schon die beachtliche Zahl christl. Stabreimgedichte im Ae., As., Ahd. und Anord.

Aus der erhaltenen Lit. kann geschlossen werden, daß beide Formen (R. und Allit.) in den germ. Sprachen angelegt waren. Parallelismus und verwandte Stilfiguren konnten beiden förderlich sein (R. M. Meyer). Welche Bedingungen schließlich dem Stabreim im Ae. und Anord. und dem Endr. im Ahd. Vorrang verschafften, entzieht sich genauerer Bestimmung. Bei den ahd. und as. Stabreimgedichten, die anscheinend alle mit dem ags. Missionszentrum Fulda zusammenhängen, könnte man an einen Einfluß insularer Dichtung denken. Der besondere Sprachcharakter mag, wie schon Jac. Grimm (*Dt. Gramm.*) vermutete, die Bevorzugung des Stabreims in den Dialekten mit stärkerem Anfangsakzent begünstigt haben. Daß der Endr. den Stabreim als Verskonstituens schließlich verdrängte, geschah wohl weniger kraft einer ideologischen Prädisposition, sondern weil in seiner Struktur, wie seine Geschichte erweist, größere Entwicklungsmöglichkeiten lagen als in der mehr der Merkdichtung und Gnomik verhafteten Form der Alliteration.

2. In den Endr.en der a h d. Gedichte erscheinen alle Grade lautlicher Übereinstimmung, vom ungefähren Anklang (*finster:sâr*) über assonantische Bindungen (*fliogen:nioman*) und über R.e zwischen nebentonigen Endsilben (*ginâdun:êwun*) bis zu zweisilbigen (*gipurti:uurti*) und sogar dreisilbigen (*lougino:tougino*) Vollreimen. Die Beispiele stammen aus einem der sorgloser gereimten Gedichte, dem *Psalm 138*, in dem überdies in zwei Zeilen anstelle des R.s Alliteration steht (v. 4, 31). In derselben Formenskala bewegen sich auch die anderen ahd. R.gedichte. Am genauesten gereimt ist das ahd. *Petruslied*: von sechs Bindungen sind fünf rein (einmal Haupton-:Endsilbe), eine ist assonantisch.

Otfried ließ zwar (anfänglich) vereinzelte reimlose Verse (I, 7, 27) oder solche mit Alliteration (I, 18, 9) zu, auch unebene Bindungen wie *druhtin:miner* oder versteckte Assonanzen wie *quéna:zéizero* (I, 4, 9). Aber er verbesserte seine R.technik zusehends, war mehr und mehr um vollere R.klänge bemüht. Der reine R. wurde allerdings bei ihm nie zur Regel (vgl. *Liutbert-Brief*, als Maß des Gleichklanges: *consimilis*). Einsilbig und zweisilbig reine Reime machen in manchen Kapiteln fast zwei Drittel der Gleichklänge aus, der Rest verteilt sich auf Assonanzen wie *lant:giwalt* und auf Endsilbenr.e wie *snello: follo* (auch *thes:libes*). Aus R.zwang scheint Otfried gelegentlich zu lautlichen Angleichungen Zuflucht genommen zu haben. In den R.en auf Endsilben sah man ein Indiz für eine Abhängigkeit Otfrieds vom lat. R., obwohl Endsilben auch in späteren Epochen reimfähig bleiben, solange sie, wie im Ahd., vollvokalisch sind (vgl. § 4, I, 3, a). In den freier gereimten Gedichten wie dem *Psalm 138* wollte man dagegen ein germ. Reimgefühl entdecken, weil bei ihnen öfters sinntragende Wörter im R. stehen (Baesecke, Fränkel).

3. In der f r ü h m h d. Dichtung herrscht als Versband nur noch der Endr. Dies kann als weiterer Beweis für die alten Wurzeln dieser Versbindung in dt. Dichtung gelten. Von einem angeblich fremden Stilmittel hätte sie sich in der Ottonischen Zeit wieder befreien können, in der sie aus der Klosterschreibstube verbannt und damit lat. Einflüssen weitgehend entzogen war. Die frühmhd. R.technik entspricht der der kleineren ahd. R.denkmäler. Die durch die sprachliche Entwicklung tonlos gewordenen Endsilben genügen aber immer weniger zur R.bindung (*willen:hangen*) und verlangen nach konsonantischer Abstützung (*rîchen:zeichen*). Manchmal dauern ältere Sprachstufen im Reim fort (archaische R.e: *man:werdan*, neben *werden*, *Memento Mori*). Im ganzen zeigt sich in der frühmhd. Epoche ein zwar nicht geradliniges, jedoch stetiges Ansteigen der R.ansprüche. Unter den früheren Werken ist die *Wiener Genesis* (11. Jh.) am nachlässigsten in der R.ung (39 reimlose Verse, nur 1/3 genaue R.e). Der *Skoph von dem lône* (ca. 1150) reimt dagegen schon überwiegend rein. Neben den Paarr. tritt gelegentlich an Abschnittsgrenzen der Dreir.

4. In der mhd. Zeit wurde der reine R. zur Norm. Meist wird dies franz. Kultureinfluß über Heinrich von Veldeke oder auch der lat. Dichtung (Habermann) zugeschrieben. Das kontinuierliche Vordringen des reinen R.s in der frühmhd. Lit. könnte aber auch entelechial verstanden werden; das Vorbild der franz. Lit. hätte dann allenfalls beschleunigend gewirkt.

Der reine R. erfordert vollvokalische Silben. Neben Haupttonsilben bleiben auch nebentonige Silben reimfähig (*craft*:*gedanchaft*; *senedære*:*mære*; *vogelîn*:*sîn*). Gleichlauf der Kadenzen ist angestrebt, aber selbst bei formbewußten Künstlern wie Gottfried von Straßburg nicht Bedingung (*cleit*:*richeit*; *geleit*:*arbeit*). Zwischen Wörtern mit kurzer offener Tonsilbe (*klagen*) und solchen mit langer (*vrâgen*) wird in der Kadenz streng geschieden. Aber auch nachdem der reine R. zur Regel geworden war, gestatteten sich die Dichter, analog ihrer sonstigen Formhaltung, gewisse Freiheiten. Der *rührende* R. ist durchweg erlaubt, vollends, wenn die Wörter verschiedene Bedeutung haben (vgl. § 4, I, 2, i).

a) Epik: In der mhd. überlieferten *Eneit* Heinrichs von Veldeke stehen noch vokalisch unrein *winden*:*enden*, *turne*:*gerne*, *priester*: *meister* oder konsonantisch unrein *dingen*: *gewinnen*. Auch bei Wolfram begegnen noch R.e wie *ougen*:*rouben* (P 10, 25); *vil*:*hin* (P 397, 15), er vernachlässigt gelegentlich Quantitätsunterschiede (evtl. Ancepsformen), apokopiert im R. überschießende Vokale (*gast*: *ast(e)* P 522, 17) oder gleicht Konsonanten an (*poulûn*:*rûn* P 77,27; dagegen *pflûm*:*rûm* P 655,7). Hartmann hat Bindungen wie *tuon*:*ruon* (*ruom*), die nur im Alemannischen rein waren. Es ist nicht immer mit Sicherheit zu bestimmen, ob Ungenauigkeiten im R. durch Mundart, Überlieferung oder durch formale Nachlässigkeit bedingt sind. Auch bei den verschiedenen *e*-Lauten (germ. *ë*, Umlaut-*e* und *-ä*, oft ebenfalls *e* geschrieben) sind wegen der unbestimmten lautlichen Verhältnisse genauere Differenzierungen nicht immer möglich. Gleiches gilt für Doppelformen mit wechselnden Vokalqualitäten. Als erster hat Gottfried von Straßburg eine überregionale Reinheit der R.e verwirklicht.

Auch die Häufigkeit und Art der R.wörter sind bei den einzelnen Dichtern verschieden. Bisweilen zeichnen sich gewisse R.traditionen ab, die sich auch nur aus bequemen Bindungsmöglichkeiten ergeben haben können. Wolfram z. B. verwendet *wîp*: *lîp* im *Parzival* 123mal. Einsilbige R.e sind in den höfischen Epen in der Mehrzahl. Bei Gottfried kommt der zweisilbige (klingende) R. bisweilen zur Charakterisierung lyrischer Passagen stärker zur Geltung (*Minnegrotte*). Wolframs *Titurel*strophe verlangt durchweg den klingenden R.; im *Jüngeren Titurel* wird dieser (aus R.not oft in der Form des Part. präs.) durch die Einführung des Zäsurr.s zur Manier. Manche Dichter lieben einfache, unaufdringliche Reime (Rudolf von Ems bevorzugt Pronomina), andere suchen durch seltene Wörter eine größere R.vielfalt zu erreichen (vgl. die fremdländischen Namen bei Wolfram). Beide Tendenzen können sich ergänzen (Gottfried). Für *Athis und Prophilias* (nach 1210), ein frühes Beispiel 'geblümter Rede', sind ausgefallene Reime charakteristisch. Auch Konrad von Würzburg ist bestrebt, durch ungewöhnliche, *wilde* R.e zu glänzen. Im *Nibelungenlied* ist der reine R. bis auf Reste (*Hagene*:*degene*) durchgeführt, die kleineren Heldenepen reimen z. T. großzügiger (so z. B. im *Laurin*: *biderbe*:*widere*).

b) Lyrik: Im frühen Minnesang sind Halbr.e sehr häufig: Bei den Vokalen treten nur quantitative Unterschiede auf, so bei Kürenberg (*a*:*â*, 2 von 30 Bindungen); konsonantisch unrein sind aber ein Drittel seiner R.e (*liep*:*niet*; *was*:*sach*; *jâr*:*hân*). Die Ansprüche an die R.technik steigen merklich. Schon Meinloh hat neben zweimaligem Unterschied in der Vokalqualität nur noch bei $^{1}/_{7}$ der R.e konsonantische Unreinheiten. In der Entwicklung hin zum durchgeführten reinen R. markieren die Gedichte Kaiser Heinrichs die Grenze. Friedrich von Hausen, mit dem man gewöhnlich den hohen Minnesang beginnen läßt, gehört reimtechnisch noch zum frühen Minnesang. Der R. in Veldekes Lyrik entspricht dem seiner Epen. Fenis setzt neben den reinen R. die Assonanz als Kunstprinzip (MF 80, 1) in Anlehnung an franz. Vorbilder, von denen auch die Durchreimung (Veldeke, Hausen) und andere R.formen übernommen werden. Konsonantische Unreinheiten finden sich noch bei Rugge: *mâze*:*verlâzet* (MF 101, 23) und in Gedichten, die unter Reinmars (z. T. auch Rugges) Namen überliefert sind (*wîp*:*lît* MF 103, 20; *minne*:*gedinge* MF 106, 37). Walther reimt sehr sorgfältig, in seltenen Fällen läßt auch er mundartliche R.e zu (*verwarren: pfarren* L 34, 18).

In der frühen Lyrik gibt es wie in der Epik nur Paarr.e; späterhin werden die R.stellungen für den Strophenbau immer raffinierter variiert. *Reiche Reime, Binnen-, Pausen-, Schlagreime* verstärken die Klangreize (vgl. § 4). Der R. kann zum hervorstechenden Merkmal werden in Gedichten mit Vokalspielen (Walther L 75, 25: je einer der fünf Vokale beherrscht den R. einer Strophe) oder mit durchgehendem grammatischen R. (Neifen KLD XXVII). Das Extrem dieser Klangeffekte ist in solchen Gedichten Konrads von Würzburg erreicht, in denen jedes Wort R.wort ist. Wie in der Epik dienen Fremdwortr.e neuen Klangwirkungen (Tannhäuser). Die *Waisen* (reimlose Verse) der frühen Lyrik entwickeln sich zu *Korn*-Bindungen von Strophe zu Strophe. Diese R.art ist verabsolutiert in einem vierstrophigen Gedicht Neifens (KLD VII), in dem alle Versausgänge einer Strophe jeweils nur mit denen der übernächsten reimen. Die Formkunst wurde mitunter durch R.artistik ersetzt.

5. a) in **spätmhd.** und **frühnhd.** Zeit sinkt der R. teilweise wieder auf die Stufe des frühmhd. zurück. Dabei wirken sich Lautveränderungen ebenso aus wie das nachlassende Bedürfnis nach übermundartlicher Gültigkeit der Dichtung. Neben mancherlei lautlichen Freiheiten (vgl. für die Epik die gelegentlichen konsonantischen Ungenauigkeiten in Wittenwilers *Ring* [Anf. 15. Jh.] oder für die spätma. Lyrik das *Liederbuch der Clara Hätzlerin* [1470]) begegnen selbst wieder R.e auf tonlose Endsilben (seltenere Beispiele schon bei Wittenwiler *pheiffer: lär*, Beheim *des: mannes*). Ein Tiefstand scheint erreicht in der *Pilgerfahrt des träumenden Mönchs* (nach 1400). Auf genauere R.e bedacht sind im 14. Jh. die Deutschordensdichter Heinrich von Hesler und Nicolaus von Jeroschin und die in ritterlichen Traditionen dichtenden Johannes Rothe und Ulrich Füetrer (15. Jh.), unter den Lyrikern vor allem Oswald von Wolkenstein, mehr als vor ihm etwa Heinrich von Mügeln oder später Hans Folz oder Hans Rosenplüt.

b) Die **Meistersinger** hatten strenge R.theorien aufgestellt, verstießen aber in der Praxis nicht selten dagegen, schon weil es an verbindlichen überregionalen Sprachregeln

fehlte. Adam Puschmann (16. Jh.) verlangte zwar in seiner *Tabulatur*, daß die *Bundwörter ... einerley Vocales regirn, nach vermüge hoher Deudscher sprach*; er verwirft Dialektr.e wie nürnbergisch *Mon* ('Mann'): *dauon* und empfiehlt, Tenuis und Media im R. zu unterscheiden. Eines seiner als Muster aufgeführten Gedichte schließt jedoch auf den R. *man: lhon*. Martin Luther folgte in seinen Kirchenliedern dem noch freieren R.stil der Volkslieder.

Bei den Dichtern des 16. Jh.s wie Hans Sachs, Johannes Fischart, Thomas Murner u. a. ergibt sich eine relative Reinheit der R.e oft nur auf der jeweiligen mundartlichen Grundlage. In Sebastian Brants *Narrenschiff* finden sich neben Quantitätsunterschieden mannigfache vokalische Differenzen, die sich wegen ihrer unterschiedlichen Mischung nicht alle in mundartlicher Lautung aufheben können, so wenn *â* mit *ô*, *ou* oder *uo* reimt, *ei* mit *öu* oder *œ*, *î* mit *ü*, *iu* oder *üe*. Brant repräsentiert auch in den konsonantischen Unterschieden wie *s: st*, *ch: cht*, *m: mb* neben *d: t* die übliche R.technik seiner Zeit. Bei manchen Dichtern wurden sogar tonlose Endsilben wieder stärker zugelassen, so vor allem bei dem pfälzischen Erbauungslyriker Winnenberg (16. Jh.), vgl. aber auch Hans Sachs (*Luther: Augustiner*).

6. a) Im 17. Jh. traten mit dem Streben nach einer dt. Hochsprache auch die Bemühungen um den reinen R. in ein neues Stadium. Martin Opitz forderte in seinem *Buch von der Deutschen Poeterey*, nicht nur auf die Unterschiede zwischen *d: t*, *u: ü* etc. zu achten, sondern auch auf die verschiedenen Lautungen des Buchstabens *e*. Wie schon Puschmann hält sich jedoch auch er in seinen Beispielen nicht immer an die strengen Regeln und reimt *schatten: braten*; *können: sinnen*. Mehr an der Praxis orientierte sich dagegen Philipp Harsdörffer in seinem *Poetischen Trichter* (1650): R.e zwischen „verwandten Buchstaben" (gerundeten und nicht gerundeten wie *e: ö*; *e: ä*; *ei: eu*; *i: ü*) sind ebenso wie Media-Tenuis-Verbindungen ausdrücklich erlaubt, er verwirft nur stärkere Unterschiede wie in *Gold: Schuld*; *Klang: Dank*; *brauchen: Augen*. Er nimmt auch auf wechselnde Aussprache der Wörter in den Dialekten Rücksicht. Das Ringen um eine dt. *Haubt-Sprache* (Schottel) im 17. Jh., um die rechte Lautung der Hochsprache, förder-

te die Bestrebungen um eine überregionale Reinheit des R.s. Am weitesten ist Zesen auf diesem Wege zum hochdt. R. vorangeschritten.

In den Poetiken des 17. Jh.s (Morhof, Stieler, Prasch) wird der R. immer wieder als das entscheidende Merkmal der dt. Poesie hervorgehoben, die im R.gebrauch sogar der franz., ital. und engl. überlegen sei (Wernicke, Prasch). Trotz der großen Bedeutung aber, die dem R. zugemessen wird, erreicht er weder in der Reinheit noch in der Vielfalt der Stellungen und Formen den Reichtum des mhd. R.s. Der R. wird sogar in diesem Jh. zum ersten Mal als alleiniges Verskonstituens in Frage gestellt. H. M. v. Moscherosch spottet in seinem Werk *Gesichte Philanders von Sittewald* (1640) über den R.-zwang; G. W. Sacer wendet sich in einer Satire *Reime dich oder ich fresse dich* (1673) gegen eine R.sucht, „die alles reimt, auch was ungereimt ist", und Christian Weise spricht sich in seinen *Curiösen Gedancken von deutschen Versen* (1691) dafür aus, daß die „sclaverey mit den Reimen nicht allzuweit extendiret". Direkten Anlaß für die Fragen nach Sinn, Notwendigkeit und Nachteilen des Reimes in Lyrik und Epos boten dann die reimlosen Übersetzungen von Miltons *Paradise Lost* durch E. G. v. Berge (1682) und des 'Lucan' von L. v. Seckendorf (1695).

b) In einer anonymen Breslauer *Anleitung zur Poesie* (1725) werden ungebundene und ungereimte Dichtungsarten verteidigt. Dies weist auf die tiefgreifenden Neuerungen des 18. Jh.s voraus. Auch Gottsched ist in seiner *Critischen Dichtkunst* (1730) dafür, daß „einem jeden frey" stehe, „gereimte oder ungereimte Verse zu machen", da die dt. Sprache in ihrem „Sylbenmaaß" die Voraussetzung dafür biete. An Pyras und Langes *Freundschaftlichen Liedern* (1745), von denen ungefähr ²/₃ ungereimt sind, und an der Vorrede, die J. J. Bodmer dieser Sammlung beigesteuert hatte, entzündete sich ein grundsätzlicher Streit um den R., zunächst zwischen Langes Förderer Bodmer, dem Hallenser Professor G. F. Meier und dem Satiriker A. G. Kaestner. Bodmer hatte schon in den *Discoursen der Mahlern* (1721 ff.) Bedenken gegen den R. geäußert. Mit Klopstock trat dann der bereits von Gottsched geforderte „glückliche Kopf" auf den Plan,

der mit dem *Messias* und den Oden den Beweis erbrachte, daß zu gültiger dt. Dichtung kein R. vonnöten sei. Der 'Lehrling der Griechen' schilt den R. als „bösen Geist", der in die Sprache mit „plumpem Wörtergepolter" (*An J. H. Voß*, 1782) gefahren sei. In seinen geistlichen Liedern griff er jedoch zum R. und gestattete sich auch die üblichen Freiheiten. Lessing gibt gegen die absolute Ablehnung des R.s zu bedenken, daß der R. nur den beenge, der seiner nicht Meister werde.

c) Der R. behauptete sich in der Lyrik auch nach Klopstock gegen alle Angriffe. Vor allem Goethe festigte mit seinen Liedern die Stellung des R.s wieder. In der Romantik wurden besonders die Klangreize des R.s ausgekostet (Brentano). Reimlose freie Rhythmen und Nachbildungen antiker Metren werden aber auch weiterhin gepflegt. In Verserzählungen wurde der R. nach Wieland nur noch selten verwandt, so von Eichendorff, Lenau, Droste-Hülshoff. Im Drama verlor er, abgesehen von Jugendwerken Goethes und dem *Faust*, seine beherrschende Rolle an den Blankvers. An opernhaften Stellen, an markanten Szenenschlüssen (Schiller) und bei historischen Reminiszenzen (Knittelvers im *Faust*, in *Wallensteins Lager*) wird der R. beibehalten. Er taucht gelegentlich im romantischen Drama auf (Tieck, Eichendorff, Zacharias Werner), bei Grillparzer (*Ahnfrau*, *Der Traum ein Leben*), mit parodistischem Anhauch bei Platen; dann wieder in der Neuromantik (Hauptmann, *Versunkene Glocke*), bei Hofmannsthal und schließlich mit persiflierender Tendenz bei Brecht, Peter Weiss (*Marat*).

Auf hochsprachliche R.reinheit wurde nicht immer geachtet. Gern zitiert werden Schillers meist mundartlich zu erklärende R.e wie *Menschen:Wünschen*; *Szene:Bühne*; *wimmert:dämmert*; *Röte:Städte*; *zitterten:Liebenden*. Auch Goethe bindet z. B. *Blätter:Götter*; *Flügel:Spiegel* (*Mit einem gemalten Bande*). Auf strengere R.reinheit legten Wert Hölderlin (in seinen spätesten Gedichten), Platen, Rückert.

Im 19. Jh. bleibt der R. d a s Kennzeichen der Lyrik. Erst gegen Ende des Jh.s wurde der R. erneut grundsätzlich angegriffen (Arno Holz). Mit Stefan George und Rilke erstanden aber um die Jahrhundertwende nochmals zwei Meister, die der R.bindung neues

Raffinement abgewannen. George pflegt den R. in absoluter Reinheit; in manchen Gedichten sind konsonantische Ungenauigkeiten oder Assonanzen als Stilmittel eingesetzt; in seinen späten Zyklen nehmen reimlose Verse zu.

d) Im 20. Jh. treten neben die gereimten Verse immer häufiger reimlose. Diese Tendenz können drei Anthologien zeigen: In der *Menschheitsdämmerung* (1919) sind noch $^2/_3$ der Gedichte gereimt, in zwei Sammlungen mit 'Lyrik nach 1945' (*Widerspiel*, 1961, *Dt. Lyrik auf der andern Seite*, 1960) sind die reimlosen Gedichte in der Überzahl. Heym verwandte, abgesehen von frühen Versuchen, fast durchweg den R., gestattet sich aber mancherlei Freiheiten in der R.-ordnung und vor allem im auslautenden Konsonantismus. In Stadlers langen Versen wirken die R.e eher beiläufig. Der späte Trakl bevorzugt reimlose Gedichte. Der Gebrauch des R.s bei diesen drei Lyrikern ist auch für die Folgezeit kennzeichnend: neben Gedichten ohne R. oder mit freierer R.setzung (Brecht) finden sich auch späterhin solche, in denen der R. z. T. neue Wirkungen entfaltet (Benn). Für die neuere Zeit scheint eine gewisse Erschöpfung des R.reservoirs und ein Überdruß an den vorgegebenen Klang- und Sinnschematismen charakteristisch. In einfacheren Dichtungsformen (Volkslied, Chanson, Gelegenheitsgedicht u. a.) ist der R. aber nach wie vor integrierender Bestandteil.

Die Geschichte des R.s in der dt. Lit. ist noch nicht in systematischem Zusammenhang dargestellt. Ansätze dazu finden sich bei Herm. Paul (*Dt. Metrik*, PGrundr. II, 2 [2. Aufl. 1905], §§ 79-88), bei Heusler (*Dt. Versgeschichte* [1925-29], §§ 439-466, §§ 849-853, §§ 945-954). Ein knapper Überblick über die Entwicklung in neuerer Zeit steht bei Minor (*Nhd. Metrik* [2. Aufl. 1902], S. 414-416). Epochendarstellungen gibt es zum frühmhd. R. (Pretzel) und zum R. im 17. und 18. Jh. (Fr. Neumann). Kurze R.charakteristiken zu einzelnen Dichtern oder Zeitabschnitten finden sich in Ausgaben, Abhandlungen, Metriken, Literaturgeschichten, die hier nur gelegentlich aufgeführt werden. In den Untersuchungen zum altdt. R. stehen oft grammatische Aspekte im Vordergrund (s. § 3, 6). 1. J. Chr. G o t t s c h e d, *Versuch einer critischen Dichtkunst* (1730). J. G. H e r d e r, *Sämmtliche Werke*. Hg. v. B. Suphan. Bd. 11 (1879), Bd. 12 (1880), Bd. 18 (1883). J. Chr. A d e l u n g, *Über den Dt. Styl*. Bd. 2 (3. Aufl. 1790). Erasmus Ch. R a s k, *Die Verslehre der*

Isländer. Verdeutscht v. G. Chr. Fr. Mohnicke (1830). Ludw. U h l a n d, *Schriften zur Geschichte d. Dichtung und Sage*. Hg. v. A. v. Keller. Bd. 1 (1865). *Lat. Gedichte des 10. u. 11. Jh.s*. Hg. v. Jac. Grimm u. A. Schmeller (1838). Friedr. W o l f, *Über die Lais, Sequenzen u. Leiche* (1841). Wilh. W a c k e r-n a g e l, *Altfranz. Lieder u. Leiche* (1846). Wilh. G r i m m, *Zur Geschichte d. R.s*. AbhAkBln. (1852), wiederholt in: Grimm, *Kl. Schriften*. Bd. IV (1887). Ernst v. d. R e c k e, *Zur altgerm. Metrik*. ZfdA. 23 (1879) S. 408-418. F. K l u g e, *Zur Geschichte d. R.es im Altgermanischen*. PBB. 9 (1884) S. 422-450. Rich. M. M e y e r, *Die altgerm. Poesie nach ihren formelhaften Elementen beschrieben* (1889), bes. S. 227-324. Ed. N o r d e n, *Die antike Kunstprosa*. 2 Bde (1898), bes. Bd. 2, S. 810-908. B. J. V o s, *Rime-parallelism in old high German verse*. Studies in Honor of B. L. Gildessleeve (1902) S. 435-442. Wilh. M e y e r, *Anfang u. Ursprung d. lat. u. griech. rhythm. Dichtung*. Abh. d. Bayr. Akad. d. Wiss. philos.-philol. Kl., Bd. 17, 2 Abt. (1886) S. 265-450, wiederholt in: Meyer, *Gesammelte Abhandlungen z. mittellat. Rhythmik*. Bd. 2 (1905) (S. 1-201; vgl. auch Bd. 1 (1905) u. Bd. 3 (1936). W. B. S e d g w i c k, *The Origin of Rhyme*. Revue Bénédictine 36 (1924) S. 330-346. M. H. J e l l i n e k, *Otfrids grammat. und metrische Bemerkungen*. K. Zwierzina z. 29. März 1924, S. 1-16. Karl P o l h e i m, *Die lat. R.prosa* (1925). A. S c h i r o k a u e r, *Otfrid v. Weißenburg*. DVLG. 4 (1926) S. 74-96. A. H e u s l e r, *Dt. Versgeschichte*. Bd. 2 (1927; PGrundr. 8, 2). P. H ö r m a n n, *Untersuchungen zur Verslehre Otfrids*. LitwJbGörrGes. 9 (1939) S. 1-106. C. E r d m a n n, *Leonitas. Zur mal. Lehre von Kursus, Rhythmus u. R.* Corona Quernea. Festgabe Karl Strecker (1941; Schr. d. Reichsinst. f. ält. Gesch. 6) S. 15-28. K. G. K u h n, *Zur Geschichte d. R.s*. DVLG. 23 (1949) S. 217-226. Ders., *Achtzehngebet und Vaterunser u. d. R.* (1950; Wiss. Unters. z. Neuen Testam. 1). H. B r i n k m a n n, *Verwandlung u. Dauer. Otfrids Endreimdichtung u. ihr geschichtl. Zusammenhang*. WirkWort 2 (1951/52) S. 1-15. W. S t a p e l, *Stabreim u. Endreim*. WirkWort 4 (1953/54) S. 140-151. S. G u t e n b r u n n e r, *Über Endreim altdt. Art in d. Edda*. ZfdA. 86 (1955/56) S. 55-68. J. W. D r a p e r, *The Origin of Rhyme*. RLC. 31 (1957) S. 74-85. A Supplement. RCL. 39 (1965) S. 452 f. E. J a m-m e r s, *Das mal. dt. Epos u. d. Musik*. Heidelberger Jahrbücher 1 (1957) S. 31-90. H. B r i n k m a n n, *Der R. im frühen MA*. Britannica. Festschr. f. H. M. Flasdieck (1960) S. 62-81. H. R u p p, *Die Lit. d. Karolingerzeit*. In: *Dt. Literaturgeschichte in Grundzügen*. Hg. v. Bruno Boesch (2. Aufl. 1961) S. 9-32. F. N e u-m a n n, *Lat. R.verse Hrabans*. Mittellat. Jahrb. 2 (1965) S. 85-95. G. S c h w e i k l e, *Die Herkunft d. ahd. R.es*. ZfdA. 96 (1967) S. 165-212. Klaus v. S e e, *Germanische Verskunst* (1967; Samml. Metzler). St. S o n d e r e g g e r, *Frühe Erscheinungsformen dicht. Sprache im Ahd.* In:

Typologia Litterarum. Festschr. f. M. Wehrli (1969) S. 53-81.

2. Theod. I n g e n b l e e k, *Über d. Einfluß d. R.s auf d. Sprache Otfrids* (1880; QF. 37). Charles H. H o l z w a r t h, *Zu Otfrids R.; e. rhythmisch-melodische Studie.* Diss. Leipzig 1909. Ludwig G o e r g e n s, *Beiträge z. Poetik Otfrids, insbes. die formelhaften Redewendungen u. R.wörter.* Diss. Straßburg 1909. A. M. S t u r t e v a n t, *Zum R.gebrauch Otfrids.* MLN. 28 (1913) S. 239-243. Herm. F r ä n k e l, *Aus der Frühgeschichte d. dt. Endreims.* ZfdA. 58 (1921) S. 41-64. Ludw. W o l f f, *Untersuchungen über Otfrids R.kunst.* ZfdA. 60 (1923) S. 265-283. Hans B o r k, *Chronologische Studien zu Otfrids Evangelienbuch.* (1927; Pal. 157).

3. Max R ö d i g e r, *Die Litanei u. ihr Verhältnis zu d. Dichtungen Heinrichs von Melk.* ZfdA. 19 (1876), zur R.kunst: S. 283-287. Friedr. V o g t, *Genesis u. Exodus.* PBB. 2 (1876) S. 230-280. K. K i n z e l, *Sprache u. R. d. Strassburger Alexander.* Festg. f. J. Zacher (1880) S. 25-70. Adolf L a n g g u t h, *Untersuchungen über d. Gedichte der Ava* (1880). Ernst K o s s m a n n, *Die altdt. Exodus* (1886; QF. 57) S. 6-13. Franz S p e n c k e r, *Zur Metrik d. dt. Rolandsliedes.* Diss. Rostock 1889. Gotthard B e r n d t, *Die R.e im 'König Rother'.* Diss. Greifswald 1912. Karl W e s l e, *Frühmhd. R.studien* (1925; JenGermFschgn. 9). Thomas Aq. S c h w i c k e r t, *Die R.kunst d. frühmhd. Gedichtes 'Vom himmlischen Jerusalem' verglichen mit d. übrigen Gedichten d. österr. Sprachgebietes von ca. 1130-1160.* Diss. Köln 1925. Helm. de B o o r, *Frühmhd. Studien* (1926). Albert B a y e r, *Der R. von Stammsilbe auf Endsilbe im Frühmhd. u. s. Bedeutung für d. sprachliche u. literar. Chronologie.* Diss. Tübingen 1934. Edw. S c h r ö d e r, *Eine Nachspur von Otfrids R.praxis?* ZfdA. 71 (1934) S. 166-167. Ders., *Aus der R.praxis frühmhd. Dichter.* ZfdA. 75 (1938) S. 201-215. Ulrich P r e t z e l, *Frühgeschichte d. dt. R.s* (1941; Pal. 220); Rez. v.: Ludw. Wolff, AnzfdA. 61 (1942) S. 67-75. Günther S c h w e i k l e, *Ezzos Gesang u. Memento Mori. Textphilol. und formkritische Studien, ausgehend vom frühen dt. R.* (Masch.) Diss. Tübingen 1956. *Die religiösen Dichtungen d. 11. u. 12. Jh.s.* Nach ihren Formen besprochen u. hg. von Fr. M a u r e r. 3 Bde (1964/70).

4. Karl B a r t s c h, *Untersuchungen über d. Nibelungenlied* (1865), zum R.: S. 2 ff. und S. 355 ff. Willy H o f f m a n n, *Der Einfluß d. R.s auf die Sprache Wolframs von Eschenbach.* Diss. Straßburg 1894. Bert John V o s, *The Diction and rime-technic of Hartmann von Aue.* Diss. London 1896. K. Z w i e r z i n a, *Beobachtungen zum R.gebrauch Hartmanns u. Wolframs.* Abhandlgn. z. german. Philologie. Festgabe f. Rich. Heinzel (1898) S. 437-511. K. H e l m, *Zu Heslers u. Jeroschins metrischen Regeln.* PBB. 24 (1899) S. 178-187. K. Z w i e r z i n a, *Die Eigennamen in den R.en der Nibelungen.* (Mittelhochdt. Studien 6). ZfdA. 44 (1900) S. 89-101. V. J u n k, *Unter-*

suchungen zum R.gebrauch Rudolfs von Ems. PBB. 27 (1902) S. 446-503. A. J u v e t, *Über den R.gebrauch in Bruder Philipps 'Marienleben'.* PBB. 29 (1904) S. 127-174. Wilh. P r ö n n e c k e, *Studien über d. niederrhein. 'Marienlob'.* Diss. Göttingen 1905. Walther B r a c h m a n n, *Zum R.gebrauch Herborts von Fritzlar.* Diss. Leipzig 1907. Otto Ernst M a u s s e r, *R.studien zu Wigamur.* Diss. München 1906. A. N o l t e, *Die klingenden R.e bei Hartmann, Gottfried u. Wolfram.* ZfdA. 51 (1909) S. 113-142. Laura G r e u l i c h, *R.studien zu Wirnt von Gravenberg.* Diss. Heidelberg 1914. K. P l e n i o, *Strophik von Frauenlobs Marienleich.* PBB. 39 (1914) S. 290-319. M. K l e i n b r u c k n e r, *R.gebrauch Konrads von Würzburg im 'Engelhard'.* Progr. Duppau 1916. G. F r a u s c h e r, *Der Einfluß d. R.es auf d. Gebrauch d. Fremdwörter in Ottokars österr. R.chronik.* PBB. 43 (1918) S. 169-176. Edw. S c h r ö d e r, *R.studien I, II.* GGN., phil.-hist. Kl. 1918, S. 378-392; 407-428. Ders., *R.studien III.* Ebda. Fachgr. 4 N. F. 1, 6 (1935) S. 95-150. Emma B ü r c k, *Sprachgebrauch u. R. in Hartmanns 'Iwein'* (1922; Münchner Texte, Erg.reihe 2, 1). Günther M ü l l e r, *Studien z. Formproblem d. Minnesangs.* DVLG. 1 (1923) S. 61-103. Ders., *Strophenbindung bei Ulrich von Lichtenstein.* ZfdA. 60 (1923) S. 33-69; S. 41-47 eine Reimklassifikation zu Reinmar, Walther, Burkart v. Hohenfels, Winterstetten, Neifen, Tannhäuser. H. S c h n e i d e r, *Eine mhd. Liedersammlung als Kunstwerk.* PBB. 47 (1923) S. 225-260. Herm. M e i e r, *Zum R.gebrauch im Herzog Ernst D und bei Ulrich von Eschenbach.* Diss. Marburg 1930. Werner L e n n a r t z, *Die Lieder u. Leiche Tannhäusers im Lichte d. neueren Metrik.* Diss. Köln 1932. Friedr. G e n n r i c h, *Grundriß einer Formenlehre d. mal. Liedes* (1932). Ernst S c h w a r z i n g e r, *R.- und Wortspiel bei Rudolf von Ems.* (Masch.) Diss. Wien 1933. K. H. H a l b a c h, *Formbeobachtungen an staufischer Lyrik.* ZfdPh. 60 (1935) S. 11-22. Gertraud W e h o w s k y, *Schmuckformen u. Formbruch in d. dt. R.paardichtung d. MA.s.* Diss. Breslau 1936. K. H. H a l b a c h, *Walther-Studien I.* ZfdPh. 65 (1940) S. 142-172. Ders., *Waltherstudien II.* Festschr. f. W. Stammler (1953) S. 45-65. Bert N a g e l, *Der dt. Meistersang* (1952). Werner H o f f m a n n, *Altdeutsche Metrik.* (1967; Samml. Metzler).

5. Fr. V o g t, *Von d. Hebung d. schwachen e. Ein Beitr. z. Gesch. d. dt. Versbaus.* Festschr. z. 70. Geb. Rud. Hildebrands (1894) S. 150-179. Erich S c h m i d t, *Dt. R.studien I.* SBAkBln. XXIII (1900) S. 430—472. Johann R i e s e r, *Geschichte d. R.s in der dt. Lit. I. 1. 2.* Progr. Zug 1908/09. Bruno M a r k w a r d t, *Gesch. d. dt. Poetik.* Bd. 1-5 (1937-1967). A. R. H o h l f e l d, *Umlaut u. R.* MhDt Unt. 34 (1942) S. 210-222. Eric A. B l a c k a l l, *Die Entwicklung des Dt. z. Literatursprache. 1700-1775. Mit einem Bericht über neue Forschungsergebnisse 1955-1964.* Von D. Kimpel (1966). Klaus S c h u p p e n h a u e r, *Der Kampf um d. R. in d. dt. Lit. d. 18. Jh.s* (1970). —

E. Heilborn, *Die e-Reime bei Opitz.* PBB. 13 (1888) S. 567-572. W. Braune, *Zu den dt. e-Lauten.* Ebda. S. 573-585. Ebbel Roelfs Wessels, *Studien zur dt. R.sprache d. 16. Jh.s.* Diss. Göttingen 1931. Friedr. Neumann, *Gesch. d. nhd. R.es von Opitz bis Wieland* (1920); ergänzend ders., *Der Altonaer 'Joseph' u. d. junge Goethe.* Germanica. Festschr. f. E. Sievers (1925) S. 591-631. M. H. Jellinek, *Die eu-Reime bei Opitz.* PBB. 43 (1918) S. 286-296. Ders., *Zu den e-Reimen der Schlesier.* PBB. 44 (1920) S. 330-334. — Franz Schlüter, *Studien über d. R.technik Wielands.* Diss. Marburg 1900. H. Jeß, *Über die Behandlung d. R.s bei Gellert.* Euph. 8 (1901) S. 576-610. K. L. Schneider, *Die Polemik gegen d. R. im 18. Jh.* Dtschunt. 16 (Stuttgart 1964) H. 6, S. 5-16. — W. Pfleiderer, *Die Sprache d. jungen Schiller.* PBB. 28 (1903) S. 300-307. O. Rommel, *Vers u. R. im Wiener Musenalmanach.* In: Rommel, *Der Wiener Musenalmanach 1777-1796* (1906). Bruno Wehnert, *Goethes R.* Diss. Berlin 1899. H. Henkel, *Von Goetheschen R.en.* GJb. 28 (1907) S. 231-233. J. Frankenberger, *Der R. im Kurzvers. Zu Goethes Verskunst.* Von dt. Sprache u. Art (1925) S. 30-39. A. R. Hohlfeld, *Zu Goethes R.en, bes. im 'Faust'.* MhDtUnt. 35 (1943) S. 195-204. — Karl Mutschler, *Der R. bei Uhland.* Diss. Tübingen 1919. Arno Holz, *Revolution d. Lyrik* (1899). Ders., *Die befreite dt. Wortkunst* (1921). H. L. Stoltenberg, *Arno Holz u. d. dt. Sprachkunst.* ZfÄsth. 20 (1926) S. 156-180. Harry S. Cannon, *Rhyme and Alliteration in Carl Spitteler.* ModPhil. 23 (1925/26) S. 189-200. Annemarie Wagner, *Unbedeutende R.wörter u. Enjambement bei Rilke u. in d. neueren Lyrik* (1930; Mnemosyne 5). Bertold Brecht, *Über reimlose Lyrik mit unregelmäßigen Rhythmen.* Das Wort 4, 3 (1939) S. 122-127; erweitert in: *Versuche,* H. 12 (1953) S. 143-147. C. Grant Loomis, *The range of Rilke's rhymes.* Modern Language Forum 17 (1943) S. 183-186.

§ 3. Funktion und Wesen des Reims.

1. Der Endr. hat seit seinem ersten Auftreten in der dt. Dichtungsgeschichte verskonstituierende Funktion. Dies hatte schon Otfried erkannt: Im Liutbert-Vorwort stellt er dem antiken Metrum den in seiner Dichtung verwendeten Endr. als Versprinzip gegenüber. Daß bei unbestimmtem Rhythmus der R. „fast noch der einzige Anhalt" sei, hat dann Uhland (wie schon Fr. Schlegel, *Gesch. d. alt. u. neuen Lit.,* 1812) bei seiner Beschäftigung mit früher Dichtung konstatiert (*Schriften* I, S. 376). Das innere Wechselverhältnis von R. und Rhythmus wurde von Minor (*Metrik,* S. 381) auf die Formel gebracht: „je künstlicher der Rhythmus, um so entbehrlicher der Reim; je kunstvollere Reime, um so schwächer entwickelt der Rhythmus." Nach Lipps (*Ästhetik,* I, S. 400 ff.) tritt der R. zum Versrhythmus „als ein verwandtes und doch auch wiederum dazu gegensätzliches Element". Lange hat der R. im Dt. als integrierendes Merkmal der Dichtung gegolten: in Lyrik und Drama bis ins 18. Jh., in der Epik auch noch nach dem Auftreten des Prosaromans im 13. Jh. bis ins Spätma. Goethe schrieb in *Dichtung und Wahrheit* (III, 11; mit einer auf den „reinen vollkommenen Gehalt" bezogenen Einschränkung), durch „den Rhythmus wie den Reim" werde „Poesie erst zur Poesie".

Indem der R. den Einzelvers abschließt (vgl. Barockterminologie: *Reimschluß*), verknüpft er ihn gleichzeitig mit anderen Versen zu höheren metrischen Einheiten (R.paar, Strophe). Zu dieser fundamentalen Doppelfunktion, „scheiden und verbinden" (Lipps), tritt die gliedernde. In strophischer Dichtung macht der R. den Aufbau kenntlich (z. B. Stollen, Aufgesang, Abgesang, Perioden). Häufig stimmt die durch ihn markierte metrische Struktur mit der syntaktischen überein (bes. in früher Dichtung oder in einfacheren Formen); vom 12. Jh. an werden aber auch die Spannungen der Gegenläufigkeit gesucht (R.brechung). Neben der gliedernden Funktion wurde in der mhd. Lyrik die schmückende (ornamentale) bedeutsam: Durch kunstvolle R.spiele und R.bezüge können die Strophen zu komplizierten Klanggebilden werden; die R.e finden bisweilen erst nach mehreren Versen oder in den folgenden Strophen ihre Erwiderung. Auch im Barock und in der Romantik wurde auf den R. als Klangform Wert gelegt.

2. Reimtechnik: An die Genauigkeit des R.s wurden je nach Zeit und Kunstwollen der einzelnen Dichter wechselnde Anforderungen gestellt. In der ahd. und frühmhd. Zeit genügten assonierende Bindungen. Auf Grund der Lautform der ahd. Sprache und der versrhythmischen Akzentuierung (klingende Kadenz) waren die noch vollvokalischen Endsilben vollwertige R.träger, zumal im Rahmen der anspruchsloseren R.technik. Wenn behauptet wird, der dt. R. verlange im Gegensatz zum lat.-romanischen wesensmäßig die Stammsilbe, so wird dabei ein Resultat der nach-ahd. Sprachentwicklung zu einem

ursprunghaften Prinzip erhoben: „Es stimmt nicht, daß ein eingewurzeltes germanisches Gesetz Stammsilbenreim verlangt" (Wesle). Bildungs- und Flexionssilben bleiben reimfähig, solange sie einen vollen Vokal und damit einen Nebenakzent haben (mhd. *-ôt, -în, -ære;* nhd.: *-keit, -heit, -lich, -lein* u. a.). Entscheidend ist nicht die grammatische Klassifikation, sondern die akzentuelle und lautliche Valenz.

Auch nachdem der reine R. zur Norm geworden war, gab es mannigfache lautliche und rhythmische Freiheiten, die jeweils verschieden eingeschätzt wurden. Nicolaus von Jeroschin (14. Jh.) urteilte in seiner *Kronike von Pruzinlant: vil wort man glîche schrîbit,/ der luit unglîch sich trîbit;/sulch rîmen sol man mîden* (v. 243 ff.). Im 17. Jh. stand Harsdörffer (*Nürnberger Trichter*), der Bindungen verwandter Laute als erlaubt betrachtete, gegen Opitz, Zesen, Weise, Wagenseil. Stieler erhob das Ohr zum Richter bei Diskrepanzen von Aussprache und Schreibung. Brockes indes wollte, daß man spreche, wie man schreibe und so auf die „Reinigkeit der Reime" achte. Bürger bezeichnete in seinem *Hübnerus redivivus* (1791) R.e von gerundeten auf ungerundete Vokale als „nicht völlig richtige, doch wenigstens verzeihliche Reime"; er hielt es im übrigen für eine Frage der Stilschicht, ob auch „bloß ähnlich klingende Reimwörter gut zu heißen" seien. Schiller und Goethe gaben durch ihren R.gebrauch ein Beispiel für eine ungezwungenere Handhabung. Goethe erklärte nachdrücklich den Gehalt für wichtiger als die technische Perfektion der R.ung (*Dichtung und Wahrheit; Gespräche mit Eckermann*). Den „lässigen Reim" des *West-Östlichen Divans* machte Heusler für die „Verlotterung in Heines Buch der Lieder" verantwortlich. Mörike konnte sich bei seinem Plädoyer für eine liberalere R.praxis nicht nur auf die „größten Dichter" berufen, er sah auch in Lautdifferenzen wie *Stille : Fülle,* „sparsam eingemischt . . . einigen Reiz, . . . der auf vermehrter Mannigfaligkeit beruhe." Liliencron aber schrieb gegen solche Lizenzen seine Parodie *Deutsche Reimreinheit.*

Wie der Begriff 'R.gefühl' sagt, führt die Frage der R.ansprüche letztlich in die irrationalen Bereiche des Geschmacks. So gehen auch die Ansichten auseinander, ob Differenzen bei der Qualität der Vokale oder Konsonanten oder bei der Quantität der Vokale gravierender seien. Die Postulate der Formdogmatiker finden im tatsächlichen R.gebrauch, vollends im Verhältnis zur Absolutheit ihrer Ansprüche, nicht immer eine ausreichende Stütze. Nicht alle R.kritiker waren so einsichtig wie W. Grimm, der Bindungen verwandter Laute für unbedenklich erklärt. Selbst auf den R. bedachte Dichter wie Platen, Rückert oder George verwirklichen das in den Poetiken vertretene Ideal des reinen R.s nicht durchweg.

Ein einschneidender Wandel in den lautlichen Anforderungen an den R. spiegelt sich in der Geschichte des rührenden R.s. Während er im Mhd. erlaubt war, wird er schon bei den Meistersingern als Fehler gerechnet. Im Mhd. war der R. noch stärker ins Versganze integriert, was sich auch terminologisch niederschlug (vgl. § 1). Es scheint, daß mit der terminologischen Sonderung des R.wortes vom Vers der rührende R. anders beurteilt wurde; seine Abwertung könnte mit eine Folge formtheoretischer Überlegungen gewesen sein. Im allgemeinen erwartet das moderne R.gefühl im R.wort nicht nur den Gleichklang, sondern auch die voraufgehende Dissonanz (den *Unreim*). Aber auch in anspruchsvolleren Dichtungen werden rührende R.e (identische und äquivoke) immer wieder als bewußtes Stilmittel eingesetzt. (Ramler, Lessing, Novalis, Tieck, Goethe, Schiller, Chamisso, Trakl, Brecht u. a.).

3. R e i m ä s t h e t i k : Mit der Ausbildung der formalen Fertigkeiten wurde nicht allein auf einen genaueren R. Wert gelegt, sondern auch darauf, seine W i r k u n g e n zu variieren, wobei die Tendenzen (oft im selben Werk) gegenläufig auftreten konnten: Der R.klang wurde nicht nur stärker zur Geltung gebracht, sondern auch gedämpft, z. B. durch die Wahl unbedeutender Formwörter (vgl. Gottfried von Straßburg, Rudolf von Ems, in neuer Zeit Goethe, Heine, Rilke u. a.) oder dadurch, daß er nur in größeren Abständen verwendet wurde, so in Volksliedstrophen, in denen lediglich jeder zweite Vers reimt (auch bei Heine häufig), oder in neueren Langvers-Gedichten (Stadler u. a.). Weibliche R.e dienen, gegenüber den im allgemeinen häufigeren männlichen, bisweilen dazu, lyrische Stimmungen zu charakterisieren (*Tristan,* Minnegrotte). Bürger empfand (wie Voß und Platen) den weiblichen R. im Deutschen (ver-

glichen mit dem italienischen) wegen des tonlosen *e* in der Endsilbe als störend. Des Wohlklangs wegen plädierte er zumindest für einen regelmäßigen Wechsel von männlichen und weiblichen R.en. Überlegungen zur Symbolik der R.klänge wurden besonders in der Romantik angestellt (A. W. Schlegel).

Das Streben nach einer Vermehrung der dichterischen Ausdrucksmöglichkeiten führte zu einer Erweiterung des R.wortschatzes. Hinzu kam das Bedürfnis, allzu gebräuchlichen abgenutzten R.bindungen auszuweichen oder durch ungewöhnliche R.wörter besondere Wirkungen zu erzielen. Alle drei Beweggründe lassen sich schon in mhd. Dichtung beobachten: Zur Bereicherung des R.-bildes wurden seltene Wörter, Fremdwörter, fremdländische Namen herangezogen, sowohl in der Lyrik (im 13. Jh. besonders bei Ulrich von Lichtenstein, Tannhäuser) als auch in der Epik (Wolfram, Konrad von Würzburg). Auch in neuerer Zeit werden die besonderen Wirkungen, welche die im Vers exponierten R.wörter erlauben, gerne genutzt: Heine bezeichnete die musikalische Bedeutung des R.s als wichtig: „Seltsame, fremdgrelle Reime" seien wie „eine reichere Instrumentation". Im 18. Jh. schlug sich die klassische Bildung auch im R. nieder (*Cythere* : *Ehre*, Wieland). Im 19. Jh. wurden exotische R.e Mode (*Karrou* : *Gnu*, Freiligrath); Fremdwörter im R. sind allgemein dem Lokal- oder Zeitkolorit dienlich (*Volière*: *Imaginäre*, Rilke), altertümliche oder mundartliche Wörter verleihen einen Hauch von Volkspoesie (*Schritt*:*nit*, *Turnei*:*treu*,Uhland); medizinische u. a. Fachtermini tauchen bei Benn im R. auf (*unkategorial* : *zerebral*). Auf komische oder groteske Pointierungen des R.s legten es die Autoren humoristischer Werke an (Kortum, Wieland, Busch, Eugen Roth u. a.). Heine vor allem handhabe den R. als Mittel der Ironisierung: *Menschen*: *abendländ' schen; Romantik*: *Uhland, Tieck* (*Wintermärchen*). Durch das jeweilige R.vokabular ergeben sich im Reimstil z. T. beträchtliche und kennzeichnende Unterschiede zwischen einzelnen Dichtern (vgl. z. B. George und Rilke).

Neben der Variation der Quantität und Qualität des R.klanges ist auch die Art seiner Einordnung in den Versfluß von Bedeutung. Otfried hat Syntax und Lautung gelegentlich dem R. untergeordnet. Flickr.e sind im Frühmhd. noch häufig, kommen aber auch später immer wieder vor, selbst bei Formkünstlern wie Wieland. Verstöße gegen die Sprachkorrektheit des R.s wegen werden in neuerer Dichtung karikierend angewandt (Heine, Scheffel, Brecht). Die wie selbstverständlich wirkende Einpassung der R.e in Versfluß und Sinnzusammenhang wurde schon von Gottfried von Straßburg als hohe Kunst gepriesen (Literaturstelle v. 4716 ff.). Logau schrieb: „Reime, die gezwungen sind, haben wenig Art." Gottsched rühmte die „Belustigung" und Harmonie der R.e, wenn sie „gleichsam von sich selber fließen." Lessing betrachtete es als „Verdienst", dem R. „durch geschickte Wendungen eine so nothwendige Stelle anzuweisen, daß man glauben muß, unmöglich könne ein ander Wort anstatt seiner stehen."

4. Als zwei Pole des R.s werden Sinn- und Klangr. einander gegenübergestellt. Mit völkerpsychologischer Idealisierung wurde schon behauptet, der Sinnr. sei typisch germanisch, während der Klangr. für die rom. Völker charakteristisch sei. Es wird darauf verwiesen, daß in dt. Sprache der R. sich vornehmlich auf sinntragende Silben (Stammsilben) stütze, während im Rom. auch Endungssilben R.träger sein können. Für diese Unterschiede finden sich jedoch in den jeweiligen Sprachstrukturen sachlichere Erklärungen. Sinn- und Klangr. haben in der Geschichte des dt. R.s ihren gleichwertigen, von der jeweiligen Formhaltung bestimmten Platz. Goethe läßt Faust sagen, der R. befriedige „Ohr und Sinn" (v. 9374).

Der Einfluß des R.s auf den Sinn und die vom R. ausgehenden Gedanken- und Motivassoziationen wurden unterschiedlich beurteilt. Harsdörffer lobte, „der Reimschluß" gebe „zu feinen Gedanken Ursach, welche in ungebundener Rede übergangen werden." Bodmer kritisierte die R.e als „kahles Geklapper gleichthönender End-Buchstaben", welche die „Gedancken hemmen". Gottsched hielt dem entgegen, „guten Köpfen" helfe der R. eher, „gute Gedanken anzubringen". Herder zitiert Pope, der den R. *echo to sense* nannte; er befand, dem einen Dichter sei der R. „ein Ruder", andern „ein Steuer" oder ein „Erwerbmittel der Gedanken" oder eine „Werb-Trommel". Für George ist der R. „bloss ein wortspiel wenn zwischen den

urch den reim verbundenen worten keine
nnere verbindung besteht." Goethe gab dem
R.wort an rhetorischen und pathetischen Stel-
en ein besonderes Gewicht; er war ein Mei-
ter des bedeutungsvollen R.gebrauchs (vgl.
. B. *Faust I*, 1224 ff.: *Wort, Sinn, Kraft, Tat*
der *Helena-Akt* 9377 ff.). Auch bei andern
Dichtern stehen signifikante Wortpaare oft
n Reim (z. B. bei Trakl: *Verwesung : Gene-
ung; Ratten : Schatten*). Logaus Forderung:
So sei der Sinn der Herr, so sei der Reim
er Knecht" fand, gewollt und mehr noch
ngewollt, nicht immer Beachtung. Über
. T. absonderliche Auswirkungen der Reim-
ot und R.armut spottete schon Moscherosch
17. Jh.), ebenso wie J. Chr. Günther. Benja-
nin Neukirch gestand: „Nennt ich die Rosi-
s / der erden lust und wonne / So setzt' ich
leich darauff: schön/wie die liebe sonne."
Ähnlich äußerte sich zur franz. Dichtung
Boileau. Auch Wieland ironisierte die durch
en R. gegebenen Denk- und Bildschablo-
en: „. . . und wenn es Ranken/von Reben
nd Geissblättern sind,/So haben wir's wie-
er dem Reim zu danken." Hoffmann von
'allersleben klagte über die Eigenwilligkeit
er Reime; Platen nahm die Billigkeit von
Trivialreimen aufs Korn. Schon Bürger hatte
ndes gegen die Klagen über abgenützte R.e
u bedenken gegeben: „Es kann aber sehr
ft mit sehr alten und abgedroschenen Rei-
en ein sehr neuer und schöner Gedanke be-
tehen." Oder Karl Kraus: „Wenn Worte
hren Wert behalten,/kann nie ein alter Reim
eralten." Erich Schmidt hat an Goethes
'aust durch einen Vergleich von Prosa- und
'ersfassungen aufgezeigt, wie der R. den
inn führen kann (S. 17 ff.).

5. Daß der R. in der S p r a c h e angelegt
ei, wurde immer wieder ausgesprochen.
Hamann meinte: „Wenn der R. zum Ge-
chlechte der Paronomasie gehört: so muß
as Herkommen desselben mit der Natur der
prachen und unserer sinnlichen Vorstellun-
en beynahe gleich alt seyn." Hegel ent-
eckte im R. der romantischen Poesie das
Bedürfnis der Seele, sich selbst zu verneh-
nen." Schopenhauer bemerkte, daß ein
glücklich gereimter Vers . . . die Empfin-
ung erregt, als ob der darin ausgedrückte
Gedanke schon in der Sprache prädestinirt,
n präformirt gelegen" habe. Nach Benn wird
der lyrische Autor" den R. „wohl immer . . .
ls ein Prinzip empfinden, das nicht er selber

ist, sondern das ihm von der Sprache nahegelegt wird."

Prästabilierte Harmonien scheinen sich in
R.paaren wie *Quelle : Welle; Not : Tod;
Zecher : Becher; klingen : singen* zu verraten.
Solche Bindungen, die sich auch schon auf
älteren Sprachstufen finden (got. *dauþs*
[Adj.] : *nauþs;* ahd. *quellan : wellan* [Verb]),
lassen sich gegen Wundts einseitige Theorie
anführen, der R. sei aus reduzierten Wortwiederholungen entstanden. Zudem ergeben
sich in Sprachen mit vollen Endungen R.bin-
dungen oft schon unwillkürlich durch syntaktischen Gleichlauf.

In Überlegungen, welcher Sprache der R.
wohl am angemessensten sei, werden bisweilen subjektive Empfindungen verabsolutiert.
Es berührt angesichts der großen Zahl bedeutender dt. R.dichtungen und der Selbstverständlichkeit, mit der sich der R. in der
Volksdichtung hält, eigenartig, wenn der R.
seit dem 19. Jh. immer wieder als ein der dt.
Sprache im Grunde fremdes Prinzip hingestellt wird (vor allem von Heusler), das den
Stabreim als das eigentlich dt. Wesen entsprechende Verselement zum Nachteil der dt.
Sprache und Dichtung verdrängt habe. Man
hat sich bei diesem Urteil auf Klagen über
R.not berufen, ohne zu bedenken, daß dazu
bei Stabreimdichtungen mindestens ebensoviel Anlaß gegeben wäre (vgl. die Wiederer-
weckungsversuche im 19. Jh.: Wagner, Jordan). Man hat weiter darauf hingewiesen,
daß es im Dt. auf manche wichtige Wörter
keinen „natürlichen" R. gebe, so auf *Tochter,
Frühling, Kirche, Mensch, deutsch.* „Ob sich
gleich auf deutsch nichts reimet,/Reimt der
Deutsche dennoch fort" (Goethe). Barock-
poetiker vertraten mit Vorliebe die Meinung,
daß der R. in keiner Sprache so gut ausgebildet sei wie im Dt.; Canitz (2. Hälfte des
17. Jh.s) jedoch beneidete die Franzosen,
weil bei diesen „Vernunft und Reim gern bei
einander" stehen. Ob der R. von außen in
die dt. Dichtung gelangt sei, ist strittig, nicht
dagegen, daß die dt. reimlosen Formen auf
außerdt. Anstöße zurückgehen. Antike, ital.,
engl. Dichtung in reimlosen Versen (*versi
sciolti, blank verse*) wurde vor dem 18. Jh.
ganz selbstverständlich in dt. R.verse übertragen, da man den R. als integrierenden Bestandteil gerade der dt. Dichtung betrachtete.
Fr. Schlegel meinte noch: „der Reim geht aus
dem ursprünglichen Wesen der dt. Sprache

selbst hervor." In einfacheren Formen macht auch heute noch der R. das Gedicht. Erst ein gestauter Überdruß an der Fülle billiger Reimereien mag mit dazu geführt haben, daß im 19. Jh. ein 'germ.' Stabreim gegen einen 'welschen' Endr. ausgespielt wurde. Die Urteile über den R. sind, insgesamt gesehen, so vielfältig und schillernd wie das Phänomen.

6. Der R. als Hilfsmittel der Philologie: Wenn ältere Literaturwerke bei der Tradierung in andere Dialekte oder spätere Sprachstufen umgesetzt wurden, blieben in den R.en noch am ehesten originale Formen erhalten. Man kann also u. U. aus den R.en gewisse Hinweise auf den ursprünglichen Dialekt und aus dem wahrscheinlichen Laut- und Formenstand (R.grammatik) auf die Abfassungszeit und auch auf Handschriftenverhältnisse und die Textgeschichte gewinnen. Der R. wurde besonders wichtig zur Erforschung der Sprachform Veldekes (vgl. Ausgabe von Frings/Schieb, II, 1965). Der R. wurde weiter bei Echtheitsfragen oder bei Überlegungen zur Strophenfolge, zu zyklischen Reihungen oder auch zu Beziehungen zwischen den Dichtern (Reinmar-Walther-Fehde) als Kriterium herangezogen. Wieweit bei dem relativ begrenzten R.kanon im Mhd. dabei sinnvolle Schlüsse möglich sind, ist schwer zu entscheiden. Auch in neuerer Zeit können R.bindungen Rückschlüsse auf die Dialektaussprache eines Dichters ermöglichen, vor allem im Barock, aber auch später noch von Schubart bis George.

G. Ph. Harsdörffer, *Poetischer Trichter*. I. Theil. Die 3. Stund: S. 32 ff. (2. Aufl. 1650). J. J. Bodmer, *Die Discourse der Mahlern* (1721-1723). 7. Discours: S. 49 ff. G. E. Lessing, *14. Brief: Über d. R.* (1753). In: *Sämtl. Schriften*, hg. v. K. Lachmann, Bd. 5 (1890). J. G. Hamann, *Kreuzzüge d. Philologen* (1762). In: *Sämtl. Werke*, hg. v. J. Nadler, Bd. 2 (1950) S. 214 ff. J. G. Herder, *Briefe zur Beförderung d. Humanität* (1793 ff.), 7. Sammlung. In: *Sämmtl. Werke*, hg. v. B. Suphan, Bd. 18 (1883) S. 29 ff. Fr. Schlegel, *Geschichte d. alten u. neuen Litteratur* (1815). In: *Sämtl. Werke*, Bd. 2 (1822) S. 264 ff. A. Schopenhauer, *Die Welt als Wille u. Vorstellung* (1818). In: *Sämtl. Werke*, hg. v. A. Hübscher, Bd. 2 (1949), Kap. 37: Zur Aesth. d. Dichtkunst. Fr. Hegel, *Vorlesungen über Aesthetik*. Bd. 3. In: *Sämtl. Werke*, hg. v. H. Glockner, Bd. 14 (1954). *Der Reim*: S. 303 ff. H. Heine, *Gedanken und Einfälle*. In: *Sämtl. Werke*, hg. v. O. Walzel, Bd. 10 (1915) S. 261 ff. W. Wundt, *Das Lied*. In: *Völkerpsychologie*,

Bd. 3 (2. Aufl. 1908) S. 328-347. St. George, *Über Dichtung*. In: *Werke*, Bd. 1 (1958) S. 530 f. G. Benn, *Probleme d. Lyrik* (1951). In: *Ges. Werke*, hg. v. D. Wellershoff, Bd. 1 (1959). Caspar Poggel, *Grundzüge einer Theorie d. R.es und d. Gleichklänge* (1834). B. Delbrück, *Der dt. R. Im Neuen Reich 2, 1* (1872) S. 880-895. Ewald Kunow, *Beobachtungen über das Verhältnis d. R.s zum Inhalt bei Goethe*. Progr. Stargard 1888. O. Behaghel, Rez. in: Litbl. 12 (1891) Sp. 154 f. Rud. Hildebrand, *Zum Wesen d. R.s, auch d. Stabreims*. ZfdU. 5 (1891) S. 577-585. Ders., *Noch einmal zum Wesen d. R.s.* ZfdU. 6 (1892) S. 1-6. Sigmar Mehring, *Der R. in s. Entwicklung u. Fortbildung* (2. Aufl. 1891). W. Wartenberg, *Über d. Bedeutung d. Unreims für den R.* ZfdU. 6 (1892) S. 62-63. Alexander Ehrenfeld, *Studien zur Theorie d. R.s.* T. 1.2 (Zürich 1897, 1904). H. v. Gumppenberg, *Das euphonische Gesetz d. unreinen R.e.* LE. 1 (1899) Sp. 898 ff. Erich Schmidt, *Dt. R.studien I.* SBAkBln. 23 (1900) S. 430-472. E. Steiger, *R. u. Rhythmus*. LE. 2 (1900) Sp. 1609-1612. S. Mehring, *Der R. auf d. Bühne*. Nation 19 (1902) S. 811-813. Oskar Weise, *Ästhetik d. dt. Sprache* (1903; 4. Aufl. 1915). K. Spitteler, *Die Lehre vom R.* Kunstwart 24, 1 (1910) S. 35-37. Ernst Bergmann, *Die Begründung d. dt. Ästhetik durch A. G. Baumgarten u. G. F. Meier* (1911) S. 119-127. Ernst Bednara, *Verszwang u. R.zwang.* 2. Teil (R.zwang). Progr. Leobschütz 1912. K. Spitteler, *Über d. tiefere Bedeutung von Vers u. R.* Kunstwart 26, 7 (1913) S. 10-13. F. Herholtz, *Das Fremdwort im R.* ZSprV. 28 (1913) Sp. 168-170. Ad. Mayer, *Zur Psychologie d. R.gefühls.* Die Kultur 14 (1913) S. 449-454. R. M. Meyer, *Über R.findung.* LE. 15 (1912/13) Sp. 1313-1321. Karl Weiss, *Von R. u. Refrain.* Imago 2 (1913) S. 552-572. Theodor Lipps, *Ästhetik.* T. 1 (2. Aufl. 1914) S. 400 ff. H. L. Stoltenberg, *Schwebreime.* ZfÄsth. 11 (1916) S. 198-200. R. Blümel, *Zum Reim.* ZfdU. 31 (1917) S. 22-23. K. Bretschneider, *Vom Reim.* NJbbAGLP. 20. Jg., Bd. 39 (1917) S. 204-207. Gerh. Pohl, *Der Strophenbau im dt. Volkslied* (1921; Pal. 136). G. Schläger, *Der R.trieb als Wortschöpfer.* ZfDtk. 35 (1921) S. 289-299. R. Blümel, *R. und Tonhöhe im Nhd.* PBB 46 (1922) S. 275-296. Ders., *Bedingungen für d. R.* PBB. 48 (1924) S. 315-318. Henry Lanz, *The physical Basis of rime.* PMLA. 41 (1926) S. 1010-1023. G. Heine, *Von Rhythmen u. Reimen.* Neue Jbb. f. Wiss. u. Jugendbildung N. F. 3 (1927) S. 411-423. H. Lützeler, *R.form als Sinnbild.* ZfDtk. 46 (1932) S. 429 bis 433. William C. Maxwell, *R.wortuntersuchungen im Deutschen.* Diss. Heidelberg 1932. R. G. Binding, *Geheimnis und Gesetz d. Reims.* Dt. Wort 11, Nr. 14 (1935) S. 2 bis 4. Ders., *Wesen u. Wert d. Reims im Gedicht.* Lit. 39 (1936/37) S. 5-9. B. Snell, *Das Spielen mit dem R.* Lit. 39 (1936/37) S. 146-147. B. v. Heiseler, *Brief über den R.* In: Hei seler, *Ahnung u. Aussage* (1939), erweitert zu: *Über den R. und die Reinheit der Form,* in: Heiseler, *Gesamm. Essays.* Bd. 2 (1967) S. 305-315. R. P a u l s e n, *Seid sparsam mit dem R.* Westerm.s Monatsh. 85 (1940) S. 211-212. W. D e n e k e, *Der R. als Führer u. Verführer.* Der getreue Eckart 20 (1942) S. 53-56. W. B a r r e t t, *Pilgrim to Philista. An essay on rime.* Partisan Revue 13 (1946) S. 126-129. W. S i e b e r t, *Vom R.* Fähre 1 (1946) S. 485-493. B. v. H e i s e l e r, *Gespräch über d. R. u. die Reinheit der Form.* Merkur 1 (1947) S. 149-155. H. L. S t o l t e n b e r g, *Neue Reime.* WirkWort 4 (1953/54) S. 26-27. O. L o e r k e, *Vom Reimen.* In: Loerke, *Gedichte u. Prosa,* hg. v. P. Suhrkamp, Bd. 1 (1958) S. 713-730. P. R ü h m k o r f, *Die soziale Stellung d. R.s. Karl Kraus oder die Grenzen der Wesensbeschwörung.* Grüße H. Wolffheim z. 60. Geb. (1965) S. 103-111.

K. Z w i e r z i n a, *Mhd. Studien. 8. Die e-Laute in den Reimen der mhd. Dichter.* ZfdA. 44 (1900) S. 249-316. Ders., *Mhd. Studien. 12. Der rührende R.* ZfdA. 45 (1901) S. 286-313. A. S c h i r o k a u e r, *Studien zur mhd. R.-grammatik.* PBB. 47 (1923) S. 1-126. Heinrich J i l e k, *Der Umlaut von u in den R.en der bair.-österr. Dichter der mhd. Blütezeit* (1927; Prager dt. Studien 41). E. S c h r ö d e r, *Geschehen:(ge)sehen.* ZfdA. 76 (1939) S. 303. Helmuth T h o m a s, *Die R.sprache Frauenlobs.* In: Thomas, *Untersuchungen zur Überlieferung d. Spruchdichtung Frauenlobs* (1939; Pal. 217) S. 171-220. William A. K o z u m p l i k, *The phonology of Jakob Ayrer's language, based on his rhymes.* Diss. Chicago 1942. G. K r a m e r, *Die textkritische Bedeutung d. R.e in der Heidelberger Hs. des 'König Rother'.* PBB. 79 (Halle 1957) Sonderbd., S. 111-130. Gabriele S c h i e b, *Die Auseinandersetzung der Überlieferung von Veldekes Eneasroman mit den R.en des Dichters.* Wiss. Zeitschr. der Univers. Jena 14 (1965) S. 447-454. Philip A. L u e l s d o r f f, *Repetition and rhyme in generative phonology.* Linguistics 44 (1968) S. 75-89. — A. L e i t z m a n n, *Heimat und Alter von Goethes angeblicher Josephdichtung.* GRM. 9 (1921) S. 31-42. Walter A. B e r e n d s o h n, *Goethes Knabendichtung* (1922) S. 102-139. Fr. Neumann, *Der Altonaer „Joseph" u. d. junge Goethe.* Germanica. Festschr. f. E. Sievers (1925) S. 591-631. Walter A. B e r e n d s o h n, *Zur Methode der R.untersuchung im Streit um Goethes 'Joseph'. Entgegnung auf Friedr. Neumanns Aufsatz* (1926).

§ 4. R e i m f o r m e n und R e i m s t e l l u n - ǧen: Definitionen.

Als Beispiele sind meist die ältesten Formen ꞈder bes. kennzeichnende angeführt.)

I. R e i m f o r m e n

1. Q u a l i t ä t des Reimklanges:

a) r e i n e r R e i m (Bezeichnung aus Barock-ᴘoetiken: Harsdörffer, Stieler; V o l l r. [Heus-ꞈer]): Die R.wörter stimmen vom letzten beton-ᴛen Vokal an überein. An den Grad der Überein-

stimmung werden je nach Formhaltung mehr oder weniger strenge Anforderungen gestellt. Entsprechend offen ist die Abgrenzung gegenüber dem

b) u n r e i n e n (ungenauen) Reim (H a l b r.; vgl. § 2, § 3.2). Geläufige Bindungen, z. B. von gerundeten und ungerundeten Vokalen wie *gönnt:Element; zieht:blüht* oder mit quantitativen Unterschieden (*hat:Rat*) oder mit konsonantischen Ungenauigkeiten wie zwischen stimmhaften und stimmlosen Konsonanten (*reden: Poeten*) werden im strengen Sinne oft zum unreinen R. gezählt. Lediglich orthographisch ungenau sind *Menge:Gedränge; Geld:Welt.* Manche Dichter (z. B. der späte Hölderlin) meiden bisweilen selbst solche R.e.

c) m u n d a r t l i c h e r R e i m: Dieser differiert nur in der Schriftform, war aber u. U. in der Aussprache rein (Grenzen zum unreinen R. fließend): Voß: *wach:Tag;* Goethe: *neige:-reiche;* Schiller: *untertänig:König;* George: *Auge:Hauche;* im Mhd.: *tuon:sun; lieht:niht;* Walther v. d. Vogelweide: *verwarren (verworren):pfarren* (L 34, 18).

d) A s s o n a n z (von lat. *assonare,* anklingen): nur Gleichklang der Vokale. In der frühmal. dt. Dichtung war die Assonanz eine vollwertige Versbindung, bis Ende des 12. Jh.s der reine R. zur Norm wurde: Otfried: *gicleiptin:breittin* (I, 1, 2); *Ezzos Gesang: phaphen:machen* (v. 3); Kürenberg: *fliegen:riemen* (MF 9, 5). Als Stilmittel ist die Assonanz in der dt. Dichtung fast nur in Nachahmung rom. (bes. span.) Formen anzutreffen, so in Romanzen (Brentano: *Romanzen vom Rosenkranz,* Büschen: *schlafen:blühen: Atem;* Eichendorff, Rückert, Platen, Heine); beim späten George (*Jahr der Seele, Teppich des Lebens, Der Siebente Ring: flug:glut*) oder in Gedichten im Volkston.

2. Q u a n t i t ä t der Reimzone (Zahl und Valenz der reimenden Silben):

a) e i n s i l b i g e r R e i m: entsprechend den Wortgeschlechtern im Franz. seit den Trobadors auch m ä n n l i c h e r R. genannt (*rime masculine,* vgl. *grand:grande*), Begriff von Opitz in die dt. Verslehre eingeführt. Nach der auf das Versganze bezogenen Klassifikation der Meistersinger: s t u m p f: *mein:dein.*

b) z w e i s i l b i g e r R e i m (weiblich [*rime féminine*]; Meistersinger: k l i n g e n d): *meine: deine.* Im Mhd. waren zweisilbige R.wörter mit kurzer offener Tonsilbe in der Kadenz den einsilbigen (männlichen) gleichgestellt (Hebungsspaltung): *sagen:klagen = mîn:dîn.*

c) d r e i s i l b i g e r R e i m (oder gleitender R., nach ital. *rime sdrucciole;* erster Beleg dieses Begriffs im *Nürnberger Trichter* Harsdörffers): *schallende:wallende.*

d) r e i c h e r R e i m (nach franz. *rime riche,* Ronsard, *Abrégé de l'Art poétique,* 1565): zwei- oder mehrsilbige R.e, bei denen auf die erste (betonte) R.silbe vollvokalische Nebensilben oder selbständige Wörter folgen: *Wahrheit:Klarheit* (schwebender R.); *fein sind:gemein sind* (Heine; g e s p a l t e n e r R.); *todis:brod is* (*Athis und Prophilias*); *gewalkiret:gebalziret* (Veldeke); der reiche Reim wird zum

e) **Doppelreim,** wenn die einzelnen Wörter wie selbständige R.e behandelt sind: *betwungen stât:gesungen hât* (Morungen); *lind wiegt:wind schmiegt* (George). Eine primär auf komische Wirkung angelegte Sonderform ist der

f) **Schüttelreim:** Bei mehrsilbigen oder mehreren Reimwörtern werden sinnentsprechend die Anfangskonsonanten ausgetauscht: *In Reimes Hut / Geheimes ruht* (bei Kreuzr. gelegentlich auch die Hauptvokale). Schüttelr.e begegnen schon im 13. Jh. bei der flämischen Mystikerin Hadewych und bei Konrad von Würzburg.

g) **erweiterter Reim:** die Reimzone umfaßt über die letzte betonte Silbe hinaus noch Präfixe, Satzpartikel oder auch ganze Wörter, gleichlautend oder assonierend (**Vorreim**): *giwurti:giburti* (Otfried); *unde klagen:kumber tragen* (Reinmar), beliebt bei Walther: *alle frowen var:alle frowen gar.*

h) **Ghaselreim** (aus dem Persischen): Auf den eigentlichen R. folgt jeweils eine wörtlich wiederholte Wendung: *verachtet, allein zu sein: schmachtet, allein zu sein* (Platen).

i) **rührender Reim:** die Konsonanten (soweit vorhanden) vor dem letzten betonten Vokal sind in den Gleichklang einbezogen (Bezeichnung aus der Meistersingerterminologie: Puschmann: *halbrûrend,* Wagenseil, Stieler: *rührend*). Bei gleicher Bedeutung der Wörter (*tat: tat; ist:ist*) oder bei R.en zwischen denselben Ableitungssilben (*meineclîch:lobelîch*) spricht man von **identischem** R., bei Homonymen (gleichlautenden Wörtern mit verschiedener Bedeutung *tat:Tat; ist:ißt*) von **äquivokem** R. (paronomastischer R., rhetorische Figur: Paronomasie, adnominatio). Manchmal wird letzterer als rührender R. im eigentlichen Sinne vom identischen R. abgesetzt.

Beide Arten des rührenden R.s sind in der mal. dt. Dichtung erlaubt (vgl. auch im Franz. *fust* [war]:*fust* [Holz], *Yvain*). Rührende R.e begegnen schon bei Otfried, im Mhd. besonders bei R.häufungen (Veldeke MF 58, 35; Wirnt, *Wigalois* 12, 5 usw.). Sie treten bei den einzelnen Dichtern in unterschiedlicher Häufigkeit auf (seltener bei Freidank, Konrad von Würzburg, Frauenlob) oder mit typischen Einschränkungen (bei Walther sind die R.wörter durch Bedeutung oder durch Vorsilben differenziert: L 10, 11; 20, 28; 24, 15). Als Stilprinzip findet sich identischer R. bei Gottfried von Straßburg (*Tristan*-Prolog), äquivoker R. bei Gottfried von Neifen (KLD XXVII), Suchenwirt (*Die red ist Equivocum*), Muskatblüt.

Seit dem 16. Jh. werden rührende R.e (wie im Franz., Pléjade) in den Poetiken für falsch erklärt, begegnen aber noch gelegentlich als Stilprinzip, so in Lessings Epigrammen (auch im franz. Symbolismus).

Gestützte Endsilbenr.e (*gehôrtin:kêrtin*) gehören e definitione nicht zum rührenden R., so wenig wie franz. *rime riche* (*chanté:ôté*).

k) **Fermatenreim:** Dehnung von unbestimmter Dauer der letzten oder vorletzten R.-silbe bei gesungenen Texten (x̂x̂); für die mal. Lyrik vermutet, bei den Meistersingern unsicher

bezeugt (Puschmann), für den ev. Kirchengesang umstritten (Heusler § 664).

3. **Grammatische Aspekte der R.klassifizierung:**

a) **Endsilbenreim:** Begriff oft in ahistorischer Verkennung der Genese des R.s abwertend als dt. Sprachempfinden fremd bei der Klassifizierung der ahd. und frühmhd. R.technik verwendet. Vor allem im Ahd. konnten vollvokalische Endsilben für die R.ung durchaus genügen: *lindo:selbo; afaron:redinon; gesundarôt:nôt.* An solchen Bindungen wurde z. T. noch festgehalten, nachdem sie durch die Lautentwicklung überholt waren (*minnesam:verlâzen,* älter *verlâzan* = **archaische** R.e), oder es wurde der alte Lautstand im R. konserviert (*man:werdan* = **Traditionsr.e**). **Gestützte Endsilbenr.e** umgreifen noch die vorhergehenden Konsonanten (= franz. *rime riche*). In frühmhd. Dichtung nehmen diese R.e wie zum Ausgleich für die schwindende Vokalqualität der Endsilben zu. Reime auf unbetonte Endsilben begegnen auch späterhin: *diener:ger* (Hadloub); *spilman:lonan* (Wittenwiler); *lilien:zieraten* (Fleming); *Könige:höh* (Schiller); *denn:Furien* (Liliencron); parodiert von Eichendorff (*Mandelkerngedicht*).

b) **grammatischer Reim** (Figur des Polyptotons): R.folgen aus verschiedenen Wortbildungs- oder Flexionsformen eines Wortstammes: strophenweise: *sange : mût : lange : gût müde:gûde:sanc:lanc* (Veldeke MF 66, 24) sechsmal zwei R.glieder bei Reinmar (MF 198, 4) drei Variationen eines Wortes bei Neifen (KLD XXVI, vgl. auch VI).

c) **gebrochener Reim** (nach W. Grimm) von einem zusammengesetzten Wort steht nur der erste Teil im R.: *wîp-lich:lîp* (Neifen KLD XXXVIII); *Ich sihe den morgen-/sternen glesten...:... vil unverborgen/ûf den esten* (Konrad von Würzburg MSH 2, 319 b); *Hans Sachs ist ein Schuh-/macher und Poet dazu;* im Schlagreim: *ir lîp trûter lûter- var* (Konrad v. Würzburg MSH 2, 312 b).

4. **Reimformel:** Stehende Wendungen mit R. wie *Freud und Leid, Knall und Fall, Saus und Braus* gehören wie die alliterierenden Formeln (*Haus und Hof*) und die lautlich ungebundenen (mhd. *walt und ouwe, Gold und Silber*) zu den rhetorischen Figuren.

II. **Reimstellungen**

1. **Reime am Versende (Endreime)**

A **Gruppierungen mit einem Reimklang:**

a) **Paarreim:** aa bb: älteste Form der R.stellung, in der ahd. Dichtung durchgehend, Anfänge der mhd. Lyrik, mhd. Epos.

b) **Dreireim:** dient in der Lyrik zur Kennzeichnung von Strophenschlüssen, so bei Reinmar (MF 159, 1; 173, 6 usw.), Hartmann (MF 216, 1), in der Epik von Abschnittsgrenzen, um 1100 schon im *Rheinauer Paulus,* später in Wirnts *Wigalois,* Heinrichs v. d. Türlin *Krône,* auch noch bei Hans Sachs. Im Abschnittsinnern regellos im *Seifrid Helbling,* im *Passional.*

c) Reimhäufungen (Haufenreim): schon bei Otfried (*min:thin:min:thin*, I, 2, 1); in der Lyrik seit Veldeke, vorwiegend in Leichdichtungen (Gutenburg, Rugge, Walther u. a.), bei Hartmann in der Lyrik (z. B. MF 216, 29) und in der Epik (*Gregorius* und *Iwein*). Später in Michael Beheims *gekrönter Weise*, bei Hans Folz, Hans Sachs. In Fischarts *Flöhhaz* schließen einmal 17 Verse mit demselben Reim.

d) Reihenreim (Einreim, Tiradenreim, *tirade monorime*): strophen- oder abschnittsweise wird nur ein R. oder eine Assonanz durchgeführt, besonders in lat. und röm. Dichtung häufig. Ältester Beleg für die lat. Dichtung: Augustinus (*Rhythmus gegen die Donatisten*), für die franz. Dichtung: *Eulalia-Sequenz*: typische R.form der *Chansons de geste*. Im Mhd. außer in Leichdichtungen (s. o.) seltener, so bei Walther (L 39, 1; 75, 25, Vokalspiel), Ulrich von Lichtenstein (KLD XXXIII), Hans Folz (Lied 2, 3). In neuerer Zeit gelegentlich: Heine.

e) Unterbrochener Reim: reimlose Verse wechseln mit gereimten (meist in Vierzeilern): Volkslied, Goethe *Mailied*, Heine.

f) Kornreimung (Ausdruck nach dem Meistersingerterminus *Korn*, Puschmann): Verse, die in ihrer Strophe keine R.entsprechung finden (Waisen, vgl. MF 11, 11), reimen mit entsprechenden Versen folgender Strophen. Bei Provençalen beliebt, schon Marcabru. Älteste mhd. Belege: Kürenberg MF 7, 1; Veldeke MF 59, 23; durchgehende Kornbindung zwischen ganzen Strophen bei Neifen (KLD VII), Ulrich von Lichtenstein (KLD XXXIII).

g) Reimresponsionen: gleiche oder ähnliche R.e an parallelen oder wechselnden Stellen verschiedener Strophen eines Gedichtes oder eines vermuteten Gedichtzyklus' (z. T. als typisch für mhd. Lyrik angesehen). Die Grenze zwischen strukturell bedeutsamen R.bezügen (z. B. Walther L 74, 20: *kranz:tanz* [Str. 1]; *tanze:kranze* [Str. 5] oder L 166, 21 oder Morungen MF 145, 1 [Str. 1 u. 2, 3 u. 4 durch grammat. R.e gebunden]), durch begrenztes R.material begünstigter „Anreimung" oder Reimornamentik, durch die Melodieführung evozierter R.assoziationen oder irrationalen, zufälligen Beziehungen ist fließend. Vergleichbare Phänomene gibt es auch in nhd. Lyrik.

B Gruppierungen mit mehreren Reimklängen:

a) ab ab: Kreuzreim (gekreuzter R., Wechselr.): in mhd. Lyrik zuerst in den stolligen Kanzonen des Burggrafen von Rietenburg, bei Dietmar von Aist, Hausen, im Ansatz bei Kürenberg (MF 7, 10).

b) abc(d) abc(d): erweiterter Kreuzreim oder verschränkter R.: älteste Belege: Hausen, Veldeke.

c) ab ba: überschlagender, umarmender, umschlingender R., Spiegelr.: älteste Belege: Hausen, Fenis.

d) aab aab: Schweifreim: ältester Beleg: Veldeke (MF 56, 1). Im Sonett seit Opitz, Gryphius.

e) aab ccb: Zwischenreim: älteste Belege: Morungen (MF 129, 14; 141, 15), in der Epik: *Eckenlied.* — Die Formen d) und e) werden oft auch als Schweifreim zusammengefaßt, wobei e) nur als vereinfachte dt. Form des rom. Modells d) angesehen wird.

f) aba bcb: äußerer Kettenreim oder Terzinenreim: Dante, *Divina Comedia*, vereinzelt bei Paul Schede (16. Jh.) und Opitz (37. und 129. *Psalm*). Abgewandelt: aba bab im Sonett seit dem 17. Jh. (Weckherlin); im Anschluß an das ital. Vorbild bei Goethe (*Faust II*), Rückert, Chamisso, George; in der Form aba cbc in Hofmannsthals *Terzinen über die Vergänglichkeit*.

Die Gruppierungen a)-f) werden vor allem in der mhd. Strophik mannigfach variiert und kombiniert. Die jeweilige Ordnung in einer Strophe heißt Reimschema.

g) Reimband: ein R. durchzieht zwischen anderen R.en eine größere Strophe (Bernger von Horheim MF 113, 1; Morungen MF 141, 15) oder ein ganzes Gedicht (Ulrich von Gutenburg MF 77, 36). Mehrere Reimbänder beherrschen eine Strophe: Durchreimung (prov.-franz. Einfluß), Veldeke MF 64, 17; auch in Kanzonenformen, Aufgesang und Abgesang zeigen gleiche Reime: Veldeke MF 56, 1; Hausen MF 48, 32; Morungen MF 139, 19. In neuerer Zeit: Annette von Droste, Nietzsche, Rilke (*Stundenbuch*).

2. Reime im Versinnern:

a) Binnenreime oder innere Reime: Die Begriffe werden oft allgemein auf alle R.e im Versinnern bezogen. Beliebt im Mhd. und im Barock. Binnenr. im engeren Sinne: R.klang innerhalb eines Verses: *wes sol ich danne in arken oder in barken jehen* (Walther L 27, 12). Als durchgehendes Prinzip bei Joh. Klaj, z. B. *Vorzug des Sommers*.

b) Zäsurreim: Binnenr. an metrischen Einschnitten innerhalb eines Verses: *nu lange ich mit sange die zît hân gekündet* (Bernger von Horheim MF 115, 27).

c) Schlagreim: zwei unmittelbar aufeinanderfolgende R.wörter: *ir zunge sunge und lieze ir hant* ... (Walther L 10, 27); *ein maere waere guot gelesen* (Konrad von Würzburg, *Engelhard* v. 1 ff.). Mehrfacher Schlagreim: *gar bar lit wit walt kalt* (Konrad von Würzburg MSH 2, 326 a).

d) Mittelreim: Wörter in der Mitte verschiedener Verse reimen: *Nu muoz ich ie min alten nôt / mit sange niuwen unde klagen, .. ir gruoz mich vie, diu mir gebôt / vil lange niuwen kumber tragen* (Reinmar MF 187, 31 ff.).

3. Reime vom Versinnern zum Versende:

a) Inreim: ein Wort im Versinnern ist mit dem Versende durch Reim verbunden. Steht das 1. R.wort an einer Verszäsur, wird er in lat. Dichtung als leoninischer Reim bezeichnet: *des mannes sin ist sin gewin* (Freidank); *O Sonne der Wonne* (Fleming).

b) Mittenreim: R. zwischen Versende und einem Wort in einem voraufgehenden oder nachfolgenden Vers: *Wâ vund man sament sô manic liet? / man vunde ir niet im künicriche /* (Hadloub SMS XXVII, 8).

c) Schlagreim am Zeilenende: *machen:* ... *swachen sachen* (Gottfried, *Tristan*); seltenere Form: Echoreim: das R.wort wird entweder gleich oder variiert wiederholt: beliebt im Barock und bei den Romantikern (nach dem Vorbild Tassos und Guarinis): *Hier bin ich einsam, keiner hört die Klage. Klage! / Niemand vertrau' ich mein verzagtes Stöhnen. Tönen.* (W. Schlegel, *Waldgespräch*).

d) innere Kettenreime: R.folgen, die Versenden und Versmitten mehr oder weniger fortlaufend verketten:

O we! daz diu liebe mir niht dikke
heilet miner **wunden vunt!**
ich bin **vunden wunt/**von ir

(Konr. v. Würzburg MSH 2, 319 a), oder Hadloub (SMS XXVII, 8) oder Fr. Schlegel (*Der Wasserfall*).

4. Reime am Versanfang und Versende:

a) Anfangsreim: Konrad von Würzburg (MSH 2, 317 a), Frauenlob (ed. Ettmüller, Sprüche 408-418), Kolmarer Liederhs. (ed. Bartsch, S. 293), Harsdörffer: *Ein Laub, das grünt und falbt geschwind,/ein Staub, den leicht vertreibt der Wind* (*Das Leben des Menschen*), Goethe: *Krieg! ist das Losungswort./Sieg! und so klingt es fort.* (*Faust*, 9837).

b) übergehender oder überschlagender Reim: Schlagr., der über das Zeilenende hinweg das erste Wort des folgenden Verses umgreift: Ulrich von Singenberg (SMS II, 13), Neifen: *in dem walde suoze erklingen;/ dringen siht man* ... (KLD XVI).

c) überspringender Reim: das letzte Wort eines Verses reimt mit dem ersten Wort des übernächsten Verses (Hans Sachs).

d) Pausenreim bindet das erste und letzte Wort eines Verses: *ein klôsenære, ob erz vertrüege? ich wæne, er nein* (Walther L 62, 10) oder eines Verspaares: *wol vierzec jâr hab ich gesungen oder mê / von minnen und als iemen sol* (Walther L 66, 27), oder einer Strophe: Neifen (KLD V).

5. Reim- oder Klangspiele: künstliche R.ordnungen, R.verschlingungen aus Schlagr.en, gebrochenen, übergreifenden R.en, Pausenr.en; besonders beliebt in der Lyrik des 13. Jh.s, auch im Barock.

Als R.spiele sind auch Palindrom-R.e anzusehen; vgl. Peter Suchenwirt, *Die red haizzt der froind sin (bla:rot:alb:tor;* Werke, ed. A. Primisser, Nr. XLIII).

Wilh. Grimm, *Zur Geschichte d. R.s.* Abh. AkBln. (1852) S. 521-713, wiederholt in: Grimm, *Kleinere Schriften*. Bd. 4 (1887) S. 125-336. Karl Bartsch, *Die R.kunst d. Troubadours*. Jb. f. rom. und engl. Lit. 1 (1859) S. 171-197. A. F. C. Vilmar, *Die dt. Verskunst*. Bearb. v. C. W. M. Grein (1870). Daniel Sanders, *Abriß d. dt. Silbenmessung u. Verskunst* (1881); zum Gleichklang: S. 60-118. Rich. v. Muth, *Mhd. Metrik* (1882). Jakob Minor, *Neuhochdt. Metrik* (2. Aufl. 1902); ältere Lit.: S. 529-531. Herm. Paul, *Dt. Metrik*. PGrundr. II, 2 (2. Aufl. 1905) S. 107-124. Franz Saran, *Dt. Verslehre* (1907; Hdb. d. dt. Unterr. 3, 3). Friedr. Kauffmann, *Dt. Metrik* (1912). Andr. Heusler, *Dt. Versgeschichte*. Bd. 1-3 (1925-1929; PGrundr. 8). Siegfried Beyschlag, *Die Metrik d. mhd. Blütezeit in Grundzügen* (5. Aufl. 1963). W. Theodor Elwert, *Franz. Metrik* (2. Aufl. 1966). Wolfgang Kayser, *Kleine dt. Versschule* (12. Aufl. 1966; Dalp-Taschenb. 306). Otto Paul u. Ingeborg Glier, *Dt. Metrik* (7. Aufl. 1968). K. Bartsch, *Der innere R. in der höfischen Lyrik*. GermaniaPf. 12 (1867) S. 129-194. Ders., *Mhd. Kettenreime*. GermaniaPf. 25 (1880) S. 335-339. Jacob Grimm, *Zur Gesch. d. dt. Reims*. In: *Kl. Schriften*. Bd. 6 (1882) S. 276-279 [zum rührenden Reim]. H. Giske, *Über Körner und verwandte metrische Erscheinungen in der mhd. Lyrik*. Zfd Ph. 18 (1886) S. 57-80, 210-249 u. 329-341. O. Plate, *Die Kunstausdrücke d. Meistersinger*. Straßb. Studien 3 (1888) S. 147-224. Wiederholt in: *Der dt. Meistersang* (1967; Wege der Forschung 148) S. 206-263. K. Zwierzina, *Der rührende R.* (Mhd. Studien 12). ZfdA. 45 (1901) S. 286-313. K. Plenio, *Beobachtungen zu Wolframs Liedstrophik*. PBB. 41 (1916) S. 47-128. C. v. Kraus, *Der rührende R. im Mhd.* ZfdA. 56 (1919) S. 1-76. H. Stürenburg, *Mundartliche R.e.* Mutterspr. 40 (1925) Sp. 299-303. C. v. Kraus, *Über einige Meisterlieder d. Kolmarer Handschrift*. SBAkMünch. H. 4 (1929) S. 1-26. Wiederholt in: *Der dt. Meistersang* (1967; Wege der Forschung 148) S. 277-303. Bertha Schwarz, *„Grammatischer R."*. ZfdPh. 59 (1935) S. 253-255. G. Müller-Giersleben, *Frisch geschüttelt! Eine Betrachtung über die Schüttelreimkunst*. Mutterspr. 52 (1937) Sp. 383-388. Ders., *Scherz u. Ernst im Schüttelton*. Jb. d. dt. Sprache 1 (1941) S. 235-238. Franz Rolf Schröder, *Zur Geschichte d. Schüttelreims*. GRM. 43 (1962) S. 302-306. Werner Friedr. Braun, *Zur mal. Vorgeschichte d. Schüttelreims*. GRM. 44 (1963) S. 91-93. Manfred Hanke, *Die Schüttelreimer* (1968).

Zum mhd. Responsionsreim vgl. vor allem die *Untersuchungen* von C. v. Kraus zu Morungen (1916), zu Reinmar (1919), zu Walther v. d. Vogelweide (1935), zu MF (1939), die Arbeiten von K. H. Halbach (§ 2), von G. Müller (§ 2), Martha Heeder, *Ornamentale Bauformen in hochmal. dt. sprachiger Lyrik*. Diss. Tübingen 1966 und die kritischen Stellungnahmen von Fr. Vogt, *Strophenbindung bei Reinmar von Hagenau*. ZfdA. 58 (1921) S. 205-216 und AnzfdA. 40 (1921) S. 119-127; vermittelnd: Joerg Schaefer, *Walther v. d. Vogelweide u. Frauenlob* (1966; Hermaea N.F. 18). *Günther Schweikle*

Reimbrechung

Der Begriff ist nach der Wendung *rîme samnen unde brechen* (Wolfram, *Parzival* 337, 25 f.) gebildet. Reimbrechung (eine Sonderform der *Brechung*, s. dort) liegt vor, wenn Reimpaare durch einen syntaktischen

Einschnitt getrennt werden, wobei sich der erste Vers syntaktisch an vorhergehende Verse anschließen, der zweite zu den folgenden gehören kann: *Ich sage iu durch waz er kam / mit sîner vriundîn. / ez hete der herzoge Îmâin / hôchzît dâ vor zwei jâr (Erec* v. 181 ff.).

Die Erscheinung, daß die Reimpaareinheit durch Sinn und Syntax 'gebrochen' wird, ist alt; sie findet sich schon in ahd. Dichtung (z. B. im *Ludwigslied,* v. 2, 3) oder in frühmhd. (etwa in der *Summa theologiae,* v. 23, 24). Es zeichnet sich aber im großen ganzen doch eine Entwicklung im Gebrauch ab: während in älterer Dichtung Reimpaar- und Kolongrenzen häufiger zusammenfallen, wird die Reimpaareinheit mit zunehmender stilistischer Gewandtheit mehr und mehr überspielt, auffällig schon im *Alexander* des Pfaffen Lamprecht. Bei Konrad von Würzburg ist die Reimbrechung zum Prinzip erhoben. Inwieweit bei der stärkeren Verbreitung der R. franz. Einfluß entscheidend war, ist angesichts der im Frühmhd. zu beobachtenden Entwicklungstendenz schwer zu entscheiden.

Die R. (Reimpaarsprung [Heusler]) entspricht etwa dem Hakenstil (Bogenstil [Heusler]) in Stabreimdichtungen (z. B. *Hildebrandslied, Heliand;* vgl. auch Enjambement).

Eine besondere Ausprägung der R. ist die Aufteilung eines Reimpaares auf zwei Sprecher; schon bei den ältesten Vertretern der mal. geistlichen Spiele (entsprechend den lat. Vorbildern) zu beobachten: z. B. im *Osterspiel von Muri* (13. Jh.): Pilatus: *hŏtent so ir mŏgint baz.* Custos: *daz tŏn wir, herre, wissint daz* (I, 13). Ähnliches begegnet in den Fastnachtsspielen und im gereimten Drama der Neuzeit immer wieder, z. B. *Wallensteins Lager* (v. 33 f., bei Dreireim: v. 784 ff.); Goethe, *Faust* (v. 1874 f., bei Dreireim v. 2245 ff.).

Eine erweiterte Form ist der **Stichreim** (Wechselgespräch versweise auf die Personen verteilt; Stichomythie): In Ansätzen schon im *Osterspiel von Muri* (III, 45), z. B. auch im *Iwein* Hartmanns von Aue (v. 483 ff.), in lebhaften Dialogszenen im Drama der Reformationszeit, im Barock (z. B. Gryphius, *Katharina von Georgien,* I v. 138 ff.) und späterhin (*Wallensteins Lager,* v. 397 ff.).

Bei verschränkten Reimstellungen lag die syntaktische Trennung der durch den Reim gebundenen Verse von Anfang an näher als bei Reimpaaren, vgl. in mhd. Lyrik: Burggraf von Rietenburg (MF 18, 1), Friedrich von Hausen (MF 49, 37); Verse mit Kreuzreim, auf mehrere Sprecher verteilt z. B. in *Wallensteins Lager* (v. 663 ff.), *Faust* (v. 2295 f.), Verse mit umschließendem Reim: *Wallensteins Lager* (v. 696 ff.), *Faust* (v. 810 ff.).

Max Hermann R a c h e l, *R. u. Dreireim im Drama d. Hans Sachs.* Progr. Freiberg 1870. Karl S t a h l, *Die R. bei Hartmann von Aue.* Diss. Rostock 1888. M. H e r r m a n n, *Stichreim u. Dreireim bei Hans Sachs u. anderen Dramatikern d. 15. u. 16. Jh.s.* Hans-Sachs-Forschungen (1894) S. 407-471. J. M i n o r, *Stichreim und Dreireim bei Hans Sachs.* I Euph. 3 (1896) S. 692-705, II Euph. 4 (1897) S. 210-251. O. G l ö d e, *Die R. in Gottfrieds v. Strassburg 'Tristan' u. d. Werken s. hervorragendsten Schüler.* GermaniaPf. 33 (1888) S. 357-370. Joris V o r s t i u s, *Die R. im frühmhd. 'Alexanderliede'.* Diss. Marburg 1917. Weitere Literatur siehe Art. *Brechung.*

Günther Schweikle

Reimlexikon

Es gibt zwei Arten von R.lexika: 1) als Hilfe bei der R.findung, 2) als Mittel der Philologie zur Klärung form-, literatur- und sprachgeschichtlicher Fragen.

1. Die ältesten R.wörterbücher stammen aus der ital. Renaissance. Pellegrino Moreto verfaßte ein R.verzeichnis zu Dante und Petrarca (*Rimario de tutte le cadentie di Dante e Petrarca,* 1528), das nur beispielhafte R.bindungen enthielt. Umfassender wurde das *rimario* (1535) von Benedetto di Falco, der außerdem Boccaccio, Ariosto, Pulci u. a. berücksichtigte. Dieses R.wörterbuch bringt, geordnet nach den auslautenden Vokalen und der Zahl der Silben der R.wörter, auch umgangssprachliche Reime. 1556 erschien ein R.lexikon von Onofrio Bononzio, das sich ebenso wie das allgemeine R.lexikon von Girolamo Ruscelli (1559) nicht auf das Material einzelner Werke beschränkte. Letzteres wurde zu einer Art poetologischen Grundbuches.

Als ältester dt. R.lexikograph ist Erasmus Alberus (1500-1553) bekannt. Seine R.sammlung (*Novum dictionarii genus, in quo ultimis seu terminalibus germanicarum vocum syllabis observatis latina vocabula sese offerunt,* 1540) diente gleichzeitig als dt.-lat. Lexikon. Das erste franz. R.lexikon datiert erst vom Jahre 1572 (Jean le Fevre, *Dictionnaire des rymes françoises*).

In einer Zeit, in der das Dichten als lern-
bar galt, wie im 17. Jh., mußte ein Hilfsmittel
wie ein R.lexikon besonders willkommen
sein: Philipp von Zesen gibt in einem Anhang zu seinem *Hochdeutschen Helikon*
(1640 ff.) einen *Anzeiger der dt. gleichlautenden und in einem Wortgliede übereinstimmenden männlichen Reimwörter, der in
zwei Wortgliedern übereinstimmenden weiblichen Reimwörter und der in drei Wortgliedern übereinstimmenden rollenden Reimwörter*, geordnet nach den auslautenden Konsonanten. Erst die Untergliederung richtet
sich nach den Vokalen. 1642 folgte ein R.lexi-
kon von Joh. Peter Titz (in: *Zwei Bücher von
der Kunst hochdeutsche Verse und Lieder zu
machen*). Auch Gotth. Werners *Deutscher
Daedalus* (1675) bringt einen R.weiser. Eine
selbständige R.sammlung ist Martin Grün-
walds *Reicher und ordentlicher Vorrath der
männlichen und weiblichen Reime* (1693).
Bis zum Ende des 18. Jh.s wirkte Johann
Hübner mit seinem mehrfach aufgelegten
Poetischen Handbuch (1696), dessen *vollständiges Reimregister* nach den reimenden
Vokalen und den auf sie folgenden Konsonanten geordnet ist. Schon J. Chr. Günther
erhob diese *Anleitung zur Deutschen Poesie*
scherzhaft zur dichterischen Instanz (*Nach
erhaltener Doktorwürde*, 1718), und noch
G. A. Bürger wurde durch sie zu seinem
Hübnerus redivivus (*Das ist: Kurze Theorie
der Reimkunst für Dilettanten*, 1791) provoziert. 1826 veröffentlichte Peregrinus Syntax
(= F. F. Hempel) ein zweibändiges, 300 000
R.e umfassendes *Allgemeines dt. R.lexikon*,
das auch Fremdwörter, Mundartreime und
einen Katalog schwer reimbarer Wörter enthält. Über die Geschichte der R.lexika handelt das Vorwort von F. A. Ebert. Bis in die
neueste Zeit erschienen immer wieder R.-
wörterbücher, so von W. Steputat (1891,
2. Aufl. 1963), Poeticus (= F. J. Pesendorfer,
Wie werde ich ein Dichter? 1921), H. Har-
beck (*Reim dich oder ich freß dich*, 1953 und
Gut gereimt ist halb gewonnen, 1956), S. A.
Bondy (1954), E. Gardemin (2. Aufl. 1957),
K. Peltzer (1966).

2. Schon Jakob Grimm verwies in seiner Rezension von Goldmanns Ausgabe des *Annoliedes* (Kl. Schr. VI, S. 203 ff.) auf die Bedeutung des Reims für die Bestimmung der
Sprache mhd. Dichter (vgl. *Reim* § 3.6). Lach-

mann zählte die Erstellung eines Reimregi-
sters zu den notwendigen Vorarbeiten einer
Edition altdt. Dichtungen (Kl. Schriften I,
S. 279). Das erste gedruckte 'Reimregister' zu
einem mhd. Werk (*Vridankes Bescheidenheit*,
hg. v. Wilh. Grimm, 1834, S. 395-436) hatte
(nach der Vorrede S. XXIV) noch vornehmlich den Zweck, das Auffinden bestimmter
Stellen zu erleichtern. Nach dem manchmal
irrtümlich als ältestes mhd. Reimwörterbuch
genannten *Reimbuch zu Otte's Eraclius* in
der *Eraclius*-Ausgabe von H. F. Maßmann
(1842, S. 112-133) sind zu einer wachsenden Zahl mhd. Werke gesonderte Reimwörterbücher von wechselnder Brauchbarkeit
hergestellt worden. Der Forderung Zwier-
zinas, ein Reimwörterbuch müsse „die Verse
ganz ausgeschrieben" enthalten, damit es ein
„Behelf" werde, „das Verhältnis des syntaktischen und lexikalischen Materials zur Metrik und Technik des Verses festzustellen",
hat keine dieser Arbeiten zu genügen versucht. Fr. Wilhelm hatte nach dem ersten
Weltkrieg angesetzt, die Reime mhd. Dichtungen in breiterem Maße in Dissertationen
erfassen zu lassen. Danach wurden besonders
in Wien eine Reihe Dissertationen über den
Reimbestand mal. Werke angefertigt. — Zu
Dichtungen der neueren Zeit gibt es kaum
Reimlexika; Eduard Bellings Reimverzeich-
nisse zu Lessings und Schillers Werken blieben vereinzelt.

Fr. A. E b e r t, *Allgemeines Vorwort über
R.lexika*. In: *Allgemeines dt. R.lexikon von
Peregrinus Syntax*. 2 Bde (1826). K. Z w i e r-
z i n a, *Über Reimwörterbücher zu d. höfischen Epikern*. Verhand. d. 44. Vers. der
Philol. in Dresden (1897) S. 124-126. Franz
J a n d e b e u r, *Reimwörterbücher u. Reim-
wortverzeichnisse z. ersten Büchlein, Erec, Gregorius, Armen Heinrich, den Liedern von Hartmann von Aue und dem sog. zweiten Büchlein.
Mit e. Vorw. über d. Entw. d. dt. R.lexikogra-
phie* (1926; Münch. Texte, Erg.r. 5). S. M e h-
r i n g, *Das R.lexikon*. LE. 11 (1908) Sp. 389-
396. Carl W e s l e, Rez. der in den Münchener
Texten erschienenen Reimwörterbücher. Zfd
Ph. 54 (1929) S. 454-457.
R.wörterbücher gibt es zu: Otfried (Theo-
dor I n g e n b l e e k, 1880; QF. 37). —
Vorauer u. Straßburger *Alexander* (R. A. W i s-
b e y, A complete Concordance [1968] S. 443-
538). Heinrich von Melk (G. H a m p e l, Masch.
Diss. Wien 1950). *Summa Theologiae* (Louis
L i e b e r t h, Masch. Diss. Wien 1949). *Vom
Rechte* und *Die Hochzeit* (Helene R o b l,
Masch. Diss. Wien 1949). — Berthold von
Holle (Franz S c h u s t e r, Masch. Diss. Wien
1931). *Biterolf und Dietleib* (Wilfried K r e

mer, Masch. Diss. Wien 1932). *Dietrichs Flucht* und *Rabenschlacht* (Roland K r u g, Masch. Diss. Wien 1938). Dietrich von Glezze, *Der Borte* (Maria H e b e n s t r e i t, Masch. Diss. Wien 1955). Friedrich von Hausen (Sonia Orieta H e i n r i c h, Masch. Diss. Heidelberg 1957). Freidank (Wilh. G r i m m, 1834; H. E. B e z z e n b e r g e r, 1872). Gottfried von Straßburg, *Tristan* (Emil S c h l a g e t e r, 1926; Münch. Texte, Erg.r. 6). Hartmann von Aue, *Lieder* (G. W e b e r, Masch. Diss. Heidelberg 1954). Hartmann von Aue, *Der arme Heinrich* (Guido C. L. R i e m e r, 1912; Hesperia 3). Hartmann von Aue, *Iwein* (Emma B ü r c k, 1922; Münch. Texte, Erg.r. 2, 1). Hartmann von Aue, *1. u. 2. Büchlein, Erec, Gregorius, Armer Heinrich, Lieder* (Franz J a n d e b e u r, 1926; Münch. Texte, Erg.r. 5). Heinrich von Neustadt, *Apollonius von Tyrland*, V. 1-4125 (Helga A n d o r f e r, Masch. Diss. Wien 1952); V. 4126-8386 (Helene P a u l, Masch. Diss. Wien 1953); V. 8387-13510 (Johanna R a u c h, Masch. Diss. Wien 1952); V. 13513-17028 (Elfriede S o n n t a g, Masch. Diss. Wien 1952); V. 17029-20644 (Hildegard G a m s j ä g e r, Masch. Diss. Wien 1952); Heinrich von Neustadt, *Gottes Zukunft* (Edith B a u e r, geb. L e n z - B ü l o w, Masch. Diss. Wien 1959). Heinrich von dem Türlin, *Diu Krône* (Elfriede P f o s e r, Diss. Wien 1929). Hugo von Trimberg, *Der Renner* (Franz D i e l, 1926; Münch. Texte, Erg.r. 7). *Der Hürnen Seyfried* (Trude K u n z, Masch. Diss. Wien 1952). Jansen Enikel, *Fürstenbuch* (Trude S t i e g l e r, Masch. Diss. Wien 1951). Konrad von Fussesbrunnen, *Kindheit Jesu* (Emil Ö h m a n n, 1929; Annales universitatis Aboensis B, 8). Konrad von Würzburg, *Alexius, Der Welt Lohn, Herzmaere* (Gertrud K ü r m a y r, Masch. Diss. Wien 1947). Konrad von Würzburg, *Engelhard* (Rudolf R a a b, Masch. Diss. Wien 1952). Konrad von Würzburg, *Partonopier und Meliur* V. 1-10050 (Otto K u n z, Masch. Diss. Wien 1952). V. 10051-21784 (Alexander H o f b ö c k, Masch. Diss. Wien 1954). *Nibelungenlied* (Paul P r e s s e l, 1853; Leo S a u l e, 1925; Münch. Texte, Erg.r. 3). Otte, *Eraclius* (H. F. M a ß m a n n, 1842). *Peter von Staufenberg* (Gertrud K ü r m a y r, Masch. Diss. Wien 1947). Der Pleier, *Garel von dem blühenden Tal* (Leonhard K u p s a, Masch. Diss. Wien 1930). Der Pleier, *Meleranz* (Franz K u r z m a n n, Masch. Diss. Wien 1930). Der Pleier, *Tandareis und Flordibel* (Richard R o t h l e i t n e r, Masch. Diss. Wien 1932). Reinbot von Dürne, *Georg* (Elfriede T i e t z, Masch. Diss. Wien 1952). *Reinfried von Braunschweig* (Elsa Mathilde S k r a b a l, Masch. Diss. München 1937). *Rittertreue* (Helmut A u m a y r, Masch. Diss. Wien 1952). *König Rother* (Gotthard B e r n d t, Diss. Greifswald 1912). Rudolf von Ems, *Der gute Gerhard* (J. D a n g l, Masch. Diss. Wien 1949). Rudolf von Ems, *Alexander* (Klaudius N i t z l a d e r, Masch. Diss. Wien 1932). Rudolf von Ems, *Willehalm* (Humbert D e l l'M o u r, Masch. Diss. Wien 1928). Rudolf von Ems, *Weltchronik* (Otto W e g n e r,

Diss. Greifswald 1914). Der Stricker, *Daniel von dem blühenden Tal* und *Der Pfaffe Amis* (K. W a e l z e l, 1926; Münch. Texte Erg.r. 8). Ulrich von Eschenbach (Friedrich R e p p, 1940; Prager dt. Studien 48). Ulrich von Zatzikhoven, *Lanzelet* (Cleophas B e y w l, 1909; Prager dt. Studien 15). *Virginal* (Hedwig G l a n z, Masch. Diss. Wien 1953). Walther von der Vogelweide (C. Aug. H o r n i g, 1844). Wernher der Gartenaere, *Meier Helmbrecht* (Marianne W a l l n s t o r f e r, Masch. Diss. Wien 1947). Wolfram von Eschenbach (San Marte [Dr. A. Schulz], 1867; Karl Thalmann, 1925; Münch. Texte, Erg.r. 4). Eduard B e l l i n g, *Die Metrik Schillers* (1883). Ders., *Die Metrik Lessings* (1887; Germ. Bibl. II, 1).

Günther Schweikle

Reimprosa

Die R.prosa, eine rhetorisch ausgeschmückte Prosa, deren Satzklauseln reimen, war in der spätantiken Lit. beliebt. Auf diese Form führten Norden, Saran u. a. den ahd. Reim zurück (s. *Reim* § 2. 1). Ungeachtet der Berechtigung einer solchen Herleitung: als besondere Gattung hat die antike R.prosa in der frühdt. Literatur keine unmittelbare Nachfolge gefunden. Weder der Schluß des Prosateiles des ahd. *Wessobrunner Gebetes* läßt sich in diese Tradition stellen noch die *Bamberger Beichte* (MSD XCI) oder das frühmhd. *Anegenge* oder das *Frauengebet* der Vorauer Hs. (12. Jh.), das Roediger als „sicheres Beispiel" wirklicher dt. R.prosa bezeichnete. Diejenigen frühmhd. Werke, die man mit Wackernagel als R.prosa angesehen hat, verdanken ihre Nähe zu dieser Stilform wohl eher einer noch weniger ausgebildeten Formbewußtheit als dem Anschluß an antike Vorbilder. Auch späterhin entstehen reimprosaähnliche Gebilde ebenfalls mehr als Ergebnis einer metrischen Freizügigkeit denn als Form sui generis. Gerade in volkstümlicher Dichtung, im Volksschauspiel, im geistlichen Spiel, ist bis in die neueste Zeit die Grenze zwischen dem R.vers (Knittelvers) und gereimter Prosa hin und wieder unscharf. In diese Grenzzone gehören auch Werke wie die spätmal. mystische *Rede von den 15 Graden* (14. Jh.; vielleicht vom selben Verfasser wie *Die Lilie*, s. u.) und einzelne Passagen in den Satiren Johann Fischarts (1546-1590).

R.prosa eigener Prägung erscheint dagegen gelegentlich in den mystischen Visionen der Mechthild von Magdeburg an Stellen hymnischer Steigerungen der Prosa (neben anderen Formen, die dort gleichsam in statu nascendi beobachtet werden können) und vor allem im Werk des Mystikers Heinrich Seuse (1295-1366), dann in der mystischen Allegorie *Die Lilie* (einer freien Paraphrase der *Vitis Mystica* [MPL 184]; die Datierung des mhd. Textes schwankt zwischen 12. und 14. Jh.) und verwandten Werken spätmal. Erbauungsliteratur (auch Predigten und Gebeten), wozu sich die Übersetzungen des weitverbreiteten, in lat. R.prosa verfaßten *Speculum humanae salvationis (Der spîgel der menschen sêlikeit)* oder der *Mahrenberger Psalter* (15. Jh.) stellen. Auch in die Predigten Abrahams a Sancta Clara (1644-1709) sind Reime eingestreut.

Neuere R.prosa findet sich etwa in Friedrich Rückerts *Makamen*, in Rilkes *Cornet*, in Thomas Manns Roman *Der Erwählte*. Aus den Tendenzen, die traditionellen metrischen Strukturen zu relativieren, erwuchsen in jüngerer Zeit Gedichte, die stellenweise wie R.prosa wirken: „geteimte freie Rhythmen" (Heusler), z. B. bei Joachim Ringelnatz (*Reisebriefe eines Artisten*, 1927) oder Franz Werfel (*Das interurbane Gespräch*). Wenn Ernst Stadler über Max Dauthendey schreibt: „Seine Langzeilen nähern sich einer rhythmisierten Prosa, zusammengehalten und abgeteilt nur durch die lockere und freischaltende Bindung der Reime", so gilt dies auch für seine eigenen Langvers-Gedichte und verwandte Werke.

Ed. N o r d e n, *Die antike Kunstprosa.* 2 Bde (1898). Karl P o l h e i m, *Die lat. Reimprosa* (1925). Andreas H e u s l e r, *Dt. Versgeschichte* II, III (1927-1929) §§ 522, 1176, 1215, 1217. W. S t a m m l e r, *Mal. Prosa in dt. Sprache.* Stammler Aufr. II (2. Aufl. 1960) Sp. 749-1102, vgl. Sp. 836, 936, 1018 f.; eine Zusammenfassung über mittelalterl. dt. R.prosa fehlt, vgl. Sp. 1077. — Wilh. W a c k e r - n a g e l, *Geschichte der dt. Litteratur.* Bd. 1 (2. Aufl. 1879) S. 107 f. M. R o e d i g e r, *Dt. Reimprosa.* ZfdA. 30 (1886) S. 84 f. P. P o p p e, *Über das Speculum humanae salvationis und eine mitteldt. Bearbeitung desselben.* Diss. Berlin 1887. Ed. S i e v e r s, *Dt. Sagversdichtung des 9. bis 11. Jh.s* (1924) Ph. S t r a u c h, *Bruchstück einer gereimten mitteldt. Bearbeitung des Speculum humanae salvationis.* PBB. 48 (1924) S. 93-104. Helm. d e B o o r, *Frühmhd. Studien* (1926). J. B. S c h o e m a n n, *Die Rede von den 15 Graden* (1930; GermSt. 80). W. M o h r, *Darbietungsformen der Mystik bei Mechthild von Magdeburg.* Märchen, Mythos, Dichtung. Festschr. z. 90. Geb. F. v. d. Leyens (1963) S. 375-399. — Heinrich S e u s e, *Deutsche Schriften*, hg. v. Karl Bihlmeyer (1907).

Die Lilie, eine mittelfränk. Dichtung in Reimprosa, und andere geistl. Gedichte, aus der Wiesbadener Handschrift, hg. v. P. W ü s t. DTMA. 15 (1909); Rez. von K. P o l h e i m, AnzfdA. 35 (1912) S. 45-47. *Speculum humanae salvationis*, hg. v. E. K l o s s (1925). — Max D a u t h e n d e y, *Die geflügelte Erde*; Rez. v. Ernst S t a d l e r, Cahiers Alsaciens 1 (1912) Nr. 3, S. 146-147.

Günther Schweikle

Reimvers, Altdt.

§ 1. H e r k u n f t   u n d   E n t w i c k l u n g: Unter dem Begriff a l t d t. R.vers wird der vierhebige oder viertaktige Vers mit Endreim verstanden, welcher das Grundmaß der ahd. Reimdichtung und der mhd. Reimpaarepik ist, der auch in der mhd. strophischen Epik überwiegt, die Anfänge der mhd. Lyrik, das Volkslied und das geistliche und weltliche mal. Spiel beherrscht (s. a. *Dt. Versmaße*).

Der a h d. R.vers wurde als historisches Phänomen und als Forschungsproblem immer vor dem Hintergrund des germ. Stabreimverses (*s. d.*) gesehen. Die ahd. Stabreimverse werden einhellig mit den ae., as., anord. Stabreimversen von einem germ. Urvers hergeleitet. Die Herkunft des ahd. R.verses dagegen ist umstritten. Einig ist man sich meist nur in seiner formgeschichtlichen Einordnung: Er wird gewöhnlich für jünger gehalten als der germ. Stabreimvers, den er im Rahmen der geistesgeschichtlichen Entwicklungen der Karolingerzeit abgelöst habe. Er wird bisweilen geradezu als ein Produkt christl. Gesinnung dem Stabreimvers als dem Ausdruck eines germ. Heldentums konfrontiert. Die Diskussion wird dabei weitgehend von der Vorstellung beherrscht, daß der alleinige germ. Verstypus der Stabreimvers gewesen sei. Die Theorien zur Herleitung des altdt. R.verses hängen mit der jeweiligen Einstellung zur Frage der Herkunft des Versbandes (des Reimes) zusammen und mit der Interpretation der ahd. R.verse, mit der Beurteilung ihrer Beziehungen zum gewichtigsten Vertreter des ahd. R.verses, dem Otfriedvers, und überdies mit der Auffassung von germ. Verskunst.

An heimische Wurzeln des Grundverses der dt. Dichtungsgeschichte wollte niemand so recht glauben. Auch wenn für den ahd. R.vers vorahd. Vorgänger postuliert wurden, so wurde doch zumindest angenommen, die prägenden Einflüsse seien von 'außen' gekommen. S a r a n und L u i c k hatten neben dem epischen Sprechvers einen altgerm. viertaktigen Gesangsvers vermutet, der in Liedern tradiert worden sei: unter rom. Einfluß zum R.vers ausgebildet, sei dieser dann zum Vers Otfrieds geworden. V e r r i e r hatte als Vorläufer des ahd. R.verses einen „sangbaren, volkstümlichen Reimvers" einer verlorenen Spielmannsdichtung erwogen, der „nichts anderes" gewesen sein könne als „eine deutsche Anpassung des galloromanischen Sechzehnsilblers."

Neben den Hypothesen, die mit literarisch nicht mehr faßbaren Vorgängern operieren, stehen diejenigen, welche sich auf lat. Dichtungsformen beziehen, nur scheinbar auf gesicherterem Boden. Schon Jacob G r i m m und U h l a n d brachten den ahd. R.vers mit den lat. leoninischen Hexametern in Verbindung. Diese Beziehung wird auch neuerdings noch vertreten von Hörmann, Maurer, Rupp, Jammers, mit anfechtbarer Berufung auf die im Kap. I, 1, 49 in Otfrieds Evangelienbuch genannten *sehs ziti* (vgl. dazu P. v. Polenz und grundsätzlich Fr. Neumann).

Breiterer Anerkennung erfreut sich die von W a c k e r n a g e l hergestellte Beziehung zwischen dem Otfriedvers und dem lat. Hymnenvers, der seinerseits nach Wackernagel aus rom. Volksdichtung stamme. Die kaum übersehbaren Unterschiede zwischen dem lat. und dem dt. Vers wurden auf verschiedene Weise erklärt. Für Wackernagel waren sie die notwendige Folge der Einpassung des lat. Versschemas in die dt. Sprache. S i e v e r s definierte den ahd. Vers als „das resultat eines compromisses zwischen dem fünftypensystem der alliterationszeile und neuen, durch den kirchengesang eingeführten viertaktigen melodien." Ähnliche Formulierungen finden sich auch in späteren Darstellungen, so bei H e u s l e r: der „neue Vers" sei „eine Vermittlung zwischen dem lateinischen und dem altgermanischen", oder bei d e B o o r: „der deutsche Vers" habe seine „lateinische Grundlage nicht mechanisch übernommen; er hat sie der deutschen Sprache eingeformt." Auch H i r t, der behauptete, Otfried habe den lat. vierhebigen Hymnenvers „mit Bewußtsein" nachgebildet, räumt ein, Otfried bewege sich dabei aber „ganz auf dem Boden der Allitterationspoesie, deren wichtigste Eigenthümlichkeiten er herübernahm."

Wie auch im einzelnen die Verse interpretiert wurden, seit L a c h m a n n hielt man Stabreimvers und Endreimvers zumindest durch die Viertaktigkeit verbunden. „Wie die alte Weise der Alliteration im Styl Otfrieds Spuren zurückgelassen" habe, so regiere „ihr inneres Gesetz auch noch seinen Versbau", meinte Lachmann. P r e t z e l sieht dagegen in Übereinstimmung mit W. H. Vogt eine tiefe Kluft zwischen dem Rhythmus des germ. Heldenliedes (Zwei-Ikten-Prinzip) und der Viertaktmetrik der Evangeliendichtung Otfrieds. Auch gegenüber dem lat. Hymnenvers grenzt er den altdt. R.vers stärker ab, als dies früher geschah. Der lat. Hymnenvers könne nur „in Einzelpunkten" Otfrieds Vorbild gewesen sein: „in der Taktmessung an sich, in der Zahl der Hebungen, kaum in der Verbindung der Kurzzeilen." J a m m e r s faßt den Otfriedvers als „eine Verbindung des kirchlichen Rezitativs mit antiken Reminiszenzen, aber vor allem mit Elementen völkischer oder wenigstens im fränkischen Gebiete heimischer Art" auf.

Die älteren Herleitungstheorien werden neuerdings insgesamt in Frage gestellt. Sie kranken alle mehr oder weniger daran, daß sie mit idealen Verstypen arbeiten, wobei die Fülle der Zwischenformen nicht genügend berücksichtigt wird. Die Vorstellung von dem, was ein typisch 'altgerm. Vers' sei, wirkte dabei nicht immer erhellend. Die Folge waren einseitige Thesen, in denen oft Sekundäres zur Hauptsache erhoben wurde, wie bei der Herleitung des ahd. R.verses vom Hymnenvers. Der Hymnenvers hat mit dem ahd. R.vers nur die Vierhebigkeit gemein; ob für beide auch das Prinzip der Viertaktigkeit gilt, ist bereits fraglich, denn der lat. Vers war vor Otfrieds Zeit entweder quantitierend oder silbenzählend. Das Taktprinzip geht kaum auf lat. Traditionen zurück, sondern könnte eher aus den 'Volkssprachen' ins Lat. gelangt sein. Daß der Reim in den Hymnen zudem keine vergleichbare Rolle spielte, wurde ebenfalls nicht immer genügend beachtet.

Im altdt. R.vers sind noch lange mancherlei Freiheiten erlaubt. Während die Hymnenverse durchweg jambisch oder trochäisch sind, ist die Auftaktgestaltung im ahd. R.vers frei: steigende und fallende Verse wechseln unregelmäßig. Der Hymnenvers zeigt entweder Alternation oder eine bestimmte

Silbenzahl, im ahd. Vers gibt es häufig Senkungsausfall (einsilbige Takte, ja sogar senkungslose Verse [*fingàr thinàn* Otfried I, 2, 3]), Taktüberfüllung (mehrsilbige Takte). Die Versfüllung kann zwischen 4 und 10 Silben schwanken. Zudem kennt der lat. Vers nicht die für den altdt. Vers typische klingende Kadenz. Demgegenüber wiegt das Fehlen des weiblich vollen Schlusses (neben wenigen Ausnahmen), angeblich nach lat. Vorbild, geringer, zumal diese Kadenzart auch im Mhd. selten bleibt (s. u.). Allen diesen den Verscharakter prägenden Unterschieden steht als alleinige Gemeinsamkeit dieselbe Hebungszahl gegenüber, ein Vergleichsmoment, das bei der Verbreitung der Vierhebigkeit gerade in volkstümlicher Dichtung nicht ausschlaggebend sein kann. Der ahd. R.vers scheint doch wohl auf breiteren und volkstümlichen Grundlagen zu ruhen, als dies in den Hymnen- oder Hexametertheorien zum Ausdruck kommt (vgl. *Dt. Versmaße* § 4).

Wenn Otfried seinen Vers aus volkstümlichen Quellen übernommen hat, können die strenger gebauten lat. Hymnenverse bestenfalls regulierend auf den Gang des Otfriedverses eingewirkt haben. Die relative Zunahme alternierender Verse in Otfrieds Werk kann aber auch das Ergebnis einer sich festigenden Formbewußtheit sein, die auch aus Otfrieds Darlegungen zur Form (*Ad Liutbertum* und im Kap. I, 1, 1) spricht. Die Frage, inwieweit ahd. R.verse monopodisch oder dipodisch zu akzentuieren seien, wird verschieden beantwortet. Pretzel z. B. interpretiert Otfrieds Vers oder den von *Christus und die Samariterin* als monopodischen Viertakter (so auch Heusler), den des *Ludwigsliedes* dagegen, der zwischen Otfrieds Versauffassung und der altgermanischen stehe, als überwiegend dipodisch. Welchen Einfluß Melodien auf den Verscharakter haben konnten, läßt sich nicht bestimmen. Die überlieferten Melodien verraten nichts über den Rhythmus (s. § 3).

Dem ahd. R.vers wird schwerlich gerecht werden, wer ihn auf zu enge Normen und Traditionen festlegt. Ähnlich vielfältig und mehrschichtig wie das Phänomen bei aller ursprünglichen Einfachheit ist, können Wurzeln und Wachstum sein. Inwieweit rom., kelt., lat. Einwirkungen (z. B. auch der Kirchengesang) die ahd. Verse und ihre Vorläufer mitgeformt haben, kann im einzelnen

schon deshalb nicht spezifiziert werden, weil nicht alle denkbaren Quellen erfaßt werden können. Wenn als Vorläufer der historischen Formen des Stabreimverses und des ahd. Endreimverses einmal nicht starre Idealtypen angenommen werden, sondern einfachere, offenere, in der Entwicklung begriffene 'Urformen', dann werden Überlegungen möglich, welche die Vielfalt der ahd. Versformen nicht immer nur unter dem Blickwinkel eines Zerfalls oder mangelhafter Nachahmung irgendeines Vorbildes erscheinen lassen. Die Verschiedenheit der Verse des *Muspilli* z. B. kann nicht nur das Ergebnis einer Formauflösung sein (so die Vulgatmeinung), es können im *Muspilli* ebensogut verschiedene Entwicklungsstufen und -möglichkeiten bewahrt sein. Es ist auch die Frage, ob die verschiedenen Versformen einfach in solche eines alten und neuen Typus (wie bisher) aufgeteilt werden können oder ob sie nicht verschiedene, längst vorhandene Möglichkeiten darstellen. Auch eine zu eindeutige Scheidung zwischen germ. (freiem) und rom. (gebundenem) rhythmischen Prinzip könnte zu schematisch sein.

Im *Muspilli* stehen nebeneinander Stabreimverse wie *dar ist lip ano tod / lioht ano finstri* (14), Endreimverse wie *diu marha ist farprunnan / diu sela stet pidungan* (61) und Verse ohne Stab- oder Endreim: *die pringent sia sar / uf in himilo rihi* (v. 13). Gemeinsam ist diesen Zeilen ein freies Versgefühl, das lediglich durch das jeweilige Versband seinen Charakter erhält. Otfried hat dies offenbar empfunden, wenn er dem antiken Versprinzip (*metrica subtilitate constricta*) als Kennzeichen seines Verses das *schema omoeoteleuton* gegenüberstellt, das nach der antiken Poetik nur ein stilistisches Schmuckmittel, kein Versprinzip ist.

Das jeweilige Versprinzip prägt den Vers mit. Durch den Endreim wird er auf die metrischen Grenzen hin ausgerichtet, durch den Stabreim um die stabtragenden Wörter zentriert. Das Grundgefüge scheint weitgehend variabel. Gemeinsam sind den beiden im Ahd. auftretenden Verstypen (mit Stabreim oder Endreim) Auftakt- und Füllungsfreiheit und bestimmte Kadenzformen. Die Annäherung beider Verstypen kann soweit gehen, daß Otfried Stabreimverse in sein Werk einbauen konnte (I, 18, 9 = *Muspilli* 14) oder daß in einem Gedicht wie dem

Psalm 138 beide Verstypen nebeneinander begegnen.

Die Diskussion um die Herkunft der ahd. R.verse wurde dadurch belastet, daß man einsinnige monokausale Herleitungen konstruieren wollte. Bei dem Bestreben, jeweils einen bestimmten Quellort auszumachen, wurde sowohl die Möglichkeit einer Polygenese als auch die von Parallelentwicklungen außer acht gelassen; gerade bei Grundformen wie dem Vierheber gehören diese Gesichtspunkte notwendig mit ins Kalkül.

Nach dem augenblicklichen Stand der Kenntnis der frühen Formen bleibt im Grund nur die Vermutung, daß der ahd. R.vers und der Stabreimvers auf ein urtümliches rhythmisches Grundmaß zurückgehen, auf einen freien Vers, in dem die Hebungen nur ein ungefähres Zeitmaß markierten und der durch Endreim oder Alliteration oder beides ausgezeichnet war. Mischformen, wie sie im *Muspilli* oder im *Psalm 138* begegnen, könnten eine Vorstellung von älteren, noch nicht genauer regulierten Versformen mit wechselndem Rhythmus und Versschmuck oder Versband geben. Die Annahme strengerer Formen am Anfang einer Entwicklung wird durch die überschaubare Formgeschichte nicht gestützt. Otfrieds Leistung könnte darin bestanden haben, daß er eine der in volkstümlicher Dichtung nebeneinander gebräuchlichen Formen in seinem Werk zum herrschenden Prinzip erhob. Diese Entscheidung mag durch eine im Umgang mit lat. Dichtung geweckte Formbewußtheit, weniger durch ein bestimmtes lat. Formmuster, beeinflußt worden sein.

In frühmhd. Dichtung bleibt zwar die Vierhebigkeit das Grundprinzip, wird aber nicht selten durchbrochen. Es gibt Verse, die sich nur schwer auf die Zahl von vier Hebungen bringen lassen; sie sind ihrer sprachlichen Füllung nach entweder zu kurz oder zu lang (bis zu 16 Silben pro Vers). Die ältere Forschung versuchte, durch Texteingriffe, Auftakt- und Taktüberfüllungen das Viertaktschema zu retten. Neuerdings werden diese Verfahrensweisen zugunsten einer freieren Versinterpretation in Frage gestellt. In der 2. Hälfte des 12. Jh.s strebt der Vers einer stärkeren Regelmäßigkeit zu. Diese Entwicklung kann entelechial verstanden werden; unmittelbare äußere Einflüsse, so

durch den franz. R.vers, können mitgewirkt haben.

Die Entwicklung des altdt. R.verses zum alternierenden Vers ist schon in Otfrieds Werk vorgezeichnet; sie dringt seit der geistesgeschichtlichen Wende der Stauferzeit mit ihrer größeren Wertschätzung formaler Schönheit mehr und mehr vor. Ganz wird diese Regelmäßigkeit auch im mhd. Epos und in der mhd. Lyrik nie durchgeführt. Der einsilbige Takt behält seinen Platz als Ausdrucksmittel. Erste Ansätze zu einem gewissen Gleichmaß des Verses zeigen sich im 12. Jh. im *Pilatus*, im *Graf Rudolf*. Als erster Meister eines höheren Ansprüchen genügenden mhd. Verses wird Heinrich von Veldeke durch Gottfried von Straßburg und Rudolf von Ems gepriesen. Das Nebeneinander des Gottfried- und Wolframverses kann veranschaulichen, wie die verschiedenen Ausprägungen gewisser Grundschemata im Rahmen eines Epochenstiles aus der jeweiligen Formhaltung (Individualstil) entspringen. Der alternierende Versbau erreicht seine strengste Ausführung im Werk Konrads von Würzburg.

Der Auftakt wird selbst im Mhd. noch ziemlich frei gehandhabt. Zu den im Ahd. gebräuchlichen Kadenzen, männlich, klingend (zweisilbig: *snello*, dreisilbig: *redinu*, nach Heusler: 'voll' und 'klingend'), treten im Mhd. noch die zweisilbig männliche Kadenz bei Wörtern auf kurze offene Tonsilbe (*sagen*) und die weibliche Kadenz (nach Heusler: 'weiblich voll'). Heusler setzt weiblichen Versausgang schon in frühmhd. Dichtung an, z. T. seines Viertaktprinzips wegen. Seine Interpretationen sind deshalb mehrdeutig. Auffällig ist die zweisilbig weibliche Kadenz bei Thomasin von Zerclære, wohl im Anschluß an franz. Vorbilder, bei denen diese Kadenz häufiger ist als im Mhd.

Die Abhängigkeit des Versgefühls von der prinzipiellen Formhaltung offenbart sich nochmals im Spätmittelalter. Im R.vers werden parallel zu den sonstigen formgeschichtlichen Tendenzen wieder größere Freiheiten üblich. Im Verlaufe der Neuzeit erfolgte dann eine normative Differenzierung des einen metrischen Grundgefüges. Die freiere Versform erfuhr als Hans-Sachs-Vers oder Knittelvers eine absondernde Klassifizierung vom alternierenden Vierheber, der seit Opitz bewußter am franz. Vorbild orientiert wurde.

§ 2. Gruppenbildung: Der Endreimvers ist seiner Grundform nach in Zweier-
formation angelegt: im R.paar. Das R.paar
kann aus Kurzversen bestehen (Otfriedvers,
ahd., frühmhd. Reimgedichte) oder aber aus
Langzeilen, bei denen nur die Abverse reimen (Kürenberg-, *Nibelungen*vers). Maurer
interpretiert die ahd. und frühmhd. R.paar-
verse als binnengereimte Langzeilen. Der
Sinn dieser Klassifizierung ist umstritten
(W. Schröder). Unter Langzeile wird gewöhnlich eine Verseinheit verstanden, die
eine aus der prinzipiellen Ungleichheit der
beiden Teile resultierende strukturelle Spannung aufweist: z. B. durch Reimlosigkeit und
andere Kadenz im Anvers (Sevelingen) oder
ausgeprägter durch verschiedene Länge von
An- und Abvers (Kürenberg: 4 + 3). Diese
Spannung fehlt den im Prinzip aus zwei
parallelen Kurzversen gefügten ahd. und
frühmhd. R.paaren ebenso wie den von Maurer von diesen abgetrennten höfischen R.-
paaren. Gegenüber den grundsätzlichen
Strukturunterschieden erscheinen gewisse
Gemeinsamkeiten (in der Versbehandlung,
im Verhältnis von Vers und Syntax, das zudem verschieden beurteilt wird, und auch in
der gleichen graphischen Anordnung der
Verse in manchen Handschriften) sekundär.
R.paare, kurzzeilig oder langzeilig, können sich zu Strophen zusammenschließen, so
bei Otfried durchgehend zwei R.paare oder
im frühmhd. *Ezzolied* (Straßburger Fassung)
vier und sechs R.paare. In den kleineren ahd.
R.gedichten begegnen neben Abschnitten
aus zwei R.paaren auch solche aus dreien.
Otfrieds Strophe aus zwei R.paaren könnte
wiederum, wie auch sein Vers, das Ergebnis
einer strengeren Reglementierung einer heimischen Tradition sein, in der auch die Ab-
schnittsbildung freier war. Einfluß der Hymnendichtung ist hier denkbar. Habermann
faßt manche „scheinbaren Strophen" im
Frühmhd. als „Kettenhaufen" auf.

Das vierhebige R.paar bleibt die beherrschende Form im mhd. Epos. Es wird manchmal, vor allem zur Abschnittsgliederung, zur
Dreireimgruppe erweitert. In den strophischen Epen (*Nibelungenlied, Kudrun*) sind
reimende Langzeilen verwendet, ebenso wie
in der *Titurel*strophe Wolframs, deren Weiterbildung im *Jüngeren Titurel* mit Inreim
versehen ist (siehe *Strophe*).

In den Anfängen der mhd. Lyrik stehen
neben kurzzeiligen R.paarstrophen (vgl. MF
3, 1 ff.) langzeilige (Kürenberg, Dietmar
und Kombinationen beider Verstypen (Sevelingen, Dietmar). Aus langzeiligen R.paaren
mit Mittenreim (Ansätze schon MF 12, 14
13, 27) entwickeln sich kreuzreimende Kurz-
versperioden (Kaiser Heinrich, Hausen), vielleicht angeregt durch franz. Vorbilder; sie
werden in der Stollenstrophe zur Grundform des Aufgesangs. Bei der Ausbildung der
lyrischen Strophe ist das vierhebige R.paar
meist nur noch ein Baustein unter anderen
Versen, die in der Zahl der Hebungen wie in
der Stellung der Reime mannigfach variieren.

Grundsätzlich bestand anfangs die Tendenz, das R.paar (die Kette) auch als syntaktischen Rahmen zu respektieren, jedoch
zeigen sich hier schon früh Abweichungen
mehrere Reimpaare werden zu einer sprachlichen Einheit zusammengefaßt, wobei einzelne Reimpaare syntaktisch gespalten werden können (Reimbrechung s. d., Reimpaarsprung; vgl. auch *Brechung*). Der Sinn kann
auch Strophengrenzen überspringen (Stro-
phensprung), z. B. bei Otfried (I, 1, 123 ff.)
oder im *Nibelungenlied* (ed. Lachmann
Str. 31, 32).

§ 3. Vortrag: Die Frage, ob der R.ver.
genetisch mit musikalischem Vortrag verbunden war (wie Saran, Luick, Verrier annehmen), läßt sich nicht generell beantworten
Sicherlich gesungen wurden die ahd. und
mhd. Lieder: Zum *Petruslied*, zur lat. Übersetzung von *Ratperts Lobgesang* sind Neumen überliefert. In der Eingangsstrophe von
Ezzos Gesang (11. Jh.) ist zum ersten Mal
der Komponist eines deutschen Liedes
(Wille) genannt. Auch die mhd. Lyrik lebte
im gesungenen Vortrag, ehe sie Ende des
13. Jh.s teilweise zur Leselyrik wurde: In den
großen Liederhandschriften (ABCE) sind
keine Melodien aufgezeichnet: eine Folge
einer von der Melodie gelösten Literarisie-
rung der Gedichte.

Wie mal. Epen vorgetragen wurden, ist
strittig, schon bei Otfrieds Evangelienbuch
Die ältere Meinung, daß Otfrieds Werk nicht
sanglich vorgetragen worden sei, stützte sich
darauf, daß Neumen nur in der Heidelberger Hs. (P), nicht in der Otfried näher stehenden Wiener Hs. (V) vorkommen und zu
dem nur zwei Verse (I, 5, 3) neumiert sind

Diesen Tatbestand hat z. B. Saran so gedeutet, daß es sich bei der Neumierung um eine nicht authentische spätere Zutat handle. Weiterhin faßte man den von Otfried auf sein Werk bezogenen Begriff *lectio* wörtlich als 'Lesung' auf. Hier setzt neuerdings Jammers mit seiner Kritik an: die „Lektio" sei „seit jeher gesungen" worden. Dies legt er mit Berufung auf antike Vortragstraditionen dar. Jammers deutet auch die Akzentuierung in der Wiener Hs. „tonal". Nach Heusler meinen die „Striche ... Nachdruck, nicht Stimmhöhe" (§ 469), für Jammers sind sie Hilfen für die gesangsmäßige Rezitation des Werkes. In den differierenden Vortragsangaben der Heidelberger und Wiener Hs. erblickt Jammers die Notation zweier verschiedener Stilarten: Die Heidelberger Hs. bringe so etwas wie einen *tonus solemnis* (vergleichbar der *oratio ornata*), die Wiener Hs. einen *tonus ferialis* (entsprechend der *oratio simplex*). Für den Vortrag sei jeweils ein „Modell" benutzt worden, das „immerfort wiederholt" wurde. Das Modell könne ein „zweigeteilter Einzelvers" oder ein Verspaar oder eine Strophe gewesen sein. Vorbilder sieht Jammers im Rezitativ der Kirche, im Hexameter des antiken Epos, im Distichon, aber auch in volkstümlichen Traditionen. Entgegen der Meinung Heuslers, welche die ältere Forschung repräsentiert, das mhd. Epos sei Sprechdichtung gewesen, vermutet Jammers (wie Gennrich, Bertau und Stephan) nicht nur bei den strophischen Epen wie dem *Nibelungenlied*, dessen Strophe der Liedstrophe des Kürenbergers entspricht, eine „feierliche, gesungene, formelhafte Rezitation" als Vortragsform. Die Melodiezeugnisse sprechen allerdings dafür, daß zwischen den Reimpaarepen und zwischen den strophischen Epen ein Unterschied in der Vortragsart bestanden haben könnte: Melodien sind von Otfried bis zum *Jüngeren Titurel* nur zu strophischen Epen erhalten. In einer Hs. des *Jüngeren Titurel* (Wiener Pergaments. 2675, Anf. 14. Jh.) sind Neumen eingetragen. In diesem Ton dichtete der Schweizer Minnesänger Otto zum Turne (gest. 1339) zwei Lieder zur selben Zeit, in der die Wiener *Titurel*hs. entstanden ist. Auch Hadamar von Laber verwendet die *Titurel*strophe für seine Allegorie *Die Jagd*. Meistersingerbezeichnungen wie *des Labers* oder *Laubers ton* neben *im Titurels done* ba-

sieren auf dieser Gemeinsamkeit und dokumentieren grundsätzlich die Möglichkeit sanglichen Vortrags für beide Werke. Ob diese Melodie, wie Bertau und Stephan annehmen, auf Wolfram zurückgehe, kann letztlich nicht geklärt werden. Der *Jüngere Titurel* verrät aber, daß der rezitative Vortrag nicht die einzige Form der Darbietung eines solchen Werkes war. In Strophe 6031 wünscht der Dichter: *daz iz ir aller herzen tugnde bringe,/diez lesen oder hœren,/und der iz sag odr in dem dône singe.* In Michael Behaims strophischer Reimchronik *Buch von den Wienern* (15. Jh.) steht als Vortragsanweisung des Verfassers: *das man es lesen mag als ainen spruch, oder singen als ain liet.* Im *Salman und Morolf* wird in nachträglichen Ergänzungen ein Vorleser erwähnt (nach 451, 768, in 521 und 616).

In Reimpaarepen finden sich keine vergleichbar klaren Hinweise auf einen Gesangsvortrag. Wenn es im *Armen Heinrich* Hartmanns von Aue heißt *si hœre sagen oder lese* (v. 23), so liegt hier die Deutung auf Sprechvortrag nahe, ebenso im *Renner* Hugos von Trimberg (*lesen oder hœren lesen*, v. 19). Wenn in späten Hss. des *Orendel* oder des *Laurin* (A) ursprüngliches *singen* und *singære* in *sprechen* und *sprecher* geändert werden, kann dies auch nur eine Auflösung eines metaphorischen Ausdrucks sein; in nachträglichen Ergänzungen taucht auch im *Laurin* (nach A 1202) ein Vorleser auf. Im *Heiligen Georg* Reinbots von Dürne (13. Jh.) sind, wie schon Lachmann bemerkte, *buoch* und *sagen* und *liet* und *singen* einander zugeordnet: *in buochen noch in lieden / wirt geseit noch gesungen* (v. 356 f.). Für eine Klärung der Frage kann ein Blick auf die franz. Dichtung insofern weiterhelfen, als auch zu franz. Reimpaarepen keine eindeutigen Rezitationsformeln belegt sind (vgl. Chrestien, *Yvain* 5362 ff., wo ein Mädchen ihren Eltern einen Roman vorliest). Melodien sind nur zu der Laissenstrophe der *chansons de geste* (nach Gennrich zum Litaneitypus gehörig) überliefert.

1. *Lat. Gedichte des 10. u. 11. Jh.s.* Hg. v. Jac. Grimm u. Joh. Andreas Schmeller (1838). Ludwig Uhland, *Schriften zur Geschichte d. Dichtung u. Sage.* Hg. v. A. v. Keller, Bd. 1 (1865). Wilh. Wackernagel, *Geschichte d. dt. Litteratur* (1872). Karl Lachmann, *Über ahd. Betonung u. Verskunst.* Kl. Schriften I (1876) S. 358-406. Ders.,

Otfried, ebda., S. 449-460. E. Wilken, *Metrische Bemerkungen.* I. *Zur Alliterationspoesie.* GermaniaPf. 24 (1879) S. 257-292. Wilh. Wilmanns, *Beitr. zur Gesch. der ält. dt. Litteratur*, H. 3. *Der altdt. Reimvers* (1887), H. 4. *Untersuchungen zur mhd. Metrik* (1888). E. Sievers, *Die Entstehung d. dt. R.verses.* PBB. 13 (1888) S. 121-166. A. Heusler, *Zur Geschichte d. altdt. Verskunst* (1891; GermAbh. 8). H. Hirt, *Zur Metrik d. as. u. ahd. Allitterationsverses.* GermaniaPf. 36 (1891) S. 139-179 u. 279-307. Ed. Sievers, *Altgerm. Metrik* (1893; Samml. Kurzer Grammatiken B. 2). H. Hirt, *Der altdt. R.vers u. s. Verhältnis z. Allitterationspoesie.* ZfdA. 38 (1894) S. 304-333. F. Saran, *Zur Metrik Otfrids von Weißenburg. Philologische Studien. Festgabe für E. Sievers* (1896) S. 179-204. K. Luick, *Zur Herkunft d. dt. R.verses.* PBB. 22 (1897) S. 576. K. Zwierzina, *Die beschwerte Hebung in Hartmanns Versen.* ZfdA. 45 (1901) S. 369-393. K. Luick, *Englische Metrik.* A. *Geschichte der heimischen Versarten.* PGrundr. II, 2 (2. Aufl. 1905) S. 141-153. H. Paul, *Dt. Metrik.* PGrundr. II, 2 (2. Aufl. 1905) S. 39-140. F. Saran, *Dt. Verslehre* (1907; Hdb. d. dt. Unterr. III, 3). Engelbert Hertel, *Die Verse von mehr als vier Hebungen in d. frühmhd. Dichtung.* Diss. Marburg 1909. G. Eberhardt, *Die Metrik d. 'Annoliedes'.* PBB. 34 (1909) S. 1-100. Paul Habermann, *Die Metrik d. kleineren ahd. Reimgedichte* (1909). Ed. Sievers, *Dt. Sagversdichtungen d. 9.-11. Jh.s* (1924; Germ. Bibl. II, 16). A. Heusler, *Dt. Versgeschichte.* Bd. 1-3 (1925-1929; PGrundr. 8, 1-3). H. de Boor, *Frühmhd. Studien* (1926). A. Schirokauer, *Otfrid von Weissenburg.* DVLG. 4 (1926) S. 74-96. Ders., *Zur Metrik d. Hans-Sachs-Verses.* PBB. 50 (1927) S. 296-301. C. v. Kraus, *Die metrischen Regeln bei Heinrich von Hesler u. Nikolaus von Jeroschin.* Festschr. Max H. Jellinek (1928) S. 51-74. W. Stammler, *Beabsichtigte Ungleichmäßigkeit in mhd. Versen.* ZfdPh. 61 (1936) S. 119-136. P. Verrier, *Zum ahd. Reimvers.* Ebda., S. 1-4. Ed. Lachmann, *Die Versform in Wolframs 'Parzival' u. d. Aufgaben d. Übersetzers* (1938). Paul Hörmann, *Untersuchungen zur Verslehre Otfrids.* LitwJbGörrGes. 9 (1939) S. 1-106. W. H. Vogt, *Altgerm. Druck-'Metrik'. Recht unbekümmerte Meinungen e. Nicht-Metrikers.* PBB. 64 (1940) S. 124-164. A. Heusler, *Die altgerm. Dichtung* (2. Aufl. 1941; HdbLitwiss.). H. Brinkmann, *Verwandlung u. Dauer. Otfrids Endreimdichtung u. ihr geschichtl. Zusammenhang.* WirkWort 2 (1951/52) S. 1-15. U. Pretzel, *Vers u. Sinn. Über d. Bedeutung d. „beschwerten Hebung" im mhd. Vers.* WirkWort 3 (1952/53) S. 321-330. Winfred Ph. Lehmann, *The Development of Germanic verse form* (Austin 1956). Fr. Neumann, *Otfrids Auffassung vom Versbau.* PBB. 79 (Halle 1957) Sonderbd., S. 249-306. Otto Paul u. Ingeborg Glier, *Dt. Metrik* (7. Aufl. 1968). Heinz Rupp, *Die Literatur d. Karolingerzeit.* In: *Dt. Literaturge-*

schichte in Grundzügen, hg. v. Bruno Boesch (2. Aufl. 1961) S. 9-32. P. von Polenz, *Otfrids Wortspiel mit Versbegriffen als literarisches Bekenntnis.* Festschr. f. L. Wolff (1962) S. 121-134. U. Pretzel, *Dt. Verskunst.* Stammler Aufr. Bd. 3 (2. Aufl. 1962) Sp. 2357-2546. Siegfried Beyschlag, *Die Metrik d. mhd. Blütezeit* (6. Aufl. 1969). K. Schacks, *Beschwerte Hebungen bei Otfried u. Hartmann.* Festgabe f. U. Pretzel (1963) S. 72-85. Friedrich Maurer, *Die religiösen Dichtungen d. 11. u. 12. Jh.s. Nach ihren Formen besprochen u. hg.* 3 Bde. (1964/70). W. Schröder, *Versuch zu metrischer Beschreibung e. frühmhd. Gedichts mit e. forschungsgeschichtl. Vorbemerkung.* ZfdA. 94 (1965) S. 196-213 u. S. 244-267. Friedr. Neumann, *Gesch. d. altdt. Lit.* (1966), S. 37 ff. Werner Hoffmann, *Altdt. Metrik* (1967; Sammlung Metzler). G. Schweikle, *Die Herkunft d. ahd. Reimes.* ZfdA. 96 (1967) S. 165-212. Klaus von See, *Germ. Verskunst* (1967; Sammlung Metzler).

2. W. von Unwerth, *Vers u. Strophe von Ratperts 'Lobgesang auf den heiligen Gallus'.* PBB. 42 (1917) S. 111-121. Fritz Draeger, *Die Bindungs- u. Gliederungsverhältnisse d. Strophen d. 'Nibelungenliedes' u. ihre Bedeutung für Quellenkritik u. Altersfragen* (1923; GermSt. 28). G. Müller, *Zu Neidharts Reienstrophik.* PBB. 48 (1924) S. 492-494. John Meier, *Zum 'Hildebrandslied'.* Festgabe f. Ph. Strauch (1932; Hermaea 31) S. 45-47. H. de Boor, *Langzeilen u. lange Zeilen in 'Minnesangs Frühling'.* ZfdPh. 58 (1933) S. 1-49. Hans Kuhn, *Zur Wortstellung u. -betonung im Altgermanischen.* PBB. 57 (1933) S. 1-109, bes. S. 101 ff. F. Maurer, *Über Langzeilen u. Langzeilenstrophen in d. ältesten dt. Dichtung. Beiträge z. Sprachwiss. u. Volkskde.* Festschr. f. E. Ochs (1951) S. 31-52. W. Mohr, *Zur Form d. mal. dt. Strophenliedes.* Dtschunt 5 (Stuttgart 1953) H. 2, S. 62-82, wiederh. in *Der dt. Minnesang* (1961; Wege d. Forschung 15) S. 229-254. H. Thomas, *Der altdt. Strophenbau u. d. unliturgische Sequenz.* Festgruß f. H. Pyritz (1955; Euph., Sonderh. S. 14-20. F. Maurer, *Langzeilenstropher u. fortlaufende Reimpaare.* Dtschunt. 11 (Stuttgart 1959) H. 2, S. 5-24. W. Schröder *Zum Begriff der 'binnengereimten Langzeile' in d. altdt. Versgeschichte.* Festschr. J. Quin (1964) S. 194-202. Ders., *Zu alten u. neuer Theorien e. altdt. 'binnengereimten Langzeile'.* PBB. 87 (Tüb. 1965) S. 150-165. S. Gutenbrunner, *Der Weg v. d. Stabreimlangzeile z. Endreimkurzvers.* In: Festg. f. F. Maurer z 70. Geb. (1968) S. 85-118. W. Haug, *Funktionsformen der ahd. binnengereimten Langzeile.* In: Werk - Typ - Situation. Festschr. Hugo Kuhn (1969) S. 20-44. Weitere Literatur vgl. *Dt. Versmaße* § 10 ff.

3. K. Lachmann, *Über Singen u. Sager* Kleinere Schriften. Bd. 1 (1876) S. 461-479 Franz Saran, *Über Vortragsweise u. Zwec d. Evangelienbuches Otfrids von Weissen burg* (1896). Julius Schwietering, *Singe und Sagen.* Diss. Göttingen 1908. Fried-

Gennrich, *Der musikal. Vortrag d. altfranz. Chansons de geste* (1923). Ders., *Grundriß e. Formenlehre d. mal. Liedes* (1932). R. Stephan, *Über sangbare Dichtung in ahd. Zeit.* Ber. über d. Intern. Musikwiss. Kongr. Hamburg 1956 (1957) S. 225-229. K. H. Bertau u. R. Stephan, *Zum sangl. Vortrag mhd. strophischer Epen.* ZfdA. 87 (1956/57) S. 253-270. E. Jammers, *Das mal. dt. Epos u. d. Musik.* Heidelberger Jahrbücher 1 (1957) S. 31-90. Ders., *Der musikalische Vortrag d. altdt. Epos.* Dtschunt. 11 (Stuttgart 1959) H. 2, S. 98-116. R. J. Taylor, *Die Melodien der weltl. Lieder des MA.s.* I. Darstellungsband (1964; Sammlung Metzler 34). K. H. Bertau, *Epenrezitation im dt. MA.* ÉtudGerm. 20 (1965) S. 1-17. D. Hofmann u. E. Jammers, *Zur Frage d. Vortrags d. altgerm. Stabreimdichtung.* ZfdA. 94 (1965) S. 185-195.

Günther Schweikle

rede (mhd.)

[Anm. der Herausgeber: Es war beabsichtigt, den Beitrag über *rede* als Gattungsbegriff der mhd. Lit. an den Artikel *Rede und Beredsamkeit* anzuschließen. Da dieser auf Wunsch des Verfassers den Titel *Rhetorik* bekommen sollte, hat der Artikel *rede* seine alphabetische Stelle verloren. Die Herausgeber bitten dies zu entschuldigen.]

Das mhd. Wort *rede*, ahd. *radia, red(i)a* aus lat. *ratio*, bedeutet ursprünglich 'Rechenschaft'. Es gibt aber nicht nur lat. *ratio* wieder, sondern auch *opinio, narratio, sermo, sententia* und hat damit eine Bedeutungserweiterung erfahren, die es zu verschiedener Verwendung im Bereich literarischer Termini tauglich macht. Die Grundbedeutung ist: 'sprachlich geformte Aussage eines gedanklichen Inhalts'. Daraus hat sich schon früh ein literarischer Gattungsbegriff abgelöst: unter *rede* verstand man im Besonderen eine zusammenhängende mündliche oder schriftliche Darlegung eines Wissensstoffes in Versen oder Prosa, eine Unterweisung, die Rechenschaft über einen gedanklichen Gegenstand ablegen will (Otfrid L 89: *Er hiar in thesen redion mag horen evangelion; Physiologus* MSD 262; 1, 1: *hier begin ih einna reda umbe diu tier vvaz siu gesliho bezehinen;* Heinrich von Melk 2 f.: *von des todes gehugde eine rede*). Da solche Denkmäler meistens in dichterischer Form abgefaßt waren, wird *rede* bald zum Allgemeinbegriff für didaktisch-epische Gedichte. In der zweiten Hälfte des 12. Jh.s gilt es sogar auch (neben *liet*) für die frühen höfischen Romane (Eilharts *Tristrant*, Veldekes *Eneit*),

wobei deren didaktische Momente offenbar die Übertragung ermöglicht haben. Bezeichnenderweise werden Stoffe der Heldensage niemals *rede* genannt, sondern nach wie vor mit *liet* oder mit dem neu aufkommenden Begriff *mære* bezeichnet. *mære* erobert sich bald aber auch den höfischen Roman und verdrängt *rede* wieder — ein Vorgang, der sich deutlich im Werk Hartmanns von Aue abzeichnet, wo im *Erek* für das Gesamtwerk noch *rede*, für einzelne Teile aber schon *mære* gebraucht wird; der *Iwein* wird nur noch als *mære* bezeichnet. Daneben kommt *aventiure* auf. Zur Bezeichnung didaktischer Gedichte gilt *rede* jedoch (neben *mære*) nach wie vor bis ins späte MA. (*eine rede hie tihten,* Minneburg v. 1610). Die höfischen Dichter behalten das Wort ebenfalls, verwenden es aber nur noch für solche Teile ihrer Werke, die lehrhaften oder reflektierenden Inhalts sind und die eigentliche Erzählung (das *mære*) einleiten oder unterbrechen. Wolfram von Eschenbach unterscheidet im 8. Buch des *Parzival* die aus der Erzählung wegleitenden Exkurse als *rede* (401,23; 404,9) von der erzählten Geschichte (*aventiure*: 399,1; 404,11 oder *mære*: 402,5). Gottfried von Straßburg kündet seinen Exkurs über die Minne als *kurz rede von guoten minnen* an (*Tristan* V. 12185). Was im späteren 13. Jh. allmählich zur selbständigen didaktischen Kleinform wird, ist bei den „Klassikern" noch als Exkurs oder Zwischenrede in den Roman eingebaut. — Thomasin, *Welscher Gast* 137, nennt seine Einleitung *vorrede.*

Der Versuch, den Begriff *rede* als Gattungsbezeichnung inhaltlich und formal festzulegen, macht Schwierigkeiten, zumal er sich am Sprachgebrauch der Dichter nicht verläßlich orientieren kann. Immerhin haben diese im 11. und 12. Jh. vorwiegend das unsangbare, unstrophische, in „Reimprosa" (Wackernagel) abgefaßte geistliche Lehrgedicht *rede* genannt. Primär gattungsbestimmend dürfte die Absicht sein, eine gezielte Belehrung zu erteilen. Da dies nicht nur in der Form der *opinio* oder *sententia,* sondern auch in der der *narratio* oder *descriptio* geschehen kann, kommt es notwendigerweise zu Überschneidungen mit dem *bispel* und dem *mære* (s. *Ma. Novellistik*); auch stehen Strophik und Sangbarkeit der belehrenden Absicht nicht unbedingt im Wege (*Ezzos Gesang* nennt sich in beiden

Fassungen *rede*). Wenn Hugo von Montfort seine Gedichte in 'Briefe', 'Lieder' und 'Reden' einteilt, dann zeigt sich darin zwar bereits ein vordem nicht in diesem Maße vorhandener Sinn für terminologische Unterscheidung von Gattungen, andrerseits aber immer noch der Primat des Inhaltlichen: die *reden* sind teils strophisch, teils unstrophisch; gesungen wurden sie freilich nicht. Lang- und Kurzformen der *rede* liegen in Thomasins *Welschem Gast* und in Freidanks *Bescheidenheit* vor. Die Tradition des 12. Jh.s hat offenbar der Stricker wieder aufgenommen: seine *Bispelrede* ist in vielen Fällen Reimpredigt, nämlich dann, wenn das Beispiel der Lehre untergeordnet ist, auch hat er Moralreden ohne Beispiel verfaßt und nicht nur über geistliche Gegenstände. Das setzt sich in den Minnereden und vor allem in den Reden des Teichners fort, die exemplarisch für die Gattung sein können: der Dichter beginnt mit dem Satz: '*Einer fragt mich ...*', und er endet: '*also sprach der Teichner*'. Seine über 700 *reden* haben die Form des kurzen, zwischen 40 und 100 Verse langen unstrophischen Reimgedichts, für das er selbst oft die Bezeichnung *rede* gebraucht. Für die Popularität solcher formal einfacher, intentional eindeutiger Gedichte zeugen die Strafreden, Rügereden, Klagereden, Scherzreden, Ehrenreden, Wappenreden, Hohnreden seit dem 14. Jh.

Der neuzeitliche Begriff der R. knüpft an den antiken Gattungsbegriff der *oratio* an und unterscheidet sich vom ausschließlich sachbestimmten 'Vortrag' durch die von den Regeln der Rhetorik (s. d.) bestimmte kunstvoll geprägte Form.

Ohne Beziehung auf die Gattung ist *rede* aber auch einfach als Bezeichnung für den sprachlichen Ausdruck eines Gedankens lebendig geblieben. Albrecht von Johansdorf nennt MF 91, 16 seine im Minnelied ausgesprochenen Gedanken, von denen er hofft, die Geliebte möge sie verstanden haben, seine *rede*. Walther v. d. Vogelweide 61, 33: *Mir ist min erre rede enmitten zwei geslagen;* ähnlich 104, 6. Bei Reinmar dem Alten ist mit *rede* der durch dichterische Kunst wohlgeformte Inhalt gemeint (MF 157, 24; vgl. dazu die Totenklage Walthers 82, 34: *hetst anders niht wan eine rede gesungen, 'so wol dir, wip, wie reine ein nam!'*) Zur Bezeichnung des geblümten Stils im späten MA.

dienen Wendungen wie: *mit geblüemeter rede; cluoge rede; mit gemessner red florieren* (Wittenwiler); *redebluomen* (Frauenlob). Hier bezeichnet *rede* die dichterische Sprache schlechthin. So kann *rede* auch den Text im Unterschied zur Melodie meinen: *red und gedœne singen* (Konrad von Würzburg); *der laze im mine rede beide singen unde sagen* (Reinmar MF 166, 12).

Julius Schwietering, *Singen u. Sagen* (1908) S. 48-56. Maurer-Stroh, *Dt. Wortgeschichte* (2. Aufl. 1957/60), Bd. 3, Reg. Klaus Düwel, *Wertbezeichnungen d. mhd. Erzählliteratur 1050-1250.* (Masch.) Diss. Göttingen 1965, bes. S. 230 ff. Wolfgang Mohr, *Landgraf Kingrimursel. Zum 8. Buch von Wolframs 'Parzival'.* Philologia Deutsch. Festschr z. 70. Geb. v. Walter Henzen (Bern 1965) S. 26-28. *Die Minneburg.* Hg. v. Hans Pyritz (1950; DTMA. 43), Reg. S. 197. Annemarie Kayser-Petersen, *Hugo von Montfort. Beiträge zum Gattungsproblem im MA.* Diss. München 1961, S. 82-94.

Walter Johannes Schröder

Rhetorik

§ 1. Die Rhetorik — als *ars bene dicendi* abgehoben von der Grammatik, der *recte dicendi scientia* — ist nach antiker Definition die Kunst des guten Redens (und Schreibens) im Sinne einer von Moralität zeugenden, ästhetisch anspruchsvollen, situationsbezogenen und auf Wirkung bedachten Äußerung, die allgemeines Interesse beanspruchen kann. Sie umfaßt sowohl die Theorie (*ars rhetorica*, Redekunst) als auch die Praxis (*ars oratoria*, Eloquenz, Beredsamkeit) und hat damit zugleich den Charakter von Kunstlehre und von Kunstübung.

Antike Definition der Rh.: Heinrich Lausberg, *Handbuch der liter. Rh.* (1960), § 32-33, S. 40 f. Zur Begriffsbestimmung im Deutschen Gerhard Wechsler, *Johann Christoph Gottscheds Rh.*, Diss. Heidelberg 1933, S. 29 f. Ursula Stötzer, *Dt. Redekunst im 17. u. 18. Jh* (1962), S. 95 ff. Joachim Dyck, *Ticht-Kunst Dt. Barockpoetik u. rhet. Tradition* (1966), S. 32 f Ludwig Fischer, *Gebundene Rede. Dichtung u. Rh. in d. liter. Theorie d. Barock in Deutschland* (1968), S. 24. Hier der Nachweis, daß bis zum 17. Jh. '*rhetorica*' im allgemeinen die *rh docens*, '*oratoria*' (*eloquentia*) die *rh. utens* bezeichnet. Davon abweichend kann im Barock 'Oratorie' auch für den gesamten Lehrbereich 'Rhetorik' nur für 'Stilistik' stehen. Im Laufe des 18. Jh.s bürgert sich die Antithese von Redekunst = Theorie und Beredsamkeit = Praxis ein. 'Wohlredenheit', in der Barock-Epoche gelegentlich noch Oberbegriff (im Sinne von *eloquentia* der *loquentia* = „Beredsamkeit" über geordnet), fungiert seit der Aufklärung mehr und mehr in der Bedeutung von 'gutem Stil' als einer Voraussetzung der Beredsamkeit. Die Trias Redekunst — Beredsamkeit — Wohlredenheit gewinnt am Ende des 18. Jh.s verbindlichen Charakter. Sulzers Artikel 'Beredsamkeit' und 'Redekunst' in der *Allgemeinen Theorie der schönen Künste* zeigen an, daß zumal die Frage, ob 'Redekunst' die *rh. utens* (so allgemein vor Gottsched und noch bei Wieland) oder die *rh. docens* bezeichne, zugunsten der theoretischen Bedeutung entschieden wurde, die sich auch im 19. Jh. behauptet, in einer Zeit, da die Rh., mehr und mehr an Bedeutung verlierend und ihren Ausdehnungsbereich zunehmend beschränkend, in der Stilistik aufzugehen begann. (Marie-Luise Linn, *Studien zur dt. Rh. und Stilistik im 19. Jh.* [1963]).

§ 2. Das Ziel der Rh. — der „Meisterin der Überredung" (Gorgias) und „seelenwendenden Königin" (Cicero) — ist Psychagogie. Die aristotelische Bestimmung, Rh. sei „die Fähigkeit, für jeden Einzelfall die Mittel ins Auge zu fassen, die es möglich machen, zu überreden", bleibt bis zur Mitte des 18. Jh.s kanonisch.

Wieland, in der 'Theorie und Geschichte der Red-Kunst und Dicht-Kunst, Anno 1757': „Wir verstehen unter der Red-Kunst eine auf die Kenntnis der Regeln gegründete Fertigkeit, wohl zu reden, d. i. durch seine Reden die Zuhörer zu überzeugen, sich ihrer Affecten zu bemeistern und sie zu dem Zweck zu lenken, den man sich vorgesetzt hat." Lessing, im Fragment 'Der Schauspieler', das eine Definition der körperlichen Beredsamkeit entwickelt: „Die Beredsamkeit ist die Kunst, einem andern seine Gedanken so mitzuteilen, daß sie einen verlangten Eindruck auf ihn machen."

Daß der Topos: „Zweck der Beredsamkeit ist es, die Gemüter zu gewinnen" auch dann noch in Kraft blieb, als an die Stelle der Rh. die Stilistik, an die Stelle der rhet. Regel-Poetik die historisch orientierte Ästhetik trat, wird durch eine Fülle von Zeugnissen belegt: Schopenhauer bezeichnet im Rh.-Kapitel der *Welt als Wille und Vorstellung* die Beredsamkeit als „Fähigkeit, unsere Ansichten oder unsere Gesinnung hinsichtlich derselben auch in anderen zu erregen, unser Gefühl darüber in ihnen zu entzünden und sie so in Sympathie mit uns zu versetzen." Börne formuliert ähnlich: „Beredsamkeit ist das Vermögen, die Menschen zur Tilgung ihrer eigenen Individualität zu bewegen und sie zu zwingen in unsere einzutreten."

Ex negativo bestätigen die im Zeichen des Idealismus vorgetragenen Angriffe gegen die Rh., daß man sich bis weit ins 19. Jh. hinein über ihre Bedeutung als einer intentionalen, auf reale Wirkung und nicht auf die Beförderung von Schönheit abzielenden

Disziplin im klaren war: deshalb die Invektiven gegen ihre „Verstellungs"-Technik (Goethe), gegen die „Maschinen der Überredung", derer sich der Rhetor bediene, gegen das „Überlisten" und „Überschleichen" (Kant); deshalb vor allem das Ausspielen der „reinen Poesie, die nie einen Zweck außer sich selbst hat" (Schelling), gegen den „bloß zweckmäßigen Zusammenhang", von dem das Werk des Redners bestimmt sei (Hegel); deshalb die Antithese von Poesie, die „weder Rede noch Kunst ist", und von Redekunst, die sich der poetischen Vorteile und Rechte bediene und sie mißbrauche, „um gewisse äußere, sittliche oder unsittliche, augenblickliche Vorteile im bürgerlichen Leben zu erreichen" (Goethe).

Belege bei Wilfried Barner, *Barockrhetorik* (1970), S. 12—16 und Joachim Goth, *Nietzsche und die Rh.* (1970), S. 4 ff. (Beide Arbeiten gehen auf den locus classicus der zugleich ethisch und ästhetisch begründeten Abwertung von Rh. ein: Kants Darstellung der Beredsamkeit in der *Kritik der Urteilskraft*).

Wichtig wäre in diesem Zusammenhang eine Darstellung der gesellschaftlichen Implikationen: In der Verachtung der 'politischen' Rh. manifestiert sich die Gesinnung eines Bürgertums, das sich, realer Herrschaft beraubt, im reinen Reich der Kunst für mangelnden politischen Einfluß schadlos halten möchte und deshalb alle Grenzverwischungen unerbittlich attackiert: Rh. paßt nicht ins Konzept der bürgerlichen Eskapismus-Ideologie; ihre Wirkungs-Akzentuierung widerstrebt dem Theorem von der reinlichen Trennung der Welten: der einen der Realität, von der man sich, ohnmächtig, abkehrt, und der anderen der Poesie, die man auf Kosten der Rh. für autonom erklärt und in deren Bezirk man absolute Konzeptionen entwirft, um den mangelnden Einfluß im bürgerlichen Leben zu kompensieren.

Zur Trennung von Lit. und Politik in Deutschland, ihren gesellschaftlichen Voraussetzungen und ihrer sich schon in der reformatorischen Lehre von den zwei Reichen abzeichnenden Geschichte: Arnold Hauser, *Sozialgeschichte d. Kunst u. Lit.* (1953), 1, S. 104-114, und Wolf Lepenies, *Melancholie und Gesellschaft* (1969), S. 79 ff. Die S. 86 angeführte Flaubert-Sentenz „Als Bürger leben und als Halbgott denken" veranschaulicht sehr genau jene Haltung, die zur Apotheose der Poesie und zur Mißachtung der Rh. als einer im hic et nunc angesiedelten, sich auf die Realität einlassenden, 'hermetischen', zwischen 'Geist' und 'Gesellschaft' vermittelnden Disziplin führt. — Weitere Hin-

weise zur Mißachtung der Rh. in Deutschland
(„Tiefe" und „Innerlichkeit" gegen „Deklama-
torik" und „hohles Pathos", „Natürlichkeit" gegen „Mache", schlichtes „Ja, Ja, Nein, Nein"
gegen „inhaltslose Schönrednerei", „treuherzige
Redlichkeit" gegen „künstliches Wortemachen"
und „Mißachten der Wahrheit", „konventionelle
Manier" gegen „schöpferische Produktivität",
Anprangerung des von Thomas Mann in den
Betrachtungen eines Unpolitischen beschworenen „Pakts zwischen der Wohlredenheit und
dem Aufwieglertum") in den Beiträgen von Herbert S i n g e r und Gerhard S t o r z, *Zur Diskussion über die verachtete Rh.*, Stuttgarter Zeitung, 31. 12. 1964, 9. 1. 1965 und 27. 3. 1965, und
Gerhard S t o r z, *Unsere Begriffe von Rh. und
vom Rhetorischen*, in: Der Deutschunterr. 18,
1966, H. 6, S. 5 ff. Zur Ambivalenz der Angriffe,
die sich sowohl gegen das zweckhaft-intellek-
tuelle wie das irrational-„gemütliche" Element
der Rh. richten: Joachim G o t h, aaO., S. 10 f.
(mit Anführung von Bismarck-Zitaten über das
gefährliche, dichterisch-improvisatorische musikalische Element der Rh., das sich nicht mit der
kühlen Überlegung des Staatsmanns vereinigen
lasse). Den ideologischen Formelcharakter der
Sentenz „Die Wahrheit bedarf keiner rhetorischen Kunst" zeigt beispielhaft Hanns Johsts
Interpretation einer Rede Himmlers, in: *Reichs-
führer! Briefe an und von Himmler*, hg. von
Helmut H e i b e r (1970), S. 322-326.

§ 3. Die Rh. kann das gesetzte Ziel, den
Hörer (Leser) zur Identifizierung mit dem
Redner (Schriftsteller) zu zwingen, auf dreifache Weise erreichen: durch lehrhafte, in
erster Linie vom *iudicium* gelenkte Demonstration (*docere*), durch unterhaltsame Darbietung (*delectare*) und durch leidenschaftlichen, in besonderer Weise vom *ingenium*
des Rhetors akzentuierten Appell (*movere*).
Je nachdem, ob der Redner mehr den Verstand, das Gefühl oder den Willen (das Herz)
ansprechen möchte, hat er einen bescheidenen, mittelhohen oder pathetischen Stil zu
wählen, eine Diktion, die sich zu gleicher Zeit
nach der rednerischen Intention (Beweisen ist
notwendig, Unterhaltung angenehm, Bewegen machtvoll) und dem zu beschreibenden
Gegenstand richtet. Schlichte Lehre — so die
rhet. Theorie — ist angemessen, wenn es
um kleine Objekte geht und der Sprechende
sich an die Tatsachen hält, an die Dinge in
ihrer Faktizität und Pragmatik. Anschaulich-
ausmalende Präsentation in mittlerem Tonfall empfiehlt sich dort, wo das Freundlich-
Gesellige, grâce und Anmut, dargestellt werden will, der Bezirk 'bürgerlicher' Familiari-
tät und heiterer Geselligkeit, die Welt der
'Charaktere' im weitesten Sinn. Hochdrama-

tische Einwirkung endlich, in „bewegender
Schreibart", ist dann angebracht, wenn es
um das Schaudervolle und Monströse, die
Passionen der Großen und die Leiden der
Märtyrer, um strahlenden Triumph und
schrecklichen Untergang geht.

Die Theorie von den drei *officia oratoris*, ver-
bunden mit der Stilarten-Lehre, taucht zum
erstenmal in Ciceros *Orator* auf (*Or*. 21, 69); die
Identität von Gegenstand und Stillage postuliert
Or. 29, 100 f. Augustin, *De doctr. chr.* IV, 17, 34,
verbindet, im Zeichen christlicher Beredsamkeit,
die Ciceronianischen Doktrinen und proklamiert
eine Entsprechung von rednerischer Aufgabe,
Stil und Gegenstand. Über die Entwicklung der
Theorie, vor allem ihre mal. Variation (in der
Antike ist die sprachliche Form, im MA. der
Gegenstandsbereich Ausgangspunkt der Betrachtung; der römische, auf das *genus dicendi* bezogene Stilbegriff will, „elocutionell" akzentuiert, von jenem „materiellen" des MA.s abgegrenzt werden, der sich durch Donat und
Servius inaugurierte Vergil-Tradition zurückgeht: *rota Vergili!*), über die Verbindung zwischen Stiltheorie und Gattungslehre (große Gegenstände in hohem Tragödienstil, kleine Objekte in der Diktion der Komödie), vor allem
auch über das Verhältnis von rhet. Dreistillehre — deren Kenntnis im Sinne eines Wissens
um den *drîer slahte sanc* (Walther 84, 29) in
mhd. Zeit gut belegt ist — und der mit ihr im
MA. konkurrierenden, auf die Tropen-Lehre der
Herennius-Rh. zurückgehenden Antithese von
ornatus facilis und *ornatus difficilis*: Franz
Q u a d l b a u e r, *Die antike Theorie der genera
dicendi im lat. MA.* (1962) und Ludwig F i-
s c h e r, *Gebundene Rede*, aaO., S. 106 ff. (dort
die beste Zusammenfassung des Problems).

Die Dominanz der rhet. Lehre von den
Aufgaben des Redners und den ihnen entsprechenden Stilen und Gegenstandsberei-
chen wird bis zum 18. Jh. durch eine Fülle
von Zeugnissen belegt. Dabei finden sich neben streng-traditionellen Definitionen (Meyfart: Der Redner hat „zu beweisen", „das
ist die unumbgängliche Notwendigkeit", „zu
belusten", „und das ist die süße Lieblichkeit", „zu bewegen", „und das ist die strenge
Dapfferkeit") auch freiere Variationen des
Grundschemas: Schiller z. B., der auf der
einen Seite rhet. sehr konservativ argumentiert, von der Bemächtigung des „Verstandes, Gefühls und Willens" oder, ganz aristo-
telisch, von „Handlungen, Leidenschaften
und Charakteren" als Stoffen des tragischen
Dichters spricht, umschreibt auf der anderen
Seite die Trias *docere-delectare-movere* sehr
frei mit den Begriffen „wissenschaftliche",
„populäre oder didaktische" und „schöne
Schreibart.

Herman Meyer, *Schillers philosophische Rh.*, in: *Zarte Empirie* (1963), S. 335-389 und Gert Ueding, *Schillers Rh. Idealistische Wirkungsästhetik und rhet. Tradition*, Diss. Tübingen 1969 (dort weitere Zeugnisse, die belegen, wie sehr gerade Schiller der rhet. Überlieferung verpflichtet war). Eine eingehende Analyse der Variationen des rhet. Grundschemas in der dt. Lit. des 17. und 18. Jh.s steht noch aus. (Material zur Barocktheorie bei Renate Hildebrandt-Günther, *Antike Rh. und dt. literar. Theorie im 17. Jh.* [1966]). In diesem Zusammenhang wären vor allen Dingen die Untersuchungen von Klaus Dockhorn über Ethos und Pathos als rhet. Wirkungskonstanten (Wechselspiel von „Würde" — im 17. Jh. dominierend — und „Anmut" — im 18. Jh. herrschend —, von *passions* und *manners*, aber auch von *grands* und *tendres passions*) weiterzuverfolgen: Klaus Dockhorn, *Macht und Wirkung der Rh.* (1968), S. 49 ff.

§ 4. So sehr die Rh. immer die Einheit von Belehrung, Ergötzung und pathetischer Überredung betont — „Die Beredsamkeit sorgt ... für Belehrung und Aufklärung des Verstandes, für die Erzeugung wohltätiger Leidenschaften" (*tendres passions!*) „und für die Interessierung des Willens und des Herzens" (Ch. Daniel Schubart) —, so nachdrücklich sie die Situationsabhängigkeit von Stil und Redefunktion herausgehoben hat: so entschieden wurde auf der anderen Seite immer wieder von der Schulrh. darauf abgehoben, daß die eigentliche Aufgabe des Redners nicht der Vortrag von Argumenten, sondern die Entzündung der Affekte sei. Um sie zu erobern und sich ihrer zu bemächtigen: als Mittel zur Erreichung von Zwecken benutzt der Redner die rhet. Figuren — *signa movent*. Selbst aus Affekten erwachsen, Ausdruck des Enthusiasmus, dienen sie ihm als „Maschinen, die die Burg der Affekte erobern" (Alstedt), die Herzen bewegen und, mächtiger als Beweise, die Entscheidung im Sinn der rednerischen Intentionen erzwingen, indem sie einmal, in mittlerer Stillage, „sittiglich", ein anderes Mal, dank jener stürmischen Sprache, in der nach Cicero die eigentliche Kraft des Redners liegt, „gewaltiglich" (Meyfart) wirken.

Den Zusammenhang von Rh. und Affektenlehre und die psychologische Determination des Ornatus (ein im Zeichen der new rh. wieder entdecktes Phänomen: John Waite Bowers u. Michael M. Osborne, *Attitudinal Effects of selected Types of Concluding Metaphors in Persuasive Speeches*, in: Speech Monographs 33, 1966, S. 147-155) betonen Dyck, aaO., S. 80-

85 und vor ihm, wegweisend, Dockhorn, dem in diesem Zusammenhang der Nachweis gelingt, daß die rhet. Tradition keineswegs im Zeitalter der Aufklärung abbricht, sondern im Gegenteil, als *ars movendi*, zu einer bedeutsamen Konstituente des Irrationalismus wird. In die gleiche Richtung gehen die Forschungen Basil Munteanos, der am Beispiel des Abbé du Bos das affektative Element der Rh. herausstellt. Dazu auch Marie-Luise Linn, *A. G. Baumgartens 'Aesthetica' und die antike Rh.*, DVLG. 41, 1967, S. 424 ff. Daß die rhet. Affektenlehre nicht nur die Lit., sondern in gleicher Weise die Musik und bildende Kunst beeinflußt hat, wurde vor allem von Schering, Gurlitt, Unger, Spencer und Horn-Oncken betont. (S. Lit. „Rh., Musik und bildende Kunst"). Wie der Redner, so will der Maler mit Hilfe der Farben Leidenschaften zugleich verdeutlichen (Physiognomik!) und erregen, so benutzt der Musiker die Figuren und in ähnlicher Weise die Tonarten zum Zweck der affektuosen Psychagogie; eine bestimmte „Kolorierung" soll im Sinn der rhet. Theorie den Seelenhaushalt des Adressaten verändern. (Athanasius Kircher: „Quemadmodum enim Rhetor artificioso troporum contextu Auditorem movet ... ad affectus, ita et Musica artificioso clausularum sive periodorum ... contextu". Johann Joachim Quantz: „Ein Redner und ein Musicus ... haben einerlei Absicht ...: sich der Herzen zu bemeistern, die Leidenschaften zu erregen oder zu stillen, und die Zuhörer bald in diesen, bald in jenen Affekt zu versetzen".) Zur Beeinflussung der bildenden Kunst durch die Rh. außerdem: Heinz Otto Burger, *Renaissance, Humanismus und Reformation* (1969), S. 83: Albertis Traktat *Della pittura* als *ars movendi* rhet. Provenienz. Eine umfassende Untersuchung über die Grenzverwischung im Zeichen der *ut-pictura-poesis*-Doktrin, über die malerische Erfindungskunst, die Theorie der Kolorierung und ihre Beziehung zu den rhet. Lehren und deren Vokabular — Christian Weise spricht von „guter Zeichnung" und „schöner Farbe", die zu angemessener „Expression" nötig seien — steht ebenso aus wie eine Analyse der „optischen" Rh. unter dem Aspekt des Persuasorischen (Buchtitelblatt, Schauseite der Bauten, Kostüm und Gestik). Vor allem die „körperliche Beredsamkeit", jahrhundertelang ein wichtiger Aspekt der Rh., wäre im größeren Rahmen einer Darstellung wert: Humanistisches Schulstück, Jesuitentheater, Weisesche Komödie, höfische Lehre (Castigliones *Cortegiano*) und Lessingsche Schauspieler-Theorie beschäftigen sich ebenso mit Fragen der angemessenen Haltung, wirksamen Zurschaustellung und einer Ausdrucksweise, die „die Affecte movirt", wie die Lehrbücher der Physiognomik an bestimmten Gesten bestimmte Charakterzüge und Passionen veranschaulichen. Gerade an der körperlichen Beredsamkeit läßt sich der Stilwandel, vom Pathos zum Ethos, anschaulich zeigen: Das Erstarren zu Eis, der Schaum vorm Mund, das Haare-zu-Berge-Stehen im Barock, und demgegenüber das Schillersche Ideal der Anmut und Harmonie, Natürlichkeit und Grazie: „Man

fordert Anmut von der Rede und vom Gesang, von dem willkürlichen Spiele der Augen und des Mundes, von den Bewegungen der Hände und der Arme bei jedem freien Gebrauch derselben, von dem Gange, von der Haltung des Körpers und der Stellung, von dem ganzen Bezeugen eines Menschen, insofern es in seiner Gewalt ist." Dazu U e d i n g, *Schillers Rh.*, aaO. (Vergleich mit Castigliones *Cortegiano*, dessen Bedeutung für die rhet. Tradition, zumal unter politischen Aspekten, auch B a r n e r, *Barockrh.*, aaO. S. 369-374 betont.)

Besondere Bedeutung gewinnt in diesem Zusammenhang die Schauspielertheorie, wobei es charakteristisch ist, daß im 18. Jh. plötzlich die rhet. Maxime fortfällt, Begeisterung könne nur darstellen, wer selbst begeistert ist. An die Stelle des horazischen *si vis me flere, dolendum est primum ipsi tibi*, das gerade im 17. Jh. den Charakter einer verbindlichen Sentenz hat (Vossius: in ciendis affectibus caput esse, ut orator prius eo affectu commoveatur, ad quem alium vult adducere), tritt die von einer neuen Schauspieler-Psychologie ausgehende Auffassung Riccobonis, Diderots und Lessings: „pour émouvir il ne faut pas être ému!" Günther K n a u t z, *Studien zur Ästhetik und Psychologie der Schauspielkunst*, Diss. Kiel 1934 (Vergleich zwischen der Theorie von der Selbsttäuschung des Schauspielers und der Bewußtseins-Theorie). Zur „klassischen" Lehre der Rh.: Erwin R o t e r m u n d, *Der Affekt als literar. Gegenstand: Zur Theorie u. Darstellung der Passiones im 17. Jh.*, in: *Die nicht mehr schönen Künste*, hsg. von H. R. J a u ß (1968), S. 239 ff., (S. 252 ff.: Interpretation der rhet. Affektdarstellung im 17. Jh.).

§ 5. Ungeachtet der Tatsache, daß die Rh. sich in erster Linie an die Affekte wendet — mit Hilfe der oratorischen Figuren, die „nichts anderes sind als die Sprache dieser Affecten" (Breitinger) — und auf emotionale Weise entweder aufzuwühlen (Pathos-Bereich) oder zu besänftigen sucht (Ethos-Bereich), darf ihre lehrhafte Komponente, das von der Theorie stets mitbetonte und von der Praxis (z. B. im *sermo humilis* der christlichen Predigt oder im Unterweisungs-Stil der sozialistischen Rh.) nachdrücklich verfolgte Ziel, mit den Mitteln der schlichten Lehre und rationalen Unterweisung aufklärerisch zu wirken, nie aus den Augen verloren werden.

Gerade die wissenschaftlich akzentuierte, auf überzeugende Analysen, ideologiekritische Diskurse und logische Widerlegungen abhebende sozialistische Rh. — der zitathafte Beleg, der schon den rhet. Duktus von Büchners *Hessischem Landboten* bestimmt, die Technik des „In-Anführungszeichen-Setzens" und „Beim-Wortnehmens"! — erhellt sehr deutlich das

Lehr-Element der Beredsamkeit. Nicht zufällig heißt es (in einer Agitationsrede!) bei Ferdinand Lassalle: „Ich werde zu Ihrem Verstande sprechen; ich werde wissenschaftliche Tatsachen vor Ihnen aufrollen müssen und bitte daher, auch da, und gerade da, Ihre gespannteste Aufmerksamkeit meiner Rede zu schenken, wo diese trocken und in der Aufrollung von Zitaten, Zahlen und Tatsachen bestehen wird." (Zur sozialistischen Rh.: Juri T y n j a n o w, *Das Wörterbuch Lenins*, in: Fritz M i e r a u [Hsg.], *Sprache und Stil Lenins* [1970].)

Rhet. Zentralkategorien wie *dispositio* und *argumentatio* verweisen nicht anders als die, jahrhundertelang als kanonisch angesehene, aristotelische Definition (*Rhet.* 1,2, 1355 b 25: Rh. sei die „Fähigkeit, für jeden Einzelfall die Mittel ins Auge zu fassen [*theoresai!*], die es möglich machen zu überreden") auf jene rationale Komponente der Rh., die sich nicht zuletzt in der Manier zeigt, mit der die Beredsamkeit, höchst bewußt, emotionale Effekte berechnet und gefühlsbedingte Wirkungen auskalkuliert. „Der Redner will mehr unterrichten und überreden, der Poet mehr ergötzen und rühren" — die Sentenz Wielands, die dem Redner an erster Stelle das *officium docendi* zuschreibt, hat exemplarischen Charakter.

Die Spannweite der Rh. ist groß; sie reicht vom *sermo humilis* zum *sermo argutus*, vom „Wort in Knechtsgestalt" christlicher Lehre bis zum *stilus supremus* der Edikte, den rhet.-propagandistischen „Gegen-Predigten" der Kaiserlichen Kanzlei. (Dazu Heinrich F i c h t e n a u, *Arenga. Spätantike u. MA. im Spiegel von Urkundenformeln* [1957], S. 16-22). Die Auseinandersetzung zwischen Asianisten und Attizisten, Klassikern und Manieristen, Anhängern Ciceros und Gefolgsleuten Senecas, hat den Charakter eines i n - n e r r h e t. Streits, dessen Extrempositionen um 1600 z. B. durch die spanische Para-Rh. (richtig verstanden als gesteigerte, als Über-Rh.) und den englischen *plain style* im Sinne Bacons, um 1700 in Deutschland durch die Beredsamkeit der Galanten und die pietistische Rh. veranschaulicht werden. (Zum Problem der *rhetorica contra rhetoricam*, veranschaulicht am Beispiel der pietistischen Eloquenz: Reinhard B r e y m a y e r, „*Pectus est, quod disertos facit*" — *Untersuchung z. Rhet. pietistischer Texte*, Magisterarbeit Masch., Bonn 1970).

Die in der Germanistik häufig vertretene Antithese von „volkstümlicher Schlichtheit" und

„rhet. Kunstfertigkeit", „einfacher Rede" und „metaphernreicher Eloquenz" ist also unhaltbar, weil die *locutio simplex* so gut ein rhet. Stil sein kann wie die *locutio figurata,* ja, weil, unter dem Aspekt der Wirkungsintentionalität des Verfassers, der *sermo humilis* unter Umständen „persuasorischer" ist — und entschiedener dem Gesetz der „insistierenden Nennung" (Conrady) folgt — als ein Gedicht in geblümtem Stil, eine reformatorische Flugschrift (Müntzers Manifest an die Bergknappen!) oder eine auf Information bedachte Rede „rhetorischer" als ein mit stilistischem Raffinement prunkender Text. Das Zählen von Figuren hat also nur dann einen Sinn, wenn der Interpret das Ziel im Auge behält, dem der Aufwand an Stilmitteln dient und nach dem das Mehr oder Minder der Schmuck-Elemente sich richtet. (Dazu beispielhaft: Lowry N e l s o n , *Baroque Lyric Poetry* [1961]: Gedichte von Gôngora, Donne oder Gryphius als dramatische, von einer dynamischen Beziehung zwischen Sprecher, Publikum und Leser bestimmte Diskurse. In die gleiche Richtung führt Roland Barthes' Interpretation der *operationes spirituales:* „Schon vor vier Jh.en hat Ignatius von Loyola, der Begründer des Ordens, der wahrscheinlich am meisten für die Rh. getan hat, in seinen Geistlichen Übungen das Modell eines dramatisierten Diskurses aufgestellt", in: Roland B a r t h e s , *Kritik und Wahrheit* [1967], S. 59.) Wie sehr ein scheinbar schlichter Text „rhetorisiert" sein kann, zeigt Birgit S t o l t an Hand der Luther'schen „Predigt, daß man Kinder zur Schulen halten sollte": *Docere, delectare und movere bei Luther,* in: DVLG. 44, 1970, S. 433 ff. Hier viele Hinweise zur Überredungs-Funktion des oratorischen Schmucks in der homiletischen Theorie (Vermeidung der Langeweile, Spannungerregen bei ungelehrten Leuten) und eine überzeugende Darstellung der Kongruenz von „dialektischen" und „rhetorischen" Elementen in der reformatorischen Unterweisung.

Die Ponderierung der „rationalen" und „irrationalen", „lehrhaften" und „bewegenden" Elemente innerhalb der Rh. richtet sich, abhängig von historischen und gesellschaftlichen Bedingungen, nach der Doktrin der jeweils herrschenden Schule (höfische Maßhalte-Theorie; Kolorierungs-Praktiken spätmal. Meister; humanistisch-reformatorische *ratio-oratio*-Formel: *eloquentia* als *Specimen Humanum; argutia*-Bewegung im Barock; philosophische Oratorie der Aufklärung), doch ist es, im Laufe solcher Gewichtsverteilungen, niemals zur Alleinherrschaft einer bestimmten Richtung gekommen.

Im MA. behauptet sich Wolframs „Asianismus" — vom rhet. „Zentrum" aus als ˌcorrupta eloquentia' etikettiert — gegenüber dem „Attizismus" Gottfriedscher Art (locus classicus: Gottfried, *Tristan* V. 4615 ff.

Synkrisis von Hartmann und Wolfram mit Hilfe der rhet. Nomenklatur); im 16. Jh. dominiert der reformatorische Begriff der *pia et eloquens sapientia,* aber zu gleicher Zeit hebt ausgerechnet der Anhänger der *Dialectica* Luther die enthusiastisch-affektuösen Momente der Predigt hervor; im 18. Jh. betonen auf der einen Seite Hallbauer, Fabricius und Gottsched, daß die „Überzeugung" — nicht mehr die „Überredung" — das wichtigste Geschäft des wahren Redners sei, verstärkt die vernünftige Redekunst die „Beweisgründe" auf Kosten der „Bewegungsgründe", stellt man die Rh. im Sinn der Wolff'schen Philosophie unter die Gesetze der Objektivität und Rationalität und behandelt die „Zierrath"-Elemente als zum „Ausputz" zwar nötige, aber eher akzidentielle Bestandteile der Rede; und auf der anderen Seite preisen Bodmer und Breitinger das Beweglich-Pathetische und Affektative im Bereich der Rh., den hohen Stil Longins und die mit der Rezeption der Dubos'schen Ästhetik mehr und mehr dominierenden sensitiven Elemente der „hertzrührenden Beredsamkeit". Selbst im Barock ist sub specie artis rhetoricae das Bild weit weniger einheitlich, als es auf den ersten Blick scheint: Nicht nur die Theorie ist durchaus klassizistisch — Opitz stellt, gut ciceronianisch, neben „uberredung" und „ergetzung" den „unterricht" als der „poeterey vornehmsten zweck" heraus —, auch in der Praxis, z. B. in der Apophthegmatik und Novellistik, behauptet, unangefochten von hochpathetischer Tropisierung, der *sermo simplex* das Feld; und was die (angeblich manieristischen, „pararhetorischen") Stilmittel der Barock-Epoche, die Sinngedichte, Allegorien, Metaphern und Argutien angeht, so wollen sie ja nicht nur „meraviglia" erregen, nicht nur ergötzen und bewegen, mitreißen, überrumpeln und in Erstaunen versetzen, sondern zugleich auch (so Meyfart) „unterrichten" und etwas vorher nicht Gewußtes lehrhaft vermitteln. Deshalb der Appell an die Intelligenz und den Scharfsinn des Lesers, die Aufforderung an die 'tiefsinnigen Leute', Bezüge zwischen scheinbar heterogenen Elementen herzustellen und derart die *analogia entis* zu realisieren, deshalb die Verschwisterung von Pathos und Kalkül, Gedankenrätsel und Spiel, das Kombinieren und jene den rhet. *locus ex simili-*

bus ausplündernde Metaphern-Zusammen-
fügung, die in besonderer Weise Belehrung,
Entzücken und Rührung verbürgt.

Dazu Ferdinand v a n I n g e n, aaO., passim,
mit dem Hinweis, daß gerade didaktische Formen, wie die religiöse Lyrik, im Barock metaphorisch 'rhetorisiert' wurden. Über *argutia*,
Apophthegmatik und *sermo humilis*: Theodor
V e r w e y e n, *Apophthegma und Scherzrede*
(1970).

Mag also der H a u p t akzent der Rh. einmal auf dem *docere*, ein anderes Mal auf
dem *movere* liegen, mag hier *ingenium*, dort
iudicium und dort, als eine Synthese von
beiden, der 'Geschmack' die Bedeutung eines *primum agens* gewinnen — niemals dominiert die eine Seite ganz; immer kommt
es unter dem Aspekt des Deiktisch-Dialogi-
schen, der Adressaten-Bezogenheit und personalen Zuordnung, zu einer wechselseitigen
Durchdringung der Überzeugungs- und
Überredungs-Momente, attizistischer (Betonung der *res*) und asianischer (Betonung der
verba) Stilrichtungen. Ungeachtet der ständig wechselnden Präponderanzen (hier 'großer Stil', dort taciteische Devise: „the most
matter in fewest words") hat die Rh. von der
Antike bis zum 18. Jh. in der Theorie und
zu einem großen Teil auch in der Praxis immer daran festgehalten, daß sie die von ihr
intendierte Wirkung nur durch die Vereinigung von lehrhafter Überzeugung und emo-
tionaler Überredung erreichen könne.

§ 6. „Die Beredsamkeit wohnte nur da,
wo Republik war, wo Freiheit herrschte, wo
öffentliche Berathschlagung die Triebfeder
aller Geschäfte war ... Da wir außer der
Kanzel, auf der die Beredsamkeit in so kalter Luft ist, fast gar keine Gelegenheit zu
öffentlichen Reden haben ... da von jeher
Deutschland das Vaterland des Ceremoniels
und einer hölzernen Knechtschaft gewesen
ist, so ist's ja Torheit, Regeln einer Kunst zu
suchen, wo die Kunst selbst fehlt": Der Herder'sche Satz, aus dem *42. Brief, das Studium
der Theologie betreffend,* verweist mit Nachdruck auf den öffentlichen Charakter der
Beredsamkeit — jenes politische Element,
das sichtbar wird, wenn man die gesell-
schaftsbedingte Verwandlung des rednerischen Idealbilds vom römisch-republikanischen *vir bonus* über den *orator Christianus*
Augustins und Alkuins, den *Cortegiano*

Castigliones, den *Governor* Thomas Elyots
und den reformatorischen *pius et sapiens
orator* bis hin zum „Politischen Redner"
Christian Weises und dem Anwalt der philosophischen Oratorie Gottsched'scher Provenienz verfolgt. Schon ein erster Überblick
lehrt, in wie eminentem Maße gerade die
Rh. zum ideologischen Selbstverständnis hier
des Adels (in der Renaissance), dort (im
17. Jh.) eines Bürgertums beigetragen hat,
das, am Adels-Stil und der von ihm geprägten, gesellschaftlich verbindlichen Ge-
schmacks-Kultur partizipierend, einen Ari-
stokratisierungs-Prozeß durchlief, der einerseits zur Abhängigkeit von Idealen, die ihr
Zentrum im Hof hatten, und damit zu einer
verstärkten Opposition gegen den „gemeinen Pöbel" führte, andererseits aber auch —
und sei's nur im „Überbau" einer Gelehrtenrepublik, die im 18. Jh. ihre Autonomie
gegenüber feudaler Repression zu verteidigen suchte — zumindest in bescheidenem
Maße das bürgerliche Selbstbewußtsein
emanzipatorisch beeinflußte. Der Prozeß ist
also dialektisch zu sehen: Einerseits führte
die Adaption des humanistisch-ritterlichen
Rhetorenideals im Sinne der Teilnahme an
der „politischen Bewegung" im 17. Jh. zur
Feudalisierung des Bürgertums, andererseits war Anpassung an eine „nicht durch
Geburt und Rang legitimierte" Geschmacks-
kultur (Gadamer) für den Bürger die einzige
Chance, um sozial aufzusteigen: Der Erwerb von Wissen, das in gleicher Weise vom
Pöbel wie vom dummen Regenten abhob,
als schärfstes Klasseninstrument. Diese Ambivalenz, die zugleich gesellschaftliche Bedürfnisse und Abhängigkeitsverhältnisse spiegelt, zeigt, wie problematisch die nur scheinbar marxistische These von der „reaktionären" und „volksfremden" Rh. ist, mit deren
Hilfe sich eine privilegierte Gelehrtenschicht
angeblich allen fortschrittlichen Tendenzen
verschließt. Hier bleibt außer acht, daß rhet.
Meisterschaft im Sinne von Teilhabe an den
dominierenden Sprach-Konventionen, die
auf der Beherrschung des oratorischen Regle-
ments basieren, im Sinne der Repräsentation des zeitbestimmenden Stils und der Anerkennung seines Diktats, aber auch der
Kenntnis von neuen und schwierigen verbalen Operationen — *ordo artificialis*, Verjüngung alter Worte —, deren Anwendung als
Elite-Ausweis galt, sowohl „von oben" her in

Dienst genommen (der Jesuitenorden, als Hauptträger der *argutia*-Bewegung, bot sich im 17. Jh. den Höfen in seiner Eigenschaft als „rhetorisch" exklusivste Schicht an) als auch „von unten" her beerbt werden kann: Humanistische Rhetorenkunst befördert durch die Nobilitierung des dt. Stils das Nationalbewußtsein; im Zeichen der *pia et eloquens sapientia* führt die Reformation den Kampf gegen eine mal.-rückständige Kirche; mit den Mitteln der Rh. mobilisiert ein Mann wie Christian Weise neue Bildungsschichten und unterstützt zugleich das obere Bürgertum in seinem Kampf um effizientere Lebensbehauptung, indem er es auf „alle Fälle des bürgerlichen Lebens" (Thomasius) vorbereitet, und das mit der Rationalität eines Geschäftsmanns, der die Maxime, „parler c'est agir" zum Prinzip seines Unterrichts macht.

Zum Gesamtkomplex Rh. und Öffentlichkeit: Hans-Georg G a d a m e r, *Wahrheit und Methode* (1960), S. 32 f. Klaus D o c k h o r n, in: der Rez. des Gadamerschen Buches, in: GGA 214, 1962, S. 177 ff. (Interpretation des *sensus communis* sub specie rhetoricae). Heinz Otto B u r g e r, *Europäisches Adelsideal u. dt. Klassik*, in: Burger, *Dasein heißt eine Rolle spielen* (1963), S. 223 („Europa verdankt seine geistige, geistesgeschichtliche Einheit, seinen *sensus communis* oder jedenfalls den *sensus communis* gewisser Kreise zum guten Teil der Tradition der Rh."). Jürgen H a b e r m a s, *Strukturwandel der Öffentlichkeit* (2. Aufl. 1965), S. 14 ff. (S. 17 f. wichtiger Hinweis auf die Interpretation der repräsentativen Rede — „eine in der Rationalität sich formenden Sprechens sichtbar gewordene menschliche Würde" — durch Carl Schmitt). Gert U e d i n g, *Schillers Rh.*, aaO. (Kapitel 'Das Ideal des *vir bonus*'). Bedauerlich bleibt, daß die Forschung auch im Fall des rednerischen Idealbilds so wenig auf die Topik der körperlichen Beredsamkeit eingegangen ist, obwohl sich gerade an deren Beispiel die wechselnde politische Akzentuierung besonders deutlich nachweisen läßt. Die Art und Weise, in der dem Redner ein bestimmtes Auftreten anempfohlen wird (Lessings Forderung, der Prediger habe vom Schauspieler zu lernen, das Vorbild Josephs und Daniels in der pietistischen Rh., die Warnung vor proletarischer Anbiederung in Eduard Davids Anleitung für sozialistische Redner etc.), macht jene gesellschaftlichen Implikationen deutlich, die sich dort am markantesten manifestieren, wo es um das Auftreten in Situationen geht, die sich durch extreme Standesunterschiede auszeichnen: „Wenn man in dem Zimmer einem Printzen ... also schreyen und ruffen wollte wie die Redner auf den Kanzeln und Schul-Cathedern, so würde solches ... den Ohren des Fürsten beschwerlich fallen. Es ist besser, dass z. E. bey Huldigungen die weit

Stehenden nicht alles hören als dass der Fürst beschweret werde." (Hallbauer).

§ 7. So scholastisch und festgefügt das Reglement der Rh. sich auf den ersten Blick ausnimmt: seine einzelnen Bestandteile ergeben kein geschlossenes, überzeitlich-verpflichtendes Lehrgebäude (d a s rhet. System ist in gleicher Weise Fiktion wie d e r rhet. Stil), sondern sind im Gegenteil höchst fungibel und, den Bedürfnissen der jeweiligen Epoche entsprechend, adaptierbar. Nur so erklärt sich die Mühelosigkeit, mit der Praktiken, die ursprünglich dazu dienten, dem Redner vor Gericht und in der Volksversammlung die parteiische Darstellung des zur Debatte stehenden Falls zu ermöglichen und die Entscheidungsbefugten günstig zu stimmen, im Schulbetrieb der Römer 'literarisiert' werden konnten. Die Offenheit und Verfügbarkeit der Rh. — eine Folge ihrer politischen Irrelevanz in der Kaiserzeit — war es, ihr Charakter einer Un-disziplin, der es gestattete, daß sie so selbstverständlich von der Theologie und der Logik, der Poetik und der Jurisprudenz in Dienst zu nehmen war und mit ihren Argumentations-Schemata, deren ubiquitäre Anwendbarkeit die mal.en *artes praedicandi, dictandi et versificandi* bezeugen, jenen Fächern nützlich sein konnte, denen es auf Wirkung ankam.

Als *ars praedicandi* überträgt Rh. die Lehren antiker Beredsamkeit, vor allem Anweisungen, die Stoff und Stil und deren Kongruenz betreffen, auf die christliche Predigt, analysiert Fragen der Publikum-Psychologie (Predigt-Formulare für jeden Stand, jedes Alter, jeden Beruf, vom Papst bis zur Dirne!), des Spannung-Erregens, des Wechsels der Töne und der Affektation, behandelt Probleme des Stils — im sakralen Raum ist Mäßigung geboten: Gebeine eines Heiligen wollen nicht kunstreich geschmückt werden —, zeigt Praktiken auf, wie die Materie zu längen und zu kürzen sei, kurz, sie gibt dem *concionator Christianus* den Rang eines *orator* und der Predigt die Bedeutung eines Plädoyers: eine einzige große Linie von Augustins *De doctrina christiana* über Alanus' *Summa de arte praedicatoria*, Melanchthons *De officiis concionatoris* und den erasmianischen *Ecclesiastes*, in dem Demosthenes und Cicero Seit an Seit mit Origines und Cyprian als Vorbilder des christlichen Streiters erscheinen, bis zu der *rh. sacra* des 17. und 18. Jh.s! Exemplarisch für eine fünfhundertjährige Entwicklung, in deren Zeichen selbst das Gebet, wie bei Wilhelm von Auvergne, vom *exordium* bis zur *peroratio* durchrhetorisiert wurde, heißt es bei dem Barockprediger Johann Balthasar Schupp, ganz gewiß keinem Liebhaber der Rh. im klassischen Sinn: „Was ist ein Prediger anders als ein Orator Ecclesiasticus"?

Als *ars dictandi* bewahrt die Rh. von der Spätantike bis zum Barock, mit seinen Briefstellern und Sekretariats-Künsten, den Charakter einer ursprünglich juristisch akzentuierten Methode. Während des gesamten MA.s war der Rh.-Unterricht identisch mit der Unterweisung in Rechtsgeschäften — der 'Rhetor' ist 'Legist' —, die *quaestiones civiles* galten wie in der Antike als das eigentliche Betätigungsfeld der Rh. (Notker: „*Rethorica ... déro man in dínge bedárf*"), und auch das kanonische Recht wurde, wie die *Rhetorica Ecclesiastica* aus dem 12. Jh. beweist, von der forensischen Beredsamkeit bestimmt: Die Sentenz des Gossuin von Metz „*Qui Retoricque bien sauroit: Il cônstroit et tort et droit*" hat, so betrachtet, exemplarischen Charakter. Die Techniken der Rh. zu beherrschen hieß für den Kleriker und künftigen Notar in erster Linie: Urkunden verfassen und Briefe schreiben zu können, und der Ausbildung dieser Fertigkeit dienten der Schulunterricht in gleicher Weise wie, auf höherer Stufe, die eigentliche *ars dictaminis* und die kompendienartigknappe Darstellung der Rh. am Anfang der Formelbücher und Urkundensammlungen. Hier wurde gezeigt, daß die klassischen *partes oratoriae*, vom *exordium* bis zur *conclusio*, unter Hinzufügung von *salutatio* und *petitio*, im Bereich der Epistolographie genau so gut anwendbar waren wie die Findungs-, Lob- und Schmuck-Anweisungen der Rh. und die von ihr entwickelte, für den Schreibenden besonders wichtige Doktrin der 'Angemessenheit', deren Befolgung es ermöglichte, dem gewählten Sujet in gleicher Weise gerecht zu werden wie dem Rang des Adressaten und dem zwischen dem Absender und dem Empfänger des Schreibens bestehenden Sozialbezug. Gerade am Beispiel der Briefsteller, die seit dem 15. Jh. als 'Notariatkünste' und 'Rhetorica und Formulare deutsch' rhet. Lehren zum ersten Mal in dt.

Sprache adaptierten, läßt sich anschaulich zeigen, mit welcher Selbstverständlichkeit der Formenschatz der Rh. gesellschaftlichen Bedürfnissen entsprechend in Dienst genommen werden konnte. Sämtliche literar. Zweckformen — und dazu gehörte bis zum 18. Jh. auch die „eigentliche" Poesie: das Drama so gut wie die Satire und das Lehrgedicht — benutzten jene Techniken, die, ursprünglich sehr begrenzt in ihrem Anwendungsbereich, seit der Spätantike mehr und mehr ihre All-Verfügbarkeit erwiesen und zu fungiblen Elementen der auf Wirkung abzielenden Literatur wurden.

Wie fließend, im Zeichen der einen gemeinsamen Methode, die Grenzen zwischen den einzelnen Zweckformen sind, wird besonders eindrucksvoll durch die Übereinstimmung und wechselseitige Ergänzung von *ars poetica* und *ars dictandi* demonstriert. (Die Poesie ist als eine auf Überredung bedachte Disziplin der Rh. schwesterlich verwandt: Darstellung der Gemeinsamkeiten und Unterschiede — die Dichtung hat größere Lizenz, ihr Rahmen ist weiter, sie umspannt nicht nur die *res factae*, sondern auch die *res fictae*, ihre 'enthusiastische' Struktur, der *furor poeticus*, hebt sie ebenso weit über die Rh. hinaus — bei Ludwig F i s c h e r , *Gebundene Rede*, aaO., S. 22 ff. und, auf das Barockzeitalter beschränkt, Renate H i l d e b r a n d t - G ü n t h e r , *Antike Rh. u. dt. literar. Theorie*, aaO., S. 33 ff.) Einerseits übernimmt die Epistolographie, unter besonderer Berücksichtigung der *aptum*-Komponente, sämtliche Stilanweisungen der rhet. Poetik — Briefsteller und Sekretariats-Künste bewahren bis ins 17. Jh. die oratorischen Regeln am reinsten —, andererseits sind es gerade die *doctores iuris*, Schreiber und Notare, die im Humanismus das Empfangene zurückgeben und mit ihrer Rhetoren-Kunst die dt. Poesie bereichern. Der Stadtschreiber Johannes von Saaz (sein Wahlspruch: *Si honorificis adhaerere / et abundatia vis vigere / tunc rhetoricam bene discas / et assidue ad hanc tendas*) breitet im *Ackermann*, der Ankündigung in der Eingangsepistel entsprechend, die *rethoricae essencialia* aus, von der Längung und Kürzung des Stoffes bis zur Beschreibung jener *colores*, die aufzuführen und als Färbe- und Ziermittel in praxi zu beherrschen nach der Vorstellung der Zeit von wahrer Meisterschaft zeugte; Sebastian Brant — „*ung clerc rhetoricien*": Dozent des römischen und kanonischen Rechts, später Anwalt zu Straßburg — gliedert die einzelnen Abschnitte des *Narrenschiffs* mit Hilfe von *ratiocinatio* und *expolitio*; Niclas von Wyle, Stadtschreiber wie Johannes von Saaz, transponiert die Prinzipien der lat. Rh. in die Muttersprache und überträgt, allen Schreibern zum Nutzen, die ersten *colores rhet.* der *HerenniusRh.* ins Deutsche; Albrecht von Eyb, Staatsmann und Anwalt, bringt das von ital. Rechtslehrern Gelernte in seine Humanisten-Rh., die *Margarita*

Poetica ein. Die Beispiele — Gregor Heimburgs *rhetorica contra rhetoricam* und Murners Juristen-Rh. — ließen sich häufen und könnten allesamt den Beweis untermauern, daß die Unterschiede zwischen der im weitesten Sinn politischen Beredsamkeit der Antike und der in der Zweiten Sophistik literarisierten Rh. weit geringer sind, als man gemeinhin annimmt.

So unzweifelhaft es ist, daß die Subsumierung der Dichtung unter die Rh. ein Werk der Spätantike ist — unter dem Aspekt von Lob und Tadel, w e r t e n d e r Darstellung, fiel Poesie mit dem *genus demonstrativum* zusammen — und die Anweisungen, die die rhet. Theorie in der Zweiten Sophistik für die epideiktische Rede entwickelte, ihre Gültigkeit bis über das Barockzeitalter hinaus behielten (Charakterdarstellung, Ethopoiia in mittlerer Stillage, amplifizierende Beschreibung von Göttern, Menschen und Tieren, von Ländern, Städten und Bauten, Abenteuern, Seestürmen und Liebesgeschichten, von Katastrophen und Festen; Vergegenwärtigung des Entfernten, malerische Verlebendigung und leibhaftiges Vor-Augen-Stellen des nicht Sichtbaren in der evidenten Beschreibung: *ut pictura poesis*), so falsch ist es, zwischen der intentional bestimmten republikanisch-juristischen Rh. und einer angeblich auf sich selbst verweisenden Virtuosen-Rh. epideiktischer Provenienz eine scharfe Trennungslinie zu ziehen. Das Moment der Wirkungsintentionalität, das Zweckhaft-Adressatengebundene als die prima causa der Rh.: ihr persuasorischer Grundzug bleibt der rhetorisierten Lit. bis zum Barock hin erhalten. August Buchners Satz, es sei „des Poeten Ambt, dass er zugleich belustige und lehre, welches eben der Zweck ist, darin er allezeit zielen soll" steht stellvertretend für Hunderte ähnlicher Aussagen. Auch die Dichtung, Lobrede im weitesten Sinn, will zunächst einmal werben, wirken und für sich einnehmen und es derart dem Autor ermöglichen, sich sozial zu behaupten, indem er, nicht anders als der Gerichts- und Versammlungs-Redner, den Hörer zum wohlwollenden Beipflichten veranlaßt. Nicht um ein l'art pour l'art, sondern um die Einwirkung auf den Adressaten, das Erzwingen seiner bewundernden Zustimmung geht es ihr; und was die juristische Komponente betrifft, so waren es die *loci* der forensischen Beredsamkeit und das ihnen zugrundeliegende Argumentationsschema, durch die hö-

fische Dichter des MA.s und, von traditionellen Findungs-Vorschriften ausgehend, Humanisten und Barockpoeten einen Tatbestand von allen Seiten her beleuchten und Handlungen psychologisch vertiefen konnten: Wie der Verteidiger vor Gericht versetzt sich der Dichter in die Lage des Angeklagten und begründet dessen Handlungen durch eine Analyse der Umstände und ein Eingehen auf die charakterologischen Determinanten.

In welchem Ausmaß es der rhet. Tradition zuzuschreiben ist, daß die Autoren in die Lage versetzt werden, rednerische Auseinandersetzungen, in Epos, Drama und Roman, mit jener Perfektion zu arrangieren, die kaiserliche *controversiae* auszeichnet (bei denen der Redner zugleich die Partei des Anklägers und des Verteidigers übernimmt), wurde durch eine Studie Rainer G r u e n t e r s erhellt: *Über den Einfluß des Genus Iudiciale auf den Höfischen Redestil*, in: DVLG. 26, 1952, S. 49 ff. (hier der Nachweis, daß sich das rhet. Erbe durch die Vermittlung mal. Rede-Formen, Disputationen, Streitgespräche und Schuldialoge in der Poesie niedergeschlagen hat).

§ 8. Das Ausmaß, in dem die Rh. die Lit. bis zur Goethezeit beherrscht hat, liegt in der überragenden Stellung begründet, die der Eloquenz im Unterrichtswesen zukam. So lange die Macht der Lateinschule ungebrochen war und die Unterweisung durch den Dreischritt *praecepta-exempla-imitatio* charakterisiert wurde, blieb die Rh. die gelehrte Basis aller liter. Beschäftigung, verwischten sich die Grenzen zwischen schulischem Exerzitium und anspruchsvoller Poesie, war beides 'Auftragsliteratur', unterschieden sich Schuldeklamationen dem Tenor nach nicht von Parentationen oder *laudationes* im bürgerlichen Leben, hatten die Übungen im aphthonianischen Reglement den gleichen Duktus wie jene Lobreden auf den Tabak, das Podagra, die Buchdruckerkunst oder die kleine Gestalt, die bis zum 18. Jh. die Identität von poetischer und epideiktischer Beschreibung illustrierten. Praktikabilität hieß die Devise: Alles Gelernte war auf einer sehr frühen Stufe verwertbar, die Schule lehrte die „Konventionen des sprachlichen Miteinanders" (Barner) durch die Unterweisung in Techniken, deren Bedeutung in ihrer Adaptationsfähigkeit lag. Dramen erschienen als Disputations-Traktate — Bidermanns *Cenodoxus*: eine gespielte Predigt! —, Roman-Abschweifungen — Ro-

mane: Schatzkammern schöner Orationen! —
basierten auf den *Parekbasis*-Lehren der
Praeexercitamenta, die Geschichtsschreibung
folgte unter den Stichworten '*exemplum*' und
'*evidentia*' (lehrhafte Darstellung von moralischer Vorbildlichkeit) den rhet. Doktrinen,
und was das Schauspiel betrifft, so war im
Humanismus und Barock ein Teil der theatralischen Demonstrationen nichts weiter als
die Krönung jener Deklamationen prozes-
sualer Darbietungen und oratorio-dramati-
scher Akte, mit deren Hilfe der Schüler sein
Gedächtnis zu schulen, seine Haltung zu beherrschen und seine Worte eindrucksvoll zu
artikulieren lernte: Die Schulaufführung als
Vorspiel auf dem Theater, das den Agieren-
den die Rollen des größeren Welttheaters
spielen ließ und ihn derart über das jedem
Stand und jedem Alter Zukommende be-
lehrte, die Komödien des Terenz als ein Oratorium der Moralität, ein rhet. in *orationes*
und *oratiunculae* einzuteilendes Exempel des
Lebens! In jedem Fall wurden die Beispiele
für wichtiger als die Regeln erachtet: Schatz-
kammersammlungen, Ephemeriden, Kollektaneen und Promptuarien dienten der Verbesserung des Stils, klassische Lehrbücher,
vor allem die spätantiken Progymnasmata,
enthielten, in den Mustern vom Leichteren
zum Schwereren voranschreitend, Aufsatz-
übungen aller Art; humanistische Traktate,
Vossius' *Rhetorik* und Erasmus' *De duplici
copia verborum ac rerum*, boten eine nuan-
cierte Kasuistik, mit deren Hilfe es dem
Schüler ermöglicht wurde, alle nur erdenk-
lichen realen und irrealen Situationen zu bewältigen. So trocken das Schema zu sein
scheint: „zuerst inveniret, hernach erst dis-
poniret und mit der Elocution ausgeziret
und letztlich pronunciret oder agiret": die
Dominanz der *exempla*, die Tendenz zur
imitatio, gab ihm praktikable Anschaulichkeit. (Ein Musterbeispiel solcher Praktikabilität: Celtis' Vorlesung *Epitoma in utramque
Ciceronis rhetoricam cum arte memorativa
nova et modo epistolandi utilissimo* von
1492.)

Dazu Wilfried B a r n e r, *Barockrh.*, aaO.,
3. Teil: 'Die Verankerung der Rh. im Bildungs-
wesen des 17. Jh.s'. Detaillierte Studien über die
mal. und humanistische Schul-Rh. — die Ausstrahlung, die von den Rh.-Lehrstühlen an den
Universitäten ausging! — bleiben ebenso Deside-
rate wie Darstellungen der wichtigsten Lehrbücher (Melanchthon, Susenbrot, Mosellanus)

und rhet. Viten: Schulbildung, Studieneinflüsse,
gelehrte Berufstätigkeit. Wie ergiebig solche Interpretationen sein können, zeigt die Beschreibung der aphthonianischen Progymnasmata, ins
Lat. übersetzt von Rudolph Agricola und Johannes Maria Cataneus, kommentiert von Reinhard Lorich, durch Charles Osborne M c -
D o n a l d, *The Rh. of Tragedy*, 1966, S. 75 ff.
Hier ein aufschlußreicher geraffter Überblick
über das *genos epideiktikon*, seine amplifizie-
rend-schmückenden und malerisch-veranschau-
lichenden Praktiken und seine Geschichte von
Gorgias' 'Verteidigung Helenas' bis hin zu De
Quincey's *Murder Considered as One of the
Fine Arts*. Verbindungslinien zwischen der epideiktischen Beredsamkeit der Zweiten Sophistik,
der schulrhet. Aufsatzübung und den mittelalterlichen Beschreibungs-Methoden: Hennig B r i n k -
m a n n, *Zu Wesen und Form mal. Dichtung*
(1928), Ernst Robert C u r t i u s, *Europäische Lit.
u. lat. MA.* (1948) und Charles Sears B a l d w i n,
Medieval Rh. and Poetic (2. Aufl. 1959). Zur
digressio als einem rhet. Amplifikationsmittel,
das der '*copia*' dient: Michael von P o s e r, *Der
abschweifende Erzähler. Rhet. Tradition und dt.
Roman im 18. Jh.* (1969), S. 15 ff. Recht stief-
mütterlich ist bis heute die schulrhet., auf der
juristischen Textauslegung basierende Hermeneutik behandelt worden. (Rh. lehrte nicht nur,
Texte zu m a c h e n; dank ihres ausgebauten
'Systems', vor allem im Bereich der Stilistik, ermöglichte sie es auch, Dichtung zu i n t e r p r e -
t i e r e n. Nur wer über das Arsenal der Figuren
und Tropen verfügte, konnte hinter der Vielzahl
von Bedeutungen den einen Sinn, hinter allegorischen Verrätselungen die Wahrheit erfassen,
Hermeneutik betreiben und damit die Prinzipien der Rh., in einem Akt der Instrumentalisie-
rung, nicht zuletzt für das Verständnis christlicher Texte — die Bibel als Kunstwerk! —
fruchtbar machen). Grundsätzliches zur rhet.
Hermeneutik: Hans-Georg G a d a m e r, *Rh.,
Hermeneutik und Ideologiekritik*, in: Gadamer,
Kl. Schr. 1, 1967, S. 117 ff. („Die Erfassung des
Textsinns" empfängt „den Charakter einer selbständigen Produktion, die ihrerseits mehr der
Kunst des Redners als dem Verhalten seines Zu-
hörers gleicht. So ist es zu verstehen, daß die
theoretischen Mittel der Auslegungskunst ...
weitgehend der Rhetorik entlehnt sind.") Ferner
Joachim D y c k, *Ticht-Kunst*, aaO., S. 135 ff.
(Kapitel 'Christliche Literaturtheorie').

Die Einheit von Rh. und Dichtung zer-
brach, sehr konsequent, in einem Augenblick,
als die Poetik ihren normativen Charakter
verlor und die historisch bestimmte Ästhetik
an die Stelle der Regel-Rh. trat: Um 1700
mehrten sich die Stimmen, die erklärten, daß
das klassische Reglement, und in Sonderheit
die Drei-Stil-Lehre, nicht mehr in der Lage
sei, einer sich mehr und mehr individualisierenden, sozial differenzierten Wirklichkeit
beizukommen. Im gleichen Augenblick, da
die Poeten anfingen (und das schon im Ba-

rock), das Axiom der absoluten Rangidentität von Stand, Gattung und Stil zu bezweifeln (die Vorworte zu Gryphius' *Cardenio und Celinde* und Hofmannswaldaus *Helden-Brie-fen*), als man begann, zwischen „Gemüth" und „Geblüth" zu unterscheiden, und rhet. Normen von seiten der psychologisierenden Experienz in Frage gestellt wurden (Menan-tes-Neumeister: „Als da redet ein Jäger an-ders, anders ein Schäffer, anders ein Schiffer ... Wenn man von solchen Leuten schreibt, so soll man auch ihre Redensarten brau-chen") — im gleichen Augenblick, als man die Sprache des Herzens gegen die Suade der „nachplaudernden Hofmännchen" (Les-sing) ausspielte und die Metaphorik der Um-gangssprache entdeckte: das „Verblümte" des wirklichen Gesprächs (der zweite Anti-Goeze als Keimzelle einer Rh., die ihre arti-stischen Elemente durch einen Hinweis auf den republikanischen Markt legitimiert!) — im gleichen Augenblick verfiel mit der Zen-tralkategorie des „Angemessenen" auch das Lehrgebäude einer Methode, die, auf zere-monielle Realisierung des Bestehenden, Re-präsentation und Etikette eingeschworen, sich seit dem 17. Jh. in Deutschland mehr und mehr außerstande sah, ihr Lehrgebäude an die veränderte Gegenwart anzupassen. Mochte der Prozeß langsamer verlaufen als in den ökonomisch weiterentwickelten west-europäischen Ländern (Deutschland war der letzte Hort des Ciceronianismus; nirgendwo wurde der knappe, vom Geist aufklärerischer Wissenschaft getragene und auf bürgerliches Selbstbewußtsein verweisende *plain style*, die Bacon'sche Diktion, so spät adaptiert wie hier) — im 18. Jh. hörten auch in Deutsch-land Aristoteles und Cicero auf, „oratorische Päpste von Unfehlbarkeit" zu sein, der Gottschedianismus hielt die Entwicklung nicht auf, und als die dt. Rh. (Hallbauer: „In Schulen so unbekannt als die Zobeln im thü-ringischen Wald") endgültig an die Stelle der lat. trat, in der ersten Hälfte des 18. Jh.s, war bereits ein Moment erreicht, da man nicht mehr nur an den Regeln der Rh., son-dern an den Regeln schlechthin zweifelte. Zugleich wuchsen seit dem Ausgang des 17. Jh.s die Zweifel an der politischen Rele-vanz der Rh. (es sei denn, sie beschränkte sich affirmativ auf die Rekapitulation von Reden 'großer Herren und vornehmer Mi-nister' nach Art der berühmten Lüning'schen

Sammlungen). Einerseits wurde die Kluft zwischen Schule und Leben, dem traditions-reichen Unterrichtswesen und einer Gesell-schaftsordnung, in der allein Rationalität und Kalkul ein Weiterkommen ermöglichten, immer offenkundiger — hier der Rhetor vom Schlag des Horribilicribrifax, dort der auf Effekt ausgehende, alle Mittel dem Ziel der persönlichen Karriere unterordnende Weise-sche Redner! —, andererseits begann schon im 17. Jh. ein Rhetoriker wie Daniel Richter jene aller aufklärerischen Beredsamkeit feind-lichen Elemente des feudalistischen Territo-rialstaates zu diagnostizieren, die man in den folgenden Jh.en, den Blick nach Westen ge-richtet, von Gottsched bis Heine — das Be-kenntnis zum 'Volksredner' in der Denkschrift über Börne! —, von Herder und Schubart bis Börne, von Abbt bis Mundt so leiden-schaftlich anprangerte, — des Untertanen-staates, beherrscht von einem Mann, dessen rhet. Verpflichtungen schon anno 1686 von Veit Ludwig Seckendorff mit dem Satz um-schrieben wurden: „Er hat nicht viel Worte mehr bedurfft als ein Hauptmann, wann er seine Compagnie exerciret oder commandi-ret". (Mehr als 200 Jahre später, 1917, va-riierte Wilhelm II. den Satz durch das Dik-tum: „Wo die Garde auftritt, gibt es keine Demokratie.")

Zum Verfall der Rh. im Zeichen des Über-gangs von der Regel-Poetik zur analysierenden Ästhetik und zur Verwandlung der Kategorie des 'Angemessenen': Ludwig F i s c h e r, *Ge-bundene Rede*, aaO., S. 262 ff. — In diesem Zu-sammenhang muß noch einmal nachdrücklich betont werden, daß das Ende der Schulrh. kei-neswegs das Ende der Rh. schlechthin bedeutet — sie entfaltet sich im Zeichen der new rh. heute so lebendig wie eh und je —, und was die Schulrh. betrifft, so hat selbst sie, jedenfalls hier und dort, bis in unser Jh. hinein nachgewirkt, von Goethe bis zu Nietzsche und Hofmannsthal („Das nicht zu erschöpfende Werk Ernesti's Technologia rhetorica Graecorum et Romano-rum lag mir immer zur Hand; denn dadurch erfuhr ich wiederholt, was ich in meiner schrift-stellerischen Laufbahn recht und unrecht ge-macht hatte" — ein Zeugnis, das für unzählige andere steht, nachzulesen in der G r u m a c h '-schen Edition *Goethe und die Antike* Bd. 2 [1949], S. 893 ff.). Hier harrt noch ein großes Feld der Bearbeitung, freilich bei weitem nicht das ergiebigste, wenn man bedenkt, daß selbst Epochen wie der Humanismus und das 18. Jh. unter rhet. Aspekten kaum behandelt worden sind. Wie viel noch zu tun, wie groß der Vor-sprung der angelsächsischen Forschung ist, wie viele weiße Flecken es gibt — das Fehlen von rhet. Biographien (Exempel der Primärliteratur: Heine, Lord Brougham beschreibend; Börnes Analyse des Redners Robespierre; Laubes Charakterisierung der Paulskirchen-Rh.; Hofmannsthals Interpretation der Rh. Victor Hugos), die kaum behandelte Schultradition, die Vernachlässigung der Zweckformen und ihrer persuasorischen Elemente —, verdeutlicht die Bibliographie. Zur Auseinandersetzung zwischen Ciceronianismus und Seneca-Stil und — Ausdruck mangelnder bürgerlicher Emanzipation! — der rhet. 'Verspätung' in Deutschland, Eric A. B l a c k a l l, aaO., S. 110 ff. — Zum Thema Rh. und Politik in Deutschland: Zeugnisse bei Hellmut G e i ß n e r, *Rede in der Öffentlichkeit* (1969), S. 11 ff. und Walter J e n s, *Von deutscher Rede* (1969), S. 16 ff.

§ 9. Ist der Redner (mit seinem Ethos und seiner Glaubwürdigkeit) das Subjekt, so ist das Publikum (mit seiner psychischen Disposition und seinem Affekthaushalt) das Objekt der Rh. Schon Aristoteles stellte den Aspekt 'Publikum' neben die Faktoren 'Rede' und 'Redner', und seitdem hat die Rh., und nicht zuletzt, konfrontiert mit dem Problem einer im Glauben geeinten, sonst aber höchst inhomogenen Gemeinde, die Homiletik, nie aufgehört, das Problem des 'äußeren *aptum*' im Sinn einer optimalen Anpassung der Äußerungen an die gegebenen Umstände (Ort, Zeitlage, Publikumsgliederung) zu analysieren (Tauler, im Frauenkloster, verwendet, rhet. konsequent, andere Stilmittel als Berthold von Regensburg auf offenem Markt). 'Angemessen' zu reden bedeutete von der Antike bis zur Neuzeit so viel wie: Die adäquate Abbildung der Gegenstände, vor allem die sprachliche Adaption der sozialen Ordnung, mit maximaler Beeinflussung der Rezipienten zu vereinen. Welche Umstände verlangen die Mobilisierung welcher rhetorischer Formen? Mit Hilfe welcher Methoden ist eine Idealrelation zwischen Sprache und Objekt, der Diktion und dem Zweck, Stil und Umständen erreichbar? („Ich kann nicht in gleicher Weise ... sprechen auf einer Betriebskundgebung und in einem Kosakendorf, in einer Studentenversammlung und in einer Bauernrede ... Die Kunst besteht darin, einen gegebenen Hörerkreis auf beste Weise zu beeinflussen": ein Satz, der exemplarisch beweist, daß die Regeln der Rh. auch im 20. Jh. noch von Belang sind. Er stammt von Lenin.) Wie spreche ich einen Regenten, wie den Untergebenen an? Wie schreibe ich dem Bischof, wie dem Freund, welche Sprache ist bei Hofe, welche

in bürgerlicher Umgebung am Platz, wie mache ich mich als Prediger zugleich den *literati* und *illiterati* verständlich? Auf welche Weise kann ich — Problem der Jesuiten-Rh.: *quam apte se orator insinuet* — die Wünsche und Vorurteile meiner Partner berechnen, wie meine Insinuation entsprechend ihrer Motivation formulieren, mit Hilfe welcher Formeln mich auf den Habitus der Adressaten einstellen — affirmativ (Christian Weise: „Ferner muß er [scil. der galante Redner] auch die Person erkennen, die er zur Affectation bewegen will. Erstlich ... ihrem Ampt und Verrichtungen nach / ferner ihrem Rang und ihrer Extraction, ja wol ihrem äußerlichen Glücke nach / endlich ihrem sonderbahren Humeur und Inclination nach") oder, im Gegenteil, auf die Negation der Identität von Redner und Hörer bedacht (Lassalle: „Ihnen, den notleidenden Klassen, gehört der Staat, nicht uns, den höheren Ständen")? All diese Fragen, ursprünglich aus der Gerichtsrh. stammend und vom Bestreben bestimmt, dem Richter die eigene Sache möglichst plausibel erscheinen zu lassen, akzentuieren die mal. *artes dictandi* so gut wie die Komplimentier-Lehren der Galanten (Weises insinuative Technik des 'Zuckerstreuens' um des größtmöglichen Effekts willen!) oder die barocken Bühnenreden (Antonius, der in Shakespeares *Julius Caesar* angemessen redet und sich, die Kunst des Insinuierens beherrschend, auf sein Publikum einstellt, während Brutus die Lage verkennt), und sie haben gerade in unserem Jh., im Zeichen der new rh., an Aktualität gewonnen.

Die amerikanische 'neue' oder 'wissenschaftliche' Rh., die, interdisziplinär strukturiert, auf einer Kooperation von Kommunikationswissenschaft, Soziologie, Individual- und Sozialpsychologie, Politologie, Linguistik und 'klassischer' Rh. beruht und vor allem durch Hovland, Lasswell, Lazarsfeld und Schramm vorangetrieben wurde (zu deren Inauguration aber auch I. A. Richards beitrug der vor allem der Literaturkritiker Kenneth Burke entscheidend förderte der an die Stelle der alten 'persuasion'-Rh. die neue, auf *identification* abzielende Beredsamkeit setzte), diese Rh. untersucht einerseits die sozialen und psychologischen Bedingungen, die eine Beeinflussung der Rezipienten durch die Kommunikatoren ermöglichen, und analysiert andererseits das Zeichenarsenal, dessen Anwendung unter bestimmten Bedingungen zu bestimmten, experimentell abgesicherten und empirisch belegbaren Wirkungen führt. In diesem Zusammenhang hat sich gezeigt, wie lebendig zumindest Teil-Aspekte der Schul-Rh. auch heute noch sind: Versuche der Hovland-Schule welche Argument-Anordnung ist die beste? Was für einen Einfluß auf die Meinungsbildung hat die Glaubwürdigkeit des Redners? Erreicht ein starker oder ein schwacher Appell an die Affekte besser sein Ziel? Wie ist die sozio-psychologische Struktur der Ansprechbaren?) variieren stereotype rhet. Doktrinen; die Theorie der *attention* und *interest area* (Kathrin Dovring) erinnert an die alten *exordium*-Vorschriften (der Hörer muß durch die Einleitung lernbereit, aufmerksam und freundlich gestimmt werden), die Lasswell-Formel — 'who says what in which channel to whom with what effect' — hat zumindest teilweise formale Ähnlichkeiten mit der hexamerischen Suchformel des Mathieu de Vendôme: quis, quid, ubi, quibus auxiliis, cur, quomodo, quando? Diese Übereinstimmungen, die sich, z. B. durch eine Analyse der sozio-linguistisch definierten Lasswell'schen Begriffe *doctrina, mianda, formula* etc., beliebig erweitern lassen, beruhen auf jenem rhet. Element des 'Affectusen', 'Situativen' und 'Persuasorischen', das, lange verkannt, im Zeichen der modernen Kommunikationswissenschaft wieder relevant wird: einerlei, ob sie nun politologisch orientiert ist und die 'technique of persuasion' untersucht oder als Linguistik den pragmatischen, die intentionale Realisation von Sprachlichem betreffenden Aspekt betont, ob sie, im Sinn der Paralinguistik, die Prinzipien der optischen Demagogie (Plakat, Werbespot, Mode) oder, Kommunikationswissenschaft im engeren Sinn, die Effizienz der Zeichenübermittlung im Sender-Empfänger-Bezug mitsamt ihren Implikationen untersucht, immer geht es um die Beschreibung eines der Zielvorstellung (des Redners, Kommunikators) entsprechend instrumentalisierten und von politischen, sozialen und psychologischen Faktoren funktional abhängigen Zeichensystems, eines Systems, dessen rhet. Struktur die new rh. an Hand der These verdeutlicht hat, daß es eine 'neutrale' Sprache nicht gebe und daß selbst simpelste Aussagen 'pragmatisch', d. h. intentional, situativ ausgerichtet und damit 'rhetorisch' im Sinn von 'persuasorisch' seien. Eine Zusammenstellung der wichtigsten Rh.-Definitionen von Seiten der new rh., die alle die Thesen Kenneth Burkes variieren „Where ever there is meaning, there is persuasion" und „effective literature could be nothing else but rh." oder das Diktum Jane Blankenships umschreiben: „The key word of rh. is effect" bei A. Craig B a i r d , *Rh. A Philosophical Inquiry*, S. 7 ff. und Donald B r y a n t , *Rh. Its Function and Scope*, in: Joseph S c h w a r t z und John A. R y c e n g a , *The Province of Rh.* (1965). Eine knappe kritisch-informative Darstellung des Verhältnisses von 'klassischer' und 'new' Rh. unter dem Aspekt 'Rh. und Werbung' gibt Ludwig F i s c h e r , *Alte und Neue Rh.*, in: Format 5, 1968, S. 2 ff. Zur Relation von Linguistik und Rh. ist besonders aufschlußreich die Interpretation und historische Analyse des pragmatisch-rhet. Komplexes und eine Abgrenzung vom syntaktisch-semantischen Modell der Philosophie durch Karl Otto A p e l ,

Die Idee der Sprache in der Tradition des Humanismus von Dante bis Vico, in: Archiv für Begriffsgeschichte 8, 1963, S. 27 ff. Eine umfassende Darstellung des Problems, die der Saussure'schen Unterscheidung von *langue* und *parole* — *parole* als rhet. Element — in gleicher Weise wie der (durch Charles Morris eingeführten) pragmatischen Dimension Raum geben müßte, steht ebenso aus wie eine Analyse politischer Rh. (im weiteren Sinn), ihrer 'Umfunktionierung', entsprechend der Adaption an die jeweiligen ökonomischen, politischen und ideologischen Determinanten und der gesellschaftlichen Rolle, die sie dabei spielt. Zumal für den dt. Bereich fehlt eine ideologiekritische, Sprache als Instrument gesellschaftlicher Interessen wertende Darstellung politischer Beredsamkeit, deren Aufgabe es wäre, Einzelergebnisse zusammenzufassen (Antithese zwischen der faktisch-organisch-ethisch argumentierenden Beredsamkeit der Konservativen und der rational-philosophisch-vernünftig-logisch operierenden Rh. der Linken; adjektivbestimmter Stil der status-quo-Vertreter, verbale Diktion der Opposition, imperativische, aufs *movere* beschränkte Rh. des Faschismus; Theorie der 'Macht der Rede' als rhet. Vehikel liberalen Räsonnements) und die Ergebnisse der Kommunikationswissenschaft — neben den Forschungen Lasswells in diesem Fall besonders die Methoden des Speech-Criticism — fruchtbar zu machen. (Der Redner berücksichtigt die Gruppenzugehörigkeit der Aufnehmenden, richtet sich nach dem Maß ihrer Vorinformation, ideologischen Stereotypen und normativen Symbolen.) Grundsätzliches dazu in den im Abschnitt 'Rh. und Politik' zitierten Arbeiten von Dieckmann und Zimmermann. Außerdem: Walther D i e c k m a n n , *Information oder Überredung. Zum Wortgebrauch der politischen Werbung in Deutschland* (1964), vor allem S. 11 ff. (Kapitel: „Die Anregungen der angelsächsischen Sprachanalyse und Kommunikationsforschung"). Roland B a r t h e s , *Mythen des Alltags* (1964), S. 130 ff., besonders S. 140 ff. (Beschreibung der Hauptelemente bürgerlicher Rh., in erster Linie der Tautologie, die in der methodisch und sachlich besonders wichtigen, die Ergiebigkeit einer ideologiekritischen Behandlung von politischer Rh. demonstrierenden Arbeit Lutz W i n c k l e r s : *Studie zur gesellschaftlichen Funktion faschistischer Sprache* [1970], S. 93 als „stilistische Schlüsselfigur der faschistischen und der modernen Reklamesprache" deklariert wird).

§ 10. So kompliziert, als ein Resultat der Kooperation, das System der new rh. (postaristotelischen oder wissenschaftlichen Rh., rhetorica nova, nouvelle rhétorique) auch ist, nicht nur seine linguistischen (Charles Morris bezeichnet die Rh. als „an early and restricted form of pragmatics"), sondern auch seine psychologischen Konstituenten basieren auf den Theorien, die die alte Rh., von Platon bis Bacon, von Aristoteles bis Pascal

und Lessing — und weit darüber hinaus —
im Rahmen ihrer Affektenlehre entwickelte:
Die Seele als ein Schlachtfeld, auf dem die
Passionen ihre Kämpfe ausfechten, Kämpfe
zwischen guten und schlechten Affekten, den
Leidenschaften und dem Verstand, der ratio
und der Phantasie, Kämpfe, die der Rhetor,
mit Hilfe der *argumenta illustrantia* und
probantia zu beeinflussen hat . . . und das im
Sinne jener rhet. Doktrin, die besagt, daß
die Menschen leichter durch einen affek-
tuösen Appell an die Passionen als durch
den rationalen Appell an den Verstand:
eher willensmäßig durch die Kunst des
'Feinsinns' (Pascal) als 'more geometrico'
im Sinne der rednerischen Intentionen gelenkt werden können, eher dadurch, daß der
Redner um des Effekts willen „Gründe in
Bilder kleidet", „durch die Phantasie auf
den Verstand wirkt" (Lessing) und der 'persuasion d'éloquence' im Gegensatz zur 'con-
viction de la philosophie' (Fénélon) vertraut, als daß er das Wagnis eingeht, mit der
reinen Lehre die Festung der Affekte zu
erobern. (Das Bild von der belagerten Burg
ist ebenso topisch wie die Vorstellung vom
Seelenschlachtfeld, das in moralischem Sinn
zu befrieden Aufgabe des Redners, vor allem des christlichen Predigers sei, dessen
Vortrag darum in besonderer Weise auf die
commotiones affectuum hinwirken müsse:
Noch im 18. Jh. gehört der Abschnitt 'De
pathologia' als fester Bestandteil zur Homiletik.)
   Die Geschichte der Affektenlehre — conditio
sine qua non einer umfassenden Darstellung der
Rh. — ist noch nicht geschrieben, selbst Einzeluntersuchungen sind spärlich: Wilhelm D i l t-
h e y, *Die Affektenlehre des 17. Jh.s,* Ges.
Schriften Bd. 2 (7. Aufl. 1964), S. 479 ff.; Antje
H e l l w i g, *Untersuchungen zur Theorie der
Rh. bei Platon u. Aristoteles,* Diss. Bonn 1970,
S. 236 ff. (die Bedeutung der platonischen Seelenlehre für die Rh.). Zu der eine jh.lange Tradition zusammenfassenden rhet. Affektenlehre
Bacons („Aufgabe der Eloquenz ist es, jene
Instanz der Phantasie zu erreichen, die zwischen
den Affekten und der Vernunft vermittelt, sie auf
insinuative Weise von den Passionen zu trennen
und durch eine Konföderation von *ratio* und
imaginatio jene Herrschaft der Affekte zu inhi-
bieren, die unausweichlich wäre, wenn es ihnen
gelänge, mit der Phantasie eine Allianz einzugehen . . . und eben das zu verhindern ist die
Aufgabe einer um die Psychologie der rhet.
Wirkung wissenden Eloquenz!"): Karl L. W a l-
l a c e, *Francis Bacon on Communication and
Rh. The Art of Applying Reason to Imagination
for the Better Moving of the Will* (1943) und

Robert A d o l p h, *The Rise of Modern Prose
Style* (1968), S. 173 ff. Ergänzend: Patricia T o-
p l i s s, *The Rh. of Pascal* (1966).

   Die Berücksichtigung psychologischer Elemente, der Adressatenbezug, das Sich-Ein-
stellen auf ein bestimmtes Publikum: die *argumentatio ad hominem* ist es, die der Rh.
ihre Soziabilität gibt und sie, als eine auf
Glaubhaftmachen des Wahrscheinlichen abhebende Wissenschaft, zumindest idealty-
pisch von der monologisch, ohne Rücksich-
auf die Adaptierbarkeit der erkannten Wahrheit argumentierenden Philosophie trennt
(Geschichtlich freilich ist die strenge Antithese unhaltbar, das Luther'sche 'Dialectica
docet, Rh. movet' durch eine Fülle von
Überlagerungen und Verschiebungen der
Positionen in Frage gestellt. Wenn Kenneth
Burke in einem Essay über semantisches und
poetisches Benennen erklärt: „Dieser Essay
kann als eine rhet. Verteidigung der Rh. gelten" und später in einer Anmerkung hinzufügt: „Mir scheint, dialektisch an Stelle von
rhetorisch wäre der bessere Ausdruck", so
gibt er damit einer Ambivalenz Ausdruck,
die ihren Grund nicht zuletzt in der 'dialektischen', von der aristotelischen Topik akzentuierten Struktur der beiden ersten *partes
oratoriae, inventio* und *dispositio,* hat.)
   Der Topos der offenen Hand (der Rh.)
und der geschlossenen (der Dialektik), von
Cicero (*Orator* 32, 113) Zenon zugeschrieben,
von Quintilian und Sextus Empiricus erneut
aufgegriffen und in der Renaissance weit
verbreitet, bezeichnet nicht nur den Unterschied von kurzer und ausführlicher Darstellung, er verweist auch auf die Antithetik
von esoterischer und exoterischer Manier —
Philosophie für die Eingeweihten, Rh. für
die große Masse — und deutet an, daß
Rh. — als Antistrophe zur Philosophie: *eloquentia,* die *sapientia* im hic et nunc ansie-
delt — das Denken immer in einen Bezug
zur Praxis setzt und sich auf die Welt ein-
läßt, indem sie lehrend, ergötzend und rührend Wahrheit 'realisiert' (Friedrich Schlegel spricht von der „enthusiastischen Rh."
„deren Sache es sei, die praktische Unphilo-
sophie und Antiphilosophie nicht bloß dialektisch zu besiegen, sondern real zu vernichten", Novalis nennt die Rh. eine „technische Menschenlehre": „Rh. . . . begreift
die angewandte oder psychologische Dynamik und die angewandte, spezielle Men-

schenlehre überhaupt in sich"). So betrachtet, ist es die eigentliche Aufgabe der Rh., Wissenschaft zu einem Gesellschaftsfaktor zu machen, der Fach-Isolation und dem Spezialistentum nicht anders als der imperativischen Dogmatik: allem Inhuman-Ungeselligen also entgegenzuwirken und einen sensus communis befördern zu helfen — ein Maximum von Gemeinsamkeit, das es ermöglicht, zu einer raschen und sicheren Überinkunft auf der Basis des Wahrscheinlichen, dem Fundament des begründet glaubhaft Gemachten zu gelangen.

Darstellung der Rh. unter den Aspekten der Praktikabilität, humanen Relevanz und 'sozialen Ubiquität': Hans Georg G a d a m e r, *Wahrheit und Methode*, aaO., S. 172. Den Praxis-Bezug der Rh., ihre Fähigkeit, den Gedanken zur Wirklichkeit hinzuführen, „Sachkunde" in „Lebenskunde" (Magass) zu verwandeln und die Diskrepanz zwischen 'Kultur' und 'Gesellschaft' aufzuheben, betont auch Theodor W. A d o r n o, *Negative Dialektik* (1966), S. 63 ff. Man sieht, an Ehrenrettungen mangelt es nicht; die Zeit ist vorbei, da Rh. nur noch Antiquariats-Charakter besaß; auch die dt. Literaturwissenschaft, in erster Linie die Barockforschung, hat, wie die Publikationen der letzten Jahre beweisen, inzwischen begonnen, diesen Tatbestand zu realisieren; allein das Faktum, daß — undenkbar um 1950! — ein Literaturbericht über das Schrifttum zur Rh. in den sechziger Jahren im Bereich der Germanistik erscheinen konnte, spricht für sich selbst.

B i b l i o g r a p h i e : James W. C l e a r y u. Frederick W. H a b e r m a n, *Rh. and Public Address. A Bibliography 1947-1961* (Madison 1964). Robert C. A l s t o n u. James L. R o s i e r, *Rh. and Style. A Bibliographical Guide.* Leeds Studies in English. New Ser. 1 (1967) S. 137-159. Hellmut G e i ß n e r, *Sprechkunde u. Sprecherziehung. Bibliographie d. dt.-sprachig. Lit. 1955-1965* (1968). Jährliche Bibliographien (*A Bibliography of Rh. and Public Address for the Year . . .*) in der Zs. *Speech Monographs* und, von 1968 an, in *Speech Abstracts*, Vol. 1, ed. by Earl R. C a i n u. a. California State College - Long Beach 1970.

F o r s c h u n g s b e r i c h t e : Alfredo S c h i a f f i n i, *Rivalutazione della Retorica.* ZfromPh. 78 (1962) S. 503-518. Lea R i t t e r S a n t i n i, *La scienza della persuasione.* Vorw. z. ital. Übers. von L a u s b e r g, *Elemente d. literar. Rh.* (1969). Birgit S t o l t, *Tradition u. Ursprünglichkeit. E. Überblick über d. Schrifttum z. Rh. in d. 60er Jahren im Bereich d. Germanistik.* StNeophil. 41 (1969) S. 325-338. Wilfried B a r n e r, *Barockrh.* (1970) S. 3-85.

S y s t e m u n d T e r m i n o l o g i e : Heinrich L a u s b e r g, *Handbuch d. literar. Rh.* 2 Bde. (1960). Ders., *Elemente d. literar. Rh.* (1963; 3. erw. Aufl. 1967). Ders., *Rhetorik*, in: *Das Fischer Lexikon, Literatur*, Bd. 2/2 (1965)

S. 474-482 u. S. 664-665. Kritik an Lausbergs System: Klaus D o c k h o r n, in: GGA 214 (1962) S. 177-196 u. Wolfgang S c h m i d, in: ArchfNSprLit. Jg. 115 (1964) S. 451-462. Albert W i l l e m, *Principes de Rhét. et de dissertation* (11e éd. Bruxelles 1962). Leonid A r b u s o w, *Colores rhet.* (2., durchges. u. verm. Aufl. hg. v. Helmut P e t e r, 1963; wichtig für die mal. Rh.). Historisch bedeutsam: Johann Chr. Th. E r n e s t i, *Lexicon technologiae Graecorum rhet.* (1795; Nachdr. 1962). Ders., *Lexicon technologiae Latinorum rhet.* (1797; Nachdr. 1962). Nomenklatur der Humanisten-Rh., beschränkt auf die elocutio: Lee A. S o n n i n o, *A Handbook to Sixteenth-Century Rh.* (London 1968). Interpretation der wichtigsten termini: Henri M o r i e r, *Dictionnaire de poétique et de rhét.* (Paris 1961) u. Richard A. L a n h a m, *A Handlist of Rhet. Terms* (Berkeley 1968).

R e a d e r : Raymond F. H o w e s, *Historical Studies of Rh. and Rhetoricians* (Ithaka/ N. Y. 1961). *Studies in Rh. and Public Speaking in honor of James Albert Winans* (New York 1962). Haig A. B o s m a j i a n, *Readings in Speech* (New York 1965). Donald C. B r y a n t, *Papers in Rh. and Poetic* (Iowa City 1965). Joseph S c h w a r t z u. John A. R y c e n g a, *The Province of Rh.* (New York 1965; S. 3-36: Definition und Neubestimmung der Rh.). Lionel C r o c k e r u. Paul A. C a r m a c k, *Readings in Rh.* (Springfield 1965). Donald C. B r y a n t, *The Rhet. Idiom* (2. Ed. New York 1966). Martin S t e i n m a n n, *New Rhetorics* (New York 1967).

R h e t o r i k u n d R e d e : G e s c h i c h t e : Ad. P h i l i p p i, *Die Kunst d. Rede. Eine dt. Rh.* (1896). Adolf D a m a s c h k e, *Gesch. d. Redekunst. E. erste Einführung* (1921). Irmgard W e i t h a s e, *Zur Gesch. d. gesprochenen dt. Sprache*, 2 Bde. (1961; grundlegend, mit reicher Literatur). Titta M a d i a, *Storia dell'-Eloquenza* (Milano 1959). Jules S e n g e r, *L'Art oratoire* (4. éd. Paris 1967; Que Sais-je 544). Louis R a m b a u d, *L'Eloquence française*, 2 Bde. (Lyon 1947). Viele Hinweise auf die franz. Rh.: Daniel M o r n e t, *Histoire de la clarté française* (Paris 1929) u. Jean C o u s i n, *Rhétorique latine et classicisme français.* Revue des cours et conférence 34 (1932-33) T. 1, S. 502-518, 589-605; T. 2, S. 159-168, 234-243, 461-469, 659-672, 737-750. William Norwood B r i g a n c e u. Marie Kathryn H o c h m u t h (Hg.), *A History and Criticism of American Public Address.* 3 Bde. (New York 1960-1965; in der Einleitung zum 3. Bd. eine knappe Darstellung der Methodik des Speech Criticism von Marie Hochmuth). Robert T. O l i v e r, *History of Public Speaking in America* (Boston 1965). Karl R. W a l l a c e (Hg.), *History of Speech Education in America* (New York 1954; vorzüglicher historischer Abriß der angelsächsischen Rh. S. 1-47).

S y s t e m u n d P r a x i s : Eduard D a v i d, *Referenten-Führer. Anleitung für sozialist. Redner* (1907; 5. Aufl. 1919). Adolf D a m a s c h k e, *Volkstümliche Redekunst. Erfah-

rungen u. Ratschläge (1911 u. ö.). Friedrich Naumann, *Die Kunst d. Rede* (1914). Ewald Geissler, *Rh.*, 2 Bde. (1910-14; Aus Natur u. Geisteswelt 310/456). Friedrichkarl Roedemeyer, *Die Sprache d. Redners* (1940). Max Dessoir, *Die Rede als Kunst* (2. Aufl. 1948). A. Craig Baird, *Argumentation, Discussion, and Debate* (New York 1950). Maximilian Weller, *Das Buch d. Redekunst* (1954 u. ö.). Walter Hagemann, *Die Rede als Gegenstand d. Forschung.* Publizistik 2 (1957) S. 67-73. Wolfgang Ritzel, *Zur Phänomenologie d. Beredsamkeit.* Publizistik 2 (1957) S. 205-216. Bertram Werwie, *Möglichkeiten u. Grenzen d. historisch-publizistischen Untersuchung von Reden.* Publizistik 6 (1961) S. 8-11. Ludwig Reiners, *Die Kunst d. Rede u. d. Gesprächs* (5. Aufl. 1968; Dalp-Taschenb. 319). Herbert Biehle, *Redetechnik. Einführung in d. Rh.* (3. Aufl. 1968; Samml. Göschen 61). *Sprache u. Sprechen, Schriftenreihe,* hg. in Verb. mit d. Dt. Ges. f. Sprechkunde u. Spracherziehung v. Wilh. L. Höffe u. Hellmut Geißner (1968 ff.). Heinz Lemmermann, *Lehrbuch d. Rh.* (2., überarb. Aufl. 1968). Karl Otto Erdmann, *Die Kunst recht zu behalten* (7. Aufl. 1969). Hellmut Geißner, *Rede in d. Öffentlichkeit. E. Einf. in d. Rh.* (1969; mit vielen Verweisen und Literaturangaben zur rhet. Hermeneutik, Kommunikation, Analytik und Kritik). Wilhelm Gössmann, *Rh. und öffentliches Sprechen heute.* Hochland 61 (1969) S. 13-26. Christian Winkler, *Dt. Sprechkunde u. Sprecherziehung* (2., umgearb. Aufl. 1969; dort weitere Literatur zum Thema Sprache und Rede). Eduard Kurka, *Wirksam reden - besser überzeugen. Einf. in d. sozialist. Rh.* (1970). Donald C. Bryant u. Karl R. Wallace, *Fundamentals of public speaking* (3. Ed. New York 1960). Wilbur E. Gilman, Bower Aly u. Hollis L. White, *The Fundamentals of Speaking* (2. Ed. New York 1964). Richard E. Hughes u. P. Albert Duhamel, *Rh. Principles and Usage* (Englewood 1962 u. ö.). Martin P. Anderson, Wesley Lewis u. James Murray, *The Speaker and his Audience* (New York 1964). John E. Jordan, *Using Rh.* (New York 1965). Jane Blankenship, *Public Speaking: A Rhet. Perspective* (Englewood 1966). John F. Wilson u. Carroll C. Arnold, *Public Speaking as a Liberal Art* (2. Ed. Boston 1968). Maurice Garçon, *Essai sur l'Eloquence judiciaire* (4. éd. Paris 1941; réédition 1947). Christoff Neumeister, *Grundsätze d. forensischen Rh. gezeigt an Gerichtsreden Ciceros* (1964; Langue et parole 3).

Rhetorische Kritik (Speech Criticism): Lester Thonssen u. A. Craig Baird, *Speech Criticism* (New York 1948). Herbert A. Wichelns, *The Literary Criticism of Oratory,* in: Bryant, *The Rhet. Idiom,* aaO., S. 5-42. Anthony Hillbrunner, *Critical Dimensions. The Art of Public Address Criticism* (New York 1966). Lionel Crocker, *Rhet. Analysis of Speeches* (Boston 1967). Thomas R. Nilsen (Hg.), *Essays on Rhet. Criti-*

cism (2. Ed. New York 1968). William A. Linsley, *Speech Criticism: Methods and Materials* (Dubuque, Iowa 1968).

Rhetorik und new rhetoric: Ivor A. Richards, *The Philosophy of Rh.* (New York 1936; new. ed. 1965). Kenneth Burke, *A Grammar of Motives* (New York 1945) und *A Rh. of Motives* (New York 1950; zusammen: Cleveland 1962). Daniel Fogarty, *Roots for a New Rh.* (New York 1959). Laura Virginia Holland, *Counterpoint: Kenneth Burke and Aristotle's Theories of Rh.* (New York 1959). Marie Hochmuth Nichols, *Rh. and Criticism* (Baton Rouge 1963). Edwin Black, *Rhet. Criticism* (New York 1965). Kenneth Burke, *Rh. - old and new,* in: Steinmann, *New Rhetorics,* aaO., S. 59-76. W. Ross Winterowd, *Rh. A Synthesis* (New York 1968).

Rhetorik, Propaganda, persuasion und Kommunikation: Harold D. Lasswell, Nathan Leites u. a., *Language of Politics. Studies in Quantitative Semantics* (New York 1949; 2. Ed. Cambridge, Mass. 1965). Leo Lowenthal u. Norbert Guterman, *Prophet of Deceit. A Study in the Techniques of the American Agitator* (New York 1949); übers. u. d. T.: *Agitation und Ohnmacht. Auf den Spuren Hitlers im Vorkriegsamerika* (1966). Winston Lamont Brembeck u. William Smiley Howell, *Persuasion* (New York 1952). Carl I. Hovland, Irving L. Janis u. Harold H. Kelley, *Communication and Persuasion* (New Haven 1953). Daniel Katz, Derwin Cartwright, Samuel Eldersveld u. Alfred McClung Lee, *Public Opinion and Propaganda* (New York, Chicago, San Francisco 1954). Robert T. Oliver, *The Psychology of Persuasive Speech* (2. Ed. New York 1957 u. ö.). Karin Dovring, *Road of Propaganda* (New York 1959). Joseph T. Klapper, *The Effects of Mass Communication* (Glencoe, Ill. 1960). Alexander L. George, *Propaganda Analysis. A Study of Inferences made from Nazi Propaganda in World War II* (Evanston, Ill. 1959). James Alexander C. Brown, *Techniques of Persuasion* (Baltimore 1963). Brigitte Frank-Boehringer, *Rhet. Kommunikation* (1963). Walther Dieckmann, *Information oder Überredung. Zum Wortgebrauch d. polit. Werbung in Deutschland seit der Franz. Revolution* (1964; Marburger Beitr. z. Germanistik 8). Richard E. Hughes u. P. Albert Duhamel, *The Modern Uses of Persuasion,* in: Schwartz-Rycenga, *Province of Rh.,* aaO., S. 431-446. Ernest K. Bramsted, *Goebbels and National Socialist Propaganda 1925-1945* (East Lansing 1965). Hans Mayer, *Rh. u. Propaganda,* in: *Festschrift zum 80. Geburtstag v. Georg Lukács* (1965) S. 119-131. Henk Prakke, *Die Lasswell-Formel u. ihr rhet. Ahnen.* Publizistik 10 (1965) S. 285-291. Leonard W. Doob, *Public Opinion and Propaganda* (New York 1949; 2. Ed. 1966). Ralph L. Rosnow u. Edward J. Robinson, *Experiments in Persuasion* (New York 1967). Wayne C. Minnick, *The Art of Persuasion* (Boston

1957; 2. Ed. 1968). Einführung in die neue „wissenschaftliche" Rh., als eine Symbiose von Kommunikationstheorie, Politologie, Sprachwissenschaft, Soziologie, Individual- und Sozialpsychologie in den Aufsätzen von Nathan M a c c o b y, *Die neue „wissenschaftliche" Rh.*, in: Wilbur S c h r a m m, *Grundfragen d. Kommunikationsforschung* (2. Aufl. 1968) S. 55-70; Ludwig F i s c h e r, *Alte u. neue Rh.* Format 5 (1968) S. 2-10 (dort weitere Lit. vor allem zur Rh. der Werbung); Carl I. H o v - l a n d, Irving L. J a n i s u. Harold H. K e l - l e y, *Communication and Persuasion* (New Haven, London 1963), S. 1-18. Zur visuell/verbalen Rh.: Gui B o n s i e p e, *Visuell/verbale Rh.*, in: ulm 14-16 (1965) S. 23-40.

P o l i t i s c h e R e d e : Heinrich L a u b e, *Das erste dt. Parlament.* 3 Teile (1849; rhet. Porträts der Paulskirchen-Parlamentarier). Hermann W u n d e r l i c h, *Die Kunst d. Rede in ihren Hauptzügen an d. Reden Bismarcks dargestellt* (1898). William Gerard H a m i l - t o n, *Parliamentary Logick* (London 1808). Übers. u. d. T.: *Parlamentarische Logik, Taktik u. Rh.*, übertr. von Rob. v. Mohl (2. Aufl. 1872; Neuausg. 1924). Emil D o v i f a t, *Rede u. Redner. Ihr Wesen u. ihre polit. Macht* (1937; Meyers kl. Handb. 8). Hildegard G a u - g e r, *Die Kunst d. polit. Rede in England* (1952). Michael S c h m o l k e, *Reden u. Redner vor d. Reichspräsidentenwahlen im Jahre 1932.* Publizistik 4 (1959) S. 97-117. Helmut H e i b e r, *Die Rh. der Paulskirche.* (Masch.) Diss. Berlin (F. U.) 1953. Heinz E p p i n g, *Die NS-Rh. als polit. Kampf- u. Führungsmittel.* (Masch.) Diss. Münster 1954. Hertha R e c l a m, *Die Polenrede Robert Blums - rhet. erläutert.* Wiss. Zeitschr. d. Martin-Luther-Univ. Halle-Wittenberg, Ges.- u. sprachwiss. R. 5 (1956) S. 461-468. Horst H e i n t z e, *Beredsamkeit u. Rh. in d. franz. Revolution*, in: *Im Dienste der Sprache. Festschr. für Victor Klemperer* (1958) S. 276-297. Fritz T e r - v e e n, *Die Rede des Reichsministers Dr. Goebbels vor den Filmschaffenden in Berlin am 28. Febr. 1942.* Publizistik 4 (1959) S. 29-47. Herbert B i e h l e, *Wilhelm II. als Redner.* Publizistik 7 (1962) S. 90-99. Winfried B. L e r g, *Die Ansprache von Joseph Goebbels am 19. März 1938 über die Propaganda zur Wahl zum großdeutschen Reichstag.* Publizistik 7 (1962) S. 167-177. Jürgen S a n d o w, *Die Rh. im dt. Bundestag. E. Studie z. Publizistik d. parlamentar. Rede.* (Masch.) Diss. Berlin (F. U.) 1962, Teildr. in: Publizistik 7 (1962), H. 5. Helmut V i e b r o c k, *Der Stil in der Krise. Beobachtungen über d. Stil d. polit. Rede in England seit 1938* (1963; Sitzungsber. d. Wiss. Ges. d. Joh. W. Goethe-Univ. Frankf./M. 2,1). Ross S c a n l a n, *The Nazi Rhetorician*, in: H o w e s, *Historical Studies*, aaO., S. 352-365. Roland B a r t h e s, *Mythologies* (Paris 1957). Übers. u. d. T. *Mythen des Alltags* (1964) S. 140-146. (Rhet. Form des bürgerlichen Mythus). Günter M o l t - m a n n, *Goebbels' Rede zum totalen Krieg am 18. Februar 1943.* Vierteljahrshefte f. Zeit-

gesch. 12 (1964) H. 1, S. 13-43. Ursula M. D i s c h, *Der Redner Mirabeau.* Publizistik 11 (1966) S. 57-65. Hildegard von K o t z e, Helmut K r a u s n i c k u. F. A. K r u m m a c h e r, *„Es spricht der Führer". 7 exemplarische Hitler-Reden.* Hg. u. erl. (1966). Hermann M e t z g e r, *Tradition u. Persönlichkeit im Stil d. polit. Rede: J. F. Kennedy*, in: *Festgabe für Friedrich Schubel* (1966) S. 179-200. Jörg F e n g l e r u. Hans Dieter S c h m i d t, *Versuch d. Inhaltsanalyse einer Bundestagsdebatte.* Psycholog. Rundschau 18 (1967) S. 185-200. Erhard K l ö s s (Hg.), *Reden des Führers. Politik u. Propaganda Adolf Hitlers 1922-1945* (1967; dtv-Ausg. 436) S. 7-23. Kenneth B u r k e, *Die Rh. in Hitlers 'Mein Kampf'* (1967; edition suhrkamp 231). Peter S c h n e i d e r, *Franz Josef Strauß als Rhetor* (ungedr. Ms. des Senders Freies Berlin 1967). Helmut V i e b r o c k (Hg.), *Disraeli. Rede im Kristallpalast am 24. Juni 1872. Interpretationen* (1968; Studien zur Rh. des 19. Jh.s). Walther D i e c k m a n n, *Sprache in d. Politik* (1969; dort weitere Lit. zum Gesamtkomplex von Rh. und persuasive language, Propaganda, Reklame und politischer Literatur im weitesten Sinn). Otto W. H a s e l o f f (Hg.), *Kommunikation* (1969). Ders., *Über Symbolik u. Resonanzbedingungen d. polit. Sprache*, in: Klaus Dieter H a r t m a n n (Hg.), *Polit. Beeinflussung. Voraussetzungen, Ablauf und Wirkungen* (1969; Polit. Psychologie 8) S. 72-98. Hans Dieter Z i m m e r m a n n, *Die polit. Rede. Der Sprachgebrauch Bonner Politiker* (1969; Sprache u. Lit. 59), m. Lit. Helmut V i e b r o c k (Hg.), *Robert Lowe, John Bright. Studien zur Parlamentsreform 1866/67* (1970). Lutz W i n c k l e r, *Studie z. gesellschaftlichen Funktion faschistischer Sprache* (1970; edition suhrkamp 417). Über die englischsprachige Sekundärliteratur — es gibt kaum einen amerikanischen Politiker, dessen Rhetorik nicht detailliert untersucht worden ist — unterrichten die angegebenen Bibliographien.

R h e t o r i k u n d P h i l o s o p h i e : Karl Otto A p e l, *Die Idee d. Sprache in d. Tradition d. Humanismus von Dante bis Vico* (1963; Arch. f. Begriffsgesch. 8). Albert Craig B a i r d, *Rh. A Philosophical Inquiry* (New York 1965). Hans-Georg G a d a m e r, *Wahrheit u. Methode* (1960; 2. Aufl. 1965) S. 16-27. Maurice N a - t a n s o n u. Henry W. J o h n s t o n e, *Philosophy, Rh., and Argumentation* (Pennsylvania State Univ. 1965). Theodor W. A d o r n o, *Negative Dialektik* (1966) S. 63 f. Hans-Georg G a d a m e r, *Rh., Hermeneutik u. Ideologiekritik*, in: Gadamer, *Kleine Schriften*, Bd. 1 (1967) S. 113-130. Jerrold E. S e i g e l, *Rh. and Philosophy in Renaissance Humanism* (Princeton 1968). Chaim P e r e l m a n u. L. O l b r e c h t s - T y t e c a, *La nouvelle rhét. Traité de l'argumentation.* 2 Bde. (Paris 1958; 2. Ed. 1969). Disput zwischen Chaim P e r e l - m a n, Richard M. Z a n e r u. Henry W. J o h n s t o n e in: Philosophy and Rh. 1 (1968; in dieser Zs. weitere Aufsätze zum Thema 'Rh. und Philosophie').

Rhetorik, Kommunikationsforschung, Homiletik und Predigt: Historisch: Friedrich Wintzer, *Die Homiletik seit Schleiermacher bis in d. Anfänge d. 'dialektischen Theologie' in Grundzügen* (1969; Arbeiten zur Pastoraltheologie 6) S. 103-116 (dort Nachweis älterer Literatur). — Systematisch: Pie Duployé, *Rh. u. Gotteswort* (1957). Gottlieb Söhngen, *Analogie u. Metapher* (1962) S. 120 f. (Theologie u. Rh.). Hans-Eckehard Bahr, *Verkündigung als Information* (1968; Konkretionen 1). Bernhard Klaus, *Massenmedien im Dienst d. Kirche* (1969; Theol. Bibl. Töpelmann 21). Elmar Maria Lorey, *Mechanismen religiöser Information* (1970). Kurzer Forschungsbericht in: *Verkündigung*, Bd. 1, Jb. d. Arbeitsgemeinschaft kathol. Homiletiker, hg. v. Paul Bormann (1967) S. 100-126. Günter Biemer (Hg.), *Die Fremdsprache der Predigt. Kommunikationsbarrieren d. religiösen Mitteilung* (1970). Peter Cornehl u. Hans-Eckehard Bahr (Hg.), *Gottesdienst u. Öffentlichkeit. Zur Theorie u. Didaktik neuer Kommunikation* (1970). (Hier vor allem Gert Otto, *Thesen zur Problematik der Predigt in der Gegenwart*, S. 34-43). Ältere Literatur s. Artikel *Predigt* und bei Gottfried Merkel, *Predigt/Rede* in: *Das Fischer Lexikon, Literatur*, Bd. 2/2 (1965) S. 442-457.

Rhetorik, Musik und bildende Kunst: Arnold Schering, *Das Symbol in d. Musik* (1941). Hans-Heinrich Unger, *Die Beziehungen zwischen Musik u. Rh. im 16. bis 18. Jh.* Diss. Berlin 1941 (Nachdr. 1969). Willibald Gurlitt, *Musik u. Rh.* Helicon 5 (1944) S. 67-86. Hans Heinrich Eggebrecht, *Heinrich Schütz. Musicus poeticus* (1959; Kleine Vandenhoeck-Reihe 84). Carl Dahlhaus, *Gefühlsästhetik u. musikalische Formenlehre.* DVLG. 41 (1967) S. 505-516. Ulrich Siegele, Artikel *Vortrag.* MGG. 14 (1968) Sp. 16-31; dort und bei Barner, *Barockrh.*, aaO., S. 50 weitere Lit. Heinz Weniger, *Die drei Stilcharaktere d. Antike in ihrer geistesgeschichtl. Bedeutung* (1932; Göttinger Studien z. Pädagogik 19). Margit Falkner, *Die Anfänge d. Asianismus in Rh., Musik u. bildender Kunst.* (Masch.) Diss. Graz 1943. John R. Spencer, *Ut rhetorica pictura.* Journal of the Warburg Inst. 20 (1957) S. 26-44. Heinz Otto Burger, *Renaissance, Humanismus, Reformation* (1969; Frankf. Beitr. z. Germanistik 7) S. 83. (Beide zu Albertis Traktat *Della pittura*.) Alste Horn-Oncken, *Über das Schickliche. Studien z. Gesch. d. Architekturtheorie*, Bd. 1 (1967; Abhdlgn. d. Akad. d. Wiss. Göttingen, Phil.-hist. Kl. 70). S. 110-117, S. 157-159. Eine Fülle von Aspekten bieten die Vorträge der Sektion 'Rhetorik und Kunsttheorie' (Morpurgo, Tagliabue, Argan, Hüttinger), die 1964 auf dem 21. Intern. Kongreß für Kunstgeschichte in Bonn gehalten wurden, in: *Stil u. Überlieferung in der Kunst des Abendlandes*, Bd. 3: *Theorien u. Probleme* (1967) S. 169-236.

Rhetorik als Konstante der europäischen Literatur: Allgemein: Ernst Robert Curtius, *Europäische Literatur u. lat. MA.* (Bern 1948; 5. Aufl. 1965). Basil Munteano, *Des „constantes" en littérature. Principes et structures rhét.* RLC. 31 (1957) S. 388-420. Ders., *Constantes humaines en littérature. L'éternel débat de la 'raison' et du 'coeur'*, in: *Stil- u. Formprobleme in d. Lit.*, hg. v. Paul Böckmann (1959) S. 66-77. Klaus Dockhorn, *Macht u. Wirkung d. Rh.* (1968; Respublica Literaria 2), zentral. Ders., *Rezension von Hans-Georg Gadamer, Wahrheit und Methode.* GGA. 218 (1966) S. 169-196. — Topik (Auseinandersetzung mit der Toposforschung von Ernst Robert Curtius und der von ihm inaugurierten Nova Rhetorica): Theodor Viehweg, *Topik u. Jurisprudenz* (1953; 2., durchges. Aufl. 1963). Edgar Mertner, *Topos u. Commonplace*, in: *Strena Anglica. Otto Ritter zum 80. Geburtstag* (1956) S. 178-244. Otto Pöggeler, *Dichtungstheorie u. Toposforschung.* JbÄsth. 5 (1960) S. 89-201. Walter Veit, *Toposforschung. E. Forschungsbericht.* DVLG. 37 (1963) S. 120-163. Karl Otto Apel, *Idee d. Sprache*, aaO. Berthold Emrich, *Topik u. Topoi.* Der Deutschunt. 18 (Stuttg. 1966) H. 6, S. 15-46. Helmut Beumann, *Topos u. Gedankengefüge bei Einhard*, in: Beumann, *Ideengeschichtliche Studien zu Einhard u. anderen Geschichtsschreibern d. früheren MA.s* (1962) S. 1-14. — Hermeneutik: Hans-Georg Gadamer, *Rh., Hermeneutik u. Ideologiekritik*, in: Gadamer, *Kleine Schriften*, Bd. 1 (1967) S. 113-130 (dazu die Rezension von Dockhorn, aaO.). Gerhard Strauss, *Schriftgebrauch, Schriftauslegung u. Schriftbeweis bei Augustin* (1959; Beitr. z. Gesch. d. bibl. Hermeneutik 1). Wolfgang Babilas, *Tradition u. Interpretation* (1961; Langue et parole 1). Uwe Schnell, *Die homiletische Theorie Philipp Melanchthons.* (1968; Arbeiten zur Geschichte u. Theologie d. Luthertums, Bd. 20). Joachim Dyck, *Ticht-Kunst* (1966; Ars poetica 1) S. 135-173.

Praktische Hermeneutik: Heinrich Lausberg, *Rh. u. Dichtung.* Der Deutschunt. 18 (Stuttg. 1966) H. 6, S. 47-93. Alfred Kelletat, *Accessus zu Celans 'Sprachgitter'.* Ebenda, S. 94-110. Alfred Behrmann, *Einführung in die Analyse von Prosatexten* (2. Aufl. 1968; Sammlg. Metzler) S. 32-36. Johannes Anderegg, *Leseübungen. Krit. Umgang mit Texten d. 18. bis 20. Jh.s* (1970) S. 70-82.

Bewertung der Rhetorik in Deutschland: Gerhard Storz, *Unsere Begriffe von Rh. und vom Rhetorischen.* Der Deutschunt. 18 (Stuttg. 1966.) H. 6, S. 5-14. Walter Magass, *Das öffentliche Schweigen* (1967). Hellmut Geißner, *Rede in d. Öffentlichkeit* aaO., S. 7-25. Walter Jens, *Von deutscher Rede* (1969) S. 16-45. Wilfried Barner, *Barockrh.*, aaO., S. 11-21. Joachim Goth, *Nietzsche u. d. Rh.* (1970; Untersuchgn. z. dt. Litgesch. 5) S. 4-12 (Tradition der Rh.-Verachtung in Deutschland).

Antike Rhetorik: Zusammenfassung bei Hildebrecht Hommel, Artikel *Rh.* Lexikon der Alten Welt (1965) Sp. 2611-2626

Wilhelm K r o l l, Artikel *Rh.* Pauly-Wisso-
wa, Suppl. Bd. 7 (1940) Sp. 1039-1138. John
William Hey A t k i n s, *Literary Criticism in
Antiquity.* 2 Bde. (Gloucester, Mass. 1961). Do-
nald C. B r y a n t, *Ancient Greek and Roman
Rhetoricians* (1968). Edward P. J. C o r b e t t,
Classical Rh. for the Modern Student (New
York 1965). Thomas W. B e n s o n u. Michael
H. P r o s s e r, *Readings in Classical Rh.* (Bo-
ston 1969). Peter W ü l f i n g - v o n M a r t i t z,
Grundlagen u. Anfänge d. Rh. in d. Antike.
Euph. 63 (1969) S. 207-215. — Zur W i r-
k u n g s g e s c h i c h t e der antiken Rh. in MA
und Neuzeit: Eduard N o r d e n, *Die antike
Kunstprosa,* 2 Bde. (1898; Nachdr. 1958). Hen-
ry Osborn T a y l o r, *The Classical Heritage
of the Middle Ages* (New York 1901; 4. Ed.
1957). Thaddäus Z i e l i n s k i, *Cicero im
Wandel d. Jh.e* (3. Aufl. 1912; Neudr. 1967).
William K. W i m s a t t Jr. u. Cleanth
B r o o k s, *Literary Criticism* (New York 1957
u. ö.), S. 57-76, 103 f. (antike Rh.), S. 142-146
(mittelalterliche artes), S. 221-226 (Rh. u. engl.
Dichtung vom 16. bis zum 18. Jh.). Brian
V i c k e r s, *Classical Rh. in English Poetry*
(New York 1970). Josef D o l c h, *Lehrplan d.
Abendlandes* (1959; 2. Aufl. 1965), wichtig für
das Nachleben Quintilianisch-rhet. Erziehungs-
gedanken. Dazu: Marianne W y c h g r a m,
*Quintilian in d. dt. u. franz. Lit. d. Barock u.
d. Aufklärung* (1921; Friedr. Manns Pädagog.
Magazin 803). Hermann B u k o w s k i, *Der
Schulaufsatz u. d. rhet. Sprachschulung. Rhet.
Methoden u. Aufgaben in d. Institutio orato-
ria Quintilians u. d. Theorie des dt. Schulauf-
satzes.* (Masch.) Diss. Kiel 1956. Josef K o c h
(Hg.), *Artes liberales. Von d. antiken Bildung
z. Wiss. d. MA.s* (1959; Studien u. Texte z.
Geistesgesch. d. MA.s 5). Annabel M. P a t-
t e r s o n, *Hermogenes and the Renaissance*
(Princeton 1970).

M i t t e l a l t e r l i c h e R h e t o r i k: Überblick: Richard M c K e o n, *Rh. in the Middle
Ages.* Speculum 17 (1942) S. 1-32 (der Aufsatz, der die Diffusion und Disjunktion der
mal. Rh. und deren Veränderungen zwischen
Antike und Renaissance verfolgt — „If rh. is
defined in terms of a single subject matter
... it has no history during the Middle
Ages" —, ist wiederholt nachgedruckt worden, z. B. bei S c h w a r t z - R y c e n g a, aaO.,
S. 173-199). Charles Sears B a l d w i n, *Medieval Rh. and Poetic* (New York 1928; Nachdr.
1959). Eugenio G a r i n, *Gesch. u. Dokumente d. abendländischen Pädagogik,* Bd. 1
(1964; Rowohlts dt. Enzyklopädie 205/206;
reiche Textbelege und Lit.angaben). John
William Hey Atkins, *English Literary Criticism: The Medieval Phase* (Cambridge 1943;
Nachdr. 1961). Donald Lemen C l a r k, *Rh.
and the Literature of the English Middle
Ages,* in: C r o c k e r - C a r m a c k, *Readings
in Rh.* (1965) S. 220-235.

R h e t o r i k u n d a r s p r a e d i c a n d i: Zusammenfassender Aufsatz mit mannigfachen
Verweisen: Harry C a p l a n, *Classical Rh.
and the Medieval Theory of Preaching,* in:

Raymond F. H o w e s, *Historical Studies,*
aaO., S. 71-89 u. 387-391. Ausführlichste Interpretation der artes praedicandi bei Dorothea
R o t h, *Die mal. Predigttheorie u. das 'Manuale Curatorum' des Johann Ulrich Surgant*
(1956; Basler Beitr. z. Geschichtswiss. 58). Vergleich zwischen den artes praedicandi, dictaminis und poetriae: Edgar de B r u y n e, *Études d'esthétique médiévale,* Bd. 2 (Brügge
1946) S. 3-68 u. Hans H. G l u n z, *Die Literaturästhetik d. europäischen MA.s* (1937; Das
Abendland 2; 2. unveränd. Aufl. 1963) S. 199-
274. Aufführung der artes bei Ludwig F i-
s c h e r, *Gebundene Rede. Dichtung u. Rh.
in der literar. Theorie d. Barock in Deutschland* (1968; Studien z. dt. Lit. 10) S. 279 f. Literaturbericht: James J. M u r p h y, *The Medieval Arts of Discourse.* Speech Monographs
29 (1962) S. 71-78. Einfluß auf die Dichtung:
Herbert B a c k e s, *Bibel u. ars praedicandi
im 'Rolandslied' des Pfaffen Konrad* (1966;
Philolog. Studien u. Quellen 36). Eberhard
L ä m m e r t, *Reimsprecherkunst im Spätmittelalter* (1970) S. 248-257.

a r s d i c t a m i n i s: Lit. zum Gesamtkomplex
mal. 'Rh. u. Jurisprudenz', vor allem zur rhet.
Kanonistik und der Ecclesiastica Rh. bei Harry C a p l a n, aaO., S. 387-391. Ergänzendes
bei D o l c h, aaO., und in älteren Darstellungen mal. Unterrichts. Franz Anton S p e c h t,
Gesch. d. Unterrichtswesens in Deutschland
(1885) S. 114-126. Zum rhet.-theoretischen
Vorspann der artes dictaminis: Reinhard M.
G. N i c k i s c h, *Die Stilprinzipien in d. dt.
Briefstellern des 17. u. 18. Jh.s* (1969; Pal. 254),
S. 17-47. Kurze historische Einführung: Diet-
helm B r ü g g e m a n n, *Vom Herzen direkt
in die Feder. Die Deutschen in ihren Briefstellern* (1968; dtv.-Ausg. 503) S. 10. Grundlegend noch immer: Ludwig R o c k i n g e r,
Briefsteller u. Formelbücher d. 11. bis 14. Jh.s
(1863-64; Quellen u. Erörterungen z. bayer.
u. dt. Gesch. 9; Nachdr. 1969). Adolf B ü-
t o w, *Die Entwicklung d. mal. Briefsteller
bis zur Mitte d. 12. Jh.s mit bes. Berücks.
d. Theorien d. ars dictandi.* Diss. Greifswald
1908. Charles Homer H a s k i n s, *Studies in
Mediaeval Culture* (Oxford 1929) S. 1-35,
S. 124-147, S. 170-192. Heinrich F i c h t e n a u,
*Arenga. Spätantike u. MA im Spiegel von Ur-
kundenformeln* (1957; Mittlgn. d. Inst. f.
österr. Geschichtsfschg., Erg. - Bd. 18). Exemplarisch für das Verhältnis von rhet. Theorie
und epistolographischer Praxis: Carl E r d-
m a n n, *Studien zur Briefliteratur Deutschlands im 11. Jh.* (1938; Schriften d. Reichsinst. f. ältere dt. Geschichtskunde 1; Nachdr.
1952). Konrad B u r d a c h, *Schlesisch-böh-
mische Briefmuster aus d. Wende d. 14. Jh.s*
(1926; Vom MA. zur Reformation 5). Ernst
Robert C u r t i u s, *Die Lehre von den drei
Stilen in Altertum u. MA.* RomFschgn. 64
(1952) S. 57-70. Weiterleben der ars dictaminis im Zeichen der Rh.: Jerrold E. S e i g e l,
aaO., S. 200-225. Beeinflussung der mhd. Lit.
durch die Argumentationsweise der juristischen Rh.: Rainer G r u e n t e r, *Über d. Ein-*

fluß d. Genus iudiciale auf d. höfischen Redestil. DVLG. 26 (1952) S. 49-57.

artes poetriae: Edmond Faral, *Les Arts poétiques du 12e et du 13e siècle* (Paris 1924; 2. éd. 1962). Kurze Darstellungen der Poetiken bei Hennig Brinkmann, *Zu Wesen u. Form mal. Dichtung* (1928) S. 29-81 und Baldwin, aaO., S. 183-205. Umfassende Interpretation unter dem Gesichtspunkt der Dreistillehre: Franz Quadlbauer, *Die antike Theorie der genera dicendi im lat. MA.* (1962; SBAKWien, phil.-hist. Kl. 241, 2). Kritisches Referat der Thesen Quadlbauers, weiterführend, bei Ludwig Fischer, aaO., S. 106-132. — Zur mal. Stiltheorie und Rh.: Erich Auerbach, *Sermo humilis,* in: Auerbach, *Literatursprache u. Publikum in d. lat. Spätantike u. im MA.* (1958) S. 25-53 und, weiter ausgreifend, ders., *Mimesis* (1946, 4. Aufl. 1967). Fritz Wehrli, *Der erhabene u. d. schlichte Stil in d. poetisch-rhet. Theorie d. Antike,* in: *Phyllobolia. Für Peter von der Mühll zum 60. Geb.* (1946) S. 9-34. Poesie und Prosa unter dem Oberbegriff der Rede: Ernst Robert Curtius, *Dichtung u. Rh. im MA.* DVLG. 16 (1938) S. 435-475. — Einfluß der artes poetriae auf die mhd. Literatur: Gustav Ehrismann, *Studien über Rudolf von Ems. Beitr. z. Gesch. d. Rh. u. Ethik im MA.* SBAkHeidbg. phil.-hist. Klasse 1919, 8. Stanisław Sawicki, *Gottfried von Straßburg u. d. Poetik d. MA.s* (1932; Germ. St. 124). Bruno Boesch, *Die Kunstanschauung in der mhd. Dichtung von d. Blütezeit bis zum Meistergesang.* Diss. Bern 1936. Heinz Otto Burger, *Die Kunstauffassung d. frühen Meistersinger* (1936; NDtFschgn. 75). Werner Fechter, *Lat. Dichtkunst u. dt. MA.* (1964; Philol. Studien u. Quellen 23) S. 10-36 und, grundsätzlich, S. 21 f. Anthonius Hendrikus Touber, *Rh. u. Form im dt. Minnesang.* Diss. Utrecht 1964. Hugo Kuhn, *Minnesangs Wende* (2. Aufl. 1967; Hermaea 1), S. 22 f., 40 f. (Parallelen zwischen Burkhards von Hohenfels Lyrik u. d. lat. Poetik). — Wilbur Samuel Howell (Hg. u. Übers.), *The Rh. of Alcuin and Charlemagne* (Princeton 1941; 2. Ed. New York 1965). Johann Kelle, *Die rhet. Kunstausdrücke in Notkers Werken.* SBAkBayr. philos.-philol. Kl. 21, 3 (1901) S. 445-454. Karl Stackmann, *Rhetoricae artis practica fontalisque medulla. Zur Theorie u. Praxis des Blümens bei Heinrich von Mügeln,* in: *Festgruß für Hans Pyritz zum 15. 9. 1955* (Sonderh. d. Euph. 1955) S. 21-26. Ders., *Der Spruchdichter Heinrich von Mügeln. Vorstudie z. Erkenntnis s. Individualität* (1958; Probleme d. Dichtung 3). Johannes Kibelka, *der ware meister. Denkstile u. Bauformen in d. Dichtung Heinrichs von Mügeln* (1963; Philolog. Studien u. Quellen 13), vor allem S. 238-260 (S. 240-242 zum Verhältnis zwischen rhetorisierter Dichtung und geblümtem Stil. Lit.-zusammenfassung). Arthur Hübner, *Das Deutsche im 'Ackermann aus Böhmen'.* SBAkBln. phil.-hist. Kl. 1935 S. 323-398 (der *Ackermann* geprägt vom geblümten Stil, antiker

und humanistischer Rh.). Anton Blaschka, *550 Jahre 'Ackermann'.* Wiss. Zs. d. Martin-Luther-Univ. Halle-Wittenberg, Ges.- u. sprachwiss. R. 1 (1951/52) S. 41-52 (Aufzählung rhet. Figuren). Franz H. Bäuml, *Rhet. Devices and Structure in the 'Ackermann aus Böhmen'* (Berkeley 1960; Univ. of California Publ. in Modern Philology 60). Zusammenfassend: Gerhard Hahn, *Johannes von Saaz. Die Einheit d. 'Ackermann aus Böhmen'* (1963; Münchener Texte u. Unt. z. dt. Lit. d. MA.s 5). Hans-Gert Roloff, *Stilstudien z. Prosa d. 15. Jh.s* (1970) S. 50-60 u. S. 170-185. (Analyse von 'rhet.' Elementen der *Melusine* des Thüring von Ringoltingen, wobei 'rhet.', 'ornativ' und 'geblümt' in traditioneller Manier als Synonyma aufgefaßt werden). Adolf Korn, *Tauler als Redner* (1928; Fschgn. u. Funde 21). Irmgard Weithase, *Die Pflege d. gesprochenen dt. Sprache durch Berthold von Regensburg, Meister Eckhart u. Johannes Tauler,* in: *Gestaltung, Umgestaltung. Festschr. z. 75. Geb. von Hermann August Korff* (1957) S. 46-75.

Rhetorik in Humanismus und Renaissance: Wilbur Samuel Howell, *Renaissance Rh. and Modern Rh.,* in: Schwartz-Rycenga, aaO., S. 292-308. Herbert Mainusch, *Dichtung als Nachahmung. E. Beitr. z. Verständnis d. Renaissancepoetik.* GRM. 41 (1960) S. 122-138. Ludwig Fischer, *Gebundene Rede,* aaO., S. 280-283 (Quellentexte). Eugenio Garin, *Gesch. u. Dokumente d. abendländischen Pädagogik,* Bd. 2 u. 3 (1966 u. 1967; Rowohlts dt. Enzyklopädie 250/51 u. 268/69). Donald Lemen Clark, *Rh. and Poetry in the Ren.* (New York 1922). Charles Sears Baldwin, *Ren. Literary Theory and Practice. Classicism in the Rh. and Poetic of Italy, France and England 1400-1600* (New York 1939; Nachdr. 1959). Walter Rüegg, *Cicero u. d. Humanismus* (Zürich 1946). August Buck, *Italienische Dichtungslehren. Vom MA. bis z. Ausgang d. Ren.* (1952; ZfromPh., Beih. 94). Ders., *Romanische Dichtung u. Dichtungslehre in d. Ren. E. Forschungsbericht.* DVLG. 33 (1959) S. 588-607. Ders., *Einleitung* zu: Julius Caesar Scaliger, *Poetices libri septem* (Neudr. 1964). Bernard Weinberg, *A History of Literary Criticism in the Italian Ren.,* 2 Bde. (Chicago 1961). Marvin Theodore Herrick, *The Fusion of Horatian and Aristotelian Literary Criticism, 1531-1555* (Urbana 1946). Ders., *Comic Theory in the 16th Century* (Urbana 1950). (Beide Schriften wichtig für das Verhältnis von Poetik und Rh.). Eckhard Kessler, *Das Problem d. frühen Humanismus. Seine philosophische Bedeutung bei Coluccio Salutati* (1968; Humanist. Bibl. I, 1; Bedeutung des rhet. exemplum). Zu Salutati außerdem: Peter Herde, *Politik u. Rh. in Florenz am Vorabend der Ren.* ArchfKultg. 47 (1965) H. 2, S. 141-220. Kenneth Burke, *'Administrative' Rh. in Macchiavelli,* in: Schwartz-Rycenga, *The Province of Rh.,* aaO., S. 446-455. Nancy S. Struever, *The Language of History in the*

*Renaissance. Rhet. and Historical Conscious-
ness in Florentine Humanism* (Princeton 1970).
— Egon J u n g m a n n , *Die polit. Rh. in d. engl.
Renaissance.* Britannica et Americana 5 (1960)
S. 49-142. Zentral: Wilbur Samuel H o w e l l ,
Logic and Rh. in England 1500-1700 (Princeton 1956 u. ö.; hier im Rahmen einer umfassenden Untersuchung des Verhältnisses von
Rh. und Dialektik eine ausführliche Darstellung des Ramismus — Beschränkung der Rh.
auf elocutio und pronuntiatio). Zum Ramismus: Walter J. O n g , *Ramus: Method, and
the Decay of Dialogue. From the Art of Discourse to the Art of Reason* (Cambridge, Mass.
1958, grundlegend). Zur Einführung: Walter
J. O n g , *Ramist Rh.*, in: S c h w a r t z - R y -
c e n g a , aaO., S. 226-255. Rosemond T u v e ,
*Imagery and Logic: Ramus and Metaphysical
Poetics.* Journal of the History of Ideas 3
(1942) S. 365-400. Dies., *Elizabethan and Metaphysical Imagery* (1947) bes. S. 331-353. P.
Albert D u h a m e l , *The Logic and Rh. of
Peter Ramus.* ModPhil. 46 (1948/49) S. 163-171.
Norman E. N e l s o n , *Peter Ramus and the
Confusion of Logic, Rh., and Poetry* (Ann Ar-
bor 1947; Univ. of Michigan Contributions in
Modern Philol. 2). Cesare V a s o l i , *Retorica
e dialettica in Pietro Ramo.* Archivio di Filos.
55 (1953) S. 93-134. Karl R. W a l l a c e , *Fran-
cis Bacon on Communication and Rh.* (Chapel
Hill 1943). Ders., *Bacon's Conception of Rh.*,
in: H o w e s , *Historical Studies*, aaO., S. 114-
138. Wightman F. M e l t o n , *Rh. of John
Donne's Verse* (Folcroft, Pa. 1906). Walter F.
S c h i r m e r , *Shakespeare und die Rh.*, in:
Schirmer, *Kleine Schriften* (1950), S. 82-108.
Kenneth M u i r , *Shakespeare and Rh.*
Shakespeare-Jb. 90 (1954) S. 49-68. Sister Mi-
riam J o s e p h , *Rh. in Shakespeare's Time*
(1962). Zur rhet. Struktur des engl. Bildungs-
wesens in der Renaissance: Thomas Whitfield
B a l d w i n , *William Shakespeare's Small La-
tine & Lesse Greeke.* 2 Bde. (Urbana 1944);
Donald Lemen C l a r k , *John Milton at St.
Paul's School: A Study of Ancient Rh. in Eng-
lish Renaissance Education* (New York 1948).
Ders., *Ancient Rh. and Engl. Renaissance Lit.*
Shakespeare Quarterly 2 (1951) S. 195-204.
Ders., *The Rise and Fall of Progymnasmata
in 16th and 17th Century Grammar Schools.*
Speech Monographs 19 (1952) S. 259-263 (dem
Aufsatz folgt eine engl. Übers. der aphthonia-
nischen Progymnasmata von Ray Nadeau).
Ders., *Milton's rhet. exercises.* Quarterly Jour-
nal of Speech 46 (1960) S. 297-301. Herbert D.
R i x , *Rh. in Spencer's Poetry* (Folcroft, Pa.
1940). William G. C r a n e , *Wit and Rh. in the
Renaissance. The Formal Basis of Elizabethan
Prose Style* (New York 1937; Repr. 1964). Char-
les Osborne M c D o n a l d , *The Rh. of Tragedy.
Form in Stuart Drama* (Amherst, Mass. 1966),
bes. S. 69-102 (wichtige Lit. zur rhet. Tradi-
tion in MA. und Ren.). James H u t t o n , *Rhet.
Doctrine and Some Poems of Ronsard*, in:
B r y a n t , *The Rhet. Idiom*, aaO., S. 315-334.
D e u t s c h e r S p r a c h b e r e i c h : Rein-
hold V o r m b a u m , *Die evang. Schulordnun-

gen d. 16., 17., 18. Jh.s.* 3 Bde (1858-1864).
Georg M e r t z , *Das Schulwesen d. dt. Reformation im 16. Jh.* (1901). Friedrich P a u l s e n ,
*Gesch. d. gelehrten Unterrichts auf d. dt. Schu-
len u. Universitäten vom Ausgang d. MA.s bis
z. Gegenwart* (3. Aufl. 1919-21; Nachdr. 1960).
Heinz Otto B u r g e r , *Ren., Humanismus, Reformation. Dt. Lit. im europäischen Kontext*
(1969; über die humanistische 'ars movendi'.
Für die Rh. aufschlußreich unter dem Aspekt
der Psychagogik.). Hans R u p p r i c h , Einl. zu:
Die Frühzeit d. Humanismus. Dt. Lit., R. Hu-
manismus u. Ren., Bd. 1 (1938; Nachdr. 1964),
S. 5-47. Hermann G u m b e l , *Dt. Sonderrenaissance in dt. Prosa* (1930; DtFschgn. 23;
Nachdr. 1965). Gerhard S t r e c k e n b a c h ,
*Stiltheorie u. Rh. der Römer als Gegenstand
der imitatio im Bereich d. dt. Humanismus.*
Diss. Berlin 1932. Johannes M ü l l e r , *Quel-
lenschriften u. Geschichte d. deutschsprachigen
Unterrichtes bis z. Mitte d. 16.Jh.s* (1882; rhet.
Briefsteller). Paul J o a c h i m s o h n , *Aus der
Vorgeschichte d. 'Formulare und Deutsch Rhe-
torica'.* ZfdA 37 (1893) S. 24-121. Weiteres zu
den Briefrhetoriken der Zeit bei N i c k i s c h ,
Stilprinzipien, aaO., und F i s c h e r , *Gebunde-
ne Rede*, aaO.) — Ulrich G a i e r , *Studien zu
Sebastian Brants 'Narrenschiff'* (1966). Ders.,
Rhet. Form in Sebastian Brants 'Narrenschiff'.
DVLG. 40 (1966) S. 538-547. Edwin H. Z e y -
d e l , *Sebastian Brant* (New York 1967, Ergänzung der Thesen Gaiers). Max H e r r -
m a n n , *Albrecht von Eyb u. d. Frühzeit d. dt.
Humanismus* (1893) S. 174-206. Paul J o -
a c h i m s o h n , *Frühhumanismus in Schwaben.* Württ. Vierteljahrshefte für Geistesgesch.
NF 5 (1896) S. 63-126 u. 257-291. Karl B u l -
l e m e r , *Quellenkritische Untersuchungen zum
1. Buch der Rh. Melanchthons.* Diss. Erlangen
1902. Karl H a r t f e l d e r , *Philipp Melanchthon als praeceptor Germaniae* (1889; Monumenta Germaniae Paedagogica 7; Nachdr.
1964). Quirinus B r e e n , *The Subordination
of Philosophy to Rh. in Melanchthon.* Arch. f.
Reformationsgesch. 43 (1952) S. 13-28. Ders.,
*Melanchthon's Reply to G. Pico della Miran-
dola.* Journ. of the Hist. of Ideas 13 (1952)
S. 413-426. Paul J o a c h i m s e n , *Loci communes. E. Untersuchung z. Geistesgesch. d.
Humanismus u. d. Reformation.* Luther-Jb. 8
(1926) S. 27-97. Wilhelm M a u r e r , *Melanchthon's Loci communes von 1521 als wissenschaftl. Programmschrift.* Luther-Jb. 27 (1960)
S. 1-50. Ders., *Der junge Melanchthon zwischen Humanismus u. Reformation.* Bd. 1
(1967) S. 171-214 (Erasmus und die Anfänge
von Melanchthons Rh.). Sister Mary Joan L a
F o n t a i n e , *A Critical Translation of Philip
Melanchthon's Elementorum Rhetorices libri
duo.* (Masch.) Diss. Univ. of Michigan 1968.
Birgit S t o l t , *Studien zu Luthers Freiheitstraktat mit bes. Rücksicht auf d. Verhältnis d.
lat. u. d. dt. Fassung zu einander u. d. Stilmittel der Rh.* (1969; Acta Univ. Stockholmiensis. Stockh. germanist. Fschgn 6). Auseinandersetzung mit Irmgard Weithases These in: *Zur
Geschichte d. gesprochenen dt. Sprache*, S. 82-

107. Walter S o h m, *Die Schule Johann Sturms u. d. Kirche Straßburgs* (1912; Histor. Bibl. 27), Interpretation der sapiens et eloquens pietas als des zentralen reformatorischen Bildungsbegriffs. Johannes M a a s s e n, *Drama u. Theater d. Humanistenschulen in Deutschland* (1929; Schr. z. dt. Lit. 13). Zur Rh. der von Sturm geprägten christlichen Humanistenschule: G a r i n, aaO., Bd. 3, S. 14-17, S. 139-147, und B a r n e r, *Barockrh.*, aaO., S. 258-321.

R h e t o r i k u n d B a r o c k: *Retorica e barocco. Atti del III Congresso Internazionale di Studi Umanistici Venezia 1954*, A cura di Enrico C a s t e l l i (Rom 1955). Georg M e r t z, *Über Stellung u. Betrieb d. Rh. in d. Schulen d. Jesuiten, mit bes. Berücks. d. Abhängigkeit vom Auctor ad Herennium*. Diss. Erlangen 1897. Göran R y s t a d, *Kriegsnachrichten u. Propaganda während d. Dreißigjähr. Krieges* (Lund 1960; Skrifter utg. av Vetenskaps-Soc. i Lund 54; Rh. und Ideologie: Schlagwort-Agitation). Lowry N e l s o n, *Baroque Lyric Poetry* (New Haven, London 1961). — Zur Diskussion über Attizismus und Asianismus, plain style (style coupé) und sermo argutus, Senecanismus und Ciceronianismus, szientifische Rh. und Manierismus im 17. Jh.: Morris W. C r o l l, *Style, Rh., and Rhythm. Essays.* Ed. by J. Max P a t r i c k and Robert O. E v a n s (Princeton 1966). George W i l l i a m - s o n, *The Senecan Amble. A Study in Prose Form from Bacon to Collier* (London 1951; 2. Ed. 1966). Robert A d o l p h, *The Rise of Modern Prose Style* (Cambridge, Mass. 1968; wichtige Modifikation der These Crolls von den zwei durch Cicero und Seneca bestimmten Stiltraditionen). Horst R ü d i g e r, *pura et illa illustris brevitas*, in: *Konkrete Vernunft. Festschr. f. Erich Rothacker* (1958) S. 345-372. Alexander H. S a c k t o n, *Rh. as a Dramatic Language in Ben Jonson* (New York 1948; Repr. 1967). Wesley T r i m p i, *Ben Jonson's Poems. A Study of the Plain Style* (Stanford 1962; 2. Ed. 1969). Die Gegenseite der manieristischen Rh. und des 'agudeza'-Stils Graciáns: Gustav René H o c k e, *Manierismus in d. Lit.* (1959; Rowohlts dt. Enzyklopädie 82/83). Zu dem mißverständlichen, von Hocke geprägten und von Conrad W i e d e m a n n, *Johann Klaj u. s. Redeoratorien* (1966) übernommenen Begriff der Para-Rh.: F i s c h e r, *Gebundene Rede*, aaO., und B a r n e r, *Barockrh.*, aaO., passim. Hugo F r i e d r i c h, *Epochen der italienischen Lyrik* (1964) S. 598-602 (Rh. und Manierismus). Ders., *Manierismus*, in: *Das Fischer-Lexikon, Literatur*, Bd. 2/2 (1965) S. 353-358. Weitere Lit. im Rahmen einer detaillierten Auseinandersetzung mit der Rh. der 'agudeza'-Bewegung bei B a r n e r, *Barockrh.*, aaO. — Klaus Peter L a n g e, *Theoretiker d. literar. Manierismus* (1968; Humanist. Bibl. I, 4). Zur Modifikation (der scharfsinnige Stil, sermo argutus, kann auch im sermo humilis angesiedelt werden): Theodor V e r w e y e n, *Apophthegma u. Scherzrede. Die Gesch. e. einfachen Gattungsform u. ihre Entfaltung im*

17. *Jh.* (1970; Linguistica et Litteraria 5). — John William Hey A t k i n s, *Engl. Literary Criticism. 17th and 18th Centuries* (London 1951 u. ö.). William P. S a n d f o r d, *Engl. Rh. Reverts to Classicism, 1600-1650*. Quarterly Journal of Speech 15 (1929) S. 503-525. Max N a e n n y, *John Drydens rhet. Poetik* (Bern 1959; Schweizer Anglist. Arbeiten 49). Hugh M. D a v i d s o n, *Audience, Words, and Art. Studies in 17th Century French Rh.* (Columbus 1965). Hans Georg C o e n e n, *Elemente d. Racineschen Dialogtechnik* (1961; Fschgn. z. roman. Philologie. NF. 10). Harding M e y e r, *Pascals 'Pensées' als dialogische Verkündigung* (1962; Arbeiten z. Pastoraltheologie 1). Patricia T o p l i s s, *The Rh. of Pascal* (Leicester 1966). Peter F r a n c e, *Racine's Rh.* (Oxford 1965; franz. Rh.-Literatur).

D e u t s c h e r S p r a c h r a u m: Günther M ü l l e r, *Dt. Dichtung von der Ren. bis zum Ausgang d. Barock* (1926-28; HdbLitwiss.; Nachdr. 1957) S. 204-207. Ders., *Höfische Kultur der Barockzeit*, in: Hans N a u m a n n u. Günther M ü l l e r, *Höfische Kultur*. DVLG. 17 (1929) S. 79-154. Alfred H e u b a u m, *Gesch. d. dt. Bildungswesens seit d. Mitte d. 17. Jh.s* (1905). Weitere Lit. zur 'gelehrten Basis' der dt. Barockrh. bei B a r n e r, *Barockrh.*, aaO., S. 220-447. Wilh. D i l t h e y, *Die Affektenlehre des 17. Jh.s*, in: Dilthey, *Ges. Schriften*, Bd. 2 (7. Aufl. 1964) S. 479-492. Erwin R o t e r m u n d, *Der Affekt als literar. Gegenstand. Zur Theorie und Darstellung der Passiones im 17. Jh.*, in: *Die nicht mehr schönen Künste*, hg. v. Hans Robert Jauß (1968) S. 239-269. Hans-Georg H e r r l i t z, *Der Lektüre-Kanon d. Deutschunterrichts im Gymnasium. E. Beitr. z. Gesch. d. muttersprachl. Schulliteratur* (1964). Ulrich W e n d l a n d, *Die Theoretiker u. Theorien d. sogen. galanten Stilepoche u. d. dt. Sprache* (1930; Form u. Geist 17). Bruno M a r k w a r d t, *Gesch. d. dt. Poetik*, Bd. 1 (1937; PGrundr. 13,1; 3. Aufl. 1964). Paul B o e c k m a n n, *Formgeschichte d. dt. Dichtung*, Bd. 1 (1949). Karl Otto C o n r a d y, *Lat. Dichtungstradition u. dt. Lyrik d. 17. Jh.s* (1962; Bonner Arbeiten z. dt. Lit. 4). Ferdinand van I n g e n, *Vanitas u. Memento Mori in der dt. Barocklyrik* (Groningen 1966; wichtig für die rhet. Praxis, zeigt die 'Umsetzung' der Regeln auf). Renate H i l d e - b r a n d t - G ü n t h e r, *Antike Rh. u. dt. literar. Theorie im 17. Jh.* (1966; Marburger Beitr. z. Germanistik. 13). Joachim D y c k, *Ticht-Kunst. Dt. Barockpoetik u. rhet. Tradition* (1966; Ars poetica 1). Ders., *Ornatus u. Decorum im protestant. Predigtstil d. 17. Jh.s*. ZfdA 94 (1965) S. 225-236. Ders., *Philosoph, Orator u. Poet. Rh. als Verständnishorizont d. Lit.theorie d. 17. Jh.s*. Arcadia 4 (1969) S. 1-15. Ludwig F i s c h e r, *Gebundene Rede*, aaO. (mit Quellentexten und ausführlichem Lit.verzeichnis). Wilfried B a r n e r, *Barockrh.*, aaO. (zentral, mit viel Lit.). Hans Peter H e r r - m a n n, *Naturnachahmung u. Einbildungskraft. Zur Entwicklung d. dt. Poetik von 1670-1740* (1970; Ars poetica 8). Manfred W i n d -

fuhr, *Die barocke Bildlichkeit u. ihre Kritiker. Stilhaltungen in d. dt. Lit. d. 17. u. 18. Jh.s* (1966; wichtig für die 'gegenhöfische' Rh.). Paul S t a c h e l, *Seneca u. d. dt. Ren.-Drama* (1907; Pal. 46). Arnold H i r s c h, *Bürgertum u. Barock im dt. Roman* (2. Aufl. hg. v. Herbert S i n g e r 1957; Lit. u. Leben. N. F. 1). Reinhard M. G. N i c k i s c h, aaO. (mit e. Bibliogr. zur Briefschreiblehre 1474-1800). — Elisabeth M e i e r - L e f h a l m, *Das Verhältnis von mystischer Innerlichkeit u. rhet. Darstellung bei Angelus Silesius.* (Masch.) Diss. Heidelberg 1958. Hans Heinrich B o r c h e r d t, *Augustus Buchner u. s. Bedeutung für die dt. Lit. d. 17. Jh.s* (1919). Gerhard F r i c k e, *Die Bildlichkeit in d. Dichtung d. Andreas Gryphius* (1933; Neue Forschung 17; Nachdr. 1967). Herbert H e c k m a n n, *Elemente d. barocken Trauerspiels. Am Beispiel des 'Papinian'* (1959; wichtig nicht nur für Gryphius, sondern für die Rh. des barocken Dramas insgesamt). Willi F l e m m i n g, *Andreas Gryphius* (1965; Sprache u. Lit. 26). Hans-Jürgen S c h i n g s, *Die patristische u. stoische Tradition bei Andreas Gryphius. Untersuchungen zu d. 'Dissertationes funebres' u. Trauerspielen* (1966; Kölner germanist. Studien 2), die Einl. enthält Grundsätzliches zum Thema Rh. und Barock. Maria F ü r s t e n w a l d, *Andreas Gryphius. 'Dissertationes funebres'. Studien zur Didaktik d. Leichabdankungen* (1967; Abhdlgn. z. Kunst-, Musik- u. Lit.wiss. 46). Wilfried B a r n e r, *Gryphius u. d. Macht d. Rede. Zum ersten Reyen d. Trauerspiels 'Leo Armenius'.* DVLG. 42 (1968) S. 325-358. Wolfgang K a y s e r, *Die Klangmalerei bei Harsdörffer* (1932; Pal. 179; 2. Aufl. 1962), das 2. Kapitel, *Der rhet. Grundzug von Harsdörffers Zeit u. d. gattungsgebundene Haltung,* abgedr. in: *Dt. Barockforschung.* Hg. v. Rich. Alewyn (1966; Neue wiss. Bibl. 7) S. 324-335. Wilfried B a r n e r, *Tübinger Poesie u. Eloquenz im 17. Jh. - Christoph Kaldenbach.* Attempto 35/36 (1970) S. 98-118 (Hinweise auf die Tradition der Rh.-Lehrstühle an den Universitäten; vgl. dazu: Robert Alfred L a n g, *Rh. at the University of Paris 1550-1789.* Speech Monographs 23, 1956, S. 216-228). Paul T w o r e k, *Leben u. Werke d. Johann Christoph Männling.* Diss. Breslau 1938 (wichtig für die rhet. Praxis). Leopold P f e i l, *Gottfried Wilhelm Sacer's 'Reime dich, oder ich fresse dich . . . Northausen 1673'.* Diss. Heidelberg 1914. Hans Arno H o r n, *Christian Weise als Erneuerer d. dt. Gymnasiums im Zeitalter d. Barock. Der „Politicus" als Bildungsideal* (1966; Marburger pädagog. Studien 5).

R h e t o r i k i m 18. J h.: Samuel H. M o n k, *The Sublime. A Study of Critical Theories in 18th-Century England* (New York 1935; with a new pref. Ann Arbor 1960). Wilbur Samuel H o w e l l, *Sources of the Elocutionary Movement in England: 1700-1748,* in: H o w e s, *Historical Studies,* aaO., S. 139-158. Beate W a c k w i t z, *Die Theorie d. Prosastils im England d. 18. Jh.s* (1962; Britannica et Americana 10). Paul F u s s e l, *The Rhet. World of*

Augustan Humanism. Ethics and Imagery from Swift to Burke (Oxford 1965). William Powell J o n e s, *The Rh. of Science. A Study of Scientific Ideas and Imagery in the 18th-Century Engl. Poetry* (London 1966). Douglas E h n i n g e r, *Dominant Trends in Engl. Rhet. Thought 1750-1800,* in: C r o c k e r - C a r m a c k, *Readings in Rh.,* aaO., S. 297-307. Gordon E. B i g e l o w, *Rh. and American Poetry of the Early National Period* (Gainesville 1960; Univ. of Florida Monographs, Humanities 4). Warren G u t h r i e, *The Development of Rhet. Theory in America: The Growth of the Classical Tradition 1730-1785,* in: C r o c k e r - C a r m a c k, *Readings in Rh.,* aaO., S. 429-455. Herbert G r a b e s, *Die rhet. Struktur von Popes 'Essay on Man'.* Anglia 84 (1966) S. 353-387. Charles Allen B e a u m o n t, *Swift's Classical Rh.* (Athens 1961; Univ. of Georgia Monographs 8). Martin P r i c e, *Swift's Rhet. Art* (New Haven 1953; Yale Studies in English 123). Wilbur Samuel H o w e l l, *Oratory and Poetry in Fénélon's Literary Theory,* in: C r o c k e r - C a r m a c k, *Readings in Rh.,* aaO., S. 242-256.

D e u t s c h e r S p r a c h r a u m : Armand N i v e l l e, *Kunst- u. Dichtungstheorien zwischen Aufklärung u. Klassik* (1960). Eric A. B l a c k a l l, *Die Entwicklung d. Dt. zur Literatursprache 1700-1775. Mit e. Bericht über neue Forschungsergebnisse 1955-1964 von Dieter Kimpel* (1966). Hans Peter H e r r m a n n, *Naturerscheinung u. Einbildungskraft,* aaO. (Poetik und Rh. bei Gottsched, Bodmer u. Breitinger). Alfred B a e u m l e r, *Das Irrationalitätsproblem in der Ästhetik u. Logik des 18. Jh.s bis zur 'Kritik der Urteilskraft'* (1923; Nachdr. 1967). Ursula S t ö t z e r, *Dt. Redekunst im 17. u. 18. Jh.* (1962). Christian W i n k l e r, *Elemente der Rede. Die Gesch. ihrer Theorie in Deutschland von 1750-1850* (1931; Baust. 32). Karl V i ë t o r, *Die Idee d. Erhabenen in d. dt. Literatur,* in: V i ë t o r, *Geist u. Form* (Bern 1952) S. 234-266. Marianne W y c h g r a m, *Quintilian in d. dt. u. franz. Lit. d. Barock u. d. Aufklärung* (1921; Pädagog. Magazin 803). Ulrich S c h i n d e l, *Demosthenes im 18. Jh.* (1963; Zetemata 31), wichtig zum Thema Rh. und Politik in England, Frankreich und Deutschland. Michael von P o s e r, *Der abschweifende Erzähler. Rhet. Tradition u. dt. Roman im 18. Jh.* (1969; Respublica Literaria 5). Heinrich K ü n t z e l, *Essay u. Aufklärung. Zum Ursprung e. originellen dt. Prosa im 18. Jh.* (1969). Marie-Luise L i n n, A.G. Baumgartens 'Aesthetica' u. d. antike Rh. DVLG. 41 (1967) S. 424-443. — Bertold G r o s s e r, *Gottscheds Redeschule. Studien z. Geschichte d. dt. Beredsamkeit in d. Zeit d. Aufklärung.* Diss. Greifswald 1932. Gerhard W e c h s l e r, *Johann Christoph Gottscheds Rh.* Diss. Heidelberg 1933. Heinz N i e d e r s t r a s s e r, *Herder — der „Redner Gottes".* Zs. f. Kirchengesch. 66 (1954/55) S. 97-125. Günther K n a u t z, *Studien z. Ästhetik u. Psychologie d. Schauspielkunst.* Diss. Kiel 1934. Walter J e n s, *Feldzüge eines Red-*

ners: Gotthold Ephraim Lessing, in: Jens, *Von dt. Rede* (1969) S. 46-70. Zu Schiller: Heinz Otto B u r g e r, *Europäisches Adelsideal u. dt. Klassik,* in: Burger, *'Dasein heißt eine Rolle spielen'* (1963) S. 211-232 (Hinweise auf die durch Castigliones *Libro del Cortegiano* höfisch akzentuierte Quintilian-Tradition. Zu Castiglione: Erich L o o s, *Baldassare Castigliones 'Libro del Cortegiano'. Studien zur Tugendauffassung des Cinquecento* [1955; Analecta romanica 2], und die angelsächsische Lit. zur Ren.-Rh.: Crane, Howell, Joseph McDonald, Sackton aaO.). Herman M e y e r, *Schillers philosophische Rh.,* in: Meyer, *Zarte Empirie* (1963) S. 335-389. Eberhard S t o c k, *Schillers Verhältnis zur gesprochenen Sprache* (1966). Gert U e d i n g, *Schillers Rh. Idealistische Wirkungsästhetik u. rhet. Tradition.* Diss. Tübingen 1969. Eine Untersuchung über Goethes Stellung zur Rh. fehlt. Materialien bei Ernst G r u m a c h, *Goethe u. d. Antike* 2 Bde. (1949) S. 893-911.

R h e t o r i k   i m   19.   u n d   20.   J h.: Clarence W. E d n e y, *English Source of Rhet. Theory in 19th-Century America,* in: W a l l a c e, *History of Speech Education in America,* aaO., S. 80-104. Douglas E h n i n g e r, *Campbell, Blair, and Whately Revisited,* in: C r o c k e r - C a r m a c k, *Readings in Rh.,* aaO., S. 359-373. Hoyt H. H u d s o n, *De Quincey on Rh. and Public Speaking,* in: H o w e s, *Historical Studies,* aaO., S. 198-214. Wayland M. P a r r i s h, *Whately and his Rh.,* in: C r o c k e r - C a r m a c k, *Readings in Rh.,* aaO., S. 374-396.

D e u t s c h e r   S p r a c h r a u m: Marie-Luise L i n n, *Studien zur Rh. u. Stilistik im 19. Jh.* (1963; Marburger Beitr. z. Germanistik. 4). Walter J e n s, *Reaktionäre Beredsamkeit: Adam Müller,* in: Jens, *Von dt. Rede* (1969) S. 71-79. Adam M ü l l e r, *Zwölf Reden über die Beredsamkeit und deren Verfall in Deutschland,* mit e. Essay u. e. Nachw. v. W. Jens (1967; sammlung insel 28). Joachim G o t h, *Nietzsche u. d. Rh.* (1970; Untersuchgn. z. dt. Litg. 5). Walter J e n s, *Rhetorica contra rhetoricam: Hugo von Hofmannsthal,* u. ders., *Der Rhetor Thomas Mann,* in: Jens, *Von dt. Rede* (1969) S. 151-179 u. S. 129-150.

Walter Jens

Rhythmus

§ 1. Rh. ist ein psychophysisches Gestaltsphänomen, an dem vielerlei Komponenten beteiligt sind. Der Mensch kann sich seiner bewußt werden; wenn er jedoch auch beim Tier rhythmische Verhaltensweisen wahrzunehmen glaubt, so wird das nicht auf falscher Analogie beruhen. Rh. gründet in einer allgemeinen Veranlagung des Lebendigen, seine Verwirklichung oder seine Störung erweckt Lustgefühl oder Mißbehagen. Wenn der Mensch Rh. erlebt, so hat er an einer Ganzheit teil und fühlt sich davon als Gan-

zer betroffen. Welche Stellen seiner Vitalität dabei angesprochen werden, dessen wird er sich kaum bewußt. Vorwiegend scheint Rh. etwas H ö r b a r e s zu sein, aber im Erlebnis setzt er sich in ein allgemeines körperliches B e w e g u n g s g e f ü h l um. Dieses wiederum scheint zu dem sinnlich-vitalen Komplex, der durch Bewegung auf die Schwerkraft reagiert, in besonders naher Beziehung zu stehen. Meint man doch in dem vom lebendigen Bewußtsein gelösten Schwerkraftverhalten der Marionette ein gesteigertes und vollkommeneres Abbild des Rh. wahrzunehmen (Kleist). Auch die bekannte Tatsache, daß eine Folge gleichbleibender akustischer Signale (z. B. das Ticken des Metronoms) in Gruppen aus „Hebung" und „Senkung", d. h. als Wechsel von „schwer" und „leicht" umgehört wird, weist in die gleiche Richtung: die Bezeichnungen „schwer" und „leicht", Metapher des Wägens, der Schwerkraftwahrnehmung durch Bewegung, stellen sich unmittelbar ein und werden unmittelbar verstanden.

Um Rh. zu erleben, bedarf es jedoch der sinnlichen Wahrnehmung oder des Vollzugs in der Bewegung nicht. Er kann als innere Gestalt in der Vorstellung hervorgerufen werden. Andrerseits wird er auf mancherlei Weise sinnlich erfahren und in mancherlei Substraten aktiv verwirklicht. Die Unterscheidung, die André Jolles zwischen „einfachen Formen" (s. d.) und „aktualisierten Formen" getroffen hat, gilt in hohem Maße auch für das Rhythmische. Ja, das Erleben des aktualisierten Rh., die Entscheidung, ob eine aktuelle Gestalt Rh. habe oder nicht, geht ganz und gar im Innern vor.

Schwer läßt sich fassen, worin die Freude am Rhythmischen besteht. Doch ist sie so stark und unmittelbar, daß derjenige, der bewußt erfährt, sich bei jedem Mal aufgerufen fühlt, aufs neue davon zu zeugen, und er meint damit zugleich Zeugnis von etwas Allgemein-Menschlichem abzulegen. Dieses unmittelbare Beteiligtsein läßt sich auch nicht ausschalten, wenn man versucht, die Erfahrung des Rh. wissenschaftlich zu objektivieren. Fast jede wissenschaftliche Äußerung über Rh. setzt neu bei den Ursprüngen an und tritt mit Absolutheitsansprüchen auf. Wenn es so schwer gelingt, in den Wissenschaftszweigen, die es mit dem Rh. zu tun aben, methodische und terminologische Übereinstimmung zu erzielen, und wenn manche an sich berechtigte Forschungsrichungen auf diesem Gebiet an die Grenze der Mitteilbarkeit geraten, so ist das im Gegentande selbst begründet.

Aus der 1. Auflage des Reallexikons sind folgende Artikel von Paul H a b e r m a n n heranzuziehen: *Metrik, Metrum, Monopodische Verse, Pause, Prosodie, Quantität, Rhythmus, Sagvers, Schallanalyse, Schallform, Silbenmaß, Sprachmelodie, Takt, Ton.*
Bibliographien und Sammeldarstellungen zu Rh. und Periodik: C. A. R u c k m i c h, *A Bibliography of Rhythm.* The American Journal of Psychology 24 (1913) S. 508-520, 26 (1915) S. 457-459, 29 (1918) S. 214-218. — Hellmuth Christian W o l f f, *Das Problem d. Rh. in d. neuesten Lit.* [ca. 1930-1940]. Archiv f. Sprach- u. Stimmphysiologie 5 (1941) S. 163-195. — Kurt W a g n e r, *Phonetik, Rhythmik, Metrik.* German. Philologie. Festschr. f. Otto Behaghel (1934; Germ.Bibl. I, 19) S. 3-18. — Dietrich S e c k e l, *Hölderlins Sprachrhythmus. Mit . . . e. Bibliographie zur Rh.-Forschung* (1937; Pal. 207). — *Berichte über den 3. Kongreß f. Ästhetik u. allgem. Kunstwissenschaft.* Zs. f. Ästhetik 21 (1927). — *Studium Generale* 2 (1949): Sammelheft über Rh. und Periodik. — Walther D ü r r u. Walter G e r s t e n b e r g, *Rh., Metrum, Takt.* MGG 11 (1963) Sp. 383-419.
Rudolf W e s t p h a l, *Theorie d. nhd. Metrik* (1870; 2. Aufl. 1877). Ders. *Allgemeine Metrik d. idg. u. semit. Völker auf Grundlage d. vgl. Sprachwissenschaft* (1892). Ders. *Allgemeine Theorie d. musikal. Rhythmik* (1880). — Jacob M i n o r, *Nhd. Metrik* (2. Aufl. 1902). Franz S a r a n, *Dt. Verslehre* (1907). Ders. *Deutsche Verskunst* (1934). Andreas H e u s l e r, *Dt. Versgeschichte* Bd. 1 (1925). Fritz L o c k e m a n n, *Der Rh. des dt. Verses* (1960). — Albertus Wilhelm de G r o o t, *Der Rh.* Neophilologus 17 (1932) S. 81-100, 177-197, 241-365. Ders., *Algemene Versleer* (s'Gravenhage 1946; Servire's Encyclopaedie, Afd. Taalkunde 1). — Eugène L a n d r y, *La Théorie du rhythme et le rhythme du français déclamé* (Paris 1911). — Carlo C e t t i, *Il ritmo in poesia* (Como 1938). — Friedrich K o s s m a n n, *Nederlandsch Versrhythme* ('s-Gravenhage 1922). — Arthur A r n h o l t z, *Studier i poetisk og musikalisk rytmik I.* (Kopenhagen 1938). Werner D ü r r, *Untersuchungen z. poetischen u. musikalischen Metrik.* (Masch.) Diss. Tübingen 1962. Hugo R i e m a n n, *System d. musikalischen Rhythmik u. Metrik* (1903).

§ 2. Die D e f i n i t i o n e n, die versucht worden sind, enthalten die Elemente des „Gestalthaften" und des „Gegliederten" und eziehen Rh. mit Nachdruck auf einen Z e i t -

verlauf. Rh. ist „jede als solche wohlgefällige Gliederung sinnlich wahrnehmbarer Vorgänge" (Saran); „Gliederung der Zeit in sinnlich faßbare Teile" (Heusler); „die Ordnung im Verlauf gegliederter Gestalten, die durch regelmäßige Wiederkehr wesentlicher Züge ein Einschwingungsstreben erweckt und befriedigt" (Trier). Das doppelte Prädikat in der letzten Definition („erweckt und befriedigt") zeigt an, daß der rhythmische Vorgang durch Polarität bestimmt ist.

Zwei Prinzipien (Lipps) sind dabei zu unterscheiden, in deren Spannung Rh. entsteht: eine Folge von kleinsten Einheiten, die gewissermaßen den Rh. signalisiert, und eine größere Phase, in der er spontan als Gestalt (Ordnung) wahrgenommen wird. Das Signal erweckt Erwartung und Spannung, in der Wahrnehmung der „Gestalt" findet sie ihre Erfüllung und Lösung. Während Saran die Beziehung zwischen rhythmischem Signal und dem Gestalterlebnis ästhetisch definiert, indem er den Begriff des „Wohlgefälligen" einsetzt, bleibt Trier mit seinem Begriff des „Einschwingungsstrebens" im Bereich des vorästhetisch Vitalen und trägt dadurch der Allgemeinheit des Phänomens Rechnung. Theodor Lipps war ihm mit einer ähnlichen Metapher vorausgegangen, als er feststellte, daß der „elementare rhythmische Sinn . . . darin sich gefällt, eine bestimmte Weise des Auf- und Abwogens der inneren Bewegung und ihrer sukzessiven Gliederung ungestört weiter zu erleben, d a r i n s i c h z u 'w i e g e n'" (*Ästhetik* I S. 375).

Die Definitionen enthalten uns jedoch vor, an welcher psychischen oder psychophysischen Stelle der „elementare rhythmische Sinn" sich „einschwingt" oder „einwiegt". Die Antwort darauf ist im § 1 vorbereitet worden; es ist das dort erwähnte „innere Bewegungsgefühl". Dem entspricht die Wahl der Metaphern „einschwingen" oder „sich wiegen" genau. Ebenso aber bedarf die Stelle, an der die rhythmischen „Signale" wahrgenommen werden, einer genaueren Bestimmung. Rh. ereignet sich als „Gliederung der Z e i t in sinnlich faßbare Teile". Nachweislich ist das G e h ö r vor allem dazu befähigt, zeitliche Bewegungsimpulse gestalthaft wahrzunehmen. Haptische, kinetische oder optische Reize treten hinter den akustischen zurück. Demnach scheint die Spannung zwischen den beiden rhythmischen Grundprinzipien in der Regel zwischen akustischer und kinetischer Vorstellung, einem „inneren Hinhören" und einem Einschwingen in das „innere Bewegungsgefühl", vor sich zu gehen.

Die Qualität und Abgrenzung der rhythmischen Zeitwerte hängt von der Fähigkeit des Gehörsinnes ab, akustische Gestalten bis zu einer gewissen Zeitgrenze simultan aufzunehmen. Die Psychologie hat dieses Zeitvermögen experimentell geprüft. Schon Herbart (vgl. Meumann, Philosoph. Studien 10 S. 274 ff.) ermittelte als Optimum eine Sekunde, die experimentelle Phonetik (vgl. de Groot nach Stetson) verfeinerte es auf ¾ Sekunde. Die unmittelbare Erfahrung ist jedoch allen exakten Versuchen weit vorausgegangen. Schon die antike metrische Theorie ging von dem Zeitwert eines χρόνος πρῶτος (einer *mora*) aus, der sich in etwa den gleichen Grenzen hält. Am entschiedensten bekennt sich die Musikwissenschaft zu einem festen G r u n d z e i t w e r t. „Langsam" und „Schnell" sind in der Musik keine relativen Begriffe, sondern bezeichnen die Abweichung von einem festen Grundwert nach oben oder unten. Die Musiklehre tut sogar den weiteren Schritt, mit dem ihr die Psychologie nur zögernd vorangegangen war, und setzt den Grundzeitwert mit der Dauer einer mittleren Pulsgeschwindigkeit gleich. „Das System der mus. Tempi hat seinen Ursprung offenbar im psychophysischen Organismus des Menschen" (MGG 11, Sp. 385).

Auch die nächsthöhere rhythmische Phase, die P e r i o d e, kann noch simultan wahrgenommen werden. „Die Psychologie hat beobachtet, daß das Maximum einer erfüllten Dauer zwölf Sekunden beträgt" (MGG 11, Sp. 387). Das ist freilich die oberste Grenze. In der Regel wird die rhythmische Periode ungefähr zur Atemperiode in ein Verhältnis treten, mit der sie zudem die Beziehung auf Spannung und Lösung gemein hat. Über das simultan Wahrnehmbare hinaus läuft der rhythmische Vorgang dann ohne spürbare Grenze weiter, indem sich Periode an Periode schließt, wobei das „Einschwingen" der Erwartung eine bestimmte Richtung gegeben hat und das Erinnerungsvermögen es erlaubt, den Verlauf weiterzuverfolgen. Dabei kann schon die einzelne rhythmische Periode — aber e r s t sie, und nicht die rhythmischen

Figuren im Umkreis des Grundzeitwerts — Spannung u n d Lösung in sich fassen; häufiger aber hält die Spannung über mehrere Perioden an und wird erst zu Ende einer Periodenkette gelöst. Die rhythmische Grundfigur kann sich über mehrere Periodenketten fortsetzen.

Für die Folge der kleinsten rhythmischen Einheiten ist der Begriff der Periodizität bisher ausgespart worden, obwohl ihre „regelmäßige Wiederkehr" in den meisten Rh.-Definitionen als etwas Selbstverständliches und Unumgängliches erscheint. Das den Rh. hervorrufende Signal kann in der Tat motorisch gleichmäßig sein, muß es jedoch nicht. Wichtiger ist, daß es die Erwartung einer Ordnung weckt, wodurch immer sie bestimmt sein mag. Wenn w i r regelmäßige Abstufung und Wiederholung der kleinsten Phasen (Schwer und Leicht, Versfüße, Takte) erwarten, so mag dabei auch rhythmische Gewöhnung mitspielen. Denn das rhythmische Gehaben ist etwas Geübtes und Erlerntes, nicht anders als das Zusammenspiel der Glieder, das Gehen, die Gestik, die Sprache. Es beruht auf allgemeinmenschlichem Vermögen, verwirklicht sich jedoch nur in historischen, nationalen und personalen Varianten.

Greift man die (relative) Periodizität der kleinsten Phasen mit ein, so ergibt sich die rhythmische Gesamtgestalt aus der Dialektik dieser Periodizität und ihrer Aufhebung in der nächsthöheren Phase und in der Verkettung solcher Phasen („Perioden") unter dem Prinzip von Spannung und Lösung. Wird die Lösung zu lange hinausgezögert, insbesondere durch hartnäckige Wiederholung kleinster motorischer Phasen, dann schlägt Rh. zwar nicht ins Arhythmische um, aber er wird verkrampft; an die Stelle des „Einschwingens" tritt ein manischer Zwang. Auch diese Erscheinungsform des Rh. spielt eine wichtige Rolle sowohl im vorästheti schen wie im ästhetischen Bereich.

So kann Rh. dem einen mehr als Folge regelmäßiger Glieder (bis hin zur motori schen „Zwangsvorstellung"), dem andern hingegen im Bilde von langsam an den Strand laufenden „Wellen", deren keine der andern gleich ist, erlebbar werden. Wenn dabei die Dialektik der beiden „rhythmi schen Grundprinzipien" nicht beachtet wird, kommt es zu Polemik und Mißverstehen

Diese Grundprinzipien lassen sich unter folgenden Stichwörtern schematisch einander gegenüberstellen:

Grundzeitwert	—	rhythm. Periode
Gliederung	—	Gestalt
Periodizität	—	Spannung/Lösung
kleinste rh. Einheit	—	„Welle"
Gehör	—	Bewegungsgefühl
Pulsschlag	—	Atem.

Aus § 14 läßt sich schließlich noch das Begriffspaar „multiplikativer" (orchestischer) und „additiver" (melischer) Rh. in das Schema übernehmen.

§ 3. Es unterliegt keinem Zweifel, daß Rh. primär als gegliederter Verlauf, also in der Dimension der Zeit, erfahren wird. Wenn man Rh. auch auf Räumliches bezieht, so liegt darin eine Übertragung: Zeitliches Abschreiten abstrahiert sich auf den gesehenen Raum. Die Übertragung wird dadurch erleichtert, daß schon die Sprache Räumliches und Zeitliches vielfach durch die gleichen Zeichen wiedergibt. Zudem ist das Auge gewohnter, Gestalten mit einem Blick zu erfassen, als das Ohr es ist, sie zu „überhören". Vor allem aber zeigt die Ausweitung des Rh.-Begriffs auf den Raum, ein wie starker und unmittelbarer Gefühlsimpuls vom Rh. ausgeht.

Das gleiche gilt hinsichtlich der Erweiterung des Rh.begriffs auf zeitliche Perioden, die der unmittelbaren rhythmischen Erfahrbarkeit nicht mehr zugänglich sind: Rh. des menschlichen Tages- oder Lebensablaufs; Rh. von Ebbe und Flut, Tag und Nacht; biologische, physikalische oder mathematische „Rhythmen". Am weitesten scheinen sich gerade die exakten Wissenschaften mit diesem übertragenen Rh.begriff ins Makro- und Mikrokosmische zu wagen. Sie können es, gerade weil ihr Gegenstand immer mehr seine unmittelbare Anschaulichkeit verliert, so daß ihre Wissenschaftssprache allenthalben im Bereich einer uneigentlichen, symbolischen Anschaulichkeit liegt. Wenn demzufolge von Aristoteles bis heute aus der Analogie mathematischer, physikalischer oder biologischer Perioden zum vitalen Rh.erlebnis naturphilosophische Folgerungen gezogen werden, so hört dabei die Exaktheit vielleicht auf. Aber auch hier erweist sich, wie weit für das rhythmische Erleben des Menschen die Skala des „Einschwingens" reicht, selbst wenn es im Bereich eines Nur-Denkbaren geschieht.

Wilhelm Wundt, *Völkerpsychologie. I: Die Sprache*, T. 2 (1900), Kap. VII, 7. Theodor Lipps, *Grundlegung d. Ästhetik* (1903) S. 293-424. Max Dessoir, *Ästhetik u. allgem. Kunstwissenschaft*, (2. Aufl. 1923), vgl. Register unter 'Rh.'. — Bruno Markwardt, *Geschichte der dt. Poetik.* 5 Bde (1937-67; Grundr. d. germ. Philol. 13), vgl. Register unter *Metrik, Rhythmik u. Dichtkunst; Nachbarkünste: Musik, Tanz, Sprechkunst; Sprache u. Dichtkunst.* — Ernst Meumann, *Untersuchungen z. Psychologie u. Ästhetik d. Rh.* Philosophische Studien 10 (1894) S. 249-322 u. 393-430. Ders., *Beiträge z. Psychologie d. Zeitbewußtseins.* Philosophische Studien 12 (1896) S. 127-254. Henri Goujon, *L'Expression du rythme mental dans la mélodie et dans la parole* (Paris 1907). August Schmarsow, *Zur Lehre vom Rh.* Zs. f. Ästhetik 16 (1922) S. 109-118; Bericht über die Arbeit v. H. Goujon. Richard Hönigswald, *Die Grundlagen d. Denkpsychologie.* (2. Aufl. 1925). Ders., *Vom Problem d. Rh.* (1926; Wissenschaftl. Grundfragen 5). Theodor Ziehen u. Otto Baensch, *Rh. in allgemeinphilosophischer Betrachtung.* Zs. f. Ästhetik 21 (1927) S. 187-202; 202-207. Vittorio Benussi, *Psychologie d. Zeitauffassung* (1913; Die Psychologie in Einzeldarstellungen 6). Artur Kreiner, *Zur Ästhetik des sprachl. Rh.* Diss. Würzburg 1916. H. Werner, *Rhythmik, eine mehrwertige Gestaltenverkettung.* Zs. f. Psychologie u. Physiologie 82 (1919) S. 198-218. O. L. Forel, *Le Rythme. Étude psychologique.* Journal f. Psychologie u. Neurologie 26 (1921) S. 1-104. Robert Blümel, *Die rhythmischen Arten.* Germanica, Festschrift E. Sievers (1925) S. 661-677. Edward Adolf Sonnenschein, *What is Rhythm?* (Oxford 1925). Th. Lamm, *Zur experimentellen Untersuchung d. rhythm. Veranlagung.* Zs. f. Psychologie 118 (1930) S. 209-282. Ludwig Klages, *Vom Wesen des Rh.* (1934; 2. Aufl. 1944). Gotthilf Flik, *Die Morphologie d. Rh.* Diss. Berlin 1936. Robert Bräuer, *Der Rh. in der Welt.* Arch. f. d. ges. Psychologie 98 (1937) S. 143-153. Jost Trier, *Rhythmus.* Studium generale 2 (1949) S. 135-141. Friedrich Neumann, *Die Zeitgestalt. Eine Lehre vom musikal. Rh.* 2 Bde (Wien 1959). Hellmuth Benesch, *Das Problem des Begriffes Rh.* Wiss. Zs. d. Friedr.-Schiller-Univ. Jena, Ges. u. sprachwiss. Reihe 4 (1954-55). S. 359-379. Irmgard Weithase, *Über einige Grundfragen d. sprachl. Rh.* Ebda., S. 331-340.

§ 4. Hatte sich die Beschreibung bisher möglichst im Umkreis des immanenten Rh. gehalten, so tritt mit dem Phänomen von Arbeit und Rh. aktualisierter Rh. ins Blickfeld, ohne daß damit die Grenze zum

Ästhetischen schon völlig überschritten wäre. Karl Büchers Nachweise intendierter rhythmischer Gliederung bei primitiven Arbeitsvorgängen, sei es durch Rhythmisierung der Arbeitsbewegungen, sei es durch begleitende Arbeitsrufe und Arbeitslieder (*s. d.*), haben in der Rh.forschung weithin Beachtung gefunden, ohne daß sie doch in größerem Umfang methodisch weiterverfolgt worden sind. Von grundsätzlichem Interesse ist, daß das von Bücher vorgelegte Material in deutlicher Beziehung zu der in § 2 aufgeführten Stufenordnung der rhythmischen Phasen steht. Es bietet erstens Arbeitsvorgänge, deren Bewegungsimpulse oder akustische Begleiterscheinungen im Umkreise des rhythmischen Grundzeitwertes und seiner motorischen Periodizität liegen (z. B. Hämmern, Reiben, Buttern, Käsezubereiten, Dreschen, Traubenaustreten, Gang, Ritt). Wie wichtig gerade auf dieser Stufe des Rhythmischen die akustische Periodisierung ist, geht daraus hervor, daß dort, wo Bewegungsimpulse vorherrschen, die hörbare Begleiterscheinung mitunter künstlich erhöht wird, z. B. durch Klapperringe oder Schellen beim Gang oder Ritt. Zweitens erscheinen in diesem Material langsamere Arbeitsperioden, bei denen Anspannung und Lösung im Vordergrund stehen, und die zumeist den Atemvorgang unmittelbar in die Arbeit einbeziehen (Rudern, Lastenheben und -fortbewegen, Rammen usw.). Drittens begegnen langwierige Arbeitsvorgänge, bei denen weder von der Körperbewegung noch vom Akustischen deutliche rhythmische Impulse ausgehen (gewisse Feldarbeiten, Spinnen usw.). Bei ihnen wird die Arbeit vor allem durch Lieder mit großphasigem Periodenbau, wobei die „Lösung" so lang wie möglich auf sich warten läßt, begleitet („Reihenlieder" vom Typus „Der Mann der schickt den Jockel aus"). Hier dominiert die höhere Ordnung des Rh., die Reihung von Perioden zu Ketten.

Bei der Begleitung der Arbeit durch rhythmische Formen, die oft als Lied auftreten, liegt der erste Anstoß gewiß darin, mühevolle und monotone Abläufe in jene inneren Vorgänge des Bewegungsgefühls einschwingen zu lassen, die Wohlbehagen und Freude auslösen. Das tut schon das Tier instinktiv, und sogar ihm kann die „Arbeit" durch rhythmische Hilfen erleichtert werden, wie jeder Reiter weiß. In der Rhythmisierung der Arbeit ist der Rh. schon als protoästhetisches Prinzip wirksam; der Schritt vom vitalen Wohlbehagen zum ästhetischen Wohlgefallen ist nicht weit. Dadurch, daß Rhythmisierung der Arbeit in vielen Fällen auch dazu dient, eine Gruppe von Menschen in gemeinsamen Rh. zu bringen, wird der gesellschaftsbildende Bereich des Ästhetischen schon fast erreicht. Spiel, Arbeit, Tanz und Magie sind in primitiven Kulturen noch eine Einheit. Daß die Arbeitsleistung durch das Einschwingen in den Rh. erleichtert und verbessert wird, ist eine unverächtliche Zugabe, aber nicht die bewegende Ursache der Rhythmisierung. Der Weg ins ästhetische Wohlgefallen am Rh. geht nicht von der Freude an der Erleichterung der Arbeit aus (so G. Lukács), sondern von der elementaren Freude am Rhythmischen.

Karl Bücher, *Arbeit und Rh.* (1897; 5. Aufl. 1924). Georg Lukács, *Ästhetik I* (1962), 1. Halbband S. 254-284. (Werke Bd. 11).

§ 5. Wenn Arbeit und Rh. vorangestellt wurde, so soll damit nicht die Ästhetik des Rh. allein aus diesem Bereich abgeleitet werden. Er veranschaulicht nur einen Zustand, wo ein vor-ästhetisches Verhalten zum Rh. — das sogar das Tier einbegreift — sich dem ästhetischen annähert. Immerhin liegt er den Künsten, in denen Rh. als eines ihrer Grundprinzipien herrscht, so nahe, daß er unmerklich in sie übergehen kann.

Musik, Tanz und Dichtung, die Künste der sinnlich und sinnvoll gegliederten Zeit, sind zugleich mit Vorrecht die rhythmischen Künste. Auch sie waren ursprünglich sehr nah miteinander verbunden. Musik und Dichtung haben sich erst im Lauf der Geschichte voneinander getrennt. Man wird davon ausgehen können, daß die Gebiete, die sie in früheren Kulturen je selbständig besetzten, verhältnismäßig schmal waren. In der Regel war Musik Gesang, Versdichtung gesungene Dichtung. Daher bewahrt die Musik, auch wenn sie sich vom Worte löst, vielfach ein poetisches Element, und Gedichte erscheinen, auch wenn sie gesprochen oder still gelesen werden, „wie gesungen". Der Tanz hat sich bis heute noch nicht aus der Verbindung mit der Musik gelöst. Wenn er auf Musik verzichtet, weicht er nach der Seite des Gestenspiels oder der dramatischen Mimesis von seiner Mitte ab.

Wenn der elementare Rh. zwischen dem Gehör und dem körperlichen Bewegungsgefühl seinen psychischen Ort hat, so sind Musik und Tanz die am unmittelbarsten vom Rh. bestimmten Künste. Die Dichtung fügt andere Komponenten zu der Ordnung hinzu und läßt sie vielfach überwiegen.

§ 6. Erst an dieser Stelle hat es Sinn, die Etymologie und Wortbedeutung von griech. ῥυθμός heranzuziehen. Die Etymologien, welche versucht worden sind, beziehen die Wortbedeutung auf grundsätzlich sehr verschiedene Benennungsmotive. Die älteren Herleitungen suchten das Benennungsmotiv im Umkreis der in der Natur vorhandenen rhythmischen Signale; ῥέω 'fließe' schien das Bild sowohl der Periodizität im Verlauf wie das der „Wellenfolge" zu bieten und paßte damit nicht schlecht zu den beiden Grundprinzipien der rhythmischen Erfahrung. Geht man hingegen von ἐρύω 'ziehe' (erweiterte Schwundstufe der Wurzel *ver-) aus, dann könnte das Benennungsmotiv in der abstrakten Vorstellung der „Zucht" zu Regel und Ordnung liegen. Man käme so zu einem von vorn herein sehr geistigen Ansatz der Wortbedeutung im Umkreis von ἁρμονία und σχῆμα. Doch gibt es auch in der „Not- und Wirkwelt" der Bedeutung 'ziehen' manche Ansatzpunkte für die Etymologie von ῥυθμός, z. B. das Einreiten von Pferden, die durch „Zügeln" in ihren „Rhythmus" gebracht werden. J. Trier leitet das Wort aus der gleichen Wurzel ab, und zwar sieht er seinen Ursprung in der sakralen Hegung durch den Tanz, was der ästhetischen Bedeutung von ῥυθμός am ehesten gerecht wird. Auch der Wortgebrauch hat sein Zentrum in diesem Bereich: 'Ordnung der Bewegung', besonders in der (dichterischen, gesungenen) Sprache, wobei man vielleicht vor allem an das getanzte und kultische Chorlied dachte. Bei Aristoxenos von Tarent steht Rh. übergeordnet über Harmonie (Musik), Metrik (Poesie) und Orchestrik (Tanz) und macht sie zu mimischen Künsten. Im Lat. traf das aus dem Griech. entlehnte Wort auf das heimische Wort *numerus* im Sinn 'orchestischer und metrischer Ordnung', das ebenfalls aus einer Wurzel hergeleitet werden kann, die die Bedeutung des 'Hegens des Heiligtums' *(nemus)* in sich enthält (Trier). Die Übertragung des Rh.begriffs aus dem Bereich der

„mimischen Künste" ins Räumliche oder ins Kosmische setzt auch schon in der griech. Philosophie ein und ist aus ihr an die Neuzeit gelangt.

Émile Boisacq, *Dictionnaire étymologique de la langue Grecque* (4. éd. 1950) S. 845. — Eugen Petersen, *Rhythmus* (1917, Abh. d. kgl. Ges. d. Wiss. zu Göttingen, phil.-hist. Kl., NF. 16, 5). O. Schröder, 'Ρυθμός Hermes 53 (1918) S. 324-329. Eduard Norden, *Logos u. Rh.* (1928; Rektorenwechsel an d. Friedr.-Wilhelms-Univ. 1927, 2). Bonaventura Meyer, 'Αρμονία (Zürich 1932; Wiss. Beilage z. Jahresber. d. Stiftsschule Maria-Einsiedeln 1931/32). E. A. Leemans, *Rythme en* ῥυθμός. L'Antiquité Classique 17 (1948) S. 403-412. Jost Trier, *Rhythmus.* Studium generale 2 (1949) S. 135-141. H. Wagner, *Zur Etymologie u. Begriffsbestimmung von 'Rh'.* Bildung u. Erziehung 7 (1954) S. 89-93. — Rudolf Westphal, *Die Fragmente u. die Lehrsätze d. griech. Rhythmiker* (1861). Ders., *Aristoxenos von Tarent, Melik u. Rhythmik des class. Helenentums,* übers. u. erl. Bd. 1 (1883), Bd. 2, hg. v. Fr. Saran (1893).

§ 7. Indem immanenter Rh. in den Zeit-Künsten Tanz, Musik und Dichtung zum aktuellen Rh. wird, trifft er auf jeweils verschiedene Substrate, in denen er sich verwirklicht. Schon die griech. Theorie hatte dies erkannt und unterschied zwischen dem Rh. und dem Rhythmizomenon, in welchem jener zur aktuellen Gestalt wird. Die neuere Ästhetik erweitert den Begriff des Rhythmizomenons gelegentlich von der Bezeichnung des Substrats zur Bezeichnung der Art und Weise, wie sich Rh. in ihm versinnlicht. Die Substrate sind: raumerschließende Bewegung beim Tanz, der Bereich der Töne und Geräusche in der Musik, die Sprache in der Dichtung. Dabei liegen die Verhältnisse in der Dichtung besonders verwickelt, weil die Sprache dem Rh. schon ihr eigenes, vielseitig determiniertes, in sich sinnhaltiges, jedoch außerästhetisches System, ihre Schallform, entgegenbringt.

Ob die Schallform der Sprache als Rh. verstanden werden kann, ist umstritten. Zweifellos hat sie viele Eigenschaften mit dem Rh. gemein, jedoch was sie leistet, entfernt sich von dessen eigentlichem Wirkungsbereich. Gemeinsam ist das folgende: Die sprachliche Schallform ist in kleine akzentuelle Gruppen gegliedert, die durch Stärke- und Längeabstufung der Silben und durch die Abstandszeiten zwischen den Akzenten bestimmt werden. Die Tonbewegung kann als Wortmelodie auch dabei schon beteiligt sein, ihre wichtigste Funktion übt sie jedoch darin aus, die akzentuellen Gruppen zu Perioden zusammenzufassen, und zwar nach dem Prinzip von Spannung und Lösung. Zusätzlich fällt ihr, in Verbindung mit Klanglage und Klangfärbung, die emotionale Tönung der Rede zu; die sogenannte occasionelle Betonung wird in der Regel satzmelodisch angezeigt. Schon die einfache satzmelodische Periode kann zur Spannung aufsteigen und die Lösung bringen. Meist jedoch bilden die Perioden längere Ketten, wobei die erste zur Spannung führt, die weiteren die Spannung halten, die letzte sie löst.

Man erkennt, wie sehr dies alles mit dem rhythmischen Verlauf übereinstimmt. Sprachliches Reden und Verstehen, soweit es die Schallform der Sprache betrifft, verläuft wie das rhythmische in der Folge von Signal, Erwartung, Spannung und Lösung. Auch in der Sprache kommt es zu einem erwartungsvollen „Einschwingen" und darauf folgendem „Mitschwingen", zu einem innerlichen Mitsprechen beim Hinhören und zu einem vorwegnehmenden Sich-selber-Zuhören beim Reden. Daß die akzentuellen Gruppen der Sprache nicht den gleichen motorischen Signalwert haben wie vielfach die Impulse, die den Rh. auslösen, ist nur ein Gradunterschied. Außerdem wird der Akzent in der Sprache gemeinhin überhört; wenn man unbekannte Sprachen anhört, wird deren relatives Akzentgefälle deutlicher und gestalthafter wahrgenommen, und man merkt, daß Sprache mehr Rh. hat, als man wähnte. Daß das rhythmische Grundgefüge der Sprache dem Aufmerken meist entgeht, es sei denn, daß Abweichungen vom Sprechusus oder Fehler auftauchen, liegt daran, daß die lautlich-zeitliche Klanggestalt Bedeutungsinhalte in sich aufgenommen hat und vermittelt. Die rhythmische Klangordnung dient einer logisch-emotionalen Sinnordnung, und diese tritt beim Verstehen so sehr in den Vordergrund, daß das rhythmische Grundphänomen überhört wird und unbewußt bleibt. Und doch bestehen unlösbare Beziehungen zwischen dem Tonfall und dem Bedeuten, sowohl hinsichtlich der akzentuellen Abstufung wie hinsichtlich des melodischen Verlaufs und der Tonfärbung.

Die Attribute der sprachlichen Schallform, welche dem Rh. nahestehen, gehören sprachlich auf die Seite von Wort und vor allem Syntax. Silbenabstufung geschieht im Wort und im Satz. Die periodenbildende Satzmelodie ist geradezu die Schallseite des syntaktischen Vorgangs. Die Phoneme der Sprache sind insofern beteiligt, als sie durch die Opposition von Länge und Kürze und durch ihre Einsatzintensitäten zur rhythmischen Struktur beitragen. Sprechtempo, absolute Grade von Lautheit und Schwere treten als mehr beiläufige Addenda hinzu.

Sprachliche Schallform ist den einzelnen Sprachen als solchen eigen und unterscheidet sich von Sprache zu Sprache und von Mundart zu Mundart. Sie unterscheidet sich auch von Person zu Person, obwohl jeder einzelne vornehmlich in die überpersönliche Schallform seiner Muttersprache oder Mundart einschwingt. Aber gerade an den Unterschieden wird man gewahr, wie sehr die Sprache mit jenen rhythmischen Grundhaltungen, durch welche der Charakter von Personen und Gruppen geprägt wird, zusammenhängt. Ich kann als Hörer oder Leser in den Rh. eines zu mir Redenden einschwingen oder sehe mich darin durch die von der meinen abweichende Gestik und Rhythmik gestört. Den Übergang in eine andere Sprache erfahre ich als eine Veränderung meines persönlichen Habitus. Das hängt nicht von den Sprachinhalten ab, sondern von der immanenten Schall- und Bewegungsform der Sprache, also von ihrem Rhythmus. Daß es möglich und sinnvoll ist, eine allgemeine Ästhetik des Rh. vom Sprachlichen her zu entwickeln, zeigt der Abschnitt über den Rh. in Theodor Lipps' *Ästhetik*. Die Dichtungswissenschaft im besonderen sieht sich auf die Forschungszweige verwiesen, welche die Schallform der Sprache zu ihrem Gegenstand machen.

§ 8. An dieser Stelle stößt man auf eine Grenze des Vermögens der Wahrnehmung und wissenschaftlichen Beschreibung der Phänomene. Was beim Hören sprachlicher Rede zuerst und unverwechselbar ins Ohr fällt, der „Klang" von Sprache, Mundart oder individueller Tönung, ist der Wissenschaft bisher fast unzugänglich geblieben. Es gibt z. B. längst eine hochentwickelte und ielseitige Mundartkunde, aber dasjenige, woran man die mundartliche Herkunft eines (hochsprachlichen) Redepartners nach wenigen Sätzen zu erkennen pflegt, hat sie noch kaum zu ihrem Gegenstand zu machen gewagt. Es muß in der Sache selbst begründet sein, daß das erste Phänomen unmittelbarer, gestalthafter Wahrnehmung an der Sprache in der wissenschaftlichen Umsetzung zum letzten und schwierigsten wird.

Die ältere und die heutige strukturalistische Sprachstatistik, die experimentelle Phonetik und die Phonologie sind am Werk, feinste Unterscheidungen der akzentuellen Abstufungsgrade und der sprachmelodischen Verläufe festzustellen; zum Teil ist es auch gelungen, Typisches von Zufälligem zu trennen. So sehr die Forschung zur Zeit vor allem ins Einzelne geht und sich mit Mikrostrukturen beschäftigt, so wird sie doch in der Lage sein, aus ihnen einmal allgemeinere Gestalten und Gestaltvarianten zu ermitteln. Da die sprachliche Schallform nicht eine sich selbst genügende Gestalt sondern die hörbare Seite der logisch-emotionalen Satz- und Redestruktur ist, kann auch die Syntax zur Bestimmung des Sprachrh. das Ihrige beitragen. Es gilt vor allem, die Kontaktstellen zwischen den nach eigenen Methoden arbeitenden Einzeldisziplinen zu finden und die Kontakte zu schließen. Dem steht weierlei im Wege. Erstens besteht die strukturalistische Sprachforschung darauf, ihren Gegenstand autonom zu setzen und ihn von Kontakten, die ins Außersprachliche reichen, möglichst abzuschirmen. Zweitens entfernen statistische und experimentelle Verfahren das Material so weit von der hörbaren Erfahrung, daß die Kluft zwischen den Tabellen, Formeln oder Kurven und der sinnlichen Schallform nicht mehr zu überbrücken ist. Die Ergebnisse dieser Forschungen können nur von denen verstanden und genutzt werden, die in der Lage sind, den gleichen statistischen, mathematischen oder experimentellen Weg noch einmal zu gehen. Geisteswissenschaftliche Forschung hat bisher auf die gewissermaßen phänomenologische Prüfung fremder Ergebnisse nicht verzichten mögen, und es ist die Frage, wie weit sie sich in Zukunft dazu erziehen wird, im Sinne eines naturwissenschaftlichen Positivismus „exakte" Ergebnisse unbefragt in ihr System einzubauen.

Auf der anderen Seite gibt es Versuche, dem Sprachrh. vom Ästhetischen her beizukommen. Sie setzen zumeist beim individuellen Rh. an und verbinden damit die Frage nach den unterscheidenden rhythmischen Merkmalen bestimmter sprachlich-literarischer Genres; sie fragen also nach der rhythmischen „Haltung" des redenden oder schreibenden Individuums im Brief, in der Erzählung, im Drama, in den verschiedenen lyrischen Formen, oder nach den rhythmischen Varianten bestimmter Formen (z. B. Blankvers, Stanze) bei verschiedenen Individuen. Merkwürdigerweise wird dabei die Frage nach dem zugrundeliegenden objektiven Rh. der Sprache in der Regel übersprungen. In der Zeit des wissenschaftlichen Positivismus bedienten sich auch diese Arbeiten statistischer Methoden und blieben oft darin stecken. Später setzte sich das Verfahren einer phänomenologischen Interpretation durch. Es beschreibt den ästhetischen Gesamteindruck an ausgewählten Textproben und setzt unmittelbare Empfänglichkeit des Hinhörens voraus. Der Beobachter übernimmt selbst die Verantwortung für seine Eindrücke und Beschreibungen und muß sich bei ihrer Vermittlung einer andeutenden, oft metaphorischen Sprache bedienen. Man kann nicht bestreiten, daß dabei subjektiv Überzeugendes erreicht wurde. Das Verfahren dient wie jede ästhetische Interpretation dazu, dem Mithörenden Hinweise zu geben, ihm die Ohren zu öffnen und ihn einzustimmen. Er wird nicht informiert, sondern zum Mitmachen aufgefordert. Exakte und einsinnige „Ergebnisse" darf man dabei nicht erwarten, aber der Spielraum dessen, was Aufmerksamkeit verdient, vergrößert sich.

So ringt die Forschung auf zwei entgegengesetzten Seiten um die Fragen der sprachlichen Schallform und des Sprachrh., ohne daß bisher ein gegenseitiges Verstehen und Von-einander-Lernen gesucht wird, geschweige denn erreicht ist. Ob und wo sich die verschiedenen Disziplinen einmal in einer Mitte treffen werden, ist noch nicht abzusehen. Vielleicht wird diese Mitte nicht einmal sehr entfernt von dem liegen, was Theodor Lipps schon zu Anfang dieses Jh.s unter der Überschrift „Das einfache Ganze" im 4. Kapitel des Rh.-Abschnitts seiner *Ästhetik* vorausentworfen hat.

Karl Philipp M o r i t z, *Versuch einer dt. Prosodie* (1786), enthält die Grundlegung einer objektiven Rhythmik der Sprache und verdiente eine Interpretation unter Gesichtspunkten der modernen Sprachwiss. u. Metrik. — Paul P i e r s o n, *Métrique naturelle du langage* (Paris 1884). — Jacobus van G i n n e - k e n, *Principes de linguistique psychologique* (Paris 1907; Bibliothèque de Philosophie expérimentale 4); s. Register unter *prosodie, rythme*. — Friedrich K a i n z, *Psychologie d. Sprache.* 5 Bde. (1941-65); vgl. Register unter '*Rh.*'. — William T h o m s o n, *The Rhythm of speech* (Glasgow 1923). — Th. G e o r g i a - d e s, *Sprache als Rh.* Die Sprache. Hg. v. d. Bayer. Ak. d. schönen Künste = Gestalt u. Gedanke 5 (1959) S. 109-135. — Erich D r a c h, *Die redenden Künste* (1926; Wiss. u. Bildung 221). Ders., *Grundgedanken d. dt. Satzlehre* (1937; Neudr. 1963). — Christian W i n k l e r, *Elemente d. Rede* (1931; Baust. 32). Ders., *Die Klanggestalt d. Satzes.* Der große Duden Bd. 4 (2. Aufl. 1966). — Felix M a y e r, *Schöpferische Sprache u. Rh.* Hsg. u. mit e. Nachw. vers. v. Erich Simenauer (1959). — Karl K n a u e r, *Grenzen d. Wissenschaft vom Wort* (1950; Ak. d. Wiss. zu Mainz, Abh. d. geistes- u. sozialwiss. Kl.). — Irmgard W e i t - h a s e, *Zur Geschichte der gesprochenen dt. Sprache.* 2 Bde (1961).

Eduard S i e v e r s, *Grundzüge d. Phonetik* (5. Aufl. 1901; Bibl. idg. Grammatiken 1). Otto J e s p e r s e n, *Fonetik* (Kopenhagen 1897-99). Ders., *Den psykologiske grund til nogle metriske faenomener.* Kgl. Danske Vid. Selsk. Forhandl., 1900, S. 487 ff. Otto von E s s e n, *Allgemeine u. angewandte Phonetik* (4. Aufl. 1966). — Hermann W u n d e r l i c h u. Hans R e i s, *Der dt. Satzbau.* 3. Aufl. 2 Bde (1924-1925).

Louis L. H a m m e r i c h, *Zur dt. Akzentuation* (Kopenhagen 1921; Kgl. Danske Vid. Selsk. Hist.-fil. Meddelelser VII, 1). — Karl M a r b e, *Über den Rh. der Prosa.* Vortrag (1904). — Alfred B e h r m a n n, *Einführung in d. Analyse von Prosatexten* (1967; Samml. Metzler). — Pius Servien C o c u l e s c o, *Essay sur les rythmes toniques du français.* (Paris 1925). — J. E. Wallace W a l l i n, *Researches on the rhythm of speech.* Studies from the Yale Psychol. Laboratory 9 (New Haven 1901) S. 1-142. — B. E g g e r t, *Untersuchungen über Sprachmelodie.* Zs. f. Psychologie 49 (1908) S. 218-37. W. F r a n z, *Prosarh., Wortform u. Syntax.* NSpr. 1910, Erg.Bd. = Festschr. W. Viëtor, S. 157-158. Karl L u i c k, *Über Sprachmelodisches in dt. u. engl. Dichtung.* GRM 2 (1910) S. 14-27. H. K l i n g h a r d t, *Sprechmelodie u. Sprechtakt* (1923). Willi E. P e t e r s, *Die Auffassung d. Sprachmelodie.* Diss. Leipzig 1925. Julius S t e n z e l, *Sinn, Bedeutung, Begriff, Definition. E. Beitrag z. Frage d. Sprachmelodie.* Jb. f. Philosophie 1 (1925) S. 160-201; Neudr. 1965. Hubert G r i m m e, *Nhd. Sprachmelodik als Grundlage der Syntax.* GRM 13 (1925) S. 274-285, 328-50.

Experimentalphonetik: Edward W. S c r i p - t u r e, *The Elements of experimental phonetics* (New York, London 1903). Ders., *Grundzüge d. engl. Verswissenschaft* (1929). Felix T r o j a n, *Prolegomena zu einer Metrik.* Zs. f. Phonetik 6 (1952) S. 180-194. Ders., *Akzent Betonung u. Rh.* Studium generale 19 (1966) S. 18-30. — William M. P a t t e r s o n, *The Rhythm of prose.* 2. ed. (New York 1917; Columbia Univ. Studies in Engl. and Comparative Lit. 24). R. H. S t e t s o n, *Motor Phonetics. A study of speech movements in action.* Archives néerland. de phonétique expérimentale 3 (1928) S. 1-216. — Walter K u h l - m a n n, *Die Tonhöhenbewegung d. Aussagesatzes* (1931; Germ. Bibl. II, 33). A. M a a c k, *Über die Formelemente des Sprechrh.* Zs. f. Phonetik u. allgem. Sprachwiss. (1956) S. 250-69. — Otto von E s s e n, *Grundzüge d. hochdt. Satzintonation* (1956). — Giulio P a n c o n c e l l i - C a l z i a, *3000 Jahre Stimmforschung. Die Wiederkehr des Gleichen* (1961).

Phonometrie: Eberhard Z w i r n e r, *Phonometr. Beitrag zur Geographie der prosodischen Eigenschaften.* Proceedings of the 4. Internat. Congress of Phonetic Sciences, ed. by A. Sovijärvi and P. Aalto (The Hague 1962) S. 500-518. — *Proceedings of the 5. Intern. Congress of Phonetic Sciences,* ed. by Eberhard Z w i r n e r and Wolfgang B e t h g e (Basel, New York 1965). Eberhard u. Kurt Z w i r n e r, *Grundfragen d. Phonometrie* (2 Aufl. Basel, New York 1966; Bibliotheca Phonetica 3). *Gesprochene Sprache. Probleme ihrer strukturalist. Untersuchung,* hg. v. Eberh. Z w i r n e r u. Helmut R i c h t e r. (1966: Forschungsberichte. Dt. Forschungsgemeinsch. 7

Strukturelle Linguistik und Poetik: Noam C h o m s k y, *Aspects of the theory of Syntax* (Cambridge/Mass. 1965). Ders., *Syntactic Structures* ('s-Gravenhage 1957; Janua Linguarum 4). — *Studia Grammatica VII. Untersuchungen über Akzent u. Intonation im Dt.,* hg. v. Manfred B i e r w i s c h (1966; Dt. Akad. d. Wiss. zu Berlin, Arbeitsstelle Strukturelle Grammatik). — Wilhelm F u c k s, *Mathematische Analyse von Sprachelementen, Sprachstil u. Sprachen* (1955; Arbeitsgem. f. Forschung d. Landes Nordrhein-Westfalen, 34 a). Otto von E s s e n, *Mathemat. Analyse periodischer Vorgänge im gemeinfaßl. Darstellung* (1961; Hamburger phonet. Beiträge 2). — John L o t z, *Notes on structural analysis in metrics.* Helicon 4 (1942) S. 119-44. *Style in Language.* Ed. by Thomas A. S e b e o k (New York, London 1960), darin u. a.: Seymour C h a t m a n, *Comparing metrical Styles,* S. 149-72; John L o t z, *Metric Typology,* S. 135-48. Seymour C h a t m a n *A Theory of meter* (The Hague 1965; Janua Linguarum, Ser. minor 36). — Rul G u n z e n - h ä u s e r, *Ästhet. Maß u. ästhet. Information. Einführung in d. Theorie G. D. Birkhoffs u. die Redundanztheorie ästhetischer Prozesse* (1962). — *Poetics, Poetyka. Poétika* [Vorträge des Warschauer Poetik-Kongresses] Ed. boar

D. D a v i e, K. W y k a u. a. 2 Bde (Warszawa, s'Gravenhage 1961-1966). *Mathematik u. Dichtung. Versuche z. Frage e. exakten Literaturwiss.*, hg. v. Helmut Kreuzer (1965; 2. Aufl. 1967; Sammlung Dialog 3). Rhythmische Gattungs- u. Personalstile: Franz S a r a n, *Melodik u. Rhythmik der 'Zueignung' Goethes.* In: Studien z. dt. Philol. (1903) S. 171-239. Karl M a r b e, *Über den Rh. der Prosa.* Vortrag (1904) (Statistische Untersuchungen an Goethes *Rochusfest* und Heines *Harzreise*). E. Z i t e l m a n n, *Der Rh. d. fünffüß. Iambus.* NJbbAGLP. 19 (1907) S. 500-570. Lorenzo B i a n c h i, *Untersuchungen zum Prosarh. J. P. Hebels, H. v. Kleists u. der Brüder Grimm* (1922) (Experimentalphonetisch). Marcelle F a e ß l e r, *Untersuchungen zum Prosarh. in C. F. Meyers Novellen* (Bern 1925; SprDchtg. 32). Robert B r ä u e r, *Rhythmische Studien. Untersuchungen zu Tempo, Agogik u. Dynamik d. Eichendorffschen Stiles.* Arch. f. d. ges. Psychologie 56 (1926) S. 289-396). Ders., *Tonbewegung und Erscheinungsformen d. sprachl. Rh. Profile d. dt. Blankverses* (1964). Gerhard B ü n t e, *Zur Verskunst d. dt. Stanze.* (1928; Baust. 22). August E w a l d, *Meister d. Prosa: Jean Paul.* ZfdPh. 56 (1931) S. 207-226. Hans B r u n e d e r, *Persönlichkeitsrh. - Novalis u. Kleist.* DVLG. 11 (1933) S. 264-97. Johannes K l e i n, *Die musikal. Leitmotive in Hölderlins 'Hyperion'.* GRM 23 (1935) S. 177-192. Kurt M a y, *Faust II. Teil. In der Sprachform gedeutet* (1936; Neue Forschgn.; Neuausg. 1962.). Dietrich S e c k e l, *Hölderlins Sprachrh. Mit ... e. Bibliographie z. Rh.-Forschung* (1937; Pal. 207); Rez. v. Friedrich B e i ß n e r, DuV. 39 (1938) S. 375-81. Johannes B r ö m m e l, *Rh. als Stilelement in Mörikes Prosa* (1941; Das dt. Wort 1). Hans-Günter H u b b e r t e n, *Form u. Rh. in d. gebundenen Dichtung H. v. Kleists.* (Masch.) Diss. Tübingen 1953. Irene K a h l e n, *Der Sprachrh. im Prosawerk H. v. Kleists* (Masch.) Diss. Tübingen 1953. Reinhart S p ö r r i, *Dramat. Rhythmik in Kleists Komödien.* Diss. Zürich 1954. Felix T r o j a n, *Sprachrh. u. vegetatives Nervensystem. E. Untersuchung an Goethes Jugendlyrik* (1951; Die Sprache, Bch. 2). Rudolf R ö s e n e r, *Das Verhältnis von Rh. u. Metrum in den Gedichten der Droste.* Münster 1960. Blanka H o r a c e k, *Kunstprinzipien d. Satzgestaltung. Studien zu e. inhaltbezogenen Syntax d. dt. Dichtersprache* (Wien 1964; Sitzungsber. d. Österr. Ak. d. Wiss., phil.-hist. Kl. Bd. 243, 5). Dies., *Kunstprinzipien d. Satz- u. Versgestaltung. Studien zu e. inhaltbezogenen Syntax u. Metrik d. dt. Dichtersprache* (Wien 1968; ebda Bd. 258, 1). Horst E n d e r s, *Stil u. Rh. Studien zum freien Rh. bei Goethe* (1962; Marburger Beitr. z. Germanistik. 3). Winfried W i l d, *Rh., Melos u. Klang in d. Dichtung. E. Beitr. z. Interpretationsmethodik.* (Masch.) Diss. Tübingen 1959. Hartwig S c h u l t z, *Vom Rh. d. modernen Lyrik. Parallele Versstrukturen bei Holz, George,* *Rilke, Brecht u. d. Expressionisten* (1970; Lit. als Kunst).

§ 9. An einer anderen Stelle glaubte die S c h a l l a n a l y s e diese Mitte gefunden zu haben. Der Anstoß ging von der Gesangspädagogik aus, nämlich von der Beobachtung, daß Körperhaltung und innere Gestik in Beziehung zu richtiger oder gestörter Wiedergabe eines gesungenen Modells steht (Rutz). Eduard Sievers übertrug die Beobachtung ins Sprachliche, und indem er versuchte, von daher eine auf die Schallform der Sprache bezogene philologische Methode zu entwickeln, durchschritt er nacheinander die einzelnen Phänomene des Sprachrh. (Akzent, Melodie, Stimmlage, Intonationsabstufungen usw.) und prüfte sie auf ihre Zuordnung zu der immanenten rhythmischen Gestaltserfahrung. Beide, Rutz und Sievers, erkannten, daß es gewisse personale und nationale Grundtypen des inneren rhythmischen Gehabens gebe. Um sie hervorzurufen, zu entdecken und voneinander abzugrenzen, bediente sich Sievers eines Signalsystems, das beide „rhythmischen Grundprinzipien" (vgl. § 2) unmittelbar ansprach, nämlich des Taktschlages und damit verbunden eines Systems verschiedener Bewegungskurven. Das zweite, auf „Einschwingung" bezogene Prinzip gewann bei ihm allmählich das Übergewicht, so daß er schließlich schon durch das optische Signal der Kurvenbilder (als Drahtfiguren) die gewünschte rhythmische Einstellung hervorzurufen vermochte, zum mindesten bei visuell ansprechbaren Versuchspersonen. Es ist nicht zu bestreiten, daß die Grunderfahrungen, von denen die Schallanalyse ausging, richtig waren, daß ihr Signalsystem gewisse rhythmische Einstellungen hervorzurufen vermochte und daß sich diese Einstellungen in gewissem Grade typisieren lassen. Aber es hat sich inzwischen herausgestellt, daß die Methode so sehr an das persönliche Suggestionsvermögen ihres Urhebers gebunden war, daß sie sich nicht objektivieren ließ. Von Person zu Person konnte noch einiges davon weitergegeben werden, eine Generation später ist sie aus der Wissenschaft verschwunden. In der Praxis freilich wird Schallanalyse von rhythmusempfindlichen Sprechern und Musizierenden weiter geübt, beim Dirigieren bildet sie geradezu die Grundlage alles dessen, was über die erlernbare Schlagtechnik hinausgeht. Und wenn ein empfindlicher Hörer wahrnimmt, in wie weit der gesamtrhythmische Habitus eines sprachlichen oder musikalischen Modells bei der Wiedergabe erreicht oder verfehlt wird, ja wenn der stumme Leser in den inneren Tonfall des Gelesenen einschwingen kann oder dabei gehemmt wird, so verfahren diese unbewußt schallanalytisch. Sie bewegen sich dabei im Zentrum des Rhythmischen — aber auch an der Grenze des Mitteilbaren.

Ottmar Rutz, *Neue Entdeckungen von d. menschl. Stimme* (1908). Ders., *Sprache, Gesang u. Körperhaltung* (1911). Ders., *Menschheitstypen u. Kunst* (1921). — Eduard Sievers, *Rhythmisch-melodische Studien.* (1912; GermBibl. II, 5). Ders., *Metrische Studien IV.* (1918-19; Abh. d. sächs. Ak. d. Wiss. 35). Ders., *Ziele u. Wege d. Schallanalyse*, in: Stand u. Aufgaben d. Sprachwiss. Festschr. f. Wilh. Streitberg (1924; GermBibl. II, 14) S. 65-112. — W. E. Peters, *Stimmungsstudien. 1. Der Einfluß d. Sieversschen Signale u. Bewegungen auf d. Sprachmelodie, experimental-phonetisch untersucht.* Psychol. Studien 10 (1918) S. 387-572. Olof Gjerdman, *Die Schallanalyse.* Vetensk. Societeten i Lund Årsb. 1924, S. 171-186. Fritz Karg, *Die Schallanalyse. E. histor. Betrachtung.* Idg. Jb. 10 (1926) S. 1-16. Gunther Ipsen u. Fritz Karg, *Schallanalytische Versuche* (1928; GermBibl. II, 24). Nat. Beckman, *Die Schallanalyse. Einige krit. Bemerkungen.* Acta philologica Scand. 2 (Kopenhagen 1927/28) S. 264-278. — Jörgen u. Viggo Forchhammer, *Theorie u. Technik d. Singens u. Sprechens* (1921). — Gustav Becking, *Der musikal. Rh. als Erkenntnisquelle* (1928). — Herman Nohl, *Stil u. Weltanschauung* (1920): Diltheys Weltanschauungstypen in bezug zur schallanalyt. Forschung. Dazu: Oskar Walzel, *Gehalt u. Gestalt im Kunstwerk des Dichters* (1923) S. 83 f. u. 101 ff. — Eduard Rossi, *Die Abhängigkeit d. menschl. Denkens von d. Stimme u. Sprache* (1958; Abh. z. Philosophie, Psychologie u. Pädagogik 15). Francis Berry, *Poetry and the physical Voice* (London 1962).

§ 10. Wenn man der Sprache in planer, undichterischer Rede Rh. zuschreibt, so erweitert sich dabei der Rh.begriff um ein weniges. Das liegt nicht so sehr daran, daß es dem Sprachakzent an einer starren, „metrischen" Periodik zu fehlen scheint, als vielmehr daran, daß die Intention der planen Rede auf etwas anderes ausgeht, als im Partner ein rhythmisches Erlebnis zu wecken. Rhythmisches Einschwingen ist zwar bei jedem Sprechakt, beim Reden und Schreiben,

Hören und stummen Lesen mitbeteiligt, es bleibt jedoch meist unbewußt. Es müssen besondere Signale hinzutreten, damit die Sprache sich ihres Rh. ausdrücklich bewußt wird, Sprachrh. in Versrh. übergeht und damit zum ästhetischen Rh. wird.

Wenn man Bewußtheit gegenüber Unbewußtheit zum Richtmaß des Rhythmischen macht, so wird man abstreiten, daß plane Rede Rh. habe, und erst dem Verse Rh. zuschreiben. Dabei läuft man jedoch Gefahr, die Erscheinungen der sprachlichen Schallform, welche mit dem Rhythmischen so viele Züge gemein haben, zu übersehen oder einseitig als arhythmisch zu beurteilen. Wer Rh. als eine ausschließlich ästhetische Erscheinung versteht und demzufolge in der Übergangszone vom Außerästhetischen zum Ästhetischen die Grenze zieht, dem verläuft sie mitten durch die Prosa. Dichterische Prosa muß dann auch in ihrer Schallform etwas ganz anderes sein als die Prosa der baren Mitteilung, der Untersuchung und Argumentation usw. und hinsichtlich ihres Rh. auf die Seite der Versdichtung treten. Diese Folgerung zog Franz Saran. Er schrieb dementsprechend der planen Prosa Akzent und Melos, der poetischen Prosa und dem Verse Rh. und Melodie zu. Dieser Grenze, die mitten durch die Prosa geht, entspricht in der Erfahrung nichts. Hinsichtlich der sprachlichen Schwereabstufung ist mit der Unterscheidung von Akzent und Rh. nur dann etwas anzufangen, wenn man Rh. und Metrum fast einsinnig versteht oder mindestens eine metrisch-periodische Gliederung als Grundbedingung des Rh. ansieht. Eben diese fehlt jedoch auch in der poetischen Prosa. Sarans Behauptung, daß die Melodie des Verses und der poetischen Prosa sich grundsätzlich vom Melos der planen Prosa unterscheide, bestätigt sich ebensowenig. Sowohl das Akzentuelle wie das Melische der Sprache wird in der Dichtung bewußter und als ästhetischer Faktor wahrgenommen, es bleibt aber, was es in der planen Rede auch schon war.

Vielmehr trifft in der Poesie das rhythmische Signal auf ein Rhythmizomenon, das von sich aus schon seine eigene rhythmische Gestalt mitbringt, nämlich auf die Sprache (Heusler). Darin eben beruht die besondere Ästhetik des Verses, daß sich in ihm zwei rhythmische Systeme begegnen und miteinander messen und daß dadurch die rhythmische Gestalt des Sprachvorgangs als etwas Wohlgefälliges ins Bewußtsein tritt. Auf dem Grenzgebiet der poetischen Prosa hat dasselbe statt, aber auch dort bedarf es des Signals, um den rhythmischen Tonfall bewußt zu machen. Schon der gelungene Vortrag von Prosa (auch von nichtdichterischer Prosa) vermittelt „mehr Rh. als man erwartet". In literarischen Epochen können abgesetzte Zeilen dem Auge das Signal geben, auf den Rh. zu achten Goethe war sich dieser allgemeinen Signalwirkung bewußt, wenn er es sogar seinem Sekretär Riemer überließ, rhythmische Prosa in Zeilenkola umzuschreiben (beim *Elpenor* in der Ausgabe letzter Hand). Die antike Kunstprosa gab ihre Signale durch satzrhythmische 'Klauseln', die der Eingeweihte kannte und wiedererkannte, und etwas davon ist bewußt und halbbewußt in die Redekunst der Volkssprachen eingegangen.

Oskar F l e i s c h e r, *Das Accentuationssystem Notkers in s. 'Boethius'.* ZfdPh. 14 (1882) S. 129-172, 285-300. — Rudolf H i l d e - b r a n d, *Vom umgelegten Rh.* ZfdU. 5 (1891) S. 730-741. Ders., *Rhythmische Bewegung in der Prosa.* Ebd 7 (1893) S. 641-647. — Marcel B r a u n s c h w e i g, *Le sentiment du beau et le sentiment poétique* (Paris 1904; Bibl. de philosophie contemporaine 322). — Hugo U n - s e r, *Über den Rh. der dt. Prosa.* Diss. Freiburg 1906. A. L i p s k y, *Rhythm as a distinguishing Characteristic of Prose Style* (Archives of Psychology. New York 1907). Max L e d e r e r, *Über ein rhythmisches Prinzip d. dt. Prosa* NSpr. 19 (1911) S. 212-18. Siegfried B e h n, *Der dt. Rh. u. s. eigenes Gesetz* (1912). Ders., *Rh. u. Ausdruck in dt. Kunstsprache* (1921). Fr. G r o p p, *Zur Ästhetik u. statistischen Beschreibung des Prosa-Rh.* Fortschritte der Psychologie 4 (1916) S. 43-79. John Hubert S c o t t, *Rhythmic prose; ders., Rhythmic verse.* (1921 u. 1925; Univ. of Iowa, Humanistic Studies 3, 1 u. 2). Franz S a r a n, *Zur Schallform d. dt. Prosa.* Donum Natalicium Schrijnen (Nijmegen, Utrecht 1929) S. 501-515). Rudolf B l ü m e l, *Der nhd. Rh. in Dichtung u. Prosa* (1930; GermBibl. II, 29). Ders., *Der Rh. der nhd. Prosa.* ZfdPh. 60 (1935) S. 192-207. Leonhard B e r i g e r, *Poesie u. Prosa.* DVLG. 21 (1943) S. 132-160. Friedrich B e i ß n e r, *Unvorgreifliche Gedanken über den Sprachrh.* Festschrift P. Kluckhohn u. H. Schneider, 1948, S. 427-44. Wolfgang K a y - s e r, *Zur Frage von Syntax u. Rh. in der Verssprache.* Trivium 5 (1947) S. 283-92. — Eugen T e t z e l, *Rh. u. Vortrag* (1926). — René W e l l e k u. Austin W a r r e n, *Theorie d. Lit.* (1959) S. 177-195. — Konrad B u r d a c h, *Über den Satzrh. der dt. Prosa,* in: Burdach, *Vorspiel* I, 2 (1925) S. 223 ff. Eduard N o r - d e n, *Die antike Kunstprosa* (1898). Walter S c h m i d, *Über die klass. Theorie u. Praxis des antiken Prosarh.* (1959; Hermes, Einzelschriften 12).

§ 11. V e r s r h y t h m u s ist demnach ein durch zusätzlichen Rh. bewußt und wohlgefällig gemachter, vielfach auch gesteigerter und umgeformter Sprachrhythmus. Dabei ist vorweg zu beachten, daß das Rhythmizomenon des Verses, das bisher allgemein als „Sprache" bestimmt wurde, innerhalb der Geschichte mancherlei Veränderungen erfahren hat. Weithin ist Versdichtung mit dem Gesang fest verbunden. In vorliterarischen Kulturen gilt das fast uneingeschränkt, und auch in Schriftkulturen bleibt die Verbindung von Vers und Gesang manchen Gattungen — vor allem der Lyrik — noch lange

erhalten. In diesem Fall ist also das Rhythmizomenon g e s u n g e n e Sprache, bei gesprochener Versdichtung g e s p r o c h e n e Sprache. In den modernen Schriftkulturen werden jedoch auch Verse mehr und mehr zu still gelesener Dichtung; ihr Rhythmizomenon ist dann i n n e r l i c h v e r n o m - m e n e Sprache. Es ist einzusehen, daß durch diese Wandlungen die rhythmische Erfahrung, die vom Vers ausgeht, sich mitverändert.

Hinsichtlich der Qualität jenes Zusätzlichen, das im Verse das Rhythmizomenon bewußt macht und zugleich umformt und stilisiert, hat die Verslehre bisher die Grenzen zu eng gezogen. Im folgenden wird versucht, an die Stelle eines einheitlichen Prinzips, das sich in allen Fällen als zu eng erweist, verschiedene zu setzen.

1. Der Fall, daß die Signalwirkung durch eine Folge gleicher oder ähnlicher rhythmischer Grundphasen, d. h. durch ein V e r s - m e t r u m, bewirkt wird, ist in der Geschichte der abendländischen Dichtung so häufig, daß es nahe lag, darin das Grundprinzip jeder Versdichtung zu sehen. In den meisten Fällen ist metrische Dichtung wohl von Haus aus gesungene Dichtung, und ihr metrisches Signal- und Umformungssystem stammt aus der Musik. Allerdings bleibt zu beachten, daß Plato den Rh. — womit er wohl das Gestaltprinzip meinte, das er an gesungener und getanzter Dichtung wahrnahm — nicht aus der Musik, sondern unmittelbar aus der Sprache herleitete. Wie dem auch sei, uns Heutige gemahnt das metrische Gestaltungsprinzip an die Musik, und Verse dieser Art erscheinen uns, auch wenn sie gesprochen werden, als seien sie gesungen.

Die sprachlichen Akzentmerkmale, auf denen die metrischen Grundeinheiten (Versfüße) beruhen, können je nach der Sprache bald auf der Opposition von Länge und Kürze der Silben (quantitierende Dichtung: antiker Vers), bald auf der Abstufung der Druckstärke beruhen (akzentuierende Dichtung: german.-dt. Vers). Das Zeitelement ist als Abstandszeit zwischen den Hebungen in beiden Fällen beteiligt. Entweder bilden die kleinsten metrischen Grundphasen die strukturelle Grundeinheit des Versmaßes, oder sie treten planmäßig zu höheren Gruppen

(Dipodien) zusammen. Niemals jedoch laufen sie unaufhaltsam in gleicher Weise fort. Sie bilden Perioden, und diese fügen sich kettenweise aneinander.

2. Der Versrh. kann aber auch auf andere Weise ein gesteigerter Sprachrh. sein: Die akzentuellen Höhepunkte der Sprache treten in solchen Versen unmittelbar, ohne Beteiligung eines „Metrums" zu einander in rhythmische Beziehung, das übrige schwach- und nebentonige Sprachgut ordnet sich den Gipfeln proklitisch und enklitisch zu. Dieses Prinzip herrscht im germanischen S t a b - r e i m v e r s , und zwar in der Regel so geordnet, daß zwei Akzentgipfel den Einzelvers formen, zwei Einzelverse, durch Stabreim gebunden, sich zur Langzeile zusammenfügen.

3. Eine Synthese dieses extrem akzentuellen Formprinzips mit dem metrischen begegnet im a l t d t . R e i m v e r s und seinen weitgestreuten europäischen Entsprechungen und Nachwirkungen bis in die neuere Zeit. In ihm füllt sich ein metrischer Rahmen ideal gleicher oder ähnlicher Abstandszeiten von Hebung zu Hebung in freiem Wechsel; Hebung kann auf Hebung stoßen, die Senkungen können ein- oder mehrsilbig sein. Die rhythmische Modelung geht nicht von kleinsten Gruppen (Versfüßen) sondern von der (in der Regel vierphasigen) Verszeile aus, wobei in der Kadenz (s. d.) bestimmte Füllungstypen (voll, klingend, stumpf) den Tonfall regeln und auch Pausen zum System gehören. Auch in dieser Versart ist die rhythmische Form wohl erheblich durch die Musik bestimmt.

4. Ein Grenzfall metrischer Modelung ist bei den a l t e r n i e r e n d e n V e r s e n erreicht. In ihnen bestimmt die denkbar einfachste akzentuelle Abstufung, der regelmäßige Wechsel von einsilbiger Hebung und Senkung, das Versmaß. Streng metrische Dichtung wie die der Antike geht dem reinen Alternieren aus dem Wege; sie neigt dazu, alternierende Versfüße mindestens zu Dipodien zusammenzufassen. In den alternierenden Versmaßen des europ. MA.s und der Neuzeit tritt dipodische Ordnung jedoch nur beiläufig und so gut wie nie als metrisches Formprinzip auf. Daraus geht hervor, daß das Alternieren als selbständiges rhythmisches System angesehen werden muß und

weder dem strengmetrischen (1) noch dem hebigen System (3) zugeordnet werden kann. Alternierende Dichtung gewinnt zusätzliche Formung dadurch, daß der unter 3 genannte Verstypus zum Alternieren übergeht und seine festeren, von der Versperiode und ihren Kadenzen geregelten Gliederungen dem alternierenden Verse mitteilt. Wo dieser Halt fehlt oder an Wirksamkeit verliert, tritt die Modelung durch die Abstufungen und Gliederungen des natürlichen Sprachrh., teils in Übereinstimmung mit dem Alternieren, teils in leiser aber vernehmlicher Spannung zu ihm, ins Ohr, und gerade darin liegt der besondere rhythmische Reiz solcher Verse.

5. Die Frage, ob der s i l b e n z ä h l e n d e V e r s eine Sonderform des alternierenden ist — Alternieren ohne Rücksicht auf den Sprachakzent und damit in dauernder, prinzipieller Spannung zu diesem —, oder ob er einem eigenen rhythmischen Prinzip gehorcht, wird wohl immer ein Streitpunkt bleiben. Daß man beim Silbenzählvers mit geregelter Silbenzahl der Perioden, jedenfalls in seinen europäischen Ausprägungen, zumeist von einem idealen „trochäischen" oder (häufiger) „iambischen" Modell ausgehen kann, spricht für das erste. Doch tritt der Silbenzählvers so häufig und in fern voneinander abliegenden Kulturen auf, daß man vermuten muß, schon eine (nicht zu lange) Reihe gleichbleibender und ungegliederter Signale könne als rhythmische Gestalt wahrgenommen werden. Gestaltpsychologische Experimente scheinen zwar ergeben zu haben, daß solche Signale, wenn sie künstlich (durch Ticken) hervorgerufen werden, auf jeden Fall in kleine metrische Gruppen umgehört werden. Man muß dabei jedoch in Rechnung stellen, daß die Versuchspersonen durch Gewöhnung an akzentuelle Verse und Musik in ihrer rhythmischen Einstellung und Erwartung im voraus festgelegt waren. Die bekannteste aktuelle Form silbenzählender Verse in den europäischen Kulturen, der franz. Vers, läßt sich so oder so verstehen: entweder als alternierender Vers, der erst am Ende seiner Phasen in das Akzentsystem der Sprache einschwingt (Saran), oder als echter Silbenzähler, dessen Gruppen deshalb überhörbar werden, weil nach vier oder sechs Silben der Sprachakzent das Ende der Gruppe anzeigt. Jedenfalls for-

dert der franz. Vers solche festen Zäsuren, der 10/11 silbige *Vers commun* nach der vierten, der 12/13 silbige *Alexandriner* nach der sechsten Silbe.

6. Schon der syntaktische Gleichlauf kann als Signal für die rhythmische Formung der Sprache zum Vers wirken. Gerade die primitivsten Gebilde des Zaubers, der Beschwörung, des Gebets nehmen von daher versrhythmische Gestalt an, und solcherart Verse sind wohl fast allenthalben vorgeschichtlich bei der Ausbildung der entwickelteren Versmaße mitbeteiligt gewesen. Als Hochform erscheint der *parallelismus membrorum* in der hebräischen Poesie des Alten Testaments und übt von daher eine gewisse Modellwirkung auf die christlichen Kulturen.

7. Namentlich das Versende bekommt von daher als rhythmisches (*cursus*) oder klangliches (Reim) Homoioteleuton Signalwirkung. Im Umkreis der europäischen Versgeschichte jedoch bewirkt dies allein noch nicht die Entstehung von Versarten; bei der Entstehung des Reimverses mag es jedoch mitbeteiligt gewesen sein. Die rhythmische Typisierung des Satzschlusses (*cursus*) hat in der antiken Kunstprosa ihre Stelle und wirkt von ihr aus von Zeit zu Zeit auch auf die Formung einer kunstvollen volkssprachigen Prosa. Sie hebt vom Satzende her die rhythmische Formung der ganzen Prosaperiode ins Bewußtsein, aber verwandelt die Prosa dadurch nicht zum Vers. In der frühmhd. Dichtung gibt es Fälle, wo die Versreihe erst an ihrem Ende durch Kadenz und Reim versmäßige Gestalt annimmt. Auch manche Schwellverse der buchmäßigen dt. Stabreimdichtung laufen gewissermaßen prosaisch an und gewinnen erst an ihrem Ende feste rhythmische Gestalt. In der neueren Dichtung neigen gerade die längeren Reihen dazu, rhythmisch mehrdeutig einzusetzen (die Eingangssenkung ist diejenige Stelle, die am häufigsten „schwebende Betonung" fordert) und sich erst allmählich zu ihrer intendierten rhythmischen Gestalt zu bekennen. Der ästhetische Reiz liegt darin, daß die rhythmische Erwartung eine Weile in der Schwebe gehalten und erst nach und nach befriedigt wird. Selbständige Versarten entstehen dadurch jedoch nicht. Im frühmhd. Vers schlägt als intendierter Idealtypus doch das vierhebige, akzentuelle,

frei gefüllte Grundmaß durch, bei den Schwellversen der zweigipflige Stabreimvers; die Reihen der neueren Dichtung ordnen sich schließlich dem intendierten alternierenden oder akzentuellen Maß ein, und da kein Vers für sich lebt, wird jeder von seiner Umgebung mitgeformt.

8. Bei den freien Rhythmen (*s. d.*) oder freien Versen kann das rhythmische Signal allein von der bewußt geformten Kolongliederung des Rhythmizomenons ausgehen. Ein besonderer Fall ist die silbenzählend-freie Rhythmik in den „Prosen" von Tropus und Sequenz. Dort entspricht die ausgegliederte Kolon-Phase einer zugehörigen melodischen Tonfolge, die sich im folgenden Versikel an entsprechender Stelle mit gleicher Ton- und Silbenzahl, aber in abweichender akzentueller Modelung wiederholt. Hier findet also das freirhythmische Gebilde in der musikalischen Formung seinen Halt.

Die freien Rhythmen oder Verse seit Klopstock enthalten anfangs mehr oder minder starke Einschüsse metrischer oder akzentuell-metrischer Herkunft. Teils sind es Tonfälle solcher dt. Verse, die „sich antiker Form nähern", wobei die aus antiker Theorie entwickelte Vorstellung der „Wortfüße" in der Modelung der Kola wiederkehrt; teils sind es solche der frei gefüllten volkstümlichen Versarten (des Knittelverses und seiner Verwandten); teils trägt der *parallelismus membrorum* der Psalmensprache zur Formung bei; auch wirkt die Praxis der Kirchenmusik ein, biblische Texte, in Kolen gegliedert, musikalisch zu metrisieren. Um freie Verse als Verse kenntlich zu machen, bedarf es jedoch mehr und mehr des optischen Signals der abgesetzten Zeile. Nur in wenigen Fällen gelingt es, aus freien Versen, die in Prosa umgeschrieben wurden, mit Sicherheit die beabsichtigte Versform herzustellen, und die Dichter selbst schwanken in ihrer Entscheidung. Je mehr die Analogien zu metrischen oder akzentuellen Versarten sich verflüchtigen oder bewußt gemieden werden, um so mehr bleibt allein das optische Signal übrig, und es signalisiert einzig, daß bei diesen Versen der eigene Rh. des Rhythmizomenons selbst, der Sprache, ins Bewußtsein treten soll. Solcherart Verse sind nur in extrem schriftlichen Kulturen möglich, und sie wenden sich schließlich mehr an das innere Ohr des Lesenden. In diesen neuerschlossenen ästhetischen Bereich gehen aber auch Verse ein, die noch Elemente einer akzentuell-metrischen Formung (z. B. liedhafter Art) bewahren, Verse, die man auf der Zunge spürt oder in die man innerlich einschwingt, gerade weil sie nicht laut werden, und die Gefahr laufen, ihren Schmelz zu verlieren, wenn man sie spricht.

§ 12. Man wird demnach darauf verzichten müssen, nach einem metrischen oder akzentuellen Grundprinzip zu suchen, das allen Versen gemeinsam ist. Es müßte im Umkreis des rhythmischen Grundzeitwertes (s. § 2) liegen, aber gerade da ist die rhythmische Form noch so in statu nascendi, daß sich kein einheitliches Prinzip gewinnen läßt. Anders ist es mit der nächsthöheren Stufe, der Periode, die physiologisch zum Atmen, psychologisch zu der Erwartung von Spannung und Lösung in Beziehung steht. Wo metrische oder akzentuelle Signale aufhören, bleibt noch die Satzkolon-Periode als akustisches oder die abgesetzte Verszeile als optisches Signal. Verse ohne beschreibbares Metrum gibt es, aber Verse, die nicht in Reihen abgesetzt sind, wird man vergeblich suchen. Es gibt wohl nur einen Fall, wo nicht die Reihe, sondern die aus mehreren Perioden gefügte Kette etwas verschmitzt beansprucht, Grundmaß des Verses zu sein: Jean Pauls „Streckverse". Immerhin hebt Jean Pauls dialektischer Humor damit etwas ins Bewußtsein, was es als äußerste Möglichkeit des Verses eigentlich geben müßte. Denn die Reihe ist ja keineswegs die letzte und oberste Einheit der Versdichtung, sondern selbst wieder Teil eines größeren rhythmischen Verlaufs.

Von den im vorigen § aufgeführten Versarten lassen sich nur die metrischen (1) und akzentuell-metrischen (3) auf regelmäßige Wiederkehr gleicher oder ähnlicher Grundfiguren beziehen. Beim Alternieren (4) treten diese im rhythmischen Bewußtsein in den Hintergrund, weil sie zu selbstverständlich sind und daher vom Sprachrh. überspielt werden. Beim Silbenzähler (5) spielen sie nur leise hinein, sofern der Silbenzähler als verkappter alternierender Vers verstanden wird. An der Formung der freien Verse (8) können sie mitbeteiligt sein, aber die neue-

sten Spielarten gehen ihnen eher aus dem Wege.

Verse, die von motorisch-rhythmischen Grundfiguren bestimmt werden, lassen sich durchtaktieren oder „durchklopfen", in vielen Fällen über die Versgrenze hinaus. Der ganze Ablauf ist motorisch bestimmt, ähnlich wie es die rhythmischen Abläufe der neueren Musik meistens sind. Franz Saran gibt diesem Tonfall die Bezeichnung „orchestischer Rh." und stellt ihm den „melischen Rh." der reinen, an sich ungegliederten Tonreihe gegenüber. Beide Rh.-arten haben nach ihm vorsprachliche Ursprünge, der orchestische in gleichmäßigen Arbeitsbewegungen, besonders wenn sie von Musik begleitet werden (Bücher), und im Tanz. Für den melischen Rh. ist ihm die freie Melodiebewegung der Schalmei oder des Dudelsacks das Grundmodell. Im Verse aber begegnet er vor allem dort, wo die eigene rhythmische Bewegung der Sprache sich gegen das Metrum durchsetzt oder allein den Versrh. bestimmt. Es ist unverkennbar, daß der Versrh. sich im Spannungsfeld zwischen diesen beiden Extremen verwirklicht und bald nach der einen, bald nach der andern Seite ausschlägt. So sind diese Bezeichnungen der Beschreibung des Versrh. dienlich. Eine gewisse logische Unschärfe muß dabei in Kauf genommen werden. Sie liegt darin, daß die Bezeichnung „orchestisch" vom Tanz herkommt und ein kinetisch-musikalisches Rh.prinzip an das Rhythmizomenon der Sprache heranführt, während das „Melische" in Sarans Rh.lehre ein nichtrhythmisches Prinzip darstellt, das er z. B. der planen Sprache, die für ihn keinen Rh. hat, zuschreibt (s. § 10). Wenn man jedoch auch der Sprache Rh. zubilligt, so ordnet sich der orchestische Rh. mehr den Versarten zu, deren Rhythmizomenon von Haus aus gesungene Sprache war, der melische Rh. namentlich denjenigen, die sich in gesprochener Sprache verwirklichen. Doch läßt sich die Unterscheidung der beiden rhythmischen Stile von der Musik her vielleicht noch genauer bestimmen (s. § 14).

§ 13. Bisher wurde vermieden, die kleinste rhythmische Einheit, die durch ihre Wiederkehr den Rh. mancher Versarten bestimmt, eindeutig zu benennen. Es geschah, um die bisherigen Überlegungen nicht mit der noch nicht ausgetragenen Streitfrage um die Begriffe Rh., Metrum und Takt zu belasten.

Der Begriff Metrum mitsamt den Einzelbezeichnungen der Versfüße und der durch sie bestimmten Versmaße und Strophenformen stammt aus der antiken, quantitierenden Verslehre. Wenn er auf den wägenden german.-dt. Vers oder auf andere nichtquantitierende Versarten der nachantiken europäischen Dichtung übertragen wird, macht er zum mindesten einen erheblichen Bedeutungswandel durch. Bei Versen, die sich „antiker Art nähern", wird man auf die antike Terminologie nicht verzichten und vor allem die aus der quantitierenden Metrik übernommenen prosodischen Bemühungen (dt. Spondäen) nicht wegdisputieren dürfen. Sie tragen zum Stil und zur Schönheit deutscher antikisierender Verse bei. Im übrigen aber stößt die Übertragung der metrischen Begriffe auf den nachantiken Vers auf Hindernisse. Schon die Bezeichnung der alternierenden Versmaße als „iambisch" oder „trochäisch" bereitet Schwierigkeit, weil sich mit dem einen die Vorstellung eines durchweg oder vorwiegend steigenden, mit dem andern die eines fallenden Rh. verbindet, der prosodisch in ihnen keineswegs planmäßig verwirklicht wird. Noch weniger läßt sich die Kadenzregelung des altdt. Reimverses und seiner Nachfahren bis in die neuere Zeit durch die antiken metrischen Begriffe fassen; die Bezeichnungen katalektisch und akatalektisch reichen nicht aus. Und wenn ein frei gefüllter Vers vom Typ des Knittels mit Hilfe von Amphibrachys, Iambus, Anapäst und Trochäus beschrieben wird, dann schmückt man ihn mit einem Kleide, das ihm nicht steht.

Ein guter Teil dieser Verse läßt sich nun in der Tat mit Hilfe des musikalischen Takt-Begriffes hinreichend beschreiben. Dabei muß der Betrachter jedoch darauf verzichten, auf einem Mißverständnis zu beharren, und er muß bereit sein, dem Begriff Takt eine etwas weitere Bedeutung zu geben, als er in der Musik hat oder zu haben scheint. Das Mißverständnis liegt darin, daß man meint, was zwischen den Taktstrichen steht, sei mit der rhythmischen Grundphase identisch. Das ist auch in der Musik nur ausnahmsweise der Fall; der Taktstrich der neueren Notation ist nur eine orthographische Hilfe, um die stärksten Hebungsabstände optisch zu verdeutlichen. Die Bedeutungserweiterung betrifft diese Hebungsabstände. In der Musik erwartet man, daß sie in genauem Zeitabstand aufeinander folgen. Das scheint für die Versikten nicht in gleichem Maß zu gelten. Dies hat darin seine Ursache, daß die Musik grundsätzlich viel empfindlicher gegen Zeitwerte ist als die Dichtung, weil deren Rhythmizomenon, die Sprache, das bewußte Wahrnehmen der Zeitabstände verwischt. Dadurch aber entsteht höchstens ein Gradunterschied, der es nicht ausschließt, den Taktbegriff auf gewisse Versarten zu übertragen. Verzichten wird man dabei in den meisten

Fällen — und mehr als A. Heusler es tat — auf die Übertragung der zusammengesetzten Taktarten der Musik ($^4/_4$-, $^6/_8$- und $^9/_8$-Takt) auf den Vers. Der orchestrale dt. Vers ist in der Regel monopodisch und läßt sich daher zumeist nur zu den einfachsten Taktabstufungen der Musik in ein Verhältnis bringen.

Ein gewichtigerer Einwand gegen die Taktmessung von Versen kommt aus der Geschichte. Die musikalische Taktorthographie hat sich erst seit dem 17. Jh. ausgebildet. Wer ihr Prinzip z. B. auf Verse des MA.s überträgt, läuft Gefahr, eine rhythmische Gewohnheit, der er selbst unterliegt, in eine Vergangenheit zu versetzen, in der ihr vielleicht nichts entsprach. Dieser Einwand trifft sowohl Heusler wie Saran, die sich in ihrem Verständnis des Versrh. weit weniger unterschieden als in ihrer Terminologie. Er muß wichtig genommen werden, auch wenn er in jüngerer Zeit vielleicht zu übertriebener Skepsis geführt hat. In Zeiten, als Musik noch nicht takthaft und auch nicht mensural notiert wurde, hatte sie es nicht nötig, die Rhythmik orthographisch wiederzugeben. Sie ergab sich bei gesungener Musik aus der Textrhythmik, vielleicht verbunden mit einem Usus, der so bekannt und so allgemein war, daß man ihn nicht notieren mußte. Das gilt für den antiken Vers, dessen Metrum ausdrücklich als „durch die Sprache gegeben" bezeichnet wird, und ebenfalls für den mal. gesungenen Vers. Der Zirkelschluß muß also gewagt werden, den Vers selbst zu befragen, ob sein System verständlich wird, wenn man eine taktmäßige Modelung voraussetzt, und bei denjenigen Versen, die ihre Kadenzen nach voll, klingend und stumpf bilden, ist das wahrscheinlich. Wie weit dieses Versprinzip auch auf anders organisierte mal. Verse angewendet werden kann, muß unentschieden bleiben.

Denn ohne Zweifel ist Heusler darin zu weit gegangen, daß er das Taktprinzip zur Grundlage aller Versdichtung und zum alleinigen Kriterium der Unterscheidung von Vers und Prosa gemacht hat. Man wird in Anlehnung an die in § 11 versuchten Unterscheidungen prüfen müssen, ob der Rh. einer Versart vorwiegend takthaft, hebig, alternierend, metrisch, silbenzählend oder freirhythmisch verstanden werden kann, und es wird eine breite Zone geben, wo der eine Betrachter anders entscheidet als der andere oder wo man auf eine Entscheidung ganz verzichten muß. Der Optimismus, mit dem sowohl Heusler wie Saran die „papierne" Metrik zu überwinden und zu sicheren Aussagen über die klingende Gestalt des metrischen Gebildes im Rhythmizomenon der Sprache zu gelangen glaubten, läßt sich nicht halten. Gewiß bleibt der intendierte Rh. eines Versgebildes hinter dem zurück, was das Metrum vorzeigt. Aber das Metrum deutet nur an, welcher Rh. etwa gemeint sei, und läßt in vielen Fällen mehrere Möglichkeiten offen. Die rhythmische Verwirklichung ist ein Akt künstlerischen Nachschaffens, wobei auch der rhythmische Zeit- und Personalstil des Nachschaffenden berechtigterweise mit ins Spiel kommt. Die Wissenschaft kann dabei höchstens die Grenzzone abstecken, innerhalb derer die rhythmische Intention des Vorbilds auf angemessene Weise verwirklicht wird.

Für den Sprachgebrauch folgt aus den vorausgegangenen Überlegungen: Sowohl der Begriff „Metrum" wie der Begriff „Takt" stößt sich an den Erfahrungen, die man am Versrh. macht, sofern man diese Wörter zu eng im Sinne ihrer „etymologischen" Herkunft versteht (im ersten Fall aus der antiken Metrik, im zweiten Fall aus der Taktpraxis der Musik des 18. und 19. Jh.s). Beide fordern eine Bedeutungserweiterung, um brauchbar zu werden. Dabei ist der Begriff Metrum, wenn man ihn als das Maßprinzip, das der jeweiligen Versart zugrundeliegt, definiert, der weitere und flexiblere. Unter ihn lassen sich alle Versarten, die sich überhaupt an ein kleinrhythmisches Ordnungsprinzip halten, unterbringen, die im engeren Sinn metrischen, die hebigen, die takthaften, die alternierenden. Erst beim Silbenzähler gerät der Begriff an eine Grenze, hinsichtlich der freien Verse verliert er seinen Sinn. Der Begriff Takt ordnet sich unter und bezeichnet eine bestimmte Art metrischer Formung, die vor allem in den vom altdt. Reimvers herkommenden Versarten zu finden ist.

Hinsichtlich des Verhältnisses von Metrum und Rh. braucht es nicht zu Mißverständnissen zu kommen, wenn man die Aspekte mitversteht, unter denen die Termini zueinander in Beziehung gebracht werden. Steht das metrische System als Initiator des Rh. dem Betrachter im Vordergrund, so wird er vom Sprachgipfelrh. der Stabreimdichtung, vom Taktrh. einer Liedstrophe oder vom alternierenden Rh. des Blankverses sprechen, d. h. Metrum und Rh. fast einsinnig verwenden. Meint der Betrachter die rhythmische Verwirklichung der Versart im Rhythmizomenon, dann treten ihm Metrum und Rh. als etwas Verschiedenes, mitunter gar Entgegengesetztes, ins Bewußtsein. Steht ihm die rhythmische Gesamtgestalt im Vordergrund, so ordnet sich das Metrum als niederstes Gliederungsprinzip dem höheren Begriff Rh. unter. Jeder dieser Aspekte hat seine Berechtigung, und es bedarf keiner neuen Terminologie. Man muß nur bereit sein, richtig zu verstehen, was jeweils gemeint ist.

Andreas Heusler, Dt. Versgeschichte 3 Bde (1925-27). Franz Saran, Deutsche Verslehre (1907). Ders., Deutsche Verskunst (1934). Erich Drach, Versmaß. Sachwörterbuch der Deutschkunde. Bd. 2 (1930) Sp. 49-57. Wolfgang Kayser, Kleine dt. Versschule (4. Aufl. 1954). Ders., Das sprachliche Kunstwerk (12. Aufl. 1967). Ders., Vom Rh. in dt. Gedichten. DuV. 39 (1938) S. 487-510. Ulrich Pretzel, Dt. Verskunst. Stammler Aufr. Bd. 3 (2. Aufl. 1962) Sp. 2357-2546. Otto Paul u. Ingeborg Glier, Dt. Metrik (7. Aufl. 1968). Friedrich Neumann, Grundsätzliches z. dt. Versbau. Muttersprache 74 (1964) S. 43-52, 65-74, 97-109. Fritz Lockemann, Der Rh. des dt. Verses (1960). Ders., Das Gedicht u. s. Klanggestalt (1952). — Klaus von See, Germanische Verskunst (1967; Sammlung Metzler). Werner Hoffmann, Altdt. Metrik (1967; Samml. Metzler).

Arthur Arnholtz, Grundzüge einer Vers-Vortragslehre (1942; Sprechkundl. Schriften). Karl Müller, Die rhythmischen Maße (1931). Richard Müller-Freienfels, Einige psychol. Grundfragen der Metrik. GRM 6 (1914) S. 369-79. E. Sapir, The musical Foundation of Verse. JEGP. 26. (1921) S. 213-91. Friedrich Sieburg, Die Grade der lyr. Formung. Zs. f. Ästhetik 14 (1920) S. 356-396. Walther Schurig, Das Prinzip der Abstufung im dt. Vers (1934). Henrik Bertelsen, Ordrytme og versrytme (Aarhus 1933). Gerhard Storz, Sprache u. Dichtung (1957). Ders., Rh. u. Sprache. Deutschunterr. 1952, H. 2, S. 47-56. Friedr. Georg Jünger, Rh. u. Sprache im dt. Gedicht (1952). Rudolf Ibel, Gestalt u. Wirklichkeit des Gedichtes (2. Aufl. 1964).

Franz Saran, Der Rh. des franz. Verses (1904). Paul Verrier, Le Vers Français. 3 Bde. (Paris 1931-32), Rez. v. A. Heusler, AfdA. 52 (1933) S. 130-32; H. Spanke, ZfromPh. 53 (1933) S. 629-50. Walther Suchier, Französ. Verslehre auf histor. Grundlage. 2 Aufl. bearb. v. Rud. Baehr (1963; Samml. kurzer Lehrbücher d. rom. Spr. u. Lit. 14). — George Saintsbury, A History of English prosody. 3 Bde (London 1906-10). — Victor Erlich, Russischer Formalismus (1964; Lit. als Kunst), Kap. XII: Versstruktur. Viktor Žirmunskij, Introduction to metrics. The Theory of Verse (The Hague 1966; Slavistic printings and reprintings 58).

Franz Saran, Rhythmik. In: Jenaer Liederhandschrift, hg. v. E. Holz, F. Saran u. E. Bernoulli, Bd. 2 (1901). Hugo Kuhn, Minnesangs Wende (2. verm. Aufl. 1967; Hermaea N. F. 1). Burkhard Kippenberg, Der Rh. im Minnesang (1962; Münchener Texte u. Untersuchungen z. dt. Lit. d. MA.s 3). Karl Heinrich Bertau, Sangverslyrik (1964; Palaestra 240). Ursula Hennig, Untersuchungen zur frühmhd. Metrik am Beispiel der 'Wiener Genesis' (1968; Hermaea 24). Aage Kabell, Metrische Studien 2. Antiker Form sich nähernd (Uppsala 1960; Uppsala Univ. Årsskr.

1960, 6). W. Bennett, *German Verse in classical metres* (The Hague 1963; Anglica Germanica 6). Paul Claus, *Rhythmik u. Metrik in Seb. Brants Narrenschiff* (1911; QF. 112). Anton Englert, *Die Rhythmik Fischarts* (1903), Rez. v. A. Hauffen, Euph. 11 (1904) S. 525-549. Hans Lentz, *Zum Verhältnis von Versiktus u. Wortakzent im Versbau G. R. Weckherlins* (1966; Studien u. Quellen z. Versgesch. 1). Friedhelm Kemp, *Dichtung als Sprache. Wandlungen der modernen Poesie* (1965). Paul Habermann, *Grundbegriffe der dt. Verswissenschaft.* NJb. f. Wiss. u. Jugendbild. 5 (1929) S. 153-66. Ernst Graf, *Rh. u. Metrum. Zur Synonymik* (1891). Albert Verwey, *Rh. u. Metrum* (1934), auch in: *Ars poetica. Texte v. Dichtern des 20. Jh.s zur Poetik,* hg. v. Beda Allemann (1966) S. 167-176. Ivor A. Richards, *Rhythm and Metre.* In: Richards, *Principles of Litterary Criticism* (London 1944). Eirik Vandvic, *Rh. u. Metrum, Akzent u. Iktus.* (Oslo 1947; Symbolae Osloenses, Suppl. 8.). — Wilhelm Heinitz, *Strukturprobleme in primitiver Musik* (1931). Ders., *Ein biologisch gerichteter Beitrag zur dt. Versforschung.* Vom Geist d. Dichtung. Gedächtnisschr. f. Rob. Petsch (1949) S. 326-57. Ders., *Vom Takt zum Rh.* Studium generale 2 (1949) S. 96-104.

§ 14. Da Versdichtung und Musik einen ـuten Teil ihres Weges gemeinsam gegangen sind, lohnt sich ein kurzer Blick auf den ٤h.begriff der Musik. Gemeinsamkeiten und Jnterschiede können für die Dichtungs- wie ـür die Musikwissenschaft erhellend sein und um Nachdenken herausfordern (*s. Lit. und ٨usik*).

In beiden Künsten verwirklicht sich Rh. in ـinem akustischen Rhythmizomenon, hier in ـer Sprache, dort in Schall, Melodie und ٢lang. Die Sprache bringt ihre eigene rhythـische Gestalt mit, sie intendiert jedoch ـicht Rh. sondern leistet unter seiner Mitـilfe etwas anderes. Der Vers intendiert war Rh., gibt aber dabei jenes andere, den ـprachinhalt im weitesten Sinne, nicht auf. ـn der Musik formt erst der Rh. aus den ٢hythmizomena eine rhythmisch-melodischـlangliche Gestalt, und damit ist in der Regel ـhre Intention erfüllt. Dabei wird der Schall ـrst durch Rhythmisierung rhythmisch; die ٨elodie hingegen bringt von sich aus Rhythـnisches mit: ihre Spitzentöne können als ٨kzente verstanden werden, ihr Verlauf als ٢ette rhythmischer Perioden, und sofern sie ـuf Fixpunkte (*apertum, clausum*) orientiert ـst, unterliegt sie einer Art „Syntax", die auf ٢pannung und Lösung beruht; der Klang

ordnet sich wenigstens bei der neueren Dur-Moll-Harmonik in das rhythmische System von Spannung und Lösung mit ein. Die Musik hat, da ihr jenes andere, das die Sprache mitbringt, in der Regel abgeht, ein sehr viel näheres Verhältnis zum Rh. als die Dichtung.

Das zeigt sich in erstaunlicher Weise darin, daß der absolute und relative Sinn für Zeitabstände und für das Tempo in der Musik viel stärker und bewußter ist als in Sprache und Dichtung. Die Musikwissenschaft glaubt, eine feste Grundeinheit für das Zeitmaß ansetzen zu können (s. § 2). Beim Musizieren pflegt das Tempo streng eingehalten zu werden; schon kleine Schwankungen fallen sofort ins Ohr, Übergänge ins Langsamere und Schnellere gehören zu den ausdrucksvollsten und am schwersten zu meisternden rhythmischen Wirkungen der Musik; die Tempowahl unterscheidet Spielarten des Rh., er ist in langsamem Tempo anders strukturiert als in schnellem. Im reinen Sprechvorgang bleibt der Grundzeitwert völlig unbewußt, im Verse tritt er höchstens vage ins Bewußtsein über das Substrat der inneren Musik, die im Verse waltet. Außerdem ist Sprache lesbar geworden, aber die Zeitraffung, die das Lesen begleitet, stört den Zeit- und Rhythmensinn des Lesenden kaum. Musik verlangt bisher noch immer, musiziert zu werden. Und beim Partiturlesen ist eine Zeitraffung nur dadurch möglich, daß die zeitlich-akustischen Gestalten mit einem Blick als optische wahrgenommen werden; sie bedient sich des räumlichvisuellen Substrats.

Das genauere Zeitbewußtsein in der Musik bringt es mit sich, daß in ihr die rhythmischen Grundfiguren ausgeprägter ins Ohr fallen als im Verse. Taktfestigkeit, sogar das Beharren in gleichmäßigen motorischen Rhythmen, haben in ihr einen andern ästhetischen Wert als in der Dichtung. Andrerseits kann die Musik in der variablen Gliederung des Grundrh. erheblich weiter gehen, ohne dabei ihr Metrum zu wechseln. Versdichtung, sofern sie von Haus aus gesungene Dichtung ist, nimmt zwar einen guten Teil ihrer Gliederungsprinzipien aus der Musik, jedoch wählt sie dabei aus und vereinfacht. Eine neue, andersartige Differenzierung geht dann vom Sprachrh. aus. Umgekehrt betrachtet: die Musik, die Verse singt, fügt in den meisten Fällen zu den versmetrischen noch weitere metrische Gliederungsprinzipien hinzu (z. B. legt sie das Verhältnis von Hebung und Senkung auf 1 : 1 oder 2 : 1 fest, modelt den monopodischen Versrh. zum dipodischen um usw.). Sie nimmt sich die Freiheit, einfache versmetrische Strophenformen so umzurhythmisieren, daß man im gesungenen Liede die Versgestalt nicht mehr wiedererkennt. Der Sprecher von Versen weicht mehr oder minder stark in der Richtung des Sprachrh. ab, der Vertoner von Versen eher in der Richtung höher differenzierter musikrhythmischer Form.

Hingegen ist auch die Musik durch den langen gemeinsamen Weg mit der Dichtung nicht unbeeinflußt geblieben. Sogar die vom Wort gelöste, absolute Musik hat Elemente des Sprachrh. in sich aufgenommen. Nationalstile der Musik stehen in gewisser Beziehung zum Rh. der zugehörigen Sprachen. Und gerade die absolute Musik der neueren Zeit ist so stark literarisiert, daß in ihr weithin der Tonfall sprachlicher Rede durchschlägt. Ihr rhythmisch-melodischer Verlauf gehorcht in gewisser Hinsicht syntaktischen Regeln. So konnte in Renaissance und Barock sprachliche Rhetorik in die Musik übertragen werden und im 18. und 19. Jh. das Ideal eines natürlichen, „gleichsam redenden" Vortrags von Instrumentalmusik entstehen.

Von der zeitlichen Grundeinheit aus glaubt die Musikwissenschaft zwei grundsätzliche, verschiedene Wesenstypen des Rhythmischen zu erkennen. Bei dem einen ist der Grundzeitwert nicht teilbar, und Rh. entsteht durch die Addition solcher Zeitwerte zu einer Periode, die ihren Rh. nur im Ganzen, nicht in der Symmetrie ihrer Teile hat (additiver Rh.). Bei dem andern entsteht Rh. durch Teilung der Grundzeit und Multiplikation der Glieder; er bildet Takte (multiplikativer Rh.). Unteilbarkeit erlaubt, unregelmäßige Bildungen als parametrisch einzubeziehen, teilbarer Rh. füllt die Zeit von Iktus zu Iktus und greift den Nicht-Iktus als Unterwert ein (MGG 11, Sp. 389). Diese Unterscheidung erlaubt, die Begriffe des orchestischen und melischen Rh. von ihren Substraten Tanz und Sprachmelos zu befreien. Es bleiben dann zwei entgegengesetzte rhythmische Grundeinstellungen übrig, die zu beiden „rhythmischen Grund-

prinzipien" (s. § 2) in Beziehung treten: de Multiplikations-Typus orientiert sich an de kleinsten rhythmischen Figuren im Umkrei des Grundzeitwertes, der additive an de rhythmischen Periode. In reinster Form tre ten sie zwar selten auf, aber durch den Gra ihrer Mischung bestimmen sie nationale un personale rhythmische Stile. In der quan titierenden Rhythmik der Antike schein das additive Prinzip zu überwiegen. In de Übergangszeit zum MA., wo die Quantitäts rhythmik ihren sprachlichen Halt verlier verfällt das Lat. dem extrem additiven Prin zip des Silbenzählens, das in den roman Nachfolgesprachen zum Teil und in gemi derter Form nachwirkt. Gleichzeitig abe setzt sich in den Volkssprachen des ger manisch-keltisch-romanischen Raumes de Reimvers mit seinem betont multiplikative Rh. durch, am stärksten in den Sprache german. Herkunft, doch mit Ausstrahlun auf das mal. Latein und einer gewissen Paral lelentwicklung im Romanischen. Das Silber zählen kommt in der Zeit wieder auf, wo de Humanismus sich auf die antiken Quantitä ten zurückbesinnt. Es erfaßt den dt. Vers vo allem da, wo er Bildungsansprüche an sic stellt, erscheint demnach als eine volks sprachig vereinfachte Variante des additive Rh. Es ist die gleiche Epoche, in der di Mensuralmusik mit höchst verwickelten poly metrischen Kombinationen experimentier Nachdem das 17. Jh. die alternierende Rege lung gefunden hatte, setzt sich, besonder spürbar in der Strophenkunst, der multipl kative Rh. wieder durch. Aber mit der al mählichen Lösung der Versdichtung von de Musik erleichtert gerade das unauffällig und, wenn motorisch verstanden, eintönig Alternieren, daß sich von der Sprache he ein additiv-unsymmetrischer Fluß darübe legt, während die Musik gleichzeitig dara geht, alternierende Vers- und Strophe modelle in höher differenzierte Ordnunge des multiplikativen Rh. zu überführen. Di Aufnahme antiker Metren im 18. Jh. trif nicht nur auf akzentuell bestimmte Sprache sondern auch auf einen Musikstil, in dem da akzentuelle Taktprinzip herrscht. Dahe dauert es eine Weile, bis sich additiver Rh in der dt. antikisierenden Dichtung durch setzt. Am überzeugendsten glückt dies wo bei Hölderlin, schon in seinen antikisieren den, und stärker noch in seinen freien Ve sen. Die mitunter leidenschaftliche Abkehr vom Taktrh. in neuester Dichtung und Musik hängt wohl damit zusammen, daß alle Künste von der Tradition fortstreben und einen unmittelbaren Zugang zu ihren Urphänomenen suchen, der durch keine Erinnerungen an das von Jugend an Gewohnte verstellt ist.

S. Art. *Literatur u. Musik.* — W. D ü r r u. W. G e r s t e n b e r g, *Rh., Metrum, Takt* (MGG. 11, 1693, Sp. 383-419). — Klaus Günther J u s t, *Musik u. Dichtung.* Stammler Aufr. Bd. 3 (2. Aufl. 1964 Sp. 699-750). — Rudolf S t e g l i c h, *Die elementare Dynamik des musikal. Rh.* (1930). Th. G e o r g i a d e s, *Der griech. Rh.* (1949). Ders., *Musik u. Sprache* (1954; Verständl. Wiss. 50). Ders., *Sprache als Rh.* Gestalt u. Gedanke 5 (1959) S. 109-135. Louis K ö h l e r, *Die Melodie d. Sprache in ihrer Anwendung bes. auf d. Lied u. d. Oper* (1853). Caspar H ö w e l e r, *Het Rhythme in Vers en Muziek* (Den Haag 1952). Josef M ü l l e r - B l a t t a u, *Das Verhältnis von Wort u. Ton in d. Geschichte d. Musik* (1952). Heinr. H u s m a n n, *Einführung in d. Musikwissenschaft* (1958). Friedr. N e u m a n n, *Die Zeitgestalt. E. Lehre vom musikal. Rh.* 2 Bde (Wien 1959). Horst P e t r i, *Lit. u. Musik. Form- u. Strukturparallelen* (1964; Schriften z. Lit. 5). — Peter H a r t m a n n, *Syntax u. Bedeutung.* Bd. 1 (Assen 1964) S. 57-72.

§ 15. Zum Schluß ist noch auf eine Sonderbedeutung von Rh. einzugehen. In der mlat. Dichtung nennt man solche Verse *versus rhythmici* oder *rhythmi*, die nicht nach antiker Regel quantitierend gebaut sind. Sie entstanden, als dem Lat. das Sprachgefühl für sprachliche Länge und Kürze verlorenging; da aber über die Grammatik ein Bildungswissen von antiker Prosodie bewahrt blieb, ging die Kunst, quantitierende *carmina metrica* zu dichten, nie ganz verloren. Gegenüber metrischer Poesie erschien die rhythmische anfangs unterlegen, ja „barbarisch". Indem die lat. Dichtung aber an die Vers- und Liedformen der volkssprachigen Dichtung Anschluß fand, gewann das Latein eine neue Dimension eigener mal. Versformen zu dem antiken Bestande hinzu und trug das Seine bei zu der hohen, schöpferischen Blüte mal. Strophendichtung. Die Nähe der lat. rhythmischen Dichtung zur volkssprachigen verrät sich schon in spätkarolingischer Zeit dadurch, daß das ahd. *Ludwigslied* als *rhythmus teutonicus* bezeichnet wird.

Der Ausdruck *rhythmus* für nichtquantitierende lat. Dichtung erscheint zuerst bei Beda († 735). Ihre Versform orientiert sich anfangs an der Silbenzahl der antiken Vers- und Strophenmaße. Das kann zu rein silbenzählenden Versen ohne Rücksicht auf den Sprachiktus führen (schon in den ältesten irischen Hymnen und unter ihrem Einfluß im Angelsächsischen; dann in stärkerem Maße erst wieder im späten MA.); zu silbenzählenden Versen mit Einschwenken in den Sprachtonfall in Zäsur und Kadenz (wie später vor allem im franz. Vers); oder zur Umsetzung der Quantität in die Sprachakzent und damit vielfach in die Alternation (schon seit dem 8. Jh.). Die akzentuierende Ummodelung der sapphischen Strophe in der Weise, wie sie noch in der Melodie von „Herzliebster Jesu, was hast du verbrochen" erscheint, begegnet schon 818 bei Theodulf. Gerade die verschiedene Sprachbehandlung trägt zur Formenvielfalt der lat. Verskunst des MA.s bei und bringt auch nationale Varianten hervor.

S. Art. *Mittellat. Dichtung.* — Wilhelm M e y e r, *Gesammelte Abhandlungen zur mlat. Rhythmik.* Bd. 1-3 (1905-1936). H. V r o o m, *Le psaume abécédaire de saint Augustin et la poésie rhythmique* (Nijmegen 1933; Latinitas Christianorum Primaeva 4). Dag N o r b e r g, *Introduction à l'étude de la Versification latine médiévale* (Stockholm 1958; Studia latina Stockholmiensia 5). Carl E r d m a n n, *Leonitas. Zur mal. Lehre von Cursus, Rhythmus u. Reim.* Corona Quernea. Festgabe f. K. Strecker (1941) S. 15-28.

Wolfgang Mohr

Robinsonade

§ 1. Als einziger der eingebürgerten Gattungsbegriffe ist der der R. von einem Eigennamen abgeleitet. Das sollte zur Vorsicht mahnen gegenüber der Versuchung, den Terminus spekulativ theoretisch vorzubelasten. Wenn irgendwo, dann ist hier empirisch zu verfahren. Defoes *Robinson Crusoe* (1718) ist der Ausgangspunkt der Bezeichnung. Das Werk enthält bereits in sich die wesentliche Problematik der Bezeichnung „Robinsonade": die Überkreuzung mit anderen Gattungen des Romans wie die Modellform für spätere R.n. Defoes Werk ist, grob gesehen, die Geschichte vom Verlorenen Sohn in Abenteuerform. Der Schauplatz, eine Insel im Südmeer, vertritt dabei das Elend (*ellende*) des verlorenen Sohnes bei den Säuen. Doch ist bei Defoe das „Elend" voller Chancen und Reize der Abenteuerlichkeit. Damit fällt auch das Schwergewicht der Erzählung auf das Insel-Dasein und auf die Spannung, die im Motiv, es zu meistern, liegt. Dennoch bleibt das Motiv des Verlorenen Sohns weltanschauliches Fundament. So ist zuerst Defoes *Robinson* ein Bekehrungsroman im Geiste der Dissentertums und des dt. Pietismus. Er ist zweitens Abenteuer- und Reiseroman und mit dessen Spannungsmomenten durchsetzt. Er ist drittens Utopie und doch mehr als diese; nicht weil er eine Anti-Welt gegen die „böse" Welt im staatsrechtlichen Sinne aufbaut wie die eigenständige Gattung der Utopie (*s. d.*), sondern weil er die Utopie des Von-vorne-Anfangens außerhalb der Kulturwelt durchexerziert. Hier ist dies noch vor-rousseauisch. Nach Rousseau wird dieses Element sich verstärken, in Analogie zu dessen Erziehungsromanen. Aber auch bei Defoe ist die pädagogische Seite (Erziehung durch Vernunft und Natur) schon vorhanden. Aus alledem resultiert die Schwierigkeit, die R. sauber abzugrenzen gegen die ebengenannten Romantypen (Abenteuer- und Reiseroman, Bekehrungs- und Erziehungsroman, utop. Roman). Die R. enthält schon bei Defoe Elemente aller dieser Gattungen. Auch mit der üblichen Unterscheidung von Exil und Asyl kommt man nicht weiter. Denn schon bei Defoe verwischt sich diese angesichts der Chance Robinsons, im Exil zu sich selber zu kommen, wobei das Exil sich idealiter ins Asyl verwandelt (hingenommenes göttliches Gericht über seinen Jugendwandel). Es kann nicht, wie es in der ersten Aufl. des RL.s der Fall war, von Utopie und Roman als „ihrem innersten Wesen nach vollkommenen Gegensätzen" gesprochen werden, so wenig eine literarhistorische Betrachtung eine „scharfe Scheidung zwischen eigentlicher Robinsonade und Pseudo-R." ermöglicht. Denn gerade in dieser Romangattung ist die Grenze zwischen dichterischem Rang und Triviallit. nicht auszumachen.

So bleibt als Kennzeichen der R. kaum mehr als die Außerweltlichkeit, die Abgeschlossenheit, die Ungestörtheit des Inseldaseins. Sie kann einem Einzelnen (Defoe), einem Menschenpaar (Schnabel), einer Familie (J. D. Wyss), einer ganzen modernen Reisegesellschaft (G. Hauptmann) oktroyiert werden, wie immer man die oktroyierende Macht — als Gott, Schicksal, List des Zufalls — interpretieren mag. Die unfreiwillige Ausgangslage gehört dazu, sollte aber in ihrer Bedeutung relativiert bleiben, da rein erzähltechnisch das Scheitern an unbekannter Küste die von Natur nächstliegende Ausgangssituation ist. Im Gegensatz zu den mal. und barocken Vorläufern des Motivs, dem Einsiedlertum und der Schäferei, die beide freiwillig zustandekommen, bleibt die Unfreiwilligkeit Charakteristikum der R., das diese auch von der reinen Utopie unterscheidet. Die R. ist also eine Mischgattung, mit besonderer Affinität freilich für bestimmte Epochen wie Aufklärung und „Biedermeier". Das erklärt sich aus der oben genannten „Chance", die die R. dem Autor wie dem Leser bietet: die Chance des Neubeginns und Von-vorn-Anfangens unter dem Zeichen von Vernunft und Natur, deren epische Ausgestaltung einen ganz eigenen phantastischen Reiz bietet. Dieser gehört sozusagen auch zur Geschichte des Kulturpessimismus und eröffnet damit, wie die Praxis es belegt, weite kulturhistorische Perspektiven. Unter den Romangattungen ist daher die R. eine der gemischtesten Formen, die übrigens auch soziologisch zu den interessantesten gehört, unter anderm wegen ihres dezidiert bürgerlichen Charakters, der sich, wie man festgestellt hat, mit der Zeit noch immer intensiviert.

§ 2. Das Robinsonmotiv gehört, schon vor Defoe, der Weltliteratur an und findet sich zunächst in morgenländischen Erzählungen; in Ansätzen geht es bis zum hellenistischen Reiseroman zurück. Auch aus dem Ächtermotiv in der isl. Saga, der engl. Ballade und dem mal. Roman (Waldleben im *Tristrant*) können ähnliche Züge hervorgehen. In der dt. Dichtung taucht es in der *Kudrun* (2. Aventiure; um 1240) auf, dann bei Wickram (*Von guten und bösen Nachbarn*, 1556). Aber erst das Zeitalter der großen Entdeckungsfahrten und Weltreisen, die den Gesichtskreis des europäischen Menschen bedeutend erweitern, schafft einen neuen und festen Boden für das Motiv und bereitet seine Entwicklung, besonders bei sekundigen Völkern, vor. Die Seefahrerberichte erstreben nun getreue Darstellung der nackten Wirklichkeit, sind erfüllt von selbst geschauten und erlebten Abenteuern, denen aber zumeist der phantastische Charakter fehlt. Stets kehren die Erzählungen von Schiffbruch, Aussetzung, Zurücklassung wieder, und alsbald beginnt auch die Dichtung, sich solcher Stoffe zu bemächtigen. Zwar tragen die verschiedenen kurzen robinsonadenhaften Episoden in dem großen, langweiligen Barockepos, dem *Habsburgischen Ottobert* des Österreichers W o l f H e l m h a r d v o n L o h b e r g (1663-1664) noch durchaus phantastisch-allegorisches Gepräge; aber schon die Geographie- und Reiseromane von E. W. H a p p e l geben, wenn auch nur scheinbar, selbst gesehene, wirklich treu beobachtete Schilderungen abenteuerlicher Seefahrten und schöpfen aus gut beglaubigten Reiseberichten und Chroniken. Kleine Vorrobinsonaden enthalten der *Insulanische Mandorell* (1682), der *Spanische Quintana* (1686-87) und andere seiner vielen Romane. Als erster verleiht G r i m m e l s h a u s e n in der *Continuatio* des *Simplicissimus* (1668) dem Motiv eine religiös-ethische Bedeutung. Reine R. ist die Episode nicht (über die Quellen vgl. A. G ü n t h e r GRM. 10, 1922, S. 360 ff.); denn Simplicius, in seiner Erkenntnis, daß „aller Wahn treugt", bleibt f r e i w i l l i g auf der Insel zurück, der Welt als Mensch des Barock in christlich-asketischem Sinne entsagend, da er inneren Frieden gefunden hat. Ihm ist die Insel nicht E x i l, wie allen andern, besonders dem Robinson Defoes, sondern, mit starker Betonung des idyllischen Moments, wahrhaftes A s y l vor der sozialfeindlichen Kultur der Welt und ihrer Kanäle und zugleich — das unterscheidet ihn von den späteren — Asyl vor den Versuchungen, die diese Welt ihm bietet, wie er es selbst ausspricht (ed. Borcherdt II, 269).

§ 3. Daniel D e f o e schafft das eigentliche Werk, das der Gattung den Namen gibt und zugleich ihr reinster und eindeutigster Ausdruck durch seinen exil- und inselhaften Charakter ist. 1719 erschien, zunächst ohne Namen, *The life and strange surprizing adventures of Robinson Crusoe*, sich stützend auf wirkliche Erlebnisse des Matrosen Alexander Selkirk (vgl. H. Ullrich *Der Robinsonmythus*, ZfBüchfr. 8, 1904, S. 1 ff.), ein realistischer, psychologischer Roman mit bewußter, aber nicht aufdringlich lehrhafter Art. Im Leben Robinsons auf der Insel spiegelt sich, in kleinem Ausschnitt, der Kulturgang

der Menschheit bis zur Staatenbildung: keine Utopie im politischen Sinne, sondern, echt englisch, eine Kolonie, die Verwirklichung zunächst einer wirtschaftlichen, dann eines ethisch-kulturellen Ideals, das Genügsamkeit predigen soll. Das bloß Abenteuerliche wird hier über das rein Didaktisch-Moralische hinaus in anderer Richtung als beim *Simplicissimus* zum erstenmal einem großen philosophischen Kulturgedanken unterstellt. Trotz allem, auch Robinson strebt fort von der Insel, die ihm zutiefst doch E x i l ist, nicht A s y l. Der unglaubliche Erfolg Defoes erklärt sich daraus, daß der Roman der praktisch-utilitaristischen wie der religiös-pietistischen Strömung der Zeit entgegenkam; in alle Sprachen wurde *Robinson Crusoe* übertragen, in allen Sprachen, Ländern, Provinzen nachgeahmt und bearbeitet. Die erste dt. Übersetzung von Ludwig Friedrich V i s c h e r kam 1720 zu Hamburg heraus (Neudr. nach der 3., verb. Aufl. von 1731 hg. v. H. Ullrich 1909). Neben den sich häufenden Übersetzungen geht auch in Deutschland eine Reihe von R.n her, die von sehr unterschiedlichem literarischen Wert — mit Defoe kann sich keine messen — schließlich in den großen Strom des Abenteuerromans mündet. Allen ist gemein, mehr oder minder stark ausgeprägt, der i n s e l h a f t e Charakter des Aufenthalts, der stets als E x i l empfunden wird — keine Weltflucht, keine Idylle; das gesellschaftliche Motiv taucht auf, nicht einer, sondern mehrere werden verschlagen. Es seien genannt von deutschen R.n der *Holländische Robinson* 1721, der *Teutsche Robinson oder Bernhard Creutz* 1722, der *sächsische* (1722), der *französische* (1723), der *schwedische* (1724), der *amerikanische* (1724) *Robinson*, die wichtige *Lebensbeschreibung Joris Pines*, 1726, der eine ältere englische Vorrobinsonade *The Isle of Pines* (1668) von Henry N e v i l l e zugrunde liegt (1668 deutsch, die Quelle auch für Grimmelshausen; vgl. M. Hippe, Engl. Studien 19, 1893, S. 66 ff.). *Joris Pines* wird durch seinen utopistischen Zug neben dem *Englischen Einsiedler Philipp Quarll* (1727-28) bedeutsam für jene R., die in Deutschland den Höhepunkt dieser literar. Gattung und zugleich auch ihre Überwindung darstellt.

§ 4. Es ist Joh. Gottfr. S c h n a b e l s *Insel Felsenburg*, deren 1. Band 1731 anonym wie

alle vorhergehenden R.n zu Nordhausen erschien unter dem Titel *Wunderliche Fata
einiger Seefahrer* ... (Neudr. hg. v. H. Ullrich, 1902), gleich wichtig als erster bedeutender Roman des 18. Jh.s mit psychologischem Einschlag wie als Ausdruck der seelischen Struktur seiner Zeit. Es ist das Verdienst F. Brüggemanns, in letzterer Hinsicht
die Bedeutung des Romans klar gewürdigt
zu haben. Vertiefte Seelenschau geht zusammen mit einer veränderten ethischen Einstellung zur Welt und den Mitmenschen, mit
einer neuen humanen Gesinnung, einem
neuen sozialen Bewußtsein, das Schnabel als
erster ahnt und darstellt. Entscheidend ist,
daß wie Simplicius nun auch der Altvater
Albertus Julius und die Seinigen ihre Insel
nicht als Exil, sondern als Asyl auffassen vor
einer unsozialen, rücksichtslosen Welt mit
ihrem „politischen" Menschen, wie ihn das
Zeitalter Ludwig XIV. geschaffen hatte, als
„Ruheplatz redlicher Leute". Scharf stehen
sich zwei Zeitalter gegenüber, das der individuellen Willkür, der K a b a l e, und das der
sozialen Gebundenheit, der H u m a n i t ä t;
auf diesem weltanschaulichen Gegensatz
baut sich der Roman auf, der durch seinen
asylhaften Charakter den eigentlichen R.n
nur bedingt zugehört, vielmehr in seinem
Hauptteil der kulturellen, patriarchalischen
U t o p i e sich nähert, die ein gesellschaftlich-
ethisches Ideal verwirklichen will. So weicht
Schnabel von Defoe ab, dem er nur im allgemeinsten verpflichtet ist, mit dem er aber
den erziehlich-praktischen Zug teilt. Durch
drei Motive, die zwar schon früher bei Grimmelshausen und im *Joris Pines* im Keim auftauchen, aber erst von Schnabel in ihrer gegenseitigen Bedingung aufgezeigt werden,
ist diese R. bedeutsam, durch das Motiv des
Asyls, der freiwilligen, planmäßigen Abgeschlossenheit, des geschlechtlichen Problems,
das einzig zur Durchbrechung dieses Ab-
schlusses führt. Die Steigerung der Empfindsamkeit, die glückliche Darstellung eines
innigen, tiefen Gefühlslebens im idyllisch-
patriarchalischen Zusammensein edler Menschen in der Natur ist nicht zuletzt im seelen-
erkundenden Pietismus begründet, unter
dessen Einfluß Schnabel nachweislich stand.
So ist dieser 1. Band bezeichnend für den
neuen Zeitgeist; die drei folgenden Bände
(1732, 1736, 1743) nutzen, ohne Neues zu
bringen, den großen Erfolg des ersten rein

buchhändlerisch aus und sinken literarisch
immer tiefer. Die *Insel Felsenburg*, die
deutsche R. des 18. Jh.s fand weite Verbreitung, wurde fortgesetzt und bearbeitet, u. a.
merkwürdig von A. Oehlenschläger in
den *Inseln im Südmeer*, 1824 f. (Neudr. hg.
v. R. M. Meyer 1911); T i e c k gab den Roman 1828 neu heraus, der namentlich durch
seine Verbindung mit der Utopie auf die
Gattung der R. wirkte. (*Nordischer* 1741, *Dänischer* 1750, *Isländischer* 1756, *Faerœische*
1756 *Robinson, Land der Inguiraner* 1736
u. a.)

§ 5. Auch der „A v a n t u r i e r"-Roman (s.
Abenteuerroman) nimmt das Robinsonmotiv
auf, gibt aber k e i n e Bearbeitung von Defoe.
Der *Bremische* (1751), der *Dänische* (1751),
der *Asiatische* (1754) und besonders der
Dresdner Avanturier (1755) gehören zu den
wirklichen R.n (vgl. B. Mildebrath, S. 95 ff.)
— Die große Masse der dt. R.n aber schließt
sich unmittelbar an Defoes Werk an; die literar. Minderwertigkeit ist erheblich, die Pseu-
dorobinsonaden mehren sich, die Gattung
wird jetzt ausschließlich für die Geschmacks-
geschichte wichtig. Jedes Land, ja jede Landschaft, jeder Stand will „seinen" Robinson
haben (vgl. die Bibliographie von H. Ullrich).
Das geht bis in die Provinzen (*Brandenbur-
gischer, Berliner, Faerœischer R.*) und bis in
die Einzelberufe (*Medizinischer, Buchhänd-
ler-R.*) und weitet sich in dieser Hinsicht auch
zeitlich bis ins Biedermeier hinein. Ja, auch
weibliche R.n erscheinen mit der Zeit. (Es
wird da eine *teutsche Aventiuriere* geben,
eine *Jungfer Robinsone*, einen *Robinson der
Demoiselles*). Das Abenteuerlich-Phantasti-
sche überwiegt und wird allmählich zur
Hauptsache.

§ 6. Nach 1750 beginnt ein merklicher Umschwung; das philosophische, philanthropische Jahrhundert läßt sich diese literarische
Gattung nicht entgehen; sie nutzt diese als
Mittel für ihre aufklärerischen Absichten, um
so mehr als Defoe selbst in der matten Fortsetzung seines Romans das erziehliche Moment immer stärker betont und R o u s s e a u
vor allem im *Emile* auf den unvergleichlichen Erziehungswert dieses Buches hingewiesen hatte. Die R. wird nun zum ausgesprochen pädagogischen Lehrmittel und allmählich zum wichtigen Bestandteil der Ju-

gendliteratur (s. d.). Verschiedentlich bearbeitete man *Robinson Crusoe* in dieser Hinsicht, so J. C. W e z e l (1779), aber alle überraf Joachim Heinrich C a m p e mit seinem *Robinson der Jüngere, zur angenehmen und nützlichen Unterhaltung für Kinder* (1779—80) an durchschlagendem Erfolg (120 Auflagen, in 25 Sprachen übersetzt), der dem inneren Gehalt dieser moralisch-pädagogischen, praktisch-nüchternen Erzählung bei weitem nicht entsprach. Der krasse Nützlichkeitsstandpunkt des 18. Jh.s nur konnte zu dieser langweiligen Umbildung des dadurch ganz beiseite geschobenen Originals führen; ausdrücklich richtet sich Campe gegen die „Seeenseuche" der Zeit, gegen das „leidige Empfindsamkeitsfieber". Neben Campe fand der künstlerisch wertvollere, wenn auch gleichfalls mit erziehlicher Absicht verfaßte *Schweizerische Robinson* des Schweizer Pfarrers Johann David Wyß (1812—13) weite und begründete Verbreitung in der Jugendliteratur.

§ 7. In Deutschland kam man zunächst nicht mehr zu einer eigenen neuen Gestaltung des Robinsonmotivs; man überließ dies dem Ausland und gab selbst nur Bearbeitungen und Nachahmungen. In England gelang dem Kapitän Fr. M a r r y a t mit seinem *Masterman Ready* (1841) ein glücklicher Wurf; unter dem Titel *Sigismund Rüstig* kam die beliebte Erzählung seit 1843 in die deutsche Jugendliteratur. In dieser literar. Schicht blieb die R. fortan, sie konnte das pädagogische Gewand nicht mehr abstreifen und fand den Weg, den sie gekommen, nicht mehr zurück. Einzig Jules V e r n e, der große Franz. Neuschöpfer des Reiseromans, führte in drei seiner Romane (*L'île mystérieux* 1874, *L'école des Robinsons* 1882, *Deux ans de vacance* 1888) das Robinsonmotiv wieder zurück in den alten Abenteuerroman, dem es entstammt. Erst die unmittelbare Gegenwart greift das Robinsonmotiv unter dem Einfluß der neuen politisch-staatlichen und sozialen Umwälzungen und Unmöglichkeiten wieder auf, verleiht seiner künstlerischen Gestaltung den mehr oder weniger deutlichen kulturkritischen und tendenzhaften Charakter und nähert sich so mitunter stark der Gattung des utopischen Staatsromans: so etwa N. Jacques' Robinsonade *Piraths Insel* 1917), A. Petzolds „Alter Abenteuerroman"

Sevarinde (1923), E. Reinachers *Robinson* (1919) und überlegen Gerhart Hauptmanns *Insel der großen Mutter* (1924), eine geistreich durchgeführte satirische Parodie auf die R. wie auf die moderne Frauenbewegung.

Während die Utopie in der Lit. nach 1945 Urständ feiert, wozu die geschichtliche Situation des Neubeginns hinreichend Anlaß gab (Ernst Jünger, Kasack, Hermann Hesse u. a.), kann man das von der R. nicht sagen, so weit sie nicht als Jugendlit. in Erscheinung tritt. Dieser Prozeß aber war schon seit dem Biedermeier im Gange. Dies mag damit zusammenhängen, daß die Ereignisse der Zeitgeschichte die für die R. gemäßeste Plattform, ein ungebrochenes Verhältnis zum Aufklärungsoptimismus, zerstört haben.

Hermann U l l r i c h, *Robinson u. Robinsonaden. 1. Bibliographie* (1898; Lithist-Fschgn. 7). Nachtrag: ZfBüchfr. 11 (1907/08) S. 44-56 u. 489-98. Ders., *Defoes 'Robinson Crusoe'. Die Geschicke eines Weltbuches* (1924). Otto D e n e k e, *Robinson Crusoe in Deutschland. Die Frühdrucke 1720-1780* (1934; Göttingische Nebenstunden 11). — Karl R e i c h e r t, *Utopie u. Staatsroman. E. Forschungsbericht.* DVLG. 39 (1965) S. 259-287. Hermann F. W a g n e r, *Robinson in Österreich* (Salzburg 1886). August K i p p e n b e r g, *Robinson in Deutschland bis zur 'Insel Felsenburg' (1731-1743).* Diss. Leipzig 1892. H. R ö t t e k e n, *Weltflucht u. Idylle in Deutschland von 1720 bis zur 'Insel Felsenburg'. E. Beitr. zur Gesch. d. dt. Gefühlslebens.* Zfvgl-Litg. N. F. 9 (1896) S. 1-32; 295-325 (bereits 1895 als Privatdr.). Berthold M i l d e b r a t h, *Die dt. „Avanturiers" d. 18. Jh.s* Diss. Würzburg 1907. W. H. S t a v e r m a n n, *Robinson Crusoe in Niederland.* Diss. Groningen 1907. H. U l l r i c h, *Robinson u. Robinsonaden in d. Jugendliteratur,* in: Enzyklopädisches Handbuch d. Pädagogik. Hrsg. v. W. Rein. Bd. 7 (2. Aufl. 1907) S. 567 ff. L. B r a n d l, *Vordefoesche Robinsonaden in d. Weltliteratur.* GRM. 5 (1913) S. 233-261. L. P o l a k, *Vordefoesche Robinsonaden in d. Niederlanden.* GRM. 6 (1914) S. 304-307. J. H. S c h o l t e, *Robinsonades.* Neophil. 35 (1951) S. 129-138. Claudio M a g r i s, *Le Robinsonaden fra la narrativa barocca e il romanzo borghese.* In: *Arte e storia. Studi in onore di Leonello Vincenti* (Torino 1965) S. 233-284. Karl R e i c h e r t, *Robinsonade, Utopie u. Satire im 'Joris Pines' (1726).* Arcadia 1 (1966) S. 50-69. Horst B r u n n e r, *Die poetische Insel. Insel u. Inselvorstellungen in d. dt. Lit.* (1967; Germanist. Abhandlgn. 21). Ders., *Kinderbuch u. Idylle. Rousseau u. d. Rezeption d. 'Robinson Crusoe' im 18. Jh.* Jb. d. Jean-Paul-Ges. 2 (1967) S. 85-116.

Arnold H i r s c h, *Bürgertum u. Barock im dt. Roman* (1934), Neudr. hg. v. Herbert Singer (1957; Lit. u. Leben. N. F. 1). Leo B a l e t

u. E. Gerhard, *Die Verbürgerlichung d. dt. Kunst, Lit. u. Musik im 18. Jh.* (1936; Samml. musikwiss. Abhandlgn. 18). Irene Dyhrenfurth-Graebsch, *Gesch. d. dt. Jugendbuches* (2. Aufl. 1951). Max Goetz, *Der frühe bürgerliche Roman in Deutschland (1720 -1750).* (Masch.) Diss. München 1958. Th. C. van Stockum, *Von F. Nicolai bis Thomas Mann* (Groningen 1962) S. 24-38. Herbert Singer, *Der galante Roman* (2. Aufl. 1966; Samml. Metzler). Dieter Kimpel, *Der Roman d. Aufklärung* (1967; Samml. Metzler) S. 22-37. Marianne Spiegel, *Der Roman u. s. Publikum im früheren 18. Jh. 1700-1767* (1967; Abhandlgn. z. Kunst-, Musik- u. Literaturwiss. 41).

A. Stern, *Der Dichter d. 'Insel Felsenburg'.* Histor. Taschenbuch 5. Folge, 10 (1880) S. 317-366. S. Kleemann, *Der Verfasser d. 'Insel Felsenburg' als Zeitungsschreiber.* VjhLitg. 6 (1893) S. 337-371. Herm. Ullrich, *Einleitung in: Die Insel Felsenburg* (1902; DLD 108/120) S. XXXIII. H. Halm, *Beiträge zur Kenntnis J. G. Schnabels.* Euph., Erg.-H. 8 (1909) S. 36 ff. Franz Karl Becker, *Die Romane J. G. Schnabels.* Diss. Bonn 1911. Karl Schröder, *J. G. Schnabels 'Insel Felsenburg'.* Diss. Marburg 1912. Fritz Brüggemann, *Utopie u. Robinsonade. Untersuchungen zu Schnabels 'Insel Felsenburg' (1731-1743)* (1914; FschngNLitg. 46). Ders., *Einleitung in: Vorboten d. bürgerlichen Kultur* (1931; DtLit., Reihe Aufklärung, Bd. 4) S. 5-18. J. H. Scholte, *Die Insel der Fruchtbarkeit.* ZfBüchfr. N. F. 22 (1930) S. 41-55. Günther Deneke, *Neu aufgefundene Manuskripte d. Stolberger Schriftstellers J. G. Schnabel-Gisander.* Zs. d. Harzvereins 72 (1939) S. 70-79. Käte Werner, *Der Stil von J. G. Schnabels 'Insel Felsenburg'.* (Masch.) Diss. Berlin 1950. Hans Mayer, *Von Lessing bis Thomas Mann* (1959) S. 35-78. H. Steffen, *J. G. Schnabels 'Insel Felsenburg' u. ihre formgeschichtliche Einordnung.* GRM. N. F. 11 (1961) S. 51-61. F. J. Lamport, *Utopia and Robinsonade. Schnabel's 'Insel Felsenburg' and Bachstrom's 'Land der Inquiraner'.* Oxford German Studies 1 (1965) S. 10-30. M. Stern, *Die wunderlichen Fata der 'Insel Felsenburg'. Tiecks Anteil an d. Neuausgabe von J. G. Schnabels Roman (1828). E. Richtigstellung.* DVLG. 40 (1966) S. 109-115. — Karl Arnold, *J. H. Campe als Jugendschriftsteller.* Diss. Leipzig 1904.

Walther Rehm — Werner Kohlschmidt

Rokokodichtung

§ 1. Als Wortspiel, wahrscheinlich als witzige Mischung aus franz. *rocaille* u. ital. *roccioso* (vgl. ital. *barocco*), war der Begriff *rococo* Ende des 18. Jh.s in Pariser Künstlerkreisen aufgekommen und als Schlagwort vom 19. Jh. übernommen worden. Im engsten Sinn bezog man es auf das Schnörkelunwesen nachbarocker Ornamentik, in weiterer Bedeutung wurde es ein Spottname für die ganze veraltete Kultur der Régence und des Louis-Quinze, im weitesten Sinn übertrug man es auf alles Lächerlich-Altmodische und Abgelebte überhaupt. In dieser letzten Bedeutung hat sich der Begriff bis heute im franz. Sprachgebrauch erhalten. — In der 30er Jahren des 19. Jh.s taucht der R.-Begriff auch in Deutschland auf. Hier sind es vor allem die revolutionären Jungdeutschen, die mit dem Schimpfwort R. die nur scheinbar überwundenen Kräfte und Formen des verachteten *Ancien Régime* bekämpfen. Als pejoratives Schlagwort für das Zeitalter bizarrer Ornamentik, steifer Grazie, verschnittener Hecken, für die vom franz. Geist beherrschte Epoche der Perücke und des Zopfs ist der R.-Begriff schon im 2. Drittel des 19. Jh.s überall in Deutschland verbreitet; im gleichen negativen Sinn wird er auch von G. K. Nagler (1840), dem jungen Jakob Burckhardt (1843, 1846) u. Fr. Th. Vischer (1846 ff.) in die Kunstgeschichte übernommen. Die sich dann allmählich vollziehende Wandlung des R.-Begriffs zu einer wertfreien Stil- und Epochenbezeichnung bleibt zunächst auf Deutschland beschränkt. Sieht man von einer erstaunlich frühen Äußerung J. Burckhardts (Franz Kuglers *Handbuch d. Kunstgeschichte*, 2. Aufl. 1848, S. 686 f.) ab, so beginnt sie unter dem Einfluß impressionistischer Kunstströmungen erst in den 60er und 70er Jahren und führt schließlich im 20. Jh. zu den bekannten Handbüchern und umfassenden Darstellungen der R.-Kunst. Darüber hinaus hatte ein auffälliger, um die Jh.-Wende einsetzender Geschmackswandel zu einer regelrechten R.-Renaissance geführt und dafür gesorgt, daß das frühere Schimpfwort nun zu einem Inbegriff von spielender Formvirtuosität, lockender Schönheit, lächelnder Anmut und bewegender Grazie, von sinnlichem Zauber und schwebender Leichtigkeit wurde, wie wir sie in den Schäferszenen eines Watteau und Boucher, den zerbrechlichen Porzellanfiguren eines Bustelli, den schmelzenden Arien eines Mozart verkörpert sehen. — Etwa seit 1900 bedienen sich auch angelsächsische und romanische Historiker des R.-Begriffs zur wertfreien Bezeichnung der zwischen Barock und Klassizismus liegenden Kunst- und Kulturperiode.

Hans Rose, *Spätbarock* (1922) S. IX. Fritz Neubert, *Franz. R.-Probleme*, in: *Haupt fragen d. Romanistik. Festschr. f. Ph. Aug. Becker* (1922; Samml. roman. Elementar- u. Handbücher V, 4) S. 256-279. Victor K l e m - p e r e r, *Der Begriff R.* Jb. f. Philologie 1 (1925) S. 444-467. H. H e c k e l, *Zu Begriff u. Wesen d. literar. R. in Deutschland,* in: *Festschr. Th. Siebs* (1933) S. 213-250. W. R e h m, *J. Burckhardts Mitarbeit am Konversationslexikon von Brockhaus.* ArchfKultg. 30 (1940) S. 106-141. Ders., *Prinz Rokoko im alten Garten. E. Eichendorff-Studie.* JbFDH. 1962, S. 97-207. Sidney Fiske K i m b a l l, *The Creation of the Rococo* (Philadelphia 1943) S. 5 ff., 227 ff. Werner K a e g i, *Jacob Burckhardt. E. Biographie.* Bd. 2 (1950) S. 524 ff., Bd. 3 (1956) S. 129 ff. Pal K e l e m e n, *Baroque and Rococo in Latin America* (New York 1951) S. 15 ff. Alfred A n g e r, *Dt. R.-Dichtung. E. Forschungsbericht* (1963; Referate aus der DVLG.) S. 11 ff. Roger L a u f e r, *Style Rococo, style des 'lumières'* (Paris 1963). C. T. C a r r, *Two Words in art history. II. Rococo.* Forum for Modern Language Studies 1 (1965) S. 266-281. H. T i n t e l n o t, *Über d. Stand d. Forschung z. Kunstgeschichte d. Barock.* DVLG. 40 (1966) S. 116-158. — Titel von Werken, die zu mehr als einem Paragraphen heranzuziehen sind, wurden grundsätzlich nicht wiederholt.

§ 2. Als pejoratives Schlagwort war der R.-Begriff schon früh, doch nur vorübergehend, von der dt. Lit.geschichtsschreibung übernommen worden (Wolfg. Menzel). Als wertfreier Begriff tauchte er erst um 1900 hier und da in den Lit.geschichten auf, zunächst in unmittelbarer Anlehnung an die Kunst- und Kulturgeschichte. Zu Versuchen einer systematischen Erfassung und objektiven Beschreibung eines literar. R. in Deutschland kam es erst in den 20er Jahren. Bis dahin behandelte man Dichter, Werke und Gattungen, die wir heute unter dem R.-Begriff zusammenfassen, in weitverstreuten Kapiteln unter den verschiedensten Bezeichnungen — und stets mit Verachtung. Von Vilmar (1845) bis Köster (1925) galt die Lit. der R.-Zeit den Verkündern der „Dt. Nationalliteratur" als Gipfel der Unkunst und Unnatur: Französelei, unchristliche Freigeisterei, frivole Unsittlichkeit stellten nur die tödlichsten Vorwürfe dar. Die Befreiung aus den Wertmaßstäben der nachromantischen, teils christlich-dt., teils germ.-völkischen Lit.geschichtsschreibung ging Hand in Hand mit der Entwicklung des R.-Begriffs zu einem objektiv-charakterisierenden, von der Kunstgeschichte möglichst unabhängigen Stilbegriff der dt. Lit.geschichte. Jul. Wiegand (1922) ist hier an erster Stelle zu nen-

nen; 1924 erscheint der bis heute kaum ausgeschöpfte Beitrag von H. Cysarz; ihm folgen bis 1933 u. a. F. J. Schneider, P. Böckmann und H. Heckel. Nach einer begreiflichen Pause in der R.-Forschung zwischen 1933 und 1945 stellen zunächst Cysarz, F. J. Schneider und Böckmann ihre R.-Thesen in erweiterter Form neu zur Diskussion. 1949 erscheint das anregende Wielandbuch von F. Sengle; aus den 50er Jahren sind die Beiträge von F. Martini, B. A. Sørensen, B. Markwardt, A. Anger und W. Schlotthaus zu nennen; Ende 1962 erschienen ein erster ausführlicher Forschungsbericht und eine erste handbuchartige Zusammenfassung des liter. dt. R., beide von A. Anger.

§ 3. Die Blütezeit der dt. R.-Dichtung beginnt um 1740 und neigt sich 1780 ihrem Ende zu. Während dieser 40 Jahre erweist sich der R.-Stil für eine Vielzahl von Gattungen und eine Unzahl von Werken als integrierende Kraft; kein zeitgenössischer Dichter vermag sich ihm völlig zu entziehen. Niemals jedoch dominiert der R.-Stil: er teilt die Herrschaft mit anderen literar. Strömungen, so vor allem mit der empfindsamen Dichtung und der Dichtung des Aufklärungsklassizismus. Beim literar. R. handelt es sich also nicht um eine Epoche, wir haben es vielmehr mit einer bestimmten und begrenzten Stilerscheinung innerhalb der umfassenden geistesgeschichtlichen Epoche der Aufklärung zu tun. Das bedeutet, daß das R. als Zeitstil grundsätzlich an die sprachlichen, stilistischen und weltanschaulich-philosophischen Voraussetzungen der Aufklärungsepoche gebunden ist. Wie für die empfindsame so bleibt für die rokokohafte Dichtung des Aufklärungszeitalters die Vernunft oberste Richterin. Den von Anfang an in der R.-Dichtung enthaltenen irrationalen Elementen ist freies Spiel nur innerhalb der Grenzen der Vernunft erlaubt. Werden diese Grenzen überschritten — auf dem Gebiet der Sinnlichkeit etwa bei Klinger und Heinse, auf dem Gebiet des Märchenhaft-Phantastischen etwa beim jungen Tieck —, so ist mit dem R. zugleich auch die Aufklärung zu Ende.

Der R.-Stil kann auf verschiedene Weise hervortreten. Einmal durchläuft die R.-Dichtung, die über ihre Blütezeit hinaus noch lange Jahrzehnte im Schwange blieb, bestimmte Entwicklungsstufen, die es möglich machen, zumindest Früh- von Spätstufen zu unterscheiden. Des weiteren geht der R.-Stil in den einzelnen Gattungen und bei den einzelnen Dichtern und Dichtergruppen höchst unterschiedliche Verbindungen mit anderen literar. Strömungen ein: die empfindsame R.-Lyrik bei Johanne Charl. Unzer oder J. G. Jacobi z. B. sieht anders aus als die witzig-aufklärerische bei Lessing oder Weiße. Drittens sind in den literar. Gattungen unterschiedliche Gestaltungskräfte wirksam, denen sich der R.-Stil in gewisser Weise beugen muß. Und schließlich nimmt auch die Handschrift einer ausgeprägteren Dichterpersönlichkeit umgestaltend ihren Einfluß auf den Stil. Im ganzen gesehen bietet die dt. R.-Dichtung jedoch ein sehr einheitliches Bild.

Wie bei allen Stil- und Epochenbegriffen, so läßt sich auch die unter der R.-Vokabel vorgestellte Einheit eines Mannigfaltigen nicht im philosophischen Sinn exakt definieren sondern nur beschreiben. Eine solche Beschreibung erweist sich in unserm Fall als besonders schwierig, da es sich beim R. um einen typischen Übergangsstil handelt. Je nachdem von welcher Seite man sich nähert, erscheint das R. als Erbe und Nachsommer der Lit. des 16. und 17. Jh.s oder als Vorbereitung und unmittelbarer Vorläufer der klassisch-romantischen Dichtung: es bildet die wichtigste Brücke zwischen Barock und Goethezeit. — Obwohl den Grundtendenzen der Aufklärungsepoche durchaus verpflichtet, steht der R.-Stil im Gegensatz zum Stil der engeren Aufklärungsdichtung. Gegen das Prodesse der Aufklärung setzt das R. sein Delectare, gegen Ernst und Satire den Scherz und die Ironie, gegen die massive Lehre das freie ästhetische Spiel, gegen moralische Belehrung und Tugendfanatismus genießerische Sinnlichkeit, ja frivole Lüsternheit, gegen verstandesgemäße Natürlichkeit und nüchternes Wirklichkeitsstreben eine Traumwelt aus Schäferidylle und Märchenphantasie. Die Übertreibung dieser Gegenposition verführt nicht nur dritt- und viertrangige Dichter oft zu seichtem Getändel und leerem Spiel mit scheinbar mühelos zu handhabenden Formen und Motiven. Im Grunde aber geht es im dt. R. um das Ideal der Kalokagathia, um den Ausgleich zwischen moralisch-protestantischer Bürgerkultur und ästhetischer (höfischer) Formkultur, um den Ausgleich zwischen Stoa und Epikur,

Tugend und Sinnenlust, dem Guten und dem Schönen. Die Tugend verliert ihre asketische, menschenfeindliche Strenge und zeigt sich von Hagedorn bis Wieland als heiterlächelnde, lebensfrohe Göttin der Freude. Das Vergnügen am irdischen Dasein fließt unmittelbar aus der natürlichen Empfindung und Stimmung und bedarf nicht länger mehr einer religiösen Rechtfertigung (wie noch bei Brockes) oder einer spitzfindig-philosophischen (wie noch bei den Wolffianern und Gottschedianern). Man verzichtet auf die Deduktion der besten aller möglichen Welten, kümmert sich nicht mehr um die Theodizee; man richtet sich behaglich auf dieser Erde ein, genießt das Genießenswerte und findet sich mit den Mängeln, den allzumenschlichen Menschlichkeiten ironisch und weise ab.

Nicht Witz sondern Scherz ist eines der Losungsworte der dt. R.-Dichtung. In der Wandlung des rein intellektuellen Witzbegriffs zum sinnlichen und seelischen Kräften raumgebenden Scherzbegriff zeigt sich die Ablösung des R. von der engeren Aufklärungslit. ebenso wie die Annäherung an die empfindsame Dichtung. Zwischen Empfindsamkeit und R. besteht überhaupt von Anfang an eine eigentümliche Verwandtschaft. Beiden sind irrationale Elemente eigen, die schließlich die Aufklärungsepoche sprengen werden. Darüber hinaus sind das Kleine, Liebliche und Zierliche, das Nachlässige, Sanfte und Zarte, Zärtlichkeit und Empfindung, Anmut und Grazie beiden Stilen gemeinsame Leit- und Wertbegriffe, von einander unterscheidbar nur nach dem jeweils vorherrschenden Aspekt des sinnlichen Reizes oder der seelischen Rührung. Wie leicht und selbstverständlich diese Aspekte jedoch wechseln und ineinander übergehen können, dafür liefert die Gesch. der sentimentalen R.-Dichtung eindrucksvolle Beispiele, die von Pyra/Lange, Gleim, Götz und Gellert bis zu Geßner, Gerstenberg, Hölty, J. G. Jacobi und Wieland reichen. In der Grazienphilosophie bei Wieland und Jacobi wird sogar bewußt der Versuch unternommen, seelische und sinnliche Anmut, die himmlische und die irdische Grazie zu einem ethisch-ästhetischen Erziehungsideal zu verschmelzen, — ein Versuch, der über Herder unmittelbar noch auf die dt. Klassik eingewirkt hat.

Herm. Aug. K o r f f, *Voltaire im literar. Deutschland d. 18. Jh.s.* Bd. 1 (1917) S. 476 ff. Julius W i e g a n d, *Gesch. d. dt. Dichtung* (1922) S. 91 ff., 133 ff. Herbert C y s a r z, *Dt. Barockdichtung. Renaissance, Barock, R.* (1924) S. 273 ff. Ders., *Literar. R.,* in: Cysarz, *Welträtsel im Wort* (1948) S. 125-167. Ferd. Jos. S c h n e i d e r, *Die dt. Dichtung vom Ausgang d. Barocks bis z. Beginn d. Klassizismus 1700-1785* (1924; Epochen d. dt. Lit. 3) S. 207 ff. Ders., *Die dt. Dichtung d. Aufklärungszeit* (1948; Epochen d. dt. Lit. 3, 1). Albert K ö s t e r, *Die dt. Lit. d. Aufklärungszeit* (1925) S. 1 ff., 244 ff. Paul B ö c k m a n n, *Das Formprinzip d. Witzes in d. Frühzeit d. dt. Aufklärung.* JbFDH 1932/33, S. 52-130. Ders., *Formgesch. d. dt. Dichtung* (1949) S. 518 ff. Friedrich S e n g l e, *Wieland* (1949). Fritz M a r t i n i, *Von der Aufklärung zum Sturm und Drang 1700-1775.* Annalen d. dt. Lit. Hg. v. H. O. Burger (2. Aufl. 1962) S. 405-463. Bengt Algot S ø r e n s e n, *Das dt. R. u. d. Verserzählung im 18. Jh.* Euph. 48 (1954) S. 125-152. Bruno M a r k w a r d t, *Gesch. d. dt. Poetik.* Bd. 2. *Aufklärung, R., Sturm u. Drang* (1956; PGrundr. 13, 2) S. 236 ff. Werner S c h l o t t h a u s, *Das Spielphänomen u. s. Erscheinungsweise in d. Dichtung d. Anakreontik.* (Masch. vervielf.) Diss. Göttingen 1958. Alfred A n g e r, *Landschaftsstil d. R.* Euph. 51 (1957) S. 151-191. Ders., *Literar. Rokoko* (2., durchges. u. erg. Aufl. 1968; Samml. Metzler). Eric A. B l a c k h a l l, *The Emergence of German as a literary language 1700-1775* (Cambridge 1959); dt. Übers. mit e. Bericht über neue Forschungsergebnisse 1955-1964 v. Dieter Kimpel (1966). — Franz P o m e z n y, *Grazie u. Grazien in d. dt. Lit. d. 18. Jh.s* (1900; Beitr. z. Ästh. 7). Hilmar K o r m a n n, *Joh. Christoph Rost. E. literarkrit. Untersuchung als Beitr. z. Gesch. d. dt. R.* (Masch. vervielf.) Diss. Erlangen 1966. Horst H e l d m a n n, *Moritz Aug. v. Thümmel. Sein Leben, s. Werk, s. Zeit.* T. 1: 1738-1783 (1964; Schr. d. Inst. f. Fränk. Landesforschung an d. Univ. Erlangen-Nürnberg I, 12). Richard S a m u e l, *Rococo. Periods in German literature.* Ed. by James M. Ritchie (London 1966) S. 43-64. Jost H e r m a n d, *Literaturwissenschaft u. Kunstwissenschaft* (1965; Samml. Metzler), bes. S. 60 ff.

§ 4. Trotz der zahllosen Verbindungsfäden, die sich aus dem R. in die schäferliche Welt des Barock, in die anakreontische Unterströmung vornehmlich der ersten Hälfte des 17. Jh.s zurückverfolgen lassen, trotz der Übernahme der Renaissance-Mythologie und bestimmter Gattungen, Themen und Motive des 17. Jh.s kann man von echten Vorläufern der R.-Dichtung im Barockzeitalter nicht sprechen. Erst die galante Lit. um 1700, die nach dem Zerfall des barocken Weltbilds unter dem Einfluß der franz. Gesellschaftspoesie entsteht, erzeugt Formen, die man als ein Frührokoko bezeichnen kann. Aus diesem entwickelt sich jedoch nicht in kontinuierlichen Übergängen schließlich das R. des 18. Jh.s. Die galante Dichtung stirbt schon im 2. Jahrzehnt des 18. Jh.s aus. Zwischen 1720 und 1740 aber waltet der strenge Aufklärungsklassizismus. So kommt es, daß sich die dt. R.-Dichter auf die Galanten kaum jemals als ihre Vorläufer oder Vorbilder berufen.

Die Vorbilder, auf die sie sich berufen, stammen aus der Antike, aus Frankreich und England. In der Reihe der Entdeckungen antiken Geistes nimmt das R. einen beachtenswerten Platz ein. Anakreon und Horaz sind nicht mehr bloße Stilmuster, sie sind für das R. Sinnbilder einer neuen eudämonistischen und epikureischen Lebenshaltung, Leitbilder eines weisen Lebensgenusses. Es entsteht ein R.-Arkadien schöner Seelen, wo lebensfroher Anakreontismus sich mit sokratischer Ironie und horazischer Weltweisheit verbindet, wo unter dem bildenden Einfluß der Grazien sich Sinnlichkeit und Empfindung verfeinern und das schalkhafte Spiel, der losere Scherz erlaubt sind, weil die Tugend an der Seite des Genusses, der Genuß an der Seite der Empfindung und die Empfindung an der Seite der Mäßigung wandelt. Es ist das Arkadien Vergils (noch nicht das des Theokrit, wie die ganze R.-Epik unter dem Zeichen Vergils, nicht Homers, die R.-Lyrik unter den Zeichen der spätgriech. Anakreonteen, Catulls und Horazens, nicht Pindars steht): es ist das selige Gefilde der Götter und Hirten, jenes Land des ewigen Frühlings und des Gesanges, das im R. noch einmal aufblüht, befreit von den Spannungen des Barock und schon getönt und gefärbt von vorrousseauistischer Naturstimmung.

Lange Zeit sah man im dt. R. nur eine sklavische Nachahmung der Franzosen. In der Tat sind die Einwirkungen der franz. Lit. (von Marot und Voiture über Mme Deshoulières, Chapelle, Chaulieu, La Fare, La Fontaine, Antoine Hamilton bis hin zu Grécourt, Gresset, La Motte oder Marivaux) nicht zu übersehen; sie sind oft, wenn auch noch nicht im Zusammenhang behandelt worden. Man darf jedoch nicht vergessen, daß die franz. Dichtung in Deutschland einem andauernden und tiefgreifenden Assimilationsprozeß unterliegt. Sie vermischt sich hier mit ganz anderen Einflüssen und verbindet sich eng mit der dt. Bürgerkultur, was zu einer auffallenden Verschiedenheit zwischen dem dt. und dem franz. R. führt, die einmal näher untersucht werden müßte. Darüber hinaus haben die dt. Dichter sehr sorgsam ihre Auswahl aus der franz. Dichtung getroffen. Intellektuellen Materialismus, fanatischen Kirchenhaß, aggressive Gesellschaftskritik (deren letzte Konsequenz der Jakobinerklub der Revolution ist), metaphysische Anarchie oder konsequenten Immoralismus werden wir im dt. R. wohl vergebens suchen; die kalte Sinnlichkeit und der schneidende, aber auch brillante Zynismus eines Crébillon fils, Voltaire, Restif de la Bretonne oder Choderlos de Laclos wären im dt. R. vollends unmöglich.

Viel stärker als bisher sollte der engl. Einfluß auf das dt. R. beachtet werden. In England war fast ein halbes Jh. früher als in Deutschland der franz. R.-Stil eingedrungen und hatte sich mit der dortigen bürgerlichen Kultur vermischt, was zu Synthesen und Legierungen zwischen ästhetischen und ethischen Idealen führte, die für die dt. Situation um 1740 beispielhaft werden mußten. Shaftesburys Harmonielehre der *moral grace*, die das engl. R. beherrscht und über die vielen Kanäle der engl. Wochenschriften, über Pope, Gay und die engl. Ästhetik nach Deutschland eindringt, hat auf das Grazienideal des dt. R. von Hagedorn bis Wieland ihren entscheidenden Einfluß ausgeübt. Der Anteil der engl. Wochenschriften an der Entstehung und Ausbildung des dt. R.-Stils ist noch nicht erforscht; Hagedorn gilt lange Zeit als ein dt. Matthew Prior; Popes *Rape of the lock* bildet das maßgebende Vorbild des rokokohaften Epyllion; neben dem engl. Singspiel gewinnt der engl. komische Roman (Fielding, Sterne) einen kaum überschätzbaren Einfluß nicht nur auf die dt. Prosa, sondern auch auf Form und Erzählhaltung der Verserzählung und des Versepos.

Die Verbindung zur ital. Dichtung reißt zwar nie ganz ab, doch erst in der Spätphase des R. zeigen sich wieder stärkere Einflüsse, so etwa auf das Singspiel, auf die Petrarkistische Anakreontik des Halberstädter Dichterkreises, auf die Märchendichtungen Wielands. Ihren mächtigsten Einfluß aber übt die ital. Lit. auf die R.-Epen Wielands aus. Sein *Idris*, sein *Amadis*, sein *Oberon* sind

ohne das ital. romantische Ritterepos der Renaissance, besonders ohne Ariost nicht zu denken. Diesem an die Seite zu stellen ist Cervantes' *Don Quijote*, der weniger durch seine Stoffe und Themen wirkt als durch seine Haltung und Gesinnung. Allerdings läßt sich sein Einfluß nicht säuberlich von anderen trennen: zusammen mit dem engl. komischen Epos wirkt er auf zahlreiche dt. komische Epen (s. d.) ein; zusammen mit Fielding beeinflußt er die Romane Wielands, Musaeus' u. a., zusammen mit Ariost und Hamilton die Wielandsche Versepik, deren Humor man wohl mit Recht als cervantisch-ariostisch bezeichnen kann.

Heinrich M e y e r, *Der dt. Schäferroman d. 17. Jh.s.* Diss. Freiburg 1928. Ulrich W e n d l a n d, *Die Theoretiker u. Theorien d. sogen. galanten Stilepoche u. d. dt. Sprache. E. Beitr. z. Erkenntnis d. Sprachreformbestrebungen vor Gottsched* (1930; FuG. 17). Helmut L i s c h n e r, *Die Anakreontik in d. dt. weltlichen Lyrik d. 17. Jh.s.* Diss. Breslau 1932. Otto H e i n l e i n, *Aug. Bohse-Talander als Romanschriftsteller d. galanten Zeit.* Diss. Greifswald 1939. Adelheid B e c k m a n n, *Motive u. Formen d. dt. Lyrik d. 17. Jh.s u. ihre Entsprechungen in d. franz. Lyrik seit Ronsard* (1960; Hermaea. NF. 5). Herbert S i n g e r, *Der dt. Roman zwischen Barock u. R.* (1963; Lit. u. Leben. NF. 6). Hans W a g e n e r, *Die Kompositionsprinzipien d. Romane Christian Friedr. Hunolds.* (Masch.) Diss. Univ. of California 1967. — Carl Leo C h o l e v i u s, *Gesch. d. dt. Poesie nach ihren antiken Elementen* (1854; Neudr. 1968). Karl B o r i n s k i, *Die Antike in Poetik u. Kunsttheorie vom Ausgang d. klass. Altertums bis auf Goethe u. Wilh. v. Humboldt.* 2 Bde (1914/24; Das Erbe d. Alten 9/10; Neudr. 1965). Hans-Joachim M ä h l, *Die Idee d. goldenen Zeitalters im Werk d. Novalis. Studien z. Wesensbestimmung d. frühromant. Utopie u. zu ihren ideengeschichtlichen Voraussetzungen* (1965; Probleme d. Dichtung 7) S. 58 ff. u. 103 ff. Friedr. A u s f e l d, *Die dt. anakreont. Dichtung d. 18. Jh.s. Ihre Beziehungen z. franz. u. z. antiken Lyrik* (1907; QF. 101). Benno B ö h m, *Sokrates im 18. Jh. Studien z. Werdegang d. modernen Persönlichkeitsbewußtseins* (1929). Wolfgang M o n e c k e, *Wieland u. Horaz* (1964; Lit. u. Leben. NF. 7). — G. K o c h, *Gleim als Anakreonübersetzer u. seine franz. Vorgänger.* Stvgl. Litg. 4 (1904) S. 265-288. John L e e s, *The Anacreontic Poetry of Germany in the 18th century, its relations to French and German poetry* (Aberdeen 1911). Erwin R o h r m a n n, *Grundlagen u. Charakterzüge d. franz. R.lyrik* (1930; SprKult.C 4). Albert F u c h s, *Les apports français dans l'œuvre de Wieland de 1777 à 1789* (Paris 1934; BiblRLC. 101). Erika H ü b e n e r, *Der höfische Roman d. franz. R.*

Diss. Greifswald 1936. — Lawrence Marsden
P r i c e, *English Literature in Germany* (Ber-
keley 1953; Univ. of California Publ. in mo-
dern philology 37). Friedr. B r i e, *Englische
R.-Epik 1710-1730* (1927). Leo S t e t t n e r,
*Das philosophische System Shaftesburys u.
Wielands 'Agathon'* (1929; Baust. 28). Peter
M i c h e l s e n, *Laurence Sterne u. d. dt. Ro-
man d. 18. Jh.s* (1962; Pal. 232). Karl S.
G u t h k e, *Friedr. v. Hagedorn u. d. literar.
Leben seiner Zeit im Lichte unveröffentlich-
ter Briefe an Joh. Jakob Bodmer.* JbFDH 1966,
S. 1-108, bes. S. 2 ff. Wolfgang M a r t e n s,
*Die Botschaft d. Tugend. Die Aufklärung im
Spiegel d. dt. Moralischen Wochenschriften*
(1968). — Hellmuth P e t r i c o n i u. Walter
P a b s t, *Einwirkungen d. ital. auf d. dt. Lit*
StammlerAufr. Bd. 3 (2. Aufl. 1962) Sp. 107-
146. Hans T r i b o l e t, *Wielands Verhältnis
zu Ariost u. Tasso* (1919; SprDchtg. 22). Jean
L i v e s k u - L e a h u, *Dt. Petrarkismus im
18. Jh.* (Masch.) Diss. Straßburg 1942. — Ed-
mund S c h r a m m, *Die Einwirkung d. span.
Lit. auf d. dt.* StammlerAufr. Bd. 3 (2. Aufl.
1962) Sp. 147-200.

§ 5. Ein strenges Gattungsgefüge, das mit
der äußeren Gestalt zugleich auch den Stil,
den Inhalt, die weltanschauliche und moralische Haltung, den Wert und den sozialen
Ort festlegt, ist in der dichterischen Praxis
des dt. R. nicht mehr vorhanden. Die Gattungsgrenzen sind durchlässig geworden,
Mischformen behaupten das Feld: ihr genialer Meister ist Wieland. Gehaltlich wie
formal ist die kürzere Verserzählung vom
Lied oder Epigramm oft nicht mehr zu unterscheiden; Fabel und Verserzählung zu
trennen, erscheint unmöglich. Es verwischen
sich die Grenzen zwischen Lehrgedicht, Komödie, bürgerlicher Idylle, zwischen komischem Epos und humoristischem Roman.
Das bedeutet, daß sogar eine der wichtigsten
Unterscheidungen, die zwischen Vers und
Prosa, sich aufzulösen beginnt. Komische
Epen und rokokohafte Epyllien benutzen sowohl Prosa als Vers. Als wichtigstes Zwi-
schenglied entwickelt sich einerseits die
rhythmische Prosa (Geßner, Dusch, Thümmel, Reckert u. a.), andererseits das genre
mêlé, die Versprosadichtung, die nun erst
Mode wird und über die traditionellen Sonderformen der Schäfer- und Episteldichtung
auch auf die R.-Erzählung, auf das komische
Epos, auf die scherzhafte oder sentimentale
Lehrdichtung und auf den Roman übergreift.

Bei der Behandlung der einzelnen Gattungen des R. dürfen wir uns kurz fassen

und auf die entsprechenden Artikel des Reallexikons verweisen.

A n a k r e o n t i k (s. d.) u n d R.-L y r i k
sind keineswegs identische Begriffe. Es gibt
Anakreontik schon lange vor dem R. Die
Wiederaufnahme anakreontischer Formen
und Motive im R. ist jedoch eine Neuentdek-
kung aus anderem Geiste: hinter ihr steht
nun das Lebensgefühl des 18. Jh.s; es sind
vor allem neue seelische Töne, die die Anakreontik des dt. R. von Anfang an auszeichnen. Andererseits bildet die anakreontische
Poesie nur einen Teil (strenge Nachahmungen der anakreont. Ode, also unstrophische,
reimlose, trochäische oder auch jambische
Drei- bzw. Vierheber, sind relativ selten; die
Mehrzahl der Dichter bevorzugt das gereimte strophische Lied), wenn vielleicht
auch das Herzstück der umfassenderen R.-
Lyrik. Neben den Anakreonteen wirken die
griech. Anthologie, Catull und Horaz stark
auf die R.-Lyrik ein; und die zahlreichen,
von der franz. Gesellschaftspoesie, von Prior,
Pope, den engl. Wochenschriften und der
engl. Naturdichtung, von der Idyllendichtung und der Schäferpoesie ausgehenden
Einflüsse führen über den Bereich der eigentlichen Anakreontik weit hinaus und erweitern und ergänzen beträchtlich ihren formelhaften Themen- und Motivkreis. Das zeigt
sich schon an Hagedorns frühen *Oden und
Liedern*, die zwar einen ersten Höhepunkt
dt. R.-Lyrik darstellen, aber nur zum kleinsten Teil der anakreontischen Tradition zugerechnet werden können.

Die dt R.-Lyrik blüht fast gleichzeitig in
Hamburg, Halle und Leipzig auf. Der Patrizier und Diplomat Fr. v. Hagedorn steht am
Anfang und an der Spitze der weltmänni-
scheren, unsentimentalen Hamburger R.-Ly-
rik. Im pietistischen Halle steht die Wiege
der eigentlich anakreontischen Lyrik des R.;
diese bedeutet teils eine Auflehnung der
jungen Studenten Gleim, Uz, Götz gegen die
weltfeindliche Haltung des Pietismus, teils
ist sie aber auch als Säkularisation des Pietismus zu verstehen. Die Hallesche R.-Lyrik
erscheint kleinbürgerlicher und gekünstelter
als die Hamburgische; auf der anderen Seite
sind es aber gerade die Halleschen Dichter,
die der R.-Lyrik zuerst empfindsame Seelen-
töne einhauchen, die sich für die Entwicklung der dt. Lieddichtung als äußerst fruchtbar erweisen werden. Stilistisch zwischen

Hamburg und Halle steht die frühe Leipziger Lieddichtung, die (abgesehen von gewissen Rückverbindungen zu den Galanten) eigentlich auf Gottsched zurückgeht, der 1733 die ersten sechs anakreontischen Oden in reimfreie Verse übertragen hatte. In Leipzig sind es vor allem die jüngeren Mitarbeiter der *Belustigungen* und, später, der *Bremer Beiträge*, die sich an der R.-Lyrik beteiligen. Die R.-Lyrik der 40er Jahre brachte in ganz Deutschland bald eine unübersehbare Flut von Nachahmungen hervor, auf die wir hier nicht eingehen können. Von den selbständigeren R.-Lyrikern seien wenigstens Lessing, der junge Wieland, Weiße, E. v. Kleist, Gerstenberg, J. M. Dreyer, J. G. Jacobi, Gotter, der junge Goethe, Hölty und Bürger genannt.

Wie die Anakreontik, mit der sie sich mannigfach mischt, so ist auch die S c h ä f e r d i c h t u n g (s. d.) des R. letzter Sproß einer langen Tradition. Was das R. an der Schäfer- und Hirtenwelt reizte, war nicht mehr wie in den dt. „Schäfereien" des 17. Jh.s die Möglichkeit, unter dem Schäferkostüm verschleierte Wirklichkeits- und Selbstdarstellung zu verstecken. Die Schäferdichtung des R. ist in erster Linie eine Darstellung des goldenen Zeitalters in seiner Einfalt, Natürlichkeit und Unschuld. Die Renaissancedichtung hatte jedoch zwei Auffassungen von der Natürlichkeit und Unschuld jenes goldenen Zeitalters bereitgestellt: ein moralisch-tugendhaftes und ein amoralisches, von allen konventionellen Bindungen befreites Schäfertum. Jenes finden wir besonders in der Schäfer-Idylle des R. (Geßner, E. v. Kleist, Reckert), dieses in der Schäferlyrik und -erzählung (J. Chr. Rost, Dreyer, Scheffner, Wieland); das Schäferspiel steht beiden Auffassungen offen. Solche Gattungsunterschiede werden jedoch nicht allzu streng eingehalten: das Stilideal des R. scheint gerade in der Mischung, in der Spannung zwischen Moral und Amoral zu bestehen.

Über die unmittelbaren Vorläufer Geßners in der S c h ä f e r i d y l l e wissen wir so gut wie nichts. Theorie und Praxis der Idyllendichtung zwischen 1740 und 1770 stehen im Zeichen des Übergangs von Vergil zu Theokrit. An Vergils Schäferwelt tadelt man den Mangel an Natürlichkeit, an Theokrits Hirtenwelt den derben Naturalismus. Die Forderung gegenüber Vergil heißt „Natur",

gegenüber Theokrit „schöne Natur". Auch Geßners Idyllen wahren vollkommen diesen Übergangscharakter. Der R.-Dichter findet sein Ideal des „Natürlichen" weder in der heimatlichen Wirklichkeit der Alpenbauern (wie Haller), noch in einer frühgeschichtlichen Epoche der Menschheit (wie Rousseau), sondern gänzlich außerhalb von Raum und Zeit im goldenen Zeitalter Arkadiens. Geßner träumt in seinen sinnlich-empfindsamen Idyllen den arkadisch-bukolischen, wie Wieland in seinen Epyllien den romantisch-märchenhaften R.-Traum träumt. Und gerade wegen ihrer Mischung aus R. und Empfindsamkeit fanden die halkyonischen Naturminiaturen Geßners einen so ungeteilten Beifall. Während man die Weiterentwicklung der Idylle (s. d.) zur realistischen Bauern-, Winzer-, Fischer- u. Bürgeridylle genauer untersucht hat, ist man über die Nachahmer Geßners, die bis weit ins 19. Jh. hineinreichen, nicht orientiert.

Eine der beliebtesten Gattungen des R. ist das S c h ä f e r s p i e l. Der Übergang vom anspruchsvolleren, z. T. sogar derb-realistischen Schäferdrama zum einaktigen Miniaturformat des pastoralen Dramoletts des R. wird schon früh durch Rost, Gellert, Gärtner und Gleim vollzogen. Sie verdrängen die aufdringlichen Tugendmalereien zugunsten rokokohafter Tändelei und empfindsamer Zärtlichkeit und beschränken die Handlung meist auf zwei Liebespaare. Das Ziel ist stets das gleiche: den „blöden" Schäfer zur Dreistigkeit, die „spröde" Schäferin zur Zärtlichkeit, den Flattergeist zur Liebe zu bekehren. Die maßgebenden u. zugleich schönsten Beispiele entstehen schon in den 40er Jahren (von einer Kostbarkeit wie Goethes *Laune des Verliebten* abgesehen) und finden in den folgenden Jahrzehnten, wieder bis ins 19. Jh. hinein, ein Heer von Nachfolgern, über die wir nur wenig wissen.

Entfernter vom Zentrum des R. siedelt das dt. S i n g s p i e l (s. *Oper*), was nicht zuletzt auf seine antihöfische Ahnenreihe zurückzuführen ist. Reineres R. ist in dieser Gattung vor allem dort zu finden, wo sich das Singspiel schäferlich-empfindsamer, ländlich-idyllischer oder scherzhaft-mythologischer Themen bedient, wo die oft handgreifliche Drastik und das lautere Gelächter vom feineren Lächeln verdrängt werden, wo anakreontische Leichtigkeit und Heiterkeit vorherrschen und wo, wenn ständische Konflikte aufgegriffen werden, man sich nicht polemisch-satirisch gegen die eine Seite wendet, sondern die ästhetische Ironie sich ausgleichend und versöhnend nach beiden Seiten richtet: so in einigen Stücken von Weiße, Michaelis, Wieland, Goethe u. a. — Nur am Rande der R.-Welt erscheint das dt. Lustspiel (s. d.). Ähnlich wie im Singspiel treten hier R.-Züge nur dort stärker hervor, wo weniger Laster unter lautem Gelächter entlarvt und angeprangert sondern menschliche Schwächen verständnisvoll belächelt werden und wo der Einfluß der franz. Komödie, namentlich der Salonstücke Marivaux' deutlicher zu spüren ist: also etwa in Schlegels *Stummer Schönheit* und in seinem *Triumph der guten Frauen*, in Krügers *Blindem Ehemann*, Lessings *Alter Jungfer* oder Weißes *Poeten nach der Mode* und seiner *Haushälterin*. In diesen Stücken wird wenigstens der Versuch gemacht, neben die satirisch-lehrhafte Typenkomödie und die empfindsam-lehrhafte Rührkomödie eine dritte Form zu stellen: die sinnlich-heitere Mischkomödie. Das Beste, was das dt. R. im Lustspiel überhaupt zu erreichen vermochte, ist in Lessings *Minna von Barnhelm* und Goethes *Die Mitschuldigen* eingegangen.

Mit der Verserzählung, der neben der R.-Lyrik beliebtesten Kleingattung, befinden wir uns wieder im Zentrum des R. Im Gegensatz zur lehrhaften Aufklärungsfabel will die Verserzählung (alle Mischungen zwischen diesen beiden Arten sind möglich) nichts anderes als unterhalten und vergnügen. Gegen die straffe Kürze der Fabel setzt sie die behaglich ausschmückende, spielerisch drauflos plaudernde Umschweifigkeit und Breite. Sie liebt es, unwesentliche Einzelheiten zu berichten und durch Digression, durch tändelnde Unterhaltungen mit dem Leser den Gang der Handlung zu unterbrechen. Auch die Verserzählung läuft spitz aus, doch nicht in die ethische Pointe einer oft bitteren Lehre wie die Fabel, sondern in die ästhetische Pointe eines Scherzes, vielfach auch einer scherzhaft-ironischen Unmoral. Berühmtestes Vorbild ist Lafontaine, weniger mit seinen Fabeln als mit den *Contes en vers;* und mit der Aufnahme Lafontainescher Stil- und Erzählkunst bei Hagedorn beginnt in Deutschland die Verserzählung des R. Sie bevorzugt die unstrophischen graziösen vers libres und

hat im Durchschnitt zwischen zwei und sechs Dutzend Verse. Daneben gibt es aber auch Erzählungen von weniger als zwölf und mehr als 500 Zeilen; manche erreichen sogar die stattliche Länge von weit über 1000 Versen (etwa Wielands *Komische Erzählungen*). Damit nähert sie sich einerseits der Versnovelle und dem Versepos, andererseits dem Epigramm.

Dem R.-Epigramm (s. d.) fehlt die satirische Schärfe: neben dem Verstand soll auch die Empfindung, das Gefühl angesprochen werden. Im Unterschied zum witzig-intellektuellen Sinngedicht nennt man das R.-Epigramm gern „naiv", „schalkhaft" oder „scherzhaft". Ja man sucht sogar die Begriffe Sinngedicht und Epigramm ganz zu vermeiden und sie durch andere Bezeichnungen wie „Kleinigkeiten", „Einfälle", „Poetische Einfälle" oder „Naivitäten" zu ersetzen. — Zu den kürzeren Verserzählungen gehört auch die in den 60er und 70er Jahren außerordentlich beliebte komische Romanze. Trotz gelegentlich auftretender rokokohafter Züge (vgl. *Romanzen der Deutschen*, 1774/78) gehört diese Zwittergattung als Ganzes nicht zur R.-Dichtung. Und was an neuen Kräften sich unter ihrer Oberfläche zu regen beginnt und bei Schubart, Herder, Bürger Form gewinnt, hat mit dem R. nichts mehr zu schaffen.

Ins Zentrum des R. gehört wieder das Gesellschafts-Epyllion, eine neue epische Form, die sich im engen Anschluß an Popes *Lockenraub* in Deutschland bei Rost, Hommel, Zachariae, Dusch u. a. entwickelt und schließlich zu Uz' *Sieg des Liebesgottes* und Thümmels berühmter *Wilhelmine* führt. Alle diese Epyllien tragen zwar noch Merkmale des traditionellen, überwiegend polemisch-kritisch eingestellten Komischen Epos (s. d.), dessen sich die satirische Aufklärungsdichtung mit Vorliebe bedient. Entscheidend aber ist, daß in den R.-Epyllien die Welt des Kleinen und Nichtigen eine bedeutsame Aufwertung erfährt. Ganz in den Vordergrund gerückt werden die Bagatellen der R.-Gesellschaft: Artikel der Damen- und Herrentoilette, Utensilien des Putztisches, artige Unterhaltungen, Galanterien, Bälle, Ausflüge, Gesellschaftsspiele. Was für Wielands romantische Märchenepen die Illusion des Wunderbaren und Phantastischen bedeutet, das ist für diese Epyllien der zauberische Illusionswert des Zierlichen, Kleinen, Nichtigen. Hand in Hand mit dieser Aufwertung des Kleinen vollzieht sich die Verschiebung von der einseitig-satirischen Haltung zur scherzhaft-, ja skeptisch-ironischen. Während das klassizistische Komische Epos Wert und Ethos des Heldengedichts nicht in Frage stellt, zeigt sich im R. eine ausgesprochen antiheroische Einstellung, die sich überall in der Verspottung der Heldendichtung und des Heldendichters niederschlägt. Der R.-Dichter hat den Glauben an das Vollkommene im Menschlichen verloren. Er durchschaut nicht nur wie der satirische Dichter die scheinhafte Größe, die Anmaßung des Erhabenen, er mißtraut der Größe, der übermenschlichen Vollkommenheit überhaupt, und es bereitet ihm stets sichtliches Vergnügen, Helden und heldische Gestalten zu entlarven und auf ihren menschlich- allzumenschlichen Kern zurückzuführen. Über den Verlust des Erhabenen und Heroischen trösten die schönen Kleinigkeiten des Lebens hinweg. Sie bilden im Epyllion den Stoff einer subtileren Illusion, nachdem die gröbere zerstört wurde.

Wieland, dessen Versepik unbestritten als Gipfelleistung dt. R.-Kunst gilt, ist es, der mit seinem *Idris*, seiner *Musarion*, seinem *Amadis* und *Oberon* das rokokohafte Kleinepos zur höchsten Vollendung führt und es vollkommen aus der Tradition des heroisch-komischen Epos befreit. Auf die Fülle von Einflüssen, Anregungen und Vorbildern, die Wieland aufnahm, um sie zu neuen Formen zu verschmelzen, können wir hier nicht eingehen. Tritt bei ihm die Desillusionierungstendenz, die antiheroische und ironisch-skeptische Grundhaltung des R. vielleicht am deutlichsten hervor, so weiß er wiederum auch der märchenhaften Illusion, der Welt des Kleinen und der Welt des Phantastischen die zauberischsten Farben zu leihen. Hier wie dort erweist sich der größte dt. Stilist des 18. Jh.s als ein intimer und liebender Kenner des Menschlichen: als Meister moderner Psychologie.

Am wenigsten Beachtung hat bisher der R.-Stil in der Prosa des 18. Jh.s gefunden. Man hat sogar versucht, Wielands Prosa in den krassesten Gegensatz zu seiner Versdichtung zu rücken und jeglichen Anteil des R. an seinen Romanen zu bestreiten. Dem muß entschieden widersprochen werden. Wenn wir überhaupt in Deutschland einen

klassischen R.-Roman aufzuweisen haben, dann ist es der *Don Sylvio* des Biberacher Dichters. Auch in den späteren, z. T. stark philosophischen Romanen läßt sich der R.-Stil mit Händen greifen, was keineswegs besagen soll, daß diese Werke ganz oder auch nur überwiegend dem R. verpflichtet sind. Nicht nur hier, sondern bei einer Unzahl von Werken im 18. Jh. kann es sich nur um die Feststellung einer kleineren oder größeren Beimischung von R.-Elementen handeln, worauf wir schon früher hingewiesen haben. — Was neben und nach Wieland noch an rokokohaften Prosaformen lebt, teils mit Wieland, Sterne u. Thümmel Wegbereiter Jean Pauls wird, teils aber auch direkt ins breite und flache Becken biedermeierlicher Unterhaltungsliteratur einfließt, ist bisher ebensowenig erforscht, wie etwa die reiche rokokohafte Briefliteratur oder das dt. R.-Märchen.

Gustav W a n i e k, *Immanuel Pyra u. s. Einfluß auf d. dt. Lit. d. 18. Jh.s* (1882). Georg W i t k o w s k i, *Die Vorläufer d. anakreont. Dichtung in Deutschland u. Friedr. v. Hagedorn* (1889). Wilh. A n d e r s o n, *Beiträge z. Charakteristik d. anakreont. Dichtung.* Diss. Leipzig 1897. A. P i c k, *Studien z. d. dt. Anakreontikern d. 18. Jh.s* StvglLitg. 7 (1907) S. 45-109; 9 (1909) S. 22-64. Karl V i ë t o r, *Gesch. d. dt. Ode* (1923; Gesch. d. dt. Lit. nach Gattungen. 1). Konrad B a e r, *Der junge Gleim u. d. Hallesche Schule.* (Masch.) Diss. Erlangen 1924. Günther M ü l l e r, *Gesch. d. dt. Liedes v. Zeitalter d. Barock bis z. Gegenw.* (1925; Gesch. d. dt. Lit. nach Gattungen. 3). Else S t r o b e l t, *Die Halberstädter Anakreontik, Goeckingk u. Bürger.* Diss. Leipzig 1929. Alfred D r e y e r, *J. M. Dreyer 1717-1769. E. Hamburger satir. Dichter u. Holstein-Gottorper Diplomat. E. Beitr. z. Geistesgesch. Hamburgs um d. Mitte d. 18. Jh.s* (1934; Veröff. d. Ver. f. Hamburger Geschichte 8). Wolfdietr. R a s c h, *Freundschaftskult u. Freundschaftsdichtung im dt. Schrifttum d. 18. Jh.s* (1936; DVLG., Buchr. 21). Christel Matthias S c h r ö d e r, *Die 'Bremer Beiträge'. Vorgesch. u. Gesch. e. dt. Zeitschrift d. 18. Jh.s* (1956; Schriften d. Wittheit zu Bremen D 21, 2). Hansjoachim F i n z e, *Empfindungen, Vergnügen u. Arkadien bei Joh. Aug. Unzer u. d. Hamburger Anakreontikern. E. Beitr. z. Untersuchung d. patriz. Strömung d. Aufklärungsbewegung.* (Masch.) Diss. Rostock 1958. Gottfried S t i x, *Friedr. v. Hagedorn. Menschenbild u. Dichtungsauffassung* (Roma 1961; Letture di pensiero e d'arte 17). A. A n g e r, '*Annette an ihren Geliebten'. E. Gedicht Goethes aus d. Leipziger Zeit.* DVLG. 37 (1963) S. 439-462. W. P. H a n s o n, *Lange, Pyra u. 'Anakreontische Tändeleien'.* GLL. 18 (1964/65) S. 81-90. A. A n g e r, *Ana-*

kreontik. Fischer-Lexikon, Literatur II, 1 (1965) S. 23-28. Alfred J e r i c k e, ... *es ist ein klein Paris. Die Wirkung d. Stadt Leipzig auf Persönlichkeit u. Werk Goethes* (1965). Werner v. N o r d h e i m, *Goethes Buch 'Annette' — nach 200 Jahren. Über Goethes dichterische Anfänge u. d. Eigenart s. schöpferischen Phantasie.* JbFDH 1967, S. 57-129. Norbert W. F e i n ä u g l e, *Die dt. R.lyrik von 1720-1760 in ihrem Verhältnis zur Philosophie d. Aufklärung.* (Masch.) Diss. Univ. of Texas 1968.

Ernst Günter C a r n a p, *Das Schäferwesen in d. dt. Lit. d. 17. Jh.s u. d. Hirtendichtung Europas.* Diss. Frankfurt 1939. H. P e t r i c o n i, *Das neue Arkadien.* Antike u. Abendland 3 (1948) S. 187-200. — Nikolaus M ü l l e r, *Die dt. Theorien d. Idylle von Gottsched bis Geßner u. ihre Quellen.* Diss. Straßburg 1910. Marie M. P r i n s e n, *De Idylle in de 18 eeuw in het licht der aesthetische theorieën* (Amsterdam 1934). Rudolf S t r a s s e r, *Stilproblem in Geßners Kunst u. Dichtung.* Diss. Heidelberg 1936. Friedrich S e n g l e, *Formen d. idyllischen Menschenbildes*, in: *Formenwandel. Festschr. z. 65. Geb. v. Paul Böckmann* (1964) S. 156-171, wiederh. in: Sengle, *Arbeiten zur dt. Lit. 1750-1850* (1965) S. 212-231. Renate B ö s c h e n s t e i n - S c h ä f e r, *Idylle* (1967; Samml. Metzler). Burghard D e d n e r, *Topos, Ideal u. Realitätspostulat. Studien z. Darstellung d. Landlebens im Roman d. 18. Jh.s* (1969; Studien z. dt. Lit. 16). — Friedr. R ü h l e, *Das dt. Schäferspiel. d. 18. Jh.s* (1885). Oskar N e t o l i c z k a, *Schäferdichtung u. Poetik im 18. Jh.* VjsLitg. 2 (1889) S. 1-61. Gustav W a h l, *Joh. Christoph Rost* (1902). F. v. K o z l o w s k i, *Die Schäferpoesie u. d. junge Goethe.* ZfdU. 22 (1908) S. 50-60. Kurt M a y, *Das Weltbild in Gellerts Dichtung* (1928; DtFschgn. 21). — Jakob M i n o r, *C. F. Weiße u. s. Beziehungen z. dt. Lit. d. 18. Jh.s* (Innsbruck 1880). Woldemar M a r t i n s e n, *Goethes Singspiele im Verhältnis zu d. Weißeschen Operetten* (1887). B. S e u f f e r t, *Wielands höfische Dichtungen.* Euph. 1 (1894) S. 520-540; 697-717. Alfred D ö l l, *Goethes 'Die Mitschuldigen'* (1909; Baust. 3). Alfred R. N e u m a n n, *The changing Concept of the Singspiel in the 18th century*, in: *Studies in Germ. Literature. Pres. to John T. Krumpelmann* (Baton Rouge 1963) S. 63-71. Fritz M a r t i n i, *J. E. Schlegel, 'Die stumme Schönheit'. Spiel u. Sprache im Lustspiel.* Dtschunt. 15 (Stuttgart 1963), H. 6, S. 7-32. Peter W o l f, *Die Dramen J. E. Schlegels* (1964; Zürcher Beitr. z. dt. Lit. u. Geistesgesch. 22). Günter W i c k e, *Die Struktur d. dt. Lustspiels d. Aufklärung. Versuch e. Typologie* (1965; Abhdlgn. z. Kunst-, Musik- u. Litw. 26). Walter H i n c k, *Das dt. Lustspiel d. 17. u. 18. Jh.s u. d. italienische Komödie* (1965; Germanist. Abhdlgn. 8). E. M. B a t l e y, *The Inception of Singspiel in 18th-century Southern Germany.* GLL. 19 (1965/66) S. 167-177. Hans S t e f f e n (Hg.), *Das dt. Lustspiel.* Bd. 1 (1968; Kl. Vandenhoeck-Reihe 271).

Hans-Albrecht K o c h, *Goethes Fortsetzung d. Schikanederschen 'Zauberflöte'. E. Beitr. z. Deutung d. Fragments u. zur Rekonstruktion d. Schlusses.* JbFDH 1969, S. 121-163.

Ferdinand S t e i n, *Lafontaines Einfluß auf d. dt. Fabeldichtung d. 18. Jh.s.* Jahresber. über d. Kaiser-Karls-Gymn. zu Aachen 1888/89. Hugo H a n d w e r c k, *Studien über Gellerts Fabelstil.* Diss. Marburg 1891. H. S i t t e n b e r g e r, *Untersuchungen über Wielands Komische Erzählungen.* VjsLitg. 4 (1891) S. 281-317, 406-439; 5 (1892) S. 202-223. Otto G ü l d e n b e r g, *Wielands Komische Erzählungen im Spiegel d. literar. R.* (Masch.) Diss. Halle 1925. Therese E r b, *Die Pointe in d. Dichtung von Barock u. Aufklärung* (1929). W. P r e i s e n d a n z, *Wieland u. d. Verserzählung d. 18. Jh.s.* GRM 43 (1962) S. 17-31. Erwin L e i b f r i e d, *Fabel* (1967; Sammlung Metzler). Maria T r o n s k a j a, *Die dt. Prosasatire d. Aufklärung. Aus d. Russ.* (1969; Neue Beitr. z. Litw. 28). — Ernst Beutler, *Vom griech. Epigramm im 18. Jh.* (1909; Probefahrten 15). Gerhard P f o h l (Hg.), *Das Epigramm. Zur Gesch. e. inschriftlichen u. literar. Gattung* (1969). — Wolfgang K a y s e r, *Gesch. d. dt. Ballade* (1936). W. F a l k, *Die Anfänge d. dt. Kunstballade.* DVLG. 44 (1970) S. 670-686. — E. P e t z e t, *Die dt. Nachahmungen d. Popeschen 'Lockenraubs'.* Zfvgl-Litg. NF. 4 (1891) S. 409-433. Hans R o c h o c z, *M. A. v. Thümmels 'Wilhelmine' u. d. komische Heldengedicht d. 18. Jh.s* (Masch.). Leipzig 1921. O. W a l z e l, *Wielands Versepik.* Jb. f. Philologie 2 (1927) S. 8-34. Rudolfine G ö b e l, *Das dt. komische Epos im 18. Jh.* (Masch.) Diss. Wien 1932. Helmut K i n d, *Das R. u. seine Grenzen im dt. komischen Epos d. 18. Jh.s* (Masch.) Diss. Halle 1945. F. S e n g l e, *Von Wielands Epenfragmenten zum 'Oberon'. E. Beitr. zu Problem u. Gesch. d. Kleinepos im 18. Jh.*, in: *Festschr. P. Kluckhohn u. H. Schneider gewidm.* (1948) S. 266-285. Karlernst S c h m i d t, *Vorstudien zu e. Gesch. d. komischen Epos* (1953). Lüder B e e k e n, *Das Prinzip d. Desillusionierung im komischen Epos d. 18. Jh.s. Zur Wesensbestimmung d. dt. R.* (Masch.) Diss. Hamburg 1954. A. M e n h e n n e t, *'Idris u. Zenide': The „Aufklärer" as romantic.* GLL. 18 (1964/65) S. 91-100. Heinrich M a i w o r m, *Neue dt. Epik* (1968; Grundlagen d. Germanistik 8). Ulrich B r o i c h, *Studien zum komischen Epos* (1968; Buchr. d. Anglia 13). Walter Joh. S c h r ö d e r (Hg.), *Das dt. Versepos* (1969; Wege d. Forschung 109). — Alfred M a r t e n s, *Untersuchungen über Wielands 'Don Sylvio' mit Berücks. d. übrigen Dichtungen d. Biberacher Zeit.* Diss. Halle 1901. Rich. K y r i e l e i s, *M. A. v. Thümmels Roman 'Reise in die mittäglichen Provinzen v. Frankreich'* (1908; Beitr. z. dt. Litw. 9). Hildegard W o r b s, *Klingers Weltanschauung u. künstlerische Gestaltungsweise zur Zeit d. 'Orpheus'* (1928; Hermaea 21). Hans H a f e n, *Studien z. Gesch. d. dt. Prosa im 18. Jh.* (St. Gallen 1952). Wolfgang K a y s e r, *Entstehung u. Krise d. modernen*

Romans (1954; 3. Aufl. 1961). Regine S c h i n d - l e r - H ü r l i m a n n, *Wielands Menschenbild. E. Interpretation d. 'Agathon'* (1963; Zürcher Beitr. z. dt. Lit.- u. Geistesgesch. 21). Dieter K i m p e l, *Der Roman d. Aufklärung* (1967; Samml. Metzler). Kurt-Ingo F l e s s a u, *Der moralische Roman. Studien z. gesellschafts- krit. Trivialliteratur d. Goethezeit* (1968; Lit. u. Leben. NF. 10). Gerhard S a u d e r, *Der reisende Epikureer. Studien zu M. A. v. Thümmels Roman 'Reise in die mittäglichen Provinzen von Frankreich'* (1968; Heidelber- ger Fschgn. 12).

Zu den zahlreichen Ausläufern und Epigo- nen der R.-Dichtung, die bis ins 20. Jh. rei- chen, zum Erbe des R. in Klassik, Romantik und Biedermeier, zu R. in Österreich: vgl. Al- fred A n g e r, *Literar. R.* (2. Aufl. 1968) S. 34-51; zur textlichen Überlieferung, zu Aus- gaben und Anthologien der R.-Dichtung: ebda, S. 100-104. Nachzutragen sind: Karl Otto C o n r a d y, *Lyrik d. 18. Jh.s* (1968; ro- roro-Klassiker 504/05 = Dt. Literatur 21; Tex- te dt. Lit. 1500-1800). Alfred A n g e r, *Dich- tung d. R. Nach Motiven geordnet* (1958; 2. Aufl. 1969; Dt. Texte 7). Jürgen S t e n z e l, *Gedichte 1700-1770. Nach d. Erstdrucken in zeitlicher Folge* (1969; dtv. 4019 = Epochen d. dt. Lyrik 5). Gerhart P i c k e r o d t, *Ge- dichte 1770-1800. Nach d. Erstdrucken in zeit- licher Folge* (1970; dtv. 4020 = Epochen d. dt. Lyrik 6). Joh. W. L. G l e i m, *Gedichte.* Hg. v. Jürgen S t e n z e l (1969; Reclams UB 2138/39). Joh. Nikolaus G ö t z, *Die Gedichte Anakreons und der Sappho Oden.* Faksimile- dr. nach d. Ausg. v. 1760. Mit e. Nachw. v. Herbert Z e m a n (1970; Dt. Neudrucke, Rei- he: Texte d. 18. Jh.s).

Alfred Anger

Roman

§ 1. Die Bedeutungsentwicklung des Wor- tes R. beginnt im MA. Im Afrz. wurden seit dem 12. Jh. Werke, die nicht lat., sondern in der Vulgärsprache, der *lingua romana*, ge- schrieben waren, *romanz* genannt, ob in Ver- sen oder Prosa verfaßt, spielte dabei keine Rolle. In ähnlicher Weise nannte man im Bereich anderer roman. Sprachen die Volks- sprache *romans* oder *romance*, so im Prov., im Span. und im Portugiesischen. Erst all- mählich wurde aus der Bezeichnung der Sprache eine Gattungsbezeichnung und zwar keineswegs überall und auch nicht im Zu- sammenhang mit den gleichen literar. For- men. In Spanien benannte man mit dem Wort die balladenähnlichen Heldengesänge, die dort im 14. und 15. Jh. entstanden; sie heißen heute noch Romanzen, die längere Prosaerzählung nannte man *novela*. Auch in Frankreich verengte sich die Bedeutung des Wortes *romanz*, aber, anders als in Spanien,

in einem Sinne, der es brauchbar zur Be- zeichnung dessen machte, was man in der Neuzeit unter einem R. versteht. Die Ent- wicklung vollzog sich in mehreren Jh.n und ließ Wort und Sache schließlich als Einheit erscheinen. Seit dem 17. Jh. ist das Wort auch in Deutschland nachweisbar und zwar in seinem gegenwärtigen Gebrauch.

§ 2. Den ersten Versuch, den Inhalt des Wortes R. zu definieren, unternahm in Europa Pierre Daniel H u e t. Schon er war der Meinung, die Verwendung der Bezeich- nung R. hinge von dem geschichtlichen Wan- del der Vorstellungen ab, die sich mit dem Gegenstand verbinden. In seinem *Traité de l'Origine des Romans* (Paris 1670) heißt es: „Autrefois sous le nom de Romans on com- prenoit, non seulement ceux qui estoient écrits en Prose, mais plus souvent encore ceux qui estoient écrits en Vers ... Mais au- jourd'huy l'usage contraire à prévalu, & ce que l'on appelle proprement Romans sont des fictions d'aventures amoureuses, écrites en Prose avec art, pour le plaisir & l'instruc- tion des Lecteurs" (S. 4 f.). Die Stelle lautet in der ersten dt. Übersetzung von Eberhard Werner H a p p e l aus dem Jahr 1682: „Vor Zeiten verstunde man unter dem Nahmen *Roman* nicht allein die / so in ungebundener / sondern auch die / so in gebundener Rede ge- schrieben waren / was man aber heut zu Tage *Romans* heisset / sind auß Kunst gezierte und beschriebene Liebes Geschichten in unge- bundener Rede zu unterrichtung und Lust des Lesers" (S. 104).

Bis zum heutigen Tag kann keine eindeu- tige Definition, kein R.begriff angesetzt wer- den. Es gibt nicht d e n R., sondern v i e l e R.e. Sie bilden zusammen eine histor. Er- scheinung. Die Mannigfaltigkeit ihrer For- men ist für sie bezeichnend und hängt mit ihrem Wesen zusammen. In den letzten 450 Jahren war in jeder Epoche für die jeweils repräsentativen R.werke anderes charakte- ristisch, und produktive R.autoren schufen immer wieder originale, bis dahin unbe- kannte Formen, erfanden neue Erzählweisen und eigenständige Stilarten. Gebilde sehr verschiedener Struktur wurden mit dem glei- chen Terminus R. betitelt. Das Problem der Bezeichnung besteht auch in andern Spra- chen. Um eine Arbeitsgrundlage zu geben, erklärte E. M. F o r s t e r im Zusammenhang seiner Vorlesungen *Aspects of the Novel* (1927): „Any fictitious prose work over 50,000 words will be a novel for the purposes of these lectures" (S. 2).

Die Antike hatte noch keine Bezeichnung für die Gattung, obwohl sie sie besaß. Karl K e r é n y i spricht von „längeren Prosaschriften mit erfundenen Geschichten über das abenteuerliche Schicksal nichtmythologischer Liebespaare" und führt aus: „Als einige repräsentative Stücke von diesen Werken im 16. Jh. im Westen bekannt wurden, glaubte man in ihnen die Literaturgattung wiederzuerkennen, die damals und nachher 'Roman' hieß" (S. 13). Die Neuzeit gab den R.en des Altertums den Namen, nachdem sich — zum Teil unter ihrem Einfluß — in Europa eine der antiken Kunstform vergleichbare Prosaerzählung entwickelt hatte. Wie die Griechen und Römer, so besaßen auch Chinesen und Inder R.e. Altchinesische R.e sind noch heute gut lesbar, obgleich sie wie die antiken R.e in Form und Stoff für eine Welt stehen, die nicht die unsrige ist.

§ 3. Da es heute als selbstverständlich gilt, daß ein R. in Prosa abgefaßt ist — andernfalls sprechen wir, z. B. bei den betreffenden Werken des 18. und 19. Jh.s, ausdrücklich von Versromanen — erscheint es berechtigt, die Geschichte des dt. R.s ohne viel Aufhebens mit dem Aufkommen der Prosaerzählung im späten MA. beginnen zu lassen. Übersehen wird dabei keineswegs, daß die Mediävisten das Wort R. mitunter für die höfischen Epen verwenden und die Ausdrücke „Artusroman", „Gralroman", ja „Krimhildenroman" benutzen. Außer Zweifel steht: Schon das mal. Epos enthält Elemente des neuzeitlichen R.s. Sind doch beide, Epos wie R., groß angelegte Erzählwerke, kunstvoll gegliedert und Ausdruck eines den Horizont des Menschen umfassenden Weltbildes. Trotzdem sollten der Ähnlichkeiten wegen die Unterschiede nicht verwischt werden. Man vermengt verschiedene histor. Erscheinungen und gewinnt nicht viel, wenn man wie Walther Rehm erklärt: „Die Form des mal. Romans ist das Epos." Das mal. Epos ist nicht allein durch die gebundene Rede gekennzeichnet, auch Stoff und Thematik sind gebunden. Wie der Autor seine Sprache dem Vers unterordnete, so blieb er Quellen und Vorbildern verpflichtet, richtete sich nach Autoritäten, regelte Vorstellungen

und Maßstäbe nach der Gesellschaft, zu der er sprach, und ließ seine Figuren einen ihm vorgegebenen Sinn verwirklichen. Mit Beginn der Neuzeit wandelte sich dies allmählich. Wie schon im mal. Epos da und dort Subjektives, Persönliches zur Sprache kam, etwa bei Wolfram, so bedurfte es andererseits beim neuzeitlichen R. eines langen, mit der allgemeinen Entwicklung verbundenen Prozesses, bis seine neue Weise in Form und Inhalt als Einheit herausgebildet war. Noch die großen, längst in Prosa verfaßten R.werke des 17. Jh.s demonstrieren mit wenigen Ausnahmen überindividuelle Aussagen, obwohl schon in der vorangegangenen Epoche Jörg Wickram seine eigenen Vorstellungen als R.schöpfer vertreten hatte. Im 18. Jh. erst war die neue Gattung voll entfaltet, so daß dann zutraf, was Goethe später in den *Maximen und Reflexionen* hervorhob: „Der Roman ist eine subjektive Epopöe, in welcher der Verfasser sich die Erlaubnis ausbittet, die Welt nach seiner Weise zu behandeln. Es fragt sich also nur, ob er eine Weise habe; das andere wird sich schon finden."

Viele Überlegungen wurden seit dem 18. Jh. über den Unterschied von Epos und R. angestellt, wobei man im allgemeinen nur das antike Epos berücksichtigte und das mal. Epos außer acht ließ. Die Theorien, die aus jenen Überlegungen hervorgingen und auf die Dauer immer mehr den R. allein betrafen, spiegeln den historischen Standpunkt, von dem her sie formuliert wurden. Entscheidend war, daß sie gleichzeitig mit dem Aufkommen der neuen dt. R.weise des 18. Jh.s einsetzten und mit ihr in Zusammenhang standen. Wenn Johann Carl W e z e l in der Einleitung zu seinem 1780 erschienenen R. *Herrmann und Ulrike* erklärt, der R. solle „die wahre bürgerliche Epopöe" sein, und darlegt, wie „man diese Dichtungsart . . . aus der Verachtung und zur Vollkommenheit bringen könne", so entspricht dies einem bestimmten Stadium in der Geschichte des dt. R.s. Auch H e g e l s Formulierungen entsprechen den Vorstellungen der Zeit, in der er sie machte, nämlich dem frühen 19. Jh., und sind lediglich von den ihm damals bekannten R.en bestimmt, d. h. von der R.form, die Wieland und Goethe geschaffen haben. In den *Vorlesungen über die Ästhetik* vertrat er die Ansicht, dem R., das besagt für ihn: „der modernen b ü r g e r l i c h e n Epopöe", fehle

„der ursprünglich poetische Weltzustand, aus welchem das eigentliche Epos hervorgeht. Der Roman im modernen Sinne setzt eine bereits zur P r o s a geordnete Wirklichkeit voraus, auf deren Boden er sodann ... der Poesie, so weit es bei dieser Voraussetzung möglich ist, ihr verlorenes Recht wieder erringt." Es sei „deshalb der Konflikt zwischen der Poesie des Herzens und der entgegenstehenden Prosa der Verhältnisse sowie dem Zufalle äußerer Umstände" dem R. angemessen (S. 983). Hegels Darlegung faszinierte bis in die Gegenwart viele Forscher. In gleicher Weise, wenn nicht noch mehr, beeindruckte die frühe Abhandlung von Georg L u k á c s , *Die Theorie des Romans* (1916), die den Satz enthält: „Der Roman ist die Epopöe der gottverlassenen Welt" (S. 87). Lukács selbst hat sich im Vorwort zur zweiten Auflage (1963) kritisch zu seiner berühmten Schrift geäußert. Er deckte von einem neuen Standpunkt her ihre zeitgeschichtlichen und wissenschaftsmethodischen Voraussetzungen auf und warnte den Leser: „Wenn also heute jemand ‚Die Theorie des Romans' liest, um die Vorgeschichte der wichtigen Ideologien in den zwanziger und dreißiger Jahren intimer kennenzulernen, vermag er aus einer solchen kritischen Lektüre Nutzen zu ziehen. Nimmt er aber das Buch in die Hand, um sich zu orientieren, so kann es nur zu einer Steigerung seiner Desorientiertheit führen" (S. 18). Ähnliches ist zu allen R.theorien zu sagen.

§ 4. Die Voraussetzung für das Entstehen einer dt. R.kunst bildet die spätmal. Erzählliteratur. Sie erhielt ihre Hauptanregung zunächst durch Übersetzungen aus dem Französischen. Zwischen 1430 und 1440 übertrug die Gräfin Elisabeth von Nassau-Saarbrücken franz. Chanson-de-geste-Dichtungen in dt. Prosa (*Herpin, Sibylle, Loher und Maller, Hug Schapeler*). Sie setzte damit die Form des franz. Prosaritterr.s in Deutschland durch, nachdem der *Prosa-Lancelot* ohne Wirkung geblieben war. Ihr folgten schnell andere, die ausländische Prosa- oder Versr.e, Stoffe aus der ital. Renaissance, gelegentlich auch Übertragungen aus dem Lateinischen, in dt. Prosa wiedergaben. Der franz. Liebesr. *Pontus und Sidonia* wurde um die Mitte des 15. Jh.s von Eleonore von Österreich übersetzt, etwa ein Jahrzehnt später *Die schöne Melusine* von dem Berner Schultheiß Thuring von Ringoltingen. *Die Haimonskinder* und viele andere später bei dt. Lesern so beliebte Erzählungen haben franz. Vorlagen. Eine große Zahl jener Werke, die in der Romantik als *Deutsche Volksbücher* bezeichnet wurden, sind ausländischer Herkunft und fanden im 16. Jh. als Übersetzungen den Weg zum dt.sprachigen Publikum. Daneben standen selbstverständlich Prosaerzählungen mit Stoffen aus dt. Lit. wie *Herzog Ernst* (aus dem Lat. übersetzt), *Wigalois, Parzival, Tristan* (nicht nach Gottfried sondern nach Eilhart von Oberge), auch Schwanksammlungen wie *Eulenspiegel* oder *Schildbürger*. Besondere Bedeutung kommt schließlich den Neuschöpfungen *Fortunatus* (1509) und *Doktor Faust* (1587) zu. Die reiche Entfaltung der spätmal. Erzählliteratur korrespondiert mit einer zur gleichen Zeit sich rasch ausbreitenden Freude an bunten Lesestoffen jeder Art in adligen wie bürgerlichen Kreisen. Den Erzählenden wie den Aufnehmenden kam der Buchdruck zustatten. So entstand in Deutschland ein Unterhaltungsschrifttum für das breite Publikum.

§ 5. Der früheste dt. R.schriftsteller ist Jörg W i c k r a m († 1560), ein Colmarer Bürger. Jenes Unterhaltungsschrifttum ist der Boden für sein Werk. Er begann mit traditionellen Ritterr.en und bildete dann eine selbständige, seinem eigenen Anliegen wie seinen persönlichen Fähigkeiten gemäße R.weise heraus. Sie hat als einmaliger, unwiederholbarer Ertrag seiner besonderen Situation im 16. Jh. und als prägnanter Ausdruck seiner lebendigen und vielseitigen, auf vielen Gebieten der Lit. aktiv hervortretenden Persönlichkeit zu gelten.

In seinen beiden ersten R.en *Galmy* (1539) und *Gabriotto* (1551) macht ein in den europäischen Literaturen viel behandeltes Thema, die verbotene Liebe zwischen gesellschaftlich Unebenbürtigen, den Kern der Handlung aus. Sowohl für den Aufbau wie für schmückende Details und retardierende Episoden verwendete Wickram zahlreiche Vorbilder. Das erregende Thema lag ihm im Grunde nicht; so bleibt seine Gestaltung Literatur, und Rhetorik tritt jeweils an die Stelle der Leidenschaftsäußerung. Selbstverständlich waren Wickram die Inhalte des ritterlichen Lebens fremd. Deshalb konnte sein Versuch, überlieferte Handlungszüge zu einem einheitlichen, in sich selbst begründeten

R.gefüge zu verarbeiten, nicht von Erfolg ein. *Gabriotto* im besonderen ist ein sehr schwaches, unübersichtliches Werk; und gerade da, wo Wickram das übernommene Thema nach eigenen moralischen Vorstellungen abwandelte — die beiden Paare versagen sich die Erfüllung ihrer Liebe — gewann er nur Leere, denn er verzichtete auf das die Liebeshandlung bewegende Element.

Erst als er seine eigenen Probleme und Vorstellungen zum Kernthema der Handlung machte, gelang ihm eine originale, überzeugende R.form. *Der Knabenspiegel* (1554) und *Der Goldfaden* (1557) sind klar gefügte, übersichtliche Erzählungen, getragen von einem Leitgedanken, der in den gegenwärtigen Verhältnissen des Autors begründet ist.

Beide R.e bringen den gesellschaftlichen Aufstieg des Niedriggeborenen. Im *Knabenspiegel* gelangt der arme Bauernsohn durch Begabung, Fleiß und Wohlverhalten schließlich zum Kanzleramt, während der verwöhnte Rittersohn durch Mißachtung aller Pflichten und fortwährende Liederlichkeit zum Schweinehirten herabsinkt. Nur durch die Armut wird er belehrt und, wie der Verlorene Sohn, zur Umkehr gebracht. Wie unberechtigt der Vorrang des Adels und die Verachtung des Niedriggeborenen seien, wollte Wickram durch ein Figurenschema beweisen, in dem die gesellschaftliche Qualität des einzelnen in umgekehrtem Verhältnis zu der ihm durch seine Geburt zugebilligten Stellung steht. Aus der lehrhaften Absicht des Autors ergab sich die Schwarzweißzeichnung der Figuren.

In *Der Goldfaden* wird diese lehrhafte Absicht überspielt durch den poetischen Glanz der Erzählung, ihre märchenhafte Atmosphäre, die Liebenswürdigkeit der Figuren und die Wohlgeformtheit einzelner Motive und Situationen. Gleichwohl entspricht das Grundschema der Handlung dem des *Knabenspiegel*. Der Hirtensohn wird ein großer Herr, erhält eine ganze Grafschaft und die Grafentochter zur Frau. Er erdankt seinen Aufstieg der eigenen Tüchtigkeit und Tugend. Seiner Verdienste wegen wird er vom König zum Ritter geschlagen. Es geht Wickram nicht um die Aufhebung der Standesunterschiede, er möchte lediglich, daß sie durch Leistung begründet wären. Daß der Graf seine Tochter nur dem zum Adel Erhobenen geben will und daß es der Zeremonie des Ritterschlags bedarf, ist Wickram durchaus recht. Handelte es sich doch um die Standeserhöhung eines Hirtensohns, dessen Würdigkeit mit seiner Erhöhung im Rahmen einer Ordnung anerkannt wird. Daß er zugleich ein Begnadeter ist, tritt in seiner geheimnisvollen Beziehung zu dem Löwen an den Tag — er führt auch den Namen Lewfried —; der Löwe zeigte sich vor seiner Geburt bei den Herden seines Vaters, benahm sich wie ein friedliches Haustier, wird später sein treuer Begleiter und steht ihm bei einem Anschlag auf

sein Leben bei. Wie sich für das an sich bekannte Löwenmotiv (*Herpin*, *Iwein*) keine besondere Quelle, aus der Wickram es genommen hätte, ausmachen läßt, so ist auch nicht feststellbar, ob Wickram für die Liedeinlagen und ihre kunstvolle Verknüpfung mit dem Geschehen bestimmte Vorbilder (etwa *Pontus und Sidonia*) benutzte. Ähnlich steht es mit dem eigenartigen Motiv vom Goldfaden, das Wickram erfunden haben könnte (Lewfried schneidet sich die Brust auf und verwahrt in der Wunde den Faden, den ihm die Geliebte zum Aufbewahren gab). Das Motiv hat zeichenhafte Bedeutung für die Liebeshandlung, deren Mitte es bildet, und steht zugleich in engstem Zusammenhang mit Lewfrieds Liedkunst. Auf sie mag Wickram als Gründer und Förderer der Colmarer Meistersingerschule besonderen Wert gelegt haben.

Die Tatsache der Liedeinlagen im *Knabenspiegel* wie im *Goldfaden* ist besonders wichtig im Hinblick auf die Liedeinlagen in Goethes *Wilhelm Meister* und in den R.en der Romantiker. Hier wie dort enthüllen die Lieder jeweils Verborgenes, bringen zur Sprache, was auf anderm Weg, unmittelbar und auf der Ebene der Prosaerzählung, nicht gesagt werden kann. Es hängt von der Hellhörigkeit des Gegenübers ab, wieweit durch das Lied die Verständigung im Rahmen einer Gesellschaft, in der Hindernisse für sie bestehen, gefördert wird. Bei Wickram gelingt die Verständigung jedes Mal.

Brentano gab den *Goldfaden* 1809 neu heraus. Die Romantiker äußerten sich verschiedentlich und mit Wärme über das Werk.

Der letzte R. Wickrams *Von guten und bösen Nachbarn* (1556) spielt in rein bürgerlichem Milieu. Wie die Ritterr.e *Galmy* und *Gabriotto* nicht gelingen konnten, weil es zu spät für sie war und Wickram zu ihrem Inhalt zu wenig Beziehung hatte, so mißlang ihm sein letzter R., weil es offenbar noch zu früh für das Unternehmen war. Es fehlten dem Autor die künstlerischen Mittel, um aus dem Zusammenleben in städtischer Umwelt, aus den Gegebenheiten seiner eigenen Erfahrungswelt einen anziehenden Erzählstoff zu formen.

§ 6. Jörg Wickram hatte keine Nachfolger. Einen originalen dt. R. gab es erst um die Mitte des 17. Jh.s wieder. In der Zwischenzeit wandelten sich Geschmack und Stil vollkommen. Die spätmal. Erzähllit. verlor schon zur Zeit des Abklingens von Wickrams R.-kunst ihre bestimmende Wirkung. In den breiten Schichten der Bevölkerung blieb sie trotzdem ein beliebter Lesestoff. Deshalb konnte der Frankfurter Verleger Feyerabend 1578 einen großen Folioband *Buch der Liebe* mit 13 der bekanntesten Erzählungen der Zeit herausbringen. Er enthielt Wickrams

Galmy und *Gabriotto*; daneben *Pontus und Sidonia, Tristan, Wigalois* u. a. Der Band erschien 1587 in zweiter Auflage, ein Beweis, wie gern er gelesen wurde.

Der neuen Mode entsprach mehr der für spätere R.formen richtungweisende *Amadis*. Er geht auf einen spanischen Ritterr. zurück, dessen erste 4 Bücher 1508 erschienen. Das bedeutende Werk, in dem eine ältere, wahrscheinlich spätmal. Vorlage verarbeitet ist, schwellte im Lauf der Jahrzehnte zu riesigem Umfang auf. Sein Verfasser, Garci Ordóñez de Montalvo, fügte ihm selbst schon ein 5. Buch an. Ab 1540 ins Franz.e übertragen, hatte es 1556 schon 12 Bücher. Zwischen 1569 und 1593 erschien es in dt. Sprache, inzwischen auf 24 Bücher gewachsen. Es handelt sich bei dem Werk um eine Aneinanderreihung von Abenteuern phantastischer Art in einer Welt mit Feen, Riesen, Zauberern und Ungeheuern. Diese Abenteuer ließen sich unendlich vermehren und variieren. Träger der Handlung sind fahrende Ritter; ihr Hauptmotiv ist die Liebe. Heroisch und seelenvoll zugleich, halten sie der erwählten Herrin über alle Anfechtungen hin die Treue. Spürbar ist ein Zug empfindsamer Verfeinerung, der schon zu den sentimentalen Vorgängen in den R.n des 17. Jh.s hinüberweist.

Übersetzungen sind in jener Zeit wieder die Grundlage zu Neuem. Johann F i s c h a r t, der das 6. Buch des *Amadis* übertrug (1572), schuf in der Bearbeitung von Rabelais' *Gargantua et Pantagruel* ein eigenständiges Werk. Er erweiterte seine Vorlage auf den dreifachen Umfang und gab dem von ihm Gebotenen den Stempel seines überströmenden Talentes. Sehr groß war die Wirkung, die die Übertragung der *Äthiopischen Abenteuer* Heliodors (*Theagenes und Charakleia*, 1554) hatte.

§ 7. Die dt. R.kunst des 17. Jh.s fußt auf ausländischen Formtypen, die sich in den europäischen Literaturen herausgebildet hatten und dort durch bedeutende Werke repräsentiert wurden. Es sind der Schäferr., der höfisch-historische R. und der Schelmenr.

Nennenswertes ist auf dem Gebiet des Schäferr.s in Deutschland nicht entstanden. *Schäferei von der Nymphe Hercinie* (1630), ein kleines Prosawerk mit vielen Verseinlagen, findet lediglich Erwähnung, weil es von Martin Opitz stammt und ein dt. Beispiel für den Formtyp ist. Das Schäferwesen

als Zeiterscheinung hat indessen einen Platz im höfischen R.

Dies gilt im besonderen für *Die Adriatische Rosemund* (1645) von Philipp von Z e s e n. Dieses Werk ist der erste selbständige dt. R. seit Wickram: Eine in Amsterdam spielende Liebesgeschichte, deren Fabel so arrangiert ist, daß eine Parisreise des Liebhabers und der Konfessionsunterschied des Paares die Ursache für das Leiden der Hauptgestalt werden.

Die Unruhe der Eifersucht veranlaßt Rosemund, sich in die Schäferei zurückzuziehen, was ein wunderliches Verkleidungsspiel in künstlich drapiertem Milieu bedeutet und zugleich auf die Funktion der Einsamkeitserfahrung in einer gesellschaftsbezogenen Umwelt verweist. Rosemunds Siechtum ist schließlich unaufhaltsam, als sich herausstellt, daß wegen der unerfüllbaren Bedingungen ihres Vaters im Hinblick auf das Konfessionsproblem eine Erfüllung ihrer Liebe durch die Ehe nicht möglich ist. In dem Preis der überhöhten Hauptgestalt — „Es ist die überirdische Rosemund", mehr ein „Engel als Menschenbild" — spricht sich das Verlangen des Autors aus, eine überdimensionale Heldenfigur vorzuführen. Dieses Verlangen verbindet Zesen mit seinen Zeitgenossen.

Er hatte zunächst franz. R.e übersetzt, darunter den *Ibrahim Bassa* der Madeleine de S c u d é r y und dabei für seine R.kunst mehr gelernt, als sich im einzelnen nachweisen läßt. Seine beiden Alterswerke, *Assenat* (1670) und *Simson* (1679), sind biblische Geschichtsr.e. *Assenat* wurde wahrscheinlich durch Grimmelshausen angeregt. *Der keusche Joseph* (1667) des Simpliziusdichters wird von Zesen ausdrücklich in *Assenat* zitiert. Ein Vergleich der beiden Josephsr.e führt vor Augen, wie verschieden die Möglichkeiten der Auffassung wie der Darstellung schon damals bei gleichzeitigen Autoren waren. Schlicht, volkstümlich und lebendig bringt Grimmelshausen seine Geschichte, in der Erzählweise schon an den *Simplizissimus* herankommend. Zesen dagegen versieht als gelehrter Dichter sein Werk mit einem riesigen Anmerkungsteil; er legt besonderen Wert auf die staatsmännischen Fähigkeiten Josephs und ist wie bei Rosemund bemüht, Joseph und Assenat auf das Heldenideal des höfischen Barockr.s hin aufzuhöhen.

Im Gegensatz zu Zesen verfaßt Andreas Heinrich B u c h h o l t z seine R.e *Hercules und Valisca* (1659) und *Herculiscus und Herculadisla* (1665) noch ganz im Stil der voran gegangenen Epoche. Er hatte sich ausdrücklich gegen den „schandsüchtigen" *Amadis* erklärt und ihn durch sein eigenes Werk verdrängen wollen. In der Praxis aber sind seine Figuren der ritterlichen Welt des *Amadis* verbunden, jedoch durch ein starres moralisches System von Gut und Böse in ein Schema gepreßt, das die freie Entfaltung des Geschehens hemmt. Dennoch wimmelt es von abenteuerlichen Irrfahrten und aufregenden Ereignissen. Mehrere Handlungsstränge laufen nebeneinander her und bilden selbständige Episoden. Die Zahl der Einzelepisoden ist vor allem im 2. R. übermäßig groß; ein ihm beigegebenes Namenregister verzeichnet 450 in ihm auftretende Personen. Buchholtz war in seiner Zeit ein beliebter Autor und wurde auch im 18. Jh. noch geschätzt. Die betont christliche Tendenz seiner Bücher wird im besonderen pietistischen Lesern gefallen haben. Goethe läßt im 6. Buch von *Wilhelm Meisters Lehrjahre* die Schöne Seele berichten, wie lieb ihr der *Christliche deutsche Herkules* war: „Die andächtige Liebesgeschichte war ganz nach meinem Sinne."

Ähnlich mögen die Empfindungen gewesen sein, mit denen man *Die Asiatische Banise, oder Das blutig- doch mutige Pegu* (1689) von Heinrich Anselm von Z i g l e r - K l i p h a u s e n bis in die Mitte des 18. Jh.s aufnahm. Historische Begebenheiten aus Indien bilden die blutbespritzten Kulissen, zwischen denen sich die Geschichte eines mustergültigen Paares abspielt, das trotz grausamster Wechselfälle und exotischer Unmenschlichkeiten untrennbar verbunden bleibt und am Ende auch triumphiert. Das Werk stellt im ganzen schon eine späte, etwas aufgelockerte Form des Barockr.s dar. So steht neben dem hohen schon das niedere Paar; mit dem treuherzig gewitzigten Diener wird ein Gegengewicht zum Heldischen spürbar. Das Buch ist seinem Umfang nach überschaubar.

Dies kann von den R.n des Herzogs A n t o n U l r i c h von Braunschweig-Wolfenbüttel nicht ohne weiteres gesagt werden. *Die durchleuchtige Syrerin Aramena* (1669-73) umfaßt 5 Bände, *Die römische Octavia* (1677-1707) 6 Bände. Mehr noch als die äußere Länge erschwert die komplizierte Architektur dem Leser die Beschäftigung mit den beiden Werken. Die Vielheit der Handlungen, das Labyrinth ihrer Verflechtungen, der häufige Wechsel der Identität der Gestalten, Verkleidung, Täuschung und Irrtum führen das Bild einer fast undurchdringlichen Welt herauf. Am Ende entwirrt sich freilich alles, die Paare finden sich und begehen glanzvolle Hochzeiten. Der Nachdruck liegt trotz vieler Kriegshandlungen auf der Kultur des Zusammenlebens, dem alle verpflichtenden Ethos und der Standhaftigkeit im Ertragen vieler Widerwärtigkeiten. Der höfische Barockr. findet im Werk Anton Ulrichs seine intensivste Prägung. Seine Struktur geht in ihrem Grundprinzip auf Heliodors *Aithiopika* zurück: das liebende Paar findet sich zu Anfang in plötzlicher Verständigung, wird getrennt durch viele Widerwärtigkeiten, die zu großer Handlungsverwicklung führen; am Ende finden sich die in Standhaftigkeit Bewährten nach vielen Schrecknissen glücklich zusammen.

Von andrer Struktur ist der *Arminius* (1689) des Daniel Caspar von L o h e n - s t e i n. Das Buch, eher Versuch zu einem Geschichtswerk als ein R., enthält Stoffmassen aus verschiedenen Gebieten, die oft nur locker oder auch gar nicht mit der Arminiushandlung verbunden sind. Große Diskussionen, Geschichtsdeutung, auch Zeitdeutung sind dem Autor wichtiger als das epische Fortschreiten. Es bleibt offen, welche Form seinen Absichten eigentlich entsprochen hätte.

Die R.e des 17. Jh.s sind mit der Kultur, die sie trug, versunken bis auf einen einzigen, dessen Lebensdauer um so gesicherter erscheint: *Der abenteuerliche Simplicissimus Teutsch* (1669) von Hans Jakob Christoffel von G r i m m e l s h a u s e n. Das Werk steht in der Tradition des europäischen Schelmenr.s, der in Spanien entstand (vgl. *Abenteuerroman* § 3). Mag diese Gattung als solche schon über die Epochen hin lebensfähig sein und sich in Kriegs- und Übergangszeiten immer wieder zur Darstellung der Geschichte eines seine Zeit durchwandernden Einzelgängers anbieten, sie fand in Grimmelshausen einen Erzähler von unvergleichlichem Format. Er verarbeitete im *Simplicissimus* das Bildungsgut und die Erfahrung seiner Zeit, sprach tiefsinnige wie bittere Erkenntnis aus und trug zugleich geistreich, wohlüberlegt und spannend vor. Indem er Simplicius, die erfundene Hauptgestalt, ihre eigene Geschichte bringen ließ, verwob er den gesamten Stoff in die von ihm gewählte Erzählperspektive. In der unlöslichen Einheit von Sprechton, Perspektive und Erzählinhalt betätigt sich Grimmelshausens Künstlertum vom ersten bis zum letzten Kapitel des *Simplicissimus* in unerschöpflicher Lebendigkeit. Den 5 Büchern der Urfassung von 1668 fügte er bald als 6. Buch eine *Continuatio* an und ließ dem Werk später noch eine Reihe von *simplicianischen Schriften* folgen, darunter die 4 Kleinr.e *Courasche* (1670), *Springinsfeld* (1670), *Vogelnest I* (1672), *Vogelnest II* (1673). Dem *Simplicissimus* vorausgegangen waren: *Der satirische Pilgram* (1666), *Der keusche Joseph* (1667); nach ihm erschienen 2 höfische R.e, *Dietwald und Amelinde* (1670) und *Proximus und Lympida* (1672).

Grimmelshausen hatte so wenig echte Nachfolger oder Nachahmer wie Wickram. Ein geschickter Erzähler war zwar der über 30 Jahre jüngere Johannes B e e r , und erfolgreich mit seinen lehrhaften R.en war Christian W e i s e . Einen eigenen Stil entfaltete im *Schelmufsky* (1696-97) Christian R e u t e r , indem er seinen Helden lügend die Wahrheit sagen und aufschneidend seine Welt bauen ließ. Aber all dies reicht an Grimmelshausens *Simplizissimus* nicht im entferntesten heran. Ein ihm vergleichbares Werk erschien in Deutschland so bald nicht wieder.

§ 8. Bis die R.kunst der Goethezeit mit Wielands *Don Sylvio* (1764) einsetzte, dauerte es fast 100 Jahre. In dieser Zeit war der dt. R. im allgemeinen flache Unterhaltungsliteratur. Erst seit dem 4. Jahrzehnt des 18. Jh.s heben sich aus ihr vereinzelt selbständige Schöpfungen heraus, die nicht nach dem Publikumsgeschmack sondern vom persönlichen Anliegen des Autors her geformt sind.

Zunächst beherrscht der „galante" R. das Feld. Schon die Titel der R.e von August Bohse etwa — er brachte über 20 R.e heraus — sagen, worum es ging: *Liebeskabinett der Damen* (1685), *Die Eifersucht der Verliebten* (1689), *Der Liebe Irregarten* (1696). Bei andern Autoren wie Christian Friedrich Hunold oder Leonhard Rost lauten sie ähnlich. Pikante Stoffe, amüsante Darstellung, Themen aus der großen Welt, jedoch ohne das

Heroische und Poetische des Barockr.s, damit ist dieser R.typus gekennzeichnet.

Nicht weniger verbreitet war bald der Abenteuer. (s. d.). Defeos *RobinsonCruso* (1719) wurde sogleich nach seinem Erscheinen mehrmals übersetzt und dann viele Male nachgeahmt. Von den zahllosen dt. Robinsonaden (s. d.) ist nur ein einziges Werk eine selbständige Weiterbildung von Defoes Konzept und durch seine künstlerische Form eine bemerkenswerte Leistung: *Die Insel Felsenburg* (1731-43) von Johann Gottfried S c h n a b e l . Die ferne Insel wird hier zum Asyl eines ganzen Kreises von Menschen, deren Lebensläufe veranschaulichen, warum sie nicht nach Europa zurückkehren, sondern an dem neuen Leben auf Felsenburg teilhaben wollen, das nach für das Zeitalter progressiven Vorstellungen durch die Mitwirkung aller geschaffen wird.

Utopisch in Gehalt und Handlungsführung wie *Die Insel Felsenburg* ist auch der in der Literaturgeschichte lange übersehene R. von Johann Michael von Loën *Der redliche Mann am Hofe* (1740). Der Verfasser, ein Großonkel Goethes und eine bedeutende Persönlichkeit, drückt schon mit dem Titel sein Programm aus. Wie die Redlichkeit mit dem Einsatz der eigenen Person „in einer so durchaus verdorbenen Welt" zu verwirklichen sei, davon handelt der Roman. In seiner Form in mancher Hinsicht konservativ, indem wie im höfischen Barockr. die Geschichte des liebenden Paares die Struktur bestimmt und eingelegte Lebensläufe die Handlung unterbrechen und verzögern, ist der R. seinem Gehalt nach ein politisches Buch, das nach dem ausdrücklich ausgesprochenen Wunsch des Autors im Sinne des Optimismus der frühen Aufklärung für eine Verbesserung des Staates und eine Veränderung der Verhältnisse wirken soll. „Dieses Werk wurde gut aufgenommen", berichtet Goethe in *Dichtung und Wahrheit* (2. Buch) „weil es auch von den Höfen, wo sonst nur Klugheit zu Hause ist, Sittlichkeit verlangte".

So sehr *Die Insel Felsenburg* und *Der redliche Mann am Hofe* den idealen Tendenzen des Zeitalters der franz. Revolution entsprachen, eine dt. R.tradition entstand durch sie nicht. Der Neubeginn einer ernsthaften R.literatur wurde stattdessen durch Samuel R i c h a r d s o n ausgelöst (s. *Englische Lit.* § 6). *Pamela* (1740), *Clarissa* (1747) und *Grandison* (1753) entsprachen in ihrem empfindsam-moralischen Stil der Zeitstimmung, die sich unter dem Einfluß gefühlvoller franz. Lit. und im Zusammenhang mit der Säkularisierung der durch den Pietismus geförderten Innerlichkeit gebildet hatte. Entscheidend für den Erfolg Richardsons beim dt. Publikum war seine neue Form des Briefr.s. Der Brief dient hier nicht allein der einfachen Mitteilung an einen Adressaten. Als Selbstaussage des empfindenden Individuums spiegelt er Wesen und Verlauf einer Gefühlserregung, die, während sie beschrieben wird, sich aus sich selbst heraus steigert und zugleich den Schreibenden veranlaßt, sich die Nuancen seiner Empfindungen bewußt zu machen. Die konkreten äußeren Ereignisse treten im Vollzug der sich wiederholenden und steigernden Erregung zurück hinter den inneren Vorgängen, die sie auslösten.

Am Anfang der langen Reihe der unter Richardsons Einfluß entstandenen R.werke steht Christian Fürchtegott G e l l e r t s *Das Leben der schwedischen Gräfin von G ...* (1747-48). Einerseits ist das Buch ein Kompendium der Zeitsituation, andererseits bezeugt es die Ratlosigkeit seines Autors gegenüber einem Weltbild, — es ist das der Aufklärung —, mit dem die Widersprüchlichkeit des Lebens nicht in Einklang zu bringen war. Die unbegreiflichen Begebenheiten: die Doppelehe der Gräfin, die nach dem vermeintlichen Tod ihres Mannes zum 2. Mal heiratete und nach der Rückkehr des Totgeglaubten ihre erste Ehe in Gegenwart des zweiten Mannes wieder aufnimmt, sowie das Leiden des Grafen in sibirischer Gefangenschaft, diese Begebenheiten werden im Rahmen des R.s zum erzählerischen Problem. Zugleich benutzt der Autor sie zur Erprobung eines Weltbildes, dessen Versagen in den konkreten Lebenssituationen er nicht verschleiert. Die offenkundige Zwiespältigkeit in der Konzeption verleiht dem Werk den Charakter des Experiments, wodurch es trotz der Verwendung verbrauchter Motive einen unbestreitbaren geistigen Rang hat.

Die späteren R.e in der Nachfolge Richardsons, bei denen neben dem Element der Aufklärung das Empfindsamkeitswesen stärker hervortritt, besitzen diesen geistigen Rang nicht mehr. Sehr großen Beifall fand

in den siebziger Jahren des 18. Jh.s die *Geschichte des Fräulein von Sternheim* (1771) von Sophie von L a R o c h e. In dem geschickt angelegten Briefr. mit mehreren Schreibern entfaltet sich die Handlung aus miteinander verschachtelten Berichten, in denen das Geschehen von verschiedenen Positionen her beleuchtet wird. Was die Zeitgenossen besonders beeindruckte, war die „völlige Individualisierung des Charakters" der „Heldin" (Wieland in der Vorrede). Die Generation des Sturm und Drang fand hier, was sie forderte, und glaubte den Durchbruch des Menschen zu erleben. Das Buch ist der erste nennenswerte Frauenr. Gleichfalls viel gelesen wurden die Bücher von Johann Timotheus H e r m e s *Geschichte der Miss Fanny Wilkes* (1766) und *Sophiens Reise von Memel nach Sachsen* (1770-72). Das 2. Werk, ein Briefr. in 5 Bänden, ist der erste R., der dt. bürgerliche Verhältnisse spiegelt.

In welche Niederungen die ganze Richtung, die Richardson auslöste, führte und welcher Art von Publikumsgeschmack sie entsprach, wird durch Johann Martin M i l l e r s *Siegwart, eine Klostergeschichte* (1776) erkennbar. Das flach rührselige Buch brachte dem Autor einen Welterfolg, wurde in viele Sprachen übersetzt und rivalisierte mit Goethes *Werther* (1774).

§ 9. Vor dem Hintergrund eines in bezug auf Geschmack und Urteilsfähigkeit noch sehr unentwickelten Publikums setzt die R.kunst der Goethezeit mit Christoph Martin W i e l a n d s *Don Sylvio* (1764) überraschend ein. Im Hinblick auf ihre künstlerische Qualität ist sie in ihrem Jh. in Deutschland ohne Vorläufer. Von der *Geschichte des Agathon* (1766-67; 1773; 1794), an der Wieland schon seit Beginn der 60er Jahre, also vor Erscheinen des *Don Sylvio*, arbeitete, sagte Lessing im 69. Stück der *Hamburgischen Dramaturgie* (datiert 29. 12. 1767): „Es ist der erste und einzige Roman für den denkenden Kopf von klassischem Geschmack." Er scheine „aber für das deutsche Publikum noch viel zu früh geschrieben zu sein." Ähnlich urteilte Friedrich von B l a n c k e n b u r g in seinem *Versuch über den Roman* (1774), der ersten theoretischen Schrift, die in Deutschland über den R. verfaßt wurde. Neben *Agathon* ließ Blanckenburg nur Fieldings *Tom Jones* als vorbildlichen R. gelten, betonte aber: „Unstreitig hat Wieland einen Schritt zur Vollkommenheit voraus" (VIII).

Blanckenburg war zwar nicht originell in seinen allgemeinen Theorien, besaß aber einen ausgesprochenen Spürsinn für literarische Qualität und Eigenart. An Wielands Roman las er die Möglichkeiten der seit langem verachteten Gattung ab, nachdem er die epochale Bedeutung des Werks erkannt hatte. Worauf es im R. ankomme, führte er aus, das sei „das Sein des Menschen, sein innrer Zustand" (18). Der Autor habe die R.handlung auf „die Veränderung des innern Zustandes seiner Personen" (391) zu beziehen, so daß die Leser „die Wirkungen der Begebenheiten erkennen" (324) und die „innre Geschichte des Menschen, die er behandelt", aus der „Folge abwechselnder und verschiedener Zustände" (391) begreifen.

Damit ist nicht nur die neue Thematik der ersten beiden R.e Wielands umschrieben, sondern auch die Eigenart des für lange Zeit berühmtesten R.s in dt. Sprache: *Die Leiden des jungen Werthers* (1774-1787) von Johann Wolfgang von G o e t h e, einem Briefr. mit nur einem Schreiber. Im gleichen Jahr, in dem der Theoretiker seine Wünsche für die Zukunft des R.s der Öffentlichkeit unterbreitete, erfüllte der vierundzwanzigjährige Autor diese Wünsche schon, ohne von ihrer Formulierung zu wissen. Die „Geschichte des armen Werthers", wie der fiktive Herausgeber der Briefe Werthers den R. im ersten Satz nennt, ist die „innre Geschichte" Werthers.

Mit der Entdeckung des R.s als Mittel zur Darstellung der „innern Geschichte" des Menschen erhielt der dt. R. seine entscheidende Richtung. Er wandelte sich zwar seitdem von Jahrzehnt zu Jahrzehnt und scheint noch unabsehbare Möglichkeiten zu haben. Doch riß der Traditionszusammenhang seit jenem Neubeginn im 18. Jh. bis zum heutigen Tag nicht mehr ab.

§ 10. Untrennbar verbunden mit der neuen Thematik war eine neue Erzählweise. Beide, Thematik wie Erzählweise, entstanden miteinander und erzeugten sich gegenseitig. Im ironisch geistreichen Sprechen verwies Wieland im *Don Sylvio* wie im *Agathon* unaufhörlich auf das weite Feld von in sich verknüpften geistigen und psychischen Beziehungen, das ihm auf Grund ausgebreite-

ter Belesenheit in der modernen europäischen und der antiken Lit. wie vieler eigener Erfahrungen zur Verfügung stand und dessen Möglichkeiten er unaufhörlich im Dienst seiner Aussage mobilisierte. Wie Fielding, mit dessen R.kunst er genau vertraut war, griff er auf Cervantes zurück. Im *Don Sylvio* wie im *Agathon* zog er Don Quijote als Vergleichsfigur heran. Auch Sterne mag er schon sehr früh gelesen haben. Von Lesage übernahm er die span. Kulisse des *Don Sylvio* sowie Personen- und Ortsnamen, bei denen er selbst ausdrücklich die Beziehung zu *Gil Blas* herstellte.

Vom Gesamtaufbau der Handlung her wird erkennbar, inwiefern sowohl die Vielschichtigkeit der erzählten Vorgänge wie die Einzelzüge mit ihren literar. Beziehungen im Darstellungsstil selbst enthalten sind, inwiefern Stil und Thematik eine Einheit bilden. Der *Sieg der Natur über die Schwärmerei* — so wird im Titel das Thema des *Don Sylvio* angegeben — dieser Sieg ist ein geistiger Prozeß, in jedem Stadium spannend, weil er vom Erzähler als spannender Vorgang gebracht wird, in dem sich psychologisch höchst Wesentliches vollzieht. Das komplizierte Phänomen der „Schwärmerei" war für die Zeit von zentraler existentieller Bedeutung. Die Geburt des neuen dt. R.s im 18. Jh. vollzieht sich im Ringen um die literar. Verdichtung und Prägung dieses Phänomens. Was Wieland an der liebenswürdigen Figur des Don Sylvio seiner Heilung durch einen Kreis freundlicher Mitmenschen auf heitere Weise demonstriert, läßt er bei Agathon zur schmerzhaften Auseinandersetzung einer reichen Persönlichkeit mit einer vielgestaltigen Welt werden. Wie durch die Handlung begleitende Reflexion geklärt wird, sind Agathons beste Kräfte auf sein Schwärmertum angewiesen, auf Grund dessen ihm zwar, wie sein Gegenspieler es ausdrückt, „die wahre Beschaffenheit der Dinge . . . verborgen" bleibt, ohne das er aber nicht existieren könnte. Er müßte sonst bei dem Mißverhältnis seines Wesens zur Welt nicht nur auf sein Streben nach Selbstverwirklichung verzichten — und dies muß er auf die Dauer ohnehin —, sondern von vornherein, was ja unmöglich wäre, die besten der ihm angeborenen Eigenschaften aufgeben: den hohen Zug des Gemüts und die dem Überdruß an der Misere gegebener Verhältnisse entgegenwirkende Begeisterung für ihr Gegenbild. Scheint es bei Don Sylvio sich vielleicht nur um zu handeln, wie ein komischer Irrtum, ein jugendlicher Wahn zu überwinden sei, bei Agathon legt Wieland unzweifelhaft die Paradoxie des Menschen frei. Er hat dies in der frühen Fassung des R.s mit dem Eingeständnis der Ratlosigkeit bei der Gestaltung des R.schlusses eindeutig ausgedrückt. Bezeichnend für die Intellektualität des Themas wie des Spiels ist die häufige Verwendung der Reflexion, die für Wieland ein zentrales Darstellungsmittel ist.

§ 11. Ebenso entscheidend wie die Reife der Intellektualität und Bildung war für die Entfaltung der neuen R.kunst die Befreiung des Gefühlslebens durch die Empfindsamkeitsbewegung. Ein Jahr nach *Agathon* erschien Sternes *Sentimental Journey* (1768). Die Faszination, die von diesem Buch ausging, und seine vielen Nachahmungen beweisen, wie sehr die empfindsame Wirklichkeitserfahrung dem Zeitalter entsprach. Die Problematik, die sie für das gesellschaftliche Zusammenleben bedeutete, haben Wieland und Goethe erkannt. Als ironischer Erzähler führte Wieland sie durch geistreiche Handlungsmotive und vielfältige Reflexion vor Augen, so daß als Konsequenz der „inneren Geschichte" am Ende die Zwiespältigkeit in der Situation des Agathon zu Tage trat. Im Briefr. Goethes, wo das Gefühl sich selbst bekundet und sich dabei aus sich heraus steigert, ist die Konsequenz der „inneren Geschichte" der Untergang Werthers. Während Agathon zwar zweimal als Politiker unterliegt, aber privat weiterleben kann, scheitert Werther im engsten Kreis ihm herzlich verbundener Menschen am Übermaß der eigenen Empfindsamkeit, an der Unbedingtheit seines Gefühls. Wieland wie Goethe verbanden mit ihrer inneren Anteilnahme an ihren exemplarischen Gestalten ihre Kritik am Empfindsamkeitswesen und dem es repräsentierenden Menschentyp. Da jene exemplarischen Gestalten bei beiden Autoren autobiographische Züge haben, bedeutet ihre Kritik mehr Selbstkritik als Zeitkritik.

Ähnliches gilt für eine ganze Reihe von Autoren, die im Jahrzehnt des *Werther* mit zum Teil ihm verpflichteten, jedenfalls zu vergleichenden R.en hervortraten. Friedrich Heinrich J a c o b i , nach persönlichem Umgang mit Goethe tief enttäuscht, sprach in seinem ersten R. *Aus Eduard Allwills Papieren* (1775-76; 1792) seine Kritik am Genie aus, das in der Liebe versage. In *Woldemar* (1777-79), Jacobis zweitem R., ist es der Charakter des Empfindsamen im ganzen, aus dem sich die Krise einer zunächst vollkommen erscheinenden Seelenfreundschaft herleitet. In *Der Waldbruder* (entstanden 1776, erschienen 1797 in den *Horen)* von Jakob Michael Reinhold L e n z werden die verzerrten Wertherzüge der Hauptgestalt mit Namen Herz das bewegende Element grosker Begebenheiten. Wie bei *Woldemar*

geht es darum, daß der Empfindende, vom eigenen Überschwang überwältigt, die Wirklichkeit verkennt, weil die aus seiner inneren Welt entstehenden Vorstellungen von ihr sie ihm verdecken.

§ 12. Es kennzeichnet die Situation unmittelbar nach dem Einsetzen der neuen dt. R.-kunst zu Beginn der Goethezeit, daß sich die zwischen *Werther* und *Wilhelm Meisters Lehrjahre* erschienenen R.e nicht auf eine einheitliche Entwicklungslinie bringen lassen. Die Mannigfaltigkeit der Möglichkeiten charakterisiert jenen histor. Augenblick in der Geschichte des dt. R.s. Er war begünstigt durch den Mangel jeglicher R.norm. Die Autoren kannten zwar Vorbilder, doch keine Autoritäten. Sie hatten viel gelesen, und viele Beispiele aus der ausländischen Lit. waren ihnen geläufig, einige wenige aus der heimischen. Doch es gab keine Regeln für das, was zu tun wäre beim Schreiben eines R.s. Was Blanckenburg meinte, galt nicht als verbindlich. Die Autoren waren auf sich selbst angewiesen und nutzten die Freiheit nach Maßgabe ihrer Fähigkeiten. Deshalb wurde in jenen Jahren viel experimentiert. Altes und Neues lief mitunter innerhalb des gleichen Werkes nebeneinander her wie in Wezels *Herrmann und Ulrike* (1780). Wieland, Moritz und Schiller traten mit ganz unabhängigen Schöpfungen hervor.

Gleichzeitig erreichte die Nachahmung Sternes ihre Hochflut. Seit Johann Georg J a c o b i s *Die Winterreise* (1769), der ersten dt. Nachahmung Sternes, waren viele Veröffentlichungen schon durch ihre Titel charakterisiert wie J. G. S c h u m m e l s *Empfindsame Reise durch Deutschland* (1771-72) oder *Das Leben und die Meinungen des Herrn Magister Sebaldus Nothanker* (1773-76) von Friedrich N i c o l a i . Während aber Nicolais R. ein klar gefügtes Werk ist, bei dem in der Tat „Meinungen" im Vordergrund stehen, wenn es auch nicht wie bei Sterne die des Autors sind, sondern die einer von ihm geschaffenen Gestalt, sind andere Werke weitschweifig und chaotisch in der Darstellung, so Theodor Gottlieb von H i p p e l s *Lebensläufe nach aufsteigender Linie* (1778-81) und die in mancher Hinsicht groß angesetzte *Lebensgeschichte Tobias Knauts, des Weisen, sonst Stammler genannt* (1773-76) von Johann Carl W e z e l , die Michelson für „zweifellos die beste unter

2*

den deutschen Sterne-Nachahmungen" erklärte.

Wezel war ein begabter Autor. Wieland sprach von seinem „wahren Beruf unser Fielding zu sein." Er habe „alles, was dazu gehört", schrieb er ihm, „nur schafft euch gute Laune an". Wezels R. *Belphegor* (1776) empfand er als zu menschenfeindlich. Das Buch erinnert an Voltaires *Candide* und erzählt von den leidvollen Abenteuern des Empfindsamen in einer durchweg bösen Welt. Schwer einzuordnen ist Wezels bester R. *Herrmann und Ulrike* (1780). Das mit eindrucksvoller Bewußtheit gebaute Werkgefüge ist von einigen wenigen, meist traditionellen Themen getragen: der Aufstieg des Niedriggeborenen zum hohen Staatsamt und seine Verheiratung mit der Baronesse, die Treue des liebenden Paares, das über viele Hindernisse hin fest zusammensteht, die Verführung des Mädchens durch den Liebenden, beider Läuterung in Entsagung und Pflichterfüllung. Das Ende der Handlung bringt den Sieg der Unterdrückten und den Niedergang der Unterdrücker. Das Satirische, das über weite Strecken zum Stil gehört, wirkt gesellschaftskritisch, bleibt aber nicht auf einen Stand beschränkt; es trifft Adel, Bürgertum und Bedienstete gleichermaßen und führt oft ins Groteske.

Satirisch in seiner gesamten Anlage ist W i e l a n d s fast gleichzeitige *Geschichte der Abderiten* (1781, vorher schon im *Teutschen Merkur* 1774-80), die manche für den bedeutendsten der R.e Wielands halten. Der ernste Stil, in dem von den historischen Gestalten, Demokrit, Hippokrates und Euripedes, gesprochen wird, löst den satirischen nicht ab wie bei Wezel, sondern bringt ihn gerade zur Entfaltung.

Das Narrentreiben der Abderiten wird in ihrem Verhalten zu jenen untadeligen Figuren in seinem Wesen erkennbar. Bei seiner Herleitung entwickelt Wieland neue Züge einer Empfindsamkeitskritik. Die Narrheit der Abderiten ist eine Spielart des Schwärmertums, denn auf rätselhafte Weise gewann „ihre Einbildung ... einen so großen Vorsprung über ihre Vernunft, daß es dieser niemals wieder möglich wurde, sie einzuholen." Der zeitkritische Gehalt des R.s wurde in der neueren Forschung viel zu einseitig auf den dt. Bürger, speziell auf den Spießer, bezogen, obwohl Wieland auch hier die Selbstkritik vor die Gesellschaftskritik stellte und von Anfang an seinen Kritikern erklärte: „Abdera ist allenthalben, und — wir sind gewissermaßen alle da zu Hause" (*Merkur* 1778). Das Zitat enthält die anthropologische Entdeckung, von der her der R. aufgebaut ist. Nicht die Frage nach dem geistigen Weg eines einzelnen bestimmt seine Struktur, sondern die nach dem Charakter derer, die zusammen die Gesellschaft bilden. Das Unterfangen war für die Zeit absolut neu.

Auf andere Weise weicht Karl Philipp M o r i t z mit *Andreas Hartknopf* (1786-90) vom Bisherigen ab. Er vermittelt durch eine Reihe von Fragmenten, bei denen es auf Symbolzusammenhänge ankommt und die chronologische Abfolge unberücksichtigt bleibt, das Bild einer eigenwilligen Persönlichkeit besonderen Formates. In *Anton Reiser* (1785-90) dagegen erzählt er zur gleichen Zeit im biographischen Nacheinander die Geschichte einer Jugend. Sie führt vor Augen, inwiefern das Problem des Theaters und die Verführung, es dem wirklichen Leben vorzuziehen, in jenen Jahren in der Luft lagen. Beim Vergleich mit Goethes *Wilhelm Meisters Theatralische Sendung* überraschen sowohl die Ähnlichkeiten in der Gesamtkonzeption wie Gleichklang und inhaltliche Entsprechung mancher Stellen. Es erscheint kaum glaubhaft, daß die Autoren nichts voneinander wußten und wirklich nicht voneinander abschrieben.

Gleichfalls mit den Zeittendenzen eng verbunden und doch ein unvergleichliches Werk ist S c h i l l e r s Fragment *Der Geisterseher* (1789). Die weite Kreise in Atem haltenden Themen: Geisterbeschwörung, Geheimbünde, der Unbekannte als Lenker von Lebenswegen stellt Schiller in den Dienst subtiler Seelenanalyse und deckt in erregender Weise zentrale Probleme der menschlichen Existenz auf.

Viele Anregungen, bis zu Jakob Burckhardt und Friedrich Nietzsche, gingen von dem 2 Jahre vorher erschienenen, von Goethe und Schiller nicht geschätzten, *Ardinghello* (1787) von Wilhelm H e i n s e aus. Der Autor wollte den Tendenzen des Sturm und Drang mit diesem in Italien und dem östlichen Mittelmeer spielenden R. Ausdruck geben, indem er seinen Helden als Renaissancemenschen mit Tatkraft, Unternehmungsgeist und Genußfreudigkeit ausstattete.

§ 13. Die offene Landschaft der jungen dt. R.literatur erhielt mit G o e t h e s *Wilhelm Meisters Lehrjahre* (1795-96) plötzlich ihre Mitte. Zwar bildeten im gleichen Jahrzehnt produktive Autoren wie Hölderlin, Jean

Paul und Novalis ihre eigenen R.weisen heraus, und die Buntheit der Möglichkeiten steigerte sich nach Erscheinen des *Wilhelm Meister* weiter, doch mit Goethes R. war für viele ein Maßstab gegeben, nach dem man sich gewiß nicht zu richten hatte, mit dem man sich aber beschäftigte und zwar für längere Zeit. Nicht nur im 19. Jh., auch weit ins 20. Jh. hinein, befaßten sich angesehene Autoren mit *Wilhelm Meister* und sahen darin Beispiel oder Gegenbild für eigene Vorstellungen. Goethes R. war der Ausgang für viele Überlegungen, die im Zusammenhang mit dem viel besprochenen Begriff Bildungsr. (s. d.) angestellt wurden. Die Bezeichnung Bildungsr. verwendete als erster Karl Morgenstern in seinen Dorpater Vorträgen zwischen 1810 und 1820. Morgenstern berücksichtigte dabei jedoch lediglich die stoffliche Seite eines R.s und seine bildende Wirkung auf den Leser.

Goethe hat in *Wilhelm Meisters Lehrjahre* viele Bestrebungen seiner Epoche eingehen lassen und wahrscheinlich bei weitem mehr Anregungen aus dem R. seiner Zeitgenossen verarbeitet, als man bisher annahm. So schwer sie im einzelnen zu beweisen sein mögen, sie sind durch das ganze Werk hin zu spüren. Seine Originalität beruht weniger auf seinen Themen und Stoffen als auf der Poesie des Stils. Reiz und Wert der Erzählung liegen in der unendlichen Verknüpfung von Motiven, bekannten und unbekannten, zu einer reichen, bunten Welt. Wilhelms Weg ist kein planvoller Bildungsgang, der auf eine rationale Formel zu bringen wäre. Zwar besitzt der R. ein Handlungsgerüst, und Wilhelm hat auch eine Geschichte. Im Laufe der rund 20jährigen Entstehungszeit des R.s, dessen frühe Fassung *Wilhelm Meisters Theatralische Sendung* Goethe nie veröffentlichte, wandelte sich die ursprüngliche Konzeption. Ging es zunächst darum, daß Wilhelm, der, fremd und unbefriedigt in seiner Umgebung, im Theater die seinem inneren Leben entsprechende Welt zu finden hofft, auch tatsächlich die Aussicht hat, als Schauspieler, Regisseur und Theaterdichter den ihm angemessenen Beruf zu haben, so erweist sich dieser Weg in der späten Fassung als Irrtum. Doch gelten die im Irrtum verbrachten Jahre nicht als verloren; sie bedeuten volles Leben, das einerseits seinen Sinn in sich selbst hat, andererseits Wilhelm zur Einsicht in seinen Irrtum verhalf. Der Kreis der Gesellschaft vom Turm — ironische Abwandlung des in der Zeit sehr beliebten Freimaurermotivs — vertritt am Ende die humane Gesellschaft, ist dichterisches Bild für eine dem Suchenden sich öffnende Geistesheimat. Wilhelms Geschichte schließt hier noch nicht. Goethe setzte sie in *Wilhelm Meisters Wanderjahre oder Die Entsagenden* (1821 und 1829) mit neuer Thematik und anderer Struktur fort. Mit der Darstellung des geistigen Prozesses, den Wilhelm in den *Lehrjahren* durchläuft, beteiligte Goethe sich wie im *Werther* an der Empfindsamkeitskritik seiner Zeitgenossen. In den *Wanderjahren* ist Wilhelm nicht mehr die Hauptfigur; andre sind so wichtig wie er und haben zeitweilig sogar Vorrang. Auch hat der Roman keine Handlungsmitte, sondern ist als Nebeneinander vieler Handlungen aufgebaut. Statt der Probleme der sich entwickelnden Einzelfigur beschäftigt den Autor vordringlich die Sorge um die sich verändernden Verhältnisse der Zeit. Die Geschichte der einzelnen wird unter dem Aspekt der Entsagung gesehen. Die umfassende Thematik war nicht in Form eines einheitlichen Erzählstrangs zu bringen. Die Geschichte Wilhelms und seines Sohnes bildet wohl Anfang und Ende des R.s, doch schiebt sich dazwischen eine Kette von Einlagen: Novellen, Märchen, Anekdoten, Aufzeichnungen vieler Art, zum Teil mit dem Rahmen verbunden, zum Teil selbständig. Sie dienen alle der Aussage des R.s und weisen in wechselseitigen Spiegelungen auf einander hin.

Die Reihe der R.e, die in der Nachfolge von *Wilhelm Meisters Lehrjahre* entworfen wurden oder wenigstens Motive, Themen, Ideen daraus enthalten, beginnt mit Ludwig T i e c k s *Franz Sternbalds Wanderungen* (1798) und *Heinrich von Ofterdingen* (begonnen 1799, herausgegeben 1802) von Friedrich von H a r d e n b e r g, genannt N o v a l i s. Als Künstlerr.e sind sie Gegenkonzeptionen zu *Wilhelm Meister*. Novalis läßt ganz bewußt Heinrich den umgekehrten Weg gehen wie Wilhelm: Heinrich wird geweckt zu der Einsicht, ein Dichter zu sein, soll reif dazu und schließlich zum Dichter verklärt werden. In ähnlicher Weise sind alle nennenswerten R.e in der Nachfolge der *Lehrjahre* das Ergebnis selbständiger Auseinandersetzungen mit Goethes R. Die Autoren vollzogen die Aneignung jeweils von eigenem Standpunkt, so daß das Übernommene und das Eigene sich mindestens die Waage halten. Je nach Absicht des Betrachters legte man den Nachdruck auf die eine oder die andere Seite. Im Grunde überwiegt jeweils das Eigene und Neue, sonst hätte sich der Autor nicht mit seinem Werk behauptet. Dies gilt für Friedrich S c h l e g e l s *Lucinde* (1799) wie für Clemens B r e n t a n o s *Godwi* (1801), für Joseph von E i c h e n d o r f f s *Ahnung und Gegenwart* (1815), für Karl I m m e r m a n n s *Epigonen* (1836) und besonders für alle späteren R.e, die als Bildungs- oder Entwicklungsr.e, in besonderen Fällen auch als Anti-Meister bezeichnet wurden, so: Gottfried K e l l e r s *Der grüne Hein-rich* (1854; 1879), Thomas M a n n s *Der Zauberberg* (1924) und *Die Blechtrommel* (1959) von Günter Grass. Die Tradition ist jeweils zu erkennen, auch wenn sich die des Schelmenr.s gleichzeitig bemerkbar macht. Sie ist so anspruchsvoll, daß sich in ihr nur selbständige Künstler angemessen bewegen können. Auch bot sie den nachfolgenden Epochen bis in die Gegenwart noch immer Gelegenheit zur Entfaltung ihrer eigenen Anliegen.

§ 14. In dem Reichtum der R.formen und der Unterschiedlichkeit der Bestrebungen um die Wende vom 18. zum 19. Jh. wird erkennbar, wie die Freiheit im Bereich der jungen Gattung sich weiter fruchtbar auswirkte. H ö l d e r l i n sah „eine Unermessenheit zur Entdeckung und Bearbeitung!" (Juli 1793). Für seinen *Hyperion* (1797-99), begonnen mehrere Jahre vor Erscheinen der *Lehrjahre*, entdeckte er eine originale R.weise, vergleichbar lediglich mit der des *Werther*, obwohl ganz unterschieden von ihr. Voraussetzung für sie war ein in der Zeit des jungen Goethe noch nicht verfügbarer Gehalt.

Hölderlin (geb. 1770), Angehöriger der Generation der Romantiker, übernahm die jugendliche Empörung der Vertreter des Sturms und Drangs schon als in dt. Sprache geformtes Erbe und verarbeitete es im *Hyperion* zu der Einsicht, daß das Aushalten in der Verzweiflung, das Ertragen der Herzensnot einen reifen Grad der Menschenwürde enthüllt, „daß eine neue Seligkeit dem Herzen aufgeht, wenn es aushält und die Mitternacht des Grams durchduldet". Die Doppelschichtigkeit des Bewußtseins — der lebendige Gram und sein bewußtes Erdulden — ergab die Möglichkeit zu der neuen Form des doppelschichtigen Briefr.s, in der *Hyperion* dargeboten ist. Sie erhält ihr besonderes Gepräge in Sprachrhythmus und Wortgebung durch die in erregtem Rückerinnern herangeholten aufwühlenden Vorgänge der Vergangenheit — Liebe, Aufbruch zum Freiheitskampf, Scheitern an den Umständen, Verzweiflung, Todeswunsch, Betroffenheit durch den neuen Frühling — und die gleichzeitige Anteilnahme an einer das Gemüt bewegenden Gegenwart in bedeutender Landschaft. Der R. entfaltet sich von dieser Gegenwart her und nicht auf das verzweiflungsvolle Ende der in der Vergangenheit verlaufenden Handlung hin, das von vornherein schon in der Gegenwart mitgegeben ist. Der Ort des Geschehens ist Hyperions Bewußtsein.

Auch J e a n P a u l begann vor Erscheinen der *Lehrjahre* mit der Herausbildung seines eigenen Stils. Was er bei Sterne lernte,

verkehrte er ins Gegenteil, indem er sich im Spiel der Metaphern über die irdischen Begebenheiten, die Sterne empfindend um kreiste, hinwegschwingt, so daß er Entlegenes verbinden und das Spiel ins Uferlose treiben kann. Für seine R.form bedeutet das, daß sie weder durch den Aufbau einer Handlung noch von einem durchgehenden Gedanken konstituiert ist, noch überhaupt an irgend etwas, was sie fortlaufend bestimmen könnte gebunden wäre. Dies gilt sowohl für die frühen R.e, die seit 1793 erschienen, wie für die späteren, im besonderen *Die Flegeljahre* (1804-05), und sogar für *Titan* (1800-02) bei dem Jean Paul sich bemüht hatte, ein Werk im Sinne des klassischen Weimar zu schreiben, in dem ein Plan durchgehalten, ein idealer Gehalt durchlaufend sichtbar und im Einklang mit einer angemessenen Form ausgedrückt würde. An der Bemühung wird deutlich, was Jean Paul unter einem „klassischen" R. verstand, obwohl ihm der *Titan* nicht in diesem Sinne gelang und ganz gewiß nicht als klassisches Muster zu gelten hat.

§ 15. Fraglich ist, welcher dt. R. als klassisch zu bezeichnen wäre und welche Kriterien für eine Entscheidung ausschlaggebend sein müßten. Die Begriffe Klassik und Romantik erweisen sich sowohl für den Aufbau einer Geschichte des dt. R.s wie für die Geschichte seiner Theorie als untauglich. G o e t h e entwarf keine neue R.theorie und besaß auch keine überkommene Theorie. Die wenigen Bemerkungen, die er da und dort über die Eigenheiten des R.s fallen ließ, enthalten Überlegungen, die er, wie wir heute sagen dürfen, zu einer im Werden begriffenen Kunstform anstellte, deren Möglichkeiten er noch nicht überschauen konnte. Wichtiger als seine Auslassungen zur epischen Dichtung im Briefwechsel mit Schiller, bei denen das homerische Epos den Ausgang bildete, ist die den Besonderheiten von R. und Drama gewidmete Abendunterhaltung bei Serlo in *Wilhelm Meisters Lehrjahre* (V 7), und zwar ist mehr die Tatsache, daß eine solche Unterhaltung geführt wird, hervorzuheben als ihr unverbindliches Resultat, das nur die Meinung von Gesprächspartnern zusammenfaßt, die sich „selbst noch nicht ganz im klaren" sind. Doch wird aus dem Resultat in Ermangelung anderer Äußerungen Goethes viel zitiert: „Im Roman sollen vorzüglich Gesinnungen und Begebenheiten vorgestellt werden; im Drama Charaktere und Taten. Der Roman muß langsam gehen, und die Gesinnungen der Hauptfigur müssen, auf welche Weise es wolle, das Vordringen des Ganzen zur Entwicklung aufhalten. Das Drama soll eilen, und der Charakter der Hauptfigur muß sich nach dem Ende drängen und nur aufgehalten werden. Der Romanheld muß leidend, wenigstens nicht im hohen Grade wirkend sein; von dem dramatischen verlangt man Wirkung und Tat..." usw. Es spricht hier der Praktiker, der zugleich Kenner des zeitgenössischen R.s ist (er zitiert die Engländer Richardson, Goldsmith, Fielding). Daß er sich nicht ganz festlegen kann, verrät er mit der Beobachtung der Gesprächspartner, im *Hamlet* habe der Held „eigentlich auch nur Gesinnungen": es seien „nur Begebenheiten, die zu ihm stoßen"; deswegen habe „das Stück etwas von dem Gedehnten des Romans". Gewiß erscheint dagegen, daß im R. der Zufall sein Spiel treiben könne, Schicksal und Tragik aber ausschließlich im Drama wirkten. Die *Lehrjahre* selbst widerlegen diese letzte Behauptung schon, denn auf die Geschichte Mariannens paßt genau das, was Goethe später in einer Rezension über den „Charakter des tragischen Romans" sagt, daß zu ihm „das grenzenlose Streben" gehöre, „was uns aus der menschlichen Gesellschaft, was uns aus der Welt treibt: unbedingte Leidenschaft; für die dann, bei unübersteiglichen Hindernissen, nur Befriedigung im Verzweifeln bleibt, Ruhe nur im Tod" (*Gabriele*). In den späten Rezensionen hat Goethe sich auch sonst gelegentlich allgemein zum R. geäußert, so: der R. müsse „innere Konsequenz" haben (*Der deutsche Gil Blas*); er solle „eigentlich das wahre Leben sein, nur folgerecht, was dem Leben abgeht" (*Gabriele*). Schließlich ist noch auf die Aufzeichnungen zum R. in den *Maximen und Reflexionen* hinzuweisen, wo es heißt: „Der Roman ist eine subjektive Epopöe" (vgl. § 3).

Goethes Verhältnis zur Gattung des R.s war ungebrochen. Er war ihrer ganz sicher als Praktiker und hatte im Theoretischen keine Bedenken gegen sie. Schiller hingegen kam nicht los von dem Eindruck, daß dem R. im allgemeinen und auch Goethes *Meister* im besonderen eine gewisse Zwiespältigkeit innewohne. Die viel zitierte Bemerkung, der „Romanschreiber" sei „nur" der „Halbbruder" des Dichters (*Über naive und sentimentalische Dichtung*) charakterisiert Schillers Haltung nur zum Teil. Worum es ihm ging, ist viel eher aus seinen Darlegungen im Briefwechsel mit Goethe zu erkennen. Obwohl er *Wilhelm Meister* aufs höchste bewunderte, schien ihm, im besonderen gegen Ende des R.s, immer noch etwas zu fehlen; er sprach von „deutlicherer Pronunciation der Hauptidee" (19. 10. 1796). Ein Jahr später drückte er sich etwas anders aus: „Die Form des Meisters" sei, „wie überhaupt jede Romanform, ... schlechterdings nicht poetisch, sie liegt ganz nur im Gebiete des Verstandes, steht unter allen seinen Forderungen und partizipiert auch von allen seinen Grenzen. Weil es aber ein echt poetischer Geist ist" (nämlich Goethe), „der sich dieser Form bediente und in dieser Form die poetischsten Zustände ausdrückte, so entsteht ein sonderbares Schwanken zwischen einer prosaischen und poetischen Stimmung, für das ich keinen rechten Namen weiß" (20. 10. 1797).

Fast gleichzeitig mit diesen Äußerungen Schillers begannen im *Athenäum* die Auseinandersetzungen der Brüder Schlegel mit Wesen und Form des R.s. Es ist von diesen Auseinandersetzungen Ähnliches wie vom Abendgespräch bei Serlo in den *Lehrjahren* zu sagen: das Wichtigste ist die Tatsache, daß es sie in dieser Intensität gibt. Zu einer Definition führen sie nicht, obwohl beide Brüder der Ansicht sind, daß nach ihr gesucht werden müßte. Von der umfassenden Bedeutung des R.s sind sie überzeugt. „Die Romane sind die sokratischen Dialoge unserer Zeit. In diese liberale Form hat sich die Lebensweisheit vor der Schulweisheit geflüchtet", sagt Friedrich Schlegel (*Lyceum* 26). Die Problematik, die mit der weiten Verbreitung des R.s verbunden sei, berührt August Wilhelm Schlegel im ersten Band des *Athenäum*: „Der Punkt, wo die Literatur das gesellige Leben am unmittelbarsten berührt, ist der Roman." Hier offenbare „sich daher am auffallendsten der ungeheure Abstand zwischen den Klassen der lesenden Menge." Der Meister wie der Stümper finde sein Publikum. „Die gesetzlose Unbestimmtheit, womit diese Gattung nach so unzähligen Versuchen immer noch behandelt wird, bestärkt in dem Glauben, als habe die Kunst gar keine Forderungen an dieselbe zu machen, und das eigentliche Geheimnis bestehe darin, sich alles zu erlauben; während sie doch viel mehr auf die Höhe der Aufgabe hindeutet, die wie eine irrationale Gleichung nur durch unendliche Annäherung gelöst werden kann." Zur Form des R.s erklärt Friedrich Schlegel im *Brief über den Roman,* eingeschoben in das *Gespräch über die Poesie,* er bezweifele, daß der R. „am meisten Verwandtschaft mit der erzählenden, ja mit der epischen Gattung" habe und sagt: „Ja ich kann mir einen Roman kaum anders denken als gemischt aus Erzählung, Gesang und andern Formen. Anders hat Cervantes nie gedichtet, und selbst der sonst so prosaische Boccaccio schmückt seine Sammlung mit einer Einfassung von Liedern. Gibt es einen Roman, in dem dies nicht stattfindet und nicht stattfinden kann, so liegt es nur in der Individualität des Werks, nicht im Charakter der Gattung; sondern es ist schon eine Ausnahme von diesem" (*Athenäum* III). Unmittelbar davor hatte Friedrich Schlegel dargelegt: „Der dramatische Zusammenhang der Geschichte" mache den R. „noch keineswegs zum Ganzen, zum Werk"; er werde dazu erst „durch die Beziehung der ganzen Komposition auf eine höhere Einheit, ... durch das Band der Ideen, durch einen geistigen Zentralpunkt." Für Friedrich Schlegel ist der R. eigentlich keine Gattung neben andern Gattungen, sondern „ein romantisches Buch", das besagt: die wesensmäßige Form der romantischen Poesie. Eine Theorie des R.s müßte „im ursprünglichen Sinne des Wortes" (*theoria*) „eine geistige Anschauung des Gegenstandes" sein. „Eine solche Theorie des Romans würde selbst ein Roman sein müssen." Ob Friedrich Schlegel diese Gedankensplitter in einem System hätte verarbeiten können, ob sie dazu geeignet waren, ist eine offene Frage, eine andere ist, ob der menschliche Geist seiner Beschaffenheit nach in der Lage ist, ein solches System aufzustellen.

Wie für Friedrich Schlegel besteht auch für J e a n P a u l kein Zweifel, daß der R. seinem Wesen nach poetisch ist. Die Überlegungen in *Vorschule der Ästhetik* (1. Ausg. 1804) gelten der Art dieses poetischen Gebildes und seinen Abarten. „Die gemeine unpoetische Klasse liefert bloße Lebensbeschreibungen, welche ohne die Einheit und Notwendigkeit der Natur und ohne die romantische epische Freiheit ... einen gemeinen Welt- und Lebenslauf mit allem Wechsel von Zeiten und Orten so lange vor sich hertreiben, als Papier daliegt" (§ 70). Nach Jean Pauls Ansicht „ist eben die Poesie so unentbehrlich, weil sie dem Geiste nur die geistig wiedergeborene Welt übergibt und keinen zufälligen Schluß aufdringt. Im Dichter spricht bloß die Menschheit nur die Menschheit an, aber nicht dieser Mensch jenen Menschen" (§ 69). Bei Jean Pauls Versuch einer Gliederung der bekannten R.e in Gruppen ist die Bemühung wiederum wichtiger als das Ergebnis, da die Gruppierung als solche praktisch nicht anwendbar, aber die Einsicht in die Mannigfaltigkeit der Formen einen neuen Ansatz für die Behandlung des R.problems bedeutete.

Die gesamten Bemühungen der jungen Romantikergeneration beleuchten, wie schnell sich die Vorstellungen von Wesen und Bedeutung des R.s in Deutschland, wenigstens in seinen literaturkritischen Kreisen, gewandelt hatten. Noch Gottsched vertrat bei der Besprechung der *Asiatischen Banise* den Standpunkt, ein R. sei „zwar, insoferne er als ein Gedicht angesehen wird, mit unter die Gattungen der Poesie zu rechnen, er erlanget aber bei derselben nur eine von den untersten Stellen" (*Beiträge zur Krit. Historie* 1733). Keine 70 Jahre später gilt der R. als das umfassende und bevorzugte Ausdruckmittel der Dichtkunst, als das echte, universale Kunstwerk.

§ 16. Für die R.praxis des 19. Jh.s bedeuteten freilich die Theorien der R.kunst wenig. Wichtig waren allein die großen R.schöpfungen der Zeit, im besonderen die R.e Goethes. Sehr stark wirkten *Die Wahlverwandtschaften* (1809) auf die R.autoren. Neue Elemente wuchsen mit diesem Werk dem dt. R. zu. Die undurchdringliche Dämonie im Zusammenhang der Begebenheiten, die Verstrickung der Figuren in rätselhafte Vorgänge und die Ausweglosigkeit des Unheils schaffen eine Atmosphäre, die es bis dahin in erzählender Dichtung nicht gab. Zugleich entfalten sich die Ereignisse konsequent aus den mit großer Genauigkeit dargestellten Zeitverhältnissen und der gesellschaftlichen Situation der Figuren. Eine strenge Form bindet dem Anschein nach Entgegengesetztes, Hintergründiges und Sichtbares, zur Einheit. Sie ist getragen von einer sich ständig distanzierenden Sprache und dem sich in Symbolen verschlüsselnden Stil. Im Gegensatz zu der weitausladenden Gebärde des *Wilhelm Meister*, bei dem noch alles zu vernünftiger Lösung drängt, kreist es hier von Anfang an die Gestalten ein, und der Leser weiß früh, „daß es zu bösen Häusern hinausgehen muß" (Goethe).

Ein Werk wie *Die Wahlverwandtschaften* konnte noch weniger als *Wilhelm Meister* wiederholt oder nachgeahmt und schon gar nicht durch eine Gegenkomposition bewältigt werden. Doch es gingen viele Anregungen davon aus; selbstverständlich wurde auch viel Widerspruch laut. Unmittelbar beeindruckt von den *Wahlverwandtschaften* war Achim von A r n i m bei der Abfassung der *Gräfin Dolores* (1810). Eduard M ö r i k e s *Maler Nolten* (1832) ist sowohl in Einzelzügen wie in der Atmosphäre und dem Gesamtgehalt beeinflußt. Daß der Mensch den dämonischen Verstrickungen nicht entgehen kann, belegt auch Mörikes R. Doch es geht nicht wie bei Arnim um ein Eheproblem, sondern eher um den Bildungsweg der Hauptgestalt, so daß hier vielleicht ein doppelter Traditionszusammenhang mit Goethe besteht. Vieles auszusetzen an den *Wahlverwandtschaften* hatte Friedrich S p i e l h a g e n ; sie paßten nicht zu seinen speziellen R.theorien, die er in der Kritik an Goethes R. vielfach demonstrierte. Er lehnte das Hervortreten und Sichgeltendmachen des persönlichen Erzählers ab; der Dichter habe kein Recht, „dem Helden in die Rolle zu fallen" und „den Leser aus der Illusion zu reißen" (*Beiträge zur Theorie und Technik des Romans* 1883 S. 208). Er verlangte das „objektive" Erzählen und hielt die eingefügte Erzählerreflexion für unpoetisch. Auch die Komposition der *Wahlverwandtschaften* bemängelte er, während er *Werther* und *Wilhelm Meister* bewunderte. In seinem eigenen Werk ließ er Motive und Gedanken aus den *Wahlverwandtschaften* mitlaufen, so in *Zum Zeitvertreib* (1897), wohl in der Absicht, eine bessere Erzähltechnik zu praktizieren als Goethe, dessen symbolischen Kunststil er nicht verstand. F o n t a n e hingegen unterhielt bei allem betonten Abstand eine in vielen Anspielungen angedeutete Beziehung zu Goethe und war in seiner künstlerischen Verfahrensweise, ohne daß von Nachahmung

die Rede sein könnte, mit ihm verwandt. Man hat von „der Erneuerung der *Wahlverwandtschaften* im Roman Fontanes" gesprochen und sie an *Effi Briest* (1895) aufgezeigt (Jürgen Kolbe). Der Gemeinsamkeit im epischen Darstellungsstil entspricht eine Gemeinsamkeit in der Struktur des Weltbildes. Der Vielfalt der Bezüge bei den im R. Fontanes die Erzählung bildenden Details korrespondiert das Feld der Bezüge, in das der Mensch sich gestellt sieht. Dieses Feld ist von anderer Art als bei Goethe, denn Fontane sieht in der den Menschen bindenden Gesellschaft die geschichtliche Welt, während der zeitliche Lebenskreis der Figuren in den *Wahlverwandtschaften* unmittelbar umgeben ist von dem Reich der übernatürlichen Mächte, deren Gesetze der Mensch in sich selbst trägt. Diese Mächte sind auch bei Fontane im Spiel, und die Menschen respektieren die Tatsache ihrer rätselhaften Verstrickung.

§ 17. Der Traditionszusammenhang blieb für den dt. R. im 19. Jh. gewahrt, obwohl Form, Thematik und Intention sich allmählich wandelten, was jeweils an einzelnen Werken ablesbar ist. Die Verbindungen zwischen der Kunstweise des frühen und des späten 19. Jh.s ergeben sich nicht allein nachträglich aus dem Blickwinkel einer anderen Epoche, die Zeitgenossen selbst haben sie schon erkannt. Wilhelm B ö l s c h e erklärte 1889 „das Prioritätsrecht des eigentlichsten realistischen Romans im vollen Sinne" müsse „dem Altmeister Goethe in seinen Wahlverwandtschaften" zuerkannt werden. Der R. gäbe „bereits einen vollkommenen Spiegel ab für den von Zola so getauften Experimentalroman." Man könne „bei sorgfältiger Analyse alle Vorzüge und Gefahren dieser ins Gebiet der Naturwissenschaft hinübergreifenden exakt psychologischen Dichtungsart an dem alten Buche so genau aufweisen, als gehöre es zeitlich zu den neuesten Erzeugnissen des Büchermarktes" (*Goethes Wahlverwandtschaften im Lichte moderner Naturwissenschaft*. In: Die Gesellschaft, Jg. 1889. S. 1331). Bölsches Ausführungen verstehen sich von einem rational geformten Weltbild her und im Zusammenhang mit dem speziellen Inhalt, den die von ihm verwendeten Kategorien bei ihm haben. Er steht mit seiner Meinung von der Modernität Goethes in seiner Zeit nicht allein. Auch Fon-

tane bezieht Goethe in seine eigenen Vorstellungen vom Realismus ein: „Goethe (der
in der Form ihn immer hatte und immer bewahrte) verdünnte den Realismus seiner Jugend zu der gepriesenen Objektivität seines
Mannesalters. Diese Objektivität ist dem
Realismus verwandt, in gewissen Fällen ist
sie dasselbe" (*Literarische Essays und Studien*, 1. Teil, 1963, S. 11).

Die Probleme der modernen Diskussion
zum Realismus spielen bei diesen Äußerungen keine Rolle. Es gilt lediglich festzustellen, daß vom Selbstverständnis der Epoche
her ein Traditionsbruch für das späte 19. Jh.
im Hinblick auf den R. Goethes nicht anzusetzen ist, obwohl mit der Julirevolution von
1830 und dem Tod Goethes sich allgemein
die Ansicht durchsetzte, man stehe am Beginn eines neuen Zeitalters, und Heine schon
1831 das „Ende der Kunstperiode" prophe-
zeite, „die bei der Wiege Goethes anfing
und bei seinem Sarg aufhören wird."

Wie man immer wieder auf *Die Wahlverwandtschaften* zu sprechen kam, so erneuerte
sich auch mehrfach die Diskussion über die
Wilhelm-Meister-R.e. Wienbarg, Heine,
Laube, Gutzkow, Mundt und Kühne kamen
bei ihren Erörterungen über den gegenwärtigen und künftigen R. letztlich von Goethes
Lehrjahren nicht los. Bei den Auseinandersetzungen um die Mitte des Jh.s aber, im
besonderen nach Erscheinen von Kellers *Der
Grüne Heinrich* (1854), setzte eine entschiedene und produktive Kritik am Bildungsr.
ein. Sein unbefriedigender Schluß, das Problem der Versöhnung, das schon Wieland in
der ersten Fassung des *Agathon* beschäftigte
(vgl. § 10), gab neu zu denken. Vischer und
Gottschall vertraten die Meinung, daß Goethes Lösung nur in den gesellschaftlichen Verhältnissen des 18. Jh.s denkbar sei. In der
modernen Welt hielt Vischer sie für ausgeschlossen, weshalb ihm auch die R.form der
Lehrjahre problematisch blieb. Gottschall er-
örterte an Hand von Immermanns *Epigonen*
die Verstrickung des Individuums in die Konflikte der Zeit, aus denen sich der einzelne
nicht lösen könne; seine harmonische Ausbildung sei daher nur im privaten Bereich
möglich. Mit solchen Vorstellungen hing die
negative Kritik zusammen, die Stifters *Nachsommer* (1857) zuteil wurde. Man erkannte,
daß bei den bisherigen Formen des Bil-
dungsr.s Dynamik lediglich in der seelischen

Entwicklung des Individuums gesehen
wurde, die sozialen Verhältnisse aber als
statisch galten. Neue Aspekte ergaben sich
durch die Einbeziehung des Fortschrittsglaubens in die R.debatte. Im Zusammenhang damit erhielt Goethes letzter R. *Wilhelm Meisters Wanderjahre* vor allen andern R.en der
Zeit Gewicht als „das prophetische Buch, das
eigentliche Buch der Zukunft" (A. Jung,
*Goethes Wanderjahre und die wichtigsten
Fragen des neunzehnten Jahrhunderts*. 1854
S. 36). Goethe habe „in die Zukunft zu dringen versucht und ein positives Bild neuer Zustände entworfen"; er habe „in dem Novel-
lenzyklus der *Wanderjahre* eine Idee verfolgt, eine ideale Gestaltung des gesamten
Lebens" (K. Rosenkranz, *Studien*. S. 340.
Zitiert nach McInnes S. 511).

Wie bei der Goetherezeption so bestehen
auch sonst viele Beziehungen zwischen dem
späteren 19. Jh. und dem R. der Zeit um
1820, in der in Deutschland unter dem Einfluß von Walter Scott der historische R. einsetzt (s. d.). Sehr große Wirkung ging von
E. T. A. Hoffmanns R.en aus: *Die Elixiere
des Teufels* (1815) und *Kater Murr* (1820),
im besonderen von dem zweiten. Man
nannte sie einmal „realistisch", von anderer
Seite „romantisch" und traf mit keiner der
Schablonen ihr Wesen. Das unruhige Suchen
der Hauptgestalten nach der eigenen Identität, ihr Schweben im Bodenlosen ohne Möglichkeit zur Verwurzelung in einer gegebenen Welt weist voraus auf das Bild der Epigonen, das Immermann in seinen R.en gab,
und ist noch tiefer als dort in der existentiellen Fragwürdigkeit des Menschen begründet. Der Doppelr. von *Kater Murr* und
Kapellmeister Kreisler war Vorbild für den
Aufbau von Immermanns *Münchhausen*
(1839). Unabsehbar ist die Wirkung, die
Hoffmanns Darstellung des Grauens in der
europäischen Lit. hatte.

§ 18. Charakteristisch für das 19. Jh. ist
der Zeitroman. Er findet seine spezielle
Ausprägung in den R.en von K. Immermann,
K. Gutzkow, G. Freytag, Fr. Spielhagen,
Th. Fontane und einzelnen Werken von
H. Laube, J. Gotthelf, G. Keller, P. Heyse
u. a. Vorspiele gab es bereits in der Roman-
tik. Cl. Brentano gebrauchte die Bezeich-
nung „Zeitroman" schon 1809 für Arnims
Gräfin Dolores, als das Buch kurz vor seinem
Abschluß stand. Sein Thema, der Ehebruch

ler Gräfin, ein für die Zeitgenossen aktuelles Thema, wird vom Autor aus den Zeitverhältnissen entwickelt und läßt besondere Probleme der Zeit erkennbar werden. Auch Eichendorffs *Ahnung und Gegenwart* (1815) ist in diesem Sinne ein Zeitr. Es geht um die Frage des Verhaltens in der konkreten Gegenwart, um das Problem des politischen Handelns in einer Zeit, die ein solches Handeln nicht ermöglicht. Ausdrücklich wird „der urchtbare Gang der Zeit, der wohl keines ler besseren Gemüter unberührt ließ" zum festen Zweck" dessen erklärt, den bis dain nur die „unbestimmte Knabensehnsucht" rieb. Zeitanalyse ist durch das gesamte Werk hin Gegenstand der Überlegungen und Gespräche. Zugleich sind Züge aus *Wilhelm Meister* und *Franz Sternbald* verarbeitet. Auch in die späteren Zeitr.en finden sich sowohl Figuren und Motive aus dem R. Goethes wie romantische Elemente, und die Struktur des Bildungsr.s ist in ihnen noch ange mehr oder weniger wirksam, obwohl ler Zeitr. grundsätzlich anders angelegt ist ls der R. des 18. Jh.s.

Von ihm unterscheidet er sich einerseits durch las betonte Herausstellen aktuellen Zeitgehaltes nd zum andern durch eine Struktur, die diesem veränderten Gehalt angemessen ist. In gewissem inne waren auch *Werther* und *Wilhelm Meisters Lehrjahre* Zeitr.e. Wienbarg erklärte die *Lehrjahre* als „Muster des Zeitromans" (*Wanderun-en durch den Tierkreis*, 1835, S. 256). Doch die Verhältnisse der Gegenwart des Autors bildeten ier lediglich den Hintergrund für das Hauptthema: die innere Geschichte des Menschen (vgl. 9). Sie entfaltete sich an der Zeit, in der Auseinandersetzung mit ihr als dem Stoff, dessen in so spirituelles Thema bedurfte. Der Bildungs-der Entwicklungsr. kann deshalb so gut wiedertolt werden: eine andere Umwelt, andere Zeiterhältnisse enthalten die stofflichen Voraus-etzungen zu anders gearteter Entwicklung. Es ind viele höchst interessante Variationen auf las Grundmuster möglich, denn die historische Zeit ist bei dieser Gattung auswechselbar und nit ihr ein weiter Kreis von Motiven, ja das Bildungsziel selbst. Weil das Thema der *Wahlverwandtschaften* in ganz andrer Weise als das ler *Lehrjahre* mit der zeitbedingten gesell-chaftlichen Situation verbunden ist, aus ihr deichsam aufsteigt, war dieser R. im Zusam-nenhang mit einer anders gearteten gesellschaft-chen Situation schwer zu wiederholen. (Be-eichnenderweise ähnelt die gesellschaftliche Situation in *Effi Briest* der in den *Wahlver-vandtschaften*.) Im echten Zeitr. ist die Zeit icht auswechselbar, denn gerade auf ihre Be-onderheit und Eigenheit kommt es an. Sie ist ls historische Epoche einmalig, und die sich

aus ihr entfaltenden Begebenheiten sind unwiederholbar. Die Figuren dienen der Zeitdarstellung; sie verkörpern die Zeit. Es geht nicht um die individuelle Entwicklung einer Titelfigur, der die andern Figuren untergeordnet wären, sondern alle Figuren haben in gleicher Weise die Funktion, die Tendenzen der Zeit auszudrücken. Sie sind deshalb gleichwertig und als Gruppe Träger der Vorgänge. Besonders deutlich zeigen das die Titel einiger repräsentativer Zeitr.e: *Die Epigonen; Die Ritter vom Geist; Die Poggenpuhls.*

Während Arnim und Eichendorff konservativ in ihrem Zeitbild waren und auf eine Erneuerung — Eichendorff ganz ausdrücklich — durch Wiederbelebung der Werte der Vergangenheit bedacht, entwickelten die Vertreter des Jungen Deutschland ein progressives Zeitbewußtsein, zu dem die betonte Abkehr von der Vergangenheit gehörte und die entschiedene Verpflichtung auf die Gegenwart. „Mein Held müßte ein Zeitgenosse sein, mein Roman ein zeitgeschichtlicher. Romane, welche dieses nicht sind, halte ich für faule Fische" schrieb Ludolf Wienbarg (*Wanderungen durch den Tierkreis*, S. 239).

In der R.praxis demonstrierte als erster Karl Immermann das moderne Zeitbewußtsein in: *Die Epigonen. Familienmemoiren in neun Büchern. 1823 bis 1835* (1836). Er führte seine eigene spezielle historische Stunde im R. vor Augen, indem er an einem großen Kreis von Gestalten verschiedener gesellschaftlicher Zugehörigkeit in verschiedenartigen Lebensräumen und in einer Abfolge vielfach wechselnder Situationen die Gebundenheit aller an die Zeit aufzeigte. Der R. hat zwar noch einen Helden, in seinen Eigenschaften an Wilhelm Meister erinnernd, doch seine Funktion ist, Repräsentant seiner Zeit zu sein; das bedeutet, er ist ein Leidender, ein Dulder und Gefangener, für den es keinen Aufbruch und keinen Ausbruch gibt, wenngleich er am Ende versucht, die industrielle Entwicklung zugunsten der Agrarwirtschaft zurückzunehmen. Auch diese Entscheidung ist zwiespältig wie alles, was die Generation der Epigonen unternimmt, ob sie auflöst oder konserviert. Sie ist ausgeliefert an die Folgen undurchsichtiger Vorgänge in der vorangegangenen Generation, hin- und hergerissen im Glauben, in der Moral, in der Liebe, zwischen den Ständen, zwischen den Menschen, zwischen Lebensformen und Gefahren ausgesetzt, die die Zeit ihnen bereitet.

Auch Immermanns zweiter R., *Münchhausen. Eine Geschichte in Arabesken* (1839), ein bedeutendes, wenn auch schwer zugängliches Werk, ist ein Zeitr. Mit dem Untertitel bezeichnet der Autor die Form; sie wurde ihm vermittelt durch die Romantik, im besonderen durch die Theorien Friedrich Schlegels; ihre erste Verwirklichung fand sie bei Sterne. Sie bedeutet das freie Spiel der Phantasie, des Geistes, der Ironie in Aufbau und Art der Darstellung. Im Narrentreiben auf dem Münchhausenschloß spiegelt sich der Zeitgeist, mit dem die Lügengeschichten des Schloßherrn als schwerelose Luftgespinste korrespondieren. Das Buch hat im Gegensatz zu den *Epigonen* keine Beziehung zum Bildungsr., sondern ist vergleichbar mit Chr. Reuters *Schelmufsky* oder R.en Jean Pauls, E. T. A. Hoffmanns und W. Raabes.

Eine dem Zeitr. angemessene Form wollte Karl G u t z k o w mit dem „Roman des Nebeneinander" schaffen, den er im Vorwort zu *Die Ritter vom Geiste* (1850-51) propagierte und in Teilen des R.s auch durchführte, sofern bei einem epischen Gebilde von einem Nebeneinander in der Darstellung gesprochen werden kann.

Gutzkow legte an anderer Stelle dar, man könne seine Absichten bei dem „Roman des 'Nebeneinander' ... verstehen, wenn man sich aus einem Bilderbuch die Durchschnittszeichnungen eines Bergwerks, eines Kriegsschiffs, einer Fabrik vergegenwärtigt. Wie da das nebeneinander existierende Leben von hundert Kammern und Kämmerchen, wo eine von der andern keine Kenntnis hat, doch zu einer überschauten Einheit sichtbar wird, so wird der Roman des 'Nebeneinander' den Einblick gewähren von hundert sich kaum berührenden und doch von einem einzigen großen Pulsschlag des Lebens ergriffenen Existenzen." Durch eine solche „Betrachtungsweise" wollte Gutzkow „den Roman noch mehr als früher zum Spiegel des Lebens machen." Er hatte einen „sozialen Roman" im Sinn und meinte, in einem solchen R. sei „das Leben ein Konzert, wo der Autor alle Stimmen und Instrumente zu gleicher Zeit, die in- und nebeneinander vereinend, spielt oder leitet." Daß sich seine Absichten „nur in der Form des Nacheinanders" durchführen ließen, war Gutzkow durchaus bewußt. *(Noch einmal über den Roman des Nebeneinander*, in: *Vom deutschen Parnaß*: 1854, S. 111-12). Den Eindruck des Nebeneinanders erreichte er an einigen Stellen seines R.s für einige, freilich wenige Ausschnitte des zeitgenössischen Lebens. Gleichzeitiges wird zwar nacheinander gebracht (weil es nicht anders sein kann), doch dem Leser wird durch die Darstellung bewußt gemacht, daß die betreffenden Szenen sich zur gleichen Stunde abspielen. Die Szenen sind verbunden durch eine Handlung, die zu einem Teil eine Detektivgeschichte ist. In einem Haus zerbricht man sich den Kopf, wohin ein gewisses Bild gekommen sein könnte, während man sich in einem andern Haus das ge suchte Bild vergnüglich betrachtet. Wichtig wa Gutzkow vor allem die Darstellung der soziale Gegensätze, die sich aus dem Nebeneinander de verschiedenen Szenen ohne besonderen Hinwe ergab. Die Handlung hatte sich durch die ver schiedenen gesellschaftlichen Schichten zu schlin gen und die Auswirkung der Geschehnisse vo der einen Sphäre in die andere einsichtig z machen. Es bedurfte vieler Gestalten, vor alle gegensätzlicher Gestalten, und vieler Verknüp fungen vom Königshof zum Adel, zum Bürge tum, über Heimatlose und Bedienstete, bis hi zum Proletariat in den Mietskasernen.

Der ideelle Gehalt des R.s, den die Zei genossen bei seinem Erscheinen unterstr chen, wäre einerseits in der Zusammenscha aller Lebenskreise der für Gutzkow übe schaubaren Welt zu einer in sichtbarer g schichtlicher Entwicklung fortschreitende Einheit zu sehen; zum andern ist er konkre im Rahmen der Handlung gegeben mit de auf Reform der Gesellschaft gerichteten Be streben der „Ritter vom Geiste", eines nac den älteren Vorbildern der Freimaurer gebi deten Bundes, der sich als Erneuerung de Templerordens versteht. Seine „Waffe is der Geist"; sie soll geführt werden „alle für die Gesinnung" zur „Vernichtung de von der Theorie längst verworfenen und i der Praxis unvertilgbar scheinenden Alten" zur Verbesserung der menschlichen Verhäl nisse ohne vorherige Festlegung auf ei System. — In *Der Zauberer von Rom* (185 61) ist der ideelle Gehalt eine Reform de katholischen Kirche. Er wird propagiert mi den Mitteln einer weitverzweigten, mit sen sationellen Effekten gespickten Handlung die Abenteuerliches und Banales in ihre Dienst nimmt.

Was Gutzkow mit dem R. des Nebenein ander bezweckte, wurde in Gustav F r e y t a g s *Soll und Haben* (1855) wie selbstve ständlich zum Strukturprinzip. Die Handlun verbindet die geschichtlich gegebenen Le benskreise von Adel und Bürgertum, ergänz durch die beide bedrohende Region de Außenseiter, in der Betrug als Mittel zur Aufstieg erlernbare Methode ist und ein bestimmte Begabung zur Voraussetzung ha wie alles Erlernbare.

Der Autor ergreift Partei für das Bürgertu und zeichnet es als wohlgegründete, respekthe schende, patriarchalisch gegliederte Ordnung, di der sich als wenig verläßlich erweisenden Adels gesellschaft überlegen ist. Von starkem Einflu auf Freytag waren Dickens und Thackeray. Sei

mmenser Erfolg in Deutschland hing mit der
Ausstrahlung zusammen, die die englischen
Autoren gleichsam durch seine Figurenwelt hindurch hatten. Zudem verbindet sich in Freytags
Darstellung in einer die bürgerlichen Leser des
9. Jh.s bestrickenden Weise das Bestreben nach
wirklichkeitsnaher Schilderung von Örtlichkei-
en, Situationen und Figuren mit dem Hang zur
Verklärung und zwar nicht nur der bevorzugten
Gestalten; alle, auch die fragwürdigen, profitie-
en von der im Erzählton fortwährend wirk-
amen Tendenz zur Beschönigung und der nicht
aussetzenden Bemühung des Autors, alle Situa-
ionen gleichmäßig auf Glanz zu polieren. Es
ntstand dadurch eine umfassende Täuschung
les Lesers, wodurch das Werk zur Hebung bürgerlichen Selbstgefühls beigetragen hat. Der
Feld der Erzählung, seinen Weg wie im Bildungsr. durch bürgerliche wie adlige Kreise der
bekannten Welt nehmend, vereinigt in seinem
Wesen nicht nur die überkommenen Tugenden
les Bürgertums, Fleiß, Tüchtigkeit, Verläßlich-
eit, er besitzt auch die ritterlichen Eigenschaf-
en, Ehrgefühl und Tapferkeit. Trotzdem kann
ich sein Aufstieg nur innerhalb der bürgerlichen
Klasse vollziehen: er heiratet am Ende keine
Adlige, wie der Leser lange Zeit annehmen kann,
ondern die Schwester des Inhabers der Firma, in
ler er als Lehrling begann, und wird Teilhaber.
Es erfüllen sich damit in ihm die idealen Vorstel-
ungen der Klasse, für die Freytag eintritt. Die
tändig fortschreitende Handlung mit ihren über-
aschenden Wendungen soll den Leser bis zum
Ende im Banne der Vorgänge halten.

Im Gegensatz zu Freytag verzichtete
Theodor F o n t a n e in seinen Zeitr.en fast
ganz auf Handlung. Sie fesseln durch Mittel,
lie nur ihm zur Verfügung standen. Voraus-
etzung dafür war, daß Fontane sich für keinen der Stände entschied und sie alle immer
or Augen hatte. Das Nebeneinander ist bei
hm nicht Darstellungsziel, sondern im voraus in seinem Bewußtsein vollzogen. Diese
politische Entscheidung, in menschlicher
Weisheit getroffen, wirkt sich als künstle-
ische Ausgewogenheit von hohen Gnaden
aus. Großes Welttheater spielt sich im klein-
ten Kreis ab, und sichtbar wird, daß keine
ler Figuren ganz fest auf der Erde steht, und
ler Autor bei jeder die Brüchigkeit der Exi-
tenz überschaut.

Von *Die Poggenpuhls* (1896) sagt Fontane:
„Das Buch ist kein Roman und hat keinen
nhalt. Das 'Wie' muß für das 'Was' eintre-
en" (Brief 14. 1. 1897). Durch die von Fon-
ane bezeichneten Eigenschaften des Werks
ritt seine Struktur unverhüllt hervor. Beson-
lers deutlich wird erkennbar, wie Fontane
eine Welt baut aus wenigen Gestalten, die
ls Satz und Gegensatz wie vorgegeben wir-

ken und nichts anderes sein können, als was
sie scheinen, fast ohne Erdenschwere, in jeder Regung ein unverwechselbares Wesen
ausdrückend. Obwohl sie bescheidene Existenzen am Rande der Gesellschaft sind und
so gut wie nichts erleben, vollzieht sich in
ihren Gesprächen und bei dem geringen
Szenenwechsel, den ihr begrenztes Dasein
ermöglicht, das spannungsreiche Spiel eines
gesellschaftlichen Kosmos. Gebunden durch
Herkunft und Situation, entfalten sie sich
doch frei nach Anlage und Schicksal, jeder
sich bewußt, die Würde des Menschen nicht
zu verfehlen. Das seltsam Schwebende,
eigenartig Unkörperliche, das sich aus der
selbstverständlichen Einheit von Sein und
Schein herleitet, ist sowohl für die Atmosphäre der *Poggenpuhls* wie für den Kreis
der Hauptfiguren im *Stechlin* (1898) bezeichnend. Es bewirkt die epische Einheit
dieser R.e und steht in Verbindung mit einem besonderen Fluidum von Humanität,
das nicht nur die familiären Beziehungen,
sondern noch eindrucksvoller das Wechselverhältnis der Dienenden zur Herrschaft
durchdringt.

Obwohl Fontane sich nicht auf einen
Stand festlegte, besaß er eine fest umrissene
gesellschaftskritische Überzeugung und konservative wie sozialistische Neigungen. Seine
Figuren beweisen, daß er beim Adel wie
beim vierten Stand mehr menschliche Substanz, mehr Herzensgüte sah als beim Bürgertum. In *Frau Jenny Treibel* (1893) drückte
er seine Abneigung gegen die Bourgeoisie
aus und führte die Verlogenheit einer Frau
vor, die sich ständig auf ihren Sinn für das
Höhere und ihre Ideale beruft, in Wahrheit
aber nur von Geldgier und Familienhochmut
bestimmt ist. Auffällig ist die Schärfe der
Ironie, mit der Fontane sie anprangert. Ironisch ist auch der Umkreis der Hauptgestalt
gesehen. Es hapert bei allen Figuren, zum
Teil sind sie belanglos und schwach, zum
Teil lächerlich albern in Wichtigtuerei und
Unehrlichkeit. Das Werk hat im Ganzen
mehr Handlung als die andern Zeitr.e. — Ob
Effi Briest (vgl. § 16) als Zeitr. bezeichnet
werden soll, steht dahin. Doch kein Zweifel
ist, daß der Handlungskonflikt aus den Zeitverhältnissen erwächst und die Art, wie die
Hauptgestalten ihm begegnen, die Problematik der zeitgebundenen Vorstellungen
durchsichtig macht.

§ 19. Neben dem Zeitr. sind seit den 30er Jahren des 19. Jh.s mannigfaltige, zum Teil eigenwillige, zum Teil an die Tradition anknüpfende R.formen entstanden. Sie sind nicht unter einheitlichen Gesichtspunkten zu betrachten, sondern in ihrer Gegensätzlichkeit als verschiedene künstlerische Möglichkeiten eines Jh.s zu verstehen, das selbst die Bedeutung des Nebeneinander ins Bewußtsein hob.

Wer Ludwig T i e c k s letzten R. *Vittoria Accorombona* (1840) im Sinne der lange üblichen Kategorien zur Epochengliederung bestimmen will, kommt zu dem Ergebnis, daß er sowohl Züge der Romantik, des Biedermeier, des Jungen Deutschland wie des Realismus enthält. Tieck hat hier allen Zeitströmungen, die ihn in seinem Leben erfaßten oder wenigstens erreichten, Raum gegeben und zwar so, daß sie zu nahtloser Einheit zusammenfließen konnten. Wenn man das Buch als „Meisterwerk" bezeichnete (W. F. Taraba in *Der dt. Roman* I, 328), so hängt dieser Eindruck mit seiner formalen Ausgeglichenheit und kultivierten Vielseitigkeit zusammen, Eigenschaften, die Gutzkows *Wally, die Zweiflerin* (1835), wo gleichfalls heterogene Zeitströmungen spürbar sind, nicht besitzt. Die Motive der beiden R.e sind nicht ganz unähnlich, obwohl Tiecks Werk im Gegensatz zu dem Gutzkows ein historischer R. ist. Der Unterschied besteht in der künstlerischen Qualität.

Die großen R.e des Schweizers Jeremias G o t t h e l f (Albert Bitzius), z. B. *Wie Uli der Knecht glücklich wird* (1841), *Geld und Geist, oder die Versöhnung* (1843-44) und *Anne Bäbi Jowäger* (1843-44), sind ganz selbständige Schöpfungen. Literar. Voraussetzungen wirken in ihnen nur in sehr geringem Maße nach. Zu Pestalozzis *Lienhard und Gertrud* mag der Autor eine Beziehung gehabt haben wie auch zu den Arbeiten anderer Schweizer Schriftsteller. Der R. Goethes beeinflußte ihn nicht. Sein künstlerisches Schaffen stand in Zusammenhang mit seinem volkserzieherischen Wirken als Pfarrer und Förderer des allgemeinen Schulwesens. Das Material zu seinen umfassenden Erzählungen gewann er aus der Erfahrung seiner beruflichen Tätigkeit. Seine Themen sind vornehmlich: das Leben in der bäuerlichen Hofgemeinschaft, Vorgänge in der Familie, Sorge für das Gesinde, das Verhältnis zu anderen Familien, zur Gemeinde, Gefahren, die dem Zusammenleben, der Jugend, der gesamten Daseinsordnung drohen, sei es von außen, sei es von innen, sowohl durch das Aufkommen neuer Lebensansichten — „die luftige neumodische Welt" — in der näheren und weiteren Umgebung wie durch das Aufsteigen dunkler Gewalten im Gemüt der Menschen. Diese Themen bedeuten seine Sorge wie seinen Mythos. Der Stil, in dem er sie zu lebendiger Wirkung bringt, ist sein Eigentum und steht im Zusammenhang mit seinem Weltbild und seinen zeitpolitischen Vorstellungen. Von seinen Gegenständen her gewann er eine R.form, die ihm allein gehörte und seinen Intentionen entsprach. Das Bild, das Gotthelf von den jahrhundertealten Höfen und den zu ihrem Dienst bestellten Menschen gibt, scheint aus archaischer Zeit zu stammen und von dort her Verpflichtung und Aufruf für die Gegenwärtigen zu empfangen, in ihrem eigenen Innern die Gefahren zu bezwingen, die die neue Zeit dort weckt. Ganz unabhängig von fremden Einflüssen breitet Gotthelf psychologisches Wissen aus, zeigt den Verlauf innerer Krisen und den Weg zu ihrer Heilung. Seine R.e bringen jeweils einen inneren Prozeß, der sich an Vorgängen der Umwelt belebt und entfaltet, und verraten sowohl im Hinblick auf die zwischenmenschlichen Beziehungen wie auf die individuellen Reaktionen und das psychische Leben des einzelnen eine intensive Kenntnis menschlichen Verhaltens.

Im gleichen Jahre wie Gotthelfs *Uli der Knecht* erschien *Das Kajütenbuch* (1841) von Charles S e a l s f i e l d (Karl Postl), das bekannteste und verbreitetste Buch aus dem bis heute noch immer nicht recht abzuschätzenden Werk des in zwei Erdteilen bewanderten, aus Österreich stammenden und später vornehmlich in Nordamerika und der Schweiz lebenden Autors. Am *Kajütenbuch* allein schon läßt sich demonstrieren, daß Sealsfield im Zusammenhang mit seinem persönlichen Lebensweg eine eigene künstlerische Form gewann. Stoffbereiche, die in Europa unbekannt waren, verarbeitete er zu Prosawerken, die nicht ohne weiteres in den üblichen Gattungen unterzubringen sind. Ob Sealsfield primär Reiseschriftsteller war, politischer Autor, Historiker, Plagiator, der sich auf unrechtmäßige Weise Manuskripte verschaffte, die er ausschrieb, darüber wurd

diskutiert. Kein Zweifel besteht, daß er R.e
schrieb und sich auch Gedanken darüber
machte, wie sie geschrieben werden sollten.

Seinen ersten Versuch, in engl. Sprache verfaßt, *Tokeah or the White Rose* (1829) hat er bei
der Herstellung der dt. Ausgabe *Der Legitime
und die Republikaner* (1833) in so überlegter
Weise überarbeitet und erweitert, daß an seinem
planvollen Vorgehen als Autor nicht zu zweifeln
ist. Historische Ereignisse der Epoche sind Stoff
und Thema von *Virey und die Aristokraten oder
Mexiko im Jahre 1812* (1834). Konzentrierte sich
der erste R. auf ein Einzelschicksal, die erregende Leidensgeschichte des Tokeah, des Indi-
nerhäuptlings, in dessen bitteren Erfahrungen
mit den Weißen das tragische Los seines ganzen
Volkes in der Zeit der Kolonisierung Nordame-
rikas behandelt ist, so werden im zweiten R. die
Kämpfe der verschiedenen Gruppen in Mexico
zu Anfang des 19. Jh.s als Auseinandersetzungen
kollektiver Einheiten gebracht. In *Die große
Tour* (1835), wovon nur die zwei ersten Teile
erschienen, wird wiederum an einer Einzelgestalt
auf ein Thema von allgemeiner Bedeutung hingewiesen: auf die weltweite Macht des Geldes,
des Dollars und des Pfundes. Philadelphia und
London sind der Schauplatz. Das Engagement
des Autors ist in seinem Bestreben zu erblicken,
die Geldaristokratie zu entlarven und auf die Bedeutung Amerikas für die Entwicklung des alten
Europas aufmerksam zu machen. Die Verknüpfung der beiden Erdteile hat Sealsfield auch in
andern Werken beschäftigt. Seine R.e wären
deshalb ihrer Themenwahl wegen schon in Verbindung mit dem Zeitr. zu betrachten. Wahrscheinlich sind sie es auch ihrer Form wegen.
Sealsfield bediente sich in seinen R.en sehr moderner Erzählweisen; er verwendete das epische
Nebeneinander schon vor Gutzkow und die arabesken Erzählverschachtelungen schon vor Immermanns *Münchhausen*. Ein faszinierendes
Stück dt. Lit. gelang ihm mit *Die Prärie am
Jacinto*, dem ersten Teil des *Kajütenbuchs*.

Im Gegensatz zu den Werken Gotthelfs
und Sealsfields sind die R.e Adalbert S t i f -
e r s , *Der Nachsommer* (1857) und *Witiko*
(1865-67) mit der dt. Tradition eng verbunden. Gleichwohl sollte man beim *Nachsommer* nicht ohne weiteres von einer Nachfolge
Goethes, im besonderen des *Wilhelm Meister*
ausgehen, wenn auch bei einer Reihe von
Motiven Übereinstimmung besteht. Die zeitlos gültige Ordnung, die ideale Welt, in der
Heinrich Drendorf seine Bildung empfängt,
besteht außerhalb der gesellschaftlichen
Wirklichkeit, ja im Widerspruch zu ihr. Sie
findet ihre Entsprechung in der ruhigen,
spannungslosen Redeweise des Erzählers.
Mit ihrem Tonfall ist zugleich der Rhythmus
der bildenden Wirkung, der Heinrich ausgesetzt ist, bezeichnet. Es bestehen keine

qualitativen Gegensätze zwischen den verschiedenen Bereichen, in denen er sich bewegt. Anders als bei Wilhelm Meister ist
schon in Heinrichs Elternhaus alles, wie es
sein soll. Der Vater berücksichtigt den
„Drang" des „Herzens" bei seinem Sohn,
denn „aus solchen Männern, welche ihren
innern Zug am weitesten ausgebildet", seien
später „am öftesten die Helfer und Retter
ihres Vaterlandes" geworden, weshalb nicht
die Frage nach dem Nutzen die Berufswahl
zu bestimmen habe. Da Heinrich für die
Grundsätze seines Vaters wie geschaffen ist,
kann es eine Spannung für seinen Bildungsweg nicht geben. Der Einklang zwischen
seinem Elternhaus und dem Bereich, in den
ihn der Freiherr von Riesach geleitet, die
Kultur des Rosenhauses, in die er hinein-
wächst, dieser Einklang, der gelegentlich ausdrücklich unterstrichen wird, ist entscheidend
für die Gesamtanlage des Werks. Auch die
Leidenschaften, vor deren Durchbruch man
sich lange hütet, fügen sich dem Ganzen ein,
sie trennen und zerstören nicht, sondern
fördern und steigern.

Im *Witiko*, dem geschichtlichen R., baut
Stifter gleichfalls eine Welt auf, in der die
idealen Vorstellungen sich bei allen Konflikten und in allen Situationen bewähren.
Statt der privaten Sphäre ist nun der Staat
der Bereich zur vollendeten Verwirklichung
der Humanität. Waren dort die intimen Leidenschaften die gefährdenden Gegenmächte,
so sind es nun die politischen Feindschaften,
Machtstreben und gewaltsame Rebellion
gegen Recht und Ordnung. Auch hier gelingt
ihre Bändigung. Die geschichtliche Zeit, das
13. Jh., und den geschichtlichen Raum, das
Herzogtum Böhmen, mußte Stifter mythi-
sieren, um seiner Heldenfigur die legendäre
Erfüllung zu ermöglichen.

Von den beiden großen R.en Gottfried
K e l l e r s konzentriert sich der eine, *Der
grüne Heinrich* (1854-55 und 1879-80), als
Bildungsr. — wenigstens wird er in der Forschung weitgehend als solcher angesehen —
auf einen individuellen Helden mit einem
persönlichen Lebensweg, während der andere, *Martin Salander* (1886), als Zeitr. gelten
kann, insofern die negativen Tendenzen der
historisch bedingten Gegenwart, in der die
Handlung spielt, die bewegenden Elemente
dieser Handlung sind. Keller, in beiden Fällen die traditionellen Formen variierend,

schafft erzählend ein Fluidum, durch das die
faktischen Erscheinungen ins Poetische hin-
eingenommen werden. Im *Grünen Heinrich*
ergibt sich daraus eine lang anhaltende, sich
vielfach neu belebende Spannung zwischen
Phantasie und Wirklichkeit, zwischen innerer
und äußerer Welt. Das sich allmählich steigernde Übergewicht der Realität bewirkt
von der Handlung her das Ende dieser Spannung und bald darauf das Ende der Erzählung. In *Martin Salander* dagegen überdauert die Spannung die Erzählung, denn sie
ist eine Spannung zwischen den gesellschafts-
tragenden Werten und den zeitbedingten
Störungen, zwischen Sein und Schein. Die
Erzählung handelt von der Überlegenheit
des Seins, von der Dauerhaftigkeit der
Werte, die sich über die Bedrohungen hin
bewähren. Sie ist getragen von der Hoffnung
des Erzählers. Keller hatte als Schweizer
mehr unmittelbaren Zugang zum politischen
Leben als die dt. Autoren und sah mehr
reale Verhältnisse, zielte aber nicht auf Veränderung, sondern vertraute der Wirkung
des Zeitlosen in der Zeit. Dies bestimmt den
Sprechton auch im Zeitroman.

Im R.werk Wilhelm R a a b e s verbinden
sich die R.traditionen des 18. und 19. Jh.s zu
eigenständigen neuen Formen. Sowohl Bildungsr. und Zeitr., wie Sterne und Jean Paul,
Thackeray und Dickens, wie die Ideen der
Jungdeutschen lassen sich erkennen. Als vielbelesener Mann treibt Raabe sein Spiel mit
allen, und die kunstvolle Verwendung von
Zitaten aus vielen Bereichen der überkommenen Lit. ist eine besondere Qualität seiner
Schreibweise. Zugleich sind seine großen
Erzählungen Formgebilde von vorausweis-
sender Bedeutung. Schon in seinem ersten R.
Die Chronik der Sperlingsgasse (1857), als
Dreiundzwanzigjähriger, verstand Raabe
sich auf eine raffinierte Technik, durch das
fiktive Medium eines sich erinnernden alten
Mannes verschiedene Zeitebenen zu mischen.
Er war sich der Besonderheit seines Vor-
gehens bewußt und wies selbst darauf hin.
Er „schreibe keinen Roman", erläutert der
Erzähler; der „Inhalt" würde „nicht viel Zusammenhang haben", er „male Bilder und
bringe keine Handlung". Ein Leser beschwert sich innerhalb der Chronik, es würden „Traum und Historie, Vergangenheit
und Gegenwart zu toll durcheinander" ge-
würfelt; „wer darüber nicht konfus wird, der

ist es schon!" Die künstlerische Einheit der
Erzählung ist ihr Schauplatz, das „Traum-
und Bilderbuch der Sperlingsgasse", „eine
unschätzbare Bühne des Weltlebens, wo . . .
alle Antinomien des Daseins sich widerspiegeln." Trotz seiner Schwächen, insonderheit
des Sentimentalen, Romantischen, nimmt das
Buch vieles vom Kunstcharakter des Spätwerks vorweg. Mischung der Zeitebenen,
Digressionen, Zwischenreden des Autors,
Unterbrechen   von   Handlungsvorgängen,
Konzentration auf den Bewußtseinsvorgang,
mit   der   Kunstform   verbundene   Gesell-
schafts-, Kultur- und Bildungskritik, all dies
charakterisiert die R.e Raabes. Ihre Eigenheiten wurden Jahrzehnte bei Lesern und
Forschern verkannt, weil die Voraussetzungen zur Analyse noch nicht vorhanden waren

Am berühmtesten war *Der Hungerpastor*
(1864), ein Werk, das von der Raabeforschung
heute stark kritisiert wird und von dem Raabe
selbst später abrückte, obwohl es als Teil der
sogenannten *Stuttgarter Trilogie* gilt, zu der
außerdem *Abu Telfan* (1867) und *Der Schüdde-
rump* (1869) gehören. Wie schon *Die Leute aus
dem Walde* (1862) sind auch die R.e der *Trilogie*
nach der Form des Bildungsr.s gebaut, darüber
hinaus aber auch als Zeitr.e angelegt. Die gesellschaftskritische Absicht ist in *Abu Telfan* am entschiedensten verwirklicht. Der aus der Kriegsge-
fangenschaft Heimkehrende erkennt aus dem
Abstand des Weitgereisten die Enge der heimatlichen Verhältnisse, die ihn mehr bedrängen als
die erduldete Sklaverei in der Fremde. Als die
wichtigsten Werke Raabes gelten heute die R.e
seiner Spätzeit, im besonderen die Zeitr.e *Alte
Nester* (1879), *Stopfkuchen* (1889) und *Die Akten
des Vogelsangs* (1895) sowie die beiden historischen R.e *Das Odfeld* (1887) und *Hastenbeck*
(1898). Ihre vielschichtige Erzählweise steht in
Wechselbeziehung zur Aussage und muß im Zusammenhang mit ihr jeweils sorgfältig entschlüs-
selt werden.

Zum historischen Roman, *Jürg Jenatsch*
von C. F. Meyer u. a. s. *Historischer Roman*
— Zu Realismus und poetischer Realismus s.
Realismus.

§ 20. Im 20. Jh. bildeten sich in Verbindung mit den bestehenden R.traditionen
neue Erzählweisen heraus. Hatte Goethe in
einer späten Rezension ausdrücklich erklärt
„der Roman soll eigentlich das wahre Leben
sein, nur folgerecht, was dem Leben abgeht"
(*Gabriele*, 1823, § 15), so ist das zentrale
Anliegen repräsentativer R.autoren des 20.
Jh.s, in der Erzählweise die Zusammen-
hangslosigkeit des Daseins auszudrücken.
Ein neuer Kunstwille und damit ein neuer

eitalter ist in dem Bestreben zu erkennen, urch die R.form zu sagen, was Hofmanns- nal schon 1896 betonte: „Ja, es gehört wirk- ich nichts zusammen. Nichts umgibt uns als as Schwebende, Vielnamige, Wesenlose" Prosa I S. 301). Verwirklicht wurde dieser Kunstwille im R. dt. Sprache zum erstenmal n *Die Aufzeichnungen des Malte Laurids Brigge* (1910) von Rainer Maria R i l k e. Die truktur des Buches ist gleichsam die Ant- ort auf die von Hofmannsthal im *Chandos- Brief* (1901) formulierte Erfahrung des Aus- inanderfallens der gewohnten Erscheinun- en: „Es zerfiel mir alles in Teile, die Teile vieder in Teile, und nichts mehr ließ sich mit inem Begriff umspannen" (Prosa II S. 14).

Der achtundzwanzigjährige Malte berichtet in einen Aufzeichnungen, wie er sich, während ihm ie von den vorangegangenen Generationen bermittelten Vorstellungen unglaubwürdig erden, aus seinen bisherigen Verklammerungen st und schreibend seine eigene Existenz ge- innt. *Die Aufzeichnungen* enthalten in der Fik- ion des Schreibers R.s Pariser Erlebnisse aus er Zeit der Niederschrift, Kindheitserinnerun- en, Stoffe aus Geschichte, Literatur und Kunst, eflexionen. Sie haben in der Person Maltes re Mitte, sind jedoch weder chronologisch och systematisch geordnet. „Es ist nur so, als inde man in einem Schubfach ungeordnete apiere und fände eben vorderhand nicht mehr nd müßte sich begnügen" (Brief vom 11. 4. 910). Dennoch ergeben sich zahllose Beziehun- en zwischen den einzelnen Abschnitten, die ch nicht „mit einem Begriff umspannen" ssen, sondern durch ihre Beziehungen, die den eser ständig zum Mitdenken anregen, auf ie allgemeine Verrätselung der menschlichen xistenz hinweisen.

Wie bei Rilke geht es auch bei andern um en Daseinsentwurf, der der auseinander- efallenen Welt Rechnung trägt, der Zerfall nd Gespaltenheit zum Ansatz nimmt. Von päter, aber großer Nachwirkung waren die R.e von Franz K a f k a : *Der Verschollene* entstanden seit 1912), veröffentlicht unter em Titel *Amerika* (1927), *Der Prozeß* (nie- ergeschrieben seit 1914, erschienen 1925) nd *Das Schloß* (entstanden 1920-22, ver- ffentlicht 1926). Wie Malte stehen die Hel- en der R.e Kafkas allein in einer unüber- chaubaren Welt. Doch im Gegensatz zu ihm ibt es für sie keinerlei Anknüpfungsmög- chkeiten mehr, weder in der Geschichte, och in Lit. und Kunst, noch in den Erleb- issen der Kindheit. Stattdessen halten ch an die Illusion, sie könnten mit ihrer mgebung auf irgendeinem Wege schließ-

lich ins Reine kommen, obwohl in allen drei Fällen der Einsatz des Konfliktes mit ihr schon absurd genug war. Kafka demonstriert die Auswegslosigkeit des Konfliktes mit der Korruptheit der bürokratischen Systeme, die eine Ordnung vortäuschen, ohne eine ord- nende Substanz zu besitzen. Einen Gegen- satz zu den verwirrenden Erzählinhalten, die endlos diskutiert werden können, was schon innerhalb der R.e geschieht und in der For- schung fortgesetzt wurde, bildet der klare Redefluß der Erzählung. Er zwingt den Leser, unablässig zu folgen, obwohl der Weg durch endlose Labyrinthe und in unaufklär- bare Abenteuer führt. Der Widerspruch zwi- schen Inhalt und Sprechweise charakterisiert das gesamte Werk Kafkas. Alle drei R.e blie- ben Fragment. Ob die Problematik der Deut- barkeit der R.e Kafkas mit ihrem fragmenta- rischen Charakter zusammenhängt, konnte bisher nicht entschieden werden. Der offene Horizont in *Der Verschollene* wie in *Das Schloß*, das nach Brod allerdings mit dem Tod des Landvermessers enden sollte, würde damit zusammenstimmen, daß bei Kafka nicht hinter den Vorgängen ein Sinnzusam- menhang vermutet werden darf, auf den sie hinwiesen und den es durch Auslegung zu finden gelte. Es ist nichts anderes gemeint, als was in Erscheinung tritt. Daß die Figu- ren daran zugrunde gehen können, leuchtet ebenso ein, wie daß sie endlos darin ver- strickt bleiben. Das Bauprinzip der R.e ist das der Reihung.

Während Rilke und Kafka lediglich in dichterischen Bildern den neuen Kunstwillen ausdrückten, ohne sich, von gelegentlichen Bemerkungen in Briefen und Tagebüchern abgesehen, grundsätzlich um theoretische Positionen zu bemühen, haben Hermann Broch und Robert Musil ihre Vorstellungen über die Form ihrer R.e immer wieder durch- dacht, an verschiedenen Stellen bewußt schriftlich fixiert und auch programmatisch an die Öffentlichkeit gebracht. Hermann B r o c h hat, als er die neue Form seines R.s *Die Schlafwandler* (1931-32) erläuterte, den Begriff des *polyhistorischen Romans* einge- führt. „Eine ungefähre Beschreibung" die- ses R.typs, mit dem Broch R.e von Joyce, Gide, Musil, auch, wiewohl eher kritisch, von Thomas Mann und Huxley verband, lautet: „der polyhistorische Roman will Spie- gel und Deutung seiner Epoche sein, indem er, mit starker Tendenz zur Verwissenschaftlichung, ihr Wesen in einer Totalität der Stoffe bei Vermischung aller dichterischen Formen in einer rationalen Gesamtarchitektonik zu erfassen sucht" (H. Steinecke, S. 10). Ein Vergleich mit dem Zeitr. des 19. Jh.s wurde noch nicht unternommen. Doch wurde auf verwandte Tendenzen in den R.theorien von F. Schlegel und Novalis und auf das R.werk Goethes hingewiesen (Steinecke). Broch selbst zog Goethes *Wanderjahre* heran, in denen ihm der „Grundstein der neuen Dichtung, des neuen Romans" gelegt zu sein schien (*James Joyce und die Gegenwart, Essays I*, S. 206). Worum es ihm ging, war die Bedeutung der Erkenntnis und ihre ethische Funktion im R. Sein großes Thema vom „Zerfall der Werte", der den Wirklichkeitszerfall einschließt, sollte in den *Schlafwandlern* nicht lediglich inhaltlich, sondern im gleichen Maß in der Form ausgedrückt sein. Den dritten Teil des R.s nannte er „ein Novum der Romanform" (22. 6. 1931), an anderer Stelle „ein Novum für den literarischen Ausdruck" und beschrieb die „neue Technik" als eine „Reihe von Geschichten, die alle das gleiche Thema abwandeln, nämlich die Rückverweisung des Menschen auf die Einsamkeit — eine Rückverweisung, die durch den Zerfall der Werte bedingt ist — und die Aufzeigung der neuen produktiven Kräfte, die aus der Einsamkeit entspringen, wenn sie tatsächlich manifest geworden ist" (23. 7. 1931). Die positiven Aspekte werden im dritten Teil der *Schlafwandler* allerdings lediglich in lyrischen Teilstücken spürbar. Das Wesen des Formexperimentes aber ist in Brochs Beschreibung deutlich ausgesprochen, und erkennbar ist auch die mindestens im Theoretischen bestehende Nähe zu den *Aufzeichnungen des Malte Laurids Brigge*. Die *Schlafwandler* geben im ganzen eine groß angelegte Zeitdeutung, die sich in drei Teile gliedert: *1888. Pasenow oder die Romantik; 1903. Esch oder die Anarchie; 1918. Huguenau oder die Sachlichkeit.*

Den von ihm selbst konzipierten Dichtungsbegriff läßt Broch in *Der Tod des Vergil* (1945) den schon im Übergang zum Tod begriffenen römischen Dichter in Frage stellen als Erweckung von „verlogenen Hilfeleistungs-Hoffnungen, mit denen er ... sein Dichtertum ausgestattet" hätte, „wider besseres Wissen hoffend, es werde die Macht der Schönheit, es werde des Liedes Zauberkraft den Abgrund der Sprachstummheit zu guter Letzt überbrücken und ihn, den Dich-

ter, zum Erkenntnisbringer in der wiederherge stellten Menschengemeinschaft erhöhen, ... solc sträfliche Überschätzung des Dichtertums!" (*Ge sammelte Werke*, 1945, S. 148). Als „einen lyri schen Selbstkommentar" bezeichnete Broch de R., der in Form eines inneren Monologs de letzten Lebenstag des Vergil vorführt. Broch Ansicht war damals, das Lyrische erfasse „di tiefsten seelischen Realitäten", und in ihnen seie „die irrationalen Sphären des Gefühls und di rationalen des klarsten Verstandes gleichrang eingeschlossen". Er sah seine besondere Leistun darin, daß das Buch „das unaufhörliche Wechsel spiel zwischen dem Rationalen und dem Irratio nalen in jedem Augenblick" aufdecke (*Bemer kungen zum 'Tod des Vergil' Essays I* S. 265 f. Bedenkt man Schillers Einwand gegen die R. form, sie sei „schlechterdings nicht poetisch" weil sie „nur im Gebiet des Verstandes" lieg (vgl. § 15), so eröffnen sich von den zum *Tod de Vergil* geäußerten Ansichten Brochs aus wichtig Perspektiven für die Diskussion. Der lyrische F bedeutet ein selbständiges Experiment auf der Feld des dt. R.s im 20. Jh. Beschäftigt hat Broc zur gleichen Zeit das Problem des mythische R.s. Angeregt durch Thomas Mann stellte er di Frage nach dem Verhältnis von Reflexion un Mythos. In einem 1945 erschienenen, Thoma Mann zum 70. Geburtstag gewidmeten Aufsat *Die mythische Erbschaft der Dichtung* vertra Broch die Meinung, die Bewältigung der zer sprengten, verwüsteten modernen Welt bedeut „eine bereits mythische Aufgabe", bei Thoma Mann aber wie bei Joyce sei das Werk „mythisc im Ansatz, dennoch durchaus 'logische Prophe tie', da sie ... auf polyhistorischem Grund ge wachsen" sei (*Essays I* S. 247). In *Die Schuld losen* (1950) versuchte er selbst von „polyhistori schem Grund" her zum Mythischen zu gelanger Der aus Novellen zusammengesetzte R. wieder holt einerseits die Form des dritten Teils de *Schlafwandler*, zum andern aber bezieht e Irrationales entschieden ein und schafft von da her dichterisch Überzeugendes. Ein künstleriscanders geartetes Werk, erzählt in überkommene Weise, in der Verwendung der Analogien z politischen Situationen Deutschlands jedoch de *Schuldlosen* nahe, ist der *Bergroman*, von den Broch drei fragmentarische Fassungen hinterließ für die, von Stößinger zu einer Einheitsfassung kompiliert (*Der Versucher* 1953), von F. Kres und H. A. Maier in ihren originalen Texten edi tiert (1969), eine sachgerechte Interpretatio noch aussteht.

Durch das „Novum der Romanform", vo dem Broch 1931 sprach, wurde das konven tionelle chronologische Erzählen nicht abge schafft, es wurde lediglich in den Diens eines neuen Kunstwillens gestellt. Rober M u s i l war sich bewußt, „daß es sich beir scheinbar chronologischen Erzählen in erste Linie um ein Ordnungsproblem handel dürfte; Ordnung der Geschehnisse in eine dem zeitlichen Ablauf nachgemachten Weise die aber von vornherein nicht identisch mit ihm zu sein beansprucht". Diese Vorstellungen Musils sind im Rahmen seines R.s *Der Mann ohne Eigenschaften* (1930; 1933; Nachlaßband 1943) sowohl für die Erzählweise als solche wie auch für die psychische Situation seiner Hauptfigur von Bedeutung. Musil erklärte selbst: „Das Problem: wie komme ich zum Erzählen, ist sowohl mein stilistisches wie das Lebensproblem der Hauptfigur, und die Lösung ist natürlich nicht einfach" (Aus *Brief an G. 26. 1. 31 Prosa* S. 726 u. 727).

Wie dies zu verstehen ist, hat Musil im zweitletzten Kapitel des ersten Bandes (1930) seines R.s gezeigt. Die Hauptfigur, Ulrich, macht sich dort in einer Reflexion bewußt, daß das Gesetz „der erzählerischen Ordnung" einem Wunschtraum des Menschen entspreche, der, „überlastet und von Einfalt träumend", sich nach dem Lebensgesetz „jener einfachen Ordnung" sehne, „die darin besteht, daß man sagen kann: 'Als das geschehen war, hat sich jenes ereignet!'" Weil die „einfache Reihenfolge" beruhigt, bringe man die „überwältigende Mannigfaltigkeit des Lebens" gleichsam auf e i n e Dimension. Den Menschen werde wohl bei der „Aufreihung alles dessen, was in Raum und Zeit geschehen ist, auf einen Faden, eben jenen berühmten 'Faden der Erzählung', aus dem nun also auch der Lebensfaden besteht... sie lieben das ordentliche Nacheinander von Tatsachen, weil es einer Notwendigkeit gleichsieht, und fühlen sich durch den Eindruck, daß ihr Leben einen 'Lauf' habe, irgendwie im Chaos geborgen." Der R. habe sich dies „künstlich zunutze gemacht". Dem Leser werde „behaglich zumute", mag „der Wanderer ... bei strömendem Regen die Landstraße reiten oder bei zwanzig Grad Kälte mit den Füßen im Schnee knirschen", wenn nur alles in ordentlicher Reihenfolge vor sich geht. „Und das wäre schwer zu begreifen", erkennt Ulrich, „wenn dieser ewige Kunstgriff der Epik, mit dem schon die Kinderfrauen ihre Kleinen beruhigen, diese bewährteste 'perspektivische Verkürzung des Verstandes' nicht schon zum Leben selbst gehörte." Die Einsicht in diesen Tatbestand verschafft Ulrich Klarheit über die eigene Situation. Er bemerkt nämlich, „daß ihm" selbst „dieses primitiv Epische abhanden gekommen sei, woran das private Leben noch festhält, obgleich öffentlich alles schon unerzählerisch geworden ist und nicht einem 'Faden' mehr folgt, sondern sich in einer unendlich verwobenen Fläche ausbreitet" (Ausgabe von 1952 S. 665).

Die gesamte repräsentative R.kunst des 20. Jh.s zeugt von dem Einblick der Autoren in die Paradoxie, die Musil in der Reflexion Ulrichs einsichtig machte: Der „ewige Kunstgriff der Epik" gehört „zum Leben selbst", aber das Leben als solches ist „unerzähle-risch", — ob erst „geworden" oder von jeher, sei dahin gestellt; schließlich wußte Goethe, daß die Folgerichtigkeit „dem Leben abgeht" —.

Der weltweite Erfolg, den Thomas M a n n als Schriftsteller hatte, mag damit zusammenhängen, daß er jene Paradoxie so auszudrücken verstand, daß dem Leser immer „behaglich zumute" sein konnte. Das ironische Sprechen Thomas Manns hebt zwar in jedem Augenblick die Eindimensionalität auf, gibt den Blick frei auf die Breite „einer unendlich verwobenen Fläche", bleibt aber doch immer beim Faden der Erzählung. Es ersteht eine Welt, die sich in der Ironie ständig verflüchtigt und durch das unentwegte Fortschreiten der Erzählung immer wieder bestätigt. Thomas Manns *Buddenbrooks* (1901), *Der Zauberberg* (1924), *Doktor Faustus* (1947) können sowohl unter dem Aspekt des Bildungsr.s wie unter dem des Zeitr.s betrachtet werden, als Bücher, die jeweils eine bürgerliche Endzeit behandeln, das Problem der Krankheit und des Todes und das Problem der Zeit. Aber alle Themen und Strukturweisen, die man herausgreift, sind nicht unmittelbar, nicht naiv-realistisch aufgefaßt, sondern parodiert und eingeschmolzen in den besonderen, der Paradoxie gerechtwerdenden, ironischen Erzählton, der der originale Beitrag Thomas Manns zur Erzählkunst des 20. Jh.s ist. Ganz frei gespielt hat er mit seinem Stoff in *Bekenntnisse des Hochstaplers Felix Krull* (1954; Veröffentlichung eines 1911 entstandenen Fragments 1922) und *Der Erwählte* (1951), was nicht ausschließt, daß gerade hier sehr ernste Themen mitgemeint sind.

In einem eigenen Erzählton haben sich auch die späteren R.autoren manifestiert, so Max F r i s c h in *Stiller* (1954) und *Homo Faber* (1957). Frisch meisterte das „Novum der Romanform", um das Broch gerungen hat, nun schon so virtuos, daß er das Unerzählerische, das schwebend Rätselhafte anscheinend mühelos erzählte. Auch die um 1960 hervortretende Generation, Günter Grass, Uwe Johnson, Martin Walser, verstand sich von vornherein darauf, Erzähltes und Unerzählerisches in kunstvoller Spannung zu halten. Von sehr großer Bedeutung wurden für die R.autoren nach dem zweiten Weltkrieg die Erzählungen Kafkas, aber auch A. Döblins *Berlin Alexanderplatz* (1929) und die ausländischen Autoren Joyce, Proust, Faulkner und Dos Passos.

Karl V o s s l e r, *Der R. bei d. Romanen*, in: Vossler, *Aus der romanischen Welt* (1940) S. 124-145, wiederabgedruckt in: *Zur Poetik d. R.s.* Hg. v. Volker Klotz (1965; Wege d. Forschung 35). Pierre Daniel H u e t, *Traité de l'Origine des R.s.* Faks.-Dr. nach d. Erstausg. (Paris 1670) u. d. Happelschen Übers. von 1682 (1966; Slg. Metzler). Edward Morgan F o r s t e r, *Aspects of the Novel* (London 1927; Repr. 1960). Karl K e r é n y i, *Der antike R.* (1971). DWb, Bd. 8 (1893) Sp. 1152. W. P a b s t, *Literatur zur Theorie d. R.s.* DVLG. 34 (1960) S. 264-289. *Zur Poetik d. R.s.* Hg. v. Volker K l o t z (1965). *Dt. R.theorien. Beitr. zu e. histor. Poetik d. R.s in Deutschland.* Hg. v. Reinhold G r i m m (1968). Rafael K o s k i-m i e s, *Theorie d. R.s* (1935; Annales Acad. Scient. Fennicae B, 35,1). Georg L u k á c s, *Die Theorie d. R.s. Ein geschichtsphilosophischer Versuch über d. Formen d. großen Epik* (1920; Neudr. 1963). Lucien G o l d m a n n, *Soziologie des modernen R.s* (1970; Soziolog. Texte 61). G. W. F. H e g e l, *Vorlesungen über die Ästhetik.* Hg. v. Friedr. B a s s e n g e (1955). Walter B e n j a m i n, *Der Erzähler. Betrachtungen zum Werk Nicolai Lesskows*, in: Benjamin, *Schriften II* (1955) S. 229-258. Franz A l t h e i m, *R. u. Dekadenz* (1951). Franz S t a n z e l, *Typische Formen d. R.s* (1964; Kl. Vandenhoeck-Reihe 187). R. W e i-m a n n, *Erzählsituation u. R.typus.* Sinn u. Form 18 (1966) S. 109-133. Käte H a m b u r-g e r, *Die Logik d. Dichtung* (1957; 2., stark veränd. Aufl. 1968). Friedr. S e n g l e, *Die literar. Formenlehre* (1967; Dichtung u. Erkenntnis 1). Roy P a s c a l, *The German Novel* (Manchester 1956). Percy L u b b o c k, *The Craft of Fiction* (London 1921; Repr. 1925). Edwin M u i r, *The Structure of the Novel* (London 1928; Repr. 1960). Emil S t a i g e r, *Grundbegriffe d. Poetik* (1946; 1966). F. M a r-t i n i, *Poetik.* Stammler Aufr. Bd. 1 (2. Aufl. 1957) Sp. 223-280. Wolfgang K a y s e r, *Entstehung u. Krise d. modernen R.s* (1954). Robert P e t s c h, *Wesen u. Formen d. Erzählkunst* (1934; DVLG., Buchr. 20). Eberhard L ä m m e r t, *Bauformen d. Erzählens* (1955; 2. Aufl. 1967). W. L o c k e m a n n, *Zur Lage der Erzählforschung.* GRM. NF. 15 (1965) S. 63-84. H. B l u m e n b e r g, *Wirklichkeitsbegriff und Möglichkeit des R.s*, in: *Nachahmung und Illusion. Kolloquium Gießen 1963.* Hg. v. H. R. J a u ß (1964) S. 9-27. Erich A u e r b a c h, *Mimesis. Dargestellte Wirklichkeit in d. abendländischen Literatur* (1946; 4. Aufl. 1967). Herman M e y e r, *Das Zitat in d. Erzählkunst. Zur Gesch. u. Poetik d. europ. R.s* (1961; 2. Aufl. 1967). Felix B o b e r t a g, *Gesch. d. R.s u. d. ihm verwandten Dichtungsgattungen in Deutschland bis zum Anfang d. 18. Jh.s.* 2 Bde. (1876/84). Hans Heinr. B o r c h e r d t, *Geschichte d. R.s u. d. Novelle in Deutschland.* T. 1: *Vom frühen MA. bis zu Wieland.* (1926). Walter

R e h m, *Geschichte des dt. R.s* 2 Bde. (1927) Heinr. S p i e r o, *Geschichte des dt. R.s* (1950) G. W e y d t, *Der dt. R. von der Renaissance und Reformation bis zu Goethes Tod.* Stammler Aufr. Bd. 2 (1954) Sp. 2063-2196. R. M a j u t, *Der dt. R. vom Biedermeier bis zur Gegenwart*, in: Stammler Aufr. Bd. 2 (1956) Sp. 2197-2478. *Der dt. R. vom Barock bis zur Gegenwart. Struktur und Geschichte.* Hg. v. B. v. W i e s e 2 Bde. (1963). *Dt. R.e von Grimmelshausen bis Musil.* Hg. v. J. S c h i l l e m e i t (1966). H. E m m e l, *Geschichte des dt. R.s* Bd. 1 (1972).

Wolfgang L i e p e, *Die Entstehung d' Prosar.s in Deutschland*, in: Liepe *Beiträge zur Lit.- u. Geistesgeschichte.* Hg. v. Eberhard Schulz (1963) S. 9-28. Wolfgang S t a m m l e r *Von der Mystik zum Barock* (2. Aufl. 1950 Epochen d. dt. Lit. 2,1). Lutz M a c k e n s e n *Die dt. Volksbücher* (1927; Fschgn. z. dt. Geistesgesch. d. MA.s u. d. Neuzeit 2). Josef G ö r-r e s, *Die teutschen Volksbücher* (1807). Clemens L u g o w s k i, *Die Form d. Individualität im R.* (1932; NFschgn. 14).

R. A l e w y n, *Der R. des Barock*, in: *Formkräfte der dt. Dichtung.* Hg. v. Hans S t e f f e n (1963; 2. Aufl. 1967; Kl. Vandenhoeck-Reihe 169 S) S. 21-34. Wolfgang L o c k e m a n n *Die Entstehung d. Erzählproblems. Zur dt Dichtungstheorie im 17. und 18. Jh.* (1963; Dt Studien 3). H. M e y e r, *Der dt. Schäferr. d. 17. Jh.s* (1928). W. E. S c h ä f e r, *'Hinweg nu: Amadis und Deinesgleichen Grillen'. Die Polemik gegen d. R. im 17. Jh.*, GRM.NF. 15 (1965 S. 366-384. Leo C h o l e v i u s, *Die bedeutendsten dt. R.e des 17. Jh.s* (1866; Nachdr 1965). — H. S t a n e s c u, *Wirklichkeitsgestaltung und Tendenz in Zesens 'Adriatische Rosemund'.* ZfdLg 7 (1961) S. 778-794. Volker M e i d, *Zesens R.kunst* (1966). Klaus K a c z e-r o w s k y, *Bürgerliche R.kunst im Zeitalter d' Barock. Philip v. Zesens 'Adriatische Rosemund'* (1969). — C. L u g o w s k i, *Die märchenhafte Enträtselung der Wirklichkeit in heroisch-galanten R.* (1963), in: *Dt. Barockforschung.* Hg. v. R. A l e w y n (1965) S. 373-391. Clemens H e s e l h a u s, *Anton Ulrichs 'Aramena'. Studien zur dichterischen Struktur d' dt. barocken 'Geschichtgedicht'* (1939; Bonner Beitr. z. dt. Philologie 9). Wolfgang B e n d e r *Verwirrung und Entwirrung in der 'Octavia Roemische Geschichte' Herzog Anton Ulrich von Braunschweig.* Diss. Köln 1964. Blake Lee S p a h r, *Anton Ulrich and Aramena. The Genesis and Development of a Baroque Novel* (Berkeley, Los Angeles 1966; Univ. of Calif. Publ. in modern Philology 76). Ders., *De Barockr. in Wirklichkeit und Illusion*, in: *Dt R.theorien.* Hg. v. R. G r i m m (1968) S. 17 28. — Max W e h r l i, *Das barocke Geschichtsbild in Lohensteins 'Arminius'* (1938; Wege z Dchtg. 31). Edward V e r h o f s t a d t, *Daniel Casper von Lohenstein: Untergehende Wertwelt und ästhetischer Illusionismus* (Brügge 1964). — Günther W e y d t, *Nachahmung und Schöpfung im Barock. Studien um Grimmelshausen* (1968).

A. H i r s c h, *Bürgertum u. Barock im dt. R. Zur Entstehungsgeschichte d. bürgerlichen Weltbildes* (1934; Neudr. hg. v. Herbert Singer 1957; Lit. u. Leben NF. 1). — Klaus S c h ä f e r, *Das Gesellschaftsbild in d. dichterischen Werken Chr. Weises.* (Masch.) Diss. Berlin (Humboldt-Univ.) 1960. Herbert S i n - g e r, *Der galante R.* (1961; 2. Aufl. 1966; Sammlg. Metzler). Ders., *Der dt. R. zwischen Barock und Rokoko* (1963). — Fritz B r ü g g e - m a n n, *Utopie und Robinsonade. Schnabels 'Insel Felsenburg'* (1914; FschgnNLitg. 46). K. R e i c h e r t, *Utopie und Staatsr. Ein Forschungsbericht.* DVLG. 39 (1965) S. 259-287. Ders., *Utopie u. Satire in J. M. v. Loëns R. 'Der redliche Mann am Hofe'* (1740). GRM. 15 (1965) S. 176-194. — R. H. S p a e t h l i n g, *Die Schranken d. Vernunft in Gellerts 'Leben der Schwedischen Gräfin von G ...'. Ein Beitr. z. Geistesgesch. d. Aufklärung.* PMLA. 81 (1966) S. 224-235. — Peter M i c h e l s e n, *Laurence Sterne u. d. dt. R. d. 18. Jh.s* (1962; Pal. 232). — Jörg S c h ö n e r t, *R. u. Satire im 18. Jh. E. Beitr. z. Poetik* (1969; Germanist. Abhdlgn. 27). V. L a n g e, *Zur Gestalt d. Schwärmers im dt. R. des 18. Jh.s,* in: *Festschrift für R. Alewyn* (1967) S. 151-164. Norbert M i l l e r, *Der empfindsame Erzähler. Untersuchungen an R.anfängen d. 18. Jh.s* (1968). Erich S c h m i d t, *Richardson, Rousseau u. Goethe. Zur Gesch. d. R.s* (1875). K. W ö l f e l, *Fr. v. Blanckenburgs 'Versuch über den R.',* in: *Dt. R.theorien.* Hg. v. R. G r i m m (1968) S. 29-60. Dieter K i m p e l, *Der R. d. Aufklärung* (1967; Samml. Metzler). Eva D. B e c k e r, *Der dt. R. um 1780* (1964; Germanist. Abhdlgn. 5). Georg J ä g e r, *Empfindsamkeit u. R. Wortgeschichte, Theorie u. Kritik im 18. u. frühen 19. Jh.* (1969; Abhdlgn. z. Poetik u. Gesch. d. Lit. 11). Walter F. G r e i n e r, *Studien z. Entstehung d. engl. R.theorie an d. Wende vom 18. Jh.* (1969). Marion B e a u j e a n, *Der Trivialr. in der zweiten Hälfte d. 18. Jh.s* (1964; Abhdlgn. z. Kunst-, Musik- u. Lit.wiss. 22). Lieselotte E. K u r t h, *Die zweite Wirklichkeit. Studien zum R. d. 18. Jh.s* (1969; Univ. of North Carolina, Studies in the Germanic Lang. and Lit. 62). Heinz N i c o l a i, *Goethe u. Jacobi. Studien zur Gesch. ihrer Freundschaft* (1965; Germanist. Abhdlgn. 4). — Elisabeth D e - l o r m e, *'Hermann und Ulrike', ein R. von J. C. Wezel.* Diss. Marburg 1928. Kurt A d e l, *J. K. Wezel. E. Beitr. z. Geistesgeschichte d. Goethezeit* (Wien 1968). — A. L a n g e n, *K. P. Moritz' Weg zur symbolischen Dichtung.* ZfdPh. 81 (1962) S. 169-218; S. 402-440. H. J. S c h r i m p f, *Nachwort zum Faksimiledruck der Originalausgabe von K. P. Moritz: Andreas Hartknopf. Andreas Hartknopfs Predigerjahre. Fragmente aus dem Tagebuch eines Geistersehers* (1968) S. 29. Ders., *K. P. Moritz 'Anton Reiser',* in: *Der dt. R.* Hg. v. B. v. W i e s e Bd. 1 (1963) S. 95-131. Käte F r i e d e m a n n, *Die Rolle des Erzählers i. d. Epik* (1910; UntsNSprLitg. NF. 7). — Christoph H e r i n g, *F. M. Klinger. Der Weltmann als Dichter* (1966).

Rob. R i e m a n n, *Goethes R.technik* (1902). W. B a u m g a r t, *Goethes 'Wilhelm Meister' u. d. R. des 19. Jh.s.* ZfdPh. 69 (1945) S. 132-148. Ders., *Wachstum u. Idee. Schillers Anteil an Goethes 'Wilhelm Meister',* ZfdPh. 71 (1951/52) S. 2-22. Hanno B e r i g e r, *Goethe u. d. R.* (Zürich 1955). Matthijs J o l l e s, *Goethes Kunstanschauung* (Bern 1956). Guy S t e r n, *Fielding, Wieland and Goethe. A study in the development of the Novel.* (Masch.) Diss. Columbia Univ. 1954. W. R a s c h, *Die klassische Erzählkunst Goethes,* in: *Formkräfte d. Dichtung.* Hg. v. H. S t e f - f e n (1967) S. 81-99. A. W. T s c h i t s c h e r i n, *Goethe an den Anfängen des modernen R.s* Kunst u. Literatur 15 (1967) S. 164-185. Hans R e i s s, *Goethes R.e* (1963). Ders., *Goethe als realistischer R.dichter,* in: *Le réel dans la littérature et dans la langue. Actes du 10. Congrès de la F. I. L. L. M* (Paris 1967) S. 266-267. L. K ö h n, *Entwicklungs- u. Bildungsr. E. Forschungsbericht.* DVLG. 42 (1968) S. 427-473; S. 590-632. F. M a r t i n i, *Der Bildungsr. Zur Geschichte d. Wortes u. d. Theorie.* DVLG. 35 (1961) S. 44-65. Ferd. Jos. S c h n e i d e r, *Die Freimaurerei u. ihr Einfluß auf die geistige Kultur in Deutschland am Ende d. 18. Jh.s* (Prag 1909). Marianne T h a l m a n n, *Der Trivialr. d. 18. Jh.s u. d. romantische R.* (1923; GermSt. 24). J. O. E. D o n n e r, *Der Einfluß Wilhelm Meisters auf den R. der Romantiker* (Helsingfors 1893). Hans Heinr. B o r c h e r d t, *Der R. der Goethezeit* (1949).

Ulrich G a i e r, *Der gesetzliche Kalkül. Hölderlins Dichtungslehre* (1962; Hermaea NF. 14). G. L e p p e r, *Zeitkritik in Hölderlins Hyperion,* in: *Literatur und Geistesgeschichte. Festgabe für H. O. Burger.* Hg. v. R G r i m m und C. W i e d e m a n n (1968) S. 188-207. F. A s p e t s b e r g e r, *Ende und Anfang von Hölderlins R. 'Hyperion'.* Jb. des Wiener Goethe-Vereins. 72 (1968) S. 20-36. — Eduard B e - r e n d, *Jean Pauls Aesthetik* (1909; Fschgn. NLitg. 35). Marion B e h r e n d, *Die Erzählformen in den R.en von Jean Paul.* (Masch.-vervielf.) Diss. Göttingen 1954. Wolfdietrich R a s c h, *Die Erzählweise Jean Pauls. Metaphernspiele u. dissonante Strukturen* (1961). Ders., *Die Poetik Jean Pauls,* in: *Die dt. Romantik.* Hg. v. H. Steffen (1967) S. 98-111. K. W ö l f e l, *'Ein Echo, das sich selber in das Unendliche nachhallt.' Eine Betrachtung von Jean Pauls Poetik u. Poesie.* Jb. der Jean Paul Gesellschaft 1 (1966) S. 17-52. B. B ö s c h e n - s t e i n, *Jean Pauls R.konzeption,* in: *Dt. R.-theorien.* Hg. v. R G r i m m (1968) S. 111-126. *Die dt. Romantik. Poetik, Formen u. Motive.* Hg. v. Hans S t e f f e n (1967; Kl. Vandenhoeck-Reihe 250 S.). — Karl Konrad P o l h e i m, *Studien zu F. Schlegels poetischen Begriffen.* DVLG. 35 (1961) S. 363-398. Ders., *Die Arabeske. Ansichten u. Ideen aus F. Schlegels Poetik* (1966). Walter B a u s c h, *Theorien d. epischen Erzählens in d. dt. Frühromantik* (1964; Bonner Arbeiten z. dt. Lit. 8). H. J. M ä h l, *Goethes Urteil über Novalis. Ein Beitr. zur Gesch. d. Kritik an d. dt. R.* JbFDH.

(1967) S. 130-270. H. S c h a n z e, *F. Schlegels Theorie des R.s*, in: *Dt. R.theorien.* Hg. v. R. G r i m m (1968) S. 61-80. G. S c h u l z, *Die Poetik d. R.s bei Novalis*, in: *Dt. R.theorien.* Hg. v. R. G r i m m (1968) S. 81-110.

Jürgen K o l b e, *Goethes 'Wahlverwandtschaften' u. d. R. d. 19. Jh.s* (1968; Studien z. Poetik u. Gesch. d. Lit. 7). P. H u s a b e k, *Der Zeitr. Ein R.typus des 19. Jh.s.* ZfdPh. 87 (1968) S. 218-245. E. M c I n n e s, *Zwischen 'Wilhelm Meister' u. 'Die Ritter vom Geist': zur Auseinandersetzung zwischen Bildungsr. u. Sozialr. im 19. Jh.* DVLG. 43 (1969) S. 487-514. Walther K i l l y, *Wirklichkeit u. Kunstcharakter. Neun R.e des 19. Jh.s* (1963). Fritz M a r t i n i, *Dt. Literatur im bürgerlichen Realismus 1848-1898* (1962; Epochen d. dt. Lit. 5,2). Ders., *Zur Theorie d. R.s im dt. 'Realismus'*, in: *Dt. R.theorien.* Hg. v. R. G r i m m (1968) S. 142-164. F. S e n g l e, *Der R.begriff in d. ersten Hälfte d. 19. Jh.s*, in: *Dt. R.theorien.* Hg. v. R. G r i m m (1968) S. 127-141. H. M a y e r, *Der dt. R. im 19. Jh.*, in: Mayer, *Dt. Literatur u. Weltliteratur. Reden u. Aufsätze* (1957) S. 268-284. Reinhard W a g n e r, *Wesen u. Geltung der erzählenden Prosa im Urteil der Biedermeierzeit.* (Masch.) Diss. Tübingen 1952. Ders., *Die theoretische Vorarbeit für d. Aufstieg d. dt. R.s im 19. Jh.* ZfdPh. 74 (1955) S. 353-363. Georg L u k á c s, *Dt. Realisten d. 19. Jh.s* (1951).

Manfred W i n d f u h r, *Immermanns erzählerisches Werk. Zur Situation d. R.s in d. Restaurationszeit* (1957; Beitr. z. dt. Philologie 14). Benno v. W i e s e, *Karl Immermann. Sein Werk u. s. Leben* (1969). — Herm. G e r i g, *Karl Gutzkow. Der R. des Nebeneinander* (Winterthur 1954). Peter H a s u b e k, *Karl Gutzkows R.e 'Die Ritter vom Geiste' u. 'Der Zauberer von Rom'.* Diss. Hamburg 1964. — Rud. Walter L e o n h a r d t, *'Soll und Haben' u. 'David Copperfield'. E. Vergleich ihres Aufbaus als Beitrag zur Formfrage des R.s.* (Masch.) Diss. Bonn 1950. — Adolf v. G r o l m a n n, *Adalbert Stifters R.e* (1926; DVLG., Buchr. 7). Paul D o r m a g e n, *Die epischen Elemente in Adalbert Stifters 'Witiko'* (1940). Rolf H e m p e l, *Studien zu Adalbert Stifters epischer Kunst.* (Masch.) Diss. Tübingen 1953. — P. B ö c k m a n n, *Der Zeitr. Fontanes.* Dtschunt. 11 (1959) 5, S. 59-81. John R. C a r y, *Antithesis as a Principle of Structure and Technique in the Novels of Theodor Fontane.* (Masch.) Diss. John Hopkins Univ. 1953. K. W ö l f e l, *'Man ist nicht bloß ein einzelner Mensch'. Zum Figurenentwurf in Fontanes Gesellschaftsr.en.* ZfdPh. 82 (1963) S. 152-171. W. M ü l l e r - S e i d e l, *Fontane, 'Der Stechlin'*, in: *Der dt. R.* Hg. v. B. v. W i e s e Bd. 2 (1963) S. 146-189. — W. T a r a b a, *L. Tieck, 'Vittoria Accorombona'*, in: *Der dt. R.* Hg. v. B. v. W i e s e Bd. 1 (1963) S. 329-352. V. L a n g e, *Stifter, Der Nachsommer*, in: *Der dt. R.* Hg. v. B. v. W i e s e. Bd. 2 (1963) S. 34-75. R. P a n n w i t z, *Stifters Nachsommer*, in: *A. Stifter, Ein Gedenkbuch.* Hg. v. d. A.-Stifter-Ges. (Wien 1928). W. P a u l s e n, *A. Stif-*

ter u. d. Nachsommer, in: *Corona Studies in Philology in Celebration of the Eightieth Birthday of Samuel Singer* (1941). E. S t a i g e r, *A. Stifter, Der Nachsommer*, in: Staiger, *Meisterwerke dt. Sprache* (Zürich 1943) S. 147-162. W. R e h m, *Nachsommer. Zur Deutung von Stifters Dichtung* (1951). — Walter M u s c h g, *J. Gotthelf, Eine Einführung in seine Werke* (1954; Dalp-Taschenbücher 303). W. K o h l s c h m i d t, *Gotthelf, 'Geld und Geist'*, in: *Der dt. R.* Hg. v. B. v. W i e s e. Bd. 2 (1963) S. 9-33. — Eduard C a s t l e, *Der große Unbekannte. Das Leben von Ch. Sealsfield* (Karl Postl) (1952). C. H o h o f f, *Ch. Sealsfields große Tour*, in: Hohoff, *Schnittpunkte. Ges. Aufsätze* (1963) S. 175-194. — N. F ü r s t, *The Structure of 'L'éducation sentimentale' and 'Der grüne Heinrich'* PMLA. 56 (1941) S. 249-260. G. M ü l l e r, *Aufbauformen des R.s, dargelegt an den Entwicklungsr.en G. Kellers u. A. Stifters*, Neophil. 37 (1953) S. 1-14. Margarete M e r k e l - N i p p e r d e y, *G. Kellers 'Martin Salander'. Untersuchungen zur Struktur d. Zeitr.s* (1959; Pal. 228). W. P r e i s e n d a n z, *Keller, Der grüne Heinrich*, in: *Der dt. R.* Hg. v. B. v. W i e s e. Bd. 2 (1963) S. 76-127. — Hubert O h l, *Bild u. Wirklichkeit. Studien zur R.kunst Raabes u. Fontanes* (1968). *Raabe in neuer Sicht.* Hg. v. Hermann H e l m e r s (1968; Sprache u. Lit. 48).

Werner W e l z i g, *Der dt. R. im 20. Jh.* (1970; Kröners Taschenausg. 367) mit ausführlicher Bibliographie. *Dt. Literatur im 20. Jh. Strukturen u. Gestalten.* 2 Bde. Hg. v. Herm. F r i e d m a n n u. Otto M a n n (4. Aufl. 1961). Th. W. A d o r n o, *Der Standort d. Erzählers im zeitgenössischen R.*, in: Adorno, *Noten zur Literatur.* Bd. 1 (1958; Bibl. Suhrkamp 47) S. 61-72. Wilhelm E m r i c h, *Formen u. Gehalte d. zeitgenössischen R.s*, in: Emrich, *Protest und Verheißung. Studien zur klassischen und modernen Dichtung* (1968) S. 169-175. Ders., *Die Erzählkunst d. 20. Jh.s u. ihr geschichtlicher Sinn.* Ebda S. 176-192. *Unser Jh. u. s. R. Resumée einer Diskussion* [mit W. Kraus, T. Déry, A. Robbe-Grillet, J. Bondarew, R. Karst, H. Kesten, E. Fried, H. Mayer und M. Sperber]. Akzente 13 (1966) S. 2-27. *The Contemporary Novel in German. A Symposium.* Ed. by Robert R. H e i t n e r (Austin, London 1967). Hugo S t e g e r, *Zwischen Sprache u. Literatur* (1967; Schriften zur Lit. 9). R. Hinton T h o m a s u. Wilfried van der W i l l, *Der dt. R. u. d. Wohlstandsgesellschaft* (1969; Sprache u. Lit. 52). Wilfried van der W i l l, *Pikaro heute. Metamorphosen d. Schelms bei Th. Mann, Döblin, Brecht, Grass* (1967). W. K o h l s c h m i d t, *Das Motiv der entzweiten Welt*, in: Kohlschmidt, *Die entzweite Welt. Studien zum Menschenbild in d. neueren Dichtung* (1953) S. 155-166. Volker K l o t z, *Die erzählte Stadt. Ein Sujet als Herausforderung. d. R.s von Lesage bis Döblin* (1969). Erwin Theodor R o s e n t h a l, *Das fragmentarische Universum. Wege u. Umwege d. modernen R.s* (1970; Samml. Dialog 43). E. F.

Hoffmann, *Zum dichterischen Verfahren in Rilkes 'Aufzeichnungen des Malte Laurids Brigge'.* DVLG. 42 (1968) S. 202-230. Marlene Jäger, *Rilkes 'Aufzeichnungen des Malte Laurids Brigge' in ihrer dichterischen Einheit* (Masch.) Diss. Tübingen 1960. W. Kohlschmidt, *Rilke u. Obstfelder,* in: Kohlschmidt, *Dichter, Tradition u. Zeitgeist. Ges. Studien z. Lit.gesch.* (1965) S. 176-189. — R. Alewyn, *Andreas und die 'wunderbare Freundin'. Zur Fortsetzung von Hofmannsthals R-Fragment und ihrer psychiatrischen Quelle,* in: Alewyn, *Über H. v. Hofmannsthal* (1963) S. 124 ff. Clement Gerald Chapple, *Themes and Symbols in Hofmannsthal's 'Andreas'* (Masch.) Diss. Harvard Univ. 1967. Karl Gautschi, *H. v. Hofmannsthals R.fragment 'Andreas'* (Zürich 1965). — A. Camus, *Die Hoffnung u. d. Absurde im Werk von F. Kafka,* in: Camus, *Der Mythos von Sisyphos. E. Versuch über das Absurde* (1950) S. 159 ff. I. Henel, *Die Deutbarkeit von Kafkas Werken.* ZfdPh. 86 (1967) S. 250-266. Walter H. Sokel, *F. Kafka. Tragik u. Ironie. Zur Struktur s. Kunst* (1964). Wilh. Emrich, *F. Kafka* (1958; 5. Aufl. 1965). Martin Walser, *Beschreibung einer Form. Versuch über F. Kafka* (1963). — R. Brinkmann, *R.form u. Werttheorie bei H. Broch. Strukturprobleme moderner Dichtung.* DVLG. 31 (1957) S. 169-197. Manfred Durzak, *H. Broch. Der Dichter u. s. Zeit* (1968; Sprache u. Lit. 43). Dorrit Claire Cohn, *'The Sleepwalkers': Elucidations of H. Broch's Trilogy* (The Hague, Paris 1966; Stanford Studies in Germanics and Slavics 2). Leo Kreutzer, *Erkenntnistheorie u. Prophetie. H. Brochs R.trilogie 'Die Schlafwandler'* (1966; Studien z. dt. Lit. 3). Hartmut Steinecke, *H. Broch u. d. polyhistorische R. Studien zur Theorie u. Technik e. R.typs der Moderne* (1968; Bonner Arbeiten zur dt. Lit. 17). — Gerh. Baumann, *R. Musil, Zur Erkenntnis der Dichtung* (1965). Wolfdietrich Rasch, *Über R. Musils R. 'Der Mann ohne Eigenschaften'* (1967; Kl. Vandenhoeck-Reihe 242/44). Peter Nusser, *Musils R.theorie.* (The Hague, Paris 1967; Proprietates I, 4). Renate v. Heydebrand, *Die Reflexionen Ulrichs in R. Musils R. 'Der Mann ohne Eigenschaften'* (1966; Münster. Beitr. z. dt. Lit.wiss. 1). — Käte Hamburger, *Der Humor bei Th. Mann. Zum Joseph-R.* (1965; Samml. Dialog 4). Erich Heller, *Th. Mann, der ironische Deutsche* (1959). P. Böckmann, *Der Widerstreit von Geist u. Leben u. s. ironische Vermittlung in d. R.en Th. Manns,* in: *Wissenschaft als Dialog. Studien zur Lit. u. Kunst seit d. Jh.wende. W. Rasch zum 65. Geb.* (1969) S. 194-215. Klaus Hermsdorf, *Th. Manns Schelme. Figuren u. Strukturen des Komischen* (1968). — Hans Jürgen Baden, *Der Mensch ohne Partner. Das Menschenbild in d. R.en von M. Frisch* (1966; Das Gespräch 64). Hans Geulen, *M. Frischs 'Homo Faber'. Studien u. Interpretationen* (1965; QF. NF. 17). — Lore S. Ferguson, *'Die Blechtrommel' von G. Grass. Versuch e. Interpretation.*

(Masch.) Diss. Ohio State Univ. 1967. — H. Emmel, *Zeiterfahrung u. Weltbild im Wechselspiel. Zu Martin Walsers R. 'Halbzeit',* in: *Der Dichter u. s. Zeit - Politik im Spiegel der Literatur.* Hg. v. W. Paulsen (1970) S. 181-206. — W. Benjamin, *Krisis d. R.s. Zu Döblins 'Berlin Alexanderplatz',* in: Benjamin, *Angelus Novus* (1966; Ausgew. Schriften 2) S. 437-443. G. Anders, *Der verwüstete Mensch. Über Welt- u. Sprachlosigkeit in Döblins 'Berlin Alexanderplatz',* in: *Festschr. zum 80. Geb. von G. Lukács.* Hg. v. Frank Benseler (1965) S. 420-442.   *Hildegard Emmel*

Romanische Literaturen
(Einfluß auf die deutsche)

§ 1. Die Romania. Die roman. Völker sind aus dem zerfallenden Römischen Reich hervorgegangen. Sie setzen in ihren Sprachen das regionale Volkslat. der verschiedenen Provinzen des Imperiums fort. „Der Abstand, der diese modernen Sprachen vom Latein Ciceros trennt, ist nichts anderes als die Summe der Veränderungen, welche sechzig Generationen von Menschen in die Sprache getragen haben" (von Wartburg). In den roman. Kulturen leben zahlreiche Elemente des röm. Erbes weiter oder werden bewußt wiederbelebt. Im Hinblick auf diesen gemeinsamen Ursprung bilden die roman. Völker eine Einheit, die Romania. Diese Bezeichnung ist abgeleitet von dem ursprünglich den Bewohnern der Stadt Rom vorbehaltenen Namen Romani, der seit der Verleihung des Bürgerrechts durch Caracalla im Jahre 212 an alle Bewohner des Reiches auf diese übertragen worden war, und kam auf zur Zeit Constantins in den Grenzgebieten, wo man angesichts der vordringenden Barbarenvölker das Bedürfnis empfand, den röm. Staatsverband und die röm. Kulturgemeinschaft mit einem neuen Ausdruck zu belegen.

Das damit bezeichnete Gebiet wurde nach dem Untergang des weström. Reiches fortlaufend eingeengt und schließlich auf die ital. Provinz Romagna, das frühere Exarchat Ravenna, beschränkt. Mit dem vierten Kreuzzug und der Errichtung des lat. Kaisertums in Byzanz im Jahre 1204 wurde Romania der offizielle Name des neuen Staatsgebildes, dessen Existenz freilich nur von kurzer Dauer war. Sein Name lebte als Romanie in den mal. Chansons de geste fort, auch in der mhdt. Literatur, etwa bei Neidhard (diu wüeste Rômanîe). Dem franz. Philologen Gaston Paris folgend, versteht die moderne

Wissenschaft unter Romania die Gesamtheit der Länder, in denen roman. Sprachen gesprochen werden. Diese stehen als Abkömmlinge der *lingua romana*, der lat. Umgangssprache oder des Volkslat., der *lingua latina*, dem Lat. als Gelehrtensprache, gegenüber und werden das ganze MA. hindurch mit Ableitungen von *romanicus* und *romanice* bezeichnet. Während im Rumänischen und Rätoromanischen diese alten Bezeichnungen erhalten bleiben (*rumîn; romontsch, rumantsch, romaunsch*), nehmen die anderen roman. Sprachen schon im MA. die uns heute geläufigen Namen an, wobei im span. Sprachgebiet zwei Bezeichnungen (*español* und *castellano*) nebeneinander verwendet werden.

Im allgemeinen unterscheidet man neun roman. Sprachen: Rumänisch, Ital., Sardisch, Rätoroman., Portugiesisch, Span., Katalanisch, Prov., Franz. Die im Bereich der einzelnen roman. Sprachen entstandenen Literaturen weichen, abgesehen von den Besonderheiten ihrer nationalen Eigenart, in Umfang und Bedeutung stark voneinander ab. Gegenüber den reichen und vielseitigen Literaturen, die sich im Ital., Span., Franz. und, wenn auch in weit beschränkterem Ausmaß, im Portugiesischen seit den ersten Sprachdenkmälern kontinuierlich bis in die Gegenwart entwickelt haben, weisen von den übrigen roman. Literaturen die prov. und die katalanische nur eine zeitlich begrenzte Produktion auf, setzt das literar. Schaffen in Rumänien erst relativ spät ein und bleibt zum Teil von fremden, hauptsächlich franz. Vorbildern abhängig, und haben das Sardische wie das Rätoroman., von wenigen Ausnahmen abgesehen, nur ein bodengebundenes volkstümliches Schrifttum aufzuweisen, das vorwiegend für die Volkskunde von Interesse ist.

Auf dem Boden des antiken und christlichen Roms erwachsend, bilden sich die großen roman. Literaturen in unmittelbarer Verbindung mit den Grundlagen der abendländischen Kultur aus und bekommen damit einen Vorsprung gegenüber den german. und slaw. Literaturen. „Die roman. Literaturen haben im Abendlande die Führung von den Kreuzzügen bis zur Französischen Revolution, wobei eine die andere ablöst. Nur von der Romania aus gewinnt man ein zutreffendes Bild vom Gang der neueren

Literatur" (Curtius). Zuerst ist Frankreich führend: einerseits durch die prov. Lyrik der Trobadors, andererseits durch die franz. Epen- und Romandichtung, sowie die lat. Literatur, die im Zusammenhang mit einem allgemeinen geistigen Aufschwung während des 12. Jahrhunderts entstehen. Seit Dante wird Frankreich durch Italien abgelöst, das bis in den Barock einen literar. Primat inne hat. In der Schule Italiens und zugleich im Wettstreit mit ihm entfalten sich am Beginn der Neuzeit die franz. und die span. Literatur. Nachdem die letztere kurze Zeit einen auf bestimmte Gattungen beschränkten Einfluß auf die literar. Entwicklung in Europa ausüben konnte, übernimmt Frankreich seit der Klassik ein zweites Mal die Führung die es bis gegen 1780 behauptete. Dank dieser literar. Vormachtstellung hat die Romania die dt. Lit. nachhaltig beeinflußt, wobei der Anteil der verschiedenen Literaturen deren Stellung innerhalb der Romania entspricht.

Die prov. Literatur, die in ihrer kurzen etwa ein Jh. währenden mal. Blütezeit aus dem ritterlichen Frauendienst den Minnesang begründete, begünstigte wie anderswo so auch in Deutschland die Entstehung einer ähnlich orientierten Lyrik. Auch die ungleich umfassendere Wirkung der span. und der ital. Lit. bleibt auf bestimmte Epochen beschränkt. Dem Schäferroman, der pikaresken Erzählung und der Lyrik des Goldenen Zeitalters der span. Lit. verdankt die dt. Dichtung des 16. und 17. Jh.s eine Fülle von Anregungen, während die großen span. Dramatiker erst für die dt. Romantik zur Inspirationsquelle wurden. Der ital. Einfluß wurde zwar auch hauptsächlich im 16. und 17. Jh. wirksam, aber in größerer Breite und Tiefe als der span., handelt es sich dabei doch neben reichen literarischen Anregungen von Petrarca bis Marino auch um die große geistige Auseinandersetzung mit dem ital. Humanismus und der ital. Renaissance. Dazu kommt, daß die traditionellen Bindungen zu Italien sehr viel enger waren als zu Spanien und dementsprechend die Kenntnis der ital. Sprache und Literatur noch bis ins 19. Jh. hinein in den gebildeten Schichten weit verbreitet war.

Der Einfluß Frankreichs auf die dt. Lit. ist am nachhaltigsten gewesen, einerseits weil er ohne Unterbrechung von den Anfängen bis in die Gegenwart fortdauert, anderseits weil es Frankreich allein vergönnt war, zweimal, im 12. wie im 17. und 18. Jh., eine kulturelle und literar. Vorherrschaft in Europa auszuüben, und sein literar. Schaffen sich auch in den übrigen Jh.n auf einem hohen Niveau hielt. Kraft der besonderen Fähigkeit des franz. Geistes, Fremdes zu assimilieren und umzuprägen, hat Frankreich nicht nur Eigenes an Deutschland weitergegeben, sondern außerdem auch ital. und span. Literaturgut vermittelt. Das Einströmen der verschiedenartigen franz. Einflüsse wurde zeitweise durch die polit. Verhältnisse besonders begünstigt und stets gefördert durch die nachbarliche Verbundenheit beider Völker, die einen nie abreißenden geistigen Austausch in beiden Richtungen ermöglichte und die dt. kulturellen Beziehungen zu Frankreich enger gestaltete als zu irgendeinem anderen Lande.

Wenn auch somit die Romania einen dauernden und vielfältigen Einfluß auf die dt. Lit. ausgeübt hat, wird man sich vor dessen Überschätzung hüten müssen. Der Begriff der Beeinflussung darf nicht naturalistisch im Sinne eines literar. Darwinismus aufgefaßt werden, welcher die Genesis einer Dichtung aus ihrer stofflichen und formalen Entwicklungsgeschichte erklären zu können glaubt und damit den Charakter des dichterischen Schöpfungsvorganges verkennt. Die Einflüsse der roman. Literaturen stellen lediglich ein Element neben anderen im Rahmen der geistig-künstlerischen Erfahrung der dt. Dichter dar. Wie alle Bildungselemente werden sich diese Einflüsse nur dort als fruchtbar erweisen, wo ihnen eine entsprechende individuelle Aufnahmebereitschaft begegnet und aus der Verbindung der Hingabe an das Fremde mit der Behauptung des Eigenen eine neue Schöpfung erwächst.

G. Paris, Romania. Romania 1 (1872) S. 1-22. Walther von Wartburg, Die Entstehung d. roman. Völker (1939; 2. Aufl. 1951). C. Tagliavini, Le origini delle lingue neolatine (Bologna 1959). H. Lausberg, Roman. Sprachwissenschaft. Bd. 1 (2. durchges. Aufl. 1963; Sammlung Göschen 128). Paul van Tieghem, La littérature comparée (Paris 1931). Wolfgang Kayser, Das sprachliche Kunstwerk (8. Aufl. 1962). Ernst Robert Curtius, Europäische Literatur u. lat. MA. (2. durchges. Aufl. Bern 1954). Joachim Bumke, Die romanisch-dt. Literaturbeziehungen im MA. E. Überblick (1967). F. H. Oppenheimer, Der Einfluß d. franz. Lit. auf d. deutsche

Stammler Aufr. Bd. 3 (2. Aufl. 1962) Sp. 1-106. H. Petriconi u. W. Pabst, Einwirkung d. italien. auf d. dt. Lit., ebd. 107-146. E. Schramm, Die Einwirkung d. span. Lit. auf d. deutsche, ebd. 147-200. Fritz Neubert, Ein Jahrtausend dt.-französischer geistiger Beziehungen. Vom Hochmittelalter bis zum Zeitalter d. Aufklärung u. d. Rokoko, in: Neubert, Studien zur vergleichenden Literaturgeschichte (1952), S. 147-201. Ders., Franz. Literaturprobleme. Gesammelte Aufsätze (1962). Deutschland-Frankreich. Ludwigsburger Beiträge zum Problem d. dt.-frz. Beziehungen, Bd. 4: Bibliographie 1945 bis 1962 (1966). Vittorio Santoli, La letteratura italiana, la tedesca e le nordiche, in: Letterature comparate (Milano 1948), S. 197-260. Ders., Fra Germania e Italia. Scritti di storia letteraria (Firenze 1962). Herbert O. Lyte, A Tentative Bibliography of Spanish-German Literary and Cultural Relations (Minneapolis, Minnesota 1936). H. J. Hüffer, Aus 1200 Jahren dt.-span. Beziehungen. Romanist. Jb. 3 (1950), S. 85-123.

I. Mittelalter

§ 2. Die epische Tradition. Die Einwirkung der mal. franz. Epik auf die dt. darf nicht unter dem Aspekt der Berührung zwischen zwei unabhängigen Nationalliteraturen gesehen werden, sondern auf europäischem Hintergrund. Denn sie spielte sich ab auf dem Boden einer gesamteuropäischen literar. Tradition, die bestimmt wurde einerseits durch das Fortleben von den aus der antiken und christlichen Überlieferung stammenden literar. Konstanten, zusammengefaßt im Begriff des „lateinischen Mittelalters" (Curtius), anderseits durch einen in der Völkerwanderungszeit wurzelnden gemeinsamen Schatz an Heldensagen, bzw. den daraus entnommenen heroischen und spielmännischen Topoi. Mit der Völkerwanderung, in deren Verlauf aus der antiken Welt des Mittelmeeres Europa geworden ist, beginnt eine europäische Heldendichtung, die „von Spanien bis Rußland und von Skandinavien bis zum Balkan eine vielfach abgeschattete, aber doch eine Einheit bildet" (Frings).

Auf dieser Einheit begründet sich eine Urverwandtschaft zwischen germ. Heldenepos und franz. Chanson de geste, die sich in der Gemeinsamkeit gewisser Themen und Motive offenbart. In der Blüte der franz. Chanson de geste im 12. Jh. gipfelt eine bis in die fränkische Zeit zurückreichende Entwicklung. Im Zusammenhang mit diesem Entwicklungsprozeß, dessen Träger Generationen von Spielleuten waren, und nicht nur aus ihrer nächsten literar. Umgebung muß die Entstehung der großen franz. Heldenepen des 12. Jh.s, der *Chanson de Roland* an der Spitze, verstanden werden, unbeschadet der individuellen schöpferischen Leistung der unbekannten Dichter, denen wir die uns überlieferten Fassungen der Epen verdanken. In dieser Hinsicht ist B é d i e r s berühmtes Werk über den Ursprung der altfranz. Nationalepen durch die auf ihn folgende Forschung korrigiert worden. Diese schlägt damit einen Mittelweg ein zwischen der den Forschungen von G. P a r i s zugrundeliegenden romantischen Theorie vom mehr oder weniger unbewußt arbeitenden Volksgeist, der in jahrhundertelanger mündlicher Überlieferung die Epen hervorbringt, und der vor allem von B e c k e r , Bédier und — mit gewissen Einschränkungen — von C u r t i u s vertretenen ästhetischen Auffassung, nach der die franz. Epen Neuschöpfungen ohne bestimmte Vorformen darstellen sollen.

Heute überwiegt die Ansicht, daß sich mit der *Chanson de geste* des 12. Jh.s der Übergang vom Kurzepos zum Großepos vollzieht und zugleich der Wandel vom germ. Recken zum christl. Ritter, der, von einer neuen Ethik erfüllt, im Zeichen der Kreuzzugsidee für seinen Glauben und für Frankreich streitet. Indem sich dabei die Überlieferung der germ. Heldendichtung und die antikchristliche Tradition verbinden, erblüht eine epische Großkunst, mit der die franz. Lit. einen ersten Höhepunkt erreicht und auf ganz Europa ausstrahlt. So sind die dt. und die franz. Heldenepik des MA.s in doppeltem Sinne miteinander verflochten: Zur Urverwandtschaft und der daraus entspringenden Motivgemeinschaft tritt nun die unmittelbare Berührung von Epos zu Epos.

H. S c h n e i d e r , *Deutsche u. franz. Heldenepik*. ZfdPh. 51 (1926), S. 200-243. F. P a n z e r , *Die nationale Epik Deutschlands u. Frankreichs in ihrem geschichtlichen Zusammenhang*. ZfdB. 14 (1938), S. 249-265. Th. F r i n g s , *Europäische Heldendichtung*. Neophil. 24 (1939), S. 1-29. Italo S i c i l i a n o , *Les origines des chansons de geste. Théories et discussions*. Traduit de l'italien par P. Antonetti (Paris 1951). K. W a i s , *Frühe Epik Westeuropas u. d. Vorgeschichte d. Nibelungenliedes* (1953; ZfromPh., Beih. 95). Joseph B é d i e r , *Les légendes épiques*. 4 Bde (Paris 1908-1913; 3. Aufl. 1926-29). Gaston P a r i s , *Histoire poétique de Charlemagne* (1865). Philipp Aug. B e c k e r , *Grundriß d. altfranzös. Literatur* Bd. 1. *Älteste Denkmäler. Die nationale Heldendichtung* (1907; Samml. roman. Elementar- u. Handb. II, 1). Rita L e -

j e u n e , *Recherches sur le thème: Les chansons de geste et l'histoire* (Liège 1948). Dies. u. Jacques S t i e n n o n , *La légende de Roland dans l'art du moyen âge*. 2 Bde (Bruxelles 1966). Jean R y c h n e r , *La Chanson de geste. Essai sur l'art épique des jongleurs* (Genève 1955; Société de publications romanes et françaises 53). Ramón M e n é n d e z P i d a l , *La Chanson de Roland y el Neotradicionalismo: Orígines de la Epica Románica* (Madrid 1959; überarb. franz. Übers. Paris 1960). E. R. C u r t i u s , *Über altfranz. Epik*, in: Curtius, *Ges. Aufsätze z. roman. Philologie* (1960), S. 106-304. Kurt K l o o c k e , *J. Bédiers Theorie über d. Ursprung der Chanson de geste u. d. daran anschl. Diskussion zw. 1908 u. 1968* (1972; Göppinger Akad. Beitr. 33/34).

§ 3. D e r f r a n z ö s i s c h e E i n f l u ß a u f die deutsche Epik.

a) „Für ein Jahrhundert ist der Einfluß von französischem Heldenepos und höfischem Roman schlechthin überwältigend" (Schneider). Die ideelle Einheit des *orbis christianus* förderte die persönlichen Kontakte: Ritter, Mönche und theologische Lehrer zogen von einer Nation zur anderen. Die doppelsprachigen Grenzgebiete, in denen sich Deutsch und Französisch durchdrangen, wie etwa in Lothringen, waren ihrer Natur nach zu Vermittlern literar. Produkte prädestiniert. So fließt denn auf verschiedenen Wegen ein breiter Strom franz. Literaturgutes nach Deutschland und wird dort in neue Dichtungen umgegossen, teils in verhältnismäßig enger Anlehnung an die Vorlagen, teils in schöpferischer Imitatio, aus welcher die größten Epen des dt. MA.s hervorgehen. Bis zum Ende des 13. Jh.s gibt es „über 40 Dichtungen, die mit Gewißheit oder Wahrscheinlichkeit auf franz. Quellen zurückgehen" (Bumke).

Die franz. Epik findet in ihren beiden Erscheinungsformen, als nationales Heldenepos und als höfischer Roman, Eingang. Dabei ist der höfische Roman zugleich Ausdruck und Träger des neuen ständischen Ideals der *courtoisie*, das unter dem Einfluß der südfranz. Gesellschaftskultur bei Betonung der *mesure* bestimmte höfische Tugenden als Wertmesser für das ritterliche Verhalten fixiert und in Verbindung damit der Frau eine beherrschende Stellung im gesellschaftlichen Leben einräumt. In bezug auf die Form unterscheidet sich der höfische Roman von der *Chanson de geste* durch das Metrum (statt Tiraden von Zehn-, Zwölf- oder Achtsilbern mit Assonanz bzw. Reim nunmehr paarweis gereimte Achtsilber), eine verfeinerte rhetorische Technik und die Auswertung neuer Stoffquellen antiken und keltischen Ursprungs (Artussage, Tristansage).

Zuerst wurde der franz. Einfluß im *Alexanderroman* (um 1130) des aus Moselfranken stammenden Pfaffen Lamprecht wirksam. Als seine Quelle nennt er die nur fragmentarisch erhaltene älteste abendländische Bearbeitung des Alexanderstoffs von Alberich von Besançon (Pisançon?). Wie in Frankreich hat auch in Deutschland das Abenteuerliche in Alexander immer wieder zu literar. Darstellung verlockt: So findet Lamprecht eine Fortsetzung im *Straßburger Alexander* (um 1170), und auf der Grundlage der lat. *Alexandreis* des Walter von Châtillon schrieb Ulrich von Etzenbach einen *Alexander* (um 1290). Wann das größte franz. Heldenepos, die *Chanson de Roland*, vom Regensburger Pfaffen Konrad auf dem Wege über eine von ihm selbst angefertigte lat. Prosa-Übertragung in frühmhd. Sprache umgedichtet worden ist, steht nicht eindeutig fest (1150 od. 1170, vgl. Kartschoke). Die dt. Bearbeitung, fast doppelt so lang wie ihre Vorlage, eine von der Oxforder Hs. abweichende, verlorengegangene Fassung, verändert den Geist der franz. Dichtung, indem sie das nationale Moment zurücktreten läßt, das religiöse dagegen stark betont, vielleicht unter dem Einfluß der cluniazensischen Reformbewegung. Der Stilvergleich macht wahrscheinlich, daß das dt. Epos nicht wie das franz. für den Vortrag, sondern für die Lektüre bestimmt war. Wie die Gestalt Alexanders lebte auch die Rolands in der dt. Lit. fort. Im 13. Jh. arbeitete der Stricker in seinem *Karl* Konrads Epos um unter Heranziehung einer weiteren franz. Vorlage. Auch der im 14. Jh. entstandene niederrheinische *Karlmeinet* geht von Konrad aus.

W. K e l l e r m a n n , *Altdt. u. altfranz. Literatur.* GRM. 26 (1938), S. 1-28; 293-317. Hans S p a n k e , *Deutsche u. franz. Dichtung d. MA.s* (1943). H. S c h n e i d e r , *Dt. u. franz. Dichtung im Zeitalter d. Hohenstaufen.* Universitas 1 (1946), S. 953-966. C. M i n i s , *Franz.-dt. Literaturberührungen im MA.* Roman. Jb. 4 (1951), S. 55-123; 7 (1955/56), S. 66-95. G. Z i n k , *Chansons de geste et épopées allemandes. Deux contributions à leurs rapports,* EtudGerm. 17 (1962), S. 125-136. Edward S c h r ö d e r , *Die dt. Alexanderdichtungen d. 12. Jh.s:* Mittlgn. d. Ges. d. Wiss. Göttingen, phil.-hist. Kl. 1928, S. 45-92. C.

M i n i s , *Über d. ersten volkssprachlichen Alexanderdichtungen.* ZfdA. 88 (1957/58), S. 20-39. Alfons B i e l i n g , *Das dt. 'Rolandslied' im Spiegel d. franz. 'Rolandsliedes'.* Diss. Göttingen 1936. Eva-Maria W o e l k e r , *Menschengestaltung in vorhöfischen Epen d. 12. Jh.s: 'Chanson de Roland', 'Rolandslied' d. Pfaffen Konrad, 'König Rother'* (1940; GermSt. 221). H. H a t z f e l d , *Le Rolandslied allemand. Guide pour la compréhension de la Chanson de Roland.* Cultura neolatina 21 (1961), S. 48-56. C. M i n i s , *Der Pseudo-Turpin u. d. 'Rolandslied' d. Pfaffen Chunrat.* Mittellatein. Jb. 2 (1965), S. 85-95. Dieter K a r t s c h o k e , *Die Datierung d. dt. Rolandsliedes* (1965; Germanist. Abhdlgn. 9). H.-E. K e l l e r , *La place du 'Ruotlantes liet' dans la tradition rolandienne.* Le Moyen âge 71 (1965), S. 215-246; 401-421. Th. F r i n g s u. E. L i n k e , *Rätselraten um den 'Karlmeinet',* in: *Medieval German Studies, pres. to F. Norman* (London 1965), S. 219-230.

b) Der höfische Geist, die auf der *mâze* begründete ritterliche Gesinnung, die Lamprecht und Konrad noch fremd sind, wird durch das franz. Vorbild in der zweiten Hälfte des 12. Jh.s erweckt. Um 1170 überträgt der Thüringer Kaplan W e r n h e r v o n E l m e n d o r f das dem G u i l l a u m e d e C o n c h e s zugeschriebene *Moralium dogma philosophorum* ins Dt. und bietet damit einen auf der antiken Moralphilosophie (C i c e r o , S e n e c a) beruhenden Tugendspiegel, dessen Bedeutung für die Ausbildung der ritterlich-höfischen Lebenslehre zwar umstritten ist, aber nicht geleugnet werden kann. Eine Art Übergang zum höfischen Roman stellt der nur in Bruchstücken erhaltene *Graf Rudolf* (1170-1180) eines unbekannten dt. Dichters dar, der auf der in verschiedenen Fassungen überlieferten, ursprünglich in England beheimateten Dichtung vom abenteuererfüllten Leben des *Bueve d'Hantone* fußt. Erste Anklänge an das höfische Thema der allmächtigen Liebe finden sich in der rührenden Geschichte des kindlichen Paares *Floire und Blancheflur* (um 1170), der niederrhein. Fassung einer verlorengegangenen franz. Vorlage, die ihrerseits auf einen orientalischen Stoff zurückgeht.

Als H e i n r i c h v o n V e l d e k e den von einem unbekannten Verfasser stammenden *Roman d'Eneas* in seiner *Eneït* (zwischen 1183 u. 1190) nachdichtet, erscheint ihm die Darstellung des höfischen Lebensideals bereits so wichtig, daß er demgegenüber auf die antiken und mythologischen Elemente der Vorlage weniger Gewicht legt. Im Ton ist der dt. Dichter gemäßigter als der franz.; er mildert heftige Gefühlsausdrücke und vermeidet grobe Worte. Überhaupt zeigt sich hier wie auch in anderen dt. höfischen Romanen die deutliche Tendenz, vom Realismus der franz. Vorlagen abzurücken. Ein weiterer der antiken Romane, der *Roman de Troie,* wurde von H e r b o r t v o n F r i t z l a r in dem *Liet von Troye* (1190 oder nach 1210) übertragen; ungefähr siebzig Jahre später hat K o n r a d v o n W ü r z b u r g den gleichen Stoff, allerdings stark erweitert, in seinem unvollendet hinterlassenen *Buoch von Troye* (1287) abermals dargestellt.

Der *Eracle* des G a u t i e r v o n A r r a s, in dem das Leben des Kaisers Heraclius von Byzanz, ausgeschmückt mit phantastischen und legendenhaften Zügen meist orientalischen Ursprungs, Gegenstand des ersten franz. Abenteuerromans wird, begegnet in der Nachdichtung des Meisters O t t e wieder, die sich zunächst eng an die Vorlage hält, um sich dann mehr und mehr von ihr zu lösen. Ein anderer stärker antikisierender Abenteuerroman, die *Estoire d'Athenes,* die Geschichte der Freunde *Athis* und *Prophilias,* in der ein nordfranz. Dichter das gewagte Thema der freiwilligen Überlassung der Gattin an den Freund behandelt, wird in überlegener Weise von einem begabten unbekannten dt. Dichter (um 1215?) frei umgestaltet.

H. H e m p e l, *Franz. u. dt. Stil im höfischen Epos.* GRM. 23 (1935), S. 1-24. Kurt H. H a l b a c h, *Franzosentum u. Deutschtum in d. höfischen Dichtung d. Stauferzeitalters* (1939; NDtFschgn. 225). H. N a u m a n n, *Die ritterliche Kultur der Stauferzeit und der franz. Westen.* VDtArtSprDchtg. 2 (1941), S. 169-188. G. E h r i s m a n n, *Die Grundlagen d. ritterlichen Tugendsystems.* ZfdA. 56 (1919), S. 137-216; dazu E. R. C u r t i u s, *Europäische Lit. u. lat. MA.* (s. § 1) 506-521; F.-W. W e n t z l a f f - E g g e b e r t u. F. M a u r e r in: DVLG. 23 (1949), S. 252-285; 24 (1950), S. 526-529. C. M i n i s, *Textkritische Studien über den Roman d'Eneas.* Neophil. 33 (1949), S. 65-84. Theodor F r i n g s u. Gabriele S c h i e b, *Drei Veldekestudien* (1949; AbhAkBln 1947, 6). Marie-Luise D i t t r i c h, *Die 'Eneide' Heinrichs v. Veldeke.* T. 1: *Quellenkritischer Vergleich mit dem 'Roman d'Eneas u. Vergils 'Aeneis'* (1966).

c) Das höfische Epos erreicht mit H a r t m a n n v o n A u e, W o l f r a m v o n E s c h e n b a c h und G o t t f r i e d v o n S t r a ß b u r g seine größte Blüte in Deutsch-

land. Alle drei Dichter haben sich an franz. Vorlagen zu selbständigen Werken von höchstem künstlerischen Rang inspiriert, in denen die dt. Prägung der höfischen Lebensform dichterische Gestalt gewonnen hat. Hartmann dichtet nach dem Vorbild des C h r é t i e n d e T r o y e s seinen *Erec* (nach 1191) und seinen *Iwein* (um 1200), wobei er im *Erec* neben Chrétien noch andere Quellen benutzt, im *Iwein* sich dagegen enger an die Vorlage gehalten hat. Der dt. Dichter neigt dazu, in der aus dem Begriff der höfischen Minne entspringenden Problematik die ethischen und erzieherischen Momente zu betonen, die Charaktere zu idealisieren, was vor allem in der Gestalt der *Laudine* im *Iwein* deutlich wird. Eine unbekannte franz. Version der aus dem Orient stammenden Legende vom Leben des Papstes Gregor liegt Hartmanns geistlicher Dichtung, dem *Gregorius,* zu Grunde.

Die Frage, welcher franz. Vorlage sich Wolfram bei der Abfassung seines *Parzival* (zwischen 1200 und 1210) bedient hat, ist von der Forschung verschieden beantwortet worden. Da es bisher nicht gelungen ist, den Provenzalen *Kyôt,* den Wolfram mehrmals als seine Quelle nennt, eindeutig zu bestimmen, vertritt eine Anzahl von Forschern die Auffassung, es handle sich bei Kyôt um einen von Wolfram erfundenen Gewährsmann, mit dessen Autorität er seine Abweichungen von Chrétiens *Perceval* (den er auch erwähnt) hätte rechtfertigen wollen (so u. a. Mergell, Fourquet, Panzer, Kellermann, Hofer). Danach wäre Chrétiens *Perceval* Wolframs einzige Quelle gewesen; eventuell sei er auch noch indirekt (über Hartmann) von Chrétiens *Yvain* beeinflußt worden (Schneider). Becker erblickt in Kyôt den Schreiber G u i o t einer Handschrift der Pariser Nationalbibliothek, die u. a. Chrétiens Romane enthält und von Wolfram benutzt worden wäre, der Guiot für den Verfasser eines von Chrétien unabhängigen oder über ihn hinausgehenden *Perceval* gehalten und ihn mit dem Satiriker G u i o t d e P r o v i n s identifiziert hätte. Dagegen glauben andere Forscher wie Singer, Wilmotte, Scholte an die Existenz einer von Kyôt verfaßten Parzival-Dichtung. Verglichen mit Chrétiens *Perceval* hat Wolfram die Gestalt des Helden mit neuen Zügen ausgestattet vor allem hinsichtlich der Haltung gegenüber der Religion. Damit wird die Läuterung

Parzivals verinnerlicht und das Seelendrama des Helden, der kraft der Überwindung einer oberflächlichen Weltreligiosität zur echten Gotteserkenntnis gelangt und damit eine einmalige Synthese von Ritterlichem und Christlichem vollzieht, wird zur tiefsten und originellsten Dichtung des dt. MA.s, einer der *Divina Commedia* D a n t e s durchaus gleichwertigen Leistung. Auch in Wolframs *Willehalm* (1212-1218) wird die franz. Vorlage, eine späte *Chanson de geste, Aliscans,* die den Kampf des Grafen Wilhelm von Toulouse gegen die Sarazenen behandelt, im Sinne einer Vertiefung der religiösen Problematik abgewandelt; das heroische Ideal wird durch das religiöse ersetzt.

Gottfried von Straßburg geht in seinem *Tristan* (um 1210) von der Fassung des Anglonormannen T h o m a s aus (während vor ihm E i l h a r t v o n O b e r g in seinem *Tristrant* (nach 1170) auf einen verlorenen franz. Roman zurückgeht, der später die Grundlage von Bérols franz. Bearbeitung wurde). Da von Eilharts Quelle nichts, von Thomas' *Tristan* nur etwa ein Sechstel erhalten ist, werden die beiden dt. Nachdichtungen zu wichtigen Quellen für verlorene franz. Dichtung. Gottfrieds *Tristan* überhöht die höfische Minne bis zur fast religiösen Verklärung der Liebe, was man aus Beziehungen Gottfrieds zur Bernhardinischen Mystik zu erklären gesucht hat. Zu Gottfrieds unvollendetem Roman schrieben Ulrich von Türheim (zwischen 1236 u. 1246) und Heinrich von Freiberg (gegen 1290) Fortsetzungen auf Grund von Eilharts Fassung; Thomas' *Tristan* war ihnen nicht mehr zugänglich.

Die mit den Epigonen der großen Meister der höfischen Dichtung einsetzende Verflachung ist für die meisten der späteren Epen charakteristisch, die Themen aus dem Werke Chrétiens oder aus dem Artuskreis behandeln. Konrad Fleck und Ulrich von Türheim haben Chrétiens *Cligès* bearbeitet; davon erhalten ist nur noch ein Bruckstück von Ulrichs Bearbeitung. Der *Lanzelet* (zwischen 1194 u. 1203) des Ulrich von Zatzikoven geht allerdings nicht auf Chrétiens *Lancelot,* sondern auf eine ältere verlorengegangene anglonormannische Fassung des Themas zurück. Auch die Quelle des *Wilhelm von Wenden* von Ulrich von Etzenbach war nicht Chrétiens *Guillaume d'Angleterre,*

sondern eine franz. Erzählung von verwandtem Stoff.

Bald nach seiner Entstehung (um 1225) wurde auch der umfangreiche franz. Prosaroman *Lancelot* in dt. Prosa übertragen. Die an der Schwelle der höfischen Dichtung bereits einmal behandelte Liebesgeschichte von *Floire* und *Blancheflor* wurde von Konrad Fleck erneut gestaltet (1220), nunmehr ganz im Zeichen der *minne.* Einen bekannten franz. Abenteuerroman aus der Zeit nach Chrétien, den *Partenopeus von Blois,* hat Konrad von Würzburg etwa 1277 übertragen.

A. W i t t e, *Hartmann von Aue u. Kristian von Troyes.* PBB. 53 (1929), S. 65-192. Herbert D r u b e, *Hartmann u. Chrestien* (1931; Fschgn. z. dt. Spr. u. Dichtung 2). Hendricus S p a r n a y, *Hartmann von Aue. Studien zu s. Biographie.* 2 Bde (1933-1938). Zum Forschungsstand: Peter W a p n e w s k i, *Hartmann von Aue* (4. Aufl. 1969; Samml. Metzler, Abt. Lit.gesch. 17). Bodo M e r g e l l, *Wolfram von Eschenbach u. s. franz. Quellen.* 2 Bde (1936-1943; Fschgn. z. dt. Spr. u. Dichtung 6 u. 11). Ders., *Der Gral in Wolframs 'Parzival'. Entstehung u. Ausbildung d. Gralsage im MA.* PBB. 73 (1951), S. 1-94; 74 (1952), S. 77-159. Friedrich P a n z e r, *Gahmuret. Quellenstudien zu Wolframs 'Parzival'* (1940; SBAk Heidelberg, Phil.-hist. Kl. 1939/ 40, 1). Wilhelm K e l l e r m a n n, *Aufbaustil u. Weltbild Chrestiens von Troyes im Percevalroman* (1936; ZfromPh., Beih. 88). Jean F o u r q u e t, *Wolfram von Eschenbach et le conte del Gral* (Paris 1938). Stefan H o f e r, *Chrétien de Troyes* (1954). Herm. S c h n e i d e r, *Parzival-Studien* (1947). Ph. A. B e c k e r, *Kyot der Provenzale.* RomForsch. 58/59 (1947), S. 323. J.-H. S c h o l t e, *Kyot von Katelangen.* Neophil. 33 (1949), S. 23-36. S. S i n g e r, *Wolframs Stil u. d. Stoff d. 'Parzival'* (1916; Abh. AkWien, phil.-hist. Kl. 180, 4). Ders., *Wolfram u. d. Graal. Neue Parzivalstudien* (Bern 1939; Schriften d. Literar. Ges. Bern 2). Maurice W i l m o t t e, *Le Poème du Gral et ses auteurs: le Parzival de Wolfram von Eschenbach et ses sources françaises* (Paris 1930-1933). Hildegard E m m e l, *Formprobleme d. Artusromans u. d. Gralsdichtung* Bern 1951). Jean M a r x, *La légende arthurienne et le Graal* (Paris 1952). Ders., *Nouvelles recherches sur la littérature arthurienne* (Paris 1965). G. E h r i s m a n n, *Dantes 'Göttliche Komödie' u. Wolfram von Eschenbachs 'Parzival',* in: *Idealistische Neuphilologie, Festschr. f. K. Vossler* (1922), S. 174-193. Zum Forschungsstand: Joachim B u m k e, *Wolfram von Eschenbach* (3. Aufl. 1970; Samml. Metzler, Abt. Lit.gesch.). Ders., *Die Wolframvon-Eschenbach-Forschung. Bericht u. Bibliographie* (1970). A. D y k s t e r h u i s, *Thomas u. Gottfried, ihre konstruktiven Sprachformen.* Diss. Groningen 1935. J. S c h w i e t e r i n g,

Der 'Tristan' Gottfrieds u. d. Bernhardinische Mystik. AbhAkBln. 1943, 5. St. H o f e r , *Streitfragen zur altfranz. Literatur,* I. *Die Komposition d. Tristanromans,* ZfromPh. 65 (1949), S. 257-288. Bodo M e r g e l l , *Tristan u. Isolde. Ursprung u. Entwicklung d. Tristansage d. MA.s* (1949). P. W a p n e w s k i , *Tristans Abschied. E. Vergleich d. Dichtung Gotfrits von Straßburg mit ihrer Vorlage Thomas.* Festschr. f. Jost Trier zum 70. Geb. (1964), S. 335-363. Kaethe L e o n h a r d t , *Quellengeschichtl. Untersuchungen zum 'Wilhelm von Wenden'.* Diss. Tübingen 1931. Zu Ulrich von Eschenbach (Etzenbach) s. VerfLex. IV (1953) Sp. 572-582 (H.-Fr. R o s e n f e l d). St. H o f e r , *Der 'Lanzelet' des Ulrich von Zazikhoven u. s. franz. Quelle.* ZfromPh. 75 (1959), S. 1-36. Heinrich S u n d m a c h e r , *Die altfranz. u. mhd. Bearbeitungen der Sage von Flore u. Blancheflur.* Diss. Göttingen 1872. Joachim R e i n h o l d , *Floire et Blancheflor. Etude de littérature comparée* (Paris 1906). Heinrich van L o o k , *Der 'Partenopier' Konrads von Würzburg und der 'Partenopeus' de Blois.* Diss. Straßburg 1881.

d) Als neben dem höfischen Epos das alte Heldenlied im 13. Jh. in Gestalt des Heldenepos wieder auferstand, machte sich auch hier franz. Einfluß bemerkbar. Dem Dichter des *Nibelungenliedes* ist die franz. Epik wohlvertraut gewesen. Für die Erzählung von der Ermordung und dem Begräbnis Siegfrieds nimmt man als Quelle das gegen Ende des 12. Jh.s verfaßte prov. Epos *Daurel e Beton* an, das seinerseits auf einem älteren *Bueve*-Epos fußt. (Wais behauptet jedoch die Priorität der dt. Überlieferung). Nach Panzer sind außerdem vier Aventüren (4., 26., 34., 37.) vom *Renaut de Montauban* (Haimonskinder) wesentlich beeinflußt worden. In anderen Partien glaubt Panzer gewisse Reminiszenzen aus der *Chanson de Roland,* dem (im franz. Urtext nur fragmentarisch erhaltenen) *Mainet* und dem Epos von *Orson de Beauvais* feststellen zu können. Viele der behaupteten Entlehnungen können sich jedoch aus einer epischen Motivgemeinschaft erklären oder lassen sich als in der Sache begründete Parallelen deuten.

Auch an der Ausbildung des dt. Tierepos ist Frankreich beteiligt. Auf der Grundlage der aus Quellen verschiedenen Ursprungs (germ. mündliche Überlieferung, orientalische und antike Tierfabeln) gespeisten mal. Tierdichtung hat der *Roman de Renart* zunächst in einer älteren Fassung dem *Reinhart Fuchs* (um 1180) Heinrichs des Glîchezâre und mit einer später entstandenen *Branche* von der Hofhaltung des Löwen dem

Reinaert (zwischen 1235 u. 1250) des ost‑ flämischen Dichters Willem als Vorlage ge‑ dient. Von Willem führte dann der Weg übe‑ weitere Bearbeitungen des Themas zu de nd. Fassung des *Reinke de Vos* (1498), der Höhepunkt der mal. dt. Tierdichtung.

Wie hier franz. Literaturgut, wenn auc in stark veränderter Gestalt, in der dt. Li‑ des späten MA.s begegnet, so auch in de Volksbüchern, die in ihrer Hauptmasse au auf franz. Quellen beruhenden Abenteuer und Ritterromanen bestehen. Vermittelt wur den diese Quellen durch Prosaübersetzunge in der Art, wie sie um 1437 Gräfin Elisabet von Nassau-Saarbrücken von einer Anzah später franz. Heldenepen angefertigt ha‑ Erst relativ spät, im letzten Drittel de 15. Jh.s, kamen auch Prosa-Auflösungen de dt. höfischen Epen auf und fanden in de Volksbüchern Eingang. So leben die Gesta‑ ten der franz. Epik des MA.s, namentlich di Helden der Artus- und Gralsage, herabge‑ sunken zum anonymen Lesegut in Deutsch land weiter, bis sie Jahrhunderte später i den Musikdramen Richard Wagners wiede in die Kunstdichtung zurückkehren.

Einfluß der franz. Minnedidaktik liegt i Hartmanns 1188 entstandenem *Büchlein* vo‑ einem Streitgespräch zwischen Leib un‑ Herz, das der Verfasser selbst als *klage* be zeichnet und das vermutlich auf eine fran‑ *complainte,* eine gewisse Art von *salu d'amor* zurückgeht, wenn auch Hartmann direkte Quelle unbekannt ist. Ein Kuriosur‑ aus dem Gebiet der didaktischen Lit. ist di von dem ital. Kanonikus von Aquileja Tom masino de'Cerchiari (Thomasin von Zer klaere) in dt. Reimpaaren abgefaßte Lehr gedicht *Der wälsche Gast* (1215-16), das vo der höfischen Liebe und den Ritterpflichte‑ (*staete* und *mâze*) handelt.

Andreas H e u s l e r , *Nibelungensage Nibelungenlied* (1921; 3. Aufl. 1929). K. W a i Frühe Epik Westeuropas u. d. Vorgesch. Nibelungenliedes* (s. § 2). Friedr. P a n z e r, D nationale Epik Deutschlands ..* (s. § 2). Ders Das Nibelungenlied. Entstehung u. Gesta (1955). Ph. A. B e c k e r , *Zur Jagd im Oder walde.* PBB. 70 (1948), S. 420-431. J. B u m k e *Die Eberjagd im Daurel u. in d. Nibe lungendichtung.* GRM. 41 (1960), S. 10 111. Herm. B ü t t n e r , *Der 'Reinhart Fuch u. s. franz. Quelle* (Straßburg 1891). Hans R‑ bert J a u s s , *Untersuchungen zur mal. Tie dichtung* (1959; ZfromPhil., Beih. 100). Jo‑ F l i n n , *Le Roman de Renart dans la litt‑ rature française et dans les littératures étra‑*

gères au moyen âge (Paris 1963). W. F o e r s t e,
Von Reinaerts Historie zum Reinke de Vos, in:
Münstersche Beiträge z. ndd. Philologie (1960),
S. 105-146. Richard B e n z, *Gesch. u. Ästhe-
tik d. dt. Volksbuches* (2. Aufl. 1924). Grete
S o l b a c h, *Beitrag zur Beziehung zwischen
dt. u. ital. Lehrdichtung im MA.* Diss. Köln
1937.

§ 4. P r o v e n z a l i s c h e   L y r i k   u n d
d e u t s c h e r   M i n n e s a n g. Die prov. Lyrik, deren Vorstellungswelt auf dem Wege
über die franz. Epik im dt. höfischen Roman
Eingang fand, hat auch unmittelbar auf die
dt. Lyrik gewirkt und hier zur Ausbildung
des Minnesangs geführt. Träger der prov.
Lyrik sind die Troubadours, besser Trobadors (prov. *trobar* finden, erfinden), Dichter,
teils adliger Herkunft, die in einer Wort und
Ton vereinenden formenstrengen Kunst der
ihnen eigenen Verehrung der idealen Frau
Ausdruck verliehen. Die fast immer einer
verheirateten Frau geltende Liebe des Trobadors wird als Dienst begriffen analog dem
Dienstverhältnis des Vasallen zum Lehens-
herrn. Dieser Frauendienst in seinen verschiedenen Erscheinungsformen wie Huldigung, Werben um die Gunst und Klage über
deren Verweigerung, Aufkündigung des
Dienstes, ist zwar eine Art höfischen Spiels
nach genau festgelegten Regeln, läßt aber
bedeutenden Dichtern noch Raum genug zur
Pflege einer persönlichen Gefühlswelt. In der
dichterischen Gestaltung des Frauendienstes
offenbart sich ein ins Bewußtsein gehobener
künstlerischer Wille; der Trobador erstrebt
höchstmögliche Formvollendung, ein Streben, das im *trobar clus* (dunkler Stil) und
trobar ric (reicher Stil) bis zur Künstelei
übersteigert wird. Die Entwicklung der Tro-
badorkunst als einer exklusiven Standesdichtung verläuft im Sinne einer ständig raffinierter werdenden Verfeinerung des Stils
und der Dichtungsformen, zu deren ge-
bräuchlichsten die *Canzone*, die *Alba* (Tagelied), *Balada* (Tanzlied), *Pastorela* (Schäferlied), das *Sirventes* (politisches Rügelied) und
die *Tenzone* (Streitgedicht) gehören.

Am Beginn der (uns bekannten) Trobadordichtung steht *Wilhelm IX.*, Graf von Poitiers und Herzog von Aquitanien (1071-
1127), dessen Lieder bereits alle wesentlichen Grundmotive der neuen Kunst enthalten. Diese blüht rund ein Jahrhundert lang
bis zum Ausbruch des blutigen Albigenser-
krieges, durch den zusammen mit der politischen Machtstellung Südfrankreichs auch des-

sen Kultur zerstört worden ist. Aber zu diesem Zeitpunkt hatte die prov. Lyrik, namentlich die Dichtung der großen Trobadors wie
B e r n a r t   v o n   V e n t a d o r n,   A r n a u t
D a n i e l,   P e i r e   V i d a l,   F o l q u e t   v o n
M a r s e i l l e,   B e r t r a m   d e   B o r n   längst
die Grenzen der Provence überschritten und
eine europäische Wirkung zu entfalten begonnen, die bis in die Zeiten Dantes reicht.

Das unvermittelte Hervortreten der prov.
Lyrik in Gestalt einer bereits auf hoher Stufe
stehenden Kunstübung läßt die Frage nach
ihrer etwaigen Vorgeschichte fast noch dring-
licher erscheinen als im Falle des Heldenepos. An den durch diese Frage hervorge-
rufenen umfangreichen Forschungen hat
neben der Romanistik auch die Germanistik
angesichts der engen Beziehungen zwischen
Trobadorpoesie und Minnesang einen bedeutsamen Anteil. Die wissenschaftliche Diskussion, die seit der Romantik (H e r d e r,
U h l a n d,   D i e z,   C h a t e a u b r i a n d,
F a u r i e l) andauert, hat eine größere Zahl
von sich teilweise gegenseitig ausschließenden Theorien über den Ursprung der prov.
Lyrik gezeitigt, die sich auf fünf Thesen zurückführen lassen: Einfluß der arabischen,
der volkstümlichen, der klassisch-lateini-
schen, der mittellatein. Dichtung (gelehrte
oder liturgische Dichtung oder Vaganten-
poesie), autochthone Entstehung auf Grund
der besonderen gesellschaftlichen und kulturellen Verhältnisse der Provence.

Die These von einem arabischen Einfluß,
die bereits im 16. Jh. bei dem Italiener Giam-
maria B a r b i e r i auftaucht, sich dann bei
C h a t e a u b r i a n d   und   H e r d e r   findet
und in der modernen Germanistik durch
B u r d a c h   und   S i n g e r   vertreten wurde,
ist neuerdings dank eines vertieften Studiums der mal. Dichtung auf der Pyrenäenhalbinsel abgewandelt worden. In hebräischen und arabischen *muwaschahas* (Gürtel-
gedichten) finden sich altspan. Schlußstrophen
aus dem 11. und 12. Jh., die zu der Annahme
berechtigen, daß um diese Zeit eine altspan.
und mozarab. volkstümliche Liebeslyrik
(Mädchenlieder, Frauenlieder) bestanden
hat. Diese und nicht in erster Linie die Hof-
poeten der andalusischen Herrscher (wie
Burdach meinte) hätte dann die Trobadors
beeinflußt.

Im Vorhandensein dieser primitiven altspan. Liebeslyrik und ähnlicher altportugie-

sischer Mädchenlieder, der *Cantigas d'amigo*, in denen schon D á m a s o A l o n s o den „Vorfrühling der europäischen Lyrik" erblickt hatte, findet F r i n g s , der hier wie in den Fragen der Ursprünge des Epos „auf den romantischen Pfad" zurückbiegt, seine Auffassung bestätigt, wonach Trobadorpoesie und Minnesang aus einer europäischen Liebesdichtung entsprungen seien, deren Reste noch in Deutschland und auf der Pyrenäenhalbinsel nachgewiesen werden können. „Unter den verfeinerten Kunstgebilden westeuropäischer Hochkultur des 12. und 13. Jahrhunderts . . . sehen wir einfache Formen" (Frings). In die auf volkstümlicher Grundlage erwachsenen Kunstformen seien dann weitere Elemente aus anderen Quellen eingegangen. Aber gerade diese Elemente bestimmen nach der Meinung anderer Forscher die Eigenart der prov. Lyrik. Während sich für den Einfluß der klassisch-lat. Dichtung nur relativ wenige Belege erbringen lassen, gibt es zahlreiche Beziehungen zur mittellat. Literatur, namentlich zur Liturgie in bezug auf die metrische Struktur. Nicht nur durch die Liturgie, sondern wahrscheinlich auch durch die Marienverehrung hat der christliche Kultus auf die Trobadordichtung eingewirkt, bildet doch deren weltliches Lebensideal gleichsam ein Gegenstück zur mystischen Frauenverehrung der Kirche. Die Ausbildung der prov. Lyrik erfolgt in enger Berührung mit ihrem gesellschaftlichen Milieu, d. h. mit dem ritterlich-höfischen Leben Südfrankreichs, das zum erstenmal im germanisch-romanischen christlichen Abendland eine eigene weltliche Kultur mit schriftlicher Literatur in der Volkssprache hervorgebracht hat. Als die schönste Frucht dieser Kultur ist die Trobadordichtung zwar nachweisbar durch Komponenten verschiedener Herkunft bedingt, aber in der Spontaneität ihres Durchbruchs ein „poetisches Wunder" (O l s c h k i), das sich kraft der Irrationalität des künstlerischen Schaffens jeder Erklärung entzieht.

Wenn auch die prov. Lyrik rasch an den Fürstenhöfen Nordfrankreichs, Oberitaliens, Deutschlands und der Pyrenäenhalbinsel Eingang gefunden hat, ist sie jedoch in der veränderten Umgebung jeweils umgebildet worden. So unterscheidet sich der aus der prov.-dt. Begegnung entsprossene Minnesang, abgesehen von vielen Einzelzügen, da-

durch grundsätzlich von der Trobadordichtung, daß er die ethische Funktion des Frauendienstes im allgemeinen stärker betont. Auf verschiedenen Wegen ist die neue Kunst nach Deutschland gelangt: über Frankreich (zusammen mit manchen Dichtungen der nordfranz. Trouvères wie etwa C o n o n d e B é t h u n e), wofür die franz. (und nicht prov.) Fremdwörter in der dt. Lyrik sprechen; über Savoyen, die Schweiz und möglicherweise auch über Oberitalien und Istrien. Im Südosten werden die ersten Anklänge an die neue Kunst hörbar. Obwohl die Minneauffassung des K ü r e n b e r g e r s , für den noch die Frau die Werbende ist, von der prov. abweicht, gibt es doch in seinen Liedern gewisse Parallelen zur prov. Lyrik. Empfänglicher für fremde Anregungen ist D i e t m a r v o n A i s t (Eist), der manche Motive und Situationen aus den Trobadors übernommen hat. Beim Burggrafen von R i e t e n b u r g , der wie die vorgenannten Dichter zu der um die Mitte des 12. Jh.s auftauchenden österreichischen Gruppe der Minnesänger gehört, tritt schon die Vorstellung des Frauendienstes stark hervor.

In der rheinischen Gruppe der Minnesänger wird der prov. Einfluß vorherrschend. Ein neuer Wortschatz bildet sich aus: „um die Wörter Amor-Minne legt sich ein sprachliches Feld, das sich vom feinsten Seelenadel bis zur verächtlichen Felonie erstreckt" (Frings). Der Westschweizer R u d o l f v o n F e n i s brachte die prov. Kunst an den Rhein; so ergibt sich, daß das Schwergewicht der franz. Einwirkung in Nordwestdeutschland, das der prov. in Süddeutschland liegen dürfte.

Die Frage, ob die in der franz. wie in der prov. Lyrik weit verbreitete Gattung der *Pastourelle*, deren Kern ein Liebesdialog zwischen einem Ritter und einem Landmädchen unter freiem Himmel bildet und die — wie die unhöfische Stellung der Frau vermuten läßt — volkstümlichen Ursprungs sein dürfte (Mädchenklage), dt. Dichter zur Nachahmung angeregt hat, ist umstritten; im Gegensatz zu Moret halten Kuhn und Wapnewski in Einzelfällen einen Einfluß der Pastourelle für sehr wahrscheinlich. Nach Kuhn sind gewisse Lieder Gottfrieds von Neifen nicht ohne Kenntnis der Pastourelle denkbar; der gleichen Meinung ist Wapnewski in bezug auf Walthers *Lied von der Traumliebe*.

Nach Walther begann der Minnesang allmählich zu verfallen. Ulrich von Liechtensteins *Frauendienst* (1255) ist schon ein Symptom des Verfalls, den er selbst in seinem *Frauenbuch* (1257), einer Minnelehre in Form eines Streitgesprächs, beklagt. Wie in Nordfrankreich erstarrt der Minnesang im Formalismus und wird, indem er in eine andere soziale Schicht absinkt, verbürgerlicht.

Zur Ergänzung vgl. den Beitrag *Provenzalische Dichtung* von Walter S u c h i e r, der diesem Artikel als Anhang beigegeben ist. — *Der prov. Minnesang. E. Querschnitt durch die neuere Forschungsdiskussion.* Hg. v. Rudolf B a e h r (1967; Wege d. Fschg. 6). *Der dt. Minnesang. Aufsätze zu s. Erforschung,* hg. v. Hans F r o m m (1961; Wege d. Fschg. 15). Eduard W e c h s s l e r, *Das Kulturproblem d. Minnesangs* (1909). Konrad B u r d a c h, *Über d. Ursprung d. mal. Minnesangs, Liebesromans u. Frauendienstes.* SBAkBln. 1918, S. 494 -1029; 1072-1098. Samuel S i n g e r, *Arabische u. europäische Poesie im MA.* AbhAk Bln. 1918, 13. J. S c h w i e t e r i n g, *Einwirkung d. Antike auf die Entstehung d. frühen dt. Minnesangs.* ZfdA. 61 (1924), S. 61-82. Hennig B r i n k m a n n, *Entstehungsgeschichte d. Minnesangs* (1926; DVLG., Buchr. 8). F. G e n n r i c h, *Der dt. Minnesang in s. Verhältnis zur Troubadour- u. Trouvèrekunst.* ZfdB. 2 (1926), S. 536-66; 622-32. Ders., *Zur Ursprungsfrage d. Minnesangs.* DVLG. 7 (1929), S. 187-228. Ders., *Troubadours, Trouvères, Minne- u. Meistersang* (1960; Das Musikwerk 2). D. S c h e l u d k o, *Beiträge zur Entstehungsgeschichte d. altprov. Lyrik.* Archivum Romanicum 11 (1927), S. 273-312; 12 (1928), S. 30-127; 15 (1931), S. 137-206. Zs. f. franz. Sprache u. Lit. 52 (1929/30), S. 1-38; 206-266. H. S p a n k e, *Roman. u. mittellat. Formen in d. Metrik von 'Minnesangs Frühling'.* ZfromPh. 49 (1929), S. 191-235. Walter B ü c h e l e r, *Franz. Einflüsse auf d. Strophenbau u. d. Strophenbindung bei d. dt. Minnesängern.* Diss. Bonn 1930. R. E r c k m a n n, *Der Einfluß d. arabisch-span. Kultur auf d. Entwicklung d. Minnesangs.* DVLG. 9 (1931), S. 240-284. Alfred J e a n r o y, *La poésie lyrique des troubadours.* 2 Bde (Toulouse u. Paris 1934). Käte A x h a u s e n, *Die Theorien über d. Ursprung d. prov. Lyrik.* Diss. Marburg 1937. F. P a n z e r, *Der älteste Troubadour u. d. erste Minnesänger.* DuV. 40 (1939), S. 133-145. K. V o s s l e r, *Die Dichtung der Trobadors u. ihre europäische Wirkung,* in: Vossler, *Aus der roman. Welt.* Bd. 1 (1940), S. 5-49. R. R. B e z z o l a, *Guillaume IX et les origines de l'amour courtois.* Rom. 66 (1940), S. 145-152. Ramón M e n é n d e z P i d a l, *Poesia áraba y poesia europea, con otros estudios de literatura medieval* (Madrid 1941; Collection Austral. 190). Ders., *Cantos románicos andalusies continuadores de una lirica vulgar.* Boletín de la Real Academía Española 31 (1950), S. 187-270. Ders., *Los*

origines de las literaturas románicas a la luz de un descubrimiento reciente (Santander 1951). Th. S p o e r r i, *Wilhelm von Poitiers u. d. Anfänge d. abendländischen Poesie.* Trivium 2 (1944), S. 255-277. Guido E r r a n t e, *Marcabru e le fonti sacre dell'antica lirica romanza* (Firenze 1948; Biblioteca Sansoniana Critica 12). D. A l o n s o, *Cancioncillas 'De amigo' mozárabes (Primavera temprana de la lirica europea):* Revista de Filología española 33 (1949), S. 297-349. Th. F r i n g s, *Minnesinger u. Troubadours* (1949; Dt. Akad. Wiss. Bln. Vorträge u. Schriften 34). Ders., *Erforschung d. Minnesangs.* FschgnFortschr. 26 (1950), S. 9-16; 39-43. Ders., *Altspan. Mädchenlieder aus des 'Minnesangs Frühling'.* PBB. 73 (1951), S. 176-196. Ders., *Die Anfänge d. europäischen Liebesdichtung im 11. u. 12. Jh.* SB. d. Bayr. Akad. d. Wiss. 1960, 2. L. S p i t z e r, *The Mozarabic Lyric and Th. Frings' Theories.* Complit. 4 (1952), S. 1-22. A. C a s t r o, *Mozarabic poetry and Castile: a rejoinder to Mr. Leo Spitzer.* Ebd., S. 188-189. István F r a n k, *Trouvères et Minnesänger. Recueil de textes pour servir à l'étude des rapports entre la poésie lyrique romane et le Minnesang au XIIe siècle* (1952). Ders., *Poésie romane et Minnesang autour de Frédéric II. Essai sur les débuts de l'école sicilienne.* Bollettino, Centro di Studi Filologici e Linguistici Siciliani 3 (Palermo 1955). S. 51-83. Ettore L i G o t t i, *La "tesi araba" sulle "origini" della lirica romanza* (Florenz 1956). Pierre L e G e n t i l, *Le virelai et le villancico. Le problème d. origines arabes* (Paris 1954; Collection Portugaise 9). W. M e t t m a n n, *Zur Diskussion über die literargeschichtliche Bedeutung d. mozarabischen Jarchas.* Rom. Fschgn. 70 (1958), S. 1-29. E. J a m m e r s, *Der Vers d. Trobadors u. Trouvères u. d. dt. Kontrafakten.* Medium aevum vivum. Festschr. f. W. Bulst (1960), S. 147-160. René N e l l i, *L'érotique des troubadours, contribution ethno-sociologique à l'étude des origines sociales du sentiment et de l'idée d'amour* (Toulouse 1963; Bibl. méridionale II, 38).

William Powell J o n e s, *The "Pastourelle". A Study of the Origins and Tradition of a Lyric Type* (Cambridge, Mass. 1931). André M o r e t, *Le mythe de la pastourelle allemande.* EtudGerm. 3 (1948), S. 187-193. Ders., *Les débuts du lyrisme en Allemagne (des origines à 1350)* (Lille 1951). E. K ö h l e r, *Marcabrus „L'autrier jost'una sebissa" u. d. Problem der Pastourelle.* Roman. Jb. 5 (1952), S. 256-268. Hugo K u h n, *Minnesangs Wende* (1952; 2. Aufl. 1967; Hermaea. NF. 1). P. W a p n e w s k i, *Walthers Lied von der Traumliebe (74, 200) u. d. dt.sprachige Pastourelle.* Euph. 51 (1957), S. 115-150.

II. R e n a i s s a n c e   u n d   B a r o c k
§5. D e r   i t a l i e n i s c h e   H u m a n i s m u s   i n   D e u t s c h l a n d. Als Frankreich mit Beginn der Ren. seine kulturelle Führerstellung an Italien abtritt, wird auch der

franz. Einfluß auf die dt. Lit. durch den ital. abgelöst. Für rund drei Jh.e von 1400-1700 überwiegt nun der Einfluß der südlichen Romania, zunächst der ital. und dann der span. Literatur, zu denen bis dahin so gut wie gar keine Beziehungen bestanden hatten. Die Auseinandersetzung mit Italien beginnt im 14. Jh. mit dem Erwachen der Ren.-gesinnung, die Einwirkung Spaniens um die Mitte des 16. Jh.s, als mit F e r d i n a n d I. span. Kultur und Sitte nach Deutschland kommen.

Bei dem ital. Einfluß handelt es sich bis zum Ausgang des 15. Jh.s weniger um die Dichtung in ital. Sprache als um die auf Lat. abgefaßte humanistische Literatur. Als die in Italien entstandene und sich dort zu voller Blüte entfaltende Bildungsbewegung der Ren. hat der Humanismus auf das ganze Abendland ausgestrahlt und in Deutschland wie in anderen Ländern ähnliche geistige Bewegungen angeregt. In dem neuen Lebensgefühl des sich seines Eigenwertes bewußt gewordenen Menschen wurzelnd, schöpft der Humanismus aus der Begegnung mit der Antike die Normen für eine Neugestaltung des individuellen wie des gesellschaftlichen Daseins. Erst das Studium der antiken Autoren ermöglicht es dem Menschen, sein eigentliches Wesen zu verwirklichen und die Werte zu schaffen, auf denen das *regnum hominis,* das sich über dem Reich der Natur erhebende Reich der Kultur, begründet ist.

Sowohl der für die neue Bewegung in Italien verwendete Ausdruck *studia humanitatis* als auch die für das Selbstverständnis der ital. Humanisten charakteristische Vorstellung von der Wiedererweckung der während des MA.s erloschenen Kunst und Literatur wird von den dt. Humanisten übernommen. Die in Italien geprägte Bezeichnung *humanista* für den Lehrer der *studia humanitatis,* d. h. den teils als Universitäts-, teils als selbständiger Wanderlehrer tätigen Interpreten der antiken Historiker, Redner, Dichter und Moralphilosophen, findet sich in Deutschland zum erstenmal in den *Epistolae virorum obscurorum* (1515-1517).

Eine erste Berührung mit den Ideen des Humanismus erfolgt auf böhmischem Boden in der Umgebung K a r l s IV. An die von P e t r a r c a in einem Mahnbrief 1351 gerichtete Aufforderung, das *Imperium Romanum* mit Rom als *caput mundi* wiederherzustel-

len, knüpft sich ein siebzehn Jahre dauernder Briefwechsel, an dem sich auch die Kaiserin A n n a, Erzbischof E r n s t v o n P r a g und der kaiserliche Kanzler J o h a n n v o n N e u - m a r k t beteiligten. Die persönliche Bekanntschaft mit Petrarca, der mit Karl mehrmals in Italien zusammentrifft und als Gesandter der V i s c o n t i 1356 selbst nach Prag kommt, verstärkt noch das Interesse des Kaisers und seines Kanzlers für das von Petrarca vertretene Ideal der humanistischen Eloquenz. Johann von Neumarkt, der außer zu Petrarca auch zu C o l a d i R i e n z o in Beziehungen trat, bemüht sich, die Sprache der dt. Reichskanzlei nach dem Vorbild der kunstvollen neulat. Prosa Petrarcas und Rienzos zu reformieren. Dadurch und durch seine unter dem Eindruck von Petrarcas Begeisterung für A u g u s t i n unternommene Übersetzung der pseudoaugustinischen *Soliloquia* und der Übertragung einer *Hieronymus-Vita* hat er auf den lat. wie den dt. Prosastil des 14. und 15. Jh.s einen gewichtigen Einfluß ausgeübt.

Der in der kaiserlichen Kanzlei ausgebildete J o h a n n e s v o n T e p l, Notar in Saaz, verfaßt 1401 den *Ackermann aus Böhmen,* „die erste und zugleich die köstlichste Frucht des deutschen Humanismus" (Burdach). Das Streitgespräch zwischen dem verwitweten Ackermann und dem Tod weist gewisse, wohl meist durch Petrarca vermittelte humanistische Elemente auf, die hauptsächlich dem Bereich der römischen Moralphilosophie (Stoa) entstammen und das Todesproblem in einem neuen Licht erscheinen lassen. Das mal. *memento mori* wird durch eine neue Weltzugewandtheit überwunden, die jedoch religiös gebunden bleibt.

Nachdem die in Böhmen vorhandenen frühhumanistischen Ansätze in den Hussitenkriegen zerstört worden waren, bildete sich um die Mitte des 15. Jh.s erneut ein dt. Humanismus aus, diesmal im Süden und Westen des Reichs. Auch hier gehen starke Anregungen von einem ital. Humanisten aus. E n e a S i l v i o P i c c o l o m i n i, der nachmalige Papst P i u s II., der als Sekretär eines Kardinals am Baseler Konzil teilgenommen hatte, trat in die kaiserliche Kanzlei ein (1443-55) und wurde unter den Deutschen „der eigentliche Apostel des Humanismus" (Voigt). In seiner *Germania* oder *De situ, ritu, moribus et conditione Germaniae de-*

scriptio schildert er das zeitgenössische Deutschland, das er für das humanist. Bildungsideal zu gewinnen suchte (Lob der *studia humanitatis* in einem Brief an Herzog Sigmund von Tirol). Bewunderer und Nachahmer findet er vor allem in der Reichskanzlei und der österr. Kanzlei. Seine *Historia de duobus amantibus*, eine der besten Liebesnovellen der Ren., hinter deren Hauptgestalt sich der Kanzler Kaspar Schlick verbirgt, wird von Niclas von Wyle 1462 ins Dt. übertragen, der auch die erste Druckausgabe von Piccolominis gesammelten Briefen besorgt.

Außer durch die Italiener selbst wird die Verbreitung des humanist. Gedankengutes gefördert durch die an ital. Universitäten studierenden Deutschen. Um die humanist. Modeliteratur einem möglichst großen Leserkreis zugänglich zu machen, bediente man sich der Übersetzung. Niclas von Wyle verdeutscht in seinen 18 *Translatzen* (1461-1478) eine Reihe von Werken ital. Humanisten (weitere Schriften Piccolominis, Schriften von Poggio, Petrarca, L. Brunis lat. Übers. einer Novelle Boccaccios). Als Übersetzer humanist. Erzeugnisse betätigen sich ferner Heinrich Steinhöwel (Poggio, *Liber facetiarum; Boccaccio De claris mulieribus*) und Albrecht von Eyb (Ugolino Pisanis Komödie *Philogenia*, zwei der in Italien beliebten Komödien des Plautus, Petrarcas lat. Übersetzung einer Novelle Boccaccios). In seinem *Ehebüchlein* (1472) hat sich Albrecht von Eyb wahrscheinlich an dem Traktat *De re uxoria* (1415-16) des Francesco Barbaro inspiriert.

Schon bald offenbarte der dt. Humanismus eine ihm charakteristische Neigung zur Pädagogik und zur Gelehrsamkeit. Sein hauptsächliches Wirkungsfeld sind daher Schulen und Universitäten. Rudolf von Langen inspiriert sich bei seiner Reform der Domschule zu Münster an den Ideen des ital. Humanismus. Auf Piccolominis Empfehlung werden an der Wiener Universität die *studia humanitatis* als Lehrfach eingeführt. In einem Brief von 1484 *de formando studio* entwirft Rudolf Agricola das erste humanist. Reformprogramm für das Universitätsstudium. Agricola, der in Italien studiert hatte und an der Heidelberger Universität eine Zeitlang tätig gewesen war, verwirklicht wie kaum ein anderer Dt. das Bildungsideal

des ital. Humanismus im Sinne einer harmonischen Entfaltung der ganzen Persönlichkeit. In den drei Büchern *de inventione dialectica* versucht er, ähnlich wie Lorenzo Valla, die auf der aristotelischen Logik begründete scholastische Methode durch eine neue Dialektik auf rhetorischer Grundlage zu ersetzen. Agricolas Schüler Conrad Celtis, der „Erzhumanist", plant nach ital. Muster eine *Academia Platonica* und darüber hinaus eine sich über ganz Deutschland erstreckende *sodalitas literaria* als Vereinigung aller humanistisch Gesinnten. Ein glänzendes Beispiel humanist. Lebensgestaltung innerhalb des dt. Bürgertums bietet Willibald Pirkheimer, der nach fast siebenjährigem Aufenthalt in Italien im heimatlichen Nürnberg den humanist. Studien lebt und sich um die Neuordnung des städtischen Schulwesens verdient macht.

Neben dem pädagogischen Zug zeichnet den dt. Humanismus ein besonderes Interesse für religiöse Probleme aus. In diesem Bereich findet der von den führenden Geistern der Florentiner Platonischen Akademie Marsilio Ficino und Pico della Mirandola vertretene Gedanke einer allgemeinen Offenbarung der göttlichen Wahrheit in den verschiedenen Philosophien und Religionen lebhaften Widerhall. Für Mutianus Rufus, das Haupt des Erfurter Humanisten-Kreises, ist die Weisheit Gottes nicht bloß bei den Juden, sondern überall und zu allen Zeiten bei Griechen, Römern und Germanen wirksam gewesen. Auf der Basis einer *communis religio* betont Rufus in Übereinstimmung mit Ficino und Pico den moralischen Gehalt der christl. Lehre. Der Gedanke der Alloffenbarung kehrt auch bei Reuchlin wieder, der, hauptsächlich unter Picos Einfluß, die Geheimnisse der christl. Religion im Zusammenhang mit deren Beziehungen zur Kabbalah, sowie zur neuplatonischen und neupythagoreischen Philosophie zu enthüllen sucht. Durch Vermittlung des engl. Humanisten John Colet haben Ficino und Pico auch auf Erasmus eingewirkt. Obwohl dieser der Kunst der ital. Ren. gleichgültig gegenübersteht und den Ciceronianismus der ital. Humanisten kritisiert, übernimmt er doch nicht nur wesentliche Ideen und seine *philosophia Christi* von den Florentiner Neuplatonikern, sondern auch in seiner kritischen Theologie ist ihm ein Italiener, Lorenzo Valla, mit den *in novum Testamentum adnotationes* Vorbild gewesen. Mit Erasmus erreichte der dt. Humanismus seinen Höhepunkt, aber zugleich kündete sich sein Ende in der Auseinandersetzung zwischen Erasmus und Luther an, der sich nicht nur gegen das päpstliche Rom erhebt, sondern ganz allgemein gegenüber Italien eine tiefe Abneigung empfindet.

Wallace K. F e r g u s o n, *The Renaissance in Historical Thought: Five Centuries of Interpretation* (Boston 1948). *Zu Begriff u. Problem d. Renaissance.* Hg. v. Aug. B u c k (1969; Wege d. Fschg. 204). Dieter W u t t k e, *Dt. Germanistik u. Renaissanceforschung* (1968; Respublica Literaria 3). Georg V o i g t, *Die Wiederbelebung d. klassischen Altertums oder das erste Jahrhundert d. Humanismus.* 2 Bde (1859; 3. Aufl. bes. v. Max Lehnerdt, 1893). Jac. B u r c k h a r d t, *Die Kultur d. Renaissance in Italien* (1860; durchges. v. Walter Goetz, 1952). Eugenio G a r i n, *Der italien. Humanismus* (Bern 1947; Überlieferung und Auftrag I, 5). Ders., *La cultura del Rinascimento* (Bari 1967). Giuseppe T o f f a n i n, *Storia dell'umanesimo* (Bologna 1942-1950, 3 Bde.; 1964, 4 Bde.). Giuseppe S a i t t a, *Il pensiero italiano nell'Umanesimo e nel Rinascimento.* 3 Bde (Bologna 1949-1951; 2. ed. Firenze 1961). Paul Oskar K r i s t e l l e r, *Studies in Renaissance Thought and Letters* (Roma 1956; Storia e Letteratura 54). Ders., *Renaissance Thought. The Classic, Scholastic and Humanist Strains* (New York 1961). Ludwig G e i g e r, *Renaissance u. Humanismus in Italien u. Deutschland* (1882). Heinz Otto B u r g e r, *Renaissance, Humanismus, Reformation. Deutsche Literatur im europäischen Kontext* (1969; Frankf. Beitr. z. Germanistik 7). Hans R u p p r i c h, *Vom späten MA. bis zum Barock,* T. 1 *Das ausgehende MA., Humanismus u. Ren. 1370-1520* (1970). Gerh. R i t t e r, *Die geschichtliche Bedeutung d. dt. Humanismus.* Histor. Zs. 127 (1923), S. 393-453; Neudruck 1963; Libelli 107). P. J o a c h i m s e n, *Der Humanismus u. d. Entwicklung d. dt. Geistes.* DVLG. 8 (1930), S. 419-480. Konrad B u r d a c h, *Aus Petrarcas ältestem dt. Schülerkreise* (1929; Vom MA. z. Reformation 4). *Petrarcas Briefwechsel mit dt. Zeitgenossen.* Unter Mitw. K. Burdachs hg. v. Paul P i u r (1933; Vom MA. z. Reformation 7). Arturo F a r i n e l l i, *Petrarca u. Deutschland in d. dämmernden Renaissance* (1933). A. S o t t i l i, *I codici del Petrarca nella Germania occidentale.* Italia medioevale e umanistica 10-12 (1967-1969), S. 411-491; 315-448; 335-476. Paul P i u r, *Cola di Rienzo* (Wien 1931). *Briefwechsel des Cola di Rienzo.* Hg. v. K. B u r d a c h u. P. P i u r (1912-1929; Vom MA. z. Reformation 2). Konrad B u r d a c h, *Der Dichter d. 'Ackermanns aus Böhmen' u. s. Zeit* (1926-1932). Arthur H ü b n e r, *Dt. MA. u. italien. Renaissance im 'Ackermann aus*

Böhmen', in: Hübner, *Kleine Schriften z. dt. Philologie* (1940), S. 198-210. L. L. H a m m e r i c h, *Der Dichter des 'Ackermanns aus Böhmen' als lat. Schriftsteller,* in: *Fides Quaerens Intellectum, Festskrift H. Roos* (København 1964), S. 43-59. *Der 'Ackermann aus Böhmen' u. s. Zeit.* Hg. v. Ernst S c h w a r z (1968; Wege d. Fschg. 143). W. R e h m, *Zur Gestaltung d. Todesgedankens bei Petrarca u. Johann von Saaz.* DVLG. 5 (1927), S. 431-455. Anton W e i s s, *Aeneas Sylvius Piccolomini als Papst Pius II. Sein Leben u. s. Einfluß auf d. literar. Cultur Deutschlands* (Graz 1897). Enea Silvio P i c c o l o m i n i, *Papst Pius II. Ausgew. Texte.* Hg. u. eingel. v. Berthe W i d m e r (1960). Alphons L h o t s k y, *Aeneas Silvius u. Österreich.* Vortrag. (Basel 1965). C. K a r s t i e n, *Beiträge zur Einführung des Humanismus in d. dt. Literatur (Enea Sylvio, Wyle, Eyb).* GRM. 11 (1923), S. 217-225; 278-288. A. B u c k, *L'Italia e gli albori dell'umanesimo tedesco.* Rivista di lett. mod. e comp. 14 (1961), S. 20-23. Kurt Leopold P r e i s s, *Konrad Celtis u. d. italien. Humanismus.* (Masch.) Diss. Wien 1951. Otto H e r d i n g, *Einleitung zu seiner Ausg. v.* J. Wimpfelings *Adolescentia* (1965). J. P u s i n o, *Der Einfluß Picos auf Erasmus.* Zs. f. Kirchengesch. 46 (1927), S. 75-96. Augustin R e n a u d e t, *Erasme et l'Italie* (Genève 1954; Travaux d'Humanisme et Renaissance 15). Siro Attilio N u l l i, *Erasmo e il Rinascimento* (Torino 1955; Saggi 189). O. J. M e h l, *Erasmus Streitschrift gegen Luther: Hyperaspistes.* Zs. f. Religions- u. Geistesgesch. 12 (1960), S. 137-146. Karl-Heinz O e l r i c h, *Der späte Erasmus u. d. Reformation* (1961; Reformationsgeschichtl. Studien u. Texte 86).

§ 6. R o m a n i s c h e G e s e l l s c h a f t s k u l t u r i n D e u t s c h l a n d. Aus dem hu manist. Bemühen, die Gesellschaft mit einen neuen Lebensideal zu durchdringen, entsteh in Italien, Spanien und Frankreich eine Ge sellschaftskultur, die im 16. und 17. Jh. eine starken Einfluß auf Deutschland ausübt, w dem einheimischen Humanismus eine gesell schaftsformende Wirkung versagt gebliebe war. Lebensformen und Unterhaltungswe sen der ital. Gesellschaft werden vorbildlic Ital. Sprache, Dichtung und Musik finden a dt. Höfen, vor allem in Wien eine Pfleg stätte. Georg Philipp H a r s d ö r f f e r, de Italien bereist hatte, verwertet in seine *Frauenzimmer-Gesprächsspielen* ital. Que len und zwar die *Trattenimenti* des Scipion B a r g a g l i und die *Cento giuochi libera* des Innocento R i n g h i e r i (s. *Gespräc spiele).* Die zahlreichen ital. Akademien, d dem Bedürfnis nach einer Verbreitung d humanist. Bildung entsprungen waren, rege in Deutschland die Gründung ähnlicher Ve einigungen gleichgesinnter Aristokraten, Gelehrter und Dichter an (s. *Sprachgesellschaften*). Fürst Ludwig von Anhalt-Köthen gründet 1617 die *Fruchtbringende Gesellschaft,* die nach dem Vorbild der *Accademia della Crusca* (seit 1582 in Florenz) sich die Reinigung der Sprache zur Aufgabe macht. Hand in Hand mit dem Bemühen um die Sprache geht das Interesse für die Dichtkunst. Der von Harsdörffer und Johann Klaj in Nürnberg gegründete *Löbliche Hirten- und Blumenorden an der Pegnitz* will nicht nur über die Reinheit der Sprache wachen, sondern auch die Dichtkunst pflegen.

Von der zweiten Hälfte des 16. Jh.s an beginnt sich auch die span. Gesellschaftskultur in Deutschland auszubreiten. Die Höfe von Wien und München sind ihre wichtigsten Ausstrahlungszentren, während sich der protestantische Norden der span. Kultur gegenüber ablehnend verhält. Die in Spanien auf dem Boden der humanist. Bildung erwachsenen Lebenslehren werden in Deutschland mit besonderem Interesse aufgenommen. Ägidius Albertinus, Sekretär des Herzogs Maximilian von Bayern, überträgt die Werke des Hofpredigers und Chronisten Karls V. Antonio de Guevara ins Dt.: den *Reloj de príncipes,* einen Fürstenspiegel, unter dem Titel *Horologium principum das ist Fürstliche Weckuhr und Lustgarten,* ferner die *Epistolas familiares,* an Angehörige verschiedener Stände und Altersklassen gerichtete meist fingierte Briefe, als *Güldene Sendschreiben,* die lehren sollen, „in dieser Welt ruhig und frömmlich und in jener seliglich zu leben", und noch zwei weitere Traktate, von denen der erste praktische Anweisungen für Höflinge enthält, der zweite ein Lob des einfachen Landlebens gegenüber dem verwerflichen Treiben der Höfe.

Auch die *Idea de un príncipe cristiano* des Diego Saavedra Fajardo, ein Fürstenspiegel mit antimachiavellistischer Tendenz, wird ins Dt. übertragen. Großer Beliebtheit erfreut sich der bedeutendste Vertreter dieser höfischen Didaktik: der Jesuit Baltasar Gracián. Sein *Oráculo manual y arte de prudencia,* ein von tiefer Skepsis erfülltes Handbuch der Weltklugheit, wird 1686 und 1687 übersetzt — allerdings nicht nach dem Urtext, sondern nach dessen franz. Übers. von Amelot de la Houssaye — und von Christian Thomasius an der Univer-

sität Leipzig interpretiert. Spuren von Graciáns Lehren finden sich im politischen Roman Christian Weises und in Lohensteins *Arminius.* Als „Lehrbuch höfischer Liebeszucht" (Tiemann) dient der *Carcel de amor* des Diego de San Pedro, den H. L. von Kufstein 1619 übersetzt und der acht Auflagen erlebt. Auf dem Wege über die franz. Weiterbildung des span. *Amadís de Gaula* durch Nicolas d'Herberay Des Essarts, die von 1569-1595 in freier dt. Übersetzung erscheint — das 6. Buch (1572) bearbeitet Johann Fischart — beginnt Frankreich einen Einfluß auf die Formung der dt. Gesellschaft zu nehmen, der in der Folgezeit ständig zunimmt. Als ein Lehrbuch der Liebesgalanterie und höfischen Umgangsformen wird der *Amadís*-Roman (s. d.) zur Modelektüre der vornehmen Gesellschaft. Die entsprechenden Briefe, Reden und Klagen aus dem *Amadis* werden zu einer mehrfach gedruckten *Schatzkammer schöner zierlicher Orationen* zusammengestellt. Im literar. Bereich bereitet der *Amadis* den heroisch-sentimentalen Roman des Barock vor.

Thomas Frederick Crane, *Italian Social Customs of the Sixteenth Century and their Influence on the Literatures of Europe* (New Haven 1920; Cornell Studies in English 5). S. Ježić, *Académies italiennes à Vienne.* RLC. 1 (1921) S. 619-621. Marcus Landau, *Die italien. Lit. am österr. Hofe* (Wien 1879). Ital. Übers.: *La letteratura italiana alla corte d'Austria* (Aquila 1880). Karl Vossler, *Das dt. Madrigal. Gesch. s. Entwicklung bis ins 18. Jh.* (1898; LithistFschgn. 6). Hermann Tiemann, *Das span. Schrifttum in Deutschland von d. Renaissance bis z. Romantik* (1936; Ibero-amerik. Stud. 6). Agnes Maria Müller, *Das Ethos der güldnen Sendschreiben von Antonio de Guevara.* Diss. Freiburg/Schweiz 1930. Karl Borinski, *Baltasar Gracián und die Hofliteratur in Deutschland* (1894). Arturo Farinelli, *Gracián y la literatura de corte en Alemania,* in: Farinelli, *Ensayos y discursos de crítica literaria hispano-europea.* P. 2. (Roma 1925). Egon Cohn, *Gesellschaftsideale u. Gesellschaftsroman d. 17. Jh.s* (1921; GermSt. 13).

§ 7. Literarische Einflüsse. Entsprechend ihrer engen Bindung an den ital. Humanismus inspirierten sich die dt. Humanisten auch bei ihren poetischen Bemühungen hauptsächlich an ital. Vorbildern. Dabei hielt man sich im 15. Jh., abgesehen von Poliziano, meist an zweitrangige Dichter wie B. Mantuanus, Ph. Beroaldus

d. Ä., Tifernas, F. Andrelinus, O. Cleophilus; erst die neulat. Lyrik des 16. Jh.s nimmt sich bedeutende Dichter wie Sannazaro, Vida, Bembo, Molza und besonders Flaminio zum Muster. Unter den zahlreichen neulat. Poeten gelingt es nur wenigen wirklichen Begabungen, den schulmäßigen Charakter einer Gelehrtenpoesie zu überwinden: Konrad Celtis besingt in seinen *Amores* und *Odae* die überschäumende Lebensfreude und Sinnenlust, welche die ital. Ren. kennzeichnen und nur selten ein Echo in Deutschland gefunden haben. Petrus Lotichius Secundus, dessen Werk „den Höhepunkt der neulateinischen Lyrik Deutschlands" bildet (Ellinger), hat mannigfaltige Anregungen aus Sannazaro, Naugerio, Vida und Flaminio geschöpft. Im 3. Buch seiner Elegien schildert er seine ital. Studienzeit. Wie die meist aus der Antike stammenden Formen (Ekloge, Elegie, Epigramm) von den ital. Vorbildern übernommen werden, so kehren auch gewisse Themen und Motive der neulat. Lyrik Italiens in der dt. Dichtung wieder (s. *Neulateinische Literatur*). Außer den lyrischen sind auch andere antike Gattungen durch Italien vermittelt worden: die Prunkrede, der Dialog und der Brief.

Ein Einfluß der volkssprachlichen Literatur Italiens macht sich erst seit Anfang des 17. Jh.s bemerkbar, wenn auch schon vorher hier und da ital. Dichtwerke ins Dt. übertragen worden waren (Vers- und Prosaversionen bzw. Nachdichtungen der *Fiore di Virtù*, so von Hans Vintler im 14. Jh., von Heinrich Schlüsselfelder 1468; Übertragungen von Boccaccios *Decameron* 1472 und 1535, sein *Filocolo* 1499; von Petrarcas *Triumphi* 1578; von Della Casas *Galateo* am Ende des 16. Jh.s). Mit den Übersetzungen und Nachahmungen, die dem politischen Satiriker Traiano Boccalini von 1614 ab zuteil werden, beginnt die ital. Lit. in größerer Breite zu wirken. Petrarca, dessen *Canzoniere* von den Humanisten kaum beachtet worden war, wird nun als Sänger seiner Liebe zu Laura und Meister des Sonetts gefeiert. Allerdings ahmen seine Bewunderer weniger Petrarca selbst als die Petrarkisten nach, ohne zu bemerken, wie Petrarcas Dichtung in deren Händen zur bloßen Manier, zu einem virtuosen Spiel mit konventionellen Formen und Begriffen geworden war. Ob-

gleich Martin Opitz Petrarca an erster Stelle unter den Vorbildern nennt, die er für eine Erneuerung der dt. Dichtung aufstellt, lassen sich doch mit Sicherheit nur zwei seiner Sonette auf Petrarca zurückführen, während die übrigen Nachahmungen von Petrarkisten sind. Unter den mehr als dreißig dt. petrarkisierenden Dichtern des 17. Jh.s haben Paul Fleming und Andreas Gryphius noch das relativ höchste künstlerische Niveau, obschon auch ihnen ein echtes Verständnis für die Kunst Petrarcas fehlt. Die Woge des Petrarkismus ist erst im 18. Jh. allmählich abgeebbt.

Als eine weitere vorwiegend lyrisch bestimmte Gattung findet die ital. Schäferdichtung (s. d.) Eingang in die dt. Literatur. Neben den *madrigali* (aus *mandriale* Schäfergedicht) sind es der Schäferroman *Arcadia* von Sannazaro und die Pastoraldramen *Aminta* von Tasso und *Il Pastor fido* von Battista Guarino, welche die Schäferei zur literarischen Mode werden lassen. Opitz geht in seiner *Schäfferey von der Ninfen Hercinie* (1630) von der *Arcadia* aus. Die nachhaltigste Wirkung hat der *Pastor fido* gehabt: Er wurde fünfmal übersetzt (Hofmannswaldaus Übersetzung erlebte in fünfzig Jahren vierzehn Ausgaben), und seine Spuren lassen sich in der Dichtung bis ins 19. Jh. verfolgen (im 17. Jh. u. a. bei E. C. Homburg, A. Gryphius, D. C. Lohenstein). Opitz, der eine Vorliebe für die Schäferdichtung hat, überträgt die *Dafne* des Ottavio Rinuccini (zuerst vertont von Jacopo Peri) ins Dt. Als diese Übersetzung mit der Musik von Heinrich Schütz 1627 in Torgau aufgeführt wird, ist der ital. Oper der Weg nach Deutschland bereitet. Sie blüht im 17. und 18. Jh. an den Höfen von Wien, München und Dresden. Apostolo Zeno und Pietro Metastasio haben jahrzehntelang als kaiserliche Hofdichter ital. Texte für die Wiener Oper geschrieben.

Bereits mit der poetischen Sprache Guarinos gelangen gewisse Stilelemente des ital. Literaturbarocks nach Deutschland. Aber erst durch die direkte oder indirekte (über Holland und Frankreich vermittelte) Berührung mit den Werken von Giambattista Marino, welcher der neuen Stilrichtung in Italien den Namen gegeben hat, entwickelt sich auch in Deutschland eine marinistische Dichtung, zunächst hauptsächlich im Bereich der zweiten

Schlesischen Schule und hier vor allem bei Hofmann von Hofmannswaldau und Kaspar von Lohenstein. Wie der Petrarkismus ahmt auch der Marinismus nur die äußeren Formmerkmale des Meisters nach, d. h. den rednerischen Schwulst und die Begriffsspielereien, nicht die leuchtende Farbigkeit und die schmelzende Musikalität seiner Verse. Noch am Ausgang des Barock findet Marino in Barthold Heinrich B r o c k e s einen begeisterten Bewunderer und Nachahmer, in dessen Werken zahlreiche marinistische Reminiszenzen begegnen und der Marinos epische Dichtung *La strage degli Innocenti* unter dem Titel *Betlehmitischer Kindermord* (1715) übersetzte. Sein Versuch einer Übertragung von Marinos umfangreichem Epos *Adone* ist nicht erhalten.

Wie den dt. Sprachbarock neben Marino, wenngleich weniger intensiv, Luis de G ó n - g o r a , der hervorragendste Vertreter des *cultismo*, beeinflußt, so wirkt auch der span. Schäferroman, der seinerseits aus ital. Quellen (S a n n a z a r o s *Arcadia*) gespeist worden war, zusammen mit den ital. Vorbildern auf die dt. Literatur. Die *Diana* des Jorge de M o n t e m a y o r wird 1619 von Hans Ludwig von K u f s t e i n übersetzt und diese Übersetzung dann 1646 von H a r s - d ö r f f e r umgearbeitet, um die von Gil P o l o verfaßte Fortsetzung, die *Diana enamorada*, erweitert dann noch 1661 und 1663 erneut herausgegeben. Harsdörffer und Johann K l a j verwerten in ihrem *Pegnesischen Schäfergedicht* Motive aus der *Diana* und aus L o p e d e V e g a s *Arcadia*.

Eine ebenso beliebte Lektüre wie der span. Schäferroman bildete die *novela picaresca*. Sie schildert das Schicksal des herumvaga-bundierenden sozial tiefstehenden *picaro* d. h. Schelm, im zeitgenössischen Dt. *Land-störtzer*) und zeigt von dessen Standpunkt aus die Schwächen und Verfallserscheinungen der Gesellschaft auf. Der früheste Schelmenroman, der *Lazarillo de Tormes* (1554), wurde 1614 und 1617 ins Dt. übersetzt, wobei die zweite Übersetzung (deren Autor nach Alewyn nicht Nikolaus U l e n h a r t gewesen ist) zwei von der Inquisition unterdrückte Kapitel nicht enthält und im übrigen die nach katholischer Auffassung anstößigen Stellen ausmerzt. Die *Vida del picaro Guzman de Alfarache* des Mateo A l e m á n (1589) wird 1615 von Ägidius A l b e r t i n u s frei

übertragen (*Der Landstörtzer Gusman von Alfarache*). Die Tendenz zur moralischen Belehrung wird im Vergleich mit dem Original noch verstärkt. Ein zweiter und dritter Teil, in denen Albertinus die Beschreibung von Gusmans abenteuerlichem Leben fortsetzt, verliert den Charakter eines pikaresken Romans fast völlig. Die von Francisco Gomez de Q u e v e d o y V i l l e g a s verfaßte *Vida del Buscón* (1626), in der die im *desengaño*, der Desillusion, wurzelnde Schilderung des menschlichen Daseins noch um eine Schattierung düsterer ist als bei Alemán, wird 1671 nach einer franz. Vorlage von einem unbekannten Übersetzer verdeutscht. Gleichfalls von einem unbekannten Autor stammt die Übertragung des weiblichen Schelmenromans *Picara Justina* (1605), betitelt *Landstörtzerin Justina Dietzin, Picara genannt* (1620), die allerdings auf einer freien Bearbeitung des span. Textes von B a r e z z i beruht.

Der *novela picaresca* ist G r i m m e l s h a u - s e n tief verpflichtet. In seinem *Abenteuerlichen Simplicissimus* schafft er auf der Grundlage des span. Schelmenromans einen dt. Bildungsroman, der mit dem Lebenslauf des Helden zugleich dessen seelische Entwicklung schildert. Da das Schicksal des Simplicius z. T. die Erfahrungen des Autors widerspiegelt, wird der Roman „zu einem persönlichen Dokument der Art, wie es keine *novela picaresca* ist" (Grossmann). Einen Schelmenroman im span. Sinn hat Grimmelshausen mit der *Landstörtzerin Courasche* geschrieben. An eine span. Satire in Form einer Traumdichtung, die der Sittenschilderung des Schelmenromans verwandt ist, an die *Sueños* des Quevedo y Villegas lehnt sich Johann Michael M o s c h e r o s c h in seinen *Wunderbarlichen und wahrhaftigen Gesichten des Philander von Sittewald* an. Der bedeutendste span. Roman des 17. Jh.s, der *Don Quijote* (1. Teil 1605, 2. Teil 1615) des Miguel de C e r v a n t e s , wurde zwar ins Dt. übersetzt (1. teilweise Übers. 1648; 1. vollständige Übers. im Anschluß an eine franz. Vorlage 1682), aber in seiner eigentlichen Bedeutung — ähnlich wie das span. Drama der Blütezeit — erst von den Romantikern gewürdigt.

Der franz. Einfluß, der zunächst gegenüber dem ital. und span. zurückgetreten war, gewinnt im 17. Jh. mit dem Aufblühen der franz. Klassik zunehmend an Stärke. Im 16. Jh. haben nur Clément M a r o t und François R a b e l a i s ein nennenswertes Echo gefunden. Marots Versbearbeitungen der Psalmen wurden 1572 teilweise von Paul S c h e d e , 1573 vollständig von Ambrosius L o b w a s s e r übersetzt und haben so zur Erneuerung des dt. Kirchenliedes beigetragen. Johann F i s c h a r t , ein „Rabelais seelisch verwandter Autor" (Neubert), bietet in seiner *Geschichtsklitterung, d. h. die Affenteuerliche und ungeheuerliche Geschichtsschrift von Gargantua und Pantagruel* (1575, 1582, 1590) eine freie Bearbeitung des ersten Buchs von Rabelais' *Gargantua*, einer eigentümlichen Mischung von Volksbuch, Zeitsatire und humanistischer Reformpädagogik, deren Maßlosigkeit in Form und Inhalt von Fischart womöglich noch gesteigert worden ist. In *Aller Praktik Großmutter* (1572) nimmt sich Fischart Rabelais' *Pantagruéline Prognostication* zum Vorbild. Auch im *Catalogus catalogorum* (1590) lehnt er sich an Rabelais an.

Am Beginn des 17. Jh.s wirkt im Verein mit der ital. auch die franz. Ren.lyrik auf dt. Dichter, die wie Georg Rudolf W e c k h e r - l i n und O p i t z um eine Erneuerung der einheimischen Kunstübung bemüht sind. R o n s a r d , B e l l e a u und M a l h e r b e sind Vorbilder für Weckherlin, der mehrere Jahre in Frankreich verbrachte. Opitz inspiriert sich bei der Abfassung seines *Buches von der deutschen Poeterey* (1624) an dem Manifest der *Pléiade*, der *Deffence et Illustration de la langue françoyse* (1549) von Joachim d u B e l l a y , die ihrerseits auf eine ital. Quelle, nämlich Sperone S p e r o n i s *Dialogo delle lingue*, zurückgeht. Durch die Übernahme des franz. Alexandriners führt Opitz in die dt. Dichtung ein Versmaß ein, das bis ins 18. Jh. gebraucht wurde, obwohl es dem Wesen der dt. Sprache fremd war. Auch die franz. heroisch-galanten Romane, vor allem die der Madeleine de S c u d é r y , haben bald unmittelbar, bald mittelbar auf die entsprechende dt. Literaturgattung eingewirkt. Philipp von Z e s e n übersetzte den *Ibrahim ou l'Illustre Bassa* der Scudéry.

Für die klassische franz. Tragödie eines C o r n e i l l e und eines R a c i n e zeigt sich das Deutschland des 17. Jh.s noch wenig aufgeschlossen, obwohl Corneilles *Cid* (1636) bereits 1641 zum erstenmal von Georg

G r e f l i n g e n übersetzt worden ist. Die 1669 erschienene Bearb. des *Polyeucte* (1643) durch Christoph K o r m a r t , der das Moment des Schaurig-Gräßlichen hervorkehrt, beweist, wie wenig man vom wahren Wesen der franz. Tragödie verstand. Größeres Verständnis hat man für Molières Komödien, die, wenn auch in unvollkommenen Verdeutschungen, hauptsächlich von der Theatertruppe des Magisters Velten aufgeführt wurden. Eine von A. Bohse geleitete Zeitschrift *Des Französischen Helikon Monatfrüchte* (Leipzig 1696) veröffentlichte laufend Übersetzungen franz. Autoren (Saint-Evremond, Mme de la Fayette, Mme de Sévigné, Mme d'Aulnoy, Fénelon).

Georg E l l i n g e r , *Gesch. d. neulat. Lit. Deutschlands im 16. Jh.* 3 Bde (1929-1933). Karl Otto C o n r a d y , *Lat. Dichtungstradition u. dt. Lyrik d. 17. Jh.s* (1962; Bonner Arbeiten z. dt. Lit. 4). G. E l l i n g e r u. B. R i - s t o w , *Neulat. Dichtung Deutschlands im 16. Jh.*, in: Reallex. Bd. 2 (1965) S. 620-645. P. S t ö t z n e r , *Der Satiriker B. Boccalini u. s. Einfluß auf d. dt. Lit.* AnSpr. 103 (1899) S. 107-147. Werner S ö d e r h j e l m , *Petrarca in d. dt. Dichtung.* Acta Societatis Scientiarum Fennicae 15 (1886) S. 399-442. Hugo S a u v a - g e o l , *Petrarca in d. dt. Lyrik d. 17. Jh.s* Diss. Leipzig 1911. Lidia P a c i n i , *Petrarca in d. dt. Dichtungslehre vom Barock bis zur Romantik* (1936; Ital. Studien 1). H. P y r i t z , *Paul Fleming u. d. Petrarkismus*, in: Dt. Barockforschung, hg. v. R. Alewyn (1965) S. 336-357. S. F i l i p p o n , *Il marinismo nella letteratura tedesca.* Rivista di letteratura tedesca 4 (1910) S. 3-128. Hedwig G e i b e l , *Der Einfluß Marinos auf C. H. von Hofmannswaldau* (1938; Gießener Beitr. z. dt. Philologie 63). Gustav René H o c k e , *Manierismus in d. Literatur. Sprachalchemie u. esoterische Kombinationskunst* (1959; Rowohlts dt. enzyklopädie 82/83). W. H i n c k , *Gryphius u. d. italien. Komödie. Untersuchungen zum 'Horribilicribrifax'.* GRM 44 (1963) S. 120-146. W. M ö n c h , *Góngora u. Gryphius. Zur Ästhetik u. Geschichte d. Sonetts.* RomForsch. 65 (1954) S. 300-316. W. P a b s t , *Góngora als Musterautor in Deutschland.* Roman.Jb. 12 (1961) S. 312-342. Ders., *Góngoras Nachruhm in Deutschland*, in: Wort u. Text, Festschr. f. F. Schalk (1963) S. 251-280. Ders., *L. de Góngora en la literatura y la crítica alemana de los siglos XVII y XVIII.* Revista de Filología Española 46 (1963) S. 287-313. Ders., *L. de Góngora im Spiegel der deutschen Dichtung und Kritik* (1967; Beitr. z. neueren Litg. III, 1). Herm. T i e m a n n , *Das span. Schrifttum in Deutschland* (s. § 6). Heinr. M e y e r , *Der dt. Schäferroman des 17. Jh.s* Diss. Freiburg 1928. Ernst Günther C a r n a p , *Das Schäferwesen in d. dt. Literatur d. 17. Jh. u. d. Hirtendichtung Europas.* Diss. Frankfurt

1939. Leonardo Olschki, *G. B. Guarinis 'Pastor Fido' in Deutschland* (1908). Albert Schultheiss, *Der Schelmenroman d. Spanier u. s. Nachbildungen* (1893; Sammlg. gemeinverständl. wiss. Vorträge VII, 165). Hubert Rausse, *Zur Gesch. d. span. Schelmenromans in Deutschland* (1908; Münster. Beitr. z. neueren Lit.gesch. 8). F. Rauhut, *Influencia de la picaresca española en la literatura alemana.* Revista de Filología española 1 (1939) S. 237-256. R. Alewyn, *Die ersten dt. Übersetzungen d. 'Don Quijote' und des 'Lazarillo de Tormes'.* ZfdPh. 54 (1929) S. 203-216. *Leben und Wandel Lazaril von Tormes ... Verdeutzscht 1614,* hg. mit Nachw., Bibliographie u. Glossar v. Hermann Tiemann (Hamburg, Maximilianum 1951). H. Tiemann, *Der dt. Don Kichote von 1648 u. d. Übersetzer Aeschacius Major.* ZfdPh. 58 (1933) S. 232-256. G. Weydt, *Don Quijote Teutsch. Studien zur Herkunft des simplicianischen Jupiter.* Euph. 51 (1957) S. 250-270. E. Trunz, *Die dt. Übersetzung d. Hugenottenpsalters.* Euph. 29 (1928) S. 578-617. Ludw. Ganghofer, *J. Fischart u. s. Verdeutschung des Rabelais* (1881). Rudolf Zitzmann, *Fischarts 'Geschichtklitterung' in ihrem Verhältnis zu Rabelais.* Diss. Frankfurt 1935. Jacques Boulenger, *Rabelais à travers les âges* (Paris 1925). Johannes Fischart, *Geschichtklitterung (Gargantua),* hg. v. Ute Nyssen; Nachw. v. Hugo Sommerhalder (1963). Karl Borinski, *Die Poetik d. Renaissance u. d. Anfänge d. literar. Kritik in Deutschland* (1886). M. G. Wenderoth, *Die poetischen Theorien d. franz. Plejade in M. Opitz' 'Deutscher Poeterei'.* Euph. 13 (1906) S. 445-468. E. Tonnelat, *Deux imitateurs allemands de Ronsard, G. R. Weckherlin et Martin Opitz.* RLC. 4 (1924) S. 557-589. Adelheid Beckmann, *Motive u. Formen d. dt. Lyrik d. 17. Jh.s u. ihre Entsprechungen in d. franz. Lyrik seit Ronsard* (1960; Hermaea. NF. 5). Rudolf Raab, *P. Corneille in dt. Übersetzungen u. auf d. dt. Bühne bis Lessing* Diss. Heidelberg 1911. Hans Uehlin, *Geschichte d. Racine-Übersetzungen in der vorklassischen dt. Literatur.* Diss. Heidelberg 1903. F. Schalk, *L'Allemagne du XVIIe siècle devant la France.* Cahiers de l'Association internationale des Etudes françaises 8 (1956) S. 81-88.

III. Klassizismus und Aufklärung
§ 8. Der französische Kultureinfluß. In der zweiten Hälfte des 17. und im 18. Jh. strahlt die franz. Kultur, getragen von Klassizismus und Aufklärung, auf ganz Europa aus, und dementsprechend erreicht der franz. Kultureinfluß auch in Deutschland einen Höhepunkt. Leibniz, der jahrelang in Paris gelebt hat, unterhält mit führenden Geistern Frankreichs, einem Malebranche, einem Antoine Arnauld, einem Bossuet, eine lebhafte Korrespondenz, die

„den ganzen Reichtum seines unendlich fruchtbaren Geistes" widerspiegelt (Hess). Den größten Teil seiner Schriften hat er auf Franz. verfaßt. Friedrich der Große ist der hervorragendste Repräsentant des franz. Kultureinflusses in Deutschland. In der von franz. Geist erfüllten Atmosphäre seines Hofes — man denke an seine Bewunderung für Bayle und Fontenelle, an seine Freundschaft mit Voltaire — beherrscht er als Schriftsteller und Dichter das Franz. so vollkommen, daß die Franzosen ihn zu den ihren zählen: „le premier après les premiers dans les lettres françaises du dix-huitième siècle" (Rossel). Das Franz. ist für Friedrich die universale Bildungs- und Verkehrssprache Europas: „Heutzutage ist diese Sprache zum Schlüssel geworden, der Ihnen in allen Häusern und Städten Einlaß verschafft. Reisen Sie von Lissabon nach Petersburg, von Stockholm nach Neapel: mit Französisch werden Sie überall durchkommen" (*De la littérature allemande,* 1780). Den dt. Schriftstellern, denen er Unverständlichkeit und Mangel an Eleganz vorwirft, empfiehlt er, sich ihren Stil durch Übersetzungen franz. Autoren wie La Rochefoucauld und Montesquieu zu bilden. Voltaire fühlt sich unter diesen Umständen in Berlin völlig heimisch: „Je me trouve ici en France. On ne parle que notre langue". In Berlin erscheinen franz. Zeitungen (*Mercure de Berlin, Le Spectateur en Allemagne, La Gazette de Berlin*); die Berliner Akademie stellt 1782 die Preisfrage „Qu'est-ce qui a fait de la langue française la langue universelle de l'Europe?" und spricht den Preis Antoine de Rivarol zu.

Die Universalität der franz. Sprache wurde durch keinen anderen Autor besser demonstriert als durch Voltaire, dessen vielgestaltiges umfangreiches Werk wohl am meisten dazu beigetragen hat, das Geschmacksideal des franz. Klassizismus und die Gedankenwelt der franz. Aufklärung in Deutschland zu verbreiten. Gerade weil Voltaire nicht zu den eigentlich schöpferischen Geistern gehört, vielmehr dem, was sein Jahrhundert dachte, die „klassische Formulierung" gab (Korff), konnte er auf dem Boden des Kosmopolitismus der Aufklärung einen so weitgehenden Einfluß auf die dt. Philosophie, Literatur und Geschichtsschreibung ausüben, daß es von Gottsched bis Goethe kaum einen bedeutenderen Autor in Deutschland gibt, der nicht in irgendwelcher Beziehung zu Voltaire gestanden hat.

Obwohl die dt. Aufklärungslit. mit der franz. Aufklärung eng verflochten war, offenbaren doch Gottscheds Vorrede zur Übers. von Helvétius' *De l'esprit* und der Briefwechsel von Abbt und Mendelssohn eine vom christl. Denken genährte Abneigung gegen den Materialismus und Atheismus der franz. Aufklärer. Die antitheologische Grundhaltung der Diderotschen *Encyclopédie* dürfte einer der Hauptgründe dafür gewesen sein, daß das große Sammelwerk in Deutschland, etwa im Vergleich zu Italien, eine auffallend geringe Wirkung gehabt hat. In der zweiten Hälfte des 18. Jh.s setzte allmählich eine Reaktion gegen den franz. Kultureinfluß ein, die sich z. T. am Widerspruch gegen Voltaire entzündete und mit Lessing und dem *Sturm und Drang* die Entfaltung einer selbständigen dt. Dichtkunst einleitete.

Hans F r o m m , *Bibliographie dt. Übersetzungen aus dem Franz., 1700-1948.* 6 Bde (1950-1953). *Leibniz korrespondiert mit Paris.* Einl. u. Übertr. v. Gerh. H e s s (1940). Eduard M a y , *Der biologische Materialismus d. franz. Aufklärungsphilosophie im Spiegel d. Leibnizschen Gedankenwelt,* in: *Beiträge zur Leibnizforschung,* hg. v. G. Schischkoff (1947) S. 178-192. Virgile R o s s e l , *Histoire des relations littéraires entre la France et l'Allemagne* (Paris 1897). Werner L a n g e r , *Friedrich d. Große u. d. geistige Welt Frankreichs* (1932; Hamburger Studien zu Volkst. u. Kult. d. Romanen 11). Walter M ö n c h , *Voltaire u. Friedrich der Große. Das Drama einer denkwürdigen Freundschaft* (1943). Herm. Aug. K o r f f , *Voltaire im literar. Deutschland d. 18. Jh.s. Ein Beitr. z. Gesch. d. dt. Geistes von Gottsched bis Goethe.* 2 Bde (1918; BtrNLitg. NF. 10 u. 11). Werner K r a u s s , *Die franz. Aufklärung im Spiegel d. dt. Lit. d. 18. Jh.s,* hg. u. eingel. (1963). Roland M o r t i e r , *Diderot en Allemagne (1750-1850)* (Paris 1954). H. B a a d e r , *Diderots Theorie d. Schauspielkunst u. ihre Parallelen in Deutschland.* RLC. 33 (1959) S. 200-223. Fritz S c h a l k , *Die Wirkung d. Diderot'schen Enzyklopädie in Deutschland,* in: Schalk, *Studien z. Franz. Aufklärung* (1964), S. 139-147.

§ 9. G o t t s c h e d. Die dt. Wendung zum Klassizismus erfolgte in Abwehr gegen die Verstiegenheiten des Barock, wie sie namentlich in der *Zweiten Schlesischen Dichterschule* begegnen. Das wachsende Bedürfnis nach vernunftbestimmter Klarheit und Natürlichkeit findet ein entsprechendes Kunstideal verwirklicht in der klassischen franz. Dich-

tung des *grand siècle.* Dieses hatte Werk von überzeitlicher Geltung hervorgebrach und ein festes System von Prinzipien de dichterischen Schaffens entwickelt (Boileau *Art poétique,* 1674), das im 18. Jh., von Vol taire und anderen Literarkritikern leich modifiziert, die theoretische Grundlage fü den europäischen und damit auch den d Klassizismus bildete.

Der Übergang vom Barock zum aufkläre rischen Klassizismus bahnte sich zuerst i den im Jahre 1700 erschienenen Gedichte des Freiherrn von C a n i t z an, der sich en an Boileau anlehnte. Auf dem Gebiet de Dramas begannen die franz. Vorbilder un Regeln nicht vor dem ersten Drittel de 18. Jh.s wirksam zu werden, obgleich di franz. Dramen seit der zweiten Hälfte de 17. Jh.s in steigendem Maße auf dt. Bühne gespielt wurden. Aber erst mit G o t t s c h e d s *Versuch einer kritischen Dichtkuns für die Deutschen* (1730) werden die Regel des franz. Klassizismus als verbindlich fü das dt. Theater erklärt. Mit Boileau forder Gottsched die genaue Beachtung der dre Einheiten und die strenge Scheidung vo Tragik und Komik. Als typischer Vertrete der Aufklärung — er übersetzt und kommen tiert B a y l e s *Dictionnaire historique et cri tique,* eins der Grundbücher der Aufklärung — begreift er das künstlerische Schaffen fas völlig als eine verstandesmäßige Tätigkei und sieht den eigentlichen Zweck der Dich tung in der moralischen Belehrung. Die Fran zosen, die „es wohl unstreitig wie in der Tra gödie, also auch in der Komödie am höchste gebracht" haben, sind die getreuesten Nach ahmer der Alten und daher absolut vorbild lich. In seinem Bemühen, das dt. Theate von den entarteten Haupt- und Staatsaktio nen und den Harlekinaden zu befreien, stell er eine große Zahl von Tragödien und Ko mödien, die teils von ihm selbst, teils vo seinen Mitarbeitern stammen, teils Überset zungen aus dem Franz. sind, in seiner sechs bändigen *Deutschen Schaubühne, nach de Regeln der alten Griechen und Römer einge richtet* (1740-45) zusammen und läßt di seinen Reformplänen entsprechenden Stück von der Truppe der Karoline N e u b e r auf führen. Als die modernsten Leistungen de franz. Klassizismus bewundert Gottsched di Tragödien und, wenn auch mit gewissen Ein schränkungen, die *Henriade* Voltaires, wäh rend er dessen philosophische Anschauungen scharf ablehnt. Nachdem die von Gottsched eingeführten Neuerungen zunächst Beifall und Nachahmung gefunden hatten, stößt er später auf eine immer stärker werdende Opposition. So berechtigt auch die Kritik an Gottscheds dürrem Rationalismus, an seinem Mangel an Verständnis für das eigentlich Dichterische sein mag, darf darüber nicht vergessen werden, daß es sein Verdienst gewesen ist, dem im Verfall begriffenen dt. Theater ein neues Gefühl für den Ernst der Kunst verliehen zu haben. Wie in anderen europäischen Literaturen hat dabei die franz. Klassik und der aus ihr abgeleitete Regelkodex eine reinigende Wirkung auf den Geschmack ausgeübt. Die Frage, wie man über die Nachahmung der franz. Vorbilder hinaus zu einem selbständigen dt. Theater kommen könnte, hat sich Gottsched trotz seiner patriotischen Gesinnung nicht gestellt. Er hat nicht untersucht, wie schon L e s s i n g tadelnd bemerkt, „ob dieses französierende Theater der deutschen Denkungsart angemessen sei oder nicht".

Fritz N e u b e r t, *Die franz. Klassik u. Europa* (1941). Henri P e y r e, *Qu'est-ce que le classicisme?* (Paris 1942). Alberto M a r t i n o, *Storia delle teorie drammatiche nella Germania del Settecento (1730-1780).* Vol. 1: *La drammaturgia dell'Illuminismo* (Pisa 1967). Valentin L u t z, *Canitz, s. Verhältnis zu d. franz. Klassizismus.* Diss. Heidelberg 1887. Gustav W a n i e k, *Gottsched u. d. dt. Lit. seiner Zeit* (1897). Erich L i c h t e n s t e i n, *Gottscheds Ausgabe von Bayles Dictionnaire. E. Beitr. z. Gesch. d. Aufklärung* (1915; BtrNLitg. 8). Gerhard F u c h s, *Studien zur Übersetzungstheorie und -praxis des Gottsched-Kreises.* Diss. Freiburg/Schw. 1936. Gerhard S c h i m a n s k y, *Gottscheds dt. Bildungsziele* (1939; SchrKbg-Ges. 22).

§ 10. L e s s i n g. Die Bemühungen Lessings um ein dt. Nationaltheater gehen aus von der Verurteilung G o t t s c h e d s und der von diesem verfochtenen Vorbildlichkeit der Franzosen. In der Überzeugung, daß die Deutschen „mehr in den Geschmack der Engländer als der Franzosen einschlagen", empfiehlt er S h a k e s p e a r e als Vorbild und leitet damit eine entscheidende Wende in der Entwicklung des dt. Dramas ein. Wenn es Lessings Verdienst gewesen ist, die Vorherrschaft des franz. Klassizismus in Deutschland gebrochen und der dt. Kunst ein neues Selbstbewußtsein gegeben zu haben, hat er jedoch infolge der Einseitig-

keit seiner Kritik den Deutschen für lange Zeit den Blick für das Wesen der franz. Klassik getrübt. Gleichviel ob Lessings Angriffe sich in der Hauptsache nur gegen V o l t a i r e und C o r n e i l l e — und bei diesem, abgesehen vom *Polyeucte*, nur gegen die schwächeren Stücke und die dramatischen Theorien — richteten, fehlte Lessing grundsätzlich das nötige Verständnis für die franz. Tragödie. Da für ihn das Wesen der Tragödie in der Handlung besteht, muß ihm die bewußt handlungsarme, das Geschehen auf die inneren Vorgänge konzentrierende franz. Tragödie als langweilig erscheinen. Das franz. (und allgemein roman.) Streben nach sprachlich formaler Vollendung tadelt er, namentlich in bezug auf die pathosgeschwellte Sprache Corneilles, als hohle Rhetorik. Die Rücksichtnahme auf die Gesellschaft ist ihm Zwang, die Vorliebe für ungewöhnliche oder komplizierte seelische Konflikte bedeutet ihm Unnatur. Wenn er den Franzosen eine irrige Deutung des aristotelischen Begriffs der Katharsis vorwirft, kommt diese franz. Deutung nach heutiger Auffassung der wahren Meinung des A r i - s t o t e l e s sehr viel näher als Lessings Interpretation. Mit Recht hat man die tiefste Ursache für ein solches Mißverständnis der franz. Klassik darin gesehen, daß die dt. und franz. Tragödie „überhaupt nicht unter einem gemeinsamen Begriff des Tragischen zu vereinigen" sind (Friedrich).

In seiner eigenen dramatischen Produktion stand jedoch Lessing den Franzosen gar nicht so fern. Abgesehen von ideellen Übereinstimmungen mit dem Gedankengut der franz. Aufklärung, etwa in bezug auf den Toleranzgedanken, berührt er sich auch als Dramatiker sogar mit Corneille (*Philotas, Emilia Galotti*) und Voltaire (*Nathan der Weise*). Der *Comédie larmoyante* zollt er Anerkennung und hat sich selbst in der *Minna von Barnhelm* von der *Ecole des amis* des Nivelle de la Chaussée beeinflussen lassen. Diderot verehrte er als den Vorkämpfer des bürgerlichen Schauspiels und übertrug dessen *Théâtre* ins Dt. (1760).

Lessings Interesse für die übrigen roman. Sprachen und Literaturen ist weit geringer gewesen. Durch J. N. M e i n h a r d t s *Versuche über den Charakter und die Werke der besten italienischen Dichter* (1763-64), eine Verbindung von Darstellung und Textproben, — die erste ital. Literaturgeschichte in dt. Sprache — lernte Lessing die ital. Dichtung kennen. Eine eingehendere Beschäftigung mit Goldoni blieb nicht ohne Einfluß auf sein dramatisches Schaffen. Über die span. Lit. wußte Lessing wenig. Allerdings hat er den Magister-Grad mit einer Abhandlung über Huarte de San Juan erworben, dessen *Examen de Ingenios*, das Programm einer naturwissenschaftlichen Psychologie, er, freilich nicht ohne Fehler, ins Dt. übertrug.

H. A. K o r f f, *Voltaire im literar. Deutschland d. 18. Jh.s.* (s. § 8). H. F r i e d r i c h, *Lessings Kritik u. Mißverständnis d. franz. Klassik.* ZfdB. 2 (1931) S. 601-611. J.-E. H i l l e r, *Lessing u. Corneille.* RomForsch. 47 (1933) S. 159-176. Willibaldis D o e n h a r d t, *Lessing u. Corneille.* Diss. Münster 1934. Eugen L e r c h, *Lessing, Goethe, Schiller u. d. franz. Klassik* (1948; Mainzer Univ.reden 11/12). F. O. N o l t e, *Voltaire's 'Mahomet' as a source of Lessing's 'Nathan der Weise' and 'Emilia Galotti'.* MLN. 48 (1933) S. 152-156. M o r t i e r, *Diderot en Allemagne* (s. § 8). Fritz S c h a l k, *Lessing u. d. franz. Aufklärung,* in: *Lessing u. d. Zeit d. Aufklärung. Vorträge geh. auf d. Joachim Jungius-Ges. d. Wiss. Hamburg am 10. u. 11. Okt. 1967* (1968) S. 148-167. Johanna S c h n e i d e r, *J. N. Meinhardts Werk über die ital. Dichter u. s. Spuren in d. dt. Literatur.* Diss. Marburg 1911. Clementina V a n n i, *Lessing e l'Italia* (Venezia 1923). Martin F r a n z b a c h, *Lessings Huarte-Übersetzung (1752). Die Rezeption und Wirkungsgeschichte des 'Examen de Ingenios para las ciencias' (1715) in Deutschland* (1965).

§ 11. Über W i e l a n d, der „die wichtigste Durchgangspforte für das Gallische in die deutsche Literatur" darstellt (Korff), drang nicht nur die Ideenwelt der franz. Aufklärung, obgleich etwas abgeblaßt, nach Deutschland, sondern auch jene besondere Ausprägung, welche der franz. aufklärerische Klassizismus im Rokoko gefunden hat. Die Auflockerung der Form in der spielerischen Grazie des Dekorativen und Ornamentalen verbunden mit der Bevorzugung der „kleinen" Gattungen (*entretien, dialogue, fable, conte, vers libres*), die Freude am funkelnden *esprit*, ein heiterer sich selbst genießender Skeptizismus: Diese Züge hat Wieland mit den Vertretern des franz. Rokoko, vornehmlich mit V o l t a i r e gemeinsam, dem er von allen dt. Autoren des 18. Jh.s am nächsten steht. Er, den die Zeitgenossen den *Voltaire de l'Allemagne* genannt haben, hat sich an Voltaire und der franz. Literatur geschult, ohne aber deswegen seine Vorbilder

sklavisch nachzuahmen. Voltaires komisches Heldengedicht *La Pucelle* und seine *Contes philosophiques* liefern Wieland reiche Anregungen. Daneben haben auch der jüngere C r é b i l l o n, Antoine d' H a m i l t o n und S c a r r o n Elemente zu Wielands Werken beigesteuert. Im *Agathon* verwendet er die seit F é n e l o n s *Télémaque* in Frankreich sehr beliebte Form des Reise- und Bildungsromans. Verglichen mit dem geistesverwandten Voltaire erscheint Wieland weniger intellektuell, empfindsamer; seine Ironie klingt versöhnlicher, seine aufklärerische Kritik ist milder.

Seine Neigung zum weltanschaulichen Eklektizismus und sein Einfühlungsvermögen machen ihn auch empfänglich für die Schönheiten anderer Literaturen. Obwohl er noch neun Jahre nach dem Erscheinen des *Götz* die franz. Tragödie vorbehaltlos bewunderte, übersetzte er S h a k e s p e a r e demgegenüber er eine ähnliche Haltung wie Voltaire einnimmt: Er erblickt in ihm keineswegs einen vorbildlichen Dichter, entschuldigt aber seine Fehler durch seine außerordentlichen Qualitäten. In der ital. Lit. begeistert er sich für A r i o s t und T a s s o und übernimmt aus ihnen Motive im *Oberon*, dem im wesentlichen der franz. Ritterroman *Huon de Bordeaux* zu Grunde liegt. In der dichterischen Sprache seines epischen Werkes ist der Einfluß von M e t a s t a s i o s Versmelo die spürbar. *Die Abenteuer des Don Sylvio de Rosalva* stellen in gewissem Sinne eine Nachahmung des *Don Quijote* dar. So zugänglich sich Wieland den verschiedensten auch nicht-klassizistischen, Einflüssen gezeigt hat, ist doch sein Schaffen bestimmt durch das für den gemäßigten Klassizismus eine Voltaire charakteristische Kriterium des *bo goût*, des Geschmackvollen. Die junge Generation, die dieses Kriterium verwarf, mußte sich sowohl gegen Voltaire als auch gegen Wieland wenden.

H. A. K o r f f, *Voltaire im literar. Deutschland d. 18. Jh.s.* (s. § 8). Karl W i l d s t a k e, *Wielands 'Agathon' u. d. franz. Reise- u. Bildungsroman von Fénelons 'Telemach' bis Barthélemys 'Anarchis'.* Diss. München 1933. Albert F u c h s, *Les apports français dans l'oeuvre de Wieland de 1772 à 1789* (Paris 1934; Bibl. de la RLC. 101). Friedrich S e n g l e, *Wieland* (1949). Hans T r i b o l e t, *Wielands Verhältnis zu Ariost und Tasso.* Diss. Bern 1919. G. G e l o s i, *Wielands Verhältnis zu Metastasio.* AnSpr. 151 (1927) S. 52-68.

IV. Idealismus

§ 12. Sturm und Drang. Die ersten Ansätze zu einer neuen Ästhetik, die nicht nur den franz. Rationalismus überwindet, sondern auch mehr als L e s s i n g der Bedeutung der schöpferischen Phantasie gerecht wird, stammen von den ital. Theoretikern M u r a t o r i , G r a v i n a und C a l e p i o und werden durch B o d m e r (Briefwechsel mit Calepio) und B r e i t i n g e r in Deutschland bekannt. Weit wichtiger für den Durchbruch einer neuen dichterischen Haltung war R o u s s e a u. Seine Aufnahme wird in gewisser Hinsicht durch die empfindsamen Romane des Abbé P r é v o s t vorbereitet, deren Wirkung auf die dt. Literatur sich bis zu G o e t h e verfolgen läßt. Prévosts Darstellung der Liebe als Naturkraft wird von Rousseau noch intensiviert. In seiner Verherrlichung des Gefühls, seiner Kritik an der Kultur und der damit verbundenen Forderung nach Rückkehr zur Natur finden die Stürmer und Dränger ihre Weltanschauung und die von ihnen vertretene Begründung des Dichterischen im Emotionellen bestätigt. Noch zwingt ein G e r s t e n b e r g die wild bewegte Tragödie des *Grafen Ugolino,* deren Thema er D a n t e entnimmt, in die klassischen drei Einheiten. Einige Jahre später verwirft L e n z (*Anmerkungen übers Theater*) nicht nur die Regeln der Franzosen, sondern überhaupt alle Regeln, auch die der aristotelischen Poetik. Der Göttinger Hainbund wettert gegen welsches Wesen, besonders gegen V o l t a i r e und kann sich dabei auf K l o p s t o c k berufen, der die Auffassung des Rokoko, die Dichtung sei ein unterhaltsames Spiel, verurteilt, Voltaire verspottet und dessen *Henriade,* weil „kalt" und ohne „feurige, erhabene Seele", abgelehnt hatte. Den verhaßten franz. Dramatikern wird in erster Linie S h a k e s p e a r e gegenübergestellt; aber auch die phantastischen Märchendramen des Italieners Carlo G o z z i sind von den Stürmern und Drängern gern gelesen worden.

Auch H e r d e r , der Denker des dt. Irrationalismus, der den Franzosen das metaphysische Organ absprach, entwickelte seine Ideen im Gegensatz zur franz. Tradition. Wie Rousseau (Durchbruch des Rousseauismus im *Journal meiner Reise im Jahre 1769*) sucht er einen Ausweg aus der Unnatur des Intellektualismus und findet ihn in seiner auf einem geistigen Nacherleben begründeten Geschichtsauffassung. Diese führt ihn dazu, jede völkische Individualität in ihrer durch den Volksgeist und die historischen Verhältnisse bedingten Eigenart anzuerkennen, also auch die Franzosen und ihre Kultur. Die auffallende Übereinstimmung, die zwischen Herders und V i c o s Geschichtsphilosophie besteht, läßt sich nicht aus einer Beeinflussung erklären, obwohl H a m a n n Herder auf Vico hingewiesen hat. Wie Vico interessiert sich Herder für die frühe und volkstümliche Dichtung. Er beschäftigt sich eingehend mit der span. Romanzendichtung und überträgt aus dem Span. alte Romanzen in reimlosen vierhebigen Trochäen, sowie nach einer franz. Vorlage den Romanzenzyklus des *Cid* (1802-03). Seine *Stimmen der Völker* enthalten neben span. auch franz. und ital. Volkslieder. Eine besondere Vorliebe hat Herder für P e t r a r c a ; aber auch andere ital. Autoren wie C a m p a n e l l a und M e t a s t a s i o sind ihm vertraut gewesen. Mit dieser Anteilnahme an der südlichen Romania wirkt Herder wie in so vieler Hinsicht anregend auf die folgende Generation der Romantiker.

L. D o n a t i , *J. J. Bodmer u. d. italien. Literatur,* in: *Joh. Jak. Bodmer. Denkschrift z. 200. Geb.* (Zürich 1900) S. 241-312. John George R o b e r t s o n , *Studies in the Genesis of Romantic Theory in the Eighteenth Century* (Cambridge 1923). René W e l l e k , *A History of Modern Criticism: 1750-1950.* I. *The Later Eighteenth Century.* II. *The Romantic Age* (New York 1955). Hugo F r i e d r i c h , *Abbé Prévost in Deutschland* (1929; BtrNLitg. 12). R. G r o e p e r , *Rousseau u. d. dt. Literatur.* ZfdU. 26 (1912) S. 458-465. Wolfgang A l e x a n d e r , *F. M. Klingers Verhältnis zu Rousseau.* (Masch.) Diss. Breslau 1925. B. B ö s c h e n s t e i n , *La transfiguration de Rousseau dans la poésie allemande à l'orée du XIXe siècle: Hölderlin, Jean Paul, Kleist.* Annales de la Société J.-J. Rousseau 36 (1963/65) S. 153-171. Ruth F r a n k , *Herders Frankreich-Erlebnis. Historisches u. Grundsätzliches zur Frankreichkunde* (Hamburg 1933). Otto Freih. v o n G e m m i n g e n , *Vico, Hamann u. Herder.* Diss. München 1918. E. A u e r b a c h , *Vico u. Herder.* DVLG. 10 (1932) S. 671-686. Ders., *Vico u. d. Volksgeist,* in: *Studia Romanica. Gedenkschrift f. Eugen Lerch* (1955) S. 82-95. Edith S a e m a n n , *J. G. Hamann u. d. franz. Literatur.* Diss. Königsberg 1933. G. N e c c o , *Herder e la letteratura italiana.* Romana 6 (1942) S. 293-317. Wolfgang K a y s e r , *Die iberische Welt im Denken J. G. Herders* (1945; Ibero-Amerikan. Stud. d. Ibero-Amerikan. Inst. Hamburg 17).

§ 13. G o e t h e und S c h i l l e r. Mit G o e t h e und S c h i l l e r vollzieht sich wieder eine Annäherung an die franz. Klassik auf der Grundlage eines verwandten Strebens nach Klarheit, Maß und Ordnung. G o e t h e, dem das Italien-Erlebnis seine innere Nähe zur römisch-roman. Wesensart offenbarte, zeigt ein echtes Verständnis für die in der Übereinstimmung von ästhetischen und gesellschaftlichen Werten wurzelnde Kunst der franz. Klassik und sieht es daher als die Aufgabe der franz. Lit. an, der Welt gesellige Bildung zu bringen. Einer vorübergehenden Abkehr von der Lit. der franz. Klassik und Aufklärung (Kritik an V o l t a i r e, H o l b a c h und den Enzyklopädisten, ausgenommen D i d e r o t, der „in alledem, weshalb ihn die Franzosen tadeln, ein wahrer Deutscher ist") entspricht eine Hinwendung zu R o u s s e a u, die sich im *Goetz*, im *Werther* und im *Brief eines Landgeistlichen* (*Profession de foi du vicaire savoyard*) auswirkt. Mit der Überwindung des Sturms und Drangs, wie sie sich bereits in der straffen Formgebung des *Clavigo* (Vorwurf aus B e a u m a r c h a i s' *Mémoires*) anbahnt, und der Ausbildung einer an der Antike orientierten Kunstauffassung ist der Weg frei für eine Einwirkung von C o r n e i l l e und R a c i n e, die Goethe aufs genaueste studiert, ohne daß allerdings „der direkte Nachweis erbracht werden kann, daß Goethe … die französische Klassik als Muster im einzelnen benutzt hätte" (Neubert). Zweifellos stehen vor allem Racines Seelendramen mit ihrer maßvollen Innerlichkeit — Goethe übersetzt die Chöre aus der *Athalie* nach seiner Rückkehr aus Italien — der *Iphigenie* und dem *Tasso* nahe. Neben den franz. Dramatikern des 17. Jh.s gilt das Interesse des reifen Goethe auch Diderot und Voltaire. Er übersetzt Diderots *Essai sur la peinture* und seinen *Neveu de Rameau* (1805, nach der Abschrift einer älteren Fassung der Satire). In Voltaire verehrt er den „höchsten unter den Franzosen denkbaren, der Nation gemäßesten Schriftsteller", der „die Eigenschaften seiner sämtlichen Ahnherren in sich begreift". Obwohl er ihn wegen seiner Spötterei über die Bibel und wegen seines Eintretens für N e w t o n kritisiert hatte, anerkennt er nunmehr Voltaires Größe und einmalige Stellung in der Geisteswelt des 18. Jh.s. In dem Bestreben, mit Hilfe der *haute tragédie* das Niveau

des dt. Theaters zu heben, überträgt er Voltaires *Mahomet* und *Tancrède*, freilich nicht ohne die Stücke im Sinne des dt. Idealismus umzuformen.

Mit fortschreitendem Alter nimmt Goethe auch an der franz. Romantik Anteil (anerkennende Worte für B é r a n g e r und M é r i m é e), allerdings mit starken Vorbehalten gegen die in ihr liegenden Möglichkeiten zu Übertreibungen (V. H u g o s *Notre Dame* „das abscheulichste Buch, das je geschrieben worden"). Der einzige europäische Romantiker, der seinen uneingeschränkten Beifall gefunden hat, ist der klassisch maßvolle M a n z o n i: „Männlicher Ernst und Klarheit walten stets zusammen, und wir mögen daher seine Arbeit gerne klassisch nennen". Nach der franz. ist die ital. Literatur diejenige, mit der sich Goethe Zeit seines Lebens am engsten verbunden gefühlt hat (Aufnahme in die *Accademia degli Arcadi* in Rom, Übers. von C e l l i n i s Selbstbiographie, Elemente aus T a s s o und G u a r i n o im *Torquato Tasso*). Aus der span. Lit. interessieren ihn C e r v a n t e s und vor allem C a l d e r ó n, den er in Weimar aufführen läßt. Trotz seiner Bewunderung für Calderón als Meister der theatralischen Technik, von dem er sich einen wohltuenden Einfluß auf die dt. Bühne erhofft, erkennt und kritisiert er die Schwächen des „Calderonismus", der übertriebenen Calderón-Begeisterung der Romantiker.

Auch S c h i l l e r war, freilich in anderer Weise als Goethe, dem römisch-roman. Wesen verbunden. Er übertrug V e r g i l (und nicht H o m e r) und stand S e n e c a näher als S o p h o k l e s. Mochte er auch unter dem Einfluß S h a k e s p e a r e s und der Rousseau-Begeisterung, von der seine ersten Dramen (*Räuber*, *Fiesco*) genährt sind, an Corneille Unnatur und falsche Rhetorik tadeln und in Racine „alle Unarten der franz. Manier" entdecken zu können glauben, so hat er sich doch später eingehend mit der klassischen franz. Tragödie beschäftigt: „Nicht Muster zwar darf uns der Franke werden / … Ein Führer nur zum Bessern soll er werden". Er übersetzt Racines *Phèdre* in fünffüßigen Jamben und die erste Szene von dessen *Britannicus*. Näher als Racine steht ihm Corneille, mit dem ihn eine ähnliche Auffassung vom Heroischen und die Bevorzugung einer pathosgeschwellten Sprache verbinden. *Maria Stuart* und die *Braut von Messina* kommen in ihrer formalen Gestaltung der klassischen franz. Tragödie am nächsten. Die *Jungfrau von Orléans* verherrlicht zwar die franz. Nationalheilige, ist aber „der Protest des deutschen Idealismus gegen den gallischen Witz" von Voltaires *Pucelle* (Korff) und ist als romantische Tragödie am Vorbild Shakespeares orientiert. Daneben übernimmt Schiller hier gewisse Elemente aus Tassos *Gerusalemme Liberata*, die auch in den *Fiesco* und die *Bürgschaft* hineingewirkt hat. Obwohl des Ital. nicht mächtig, hat Schiller die großen ital. Epiker in Übersetzungen studiert und Gozzis *Turandot* nachgedichtet, wobei er Charaktere und Handlung verändert. Als Ästhetiker und Erzähler ist Schiller durch Diderot angeregt worden, dessen *Jacques le Fataliste* er teilweise verdeutscht hat. Die Lektüre Montesquieus hat seine geschichtsphilosophischen Ideen beeinflußt; und auch Voltaires Geschichtswerke, besonders der *Essai sur les moeurs et l'esprit des nations*, sind von ihm bei seinen historiographischen Arbeiten benutzt worden.

H. A. Korff, *Voltaire im literar. Deutschland d. 18. Jhs.* (s. § 8). Fritz Neubert, *Die franz. Klassik u. Europa* (s. § 9). Ders., *Goethe u. Frankreich*, in: Neubert, *Studien zur vergleichenden Literaturgeschichte* (1952) S. 54-93. Eugen Lerch, *Lessing, Goethe, Schiller u. d. franz. Klassik* (s. § 10). Rud. Alexander Schröder, *Racine und die dt. Humanität* (1932; Schriften d. Corona 2). Charlotte von Dach, *Racine in der dt. Literatur des 18. Jh.s* (Bern 1941; SprDchtg. 68). C. J. Burckhardt, *Zum Begriff des Klassischen in Frankreich u. in der dt. Humanität*, in: *Concinnitas, Festschr. f. Wölfflin* (Basel 1944), S. 11-33. E. Merian-Genast, *Racine u. Goethe.* AnSpr. 168 (1935) S. 197-224. Bertram Barnes, *Goethe's Knowledge of French Literature* (Oxford 1937). Fritz Strich, *Goethe u. d. Weltliteratur* (Bern 1946; 2. Aufl. 1957). K. Wais, *Goethe u. Frankreich.* DVLG. 23 (1949) S. 472-500. Karl Maurer, *Goethe u. d. romanische Welt.* Nachwort zu Goethe, *Übertragungen*, hg. v. K. Maurer (Stuttgart 1963; Gesamtausg. d. Werke u. Schriften 14) S. 853-902. H. A. Hatzfeld, *Goethes Beurteilung d. roman. Klassiker u. d. heutige Literaturwissenschaft.* Literaturwiss. Jb., NF. 1 (1960) S. 67-90. Albert Fuchs, *Goethe u. d. franz. Geist. Versuch e. Synthese* (1964). Rudolf Schlösser, *'Rameaus Neffe'. Studien u. Untersuchungen zur Einführung in Goethes Übersetzung d. Diderotschen Dialogs* (1900; FschgnNLitg. 15). H. Dieckmann, *Goethe u. Diderot.* DVLG. 10 (1932) S. 478-503. Ernst Gamillscheg, *Diderots 'Neveu de Rameau' u. d. Goethesche* *Übersetzung d. Satire.* AbhAkMainz 1953, 1. Roland Mortier, *Diderot en Allemagne (1750-1850)* (Paris 1954). G. Bianquis, *Goethe et Voltaire.* RLC. 24 (1950) S. 385-393, wiederholt in: Bianquis, *Etudes sur Goethe* (Paris 1951) S. 91-98. E. Vermeil, *Goethe et Rousseau.* Annales de la Société J.-J. Rousseau 31 (1946-1949) S. 57-77. M. Bémol, *Goethe et Rousseau, ou la double influence.* EtudGerm. 9 (1954) S. 257-277. Wilhelm Mommsen, *Goethe u. d. franz. Revolution*, in: *Goethe et l'esprit français* (Paris 1958; Publ. de la fac. des lettres de l'Univ. de Strasbourg 137) S. 69-84. G. Baioni, *La Rivoluzione Francese nell'opera di J. W. Goethe.* Atti dell'Istituto Veneto di Scienze, Lettere ed Arti 121 (1963) S. 157-197. E. Rosenfeld, *Goethe u. Manzoni, Begegnung des alten Goethe mit d. romantischen Italien.* Literaturwiss. Jb., N. F. 1 (1960) S. 91-116. W. Liepe, *Der junge Schiller u. Rousseau.* ZfdPh. 51 (1926) S. 299-328. Kathleen Cuningham, *Schiller u. d. franz. Klassik* (1930). E. von Jan, *Schiller u. d. franz. Klassik.* Zs. f. neusprachl. Unterr. 34 (1935) S. 65-78. E. Merian-Genast, *Corneille u. Schiller* GRM. 26 (1938) S. 177-203. W. Rehm, *Schiller u. d. Barockdrama*, in: Rehm, *Götterstille u. Göttertrauer* (Bern 1951), S. 62-100. V. Hell, *Schiller et les classiques français* RLC. 36 (1962) S. 510-529. Peter André Bloch, *Schiller u. d. franz. klass. Tragödie. Versuch e. Vergleichs* (1968; WirkWort, Schriftenreihe 5). Otto W. Johnston, *Schiller, Diderot and the Dalberg Manuscript.* GermRev. 46 (1971) S. 167-181.

§ 14. Die Romantik. Die Sehnsucht nach Entgrenzung des eigenen Ich in Zeit und Raum läßt die Romantiker sich in fremde Literaturen versenken, sich diese aneignen und nachgestalten. Das damit auch für die Lit. der Romania neu erwachte Interesse wurde dadurch noch verstärkt, daß für die Romantik ein Zusammenhang zwischen der roman. Kultur und dem Begriff des Romantischen besteht. A. W. Schlegel leitete *romantisch* von *romanice* ab, „der Benennung der Volkssprachen, welche sich durch die Vermischung des Lateinischen mit den Mundarten des Altdeutschen gebildet hatte, gerade wie die neuere Bildung aus den fremdartigen Bestandtheilen der nordischen Stammesart und der Bruchstücke des Alterthums zusammengeschmolzen ist" (*Über dramatische Kunst und Litteratur*).

Innerhalb der Romania richtet sich das Interesse der Romantiker weniger auf Frankreich als auf Spanien und Italien. Seit der Auflehnung gegen die literar. Vorherrschaft Frankreichs hegte man für die franz. Lit. nur wenig Sympathie, die unter dem Einfluß der franzosenfeindlichen Stimmung der napoleonischen Ära noch geringer wurde. Bezeichnend dafür ist die maßlose polemische Kritik, die A. W. Schlegel an Racine (*Comparaison entre la Phèdre de Racine et celle d'Euripide* 1807) und an Molière (*Über dramatische Kunst und Litteratur*) übt. Das Verständnis, das im Gegensatz dazu F. Schlegel dem franz. Geist entgegenbringt, bildet eine Ausnahme. F. Schlegel, der auch als erster die Bedeutung der prov. Sprache und Lit. erkannt hat, würdigt die franz. Tragödie in ihrer Eigenart und verfolgt wohlwollend die Entwicklung der franz. Romantik (*Geschichte der alten und neuen Litteratur*); in Lamartines *Méditations poétiques* (1820) vernimmt er „verwandte Töne im Widerklang der innersten Seelengefühle". Ungeachtet seines Franzosenhasses schreibt Kleist mit seinem *Amphitryon* „ein Lustspiel nach Molière". Im Gegensatz zu ihrem Verhältnis zu Frankreich ist die Einstellung der Romantiker zur südlichen Romania nicht von vornherein durch Vorurteile belastet; außerdem hat die span. wie die ital. Lit. vor der franz. den Vorzug, weit weniger bekannt zu sein und daher den Reiz der Neuheit zu besitzen. Eine besondere Anziehungskraft strahlte Spanien aus, dem mehr als anderen Ländern der Zauber des Exotisch-Fremdartigen eignete. In der Nachfolge Herders bemühten sich die Romantiker, die verborgenen Schätze der span. Lit. zu heben. Wie Herder versuchte man, die Romanze (s. d.) in Deutschland einzubürgern, indem man einerseits span. Romanzen übersetzte (Diez, Huber, Geibel, Schack), anderseits selbst in Romanzenform dichtete mit dem Ziel, zu einer selbständigen dt. Romanze zu gelangen (die Schlegel, Fouqué, Tieck, Brentano, Eichendorff, Uhland). Nach dem Ausklingen der Romanzendichtung mit Heine (*Romancero*) werden die Schönheiten der span. Lyrik des 16. und 17. Jh.s, der volkstümlichen Romanzen wie der kunstvollen Gedichte eines Juan de la Cruz, noch einmal lebendig durch die feinfühligen Nachdichtungen Geibels und Heyses in ihrem *Spanischen Liederbuch* (1852).

Wie man sich von der span. Romanze schöpferische Anregungen für die Lyrik erhoffte, so vom span. Drama für das dt. Thea-

ter. Zuerst wird Calderón „entdeckt", den A. W. Schlegel als spezifisch katholischen Dichter deutet. Damit legt er den Grund für den romant. „Calderonismus", die Calderón-Schwärmerei, die in den religiösen Dramen des Spaniers den Höhepunkt christlicher (d. i. romantischer) Kunst, „den ganzen Inbegriff der gesamten christlichen Bildlichkeit und Sinnbildlichkeit" (F. Schlegel) erblickt. A. W. Schlegels textgetreue Übers. von fünf Stükken Calderóns wird begeistert aufgenommen. Weitere Übersetzungen von Gries, von der Malsburg u. a. folgen, ohne daß allerdings eine Eindeutschung Calderóns entsprechend der Shakespeares gelungen wäre. Auch die Nachahmung Calderóns im zeitgenössischen Drama blieb ohne positive Ergebnisse, erfolgte vielmehr so kritiklos, daß Goethe davor warnte. Erst in Grillparzers und Hofmannsthals Bühnenkunst sollte Calderón fruchtbar werden und dem dt. Theater neue Wege weisen.

Die Begeisterung für die subtile Kunst Calderóns ließ bei den Romantikern zunächst kein Verständnis für Lope de Vegas gänzlich andersgeartetes Theater mit seiner Naivität und Lebensnähe aufkommen. Nur Tieck distanzierte sich schon bald von „Calderonismus", um sich auf dem Wege über Shakespeare Lope zu nähern. Dieser wird durch die Übersetzungen von von Soden und von der Malsburg bekannt, aber erst die auf die Romantik folgende Generation weiß Lopes Kunst richtig zu würdigen. Durch die 1839 erschienenen Studien zu Lope de Vega von Enk von der Burg wird Grillparzer zum eingehenden Studium Lopes angeregt. Daraufhin wendet er sich von Calderón ab, unter dessen Einwirkung *Die Ahnfrau* und *Des Lebens Schattenbilder* (später *Der Traum, ein Leben*) entstanden waren, und inspiriert sich an Lope, ohne ihn eigentlich nachzuahmen: „sich mit ihm erfüllen, die Phantasie, das Vorhandene und die Anschauung wieder in ihre Rechte einzusetzen, es aber der äußeren Form, ja dem Inhalt nach ganz anders machen als Lope, das wäre die Aufgabe". Der Einfluß der Beschäftigung mit Lope (*Studien zum spanischen Theater*) ist in einer Reihe von Grillparzers Stücken unverkennbar (*Ein treuer Diener seines Herrn, Des Meeres und der Liebe Wellen, Die Jüdin von Toledo*).

Von der erzählenden span. Lit. hat vor allem der *Don Quijote* die Romantiker gefesselt. Wie schon Herder deutet ihn auch F. Schlegel nationalcharakterologisch als „ein lebendiges und ganz episches Gemälde des spanischen Lebens und eigentümlichen Charakters". Aus dieser Deutung entwickelt unter S c h i l l e r s Einfluß S c h e l l i n g die seitdem das dt. Bild des *Don Quijote* wesentlich bestimmende antithetische Interpretation, die in *Don Quijote* und *Sancho Panza* den Gegensatz von Idealismus und Realismus verkörpert sieht. Von den beiden zeitgenössischen *Quijote*-Übersetzern Tieck und S o l t a u gibt Tieck die stilistischen Eigentümlichkeiten des Originals besser wieder. Mit seinen *Novelas ejemplares* hat C e r v a n t e s auf E. T. A. H o f f m a n n (*Nachricht von den neuesten Schicksalen des Hundes Berganza*) und auf K l e i s t eingewirkt.

Obgleich auch nach der Romantik die Auseinandersetzung mit der span. Lit. bis heute nicht mehr abgerissen ist, hat sie jedoch nie wieder auch nur annähernd eine solche Bedeutung erlangt wie in den ersten Jahrzehnten des 19. Jh.s.

Das romant. Interesse für Italien beginnt mit H e i n s e, der in dem von ihm vergötterten Land die Quellen des Lebens und der Kunst zu finden meint, in seinem *Ardinghello* das ungebundene Leben eines ital. Ren.menschen verherrlicht, ital. Musik, Malerei (R a f f a e l) und Literatur schätzt und T a s s o s *Gerusalemme Liberata* (1774-81), sowie A r i o s t s *Orlando Furioso* (1782) — leider unzulänglich — in dt. Prosa überträgt.

Ähnlich wie Heinse empfanden die Romantiker die ital. Natur und den ital. Lebensstil als beglückende Ergänzung ihres eigenen Daseins (T i e c k, *Franz Sternbalds Wanderungen;* E i c h e n d o r f f, *Aus dem Leben eines Taugenichts*). Bei der Betrachtung der Denkmäler der ital. Vergangenheit genossen sie einerseits die Sentimentalität des Verfalls und verspürten anderseits in der sinnenfrohen Schönheit südlicher Kunst das Fortwirken des Heidentums als einer gefährlich verführerischen dämonischen Macht, die im Gegensatz zur christl. Lehre steht (Eichendorff, *Das Marmorbild, Julian*). Dementsprechend erscheint auch in der romant. Lit. der Italiener als der mit teuflischen Kräften ausgerüstete Typ des Verführers (der „ital. Teufel" in E. T. A. Hoffmanns Werk, die Gestalt der

Giulietta in seiner *Geschichte vom verlorenen Spiegelbilde*, sein *Kreisler* als diabolisierter Paganini).

Die romant. Italienliebe wird Anlaß zu einer intensiven Beschäftigung mit der ital. Literatur. Die besondere Aufmerksamkeit gilt D a n t e, P e t r a r c a und B o c c a c c i o, die A. W. Schlegel „die drei Stifter der romant. Kunst" nennt (*Vorlesungen über schöne Litteratur und Kunst III*). Dank der Bemühungen der Brüder Schlegel, Schellings und H e g e l s um ein vertieftes Verständnis Dantes wird die *Divina Commedia* in ihrer Bedeutung als dichterische Gestaltung des mal. Weltbildes erfaßt. Neben Dante werden Petrarca und Boccaccio ebenfalls hauptsächlich durch die Schlegel der Romantik erschlossen. Petrarcas *Canzoniere*, „eine wahrhaft romantische Komposition" (A. W. Schlegel), in der, nach Schlegel, das Ideale mit dem Realen verschmilzt, bestimmt weitgehend die Auffassung der Schlegel von der Dichtung. Nach Petrarcas Vorbild dichtet A. W. Schlegel zahlreiche Sonette und behandelt in dieser „seiner lyrischen Lieblingsform" (Mönch) die verschiedenartigsten Vorwürfe. Im Anschluß an Schlegel, der sich auch theoretisch mit dem Sonett auseinandersetzt, entstand eine wahre Flut von Sonetten. Neben bekannten Dichtern wie G o e t h e, T i e c k, R ü c k e r t, P l a t e n, U h l a n d, C h a m i s s o, L e n a u huldigten zahllose längst vergessene Autoren der Sonettenmode der Romantik. Die nähere Bekanntschaft mit dem *Decameron* regte die Romantiker dazu an, sich in der Novelle zu versuchen und deren Wesen als Kunstform zu erörtern.

Von den Renaissancedichtern erfahren A r i o s t und T a s s o nunmehr eine ihnen angemessene Würdigung — W. v o n H u m b o l d t stellt Ariost mit seiner Gestaltenfülle neben H o m e r — und werden eingedeutscht durch die Übersetzungen von G r i e s (*Befreites Jerusalem* 1800-02; *Rasender Roland* 1804-09, 2. veränd. Ausg. 1829). Tasso, der „zum gefeiertsten aller italienischen Dichter" (Pabst) wird, übt vor allem auf K l e i s t eine starke Wirkung aus. Dieser übernimmt — etwa im *Robert Guiskard* und in der *Penthesilea* — Motive, Situationen und Bilder aus der *Gerusalemme Liberata* und inspiriert sich ganz allgemein an Tassos barockem Stil.

P. de P a n g e, *A.-G. Schlegel et Madame de Staël. D'après des documents inédits* (Paris 1938; dt. Übers. 1940). E. R. C u r t i u s, *F. Schlegel u. Frankreich*, in: Curtius, *Kritische Essays zur europäischen Literatur* (Bern 1950), S. 74-94. W. W e l z i g, *W. v. Humboldt u. Frankreich*. RLC 38 (1964) S. 497-511. *Kleist u. Frankreich*. Mit Beiträgen von Claude D a v i d, Wolfgang Wittkowski u. Lawrence R y a n (1969; Jahresgabe d. H.-v.-Kleist-Ges. 1968). Helene S c h n e i d e r, *Sprache u. Vers von Kleists 'Amphitryon' u. s. franz. Vorlage*. Diss. Frankfurt 1934. H. H. J. de L e e u w e, *Molières u. Kleists 'Amphitryon'*. Neophil. 31 (1947) S. 174-193. Wolfgang K a y s e r, *Die iberische Welt im Denken J. G. Herders* (1945). Margret O h l i s c h l a e g e r, *Die span. Romanze in Deutschland*. Diss. Freiburg i. Br. 1926. Herm. T i e m a n n, *Das span. Schrifttum in Deutschland von d. Renaissance bis zur Romantik* (s. § 6). Ders., *Lope de Vega in Deutschland. Krit. Gesamtverz. d. auf dt. Bibl. vorhandenen älteren Lope-Drucken u. Hss. nebst Versuche e. Bibliogr. d. dt. Lope-Lit. 1629-1935* (1939; Mittlgn. a. d. Bibl. d. Hansestadt Hamburg 5). Ders., *Lope de Vegas Bild u. Wirkung in Deutschland*. Roman. Jb. 1 (1947-48), S. 233-277. E. v o n J a n, *El romanticismo español y el aleman en sus relaciones recíprocas*, in: *Estudios germánicos en homenaje a J. C. Probst* (Buenos Aires 1953), S. 60-78, W. N a u m a n n, *Grillparzer u. d. span. Drama* DVLG. 28 (1954) S. 345-372. Werner B r ü g g e m a n n, *Span. Theater u. dt. Romantik*. Bd. 1 (1964; Span. Fschgn. d. Görres-Ges. II, 8). J. J. A. B e r t r a n d, *Cervantes et le romantisme allemand* (Paris 1914). Harri M e i e r, *Zur Entwicklung d. europäischen Quijote-Deutung*. RomFschgn. 54 (1940) S. 227-264. Werner B r ü g g e m a n n, *Cervantes u. d. Figur d. Don Quijote in Kunstanschauung u. Dichtung d. dt. Romantik* (1958; Span. Fschgn. d. Görres-Ges. II, 7). H. S c h n e i d e r, *A. v. Humboldt als Kritiker span. u. portugies. Literatur*, in: *A. v. Humboldt. Studien zu seiner universalen Geisteshaltung*, hg. v. Joachim H. Schultze (1959) S. 243-257. H. F l a s c h e, *F. Schlegel u. d. Romania. I. F. Sch. u. Portugal*. DVLG 32 (1958) S. 417-447. Albert Z i p p e l, *W. Heinse u. Italien* (1930; JenGerm Fschgn. 15). Regina H ä u s l e r, *Das Bild Italiens in d. dt. Romantik* (1936; SprDchtg. 63). L. M i t t n e r, *Galatea. Die Romantisierung d. ital. Renaissancekunst u. -dichtung in d. dt. Frühromantik*. DVLG 27 (1953) S. 555-581. Lavinia M a z z u c c h e t t i, *A. W. Schlegel u. d. ital. Literatur* (Zürich 1917). C.-Ch. F u c h s, *Dante in d. dt. Romantik*. Dt. Dante-Jb. 15 (1933) S. 61-131. *Dante e la cultura tedesca. Convegno di studi danteschi, Bressanone 1965* (Padova 1967). Lidia P a c i n i, *Petrarca in d. dt. Dichtungslehre vom Barock bis zur Romantik* (s. § 7). Walther R e h m, *Das Werden d. Renaissancebildes in der dt. Dichtung vom Rationalismus bis zum Realismus* (1924). W. M ö n c h, *Das Sonett. Gestalt u. Geschichte* (1955). O. L ö h m a n n, *Die Rahmenerzählung d. Decameron. Ihre Quellen u. Nachwirkungen*. (1935). Wolfgang W i e s n e r, *Ariost im Lichte d. dt. Kritik*. Diss. Basel 1941. Herbert F r e n z e l, *Ariost u. d. romantische Dichtung* (1962; Studia italiani 7). J. P e t e r s e n, *H. von Kleist u. T. Tasso*. ZfdU. 31 (1917) S. 273-289; 337-359.

V. Realismus und Zeitkritik

§ 15. Das Junge Deutschland. Mit der Politisierung der Dichtung in der ausgehenden Romantik und im Jungen Deutschland verstärkt sich wieder die franz. Einwirkung auf die dt. Literatur, wobei es sich mehr um ideell-gedankliche als um künstlerische Einflüsse handelte. Nach dem Vorbild von Bérangers *Chansons* schlugen zahlreiche Dichter politische und soziale Töne in ihren Liedern an. Adalbert von Chamisso, „ein in deutsches Gemüt getauchter Béranger" (Ermatinger), der als gebürtiger Franzose zu einer Mittlerrolle zwischen Frankreich und Deutschland prädestiniert war, stellte seinem Nachtwächterlied ein Motto von Béranger voran: „Eteignons les lumières et rallumons le feu" und übertrug eine Anzahl von Bérangers Liedern ins Dt. Obgleich die Polen- und Griechenlieder ein allgemein europäisches Thema bildeten, dürften bei ihrem Aufkommen in Deutschland auch franz. Anregungen wirksam gewesen sein.

Die franz. Julirevolution von 1830 gab den wesentlichen Anstoß zur Entstehung des Jungen Deutschland, dessen Name in Analogie zu den vom gleichen Geist beseelten Bewegungen der *Giovane Italia* und der *Jeune France* gewählt worden war. Unter dem Eindruck des Sieges des liberalen Gedankens in Frankreich fordern die Jungdeutschen eine geistige, politische und soziale Neuorientierung, die sich an den Idealen der Aufklärung, der großen Franz. Revolution und des *Saint-Simonismus* inspiriert: Auflehnung gegen Dogma und Konvention auf allen Lebensgebieten, totale Freiheit des Denkens, eine dem Leben dienende Literatur, verstanden als Tendenzliteratur. Das Frankreich der Juli-Revolution ist nach Georg H e r w e g h, der als politischer Lyriker die dt. Revolution gefeiert hat, gleichbedeutend mit Religion; Paris erscheint als das Zentrum alles geistigen Fortschritts. Die zur Verbreitung der jungdt. Ideen von Gutzkow und W i e n b a r g herausgegebene *Deutsche Revue* nimmt sich die großen franz. Revuen zum Muster.

Den freiheitlich gesinnten Geistern, welche die politischen Verhältnisse zum Verlassen Deutschlands gezwungen hatten, wurde Paris zu einer neuen Heimat. Die zentralen Gestalten im Kreis der dt. Emigranten in Paris sind Heinrich H e i n e und Ludwig B ö r n e. Heine, der sich nach seiner Ankunft im Jahre 1831 in der Atmosphäre der Pariser Gesellschaft sehr schnell heimisch fühlte, berichtete regelmäßig in der *Augsburger Allgemeinen Zeitung* über Politik, Kunst und Volksleben in den Jahren des Bürgerkönigtums. In diesen Berichten über *Französische Zustände* wird sich Heine als einer der ersten der engen Verflechtung der politischen und sozialen Probleme bewußt und zeigt dementsprechend ein besonderes Interesse für die Lehren des Sozialreformers S a i n t - S i m o n und seiner Schüler.

Wie Heine ist auch Börne als Publizist bei den Franzosen in die Lehre gegangen. Börne, der seit 1830 dauernd in Paris weilte, ruft mit seinen *Briefen aus Paris* eine heftige Reaktion in Deutschland hervor, die zum Verbot der Briefe durch den Deutschen Bundestag führte. Mit den *Paroles d'un croyant* von Lamenais überträgt Börne ein Werk ins Dt., das dank des darin mit prophetischen Worten verkündeten Anbruchs eines neuen Zeitalters der Freiheit einen tiefen Eindruck auf die Zeitgenossen gemacht hat.

Die die Publizistik beherrschende Tendenz zur Kritik an den zeitgenössischen politischen und sozialen Verhältnissen kehrt im Zeitroman wieder. Auch hier bietet die franz. Lit. mannigfache Anregungen. Karl G u t z o w, der sich nach der Juli-Revolution der Politik zugewandt und auch eine Zeitlang in Paris aufgehalten hatte (*Briefe aus Paris*, mit einer Kritik der franz. Zustände), ist von Eugène S u e, dem Verfasser einer Vielzahl spannender Handlungsromane, beeinflußt worden und hat von ihm die idealisierte Gestalt des aufrührerischen Volksmannes übernommen. Wie Sues Romane sind auch die Gutzkows hauptsächlich auf stoffliche Spannung abgestellt und lassen dabei zuweilen die nötige psychologische Durchdringung vermissen. Auch Gutzkows Schüler Friedrich Spielhagen steht mit seinen politisch-liberalen von weltanschaulichem Pathos erfüllten Romanen unter dem Einfluß des vielschreibenden Franzosen.

Die jungdt. Forderung nach Emanzipation und Gleichberechtigung der Frau entspricht Saint-Simonistischen Ideen, die in den Romanen der George S a n d (*Lélia, Indiana, Valentine*) ihren literar. Ausdruck gefunden hatten. Die Emanzipationsromane der Gräfin H a h n - H a h n, welche die jungdt. Ideen über die Stellung der Frau im gesellschaftlichen Leben fruchtbar zu machen suchte, lehnen sich z. T. so eng an George Sand an (*Lélia*), daß man eine Übersetzung vor sich zu haben glaubt. Auch für die sozialen Tendenzromane der Luise A s t o n - M e i e r ist George Sand Vorbild gewesen. Während E. Sue und G. Sand über Gebühr geschätzt und nachgeahmt werden, hat B a l z a c mit seiner *Comédie humaine* auf den jungdt. wie auch auf den späteren dt. Roman nur einen relativ geringen Einfluß ausgeübt. Auch im Werk Georg Büchners, welcher der jungdt. Ideologie nahe stand, werden franz. Einflüsse wirksam. Abgesehen von der Verwertung franz. Geschichtsquellen in *Dantons Tod*, hat sich Büchner offenbar von Musset anregen lassen, so etwa in seinem Lustspiel *Leonce und Lena*. Eine den Jungdeutschen verwandte Einstellung zeigt auch Ferdinand F r e i l i g r a t h in seinen politisch-sozialen Gedichten. Mit den Gedichtsammlungen *Ein Glaubensbekenntnis, Ça ira* und *Neuere politische und soziale Gedichte* bekannte er sich zu den Idealen der Französischen Revolution. In schmiegsamen Nachdichtungen hat er die franz. Romantiker H u g o, M u s s e t, L a m a r t i n e, Marceline D e s b o r d e s - V a l m o r e in dt. Verse übertragen.

G. J a f f é, *L'influence de Béranger en Allemagne.* RLC. 21 (1947) S. 334-354. Christian P e t z e t, *Die Blütezeit d. dt. polit. Lyrik 1840-1850* (1903). Emil E r m a t i n g e r, *Die dt. Lyrik seit Herder.* 3 Bde (1925). Hans B l o e s c h, *Das Junge Deutschland u. s. Beziehungen zu Frankreich* (1903; UntNsprLitg. 1). Werner S u h g e, *Saint-Simonismus u. Junges Deutschland. Das Saint-Simonistische System in d. dt. Literatur der ersten Hälfte d. 19. Jh.s* (1935; GermSt. 164). Hugo von K l e i n m a y r, *Welt- und Kunstanschauung d. Jungen Deutschland. Studien z. Geistesgesch. d. 19. Jh.s* (Wien 1930). Friedr. H i r t h, *Heinrich Heine u. s. franz. Freunde* (1949). Victor K l e m p e r e r, *Die Zeitromane Friedr. Spielhagens u. ihre Wurzeln* (1913; FschgnNLitg. 43). Heidi S a l l e n b a c h, *George Sand u. d. dt. Emanzipationsroman.* Diss. Zürich 1942. Fritz N e u b e r t, *Balzac und Deutschland,* in: Neubert, *Studien zur vergleichenden Literaturgeschichte* (1952) S. 115-146. Armin R e n k e r, *Büchner u. Musset.* Inselschiff 3 (1921/22) S. 284-285. Ders., *Georg Büchner u. d.*

Lustspiel d. Romantik. E. Studie über 'Leonce u. Lena' (1924; GermSt. 34). E. F r e n z e l, *Musset 'Lorenzaccio' — ein mögliches Vorbild für 'Dantons Tod'.* Euph. 38 (1964) S. 59-68.

§ 16. Der Einfluß des französischen Realismus und Naturalismus. Die bereits im Jungen Deutschland vorhandene Tendenz zum Realismus bestimmt die literar. Entwicklung in der zweiten Hälfte des 19. Jh.s. Damit übt Frankreich als die Wiege des europäischen Realismus und Naturalismus einen noch stärkeren Einfluß aus als zuvor, direkt und indirekt über die nord. und russ. Literatur, über B j ö r n s o n, I b s e n und T o l s t o i, deren Gesellschaftskritik sich weitgehend am franz. Vorbild orientiert. Aus Frankreich stammen die weltanschaulichen Grundlagen für die vom Realismus wie vom Naturalismus geforderte exakte Wiedergabe der Wirklichkeit des Menschen und seiner Umwelt: C o m t e s Positivismus und T a i n e s Milieutheorie. Unter Verwerfung jeder Metaphysik sucht man den Menschen in einen naturgesetzlichen Kausalitätszusammenhang einzuordnen und ihn als Produkt von Milieu und Vererbung zu erklären.

Die entsprechende Literarästhetik ist im Prinzip bereits bei S t e n d h a l vorhanden („*Un roman est un miroir qui se promène sur une grande route. Tantôt il reflète à vos yeux l'azur des cieux, tantôt la fange des bourbiers de la route*"), wird dann von F l a u b e r t in dessen Auffassung vom vollkommenen Stil als der von aller Subjektivität gereinigten dichterischen Aussage zum künstlerischen Programm erhoben und von Z o l a zur Theorie des Naturalismus weiterentwickelt. Unter dem Einfluß des Studiums naturwissenschaftlicher und medizinischer Werke (vor allem Claude B e r n a r d, *Introduction à la médecine expérimentale,* 1865) fordert Zola (*Le roman expérimental, Une campagne, Le Naturalisme au théâtre, Mes Haines*), die Lit. solle, dem Geiste des Jh.s entsprechend, sich der naturwissenschaftlichen Methoden bedienen und mit Hilfe einer genauen Registrierung der Tatsachen (*documentation*) den Menschen in seinen determinierenden Daseinsbedingungen darstellen, wobei alle psychischen Phänomene auf ihre physiologischen Ursachen zurückzuführen seien. Im *roman expérimental* soll sich der Schriftsteller nicht mehr nur darauf beschränken, die Natur zu beobachten, sondern wie bei einem natur-wissenschaftlichen Experiment die auf den Menschen wirkenden Faktoren in desser Eigenschaften und Handlungen sichtbar machen.

In diesem Sinne schreibt Zola mit de Romanserie der *Rougon-Macquart* die „Naturgeschichte einer Familie unter dem 2. Kaiserreich", deren Entwicklung durch das *milieu intérieur* (die vererbungsphysiologische Belastung) und das *milieu extérieur* (die korrupte Welt des 2. Kaiserreichs) bestimmt ist Trotz seiner Bindung an die naturwissenschaftliche Methode hat sich Zola eine gewisse künstlerische Freiheit gewahrt, wa auch seine Definition des Kunstwerkes al *un coin de la création vu à travers un tempérament* zum Ausdruck bringt.

Die Einwirkung der literar. Produktion des franz. Realismus und Naturalismus au Deutschland ist verschieden intensiv gewesen. Stendhals Bedeutung wurde im 19. Jh. von N i e t z s c h e abgesehen, überhaupt nicht erkannt; Balzac fand nur geringes Interesse, und auch Flaubert übte nur selten einen unmittelbaren Einfluß aus. Thoma M a n n weiß sich mit Flaubert einig in de Bejahung der im Gegensatz zur eigenen Zei stehenden Künstlerexistenz (*Bouvard et Pé cuchet* war ein Lieblingsbuch Manns). Vo Flaubert übernimmt er wahrscheinlich auc den Begriff des *ennui,* ein Schlüsselwort fü seine frühen Novellen, und die die Gesta des Hanno in den *Buddenbrooks* beherr schende Grundstimmung der *décadence.*

Von M a u p a s s a n t s Novellen, die de Menschen als ein Triebbündel in der Bana lität des Alltags zeigen und damit den Lese zur völligen Desillusionierung führen, is eine stärkere Wirkung ausgegangen. Sie sin für Hans T o v o t e (*Im Liebesrausch, Fal obst, Frühlingsstimme*) und Georg Freiher v o n O m p t e d a (*Die Sünderin, Drohner* Vorbild gewesen. Auch in S c h n i t z l e r Novelle *Sterben* ist Maupassants Einflu spürbar. Freilich fehlt allen seinen dt. Nach ahmern „das gespielt Sorglose, Unbeteiligt Maupassants" (Wais).

Der psychologisch stark differenzierte *ré lisme élégant* der Brüder Edmond und Jule G o n c o u r t, die in ihren Romanen mit Vo liebe Verfallserscheinungen im bürgerliche Milieu behandeln, wurde in Deutschland b sonders geschätzt. Hermann B a h r, Arth Schnitzler und Stefan Z w e i g waren em fänglich für die Feinheit der physiologisch-psychologischen Analysen und die Gesuchtheit des Stils der Goncourt. Thomas M a n n hat nach seinem eigenen Eingeständnis bei der Abfassung der *Buddenbrooks* wesentlich unter dem Eindruck der dt. Übers. der *Renée Mauperin* der Brüder Goncourt gestanden.

Am nachhaltigsten hat Z o l a die literar. Entwicklung in Deutschland beeinflußt. Die Schriftsteller der 80er Jahre, die sich in ihren Werken an den durch die Fortschritte der Naturwissenschaft und durch die sozialen Probleme bestimmten Zeitgeist inspirieren wollten, sahen in Zola einen Führer auf ihrem Wege. Seit dem Erscheinen der von Michael Georg C o n r a d gegründeten Zeitschrift *Die Gesellschaft* (1885) wird Zola einem größeren Kreis bekannt. Die Brüder H a r t (*Kritische Waffengänge*), K. B l e i b - t r e u (*Die Revolution der Literatur*) und W. B ö l s c h e (*Naturwissenschaftliche Grundlagen der Poesie*) übernehmen wesentliche Teile aus Zolas Theorie des Naturalismus. Arno H o l z (*Lettre à Zola*) und Johannes S c h l a f gehen mit ihrer Forderung einer völlig objektiven Wiedergabe der Wirklichkeit (*Sekundenstil*) noch weiter als Zola, aus dessen Definition des Kunstwerks nunmehr das *tempérament* ausgeschaltet wird.

Nach dem Vorbild der *Rougon-Macquart* plant M. G. Conrad einen zehnbändigen naturalistischen Zyklenroman über München, von dem jedoch nur drei Bände zustandegekommen sind. Allerdings hat Conrad bei aller Bewunderung Zolas erkannt, daß dessen Behauptung, wonach Natur und Kunst den gleichen Gesetzen gehorchen, sich nicht halten läßt. Zolas Einfluß ist auch in H a u p t m a n n s Novelle *Bahnwärter Thiel* wirksam gewesen. Wenn der Verfall ein Lieblingsthema von Zola wie von Thomas Mann war, kann dabei eine Beeinflussung vorgelegen haben, die sich jedoch angesichts der weiten Verbreitung dieses Themas in der naturalistischen Lit. nicht eindeutig nachweisen läßt. Eher kann man von einem Einfluß Zolas auf Heinrich M a n n sprechen; seine Romane (*Professor Unrat, Der Untertan*) und Essays (*Macht und Mensch*) üben Zeit- und Gesellschaftskritik nach dem Muster Zolas, den er den Dt. als Vorbild hinstellt. Mit seiner Kunst der Massendarstellung hat Zola auch Klara V i e b i g beeinflußt.

Umgekehrt wie in Frankreich, wo die bedeutenden Leistungen des Naturalismus auf dem Gebiet der erzählenden Prosa liegen und das naturalistische Theater auf keinem hohen Niveau steht, hat sich in Deutschland das naturalistische Prinzip im Drama künstlerisch fruchtbarer erwiesen als im Roman. Das Meisterwerk des dt. Naturalismus, Hauptmanns *Weber*, verdankt Zolas *Germinal*, der erschütternden und zugleich anklagenden Darstellung des Elends der von den Unternehmern ausgebeuteten franz. Bergarbeiter, wichtige Anregungen. S u d e r - m a n n hat in seinen oft gespielten, aber auch stark kritisierten Dramen manche Elemente aus den Thesenstücken des franz. Naturalismus übernommen. Wenn die Kritik Sudermann spöttisch „einen deutschen Scribe" genannt hat, so deswegen, weil Sudermanns Stücke ähnlich wie die des gewandten franz. Theatermanns zwar bühnenwirksam sind, aber ohne eine tiefere Problematik. Mehr noch als Eugène S c r i b e dürfte Victorien S a r - d o u Sudermanns dramatische Produktion beeinflußt haben. Auch in Sardou fand Sudermann einen Bühnenautor, der jederzeit bereit war, die künstlerische Wahrheit dem theatralischen Effekt zu opfern. Wie sehr diese Praktik des franz. Theaters dem dt. Publikumsgeschmack entsprach, zeigt die Tatsache, daß die Stücke eines Scribe, eines Sardou und eines D u m a s F i l s die Spielpläne der dt. Theater in den 80er Jahren geradezu überschwemmten.

Unabhängig vom Programm des Naturalismus hat Theodor F o n t a n e seine realistischen Gesellschaftsromane geschrieben. Wo man in ihnen ähnliche Züge wie im franz. Realismus entdecken kann, dürften diese aus einer der franz. verwandten Geisteshaltung zu erklären sein, die in Fontanes Abstammung aus einer Hugenottenfamilie begründet ist. Ein unmittelbarer franz. Einfluß ist unwahrscheinlich, da Fontane die entsprechende franz. Romanliteratur, wenn überhaupt, nur in sehr geringem Umfange gekannt hat.

René D u m e s n i l, *Le Réalisme* (Paris 1936; Histoire de la littérature française 9). Pierre M a r t i n o, *Le naturalisme français* (Paris 1923; Coll. Armand Colin 27). Ferdinand B r u n e t i è r e, *Le roman naturaliste* (Paris 1932). Hugo F r i e d r i c h, *Die Klassiker d. franz. Romans. Stendhal, Balzac, Flaubert* (1939; 2. Aufl. 1950). K. W a i s, *Zur Aus-*

wirkung d. franz. naturalistischen Romans auf Deutschland, in: *Deutschland-Frankreich. Ludwigsburger Beiträge zum Problem d. dt.-französischen Beziehungen* (1954) S. 149-168. Martin S c h l a p p n e r, *Thomas Mann u. d. franz. Lit. Das Problem d. Dekadenz.* Diss. Bern 1950. A. P o t t h o f f, *Paul Ernst u. d. franz. Naturalismus.* NSpr. 44 (1936) S. 317-338. F. R a u h u t, *Zola — Hauptmann — Pirandello. Von d. Verwandtschaft dreier Dichtungen.* GRM. 26 (1938) S. 440-466. Irmgard M ü l l e r, *Gerhart Hauptmann und Frankreich* (1940; SprKult). C 18). Ursula W i s k o t t, *Franz. Wesenszüge in Theodor Fontanes Persönlichkeit u. Werk* (1938; Pal. 213).

VI. V o m A u s g a n g d e s 19. J a h r h u n d e r t s b i s z u r G e g e n w a r t.
§ 17. B e z i e h u n g e n z u F r a n k r e i c h.
Im Verlauf des 19. Jh.s wird die literar. Produktion der europäischen Völker in steigendem Maße Ausdruck allgemeiner das ganze Abendland erfassender geistiger Strömungen und künstlerischer Stilbewegungen. Daher erscheint es vielfach angebracht, statt von Einflüssen der einen Lit. auf die andere von einem wechselseitigen Austausch auf der Grundlage eines gemeinsamen Lebensgefühls zu sprechen. Die Reaktion gegen Positivismus und Naturalismus ist ein europäisches Phänomen, obwohl es nicht überall zur gleichen Zeit in Erscheinung tritt. Auf dieser Reaktion beruht eine neue Dichtungslehre, die durch Bezeichnungen wie Symbolismus, Neuromantik oder Dekadenzdichtung jeweils nur in einzelnen ihrer Merkmale, nicht aber als Ganzes erfaßt wird. Dichtung ist nicht mehr Wiedergabe der Wirklichkeit, weder der objektiven Dingwelt, noch der subjektiven Empfindungen des Ich, sondern Dichtung ist eine bewußt geübte Sprachmagie, die eine ähnliche suggestive Wirkung wie die Musik erzielen will. Diese neue Art zu dichten, die der allgemeinen Tendenz der modernen Kunst zur *„Entmenschlichung"* (Ortega y Gasset) entspricht, begegnet zuerst in Frankreich. „Mit B a u d e l a i r e wurde die französische Lyrik zu einer europäischen Angelegenheit" (Friedrich). Verbunden mit dem Streben nach der „Reinigung" der Dichtung vom Menschlichen ist die Isolierung des Dichters von der Gesellschaft, seine Flucht in eine künstliche Existenz wie die des *Dandy*, wofür wiederum Baudelaire beispielgebend gewirkt hat.

Die von Baudelaire ausgehende Entwicklung verläuft über R i m b a u d, V e r l a i n e,

M a l l a r m é bis zu V a l é r y. Von 1890 an breitet sie sich von Frankreich auf die anderen europäischen Literaturen aus, wodurch sich eine bis in die Gegenwart fortdauernde Gemeinsamkeit des Grundgefüges der europäischen Lyrik ergibt. In Deutschland sind St. G e o r g e, H o f m a n n s t h a l und R i l k e die bahnbrechenden Vertreter der neuen Lyrik. Als der junge George, der dank seiner Familientradition „Frankreich mit dem Bewußtsein des Erben" (Curtius) betrat, nach Paris kam, empfing er von den Dichtungen Baudelaires, Mallarmés und Verlaines entscheidende Anregungen. 1901 veröffentlichte er eine Übers. von Baudelaires *Fleurs du mal.* Obgleich sich später sein Verhältnis zu Frankreich abgekühlt hat, verdankt er doch der zeitgenössischen franz. Dichtung ein gut Teil formaler Zucht, wie er denn überhaupt die innere Harmonie des romanischen Geistes schätzte: „Vom nordischen Geist bleibt dem Deutschen nicht viel zu lernen, was er nicht schon besitzt ohne die Verzerrungen. Vom romanischen jedoch die Klarheit, Weite, Sonnigkeit" (*Blätter für die Kunst*).

Hofmannsthals Beziehungen zur franz. Lit. sind nicht auf die moderne Lyrik beschränkt. Schon der Gymnasiast las die großen franz. Autoren des 17. und 18. Jh.s; mit einer Studie über die Entwicklung des Dichters Victor H u g o wollte sich Hofmannsthal an der Wiener Universität habilitieren. Er verehrt in Hugo den Sprachgenius, der jenen Kult des Wortes eingeleitet hat, der in der modernen Sprachmagie eine letzte Steigerung erfährt. Die Einleitung, die Hofmannsthal zu Alfred G o l d s Übers. von F l a u b e r t s *Éducation sentimentale* verfaßt hat, und sein Essay über B a l z a c in der Insel-Ausgabe der *Menschlichen Komödie* zeugen von seinem tiefen Verständnis für die Meister des franz. Realismus. Die intensive Beschäftigung mit der franz. Lit. hat ihre Spuren auch im dichterischen Werke H o f m a n n s t h a l s hinterlassen. Mit M a e t e r l i n c k, der den Symbolismus auf die Bühne gebracht hat, verbindet ihn mancherlei Gemeinsames. Aber auch Bühnenautoren früherer Epochen wie M o l i è r e und M u s s e t haben ihm manche Anregung für sein eigenes dramatisches Schaffen gegeben. Ähnlich wie George hat sich Hofmannsthal im Laufe seines Lebens von Frankreich abgekehrt, um sich dafür dem romanischen Süden zuzuwenden.

Für R i l k e s Leben und Schaffen gewinnt die Auseinandersetzung mit Frankreich entscheidende Bedeutung. „Er liebte Frankreich, weil er darin die höhere Art sah" (R. Kassner, der zu Rilkes Wiener und Pariser Freundeskreis gehörte). Schon die Stadt Paris, wohin er 1902 übersiedelte, um eine Monographie über R o d i n zu schreiben, war für ihn ein tiefes Erlebnis. Rodin, den er schwärmerisch verehrte, wird ihm als Mensch und Künstler zum Vorbild. In der Anschauung von Rodins Werken wird ihm Kunst zur Religion; zugleich lehrt ihn der „Meister" ein neues Arbeitsethos: *il faut travailler, rien que travailler. Et il faut avoir patience.* Neben Rodin werden für die Entwicklung von Rilkes Kunst auch die franz. Symbolisten (Baudelaire, Mallarmé, Verlaine, Maeterlinck, Verhaeren) wichtig. Der Wohlklang und die Klarheit der franz. Sprache ziehen Rilke an und lassen ihn schon bald mit Übertragungen franz. Dichter beginnen. Wenn auch diese Übertragungen zuweilen vom Original abweichen, offenbaren sie doch eine große Einfühlungsgabe und bedeuten für Rilkes künstlerischen Werdegang eine Bereicherung seiner dichterischen Möglichkeiten. In seiner Übertragung entkleidet er die Sonette der Louize L a b é der zeitgebundenen preziösen Elemente und verleiht ihnen einen zeitlosen Charakter. Mit den *Briefen der Marianna Alcoforado* überträgt er in adäquatem Stil eine durch die Schlichtheit des Ausdrucks und die Natürlichkeit der Empfindung ergreifende Liebesdichtung des *grand siècle*. Maurice d e G u é r i n, dessen *Centaure* er übersetzt, wird ihm „Brücke zum Orpheus" (Bauer). Guérins Forderung *s'unir aux choses* findet ihr Echo in der Hingabe an die Erde in den *Sonetten an Orpheus*. Ähnlich fördert die Übertragung von Gides *Retour de l'enfant prodigue* die Bereitschaft zum Genuß, zur Lebensbejahung. Rilkes Bewunderung für den sechs Jahre älteren Gide spiegeln eine an ihn gerichteten Briefe wider. Im Lauf der Jahre wandte Rilke seine Bewunderung Valéry zu, „einem Dichter ohnegleichen", dessen Gedichte und Dialoge er übertrug, bzw. nachdichtete. Valérys Einfluß macht sich auch in den *Poèmes français* bemerkbar, in denen Rilkes Frankreich-Erlebnis gipfelt. Verglichen mit seinen dt. Dichtungen wirken Rilkes franz. Dichtungen im allgemeinen heiterer und gelöster.

Von Rimbauds „Alchimie des Wortes" fühlte sich Georg T r a k l fasziniert. Durch Vermittlung K. Klammers (Pseudonym: K. L. Ammer), der außer Rimbaud auch Villon und Maeterlinck übersetzte, übte Rimbaud einen entscheidenden Einfluß auf Trakl aus, der zahlreiche Bilder und Motive des Franzosen übernahm und seinen Wortschatz des Häßlichen ausbeutete. Wie Rimbaud gelangte Trakl auf dem Wege über die Zerstörung der Realität und der Aufhebung der logischen Bezüge zu einer phantastisch-halluzinatorischen Dichtung des Unbewußten und des Unwirklichen. Spuren von Rimbaud finden sich auch in Georg H e y m s Großstadtpoesie und in manchen Liedern Bert Brechts.

Auch in der dt. Prosaliteratur des 20. Jh.s läßt sich — obwohl nicht entfernt in gleichem Umfang wie in der Poesie — franz. Einfluß feststellen. Thomas M a n n findet bei der Überwindung der Dekadenzstimmung neben Nietzsche in Maurice Barrès einen Helfer, „einen Bruder im Geist". Indem Barrès vom Ich-Kult des dekadenten Ästheten auf dem Wege über die Eroberung des Lebens zur Absage an die „décadence" gekommen war, entsprach er Manns Wunsch nach einem einfachen und ungebrochenen Leben. Mit dieser Entwicklung kam er in die geistige Nähe Gides, mit dem ihn eine herzliche Freundschaft verband.

Wie schon Nietzsche eine Bestätigung seines Menschenbildes bei den franz. Moralisten finden zu können glaubte, suchte der ihm in gewisser Hinsicht geistesverwandte Ernst J ü n g e r die Vorläufer seines heroischen Nihilismus in Stendhals Helden und in Rimbauds Liebe zum gefährlichen Leben. Den von ihm bewunderten Dandysmus mit den Attributen der „désinvolture" und der selbstgewählten Isolation fand er in der franz. Lit. des 19. Jh.s vorgebildet.

Seit dem Ende des ersten Weltkrieges ist das allgemeine Interesse für die moderne franz. Lit. ständig gewachsen. Ernst Robert C u r t i u s (*Die literarischen Wegbereiter des neuen Frankreich*, 1919; *Franz. Geist im neuen Europa*, 1925; 1952) hat hier bahnbrechend gewirkt. Heute ist von den franz. Autoren des 20. Jh.s „so gut wie alles übersetzt" (Wais). Autoren wie Romain Rolland, André Gide und Antoine de Saint-Exupéry ist in Deutschland ein außergewöhnlicher Erfolg beschieden gewesen. In den letzten Jahren haben auch die Vertreter des „Nouveau Roman", des „Anti-Romans", Michel Butor, Alain Robbe-Grillet und Nathalie Sarraute, die sich ihrerseits an Kafka orientiert haben, einen Kreis interessierter Leser gefunden. Das dt. Theater erlebte nach 1945 geradezu eine Invasion moderner franz. Stücke (Giraudoux, Anouilh, Sartre, Marcel, Ionesco, Beckett).

Marcel R a y m o n d, *De Baudelaire au surréalisme*. Nouv. éd. (Paris 1947). Hugo F r i e d r i c h, *Die Struktur d. modernen Lyrik* (1956; erw. Neuausg. 1970; Rowohlts dt. Enzyklopädie 25/26 a). *Gedichte d. franz. Symbolismus in dt. Übersetzungen*, hg. v. Wolfgang K a y s e r (1955; Dt. Texte 2). Ludwig G r e b e r t, *Paul Verlaine u. s. dt. Übersetzer*. Diss. Gießen 1928. Freya H o b o h m, *Die Bedeutung franz. Dichter im Werk u. Weltbild St. Georges (Baudelaire. Verlaine. Mallarmé)* (1931; Kölner romanist. Arb. 3). Marie-Luise S i o r, *St. George u. d. franz. Symbolismus*. Diss. Gießen 1932. S. O. P a l l e s k e, *Maurice Maeterlinck en Allemagne* (Paris 1938). C. von F a b e r d u F a u r e, *St. George et le symbolisme français*. CompLit. 5 (1953), II S. 151-166. G. B i a n q u i s, *Hofmannsthal et la France*. RLC. 27 (1953) S. 301-318. E. R. C u r t i u s, *George, Hofmannsthal u. Calderon*, in: Curtius, *Kritische Essays zur europäischen Lit.* (2. Aufl. Bern 1954) S. 128-151. Ders., *Hofmannsthal u. d. Romanität*, ebd. S. 122-127. Marga B a u e r, *R. M. Rilke u. Frankreich* (Bern 1931; SprDchtg. 49). Hartmann G o e r z, *Frankreich u. d. Erlebnis d. Form im Werke Rilkes* (1932). Dietrich G r o ß m a n n, *R. M. Rilke u. d. franz. Symbolismus*. Diss. Jena 1939. M. B e t z, *Rilke à Paris et les Cahiers de Malte Laurids Brigge* (Paris 1941). D. D e r n d a r s k y, *Louize Labé u. Rilke*. RomFschgn. 60 (1947) S. 123-189. Werner K o h l s c h m i d t, *R. M. Rilke* (1948). G. H e s s, *Rilke u. Frankreich*. Neuphilolog. Zs. 1 (1949), H. 2, S. 2-15. *R. M. Rilke*. Les Lettres 4 (1952), Nr. 14-16 (Sonderheft). André G i d e u. R. M. R i l k e, *Correspondance 1909-1926*. Introd. et comment. p. Renée L a n g (Paris 1952). Adrien R o b i n e t d e C l é r y, *Rilke traducteur* (Genève 1956). F. W. M ü l l e r, *Rimbauds Trunkenes Schiff. Gesch. d. dt. Übertragungen*. Die Wandlung 1 (1945/46) S. 981-992. R. G r i m m, *Georg Trakls Verhältnis zu Rimbaud*. GRM. 40 (1959) S. 288-315. Ders., *Zur Wirkungsgeschichte Maurice Maeterlincks in d. dt.-sprachigen Lit. 1. M.s Einfluß auf G. Trakl; 2. Fünf ungedruckte Briefe M.s an s. dt. Übersetzer*. RLC. 33 (1959) S. 535-544. M. S c h l a p p n e r, *Thomas Mann u. d. franz. Literatur* (s. § 16). R. T h i e b e r g e r, *Franz. Einstreuungen im Werk Thomas Manns*, in: *Deutschland-Frankreich. Ludwigsburger Beiträge zum Problem d. dt.-franz. Beziehungen*. Bd. 2 (1957), S. 309-318. William David W i l l i a m s, *Nietzsche and the French. A study of the influence of Nietzsche's French reading o his thought and writing* (Oxford 1952). K W a i s, *Das Schrifttum der franz. Aufklärun in s. Nachleben von Feuerbach bis Nietzsch E. Kapitel dt.-franz. Begegnung*, in: *Fo schungsprobleme d. vergl. Literaturgesch.* (1958) S. 67-110. R. G r u e n t e r, *Formen (Dandysmus. E. problemgeschichtliche Stud über E. Jünger.* Euph. 46 (1952) S. 170-20 K. W a i s, *Fünfhundert Jahre franz. Lit. i Spiegel der dt. Meinung.* ArchfNSprLit. 10 (1956) S. 290-305.

§ 18. B e z i e h u n g e n z u I t a l i e n. Di geistige Auseinandersetzung mit Italien gi in erster Linie der ital. Kultur und Lit. de Vergangenheit, wohingegen das heutige Ita lien relativ wenig Beachtung findet. Das In teresse, das man seit dem Erscheinen vo Jacob Burckhardts *Kultur der Renaissanc in Italien* (1860) in steigendem Maße de ital. Renaissance entgegenbrachte, war nich nur historischer Natur, sondern zugleich auc Ausdruck der aus der Antithese zur „Mittel mäßigkeit" der eigenen Zeit entspringende Sehnsucht nach einer gesteigerten Lebens intensität, wie man sie in den großen Per sönlichkeiten und Machtmenschen der Re naissance bewunderte. In vielen seiner No vellen verherrlicht C. F. M e y e r die übe schäumende Lebenslust und hemmungslos Leidenschaft des Renaissance-Mensche Auch die von Meyer beeinflußte Isolde K u r behandelte Themen aus dem Italien des 1 und 16. Jh.s. Zwei Meisterwerke der Renais sancedichtung sind durch Rudolf H a g e l stanges kongeniale Nachbildungen ver lebendigt worden: Polizianos *Orfeo* (195 und Boccaccios *Ninfale Fiesolano* (1957).

Neben der Renaissance ist es Dante Werk, das über den Bereich der Fachgelehr ten hinaus immer wieder zu Übersetzunge und Nachdichtungen angeregt hat (St. Ge orge, R. Borchardt, G. Hauptmann). Rudo B o r c h a r d t, der seine formstrenge Kuns an romanischen Vorbildern schulte, beschreib in seinem Essay über die *Villa* (1907) „ein Institution des italienischen Gesamtdaseins und bietet in dem Portrait von *Pisa* (193 veröff. 1948) den Versuch einer Gesamtscha der vorflorentinischen Kultur der Toskana Der ital. Geschichte des 19. Jh.s, insbeson dere dem nationalen Befreiungskampf Ita liens, dem Risorgimento, hat Ricarda H u c ihren *Garibaldi-Zyklus* gewidmet.

H o f m a n n s t h a l, väterlicherseits mit ei nem Mailänder Patrizier-Geschlecht verwand zeigte eine geistige Hinneigung zu Italien, das er von Jugend an kannte und dessen Sprache er fließend beherrschte. Venedig, für ihn „die schönste Stadt der Welt", bildet wiederholt den Schauplatz seiner Dichtungen. Auf die ital. Kultur kommt er häufig zu sprechen. In verschiedenen Essays hat er sich mit Gabriele D'Annunzio auseinandergesetzt, dem er als „einem außerordentlichen Künstler" hohe Anerkennung zollt. R i l k e verdankt seinen verschiedenen Aufenthalten in Italien eine Fülle von Eindrücken (*Toskanisches Tagebuch*) und Erkenntnissen, die seine Dichtung befruchteten, — „in dem Erlebnis von Florenz wurzelt das *Stundenbuch*" (Wocke) — sich jedoch nicht zu einem Werk verdichtet haben, in dem das Italien-Erlebnis einen unmittelbaren Ausdruck gefunden hätte. Seine Michelangelo-Übertragungen sind Nachdichtungen, die aus einer anderen Seelenlage erwachsen.

Im Bereich der Literarästhetik hat in Karl Vossler und in seiner Schule der neuidealistischen Philologie die Philosophie Benedetto Croces (*Estetica*, 1902) weitergewirkt. Der Briefwechsel zwischen C r o c e und V o s s l e r ist eins der schönsten Zeugnisse für die fruchtbare Begegnung des ital. und des dt. Geistes im Zeichen eines gemeinsamen Glaubens an die Werte der abendländischen Kultur.

Obwohl in Italien nach dem zweiten Weltkrieg im „Neorealismo" und seit der Mitte der 50er Jahre mit mannigfaltigen Versuchen, Prosa, Lyrik und Drama auf dem Boden des sprachlichen Experiments zu erneuern, eine Fülle interessanter Ansätze zu einer avantgardistischen Lit. vorhanden sind, finden diese in Deutschland kaum Beachtung. Im Jahre 1967 betrug der Anteil aller ital. Bücher an den aus fremden Sprachen ins Dt. übersetzten Titeln in der Bundesrepublik einschließlich West-Berlin nur 2,6 %. Lediglich die Meisterwerke des filmischen „Neorealismo" riefen beim dt. Publikum ein lebhaftes Echo hervor.

W. R e h m , *Der Renaissance-Kult um 1900 u. s. Überwindung.* ZfdPh. 54 (1929) S. 296-328. Otto B l a s e r , *Conrad Ferdinand Meyers Renaissance-Novellen* (Bern 1905; UntsNSpr Litg. 8). Erwin K a l i s c h e r , *Conrad Ferdinand Meyer in s. Verhältnis zur ital. Renaissance* (1907; Pal. 64). Thea von S e u f f e r t , *Venedig im Erlebnis dt. Dichter* (1937; Ital. Studien 2). H. W o c k e , *Hugo von Hofmannsthal u. Italien.* Romanist. Jb. 4 (1951)

S. 374-392. Ders., *Rilkes Michelangelo-Übertragungen.* GRM. 24 (1936) S. 321-336. E. S i e b e l s , *Dante im Erleben R. M. Rilkes.* Dt. Dante-Jb. 23 (1941) S. 182-201. Helmut W o c k e , *Rilke u. Italien* (1940; Gießener Beitr. z. dt. Philologie 73). R. M. R i l k e , *Lettres milanaises 1921-1926.* Introd. et textes de liaison par Renée L a n g (Paris 1956). W. Th. E l w e r t , *Rilke traduttore.* Convivium 29 (1961) S. 35-51. *Carteggio* C r o c e - V o s s l e r *1899-1949* (Bari 1951; dt. Übers. 1955). A. B u c k , *B. Croce e la Germania.* Rivista di studi crociani 4 (1967) S. 129-140.

§ 19. B e z i e h u n g e n z u S p a n i e n . Nach einer längeren Pause gewinnt die span. Lit. am Beginn des 20. Jh.s wieder produktive Bedeutung und zwar für H o f m a n n s t h a l s dramatisches Schaffen. Dieser greift bei seiner Erneuerung des metaphysischen Dramas auf Calderón zurück. Er übersetzt und bearbeitet dessen Stücke, inspiriert sich in seinem *Salzburger Großen Welttheater* an *El Gran teatro del mundo* und übernimmt den Sigismund-Stoff in dem Trauerspiel *Der Turm* aus *La vida es sueño*, wobei ihm die schöpferische Anverwandlung seines Vorbildes, „eine neue Grundlegung des Religiösen von der modernen Situation des Menschen her" (Heselhaus), gelingt. Die sich auf ein eindringliches Studium von Calderóns Kunst gründenden Nachdichtungen von Max Kommerell (*La vida es sueño; la hija del aire*) entsprechen dem Geist des Originals sehr viel mehr als die Umdichtungen Calderónscher *comedias* und *autos* durch Wilhelm von Scholz. Der Einfluß, den der Besuch Spaniens und die Bekanntschaft mit der span. Malerei (El Greco) auf Rilke gehabt haben, läßt sich nicht im einzelnen nachweisen, obgleich der Dichter selbst wiederholt auf die Bedeutung seiner span. Reise hingewiesen hat.

Neben den seit Jahrzehnten beim dt. Theaterpublikum beliebten Dramen von Calderón, Lope de Vega (in den von willkürlichen Änderungen nicht freien Bühnenbearbeitungen H. Schlegels) und Tirso de Molina sind auch die Stücke von F. García Lorca mit Erfolg auf dt. Bühnen aufgeführt worden. Wie ein Teil seiner dramatischen Dichtungen liegt auch Lorcas lyrisches Meisterwerk, der *Romancero gitano*, in Übertragung von E. Beck vor. Starke Beachtung haben zwei der bedeutendsten Denker des modernen Spanien, Miguel de Unamuno und José Ortega y Gasset, der durch seinen Bildungsgang mit der dt. Philosophie eng verbunden ist, gefunden. Namentlich Ortegas kulturkritische Schriften (*Aufstand der Massen*) sind innerhalb seines vollständig ins Dt. übersetzten umfangreichen Werkes viel gelesen worden.

E. R. Curtius, *George, Hofmannsthal u. Calderón*, in: *Krit. Essage z. europ. Lit.* (s. § 17) 128-151. C. Heselhaus, *Calderón u. Hofmannsthal. Sinn u. Form d. theologischen Dramas.* ArchfNSprLit. 191 (1954) S. 3-30. Max Kommerell, *Beiträge zu e. dt. Calderón.* 2 Bde (1946). F. Ulsamer, *Hans Schlegel y la difusión del teatro español en Alemania*, in: *Cuadernos del Instituto del Teatro, Barcelona* (1957) S. 79-85. Jean Gebser, *Rilke u. Spanien* (2., erg. u. ill. Aufl. Zürich 1946). A. I. Laguna, *Thomas Mann descubre a Don Quijote.* Cuadernos hispano-americanos 49 (1962), S. 38-50. F. Niedermayer, *Unamuno u. Deutschland. Zum 100. Geburtstag M. de Unamunos am 29. Sept. 1964.* Literaturwiss. Jb., NF. 5 (1964) S. 177-200. Curtius, *Ortega y Gasset*, in: *Krit. Essays* (s. § 17) 249-281. *Epistolario entre Ortega y Curtius.* Revista de Occidente 2 (1963) S. 329-341; 3 (1963) S. 1-27.
(Abgesehen von bibliographischen Nachträgen in beschränktem Umfang ist das 1958 abgelieferte Manuskript im allgemeinen unverändert geblieben.) *August Buck*

Romanische Literaturen
Provenzalische Dichtung

§ 1. Die Hauptbedeutung der p. D. für die dt. liegt darin, daß die Lyrik der Troubadours den dt. Minnesang hervorgerufen und weitgehend in seiner Beschaffenheit bestimmt hat. Während die meisten Gattungen der altprov. Literatur, besonders gegenüber der afranz., keine Originalität zeigen, besaß die prov. Kunstlyrik von Anfang an eine ausgeprägte Eigenart: es war eine auf konventioneller Grundlage ruhende höfische Poesie, die mit der kulturellen Erscheinung des Minnedienstes in engstem Zusammenhang steht und die Huldigung für hochstehende verheiratete Frauen als hauptsächliches Thema hat. Die Entstehung dieser in den Kreisen des ritterlichen südfranz. Adels gepflegten Dichtung hat man lange Zeit mit der Übernahme eines fertigen Schemas zu erklären versucht, ist aber jetzt zu der Ansicht gelangt, daß die von Ovid vertretene antike Liebesauffassung und die mlat. klerikale Liebesdichtung ebenso wie die in Südspanien blühende arabische Hofpoesie zwar mancherlei Anregungen im einzelnen gegeben haben, daß aber das System als Ganzes, zu dessen Ausgestaltung auch mystische Stimmungen im gleichzeitigen Christentum beigetragen haben, sich in Südfrankreich selbst allmählich herausgebildet hat; die von Südwesten gekommenen Einwirkungen, wobei neben der den Provenzalen sprachlich nicht unmittelbar zugänglichen arabischen Poesie nebenher auch an eine neuerdings entdeckte altspan. Volksdichtung gedacht werden darf, scheinen durch span. Fürstenhöfe nach Frankreich vermittelt zu sein.

Die ältesten bekannten Denkmäler einer prov. Hofdichtung sind uns in den Liedern des Grafen Wilhelms IX von Poitou († 1127) erhalten, und die in der ersten Hälfte des 12. Jh.s sich entwickelnde Troubadourlyrik hat offenbar den Anstoß dazu gegeben, daß nach der Mitte des Jh.s, so wie in Nordfrankreich, auch in Oberdeutschland eine ritterlich-höfische Poesie entsteht; allerdings handelt es sich dabei zunächst nur um eine allgemein kulturelle Einwirkung, die das Eindringen des Minnedienstes in die höfische Gesellschaft Deutschlands begleitet und zuerst in Österreich, bald danach auch in Bayern und Schwaben erkennbar wird. Hier scheint schon in den Liedern der ältesten uns bekannten Minnesänger z. B. bei dem Motiv der Merker und bei der Auffassung der Minne als Dienstverhältnis prov. Einfluß vorzuliegen, während diese älteste dt. Minnedichtung im übrigen noch selbständig ist, indem ihr Ausgangspunkt wohl in der Volksdichtung zu suchen ist.

Friedr. Diez, *Die Poesie d. Troubadours* (2. Aufl. 1883). Eduard Wechßler, *Das Kulturproblem d. Minnesangs.* Bd. 1 (1909). Alfred Jeanroy, *La poésie lyrique des troubadours.* 2 Bde (Toulouse, Paris 1934). Ernst Keller, *Der geistesgeschichtl. Ort d. mhd. Minnesangs.* Diss. Gießen 1934. Käthe Axhausen, *Die Theorien über d. Ursprung d. prov. Lyrik.* Diss. Marburg 1937 (hier die ganze ältere Lit.). Alois Rich. Nykl, *L'influence arabe-andalouse sur les troubadours.* Bulletin hispan. 41 (1939) S. 305-315. Reto R. Bezzola, *Guillaume IX et les origines de l'amour courtois.* Rom. 66 (1940) S. 145-237. Alois Rich. Nykl, *Hispano-Arabic poetry and its relations with the Old Provençal troubadours* (Baltimore 1946) S. 371-411. Theod. Frings, *Minnesinger u. Troubadours* (1949; Dt. Akad. d. Wiss. zu Berlin. Vorträge u. Schriften 34). Joachim Starost, *Die Kunst d. prov. Trobadors.* Dt. Dante-Jb. 34/35 (1957) S. 136-152. Herbert Kolb, *Der Begriff d. Minne u. d. Entstehen d. höf. Lyrik* (1958; Hermaea 4). — Wegen der neuentdeckten altspan. Volksdichtung vgl. Aurelio Roncaglia in: *Cultura neolatina* 11 (1951) S. 177-178,

213-249; G. J. G e e r s in: Neophil. 36 (1952) S. 141-144; Leo S p i t z e r in: CompLit. 4 (1952) S. 1-22. P. F. G a n z, *The 'Canzionerillo Mozarabe' and the Origin of the Middle High German 'Frauenlied'.* MLR. 48 (1953) S. 301-309.

§ 2. Seit etwa 1175 beginnt nun aber der dt. Minnesang sich sowohl inhaltlich als auch formal an das prov. Vorbild anzuschließen. Schon vorher war die nordfranz. Kunstlyrik in gleicher Richtung vom Süden her beeinflußt worden und wirkt in der Folge auch ihrerseits, parallel mit der prov., auf die dt. ein, so daß im einzelnen nicht immer mit Sicherheit zu entscheiden ist, wie weit der unmittelbare Einfluß der prov. Lyrik reicht oder wie weit er durch die afranz. Dichtung vermittelt ist. Jedenfalls ist diese literarische Einwirkung der roman. Lyrik zuerst in Westdeutschland zu bemerken, indem Heinrich von Veldeke sich nach afranz. Mustern gerichtet hat, während bei Friedrich von Hausen Anschluß an prov. Vorbilder nachweisbar ist. Der letztere wird der eigentliche Begründer der romanisierenden Richtung im dt. Minnesang, an ihn schließen sich Albrecht von Johansdorf, Bernger von Horheim, Bligger von Steinach, Hartwig von Rute, Ulrich von Gutenburg an, bei denen aber z. T. auch franz. Einflüsse erkennbar sind. Neben Friedrich von Hausen stehen Rudolf von Fenis, Graf von Neuenburg in der Schweiz und der Thüringer Heinrich von Morungen in engerem Zusammenhang mit der prov. Lyrik. Als besonders beliebte Vorbilder wären Bernart von Ventadorn, Folquet von Marseille, Gaucelm Faidit und Peire Vidal zu nennen, von Nordfranzosen vor allem Gace Brulé; doch handelt es sich meist nur um Übernahme einzelner Stellen aus deren Gedichten, selten um engeren Anschluß an ein ganzes Lied. Die provenzalisierende Richtung findet nun in Oberdeutschland noch verschiedene andere Anhänger und wird dann durch den Elsässer Reinmar von Hagenau auch nach Österreich verpflanzt; doch gelangt schon dessen anfänglicher Schüler Walther von der Vogelweide (wegen Nachahmung prov. Stellen durch Walther vgl. GRM 5, 1913, S. 552-553) zu einer viel selbständigeren Kunstübung und trägt dabei auch neue Auffassungen in das Minneverhältnis hinein. Damit beginnt die Abkehr von der prov. Manier, die im 13. Jh. fast nur noch bei Hildbolt von Schwangau, Otto von

Botenlauben und dem Markgrafen von Hohenburg eine streng traditionelle Fortsetzung gefunden hat. Gleichwohl hat sich der durch die prov. Herkunft bestimmte allgemeine höfisch-konventionelle Charakter des dt. Minnesangs bis ins 15. Jh. erhalten, und viele seiner aus derselben Quelle stammenden formal-metrischen Eigentümlichkeiten leben noch im Meistergesang fort.

Ferd. M i c h e l, *Heinrich von Morungen u. die Troubadours* (1880; QF 38) S. 245-248. Ernst B a l d i n g e r, *Der Minnesänger Rudolf von Fenis-Neuenburg* (1923; Neujahrsblätter d. Lit. Ges. Bern. N. F. 1) S. 43-56. Carl von K r a u s [Hg.], *Heinrich von Morungen* (1925) S. 109-112. Friedr. G e n n r i c h, *Der dt. Minnesang in s. Verhältnis zur Troubadour- u. Trouvèrekunst.* ZfdB. 2 (1926) S. 536-566, 622-632. Friedr. P a n z e r, *Der älteste Troubadour u. d. erste Minnesänger.* DuV. 40 (1939) S. 133-143. Hans S p a n k e, *Dt. u. franz. Dichtung des MA.s* (1943; Frankreich, sein Weltbild u. Europa) S. 73-108. István F r a n k, *Trouvères et Minnesänger. Recueil de textes* (Saarbrücken 1952), darin bibliogr. Angaben, bes. S. XXXVI/IX.

§ 3. Während bei den ältesten Vertretern des dt. Minnesangs oft noch die Frau als der werbende Teil erscheint, ziehen bald unter dem literar. Einfluß der roman. Minnedichtung deren typische Motive in die mhd. Lyrik ein: die Huldigung des Sängers für die Herrin, gern eingekleidet in das charakteristische Bild des Lehnsverhältnisses, Schilderung ihrer Vorzüge, ihres Verhaltens gegenüber dem Liebenden, dessen Gesinnung und Gefühle (vor allem Beteuerung der unwandelbaren Treue und Klagen über die Aussichtslosigkeit der Werbung), sowie andere besondere Motive (Schüchternheit des Liebenden, Verschwiegenheit [*tougen minne*, prov. *celar*], die *merkaere* [prov. *lauzengiers*], Forderung der *mâze* [*mezura*] und *hövescheit* [*cortezia*] usw., wobei die dt. Wörter ihren Bedeutungsinhalt vielfach dem fremden Vorbild entsprechend verschieben), dazu Gedanken über Wesen und Wirkungen der Minne. Daher lassen sich zahlreiche Parallelen zwischen einzelnen Stellen prov. (und afranz.) Kanzonen und mhd. Lieder zusammenstellen (z. B. Diez aaO. S. 238 Anm. 4; Michel aaO. S. 194-228; Wechßler aaO. passim). Auch im ganzen poetischen Charakter des dt. Minnesangs kommt die Wandlung zum Ausdruck: herrschte zunächst noch die unmittelbare Empfindung darin vor, so wird sie unter der roman. Einwirkung mehr und mehr durch Reflexion verdrängt, zugleich geht das Interesse für die anfangs gepflegten Frauenstrophen vorübergehend stark zurück. Auch außerhalb der Minnedichtung im engeren Sinne ist der prov. Einfluß zu verfolgen: das der Kanzone nahestehende Klagelied (prov. *planch*), worin der Dichter den Tod befreundeter Genossen oder fürstlicher Gönner beklagt, findet in Deutschland Nachahmung; unter der Einwirkung des prov. *sirventes* (Rügelied) erweitert die mhd. Spruchdichtung ihren Stoffbereich und gibt seit Walther vor allem politischen Motiven Raum, richtet Lob oder Tadel an einzelne Personen oder auch Stände und ergeht sich in Klagen über den Verfall des höfischen Lebens; weiter erfährt das dt. Tagelied nach dem Muster der prov. *alba* eine Umgestaltung derart, daß die Figur des Wächters, bisweilen auch der Refrain, übernommen wird (Gustav Roethe, AfdA. 16, 1890, S. 90-92); und die prov. Tenzone, das Streitgedicht, hat, speziell in der Unterart des *joc partit* (wobei in der ersten Strophe eine dilemmatische Streitfrage aufgeworfen wird), das dt. *geteilte spil* hervorgerufen, von welcher Gattung uns in verschiedenen „Sängerkriegen" Beispiele erhalten sind. Bei Kanzone und geteiltem Spiel muß übrigens mit einem stärkeren Einfluß auch der nordfranz. Lyrik auf die dt. gerechnet werden, und bei der mhd. Spruchdichtung und beim Klagelied mögen auch von der mlat. Lit. her Einwirkungen stattgefunden haben. Beim mhd. Kreuzlied (vgl. *Kreuzzugsliteratur*) hingegen ist trotz großer Ähnlichkeiten eine direkte literarische Beeinflussung durch die entsprechende prov. (-afranz.) Gattung nicht so deutlich nachzuweisen, und die religiöse Lyrik (z. B. Walthers) ist als völlig unabhängig von der romanischen anzusehen, da religiöse Lieder weltlicher Dichter (abgesehen von einigen Bußliedern) in Süd- und Nordfrankreich bis weit ins 13. Jh. hinein kaum zu finden sind.

Karl B a r t s c h , *Die roman. u. dt. Tagelieder*, in: Bartsch, *Ges. Vorträge u. Aufsätze* (1883) S. 250-317. Herm. S c h i n d l e r , *Die Kreuzzüge in d. altprov. u. mhd. Lyrik*. Progr. Dresden 1889. Herm. S p r i n g e r , *Das altprov. Klagelied*. (1894; BerlBeitrGRPhil. II, 2) S. 45-46. Herm. J a n t z e n , *Gesch. d. dt. Streitgedichtes im MA.* (1896; GermAbh. 13) S. 69-85. Anna L ü d e r i t z , *Die Liebestheorie d. Provenzalen bei d. Minnesingern d. Stauferzeit* (1904; LithForsch. 29). Wilh. N i c k e l , *Sirventes u. Spruchdichtung* (1907; Pal. 63). Friedr. N i c k l a s , *Untersuchg. üb. Stil u.*

Gesch. des dt. Tageliedes (1929; GermSt. 72). Erika M e r g e l l , *Die Frauenrede im dt. Minnesang*. Diss. Frankfurt 1940 S. 25-40.

§ 4. In stilistischer Hinsicht finden mancherlei Bilder und Vergleiche der roman. Lyrik im dt. Minnesang Nachahmung; viel stärker jedoch sind die Umgestaltungen, die der mhd. **Versbau** erfährt. Nach dem Vorbild der streng alternierenden, dabei aber die Wortakzente freier behandelnden (nach Andreas H e u s l e r „bedingt wägenden") roman. Metrik wird der streng akzentuierende, aber mit der Silbenzahl freier umgehende mhd. Versbau allmählich in der Richtung umgebildet, daß ein regelmäßiger Wechsel von streng einsilbiger Hebung und Senkung angestrebt wird. Weiter scheint die roman. Lyrik mit ihrer größeren Mannigfaltigkeit an Versarten die Herausbildung neuer dt. Versmaße gefördert zu haben; an eine unmittelbare Einwirkung ist aber wohl nur bei dem roman. Zehnsilber zu denken, der, als lyrischer Vers im Süden wie im Norden Frankreichs sehr beliebt, den dt. fünfhebigen Vers hervorgerufen oder wenigstens in die Mode gebracht hat. Auch die bei vielen der unter roman. Einfluß stehenden Minnesänger zu beobachtende Erscheinung, daß dieser fünfhebige, für gewöhnlich steigend-alternierend gebaute Vers mit vierhebigen Versen von annähernd gleicher Silbenzahl, aber „daktylischem" Rhythmus wechselt, geht auf roman. Praxis zurück, die, besonders in Anpassung an eine bisweilen auftretende dreiteilige (statt der vorherrschend zweiteiligen) Gliederung der Melodie, derartige Rythmisierungen auch des Textes ohne weiteres zuließ. Ferner ist die bisweilen auftretende Zerlegung längerer Verse durch Binnenreim vermutlich durch das prov. Vorbild veranlaßt worden.

So wie der Versbau, unterliegt auch der **Strophenbau** mancherlei Veränderungen, wobei das franz. Vorbild stärker gewirkt zu haben scheint als das prov.: die Strophen werden mehr und mehr dreiteilig gebaut (zwei metrisch genau übereinstimmende Stollen und der Abgesang); für die Stollen ist im Mhd. gekreuzter Reim (wie im Afrz.) beliebter als umschlingender (wie im Prov.) und es werden gern Verse verschiedener Länge innerhalb der Strophen gemischt. Bisweilen werden ganze Strophenschemata nachgebildet und damit gewöhnlich wohl auch die Melodien übernommen. Dagegen komm die im Roman. beliebte Bindung der Strophen mittels Durchführung einiger oder aller Reime durch sämtliche Strophen des Gedichts oder mittels Wortwiederholungen nicht gerade häufig vor, so wie auch die Eigentümlichkeit der *tornada*, d. h. einer verkürzten Geleitstrophe am Schluß, die prov. vorherrscht, afranz. aber weniger gebräuchlich war, im Mhd. nur ganz vereinzelt anzutreffen ist. Was die G e d i c h t e betrifft, so ist die Zunahme der Mehrstrophigkeit, die auch in die Spruchdichtung eindringt, ebenso die besondere Vorliebe für die Fünfzahl der Strophen, aus Nachahmung der roman. Muster (vor allem Kanzone und Sirventes) zu erklären; der Minneleich ist durch den prov. *descort* beeinflußt, wenn er gern kurze, zweihebige Verse verwendet und nach Zweiteiligkeit des ganzen Aufbaus strebt.

Bei den R e i m e n hat das roman. Vorbild auf strengere Reinheit hingewirkt, größere Mannigfaltigkeit in Zahl und Stellung der Reime innerhalb der Strophen, auf der andern Seite aber gelegentlich (z. B. beim Minneleich, der sich auch hierin nach dem prov. Descort richtet) auch häufig Wiederholung des gleichen Reims oder beim Lied Durchführung derselben Reime durch Stollen und Abgesang hervorgerufen. Die Ersetzung des klingenden, zweihebigen Reims durch den zweisilbigen mit nur einer Hebung ist durch den roman. Gebrauch der „weiblichen" Reime mindestens befördert worden. Dagegen haben die mancherlei Reim- und Wortspiele, die bei den Troubadours gelegentlich begegnen, in Deutschland wenig Nachahmung gefunden.

Karl B a r t s c h, Germ. 2 (1857) S. 269-278 (betr. roman. Einfluß auf die dt. Versarten). Rich. W e i ß e n f e l s, *Der daktyl. Rhythmus bei d. Minnesängern*. Diss. Halle 1885. Franz S a r a n, *Der Rhythmus d. franz. Verses* (1904) S. 102-142. Franz S a r a n, *Dt. Verslehre* (1907; Handb. d. dt. Unterr. III, 3) S. 258-265, 271-289. Otto G o t t s c h a l k, *Der dt. Minneleich u. s. Verhältnis zu Lai u. Descort*. Diss. Marburg 1908. Ernest H. W i l k i n s, *The derivation of the canzone*. ModPhil. 12 (1915) S. 135-166. — Hans S p a n k e, *Roman. u. mlat. Formen in d. Metrik von Minnesangs Frühling*. ZfromPh. 49 (1929) S. 191-235. — Walter B ü c h e l e r, *Franz. Einflüsse auf d. Strophenbau u. die Strophenverbindung bei den dt. Minnesängern*. Diss. Bonn 1930. S. a. Roman. Versmaße.

§ 5. Neben der Lyrik haben nur noch einige epische Dichtungen die mhd. Lit. be-

einflußt. Von dem südpoitevinischen Heldenepos *Girart de Rossilon* (etwa drittes Viertel des 12. Jh.s) sind Bruchstücke einer ndd. Prosaübersetzung erhalten (ZfdA. 30, 1886, S. 76-82 u. 45, 1901, S. 1-18). Dagegen erklären sich Berührungen, die man zwischen Nibelungenlied und dem prov. Heldenepos *Daurel und Beton* festgestellt hat (S. Singer in: Neujahrsblatt d. Lit. Ges. Bern auf d. J. 1917, S. 97), durch die Nachwirkung einer zu erschließenden Sagenüberlieferung (Kurt Wais, *Frühe Epik Westeuropas u. die Vorgeschichte des 'Nibelungenliedes'*. Bd. 1, 1953 [ZfromPh., Beih. 95], S. 42-51).

§ 6. E i n w i r k u n g e n i n n e u e r e r Z e i t sind von der altprov. Lit. insofern ausgegangen, als Troubadourlieder verschiedentlich (z. B. von Paul Heyse) dt. nachgedichtet (Erhard L o m m a t z s c h, *Prov. Liederbuch*, 1917; Rudolf B o r c h a r d t, *Die großen Troubadours*, 1924) und einige an die Troubadours anknüpfende Stoffe (z. B. von Uhland, Heine, P. Heyse) neu gestaltet worden sind. Wenn dagegen die prov. Sextine im 17. Jh., z. Zt. der Romantik Kanzone und Tenzone in Deutschland erneuert worden sind, so handelt es sich da nur um indirekte Einwirkungen, indem diese Gattungen erst über Italien zu uns gekommen sind. (Jacob M i n o r, *Nhd. Metrik*. 2. Aufl. 1902, S. 478-481, 483-486, 499-500). Die Blumenspiele, die Joh. F a s t e n r a t h 1899 in Köln begründet hat, sind von ihm aus Spanien nach Deutschland übertragen worden, dort aber (in Barcelona) Ende des 14. Jh.s entstanden nach dem Muster der im Jahre 1324 in Toulouse eingerichteten *jocs florals*, mit denen einige poetisch tätige Toulouser Bürger die alte Troubadourdichtung zu neuem Leben erwecken wollten.

Lotte Z a d e, *Der Troubadour Jaufre Rudel u. d. Motiv d. Fernliebe in d. Weltliteratur*. Diss. Greifswald 1920. — Kurt L e w e n t, *P. Heyses Troub.-Novellen*. AnSpr. 127 (1911) S. 91-114. — Oskar S c h u l t z - G o r a, *Altprovenzalisches in e. mod. Roman*. AnSpr. 144 (1922) S. 103-105. S. 103-105.

Walther Suchier

Romanische Versmaße und Strophenformen (im Deutschen)

§ 1. Die gemeinsame Geschichte der dt. und der roman. Vers- und Strophenformen reicht von den Anfängen der volkssprachigen

Literaturen bis zur Gegenwart. Im Deutschen geht der Stabreimvers (s. d.) als Leitform der altgerman. Dichtung voraus. Seine letzten Ausläufer ragen eben noch in die dt. Lit. im engeren Sinn (seit der Karolingerzeit) hinein, seine Nachwirkung ist nicht erheblich. Der Einfluß antiker Vers- und Strophenformen (s. *Antike Versmaße*) macht e i n spätes Kapitel der dt. Bildungsgeschichte aus. Der R e i m v e r s (s. *Reim, Reimvers, altdt.*) entsteht in einer lat.-(kelt.-)roman. und in einer german. Spielart aus wenig bekannten, aber doch wohl weithin gemeinsamen Ursprüngen, und dieser Versstil begründet die romanisch-germanische, später gesamteuropäische Gemeinsamkeit in der Verskunst vom MA. bis heute. Sie spielt sich weithin als Austausch von poetisch-musikalischen Gattungen und Formen ab, wobei das Deutsche meist auf der empfangenden Seite steht. Der Formenbestand des christl. Hymnus (s. d.) könnte als Vorspiel dieser europäischen Entwicklung angesehen werden. Die roman. und dt. Liedkunst des hohen MA.s bildet den ersten Höhepunkt. Im 17. und 18. Jh. spielt neben dem Einzel- und Chorlied das Modell der Oper und ihrer Abkömmlinge (Oratorium, Kantate) eine wichtige Rolle. Jedenfalls muß für die metrische Formengeschichte die musikalische Formengeschichte mit zu Rate gezogen werden.

Aus der 1. Auflage des RLex. sind folgende Einzelbeiträge in diesen Artikel eingegangen: *Akzentuierende Dichtung; Alternierende Dichtung.* — *Alexandriner; Glosse; Kanzone; Madrigal; Ottaverime; Pastourella; Quatrain; Ritornell; Rondeau; Rondell; Sestine; Siziliane; Sonett; Stanze; Triolett.* Die Neufassung in diesem Artikel versucht, die histor. Zusammenhänge zu fassen, und läßt Einzeldefinitionen der roman. Versarten zurücktreten. Sie lassen sich jetzt bequem in Gero von W i l p e r t, *Sachwörterbuch der Lit.* (1955; 5. Aufl. 1969; Kröners Taschenausgaben 231) nachschlagen.
    Zur Ergänzung sind folgende Artikel des RLex. heranzuziehen: *Romanische Literaturen; Kantate; Oratorium; Oper; Lyrisches Drama; Monodrama; Minnesang; Lied.* — Wertvolle Anregungen geben in MGG die Länder-Artikel (*Frankreich, Italien, Spanien*), ferner die Artikel zu Gattungen (*Oper, Kantate, Lied, Troubadours, Minnesang*) und zu Einzelformen (z. B. *Tanzformen*), schließlich die Artikel zu einzelnen Dichtern oder literar. Formen. Sie sind zu zahlreich, um in allen Fällen einzeln aufgeführt zu werden.
    Die Auseinandersetzung zwischen roman. und dt. Versbau ist eines der Leitthemen in

Andreas H e u s l e r, *Dt. Versgeschichte* (1925-29; Neudr. 1956; PGrundr. 8, 1-3). Heusler bringt zu diesem Gegenstand die reichsten Beobachtungen und histor. Überlegungen, wenn er auch mitunter einseitig wertet. S. Register unter *Französisch* u. *Romanischer Versbau.* — Ferner sind folgende Handbücher und Abrisse zur dt. Metrik zu nennen: Hermann P a u l, *Dt. Metrik*, in: *Grundr. d. german. Philol.* 2. Aufl. Bd. 2, 2 (1905) S. 39-140. Friedr. K a u f f m a n n, *Dt. Metrik nach ihrer geschichtl. Entwicklung* (1897; 3. Aufl. 1912; 2. Abdr. 1925). Franz S a r a n, *Dt. Verslehre* (1907; Hdb. d. dt. Unterrichts III, 3). Ulrich P r e t z e l, *Dt. Verskunst*, mit e. Beitr. über altdt. Strophik von H. T h o m a s, Stammler Aufr. Bd. 3 (2. Aufl. 1962) Sp. 2357-2546. Otto P a u l u. Ingeborg G l i e r, *Dt. Metrik* (4. Aufl. 1961). Erwin A r n d t, *Dt. Verslehre. Ein Abriß* (1960) Wolfgang K a y s e r, *Geschichte d. dt. Verses. Zehn Vorlesungen* (1960). Ders., *Kleine dt. Verslehre* (6. Aufl. 1958; Samml. Dalp 306). — Werner H o f f m a n n, *Altdt. Metrik* (1967; Samml Metzler). Siegfried B e y s c h l a g, *Altdt. Verskunst in Grundzügen.* 6., neubearb. Aufl. d. *Metrik der mhd. Blütezeit in Grundzügen* (1969). Friedr. N e u m a n n, *Dt. Lit. bis 1500: Versgeschichte (Metrik).* In: *Kurzer Grundr. d. german. Philologie bis 1500*, hg. v. Ludw. Erich Schmitt, Bd. 2. *Literaturgeschichte* (1971) S. 608-665. — Jacob M i n o r, *Nhd. Metrik* (2. Aufl. 1902). Gerhard S t o r z, *Der Vers in der neueren dt. Dichtung* (1970; Reclams Universalbibl. 7926/ 28). — Georg B a e s e c k e, *Kleinere metr. Schriften*, hg. v. Werner Schröder (1968; Studien u. Quellen z. Versgesch. 2).

    Am längsten und unmittelbarsten ist der Kontakt zwischen F r a n k r e i c h und Deutschland in der Versgeschichte. Zur ersten Unterrichtung über die franz. Versgeschichte dient: W. Theodor E l w e r t, *Französ. Metrik* (3. Aufl. 1970) und: Rudolf B a e h r, *Einführung in die franz. Verslehre* (1970; Beck'sche Elementarbücher). — Weiteres in Auswahl: Leon Emile K a s t n e r, *A History of French Versification* (Oxford 1903). Franz S a r a n, *Der Rhythmus d. franz. Verses* (1904). Paul V e r r i e r, *Le Vers Français. Formes primitives, développement, diffusion. I. La formation du poème. II. Les mètres. III. Adaptions germaniques* (Paris 1931/33). Georges L o t e, *Histoire du Vers Français. Première Partie: Le Moyen Age.* I-III (Paris 1949-55). Walther S u c h i e r, *Franz. Verslehre auf histor. Grundlage* (1952; 2. Aufl. bearb. v. Rud. B a e h r 1963; Samml. kurzer Lehrbücher d. roman. Sprachen u. Lit. 14). — Hans Ludw. S c h e e l, *Zur Theorie u. Praxis d. Versforschung I. Neuere Arbeiten z. Verstheorie u. z. roman. Versdichtung.* Romanist. Jahrb. 18 (1967) S. 38-55. — Zum I t a l i e n i s c h e n sind vor allem die Arbeiten von Karl V o s s l e r zu nennen: *Zur Entstehung romanischer Dichtungsformen.* In: K. Vossler, *Aus der romanischen Welt* Bd. 3 (1942) S. 5-72. Ders. *Der Geist d. italien. Dichtungsformen u. ihre*

Bedeutung f. d. europ. Literaturen. In: Vossler, *Südliche Romania* (1940; Schriften der Corona 25) S. 38-56. Und: K. V o s s l e r, *Dichtungsformen der Romanen.* Hg. v. Andreas Bauer (1951). — Zum Lat. u. Engl.: Friedr. C r u s i u s, *Römische Metrik.* 8. Aufl. neu bearb. v. Hans Rubenbauer (1967). — Joseph R a i t h, *Englische Metrik* (1962).

§ 2. Der Einfluß roman. Versstils auf dt. Dichtung beginnt in der Karolingerzeit, als der Reimvers (s. d.) auf hochdt. Gebiet den Stabreimvers ablöst. Die Wirkung ging damals vom L a t e i n i s c h e n aus. Geschriebene Poesie in der Volkssprache entstand im Dt. ebenso wie in andern germ. Sprachen (in England und Skandinavien) und auch im keltischen Irland früher als in der Romania, wo lange Zeit das Latein die Lit.sprache blieb. Allerdings ein Latein, das sich in seiner Sprachstruktur und entsprechend auch in seinem Versstil auf die späteren roman. Volkssprachen zubewegte. Die Geschichte des unterschichtigen Versstils der lat. Volksdichtung läßt sich in ihren Anfängen nur erahnen, da die hohe lat. Dichtung den griech. quantitierenden Versstil und seine Formen übernommen hatte (s. *Antike Versmaße*). Spürbarer tritt er in der frühchristl. Dichtung an die Oberfläche, wo im ambrosianischen Hymnus (s. d.) eine Liedform zur Wirkung kommt, die weitgehend auf die reicheren antiken Maße verzichtet und schlichte Vierzeiler aus iambischen oder trochäischen Versen baut. Die Sprachveränderungen des Vulgärlateins bewirken dann, daß die Oppositionen der Quantität, auf denen die quantitierende Metrik beruht (sprachliche Länge und Kürze der Silben), keine gehörten Größen mehr sind. Die S i l b e n z a h l, verbunden mit einem gelegentlichen Einschwenken in den Sprachakzent, wird allmählich zum neuen Ordnungsprinzip des Verses. Daneben bewahrt Bildungstradition, in wechselnder Stärke und durch „Renaissance"-Schübe wiederbelebt, die Erinnerung an die quantiierenden Versmaße und Strophenformen der klassischen graeko-lat. Dichtung; neben diesen Traditionsstil der „metrischen" Versdichtung tritt seit dem 5. Jh. der neue Versstil der *Versus ritmici* (*Ritmi*; s. *Rhythmus* § 15) mit seiner eigenen Geschichte: Verse, nicht quantitierend, anfangs noch nicht einmal streng silbenzählend, der Silbenton höchstens im Versende mit der sprachlichen Hebung zusammenfallend. Vom Formen-

reichtum der klassischen antiken Metren konnte dieser Stil nicht mehr als die Silbenzahl der Verszeilen übernehmen oder bewahren. Neue, der Antike fremde Formimpulse treten hinzu, als seit dem 6. Jh. sehr langsam der Endreim sich durchsetzt (s. *Reim*). Der spätlat. Versstil der *Ritmi* wird zur Grundlage des Verses der aus dem Vulgärlatein hervorgegangenen roman. Volkssprachen. Die Einzelsprachen bilden dabei, ihrer Sprachstruktur entsprechend, leicht abweichende Varianten aus. Was den Vers ausmacht, ist Silbenzahl und Reim. Wie weit die Reihe der gezählten Silben dabei als regelmäßiges Auf und Ab nach einem akzentuierenden Prinzip gehört und geformt wird, ist eine noch nicht ausgetragene Streitfrage der roman. Verslehre. Die Frage ist auch nicht für alle Zeiten und Sprachen gleich zu beantworten. Die lat. strophische Endreimdichtung des hohen MA.s kennt strenges und bedingtes Wägen, der ital. Vers neigt zum bedingten Wägen, wobei der alternierende Rhythmus vernehmlich bleibt. Der franz. Vers, dessen Sprache sich am weitesten von ihren lat. Ursprüngen entfernt hat, rückt im Lauf seiner Geschichte auch am weitesten vom Alternieren ab; er bedarf daher mehr als der Vers der übrigen roman. Sprachen des festen Halts von Zäsur und Versende, wo Versiktus und Sprachton zusammenfallen.

Am Anfang dieser lat.-roman. Entwicklung steht ein sehr kunstloser Versstil, den die Bewahrer der antiken Tradition als barbarisch empfanden und eine keltische, germanische oder „skythische" Unterschicht dafür verantwortlich machten; noch die Humanisten des 16. Jh.s und sogar Gottsched sprechen das nach. Wir erkennen von diesem Stil nur die Oberfläche in der fast ausschließlich von Geistlichen gepflegten Lit. in lat. Sprache. Was als Substrat darunterliegt, bleibt verdeckt. Man muß damit rechnen, daß lat. Primitivformen (Zauber und Segen) und auch Formen keltischer Volksdichtung (Endreim!) zu seinem Werden beigetragen haben. Die volkssprachigen roman. Literaturen verfeinern dann auf je ihre Weise die prosodischen Regeln: Da sich die Versarten durch ihre Silbenzahl unterscheiden, muß die Silbe als prosodische Einheit scharf definiert werden (daher Regeln für Elision und Hiat); längere Verse werden durch feste Zäsuren hörbar gegliedert. Der Versausgang läßt im Franz. männliche und weibliche Kadenz zu, ihr regelmäßiger Wechsel kann zum unterscheidenden Formmerkmal werden; das Italienische macht weithin die weibliche Kadenz zur Regel. Im Hochma. entsteht unter Mitwirkung des Reims eine monodisch sangbare Strophenkunst, deren Vielfalt sogar die quantitierende Strophenkunst der klassischen Antike überflügelt. Damals sind das Latein der übernationalen Vagantendichtung, das Provenzalisch und Französisch der Troubadours und Trouvères noch in gewisser Weise als Literaturdialekte des Romanischen mit nah verwandtem Versstil anzusehen. Und bis ins 16. Jh. bleibt der Versstil der lat. *Ritmi* im Hymnus lebendig. Bis dahin muß diese nicht-klassische Stilrichtung des lat. Verses mitgegriffen werden, wenn man sich die Geschichte des Einflusses der roman. Versarten auf die dt. Dichtung vergegenwärtigt. Erst seit dem Humanismus beginnt das eigene Kapitel „Deutscher und antiker Vers."

Max M a n i t i u s , *Gesch. d. lat. Lit. d. MA.s.* 2 Bde (1911 u. 1924). F. J. E. R a b y , *A History of Christian Latin Poetry from the Beginnings to the Close of the Middle Ages* (Oxford 1927). Ders., *A History of Secular Latin Poetry in the Middle Ages.* 2 Bde (Oxford 1934). Dag N o r b e r g , *La poésie latine rhythmique du haut moyen âge* (Stockholm 1954; Studia Latina Stockholmiensia 2). Ders., *Introduction à l'étude de la versification latine médiévale* (Stockholm 1958; Studia Latina Stockholmiensia 5) (mit Bibliographie). — Josef S z ö v é r f f y , *Die Annalen d. lat. Hymnendichtung.* 2 Bde (1964/65; Die lyr. Dichtung des MA.s). Ders., *Weltl. Dichtungen d. lat. MA.s.* Bd. 1: *Von den Anfängen bis zum Ende d. Karolingerzeit* (1970), s. Register unter 'Rhythm. Dichtung'. — Wilh. M e y e r , *Gesammelte Abhandlungen zur mittellat. Rhythmik.* 3 Bde (1905-1936). Paul von W i n t e r f e l d , *Rhythmen- u. Sequenzenstudien.* ZfdA 45 (1901) S. 133-149 u. 47 (1904) S. 73-100. — Ingeborg S c h r ö b l e r , *Zu den Carmina Rhythmica in der Wiener Hs. der Bonifatiusbriefe (Monum. Germ. AA XV, 517 ff.) oder über den Stabreim in der lat. Poesie der Angelsachsen.* PBB (Tüb.) 79 (1957) S. 1-42. Gaston P a r i s , *Lettre à M. Léon Gautier sur la versification latine* (Paris 1866). Philipp August B e c k e r , *Über den Ursprung d. roman. Versmaße* (Straßburg 1890). Ders., *Die Anfänge d. roman. Verskunst.* Zs. f. franz. Spr. u. Lit. 56 (1932) S. 257-323, Wiederabdr. in: Becker, *Zur roman. Lit.gesch.* (1957) S. 78-134. Ders., *Vom christl. Hymnus zum Minnesang.* Hist. Jb. d. Görres-Ges. 52 (1932) S. 11-39 u. 145-177, Wiederabdr. in: Becker, *Zur roman. Lit.gesch.* (1957) S. 14-77. Michel

B u r g e r , *Recherches sur la structure et l'origine des vers romans* (Genève et Paris 1957; Soc. de publ. romanes et françaises 59). Jean F o u r q u e t , *Le vers des langues germaniques est-il d'une autre nature que le vers des langues romanes?* EtudGerm. 15 (1960) S. 1-10. — Hennig B r i n k m a n n , *Der Reim im frühen MA.* In: *Britannica. Festschr. f. Hermann M. Flasdieck* (1960) S. 62-81, Wiederabdr. in: Brinkmann, *Studien zur Gesch. d. dt. Sprache u. Lit.* Bd. 2 (1966) S. 58-78. — In MGG vgl. die Artikel *Akzentuierende Dichtung* (Fr. G e n n r i c h) und *Hymnus B. Der lat. Hymnus* (Bruno S t ä b l e i n).

§ 3. Der **Stabreimvers** (s. d.) ist die metrische Leitform der altgerman. Dichtung, erst mit dem a l t d t . R e i m v e r s (s. d.) beginnt die Geschichte der dt. Verskunst im engeren Sinne. An die Stelle eines den Germanen gemeinsamen Versstils tritt eine neue, jetzt europäische Gemeinsamkeit, eine franko-gallisch-lateinische Koine, deren geschichtliche Bedeutung erst im hohen MA., nachdem auch die roman. Volkssprachen literarisch geworden sind, in vollem Umfang sichtbar wird. Der Vers der in dem literarisch vollkommensten Buch des dt. MA.s, das seltsamerweise am Anfang der Buchdichtung in dt. Sprache steht, in Otfrids *Evangelienharmonie*, als differenziert durchgeformte und sicher gehandhabte Kunst geübt wird, und von dem aus die Geschichte der dt. Verskunst kontinuierlich weitererzählt werden kann, ist auf alle Fälle eine dt. Variante eben jenes Verstyps, der von den lat. *Ritmi* ausgehend a u c h zur Grundlage der roman. Verskunst wird. Daß allein Otfrid es war, der die dt. Spielart dieses Verses, mit dem Klang lat. gesungener Hymnen im Ohr, geschaffen hat, und daß von seinem anspruchsvollen Buchwerk allein ihre geschichtliche Wirkung ausgegangen ist, kann man nicht für wahrscheinlich halten. Aber das vorliterar. Substrat, das ihr zugrunde liegt, kennen wir nicht. Es müßte wohl eine german. Variante jenes gleichen Substrats gewesen sein, das vorliterarisch unter der lat. *Ritmus*-Dichtung der Geistlichen und deren romanischen und keltoromanischen Nachfolgeformen in der roman. Volkssprachen lag. Verwandt ist das vierhebige Grundmaß des Otfrid-Verses mit dem vorherrschenden Dimetermaß der vulgärlat. Formen; gemeinsam ist auch der Endreim, der freilich in der ahd. Buchdichtung früher zum bestimmenden Merkmal des Verses wird als im Lateinischen. Verschieden ist die Prosodie: Während die lat.-roman. Verskunst das silbenzählende, nicht oder nur bedingt akzentuierende Prinzip durchsetzt, handhabt der altdt. Reimvers von Anfang an sicher das wägende Prinzip, vermutlich nach durchlaufenden Takten gemessen, mit genauer Unterscheidung von klingender und einsilbig-voller Kadenz (s. *Kadenz*) bei freier Füllung der Takte. Das ist keine künstliche Übertragung des wägenden Verfahrens des Stabreimverses auf das kirchliche Modell des Hymnenverses. Der Tonfall des viertaktigen Verses mit scharf unterschiedenen Kadenzen (voll, klingend und stumpf) muß den Schöpfern des literar. altdt. Reimverses in den Ohren gelegen haben, und sie trafen daraus ihre Auswahl. Gewisse Anklänge an den Tonfall des Stabreimverses bleiben: die beschwerte Hebung, auch wohl das Zusammenhören des Verspaares als „Langzeile", denn wo sich Stabreimvers und Endreimvers gelegentlich mischen (z. B. *Muspilli*), entspricht der Stabreimlangzeile das endreimende Verspaar. Daß bei dem gehobenen ahd. Buchvers auch der lat. Hymnus als Vorbild mitgewirkt hat, wird man nicht bestreiten; s e i n e Modellwirkung ist wahrscheinlicher als die des leoninisch gereimten Hexameters. Aber die geschichtlichen Wurzeln liegen tiefer. Sie reichen in jenes kolonialatl. Europa mit keltischer und germanischer Grundschicht, dessen politischer Sammelpunkt das Frankenreich wurde. Die dt. Versgeschichte beginnt mit der germanisch-dt. Variante eines Versstils, der seine Entsprechungen im Lat.-Romanischen hatte, und dem in ganz Europa die Zukunft gehört. Denn in ganz Europa gilt dann auf Jahrhunderte, daß man Verse am Reim erkennt. Damit ist auch der Grund für die nachbarliche Befruchtung der dt. Verskunst durch die romanische gelegt.

Karl B a r t s c h , *Der saturnische Vers u. d. altdt. Langzeile* (1867). Wilh. W i l m a n n s , *Der altdt. Reimvers* (1887; Beiträge z. Gesch. d. älteren dt. Litt. 3). Eduard S i e v e r s , *Die Entstehung d. dt. Reimverses.* PBB 13 (1888) S. 121-166. — Friedrich N e u m a n n , *Otfrids Auffassung vom Versbau.* PBB (Halle) 79 (1957; Sonderh. f. Elisabeth Karg-Gasterstädt) S. 249-306, wiederholt in: Neumann, *Kleinere Schriften z. dt. Philologie d. MA.s* (1969) S. 1-41. Zur Diskussion über das altdt. Verspaar als „binnengereimte Langzeile": Friedrich M a u r e r , *Über Langzeilen u. Langzeilenstrophen in d. ältesten dt. Dichtung.* In: *Beiträge zur Sprachwiss. u. Volkskunde, Festschr. f. Ernst Ochs* (1951) S. 31-52. Ders., *Langzeilenstrophen u. fortlaufende Reimpaare.* Dtschunt. (Stuttg.) 1959, 2, S. 5-24. Ders., *Die religiösen Dichtungen d. 11. u. 12. Jh.s* 3 Bde (1964-1970); zum Übergang vom Laissen-Stil zum Reimpaar besonders Bd. I S. 1-60 und Bd. III S. VII-XXXI. — Siegfried G u t e n b r u n n e r , *Der Weg von d. Stabreimlangzeile zum Endreimkurzvers.* In: *Festgabe f. Friedrich Maurer* (1968) S. 85-118. — Werner S c h r ö d e r , *Zum Begriff der 'binnengereimten Langzeile' in der altdt. Versgeschichte.* In: *Festschrift Josef Quint* (1964) S. 194-202. Ders., *Zu alten u. neuen Theorien einer altdt. „binnengereimten Langzeile".* PBB (Tüb.) 87 (1965) S. 150-165. Ders., *Zu Fr. Maurers Neuedition der dt. rel. Dichtungen d. 11. u. 12. Jh.s.* PBB (Tüb.) 88 (1967) S. 249-284. — Cola M i n i s , *Zum Problem d. frühmhd. Langzeilen.* ZfdPh. 87 (1968) S. 321-343. — Walter H a u g , *Funktionsformen der ahd. binnengereimten Langzeile.* In: *Werk, Typ, Situation. Hugo Kuhn z. 60. Geb.* (1969) S. 20-44.

§ 4. In frühmhd. Zeit kommt es noch nicht zu engen Kontakten zwischen dem dt. Reimvers und den Versarten der inzwischen literarisch gewordenen volkssprachigen Dichtung Frankreichs. Die Dichtung geht hier und dort eigene Wege, die Unterschiede sind bedeutender als die Parallelentwicklungen. Unter den Versarten bekommt in Frankreich der 10/11-Silbler, der in Deutschland keine auch nur entfernte Verwandte hat, durch die Wirkung der *Chanson de Roland* im 11. Jh. starkes Übergewicht. Die Laissenstrophe der franz. Chanson de geste mit dem gleichen Assonanz- oder Reimklang in Strophen von wechselnder Zeilenzahl hat metrisch in Deutschland keine Entsprechungen. Allenfalls könnte ihre sanghafte Darbietungsweise den freien Strophen- und Gruppenbildungen der frühmhd. Dichtung ein Vorbild gegeben haben, aber deren Versmaterial bleibt die Reimpaargruppe. Der Übergang vom unreinen zum reinen Reim verläuft in Deutschland anders als in der Romania. In Deutschland steigen die Ansprüche auf Reinheit des Reimes gradweise, der Sprachcharakter läßt den Reim auf End- und Ableitungssilben mehr und mehr zurücktreten. In Frankreich hält die lange Reimkette der Laissenstrophe länger an der Assonanz fest, fast kommt es dahin, daß Assonanz und Reim als zwei unterschiedene, aber gleicherweise gültige Arten der Versbindung zueinander in Opposition treten (nur die span. Dichtung hat diese Möglichkeit ausgebaut). — Reichere Formen der lyrischen Lieddichtung begegnen zuerst im Lat., vor allem die Langzeile mit Waisenanvers und unterschiedenen Kadenzen im Anund Abvers (Vagantenzeile und verwandtes), deren Gegenstücke bald auch in Deutschland zum festen Baustein epischer und lyrischer Strophenbildung gehören (Kürenberg-Nibelungen-Zeile); allerdings bevorzugt das Lat. dabei andere Kadenzzusammenstellungen als das Deutsche. In Frankreich läßt sich damit der Alexandriner (seit Anfang 11. Jh.s) vergleichen, falls er in seinen mal. Anfängen wirklich als Langzeile mit Fuge (d. h. Pause, nicht Zäsur) nach der 6. Silbe verstanden werden kann. Aber bezeichnenderweise fehlt ihm, was bei den dt. wie den lat. Langzeilen zur Regel gehört, die deutliche Unterscheidung der Kadenzen im An- und Abvers. Der Alexandriner ist eine (fast) gleichschenklige Langzeile aus 6 + 6 (7) Silben.

> Friedrich G e n n r i c h , *Der musikal. Vortrag der afranz. Chansons de Geste* (1923).

§ 5. Im Hochmittelalter, von 1170 an, tritt die dt. Versdichtung unmittelbar in den Einflußbereich der romanischen. Die ritterliche Dichtung in der Provence, in Frankreich und in Deutschland bringt in hohem Grade ähnliche Formen hervor. Dabei haben die beiden Hauptgattungen, der Versroman und die gesungene Strophenlyrik, ihre je eigene Geschichte; beim Liede ist auch die mlat. Dichtung mitbeteiligt.

In Frankreich steht der Versstil der erzählenden Chanson de geste in schroffem Gegensatz zu dem des V e r s r o m a n s und der Versnovelle, die um die Mitte des 12. Jh.s mit dem *Theben*roman, dem (verlorenen) *Tristan*roman und den Versnovellen der Marie de France literarisch werden. Die Vers- und Vortragsform scheidet Gattungen: hier die gesungene Laissenstrophe mit Ketten-(Tiraden-)reim, dort das vorgelesene stichische Reimpaar aus 8/9-Silbern, das vorher in der geistlichen und didaktischen Dichtung des 12. Jh.s seine Stelle hatte. In Deutschland scheint in der Vortragsart ein ähnlicher Gegensatz zwischen der frühmhd. Dichtung in freien Strophengruppen und dem höfischen Roman bestanden zu haben, aber der Übergang von der einen zur andern Art läßt sich nicht sicher fassen, denn das Reimpaar bildet hier wie dort die Grundlage der Versform. Der Einfluß der franz.

Reimpaardichtung auf die dt. wirkt anfangs gradweise, seit Heinrich von Veldeke (*Eneide*) nähert sich der dt. Erzählvers bewußt dem franz. Vorbild. Er nähert sich, ohne es genau nachzubilden. Der franz. 8/9-Silbler müßte, in den dt. akzentuierenden Versfall übertragen, auftaktige, genau alternierende Vierheber mit männl. oder weibl. Versschluß ergeben. Das ist nicht der Fall. Der dt. höfische Reimpaarvers hält an klingender neben voller Kadenz fest, er läßt sogar gelegentlich überschlanke Verse mit stumpfer Kadenz (Dreiheber mit Pause) zu. Die prosodische Unterscheidung zwischen zweisilbigen Wörtern mit kurzer, offener Tonsilbe und solchen mit langer Tonsilbe (*tăge* gegen *frāge*), wobei nur die zweiten die klingende Kadenz bilden können, bleibt streng gewahrt. Veldeke hätte sie von seinem Heimatdialekt her nicht mehr treffen können; da haben die Süddeutschen (für die Versepik der Alemanne Hartmann von Aue) auf fast zwei Jh.e der dt. Versdichtung den letzten Rest einer quantitierenden Prosodie bewahrt. Weiter: der Auftakt bleibt frei, die innere Versfüllung wird zwar geregelter als im Frühmhd., aber noch nicht streng alternierend; vor allem verzichtet der epische Vers nicht auf das schöne Ausdrucksmittel der „beschwerten Hebung". Trotzdem nähert sich der dt. Erzählvers dem franz. so sehr, daß man sich bei Gottfried von Straßburg und auch bei Wolfram von Eschenbach nicht selten fragen muß, ob ihnen ihre Verse nicht gelegentlich bedingt wägend, d. h. alternierend mit schwebender Betonung, geklungen haben, so wie ihnen der franz. Vers im Ohre lag. Mit dieser Annäherung der dt. höfischen Reimpaare an die franz. war für die Zukunft die Richtung gewiesen. Wenn es in Zukunft fast zu strengem Alternieren kommt, so steht das nicht mehr unter unmittelbarem franz. Einfluß, sondern folgt einem immanenten Bedürfnis nach Regel und Glätte. Konrad von Würzburg, der im 13. Jh. Schule machte, stand der franz. Dichtung viel ferner als Heinrich von Veldeke, Hartmann, Gottfried und Wolfram es taten. Ausnahme bleibt, daß der franz. oder provenzal. Vers genau, mit voller weibl. oder männl. Kadenz unter Ausschluß der klingenden, nachgebildet wird. Es geschieht in dem Lehrbuch *Der wälsche Gast*, das der Italiener Thomasin von Zirklaere 1216 für dt

Ritter verfaßte, wobei er in den Versen dem ihm vertrauten provenz. oder franz. Tonfall folgte, ferner im *Niederrheinischen Marienlob* (um 1230), dem das franz. Versmodell durch ndl. Dichtung vermittelt wurde. Diese drängt schon im etwa gleichzeitigen *Reinaert* die klingende Kadenz gegenüber der weibl.-vollen zurück, da die Sprache dort das Gefühl für die Opposition von kurzstämmiger zu langstämmiger Zweisilbigkeit verloren hatte.

A. H e u s l e r, *Dt. Versgesch.* § 553-627. — Philipp August B e c k e r, *Der gepaarte Achtsilbler in der franz. Dichtung* (1934; Abh. d. sächs. Akad. d. Wiss., phil.-hist. Kl. 43, 1). — Joachim B u m k e, *Die romanisch-dt. Literaturbeziehungen im MA. Ein Überblick* (1967). — Ludw. P f a n n m ü l l e r, *Über metrische „Stilarten" in der mhd. Epik.* PBB 40 (1915) S. 373-381. — Friedrich R a n k e, *Zum Vortrag der Tristanverse.* In: *Festschr. P. Kluckhohn u. Herm. Schneider gewidm.* (1948) S. 528-539, wiederholt in: Ranke, *Kleinere Schriften,* hg. v. Heinz Rupp u. Eduard Studer (1971) S. 105-114.

§ 6. Stärker und direkter als beim erzählenden Reimpaar ist der Einfluß der lat. und romanischen Verskunst auf den Versbau und Strophenbau des dt. gesungenen L i e d e s. — Wie weit die vorwiegend aus Langzeilen gebauten Strophen der frühen „donauländischen" Liedkunst aus heimischem Material formen, wie weit sie von Langzeilenmodellen der lat. Vagantendichtung beeinflußt sind, läßt sich schwer entscheiden. Die Lieblingsgruppierungen von An- und Abvers im lat. (Vagantenzeile und ihre Varianten; *lange lingua*-Langzeile) sind jedenfalls verschieden von denen im Dt. (Kürenberg-Nibelungenzeile und ihren Varianten). In der Neigung zum alternierenden Versgang und zur Fugung (Synaphie) des Abverses an den Anvers bei manchen Dichtern spürt man deutlicher den lat. oder roman. Einfluß. Die Übernahme der provenz.-franz. Minnekanzone der Troubadours und Trouvères bei den Südwestdeutschen seit Friderich von Husen, gelegentlich in genauen Kontrafakturen (s. d.) der roman. Strophen- und Medievorbilder, stellt der früheren Art jedenfalls einen in vieler Hinsicht neuen Vers- und Strophenstil entgegen. Vom nordfranz. Vorbild her gewinnt gleichzeitig Heinrich von Veldeke im Nordwesten Strophenformen einer etwas leichteren Gangart hinzu; der von ihm überlieferte Bestand an vielfältigen,

oft nur leicht variierten Strophenformen in ein- oder zweistrophigen Gesätzen macht fast den Eindruck eines Experimentier- und Musterbuches zur Erlernung und Übung neuer Vers- und Strophenformen.

Das Neue, das unter roman. Einfluß in die dt. Liedkunst hereinkommt, betrifft Prosodie, Versarten und Reimbindungen. Der Versgang wird alternierend, allmählich verschwindet auch die Freiheit des Auftakts, so daß jetzt auftaktige und nicht auftaktige Verse verschiedene Versarten darstellen. Zum bisher herrschenden Viertakter treten Verse von drei, fünf oder mehr Hebungen. Der Reim, bisher paarweise, erscheint jetzt als Kreuzreim, umschließender Reim, Schweifreim und in anderen Arten des Terzinenreims. Das Prinzip der akzentuierenden (wägenden) Messung geben die Dt. nicht auf, wenn es auch zum Versstil des hohen Minnesangs gehört, die Akzente möglichst gedämpft zu setzen (längere Reihen einsilbiger Wörter erreichen diese Wirkung, z. B. Reinmar *So wol dir wip, wie reine ein nam*). Erst bei Burkart von Hohenfels wird das bedingte Wägen nach roman. Vorbild zum bewußt geübten Kunst- und Stilmittel. Der hörbarste Unterschied zwischen heimischer und romanisch beeinflußter Versart läßt sich nicht sicher ausmachen: Tritt neben eine Liedform, in der der Takt durchläuft und die Kadenzen sich ihm als voll, klingend und stumpf einordnen, eine andere, die ihre Zeilen nach Hebungen mißt und sie mit Fermate schließt, wobei die Kadenzen nur noch auf roman. Weise als weibl. und männl. verstanden werden können? Und welche Liedgenera schlossen sich der einen oder der anderen Weise an? Man wird jedenfalls damit rechnen müssen, daß beide Prinzipien, das des Taktes und das der Hebigkeit, nebeneinander hergingen, sowohl im Romanischen wie im Deutschen. Das Taktprinzip in allen Fällen zu erzwingen, wie A. Heusler es versuchte, ist kaum möglich, und man kann sich dabei auch nicht auf die Modaltheorie der mal. Musik berufen. Andrerseits hat es das durchtaktierte Lied im Hoch- und Spätma. sicher gegeben; viele waren Tanzlieder oder schlossen sich ihnen formal an, und der Tanz verlangt nach durchlaufendem Takt.

Versrhythmisch verrät sich das Neue des roman. Liedstils im Dt. am deutlichsten an derjenigen Versart, die dem roman. 10/11-Silbler entspricht. Die roman. Liedkunst stellte für sie im Gesang anscheinend die Messung im 1. oder im 3. Modus zur Wahl, entweder als fünfhebige „Iamben" (♩ | ♩ ♩ | ...) oder als schwer gemessene vierhebige „Daktylen" (♩. ♩ ♩ | ...). Die dt. Nachdichter entschieden sich von Fall zu Fall für die eine oder die andere Spielart; da sie das Prinzip des Wägens nicht aufgegeben hatten, gibt es bei ihnen nur sehr wenige zweifelhafte Fälle. So entsteht einerseits eine fünfhebige Iambenzeile. Stellt man ihren Tonfall *Min hérze ùnd min lip diu wèllent schéiden* ⌒ (Husen, MFr. 47, 9) dem älteren Langzeilentypus *Ich zóch mir èinen válkèn mére dàn ein jár* ⌒ (Kürenberg, MFr. 8, 34) gegenüber, so hört man schon im mhd. Liede den gleichen Stilgegensatz, der zwischen *Ihr náht euch wieder, schwánkendè Gestálten* ⌒ und *In èinem kühlen Gründè da géht ein Mühlenrád* ⌒ in der nhd. Lyrik besteht. Wird dieser Fünfheber in Strophen mit gleichen Versen (isometrischen Strophen) gebunden, so hört man einen Vorklang späterer roman. Strophenformen, z. B. der Stanze. Andrerseits versucht man den gleichen 10/11-Silbler auch in Deutschland als schwer gemessenen Daktylenvers nachzuformen: *Ích han mir sélben gemáchet die swáere* (Fenis, MFr. 83, 11). Dabei scheint die Melodie Freiheiten zuzulassen, gelegentlich den Auftakt, gelegentlich einsilbige oder dreisilbige Senkung. Neben diesen schwer gemessenen Daktylen der Kanzone kannte das Tanzlied im Roman. wie im Dt. aber auch den leichten, hüpfenden Daktylenvers. Die Grenzen zwischen den beiden Arten lassen sich jedoch nicht sicher bestimmen.

Unter den Reimbindungen hat der umschließende Reim *ab ba* am deutlichsten roman. Klang. Auch darin reagiert heute unser Ohr noch ähnlich, wenn uns diese Reimweise im Sonett oder in ital. Opernlibretti begegnet. Romanisches Vorbild ist ferner im Spiele, wenn sich zwei Reimklänge durch die ganze Strophe ziehen (Durchreimung) oder wenigstens Reime des Aufgesangs in den Abgesang übergehen (Anreimung).

Für die Form des lyrischen Gedichts, sei es Minnekanzone oder Tanzlied, wird jetzt wichtig, daß es grundsätzlich mehrstrophig zu sein hat. An die Stelle des Festhaltens

eines lyrischen Moments in der Einzelstrophe, im Zyklus von Einzelstrophen oder im Gegenüber des „Wechsels" tritt die entfaltete und progressive Reflexion im Minnelied oder die szenisch-mimische Bewegung und Montage im Tanzlied (mit häufigem Natureingang). Auch da werden damals die Weichen für die Zukunft der europ. Lyrik gestellt. Das lyrische Momentbild, das z. B. in manchen orientalischen Kulturen zum Formbestand der Lyrik gehört, hat in der europ. Lyrik keine festen Gattungstypen mehr ausgebildet, obwohl der kurze Vierzeiler auch dort in der Volksdichtung seine Stelle behält. — Auf das Weiterspielen der Reime von Strophe zu Strophe, das vor allem bei den Provenzalen zur Liedform gehört, verzichten die dt. Dichter, jedoch wird wohl von daher ihre subtile Kunst der freien Reimresponsionen angeregt sein. Der Liedabschluß durch ein „Geleit" (*tornada, envoi*) mit abweichender Strophenform findet bei den dt. Dichtern kaum Nachbildung in der Form, wohl aber gelegentlich im Thema.

Die Formphantasie der mal. Liedersänger richtete sich vor allem auf die Erfindung immer wieder neuer S t r o p h e n f o r m e n. Das gilt auch fürs Lat. und die roman. Volkssprachen, doch nur in Deutschland wird es zur Regel, daß grundsätzlich jedes Lied seinen eigenen „Ton" fordert, der sich nicht nur in der Melodie, sondern auch im metrischen Bau der Strophe ausprägen muß. Die Formfreude der Liederdichter ist ein europäisches Ereignis, vielfältig miteinander verknüpft in den lat. wie den volkssprachigen Schöpfungen, aber deshalb um so schwerer zu entwirren. Stark scheint dabei der Leich als ganzes und mit seinen Teilen eingewirkt zu haben, aber auch die Vorgeschichte dieser lyrisch-musikalischen Großform des MA. (Sequenz, Lai, Descort, Estampie) hat man noch nicht sicher fassen können (s. *Leich*). Nicht genau zu trennen sind die dem Tanzlied nahestehenden Liedgenera von den gemessenen Kanzonenformen. Die geschichtlichen Zusammenhänge würden sich nur an dem metrisch-musikalischen Gesamtkunstwerk erkennen lassen; das aber setzt Text u n d Musiküberlieferung voraus (in der Romania weit häufiger als im Dt.) und Fachkenntnis sowohl in der Musik- wie in der Literaturgeschichte. Fr. Gennrich hat in seiner *Formenlehre des mal. Liedes* de ersten zusammenfassenden Entwurf versucht; auf diesem Wege wird man kritisch, und vorsichtiger als er, weiterschreiten müssen.

Unmittelbare Übernahme roman. und lat. Strophenformen ist in der ersten Generation der dt. Liedsänger nach 1170 nicht ganz selten, später tritt sie zurück. Die Forderung, den Ton nicht zu übernehmen sondern neu zu erfinden, läßt solche Kontrafakturen dann zur Ausnahme werden. Schon Heinrich von Morungen, der den roman. Strophenstil auf seine eigene Weise zu höchster Vollkommenheit führt, scheint auf sie zu verzichten. Er erfindet u. a. durchrhythmisierte Strophen, in denen daktylische und alternierende Zeilen abwechseln; ob es diese Mischung auch im Romanischen gegeben hat, wissen wir nicht. Die aus Stollen, Gegenstollen und Abgesang geformten Strophenbildungen, mit oder ohne Rückgriff auf Teile der Stollenmelodie im Abgesang (Rundkanzone) oder Wiederholung des Stollens zu Ende des Abgesangs (Reprisenkanzone), haben ihre Entsprechungen auch im lat., franz. und (etwas seltener) im provenz. Lied. Die geschichtliche Linie kann da vom Leichausschnitt zum (Tanz-)Lied oder auch vom Hymnus zur feierlichen Kanzone gelaufen sein. Zur vorherrschenden Lieblingsform wird die stollige Strophenform mehr in Deutschland als in der Romania.

So weit wir davon entfernt sind, die Geschichte der mal. Liedformen in ihrer europäischen Verflechtung im einzelnen zu überschauen, eines bewirkt der übernationale Formenreichtum: Die Vers- und Strophenform kann jetzt zum Signum oder Symbol des Liedgenres und zu seiner Herkunft werden. Dafür wurde oben ein Beispiel mit der Gegenüberstellung von dem Falkenlied des Kürenbergers und dem Kreuzlied Friderichs von Husen gegeben. Strophen aus reinen alternierenden Fünfhebern oder aus schwer gemessenen Daktylen stellen sich zur roman. Minnekanzone. Kurzzeilen mit rasch aufeinanderfolgenden Reimspielen deuten das Genre des Sommer-Tanzliedes (Reien) an. Mit der Zeile *Muget ir schouwen waz dem meien wunders ist beschert* spielt die Form von Walther 51,13 auf den Stil der lat. Vaganten an. Der Melodietypus wird dabei das seine beigetragen haben. Wo wir einmal das Gesamtwerk eines Liedsängers einschließlich der Melodien besitzen (in Deutschland leider erst im frühen 15. Jh. bei Oswald von Wolkenstein), da stellt sich die Aufgabe, den Bestand auf die historischen Typen der Vers-, Strophen- und Melodiebildung zu befragen. Als Neuestes, wieder unter roman. Einfluß (Burgund, Provence, Italien), kommt bei Oswald eine Libretto-Dichtung zu mehrstimmigen Motet-Gesätzen hinzu, die schon damals in der Zeilenverteilung unter mehrere Sänger ähnliche Formen hervorbringt, wie sie später in den Ensemble-Stücken der Operndichtung begegnen.

Hans S c h o t t m a n n, *Mhd. Lit.: Lyrik.* In: *Kurzer Grundriß d. german. Philologie bis 1500.* Hg. v. L. E. Schmitt, Bd. 2 (1971) S. 464-527. — A. H e u s l e r, *Dt. Versgesch.* § 628-837. — Burkhard K i p p e n b e r g, *Der Rhythmus im Minnesang* (1962; Münchner Texte u. Untersuchungen z. dt. Lit. d. MA.s 1). — Friedr. G e n n r i c h, *Grundriß einer Formenlehre d. mal. Liedes* (1932). — Heinrich B e s s e l e r, *Die Musik d. MA.s u. d. Renaissance* (1931-34; Handb. d. Musikwiss.) — Walter S a l m e n, *European Song (1300-1530).* In: *New Oxford History of Music.* Vol. 3 (London 1960) S. 349-380.

Folgende Artikel aus MGG: *Lied A. Das Kunstlied im dt. Sprachgebiet* (Kurt G u d e w i l l). *Minnesang* (Heinr. H u s m a n n m. Bibliographie von Heinz B e c k e r). *Troubadours, Trouvères* (Friedr. G e n n r i c h).

Zur modalen Rhythmik: Heinrich B e s s e l e r, *Ars antiqua.* MGG 1 (1949/51) Sp. 679-697. Heinrich H ü s c h e n, *Modus.* MGG 9 (1961) Sp. 402-414 (Modus als Rhythmusbegriff der Ars Antiqua). Heinrich H u s m a n n, *Das System der modalen Rhythmik.* Archiv f. Musikwiss. 11 (1954) S. 1-38. — Zu den mhd. Daktylen: Rich. W e i ß e n f e l s, *Der daktylische Rhythmus bei den Minnesängern* (1886). Wilh. W i l m a n n s, *Untersuchungen z. mhd. Metrik* (1888; Beitr. z. Gesch. d. älteren dt. Litt. 4). Heusler wendet sich zu Unrecht gegen die dort vertretene „absonderliche Lehre", daß man den roman. 10/11-Silbler sowohl als iamb. 5-Heber wie als daktyl. 4-Heber verstehen kann, *Dt. Versgesch.* § 689. — Heinr. H u s m a n n, *Das Prinzip der Silbenzählung im Lied d. zentralen MA.s,* Musikforschg. 6 (1953) S. 8-23. Ders., *Zur Grundlegung d. musikal. Rhythmik d. mlat. Liedes.* Arch. f. Musikwiss. 9 (1952) S. 3-26.

Zum Strophenlied: Phil. Aug. B e c k e r, *Vom christl. Hymnus zum Minnesang* (s. o. § 2). — Peter D r o n k e, *Medieval Latin and the rise of European love-lyric.* 2 Bde (Oxford 1965-66). — Friedr. G e n n r i c h, *Zur Ursprungsfrage d. Minnesangs.* DVLG 7 (1929) S. 187-228. Ders., *Liedkontrafaktur in mhd. u. ahd. Zeit.* ZfdA 82 (1948/50), wiederholt in: *Der dt. Minnesang* (1961; Wege der For-

schung 15) S. 330-377. István F r a n k, *Trou-*
vères et Minnesänger. Recueil de textes (Saarbrücken 1952). *Musikwiss. Ergänzungs-Band*
von Wendelin M ü l l e r - B l a t t a u (1956).
— Ronald J. T a y l o r, *Die Melodien der*
weltl. Lieder d. MA.s. 2 Bde (1964; Samml.
Metzler). — Ursula A a r b u r g, *Melodien*
zum frühen dt. Minnesang. ZfdA. 87 (1956/7),
neue erg. Fassung in: *Der dt. Minnesang*
(1961; Wege der Forschung 15) S. 378-424. —
Theodor F r i n g s, *Minnesinger u. Trouba-*
dours (1949; Vorträge u. Schriften d. Dt. Ak.
d. Wiss. Berlin 34) wiederholt in: *Der dt.*
Minnesang (1961; Wege der Forschung 15)
S. 1-57. — Kurt P l e n i o, *Bausteine zur altdt.*
Strophik. PBB 42 (1917) S. 411-502 u. 43
(1918) S. 56-99, Neudr. mit e. Geleitwort von
Ulrich P r e t z e l (1971; Libelli 294). — Hans
S p a n k e, *Romanische u. mlat. Formen in d.*
Metrik von 'Minnesangs Frühling'. Zfroman.
Philol. 49 (1929), wiederholt mit Anm. von
Ursula A a r b u r g u. Hans F r o m m in: *Der*
dt. Minnesang (1961; Wege der Forschung 15;
S. 255-329). Ders., *Beziehungen zwischen*
rom. u. mlat. Lyrik mit bes. Berücks. d. Metrik
u. Musik. (1936; Abh. d. Ges. d. Wiss. zu Göt-
tingen, phil.-hist. Kl. 3, 18). Ders., *Deutsche u.*
franz. Dichtung des MA.s (1943). — Carl
A p p e l, *Zur Formenlehre des provenzal.*
Minnesangs. ZfromanPhilol. 53 (1933) S. 151-
71. — Walter B ü c h e l e r, *Franz. Einflüsse*
auf d. Strophenbau u. d. Strophenbindung bei
d. dt. Minnesängern. Diss. Bonn 1930. —
Wolfgang M o h r, *Zur Form des mal. dt.*
Strophenliedes. Dtschunt. (Stuttg.) 1953, 2.
S. 62-82, wiederholt in: *Der dt. Minnesang*
(1961; Wege der Forschung 15) S. 229-254. —
Ewald J a m m e r s, *Der Vers der Trobadors*
u. Trouvères u. d. dt. Kontrafakten. In: *Me-*
dium Aevum Vivum. Festschr. f. Walther Bulst
(1960) S. 147-160. — Ferner zur Kontrafaktur: Ludwig F i n s c h e r u. Georg von
D a d e l s e n, *Parodie u. Kontrafaktur.* MGG
10 (1962) Sp. 815-834.— Christoph P e t z s c h,
Kontrafaktur u. Melodietypus. Die Musikforschg. 21 (1968) S. 271-290 (mit weiteren
Literaturangaben).

Zu Leich und Sequenz: s. d. Artikel *Leich.*
Ferner: Ursula A a r b u r g, *Lai, Leich.* MGG
8 (1960) Sp. 81-87. Bruno S t ä b l e i n, *Se-*
quenz. MGG 12 (1965) Sp. 522-549. — Ferdinand W o l f, *Über Lais, Sequenzen u. Leiche.*
E. Beitr. z. Gesch. d. rhythmischen Formen u.
Singweisen d. Volkslieder u. d. volksmäßigen
Kirchen- u. Kunstlieder d. MA.s (1841). —
Hans S p a n k e, *Rhythmen- u. Sequenzstu-*
dien. Studi Medievali N. S. 4 (1931) S. 306 ff.
Ders., *Zur Gesch. d. lat. nicht-liturgischen Se-*
quenz. Speculum 7 (1932) S. 367-382. — Ingeborg G l i e r, *Der Minneleich im späten*
13. Jh. In: *Werk, Typ, Situation.* Hugo Kuhn
z. 60. Geb. (1969) S. 161-183. Karl Heinrich
B e r t a u, *Sangverslyrik. Über Gestalt u. Ge-*
schichtlichkeit mhd. Lyrik am Beispiel d.
Leichs (1964; Pal. 240). Peter D r o n k e, *The*
beginnings of the sequence. PBB (Tüb.) 87
(1965) S. 43-73.

Mal. Liedgenera: Johannes W o l f, *Die*
Tänze des MA.s. Arch. f. Musikwiss. 1 (1918/
19) S. 10-42. Hans S p a n k e, *Zum Thema*
„Mal. Tanzlieder". Neuphilolog. Mitteilgn. 33
(1932) S. 1-22. Walter W i o r a u. Walter
S a l m e n, *Die Tanzmusik im dt. MA.* Zs. f.
Volkskunde 50 (1953) S. 164-187. Christoph
P e t z s c h, *Das Lochamer-Liederbuch. Stu-*
dien. (1967; Münchener Texte u. Untersuchun-
gen 19) S. 224 ff. zum Tanzlied mit weiterer
Lit. Ders., *Frühlingsreien als Vortragsform u.*
s. Bedeutung im Bîspel. DVLG 45 (1971)
S. 35-79. — Friedr. G e n n r i c h, *Rondeaux,*
Virelais u. Balladen. Bd. 1.2. (1921 u. 1927;
Ges. f. roman. Lit. 43 u. 47). — Christoph
P e t z s c h, *Hofweisen. E. Beitr. z. Gesch. d.*
Liederjahrhunderts. DVLG 33 (1959) S. 414-
445. — Herbert L o e w e n s t e i n, *Wort u.*
Ton bei Oswald von Wolkenstein (1932; Kö-
nigsberger dt. Forschgn. 11). Siegfried B e y -
s c h l a g, *Zu den mehrstimmigen Liedern*
Oswalds von Wolkenstein. In: *Literatur u.*
Geistesgeschichte. Festgabe für Heinz Otto
Burger (1968) S. 50-69.

§ 7. In manchen Gattungen wird der dt.
Vers des späten MA.s zum reinen Silbenzähler. Das Vorbild roman. Dichtung in der
Volkssprache wirkt dabei kaum mehr ein.
Schon bei den starren Achtsilblern der
Makkabäer (um 1330, aus dem Kreis des dt
Ordens), später beim geistl. Lied (Luthers
oder der Böhmischen Brüder) steht der *Rit-*
mus-Vers der lat. Hymnen Modell; bei den
Meistersingern in Lied, Sprechspruch,
Schwank und Fastnachtspiel wirkt ein theo-
retisches Richtigkeitsbedürfnis, das sich gegenüber den gebildeten Lateinkundigen
nichts vergeben möchte. Die Sprache wird
zudem unsicher; Kontraktionen und Elisionen machen die Silbigkeit schwer erkennbar
und verführen dazu, sie willkürlich zu setzen. Eine Musik, die in der Mehrstimmigkeit
verwickelte polyrhythmische Verbindungen
wagte, lenkte das Ohr vom festen Taktge-
füge ab. Die Wiederbelebung der antiken
quantitierenden Metrik bei den Humanisten
kam unmittelbar fast nur ihrer lat. Dichtung
zugute. Der Silbenzählvers von Heinrich von
Mügeln (Mitte 14. Jh.) über Sebastian Brant
zu Hans Sachs und den Meistersingern des
16. Jh.s ist eine volkssprachige, dann ins
Handwerk abgesunkene Begleiterscheinung
des Humanismus. Er bereitet jedoch die unmittelbare Übernahme des franz. Versfalls
im dt. R e n a i s s a n c e v e r s seit 1570 bis
zu Opitz vor. Wie um 1170 ging dabei der
Anstoß von der gesungenen Strophendichtung aus. Der kalvinistische Psalter von

Marot und Béza, vertont von Goudimel, wurde 1572 von Paul Schede (Melissus), 1573 von Ambrosius Lobwasser so übertragen, daß die Melodien nachgesungen werden konnten. Das franz. Vorbild schloß sich seinerseits an die Vers- und Sangespraxis der reformatorischen Deutschen und Böhmen an, entfaltete jedoch die Form durch reiche Strophenfindung. Lobwassers Psalter bleibt bis ins 20. Jh. das Liederbuch der reformierten Kirche und wirkt auch stark auf das protestantische Kirchenlied (s. *Psalmendichtung*; *Kirchenlied* ∫ 9). Doch beschränkt sich der neueinsetzende franz. Einfluß nicht auf das geistl. Lied. Während man sich übte, den bedingt wägenden, bis zur Zäsur oder zum Versende freien Tonfall des franz. Verses im Dt. nachzubilden, kommt es in Frankreich zu einer Blüte der Versdichtung und zugleich zu einer Neubesinnung auf die Versarten und ihre prosodische Gesetzlichkeit (Ronsard und die Pléjade). Diesen franz. Versstil übernehmen die dt. Renaissancedichter (Schede-Melissus, Petrus Danisius, Tobias Hübner, als bedeutendster Georg Weckherlin). Die wichtigsten Versarten sind der von Ronsard wiederbelebte A l e x a n d r i n e r (12/13-Silbler mit Zäsur nach der 6. Silbe), der *Vers commun* (10/11-Silbler mit Zäsur nach der 4. Silbe) und kürzere Verse aus 7 oder 8/9 Silben, die alternierend als trochäische oder iambische Vierheber verstanden werden können. Die Strophenformen fordern nicht mehr den Gesang, eine strophische Sprech- und Leselyrik entsteht an der Seite stichischer Formen in Lyrik, Epik und Drama. Das Sonett wird jetzt zur vielbenutzten lyrischen Form. Ob der Silbenzählvers Frankreichs und seine dt. Nachbildung als verkappt alternierender Vers zu verstehen ist, bei dem die schwebende Betonung bei Zäsur und Versende im Sprachakzent ihren Halt findet, oder ob er mit der bis zu Zäsur und Versende „überhörbaren" Silbenzahl freie rhythmische Gruppen bildet, ist wohl eine falsch gestellte Frage. Der Reiz dieser Verse liegt gerade in dem Wechselspiel der Annäherung an den alternierenden Tonfall und seiner Auflösung bis zur Unkenntlichkeit. Die besten unter den dt. Renaissancedichtern handhaben dies mit Sicherheit, so wie die Franzosen es bis heute tun. Sie mußten ihre Verse nicht durch insgeheime Trochäen oder Iamben kontrollie-

ren oder sie gar an den Fingern abzählen wie die Meistersinger. Ein Versfall dieser Art wäre auch in dt. Sprache möglich gewesen, aber die Geschichte des dt. Verses wäre dann völlig anders weitergegangen. Martin Opitz hat das Steuer umgelegt.

§ 8. Die O p i t z i s c h e R e f o r m, angeregt durch niederländisches Vorbild, theoretisch begründet durch die Fuß-Terminologie der antiken Metrik, setzt voraus, daß Opitz selbst und die Zeitgenossen, die er zu überzeugen wußte, den franz. Vers als nicht ganz geglückten alternierenden Vers verstanden und die „Tonbeugungen", die bei den dt. Renaissancepoeten zum Versstil gehörten, als anstößig empfanden. Bei Opitz und seinen Landsleuten spielte dabei wohl auch der an Elisionen und Kontraktionen arme Tonfall ihres Heimatdialekts mit; die Nürnberger (Schede) oder Schwaben (Weckherlin) hörten ihr Deutsch anders.

Opitz definiert: „Nachmals ist auch jeder verß entweder ein iambicus oder trochaicus", nicht wie bei den Griechen und Lateinern „nach der grösse der sylben" gemessen, sondern „nach den accenten und dem thone". Franz. Verse können im Dt. nur mit Rücksicht auf den Akzent richtig wiedergegeben werden, die Deutschen werden dem Vers sogar besser gerecht als die Franzosen, denn das dt. Ohr sei empfindlicher gegen den Akzent als das franz. und erlaube kein Abweichen von ihm. Der starke roman., vor allem franz. Einfluß auf die dt. Versdichtung bleibt auch bei Opitz und in seiner Nachfolge erhalten, nur wird jetzt strenges Alternieren gefordert. Das Ergebnis ist eine zugleich alternierende und wägende Verskunst, wie sie im mal. Lied schon um 1200 unter roman. Einfluß erreicht war.

Die Lieblingsversmaße sind weiterhin die der franz. Dichtung. Das geistliche und weltliche Lied freilich, das immer noch ein breites Feld der Lit. ausfüllt, bewahrt daneben Traditionsformen aus dem dt. MA. — Der A l e x a n d r i n e r war als epische Langzeile im 11. Jh. in Frankreich entstanden. Seit dem 16. Jh. wird er dort wieder als *hexamètre françois* herrschend. In Italien setzt er sich nicht durch, wohl aber in Holland, Deutschland, Skandinavien. Auch hier wird er als „Hexameter" oder „Trimeter" historisch mißverstanden. Nach franz. Vorbild wechselt weibl. und männl. Versausgang, mit Paarreim im „heroischen", mit Kreuzreim im „elegischen" Alexandriner. Der Vers kann von Fall zu Fall als „Langzeile" mit pausierter Fuge (so wie er im Choral 'O Gott du frommer Gott' gesungen wird) oder aber als durchlaufender Sechsheber mit Zäsur nach der dritten Hebung verstanden werden. Ein Entweder-Oder besteht nur für den, der einseitig allein das Taktprinzip oder allein das Hebigkeitsprinzip für den Vers gelten läßt. Das ist historisch nicht gerechtfertigt; beide Prinzipien gehen in der dt. Versgeschichte längst nebeneinander her und wirken aufeinander ein: Schon Otfrid konnte seinen doppelten Viertakter anscheinend auch als „Hexameter" von *sehs ziten* verstehen, und schon im hohen MA. und später beim Knittelvers sehen wir taktige Langzeilen mit Fuge zu hebigen und durchlaufenden „langen Zeilen" zusammenwachsen (*s. Vers*). Im dt. Barockalexandriner hat der Einschnitt nach der 3. Hebung meist stärkeres syntaktisches Gewicht als die Zäsur im fünfhebigen *Vers commun*; das spricht für Langzeilenmessung. Ebenso haben diejenigen, die den Alexandriner wegen seines „antithetischen Baues" lobten oder wegen seiner starren „Zweischenkligkeit" tadelten, ihn so gehört. Aber schon im 17. Jh. laufen in reichlichem Maße Verse mit, die die Zäsur überspielen; und der frei gehandhabte Alexandriner im 4. Akt von *Faust II*, bald mit Fuge, bald durchlaufend, ist sowohl Symbol für die barocke „Haupt- und Staatsaktion", die da spielt, wie metrische Brücke zu den Trimetern des Helenaakts.

Der fünfhebige Iambenvers erscheint in der Barockzeit meist in der franz. Form des *Vers commun* mit fester Zäsur nach der 2. Hebung. Die iambischen und trochäischen Vierheber verraten ihre roman. Herkunft nicht so deutlich; sie schließen sich dem Unbefangenen an die Liedlangzeilen der mal. Strophik an, der Gebildete kann gelegentlich antike Versarten (Dimeter, Tetrameter) in sie hineinhören. Auf franz. Einfluß beruht, daß bei allen Versarten ein regelmäßiger Wechsel von männl. und weibl. gereimtem Versausgang teils angestrebt, teils gefordert wird. Beim iambischen Vierheber führt das dazu, daß weibl. Kadenz auf Auftakt stößt (z. B. 'O daß ich tausend Zungen hätte / Und einen tausendfachen Mund'). Dem Vertoner, der isometrisch und takthaft messen möchte,

bereitet das Schwierigkeiten; der Versbetrachter wird darin isolierte, mit „Fermate" schließende hebige Zeilen erkennen.

Die beliebteste Strophen- oder Gedicht-Form der Barockzeit ist bekanntlich das S o - n e t t. Es war zum Gefäß eines einstrophigen Gedichts, welches den Gesang nicht mehr forderte, geworden. Herrschend wird im Deutschland des 17. Jh.s das Alexandrinersonett nach franz. Vorbild. (Die Geschichte des Sonetts wird in § 13 im Zusammenhang skizziert.) Auch unter den übrigen Gedicht- und Liedformen des Zeitraums sind Strophenbildungen roman. Herkunft. Das Q u a - t r a i n, ein Vierzeiler, meist in Alexandrinern, im Frankreich des 16. Jh.s beliebtes Gefäß für Lehrsprüche, empfiehlt Opitz für das Epigramm. Nur wenn es nach roman. Weise mit umschließendem Reim gebildet ist, läßt es sich im Dt. als Lehnform erkennen. Die S e s t i n e, eine ital. Gedichtform von sechs sechszeiligen Strophen mit angehängtem Geleit, wobei die Strophen in sich reimlos sind, die Endwörter der Verse aber in den folgenden Strophen und im Geleit in verschobener Reihenfolge wiederkehren, ist gelegentlicher Gast bei Weckherlin, Opitz, Schottel u. a. Unter den „historischen" Tanzformen verraten sich R o n d e a u (schon bei Fischart, dann Weckherlin, Ph. Zesen, N. Götz) und V i l l a n e l l e (seit Regnart) durch Kehrzeilen im Stropheninnern und Schlußkehrreim. Was sich darüber hinaus in den Strophenformen als Texterung von Modetänzen erkennen ließe, ist im einzelnen noch nicht ermittelt.

Der Barockvers ist „gebildet" und will es sein. Er fühlt sich als dt. Variante des europäischen Verses, für den damals Frankreich vor allem den Ton angab. Man konnte ihm aber auch theoretisch ein antik-humanistisches Mäntelein überwerfen, indem man antike *pedes*-Metrik auf ihn anwendete oder antike Versmaße in ihm entdeckte („Hexameter"). Bis zu einem gewissen Grade volksläufig ist überraschenderweise der Alexandriner geworden. Johann Lauremberg mischt in seinen *Niederdt. Scherzgedichten* (1652) nddt. Alexandriner mit Knittelversen. Auch im bayr. Volksschauspiel leben Alexandriner und verwilderte Knittel beisammen. Schließlich bewahren noch die „Leberreime" der Alexandriner als Versmaß.

§ 9. Obwohl auch die Lieddichtung ohne viel Widerstand ins Alternieren einschwenkte, war der von Opitz eingeleitete Versstil vor allem eine Sache der reinen Literatur. Erst jetzt entstand in großem Umfang eine Lyrik zum Sprechen und Lesen. Die Festlegung des Verses auf trochäisches oder iambisches Auf und Ab und die Bevorzugung weniger Versmaße bedeutete eine Verengung der rhythmischen Skala auch gegenüber dem franz. Vorbild; das Original erstarrte in der Nachahmung. Doch setzten sich noch im 17. Jh. zwei Gegenkräfte durch und lösten die Verskunst aus ihrer Starrheit: die Einführung des D a k t y l u s und die Empfehlung der freien, m a d r i g a l i s c h e n Versbindung. Die Anregung kommt vorwiegend aus der gesungenen Versdichtung Italiens, von der ein- und mehrstimmigen Madrigal- und Liedkunst und von den Anfängen der Oper. Bezeichnenderweise wurde beides den Gebildeten erst annehmbar, nachdem das Neue theoretisch empfohlen und gerechtfertigt worden war. Erst die Verbindung der Opitzischen Forderungen mit diesen Neuerungen brachte einen Versstil hervor, der bis ins 20. Jh. weiterwirkte.

Daktylische Liedformen gab es schon im lat., roman. und dt. Mittelalter. Die roman. Verskunst brauchte für sie kaum eigene Versmaße, höchstens kurze Kolongruppen, die bald frei alternierend, bald daktylisch verstanden werden konnten. Diese Zwiegesichtigkeit des roman. Verses ist uns schon begegnet: im MA. entstanden aus dem roman. 10/11-Silbler sowohl iambische Fünfheber wie schwer gemessene, vierhebige Daktylenverse; leicht gemessene im Tripeltakt gab es im mal. Tanzlied, kurze oder durch Binnenreim zerlegte Verse waren ihr metrisches Kennzeichen. Mit gesungener oder fürs Singen bestimmter Dichtung kamen diese Formen im 17. Jh. aus dem Romanischen noch einmal nach Deutschland, mehr aus Italien denn aus Frankreich. Chorlied, Einzellied und die Arien- und Chorformen der Oper gaben das Modell. August Buchner, der mit seinem Libretto *Orpheus* für Heinrich Schütz (1638) den daktylischen Vers mit gleichzeitiger theoretischer Begründung der dt. Bildungsdichtung zuführte, konnte sich dabei sowohl auf ein Lied Ulrichs von Lichtenstein wie auf die Praxis und Wünsche zeitgenössischer Komponisten berufen. Die Antike

lieferte außerdem mit „Daktylus" und „Anapäst" die vertrauenerweckenden *Pedes*-Bezeichnungen. Der voropitzische Renaissancevers hatte solchen Rhythmen schon ein silbenzählendes Muster gegeben. Die *Deutschen Sprüche* (1606) von Leonhard Lechner (sein Weg führte aus dem Nürnberg Schedes in das Stuttgart Weckherlins) zeigen z. B. die vielfältigen Möglichkeiten, den kurzen 5-silbigen Spruchvers rhythmisch auszulegen: als schwer oder leicht gemessene Daktylen, als alternierende Verse mit oder ohne Auftakt, mit leicht- oder schwerklingender Kadenz, sogar mit Eingangspause. Kein Wunder, daß gerade die Nürnberger des 17. Jh.s die Daktylen-Anregung besonders lebhaft aufgriffen. Aus voropitzischer Zeit bleibt dem barocken Daktylus bewahrt, daß er oft in kurzen Verskolen erscheint, die auch eine alternierende Messung zulassen (z. B. Paul Gerhardt: 'Die güldne Sonne Voll Freud und Wonne'). Die Mehrdeutigkeit gehört von Anfang an zu dieser Versart: scheinbar alternierende Verse, die daktylisch oder anapästisch ausgelegt werden können, Scheindaktylen, die alternierende Messung zulassen oder fordern. Andreas Heusler, der auch hier takthafte Eindeutigkeit erzwingen wollte (*Dt. Versgesch.* § 1049), hat sich damit den Blick auf die weitere Geschichte dieser Versart versperrt. Sie pflanzt sich vor allem fort in der Librettodichtung zu Singspiel, Oper, Oratorium und Kantate und bleibt dabei in engem Kontakt zu den entsprechenden ital. Formen. Auf diesem Wege kommt die Form der „Operndaktylen" an Goethe. Sie erscheint bei ihm im Liede ('Nur wer die Sehnsucht kennt'), vor allem aber in reichen Varianten im Singspiel und in den Gesängen und Chören des *Faust* (vom Gesang des Erdgeists bis zu den Gesängen der Schlußszene des 2. Teils). Heusler hat ihre seltsame Vieldeutigkeit richtig beschrieben, aber ihre Herkunft nicht erkannt (*Versgesch.* § 1263-67). Ihre Geschichte reicht weit über Goethe hinaus. Noch in Rilkes Verskunst (besonders deutlich in den *Sonetten an Orpheus*) lebt der Tonfall von Goethes „Operndaktylen" nach.

Eindeutig definieren lassen sich diese Daktylen und Scheindaktylen, wie ihre ital. Vorbilder, nur nach der Silbenzahl. Stilistisch verrät sich das ital. Modell u. a. durch die „dreisilbig-klingenden" Kadenzen, wie sie in den

Operndaktylen von *Faust II* begegnen — und
schon früh zur Parodie reizten: 'Rosen, ihr blen-
denden, Balsam versendenden ...', vgl. 'Se tutto
il codice Dovessi volgere, Se tutte l'indice Dovessi leggere ...' Die häufigsten Typen in Goethes Lyrik und lyrischen Dramenszenen sind
die 5/4-Silber (vgl. aus da Pontes *Le Nozze di
Figaro*: 'Se vuol ballare Signor contino ...' oder
'Voi che sapete / Che cosa è amor ...') und das
oben zitierte 6/5-silbige Modell. Beiden ist
eigen, daß sie sowohl alternierend wie daktylisch
ausgefüllt werden können. Die 5/4-Silber bilden bei Goethe folgende prosodische Varianten:
> Wie herrlich leuchtet Mir die Natur ...
> Dem Schnee, dem Regen, Dem Wind
>   [entgegen ...
> Ich ging im Walde So für mich hin ...
> In Lebensfluten, Im Tatensturm ...
> Feiger Gedanken Bängliches Schwanken ...
> Freudvoll und leidvoll, Gedankenvoll sein ...
> Um sie verschlingen Sich leichte
>   [Wölkchen ...

Die rhythmischen Schemata, mit denen man
experimentieren kann (wobei eine prosodische
Variante oft mehrere, gleich gute Auslegungen
zuläßt), sind, in Heuslers Taktschrift notiert, die
folgenden: $3/4$ x | —x | x x 'x | —x | x x:; oder
| x x x | —x' | x x x | —x | usw.; $2/8$ x ∪ ∪ | x ∪ ∪ |
x ∪ ∪ | — | usw.; $4/4$ | — x x | — x' x | — x x | — ∧ ∧|.
Aber auch das Modell des „langsamen Ländler-
taktes" ist möglich (Heusler erwägt es § 1251 für
Goethes *Mailied*, ohne jedoch den Zusammenhang mit den „Operndaktylen" zu erkennen):
$3/2$ x x x | — x 'x x x | —∧ :...

Die prosodischen Varianten der 6/5- (und 6/4-)
Silber mögen die folgenden Zitate veranschaulichen:
> Nur wer die Sehnsucht kennt, Weiß was ich
>   [leide ...
> Uns bleibt ein Erdenrest, Zu tragen
>   [peinlich ...
> Hier ist die Aussicht frei, Der Geist
>   [erhoben ...
> Rosen ihr blendenden, Balsam
>   [versendenden ...

A. Heusler schlägt dazu folgende rhythmische
Schemata zur Auswahl vor: $3/4$, x x x | x x x' |
x x x | — x |; $4/4$ | — x x | x x — | — x x | — — |, mit
der Variante $4/4$ | — x x | x x — '| ∧ x x x | — — |,
ferner die „Scheindaktylen" $3/2$ x x x | x̀ x x 'x x x |
— x̀ :..., Nicht berücksichtigt Heusler den ,ritmo
di tre battute': $3/4$ | x x x | —x | ˘ | x x x | ˘ | ˘ |.
In diesem Tonfall hat Rilke diese Versart vornehmlich gehört (vgl. im Ersten Teil der *Sonette
an Orpheus* die Stücke XVIII, XIX, XXII, XXIII).
— Bei Goethe verbinden sich gelegentlich auch
2Takt- mit 3Takt-Gruppen, z. B. 'Hände ver-
schlinget Freudig zum Ringverein' (= $3/4$ | x x x |
— x̀ | x x x | —x | ˘ |). Diese Fügung liegt ihm im
Ohr; sie begegnet auch in den freien Rhythmen,
z. B. ,Im flachen Bette Schleicht er das Wiesental
hin'.

§ 10. **Ungleichversige Strophen** gehören
schon zum mal. Liedbestand. Sie ergeben

jedoch ein festes Gefüge, da die Einzelverse
Ketten bilden, auf deren Wiederkehr das
Ohr wartet, und sich die gleiche Gesamtgestalt in den folgenden Strophen wiederholt. Durch die Musik wurde der europ.
Dichtung seit dem Ende des 16. Jh.s aus
Italien eine nicht strophische Gedichtform
mit ungleichen Versen vermittelt, das M a -
d r i g a l : ein Gedicht von improvisierendem
Charakter, frei in der Anzahl der Verse (6
bis 15), in der Versart (meist wechseln Sie-
ben- und Elfsilber ohne festes Schema),
frei in der Reimbindung, oft mit einer Wai-
senzeile beginnend und mit einem Reimpaar
epigrammatisch schließend. Mit der Übersetzung ital. Madrigaltexte und selbständigen Nachbildungen erscheint die Form in
Deutschland zuerst als Musiklibretto bei
Hans Leo Haßler und Johann Hermann
Schein, übrigens neben den modischen ital.
Daktylenformen (s. § 9) und häufiger als sie.
Theoretisch empfohlen wird sie durch Kaspar Ziegler (1653), jetzt als Form für die
sprech- und lesbare Kunstlyrik. An die Seite
des nach festem Strophenschema geformten
Sonetts tritt das Madrigal als die lockere,
„dithyrambische" Gedichtform. Wäre es dabei geblieben, so hätte das lyrische Repertoire eine neue Gedichtform hinzugewonnen,
und damit genug. Folgenreicher wird die
Wirkung des freien, improvisierenden Versstils außerhalb der Gedichtform „Madrigal".
Er greift über auf das O p e r n r e z i t a t i v .
Schon Opitz geht in seiner *Daphne* über das
ital. Vorbild hinaus und variiert zwischen
iambischen und trochäischen Versen von 3
bis 13 Silben; mit Buchners *Orpheus* mischen
sich auch daktylische Verse ein. In Oper,
Kantate und Oratorium bleibt die madrigalische Freiheit kennzeichnend für das Rezitativ. Im Seccorezitativ wechseln in der
Regel verschiedenhebige Iambenverse, im
Accompagnato können Trochäen und
„Operndaktylen" hinzukommen, Arien und
Chöre festigen schließlich die Form in stro-
phenähnlichen Gebilden. Mit dieser allmählichen Steigerung des lyrischen Intensitäts-
grades versucht die Oper in den Ausdrucksformen des Reimverses die Bauform der antiken Tragödie nachzubilden. Auch im gesprochenen Trauerspiel läuft eine ähnliche
Entwicklung von den Neulateinern zu Opitz,
Gryphius und Lohenstein. Monologe, Gei-
sterreden und Chöre lösen sich vom Ale-

xandriner und gehen zu freien Madrigal-
versen oder zu Operndaktylen über. Die
barock verstandene „Pindarische Ode",
schon von Opitz empfohlen, von Gryphius
besonders gepflegt, gibt der freien Mischung
von Versarten und Reimbindungen auch von
ihrer Seite her die antike Weihe.

Von den lyrischen Steigerungsgraden in
Oper und Kantate des 17. und 18. Jh.s führt
eine gerade Linie zu den opernähnlichen
Formen bei Goethe, namentlich im *Faust*.
Der geschichtliche Weg wird jedoch dadurch
abgelenkt, daß noch einmal „madrigalische"
Versformen auf die dt. Dichtung einwirken,
diesmal von Frankreich her. Dort entstanden
Gedichte, die Alexandriner, *Vers commun*
und Achtsilbler in freiem Wechsel und mit
freier Reimstellung mischten (*V e r s   l i b r e s*).
Vom Madrigal als Gesangsform liegen sie
weit ab, das Madrigal als „epigrammatische"
und „dithyrambische" Gedichtform mag
einen Anstoß gegeben haben, der Zeitgeschmack, der, des Sonetts überdrüssig, einen
unauffälligen Parlandoton für das Gedicht
suchte, setzte die Form durch. Vor allem
durch Lafontaines Fabeln wirkte das Vorbild
auf Deutschland. Auch dort war man um die
Mitte des 18. Jh.s des Alexandriners und
seiner weitschweifigen und starren Gedicht-
formen müde geworden. Der franz. *Vers
libre* wird zur wichtigsten Leitform des dt.
Rokoko im Lehrgedicht (Brockes, Haller), in
der Fabel (Gellert) und der Verserzählung
(Wieland). Die festen Zäsuren des Alexandriners und *Vers commun* bleiben auch in
Deutschland meist gewahrt und verraten die
franz. Herkunft der Versart. Wieland spielt
mit ihr in stichischen Verserzählungen (seit
Musarion, 1768) und im Epos aus madriga-
lisch variierten „Stanzen" (*Idris und Zenide*,
1767); in den „Stanzen" des *Oberon* (1780)
mischen sich füllungsfreie, nichtalternierende
Verse ein. In beiden Fällen bildet er Traditionsformen (mal. Verserzählung, ital. Stan-
zenepos) leicht ironisch verfremdet im Ro-
kokoton nach.

Goethe hatte diesen Gellert-Wielandischen
Tonfall von früh an im Ohr, beim Gelegenheitsgedicht stellt er sich ihm wie von selbst
ein. Aber auch die Opern- und Kantatenform
lag ihm stets nah, bedingt durch seine frühen
und seit der ital. Reise verstärkten Kontakte
mit der ital. Dichtung. Im „madrigalischen"
Leitvers des *Faust* münden die verschiede-

nen geschichtlichen Zuflüsse in ein Bett.
Diese Versart — A. Heusler nennt sie
„Faustvers" — bildet im *Faust* gewissermaßen die sowohl zeitlose wie gegenwärtig
zeitgemäße Secco-Grundlage des historisch-
symbolischen Spiels mit weltliterarischen
Versformen. Sie kann unmerklich übergehen
hier in den altdt. Knittel, dort in den ital.
Endecasillabo und von ihm über den Blankvers die Brücke zum antiken iambischen Trimeter schlagen. Die Opernszene gab das
Vorbild für die lyrische Intensivierung zu
Operndaktylen, Gesängen, Chören, Arien
und Liedern, und diese „modernen" Steige-
rungsformen bilden wiederum ein symbolisches Gegenstück zu den antikisierenden
des Helenaakts.

Goethes Gedichte und sein *Faust* vermitteln den madrigalischen Versstil an Zeitgenossen und Spätere. A. Heusler nennt Schiller, dann Fritz Reuter; endlich glaubt er
Ernst Stadler und andere Expressionisten
anschließen zu können. Richtiger wäre es
wohl, im 19. Jh. Mörike hervorzuheben und
fürs 20. Jh. R. M. Rilke zu nennen. Bei Rilke
verbindet sich der Klang des Goetheschen
„Faust-Verses" mit dem Tonfall der *Vers
fugitives* der Franzosen; ihm liegt auch der
Operndaktylus Goethescher Vermittlung im
Ohr; schließlich wagt er es, die antiken Versmaße aus ihrer Hexameter-Pentameter-Ge-
bundenheit zu lösen und auch sie in „madrigalische" Verse umzuhören, die antike Form
eben noch anklingen lassen (*Duineser Elegien* und verwandtes).

Die Bibliographie zu den §§ 7—10 muß sich
auf eine Auswahl beschränken. — In den
Bänden V und VI der Literaturgeschichte von
de Boor-Newald, Richard N e w a l d, *Die dt.
Lit. vom Späthumanismus zur Empfindsamkeit* (2. Aufl. 1957) und *Von Klopstock bis zu
Goethes Tod*, 1. Teil (1957), sind im Register
die Stichwörter *Alexandriner, Daktylus, Kantate, Madrigal, Ode, Oper, Oratorium, Ottaverime, Poésie fugitive, Singspiel, Sonett,
Stanze, Tanzlied, Terzine, Villanella* zu beachten. — Literaturgeschichten ferner: Günther M ü l l e r, *Gesch. d. dt. Liedes vom Zeitalter des Barocks bis zur Gegenwart* (1925;
Neudr. 1959). Rudolf H a l l e r, *Geschichte der
dt. Lyrik vom Ausgang des MA.s bis zu Goethes Tod* (1967; Samml. Dalp 101). — Wichtig
sind folgende Epoche-Artikel der MGG:
Renaissance, besd. Kap. IV *Süden und Norden. Die Nationen u. die Gattungen* (Friedr.
B l u m e). *Barock* (Friedr. B l u m e). Ferner
die Artikel *Frankreich, Abschn. D Renaissance*
(Nanie B r i d g m a n) und *E 17. u. 18. Jh.*

(Renée G i r a r d o n); *Italien Abschn. C 17. Jh.* (Federico G h i s i).

Vom Silbenzähler zum alternierenden Vers: Wolfgang S t a m m l e r, *Die Wurzeln des Meistergesangs.* DVLG. 1 (1923) S. 529-56. Heinrich H u s m a n n, *Meistergesang.* MGG 8 (1960) Sp. 1914-20. Georg B a e s e c k e, *Zur Metrik d. 16. u. 17. Jh.s.* Euph. 13 (1906) S. 435-55, wiederholt in: Baesecke, *Kl. metr. Schriften* [s. § 1] S. 7-15. — E. T o n n e l a t, *Deux imitateurs allemands de Ronsard, G. R. Weckherlin et M. Opitz.* RLC 4 (1924) S. 557-589. Hans L e n t z, *Zum Verhältnis von Versiktus u. Wortakzent im Versbau G. R. Weckherlins* (1966; Studien u. Quellen z. Versgesch. 1). Christian W a g e n k n e c h t, *Weckherlin u. Opitz. Zur Metrik d. dt. Renaissancepoesie.* (1971). — Walter B r a u e r, *J. Regnart, J. H. Schein u. die Anfänge der dt. Barocklyrik.* DVLG 17 (1939) S. 371-404. — Erich T r u n z, *Die dt. Übersetzungen d. Hugenottenpsalters.* Euph. 29 (1928) S. 578-617. Ludwig F i n s c h e r, *Psalm.* MGG 10 (1962) Sp. 1691-1713. — Ähnliche Entwicklung in den Niederlanden und in England: Leonard F o r s t e r, *Die Niederlande u. d. Anfänge d. Barocklyrik in Deutschland* (Groningen 1967; Voordrachten, gehouden voor de Gelderse leergangen te Arnhem 30). — John T h o m p s o n, *The Founding of English Metre* (London u. New York 1961).

Alexandriner: Ernst T r ä g e r, *Geschichte d. Alexandriners* (1889). Hans P a u l u s s e n, *Rhythmus u. Technik d. 6füss. Iambus in Deutschland u. England* (1913; Bonner Stud. z. engl. Philol. 9). Erich T r u n z, *Die Entwicklung d. barocken Langverses.* Euph. 39 (1938) S. 427-468. Gerhard S t o r z, *Ein Versuch über d. Alexandriner in dt. Dichtung.* In: *Festschrift P. Kluckhohn u. Herm. Schneider gewidm.* (1948) S. 231-42, wiederholt in: Storz, *Figuren und Prospekte* (1963) S. 49-62. Theo B u c k, *Die Entwicklung d. dt. Alexandriners.* (Masch.) Diss. Tübingen 1957. Hildegard K e h l, *Stilarten d. dt. Lustspielalexandriners* (1931; Baust. 31). Karl B a r t s c h, *Goethe u. d. Alexandriner.* GJb. 1 (1880) S. 119-139.

Strophenformen und Liedgenera: Karl V o s s l e r, *Dichtungsformen der Romanen.* Hg. v. Andreas Bauer (1951). Philippe M a r t i n o n, *Les strophes. Etude historique et critique sur les formes de la poésie lyrique en France depuis la Renaissance, avec une bibliographie chronologique et un répertoire général* (Paris 1912; Neudr. New York 1969). — Rudolf V e l t e n, *Das ältere dt. Gesellschaftslied unter dem Einfluß der italien. Musik* (1914; BtrNLitg. NF. 5). Hans E n g e l, *Madrigal und Villanella.* NeuphilMschr. 3 (1932) S. 257-274. Werner S c h e e r, *Die Frühgeschichte der ital. Villanella.* Diss. Köln 1936. — Karl V i ë t o r, *Geschichte d. dt. Ode* (2. Aufl. 1961). Dieter J a n i k, *Geschichte d. Ode u. d. „Stances" von Ronsard bis Boileau* (1968; Ars poetica 2). — Helmuth O s t h o f f, *Die Niederländer u. d. dt. Lied 1400-1640.*

(1938; NDtFschgn. 197). — Hellmut F e d e r h o f e r, *Jacob Regnart.* MGG 11 (1963) Sp. 136-141. — Friedr. Wilh. S c h m i t z, *Metrische Untersuchungen zu Paul Flemings dt. Gedichten* (1910; QF 111). — Tanzformen: Fritz F e l d m a n n, *Tanz.* MGG 13 (1966) Sp. 89-110. Curt S a c h s, *Eine Weltgeschichte des Tanzes* (1933). Engl. Übers.: *World History of the Dance* (London 1938). Paul N e t t l, *The Story of Dance Music* (New York 1947). O. G o m b o s i, *About Dance and Dance Music in the late Middle Ages.* Musical Quarterly 27 (1941) S. 289-305.

Madrigal: Die Geschichte der madrigalischen Versarten, die Beziehung zum Rezitativvers der Oper und zu den Vers libres, die Trennung von madrigalischem „Faustvers" und Knittelvers bei Goethe ist zuerst von A. H e u s l e r, *Dt. Versgesch.* § 1031-1037, klar gesehen worden. Zur musikalischen Formengeschichte s. den Artikel *Madrigal (Italien u. Deutschland* von Hans E n g e l), MGG 8 (1960) Sp. 1420-1455. — Philipp S p i t t a, *Die Anfänge madrigalischer Dichtung in Deutschland,* in: Spitta, *Musikgeschichtl. Aufsätze* (1884). Karl V o s s l e r, *Das dt. Madrigal* (1898; LithistFschgn. 6). R. S c h w a r t z, *Hans Leo Haßler unter dem Einfluß der ital. Madrigalisten.* Vjs. f. Musikwiss. 9 (1893) S 1-61. Helmut S c h u l t z, *Das Madrigal als Formideal* (1939; Publ. d. Abt. z. Hrsg. älterer Musik bei d. dt. Ges. f. Musikwiss. 10, 2) Jack Allan W e s t r u p, *Rezitativ.* MGG 11 (1963) Sp. 355-65. Philipp August B e c k e r, *Zur Geschichte der Vers libres in der nfranz. Poesie.* ZfromanPhilol. 12 (1888) S. 89-125. — L. John P a r k e r, *Chr. M. Wielands dramatische Tätigkeit* (1961). Cornelius S o m m e r, *Europ. Tradition u. individuelles Stilideal. Zur Versgestalt von Wielands späteren Dichtungen.* Arcadia 4 (1969) S. 247-273. — Udo P i l l o k a t, *Verskunstprobleme bei Eduard Mörike* (1969; Hamburger philol. Studien 6)

Opernformen und ihre Nachwirkungen: Im RLex. vgl. die Artikel *Oper, Oratorium, Kantate.* In MGG *Oper* (Anna Amalie A b e r t) *Kantate* (Hans E n g e l), *Libretto* (A. A A b e r t), *Arie* (Rudolf G e r b e r). — Eugen S c h m i t z, *Geschichte d. weltl. Solokantate* (2. Aufl. 1955). Irmtraud S c h r e i b e r, *Dichtung u. Musik d. dt. Opernarien 1680-1700* Diss. Berlin 1934.

Zu Goethe: Friedrich B l u m e, *Goethe* MGG 5 (1956) Sp. 432-457. Ders., *Goethe u. d. Musik* (1948). Josef M ü l l e r - B l a t t a u *Goethe u. d. Kantate.* Jb. d. Musikbibl. Peters 38 (1932) S. 49-68. Karl-Joachim K r ü g e r *Die Bedeutung d. Musik für Goethes Wortkunst.* Goethe 1 (1936) S. 204-222. Kurt M a y *Faust II. Teil. In der Sprachform gedeutet* (1936; Neue Forschung 30). Karl B l e c h s c h m i d t, *Goethe in seinen Beziehunger zur Oper,* Diss. Frankfurt 1937. V. J u n k *Zweiter Teil 'Faust' und Zweite 'Zauberflöte'* Neues Mozart-Jb. 2 (1942) S. 59-77. Frederic W. S t e r n f e l d, *Renaissance Music in Goethe.* GermRev. 20 (1945) S. 241-60. Paul

Friedländer, *Rhythmen u. Landschaften im zweiten Teil des 'Faust'* (1953). Wolfgang Mohr, *Zu Goethes Verskunst.* WirkWort 4, 1953/54, S. 151-64. (Wiederholt in: WirkWort, Sammelband III, Neuere dt. Lit., 1963, S. 288-300). Michael Winkler, *Zur Bedeutung der verschiedenen Versmaße von 'Faust I'.* Symposium. A quarterly journal in modern Lit. 18 (Syracuse 1964) S. 5-21. Karl Vossler, *Goethe und das roman. Formgefühl.* Jb. d. Goethe Ges. 14 (1928) S. 263-281, wiederholt in: Vossler, *Südliche Romania* (1940) S. 85-104. — Eudo C. Mason, *Rilke u. Goethe* (1958).

§ 11. Die bisher besprochenen Einwirkungen roman. Versmaße und Strophenformen auf die dt. Dichtung standen zumeist unter einem zeitgenössischen Kulturgefälle. Was nhd. Verserzählung und Liedkunst von den Romandichtern, Vaganten, Troubadours und Trouvères übernahm, war auch bei jenen gleichzeitig und neu. Ähnlich ist das Verhältnis der Poeten der Renaissance und der Opitzzeit zur Pléjade und zur franz. Klassik wie zu den Anfängen der ital. Oper. Auch das Sonett setzt sich zuerst nicht in der historischen Form Dantes und Petrarcas sondern in der zeitgenössischen Alexandrinerform der Franzosen durch. In den beiden Hauptperioden romanisch-deutscher Gemeinsamkeit vermitteln außerdem Modeformen des Tanzliedes Vers- und Strophenformen. Der letzte Zeitabschnitt eines in diesem Sinne zeitgenössischen Kontakts war das Rokoko, das den *Vers libre* übernahm. Von da an greift man vorwiegend auf geschichtliche Formen zurück und legt Wert auf die historisch richtige Nachbildung. Die Übernahme roman. Vers- und Strophenmaße gehört jetzt in den größeren Zusammenhang der bildungsmäßigen Erschließung der Weltlit. für die eigene Dichtung, der antiken ebenso wie der romanischen, keltischen, orientalischen, slawischen, altdeutschen und altgermanischen. Das Zurück zu vermeintlichen Ursprüngen und die Aneignung der Literaturen der Welt in ihren geschichtlich geprägten Ausformungen sind zwei Seiten des gleichen geistesgeschichtlichen Antriebs, sie treffen sich dann im Historismus. Aus diesem Komplex ist hier der Anteil der roman. Formen herauszulösen.

Hinsichtlich der Versmaße ist nur noch wenig nachzutragen. Die ital. Variante des roman. 10/11-Silblers, der iambische Fünfheber, in Italien (*Endecasillabo*) fast aus-

schließlich weiblich und ohne feste Zäsur gebildet, setzt sich in seiner engl. Nachfolgeform, dem Blankvers (s. d.), rasch in Deutschland durch. Goethe freilich hörte im Blankvers noch den ital. Tonfall, wie überhaupt sein Ohr stärker als das seiner Zeitgenossen auf den ital. Versklang eingestimmt war.

Der Einfluß ital. Verskunst wirkt stärker durch bestimmte Strophenformen. Früh begannen sich dort aus der Vielgestalt der mal. Strophik — das provenzal. Vorbild überwog in Italien — einige Leitformen herauszukristallisieren und Gedichtgenera auszubilden: Vorwegnahme und Erfüllung des Stilwillens der Renaissance. Über die wichtigste dieser Formen, das Sonett, wird später (§ 13) gehandelt werden. — Der Stanze, einer Achtzeilerstrophe (*Ottava rima*) mit der Reimstellung *ab ab ab cc*, hatte Boccaccio zuerst ihre feste Form gegeben; sie war zur Leitform des ital. Strophenepos geworden (Tasso, Marino. Ariost). Die erste dt. Übersetzung von Tassos *Befreitem Jerusalem* von Diederich von dem Werder (1626) bildete die Strophenform in Alexandrinern nach. Ehe sie in ihrer „historischen" Gestalt für die dt. Dichtung gewonnen wurde, spielte das Rokoko mit freien Varianten in *Vers libres* und Versen mit freigefüllter Senkung (Wieland). Die strenge Form in fünffüßigen Iamben versuchte zuerst Heinse (30 Strophen im Anhang der *Laidion*, 1774), allerdings mit dem franz.-dt. Wechsel von weibl. und männl. Kadenz. So übernahm Goethe sie in den *Zueignungen* der *Gedichte* und des *Faust* und im *Epilog zu Schillers Glocke;* die strengste Form mit durchgehend weibl. Kadenz erscheint in den *Urworten Orphisch.* Auch bei Schiller begegnet die Stanze vorwiegend in Prologen und Epilogen, aber auch als Form lyrischer Steigerung im Drama (*Jungfrau von Orleans*); seine epischen Stanzen in der *Aeneis*-Übertragung bewahren in der Reimstellung noch etwas von Wielands Freiheiten. In der Romantik verteidigt A. W. Schlegel ausdrücklich den Wechsel von weibl. und männl. Kadenz, er läßt sogar durchgehend männl. Versausgang zu, und ihm folgen Tieck, Novalis, Uhland und Eichendorff. Nur Rückert und Platen fordern, jetzt aus einem historischen Richtigkeitsbedürfnis, die strengste Form. Neben die Stanze, deren Form im abschließenden

Verspaar ihren bezeichnenden Halt findet, tritt als Achtzeilenstrophe die S i z i l i a n e (im Ital. *ab ab, ab ab* gereimt, streng nachgebildet bei Rückert und Liliencron). Sobald sie sich von der Durchreimung befreit, ist sie zu einer Strophenform geworden, die sich nur noch durch die Versart von der althergebrachten Achtzeilerstrophe mit Kreuzreim (*ab ab, cd cd*) unterscheidet.

Die provenz. K a n z o n e aus Aufgesang mit zwei Stollen und angereimtem Abgesang hatte sich bei Dante und Petrarca zur 13zeiligen Strophe aus Elfsilblern, mit Siebensilblern in der 1. und 4. Zeile des Abgesangs, verfestigt. Für die Strophenteile erscheinen im Ital. Benennungen, die der dt. Meistersingerterminologie entsprechen: Aufgesang = *fronte*, bestehend aus zwei Stollen = *piedi*; der Abgesang = *sirima* in *volti* gegliedert. A. W. Schlegel machte die Form durch seine Petrarcaübersetzung bekannt; sie wird gelegentlich im Dt. nachgebildet (bei A. W. Schlegel, Rückert, Zedlitz, Dingelstedt, Bechstein u. a.). — Die ital. dreizeilige Volksliedform des R i t o r n e l l s mit kurzer Themazeile, auf die eine Waisen- und eine Reimzeile folgt, wird übersetzt und nachgeahmt durch Rückert, W. Müller, Heyse und Storm. — Von den franz. Tanzliedformen, die an Eingangs-, Binnen- und Endkehre erkennbar sind (*Virelai*-Abkömmlinge), taucht das T r i o l e t t seit der Anakreontik und bis zu Rückert, Platen, Chamisso und Geibel gelegentlich auf. Alles dies sind Rückgriffe des historisierenden Jh.s, den Gebildeten erkennbar und erfreulich, doch ohne tiefer dringende Modellwirkung.

Anders liegt es bei der T e r z i n e, obwohl auch sie nicht gerade häufig vorkommt. Als Strophenbestandteil gab es Reimverkettungen dreier Zeilen mit unterschiedlicher Reimfolge in den Auf- und Abgesängen und den „Geleiten" der mal. Liedformen. Dante hat diese Versketten verselbständigt und zur halb strophischen, halb stichischen Gliederungsform seiner *Divina Comedia* umgeschaffen, und zwar so, daß jede folgende Dreierkette an die vorausgehende anreimt (*aba, bcb, cdc* ...) und die ganze Folge mit einer Einzelzeile abschließt, die auf die Mittelzeile der letzten Kette reimt (... *yzy, z*). Sein Hang zur Zahlensymbolik (potenzierte Dreizahl; 99 + 1 = 100) hat bei der Formfindung wohl mitgewirkt. Die dt.n

Dante-Übersetzer haben mit der Form der Terzine gerungen, die, wenn man die Aufgabe streng nahm, von der dt. Sprache das schier Unmögliche der drei Reime mit weibl. Ausgang forderte. Aber sie hat auch unmittelbar zur Nachahmung gereizt. Am Anfang stehen einige wenige Versuche bei Schede-Melissus und Opitz, die keine Tradition begründeten. Den selbständigen Nachbildungen im 19. Jh. gehen die Danteübersetzungen von A. W. Schlegel, dem erst nach und nach die strenge Form in Einzelstücken gelang, und von Karl Streckfuß (1824-26) voraus. Wechsel zwischen weibl. und männl. Kadenz nach franz. Art erleichterte die artistische Schwierigkeit der Aufgabe. Im Gefolge der beiden Schlegel wählen Tieck, Chamisso, Rückert, Platen, Herwegh gelegentlich die Terzinenform. Die weiterreichende Modellwirkung ging wohl von den zwei Versuchen Goethes aus, einmal als lyrische Steigerungsstufe in der ersten Szene von *Faust II*, dann in dem Gedicht *Bei Betrachtung von Schillers Schädel* (1826). Auch ohne mal. Zahlenspekulation, deren sich die Romantiker bewußt waren und für die sie Sinn hatten, übt die Terzinenform durch ihre unendliche Melodie einen magischen Reiz aus. Deswegen, und nicht, weil sie sich dem historisch gebildeten Jh. als weltliterarische Form empfahl, wählen die Dichter sie gelegentlich. Wenn Hugo von Hofmannsthal sie frei handhabt oder allmählich aus Dreiergruppen mit freier Reimstellung Terzinen hervorgehen läßt, so ist ihm die Terzine aus einer erlernbaren Form zum Formsymbol geworden.

Allgemein: Fritz S t r i c h, *Dt. Klassik u. Romantik* (2. Aufl. 1924) Kap. *Rhythmus u. Reim.* — Herman M e y e r, *Vom Leben d. Strophe in neuerer dt. Lit.* DVLG 25 (1951) S. 436-473.

Zum Endecasillabo s. d. Artikel *Blankvers*. An Lit. ist dazu nachzutragen: Peter R i n g g e r, *Goethes Blankvers. Entstehungs- u. Entwicklungsgeschichte.* Diss. Zürich 1948. — Rudolf H a l l e r, *Studie über d. dt. Blankvers.* DVLG 31 (1957) S. 380-424. Robert B r ä u e r, *Tonbewegung u. Erscheinungsformen des sprachl. Rhythmus. Profile d. dt. Blankverses* (1964).

Romanische Strophenformen: M i n o r, *Nhd. Metrik,* S. 463-503. Karl V o s s l e r, *Dichtungsformen der Romanen* (s. § 1). — Emil H ü g l i, *Die roman. Strophen in der Dichtung deutscher Romantiker* (Zürich 1900; Abh. hg. v. d. Ges. f. dt. Sprache in Zürich 6). Friedr. A d l e r, *Die italien. Strophen im*

Deutschen. LE. 12 (1910) Sp. 1133-1138. Victor **Hehn**, *Einiges über Goethes Vers.* GJb. 6 (1885) S. 176-230 (bsd. S. 211-30), wiederholt in: Hehn, *Gedanken über Goethe* (9. Aufl. 1909) S. 366-426. — Zur Stanze: Marie **Gluth**, *Die Entwicklung d. dt. Stanze vom 17. Jh. bis zum Beginn d. 19. Jh.s.* (Masch.) Diss. München 1922. Gerhard **Bünte**, *Zur Verskunst d. dt. Stanze* (1928; Baust. 22). Werner **Simon**, *Zu Goethes Stanzendichtung.* In: *Beiträge z. dt. u. nord. Lit., Festgabe f. Leopold Magon* (1958) S. 238-249. Wolfgang **Kayser**, *Goethes Dichtungen in Stanzen.* Euph. 54 (1960) S. 229-241, wiederholt in: Kayser, *Kunst u. Spiel. Fünf Goethe-Studien* (1961) S. 86-99. Hedwig **Reschke**, *Die Spenserstanze im 19. Jh.* (1918; Angl. Forschungen 54). — Kanzone: Oswald **Floeck**, *Die Kanzone in d. dt. Dichtung* (1910; Berl-BeitrGRPhil. 40). — Terzine: Hugo **Schuchardt**, *Ritornell u. Terzine* (1874). — Roger **Bernheim**, *Die Terzine in d. dt. Dichtung von Goethe bis Hofmannsthal* (1954). — Emil **Sulzer-Gebing**, *A. W. Schlegel u. Dante.* In: *Germanist. Abhandlungen, Herm Paul dargebr.* (1902) S. 99-134. Joachim **Müller**, *Goethes Terzinengedicht.* In: *Natur u. Idee. Andreas Bruno Wachsmuth zugeeignet* (1966) S. 211-25. Gerd **Michels**, *Die Dante-Übertragungen Stefan Georges* (1967).

§ 12. Franz. und ital. Versarten und Strophenformen wirken über den nachbarlichen Kontakt der Sprachen und Kulturen unmittelbar oder durch ndl. und engl. Vermittlung auf die dt. Dichtung. Der Kontakt mit der iberischen Romania war weniger nah und intensiv. Der spanisch-österreichische Kulturfluß hatte für die Versgeschichte keine Folgen. Iberoromanische Versarten wirken erst spürbar ein als Folge literarhistorischer „Entdeckungen" des Sturms und Drangs und der Romantik. Dabei wird besonders deutlich, daß einerseits Weltliteratur von vermeintlich urtümlichem Charakter, andrerseits solche einer hochentwickelten Kulturperiode der dt. Lit. zugeführt werden soll. Die verbreitetste Versart der **span.** Dichtung ist der Achtsilbler mit weibl. Ausgang und freier Verteilung der Akzente. Er erscheint in der erzählenden Dichtung als Langzeile mit Assonanz in den geraden Zeilen, im klassischen Drama wird er durch verschiedenartige Assonanz- oder Reimstellungen lyrisch gesteigert; außerdem bilden die *Redondillas* daraus Vierzeilerstrophen, meist mit umschließendem, männl. und weibl. wechselndem Reim. Herder bildet den span. Vers als vierhebigen Trochäenvers ohne Assonanz oder Reim nach, in den *Stimmen*

der Völker (1778/9) in Vierzeilern, im *Cid* (1802/3) stichisch mit weibl. Versen und männl. Periodenschluß. Für ihn war es ein Rückgriff auf Ursprüngliches in Gattung und Form, und er gab ihm in seiner Nachbildung noch mehr urtümliche Schlichtheit, als das Vorbild besaß. Der Tonfall dieser Versart war im Dt. freilich nicht neu und ungewohnt. In gereimten Lied- und Spruchformen gehörte der vierhebige Trochäus längst zum metrischen Vorrat. Als alternierend vereinfachter „anakreontischer Vers" war er (meist reimlos) eine der Modeformen des Rokoko geworden. Seinen spezifisch „spanischen" Klang bekam der *Cid*-Vers erst, nachdem die Dichter der Romantik ihm Assonanz und Reim gaben. Jetzt hört man ihm den besonderen nationalen Stil an, der dem Deutschen als neues weltliterarisches Bildungsgut zugeführt wird. Streng durchgeführte Assonanz in formaler Opposition zum Vollreim gab es in dt. Dichtung bisher nicht, daran konnte das Ohr den span. Klang erkennen, mochte das Versmaß auch vertraut anmuten. Außerdem wies, wenn nicht die Reimart, so die Gattung auf die Herkunft hin. Einerseits findet sich die Versart nämlich in der Romanzendichtung von Fr. Schlegel, Fouqué, Brentano, Platen, Eichendorff bis zu Lenau (s. *Romanze*). Andrerseits war sie aus den Übersetzungen span. Dramen ins Versdrama eingegangen; gegenüber dem dort eingebürgerten Blankvers hob sie sich deutlich ab, und wenn sie auftauchte, wies sie auf den szenischen Raum oder auf die literar. Herkunft des Themas (Grillparzer, Anfang der *Jüdin von Toledo; Der Traum ein Leben*). Sie ist auch beteiligt an der weltliterarischen Formenmischung im Drama, noch nicht in Goethes *Faust*, wohl aber bei Tieck. Ferner wird sie zum Gattungsmerkmal der Schicksalstragödie (Z. Werner, Müllner, Grillparzers *Ahnfrau*). Wenn das Spiel mit Reimen und Assonanzen auf die Spitze getrieben wird, ist ein äußerstes an esoterischer Künstlichkeit erreicht (Brentanos *Romanzen vom Rosenkranz*). Je mehr hingegen die spezifischen Formmerkmale aufgegeben werden, bleibt eine lässige Form übrig, die parodistischer oder komischer Wirkungen fähig ist (Immermann *Tulifäntchen*; Heine *Atta Troll*; Scheffel). Bei Wilhelm Busch oder gar im *Struwwelpeter* sind alle Herkunftsmerkmale völlig ausgelöscht.

Spanische Strophenformen gehören der dt. Bildungsdichtung der Romantik und ihrer Nachfolge an. Die D e z i m e ist eine zehnzeilige Trochäenstrophe, die vier Reime in verschiedenartigen Reimstellungen durchführt, meist jedoch so, daß die Strophe dabei in zwei Gruppen zu je fünf Versen geteilt wird. Sie erscheint bei den Brüdern Schlegel, bei Tieck und Z. Werner sogar im Drama, vor allem aber als Strophe der Glosse. Die G l o s s e bedichtet in vier Dezimenstrophen (in „freien Glossen" auch in acht- oder zwölfzeiligen Strophen) ein Vierzeilerthema derart, daß je eine Zeile des Themas im Schlußvers der Strophe wiederkehrt. Das Thema wird oft andern Dichtern entlehnt oder zur Bearbeitung vorgegeben. So kommt es dabei zu einem tenzonenhaften Gesellschaftsspiel mit konkurrierenden Lösungen, an dem noch Uhland und Rückert, Simrock und Wackernagel Gefallen gefunden haben.

Verschiedene Herkunft der vierhebigen Trochäen, anakreontisch-antik und spanisch: M i n o r, *Nhd. Metrik* S. 221-226. A. H e u s - l e r, *Dt. Versgesch.* § 1009. — Friedr. A u s - f e l d, *Die dt. anakreontische Dichtung d. 18. Jh.s, ihre Beziehungen zur franz. u. zur antiken Lyrik* (1907; QF. 101). — Italienische Lied- und Singspiel-Trochäen: Wolfgang K a y s e r, *Beobachtungen zur Verskunst d. 'West-östlichen Divans'.* Publ. of the English Goethe Society 23 (1954) S. 74-96; wiederholt in: Kayser, *Kunst u. Spiel. Fünf Goethe-Studien* (2. Aufl. 1967; Kl. Vandenhoeck-Reihe 128/9) S. 47-63.

Spanien und Deutschland: Hermann T i e - m a n n, *Das span. Schrifttum in Deutschland von d. Ren. bis zur Romantik* (1936; Iberoamerikan. Studien 6). Karl V o s s l e r, *Die Bedeutung d. span. Kultur für Europa.* In: Vossler, *Südliche Romania* (1940; Schriften der Corona 25) S. 163-212. — Carlos C l a v e r í a, *Goethe y la literatura española.* Rivista de ideas estéticas 8 (1950) S. 143-167. Swana L. H a r d y, *Goethe, Calderon u. d. romantische Theorie d. Dramas* (1965; Heidelberger Forschungen 10).

Zur Romanze: S. d. Artikel *Romanze.* — Miguel Q u e r o l, *Romanze. A. Die span. Romanze.* MGG 11 (1963) Sp. 845-848. — Louis L. H a m m e r i c h, *Trochäen bei Heinrich Heine.* In: *Formenwandel. Festschr. f. Paul Böckmann* (1964) S. 393-409. — Weitere span. Strophenformen: M i n o r, *Nhd. Metrik* S. 495-500. — H. V o i g t, *Glossen der Deutschen,* 1922. (Sammlung).

§ 13. In einem Fall, beim S o n e t t, wird die Geschichte einer roman. Strophenform zur Geschichte einer weltliterar. lyrischen Gattung. Als liedhafte Einzelstrophe, die nicht mehrstrophige Lieder bildet, wohl aber zu zyklischen Strophenfolgen, ähnlich denen der mhd. Sangspruchdichtung, gereiht werden kann, steht das Sonett am Anfang der volkssprachigen ital. Literatur. Es taucht auf in der sizilianischen Lyrik des Hofes Kaiser Friedrichs II. Zur Zeit Dantes und Petrarcas ist es schon die lyrische Lieblingsform und bleibt es in Italien bis zu Tasso, Michelangelo, Marino. Wenn der erste Theoretiker des Sonetts, Antonio da Tempo (1332), die Quartette als *pedes,* die Terzinen als *voltae* bezeichnet, so benutzt er Fachwörter, die für den stolligen Strophenbau der Kanzone gelten; er faßt die Glieder des Sonetts demnach als Strophenteile und nicht als Einzelstrophen auf. Die falsche Analogie der „Pindarischen Ode" aus Strophe, Antistrophe und Epodos stellt sich erst im 17. Jh. ein. Auch im Sonett hat sich aus dem mal. Reichtum freier Strophenerfindung in Italien e i n Idealtypus herauskristallisiert: der *Endecasillabo* als Regelversmaß, die Quartette des Aufgesangs durch die gleichen zwei Reime verbunden, entweder mit Kreuzreim (zweimal *abab*), häufiger umschließend gereimt (zweimal *abba*), die Terzette des Abgesangs variabler im Reimschema (am häufigsten *cde, cde* oder *cdc, dcd*). Die anfangs zahlreichen Varianten mit eingeschobenen Zeilen oder Zeilengruppen (*coda*) gehen von dem idealen Grundtypus aus und sind nicht etwa Reste älterer freierer Formen. Im Sonett ist die mal. Liedkunst früh zum „Gedicht" geworden, das nicht mehr notwendig den formalen Halt des Tons und die Darbietungsform als gesungenes Lied fordert. Jedoch bemächtigt sich seit der 2. Hälfte des 16. Jh.s die niederländisch-italienische Madrigalmusik des Sonetts als Libretto und greift dabei mit Vorliebe bis auf Petrarca zurück. Das ist etwas Neues; Vertonung nicht zeitgenössischer Dichtung gab es vorher kaum.

Die ital. Sonettdichtung erweckt in der Renaissance und im Barock eine hohe Blüte in Portugal und Spanien (Camões, Lope de Vega, Calderon, Góngora). In Frankreich und England wandelt sich die Form. Bei der genauen Übereinstimmung von metrischer Gliederung mit innerer Bauform, die sich im Sonett ausgebildet hatte, ist schon die Veränderung der Reimstellung in den Terzetten eine empfindliche Störung. In Frankreich wo sich *ccd, eed* (Schweifreim) oder *ccd, ede* durchsetzt, pointiert das Reimpaar beim Einsatz der Terzette die Zweiteiligkeit des Ganzen stärker. Dazu kann beigetragen haben, daß das Sonett den Franzosen zuerst vornehmlich in zweiteiligen Motettenkompositionen begegnet ist. Im engl. Renaissance- und Barocksonett baut der Wechsel des Reimklangs vom zweiten Quartett an und der Paarreim am Schluß die Gesamtform völlig um zu *abab, cdcd, efef, gg*.

In den Anfängen der Sonettdichtung in Frankreich (Louize Labé in Lyon, Marot, Ronsard, Du Bellay) ist das Sonett noch stark mit der Musik, als mehrstimmige Motette oder als Einzellied zur Laute, verbunden. Der Übergang vom *Vers commun*, der franz. Variante des *Endecasillabo*, zum Alexandriner lockerte die Tradition und legte den Grund zu einer Gedichtform in franz. Versgewand, die sich neben die andern Alexandrinergenres stellte und sie zurückdrängte. So, als literar. Gebilde, kommt die Form nach Deutschland, vor allem durch Weckherlin, und unterliegt dann der Opitzischen prosodischen Reform. Opitz selbst bevorzugt in Versmaß und Reimschema noch die ital. Form, aber er setzt sie nicht durch. Das Alexandrinersonett, mit Kadenzwechsel nach franz. Art, vorwiegend mit der franz. Schweifreimstellung der Terzinenreime, wird die Leitform des lyrischen Gedichts im dt. Barock, nicht grundsätzlich unsangbar, aber doch deutlich von den sangbaren Strophen- oder Einzelstrophen-Liedformen, „Ode" oder „Arie" genannt, abgehoben. Die Freiheiten, die es auf seinem Höhepunkt hinzugewinnt, die Mischung verschiedener Versarten (kurze Zeilen neben Alexandrinern, Übergang vom Alexandriner zu Trochäen oder Daktylen), sind zwar von musiknahen Versgenres angeregt, aber nicht für die Komposition gemacht. Eine Lese- und Sprechlyrik entsteht, die gelegentlich „wie gesungen" anmuten kann. Bei Ph. Zesen ist barocker Spieltrieb, aber auch das mißverstandene Modell der „Pindarischen Ode" beteiligt. Andreas Gryphius schafft sich dadurch seinen persönlichen lyrischen Ton, der darüber hinaus auch im Überspielen der Gliederungsgrenzen der Quartette und Terzette seine Eigenart durchsetzt. Mit der Aufklärung klang das Alexandrinersonett in Deutschland aus. Das literar. Gesellschafts-

spiel der Preziösen in Frankreich mit *bouts rimés*, vorgegebenen Reimen, die nach einem gestellten Thema zum Sonett ausgedichtet wurden, blieb uns erspart.

Im Gefolge der „weltliterarischen" Eindeutschung romanischer Formen kommt das Sonett vor allem seit der Romantik wieder zur Geltung, ohne Kontakt mit dem des Barock, anfangs in direktem Rückgriff auf die histor. Ausprägungen in Italien, Portugal, Spanien und England. Im späteren 19. Jh. tritt es dann in zeitgenössischen Kontakt zur wiedererwachten Sonettkunst Frankreichs und Englands. Es wird bis ins 20. Jh. hinein zur häufigsten Gedichtform roman. Herkunft und bewahrt trotz aller Lockerung und Veränderung der Form die Erinnerung an seine Ursprünge. — Voraus geht die Sonettdichtung Gottfried August Bürgers, der den fünfhebigen Trochäenvers bevorzugt, aber damit keine neue Variante durchsetzt. Die Romantik übt die histor. Form des ital., portugies. und span. Sonetts an Übersetzungen. Wie bei der Terzine erarbeitet sich A. W. Schlegel erst allmählich die strengste Form, schließlich mit Unterdrückung aller männl. Reime. Seit dem Jh.beginn wird das Sonett außerhalb der Übersetzung zur romantischen Modeform, der Widerstand der antikisierenden Klassizisten (J. H. Voss) hält die Flut nicht auf; Goethe läßt sich nach anfänglichem Widerstreben mit seinem Zyklus von 1807 von ihr erfassen; Wilhelm von Humboldt macht das Sonettdichten in den drei letzten Jahren seines Lebens zur täglichen geistigen Übung. Während des ganzen 19. Jh.s schließt sich kaum ein Lyriker vom Sonett aus, die formbewußten wie Rückert und Platen huldigen ihm am meisten. Immer wieder wird die zyklische Reihung gesucht, mit thematischer und auch formaler Verknüpfung der Einzelstücke. In der Thematik überwiegen die Liebesreflexion und die polemisch-politischen Inhalte; für beides hatte die histor. Sonettdichtung Vorbilder geschaffen. Von Rückert über Herwegh geht die Nachwirkung des polit. Sonetts bis in die Arbeiterdichtung und zu Haushofers *Moabiter Sonetten*. Seit dem Ende des 19. Jh.s wirken Baudelaire und der franz. Symbolismus als zeitgenössischer Einfluß, der in Deutschland wie anderswo das Sonett aus seiner historisierenden Starrheit befreit und auch die Form lockert. Die Wahl des Versmaßes und der Reimstellung wird freier, es bleibt eine 14zeilige Gedichtform, in lockere Gruppen von zweimal vier und zweimal drei Versen gegliedert, übrig. In einer Zeit, in der das Gedicht die „Wollust der Form" meidet und jedesmal auf neue Weise von innen her seine Gestalt sucht, gibt schon die Einhaltung einer festen Zeilenzahl einen gewissen Halt. Wo die strenge Sonettform im 20. Jh. noch geübt wird (R. A. Schröder, Weinheber u. a.), legt sich ihr spürbar der Staub eines epigonenhaften Historismus auf; die nur angedeutete, freiere Form, wie sie im Expressionismus gelegentlich erscheint, ist die zeitgemäßere Lösung. Dem Phänomen Rilke tut dieses grobe Schema jedoch nicht Genüge. Wie in Goethes *Faust* die Singspiel- und Opernform zum rahmenden Symbol wird, das die Formen, Themen und Motive der Weltliteratur in sich aufnimmt, so ist bei Rilke der Zyklus der *Sonette an Orpheus* einerseits, der Zyklus der *Duineser Elegien* andrerseits ein Spiegel, in dem der Formen- und Themenkosmos der abendländischen Lyrik, vielfach gebrochen und verwandelt, noch einmal seiner selbst gewahr wird. Es ist wie ein letztes Festhalten und Sich-Vergewissern im Augenblick des Abschieds. Form, auch metrische Form, ist da nicht anders mehr möglich als im Andeuten und Anspielen, und sie gewinnt gerade jenseits der historischen Richtigkeiten ihren Zeichenwert.

Walter M ö n c h, *Das Sonett. Gestalt u. Geschichte* (1955). — Ernest H. W i l k i n s, *The invention of the Sonnet and other studies in Italian litterature* (Roma 1959; Storia e Letteratura 75) S. 11-39. Heinrich W e l t i, *Geschichte d. Sonettes in d. dt. Dichtung, mit e. Einl. über Heimat, Entstehung u. Wesen d. Sonettform* (1884). — Ernst C. W i t t l i n - g e r, *Die Satzführung im dt. Sonett vom Barock bis zu Rilke* (Masch.) Diss. Tübingen 1956. Jörg-Ulrich F e c h n e r, *Das dt. Sonett. Dichtungen, Gattungspoetik, Dokumente. Ausgew. u. hg.* (1969). — Günther W e y d t, *Sonettkunst des Barock. Zum Problem d. Umarbeitung bei A. Gryphius.* Jb. d. dt. Schillerges. 9 (1965) S. 1-32. — Willi F l e m m i n g, *Andreas Gryphius* (1965; Sprache u. Lit. 26). Rudolf I b e l, *Studien zur Formkunst Hofmanns von Hofmannswaldau,* ZfdPhil. 51 (1926) S. 445-453. Joachim M ü l l e r, *Goethes Sonette - lyrische Epoche und motivische Kontinuität* (1966; Abh. d. Sächs. Ak. d. Wiss. Phil.-hist. Kl. 58,3). Theodor F r ö b e r g, *Beiträge zur Geschichte u. Charakteristik des dt. Sonetts im 19. Jh.* (Petersburg 1904). Albert L e i t z m a n n, *W. v. Humboldts Sonettdichtung* (1912). Alfred M o h r h e n n, *Friedrich*

Hebbels Sonettdichtung (1923; Hebbelforschungen 11). Gertrud W i l k e r - H u e r s c h *Gehalt u. Form im dt. Sonett von Goethe bis Rilke.* Diss. Bern 1952. K. A. J. B a t t e r b y *Rilke and France. A study in poetic development* (London 1966).

Wolfgang Moh

Romantik

§ 1. Romantik ist der Name für eine geistige Kategorie und zugleich die Bezeichnung einer Epoche und Stilrichtung der dt und europ. Literatur. R. als geistige Kategorie ist eine Geisteshaltung, welche die Welt nicht als eine von der Vernunft bestimmte Wirklichkeit sieht, sondern als ein rätselhaftes, geheimnisvolles, von der Vernunft nie ganz erfaßbares und berechenbares Wesen. — Die geschichtliche Romantik aber setzt ein im Augenblick der siegreichen Entfaltung der franz. Revolution, welche im Zeichen der Vernunft die Welt neu ordnen will, und der Herrschaft des philosophischen Idealismus und der Weimarer Klassizität. Die Verkünder der neuen romant. Welt- und Kunstanschauung sind selbst höchst aufgeklärte Geister von überwacher Intellektualität. Weder sie selbst noch der historische Augenblick entsprechen dem romant. Ideal, das daher nur in der Vergangenheit gesucht oder in einer fernen Zukunft erhofft werden kann. — Die romant. Bewegung muß als eine Einheit verstanden werden, ist aber in sich selbst so vielgestaltig und widerspruchsvoll, daß sowohl eine Definition wie auch eine geschichtliche Einordnung außerordentlich schwierig ist.

§ 2. Der Streit der Meinungen über die Abgrenzung, die geschichtliche Stellung und den Sinn der R. beruht im wesentlichen auf der vielseitigen und mehrdeutigen Verwendung des Wortes, der Unbestimmtheit, die dem Worte R. und romantisch anhaftete vor während und nach der Epoche, für die es von der literarhistor. Wissenschaft als gangbare Benennung in Umlauf gebracht wurde

Das Wort R., das erst bei Novalis erscheint und in den ersten Jahren des 19. Jh. auch die Ableitung Romantiker nach sich zieht, ist eine Parallelbildung zu dem Ausdruck Klassik und deckt sich als reines Substantiv mit dem bis dahin gebrauchten substantivierten Adjektiv „das Romantische". Das Romantische aber hat eine längere Geschichte, ehe es zum Stichwort für die geistige Bewegung in Deutschland am Ende des

18. und Beginn des 19. Jh.s wurde. Gleichbedeutend mit dem älteren „romanisch" besagt
das Wort „romantisch", dessen Form eng-
lischem Einfluß verdankt wird, im ausgehenden 17. und im 18. Jh. so viel wie „im Roman
vorkommend", und zwar im Sinne einer Ablehnung. Genährt durch die Epoche der
Empfindsamkeit wie abgegrenzt gegen die
rationalen und moralischen Setzungen der
Aufklärung, wird es im Verlaufe des 18. Jh.s
geeignet zur Bezeichnung der Dimension des
Irrationalen und ihrer sittlichen wie geistig-
seelischen Auswirkungen, umfaßt so die Stufenleiter vom Unwahren und Unwirklichen
über das durch ideale Ferne seltsam Befrem-
dende bis zu einer psychologischen Zuspitzung in dem Begriffe des Überspannten und
Krankhaften und dringt als Mode- und Re-
klamewort in Titel und Inhalt des Trivialro-
mans ein. Daneben besteht im 18. Jh. eine
zweite, ebenfalls von England her angeregte
Verwendung des Wortes, die es zur Bezeichnung einer bestimmten Art der Landschaft
und des Naturgefühles werden läßt. Das
Wilde und Wildschöne in der Natur und die
Empfänglichkeit dafür werden mit dem
Worte ausgedrückt; unter dem Einfluß Rousseaus wird die unverkünstelte Landschaft im
Gegensatz zur Rokokolandschaft, der englische Garten im Gegensatz zum französischen, die malerische Regellosigkeit eines
Stadtbildes wie die zum Naturdenkmal gewordene Ruine als romantisch bezeichnet.
Folgenreicher war der Aufstieg des Wortes
zur geschichtlichen Bedeutsamkeit. Wiederum in England entstand die Antithese „klassisch-romantisch" zur gegensätzlichen Bezeichnung des antiken und des mal. Ge-
schmackes in der Dichtung. Gerstenberg in
seinen *Briefen über die Merkwürdigkeiten
der Literatur* gewinnt das Begriffspaar für
Deutschland. Aber erst H e r d e r s geschichtliches Bewußtsein befreit das Wort „romantisch" wie das ihm zeitweilig zur Seite
stehende „gotisch" von dem tadelnden Ne-
bensinn und gibt ihm, in Übereinstimmung
mit W i e l a n d , einen Inhalt, der als Gegengewicht gegen den Begriff des „Antikischen"
den Eigenwert der nordisch germanischen
wie der südlich romanischen Kulturen des
MA.s umschließt.

Überblickt man die Bedeutungsschattierungen des Wortes im 18. Jh., so ergibt sich
die Erkenntnis, daß die gesamten Bildungs-
und Erlebnismassen seit der Mitte des Jh.s
sich immer wieder unter den in jener Zeit
selbst bereits aufgestellten Begriff „Romantik" und seine Gegensätze einordnen lassen.
Nicht nur in Deutschland. Daß die geltenden
Ansichten über „Romantik" und „romantisch" vielfach bestimmt werden durch die
bedeutsame Rolle, die diese Begriffe in den
literar. und ästhetischen Auseinandersetzungen der anderen europ. Länder, besonders
Englands und Frankreichs, im 18. und 19. Jh.
gespielt haben, ist eine zutreffende Feststellung. Dieser Umstand ist aber eher geeignet,
das Wesen und die Geschichte der deutschen
R. zu verwirren, als ihre Erkenntnis zu fördern, so wenig die Fäden übersehen worden
sind, die sie nach rückwärts und vorwärts
mit den Bewegungen verbanden, die sich im
übrigen Europa an dem aus dem 18. Jh. her-
rührenden Gegensatz „klassisch-romantisch"
orientierten.

Für die Klärung und Deutung der Bestrebungen, die die Literaturwissenschaft als dt.
R. anspricht, und für eine zusammenfassende
Begriffsbestimmung war und ist ferner der
Umstand erschwerend, daß diese Bewegung
R. h e i ß t und zugleich immer wieder das
Bedürfnis sich geltend machte, zu erweisen,
daß der Inhalt dieser Bewegung R. s e i —
ein vielfach unbewußter Zwang, der sich
einerseits aus der mit einer Menge von Beziehungen bereits belasteten Wortverwendung ergab, andererseits aus dem Umstand erklärlich ist, daß innerhalb der neuen geistigen Bewegung um 1800 und weiterhin Erörterungen über R. und romantisch geführt
wurden, in der ausgesprochenen und unaus-
gesprochenen Absicht, mit Hilfe dieses Begriffes die Deutung und Rechtfertigung
eigenen Wesens und Schaffens zu finden.
Bei den Gründern des *Athenäums* war der
Begriff zunächst von der geschichtlich gerichteten Wortverwendung Herders abhängig. Auf diesem Standpunkt ist A. W.
S c h l e g e l immer stehen geblieben. Friedrich S c h l e g e l aber gibt dem Begriff eine
allumfassende Ausdehnung im Hinblick auf
die Möglichkeiten der Poesie neuerer Zeit.
Hierfür war einmal sein Gedankenaustausch
mit N o v a l i s anregend, dessen *Fragmente*
in seine Bemühungen, sich über den Sinn
eines Romantischen klar zu werden, einen
gewissen Einblick verstatten. Eine besondere
Beziehung zu Friedrich Schlegel gewinnen

Definitionen von Novalis wie die, daß „die Kunst auf eine angenehme Art zu befremden, einen Gegenstand fremd zu machen und doch bekannt und anziehend ... romantische Poetik" sei, oder der Satz: „Alles wird romantisch, wenn man es in die Ferne rückt; so wird alles in der Entfernung Poesie", also die Gleichsetzung des Romantischen mit dem Poetischen schlechthin. Eben dahin gehört die Identifizierung des „Heterogenen" mit dem Romantischen, die Forderung, daß „die Welt romantisiert werden müsse", und der Ausspruch: „Romantisieren ist nichts als eine qualitative Potenzierung ... indem ich dem Gemeinen einen hohen Sinn, dem Gewöhnlichen ein geheimnisvolles Ansehen, dem Bekannten die Würde des Unbekannten, dem Endlichen einen unendlichen Sinn gebe, so romantisiere ich es." Das Prioritätsverhältnis zwischen Novalis und Friedrich Schlegel muß dabei offen bleiben ... Daneben ordnet sich für Schlegel der Begriff des Romans, abgezogen aus Goethes *Wilhelm Meister*, unter den des Romantischen unter. Diskussionen über den Begriff des Romantischen sind in den ersten Jahren des neuen Jh.s an der Tagesordnung, nicht zum wenigsten, nachdem Schiller seine *Jungfrau von Orleans* als „romantische Tragödie" bezeichnet hatte. Die Verwirrung nimmt zu. Zweierlei ist aus dem Hin und Her der Meinungen zu Beginn des neuen Jh.s für die Entstehung einer literarhistor. Klassifikation und Schablone besonders beachtenswert; beides hat zur Voraussetzung eine Stellung gegen das Romantische, wie sie von anderm Boden aus bereits im 17. und 18. Jh. bezogen worden war: einmal der Umstand, daß die aufklärerisch-protestantische Gegnerschaft der neuen Romantiker den mittelalterlich-katholisierenden Begriffskomplex in den Vordergrund schob und zur Zielscheibe machte. Sodann aber wird der weltanschaulichen und ästhetischen Gegnerschaft überhaupt die Übertragung des Begriffes Romantik auf die geistige Bewegung ihrer Tage verdankt, auf die „neue Schule" (wie man gewöhnlich zu Anfang des 19. Jh.s sagte), innerhalb deren man mit dem Worte so vielfach spielte, ohne doch früher oder später sich selbst als Zugehörige einer „Romantik" zu bezeichnen. Die endgültige Festlegung der Terminologie für die Tendenzen, geistigen Gehalte, dichterischen Formen, Gruppen, Persönlichkeiten, die man im

19. Jh. unter dt. R. verstand, wird dem Literarhistoriker Friedrich B o u t e r w e c k und seiner *Geschichte der Poesie und Beredsamkeit* (1801-1819) verdankt, ohne daß die gelegentlich von ihm und manchen Zeitgenossen angewandte Bezeichnung „Neuromantik" für die deutsche Literaturbewegung sich durchzusetzen vermochte. Fortan wird im 19. Jh. mit dem erstarrten Begriffe „Romantische Schule" und „Romantik" von Literarhistorikern, Kunsthistorikern, Historikern und Philosophen als mit einer bequemen Scheidemünze gewirtschaftet, ganz abgesehen von der leichtherzigen und sinnverwirrenden Anwendung, die diese Worte und Begriffe an der Peripherie des wissenschaftlichen Denkens und in der breiten Öffentlichkeit erfahren. Die Fragen nach der Gültigkeit, dem Geltungsbereiche, dem Inhalt dieser Definitionen traten immer mehr zurück. Wenn das Wort als literarhistorischer Terminus nun einmal sein Heimatrecht erworben hat und so gut und so schlecht ist wie jede andere Übereinkunftsbezeichnung für einen bestimmten Strukturzusammenhang geistig-geschichtlichen Lebens, so muß doch gefordert werden, daß dieser Strukturzusammenhang selber, auch ohne Beeinflussung durch den Umlaufswert des Wortklischees, zu schärferer Bestimmtheit erhoben wird, als das gemeinhin der Fall ist. Diese Vorbehalte müssen gemacht werden, wenn es gilt, die Bewußtseinsinhalte und Objektivationen der dt. R. darzulegen.

In der heutigen Literaturwissenschaft wird R. als Bezeichnung der Epoche verwendet, welche von der Mitte der neunziger Jahre des 18. Jh.s bis etwa 1830, mit ihren letzten Vertretern bis nach 1850 dauerte und durch die von der Frühromantik ausgehenden Gedanken und Anregungen zusammengehalten wurde.

§ 3. Die seit mehr als hundert Jahren immer wieder erneuten Bemühungen um eine w i s s e n s c h a f t l i c h e E r f a s s u n g der R. lassen die Schwierigkeiten erkennen, die sich einer umfassenden Wesensbestimmung dieser komplexen Bewegung in den Weg stellen.

Die noch zu Lebzeiten der letzten Romantiker geführten Auseinandersetzungen über Wesen und Dichtung der R. waren polemisch, ihre Hauptwortführer (Gervinus, Heine, Hettner, Wienbarg, Eichendorff) und mittelbar parteimäßig engagiert. Erst in der zweiten Jh.hälfte setzte eine aus historischer Objektivität hervorgehende Forschung ein. Besonders wichtig ist hier das grundlegende Werk von Rudolf H a y m: *Die romantische Schule* (1870), das mit philologischer Strenge die Frühromantik durchforscht und von der Klassik abgrenzt. Wilhelm D i l t h e y wendet als erster den Generationenbegriff auf die R. an, gewinnt die Vorstellung eines romant. Systems und erspürt die Wechselwirkungen zwischen Philosophie und Dichtung. Um die Jh.wende erschienen dann die beiden Bände von Ricarda H u c h: *Blütezeit der R.* und *Ausbreitung und Verfall der R.* Aus innerer Gleichgestimmtheit entdeckte sie die Frühromantik gleichsam neu und erkannte die nahe Verwandtschaft der geistigen Situation von 1900 mit der von 1800. Ihre ganze Liebe gehört dem herrlichen Enthusiasmus der Frühromantiker, während sie die jüngeren Romantiker unklare Träumer nennt. Als das eigentliche Wesen der R. erkennt sie den Bruch, der die menschliche Einheit spaltet: der Bruch zwischen Bewußtheit und Unbewußtheit, dem Geiste und der Natur. Der romant. Mensch steigert seine Bewußtheit bis zu überheller Klarheit und bemächtigt sich der Abgründe des Unbewußten, betrachtet und zerfasert das eigene Erleben, andererseits aber überläßt er sich schrankenlos dem Strom des Unbewußten, der Tiefe der Nacht und des Todes. Der Romantiker sehnt sich nach künftiger Versöhnung des Bruches, der aber im Leben unheilbar bleibt; daher ist das Wesen des romant. Menschen nie abgeschlossen, sondern in ewigem Werden begriffen. In Tieck, in den Brüdern Schlegel entdeckt sie wichtige Typen romant. Wesens. Ricarda Huch stellt gewiß die Romantik als geschichtliche Bewegung dar, zugleich aber zeichnet sie auch die Umrisse des überzeitlichen Typs des romant. Menschen.

Hayms philologische Gründlichkeit und philosophische Kritik, Diltheys neuartige geistesgeschichtliche Betrachtungsweise und Ricarda Huchs aus gleichgerichtetem Enthusiasmus wachsende Erfassung gaben der R.-Forschung der ersten Jahrzehnte des 20. Jh.s die entscheidenden Impulse. Von Haym ausgehend, versucht Oskar W a l z e l nicht nur der frühen, sondern der gesamten R. gerecht zu werden, sie von der Klassik abzugrenzen und in ihrem eigenen Wesen zu erfassen.

Gegenüber Carl S c h m i t t, der in seinem Buch über *Politische Romantik* die R. als subjektivierten Okkasionalismus bezeichnet, in dem die letzte Instanz von Gott weg ins schöpferische Ich verlegt werde, betont er die Bedeutung der Organismuslehre, die dem Okkasionalismus das Gegengewicht halte und den romant. Menschen vor dessen Gefahren schütze. Die Zeit nach dem ersten Weltkriege mit ihrer Offenheit für neue, unkonventionelle Fragestellungen gab auch der R.-Forschung neue Impulse. 1922 erschien Fritz S t r i c h s *Dt. Klassik und R. oder Vollendung und Unendlichkeit*, in dem er die Wölfflinschen Grundbegriffe, unter denen er Bezeichnungen für allgemein-menschliche Grundhaltungen versteht, auf die Lit. überträgt. Dieses Buch ist Stilvergleichung und geistesgeschichtliche Betrachtung zugleich, und es geht ihm wesentlich darum, das eigene Recht der R. gegenüber der Klassik in sein Licht zu stellen. Geistesgeschichtlich orientierte Arbeiten sind auch die von Franz S c h u l t z und H. A. K o r f f, die aber mehr den Zusammenhang von Klassik und R. entwickeln. Korff sieht die R. als die vollendete Antithese der Aufklärung, hingegen als organische Fortführung der Klassik, zu der sie erst in ihrer späten Entwicklungsphase in Gegensatz tritt. Die Entthronung der Frühromantik versucht Josef N a d l e r und geht dabei von der Hauptthese aus, daß die R. eine ostdt. Bewegung, ein Aufbruch der Neustämme des ostdt. Kolonisationsgebietes sei, das sich damit in die dt. Gesamtbewegung einschalte; die R. wird zu einer germanischen Renaissance des neustämmigen Volkes, das damit die Entwicklung des dt. Westens nachholt und bei dem sie allein echt und ursprünglich ist. Diese These erwies sich schon allein durch die Tatsache der europäischen Bewegung der R. als unhaltbar. Die Einheit der gesamten romant. Bewegung betont in allen seinen Darstellungen Paul K l u c k h o h n und versucht vor allem gegenüber einer Überbewertung der älteren R. eine gerechte Bewertung der jüngeren R., wendet sich aber gegen Bestrebungen, welche die zweite und dritte Phase der R. gegen die erste ausspielen und die stärker idealistische Frühr. mit der Klassik noch ins 18. Jh. verweisen (wie Alfred Bäumler und später Erich Rupprecht). Hinter allen Divergenzen und Widersprüchlichkeiten des romant. Schaffens sieht Martin

H o n e c k e r eine der gesamten Bewegung zugrundeliegende leitende Weltanschauung, eine Grundanschauung in Metaphysik, Erkenntnislehre und Ethik, die durch den Begriff des Absoluten bestimmt ist und den durchgehenden Zug zum Transzendenten ergibt.

Seit dem zweiten Weltkriege sind kaum mehr Gesamtdarstellungen der R. herausgekommen, die Forschung hat sich vielmehr besonderen Einzel-Gegenständen zugewandt, versucht aber von ihnen aus das Ganze neu zu sehen. Emil S t a i g e r wendet mit seiner neu ausgebildeten Kunst der Interpretation den Heideggerschen Zeitbegriff auf ein Brentano-Gedicht an und erkennt im hingerissenen Menschen ein bei Brentano immer wiederkehrendes Urbild. Im magischen Menschentum, das sich in „die Ohnmacht der reißenden Zeit" stürzt, findet er den Ansatz, das Wesen des Romantischen, besonders der jüngeren R., besser als bisher zu bestimmen. In einem späteren Aufsatz untersucht Staiger das Problem des Stilwandels von der Klassik zur R. und entdeckt in Tieck, der aus dem Abgrund der Langeweile und der Nichtigkeit und Leere des Seins zu einer neuartigen Stimmungskunst gelangt, den Ursprung der dt. Romantik. Walter R e h m zeigt in seinen Studien *Zur dichterischen Gestaltung des Unglaubens* vor allem an Jean Paul die Gefahr des emanzipierten, auf sich gestellten Ichs, sich in die Mitte der Welt zu stellen, selbst Gott zu werden und dann in die Leere des Nichts zu stürzen. Er beleuchtet damit eine bisher kaum beachtete Möglichkeit romant. Wesens und seines hybriden *experimentum medietatis*. Diese Möglichkeit erforscht dann vor allem Werner K o h l - s c h m i d t in seinen Studien zum Nihilismus der Romantik. Die amerikanische Forschung, die sich besonders in den letzten anderthalb Jahrzehnten mit Fragen der R. befaßt hat, interessiert sich vor allem für die Gesamterscheinung der europ. Romantik. Besonders zu erwähnen sind hier René W e l l e k und Henry R e m a k, die zu ähnlichen Ergebnissen kommen: „Die R. ist der Versuch, den Bruch im Universum zu heilen, sie ist die schmerzliche Erkenntnis des Dualismus verbunden mit dem Drang nach Lösung zu einem organischen Monismus, sie ist die Konfrontation des Chaos' gefolgt von dem Willen, es in die kosmische Ordnung zu reintegrieren, sie ist das Verlangen nach Versöhnung von Gegensätzen, nach Synthese im Gefolge von Antithese." („Remak).

§ 4. Die Literaturgeschichte hat seit je von zwei romant. Schulen, der ä l t e r e n und der j ü n g e r e n R., gesprochen. Die neuere Forschung wendet mit Recht eher den Begriff von Phasen einer Entwicklung an, die sie in drei Stufen sich vollziehen sieht: Die erste Phase ist die der älteren oder Frühromantik, welche 1797 in Berlin mit Wackenroders *Herzensergießungen* beginnt, in Jena mit dem *Athenäum* sich fortsetzt und mit A. W. Schlegels *Berliner Vorlesungen* 1802-04 ausklingt. Ihre Hauptvertreter sind Wackenroder und Tieck; die Brüder Schlegel, Schleiermacher und Novalis, Schelling und Steffens stehen ihr nahe. Die zweite Phase, die der jüngeren R., schließt an die erste an und dauert bis etwa 1815, ihre Hauptorte sind Halle, Heidelberg, Dresden und wieder Berlin, die wichtigsten Vertreter Arnim, Brentano, Görres, G. H. Schubert, Adam Müller, Runge, Zacharias Werner und der junge Eichendorff; Kleist hat in seinen letzten Jahren in Berlin engere Beziehungen zu ihr. Die dritte Phase, die Spätromantik, kann räumlich und zeitlich weniger eindeutig erfaßt werden. Sie reicht bis in die 30er, in ihren letzten Erscheinungen bis in die 50er Jahre, räumlich verzweigt sich die Bewegung nach Bayern, Schwaben und Wien. Zu den bereits genannten Namen treten E. T. A. Hoffmann, Fouqué, Baader, Kerner und Uhland.

Die Wurzeln der R. reichen zurück in den S t u r m und D r a n g, der deutlich vorromant. Züge hat. Gemeinsam ist beiden Bewegungen der Kampf gegen die Aufklärung, welche die eigentliche Antiromantik ist, Kampf gegen deren platt gewordenen Rationalismus und Fortschrittsoptimismus, gegen das Normative und Konventionelle ihrer Kunstanschauung. Viele Einflüsse wirken durch den Sturm und Drang hinüber auf die R.: Die machtvolle Gefühlsbewegung der pietistischen Mystik, durch Hamann theoretisch begründet und ästhetisch auswertbar gemacht; Herder mit seiner Vorliebe für das Natürliche, Sinnliche, Lebendige im Menschen, der von ihr ausgehende Organismusgedanke und das neue Geschichtsbild, sein Enthusiasmus für die schöpferische, dichtende Volksseele, aber auch seine Hochschätzung der großen Persönlichkeit und des weltchaffenden Genies, das er in Shakespeare verkörpert findet; von England her Youngs *Nachtgedanken* sowie Percy und Macpherson und schließlich auch Shaftesbury, der zusammen mit Hemsterhuis neuplatonisches Denken über Herder und Goethe an die Romantik vermittelte. Das sind manifeste Einflüsse. Dazu kommt allgemein die Einwirkung der gefühlsmäßigen Bewegtheit des Sturm und Drangs und des Aufbruches des Irrationalismus. Aber gerade hier zeigen sich nun deutlich die Unterschiede der beiden Bewegungen. Von einer Gleichsetzung von R. und Irrationalismus kann nicht die Rede sein. Bei den Stürmern und Drängern herrscht wirklich das Mutterrecht des dunkeln Gefühls, des Unbewußten und des anarchischen Triebes. Der Sturm und Drang ist die naivmagische Jugendstufe jener Generation, welche sich dann zu der Bewußtheit und Besonnenheit des klassischen Stiles entwickelt. Die Helle des Verstandes, die Überwachheit des Bewußtseins, die sich in philosophisch-ästhetischen Spekulationen wie in der scharfen Selbstanalyse bezeugen, sind den Romantikern durchgehend eigen und trennen sie grundsätzlich von der Geistes- und Seelenlage der Stürmer und Dränger. Die Romantik ist nicht einfach die Jugend einer Generation, und zwischen ihr und dem Sturm und Drang liegt die Weimarer Klassik, welche ihrerseits die R. vielseitig beeinflußt hat, liegt ferner die Entfaltung des philosophischen Idealismus, der eine wesentliche Grundlage für die nachfolgende R. bildet, und liegen schließlich die franz. Revolution und Napoleon. „Die Französische Revolution, Fichtes *Wissenschaftslehre,* und Goethes *Meister* sind die größten Tendenzen des Zeitalters." (Friedrich Schlegel). So kann die R. als die Schlußphase jener großen geistigen Bewegung erscheinen, welche mit dem Sturm und Drang einsetzt und die idealistische oder etwa auch die deutsche Bewegung genannt worden ist.

Das philosophische Denken gehört zu den Hauptanliegen der Frühromantik, deren Entfaltung eng verbunden ist mit der Auseinandersetzung mit der idealistischen Philosophie. Kant wirkt auf sie ein, und über Friedrich Schlegel bis hinüber in die jüngere R.; seine Erkenntniskritik läßt sie schon früh die Erkenntnislehre Herders und des jungen Goethe überwinden. Die

Welt verändert sich ihnen, wird zu einer Art Fata morgana, zu einer vom Geiste geschaffenen Erscheinungswelt, die vorerst als Rätsel erscheinen muß. Daß die erkannte Welt bedingt ist durch den Geist, Tat des Geistes bedeutet, das lehrt vor allem F i c h t e die Romantiker: Er kommt von Kant her, geht aber weit über ihn hinaus, indem er das Ding an sich leugnet und alles Nicht-Ich zu einem gedanklichen Produkt des Ichs macht. Dieses Ich aber wird sich durch die Setzung des Nicht-Ichs erst seiner selbst bewußt. Damit aber wird die vorgefundene und durchforschte Natur zum Produkt transzendentaler Operationen des Geistes.

S c h e l l i n g geht von Fichte aus, wandelt aber dessen erkenntnistheoretischen Idealismus in einen metaphysischen Idealismus um und läßt aus der gedanklichen Produktion des Ichs einen vom Absoluten ausgehenden realen Prozeß werden. Die bei Fichte zu kurz gekommene Natur kommt in Schellings Naturphilosophie neu zu ihrem Recht. Diese ruht auf der Grundüberzeugung von der Identität von Natur und Geist: „Die Natur soll der sichtbare Geist, der Geist die unsichtbare Natur sein. Hier also, in der absoluten Identität des Geistes in uns und der Natur außer uns, muß sich das Problem, wie eine Natur außer uns möglich sei, auflösen." Die Natur in ihrer Entwicklung wird erkannt als eine fortschreitende Enthüllung des Geistes. Alles im Universum ist beseelt, nichts ist bloß Leib, sondern auch Seele, somit ist das wahre Wesen der Dinge das Identische von Leib und Seele. Das Prinzip des menschlichen Geistes deckt sich mit dem Prinzip der Natur. Das hat nun wiederum Folgen für das Erkennen: Es besteht für Schelling darin, daß das Ich den Entwicklungsprozeß des Absoluten in der Natur erneut in sich durchlebt, daß also Erkennen Erinnern ist „des Zustandes, in welchem wir eins waren mit der Natur." Damit nimmt das Erkennen jene Wendung nach innen: aus der Vertiefung in den eigenen menschlichen Geist kann der eigentliche absolute Geist, kann die Weltseele erfaßt werden. Das Absolute offenbart sich in Natur und Geist, in beiden kommt es allegorisch zum Ausdruck. Von hier aus ist nur noch ein Schritt zu Schellings Ästhetik: Das Kunstwerk ist imstande, Allegorie des Unendlichen, des Absoluten zu sein, und das Schaffen des Künstlers ist identisch mit der Schöpferkraft der Welt. Das Kunstwerk kann das Unendliche endlich darstellen: „Das Unendliche endlich dargestellt ist Schönheit". Die Kunst ist dem Philosophen das Höchste, „weil sie ihm das Allerheiligste gleichsam öffnet", denn in ihr vollzieht sich in völliger Selbstzwecklichkeit die Vereinigung von Natur und Geist, von Notwendigkeit und Freiheit.

Die Bedeutung von Schellings Philosophie, die eine ungeheuer dynamische Lebensphilosophie ist, für die ältere und die jüngere romant. Schule kann gar nicht hoch genug eingeschätzt werden: sie wirkt nach in dem sich ständig wandelnden Denken Friedrich Schlegels, bis in dessen späte christliche Zeit hinein, sie klingt mit in den magischen Spekulationen des Novalis, sie ist mitbeteiligt am mystischen Denken Franz Baaders und ist noch weitgehend bestimmend für die Kunst- und Dichtungsauffassung des alten Eichendorff. Sie wirkt wesentlich hinein auch in die romant. Naturwissenschaft und Medizin.

Eine ähnliche Wirkung wie Schelling im philosophischen übte Schleiermacher im religiösen Denken aus. Für ihn ist Religion nicht eine Angelegenheit des Verstandes, sondern des Gemütes: „Anschauung und Gefühl". Anschauen des Universums, gefühlsmäßiges Umspannen des Unendlichen, Wissen, daß alles Einzelne Teil des Ganzen, daß alles Beschränkte Darstellung des Unendlichen ist: das ist Religion für Schleiermacher. Sie ist bestimmt durch ein mystisches Grunderleben: der Mensch ist einbezogen in das unendliche Ganze des Universums: „Selbstanschauung und Anschauung des Universums sind Wechselbegriffe; darum ist jede Reflexion unendlich". Damit ist untrennbar verbunden die Bedeutung des Individuums als Spiegel des Unendlichen: Die Eigentümlichkeit des Individuums ist seine eigentliche Aufgabe, sein sittlicher Wille muß sein, immer mehr zu werden, was es ist, sich in seinem eigenen Wesen zu steigern und zu vervollkommnen. Damit entsteht eine neue Ethik, die sich von Kants und Fichtes Rigorismus unterscheidet: anstelle der Sollensethik tritt eine Seinsethik. Die Bedeutung von Schleiermachers *Reden über die Religion* mit ihrem Enthusiasmus für das Unendliche geht weit über das Religiöse und Ethische hinaus in den Bereich des Ästhetischen.

Die Frühromantik im eigentlichen Sinne begann in jenem Augenblick, als Ludwig Tieck die Nichtigkeit seines frühreifen Literatentums und die öde Langeweile seines Jugendpessimismus überwand und in seinen Märchen (*Der blonde Eckbert*, 1797) eine irrationale Zauberwelt beschwor und eine neuartige Stimmungskunst erfand. Der Dichter erscheint hier bereits als der selbstherrliche subjektive Geist, der die Wirklichkeit als Phantom der inneren Einbildung willkürlich beherrscht. Tiecks Wandlung wurde vorbereitet und ermöglicht durch seine Freundschaft mit Wackenroder, mit dem zusammen er die Kunst des MA.s und der Renaissance wiederentdeckte und sie aus dem unbefriedigenden Rationalismus der Gegenwart mit sentimentalischer Sehnsucht ergriff. Das Ergebnis sind die *Herzensergießungen eines kunstliebenden Klosterbruders* (1797) und die *Phantasien über die Kunst für Freunde der Kunst* (1799) von Wackenroder (wobei einige Stücke sicher von Tieck sind). Sie bildeten das Glaubensmanifest dieser Richtung der Frühromantik und wirkten auf die Nazarener und über sie noch bis auf die Praeraffeliten. Die Kunst wird hier zum Religionsersatz, sie ist ein Abglanz höheren, himmlischen Lichtes. Die Kunst der Künste aber ist die Musik, welche die „echte Heiterkeit der Seele" hervorbringt. Bereits wird auch das Künstlerschicksal und seine tragische Gefährdung zum erstenmal gestaltet in *Das merkwürdige musikalische Leben des Tonkünstlers Josef Berglinger*: es wird eines der Hauptthemen des romantischen Romans werden.

Tieck und Wackenroder waren völlig unphilosophische Menschen. Anders Friedrich Schlegel: er ging aus von Fichtes Wissenschaftslehre und baute so seine romant. Kunst- und Lebenslehre aus. Die Graekomanie seines Beginns war nur ein kurzer Durchgang. Bereits im Aufsatz *Ueber das Studium der griechischen Poesie* von 1797 geht es ihm weniger um die griech. als um die „moderne" Poesie, das heißt um Shakespeare und Goethe, in dem er eine Vermählung des modernen und des antiken Geistes sich vollziehen sieht und darin die große kulturelle Aufgabe der nächsten Zukunft erkennt. Beide Brüder Schlegel huldigten einem Universalismus, der wichtige neue Wissensbereiche eröffnete. Sie sind die Begründer einer modernen Literaturwissenschaft, welche über die Grenzen der dt. in die europ. Lit. vorstößt. Mit seinen Sanskritstudien drang Friedrich Schlegel in den indischen Kulturkreis vor (*Ueber Sprache und Weisheit der Inder* 1808), und unter dem Einfluß der Brüder Boisserée entdeckte er die Bedeutung der Kunst der europ. Gotik. A. W. Schlegel begann mit seiner Shakespeare-Übersetzung (1799 ff.) eine ganze Reihe von Übersetzungen, welche die großen Epochen der span. und italien. Lit. dem dt. Leser zugänglich machten, und in seinen Vorlesungsreihen schuf er erstmals einen großen Überblick über die Geschichte der Lit. von der klass. Antike bis zu der Neuzeit. Von 1798 bis 1800 gab Friedrich Schlegel mit seinem Bruder August Wilhelm die Zeitschrift *Athenäum* heraus, welche das wichtigste Organ für die Festlegung und Verkündigung der frühromant. Positionen wurde. Hier erschien 1798 Friedrich Schlegels glänzender Aufsatz *Über Goethes Meister*. In diesem „schlechthin neuen und einzigen Buch" mischen sich Kritik und Poesie, Kunstphilosophie und Kunstwerk, Betrachtung und Handlung, es mischen sich Erzählung, Gesang und andere Formen. Friedrich Schlegel gewinnt an *Wilhelm Meister* seine Idee vom Roman als romantischem Buch und wohl letztlich auch die zur Bestimmung des Wesens der romant. Poesie, wie er sie im *116. Athenäumsfragment* formuliert: „Die romant. Poesie ist eine progressive Universalpoesie. Ihre Bestimmung ist nicht bloß, alle getrennten Gattungen der Poesie wieder zu vereinigen, und die Poesie mit der Philosophie und Rhetorik in Berührung zu setzen. Sie will, und soll auch Poesie und Prosa, Genialität und Kritik, Kunstpoesie und Naturpoesie bald mischen, bald verschmelzen, die Poesie lebendig und gesellig, und das Leben und die Gesellschaft poetisch machen, den Witz poetisieren, und die Formen der Kunst mit gediegnem Bildungsstoff jeder Art anfüllen und sättigen, und durch die Schwingungen des Humors beseelen." Diese Poesie schreitet ständig fort, ist nie vollendet, sondern immer im Werden, im Bestreben, immer näher an das nie erreichbare Unendliche zu gelangen, und sie will sich immer weiterer Gebiete des Lebens bemächtigen, bis schließlich das ganze Leben e i n e Dichtung ist. Mitten in Schlegels romant. Weltanschauung leuchtet sein Begriff von

der romant. Ironie (*s. d.*). „Ironie ist klares Bewußtsein der ewigen Agilität, des unendlich vollen Chaos." Bewußtsein also der Bewegung des Geistes und der schöpferischen Fülle des ursprünglichen Daseins. Ironie gehört aber auch zusammen mit dem Begriff der Transzendentalpoesie: „In der Transzendentalpoesie herrscht Ironie." Das eigentliche Anliegen der Transzendentalpoesie ist „das Verhältnis des Idealen und des Realen." Das steht in unmittelbarem Zusammenhang mit der schon im *Studium*aufsatz gestellten Frage nach dem spezifischen Gesetz der modernen Poesie. Diese wird jetzt beantwortet: es ist die Darstellung des Spannungsverhältnisses zwischen Endlichem und Unendlichem, zwischen Realität und Idee. Das leistet die Ironie, mit deren Hilfe der Dichter, der die Grenzen seiner Bedingtheit kennt, diese immer wieder überschreitet. Sie ist Ausdruck des modernen Geistes der romant. Poesie, für die sie in zwiefacher Weise strukturbestimmendes Moment wird. Einerseits soll das poetische Werk nicht nur etwas darstellen, sondern immer auch sich selbst mitdarstellen, das heißt Poesie der Poesie sein; andererseits soll es immer das Darzustellende als ästhetische Wirklichkeit zeigen, aber zugleich über diese Wirklichkeit hinaus auf das Unendliche verweisen. Denn „alle Schönheit ist Allegorie. Das Höchste kann man eben, weil es unaussprechlich ist, nur allegorisch sagen."

Diese Poesie kann den überlieferten Gesetzen nicht mehr gehorchen, kann überhaupt von keiner fremden Notwendigkeit abhängen. Für A. W. Schlegel ist Poesie im allgemeinen Sinne das allen Künsten Gemeinsame, der schöpferische Grund aller ästhetischen Realität. Es ist die *poiesis*, die „freie schaffende Wirksamkeit der Phantasie", die von keinem äußeren Gesetze abhängt, sondern sich selbst das Gesetz gibt. Diese Poetik ist der Nachahmungslehre der Aufklärung diametral entgegengesetzt und sieht im poetischen das heißt allgemein künstlerischen Schaffen immer eine Umbildung alles Naturgegebenen nach den Gesetzen des menschlichen Geistes, als ein „Handeln der Phantasie ohne äußerliches Vorbild".

Diese schrankenlose Rechtfertigung des künstlerischen Schaffens aus der Selbstherrlichkeit des schöpferischen Ichs erfährt ihre letzte Steigerung bei N o v a l i s. Sein Weg nach innen ist ein Vordringen zu den eigentlichen Wurzelkräften der *Poiesis*: zu der Einbildungskraft, der schöpferischen Imaginationskraft, welche das innerste Wesen der Ichheit ausmacht. Das Ich entfaltet sich im schöpferischen Prozeß der *Poiesis*, in dem die Welt neu geschaffen wird. Das ist die Umgestaltung der Welt in eine poetische Welt, oder was Novalis auch die Poetisierung der Welt nennt. Sie geschieht nicht nach äußeren Gesetzen, sondern nach dem Entwurf im Ich, durch das dichterische Zauberwort. Dies ist nur aus Hardenbergs „magischem Idealismus" heraus ganz zu verstehen. Novalis geht von Fichte aus, nach dem die Natur ein Produkt des Geistes ist. Für Novalis ist die gegenständliche Natur der in einen Geheimniszustand verwandelte Geist: „Die Natur ist eine versteinerte Zauberstadt". Die Natur kann aus ihrer Erstarrung erlöst werden durch das dichterische Wort. Sie eröffnet sich dem Geiste, der nun in ihr sich selbst erkennt und begegnet. Diese Selbstbegegnungen des Geistes vollzieht der magische Idealismus, dem es gegeben ist, unmittelbar das Unendliche im Endlichen, den Geist in der Natur zu erschauen und diese Synthesis im dichterischen Werk zu offenbaren. Die Ureinheit von Natur und Geist hat der Mensch längst verloren, bewahrt aber eine Erinnerung an sie im Märchen. Das Märchen steht so ganz am Anfang vor aller Trennung, es weist aber hin auf das Ende, wo der magische Idealismus sich erfüllt und die höchste Synthesis als bewußten Akt vollzieht. Auf diese letzte Synthesis geht Hardenbergs ganzes Schaffen aus, sein dichterisches Werk wie auch sein philosophisches Experimentieren. Er steigert den Dichter als magischen Idealisten zu gottähnlichem Schöpfertum empor, das die Welt schafft und beherrscht, der magische Idealist wird zum Herrn über Leben und Tod, das Todeserlebnis wird ins Leben hereingeholt und als magisches Einheitserlebnis genossen. In ihm vollzieht sich die Synthesis von Ewigkeit und Zeitlichkeit und zugleich das Erlebnis der Vereinigung christlicher Transzendenz mit heidnisch-dionysischer Immanenz.

In Novalis erfährt die Frühromantik mit ihrem kühnen und rücksichtslosen Griff über alle Grenzen hinaus wohl ihre stärkste Ausprägung. Die Doppelheit von gedanklicher Spekulation und Emotionalität, von über-

wachem geistigem Experimentieren und trunkener Todeserotik wird sich durch die ganze R. bis in ihre spätesten Erscheinungen hindurchziehen.

Die ältere R. mit ihren philosophischen Interessen schuf die theoretische Grundlage der ganzen romant. Bewegung, die ihre Gültigkeit bis in die letzte Zeit der Spätromantik behielt. Die jüngere R. theoretisierte weniger und wandte sich der eigentlichen Dichtung zu. Sie verließ auch die kosmopolitische Haltung der älteren R. und wandte sich stärker dem Christentum, dem nationalen Staate und seiner Geschichte zu, auch der Dichtung, namentlich der volkstümlichen Dichtung seiner Vergangenheit.

Das Wort *Volk*, das im 18. Jh. noch kaum von *Staat* unterschieden wurde, erhielt jetzt eine stark emotionale Bedeutung: Es ist eine lebendige Gemeinschaft, getragen von den verbindenden Kräften der Geschichte, Sprache und Dichtung, die sich nach den Gesetzen des Organismus-Gedankens entfaltet. Für diese neue Bedeutung des Begriffes *Volk* sind besonders G ö r r e s und A r n i m verantwortlich, sie bereiteten auch die Entstehung der Lehre vom Volksgeiste vor. Der Volksgeist ist das Lebensprinzip des Organismus Volk, der die organische Verbindung von Sprache und Dichtung, von Recht und Sitte des Volkes schafft. Er wurde wesentlich für die Begründung der sogenannten historischen Schule der G r i m m , S a v i g n y und Adam M ü l l e r , deren Haltung durch das Weltbild des historischen Bewußtseins bestimmt war. Aus denselben geistigen Zusammenhängen entstand die romant. Staatsauffassung, für deren Grundlegung Novalis und vor allem Adam Müller wichtig waren. Der Staat wird als Organismus, als makrokosmische Individualität gesehen, als eine Person, „ein freies, in sich durch unendliche Wechselwirkungen streitender und sich versöhnender Ideen bestehendes, wachsendes Ganzes." (Adam Müller). Tatsächlich begründet Adam Müller in seinen *Elementen der Staatskunst* (1808) die Lehre vom autarken, ständisch gegliederten Herrschaftsstaat, welche die Auffassungen der Restauration vorbereitet und hinüberführt zu der Staatslehre des Berners K. L. von H a l l e r (*Restauration der Staatswissenschaft*). Die Einstellung zum Staate verbindet sich mit der Einstellung zum Christentum, welche von der älteren zur jüngeren R. eine bezeichnende Wandlung erfuhr. Das religiöse Grunderlebnis der ganzen R. ist geprägt durch die Erkenntnis, daß alles Leben aus einem höchsten göttlichen Seinsgrunde, aus dem Absoluten entlassen und als Entzweiung und Individualisierung in die zeiträumliche Welt ausgestoßen worden ist, aber in letzter Synthese wieder in die göttliche Einheit aufgenommen wird. Die ältere R. widerstrebt einer dogmatisch-konfessionellen Festlegung ihres religiösen Erlebnisses und neigt unter Schellings Einfluß zum Pantheismus. Aber in der Entwicklung zur jüngeren R. wenden sich viele Romantiker einem positiven Offenbarungsglauben zu: Arnim ist fest verankert in einer positiven Stellung zum protestantischen Christentum, Schelling gelangt von einem Pantheismus zum positiven Christentum; Görres und Brentano kehren zu ihrer angestammten katholischen Kirche zurück. Daneben kommt es zu vielen Konversionen zum Katholizismus: Friedrich und Dorothea Schlegel, Adam Müller, Zacharias Werner, Karl von Hardenberg, Franz von Baader und schließlich auch K. L. von Haller. Das Bild der romant. Christlichkeit ist äußerst vielgestaltig und zeigt von dem selbstverständlichen Beheimatetsein in der katholischen Religion eines Eichendorff bis zu der theatralischen Gebärde eines Zacharias Werner viele Varianten. Unzweifelhaft ist es das Bedürfnis vieler Romantiker, nach dem verstiegenen Subjektivismus der Frühzeit in einer klaren Ordnung und Bindung Halt und Ruhe zu finden. So ergibt sich eine Entwicklungsbewegung von der politisch und religiös revolutionären Frühromantik zu der traditionalistischen und konservativen Einstellung der Spätromantik.

Der frühromant. Standpunkt des Subjektivismus vollzieht die Emanzipation des Ichs, dessen völlige Freiheit ungeahnte Möglichkeiten in sich schließt, aber zugleich auch eine Gefahr bedeutet. Fichtes absolutes Ich wurde von Tieck und den meisten Frühromantikern mit dem empirischen Ich verwechselt. Das Ich wurde dadurch zum allmächtigen Mittelpunkt, das die Welt und sich selbst setzt und fühlt. Dieses allmächtige schrankenlose Ich, das keinen anderen Mittelpunkt kennt als sich selbst, sieht sich nun plötzlich dem Nichts gegenübergestellt; das aus allen Bindungen gelöste, selbstherrliche

Ich macht die beängstigende Erfahrung des Nihilismus. Diese Erfahrung tritt schon sehr früh auf bei Tieck, als Erlebnis der Langeweile aus Zeitleere, des Nihilismus der Zeitangst. Der Roman *William Lovell* ist das frühe Ergebnis einer jugendlichen nihilistischen Verzweiflung. Eine ähnliche Erfahrung machte dann auch Wackenroder (im *Morgenländischen Märchen* und im *Berglinger-Brief*), und Friedrich Schlegel experimentierte in seiner *Lucinde* ganz bewußt den Nihilismus einer schrankenlosen Subjektivität. Den konsequentesten Ausdruck aber fand dieser romant. Nihilismus in den *Nachtwachen* von Bonaventura, in denen gleichsam eine totale Demaskierung der Romantik und ihrer geistigen Hintergründe vorgenommen wird, bis nur noch das Nichts und eine ewig öde Langeweile übrigbleiben. Dieser Nihilismus, der übrigens auch bei Jean Paul (etwa in der Gestalt des Roquairol im *Titan* oder in der *Rede des toten Christus*) manifest und auch in den magischen Experimenten des Novalis latent vorhanden ist, durchzieht als hintergründige Linie die ganze Romantik: Sie geht von Tieck zu Brentanos *Godwi* und von hier zu E. T. A. Hoffmann, wo die nihilistische Gefährdung dämonische Formen annimmt und in den Motiven des Doppelgängers und der Automaten einen besonderen symbolischen Ausdruck erhält. Sie kommt zu Eichendorff, der in seinen Romanen und Erzählungen die in Gott gegründeten Menschen immer wieder den selbstherrlichen, glaubenslosen Nihilisten gegenüberstellt. Eichendorff erkennt in dem aus dem entfesselten Subjektivismus stammenden Nihilismus die eigentliche Gefahr der R., die ihr aus ihrem eigensten Wesensgrunde droht.

§ 5. Innerhalb der verschiedenen G a t t u n g e n der Dichtung kommt in der R. dem R o m a n besondere Bedeutung zu, er ist das eigentlich romant. Buch (Friedrich Schlegel), der „aus Erzählung, Gesang und anderen Formen" gemischt ist und daher der Willkür der schöpferischen Einbildungskraft den weitesten Spielraum bietet. Tatsächlich wird in den romant. Romanen die Form durch Einfügung von Liedern, Märchen, Briefen, Gesprächen und Reflexionen zu innerer Universalität geweitet. Das Vorbild dieser Romane ist der *Wilhelm Meister*, ihre lange Reihe eröffnet Ludwig T i e c k s *Franz Stern-*

balds Wanderungen. Der Roman klingt in vielen Motiven an das Vorbild an, unterscheidet sich aber doch wesentlich von ihm. *Wilhelm Meisters Lehrjahre* ist die Geschichte einer Bildung, *Franz Sternbalds Wanderungen* ist ein Künstlerroman. Wilhelm Meister erhält seine Ausbildung, in der auch die Kunst eine wesentliche Bedeutung hat, zum Dienst an einem übergeordneten Ganzen, dem er sich einfügen muß, Sternbald aber gestaltet sein Leben nach dem Befehl seiner subjektiven Einbildungskraft zum freien ästhetischen Dasein. *Heinrich von Ofterdingen* von N o v a l i s entsteht weitgehend aus der Auseinandersetzung mit Goethes *Wilhelm Meister,* wird aber recht eigentlich zu seinem Gegenstück. Wilhelm Meister geht aus einer gefährlichen Innerlichkeit den Weg nach außen in eine Welt, deren Anforderungen er sich einzufügen bereit ist; Heinrich von Ofterdingens Wanderung aber ist ein Weg nach innen, und aus dem schöpferischen Innenraum des Gemütes nimmt er die Verwandlung, die Poetisierung der Welt vor. Aus Sternbalds ästhetischem Dasein wird hier das weltverwandelnde poetische Sein. Der Roman wird zur Initiation, zur Einweihung in ein Mysterium: die Welt wird zum Märchen, die Herstellung einer umfassenden Synthese wird angedeutet. Der zweite Teil des Romans ist unabgeschlossen und besteht aus einzelnen Fragmenten: dieses Fragmentarische ist Symbol für das romant. Streben, das die Grenzen des dem Menschen Zugemessenen überschreitet. *Heinrich von Ofterdingen* erscheint wie ein Urbild des romant. Dichtens und seiner letztlich tragischen Hybris.

Franz Sternbalds Wanderungen ist unvollendet, im *Ofterdingen*-Roman erscheint das Fragment als selbständige Gattung, S c h l e g e l s *Lucinde* (1799) und B r e n t a n o s „verwilderter Roman" *Godwi* (1800) pflegen bewußt eine chaotische Form als Teil eines dichterischen Programms. Indessen führte die Entwicklung zu strafferen, geschlosseneren Formen, wie sie sich etwa in A r n i m s historischem Roman *Die Kronenwächter* und in E i c h e n d o r f f s Romanen verwirklichen. Auch noch bei Eichendorff ist der Einfluß des *Wilhelm Meister* unverkennbar, doch ist er ihm vom christlichen Standpunkt aus fragwürdig geworden: gegen Goethes irdische Vollendung steht hier die gläubige

Einordnung in heilsgeschichtliche Zusammenhänge.

Bedeutende Leistungen vollbrachte die Romantik in den k ü r z e r e n E r z ä h l f o r - m e n. T i e c k schuf die Märchennovelle mit ihrer spezifischen Stimmungsdichte. Heinrich von K l e i s t begründete die selbständige Kunst der Novelle, welche er zur tragischen Charakter- und Schicksalsnovelle steigerte, in deren Mittelpunkt der Mensch steht, der dem Trug einer rätselhaften Erscheinungswelt erliegt und die Ordnung nur im Innersten seines Ichs herstellen kann. Mit dieser romantischen Menschen- und Welterfassung verbindet sich aber eine realistische Gestaltung der erscheinenden Wirklichkeit, welche weiterwirkte auf die Erzählungen von Achim von A r n i m (*Der tolle Invalide auf dem Fort Ratonneau*), B r e n t a n o (*Geschichte vom braven Kasperl und dem schönen Annerl*) und E. T. A. H o f f m a n n. Während Kleist Sicherheit nur in der Unmittelbarkeit des Gefühls findet und eine dionysische Romantik verkörpert, ist Eichendorff fest gegründet in seinem christlichen Glauben. Alle seine Erzählungen gestalten Konflikte, die aus dem Dualismus zweier Welten entstehen: einer unheimlich verlockenden, irdisch-heidnischen Welt, in der es keine Erlösung geben kann, und der befreienden und erlösenden christlichen Welt; E i c h e n - d o r f f ist der reinste Vertreter einer christlichen Romantik. Auch E. T. A. Hoffmanns Schaffen ist bestimmt durch das Erlebnis zweier Welten: über einer gewöhnlichen Realität erhebt sich eine freie Geisterwelt. Die reale Welt ist die der Philister und des öden Alltags, die Geisterwelt die der Kunst, der Musik, die aber auch wieder unheimlich und spukhaft sein kann, wie andererseits die philiströse Alltagsrealität sich in einen dämonisch-satanischen Bereich verwandeln kann. In diesem unheimlich dualistischen Spannungsfeld ringt der Mensch; es ist ein Ringen zwischen Vernunft und Wahnsinn, zwischen Glauben und Verzweiflung. Ein neues Künstlerbild erscheint hier: der Künstler als der Erwählte und zugleich Verfluchte; der *poète maudit* ist antizipiert.

Wenn beim romant. Roman im Verlauf seiner Entwicklung eine gewisse Festigung der Form festzustellen ist, so verläuft die Entwicklung des D r a m a s der Romantik gerade in umgekehrter Richtung. Zu Beginn stehen durchaus bühnenfähige Schicksalsdramen des jungen Ludwig T i e c k (*Der Abschied*, 1792, *Karl von Berneck*, 1795), und noch nach 1800 schrieben die S c h l e g e l klassizistische Dramen (A. W. Schlegel *Ion* 1801/1802, Friedrich Schlegel *Alarcos* 1801/02). Mit *Leben und Tod der heiligen Genoveva* (1800) und vor allem mit dem *Kaiser Oktavianus* (1801/03) schuf Ludwig Tieck die neue Form des romant. Dramas im eigentlichen Sinne. Er gab die geschlossene Form einer dramatischen Konstruktion auf und löste das Ganze in eine regellose Folge von inhaltlich und formal ganz verschiedenartigen Szenen auf, in denen sich fast alle denkbaren Rhythmen und Reime zusammenfinden und die Form nach den verschiedensten Kriterien in dauernder Verwandlung begriffen ist. In dieser fast unendlich anmutenden Vielfalt äußert sich die progressiv-universalistische Tendenz der Romantik, welche die Totalität des ganzen Lebens im bewegten Ganzen des Kunstwerkes zusammenfassen will; hier realisiert sich besonders sinnfällig eine Grundidee der neuen Kunstlehre: Die Teile dieses Riesenschauspiels sind die Welten, welche die magische Kraft der Poiesis aus dem wogenden Strömen der produktiven Phantasie emporsteigen läßt und über die der schöpferische Dichter selbstherrlich gebieten kann. Dieser Schöpfer verzichtet bewußt auf die reale Bühne, sie wird ersetzt durch die Bühne der Imagination, welche allein volle Freiheit gewährt. Shakespeare und besonders Calderon waren Tiecks Vorbilder. Der *Oktavian* war für die um 1804 heranwachsende Romantiker-Generation eine Art poetisches Evangelium, in dem sie die Verheißungen der neuen Schule verwirklicht sah. In seiner Nachfolge entstanden dann die Dramen der jüngeren Romantiker: Achim von A r n i m s großes Doppeldrama *Halle und Jerusalem* (1809/1811), B r e n t a n o s Trauerspiel *Aloys und Imelde* (1812) und das romant. Schauspiel *Die Gründung Prags* (1815). In diesem Zusammenhang sind auch die großen Buchdramen von Friedrich d e l a M o t t e F o u q u é zu erwähnen, zu denen er die Stoffe aus der lange verschollenen, reichen Welt der nordgermanischen Mythen nahm. (Trilogie *Held des Nordens*, bestehend aus *Sigurd der Schlangentöter* 1808, *Sigurds Rache* 1810 und *Aslauga* 1810. Weiterwirkung des Stoffes bis

zu Richard Wagner, der dieselben nordischen Quellen benützte). Eine andere Erscheinungsform des romant. Dramas bilden die Weltanschauungsdramen des dramatisch begabten, aber haltlosen Zacharias W e r n e r, in denen er vom *Kreuz an der Ostsee* bis zu *Cunigunde die Heilige* mit zum Teil krassen Bühneneffekten sein mystisches „System der Liebe" gestaltete, bis er dann nach seiner Konversion mit der *Mutter der Makkabäer* noch ein Märtyrerdrama schuf. Sein technisch gelungenstes Stück ist *Der 24. Februar*, mit dem er die Gattung der romant. Schicksalstragödie begründete, in der das Schicksal zu einem despotisch sinnlosen, pedantischen Automatismus erstarrt, und die von Adolf Müllner und Ernst von Houwald und noch vom jungen Grillparzer (*Die Ahnfrau* 1817) weitergeführt wurde.

Im Verlaufe der Entwicklung des romant. Dramas wandelte sich auch die romant. Auffassung vom Tragischen. Der junge Friedrich Schlegel sah in der „philosophischen Tragödie", deren Musterbeispiel ihm Shakespeares *Hamlet* war, das Tragische als eine kolossale, unauflösbare Dissonanz (*Über das Studium der griechischen Poesie*, entstanden 1795-96). Das ist die Radikalität des Tragischen, dessen Unversöhnbarkeit Heinrich von K l e i s t bis zur letzten Konsequenz erfahren und in der *Penthesilea* gestaltet hat. Friedrich Schlegel ertrug sie später nicht mehr und suchte nach einer überirdischen Versöhnung des tragischen Gegensatzes, die er bei Calderon fand. Die von Friedrich Schlegel nun geforderte christlich-romantische Tragödie wurde dann von Adam Müller beschrieben: die Tragödie wird zum christlichen Läuterungs- und Erlösungsdrama, in dem das Tragische aufgehoben ist (*Vorlesungen über dt. Wissenschaft und Literatur*, 1806). Beispiele solcher Erlösungsdramatik bietet das dramatische Werk von Zacharias Werner. Wahrhaft tragische Konflikte gestaltete unter den romantischen Dichtern nach Kleist erst wieder Joseph von Eichendorff (*Ezelin von Romano*, 1828 und *Der letzte Held von Marienburg*, 1830).

Besonders wichtig war den romant. Dichtern das L u s t s p i e l, denn es ist die Gattung, in welcher der kombinatorische Geist des Witzes und die mit dem „unauflöslichen Widerspruch des Unbedingten und des Bedingten" spielende Ironie Triumphe feiern können. Hier genießt die schöpferische Phantasie die volle Freiheit: sie kann Wirklichkeiten schaffen und wieder zerstören, und aus dem Chaos neue Wirklichkeiten entstehen lassen, über die sich der souveräne Geist auch gleich wieder erheben kann. Es ist ein ständiges Spiel mit der Illusion, die geschaffen und wieder zerstört wird, wie in Tiecks *Der gestiefelte Kater* (1797) oder im *Prinz Zerbino* (1799), wo der Dichter sich ständig über das Stück und dessen Personen und auch über das Publikum erhebt und alles verlacht. Die schönsten romant. Komödien, voll poetischen Lustspielgeistes sind Brentanos *Ponce de Leon* (1801/04) und Eichendorffs *Die Freier* (1833), Verkleidungskomödien nach dem Vorbild von Shakespeares *Was ihr wollt*, in denen der schöpferische Geist des Dichters sein mutwillig freies, poetisches Spiel treibt.

Die vielleicht wichtigste und bleibende Leistung romant. Dichtkunst liegt wohl im Gebiete der L y r i k. Wie das romant. Drama alle denkbaren Rhythmen und Reime zusammenbringt, so findet sich auch in der Lyrik eine Vielfalt der Formen als typische Äußerung des romant. Universalismus: Sonett, Kanzone, Terzine, Glosse, Rondeau, Ritornell und Triolett, aber neben diesen vorbestimmten Formen stehen die aller ungebundensten der freien Reime. Gerade in der Lyrik äußert sich besonders auffällig die romant. Doppelheit von fast bewußtloser Hingerissenheit und Überbewußtheit des formalen und sprachlichen Spiels. Ein wichtiges Vorbild für die romant. Lyrik wurde das V o l k s l i e d mit seiner offenen Form, seiner Sprunghaftigkeit und fast unendlichen Verwandlungsfähigkeit. (Die wichtigste Volksliedersammlung der Romantik: Arnims und Brentanos *Des Knaben Wunderhorn* 1806/08.) Es wirkte besonders auf die B a l l a d e ein, welche von Brentano bis zu Uhland gepflegt wurde und sich besonders eignet für jene Verbindung volksliedhafter Naivität und Innigkeit mit dem sehnsüchtigen Erahnen dunkler Zusammenhänge von Ich, Natur und Welt. In der R. gelangte die R o m a n z e zu schönster Blüte, bei Tieck, Uhland, Brentano (*Romanzen vom Rosenkranz* 1803-12) und Eichendorff. Die wichtigste Ausdrucksform romant. Lyrik ist aber das L i e d mit seinen zahlreichen Entfaltungsmöglichkeiten, in ihm vor allem voll-

zieht sich die magische unio lyrica, die Einswerdung von Innen und Außen. Liebe und Tod, Fernweh und Heimweh, Sehnsucht und Erlösung und in zahllosen Abwandlungen die Verbundenheit der Seele und der Natur bilden die Grundthemen dieser Lyrik. Dabei entwickelte sich ein neues, hochemotionales Natur- und Landschaftserlebnis, das sich an wirklichen Landschaften entzündete (an der thüringischen Hügel- und Burgenlandschaft, den Flußlandschaften der Main-, Rhein- und Neckargegenden und der Täler-, Höhen- und Stromlandschaft Schlesiens) und von hier aus zur Gestaltung symbolischer Landschaft weiterschritt. Die Entfaltung der romant. Lyrik begann bei Ludwig Tieck, bei dem alle Möglichkeiten sich schon andeuten, und in der mystischen Liebes- und Todeshymnik des Novalis; sie trieb ihre schönsten, zauberischen Blüten in der Heidelberger Romantik, wurde durch alle Verästelungen der romantischen Entwicklung weitergeführt und wirkte durch das ganze Jh. hindurch. Die stärkste Wirkung übten wohl Brentano und Eichendorff aus, deren Dichtung als Inbegriff romant. Sehnsucht, romant. Liebes- und Naturerlebens und des romant. Eros erscheint. In ihren Gedichten ist das Phänomen des Lyrischen als Magie, als zauberische Beschwörungskraft und auch als dämonische Gefährdung wohl unübertrefflich Ereignis geworden, ein Konzentrat romantischen Wesens.

Von Schellings Naturphilosophie ausgehend, erforschte G. H. von Schubert jene Regionen der Seele, die dem bewußten Vernunftleben zugrundeliegen, den unbewußten Untergrund des bewußten Lebens und seine Verbundenheit mit der Natur und dem Leben des Ganzen, und von hier aus beschäftigte er sich mit psychischen Störungen, Somnambulismus, mit dem rätselhaften Ineinandergreifen von Bewußtem und Unbewußtem, von Weltgrund und Einzelseele (*Ansichten von der Nachtseite der Naturwissenschaft* 1808, *Ahndungen einer allgemeinen Geschichte des Lebens* 1806-1821). All dieses ist bereits angelegt bei Novalis und besonders bei dessen Freund J. W. Ritter, dem Erforscher des Galvanismus, den Novalis als den Deuter der Weltseele bezeichnete. Das Eindringen in die Nachtseiten der Natur und alle damit angedeuteten geheimen Zusammenhänge bildet einen wesentlichen Beitrag der romant. Naturphilosophie an die Seelenlehre, zugleich bildet es auch den Untergrund vieler dichterischer Erzeugnisse von Kleist bis Eichendorff und Mörike. Ganz besonders wichtig wurde es für E. T. A. Hoffmann, für die Seligkeiten wie auch für die dämonischen Verstrickungen seiner Gestalten. In der Spätzeit der Romantik entartete die Beschäftigung mit diesen Nachtseiten zum Experimentieren mit dem Okkulten und Anormalen. In diesem Zusammenhang stehen etwa das Interesse des alten Brentano für die Visionen der stigmatisierten Nonne A. K. Emmerich und die Geisterbeschwörungen von Justinus Kerner; von hier aus gehen aber auch Einflüsse auf die Triviallit. der Pseudo- und Schauerromantik.

§ 6. Die Romantik entfaltete sich unter dem Einfluß der englischen präromantischen Strömungen in Deutschland, trat in den anderen europ. Ländern erst später, meist unter dem Einfluß dt. Anregungen, auf und wurde in den 30er und 40er Jahren des 19. Jh.s eine europäische Bewegung. Für die Entwicklung der europ. Romantik war der Einfluß A. W. Schlegels mit seinen Vorlesungen über dramatische Kunst und Literatur sehr bedeutungsvoll; er erstreckte sich über Frankreich, England, Italien, Skandinavien und Rußland. Die romant. Bewegung setzte kurz nach ihrem Beginn in Deutschland auch in England ein, durch eigene vorromantische Quellen, aber auch durch dt. Einflüsse hervorgerufen, zu Beginn des Jh.s vertreten durch Southey, Wordsworth und Coleridge, der Schlegels Lehren verkündete, von etwa 1810 an durch Byron, Shelley und Keats. Im skandinavischen Norden wurde die Bewegung geführt durch den bedeutendsten skand. Romantiker, den Dänen Oehlenschläger, der von Tieck, Novalis und Steffens ausging, und gipfelt in Andersen. Auch die russische R. hatte einen dt. Zweig, der durch Schellings Naturphilosophie beeinflußt war. — Der erste franz. Romantiker war Chateaubriand (*Génie du Christianisme* 1802), aber für die Entfesselung des *romantisme* wurde das von A. W. Schlegel inspirierte Buch der Frau von Staël *De l'Allemagne* von epochemachender Bedeutung. Die Bewegung wurde dann vor allem durch Lamartine, A. de Vigny, Victor Hugo und Alfred de Musset vertreten. — Der italienische *romanticismo* wurde eingeleitet durch die manifestartigen Darlegungen von Giovanni Berchet und seine von Bürger inspirierten Balladen. Mittelpunkt und bedeutendster Vertreter der italienischen R. aber war Manzoni, der Freund Goethes und Verkünder A. W. Schlegels in Italien. Aber gerade diese westeuropäische R. unterschied sich dann im Verlaufe ihrer Entfaltung sehr stark von der dt., von der sie zu Beginn angeregt worden war. Einmal in ihrer politischen Einstellung: sie stand durchaus auf der Seite der Partei des Fortschritts und der Bewegung. In England kämpften Byron und Shelley für eine neue Freiheit der Völker, die italien. Romantiker waren Parteigänger des *Risorgimento*, und in Frankreich erklärte Victor Hugo geradezu, Romantik sei der Liberalismus in der Literatur. Als die westeuropäische Romantik zurückwirkte nach Deutschland, da beeinflußte sie dort die Gegner der dt. R., die Vertreter des „Jungen Deutschland". Sie unterscheidet sich aber auch in ihrer Form und letztlich in ihrem tiefsten Wesen von der dt. R.; was diese als „romantisch" erklärte, dem stand der englische Empirismus, das italienische Formgefühl und die französische *raison* entgegen.

Bibliographie: Retrospektiv: John Osborne, *R.* (1971; Hdb. d. dt. Lit.gesch. II, 8). — Periodisch: *The Romantic Movement. A selective and critical bibliography* (Berichtszeit 1938-1948), in: Journal of English literary history 6-16 (1939-1949). Fortgesetzt für d. Berichtszeit 1949 ff. in: PhilQuart. 29 ff. (1950 ff.) *Bibliographie dt.sprachiger Bücher u. Zeitschriftenaufsätze zur dt. Lit. von d. Aufklärung bis zur bürgerl. Revolution.* Folge 1-9, in: Weimarer Beiträge 1-6 (1955-1960). Fortgesetzt u. d. T.: *Internationale Bibliographie zur dt. Klassik 1750-1850.* Folge 1-10, in: Weimarer Beiträge 6-10 (1960-1964), seit Folge 11/12 (1964/65 ff.) selbständig. — Forschungsberichte und Standortbestimmungen: Josef Körner, *Marginalien. 1. Zur R.forschung 1938-1946* (1950). E. Ruprecht, *R.forschung u. R.probleme.* Universitas 3 (1948) S. 1147-1156. F. Schultz, *Der gegenwärtige Stand d. R.forschung* (1950), in: Schultz, *Klassik u. R. d. Deutschen.* Bd. 2 (1952) S. 429-439. Hans Pyritz, *Probleme d. dt. R.forschung* (1950), in: Pyritz, *Schriften z. Lit.gesch.* (1962) S. 73-93. Hans Mayer, *Fragen d. R.forschung* (1950), in: Mayer, *Zur dt. Klassik u. R.* (1963) S. 263-305. Joachim Müller, *R.forschung.* Dtschunt. 15 (1963), Beil. zu H. 4, 17 (1965), Beil. zu H. 5, 20 (1968), Beil. zu H. 2.

Zur Begriffsbestimmung: Rich. Ullmann u. Helene Gotthard, *Gesch. d. Begriffs romantisch in Deutschland* (1927; GermSt. 50). Arthur O. Lovejoy, *The meaning of 'Ro-*

mantic' in early German romanticism, in: Lovejoy, *Essays in the history of ideas* (2. print Baltimore 1952) S. 183-206. Prosser Hall F r y e, *The terms classic and romantic,* in: Frye, *Romance and tragedy* (Lincoln 1961) S. 21-56. A. H e n k e l, *Was ist eigentlich romantisch?* Festschrift f. Rich. Alewyn (1967) S. 292-308. François J o s t, *Romantique. La leçon d'un mot,* in: Jost, *Essais de littérature comparée.* Bd. 2, 1 (Fribourg 1968) S. 181-258. Helmut P r a n g (Hg.), *Begriffsbestimmung d. R.* (1968; Wege d. Forschung 150). — M. P e c k h a m, *Toward a theory of romanticism.* PMLA 66 (1951) S. 5-23. R. W e l l e k, *The concept of romanticism in literary history,* in: Wellek, *Concepts of criticism* (New Haven u. London 1963) S. 128-198. — Friedlusie H e i n r i c h s, *Die Aufgabe d. Dichters nach d. Auffassung d. Frühr.* (Masch.) Diss. Bonn 1948. Armand N i v e l l e, *Frühromant. Dichtungstheorie* (1970). W. P r e i s e n d a n z, *Zur Poetik d. dt. R.: Die Abkehr vom Grundsatz d. Naturnachahmung,* in: *Die dt. R.* (1967) S. 54-74. Otto M a n n, *Die klass. u. romant. Ontologie d. Dichtung,* in: *Gestalt, Gedanke, Geheimnis. Festschr. f. Joh. Pfeiffer* (1967) S. 244-253. Gustav B e c k e r s, *Versuche zur dichter. Schaffensweise dt. Romantiker* (Kopenhagen 1961; Acta Jutlandica 33, Suppl.) A. L. W i l l s o n, *Dichter-Priester. Bestandteil d. R.* Colloquia Germanica 2 (1968) S. 127-136.

R. als europäische Bewegung: Robert B. M o w a t, *The romantic age. Europe in the early 19th century* (London 1937). Paul van T i e g h e m, *Le romantisme dans la littérature européenne* (Paris 1948). Leon E m e r y, *L'âge romantique.* 2 Bde (Lyon 1958). Giovanni L a i n i, *Il romanticismo europeo.* 2 Bde (Firenze 1959). H. H. R e m a k, *West European romanticism. Definition and scope,* in: *Comparative literature; method and perspective.* Ed. by Newton P. Stallknecht and Horst Frenz (Carbondale 1961) S. 223-259. René W e l l e k, *Konfrontationen. Vergl. Studien zur R.* (1964). Hans Georg S c h e n k, *The mind of the European romantics. An essay in cultural history* (London 1966) Eudo C. M a s o n, *Dt. u. engl. R. Eine Gegenüberstellung* (2., durchges. Aufl. 1966; Kl. Vandenhoeck-Reihe 85/85a). Lilian R. F u r s t, *Romanticism in perspective. A comparative study of aspects of the romantic movements in England, France and Germany* (London, New York 1969). — H. R. L i e d k e, *The German romanticists and Karl Ludwig v. Haller's doctrines of European restoration.* JEGPh. 57 (1958) S. 371-393. R. J. C h e v a l, *Die dt. R. in Frankreich,* in: *R. Ein Zyklus Tübinger Vorlesungen* (1948) S. 251-271.

Gesamtdarstellungen: Rud. H a y m, *Die romant. Schule. E. Beitr. zur Gesch. d. dt. Geistes* (1870). Fritz S t r i c h, *Dt. Klassik u. R. oder Vollendung u. Unendlichkeit* (1922; 5. Aufl. 1962). Ricarda H u c h, *Die R., Ausbreitung, Blütezeit u. Verfall,* in: Huch, *Literaturgeschichte u. Literaturkritik* (1969) S. 17-646 (Wiederabdr. d. 16. Aufl. von 1931). Franz

S c h u l t z, *Klassik u. R. d. Deutschen.* 2 Tle (1935; 2., durchges. Aufl. 1953, 3. Aufl. 1959; Epochen d. dt. Lit. 4). Herm. Aug. K o r f f, *Geist d. Goethezeit. Versuche e. ideellen Entwicklung d. klass.-romant. Literaturgesch.* Tl. 3 (3., durchges. Aufl. 1956), Tl. 4 (2., durchges. Aufl. 1955). Ralph T y m m s, *German romantic literature* (London 1955). Roger A y r a u l t, *La genèse du romantisme allemand.* Vol. 1.2.3,1 (Paris 1961-1970). Marcel B r i o n, *L'Allemagne romantique.* Vol. 1: *Kleist, Brentano, Wackenroder, Tieck, Caroline v. Günderode* (Paris 1962). Vol. 2: *Novalis, Hoffmann, Jean Paul, Eichendorff* (Paris 1963). Werner K o h l - s c h m i d t, *Die R.,* in: *Dt. Literaturgesch. in Grundzügen.* Hg. v. Bruno Boesch (2. Aufl. Bern 1961) S. 306-347. Lawrence R y a n, *Romanticism,* in: *Periods in German literature.* Ed. by James M. Ritchie (London 1966) S. 123-143.

Studien: Georg Gottfried G e r v i n u s, *Romant. Dichtung,* in: Gervinus, *Schriften zur Lit.* Hg. v. Gotthard Erler (1962) S. 437-440. Julius P e t e r s e n, *Die Wesensbestimmung d. dt. R. Eine Einf. in d. moderne Lit.wiss.* (1926). Leonard Ashley W i l l o u g h b y, *The romantic mouvement in Germany* (London 1930; repr. New York 1966). Friedr. G u n - d o l f, *Romantiker* (1930/31). Rich. B e n z, *Die dt. R.* (1937). Rud. B a c h, *Dt. R. Ein geistesgesch. Umriß* (1948; 2. überarb. u. erw. Aufl. von: *Tragik u. Größe d. dt. R.*, 1938). Rud. H a l l e r, *Die R. in d. Zeit d. Umkehr. Die Anfänge d. jüng. R. 1800-1808* (1941). Paul K l u c k h o h n, *Das Ideengut d. dt. R.* (1941; 5. Aufl. 1966). Ferdinand L i o n, *R. als dt. Schicksal* (1947; Neuausg. 1963). Georg L u k á c s, *Die R. als Wendung in d. dt. Lit.,* in: Lukács, *Fortschritt u. Reaktion in d. dt. Lit.* (1947) S. 51-73. Adolf G r i m m e, *Vom Wesen d. R.* (1947). Paul R e i f f, *Die Ästhetik d. dt. Frühr.* (Urbana 1946; Illinois Studies in lang. and lit. 31). K. H. B o d e n s i e k, *Von d. romant. Illusion.* Geistige Welt 2 (1947/48) S. 82-84. Paul K l u c k h o h n, *Wesenszüge romant. Dichtung.* Pforte 1 (1947/48) S. 469-482. R. G u a r d i n i, *Erscheinen u. Wesen d. R.,* in: *R. Ein Zyklus Tübinger Vorlesungen* (1948) S. 235-249. Adrien de M e e u s, *Le romantisme* (Paris 1948). Erich R u p r e c h t, *Der Aufbruch d. romant. Bewegung* (1948). Paul K l u c k h o h n, *Voraussetzungen u. Verlauf d. romant. Bewegung,* in: *R.* (1948) S. 11-26. H. B e c h e r, *Die R. als totale Bewegung.* Scholastik 20/24 (1949) S. 182-205. A. O. L o v e j o y, *Schiller and the genesis of German romanticism,* in: Lovejoy, *Essays in the history of ideas* (2. print Baltimore 1952) S. 207-227. Paul K l u c k h o h n, *Vielfalt u. Einheit in d. dt. R.* Universitas 8 (1953) S. 139-147. Heinz F r i e d r i c h, *Wirkungen d. R. Ein Beitr. zum Problem d. poet. Wirklichkeit* (1954). Anton G r a s s l, *Die R., ein Gegenpol d. Technik. Geschichtsphilosoph. u. kulturgeschichtl. Betrachtungen e. Kulturbewegung* (1954; Mensch u. Welt 4). Guido R u g g i e r o, *L'età del romanticismo* (4. ed. Bari 1957).

E. R u p r e c h t, *Die Weltanschauung d. R. Versuch e. Darstellung ihrer Grundzüge*, in: *Die dt. R. im franz. Deutschlandbild* (1957) S. 7-43. Josef K ö r n e r, *Krisenjahre d. Frühr.* Bd. 3: *Kommentar* (Bern 1958). R. N. M a i e r, *Die R., das Vorspiel d. Moderne.* Päd. Prov. 12 (1958) S. 229-239. Gabriel P e t e r l i, *Zerfall u. Nachklang. Studien zur dt. Spätr.* (Zürich 1958; Zürcher Beitr. z. dt. Lit.- u. Geistesgesch. 14). B. v. W i e s e, *Kritik u. Überwindung d. R. in d. dt. Lit. d. 19. Jh.s*, in: Wiese, *Der Mensch in d. Dichtung* (1958) S. 189-207. Bonaventura T e c c h i, *Romantici tedeschi* (Milano 1959; 2. ed. 1965). R. I m m e r w a h r, *The first romantic aesthetics.* MLQ. 21 (1960) S. 3-26. Italo M a i o n e, *Profili della Germania romantica* (2. ed. Napoli 1960). John George R o b e r t s o n, *Studies in the genesis of romantic theory in the 18th century* (New York 1962). Gerh. S c h n e i d e r, *Studien zur dt. R.* (1962). Hans M a y e r, *Zur dt. Klassik u. R.* (1963). Mario P u p p o, *Poetica e cultura del romanticismo* (Roma 1963). Wilh. E m r i c h, *R. u. modernes Bewußtsein*, in: Emrich, *Geist u. Widergeist* (1965) S. 236-257. *Le romantisme allemand. Etudes.* Publ. sous la dir. d'Albert B é g u i n (Paris 1966). Klaus H e i n i s c h, *Dt. R. Interpretationen* (1966). H. M e y e r, *Zur histor. Dimension d. Romantischen.* Colloquia Germanica 2 (1968) S. 70-108. U. W e i s s t e i n, *Romanticism. Transcendentalist games or 'Wechselseitige Erhellung d. Künste'?* Colloquia Germanica 2 (1968) S. 47-69. Klaus W e i m a r, *Versuch über Voraussetzung u. Entstehung d. R.* (1968; Untersuchgn. z. dt. Litg. 2). Siegbert P r a w e r (Hg.), *The romantic period in Germany. Essays by members of the London Univ. Inst. of Germanic studies* (London 1970).

Zu einzelnen Aspekten: Ladislao M i t t n e r, *Ambivalenze romantiche. Studi sul romanticismo tedesco* (Messina, Firenze 1954; Biblioteca di cultura contemporana 47). — Nelly H e u s s e r, *Barock u. R.* (1942; WegezDchtg. 38). — Josef D ü r l e r, *Die Bedeutung d. Bergbaus bei Goethe u. in d. dt. R.* (1936; WegezDchtg. 24). — Heinz H i l l m a n n, *Schläft ein Lied in allen Dingen? Zur Bildlichkeit d. dt. R.* ZfdPh. 88 (1969), Sonderh. S. 150-161. Ders., *Bildlichkeit in d. dt. R.* (1970). — K. S. G u t h k e, *Der Mythos d. Bösen in d. westeuropäischen R.* Colloquia Germanica 2 (1968) S. 1-37. — Peter K a p i t z a, *Die frühromant. Theorie d. Mischung. Über d. Zusammenhang von romant. Dichtungstheorie u. zeitgenöss. Chemie* (1968; Münchener germanist. Beitr. 4). — K. J. O b e n a u e r, *Das Dämonische bei Goethe u. in d. R.* Mutterspr. 1953, S. 145-149. — Bernhard H e i m r i c h, *Fiktion u. Fiktionsironie in Theorie u. Dichtung d. dt. R.* (1968; Studien z. dt. Lit. 9). — R. S t a d e l m a n n, *Die R. u. d. Gesch.*, in: *R.* (1948) S. 151-175. — C. B r i n k m a n n, *Romant. Gesellschaftslehre*, in: *R.* (1948) S. 177-194. — Ingrid S t r o h s c h n e i d e r - K o h r s, *Die romant. Ironie in Theorie u. Gestaltung* (1960; Hermaea NF.

6). W. B l i e m e l, *L'ironie romantique et la philosophie de l'idealisme allemand.* Revue philos. de Louvain 61 (1963) S. 627-643. I. S t r o h s c h n e i d e r - K o h r s, *Zur Poetik d. dt. R.: Die romant. Ironie*, in: *Die dt. R.* (1967) S. 75-97. Günther V o g t, *Die Ironie in d. romant. Komödie.* (Masch.) Diss. Frankfurt 1953. — Andreas M ü l l e r, *Kunstanschauung d. jüng. R.* (1934; DtLit., Romantik 12). Irma E m m r i c h, *Die Auffassung d. R. von d. Kunst in ihrer histor. Erscheinung u. gesellschaftl. Bedeutung.* (Masch.) Habil.-Schr. Jena 1960. Maria D e i b l, *Die Gestalt d. bildenden Künstlers in d. romant. Dichtung.* (Masch.) Diss. Wien 1954. Christa K a r o l i, *Ideal u. Krise enthusiast. Künstlertums in d. dt. R.* (1968; Abhdlgn. z. Kunst-, Musik- u. Lit.wiss. 48). — Helmut R e h d e r, *Die Philosophie d. unendlichen Landschaft* (1932; DVLG., Buchr. 19). H. S c h r a d e, *Die romant. Idee von d. Landschaft als höchstem Gegenstand christl. Kunst.* Neue Heidelb. Jb. 1931, S. 1-94. Andreas M ü l l e r, *Das Landschaftserlebnis u Landschaftsbild. Studien zur dt. Dichtung d. 18. Jh.s u. d. R.* (1955). — Hennig B r i n k m a n n, *Die Idee des Lebens in d. dt. R.*, in: Brinkmann, *Studien zur Gesch. d. dt. Sprache u. Lit.* Bd. 2 (1966) S. 376-435. — Beda A l l e m a n n, *Der frühromant. Begriff e. modernen Lit.wiss.*, in: Allemann, *Über das Dichterische* (1957) S. 53-71. E. B e h l e r, *The origins of the Romantic literary theory.* Colloquia Germanica 2 (1968) S. 109-126. Marianne T h a l m a n n, *Romantiker als Poetologen* (1970; Poesie u. Wiss. 11). — Joh. R a m m i n g, *Die Bedeutung d. Magie in d. Dichtung d. dt. R.* Diss. Zürich 1948. — Marianne T h a l m a n n, *R. u. Manierismus* (1963; Sprache u. Lit. 7). — R. B e n z, *R. u. Musik*, in: Benz, *Die Welt d. Dichter* (1949) S. 23-50. Maria J a c o b, *Die Musikanschauung im dichter. Weltbild d. R. Aufgezeigt an Wackenroder u. Novalis.* Diss. Freiburg 1949. E. S t a i g e r, *Dichtung u. Musik in d. R.* Universitas 4 (1949) S. 1057-1064. — E. B e n z, *Die Mystik in d. Philosophie d. dt. Idealismus.* Euph. 46 (1952) S. 280-300. — Anna Barbara K r i s c h e r, *Studien zum Naturgefühl d. romant. Dichtung.* (Masch.) Diss. Wien 1948. — W. K o h l s c h m i d t, *Nihilismus d. R.*, in: Kohlschmidt, *Form u. Innerlichkeit. Zur Gesch. d. dt. Klassik u. R.* (1955; Samml. Dalp 81) S. 157-176. — Karl Heinz B o h r e r, *Der Mythos vom Norden. Studien zur romant. Geschichtsprophetie.* Diss. Heidelberg 1962. — René G é r a r d, *L'Orient et la pensée romantique allemande* (Nancy 1963). — Alfred F r a n z, *Der pädagog. Gehalt d. dt. R.* (1937; Erziehungswiss. Unters. 6). Hartmut A p f e l s t e d t, *Selbsterziehung u. Selbstbildung in d. dt. Frühr., F. Schlegel, Novalis, Wackenroder, Tieck.* Diss. München 1958. — Ernest S e i l l i è r e, *Le romantisme et la politique* (Paris 1932). Hans S. R e i s s (Hg.), *Political thought of the German romantics 1793-1815* (Oxford 1955). Ders., *Polit. Denken in d. dt. R.* (1966: Dalp-Taschenbücher 386). Jacques

D r o z, *Le romantisme allemand et l'état.*
Résistance et collab. dans l'Allemagne napo-
lienne (Paris 1966). — J. K l e i n, *R. u. Rea-*
lismus in d. dt. Geistesgesch., in: *Die dt. R.*
im franz. Deutschlandbild (1957) S. 44-79.
Paolo C h i a r i n i, *Romanticismo e realismo*
nella letteratura tedesca (Padova 1961). R.
I m m e r w a h r, *Reality as an object of ro-*
mantic experience in early German roman-
ticism. Colloquia Germanica 3 (1969) S. 133-
161. — A. K ö b e r l e, *Die R. als religiöse*
Bewegung, in: *R.* (1948) S. 65-85. Karin S.
T h o r n t o n, *Religion in early romantic no-*
vels. (Masch.) Diss. Univ. of Columbia 1955.
Hans Felix H e d d e r i c h, *Die Gedanken d.*
R. über Kirche u. Staat (1941; Beitr. z. För-
derg. christl. Theologie 43, 1). — L. M i t t-
n e r, *Galatea. Die Romantisierung d. ital.*
Renaissance-Kunst u. Dichtung in d. dt. Frühr.
DVLG. 27 (1953) S. 555-581. — Hans K e r n,
Die Seelenkunde d. R. (1937). — Walter
J o s t, *Von Ludwig Tieck zu E. T. A. Hoff-*
mann. Studien zur Entwicklungsgesch. d. ro-
mant. Subjektivismus (1921; DtFschgn. 4). —
Bengt Algot S ø r e n s e n, *Symbol u. Symbo-*
lismus in d. ästhet. Theorien d. 18. Jh.s u. d.
dt. R. (Kopenhagen 1963). — Paula R i t z l e r,
Der Traum in d. Dichtung d. dt. R. (1943).
Hansjörg S c h m i t t h e n n e r, *Blume der*
Nacht. Traum u. Wirklichkeit d. R. (1968). —
Wilh. E m r i c h, *Der Universalismus d. dt.*
R. Abh. d. Akad. d. Wiss. u. Lit. Mainz 1964,
1. — T. G i s h, *Wanderlust u. Wanderleid.*
The motif of the wandering hero in German
romanticism. Studies in romanticism 3 (1963/
64) S. 225-239.

Zu den einzelnen literar. Gattungen: Els-
beth G ü n z b u r g e r, *Stileigenheiten d. R.*
(Teildr.) Diss. Bonn 1933. Karl M a u r e r,
Ästhetische Entgrenzung u. Auflösung d. Gat-
tungsgefüges in d. europäischen R. u. Vorr.
Poetik u. Hermeneutik 3 (1968) S. 319-341. —
Renate K i e n z e r l e, *Aufbauformen romant.*
Lyrik, aufgezeigt an Tieck, Brentano u. Eichen-
dorff. Diss. Tübingen 1947. P. B ö c k m a n n,
Klang u. Bild in d. Stimmungslyrik d. R., in:
Gegenwart im Geiste. Festschr. f. Rich. Benz
(1954) S. 103-125. Paul N e u b u r g e r, *Die*
Verseinlage in d. Prosadichtung d. R. Mit e.
Einl.: Zur Gesch. d. Verseinlage (1924; Pal.
145). Edith M a n n a c k, *Die Bedeutung d.*
lyr. Einlage für d. Entwicklung d. Kunstvolks-
liedes. Ein Beitr. zur Gesch. d. romant. Lyrik.
(Masch.) Diss. Leipzig 1955. Georg S c h o l z,
Die Balladendichtung d. Frühr. Diss. Breslau
1935. Dorothea B e n d e r, *Das Gebet bei d.*
Dichtern d. R. (Masch.) Diss. Marburg 1952. —
Walter B a u s c h, *Theorien d. epischen Er-*
zählens in d. dt. Frührr. (1964; Bonner Arb.
z. dt. Lit. 8). P. B ö c k m a n n, *Der Roman*
der Transzendentalpoesie in d. R., in: *Ge-*
schichte, Deutung, Kritik. Literaturwiss. Beitr.
dargebr. z. 65. Geb. Werner Kohlschmidts
(Bern 1969) S. 165-185. Cl. H e s e l h a u s,
Die Wilhelm-Meister-Kritik d. Romantiker u.
d. romant. Romantheorie, in: *Nachahmung u.*
Illusion. Kolloquium. Vorlagen u. Verhand-

lungen. Hrsg. v. H. R. Jauß (2. Aufl. 1969)
S. 113-127. W. K a y s e r, *Das Groteske in d.*
Erzählkunst d. R. Dt. Beiträge z. geist. Über-
lieferung 3 (1957) S. 117-137. Joh. L e o p o l d-
s e d e r, *Das Nachtstück d. R. u. d. Struktur*
d. Grotesken. E. Beitr. zur Entwicklungsgesch.
d. Nachtstücks. (Masch.) Diss. Wien 1964. —
Jürgen B i e r i n g e r-E y s s e n, *Das romant.*
Kunstmärchen in s. Verhältnis zum Volksmär-
chen. (Masch.) Diss. Tübingen 1953. Gisela
D i p p e l., *Das Novellenmärchen d. R. im*
Verhältnis zum Volksmärchen. Versuch e. Ana-
lyse d. Strukturunterschiedes. (Masch. vervielf.)
Diss. Frankfurt 1953. Marianne T h a l m a n n,
Das Märchen u. d. Moderne. Zum Begriff d.
Surrealität im Märchen d. R. (2. Aufl. 1966;
Urban-Bücher 53). Hugo M o s e r, *Sage u.*
Märchen in d. dt. R., in: *Die dt. R.* (1967; Kl.
Vandenhoeck-Reihe 250 S) S. 253-276. Hans
S t e f f e n, *Märchendichtung in Aufklärung*
u. R., in: *Formkräfte d. dt. Dichtung* (2. Aufl.
1967; Kl. Vandenhoeck-Reihe) S. 100-123.
I. M e r k e l, *Wirklichkeit im romant. Mär-*
chen. Colloquia Germanica 3 (1969) S. 162-
183. — Rob. U l s h ö f e r, *Die Theorie d.*
Dramas in d. dt. R. (1935; NDtFschgn. 29).
Fritz G ü t t i n g e r, *Die romant. Komödie u.*
d. dt. Lustspiel (1939; WegezDchtg. 34).

Franz Schultz (§ 2); Hans Jürg Lüthi (§§ 1, 3-6)

Romanze

§ 1. Der Ausdruck R. ist mehrdeutig. Die
R. ist durch die dt. Lit.wiss. nur soweit genauer erfaßt, als sie begrifflich entweder mit
der Ballade (s. *Kunstballade*) fast oder ganz
zusammenfällt oder aber eine Imitationsform
der span. R. (§§ 2-8) und damit eine weitgehend abgrenzbare Sonderform darstellt.
Viele der darüber hinaus existierenden lyrisch-epischen Gedichte werden oft, doch
ohne jede Konsequenz, ebenfalls R.en genannt. Diese schwer umgrenzbare Species
sei hier mit R. i m w e i t e r e n S i n n e bezeichnet (§ 9). Aus ihr entwickelt sich von
etwa 1900 an eine dritte R.enart, die g e-
s e l l s c h a f t s k r i t i s c h e R., die durch immer neue Motiv-, Stimmungs- und Perspek-
tivenwechsel bis in die Gegenwart hinein
lebendig ist (§ 10).

§ 2. Die dt. Abkömmlinge der s p a n. R.
lassen sich von ihrem ersten Auftreten be
Gleim (1756) bis zur parodistischen Selbst
auflösung an der Grenze von Spätromanti
und Frührealismus als Glieder einer eigen
lichen Gattungsgeschichte erfassen. Gan:
rein läßt sich freilich auch die eingedeutscht
span. R. nicht aussondern, weil sie auf weit
Strecken mit der Ballade desselben Zeit
raums verflochten ist (s. *Kunstballade,* §§ 1
4, 5, 9). Alle Versuche einer typologisch be

friedigenden Abgrenzung zwischen R. und Ballade dürfen als gescheitert gelten; eindeutige Differenzierungen bleiben auf Einzelstücke beschränkt. Die typologische Forschung ist über die Versuche innerhalb der Zeit, da R.en entstehen (Sulzer, Eschenburg, A. W. Schlegel, Hegel, Echtermeyer, Vischer u. a.) nicht wirklich hinausgelangt. Den Versuchen zur Begriffssonderung steht das viel häufigere unwillkürliche oder bewußte Gleichsetzen gegenüber. Bereits Herder verwendet beide Ausdrücke ohne Unterschied. Erst die Romantik gelangt von der Prägung des Ganzen (A. W. Schlegel: R. als eine in leichtem Gesange dargestellte Geschichte, als lyrische Erzählung im Volkston) und der Versform her (Trochäus und Assonanz) zu einem spezifischen R.enbegriff, der sich freilich nie völlig durchsetzt und nach wenigen Jahren bereits wieder mannigfach verunklärt wird. So ergibt sich als die einzige Möglichkeit, klar zu scheiden, die rein geschichtliche: Die R. hebt sich als Imitation der span. R. von der Ballade durchgehend nur dadurch ab, daß ihre Verfasser sie der Intention nach in Motiven und Formelementen bewußt auf die span. R. beziehen. Die in drei Phasen sich vollziehende Rezeption wird durch mehrere Mißverständnisse mitbestimmt. Zunächst identifizieren Gleim und seine aufklärerischen Nachfolger die R. einseitig mit ihrer burlesk-komischen Sonderform. Das andere bedeutsame Mißverständnis setzt bei Herder ein und ist formaler Art. Herder gestaltet aus dem spanischen, silbenzählenden Langvers von sechzehn Silben die für authentisch spanisch gehaltene vierhebige trochäische Kurzzeile (noch ohne Assonanz). Die Fixierung des Trochäus und die Zerlegung in Kurzzeilen verwandelt das ursprüngliche Metrum völlig. Trotz diesen Mißverständnissen lebt die R. stets vom Bewußtsein ihrer Verfasser, in der Tradition der span. R. zu stehen.

§ 3. Der dt. Terminus R. entspricht dem span. *romance* und wird durch Gleim 1756 zugleich mit der Sache in die dt. Sprache definitiv eingeführt. Die Frühphasen der span. R. des 14. und 15. Jh.s, in denen sie sich als volkstümliche, naiv-ungebrochene lyrisch-epische Mischform, abgefaßt in der National- und Volkssprache (lingua *romana*), entwickelt, liegen für Gleim noch völlig im Dunkeln. Er hält sich an die

Spätformen, wie sie sich z. T. hochliterarisch im 16. und 17. Jh. bis hin zu Gongora u. a., später, nun durchaus literarisch geworden, beim Franzosen Moncrif finden.

Was die Elemente betrifft, so werden in der dt. R. zunächst ausschließlich die Motive und diese einseitig übernommen, die formalen Charakteristika erst später und stufenweise (Herder, Romantik) eingeführt. Die span. R. als Ganzes behandelt u. a. folgende Motivkreise: historische Glaubens- und Freiheitshelden, Liebesabenteuer, abenteuerliche Geschichten überhaupt. Im Barock tritt zur ernsten die komische, oft burleske Spielform. Formal ist neben dem sechzehnsilbigen assonierenden Vers und den charakteristischen Motiven als übergreifende Struktur der span. R. festzuhalten: Ein kurzepischer Vorgang wird lyrisch subjektiviert und volksliedartig, sprunghaft, also nach innen fragmentarisch, vorgetragen; wichtiger als epische Kontinuität sind lyrische, rhetorische, handlungsmäßige Verdichtungen; hervorstechend sind vitale Farbigkeit und Heiterkeit, schließlich die Neigung zum Effekt, besonders zur Rührung, und das Vermeiden der Erschütterung.

§ 4. Gleims Einführung der R. wird vor allem durch Gongora und den Franzosen Paradis de Moncrif (1687-1770) bestimmt. So stehen am Beginn der dt. R. als Vorbild einerseits Spätformen, andrerseits ein dt. Verfasser, der einseitig das Komische sieht und dieses, seinen Vorbildern entgegen, ins Bänkelsängerische vergröbert. Dies ist umso paradoxer, als die Absicht Gleims, wie in anderen seiner Formrezeptionen (Anakreontik, Horaz, Petrarca, Minnesang), dahin geht, dem „Volke" gehobene, wenn auch eingängige Dichtung darzubieten. Der absichtsvolle Griff nach fremden Formmustern, geleistet ohne innere Nötigung und mit fragwürdigem Ziel, führt zu einer Scheinkunst, deren Erfolg nur äußerlich ist. Charakteristisch für den Aufklärer ist die Modulierung der R. ins banal Moralistische.

1756 läßt Gleim die drei ersten dt. R.en erscheinen, darunter die bekannte moritatenhafte *Marianne*. Auch seine dt. Bearbeitungen dreier R.en Gongoras zeigen dieselbe Tendenz (Vergröberung, Moralisierung). Formal lehnt sich Gleim an Moncrif an und führt ein jambisches Versschema ein (Wechsel längerer mit kurzen Versen). Der unkünstlerische quasipopuläre Grundzug von Gleims R.en hat Erfolg und bewirkt Nachahmung. In kurzer Zeit treten eine ganze Reihe Verfasser von R.en-Sammlungen hervor, wobei wichtiger als individuelle Besonderheiten der gemeinsame Surrogat- und Modecharakter ist. Zu nennen sind: J. Fr. von C r o n e g k (1731-1758), J. Fr. L o e w e n (1727-1771), D. S c h i e b e l e r (1741-1771), Chr. F. W e i s s e (1726-1804), Fr. W. G o t t e r (1746-1797). 1774 und 1778 erscheinen die zwei Bände einer Anthologie *R.en der Deutschen*. Bereits 1762 hält Moses M e n d e l s s o h n die R. für wichtig genug, sie in einer Definition als ein abenteuerliches Wunderbares, das mit possierlicher Traurigkeit erzählt werde, zu erfassen. R. E. R a s p e (1737-1794) nähert die R. bewußt der nordischen Ballade an und vermischt als erster Sache wie Begriff.

§ 5. Während die künstlerisch wertlose R.enproduktion der Gleim-Nachfolger sich fortsetzt, verändert sich im S t u r m u n d D r a n g die Optik, unter der man die span. R. sieht. Der noch in der Empfindsamkeit wurzelnde J. G. J a c o b i (1740-1814) bemüht sich in seinem Buch *R.en aus dem Spanischen des Gongora* (1767) um eine möglichst authentische Übertragung der Originale, freilich in Prosa und mit einseitiger Bevorzugung nun der ernsten Stücke. Entscheidend für diese zweite Rezeptionsphase sind dann H e r d e r s Bemühungen um Volksdichtung überhaupt. So wird auch hier die span. R. nicht isoliert und um ihrer selbst willen, vielmehr als eine der lyrischen oder lyrisch-epischen Kleinformen wie Volkslied oder Ballade sozusagen neu, jedenfalls anders entdeckt, jetzt aber nicht die späte burleske, vielmehr die ernstere und z. T. frühere. Herder überträgt selber R.en und nimmt mehrere Stücke in seine Volksliedersammlung von 1778/79 auf. Hatte er in seinen *Fragmenten* den dt. Dichtern die Assonanz empfohlen, so führt er — über Gleim hinaus — nun zwar einen der Gattung viel eher entsprechenden Sprachstil, dazu den Trochäus als Äquivalent für das span. Metrum ein, läßt aber die Assonanz bewußt weg. Dieser Haltung entspricht seine spätere Polemik gegen deren artistisch-äußerliche Verwendung durch viele Romantiker. Hinsichtlich der Gattungsbezeichnung ist Herder inkonsequent. Für ihn, der als einer der ersten

nordische Balladen und span. R.en vergleichend betrachten kann, überwiegt das Gemeinsame so sehr, daß er die Begriffe nicht trennt und die Termini öfter vertauscht. So nennt er altengl. und altschottische Balladen gelegentlich R.en.

Herder geht als erster auch den Weg zum umfänglichen R.enepos. Sein *Cid* (1803 vollendet) entsteht nach einer franz. Vorlage. Herder schreibt das Epos mit der Absicht, der sich ihm entfremdenden Hochklassik Goethes und Schillers ein Gegenstück aus ursprünglicherem Geiste entgegenzustellen. Dies bezieht sich sowohl auf den christlich-heroischen Gehalt wie auf die volksnähere „romanische" Form. Trotz sprachlich bedeutender Passagen scheitert das Epos, von der fragwürdigen Erneuerung mittelalterlichen Geistes abgesehen, an der Monotonie des reimlosen vierhebig gefügten Trochäus, dessen Kraft sich im Deutschen nur in Kurzformen durchsetzt.

Auffällig ist, daß die Dichter des Sturms und Drangs zwar zahlreiche lyrisch-epische Gedichte verfassen, die span. R. jedoch nur relativ selten, die herdersche trochäische Gestalt sogar nur ausnahmsweise verwenden. Balladeskes und R.enhaftes, Metren verschiedener Art mischen sich vielfältig. So schreibt H ö l t y neben Balladen empfindsame R.en in gereimten Jamben (*Apoll und Daphne, Leander und Hero* u. a.); im antiken Mythos scheint die Art der span. R. durch. B ü r g e r nennt seine Ballade *Lenore* sowohl R. wie Ballade, schreibt u. a. eine Schauerr. *Europa* und verfaßt als Gegenstück zu C l a u d i u s' R. *Phidile* seinen *Robert*. Herders eigentliche Ausstrahlung erreicht den Sturm und Drang also kaum noch, berührt in diesem besonderen Punkte die Klassiker nicht und führt unmittelbar zu A. W. Schlegel, dem Begründer der romantischen R.

§ 6. Die K l a s s i k e r verwenden den Ausdruck R. G o e t h e überschreibt eine Gedichtabteilung mit *Balladen und R.en*, seit 1815 nur noch mit *Balladen*. Schiller bezeichnet ohne einleuchtenden Grund (darüber bereits Vischer, *Ästhetik*, § 893) die Ballade *Der Kampf mit dem Drachen* als R. Goethes frühe Balladik ist eindeutig von nördlicher Art. Goethes und Schillers klassische Balladen enthalten höchstens einzelne stimmungsmäßige Elemente der span. R. Die Architektonik ihres Baus und der von Ideen her geprägte Inhalt durchbrechen das Ursprünglich-Sprunghafte. Bei Schiller entstammt der Stimmungsgehalt vornehmlich der dramatischen Spannung, bei Goethe tritt er unmittelbarer aus menschlichen Grundsituationen hervor (z. B. *Der Gott und die Bajadere*); bei beiden nimmt die Idee alles Einzelne in Dienst. Das steht der R. fern. Da beide Klassiker nur die eine Species, die Kunstballade, hervorbringen, unterscheiden sie, vom eigenen Schaffen ausgehend und abgesehen vom erwähnten Sonderfall, nicht zwischen Arten, die sie höchstens als Varianten derselben Gedichtart empfinden können. Aus der Sicht des Historikers sind ihre einschlägigen klassischen Gedichte der Ideenballade zuzuordnen.

§ 7. Erst die R o m a n t i k vollendet in einer dritten Phase die Eindeutschung der span. R. Zum drittenmal gilt, daß die nunmehr intensive Beschäftigung mit der R. nicht losgelöst zu deuten ist. Die R. ist unter all den romanischen Formtypen für die Romantiker gewiß deswegen so besonders wichtig, weil sie in ihr am eindrücklichsten das gesuchte Ursprüngliche, welches zugleich höchste Kunst ist, zu entdecken glauben. Sie ist für ihren ersten Kenner und Verfechter, A. W. S c h l e g e l, die lyrische Erzählung im Volkston oder, variiert, eine in leichtem Gesange dargestellte Geschichte. Sie wird in T i e c k s dem *Kaiser Octavianus* vorangestellten *Aufzug der R.* zum allegorisch gestalteten Inbegriff der romantischen Poesie überhaupt. Die programmatisch dermaßen mit Würde beladene und theoretisch überdachte R. der Spanier besitzt dann freilich in den literar. Verwirklichungen sozusagen nichts mehr vom beschworenen Volkston. Die R.en der Berliner, Jenaer und Heidelberger Romantik sind im besten Falle literarische Bravourstücke, späte intellektuelle Versuche in einer zuvor als ursprünglich erkannten Dichtungsart.

A. W. Schlegel beginnt bereits 1792 mit Übertragungen und schließt eine eigene R.en-Produktion an. Ihm folgen Fr. Schlegel, Tieck, Fouqué, Eichendorff, Loeben, Brentano und manche andere. Zu beachten ist, wer beiseite steht: Hölderlin und Novalis. Die eigentliche R.en-Zeit der dt. Romantik dauert nicht viel länger als ein Jahrzehnt. Jetzt kommt es im Deutschen zur größtmög-

lichen Annäherung an das unerreichbare span. Vorbild. A. W. Schlegel fügt der herderschen Form die Assonanz bei. Damit steht die sogenannte span. R.enform fest. Doch finden sich bald die verschiedensten Kombinationen von Assonanz und Reim. Jetzt, da sie formal völlig ausgebildet ist, wird die span. R. auch sogleich wieder ihrem Wesen entfremdet: sie wird zur Trägerin fast beliebiger Inhalte (z. B. bei Fr. Schlegel) oder zum Vorwand virtuoser Spielerei (z. B. bei Tieck). Durch beides, also durch die Beliebigkeit ihrer Verwendung, verliert sie das, was sie eben gewonnen zu haben scheint.

Fast gleichzeitig mit dem Auftreten der in sich geschlossenen kürzeren R.en beginnt ihr Eindringen ins Drama. Zu nennen sind T i e c k (*Kaiser Octavianus*, 1804), F o u q u é (*Dramatische Spiele*, 1804), Fr. S c h l e g e l, der im *Alarcos* (1802) das Formelement der Assonanz mit klassischen Metren zu verschmelzen sucht. Sodann verwendet M ü l l n e r die gereimte R.enform in Schicksalsdramen, schließlich auch G r i l l p a r z e r in seiner *Ahnfrau* (einzelne Assonanzen und Reime). A. W. Schlegel und andere benutzen die R.enform zur Übersetzung Calderóns. Näher liegt die Fügung zum R.enepos. Fr. Schlegel schreibt einen *Roland* (1805), Fouqué die *R.en vom Tale Ronceval* (1805) wie auch den Zyklus *Othars Brautschau* (1808). Diese und weitere epische Versuche sind so wenig wie die Dramen zu lebendiger Dichtung gediehen.

Zu den ersten, die vor dem überhand nehmenden Virtuosentum warnen, gehört sehr früh A. W. Schlegel selber. Als wohl einzige größere Dichtung von überdauerndem Rang ragen B r e n t a n o s *R.en vom Rosenkranz* (1804-1812) heraus. Wenn fast überall sonst die der dt. Sprache zuwiderlaufende Vereinigung von Assonanz und Trochäus als tragenden Elementen von Großformen diese Bemühungen scheitern läßt, so gelingt es Brentano, das fast Unmögliche zu vollbringen. Der erste Höhepunkt ist damit erreicht.

Die Spätromantik, mit Ausnahme Heines, pflegt die R. mehr noch beiläufig. So findet sie sich als Form unter Formen noch bei C h a m i s s o und U h l a n d und verschwindet fast ganz bei P l a t e n.

Unter den Versuchen, Ballade und R. theoretisch zu scheiden, sind innerhalb der klassisch-romantischen Zeit einige Ansätze hervorzuheben. A. W. Schlegel sondert die n o r d i s c h e Ballade von der s ü d l i c h e n R. Demgegenüber hält J. J. E s c h e n b u r g im *Entwurf einer Theorie und Literatur der schönen Künste* fest, daß kein wesentlicher Unterschied zwischen beiden „Arten" besteht. Bis heute grundlegend sind H e g e l s Reflexionen (*Ästhetik*, vor allem: 3. Teil, 3. Abschnitt, Kap. III B 1 b αββ). Hegel sieht den Unterschied vornehmlich in der Helligkeit und Klarheit der (spanischen!) R. und der Innigkeit der (dt. oder englischen!) Ballade. Damit bleibt freilich gerade die dt. R. im Zwielicht. In der Spätromantik versucht E c h t e r m e y e r (*Unsere Balladen- und R.en-Poesie*, 1839) dem naturhaften, schicksalsmäßigen Charakter der Ballade die ethische Haltung der R. gegenüberzustellen. Doch scheitern zuletzt alle diese poetologischen Bestimmungen, wenn wir sie strikte auf die dt. R. anwenden.

§ 8. Mit der Übergangsepoche von der Spätromantik zum Frührealismus erreicht die eingedeutschte span. R. ihren zweiten Höhepunkt und ihr Ende. I m m e r m a n n löst in seinem komischen R.enepos *Tulifäntchen* (1830) Form und Haltung der R. parodistisch auf, indem er den getragenen Trochäus mit unheldischem Stoff füllt. H e i n e , neben Brentano und anders als dieser, der einzige große dt. Künstler der span. R., vollendet die Form und führt sie parodistisch ans Ende. Schon in den *Gedichten* (1822) und im *Buch der Lieder* (1827) stehen sentimentale und ironisch auflösende R.en. Die Gefahr des artistischen l'art pour l'art ist fast übermächtig, die Meisterung des assonierenden Trochäus erstaunlich. Der Reiz und die literarhistorische Bedeutung seines R.enepos *Atta Troll* (1847), trochäisch, z. T. mit Assonanz gestaltet, liegt gerade im Schweben zwischen romantischem Zauber und realistischer Satire. Schließlich enthält sein *Romanzero* (1851) neben R.en im traditionellen Sinne auch viele Stücke, in denen noch die Stimmung der Gattung melancholisch gewendet nachklingt. Nicht allzu gewichtig ist schließlich K e l l e r s *Apotheker von Chamounix* (erste Fassung: 1851-1860), unter anderem als eine satirische Parodie auf Heines *Romanzero* konzipiert, als Abgesang auf eine knapp hundertjährige Gattungstradition erwähnenswert.

Mit dem Erlöschen der Gattung setzt ein neues Interesse an der originalen span. R. ein. Epigonaler Genuß formal geschliffenen Übertragens führt zu erfolgreichen Übersetzungen (Geibel, Heyse, Schack u. a.). Ungefähr parallel dazu beginnt die dt. Romanistik sich mit der R. zu beschäftigen. Zur selben Zeit interpretiert Vischer in seiner *Ästhetik* (vor allem § 893) aus rückschauender Distanz Ballade und R., wobei er charakteristischerweise vornehmlich das Gemeinsame herausarbeitet, das Unterscheidende, weitgehend Hegels Bemerkungen folgend, erst in zweiter Linie beifügt.

§ 9. Als R.en im weiteren S i n n e lassen sich lyrisch-epische Gedichte bezeichnen, die freilich weder phänomenologisch eindeutig einem Typus zuzuordnen noch im Bewußtsein ihrer Verfasser einer gattungsgeschichtlichen Tradition zugehörig erscheinen. Die Bezeichnung R. besitzt hier zwar keine zwingend abgrenzbare Bedeutung; dennoch drängt sie sich angesichts der Fülle der gemeinten Einzelgebilde auf. Die Schwierigkeit eindeutiger Zuordnung hängt z. T. damit zusammen, daß diese R.en ganz verschiedenen Bereichen wie Lied, Bänkellied, Chanson u. a. entwachsen können und zwar durch mannigfaltige Modifikationen. Eine echte Gattungsgeschichte ist daher nicht möglich, wohl aber die Nennung von Merkmalen, die übrigens z. T. an die Stimmung und die Motivsphäre der span. R. erinnern. Charakteristisch sind: die lyrisch-epische Kurzform, die meist stark gefühlsbestimmte Grundhaltung, das Auftreten erotischer, abenteuerlicher, mitleid- oder aufsehenerregender Motive, der überwiegende Zug zu wehmütiger oder sonstwie dunkler Gestimmtheit, das Fehlen balladesker Schicksalstiefe. In Spätphasen schlägt das zunächst spontan Gefühlvolle oft ins Sentimentale um. Schließlich entstehen nach Verlust des unreflektierten Gefühls aus der Distanzhaltung heraus ironische und parodierende Spätformen.

Bei geschichtlicher Betrachtung finden wir im 17. Jh. und in der ersten Hälfte des 18. Jh.s höchstens Ansätze zu r.enartigen Gebilden. Echte lyrisch-epische Kurzformen sind selten; deren Zuordnung führt zumeist zu andern Arten als der R. Erst die „Empfindsamkeit" als Grundhaltung schafft die geistesgeschichtliche Voraussetzung zu einer eigentlichen R.endichtung im weiteren Sinne. Der

Durchbruch erfolgt im Göttinger Hain und setzt sich fort im Sturm und Drang (Beispiele: H ö l t y s *Die Laube*, B ü r g e r s *Des armen Suschens Traum*). In der Klassik finden wir Verschmelzung von epischem Vorgang mit lyrischer Gestimmtheit auch außerhalb der Kunstballade. S c h i l l e r verfaßt keine echten R.en. R.enhafte Ansätze werden zumeist pathetisch oder hymnisch erhöht. Häufiger finden wir bei G o e t h e nichtballadische Erzählgedichte, die wir durchaus der R. zuordnen können (etwa *Christel, Der Goldschmiedsgesell*).

Wie die span. R., so blüht auch die R. im weiteren Sinne in der Romantik auf, und zwar in allen drei Entfaltungsstufen (spontanes Gefühl, Sentimentalität, parodierte Sentimentalität). Die meisten Romantiker verfassen, soweit sie sich überhaupt der lyrisch-epischen Kurzform zuwenden, R.en im weiteren Sinne. Annäherungen an die span. R. sind hier besonders zahlreich. Die wechselseitige Beeinflussung läßt sich z. B. bei Arnim oder Eichendorff beobachten. Der Typus ist unter vielen andern Beispielen etwa an B r e n t a n o s *Traum*, an A r n i m s *Getrennte Liebe* oder an E i c h e n d o r f f s *Das zerbrochene Ringlein* erkennbar. In Heines zwischen Spontaneität, Sentimentalität und Ironisierung schillerndem Gedichtwerk gelangt auch diese R.enart zu einem Höhepunkt.

Während der nachromantischen Phasen des 19. Jh.s tritt dieser R.entypus an Häufigkeit wiederum zurück und spielt eher am Rande der Lyrik eine immerhin noch unübersehbare Rolle. Als Beispiele seien genannt M ö r i k e s *Die Schwestern*, K e l l e r s *Schlafwandel*, F o n t a n e s *Und alles ohne Liebe*.

Im letzten Viertel des Jahrhunderts zeichnen sich deutlich zwei disparate Strömungen ab: einerseits die spätrealistisch-impressionistische (etwa L i l i e n c r o n) mit ihrer Fortsetzung im Naturalismus, andrerseits die symbolistische. Die Naturalisten gestalten gelegentlich die Welt des Kleinbürgers oder Proletariers in r.enhafter Form, ohne wirklich Gültiges zu schaffen. Die Symbolisten stehen der R. im ganzen ferne, erhöhen sie in auserlesenen Gebilden formal und im Gehalt der Symbole in eine bisher ungekannte Sphäre (Beispiele: C. F. M e y e r s *Lethe*, G e o r g e s *Das Lied*, H o f m a n n s t h a l s

Die Beiden, R i l k e s *Karl der Zwölfte von Schweden reitet in der Ukraine*.

Von Strömungen des 19. Jh.s gespiesen wird eine traditionsbestimmte R.endichtung, wie sie etwa von H e s s e und manchen andern im 20. Jh. fortgeführt wird.

§ 10. Die gesellschaftskritische Wendung der dt. Lit., die auf Naturalismus u n d Symbolismus aufbaut, führt zunächst beim Vorexpressionisten Wedekind zu einem weiteren, dem satirisch-parodistischen, ganz vorwiegend g e s e l l s c h a f t s k r i t i s c h e n Typus (W e d e k i n d s *Das Lied vom armen Kind, Brigitte B.*). Der Expressionismus selbst bringt z. T. völlig neue Variationen hervor, in der neben den sozialen Motiven das Leiden am Menschen überhaupt gestaltet wird (so etwa in T r a k l s *Romanze zur Nacht*) oder in denen die Abenteuerlichkeit der Existenz r.enhaft ausgedrückt wird (in H e y m s Gedicht *Die Seefahrer*). Häufiger als durchgeführte R.en sind R.enkeime wie A. L i c h t e n s t e i n s *Winter*. Auf seinem Höhepunkt sprengt der Expressionismus das Maß der R.

Die Verarbeitung des expressionistischen Erbes führt auch auf dem Gebiet der R. zur Herabstimmung und Versachlichung. Im Zentrum stehen jetzt noch ausgeprägter Gesellschaftskritik und ironische Beklagung der menschlichen Situation. Dies geschieht individuell variiert bei Klabund, Mehring, Tucholsky, Kästner und vielen andern. K ä s t n e r schreibt charakteristischerweise eine S a c h l i c h e R. Von den genannten Autoren hebt sich nach Rang und Art B r e c h t ab. Er formt einerseits bewußt und konsequent seine ideologiebestimmten R.en; zugleich verwirklicht er außerhalb dieses Rahmens eine Fülle intensiver, gültiger Prägungen (z. B. *Die Seeräuber-Jenny, Erinnerung an die Marie A.*). Anders als bei Brecht findet sich bei B e n n R.enartiges nur als Gedichtbestandteile, die als Passagen von unverstellter Sentimentalität in grundsätzlich antisentimentale Gedichte einmontiert sind (etwa *Impromptu*).

Weitergeführt wird die kritische, besonders die gesellschaftskritische R. schließlich in der Lit. nach 1945, und zwar vor allem in beiden Teilen Deutschlands. Mittel der antitraditionellen Lyrik seit Wedekind werden auf eine neue Bewußtseinslage und ihre Motive bezogen und von den besten jüngeren R.enautoren weiterentwickelt. So entsteht, wohl wider Willen der Verfasser, bereits eine Tradition des Antitraditionellen. Getragen wird diese R. fast durchgehend von der Spannung zwischen engagiertem Affekt und irreversibler Intellektualität.

Margret O h l i s c h l a e g e r, *Die span. Romanze in Deutschland*. Diss. Freiburg i. Br 1926 (hier ausführliche Angaben über Texte u. ältere Untersuchungen). Wolfgang K a y s e r, *Gesch. d. dt. Ballade* (1936; hier weitere Literatur). — G. W. Fr. H e g e l, *Vorlesungen über die Aesthetik*. Dritter Teil, dritter Abschnitt, drittes Kapitel III B¹ b αββ (2. Aufl. 1842). Theodor E c h t e r m e y e r, *Unsere Balladen- u. Romanzen-Poesie*. Hallische Jahrbücher f. dt. Wiss. u. Kunst 1839 (Nrn. 96-100). Fr. Th. V i s c h e r, *Aesthetik*. Bd. VI, § 893 (2. Aufl. 1922). — Paul H o l z h a u s e n, *Ballade u. Romanze. Von ihrem ersten Auftreten in d. dt. Dichtung bis zu ihrer Ausbildung durch Bürger*. Diss. Halle 1882. Camillo von K l e n z e, *Die komischen Romanzen der Deutschen im 18. Jh*. Diss. Marburg 1891. Joachim M ü l l e r, *Romanze u. Ballade. Die Frage ihrer Strukturen, an zwei Gedichten Heinrich Heines dargelegt*. GRM. 40 (1959) S. 140-156. Friedrich D e g e n e r, *Formtypen d. dt. Ballade im 20. Jh*. (Masch.vervielf.) Diss. Göttingen 1961. Wolfgang Victor R u t t k o w s k i, *Das literar. Chanson in Deutschland* (1966; Sammlg. Dalp 99). Walter H i n c k, *Die dt. Ballade von Bürger bis Brecht. Kritik u. Versuch e. Neuorientierung* (1968; Kl. Vandenhoeck-Reihe 273).

Rudolf Wildbolz

Satire

I. Begriff.

§ 1. Das Wort S. geht auf das lat. *satura* i. S. v. „Füllsel, Allerlei, bunte Schüssel" zurück, das als Bezeichnung volkstümlicher szenischer Spiele bezeugt ist, bei Ennius als Titel einer Sammlung vermischter Gedichte dient und schließlich der Gattungsname von Rügegedichten nach Art des Lucilius geworden ist. Schon sehr früh jedoch wurde eine Beziehung zu den Satyrn und zum Satyrspiel hergestellt. Von der Spätantike bis ins 17. Jh. hat diese Deutung (und die Schreibweise *satyra*) dominiert. Auch mit Saturn, den Saturnalien sowie gelegentlich mit anderem sind Wort und Sache verbunden worden. Die Ungesichertheit der Etymologie, deren gelehrte Diskussion bis heute nicht abgeschlossen ist, hat Begriffsgeschichte und histor. Theoriebildung vielfältig beeinflußt und wirkt bis in die Gegenwart fruchtbar und verwirrend fort.

Knappe Information bei Ulrich K n o c h e, *Die röm. S.* (3., veränd. Aufl. 1971; Studienhefte z. Altertumswiss. 5). Otto W e i n r e i c h, *Röm. S.n* (1962; Rowohlts Klassiker d. Lit. u. Wiss. 114/16). Umfassend mit Lit.: C. A. van R o o y, *Studies in Classical S. and Related Literary Theory* (Leiden 1965). — Zur späteren Begriffsgeschichte: Lennart P a g r o t, *Den klassiska verss.ns teori. Debatten kring genren från Horatius t.o.m. 1700-talet* (Stockholm 1961; Acta Universitatis Stockholmiensis 5; mit Lit.). J. B r u m m a c k, *Zu Begriff u. Theorie d. S.* DVLG 45 (1971), Sonderh. S. 275-377.

§ 2. In der Literaturwissenschaft muß man heute die folgenden Bedeutungen unterscheiden (§§ 2-4):

S. als historische Gattung.
a) Die L u c i l i s c h e (auch: poetische oder Vers-) S. ist röm. Ursprungs. Sie ist im Lat. ein kürzeres, umgangssprachlich (aber auch höher) stilisiertes Hexametergedicht ohne feste Disposition, das sich auf einer Skala vom Spielerischen bis zum Pathetischen militant-didaktisch mit zeittypischen Fehlern und Lastern auseinandersetzt und dem Autor einen weiten Spielraum der Selbstaussprache läßt. S.n werden meist zu Sammlungen vereinigt und in besonderen S.nbüchern herausgegeben. Als „Erfinder" der Gattung gilt Lucilius (2. Jh. v. Chr.). Die klassischen Autoren sind Horaz, Persius und Juvenal. Sie sind seit dem Humanismus in der neulat. Lit. und in den Nationalsprachen (hier mit verändertem Metrum) nachgeahmt worden. Die bekanntesten Vertreter sind Ariost, Régnier, Boileau, Donne, Pope und Holberg. In Deutschland ist die Gattung relativ spät und schwach mit Lauremberg (*Veer Schertz Gedichte*, 1652), Rachel (*Teutsche satyrische Gedichte*, 1664), Canitz (postum 1700), Neukirch (*Satyren und poetische Briefe*, zuerst postum 1732), Haller (*Die verdorbenen Sitten; Der Mann nach der Welt*, 1731/33) und wenigen andern vertreten. Danach ist sie trotz einzelner Erneuerungsversuche erloschen. Sie hat jedoch durch Sprachbehandlung, Topik und Darstellungstechniken auf andere Formen der satirisch-didaktischen Lit. eingewirkt und ist bis zum Ende des 18. Jh.s das bevorzugte Modell der (nicht nur die Gattung, sondern implizit auch die Probleme des Satirischen reflektierenden) s.-theoretischen Diskussion gewesen, die an programmatische Formulierungen in den S.n selber anknüpfen konnte.

b) Die M e n i p p e i s c h e S. hat ihren Namen nach Menipp von Gadara (3. Jh. v. Chr.), der sie in die griech. Lit. eingeführt hat. Ihr erster röm. Autor, Varro (116 bis 27 v. Chr.), ist in Fragmenten erhalten. Als die einflußreichsten Vertreter sind Lukian, daneben Petron (*Satyrikon* mit dem Gastmahl des Trimalchio) und Seneca (*Apokolokyntosis*) zu nennen. Der Umriß der Gattung ist sehr unscharf. Ihre auffälligste Eigenheit ist die prosimetrische Mischform als sehr weiter Rahmen für verschiedene Methoden, mit Lachen die Wahrheit zu sagen. Da die Unterschiede zwischen Autoren und Texten der antiken Menippea sehr groß sind, kann man in den neueren Literaturen kaum von einer eigentlichen Gattungsgeschichte, eher von der Rezeptionsgeschichte einzelner Autoren, Motive und Techniken sprechen. Die prosimetrische Mischform hat dabei die geringste Rolle gespielt. Am wichtigsten sind das parodistische Element sowie das vor allem von Lukian verwendete Verfahren geworden, eine nicht konsistente, nicht für sich bestehende Fiktion offenkundig zum Zwecke zu benutzen. Die Lit. der Götter- und Totengespräche, die Luftfahrten (wie Jean Pauls *Luftschiffer Giannozzo*), phantastischen Reisen (wie Swifts *Gulliver*), Traumvisionen (wie Moscheroschs *Gesichte Philanders von Sittewald*) und ironischen Enkomien (wie das *Lob der Torheit* des Erasmus) neben anderen Verfahren der Verfremdung und Perspektivenverschiebung sind in dieser Tradition zu sehen. Die histor. und typologische Verwandtschaft dieser Gruppe und die Vergleichbarkeit neuerer Entwicklungen (Joyce, Arno Schmidt) lassen den Vorschlag N. Fryes diskutierbar erscheinen, die Kategorie Menippeische S. zu erweitern und als Namen für einen (vom Roman und andern Großformen zu unterscheidenden) Typ der großen Prosafiktion zu benutzen.

Römische S.: K n o c h e aaO. W e i n r e i c h aaO. J. Wight D u f f, *Roman S.* (Berkeley 1936; Repr. 1964). — Zur Vers-S. allg.: Mary C. R a n d o l p h, *The Structural Design of the Formal Verse Satire.* PhilQuart 21 (1942) S. 368-384. — Roman. Literaturen: Klaus M e y e r - M i n n e m a n n, *Die Traditon d. klassischen S. in Frankreich. Themen u. Motive in d. Verss.n Théophiles de Viau* (1969), bes. S. 18-34 (mit Lit.). Klaus W. H e m p f e r, *Tendenz u. Ästhetik. Studien zur franz. Verss. d. 18. Jh.s* (1972; Romanica Monacensia 5), mit Lit. — Englisch: Raymond M. A l d e n, *The Rise of Formal S. in England under Classical Influence* (Philadelphia 1899;Publ. of the Univ. of Pennsylvania 7, 2; Neudr. 1961; mit weiterem Begriff der Vers-S.). Howard D. W e i n b r o t, *The Formal Strain. Studies in Augustan Imitation and S.* (Chicago/London 1969). John H e a t h - S t u b b s, *The Verse S.* (London 1969; einführend; mit weiterem Begriff der Vers-S.). Doris C. P o w e r s, *English Formal S. Elizabethan to Augustan* (Den Haag/ Paris 1971; De Proprietatibus litterarum I, 19). — Russisch: Hildegard S c h r o e d e r, *Russ. Vers-S. im 18. Jh.* (1962; Slavist. Fschgn. 2). — Deutsch: Winfried F r e u n d, *Die dt. Verss. im Zeitalter d. Barock* (1972; Lit. in d. Gesellschaft 8; wegen mangelnder Begriffsklärung wenig ergiebig). — Northrop F r y e, *The Anatomy of Criticism* (Princeton 1957), S. 308-314.

§ 3. S. als gattungsübergreifende Literaturform,

die durch Aggressivität, protreptische Intention und verzerrende Darstellungsart gekennzeichnet ist. Ihre Konstituenten sind erstens der Angriff auf irgendein nichtfiktives, erkennbares und aktuell wirksames Objekt individueller oder allgemeiner Art; zweitens die Normbindung des Angriffs: daß er wenigstens dem Anspruch nach nicht rein privat motivierter Feindseligkeit entspringt, sondern helfen soll, eine Norm oder Idee durchzusetzen; drittens seine Indirektheit: sie kann notwendig sein (weil ein direkter Zugriff prinzipiell nicht möglich ist), erzwungen (weil das Objekt durch Macht, Gesetz oder Sitte vor einem direkten Angriff geschützt ist) oder bloß taktisch (der besseren Wirkung wegen gewählt). Die genannten Konstituenten begründen Besonderheit und Funktionalität des ästhetischen Moments in der satirischen Schreibart. Alle Verfahren der Verzerrung und Verfremdung, alle Formen, die geeignet sind, einen Gegensatz (Sein/Sollen; Schein/Sein) in sich aufzunehmen, können der satir. Intention dienstbar gemacht werden, gleich ob sie punktuell oder ausgedehnt, primitiv oder entwickelt, einfach oder kompliziert, fiktional oder nichtfiktional sind. Die Auswahl hängt von Objekt, Norm und Wirkungsabsicht sowie von Publikumserwartung, Gattung und Entwicklungsstand des literar. Systems ab. Die Affinität der Gattungen zur S. ist verschieden. Grundsätzlich aber können alle Literaturformen (z. B. durch parodistische Verkehrung ihres Gestaltsinnes) von satir. Absicht her überformt werden. Analoge Verfahren sind auch außerhalb der Lit. anwendbar. So spricht man mit Grund von satir. Gestik, Bildkunst (Karikatur) oder Musik, auch von satir. Handlungen (Ulk, Happening, „Streiche"). Sämtliche Mittel der S. können auch zu andern Zwecken eingesetzt werden. Metonymie und Hyperbel, Antithese und Stilbruch, Parodie und Travestie, Witz und Komik sind nicht für sich satirisch, sondern erst in besonderer Verwendung. So können satir. Formtraditionen, ohne satir. Absicht verwendet, andern (verwandten) Haltungen (z. B. Ironie und Humor) als Ausdrucksmittel dienen. Und so kann die satirische Darstellungsart auch bloß Mittel sein für ein zweckfreies Sprachspiel oder in einer primär intendierten Normverletzung geschmacklicher, stilistischer oder anderer Art (z. B. Abfuhr eines Gefühlsstaus durch Aggressionsausdruck und Obszönität).

Das Formprinzip der S. macht sie besonders zu Bloßstellung und Entlarvung geeignet (die Verzerrung soll e n t zerren oder auf tatsächlich bestehende Verzerrungen hinweisen). Das Aufdecken verborgener Schwächen und Untaten, von Heuchelei, Anmaßung, Prätention, Illusion und Hybris hat seit je zu den Zielen der Satiriker ge-

...ört. Traditionell wird sie denn auch nicht weniger mit einer Metaphorik des Enthüllens und Aufklärens charakterisiert als mit Bildern des Bestrafens und des Verletzens. Ihre Normbindung gilt aber auch da, wo sie zunächst nicht Mißstände angreifen, sondern eine vergessene Wahrheit zur Geltung bringen will; wo sie also primär nicht Sein und Sollen, sondern Sein und Schein konfrontiert. Freilich handelt es sich nicht um eine moralische Norm im engen Sinne. Die traditionelle Bestimmung des satir. Objekts — „Laster und Torheit" — ist deshalb zu eng. Es ist auch nicht sinnvoll, die S. neu von irgendwelchen Prämissen her auf eine Normart oder ein bestimmtes Verhältnis von Norm und Gesellschaft festzulegen. Vielmehr empfiehlt es sich, in der Literaturtheorie bloß formal von der Relation Norm/ Normwidriges auszugehen und es der Literaturgeschichte als unvorgreifliche Aufgabe zu überlassen, beides im konkreten Falle genauer zu bestimmen. Das schließt natürlich den Versuch nicht aus, die Beziehungen von Normen, Aggressionsausdruck und Ästhetizität zu klären und damit zu einer theoretischen Deutung des Phänomens S. und zu einer fundierten Modellbildung zu gelangen, wie sie als Vorgriff für Werkinterpretation und geschichtliche Darstellung notwendig ist.

S. in dem hier angegebenen Sinne verweist auf eine grundsätzlich immer vorhandene, wenn auch geschichtlich sich wandelnde Haltungs- und Ausdrucksmöglichkeit des Menschen als gesellschaftlichen Wesens, deren Voraussetzungen auch in sehr einfachen Kulturverhältnissen gegeben sind. Vor- und Grundformen der S. finden sich schon in primitiven Gesellschaften. Mit Recht hat man Saturnalien- und Karnevalsbräuche, die Institution des Narren in verschiedenen Kulturen, apotropäische Verse in religiösen Umzügen, Schmähreden, feindselige Wortmagie und anderes mit ihr in Zusammenhang gebracht. Die Funktionen, die sich hier erkennen lassen — Ventil, Waffe, gesellschaftliches Regulativ und „Verteidigung der Kultur" —, gelten ähnlich auch in der heutigen Volks- und Allgemeinkultur. Auch hochliterar. Formen der S. sind, wie vor allem Elliott gezeigt hat, von daher zu erhellen, wenn auch natürlich nicht ausreichend zu erfassen. Zur Unterscheidung von der S. als Gattung und Formtradition kann man im prä-, sub- und außerliterar. Bereich vom Satirischen, in der Lit. von der satirischen Schreibart sprechen; eine strikte Sprachregelung ist jedoch nicht durchsetzbar.

§ 4. S. als satirisches Werk. Als Werkbezeichnung kann S. zwei Bedeutungen haben: „Zur Gattung oder Formtradition S. gehöriges Werk" und: „Im wesentlichen von satirischer Intention bestimmtes Werk". Beides muß nicht übereinstimmen, klafft aber selten völlig auseinander. Die Werkeinheit kann entweder ausschließlich von den Konstituenten des Satirischen her begründbar oder zusätzlich durch die Vorgabe der Werkform einer von satir. Absicht in Dienst genommenen Gattung hergestellt sein, deren Name, als der bezeichnendere, dann meist vorgezogen wird: Molières *Tartuffe* z. B., Heines *Deutschland*, H. Manns *Untertan* wird man eher Komödie, Versepos und Roman nennen als S. So ist das Wort als Werkbezeichnung außerhalb der Gattung S. im allgemeinen nur für Kleinformen ohne festen Gattungsumriß üblich, als Vorgriff für die Werkerschließung aber weit darüber hinaus anwendbar.

In Kleinformen ist die Werkeinheit oft durch die Einheit eines vorgegebenen Objekts begründet. Jede S. handelt dann einen besonderen Fehler ab (z. B. bei Persius und Juvenal). Wo keine feste Norm vorgegeben ist, kann die Werkganzheit für die S. bedeutsamer sein, da in diesem Falle erst durch sie Norm und Objekt der S. definiert werden. Bei unbegrenztem Objekt ist die Form oft sehr locker (Katalog, Revue, Potpourri), zusammengehalten nur durch eine durchgehende Norm oder Haltung, auf die, in Großformen, prinzipiell die ganze Welt bezogen werden kann. Die Werkganzheit kann dann den Totalitätsanspruch der S. bedeuten und sie zu einem Bild des Zeitalters, der Welt, der *conditio humana* totalisieren. Zugleich kann übrigens die lockere Form — über ihre Funktion für die S. hinaus — zum Mittel unbegrenzter, durch keine Gattungskonvention eingeengter Ichaussprache werden; in der Herausbildung von Ausdrucksformen der Individualität und einer nicht durch Dogma eingeschränkten Welterfahrung seit der Renaissance haben satir. Strukturen eine wichtige Funktion gehabt; man vgl. etwa die Reihe Rabelais, Swift *(Märchen von der Tonne)*, Sterne, Jean Paul.

Die satir. Schreibart tritt meist nicht rein auf, sondern steht wenigstens in Großformen oft neben nichtsatir. Elementen, mit denen sie zu Werken verbunden ist. Auch solche Werke können zu Gänze vom S.begriff her erschließbar sein, und zwar unter den Aspekten Wirkungsabsicht und Normvermittlung. Der Autor muß der Gefahr des Ermüdenden und Odiosen in der satir. Schreibart entgegenwirken, muß den Leser zu fesseln, einzustimmen, abzulenken suchen oder sonstwie die Bereitschaft erhöhen, Angriff und Belehrung aufzunehmen. Hierzu wird er sich mit Vorteil neutraler Werkteile bedienen, die er in irgendeiner Weise mit den eigentlich satirischen verbindet. Noch einleuchtender sind solche Koppelungen von der Relation Norm/Normwidriges her zu erklären. Jeder satir. Angriff kann mit einem positiven Gegenbild verbunden werden. Da der Nexus zwischen beiden Teilen ein idealer ist, sind die Techniken der Verknüpfung durch ihn nicht festgelegt. Erst die Gattungswahl bedeutet eine Einschränkung. Während die Konstituentien und Möglichkeiten der satir. Schreibart (relativ) überzeitlich angebbar sind, ist die Organisation satir. Elemente zu Werken, ihre Verbindung mit nichtsatir. Elementen, die wechselnde Bedeutung des Ästhetischen in der S. nur historisch zu erfassen. Für den satir. Einschlag in Werken, die nicht als ganze vom S.begriff her zu erschließen sind, gilt das gleiche.

§ 5. Es ist hier nicht möglich, die S. allseitig, nach Ursprung, sozialer Funktion, Zulässigkeit, Formmöglichkeiten, Einteilung, Abgrenzung und systematischer Stellung zu erörtern. Einige Ergänzungen aber sind noch nötig. Zur Orientierung ist es sinnvoll, die möglichen Gegenstände der S. auf einer Skala von persönlicher bis zu Welt- und Menschheits-S. anzuordnen, also nicht bloß nach Objektgruppen, sondern nach dem Allgemeinheitsgrad der Objekte einzuteilen. Man greift damit die alte Unterscheidung von persönlicher und allgemeiner S. auf. Dieser Gegensatz ist aber, wie schon aus dem bisher Gesagten hervorgeht, kein absoluter. Denn das Objekt der S. soll ja nicht die Person sein, sondern ihr Fehler.

Deshalb muß der Angegriffene in irgend einer Weise als Repräsentant, Teil ode Symptom eines Übels hingestellt werden das der Allgemeinheit droht (wichtigste Mittel dazu ist die Fiktionalisierung). W das nicht geschieht, ist die Grenze zur Po lemik oder zur Invektive überschritten. An dererseits muß das Allgemeine, damit e dargestellt und wirksam bekämpft werde kann, irgendwie individualisiert werden Selbst Menschheits-S. setzt gern bei eine besonderen (aktuellen) Verkennung de Menschlichen, bei einer gerade grassieren den Irrlehre ein (vgl. Voltaires *Candide* un Leibniz). Wie das Begriffspaar persönlich und allgemeine S. ist auch die alte Dicho tomie komische und tragische S. geeignet die Breite des satir. Spektrums anzuzeige und somit vor ungeschichtlichen und un nötigen Verengungen zu warnen. Die kürz lich bei Wege vorgeschlagene Formulierung „S. ist Gesellschaftskritik mit Mitteln de Komischen" (B. Lindner, in: Jb. d. J. Paul Ges. 5, 1970, S. 8) beispielsweise, die einen heute in Deutschland verbreiteten S.ver ständnis entspricht, ist eine solche Ver engung. Man mag einen Begriff des Komi schen begründen können, der auch Swift *Modest Proposal* noch erreicht — er ist für S. als Ausdruck der Empörung und Ver zweiflung dennoch zu eng. Man mag auc den Begriff Gesellschaftskritik so ausweiten daß er Literatur-, Weiber- und Mensch heits-S. in sich befaßt — auch er reich nicht überall aus. Das allbeliebte „Entlar ven" des Satirikers will nicht nur den Wol im Schafspelz zeigen und den Esel unte der Löwenhaut, sondern auch die *facie hippocratica* hinter der Larve des Lebendi gen. Nur mit dem weiten Begriff, den di Begriffsgeschichte selbst nahelegt, wird ma den historischen Bestand erfassen können.

Erklärt man Indirektheit oder Verzerrung zu einem Konstituens der S., so setzt man die Möglichkeit direkter, unverzerrter Dar stellung voraus; ja man hat Verzerrung weitgehend als Abweichung von gewohnter Auffassungs- und Darstellungsweisen zu bestimmen. Von diesem Begriff der Abwei chung läßt sich eine komplementäre und eine evolutionierende Funktion der S. in literar. „System" herleiten: Im Rahme einer hochstilisierten Lit. kann sie als nie dere Gattung eine Ergänzungsfunktior

ibernehmen, indem sie die Darstellung
nichtidealisierter Wirklichkeit an das „System" bindet. Das ist weitgehend im Barock
der Fall. Sie kann aber auch die Prämissen
eines Epochenstils, einer etablierten Gat-
ung usw. in Frage stellen und dann eine
Ablöserfunktion in der literar. Evolution erhalten. Das gilt besonders für parodistische
Formen (vgl. etwa Neidhart von Reuental;
Don Quixote). Schon diese enge Verbindung
der S. mit der allgemeinen Literaturgeschichte, erst recht ihre Einbettung in die
Sozial- und Kulturgeschichte lassen eine isolierte Geschichte der S. im Sinne einer Gat-
ungsgeschichte mindestens problematisch
erscheinen. Im folgenden ist nur versucht,
die Wandlungen des Gattungsbewußtseins
in Deutschland, verbunden mit form-, gei-
stes- und themengeschichtlichen Hinweisen,
zu dokumentieren.

Bibliographie: Ingrid H a n t s c h , *Bibliographie zur Gattungspoetik* (2). *Theorie d. S.
1900-1971). Zs. f. franz. Sprache u. Lit.* 82
(1972) S. 153-156. — Forschungsbericht: B r u m -
n a c k aaO. (s. § 1). — Zur Frage der Definition: Robert C. E l l i o t t , *The Definition
of S. A Note on Method.* Yearbook of Comparative and General Lit. 11 (1962) S. 19-23.
Leonard F e i n b e r g , *S. The Inadequacy
of Recent Definitions*, Genre 1 (1968) S. 31-37.
— Zur Einführung: Leonard F e i n b e r g ,
Introduction to S. (Ames/Iowa, 1967). Arthur
P o l l a r d , *Satire* (London 1970; The Critical
Idiom 7). — Ausgewählte Arbeiten von all-
gemeinerem Interesse: Helmut A r n t z e n ,
*Satirischer Stil. Zur S. Robert Musils im „Mann
ohne Eigenschaften"* (1960; 2. Aufl. 1970;
Abhdlgn. zur Kunst-, Musik- u. Litwiss. 9).
Ders., *Nachricht von d. S.*, in: *Gegen-Zeitung.
Dt. S. d. 20. Jh.s.* Hg. v. H. Arntzen (1964;
Anthologie) S. 6-17; neu in: *Literatur im Zeit-
alter der Information* (1971; Athenäum-Paper-
backs. Germanistik 5) S. 148-166. Igor Alek-
androvic D z e v e r i n , *Problema satiry v
evoljucionno-demokraticeskoj estetike* (Kiev
1962). Robert C. E l l i o t t , *The Power of S.:
Magic, Ritual, Art* (Princeton 1960). Ders.,
Saturnalia, S., and Utopia. The Yale Review.
NS. 55 (1965/66) S. 521-536. Jakov Efimovič
E l ' s b e r g , *Voprosy teorii satiry* (Moskva
1957). Leonard F e i n b e r g , *The Satirist*
Ames/Iowa 1963). Northrop F r y e , *The
Nature of S.*, Univ. of Toronto Quarterly 14
1944), S. 75-89; umgearb. u. ins System ein-
gepaßt auch in: Ders., *The Anatomy of Criti-
ism* (Princeton 1957) S. 223-239. Ulrich G a i e r ,
*S. Studien zu Neidhart, Wittenwiler, Brant u.
zur satir. Schreibart* (1967). H e m p f e r aaO.
Gilbert H i g h e t , *The Anatomy of S.*
Princeton 1962). Matthew H o d g a r t , *Die
S.* (1969; Kindlers Univ.-Bibl. 43). Alvin K e r -
n a n , *The Cankered Muse. S. of the English
Renaissance* (New Haven 1959; Yale Studies
in English 142). Ders., *The Plot of S.* (New
Haven 1965). Klaus L a z a r o w i c z , *Ver-
kehrte Welt. Vorstudien zu e. Gesch. der dt. S.*
(1963; Hermaea. NF. 15). Georg L u k á c s ,
Zur Frage der S. Internationale Literatur 2,
H. 4-5 (1932) S. 136-153; neu in: L u k á c s ,
Werke. Bd. 4: *Essays über Realismus* (1971)
S. 83-107. Maynard M a c k , *The Muse of S.*
The Yale Review 41 (1951/52) S. 80-92. Werner
N e u b e r t , *Die Wandlung des Juvenal. S.
zwischen gestern u. morgen* (1966). Ronald
P a u l s o n , *The Fictions of S.* (Baltimore,
Md. 1967). Jörg S c h ö n e r t , *Roman und S.
im 18. Jh. E. Beitr. z. Poetik* (1969; Germanist.
Abhdlg. 27). Kurt W ö l f e l , *Epische Welt
u. satir. Welt.* WirkWort 10 (1960) S. 85-98.
David W o r c e s t e r , *The Art of S.* (New.
York 1940; 2. print 1960) — S. im Deutsch-
unterricht: Helmut A r n t z e n , *S. und
Deutschunterricht.* Deutschunt. (Stuttg.) 18
(1966), H. 3, S. 29-38. Adolf S c h w e c k e n -
d i e c k , *Fünf moderne S.n im Deutschunterricht*, ebd. S. 39-50. Alfred C. B a u m g ä r t -
n e r , *Unterrichtsmodell: Behandlung einer S.*
Neue Wege zur Unterrichtsgestaltung 20 (1969)
S. 152-158. Bernd B a l l m a n n u. Hartmut
L ö f f e l (Hg.), *S. in Text u. Bild* (1973; Ar-
beitsmaterialien Deutsch).

II. Geschichte.

§ 6. Das MA. hat — vor allem im Mlat.
— eine sehr reiche satir. Lit., an der das Dt.
vereinzelt seit dem 12., kontinuierlich seit
dem 13. Jh. Anteil hat. Die verwendeten
Gattungen und Formkonventionen sind
mannigfaltig: Bußpredigt, Allegorie, Lied
und Spruch, Schwank, Erzählung, Fabel,
Tierepos und parodistisches Epos, Fastnachtspiel (aber auch satir. Einlagen in
ernsten Stücken) u. a. m. Eine Bestandsaufnahme, wie sie für die roman. Literaturen
vorliegt, fehlt. Einen starken satir. Einschlag hat die spätmal. Didaktik, wo allerdings die Grenze zu Zeit- und Weltklage,
Ständerüge, Lasterschelte oder bloß einge-
kleideter Lehre nicht immer leicht zu ziehen
ist. Welche Funktionen die eigentlich satir.
Schreibart in dieser Lit. übernimmt, ist bisher nicht im Zusammenhang untersucht.
Man wird deshalb den S.begriff — so unproblematisch und nützlich s.theoretische
Fragestellungen sind — bei der Beschreibung und Benennung eher zurückhaltend
verwenden, zumal die S. als Gattung in der
Volkssprache nicht rezipiert worden ist.

Eine gattungsübergreifende und spezifische Form mal. S. ist die S t ä n d e - S.
Ihre Voraussetzung ist neben der Feudal-

gesellschaft selber die vielfältig popularisierte Lehre von einer gottgewollten hierarchischen Sozialordnung, in der jedem Stand Rang, Aufgabe und besondere Pflichten gegenüber den andern zugewiesen sind. Damit ist der S. eine Norm vorgegeben. Sünde oder Laster erscheinen so zugleich als Verletzung der Standespflichten; Inordination — und zwar Auflehnung der niederen ebenso wie Ungerechtigkeit der herrschenden Stände — als Erhebung von Einzelinteressen über das Ganze und damit des Zeitlichen über das Ewige. Mit der Ständesystematik ist der S. weiterhin ein Gliederungsprinzip vorgegeben und eine Möglichkeit, in einer universellen Kritik der Christenheit die unaufhebbare Sündhaftigkeit des Menschen und die mit ihr gegebene Tendenz zur Inordination darzustellen sowie durch ständespezifische Konkretisierung des Lasters auf Besserung im einzelnen hinzuwirken. Auf diesen Hintergrund läßt sich, abgesehen von unmittelbar politischer oder literar. Polemik wie etwa bei Walther oder dem Marner, die S. in der mhd. Didaktik weitgehend beziehen.

Der erste Autor und älteste dt. Satiriker, Heinrich von Melk (2. Hälfte des 12. Jh.s), ist von der Cluny-Hirsauer Reformbewegung geprägt. Er richtet sich mit Schroffheit, Drastik und manchmal einer höhnenden Ironie noch fast ausschließlich gegen Adel und Geistlichkeit. Bestimmend ist schon für ihn wie dann für den ganzen Bereich der Stände-S. das Vorbild der Predigt. Dazu kommt eine bemerkenswerte Motivgemeinschaft mit mlat. S. In den späteren Verwendungen des Ständeschemas schlagen sich die sozialen Spannungen und Wandlungen nieder. Reflexe bäuerlichen Emanzipationsstrebens und der sich entwickelnden Geldwirtschaft sind der Bauernspott der Neidhartnachfolge und die allverbreitete Anklage des Wuchers und der Macht des „Phenninc". Das Ständeschema selbst wird durch die zunehmende Zahl bürgerlicher und bäuerlicher Berufe stärker gefüllt, überdehnt und schließlich gesprengt. Konsequent ständisch gegliedert sind das *Buch der Rügen* (1270; nur punktuell im eigtl. Sinne satirisch) und *Des Teufels Netz* (Anfang des 15. Jh.s; das umfassendste Werk dieser Art), während sich bei andern — so im *Renner* Hugos von Trimberg, im *Nar-*

renschiff Sebastian Brants — ständische und moralische Einteilung verbinden. Die Ständeordnung selber wird, von punktuellen (oft bestreitbaren) Ausnahmen abgesehen, nirgends in Frage gestellt. Ein Werk wie *Des Teufels Netz* ist deshalb trotz seiner scharfen und detaillierten Kritik an den führenden Ständen und seiner Offenheit für die soziale Wirklichkeit im Sinne der feudalen Gesellschaftsordnung ein konservatives Werk. Dasselbe gilt im wesentlichen für die gesamte ständisch-moralische Didaxe des dt. MA.s. Man braucht nur an den *Helmbrecht, Seifried Helbling* oder die Teichnerreden zu denken. Eine sozialrevolutionäre oder -reformerische Absicht ist mit einer S. auf dieser Basis nicht vereinbar, da sie nicht für eine Gruppe Partei ergreifen kann. Formal wird das etwa in der Sprecherrolle deutlich — der Sprecher als asketisch-weltverachtender Außenstehender (so bei Heinrich von Melk) oder als selbst betroffener Mit-Narr (so bei Brant) — und am sinnfälligsten in einem Fiktionsrahmen, durch den die S. einen transmundanen Standort erhält: so zumal in den Teufelsszenen der geistlichen Spiele, in *Des Teufels Netz*, in den späteren Totentänzen.

Wie die Stände-S. ist das satirische T i e r e p o s (*Reineke Fuchs*) eine spezifisch mal. Ausdrucksform, die gegenüber aller vorangegangenen Tierdichtung neu ist. Es beruht auf einer Durchdringung von Tierfabel und -schwank mit der feudalen Welt und den Formen der ritterlich-höfischen Epik. Das Ensemble dieser Elemente ist geeignet, Spiegel der feudalen Gesellschaft und Gleichnis des Weltlaufs zu sein. Gerade der *Reinhart Fuchs* Heinrichs des Gleisners (Ende des 12. Jh.s) ist seiner Gesamtstruktur und Wirkungsabsicht nach eine S., die die Bosheit der Welt vor Augen führt, indem sie die Diskrepanz zwischen höfischem Ideal und höfischer Wirklichkeit ausdrückt, die Tragfähigkeit der höfischen Werte und des Prinzips der feudalen Gesellschaft in Frage stellt. Die wirkungsgeschichtlich wichtigste Fassung des Stoffes, der mnd. *Reynke de Vos* (Erstdruck 1498), ist stark moralisch und ständesatirisch akzentuiert.

Man muß die — im weiten Sinne — parodistische Differenz der mal. Fuchsdichtungen zum höfischen Epos mitlesen können

wenn man die Schonungslosigkeit und Genauigkeit ihrer S. verstehen will (Goethe
zielt demgegenüber stärker aufs Allgemeine). Ein mitgestalteter Kontrast zur höfischen Lit. ist ein konstitutives Ausdrucksmittel vieler und gerade der ästhetisch bedeutendsten mhd. S.n. Neben den Fuchsdichtungen sind als erste zu nennen N e i d -
h a r t von Reuental, dessen zweischneidige
und kunstvolle S. eine eindeutigere und
vergröbernde Nachfolge gefunden hat, und
W i t t e n w i l e r , dessen *Ring* (um 1400)
verschiedene Traditionen parodistisch aufgreift. Hochstilisierte höfische Lit. und schä-
bige Wirklichkeit findet man im 13. Jh. häufiger konfrontiert, so bei Ulrich von Lichtenstein, beim Stricker, im *Seifried Helbling*.
An der spät- und nachhöfischen Lit. kann
man die in § 5 genannten Funktionen der
S. als Komplement im literar. System und
als Ablöser in der literar. Evolution exemplarisch studieren.

Paul B ö c k m a n n , *Formgeschichte d. dt.
Dichung* (1949), Kap. II und III. — H. R o s e n -
f e l d , *Die Entwicklung der Ständes. im MA*,
ZfdPh 71 (1951/52) S. 196-207. W. H e i n e -
m a n n , *Zur Ständedidaxe in d. dt. Lit. d.
13.-15. Jh.s.* PBB (Halle) 88 (1966) S. 1-90; 89
(1967) S. 290-403; 92 (1970) S. 386-437. Rolf Max
K u l l i , *Die Ständes. in d. dt. geistlichen
Schauspielen d. ausgehenden MA.s* (1966; Bas-
ler Studien z. dt. Spr. u. Lit. 31). Siegfried
G r o s s e , *Zur Ständekritik in d. geistlichen
Spielen d. späten MA.s.* ZfdPh 86 (1967) Son-
derh., S. 63-79. — Hans Robert J a u s s , *Unter-
suchungen zur mal. Tierdichtung* (1959; Zs. f.
roman. Phil., Beih. 100). Klaus L a z a r o -
w i c z aaO. (s. § 5). Gerard-H. A r e n d t ,
*Die satir. Struktur des mnl. Tierepos „Van den
Vos Reynarde".* Diss. Köln 1965. William
F o e r s t e , *Von Reinaerts Historie zum
Reinke de Vos*, in: *Münstersche Beiträge zur
nddt. Philol.* (1960; Nddt. Studien Bd. 6)
S. 105-146. — Ulrich G a i e r , *Satire* (s. § 5)
Kap. I und II (zu Neidhart und Wittenwiler).
— Vgl. a. die Bestandsaufnahme für die rom.
Literaturen durch Fritz S c h a l k u. Alfred
A d l e r im *Grundriß der romanischen Lite-
raturen des Ma.s.* VI 1-2 (1968/70). Zur mlat.
S. außer den Handbüchern: Paul L e h m a n n ,
Die Parodie im MA (2., neu bearb. u. erg.
Aufl. 1963). Zur ndl.: Pieter Hendrik van
M o e r k e r k e n Jr., *De S. in de nederland-
sche kunst der Middeleeuwen* (Amsterdam
1904).

§ 7. Im 16. Jh. verbreitet sich das Spektrum erheblich. Satirisches übernimmt
Funktionen in den religiösen und sozialen
Auseinandersetzungen der Reformationszeit,
im Kampf der Humanisten gegen Scholastik
und Geistlichkeit sowie in den internen akademischen Streitigkeiten. Besonderheiten
der Form ergeben sich durch die propagandistische Ausnutzung des Buchdrucks (Flugschriften) und durch die Orientierung an
antiken Gattungen auch im Deutschen (Dialog, ironisches Enkomium, komisches Epos).
Im Nebeneinander von Latein und Deutsch
bildet sich zum erstenmal für die volkssprachige S. ein Gattungsbewußtsein aus.

Bei allem Neuen darf man das Fortwirken von Traditionen des 14. und 15. Jh.s
nicht übersehen. Fastnachtspiel, geistliches
Spiel und Schwankbücher bleiben lebendig;
der *Reineke Fuchs* findet weitere Bearbeiter; das so folgenreiche *Narrenschiff* Sebastian Brants (1494) ist im Ansatz der spätmal. Stände-S. verwandt. Dennoch hat es
epochemachend gewirkt und ist (vermittelt
durch Lochers lat. Übersetzung, 1497) zum
europäischen Bucherfolg geworden, wofür
neben anderm die Illustration durch Holzschnitte und die konsequente Verbild-
lichung des Welttreibens als Narrheit ausschlaggebend gewesen sein dürfte. Zeitgenössische Humanisten haben das Werk als
satyra bezeichnet. Man muß daraus nicht
(mit Gaier) folgern, daß Brant es als S. in
der röm. Tradition konzipiert habe. Vielmehr dürfte der Begriff nachträglich übertragen worden sein, als man versuchte, das
volkssprachige Werk an die lat. Gattungspoetik zu binden (dazu G. Hess). Analoges
läßt sich gleichzeitig in den andern europäischen Literaturen beobachten. Da die
Vergleichs- und Namensbrücke im wesentlichen die satirische Absicht, nicht die feste
Gattungsform ist, weitet sich bei diesen
Übertragungsvorgängen der S.begriff in
Richtung des heutigen Gebrauchs aus (wie
im Lat. schon früher), während die röm. S.
als poetologisches Modell erhalten bleibt.
Deshalb haben als erste reguläre Verss.n
im Deutschen nicht schon das *Narrenschiff*,
auch nicht *Eyn deutsche Satyra* von H. Emser (1505; das älteste dt.sprachige Werk, das
den Namen S. im Titel führt) zu gelten,
sondern weiterhin die Sammlungen Lau-
rembergs oder Rachels.

G. Hess hat für die S. im 16. Jh. eine
Typologie entworfen, in der er grob nach
Welt-, Kampf- und Spiel-S. unterscheidet.
Für religiös fundierte Welt-S. mit Totali-

tätsanspruch nach Tradition oder Art der Stände-S. verwendet er, eine zeitgenössische Formulierung aufgreifend, den Namen *divina satyra* (eine Danteanspielung, mit der Joh. Trithemius das *Narrenschiff* gerühmt hatte). Hierzu sind vor allem ältere S.n zu rechnen: etwa die Narrenschiffpredigten G e i l e r s von Kaisersberg, die vorreformatorischen S.n M u r n e r s und einiges mehr aus dem Bereich der Narrenlit. (s. d.); doch bleibt der Typ das ganze Jh. hindurch und auch darüber hinaus vertreten. Um 1520 beginnt mit den Streitschriften der Reformatoren, Humanisten und ihrer Gegner für einige Zeit eine parteinehmende S. zu dominieren, die den spätmal. Formen im Ansatz widerspricht. Vieles ist ganz persönlich bleibende, grobe, oft unflätige Invektive. Man bedient sich in der Agitation aber auch mit Erfolg satirischer Schreibart und Formtradition. Hervorgehoben seien die zahlreichen Parodien religiöser Texte und die Dialogform in vielen Flugschriften, die durch die Lukianischen Dialoge in H u t t e n s *Gesprächbüchlein* (1521; zuerst lat. 1520) angeregt ist (Genauere Information darüber findet man s. v. *Reformationslit.*). Neben den beiden genannten Formen wird in Kreisen der *litterati*, vornehmlich auf Lat., eine mehr spielerische S. gepflegt, wo die Aggressivität zugunsten von Virtuosität und Artistik zurücktreten kann. Solcher Art ist z. B. ein Großteil der vielen ironischen Enkomien. Geistesgeschichtlich betrachtet können die Funktionen dieser S. mit denen der kämpfenden humanistischen S. von der Art der *Epistolae obscurorum virorum* (1515/17) gleichsinnig sein: man versichert sich hier seiner Formbeherrschung, schafft einen autonomen Bereich gelehrt-literar. Spiels und befreit sich von den Ansprüchen vorgegebener Formschemata. Am großartigsten geschieht das in der Grotesk-S. F i s c h a r t s , deren Formprinzip man geradezu in der Durchbrechung von Schranken sehen kann (am wichtigsten die *Geschichtklitterung* von 1575, eine Bearbeitung und Überbietung Rabelais'.).

Es ist selbstverständlich, daß die Nennung dieser drei Arten (bei Hess *divina satyra; satyra illudens* und *ludens*) nur allererste Anhaltspunkte geben kann. Schon der *Grobianus* von D e d e k i n d / S c h e i d t

(lat. 1549/dt. 1551) — ein einflußreiches Werk — läßt sich ihnen schlecht zuordnen. Immerhin deuten sie das Spektrum der Formmöglichkeiten an und verweisen auf die wesentlichen Stadien der Entwicklung: die radikalere „Überholung" einer S. von der Art des *Narrenschiffs* durch die Streitschriften der Reformation und des Humanismus (auch Böckmann sieht hier eine Epochenzäsur) und die Ausbildung mehr spielerischer Formen auch im Dt. in der 2. Hälfte des Jh.s. Die Spannung zu der gleichzeitigen lateinischen bleibt für die volkssprachige S. mehr als für andere Bereiche der Lit. prägend und aufschlußreich das ganze Jh. hindurch. Unter diesem Aspekt gibt Hess detailliert und differenziert Aufschluß.

Lit. s. unter *Reformationslit.* §§ 3; 4; 7 und unter *Narrenlit.* — Zur Ergänzung: Jürgen S c h u t t e , „*Schympff red*" — *Frühformen bürgerlicher Agitation in Thomas Murners „Großem Lutherischen Narren*", 1522 (1973; Germanist. Abhdlgn. 41). Bernd B a l z e r , *Bürgerliche Reformationspropaganda. Die Flugschriften d. Hans Sachs in d. Jahren 1523-25* (1973; Germanist. Abhdlgn. 42). — Rainer G r u e n t e r , *Die „Narrheit" in Sebastian Brants Narrenschiff.* Neophil. 43 (1959) S. 207-21. Barbara K ö n n e c k e r , *Wesen u. Wandlung der Narrenidee im Zeitalter d. Humanismus: Brant - Murner - Erasmus* (1966). Joel L e f e b v r e , *Les fols et la folie* (Paris 1968). — Zur S.: Heinrich S c h n e e g a n s , *Geschichte der grotesken S.* (1894). B ö c k m a n n aaO. (s. § 6) Kap. II und III. Ulrich G a i e r , *Studien zu Sebastian Brants „Narrenschiff"* (1966). Ders., *Satire* (1967) Kap. III (zu Brant). Frederick S t o p p , *Reformation S. in Germany. Nature, Conditions, and Form.* Oxford Germanic Studies 3 (1968) S. 53-68. Günter H e s s , *Dt.-lat. Narrenzunft. Studien zum Verhältnis von Volkssprache u. Latinität in d. satir. Lit. d. 16. Jh.s* (1971; Münchener Texte u. Untersuchungen z. dt. Lit. d. MA.s 41; mit Lit.).

§ 8. Das 17. Jh. hat in der S. zwar einige charakteristische Neuerungen und bemerkenswerte Autoren hervorgebracht, ist im ganzen aber weit weniger vom Satirischen geprägt als das 16., das formal und thematisch stark fortwirkt. Die christlich transzendente Orientierung dominiert weiterhin. In der Prosa überwiegt immer noch die Revueform, die es gestattet, die Narrheiten oder Torheiten der Welt von einem erhöhten Standpunkt aus vorzuführen. Häufig wird sie mit der Traum- oder Reisefiktion verbunden (M o s c h e r o s c h s *Gesich-*

te *Philanders von Sittewald* nach den *Sueños* des Quevedo; Pikarischer Roman; Politischer Roman). Mal. Traditionen, aber auch Lukian wirken hier ein. Im ganzen wird die S. mehr an einen Erzählzusammenhang gebunden (vgl. die Zusammenstellung s. v. *Satirischer Roman,* wo nur Johann Beer ergänzt werden muß, dessen Autorschaft stark satirisch gefärbt ist; Grimmelshausen und Weise sind seine wichtigsten Vorbilder). Die eigentliche formale Neuerung im Sinne der Opitzischen Reform ist die Einführung antiker Gattungen: der Vers-S., des Epigramms und, mit Einschränkungen, der Komödie (vgl. etwa den *miles gloriosus* bei Gryphius und Heinrich Julius von Braunschweig). Die Verssatiriker sind in § 2 genannt. Die satirischen Möglichkeiten des Epigramms — dessen Affinität zur S. in der zeitgenössischen Poetik bemerkt wird — hat am eindrucksvollsten L o g a u genutzt.

Im Rahmen der neuen, formal anspruchsvollen Kunstdichtung gewinnt die S. aber nicht nur einzelne Formen hinzu, sie erhält auch insgesamt einen anderen Stellenwert, der die Aufnahme zeitspezifischer Themen mitbestimmt. Sie ist die Form, die sich am meisten für die Darstellung nichtidealisierter Wirklichkeit und einen entsprechenden niederen Wortschatz öffnet. So übernimmt sie Funktionen der Ergänzung und Opposition. Neben den Petrarkismus in der Lyrik tritt der Antipetrarkismus, neben den „idealistischen" höfischen Roman der „naturalistische" im Sinne Alewyns (1932, S. 210 ff.). Die Hof- und Alamode-Kritik der „gegenhöfischen Strömung" (vgl. E. Vogt) bleibt in der Opposition an das Bekämpfte gebunden. Und selbst die nddt. Mundart und die Drastik L a u r e m - b e r g s (der noch im Sinne der Stände-S. urteilt) dürfen nicht einfach unter die Kategorien Provinzialismus und Volkstümlichkeit gestellt werden, sie müssen auch — worauf Gattung und Versmaß (mit den Lizenzen) hindeuten — als Mittel einer gleichsam systemgerechten Lozierung der niederen Gattung gesehen werden.

Gegen Ende des Jh.s verstärkt sich die Tendenz zur immanenten Orientierung der S. Während der Fluchtpunkt der S. G r i m - m e l s h a u s e n s die *vanitas mundi* ist,

soll sie im polit. Roman Christian W e i - s e s (der sich von Grimmelshausen absetzt) der Erziehung zum vernünftigen und weltgerechten Verhalten dienen. Dieser Umorientierung entspricht ein Stilwandel. Gegenüber der Farbigkeit und Kraßheit bei Lauremberg, Moscherosch und Grimmelshausen, erst recht neben den Wortkaskaden Abrahams a Sancta Clara schreibt Weise — ein Kritiker des „Schwulstes" — nüchterner und gemäßigter. Auch die satirischen Monatsgespräche des Thomasius, die Parodieform bei Chr. Reuter, die Vers-S.n Canitz' und Neukirchs kann man hier nennen. Eine pauschale Zuordnung der Vers-S. zu der Entwicklung einer diesseitigen und bürgerlichen Kultur, wie sie W. Freund vornimmt, ist jedoch zu undifferenziert und zu eng; der Prozeß muß in sehr viel weiterem Rahmen gesehen werden.

Heinz K l a m r o t h, *Beiträge zur Entwicklungsgesch. d. Traums. im 17. u. 18. Jh.* Diss. Bonn 1912. Richard A l e w y n, *Johann Beer. Studien zum Roman d. 17. Jh.s* (1932; Pal. 181). Erika V o g t, *Die gegenhöfische Strömung in d. dt. Barocklit.* (1932; VDt Poeterey 11). Hildegarde E. W i c h e r t, *Johann Balthasar Schupp and the Baroque S. in Germany* (1952; Columbia Univ. Germanic Studies NS. 22). Manfred K r e m e r, *Die S. bei Johann Beer.* Diss. Köln 1964. Jörg-Ulrich F e c h n e r, *Der Antipetrarkismus. Studien zur Liebess. in barocker Lyrik* (1966; Beitr. z. neueren Litg. III, 2). Winfried F r e u n d aaO. (s. § 2). Erhellendes über die Stellung der S. in der Barocklit. auch bei Wilfried B a r n e r, *Barockrhetorik. Untersuchungen zu ihren geschichtlichen Grundlagen* (1970) S. 94 ff.

§ 9. Erst im 18. Jh. setzt sich eine ausschließlich immanent begründete S. durch. Sie gilt jetzt als Erziehungsmittel und soziales Regulativ mit bedeutendem Nutzen für das Gemeinwohl. Stärker und umfassender als im Barock greifen Kritik und Poetik auf die neulat. und westeuropäische Diskussion der Gattung zurück. Was etwa Sulzer (*Allg. Theorie der Schönen Künste,* 1771/74), Eschenburg (*Entwurf einer Theorie und Lit. der schönen Wissenschaften,* 1783) und Flögel (*Geschichte der komischen Lit.* Bd. 1, 1784) schreiben, faßt deshalb nicht nur die S.theorie der dt. Aufklärung zusammen, es steht auch am Ende des mit dem ital. Humanismus beginnenden, gemeineuropäischen Prozesses der Ablösung vom MA. Charakteristisch ist für

Deutschland die Vorsicht, mit der man die S. thematisch beschränkt. Weitgehend werden ihr nur die Gegenstände der komischen S. zugestanden: Torheiten, nicht Laster; die Fehler der Kleinen, nicht der Großen. Rabener nimmt (in seiner Schrift *Vom Mißbrauche der S.*, 1751) Fürst und Obrigkeit, Religion und Geistlichkeit ausdrücklich von aller Kritik aus und beklagt sich (im Vorbericht zum 4. Teil seiner *S.n*, 1755), daß er es in Deutschland nicht wagen könne, „einem Dorfschulmeister diejenigen Wahrheiten zu sagen, die in London ein Lord-Erzbischoff anhören, und schweigen, oder sich bessern muß" — zwei bezeichnende Äußerungen, denen sich ähnliche von andern hinzufügen ließen. Auch die intensive Diskussion um S. und Pasquill, um persönliche und allgemeine S. ist deutlich von dieser Situation der S. geprägt.

Rezeption der europäischen Aufklärung und thematische Beschränkung: das gilt auch für die S.nproduktion selbst. Liscow, der Boileau und Swift kennt, steht in der Tradition der gelehrten, humanistischen S., wenn er Parodie und ironisches Enkomium zum Instrument der prüfenden Vernunft macht. Er greift nichtige Betriebsamkeit, Autoritätshörigkeit, Servilismus und Prinzipienvermengung in einzelnen unbedeutenden Autoren an, die er zum Typus des elenden Skribenten erhebt. Rabener bleibt dagegen mit seiner an bürgerlichen Tugenden orientierten S., die sich auf Wahrheit, Moral und Menschenliebe beruft, stets allgemein und bedient sich fingierter Namen. Seine Gegenstände sind Verstöße gegen Geschmack, Lebensklugheit und gute Sitten, Verletzungen der privaten und öffentlichen Moral. Die Harmlosigkeit dieser menschenfreundlichen S., die erziehen und niemandem wehtun will (schon so aber ihrem Autor Schwierigkeiten gemacht hat), ist für die Frühaufklärung repräsentativ. Renommisten und Stutzer, alte Spröde, Geizhälse, Hypochonder und Frömmler, unfähige Ärzte, bestechliche Richter, ungetreue Amtleute, Titelsucht, Standesdünkel, das ist der Umkreis, in dem diese S. sich bewegt. Hof-, Adels- und Pfaffen-S. fehlen nicht, bleiben aber ungezielt und moralistisch beschränkt. Eine Zusammenstellung der Themen findet man bei Wellmanns. Hauptwirkungsmittel ist die Ironie. Der Ton

ist, den Gegenständen gemäß, meist scherzhaft. Das Pathos in den Vers.-S.n Hallers, die Aggressivität Liscows, die gelegentliche Schärfe bei einem Ludwig von Heß (*Satirische Schriften*, 1767) bleiben Ausnahme (auch dazu Wellmanns).

In den 1770er Jahren erweitern sich entsprechend der sozialen Entwicklung und den Fortschritten der Literatursprache die Möglichkeiten der S. beträchtlich. Die Sozialkritik wird heftiger und analytischer, die Sprachbehandlung differenzierter, an die Stelle von Typen beginnen Charaktere zu treten. Seit den Moralischen Wochenschriften (s. d.) beliebte Formen wie der satir. Brief, der theophrastische Charakter treten zurück, der Aphorismus kommt neu hinzu (Lichtenberg, später Klinger und Seume), die weiterhin gepflegten Kleinformen werden reicher instrumentiert und politisch unverblümter: man vgl. etwa die durchgeführte Ironie bei Lichtenberg (*Timorus*, 1773), Knigge (*Schaafskopf*, 1792) und in den frühen S.nsammlungen Jean Pauls (1783/89) mit den in Form und Tendenz verwandten Schriften Liscows oder die Fabeln Pfeffel mit denen Gellerts. Die detaillierteste und umfassendste S. findet man im zeitkritischen Roman, der sich an Lukian, Cervantes, Fielding, Sterne und Voltaire orientiert, aber auch (vgl. Schönert) Formtraditionen der Prosa-S., der Komödie und des komischen Epos aufnimmt und deren Tendenzen fortführt (die wichtigsten Titel s. v. *Satirische Roman*; zu ergänzen v. a. Joh. K. Wezel *Tobias Knaut* 1773/76 und *Robinson Krusoe*, 1779). Ein Großteil der Romane der dt. Aufklärung ist satirisch-humoristisch und gerade diese Form beeinflußt den Roman Jean Pauls, der Romantik und des Jungen Deutschland. Neben der aufschlußreichen, z. T. tiefdringenden und bedeutenden S. Wielands, Wezels, Hippels und anderer ist freilich zumal die Hof- und Adels-S. — vor allem im sog. Trivialroman, aber gelegentlich sogar bei Jean Paul — vielfach sehr stereotyp und erfahrungsarm.

Lazarowicz aaO. (§ 5). Wolfgang Promies, *Der Bürger u. d. Narr oder das Risiko d. Phantasie* (1966). J. Jacobs, *Zur S. d. frühen Aufklärung. Rabener u. Liscow.* GRM 49 (1968) S. 1-13. Schönert aaO.

(s. § 5; mit Lit.). Maria T r o n s k a j a, *Die dt. Prosas. d. Aufklärung* (1969; Neue Beitr. z. Litw. 28). Günter Theodor W e l l m a n n s, *Studien zur dt. S. im Zeitalter der Aufklärung. Theorie - Stoffe - Form u. Stil.* Diss. Bonn 1969 (mit Lit.).

§ 10. Obwohl wesentliche Tendenzen der Aufklärungs-S. im Umkreis der Romantik und des Jungen Deutschland fortgeführt werden, ist es der Orientierung wegen sinnvoll, um 1790 eine neue Großepoche anzusetzen, indem man (mit Schönert) der „pragmatischen" S. des 18. Jh.s die (im Sturm und Drang vorbereitete) „idealisch-utopische" S. der Zeit von 1790 bis 1850 gegenüberstellt. Charakteristisch für diese Epoche ist das Auseinandertreten von Theorie und Produktion der S. Mit der Ausbildung der klassisch-romantischen Ästhetik wird wie Rhetorik und Lehrdichtung auch die S. abgewertet. Ihr Begriff verengt sich (oft wird er auf die Moral-S. des 18. Jh.s beschränkt) und bezeichnet meist eine im Sinne partikularer Interessen gebrauchte Zweckform, während Dichtung ja gerade als — gegenüber den Zwecken der bestehenden Gesellschaft — autonom verstanden wird. Die höheren Formen des Komischen zumal in der zeitgenössischen Lit. — und auch vieles, was bis dahin S. hieß — sucht man nun unter den Namen Humor, Ironie Witz oder Komödie zu begreifen. Daneben wirkt in der ersten Hälfte des 19. Jh.s die traditionelle Gattungspoetik fort, in der Biedermeierzeit nach Sengles Einschätzung sogar wieder verstärkt. Zu einer der zeitgenössischen Produktion entsprechenden Neukonzeption gibt es neben S c h i l l e r s wichtiger Bestimmung der S. als Darstellung der ideeverlassenen Wirklichkeit nur schwache Ansätze. Sie sind folgenlos geblieben. Die germanistische Lit.wiss. hat sich bis in die Gegenwart hinein durch die genannte Umprägung der literar. Begrifflichkeit bestimmen lassen, die dem dominierenden Dichtungsbegriff und der dominierenden Auffassung von der Goethezeit besser entsprach. So sind die starken satir. Elemente in der romantischen Dichtung lange Zeit wenig beachtet und überhaupt die Möglichkeiten poetisch vermittelter Kritik, wie sie mit der Entgegensetzung von autonomer Kunst und Wirklichkeit oder Poesie und Leben gegeben sind, nicht genügend herausgearbeitet worden.

Wo die Vorstellung von einem Straf- oder Wächteramt des Satirikers obsolet wurde, mußte eine S., die sich an vorgegebene Normen hält und im Rahmen der bestehenden Ordnung der Gesellschaft bleibt, beschränkt erscheinen. Es wird nun eine anspruchsvollere S. sichtbar, die alle Wirklichkeit am Interesse der „Menschheit" mißt. Schon im Sturm und Drang werden Mensch und Bürger, Natur und Kultur, Individualität und Konvenienz oder Konvention auch mit Mitteln des Satirischen konfrontiert. Die Philister-S. der Romantik richtet sich gegen die Borniertheit im Partikularen und Privaten, das Beharren im Bestehenden ohne jedes Moment des Transzendierens. Weltverfallenheit, Absolutsetzen des Bedingten kann als das allgemeine Angriffsziel gelten, das sehr verschieden konkretisiert wird. Der durch die Französische Revolution geweckten geschichtsphilosophisch fundierten Zeitkritik in Deutschland, die die Gegenwart als Zeitalter der Entzweiung und Vereinzelung in den Geschichtsprozeß zur Versöhnung stellt, tritt bei J e a n P a u l und dem *Nachtwachen*-Autor, bei T i e c k , B r e n t a n o , E i c h e n d o r f f , H e i n e und andern eine S. von vergleichbarem Totalitätsanspruch an die Seite. Die S. der Epoche will mehr sein als Tendenzlit. und tendiert dahin, ein Gesamtbild Deutschlands, des Zeitalters oder des Weltzustands zu geben. Jedenfalls gilt das für die S. in Großformen: in Roman (Jean Paul, Hoffmann, Immermann, Gutzkow), Komödie (Tieck, Eichendorff, Grabbe und andere), Reisebild (Heine und seine Nachfolger), Novelle (Tieck, Eichendorff), Märchen (Brentano, Hoffmann, Eichendorff), Versepos (Heine). Meist handelt es sich hier nicht um reine S.n, sondern um Mischformen mit poetischen, idyllischen, phantastischen Elementen, die bei der Vermittlung der Idee (oder Norm) eine Funktion haben. Das Verhältnis S./Poesie, S./Werkganzes ist in diesem ganzen Bereich, bei aller Verschiedenheit der Themen und Richtungen, vergleichbar. In der Literatur-S. der Romantik ist der Anspruch trotz der thematischen Beschränkung nicht geringer, da Lit. hier in ausgezeichneter Weise als Repräsentantin der Gesamtkultur gilt. Wichtig, mit Blick auf die Zukunft: hier ist schon erkannt, daß der neuen Freiheit des Schriftstellers im literar.

Markt eine neue Abhängigkeit entspricht. Die Kritik an der Trivialliteratur (ganz deutlich in Tiecks *Gestiefeltem Kater*) meint — auch — schon das Vertun der Chance im Spekulieren auf den Publikumsgeschmack, im marktgerechten Produzieren. Jean Paul, dessen ganzes Oeuvre eine satirische Färbung hat, auch H o f f m a n n (vor allem im *Kater Murr*) sind thematisch universeller. Mit dem Auftreten H e i n e s und B ö r n e s in den 1820er Jahren und besonders nach 1830 verschiebt sich die Zielrichtung hin zum Politischen und Sozialen, und der Ton wird heftiger. Mit Vorbehalt kann man sagen: statt Welt-S. dominiert die Zeit-S. Doch ist die Kluft zwischen Romantik und Jungem Deutschland nicht so tief, das Junge Deutschland (im engeren Sinn) in der S. nicht so produktiv, wie oft angenommen.

Nicht alle S. der Epoche paßt in den hier abgesteckten Rahmen. Schon Heine mit seinen Zeitgedichten, erst recht Georg W e e r t h, der von Heine gelernt hat, sprengen ihn. Die liberale Tendenzlit. des Vormärz — soweit sie ausdrücklich nicht „auf einer höheren Warte als auf den Zinnen der Partei" stehen will — tritt in Opposition dazu. Vieles in der Restaurationsepoche aber steht einfach außerhalb. Für Kleinformen konnte der Totalitätsanspruch ohnehin kaum gelten. Sie werden viel gepflegt. Da Stilmischungen nicht verpönt sind, ist satir. Einschlag auch in solchen größeren Formen häufig, die nicht im Ausstrahlungsbereich der Romantik liegen. Satirisches und Phantastisches können im Märchen- und Zauberstück verbunden sein. Stark von satir. Intention bestimmt ist die aristophanische Komödie (am bekanntesten P l a t e n : *Die verhängnisvolle Gabel*, 1826 und *Der romantische Ödipus*, 1829; Prutz: *Die politische Wochenstube*, 1845). Wichtiger noch sind Posse und Volksstück, mit dem Höhepunkt bei N e s t r o y. Als Autor satirischer Romane ist Jeremias G o t t h e l f zu erwähnen. Ältere Gattungstraditionen, vor allem der Aufklärungs-S., wirken die ganze erste Hälfte des 19. Jh.s hindurch weiter und werden den verschiedensten Tendenzen dienstbar gemacht. Sengle vermittelt eine Vorstellung davon. Sie werden, wie schon im 18. Jh., auch in der Publizistik adaptiert. S. in der Presse; Autoren wie Nestroy, Gotthelf, Glaßbren-

ner; das Wiederaufleben älterer Formen: das alles ist nicht mehr von der klassischen Literaturkonzeption und der romantischen Formenwelt aus anzuvisieren, ist aber im allgemeinen noch von dem universellen Ordnungsdenken geprägt, das Sengle der Biedermeierzeit zuschreibt.

Zur Begriffsgeschichte: Georgina B a u m , *Humor u. S. in d. bürgerl. Ästhetik. Zur Kritik ihres apologetischen Charakters* (1959). L a z a r o w i c z aaO. S. 245-256. Renate G r ö t z e b a c h , *Humor u. S. bei Jean Paul. Exemplarische Untersuchungen mit bes. Berücks. d. Spätwerks.* Diss. Berlin (FU) 1966, S. 46-51. — Heide H ü c h t i n g , *Die Literaturs. d. Sturm-u. Drangbewegung* (1942; NDtFschgn. 311). Werner R i e c k , *Literatur. im Sturm u. Drang.* Wiss. Zs. d. Pädag. Hochschule Potsdam 13 (1969) S. 545-556. Friedr. S e n g l e , *Biedermeierzeit.* Bd. 2 (1972), bes. S. 166-183 (mit Lit.). — Zu einzelnen Autoren in Auswahl: Wolfgang H a r i c h , *S. u. Politik beim jungen Jean Paul.* Sinn u. Form 19 (1967) S. 1482-1527. H. W i d h a m m e r , *S. u. Idylle in Jean Pauls 'Titan'.* Jb. d. Jean Paul Ges. 3 (1968) S. 69-105. Burkhardt L i n d n e r , *S. u. Allegorie in Jean Pauls Werk*, ebd. 5 (1970) S. 7-61. — Reinhold W e s e m e i e r , *Joseph von Eichendorffs satir. Novellen*, Diss. Marburg 1915. Christian S t r a u c h , *Romant. Ironie u. S. Interpretationsbeiträge zu Eichendorffs 'Krieg den Philistern' u. 'Viel Lärm um Nichts'.* Jb. d. Wiener Goethe-Ver. 70 (1966) S. 130-145. Ders., *Satir. Elemente im Aufbau von Eichendorffs 'Dichter u. ihre Gesellen'.* Ebda 72 (1968) S. 87-112. Alexander von B o r m a n n , *Philister u. Taugenichts. Zur Tragweite d. romant. Antikapitalismus*, Aurora 30/31 (1970/71) S. 94-121. — Heinz Josef H a l m , *Formen der Narrheit in Immermanns Prosa* (1972; Marburger Beitr. z. Germanistik 35). Siegfried K o h l h a m m e r , *Resignation u. Revolte in d. Restaurationsepoche* (1973; Germanistische Abhandlgn. 44) — Siegfried D i e h l , *Zauberei u. Satire im Frühwerk Nestroys* (1969; Frankf. Beitr. z. Germanistik 9). Jürgen H e i n , *Spiel u. S. in der Komödie Johann Nestroys* (1970; Ars poetica 11; mit Lit.). — Walter H. S t r a s s e r , *Jeremias Gotthelf als Satiriker.* Diss. Basel 1960. — Henry J. S c h m i d t , *S., Caricature and Perspectivism in the Works of Georg Büchner* (The Hague, Paris 1970; Stanford Studies in Germanic und Slavics 8). — Wolfgang B ö t t g e r , *Die Herausbildung des sat. Stils in den Prosawerken Georg Weerths.* (Masch.) Diss. Leipzig 1962. Florian V a ß e n , *Georg Weerth. E. polit. Dichter d. Vormärz u. d. Revolution von 1848/49* (1971).

§ 11. Nach 1848 ändert sich die Situation der S. schnell und gründlich. In der Theorie wird sie zwar nicht eigentlich abgewertet oder verworfen, aber sie wird aus dem ästhetischen Bereich ausgeschlossen. F. Th. Vischer, der als repräsentativ gelten kann, rechnet sie zusammen mit Didaktik und Rhetorik „zu den gewaltigsten Hebeln des ethischen, politischen Lebens" und erachtet sie „der gründlichsten Untersuchung wert"; aber er behandelt sie in seiner Ästhetik nur anhangsweise. Anders als in der Romantik entspricht der Doktrin nun die Wirklichkeit. Aus der Hochliteratur verschwindet die S. fast ganz. Immerhin: K e l l e r, der Autor der *Leute von Seldwyla*, schreibt die *Mißbrauchten Liebesbriefe* und die *Drei gerechten Kammacher;* F o n t a n e *Frau Jenny Treibel;* und auch das Werk Fritz R e u t e r s (v. a. des frühen allerdings) und (weniger) R a a b e s hat satir. Züge. Charakteristisch ist aber, daß die S. überwiegend nur mehr als Vehikel zur unmittelbaren Kommentierung von Zeitereignissen (Reichsgründung, Kulturkampf) erscheint und sich weitgehend auf die Ebene der Witzblätter zurückzieht. Und der *Kladderadatsch*, die *Fliegenden Blätter*, die *Seifenblase* usw. werden natürlich nicht zur Literatur gerechnet. Wilhelm B u s c h steht abseits von der „eigentlichen" Lit. in gleichsam inoffizieller Popularität. Vereinzelte größere S.n — wie etwa H a m e r l i n g s immer wieder genannter, aber nicht wirklich tiefdringender *Homunculus* (1888) — stammen nicht aus dem Umkreis des Poetischen Realismus, der vielmehr auf humoristische Vermittlung von Individuum und Welt festgelegt ist.

Georgina B a u m aaO. (s. § 10). Dieter D ö r r, *S. u. Humor in Gottfried Kellers „Sieben Legenden".* Diss. München 1970. Joseph K r a u s, *Ausdrucksmittel der S. bei Wilhelm Busch.* (Masch.) Diss. Univ. of California 1968. — Die S. in den Witzblättern des 19. Jh.s ist in mehreren Dissertationen erschlossen; vgl. die Angaben von Karl d' E s t e r in: Stammler Aufr. Bd. 3 (2. Aufl. 1962) Sp. 1344.

§ 12. Erst im Naturalismus gibt es wieder eine aktive literarische, politische und soziale S. Der junge G. H a u p t m a n n mit seinen sozialkritischen Dramen ist ihr wichtigster Vertreter. Eine radikalere und umfassendere S. entsteht, z. T. in Fortführung der naturalistischen, mit der „modernen" Lit. nach Nietzsche, wo die (an die Voraussetzung des autonomen Subjekts ge-

bundenen) Konventionen des Realismus in Frage gestellt sind. Diese S. ist bis in die Gegenwart maßstabsetzend. Herausragender Autor ist Karl K r a u s. An ihm ist, auch unausgesprochen, die literarkritische S.diskussion weithin orientiert, weil Anspruch und Problematik einer S., die nicht nur einer bedingten „Norm" verpflichtet sein will, in seinem Werk exemplarisch deutlich werden. Neben Kraus sind in den ersten Jahrzehnten des Jh.s wohl W e d e k i n d, S t e r n h e i m und Heinrich M a n n die profiliertesten Satiriker. Die Positionen sind durchaus verschieden. Gemeinsam ist ihnen und weiteren namhaften Autoren der Zeit, daß in ihrer Kritik des einzelnen — chimärischer Realpolitik und nationalistischer Verblendung, Untertanenmentalität, Klassenjustiz und Zynismus der Mächtigen, Moralheuchelei und Verlogenheit des Gefühls, Herrschaft der Phrase, hilfloser Betriebsamkeit usw. — eine grundsätzliche Kritik der bürgerlichen Kultur zu Wort kommt, die in ihrer Genauigkeit der positiven theoretischen Fundierung, die die Autoren gelegentlich beigeben, nicht bedarf. Das Satirische bleibt, bis in die Gegenwart, ein wesentliches Element der Lit. des 20. Jh.s, im „Expressionismus" wie in der „Neuen Sachlichkeit", in den experimentellen wie in den engagierten Richtungen, im Osten wie im Westen. Einige Namen mögen andeuten, wie breit das Spektrum ist: K a f k a und M u s i l, B r e c h t und W e i n e r t, T u c h o l s k y und K ä s t n e r. In den allermeisten Fällen — mehr noch als früher — handelt es sich allerdings nicht um formelle, vom Autor als solche kenntlich gemachte S.n (die meist sogar eher peripher sind: z. B. die kleinen S.n H. Bölls und H. W. Richters), sondern um integrierte satir. Momente in komplexen Großformen und um Werke, deren satir. Charakter erst durch Interpretation dargetan werden muß. Zudem werden ältere — vorrealistische — Form- und Stiltraditionen der S. oft in nicht primär satir. Absicht aufgegriffen. Eine rubrizierende Bestandsaufnahme wird deshalb für die Moderne zunehmend sinnloser. Wichtiger ist es, sich eines festen und nicht unnötig verengten S.begriffs zu versichern, um im einzelnen Fall urteilen zu können. Deshalb sei hier auf den kompetenten, den faktischen Anteil des Satirischen allerdings überzeichnenden Überblick von Arntzen verwiesen. Zur Ergänzung, vor allem für die Zeit von 1945 bis 1965, kann man Neubert heranziehen, der aus DDR-sozialistischer Perspektive schreibt.

Nach 1945 ist für mindestens zwei Jahrzehnte eine Tendenz zur thematischen Verengung und zur Verkürzung der Perspektive festzustellen. Wenigstens gilt das für die BRD. Nicht mehr den „Bürger" will man treffen, wie expressionistische Autoren, nicht mehr den Zustand der Welt im symptomatischen Detail fassen, nicht ein umfassendes Bild der Zeit entwerfen, sondern, beispielsweise, Wirtschaftswundergesinnung und kleinbürgerliche Horizontverengung aufzeichnen, deutsche Geschichtsverdrängung, provinzielle Dumpfheit und Brutalität, faschistische Residuen oder Kontinuitäten analysieren. Ausnahmen gibt es vor allem wohl in der Lyrik: bei E n z e n s b e r g e r etwa; auch in konkreter Poesie gelegentlich, wo sie satirisch ist. Einige Aphorismen Adornos wären zu nennen, im Bereich des Dramas Parabelstücke, die übertragbare Situationen vorführen. Trotzdem möchte ich eine Verengung festhalten, die aus der Nahsicht des Betroffenen resultiert. Gewachsene Skepsis gegenüber den Möglichkeiten der Kunst drückt sich hier aus, oft aber auch Hilflosigkeit. In der DDR, mit ihrer ganz anderen Literatursituation, unterscheidet man programmatisch antiimperialistische, aufs Ganze gehende Kampf-S. von innersozialistischer, erzieherischer S., die auf Detailkritik bebeschränkt sein muß (vgl. Neubert). Das trifft die Wirklichkeit nicht schlecht. Während eine kritische Darstellung von Fehlern, etwa unnötigen Härten oder bürokratischen Unzulänglichkeiten beim Aufbau des Sozialismus durchaus akzeptiert wird — viele Beispiele dafür —, berührt der Versuch, spontane individuelle Bedürfnisse als Moment in der Dialektik von Individuum und Gesellschaft mit satirischen Mitteln zur Geltung zu bringen, wie der Fall B i e r m a n n zeigt, offensichtlich neuralgische Punkte.

Arntzen orientiert sich an dem Begriff einer S., durch deren Darstellung Wirkliches ohne ideologische Fixierung zugleich als falsch erwiesen und vor den Horizont einer offenen Utopie gestellt wird. Die Aporien dieser Konzeption sind in den letzten Jahren offensichtlicher geworden; es sind diejenigen der klassischen bürgerlichen Literaturidee. Zu den Reaktionen darauf gehört es, daß sich in der BRD seit einiger Zeit verstärkt eine parteiliche, nicht an ein unbestimmtes Publikum, sondern primär an festumrissene Gruppen gerichtete S. entwickelt hat, am überschaubarsten in der politischen Gebrauchslyrik seit Ende der 60er Jahre. Satire ist hier wesentlich nicht Erkenntnis-, sondern Agitationsmittel. Man fühlt sich in manchem an die Debatte um Poesie und Tendenz im Vormärz erinnert. An eine endgültige Ablösung, wie sie behauptet wird, glaube ich nicht; Chance und Grenze der Literatur scheinen mir bei einer solchen Annahme verkannt.

Helmut A r n t z e n, *Dt. S. im 20. Jh.* In: *Dt. Lit. im 20. Jh.* Hg. v. O. Mann/W. Rothe (3. Aufl. 1967) S. 235-254. Ders., *Karl Kraus oder Satire aus Sprache*, ebd. S. 255-266. Beides neu in: Ders., *Literatur im Zeitalter der Information* (1971) S. 167-192 und 203-216. Ders., *Satirischer Stil* aaO. und: *Nachricht von der S.* aaO. (s. § 5). Werner N e u b e r t, *Die Wandlung des Juvenal* (1966; s. § 5). Joachim S t e p h a n, *S. u. Sprache. Zu dem Werk von Karl Kraus* (1964). Michael F r i t z e n, *Das satirische Werk Ludwig Thomas.* Diss. Frankfurt 1970.

Jürgen Brummack

Satirischer Roman

§ 1. „In der Satire wird die Wirklichkeit als Mangel dem Ideale als der höchsten Realität gegenübergestellt. ... Die Wirklichkeit ist also hier ein notwendiges Objekt der Abneigung" (Schiller). Damit ist, wie für die satirische Dichtung überhaupt, auch das Wesen des s. R.s bestimmt; mit der Entstehung des Prosaromans geht auch die Entwicklung des s. R.s zusammen, und durch die in seinem tieferen Zweck begründete genaueste Erfassung bestimmter Eigentümlichkeiten des menschlichen Lebens hat er wesentlichen Anteil an der Ausbildung des Realismus als Stilgattung. Satire und Realismus stehen also in engster Wechselbeziehung. Der s. R. wird stets unmittelbarer Zeitroman sein, Zeitfragen behandeln und wie in einem Spiegel durch indirekte oder direkte Satire der Gegenwart ihre Gebrechen vorhalten. In dieser notwendigen Zeitgebundenheit liegt die Gefahr:

denn nichts veraltet schneller als eine Satire. Ein Prüfstein für den inneren künstlerischen Wert des s. R.s ist es, ob dieser lebendig bleibt und an Wirkung auch durch die Jahrhunderte nicht verliert, was nur dann möglich ist, wenn der satirische Dichter im Besonderen zugleich das Allgemeine ergreift, vom Individuellen zum Typischen einer Erscheinung vorstößt, ewig Menschliches, jetzt in satirischer Beleuchtung, darstellt. Die Grenzen zwischen satirischem und humoristisch-komischem Roman sind mitunter eindeutig nicht zu bestimmen.

§ 2. Wenn im MA. die Satire auftaucht, so ist sie, dem kollektiven Geist der Zeit entsprechend, durchaus allgemeine Standessatire wie in den vielen Bearbeitungen des *Reinecke Fuchs*, in Wittenweilers *Ring*, den Narrenrevuen in Schwank und Fastnachtsspiel. Erst das Zeitalter der Renaissance und Reformation schafft die eigentliche persönliche satirische Spottdichtung, da erst jetzt der ausgebildete individuelle Mensch mit seinen persönlichen Ansprüchen hervortritt. Deutschland besitzt in B r a n t , G e i l e r und M u r n e r die drei großen oberrheinischen Satiriker, die sich epischer Form bedienen. Während Brant noch Ständesatire schreibt, zeigt Murner daneben auch persönliche, bissig-scharfe, tendenzerfüllte Reformationssatire wie die von Niklaus M a n u e l oder Thomas N a o g e o r g. Die Tischzuchten (D e d e k i n d - S c h e i d t), die humanistischen Fazetien (B e b e l , L i n d n e r , S c h u m a n n), die Volksbücher (*Eulenspiegel, Lalenbuch*) enthalten satirische Zeitgemälde: es ist die Epoche der *Epistolae obscurorum virorum* H u t t e n s und des E r a s m u s von Rotterdam (*Lob der Torheit* 1509).

§ 3. Aber erst Frankreich macht den Schritt zum großen s. R. Der groteskbarocke Fr. R a b e l a i s geißelt in seinem *Gargantua* (1532 ff.) schonungslos und zynisch die Schwächen seiner Zeit. F i s c h a r t , dem Franzosen wesentlich verwandt, arbeitet das Werk (1. Buch) völlig um (1575, als *Geschichtklitterung* 1582), übersteigert noch das Grotesk-Satirische, macht es zum unerschöpflichen kulturhistorischen Sittenspiegel des 16. Jh.s, maßlos, barock in der Sprachformung, wie seine eigenen satirischen kämpferischen Schriften (*Bienenkorb*

1579; *Jesuiterhütlein* 1580), mit religiöspolitischer Einstellung.

In einer Zeit staatlicher, sozialer, religiöser Gärungen hatte das Rittertum mit seinen höfisch-ethischen Idealen seine Rolle ausgespielt; zwar feiert es vor seinem endgültigen Verschwinden noch einmal, vor allem in Frankreich und Spanien, kurze glanzvolle Wiederbelebung. Der *Amadis* (s. d.) ist literarischer Ausdruck dieser merkwürdigen, in seinem Widerspruch zur Zeit sinnlosen und lächerlichen Erscheinung. Wie gegen diese in Italien P u l c i und F o l e n g o mit parodistischen Epen, so rückt nun in Spanien C e r v a n t e s mit seinem *Don Quichote* 1605 in satirischem Spott diesem überlebten Ideal alter Ritterherrlichkeit zu Leibe, indem er es durch Übersteigerung lächerlich macht und vernichtet. Er wird so zum eigentlichen Begründer des s. R.s und gewinnt durch sein Werk in allen Ländern, auch in Deutschland entscheidenden Einfluß (1621 erster Übersetzungsversuch, dann 1734 und 1775 durch B e r t u c h). Literarische und kulturelle Satire gingen hier großartig zusammen. Auch die spanischen und später deutschen Schelmenromane (s. d.) boten satirische Zeitgemälde. Zwar ist der satirische Zug im 17. Jh. stark. Aber zu einem eigenen großen deutschen satirischen Originalroman kam es nicht. Patriotische Satire übten L o g a u , R a c h e l , L a u r e m b e r g in Epigramm und Gedicht, übte vor allem M o s c h e r o s c h in der literar. Form der Traumsatire, hier an den Spanier Q u e v e d o anknüpfend. Seine *Gesichte* (1642 ff.), ätzend scharf ohne den dem Vorbild eigenen versöhnlich überlegenen Humor, beleuchten grell, erschreckend in ihrem Wirklichkeitsgehalt, die Zeit des großen Kriegs, eine pathetische Satire im Sinne Schillers, die gegen Atheismus, Überbildung, gegen undeutsche Lebensart, gegen „modische Regiekunst" zu Felde zieht; gleiches übt, wie schon im 12. Jh. der Österreicher Mönch Heinrich von Melk, nun in Wien A b r a h a m a S a n t a C l a r a auf katholischer, Joh. Balthasar S c h u p p , der „deutsche Lucianus", auf protestantischer Seite. Die Traumsatire nutzt auch G r i m m e l s h a u s e n zu moralisch-patriotischen Zwecken im *Traumgesicht von Dir und Mir* (1658); stark satirisches Gepräge, aber nicht galliges wie in Moscheroschs Werken, tragen dann seine Simplizianischen Schriften, weniger der *Simplicissimus* selbst, als vielmehr die *Landstörtzerin Courage* (1670) und der *Seltsame Springinsfeld* (1670), vor allem der *Stolze Melcher* (1673) und der *Satyrische Pilgram* (1666), dieser in der Form der mittelalterlichen Narrenrevue, die dann auch Christian W e i s e z. T. in seinen politischen Romanen aufnimmt; diese können mit größerem Recht als die vorigen s. R. genannt werden, insofern sie auch eine Satire des gleichzeitigen Abenteuer- und picarischen Reiseromans darstellen. Während *Die drei Hauptverderber* (1671) hauptsächlich Ständesatire bringen, bieten in Form der Rahmenerzählung und des Reiseromans die *Drei größten Erznarren* (1672) und die Fortsetzung *Die drei klügsten Leute* (1675) das satirische Weltbild eines Rationalisten, der Gesellschaftskritik übt, durch Aufweisung schädlicher Zustände warnen und „politisches", d. h. weltmännisch-kluges Benehmen lehren will. Sein Nachfolger im politischen Bildungsroman Paul W i n c k l e r (vgl. Diss. von W. v. d. Briele. Rostock 1918) schildert in seinem *Edelmann* (1696) satirisch schlesische „Krippenreiter" und „Pfeffersäcke" in witzigem Plauderton, Joh. R i e m e r (vgl. Diss. von F. A. Kölmel. Heidelberg 1914) und die anderen, meist anonymen Nachahmer Weises nähern sich mit ihren „politischen" Romanen mehr der Gattung des Dirnen- und Landstreicherromans. Schärfste persönliche Satire gebraucht F. H u n o l d - M e n a n t e s in seinem ausdrücklich so benannten, eigentlich ersten dt. *Satyrischen Roman* (1705), der schon mehr ein Pasquill, kulturhistorisch wichtig, Hamburger Zustände ziemlich durchsichtig und getreu abzeichnet, in solcher Tendenz eng verwandt dem *Schelmuffsky* (1696) Chr. R e u t e r s, der zugleich den Reise- und Abenteuerroman in seinen Auswüchsen verspottet und eindeutig zu bestimmende Leipziger Persönlichkeiten aufs Korn nimmt. E. W. H a p p e l s *Akademischer Roman* (1690; Neudruck 1913) gehört in diese Richtung (vgl. Diss. von Th. Schuwirth, Marburg 1908).

§ 4. Bei diesen Ansätzen bleibt es in Deutschland; wieder geht das Ausland voran, denn selbst Männer wie L i s c o w,

R a b e n e r, K ä s t n e r, ja L i c h t e r b e r g, der sich stets mit einem solche Plan trug, schufen den dt. satirischen O ginalroman nicht. Hatte sich Cervantes g gen *Amadis* und Rittertum gewandt, richtete sich jetzt in England, das schon J. S w i f t einen politischen Satiriker v Größe besaß (*Gulliver* 1726), die Sati gegen Richardson und die übertriebe Empfindsamkeit in dessen Romane H. F i e l d i n g, T. S m o l l e t u L. S t e r n e greifen bewußt auf Cervant zurück und beobachten realistisch scha bald satirisch, bald humoristisch; die Gre zen sind fließend. Dazu kam in Frankrei nach L e s a g e und L a B r u y è r e n V o l t a i r e mit seinen schonungslos spo tenden, herzlos kalten satirischen Roman und Erzählungen wie *Candide* (1759) u. Man ahmte in Deutschland nicht nur nac sondern schrieb selbständige s. R.e. D erste Vertreter ist M u s a e u s, der, Cervantes und Fielding sich schulen Richardsons letzten Roman, den *Grandis* (1753), mit seinem *Grandison II.* treffe parodierte, gleichsam das satirische Nac spiel zum empfindsam-rührseligen Origin In den *Physiognomischen Reisen* (1778-7 führt er witzig-geistreich L a v a t e Theorie ad absurdum. Der *Deutsche Gra dison* (1781 f.) schließlich enthält eine la nige Satire auf die Robinsonadenflut d Zeit, indem die Lektüre solcher Schrift im Kopf eines Adligen ähnliches Unh anrichtet wie die Ritterromane bei D Quichote. Diesen Zug benutzt dann au W i e l a n d, der Übersetzer Lucians u Horaz', in seinem Roman *Don Silvio v Rosalva* (1764), der den „Sieg der Nat über die Schwärmerei" in satirischem Bi vorführt. Die *Geschichte der Abderit* (1774, 1781) enthält versteckte Zeitsati mit persönlicher Anspielung in griechisch Gewand, gemildert durch den behaglich Humor des Dichters. Solch stark humoris schen Einschlag besitzt auch der Rom *Siegfried von Lindenberg* (1779) von M ü l e r v o n I t z e h o e, dem „deutsch Fielding", auch er glücklich an Cervant Hauptmotiv anknüpfend. J. G. S c h u m e l s komisch-tragische Geschichte *Spit bart* (1779; Neudruck 1921), die der Ve fasser selbst ausdrücklich als Satire bezeic net, verspottet als erster dt. pädagogisch

Tendenzroman treffend und charakteristisch im Titelhelden die pädagogische Plänemacherei des Jh.s und zielt besonders auf Bahrdt und Basedow. Waltet hier überall doch auch versöhnlicher Humor, so fehlt dieser völlig, wie ihrem Vorbild Voltaire, den großen kulturkritischen und satirischen Romanen Fr. M. K l i n g e r s und dem barocken Sonderling J. K. W e z e l, der als pessimistischer Menschenfeind mit bitterster Satire in *Belphegor* 1776 „bellum omnium contra omnes" beleuchtet, wie Klinger die höhere Weltordnung verdächtigt und, literarische mit Zeitsatire verbindend, den beschränkten Optimismus seiner rationalistischen Zeit verhöhnt. Groteske Komik erfüllt auch seine anderen Werke, mit ihren Satiren auf Originalgenies, auf hohle Sittlichkeit, Mondscheinkult und Naturschwärmerei. In solcher Tendenz berühren sich mit ihm die Romane N i c o l a i s (*Nothanker* 1773 u.a.), Chr. Fr. T i m m e s (*Der Empfindsame* 1781), K. G. K r a m e r s politische Romane (*Erasmus Schleicher* 1789 u. a.). Th. G. v o n H i p p e l nimmt sich Swift und vor allem Sterne zum Vorbild (vgl. F. J. Schneider Euph. 22 [1915] S. 678 ff.), Humor und Satire vermischen sich eigenartig in den *Lebensläufen nach aufsteigender Linie* (1778) und in den *Kreuz- und Querzügen des Ritters A bis Z* (1793), die über Adel und Freimaurerei sich lustig machen. Zunächst steht ihm J e a n P a u l, der, vor allem in seinen literar. Anfängen (*Grönländische Prozesse* 1783) satirisch eingestellt ist, dann aber den humoristischen Roman zur künstlerischen Höhe führt und die komische Idylle pflegt. In *Gianozzos Seebuch* (Anhang zum *Titan* 1800) läßt Jean Paul nochmals satirischem Witze freien Lauf. Von solch sarkastischer Art lernt dann der Verfasser der *Nachtwachen des Bonaventura* (1805), der in grotesk-barocker Art die satirische Geißel über Philosophie, Staat und Fürst schwingt; das Ganze ist voll pessimistischer Grundstimmung.

§ 5. Wie der Sturm und Drang (vgl. Goethe, Klingers *Plimplamplasko* 1780), ist auch die Romantik die Zeit der satirischen Literaturkomödien, der Schmähschriften und des witzigen Pasquills. Romantische Literatursatire aber kommt nicht zur zusammenfassenden Gestaltung des s. R.s wie

ihr Liebling Cervantes, dessen Werk Tieck 1799 übertrug; ihr fehlte die Kraft und das starke Ethos, den Zeitgeist im künstlerisch geformten, satirischen Weltbild festzuhalten. Die Romantik blieb in einer allerdings unerreicht feinen, literarischen Spottdichtung stecken. Das erweisen auch die *Versuche und Hindernisse Karls* von Fouqué, Varnhagen, Chamisso, Neumann (1808), B r e n t a n o s satirische Märchen und Erzählungen, E T. A. H o f f m a n n s *Seltsame Leiden eines Theaterdirektors* (1818), die *Serapionsbrüder* (1819) und *Kater Murr* (1820), weiterhin K e r n e r s *Reiseschatten* (1811) und selbst noch H e i n e s *Harzreise* (1826); einzig gegen den Philister wird vielleicht noch gekämpft. Dagegen E i c h e n d o r f f s späte satirische Novellen (*Viel Lärmen um nichts* 1832, *Libertas und ihre Freier* 1848) und die zahlreichen realistischen Novellen des alten T i e c k nehmen ernsthaft Stellung zu ethischen und politischen sozialen Fragen ihrer Gegenwart und richten sich gegen das Junge Deutschland; aber auch hier darf die literar. Zeitsatire als Kritik der dichterischen Tageserscheinungen nicht fehlen. W. H a u f f s satirische Parodie *Der Mann im Mond* (1826) und seine *Memoiren des Satan* (1826) gründen sich z. T. völlig auf den romantischen Brauch der Literatursatire; Clauren ist sein Opfer.

§ 6. Einzig Karl I m m e r m a n n, zwischen Romantik und Realismus stehend, schafft kraft seiner sittlich-mannhaften Persönlichkeit nach den schon zeitsatirischen *Epigonen* (1836) den großen satirischen Zeitroman, den *Münchhausen* (1836-39). Mit der Romantik, mit dem Jungen Deutschland setzt er sich auseinander, verbindet literarische mit gesellschaftlicher Satire und gibt das satirische Weltbild, in dem sich die Geistigkeit der Epoche unübertrefflich getreu widerspiegelt, ein Zeitdokument wie die Werke von Cervantes, Rabelais, Lesage. Der alte Lügenfreiherr wird hier zum Symbol dieser in sich zwiespältigen, an Übergeistreichigkeit leidenden Zeit, er ist Ausdruck des Lügengeistes, der inneren Unwahrhaftigkeit und Verlogenheit jener Jahrzehnte. Der Zeitgeist ist entlarvt.

Das Junge Deutschland selbst brachte es nicht zum s. R. großen Stils, obwohl diese Zeit der Gärung, des Übergangs dazu locken mußte. Zwar, man findet in der politischen Tagesschriftstellerei dieser Jahre genug der satirischen Streiflichter, aber es bleibt bei der Einzelsatire. Gegen den Polizeistaat, gegen die Reaktion, die öffentlichen Verhältnisse richtet sie sich bei L a u b e, M u n d t, stärker bei G u t z - k o w (*Maha Guru* 1833, bedeutender *Blasedow und seine Söhne* 1838), bei M o - s e n (*Bilder im Moose* 1846) und mannhaft, mit ethischer Überzeugung, nicht nur verneinend, in R. P r u t z' politisch-sozialen Tendenzromanen (*Felix* 1851); er, der Biograph Holbergs, weckt auch die politisch-satirische Komödie zu neuem Leben (*Politische Wochenstube* 1845). Aber auch S p i e l h a g e n s große Zeitromane bleiben bei gelegentlicher, gegen den Adel gerichteter Zeitsatire stehen. Einzig R. H a - m e r l i n g hielt noch einmal der Zeit ihre Gebrechen vor in großer, zusammenfassender Weise, jedoch nicht im Roman, sondern im „modernen Epos", dem *Homunculus* (1888), einer ernsten Satire auf den krassen Materialismus der Jahre nach 1870. Bezeichnend ist, daß es dann beinahe ausschließlich Recht und Aufgabe des *Kladderadatsch* (1848 ff.) und seit 1896 des *Simplicissimus* war, radikale Zeitsatire zu üben, wie nach 1830 schon G l a s b r e n n e r in Berlin.

Im 20. Jh. bietet dann Th. M a n n in leichter Verhüllung künstlerisch gemäßigte Satire im Roman (*Königliche Hoheit* 1909), rücksichtsloser und schärfer übt sie sein Bruder Heinrich M a n n in der Romanreihe *Das Kaiserreich*, die ein satirisches und kulturkritisches Bild „der deutschen Gesellschaft im Zeitalter Wilhelm II." entwerfen will. *Die Armen* (1917), *Der Untertan* (1919), *Der Kopf* (1925) verfolgen dies Ziel nicht ohne schneidende Kraft im einzelnen, aber im ganzen doch mit unzulässiger und unkünstlerischer, tendenzhafter Übersteigerung. C. S t e r n h e i m s selbstbildhafter Roman *Europa* (1919), M. B r o d s *Großes Wagnis* (1919), J. W i n c k l e r s *Chiliastischer Pilgerzug* (1922) und auch Ricarda H u c h s *Wiederkehrender Christus* (1926) bemühen sich um einen neuen s. R., der den Auswüchsen der Zeit und ihren tieferen Gründen nachspürt. Der Zusammenbruch alter Ordnungen und der gärende und suchende Übergang der Nach-

kriegszeit bestimmen auch hier Gesinnung und Zweck der Satire.

Heinrich S c h n e e g a n s, *Geschichte der grotesken Satire* (1894). Carl Friedr. F l ö g e l, *Geschichte des Grotesk-Komischen* (1788; 4. Aufl. v. Friedr. Wilh. E b e l i n g 1887; neu bearb. v. Max B a u e r, 2 Bde 1914). *Satirische Bibliothek* hg. v. Otto M a u ß e r (1913). Heinz K l a m r o t h, *Beiträge zur Entwicklungsgeschichte d. Traumsatire im 17. u. 18. Jh.* Diss. Bonn 1912. — Wilh. H i n z e, *Moscherosch u. s. dt. Vorbilder in d. Satire.* Diss. Rostock 1903. K. G. K n i g h t, *J. M. Moscherosch: a satirist and moralist of the 17th century.* (Masch.) Diss. Cambridge 1950/51. Ders., *J. M. Moscherosch, an early baroque satirist's view of life.* MLR 49 (1954) S. 29-45. — Rud. B e c k e r, *Chr. Weises polit. Romane u. ihre Nachwirkung.* Diss. Berlin 1910. Klaus S c h ä f e r, *Das Gesellschaftsbild in d. dichter. Werken Chr. Weises.* (Masch.) Berlin (Humboldt-Univ.) 1960. — Tjard W. B e r g e r, *Don Quichote in Deutschland.* Diss. Heidelberg 1908. J. J. A. B e r t r a n d, *Cervantes et le romantisme allemand* (Paris 1914). Werner B r ü g g e m a n n, *Cervantes u. d. Figur des Don Quijote in Kunstanschauung u. Dichtung d. dt. Romantik* (1958; Span. Fschgn. d. Görres-Ges. 2, 7). — Augustus W o o d, *Fieldings Einfluß auf. d. dt. Lit.* Diss. Heidelberg 1896. — H. W. T h a y e r, *Laurence Sterne in Germany* (New York 1906; Columbia Univ. Germ. Stud. II, 1). Johann Č e r n y, *Sterne, Hippel u. Jean Paul* (1904; FschgnNLitg. 27). Peter M i c h e l s e n, *Laurence Sterne u. d. dt. Roman d. 18. Jh.s* (2. Aufl. 1972; Pal. 232). — Ferd. Jos. S c h n e i d e r, *Jean Pauls Jugend u. erstes literar. Auftreten* (1905). Renate G r ö t z e b a c h, *Humor u. Satire bei Jean Paul mit bes. Berücks. d. Spätwerkes.* Diss. Berlin (FU) 1966. — Eva D. B e c k e r, *Der dt. Roman um 1780* (1964; Germanist. Abhdlgn. 5). Dieter K i m p e l, *Der Roman d. Aufklärung* (1967; Slg. Metzler 68). Maria T r o n s - k a j a, *Die dt. Prosasatire d. Aufklärung* (1969; Neue Beitr. z. Litw. 28). — August O h l m e r, *Musaeus als satirischer Schriftsteller.* Diss. München 1912. — Albert B r a n d, *Müller v. Itzehoe* (1901; LithFschgn. 17). — Wilhelm G i e r - k e, *J. G. Schummel u. s. Romane.* Diss. Bern 1915/1916. — Siegfried K r a m p e, *Joh. Carl Wezels Leben u. Schriften.* Diss. Königsberg 1911. G. K r e y m b o r g, *Joh. Carl Wezel. Sein Leben u. s. Schriften.* Diss. Münster 1913. W. D i e t z e, *Glanz u. Elend eines „Deutschen Candide".* Vorläufige Bemerkungen zu Joh. Carl Wezels Roman 'Belphegor'. Wiss. Zs. d. Karl-Marx-Univ. Leipzig 14 (1965) S. 771-796. Jörg S c h ö n e r t, *Fragen ohne Antwort. Zur Krise d. literar. Aufklärung im Roman d. späten 18. Jh.* Schiller-Jb. 14 (1970) S. 183-229. — Max G l a ß, *Klassische u. romantische Satire* (1905). Franz B l e i (Hg.), *Dt. Literaturpasquille.* Bd. 1-4 (1907). W. P f e i f f e r - B e l l i, *Antiromant. Zeitschriften u. Pasquille.* Euph. 26 (1925) S. 602-630. Hans G ü n t h e r, *Romant.*

Kritik u. Satire bei Ludwig Tieck. Diss. Heidelberg 1907. — Heinr. K ö s t e r, *Das Phänomen d. Lächerlichen in d. Dichtung um 1800.* (Masch.) Diss. Freiburg 1956. Werner B e r t - h o l d, *Das Phänomen d. Entfremdung bei E. T. A. Hoffmann.* (Masch.) Diss. Leipzig 1953. Wolfgang H ä u f l e r, *Zeitkritik u. polit. Satire in d. Werken E. T. A. Hoffmanns.* (Masch.) Diss. Marburg 1955. Jürgen W a l t e r, *E. T. A. Hoffmanns Märchen 'Klein Zaches genannt Zinnober'. Versuch e. sozialgeschichtl. Interpretation.* Mittlgn. d. E. T. A.-Hoffmann-Ges. 19 (1973) S. 27-45. — Reinhold W e s e - m e i e r, *Eichendorffs satirische Novellen.* Marburg 1915. — Harry M a y n c, *Immermann. Der Mann u. s. Werk im Rahmen der Zeit- u. Literaturgesch.* (1921). Werner S c h w e i z e r, *Die Wandlungen Münchhausens* (1921). Elisabeth G u z i n s k y, *Immermann als Zeitkritiker* (1937; NDtFschgn. 142). Manfred W i n d f u h r, *Immermanns erzählerisches Werk. Zur Situation d. Romans in der Restaurationszeit* (1957; Beitr. z. dt. Philologie 14). Heinz Josef H a h n, *Formen der Narrheit in Immermanns Prosa* (1972; Marburger Beitr. z. Germanistik 35). — Ernst H o h e n s t a t - t e r, *Über die polit. Romane von R. Prutz.* Diss. München 1918. — Victor K l e m p e r e r, *Die Zeitromane Spielhagens u. ihre Wurzeln* (1913; FschgnNLitg. 43). — Wolfgang B ö t t - g e r, *Die Herausbildung d. satir. Stils in d. Prosawerken Georg Weerths.* (Masch.) Diss. Leipzig 1962.

Walther Rehm
(Bibliographie ergänzt von Jürgen Brummack)

§ 7. [Nachtrag.] Der Artikel W. Rehms, der hier aus der ersten Auflage erhalten bleibt, hält in der Materialerfassung einer Überprüfung weitgehend stand. Es scheint jedoch nützlich, ihm (1) eine Bemerkung zum Begriff des satirischen R.s, (2) eine Korrektur des Urteils über Heinrich Mann und (3) einige Ergänzungen zum satirischen R. im 20. Jh. beizugeben.

(1) „Satirischer R." ist kein fester Gattungsbegriff von selbstverständlicher Geltung wie „Komisches Epos" oder „Komödie" und wird von Rehm sehr unbestimmt gelassen. Die historische Berechtigung der Kategorie ist eine doppelte. Erstens hat der Roman die Menippeische Satire beerbt. Er hat ihre Themen und Techniken aufgenommen und ihren Namen verdrängt. Zweitens ist Entstehung und Weiterentwicklung des neueren Romans wesentlich durch satirisch-parodistische Auseinandersetzung mit vorgefundenen Formen mitbestimmt worden; man denke etwa an das Verhältnis des Cervantes zum Ritterroman oder Fieldings zu Richardson. So kann der Begriff

— und er tut es bei Rehm — einerseits mehr oder weniger satirische Vor- und Randformen des Romans erfassen, die zu ihrer Zeit nicht als Romane galten (Fischart, Moscherosch, Heines *Reisebilder*); andererseits klassische Muster der Gattung wie *Don Quixote* oder *Joseph Andrews.* Der Name bindet also formal und historisch Disparates zusammen und ist deshalb nur beschränkt brauchbar. Sinnvoll ist er für Romane, die zur Gänze von satirischer Intention geprägt sind oder (und) strukturell als Menippeische Satiren im Sinne Northrop Fryes (lockere Form; Einheit der Idee oder Tendenz statt der Handlung; Typen statt Charaktere) gelten können.

(2) Rehms Urteil über H. Mann ist, weil repräsentativ für seine Generation, als forschungsgeschichtliches Dokument von Interesse. Das Werk H. Manns hat einen starken Anteil von Satire. Als satirische R.e können *Im Schlaraffenland* (1900); *Professor Unrat* (1905); *Der Untertan* (1914/18) und *Empfang bei der Welt* (1950) gelten (*Die Armen* und *Der Kopf*, die Rehm hierhin rechnet, dagegen nur partiell). Sie leisten eine zunächst noch (*Im Schlaraffenland*) politisch perspektivenlose, im Dégout steckenbleibende Vorführung bourgeoisen Lebens, eine schneidende Analyse der Psychologie des Untertans, der Sozialstruktur des Wilhelminischen Deutschland, der Auswirkungen des Kapitalismus auf Politik und zwischenmenschliche Beziehungen und schließlich (*Empfang bei der Welt*) eine eigentümliche Verfremdung des Menschlichen, die vielleicht als umfassende Kapitalismuskritik gemeint ist. Formal stehen sie weitgehend außerhalb der dt. Romantradition. *Der Untertan* stellt zudem, als Parodie des Bildungsromans, die Geltung derjenigen dt. Kulturtradition in Frage, der die Germanistik verpflichtet sein wollte. Verständlich daher, daß von ihren Prämissen aus Rehm Intention und Struktursinn dieser Romane nicht erkennt und bis zu der tatsächlich wohl vorhandenen Brüchigkeit im Ansatz bei H. Mann nicht vordringt. Die Debatte um den *Untertan* zeigt übrigens, wie wenig man gewohnt war und ist, Satire als Erkenntnismittel anzusehen: Während die Obtrektatoren ihn von allem Anfang an als „bloße Satire" abtun wollten, glaubten die Lobredner, ihn für „mehr als

Satire" erklären zu müssen (vgl. Klaus Schröter, *Heinrich Mann. Untertan, Zeitalter, Wirkung*, 1971, S. 9-38, bes. S. 15 f. und J. Vogt, in *Text und Kritik*, Sonderband Heinrich Mann, 1971, S. 58); ein besser gegründeter Satirebegriff macht dergleichen unnötig.

(3) Ergänzungen. — Auf Johann B e e r und auf W e z e l s *Tobias Knaut* ist schon s. v. *Satire* hingewiesen worden. Im 19. Jh. hat Rehm den christlich-konservativen Jeremias G o t t h e l f (zur Satire bei ihm: Strasser, 1960) und den sozialistischen Satiriker Georg W e e r t h (*Skizzen aus dem Handelsleben*, 1845-48; *Schnapphahnski*, 1848/9) übersehen. Stark satirisch geprägt ist auch F o n t a n e s *Frau Jenny Treibel*.

Während die meisten bedeutenderen Romane dieses Jh.s irgendwelche satirischen Züge oder Passagen enthalten, sind nur sehr wenige unzweifelhaft als „satirische R.e" zu klassifizieren. Eine Festlegung von K a f k a s Romanen und M u s i l s *Mann ohne Eigenschaften* auf diesen Begriff — beide (zusammen mit dem satirischen Element bei B r o c h : *Die Schlafwandler; Die Schuldlosen*) von Arntzen als die bedeutendsten Ausprägungen des Satirischen im Roman gewertet — könnte wohl nur den Wert einer These haben. Als satirischer R. ist dagegen Erich K ä s t n e r s (nicht sehr belangreicher) *Fabian* (1931) gemeint. Wichtiger ist *Der ewige Spießer* (1930) von Ödön von H o r v á t h. Auch eine spätere Arbeit Horváths, *Ein Kind unserer Zeit* (1937 geschrieben), ist als satirischer R. angelegt; instruktiv ist hier ein Vergleich mit älteren Monologsatiren (K n i g g e, *Schaafskopf*; S c h n i t z l e r, *Leutnant Gustl*): er kann Strukturmerkmale und Schwierigkeiten einer Satire erkennbar machen, die nicht primär auf das vorgeführte (hier faschistische, nationalistische, militaristische) Bewußtsein zielt, sondern auf seine bestimmenden Bedingungen. B r e c h t hat im *Dreigroschenroman* (1934) auf Wirkungsmittel, wie sie die *Dreigroschenoper* durch parodistische Teilhabe an der „kulinarischen" Oper hat, zwar verzichtet, hat die Satire aber erheblich verschärft.

Nach 1945 hat vor allem der zeitkritisch-realistische Roman in Ost und West einen starken Einschlag von Satire — mit derselben Verengung der Thematik und Verkür-

zung der Perspektive, wie schon im Artikel *Satire* bemerkt. Als früher Versuch eines satirischen R.s ist Wolfgang K o e p p e n s *Treibhaus* (1953) zu verzeichnen. Auch die frühen Romane Martin W a l s e r s (*Ehen in Philippsburg*, 1957; *Halbzeit*, 1960; weniger *Das Einhorn*, 1966) sind wesentlich satirisch. Sie geben ein detailliertes Bild von Teilen der bundesdt. Gesellschaft: Kulturbetrieb; Anpassung an Rollenerwartungen; Dominanz des Statusdenkens im Privaten u. dgl. Wenn man zögert, Günter G r a s s (*Die Blechtrommel*, 1959; *Hundejahre*, 1963) hier einzuordnen, so liegt das wohl an der Unbestimmtheit des Begriffs. „Eigentlich" satirisch sind nur einzelne (meist schwächere) Passagen wie in anderen zeitgenössischen Romanen (etwa bei Heinrich B ö l l) auch. Da Grass aber die von ihm aufgenommenen Formkonventionen der Satire zur Deformation und zur Zerstörung von Sinnerwartungen benutzt, ist es naheliegend, seine Romane auch im ganzen aus dem Blickwinkel der Satire zu betrachten — wenn man den Begriff nur nicht auf „Gesellschaftskritik mit progressiver Tendenz" festlegt. Eindeutig satirisch sind dagegen die Romane Gisela E l s n e r s (*Die Riesenzwerge*, 1964; *Der Nachwuchs*, 1968; *Das Berührungsverbot*, 1970).

Vielleicht sollte man den Namen solchen eindeutigen Fällen vorbehalten; vielleicht ist es aber sinnvoll, auch moderne „Menippeische Satiren" im Sinne Northrop Fryes unter den Begriff „Satirischer R." zu subsumieren. Er könnte dann geeignet sein, gelehrt-esoterische Un- und Antiromane, Gedankenspiele, Zitatmontagen mit parodistischer Tendenz, Formen fiktionskritisch gemeinter Dekomposition an ältere Formen der Großprosa anzuschließen. Zu denken wäre vor allem an das Werk Arno S c h m i d t s und an Versuche wie *Die Insel* (1968) von Peter O. C h o t j e w i t z oder (eher) *D'Alemberts Ende* (1970) von Helmut H e i ß e n b ü t t e l. Die Zuordnung müßte problematisch bleiben, wäre aber immerhin ergiebiger als die Rede vom Ende des bürgerlichen Romans, da sie einen Vergleichsrahmen aufspannt.

Vgl. unter *Satire* (§ 5 u. § 10): Northrop F r y e, Jörg S c h ö n e r t, Walter H. S t r a s s e r, Ronald P a u l s o n. Ferner: Frances Th. R u s s e l, *Satire in the Victorian Novel* (New ork 1920, Neudr. 1960). Ronald P a u l s o n, *atire and the Novel in Eighteenth-Century England* (New Haven/London 1967).

Jürgen Brummack

Schäferdichtung

§ 1. Unter diesem Stichwort ist zusammenzufassen, was in der Erstauflage dieses Werkes unter *Hirtendichtung* (I S. 499-503), *Pastourella* (II S. 658-659) und *Schäferroman* (III S. 151-154) mitgeteilt wurde. Die Bezeichnungen Hirtendichtung und Schäferdichtung lassen sich nebeneinander gebrauchen, ebenfalls Hirtengedicht und Schäfergedicht, während Schäferroman ohne Zweifel gebräuchlicher ist als Hirtenroman. Das Wort *Hirt(e)* zeigt im Verlauf der Zeit eine Neigung zum Kirchlichen (ein *Hirtenbrief* ist ein theologisches Sendschreiben), beim *Schäfer* und der *Schäferin* denkt man an die erotische Beziehung: eine *Schäferstunde* ist eindeutig und findet kein Äquivalent in einem Kompositum mit *Hirt*. Die Verwendung von *Hirt* läßt die bukolische Herkunft deutlicher mitsprechen, die von *Schäfer* verleugnet den Umweg nicht, den dieses Wort über Frankreich genommen hat: die Neubildung *Schäferei* (1595) gibt das franz. *bergerie* wieder, das seit 1711 belegte *Schäferstunde* übersetzt *l'heure du berger*. Der Versuch, daraufhin die Hirtendichtung gattungsmäßig von der Schäferdichtung zu trennen, mußte mißlingen. Jeder Hirtenroman läßt sich (etwa bis Haller) auch als Schäferroman, jedes Hirtenlied auch als Schäferlied bezeichnen. Nur der Akzent der Benennung liegt etwas anders und entspricht dem oben skizzierten Unterschied: bei Hirtendichtung, Hirtenroman, Hirtenlied liegt die Realität etwas weniger fern als bei Schäferdichtung, Schäferroman, Schäferlied.

§ 2. In der Literaturgeschichte handelt es sich um poetische Werke, die eine arkadische Welt als höchstes Ideal und das Leben in einer solchen als größtes Glück darstellen, und zwar erscheint die Ruhe und Schlichtheit der Natur, das anspruchslose und friedliche Leben eines Hirten oder Schäfers um so begehrenswerter, je friedloser und drückender die wirkliche Welt ihre Herrschaft empfinden läßt. Die Werke aus dieser Sphäre sind ausgesprochen sentimentalisch im Schillerschen Sinne: „Weil Unschuld und Glück mit den künstlichen Verhältnissen der größeren Sozietät und mit einem gewissen Grad von Ausbildung und Verfeinerung unverträglich schienen, so haben die Dichter den Schauplatz der Idylle aus dem Gedränge des bürgerlichen Lebens heraus in den einfachen Hirtenstand verlegt und derselben ihre Stelle vor dem Anfange der Kultur in dem kindlichen Alter der Menschheit angewiesen" (Schiller *Über naive und sentimentalische Dichtung*, Ausgabe Günter u. Witkowski XVII, 536). Die Stelle bildet eine passende Ergänzung zu Harsdörffers Definition: „Insgemein werden Hirtengedichte genennet alle die Gedichte, welche theils hoher Personen Liebeshändel unter verdeckten Namen beschreiben, theils zu Traur- und Freudenbegängnissen mit besonderen Erfindungen gewidmet sein" (*Poetischer Trichter* 1648, II 99 ff.).

§ 3. Die Sch. Westeuropas ruht auf klassischen Voraussetzungen. T h e o k r i t (310-250 v. Chr.) hat mit seinen *Hirtengesprächen* diese bukolische Poesie βουκόλος = Rinderhirt) bei den Griechen als selbständige Gattung eingeführt. In derselben Art dichteten dann, ihm nachfolgend, Bion und Moschus. Ihr Einfluß auf die folgenden Jh.e war aber bedeutend geringer als derjenige V e r g i l s (70-19 v. Chr.), der nach dem Muster der Idyllen Theokrits in seinen Eklogen (*Bucolica*) das Leben der sizil. und ital. Hirten schildert, seinen erdichteten Schilderungen aber dadurch einen eigentümlichen Reiz verleiht, daß er unter der Fülle des Hirtenlebens Personen und Begebenheiten seiner eigenen Zeit darstellt und mancherlei Anspielungen auf gegenwärtige Zustände in seine idyllischen Beschreibungen geschickt verwebt. Theokrit und Vergil befruchteten hauptsächlich die Lyrik oder eine Artvermischung mit stark lyrischem Einschlag. Der „Schäferroman" hat außerdem eine eigene Wurzel im späten Griechentum: L o n g o s, *Daphnis und Chloe* (vermutlich 5. Jh. n. Chr.). Der klassische Ursprung der *Pastourella* ist bis jetzt nicht nachgewiesen: wir können sie verfolgen bis in das Provenzalische und Altfranzösische (12. Jh.), aber neuere Untersuchungen über mal. Kultur machen Beziehungen zur Antike wahrscheinlich. Bukolischen Charakter haben auch die „Mädchenlieder" Walthers von der Vogelweide. Sie leiten eine bis ins späte MA. nachwirkende Tradition ein, der

seit Neidhart von Reuental ein Gegengesang gegenübertritt, dessen Nachwirkung
über das Lied hinaus auch in die Epik und
ins Fastnachtspiel reicht (s. u. § 9 und
Dörperliche Dichtung).

§ 4. Der Gang aller arkadischen Dichtung entspricht in West-Europa den Bahnen der Renaissance: den schwerverständ-
lichen, dunkel-allegorischen *Bucolica* Petrarcas folgte Boccaccios *Ameto*, diesem die
einflußreiche *Arcadia* Sannazaros (1502).
Das Sch.drama fand in Tassos *Aminta*
(1572) und Guarinis *Pastor fido* (1590) seine
ersten Vertreter. Von Italien geht die Linie
über Spanien nach England und Frankreich.
Montemayor schrieb seine *Diana* (1542),
Ph. Sidney seine posthum veröffentlichte
Arcadia (1590), Honoré d'Urfé seine *Astrée*
(1607 ff.) mit der typischen Gestalt des
Céladon. In Holland schuf P. C. Hooft das
Sch.spiel *Granida* (1605), J. van Heemskerck
den Sch.roman *De Batavische Arcadia*
(1637), dem zahlreiche lokale Arkadien bis
ins 19. Jh. hinein folgten.

§ 5. Nie war der Einfluß des Auslandes
auf die dt. Dichtung stärker als um die
Wende des 17. Jh.s. Besonders Italien und
Frankreich galten als Muster feiner Kultur.
Unter franz. Einfluß erschien 1595 in
Mömpelgart „ein herrliches Gedicht durch
du Mont-Sacré (Montreux) Teutsch durch
F. C. V. B." unter dem Titel *Die Schäffe-
reyen von der schönen Juliana*. Hier läßt
sich die Bezeichnung Schäferei zum ersten
Mal belegen. Besonders wichtig wird dann
das Jahr 1619. Nicht weniger als drei
Übersetzungen ausländischer Sch.dichtungen
werden in diesem Jahr veröffentlicht. Abermals ist Mömpelgart, durch seine Lage dazu
wie geschaffen, Vermittler zwischen Frankreich und Deutschland zu sein: dort erscheinen die ersten Bände von d'Urfés
Astrée in dt. Übersetzung. Nürnberg
bringt im selben Jahr von der Hand des
Freiherrn von Kuffstein die erste Verdeutschung der *Diana* des Montemayor, die
1646 von Harsdörffer modernisiert und in
erweiterter Fassung noch 1661 und 1663
von neuem herausgegeben wurde. Der Sch.-
roman ist von der lyrischen Sch.dichtung
kaum zu trennen. Vermischung von Prosa
und Poesie findet sich bereits in Boccaccios
Ameto und Sannazaros *Arcadia*. Und so ist
es in fast allen Sch.romanen geblieben. Es

gehört zum höfischen Wesen dieser Ga-
tung, daß der Verfasser mitunter hint
seiner Schäferei zurücktritt und sein Wer
infolgedessen anonym erscheint. Viel Erfol
hatten die 1632 erschienene *Jüngst erbaut*
Schäferei, die *Vier Tage einer neuen Sch*
ferei (1636-1647) und die *Verwüstete un*
verödete Schäferei (1642). Opitz hatte ihne
den Weg geebnet mit der *Schäfferey vc*
der Nimfen Hercinie (1630), einer Ve
quickung bukolischer und didaktisch
Poesie. Es folgt nun eine Periode, in d
es zum guten Ton gehört, bukolisch z
dichten, und so findet sich zum mindeste
einiges dieser Art bei fast jedem Dichte
der sich an Opitz anschließt. Die wichti
sten sind: die *Gedichte auff Herrn Reine*
Brockmanns und Dorotheen Temme Hoc
zeit (Paul Fleming 1635), *Filamon ur*
Belliflora (Georg Neumark, 1640 und 164{
Pegnesisches Schäfergedicht (Harsdörff
und Klaj, 1644), *Fortsetzung der Pegnit*
Schäferey (Birken und Klaj, 1645). D
Name „Löblicher Hirten- und Blumenord
an der Pegnitz" deutet von vornherein a
die arkadischen Tendenzen sämtlicher M
glieder hin (s. *Nürnberger Dichterschul*
Zesens *Adriatische Rosemund* (1645) da
man nicht als eigentlichen Sch.roman b
trachten, da das Schäferliche nur eine Ei
lage bildet.

Auch das Sch.drama fand im Jahre 16
den Weg nach Deutschland: Guarinis *Past*
fido wurde von Eilger Mannlich ins Det
sche übersetzt. Opitz bearbeitet Rinuccir
Hirtenoper *Dafne*, die von Heinrich Schü
komponiert und zu Torgau 1627 aufgefüh
wurde. Dies bedeutet den Anfang der Op
(s. d.) in Deutschland. Das Sch.spiel wur
sehr beliebt: *Orpheus* (A. Buchner, 1638, v
Schütz komponiert), *Tragico-Comoedia v*
der verliebten Schäfferin Dulcimunda (E.
Homburg, 1643), *Geliebte Dornrose* (A
dreas Gryphius, 1660). Spät bis ins 18. J
hinein finden wir seine Ausläufer.

§ 6. Schon bei Vergil, stärker noch in d
ital. Renaissancedichtung wurde das Hirte
kostüm als Maske für lebende Person
verwendet. Gern stellte der Dichter au
sich selbst dar: Opitz als Corydon, Rist ¿
Daphnis, K. Stieler als Filidor, Grefling
als Seladon an der Donau. Wenn aber ¿
Beziehung auf wirkliche Personen si
wieder verwischte, wurde die verhüllen

Maske zu einem festen Typus, und es entstand eine arkadische Welt für sich ohne Bezug auf die Wirklichkeit. Darin wandert der geputzte Dafnis, Filidor, Damon oder Amandus mit seiner Galathea, Chloris oder Diana umher. Die anmutige Schöne führt ein zartes Lämmchen am rosa Band durch idyllische Gefilde, und der liebesentzündete Schäfer schwärmt ihr dabei von seinen Gefühlen vor. Leider ist die Geliebte oft recht spröde und wehrt seine lyrischen Ergüsse ab. Dann ist er genötigt, sein einsames Liebesleid in die Natur zu tragen, wo er unter den Weiden am Bach sich auf der Hirtenschalmei etwas vorspielt.

Diesem vornehmen Schäfer steht der derbere, mehr der Wirklichkeit entsprechende Hirt gegenüber, dem allmählich nach Vergil der Name Corydon als Kennzeichen des Bäuerischen angehängt wird. Die Corydonfigur wird häufig zu Kontrastwirkungen verwendet, um der „Schäferey" ein humoristisches Element im Ton der Neidhartiaden beizumischen. Auch deshalb läßt sich Hirten- und Sch.dichtung nicht ohne weiteres trennen.

§ 7. Daß die exotische Pflanze arkadischer Dichtung auf dt. Boden so gut gedieh, hat manche Ursachen. Zunächst war das Zeitalter der Nachahmung auch dieser Einwanderung günstig. Dann schufen die polit. Verhältnisse des Dreißigjährigen Krieges die günstige Vorbedingung zur Flucht aus der rauhen Wirklichkeit in ein erträumtes Arkadien. Schließlich aber, und das war wohl der Hauptgrund: was ließ sich nicht alles in dieser Form unterbringen! Im Hirtenkleid war der Dichter imstande, seinem Fürsten den Weihrauch zu streuen, der ihm zu einer Belohnung oder einer gesicherten Stellung verhelfen mußte. So verherrlicht Opitz in seiner *Hercinie* das Haus Schaffgotsch, E. Gläser das braunschweigische, S. Birken das österr. Fürstengeschlecht. Die lose Zusammensetzung der Schäferei ermöglichte dem didaktisch veranlagten Dichter, mühelos seine Weisheit einzuflechten. Die Sch.dichtung wurde ein Tummelplatz der Gelehrsamkeit.

§ 8. Diese Vorzüge in den Augen der Zeitgenossen bedeuten ebenso sehr Gefahren für die dichterische Schönheit. Die Flucht aus der Wirklichkeit in ein Reich der Phantasie führte zu Raffinement und Manierismus, die Maskenverkleidung zeitigte Erstarrung und Typenbildung, die Belehrungstendenz schuf Trockenheit und poesielose Dürre. So mußte die Gattung ihre Parodie herauslocken. So geistreich wie die des Cervantes ist die Verspottung auf dt. Boden nicht geworden; doch hat G. W. Sacer in der ihm wohl mit Recht zugeschriebenen Parodie *Reime dich oder ich fresse dich* (1673) nicht ohne Glück den mythologischen Apparat der Schäferdichtung verspottet. Nachdem aber die Gattung sich selbst überlebt hatte und die Sphäre längst zur reinen Staffage herabgesunken war, brachte ihr das Zeitalter des Rokoko eine Nachblüte (Gleim, Goethe) durch gefällige Umschaffung des symbolisch gewordenen Apparats. Der Übergang vom Barock ins Rokoko vollzieht sich in der Lit. auf arkadischem Boden.

§ 9. Während die Gattungen der Sch.-dichtung gerne mit dem Fremdwort „Pastorale" oder „Pastorelle" bezeichnet werden, die sowohl in der Musik wie in der Dichtung Verwendung finden, hat die fast ähnliche „Pastourella" eine feststehende, genau bestimmte Bedeutung. Sie bezeichnet kurze, erzählende Gedichte, die Szenen aus dem Schäferleben behandeln. Der Inhalt ist gewöhnlich auf ein einzelnes bestimmtes Abenteuer beschränkt. Zumeist wird eine Schäferin von einem Ritter um ihre Liebe gebeten; in den ältesten Pastourellen wird der Ritter von der Schönen meist abgewiesen, in den jüngeren findet er auch oft Erhörung seiner Wünsche. Die Entstehung der P. wird mit den Frühlingsfesten in Verbindung gesetzt; die Pastourella war ursprünglich wohl ein echtes Schäferlied, das die Freuden des Frühlings und des Dorflebens schilderte und von Schäfern und Schäferinnen zum Tanz gesungen wurde. Solche echten Sch.lieder sind nicht erhalten. Nachahmungen des alten franz. Pastourels haben W. Wackernagel, R. M. Meyer u. a. in einigen Liedern Neidharts von Reuental sehen wollen. Die typischen Hauptmotive der P., daß der Dichter ausreitet, sein Mädchen durch Bitten und Versprechungen in längerer Unterhaltung gewinnt und davon in der Ichform berichtet, haben aber, wie A. Bielschowsky richtig ausgeführt hat, bei Neidhart keine Entsprechung, abgesehen davon, daß die P. ein eigentliches Frühlingslied ist, während bei Neidhart der Gegensatz zwischen Bauern- und Rittertum gerade in den Winterliedern zum Ausdruck kommt. Auch in der Form (Fünf- bis Siebensilber, also kurze Verse der altfranz. P., Reimhäufung, Durchreimung mehrerer Strophen, häufige Verwendung des Refrains) sind die Unterschiede so groß, daß die in Frage kommenden Lieder Neidharts nicht als unmittelbare Nachahmungen der P. anzusehen sind. Immerhin sind der Pastourella sehr nahestehende Lieder auch in Deutschland geschaffen worden, wie einige Stücke der *Carmina Burana* und Gedichte Walthers von der Vogelweide, Gottfrieds von Neifen, auch der 2. und 3. Leich Tannhäusers zeigen.

§ 10. Die Gattung, im 17. Jh. zunächst im höfisch-gelehrten Bereich aufgekommen und von da auch im Stadtpatriziat (Pegnitzschäfer) oder doch städtischen Dichterkreisen (Königsberg) heimisch geworden, erlangt im 18. Jh. eine andere soziologische Grundlage und Funktion. Deutlich zurück tritt das Höfische und mit ihm auch die Bindung der Sch. an Orden, Sprachgesellschaften, Dichterkreise. Die Sch. wird damit in gewissem Maße subjektiviert, d. h. der Lyrik und Idyllik des Aufklärungsjahrhunderts einbezogen. Das bedeutet nicht, daß sie damit aus der Zeitkonvention herausfällt. Die neue bürgerlich-spielerische Rokokodichtung, in ihr besonders die Anakreontik (s. d.) adoptiert das Sch.thema mit Wonne. Aber dies ist ein anderer homo ludens als der des Barock. Das Sch.-Motiv wird bei ihm bei aller Kontinuität zur Tradition nun eine von mehreren Ausdrucksmöglichkeiten lyrischer Individualität. Von Hagedorn und Haller zum Göttinger Hain, Lessing und Goethe, von Gleim und seinem Anakreontikerkreise zu Gessner findet ein Prozeß der Subjektivierung und Stildifferenzierung statt, der bemerkenswert für die Lebenskraft des Renaissance- und Barockmotivs spricht. Man denke an die Widerspiegelung in Goethes *Faust*: einerseits das Schäfertanzlied aus dem Osterspaziergang, andererseits die spätklassischen choreographischen Partien in *Faust II*, sowohl in der *Mummenschanz* wie, Antike und moderne Oper in eins greifend, im *Helena*-Akt. Dazu kommt bei Goethe noch das undistanzierte

Sch.-Lied aus seiner Rokoko-Periode. Denn die schäferlichen Einmontierungen im *Faust* sind schon distanziert im Sinne der wohl bewußten Kontrafaktur. Dies zeigt sich vor ihm eigentlich nur in der spezifischen Aufklärungsvariante der Sch.-Dichtung mit parodistischem Einschlag, der Theorie des Sch.-Gedichtes (Gottsched, Ramler, Batteux, Gessner, Herder) durchaus fernliegt. Diese betrachtet die Sch. als eine Unterabteilung der Idylle, von der sie auch in der Praxis nicht zu trennen ist, vor allem unter dem formalen Gesichtspunkt der Anmut und der existenziellen (Schiller: „sentimentalischen") Freude an der Unschuld und Ursprünglichkeit des Menschen in dieser Existenzform. Das ist schon weit vom vorwiegend höfischen Spiel und Kostüm der „Wirtschaften" des Barockjahrhunderts entfernt. Via Theokrit äußern sich in der Sch. des 18. Jh.s das Menschenbild und die Tugendlehre der Aufklärung einschließlich Rousseau bereits unter dem Symbol des Pastoralmotivs.

Da sogar Gottsched, im Gegensatz zur Oper, das Sch.spiel in diesem Sinne toleriert (*Versuch einer Critischen Dichtkunst* 1742) — er kommt ja von seinem Vorbild Opitz her —, ist es auch ästhetisch sanktioniert und kann in seinem Kreise bei so ehrenwerten Männern wie Gärtner und Gellert, auch bei der Neuberin selbst aufgenommen werden (Gärtner *Die geprüfte Treue* 1742, die Neuberin *Das Schäferfest oder die Herbstfreude* 1758, Gellert *Das Band* 1744, *Sylvia* 1745). Auch Johann Christian Rost blieb noch mit *Der versteckte Hammel* 1743 in diesem Rahmen, den er allerdings in den *Schäfererzählungen* (anonym 1742) im Sinne der erotischen Rokokofreiheit gesprengt hatte, was übrigens auch bei Wieland zeitweise mit dem Hirtenmotiv geschah.

§ 11. Im 19. Jh., in dem man der Sch. eigentlich keine Chance mehr einräumt, hält sich das Motiv, wenn auch nicht die Gattung im alten Sinne, zäher als erwartet. Allerdings auch dialektischer als früher. Die Freude der Romantik an der Ursprünglichkeit setzt vertieft in ihrer Lyrik (z. B. bei Brentano) das Motiv fort, das freilich in ihren biedermeierlichen Epigonen zum Läppischen entarten kann. So z. B. in der Trivialliteratur, im Zuge der Salontirolerei häufig auf Sennen und Sennerinnen über tragen, in Claurens *Mimili* (1816). Dies führt, in der oben angedeuteten Dialektik, zur Parodie zumindestens des allgemeinen Hirtenmotivs im Umkreise des jungen Deutschland z. B. bei Immermann (*Münchhausen* 1838 ff.) oder in Platens satirischem Lustspiel *Die verhängnisvolle Gabel* (1826).

Das zwiespältig gebrochene Verhalten des Jh.s erweist sich auch im aufkommenden Realismus vor allem im Bereich der „Dorfgeschichte" (s. d.) und der späteren Heimatkunst (s. d.). In diesen Bereichen wird das Hirtenmotiv teilweise zum Symbol der Armut (Auerbachs *Barfüssele* 1856) und damit zum sozialen Aspekt, teilweise bleibt ihm noch ein Hauch von Sentimentalität anhaften. Gemeint ist es bewußt als Prosa und damit jeglichen Spielcharakters entkleidet. Zur Naturalisierung gehört auch der Ersatz des Schäfers durch den Ziegenhirten im Zuge der Panssymbolik seit dem Jugendstil. So noch als Sinnbild erotischer Vitalität in Gerhart Hauptmanns *Ketzer von Soana* 1918. Im Jugendstil feierte aber zugleich das Sch.spiel selber in mannigfachen Formen seine Urständ. Die „Brettl"-Bewegung brachte das Motiv als ironisches Kabarettmotiv in Chansonform wieder auf: bei Bierbaum, R. A. Schröder, vor allem bei Arno Holz (*Des Schäfers Daphnis-Freß-Sauffund Venuslieder* 1904). Natürlich ist das alles z. T. sehr gekonnte Parodie des Bürgers, bewußt Kostüm, übrigens in Gemeinschaft mit dem ebenfalls wieder ausgegrabenen des Biedermeier. Mit dieser Jugendstil-Welle parodistischen Charakters dürfte der Nachklang der Gattung zum letzten Mal Stilcharakter angenommen haben.

Felix B o b e r t a g, *Gesch. d. Romans u. d. ihm verwandten Dichtungsgattungen in Deutschland* (1876). Carl L e m c k e, *Von Opitz bis Klopstock* (1871; neue Ausg. 1882). Max Frh. v. W a l d b e r g, *Die dt. Renaissance-Lyrik* (1888). Herbert C y s a r z, *Dt. Barockdichtung* (1924). Hans Heinr. B o r c h e r d t, *Gesch. d. Romans u. d. Novelle in Deutschland*. Bd. 1 (1926). Karl V i ë t o r, *Probleme d. dt. Barockliteratur* (1928; VDtPoeterey 3). Arnold H i r s c h, *Bürgertum u. Barock im dt. Roman* (1934; 2. Aufl. hg. v. Herbert Singer 1957; Lit. u. Leben NF. 1). Paul van T i e g h e m, *Le préromantisme*. Bd. 2 (Paris 1947). Rich. N e w a l d, *Die dt. Lit. vom Späthumanismus zur Empfindsamkeit* (1951; 6. Aufl. 1967; de Boor/Newald, *Gesch. d. dt. Lit.* 5).

Karl B a r t s c h, *Altfranz. Romanzen u. Pastourellen* (1870). Gustav G r ö b e r, *Die altfranz. Pastourellen u. Romanzen* (Zürich 1872). Walter Wilson G r e g, *Pastoral poetry and pastoral drama* (London 1906). Karl V o s s l e r, *Tassos 'Aminta' u. d. Hirtendichtung* (1906), wiederh. in: Vossler, *Aus d. roman. Welt* (1948) S. 57-77. J. M a r s a l, *La P. dramatique en France* (Paris 1906). Hennig B r i n k m a n n, *Geschichte d. lat. Liebesdichtung im MA.* (1925). Maurice D e l b o u i l l e, *Les origines de la pastourelle* (Brüssel 1926). William Powell J o n e s, *The Pastourelle. A study of the origins and tradition of a lyric type* (Cambridge 1931). E. P i q u e t, *L'évolution de la pastourelle du 12e siècle à nos jours* (Basel 1927). André M o r e t, *Le mythe de la pastourelle allemande.* EtudGerm. 3 (1948) S. 187-193. Gisela H e e t f e l d, *Vergleichende Studien z. dt. u. franz. Schäferroman.* (Masch.) Diss. München 1954. William E m p s o n, *Some versions of pastoral. A study of pastoral form in literature* (Harmondsworth 1966; Penguin Books Y 56).

Albert B i e l s c h o w s k y, *Gesch. d. Dorfpoesie im 13. Jh.* 1. *Leben u. Dichten Neidharts v. Reuenthal* (1891; Acta Germanica II, 2). R. A l e w y n, *Naturalismus bei Neidhart v. Reuenthal.* ZfdPh. 56 (1931) S. 37-69. N e i d h a r t, *Lieder.* Hg. v. Edmund Wießner. 3. Aufl. hg. v. Hanns F i s c h e r (1968; Aldt Textbibl. 44), Bibliogr. — Peter W a p n e w s k i, *Walthers Lied von der Traumliebe* (74, 20) *u. d. dt.sprachige Pastourelle.* Euph. 51 (1957) S. 113-150. E h r i s m a n n, Schlußband S. 202.

Leonardo O l s c h k i, *Guarinis 'Pastor Fido' in Deutschland.* Diss. Heidelberg 1908. Ursula S c h a u m a n n, *Zur Gesch. d. erzählenden Schäferdichtung in Deutschland.* Diss. Heidelberg 1930. Klaus G a r b e r, *Forschungen z. dt. Schäfer- u. Landlebensdichtung d. 17. u. 18. Jh.s* Jb. f. internat. Germanistik 3 (1971) S. 226-242.— Heinrich M e y e r, *Der dt. Schäferroman d. 17. Jh.s.* Diss. Freiburg 1928. Ernst Günter C a r n a p, *Das Schäferwesen in d. dt. Lit. d. 17. Jh.s u. d. Hirtendichtung Europas.* Diss. Frankfurt 1939. Klaus G a r b e r, *Der locus amoenus u. d. locus terribilis. Bild u. Funktion d. Natur in d. Schäfer- und Landlebensdichtung d. 17. Jh.s.* (Masch.) Diss. Bonn 1970. Gerhard H o f f m e i s t e r, *Die spanische Diana in Deutschland. Untersuchungen zum Stilwandel u. Weltbild d. Schäferromans im 17. Jh.* (1972; Philolog. Studien u. Quellen 68). — *Schäferromane d. Barock.* Hg. v. Klaus K a c z e r o w s k y (1970; Rowohlts Klassiker d. Lit. u. d. Wiss. 530/31). Johann T h o m a s, *Damon u. Lisille* (1663 u. 1665). Hg. v. Herbert S i n g e r u. Horst G r o n e m e y e r (1966). Philipp von Z e s e n, *Die Adriatische Rosemund.* Hg. u. mit e. Nachw. vers. v. Klaus K a c z e r o w s k y (1970; Slg. Dieterich 327). Franz H e i d u k, *Die 'Liebesbeschreibung v. Amoena u. Amandus'.* Jb. d. dt. Schiller-Ges. 17 (1973) S. 136-153. Julius T i t t m a n n, *Die Nürnberger Dichterschule* (1847). Hedwig J ü r g,

Das Pegnesische Schäfergedicht von Strefon u. Clajus. (Masch.) Diss. Wien 1947. E. M a n - n a c k , *Realistische u. metaphorische Dar- stellung im 'Pegnesischen Gedicht'.* Jb. d. dt. Schiller-Ges. 17 (1973) S. 154-165. Albert K ö - s t e r , *Der Dichter d. 'Geharnschten Venus'* (1897). — Friedr. R ü h l e , *Das dt. Schäfer- spiel d. 18. Jh.s* (1885). Oskar N e t o l i c z k a , *Schäferdichtung u. Poetik im 18. Jh.* VjsLitg. 2 (1889) S. 1-16. Burghard D e d n e r , *Topos, Ideal u. Realitätspostulat. Studien zur Dar- stellung d. Landlebens im Roman d. 18. Jh.s* (1969; Studien z. dt. Lit. 16). Rudolf S t r a s - s e r , *Stilproblem in Geßners Kunst u. Dich- tung.* Diss. Heidelberg 1936. Gerhart H o f f - m e i s t e r , *Gessners 'Daphnis' — das Ende d. europäischen Schäferromans.* Studia Neophilo- gica 44 (1972) S. 127-141.

Nikolaus M ü l l e r , *Die dt. Theorien d. Idylle von Gottsched bis Geßner u. ihre Quel- len.* Diss. Straßburg 1910. Marie M. P r i n - s e n , *De Idylle in de 18eeuw in het licht der aesthetische theorieën* (Amsterdam 1934). H. P e t r i c o n i , *Das neue Arkadien.* Antike u. Abendland 3 (1948) S. 187-200. Bruno S n e l l , *Arkadien. Die Entdeckung e. geistigen Landschaft,* in: Snell, *Die Entdeckung d. Gei- stes* (1948) S. 268—293. R. G r u e n t e r , *Das 'wünnecliche tal'.* Euph. 55 (1961) S. 341-404. Friedr. S e n g l e , *Formen d. idyllischen Men- schenbildes,* in: Sengle, *Arbeiten zur deutschen Literatur 1750-1850* (1965) S. 212-231. Renate B ö s c h e n s t e i n - S c h ä f e r , *Idylle* (1967; Samml. Metzler 63). Vgl. auch: *Idylle, Rokoko.*

Jan Hendrik Scholte — Werner Kohlschmidt

Schicksalstragödie

B e g r i f f . § 1. Der literarhistor. Begriff ist deshalb schwer zu umgrenzen, weil die Dramen dieser Gattung nicht aus einem einheitlichen geistesgeschichtlichen Boden gewachsen sind. In der dt. Sch. haben wir nicht die großen dichterischen Ausdrücke eines deterministischen Denkens vor uns. Die meisten sind Produkte einer bestimm- ten artistischen Absicht und endlich einer literar. Mode. Auch formal sind die so- genannten Sch.n nicht einheitlich in ihrer inneren wie äußeren Form. Erst bei den Nachahmern Werners bildet sich im Rhyth- mus eine gewisse, nie strenge Konvention heraus. Neben dem bürgerlichen Trauer- spiel steht das historische Drama, das analytische einaktige Schema wechselt mit anderen Formen, und auch stofflich ist eine strenge Einheitlichkeit nicht aufzuweisen, obwohl sich bestimmte Lieblingsmotive oft wiederholen: so der Verwandtenmord. Auch der Versuch, den Moritz Enzinger macht, durch den großen Ordnungsgedanken Nad- lers literarhistorische, geistesgeschichtliche

Zusammenhänge hier aufzudecken, kommt in dem stoffreichen Vortrag nicht zu über- zeugender Klarheit (*Das deutsche Schicksals- drama* 1922). Wegen der im Stoff liegen- den Schwierigkeit und Unklarheit wird von den Forschern der Begriff selten klar ge- geben.

§ 2. Das Wort *Schicksalstragödie* findet sich (nach Ausweis des DWb.s) in unserer literarhistorischen Bedeutung zuerst bei Ger- vinus (*Geschichte der poetischen National- literatur in Deutschland* ²V, 670 u. ö.). Er versteht darunter die Dramen fatalistischen Charakters, die sich im Anschluß an Tieck, die *Braut von Messina* und vor allem an Werner im Zeitraum der Freiheitskriege bilden. Müllner und Houwald nennt er als Hauptvertreter. Goedeke führt den Begriff der Schicksalstragödie erst mit Müllner ein, dessen Drama *Schuld* „die eigentliche Be- gründerin der sogenannten Sch. wurde, die im Grunde nichts anderes war, als eine auf Verbrechen und Zufall beruhende Mi- schung von Greueln und Lächerlichkeiten". Außer den Sch.n Müllners und Houwalds führt er (Bd. 8, 1905, S. 314—317) etwa 25 Stücke an, die unter diesem Titel nicht eben streng zusammengefaßt sind. Greuel- stücke jeder Art stehen da neben den ei- gentlichen Schicksalsdramen und ihren Par- odien. Die rein stofflich orientierte Defi- nition wirkt sich so aus. Schärfer und für die literarhistor. Begriffsbildung entschei- dend gibt Minor in dem Buch *Die Schick- salstragödie in ihren Hauptvertretern* (1883) den Begriff. Er versteht im wesentlichen darunter die romantischen und nachroman- tischen Tragödien, in denen das Schicksal fatalistisch gesehen und benutzt werde. Als Hauptvertreter nennt und charakterisiert er Werner, Müllner und Houwald. Als Vor- bereiter nennt er den „romantischen" Karl Philipp Moritz und den jungen Tieck. Wirk- sam werde in diesem Kreise auch Schiller durch die *Braut von Messina.* Nachbildung antiker Tragödien nennt er als Ursprung der seltsamen Form. Die „äußere Vers- form, vierfüßig gereimte Trochäen oder die frei wechselnden jambischen Verse" wie auch „die Mittel der Stimmungspoesie" sind ihm Beweise für die Entstehung aus dem Kreise der Romantik. Börnes Behauptung, die Schicksalsidee sei „eine Mischung von antiker und romantischer Denkweise", wird bejaht. Die äußere Wirkung versucht er durch die politische Situation zu erklären, die nach dem Zusammenbruch von 1806 bestand. August Rosikat suchte in seiner Abhandlung *Über das Wesen der Sch.* Progr. Königsberg 1891/92) den Ursprung der Gattung enger noch als bisher mit der antiken Tragödie in Zusammenhang zu bringen; er sieht vor allem die Entwicklung des Begriffs der Sch. gegenüber der Charaktertragödie, den er auf Lenz zurückführte, als Ursache an. Jakob Fath *(Die Schicksalsidee in der dt. Tragödie,* Diss. Leipzig 1895) sucht ebenfalls vom Gehalt aus wie vom Fatalismus das Schicksalsdrama zu erklären. Er glaubt die Ursache des fatalistischen Aberglaubens in der religiösen Entartung des endenden 18. Jh.s sehen zu dürfen. Als erster unterscheidet er zwei Formen der Sch.: die bürgerliche und die historische Sch. Vier Jahre später 1899 in seiner Abhandlung *Zur Geschichte d. dt. Sch. u. z. Grillparzers Ahnfrau* (Grillp Jb. 9) bot Minor eine eingehende Studie zur Geschichte und Vorgeschichte der Sch. Als Resultat der Untersuchung gibt er (S. 64) folgende zusammenfassende Definition: „Eine Sch. ist diejenige Tragödie, in welcher das Schicksal als eine personifizierte Macht, die Ereignisse vorausbestimmend und tätig bewirkend gedacht ist. Unter diese Definition fallen daher: Fluch und Segen, die auf ganzen Geschlechtern lasten und sich erfüllen; Orakel, Gestirne, vorbedeutende Träume oder dunkle Sagen, die sich dadurch als wahr herausstellen, daß sie eintreffen; die Strafe der Untat bis ins späteste Geschlecht; die Gottheit als leidenschaftliche Nemesis; wunderbare Gebetserhörung und dergleichen mehr." Ausgenommen wissen will Minor ausdrücklich alle tragische Darstellung verhängnisvoller Kräfte, deren Wirkung vorherbestimmt ist, aber sich „als ganz natürlichen Kausalnexus" begreifen lasse. Nur die schicksalhafte Einwirkung einer jenseitigen Macht persönlichen Charakters berechtigt, ein Drama unter dem Begriff der Sch. einzuordnen. Diese Einschränkung des Fatalismus soll Ibsens *Gespenster* vor dem Vorwurf, Sch. zu sein, bewahren. Philosophisch wohl kaum haltbar, besteht sie historisch gesehen nach der Definition zu Recht; denn die Sch. im geschichtlichen Sinne läßt das Fatum sich erfüllen nicht durch eine „natürliche" Zwangsläufigkeit, sondern durch eine Verkettung von zufälligen Begebenheiten, die an sich keinen Zusammenhang notwendiger Art haben. Literarhistorisch ist also der Begriff der Sch. nicht bestimmt durch den Fatalismus an sich, sondern durch eine ganz bestimmte und enge Art des Fatums.

§ 3. In der Definition Minors wird die bezeichnendste Sonderbarkeit der Schicksalsidee in der Sch. nicht genügend berücksichtigt: das Fatum erhält durch seine Art der Wirkung wie durch das Ziel seines Eingreifens stets etwas Kleinliches und Peinliches. Wir empfinden infolgedessen die Schicksalserfüllung nie als ein großes waltendes Verhängnis, nie als Vorsehung in irgendeinem großen Sinne. Ein seltsamer Sonderfall von Vergeltung erscheint so. In keiner Weise erleben wir das tragische Geschick als stellvertretendes Ereignis des Lebenssinnes. Das Schicksal ist nie als Weltgesetz gesehen, sondern wird für einen besonderen und interessanten Fall in aufsehenerregender Weise bemüht. Allen Sch.n haftet etwas Kriminalistisches an. Das Moralische ist übersteigert, wenn überhaupt ein Sinn im Schicksal gesehen ist. Durch diesen Mangel an Größe und Bedeutung unterscheidet sich die Sch. klar von der Tragödie wie der Antike so des Christentums, von der des Sophokles wie des Calderon. Das Kleinliche und Zufällige der Sch. erscheint schließlich in der kausalen Verknüpfung des Fatums mit bestimmten Zeiten, Orten und Dingen. Der Sch. fehlt damit die Möglichkeit einer tragischen Wirkung, die irgendeine erhebende Kraft hätte. Sie ist auflösend und höchstens rührend oder schauerlich.

Fast allen Sch.n ist ein Zug von klügelndem, meist moralischem Rationalismus eigen: Die kleinlich berechnende Art, in der es sich erfüllt, läßt das Fatum zwar nicht als einen sinnlosen „Poltergeist" (mit Herders Wort), aber als einen juristisch rechnenden Intellekt sehen, dem alle Größe abgeht. Das Ende ist die kriminalistische Klügelei der Nemesis bei Müllner, der nicht zufällig selbst ein bedeutenderer Kriminalist als Dichter war. An die Stelle des Geistigen tritt mit Tiecks Wort das Gespenstische, an die Stelle der waltenden Nemesis ein tüftelnder Verstand.

Geschichte. § 4. Die Geschichte der Sch. gliedert sich in zwei klar geschiedene Abschnitte: bis zur Romantik erscheint die Sch. in Einzelgebilden, die in keiner bewußten Abhängigkeit voneinander stehen und aus sehr verschiedenartigen Kräften und Absichten sich formen. Eine bewußte literar. Tradition setzt von Werner aus ein. Um 1812 wird sie zu einer literar. Mode, die eine geraume Zeit das Theater beherrscht. Ein Dichter beendet sie: Grillparzer. Dichterisch bedeutsam wird sie aber nie. Die Sch. ist keine große künstlerische Form geworden, in der sich etwa der Sinn der Romantik stellvertretend-bedeutend offenbart. Die zeitgenössische Kritik und ihre Erklärung der Sch. aus dem Geist der Romantik kann weder vor einer Prüfung ihrer Genesis noch ihres Gehaltes bestehen.

§ 5. Die ersten Entwürfe und tragischen Fragmente, die das Schicksal im Sinne unserer Definition als eine unentrinnbare transzendente Kausalkette zeigen, finden sich bei L e s s i n g. Es sind das Fragment *Das Horoskop* und einige „tragische Sujets", in denen vor allem der Verwandtenmord aus verhängtem Schicksal die tragische Fabel ist. Als Erfüllung eines Orakels oder einer Verwünschung sollten diese Geschehnisse dargestellt werden. Alle diese Entwürfe haben ein Gemeinsames: durch die fatale Verkettung der zufälligen Umstände sollen die Helden jenseits der möglichen Schuld noch leiden und dadurch (wenigstens noch mehr als ohnehin schon) rührend wirken. Die neue Tragödie, um die sich Lessing in dieser und der Folgezeit bemüht, ist wohl kaum je weiter von dem Begriff des Tragischen, den die franz. Klassik denkt, entfernt und dem Begriff des rührend Tragischen näher als in diesen Skizzen. Sie gehören in den Zeitraum, in dem der Begriff des Rührend-Tragischen Lessing völlig beherrscht. Er stammt aus dem bürgerlichen Trauerspiel Englands. So erscheint es nicht mehr zufällig, daß der Begründer dieser Gattung, Lillo, in seinem Drama *Fatal curiosity* den Stoff benutzt, den später unabhängig voneinander die Dichter der Sch. immer wieder aufgreifen: die Erzählung von den Mordeltern, deren Stammbaum Minor im Grillparzer-Jahrbuch verfolgt hat. Gerade dieses Trauerspiel wurde von der engl. Kritik als

ein typisch bürgerliches Trauerspiel charakterisiert. Vom Begriff des Tragischen aus heißt das: an Stelle der tragischen Erschütterung, wie das heroisch-stoische Trauerspiel sie vermittelte (wobei die Bewunderung der Grundaffekt blieb), erschien hier die tragische Wirkung nicht nur durch einen bürgerlichen Stoff auch in einer anderen Art, eben dem Rührenden. Lessing hat diese neue Art der rührenden Tragik im Zusammenhang mit der neuen englischen Form begriffen und zu fassen versucht. Darin und nicht in der Eroberung eines neuen Stoffgebietes liegt wenigstens für Deutschland seine entscheidende Wirkung und Bedeutung. Im Begriff des Rührend Tragischen, wie er in den bürgerlichen Tragödien zuerst verwirklicht wurde, lag ein Anreiz zu einem künstlerischen Fatalismus; denn die tragische Wirkung soll dadurch als Rührung erlebt werden, daß der Mensch über alle seelische und moralische Notwendigkeit hinaus noch leidend erscheint. Es genügt z. B. Lillo nicht, die tragische Entwicklung eines Ehrenmannes zum Verbrecher durch die Macht der Umstände darzustellen; zufällig muß der Ermordete auch noch der eigene Sohn sein. Erst durch diese Zufälligkeit scheint er für Dichter wie Publikum rührend genug, um tragisch zu wirken.

Vom Begriff des Rührend-Tragischen aus begreift nun Lessing vor allem den Wesensunterschied zwischen Frankreich und der Antike. Nachdem er in seiner *Miß Sara Sampson* eine „Übersetzung" des engl. Dramas der neuen Gattung geboten hat, tauchen eine Fülle von Versuchen auf, die Mittel der griechischen Tragödie dem neuen Zweck dienstbar zu machen. Unzweifelhaft ist Lessing der Meinung, durch seinen neuen Begriff des Tragischen die antike Tragödie begriffen zu haben, wenigstens was ihren wesentlichen Zweck angeht: Erweckung tragischer Erschütterung und tragischen Mitleids. Aus diesem Glauben erklärt sich die Übernahme des Orakels und anderer ähnlicher Mittel der Schicksalsbindung wie Fluch und Horoskop.

§ 6. Man hat die Tatsache, daß sich bei Lessing solche Vorformen der Sch. finden, festgestellt, ohne den Versuch zu machen, in seiner Lehre vom Tragischen den Grund zu suchen, wohl weil Minor angab, sich keiner kritischen Äußerung Lessings zu entsinnen, die einen Zusammenhang zwischen der Sch. und der Auffassung der antiken Tragödie durch ihn erkennen ließe. An zwei Stellen hat Lessing diese Auffassung sehr ausdrücklich erkennen lassen: im *Sophokles-Fragment* (*Sämtl. Schriften*, hg. v. K. Lachmann. 3. Aufl. v. F. Muncker. Bd. 14, S. 261) und in der *Hamburgischen Dramaturgie* (Bd. 9, S. 98): „Die Alten stellten den Groll der Götter gegen große Personen und Familien auf ihren Bühnen gern vor. Und was kann in der That schrecklicher seyn, als der unversöhnliche Haß eines allmächtigen Wesens?" Und noch in seinem kritischen Hauptwerk sucht er einen Hauptteil der tragischen Wirkung in der antiken Tragödie durch die Tatsache oder Fiktion eines transzendenten Verhängnisses zu erklären, wenn er gegenüber einem franz. Drama ausführt: „Sie schoben öfters lieber die Schuld auf das Schicksal, machten das Verbrechen lieber zu einem Verhängnisse einer rächenden Gottheit, verwandelten lieber den freyen Menschen in eine Maschine: ehe sie uns bey der gräßlichen Idee wollten verweilen lassen, daß der Mensch von Natur einer solchen Verderbniß fähig sey." Die Lehre von der antiken Tragödie als einer Sch. ist also schon von Lessing aufgestellt, wenn auch nicht im absoluten Gegensatz zur Charaktertragödie, deren tragische Wirkung für ihn auch in dem Eindruck des Verhängnisses beruht. Es ist bei ihr wesentlich, daß „uns nichts ... befremdet, als die unmerkliche Annäherung eines Zieles, von dem unsere Vorstellungen zurückbeben, und an dem wir uns endlich, voll des innigsten Mitleids gegen die, welche ein f a t a l e r Strom dahin reißt, und voll Schrecken über das Bewußtseyn befinden, auch uns könne ein ähnlicher Strom dahin reißen, Dinge zu begehen, die wir bey kaltem Geblüte noch so weit von uns entfernt zu seyn glauben" (Bd. 9, S. 317). — Das Verhängnis bindet also Charakter und Schicksalstragödie, Sophokles und Shakespeare, für ihn zusammen als von gleicher, rührend-tragischer Wirkung. Tatsächlich ist auch der Gegensatz Schicksalstragödie und Charaktertragödie in der Geschichte der Sch. niemals bedeutungsvoll geworden. Im Gegenteil: die innige Verbindung der beiden Formen ist charakteristisch.

§ 7. Dieser Gegensatz ist von Minor nachgewiesen als eine Definition J. F. Marmontels und Hugh Blairs. Den Begriff der antiken Tragödie als Sch. konnten also L e n z und G a r v e, die ihn in Deutschland zuerst einführen sollen, aus Lessing übernehmen und auch antithetisch weiterführen. Für Lessing selbst aber handelt es sich zunächst um ein rein artistisches Mittel, wenn er den antiken Fatalismus übernimmt. Das Zitat aus der *Hamb. Dramaturgie* betont ausdrücklich die Freiheit des Menschen, und die Stelle im *Sophokles* scheint die rein artistische Benutzung sogar in der Antike aufzunehmen. Ein weltanschaulicher Ursprung der griechischen Tragik kommt weder in der *Hamb. Dramaturgie* noch selbst im *Laokoon* für ihn ernsthaft in Frage. Wie er im Bereich der formal-technischen Fragen bleibt, wenn er Gesetz oder Regel sucht, so auch hier. Damit ist ein wichtiger Zug in der Entstehung der Sch. gekennzeichnet: sie entsteht nicht auf Grund einer fatalistischen Weltanschauung, sondern gewinnt ihre ersten Formen durch die Nachahmung der griech. Tragödie. Und das gilt nicht nur von Lessing. Wenn Schiller sich der Sch. nähert (in der *Braut von Messina* vor allem), ist der Wille, das griechische Vorbild in der tragischen Wirkung zu erreichen, maßgebend. Aus artistischen Gründen hat er eine Notwendigkeit übergesellschaftlicher Art nötig. In dieser Zwangslage benutzt er wie Lessing das Orakel und das antike Fatum. Beim *24. Februar* hat Goethe Werner gelobt, weil er „die Triebfeder der griechischen Tragödie: den Fluch ... sehr zweckmäßig ins Spiel gebracht" habe (Floeck, Z. *Werners Briefe* II 196).

§ 8. Deshalb spricht W e r n e r selbst in seiner Vorrede von der Sch. als von einem „heidnischen Lied" „vom alten Fluche". Ihm ist also der Zusammenhang mit der Antike bewußt, und er hat ihn gewollt. 1829 glaubt T i e c k als seine besondere und von der allgemeinen Meinung also unterschiedene Auffassung feststellen zu müssen: „Wie sehr dieses Schicksal (im *Karl von Berneck*) von jenem der griechischen Tragödie verschieden war, sah ich auch damals schon (1792/97) ein, ich wollte aber vorsätzlich das Gespenstische an die Stelle des Geistigen unterschieben" (*Schrif-*

ten. Bd. 11, 1829, S. XXXIX). So unwahrscheinlich diese nachträgliche Selbstdeutung ist, ebenso sicher scheint, daß sein nächster Freund, daß W a c k e n r o d e r jedenfalls den Zusammenhang mit dem griechischen Trauerspiel sah. Im Briefe vom Januar 1793 fragt er ihn: „Warum bearbeitest du den *Orest in Ritterzeiten* nicht?" *(Wackenroders Werke u. Briefe* Hg. v. Friedr. v. d. Leyen II 190). In der Wiener Zeitschrift *Thalia* 1813 fand Müllners *Schuld* eine rühmende Besprechung, deren Grundgedanke ist, daß Müllner die antike, fatalistische Schicksalsidee in unsere Kunst übertragen habe. Als er diese Besprechung 1828 in der Sammlung seiner dramatischen Werke (II 191 ff.) wieder abdruckte, war die Schrift erschienen, die den Unterschied des antiken Fatums und des Schicksals im Sinne des Fatalismus aufdeckte. Er als Mensch wie Künstler anerkannte sie: „Meine Ansichten von dem tragischen Fatum der Alten sind sehr nahe mit denen verwandt, welche mein gelehrter Freund, Heinr. Blümner, in seiner Schrift *Über die Idee des Schicksals in den Tragödien des Aischylos* (Leipzig 1814) vorgetragen hat." Er nimmt an, daß er recht verstanden werde, wenn man diesen Begriff kenne: „Es wird mich vor dem Übel, mißverstanden zu werden, gar sehr bewahren, wenn meine Richter dasjenige nachlesen wollen, was in der angeführten Schrift besonders Seite 155 gesagt worden ist." Also auch hier eine bewußte Beziehung auf das literar. Vorbild der antiken Tragödie, eine klare Feststellung zugleich des rein artistischen Charakters der Schicksalsidee (vgl. besonders die Anm. ebenda S. 206).

§ 9. Der Zusammenhang der Sch. mit der antiken Tragödie, wie das 18. Jh. sie sah, ist also unzweifelhaft. Sie wirkt als künstlerisches Vorbild vom Beginn bis zum Ende, wobei der rein künstlerische Zweck des Fatums immer wieder betont wird. Die Geschichte der Sch. ist nicht wesentlich und allein eine Geschichte des Fatalismus. Artistisch ist der Gebrauch des Fatalistischen auch in dem Drama von Karl Philipp M o r i t z *Blunt*. Stofflich steht das kleine Drama ganz im Kreise der Sch. Das Motiv der Mordeltern wird abgehandelt, aber nicht von Lillo abhängig. (Die Ausfüh-

rungen von F. E. Sandbach, The Modern Language Review XVIII [1923] S. 499 ff. haben mich nicht von einer Abhängigkeit überzeugen können, an die ich aus ähnlichen Gründen früher glaubte.) Entscheidend für den artistischen Charakter ist die Tatsache, daß die erste Fassung (1780 in der *Berliner Lit.- und Theaterzeitung*) zwei Schlüsse hat, einen tragischen und einen glücklichen. Der Dichter erreicht das, indem er nach der Vollendung des ersten Schlusses die Phantasie anruft und sie bittet, das Spiel im entscheidenden Augenblick neu beginnen zu lassen: „Und jene Schreckensnacht sei wie ein Traum entflohen." So geschieht es denn auch, und alles kommt zu einem guten Ende. Diese Vorwegnahme der „romantischen Ironie" der Art Tiecks läßt den dunklen Fatalismus der handelnden Personen nicht mehr weltanschaulich ernst nehmen. Andererseits aber sind wir aus dem autobiographischen Roman *Anton Reiser* über die fatalistischen Tendenzen des Dichters so unterrichtet, daß wir in der Ironisierung des Schicksals durch das Zerbrechen der Illusion ein Zugeständnis an das Publikum erblicken müssen. *Blunt* stellt in der Geschichte der Sch. den Augenblick dar, wo aus fatalistischen Anschauungen der neue Begriff des Tragischen belebt wird, so spielerisch das auch noch geschieht. Hier ist der Zusammenhang mit der Antike nicht unmittelbar wirksam. Der Fatalismus wird aus dem Persönlichkeitsgefühl des Sturms und Drangs gespeist. Traum und Ahnung warnen und versuchen. Das Dämonische der menschlichen Seele wirkt sich schicksalbildend aus. Nur durch den Stoff gehört das Drama also in eine Untersuchung der Sch. Es ist zugleich das literar. Zwischengebild von Sturm und Drang und Romantik, wenigstens für dies beschränkte Gebiet.

§ 10. Der Begriff des Tragischen im Sturm und Drang entfaltet sich aus dem starken tragischen Persönlichkeitsgefühl, das zuerst von Hamann in den *Sokratischen Denkwürdigkeiten* ausgesprochen und mit dem Begriff des Dämonischen gefaßt war. Die Deutung dieser Tragik, die dem bedeutenden Individuum kraft seines Wesens zukommt, wandelt sich in den Jahrzehnten bis zur Lösung in der *Iphigenie* verschiedenartig ab. Was künstlerisch fruchtbar wird, ist die Spannung zwischen dämonisch-genialem Individuum und der Welt. Sein Höhepunkt ist die künstlerische Gestaltung des tragischen *Amor fati* vom *Urfaust* bis zum *Egmont*. Aus diesem Boden erwächst noch einmal eine Deutung der antiken Tragik, wie sie das Schicksalslied in der *Iphigenie* gibt. Die Kleinlichkeit und Zufälligkeit des Fatums in der Sch. ist hier überwunden. An die Stelle des psychologischen Charakterdramas tritt eine Wesenstragik, die neue Bezüge zwischen Mensch und Schicksal schafft und also den Zufall der Sch. nicht benötigt. Man will nicht nur rühren, sondern strebt zu einem neuen Begriff des heroisch tragischen Lebens. Erst als dieser heroische Titanismus sich empfindsam auflöst, ist der Mutterboden zu einer neuen Sch. bereitet. Der Übergang dazu liegt im *Anton Reiser,* wie denn auch der Begriff des Dämonischen im *Blunt* die innere Zersetzung des Begriffsinhaltes schon verrät. Einen Zielpunkt dieser Entwicklung fassen wir in dem anarchistischen Subjektivismus des jungen T i e c k, wie er ihn im *William Lovell* und im *Abdullah* formuliert hat. Vor dem Anspruch des übersteigerten Individualismus verliert alles Geschehen seinen Sinn. Das „Gespenstische" des Schicksals ist 1792 im *Berneck* in dem Sinn verwirklicht, zu dem *Lovell* sich bekennt: „Ich fange Zufälle und Begebenheiten auf, ohne zu wissen, was ich mit ihnen tun soll" (*Schriften.* Bd. 6, 1828, S. 127). „Wer weiß, was es ist, was uns regelt und regiert, welcher Geist, der außer uns wohnt, und nur allmächtig und unwiderstehlich in uns hineingreift" (*Schriften.* Bd. 6, 1828, S. 350). Tieck versucht, den Fluch und seine mechanische Wirkung dadurch mit dem Charakterfatum zu verbinden, daß er Karl als einen vom Schicksal gezeichneten Charakter, als einen Melancholiker darstellt. Hamlet und Orest sucht er in diesem Drama zu verbinden, ohne daß aber etwa eine psychologische Zwangsläufigkeit gegenüber dem Fluchschicksal als gleichwertige Kraft erschiene.

§ 11. Wackenroders Formulierung „Orest in Ritterzeiten" kennzeichnet die Bedeutung des *Berneck* für die Geschichte der Sch. Hier verquickt sich die antike Sch. des endenden Rationalismus mit der historischen Ritterdramatik der neuen Epoche,

die sich im Anschluß an Shakespeare über den *Götz* entwickelt hatte, während das *Bild* nach seiner feinsinnigen Analyse (a.a.O. S. 188 ff.) das bürgerliche Trauerspiel des Sturms und Drangs über die *Stella* in die Nähe der Sch. weiterleitet. „Das Feld des Tragischen und der trüben Melancholie", von dem er als dem eigentlichen Wirkungskreis des Tieckschen Genius spricht, ist wohl vor allem durch die fatalistischen Züge dieses Dramas bestimmbar. So bekennt der Gattenmörder nach der Tat: „Das Schicksal ist sehr grausam . . . Das Verhängnis spielt fürchterlich mit dem Glück der Menschen, Louise, — laß es, es ist nicht anders. [1. Fassung 1792:] Wir wollten glücklich sein, aber das grausame Schicksal rief: Nein. [2. Fassung:] Und warum wollen wir denn auch glücklich sein, dazu wurden wir ja nicht geboren". (*Schriften.* Bd. 2, 1828, S. 291-292.) Haben wir hier auch keine vollendete Sch. wie im *Berneck* vor uns, als eine Zwischenform ist es für die weltanschauliche Fundierung der Tieckschen Sch. bedeutungsvoll. Die Verknüpfung der Schicksalserfüllung mit bestimmten Requisiten bereitet sich im *Bild* vor, spielt im *Berneck* dann schon eine große Rolle, wobei der geschichtliche Ursprung auch dieses Zuges aus dem antiken Drama deutlich wird. Dadurch und durch die Einbeziehung der Landschaft, Zeit und Witterung als Stimmungsbild wirkt Tieck auf W e r n e r und dadurch auf die späteren Dichter. Die Umwelt wird fast zum Mitspieler, wie Karl bekennt. Die Eroberung der sinnlichen Umwelt als Schicksalatmosphäre wird von nun an ein bezeichnender Zug der Sch.; allerdings zeigt sich die Tendenz dazu aus gleicher Quelle (dem Drama des Sturms und Drangs) wenigstens für die Zeit schon bei Moritz, ohne aber die Landschaft einzubeziehen.

§ 12. Wirksam wird Tieck unmittelbar zunächst nur auf den Leipziger Dichter K i n d, dessen *Schloß Anklam* 1803 entworfen, 1804 umgearbeitet wurde und 1814 unter dem Titel *Ministrel* erschien. Zwischen dem Erstling H. v. K l e i s t s *Familie Schroffenstein* und dem *Berneck* scheinen Beziehungen zu bestehen, ohne daß diese Beobachtung H. Meyer-Benfeys (*Das Drama H. v. Kleists,* Bd. 1, 1911, S.159) aber belegt werden könnte. Bei der schwärmerischen Verehrung Zacharias Werners für Tieck ist eine Kenntnis des *Berneck* dagegen sicher.

§ 13. W e r n e r s Kunst fußt nach eigenem Bekenntnis auf der Schillers und Tiecks. Ein Einfluß von der *Braut von Messina* aus auf den Dichter des *24. Februar* scheint aber nicht vorzuliegen. Als Dichter der *Söhne des Tals* bekennt sich Werner zu einem Schicksal, das moralisches Weltgesetz ist. Hier ist er also ganz dem mittleren Schiller verpflichtet. Schon im zweiten Teile aber erscheint es als das Gesetz der geschichtlichen Wandlung ohne eigentlichen moralischen Charakter. Bewußt arbeitet er so auch den ersten Teil um: tragisch ist die Vernichtung der schuldlosen Persönlichkeit durch das Fatum der Geschichte. Dieser von Schleiermacher ihm vermittelte Gedanke erhält unter dem Einfluß vor allem Fichtes eine neue Verbindung mit der Persönlichkeit: jeder Mensch wird als Idee-Individuum in die Welt gesandt, seine geschichtliche Sendung zu erfüllen, sei es als Reformator (*Weihe der Kraft*) oder als Gottesgeißel (*Attila*). Tragisch wirkt für ihn die notwendige Spannung zwischen den Forderungen der empirischen Persönlichkeit und der Schicksalsaufgabe der Sendung. Mit Ausnahme des *24. Februar* sind auf Grund dieser tragischen Schicksalsidee alle seine Werke historisch. Im *24. Februar* haben wir ein bürgerliches Trauerspiel, in dem das alte Thema der Mordeltern scheinbar völlig fatalistisch dargestellt ist. Goethe hat ihm das enge Thema bewußt gegeben und ihm wohl im Gegensatz zu seinen christlichen Mysterien auf das antike Drama verwiesen. Tiecks *Berneck* mochte bewußt oder unbewußt mitwirken, daß er das Fluchschicksal nun in enger Verknüpfung mit den Requisiten und der Zeit sich erfüllen ließ. Aber Werner lehrt an keiner Stelle einen Fatalismus, ist im Gegenteil sehr bewußt bemüht, seine Personen für ihre Tat verantwortlich zu machen. Die Erfüllung des Fluches ist ihm die Folge der Verstocktheit der sündigen Menschen. Der Fluch kann sich nur erfüllen, weil die Menschen ihn in ihren Willen aufnehmen. Im Grunde also verwirklichen die Verfluchten ihn selbst. Das artistisch übernommene antike Fluchmotiv wird so von ihm christlich umgedeutet. Da er auch ein Drama des Segens schreiben sollte oder wollte (in der *Kunigunde* klingt es an), ist der *24. Februar* ein Zeichen seiner Deutung des Schicksals als Tat des Menschen. Die „magische" schicksalbildende Kraft der menschlichen Seele sollte so in die Erscheinung treten. Bei aller Enge und Kleinlichkeit des Schicksalsgedankens ist der *24. Februar* der Höhepunkt der dramatischen Kunst Werners und der Sch. überhaupt. Die strenge und straffe Führung der Handlung, der starke Stimmungsreiz sicherten dem Stück und seinen Kopien oder Nachahmungen stets einen Bühnenerfolg. Künstlerisch ist vor allem die Zeichnung der Charaktere des Vaters und der Mutter bedeutend. Ähnliche Charaktere finden sich in mehreren Sch.n der Folgezeit.

§ 14. Zur Theatermode wird die Sch. durch die Arbeiten M ü l l n e r s , der in bewußter Nachahmung Werners einen *29. Februar* schrieb (1812), ihn aber unter dem Titel *Wahn* umarbeitete (1816). Im gleichen Jahre vollendete er das Trauerspiel *Schuld*, das von allen bedeutenden Bühnen Deutschlands aufgeführt wurde. Von Müllner ab ist die Sch. in keinem Sinne mehr Ausdruck künstlerischer oder gar geistesgeschichtlicher Kräfte. Müllner selbst betont immer wieder, daß er nicht Dichter sei und alles Wesentliche seinen Vorgängern verdanke. Er übernimmt die Sch. in der sprachlichen und technischen Form der Romantik, ein geschickter Könner ohne künstlerische Kräfte und Absichten. In der Geschichte des Fatalismus ist er nicht durch sein Werk, sondern durch seine Wirkung wichtig, die wohl nur durch die geistige Ermüdung Deutschlands nach den Napoleonischen Kriegen erklärlich ist.

§ 15. Sein Schüler (und späterer Lehrer bei der Übernahme des Sch.n-Schemas in die historische Tragödie), Ernst v. H o u w a l d , übernimmt zuerst das Wernersche Schema des kurzen Enthüllungsspiels. Das bedeutendste ist *Die Heimkehr*. Es ist bezeichnend, daß auch ohne Hineinspielen des Schicksalsgedankens die Form der Sch. hier aufgenommen wird. Nur als technischer Theaterkniff, der erprobt ist, wird sie benutzt. Der *Leuchtturm* ist ein kraftloser Versuch, die Sch. neu zu beleben. *Fluch und Segen* zeigen schon durch den Titel an, daß hier der Versuch gemacht wird, die Konzeption Werners zu vollenden und den Fiktionsschaden des „Schicksals" darzulegen. Die Schlußworte erscheinen denn auch fast als eine Paraphrase des Prologs zum *24. Februar*. Die Tragik ist hier am Ende der Entwicklung der Sch. ganz aufgegeben zugunsten der Rührseligkeit, wobei die Verwendung von Kinderrollen eine beliebte Sicherung des Erfolges wird.

§ 16. Noch ein Dichter geriet neben diesen reinen Technikern in die Suggestion der Sch. und ihrer Form: G r i l l p a r z e r. Seine *Ahnfrau* gehört literarhistorisch unter diesen Gattungsbegriff, aber da er ein Dichter ist, vermag er ihr Wirkungen abzuringen, die keiner seiner Vorgänger außer Tieck und Werner erreichten. Zu seinen Nachahmern zählt auch der späte Houwald, dessen *Feinde* (wie Minor aufzeigte) sich in vielen Zügen nach dem Werk Grillparzers richten. Eine geschichtliche Entwicklung macht die Sch. nur bis zu Werner durch. Grillparzer bringt keine wesentlich neuen Züge hinein.

Unter den kritischen Gegnern der späteren Sch. sind vor allem B ö r n e , P l a t e n und auch T i e c k zu nennen.

Otto Abrahamson (= B r a h m), *Ein Beitrag zur Entwicklungsgeschichte d. dt. Schicksalstragödie.* ArchfLitg. 9 (1880) S. 205-224. Jacob M i n o r , *Die Schicksalstragödie in ihren Hauptvertretern* (1883). Ders. (Hg.), *Das Schicksalsdrama* (1884; DNL. 151). August R o s i k a t , *Über d. Wesen d. Schicksalstragödie.* Progr. Königsberg 1891/92. Jacob F a t h , *Die Schicksalsidee in d. dt. Tragödie.* Diss. Leipzig 1895. Moriz E n z i n g e r , *Das dt. Schicksalsdrama* (Innsbruck 1922). Henri G l a e s e n e r , *La malédiction paternelle dans le théatre romantique et le drame fataliste allemand.* RLC 10 (1930) S. 41-73. Otto G ö r n e r , *Vom Memorabile zur Schicksalstragödie* (1931; Neue Forschung 12). Marshall M o n t g o m e r y , *Studies in the age of Goethe* (London 1931) S. 54-78: *Fate and guilt in the German drama, 1799-1833.* Kurt H a n c k e , *Die Auffassung d. Schicksals im dt. Irrationalismus d. 18. Jh.s* (Teildr.) Diss. Berlin 1935. Elisabeth K l e m a n n , *Die Entwicklung d. Schicksalsbegriffs in d. dt. Klassik u. Romantik.* Diss. Heidelberg 1937. Hermann Aug. K o r f f , *Geist d. Goethezeit.* Bd. 4 (2. Aufl. 1955) S. 427-440. Ulrich T h i e r g a r d , *Schicksalstragödie als Schauerliteratur.* (Masch. verf.) Diss. Göttingen 1957. Kurt v. F r i t z , *Antike u. moderne Tragödie* (1962) passim. Rudolf W e r n e r , *Die Schicksalstragödie u. d. Theater d. dt. Romantik.* Diss. München 1963. Benno v. W i e s e , *Die dt. Tragödie von Lessing bis Hebbel* (6. Aufl. 1964) passim. Roger B a u e r , *„Das mißhandelte Schicksal."* Zur Theorie d.

Tragischen im dt. Idealismus. Euph. 58 (1964) S. 243-259. A. J. B i s a n z , *George Lillos Drama 'Fatal Curiosity' u. dessen umstrittene Nachfolge in Deutschland.* Arcadia 8 (1973) S. 55-61. Paul H a n k a m e r , *Zacharias Werner 'Der 24. Februar'.* Diss. Bonn 1919. Ders., *Zacharias Werner. Ein Beitr. zur Darstellung d. Problems der Persönlichkeit in d. Romantik* (1920). Franz S t u c k e r t , *Das Drama Zacharias Werners. Entwicklung u. literaturgeschichtl. Stellung* (1926; Dt. Fschng. 15). Heinz M o e n k e m e y e r , *Motivierung in Zacharias Werners Drama 'Der 24. Februar'* MhDtUnt. 50 (1958) S. 105-118. Gerard K o z i e ł e k , *Das dramat. Werk Z. Werners* (Wrocław 1967; Prace Wrocławskiego Towarzystwa Naukowego A 120). Johannes K r o g o l l , *Nachw. zu Zacharias Werner, Der 24. Februar* (1967; Reclams Universalbibl. 107) S. 77-96. Elisabeth S t o p p , *„Ein Sohn der Zeit".* Goethe and the romantic plays of Zacharias Werner. Publ. of the English Goethe-Society 40 (1970) S. 123-150. — G. A. W e l l s , *Fate-tragedy and Schillers 'Braut von Messina'.* JEGPh. 64 (1965) S. 191-212. Wolfgang S c h a d e w a l d t , *Antikes u. Modernes in Schillers 'Braut von Messina'.* Jb. d. Dt. Schiller-Ges. 13 (1969) S. 286-307. Alexander T. M a c k y , *Fate and hybris in 'Die Braut von Messina'.* Forum for modern language studies (St. Andrews) 6 (1970) S. 213-255. — Hans-Geert F a l k e n b e r g , *Strukturen d. Nihilismus Ludwig Tiecks* (Masch. verf.) Diss. Göttingen 1956. — Iacob M i n o r , *Zur Gesch. d. dt. Schicksalstragödie u. zu Grillparzers 'Ahnfrau'.* GrillpJb. 9 (1899) S. 1-85. Hans M. W o l f f , *Zum Problem d. 'Ahnfrau'.* ZfdPh. 62 (1937) S. 303-317. Wolfgang P a u l s e n , *'Die Ahnfrau'. Zu Grillparzers früher Dramatik* (1962; Untersuchgn. z. dt. Litg. 1). Frieder L o r e n z , *F. Grillparzers 'Ahnfrau'. Eine Schicksalstragödie.* Grillparzer-Forum Forchtenstein (1968) S. 79-89. H. C. S e e b a , *Das Schicksal d. Grillen u. Parzen. Zu Grillparzers 'Ahnfrau'.* Euph. 65 (1971) S. 132-161. R. B a u e r , *'Die Ahnfrau' et la querelle de la tragédie fataliste.* EtudGerm. 27 (1972) S. 207-223. Edward R. M c D o n a l d , *'Die Ahnfrau'. F. Grillparzer Metapher d. schicksalhaften Lebens.* Maske u. Kothurn 18 (1972) S. 3-22. Ruth K. A n g r e s s , *Das Gespenst in Grillparzers 'Ahnfrau'.* GermQuart. 45 (1972) S. 606-619. Heinz P o l i z e r , *Franz Grillparzer oder Das abgründige Biedermeier* (1972) S. 58-80. Herbert K r a f t , *Das Schicksalsdrama* (1975; Unters. z. dt. Litg. 11).

Paul Hankamer

Schlager

§ 1. DWb. (Bd. 9, 1899) kennt das Wort *Schlager* nicht. Es taucht erstmals im vorletzten Jahrzehnt des 19. Jh.s auf und bezeichnet ein populäres Unterhaltungs- oder Tanzlied, das Erfolg und Verbreitung gefunden hat. Wie in dem englischen *hit* (erfolgreicher Treffer) ist auch im dt. Wort ein

Hinweis auf die Konkurrenz enthalten, in der jedes einzelne Produkt mit den übrigen steht; der Wettbewerb der Schl. um den Markt wurde in vordem ungeahntem Maße durch die Entwicklung technischer Vervielfältigungsmittel (Schallplatte und Band) und akustisch-visueller Verbreitungsmöglichkeiten (Radio und Fernsehen) befördert. Eine hochspezialisierte Industrie beliefert diese Medien mit ständig hergestellten Neuproduktionen, deren musikalische und sprachliche Elemente einem durchaus beschränkten, nach rationellen Fertigungsmethoden immer neu kombinierten Fundus entstammen. Der Vortrag des Schl.s erfolgt häufig durch sogenannte Schlagerstars, Sänger, deren Personalität mit Methoden industrieller Werbung aufgebaut wird und dem Schl. als Massenware einen Anschein von Individualität ermöglicht. Die Verbreitung eines „Spitzenschl." kann weltweit sein, wobei oft die Originalversion neben derjenigen in der Landessprache gebraucht wird; Übersetzungen nehmen selten Rücksicht auf den ursprünglichen Wortlaut, passen sich vielmehr dem musikalisch-rhythmischen Verlauf und den Eigentümlichkeiten eines nationalen Marktes an.

§ 2. Daraus ergibt sich die verhältnismäßig untergeordnete Bedeutung des Schl.textes, der nicht zuletzt in dt. Sprache meist von großer Dürftigkeit ist und auf den literar. Anspruch des Chansons *(s. d.)* verzichtet. Der Textverlauf wird einerseits von den, meist anspruchslosen, musikalisch-rhythmischen (Tanzmelodien) Bedingungen bestimmt, andererseits von sorgfältig erkundeten und unterhaltenen Erwartungen des Publikums. Erotische und sentimentale Themen, selten zusammenhängend durchgeführt, nur durch den Refrain zusammengehalten, werden im dt. Sprachgebiet bevorzugt; aber auch burleske oder politisch-gesellschaftliche Vorwürfe setzen sich zuweilen durch; die letzteren, meist unter angelsächsischem Einfluß, lassen die Grenze zum Chanson zuweilen verschwimmen.

§ 3. Meist nützt der Schl.text sehr ursprüngliche Bedürfnisse seiner Konsumenten aus, indem er ihnen Identifikationsmöglichkeiten anbietet: Glück zu zweien, dauerhafte Liebe, Aufhebung der Vergänglichkeit, Befreiung vom Alltag, heile Natur und irdische Paradiese werden angetragen, sofern

nicht die Entbehrung so schöner Güter als sentimental-sehnsüchtige Empfindung („Schnulze") fühlbar gemacht wird. Eine gründliche Analyse der Thematik und der sprachlichen Form fehlt noch. Sie würde neben den literar. Traditionen auch methodisch schwer greifbare Bedingungen zu untersuchen haben, so etwa die Ausnutzung der Säkularisation anheimgefallener religiöser Bedürfnisse (Glücksversprechen) oder die häufige Verwertung psychologisch wirksamer Reizwörter und Reizbilder, denen eine potentielle Dauerwirkung eigentümlich ist. Der Schl.text, immer undifferenziert artikuliert, greift dennoch gern auf — als solche nicht erkannte — literar. Vorgänger zurück. In ihm leben Rudimente des Exotismus des 18. Jh.s weiter, ebenso eine Anzahl von Naturbildern, denen Empfindsamkeit und Romantik Gefühlslagen zugeordnet haben und deren Chifferncharakter Verständigung ermöglicht. Die Untersuchung all dieser Fragen ist erschwert, teils weil sie in Grenzgebieten angesiedelt sind, die leicht durch ideologische Vorurteile versperrt werden; teils auch, weil sie von sehr grundsätzlichen Problemen wie denen der literar. Wertung, der lyrischen Wirkung und der Funktion politischer Elementarformen im seelischen Haushalt nicht zu trennen sind.

A. A l b e r s , *Psychologie des Schlagers,* in: *Buchhändler-Taschenbuch* (1928) S. 129-132. Th. W. A d o r n o , *Schlageranalysen.* Anbruch. Monatsschr. f. moderne Musik 11 (1929) S. 108-114. H. C o n n o r , *Schlagerindustrie im Rundfunk.* Weltbühne Jg. 27, Nr. 28 (14. Juli 1931) S. 67-69. F. B a h l , *Gedicht u. Schl.* Frankfurter Hefte 1 (1953) S. 44-47. F. K i e n e c k e r , *Der Schl., sein Weltbild u. s. Gefahr.* Die Kirche in d. Welt 25 (1954) S. 123-137. E. A. F r a n z , *Wie schreibt man Schl.texte. E. Leitfaden* (1955). H. B a u s i n g e r , *Volkslied u. Schl.* Jb. d. Österr. Volksliedwerkes 5 (1956) S. 59-76. N. S c h n e i d e r , *Untersuchungen zum Wertproblem im Bereich d. Musik, aufgezeigt am Beispiel: Volkslied u. Schl.,* in: *Musikerziehung in d. Schule. Vorträge d. ersten Bundesschulmusikwoche Mainz 1955* (1956) S. 243-254. Walter H a a s , *Das Schlagerbuch* (1957; List-Bücher 101.) Else H a u p t , *Stil- u. Sprachkundliche Untersuchungen z. dt. Schl.* (Masch. verf.) Diss. München 1957. W. S t u m m e , *Triumph d. Schnulze.* Kontakte 4 (1958) S. 151-157. J. S t a v e , *Die Schnulze - sprachlich gesehen.* Ebda., S. 158-160. S. A b e l - S t r u t h , *Volkslied u. Schlager. Ein Textvergleich.* Ebda., S. 160-164. W. T w i t t e n h o f f , *Sing ein Lied, wenn Du mal traurig bist. Zur Philosophie d. Schl.s* Ebda., S. 165-167. W. W i o r a , *Der Untergang d. Volksliedes u. s. zweites Dasein,* in: *Das Volkslied heute* (1959; Musikalische Zeitfragen 7) S. 9-25. Arthur Maria R a b e n - a l t, *Die Schnulze* (1959). Siegfried S c h m i d t - J o o s, *Geschäft mit Schlagern* (1960; Das aktuelle Thema 2). W. T w i t t e n - h o f f, *Geschäft mit der Schnulze - Geschäft mit der Jugend.* Jugendschutz 5 (1960) S. 170-174. Günter H e g e l e, *Schl. prägen ihre Hörer. Die Jugend im Umgang mit d. Schallplatte.* Jugendschutz 5 (1960) S. 165-169. Ders., *Heiße Liebe u. heiße Musik* (1961; Zeit u. Welt 1). Ders., *Der Schl. - Unterhaltung, Geräuschkulisse oder Seelenspeise?* Süddeutscher Rundfunk. Schulfunk 14, H. 8 (Aug. 1961) S. 294-296. W. R ö h r i g, *Soziologie d. Schl.s.* Ebda., S. 290-294. B. B i n k o w s k i, *Für u. wider den Schl.* Ebda., S. 285-290. W. v. L a R o c h e, *Erfahrungen mit Schlager-Fans.* Dt. Jugend 9 (1961) S. 357-362. G. B a b, *Die politisch-erzieherische Rolle d. Schl.s u. d. Tanzmusik.* Musik in d. Schule 13 (1962) S. 205-212. F. B a c h m a n n, *... wenn wir vom Schl. sprechen.* Musik in d. Schule 13 (1962) S. 221-231. Ders., *Lied, Schlager, Schnulze. Einige Möglichkeiten d. Melodie-Analyse d. „Alltagsmusik"* (1962). Theodor W. A d o r n o, *Einleitung in d. Musiksoziologie* (1962). Robert R e i c h h a r d t, *Die Schallplatte als kulturelles u. ökonomisches Phänomen.* Diss. Basel 1962. Hans Christian W o r b s, *Schlager.* MGG 11 (1963) Sp. 1737-1743. Ders., *Der Schl. Bestandsaufnahme, Analyse, Dokumentation. Ein Leitfaden* (1963), Rez.: Wolfgang S u p p a n, *Volkslied* (1966; Slg. Metzler M 52) S. 53-54. René M a l a m u d, *Zur Psychologie d. dt. Schl.s. Eine Untersuchung anhand seiner Texte* (Winterthur 1964). W. B e r g h a h n, *In der Fremde. Sozialpsycholog. Anm. zum dt. Schl.,* in: *Trivial-Literatur.* Hg. v. Gerhard Schmidt-Henkel u. a. (1964) S. 246-259. Siegfried F r e i - t a g, *Untersuchungen von dt. Schl.n aus d. Jahren d. 2. Weltkrieges.* Wiss. Zs. d. Pädagog. Inst. Zwickau, Ges.- u. sprachwiss. Reihe 1 (1965), H. 2, S. 60-123 (Thesen S. 104-105). Hermann F i s c h e r, *Volkslied - Schlager - Evergreen. Studien über das lebendige Singen aufgrund von Untersuchungen im Kreis Reutlingen* (1965; Volksleben 7). Helmut L a m p r e c h t, *Teenager u. Manager* (2. Aufl. 1965). Alphons S i l - b e r m a n n, *Hände weg vom Schl.,* in: Silbermann, *Ketzereien eines Soziologen* (1965) S. 89-119. Peter L e s l i e, *Fab., The anatomy of a phenomen* (London 1965). Gerh. W e i s e, *Zum Schl. von heute.* Kulturarbeit 18 (1966), H. 3, S. 47-48. H. R a u h e, *Trivialität in der Musik, dargest. am Beipiel Lied - Gassenhauer - Schl.,* in: *Practica* (1966) S. 97-101. F. B o s e, *Volkslied - Schl. - Folklore. Mit Diskussionsbeitr.* Zs. f. Volkskunde 63 (1967) S. 40-78. Gunnar S ø n s t e v o l d u. Kurt B l a u k o p f, *Musik d. „einsamen Masse". E. Beitr. z. Analyse von Sch.schallplatten* (1968; Schriftenreihe Musik u. Gesellschaft 4). Ute K l e i n u. Gerd.-H. G ö m a n, *Schl. im Kreuzverhör, Schl. als Spiegel d. Zeitgeistes u. die Analyse ihrer Texte* (1968; Schriftenreihe z. Jugendnot 8). Peter E t z k o r n, *Die Verwundbarkeit*

von Berufen u. d. soziale Wandel. Das Beispiel des Schl.komponisten. Kölner Zs. f. Soziologie u. Sozialpsychologie 21 (1969) S. 529-542. Friedr. S c h e e r e r, *Folksong in d. Bundesrepublik.* Württemberg. Jb. f. Volkskunde 1970, S. 97-115. W. K i l l y, *Gedanken über dt. Schl.-texte.* NRs. 82 (1971) S. 259-272. H. B a u - s i n g e r, *Schl. u. Volkslied.* In: Handbuch d. Volksliedes. Hg. v. Rolf v. Brednich, Lutz Röhrich, Wolfgang Suppan. Bd. 1 (1973; Motive. Freiburger Folklorist. Fschgn. 1/I) S. 679-690. Luigi D e l G r o s s o Destreri *Europäisches Hit-Panorama* (1972; Schriftenreihe Musik u. Gesellschaft 12). *Massenmedien u. Trivialliteratur.* Projekt Deutschunterricht. Bd. 5 (1973) S. 76 ff. — Quellen: *film + funk - Schlagertextheft* (Musikverlage Hans Gerig Köln 1952-1969). *'dein schönstes Lied'. Arcadia-Schlagertextheft* (Tempoton Verlag Hans Sikorski Hamburg 1948-1970). *top Schlagertextheft* (Hans Sikorski in Gemeinschaft mit führenden dt. Musikverlagsgruppen 1970 ff.). *Schlagermagazin.* Cheflektor Willibald Winkler (1971 ff.). *Schlager in Deutschland.* Hg. v. Sigmund H e l m s (Breitkopf & Härtel Wiesbaden 1972).

Walter Killy

Schlesische Schulen

§ 1. B e d e u t u n g. Streng genommen, läßt sich der Brauch, von einer 1. und 2. schlesischen Schule zu reden, nicht halten. Denn die schlesische Herkunft schafft zwar persönliche Bekanntschaft, aber keine eigentümlich schlesischen Inhalte. Allerdings sind es Schlesier, die die neue Auffassung und Ausübung der Poesie über Deutschland verbreiten; doch empfinden sie sich bei aller Verehrung für Opitz nicht als geschlossene Schule. Das Eigentümliche beruht im Gegenteil auf der raschen Aufnahme in den andern Landschaften, ohne daß lokale und individuelle Abwandlungen ausblieben. Es handelt sich vielmehr um Stilrichtungen bestimmter Generationen, die, von Schlesiern zuerst gefunden und dort nachgeahmt, die dt. Lit. überhaupt in ihren Bann ziehen. Als typische Zeitstile gibt es nicht zwei, sondern drei Etappen.

§ 2. K u l t u r e l l e u n d s o z i a l e V o r a u s s e t z u n g e n. D i e W e l t a n - s c h a u u n g. Die Zentren der Kultur des 17. Jh.s sind die kleinen mitteldt. Fürstenhöfe von Thüringen bis Schlesien, denen sich Braunschweig und Brandenburg, Danzig und Königsberg bis Riga und selbst Hamburg anschließen. Ihre Wirksamkeit für eine zeitgemäße dt. Kultur offenbart sich im Zusammenschluß zur „Fruchtbringenden Gesellschaft". Die Piasten von Liegnitz, Brieg und Wohlau sind mit den Anhaltinern durch Familienbeziehungen eng verbunden. Seit 1619 (Dohna!) werden Schlesier in die Fruchtbringende Gesellschaft aufgenommen (bis 1680: 32 Personen), neben den 4 Fürsten (1632 u. 1648) nicht nur deren Räte; fand vielleicht Logau (1648) besonders wegen dieser Eigenschaft Aufnahme, so Opitz (1629) trotz einer energischen Gegenströmung wegen seiner literar. Bedeutung, ebenso Andreas Gryphius (1662).

Träger der Kultur ist der neu entstandene Beamtenstand des Absolutismus. Meist bürgerlicher Herkunft, geht er durch Gymnasium und Universität, sucht auf Reisen, besonders in Holland und Italien, auch Frankreich, Erweiterung des Gesichtskreises und weltmännische Bildung und tritt so in den Kreis der direkten Hofkultur. Gewandtheit im Auftreten, juristischer Zergliederungssinn, Vielseitigkeit des Wissens, eine Rhetorik voll feierlichen Schwungs und zeremonieller Formalität, dabei als Weltanschauung ein christlich gefärbter Stoizismus gegenüber dem wechselreichen Hofdienst, umschreiben die seelischen und stofflichen Voraussetzungen, aus denen das Schrifttum als ausgesprochene Bildungslit. entsteht. Das Bürgertum, das seine materielle wie kulturelle Selbständigkeit während des 16. Jh.s verloren hatte, strebt als Untertan, den Regierenden nachzueifern.

§ 3. Die Etappen des Kunstwollens. In drei Etappen vollzieht sich die Entwicklung der Lit. des 17. Jh.s unter der Führung der Schlesier. Charakteristisch für das gesamte Kunstwollen ist das Suchen nach indirekter Einkleidung, verbildlichender Darstellung, nicht unmittelbarem Ausdruck. Opitz begründet theoretisch und praktisch eine Lit. aus der neuen Seelenhaltung der Epoche. Gewandter Stil, geziert durch viele Metaphern, grammatische und syntaktische Korrektheit des schriftsprachlichen Ausdruckes, zeitgemäße Stoffe aus der höfischen Kultursphäre bis zum Schäferliedchen sowie christlich-stoischer Gehalt bezeichnen das Kunstwollen der Frühzeit (1620-50). Seit dem Ende des großen Krieges tritt eine neue Generation hervor voll männlicher Gefaßtheit (1650-1680). Ihr Stilideal ist Wucht und Pracht. Häufung der Bilder, Steigerung der seelischen Geladenheit, Gedrungenheit des Satzinhaltes sind die Folge. Die künstlerischen Leistungen

eines Andreas Gryphius, doch auch Lohensteins rechtfertigen die Bezeichnung als Hochbarock. An Hofmannswaldaus erotische Lyrik schließt sich die folgende Generation (1680-1710) an. Geblümte Formspielerei schwelgt in Metaphern, während der Gehalt entleert wird. Nur zur höfischen Unterhaltung, als Zeitvertreib in Nebenstunden entstanden, dient noch die Kunst: sie ist „galant".

§ 4. Die Literaturformen. Die kulturell-soziale Eigenart des Publikums prägt den zur Darstellung benutzten Kunstformen deutlich ihren Stempel auf. Zeremoniellen Prunk stellt die üppig wuchernde Gelegenheitsdichtung dar, die dem Landesherrn und vornehmen Gönnern auch bei geringfügigen Ereignissen ergebenst gespendet wird, in ähnlicher Weise auch Freunden und Gevattern zu Reisen und Promotionen, Geburts- und Ehrentagen, zu Hochzeit, Kindtaufe und Begräbnis. Der gesellschaftlichen Unterhaltung entsprang auch die galante Dichtung der dritten Generation. Während manche sangbare „Ode" nur in reicherer Strophenform und in korrekter Metrik das Gesellschaftslied (s. d.) fortentwickelt, wird besonders im Sonett, daneben auch in dem großen Gebäude der Pindarischen Ode Gedankendichtung gepflegt, rein als Wortkunst. Das Kirchenlied färbt sich stilistisch zeitgemäß um und geht in die subjektive religiöse Lyrik über. Während das politische Zeitgedicht fehlt, werden moralische Mißstände im Epigramm getroffen. Das Theaterspiel der Gymnasien benutzt die Errungenschaften der Verwandlungsbühne und verkörpert in der neu geschaffenen schlesischen Kunsttragödie das stoische Ethos des Beamtenstandes. Ausgesprochen höfischer Festschmuck, ist dagegen die Oper oft für bestimmte Ereignisse verfaßt. Für die Erziehung der Masse wird in Schlesien nichts produziert. Der Roman dient allein der höfisch-galanten Erziehung.

§ 5. Die Dichter. Um Opitz (1597-1639) gruppieren sich als erste Generation seine etwas jüngeren Landsleute, die als Sendboten die neue Kunst hinaustragen: Georg Gloger (1603-1631), der Paul Fleming und mit ihm Leipzig gewinnt, Andreas Tscherning (1611-59), Prof. Poes. in Rostock, Joh. Peter Titz (1619-89), Prof am akademischen Gymnasium in Danzig, Christoph Kaldenbach (1689-98), Prof. in Tübingen, Enoch Gläser (1628-68), Prof. in Helmstädt. In der Heimat stehen zu ihm: Andreas Scultetus (dichtet um 1640), Christian Cunrad (1608-71), mit stärkerer persönlicher Eigenart Christoph Köhler (1602-38), Joh. Heermann (1585-1647), Wenzel Scherffer von Scherffenstein (1603-74), Daniel Czepko (1605-1660) und die Dichterin Doroth. Eleonore von Rosenthal (dichtet 1641). — Schon Friedrich von Logau (1604-55) ist innerlich der z w e i t e n G e n e r a t i o n zuzurechnen, die weit mannigfachere und ausgeprägtere Persönlichkeiten zeigt. Führend sind Andreas Gryphius (1616-64), Christian Hofmann von Hofmannswaldau (1618-79), Daniel Caspar von Lohenstein (1635-83), Joh. Scheffler (1624-77). Daneben stehen Nicol. Peucker (1620-74), Elisabeth Lenitz (1629-79), Joh. Franck (1618-1677), Hch. Held, Joh. Preuß (1620-96), Martin Jahn (ca. 1620-78), Elias Major d. J. (1625-1706), Karl Ortlob (1628-87), Joh. Heinrich Keulisch (1633-98), Martin Hancke (1633-1709), Knorr von Rosenroth (1639-89), Hch. Mühlpfort (1639-81). — Der S p ä t z e i t gehören an: Hans Aßmann von Abschatz (1646-99), Hans von Assig (1650-94), Anselm von Ziegler und Kliphausen (1663-1696), Paul (von) Winckler (1630-86), Christian Gryphius (1649-1706), Joh. Christian Männling (1658-1723), Zacharias Hermann (1643-1716), Joh. Menzer (1658-1734), Christoph Tietze (1641-1703), Caspar Neumann (1648-1715), Samuel Grosser (1664-1736), Quirin Kuhlmann (1651-89), G. Kamper († 1696), Caspar Gärtner, Paul Pfeffer (1651-1735), Georg Kranz. Als Spätlinge schließen sich endlich an: Benjamin Schmolck(e) (1672-1737), Erdmann Neumeister (1671-1756), Gottlieb Stolle (1673-1744), Georg Christian Lehms (1684-1717) und Christian Günther (1695-1723), sowie die Pietisten Christian Friedr. Richter (1676-1711) und K. Hch. von Bogatzky (1690-1774).

§ 6. A u s l ä n d i s c h e E i n f l ü s s e. Da das höfische Leben sich nach dem Auslande richtet, besteht die Bildung der Zeit in Aneignung und Verarbeitung fremder Vorbilder.

Vor allem nimmt die Literatur der ersten und auch der zweiten Generation von H o l l a n d, wo meist ein Teil der Studienzeit verbracht wird. Abgesehen von den Fachwis-

senschaften, besonders der Philologie, wirkt die Vereinigung der stoischen Philosophie mit christlichen Gedanken, wie sie Lipsius lehrte, Heinsius dichtete, daneben auch Gedanken von Grotius und Salmasius. Als Poetiker übt Heinsius den größten Einfluß aus, aber auch als gedankenschwerer Lyriker, während Cats für die idyllische Lyrik, Huigens für epigrammatische Scharfsinnigkeit das Muster boten. Als Dramatiker überragt Vondel die Versuche Hoofts, doch machen sich daneben auch Bredero, selbst Jan Vos bemerkbar. Nicht minder groß, doch meist schwer faßbar sind die Anregungen durch Hollands zahlreiche Übersetzungen und Bearbeitungen spanischer Novellen und Dramen, oft erst nach französischen Medien. — Der f r a n z ö s i s c h e Einfluß selbst ist nicht stark. Ronsard wird von Opitz oft bearbeitet, später als allzu klassizistisch abgelehnt, während man sich (dritte Generation) an die zeitgenössischen galanten Vorbilder hält. Außerdem wurden die heroischen galanten Romane gelegentlich neben Historikern für das Drama benutzt. Bei Andreas Gryphius ist Kenntnis Corneilles vorhanden, er übersetzt Quinaults *Fantome amoureux*, ohne sonst deutlicheren franz. Einfluß zu zeigen. — Von E n g l ä n d e r n wurden nur Historiker benutzt. Opitz übersetzt Sidneys *Arcadia*, Hofmannswaldau scheint von Drydens Heroiden angeregt zu sein. — Mit I t a l i e n verbanden Schlesien Handelsbeziehungen. Guarinos *Pastor fido* und manche Opern, vor allem Marino (in der 3. Generation) werden eifrig nachgeahmt. — Merklich sind außerdem die lat. Einflüsse, wohingegen das Griechische (Opitz übersetzt *Antigone*) beiseite steht; nur die byzantinischen Historiker werden häufig verwendet. Tacitus, auch Horaz und Martial werden benützt, vor allem aber Seneca ist der Schutzheilige für Philosophie und Drama. Lateinische Verse schmieden wird neben der Kunstrede auf den Schulen gepflegt, im Leben später vor allem für die Gelegenheitsdichtung noch vielfach verwendet. Die neulateinische Poesie (*s. d.*) lebt und wirkt weiter. Neben Heinsius, Barlaeus, Barclay und Owenus stehen die Jesuiten Balde und Sarbiewski.

§ 7. D i e p o e t i s c h e n T h e o r i e n. Als Ausdruck der neuen Kultur soll die Poesie belehrend die neue Weltanschauung verkörpern, aber auch ergötzen. Dies durch formale Reinheit wie durch sinnvolle neuartige Einkleidung, nicht also durch direkten Ausdruck des Gefühles. Dies alles setzt ebenso wie das gesellschaftliche Benehmen, der Kanzleistil und das römische Recht, die zeitgemäße Bildung voraus. Der Poetik fällt dabei die praktische Aufgabe zu, die dichterische Technik zu normieren.

In diesem Sinne verfaßte Martin Opitz 1624 sein *Buch von der deutschen Poeterey*. Für die allgemeinen Grundsätze (Kap. 1-4) begnügt er sich mit Exzerpten aus Julius Caesar Scaliger und Ronsard, mit gelehrten Wissensschnörkeln aus den gebräuchlichen Enzyklopädien der Zeit (Wower, Caspar Barth). Diese Auswahl, ebenso wie die Zusammenstellungen über die Gattungen (Kap. 5 unter besonderer Benutzung von Heinsius) zeigen gesunden Sinn für das Brauchbare. Für die Zeit war es eine organisatorische Tat, daß dann (Kap. 6) die Grundregeln für den neuen Barockstil zusammengefaßt, ebenso daß im folgenden Kapitel die modernen Strophenformen in stilgerechten Beispielen vorgeführt wurden; besonders aber deshalb, weil darin als zentrale und wirklich originale Leistung das akzentuierende Versprinzip als der dt. Sprache entsprechende metrische Norm verkündet wurde. Durch diese Übereinstimmung von Vers- und Wortakzent wird eine rein auf das gesprochene Wort begründete Poesie gegenüber dem Liedertext mit dem dafür genügenden alternierenden Prinzip konstituiert. Die Betonung der Reinheit der Reime und grammatischen Formen unterstützt das Durchdringen einer einheitlichen Schriftsprache, wie sie zu einer abgeschliffenen höfischen Kultur gehört.

Gegenüber der antikisierenden Richtung der Fruchtbringenden Gesellschaft (Schottel quantitierend) und den revolutionären Neuerern Harsdörffer und Zesen, halten die Schlesier die von Opitz eingeschlagene mittlere Richtung. Buchners, seit 1638 erwähnte, lange nicht gedruckte (1663 und 1665) Poetik und briefliche Auskünfte benutzend, nimmt Tscherning (1658) vorsichtig abwägend Stellung zu den seit den 40er Jahren sich häufenden Poetiken, recht eigentlich als Sachwalter von Opitz, ohne wie der ihm nahestehende J. P. Titz (1642) eine systematische Darstellung zu versuchen; ähnlich

wie schon Enoch Hanmanns kommentierte Ausgabe der *Poeterey* (1645). Sein Schüler Morhof faßt dies Erbe (1682) systematisch zusammen. Auch für die galante Richtung der dritten Generation wird theoretisch ein Schlesier bahnbrechend, nämlich Benj. Neukirchs Vorwort zu seiner Anthologie (1695).

§ 8. Die Lyrik (allgemein). Die Lyrik der Schlesier hebt sich dadurch von der des übrigen Deutschland ab, daß sie reine Bildungspoesie ist. Da eine bodenständige Volksdichtung fehlte, das Gesellschaftslied auch nur von Sachsen-Thüringen herüberspielte, bildete die Übung neulat. Dichterei, wie sie die hochentwickelten Gymnasien pflegten, den Mutterboden für eine nach holländischem Muster angepflanzte dt. Dichtung. Wegen dieser Herkunft ist sie prinzipiell auf das gesprochene Wort gestellt. Auch die auf Willen und Kenntnisse gerichtete Art der Produktion erklärt sich hieraus, wie die Arbeit mit Floskelsammlungen. Natürlich bemühte man sich um Bildungsmäßigkeit eines zeitentsprechenden Gehaltes wie um grammatische und metrische Korrektheit. Reflektierender Gedanklichkeit entsprach die genau geregelte Form des Sonettes, rhetorischer Dialektik die Zweischenklichkeit des Alexandriners. Tatsächlich sind die Schlesier als Vertreter der Wortkunst im 17. Jh. führend gegenüber der Liedhaftigkeit der anderen (auch ostdeutschen) Landschaften, und zwar stellen sie in Opitz das Muster der Frühzeit (sog. 1. schles. Schule), in Hofmannswaldau jenes der Spätzeit (2. schles. Schule).

§ 9. Die sog. 1. schles. Schule (Frühbarock). Die *Teutschen Poemata* (1624) von Opitz sind das erste umfangreiche Buch nach dem neuen Geschmack des nun kulturtragenden Standes. Metrischer und sprachlicher Laxheit des Gesellschaftsliedes stehen sorgfältig geglättete, flüssige Form, neue „gebildete" Inhalte gegenüber. Die chansonhaften Lieder, die uns heut am frischesten scheinen, tändeln schäferlich aufgeputzt; gedanklich zugespitzt herrscht das Sonett und die gehaltene Alexandrinerdichtung vor, neben der spitzigen Gedrungenheit des Epigrammes. Auch dem Gelegenheitsgedicht wird der neue Ton zierlicher Würde verliehen. Daß vieles Bearbeitung und Übersetzung (Heinsius, Ronsard, Veronica Gambara u. a.) war, schwächte nicht die epochemachende Wirkung. Aus dem kulturellen Bedürfnis der Zeit, nicht aus persönlichster Herzensnot, produzierte Opitz mit Leichtigkeit, auf Grund gesunden Sprachgefühles formgewandt, auswählend und vermittelnd. Folgerichtig schritt sein beweglicher Intellekt über größere Gedichte stoischen Gehaltes (besonders *Trostgedichte* 1621, *Lob des Feldbaues, Zlatna* 1623) zu beschreibenden fort (*Lob des Kriegsgottes* 1627, *Vielgut* 1629, *Vesuvius* 1633), um sich schließlich in gelehrter Sammlerarbeit zu verlieren. Doch für alle Arten hatte er entscheidende Muster und das Stilideal der Frühzeit aufgestellt, das zierlicher Korrektheit und nüchterner Gehaltenheit. Erstreckt sich sein Einfluß auch auf ganz Deutschland, so modifizieren ihn doch die anderen Landschaften und Kreise. Die Schlesier, obwohl weit zerstreut über Deutschland, folgen am genauesten. Mit den Gelegenheitsgedichten in Zincgrefs Anhang scheinen die beiden Schlesier Balthasar Wesselius und Kaspar Kirchner († 1624) verstummt zu sein. Den Prototyp des korrekten Opitzianers stellt Andreas Tscherning dar, der selbst die ihm als Professor geläufige Antike nur durch das Medium seines berühmten Landsmannes nachahmte. So wenig wie Nüßler wären um ihrer Gelegenheitsgedichte willen Georg Gloger und Martin Christenius zu nennen, hätten sie nicht durch Paul Fleming Leipzig und damit die Quelle des Gesellschaftsliedes in Opitzens Bann gezogen. Hirtengedichte schreiben Enoch Gläser und Christoph Kaldenbach, komponieren auch manches selbst, ähnlich Matthäus Apelles von Löwenstern. Diesem steht Wenzel Scherffer von Scherffenstein nicht nur als Musiker nahe. Er liebt es, seine zahlreichen Gelegenheitsgedichte durch mythologische Gelehrsamkeit aufzuputzen, wie es Andreas Scultetus ziemlich breit beschreibend tut, oder besser durch religiöse Betrachtungen zu heben, was Joh. Peter Titz mitunter wirksam gelang. In ähnlicher Weise zeigt Christian Cunrad Geschick. Christoph Köler übt als Lehrer an einem der wichtigen Gymnasien (Magdalenum in Breslau) nicht nur durch seine männliche Poesie bedeutenden Einfluß. In den Handschriften wirkungslos vergraben blieben die ungewöhnlich echten Liebesgedichte seines Freundes Daniel Czepko, dessen Entwick-

lung zum Mystiker ihn auch innerlich als den bedeutendsten Opitzianer erscheinen läßt. Als weltlicher Dichter ist Joh. Francke ohne Bedeutung wie auch sein Freund Heinrich Held, während Nicol. Peucker mitunter ganz frisch sein kann. Auch Dorothea Eleon. von Rosenthal (1641 *Poet. Gedanken*) opitziert.

§ 10. **Die Lyrik des Hochbarocks.** Deutlich zeigt sich in der Entwicklung der schlesischen Lyrik seit den 40er Jahren eine zweite Stilrichtung, die der Wucht. Andreas Gryphius ist der Führer. Metrisch mehr an Joh. Heermanns Praxis als an Opitzens Regeln anknüpfend, vermeidet er selbst in der Liebeslyrik alle chansonartige Sangbarkeit, doch auch die intellektuelle Rhetorik der Alexandrinerpaare. Seine grübelnde Seele erringt im Sonett die endliche Klärung, sein tragischer Heroismus füllt die Symphonie der großen pindarischen Ode mit wogenden Rhythmen. Die innere Spannung wälzt mit eruptiver Kraft die Zusammensetzungen seiner „Zentnerworte". Seine Nachfolger blieben so weit zurück, daß man den Zusammenhang oft übersehen hat. Am deutlichsten ist er bei Lohenstein, der wieder in Männling seinen Epigonen fand; ferner bei seinem Sohn Christian Gryphius, auch bei Mühlpfort. Sie zeigen jedoch schon Einflüsse eines späteren Stiles.

§ 11. **Die sog. 2. schlesische Schule (Spätbarock).** Christian Hofmann von Hofmannswaldau setzt bewußt der klaren Korrektheit seines Gönners Opitz wie der dunklen Wucht seines Freundes Gryphius sein Stilideal geblümter Lieblichkeit entgegen. Große Vers- und Reimgewandtheit sucht dem flüssigen Wohlklang des Italienischen nachzueifern, tote Regelrichtigkeit als pedantisch verabscheuend. Bedeutsame Beiwörter akzentuieren die gleitende Melodik. Da nur das Neue und Wunderbare als poetisch galt, wird die schon gebräuchliche Metaphorik durch Heranziehung von Geruch, Geschmack und Tastsinn nicht immer geschmackvoll erweitert. Neben neu übernommenen und erfundenen Strophenformen wird von Hofmannswaldau (nach Drayton) der Heldenbrief eingeführt als reflektierend zergliedernde Darstellung (100 Verse) neben dem stets pointierten Liebeslied. Zugleich wandelt sich der Gehalt: an Stelle des Stoizismus tritt weltfroher Sinnesgenuß. Während Abschatz männliches Maß und Assig adlige Haltung zeigt, hat der Trott der „galanten" Poeten (s. d.) oft ins Gemeine und Geschmacklose übertrieben. Ihrem Führer Benjamin Neukirch ist manch munteres Liebesgedicht voll wohltuender Grazie gelungen, und Christian Günther hat recht, mehr ihm als Stolle oder Schmolck zu folgen. Mit ihm endet Schlesiens Rolle, ja eigentlich die Lyrik des 17. Jh.s. *Der schlesische Helicon* (1699 und 1700) hatte nur unbedeutende Epigonen vereint (Casp. Gärtner, G. Kamper, Georg Krantz), während Neukirchs Anthologie (1695) noch einmal die überprinzipielle Wirkung dargetan hatte. Der Weg der schlesischen Lyrik war konsequent. Was Opitz als reine Wortkunst begonnen, hatte Gryphius durch innere Wucht, Lohenstein durch äußere Pracht fortgesetzt. Hofmannswaldaus Melodik und Metaphorik war nur auf diesem Wege fortgeschritten; sein Gefolge ging oft bis ans Ende, wo die Ganzheit des Gedichtes durch das Selbstzweck gewordene Einzelwort zersprengt wurde.

§ 12. Das Kirchenlied. Die geistliche Dichtung wird eifrig gepflegt und hat quantitativ wie qualitativ bedeutende Leistungen aufzuweisen. Während das Kirchenlied (s. d.) des 16. Jh.s das Bekenntnis der Gemeinde darstellte, drückt es nun subjektive Stimmung aus. Kampfstimmung und Glaubenstrotz weicht gefühlvoller Betrachtung, hingebender Versenkung, weicher Leidensseligkeit, die sich bis zur mystischen Ekstase steigern kann. Die lebhaft ergänzten Gesangbücher zeigen natürlich besonders den Zuwachs an Kirchenliedern, die oft auf die alten Melodien gedichtet werden. Innigkeit und Wärme des Gefühls wie Volkstümlichkeit der Einkleidung bleiben noch lange erhalten. Die Tradition trägt viele kleine Talente (Kinner, Ortlob, Keulisch, Gerlach, Hancke usw.). Bedeutender als David von Scheinitz (1606-67) oder David Behme (1605-57) ist von der ältesten Generation Johannes Heermann (1585-1647). Wärme und Unmittelbarkeit des Gefühles, Einfachheit und Schwung des Ausdrucks sind durch die Einführung der neuen Metrik und kunstvollere Strophenformen nicht geschwächt. Auch der echte Gehalt bei Apelles von Löwenstern (1594-1648) setzt

sich in schöne leichte Sprache um. Der schwere Ton von Joh. Francks (1618-77) wehmütigen Sterbeliedern, die Fülle und Gewandtheit seiner fließenden Sprache, Bilder und Antithesen entspricht dem Stilideal der zweiten Generation. Die Andacht versenkt sich in sich selbst, mystische Einschläge werden deutlich. Auch die Spätzeit füllt noch die Gesangbücher nach, in die ja auch einiges von Opitz und Gryphius drang, und bringt in Benj. Schmolck (1672-1732) und Erdmann Neumeister (1671-1756) achtbare Leistungen hervor.

§ 13. Die geistliche Lyrik. Wie neben das Gesellschaftslied die Wortpoesie, so tritt neben das Kirchenlied die geistliche Dichtung, in der sich das religiöse Einzelerlebnis individuellen Ausdruck verschafft. — Der stark vordringende Kryptokalvinismus unterstützte wohl die Psalmendichtung (s. d.), die neben der Paraphrase nun besonders einzelne Themen zu reflektierender Betrachtung herausgriff. Seit der Übertragung (1621) des Lobgesanges Christi von Heinsius wird Opitz auch auf diesem Gebiet Anreger. Wie die vielfachen Auflagen (seit 1624) beweisen, haben seine auf die französisch-reformierten Psalmenmelodien gereimten Sonntagsepisteln und Psalmen praktischen Zwecken gedient. Mehr als die Übertragung der *Klagelieder Jeremiä* (1626) wirkte die des *Hohenliedes* (1627) stilistisch fort. 1638 teilte er seine geistlichen Gedichte in einem seitdem noch vermehrten dicken Band mit. Jeder Dichter pflegt von nun an eine eigene Abteilung religiöser Lyrik an den Anfang seiner Sammlung zu stellen. Eigenstes persönliches Ringen findet sich bei Andreas Gryphius und Christian Günther. Weniger durch seine poetischen Leistungen (1633 *Bethgesänglein*) als durch die Verbreitung von Jacob Böhmes Theosophie wirkte Abraham von Franckenberg. Dichterisch bedeutsamer ist der von ihm angeregte Czepko, dessen Neigung zu epigrammatischer Formulierung dem *Cherubinischen Wandersmann* (1657, Titel so 1674) Joh. Schefflers vorangeht. Spee nahe steht Angelus Silesius durch die schmelzende Ekstase seiner *Heiligen Seelenlus* (1657), die bei Quirin Kuhlmann neben manchem Poetischen zu Metaphernreihung und verstiegener Theosophie (*Kühlpsalte* 1685) entartet. Wie Knorr von Rosenroth treten diese meist zur katholischen Kirche über. Daß am Ende auch der Pietismus *(s. d.)* zwei Sänger in Chr. Ferd. Richter und K. Hch. v. Bogatzky fand, nimmt nicht wunder.

§ 14. Die T r a g ö d i e. Eine Tragödie heroischen Stiles ist die alleinige Schöpfung der Schlesier. Sie wird von den Gymnasien getragen. Mit den Mitteln der Kulissenverwandlung ausgestattet, werden diese Stücke von der protestantischen Schulbühne als Verkörperung der Weltanschauung des Beamtenstandes vor einem entsprechend gebildeten Publikum gespielt, zu dem auch die kleinen Höfe zu rechnen sind. Die eigentliche Blüte fällt zwischen 1650 u. 80. Das lit. Vorbild ist Seneca, den Opitz durch seine Übertragung der *Trojanerinnen* (1625) einführte. Die *Antigone* (Opitz 1636) eröffnete das Märtyrerdrama. Mehr noch als seine dem Heinsius entnommenen theoretischen Ausführungen in der *Poeterey* wirkte die holländische Bühne direkt, die Stücke Vondels (Gryphius übersetzt *Die Gibeoniter*) auf dem Amsterdamer Theater. Die Rivalität mit dem gegenreformatorischen Vorstoß der Jesuitenschulen auch auf dem Gebiet des prunkvoll ausgestatteten Theaterstückes gab den äußeren Anstoß zum Verlassen des schlichten lat. Schuldialogs. Kaldenbachs *Babylonischer Ofen* (1646) zeigt schon Einflüsse; Gryphius übersetzt Caussins *Felicitas*, die Oper zog schließlich im letzten Jahrzehnt des 17. Jh.s alles Interesse an sich und ließ Drama und Schulbühne wieder zu internem Schulakt verkümmern.

Aus eigenem tragischen Erleben heraus schafft Andreas G r y p h i u s zur moralischen Erziehung eine dt. Tragödie. Stoische Bewahrung und Bewährung des Ich im Unrecht und Leid gegenüber der Unbeständigkeit des Lebens liefert immer wieder den Gehalt, wählt Stoffe aus, in denen eines hochgeborenen Helden tiefer Fall und blutiges Martyrium verherrlicht wird. Der Mann stirbt für sein Recht: *Leo Armenius* (1650) und *Carl Stuart* (1657) für die Legitimität ihrer Herrscherwürde, *Papinian* für seine Wahrhaftigkeit, die Frau für ihre Keuschheit (*Catharina von Georgien* (1657). Bewegt wird die Handlung nur durch den Gegenspieler. Gemeinsam mit den Holländern und Jesuiten wird das Stück in fünf Akte (Abhandlungen) mit Einzelauftritten eingeteilt, die durch „Reyen" getrennt werden, die entweder ein schlichtes Strophenlied oder ein kunstvoller pindarischer Odengesang oder aber ein allegorisches Singspiel sind. Die Stoffe werden nicht allein der vergangenen Profangeschichte (Papinian 212, Leo 820) entnommen, sondern auch historischen Ereignissen der Gegenwart (Catharina 1624, Carl Stuart 1648, Cardenio 1657). Häufiger Dekorationswechsel, Geister- und Zauberspuk verbunden mit Licht- und Lärmeffekten, gelegentliche Musik, höfische Prunkentfaltung und allerlei Grausiges sorgen für Belebung. Langhinrauschende Rhetorik in Monologen und Reden wechselt mit stichomythischem Streitgespräch und gelegentlichen Ensemblesätzen. Zur Steigerung und Verdeutlichung dient das Prinzip der Gegensätzlichkeit, sei es als Antithese im Sprachstil, Kontrastfigur oder jäher Szenenwechsel sowie überraschender Feuereffekt. Wegen der Unbewegtheit des Helden muß die Intrige die Handlung vorwärts bringen. Nur im *Cardenio* sucht Gryphius eine innerliche Wandlung vorzuführen.

Auf diesem Wege geht L o h e n s t e i n insofern weiter, als er gemischte Charaktere bevorzugt, und zwar besonders als Gegenspieler (*Ibrahim Sultan, Ibrahim Basa*). Vor allem führt er an Senecas Machtweiber anknüpfend die bestrickende Buhlerin ein, die er durch heroische Selbstbehauptung im Tode steigert (*Agrippina, Epicharis, Cleopatra*). Nicht ethischer Gehalt bedingt seine Konzeption, ihn reizt der Wirbel dunkler Leidenschaften, deren verhängnisvolle Folgen er dem Publikum abschreckend ausmalt. Ebenso wie seine Charaktere ungestüm und aktiv werden, wird die Handlung rascher, wechselreicher, steigern sich szenische und sprachliche Mittel bis zum Krassen. Dagegen bleibt der Umkreis der Stoffe und Quellen, aber auch der äußere Bau des Dramas derselbe.

Auch H a l l m a n n ändert daran nichts Wesentliches, nur daß bei vorwiegend rhetorischer Begabung sich alles zu spätbarocker Überladenheit auswächst. Sein Drang, alles sichtbar vorzuführen, verschmäht Unbedeutendes nicht. Ergänzend tritt das lebende Bild während der Szene, erweiternd der Reyen im Zwischenakt als mythologisches Singspiel dazu. Weil er zudem gar zu stark mit Kontrastszenen arbeitet, stehen die Situationen isoliert nebeneinander als rhetorische und theatralische Prunkstücke. Der Mensch erliegt der absoluten Übermacht des Schicksals, das oft direkt als Gott dargestellt wird. Unter dem Einfluß der Oper wird die Nebenhandlung ausgeweitet und mit Eifersucht, Verkleidung, sexueller Entblößung, Notzucht, Beilager und endlich Verwechslung, auch Schäferlichkeit und Musik aufgeputzt. Zu den grausig-schaurigen Effekten gesellen sich komische, die schließlich zu ganzen Zwischenspielen in der Art der Wanderbühne führen. Durch das spätbarocke Jesuitenstück wird dieser Übergang vom Tyrannenstück (*Mauritius* 1662, *Theoderich* 1665, *Antiochus* 1684, *Catharina* 1684) und Märtyrerstück (*Sophia* 1671, *Marianne* 1670) zum bloßen Theaterstück (nach 1684) und dieses endlich zur Oper.

In zunehmendem Maße drängt sich statt der dichterischen Konzeption ein äußerer höfischer Anlaß bei der Entstehung von Dramen vor. Geschmacklos berührt es, daß Lohensteins letztes Werk so blutrünstige Handlung als Festspiel für die kaiserliche Hochzeit vorführt. Da war die Annäherung an die Oper mit glücklichem Ende geeigneter, wie sie Anselm von Zieglers Bearbeitung des *Heraclius* bietet (1687, dann der *Asiatischen Banise* im 3. Buch als Hochzeitsstück eingefügt).

Auch H a u g w i t z wendet gegen seine Quelle (Zesen-Scudérys Roman, wonach auch Lohenstein) seinen *Soliman* (1684) zu gutem Ende, während er die *Maria Stuart* (1684) ganz nach Gryphs Vorbild (*Carl Stuart*) tragisch beschließt. Beide Stücke sind auch im Wortlaut aus seinem großen Vorgänger kompiliert, nur Zeichen der Begeisterung eines Dilettanten. Nicht viel besser haben wohl viele verlorene oder noch unentdeckte Schuldramen ausgesehen, denen auch Ephraim Hermanns *Güldenes Vließ* (1676) beizuzählen ist, während Benjamin Knoblochs *Regierkunst* (1666 nach Gillet) noch enger schulmäßig gehalten ist.

§ 15. O p e r   u n d   K o m ö d i e. Nur ein kleiner Schritt führt vom spätbarocken Festspiel zur Oper (*s. d.*) Diese diente ganz dem prunkvollen Hoffest als Höhepunkt. Bereits Opitz war mit der erweiternden Bearbeitung von Rinuccinis *Daphne* (1627)

vorangegangen. Den Schritt vom Schäferlichen zum Heroischen vollzog er selbst, als er auf Drängen von Heinrich Schütz (1629-35) Andrea Salvadoris *Judith* (aufgef. Florenz 1626) in sorgfältig abgestufte deutsche Maße goß. Die auf dieselbe Weise angeregte Bearbeitung von Monteverdis *Orpheus* durch Buchner (1638) wurde durch die Einführung von Daktylen bedeutsam. Unter Opitzens Eindruck entstand Czepkos *Pierie* (1636), während seine *Auferweckung Lazari* ein Oratorium (*s. d.*) ist, wie auch Knorr von Rosenroths *Vermählung Christi mit der Seele* (1684). Dessen *Conjugium Phoebi et Paladis* (1674) verwebt alchimistische Bilder zu einem Festspiel. Tschernings *Judith* (1645) ist nur als Beispiel für die Verbreiterung eines Operntextes (Opitz) zum Schauspiel erwähnenswert. — Es läßt sich eine leichtere Singspielart unterscheiden, wie sie Wilh. Cronpuschs *Jauchzender Cupido* (1669), dichterisch am wertvollsten Gryphs *Majuma* (1653) zeigen. Hallmanns drei Schäferspiele (*Adonis, Urania, Lionato*) gehören ebenso hierher, wie die *Flora* (1684) von Haugwitz (nach einem franz. Ballett). Daneben steht die große Prunkoper, von der Art wie Gryphs *Piastus*, der auch Hallmanns beide allegorische Festspiele (*Leuenherz* 1669 und *Salomon* 1704) zuzurechnen sind. Dagegen sind dessen *Adelheid* und *Heraclius* nur direkte Übersetzungen aus dem Italienischen. Nicht gleichzusetzen ist dem die Übertragung des *Schwärmenden Schäfers* (nach Quinault) durch Gryphius. Ist sie doch aus didaktisch-satirischer Absicht gegen die Hohlheit der Schäferei entsprungen und zudem mit dem reizenden Zwischenspiel *Die geliebte Dornrose* ausgestattet. Ist darin zwar weder das Motiv noch die Verwendung des schlesischen Dialektes erstmalig, so gehört es doch zu den wenigen Komödien der Schlesier und bildet mit dem *Peter Squentz* zusammen die einzigen gelungenen. Denn hier stört die satirische Tendenz (gegen die Meistersingerspiele) nicht den Humor, der vor der Kultursatire des *Horribilicribrifax* (1648) nicht recht hat aufkommen können. Die Leistung des Dichters läßt sich erst recht ermessen gegenüber seiner jugendlichen Übersetzung *Saugamme* (*La balia* von Razzi). Die holländische Klucht wirkte erlösend von terenzianischem Akademikertum; aber nicht nur in Schlesien, auch in ganz Deutschland fand sich kein ebenbürtiger Nachfolger.

§ 16. D i d a k t i k. Da das schlesische Bürgertum keine kulturelle Tradition besaß, leben keine älteren volkstümlichen Gattungen fort. Es jedoch bewußt zur neuen Kultur zu erziehen, wird nicht angestrebt. Am ehesten könnte man Scherffers (1640) Bearbeitung von Dedekinds *Grobianus und Grobiana* (nach der 2. erw. Auflage 1554) so deuten wegen ihrer Derbheiten. Aber weder bestätigen das die zahlreichen Erweiterungen noch das sorgfältige Alexandrinergewand. Paul Wincklers Schilderung der verkommenen Landjunker läßt die Satire vielmehr den Streitschriften für die neue Hofkultur einreihen.

Von religiöser Lit. wird von Opitz nicht allein das jesuitische *Manuale controversiarum* (1629) übertragen, sondern auch des Hugo Grotius *Wahrheit der christlichen Religion*. Scherffers (1602) Verdeutschung der *Pia desideria* des Herm. Hugo wahrt die Versform. Sprachschöpferische Leistungen weist vor allem die mystische Prosa auf: Jacob Böhme, Abraham von Franckenberg und Czepko, aus dessen Handschriften leider nur die *Rede aus dem Grabe* von Andreas Gryphius zum Druck (1663) gebracht wurde. Posthum erschienen auch Hofmannswaldaus *Redeübungen* (1702).

§ 17. D a s E p i g r a m m. Unvolkstümlich und nur teilweise didaktisch ist die ausgedehnte Epigrammatik der Schlesier. Wieder geht Opitz voran, nur dadurch neuernd, daß er den Brauch der Neulateiner ins Deutsche überträgt. Scaligers Theorie unterstützt er durch eigene Beispiele. Während er schon 1624 sie unter die Gedichte zur Abwechslung verstreut, treten sie später als gesonderte Abteilung auf, 1639 gibt er eine besondere Blumenlese heraus. Wie hinsichtlich der Form (Alexandriner-Reimpaare, oft vierzeilig), gibt er auch für die Quellen Richtung an. Neben anderen Neulateinern wird vor allem Owenus geplündert, von dem Titz (1643) ein Florilegium herausgab. Neben Martial wird einiges aus der griechischen Anthologie Cüchlers benutzt. Loredano regt Hofmannswaldau (1663) an. Vom Orientalischen bringen Tschernings (1641) *Centuria aus dem Araber Ali* und Olearius (1654) *Persianisches*

Rosenthal des Persers Sadi Kunde. Sogar aus dem Polnischen des Jan Kochanowski übersetzt Scherffer (1652). Da knappe strenge Form und wichtiger Gehalt, Verstand und Erfindung, Kontrast und Überraschung sich verbanden, war die Epigrammatik besonders beliebt. Sie wurde für persönliches Kompliment wie Typensatire benutzt. Doch auch die religiöse Reflexion bediente sich ihrer zur Formulierung. Andreas Gryphs (1643) 1. Buch Epigramme beginnt, bei Czepko (1655) schon ist der mystische Gehalt deutlich. Ihm folgt nicht allein Joh. Schefflers (1657) *Cherubinischer Wandersmann*, sondern besonders zahlreich Quirin Kuhlmann (seit 1668). Als wappendeutendes Symbolum wie Lebensregel findet es sich bei Matth. Appelles von Löwenstern wie Paul Winckler (*8000 gute Gedanken*, 1685), sogar als Rätsel bei Scheffler, während Christ. Gryphius eine Schulkomödie darauf baut.

§ 18. E p o s. Wenn sich Opitz auch von der traditionellen Hochschätzung des Epos als der vornehmsten Gattung nicht freimachte, so erkannte sein gesunder Sinn doch, daß seine Zeit es nicht würde pflegen können. Er bog daher in das längere Gedanken- (*Trostgedicht* 1623 und *Zlatna* 1623) oder ins Lehrgedicht (*Vesuvius* 1633, *Vielgut* 1620) ab oder in die idyllische Schäferei (*Hercynie* 1630), einer Mischform von Prosa und Verseinlagen nach dem Vorbild von Sidneys *Arcadia*, die er 1629 übertragen hatte. Diese Enthaltung ist um so bemerkenswerter, als er sich trotz italienischer und neulateinischer Vorbilder sogar gegen die heimische Tradition stellt. Denn Gymnasium wie Universität forderten zu Übungen in dieser Richtung auf. Zur Feier des Weihnachtsfestes wurden nicht nur lange Lobgesänge nach Heinsius' Vorbild (1616, übersetzt von Opitz 1621) gedichtet, Ferd. Scultetus' (1626) und Andreas Gryphius' (1633-34) Behandlungen des Herodesstoffes sind Beispiele für solch episches Mosaik aus Zeilen besonders von Statius' *Thebais*, Lucans *Pharsalia* neben Ovid und Vergil, während Tscherning nach Barläus (1642) zu einer breiten lyrisch-reflektierenden Elegie *Rahel* ausweicht. Aus solchem lateinischen Brauch erklären sich wohl Joh. Francks *Susanna* und Titz' *Lucretia*. Einen zeitgeschichtlichen Stoff behandelt einzig Scheffler (1665) in der Bearbeitung des lat. Carmen von der Pitschnischen Schlacht. Czepkos Schäferepos *Coridon und Phyllis* blieb in der Handschrift vergraben. Benj. Neukirch übertrug schließlich (1727-39) Fénélons *Telemach* in dt. Alexandriner.

§ 19. R o m a n. Lust am Fabulieren und die Gabe des Erzählens fehlten den Schlesiern dieser Zeit. Der Roman hat stets als höfisches Bildungsmittel belehrenden Zweck. Gleich Opitz hatte durch die Übers. von Barclays *Argenis* (1626 und 1631) diesen Weg gewiesen. Enzyklopädische Gelehrsamkeit schwellt Lohensteins *Arminius* (1683), sprengt den romanhaften Rahmen um Paul Wincklers (1696) *Edelmann*; schriftstellerisch gelungen ist nur Anselm Zieglers (1688) *Asiatische Banise,* deren Handlung durch die Mittel der Kunsttragödie spannend gemacht wird, während ihr das ethnographische Interesse nur buntes Kostüm gibt. Heroisch behaupten die beiden Liebenden stoisch ihre Würde in allen effektvollen Situationen und Gefahren eines Lohensteinschen Dramas. Durch Reden, Briefe, Arien und das Schauspiel *Heraclius* zur Feier des glücklichen Endes werden Musterbeispiele im neuen Stile der galanten Spätzeit gegeben, so daß dieser Sensationsroman im Stil, Inhalt wie Gehalt eine Enzyklopädie der Bildung für die gerade einsetzende neue kulturelle Etappe liefert. Diese klingt aus in der traditionellen Mache eines Georg Christian Lehms, dessen Lebens- und Heldengeschichten alttestamentliche Heroinen behandeln (1707 bis 1713 *Michal, Thamar, Esther*).

Alexander R e i f f e r s c h e i d, *Quellen zur Geschichte d. geistigen Lebens in Deuschland während des 17. Jh.s* (1889). Ernst H e i l b o r n, *Der Wortschatz d. sog. 1. schles. Dichterschule.* Diss. Berlin 1890. Hans H e c k e l, *Geschichte d. dt. Lit. in Schlesien* (1929; Einzelschr. z. schles. Gesch. 2). Herbert S c h ö f f l e r, *Dt. Osten im dt. Geist von Martin Opitz zu Christian Wolff* (1940; Das Abendland 3). Arno L u b o s, *Geschichte d. Lit. Schlesiens.* Bd. 1 (1960). — Helmut R e i n h a r d t, *Ideen, Stoffe u. Motive im schles. Kunstdrama.* (Masch.) Diss. Rostock 1925.

O p i t z : *Dt. Poemata.* Hg. v. Georg W i t k o w s k i (1902; NDL. 189/192). *Geistliche Poemata* (Breslau 1638). Faks.-Neudr. v. Erich T r u n z (1966; Dt. Neudrucke, Reihe Barock 1). *Weltliche Poemata* (Frankfurt 1644). Faks.-Neudr. hg. v. Erich T r u n z. Bd. 1. 2 (1967-70; Dt. Neudrucke, Reihe Barock 2/3). *Gesammelte*

Werke. Krit. Ausg. Hg. v. George S c h u l z - B e h r e n d. Bd. 1 ff. (1968; BiblLitV. 295/297). G. S c h u l z - B e h r e n d, *Opitz' Übers. von Barclays 'Argenis'.* PMLA 70 (1955) S. 455-473. — Friedr. G u n d o l f, *Martin Opitz* (1923). Marian S z y r o c k i, *Martin Opitz* (1956; Neue Beitr. z. Lit.wiss. 4). M. R u b e n s o h n, *Der junge Opitz.* Euph. 2 (1895) S. 57-99 u. 6 (1899) S. 24-67; 221-270. K. H. W e l s, *Opitz u. d. stoische Philosophie.* Euph. 21 (1914) S. 86-102. E. S t e m p l i n g e r, *Opitz u. d. Philosophie Senecas.* NJbbAGLP. 15 (1905) S. 334-344. Georg B a e s e c k e, *Die Sprache der Opitzischen Gedichtsammlungen von 1624 u. 1625.* Diss. Göttingen 1895. Ursula B a c h, *Die Sprachbehandlung M. Opitz's in s. Theorie und Praxis* (Masch.) Diss. Halle 1949. Peter N e u e n h e u s e r, *Untersuchungen über M. Opitz im Hinblick auf die Behandlung d. Natur.* Diss. Bonn 1904. Hugo M a x, *M. Opitz als geistlicher Dichter* (1931; Beitr. NLitg. 17). Horst N a h l e r, *Das Lehrgedicht bei M. Opitz* (Masch.) Diss. Jena 1961. Janis L. G e l l i n e k, *Liebesgedichte u. Lebensgeschichte bei M. Opitz.* DVLG 42 (1968) S. 161-181. Herbert R a d e m a n n, *Versuch eines Gesamtbildes über d. Verhältnis von M. Opitz zur Antike.* (Teildr.) Diss. Jena 1926. A l e w y n, *Vorbarocker Klassizismus u. griech. Tragödie d. Martin Opitz.* Heidelberger Jbb. 1926. Faks.-Nachdr. (1962). Jörg-Ulrich F e c h n e r, *Opitz's reform and literary taste. A study of 'Adversaria'.* Oxford German Studies 6 (1971/72) S. 18-32. Anton M a y e r, *Quelle u. Entstehung von Opitzens 'Judith'.* Euph. 20 (1913) S. 39-53. Ders., *Zu Opitz' 'Daphne'.* Euph. 18 (1911) S. 754-760.

August B u c h n e r, *Anleitung zur dt. Poeterey* (1655). Faks.-Neudr. hg. v. Marian S z y r o c k i (1966; Dt. Neudrucke, Reihe Barock 5). Hans Heinr. B o r c h e r d t, *Aug. Buchner u. s. Bedeutung für d. dt. Lit. d. 17. Jh.s* (1919). Joachim D y c k, *Philosoph, Historiker, Orator u. Poet. Rhetorik als Verständnishorizont d. Literaturtheorie d. 17 Jh.s.* Arcadia 4 (1969) S. 1-15.

Daniel v. C z e p k o : *Geistliche Schriften.* Hg. v. Werner M i l c h (1930; Nachdr. 1963). Karl Theodor S t r a s s e r, *Der junge Czepko* (1913; Münchener Archiv f. Philologie d. MA.s u. d. Ren. 3). W. M i l c h, *Kleine Schriften* (1957) S. 105-113. Will-Erich P e u c k e r t, *Pansophie* (2. Aufl. 1956) S. 403-410. M. S z y r o c k i, *Sozial-polit. Probleme in d. Dichtung Czepkos.* Germanica Wratislaviensia 2 (1959) S. 57-67.

G r y p h i u s : *Gesamtausgabe d. dt.sprachigen Werke.* Hg. von Marian S z y r o c k i u. Hugh P o w e l l (1963 ff.), Rez.: H. H. K r u m m a c h e r, in: ZfdPh. 84 (1965) S. 183-246. *Lat. u. dt. Jugenddichtung.* Hg. v. Friedr.-Wilh. W e n t z l a f f - E g g e b e r t (1938; Bibl. LitV. 287; Neudr. 1961). Friedr. G u n d o l f, *A. Gryphius* (1927). Marian S z y r o c k i, *Der junge Gryphius* (1959; Neue Beitr. z. Litwiss. 9). Ders., *A. Gryphius. Sein Leben u. s. Werk*

(1964). Willi F l e m m i n g , A. Gryphius. E. Monographie (1965; Sprache u. Lit. 26). Henri P l a r d , Gryphius u. noch immer kein Ende. EtudGerm. 28 (1973) S. 61-85. — Wolfgang S c h i e c k , Studien zur Lebensanschauung des A. Gryphius. Diss. Greifswald 1924. Adolf S t r u t z , A. Gryphius. Die Weltanschauung eines dt. Barockdichters (1931; WegezDchtg. 11). Edith S c h l o s s e r , Andreas Gryphius. Seine Persönlichkeit u. Weltanschauung. Diss. Prag 1931. Wilh. Theod. R u n z l e r , Die ersten Dramen d. A. Gryphius 'Leo Armenius', nach ihrem Gedankengehalt unters. Diss. Er- 'Catharina v. Georgien', 'Cardenio u. Celinde' langen 1929. Hans Jürgen S c h i n g s , Die patristische u. stoische Tradition bei A. Gryphius (1966; Kölner germanist. Studien 2). — Heinrich H i l d e b r a n d t , Die Staatsauffassung d. schles. Barockdramatiker im Rahmen ihrer Zeit (1939; Rostocker Studien 6). Helmut K a p p l e r , Der barocke Geschichtsbegriff bei Gryphius (1936; FrkfQuFschgn. 13). P. B. W e s s e l s , Das Geschichtsbild im Trauerspiel 'Catharina von Georgien' des A. Gryphius ('sHertogenbosch 1960; Tilliburgis 7). — Gertrud L a z a r u s , Die künstlerische Behandlung der Sprache bei A. Gryphius. Diss. Hamburg 1932. Gerh. F r i c k e , Die Bildlichkeit in d. Dichtung d. A. Gryphius (1933; Neue Fschg. 17; Neudr. 1967). Friedr.-Wilh. W e n t z l a f f - E g g e b e r t , Dichtung u. Sprache d. jungen Gryphius Die Überwindung d. lat. Tradition u. d. Entwicklung zum dt. Stil. AbhAkBln. 1936,7. Heidel J o o s , Die Metaphorik im Werk des A. Gryphius. (Masch.) Diss. Bonn 1956. Dietrich J ö n s , Das Sinnenbild. Studien zur allegor. Bildlichkeit bei A. Gryphius (1966; Germanist. Abhdlgn 13). Hans-Henrik K r u m - m a c h e r , Der junge Gryphius u. d. Tradition (1973). — E. G n e r i c h , A Gryphius u. s. Herodes-Epen (1906; BreslBtrLitg. 2). — Louis G. W y s o c k i , A. Gryphius et la tragédie allemande au 17me siècle (Paris 1893). Willi H a r r i n g , A. Gryphius u. d. Drama d. Jesuiten (1907; Hermaea 5). K. V r e t s k a , Gryphius u. d. antike Drama. Mitteilgn. d. Ver. Klass. Phil. in Wien 2 (1925) S. 72-83. W. F l e m m i n g , Vondels Einfluß auf. d. Trauerspiele d. A. Gryphius. Neophil. 13 (1928) S. 266-280; 14 (1929) S. 107-120, 184-196. Werner E g g e r s , Wirklichkeit u. Wahrheit im Trauerspiel von A. Gryphius (1967; Probleme d. Dichtung 9). Gerh. K a i s e r , Die Dramen d. A. Gryphius. E. Sammlung von Einzelinterpretationen (1968). — Herbert H e c k m a n n , Elemente d. barocken Trauerspiels (1959). Peter W o l t e r s , Die szenische Form d. Trauerspiele d. A. Gryphius. Diss. Frankfurt 1958. Hans S t e i n b e r g , Die Reyen in d. Trauerspielen d. A. Gryphius. Diss. Göttingen 1914. W. F l e m m i n g , Die Form der Reyen in Gryphius' Trauerspielen. Euph. 24 (1924) S. 662-665. Günther R ü h l e , Die Träume u. Geistererscheinungen in d. Trauerspielen d. A. Gryphius u. ihre Bedeutung für d. Problem d. Freiheit. (Masch. verf.) Diss. Frankfurt 1952. Erika G e i s e n h o f , Die Darstellung d. Lei-

denschaften in d. Trauerspielen d. A. Gryphius. (Masch.) Diss. Heidelberg 1958. Paul K n ü p - p e l h o l z , Der Monolog in d. Dramen d. A. Gryphius. Diss. Greifswald 1911. M. L. du T o i t , Der Monolog u. A. Gryphius (Amsterdam 1929). Dietrich W i n t e r l i n Pathet.-monolog. Stil. im barocken Trauerspiel d. A. Gryphius. (Masch.) Diss Tübingen 1958. Willi F l e m m i n g , A. Gryphius u. d. Bühne (1921). Walter H a u g , Zum Begriff d. Theatralischen. Versuch e. Deutung barocker Theatralik, ausgehend vom Drama d. A. Gryphius. (Masch.) Diss. München 1952. — Horst H a r t - m a n n , Die Entwicklung d. dt. Lustspiels von Gryphius bis Weise, 1648-1688. (Masch.) Diss. Potsdam 1960. E. M a n n a c k , A. Gryphius' Lustspiele - ihre Herkunft, ihre Motive u. ihre Entwicklung. Euph. 58 (1964) S. 1-40. W. H i n c k , Gryphius u. d. ital. Komödie. Untersuchung zum 'Horribilicribrifax'. GRM. 44 (1963) S. 120-146. — Victor M a n n h e i - m e r , Die Lyrik d. A. Gryphius. Studien u. Materialien (1904). Isabella R ü t t e n a u e r , „Lichte Nacht". Weltangst u. Erlösung in d. Gedichten von Gr. (1940). Joh. P f e i f f e r , A. Gryphius als Lyriker, in: Pfeiffer, Zwischen Dichtung u. Philosophie (1947) S. 30-43. E. T r u n z , Fünf Sonette d. A. Gryphius. Versuch e. Auslegung. Vom Geiste der Dichtung. Gedächtnisschrift f. Robert Petsch (1949) S. 180-205. Eugenie F. E. S c h r e m b s , Die Selbstaussage in d. Lyrik d. 17. Jh.s bei Fleming, Gryphius, Günther. (Masch.) Diss. München 1953. W. M ö n c h , Góngora u. Gryphius. Zur Ästhetik u. Gesch. d. Sonetts. Roman. Forschungen 65 (1953/1954) S. 300-316. E. E. C o n r a d t , Barocke Thematik in d. Lyrik d. A. Gryphius. Neophil. 40 (1956) S. 99-117. Karl Otto C o n r a d y , Lat. Dichtungstradition u. dt. Lyrik d. 17. Jh.s (1962; Bonner Arb. z. dt. Lit. 4) S. 222-242. H. H. K r u m m a c h e r , A. Gryphius u. Joh. Arndt. Zum Verständnis d. 'Sonn- u. Feiertagssonette'. Formenwandel Festschr. z. 65. Geb. v. Paul Böckmann (1964) S. 116-137. G. W e y d t , Sonettkunst d. Barock. Zum Problem d. Umarbeitung bei A. Gryphius. Jb. d. dt. Schillerges. 9 (1965) S. 1-32.

Paul M o s e r , Christian Gryphius. E. schles. Dichter d. ausgehenden 17. Jh.s. Diss. München 1936. Dietrich E g g e r s , Die Bewertung d. Sprache u. Lit. in d. Dt. Schulactus von Christian Gryphius (1967; Dt. Studien 5). P. F e i t , Christian Gryphius' Rätselweisheit. Zs. d. Ver. f. schles. Gesch. 41 (1907) S. 421 ff.

Carl H i t z e r o t h , Johann Heermann. E. Beitr. z. Gesch. d. geistl. Lyrik im 17. Jh. (1907; Beitr. z. dt. Litwiss. 2; Neudr. 1968). R. A. S c h r ö d e r , Gesammelte Werke. Bd. 3 (1952) S. 531-560. H. P. A d o l f , Das Kirchenlied Joh. Heermanns u. s. Stellung im Vorpietismus. (Masch.) Diss. Tübingen 1957. Carl-Alfred Z e l l , Untersuchungen zum Problem d. geistl. Barocklyrik mit bes. Berücks. d. Dichtung Joh. Heermanns (1971; Probleme d. Dichtung 12).

Paul H e m p e l , Die Kunst Friedr. Logaus (1917; Pal. 130). Sydney H. M o o r e , A *neglected poet: F. v. Logau.* GLL. NS. 3 (1949/50) S. 13-19. A. S t r o k a, *Piastowie w twoczości F. Logau.* Germanica Wratislaviensia 1 (1957) S. 97-112. — Daniel Caspar v. L o h e n s t e i n, *Dramen,* hg. v. Klaus Günther J u s t. Bd. 1-3 (1955-1957; BiblLitV 292 f.). Oswald M u r i s, *Dramat. Technik u. Sprache in d. Trauerspielen D. C. v. Lohensteins.* Diss. Greifswald 1911. Walter M a r t i n, *Der Stil in d. Dramen Lohensteins.* Diss. Leipzig 1927. Fritz S c h a u f e l b e r g e r, *Das Tragische in Lohensteins Trauerspielen* (1945; WegezDchtg. 45). Klaus Günther J u s t, *Die Trauerspiele Lohensteins. Versuch e. Interpretation* (1961; Philolog. Studien u. Quellen 9). Ders., *D. C. v. Lohenstein* (1971; Samml. Metzler 97). Edward V e r h o f s t a d t, *D. C. v. Lohenstein: Untergehende Wertwelt u. ästhet.. Illusionismus. Fragestellung u. dialekt. Interpretationen* (Brugge 1964; Rijksuniv.te Gent. Werken 133). Ulrich F ü l l e b o r n, *Die barocke Grundspannung Zeit - Ewigkeit in d. Trauerspielen Lohensteins. Zur Frage d. dt. Barockdramas* (1969). Dieter K a f i t z, *Lohensteins 'Arminius'. Disputator. Verfahren u. Lehrgehalt in e. Roman zw. Barock u. Aufklärung* (1970; Germanist. Abhandlgn. 32). Bernhard A s m u t h, *Lohenstein u. Tacitus* (1971; Germanist. Abhandlgn. 36). — Kurt K o l i t z, *Joh. Christian Hallmanns Dramen* (1911). Elsie G. B i l l m a n n, *Joh. Christian Hallmanns Dramen* (1942). — Benjamin N e u k i r c h, *Anthologie. Herrn v. Hoffmannswaldau u. andrer Deutschen auserlesener u. bißher ungedr. Gedichte.* Hg. v. Angelo George de C a p u a u. Ernst Alfred P h i l i p p s o n (Bd. 3: u. Erika Alma M e t z g e r). Bd. 1-3 (1961-1970; NDL. NF. 1. 16. 22), hierzu die Kontroverse zwischen R. L. B e a r e und C a p u a / P h i l i p p s o n in: MLN. 77 (1962) S. 411-434; 78 (1963) S. 419-425; 79 (1964) S. 405-414, 414-426. Josef E t t l i n g e r, *Chr. Hofmann v. Hofmannswaldau* (1891). Erwin R o t e r m u n d, *Chr. Hofmann v. Hofmannswaldau* (1963; Samml. Metzler 29). Wilh. D o r n, *Benjamin Neukirch. Sein Leben u. s. Werke* (1897; FschgnNLitg. 4). — Bernhard H ü b n e r, *Der Lausitzer Dichter Aug. Ad. v. Haugwitz.* Progr. Traben-Trarbach 1884/85. O. N e u m a n n, *Studien zum Leben u. Werk d. Aug. Adolf v. Haugwitz.* Diss. Greifswald 1938. — Hans Heinr. B o r c h e r d t, *Andreas Tscherning* (1912). — Rudolf N i c o l a i, *Benjamin Schmolck. Sein Leben, s. Werke.* Diss. Leipzig 1909. — Wolfgang v. der B r i e l e, *Paul Winckler.* Diss. Rostock 1918. — Joh. Christian G ü n t h e r, *Sämtl. Werke.* Histor.-krit. Gesamtausgabe hg. v. Wilh. K r ä m e r. Bd. 1-6 (1930-37; BiblLitV. 275 ff.; Nachdr. 1964). F. D e l b o n o, *Questioni di critica Güntheriana.* Convivium 22 (1954) S. 291-304. Johannes K l e w i t z, *Die Natur in Günthers Lyrik.* Diss. Jena 1910. Wilh. K r ä m e r, *Das Leben d. schles. Dichters Joh. Chr. Günther* (1950). Francesco D e l b o n o, *Umanità e poesia di Christian Günther* (Torino, Genova 1959; Publicazioni dell' Ist. di Lingue e Lett. Straniere

dell'Univ. di Genova 1). Hans D a h l k e, *Joh. Christian Günther. Seine dichter. Entwicklung* (1960; Neue Beitr. z. Litw. 10.). Julius S. W i n k l e r, *Joh. Chr. Günther. A study in contrasts and controversy* (Masch.) Diss. Princeton 1963.

Willi Flemming

Schlüsselliteratur

§ 1. Der B e g r i f f Schl. wird in einem literar. Bereich verwendet, in dem die gebräuchliche Unterscheidung zwischen fiktionalen und nicht-fiktionalen Texten nur bedingt praktikabel erscheint, da hinter den „erdichteten Namen" der Schl. stets „wirkliche Personen und Zustände" verborgen und zugleich erkennbar gehalten sind. Ein Schlüsselwerk ist das Produkt spezifischer Kodierungsverfahren, das beim Rezipienten die Kenntnis des verwendeten „Schlüssels" voraussetzt oder den Kodierungsraster werkimmanent vermittelt; ohne den „Schlüssel" bleibt das Grundverständnis eines solchen Werkes blockiert. Der fiktionale Charakter liegt in Textkonstellationen, deren konkreter Realitätsbezug nicht erlöschen d a r f. Werke der Schl. unterscheiden sich damit grundsätzlich von jenen Werken, in denen bestimmte Personen (oder Einzelzüge) zu Urbildern und Modellen führten, obgleich auch für sie der Begriff Verwendung findet. Hier ist das literaturspezifische Interesse vom biographischen abzugrenzen.

Die V e r s c h l ü s s e l u n g s t r a d i t i o n kann am besten in der franz. Lit. des 17. und 18. Jh.s, vor allem in Werken erotischen und satirischen Charakters verfolgt werden. Dem Franz. ist auch der Begriff selbst entlehnt. Fernand Drujon schreibt in der Vorrede zu *Les Livres à clef* (1888): „Tout livre contenant des faits réels ou des allusions à des faits réels dissimulés sous des voiles énigmatiques plus ou moins transparents, — tout livre mettant en scène des personnages réels ou faisant allusions à des personnages réels sous des noms supposés ou altérés — est un livre à clef" (Bd. 1, S. V) Schon in dieser Definition wird das „plus ou moins transparent" zum entscheidenden Kriterium.

§ 2. Die Schl. ist an K o m m u n i k a t i o n s s i t u a t i o n e n gebunden, in denen die Lust am Verschlüsseln (nicht selten auch der Zwang dazu) mit einem Eingestimmt sein des Lesers aufs Dechiffrieren zusammentrifft. Von Bedeutung ist in diesen Situationen, w a s für w e n (oder g e g e n w e n) verschlüsselt wurde und welches öffentliche Interesse an dem jeweiligen Werk vorausgesetzt werden darf. Es liegt daher in der Natur der Sache, daß der Leser den Verschlüsselungen in der zeitgenössischen Lit. näher steht als der bereits historisch gewordenen Schlüsselliteratur. Was er hier aus der unmittelbaren Gegenwart aktualisieren kann, bedarf dort einer retrospektiven literarhistorischen Vermittlung. Mit dem zunehmenden Alter eines Werkes und der Geschichtsresistenz seiner Strukturen können Verschlüsselungen verdeckt und schließlich unkenntlich werden; sofern dadurch der ursprüngliche Code in ein neues Bedeutungssystem transformiert wird, verliert auch der „Schlüssel" an Gewicht. Der Bezug auf noch lebende Personen und ‚Fakten' birgt eine schwer abzuschätzende Gefahr, da Verschlüsselung und P e r s ö n - l i c h k e i t s s c h u t z miteinander in Konflikt geraten können; aus dem literarischästhetischen Objekt und der Frage, ob und wie weit das Dargestellte für verschlüsselt faktisch zu halten ist, wird dann leicht ein „juristischer" Fall.

§ 3. Die Prozesse um den in den Jahren 1933-1936 geschriebenen und in der Emigration (Amsterdam 1936) erschienenen Roman *Mephisto* von Klaus M a n n (1956 erstmals in der DDR, 1963 in der Bundesrepublik, hier 1966 verboten), haben das Problem erneut zur Diskussion gestellt und in vielem zur Klärung des Begriffes beigetragen, auch wenn die Bundesgerichtsentscheidung vom literar. Standpunkt aus nicht befriedigt und dem Werk kein überragender künstlerischer Wert zugesprochen werden kann.

Es ist unstreitig, daß Klaus Mann den Schauspieler Gustav Gründgens und verschiedene Personen seiner Umgebung bei der Abfassung des Romans vor Augen hatte und die Zentralgestalt Hendrik Höfgen mit negativen Charakterzügen sowie Handlungen ausstattete, die z. T. im nachweisbaren Gegensatz zur Person und zum Verhalten von Gründgens stehen. In *The Turning Point* (New York 1942) bekennt Mann: „I visualize my ex-brother-in-Law as the traitor par excellence, the macabre embodiment of corruption and cynicism. So intense was the fascination of his shameful glory that I decided to portray Mephisto-Gründgens in a satirical novel" (S. 281). In der neubearb. Ausg. (*Der Wendepunkt*, 1952) dagegen schränkt er ein: „Höfgen unterscheidet sich in mancher Hinsicht von meinem früheren

Schwager. Aber angenommen sogar, daß die Romanfigur dem Original ähnlicher wäre, als sie es tatsächlich ist, Gründgens könnte darum immer noch nicht als der ‚Held' des Buches bezeichnet werden. Es geht in diesem zeitkritischen Versuch überhaupt nicht um den Einzelfall, sondern um den Typ" (S. 335). Trat Klaus Mann damit der Behauptung entgegen, Mephisto sei ein Schlüsselroman, so sah das Hanseat. Oberlandesgericht in Hamburg in dem Werk eine „Schmähschrift in Romanform" (Schulze, OLGZ 64, S. 23). Trotz der letztgültigen Entscheidung des Bundesverfassungsgerichtes vom 24. Februar 1971, der die Auffassung zugrundeliegt, „daß der Schutz des Achtungsanspruchs des verstorbenen Gründgens im sozialen Raum noch fortdauere" (*Mephisto*, 1971, S. 37) und daß im Roman „das Individuelle, Persönlich-Intime zugunsten des Allgemeinen nicht genügend objektiviert erscheine" (Ebda, S. 40), kann das Problem der Schl. in diesem Fall nicht als gelöst angesehen werden. Es liegt nicht allein in der Bewertung von „Persönlichkeitsbildern" eines Kunstwerkes und im juristischen Konflikt zwischen dem durch die Verfassung garantierten Recht der freien Kunstausübung und dem gleichfalls garantierten Persönlichkeitsschutz, sondern in erster Linie in der Anerkennung einer spezifischen K u n s t - k o n v e n t i o n , d. h. eines Verschlüsselungsverfahrens, das über das bloße Zusprechen des Kunstcharakters hinaus aus seinen eigenen Bedingungen verstanden werden muß.

Schon die juristischen S t a n d - p u n k t e sind kontrovers. Zu Gründgens' Lebzeiten wurde in der Bundesrepublik allen Einsprüchen gegen das Erscheinen des Romans entsprochen, doch am 25. August 1965 wies das Landgericht Hamburg die Klage des Adoptivsohnes von Gründgens gegen die Nymphenburger Verlagshandlung ab. Nach dem daraufhin gestellten Antrag einer Einstweiligen Verfügung legte das Hanseat. Oberlandesgericht in Hamburg dem Verleger nahe, in dem Vorwort noch einmal die Äußerungen Klaus Manns zu bekräftigen, alle Personen stellten „Typen dar, nicht Porträts", untersagte dann jedoch im Hauptprozeß die Verbreitung des Werkes. Das Bundesverfassungsgericht bestätigte zwar dieses Urteil, aber drei der sechs Bundesrichter hielten die Verfassungsbeschwerde des Verlegers wegen Verletzung des Grundrechts der K u n s t - f r e i h e i t für begründet. Zwei von ihnen — Erwin Stein und Wiltraud Rupp-von Brünneck — legten ihren abweichenden Standpunkt ausführlich dar.

Nach der Auffassung von Stein vernachlässigt „die Beurteilung des Romans allein nach den Wirkungen, die er außerhalb seines ästhetischen Seins entfaltet, das spezifische Verhältnis der Kunst zur realen Wirklichkeit" (*Mephisto*, 1971, S. 47). Voraussetzung für die Rezeption eines solchen Werkes sei die kunstspezifische Haltung eines entsprechend vorgebildeten Publikums; im gleichen Sinne spricht Rupp-von Brünneck von der „Mündigkeit der Bürger" und „ihrer Fähigkeit, ein Kunstwerk als ein aliud zu einer gewöhnlichen Meinungsäußerung zu betrachten, d. h. einen Roman als eine Schöpfung der Phantasie zu verstehen, die als solche niemanden zu beleidigen vermag" (Ebda, S. 71). Unter Berufung auf das Urteil des Bundesverfassungsgerichtes im Schmidt-Spiegelfall (BVerfGE 12, 13 [129]), nach dem „in einer Pressefehde auch eine starke Polemik gerechtfertigt ist, wenn sie der Art des gegnerischen Angriffs entspricht und einem berechtigten Interesse an der Einwirkung auf die öffentliche Meinungsbildung dient" (*Mephisto*, 1971, S. 73), wird hinsichtlich der offensichtlichen Entstellungen des Romans die durch die Emigration gegebene polit. und persönliche Notsituation geltend gemacht, in der sich Klaus Mann mit dem geistigen Mitläufertum im nationalsozialist. Deutschland auseinandersetzte. Nach Rupp-von Brünneck kann es hier nicht die Aufgabe des Richters sein, den Grad der „künstlerischen Transzendierung" zu bestimmen und zum Maßstab seines Urteils zu machen. Das „entscheidende Kriterium für die Versagung oder Gewährung des Grundrechtsschutzes" liege vielmehr darin, „ob der Roman bei einer Gesamtbetrachtung ganz überwiegend das Ziel verfolgt, bestimmte Personen zu beleidigen oder zu verleumden, ob die Kunstform des Romans zu diesem Zweck mißbraucht wird oder ob das Werk nach den erkennbaren Motiven des Autors und nach objektiver Würdigung des Inhalts und der Darstellung einem anderen Anliegen dient" (*Mephisto*, 1971, S. 71).

Aber auch die „Beleidigung" erweist sich als untauglich, den juristischen Gegenstand der Schl. exakt zu bestimmen. Mit gutem Grund hat daher Joachim Kaiser festgestellt: „Phantasieerzeugnisse über jemanden können den Betreffenden gewiß genauso beleidigen wie Vorwürfe oder wie die Wahrheit. Wir kommen nicht umhin, zwischen den Freiheiten der Kunst und den Widerlegbarkeiten der Dokumentation eine dritte Sphäre zu konstituieren: die der boshaften oder spielerischen oder freien Fiktion. Wer sich ihrer bedient … setzt sich weder dem Riesenanspruch der Kunst aus, noch besitzt sein Werk das Gewicht eines direkten, absichtsvollen und beweiskräftigen Angriffs. Es ist eine Form von politischer oder gesellschaftskritischer oder sogar aufklärerischer U n t e r h a l t u n g. Zum Lebensrisiko der öffentlichen Personen vor allem (aber auch der Verwandten eines Schriftstellers, seiner Freunde und Gegner) gehört es, Objekt eines solchen Fiktionszusammenhanges zu werden." Diese Auffassung setzt freilich einen hohen Bildungsstand und ein klares Unterscheidungsvermögen voraus, das durch die in den letzten Jahren zu beobachtende Vermischung der Gattungen „Sachbuch" und „Roman"· (Frederick Forsyth, *Akte Odessa*, dt. Übers. 1973) ebenso verwischt wird wie durch die Integration dokumentarischer Materialien in fiktionale Zusammenhänge (Rolf Hochhuth, *Der Stellvertreter* 1963, *Soldaten* 1968, Heinar Kipphardt, *In der Sache J. Robert Oppenheimer* 1964, Peter Weiß, *Die Ermittlung* 1965, *Viet Nam Diskurs* 1968, Tancred Dorst, *Toller* 1968,

Eiszeit 1972). Das sogen. „Dokumentarstück" ist durch die Abwendung von der Verschlüsselungstechnik und die Berufung auf Dokumente gekennzeichnet. H. Kipphardt betont, daß sein szenischer Bericht „ein literar. Text, kein Dokument" sei, fügt jedoch hinzu, er sehe sich „ausdrücklich an die Tatsachen gebunden, die aus den Dokumenten und Berichten zur Sache hervorgehen". Peter Weiß kommentiert seinen *Viet Nam Diskurs*: „Die einzelnen Sprecher dieser Gruppen vermitteln persönlich und kollektiv erlebte Probleme und Konflikte. Jene, die durch einen Namen gekennzeichnet werden, sind nicht Charaktere im herkömmlichen Sinn; wir nennen sie einzig als Träger wichtiger Tendenzen und Interessen" (*Dramen* II 269).

Der Roman *Mephisto* ist, zeitgeschichtlich und literarhistorisch gesehen, zunächst das Werk eines Emigranten. Die Erkennbarkeit seines „Urbildes" und der „Umstände" wie Nebenpersonen war in der damaligen polit. Situation eine wesentliche Voraussetzung für die Schlagkraft der Satire; gerade die „Entstellungen" mußten als solche erkannt, als literar. Reiz empfunden und der polemischen Absicht des Ganzen zugeordnet werden. In diesem Sinne wurde das Werk als Schlüsselroman konzipiert. Identifizierungsmöglichkeit und -fähigkeit gingen den folgenden Generationen in zunehmendem Maße verloren, aber ohne die Kenntnis des historischen Hintergrundes, ohne den produktiven Haß ist der Roman kaum zu würdigen. Der Versuch, den Schlüsselcharakter abzuwehren, muß hier zur Deklassierung des Textes führen, während allein das Bewußtmachen des ursprünglichen Kommunikationszusammenhanges den Gattungscharakter und die literar. Qualitäten freizulegen vermag.

Klaus Manns nachträgliche Meinungskorrektur, weitgehend durch Geschäftsrücksichten bedingt, scheint die Argumentation in die Nähe des Aufsatzes *Bilse und ich* (Münchener Neueste Nachrichten 15./16. Febr. 1906, wiederabgedr. in Th. Mann, *Altes und Neues*, 1953) rücken zu wollen, mit der Thomas M a n n im Anschluß an den Lübecker Skandalprozeß gegen den Leutnant Fritz Oswald Bilse und dessen Roman *Die kleine Garnison* (1903) die Suche des lesenden Publikums nach „Modellen" ironisierte und gegen den Staatsanwalt, der auch die *Buddenbrooks* einen „Bilse-Roman" genannt hatte, das Recht des weniger „erfindenden" als „findenden" Dichters verteidigte, sich an die Wirklichkeit zu halten. Die amüsanteste

Abwehr eines Schlüsselverdachtes enthält die *Author's Note* zu *Gaudy Night* (1935; dt. u. d. T.: *Aufruhr in Oxford)*; hier nimmt Dorothy L. S a y e r s den Kritikern den Wind aus den Segeln („It would be idle to deny that the City and University of Oxford ‹in aeternum floreant› do actually exist"), spart nicht mit Entschuldigungen („not only for having saddled it with so wayward an alumnus as Peter Wimsey, but also for my monstrous impertinence in having erected Shrewsbury College upon its spacious and sacred cricket-ground") und rechtfertigt die künstlerischen Freiheiten des Kriminalschriftstellers: „For, however realistic the background, the novelist's only native country is Cloud-Cuckooland, where they do but jest, poison in jest: no offence in the world".

Unser traditionelles Verständnis des Verschlüsselns geht auf die äsopische F a b e l und die darin enthaltene Möglichkeit zurück, letztlich alles sagen zu können. Aber worüber man zu der oder jener Zeit offen und worüber man nur verschlüsselt dichten konnte, richtete sich stets nach den Geboten der Vorsicht und der Konvention. Als Prototypen für verschlüsselte Z e i t - und S i t t e n k r i t i k können die Dialoge Lukians *(Nigrinus)* und die Epigramme Martials angesehen werden. Auch die A u t o b i o g r a p h i e ist schlüsselträchtig, obgleich man sie kaum zur Schl. rechnen wird. Seuse z. B. konnte sein Leben erst als mitteilbar ansehen, nachdem er es in Paradigmata eines mystischen Stufungswegs verfremdet hatte; ähnlich verfuhr Maximilian I. — nur nicht mystisch, sondern ritterlich-aventiurenhaft (das Vorbild des weltlichen Turnierkämpfers wiederum findet man schon bei Seuse im 44. Kapitel der *Vita*). Im Grunde lassen sich viele Dichtungen der Weltliteratur als „Bruchstücke einer großen Konfession" dekodieren.

Die Schwierigkeiten einer exakten Begriffsbestimmung für ‚Schlüssel' sind gewachsen, seitdem in der Lit.wiss. Begriffe und Perspektiven der Informatik, Semiotik und Kommunikationswissenschaft Eingang fanden und das Kodieren, d., h. die Umsetzung in sekundäre Zeichensysteme, als ein elementarer Vorgang künstlerischer Produktion in den Vordergrund des Interesses rückte; sind kommunikative Performanz und bestehende Kompetenz auf „wirkliche Personen und Zustände" ausgerichtet, so gelten die Bedingungen für den Typus Schl. als erfüllt.

Fernand D r u j o n, *Les Livres à Clef. Étude de Bibliographie critique et analytique pour servir à l'histoire littéraire.* 2 Bde (Paris 1888). E. F. W a l b r i d g e, *Romans à clef. A list of novels with characters based on real persons.* Publisher's Weekly 107 (1925) S. 435-440; 114 (1928) S. 539-544; 123 (1933) S. 766 ff. Georg S c h n e i d e r, *Die Schlüsselliteratur.* 3 Bde (1951-1953), Bd. 1: *Das literar. Gesamtbild,* Bd. 2: *Die Entschlüsselung dt. Romane u. Dramen,* Bd. 3: *Entschlüsselung ausländischer Romane u. Dramen.* Rez.: Hans L ü l f l i n g, DLZ. 77 (1956) S. 81-86. H. W. E p p e l s h e i m e r, Zs. f. Bibliothekswesen u. Bibliographie 1 (1954) S. 74-75. Hans R u p p e r t, Zentralblatt f. Bibliothekswesen 70 (1956) S. 144-146. Günther S w a r s, Börsenblatt f. d. Dt. Buchhandel, Frankf. Ausg., Nr. 2 v. 8. Jan. 1954. Robert T e i c h l, Das Antiquariat 9, Nr. 3/4 (Febr. 1953) S. 51. Hans T a u b, Erasmus 6 (1953) S. 85. Gerhard F r i c k e, Universitas 9 (1954) H. 2. Hans F r o m m, DVLG. 33 (1959) S. 458. — Karl U l l s t e i n, *Der Schutz d. Lebensbildes, insbes. Rechtsschutz gegen Schlüsselromane.* Jur. Diss. Erlangen 1931. *Mephisto. Die Entscheidungen d. Bundesverfassungsgerichts u. d. abweichende Richter-Meinung. Mit e. Vorw. d. Verlegers* (1971). Erich S c h u l z e, *Rechtsprechung zum Urheberrecht.* Bd. 5 (1970) S. 133 (OLGZ 64). Neue Jurist. Wochenschrift 21 (1968) S. 1773-1778. W. E. S ü s k i n d, *Mephisto — ohne Goethe.* Südt. Ztg. v. 8./9. Jan. 1966. Ders., *„Mephisto" vor dem Kadi.* Südt. Ztg. v. 5. März 1968. Uwe S c h u l t z, *Die Grenzen d. Schlüsselromans. Anmerkungen zu Klaus Manns 'Mephisto' u. Th. Manns drittem Briefband.* Handelsblatt Düsseldorf Nr. 55 v. 21. März 1966. Joachim K a i s e r, *Darf 'Mephisto' nicht erscheinen? Die Begründung des Bundesverfassungsgerichts literarisch betrachtet.* Südt. Ztg. v. 31. Juli/1. August 1971. — Dieter E. Z i m m e r, *Die sogenannte Dokumentar-Literatur. Zwölf einfache Sätze sowie e. notwendigerweise provisorische Bibliographie.* Die Zeit v. 28. Nov. 1969. Zur *Akte Odessa:* Wolfgang P i l z, *Der Auftrag der deutschen Raketenbauer in Ägypten.* Südt. Ztg. v. 25. April 1974.

§ 4. Die A n f ä n g e der Verschlüsselungstechnik in der dt. Lit. sind schwer zu belegen. Nach allgemeiner Ansicht (so noch in der 1. Aufl. des Reallexikons) gilt der von Kaiser Maximilian I. entworfene und überprüfte, von Siegmund von Dietrichstein und Max Treizsauerwein in Einzelteilen ausgeführte und schließlich von Melchior Pfinzing z. T. neu gestaltete und vollendete

Teuerdank (1517) als „erster dt. Schlüssel-roman". Doch wäre zuvor die *Hystori vom Hirs mit den guldin ghurn und der Fürstin vom pronnen* (1496) zu nennen, in der Augustin von Hamerstetten das Liebesver-hältnis Friedrichs d. Weisen zur Gräfin Amelei von Schwarzburg poetisiert. Beide Werke wiederum stehen in einer Tradition. So ist Augustin von Hamerstettens *Hystori* wohl einer der letzten Ausläufer der Minne-allegorie (E. Busse). Der allegorische Cha-rakter kommt auch in dem der ersten Aus-gabe des *Teuerdank* (jedoch nicht in allen Exemplaren) beigegebenen „Schlüssel" zum Ausdruck, denn der historische Hintergrund ist aus seinen allgemein gehaltenen Erklä-rungen zu den einzelnen Gestalten, Schau-plätzen und Abenteuern nicht zu erhellen; deutlich ist lediglich der Rahmen: die Wer-bung Maximilians (Teuerdank) um Maria (Ehrenreich), die Tochter Herzog Karls von Burgund (Ruhmreich). Konzipiert über 30 Jahre nach dem Tod Marias, wurde das in der mal. Heldendichtung wurzelnde Werk zu einer Minneallegorie (s. d.) eigener Art, die in Maria den Inbegriff des Guten und Schönen verherrlicht. Vieles in der mal. Dichtung ist wahrscheinlich Rollenspiel, und wie in den späteren Schäferdichtungen ver-steckt sich im Minnesang (offenbar schon nach antikem Vorbild) Huldigung. Darüber hinaus können Verschlüsselungsverfahren in-nerhalb der verschiedensten Gattungen ver-mutet werden, so vor allem in der Fabel (s. d.), die — wie der *Reinhart Fuchs* zeigt — wechselnde Aktualitäten in sich auf-nimmt.

Der Topos der Brautfahrt und Brautwer-bung im *Teuerdank* ruft den *König Rother* (ca. 1150) in Erinnerung, der immer wieder zu Entschlüsselungsversuchen reizte. Aber weder die Behauptung einer Verschmelzung der Gestalten Ottos I. und II. (L. Singer), noch die Zuweisung an Roger II. (Panzer) und Heinrich VI. (Siegmund) vermochten zu überzeugen. Die Lokalisierung des Epos am Hof der Babenberger in Regensburg und das dort durch die Heirat Heinrichs Jasomirgott mit Theodora Comnena (der Nichte des byzantin. Kaisers Manuel Comnenus) nahe-liegende Interesse am Stoff führten zur An-sicht, daß es der Dichter verstanden habe, „im Rahmen einer vordergründig angeleg-ten Brautwerbungsgeschichte zu einem viel

diskutierten Problem seiner Zeit, dem heftig umstrittenen Vorrang des deutschen oder des byzantinischen Herrscheramtes, auf seine Art mit Hilfe einer 'translatio per nuptias' Stellung zu nehmen" (Gellinek, S. 82).

Auch Wolframs *Parzival* scheint im VIII. Buch ein „aktuelles Zeitbild" zu ent-halten. Wertet man die Bezeichnung „*der lantgrave*" für Kingrimursel als Indiz, so könnten in der Gestalt des Kingrimursel einige auf Wiedererkennung angelegte Zü-ge des Landgrafen Hermann von Thüringen verschlüsselt sein. Die Abweichungen Wolf-rams gegenüber Chrestien von Troyes rük-ken zugleich die Rolle des Liddamus in den Vordergrund, die an den Reichsmar-schall Heinrich von Kalden denken läßt. Aber die dem geschichtlichen Selbstver-ständnis des Publikums angemessene Er-zählstrategie Wolframs ist vom „Schlüssel" her nicht mit Sicherheit zu bestimmen. Wolfgang Mohr bezeichnet Problem und Grenze: daß „man in der epischen Dichtung des MA.s mit Partien rechnen muß, die den Charakter des ,Schlüsselromans' haben. Nachgewiesen ist damit nichts von alledem. Man muß damit rechnen, mehr nicht" (S. 38). So bleibt die systematische Prüfung der dt. und lat. Lit. des MA.s auf Verschlüs-selungen ein Desiderat der Forschung. Hel-denepik und Spielmannsepos könnten vom rein Stofflichen gelöst werden, wenn es ge-länge, ihre Vortragsfunktionen im Zusam-menhang mit spezifischen Kodierungen zu beweisen. Daß der Nibelungenstoff (*Kriem-hilds Rache*) als Warn-Code diente, ist durch Saxo Grammaticus bezeugt (vgl. Wilhelm Grimm, *Dt. Heldensage*, 3. Aufl. 1889, S. 53), ob aber die Aktualität des *Nibelun-genliedes* aus seinem Warnlied-Charakter herzuleiten ist (Becker), bedarf noch weite-rer Klärung. Schlüsselverdacht erwecken auch die Wilhelms-Romane (*Wilhelm von Orleans. Wilhelm von Wenden*). Für Ulrich von Etzenbachs *Wilhelm von Wenden* legt des Dichters unmittelbare Umgebung am Hofe König Wenzel II. von Böhmen nahe, das Werk „cum grano salis als den ersten Schlüsselroman der dt. Lit." erscheinen zu lassen (H.-Fr. Rosenfeld, in: Krit. Ausg. 1957, S. XXIX). Sieht man es jedoch mit A. Masser als eine vom königlichen Notar Henricus Italicus in Auftrag gegebene Ar-beit an, die in den von Wenzel umkämpften Gebieten Kärnten und Krain (und zwar in literar. interessierten Kreisen) für die Politik Wenzels werben sollte, und in der sich die alte Bekehrungslegende an eine historisch faßbare Persönlichkeit (Graf Wilhelm, den Gatten der hl. Hemma von Gurk) anhängte, so sind die offensichtlich panegyrischen Anspielungen (Wilhelm ⟷ Wenzel, Wilhelms Gattin Bene ⟷ Königin Gusta) nicht als „Gleich-, sondern als Parallelsetzung" zu verstehen („wie damals Wilhelm war, so ist heute Wenzel"). In Neidharts Lieder ist wahrscheinlich manches aktuell Bairisches und Österreichisches verschlüsselt, die Satiren im sogen. Seifried Helbling und die Abenteuer Ulrichs von Liechtenstein dürften unmittelbar mit Figurenschlüsseln verbunden sein; man mag daran zweifeln, ob wir jemals dahinter kommen werden.

Teuerdank. Faks.-Ausg. d. 1. Aufl. hg. v. Simon L a s c h i t z e r. Jb. d. Kunsthistor. Sammlungen Wiens 8 (1888), Schlüssel: S. 566-580. Otto B ü r g e r, *Beiträge zur Kenntnis des 'Teuerdank'* (1902; QF. 92). Joseph S t r o b l, *Studien über die literar. Tätigkeit Maximilians I.* (1913). C. B i e n e r, *Die Fassungen des 'Teuerdank'*. ZfdA. 67 (1930) S. 177-196. Glenn E. W a a s, *The legendary Character of Kaiser Maximilian* (New York 1941). K. K i r c h l e c h n e r, *Über Maximilian als Jäger, im bes. über die Abenteuer auf d. Martinswand* (Wien 1885). Irmgard F i t z, *Maximilians 'Teuerdank' — Spensers 'Feenkönigin'*. (Masch.) Diss. Wien 1951. — Erich B u s s e, *Augustin von Hamerstetten*. Diss. Marburg 1902. — Ludwig S i n g e r, *Zur Rothersage*. Progr. Wien 1889. Friedr. P a n z e r, *Italische Normannen in dt. Heldensage* (1925; Dt. Fschgn. 1). Klaus S i e g m u n d, *Zeitgeschichte und Dichtung im 'König Rother'* (1959; Philolog. Studien u. Quellen 3). Christian G e l l i n e k, *König Rother. Studie zur literar. Deutung* (1968). — Judy M e n d e l s u. Linus S p u l e r, *Landgraf Hermann von Thüringen u. s. Dichterschule*. DVLG. 33 (1959) S. 361-388. Wolfgang M o h r, *Landgraf Kingrimursel. Zum VIII. Buch von Wolframs 'Parzival'*. Philologie deutsch. Festschr. zum 70. Geb. v. Walter Henzen (Bern 1965) S. 21-38. — Henrik B e c k e r, *Warnlieder*. 2 Bde (1953). Ders, *Bausteine z. dt. Literaturgesch.* (1957). — Achim M a s s e r, *Zum 'Wilhelm von Wenden' Ulrichs von Etzenbach*. ZfdPh. 93 (1974), Sonderh. S. 141—155. — Karl B e r t a u, *Dt. Lit. im europäischen MA.* 2 Bde (1972/73).

§ 5. In M o d e kamen die Schlüsselromane in Deutschland erst unter fremdem Einfluß im 17. Jh. Im Ausland waren Schlüsseldichtungen durch Boccaccios *Ameto* (1341/42) und Sannazaros *Arcadia* (1495) im Schäferroman eingebürgert worden. Auf diesem Wege war u. a. in Frankreich Honoré d'Urfé mit seiner *Astrée* (1607/27) gefolgt. Neben dem Schäferroman entwickelte sich in Frankreich des weiteren aus einem Zusammenfluß von Schäfer-, Amadis- und griech. Roman die neue Gattung des heroisch-galanten Romans, deren Hauptvertreter Gomberville, Calprenède, Madeleine de Scudéry, Barcley und Desmarets in der ersten Hälfte des 17. Jh.s wirkten. In dieser Gruppe wird die Verkleidung wirklicher Personen, werden die personnages déguisés das Hauptmittel zur Erzielung der Spannung. Da außerdem ohnehin noch in diesen Romanen viel mit Verwechselungen und Irrungen gearbeitet wird, bildet sich die Kunst der Verhüllung hier geradezu zu einer Wissenschaft aus.

In Deutschland war durch den Humanismus Volksdichtung und Gelehrtenschriftstellerei voneinander getrennt worden. Die alten volkstümlichen Romanansätze waren abgerissen. Auch Fischart hatte keinen neuen Typus sieghaft durchzusetzen vermocht. So griffen die Gelehrtendichter in ihrem krampfhaften Suchen nach Vorbildern die fremden Muster, Schäferdichtung und heroisch-galanten Roman auf: der idealistische Gesellschaftsroman mit seiner Mischung von Zügen aus den griech. Romanen, dem Amadis und den Schäferromanen wurde — teils unter stärkerer Herausarbeitung des Schäferlichen, teils des Heroischen — nach Deutschland verpflanzt, mit ihm die darin gepflegte Technik der Verkleidung.

Die A u f n a h m e d e s i d e a l i s t i s c h e n G e s e l l s c h a f t s r o m a n s i n D e u t s c h l a n d beginnt mit dem Anfang des 17. Jh.s. Dabei wird die Schäferdichtung als ältere zuerst übernommen, während die ersten Übersetzungen der jüngeren heroisch-galanten Romane erst um die Mitte des 17. Jh.s auftauchen. In beiden Gruppen begnügt man sich erst lange Zeit mit Übertragungen oder unfreien Nachahmungen der fremden Werke, ehe man sich an eigene Neuerfindungen wagt. Unter der Fülle von Übersetzungen, die fast alle fremden Werke in mehreren Ausgaben auf den dt. Markt gebracht haben, interessieren um ihrer Her-

ausgeber willen am meisten die Überarbeitung von Valentin Theocrits Übers.
der *Arcadia* des Sidney durch Opitz (1638),
die Übertragung von Barclays *Argenis*
durch Opitz (1626) und die der *Diana* des
Montemajor durch Harsdörffer (1646). Zur
Argenis erschien auch ein weitschweifiger
Schlüssel. Von den heroisch-galanten Romanen hat Dietrich v. d. Werder die *Diana*
des Loredano (1644) und Johann Wilhelm
von Stubenberg eine ganze Reihe anderer
ital. und franz. Werke in Deutschland eingeführt. Am wichtigsten für die Einbürge-
rung der neuen Gattung ist Zesen geworden
durch seine freien Verdeutschungen von
d'Audiguiers *Lysander und Kaliste* (1644),
des *Ibrahim* der Mme de Scudéry (1645)
und der *Sofonisbe* des Herrn de Sussi
(1647). Die Rezeption des Schlüsselromans
in Deutschland vollzieht sich über die schä-
ferlich-ritterlichen Stoffe. Es wäre falsch,
seinen Erfolg etwa der Verkleidung zeitgenössischer Personen und Zustände zuzuschreiben. Gerade die Verhüllung wirklicher
Personen verlor durch die Übertragung in
ein anderes Land und eine andere Zeit den
Reiz der Spannung.

So ist es denn kein Wunder, daß in dem
allmählich neu aufblühenden idealistischen
G e s e l l s c h a f t s r o m a n   d e s   1 7.
J h. s i n D e u t s c h l a n d die Verhüllung
oft nur eine untergeordnete Rolle spielt.
In den Schäfereien nach dem Vorbild der
dem Grafen Hans Ulrich von Schaffgotsch
gewidmeten *Nimfe Hercinie* (1629) des
Opitz handelt es sich meist nur um mangel-
haft verhüllte Privatangelegenheiten der
Verfasser. Für die „älteste und erfolgreichste der originalen Schäfergeschichten des dt.
Literaturbarock", die *Jüngst-erbawete Schäfferey, Oder keusche Liebes-Beschreibung,
Von der Verliebten Nimfen Amoena, Und
dem Lobwürdigen Schäffer Amandus* (1632)
glaubt Franz Heiduk Schloß Brieg in Schlesien als Schauplatz und Hans Adam von
Gruttschreiber und Czopkendorf als Amandus und zugleich als Verf. (Amoena ⇔
Sibylle Margarete, Tochter des Herzogs zu
Brieg) erkannt zu haben. Zesens *Adriatische
Rosemund* (1645) behandelt in schäferli-
cher Einkleidung des Dichters eigne Liebe
und Leid; das Werk ist ein „Brevier für
Zesens Freunde" und „neben allem anderen
auch ein Dokument von Zesens Bekannt-

schaften und Verbindungen", das „von diesem sozialen Umkreis her verstanden werden muß" (Kaczerowsky, S. 123). Ähnliches
bringt in ritterlicher Verhüllung der Roman
Don Francesco und Angelica (Hamburg
1667). Die Nürnberger wiederum verstecken
unter ihren Schäfern und Schäferinnen allegorisch allgemeine Zustände und Eigenschaften.

Unter den selbständigen heroisch-galanten Romanen Deutschlands, die sich unter
Buchholtz, Ziegler, Anton Ulrich von Braunschweig, Lohenstein u. a. immer mehr zum
historischen Roman hin (damals als „Ge-
dichtgeschichten" oder „Geschichtsgedichte"
bezeichnet) entwickeln, stammen die ausge-
prägtesten Schlüsselromane vom Herzog
A n t o n   U l r i c h   v o n   B r a u n -
s c h w e i g (*Aramena*, 1669-1673 und
Octavia, 1685-1707, u. d. T. *Die römische
Octavia* 1712). Aber hat er wirklich „den
ganzen Hofklatsch, der ihm seiner Stellung
wegen wohl vertraut war, in die dickleibi-
gen Werke hineingearbeitet" (Gramsch)?
Herbert Singer hält dies im Falle der
Octavia „aus inneren Gründen" und „wegen der Gattungswidrigkeit solcher Schlüs-
selepisoden im barocken Roman für unwahrscheinlich", während Blake L. Spahr
für die *Aramena* ein Schlüsselgeflecht aufzuzeigen vermag. In der *Octavia* ist die
Geschichte des Corillus eine verschlüsselte
Selbstbiographie des Herzogs.

Eine Sonderstellung nimmt die *Geschichte der Printzeßin Solane* im letzten Band
der *Octavia* ein. Der „Schlüssel" dazu wurde „gleich nach Erscheinen des Bandes
kolportiert, ja der Autor selbst schickte ihn
an hochgestellte Interessenten, wie die Herzogin von Orléans. Vermutlich hat ihn die
weite Verbreitung des Schlüssels veranlaßt,
in der zweiten Auflage die Decknamen zu
ändern" (Singer, Euph. 49, S. 314). In der
4. Ausgabe wurde sogar der Ausgang der
Geschichte geändert. Anton Ulrich behandelt in der Solane-Episode den erst wenige
Jahre (1694) zurückliegenden Skandal um
Sophie Dorothea von Celle (Prinzessin von
Ahlden) und den Grafen Philipp Christoph
von Königsmarck (vgl. Elisabeth Frenzel,
Stoffe   der   Weltliteratur. 3. Aufl. 1970,
S. 21) und bringt mit diesem „kleinen Intrigenroman" in die „ferne Geschichtlichkeit" der *Octavia* „aktuellste Gegenwart".

Singer hat an der Figuren-Konstellation des Joseph-Potiphar-Stoffes und an der Behandlung der vermeintlichen Ehebruchsgeschichte durch Mme Lafayette gezeigt, wie die Ereignisse im Hannoverschen Hause (insbes. die Beseitigung des Grafen und die Verbannung der Prinzessin), die aus dynastischen Gründen nicht öffentlich behandelt werden konnten, geltenden literar. Mustern angepaßt wurden; für die Umkehrung des höfisch-historischen Romans vom Fortuna- zum Intrigenroman dürfte diese Verschlüsselung repräsentativ sein.

Auch Lohensteins *Arminius* (1689/90) kann als Schlüsselroman angesehen werden, doch verwebt er Personen und Ereignisse seiner Zeit nur in die Nebenepisoden; neben wirklichen Personen treten in den Werken Lohensteins auch allgemeine Zustände als Personen allegorisiert auf. Für letztere Spielart des Schlüsselromans, die weniger Personen und Ereignisse als Zustände und Eigenschaften zu verstecken sucht, zeugt am besten Andreas Heinrich Buchholtz (1606-1671), dessen zwei in die Nähe der Erbauungsliteratur rückende Romane *(Des Christlichen Teutschen Groß-Fürsten Herkulus und Der Böhmischen Königlichen Fräulein Valiska Wunder-Geschichte, 1659 u. 1660, Der Christlichen Königlichen Fürsten Herkuliskus und Herkuladisla auch ihrer hochfürstlichen Gesellschaft anmuthige Wunder-Geschichte, 1665)* nur moralische und dogmatische Zwecke zu verhüllen haben. So finden wir die Technik des Schlüsselromans getreu den fremden Vorbildern im dt. Idealroman des 17. Jh.s aufs mannigfachste verkörpert. Doch bedeutet sie immer nur einen Nebenzug, während die Dichter ihr Hauptaugenmerk nicht auf die politisch-kulturelle, sondern auf die formale, romanhafte und gelehrte Ausschmückung der Werke wenden. Das Publikum (Fürsten, Hof, Gelehrte) ist sich der Künstlichkeit und Fiktionalität des Dargestellten bewußt und im Verschlüsselungsspiel zum Dechiffrieren aufgefordert.

In § 5 wurde Text aus dem Artikel *Schlüsselroman* von A. G r a m s c h in der 1. Aufl. des Reallex. verwendet. — Literatur: Leo C h o l e v i u s, *Die bedeutendsten Romane d. 17. Jh.s* (1866). Felix B o b e r t a g, *Gesch. d. Romans.* 2 Bde (1881). Arnold H i r s c h, *Bürgertum u. Barock im dt. Roman* (2. Aufl. bes. v. Herbert Singer 1957; Lit. u. Leben NF. 1). Rich. N e w a l d, *Die dt. Lit. vom*

Späthumanismus zur Empfindsamkeit 1570-1750 (5. Aufl. 1965). — Mia Irene G e r h a r d t, *Essai d' analyse littéraire de la pastorale dans les littératures italienne, espagnole et française* (Assen 1950). Guiseppe de R o b e r t i s, *Boccaccios L'Ameto,* in: Robertis, *Studi.* Bd. 1 (Florenz 1944) S. 55-61. Gino de L i s a, *L'Arcadia del Jacopo Sannazaro* (Salerno 1930). Antonio A l t a m u r a, *Jacopo Sannazaro* (Napoli 1951). H. W e l t i, *Die 'Astrée' des Honoré d'Urfé u. ihre dt. Verehrer.* ZfranzSprLit. 5 (1883) S. 107-119. Henri B o c h e t, *L'Astrée, ses origines, son importance dans la formation de la littérature classique.* Diss. Genf 1923. Gisela H e e t - f e l d, *Vergleichende Studien zum dt. u. franz. Schäferroman. Aneignung u. Umformung d. preziösen Haltungsideals d. 'Astrée' im dt. Schäferroman d. 17. Jh.s.* (Masch.) Diss. München 1954. Elida Maria S z a r o t a, *Dt. 'Pastor-Fido'-Übersetzungen u. europäische Tradition,* in: *Europ. Tradition u. dt. Literaturbarock.* Hg. v. Gerh. Hoffmeister (1973) S. 305-327. Vgl. auch *Schäferdichtung.* — Friedr. B r i e, *Sydneys 'Arcadia'* (1918; QF. 124). Karl Friedr. S c h m i d t, *John Barclays 'Argenis'. E. literarhistor. Untersuchung* (1904; LithistFschgn. 31), Bibliographie. G. L a n g f o r d, *Barclays 'Argenis': a seminal novel.* Studies in English (Texas Univ.) 26 (1947) S. 59-76. John Barclay, *Argenis.* Übers. v. Martin O p i t z (1970; BiblLitV. 296/97). G. S c h u l z - B e h - r e n d, *Opitz' Übers. v. Barclays 'Argenis'.* PMLA. 70 (1955) S. 455-473. Gerhard H o f f - m e i s t e r, *Die span. Diana in Deutschland. Vgl. Untersuchungen zum Stilwandel u. Weltbild d. Schäferromans im 17. Jh.* (1972; Philolog. Studien u. Quellen 68), S. 29, 38. Georg W i t k o w s k i, *Dietrich von Werder* (1887), S. 90 ff. Martin B i r c h e r, *Joh. Wilh. v. Stubenberg u. s. Freundeskreis* (1968; QF. NF. 25). — Alfred H ü b n e r, *Das erste dt. Schäferidyll u. s. Quellen.* Diss. Königsberg 1910. U. M a c h é, *Opitz' 'Schäfferey' in 17th Century German Lit.* Essays on German Lit. In honour of G. J. Hallamore (Toronto 1968) S. 34-40. Martin O p i t z, *Schäfferey von der Nimfen Hercinie.* Hg. v. Peter R u s t e r h o l z (1969; Reclams Universbibl. 8594). -- F. H e i - d u k, *Die Liebesbeschreibung von Amoena und Amandus.* Jb. d. dt. Schillerges. 17 (1973) S. 136-153. Philipp v Z e s e n, *Adriatische Rosemund.* Hg. v. Max Herm. J e l l i n e k (1899; NDL. 160/63), S. XLII-L: *Dichtung u. Wahrheit in d. 'A. R.'.* Hans K ö r n - c h e n, *Zesens Romane* (1912, Pal. 115). J. H. S c h o l t e, *Zesens 'Adriatische Rosemund'.* DVLG. 23 (1949) S. 288-305. Klaus K a c z e r o w s k y, *Bürgerliche Romankunst im Zeitalter d. Barock. Ph. von Zesens 'Adriatische Rosemund'* (1969). Ferdinand van I n - g e n, *Ph. v. Zesens 'Adriatische Rosemund'. Kunst u. Leben.* Ph. v. Zesen 1619-1969. *Beiträge zu s. Leben u. Werk.* Hg. v. F. v. Ingen (1972; Beitr. z. Lit. d. 15.-18. Jh.s 1)

S. 47-122. — Paul Z i m m e r m a n n, *Zu Herzog Anton Ulrichs 'Römische Octavia'*. Braunschweig. Magazin 1901, Nr. 14 (14. Juli) S. 105-110; Nr. 16 (11. Aug.) S. 121-126. Blake L. S p a h r, *Dorus aus Istrien. A question of identity*. PMLA. 68 (1953) S. 1056-1067. Ders., *Anton Ulrich and 'Aramena'. The genesis and development of a Baroque novel* (Berkeley, Los Angeles 1966; Univ. of Calif. Publ. in modern phil. 76), vgl. S. 153: Tabelle. H S i n g e r, *Joseph in Ägypten* Euph. 48 (1954) S. 249-279, bes. 269 ff. Ders., *Die Prinzessin von Ahlden. Verwandlungen e. höfischen Sensation in d. Lit. d. 18. Jh.s.* Euph. 49 (1955) S. 305-334. — Elida Maria S z a r o t a, *Lohensteins 'Arminius' als Zeitroman. Sichtweisen d. Barock* (1970). Dieter K a f i t z, *Lohensteins 'Arminius'. Disputator. Verfahren u. Lehrgehalt in e. Roman zw. Barock u. Aufklärung* (1970; Germanist. Abhdlgn. 36). — U. M a c h é, *Die Überwindung des Amadisromans durch Andreas Heinrich Buchholtz.* ZfdPh. 85 (1966) S. 542-59.

§ 6. Mit Recht bemerkt A. Gramsch in der 1. Aufl. des Reallex., daß es in Deutschland „keine klar umrissene Gattung des Schlüsselromans" gebe; die Beschränkung des Schlüsselproblems auf den Roman engt jedoch die Fragestellung ebenso ein wie die Blickrichtung auf Gattungsnormen des Verschlüsselns. Betroffen sind alle Gattungen, und die Aufgabe der Lit.wiss. besteht im Auffinden spezifischer Kodierungen. Georg Schneider hat hierzu manches Material zusammengetragen, aber seine Darstellung leidet an der nur unzureichend durchgeführten Trennung zwischen Modellen und Schlüsseln. Wie schwer eine solche Trennung ist, läßt sich an den jahrzehntelangen Bemühungen und Kontroversen der G o e t h e - P h i l o l o g i e ablesen, deren biographistische Perspektiven in gleichem Maße Sachverhalte klärten wie Deutungen vom Werk ablenkten. Dabei ist auffällig, daß die eigentlichen ‚Schlüsselwerke' in Goethes vor- und frühweimarer Zeit fallen und einem Typus angehören, der durch jeweils überschaubare Kommunikationszusammenhänge bestimmt wird.

In der *Laune des Verliebten* (1767/68) aktualisiert Goethe in Anlehnung an Gleim *(Sylvia)* und Karl Christian Gärtner *(Die geprüfte Tugend)* traditionelle Muster des Schäferspiels (Das glückliche Paar: Lamon ⇔ Johann Adam Horn, Egle ⇔ Konstanze Breitkopf — das unglückliche Paar: Eridon ⇔ Goethe, Amine ⇔ Käthchen

Schönkopf). Daß diese Muster durchbrochen und die vorgegebenen Typen des Rollenspiels mit individuellem Leben erfüllt werden, läßt sich aus emotionalen Bindungen Goethes an den Stoff erklären; so bekennt er *(Dichtung und Wahrheit 7. Buch,* Jubil.-Ausg. Bd. 23, S. 85), daß er es „nicht lassen konnte", die Situation des durch seine Schuld unerquicklich gewordenen Liebesverhältnisses zu Käthchen Schönkopf, „zu einer quälenden und belehrenden Buße, dramatisch zu behandeln". Gemessen an dem autobiograph. Charakter ist das Werk nur in dem Maße zur Schl. zu rechnen, in dem es (wohl nur für einen kleinen Freundeskreis) auf Erkennbarkeit hin angelegt wurde. Mit einiger Sicherheit darf man diese Absicht für die im Umkreis des Darmstädter Zirkels (vgl. *Darmstädter Kreis)* und im Zusammenhang mit den Rezensionen für die *Frankfurter Gelehrten Anzeigen* entstandenen Werke *Das Jahrmarktsfest zu Plundersweilern* (1773) und *Satyros* (1773) voraussetzen. Das *Jahrmarktsfest* war als Geburtstagsgeschenk für Joh. Heinrich Merck gedacht, der Nicolai gegenüber äußerte: „Die Pasquinaden sind nur in unserem Zirkel in Darmstadt, und alle Personen sind gottlob so unberühmt und unbedeutend, daß sie niemand erkennen würde" (28. Aug. 1778). Hinsichtlich der Chiffrierung herrschen in der Forschung unterschiedliche Auffassungen; deutlich ist die Opposition gegen Franz Michael Leuchsenring (⇔ Mardochai), den Goethe auch in dem als Polterabendscherz zu Herders Hochzeit verfaßten Dramolett *Ein Fastnachtsspiel von Pater Brey* (1773/74) aufs Korn nimmt. Im *Satyros* sind die Züge Herders unverkennbar, obgleich Herder selbst die Satire nicht auf sich bezog. Bedenken gegen die einseitig biographische Ausdeutung hat schon J. Minor erhoben und die Meinung vertreten, daß Goethe „bei der Konzeption und Ausführung" dieser Werke „allerdings bestimmte Personen vorgeschwebt haben, daß er aber an den Figuren des Satyros und an dem Bilde des Jahrmarktes auch ein selbständiges künstlerisches Interesse hat, welches ihn reizt, dieselben bis ins einzelne auszuführen" (Stvgl.-Litg. 3, 322). Als Goethe das *Jahrmarktsfest* 1778 der Herzogin Anna Amalia zuliebe erweiterte und neu einrichtete (erste Aufführung in Ettersburg am 20. Okt. 1778), stand es bereits in einem neuen Kommunikationszusammenhang (vgl. den Paralleldruck in *Jugendwerke*. Bd. 1, hg. v. Hanna Fischer-Lamberg, 1955).

Über die *Leiden des jungen Werthers* (1774) schreibt Joh. Konrad Deinet an Nicolai: „Wer den Schlüssel zu Werthern hat, erschrickt über manche Satyre, die sich bloß in Frankfurt erschließt" (Max Morris, *Der junge Goethe*. Bd. 6, 1912, S. 417). Auch ist bekannt, daß Lotte und Johann Christian Kestner im Wiedererkennen von Details aus Goethes Wetzlarer Zeit sich durch die Charakteristik Alberts verletzt fühlten und Mißdeutungen fürchteten. Ein Schlüsselroman ist das Werk trotz allem nicht. Verschiedene Modelle (Charlotte Buff und Maximiliane Roche, Joh. Christian Kestner und Peter Anton Brentano) sowie Goethes eigene Erlebnisse und Erfahrungen haben den Grund gelegt, aber im strengen Sinne ‚verschlüsselt' ist bestenfalls der Selbstmord Karl Wilhelm Jerusalems als ‚öffentliches' Ereignis. Alle Schicksale sind ‚verarbeitet' und in einem Exempel modischer Empfindsamkeit aufgehoben, das völlig außerhalb des Jerusalem-Skandals bleibt.

Goethes Hang zum Rollenspiel (subtilste Variante im *West-östlichen Divan*), sein Interesse an ‚originalen' Persönlichkeiten und seine ständige Teilhabe an der literar. und gesellschaftlichen Kommunikation öffnen dem Literarhistoriker ein weites Feld, Anspielungen, Modellen und Verschlüsselungen nachzuspüren; neben dem Meinungsstreit literar. Fehden sind Hofklatsch und persönliche Abrechnungen, aber auch Selbstkritik wie in *Des Epimenides Erwachen* (1815) von Interesse. Man sagt jedoch wenig über den Rang des Fragmentes *Der Zauberflöte zweiter Teil* (1802), wenn man (mit Max Morris) in der Königin der Nacht Frau von Stein und „die vielen kleinen Züge ihres Hasses" zu erkennen glaubt, „mit denen sie in diesen Jahren Goethe (⟺ Tamino) und Christiane (⟺ Pamina) verfolgte". Goethes Lust am Verschlüsseln ist am stärksten in *Faust II* (1800/31) zu spüren, wo fast jede Chiffrierung sogleich allegorisch gerät oder sich zum Symbolischen weitet und den *Faust*-Kommentar leicht zu einem Meinungsgeröll auflaufen läßt. Das größte Kopfzerbrechen hat in *Faust II* die Gestalt des Homunculus bereitet. In ihr „ein ins Heitere gehobene Abbild August Wilhelm Schlegels" (Höfler, S. 173) zu sehen, ist literarhistorisch mit vielen Argumenten zu stützen, doch gewinnt sie in Aufführungen des Werkes stets Eigenleben und läßt den ‚Schlüssel' weit hinter sich.

Wenn also aus der Goethe-Philologie für die Definition des Begriffes Schl. Nutzen gezogen werden kann, so dieser, daß das Verschlüsseln und Entschlüsseln vor allem in der frühen Phase der Wirkungs- und Rezeptionsgeschichte eines Werkes von Bedeutung ist und daß in der Folgezeit so manche Kodierung sich als Ballast erweist. Nur ein auf die ursprüngliche Interaktion zwischen Autor und Publikum gerichtetes Erkenntnisinteresse vermag Schl. als Problem zu legitimieren.

Es gibt daneben Werke, die Goethe seinen Lesern als Rätseldichtungen aufgegeben hat. Zu ihnen gehört das *Märchen* in den *Unterhaltungen deutscher Ausgewanderten* (1795), die mit diesem nur symbolisch zu deutenden Werk „gleichsam ins Unendliche auslaufen" (Goethe an Schiller, 17. Aug. 1795). Aus der Sicht der Rahmenerzählung fällt es leicht, eine Beziehung zur franz. Revolution herzustellen und in dem ‚gemischten König' Ludwig XVI. zu erkennen. Die polit. Aussage des Märchens ist jedoch an ein eigenes, erst aus der sukzessiven Abfolge der Vorgänge und Zeichen sich erschließendes Signalsystem gebunden. Dazu heißt es in der 110. Xenie: „Mehr als zwanzig Personen sind in dem Märchen geschäftig. ‚Nun, und was machen sie denn alle?' Das Märchen mein Freund." — Verschlüsselt werden letztlich weder Personen noch Ereignisse, vielmehr wird hier wie schon im Prosafragment *Reise der Söhne Megaprazons* eine Antithese zur franz. Revolution poetisch: nur durch Selbstüberwindung und die Vereinigung jedes Einzelnen kann die Gesellschaft genesen.

Max M o r r i s , *Der junge Goethe*. Bd. 6 (1912), S. 295-300 (*Jahrmarktsfest*), 300-303 (*Fastnachtspiel*), 309-313 (*Satyros*). Ilse-Marie B a r t h , *Literarisches Weimar* (1971; Samml. Metzler 93). — H. R o e t t e k e n , *Goethes 'Amine' und 'Laune des Verliebten'*. VjsLitg. 3 (1890) S. 184-186. A. v. W e i l e n , *Zu Goethes 'Laune d. Verliebten'*. Euph. 1 (1894) S. 604-605. Rich. M. W e r n e r , *Die 'Laune des Verliebten' u. Gellert*. StvglLitg. 5 (1905)

S. 186-195. F. v. K o z l o w s k i , *Die Schä-*
ferpoesie u. d. junge Goethe. ZfdUnt. 22
(1908) S. 50-60. — W. W i l m a n n s ,
Goethes 'Jahrmarktsfest zu Plundersweilern'.
PreußJbb. 42 (1878) S. 42-74, mit Personen-
schlüssel. Heinr. D ü n t z e r , *Abhandlungen*
zu Goethes Leben u. Werken. Bd. 2 (1885)
S. 141-196 *(Jahrmarktsfest)*, 197-292 (Satyros).
Wilh. S c h e r e r , *Aus Goethes Frühzeit*
(1878; QF. 34) S. 25-42 *(Jahrmarktsfest)*,
43-68 *(Satyros)*. Rich. M. W e r n e r , *Jahr-*
marktsfest zu Plundersweilern. GoetheJb. 1
(1880) S. 174-185. Max H e r r m a n n , *Jahr-*
marktsfest zu Plundersweilern. Entstehungs-
und Bühnengesch. Nebst e. krit. Ausg. d.
Spiels (1900). Jakob M i n o r , *Zu Goethes*
'Jahrmarktsfest zu Plundersweilern'. Stvgl-
Litg. 3 (1903) S. 314-331. — Wilh. S c h e -
r e r , *Satyros und Brey.* GoetheJb. 1 (1880)
S. 81-118. E. C a s t l e , *'Pater Brey' und*
'Satyros'. JbdGG. 5 (1918) S. 56-98. Ferd.
Jos. S c h n e i d e r , *Goethes 'Satyros' u. d.*
Urfaust (1949; Hallesche Monographien 12).
— Peter M ü l l e r , *Zeitkritik u. Utopie in*
Goethes 'Werther' (1969; Germanist. Stu-
dien). Max Morris, *Frau v. Stein u. d.*
Königin d. Nacht, in: Morris, *Goethe-Studien.*
Bd. 1 (2. Aufl. 1902) S. 310-317. Otto H ö f -
l e r , *Homunculus - e. Satire auf A. W.*
Schlegel. Goethe u. d. Romantik (1972), mit
e. bibliogr. Übersicht v. Hellmut Birkhahn.
— Friedr. M e y e r v. W a l d e c k , *Goethes*
Märchendichtungen (1879), Anhang. Hans
M a y e r , *Vergebliche Renaissance. Das*
'Märchen' bei Goethe u. Gerhart Hauptmann,
in: Mayer, *Von Lessing bis Thomas Mann*
(1959) S. 338-383. Gonthier-Louis F i n k̄ ,
'Das Märchen' — Goethes Auseinanderset-
zung mit seiner Zeit. Goethe 71 (1971) S. 96-
122. Max M o r r i s , *Goethe-Studien.* Bd. 2
(2. Aufl. 1902) S. 284-288. Eva Alexander
M e y e r , *Politische Symbolik bei Goethe*
(1949) S. 13-34.

§ 7. Ein Beispiel für die mögliche Abgrenzung der Verschlüsselungen von Modellen
und Urbildern bietet das Werk E. T. A.
H o f f m a n n s . Die Gestalt des Kapell-
meisters Kreisler, das sogen. Julia-Erlebnis
und die autobiographischen Züge seiner Erzählungen (mit häufiger Verwendung des
eigenen Vornamens Theodor) lassen das
Werk im Grenzbereich von Wirklichkeit
und Dichtung als Verschlüsselung der eigenen Existenz erscheinen. Doch die Begegnung mit der 15jähr. Julia Marc, seiner Ge-
sangsschülerin, in Bamberg (im *Tagebuch*
mit *Ktch* chiffriert) führt in erster Linie zur
Bildung eines literar. I d o l s ; ähnliche
Idealisierungen sind bei anderen Frauengestalten zu beobachten: der Baronin (⇔
Dora Hatt, Hoffmanns „erste Liebe") im
Majorat (1817), der Sängerin im *Don Juan*

(1813), wahrscheinlich nach einer wahren
Begebenheit in Posen, Bettina (⇔ Elisabeth Marcuse) im *Sanctus* (1817) und Johanna Eunicke in den *Briefen aus den Ber-*
gen (1820). Ebensowenig verschlüsselt sind
die zahlreichen P o r t r ä t s . Hoffmann, ein
aufmerksamer Beobachter und glänzender
Zeichner wie Karikaturist, hat auch in den
Erzählungen immer wieder ,Originale' nach
dem Leben gezeichnet, teils liebevoll, wie
den Justitiar Christoph Ernst Voeteri als
Großonkel im *Majorat*, teils ins Groteske
verlegt, wie den Musiker Johann Stich als
Peter Schönfeld in den *Elixieren des Teufels*
(1815). Das Porträthafte führt dabei stets
zu einem Wechsel der Sprachebenen; die
sonst spezifisch formelhafte Diktion weicht
einer mehr realistischen. Das Porträt
des skurrilen Musikliebhabers Ernst Baron von Bagge (*Baron v. B.*, 1819) stammt
jedoch aus einer literar. Quelle (Allgem. Musikal. Ztg. v. 16. Sept. 1801). In einem Brief
begründet Hoffmann die gewählte Abkür-
zung des Namens mit dem Argument, er
habe „etwas mehr in die Geschichte hineingetragen, als sich historisch verantworten
lassen möchte" (*Sämtl. Werke*, hg. v. C. G.
v. Maassen. Bd. 7, 1914, S. LI).

Der Zyklus *Die Serapionsbrüder* (1819/
21), eine vom Verleger Reimer angeregte
Sammlung alter und neuer Erzählungen und
Märchen (vgl. Hoffmanns Brief an Reimer
vom 17. Febr. 1818 und das Vorwort), wird
durch eine Rahmenkomposition zusammengehalten, die zunächst die Rahmentechnik
Tiecks (*Phantasus*, 1812/17) zu kopieren
scheint, sich aber als Abbild realer, z. T.
genau zu datierender Zusammenkünfte erweist. Schon von Oktober 1814 bis ins Jahr
1816 hatte sich um Hoffmann und seine
nächsten Freunde Hitzig, Fouqué, Chamisso und Contessa ein Kreis (Seraphinenorden)
gebildet. Nach der Auflösung kam es am
14. Nov. 1818, dem Tag des Hl. Serapion,
zu einer neuen Gründung (Serapionsbruder-
schaft, bis Frühjahr 1821). Wie auch der
zeitliche Vergleich zeigt, gingen die Unterhaltungen der Serapionsbrüder-Sitzungen
und die Erinnerungen an den Seraphinenorden in die Darstellung Hoffmanns ein;
einzelne Gestalten sind leicht zu identifizieren (Theodor ⇔ Hoffmann, Sylvester ⇔
Contessa, Vinzenz ⇔ Koreff, Ottmar ⇔
Hitzig). Man kann daraus eine d o p p e l t e

Autorstrategie ableiten: die für das breite Leserpublikum bestimmte Vermittlung poetologischer Vorstellungen und die allein für Eingeweihte gedachte Verschlüsselung der Zusammenkünfte als eine Art ‚poetischen Protokolls'.

Im Falle des *Meister Floh* (1822) hatte die im Gesamtgefüge des Märchens als Fremdkörper wirkende Knarrpanti-Verschlüsselung schwerwiegende Folgen. Diese gegen die Demagogenverfolgung und ihren Scharfmacher K. A. C. H. von Kamptz (insbes. gegen die künstliche Beschaffung von Belastungsmaterial) gerichtete Satire führte zu einem Disziplinarverfahren gegen Hoffmann, der bis zum Sommer 1821 Mitglied der Immediat-Justizkommission zur Untersuchung staatsgefährdender Geheimverbindungen gewesen war und sich als unbestechlicher Richter allen Nötigungen widersetzt hatte. „Wäre Hoffmann", wie Hitzig (E. T. A. *Hoffmanns Leben und Nachlaß*. Bd. 2, 3. Aufl. 1839, S. 121 f.) schreibt, „nicht so unvorsichtig gewesen, vorher davon zu sprechen, daß er dies und jenes in dem Buche persiflieren wolle, so würde kein Leser bei der Ungründlichkeit des Publikums, das solche Schriften liest, gemerkt haben, wohinaus er gezielt". Die inkriminierten Stellen wurden in der Druckerei beschlagnahmt und kamen erst 1906 aus den Akten zum Vorschein.

Oskar K r e n z e r, *E. T. A. Hoffmann in Bamberg* (1922). Friedr. H o l t z e, Einl. zu *Sanctus* und *Brautwahl*, hg. v. Hans von Müller (1910; Schr. d. Ver. f. d. Gesch. Berlins 43). Hans v. M ü l l e r, Einl. u. Anm. zu: E. T. A. Hoffmann, *Zwölf Berlinische Geschichten aus den Jahren 1551-1816*. Nach d. Folge d. Handlung zusgst. (1921). Wulf S e g e b r e c h t, *Autobiographie u. Dichtung. E. Studie zum Werk E. T. A. Hoffmanns* (1967; Germanist. Abhandlungen 19). — Hans v. M ü l l e r, *Die erste Liebe E. T. A. Hoffmanns* (1955). Albin L e s k y, *E. T. A. Hoffmanns Julia-Erlebnis*. ZfdPh. 66 (1941) S. 219-238, wiederh. in Lesky, *Ges. Schriften* (1966) S. 611-628. Joachim R o s t e u t s c h e r, *Das ästhetische Idol im Werke von Winckelmann, Novalis, Hoffmann, Goethe, George u. Rilke* (Bern 1956). Joachim W o l f f, *Der Idealisierungskomplex in d. Werken E. T. A. Hoffmanns*. Diss. Bern 1965. Wilh. H e r t z, *Bernhard Crespel. Goethes Jugendfreund* (1914) S. 1-12, 119-120, 255-256 (Zu *Rat Krespel*). G. C. S c h o o l f i e l d, *Peter Schönfeld und Johann Stich*. MLN. 67 (1952) S. 465-468. Friedr. S c h n a p p, *Der Seraphinenorden u. d.*

Serapionsbrüder E. T. A. Hoffmanns. Litwiss. Jb. d. Görres-Ges. NF. 3 (1962) S. 99-112 (bes. Anh.: *Die Serapionsbrüder u. ihre Gäste*). G. E l l i n g e r, *Das Disziplinarverfahren gegen E. T. A. Hoffmann. Nach den Akten d. Geh. Staatsarchivs*. DtRs. Jg. 32, Bd. 128 (1906) S. 79-103. G. F i t t b o g e n, *E. T. A. Hoffmanns Stellung zu den demagogischen Umtrieben u. ihrer Bekämpfung*. PreuJbb. Bd. 189 (1922) S. 79-92. Ders., *Zu E. T. A. Hoffmanns ‚Meister Floh'*. Preuß. Jbb. Bd. 193 (1923) S. 213-220. Wolfgang H ä u f l e r, *Zeitkritik u. polit. Satire in d. Werken E. T. A. Hoffmanns*. (Masch.) Diss. Marburg 1955. — R. H e r d, *Der Kapellmeister Gottmund im ‚Delphin' der Karoline de la Motte Fouqué, eine Verkörperung E. T. A. Hoffmanns*. Mitteilgn d. E. T. A. Hoffmann-Ges. 10 (1963) S. 27-32.

§ 8. Es ist derzeit kaum möglich, eine G e s c h i c h t e der Schl. zu schreiben, da die Lit.wiss. erst in bescheidenem Maße über die Feststellung einzelner Verschlüsselungsphänomene hinausgelangt ist. Georg Schneiders unzulänglicher Klassifizierungsversuch konzentriert sich auf die biographischen Aspekte und den vom Individuellen ausgehenden Reiz der Verschlüsselungen: Stammbaum und Familienroman, Eltern (Vater — Mutter) und Geschwister, Paare, Gatten und Ehen erscheinen als naturgegebene Typen, Freundschaften (insbes. Männerfreundschaften), Feindschaften, Vereinigungen, Bünde und die ‚Große Welt' repräsentieren typische Gruppen, ‚Weltberühmtheiten', Ausnahmegestalten, Originale ‚dämonische' Menschen und Fanatiker kehren als ‚Helden' oder Randfiguren wieder. Doch gilt diese Klassifizierung ebenso für Modelle und Urbilder. Ausgangspunkt einer jeden Betrachtung muß vielmehr die Ermittlung der s i t u a t i v e n V o r a u s s e t z u n g e n der Verschlüsselungen sein. Sie führt über die Häufigkeit der Merkmale zu bestimmten S i t u a t i o n s t y p e n, von denen im folgenden die drei markantesten mit Beispielen belegt werden sollen.

§ 9. Zu allen Zeiten reizten oder zwangen p o l i t i s c h e E r e i g n i s s e zu Verschlüsselungen; im Sinne der von Brecht konstatierten *Fünf Schwierigkeiten beim Schreiben der Wahrheit* (zuerst Paris 1935) waren sie vielfach eine „List, die Wahrheit unter vielen zu verbreiten". Art und Weise der Kodierung, das Spiel mit „Schlüsseln" wie die Flucht in „äsopische Sprache" können jeweils als Indiz für die in einem Lande herrschenden demokratischen Rechte angesehen werden. Das Einverständnis mit dem Publikum und die lokalen Grenzen spezieller Schlüssel (einschl. der sprachlichen Feinheiten) sind am besten im Kabarett (s. d.) zu beobachten: Werner Finck genügte oft eine Handbewegung, um den Schlüssel einer Plauderei zu vermitteln; die fehlende Kenntnis eines einzigen Details kann das rechte Verstehen des Ganzen verhindern.

Daß die Umsetzung von S t o f f e n in Fabel als Verfahren von der Verschlüsselung politischer Ereignisse getrennt werden muß, zeigt die von Goethe über Dumas père (*Le Collier de la reine*, 1849) zu Karl Bleibtreus *Halsband der Königin* (1890) und L. Dills *Kardinal und Königin* (1947) reichende Behandlung der sogen. Halsbandaffäre und der Gestalt Cagliostros in der Literatur. Goethe greift den berühmt gewordenen Skandal am Hofe Ludwigs XVI., die Täuschung des um die Gunst Maria Antoinettes bemühten Kardinals Prinz Rohan durch die angebliche Gräfin Lamothe und Cagliostro (1785/86), bereits 1787 auf (Plan einer opera buffa *Die Mystifizierten*), doch das 1791 vollendete und sofort in Weimar aufgeführte Lustspiel *Der Groß-Cophta* erwies sich als den Zeitereignissen zu nahestehend. Der Stoff sollte einer höheren Kritik dienstbar gemacht und Cagliostro als ‚der Betrüger schlechhin' dargestellt werden; an die Stelle der Namen setzte Goethe Standesbezeichnungen, im Rahmen der ursprünglichen Personenkonstellation gestaltete er die einzelnen Figuren um, und der Betrug geschieht nicht an der Königin, sondern an der Tochter des Königs. Diese nicht „geringe Operation, ein ganz reales Faktum erst poetisch und dann theatralisch zu machen" (Goethe zu Eckermann, 15. Febr. 1831), blieb zwischen Verdeckung persönlicher Züge und Verdeutlichung des Exemplarischen im Sittenbild stecken. Der große Erfolg von Schillers *Geisterseher* (Thalia 1787/ 89, Buchausgabe 1789) dagegen beruht nicht zuletzt auf dem lebhaften Interesse des Publikums an Geisterbeschwörungen und den Betrügereien Cagliostros. Elise von der Reckes Enthüllungen über Cagliostros Tätigkeit in Kurland (Berlinische Monatsschrift Mai 1786) waren noch ebenso frisch im Gedächtnis wie die Halsbandaffäre und Cagliostros *Mémoires authentiques* (1785).

Aber Schiller verschlüsselt nicht diesen Stoff, sondern benutzt ihn selbst als Schlüssel, um das in Württemberg aktuelle Problem einer protestantischen Erbnachfolge und der vermuteten Hintertreibung durch die Jesuiten transparent zu machen. Die Gestalt des Prinzen gewann er aus dem aufsehenerregenden Artikel des Prinzen Friedrich Heinrich Eugen von Württemberg, eines Neffen Herzog Karl Eugens, in der Berlinischen Monatsschrift (Juni 1786), in dem dieser den Verkehr mit Geistern aus religiösen Gründen bejahte. In einer spannungsreichen, kriminalistischen Handlung verschlüsselt er den hier entstandenen Verdacht eines Übertritts Friedrich Heinrich Eugens zum Katholizismus. Der Armenier ist nach dem Vorbild Cagliostros gestaltet, jedoch (in unmittelbarer Nähe zum *Don Carlos*, 1787) auch als Intrigenfigur des Schiller seit 1783 beherrschenden Themas der Beziehungen zwischen Religion und Politik zu dechiffrieren. Dieses Thema ruft daneben Herzog Karl Alexander, den Vater Karl Eugens, in Erinnerung, der 1712 (oder 13) aus unbekannten Gründen zum Katholizismus übergetreten war. Im Weltanschaulichen wie im Psychologischen reicht das Werk über den aktuellen Anlaß hinaus, im Politischen ist die Dechiffrierung für das Verständnis des Textes unumgänglich. Im Falle von *Kabale und Liebe* (1784) sind die zugrundeliegenden Skandalgeschichten heute kaum noch gegenwärtig. Die Verschlüsselung ist durch den Bericht Andreas Streichers bezeugt, wonach Schiller „manche Auftritte, und zwar nicht die unbedeutendsten ... hier an den schicklichsten Platz stellen zu sollen" glaubte und sich die Mühe gab, „alles so einzukleiden, daß weder Ort noch Person leicht zu erraten waren, damit nicht üble Folgen für ihn daraus entstünden" (*Schillers Flucht*. Eingel. u. erl. v. Georg Witkowski, 1912, S. 114). Betroffen sind hiervon vor allem Lady Milford (⇔ Franziska von Hohenheim) und Präsident Walter (⇔ Graf Friedrich Samuel von Montarin) sowie der nicht persönlich auf der Bühne auftretende Fürst (⇔ Karl Eugen).

Die Suche nach einem geeigneten Schlüssel wirft auch die Frage nach der wirkungsvollsten G a t t u n g auf. Hier verdient das Puppenspiel besondere Aufmerksamkeit, für das wiederum Goethe mit seinem *Prolog* zum Neueröffneten moralisch-politischen Puppenspiel (1774 Künstlers Erdenwallen, Das Jahrmarktsfest zu Plunderweilern und Ein Fastnachtsspiel von Pater Brey zusammenfassend) die Richtung angab. Die Konstruktion der Puppe und der entrückte Spielraum des Puppentheaters (s. d) lassen das Politische unverfänglich erscheinen, wobei jedoch Satire und Farce nahe beieinander liegen. So enthält Eichendorffs Puppenspiel Das Incognito (1841/43), zunächst unter dem Titel Regentenspiegel entworfen, in der Personalstruktur typische Merkmale der Schl. (König ⟷ Friedrich Wilhelm IV., Paphnutius ⟷ Rothschild, Willibald ⟷ Tieck, Freimund ⟷ Rückert) und der aus dem Incognito-Motiv entwickelte Lustspielplan gerät zur Zeitsatire (mit Elementen der literar. Persiflage).

Ein eigenes Kapitel ist die Verschlüsselung politischer Vorgänge der u n m i t t e l - b a r e n G e g e n w a r t. Einprägsamstes Beispiel ist der Aufstieg Adolf Hitlers. Verschlüsselte Lion Feuchtwanger in seinem Roman Erfolg (1930) die Anfänge des Faschismus in Deutschland und die Agonie der bürgerlichen Demokratie noch in traditioneller Manier, so griff Brecht in Der aufhaltsame Aufstieg des Arturo Ui (1931) zu einem neuen Mittel. Von Anfang an auf den Zwang zum Entschlüsseln angelegt (der Aufführung des Berliner Ensembles 1959 wurde im Programmheft der Schlüssel beigegeben), ist das Werk „ein Versuch, der kapitalistischen Welt den Aufstieg Hitlers dadurch zu erklären, daß er in ein ihr vertrautes Milieu versetzt wurde" (Brecht, Arbeitsjournal I 249: „the gangster play we know"). Der Schlüssel (Gangsterchef Arturo Ui ⟷ Hitler, Der alte Dogsborough ⟷ Hindenburg, Clark ⟷ Papen u. a.) wird zum Mittel der Verfremdung und damit für die aus diesem Parabelstück abzuleitende Praxis unentbehrlich.

Es lag an dem durch Tagebücher genährten autobiographischen Interesse der Leser, daß Ernst Jüngers Auf den Marmor-Klippen (1939) instinktiv als Schlüsselroman verstanden wurde. Die Bodenseelandschaft (⟷ Marina und Alta Plana), das Verhältnis der Brüder Ernst und Friedrich Georg Jünger (⟷ der Erzähler und Otho) und die Lebensumstände (⟷ Rautenklause) waren schnell zu durchschauen. Da fiel es leicht,

auch die um den Oberförster und seine Mauretanier zentrierte Handlung als „Demaskierung der Hitler-Tyrannei" und als „politischen Appell" zu deuten. Ernst Jünger dagegen erklärte: „Das Beispiel zeigt, wie in solchen Zeiten die Phantasie des Lesers exegetisch mitwirkt — viel stärker, als es der Autor wünscht. Der ‚Oberförster' sollte bald Hitler, bald Göring, bald Stalin sein. Derartiges hatte ich zwar vorausgesehen, doch nicht beabsichtigt. Die Identität von Typen unterliegt anderen Gesetzen als die der Individuen im Gesellschaftsroman" (Die Hütte im Weinberg, in: Werke, Bd. 3, S. 451). So verstanden, ist das Werk gewiß kein Schlüsselroman. Als Aufzeichnung eines politischen Traumas allerdings konnte es gerade durch den vermuteten Schlüssel Wirkung entfalten. In der Tiefenstruktur (Opposition Gott — Teufel) brauchen sich die Exegese des Lesers und die Intention Jüngers nicht zu widersprechen.

Eine verhängnisvolle Diskrepanz zwischen Intention und Exegese machten die Aufführungen von Carl Zuckmayers Zeitstück Des Teufels General (1946) deutlich. Was vom Autor als Verschlüsselung eines persönlichen Schicksals (Freitod des bekannten Fliegergenerals Udet) gedacht war, geriet durch die pralle Bühnengestalt des Generals Harras und die sichere Erfassung des Milieus zur Rechtfertigung soldatischer Ethik und wurde von Publikum und Kritik vielfach im Sinne einer Abwehr der im Nachkriegsdeutschland heftig diskutierten Fragen nach der Mitverantwortung an der nationalsozialistischen Herrschaft mißverstanden. Dies lag nicht nur an dem allzu blaß geratenen Gegenspieler (dem Chefingenieur und Widerstandskämpfer Oderbruch) und der Theater-Dämonisierung der SS, sondern vor allem an der Popularität Udets.

Der politische Schlüssel verliert an Reiz, wenn noch lebende Personen und gut im Gedächtnis gebliebene Vorgänge lediglich auf eine andere Ebene versetzt werden. Dies zeigte die Reaktion auf Günter Grass' Die Plebejer proben den Aufstand (1966). Die hier behandelten Ereignisse um den 17. Juni 1953 und die szenischen Reflexionen über das Verhalten Brechts (⟷ Der Chef) gerieten zum polit.-theatralischen Feuilleton, als das sogen. Dokumentarstück bereits neue Darstellungs- und Aktualisierungsmöglichkeiten aufgezeigt hatte.

Aufsehen erregte Wolfgang Koeppens Roman *Das Treibhaus* (1953) wegen seiner erkennbaren Bezüge auf den Deutschen Bundestag und die führenden Persönlichkeiten der dt. Nachkriegspolitik (Der Kanzler ⟺ Konrad Adenauer, Knurrewahn ⟺ Kurt Schumacher). Gegen die vordergründige Auslegung als Schlüsselroman hat sich Koeppen in seiner Vorbemerkung mit Recht gewehrt, auch war er mit dem parlamentarischen Milieu nicht genügend vertraut, aber die „eigene poetische Wahrheit" des Buches bleibt letztlich doch auf die ‚Entzifferung' der histor. Situation angewiesen. Dies gilt auch für die beiden Studentenromane: Dieter Meichsner, *Die Studenten von Berlin* (1954) und Hermann Kant, *Die Aula* (1965).

Heinrich D ü n t z e r, *Graf Cagliostro u. Goethes 'Großcophta'*, in: Düntzer, *Neue Goethestudien* (1861) S. 136-219. R. B o x - b e r g e r, *Zu Goethes 'Großcophta'*. Archf-Litg. 9 (1880) S. 268-272. L. B l u m e n - t h a l, *Goethes 'Großkophta'*. Weimarer Beitr. 7 (1961) S. 1-26 (u. a. Verhältnis zum Opernentwurf). Ch. Ph. M a g i l l, *'Der Groß-Cophta' and the problem of German comedy*. German Studies. Pres. to W. H. Bruford (London 1962) S. 102-111. — Adalbert von H a n s t e i n, *Wie entstand Schillers 'Geisterseher'?* (1903; FschgnNLitg. 22). Hans Heinr. B o r c h e r d t, in: *Schillers Werke. Nationalausgabe.* Bd. 16 (1954) S. 414-431. — E i c h e n d o r f f, *Das Incognito* 1841/44). Ausg. v. Konrad W e i c h b e r - g e r (1901) u. Hugo H ä u s l e (1910; Dt. Quellen u. Studien 6), danach v. Gerhard K l u g e (1968; Komedia 13), jeweils mit Bemerkungen zur Stoff- u. Quellenfrage sowie zur Interpretation. Hans B r a n d e n - b u r g, *J. v. Eichendorff. Sein Leben u. s. Werke* (1922). Ilse H e y e r, *Eichendorffs dramat. Satiren im Zusammenhang mit d. geistigen u. kulturellen Leben ihrer Zeit* (1931; Hermaea 28). — Heinz H o f m a n n, *Freiheiten u. Grenzen d. Parabel. 'Der aufhaltsame Aufstieg des Arturo Ui' v. B. Brecht im Berliner Ensemble.* Theater d. Zeit 14 (1959), H. 5. S. 46-48. Johannes G o l d - h a h n, *Das Parabelstück B. Brechts als Beitr. z. Kampf gegen d. Faschismus* (1961; Wir diskutieren 7). — Synnøve C l a s o n, *Zeitroman u. historischer Roman. Zu Lion Feuchtwangers 'Erfolg'*. Moderna Språk 66 (1972) S. 380-389. Gerhard N e b e l, *Waren d. 'Marmorklippen' ein Schlüsselroman?* Schwäb. Landesztg. Jg. 5, Nr. 129 v. 2. Nov. 1949. Ders., *Ernst Jünger. Abenteuer d. Geistes* (1949) S. 214-228. Gerhard L o o - s e, *Ernst Jünger. Gestalt u. Werk* (1957)

S. 149-174. — Paul R i l l a, *Zuckmayer u. d. Uniform*, in: Rilla, *Literatur. Kritik u. Polemik* (1953) S. 7-27. — H. S c h w a b - F e l i s c h, *G. Grass u. d. 17. Juni.* Merkur 20 (1966) S. 291-294. H. E. H o l t h u s e n, *G. Grass als polit. Autor.* Der Monat 18 (1966), H. 216, S. 66-81. M. R e i c h - R a - n i c k i, *Trauerspiel von einem dt. Trauerspiel.* Die Zeit 21, 1966, Nr. 4, S. 9. — P. S t a d e l m a y e r, *Felix oder d. traurige Geschichte eines Beinahe-Moralisten.* Frankf. Hefte 8 (1953) S. 962-63. F. R. A l l e - m a n n, *Restauration im Treibhaus. Gedanken über e. Buch u. e. Epoche.* Der Monat 6, H. 67 (April 1954) S. 81-85. K. A. H o r s t, *Hase u. Igel.* Merkur 8 (1954) S. 1089-1093. — S. u. D. S c h l e n s t e d t, *Modern erzählt. Zu Strukturen in H. Kants Roman 'Die Aula'.* Neue dt. Lit. 13 (1965) H. 12, S. 5-34. W. N e u b e r t, *Komisches u. Satirisches in H. Kants 'Die Aula'.* Weimarer Beitr. 12 (1966) S. 15-26.

§ 10. Wie die Neugier durch die Erzählung von Neuigkeiten (Novellen im engsten Sinne des Begriffs) befriedigt wird, so die **L u s t a m S k a n d a l** durch eine eigene literar. Information, die sich aus mancherlei Rücksichten der Verschlüsselung bedienen muß. Gerade das Ungewöhnliche und Nicht-Literaturfähige bietet den interessantesten Stoff und stachelt den Ehrgeiz an, ihn literaturfähig zu machen. Das Hauptinteresse gilt, wie schon die Solane-Episode in der *Octavia* und die Halsbandaffäre zeigt, den Geschichten unglücklicher Liebe, die nicht selten mit politischen Händeln verknüpft sind. In der höfischen Welt bildet diese Art der verschlüsselten Skandalreportage das Pendant zu dem aus dem Schäferspiel gewonnenen Zeremoniell des Verschlüsselns. Die Beispiele lassen sich leicht vermehren, wobei auch in der Folgezeit (und bis in die unmittelbare Gegenwart hinein) Skandale ein Werk meist nur initiieren oder seinen Rahmen abstecken, ohne es im ganzen zu einem Schlüsselwerk werden zu lassen.

Dies wird besonders an Karl G u t z - k o w s Roman *Wally, die Zweiflerin* (1835, 2. Fassung 1852) deutlich. Der zeitgenöss. Leser wurde hier an den Freitod der Charlotte Stieglitz erinnert, der ebenso wie das eigentümliche Motiv (Stimulation des trägen Schriftstellergatten zur Produkivität) in den 30er Jahren die Salons beschäftigte. Aber die Verschlüsselung des ‚Falles' war nur ein Reizmittel, das zudem durch literar. Vorbilder (Friedrich Schlegel *Lucinde*, 1799 George Sand *Lélia*, 1834) verstärkt wurde.

Ärgernis erregte das von Wolfgang Menzel denunzierte Werk durch seine ‚unsittlichen' und ‚gotteslästerlichen' Tendenzen, die schließlich den Anlaß zum Verbot der ganzen jungdt. Richtung gaben und Gutzkow eine Gefängnisstrafe einbrachten. Gutzkow gesteht, daß er den Roman „nicht geschrieben hätte ohne den Tod der Stieglitz" (*Berliner Erinnerungen und Erlebnisse.* Hg. v. Paul Friedländer 1960, S. 417) und daß „seit dem Tod des jungen Jerusalem und dem Morde Sands in Deutschland nichts Ergreifenderes geschehen" sei, doch kam es ihm in erster Linie darauf an, seine eigenen weltanschaulichen und religiösen Ansichten zu verbreiten. Die aus der Stieglitz- Situation entwickelte Fabel vermag die Konzeptionsschwäche des Werkes nicht zu verbergen; es wurde kein „Seitenstück zum Werther".

Im Gegensatz zu Gutzkows Roman *Die Ritter vom Geist* (1849/51), in dem zahlreiche porträthafte Gestalten aus der Hof- und Adelsgesellschaft Berlins der Handlung um den fiktiven Fürsten Egon von Hohenberg und den „Geheimbund" Farbe geben, liegt der Reiz der Romane Theodor F o n t a n e s nicht in der ständigen Versuchung, einzelne Gestalten zu dechiffrieren, obgleich sich in ihnen viele Urbilder nachweisen lassen und man auch partielle Verschlüsselungen nicht ausschließen kann. In *Vor dem Sturm* (1878) sah Paul Heyse „mehr Porträtgalerie als Erzählung", und Fontane fragte: „Kann nicht auch eine Vielheit zur Einheit werden?" (*Briefwechsel Th. Fontane — Paul Heyse.* Hg. v. Gotthard Erler 1972, S. 477 u. 133). Nach dem Vorabdruck von *L'Adultera* (1880, Buchausgabe 1882) wurde Fontane sogar der Indiskretion bezichtigt, weil hier der Eheskandal im Hause des Industriellen Ravané (Entführung der Gattin durch den Liebhaber) unmittelbar abgebildet schien; es war in der Tat „zwar alles verschleiert, aber doch nicht so, daß nicht jeder die Gestalt erraten könnte" (Brief an Salo Schottländer v. 11. Sept. 1881 in: *Briefe,* 2. Sammlung. Bd. 2, hg. v. O. Pniower u. P. Schlenther, S. 50), und Fontane dachte sogar daran, zum ursprünglichen Titel *Melanie Van der Straaten* zurückzukehren, weil es ihm „aufs äußerste widerstand und noch widersteht, einer noch lebenden und trotz all ihrer Fehler sehr liebenswürdigen und ausgezeichneten Dame das grobe Wort L'Adultera ins Gesicht zu werfen". Später verteidigte er in einem Brief an J. V. Widmann (vom 27. April 1894) das „Recht" des Schriftstellers, „ein Lied zu singen, das die Spatzen auf dem Dache zwitschern". Bei anderen Werken hatte die Lit.-wiss. einige Mühe, die Urbilder ausfindig zu machen. So ermittelte Eduard Berend auf der Spur der Briefe Fontanes für den *Schach von Wuthenow* (1883) Otto Friedrich Ludwig von Schack (am 29. oder 24. Sept 1815 durch Selbstmord †) als ‚Helden', ohne die von Fontane erwähnte „halbbiographische, halbnovellistische Form der Vorlage" zu entdecken. Hans Werner Seiffert verdanken wir den Hinweis auf Else Freifrau von Ardenne, die als Urbild für *Effi Briest* (1896) angesehen werden kann (vgl. zur Biographie auch: Wilhelm Beckmann, *Im Wandel der Zeiten,* 1930, S. 88 f.). Der Realismus Fontanes und der Typus des sogen. ‚Berliner Romans' stehen mit solchen Urbildern in engem Zusammenhang, aber diese bedürfen der Verschlüsselung nicht mehr, weil das Nur-Skandalöse für Fontane ohne Interesse ist und die von ihm als typisch erkannten Verhaltensweisen zu einem eigenen Zeichenvorrat führten.

Es ist von dieser Höhe des Romans aus verständlich, daß der meist auf niederer literar. Ebene angesiedelte Schlüsselroman als anrüchig gilt. Eignet er sich doch vorzüglich für Racheakte; so ist z. B. die satirische Erzählung *Diogena* (1847), mit der Fanny Lewald die exzentrische Gräfin Hahn-Hahn verspottet, ein Angriff auf die literar. und erotische Nebenbuhlerin. Die durchgehende Porträthaftigkeit der einzelnen Figuren in Otto Julius Bierbaums *Prinz Kuckuck* (1906/07, gekürzte Fassung 1918) und vor allem die unverkennbaren, vielfach skandalösen Details im Lebenslauf des Helden Felix Hauert (⇔ Alfred Walter Heymel) brachten dem Werk den Ruf eines ‚klassischen Schlüsselromans' ein, zumal auch hier persönliche Ranküne des Autors — gegen den früheren Weggefährten (und Mitherausgeber der *Insel*) — im Spiele war. Heute erscheint der „negative Erziehungsroman" als ein Spiegel der Wilhelminischen Ära und als exemplarische Biographie eines ihrer Parasiten.

Margarete S c h ö n f e l d , *Gutzkows Frauengestalten.* (Teildr.) Diss. Danzig 1933. Gertrud S e n g e r , *Gutzkows 'Ritter vom Geist'. Aufbau u. zeitgeschichtl. Niederschläge.* (Masch.) Diss. Berlin 1921. Willy K r a m p , *Geist u. Gesellschaft. Über die Auflösung d. ständischen Gesellschaft im epischen Werk von Karl Gutzkow.* Diss. Königsberg 1938. Eitel Wolf D o b e r t , *Karl Gutzkow u. s. Zeit* (1968). — Peter D e m e t z , *Formen des Realismus. Theodor Fontane* (1964, dann 1973; Ullstein-Buch 2983). W. M ü l l e r - S e i d e l , *Fontanes Autobiographik.* Jb. d. dt. Schillerges. 13 (1969) S. 397-418. Julius P e t e r s e n , *Fontanes erster Berliner Gesellschaftsroman ['Allerlei Glück'].* SBAkBln. 1929, S. 480-562. E. B e r e n d , *Die histor. Grundlage von Th. Fontanes Erzählung 'Schach von Wuthenow'.* DtRs. Jg. 50, Bd. 200 (1924) S. 168-182. Ders., *Zur Entstehungsgeschichte von Th Fontanes 'Schach von Wuthenow'.* Willibald-Alexis-Bund 1928, S. 46-50. Pierre-Paul S a g a v e , *Th. Fontanes 'Schach von Wuthenow'. Vollst. Text. Dokumentation* (1966; Dichtung u. Wirklichkeit 23). I. M. L a n g e , *Georg Heinrich von Berenhorst u. Dietrich Heinrich von Bülow — Paralipomena zu Fontanes 'Schach von Wuthenow'.* Fontane-Blätter. Bd. 2, H. 4 (1971) S. 252-259 H. W. S e i f f e r t , *Fontanes 'Effi Briest' u. Spielhagens 'Zum Zeitvertreib'.* Studien z. neueren dt. Lit. Hg. v. H. W. Seiffert (1964; Veröff. d. Inst. f. dt. Spr. u. Lit. 29) S. 255-300. Ders., *Zu Fontanes 'Effi Briest'.* Theodor Fontanes Werk in unserer Zeit. Symposion (1966) S. 81-94. Walter S c h a f a r s c h i c k , *Th. Fontane. 'Effi Briest'. Erläuterungen u. Dokumente* (1972; Universalbibl. 8119/19 a). W. M ü l l e r - S e i d e l , *Zur Tradition d. Eheromans.* Wissenschaft als Dialog. Hg. v. Renate v. Heydebrand u. Klaus Günther Just (1969) S. 30-58; 479-483. — Dushan S t a n k o v i c h , *Otto Julius Bierbaum — eine Werkmonographie* (1971; Austral.-Neuseeländ. Studien z. dt. Spr. u. Lit. 1) S. 126 ff.

§ 11. Eine Domäne der Schl. ist die K o n t r o v e r s e , zu der neben dem Pamphlet auch der Künstlerroman und die Literatursatire zu rechnen sind. Wie G o e t h e s *Jahrmarktsfest zu Plundersweilern* ist sie vielfach Fortsetzung des Rezensionsgeschäftes mit anderen Mitteln und reicheren Variationsmöglichkeiten. Die Verschlüsselung setzt ein schnelles Reagieren auf Anspielungen und Figuren, d. h. ein bereits ‚eingeweihtes' Publikum voraus. So schrieb Goethe *Das Neueste von Plundersweilern* (1781) als Weihnachtsscherz für die Herzogin-Mutter und ihren Kreis; zu den satirischen Versen gehört ein Aquarell, an dem die einzelnen Gestalten (z. B. Ramler als Barbier, Klop-

stock als Prophet und Marktschreier) demonstriert wurden. Auch die *Vögel* (der Schuhu ⟺ Johann Jakob Bodmer) waren für den Weimarer Hof bestimmt (erste Aufführung am 18. Aug. 1780).

Im Lager der Aufklärung wählt Friedrich N i c o l a i die Form des Tendenzromans, um in *Leben und Meinungen des Magisters Sebaldus Nothanker* (1773) einmal auf poetische Weise mit seinen Gegnern (Johann Melchior Goeze, Friedrich Justus Riedel, Johann Georg Jacobi, Herder u. a.) abzurechnen und ein Bild der Orthodoxie seiner Zeit zu entwerfen. Daß auch Lessing im *Nathan* (1779) aktuelle theologische Streitigkeiten mitverschlüsselt hat (Nathan ⟺ Moses Mendelssohn, Patriarch ⟺ Johann Melchior Goeze, Derwisch ⟺ der Mathematiker Abraham Wolff), ist heute weitgehend vergessen und für die Aufführung des Werkes ohne Bedeutung.

Ludwig T i e c k , der Nicolai im *Prinz Zerbino* (1796/98) als Nestor auftreten läßt, ‚rezensiert' in ähnlicher Weise und prägt den Typus der Literaturkomödie. Er nimmt die Glorifizierung Ifflands durch Karl August Böttiger (*Entwicklung des Ifflandschen Spiels in 14 Darstellungen auf dem Weimarer Hoftheater im April-Monat 1796*) zum Anlaß seines *Gestiefelten Katers* (1797, erw. Fass. in *Phantasus*. Bd. 2); während Böttiger (>Bötticher) unter eigenem Namen erscheint (und in der erw. Fassung von den Zuschauern durch Knebelung zum Schweigen gebracht wird), sind andere Gestalten (der Kater ⟺ Iffland, Schlosser ⟺ Zacharias Werner) verschlüsselt. Gleichermaßen Literatur-, Theater- und Personalsatire, enthält das Werk eine xenialische Tendenz, aber die Charakteristik der Personen trifft von Anfang an das Zeittypische. Wie der *Gestiefelte Kater* ist die *Verkehrte Welt* (1799, erw. Fass. in *Phantasus*. Bd. 2) ein Musterbeispiel werkimmanenter Poetik. Unter den zahlreichen Anspielungen nimmt die Verschlüsselung Apoll ⟺ Goethe eine zentrale Stellung ein: Tieck, enttäuscht über Goethes Verleugnung der eigenen Jugend und seiner Abwendung von der Gegenwart, fordert Goethe in dem eingelegten Schäferspiel auf, wieder seinen Platz auf dem Parnaß einzunehmen und die Herrschaft des Scaramuz zu brechen; auch Goethes *Concerto dramatico* (1772) scheint für den Rahmen mit Bedacht kopiert zu sein. Werke mit programmatischem Charakter tendieren in der Regel zur Verschlüsselungstaktik. Das gilt für weite Partien des *Faust II* (Klassische Walpurgisnacht) wie für die späten Novellen Tiecks, die — oft durch ein Übermaß an Reflexion verdorben — im Handlungsgefüge konkrete Programme verschlüsseln: den Widerstand gegen den starren Konservatismus im Ziebinger Zirkel (*Die Gesellschaft auf dem Lande*, 1825), die Satire gegen den Dresdener Liederkreis (*Die Vogelscheuche*, 1835) und die Novellendiskussion mit Adelheid Reinhold (*Das Zauberschloß*, 1830). Die für diese Zwecke immer wieder gern gewählte Rahmenerzählung (s. d.) erleichtert die Verbindung zwischen poetologischen Absichten und privater Verschlüsselung.

In Ferdinand Kürnbergers Roman *Der Amerikamüde* (1855) enthält schon der Titel das Programm: die „Parodie des liberalen Zeitgeistes" und die „Kulturkritik der Märzideale" (Kohlschmidt). Quellenstudien ergaben, daß Kürnberger seine Amerika-Kenntnisse aus zahlreichen Reiseberichten schöpfte und daß ihn schließlich die Lektüre einschlägiger Biographien dazu bestimmten, Dr. Moorfeld, den ‚Helden' der Geschichte, "mit Lenau äußerlich zu identifizieren" (Mulfinger); im übrigen ging er mit dem Material der histor. Amerikareise Lenaus recht willkürlich um. Ein Schlüsselroman ist das Werk von der Quellenlage her also nicht zu nennen. Die Fragestellung erscheint jedoch in einem anderen Licht, wenn man einen Zusammenhang zwischen der Tendenz des Werkes und der Lenau-Assimilation herstellt. Sollte Kürnberger wirklich „durch den Verleger veranlaßt worden sein, dem Werk noch jene Züge einzuweben, die an Lenau erinnern und diesen als Helden des Romans erraten zu lassen" (Schlossar), so muß zumindest im Hinblick auf die Parodie-Kodierung von einem, dem Erwartungshorizont entsprechenden Sekundärschlüssel gesprochen werden.

Mit der zunehmenden Selbstdarstellung literar. Zirkel wird die Schl. zu einer Getto-Literatur, die zwar viele Einblicke in das Leben dieser Kreise erlaubt, aber von nur bedingtem dokumentarischen Wert ist. In *Kinder und Narren* (1889, 2. Fassung u. d. T.: *Die junge Welt*, 1892) karikiert Frank

Wedekind Gerhart Hauptmann (⇔ Franz Ludwig Mayer) und Ricarda Huch (⇔ Ricarda Ruß), während mit einiger Sicherheit gesagt werden kann, daß Hauptmann im *Friedensfest* (aufgef. 1890) die Familienverhältnisse im Hause Wedekind nur als Material verwendet, wie Hauptmann überhaupt der Verschlüsselungstechnik fernsteht. Ernst von Wolzogen, der in seinem Liszt-Roman *Der Kraftmeyer* (1897) Weimarer Künstlerkreise abkonterfeit, bezieht die Tragikomödie *Das Lumpengesindel* (1892) auf die Brüder Hart (⇔ Friedrich und Wilhelm Kern). Als „Satire der Satire" hat Wedekind seine Komödie *Oaha* (1908) bezeichnet, die Vorgänge in der Redaktion des *Simplicissimus* (⇔ Till Eulenspiegel) kolportagehaft verschlüsselt und wegen ihrer Figurencharakteristik (Georg Sterner ⇔ Albert Langen, Bouterweck ⇔ Wedekind, Dr. Kilian ⇔ Ludwig Thoma, Olestierna ⇔ Björnson) noch heute von Interesse ist. Mit Wedekind (⇔ der Pamphletist Dubsky) wiederum rechnet Max Halbe in seiner Komödie *Die Insel der Seligen* (1908) ab, deren Vorrede ausdrücklich auf den Schlüsselcharakter des Werkes hinweist. Wie in Halbes Roman *Jo* (1916) sind auch in Willy Seidels Roman *Jossa und die Junggesellen* (1930) Schwabinger Interna behandelt. Das Nachschlagewerk für die Münchener Bohème aber ist Franziska von Reventlows Roman *Herrn Dames Aufzeichnungen* (1913), in dem die ‚Päpste' und Persönlichkeiten Schwabings (⇔ Wahnmoching) mit überlegenem Witz verschlüsselt sind. Nach dem Erscheinen der dechiffrierten Tagebücher der ‚Skandalgräfin' werden auch die Gestalten ihrer übrigen Bücher lebendig.

Der Abstand zu den unterhaltsamen Indiskretionen aus Schwabinger Ateliers ist an Thomas Manns *Dr. Faustus* (1947) zu messen. Zwar enthält der Roman eine Fülle porträthafter Darstellungen (Clarissa Rodde ⇔ Thomas Manns Schwester Carla, von Heinrich Mann 1906 in der Erzählung, 1911 im Drama *Schauspielerin* dargestellt, Prof. Dr. Georg Vogler ⇔ Josef Nadler, Dr. Egon Unruhe ⇔ Edgar Dacqué, Daniel zur Höhe ⇔ Ludwig Derleth, Jeanette Scheurl ⇔ Annette Kolb, und als Haupt des Kridwiss-Kreises: Sixtus Kridwiss ⇔ Emil Preetorius), auch bekennt Thomas Mann (*Die Entstehung des Dr.*

Faustus, 1949, S. 79), daß es sich bei Rüdiger Schildknapp um ein „Porträt" handle, „und zwar um ein stilisiertes, dessen Lebendigkeit von der des Modells recht verschieden ist" (d. h. um Hans Reisiger, wenn man den Geburtstagsgruß von 1954, in: *Nachlese. Prosa 1951-1955*, 1956, S. 208 so deutet), aber das souverän gehandhabte Montage-Prinzip des Romans, das auch die Verwendung zahlreicher Fremdtexte einschließt, nimmt das Persönliche nur als semantischen Komplex (Urbild für die Eltern Leverkühns sind Dürers *Philipp Melanchthon* und *Bildnis einer jungen Frau*). Arnold Schönberg mißverstand daher das Werk von Grund auf, als er sich durch die Gestalt des Adrian Leverkühn aufs heftigste gekränkt fühlte und auch durch die in der zweiten Ausgabe am Ende hinzugefügte, freilich unverkennbar ironische Richtigstellung Th. Manns (Übertragung der Schönbergschen Harmonielehre auf eine „frei erfundene Musikpersönlichkeit") nicht zu besänftigen war. Dagegen besteht ein „heimlich-persönlicher Zusammenhang" zwischen der Gestalt Gustav Aschenbachs im *Tod in Venedig* (1913) und der durch Luchino Viscontis Verfilmung wieder bewußt gemachten Erinnerung an die „verzehrend intensive Persönlichkeit" Gustav Mahlers (vgl. Thomas Manns Brief an Wolfgang Born, in: *Briefe 1889-1936*, 1961, S. 185). Antipode zur Ur-Idee des ‚göttlichen Musikers' in Franz Werfels *Verdi*-Roman (1930) wurde Ernst Křenek, der Werfel zur Gestalt des modernen Musikers Fischboeck inspirierte (Alma Mahler-Werfel, *Mein Leben*, 1960, S. 158-159); von einer Verschlüsselung kann hier keine Rede sein.

Wie die Münchener Bohème so kultiviert auch die Berliner die Selbstdarstellungen und Kontroversen ihrer Zirkel. Mit seinen Grotesken schrieb Alfred Lichtenstein eine fast hermetische Prosa, in der er Gestalten aus dem Café des Westens (⟺ Café Klösschen) und dem Cabaret Gnu (⟺ Graues Gymnasium) verschlüsselte und ein gespenstisches Eigenleben führen ließ. Die Satire richtet sich in der Hauptsache gegen seine Feinde Kurt Hiller (⟺ Dr. Bryller), Karl Kraus (⟺ Lutz Laus), Jakob van Hoddis (⟺ Max Mechenmal) und Ernst Blaß (⟺ Spinoza Spaß), aber sie führt ihn immer wieder auf die eigene Verschlüsselung (⟺

Kuno Kohn) und das Phantasieerlebnis als Existenzmöglichkeit zurück. Die Liebesgeschichte der ‚ewig verliebten' Else Lasker-Schüler enthalten in zahlreichen Titeln Widmung und Schlüssel zugleich; besungen werden u. a. Gottfried Benn (⟺ Giselher), Hans Ehrenbaum-Degele (⟺ Tristan), Georg Trakl (⟺ der Ritter aus Gold), Franz Werfel (⟺ der Prinz aus Prag), Paul Leppin (⟺ der König von Böhmen). Alfred Lichtenstein wie Else Lasker-Schüler gelingt die Umsetzung von Schlüsseln in Poesie.

P. W e i z s ä c k e r , ‘*Das Neueste von Plundersweilern*'. *Beiträge zur Erklärung einiger Stellen.* VjsLitg. 6 (1893) S. 67-78. H. H e n k e l , *Goethes satir.-humorist. Dichtungen dramatischer Form. Prologe, Dialoge, Szenen, Bilder.* ArchfNSprLit. 92 (1894) S. 305-342, bes. S. 324-330. W. H. B r u f o r d , ‘*Das Neueste von Plundersweilern*'. *Lit. and society in 1781.* Maske u. Kothurn 10 (1964) S. 468-483. M. M o r r i s , *Der Schuhu in Goethes ‘Vögeln'.* Euph. 7 (1900) S. 246-258, wiederh. in: Morris, *Goethe-Studien.* Bd. 1 (2. Aufl. 1902) S. 292-309 (Ramler als Barbier, von Chodowiecki übernommen), dagegen: Albert K ö s t e r , in: Goethe, *Sämtliche Werke*, Jubil.-Ausg. Bd. 7, S. 383 ff. — Rich. S c h w i n g e r , *Friedr. Nicolais Roman ‘Sebaldus Nothanker'* (1897; Lithist-Fschgn. 2). — Hans Georg B e y e r , *Ludwig Tiecks Theatersatire ‘Der Gestiefelte Kater' u. ihre Stellung in d. Lit.- u. Theatergesch.* Diss. München 1960. R. I m m e r w a h r , *Iffland in the robe of Tieck's Kater.* MLN. 70 (1955) S. 195-196. Karl P e s t a l o z z i , *Nachw.* zu: Ludw. Tieck, *Die verkehrte Welt. Text u. Materialien* (1964; Komedia 7). — Anton S c h l o s s a r , *Ferdinand Kürnberger.* ADB 17 (1883) S. 414. George A. M u l f i n g e r , *Lenau in Amerika.* Americana Germanica 1 (1897), Nr. 2, S. 7-61; Nr. 3, S. 1-16. Ders., *F. Kürnbergers Roman ‘Der Amerikamüde', dessen Quellen u. Verhältnis zu Lenaus Amerikareise.* German American Annals 1 (1903) S. 315-346; 385-405. Werner K o h l s c h m i d t , *F. Kürnbergers Lenauroman ‘Der Amerikamüde'. Zur Gesch. d. dt. Auseinandersetzung mit dem Amerikanismus.* ZfdB. 19 (1943) S. 26-38.

Helmut K r e u z e r , *Die Bohème. Beiträge zu ihrer Beschreibung* (1968). Artur K u t s c h e r , *Wedekind. Leben u. Werk.* Bearb. u. neu hg. v. Karl Ude (1964). Ralph Martin H o v e l , *The Image of the artist in the work of Frank Wedekind.* (Masch.) Diss. of Southern California 1966. Hans-Jochen I r m e r , *Der Theaterdichter Frank Wedekind. Werk u. Wirkung.* (Masch.) Diss. Berlin (Humboldt-Univ.) 1971. — Franziska Gräfin zu R e v e n t l o w , *Tagebücher 1895-1910.* Hg. v. Else Reventlow (1971).

Gunilla B e r g s t e n , *Th. Manns 'Doktor Faustus'. Untersuchungen zu d. Quellen u. z. Struktur d. Romans* (Lund 1963; Studia Litterarum Upsaliensis 3). Lieselotte V o s s , *Die Entstehung von Th. Manns Roman 'Doktor Faustus'. Dargest. anhand von unveröff. Vorarbeiten* (1974; Studien z. dt. Lit. 39). A. K a n t o r o w i c z , *Nachw.* zu Heinrich Mann, *Novellen.* Bd. 2 (1953; *Ausgew. Werke* 9) S. 386-388. W. F. M i c h a e l , *Thomas Mann, Ludwig Derleth, Stefan George.* Mod. Lang. Forum 35 (1950) S. 35-38 (behandelt auch *Beim Propheten*). Heinz-Dieter T s c h ö r t n e r , *Gerhart Hauptmann u. Thomas Mann. Versuch e. Darstellung ihrer Beziehungen.* Vollendung u. Größe Th. Manns. Beitr. zu Werk u. Persönlichkeit d. Dichters. Hg. v. Gerorg Wenzel (1962) S. 87-105, bes. S. 95 ff. (zur „Künstlersünde" der Gestalt des Mynheer Peeperkorn im *Zauberberg*). Wilh. H o l t h u s e n u. A. T a u b n e r , *Dürers 'Philipp Melanchthon' und 'Bildnis einer jungen Frau' als visuelle Vorbilder für die Eltern des Adrian Leverkühn in Th. Manns 'Doktor Faustus'.* Die Waage (Stollberg) 1963, Bd. 3, Nr. 2, S. 67-79. J. E l e m a , *Thomas Mann, Dürer u. 'Dr. Faustus'.* Euph. 59 (1965) S. 97-117. Th. K a r s t , *Joh. Conrad Beissel in Th. Manns 'Dr. Faustus'.* Jb. d. dt. Schillerges. 12 (1968) S. 543-585. H. K r e u z e r , *Th. Mann u. Gabriele Reuter* ['*Vom Kinde zum Menschen*', 1921]. *Zu e. Entlehnung für d. 'Dr. Faustus'.* Neue dt. Hefte H. 96 (Nov./Dez. 1963) S. 108-119. Hans T r a m e r , *Ungekannte und Umgetaufte. Gustav Mahler u. s. Zeit.* Bull. of the Leo Baeck-Inst. 3, Nr. 10 (1960) S. 132-33.

Alfred L i c h t e n s t e i n , *Gesammelte Prosa.* Hg. v. Klaus K a n z o g (Zürich 1966), Kommentar. W. P a u l s e n , *A. Lichtensteins Prosa.* Jb. d. dt. Schillerges. 12 (1968) S. 586-598.

§ 12. E r g e b n i s s e . Akzeptiert man die im Werk enthaltene Aufforderung an alle (oder einzelne) Leser, den ‚verschlüsselten' Text im Hinblick auf reale Personen und Vorgänge zu dechiffrieren, als Merkmal der Schlüsselliteratur, so ist damit eine eindeutige Abgrenzung gegenüber Modellen und Urbildern getroffen. Das Kalkül des Rückbezuges auf den Klartext (mit programmiertem Genuß an der Chiffre) muß damit zwangsläufig zur Rechtfertigung positivistischer Methoden in der Lit. wiss. führen, sofern damit keine Detailforschung um ihrer selbst willen betrieben, sondern der Kommunikationszusammenhang zwischen Autor und Werk gesucht wird. Die Schwierigkeiten der bisherigen Begriffsbestimmungen lagen in dem untauglichen Versuch, einzelne Werke insgesamt auf das Verschlüsselungs-

phänomen festzulegen und daraus eine Gattung zu konstituieren. Aber es gibt nicht nur unterschiedliche Verschleierungs- und Verschlüsselungsgrade, sondern auch eine dynamische Handhabung von sehr engen bis zu sehr weiten Kodierungen. Vielleicht nur auf eine Person, meist auf bestimmte Gruppen zielend, ist der ‚Schlüssel' relativ selten zentrales Strukturierungsprinzip. Der Verlust des ursprünglichen und vor allem in der frühen Wirkungs- und Rezeptionsgeschichte stabilen Kommunikationszusammenhanges bleibt oft unbemerkt und führt zu Dunkelstellen im Text. Die Wiedergewinung dieses Kommunikationszusammenhanges dagegen öffnet den Blick für die histor. Dimensionen und die strukturellen Eigentümlichkeiten sowie für die späteren Umkodierungen eines Werkes. Aus dieser Sicht muß die lexikalisch geordnete Materialsammlung Georg Schneiders in jedem einzelnen Fall überprüft und entscheidend revidiert werden. Zu überdenken ist auch die Beziehung zwischen ästhetischem Spiel und wandelnden Konventionen der Aussage. Das Verschlüsseln ist nicht nur eine polit. Frage oder eine Frage des Anstandes, sondern nicht zuletzt auch ein Problem, wie immanente poetische Wahrheit und externe poetisierte ‚Wahrheiten' zur Deckung gebracht werden können.

Klaus Kanzog

Schmähschrift (Streitschrift)

§ 1. „Schmähschrift", „Streitschrift" u. ähnl. sind Sammelbegriffe, die Kampfschriften unterschiedlicher Art, in Prosa und gebundener Form, seit alters umfassen (anders *Streitgedicht s. d.*). Um einheitliche Terminologie wie genaue Definition war man nie bemüht: so war zu verschiedenen Zeiten eine variable Fülle von Bezeichnungen gängig, teils zeitgebunden die jeweils dominierende Form betonend, oder doch die Formen gegen mögliche andere abhebend, teils terminologisierend, aber auch andeutend, daß man sich mit seiner Schrift nur gegen vorangegangene Angriffe verteidige, wie *Schrift:* Gegenschrift, Kampfschrift, Kontroversschrift, Mahnschrift, Schmähschrift, Strafschrift, Streitschrift; *Lied:* Mahnlied, Rügelied, Scheltlied, Spottlied; *Rede:* Mahnrede, Schimpfrede (= „Scherzrede"), Scheltrede, Schutzrede; *Spruch:* Scheltspruch; *Reim:* Kampfreim; *Gedicht:* Schmähgedicht;

Satire: Personal-Satire, Subjektive oder Personal-Satire; *Vers:* Schimpfvers, Spottvers; dazu: Diatribe, Invektive, Libell, Pamphlet, Sirventes. Daneben gab es, zumal zur Blütezeit der Gattung auf dt. Boden im 16. Jh. eine kaum überschaubare Reihe von Ad-hoc-Bildungen, oft doppelgliedrig wie: Fehdeschrift, Schandt- und Läschercharten, Klagbrief, Smeheadder lesterbryff, Lästerschrift, Lästerungslegend, Schmachbuch, Schmach- und Lügenschrift. Lügenbuch, Schandbüchlein. — Heute werden (neben den lat. Termini) *Schmähschrift* und *Streitschrift* bevorzugt. Schm. wird vorwiegend für die Erzeugnisse des 16. Jh.s verwendet, Str. ist hingegen für die Kampfschriften späterer Zeiten gängig. Kampfschrift dient neuerdings mehr als neutraler, breitest gefächerter Sammelbegriff. Diese nicht konsequent verfolgte Scheidung ist weithin sachlich gerechtfertigt, stehen doch gerade im 16. Jh. persönliche Schmähungen im Vordergrund; nicht selten mischt sich aber subjektive Wertung ein: dann, wenn die Schm.en hochgeschätzter Persönlichkeiten (wie etwa Luther) zurückhaltend als Str.n, die wenig bekannter Verfasser als Schm.n eingestuft werden.

Eine gewisse Einheit bildet die Vielfalt der unter Schm./Str. zusammengefaßten Erzeugnisse nur, wenn man sie auf Zweck und Thematik betrachtet. Sie dienen alle dem Ziel, politische, gesellschaftliche, kulturelle, literarische Mißstände der Zeit zu geißeln. Sie wollen durch die polemisch-agitatorische Wirkung der Anklage Wandel schaffen. Vom Themenkreis her bedeutet dies, daß alle im menschlichen wie staatlichen Zusammenleben auftretenden Probleme behandelt werden können: eine unüberschaubare Vielfalt, die nur dadurch übersichtlicher wird, daß es in jeder Epoche wesentliche und zentrale Themen gibt, die im Vordergrund stehen und das Bild einheitlicher gestalten. Die Schm. zielt vorrangig auf die Schädigung einer Person, eines Gegners, in dem man den Vorkämpfer mißlicher Zustände sieht. Immer wirkt also ein Engagement mit für oder gegen eine Sache, wenn auch je nach Zeit wie Charakter der Verf. höchst persönliche Invektiven mit im Spiele sind. Str.n hingegen sind distanzierter, suchen Versachlichung, rücken ab von den Personen, wägen ab nach Argumenten. Daß es

viele Zwischen- und Übergangsstufen gibt, versteht sich von selbst.

Schm./Str.n werden aktuell in Zeiten des Umbruchs, wenn sich im sittlich-religiösen, politisch-gesellschaftlichen Leben der Völker Umwälzungen vollziehen oder vollziehen sollen: abgefaßt sowohl von anerkannten Schriftstellern, von führenden Männern ihrer Zeit, wie von Autoren, deren Namen uns heute nichts mehr sagen, daneben auch von anonymer Herkunft. In gedruckter Form überwiegend als Flugblätter, später in der Presse, mündlich als Reden und Predigten, nicht selten später schriftlich fixiert, Stilmittel fast aller literar. Gattungen aufbietend: als fingierte Dialoge, als Briefe, als Lieder und Sprüche, romanhaft wie als Schaustücke, als Märchen und Sagen, sich der Teufellit. (s. d.) und der Narrensatire (s. *Narrenliteratur*) und Parodie (s. d.) anpassend.

Aber auch in fast alle liter. Gattungen eingearbeitet. Auf diesem Gebiet liegen noch keine weiterführenden Arbeiten vor; so sei nur auf eine Gattung verwiesen, in der man streitbare Auseinandersetzungen kaum vermutet: die Idylle. R. Böschenstein (*Idylle*, 1967) führt an, daß das mittlere der drei Bücher *Coridon und Phyllus* (von Czepko von Reigersfeld) nach den Autors eigenen Worten „gleichsam eine öffentliche Stachel- und Schimpfschrifft" sei (S. 28). Dargestellt wird hier das Deutschland des 30jährig. Krieges.

Diese alte literar. Gattung, so alt wie die Lust zu Spott und Hohn, von der Lit.gesch. lange wenig beachtet, ist in ihrer bunten Vielfalt noch längst nicht ausreichend erforscht. (Wie sehr zu allen Zeiten das Schimpfen „gepflegt" wurde, auch als Ventil für angestaute Aggressionen, zeigt das in allen Sprachen, auch in der dt., reiche Arsenal an Schimpfwörtern, das in der Schmählit. voll ausgeschöpft wird). Zumeist als niveaulos abgetan, sind Schm./Str.n Erzeugnisse ihrer Zeit, die nicht nur zur Erhellung des politischen, gesellschaftlichen, literar. Hintergrundes beitragen, auch — und oft sehr entscheidend — die Sprache ihrer Zeit repräsentieren; gewähren sie doch Einblicke in eine Sprachebene, die für die gesamtsprachliche Entwicklung oft wirksamer ist als noch so bedeutende Dichtung, die nur für die dünne Höhenschicht bestimmt war. Literatur also für und im Dienste breiter Schichten und zumeist in Anlage und Ausdruck auch auf breiter Basis verständlich.

Schmähschrift: älteste Belegform — nach G r i m m DWb. — *Schmachschrift* (in einer Quelle von 1524 als Entsprechung für *libellus famosus,* vielleicht als Lehnübertragung anzusprechen). Grimm unterscheidet zwischen *Schmachschrift* und *Schmähschrift,* wobei er in *Schmachschrift* einen selbständigen Terminus sieht für Schriften, die für den Verfasser entehrend sind. — H e y s e (1849) setzt *Schm.* mit *Pasquill* bedeutungsgleich. Seine Formulierung legt nahe, daß er darin eine Verdeutschung von P. sieht. *Schmähschriftsteller* bucht er als Neuwort für *Pasquillant.* W a h r i g (*Wb* 1973²) bringt die heutige Bedeutung des Wortes ebenfalls in Verbindung mit *Pasquill.* — (*Schmähen* selbst ist altes Wort: ahd. *smâhen:* 'einem Unehre antun'; frnhd. wird in der Bedeutung 'schmähen', 'verleumden' auch *schmitzen* verwendet (so von Luther).

Streitschrift: ältester Buchungs-Beleg nach Grimm bei K r a m e r , 1678. Die Bed. scheint lange auf die wissenschaftl. Abhandlung (*disputatio*) begrenzt gewesen zu sein. Für das 18. Jh. werden Beleg-Zitate angeführt, die die Entwicklung der heutigen umfassenden Bed. erkennen lassen. — H e y s e sieht die Bedeutung im 19. Jh. als Entsprechung für 'polemische Schrift', in der man „mit Jemand streitet, Anderer Meinungen od. Behauptungen bestreitet". Wie wenig klar umrissen der Terminus heute ist, läßt W a h r i g erkennen, der darunter „polem. Schriften bes. in der Reformationszeit über polit. od. religiöse Fragen" versteht. W i l p e r t (*Sachwb. d. Lit.*) hingegen wird der umfassenden Bed. gerechter mit seiner Definition: „allg. schriftlicher Austrag von Meinungsverschiedenheiten ... in aggressiver Prosaform ...". — Die abwertende Bildung *Streitschriftler* führt Grimm als von Fr. L. Jahn 1836 gebildet an — Auch *Streitrede* findet sich bei Grimm. Zunächst fast ausschließlich in der Bedeutung 'Disputation, Debatte', doch für das 19. Jh. auch als Bezeichnung eines literar. Genres, als Pendant zu *Streitschrift.* (H e y s e hält *Streitrede* für eine Verdeutschung von *Disputation/Debatte*). *Streitredner* gilt als von Rückert geprägt. — Heyse verzeichnet auch *Streitpredigt* (als Verdeutschung für *Controvers-P.*): „fremde Meinungen bekämpfende Predigt". — Den besonders in den letzten Jahren häufig verwendeten Terminus *Kampfschrift* (man spricht auch von *Kampfpresse*) findet man als selbständiges Stichwort weder bei Grimm (wohl aber *Kampfgesang, -gespräch, -lied*), doch aber in der Definition von *Streitschrift* als „polemische, meist wissenschaftliche abhandlung oder kampfschrift". — In modernen Wörterbüchern sucht man das Wort vergebens.

§ 2. Schon in der Lit. der A n t i k e sind *Schm./Str.*n anzutreffen: als *Invektive* (*invehi* = jem. anfahren; dazu: *invectiva oratio*) bilden sie eine weit verzweigte Gattung, die im Bereich der griech. Lit. auch *Iambendichtung* genannt wird, weil diese

Spott- und Schimpfverse, die sich aus den oft spöttischen Stegreifreden beim griech. Dichterfest entwickelten, zumeist in iambischen Versen abgefaßt waren. Vorwiegend polit. Mißstände schmähend (polit. Iamben des Solon), gegen Gruppen wie Einzelpersonen gerichtet, können sie auch sehr persönlich werden: so schmäht Archilos von Paros (um 650 v. Chr) die untreue Braut und deren Vater. Als weitere Vertreter können Simonides von Amorgos (um 625), Hipponax (um 540), in hell. Zeit Herondas und Phönix von Kolophon gelten. — In röm. Zeit sind die Mahn- und Rügelieder der *Römeroden* des H o r a z zu nennen, die Spottschrift gegen Kaiser Claudius, die Spottgedichte M a r t i a l s , aber auch Catull, Sallust, Juvenal und Lucilius, der als Begründer der Satire (s. d.) gilt. In diesen Bereich gehört auch die antike *Diatribe.* Die Grundbedeutung des Wortes: „Zeitvertreib", „Gespräch", „Unterhaltung" und der Stoff dazu, läßt zunächst nicht an die Nähe zu *Schm./Str.*n denken. Doch werden unter diesem kaum je genau abgegrenzten Terminus häufig auch solche mit erfaßt, insbesondere dann, wenn sie in der Form von Predigten und fingierten Dialogen, die Sittenlosigkeit der Zeit anprangernd, auftreten (so z. B. später bei Abraham a Santa Clara). Als bekannteste Vertreter der Gattung in der Antike gelten B i o n von Borysthenes und S e n e c a (in seiner Briefliteratur).

§ 3. Überall dort, wohin der weitgefächerte Einfluß provenzalischer Lyrik reicht, treten, besonders im 12. und 13. Jh., die *Sirventes* auf (nordfranz. *serventois,* it. *serventese*). Wie die Etymologie des Wortes ausweist (von altprov. *sirvent* 'Diener') ursprünglich ein 'Dienstlied' in Kanzonenform. Gerügt werden Einzelpersonen wie Personengruppen, politische wie moralische Zustände der Zeit.

Die Schmähgedichte und -lieder der mal. Spielleute und Fahrenden: *Rügelied, Scheltlied, Schimpflied* (= 'Scherzlied'), *Scheltspruch* haben Tradition. Schon die Germanen „begrüßten", wie Tacitus vermerkt, den Feind mit Schmähungen. Daraus konnten sich auch für Friedenszeiten Schmäh- und Scheltgedicht entwickeln. Wenn die von Jan de Vries u. a. dargebotene Etymologie des altnord. Wortes für Dichter: *skald* zutrifft (vgl. mnd. *schelder* 'herumziehender

Spielmann', mnl. *schelder* 'Schelter', mhd. *schelta*: Glosse für *satiricus* 'Schmähdichter'), hätte man in alten Zeiten im Dichter zunächst den 'Schelter' gesehen. Um so mehr gewinnt diese Sicht an Wahrscheinlichkeit, als das westgerm. Wort für den Dichter: *skop* unumstritten zu *skop* 'Spott' (ahd. *scof, scopf* 'Spott', 'Gedicht') gestellt wird. (*Schelten* war in ahd. Zeit bedeutungsintensiver als heute, wie die Glossen ausweisen, die in *skelta* und *skelto* Entsprechungen für *maledictio, blasphemia* und *blasphemus* sehen). Leider sind aus dieser frühen Zeit keine Spottgesänge auf uns gekommen. (Der St. Gallener Schmähvers, den Müllenhoff beschreibt, überzeugt nicht). Sie können aber vorausgesetzt werden, wie ein Verbot aus dem Jahre 744 nahelegt: „*Qui in blasphemiam alterius cantica composuerit vel qui ea cantaverit, extra ordinem judicatur*". (Harzheims *Concil Germ.* 1, 55); für das 10./11. Jh. legt ein Hinweis Notkers die Existenz solcher Schmähungen nahe: ... „*sâzzen ze wîne unde sungen fone mir. Sô tuont noh kenuoge, singent fone demo, der in iro unreht weret*" (zit. nach ZfdA. 18, 261). In mhd. Zeit waren zunächst Spielleute die Verf. von Schmähgedichten und Scheltsprüchen; später übernahmen die Fahrenden das Schelten und Rügen. Seit dem Auftreten des Sangspruchs bei Herger-Spervogel und zumal seit Walther von der Vogelweide gehört das Rügelied in das Repertoire der mhd. Spruchdichtung (s. d.).

Ein recht umfangreiches Rügegedicht (1656 Verse) ist das *Buch der Rügen* (hg. v. Th. v. K a r a j a n , ZfdA. 2, 1842, S. 6-92): die etwa in die Wende 13./14. Jh. fallende Übertragung eines lat. Gedichts des 13. Jh.s. Der Verfasser, wahrscheinlich ein Geistlicher, geißelt das sündhafte Verhalten (Gewinnsucht, Unmoral, mangelnde Gerechtigkeit) aller Stände, vorweg der geistlichen, dann der weltlichen: in 28 Kapiteln unterschiedlicher Länge und Intensität werden alle Stände gemahnt, gerügt, gescholten, geschmäht, mit oder ohne Androhung einer Höllenstrafe. Alles in strenger Rangordnung: vom Papst über die Kardinäle, Patriarchen, Bischöfe, Prälaten, Mönche, Kreuzritter, Laienbrüder, weltliche Priester bis zu den Nonnen, wie vom Kaiser über Könige, Fürsten, Grafen, Ritter, Knappen zu den Bürgern, Ärzten, Juristen, Kaufleuten,

Scholaren, Fahrenden, Bauern (gehorsamen wie ungehorsamen), Frauen. Bei der scharfen Schmähung der Bürger liegen klare Parallelen vor zu den im ausgehenden MA. aufkommenden Ständesatiren, auch Teufelspiel, Seelenfang- und Höllenszene genannt: bekannt als feste Bestandteile der meisten Oster- und Passionsspiele. (Treffender würde man sie ' S t ä n d e r ü g e n ' innerhalb von Teufelszenen nennen.) Unter den gefangenen armen Seelen werden fast nur gewerbetreibende Bürger vorgeführt, verhört und verurteilt, zumal Bäcker, Wirte, Schuster (manchmal, wie im *Buch der Rügen*, auch die Frauen als eigener Stand). Zum einen, weil die Verfasser als Geistliche in diesen der Erbauung dienenden Stücken ihren eigenen Stand schonen, zum andern in Sicht auf das städtische Publikum dieser Spiele, das gerade mit den 'Untaten' der Genannten täglich konfrontiert wurde. Bei den Sangspruchdichtern wie den Dichtern von Versreden (s. *Heroldsdichtung*) sind die 'Schelten' Gegenstücke zu den auch von ihnen verfaßten Lobgedichten, oft wie diese, wie aus Hinweisen zu schließen, bestellte Arbeit. Von den Rügeliedern mal. Fahrender führt dann eine direkte Linie zu den späteren Scholarensprüchen ebenso wie zu den politischen Streit- und Spottliedern des ausgehenden MA.s (s. *Politische Dichtung* § 20).

Den Terminus *scheltlied* belegt zuerst eine lat. Predigt 2. H. des 13. Jh.s (= *canticum vituperanicum*) in einer Aufzählung von sechs Liedarten, *rüegliet* ein Spruch Reimars des Videlers (Kraus *Dt. Liederdichter* 45, III, 1) in einem parodistischen Katalog von elf Genera (s. E h r i s m a n n *Schlußbd.* S. 201).

§ 4. Die überwiegend politischen Schm.n der Renaissance werden zumeist mit der Bezeichnung *Pamphlet* belegt. Als begabtester Vertreter gilt Pietro Aretino (1492-1556), der gern im Auftrag arbeitete und auch für das Nichtschreiben von Pamphleten bezahlt wurde.

Die Etymologie von P. (Erstbeleg mlat. *panfletus*, 1344) gilt als ungeklärt. Eine ansprechende Deutung bietet jedoch die engl. Form *pamfilet*, eine Wortbildung (*-et*), die als franz. Entlehnung gilt, wo z. B. *Esopet* 'Buch des Aesop' bedeutet: *pamfilet* wäre dann das eines Pamphilus. — Eine weithin bekannte Komödie des 12. Jh.s *Pamphilus seu de amore*

auf eine Elegie Ovids, *Amores* I, 8 zurückgehend).
könnte dann vielleicht die Aufnahme des Wortes begünstigt haben. Engl. *pamfilet* (14. Jh.)
kommt im 18. Jh. ins Franz. in der Bedeutung
'kleine Schrift' und wurde wenig später ins
Dt. übernommen. Der noch gültige Terminus
englisches Pamphlet erinnert an die Grundbedeutung, bezeichnet er doch eine Schrift
unter 5 Bogen Umfang. Von der Bedeutung
her läßt sich *Pamphlet* mit *Libell* vergleichen,
das ebenfalls von der Bedeutung 'kleine Schrift'
ausgeht, später sie zu 'kleine Schmähschrift'
verengte; von der Wortherkuntt her (wahrscheinlich vom Personennamen) ist *Pamphlet*
mit *Pasquill* vergleichbar. — Heute wird *Pamphlet* meist allgemein für Schm./Str. in undifferenzierter Breite verwendet.

Pasquill und *Pasquinade* gehen im 16. Jh.
von Rom aus und werden vorwiegend für
a n o n y m e Schm./Str.n eingesetzt. Carl
Friedrich Flögel (*Geschichte der komischen
Litteratur*, 1784) definiert Pasquill als anonym, aus „Privathaß" und „Groll" entstanden, worin man „einem anderen ein grobes
und schimpfliches Verbrechen, als Hurerey,
Ehbruch, Mord, Diebstahl u. s. f. aus Bosheit fälschlich schuld giebt". Der Name ist
unbekannter Herkunft. Bezeichnet wurde
damit zunächst ein von Kardinal Caraffa
1501 ausgegrabener und vor seinem Palast
aufgestellter Torso (es soll ein Menelaos
gewesen sein), an den lange Zeit anonyme Schm.n angeheftet wurden. Eine Variante weist einen gegenüberwohnenden
Schneider mit Namen *Pasquino* aus (Dim.
Pasquillo), der als erster und vor anderen
häufig seine Zettel angebracht haben soll.
Zahlreiche Varianten haben immer wieder
die Figur oder den Schneider im Mittelpunkt, wenn sie auch in Einzelheiten von
Fall zu Fall weit abweichen. Kritisiert werden auch hier Personen, Zeitereignisse, Mißstände aller Art wie Obrigkeit in jeder
Form. Diese Pasquille wurden sogleich gesammelt: 1509 soll es bereits 3000 gegeben
haben.

Bezug auf Person oder Figur, die gleichsam
Pranger-Funktion hat, ist auch nach Übernahme
des Begriffs ins Deutsche (Erstbeleg in lat.
Text 1541) noch sichtbar. So wenn Fischart (im
Bienenkorb 1580) schreibt: „Zur selben Zeit
bekam er (= Pius IV) vom Pasquill gleich
dieses sprüchwort." Bald darauf wurde P. fast
ausschließlich als Appellativ gebraucht. Bezeichnungen wie 'schamloser Paszquil', 'schändlicher P.' zeigen, daß zunächst noch mit Beiwörtern erläutert wurde. Der Terminus, heute
weniger geläufig, hat zahlreiche, nicht mehr
übliche Ableitungen erfahren: *Pasquillant*,
pasquillantisch (vom Inhalt eines Stückes wie

vom Schauspieler gesagt), *Pasquillchen* (Lessing), *Pasquillenmacher*, *P.-Schreiber*, *Pasquillerei*, *pasquillieren*, *pasquillisch*. Schm.n, die sich
als 'Pasquille' bezeichneten, wurden auch auf
dt. Boden schon früh gesammelt. Eine der
ältesten Sammlungen, zahlreiche P. verschiedenster Art umfassend, erschien bereits 1544
(Eleutheropolis): *Pasquillorum tomi duo*. Der
Pasquillus Germanicus wurde 1546 in Wittenberg gedruckt.

Die weiteste Verbreitung fand die Schm.
in den ersten Jahren der Reformation, als
diese noch von der Masse des Volkes mitgetragen wurde. Im Dienste der Meinungskämpfe diente die Schm. agitatorischen
Zwecken und wuchs zu einem breiten Zweig
am starken Baume der Volksliteratur. Flugschriften (s.d.) aller Art, historische und andere Lieder, Spottgedichte und Schmählieder warben, gleichsam als vox populi, für
die neue Lehre, während an den gelehrt-theologischen Auseinandersetzungen nur die
gebildeten Schichten Interesse hatten. In
den späteren Jahrzehnten dieses Jh.s kommt
der Schm. nicht mehr diese zentrale Bedeutung zu: nicht selten noch schärfer und gereizter im Ton als früher, vermag sie die
öffentliche Meinung doch nicht mehr wie
einst zu beeinflussen, weil die Voraussetzungen nunmehr fehlten. Immerhin wälzte
sich auch in der 2. Hälfte des 16. Jh.s ein
mächtiger Strom dieser streitbaren Lit. über
Land und Leute, auch über solche Gegenden, wo der Kirchenkampf längst entschieden war: literar. Vorspiel des großen Religionskrieges.

Wie berechtigt es ist, in diesem Jh. von
Schm. zu sprechen, wird schon aus den oft
recht umfänglichen Titeln deutlich: man
*schmachet, schendet, goecket und speyet
Schmachwort herauss*. Solche Angriffe empfindet der Angegriffene als „ehrenschmähend",
als „unmenschliche Lästerung", „schandtliche
diffamationes", „*teuffelische Ehrnschmachung*",
„höllische Schmähungen", „*gottslaesterliche
hertzgründige Schältung*". Den Schmäher nennt
er „*Ehrenschmäher*", „*Ehrnverletzer*", „*Ehrendieb*", und fühlt sich herausgefordert, eine
Retorsion- oder *Vergeltungsschrift*, auch Strafschrift, Warnung oder Gegen-Urtheil zu verfassen, die er dann oft „*Ehrenverwahrung*"
nennt. Selbstverständlich ist der Erwiderer stets
bemüht, seine Schrift, die Objektivität und
Sachlichkeit vortäuschend, oft schlicht „Antwort" genannt wird, höherrangig einzustufen,
indem er sie als ausdrücklich „rechtmäßig"
qualifizierte. Die auf die Persönlichkeit gezielte
Polemik wird auch in den zahllosen mehr oder
minder bösartigen Namenentstellungen deutlich
wie *Murr-Narr*, Luder, Lotter (= Luther),

Fröschlein (= Frischlin), Lugvola (= Loyola), Rausch (= Rauscher), Aurifabellus (= Aurifaber). Unter den zahllosen gängigen Schimpfwörtern sind viele, die durch häufigen Gebrauch nicht selten zu Beinamen der damit Geschmähten werden konnten, wie: Bock zu Leipzig (= Emser), Stier zu Wittenberg, geifferndes Eberschwein, Bierpapst (= Luther). Hier kommen — wie nicht anders zu erwarten — Wortspiele und Wortverdrehungen in volksetymologischer Art vor (wie sie absichtlich wie unabsichtlich seit dem 11. Jh. auftreten, wie: Evangelium — Kackangelion, Evanhöllium; Legende-Lügende; Jesuiter-Jesuwider; Decretale-Drecktale u. viele andre mehr.

Mehrere Jahrzehnte beherrschte die p r o t e s t a n t i s c h e Schm. das Feld. L u t h e r selbst ist Verf. mehrerer derartiger Arbeiten, die aber aus Gründen der Hochschätzung des Reformators später — und noch heute — zumeist zurückhaltend als Str.n eingestuft werden. Es muß aber deutlich gesagt werden, daß Luther in seinem Temperament vor keiner noch so persönlichen Diffamierung seiner Gegner, darunter auch anderer Protestanten wie Müntzer und Karlstadt („Rotten und Schwärmer") zurückschreckte und als echter Sohn seiner Zeit oft lieber derb schmäht als sich sachlich auseinandersetzt: selbstverständlich immer im Interesse seiner Sache.

Über die Abendmahlslehre z. B. tauschten Luther und K a r l s t a d t eine ganze Reihe von Kampfschriften aus. Im Ton zunächst sachlich-ruhig, im weiteren Verlauf doch geradezu ausfällig. Für Intensität und Wirksamkeit dieser Auseinandersetzung einige Einzelheiten: zwischen dem 22. August und Ende Sept./Anf. Okt. 1524 richtete K. 8 Schriften gegen L., die in Basel heimlich gedruckt wurden, von denen eine am 7. 12. vom Basler Magistrat konfisziert wurde, wobei gleichzeitig die Drucker gefangengesetzt wurden. L. erwiderte in einer umfangreichen, zweiteiligen Streitschrift (*Wider die himmlischen Propheten, von den Bildern und Sakrament*), die er in nur drei Wochen verfaßte. In diesen Abtausch griff auch der Verf. der ersten dt. Grammatik in dt. Sprache, Valentin Ickelsamer, zugunsten K.'s ein. Dieser selbst erwiderte L.'s Schrift wieder mit drei Traktaten.

Geschmäht werden in erster Linie katholische Gegner, insbesondere der Papst, der mit den gröbsten Schimpfwörtern der derben Epoche belegt wird, nicht minder auch die Juden. Seine gnadenlosesten Schm.n, die zugleich auch sein starres Obrigkeitsdenken bezeugen, sind gegen die Bauern gerichtet, womit er sich in krassen Widerspruch stellt zum üblichen Tenor der Schm.n im sozialen Bereich (Bauern = Teufelsbrut).

Auch sei ausdrücklich betont, daß es nicht rein religiöse und soziale Anliegen waren, die Luther umtrieben. Eines seiner Hauptargumente gegen die Karlstadtsche Bilderstürmerei ist politisch: er führt immer wieder warnend aus, daß der „Pofel" (= Pöbel), läßt man ihn Bilder stürmen, sich „gewene" (= gewöhne) „zu rotten auch widder die öberkeyt", man dürfe da „den teuffel nicht über die thür malen" (*Wider die himmlischen Propheten.* Weim. Ausg., Bd. 18, S. 72).

Aus der großen Vielfalt der Schm./Str.en der protestant. Seite seien die Prosadialoge hervorgehoben. Diese Gesprächsform, der Dramatik eng verwandt, eignet sich vorzüglich zu lebendiger, einprägsamer Darstellung, wäre auch aufführbar gewesen. Ihrer bedient sich U l r i c h v o n H u t t e n , ein Kämpfer, der sich in hohem Maße mit der Idee, die er vertritt, identifiziert. Er hat diese Form, in lat. wie dt. Sprache genutzt, beim Studium Lucians gefunden und sie zunächst bei seiner Familienfehde gegen Herzog Ulrich von Württemberg eingesetzt. Später streitet er dann auf breiter Front gegen Mißstände der kath. Kirche, gegen Papst wie Geistlichkeit.

Im *Dialogus oder gesprech büchlin die Anschauenden*, das als eines seiner Meisterwerke gilt, schwingt er die Geißel seiner Kritik besonders scharf. Der Sonnengott Sol und sein Sohn Phaeton betrachten die Erde und kritisieren dabei vorweg die sozialen und religiösen Zustände in Deutschland, prangern die Geistlichkeit an, bei der sie alle Laster vereint sehen. Der päpstliche Legat Cajetan, gerade in Augsburg weilend, greift nun Sol an, der ihm, unter Androhung des Bannes, zu gehorchen habe und vor allem den Deutschen die Pest und andre Seuchen schicken müsse, damit auf diese Weise viele Lehen und Pfründen ledig werden und an Rom fallen. Diese Macht- und Besitzgier nimmt Sol nicht ernst, er wendet sich von dem „unflat", der „am geytz kranck" liegt, ab und sinkt Arbeit zu (Ulrich von Hutten, *Die deutschen Dichtungen*, 1974).

Auch Hans S a c h s hat streitbare Prosadialoge verfaßt: 1524 allein vier, zwei weitere dann 1546 und 1554. Alle ein Beispiel dafür, wie auch konservative Menschen von den drängenden Problemen der Zeit so ergriffen werden konnten, daß sie kämpferische Auseinandersetzungen suchten.

Da hier fast alle für den 'gemeinen Mann' zentralen Probleme der Reformation behandelt werden, seien sie knapp umrissen:

Der 1. Dialog *Disputation zwischen einem Chorherrn und schuchmacher* gilt als Glanzstück dt. Prosadialoge der Ref.zeit. Seine Wirksamkeit bezeugen eine engl. (1547) und eine niederl. (1565) Übersetzung, wobei die engl. auf die Liste verbotener Bücher kam. In eindringlicher Sprachgestaltung werden die Personen wirkungsvoll durch ihre Redeweise gekennzeichnet. Der Chorherr, nur an leiblichen Genüssen wie der Erhaltung seiner Machtstellung interessiert, ist dem bibelfesten, für das Laienpriestertum eintretenden einfachen Schuhmacher völlig unterlegen. — Im 2. Dialog *Ein gesprech von den Scheinwercken der Gaystlichen und jren gelübdten* . . . machen zwei Handwerker einem Bettelmönch klar, daß sein Klosterleben für ihn wie die Gesellschaft völlig nutzlos sei. — Im 3. Dialog ringt Hans Sachs mit einem Problem, mit dem die meisten engagierten Protestanten der Zeit rangen, mit dem sie nur schwer oder gar nicht fertig wurden: der Kluft zwischen Anspruch und Wirklichkeit protest. Glaubens- und Lebenshaltung. Ein Pater diskutiert hier mit einem ev. Junker, dem er vorwirft, daß die reichen Protestanten sich ebenso unsozial und unchristlich verhielten wie die Katholiken. Die Protest. hielten also im sozialen Bereich auch nur Vertröstungen auf ein besseres Jenseits bereit. Die Argumentation des Junkers ist schwach und dürftig: er muß dem Pater weithin recht geben. Ein Zeichen dafür, daß auch bei Sachs hier eine Quelle der Enttäuschung lag. Gerade der von ihm immer wieder in den Mittelpunkt gestellte „gemeine Mann" hatte sich von der Ref. soziale Umwälzungen versprochen. — Im 4. Gespräch — zwischen drei Handwerkern — wird deutlich, daß sich protest. Christen in ihrer Lebensführung keineswegs an die Ansprüche ihrer Lehre halten, diese deshalb für Katholiken wenig überzeugend sei. Luther hatte sich schon früh darauf festgelegt, daß scharf zwischen Anspruch der Lehre und der Lebensführung der Gläubigen zu trennen sei. Einer der Gegensätze zwischen ihm und Müntzer/Karlstadt liegt in dieser Unterscheidung. — Die beiden letzten Dialoge sind beispielhaft für die späten ref. Schm./Str.en. Der kämpferische Schwung ist auch bei Sachs der Resignation gewichen, die breite Schichten erfaßt hatte, auch wurde es immer schwerer, sich kämpferisch zu äußern. So sind Rede und Gegenrede in diesen erzählerischen Dialogen zu nur durch gelegentliche Fragen unterbrochene Anklagen aufgelöst, die Personen verfremdet; zudem wurden sie vorsichtshalber nicht gedruckt.

Bedeutender Gegenpart zu Luther ist Th. M u r n e r , der zunächst in scharfen Narrensatiren das Wortchristentum, die Kirche in ihrer gesamten Reformbedürftigkeit, die Pfründenjägerei, die adlige Günstlingswirtschaft geißelt. Anfangs sind seine damals vielbeachteten Auseinandersetzungen mit Luther auffallend sachlich und unpersönlich, werden aber immer persönlicher, zumal er durch scharfe protestantische Angriffe (E b e r l i n v o n G ü n z b u r g, Michael S t i f e l aus Eßlingen u. a.) zusätzlich gereizt wurde. Seine Satire *Vom Großen Lutherischen Narren* und andere Narrenschriften (s. *Narrenliteratur*) sind Beispiele für Schm./Str.n, die sich der Form-

mittel der Satire bedienen. Sie sind nicht nur der „Spaß" (*schympff red*), als den er sie auch verstanden wissen will; sie dienen auch dem *Widerschelten*, wie er zugibt, sich aber, wie bei Schm.n üblich (s. o.), zugleich mit reiner Notwehr entschuldigt, denen gegenüber, die glaubten, mit *Schmachbüchlein* die Sache der Reformation fördern zu müssen. Zugleich tritt hier deutlich ein weiteres Formmittel auf, das nachdrücklich einbezogen wurde: die umfassende Stützung der eigenen polemischen Argumentation durch die autoritäre Wirkkraft jedermann geläufiger und damals allgemein gültiger Sprichwörter. Auch die Parodie wird konsequent eingesetzt: so parodiert Murner die *Fünfzehn Bundsgenossen*, um Eberlin zu treffen. Fälschlich ihm zugeschrieben (vgl. G. Bebermeyer, *Murnerus pseudepigaphus*, Diss. Göttingen 1913), doch ihres Inhalts wegen nicht minder von Gewicht, ist *Martin Luthers Clagred, daß er so gar nit hippen oder schenden kan,* . . .

In diesem Dialog setzt sich der unbek. Verf. mit dem Schmähen überhaupt auseinander und gibt gleichsam eine Summe all dessen, was an Vorwürfen gegen den Reformator damals umlief. Luther erklärt darin, daß er das Hippen (= Schmähen) erlernen wolle, damit er seine Gegner noch wirksamer schelten könne. Ein Holhipper (ursprüngl. Straßenverkäufer von Waffeln, die ihrer derben Schimpfreden wegen zum Urtyp des Schmähers wurden) will ihn diese Kunst lehren. Der Schüler zeigt sich rasch dem Meister überlegen.

In der Schm. jener Zeit ist die Parodie weithin geläufig. So werden Stellen aus dem Evangelium, das Vaterunser und andre Glaubensformeln parodiert, oder Episoden aus der biblischen und weltlichen Geschichte so ausgelegt, daß ihr Sinn die Macht des Papstes und der Geistlichkeit aushöhlt. Z. B. bringt *Aliud Evangelium secundum Pasquillum* das *Liber generationis* — ein Beispiel dafür, daß auch in nicht für breite Schichten bestimmten Schriften mit allen Mitteln gekämpft wurde: *Liber generationis Antichristi filij Diaboli. Diabolus genuit Papam, Papa vero genuit Bullam, Bulla vero . . ., Simonia vero genuit Cardinalem . . . invidia vero genuit tumultum rusticorum, in quo revelatus est filius Iniquitatis qui vocatur Antichristus . . .*

Nach der Mitte des Jh.s beginnt die seit dem Trienter Konzil und durch die tätige Hilfe des jungen Jesuitenordens neuerstarkte k a t h o l i s c h e Kirche eine überaus heftige Polemik gegen den Protestantismus: ihr Wortführer ist Joh. N a s („Aller heutigen Secten Großvater nach dem Lucifer ist der

Luther"), den eine Reihe von Mitstreitern wie E r h a r d , Georg S c h e r e r , R o - s e n b u s c h , A v i c i n i u s und Jacob R a b e unterstützen. Die protestantische Schm. wurde nun überflügelt: innere Zwistigkeiten nahmen der Bewegung die frühere Stoßkraft; hervorzuheben ist nur Joh. F i s c h a r t , der im Bunde mit Georg Nigrinus noch im alten Feuereifer die Ideale des neuen Glaubens verficht. Doch gibt es immer wieder Ereignisse, die die Gemüter der Protestanten so heftig erregen, daß sich erneut eine Welle von Spottliedern und Pasquillen verbreiten kann: so z. B. das Konzil zu Mantua, die Bestimmungen des Augsburger Interims.

Dabei ist bemerkenswert, daß im Anschluß an dieses Interim (1548) wieder eine harte Fehde innerhalb der protest. Führungskreise ausbrach. Hervorgerufen durch die Verhandlungen, die Kurfürst Moritz von Sachsen mit den Theologen und Ständen seines Landes einleitete, die dann zum Leipziger Interim führten. Eine Gruppe Wittenberger unter Melanchthon war zum Einlenken bereit. Gegen diese Bereitschaft kämpfte Matthias Flaccus (seit 1544 Prof. der hebr. Sprache in Wittenberg) in zunächst anonymen Flugschriften. Sehr ausgedehnt wurde dieser scharfe Streit, in dem auch originale Lutherbriefe der eigenen Meinung Autorität verschaffen sollten, als er einen Kreis Gleichgesinnter um sich scharen konnte: Nikolaus Amsdorf, Erasmus Alberus, Nikolaus Gallus, Albert Christianus. Erreicht wurde dadurch tatsächlich die Undurchführbarkeit des Interims.

Immer stärker tritt die Person Karls V. in den Vordergrund des öffentlichen Interesses. Seine Ziele und Pläne, nur von wenigen klar durchschaut, werden von Anhängern blind gerühmt, ja gesegnet, von Gegnern ebenso heftig angeklagt, geschmäht, verwünscht. Ausgehend vom Jahr 1546, als die Protestanten sich in ihrer Hoffnung auf Duldung oder gar Förderung durch den Kaiser getäuscht sehen und die von ihm eingesetzten Inquisitionsgerichte in den Niederlanden wüten, ergießt sich eine Flut fliegender Blätter und Pasquille gegen Karl V. in Druck und Schrift über Deutschland: sie brandmarken ihn als spanischen Tyrannen, der den Deutschen kirchliche wie bürgerliche Freiheit knechten wolle. Gegen ihn wird auch der damals aktuelle Sagenstoff von Barbarossa im Kyffhäuser verwertet (so vom Reutlinger Johann Schradin 1546). Aus all diesen Liedern, Gedichten, Prosaschriften spricht Vaterlandsliebe und glühender Freiheits-Eifer: ein Vorgriff auf die Hauptthe-

matik späterer Jahrhunderte. Auch gegen die Fürsten und Stände, die mit dem Kaiser den neuen Glauben bekämpfen, macht sich die bittere Stimmung Luft.

Die Verf. der Schm.n jener Zeit verschweigen gern ihren Namen oder entstellen ihn, schon deshalb, weil bald nach Beginn der Reformation, zuerst im Reichstagsabschied v. J. 1524 und später noch öfter, Pasquille jeder Art streng verboten wurden. (Ebenso wie noch im 19. Jh. z. B. Börnes *Briefe aus Paris* verboten wurden.) Trotzdem fanden die Schm.n auch weiterhin durch Druck (wie Abschriften) ihren Weg in die Öffentlichkeit, wenn auch oft namenlos. Die Zahl der Einblattdrucke (s. d.) und fliegenden Blätter stieg trotz aller Unterdrückung ins Uferlose. Daß für Luther beispielsweise die Anonymität Voraussetzung für den Begriff der Schm. war, geht aus einer Stelle hervor, in der er sich ironisch mit einem „Schmachbüchlein" der „Papisten" gegen ihn auseinandersetzt: „. . . Und wiewohl sie (= die P.) bisher trefflich geschrieben haben widder die schmachbücher, also das sie für großer erbarkeit und tugent auch die bücher haben schmachbücher genennet, da doch die namen der Tichter aufgedruckt gewesen" (*Wider den Meuchler zu Dresden* (1531), Weim. Ausg., Bd. 30, Abt. 3, S. 446).

§ 5. Die kritischen Schriften der nachreformatorischen Zeit werden heute zumeist Streitschriften, auch Kampfschriften genannt. Mit Recht: wird doch der Ton zunehmend sachlicher, tritt Persönliches mehr in den Hintergrund. Eine klare Scheidung versuchte Gottsched 1758 (*Beob.* 229): „man musz aber streitschriften nicht mit pasquillen verwechseln. In den ersteren streitet man um wahrheiten, geschichte, gelehrte meynungen, oder lehrpuncte: in den andern aber geht es über die Personen her." Die Übergänge sind fließend, beginnend schon zur Reformationszeit selbst. So arbeitet z. B. E m s e r oft ohne persönliche Schmähungen Luthers, indem er in der Form des Dialogs Lutherzitate anführt und sie zu widerlegen sucht (selbstverständlich mit Ent- und Unterstellungen). Ein Ringen um Sachlichkeit wird erkennbar, das gelegentlich noch sehr im Formalen steckenbleibt. Versachlichung begegnet man zu dieser

Zeit vor allem bei E r a s m u s , der in einer Erwiderung auf eine Str. H u t t e n s gleichsam die Prinzipien der Str. festlegt, wenn er sagt, daß er nie gegen Luther persönlich schreibe, vielmehr nur von der Sache Luthers rede und seine Schriften gegen ihn eigentlich Unterredungen glichen. Die gleiche Schrift, *Spongia Erasmi adversus aspergines Hutteni* (1523) zeigt allerdings schon im Titel, daß der Vorsatz nicht immer gelingt.

Nicht nur Wandel in der Art der Auseinandersetzung kann hier beobachtet werden: auch die äußere Gestalt der kämpferischen Schriften beginnt sich zu ändern: die Briefform tritt mehr in den Vordergrund. Schon in der Reformationszeit und früher, insbesondere in der Form von Himmelsbriefen (s. d.): vom Himmel direkt gesandte Briefe, denen so höchste Autorität zukommen soll. Nun werden fingierte Briefe zunehmend zu satirisch-polemischen Zwecken genutzt (bis hin zu den offenen Briefen und Leserbriefen heute): bald in der Art der Str., bald in der der Schm. Hierher gehören z. B. die *Dunkelmännerbriefe*, bald in massiv persönlichen Angriffen gehalten, bald von feiner Ironie getragen. Auch weiterhin wird die Briefform gern genutzt, so z. B. noch von L e s s i n g in den gegen Hauptpastor Goeze gerichteten Str.n (*Anti-Goeze*).

In nachreformatorischer Zeit wird auch die Form der Rede besonders gepflegt. Diese Streitreden — zumeist auch gedruckt und so weithin verbreitet — haben in den kämpferischen Predigten ihren Vorläufer, wobei im 17./18. Jh. auch die kämpferischen Predigten selbst, die 'Kontroverspredigten' noch stark verbreitet sind. Schon Seb. F r a n c k (1499-1542) geißelt in seinen sozialkritischen Predigten überholte Standesunterschiede, die Obrigkeit (oft Einzelpersonen), auch Krieg und Judenverfolgung. — Anschließend geht es um z. T. heftige Bekämpfung von Vertretern der jew. andern Konfession, wobei beide Seiten unabsichtlich, aber auffallend oft, in der Kritik am Mönchswesen vereint sind. In dieser Zeit aber mehren sich auch die Stimmen, die sich gegen die konfessionellen Zänkereien richten. Unter ihnen der von Lessing sehr geschätzte Christlob M y l i u s 1722—1754), der sich gegen das Heer der Kanzelredner seiner Zeit wandte. — Eines der Hauptthemen des 17./18. und frühen

19. Jh.s ist die Kritik an den Jesuiten. Sie tritt an die Stelle der Heiligen- und Legenden-Polemik. Eine umfangreiche polemisch-streitbare Schrift zu diesem Thema ist z. B. Anton v. B u c h e r s (1746—1817) *Allerneuester Jesuitischer Eulenspiegel in einem geistlichen ABC.*

Erwähnenswert einmal, weil das Werk gleichsam eine Summe der Vorwürfe der Zeit gegen die Jesuiten darstellt, zum andern, weil die Gestalt des Eulenspiegels einbezogen wird. Der Autor, als Priester und Schulmann mit dem „veralteten jesuitischen Schulwust" vielfach beschäftigt, schrieb den E. als Teil seiner *Geschichte der Jesuiten in Bayern* (1800). Ein Beispiel dafür, daß auch, nachdem die bekämpfte Institution zerschlagen war (Verbot von 1773), der Kampf noch weiterging, hier, weil der Verf. der Meinung war, der Orden werde bald in alter Form wieder tätig werden. Der Herausgeber glaubt, daß Bucher, der seine Schrift lange Jahre zurückgehalten hatte, sie erst dann erscheinen lassen wollte, wenn „der Jesuitismus in Teutschland wieder erwacht" (Bd. 1, S. XI). Im Vorwort: „Von dem Ursprung dieses Buches" (*A. v. Buchers sämmtliche Werke*, ges. u. hg. v. J. v. Klessing, Bd. 2, 1819, S. 202—203) führt der pseudonyme Autor, die „Hanns Kaspar Puffische Familie", an, daß in der Beziehung zum Eulenspiegel „eine ganz besondere Spekulation" liege: erstens sei die E. „noch immer das Volksbuch aller Volksbücher, ... beständig aufgekauft und gelesen ... weßwegen denn gar nicht daran zu zweifeln ist, daß dieser allerneuester Eulenspiegel respektive diese jesuit. Fabrikate und Geistesprodukte, ganz unvermerkt den alten glücklich untergeschoben, dieselben auch vollends verdrängen werden". Zum andern habe er „mit vielem Raffinement den alten Eulenspiegel samt seinen Gönnern, Freunden und Lesern studiert und endlich nach vielem Spintisieren, mühsamen Studierens und reif angestellten Beobachtungen entdeckt, daß er besonders wohl gefiel durch die vielen Blößen, die er lächerlich gab und zeigte, durch Neckereyen, durch schlechten Kirchendienst, versprochene Wunder und gespielte Streiche, dergleichen ich dann auch hier in Menge gesammelt und untereinandergereiht habe". Hier wird das Vergleichsmoment ganz deutlich. Durch das ganze ABC zieht sich nun das E.-Motiv. So denkt im Kap. A „Abdera-Abderiten" E. darüber nach, „ob es auch unter Jesuiten Abderitismus gebe". Unter „Fabel" steht die Bemerkung, daß man die meisten Fabeln nicht im E. finde, sondern in den sog. „Monatsheiligen der marianischen Kongregationen . . .". Bei der weiteren ironischen Kritik an jesuit. Wundergeschichten (die sich im übrigen mit denen, die Caesarius von Heisterbach unter ganz anderem Blickpunkt anführt, teilweise decken), vergleicht er dann diese mit dem, was E. vermochte — unter genauer Angabe der E.-geschichte, auf die er sich bezieht. Neben der angesprochenen Verdummungstendenz dieser Erbauungsgeschichten, sowie jesuit. Scheinheiligkeit und 'Wunderkraft' („Was ist aber in der Welt, was Jesuiten nicht konnten?" Bd. 2, S. 519), sind auch Hiebe gegen Bischöfe, ihren Lebenswandel, ihre Geldgier, sowie das Klosterwesen enthalten. Ein besonders treffendes Beispiel seiner polemischen Agitation ist der Himmelsbrief (S. 307/308), vom Erzengel Gabriel an einen Jesuiten gerichtet, wobei sich jener hocherfreut über ein neues jesuitisches Verbot zeigt, nämlich daß es Sünde sei, „einen Taubenschlag an die offene Straße zu bauen, weil das Schnäbeln der Tauben und ihre verliebten Spiele die Vorübergehenden zur Unzucht reizen könnten".

Der Name der Schwankfigur Eulenspiegel tritt schon früher in umfänglichen, auffälligen Titeln auf, den Geschmähten und seine Taten mit ihm vergleichend, vielleicht auch mit dem Gedanken, daß diese volkstüml. Gestalt Leser anzuziehen vermöge. Als Beispiel sei der in seiner Zeit sehr bekannte, vielfach aufgelegte *Alcoran* des Lutherschülers Erasmus A l b e r u s († 1553) genannt: *Der Barfüßer Münche Eulenspiegel und Alcaron* (mit einem Vorwort Luthers 1542 erschienen). Ein erweiterter Titel eines Drucks von 1614 zeigt die Bezüge besonders klar: *Alcaron, wundermäßige, abentheuerliche Geschichtsbericht, von der Barfüßer Münch, Eulenspiegel Francisci Leben, Thaten, Wunderwerken, die er wie ein rechter Meister Hemmerlin, und Cunzen-Jäger so affenbößierlichen nachgesprungen, gegaukelt und Fabionirt, ...*" Es geht beim A. um eine satirische Streitschrift gegen die *Conformitates S. Francisci* (1385–90) des Bartholomäus de Pisa, in denen er von 40 Ähnlichkeiten zwischen Jesus und Franciscus ausgeht, die er mit zahlreichen Wundermären ausschmückt.

Ein weiterer Titel des 16. Jh.s sei noch angeführt, weil er ausgedehntere Schwankvergleiche anklingen läßt: *Hundert auserwelte, große, unverschempte, feiste, wolgemeste, erstunkene Papistische Lügen, welche aller Narren Lügend, als des Eulenspiegels, Marcolphi, des Pfaffen von Kalenberg, Fortunati, Rollwagens etc. weit übertreffen. . . . .*" Dem Verfasser, Hieronymus R a u s c h e r , wurde von der kath. Gegenpolemik vorgeworfen, er kenne all diese Bücher besser als die Bibel.

Daneben stehn in jener Zeit der steigenden Themenfülle Angriffe gegen Rechtsleben und Rechtswissenschaft, Unfehlbarkeit der Ärzte wie der Gelehrten. Hier ist vorweg der damals sehr bekannte Carl Friedrich B a h r d t (1741—1792) zu nennen. Als ketzerischer Freigeist verschrieen, nannte er sich selbst „Bestürmer derjenigen Theologie, welche die europäische Menschheit so viele Jahrhunderte hindurch verhunzt hat". Mit den Theologiefehden, den Interna der meisten dt. Universitäten wie der Gesellschaft bestens vertraut, kämpfte er unermüdlich gegen Korruption, Gelehrtenfehden und -überheblichkeit wie gegen die Einheit

von Staat und Kirche, wenn Opposition jeder Art unterdrückt werden soll.

Carl Friedrich B a h r d t , *Geschichte seines Lebens, Meinungen und Schicksale von ihm selbst geschrieben* (Berlin 1790 ff.), Neudruck in Vorbereitung.

Der Versuch vieler Autoren der Schm./ Str.lit., anonym zu bleiben, um besser vor Gegenangriffen geschützt zu sein, ist im 17./18. Jh. bemerkenswert. Doch werden mit kriminalistischem Eifer die Verf. gesucht und meist auch entdeckt.

Die Themenfülle wird im 19. Jh. erst durch die Gestalt Napoleons bereichert — in vielen Spottliedern und -versen befehdet — dann wird die Kleinstaaterei immer schärfer aufs Korn genommen. Dann richtet sich die Hauptstoßkraft gegen die Wilhelminische Ära, schließlich gegen den Nationalsozialismus. Hier sei auf B r e c h t verwiesen, weil er u. a. sich auch einer Sonderform der Parodie, der des parod. Bänkelsangs bedient, die, schon früher auftretend, breiter erst im 19./20. Jh. verwendet wird.

So schmäht er z. B. in der *Moritat von Reichstagsbrand* (1933) Hitler, Göring, die SA. Ebenso spottend wie schmähend sind das *Lied vom Anstreicher Hitler* und die (6) *Hitler-Choräle* (1933), wo auch die Choralform parodiert wird (jeweils mit Melodienangabe). Schmähverse sind bei B. auch in den Kinderliedern versteckt, wie im *Alfabet* (1934), wo zwischen 'Unverfänglichem', 'Kindgemäßem' ein scharfer Spottvers auf Hitler und ein andrer auf Hindenburg eingestreut sind. Hier knüpft er an die historischen, 'echten' Kinderreime an, wie sie im Laufe von Jahrhunderten aufgezeichnet wurden, die auch Spott- und Schmähverse enthalten, z. B. kath. Schulkinder gegen protest. Luther schmähend, und deren Erwiderung gegen den Papst gerichtet, später auch solche gegen Napoleon. Verzeichnet sind solche z. B. in *Allerleirauh. Viele schöne Kinderreime ver*sammelt v. H. M. Enzensberger (1972).

Im Nachkriegsdeutschland wird um fällige Reformen oder um Bestand alles Bestehenden gestritten. Mit zunehmender Bedeutung des Presse-Artikels und offener Presse-Briefe (beginnend schon z. Z. Napoleons) wird die Themenpalette noch bunter: das große Feld sozialer wie politischer Probleme weltweiter Geltung kommt hinzu, das Thema 'Vereintes Europa' und besonders die Kriege in Asien und im Nahen Osten. Beim Discurs nationaler und sozialer Probleme und Forderungen erlebt auch das Flugblatt eine Erneuerung. Bleibendes Interesse finden je loch die politisch-sozialkritischen Kampf-schriften aller Art heute nur dann, wenn sie von namhaften Literaten stammen. Im allgemeinen — sieht man ab von schnell geschriebenen Flugblättern — stehen die Kampfschriften und -reden seit dem 17. Jh. durchweg auf höherem Niveau als vorher, sind gehaltvoller und bei allem Eifer ge-mäßigter. Um in Erinnerung zu rufen, durch welche Autoren u. a. die Str.-Lit. weiterge-ragen wird, muß es hier genügen, einige Namen zu nennen: Schubart, Jean Paul, Georg Weerth, Büchner, R. Wagner, Heine, Karl Kraus, Ossietzky, L. Thoma, H. Mann, Brecht, Böll, Enzensberger, Walser.

§ 6. Eine achtbare Gruppe von Schm./ Str.n werden als L i t e r a t u r f e h d e n zusammengefaßt. Nicht nur das einheitliche Thema berechtigt zu dieser Sonderstellung; sie ist auch durch ihre eigene Wirkkraft be-gründet. Diese auf breiter Front ausgetrage-nen Streitigkeiten zwischen verschiedenen literar. Auffassungen und Schulen, teils sach-lich bemüht, teils grob schmähend, immer voll Leidenschaft und Engagement, waren nie volkstümlich, nie von allgemeinem In-teresse, stets nur einer dünnen literar. inter-ssierten Schicht vorbehalten. Auch sie wer-den beliebt in Zeiten des Umbruchs — wird doch auch Kunst und Lit. in den Wandel einbezogen und kann sogar bahnbrechend wirken. Hier wird das lit. Werk Einzelner angegriffen, ebenso auch Persönlichkeiten der Lit. und pauschal ganze literar. Rich-ungen. Auch das beruht auf alter Tradition: man denke in mhd. Zeit etwa an N e i d -a r t s Spott gegen den Minnesang, spä-ter z. B. an die Kritik Chr. W e r n i c k e s im Schwulst-Stil des Hochbarock; die Klassi-ker rechnen in den *Xenien* mit ihren lit. Gegnern ab.

Ganze Gruppen bildeten sich um Schmä-ende wie Geschmähte, wodurch jede ein-elne Schrift oft eine Reihe von Gegen-schriften hervorrief, mit ihrerseits erneuter lut von Entgegnungen. Aus der Vielzahl ch befehdender Kreise seien nur die um ie Kontrahenten Johann Christoph G o t t -c h e d und Johann Jacob B o d m e r und ie um L e s s i n g und seinen Gegner l o t z (einen vielgerühmten Kritiker seiner eit, dessen Satiren Herder nahe an die des Ioraz rückte). Während dieser Kreis gern ie Briefform zu scharfer Polemik nutzte,

wurde damals auch der Zeitschriften-Artikel verwendet. So gründete z. B. ein Gottsched-Verehrer, J. J. S c h w a b e , mit andern die Monatsschrift *Belustigungen des Verstandes und des Witzes* (bis Juni 1745 ersch.), die vielen Angriffen seines Kreises gegen Bod-mer als Plattform diente. — Bemerkenswert hier, daß in der Lit.fehde nicht ausschließ-lich vor breitem Publikum gekämpft wurde. So schreibt z. B. Klotz ein l a t. *Geschlechts-register der Kritiker*, in dem er seine Feinde einer Verbindung der Göttin des Streits und der Schmähsucht, Eris mit dem Gott Coitus, entstammen läßt.

Mit welcher Heftigkeit solche Lit.fehden ge-führt werden konnten, zeigt die Schrift *Comoe-dia Divina* (1808), als deren Verf. der Heidel-berger Prof. Alois Wilhelm Schreiber gilt (1763-1841). Die Heidelberger Romantiker Savigny, Görres, Arnim, Brentano bemühten sich für Tieck um die Professur für Ästhetik, die dann aber Schreiber zufiel. Der Kreis um Arnim und der um Voss, dem Schreiber angehörte, be-fehdeten sich nun erbittert, und die Presse stimmte mit ein. Die *Comoedia* fand im *Cottaschen Morgenblatt*, das auch die Roman-tiker befehdete, wie in der *Jenaischen Litera-turzeitung*, die die Romantik generell „Unfug" nannte, begeisterte Rezensenten. Natürlich mischten sich in die Lit.fehden auch politische Ziele kräftig ein. So wurde z. B. heftig gegen die Mainzer Klubisten angegangen, die Mainz und das gesamte linksrheinische Gebiet an Frankreich abtreten wollten.

Das Stilmittel der Parodie ist in den Lit.fehden besonders beliebt. Persifliert werden Einrichtungen wie die Leipziger Messe, die Vielschreiberei mancher Autoren und Pseudowissenschaftliches. Merkur und Jupiter werden gelegentlich bemüht, Chöre eingebaut, auch Dramen werden geschrie-ben (Platen), wie gerade hier die breite Fülle lit. Ausdrucksformen genutzt wird, wie Chor der Zeitungsschreiber, der Jour-nalisten u. a. Wurden in früheren Zeiten in den gegen Geistlichkeit und Papst gerichte-ten Parodien Bibelsprüche parodiert, sind es nun Ausschnitte aus den Werken der Ge-schmähten. Auch mit geschickt verwendeten Zitaten wird polemisiert. So schreibt z. B. Kotzebue in seinem gegen die Gebrüder Schlegel gerichteten „drastischen Drama" oder „philosophischem Lustspiel" *Der hy-perboreeische Esel oder die heutige Bildung* eine Rolle aus den Fragmenten im *Athe-näum* aus, die — mit dem 'gesunden Men-schenverstand' konfrontiert — den Kürzeren ziehen.

Aufgeführt wurden diese Stücke oft bei der Leipziger Messe, wobei es auch hier zu Verboten kommen konnte. So wurde z. B. die weitere Aufführung eines Stückes von Kotzebue, in dem er für einen von Bahrdt Geschmähten eintritt und zugleich mit den Gebr. Schlegel abrechnete, vom Bürgermeister von Leipzig verboten. A. W. Schlegel revanchierte sich. In der *Ehrenpforte* schreibt er von Kotzebue: „Im Bahrdt warst du bemüht, den niedern Haufen/ Mit Zoten und Pasquillen zu erkaufen:/ O Schand und Spott!/ Du Sansculott." Noch ein weiteres Beispiel für dramat. Form der Fehde sei genannt: die N e u b e r i n verfaßte ein allegorisch-satirisches 'Vorspiel' *Der allerkostbarste Schatz* (1741), in dem sie Gottsched in der lächerlichen Gestalt eines Tadlers auf die Bühne bringt. Zu Wirksamkeit und Folgen solcher Schriften sei vermerkt, daß Gottsched ein Aufführungsverbot vom Stadtrat erreichte, das aber nicht wirksam werden konnte, weil ein zufällig anwesender Minister dieses aufhob. Ein ehemaliger Schüler Gottscheds, Joh. Chr. Rost (1717—1765) griff den 'Stoff' auf, machte die „Dichtung" *Das Vorspiel* (1742) daraus, das, zwar konfisziert, dennoch eifrig nachgedruckt wurde. — Die Lit.fehde tritt auch in der Form von Spottversen und -liedern auf, auch in parod. marterlähnlichen Grabinschriften. — Sodann wird die Bänkelsangparodie versucht, die stärker erst später beliebt wird: gegen Goethes *Werther* gibt es ein solches Lied (mit Melodienangabe): *Eine entsätzliche Mordgeschichte von dem jungen Werther.* Verf. ist Heinrich Gottfried von Bretschneider (1739—1810, Universitätsbibliothekar in Lemberg). Und formähnlich von einem unbek. Verf.: *Leben und geringe Thaten von Werther dem Sekretär, Einem gutmüthig-grausigen Liebhaber,/ Der sich ohne Ursach viel Ruhm erwarb/ Doch endlich durch einen Pistolenschuß starb/. Eine Historie, traurig und wein/erlich in modischen Verselein./ Geschrieben und leider auch gedruckt in Leipzig, da man zählte 1779.*

Die Literaturfehden gehen weiter, man denke an die Angriffe Platens, Immermanns, Heines gegeneinander. Nach Fontane finden sie in Karl Kraus ihren geistigen Höhepunkt im 20. Jh.

§ 7. Hier ist, wie so oft, die Rolle der wechselseitigen Stützung und Beeinflussung zwischen Lit. und bildender Kunst (s. d.) wenigstens zu streifen. Zur Blütezeit der Schm.n kommt auch der Buchillustration hohe Bedeutung zu. Sie wird auch hier literar. gezielt eingesetzt, die Wirkung des Wortes vertiefend. Die beigegebenen Holzschnitte sollen durch ihre einprägsame Bildkraft die agitatorische Wirksamkeit der Texte steigern. Sie sind zugleich frühe Formen der Karikatur (man denke an die Lutherkarikaturen). Die politische Karikatur verstärkte sich z. Z. des Niedergangs Napoleons, am eindrucksvollsten in England (mit und ohne „Sprechblasen"). Das polit. Witzblatt — mit seiner Blütezeit im späten 19. und frühen 20. Jh. — und heute verbreitete „graphische Opposition" haben ihre Vorgeschichte im 16. Jh.; in ihren Anfängen kann man daher von 'Schmähbildern' sprechen.

§ 8. Wirkungen wie Wirksamkeit von Schm./Str. sind, von Zeit zu Zeit wie von Autor zu Autor wechselnd, vielfältig und verschiedenartig. Manches wurde verhindert, geändert, auch manche Existenz vernichtet: ein lohnendes Feld für Historiker, Soziologen wie Politologen. — Aus dieser Wirksamkeit ergaben sich zwangsläufig die Verbote, die diese 'Gattung' durch die Jh.e begleiten. Auch die Frage nach der Berechtigung der Schm./Str. wird natürlich immer wieder aufgeworfen, wobei sie sehr oft verneint wird. Aus der Fülle derartiger Zeugnisse z. B. Kaspar S t i e l e r (*Zeitungs Lust und Nutz*, 1695): in seinen Ausführungen, wann Zeitungen mit Strafen belegt werden sollten, geht er von der für ihn ganz selbstverständlichen Strafbarkeit der Pasquille aus, wenn er sagt, sie seien es dann wenn sie „anders nicht als Paßqvillen seyn" wobei dann die Strafe „nach Gelegenheit der Sache / auch auf Leib und Leben / ja wann es eine Majestät-Verletzung wäre zugleich auf Verlust der Haabe und Güter erweitert werden kan . . .", und das auch dann, wenn „sich alles also / wie in dem Pasquill enthalten / in der That finden würde" (Neudr. hg. v. Gert Hagelweide 1969, Samml. Dieterich 324, S. 167). — Carl Friedr. F l ö g e l widmet „der zuläßigkeit und Unzuläßigkeit der Satiren und Schmähschriften" ein ganzes Kapitel in seiner *Geschichte der komischen Litteratur* (Bd. 1784), wo er mehrere Gewährsmänner für seinen Standpunkt anführt, daß Pasquill und Schm. „Niemanden bessern, sondern nur Verbitterung erregen", auch „Wut und Raserey erzeugen". Sie seien daher in einem „wohlgeordneten Staate" unzulässig, ganz besonders dann, wenn sie gegen „vornehme Männer im Staat gerichtet sind", weil die Schreiber nur die „äußerliche Seite" sehen könnten, aber über die „geheimen Triebfeder" nicht unterrichtet wären. — Entsprechend ist der

Einstellung gegen die Autoren solcher Schriften, die naturgemäß zum Subjektiven in der Lit.gesch. gehören. So wurde Chr. L. L i s c o w (1701—1769) z. B. von Flögel als „deutscher Swift" bezeichnet, während er sich bei Ebeling „am schmutzigen Boden persönlicher Anzüglichkeiten und Rudeleien" „wälzt" (I, 54). Der schon erwähnte C. F. B a h r d t wird in Lit.geschichten und der *Allgemeinen Deutschen Biographie* noch ein Jahrhundert später so angegriffen wie zu seiner Zeit. Franz Blei nennt den Streit um ihn eines der „läppischsten Kapitel der an unverständlichen Albernheiten so reichen deutschen Gelehrtengeschichte". Ebeling geht so weit, auch G o e t h e und S c h i l l e r „Sudelköche" zu nennen, in den *Xenien* ein „Ungewitter" zu sehen, welches das „Bollwerk der deutschen Schriftstellerwelt, die verehrende Hingebung des Publikums" „zertrümmerte" (I, 572).

Ein gründliches, abschließendes Studium der Schm./Str.n stößt auf die Dauer der Hauptblüte insofern auf Schwierigkeiten, als das umfangreiche Material in vielen Bibliotheken verstreut liegt. Das gilt nicht minder für die neuere Zeit bis zur Gegenwart, durch Vielfalt und Umfang des Materials, für das weithin zeitgenössische Sammlungen fehlen. Erst neuerdings hat man mit der lohnenden Aufgabe begonnen, über ihre Zeit hinauswirkende Str.n neu zu sammeln, soweit sie Autoren von Rang zum Verf. haben: so etwa ausgewählte Arbeiten von Hutten, Erasmus, Lessing, Hauff, Börne, Gutzkow, Engels, Lasalle u. a. unter dem Titel *Mit eingelegter Lanze* (hg. v. G. C w o j d r a k, 1968). Umfassender die Sammlung *Deutsche beschimpfen Deutsche. Vierhundert Jahre Schelt- und Schmähreden* (hg. v. J. M o e l l e r, 1959), worin freiheitlich gesinnte Autoren verschiedenster Denkart und Sprachgewalt wie Seb. Franck, Wieland, Forster, Schubart, Möser, Herder, Schiller, Goethe, Brentano, Fichte, Hegel, Arndt, Büchner, Börne, Görres, Marx, Wagner, Nietzsche, Thoma, Ossietzky, Brecht, Böll u. a. gegen obrigkeitliche Willkür, Kleinstaaterei, politische Reaktion und Stagnation ankämpfen. Eine imponierende Phalanx deutscher Selbstkritik mit jahrhundertealter Tradition vom 16. Jh. bis zur Gegenwart, worin dem kritischen Leser anhand beispielhafter Schelt- und Schmähreden plastische Einblicke in die verworrene dt. Geschichte der Neuzeit geboten werden. — Bemerkenswert auch ein neuer Beitrag von schriftstellerischer Seite: die literar. Bearbeitung einer bekannten Schmähschrift des Daniel Defoe durch Stefan H e y m *Die Schmähschrift* (1970). H. schildert anschaulich und historisch getreu die politisch-gesellschaftliche Wirkung dieser

Str., wobei er die Zustände der damaligen Zeit mit ähnlichen von heute vergleicht.

Die Schm./Str.n waren zu allen Zeiten überwiegend Tagesliteratur in umfassender Sicht. Um so erstaunlicher, daß noch immer so wenig getan wurde zur Erforschung dieser Gattung nach ihrer soziologischen, politischen, kulturellen wie literar. Bedeutung und Wirkkraft. Einen bemerkenswerten Anfang nach dieser Richtung hat jetzt J. S c h u t t e in seiner Untersuchung *Schympff red* (1973) gemacht. Anhand e i n e r Schrift, des *Großen Lutherischen Narren* Thomas Murners, umreißt er die gesellschaftlichen Zustände der Zeit, die solche Satiren hervorbringen, faßt also Schm. als Ausdruck politisch-agitatorischer Sozialkritik, zugleich als Wirkmittel zur Massenbeeinflussung, wie sie gerade die Flugschriften der Reformationsepoche betreiben. Vor allem stellt er auch als tragende Basis der Gattung die Disqualifizierung des Gegners heraus, die der Schmähende selbstherrlich ohne jede sachliche Argumentation durchpeitscht. Weiterhin zeigt er richtig auf, wie klar schon damals Merkmale modernen propagandistischen Stils zu erkennen sind.

Abschließend sei noch auf das Buch Bernd B a l z e r, *Bürgerliche Reformationspropaganda* (1973) verwiesen. B., der die Flugschriften des Hans Sachs untersucht, versucht „Zielgruppe", „konkrete Intentionen" zu bestimmen, sucht die „imagebeeinflussenden Faktoren". Er findet Elemente, die auch für die Wirkung heutiger Massenmedien noch gelten; aus einer Schrift von E. Noelle-Neumann zitiert er: „die Massenkommunikationsmittel (haben) einen um so größeren Einfluß auf das Denken und das Verhalten der Menschen, je mehr der gebotene Stoff. . . auf die Praxis des Alltagslebens bezogen ist" (S. 67/68). Wie sehr hier beim Gesamtkomplex Einzeluntersuchungen nötig sind, macht auch er klar, wenn er sagt: „Im einzelnen wird man Zielgruppe und konkrete Intentionen der verschiedenen Flugschriften nur anhand der jeweiligen lokalen, politischen und sozialen Verhältnisse von Verfasser und Entstehungsort bestimmen können" (S. 33).

Überblickt man mit kritischem Blick das weite bunte Feld der Schm.Str., so muß man, gerecht urteilend, feststellen, daß das dt. Sprichwort „Wer schimpft hat unrecht" in seiner Einseitigkeit nicht zutrifft, auf keinen Fall der Gesamtbedeutung der Kampfliteratur gerecht wird.

Aus Raumgründen können hier nur Sammel-Ausgaben und Sekundärlit. angegeben werden. — Johannes V o i g t, *Über Pasquille, Spottlieder u. Schmähschriften aus d. ersten Hälfte d. 16. Jh.s.* Histor. Taschenbuch, hg. v. Friedr. v. Raumer 9 (1838) S. 321 ff. Oskar S c h a d e, *Satiren u. Pasquille aus d. Reformationszeit.* 2. Ausg. 3 Bde (1863). *Die Katholischen Kanzelredner Deutschlands seit den drei letzten Jahrhunderten,* hg. v. Johann Nepomuk B r i s c h a r. Bd. 1. *Die Kanzelreden des 16. Jh.s* (1867). Karl H a g e n, *Deutschlands literar. u. religiöse Verhältnisse im Reformationszeitalter.* Bd. 2 (2.. Aufl. 1868) S. 176 ff. Friedr. Wilh. E b e -

l i n g , *Gesch. d. Komischen Lit. in Deutschland während der 2. Hälfte d. 18. Jh.s.* 3 Bde (1869). August B a u r , *Deutschland in den Jahren 1517-1525. Betrachtet im Lichte gleichzeitiger anonymer u. pseudonymer dt. Volksu. Flugschriften* (1872). G o e d e k e , Bd. 2 (2. Aufl. 1886) S. 213 ff., 485 ff. Waldemar K a w e r a u , *Thomas Murner u. d. dt. Reformation* (1891; Schr.VerReformgesch. 32). Ders., *Hans Sachs u. d. Reformation* (1889; Schr.VerReformgesch. 26). Ludwig E n d e r s , *Luther u. Emser. Ihre Streitschriften aus dem Jahre 1521* (1892; NDL 83/84. 96/98). Ders., *Aus dem Kampf d. Schwärmer gegen Luther* (1893; NDL 118). G. H e i n e , *Reformatorische Flugschr.-lit. als Spiegel der Zeit.* Dt. ev. Blätter 21 (1896) S. 441—461. Franz B l e i (Hg.), *Dt. Literaturpasquille.* Bd. 1-4 (1907). Wilh. N i c k e l , *Sirventes u. Spruchdichtung* (1907; Pal. 63). Siegfried W e r n i c k e , *Die Prosadialoge d. Hans Sachs.* Diss. Berlin 1913. K. S c h o t t e n l o h e r , *Beschlagnahmte Druckschriften aus d. Frühzeit d. Reformation.* ZfBüchfr. NF. 8 (1916/17) II, S. 305—321. J. W e r n e r , *Eigenart u. Wirkung d. Flugschr. im Reformationszeitalter.* Akad. Blätter 35 (1921) S. 219 f. W. P f e i f f e r - B e l l i , *Antiromant. Zeitschriften u. Pasquille.* Euph. 26 (1925) S. 602-630. Hans B e c k e r , *Die Flugschr. der Ref.zeit.* Theolog. Studien u. Kritiken 98/99 (1926) S. 281—285. Joachim S t o r o s t , *Ursprung u. Entwicklung d. altprov. Sirventes* (1931; Romanist. Arb. 17). Arnold E. B e r g e r , *Die Sturmtruppen d. Reformation* (1931; Dt. Lit., Reihe: Reformation 2). Ders., *Satirische Feldzüge wider die Reformation* (1933; Dt. Lit., Reihe: Reformation 3). Alfred J e a n r o y , *La poésie lyrique des troubadours.* Bd. 2 (Paris, Toulouse 1934). Alexander C e n t g r a f , *Martin Luther als Publizist* (1940; Zeitung u. Zeit. NF. A, 14). Ernst W i n k l e r , *Das altprov. Sirventes.* AbhAkBln 1941, 2. Ingeborg P r a s c h i n g e r , *Beitr. zur Flugschr.-lit. d. Ref. u. Gegenref. in Wien* (Masch.). Diss. Wien, 1950. Alfred G ö t z e u. Ludwig Erich S c h m i d t (Hg.), *Aus dem sozialen u. politischen Kampf. Die 12 Artikel der Bauern 1525* (1953; NDL. 322). Rudolf Max K u l l i , *Die Ständesatire in d. dt. geistl. Schauspielen d. ausgehenden MA.s* (1966; Basler Studien z. dt. Spr. u. Lit. 31). Jürgen M o e l l e r (Hg.), *Deutsche beschimpfen Deutsche. 400 Jahre Schelt- und Schmähreden* (1968). Günther C w o j d r a k (Hg.), *Mit eingelegter Lanze. Literar. Streitschriften von Hutten bis Mehring* (Leipzig 1968; Universal-Bibl. 383). Werner L e n k , *Die Reformation im zeitgenöss. Dialog* (1968; Dt. Bibliothek, Studienausg. 1). Ingeborg S p r i e w a l d , *Die Prosadialoge von Hans Sachs* (1970). Jürgen S c h u t t e , *„Schympff Red" - Frühformen bürgerlicher Agitation in Thomas Murners 'Großem Lutherischen Narren'* (1522) (1973; Germanist. Abhandlungen 41). Bernd B a l z e r , *Bürgerliche Reformationspropaganda. Flugschriften des Hans Sachs in den Jahren 1523-1525* (1973; Germanist. Abhandlungen 42). *Volkserzählung u. Reformation. Ein Handbuch zur Tradierung u. Funktion von Erzählstoffen u. Erzählliteratur im Protestantismus.* Hg. v. Wolfgang B r ü c k n e r (1974), bes. die Kap. *Kaspar Goldwurm* v. Bernward D e n e k e , S. 124 bis 177; *Hieronymus Rauscher und die pro test.-kath. Legendenpolemik* von Rudolf S c h e n d a , S. 178—259; *Luther als Gestalt der Sage* v. Wolfgang B r ü c k n e r , S 260—278.

Gustav Bebermeyer

Schwäbischer Dichterkreis

§ 1. Der herkömmliche B e g r i f f „Schwäbischer Dichterkreis" ist in einem mehrfachen Sinn ungenau. Die Dichter, die man dazu rechnet, waren nicht einfach Schwaben verschiedenster Herkunft, sondern sie stammten nahezu ausschließlich aus Altwürttemberg. Zudem gab es verschiedene Dichterkreise, die unterschiedlichen Generationen angehörten. Sie standen zwar alle zum Kreis um U h l a n d , K e r n e r , M a y e r und S c h w a b , dem S.D. im engeren Sinne, in Beziehung, lassen sich aber mit diesem nicht einfach unter einem Oberbegriff zusammenfassen. — Die sonstigen in der Literaturgeschichte üblichen Bezeichnungen sind mindestens ebenso unbefriedigend. Den früher vorherrschenden und auch jetzt noch gelegentlich anzutreffenden Namen „Schwäbische Schule" wird man nicht nur deswegen kaum mehr gebrauchen, weil die heutige Literaturgeschichtsschreibung ganz allgemein die Einteilung in Schulen in den seltensten Fällen als wirklich angemessen betrachtet, sondern vor allem auch, weil die württ. Dichter den offenbar außerhalb Schwabens geprägten Begriff von sich wiesen und auf die Eigenart der einzelnen Persönlichkeiten pochten. Das zwingt uns auch, diese einzeln zu würdigen. Uhland liebte es nicht, wenn man von einer schwäb. Schule sprach; Kerner wandte sich in zwei Gedichten dagegen (*Die schwäbischen Sänger*, 1835; *Die schwäbische Dichterschule*, 1839) und wollte als Gemeinsamkeit nur die Verbundenheit mit der Natur der heimatlichen Landschaft anerkennen. Eine Schule, die einer einheitlichen Richtung folgte, gleichartige Themen wählte und einen allgemein verbindlichen Stil entwickelte, bildeten allenfalls die zahllosen, oft dilettantischen Nachahmer, die in der Folge Württemberg mit Versen überschwemmten. Immerhin muß man zugeben, daß sich im S.D. mit der Zeit ein starkes Gruppenbewußtsein ausbildete, das am deutlichsten in der Fehde mit den Jungdeutschen in Erscheinung trat; dieses Gruppenbewußtsein hatte seine Wurzeln in gemeinsamen geistigen Voraussetzungen, in den mannigfaltigen Freundschafts- und Verwandtschaftsbeziehungen, in der literar. Betriebsamkeit Schwabs, aber auch in dem starken Selbstbewußtsein der schwäb. Sänger, die mit Uhland den nach Goethe und Schiller berühmtesten Dichter der Zeit zu den Ihrigen zählten. Uhland hat, vor allem als Balladendichter, ohne Absicht Schule gemacht — allerdings auch außerhalb Schwabens. Schule machte insbesondere auch jene am deutlichsten von Mayer vertretene Art des Dichtens, die im bescheidensten Gegenstand der Natur ein poetisches Motiv sah und im Stil äußerst anspruchslos war. Daraus erklärt es sich auch, daß schließlich die Zusammenfassung unter dem Begriff „Die schwäbische Schule" nicht mehr Anstoß erregte, als Friedrich N o t - t e r 1842 einen Aufsatz unter diesem Titel veröffentlichte und einen zusammenfassenden Überblick über das dichterische Schaffen seiner württ. Freunde und Landsleute gab. Ganz unscheinbar rückte Notter darin allerdings auch schon von der schulmäßig gewordenen Beschränktheit dieser Dichtung ab und hob das darüber hinausragende Genie Mörikes hervor. — Die auch in neuester Zeit noch oft verwendete Bezeichnung „Schwäbische Romantik" erweist sich stil- und geistesgeschichtlich als einseitig und irreführend; sie ist nicht zuletzt deswegen fragwürdig, weil in dem Augenblick, wo der S.D. in die Breite zu wirken begann, biedermeierliche Züge bei weitem vorherrschten. Eindeutig romantisch war das Werk der meisten bedeutenden Dichter des Kreises nur in den Anfängen, abgesehen von Kerner, der am längsten und stärksten der Romantik verbunden blieb.

§ 2. Um die Entstehung, die Eigenart und die Entwicklung des S.D.s richtig zu beurteilen, muß man sich die besonderen h i - s t o r i s c h e n und s o z i o l o g i s c h e n V o r a u s s e t z u n g e n , die im Herzogtum und späteren Königreich Württemberg bestanden, bewußt machen. Diese — und nicht in erster Linie ein eigentümlicher schwäb. Stammescharakter, wie man allzu lange geglaubt hat — prägten den S.D. und seinen geistigen Horizont in entscheidender Weise. Nahezu alle, die ihm angehörten, stammten aus der bürgerlichen Honoratiorenschicht, der „Ehrbarkeit" Altwürttembergs. Diese war die Hüterin der landständischen Verfassung und stand den aristokratischen und kunstliebenden Kreisen des Hofes mißtrauisch, ja feindlich gegenüber. Bis über die Mitte des 18. Jh.s hinaus vom oft engherzigen Protestantismus der Landeskirche geprägt, vertrat die bürgerliche Oberschicht gegenüber den leichtfertigen, verschwenderischen und prunkfreudigen Herzögen einen Geist der Rechtschaffenheit, Biederkeit und Beschränkung, der lange Zeit keinen günstigen Nährboden für die Entfaltung eines literar. und künstlerischen Lebens bot. Auch der in Württemberg besonders stark entwickelte Pietismus war der Entwicklung einer weltlichen Dichtung nicht förderlich. Kennzeichen der Literaturgeschichte war daher vor allem eine im Vergleich mit andern dt. Ländern verspätete Aufklärung, ja eine Verspätung im geistigen Leben überhaupt. Ferner fällt auf, daß gerade die hervorragendsten württ. Dichter und Philosophen, allen voran Schiller, aus dem Lande flohen oder auswanderten. Im Unterschied zur benachbarten Kurpfalz gab es keine Bemühungen um ein dt. Nationaltheater; Stuttgart erhielt erst sehr spät eine Schauspielbühne. Nicht zuletzt damit dürfte es zusammenhängen, daß die dramatische Dichtkunst im S.D. nie recht gedeihen wollte. Die Verspätung im literar. Leben hatte ferner zur Folge, daß die für die Biedermeierzeit kennzeichnende Wiederanknüpfung an die aufklärerische, klassizistische und empfindsame Tradition des 18. Jh.s sich in Württemberg gleichsam von selber ergab. Aus den erwähnten Voraussetzungen erklärt es sich auch, daß die schwäb. Romantiker ihre bürgerliche Herkunft kaum je verleugnen wollten und ihr Dichtertum durchaus mit dem bürgerlichen Beruf, mit der praktischen Politik und oft auch mit wissenschaftlicher Arbeit zu verbinden wußten. Der geistige Partikularismus verhinderte im übrigen in Württemberg lange Zeit eine angemessene Aufnahme der Weimarer Klassik und die Entwicklung von Maßstäben für literar. Rang und geistige Größe. Eine gewisse Einheitlichkeit verdankte das geistige Leben in Württemberg jenem Schulsystem, das Herzog Christoph und die Landeskirche um die Mitte des 16. Jh.s geschaffen hatten und das mit den über das ganze Land verstreuten Lateinschulen, dem Landexamen, den sogenannten Klosterschulen und dem Tübinger Stift die Erfassung begabter Schüler und einen einheitlichen Werdegang gewährleistete. In einem deutlichen Gegensatz dazu stand die von Herzog Karl Eugen gegründete Karlsschule; nicht zuletzt ihrer Wirkung war es zu verdanken, daß sich gegen Ende des 18. und zu Beginn des 19. Jh.s im württ. Bürgertum ein regerer Sinn für Kunst und Literatur entwickelte und daß in Stuttgart literar. Kreise, Buchverlage und bedeutende Zeitungsunternehmen entstehen konnten. — Die besonderen kultursoziologischen Voraussetzungen des S.D.s waren demnach nicht einfach in der allgemeinen, ökonomisch bedingten Geschichte des dt. Bürgertums begründet, sondern sie ergaben sich in erster Linie aus den besonderen politischen, kirchlichen und schulpolitischen Verhältnissen, die Altwürttemberg seit der Reformationszeit prägten.

§ 3. Der S.D. bildet sich zwar eindeutig im Zeichen der Romantik und empfing wichtige Anregungen von der Frühromantik, von Jean Paul und von der Heidelberger Romantik, mit der er sich eng verbunden fühlte. Doch hatte er seine durchaus eigenständige V o r g e s c h i c h t e , in der die schwäb. Vorromantik von besonderer Bedeutung war. Als sich im ausgehenden 18. Jh. allmählich ein literar. Leben zu entfalten begann, bestimmten verschiedene Richtungen die heimische Dichtung: Vernunftgläubige und tugendstolze Aufklärung, Pietismus, Empfindsamkeit, Sturm und Drang (vor allem in der Nachfolge Schubarts) und Klassizismus entwickelten sich nebeneinander, waren oft auch im Werke eines Dichters vereint. Heftige literar. Auseinandersetzung fehlten in dieser eklektischen Situation. Nicht das Werk der drei großen schwäb. Dichter — Wieland, Schiller und Hölderlin — beherrschte die literar. Mode, sondern die Lyrik, die im *Schwäbischen Musenalmanach* (zeitweise auch *Schwäbische Blumenlese* genannt) gesammelt wurde. Herausgeber war Gotthold Friedrich S t ä u d l i n , der zu Uhlands

Verwandtschaft gehörte und erstmals in Württemberg einen Kreis von Dichtern um sich sammelte. Die Vorbilder von Stäudlins Dichtung — die Anakreontiker, Klopstock, Schubart, Bürger und Hölty — wurden auch die Vorbilder der jüngeren Dichter seines Kreises. Der Ton empfindsamer Wehmut war unter ihnen vorherrschend. Matthisson tat es denn auch den württ. Dichtern besonders an, längst bevor er sich in ihrem Lande niederließ. Auch die Gedichte des S.D.s wurden anfänglich noch ganz durch diesen Ton bestimmt; er verstummte in ihm überhaupt nie ganz und trat in einem späten Abschnitt seiner Geschichte wieder besonders auffällig hervor. — Vorromantisch waren viele Dichter, die sich um den *Schwäbischen Musenalmanach* sammelten, vor allem in der sentimentalen Verklärung einer ganz verschwommen und weitgehend ungeschichtlich aufgefaßten Vorzeit. Schärfere Umrisse nahm diese Vorzeit an, wenn sich die Dichter aus württ. Patriotismus, der sich bald zu einem gesamtschwäb. Stammesstolz erweiterte, dem „schwäbischen Zeitalter", d. h. der Zeit der Staufer zuwandten oder Stoffe aus der volkstümlichen Überlieferung aufgriffen. Anregungen durch Klopstock und Herder, mehr aber noch durch Bodmer und den Elsässer Jeremias Jakob Oberlin, dazu das Bewußtsein, daß Schwaben einst ein politischer und kultureller Mittelpunkt des mal. Reiches gewesen war, führten sehr früh zur dichterischen und gelehrten Beschäftigung mit der altdt. und germ. Zeit. Beides sollte im S.D. nachhaltig weiterwirken, so wie auch die in der schwäb. Dichtung bis weit ins 19. Jh. hinein obligate Hohenstaufen-Thematik als Erbe des Kreises um Stäudlin übernommen wurde. Friedrich David G r ä t e r gründete 1791 die Zeitschrift *Bragur.* die erste dt. Zeitschrift, die sich ausschließlich mit germ. Philologie beschäftigte; Gräter beeinflußte später mit seinen weitgespannten germanistischen Arbeiten unmittelbar die schwäb. Romantik. Ähnliche Interessen verfolgten zwei andere Gelehrte, die von Haus aus wie Gräter Altphilologen waren: David Christoph S e y b o l d und Karl Philipp C o n z . Beide waren an der Artistenfakultät in Tübingen Lehrer der angehenden schwäb. Romantiker, insbesondere Uhlands, und vermittelten ihnen das Erbe der Vorromantik. Es gehört zu den Besonderheiten des literar. Lebens in Württemberg, daß Conz, der Bewunderer und Nachahmer der Griechen, als Dichter einerseits einem klassizistischen Geschmack huldigte, andererseits aber auch ein Drama *Konradin von Schwaben* schrieb und in seinen Balladen schwäb. Orts- und Gründungssagen sowie Motive aus dem Volksglauben verwendete, womit er in unmittelbarer Nähe des Kreises um Uhland und Kerner stand.

§ 4. Der S.D. im engeren Sinne ging aus einem T ü b i n g e r   S t u d e n t e n k r e i s hervor, der sich seit etwa 1803 um Ludwig U h l a n d bildete und dessen geselliger Mittelpunkt bald Justinus K e r n e r wurde. Nicht Angehörige des Stifts, sondern Stipendiaten, die gemeinsam im „Neuen Bau" wohnten, bestimmten den Kreis — nicht Theologen also, sondern Juristen wie Uhland und Karl M a y e r und Mediziner wie Kerner und Heinrich K ö s t l i n. Sie beschäftigten sich mit der Literatur der Vergangenheit und der Gegenwart, bald vor allem mit den Schriften der Romantiker, mit den Volksliedern des *Wunderhorns* und mit altdt. Dichtung. Sie dichteten aber auch selber und sammelten Volkslieder und Sagen. Uhland und Kerner veröffentlichten ihre ersten Gedichte in Leo von Seckendorffs *Musenalmanach auf das Jahr 1807*. Ein etwas älterer Förderer des Dichterkreises, der Privatdozent Friedrich K ö l l e, hatte die Bekanntschaft mit Seckendorff vermittelt und damit den Tübinger Dichtern den Weg zum Publikum gebahnt. Kölle, ein Vetter Wilhelm Hauffs, spielte später im literar. Leben Württembergs keine hervorragende Rolle, befreundete sich aber mit Johann Peter Hebel und wurde der im *Schatzkästlein* öfters erwähnte „Adjunkt des Hausfreundes". Seit 1806 als württ. Diplomat in Paris, machte er Uhland auf die Schätze der dortigen Bibliotheken aufmerksam. Kölle arbeitete am *Sonntagsblatt für gebildete Stände* mit, das 1807 zu einer Art Manifest der Tübinger Romantik wurde. Diese Zeitung, die allerdings nur handschriftlich aufgelegt wurde und es nur auf acht Nummern brachte, war in manchem mit der *Zeitung für Einsiedler* verwandt, die ein Jahr später in Heidelberg erschien und zu der Kerner und Uhland Beiträge sandten. Kerner hatte den Einfall gehabt,

mit dem *Sonntagsblatt* dem von Johann Friedrich Cotta gegründeten *Morgenblatt für gebildete Stände* entgegenzutreten und dessen Schriftleiter Weißer als „Plattisten" zu bekämpfen. Das *Morgenblatt* — bald einmal die bedeutendste literar. Zeitung Süddeutschlands, ja zeitweise ganz Deutschlands — stellte sich am Anfang, unter der Redaktion Friedrich Haugs und Friedrich Weißers, ganz in den Dienst des schwäb. Klassizismus und jener verspäteten Anakreontik und Aufklärung, die nun zum Hauptangriffsziel der Tübinger Romantik wurde. Doch nur kurze Zeit danach sollte das *Morgenblatt* durchaus auch zum Organ des S.D.s und Cotta dessen wichtigster Verleger werden. Später leiteten sogar lange Zeit Angehörige dieses Kreises die Zeitung, nämlich die Brüder Hauff, Gustav Schwab und Gustav Pfizer. — Nachdem sich der Tübinger Studentenkreis zu Beginn des Jahres 1809 aufgelöst hatte, vereinigten Kerner und Uhland die Freunde noch einmal im Zeichen der schwäb. Romantik zu gemeinsamen Kundgebungen, nämlich zum *Poetischen Almanach für das Jahr 1812* und zum *Deutschen Dichterwald* von 1813. Bereits sammelten sich jüngere württ. Dichter, vor allem Gustav S c h w a b, um die Tübinger Romantiker, und zugleich wurden Verbindungen zu Gleichgesinnten in Norddeutschland hergestellt. Heinrich K ö s t l i n (1787-1859) nahm in den Almanachen Abschied von der Dichtkunst. Er stammte aus einer pietistischen Theologenfamilie und war der romantischste unter den Tübinger Dichtern. Als einziger aus ihrem Kreise war er mit der Philosophie, vor allem mit der Naturphilosophie seines späteren Freundes Schelling, gründlich vertraut. Seinen Pantheismus und gelegentliche nihilistische Anfechtungen überwand er in der Folge, indem er sich zu einem strengen Christentum bekehrte. Sein schwermütiges Zeitbewußtsein, die daraus hervorgehende Resignation und die Bekehrung waren Zeichen des Übergangs zu spätromantischer Geisteshaltung. Sein nüchternes und schulgerechtes Verhalten im ärztlichen Beruf (das im Gegensatz zu demjenigen Kerners stand) und die sorgfältige bürgerliche Erziehung, mit der er seinen Kindern ein strenges Arbeitsethos beibrachte und das Wuchern der Phantasie unterdrückte, waren schließlich

Ausdruck bewußter Beschränkung, wie sie für die Zeit des Biedermeiers kennzeichnend wurde.

§ 5. Ludwig U h l a n d (1787-1862) — Sohn des Tübinger Universitätssekretärs, Lateinschüler und Student der Rechte in Tübingen, Advokat, Landtagsabgeordneter, Professor und Privatgelehrter — war der bedeutendste Dichter im S.D., und sein Werk hat für diesen paradigmatische Bedeutung. Mehr als seine Freunde wandte er sich der Dichtung der Vorzeit zu, die er fortan auf dichterischem wie auf wissenschaftlichem Wege wiederzubeleben versuchte. Angeregt durch die schwäb. Vorromantik, durch die triviale Ritterdichtung der Wächter, Cramer, Spieß und Vulpius, durch Herder, Ossian, den dän. Chronisten Saxo Grammaticus, durch Tiecks *Minnelieder* und seit 1806 vor allem durch das *Wunderhorn* — „stumpf für die Gegenwart, von des Altertums Schriften begeistert" — schuf er eigene Lieder und Balladen im Volkston, in denen er allmählich einen überzeugenden archaisierenden Stil entwickelte. War das Bild der Vorzeit vorerst ganz verschwommen, bot sie dem Dichter nur den Anlaß zu tränenseliger Gräber- und Ruinenpoesie und zur Verleugnung der trübseligen Gegenwart, so entstand doch allmählich — vor allem in den Jahren 1808-1815 — ein objektiveres Bild der Vergangenheit. Zugleich äußerte sich in der Dichtung ein freudigeres und männlicheres Lebensgefühl. In seinem Lobpreis der Tatkraft und Rüstigkeit, der Treue und des Rechts sowie in der realistischen, oft humorvollen Schilderung mal. Lebens gelangte Uhland noch einen Schritt weiter als die Jüngere Romantik. Vor allem im Zyklus *Graf Eberhard der Rauschebart* (1815) trat diese unmittelbar aus romantischen Anregungen hervorgegangene realistische Lebensauffassung zutage; sie schloß zugleich auch schon die politische Verpflichtung in der Gegenwart ein. Während seines Pariser Aufenthaltes (1810/11) lernte Uhland eine Fülle echter mal. Quellen, insbesondere auch die altfranz. Dichtung, kennen, was seinen eigenen Gedichten und seiner späteren wissenschaftlichen Arbeit zugute kam. Ganz im Sinne der Romantik versuchte er den Volksgeist zu erfassen, universales und noch unpolitisches natio-

nales Denken verbindend. Vorerst überwogen denn in seinen Balladen auch Stoffe aus der normannischen und fränkischen Sage; erst später trat die heimische Sagenüberlieferung stärker in den Vordergrund. — Seit den Befreiungskriegen trat Uhland auch als politischer Dichter hervor. Die im Zusammenhang mit dem württ. Verfassungsstreit seit 1815 entstandenen *Vaterländischen Gedichte* sind in ihrer unpathetischen, schlichten Art eine durchaus eigenständige Schöpfung des Dichters. Es gibt in der neueren dt. Lit. nur wenige politische Tendenzgedichte, die durch einen sittlichen Ernst gleichermaßen ansprechen, mag man das aus konservativem Altwürttembergtum und romantischen Anregungen entstandene, einen gewissen Starrsinn öfters nicht verleugnende freiheitlich-demokratische und nationale Bekenntnis des Dichters beurteilen, wie man will. — Der Lyriker und Balladendichter verstummte in der Zeit der politischen Auseinandersetzungen fast ganz. Hingegen gelang es Uhland, der seit langer Zeit auch um die dramatische Gattung gerungen hatte, die zwei historischen Dramen *Ernst, Herzog von Schwaben* (1818) und *Ludwig der Baier* (1819) zu vollenden. Auch sie bieten ein realistisches Bild mal. dt. Geschichte und stehen zugleich im Zusammenhang mit den politischen Fragen der Gegenwart. Ist das erstere in seinem Ethos noch überwiegend mit den Eberhardballaden verwandt, so verrät das letztere bereits deutlich jene tiefe biedermeierliche Resignation, die seit 1816 auch in der Lyrik sichtbar wurde und zur stärkeren Betonung eines Ethos der Beschränkung, der Besonnenheit und unbedingter Treue führte; die Ursache davon liegt in der politischen Enttäuschung nach 1815 und dem schmerzlich empfundenen Auseinanderklaffen von Ideal und Wirklichkeit. Zugleich bereitete *Ludwig der Baier* auf Grund der weitgehenden Quellenabhängigkeit des Dichters das nachromantische historische Drama vor. — Das biedermeierliche Lebensgefühl und eine nachsommerliche Stimmung herrschen auch in den formvollendeten Liedern und Balladen aus der dichterischen Spätblüte der Jahre 1829 und 1834 vor. Die politische Tätigkeit als Abgeordneter im württ. Landtag und die wissenschaftliche Arbeit hatten den Dichter in der Zwischenzeit fast ganz verstummen lassen. — Am Anfang von Uhlands wissenschaftlicher Arbeit stand eine romanistische Abhandlung *Über das altfranzösische Epos* (1812). In der Folge wurde er einer der Mitbegründer der aus der Romantik hervorgegangenen Germanistik. In enger Verbindung mit von der Hagen, den Heidelberger Mythologen Görres, Creuzer und Mone, mit den Brüdern Grimm, mit Lachmann, Laßberg u. a. bemühte er sich vor allem um die literaturgeschichtliche Erschließung des german. Altertums und des dt. Ma.s. Bedeutende Wirkung blieb ihm versagt, da der größere Teil seines wissenschaftlichen Werkes erst nach dem Tode veröffentlicht wurde. Immerhin erschien 1822 die grundlegende Monographie über *Walther von der Vogelweide*. Die Vorlesungen während der kurzen akademischen Tätigkeit in Tübingen (die Uhland aus politischen Gründen aufgab) waren der mal. Literaturgeschichte, insbesondere dem *Nibelungenlied,* und der Sagengeschichte der germ. und roman. Völker gewidmet. Die geistigen Grundlagen seiner Vorlesungen verbanden ihn aufs engste mit der Historischen Schule. 1836 veröffentlichte er den *Mythos von Thor,* 1844/45 die Sammlung der *Alten hoch- und niederdeutschen Volkslieder.* Von seinen Forschungen zur Heldensage und seinem großen Alterswerk, der *Schwäbischen Sagenkunde* (in dem er ganz zu den romantischen Anfängen der Germanistik zurückkehrte), erschienen nur einige Teile. — Als Politiker trat Uhland in der Revolution von 1848/49, an der er sich vom Vorparlament über die Paulskirche bis zum Rumpfparlament beteiligte, noch einmal mit seinen demokratischen und gesamtdeutschen Ideen vor die Öffentlichkeit.

§ 6. Justinus K e r n e r (1786-1862) war zweifellos der phantasiebegabteste und ursprünglichste Poet im S.D. Doch haften seinem Werk Launenhaftigkeit, Unausgeglichenheit und Leichtfertigkeit im Formalen an, so daß nur weniges unmittelbar lebendig geblieben ist. — In Ludwigsburg geboren, aber in Maulbronn, wo der Vater Oberamtmann war, aufgewachsen, wurde er früh mit der Natur vertraut, deren Geheimnisse er sein Leben lang zu ergründen trachtete. Auf Umwegen kam er zur Medizin. Conz befreite ihn aus der verhaßten Kaufmanns-

lehre und verhalf ihm zum Studium. 1809 unternahm er nach dem Abschlußexamen die obligate Bildungsreise, die ihn nach Hamburg zu seinem Bruder Georg Kerner (dem Revolutionär und Weltbürger) und dann durch ganz Deutschland führte. In Hamburg verkehrte er im Kreise Varnhagens und war tief beeindruckt von Philipp Otto Runge. In Berlin lernte er Chamisso und Fouqué kennen, in Wien besuchte er Beethoven und wurde von Friedrich und Dorothea Schlegel wohlwollend empfangen. Danach wirkte er bis zu seinem Tode in der schwäb. Heimat als Arzt, seit 1819 als Oberamtsarzt in Weinsberg, wo er sein berühmtes Haus am Fuße der Weibertreu erbaute und jenen Geisterturm erwarb, in dem Lenau später seinen *Faust* dichtete. Unzählige Gäste — die Freunde, Dichter, Gelehrte und Politiker aus ganz Deutschland, polnische Flüchtlinge, einfache Landleute und Bürger der Umgebung, aber auch Fürsten — fanden in dem Haus, in dem sich die Gegensätze versöhnten, die liebenswürdigste Aufnahme. Neben Schwabs Haus war es der zweite Mittelpunkt des S.D.s. Hier befreundete sich Kerner auch mit Graf A l e x a n d e r v o n W ü r t t e m b e r g (1801-1844), der als Lyriker ebenfalls zum S.D. gehört. In Weinsberg vertiefte sich Kerner immer mehr in das Studium der übersinnlichen Welt und huldigte den Nachtseiten der Natur — zum großen Verdrusse seines nüchternen Freundes Uhland. Kerner war denn auch freundschaftlich mit Gotthilf Heinrich Schubert verbunden. Die Offenbarungen einer seelisch kranken Frau (Friederike Hauffe), die er wie viele somnambule, besessene und geisteskranke Menschen in seinem Hause pflegte, schilderte Kerner in seinem berühmtesten und berüchtigsten Werke *Die Seherin von Prevorst* (1829). Spiritistische Studien bildeten bald den Mittelpunkt seiner schriftstellerischen Arbeit. Noch 1856 veröffentlichte er eine Biographie des Entdeckers des tierischen Magnetismus, Franz Anton Mesmers. — Kerners dichterisches Werk ist vor allem geprägt von einer sehr subjektiv gefärbten Stimmungslyrik im Volkston und zeugt von der nachhaltigen Wirkung des *Wunderhorns.* Dualistisches Welterleben und Todesschwermut sind spätromantische Merkmale seiner Gedichte. Daneben fehlen aber biedermeierliche Züge so wenig wie in Kerners Leben, das auch vom Humor, von gemütlicher Behaglichkeit und einem Geiste der Versöhnlichkeit bestimmt wurde. Der Humor fehlt selbst in der Ausgeburt einer kranken Romantik, in dem Alterswerk der *Kleksographien* (1857), nicht. Von der ersten Sammlung seiner Gedichte (1826) zu den späteren Ausgaben läßt sich kaum eine Entwicklung feststellen. Neben der reinen Lyrik enthalten sie auch Balladen und Epigrammatisches sowie viele Gelegenheitsgedichte. Wie bei allen Lyrikern des S.D.s. finden sich gelegentlich auch politische Motive. — In zwei größeren erzählerischen Werken verwischte Kerner in echt romantischer Manier die Grenzen der Gattungen und streute Lieder, Balladen, Schattenspiele oder Märchen und Sagen ein. Die *Reiseschatten. Von dem Schattenspieler Luchs* (1811) sind ein Hauptwerk der schwäb. Romantik — wegen ihrer Fülle von köstlichen und witzigen Einfällen, ihren Angriffen gegen die Plattisten, wegen ihrer Selbstironie, aber auch wegen ihrer Vorliebe für die altdt. Zeit und den alten Glauben, ihrer Naturverbundenheit und Todesmystik. Manches mag darin bizarr erscheinen und die Grenze des guten Geschmacks berühren; daß er den kranken Hölderlin als Holder in die Erzählung einführte, mag man als pietätlos beurteilen; und doch sticht dessen Tiefsinn im Wahn vorteilhaft von der Nüchternheit der Plattisten ab. — *Die Heimatlosen* (entstanden 1812, veröffentlicht 1816) sind dagegen in allzuviel Rosenrot getaucht, muten teilweise süßlich an und erregten mit ihrer krankhaften Todessehnsucht und ihrem Okkultismus Uhlands Abscheu. Auch ist Kerner hier weniger originell, die Abhängigkeit von Novalis' *Heinrich von Ofterdingen* zeigt sich deutlich. Dennoch enthält die Erzählung das Köstlichste, was Kerner gelungen ist, das Märchen *Goldener*, in dem die Lichtsymbolik, die das ganze Werklein durchdringt, auf überzeugende Weise gestaltet ist. — Am lebendigsten ist unter den Prosawerken *Das Bilderbuch aus meiner Knabenzeit* (1849) geblieben, in dem sichtbar wird, wie sehr schon in früher Jugend Poesie das Leben Kerners durchdrang.

§ 7. Karl M a y e r (1786-1870), von Beruf Anwalt und Richter, verwertete die Eindrücke seiner unermüdlichen Wanderschaft durch die schwäb. Heimat in zahllosen Gedichten; sie erschienen 1833 erstmals gesammelt. Eine Entwicklung läßt sich auch in seiner Lyrik kaum feststellen. Sie besteht ganz überwiegend aus sehr kurzen, formal anspruchslosen, im Reim öfters unbeholfenen ein- oder zweistrophigen Gedichten, in denen gewöhnlich ein Natureindruck mit einem Gefühl oder einem Gedanken verbunden ist. Mörike charakterisierte sie in einem Brief an den von ihm sehr geschätzten Dichter treffend: „Die Mehrzahl Ihrer Poesien steht in der Mitte zwischen dem Liede und dem Epigramm." Mayer verteidigte in einem Aufsatz ausdrücklich die „kurzen Gedichtgattungen", die „Bildchen", „Liederchen" und Epigramme in Reimstrophen. Gegenstand dieser Gedichte war immer wieder das Kleine, Feine und Belanglose, das Sanfte, Harmlose und Niedliche in der Natur, gelegentlich die Freundschaft oder die Gattenliebe, auch die Klage über den Verlust der politischen Freiheit. Romantische Unendlichkeitssehnsucht hatte den Dichter nie ergriffen, die „Andacht zum Unbedeutenden" zeichnete ihn aus. So waren seine Gedichte Ausdruck eines liebenswürdigen, aber auch sehr beschränkten schwäb. Biedermeiers.

§ 8. War auch Uhland bei weitem der bedeutendste unter den württ. Dichtern, so bildete doch nicht er, sondern der urbanere Gustav S c h w a b (1792-1850) den eigentlichen Mittelpunkt des literar. Lebens in Württemberg. Der in Stuttgart geborene Sohn eines geachteten und vielseitigen Professors an der Karlsschule, Neffe des kunstliebenden Kaufmanns Georg Heinrich Rapp und des Bildhauers Heinrich Dannecker, erwarb schon in früher Jugend eine umfassende Bildung und wuchs in jener gesicherten Tradition christlicher Frömmigkeit und humanistischer Bildung auf, zu der er sich zeitlebens bekannte. Als Theologiestudent überwand er die Enge des Tübinger Stifts, erweiterte seinen Freundeskreis zur Studentenverbindung „Romantika", die patriotische und literar. Ziele verfolgte. Der württ. Verfassungsstreit veranlaßte ihn, Romanzen aus der Jugend Herzog Christophs zu dichten; sie erschienen 1819 bei Cotta, mit dessen Verlag Schwab fortan aufs engste verbunden blieb. Seit 1818 wirkte er als Gymnasialprofessor in Stuttgart. Hier bildete sein gastfreundliches Haus, in dem jeder mit gleicher Herzlichkeit aufgenommen wurde wie bei Kerner in Weinsberg, für fast 20 Jahre den Mittelpunkt des literar. Lebens und geistigen Austausches. Von 1828 an leitete er den literar. Teil des *Morgenblattes*. Im gleichen Jahre erschienen erstmals seine gesammelten Gedichte. Er war der einflußreiche Förderer und Ratgeber junger Dichter und ebnete ihnen den Weg zu Cottas Verlag. Zu diesen gehörten u. a. Paul P f i z e r (1801-1867), Uhlands Freund und Mitstreiter im Landtag, Verfasser des *Briefwechsels zweier Deutschen*, und sein jüngerer Bruder Gustav P f i z e r (1807-1890). Früh erkannte Schwab auch das Genie Mörikes; er förderte Platen, Freiligrath, Hebbel und viele andere. Vor allem durch seine Vermittlung entstanden enge Beziehungen zwischen dem S.D. und den österr. Dichtern Nikolaus Lenau und Anastasius Grün, aber auch zum Elsässer Kreis um August und Adolf Stöber. 1833 übernahm Schwab zusammen mit Chamisso die Leitung des *Deutschen Musenalmanachs*. Rastlos war er als Übersetzer und Herausgeber tätig. Er bearbeitete die dt. Volksbücher, vermittelte Deutschland die Dichtung Lamartines, beteiligte sich als Herausgeber an der langen Reihe von *Übersetzungen griechischer und römischer Prosaiker und Dichter* und gab die Werke Paul Flemings, Wilhelm Hauffs, Wilhelm Müllers und zusammen mit Uhland Hölderlins Gedichte heraus. Auch am politischen Leben nahm Schwab teil; er unterstützte Griechen und Polen, hielt es mit der liberalen Opposition, bewarb sich allerdings vergeblich um ein Landtagsmandat. — 1837 zog sich Schwab in die ländliche Pfarrei in Gomaringen zurück. Politische Auseinandersetzungen, die Entrüstung über *Das Leben Jesu* von David Friedrich Strauß und vor allem die Fehde mit den Jungdeutschen bewogen ihn, aus dem öffentlichen Leben zu fliehen. Immer weniger verstand er — politisch, kulturell und religiös konservativ geworden — die modernen geistigen Strömungen. Seine biedermeierliche Resignation veränderte das literar. Leben in Württemberg entscheidend. Cottas Verlag büßte seine überragende Stellung ein, obwohl Uhlands und Schwabs Schüler G. Pfizer an dessen Stelle in die Redaktion des *Morgenblattes* eintrat. Die Beziehungen zu den norddt. Dich-

tern drohten verlorenzugehen, das Gruppenbewußtsein des S.D.s schwand allmählich und vermochte die Dichter jüngerer Generationen nicht mehr zusammenzuschließen. In Gomaringen schuf Schwab jenes Werk, das als einziges bis heute unmittelbar lebendig geblieben ist, *Die schönsten Sagen des klassischen Altertums* (1838-1840). Zugleich entstand eine Schiller-Biographie (1840), in der er vor allem die Christlichkeit des Klassikers betonte. Wiewohl Schwab seit 1841 als Pfarrer wieder in Stuttgart war und eine wichtige Stellung im Kirchen- und Schulwesen einnahm, verzichtete er darauf, noch einmal Mittelpunkt des literarischen Lebens zu werden. — Schwabs Wirken als Gymnasialprofessor, Dichter, Kritiker, Herausgeber, Schriftleiter, Übersetzer, Verfasser von Reiseführern, literar. Förderer und Vermittler sowie als Pfarrer zeugt von einer ungewöhnlichen Vielseitigkeit. Seinem dichterischen Werk aber fehlte die Ursprünglichkeit. Es bewahrte vor allem klassisches und romantisches Erbe und war im besten Falle Zeugnis guten Epigonentums. Schwab beschränkte sich wie die meisten seiner Freunde auf die Lyrik und die Balladendichtung. Die Abhängigkeit von Uhland und Kerner ist unverkennbar. Gelegenheitsgedichte nehmen in seinem Werk einen großen Raum ein. Viel Belangloses und Hausbackenes findet sich darin. Mit Vorliebe verkündete er den Sieg edlen Menschentums und des reinen, frommen Gemüts über die Zuchtlosigkeit. Darin zeigte sich aufs deutlichste die Zugehörigkeit zum Biedermeier.

§ 9. Gewöhnlich rechnet man auch Wilhelm H a u f f (1802-1827) zum S.D. Herkunft und persönliche Beziehungen zu Uhland, Kerner und Schwab rechtfertigen dies. Doch das erstaunlich umfangreiche Werk des Frühverstorbenen unterscheidet sich in manchem von der im S.D. vorherrschenden Eigenart. Nicht die Lyrik und die Balladendichtung, sondern die epische Prosa steht bei ihm im Vordergrund. War bei manchem seiner Landsleute die Grenze zwischen dem Dilettanten und dem Dichter schwer zu ziehen, so bei Hauff diejenige zwischen dem Dichter und dem feuilletonistischen Literaten. Wie bei den übrigen Schwaben lassen sich bei ihm romantische, biedermeierliche und frührealistische Züge feststellen. Die besondere Bedeutung von Hauffs Werken erkennt man heute indessen vor allem in der realistischen und kritischen Darstellung der Gesellschaft seiner Zeit. Den großen Erfolg schon zu Lebzeiten verdankte der Dichter seinem Erzählertalent wie der Popularität seiner Stoffe, in denen sich öfters der Einfluß der Trivialliteratur des ausgehenden 18. Jh.s bemerkbar machte. Wie sehr er die Fülle des Gelesenen und Übernommenen selbständig, und ohne dem Epigonentum zu verfallen, verarbeiten konnte, davon zeugen seine Märchen. — Hauff, als Sohn eines württ. Beamten in Stuttgart geboren, Lateinschüler in Tübingen, Klosterschüler in Blaubeuren, kam 1820 ins Tübinger Stift, ohne jedoch eine innere Neigung zur Theologie zu verspüren. Seine Vorliebe galt der Dichtung und der studentischen Geselligkeit. Nach Abschluß seines Studiums übernahm er eine Hauslehrerstelle im Dienste des württ. Kriegsministers von Hügel. Die Vertrautheit mit der adligen Gesellschaft und die weltmännische Gewandtheit, die er sich hier und auf seinen Reisen nach Paris und Norddeutschland erwarb, unterschieden ihn deutlich von der bürgerlich-behäbigen Art der andern schwäb. Dichter. Hauff zog zuerst mit seinem satirischen Roman *Mitteilungen aus den Memoiren des Satan* (1826) die Aufmerksamkeit des liter. Publikums auf sich. Ein zweiter Roman, *Der Mann im Mond* (1826), in dem er H. Clauren nachahmte und zugleich parodierte und den er auch unter dessen Namen veröffentlichte, trug ihm einen aufsehenerregenden Prozeß ein. Noch im gleichen Jahr erschien jenes Werk, das zu Lebzeiten sein größter Erfolg war und mit dem er in bewußter Nachahmung Walter Scotts zum wichtigsten Begründer des historischen Romans (s. d.) in Deutschland wurde: *Lichtenstein. Romantische Sage aus der württembergischen Geschichte.* 1825-1827 veröffentlichte er die *Märchenalmanache.* Auch seine Novellen (darunter vor allem die *Phantasien im Bremer Ratskeller*) verdienen Beachtung. Obwohl einige recht oberflächlich sind, treten in ihnen doch das Interesse an Geschichte und Gegenwart, die realistische Kunst der Schilderung, aber auch die übersprudelnde Phantasie zutage. — Als der Dichter 1827 die Redaktion des *Morgenblattes* übernahm, stand er am Anfang einer vielversprechen-

den schriftstellerischen Laufbahn. Doch im gleichen Jahre raffte ihn der Tod dahin, bevor er den geplanten Andreas-Hofer-Roman hatte ausarbeiten können.

§ 10. Von den Zeitgenossen wurde häufig auch Eduard M ö r i k e (1804-1875) zum S.D. gerechnet. Mannigfache persönliche Beziehungen legten dies nahe; auch bemühte sich Mörike, in dem von ihm mit Wilhelm Zimmermann (1807-1878) herausgegebenen *Jahrbuch schwäbischer Dichter und Novellisten* (1836) die jüngere Generation schwäb. Dichter gleichsam unter den Schutz der älteren zu stellen. Auch gibt es manchen Zug in Mörikes Leben und Werk, der ihn mit dem S.D. verbindet: die Beschränkung auf die Enge der schwäb. Heimat, das Vorherrschen der lyrischen Begabung, die Beherrschung vor allem kleinerer Formen. Hingegen unterschied er sich von den andern schwäb. Dichtern durch seine Berufsscheu und das völlige Fehlen politischer Töne in seinem Werk. Vor allem aber verbieten uns seine einzigartige lyrische Dichtung und die Tiefgründigkeit seines Romans *Maler Nolten*, ihn in einem Atemzug mit dem S.D. zu nennen, ist er doch von allem Schul- und Handwerksmäßigen dieses Kreises weit entfernt. Auch in seinen ausgesprochen biedermeierlichen Werken, z. B. den Idyllen, überragt er den Durchschnitt des schwäb. Biedermeiers bei weitem. — Schon als Tübinger Stiftler hatten Mörike und seine Dichterfreunde Wilhelm W a i b l i n g e r (1804-1830) und Ludwig B a u e r (1803-1846) einen eigenen Weg eingeschlagen, indem sie am Studentenleben kaum Anteil nahmen, sich dafür aber im Gegensatz zu den übrigen württ. Dichtern ihrer Zeit an den wahrhaft großen Dichtungen der dt. und der Weltliteratur begeisterten. Auch gewannen sie ein innigeres Verhältnis zur Antike, als es der Tradition des württ. Klassizismus entsprach, und ihre Anteilnahme an Hölderlins Schicksal reichte tiefer als die Pietät Uhlands und Schwabs. — Waiblingers genialisches Treiben, sein unbürgerliches Wesen und seine Italiensehnsucht führten ihn aus innerer Notwendigkeit hinaus über die geistigen Grenzen der württ. Ehrbarkeit, die ihn verfemte und seine Reifung zum wirklichen Dichter in den letzten Lebensjahren nicht mehr zur Kenntnis nahm; schon seiner Herkunft nach gehörte er nicht zur bürgerlichen Oberschicht des Landes.

§ 11. Die erstaunliche literarische Wirkung, die vom S.D. ausging, steht in einem offensichtlichen Mißverhältnis zum Rang seines dichterischen Schaffens. Der S.D. ist heute deswegen vor allem als historische Erscheinung interessant, und seine W i r k u n g s g e s c h i c h t e vermittelt uns wesentliche Aufschlüsse über die geistige Entwicklung des dt. Bürgertums bis zum 1. Weltkrieg. Dabei gilt es vor allem zu beachten, daß Uhlands Ruhm nicht etwa in seinen bedeutendsten Werken begründet war. Vielmehr haben gerade die fragwürdigeren unter seinen lyrischen Gedichten Schule gemacht, und berühmt geworden war er auf einen Schlag durch seine politischen Gedichte. Dem Politiker Uhland verdankte der Dichter einen bedeutenden Teil seiner Volkstümlichkeit, und diese mußte sich mit der zunehmenden Politisierung des Bürgertums noch vergrößern. Zur Beliebtheit der Gedichte trug ferner deren Sangbarkeit bei; die zahlreichen Vertonungen von Silcher, Mendelssohn, Schnyder von Wartensee, Schubert, Schumann, Marschner, Loewe, Kreutzer, Liszt, Brahms, Wolf, Schoeck u. a. waren wesentlich am Nachruhm beteiligt. — Goethes herbe Kritik am S. D. konnte angesichts dieser Verhältnisse dessen Wirkung nur wenig beeinträchtigen. In einem Brief an Zelter (4. 10. 1831) äußerte er sich sehr geringschätzig über G. Pfizers Gedichte und fügte hinzu, daß aus der Region, worin Uhland walte, „wohl nichts Aufregendes, Tüchtiges, das Menschengeschick Bezwingendes" hervorgehen werde. In diesem Zusammenhang brauchte er auch das Wort vom „sittig-religios-poetischen Bettlermantel" der schwäb. „Herrlein". Im Gespräch mit Eckermann mäßigte er dieses Urteil zwar und nahm Uhlands Balladendichtung davon aus; dennoch traf dieses Verdikt die Schwaben schwer und lieferte kurze Zeit darauf den Jungdeutschen Nahrung für ihre Kritik am S. D. Immerhin verteidigte sogar Karl Gutzkow Uhland gegen Goethe, freilich nur, um desto schärfer die andern schwäb. Lyriker zu tadeln und ihnen mit bitteren Worten — die Heine später wiederholte — den Man-

gel an Schöpfertum vorzuwerfen. (*Göthe, Uhland und Prometheus*, 1836). — Die literar. Fehde mit den Jungdeutschen verriet deutlich die geistigen Grenzen des S. D.s und ist interessant als Symptom der literaturgeschichtlichen Situation. Als der Verleger des *Deutschen Musenalmanachs* dem Jahrgang 1837 Heines Bild voranstellte — Uhland hatte aus Bescheidenheit abgelehnt —, legte Schwab empört die Redaktion nieder und zog sich mit seinen Landsleuten vom Almanach zurück. Heine hatte durch seine nicht unberechtigten kritischen Äußerungen über Uhland in der *Romantischen Schule* (die weniger ein Angriff gegen den Dichter als Zeichen der eigenen Abkehr von der Romantik und ein Bekenntnis zum politischen Geist von 1830 im Gegensatz zum Geist der Freiheitskriege waren) den Zorn Schwabs heraufbeschworen. Ihm und seinen Anhängern war Heine aber auch sonst als Ironiker, Freigeist, frivoler und allzu sinnlicher Lyriker verhaßt. Zudem ließen sie sich nicht zuletzt durch Wolfgang Menzel zu heftiger Polemik gegen Heine und die Jungdeutschen verleiten. G. Pfizer verfaßte 1838 den polemischen Aufsatz *Heines Schriften und Tendenz*. Menzel, von schlesischer Herkunft, war seit 1825 ganz in Württemberg heimisch geworden, war Schriftleiter am Cottaschen *Literaturblatt* und wurde von Außenstehenden oft zum S. D. gezählt, obwohl sein literaturkritisches, dramatisches und erzählerisches Werk ihn deutlich davon unterscheidet und die scharfe Polemik, die Deutschtümelei und der Haß auf Goethe den Schwaben fremd war. — Heine antwortete auf die Angriffe mit der bitteren Ironie seines *Schwabenspiegels* (1839), der ebensoviel Gehässigkeit wie Einsicht in die Schwächen und die Beschränktheit des S. D.s verriet. Er sprach verächtlich von den „lieben Kleinen von der schwäbischen Dichterschule", die „hübsch patriotisch und gemütlich zu Hause bleiben bei den Gelbveigeleien und Metzelsuppen des teuren Schwabenlandes". Er nannte Schwab einen „Hering" unter „Sardellen ohne Salz", Kerner einen großen „Narren", Mayer eine „matte Fliege", die Maikäfer besinge, Pfizer einen „Dichterling" und eine „reflektierende Fledermaus". Von Mörike sagte er, man höre, daß er nicht bloß Maikäfer, sondern sogar Lerchen und

Wachteln besinge. Diese Äußerung ist nicht nur deswegen aufschlußreich, weil sie zeigt, wie ungerecht Heine im Eifer wurde, sondern weil sie uns auch darauf hinweist, daß Mörike von den Jungdeutschen zum S. D. gerechnet wurde. Heines Angriff war besonders wirkungsvoll, weil er diesmal Uhland aus der „kläglichen Gesellschaft" heraushob, ihn einen großen Dichter nannte, der aber als Vertreter der romantischen Schule längst tot sei, dies selber begriffen und deshalb als Dichter geschwiegen habe.

Fortan betrachtete man, auch in Württemberg selber, die Werke des S. D.s zwar kritischer; aber die große Wirkung vor allem Uhlands dauerte weiter. Als er starb, waren seine Gedichte bereits in nahezu 50 Auflagen erschienen. Chamisso und Eichendorff, Platen und Grillparzer priesen seine Gedichte; W. Müller, Geibel und der Balladendichter Fontane verdankten Uhland wesentliche Anregungen; Hebbel widmete ihm noch 1857 die Gesamtausgabe seiner Gedichte „in unwandelbarer Verehrung" und feierte ihn als ersten Dichter der Zeit. Erst die durch den 1. Weltkrieg heraufbeschworene Krise des dt. Bürgertums ließ die vom S. D. ausgegangene Tradition fast plötzlich abbrechen, die Flut der zum großen Teil unbedeutenden Sekundärliteratur hörte auf, und die damit verbundene, mitunter peinliche Formen annehmende Verehrung von Biederkeit, Bescheidenheit und Ehrbarkeit verstummte.

G o e d e k e Bd. 8 (1905) S. 197-255 u. 706 f., Bd. 9 (1910) S. 188-216, Bd. 11, 1 (1951) S. 235-237, Bd. 13 (1938) S. 1-32. Paul R o g g e n h a u s e n, *Hauff-Bibliographie.* AnSpr. Jg. 85 (1930) S. 177-181. — Rud. K r a u ß, *Schwäb. Literaturgesch.*, 2 Bde. (1897/1899). Herm. F i s c h e r, *Die schwäb. Lit. im 18. u. 19. Jh.* (1911). Erwin H ö l z l e, *Württemberg im Zeitalter Napoleons u. d. dt. Erhebung* (1937). Hugo M o s e r, *Schwäbische Vorromantik.* Euph. 47 (1953) S. 147-160. — Karl M a y e r, *Ludwig Uhland, seine Freunde u. Zeitgenossen.* 2 Bde. (1867). Just. K e r n e r, *Briefwechsel mit seinen Freunden.* Hg. v. Theobald K e r n e r, 2 Bde. (1897) Theobald K e r n e r, *Das Kernerhaus u. s. Gäste* (2. Aufl. 1897). U h l a n d s *Briefwechsel.* Hg. v. Jul. Hartmann, 4 Bde. (1911-1916). Frieda H ö f l e, *Cottas Morgenblatt für gebildete Stände u. s. Stellung zur Lit.* Diss. München 1937. Bernh. Z e l l e r, *Das Sonntagsblatt für gebildete Stände* (1961; Turmhahn-Bücherei NF. 2). — Friedr. N o t t e r, *Die schwäb. Dichterschule*, in: *Schwaben, wie es war und ist*, hg. v. Ludw. B a u e r (1842) S. 61-106. Ambros M a y r, *Der schwäb. Dichterbund* (1886). Heinz Otto B u r g e r, *Schwäb. Romantik* (1928; Tübinger germanist. Arb. 6). Otto A c k e r m a n n, *Schwabentum u. Romantik* (1939; SprKult. B 31). Erw. A c k e r- k n e c h t, *Die schwäb. Dichterfamilie.* Vortrag (1950). Gerh. S t o r z, *Schwäb. Romantik* (1967). — Hans H a a g, *Ludw. Uhland. Die Entwickl. d. Lyrikers u. d. Genesis d. Gedichts.* Diss. Tübingen 1907. Walter R e i n ö h l, *U. als Politiker* (1911; Beitr. z. Parteigesch. 2). Herm. S c h n e i d e r, *U.s Gedichte u. d. dt. MA.* (1920; Pal. 134). Herm. S c h n e i d e r, *U. Leben, Dichtung, Forschung* (1920; Bettelheim, *Geisteshelden* 69/70). Adolf R a p p, *U. im polit. Leben.* Württ. Vierteljahrshefte f. Landesgesch. NF. 33 (1927) S. 44-67. Werner K o h l - s c h m i d t, *L. U., Zeitromantiker u. Zeitträger,* ZfdB. 14 (1938) S. 22-32. Hugo M o s e r, *U.s Schwäb. Sagenkunde u. d. germanist.-volkskundl. Forschung d. Romantik* (1950; Schwäb. Beitr. z. Philologie u. Volkskunde 1). Hellmut T h o m k e, *Zeitbewußtsein u. Geschichtsauffassung im Werke U.s* (1962; Spr.Dchtg. NF. 9). Walter S c h e f f l e r, *L. U.*, in: *Lebensbilder aus Schwaben u. Franken,* hg. v. Max M i l l e r u. Rob. U h l a n d, Bd. 10 (1966) S. 270-303. Hugo M o s e r, *L. U.*, in: *Dt. Dichter d. Romantik,* hg. von Benno v. W i e s e (1971) S. 473-498. Hartmut F r o e s c h l e, *L. U. u. d. Romantik* (1973). — Josef G a i s m a i e r, *Über J. Kerners 'Reiseschatten', ein Beitrag zur Gesch. d. Romantik.* ZfverglLg. 13 (1899) S. 492-513 u. 14 (1901) S. 76-148. Franz H e i n z m a n n, *J. K. als Romantiker* (1908). Joh. R i c h e r t, *Geschichte d. Lyrik J. K.s* (1909; Berliner Beitr. z. germ. u. roman. Philologie, Germ. Abt. 23). Heinr. S t r a u m a n n, *J. K. u. d. Okkultismus in d. dt. Romantik* (1928; WegezDchtg. 4). Heinz B ü t t i k e r, *J. K. Ein Beitr. z. Gesch. d. Spätromantik.* Diss. Zürich 1952. Emil S t a i g e r, *J. K.: 'Der Wanderer in d. Sägemühle',* in: S t a i g e r, *Die Kunst d. Interpret.* (1955) S. 215-221. Walter H a g e n, *J. K.*, in: *Lebensbilder aus Schwaben u. Franken* Bd. 9 (1963) S. 145-173. — Karl K l ü p f e l, *Gustav Schwab. Sein Leben u. Wirken* (1858). Christoph Theod. S c h w a b, *G. S.s Leben* (1883). Gust. S t o c k, *G. S.s Stellung in d. zeitgenöss. Literatur.* Diss. Münster 1916. Werner S c h u l z e, *G. S. als Balladendichter* (1914; Pal. 126). Bernh. Z e l l e r, *G. S. im literar. Leben s. Zeit.* Zs. f. württ. Landesgesch. 20 (1961) S. 268-289. — Edw. S o m m e r m e y e r, *Hauffs 'Memoiren des Satan'* (1932; GermSt. 129). Herm. B i n d e r, *W. H.*, in: *Schwäb. Lebensbilder* Bd. 1 (1940) S. 249-259. Agnes J a s c h e k, *W. H.s Stellung zwischen Romantik u. Realismus,* Diss. Frankfurt 1956. Irmg. O t t o, *Das Bild d. Dichterpersönlichkeit W. H. u. d. Bild d. Menschen in s.

Werken. Diss. München 1967. Fritz M a r -
t i n i, W. H., in: *Dt. Dichter d. Romantik,*
hg. v. Benno v. W i e s e (1971) S. 442-472.

Hellmut Thomke

Schwank (epischer)

I. Zur Systematik und For-
schung

§ 1. Das Wort (aus der Fechtersprache)
mhd. *swanc* ‚Schwung‘, ‚Hieb‘, dann
‚Streich‘, ‚Erzählung eines Streiches‘, auch
schon ahd.: *swanch,* zu schwingen, wurde
im 15. Jh. zum literar. Begriff (heutige
Schreibung seit dem 18. Jh.); also ähnliche
Bedeutungsentwicklung wie Streich: ursprüngl. ‚Linie‘, ‚Strich‘, ‚Schlag‘, seit dem
17. Jh. ‚listige Handlung‘. Heute ist
Schwank ausschließlich literar. Begriff.

Die D e f i n i t i o n e n in der wissenschaftlichen Lit. sind unzureichend, zudem
oft widersprüchlich: rückzuführen nicht nur
auf unterschiedliche Art der Betrachtung
wie einseitige Materialauswahl, auch auf
lange Vernachlässigung dieses Themas
durch die Wissenschaft. Schw. ist eine Erzählung, gereimt wie in Prosa, bald anek-
dotisch kurz, bald novellenhaft ausgespon-
nen, auf eine Pointe ausgerichtet, von ‚einfacher Form‘, auch für Außerliterarisches
aufgeschlossen, im Rahmen der Kunst- wie
der „Gebrauchsliteratur“. Eine Stoff-Viel-
falt, zumeist dem Alltäglichen, Menschlichen und Allzumenschlichen entnommen,
dem Faktum, Milieu, der Situation und
weltweitem Geschehen verhaftet, zur Unterhaltung gedacht, doch auch zur Bewältigung offener sozialer Konfliktsituationen.
Der Stoff-Fülle entspricht eine Breite von
Darbietungsformen, in einzelnen Epochen
unterschiedlich: von der Verserzählung zu
Romanen und Biografien, sich allen andern Erzählgattungen nähernd, wie Witz,
Märchen, Legende, Anekdote, Fabel, Rätsel, Exempel. Kaum eigene Formen prägend, bezieht er seine ‚Gattungsmäßigkeit‘
nur vom Stoffe her, der in seiner bunten
Vielfalt jedoch wenig Einheitliches zeigt.
So bleiben als ‚sichere‘ Kennzeichen eines
Schwanks: der den Lebenswirklichkeiten in
allen Schattierungen nahe Stoff, der zumeist in der Form listiger Übertrumpfung
des zunächst Unterlegenen ausgestaltet
wird, dazu das Anliegen, zu unterhalten,

zu erheitern, Lebenshilfe zu geben, auch
soziales Wunschdenken aufzeigend, in einfacher überschaubarer Handlungsführung,
wobei die Handlung im Vordergrund steht.

Die Frage nach der M o r a l in weitem
Sinn stand lange Zeit einer wissenschaftlichen Behandlung des Themas im Wege.
So verübelten z. B. Germanisten des 19.
und noch beginnenden 20. Jh.s Abraham a
Santa Clara seine Schwänke, weil sie darin
eine Entweihung seiner Predigten sahen.
Auch die Tatsache, daß der Inhalt der meisten Schwänke dem Moralverständnis späterer Zeiten nicht entsprach, lag im Wege.
Das ‚Moralisch-Anstößige‘ war verpönt;
nicht weniger stieß ab, wenn der ‚Held‘
nach Gauner- und Betrügerart handelte.
Wie auch sonst wurde bei dieser Betrachtung vergessen, daß jede Zeit ihre eigenen
Moralvorstellungen, ihre eigene Art zu lachen hat, die man später billigen oder nicht,
begreifen oder nicht begreifen kann, nie
aber werten sollte. Die Frage nach Moral
ist beim Schw. klar zu beantworten: er hat
keine oder stellt die übliche Moral auf den
Kopf. So nennt, ohne zu werten, Jürgen
Beyer (*Schw. u. Moral.* Studia Romanica
16) ihn gar: „Komische Poetik des Häßlichen, Amoralischen, menschlich Unzuläng-
lichen usf.“ (S. 77) und an anderer Stelle
(S. 9): „Denn was ist die bislang ungeschrie-
bene Geschichte des Schwankes anderes als
der unausgesetzte Versuch, dem Niedrigen,
Häßlichen und Gemeinen im irdischen Dasein, kurz: dem Nicht-Darstellungswürdigen
den Zugang zur Kunst zu öffnen, es zu
‚poetisieren‘“.

In den meisten Definitionen werden
Schw. und Schw.geschehen als ‚lustig‘ angesprochen. ‚Lustig‘ ohne jede Einschränkung
ist jedoch der Schw. insgeheim keineswegs,
eher listig. Es gibt eine Reihe von Schw.er-
zählungen, die wir auch aus heutiger Sicht
zweifellos lustig nennen könnten, anderes
aber, und nicht wenig, ist alles andere als
lustig. Schon in alten schwankhaften Erzählungen ist das zu beobachten. Im Schw. vom
Bauern Unibos (10./11. Jh.) gibt es etwa
ein Dutzend Tote. Oder man denke an den
bekannten und durch die Jh.e weit verbreiteten *Veilchen-Schwank,* dem Kern aller
Neidhart-Schwänke, wo ausgesprochen
grausame Rache verübt wird. Im *Neidhart
Fuchs,* in dem derselbe Schw. wieder im

Mittelpunkt steht, werden den Bauern Hände und Füße abgehauen. In Heinrich Wittenwilers *Ring,* wo ein alter Bauernschwank *Von Metzen Hochzeit* den Rahmen bildet, gehn am Schluß Bauern und Dorf zugrunde. Auch Eulenspiegel betrügt rücksichtslos seine Gegenspieler und rächt sich nach Kräften, wenn seine eigenen Methoden einmal gegen ihn selbst gerichtet werden. In den *Historien von Dracula Wida,* einer Reihe meist grausamer Geschichten, die sich um die Gestalt eines Woiwodenfürsten (Vlad Tepez) ranken und im ganzen mittel- und osteuropäischen Raum im 15./ 16. Jh. geläufig waren, sind auch die schw.haften unter ihnen nicht minder grausam als die übrigen. Diese Reihe ließe sich verlängern. Findet man dies heute grade nicht zum Lachen, muß man die Frage stellen: fand man es früher zum Lachen? Von hier kommt man unmittelbar auf s o z i a l e und s o z i o l o g i s c h e Hintergründe der Schwänke, die noch recht unzureichend untersucht sind. So werden nicht selten unbewältigte Konflikte dargestellt: Sexualität, Stellung der Frau, Konflikte im Gesamtbereich zwischenmenschlicher Beziehungen, insbesondere Spannungen zwischen Ständen, zwischen Einzelnen und der Obrigkeit. Der Haupttyp des Schw.s, von dem noch die Rede sein wird, ist nicht umsonst der, bei dem der Unterlegene, Schwache sich durch List und Schlauheit Vorteile gegenüber dem Begünstigten verschafft. Und die Tatsache, daß die Publikumsgunst immer beim Siegreich-Listigen zu finden ist, auch wenn dieser zu grausamen Methoden greift und gar Morde verursacht, zeigt, daß hier ein Ventil geschaffen wurde für aufgestaute Konflikte sozialer Art.

Neuerdings beginnt man sich stärker diesem Gesichtspunkt zuzuwenden. Von vereinzelten Erwähnungen dieses Aspekts abgesehen, wird jetzt in größerem Umfang versucht, diese Schau bei der Vermittlung volkstümlicher Stoffe im Schulunterricht zu beachten. In: *projekt deutschunterricht* z. B. wird, wie der Untertitel *Kritisches Lesen* sagt, die Betrachtung des sozialen Hintergrundes von Märchen, Sage, Fabel, Volksbuch zum zentralen Anliegen. „Die soziale Funktion volkstümlicher Erzählformen" steht im Vordergrund. Wird bei Ausgaben solchen Erzählgutes für erwachsene Leser Erheiterung angestrebt, oder soll das historische Interesse an altem heimischen 'Volksgut' geweckt werden, so sollen im Schulunterricht „erzieherische Werte" Vorrang haben. Während

L. Röhrich Volkskundliches in der Schule in den „gefühlsbetonten" und „musischen" Bereich versetzt und den erzieherischen Wert in der Vermittlung von „Bleibendem und Beharrendem" sieht und dabei auch an die Förderung bewußter Heimatliebe denkt, fordern die Autoren (insbes. Chr. Bürger) jenes Buches, die Pflicht zur Sozialkritik zu erkennen. Ein ausführlich behandeltes Beispiel zeigt die Notwendigkeit einer solchen Betrachtung: der Beitrag von H.-H. Hildebrandt, *Sozialkritik in der List Till Eulenspiegels.* Klar wird herausgearbeitet, daß E. die „Mächtigen" „entwaffnet" und „bloßstellt", daß er mit seiner Gegnerschaft dort einsetzt, „wo er sich unterwerfen" soll, und das auf die bekannte Weise tut, daß er dem Befehlenden zeigt, „daß seine Macht auch in der Sprache nur so weit reicht, wie Knecht Eulenspiegel ihm zugesteht". Diese Protesthaltung entspricht der Situation des Handwerks im 14./15. Jh., wo Umstrukturierungen bewirkten, daß die Abhängigkeit der Gesellen vom Meister unerträglich wurde. In früheren Zeiten verstand man den *Eulenspiegel* durchaus auch so, weshalb das Buch auf den Index geriet und durch Philipp II. in den spanischen Niederlanden verboten wurde. Während die eine Richtung die soziologische Betrachtung fast völlig verneint und in den 'volkstümlichen Erzählstoffen' nur „harmlose" Geschichten sieht, neigt die andere dazu, immer und überall soziale Reaktionen auf Machtdruck jeglicher Art zu sehen. In satirisch-witziger Weise parodiert Iring Fetscher diese Sehweise in seinem „*Märchen-Verwirrbuch"* (*Wer hat Dornröschen wachgeküßt?*), wo er einige der bekanntesten Grimmschen Märchen 'soziologisiert'.

Daß der Schw. der Erheiterung, dem Lachen diente, ist sicher richtig, doch oft nicht einem Lachen über eine harmlose Geschichte, vielmehr dem befreienden, auch schadenfrohen Lachen über bloßgestellte Stände und Vorrechte, den jeweils Höhergestellten oder ‚Berechtigten' im großen, staatlichen wie im kleinen, familiären Bereich (z. B. den betrogenen Ehemann).

§ 2. Gerade im Rahmen der Volkslit wird häufig von Autoren und Sammlern mitgeteilt, was ihr Anliegen, der Zweck, das Ziel, ihre Absicht ist. Didaktische Motive werden genannt, so z. B. in Paulis *Schimpf und Ernst* (1522) „zů besserung der menschen", oder Martinus Montanus, der seinen *Wegkurtzer* gleichsam eine Verhaltensregel für „junge Gesellen" nennt, besonders wenn sie „in fremde Lande wollen". Andere, im 16. Jh. die überwiegende Mehrheit, wollen unterhalten, um „die schwere verdrossnen gemüter wider zů recitieren unnd auffzůheben" (*Gartengesellschaft* vo

Frey). Daß in früheren Jh.n ‚volkstümliche'
Erzählformen auch zu Sozialkritik benutzt
wurden, macht Luther deutlich, der gerade
dann, wenn er mit seiner Obrigkeit Schwierigkeiten hatte, die Möglichkeiten der Fabel erkannte, auf verdeckte Weise unbequeme Wahrheiten auszusprechen. Vielleicht klingt so etwas auch bei Michael
Lindners *Katzipori* mit, wenn er dem Satze
„damit man den leüten zulachen mache
und die Zeit vertreibe" zufügt, daß „die
wahrheit bissweilen mitläufft, und nit er-
logen ist". Meint Jörg Wickram im *Rollwagenbüchlein* (1555) es ironisch, wenn er
im Anschluß an seine Feststellung, daß es
„niemants zů underweisung noch leer" sein
solle, sagt, „auch gar niemandts zů schmach,
hon oder spott"? — Die vielen Hinweise
auf die Zweckgebundenheit volkstümlichen
Erzählens haben lange Zeit dazu geführt,
diese „Gebrauchslit." abzuwerten und sie
der „zweckfreien" Lit. gegenüberzustellen.
Auch hier gilt der Satz, den G. Eis in Sicht
auf die unterbewertete mal. Fachlit. äußert:
„Es ist nicht zu bezweifeln, daß auch die
mal. Lit. bisweilen kunstfremde Aufgaben
zu erfüllen hatte". Wobei er im weiteren
ausführt und belegt, daß zum einen Dichtung gleichsam als Arznei gegen alle möglichen Krankheiten empfohlen wurde, zum
andern auch ein Hartmann von Aue im
Iwein „die angenehme Ausfüllung müßiger
Stunden als einzigen Grund für die Abfassung" angibt. Der Verf. der *Geschichte der
komischen Litteratur* (1784) Carl Friedrich
F l ö g e l , weist sehr ausführlich auf diese
therapeutischen Gründe hin, nicht zuletzt
deshalb, weil er sich selbst glaubte rechtfertigen zu müssen, einen so unernsten
Gegenstand darzustellen. Als Gewährsleute
nennt er namhafte Ärzte, mit Aeskulap beginnend, und unter anderen Autoritäten
auch Luther und Rabelais. Seine Ausführungen gipfeln in dem Satz: „Da das Lachen in der Natur gegründet ist, so ist es
ein Zweck Gottes." (I, 29).

§ 3. Die i n n e r e F o r m des Schw.s,
der Grundtyp des Handlungsablaufes, läßt
deutlich den Zweck einer gewissen Lebenshilfe — in breiter Bedeutung des Wortes
— erkennen. H. B a u s i n g e r hat (*Fabula* 9) drei Typen herausgearbeitet: Ausgleichstyp, Steigerungstyp, Spannungstyp,
wobei dem ‚Ausgleichstyp' deshalb erhöhte

Bedeutsamkeit beigemessen werden muß,
weil er die weitest verbreitete Form ist.
Hierbei wird — vereinfacht skizziert — in
der Grund- und Ausgangssituation eine
Partei, auf welche Art immer, begünstigt.
Der Unterlegene gleicht seine Lage durch
listige Handlung tätig aus oder verschafft
sich gar Überlegenheit. Erkennt man nun,
daß es fast stets der Sozial-Schwache, Tie-
fergestellte, Nichtprivilegierte ist, der durch
tätige Handlung ‚vorankommt', wird das
Moment der Befriedigung des Wunschden-
kens breiter, nicht begünstigter Schichten
deutlich. Gehört doch „der Sieg des Feinen
über das Grobe, des äußerlich Schwachen
über das äußerlich Starke . . . zu den
Menschheitshoffnungen", wie M. L ü t h i
(*Europäische Volksliteratur*) treffend bemerkt (S. 63). An gleicher Stelle verweist er
richtig darauf, daß es nicht Wunschdenken
allein ist, das Märchen und Schwänke schafft,
daß auch „Erfahrungen, Beobachtungen,
Einsichten, Ahnungen . . . mit im Spiel"
sind. So ergibt sich von selbst, daß die
Zahl der Schwänke gering ist, bei denen
das Handlungsschema bei gleicher Ausgangssituation wie oben die zweite Partei
falsche Mittel wählen läßt, wodurch die
ursprünglichen Unterschiede noch vergrößert werden (‚Steigerungstyp'). Hierin
konnte für viele wenig Erheiterndes und
Befreiendes liegen. Beim ‚Spannungstyp'
Bausingers — auch recht selten vertreten —
kann die Ausgangsituation nicht verändert
werden. Hier klingt ein resignierendes Moment an, das sicher nie lauten Anklang
fand. Von den Mitteln her betrachtet, sieht
er untergliedernd Revanche und Übermut
im Spiel, wobei beim wichtigen ‚Ausgleichstyp' in der Revanche List gegen größere
List steht, oder Übermut, wenn die privilegierte erste Partei ihre schon beachtlichen
Vorteile noch weiter vergrößern will und
dabei scheitert. (Beim ‚Steigerungstyp' entsprechend: Revanche: die Gegenlist der
zweiten Partei scheitert; Übermut: diese
Partei will die schiefgegangene Aktion in
einer zweiten wiedergutmachen und verstärkt damit die Verschlechterung ihrer
Lage. Als gegenwärtig in schwankhaften Erzählungen erweist sich auch das, was M.
Lüthi (s. o.) das „Phänomen des Umschlags"
nennt: der Wechsel der Initiative von einer
Partei zu andern: „der Düpierte wird plötz-

lich zum Düpierenden, der Manipulierte zum Manipulierenden und umgekehrt" (S. 60).

§ 4. Die breitgefächerte vielfältige T h e - m a t i k erfaßt, wie sich aus der bisherigen Darstellung unschwer ergibt, alle nur denkbaren Bereiche zwischenmenschlicher Beziehung und deren Bewältigungsschwierigkeiten. Daher kann sie ja auch international sein: Liebe, Ehe, insbesondere Ehebruch, Beruf, Ständisches, Obrigkeit, in ständigem Messen, in stetem gegenseitigem Überlisten und Übertrumpfen, in beliebter Schein-Sein-Thematik. Zumeist handelt es sich um irgendwie Alltägliches (gleichsam als Erholung von stetig gepredigten Idealnormen), oft aus lokalen Traditionen schöpfend, so Hans Sachs, auch an geschichtliche Personen und Verhältnisse anknüpfend. Immer wiederkehrende Motive haben dazu geführt, den Schw. in zahlreiche Sonderformen zu gliedern, gleiche Thematik aufzeigend. Sinn kann das nur haben, wenn das rein Stoffliche einer solchen Ordnung klar gesehen wird: nützlich kann sein, Varianten innerhalb der Gestaltung desselben Motivs aufzuspüren. Es darf aber nicht übersehen werden, daß diese Ordnung z. T. eine Alibifunktion hatte, täuschte sie doch über das Fehlen eindeutig klarer Ordnungsprinzipien hinweg.

So wird vom ‚e r o t i s c h e n S c h w a n k‘ gesprochen, der nach Zahl (auch international) mit im Vordergrund steht. Nicht verwunderlich vom zentralen menschlichen, durch Tabuisierung noch gesteigerten Interesse her. Listige Ehebruchsgeschichten dominieren, oft sehr drastisch ausgemalt, weshalb der Schw. insgesamt lange Zeit als „obszön" abgewertet wurde. Auch hier gilt, daß man nicht vom heutigen Standpunkt aus betrachten soll, daß anderen Zeiten andere Auffassungen zueigen waren (Luther drückt sich auch oft so derb aus, daß es obszön genannt würde, wäre es nicht von ihm), und gerade auf diesem Gebiet die Grenzen des sogenannten guten Geschmacks auch heute nicht fest sind. Für die Blütezeit des Schw.s (16. Jh.) wurde bei dieser Thematik Boccaccio von fast allen deutschen Sammlern ausgebeutet. Der Anteil erotischer Schw.e aber ist bei den einzelnen Sammlern und Bearbeitern ungleich verteilt, bei Montanus vergleichsweise hoch,

bei Kirchhoff relativ gering. In diese Thematik spielt auch die wechselnde soziale Stellung der Frau hinein; und die Rolle, die ihr die Kirche damals zuschob, die der „Wurzel alles Übels" nämlich, spiegelt sich getreu in dieser Schw.-Art, erscheint die Frau doch oft von unersättlicher Liebesgier besessen. Eine aktive Sondergruppe im Rahmen der weitgespannten, breitgefächerten Schw.e, die um Liebe und Ehe kreisen, ist die um P a n t o f f e l h e l d e n. In internationaler Verbreitung verhecheln sie den Mann, der nicht „Herr im eigenen Hause" ist. Daß gerade dieser Schwanktyp stark gesellschaftsgeprägt ist, versteht sich von selbst. Er ist nur da möglich, wo im Motiv „Gegensatz zum männlichen Normanspruch" gegeben ist (Dietz-Rüdiger Moser, Fabula 13, S. 207). — Obwohl im ganzen nicht häufig, werden T i e r s c h w ä n k e als Gruppe für sich geführt, wenn auch für die Schw. als solchen menschliches „Inventar" gefordert wird. Bemerkenswert sind sie jedoch, weil sie das Grundprinzip schwankhafter Spiegelung der Welt gestalten: kluge und dumme Tiere stehen gegeneinander, wobei zumeist die kleinen, schwachen Tiere die klugen sind. — Eine beachtliche Zahl von Schwänken kreist um D u m m - l i n g e : meist von ihrer Umwelt als solche abgestempelt, erweisen sie sich aber vielmehr als die wirklich Lebenstüchtigen. Eine eigene Gruppe hat man daraus — inkonsequent — nicht gemacht, wohl aber die Schwänke, die von Trinkern handeln zu T r i n k e r s c h w ä n k e n zusammengefaßt, die von Schwerhörigen handeln zu S c h w e r h ö r i g e n s c h w ä n k e n, die aus dem Milieu der Bauern zu B a u e r n s c h w ä n k e n, aus dem Bereich de Handwerks zu H a n d w e r k e r s c h w ä n - k e n ; von S c h ö p f u n g s s c h w ä n k e n wird gesprochen. Sie sind dualistisc aufgebaut im Überlistungsversuch zwischer Gott und dem Teufel, der fast stets in miß glückter Nachahmung gipfelt: Gott erschaff den Menschen, dem Teufel glückt nur de Affe u. ä. Recht bedeutsam sind die N a r - r e n s c h w ä n k e (s. *Narrenlit.*), weil si weithin internationales Gut sind: bewirk durch Kontakte der Höfe und durch di auswechselbaren Narrentypen. Eindeutig Zuordnungsmöglichkeiten sind nicht imme gegeben: so werden die Schildbürger

Lalen bald den Dummlingen bald den Narren angegliedert. Die Gruppen der Teufel- und Petrusschwänke leiten zu einem geprägten Formprinzip der Schw.e allgemein über; sie neigen dazu, sich um eine Zentralfigur zu gruppieren, romanhaft und biografisch zyklisch verbunden zu werden (z. B. *Eulenspiegel, Claus Narr*; aber auch um soziale Gruppen: *Schildbürger, Abderiten*). So kann dasselbe Motiv auf die verschiedensten Gestalten zeitlich wechselnd bezogen werden. Erzählung und historische Person stehen in steter Wechselwirkung. H. Bausinger spricht in diesem Zusammenhang von „Annexion" und weist auf das Beispiel vom Alten Fritz hin, dem bekanntlich eine Vielzahl Anekdoten jeder Art ‚angehängt' wird. Die Erzählstoffe, gleich welcher Art, werden auf diese Weise aktualisiert. Wesensunterschiede dieser Persönlichkeiten spielen dabei in der Volksdichtung keine Rolle. Die Typen, die so geschaffen werden, sind austauschbar. Als erster Schw.roman gilt der *Pfaffe Amis* des Stricker; aber auch schon beim lat. aus dem 10./11. Jh. stammenden *Cantus de uno bove* ist im Bauern Einochs das Bindeglied einer Schwankkette zu sehen. Auch die Großform des *Tristan*romans wird durch die Ehebruchschwänke mitgeprägt.

§ 5. Diese Darbietungsformen: der ‚Biografie', des ‚Romans', der ‚Rahmenerzählung' zeigen deutlich, daß der Schw. keine eigene Form hat, auch keine haben kann. Wird schwankhaftes Geschehen im MA. überwiegend in Verserzählungen, als Schwankmäre dargeboten, tritt später die Prosa in den Vordergrund und verstärkt die zyklische Anordnung. Hier handelt es sich um selbständige Gestaltung schwankhafter Handlungen. Wie der Schw. aber sich fast jeder Form bedienen kann, können schwankhafte Stoffe und Motive in fast jeder Form eingestreut sein. So kommt es, daß Schwankhaftes den Rahmen anderer Gattungen sprengen kann und gleichsam Mischformen entstehen, insbesondere bei den volkstümlichen Gattungen, die ohnehin nicht scharf gegeneinander abgrenzbar sind.

So spricht H. Rosenfeld (*Legende*) von Marienmirakeln, die sich aufgrund gewisser Strukturähnlichkeiten manchmal „stark den profanen Schwankerzählungen" anglichen (S. 46). Er stellt weiterhin fest, daß seit 1521 die Legende

als Form gemieden werde, und wo sie doch auftrete, werde fast ein schwankhaftes Exempel daraus. Im Bereich dieser Wechselbeziehung zwischen Schw. und Legende liegen noch kaum weiterführende Untersuchungen vor, wenn auch gelegentlich vom Legenden-Schwank oder der Schwank-Legende gesprochen wird. E. Straßners umfassende Schwank-Darstellung sagt im Kapitel *Der Schwank und sein Verhältnis zu anderen 'Erzählgattungen'* nichts zu diesem Verhältnis, ebenso nichts zu dem zu Meistersang, Rätsel, Sage und, der Forschungslage entsprechend, wenig zu anderen (wie Märchen, Witz, Anekdote usw.). E. Leibfried (*Fabel*) stellt fest, daß die Begriffe Fabel und Schwank zeitweilig ineinander verfließen und synonym benutzt werden, so von Hans Sachs, und weist darauf hin, daß die Unterhaltungsbücher des 16. Jh.s Schw.e und echte Fabeln unter einem Begriff führen. Gemeinsam ist beiden die pointierte Ausrichtung, wobei jedoch die Fabel fast stets mit Tieren, der Schw. meist mit menschlichem 'Inventar' arbeitet. Definitionen der Fabel fordern häufig (so auch die von Lessing), daß sie nicht belustigen dürfte und daß sie eindeutig lehrhaften Charakter haben müsse. Hier ist Gegensatz zum Schw. gegeben. Schwankhafte Elemente sieht Leibfried besonders unter humanistischem Einfluß in die Fabel einbezogen. — B. Nagel (*Meistersang*) arbeitet die Einwirkung von Satire, Fabel, Schwank, Predigt, Drama auf den Meistersang heraus. Nähere vergleichende Untersuchungen fehlen auch hier. — M. Hain (*Rätsel*) führt aus, daß es bei den Brüdern Grimm Erzählungen gibt, die gemeinhin Rätselmärchen genannt werden, in denen zumeist Rätselfragen zu beantworten sind. Sie lehnt diesen Terminus ab, weil hier die für das Märchen typischen Wundermotive fehlten und schlägt dafür „Rätselschw." vor. Sie betont, daß diese in der ma. europ. Überlieferung oft um Kaiser und Abt als Hauptfiguren kreisen, und nennt als eines der Hauptwerke den *Pfaffen Amis*. Aber auch im *Eulenspiegel* sieht sie Rätselschw.e, findet sie bei Pauli und Hans Sachs. — L. Röhrich (*Sage*) erkennt die Sagen, die sich dem Schw. nähern. Als besonders 'schwankanfällige' Gruppen sieht er die Teufelsage (man denke dabei auch an die Teufelschwänke; s. *Teufellit.*) und die Riesensagen: auch dies nicht verwunderlich, wenn man bedenkt, daß in ihnen die Dummheit der Riesen, der 'Großen' vorragt. Bei seiner Betrachtung der Sage unter regionaler Sicht findet er im Rheinland besonders viele Sagen schwankhaften Charakters. Allgemein ist zu bemerken, daß gerade die Sage in besonderem Maße Schwankmotive an sich zieht, wobei auch mehrere schw.hafte Motive eine Sage aufbauen können. Bedeutsam ist in diesem Zusammenhang auch die bekannte Sagengestalt Rübezahl, die zur Kristallisationsfigur auch von schw.haften Motiven werden kann: so sind z. B. Eulenspiegel-Streiche auf ihn übertragen. — Der Schw. rückt dann in die Nähe des Exempels, wenn die moralische Belehrung in den Vordergrund drängt, so etwa bei der großen Gruppe der Predigtmärlein. Die Exempel, die sich dem Schw. nähern, fallen zumeist durch ihren viel größeren Umfang auf. — Selbstverständlich nähern sich auch Schw. und Anekdote. Besonders natürlich da, wo Schw.e anekdotenhaft um eine Persönlichkeit gruppiert werden. Daß es im Schw. überwiegend um Handlung, in der Anekdote um Charakterisierung geht, ist dabei kein Hindernis. — Auch von Schwank märchen oder Märchenschwänken wird gesprochen, ihrer verschiedenartigen Wechselbeziehungen wegen. M. Lüthi (Märchen) bemerkt mit Recht, daß der Schw. das Märchen zerstöre, wenn das Märchenwunder als gutgetarnter, betrügerischer Trick 'entlarvt' wird, oder das erwartete und auch durch die Definition des Märchens geforderte Wundergeschehen überhaupt nur als betrügerischer Kniff vorkommt. Auch hier bleibt für die Forschung noch viel zu tun. — Bemerkenswert sind die Beziehungen zwischen Sagwort und Schwank, die S. Neumann (Sagwörter) im Schw.) untersucht. Er weist auf die Arbeit Kurt Rankes (Fabula 3) hin, wo ein Schwank angeführt wird, der aus drei vollständigen Sagwörtern bestehe, wenn auch die Teile einzeln nicht nachweisbar sind. In seiner Diss. hat Neumann Beziehungen zwischen Schw. und Sagwort (wie auch zwischen Sagwort und Fabel, Sage, Witz usw.) für den Bereich des mecklenburgischen Volksschwanks untersucht und dabei klare stoffliche Beziehungen festgestellt. Er geht davon aus, daß ein „vorgegebener thematischer Rahmen mit Sagwörtern gefüllt" werden könne, wobei schwer zu unterscheiden sei, „ob eine erzählerische Ausgestaltung zum Schw. hin oder umgekehrt eine Verkürzung des Schw.stoffes vorliegt". Gottfried Henssen geht so weit, die von Seiler Sag-Wörter genannte Spruchform treffender „Schwank-Sprüche" zu nennen.

Dem Schwank nah verwandt sind schließlich die Schelmenromane, die auch im 16. Jh. aufkommen und, von Spanien ausgehend, sich rasch verbreiten. ‚Held' hier wie bei vielen Schw.n ist der Gauner. Und diese Schelmenromane sind bald mehr, bald minder von schwankhaften Szenen und Episoden durchsetzt. Im Aufbau meist kunstvoller als die Schw.romane jener Zeit, nähern sie sich stärker der Satire: sie rügen politische, kulturelle, soziale Zustände offener, durchschaubarer als die Schw.e; überhaupt zielt der Schelmenroman mehr auf Kritik als auf Unterhaltung. — Klare Verbindung zum Schw. ist hier, in alter wie in neuerer Zeit, z. B. durch die Figur des Dummlings (Simplicissimus) oder durch die des Eulenspiegel gegeben. Hierher gehört Ch. de Costers Hauptwerk Uilenspiegel und Lamme Goedsak (1867), das in der Art

dem originären Eulenspiegel recht nahe ist. Dieser selbst aber könnte leicht in die Schelmenlit. eingeordnet werden, wenn auch seine „Gaunergeschichten" nur locker gereiht sind. Auch sind moderne Schelmengeschichten nicht selten im Stile des Eulenspiegel gehalten, so z. B. Die Abenteuer des braven Soldaten Schwejk von Jaroslav Hašek. Im Gegensatz zur Schwanklit. werden zudem bis heute zeitnahe neue Inhalte gefunden, sowohl im Roman (Thomas Mann Felix Krull) wie in der Form der Novelle oder Kurzgeschichte (z. B. in der Kurzgeschichte Ungarischer Vater von G. Moldova, 1968 ins Dt. übersetzt, oder der des Russen M. Sostschenko Ein interessanter Diebstahl im Konsum).

Schw.e und Schw.stoffe finden sich, zumal im 16. Jh., in den meisten Satiren, so z. B. in der Mühle von Schwindelsheim des Th. Murner, etwa im Schlußkapitel vom entlaufenen Esel, wo der Dichter in lustigem Spiel Schwank an Schwank reiht. Hier sind, wie oft, vielfältige volkstümliche Elemente wie Sage, Märchen, Fabel, Schwank, Sprichwörter in hohem Maße einbezogen (Näheres in der Einführung zu meiner krit. Ausgabe). Bei Murner und seinen Zeitgenossen wird deutlich, wie geläufig eine Reihe von Schw.n breiten Schichten war; er begnügt sich oft damit, Schw.e nur kurz anzudeuten. Diese Anspielungen bedeuten nur dem etwas, der sofort versteht, was gemeint sein kann.

Die Schwankbücher sind — vor allem im 16. Jh. — gut illustriert, wodurch ihre Wirkung im Volke denk- und dankbar gesteigert wurde. Verbote sind beim Schw. selten, aber nicht ausgeschlossen. In ahd. Zeit wurden Schw.stoffe verboten, wie die Beichtspiegel ausweisen; der Eulenspiegel kam, wie schon erwähnt, auf den Index, manches, wie die erwähnte Mühle von Schwindelsheim, ist vorsichtshalber anonym erschienen.

II. Historische Übersicht

§ 6. In ahd. Zeit sind volksprachliche Schw.e nicht überliefert, wohl aber kleine lat. Schw.e und Lügenmärchen, wobei es sich z. T. um altes Erzählgut von weltweitem Interesse handelt. So sind Tierschw.e und Geschichten um Dummlinge in nahezu allen Kulturen verbreitet (alte ägyptische israelische, indische und griechische Über lieferung). Gepflegt und weitergegeben wird das internationale, durch die lat. Dichtung vermittelte Erzählgut von Spielleuten und Mönchen. Soweit sein Ursprung orientalisch, wird dieser Stoff durch die westöstlichen Kulturberührungen, wie sie die byzantinischen Verbindungen der Ottonen und die Kreuzzüge auslösten, in Deutschland heimisch. — Im 9. Jh. begegnen Schw.e des Notker Balbulus aus St. Gallen in den *Gesta Karoli*. Ins 10. und 11. Jh. fällt eine Reihe lat. Schw.e, deren Motive sich später auch in der dt.sprachigen Schw.-dichtung finden: so der vom ‚Meisterlügner' im *Modus florum* wie der vom ‚Schneekind' im *Modus liebinc*, der später sehr beliebt wurde. Ebenfalls ins 10. oder 11. Jh. gehört der Kettenschwank *Cantus de uno bove*, ein Vorläufer der späteren Schwankromane, mit dem ‚Bauern Einochs' als Zentralfigur. Um 1150 werden im *Ysengrimus* von Magister Nivardus von Gent eine große Reihe von Tierschwänken durch eine Rahmenerzählung verbunden, wie sie dann volksprachig franz. und dt. stark ausgebaut wurde. Der Stoff wurde durch das mnd. satirische Tierepos *Reinke de Vos* (1498) weit verbreitet. Nach einer von Gottsched (1752) bearbeiteten Fassung gestaltete Goethe seinen *Reineke Fuchs* (12 Gesänge), „der in Ränken und Schwänken und allen Streichen gewandt war". (Für die mlat. Comoedia [auch: ridiculum] im 12. Jh. wird neuerdings geprüft, ob sie dramatisch oder episch gewesen sei; so vorweg von Jürgen Beyer, der sie für episch hält, womit sie in unseren Zusammenhang gehörte, und eingehend begründet, daß sie von Mimen vorgetragen wurde.)

§ 7. Im ganzen MA. verbreiten sich nationalsprachliche Schwankstoffe überall in Europa: nahezu parallel in Deutschland, Frankreich, Italien, England. Als Blütezeit des mal. Versschwankes auf dt. Boden, der Schw.-Mären, gilt die Zeit von 1250-1350 (doch auch später noch auftretend). Schwankstoffe müssen sich stets fremder Formen bedienen, wenn sie dichterisch geformt werden, wobei sie sich als erstaunlich anpassungsfähig und vielseitig erweisen. Während der Schw. in seiner Blütezeit (16. Jh.) die Form der Prosaerzählung bevorzugt, ist seine „Darbietungsform" (de Boor) im MA. die Versnovelle oder -erzählung

mittleren Umfangs, in Reimpaarversen, auf eine Pointe zulaufend; im 13. Jh. entwickelt, ist sie zumindest anfänglich formal von der höfischen Epik abhängig. Die Schlußmoral, die im 13./14. Jh. fast alle Schw.erzählungen enthalten, sieht Hufeland als Rahmenbestandteil der Darbietungsform an. Man sollte aber nicht übersehen, daß Didaktisch-Moralisches in dieser Zeit auch als Rechtfertigung der Behandlung solcher weltlicher Stoffe dienen mußte. Hufeland betrachtet eingehend die Bauformen der mal. Versnovelle und erkennt kunstvolle Gliederungen und abgewogene Proportionen wie verdoppelten Hauptteil, wiederholte Einleitungsverszahl, also eine weitgehende künstlerische Parallelität von Stoff und Form.

Die Predigtmärlein dieser und späterer Zeit sind nichts Anders- und Neuartiges. Sie werden lediglich nach ihrer Funktion als Bestandteil von Predigt oder Erbauungstraktaten so benannt. Als ältestes Beispielbuch für den Klerus gilt die *Disciplina clericalis* (um 1110) mit einem reichen Schatz, der in die Schwank- und Predigtbeispielsammlungen späterer Zeiten einging (Die *Fecunda ratis* des Egbert von Lüttich (1000-1040) enthält auch bereits Kloster- und Schulschwänke, die für den Gebrauch im Unterricht bestimmt waren). Diese Predigtmärlein bleiben lebendig, so bei Johann Geiler von Kaisersberg (1447—1510), und über Paulis *Schimpf und Ernst* (1522) finden sie Eingang in fast alle späteren Schw.sammlungen. Eine neue Blütezeit erleben sie in der 2. Hälfte des 17. Jh.s, wobei den Erbauungsbüchern Abrahams a Santa Clara, die über 400 Schw.e enthalten, hohe Bedeutung zukommt.

Immer wieder wurde und wird überdacht, ob die franz. Gegenstücke zur Schwank-Märendichtung, die F a b l i a u x, eingewirkt haben. Ein direkter Einfluß konnte bisher nur in Einzelbeispielen nachgewiesen werden. Die weitgehende Stoff- und Motivähnlichkeit ist durch deren internationalen Charakter unschwer begründbar. Die meisten sehen bei den Fabliaux eine stärkere Betonung des Sexuellen gegenüber den Schwank-Mären. Wie diese haben sie breites Publikum, doch sollen sie in erster Linie der Befreiung von Kummer, Sorge und Leid dienen, werden also weniger moralisch verbrämt.

Der erste, der im dt.sprachigen Raum den Schwank literarisch selbständig macht, ist der S t r i c k e r (gest. um 1250). Schwankgut in außerliter. Form bestand bereits, auch in nicht selbständiger Gestalt, man denke z. B. an die Schw.stoffe, die schon früh historische Darstellungen belebten. Strickers amüsante, flotte Gedichte finden sogleich einen dankbaren Leserkreis. Da sie die Klippen geschwätziger Didaktik meiden, kann der Dichter auch als erster den Versuch wagen, eine Reihe solcher Schw.e zu einem laufenden Gedicht zu vereinigen: die erste gereimte Schw.sammlung in dt. Sprache. Der Held ist der *Pfaffe Amis*, ein gerissener Schelm, der alle, die mit ihm in Berührung kommen, gehörig hinters Licht führt. Er wird der Ahnherr einer langen Schelmenreihe, und seine vielbewunderten Streiche leben in späteren Schwanksammlungen fort.

§ 8. Kein Zufall, daß der Stricker, der erste Vertreter der neuaufkommenden Schwankgattung, ein bürgerlicher Fahrender ist: vielmehr bahnt sich mit dieser Erscheinung eine natürliche Entwicklung an, die der Wandel des literar. Geschmacks und Zeitstils von sich aus begünstigt. Je weiter die Verbürgerlichung der Kultur und Kunst fortschreitet, desto breiter wird der Raum, den der Schw. in der Lit. füllt. Schon das 13. Jh. liefert einen reichhaltigen Bestand, der aus einheimischen Stoffen, z. B. bei den Neidhartschwänken, noch mehr aber aus dem weiten internationalen Bereich der ganzen orientalisch-abendländischen Kulturwelt sich bildet. Der Richtungswechsel ist freilich nicht schroff: bis in die Wende zum 14. Jh. werden Anschauung und Ausdruck der neuen Gattung durch höfischen Geschmack mitgeprägt. Aber in der Sache verhält sich das Publikum, wie auch der Stricker im Eingang seines *Amis* feststellt, fortschrittlich und verlangt *niugerne* nach den modernen mit pikanten Schwänken gewürzten *maeren*. Hier liegen auch schon Ansätze zur ‚Gebrauchslit.‘, die sich mehr und mehr verbreitet. Im 16. Jh. treten dann zahlreiche mal. Schw.e in Prosaform auf, wobei die neue Darbietungsform sehr wohl über Fastnachtsspiel und Meisterlied gegangen sein kann. Eine ganz andere Sicht der Schw.e Strickers versucht Erhard Agricola *(Die Prudentia als Anliegen der Stricker-*

schen Schwänke) zu vermitteln. Lehrbedürfnis ist für ihn Motiv Strickerschen Arbeitens. Durch die „komische Darstellung einer ernsten religiösen Lehre“ (S. 220) wird Stricker für ihn zum Vermittler der „sich neu entwickelnden Theorie der christlichen Ethik“ (S. 220), der den Menschen helfen wolle, zu christlicher Lebensklugheit zu finden, zur „Prudentia der dominikanischen Tugendlehre“ (S. 217). Eine Stütze seiner Interpretation sieht er im wesentlichen in der bevorzugten Thematik Strickers: Ehezwist, Entblößung, Trunkenheit, Betrügerei. Er habe damit — in erzieherischer Absicht — nur „behebbare“ Schwächen angeprangert. Diese Thematik aber ist nicht strickereigen, gilt vielmehr für den Schwank gemeinhin.

§ 9. Die gereimte Schw.dichtung des 13., 14. und 15. Jh.s dient je länger je mehr der Unterhaltung, der Ablenkung, der Lebenshilfe für breite Schichten, wobei mitspielende befreiende Wirkung gegenüber Unterdrückung und sozialer Ungerechtigkeit nicht übersehen werden sollte. Fortschreitende Vergröberung ist seit dem 14. Jh. die zwangsläufige Folge. Die lebensprühende Darstellung lustiger Begebenheiten durfte der Teilnahme aller Kreise, auch der gehobnen sicher sein. Der auf drastische Situationskomik und realistische Ausdrucksprägung gestellte Erzählton trägt zur Vervolkstümlichung der Gattung das Seine bei. Oft ist die Erzählung selbst nur Beiwerk, bloß Mittel zur Zeichnung von Charaktertypen (z. B. *Der Weinschwelg, Die böse Frau*). Die Freude an der Gestaltung wirklicher Begebenheiten, an Parodie und Burleske überspringt die moralischen Hemmungen späterer Zeiten. In alle Kreise und Verhältnisse des menschlichen Lebens wird hineingeleuchtet, Sexuelles besonders gern behandelt. Auch die Stellung der Frau spiegelt sich so: literarisch wie soziologisch eine Reaktion auf die ‚Hohe Minne‘. Die ständische Umschichtung vollzieht sich nicht reibungslos: der niedre Klerus und die untern Stände müssen sich ihren Aufstieg gegen höhere Geistlichkeit und den Adel erst erkämpfen. Schon bei den Streichen des Pfaffen Amis spielen solche soziologischen Anklänge mit hinein. Im 14. Jh. ist der schon beim Stricker sichtbare Unterschied zwischen franz. und dt. Gestaltung und Ausführung noch deutlich. Ein Vergleich der Bearbeitungen des gleichen Motivs hüben und drüben macht das offenkundig, vgl. Novellen wie *Frauentreue, Frauenbeständigkeit, Die treue Magd* (bei H. von der Hagen, *Gesamtabenteuer*): wo in Frankreich pikante Episoden unterhaltsam um ihrer selbst willen gestaltet werden, hat die mhd. Version noch didaktisch-moralische Motivation, und nicht nur aus formalen Gründen, wie Hufeland meint. Die Mehrheit der dt. Reimschwänke drängt aber mehr und mehr auch zur Freude an der Pikanterie. Schwanknovellen wie *Das Häslein, Der Sperber, Das Gänslein, Der schwangere Mönch, Irregang und Girregar, Minnedurst, Die halbe Birne, Die Nachtigall, Die Teufelsnacht* wären hier zu nennen. Im 15. Jh. durchdringen den epischen Schw. ebenso wie seinen dramatischen Bruder, das Fastnachtspiel, stark possenhafte, derbe Elemente. Schwankerzählungen wie Hermanns von Sachsenheim *Von der Grasmetzen* oder *Von den sieben größten Freuden* eines unbekannten Dichters (beide im *Liederbuch der Klara Hätzlerin*), oder *Von dem Preller, Von dem Strigelein, Der Turnei von dem Zers* (bei A. v. Keller, *Erzählungen aus altdt. Hss.*) bezeugen diesen Wandel des Geschmacks.

§ 10. Am Ende des 15. Jh.s findet man Gefallen an zyklischer Verarbeitung ganzer Schwankserien, die man als schwankhafte Biografien und als Schwankromane ansprechen kann: *Neidhart Fuchs, Der Pfaffe vom Kalenberg, Peter Leu, Markolf, Eulenspiegel*. Sie zeichnen scharf die Gegensätze der spätmal. Gesellschaftsschichten: der Geistlichen, Ritter, Bauern und Bürger. Der *Neidhart Fuchs* formt unter deutlichem Nachklang von Neidharts Poesie drei Dutzend Schwänke, die das vielgelästerte Bauernvolk roh zeichnen und derb verspotten. Nur am Eingang reibt sich Neidhart, wegen eines Liebeshandels aus Meißen flüchtig, an Nürnberger Bürgern; dann tritt er in den Dienst des Herzogs Otto des Fröhlichen von Österreich (gest. 1339), und der Schauplatz wird nach Niederösterreich verlegt. Die *Veilchengeschichte* folgt, die Neidharts Feindschaft und seine Streiche gegen die Bauern motiviert. Der historische Neidhart ist also um hundert Jahre verjüngt. Das Ganze eine epische Dichtung mit einem vagen biografischen Schema und einem lockeren geschichtlichen Hintergrund. Literarischen Ehrgeiz hatte der Verfasser offenbar nicht: er begnügt sich, die überlieferten Neidhartschwänke zusammenzuschreiben, indem er Echtes und Unechtes mischt und unterweilen das gleiche Abenteuer doppelt erzählt.

Am gleichen Hof, zur gleichen Zeit lebt der *Pfaffe vom Kalenberg*, dessen Streiche der Wiener Philipp Frankfürter in den 70er Jahren des 15. Jh.s in Reime gebracht hat. Beide Dichtungen gehören also geschichtlich und literarhistorisch in denselben Raum; die Verfasser nehmen auch ausdrücklich aufeinander Bezug. Der geriebne Pfarrer, der mit seinen Possen nicht den Herzog mit seiner Gemahlin noch den Bischof schont, macht am liebsten den Bauern zum Gegenstand seiner derben Späße. Das Ganze ist nicht eben geschickt verreimt: der große Abstand von der verwandten Dichtung des 13. Jh.s, dem Strickerschen *Pfaffen Amis*, zeugt von der Vergröberung der Kunstform seither. Gleichwohl dient sein Werk andren zum Vorbild, auf das außer dem Sammler der Neidhartschwänke noch Georg Widmann in Schwäb. Hall, der Dichter des *Peter Leu*, sich beruft: beide erreichen noch nicht einmal die bescheidne Kunst Frankfürters.

Die *Histori Peter Lewen, des andern Kalenbergers*, in den 50er Jahren des 16. Jh.s entstanden, reimt schlecht und recht die Streiche eines listigen Schwaben: vom Lohgerberknecht zum Pfarrer aufgerückt, macht er die Bauern und andere 'Tölpel' zur Zielscheibe seiner Possen. Widmann, der sein Schwankbuch nach eigener Angabe in seiner Jugend verfaßte, konnte sich auf mündliche Berichte stützen von Leuten, die den 1496 in seiner Vaterstadt Hall in hohem Alter gestorbenen Peter Leu noch selbst gekannt.

Neben der Verspottung der bäurischen Dummheit läuft ein anderer Schwanktypus, der den Vielgeschmähten eine dankbarere Rolle zuweist: der Bauer rächt sich, und sein Mutterwitz siegt über die Vertreter aller übrigen Stände. Großes Interesse erweckt die alte Überlieferung von dem sagenhaft schlauen Markolf, der mit seinen Reden und Schwänken sogar den weisen Salomo gehörig abführt (*Salomo und Mar-*

kolf), indem er in schw.hafter Handlung Rätselfragen und sprichwörtliche Weisheiten ins Lächerliche kehrt. Die Sage schöpft aus einer lat. Quelle (letztlich auf die Sprüche Salomonis im AT. zurückgehend), wie verschiedene Prosa- und Reimfassungen seit dem 14. Jh. kund tun. Das Spruchgedicht beginnt mit einer Disputation und wird von Vers 604-1604 zur Schw.sammlung. Ein Anhang enthält einen Auszug aus einer früheren Fassung des ‚Spielmannsgedichts‘ *Salman und Morolf*. Schon die um 1160 abgefaßte *Vita* des Erzbischofs Albero von Trier des Geistlichen Baldericus verarbeitete das schw.hafte Morolf-Motiv; hier werden typische Morolf-Schw.e an die Gestalt des Erzbischofs gehängt, wieder ein Hinweis auf die Austauschbarkeit der Typen. Eine Prosabearbeitung der Markolf-Schw.e im 15. Jh. wird zu einem vielgelesenen und weit verbreiteten Volksbuch, mit dessen Erfolg eine gereimte Übertragung, die Gregor Hayden zu Ehren des Landgrafen Friedrich von Leuchtenberg in Bayern unternimmt, sich nicht messen kann.

Hans Folz gestaltete das Volksbuch, das sich von seiner Dialog-Struktur her leicht anbot, zum Fastnachtspiel, wie denn das F. allgemein seine Stoffe häufig aus mündlicher Schw.erzählung bezog. Aber ein andres klassisches Werk von gleicher Tendenz überschattet den Markolf: *Till Eulenspiegel*. Der Held dieser Schwänke, die der Weltlit. gehören, hat wahrscheinlich wie Neidhart, der Kalenberger und Peter Leu wirklich im 14. Jh. gelebt: von Haus ein Bauernbursche wohl aus dem Braunschweigischen, bald weit und breit berühmt als Held übermütiger, listiger Streiche. An Fürsten und Herren, an Pfaffen und Bauern kühlt er seinen Übermut in Späßen, die alle Töne vom feinen Witz bis zur plumpen Derbheit anschlagen. Am übelsten aber spielt er den Stadtbürgern, den behäbigen Handwerkern mit, die sich sonst so erhaben dünken über das dumme Bauernvolk. Er vollführt seine Streiche unter dem Deckmantel scheinbarer Torheit, indem er alle Aufträge wortwörtlich, nicht sinngerecht erledigt. Dabei zeigt seine Haltung eine eigenartige, aber dem niedersächsischen Charakter wesenhafte Mischung von ländlicher Schwerfälligkeit und pfiffiger Bauernschläue.

Der nd. Urtext ging verloren, nur hd. Ausgaben blieben erhalten, die älteste aus Straßburg vom Jahre 1515. Der *Eulenspiegel* wurde eines der beliebtesten Volksbücher und in viele Fremdsprachen übersetzt. Bis heute gehn seine Streiche im Volksmund um, wobei der alte Anekdotenheld immer neue Geschichten an sich zieht, wie das mit Schwänken, auch mit Anekdoten, Legenden, Witzen sehr häufig geschieht. Auch in ʻgebildeten Kreisenʼ wird noch immer gern das Volksbuch gelesen, dem Fischarts geschwätziges Reimwerk keinerlei Abbruch tun konnte. — Auch andere Landschaften haben sich in verschiedenen Zeiten um ihren ʻspeziellenʼ Eulenspiegel bemüht, was noch genauer untersucht werden sollte. So sei hier nur der ʻPfeffer von Stettenʼ (= David Pfeffer aus S.) — um 1750 — für den schwäbischen Raum erwähnt, von dem schwank-wie fazetienartige Geschichten erzählt werden, kritisch zumal gegen die Obrigkeit.

§ 12. Bis ins 16. Jh. bleibt die Form der hergebrachten kurzen Reimpaare in Übung. Der Zerfall der Form geht weiter: der Reimvers ist nur noch literarisches, nicht poetisches Mittel. Im 16. Jh. sucht H a n s S a c h s noch einmal im Bunde mit andern in seinen zahlreichen Schwänken die Versform zu retten; so gilt er manchen als der Vertreter eines letzten Höhepunkts des schwankhaften Märes. Er bevorzugt dabei die Technik der alten Reimpaarweise, wendet aber auch die Liedform (Meistersang) an. Seine Schwänke sind liebenswürdig, behaglich breit, mit moral-didaktischem Beschluß (auch hier ein Anklang an die mal. Blütezeit des Märenschwanks). Sie geben uns reichen Aufschluß über Volkssage und Volkssprache. Sehr viel ʻharmloserʼ als seine Nürnberger Vorläufer Rosenplüt und Folz, bestrahlt er die Kinder seiner Muse mit der Sonne echten Humors. Die Grenzen zur Fabel sind wie bei Burkhart Waldis und andern verwischt.

§ 13. Seit dem 15. Jh. verwenden die Schwankdichter Vers und Prosa nebeneinander. Wie beim Roman gewinnt die ungebundene Form immer mehr Raum, aber die gereimten Darstellungen behaupten sich nach wie vor. Die gleichen Schwänke werden bald in Versen, bald in Prosa erzählt. Den Strom des Prosaschw.s verstärkt dann seit der Mitte des 15. Jh.s ein breiter Zufluß, der einem ganz andern Quellgebiet entspringt: das ist die knapp gefaßte, scharf und witzig pointierte Scherzrede, die mit der Renaissancenovelle durch die Humanisten der dt. Lit. zugeführt wird. (Über Entstehung und Entwicklung jener Schwankart s. o. I 441 ff. *Facetie.*) Dieser neue Prosaschw., eine pikante Würze geselliger Unterhaltung, erobert in schnellem Siegeslauf die Zuneigung weiter Kreise. Selbst in die theologische Streit- und Lehrschrift wie in die Predigt (z. B. Geilers von Kaisersberg) schlüpft er ein. Auch zur Verflüssigung trockner Historie ist er ein wirksames und willkommnes Mittel, wie das Beispiel der einst viel gelesenen *Zimmerischen Chronik* (16. Jh.) beweist. Kulturgeschichtlich sind die alsbald zu Büchern vereinigten Fazetien höchst bedeutsam: sie geben reichen Aufschluß über die Sitten der Zeit, zumal über das Leben und Treiben der Geistlichen, Bürger und Bauern, der Landsknechte und Fahrenden. Aber die hohe Kunstform des ital. Vorbilds (Poggio) erreicht der dt. Ableger nicht entfernt, weil geistige Schulung und sprachliche Mittel der Nachahmer versagen. Aus dem humanistischen *facete dictum* wird je länger je mehr ein *facete factum:* nicht die Form wirkt nach, nur der Stoff, der dann zu handlungsreicher, behäbig ausladender Darstellung aufgeschwellt wird. Schließlich bevorzugt man auch für den Inhalt dt. Schnurren, wie sie in der gelehrten Welt und im Volksmund umliefen.

Das tut auch Deutschlands bedeutendster Fazetist, der Tübinger Professor Heinrich B e b e l in seinen lat. *Facetien* (drei Bücher 1508/12). Seine Stoffe schöpft er aus dem umlaufenden schwäbischen Witzgut. Stilgefühl und Formwille sind humanistisch. Entsprechend den sprachlichen Möglichkeiten des Lat. sind diese ‚Witze‘ in der lat. Fassung länger und dadurch schwanknäher, als sie es in der Ausgangsmundart wären, die besonders knapp zu formulieren vermag. Durch ‚Rückübersetzen‘ einiger *Facetien* Bebels hat Antony dies jetzt anschaulich gezeigt. Eine frühe Übersetzung der *Facetien* ins Dt.: die *Geschwenck* (16. Jh.) macht durch Handlungserweiterung wie durch teilweise Umwandlung des *facete*

dictum zum *facete factum* Schwänke daraus. Bebel ist der einzige Fazetist in Deutschland, der das heiter überlegne Kunstspiel der ital. Renaissance-Fazetie geistig und schöpferisch beherrscht. Nur einer, gleichfalls ein Tübinger Professor und Humanist, der den Witz in froher Runde oder als schneidende Waffe im Streit der Meinungen liebte wie kein zweiter, hätte sich mit Bebel messen können, hätte nicht ein tragisches Ende ihm vorzeitig die schreiblustige Feder entwunden: Nicodemus F r i s c h l i n. Drastische Knappheit, zwingende, auf reinen Wortwitz gespitzte Pointen kennzeichnen den Stil der kleinen, ein Jahrzehnt nach seinem Tode erschienenen Fazetiensammlung. Nachgeahmt wurden sie noch vielfach. So von Burkhart W a l d i s (1490-1556), der die Stoffe zu seinen Reimpaarschwänken (den 400 Fabeln im *Esopus* 1548 abgeschlossen) z. T. aus Bebel und Frischlin zieht.

§ 14. Gegen die formal reife Kunst der beiden Tübinger Lateinpoeten fallen die dt.sprachigen Schwankerzähler samt und sonders ab, der eine mehr, der andre weniger. Von den frühsten Versuchen eines S t e i n h ö w e l und T ü n g e r in den 70er und 80er Jahren des 15. Jh.s, dem ersten Sammler P a u l i (*Schimpf und Ernst* 1522), über W i c k r a m (*Rollwagenbüchlein* 1555), F r e y (*Gartengesellschaft* 1556), M o n t a n u s (*Wegkürzer* 1557), *Der Gartengesellschaft zweiter Teil* 1559/66), S c h u m a n n (*Nachtbüchlein* 1559), K i r c h h o f f (*Wendunmut* 1563, wo versucht wird, alles, was an Schwänken damals bekannt war, gleichsam enzyklopädisch in fast 2000 Nummern zu sammeln) bis zu H e r t z o g (*Schildwacht*): nichts, was der Kunstform der lat. Facetie vergleichbar wäre. Nur Michael L i n d n e r, der Verfasser des *Rastbüchleins* und *Katzipori* (1558), müht sich redlich, die echte Fazetie für die dt. Sprache zu retten, indem er überflüssige epische und moralisierende Wucherungen auszuscheiden und die Wirkung seiner Schwänke auf den Wortwitz, das facete dictum, zu stellen strebt.

Im Inhalt sind diese Schw.sammler durchweg nicht eben wählerisch: die gleichen Erzählungen werden immer erneut gepreßt: so greifen fast alle Sammlungen insbesondere auf Pauli zurück, der auch endgültig die angehängte Moral ausscheidet. Die für jene Zeit und Gattung unvermeidliche Derbheit feiert, vielfältig abgestuft, höchste Triumphe. Sie alle werden dann wieder gehörig ausgeschrieben für das 1597 in Straßburg gedruckte *Lalebuch:* ein Strauß lustiger Geschichten über allerhand kleinbürgerliche und bäurische Narrenstreiche, die der Erzähler in der Dorfgemeinde zu Laleburg spielen läßt. Das *Lalebuch* seinerseits bearbeitet ein hessischer Redaktor, Hans Friedrich von Schönberg, für einen Frankfurter Verleger, wobei der Schauplatz nach dem sächsischen Städtchen Schilda verlegt wird. Unter dem neuen Titel *Die Schildbürger* (1598) macht das Buch nun seinen erfolgreichen Weg, während eine abermalige Bearbeitung und Erweiterung, *Der Grillenvertreiber* (1603), ein schaler, abgestandener Aufguß, wenig Liebhaber findet.

Auch die alten Lügengeschichten leben fort: darunter eine große Zahl von L ü - g e n s c h w ä n k e n, die durch die Behandlung wirklicher, d. h. möglicher Lügen und Aufschneidereien von Lügenmärchen geschieden werden, wobei die Grenzen fließend sind. Sie sind besonders volkstümlich und ranken sich nicht selten um ein Sprichwort. Durch seinen Cannstatter Schlosser oder Schmied trägt Bebel viel zur weiteren Verbreitung der Lügenschw.e bei, die er aus mündlicher Tradition schöpfte. Kirchhoff greift Bebelsches 'Lügengut' auf, in der *Zimmerschen Chronik* erscheint es, und auch Abraham a Santa Clara gestaltet eine Reihe von Lügenschw.en. Eine Sonderform, die Jagdlüge, tritt greifbar im *Eulenspiegel* auf, auch bei Hans Sachs finden sich Anklänge, Anspielungen auf bekannte Lügenschw.e. Ähnlich spielt Fischart in der Form von sprichwörtlichen Redensarten auf jene an. Solche stark verkürzten Formungen sind nur möglich, wenn dieses Erzählgut als bekannt vorausgesetzt werden konnte. Eine Zentrierung solcher Aufschneidereien auf eine Person ist der *Finkenritter,* ein um 1560 gleichfalls in Straßburg erschienenes Volksbuch, das die tollsten Narrenstreiche überbieten möchte. Diese Schw.gattung hält sich bis ins 18. Jh., wo der gestrandete hannoversche Professor Erich Raspe mit seinem Buch *Baron Münchhausens Erzählungen seiner wunderbaren Reisen und Kriegsabenteuer in Rußland* (London 1785, durch Bürger 1786 aus dem Englischen übersetzt) der dt. Lügendichtung ihren volkstümlichsten Helden schenkt.

§ 15. Auch im 17. Jh. lebt neben den galanten und Abenteuerromanen der Schw. aller Schattierungen fort, bald von tonangebenden Dichtern wie Zincgref, Dach, Taubmann gepflegt, bald von unbekannten Sammlern zu Büchern vereinigt. Auch das Predigtmärlein erlebt jetzt eine neue Blüte in der Erbauungslit., besonders bei Abraham a Santa Clara, aber auch in die Historienbücher der Zeit findet es Eingang. In einer Zeit, wo nach Goethes Ausspruch ein Kranz von Anekdoten und Maximen den größten Schatz für den Weltmann bedeutete, waren neben den Komplimentierbüchern und Briefstellern die Schw.- und Sprichwortsammlungen ein begehrter literar. Behelf für den gesellschaftlichen Verkehr. Doch mußte das Plätschern im seichten Gewässer der geselligen Unterhaltung den kernhaften Charakter des Schw.s verweichlichen und auflösen. Ein Verfall, den auch ein Werk wie *Der Teutschen scharpfsinnige kluge Sprüch,* Z i n c g r e f s literarische Hauptleistung, die *Apophthegmata* (1626), nicht aufhalten kann: lustige Anekdoten, geistreiche Wendungen und Wortspiele, schlagfertig im Gedanken und Wort, im Stil der besten alten Schwanküberlieferung. Eine ganze Reihe von Schw.n findet man auch bei Johann Jacob Christoffel von Grimmelshausen, eingefügt in die *Dritte Materia* des *Abenteuerlichen Simplicissimi Ewig-währenden Kalenders* (1670).

Zumal in der dünnen Luft der Gelehrtenstube, von pedantisch nüchterner Gelehrtheit bedrückt, will die alte volkstümliche Gattung nicht recht mehr gedeihen. Umsonst macht Zincgref schon in seinen Schulpossen, den *Facetiae Pennalium* (1618), gegen das banausische, überhebliche Gelehrtentum, gegen alle Auswüchse der Pedanterie und Plattheit Front. So vertrocknet viel in der Dürre gespreizter Gelehrsamkeit.

§ 16. Erst der verfeinerte Geschmack des 18. Jh.s gräbt die wertvolleren alten Schwanksammlungen wieder aus oder versucht durch Neuformung die abgestorbene Dichtgattung wieder zu beleben. Gottfried

August Bürger etwa greift auch auf Schwankstoffe zurück, so z. B. in seiner Ballade *Der
Kaiser und der Abt*, wie er auch sonst Vorliebe für Volkstümliches zeigte. Johann
Heinrich Voß gestaltet in seinen z. T. volkstümlichen Gedichten Fabliaux-Stoffe. A. F.
E. Langbein (1751-1835) formt den Inhalt italienischer Novellen, französischer
Fabliaux und dt. Scherzreden in einer
eigengearteten Mischung von Prosa, Reimvers und dramatischer Dialogtechnik zu
zwei Schw.Bänden (1792), die bis 1816 dreimal aufgelegt werden. Auch in den bekannten *Erzählungen des Rheinischen Hausfreundes* (1811) von Johann Peter Hebel
sind schw.hafte Anekdoten gesammelt.

Das 19. wie das 20 Jh. haben — abgesehen von den in § 5 berührten Abarten des
Schelmenromans — so gut wie keine zeitgenössische neue originäre Schw.inhalte geschaffen. Es wird fast ausschließlich Altes
tradiert, leicht modernisiert, ohne neue Ausdrucksformen. Mit einer Ausnahme: Bertolt
B r e c h t , der, wie gelegentlich vermerkt,
auch sonst Erneuerungen volkstümlicher
Formen suchte. Der Zyklus *Geschichten
vom Herrn Keuner* (1930/32) enthält neben
Fabel-, Exempel-, Aphorismus-Formen auch
eulenspiegelisch gestaltete Erzählungen in
geschliffener, fazetienartiger Form. In den
Geschichten finden sich fünf Eulenspiege-
leien: prägnant geformt, eignen sie sich für
Brecht gut zur Zeitkritik im Gewande historischer „Verfremdung". In seiner ersten
Geschichte stellt er seinen „Eulenspiegel"
gleichsam als denjenigen vor, der durch ein
zufälliges Erlebnis seine Haltung ändert
und sich nunmehr auf Seiten der Bauern
gegen die Feudalherren stellt (anders als
der historische). In zweien der Geschichten
aber betrügt er (wie der historische) Bauern,
und zwar in der Rolle eines herrschaftlichen
Leibarztes und eines Richters, um den
Bauern Verhaltensweisen dieser Obrigkeit
klarzulegen, ihren Haß zu schüren. Der
Brechtsche Eulenspiegel legt seine Absichten
offen. Motive aus dem Original-Eulenspie-
gel sind geschickt eingefangen: die Rolle
eines Arztes spielt der „echte" Eulenspiegel
einigemale, und auch das Hühnermotiv begegnet im Original. Ganz ähnlich — in der
Art Brechts — sehen Christa und Gerhard
W o l f *(Till Eulenspiegel*, 1974) ihren Eulenspiegel. Ein von Inhalt wie Form her neuer

Versuch, die Gestalt und ihren historischen
Hinter- wie Untergrund darzustellen. Die
Erzählung — in szenischer Reihung — ursprünglich als Vorlage für einen Film gedacht, läßt den Till einige Jahrzehnte später,
in der Umbruchzeit von Bauernkrieg und
Reformation leben. Wie auch bei Brecht
sollen heutige soziale Zustände dabei erkannt und kritisiert werden: „Ich glaubte,
mich oft unter Zeitgenossen zu bewegen;
das — so hoffen wir — sollte auch der Leser
oder Filmzuschauer empfinden" (Chr. Wolf).
Eulenspiegel übt sich hier, zeitbedingt wie
notgedrungen, zunächst in der „List der
Schwachen", vermag sich aber zur „Kunst
des Narren" zu steigern. In der Art des
originären E. führt er Bischof und Junker,
Handwerker und Kaufmann an der Nase,
spielt teilweise (wie der Brechtsche) die Rollen derer, deren Tun er bloßstellt. Auch der
Wolfsche E. nimmt die Gegenspieler häufig
beim Wort, führt manches wortwörtlich aus
und so ad absurdum. Nicht selten kommentiert er seine Streiche mit einem Sag- oder
Sprichwort. Anhand einer großen Zahl bald
schwank-bald fazetien- oder anekdotenhafter
Episoden, durch geraffte Zeitgemälde verbunden, wird der Lebensweg Tills, des
Bauernsohns dargestellt, für den sein listig-
närrisches Verhalten der einzige Weg ist,
selbst zu überleben und zugleich dem von
ungerechter Obrigkeit unterdrückten Volk
die Augen zu öffnen und zu eigenem Tun
und Verändern anzuregen.

Mancher mag die zeit- wie sozialkritische
Rolle Tills für überzeichnet und die Bearbeitung (vornweg 3 Marx-Engels-Zitate)
für ideologisch verfärbt halten. Auf jeden Fall
faßt diese Interpretation und Deutung Momente des originären E. geschickt und ge-
strafft.

Kein Aufguß alter Schwank-Ausgaben, vielmehr ein moderner Versuch, Anekdoten um
eine zeitgenössische, schlagfertige und witzige
Persönlichkeit darzustellen, wurde von Walter
Henkels versucht: *Doktor Adenauers gesammelte Schwänke* (1966). Der Stoff hätte sich unschwer zu prägnanten, treffenden modernen Fazetien, geschliffen in der Pointe gestalten lassen.
Wobei die Pointe zumeist in der raffinierten Art
liegt, Kompliziertes so stark vereinfacht darzustellen, daß das Moment der Erheiterung neben
dem der plötzlichen Erkenntnis schwieriger
Sachverhalte, Anschauungen liegt. Leider erzählt Henkels umständlich, schwerfällig, zerstört
die Pointe oft durch ungeschickte wie unnötige
Erklärungen und bringt auch, in falsch verstan-

dener Hochschätzung der Persönlichkeit Adenauers, banale Geschichten reiz- wie witzlosen Gehalts.

§ 17. Bis in unsere Tage werden einige der alten Schwänke, voran der *Eulenspiegel*, immer wieder neu aufgelegt, einzeln und in Verbindung mit anderen Schwänken, in Ausgaben, die sich ausdrücklich an breite Schichten wenden. (Daneben laufen selbstverständlich Ausgaben mit rein wissenschaftlichem Anliegen weiter.) So, nur einige zu nennen, z. B. *Die Volksbücher von Till Eulenspiegel, Hans Clawert und den Schildbürgern* (1962), *Drei deutsche Volksbücher,* die sieben weisen Meister, Fortunatus, Till Eulenspiegel enthaltend, (1969). Auch fotomechanische Nachdrucke älterer Ausgaben wie das *Narrenbuch* Felix Bobertags (nachgedr. 1964) entstehen, mit *Der Pfarrer von Kalenberg, Peter Leu, Neidhart Fuchs, Salomon und Markolf, Bruder Rausch,* oder, ebenfalls von Bobertag (1967 nachgedr.) *Vierhundert Schwänke des 16. Jh.s* mit zu ihrer Zeit bekannten Schwänken und schwankhaften Erzählungen, die noch heute Interesse finden können. Bobertag nannte seine Absichten im Vorwort, geschrieben in Breslau 1884 (im *Narrenbuch*): „Mögen die alten Schnurren, . . . den guten Zweck, den ihre ersten Verfasser ausgesprochenermaßen im Auge hatten, Erheiterung zu verschaffen und durch Lachen die Gesundheit zu befördern, auch jetzt noch erreichen." Auch wird versucht, die Schwank-Mären des MA.s breiteren Schichten wieder nahezubringen, wie das Hanns Fischer in *Schwankerzählungen des dt. MA.s* (ausgewählt und übersetzt, 1967) tut, mit dem Anliegen: „Es kam mir darauf an, die alten Geschichten ohne Verzicht auf den Anspruch philologischer Zuverlässigkeit in einer Weise wiederzugeben, die dem von germanistischer Gelehrsamkeit unvorbelasteten Leser unserer Tage eine Ahnung ihres ursprünglichen Reizes vermittelt." Doch gibt es auch weniger geglückte Versuche, die nicht dazu beitragen, altes heimisches Erzählgut dem Leser heute in geeigneter Form vertraut zu machen. Ein Beispiel dieser Art: *Von argen Weibern und gewitzten Tölpeln. Eine Auswahl aus den Facetien des Henricus Bebelius* (1972); nach der Bebelübersetzung von Wesselski ausgewählt, einseitig in der Auswahl und

ohne Einführung und Erläuterung. Daneben stehen andere, gut aufgemachte und kommentierte Ausgaben von Schwänken, etwa *Bauern, Gauner, lose Weiber. 165 derbe Schwänke* (1969) überwiegend aus Wickram, Pauli, Frey, Montanus, die aber keinen Einblick in die breite Schwankstoff-Fülle vermitteln, sich thematisch sehr begrenzen und dadurch leicht ein einseitiges Bild bieten. Dieser Art sind auch Ausgaben wie *Trolldreiste Geschichten der Deutschen* (1965), die nur den erotischen Schwank berücksichtigen.

§ 18. Zielstrebig geht die Wissenschaft heute der Frage nach, was an altem Erzählgut noch gegenwärtig aus alter Erzähltradition lebendig ist. Fast immer wird damit die Frage nach außerliterar. Schwankgut allgemein, auch in frühen Epochen, verquickt: so z. B. Hufeland: „Sicher hat es eine außerliterar. Schwanküberlieferung zu jeder Zeit gegeben, wie sie es auch heute noch gibt." (S. 150), und Röhrich (*Erzählungen des späten MA.s*): „Übereinstimmungen zwischen der Strickerschen Version und der noch neuzeitlichen dt. mündlichen Tradition legen vielmehr den Schluß nahe, daß der Stricker aus der zeitgenössischen Volksüberlieferung geschöpft hat" (I, 289). Daß der Stricker das getan haben kann, sei unbestritten, immer wurden umlaufende Witze, Episoden aller Art dichterisch umgeformt, man denke z. B. an Bebel. In alten Zeiten lief besonders viel Erzählgut um. Daß in Beichtspiegeln des 8. und 9. Jh.s das Vergnügen an den *fabulae otiosae* und *turpes joci* mit Bußstrafen belegt wurde, setzt solche auch damals voraus. Daß aber diese Ähnlichkeiten eine kontinuierliche außerliterar. Volksüberlieferung von damals bis heute nahelegen, ist doch wenig wahrscheinlich. Sicher legt sich jede Zeit lebendiges Erzählgut jeder Art zurecht, gestaltet aus und um, landschaftlich wie individuell. Röhrich führt einige volkhafte Erzählungen durch die Jahrhunderte und die Landschaften als Beispiel vor, einschließlich noch ungedruckter neuzeitlicher Varianten aus dem Zentralarchiv der dt. Volkserzählung in Marburg. Hier ist noch viel zu wenig erforscht. Solche Vergleiche auf breiter Basis könnten sehr aufschlußreich sein, zeigen sie doch Wanderungen und Behandlung einzelner Motive durch die Jahrhunderte. So ist der Schwank von der widerspenstigen Frau in fast allen Sammlungen vertreten, in der Barockzeit auch im Predigtmärlein zu finden und im ndt. Raum im *Eulenspiegel*-Zyklus enthalten. Auch die Veilchen-Episode, Ausgangspunkt und Kristallisationskern aller *Neidhart*-Schwänke, erwies sich durch die Jahrhunderte lebendig, erfuhr viele Bearbeitungen und Nachdichtungen, wurde z. B. auch auf Friedrich den Großen übertragen und wird auch heute als sogenannte 'mündliche Volkserzählung' aufgezeichnet. Eine fortlaufende Volksüberlieferung von alter Zeit bis heute dürfte aber kaum gegeben sein. Sicher wurde das volkstümliche Erzählgut durch Generationen hindurch mündlich weitergegeben und war so lange Zeit ungebrochen lebendig. Der starke soziale Wandel im modernen technischen Industriestaat, die Auflösung der Großfamilie, Landflucht u. dergl. haben hier einen Traditionsbruch bewirkt. Und manches, das heute als „Volksüberlieferung" aufgezeichnet wird, mag Nacherzähltes, von Groß- oder Urgroßeltern Gehörtes sein, das diese aus Schullesebüchern oder Kalendern hatten, also: Gelesenes, das mündlich verbreitet wird, liegt wohl doch da vor, wo es sich um Märchen, Schwänke usw. handelt, die schon lange vielfältig gedruckt waren. Auch Elfriede Moser-Rath *(Gedanken zur historischen Erzählforschung)* vermerkt kritisch, daß „der Einfluß von Literatur auf die orale Tradition von vielen nach wie vor für gering geachtet wird" (S. 69), wobei als Hauptstütze dieser These angeführt werde, daß bis weit ins 19. Jh. ein großer Prozentsatz der Bevölkerung nicht lesen konnte. Dagegen aber wäre einzuwenden, daß es genügte, wenn e i n e r im Dorf lesen und damit vorlesen konnte.

Auch die Frage nach den Erzählern, den Vermittlern wird selten gestellt. Neuere Arbeiten zum Thema hinterfragen den Sozialstatuts dieser Personengruppen und in den 'Reisenden' früherer Zeiten, den Studenten, Handwerksburschen, Saisonarbeitern, Soldaten, Bettlern die „eigentlich wichtigen Träger oraler Tradition" (E. Moser-Rath), S. 75). Zu ergänzen wäre, daß diese Gruppen selbstverständlich auch Erzählgut aus gedruckten Quellen mündlich weitergeben konnten. Ungebrochene mündliche Tradtion bis in jüngste Zeit mag es nur in Insellagen geben, wie sie etwa in der Gottschee oder in anderen dt. Siedlungen Osteuropas beobachtet und registriert wurden. Hier konnte sich, abgeschlossen vom übrigen dt.-sprachigen Raum, in fremdsprachiger Umgebung, eine sehr alte Erzähltradition bis in unsere Tage gehalten haben. So ist die Kassetten-Ausgabe vom Volkskunde-Tonarchiv Freiburg, *Ungarndt. Märchenerzähler* besonders aufschlußreich, weil hier auch in Textheften die Erzähler-Persönlichkeiten und ihre Umwelt plastisch vorgeführt werden und zum anderen die Gebiete bekannt sind, aus denen die Vorfahren der Erzähler einst nach dem Osten gewandert sind. Sie zeigen auch die alte, ursprüngliche Erzählgemeinschaft 'Dorf' auf. In ihm ist an eine Vielfalt im kleinen zu denken: gruppenspezifisches Erzählgut ist erkennbar. Familieneigene wie individuelle Erzählweisen- und Erzählformen stehen neben Schwankgut, wie es in Spinnstuben umlief oder den Kindern erzählt wurde, usw. Auch hier ist noch viel zu wenig untersucht.

„Tradiertes Erzählgut als Medium der Bewußtseinsbildung ist meines Wissens noch kaum angeschnittenes Problem" schreibt E. Moser-Rath (s. o. S. 81) zurecht. Sie sieht, daß Schwänke sich dazu eignen, bestimmten Gesellschafts-Standes-Berufsgruppen, ganzen Völkern „einen Stempel aufzudrücken, ein oft sehr zählebiges Image entstehen zu lassen, das nun seinerseits zum Problem werden kann." (S. 79/80). Man denke dabei nur an den 'gehörnten Ehemann', den 'diebischen Müller', den 'geizigen Schotten', den 'dummen Ostfriesen', den 'versoffenen Deutschen' u. ä., das kaum mehr auszurotten ist.

Was für die Schwankforschung vorrangig fehlt, ist einmal eine durchgreifend nach Zeiten gestufte soziologische Durchleuchtung des Schwankgutes mit einer gründlichen, gleichfalls zeitlich gestuften Fassung der Motive. Nötig ist aber auch eine umfassende hist.-krit. Auswahl aus alter Zeit bis zur Gegenwart, mit Dokumenten aller Arten und Formungen, wie sie anhand der hier gegebenen Übersicht geplant und nun vorbereitet wird.

Aus dem Reallex. sind folgende Artikel heranzuziehen: *Dörperliche Dichtung* (G. Rosenhagen/H. Sparnaay), *Einfache Formen* (W. Mohr), *Exempel* (Ed. Neumann/J. Klapper). *Facetie* (G. Bebermeyer), *Frühnhd. Lit.* (G. Bebermeyer), *Maere* (H. Niewöhner), *Narrenlit.* (G. Bebermeyer), *Novellistik, mhd.* (H. Fischer). — Die Lit.geschichten zeigen den Wandel in der Beurteilung und Wertung des Schw.s vom 19. Jh. bis heute: S c h e r e r - W a l z e l, E h r i s - m a n n, Schlußbd.; Günther M ü l l e r, *Dt. Dichtung von d. Ren. bis zum Ausg. d. Barock* (1927-29; HdbLitwiss.); Wolfgang S t a m m l e r, *Von d. Mystik zum Barock* (2. Aufl. 1950; Epochen d. dt. Lit. 2,1); d e B o o r - N e w a l d Bd. 3,1, 5 u. 6. — Zum Versschw. des MA.s grundlegend: Hanns F i s c h e r, *Studien z. dt. Märendichtung* (1968), Untersuchungen, Bibliographie, Regesten. — Zum Volks-Schw.: Leopold S c h m i d t, *Die Volkserzählung. Märchen. Sage. Legende. Schw.* (1963).

Aus den Realienbüchern der Sammlung Metzler sind folgende Bände zu nennen: Erich S t r a ß n e r, *Schwank* (1968; Nr. 77), Erwin L e i b f r i e d, *Fabel* (2. Aufl. 1973; Nr. 66), Helmut R o s e n f e l d, *Legende* (3. Aufl. 1972; Nr. 9), Max L ü t h i, *Märchen* (4. Aufl. 1971; Nr. 16), Bert N a g e l, *Meistersang* (2. Aufl 1971; Nr. 12), Mathilde H a i n, *Rätsel* (1966; Nr. 53), Lutz R ö h - r i c h, *Sage* (2. Aufl. 1971; Nr. 55).

Zur Phänomenologie des Schw.s: André J o l l e s, *Einfache Formen. Legende, Sage, Mythe, Rätsel, Spruch, Kasus, Memorabile, Märchen, Witz* (1929; 2. Aufl., durchges. v. A. Schossig 1956; Neudr. 1968). Kurt R a n - k e, *Einfache Formen,* in: Fischer-Lexikon. Literatur 2,1 (1965) S. 184-200. Stith T h o m p s o n, *Antti Aarnes: The Types of the Folk-Tale . . . transl. and enlarged* (Helsinki 1928; FFC. 74). Walter A n d e r s o n, *Kaiser und Abt* (Helsinki 1923; FFC. 42). Antti A a a r n e, *Schw.e über schwerhörige Menschen* (Helsinki 1914; FFC. 20). — A. O l - r i k, *Epische Gesetze d. Volksdichtung.* ZfdA. 51 (1909) S. 1-12. — A. W e s s e l s k i, *Formen d. volkstümlichen Erzählguts.* Die dt. Volkskunde, hg. v. A. Spamer 1 (1934) S. 216-248. K. W a g n e r, *Formen d. Volkserzählung.* In: Volkskundliche Ernte. H. Hepding dargebr. (1938; GießBtrDtPhil. 60) S. 250-260. Kurt S c h i e r, *Zur Funktion von Volkserzählungen.* Internat. Kongreß d. Volksliedforscher (Berlin 1961) S. 370-377. Kurt R a n k e, *Kategorienprobleme der Volksprosa.* Fabula 9 (1967) S. 4-12. Mathilde H a i n, *Die Volkserzählung. E. Forschungsbericht.* DVLG. 45 (1971) Sonderh., S. 243*-274*. N. H o p s t e r, *Epische Kurzformen.* Taschenbuch des Deutschunterrichts, hg. v. E. Wolfrum (1972). — Hermann B a u s i n - g e r, *Formen d. 'Volkspoesie'* (1968; Grundlagen d. Germanistik 6). Ders., *Sage - Märchen - Schw.* Deutschunt. 8 (Stuttgart 1956) H. 6, S. 37-43, Ders., *Schw. u. Witz.* Stud. Generale 11 (1958) S. 699-710. Ders., *Bemerkungen zum Schw. u. zu seinen Formtypen.*

Fabula 9 (1967) S. 118-136. Ders., *Schildbürgergeschichten. Betrachtungen zum Schw.* Deutschunt. 13 (1961) H. 1, S. 18-44. E. L o e w e n t h a l, *Schw.dichtung* (1894; SBAkWien 130,2). — Kurt R a n k e, *Schw. u. Witz als Schwundstufe,* Festschr. Will-Erich Peuckert (1955) S. 41-59. Siegfried N e u m a n n, *Schw. u. Witz.* Lĕtopis. Jahresschrift d. Inst. f. sorbische Volksforschung C 6/7 (1963/64) S. 328-335. Ders., *Sagwörter im Schw., Schw.stoffe im Sagwort,* Volksüberlieferung. Festschr. f. Kurt Ranke (1968) S. 249-266. — Ludwig Felix W e b e r, *Märchen u. Schw. E. stilkrit. Studie zur Volksdichtung.* Diss. Kiel 1904. R. P e t s c h, *Wesen u. innere Form d. Volksmärchens.* Nddt. Zs. f. Volkskde 15 (1937) S. 1-25. Max L ü t h i, *Das europäische Volksmärchen. Form u. Wesen* (3. Aufl. 1968; Dalp-Taschenbücher 351). Ders., *Es war einmal. Vom Wesen d. Volksmärchens* (3. Aufl. 1968; Kl. Vandenhoeck-Reihe 136/37). Ders., *Europäische Volksliteratur.* Weltliteratur u. Volksliteratur, hg. v. Albert Schaefer (1972; Beck'sche Schwarze Reihe 93) S. 55-79. — Hildegard K o r n h a r d t, *Exemplum. E. bedeutungsgeschichtliche Studie.* Diss. Göttingen 1936. H. B a u s i n g e r, *Zum 'Beispiel',* Volksüberlieferung. Festschr. f. Kurt Ranke (1968) S. 9-18. — H. P o n g s, *Die Anekdote als Kunstform zwischen Kalendergeschichte u. Kurzgeschichte.* Deutschunt. 9 (Stuttgart 1957) H. 1, S. 5-20. E. B e n d e r, *Schw. u. Anekdote.* Ebda, S.55-67. E. M o s e r - R a t h, *Anekdotenwanderungen in der dt. Schw.lit.,* Volksüberlieferung. Festschr. f. Kurt Ranke (1968) S. 233-247. Dies., *Gedanken zur historischen Erzählforschung.* ZfVK 69 (1973) S. 61—81. — A. W e l l e k, *Zur Theorie u. Phänomenologie d. Witzes.* Stud. Generale 2 (1949) S. 171-182. — Wilh. N a w r a t h, *Facetie u. Schw. Ein Vergleich.* Sprache und Sprachhandeln, Festschrift G. Bebermeyer (1974) S. 115-129. — Lutz R ö h r i c h, *Teufelsmärchen u. Teufelssagen,* in: *Sagen u. ihre Deutung.* Evangel. Forum 5 (1965) S. 28-58. Hannjost L i x f e l d, *Volkserzählungen von der dualistischen Tierschöpfung durch Gott u. d. Teufel.* Diss. Göttingen 1966. Fritz H a r k o r t, *Tiervolkserzählungen.* Fabula 9 (1967) S. 87-99. Dietz-Rüdiger M o s e r, *Schwänke um Pantoffelhelden und die Suche nach dem Herrn im Hause.* Fabula 13 (1972) S. 205-292. Carl M ü l l e r - F r a u - r e u t h, *Die dt. Lügendichtungen bis auf Münchhausen* (1881; Nachdr. 1965). — Will-Erich P e u c k e r t, *Dt. Volkstum in Märchen u. Sage, Schw. u. Rätsel* (1938; Dt. Volkstum 2). — Siegfried N e u m a n n, *Soziale Konflikte im mecklemburg. Volksschw.* Masch. vervielf.) Diss. Berlin (Humboldt-Univ.) 1961.

Robert P e t s c h, *Wesen u. Formen d. Erzählkunst* (2. Aufl. 1942; DVLG., Buchr. 20). Hugo K u h n, *Gattungsprobleme d. mhd. Lit.* SBAkMünchen 1956, 4 (wiederholt in: Kuhn, *Dichtung u. Welt im MA.,* 1959,

S. 41-61). Ders., *Zur Typologie mündlicher Sprachdenkmäler.* SBAkMünchen 1960, 5 (wiederholt in: Kuhn, *Text u. Theorie*, 1969, S. 10-27). Friedr. R a n k e , *Zum Formwillen u. Lebensgefühl in d. dt. Dichtung d. späten MA.s.* DVLG. 18 (1940) S. 307-327. — Hans F r o m m , *Komik u. Humor in d. Dichtung d. dt. MA.s.* DVLG. 36 (1962) S. 321-339. Volker S c h u p p , *Die Mönche von Kolmar. E. Beitr. zur Phänomenologie u. zum Begriff d. schwarzen Humors.* Festgabe Friedrich Maurer (1968) S. 199-222. Gerhard E i s , *Spielmann u. Buch als Helfer in schweren Stunden*, in: Eis: *Vom Werden altdt. Dichtung* (1962) S. 76-93. — Friedr. Wilh. E b e l i n g , *Zur Geschichte der Hofnarren* (3. Aufl. 1883). H. W e i d h a s e , *Das aktualisierte Lachen. Zur mal. Märe vom Schneekind.* Sprache und Sprachhandeln. Festschrift G. Bebermeyer (1974) S. 61-88. Siegfried N e u m a n n , *Volksprosa mit komischem Inhalt. Zur Problematik ihres Gehalts u. ihrer Differenzierung.* Fabula 9 (1967) S. 137-148. Lutz R ö h r i c h , *Deutschunterricht u. Volkskunde.* Deutschunt. 13 (Stuttgart 1961) H. 1, S. 77-112. *Projekt Deutschunterricht*, H. 1, hg. v. Heinz Ide: *Kritisches Lesen. Märchen. Sage. Fabel. Volksbuch* (1971), darin u. a. H. H. H i l d e b r a n d t , *Sozialkritik in der List Till Eulenspiegels.*

Z u r G e s c h i c h t e d. S c h w . s : Forschungsbericht: Johannes J a n o t a , *Neue Forschungen z. dt. Dichtung d. Spätma.s (1230-1500) 1957-1968.* DVLG. 45 (1971) Sonderheft, bes. Kapitel VIII *Weltl. Kleinepik*. — Carl Friedrich F l ö g e l *Geschichte der komischen Litteratur* (1784). Hermann W e i ß e r , *Die dt. Novelle im MA. auf d. Untergrunde d. geistigen Strömungen* (1926). Edith W o l f , *Die Komposition d. Versnovelle d. ausgehenden MA.s.* (Masch.) Diss. Wien 1932. Hans L a n g , *Zur Entwicklung d. mhd. Versnovelle.* (Masch.) Diss. München 1951. Helmut d e B o o r , *Lit.gesch.* III, 1 Kap. IV *Kleinepik.* Heinz R u p p , *Schw. u. Schw.dichtung in d. dt. Lit. d. MA.s.* Deutschunt. 14 (Stuttgart 1962), H. 2, S. 29-48. Klaus H u f e l a n d , *Die dt. Schw.dichtung des Spätma.s. Beiträge z. Erschließung u. Wertung d. Bauformen mhd. Verserzählungen* (Bern 1966; Basler Studien z. dt. Spr. u. Lit. 32). Arend M i h m , *Überlieferung u. Verbreitung d. Märendichtung im Spätma.* (1967; Germanist. Bibl.) Hanns F i s c h e r , *Studien z. dt. Märendichtung* (1968). Karl-Heinz S c h i r m e r , *Stil- u. Motivuntersuchungen zur mhd. Versnovelle.* (1969; Hermaea NF. 26). Werner S c h r ö d e r , *Additives Erzählen in der Mären-Überlieferung.* Zeiten u. Formen in Sprache u. Dichtung. Festschr. f. Fritz Tschirch zum 70. Geb. (1972) S. 187-202. — Wolfgang P f e i f f e r - B e l l i , *Mönche u. Ritter, Bürger u. Bauern im dt. Epos des Spätma.s* (1934). Irmgard M e i n e r s , *Schelm u. Dümmling in Erzählungen d. dt. MA.s* (1967; Münchener

Texte u. Unters. z. dt. Lit. d. MA.s 20). Hellmuth R o s e n f e l d , *Die Entwicklung der Ständesatire im MA.* ZfdPh. 71 (1951/52) S. 196-207.

Hans Robert J a u ß , *Untersuchungen z. mal. Tierdichtung* (1959; Zs. f. roman. Phil., Beih. 100). Max W e h r l i , *Vom Sinn d. mal. Tierepos.* GLL. NF. 10, (1956/57) S. S. 219-228. Klaus G r u b m ü l l e r , *Dt. Tierschw. im 15. Jh. Ansätze zur Typenbildung in d. Tradition d. 'Reinhart Fuchs'.* Werk - Typ - Situation. Hugo Kuhn zum 60. Geburtstag (1969) S. 99-117.

Frauke F r o s c h , *Schwankmären u. Fabliaux. Ein Stoff- u. Motivvergleich.* Diss. Tübingen 1972 (mit Bibliographie). Josef B é - d i e r , *Les Fabliaux* (4. éd. Paris 1925). Bruno B a r t h , *Liebe u. Ehe im afranz. Fabel u. in d. mhd. Novelle.* (1910; Pal. 97). Per N y k r o g , *Les Fabliaux. Etude d'histoire littéraire et de stylistique médiévale* (Copenhagen 1957). Knut T a g e b y , *Les Fabliaux.* Orbis Litt. 12 (1957) S. 85-98. Hermann T i e m a n n , *Bemerkungen zur Entstehungsgeschichte der Fabliaux.* Roman. Forschgn. 73 (1960) S. 406-422. Ders., *Die Entstehung d. mal. Novelle in Frankreich* (1961; Europa-Kolleg Hamburg. Schr.reihe z. europ. Integration. Sonderdr. 19). Jean R y c h n e r , *Contribution à l'étude des fabliaux: variantes, remaniements, dégradations.* 2 Bde (Genève 1960; Univ. de Neuchâtel, Recueil de travaux publ. par la Fac. des lettres 28). Ders., *Les fabliaux: genre, styles, publics.* In: *La littérature narrative d'imagination. Des genres littéraires aux techniques d'expression. Colloque de Strasbourg 1959* (Paris 1961). Jürgen B e y e r , *Schw. u. Moral. Untersuchungen z. afranz. Fabliau u. verwandten Formen.* (1969; Studia Romanica 16).

Clair B a i e r , *Der Bauer in d. Dichtung d. Strickers.* Diss. Tübingen 1938. Hanns F i - s c h e r , *Strickerstudien. E. Beitrag zur Lit.-gesch. d. 13. Jh.s.* (Masch.) Diss. München 1953. Erhard A g r i c o l a , *Die Komik der Strickerschen Schw.e, ihr Anlaß, ihre Form, ihre Aufgabe.* (Masch.) Diss. Leipzig 1954. Ders., *Die Prudentia als Anliegen der Strikkerschen Schw.e.* PPB. (Halle) 77 (1955) S. 197-220. Wolfgang S p i e w o k , *Der Stricker u. d. Prudentia.* Wiss. Zs. d. Univ. Greifswald 13 (1964) S. 119-126. Martin W i e r s c h i n , *Einfache Formen beim Stricker? Zu Strickers Tierbispel u. s. kurzen Verserzählungen.* Werk - Typ - Situation. Hugo Kuhn z. 60. Geburtstag (1969) S. 118-136. Bernh. S o w i n s k i , *'Die drei Wünsche' des Stricker. Beobachtungen zur Erzählweise und gedanklichen Struktur.* Zeiten u. Formen in Sprache u. Dichtung. Festschr. f. Fritz Tschirch zum 70. Geb. (1972) S. 134-150. Hanns F i s c h e r , *Zur Gattungsform des 'Pfaffen Amis'.* ZfdA. 88 (1957/58) S. 291-299. Gustav R o s e n h a g e n , *Der 'Pfaffe Amis' des Strickers.* Festgabe Gustav Ehrismann (1925) S. 149-158. — Michael C u r s c h m a n n , Zur literarhistor. Stellung Herrands von Wildonie. DVLG. 40 (1966) S. 56-79. — Bernhard S o w i n s k i , Helmbrecht der Narr. PBB. (Tüb.) 90 (1968) S. 223-242. — Franz B r i e t z m a n n , Die böse Frau in d. dt. Litt. d. MA.s. (1912; Pal. 42). Hans-Friedr. R o s e n f e l d , Mhd. Novellenstudien. I. Der Hellerwertwitz. II. Der Schüler von Paris. (1927; Pal. 153). Hans W i n t e r s t e t t e r , Die mhd. Novelle 'Irregang u. Girregar'. E. philol. Untersuchung auf textkrit. Grundlage (Hsl.) Diss. München 1923. — Karl E u l i n g , Studien über Heinrich Kaufringer (1900; Germ. Abhandlgn. 18). — Edmund W i e ß n e r , Metzen Hochzeit' u. Heinrich Wittenwilers 'Ring'. ZfdA. 74 (1937) S. 65-72. Ders., Das Gedicht v. d. Bauernhochzeit u. Heinrich Wittenwilers 'Ring'. ZfdA. 50 (1908) S. 225-279. Rich. B r i n k m a n n , Zur Deutung von Wittenwilers 'Ring'. DVLG. 30 (1956) S. 201-231. — Johannes D e m m e , Studien über Hans Rosenblüt. Diss. Münster 1906. Helmut F i l i p , Untersuchungen zu Hans Rosenplüt. (Masch.) Diss. München 1953. — Rudolf H e n s s , Studien zu Hans Folz (1934; GermSt. 156). Hanns F i s c h e r , Hans Folz. Altes u. Neues z. Geschichte s. Lebens u. s. Schaffens. ZfdA. 95 (1966) S. 212-236.

Jacob Faiwusch R a b b i n o w i t s c h , Probleme d. Neidhartforschung. E. Untersuchung über das Verhältnis zw. Neidhartliedern u. Pseudoneidharten. Diss. Amsterdam 1928. Konrad G u s i n d e , Neidhart mit dem Veilchen (1899; Germanist. Abhdlgn. 17). — A. L. S t i e f e l , Über die Quellen der Fabeln, Märchen u. Schw.e des Hans Sachs. In: Hans Sachs-Forschgn. Festschr. z. 400. Geburtstagsfeier des Dichters (1894) S. 33-192. Anton Z i r n , Stoffe u. Motive bei Hans Sachs in s. Fabeln u. Schw.n. (Masch.) Diss. Würzburg 1924.

Wilhelm S c h e r e r , Die Anfänge d. dt. Prosaromans u. Jörg Wickram aus Colmar (1877; QF. 21). Paul H e i t z und Fr. R i t t e r , Versuch einer Zusammenstellung d. dt. Volksbücher d. 16. u. 17. Jh.s (1924). Fritz S t r o h , Volksbuchprobleme. DuV. 36 (1935) S. 78-81. Walter H e i s e , Die dt. Volksromane von Fortunatus bis zum Simplizissimus in ihrer poet. Struktur. (Masch. vervielf.). Diss. Göttingen 1953. Wolfgang S t a m m l e r , Von mal. dt. Prosa. In: Stammler, Kl. Schriften z. Lit.gesch. d. MA.s (1953) S. 43-67. Ders., Mal. Prosa in dt. Sprache. Stammler Aufr. Bd. 2 (2. Aufl. 1960) Sp. 749-1102. — Gustav B e b e r m e y e r , Tübinger Dichterhumanisten. Bebel, Frischlin, Flayder (1927; Neudr. 1968). P. A n t o n y , Studien z. Heinrich Bebels 'Facetiae' u. ihren Übersetzungen. Sprache und Sprachhandeln, Festschr. G. Bebermeyer (1974) S. 89-114. — A. L. S t i e f e l , Zur Schw.-litt. im 16. Jh. ArchfNSprLit. Bd. 94 (1895) S. 129-148. Ders., Zur Schw.dichtung im 16. u. 17. Jh.

Zfvgl.Litt. NF. 12 (1898) S. 164-185. Gerhard K u t t n e r , Wesen u. Formen d' dt. Schw.lit. d. 16. Jh.s. (1934; GermStud. 152; Neudr. 1967). Erwin V o ß , Lebensbezüge von Fabel u. Schw. im 16. Jh. (Masch.) Diss. Rostock 1945. Heinz K i n d e r m a n n , Die dt. Schw.bücher d. 16. Jh.s. (1929; Heimatblätter d. dt. Heimatbundes Danzig 6,3). Marieluise H e l d Das Narrenthema in d. Satire am Vorabend u. in d. Frühzeit d. Reformation. (Masch.) Diss. Marburg 1945. Hans R u p p r i c h Zwei österr. Schw.bücher. Die Geschichte d. 'Pfarrers vom Kalenberg' - 'Neithart Fuchs'. Sprache als Weltgestaltung. Festschr. Herbert Seidler (1966) S. 299-316. — Eduard K a d l e c , Untersuchungen zum Volksbuch vom Ulenspiegel (1916; PrgDtSt. 26). Wilhelm M e r i d i e s , Die Eulenspiegelgestalt in d. dt. Dichtung bis auf d. Gegenwart. (Masch.) Diss. Breslau 1924. Werner H i l s b e r g , Der Aufbau des Eulenspiegel-Volksbuches von 1515. E. Beitrag z. Wesen d. dt. Schw.lit. Diss. Hamburg 1933. E. S i e l a f f , Zur Gesch. u. Bedeutung d. Volksbuches von Till Ulenspiegel. Wiss. Zs. d. Univ. Rostock. Ges. u. sprachw. Reihe 6 (1956/7) S. 27-71. — Stefan E r t z , Aufbau u. Sinn des Lalebuches. Diss. Köln 1965. H. T r ü m p y , Die Hintergründe d. Schw.buchs von den Lalebürgern. Festgabe Hans von Greyerz (1967) S. 759-86. — Johannes B o l t e , Zur Schw.lit. d. 16. u. 17. Jh.s Tijdschr. 38 (1926) S. 75-96. Ders., Beiträge z. Gesch. d. erzählenden Litt. d. 16. u. 17. Jh.s Tijdschr. 13 (1894) S. 1-16; 85-94. Ders., Zur Schw.lit. d. 16. u. 17. Jh.s Tijdschr. 38 (1926) S. 75-96. Aug. Gustav Ferdinand G e r h a r d , Peter de Memels Lustige Gesellschaft nebst e. Übersicht über die Schw.litt. d. 17. Jh.s. Diss. Heidelberg 1893. Hans G u m b e l , Zur dt. Schw.lit. im 17. Jh. ZfdPh. 53 (1928) S. 303-346. — Herbert W o l f , Predigterzählgut. Deutschunt. 14 (Stuttgart 1962) H. 2, S. 76-99. L. P f l e g e r , Predigtmärlein aus Geilers Predigten. Els.-Lothr. Heimat 11 (1931) S. 35-39. Johannes B o l t e , Predigtmärlein Johann Paulis. Alemannia 10 (1888) S. 34-53 u. 233. Elfriede M o s e r - R a t h , Predigtmärlein der Barockzeit. Bayer. Jb. f. Vk. 1957, S. 129-143. Dies., Predigt u. Volksüberlieferung. Intern. Kongreß d. Volkserzählforscher (1961) S. 206-213. Dies., Predigtmärlein d. Barockzeit. Exempel, Sage Schw. u. Fabel in geistlichen Quellen d. obdt. Raumes. (1964; Fabula Beih. A 5). Wilhelm B r a n d t , Der Schw. u. d. Fabe bei Abraham a Sancta Clara. Diss. Münster 1923. — Elfriede M o s e r - R a t h , 'Schertz und Ernst beysammen'. Volkstüml. Erzählgut in geistl. Schriften d. 18. Jh.s. ZfVk. 61 (1965) S. 38-73. — R. H ü n n e r k o p f , Mal. Erzählgut bei Joh. P. Hebel. Oberdt. Zs. f Vk. 4 (1930) S. 122-127.

Ausgaben. Wissenschaftl. Texte: Notker Balbulus, Gesta Karoli, hg. v. H. F. H a e f e l e . (1959; MGH. Script. rer. Germ.

NS, 19). *Ysengrimus,* hg. v. Ernst V o i g t, (1884). *Unibos* u. andere lat. Schw.e in: Karl L a n g o s c h, *Waltharius, Ruodlieb, Mär-chenepen. Lat. Epik d. MA.s mit dt. Versen* (1956). Albert W e s s e l s k i, *Mönchslatein. Erzählungen aus geistl. Schriften d. 13. Jh.s* (1909). *Egbert von Lüttich, Fecunda ratis,* hg. v. Ernst V o i g t (1889). — *Das mhd. Gedicht vom Fuchs Reinhart,* hg. v. Gustav B a e s e k e. 2. Aufl. bes. v. Ingeborg S c h r ö b l e r (1952; AdtTextbibl. 7). — Joseph v o n L a ß b e r g, *Lieder Saal, das ist Sammelung altteutscher Gedichte.* 4 Bde (1820-25; Neudr. 1968). Friedr. Heinr. v o n d e r H a g e n, *Narrenbuch* (1811). Ders., *Gesamtabenteuer* (1850; Neudr. 1961). *Neues Gesamtabenteuer . . . Die Sammlung der mhd. Mären u. Schw.e des 13. u. 14. Jh.s.* Bd I, hg. v. Heinrich N i e w ö h n e r (1937; 2. Aufl. v. Werner S i m o n. Mit den Les-arten besorgt von Max B o e t e r s u. Kurt S c h a c k s (Dublin u. Zürich 1967). Adal-bert v o n K e l l e r, *Erzählungen aus altdt. Handschriften* (1855; BiblLitV 35). Hans L a m b e l, *Erzählungen u. Schw.e* (1872; 3. Aufl. 1883; Dt. Classiker d. MA.s 12). Gustav R o s e n h a g e n, *Kleinere mhd. Er-zählungen, Fabeln u. Lehrgedichte. III. Die Heidelberger Hs. Cod. Pal. Germ. 341.* (1909; DTMA. 17). — Lutz R ö h r i c h, *Erzäh-lungen d. späten MA.s u. ihr Weiterleben in Lit. u. Volksdichtung bis zur Gegenwart.* 2 Bde (1962 u. 1967). — Heinz M e t t k e, *Fabeln u. Mären von dem Stricker* (Halle 1959; AltdtTextbibl. 35). Hanns F i s c h e r, *Der Stricker. Verserzählungen.* Mit e. An-hang: *Der Weinschwelg.* (1960; AltdtTexs-bibl. 53), seit 2. Aufl. in 2 Bd.n (AltdtText-bibl. 53 u. 68), 3. Aufl. v. Johannes J a n o t a (1973). Ute S c h w a b, *Der Stricker, Tier-bispel.* (2. Aufl. 1968; AltdtTextbibl. 54). Hanns F i s c h e r, *Herrand von Wildonie, Vier Erzählungen.* (1959; AltdtTextbibl. 51). Karl H e l m, *Daz buoch von dem übeln wîbe.* 1955; AltdtTextbibl. 46; 2. Aufl. v. Ernst A. E b b i n g h a u s (1968). Cornelie S o n n t a g, *Sibotes 'Frauenzucht'. Krit. Text u. Untersuchungen* (1969; Hamburger Phi-lol. Studien 8). Karl E u l i n g, *Heinrich Kaufringers Gedichte.* (1888; BiblLitV.182). Edmund W i e ß n e r, *Der Bauernhochzeits-schwank. Meier Betz u. Metzen Hochzeit.* (1956; AltdtTextbibl. 48). — Ders., *Heinrich Wittenwilers Ring.* (1931; DtLit.). Ders., *Kommentar zu Heinrich Wittenwilers Ring.* (1936; DtLit.). — Hanns F i s c h e r, *Eine Schweizer Kleinepiksammlung aus d. 15. Jh.* (1965; AltdtTextbibl. 65). Ders., *Hans Folz. Die Reimpaarsprüche.* (1961; Münchener Texte u. Unters. z. dt. Lit. d. MA.s 1). Ders., *Die dt. Märendichtung des 15. Jh.s.* (1966; Münchener Texte u. Unters. z. dt. Lit. d. MA.s 12); darin Nr. 15-25 Hans Rosenplüt. Jacob B a e c h t o l d, *Einundzwanzig Fa-beln, Schw.e u. Erzählungen des 15. Jh.s.* Germania 33 (1888) S. 257-283. Carl H a l t -a u s, *Liederbuch der Clara Hätzlerin* (1840,

DNL. 8; Neudr. 1966). — H. O e s t e r l e y, *Steinhöwels Esopus.* (1873; BiblLitV. 117). Gustav B e b e r m e y e r, *Heinrich Bebels Facetien. Drei Bücher* (1931; BiblLitV. 276; Nachdr. 1967). Karl G o e d e k e, *Schw.e d. 16. Jh.s.* (1879). Felix B o b e r t a g, *Narren-buch. Der Pfarrer vom Kalenberg - Peter Leu - Neithart Fuchs - Salomon u. Markolf - Bruder Rausch* (1884; Neudr. 1964). Ders., *Vierhun-dert Schw.e d. 16. Jh.s.* (1887; Neudr. 1964). Victor D o l m a y r, *Die Geschichte d. Pfar-rers vom Kalenberg.* (1907; NDL. 211-14). P. H e i d e l b a c h, *Hessische Schw.e d. 16. Jh.s.* (1951). T. R a e h s e, *Hans Clawerts Werckliche Historien von Bartholomäus Krü-ger* (1882; NDL. 33). — H. K n u s t, *Eu-lenspiegel* (1885; NDL. 55-56). Willy K r o g -m a n n, *Ulenspiegel. Krit. Textausgabe* (1952; Drucke d. Ver. f. nddt. Sprachfschg. 11). Ders., *Die nddt. Ausgaben d. 'Ulen-spiegel',* PBB. (Tüb.) 78 (1956) S. 235-301. Wolfgang L i n d o w, *Ein kurtzweilig Lesen von Dil Ulenspiegel. Nach dem Druck v. 1515.* (1966; Reclams Univ. Bibl. 1687/ 88 b). — Gustav B e b e r m e y e r, *Die Mühle von Schwindelsheim des Th. Murner. Hist. krit. Ausgabe.* (1922; Krit. Gesamtausg. Elsäss. Schriftsteller d. MA.s u. d. Reforma-tionszeit 4). — *Volkserzählung u. Reforma-tion. E. Handbuch zur Tradierung u. Funk-tion volkstüml. Erzählstoffe im Protestantis-mus.* Hg. v. W. B r ü c k n e r. (1974). H. O e s t e r l e y, *Paulis Schimpf u. Ernst.* (1866; BiblLitV 85). Johannes B o l t e, *H. Pauli, Schimpf u. Ernst* 2 Bde (1924; Alte Er-zähler 1, 2). Ders., *Wickrams Rollwagenbüch-lein* (1903; BiblLitV. 229). Ders., *Freys Garten-gesellschaft* (1869; BiblLitV 209). Ders., *Mon-tanus' Wegkürzer* (1899; BiblLitV 217). K. J. B l ü m m l u. J. L a t z e n h o f e r, *Der Weg-kürzter des Martin Montanus (1557)* (1906). Jo-hannes B o l t e, *Martin Montanus' Schw.bü-cher 1557-1566* (1899). Ders., *Schumanns Nacht-büchlein.* (1893; BibLitV 117), L i c h t e n -s t e i n, *Lindners Rastbüchlein u Katzipori* (1883; BiblLitV 163). H. O e s t e r l e y, *Kirchhoff, Wendunmut* (1869; BiblLitV 95/ 99). — K. von B a h d e r, *Das Lalebuch (1597) mit d. Abweichungen u. Erweiterun-gen d. Schildbürger (1598) u. des Grillenver-treibers (1603).* (1914; NDL. 236-39). J. J. S l o m k a, *Das Lalebuch (1597.* (1959). J. L a t z e n h o f e r, *Schumanns Rastbüchlein und Montanus' anderer Teil der Gartenge-sellschaft* (1907). — E. G o e t z e u. C. D r e s c h e r, *Sämtliche Fabeln u. Schw.e von Hans Sachs.* 6 Bde (1893-1913; NDL. 110/117; 2. Aufl. 1953).

V o l k s s c h w. e, l a n d s c h a f t l i c h e S a m m l u n g e n. — Ernst M e y e r, *Schwaben* (1852). Josef H a l t r i c h, *Dt. Volksmärchen aus d. Sachsenlande in Sie-benbürgen* (1856; 2. Aufl. 1956). Anton B i r l i n g e r, *Volkstümliches aus Schwaben* 3 Bde (1861). Otto K n o o p, *Volkssagen, Erzählungen, Aberglauben, Gebräuche u. Märchen aus d. östl. Hinterpommern* (1885).

Franz Jos. B r o n n e r, *Bayerisches Schel-men-Büchlein* (1911). Paul L a n g, *Schnur-ren u. Schw.e aus Bayern* (1916). Paul W r i e d e, *Hamburger Volkshumor* (1919; 2. Aufl. 1966). Jan v. H a r t e n u. Karl H e n n i n g e r, *Niedersächs. Volksmärchen u. Schw.e* (1921). Heinrich G a t h m a n n, *Westfälisches Schw.buch* (1922). Theodor S e i d e n f a d e n, *Das rheinische Narren-schiff* (1924). Heinrich D i t t m a i e r, *Sa-gen, Märchen u. Schw.e von d. Insel Hidden-see* (1925). Gustav Friedr. M e y e r, *Plattdt. Volksmärchen u. Schw.e* (1925). Hertha G r u d d e, *Plattdt. Volksmärchen aus Ost-preußen* (1931). Dies., *Ostpreußische Mär-chen u. Geschichten*, hg. v. Gustav G r a n-n a s (1932). O. S c h w a r z i e n, *Memel-land* (1925). Alfred K a r a s e k - L a n g e r, *Deutschgalizische Sprachinselschw.e* (1928; Schaffen u. Schauen 4). Ders., *Schw.e u. Spottgeschichten a. d. dt. Sprachinseln Wol-hyniens* (1931). Wilhelm T s c h i n k e l, *Gottscheer Volkstum in Sitte, Brauch, Mär-chen, Sagen, Legenden u. anderen volkstüml. Überlieferungen* (Klagenfurt 1931). Gottfried H e n ß e n, *Der dt. Volksschw.* (1934; Volks-kundl. Texte 2). Ders., *Volk erzählt. Mün-sterld. Sagen, Märchen u. Schw.e* (1935; Ver-öff. d. volkskdl. Komm. d. Prov.-Inst. f. westf. Landes- u. Volkskd 3). Ders., *Sa-gen, Märchen u. Schw.e des Jülicher Landes. Aus d. Nachl. Heinr. Hoffmanns* hg. u ver-mehrt (1955; Dt. Volkstum am Rhein 6). K. W i n k l e r, *Oberpfälzische Sagen, Le-genden, Märchen u. Schw.e* (1936; 2. Aufl. 1960). F. A s m u s u. Otto K n o o p, *Kol-berger Volkshumor* (1937; Ostpommerscher Sagenschatz 4). M. Z e n d e r, *Volksmärchen u. Schw.e a. d. Westeifel.* 1935. Wilh. B o-d e n s, *Sage, Märchen u. Schw. am Nieder-rhein* (1937; Dt. Volkstum am Rhein 3). R. K u b i t s c h e k, *Böhmerwäldiches Spott-büchlein* (2. Aufl. 1943). Johannes K ü n z i g, *Unser Ätti erzählt. Märchen u. Schw.e aus d. Oberrheinlanden* (1943). Gustav J u n g-b a u e r, *Das Volk erzählt. Sudetendt. Sa-gen, Märchen u. Schw.e* (1943). Alfred W e i t n a u e r, *Lachendes Allgäu.* 3 Bde (2. Aufl. 1947). Fritz S p e c h t, *Niederdt. Scherze* (4. Aufl. 1954; Quickborn-Bücher 58). Gustav G r a n n a s, *Plattdt. Volkserzählungen aus Ostpreußen* (1957). *Volk aus d. Ordens-lande Preußen erzählt* (1960; Schriften d. Volkskunde-Archivs Marburg 8). Charlotte O b e r f e l d, *Volksmärchen aus Hessen* (1962; Beiträge z. Volkskde Hessens 1). Richard W o s s i d l o u. Siegfried N e u-m a n n, *Volksschw.e aus Mecklenburg* (3. Aufl. 1965; Veröff. d. Inst. f. Volkskde 30). Siegfried N e u m a n n, *Plattdt. Schw.e. Aus den Sammlungen R. Wossidlos* hg. (1968). *Ungarndt. Märchenerzähler.* 2 Kassetten (1959-71; Volkskunde-Tonarchiv Freiburg).

Ü b e r s e t z u n g e n ; p o p u l ä r e S a m m l u n g e n : — Robert F a l c k, *Wohlgefülltes Schatzkästlein dt. Scherzes u. Humors* (1884). Heinrich B e b e l, *Schw.e,*

übers. u. hg. v. Albert W e s s e l s k i, 2 Bde (1907). H. W. F i s c h e r, *Alte dt. Schw.e* (1907). Bernhard I h r i n g e r, *Dt. Schw.-buch* (1909). Albert W e s s e l s k i, *Dt. Schw.e* (1913). Heinrich M o h r, *Der Narren-baum. Dt. Schw.e aus 4 Jh.en.* (1917). Leon-hart F r i s c h l i n, *Dt. Schw.e* (1918). R o d a - R o d a u. Th. E t z e l, *Welt-Humor in 6 Bdn* (2. Aufl. 1925). Ernst T e g e t-h o f f, *Märchen, Schw.e u. Fabeln* (1925). Paul A l p e r s, *Alte dt. Schw.e* (1926; Wä-gen u. Wirken, Bd. 7). W. B r e i n e r s-d o r f, *Schimpf u. Ernst. Dt. Schw.e des 16. Jh.s.* J. W e i g e r t, *Dt. Volksschw.e d. 16. Jh.s.* (2. Aufl. 1919). Fritz W o r t e l-m a n n, *Alte Landsknechtsschw.e* (1925). Hermann G u m b e l, *Alte Bauernschw.e* (1925). Ders. *Alte Handwerksschw.e* (1928). Heinz K i n d e r m a n n, *Wend Unmut. Das Buch der dt. Schw.e* (1943). F. S i e b e r, *Dt. Schw.e* (1956). Helmut W i e m k e n, *Die Volksbücher von Till Ulenspiegel, Hans Cla-wert u. den Schildbürgern* (1962; Sl. Diete-rich 227). Wilh. H e n n i n g, *Die Gesch. d. Pfarrers vom Kalenberg. Hans Clawerts werckliche Historien. Das Lalebuch. Drei altdt. Schw.bücher* (1962; Heyno Paperbacks 7). F. S c h w a r z, *Tolldreiste Geschichten d. Deutschen* (1965). Curt V i s e l, *Von dem harten Orden der Eh. Alte dt. Schw.e* (1966). Hanns F i s c h e r, *Schw.erzählungen d. dt. MA.s*, hg. u. übers. (1967). Heinz G r o t h e, *Das neue Narrenschiff. Schw.e u. Anekdoten aus vier Jh.n* (1968). *Dein u. Mein. Gauner u. Schelmengeschichten d. europ. Lit.*, hg. v. Karl Andreas E d l i n g e r (1968). *Von argen Weibern u. gewitzten Tölpeln. Eine Ausw. a. d. Facetien des Henricus Bebelius* (1972) (Nach d. Übers. v. Wesselski). Richard B e n z, *Drei dt. Volksbücher. Die sieben weisen Meister. Fortunatus. Till Eulenspiegel* (1968; Die Bücher d. Neunzehn 177). A. C. B a u m-g ä r t n e r, *Bauern, Gauner, lose Weiber.* *165 derbe Schw.e* (1969).

Gustav Bebermeyer

Schweizerische Literatur

§ 1. Eine schweizerische „Nationallitera-tur" im eigentlichen Sinne gibt es nicht; denn das auf Schweizerboden erwachsene Schrifttum steht von Anfang an in engstem Bezug zum gesamtdeutschen. Der Begriff „schweiz. Lit." entspricht darin dem, was man als „österreichische Lit." bezeichnet. Literatur auf schweizerischem oder öster-reichischem Boden setzt nämlich ein, bevor eigentliche Nationalgrenzen feststehen. Das entbindet indessen nicht von der Erwä-gung, daß es eine besondere südalemann. Prägung seit karolingischer Zeit gegeben hat, wie sie sich denn auch schon in der sprachlichen Eigenarten ausdrückt. Es be-steht deshalb kein Anlaß, das vor der schweizer. Staatsbildung Entstandene von dem nach ihr Geschaffenen zu trennen. Aber auch seit der Entstehung der Eidgenossenschaft und des neueren schweiz. Staates bleibt die „schweiz. Lit." stets in fruchtbarer Spannung zwischen südalemannischer Eigenart und Anteil an der gesamtdt. Kultur.

Was die ererbten Züge der Herkunft anbetrifft, so mögen sie die späteren Schweizer noch mit ihren stammverwandten Nachbarn im alemannisch-schwäbischen Raum nördlich des Rheins verbinden. Der Oberrhein schafft da keine Grenzen. Die Zähringer, Kiburger und Habsburger überspannten ihn mit ihrem Besitz, ihren Burgen und Städten. Kirchlich herrscht Konstanz über die meisten nordschweizerischen Gebiete. Später bildet Basel einen Brückenkopf am Scheitel eines geistig-literar. Dreiecks Straßburg-Basel-Konstanz. Mystik wie Epik und Minnegesang sind mit ihrer nördlichen Nachbarschaft verbunden und verwandt. Einzig der Minnesänger Rudolf von Fenis-Neuenburg knüpft im Hochmittelalter direkt an den romanisch-burgundischen Kulturkreis an.

Von jeher waren allerdings in einer Art kirchlich-romanisch-germanischer Amalgamierung die Klöster Keimzellen literar. Schöpfung: Ebenbilder oder Ableger der transrhenanischen wie transjurassischen Gemeinschaften. Die erste Kunstart: der Tropus fand von Westen her Eingang in St. Gallen, die kunstvolle Sequenz griff von hier aus mächtig auf den Norden über. So gingen bodenständige Züge auf in der Helle der klösterlich-geistlichen Bildung, die ihrerseits aus jenen eine gewisse spezifisch geistige Form erhielt.

Wenn für die Schweiz der Umstand, daß bis heute die Mundart alle Gesellschaftsschichten eint, als charakteristisch angesprochen wird, so hat es doch auch hier bis ins spätere MA. noch keine eigentliche Mundartlit. gegeben. In die mhd. Lit. fließt Mundartliches erst nach und nach ein, so daß sich in Werken der hochhöfischen Zeit bekanntlich so gut wie keine Anhaltspunkte für die engere alemannische Heimat ihrer Verfasser gewinnen läßt.

Für eine Darstellung der ältesten schweiz. Lit. kommt ein letzter schwerwiegender Vorbehalt in diesem Zusammenhang hinzu.

Nicht nur, daß führende Namen von Notker bis Hadlaub zu ihrer Zeit noch nicht „offizielle" Schweizer waren: von einigen, insbesondere Hartmann von Aue, kennen wir die Herkunft immer noch nicht; andere wie Rudolf von Ems, Konrad von Würzburg oder Niklas von Wyle gehören der Literaturgeschichte der Schweiz nur mit entsprechender Reserve an; bei Werken wie dem *Waltharius* sind Herkunft und Verfasser unbestimmter denn je.

Historisch-biographisches Lexikon der Schweiz. Bd. 1-7 (1921-1934), nebst Suppl.-Bd. 1934. *Die Schweiz im dt. Geistesleben.* Hg. v. Harry M a y n c. Bd. 1-89 (1922-1943). Illustrierte Reihe Bd. 1-23 (1923-1936). — Bibliographie: Hermann S c h o l l e n b e r g e r, *Grundriß zur Gesch. d. dt.-schweizer. Lit.* (1919; Sonderabdr. aus Goedeke *Grundr.* Bd. 12, S. 2-183). — Robert W e b e r, *Die poetische Nationalliteratur d. dt. Schweiz.* Bd. 1-3 (1866-1867), nebst Forts. Bd. 4 (1876). Jakob B a e c h t o l d, *Gesch. d. dt. Lit. in der Schweiz* (1892). Heinrich Ernst J e n n y u. Virgil R o s s e l, *Gesch. d. schweiz. Lit.* 2 Bde (Bern, Lausanne 1910). Robert F a e s i, *Gestalten u. Wandlungen schweizer. Dichtung* (1922; Amalthea-Bücherei 29/30). Otto v. G r e y e r z, *Die Mundartdichtung d. dt. Schweiz* (1924; Die Schweiz im dt. Geistesleben 33). Josef N a d l e r, *Literaturgeschichte d. dt. Schweiz* (1932). Emil E r m a t i n g e r, *Dichtung u. Geistesleben d. dt. Schweiz* (1933). Fritz E r n s t, *Helvetia mediatrix* (1939; Schriften d. Corona 23). Albert B e t t e x, *Die Literatur d. dt. Schweiz von heute* (Olten 1949). Alfred Z ä c h, *Die Dichtung d. dt. Schweiz* (Zürich 1951). Guido C a l g a r i, *Storia delle quattro letterature della Svizzera* (Milano 1958), dt. Übers. (1966). Werner G ü n t h e r, *Dichter d. neueren Schweiz.* 2 Bde (1963-1968).

§ 2. Der nachmals schweizerische Raum tritt in die literar. Überlieferung ein mit dem Kloster S t. G a l l e n, dem südlichsten und ältesten Eckpfeiler einer alemann. kulturtragenden Kolonade Murbach - St. Trudpert - Reichenau - St. Gallen. Es wird führend in zwei Etappen, die sich literar. vor allem an die beiden Namen Notker I. und Notker III. heften und die als sein „goldenes" und „silbernes Zeitalter" bezeichnet worden sind (Duft). Aus der voraufgehenden Zeit seit der eigentlichen Klostergründung (um 719) und der Annahme der benediktinischen Regel (747) durch Abt Otmar († 759 als Gefangener auf der Rheininsel Werd b. Stein) tauchen wohl noch einige der vereinzelten, nachträglich überlieferten Spuren literar. Art auf, die mit mehr oder weniger Gewähr auf st. gallischen Ursprung hinweisen können (Sprichwörter, Spottverse, Spruchfragmente, der Haussegen einer Zürcher Hs., der Anfang eines Märleins von Hirsch und Hinde einer Brüsseler Hs.?, mit Bezug auf St. Otmar; *s. u. Lit.*). — Die besondere Bedeutung St. Gallens beruht auf dem Umstand, daß hier eine Bibliothek vom frühen MA. bis heute zusammenbleiben und sich auch nach der Aufhebung der Abtei 1805 erhalten konnte in einer Weise, die — im Hinblick auf die dt. Lit. zumal — einmalig ist. Sie dürfte schon um 800 einen verhältnismäßig beachtlichen Bestand aufgewiesen haben. Vermehrt wurde sie besonders seit 816 durch die Äbte Gozbert, Grimald, Hartmut, Salomon (†920). Ratperts Verzeichnis (*s. u.*) führt um die Jh.mitte 400 Bände auf. 830 legt Abt Gozbert auch den Grund zu einem größeren Kloster; 854 entfaltet es sich freier durch die völlige Unabhängigkeit von Konstanz als eine Art kleinstaatliche Gemeinschaft mit ihrer sozial abgestuften Umgebung und allem dazu gehörenden Gewerbe. Damals ist noch ein Teil jener irischen Miniaturwerke des 8. Jh.s (der *Libri scotice scripti*) nach St. Gallen gebracht worden und hat sich vor allem jene prächtige Initialen- und Miniaturmalerei des 9. Jh.s entfaltet (*Folchart-Psalter* usw.; § 3), denen sich zum 11. Jh. die Produktion immer noch namhafter Liturgiewerke (Hartker, Luitherus und bes. Gottschalk) zugesellen.

Nun hat an den Schätzen der St. Galler Stiftsbibliothek das Dt. nur einen verhältnismäßig sehr geringen Anteil. Man hat von ein paar dt. Inseln in der gewaltigen klassisch-literar. Hochflut gesprochen. Immerhin würde, sofern man auf Zahlenverhältnisse abstellen wollte, der errechnete Beitrag St. Gallens an die ahd. Lit. schätzungsweise ein Fünftel ihres Gesamtumfangs ausmachen (vom 9.-11. Jh. erscheint Dt.s in 93 St. Galler Hss. auf rund 3900 Seiten, wovon 2200 auf zusammenhängende Lit., der Rest auf Glossen entfallen; Brauer S. 81 u. 88). Schwerer als Zahlen wiegen für die Lit.-gesch. die Denkmäler selbst. Außer dem Heldenlied sind in St. Gallen sozusagen alle Gattungen vertreten. Wobei freilich nicht zu übersehen wäre, daß eine frühere Zugehörigkeit zu St. Gallen nicht in jedem Fall einfach aus den älteren Verzeichnissen

erkennbar ist. Ein Kleinod wie Notkers *Psalter* (Cod. Sang. 21) aus dem 12. Jh. stammt z. B. aus Einsiedeln, befand sich dort noch im 17. Jh., und das *Abecedarium Nordmannicum* (Cod. 878) ist erst im 18. Jh. nach St. Gallen gekommen. Denn auch in der Neuzeit, im 17. und besonders seit Mitte des 18. Jh.s erfuhr die Bibliothek erneute Betreuung durch besorgte Verweser (*vgl. Lit.* unter *Studer*). Der ältere Bestand könnte schon deswegen nicht genauer ermittelt werden, weil, wie aus Bemerkungen von Bibliothekaren hervorgeht, gelegentlich königliche und andere Besucher Bücher mitnahmen, von denen nicht alle zurückkehrten, oder weil solche ausgetauscht wurden — St. Gallen stand ja in Konfraternität mit anderen wichtigen Klöstern —, wodurch dann St. Gallen selbst zu Werken aus anderen Klöstern gekommen sein mag. Beispiel hierfür vielleicht der *Tatian* (s. u.), und aufschlußreich für solchen Austausch ein bekannter Passus im Brief Notkers des Deutschen an den Bischof Hugo von Sitten.

Neben versprengten frühen Zeugen wie dem archaisch anmutenden erwähnten Haussegen stehen da am Anfang die beiden überragenden ahd. Glossarien, die „zwei ersten dt. Bücher": noch vor 800 die St. Galler Version b des deutschen *Abrogans* (das „*Keron. Glossar*", Cod. Sang. 911; aus Murbach?), dem das *St. Galler Paternoster* und *Credo* angefügt sind (hierzu Baesecke, *Abrog.* S. 15), und der sog. *Vocabularius Sti. Galli* (nun auch die „*dt. Hermeneumata*" genannt, Sang. 913), der kurz danach irgendwie wohl auch über Murbach nach St. Gallen gelangt sein wird. Zusammen mit ihnen wären vorab die durch die Jh.e zahlreichen Glossen zu nennen, worunter die ältesten ahd. Glossen (Cod. 70), der älteste Codex des langobard. Gesetzes *Edictus Rothari* (Cod. 730) und die sog. *Malbergische Glosse* in der *Lex Salica* (Cod. 731) mit eingestreuten dt. (langobard. bzw. salfränk.) Wörtern, besonders rechtssprachlichen. In diesem Zusammenhang ist jetzt für das 7.-9. Jh. die durch neuere Forschungen, namentlich St. Sondereggers (*s. Lit.*), erst erschlossene sprachgeschichtliche Wichtigkeit einer Masse von St. Galler Urkunden, insbesondere auch der Vorakte, sowie der Prozeß- und der Verbrüderungsbücher mit ihrem reichen eingestreuten Namen- und dem ausbeutungsfähigen ahd. Sach- und Verwaltungswörtergut. Sodann beherbergt die Stiftsbibliothek die *ahd. Benediktinerregel* (Cod. 916) aus dem Anfang des 9. Jh.s, die aus Reichenau (Steinmeyer u. a. Daab), falls nicht aus St. Gallen selbst? (Roth Brauer) stammt, die einzige vollständige Hs. der ahd. *Tatian*übersetzung (Cod. 56), geschrieben um 830 in Fulda, in St. Gallen sicher im 13., wahrscheinlich im 10. Jh., vielleicht aber schon früher mitgebracht (vom Fulda-Schüler

Hartmuot?, dessen Verzeichnis den Cod. zwar nicht erwähnt), *St. Galler Glaube und Beichte I-III* (in Codd. 232.1394.338) und natürlich eine Sammlung von z. T. großartigen Codd. mit den Werken Notkers oder noch die lat. Übertragung von Ratperts *Galluslied im Liber Benedictionum* Ekkehards IV. (Cod. 393). Aus der mhd. Lit. kommen dann vor allem hinzu der berühmte Cod. 857 aus der Mitte des 13. Jh.s, enthaltend *Parzival D, Nibelungenlied und Klage B,* Strikkers *Karl L. Gr. C,* Wolframs *Willehalm K,* die Papierhs. a von 1471 mit Konrads *Trojanerkrieg* (Cod. 617).

Ahd. Zeit (St. Gallen): Paul v. W i n t e r -f e l d, *Dt. Dichter d. MA.s* (1913; 4. Aufl. 1922), Anh. I: *Die Dichterschule St. Gallens u. d. Reichenau,* S. 402 (414) ff. Sam. S i n -g e r, *Die Dichterschule von St. Gallen.* Mit e. Beitr. v. Peter W a g n e r: *St. Gallen in d. Musikgesch.* (1922; Die Schweiz im dt. Geistesleben 8). Peter W a g n e r, *Einf. in d. Gregorian. Melodien.* I: *Ursprung u. Entw. d. Liturg. Gesangsformen* (3. Aufl. 1911) S. 253 ff., 262 ff. (Notker), 277 ff. (Tutilo). Ga-briel M e i e r, *Gesch. d. Schule v. St. Gal-len im MA.* Jb. f. Schweiz. Gesch. 10 (1885) S. 33-127. Johannes D u f t, in: *Die irischen Miniaturen d. Stiftsbibl. St. Gallen,* hg. v. Joh. Duft u. Peter Meyer (Olten 1953), I (all-gem.-geschichtl.) Teil: Einl., S. 11 f.; über Gallus, S. 17 ff.; Otmar, S. 26 ff. — Joh. D u f t, *St. Otmar. Die Quellen zu s. Leben.* Lat. u. dt. (Zürich 1959; Bibl. Sangallensis 4), bes. S. 67 ff.; Lit. S. 81 ff. P. Laurenz K i l -g e r, *Vom Leben d. hl. Gallus.* Sankt Gallus Gedenkbuch, red. v. Joh. Duft (1952) S. 15-34. — Stefan S o n d e r e g g e r, *Das Ahd. d Vorakte d. älteren St. Galler Urkun-den.* ZfMda 28 (1961) S. 251-286. Ders., *Auf-gaben u. Probleme d. ahd. Namenkunde.* Na-menforschung. Festschr. f. Adolf Bach (1965), bes. S. 70 ff. (aufschlußreiche Auszüge aus d. St. Galler Profess- u. Verbrüderungsbüchern mit autograph. Einträgen seit d. 9. Jh.). Ders., *St. Gallen an der Wiege d. dt. Sprache.* in: *Die Alpen in d. europäischen Gesch.* (1965; Vor-träge u. Fschgn 10) S. 159-183 (mit zusam-mengef. Lit. z. Siedlungs- u. Klostergesch.). Herm. W a r t m a n n, *Urkundenbuch d. Abtei St. Gallen.* Th. 1-3 (Zürich 1863-82). Albert B r u c k n e r, *Die Vorakte d. älteren St. Galler Urkunden* (St. Gallen 1931). Ders., *Scriptoria medii aevi helvetica.* Bd. 2 u. 3 (Genf 1936 ff.). Paul P i p e r, *Libri confra-ternitatum Sti Galli* (1884; MGH). — James M. C l a r k, *The Abbey of St. Gall as a centre of literature and art* (Cambridge 1926). Ingeborg S c h r ö b l e r, *Die St. Galler Wis-senschaft um die Jahrtausendwende u. Gerbert v. Reims.* ZfdA. 81 (1944) S. 32-43. — Peter R ü c k, *Zur Basler Bildungsgeschichte im 12. Jh.* Freiburger Geschichtsbll. 52 (Frei-burg/Schw. 1963/64) S. 38-100 (Beziehungen zu St. Gallen mit Lit. S. 40 u. 75: Streiflich-ter auf Bildung d. Klerus in Kathedral- u. Klosterschulen über d. Verhältnisse in Basel hinaus). Paul S t a e r k l e, *Beiträge z. spät-mal. Bildungsgesch. St. Gallens* (St. Gallen

1939; Mittlgn. z. vaterländ. Gesch. 40). — Zur literar. Bedeutung St. Gallens s. auch: Reallex. I, S. 36 ff. Ferner: Ildefons v. A r x, *Gesch. d. Kantons St. Gallen.* Bd. 1 (St. Gal-len 1810). Otto F e g e r, *Gesch. d. Boden-seeraums.* Bd. 1 (1956; Bodensee-Bibl. 2) u. Ernst G a g l i a r d i, *Gesch. d. Schweiz.* Ausg. in 2 Bdn. Bd. 1 (1934) S. 100 ff.

Zu den Iren u. irischen Handschriften in St. Gallen: D u f t - M e y e r, *Die irischen Minia-turen* (s. o.) S. 28 ff., 44 ff. — Zur St. Galler Buchkunst ferner: Joh. D u f t, *Hochfeste im Gallus-Kloster* (1963; Kult und Kunst 1), mit weiterer Lit. Ders., *Der Bodensee in St. Galler Hss.* (2. Aufl. 1960; Bibl. Sangallen-sis 3). Adolf M e r t o n, *Die Buchmalerei von St. Gallen vom 9.-11. Jh.* (1912), Zitat S. 93. Albert K n o e p f l i, *Kunstgesch. d. Bodenseeraums.* Bd. 1 (1961; Bodensee-Bibl. 6). — P. Gall H e e r, *Joh. Mabillon u. d. Schweizer Benediktiner* (St. Gallen 1938). — Eduard S t u d e r, *Leonz Füglistaller, 1768-1840* (Freiburg, Schw. 1951; Zs. f. schweiz. Kirchengesch., Beih. 8), Leben u. germanist. Arbeiten (über die Bibliothekare: Jodocus Metzler, Hermann Schenk [Briefwechsel mit dem franz. P. Johannes Mabillon, der St. Gallen 1683 besuchte], Pius Kolb, Magnus Hungerbühler, Joh. Nepom. Hauntinger, Ildefons von Arz, Prälat Leonz Füglistaller [Briefwechsel mit Jacob Grimm] und über die ahd. Denkmäler in St. Gallen).

Bestände der Stiftsbibliothek: Franz W e i d -m a n n, *Gesch. d. Bibliothek v. St. Gallen seit ihrer Gründung um d. Jahr 830 bis auf 1841* (St. Gallen 1841/46, S. 364 ff. der älte-ste Bibl.-Kat. aus d. 9. Jh. Gustav S c h e r -r e r, *Verz. d. Hss. d. Stiftsbibliothek St. Gallen* (1875). Heinrich B r a u e r, *Die Bü-cherei von St. Gallen u. d. ahd. Schrifttum* (1926; Hermaea 17). Paul L e h m a n n, *Mal. Bibliothekskataloge Deutschlands u. d. Schweiz,* hg. v. Bayer. Akad. d. Wiss Bd. 1 (1917) S. 66 ff. ebenfalls der älteste St. Gal-ler Katalog, angesetzt um 850/60. Leo Cuni-bert M o h l b e r g, *Mal. Hss. Katalog d. Hss. d. Zentralbibliothek Zürich.* Bd. 1 (1951), das. Nr. 346 für den *Zürcher Haus-segen.*

Zu *Abrogans* und *Vocabularius Sti Galli* vgl. zunächst Herbert T h o m a: Reallex. Bd. 1, S. 583 ff.; zu den *Glossen* allgemein ebda. S. 579 ff.; zu den St. Galler Glossen-Beständen Stefan S o n d e r e g g e r, in: *Die Alpen in d europ. Gesch.* (s. o.), S. 178 ff.; zum *Edictus Rothari* Lit. ebda, S. 177; zur *Lex Salica* (Malberg. Gl.) E h r i s m a n n, Bd. 1, S. 263 und d e B o o r, Bd. 1 (5. Auf-lage) S. 41 u. 273.

Zu den Sprichwörtern, Spottversen, Segen u. ä.: MSD, Nr. 27, 1 (1-12 in zwei St. Galler Hss.: in St. Gallen, 9. Jh., in Zürich, 11. Jh.); 88 b *(Liubene* usw.), K ö g e l 2, 1, 164 (dass.), Elias S t e i n m e y e r, *Kl. ahd. Sprachdenkm.,* Nr. 82, 2 (dass.); K ö g e l, 165 *(Churo com* usw.), S t e i n m e y e r Nr. 82, 1 (dass.); Nr. 83 *(Chumo kiscreib);* Nr. 86

(So iz regenot); Nr. 75 (Haussegen *Uuola uuiht);* dass. MSD, II, S. 305, B r a u n e - H e l m - E b b i n g h a u s , *Ahd.* Leseb. XXXI, 5 u. Lit.; s. o. M o h l b e r g); Nr. 79 (Hirsch-Hinde-Fragm.); Samuel S i n g e r , *Alte schweiz. Sprichwörter.* Schweiz. Arch. f. Volkskde 20 (1916) S. 283 ff. Ders., ebda Fortsetzungen in d. Bänden 37-40 (1939-42). Für die einzelnen ahd. Denkmäler *(Abrogans, Vocabularius St. Galli, St. Galler Paternoster, Beichten, Benediktinerregel, Tatian, Galluslied* usw.) muß sonst global verwiesen werden auf die literaturgeschichtl. Handbücher, namentlich auch auf die Zusammenstellung im Brauneschen Lesebuch. — Zum Übersetzer von *Paternoster* und *Credo:* Werner B e t z , *Zum St. Galler Paternoster.* PBB. 82, Sonderbd. Festschr. E. Karg-Gasterstädt (Halle 1961) S. 153-156. Ders., *Zum St. Galler Credo.* Taylor-Starck-Festschr. (1964) S. 102-105. Ders., *Ahd kiscaft ‹creator›.* Münchener Studien z. Sprachwiss. 18 (1965) S. 5-11. Hans E g g e r s , *Dt. Sprachgesch.* Bd. 1 (1963; Rowohlts dt. Enzyklopädie 185/186) — Zur *Benediktinerregel:* Ausg. v. Ursula D a a b (1959; Adt Textbibl. 50). Dies., *Die Schreiber d. ahd. Benediktinerregel im Cod. sang. 916.* PBB 80 (Tübingen 1958) S. 379-403. Fr. v. d. L e y e n , *Die Schreiber d. ahd. Benediktinerregel im Cod. sang. 916.* Festgabe für L. L. Hammerich (Kopenhagen 1962) S. 153-160. — Zum *Abecedarium Nordmannicum.* MSD Nr. 5.

Unter den Kleinzeugen außerhalb St. Gallens und neben dem erwähnten Haussegen ist u. a. namhaft zu machen ein dt. Rezept gegen Gicht und ein lat. dt. Glossar in der sog. über 6 m langen *von Mülinenschen Rolle* der Berner Burgerbibliothek (Cod. 803, beschrieben in S t e i n m e y e r - S i e v e r s *Glossen.* IV, 385 f. und von A. B e c c a r i a , *I codici di medicina* usw. Roma 1965, S. 358 f. im Rahmen von anderen medizin. Hss. in Basel, Bern, Einsiedeln, St. Gallen, Zürich), jenes ediert bei S t e i n m e y e r , *Sprachdenkm.,* S. 384 f. (vgl. ebda. S. 375. 377 f.), dieses bei S t e i n m e y e r - S i e v e r s III, 492 ff. und 602 ff. Ferner: der Segen *contra rehin* am Ende des sog. *Zürcher Arzneibuches* (MSD II, S. 302, Steinmeyer Nr. 66, 1 m. Lit., E h r i s m a n n 1, 115, die Münchener Masch. Diss. 1958 von A.-M. W e b i n g e r bei d e B o o r 1, 277); weitere Segen MSD II, S. 286 (aus Muri), 283 (gefunden in Basel im 15. Jh.); oder noch die (mhd.) Denksprüche MSD Nr. 49, 1-3 (in Zürich, aus Schaffhausen?, dazu II, S. 312). Vgl. auch B a e c h t o l d , Anm. S. 5 f.

§ 3. Seine erste Blüte erlebt das Kloster im letzten Drittel des 9. und im ersten Jahrzehnt des 10. Jh.s durch das Dreigestirn R a t p e r t , N o t k e r , T u t i l o , um das sich einige weitere achtbare Namen scharen (ihre Lehrer wie der Thurgauer Iso, Verfasser von Viten und Kommentaren, oder

der sehr gelehrte Ire Moengal, genannt Marcellus, vordem Abt in Bangor; ferner Schüler wie der große, auch dichterisch tätige Salomon III., Abt und Bischof von Konstanz (890—920), sein Nachfolger Hartmann und Salomos Bruder Waldo, Erzbischof von Freising, Auftraggeber der Freisinger Otfrid-Hs.); denn die Bedeutung liegt auf der bildungsaktiven Kollektivität, nicht nur auf deren Spitzen. Der Zusammenhalt und das Niveau der Schulung und geistigen Tätigkeit ist hier im 9. Jh. so allgemein, daß es oft schwer hält, den Anteil des Schüler oder Mitbrüder am Werke des Lehrers festzustellen (Langosch, Verf.Lex. 5, 738 u. 771). Und diese Höhe beschränkt sich, wie angedeutet, nicht auf die Lit.; sie betrifft auch die Musik oder darstellende Kunst, insbesondere die Buchmalerei. Nach A. Merton *(s. Lit.)* war St. Gallen zwischen 820 und 890 Hauptsitz der künstlerischen Kultur, der von 950—1050 an Reichenau überging. Man denkt hier besonders an die *Wolfcoz-* und *Folchart-Psalter,* an die *Tutilo-*Tafeln und Sintrams *Evangelium longum,* zu dem Salomo die Initialen gemalt hat. Mit seiner Tonschrift aus Neumen + Buchstaben wirkt es in süddt. Klöstern und weiter über das von Guido von Arezzo aufgebrachte Vierliniensystem hinaus nach (P. Wagner, S. 15).

N o t k e r I., ‚der Stammler' (ca. 840-912), wird, obwohl er auch den Ehrennamen ‚der Dichter' trägt, mit gleich diskutierbaren Gründen einerseits von der dt. Lit.gesch. ausgenommen, zusammen mit der lat. ottonischen Lit. in genere, da sein — übrigens verschiedenartiges — Werk sich unseres Wissens in Erzeugnissen lat. Sprache erschöpft, andererseits ihr zugeordnet, weil seine „Geistigkeit in allem etwas Deutsches hat" (L. Wolff, S. 103). Seine überragende Bedeutung beruht bekanntlich auf den *Sequenzen,* deren Prinzip er übernommen haben wird (selbst wenn er, wie vermutet wird, von sich aus vorher schon auf ähnliches verfallen wäre), die er aber zu hoher, freier und einflußreicher Dichtung entfaltet hat. Während die franz. Sequenzbewegung in die Bahnen der lat. Hymnik einbog, eroberte die notkersche, letztlich auf die frühbyzantine Hymnik zurückgreifende Sequenzstruktur ihrerseits über die Reichenau hinweg die nördlicheren Lande. Da Notker die Allelujavokalisen auch melodisch erweitert hat, kommt ihm zugleich das Prädikat eines Komponisten — den ersten hat man ihn genannt — zu. Ihm selbst wird eine bald größere, bald weniger große Zahl solcher Sequenzen zugeschrieben. W. v. d. Steinen hält mit einer Anzahl von 40 die Mitte der Annahmen, was trotz seiner Kompetenz und Einführungsgabe begreiflicherweise noch immer keine Authentizitätsgewähr bieten kann. Umstritten sind sowohl in bezug auf Zuverlässigkeit wie auf die Autorschaft Notkers sodann immer noch die *Gesta Caroli Magni*, 55 Geschichten, anscheinend verfaßt im Auftrag Karls III. (d. Dicken) anläßlich eines Besuchs in St. Gallen 883. Die *Gesta* sind ein didaktisches Werk — Notker war Mönch, Dichter und Lehrer in einem —, „ein Fürstenspiegel in Exempelform" (Siegrist, S. 145), und in jedem Fall eine wertvolle Quelle für die Erkenntnis der Geisteshaltung und des Menschenbildes der ausgehenden Karolingerzeit (ebd. 146) mit zum Teil anekdotischem Lokaleinschlag. Dagegen ist Notkers Verfasserschaft für die nur fragmentarisch erhaltene *Vita Sti. Galli* und eines *Sermo St. Galli* seit v. Winterfeld und Strecker erwiesen. Jene ist eine Dichtung in ursprünglich drei Büchern und in Form eines Dialogs zwischen dem Verfasser und einem Schüler, inhaltlich anschließend an Walahfrids *Prosa-Gallusvita*, dieser wohl ein Einschiebsel in die *Vita* in Prosa. Die übrigen Werke Notkers müssen hier übergangen werden (vgl. Verf. Lex. 5, 738 ff.).

Notkers Altersgenosse T u t i l o (Tuotilo, † 918), ein künstlerisches Universalgenie, hat die Gattung der T r o p e n in ähnlicher Weise befruchtet wie Notker die Sequenz. Wie diese auf die Allelujajubilen gehen auch die Tropen auf textunterlegte Vokalisen zurück, machten sich dann aber durch stärkere Zusätze selbständiger, nicht immer vorteilhaft. Es sind freie Weiterbildungen in Text und Melodie zu den (ursprünglich allein als Tropen bezeichneten) Vokalisen der übrigen Messetexte. Tutilos Tropenwerk ist im einzelnen weniger aufgehellt als der *Liber Ymnorum* Notkers; ein halbes Dutzend wird von Ekkehard IV. mit den Anfängen bezeugt. Vielleicht bildet den Ausgang zu größerem Ausmaß der Kyrietropus, bekannt wurden besonders der Weihnachts- und der Ostertropus. Beide Gattungen enthalten einen dramatischen Keim durch die Verteilung auf zwei Chöre. Notker hat schon biblische Ereignisse in spielhafte, oft lebensnahe Episoden umgewandelt, und Tutilos Tropen bauen durch spätere Überlagerung zweier oder mehrerer Einheiten mit neuem Text überdies der nachmaligen mehrstimmigen Musik vor. Welcher von beiden vorangig und ob die beiden *commonachi* (Ekkehard) mehr in Rivalität oder in Freundschaft miteinander wetteiferten, ist nicht genauer auszumachen, läßt sich nur erahnen. Tutilo, persönlich und von Konstitution ein Gegenstück zu Notker, war übrigens viel und länger abwesend, der schwächliche, schüchterne Notker, der nur ein Paar Schuhe im Jahr verbrauchte, seßhaft. R a t p e r t, der wohl etwas ältere, aber doch zur selben Generation gehörende Zürcher (gest. in den 80er Jahren oder kurz vor 900), Mitschüler noch Notkers und Tutilos, Dichter und Chronist, als solcher dem Tatsächlichen zugewandt, verfaßte Litaneien, Prozessionslieder, Hymnen, ein Gedicht zur Einweihung der Zürcher Fraumünsterkirche, in dt. Sprache Lobgesänge, jedenfalls ein *Galluslied* auf Grund der von Wettin bearbeiteten

Vita sancti Galli, das freilich nur in lat. Übertragung Ekkehards IV. erhalten ist, wodurch er zum ersten namentlich bekannten dt. Dichter wird. Als Historiker hat er die *Casus sancti Galli*, die dann auch von Ekkehard IV. fortgesetzte und bei ihm bis 884 reichende St. Galler Hauschronik, begründet.

Zu Notker I: Karl L a n g o s c h, in: VerfLex. 5 (1955) Sp. 735-775 u. Reallex. Bd. 2, S. 346 ff. Gerold M e y e r v. K n o n a u, *Lebensbild d. hl. Notker v. St. Gallen* (1877; Mittlgn. d. antiquar. Ges. Zürich 19,4). W. B ä u m k e r, *Notker I.* ADB 24 (1887) S. 35-39. Paul v. W i n t e r f e l d (Hg.) *Poetae latini medii aevi.* Bd. 4 (1899; MGH.). Ders., *Rhythmen- u. Sequenzenstudien.* ZfdA. 47 (1904) S. 321-399. Karl B a r t s c h, *Die lat. Sequenzen d. MA.s* (1868). Jakob W e r n e r (Hg.), *Notkers Sequenzen* (Aarau 1901). Peter W a g n e r (siehe § 2). P. Iso M ü l l e r, *Zur Nachwirkung Notkers d. Stammlers.* Zs. f. schweiz. Kirchengesch. 44 (1950) S. 215-220. Wolfram v. der S t e i n e n, *Notker d. Dichter u. s. geistige Welt.* Editions- u. Darstellungsbd. (1948). Ders., *Notkeri poetae Liber Ymnorum.* Lat. u. dt. Mit fünf Melodien v. Günter Birkner (1960). Joh. D u f t, *Hochfeste* (siehe § 2), Ausw. S. 25 ff., 55 ff., 67 ff. — Zur Vor- u. Frühgesch. der Sequenz etwa: H. S p a n k e, *Aus d. Vorgesch. u. Frühgesch. d. Sequenz.* ZfdA. 71 (1934) S. 1-39 (mit Bezug auf Notker, S. 32 ff.). W. v. der S t e i n e n, *Die Anfänge d. Sequenzendichtung.* Zs. f. schweiz. Kirchengesch. 40 (1946) S. 190-212, 241-268; 41 (1947) S. 19-48, 122-162. Bruno S t ä b l e i n, *Sequenz.* MGG 12 (1964) Sp. 522-549. P. D r o n k e, *The beginnings of the sequence.* PBB. 87 (Tübingen 1965) S. 43-73, mit Lit. (Anfänge im 8. Jh. auf kirchlicher u. weltlicher, lat. u. einheim. Grundlage). — Ernst D ü m m l e r (Hg.), *Das Formelbuch d. Bischofs Salomo* (1857; Nachdr. 1964). W. v. der S t e i n e n, *Notkers Formelbuch.* Zs. f. schweiz. Gesch. 25 (1945) S. 449-490 (Briefgedichte, S. 482 ff.), wiederh. in: Steinen, *Menschen im MA.* (1967) S. 88-120. — Karl S t r e c k e r, *Vita s. Galli.* Edition u. Kommentar. Neues Archiv d. Ges. f. ältere dt. Geschichtskde 38 (1913) S. 59-93. — Theodor S i e g r i s t, *Herrscherbild u. Weltsicht bei Notker Balbulus* (Zürich 1963; Geist u. Wahrheit d. Zeiten 8), Unters. zu d. *Gesta Caroli* u. weitere neuere Lit. K. H a m p e, *Notker.* Hoops Reall. Bd. 3 (1915/16) S. 346 f. (*Gesta Caroli*). Neuausg. der *Gesta.* Aus d. Lat. v. Wilh. Wattenbach mit Nachw. v. Hermann S c h r e i b e r (1965; Die Fundgrube 14). Ludw. W o l f f, *Das dt. Schrifttum bis zum Ausgang d. MA.* s. Bd. 1 (1939) S. 102 ff. (Notker u. Tutilo).

Für Tutilo sei summarisch verwiesen auf die Ausführungen u. Angaben von Karl L a n g o s c h: Reallex. Bd. 2, S. 347 ff. u. VerfLex. 4 (1953) Sp. 529-536 u. 5 (1955) Sp. 1095-1097. Ders., *Die dt. Lit. d. lat. MA.s in ihrer geschichtl. Entwicklung* (1964) S.

34 ff. Joh. D u f t , *Hochfeste* (siehe § 2)
S. 28 ff. u. 80 (Lit.) — Zu Ratpert (*Gallus-
lied*): Franz B r u n h ö l z l , in: VerfLex. 5
(1955) Sp. 932-933. Karl L a n g o s c h :
Reallex. Bd. 2, S. 347 u. *Die dt. Lit. d. lat.
MA.s*, S. 35. Stefan S o n d e r e g g e r , in:
Die Alpen in d. europ. Gesch. (siehe § 2)
S. 169 f. Ludw. W o l f f , *Das dt. Schrift-
tum*, S. 93 f. — Zu Ekkehard II.-IV.: Hans
B o r k , in: VerfLex. 1 (1933) Sp. 532-541.
Karl L a n g o s c h : Reallex. Bd. 2, S. 351 f.
E k k e h a r d IV.: *Der Liber benedictionum.*
Hg. v. Joh. E g l i (St. Gallen 1909; Mittlgn.
z. vaterländ. Gesch. 31). *Casus sancti Galli.*
Hg. v. Gerold M e y e r v. K n o n a u
(1878); 2. Aufl. v. Placid B ü t l e r 1925; Geschichtsschreiber d. dt. Vorzeit, 2. Gesamtausg.
38). Dt. Übers. u. Erl. v. Hanno H e l b -
l i n g (1958; Geschichtsschreiber d. dt. Vorzeit 102). Karl L a n g o s c h , *Die dt. Lit.
d. lat. MA.s*, S. 77 ff. Joh. D u f t , *Hochfeste*, S. 81 (Lit.).

§ 4. Den zweiten Höhepunkt, jetzt mit
besonderem Bezug auf die ahd. Lit., bildet
um die Jahrtausendwende — nachdem in
der Zwischenzeit schwere Prüfungen, darunter der Einfall der Ungarn 926 und der
Brand von 937 mit den dadurch bedingten
Dislokationen, über das Kloster ergangen
waren — N o t k e r III., d e r D e u t -
s c h e, mit dem Zunamen ,Labeo'. Der
Ruhm St. Gallens steht diesmal sozusagen
allein auf dieser einen, von Abt Purchard
II. immerhin unterstützten Persönlichkeit,
der einmaligen überragenden Leistung des
Lehrers und Gelehrten, seiner Übersetzer-
und Kommentierungstätigkeit (*s. Reallex.
Bd. I, 36f.* Baesecke-Betz über seine Werke
und den Brief an Bischof Hugo). Es kommt
in diesem Rahmen mehr auf die individuelle
Gestalt und ihre Anlagen an. Zähe Hingabe
an die erkannte Pflicht bis über die letzten
Kräfte hinaus (wenn er sich mit bereits ab-
nehmenden Kräften noch an die umfänglichen *Moralia* Gregors d. Gr. heranmachte),
strenge Konsequenz in seinen Anforderungen an sich und die Schüler, gepaart mit einem im Grunde gütigen Herzen und Verbundenheit mit dem Heimatboden kennzeichnen diesen Thurgauer, den 3., mit Abt
Purchard 4. Neffen, den Ekkehard I. dem
Kloster schon als Knaben zugeführt hatte
und der trotz der eisernen Strenge von seinen Schülern geliebt war, anders als sein
Namensvorgänger Notker II. ,Pfefferkorn'.
Was er unternimmt und ausführt, ist denn
auch auf den Unterricht ausgerichtet; es trägt
den Stempel eines für den Verkehr von Lehrer
und Schüler berechneten und dieser Gemein-

schaft vertrauten Lehrgangs, wo nicht Gesprächs. *Propter caritatem discipulorum:* dieser
Maxime, diesem Ideal, ist sein ganzes Lebens-
und Lehrprogramm eingeordnet: zielbewußter
Aufstieg von den *Artes*, insbesondere der Rhetorik, Dialektik und Poetik als unentbehrlichen
usuellen Hilfsmitteln (*instrumenta*) empor zur
Theologie, ein Aufbau, der sich, wie wir glauben annehmen zu dürfen, auch auf die Entste-
hungsfolge seiner — z. T. verlorenen — Werke
übertragen findet: der das Trivium (Boethius,
Marcianus Capella, Cato, Vergils *Bucolica, Andria* des Terenz, die von Boethius kommentierten *Kategorien* und *Hermeneutik* des Aristoteles, *Rhetorik, Logik*bruchstücke) und das
Quadrivium (Arithmetik, Computus) beschla-
genden zu den *Psalmen* und *Hiob.* Das Trivium
bedingt naturgemäß als Unterrichtsgrundlage
einen größeren Umfang. Demselben Ideal
unterstellt Notker sein persönliches Streben
nach Wissen, nach Beherrschung des Lateins
— wenn natürlich nicht ohne Entgleisungen, meist
infolge falscher Satzauflösung und sonst gelegentlich. Aus Pflichtbewußtsein also, nicht aus
besonderer Neigung hat er, wie wir durch ihn
wissen, diese ganze Bürde, die *res paene inusi-
tata* einer adaequaten Übertragung gewählt,
auch des traditionellen Boethius und des Marcianus, der eigentlich auf die jungen Köpfe
noch weniger paßte als der Boethius. An solchem zu vermittelnden Schulstoff und anhand
einer ihm eigenen, dem pädagogischen Instinkt
entquellenden Technik der Zerlegung des Textes durch über- und rückblickende Einschaltun-
gen, der Verbindung von Text, Texterklärung
und Übersetzung Klarheit zu schaffen für die
Schüler, ist das unermüdlich verfolgte Ziel all
seiner Bemühungen, nicht ein Eingehen auf
dessen Problematik. Denn die Interpretation
Notkers ist in dem Sinne naiv, daß er die in
antikem und christlichem Gedanken- und Bildungsgut schillernden Anschauungen des Boethius als unbeanstandete Autorität faßt, seinen
Text nicht — wie die bedeutenden Kommentatoren, auf die er sich zum Teil stützt — kritisch angeht, sondern sachlich gegeben erläutert, d. h. automatisch unter dem christl. Gesichtspunkt auslegt: ein die Eigenart seiner Ge-
lehrtenpersönlichkeit gleichfalls charakterisie-
rendes „Zu-seinem-Text-Stehen" (Ingeborg
Schröbler). Innerhalb dieser Bindung ist jedoch
sein Verfahren nicht starr oder trocken, sondern
— eben die Begabung des geborenen Lehrers — in dem, womit er seine Schüler gewinnen konnte, von reicher und freier Unmittelbarkeit. Er hätte nachwirken können, beruhte nicht
seine ganze wissenschaftliche Erscheinung auf
der Grundlage des sachlich Vorbegründeten.
Damit steht aber gerade der Individualist Notker in der Wissenschaft über sein Kloster hinaus nicht einsam da. Wie seine Psalmenexe-
gese in der Hauptsache auf Augustin und Cas-
siodor fußt (mit einer gewissen mystischen Ei-
gentönung), sein Boethius und Marcianus auf
dem Kommentar des Remigius von Auxerre
und einem oder mehreren weiteren, so besteht
ein Verdienst Notkers nun auch darin, daß er
im Zuge seiner ausgedehnten Bildung die

Strahlung anderer Zentren seiner Zeit in sein Kloster einfing. Dies dürfte jedenfalls gelten (wie wiederum Ingeborg Schröbler ZfdA. 81, 32 ff. wahrscheinlich gemacht hat) für seine Beschäftigung mit den mathematisch-astronomisch-logischen Disziplinen, die ihn direkt oder indirekt in Beziehung zum hervorragendsten Gelehrten der 2. H. des 10. Jh.s setzen: Gerbert von Reims, jenem von Otto II. und III. protegierten Auvergnaten, Abt von Bobbio, dann Erzbischof von Reims und Ravenna und Papst Silvester II. (999-1003). Vielleicht sind von Gerbert oder seiner Schule auch beeinflußt die sog. *Geometrie des Boethius* und dessen *Aristoteles-Kommentare*, während die *Consolatio* schon vorher in St. Gallen nachgewiesen ist. In diesen Zusammenhang ist vielleicht ein anderer aus St. Gallen hervorgegangener und bedeutend gewordener Alemanne zu stellen: Bischof Notker von Lüttich († 1008), Haupt einer auch an höchster ottonischer Stelle angesehenen und von ihr gestützten Schule, von Ekkehard IV. gerade nicht mehr erfaßt, da seine *Casus sancti Galli* mit dem Jahre 972 abbrechen, in welchem Notker erst geweiht worden ist (Schröbler). Zu Notkers lat. Schriften s. *Mittellat. Dichtung* Bd. II, 350).

Notkers Tod 1022 an der Pest, die das aus Italien zurückflutende Heer Heinrichs II. eingeschleppt hatte und die kurz nach ihm auch seinen Vetter Abt Purchard dahinraffte, beschließt auch seine Ära, 12 Jahre vor dem Einzug des lothringischen Reformgeistes unter Abt Norbert. Mit Notker sank auch seine größte literarhistorische Tat ins Grab: die ungemeine geistige Bereicherung der dt. Sprache durch die souveräne Kunst, mit feinem Gefühl für Bedeutungsschattierungen und stets bestrebt, auf den Wortsinn vorzudringen, in seinen zahllosen Neubildungen, eigentlichen „sprachlichen Schöpfungsakten" (de Boor), die Übersetzungsschwierigkeiten zu meistern. Es ist dasselbe hartnäckige und nochmals bezeichnende Bemühen um Verständlichkeit und Genauigkeit, dank dem er den alemannischen Dialekt in ein nachhaltiges System, auch ein orthographisches, gebracht hat. Sein Vorzugsschüler Ekkehard IV., der den Lehrer um dreieinhalb Jahrzehnte überlebt hat, ist auf dessen Weg nicht fortgeschritten. Ein Stück weit steht er zwar noch unter den Fittichen des geliebten und hochverehrten Meisters; er gibt sich bewußt mit Werken von ihm (*Psalter*) ab, folgt dann aber, gerade von ihm ermuntert, seinen eigenen literar. Neigungen. Das Deutsche hat darin keine Stellung mehr. Er verließ übrigens bald nach des Lehrers Tod St. Gallen, um auf Veranlassung des Erz-

bischofs Aribo von Mainz die Leitung der dortigen Stiftsschule zu übernehmen. Auf Wunsch Aribos hat er, wie es scheint, den *Waltharius* überarbeitet, „von den ‚Germanismen' gereinigt". Nur ist wiederum unsicher, ob die erhaltenen Handschriften diese Überarbeitung vertreten oder nicht (Bork). In Mainz stellte er vermutlich um 1030 auch seinen *Liber Benedictionum* zusammen, eine Sammlung, die seine geistlichen Mustergedichte verschiedener Art, nicht nur die *Benedictiones ad mensas* mit Streiflichtern auf Küche und Keller, umfaßt und auch die Übertragung von Ratperts *Galluslied* sowie die Nachrede auf Notker enthält. Nach seiner Rückkehr führt er die *Casus sancti Galli* fort, die nun weitgehend anekdotischen Charakter tragen, da sie auf mündlichen Berichten über die Zeit beruhen. Nach ansprechender Vermutung wollte er damit diese hochstehende Epoche vor dem neuen cluniazensisch eingestellten Abt Norbert, dessen Gegnern unter den Mönchen er sich anschloß, verherrlichen.

VerfLex. 5 (1955) Sp. 775-790 (E. K a r g - G a s t e r s t ä d t), Nachtr. bei d e B o o r. Bd. 1 u. B r a u n e - H e l m - E b b i n g - h a u s , *Ahd. Lesebuch.* — Lit. in Auswahl: Paul H o f f m a n n , *Die Mischprosa N.s* (1908; Pal. 58). Ders., *Der mal. Mensch, gesehen aus d. Welt u. Umwelt N.s d. Dt.* (2. Aufl. 1937). Hans N a u m a n n , *N.s ‚Boethius'. Untersuchungen über Quellen u. Stil* (1913; QF. 121). Ingeborg S c h r ö b l e r , *N. III. von St. Gallen als Übersetzer u. Kommentator von Boethius ‚De Consolatione Phil.'* (1953; Hermaea NF. 2, mit Lit.). Dies., *Interpretatio christiana in N.s ‚Boethius'.* ZfdA 83 (1951/52) S. 40-57. Dies., *Zum Brief N.s d. Dt. an den Bischof v. Sitten.* ZfdA. 82 (1948/ 50) S. 32-46. Karl S c h u l t e , *Das Verhältnis von N.s ‚De Nuptiis...' zum Kommentar d. Remigius* (1911; FschgnFde 3, 2). Alfred Karl D o l c h , *Stil- u. Quellenprobleme zu Boethius u. Mart. Cap.* (1952; Notker-Studien 3). Johann K e l l e , *Untersuchungen... zu den Psalmen N.s* (1889; Schriften z. germ. Phil. 3). Ders., *Verb u. Nomen.* ZfdA. 30 (1886) S. 295-345; ZfdPh. 20 (1888) S. 129-150. Ders., *Die philosoph. Kunstausdrücke in N.s Werken* (1886; Abh. d. Bayr. Akad. 18, 1). Ders., *Gesch. d. dt. Lit. bis zum 13. Jh.* (1892 f.) passim. Rud. K ö g e l , *Gesch. d. dt. Lit. bis zum Ausgang d. MA.s* (1894/97) passim. Ernst H e n r i c i , *Die Quellen von N.s ‚Psalter'* (1878; QF. 29). A. A l l g e y e r , *Der Psalter N.s.* Festschr. Hans Vollmer (1943; Bibel u. Dt. Kultur 11) S. 164-181. Ida F l e i s c h e r , *Die Wortbildung bei N.* Diss. Göttingen 1901. Emil L u g i n b ü h l , *Studien zu N.s Überset-*

zungskunst. Diss. Zürich 1933. Friedrich
L e i m b a c h , *Die Sprache N.s u. Willi-*
rams. Diss. Göttingen 1934. Richard H e i n -
z e l , *Wortschatz u. Sprachformen d.*
Wiener Handschrift (1875/76; SBAkWien 80/82). Is-
rael W e i n b e r g , *Zu N.s Anlautgesetz*
(1911; SprDchtg. 5). Charles T. C a r r , *N.s*
accentuation system. MLR 30 (1935) S. 183-
203. H. P e n z l , *Zur Erklärung von N.s*
Anlautgesetz. ZfdA. 86 (1955/56) S. 196-210.
Nils L i n d a h l , *Vollst. Glossar zu N.s*
'Boethius'. Diss. Uppsala 1916. Alfred Karl
D o l c h , *Lat.-ahd. u. ahd.-lat. Wörterver-*
zeichnis zu N.s 'Boethius' (1950/52; Notker-
Studien. 1/2). Edward H. S e h r t u. Taylor
S t a r c k , *Notker-Wortschatz* (1955). Edward
H. S e h r t , *Notker-Glossar* (1962), hierzu
Ergänzungen bei W. S c h r ö d e r in PBB
(Tübingen) 85 (1963) S. 253-263. Marga
M e h r i n g , *Die Lehnprägungen in N.s*
Übers. d. 'Nuptiae...' (Masch.) Diss. Bonn
1958 (Gliederung nach Betz Bl. 3 ff.; Liste 2.
Lehnprägungen 40 ff., d. übrigen Wortschat-
zes 175 ff., d. Wortbildungen 218 ff.), Heinz
Otto S c h w a r z , *Die Lehnbildungen d.*
Psalmenübers. N.s (Masch.) Diss. Bonn 1957.

§ 5. Durch Ekkehards IV. im einzelnen
wenig zuverlässige Nachrichten sind wir
allein unterrichtet über die Zeitspanne zwischen Notker I. und Notker III., die lat.
Ottonenperiode, in die außer Notker II.
('*Piperis granum*', Arzt, Maler und nach Ekkehard auch Verf. von Antiphonien und
Hymnen, † 975) auch die drei ersten Ekke-
harde fallen, ihrerseits Söhne der engeren
st. gallisch-thurgauischen Umgebung, doch
nicht verwandt mit Ekkehard IV. E k k e -
h a r d II. ('*Palatinus*', der Höfling, Schwe-
stersohn Ekkehards I. und Bruder Notkers
III.?) hat seinen Namen als Lehrer der
Herzogin Hadwig von Schwaben und vielleicht auch der Kaiserin Adelheid, Gemahlin
Ottos I. Von den ihm zuerkannten Schriften
ist so gut wie nichts überliefert (s. Verf.Lex.
I, 533; V, 184f.), wohl aber, daß er auch
während seiner häufigen Abwesenheit vom
Kloster mit diesem eng verbunden und um
dessen Vorteil besorgt blieb; er starb in hohem Ansehen 990 als Domprobst zu Mainz.
Auch von E k k e h a r d III. '*Minor*', einem weiteren Neffen Ekkehards I.) ist nichts
bekannt. Und die Bedeutung ihres Oheims
E k k e h a r d s I. für die Lit.gesch. hängt
nun davon ab, ob er wirklich der Verfasser
des *W a l t h a r i u s* ist oder nicht. Die
Frage der Verfasserschaft ist hier wiederum
von Belang, nicht die Würdigung des einer
Gemeinliterarhistorie zugehörenden, auf
klassischer Höhe stehenden, in Schilderung

und Gestaltungskraft an Vergil geschulten,
in seiner Verknüpfung von german. Tapfer-
keit-Ehre-Ethos mit einem von christlich-
humanem Hauch überzogenen Geiste, von
tragischer Verquickung und glücklichem
Ausgang schillernden Werkes, das in diesem
Spiel von Spiegelungen einer literar. Symbiose lat. Kultur und heldischen Fühlens
dazu angetan war, die Herzen selbst hoher
geistlicher Herren wie eben eines Erzbischofs Aribo von Mainz höher schlagen
zu lassen — was bekanntlich noch seine
späten Parallelen hat — und von dessen einstiger Beliebtheit über 20 erhaltene Hss.
zeugen.

Fast ein Jh. lang seit der Ausgabe durch Jacob Grimm war Ekkehard I. als Verf. unbestritten. Dann trat, wenn man von anderen unbedeutenden Thesen absehen will, seit M. Wilmotte jener G e r a l d u s des Prologs mit ihm
in Konkurrenz, ja, in den letzten Zeiten beherrscht er sogar das Feld, bis jüngst die alte
Annahme wieder aufgelebt ist. Die Ratlosigkeit, in der man sich befindet, gründet einerseits auf der Unverläßlichkeit und mehr noch
Unbestimmtheit Ekkehards IV. wie allgemein
hier im besonderen, andererseits auf der Unmöglichkeit, jedenfalls Unvereinbarkeit von
Schlüssen aus stilistischen Argumenten, wonach
die einen behaupten, nur Ekkehard I. könne so
geschrieben haben, die anderen, er könne so
nicht geschrieben haben. Hieraus ergeben sich
vier bis sechs Hauptstränge noch offener Ansichten, die unter Verweisung auf die unten in
Auswahl aufgeführte Lit. und besonders auf
Langosch, Verf.Lex. IV. 776 ff.; V, 183 f.;
1114 f. im groben gesondert seien: 1) Der
überlieferte *Waltharius* ist das Werk Ekkehards I. (jetzt u. a. Singer, Langosch, L. Wolff,
Bork); Singer glaubt mit anderen, daß wir die
Überarbeitung durch Ekkehard IV. vor uns haben, die aber nur eine oberflächliche formale
Überholung darstellte, daß Ekkehard I., bereits als Jüngling auf den Stoff aufmerksam
gemacht, später wiederholt daran gearbeitet
habe. — 2) Der Verf. ist der Geraldus des Prologs, und zwar a) Presbyter in Straßburg zur
Zeit Bischofs Erchanbald 965-91 (Reeh und
Stach); b) Dedikator an Archanbald, Bischof
von Eichstätt, um 880 (Schumann, Hauck); c)
Gerald am lothar. Hof, überreicht wie Mette
Mitte 9. Jh. dem dortigen Erzkanzler Erchanbald (W. v. d. Steinen). — 3) Es gab zwei
Werke: den überlieferten *Waltharius* und die
von Ekkehart IV. im Kap. 80 der *Casus* aufgeführte *Vita Waltharii manu fortis* Ekkehards I., den „*Waltharius christianus*", der verloren ist, jener von einem Geraldus oder auch
unbekannten Namens (Thesen von A. Wolf,
Strecker, Erdmann, v. Kralik, Stach, v. d. Steinen), dies gestützt namentlich auf eine doppelte Buchung im Bibliothekskatalog von Toul.
— 4) Der erhaltene *Waltharius* wird hinaufge-

rückt an den Anfang des 9. Jh.s, entstanden im Aachen Karls d. Gr. (A. Wolf, Strecker, Erdmann, v. Kralik). — Neuerdings kommt N. Fickermann zu dem Schluß, daß das Werk, sei es entstanden wann und wo immer, vorläufig jedenfalls anonym bleiben müsse, während man andererseits noch etwa mit Sievers' schallanalytischem Befund übereinstimmt, daß der Prolog und das Epos sich ausschlössen, dieses klanglich mit den übrigen Dichtungen Ekkehards I. harmoniere. Ein gesichertes Forschungsergebnis steht somit immer noch aus.

Mehr Einzelheiten und kritische Erwägungen s. Langosch und K. Hauck (m. weiterer eigener Lit.). Halbach bringt den Waltharius am Ende des Abschnittes Karolinger-Zeitalter (750-900) unter, vor dem der Ottonen (fragend: Erfüllung des karol. Renaissance-Klassizismus?), womit er sich, was die Entstehungszeit betrifft, obiger Variante 2 b nähern würde, weist aber darauf hin, daß in St. Gallen ein gut als Dichter passender Geraldus um 980 und das in den guten Geraldus-Hss. sich als Werk eines Jungen darstellende Gedicht zusammentreffen. Wäre am Ende dadurch „Ekkehard IV. (sonst durchaus literarkritische Autorität) hier (nämlich bei der Konterbande in seinem Kloster?) doch einer St. Gallischen Lokal-Legende von Ekkehards I., repräsentativem, und so ja allenfalls hinnehmbarem, „Schul-Exercitium" zum Opfer gefallen?" (Sp. 454).

VerfLex. 4 (1953) Sp. 776-788 u. 5 (1955) Sp. 1114 f. (K. L a n g o s c h). StammlerAufr.Bd. 2 (1954) Sp. 455 f., 459/60 (K. H. H a l b a c h) u. 2584/87 (K. H a u c k). Zu Ekkehard I.: VerfLex. 1 (1933) Sp. 527-532 (H. B o r k). Vgl. auch Reallex. Bd. 2, S. 349 ff. — Waltharius. Krit. Ausg. mit Unterstützung v. O. Schumann hg. v. Karl S t r e c k e r (1951; MGH., Poet. 6), ohne den Prolog d. Geraldus. Zweisprachige Ausg. v. Karl Langosch, Waltharius, Ruodlieb, Märchenepen (1956). Übers. von Paul v. W i n t e r f e l d , Dt. Dichter d. MA.s (1913; 2. Aufl. 1917) S. 236 ff. — Zur frühen Diskussion zwischen Lassberg, v. Arx u. Jacob Grimm vgl. E. S t u d e r , Lassberg u. Ildefons v. Arx, in: Josef v. Lassberg. Aufsätze zum 100. Todestag. Hg. v. Karl Siegfried Bader (1956) S. 190 ff. u. 207 ff. G. A. S ü s s , Die Probleme d. ,Waltharius'-Forschung. Zs. f. d. Gesch. d. Oberrheins 99 (1951) S. 1-53. O. S c h u m a n n , ,Waltharius'-Lit. seit 1926. AnzfdA. 65 (1951/52) S. 13-51. G. Z i n k , Walther et Hildegund. Remarques sur la vie d'une Légende. EtudGerm. 11 (1956) S. 194-201. ,Waltharius' u. Walthersage. E. Dokumentation d. Forschung. Hg. v. Emil E. P l o s s (1969). — Lit. in Auswahl: M. W i l m o t t e , La patrie de Waltharius. Revue historique. Tome 127 (1917/18) S. 1-30. Sam. S i n g e r , Die Dichterschule v. St. Gallen (1922), S. 47 ff. R. R e e h , Zur Frage nach d. Verf. d. Waltharliedes. ZfdfPh. 51 (1926) S. 413-491. E. S i e v e r s , Ekkehard oder Geraldus. PBB 51 (1927) S. 222-232. W. S t a c h , Geralds ,Waltharius'. Hi-

stor. Zs. 168 (1940) S. 57-81. K. L a n g o s c h , Der Verf. d. ,Waltharius'. ZfdPh. 65 (1940) S. 117-142. Alfred W o l f , Der mlat. ,Waltharius' u. Ekkehard I. von St. Gallen. StNeophil. 13 (1940/41) S. 80-102. K. S t r e c k e r , Der ,Waltharius'-Dichter. Dt. Archiv 4 (1941) S. 355-381. Carl E r d m a n n , Die Entstehungszeiten d. ,Waltharius' u. d. ,Ecbasis Captivi'. FschgnFortschr. 17 (1941) S. 169-171. D. v. K r a l i k , [Zur Verf.frage.] DLZ 63 (1942) Sp. 765 f. Friedr. P a n z e r , Der Kampf am Wasichenstein. Waltharius-Studien (1948). Ders., Der ,Waltharius' in neuer Beleuchtung. FschgnFortschr. 24 (1948) S. 156-158. C. M i n i s , Ekkehard I. u. d. ,Waltharius'. Der Wächter 30/31 (1948/49) S. 81-91 u. 33 (1952) S. 12. K. S t a c k m a n n , Antike Elemente im ,Waltharius'. Zu F. Panzers neuer These. Euph. 45 (1950) S. 231-248. Ludw. W o l f f , Der ,Waltharius' Ekkehards u. d. ,Chronicon Novaliciense'. Erbe d. Vergangenheit. Festschr. f. Karl Helm (1951) S. 71-81, dazu A. W o l f , Zum Waltharius christianus. ZfdA. 85 (1954/ 55) S. 291-293. O. S c h u m a n n , Zum ,Waltharius'. ZfdA. 83 (1951/52) S. 12-40. Ders., Waltharius-Probleme. Studi Medievali. NS. 17 (1951) S. 177-202. W. v. den S t e i n e n , Der ,Waltharius' u. s. Dichter. ZfdA. 84 (1952/53) S. 1-46. H. G r é g o i r e , L'auteur strasbourgeois du Waltharius. La Nouvelle Clio 4 (1952) S. 319-321. K. H a u c k , Das Walthariusepos u. Bruder Gerald v. Eichstätt. GRM. 35 (1954) S. 1-27. H. W. J. K r o e s , Die Walthersage. PBB. 77 (Halle 1955) S. 77-88 [um 850, elsäss. Dichter?] N. F i c k e r m a n n , Zum Verfasserproblem d. ,Waltharius'. PBB 81 (Tüb. 1959) S. 267-273. D. S c h a l l e r , Geraldus u. St. Gallen. Zum Widmungsgedicht d. ,Waltharius'. Mittellat. Jb. 2 (1965) S. 74-84. Hans G e u r t s , Der lat. ,Waltharius' u. d. dt. Walthersage. Unters. z. Verfasserfrage u. zum Einfluß d. Antike, d. Christentums u. d. german.-dt. Heldensage auf d. ,Waltharius'. Diss. Bonn 1969.

§ 6. Dem M i n n e s a n g führt unser Gebiet die beträchtlichste Schar von Namen zu, eine verhältnismäßig so hohe wohl, weil — wie schon Bartsch, der ihnen auch biographisch liebevoll nachgegangen ist, andeutet — die Manesse hier bis herab in unterste Ränge eifrig gesammelt haben. Von einer Phalanx könnte man freilich nicht sprechen, denn sie bilden innerhalb ihrer alemann. Umgebung keine besondere, irgendwie charakteristisch zusammenhängende Gruppe, da mehrere von ihnen in unbestimmter Weise unter verschiedenen Einfluß stehen: einmal epigonisch noch dem der alten Wiener Schule, besonders dann aber dem der schwäbisch-staufischen, von Neifen geprägten Richtung. Eine sachliche Gruppierung läßt sich daher nicht vornehmen. Nicht ganz zufällig dürfte etwa der Zug zum Natureingang, der Einschlag der Färbung aus Natur und Jahreszeit sein. Keiner außer eventuell (s. u.) dem genial neuernden Steinmar ist besonders hervorragend, wenige sind immerhin nicht ganz unbedeutend, auf der Ebene einer hocharistokratischen Haltung deren Vertretern jedenfalls ebenbürtig einer: G r a f R u d o l f v o n N e u e n b u r g (so in der Hs. C. oder v o n F e n i s in B nach der zwischen Neuenburger und Bieler See gelegenen Stammburg Fenis, heute deutsch Vinelz). Seine Mutter, vielleicht auch seine Frau, war provenzalischer Herkunft. Er ist der südlichste der der westlichen Bestrahlung direkt Ausgesetzten nahe der Sprachgrenze (Veldeke, Hausen, Gutenburg, Fenis), ahmt am unmittelbarsten die Romanen nach, inhaltlich oder formal oder in beidem, besonders Folquet de Marseille, dann Peire Vidal und den Trouvère Gace Brulé, was auf seine engen Beziehungen zu franz. Höfen hinweist. Er eröffnet noch vor 1200 die Reihe, die sich für anderthalb Jh.e in der Ostschweiz fortsetzt, namentlich mit Dienstleuten thurgauischer Herren, des Abtes von St. Gallen oder solchen aus dem Zürich- und Aargau, und die auch in der Zentral- und Westschweiz den einen oder anderen Ableger findet. Wiederum bildet somit in dieser zweiten Periode schweizer. Einschlags St. Gallen einen Herd, diesmal von Beziehungen zu ihm hin. Bei mehreren ist die schweizer. Herkunft unsicher bis fraglich, angezweifelt sogar ja für einen Berthold Steinmar; oft wurde sie erschlossen lediglich auf Grund der Einordnung in C in der Nachbarschaft von verbürgten Schweizern. In anderen Fällen ist nicht auszumachen, ob der 1., 2. oder 3. eines bezeugten gleichen Namens der Schöpfer der unter ihm überlieferten Stücke war: ein Beweis zugleich für die Dehnbarkeit der Vorbildwirkung. Umgekehrt ist auch für Walther von der Vogelweide die Schweiz als Heimat angesprochen worden; es wäre jedoch zwecklos, diese alte und neuere These wieder aufzulegen. Und wäre er auch auf nachmals schweizerischem Boden geboren: literarisch, als Dichter, müßte er, nach eigener Aussage, seit seiner ersten Wienerhofzeit hier ausgenommen werden.

Voran stellt sich im Nordosten der Thurgauer U l r i c h v o n S i n g e n b e r g, Truchseß von St. Gallen, mit einer ansehnlichen Überlieferung von über 30 Liedern und Sprüchen, unter oft greifbarem Einfluß Walthers (als dessen Schüler er sich selbst ausgibt und dem er einen Nachruf gewidmet hat) und Reinmars stehend, auf der ganzen Motiv- und Liedartenskala (vom Botenlied bis zum Tagelied und Walthers Vokalspiel) epigonisch nachschaffend, wenngleich nicht ganz ohne persönliche Wärme und Heiterkeit der Stimmung. G r a f K r a f t v o n T o g g e n b u r g ist mit 7 Liedern etwas selbständiger als Singenberg, könnte allerdings zeitlich weiter herab gehören als Kraft II. (am wahrscheinlichsten) oder gar III., falls nicht schon als der 1254 verstorbene Kraft I. (nach v. d. Hagen, Bartsch). Ferner: W a l t h e r v o n K l i n g e n (Klingen-Altenklingen im Gegensatz zu der jüngeren Linie von Hohenklingen über Stein a. Rhein, dann von Klingnau im Aargau, wo einen Vater Ulrich v. Kl. erbaut mit dem Erbgut der Gattin; gest. 1285 od. 86 zu Basel), gewandt im traditionellen Thema, unter dem Einfluß Konrads von Würzburg (in Basel?), aber auch Neifens stehend; K o n r a d S c h e n k v o n L a n d e g g, Dienstmann der Grafen von Toggenburg (urkundl. 1271-1306), mit einer größeren Anzahl von Liedern vertreten, beeinflußt von Neifen und Winterstetten; D e r v o n W e n g e n (ein Burchard v. W. aus thurg. Freiherrengeschlecht, wohl 2. H. 13. Jh.) mit 3 spruchartigen Stücken; als Dienstmann von St. Gallen sodann K o n r a d v o n A l t s t e t t e n, dem man eingehender gefolgt ist (Bartsch u. a.), mit 3 Liedern neifenscher Art, und vielleicht D e r T a l e r, der mit 2 Liedern und einem Leich in C auf Singenberg und Teufen folgt. Aus der zürcherischen Nachbarschaft reihen sich an W e r n e r v o n T e u f e n (urkundl. um 1220) mit 4 Liedern, J a c o b v o n W a r t e, wahrscheinlich seines Namens der III., bezeugt bis 1331, aber mit seinen 6 Liedern (1 Tagelied) wohl meist noch ins 13. Jh. fallend, M e i s t e r H e i n r i c h T e s c h l e r (Bürger von Zürich, urkundl. um 1290) mit einem Dutzend Liedern der Klage über Minne und einem Tagelied, in geläufigen Kunstformen, A l b r e c h t M a r s c h a l l v o n R a p r e c h t w i l (Rapperswil; dazu präzisierend Singer, s. u.) mit 3 Frühlings- und Herbstliedern. Aus dem Aargau stammen H e s s o v o n R i n a c h (gest. 1280 als Propst von Werd b. Aarau), 2 unoriginelle Lieder, G r a f W e r n e r v o n H o m b e r g (a. d. Fricktal, Anf. 14. Jh., mit bewegtem kriegerisch-politischem Leben, zeitweilig im Gefolge Heinrichs VII.), 8 Lieder in Nachträgen von C, vielleicht D e r v o n T r o s t b e r g (falls nicht von Trossberg, nach Alb. Stöckli, und wenn nicht eher aus Tirol), mit 6 Liedern nach Neifen, wovon eines fast wörtlich. Ins Berner Oberland führen H e i n r i c h v o n S t r e t l i n g e n (a. Thunersee; für den Minnesänger kommen ein Heinrich II oder III., 2. H. 13. Jh. in Betracht) mit 3 Minneliedern,

darunter eines mit jodelartigem Refrain, und
J o h a n n e s v o n R i n g g e n b e r g (über
Brienz; urkundl. 1291-1349), der Freund Boners, mit 17 Sprüchen zu 13 Zeilen vertreten;
nach Rätien H e i n r i c h v o n S a x (Hohen-
sax b. Feldkirch, urkundl. 1235-58), 1 Tanzleich,
4 Lieder; nach Luzern-Rotenburg ein O t t o
z u m T u r n e II. (a. d. Geschlecht der Herren
von Turn und Gestelenburg im Wallis) mit 2
Liedern in der j. Titurelstr. und wahrscheinlich
(vgl. de Boor 3/1, 318) R u d o l f v o n R o -
t e n b u r g mit 40 Liedstrophen und 6 Leichen, ein beachtlicher Epigone des höheren
Minnesangs. Bei anderen bleibt die schweizer.
Herkunft unsicherer, so für H e i n r i c h v o n
F r a u e n b e r g (wenn aus der Gegend von
Pfäfers; ein H e i n r i c h v. Fr. scheint nur
aus der Schweiz nachgewiesen, urkundl. Mitte
13. Jh.) mit 5 Liedern, davon ein Tagelied. Nicht
genau zu beheimaten sind auch D e r v o n
B u w e n b u r g mit 6 Liedern, H e i n r i c h
v o n T e t t i n g e n (Zürichgau od. Bodensee), H e r r G o e l i (von Basel?) mit 4 Dör-
perliedern, die Wackernagel unwahrscheinlich
Neidhart zugeschrieben hat (gegen Bartsch, Singer), H e r r P f e f f e l mit 3 Sprüchen, eher
D e r v o n G l i e r s (a. d. Jura; Pruntrut?),
Verfasser von 3 Leichen. Auffallend die verhältnismäßig starke Zahl unaristokratischer Namen,
so noch bei einem W i n l i, dessen Name auf
die Schweiz deutet (Wettingen? Schaffhausen?
Schwache Anhaltspunkte für beides) mit 8 stereotypen Minneliedern, oder einem G a s t
(2 Spruchstrophen im Nachtr. zu C: da die
meisten hier Schweizer betreffen, stellt Bartsch
ihn auch dazu. Wie dieser und Herr Pfeffel
(und Der von Wengen) ist auch D e r T a l e r
Verfasser von Sprüchen. Beachtenswert die Ver-
tretung des Leichs durch mehrere Schweizer:
Gliers und ein vom ihm erwähnter ä l t e r e r
O t t o z u m T u r n e (Bartsch Nr. XVIII)
ausschließlich, dann, neben Sax, besonders Rudolf von Rotenburg (de Boor 3, 1, 356 ff.) Ausbleiben muß wohl Heinrich von der Muore, der
in C vor Morungen mit 3 Liedern und 1
Spruchstrophe figuriert, für den Schweizer Herkunft erwogen wurde (vgl. dazu E. Karg-Gasterstädt, Verf. Lex. IV, 317, L. Wolff, ebda. V,
342 [evtl. = Heinrich von Basel?] und C. v.
Kraus, Liederdichter II, 186) ohne greifbare Anhaltspunkte, da er jedenfalls nicht mit dem gelehrten Zürcher Kantor der Propstei Konrad
von Mure (s. u. Epik, § 9 Ende) zusammengebracht werden kann. Bartsch hat ihn denn auch
nicht unter die Schweizer aufgenommen.

Um die Jh.wende rücken in der Hs. C die
zwei gewichtigsten Schweizer Namen in den
Vordergrund: H e r r S t e i n m a r (falls man
ihn endgültig als Schweizer ansprechen darf, ob
als Berthold von Klingenau oder nicht), ein mit
14 Liedern in allen Formen vom hohen klassischen Minnelied über das Tagelied und die Pastourelle zum Winter- und dem von ihm geschaffenen Herbst- und Schlemmerlied, ob ernst
oder parodistisch-persiflierend, was jedenfalls ursprünglich schöpferischer Individualist, den man
oft zu leichthin an Neidhart anlehnt; und der

jüngere, kleinbürgerliche Zürcher J o h a n n e s
H a d l a u b, der fleißige Poet für die höheren
Schichten seiner Stadt, ebenfalls in allen Abarten dichtend tätig, verhaftet mit der Geschichte der *Manesseschen Hs.*, dem hier in seinen 54 Liedern mehrmals eine interessante
Wendung und in selbsterlebten Punkten ein
echter realistischer Ton gelingt, d. h. wo es ihm
gelingt, Züge der Alltagsrealität in poetische
Stimmungsatmosphäre hinaufzuheben, wo nicht
auch zu sublimieren, seine tatsächlichen Liebes-
sorgen unter anderen zum Minne- oder Liebes-
thema zu gestalten: ein „Biograph seines Minnedienstes" (de Boor).

Karl B a r t s c h, *Die Schweizer. Minnesänger* (1886; Bibl. älterer Schriftwerke d. dt.
Schweiz 6; Neudr. 1964). Sam. S i n g e r,
Literaturgesch. d. dt. Schweiz im MA. (1916).
Ders., *Die mal. Lit. d. Schweiz* (1930; Die
Schweiz im dt. Geistesleben. 66/67), bes. S.
132 ff. — Für die sehr verstreute Einzellit.
sei verwiesen auf E h r i s m a n n, Schlußband S. 276 ff. (der die Dichter nach Bartsch
aufführt) und d e B o o r, Bd. 3, 1, S. 369 ff.,
in Hinsicht auf die Herkunftsfragen auch die
betreffenden Artikel im VerfLex. von Sam.
S i n g e r (für Kraft v. Toggenburg, Ringgenberg, Gliers, Rapprechtswil, Sax, Goeli,
Hadlaub), A. W a l l n e r (für Fenis-Neuenburg), Ludw. W o l f f (für Singenberg mit
Nachtr. Bd. 5 von Hannemann), G. R o s e n -
h a g e n (für Landegg, Rotenburg, Frauen-
berg), E. K a r g - G a s t e r s t ä d t (für Tet-
tingen, Reinach, Stretlingen, Teschler, Pfeffel,
Buwenburg), K. H. H a l b a c h (für Wengen, Gast), H. R e u s c h e l (für Homberg,
Teufen), L. D e n e c k e (für Klingen). K.
S t a c k m a n n (für Steinmar; zur Kontroverse seiner Zugehörigkeit zur Schweiz Bd. 4,
S. 267 ff.; vgl. d e B o o r, Bd. 3, 1, S. 338).

Ernst B a l d i n g e r, *Der Minnesänger
Graf Rudolf von Fenis-Neuenburg* (1923;
Neujahrsbl. d. Lit. Ges. Bern NF. 1), Rez.:
Julius S c h w i e t e r i n g, AnzfdA. 44 (1925)
S. 25-31. Carl v. K r a u s, *Des Minnesangs
Frühling* (1944) S. 418 ff. u. Untersuchungen,
S. 203 ff. Robert Henri B l a s e r, *Le Min-
nesänger Rodolphe de Neuchâtel et son
oeuvre*. Leçon inaug. (Neuchâtel 1955). Zu
Rudolfs Mutter: Th. F r i n g s u. Elisabeth
L e a, PBB 87 (Halle 1965) S. 67 f. (Bezug
auf Müller-Blattau). — Wilh. S t a h l, *Ul-
rich v. Singenberg, der Truchseß v. St. Gal-
len*. Diss. Rostock 1907. — Zur These von der
Schweizer Heimat Walthers v. d. Vogelwei-
de: verfochten von P. Alban S t ö c k l i,
Walther v. d. Vogelweide ein Schweizer
(Wohlen, Aargau 1937; 2., umgearb. Aufl.
Basel 1953). Ders., *Walther von Flüglistal,
genannt v. d. Vogelweide* (Wohlen 1956).
Dagegen P. C o r r o d i, *Walther v. d. Vogelweide — ein Schweizer?* Zürcher Taschenbuch auf d. Jahr 1956 (Zürich 1955) S. 8-50.
Vgl. auch Karl Kurt K l e i n, *Zur Spruchdichtung u. Heimatfrage Walthers v. d. Vogel-
weide* (Innsbruck 1952; Schlern-Schriften 90)
S. 102-107, Lit. S. 123 ff. Ders., *Waltherus*

Fugelwedere. Südtirol. Land europäischer Bewährung. Festschr. Michael Gamper (1955) S. 379-384. Kurt Herbert H a l b a c h, *Walther v. d. Vogelweide* (3. Aufl. 1973; Samml. Metzler Bd. 40). — Joseph W a h n e r, *Dichtung u. Leben d. Minnesängers Rudolf von Rotenburg*. Diss. Breslau 1892; Lit. über Rudolf v. R. jetzt bei Carl v. K r a u s u. Hugo K u h n, *Dt. Liederdichter d. 13. Jh.s.* Bd. 2, Nr. 49 u. Carl v. K r a u s, *Mhd. Übungsbuch* (2. Aufl. 1926) S. 206-238. Zur umstrittenen Herkunft Rudolfs v. R. VerfLex. III, Sp. 1130 f. u. de B o o r, Bd. 3, 1, S. 318. — Alban S t ö c k l i, *Der Minnesänger von Trossberg* (Wohlen 1940). — Hedwig L a n g, *Johannes Hadlaub* (1959; Philolog. Studien u. Quellen 5). Rena L e p p i n, *Der Minnesänger Joh. Hadlaub. Monographie u. Textkritik.* (Masch.) Diss. Hamburg 1961. — Jakob B a e c h t o l d, *Die Zürcher Minnesänger.* Zürcher Taschenbuch f. d. Jahr 1883 S. 202-234. Max W e h r l i, *Vom literar. Zürich im MA.* Librarium 4 (1961) S. 99-118 (der vornehme Kreis um die Manesse-Hs.; Hadlaub, „dilettantisch im besten Sinne", S. 103; Konrad v. Mure, mit ziemlicher Wahrscheinlichkeit der Lehrer Hadlaubs, S. 108). Ewald J a m m e r s, *Das königliche Liederbuch d. dt. Minnesangs. E. Einf. in die sog. Manessesche Hs.* (1965). de B o o r. Bd. 3, 1, S. 335 ff. (Lit. zum Abschnitt „Späte Schweizer"). — Max G e i l i n g e r, *Minnesangs Frühling in d. Schweiz* (Zürich 1945), Nachdichtungen; wegen d. Bemerkungen zu d. einzelnen Dichtern, dem Taler z. B. S. 110. — Albrecht S c h l a g e t e r *Untersuchungen über d. liedhaften Zusammenhänge in d. nachwaltherischen Spruchlyrik.* (Masch.) Diss. Freiburg 1953 (für mehrere hierher gehörende Dichter). Ferdinand M o h r, *Das unhöfische Element in d. mhd. Lyrik von Walther an.* Diss. Tübingen 1913 (insbes. auch für Buwenburg).

§ 7. Für die höfisch-weltliche Epik fehlen in mhd. Zeit aus der Schweiz Namen — fehlt jedenfalls eine Überlieferung — vor H a r t m a n n v o n A u e, falls nun Hartmann wirklich der nachmaligen Schweiz als hervorragendste literaturhistor. Gestalt seit Notker zugewiesen werden dürfte — eine Reserve, mit welcher unter anderem Gesichtspunkt dann auch Rudolf von Ems und Konrad von Würzburg als namhafteste „Schweizer" Vertreter der Epik nach ihm hier einzubeziehen sind. Zwei biographische Hauptmomente bleiben trotz andauernden und angestrengten Bemühungen der Forschung immer noch ungeklärt: die Frage der Herkunft Hartmanns und die der genaueren Zeit seines dichterischen Schaffens und der Entstehungszeit der einzelnen Werke. Da urkundliche Na-

mens- und andere Belege, die auf Hartmann oder seinen Herrn passen könnten, bisher nichts Zwingendes ergeben haben, halten wir es für gerechtfertigt, die Herkunftsfrage gesondert herauszuheben.

Bekanntlich machen sich mehrere Aue-Orte die Heimat Hartmanns streitig: Eglisau am Rhein im zürcherischen Bezirk Bülach, schwäbisch Obern- oder Niederau bei Rottenburg am Neckar, ein Au bei Freiburg i. Br., die Reichenau, wo nicht gar die untere Aue im aargauischen Städtchen Bremgarten. Bislang schwang wiederholt Eglisau obenauf, dies gestützt auf Kriterien, aus denen damit auf schweizerische Herkunft zu schließen freilich nicht ganz unbedenklich ist. Sodann weist Hartmanns Sprache eine Reihe von Zügen auf, die wohl zu Eglisau stimmen, doch machen die meisten nicht an der Rheingrenze Halt (so *han* für *hân* im Reim auf *kan*, *man* — anders vielleicht *hân:ān* — oder der Reim *laste:glaste* Er. 1780, der doch wohl die sich nördlich fortsetzende Aussprache *glaschte* bezeugt).

Der greifbarste Anhaltspunkt bleibt zunächst das Hartmann in den Hss. B und C zugewiesene Wappen, das im Schildbuch des Klosters Reichenau das der Ministerialen von Wespersbühl (oder Westersbühl?, urkundl. 1238 *Westirsbichil*; *Hist.-Biogr. Lex. d. Schweiz* s. v.) bei zürcherisch Andelfingen ist. Daher war die Ansicht bestechend, die in Hartmann von Aue einen Herrn von Wespersbühl sieht. Nun konnten die Wespersbühler Lehnsleute der Freiherren von Tengen sein, jenes badischen Herrengeschlechts, dem auch Eglisau, eine ihrer Residenzen, gehörte, und auf diesem Weg ist man geneigt, Hartmann von Aue von Eglisau (urkundl. 892 *Owa*, 1332 *Eglins Owe*) herkommen zu lassen. Man glaubte, in der Fügung, daß 1238 unter den Freiherren von Tengen ein Heinrich von Aue belegt ist, ein Indiz zu haben, und man hat davon rückwärts auch an einen Ahnen für den Armen Heinrich gedacht (vielleicht *Heinricus advocatus ecclesiae Bullacho* 1188, für Schulte, ZfdA. 41, 272). Das für die Frage Verhängnisvolle liegt darin, daß einerseits die Wespersbühler das gleiche Wappen haben wie Hartmann in B und C, andererseits in Eglisau die Freiherren von Tengen saßen, so daß man die Wespersbühler zu denen von Tengen in Beziehung setzen mußte, ohne über das Verhältnis jener zu diesen etwas Bestimmteres zu wissen. Vor allem müßte geklärt werden, wie die Miniatoren von B und C im 14. Jh. dazu gekommen sind, das Wappen der Wespersbühler Hartmann zuzulegen. Man wird ihm nicht zuviel Beweiskraft beimessen. Wapnewski z. B. hält es sogar für unwahrscheinlich, daß eine so unbedeutende Familie wie die Hartmanns damals schon ein eigenes Wappen geführt habe (S. 9). Sodann darf nicht übersehen werden, daß für die Wespersbühler nur Lehen der Reichenau und der mächtige Grafen von Kiburg, die damals Erbmarschälle der Reichenau waren, genannt werden (Beyerle; Neumann, VerfLex. 5). Daher büßt Eglisau an

Gewicht ein zugunsten der Reichenau (auf der übrigens auch Herren von Tengen bezeugt sind). Nach wie vor hat auch Au bei Freiburg seine Anhänger: Bertha Schwarz (insbes. wegen eines dort 1112/1123 bezeugten *Henricus de Owa*), E. Ochs und Friedr. Maurer. Das führt erneut in die zähringische Sphäre, auf mögliche Beziehungen Hartmanns zu den Zähringern, worauf schon Edward Schröder hingewiesen hat, allerdings ohne dafür triftigere Gründe vorbringen zu können.

Wo Hartmanns Wiege stand, d. h. welcher Ministerialfamilie er, der *dienstman ze Ouwe*, angehörte, verbirgt sich nach wie vor hinter einem undurchdringlichen Flor von Möglichkeiten. Es gab eben sehr viele *Ouwe*. Mit einiger Sicherheit dürfte seine Heimat immerhin abzustecken sein mit der Region um die heutige Nordgrenze der Schweiz. Daß er ein „Schwabe" war, widerspricht dem nicht: die Bezeichnung gilt bekanntlich auch südlich des späteren Schwabens. Weitaus wichtiger ist die auch schon von Ed. Schröder aufgeworfene und etwa von Fr. Neumann wiederholte Frage nach Hartmanns Lebens- und Schaffensraum, nach der gesellschaftlichen Umgebung, dem Kreis, der sein Schaffen getragen hat. Da ist nicht zu übersehen, daß mit den erwogenen Geschlechtern sich hier zentral noch der Herrschaftsbereich der Grafen von Kiburg verflicht. Was Eglisau betrifft, hatten die Kiburger unweit davon Besitzungen (Schulte 276). Was die von Wespersbühl angeht, waren Wespersbühler ihre Lehnsleute. Ein Kiburger Dienstmann Rudolf (I.) *von Westirsbichil* ist im gleichen Jahre 1238 wie *Heinricus de Ouwe* in Eglisau belegt. Und Herren von Tengen erscheinen im 13. Jh. öfters als Zeugen in Urkunden von Kiburgern. Darf man sich daher nicht vorstellen — eine Vorstellung, der wir zuneigen —, daß Hartmann mit diesem schon kurz vor ihm durch Ausweitung seiner Besitztümer aufstrebenden Haus in Zusammenhang zu bringen sei? Das hindert natürlich nicht, daß wir ihn in jungen Jahren oder seither auch auf der Reichenau antreffen (wohl eher als in der Klosterschule von St. Blasien, an die Beyerle und nach ihm Neumann zögernd auch denken), nach der er *der Ouwaere* heißen könnte. „Die liebevolle Schilderung des Inselklosters im *Gregorius* wirkt wie Nachklang persönlichen Erlebnisses" (de Boor, *Lit.gesch.* 2, 67).

Noch in Hartmanns Schaffenszeit fällt vermutlich der *Lanzelet* des U l r i c h v o n Z ä z i k h o v e n, dem heutigen thurgauischen Zezikon, aus dem 1214 in einer St. Galler Urkunde ein *capellanus Uolricus de Cecinchovin* als *plebanus Loumeissae*, als Leutpriester zu Lommis erscheint, der der Verfasser unseres *Lanzelet* sein wird. Die Ministerialen von Zezikon standen wie die von Lommis im Dienste der Grafen von Toggenburg und der Abtei Reichenau. Ulrich setzte den Artusroman fort mit dem besonders in Frankreich aktuell gewordenen Lanzelot-Stoff, den er nach einer von ihm erwähnten Vorlage des Hûc von Morville bearbeitet — weit abseits von dem durch Chrétien geprägten und von Hartmann nach Deutschland verpflanzten Typus: spannungslos (durch Anreihung einer Heirat nach der andern des *wîpsaeligen* Helden), problemlos (ohne das gravierende Hauptmotiv des Liebesverhältnisses Lanzelots mit der Königin Ginevra und ohne moralische Konflikte in den übrigen Fällen), ohne Formgefühl (pendelnd etwa zwischen Roman und nicht eingeschmolzenem Märchenhintergrund), wenn auch oft nicht ohne eine gewisse, freilich vordergründige Atmosphärik. Wieweit diese Mängel schon der Quelle zuzuschreiben sind, steht dahin, da diese verloren ist. Die Wertung Ulrichs durch die Lit.gesch. erfolgt denn auch einseitig vom Gesichtspunkt des Chrétien'schen *Karrenritter*romans und eben Hartmanns — dessen *Erec* ihm, wie man aus textlichen Anhaltspunkten annimmt, bekannt gewesen sein dürfte, kaum aber der *Iwein!* — oder des *Tristan* Gottfrieds aus. Diesem gegenüber steht der *Lanzelet* auf der Stufe des *Tristrant* Eilharts, auch durch die erwähnte Aggregattechnik. Das Verhältnis zu Chrétien hat zu einer Reihe von Abhandlungen angereizt. Die Sprache, namentlich auch die mundartlichen Reime und Ausdrücke bedürften, in sprachgeographischer Sicht, noch einer neueren Untersuchung.

K o n r a d F l e c k, der Dichter des *Floire und Blanscheflur*, den einige dem Basler Jura zuweisen oder mit Basel selbst in Beziehung bringen (Bächtold, Nadler, Ehrismann), möchten wir hier mangels jeglicher Beweise ausnehmen und mit Singer in ihm eher einen Elsässer sehen.

Zu Hartmann von Aue (Herkunftsfrage): H. S p a r n a a y, *Hartmann v. Aue, Studien zu e. Biographie.* Bd. 1 (1933) S. 12 ff. (mit Lit.). Ders., *Nachträge zu Hartmann v. Aue.* Neophil. 29 (1944) S. 107-116. Ludwig S c h m i d, *Des Minnesängers Hartmann von Aue Stand, Heimat u. Geschlecht* (1874) S. 118 ff., 136 ff. (höchstwahrscheinlich Obernau bei Rottenburg a. Neckar, geschult auf d. Reichenau; zum Wappen S. 128 f.) Aloys S c h u l t e, *Eine neue Hypothese über d. Heimat Hartmanns v. d. Aue.* ZfdA. 41 (1897) S. 261-282 (mit weiteren Hinweisen). Ders., *Die Reichenau u. d. Adligen,* in: *Die Kultur d. Abtei Reichenau.* Hg. v. K. Beyerle. Bd. 1 (1925) S. 580. Sam. S i n g e r, *Die mal. Lit. d. dt. Schweiz* (1930) S. 63 f. u. 68. Albert L e i t z m a n n, *Einl.* zum *Erec* (1939; AdtTextbibl. 39; 5. Aufl. hg. v. Ludwig W o l f f, 1972). Ed. S i e v e r s, *Zur internen u. äußeren Chronologie d. Werke Hartmanns v. Aue.* Festg. Philipp Strauch z. 80. Geb. (1932; Hermaea 31) S. 53-66. Franz B e y e r l e, *Der ‚Arme Heinrich' Hartmanns v. Aue als Zeugnis mal. Ständerechts.* Kunst u. Recht. Festg. f. Hans Fehr (1948) S. 29-46. Friedr. N e u m a n n: VerfLex. 5 (1955) Sp. 323. Ders., *Einl.* zum *Gregorius* (3. Aufl. 1968; Dt. Klassiker d. MA.s. NF. 2) S. 22 ff. Ders. *Wann dichtete Hartmann v. Aue?* Studien z. dt. Philologie d. MA.s, Friedr. Panzer dargebr. (1950) S. 59-72; wiederabgedr. in Neumann, *Kleinere Schriften* (1969) S. 42-56. Edward S c h r ö d e r, *Der Dichter d. ‚Guten Frau'.* Untersuchgn. u. Quellen z. german. u. roman. Philologie, Joh. v. Kelle dargebr. (1908; PrgDtSt. 8) S. 351 ff. Ders., *Zur Chronologie d. höfischen Epik.* ZfdA. 51 (1909) S. 108 f. K. Z w i e r z i n a, *Mhd. Studien.* ZfdA. 44 (1900) S. 363. E. O c h s, *Hartmann v. Aue.* ArchfNSprLit. Bd. 197 (1961) S. 14. Bertha S c h w a r z : VerfLex. 2 (1936) Sp. 203. Friedr. M a u r e r, *Einl.* zu: H a r t m a n n v. A u e, *Teils.* (1958; Samml. Göschen 18) S. 7. Kurt H. H a l b a c h, StammlerAufr. 2 (2. Aufl. 1960) S. 554 f. Peter W a p n e w s k i, *Hartmann v. Aue* (5. Aufl. 1972; Samml. Metzler 17; mit Übersicht über d. Herkunftsfrage u. Lit. — P. Alban S t ö c k l i, *Hartmann v. Aue. Neue Ergebnisse d. Forschung* (Basel u. Fribourg 1933), wovon eine 2. Aufl. u. in mehreren Abhandlungen, zuletzt diese bekräftigend (Ostschweiz, Nr. 16, 1964); widerlegt von O. M i t t l e r : Zs. f. schweizer. Gesch. 15 (1935) S. 318-324 u. A. K a f l i s c h - E i n i c h e r, ebda, S. 324-327. — Noch: Werner S c h r ö d e r, *Zur Chronologie d. drei großen mhd. Epiker.* DVLG 31 (1957) S. 264-302. Friedr. M a u r e r, *Hartmann v. Aue.* Die großen Deutschen. Bd. 5 (1957) S. 48-56. L. W o l f f, *Hartmann v. Aue.* WirkWort 9 (1959) S. 12-24.

Zu Ulrich von Zatzikhoven: Jakob B ä c h t o l d, *Der ‚Lanzelet' d. Ulrich v. Zatzikhoven.* Diss. Zürich 1870. Ders., *Literatur-* *geschichte,* S. 87 ff. u. Anm. 27 f. Stefan H o f e r, *Der ‚Lanzelet' d. Ulrich v. Z. u. s. franz. Quelle.* ZfromPh. 75 (1959) S. 1-36. Gerh. E i s : VerfLex. 4 (1953) Sp. 621-625 u. Nachtr. 5 (1955) Sp. 1102. Weitere Lit.: E h r i s m a n n, Schlußbd., S. 4 ff. u. de B o o r. Bd. 2, S. 90 u. 434. Photomechan. Neudr. d. Ausg. v. Karl Aug. H a h n (1845), mit Nachw. v. Frederick N o r m a n (1965). Roger Sherman L o o m i s, *Notes and introduction* in d. engl. Übers. d. *Lanzelet* Ulrich v. Zatzikhovens durch G. T. Webster (New York 1951).

§ 8. Ideell tiefer verwandt mit Hartmann ist R u d o l f v o n E m s, mag er in künstlerisch-stilistischer Hinsicht, insbesondere der der Kunstauffassung gemeinhin auch als Gottfriedschüler gelten. In seinen religiös getönten Werken wird, wie beim späteren Hartmann, die ideale Lösung der ritterlichen Form des Gott-Welt-Problems als vorbildlich dargestellt; es wird gelehrt — *lêre* ist auch für Rudolf Aufgabe der Kunst —, was bei Wolfram Parzival durchlebt.

Seine landschaftliche Zugehörigkeit erscheint in der Lit.gesch. wenig präzis erfaßt. Singer nennt ihn schlechtweg einen Bündner, und Ehrismanns Formulierung im Verf.Lex., wonach „seine dichterischen Beziehungen sich zunächst auf s. ihrem Zusammenhang mißverständlich, ja widersprüchig, wenn Ehrismann hier und in s. Lit.gesch. Rudolfs Stammsitz daneben ins rechtsrheinisch-vorarlbergische Hohenems verlegt. Seit den Nachforschungen Ed. Schröders u. a. (Zösmair) dürfte jedenfalls feststehen, daß die Stammburg seiner Familie zu Rudolfs Lebzeiten in diesem heute vorarlbergischen Marktflecken Hohenems lag (und nicht identisch ist mit dem nachmaligen benachbarten Schloß Hohenems!), daß er ein Dienstmann des Grafen Hugo II. von Montfort war — wie er sich selbst bezeichnet — als Angehöriger des vermutlich schon seit längerem hier ansässigen und später glanzvollen Ministerialgeschlechts, Sohn oder Neffe eines 1210 urkundlich bezeugten Goswin, Untervogts und Stellvertreters König Ottos IV. über das Bistum Chur. Zu einem rhätischen Adelsgeschlecht in Ems ob Chur fehlen Kontaktpunkte. Der Name Rudolf von Ense findet sich erst beim Fortsetzer der *Weltchronik;* er selbst nennt sich nur Rudolf. Auffallend ist immerhin, daß nach Bächtold der Name Goswin an beiden Orten begegnet. Sei dem wie immer: jedenfalls stand Rudolf zunächst in Beziehung zur Ostschweiz. Die zwei ersten erhaltenen Werke sind von Schweizer Boden aus in Auftrag gegeben: der *Gute Gerhard* vom St. Galler Ministerialen Rudolf von Steinach, der *Barlaam* von Abt Wido (Guido) des Zisterzienserklosters Kappel bei Zürich. Von den späteren Werken: dem *Alexander, Willehalm* und der *Weltchronik,* läßt sich nichts Entsprechendes sagen. Wenn sich Rudolf in seinen Listen der ihm bekannten und zum Teil befreundeten Namen auch nicht ausschließlich auf Schwaben bezieht, so finden sich doch außer den genannten Auftraggebern, soviel wir sehen, keine „Schweizer". Die danach geläufiger gewordene Einteilung seines Schaffens in eine schweizerische und eine schwäbische Periode gestattet immerhin keine schärfere Abgrenzung, jedenfalls kein einigermaßen deutliches Bild von Beziehungen zu schweizerischen Mäzenen oder Bestellungen an den fleißigen Verfasser, der auf Erwerb wohl angewiesen war. Fester wird nur der spätere Zusammenhang mit dem schwäbisch-staufischen Kreis.

In greifbarere Beziehung zur Schweiz tritt K o n r a d   v o n   W ü r z b u r g , der, nun wohl in Würzburg zwischen 1220 und 1230 geboren, endgültig — vielleicht über Straßburg — in Basel seßhaft geworden, hier am 31. August 1287 gestorben und mit seiner Frau und den zwei Töchtern im Maria-Magdalenenstift beigesetzt worden ist. Basel wird, nach Ausweis seiner Mäzene, zum Angelpunkt seines Wirkens und Nachwirkens: geographisch insofern, als er Hartmann und Gottfried, sein ausdrückliches Vorbild, verbindet, zeitlich insofern, als er einesteils auf der südwestlichen Klassik fußt, andererseits deren Nachwirkung im gesteigerten formalen Glanz der seinen bis weiterab ins 14. Jh. trägt, in der Lyrik namentlich zum Meistergesang, der ihn ja zu den zwölf alten Meistern zählt.

In dieser aufgeschlossenen Bischofsstadt am oberen Rheinknie, wo — ähnlich wie wohl in Straßburg Gottfrieds — sich stadtsässige Adlige und Patrizier mit der wohlhabenden kaufmännischen und weltoffenen geistlichen Oberschicht zu einer kulturtragenden Sphäre mischten, wird er dank seiner Begabung, mit Leichtigkeit Verschiedenartigstes in Verse zu verwandeln, der geschätzte Dichter und Kunsthandwerker in einer Person, der erste virtuose Berufsdichter für eine Reihe von Auftraggebern, deren Namen und Stand diese soziologisch-kulturelle Mischung belegen: einen bürgerlichen Peter der Schaler oder Heinrich Isenlin, einen Patrizier Johannes von Arguel, einen Adligen Dietrich an dem Orte, einen Domherrn und späteren Bischof Leuthold von Roetelen z. B. *(s. u. Lit.)*. Das erste größere Werk nach dem *Engelhard*, das seinen Gönner nennt, der *Partonopier*, und der letzte unvollendete *Trojanerkrieg* haben Basler Mäzene, und die drei *Legenden* sind von Baslern angeregt. Gelegentlich tun sich Auftraggeber und nachträgliche Förderer zusammen. Ob Konrad vor Basel in Straßburg war oder von dort aus sich hier einige Zeit aufhielt oder von hier aus Bestellungen erhielt (zum *Heinrich von Kempten* durch den Domprobst Berthold von Thierberg, zur *Goldenen*

Schmiede durch den bedeutenden Bischof Konrad von Lichtenberg, beide Werke übrigens von Gottfrieds Einstrahlung berührt), läßt sich nur schwer ausmachen. Seine Sprache soll alemann. Besonderheiten mit einem „ostfränkischen Unterton" (Ehrismann) aufweisen.

Konrad ist der große Epigone im Sinne des „Bewußtseins, eine große Tradition fortzuführen" (de Boor), zugleich eben wichtigster literar. Repräsentant des Zeitwandels vom Rittertum zum (Stadt-)Bürgertum über einer geistesgeschichtlichen Zäsur im soziologisch-kulturhistorischen Gefüge des MA.s, die viel mehr um 1250 als erst ein Jh. später liegt. Bezeichnend, daß die wertvollen kleineren Novellen früher fallen. Auf Grund ihrer Qualität dürfte dann zum Teil die Nachfrage nach Konrads Romanen eingesetzt haben, in denen der arrivierte Dichter sich mählich zu übertreffen suchte in die Länge und in die Breite.

Durch ihren Meister Konrad scheint die Novelle auch in der Schweiz nachgewirkt zu haben in einer Geschichte *Von der halben Birne*, deren Verfasser sich Konrads Namen beilegt und nach Singer vielleicht ein Basler war. Ihm möchte man den im *Reinfried von Braunschweig* erwähnten Jakob A b t (Apt, Appet) mit seiner schwankhaften Erzählung *Der Ritter unter dem Zuber* anreihen. Sonst bleibt die novellistische Kleinepik, abgesehen noch von den mehr bîspelhaften St. Galler Stücken (s. u.), schweizerischerseits wenig vertreten, bis Mitte des 15. Jh.s in N i c l a s   v o n   W y l e der Renaissance-Novelle ein maßgeblicher Bearbeiter ersteht.

An Rudolf von Ems und namentlich Konrad von Würzburg läßt sich auch der *R e i n f r i e d   v o n   B r a u n s c h w e i g* anknüpfen, ein Minne- und Abenteuerroman um die Sage Heinrichs des Löwen, gegen 1300 entstanden, dessen unbekannter Verfasser den weitausgreifenden Stoff zu seinem in der einzigen Hs. vor Ende abbrechenden Werk zwar überallher mit kaum mehr zu überbietender Gelehrsamkeit bezieht, ihn jedoch, Wolfram, Gottfried und Konrad besonders verpflichtet, nicht einfach unorganisch kompiliert, sondern „mit seiner beachtlichen Fähigkeit zu psychologischer Analyse" (de Boor) einarbeitet, bis zu einem gewissen Grade wenigstens als tradierte Lit. nochmals wirksam werden läßt (Harms) und in gewandter Sprache ausbreitet. Einen Ostschweizer (Appenzeller? Singer) — als bürgerlich *(âne geburt)* bezeichnet er sich selbst — sieht man in ihm auf Grund mundartlicher Anklänge.

Zu Rudolf von Ems: Edward S c h r ö - d e r , *Rud. v. Ems u. s. Literaturkreis.* ZfdA. 67 (1930) S. 209-251 (mit Lit.: Zösmair u. a.). Sam. S i n g e r , *Die mal. Lit. d. dt. Schweiz* (1930) S. 35, 72, 94 u. 174 (Heimat Ems sw. von Chur). Ders., *Literaturgesch. d. dt. Schweiz im MA.* (1916) S. 20. G. E h r i s - m a n n : VerfLex. 3 (1943) Sp. 1121 u. Nachtr. v. L. W o l f f , ebda 5 (1955) Sp. 1012 ff. Eine prächtige Bilderhs. der von Konrad IV. patronierten *Weltchronik* aus Rheinau, 14. Jh., befindet sich in Zürich (Mohlberg Nr. 382). Jakob B a e c h t o l d (*Literaturgesch.*, S. 96, Anm. 29) bleibt für die Heimatfrage unverbindlich. Neue Bewegung in die Forschung bringen die beiden Monographien: Xenia v. E r t z d o r f f , *Rud. v. Ems. Untersuchungen z. höf. Roman im 13. Jh.* (1967) und Helmut B r a c k e r t , *Rud v. Ems. Dichtung u. Geschichte* (1968; Germ. Bibl. III, 14) und Ulrich W y s s , *Theorie d. mhd. Legendenepik* (1973; Erlanger Studien 1) S. 181-215.

Zu Konrad von Würzburg: Wolfgang G o l t h e r , ADB 44 (1898) S. 356-363. E h r i s m a n n , Schlußbd., S. 35 ff. de B o o r . Bd. 3, 1, S. 73 ff., 320 ff., 356. E. H a r t l , VerfLex. 2 (1936) Sp. 913-928 u. Nachtr. v. H. R o s e n f e l d , ebda 5 (1955) Sp. 568 (alle mit Lit.: Edw. Schröder, A. Moret, K. H. Halbach, A. Leitzmann, H. Laudan [Chronologie], H. Butzmann [Sprachstil], D. H. Green [stilist. Vergleich mit Gottfried], W. Kluxen [Nachwirkung] usw.). Zu seinen Gönnern: Wilh. W a c k e r n a g e l , *Kleine Schriften.* Bd. 1 (1872) S. 299 (der S. 297 Basler Herkunft Konrads verficht; hier auch zum Namen ‚Würzburg' seines Basler Hauses). Karl B a r t s c h , *Dt. Liederdichter d. 12. bis 14. Jh.s* (1864; 4. Aufl. 1901) Nr. LXIX. Edward S c h r ö d e r , *Studien zu Konrad v. Würzburg.* GGN. 1912, S. 1-74, 1917, S. 96-129. Ders., zu K o n r a d v. W ü r z b u r g , *Die kleineren Dichtungen* (1924; 2. Aufl. 1935), 3. Aufl. mit Nachw. v. Ludwig W o l f f (1959). de B o o r , Bd. 3, 1, S. 30. — Lit. zu neueren Forschungen zu Rudolf von Ems und Konrad von Würzburg bei Johannes J a n o t a , *Neue Forschungen z. dt. Dichtung d. Spätma.s.* DVLG 45 (1971), Sonderheft, S. 83-91.

Zu Novelle und Roman: Sam. S i n g e r , *Die mal. Lit. d. dt. Schweiz* (1930) S. 82 ff. *Eine Schweizer Kleinepiksammlung aus d. 15. Jh.* Hg. v. Hanns F i s c h e r (1965; AdtTextbibl. 63). Jakob A p p e t : VerfLex. 1 (1933) Sp. 99-100 (H.-Fr. R o s e n f e l d) u. Nachtr. 5 (1955) Sp. 49 f. (H a n n e m a n n). *Reinfried von Braunschweig:* Ausg. hg. v. Karl B a r t s c h (1871; BiblLitV. 109).

Herm. S c h n e i d e r , VerfLex. 3 (1943) Sp. 1046-1051 (eher abschätzig) u. Nachtr. v. H a n n e m a n n , ebda 5 (1955) Sp. 975. Sam S i n g e r , *Die mal. Lit. d. dt. Schweiz* (1930) S. 77 f. Jakob B a e c h t o l d , *Literaturgesch.*, S. 134 ff. Anm. 39 f. (Lit.). d e B o o r . Bd. 3, 1, S. 92 ff., 131 (Lit.). Wolfgang H a r m s , ‚*Epigonisches'* im ‚*Reinfried v. Braunschweig'.* ZfdA. 94 (1965) S. 307-316, bes. S. 314 (Aufwertung des Begriffes für *R. v. Br.*, mit Lit.: M. Windfuhr, P. Gereke, F.-W. Wentzlaff-Eggebert. E. Sohns, Marie-Luise Gräff). Gunda D i t t - r i c h - O r l o v i u s , *Zum Verhältnis von Erzählung u. Reflexion im ‚Reinfried von Braunschweig'* (1971; Göppinger Arb. z. Germanistik 34), letzte Bibliographie.

§ 9. Die Übergänge von der Erzählung zum engeren L e h r g e d i c h t sind oft fließend, besonders in der Kleinepik (*Bispel*, Fabel, Anekdote). Dagegen heben sich vom Roman umfänglichere moralisierend-allegorisierende Dichtungen ab wie das viel benutzte lat. *Schachbuch* des lombardischen Dominikaners Jacobus de Cessolis, das der Thurgauer K o n r a d v o n A m m e n - h a u s e n , Mönch und Leutpriester in Stein a. Rhein, um 1330-37 in gegen 19 000 Versen in seinem *Schachzabelbuch* bearbeitet hat und das seinerseits nach Ausweis des Hss.-Bestands (gut zwei Dutzend weitverbreitete) mehr als andere Bearbeitungen nachgewirkt hat. Mag auch die Neigung, „menschliche Ernstverhältnisse in Form des Spiels wiederzugeben" (Singer), der das Schachspiel entgegenkommt, der realistischen Lebenseinstellung der Zeit entsprechen, so sind die vielen regionalpolitischen Floskeln, vor allem die aus dem kleinbürgerlichen Alltag eingebauten Züge (man denkt an Hadlaub) bei einem Schweizer nicht befremdend. Kulturhistorisch aufschlußreich ist hier besonders der Abschnitt über die Venden (Bauern), wo die beruflich-handwerklichen Lebensumstände mit ihren Festen und Nöten unmittelbar greifbar wo nicht auch lebendig werden. Im übrigen dienen die die Vorlage ausweitenden Geschichten und anekdotischen Zutaten der Lehre als Vehikel; ihnen wird das Buch seine Beliebtheit weitgehend verdanken. Sie bezeugen einen belesenen Verfasser, weniger einen in der dt. Lit. bewanderten. Wenigstens seinen Nachbarn und Vorgänger in der Übertragung des *Schachbuchs*, Heinrich von Beringen, scheint er nicht gekannt zu haben.

Lehrhaft ist vor allem die Fabel, in der Schweiz namhaft vertreten durch Ulrich B o n e r s *Edelstein.* Dieser Bonerius (wie er sich selbst einführt) entstammt einem angesehenen Berner Geschlecht, war hier Dominikaner — ein „Ritter Gottes" wird er in einigen Hss. genannt —, urkundl. nachgewiesen zwischen 1324 und 49. Sein Fabelbuch, abgeschlossen 1349 oder 50, ist seinem Gönner Joh. v. Ringgenberg gewidmet, entweder J. v. R. dem Älteren, von dem in der *Manesseschen Hs.* 13 Sprüche überliefert sind, oder dessen Sohn. Es sind nicht die ersten Fabeln der mhd. Lit., Boner fügt sich in die seit der Antike nicht abreißende Entwicklung der Gattung ein (von Spervogel-Herger, dem Stricker, dem Marner, Reinmar von Zweter, Frauenlob über den zeitgenöss. Heinrich von Mügeln herab zu Steinhöwel, Luther, Burkhard Waldis, Hans Sachs u. a.); der *Edelstein* ist jedoch das erste zusammenhängende deutsche Fabular, eine Art Lehrgedicht in Fabeln, geschöpft wie jene aus Aesop (bzw. dem Romulus-Corpus), Avian, unmittelbar besonders aus dem sog. Anonymus Neveleti und anderen Quellen, wertvoll nicht so sehr durch Tiefgründigkeit der moralischen Ausdeutung oder Schlagkraft, als durch anschauliche, ausdrücklich schlicht gewollte Erzählung, flüssige, mit Umgangs- und Kanzleisprache verbrämte Diktion, da Boner, wie etwa Ammenhausen, auch den einfacheren Leser im Auge hat. Vgl. zur Technik L. Markschies, *Fabel.* Reallex. Bd. I, 435. Seine Beliebtheit verbürgen die zwei Dutzend Hss.; auch die Nachwirkung des als eines der ersten dt. Bücher 1461 gedruckten Werkes reicht tief in die Neuzeit herab.

Zu Konrad von Ammenhausen: *Das Schachzabelbuch nebst d. Schachbüchern d. Jakob v. Cessolis u. d. Jakob Mennel.* Hg. v. Ferdinand V e t t e r (1887; Bibl. älterer Schriftwerke d. dt. Schweiz, Erg.-Bd.), mit ausführl. Einl. Sam. S i n g e r , *Literarhistor. Miszellen* [zur Vorlage]. Untersuchgn. u. Quellen z. german. u. roman. Philologie. Joh. v. Kelle dargebr. (1908; PrgDtSt. 8) S. 313 f. Ders., *Die mal. Lit. d. Schweiz* (1930) S. 124 f. (Zitat). Ders., *Schweizerdeutsch* (1928; Die Schweiz im dt. Geistesleben 58) S. 128 ff. (zum Dialekt). Walther M i t z k a , in: VerfLex. 2 (1936) Sp. 892 f., Nachtr. 5 (1955) Sp. 554 (H a n n e m a n n). A. G o l d s c h m i d t , *Die Luzerner ill. Hs. d. ‚Schachzabelbuches' d. Schweizer Dichters Konrad v. Ammenhausen.* Innerschweiz. Jb. f. Heimatkunde 8/10 (1944/46) S. 9-33.

Zu Boner: M. v. S t ü r l e r , *Das bernische Geschlecht der Boner.* GermaniaPf. (1856) S. 117-120 (über Boner u. Ringgenberg). Karl B a r t s c h , *Die Schweizer Minnesänger* (1886) S. XXIX. Rudolf S c h o c h , *Boners Sprache.* Diss. Zürich 1881. F. B a l s i n g e r , *Boners Sprache u. d. bernische Mundart.* ZfdMaa 5 (1904) S. 37-99. Robert Henri B l a s e r , *Ulrich Boner, Un fabuliste suisse du 14e siècle* (Genève 1949). Walther M i t z k a , in: VerfLex. 1 (1933) Sp. 257-259.

§ 10. G e i s t l i c h e D i c h t u n g . Die seit dem 12. Jh. sich ausbreitende Marienverehrung, die von Frankreich her und zum Teil wohl in Zusammenhang mit dem höfischen Frauendienst — zunächst im Lied, insbesondere der Sequenz (Adam von St. Victor) — die dt. Mariendichtung befruchtet, findet in der Schweiz ihren ersten namhaften mhd. Niederschlag in der *Mariensequenz von Muri* aus dem Ende des 12. Jh.s, ca. 20 Jahre nach dem *Melker Marienlied* und der *St. Lambrechter Mariensequenz,* der die von Muri näher steht. Beide fußen auf der berühmten Sequenz *Ave praeclara maris stella;* die von Muri schließt sich metrisch und für die Melodie eng an sie an, greift aber nach den Anfangsversen inhaltlich frei aus. Während die Marienlyrik oft, auch in St. Lambrecht, mit der althergebrachten präfigurativen Mariensymbolik verflochten oder mit dem mystischen sponsus-sponsa-Verhältnis verquickt erscheint, fehlen solche Elemente in der *Sequenz von Muri* bis auf das Bild von der *beslozzenen cappelle* nach Ezech. 44, 1-3. Beachtlich dafür die Züge ungewohnter realistisch-naiver Direktheit und Wärme, die den fehlenden traditionellen Bilderschmuck aufwiegen, sowie die innere erfüllte Formeinheit. Der Versbau läßt „ein rhythmisches Gebilde von großer Spannungsbreite der Zeilen" entstehen (de Boor). Die Herkunft unserer Sequenz ist nicht restlos gesichert. Muri, aus dessen Kloster die Haupths. stammte, wird als Entstehungsort auch angezweifelt, gestützt auf die übrige Überlieferung (2 späte Teilabschriften in Engelberg und eine mfrk. Fassung vom Schlußteil in München). Durch ihren Leichcharakter nähert sich die Mariensequenz von Muri dem in der Schweiz gut vertretenen Leich, insbesondere einem religiösen K o n r a d s v o n W ü r z b u r g , der, in Konrads virtuoser

Art prunkend, durchzogen ist von topischen Mariensymbolen und anderer Gelehrsamkeit. Dagegen geht das *Marienlob* E b e r - h a r d s   v o n   S a x, des Zürcher Dominikaners aus dem st. gallischen Rheintal und älteren Verwandten des Minnesängers Heinrich von Sax, um 1300, in zwanzig 12zeiligen Strophen.

Einen nicht minder hervorragenden Platz als die Mariensequenz nimmt das *O s t e r - s p i e l   v o n   M u r i* ein, das älteste ganz deutsche Spiel („das älteste dt. Drama", ein „Rededrama in Reimpaarversen"), mittelbar entwickelt aus der Osterliturgie und angelehnt vielleicht an einen Ostertropus, unmittelbar stehend in einer Tradition (halb-)lat. szenischer Darstellungen des Ostergeschehens — das Szenar ist dasselbe wie das des *Klosterneuburger* und des *Benediktbeurener Osterspiels* und desjenigen von *Tours*, dem das von Muri sachlich am nächsten kommt. Entstanden ist es wohl in der Inner- oder Westschweiz Anfang (Bartsch, Singer, Hartl) oder Mitte (Ranke) 13. Jh. Erhalten sind größere oder kleinere, für Einbandfüllungen zerschnittene Bruchstücke einer Dirigierrolle; das erste Blatt fehlt, so daß neben anderen Lücken besonders der Anfang und der Schluß verloren sind. Dank seiner auch aus der fragmentarischen Überlieferung zu erkennenden Geschlossenheit bei bewegter Redeführung und belebendem Realismus in den volksmäßigen Zutaten (Krämerszene) und dem Anschluß an die höfisch gepflegte Diktion mit reiner Vers- und Reimsprache (Hartmann!) erhält es Eigenform, die es mit Abstand zu einem würdigen Vorläufer des späteren geistlichen Spiels in der Schweiz macht, zunächst eines wohl frühesten Weihnachtsspiels, genannt *St. Galler Spiel von der Kindheit Jesu* (Cod. sang. 966, S. 129 ff., um 1400, nach einer Vorlage des späteren 13. Jh.s mit deutlichen sprachlichen Anklängen an das *Osterspiel von Muri*; vgl. Klapper, S. 45 ff.; Ranke aaO S. 22), sowie eines *St. Galler Spiels vom Leben Jesu* (eigentl. ein Passionsspiel mit Motiven aus der Vorgesch.: Hochzeit zu Kana, Johannes d. Täufer, Maria [-Maria Magdalena], Martha u. Lazarus, Heilung d. Blinden, von einem md. Verfasser; in Cod. 919, S. 197 ff., 14. Jh., aus der Wetterau? Wolter, ripuar. nach Hartl [Altdt. Textbibl. Bd. 41, S. 51]

aber nach einer alem. Vorlage d. ausgeh. 13. Jh.s. Erhalten sind ferner u. a. ein *Rheingauer Weltgerichtsspiel* von 1467 (wovon auch eine andere, Berner Fassung) und ein Zürcher (?) *Antichristspiel*, 14. Jh., das deutlicher zum Fastnachtsspiel (s. u.) überleitet. — Unter den zahlreichen M a r i e n - k l a g e n (s. Mariendichtung), die aus lyrischem Ursprung dann häufiger als dialogische Elemente ins geistliche Spiel eingelagert erscheinen, finden sich auch eine wenig originelle Berner aus Schloß Spiez stammende (mit der Berner *Greg.*-Papierhs. des 15. Jh.s, in Berlin) und ein kurzes Bruchstück einer St. Galler Hs. (42 Verse, 15. Jh.). Auf die liturgischen Spielzeremonien als die (lat.) Vorstufen der eigentlichen Spiele (Oster-, Dreikönigs-, St. Nikolaus-, Weltgerichtsspiele) kann nur verwiesen werden (s. Lit. Carlen, de Boor).

Im Abschnitt L e g e n d e sei zunächst fürs Allgemeine verwiesen auf Bd. I, 542 (*Geistl. Dichtg.* § 3); II, 276 ff. (*Mariendichtg.* § 4) und wenigstens erinnert an die — von der geistlichen Dichtung in engerem Sinne allerdings auszuklammernden — Legendendichtungen Hartmanns von Aue und besonders Konrads von Würzburg, dessen *Goldene Schmiede* immerhin eine Mittelstellung einnimmt, jedenfalls auch die Mariendichtung (Leiche, Sprüche, Eberhards *Marienlob*) beeinflußt hat. Voll gehören hierher aus der Schweiz zwei der beliebten *Marienleben*: von W a l t e r   v o n R h e i n a u um 1300, einem Aargauer (*Von Rînouw Waltherus, Von Bremgarten bî der Rius geborn* nennt er sich selbst), 15 000 Verse mit mehr theologischen als dichterischen Eigenschaften, und gegen Ende des Jh.s das interessantere eines (Ost-) Schweizers W e r n h e r. Beide Werke, ungefähr gleich lang, gehen unabhängig von einander wie die meisten übrigen Marienleben auf die *Vita beatae Mariae virginis et Salvatoris rhythmica* (ein „Sammelbecken von apokryphem Material", um 1200; s. Reallex. II, 274 f.) zurück. Ein anonymer Baselbieter ist 1298 oder bald darauf Verfasser einer Doppellegende *Der Sælden Hort* oder *Das Leben des Täufers und der Maria Magdalena*, die in die Mystik einschlägt (s. u.). Ins 14. Jh. fällt die vermutlich nordschweizerische anmutige *Legende vom zwölfjährigen Mönchlein*, der nach Singer die Legende eines Prämonstratenser Mystikers, Hermann Joseph zu Steinfeld a. d. Eifel, zugrunde liegen könnte.

Im 15. Jh. erhält die geistl. Dichtung einen namhaften Vertreter in H e i n r i c h (v o n) L a u f e n b e r g, der hier einschlägt, falls man ihn, wenigstens von Herkunft, mit der Schweiz in Beziehung bringen darf. Verwunderlich ist, daß dies trotz mehrfachen urkundlichen Anhaltspunkten und eifrigen Bemühungen nicht vollends gesichert werden kann. Die Möglichkeiten hier von neuem auszubreiten, wäre bei der bisherigen Ergebnislosigkeit unersprießlich; es scheint übrigens damals mehrere Persönlichkeiten seines Namens gegeben zu haben. Am meisten für sich hat wohl das Städtchen Laufenburg mit Hauptlage und -burg auf dem aargauischen linken Rheinufer, das bis ins 16. Jh. durchweg Laufenberg hieß. Kaum fällt in Betracht u. a. Rapperswil (s. Baas), eher Freiburg i. Br. Hier war Laufenberg jedenfalls seit 1429, der Bearbeitung in dt. Versen des *Regimen sanitatis (Buchs der Gesundheit)*, Priester, später auch Dekan und — wiederum auffallend — inzwischen 1433/4 oder gleichzeitig (?) anscheinend Stiftsdekan in Zofingen (ohne daß sein Aufenthalt hier durch eine Verschreibung *Zomgen* f. Zofingen [?] oder sonstwie verbürgt wäre), bevor er 1445 in Rulman Merswins Johanniterkloster in Straßburg eintrat, wo er 1460 ca. 70jährig starb. In Freiburg entstanden seine zwei weiteren größeren Werke neben den Predigten: die Übersetzung 1437 des *Speculum humanae salvationis* von 1324 (eines Gangs durch Sündenfall und Erlösung, Verkündigung, Leben, Leiden, Tod, Himmelfahrt Christi, Weltgericht, Höllenpein und Himmelsfreuden), das vorher schon von dem Thurgauer K o n r a d v o n H e l m s - d o r f übertragen war und in allen Formen sehr starke Verbreitung fand, und sein *Buch der Figuren* 1441 (*Opus figurarum* des Conrad von Alzey, das die Gottesmutter aus alttestamentlichen Motiven von der Schöpfung an in Figuren, 136 an der Zahl, vordeutet). Beide berühren auch die Mystik (s. u.). Laufenbergs literarhistor. Bedeutung liegt jedoch besonders auf dem Gebiete des geistlichen Liedes, namentlich der geistlichen Kontrafaktur. Sein lyrisches Werk umfaßt Umdichtungen aus dem im

15. Jh. blühenden Volksliedergut (*Ich wölt daz ich doheime wer*), von Minne-(Tage-)liedern (*Es taget minnenkliche*), Übersetzungen lat. Hymnen (*Ave maris stella — Bis grůst stern im mer, Ave bis grůst du himels port, du meygen cle*) und freie Gedichte, die allmählich selbständiger werden. Trotzdem sind seine Lieder nicht volkstümlich schlechthin. Die meisten waren für städtisch-geistliche Umgebung gedacht und an Nonnen, seine Beichtkinder, gerichtet. (Die Hss. stammen denn auch alle aus Konventen.) Die Großzahl der gegen 100 von Ph. Wackernagel, bevor die Straßburger Haupthss. 1870 verbrannten, noch geretteten und meist echten Lieder sind Marienlieder, nicht immer auch die besten, wo überschwenglich und teils wahllos überladen mit bildlichen Attributen. Seine Stärke ist in den glücklicheren naive Schlichtheit bei sicherer Technik (weniger virtuos als der seines Bearbeiterkollegen und Vorbildes, Hermanns, des Mönchs von Salzburg).

Im Reallex. vgl. die Artikel *Geistliche Dichtung* (A. H ü b n e r u. Herausgeber) und *Mariendichtung* (Hans F r o m m). Ferner: Maria B i n d s c h e d l e r, *Mal. Marienlyrik*. Deutschunt. 9 (Stuttg. 1957) H. 2, S. 30-37. — Mariensequenz von Muri: VerfLex. 4 (1953) Sp. 157 ff. (H. E g g e r s). Richard K i e n a s t, StammlerAufr. Bd. 2 (2. Aufl. 1960) Sp. 36 f. H. d e B o o r, *Lit.gesch.* I, S. 213 f. — Ausgaben: M ü l l e n - h o f f - S c h e r e r, *Denkm.* Nr. 42. Albert W a a g, *Kl. dt. Gedichte* (2. Aufl. 1916) Nr. 17. Friedr. M a u r e r, *Die rel. Dichtgn. d. 11. u. 12. Jh.s* Bd. 1 (1964) S. 453-461 (alle Fassungen; Unters. u. Bibliogr.). H. d e B o o r, *Die dt. Lit. Texte u. Zeugnisse*, Bd. I, 1 (1965) S. 408-410. — Marienleich u. Marienlob: Samuel S i n g e r, *Die mal. Lit. d. Schweiz* (1930) S. 17 ff. — Laufenbergs Marienleich: VerfLex. 3 (1943) Sp. 31 f. (L. D e n e c k e). — Eberhard v. Sax: Karl B a r t s c h, *Die Schweizer Minnesänger* (1886) Nr. 28. VerfLex. 1 (1933) Sp. 474 (S. S i n g e r).

Osterspiel v. Muri: Jakob B a e c h t o l d, *Schweiz. Schauspiele d. 16. Jh.s* I (1890), Anhang (bearb. Text). Friedr. R a n k e, Ausg. nach d. alten u. neuen Fragmenten (Aarau 1944), mit Einl. (ersetzt die bisherige Lit.). Ders., *Zum Osterspiel v. Muri*. ZfdA. 80 (1944) S. 71-82. Ed. H a r t l, *Anmerkungen zu mhd. Osterspielen*. ZfdPh. 62 (1937) S. 240-243. — Zur Vorgeschichte u. allgemeine Lit.: Jakob B a e c h t o l d, *Lit.gesch.* Anm. S. 49 f. m. Hinweisen (Mone, Grieshaber, Schönbach, Wilken, Milchsack, G. Morel, Brandstetter). Ed. H a r t l, in: StammlerAufr. Bd. 2 (2. Aufl. 1960) Sp. 1953 f. m.

Lit. (C. Lange, E. Young, H. de Boor). Julius S c h w i e t e r i n g, *Über d. liturg. Ursprung d. mal. geistl. Spiels.* ZfdA. 62 (1925) S. 1-20. Hennig B r i n k m a n n, *Anf. d. mod. Dramas* (1933; Jenaer germ. Forschgn 22). Ders., *Das rel. Drama im MA. Arten u. Stufen.* WirkWort 9 (1959) S. 257-274 (= WirkWort Sammelbd. II, 1963, S. 270-284). Wilfr. W e r n e r, *Studien z. d. Passions- u. Osterspielen d. dt. MA.s in ihrem Übergang v. Lat. z. Volksspr.* (1963; Philol. Studien u. Quellen 18). Helm. d e B o o r, *Die Textgeschichte d. lat. Osterfeiern* (1967; Hermaea NF. 12). A. C a r l e n, *Das Ordinarium Sedunense u. d. Anfänge d. geistl. Spiele im Wallis.* Bll. aus d. Walliser Gesch. 9 (1943) S. 349-373. Ders., *Das oberwalliser Theater im MA.* SchwArchfVk. 42 (1945) S. 65-111. Johannes K l a p p e r, *Der Ursprung d. lat. Osterfeiern.* ZfdPh. 50 (1926) S. 46-58. — *Das Luzerner Osterspiel.* Hg. v. Heinz W y s s. 2 Bde (1967; Schr. d. Schweiz. Geisteswiss. Ges. 7). M. Blakemore E v a n s, *Das Osterspiel v. Luzern.* Schweizer Theater-Jb. 27 (1961) S. 1-275. — Berner Marienklage: Hg. v. Herm. P a u l, PBB. 3 (1876) S. 365-370. (Interessanter ein *Marienleid* derselben Hs. aus Spiez, S. 362 ff. u. a. Bruchst.). VerfLex. 5 (1955) Sp. 656. (H. E g g e r s). St. Galler Bruchst., 42 Verse, ebd. S. 659 f. Engelberger Bruchst.: M o n e I, 201. — Zu den Marienklagen s. Reallex. Bd. 2 S. 285 ff. Anton E. S c h ö n b a c h *Über die Marienklagen* (Graz 1874). — Joseph K l a p p e r, *Das St. Galler Spiel von d. Kindheit Jesu. Untersuchgn. u. Text* (1904; GermAbh. 21). Emil W o l t e r, *Das St. Galler Spiel v. Leben Jesu. Untersuchgn. u. Text* (1912; GermAbh. 41). *Passionsspiel.* Hg. v. Ed. H a r t l (1952; AdtTextbibl. 41). S. 56 ff. Ders., *Untersuchgn. zum St. Galler Passionsspiel.* Festschr. f. Wolfgang Stammler z. 65. Geb. (1953) S. 109-129. Hugo S t o p p, *Unters. z. St. Galler Passionsspiel.* Diss. Saarbr. 1960. — Karl R e u s c h e l, *Die dt. Weltgerichtsspiele d. MA.s u. d. Reformationszeit* (1906; Teutonia 4). Rheinauer Weltgerichtsspiel: M o n e I. *Berner Weltgerichtsspiel.* Hg. v. Wolfgang S t a m m l e r (1962; Texte d. sp. MA.s 15). Zürcher Antichristspiel: Sam. S i n g e r, *Die mal. Lit.* S. 52 ff. *Das Marienleben des Schweizers Wernher.* Hg. v. Max P ä p k e u. Arthur H ü b n e r (1920; DTMA. 27). Max P ä p k e, *Das Marienleben d. Schweizers Wernher* (1913; Pal. 81). Ludwig D e n e c k e, in: VerfLex. 4 (1953) Sp. 933 f. — *Walthers von Rheinau Marienleben.* Hg. v. Adelbert v. K e l l e r - (1849/55; Tübinger Univ.-Schriften). *Das Marienleben Walthers v. Rheinau.* Hg. v. Edith P e r j u s (2. Aufl. 1949; Acta Acad. Abonensia, Hum. 17, 1), Rez.: AnzfdA. 64 (1948/49) Sp. 112-116 (Werner W o l f), DLZ 64 (1950) Sp. 175-178 (H.-Fr. R o s e n f e l d). Gerhard E i s, in: VerfLex. 4 (1953) Sp. 793-795 u. Nachtr. 5 (1955) Sp. 1116 f. (S. S u d h o f). Vgl. auch Reallex. Bd. 2, S. 275 (Hans F r o m m).

Der Saelden Hort: Ausg. v. Heinrich A d r i a n (1927; DTMA. 26), Rez.: AnzfdA. 53 (1934) S. 126-133 (S. S i n g e r). — Legende vom 12jähr. Mönchlein: Sam. S i n g e r, *Die dt. Lit. d. Schweiz* (1930) S. 42 m. Anm. Text bei Helm. d e B o o r, *Die dt. Lit. Texte u. Zeugnisse.* Bd. 1, 1 (1965) S. 351-355.

Heinrich von Laufenberg: Ludwig D e n e c k e, in: VerfLex. 3 (1943) Sp. 27-35, Nachtr. 5 (1955) Sp. 599 (H a n n e m a n n). Ed. Richard M ü l l e r, *Heinrich v. Loufenberg, e. litter.-histor. Untersuchung.* Diss. Straßburg 1888. Rez.: AnzfdA. 16 (1890) S. 108-111 (Philipp S t r a u c h). K. B a s s, *Heinrich v. Loufenberg u. s. ,Gesundheitsregiment'* (1429). Zs. f. d. Gesch. d. Oberrheins. NF. 21 (1906) S. 363-389. Lidwina B o l l, *Heinrich v. Loufenberg.* Diss. Köln 1934. Ferner den Artikel *Kontrafaktur,* in: Reallex. Bd. 1, S. 882 f. (G. R e i c h e r t), mit Lit. Die Lieder bei Philipp W a c k e r n a g e l, *Das dt. Kirchenlied.* Bd. 2 (1867) S. 528 ff. Zu den Übersetzungswerken (Beschreibung Chr. Mor. Engelhardt, *Der Ritter von Stauffenberg,* passim, u. a.) vgl. Denecke a. a. O.

§ 11. Die M y s t i k wiederum, und sie namentlich, zeigt in den auf die höfisch-weltliche Blüte folgenden Jh.n des späteren MA.s, die wir hier als Periode ins Auge fassen, keinen irgendwie schweizer. Charakter, mag auch deren zweite, sich länger hinausziehende Hälfte in die Zeit der bereits bestehenden Eidgenossenschaft fallen. Sie entfaltet sich innerhalb eines weiteren, besonders westoberdt. Kreises und verhält sich, was wenigstens die mystische Anleitung betrifft, in der Hauptsache von außen empfangend. Daher schon ist es gegeben, für die Wesens- und Charakterzüge dieser Geistesströmung, die im gemeinten Zeitraum unter gleichen Bedingungen im Abendland ein esoterisches Erleben gottgeweihter Seelen erfaßt hat, sich auf die Ausführungen Josef Quints im *Mystik*-Artikel (Bd. 2, S. 544 ff.) zu berufen und hier nur Sonderverhältnisse und -erscheinungen herauszuheben. Sodann bleibt, wo es um die konkreten Äußerungen, nicht um engere Wesensbestimmung geht, dabei die Schwierigkeit eines Entscheids, was man alles in einen Abschnitt über Mystik einzubeziehen habe; denn natürlich fließt in sehr verschiedenem Maße und Grade jeweils Mystik in die religiöse Lit. ein. Sogar für die Nonnenmystik des ausgehenden 13. und des 14. Jh.s, die im schweizer. Raum literarisch am stärksten und nun einigermaßen

eigengewichtig hervorsticht, setzt Quint
Mystik in Anführungszeichen, weil sie sich
in den Viten usw. vor allem in Berichten
über Visionen und Erlebnisse mit Begleiterscheinungen im Zustand der Ekstase ergeht (ebd. 550, dazu 546). Dies gilt zunächst jedenfalls noch von einer früheren
Schicht Mystik als Verbindung mit dem
Jenseits, wie sie sich (später) niederschlägt
in den Wundergeschichten der Legende,
etwa um die Klostergründungen (Einsiedeln) oder der Legende um I d a v o n
T o g g e n b u r g , der, vom Gemahl aus
dem Fenster gestürzt, wunderbar Geretteten,
der bei ihrem Gang zur Mette der
Benediktinerinnen zu Fischingen ein Hirsch
mit brennenden Kerzen auf dem Geweih
voranschreitet (oder umgekehrt auch der
Teufel erscheint und ihre Mahlzeiten stört);
von heiligmäßigen Nonnen, die plötzlich
Griechisch verstehen oder in der Entrückt-
heit den Sinn der hl. Schrift durchschauen
gleich einer Hildegard von Bingen und einer Elisabeth von Schönau, diesen großen
Vertreterinnen prophetischer Mystik im
12. Jh., allenfalls in deren allmählich schab-
lonenhaftem Abglanz.

Das 11.-13. Jh. sah auch auf Schweizer Boden
eine Flut von Klöstern entstehen. Muschg hat
die wichtigeren registriert (84 f., 61 f.): jüngere
B e n e d i k t i n e r gründungen nach der Jahrtausendwende: allein auf dt. Sprachgebiet Aller-
heiligen zu Schaffhausen, Fischingen im Toggenburg, Engelberg, Muri, Beinwil im heute
solothurnischen Jura, Trub im Emmental, Her-
zogenbuchsee, Erlach; F r a u e n k l ö s t e r :
Fahr an der Limmat, Hermetschwil an der
Reuß (um 1200 aus Muri übersiedelt), Rüegsau
im Emmental, Fischingen, St. Andreas in Engelberg, St. Agnes in Schaffhausen; C l u n i a -
z e n s e r klöster: Rüeggisberg im Kt. Bern,
wozu Roetenbach; St. Alban in Basel, Mün-
chenwiler b. Murten, Rougemont im Saanetal
u. a.; von Westen her nun vor allem Z i s t e r -
z i e n s e r klöster: 10 M ä n n e r k l ö s t e r :
Lützel bei Delsberg mit den Tochterklöstern
Frienisberg im Kt. Bern und St. Urban im
luzernischen Amt Willisau, Hauterive-Altenryf
b. Freiburg mit Kappel a. Albis, Bonmot, Haut-
crêt und Montheron i. d. Waadt, alle noch im
12. Jh., dazu 1227 Wettingen a. d. Limmat; 21
F r a u e n k l ö s t e r , worunter Fille-Dieu b.
Romont und Magerau-Freiburg, die auch Hau-
terive unterstanden, Fraubrunnen-Bern unter
der Oberaufsicht der Äbte von Lützel und
Frienisberg, Rathausen-Luzern, Frauental-Zug,
Gnadental-Aargau, Kalchrain-Thurgau, Mag-
denau und Wurmsbach-St. Gallen, Seldenau-
Zürich, besiedelt durch Augustinerinnen von
Neuenkirch im Kt. Luzern, u. a.

In ihnen allen muß bald mächtig der
Geist B e r n h a r d s v o n C l a i r v a u x
geweht haben, nicht nur in denen des
Zisterzienserordens, dessen zweiter, eigentlicher Begründer er ja war. Bernhard be-
reiste im Dezember 1146 auch die Nordschweiz, er heilt, von Basel kommend, in
Rheinfelden und Schaffhausen Kranke, bekämpft in Zürich Arnold von Brescia und
Heinrich von Lausanne. Die suggestive Wirkung auf die Ordensleute gründet sich einmal auf seine glühende Verehrung der
Assumpta (der Schutzpatronin des Ordens),
des göttlichen Kindes in der Krippe und
auf ihrem Schoß, auf die Betrachtung des
Gemarterten und Gekreuzigten, der sich als
Erlöser liebevoll vom Kreuz zu ihm herab-
neigte, besonders aber auf seine 86 *Predigten über das Hohe Lied, die 74.* zumal.
Sie entfachen die Glut der *unio mystica*
in ihrer Version von der Begegnung der
einzelnen Seele als Braut Christi mit Gott
in seinem Sohne als *sponsus*, die im dt.
Schrifttum zum *St. Trudperter Hohen Lied*
hinaufreicht, sich nun aber steigert bis zu
menschlichen Intimitäten mit dem göttlichen Geliebten und der Gottesmutter
(Stigmatisationen, Lactatio, Kreuzigung
Christi durch Exaltierte). Gewiß ist über
diese höchste Form klosterinternen mystischen Erlebens unmittelbar zunächst nach
außen wenig schriftlich mitgeteilt; eine verhaltene Scheu hütet noch die Vorgänge
geheimnisvoller Inbrünste und Sehnsüchte.
Erst eine nachfolgende Schicht deckt diese
äußersten Privilegien gottbegnadeter Vor-
gänger(innen) auf. Aber „das Fehlen literar. Zeugnisse spricht nicht gegen, sondern
für die Größe ihrer Erfahrungen" (Muschg.).
In der dominikanischen Frauenmystik finden sie ihren gegebenen fruchtbaren Boden, erfahren sie dann Intensivierung und
Vertiefung. Auf die Dominikanerinnen
sprang gleichsam die in dem von Domini-
kanern pastorierten Zisterzienserkloster
Helfta aufgeblühte visionäre Mystik im
14. Jh. über. M e c h t h i l d v o n M a g -
d e b u r g , „die erste Mystikerin der dt.
Lit.", im Verein mit ihren großen Mit-
schwestern wirkte mittelbar über H e i n -
r i c h s v o n N ö r d l i n g e n oberdt.
Übertragung des *Fließenden Lichts der
Gottheit* auch in der Schweiz nach, wie der
Einsiedler Codex und die Rückübertragung

von Wolhusen der Basler Lateintexte bezeugen (vgl. E. Krebs, in: VerfLex. Bd. 3, S. 326).

Unter den sich gleich seit dem 3. Jahrzehnt des 13. Jh.s auf schweizer. Gebiet ausbreitenden Dominikanergründungen (Zürich 1229, von da Bern 1269, Basel 1233, Lausanne 1234, später Genf, Chur, Zofingen; Frauenklöster: Töss b. Winterthur 1233, Sta. Maria am Oetenbach b. Zürich 1243 [später Neu-Oetenbach i. d. Stadt], im gleichen Jahr wie das bedeutende Adelhausen b. Freiburg i. Br. gegründet, Diessenhofen-Thurgau [1342 nach Katharinental verlegt; 1345 dem Dominikanerorden zugeteilte Augustinerinnen], Aarau 1270, Klingental 1274 [in Erinnerung an den Gönner Walther von Klingen benannt], Magdalenerinnen Basel 1291, St. Peter auf dem Bach, Schwyz 1297, Lausanne um 1280, 1316 nach Estavayer verlegt) erlangen im folgenden Jh. drei Nonnenklöster dt. literarhistorische Bedeutung durch ihre Viten: *Töss* durch das Schwesternbuch der Elsbeth Stagel (Staglin): 37 Schwesternviten mit einem Anhang über „Königin Elsbeth", Stieftochter der Agnes von Ungarn, *Oetenbach* (nun gut gestellt durch Zuwendungen gegenüber ärmsten geschilderten Anfängen, u. a. mit beachtlicher Schreibstube) durch die Aufzeichnungen in der Klostergeschichte über sechs mystisch begabte Schwestern und *St. Katharinental* durch seine — gegen die seiner einstigen Kapazität würdigeren kunstgeschichtlichen Zeugen freilich eher abfallende — Schwestern-Chronik. Es sind, in diesen Viten, Beschreibungen von Verzückungen, Wundergesichten, Lichtvisionen, Versenkungen in die göttlichen Martern, verbunden mit grausamen Kasteiungen, Ohnmachten und Krankheitserscheinungen wie anderwärts, da Beziehungen bestanden (hier eingegliederte Nonnen schwäbischer und badischer Herkunft, dort etwa solche aus Katharinental im Vorbildskloster Schönensteinbach b. Gebweiler, oder eine Adelheit von Rheinfelden, Priorin in Unterlinden b. Colmar), aber eben nur zum Teil untermischt mit echter Bernhardischer Brautmystik oder Ansätzen dazu. Gerade das bedeutendste schweizerische Denkmal, das *Tösser Schwesternbuch*, berührt in den authentischen Teilen kaum die letztere. Schwester Sophie von Klingnau erschaut in einer himmlischen Durchleuchtung die Loslösung der Seele vom Leibe, gelangt immerhin in das unsägliche Wonnegefühl einer Vereinigung mit Gott. Zu Mechthild von Stans läßt sich, während sie ihrerseits die Qualen des Crucifixus miterlebt, dieser wohlwollend herab und versichert sie seiner besonderen Liebe um ihrer Minne willen. Ähnlich Ita von Hohenfels im Kloster Oetenbach. Ihre Mitschwester Ita von Huttwil nähert sich der hochzeitlichen Vision, wenn sie in der Verzückung wie aus der Ferne die mystische Vereinigung ihrer Seele mit Christus erschaut. Am reinsten erfährt diese unio vielleicht Elsbeth Hainburg von Villingen in St. Katharinental, die nun allerdings die Begier nach Gott und die Süße

der göttlichen Minne kaum auszuhalten vermag, so daß man sie wie tot aus der Kirche tragen muß. Man mag wohl — hier wiederum wie andernorts — einen gewissen Drang der Chronistinnen verspüren, die vom göttlichen Bräutigam besonders bevorzugten Vorbilder zu Ehren des Hauses hervorzuheben, wobei dann auch Visionsphänomene zu Wundern gesteigert erscheinen. Gerade Elsbeth Stagel, die nach ihrem treffenden Ausspruch in der Vorrede selbst „in der Gottheit schwebte wie ein Adler in der Luft", wird nicht ganz gegen diese Tendenz gefeit sein, wie denn überhaupt die Vorlagen bei der Redaktion öfter gekürzt oder dann ausgeschmückt wurden. Sodann dürften diese Viten mit veranlaßt sein durch die bei Tisch vorgelesenen *Vitae patrum* (der einzigen Ablenkung in der Gemeinschaft); die exzessiven Erlebnisse selbst haben natürlich ihre beträchtlichen Anlässe in der völligen Abgeschiedenheit von der Außenwelt und der Verwandtschaft der auch aller niedrig-materiellen Beschäftigung enthobenen, für die höheren Dinge allein mit den geistlichen Führern verbundenen, von periodischen Tagzeitgebeten, Betrachtungen, nächtlichen Wachen zwischen Matutin und Prim eingesponnenen Büßerinnen.

In Oetenbach und Katharinental wird die Einwirkung Eckharts greifbarer, der selbst in schweizer. Klöstern gepredigt hat (wichtigste Hss. seiner Predigten und Traktate sind in Schweizer Besitz: Einsiedeln, Basel, Zürich) und auch seinen *Liber Benedictus (Buch der göttlichen Tröstung)* für die Königin Agnes in Königsfelden — die ihrerseits mit mehreren Klöstern (Töss, Katharinental, Engelberg, Hermetschwil) in guttäterischen Beziehungen stand — geschrieben hat. Seine Lehren fanden ihren Widerhall bei den Nonnen, erweckten diffuse Vorstellungen von scholastischer Spekulation in den Schülerinnen, die dem Lehrer eben so diffuse Fragen darüber stellten, so Anna von Ramschwang in Katharinental oder die überdurchschnittliche Gestalt der Judith Schultheiss (Jützi Schulthasin) in Töss. Aus Oetenbach berichten zwei Viten von Begegnungen mit Eckhart, die der Zürcherin Elsbeth von Beckenhofen, die 1281 jung ins Kloster eingetreten war, und die der Elsbeth von Eiken bei Rheinfelden, der bedeutendsten Oetenbacher Nonne, Verfasserin eines *Büchleins des Lebens und der Offenbarung*, die um 1324 gelebt und Eckhart besonders nahe gestanden hat.

Alle drei großen Mystiker sind mit der Schweiz irgendwie verkettet. Im Zusammenhang mit dem Interdikt des Frankfurter Reichstags vom Sommer 1338 oder vorher war auch Johannes T a u l e r mit Straßburger Predigermönchen nach Basel gekommen und blieb dort wahrscheinlich noch, nachdem seine zwei Brüder zurückgekehrt waren, bis 1346. Er wird von hier aus mit schweizer. Klöstern in Verbindung gestanden haben und bei dieser Gelegenheit vielleicht mit dem ihm befreundeten S e u s e zusammengetroffen sein. Von ihm unterstützt, gelangte ferner der umhergetriebene Weltpriester H e i n r i c h v o n N ö r d l i n g e n über Königsfelden nach Basel, wo er bald Anhang gewann, dann auch Erleichterungen, Vorteile erlangte und von wo aus er auch mit Margarete Ebner verkehrte und in Beziehungen stand mit den Gottesfreunden um Rulman Merswin in Straßburg sowie Ruysbroeck in Groenendal. Er veranlaßte Margarete zur Abfassung der *Offenbarungen* 1344. Das wichtigste Ereignis bleibt jedoch die schon erwähnte oberdt. Fassung des *Fließenden Lichts der Gottheit* in Basel, vollendet 1345.

Erhöhte literarhistorische Bedeutung erlangt Elsbeth S t a g e l durch ihre geistlich-mystische Freundschaft mit Heinrich S e u s e, insbesondere durch ihren Anteil an dessen *Vita*, dieser „ersten Autobiographie in dt. Sprache" (Grabmann), sowie an der Erhaltung seiner Briefe. Elsbeth wurde mit Seuse bekannt um 1335/6, seit er mit mehreren schweizer. Klöstern verkehrte und in der Folge auch öfters in Töss weilte. 1343/4, während der Verbannung der papsttreuen Konstanzer Dominikaner, war er Prior in Dießenhofen-Katharinental. Die *Vita*, die aus dieser Seelenfreundschaft entstand und in ihrem zweiten Teil deren Entstehen und Wachstum bis zum Tod der Lieblingsschülerin schildert, soll von der Staglin dem Freund „in göttlichem Kosen" abgelockt, dann fortgeschickt und in einer Truhe aufbewahrt, nach ihrem Tod von Seuse auf inneren Befehl nachgeprüft und seinem *Exemplar* vorangestellt worden sein. Ihre Echtheit ist seit Jahrzehnten im Zusammenhang mit dem *Exemplar* Gegenstand kritischer Auseinandersetzung: ganz oder zum Teil angezweifelt (Rieder, Lichtenberger, Heller, Muschg aus inneren Unechtheitsgründen) und wieder verteidigt (seit Bihlmayer von Senn, Planzer, Erzbischof Gröber). Das Buch weist einige Züge auf, die sich auch anderswo finden.

Auffallend bleibt jedenfalls auch, daß von den zwei Dutzend erhaltenen Hss. (20 des ganzen *Exemplars*) aus verschiedenen Frauenklöstern keine aus Töss zu stammen scheint.

Die Hohe Zeit der dominikanischen Frauenmystik wirft einen Abglanz herab in die Mitte des 15. Jh.s, als der damals im Basler Konvent wirkende Zürcher J o h a n n e s M e y e r (Meyger) u. a. die *Schwesternbücher* von Töss (mit Vor- und Nachrede und einer Lebensskizze der seligen Schwester Elsbet Staglin), Oetenbach und Katharinental herausgab. Noch etwas später fällt das *Schwesternbuch* der Priorin Angela V a r n b ü h l e r von St. Katharina in St. Gallen. Ein Einfluß ging auch aus von den Visionen und Offenbarungen des N i k o l a u s v o n B a s e l, der in den 1390er Jahren in Wien den Feuertod erlitt. In Basel namentlich blieb im Nachhall Heinrichs von Nördlingen und Taulers „die mystische Lehre ein lebendiges Ferment" (Muschg 306). Wichtigere Einblicke vermittelt ferner der sog. *Engelberger Prediger*, hinter dem sich der Stanser Leutpriester Bartholomäus F r i d ö w e r verbirgt, offenbar ein von den Benediktinerinnen in St. Andreas zu Engelberg geschätzter Prediger: 39 Predigten, wovon Abschriften aus dem Ende des 14. Jh.s in der Stiftsbibliothek Engelberg (aus St. Andreas in Sarnen, der späteren Umsiedlung des Engelberger Konvents) und auszugsweise in einer St. Galler Hs. aus Katharinental. Fridöwer war ein Zeitgenosse des Prager Magisters Heinrich von St. Gallen, des Verfassers eines sehr verbreiteten *Passionstraktats*, und im Schreiben tätig mit dem Elsässer Johannes von Bolsenheim, Prior in Engelberg, einem Neffen des Dominikaner-Provizials Bartholomaeus von Bolsenheim, der ein Freund und Berater Seuses war.

Seit dem 14. Jh. fasert die Mystik zusehends aus durch Untermischung mit zeitgemäßer Allegorik, Anekdotik, travestierender und sonstwie entartender- schließlich frivoler bis verkappt erotischer Vergröberung, neben Erstarrung im Typus. Dies schlägt sich in späteren Hss. auch auf Schweizer Boden nieder: die Allegorese z. B. deutlich in einer Baseler Hs. einer elsäss. Bearbeitung der *Tochter Sion* in Unterlinden (15. Jh.), das Streitgespräch vom

Typus der „Kreuztragenden Minne" etwa in einer Einsiedler Hs. des verbreiteten, noch sinnlich-gröblicheren Epos *Christus und die minnende Seele*, vermutlich aus dem Bodenseegebiet stammend (1. Hälfte 15. Jh.). Weitere mystisch-allegorisch-novellistische in schweizerischen Hss. vertretene Erzeugnisse führt Muschg 273 ff. auf. Unter der Voraussetzung, daß H e i n r i c h v o n L a u f e n b e r g aus Laufenberg stammt (s. o.), ist nachzutragen, daß auch er der Mystik zuneigt. Dafür spricht persönlich schon sein Eintritt ins Haus zum Grünen Wörth in Straßburg. Seine Auslegungen in *Spiegel des menschlichen Heils* sowohl wie die Allegorik des *Buchs der Figuren* entfalten sich in einer mystisch getönten Atmosphäre. In den Liedern finden sich öfter Anklänge an die unio.

In der 2. Hälfte des 15. Jh.s erscheint sodann die einzigartige Gestalt des N i k l a u s v o n F l ü e (1417-87), ‚der selige (1947 heiliggesprochene) Bruder Klaus' vom Ranft, aus Sachseln, mit seinen Visionen: der Brunnenvision, in der er die Dreifaltigkeit schaut, oder der mit dem Wanderer, der ihn in die ganze sündige Welt und in die Herrlichkeit des Himmels blicken läßt, und der des Bildes vom göttlichen Wesen im zweikreisigen Rad mit drei ein- und drei ausgehenden Speichen, das ihm zur Betrachtung dient. Obschon dieses Symbol der eingekreisten Antlitzvision in der Mystik nicht einzig dasteht, ist es beim Bruder Klaus am Ende eines schweizer. Anteils nicht mehr Ausfluß hergebrachter, zum Teil geläufig, beinahe routinehaft gewordener Mystik innerhalb von Klostermauern und einer gleichgestimmen Gemeinschaft, sondern ursprüngliches, auf seine Art jener ebenbürtiges mystisch erlebtes Element im Dasein des Einsiedlers unweit von Weib und zehn Kindern, die er, innerer Stimme folgend, freilich nicht weniger gejagt von einem unwiderstehlichen Drang nach Absonderung, verlassen hat, der aber dem Erdboden und seinem Volke — das ihn zu den Ehren eines Landespatrons erheben wird — ratend verbunden bleibt und gar in die politische Geschicke der Eidgenossen eingreift. Unter diesem Aspekt läßt sich bei ihm von einem schweizer. Zug sprechen. Was er aber zunächst im Elsaß gesucht hatte, war allerdings die Gottesfreundschaft,

mit der er früh (mittelbar über einen Einsiedler Mathias Hattinger aus Thun in der Heimat seiner Mutter[?] oder seinen späteren Beichtvater und theologischen Berater Heimann Amgrund, Pfarrer in Kriens und Stans?) wohl durch Engelberg bekannt wurde, mit Bolsenheim, dem Mittelpunkt einer Gebetsverbrüderung, der auch Elsässer aus dem Hause zum Grünen Wörth in Straßburg angehörten.

Zur Mystik: Allgem. Lit. siehe Josef Q u i n t, in: Reallex. Bd. 2, S. 546 ff. u. Wolfgang S t a m m l e r, *Mal. Prosa in dt. Sprache*. StammlerAufr. Bd. 2 (2. Aufl. 1960) Sp. 1090 ff. — Walter M u s c h g, *Die Mystik in d. Schweiz, 1200-1500* (1935), mit reicher Lit. zum Klosterleben, den einzelnen Gestalten, den Orden: Niederlassungen, Gründungsgesch. u. -sage, Hss. u. Drucken usw. im Anh. S. 403 ff. [Murer, Burgener, *Helvetia sancta*; v. Mülinen, *Helvetia sacra*, Rahn, *Zisterzienserorden*; ferner Meyer v. Knonau, Heimbucher, Walz, Hardegger, Schib, Vogler, Vasella u. a.] Ders., *Mystische Texte aus d. MA.* (1943), Vorwort. — Wilh. P r e g e r, *Gesch. d. dt. Mystik im MA.* Bd. 1-3 (1874-1893). Kurt R u h, *Altdt. Mystik. E. Forschungsbericht.* WirkWort 7 (1957) S. 135-146, 212-231. Ders. (Hg.), *Altdt. u. altniederl. Mystik* 1964; (Wege der Forschung 23). — Anton E. S c h ö n b a c h, *Studien z. Erzählungslit. d. MA.s* (1898-1909); SBAkWien 140, 144/45, 156, 159, 163). — Textauswahlen: von M u s c h g (in Übers., bes. aus Schweizer Hss.), R u h (aus Schweizer Hss. für Mechthild v. Magdeburg, Eckhart, *Granum sinapis*, Seuses *Vita*), Q u i n t: siehe die Titel in Reallex. Bd. 2, S. 546, dazu Wolfgang S t a m m l e r, *Gottsuchende Seelen* (1928; Germanist. Bücherei): Otto v. Passau, Elsbeth Stagel. — Zu den Hss. siehe die Bibliothekskataloge von S c h e r r e r und L e h m a n n (§ 2), außerdem Gustav B i n z, *Die dt. Hss. d. öffentl. Bibl. d. Univ. Basel* (1907; Die Hss. d. öffentl. Bibl. d. Univ. Basel 1). Robert D u r r e r, *Die Maler- u. Schreiberschule v. Engelberg*. Anz. f. schweiz. Altertumskde NF. 3 (1901) S. 42-55; 122-176.

Josef S c h m i d, *Gesch. d. Zisterzienser-Abtei St. Urban*. Diss. Freiburg, Schw. 1930. Bernhard S c h m i d, *Das Zisterzienserkloster Frienisberg*. Diss. Bern 1933. L. S u t t e r, *Die Dominikanerklöster auf d. Gebiete d. heutigen dt. Schweiz im 13. Jh.* Kathol. Schweizer-Blätter NF. 9 (Männerklöster; weitere Lit. bei M u s c h g S. 410 f.). — Töss: Ernst S c h i l l e r, *Das mystische Leben d. Ordenschwestern zu Töss*. Diss. Bern 1903. *Das Leben d. Schwestern zu Töss, beschrieben von Elsbet Stagel mit Vorrede v. Joh. Meier*. Hg. v. Ferdinand V e t t e r (1906; DTMA. 6). Engelbert K r e b s, *Elsbeth Stagelin*. VerfLex. 4 (1953) Sp. 256-258. Ferdinand V e t t e r, *Ein Mystikerpaar d.*

14. *Jh.s. Schwester Elsbeth Stagel in Töss u.*
Vater Amandus (Suso) in Konstanz (Basel
1882; Öffentl. Vorträge, geh. in d. Schweiz.
VI, 12). Heinrich S e u s e, *Dt. Schriften.*
Hg. v. Karl B i h l m e y e r (1907), S. 115,
Anm. 1: Seuse in Zürich. Zur Frage der
Echtheit der *Vita* (Rieder, Lichtenberger,
Muschg u. a.) siehe Reallex. Bd. 2, S. 563
und E. K r e b s, in: VerfLex. 4 (1953)
Sp. 179 f. Heinrich S u l z e r, *Das Domini-*
kanerinnenkloster Töss. 2 Bde (Zürich 1903/
1905; Mittlgn. d. Antiquar. Ges. 26, 2.3). —
Oetenbach: *Stiftung u. Leben d. Schwestern.*
Hg. v. H. Z e l l e r - W e r d m ü l l e r u.
J. B a e c h t o l d. Zürcher Taschenbuch auf
d. Jahr 1889, S. 213-276 (Elsbeth v. Becken-
hofen, S. 257 f., Elsbeth v. Eike [Oye, Vor-
rede], S. 274 ff., Hilda v. Opfikon, S. 273 f.);
zu Beckenhofen M u s c h g, S. 193 ff.,
225 ff., zu Eike 196 ff., 415 f., 424 u. ö. —
St. Katharinental: A. B i r l i n g e r, *Leben*
hl. alem. Frauen im MA. Alemannia 15 (1888)
S. 150-189 (Ausg. — Anne v. Ramschwang,
S. 175 ff.). R. H e n g g e l e r, *Der Toten-*
rodel des Klosters St. Katharinental. Zs. f.
schweiz. Kirchengesch. 26 (1932) S. 154-188.
— Schwesternbücher: siehe Reallex. Bd. 2,
S. 550 (Anna v. Munzingen für Adelhausen,
806 (Katharina v. Gebweiler für Unterlinden); M u s c h g, S. 211 ff., 417 f. Johannes
M e y e r (Meyger): Abschrift s. Schwestern-
büchern in e. Nürnberger Hs. d. 15. Jh.s
(aus d. dortigen Katharinenkloster) vgl. Zür-
cher Taschenbuch 1889, S. 214 f.; M u s c h g,
S. 415 f. — Beziehungen zu nichtschweiz.
Klöstern: M u s c h g, S. 215 f., 342. — *Der*
St. Georgener Prediger: Ausg. v. Karl R i e -
d e r (1908; DTMA. 10). Wolfgang F r ü h -
w a l d, *Der St. Georgener Prediger. Stu-*
dien zur Wandlung d. geistl. Gehalts (1963;
QF. 133). M u s c h g, S. 151. — *Der Engel-*
berger Prediger (Fridöwer): einläßlich
M u s c h g, S. 310 ff., 428, 432 ff. Ders.,
Mystische Texte, Einf. S. 18; 133 ff. (*Die 10*
Staffeln d. göttlichen Liebe, hier erstmals ver-
öffentlicht). Engelbert K r e b s, in: Verf-
Lex. 3 (1943) Sp. 923 ff. u. 5 (1955) Sp. 917
bis 920.

Basel: M u s c h g, S. 280 ff. u. 426 ff.;
Nikolaus von Basel: VerfLex. 3 (1943)
Sp. 572 f. (E. K r e b s) ; Johannes M e y e r :
M u s c h g, S. 346 ff. u. ö. und VerfLex. 3
(1943) Sp. 380-382 (E. K r e b s) u. 5 (1955)
Sp. 684 (K. L a n g o s c h). — Gottes-
freunde (und Basel): E h r i s m a n n,
Schlußbd., S. 623 f. Reallex. Bd. 2, S. 563 ff.
In der Schweiz: M u s c h g, S. 376 ff. En-
gelbert K r e b s, *Rulman Merswin.* Verf-
Lex 3 (1943) Sp. 355-368. Philipp S t r a u c h,
Rulman Merswin u. d. Gottesfreunde.
REPTh. 17 (1906) S. 203-227 (*Lieber Gottes-*
fründ, Anrede z. B. schon bei Mechthild,
Ausg. S. 22).

Zu schweiz. Hss.: M u s c h g, S. 85 ff.
(in Klöstern Engelberg [Abt Frowin], St. Urban, St. Gallen, Rheinau, Basel); Wilhelm
O e h l (s. u.) S. 164 ff. Reallex. Bd. 2, S. 551;

M e c h t h i l d (die ältere Einsiedler Hs. d.
aleman. Übertr.); E c k h a r t (Einsiedeln,
Basel, Zürich): M u s c h g, S. 188, Max
W e h r l i (§ 2) S. 110 f. Ferner etwa
Tochter Sion (Prosafassung aus Unterlin-
den in Colmar): VerfLex 4 (1953) Sp. 483
(L. W o l f f); *Die selige Müllerin* (Basel,
St. Gallen): M u s c h g, S. 425; Heinrich
von St. Gallen (siehe § 12); *Christus u. die*
Minnende Seele: P. Romuald B a n z (1908;
GermAbh. 29): Untersuchung u. Ausg. (2
Einsiedler Hss., das. *Kreuztrag. Minne*). —
Heinrich von Laufenberg: VerfLex. 3 (1943)
Sp. 27-35 (Ludw. D e n e c k e) u. 5 (1955)
Sp. 599 (H a n n e m a n n). Rich. K i e -
n a s t, in: StammlerAufr. Bd. 2 (2. Aufl.
1960) Sp. 128 ff. (Lyrik), B a e c h t o l d,
S. 181 f.
Niklaus v. Flüe: Robert D u r r e r, *Bru-*
der Klaus. Die ältesten Quellen. 2 Bde (Sar-
nen 1917-1921). M u s c h g, S. 383 ff., 442 f.
mit Lit. Wilh. O e h l, *Bruder Klaus u. d.*
dt. Mystik. Zs. f. schweiz. Kirchengesch. 11
(1917) S. 161-174, 241-254. Ferdinand
W e i n h a n d l, *Über d. aufschließende*
Symbol (1929) S. 56 ff. („Das Rad" d. Niklaus
v. Flüe). P. Adalbert W a g n e r, *Ein Bei-*
trag zur Bruder-Klaus-Forschung. Aus Gesch.
u. Kunst. 32 Aufsätze Robert Durrer dargebr.
(Stans 1928) S. 326-338. Dazu verschiedene
Lebensbilder, zuletzt Walter N i g g, *Große*
Heilige (6. Aufl. 1958) S. 155 ff., insbes.
178 f. (mit Lit.).

§ 12. Neben der Mystik hat seit dem
13. Jh. auch eine weitverzweigte Übersct-
zungslit. s c h o l a s t i s c h e r T h e o l o -
g i e das religiöse, insbesondere klösterliche
Innenleben befruchtet. Mystik und Scholastik erscheinen durch das ganze MA. eng
verbunden; diese überschneidet sich inhaltlich mit jener, mehr: sie durchdringen einander. Die großen Lehrer der Scholastik
(die Viktoriner, besonders Richard, Thomas
von Aquin, Bonaventura) sind zugleich Mystiker, oder umgekehrt (Eckhart). Unter diesen geziemenden Vorbehalten hält Kurt
Ruh, mit Wolfgang Stammler der Gewährsmann für die dt.sprachige Sparte der Scholastik, die Begriffe auseinander: Mystik ist
‚Erfahrung', Scholastik ist ‚Lehre' (*Bona-*
ventura deutsch, S. 39). Dt. scholastische
Theologie ist nun noch besonders getragen
von dem Franziskanerorden, in Predigt
(Berthold von Regensburg) und im Traktat
(David von Augsburg). Das dt. Schrifttum
der Minoriten, deren Klöster sich gleichzeitig mit denen der Dominikaner ausbrei-
teten, scheint seinen Höhepunkt gar erreicht
zu haben, noch ehe das mystische der Pre-
digermönche eingesetzt hat. Nur daß es in

seiner — erst teilweise aufgedeckten — Streuung nicht Periode zu schaffen vermochte wie das der dominikanischen Mystik. Ruh glaubt den weiteren Leitsatz prägen zu dürfen: Dt. Prosa des 13.Jh.s ist Prosa der Franziskaner (S. 51).

Auf Schweizerboden errichteten im 13. Jh., zwischen 1230 und 1280, die Barfüßer Niederlassungen von drei Seiten her: der Provinz Mailand (Locarno, älter noch Lugano), der Provinz Burgund (Lausanne, Genf, später Nyon und Grandson) und namentlich der oberdt. Provinz Straßburg (Basel, Zürich, Schaffhausen, Luzern, Bern, Freiburg, bis heute fortbestehend, Solothurn, Burgdorf, 1309 noch Königsfelden). Die Franziskanerinnen (Klarissen, Urbanistinnen) erhielten in derselben Zeitspanne die Klöster Paradies (nahe Dießenhofen, nach dem Paradies zu Konstanz), Gnadental in Großbasel, St. Klara in Kleinbasel und 1310 an der Stätte, wo König Albrecht ermordet wurde, das bedeutende Königsfelden, dem der zuvor auch von der Königinwitwe gestiftete Männerkonvent dann unterstellt wurde. In der welschen Schweiz entstanden im 15. Jh. Vevey, Orbe und Genf (Koletinnen). Dazu gesellten sich Drittordensklöster (Tertiarier), auch schon im 13. Jh., im 14. eine Reihe angeschlossener Schwesternhäuser (Muschg 136. 125 f.).

1255, ein Jh. nach Bernhard von Clairvaux, passierte B e r t h o l d   v o n   R e g e n s b u r g auf dem Wege nach Konstanz die Nordschweiz (Basel, Zürich, Aargau, Thurgau, Wil), 1256 zog er über das Toggenburg nach Graubünden, zweimal scheint er auch nach Thun gekommen zu sein. Überall riß er durch seine Predigten die Zuhörer hin. Von ihm wie von den anderen bedeutenden franziskan. Lehrern finden sich Hss. mit dt. Übertragungen, Bearbeitungen, Nachahmungen besonders aus dem 14. und 15. Jh. in schweizer. öffentlichen und Stiftsbibliotheken, so etwa von Bertholds *Zeichen der hl. Messe* (in Sarnen), den *Vier Fragen an Albertus Magnus* (Einsiedeln, Basel, Engelburg), von den über das ganze deutsche Sprachgebiet verbreiteten *Novizentraktaten* seines Lehrers D a v i d   v o n   A u g s b u r g (St. Gallen), wozu auch Anonymes wie ein Dialog *Von göttlicher Gnade* (Zürich; s. Ruh, aaO. S. 45). Allen voran stehen in der Nachwirkung, seit Ruh unserer Kenntnis erst erschlossen, wohl die Werke des hl. B o n a v e n t u r a , besonders sein *Soliloquium* (Hss. in St. Gallen aus dem Tertiarinnenhaus Wonnenstein bei St. G., Zürich aus Flach), sodann *De triplici via* in alem. Be-

arbeitung (St. Gallen), *Lignum vitae* (St. Gallen 1917, aus dem Benediktinerinnnenkloster St. Georgen bei St. G.), *Legenda S. Francisci* (St. Gallen), *Regula Novitiorum* (St. Gallen), *Apologia pauperum* (Luzern), *Epistola continens 25 memoralia* (St. Gallen), *Meditationes*, bearbeitet in Ludolfs von Sachsen *Vita Christi* (Basel, Engelberg, Zürich), wozu eigentlich Pseudobonaventuriana (Einsiedeln, Basel, St. Gallen). Gewichtige Namen treten in der Folge auf schweizerischem Gebiet kaum hervor außer zweien in Basel (das zwar damals gerade noch nicht zur Schweiz gehörte). Ins 14. Jh. fällt O t t o   v o n   P a s s a u , unbestimmter Herkunft, der im Basler Franziskanerkloster zuerst Lektor war, dann weitere Ämter bekleidete und hier 1386 seinen Traktat *Die 24 Alten oder der goldene Thron der minnenden Seele* abgeschlossen hat, eine Mischung von allegorisierender theologischer Doktrin und mystischer Anleitung der Seele auf dem Himmelsweg, eine der damals verbreitetsten dt. Schriften (nachgeahmt und -gedruckt seit 1480; über 100 Hss.; es kommen immer noch welche hinzu) neben den gleichzeitigen Übersetzungen der *Zehn Gebote (De decem praeceptis)* des M a r q u a r d   v o n   L i n d a u , Provinzials der Strassburger Minoriten und typischen Franziskanerschriftstellers, von denen sich dt. Hss. auch in St. Gallen und Basel befinden, der übrigens vielleicht mit Otto zusammentraf: er hielt in Basel 1392 Provinzkapitel, kurz vor seinem in Konstanz erfolgten Tod. Gegen Ende des 15. Jh.s wirkte dann der Baseler Kartäuser L u d w i g   M o s e r aus Weinfelden, vorübergehend auch Prior in Ittingen bei Frauenfeld, als geschäftiger Übersetzer, besonders Bonaventuras, aber auch Bernhards, Augustins u. a., auch von Hymnen (im Anhang des *Goldenen Spiegels des Sünders* gedruckt), die aber gegen die zeitgenössischen Heinrichs von Laufenberg abfallen. Seine Bedeutung machen die Prosaübersetzungen. „Er hat damit einem des Lateins unkundigen Lesepublikum das geistliche Schrifttum von Kirchenvätern und -lehrern in einem Ausmaße zugänglich gemacht, wie es von keinem anderen Übersetzer bekannt geworden ist" (Ruh, *Bonav. dt.* S. 188).

Franziskanische Mystik und Scholastik: Kurt R u h , *David v. Augsburg u. d. An-*

fänge e. franziskan. Schrifttums in dt. Spra-che, in: *Augusta 955-1955* (1955) S. 71-82.
Ders., *Bonaventura deutsch* (1956; Biblio-theca Germanica 7): Hss.-Bestand d. Über-tragungen u. Bearbeitungen, grundsätzliche Einführung, Texte: *Itinerarium* nach d. Bas-ler Druck 1507 der Übersetzung Ludwig Mosers, *De triplici via in* altschwäb. Über-tragung [nach e. Münchner Leiths.M 1; dass. 1957 als H. 6 d. Texte d. späten MA.s, mit Lit.] und *Epistola* nach St. Galler Hs. —
Ders., *Franziskan. Schrifttum im dt. MA.*
Bd. 1. Texte (1965; Münchener Texte u. Untersuchgn. z. dt. Lit. d. MA.s 11). — Fran-ziskaner(innen) u. Klöster: siehe Reallex.
Bd. 2, S. 807 (Lit.). Walter M u s c h g,
S. 125 f., 136, 410 (Lit,: Eubel, v. Mülinen). Wolfgang S t a m m l e r, in: StammlerAufr.
Bd. 2 (2. Aufl. 1960) S. 972 ff., 958 f.; Predigt als Hauptgattung 980 ff., 749 f., 1096 f. (Lit.).
P. Anastasius B ü r g l e r, *Die Franziskus-Orden in d. Schweiz* (Schwyz 1926). Maxime R e y m o n d, *Le Couvent des Clarisses d'Orbe* (Freiburg/Schw. 1928). — Berthold von Regensburg in d. Schweiz: Walther M u s c h g, S. 81, 407. — Otto v. Passau: siehe Reallex. Bd. 2, S. 806. Wieland S c h m i d t, *'Die 24 Alten' Ottos v. Passau* (1938; Pal. 212). Ders., in: VerfLex. 3 (1943) Sp. 695 f. Walther M u s c h g, S. 306 ff., 428. Kurt R u h, *Bonaventura deutsch*, S. 54 f. Wolfgang S t a m m l e r, in: Stamm-lerAufr. Bd. 2 (2. Aufl. 1960) Sp. 1026 ff. —
Marquard von Lindau: Joseph K l a p p e r, in: VerfLex. 3 (1943) Sp. 272-275. Annelies Julia H o f m a n n, *Der Eucharistie-Traktat Marquards von Lindau* (1960; Hermaea NF. 7). — Ludwig Moser, Kartäuser, als Bonaventura-Übersetzer: Kurt R u h, *Bo-naventura deutsch*, S. 186 ff., 296, ferner Walter M u s c h g, S. 365 ff., 441. Hermann G u m b e l, in: VerfLex. 3 (1943) Sp. 434-437. B a e c h t o l d, S. 204. — Zum sog. Heinrich von St. Gallen (Magister in Prag um 1400, wohl nur wegen des Namens hier zu erwähnen, durch seinen *Passions-traktat* immerhin vielfach mit d. scholas-tisch-mystischen Lit. verzahnt): Wieland S c h m i d t, *Heinrich v. St. Gallen.* ZfdPh. 57 (1932) S. 233-243. Ders., in: VerfLex. 2 (1936) Sp. 330 f. Kurt R u h, *Der Passions-traktat d. Heinrich von St. Gallen.* Diss. Zü-rich 1940. Ders., *Zur Theologie d. mal. Pas-sionstraktats.* Theol. Zs. 6 (1950) S. 17-39 (u. a. Passions-Hss. in Schweizer Bibliothe-ken). Ders., *Bonaventura deutsch*, passim.

Walter Henzen

D i e D i c h t u n g d e r d e u t s c h e n
S c h w e i z v o n d e r M i t t e d e s 1 4.
b i s z u m E n d e d e s 1 6. J h.s

§ 13. Ein neuer Abschnitt in der Entfal-tung der dt. Lit. der Schweiz um die Mitte des 14. Jh.s läßt sich aus drei Gründen rechtfertigen: aus einem nationalen, einem sozialen und einem bildungsgeschichtlichen. Um diese Zeit erwachten die ersten Keime eines g e m e i n e i d g e n ö s s i s c h e n S t a a t s b e w u ß t s e i n s, das allerdings nur allmählich stärker wurde nach dem siegreichen Sempacherkrieg von 1386 und vor allem nach dem Schwabenkrieg von 1499, welcher die faktische Ablösung aus dem Reichsverband mit sich brachte. Dieser politische Gemeinsinn setzt sich während der kurzfristigen eidgenössischen Groß-machtstellung zu Beginn des 16. Jh.s trotz des föderalistischen Bündnissystems durch und spiegelt sich auch im zeitgenössischen Schrifttum während dieser kurzen national selbstbewußten Zeitspanne. Selbst zuge-wandte Orte wurden davon erfaßt, und Zwingli, der gebürtige Toggenburger, be-kannte sich stolz als Eidgenosse. Es ist aber auch die Zeit, wo sich im gesamtdeutschen Kulturbereich v o l k s t ü m l i c h e K r ä f -t e regen und besonders in der Eidgenos-senschaft der freien Bauern und städtischen Zünftler die unteren Schichten nicht nur im politischen Leben mitzuwirken, sondern auch in der einheimischen Lit. aufzutreten beginnen, ja bald selbst zu Mitträgern sprachgeformter Überlieferung werden, et-wa im Volkslied, im Fastnachtspiel oder in den Flugschriften. Schließlich aber setzt um die Mitte des 14. Jh.s auch der Einfluß des ital. H u m a n i s m u s über den Prager Hof Karls IV. auf das dt. Geistesleben ein und führt mit der Verlagerung der kaiser-lichen Kanzlei nach Wien zur weiterwirken-den Entfaltung österreichisch-italienischer Renaissanceliteratur im oberdt. Bereich, de-ren Abglanz sich in unserm helvetischen Schrifttum freilich erst nach der Mitte des 15. Jh.s kundtut. Doch hat der neue Geist auch hier wie allenthalben seine Wurzeln in früherer Zeit, wie denn auch die in der Schweiz bald eigene Wege führende R e -f o r m a t i o n sich sporadisch schon seit dem Ende des MA.s zu regen beginnt. Die Zeitströmungen berühren und durchdringen sich, und man wird die anderthalb Jh.e bis zur Wende um 1500 als eine Übergangs-epoche werten müssen.

Als wichtigste Quelle erweist sich noch immer: Jakob B a e c h t o l d, *Gesch. d. dt. Lit. in der Schweiz* (1892); neuere Lit. ver-arbeiten: Hans R u p p r i c h, *Vom späten MA. bis zum Barock.* 2 Bde (1970/73; de Boor/Newald, *Gesch. d. dt. Lit.* 4, 1.2) und James E. E n g e l , *Renaissance, Humanismus, Reformation* (1969; Handbuch d. dt. Lit.gesch. II, 4). — Im folgenden wird die Sekundärliteratur nicht mehr vollständig aufgeführt, sondern auf Angaben in früheren Artikeln des Reallexikons verwiesen, insbesondere auf *Reformationsliteratur* (III, 365 ff.), *Flugschrift* (I, 464 ff.) sowie auf die reichen Verzeichnisse bei Rupprich. — Albert H a u s e r , *Das eidgenöss. Nationalbewußtsein. Sein Werden u. Wandel* (1941). Hans von G r e y e r z , *Nation u. Geschichte im bernischen Denken* (Bern 1953). Joseph S z ö v é r f f y , *Das Volkstümliche — eine Triebkraft spätmal. Kulturentwicklung.* Wirk-Wort 11 (1961) S. 140-148.

§ 14. Die Zwiespältigkeit von mal. und neuzeitlichen Impulsen offenbart sich im Bereich der E p i k gleich im ersten bedeutenden Dichtwerk des alemann. Südwestens, dem *Ring* des Heinrich W i t t e n - w i l e r , entstanden um 1400. An die höfische Tradition schließt sich schon die äußere Form einer umfassenden, noch paarweise gereimten „Heldendichtung" von gegen 10 000 Versen. Doch auch in Gehalt und Motiv lebt das Werk — wenn auch parodistisch — noch vom Vergangenen. Der Schluß mit dem Untergang der „Helden" Lappenhausens klingt nicht zufällig an *Der Nibelungen Not an*, wie auch im Verlauf der übrigen Handlung neben mißgedeutetem Minnesang parodierte Heldenlieder ertönen und Gestalten der höfischen Welt wie Hildebrand, Dietrich, Tristan und andere, vor allem der bereits zum Bauernfeind gewordene Ritter Neithard, auftreten.

Freilich nur als eine vergangene, überwundene Welt ist im Epos *Der Ring* die ritterlich-höfische Kultur beschworen. In zwiespältiger Beleuchtung erscheint aber auch die volkstümlich-gegenwärtige Welt, in der die Träger des Geschehens verhaftet sind. Mit ihrer Nachahmung höfischer Sitte wirken die Bauern als Tölpel, die des Dichters Spott trifft. Dieser steht offenbar selbst noch unter der Nachwirkung Neitharts. Aber sein Bauerntum ist bei aller satir. Verzerrung realistischer und erdnah, ja trotz ihres albernen Gebarens und ihrer lächerlichen Namen sind einzelne dieser bäuerlichen Gestalten doch die Träger ernster Lehre und schicksalschwerer Verhängnisse. Der Dichter erfaßt die Menschen aus unmittelbarer Nähe und durchschaut sie in ihren Strebungen und Trieben. Dieser Realismus der Darstellung kennzeichnet ihn als Angehörigen einer neuen Zeit. Der Verfasser unseres in einer einzigen Meininger Handschrift überlieferten Epos' ist ein schöpferischer Gestalter von persönlicher Ausdruckskraft. Zwar hat er den Stoff nicht völlig frei erfunden, sondern hat das Hand-

lungsgerüst vom Liebeswerben bis zum Ausbruch des Festmahlzwists aus einem älteren schwäbischen Gedicht *Von Metzen hochzit* entlehnt, hat als vielbelesener Mann überhaupt auch manche Anregungen aus anderer literar. Überlieferung aufgenommen. Seine Person ist historisch immer noch nicht ganz gesichert. Man hat zuletzt versucht, sie mit einem Advokaten Heinrich von Wittenwile in Konstanz zu identifizieren. Größere Wahrscheinlichkeit dürfte aber doch die alte Vermutung bewahren, daß es sich um jenen mit demselben Wappen wie in der Initialbildung der Hs. siegelnden Heinrich Wittenwiler handelt, dessen Vorfahren Toggenburgische Dienstleute in Wil gewesen sind, den wir aber jetzt zu Lichtensteig im Toggenburg eingebürgert finden. Die Kenntnis der örtlichen Mundart wie der Name von Niederlassungen in der Umgebung verweisen den Dichter in diese Gegend. Dem Nachkommen höfischer Ahnen, der nun vielleicht ein Schreiber unter Bürgern und Bauern geworden war, ist eine große Belesenheit und eine Bildung, die mit dem Wissen um höfische Vergangenheit auch volkstümliches Lied- und Erzählgut kennt und hier und da schon einen „frühen humanistischen Einschlag" zeigt, wohl zuzutrauen. Er ist beherrscht von einem tiefen Weltpessimismus, der sich im zwiespältgen Nebeneinander von didaktischem Ernst und zotigem Scherz — der Dichter hat in der Hs. sogar durch rote und grüne Farbe die Stellen angedeutet, die man sich zu Herzen nehmen und jene, die bloß „törpelleben" und „tagalt" (spaßhafter Unterhaltung) dienen — unmittelbar ausdrückt und sein Epos zu einem bezeichnenden Übergangswerk des späten MA.s prägt.

Was an epischer Dichtung um und nach Wittenweiler im frühen 15. Jh. auf dem Boden der nachmaligen dt. Schweiz entstanden ist, reicht nirgends an die Bedeutung seines Werks. Um 1414 ist das Original einer 1441 abgeschlossenen, noch erhaltenen Abschrift der alemann. Dichtung *Von des tüfels segi (Des Teufels Netz)* erwachsen. Dies wenig sorgfältig gereimte Gedicht läßt den Teufel walten und urteilt hart über Welt und Zeitgenossen. Dem überlieferten Erzählgut in Versen, vor allem Boners *Edelstein*, ist auch die Sammlung *schweizerischer Kleinepik* eines unbekannten Verfassers verpflichtet, der 22 Fabeln und Schwänke teils zur heitern Unterhaltung, teils moralischen Belehrung in mehr holperigen Versen bearbeitet hat. — Kleine weltliche und geistliche Erzählungen in gebundener Form hat um die Mitte des Jh.s der St. Galler Georg (Jörg) Z o b e l geschaffen: Heiligengeschichten, Marienklagen und scherzhaft volkstümliche Handlungen bunter Mischung.

Die Abwendung vom höfisch mal. Vorbild vollzieht sich in der dt. Epik durch den Übergang vom Vers zur erzählenden Prosa. Stofflich bleibt eine modische Richtung in der 2. Hälfte des 15. Jh.s zwar noch immer den Ritterepen verpflichtet; aber ihr Gehalt wird nach zeitgemäßem französischen Beispiel in die Form eines P r o s a r o m a n s gekleidet. Zu den Bahnbrechern dieser Strömung gehört der nicht weit von der Sprachgrenze, in der Stadt Bern, wirkende T h ü r i n g v o n R i n g o l t i n g e n (ca. 1415 bis 1483), der ursprünglich Zigerli geheißen, einer dem Handwerkstand entwachsenen bürgerlichen Aristrokratenfamilie angehörte. Er hat 1456 die *Melusigne* des Franzosen Couldrette (um 1400) in dt. Prosa aufgelöst und mit seiner *Schönen Melusine* weite Aufnahme durch zahlreiche Hss., schon seit 1474 auch durch den Buchdruck, gefunden, und sein Werk wurde schließlich zum „Volksbuch". Die für höfische Kreise bestimmte Übersetzungsdichtung — sie wurde dem Grafen Rudolf von Hochberg-Neuenburg zugedacht — schildert die rührende Geschichte vom ehelichen Eingehen der elbischen Meerfei in die menschliche Gemeinschaft und von ihrer durch den Versprechensbruch ihres Gemahls ausgelösten Rückkehr ins kühle Element. 1471 übersetzte der Basler Ratsherr Nikolaus M e y e r nochmals die *Melusine* des Couldrette aus dem Französischen.

Dieselbe literar. Tendenz dt.-franz. Vermittlung in modisch-prosaischer Form offenbart auch das auf der Burgerbibliothek Bern bewahrte Fragment einer Übers. der bereits im welschen Vorbild als Prosa aufgelösten Erzählung *Cleomades* von Adenes L i R o i , ferner die Romane von Karl d. Gr. und der *Willehalm* eines Zürcher Manuskripts von 1475.

Ein bürgerlicher Nachfolger Thürings in Bern wurde im beginnenden 16. Jh. der Großrat und Staatsbeamte Wilhelm Z i e l y († ca. 1542). Auch er übertrug zwei, allerdings schon volkstümlich konzipierte franz. Romane von adligem Gehalt ins Deutsche, die *Histoire d'Olivier de Castille et d'Artus d'Algarbe* und *L'Histoire des nobles et vaillans chevaliers Valentin et Orson*, die zusammen 1521 in Basel gedruckt wurden und nun auch in der gehobenen Schicht dt. Städte weite Verbreitung fanden.

Auf andere Weise wurde die dt. Epik durch den Beginn des Humanismus mit Übersetzungen aus dem Italienischen und Lateinischen gefördert, indem diese Bewegung der heimischen Überlieferung neue Formen und Gattungen erschloß, vor allem

die Prosanovelle und die Facetie nach italien. Vorbild. Ein gebürtiger Schweizer, der aber den größten Teil seines Leben jenseits der helvetischen Grenzen in Nürnberg, Esslingen, im Dienst der Herzöge von Württemberg und als vertrauter Berater der gebildeten Pfalzgräfin Mechthild verbrachte, Niklaus von W y l e (* um 1410 in Bremgarten im Aargau, † um 1478 in Zürich), ursprünglich Maler, dann als Beamter auch zum Schriftsteller geworden, hat am Beginn dieser Bewegung nicht geringe Verdienste. Befreundet mit dem in Wien wirkenden Humanisten Enea Silvio Piccolomini, dessen stilistische Bemühungen um die Form der Kanzleisprache ihn inspiriert hatten, suchte er — allerdings im Satzbau und auch im Wortgut noch stark ans Latein gebunden — in seinen *Translatzen* oder *Teutschungen*, d. h. in den 18 Übersetzungen, die er seit 1461 einzeln und am Ende seines Lebens zusammengefaßt 1478 im Druck herausgab, fortschrittlich zu wirken. Bei seinen Stoffen handelt es sich — außer einigen Einschlägen aus mal. Überlieferung — um eine wohlerwogene Auswahl aus den ersten Schriften des italien. Frühhumanismus von Petrarca bis Enea Silvio. Neben den lehrhaften Stücken wie etwa dem Brief des Enea an den Herzog Sigismund über die wahre Bildung des Fürsten oder der Epistel an Hans Harscher in Ulm über die Kanzleischreibung und die Kunst der Briefstellerei finden sich auch die Novelle *Euriolus und Lucretia* des Enea Silvio, ferner Novellen des Boccaccio und eine Facetie Poggios, d. h. dichterische Werke modern-südlicher Prägung, in seinem Sammelband. Wenn Humanismus vor allem als Bewegung zum Formieren und Normieren der antiken Überlieferung und gegenwärtigen Sprachschöpfung verstanden wird, dann hat Niklaus von Wyle, obschon er keine eigenen Werke hinterlassen hat, für den Norden eine zeitgemäß bedeutende Wirksamkeit entfaltet.

Wyle ist übrigens nicht der einzige Frühhumanist der Schweiz. Er steht bereits in einer angehobenen Tradition, die von Zürich ausgeht. Hier hat als erster vom neuen Geist Berührter der Fraumünsterchorherr Jakob W a l d e n b u r g gelebt, von dessen humanistischer Gesinnung schon 1445 ein an ihn gerichteter Brief des Konstanzer

Frühhumanisten Michael von Pfullendorf zeugt. Entscheidende Eindrücke und auch menschliche Förderung hat Niklaus von Wyle aber in Zürich von dem Kantor Felix H e m m e r l i n (1388 bis ca. 1460) erhalten, von dem er auch einen Traktat in der 9. *Translation* verdeutscht hat. Dieser war ein Vertreter kirchlicher Reformbestrebungen, die ihn in Konflikt mit der geistlichen Hierarchie brachten, ein kritischer Beurteiler von Adel und Bauerntum, der die kriegerisch-groben Eidgenossen haßte und bei ihnen in Verruf kam , — beides brachte ihn schließlich in lebenslange Gefangenschaft —; er war aber auch bei aller scholastisch-mal. Tradition schon ein Erneuerer der menschlichen Bildung durch Pflege des sprachlichen Ausdrucks. Das meiste seines Lebenswerks ist freilich noch lateinisch, und nur in einem histor. Volkslied hat er die Muttersprache, in einem Klagelied wenigstens eine dt.-lat. Mischform verwendet.

Nicht dieselbe Bindung ans Latein findet sich bei Albrecht von B o n s t e t t e n aus Uster-Zürich (ca. 1443 bis ca. 1504); denn er übertrug einen Teil seiner gelehrten Schriften selbst noch in die Muttersprache. Auch wandte sich dieser Autor von Legenden und historisch-topographischen Werken nun schon heimischen und sogar gegenwartsnahen Stoffen zu; so schildert er, unmittelbar nach deren Ausgang, die Burgunderkriege zwischen den Eidgenossen und Karl d. Kühnen (1477), schafft u. a. die älteste Landbeschreibung der Schweiz (1479), eine Biographie des Hl. Bruders Nikolaus von der Flüe (1479), die Geschichte des Klosters Einsiedeln (1480).

So wächst bereits in den frühhumanistischen Schriften der Schweiz mählich und keimhaft eine Besinnung auf eigene Sprache, Volk und Heimatschicksal. Ein patriotisches Denken bricht auf helvetischem Boden aber erst in der folgenden Humanistengeneration auf, und zwar nun nicht so sehr ein von der dt. Muttersprachgemeinschaft bestimmtes, als vielmehr bereits eigenständig eidgenössisches.

Der Beginn des 16. Jh.s bedeutet eben für die damalige Schweiz einen neuen Höhepunkt des polit. Lebens — es ist die kurze Zeit nach Burgunder- und Schwabenkrieg und der Erfolge in den Mailänder Feldzügen. Diese Jahrzehnte führen aber auch eine bisher unbekannte kulturelle Entfaltung auf dem Boden der alemann. Schweiz mit sich, verbunden mit sozialen Erschütterungen und mit dem Umbruch des Glaubens.

In der Gestalt des schweizerischen Reformators Huldrych Z w i n g l i (1487-1531) vereinigen sich die geistigen Strömungen, die bereits im 15. Jh. aufgebrochen sind: volkstümliche Ausdruckskraft, humanistische Bildung und dazu auch eine offen bekundete politisch-nationale Gesinnung. In seiner ganzen Ausbildung war Zwingli ein Humanist, der die Autoren der Antike wie auch die zeitgenöss. italien. Vorkämpfer kannte und der deshalb schon mit einer rationaleren Grundhaltung als Luther sein erneuertes Christentum, in das er auch vorbildliche Menschen der Vorzeit einschließen konnte, verwirklichte. Der Zürcher Reformator gründete den Glauben wie Luther allein auf das Wort Gottes, machte aber nicht den einzelnen allein zum Träger der Verantwortung, sondern die Gemeinschaft, in eidgenössischer Sicht die „Gemeinde" als kirchlich-staatliche Organisation. Im Amte eines Leutpriesters zu Zürich suchte er seit 1519 Volk und Rat der Stadt für seine neuen religiösen und politischen Ideen durch Wort und Schrift, vor allem durch die fast täglich von der Großmünsterkanzel aus gehaltene Predigt zu überzeugen. Durch ihre Einfachheit und Volkstümlichkeit gewann Zwinglis persönliche Sprache jene Macht über die Hörer, die bald zur Umgestaltung von Kirche und Stadtstaat führte. Die unmittelbare Kraft des gesprochenen Wortes mit dem kräftigen Einschlag schweizerdeutscher Bilder und Wendungen wirkt sich aber auch in Zwinglis meist sehr rasch konzipierten Schriften aus, deren Stil sich danach in der umfangreichen Tendenzliteratur seiner Anhänger spiegelt.

Heinrich W i t t e n w i l e r, *Der Ring.* Nach d. Meininger Hs. hg. v. Edmund Wiessner (1931; DtLit., Realistik d. SpätMA.s 3), Erg.-Bd.: *Kommentar* (1936; ebda, Bd. 7). Edmund W i e s s n e r, *Der Wortschatz von H. Wittenwilers ‚Ring'.* Hg. v. Bruno Boesch (Bern 1970). Ders., *H. Wittenwiler.* ZfdA. 84 (1952/53) S. 159-171. Martha K e l l e r, *Beiträge zu Wittenwilers ‚Ring'* (1935; Samml. Heitz X, 5). Walter F r i e d r i c h, *Die Wurzeln d. Komik in H. Wittenwilers ‚Ring.* Diss. München 1942. G. J u n g b l u t h, in: VerfLex. 4 (1953) Sp. 1037-1041. Bernhard

Sowinski, *Der Sinn des „Realismus" in H. Wittenwilers ,Ring'.* Diss. Köln. 1960. Bruno Boesch, *H. Wittenwilers ,Ring'. Weltsicht u. Denkform eines bürgerlichen Dichters um 1400.* Bodenseebuch 40 (1965) S. 41-52. Ders., *Zum Stilproblem in H. Wittenwilers ,Ring'.* Philologia Deutsch. Festschrift W. Henzen (1965) S. 63-79. Ders., *Die Namenwelt in Wittenwilers ,Ring' u. s. Quelle.* Namenforschung. Festschrift für Adolf Bach z. 75. Geb. (1965) S. 127-159. Elmar Mittler, *Das Recht in H. Wittenwilers ,Ring'* (1967; Fschgn. z. oberrhein. Landesgesch. 20). Ulrich Gaier, *Satire. Studien zu Neidhart, Wittenwiler, Brant u. zur satir. Schreibart* (1967).

Des Teufels Netz. Hg. v. Karl Aug. Barack (1863; BiblLitV. 70; Nachdr. 1968). B. Boesch, *Zu Sprache u. Wortschatz d. alemann. Dichtung ,Von des tüfels segi' (Teufels Netz).* Alemann. Jahrbuch 1971/72, S. 46-73. — *Eine Schweizer Kleinepiksammlung d. 15. Jh.s.* Hg. v. Hanns Fischer (1965; AdtTextbibl. 65). — Georg (Jörg) Zobel, *Sanct Alexius Leben.* Hg. v. H. F. Massmann (1843; Bibl. d. ges. dt. Nationallit. I, 9). G. Eis, *Jörg Zobels ,Zähmung der Widerspenstigen'.* JEGPh. 54 (1955) S. 362-369. Karl Langosch, in: VerfLex. 4 (1953) Sp. 1164 f. — Thüring v. Ringoltingen, *Melusine.* Nach d. Hs. krit. hg. v. Karin Schneider (1958; Texte d. späten MA.s 9). Heinz Frölicher, *Th. v. Ringoltingens ,Melusine'.* Diss. Zürich 1889. Hans-Gert Roloff, *Stilstudien z. Prosa d. 15. Jh.s. Die ,Melusine' des Th. v. Ringoltingen* (1970; Lit. u. Leben. NF. 12). Weiteres s. Rupprich Bd. 1, S. 738. — Wolfgang Stammler, *Nikolaus Meyer*, in: VerfLex. 3 (1943) Sp. 382. — G. Studer, *Bruchstück e. Übers. d. Ritter-Romans ,Cleomades' von Adenas le Roi.* Arch. d. Histor. Ver. d. Kantons Bern 4 (1858/60), H. 3, S. 93-100. — Wilh. Seelmann, *Valentin u. Namelos* (1884; Ndd. Denkmäler 4). Arthur Dickson, *Valentine and Orson. A study in medieval romance* (New York 1929). Weiteres s. Rupprich Bd. 2, S. 480. — Nikolaus von Wyle, *Translationen.* Hg. v. Adelbert v. Keller (1861; BiblLitV. 57). Lit. bei Rupprich Bd. 1, S. 787. — Zu Jakob Waldenburg: Paul Bänziger, *Beiträge z. Gesch. d. Spätscholastik u. d. Frühhumanismus in d. Schweiz* (Zürich 1945; Schweizer Stud. z. Geschichtswiss. NF. 4), bes. S. 75 ff. — Balthasar Reber, *Felix Hemmerlin* (Zürich 1856), mit Ausw. aus den Schriften. Herm. Walser, *Meister Hemmerlin u. s. Zeit* (Zürich 1940; Helvet. Bücherei 6). Weiteres s. Rupprich Bd. 1, S. 779. — Zu Albrecht v. Bonstetten s. Histor.-biogr. Lex. d. Schweiz II, 307. Ausgaben: *Österr. Gesch. v. 1491*, in: A. Fidler, *Austria sacra* 4 (1782), *Burgunderkriege*, in: Archiv f. Schweizer Gesch. 13 (1862), *Geschichte d. Stiftes Einsiedeln*, *Beschreibung der Schweiz*, in: *Briefe u. ausgew. Schriften*, hg. v. Albert Büchi (Basel 1893; Quellen z. Schweizer. Gesch. 13). Albert Büchi, *Albrecht von Bonstetten* (1889). Ders., *A. v. B.* Lexikon f. Theologie u. Kirche. Bd. 1 (1931) S. 469. Th. Schwegler, *A. v. B.* Ebda, 2. Aufl. Bd. 1 (1958) S. 603. Richard Newald, *A. v. B.* Neue dt. Biogr. Bd. 2 (1955) S. 450. Weiteres s. Rupprich Bd. 1, S. 664 u. 765. — Huldreich Zwingli, *Sämtliche Werke*, hg. v. Emil Egli, Georg Finsler u. a. (1905 ff.; Corpus Reformatorum 88-92, 94-98, 100). Zwingli, *Hauptschriften.* Volksausg. v. Zwingli-Verlag, Zürich, bearb. v. Fritz Blanke, Oskar Farner, Rudolf Pfister (Zürich 1940 ff.).

§ 15. Mit der kirchlich-polit. Auseinandersetzung um die Zürcher Reformation entfaltete sich nun eine vielfältige Kampfliteratur in den damals aufkommenden, ganz auf volkstümliches Verständnis eingestellten propagandistischen Flugschriften (s. Reallex. Bd. I. S. 464 f. Bd. III. S. 380 ff.). Schon 1521 hat der dem Zürcher Reformator ergebene Glockengießer Hans Füssli, nicht ohne Zwinglis persönliche Beihilfe, ein satir. Gedicht ausgehen lassen, das unter dem überlieferten Bild der *Göttlichen Mühle* zeitgenössisches Geschehen kommentiert:

Gottvater und Christus betreiben das Mühlwerk, der Humanist Erasmus, der dem Evangelium philologisch den Weg ins Volk bereitet hat, dient als Müllersknecht, und Luther verarbeitet das ,hunck suess' (honigsüße), reine Mehl zum neuen Brot. Bezeichnend für die an weite Kreise gewandte Absicht dieser — und ähnlich dann mancher anderer — Flugschrift ist, daß als Verfasser zwei einfache „schweytzer bauren" unterschoben werden. Attraktiv gestaltet ist auch das holzgeschnittene Titelbild mit der Darstellung des Vorgangs um die Mühle und die beteiligten Personen samt der Papst und seiner Geistlichkeit, denen als Waffe das Evangelienbüchlein entgegengestreckt wird. Über der Gruppe aber schwingt der Bauer Karsthans seinen Dreschflegel abwehrend gegen Bann und Klerisei.

Karsthans — auch Hans Karst — ist in dieser Zeit zur Ehrenbezeichnung des ungelehrten, aber natürlich-weisen und vor allem im Bibelwort beschlagenen Bauern der Reformationssatire geworden. Den Namen trägt eine kurz vor der *Göttlichen Mühle*, wohl schon im Januar 1521 erschienene Flugschrift, deren Verfasser zweifellos auch ein reformgesinnter Gebildeter war. Während dieser vor allem gegen den altgläubigen Kämpfer-Mönch Thomas Murner gerichtete polemische Dialog *Karsthans* früher einem

Schweizer, zuletzt dem St. Galler Humanisten Joachim von Watt (Vadianus) zugeschrieben wurde, muß heute eine andersartige Herkunft, wahrscheinlich aus dem Bereich um Straßburg, angenommen werden.

Aber diese Schrift, die Ausdruck der religiösen Not der Zeit war und auch die unteren Volksschichten anzusprechen vermochte, hat mächtig hinübergeflammt in das damals nahbefreundete Gebiet der Eidgenossen und hier zündende Funken geworfen. Im Jahre 1522 erschien das über 30 Seiten umfassende Büchlein *Der gestryfft Schwitzer Baur* mit der Bemerkung im Titel, es sei von einem Landmann aus dem Entlebuch verfaßt worden, während die breite Gelehrsamkeit des für die dt. Muttersprache gegen das pfäffische Latein und für die religiöse Mitsprache des einfachen Mannes eintretenden Bauern doch auch die Feder des Theologen verrät. Der Verfasser bemerkt am Schluß, er wolle in einem Sendbrief an Hans Knüchel von Knutwil die Diskussion weiterführen. Dieser *Hans Knüchel,* in dem das Laienrecht an religiösen Fragen verteidigt wird, ist 1523 erschienen. Den gleichen Verfasser vermutet man aber auch bei der lange dem Pamphilus Gengenbach zugeschriebenen Flugschrift *Der Ewangelisch Burger.* Obschon sich Handlung und Ortsangaben im *Kurzen Begriff von Hans Knüchel* deutlich auf den Kanton Luzern beziehen, sucht man den Autor heute im Kreise der damaligen Berner Geistlichkeit, und es ist zuletzt die Person des von der Wallfahrtskirche Kleinhöchstetten aus reformierenden Pfarrers Jörg Brunner namhaft gemacht worden (Th. Schiess). Die starke Zurückhaltung gegenüber überstürzten Neuerungen und allerlei anderes in den fraglichen Schriften will freilich nicht ganz ins Bild dieses revolutionären Neuerers passen. Zu einer völlig gesicherten Zuschreibung wird man auch hier wie bei den meisten anderen anonym herausgebrachten Flugschriften nicht gelangen.

Zum künstlerisch bedeutsamsten, was die Flugschriftenlit. der Zeit hervorgebracht hatte, zählen die beiden zeitpolemischen „Beiträge" des Berners Niklaus M a n u - e l ; das gereimte *Hüpsch lied ...*, *des Fabers vnd Eggen Badenfart betreffende* läßt zwei Bauern, Ruof und Hans, die Disputa-

tion von Baden im Jahre 1526, insbesondere die Haltung des bischöflichen Vikars Johannes Faber und Dr. Ecks von Ingolstadt, aus reformatorischer Sicht kommentieren. Ein kleines Meisterwerk der Gattung aber ist Manuels Prosasatire von *Krankheit und Testament der Messe* (1528) geworden, in der die Hauptgegner auf der kathol. Seite persönlich auftreten, trotz aller vermeintlicher Heilmittel das Leben der Absterbenden nicht mehr zu retten vermögen, dafür aber in ihrem Testament reich mit bedenklicher Hinterlassenschaft bedacht werden.

In der östlichen Schweiz folgen sich auf die frühe *Göttliche Mühle* andere Kampfschriften. Unmittelbar von dieser beeinflußt ist noch das *Kurz gedicht, so nüwlich ein thurgöwischer pur Docter Martin Lutrer und siner leer zuo lob und synen widerwertigen zuo spott gemacht hat,* dessen sicher nicht dem Bauernstand angehöriger Verfasser umstritten ist, bei dem aber auch wieder Zwinglis persönliche Anregung vermutet wird.

Am 29. Januar 1523 hatte die erste Zürcher Disputation mit der ganzen Geistlichkeit von Stadt und Land und mit den inoffiziellen Vertretern des Konstanzer Bischofs stattgefunden. Zwingli hatte mit überzeugendem Eifer sein Schriftprinzip verteidigt und durch alles eine nachwirkende scharfe Kontroverse unter Klerus und Laien heraufbeschworen. In dieser Auseinandersetzung bekannte sich mit eigenem Namen eine Gruppe von sieben jungen einfachen Handwerkern in der Satire vom *Gyrenrupfen* zu Zwinglis Thesen und verfocht nun mit einer erstaunlichen biblischen Beschlagenheit — unter dem Bilde des geselligen Gyrenrupfen-Spiels — die neuen Auffassungen, indem sie polemisch Stellung nahm zu einer eben erschienenen Schrift des Konstanzer Vikars Joh. Faber gegen das Zürcher Religionsgespräch.

Dem aus Neuenburg am Rhein gebürtigen Barfüßer, als Lesemeister 1521-24 in Bern wirkenden, dann wegen reformatorischer Polemik ausgewiesenen Sebastian M e y e r , der nach Aufenthalten in Straßburg und Augsburg von 1536 an wieder in der schweizerischen Aarestadt für den neuen Glauben tätig war, wird die Flugschrift *Vom Pfründenmarkt der Kurtisanen* zugeschrieben.

Noch vor das Religionsgespräch von Baden von 1526 fällt das versöhnliche Gedicht von der *Badenfahrt guter Gesellen,* in dem Vertreter eidgenöss. Stände auftreten und vor allem die Zürcher auf den gemeineidgenössischen Weg des Friedens weisen möchten. Hinter dem angeblichen Verfasser „Hanns Achtsinit" steht aber nicht, wie vermutet wurde, der Berner Niklaus Manuel.

In scharfem Ton für Zwinglis Reform, aber auch gegen die soziale Not der Bauern kämpft dagegen der aus Esslingen stammende, übergetretene kathol. Geistliche Utz E c k s t e i n. Sein handlungsarmes, mit theologischem Wissensstoff überfülltes, angriffiges Flugschriftenwerk, — das *Concilium* (1525), der *Reichstag* (1526), die *Klag des Glaubens* (ca. 1526) — füllt nur die kurze bewegte Zürcher Zeit in der Mitte der 20er Jahre in seinem langen unsteten Leben. Inzwischen regte sich freilich auch der Widerstand der altgläubig Gebliebenen und nutzte, zuerst nur sporadisch und zurückhaltend, später auch in leidenschaftlichem Ton das volkstümliche Ausdrucks- und Werbemittel der Flugschrift.

In der Verssatire *Das Kegelspiel* eines noch nicht sicher bestimmten, wohl geistlichen Verfassers von 1522 kommen die Lutherischen und die schon zu ihnen Hinschwankenden zum Zug — Leo Jud, Hutten, Erasmus, Sebastian Hofmeister und andere. Aber sie kegeln schlecht, wie zuletzt „Maister Uolrich Zwingly" feststellen muß, der hier auch zum ersten Mal, im Gegensatz zum noch populäreren Luther, in einer solchen Satire persönlich erscheint. Besser kommt die zunächst bloß zuschauende Gruppe der im alten Glauben Verhafteten weg: der Papst, der Kaiser, der Bischof rügen die Neuerer, die Stadt Zürich beklagt sich über Lärm und Uneinigkeit, die alten Eidgenossen berufen sich auf ihren Bruder Klaus, der gemeine Priester findet harte Worte gegen das Geschwätz der jungen ‚lollfetzen' (Lumpen), und einem einfachen Mann aus dem Volk ist schließlich das religiöse Gerede gleichgültig, da es ihm allein auf die wirtschaftliche Besserung seines ärmlichen Daseins ankommt.

Noch aber ist der Ton in einem solchen Poem eines zweifellos altgläubigen Verfassers so gemessen, daß das Gedicht bei einem lutherisch gesinnten Drucker erscheinen, ja 1554 sogar auf den Mailänder Index gesetzt werden konnte. Doch schon sind in diesen Jahren auch angriffigere Schriften in Zürich herumgeboten worden; denn 1524 wurde ein Jakob Graf von Knonau wegen eines

gegen Zwingli gerichteten Lieds eingeklagt, und es sind wenigstens Bruchstücke von verschiedenen weiteren Schmähliedern gegen den Zürcher Reformator auf uns gekommen. Schon 1523 ging unter den Altgläubigen ein nicht mehr erhaltener *Spruch* „wider den meineidigen, trüwlosen abgefallenen Pfaffen und Weltverführern Uolrich Zwingli" um!

Zu den schärfsten und bedeutendsten Kämpfern für die kathol. Sache gehörte der elsäß. Franziskaner Thomas M u r n e r (1475-1537), der sich zeitweise in Bern und Basel, von 1525-1529 aber als Flüchtling in Luzern aufgehalten hatte. Von dort aus griff er in den entscheidenden Kampfjahren die reformatorische Neuerung mit seinem *Evangelischen Kirchendieb- und Ketzerkalender* 1525, später mit *Des alten christlichen Bären Testament,* zugleich Manuels *Messe*-Satire beantwortend, die für die Reform entschiedenen Berner 1528 an.

In Luzern wirkte auch der als Dramatiker, Chronist und Pamphletist bekannte Hans S a l a t (1498 bis ca. 1561). Er hat 1531 in seinem *Tanngrotz-Gedicht,* dem er noch zwei zwinglifeindliche Lieder beilegte, einseitig und leidenschaftlich die Ereignisse bis zu dem für die Reformierten verhängnisvollen 2. Kapellerkrieg dargestellt und später 1532 nochmals im *Triumphus Herculis Helvetici* Werk und Tod Zwinglis mit wilder Phantastik beschimpft.

Obschon im Kappeler Frieden auch vereinbart wurde, daß die Verbreitung solcher „Büchlein", d. h. volkstümlicher polemischer Glaubensschriften, verboten werde, sind diese schärfsten Attacken noch erschienen. Doch in der Folgezeit gehen die derartigen Schriften zurück; sie verlieren mit dem Nachlassen der erneuernden Glaubensbewegung ihren lebensnahen Gehalt und arten teilweise in eine leere Schimpferei aus wie etwa im zwischen 1562-64 entstandenen Spruchgedicht eines innerschweizerisch-kathol. Geistlichen mit dem Titel *Der alte und der neue Prophet des Schweizerlandes.* Demgegenüber ist die erzählende P r o s a - e p i k der Zeit auf eidgenöss. Boden nur von geringer Fruchtbarkeit und Bedeutung. Die Übersetzungsromane, mit denen Wilh. Ziely zu Beginn des 16. Jh.s die gewichtigen Ansätze seines Vorgängers Thüring von Ringoltingen weiterführte, finden eine neue

Aufnahme in Johann W e t z e l s aus dem Italienischen frei und flüssig übertragener Rahmenerzählung *Die Reise der drei Söhne Giaffers, des Königs zu Serendippe* (Basel 1583), einer angeblich einst persisch verfaßten Sammlung orientalischer Novellenstoffe.

Oskar S c h a d e , *Satiren u. Pasquille aus d. Reformationszeit.* 2. Ausg. 3 Bde (1863). Frida H u m b e l , *Ulrich Zwingli u. s. Reformation im Spiegel d. gleichzeitigen schweizer. volkstümlichen Lit.* (1912; Quellen u. Abhandlungen z. Schweizer. Reformationsgesch. 4). — Peter H e g g , *Die Drucke d. ‚Göttlichen Mühle' von 1521.* Schweizer. Gutenbergmuseum 40 (1954) S. 135-150 mit Erg. v. Josef B e n z i n g , ebda 42 (1956) S. 45 f. — *Karsthans* (1521), hg. v. Herbert B u r c k h a r d t (1910; Flugschriften aus d. ersten Jahren d. Reformation 4, 1). T. S c h i e s s , *Hat Vadian dt. Flugschriften verfaßt?* Festgabe d. Zwingli-Vereins z. 70. Geb. v. Hermann Escher (Zürich 1927) S. 66-97. — Sebastian M e y e r , *Ein kurzer Begriff von Hans Knüchel* (1523), hg. v. Alfred Götze (1906; Flugschriften aus d. ersten Jahren d. Reformation 1, 6). — Jakob B a e c h t o l d (Hg.), *Niklaus Manuel* (1878; Bibl. älterer Schriftwerke d. dt. Schweiz 2) S. 203 ff., 216 ff. — Zum *Kurz gedicht . . .*: Druck bei S c h a d e II, 160 ff. Vgl. auch Frida H u m b e l (s. o.) S. 31 ff. — Zum *Gyrenrupfen:* Frida H u m b e l , S. 201 ff. — Zu Sebastian Meyer s. Histor.-biogr. Lex. d. Schweiz V, 99. Druck des *Pfründenmarkt* bei S c h a d e . Weiteres s. R u p p r i c h Bd. 2, S. 116. — *Badenfahrt guter Gesellen:* Druck bei Jakob B a e c h t o l d , *Niklaus Manuel* (1878) S. 391-413. — Utz Eckstein: Neudruck von *Concilium* und *Rychstag* in Johann S c h e i b l e , *Das Kloster.* Bd. 8 (1847) S. 705 ff., S. 827 ff. Salomon V ö g e l i n , *Utz Eckstein.* Jb. f. Schweizer Gesch. 7 (1882) S. 91-264. O. V a s e l l a , *Neues über Utz Eckstein, den Zürcher Pamphletisten.* Zs. f. schweiz. Kirchengesch. 30 (1936) S. 37-48. P. Z i n s l i , *Notvolles Prädikantenschicksal.* Reformatio 7 (1960) S. 366-373. — *Das Kegelspiel* (1522), hg. v. Alfred G ö t z e (1909; Flugschriften aus d. ersten Jahren d. Reformation 3, 6). Vgl. auch Frida H u m b e l (s. o.) S. 34-41. — Zu den Schmähliedern gegen Zwingli: Frida H u m b e l , S. 42-43. — Jakob B a e c h t o l d (Hg.), *Hans Salat. E. schweiz. Chronist u. Dichter aus d. 1. Hälfte d. 16. Jh.s. Sein Leben u. s. Schriften* (Basel 1876), mit Abdruck des *Tanngrotz*, des *Triumphus* und der 2 Lieder. Paul C u o n i , *Hans Salat, Leben u. Werk.* Diss. Zürich 1938. — Zum Verbot der Schmähschriften im 2. Kappeler Frieden s. Neues Berner Taschenbuch 1909, S. 154. — *Die Reise der Söhne Giaffers, übers. durch Johann Wetzel.* Hg. v. Hermann F i s c h e r u. Joh. B o l t e (1895; BiblLitV. 208).

§ 16. Das r e l i g i ö s e L i e d der neuen Glaubensrichtung berührt sich mit der Flugschrift darin, daß es teilweise — und zumindest in den Anfängen — auch Kampflied ist. Das gilt für Luthers *Ein feste Burg* und noch ausgeprägter für Zwinglis vor dem Aufbruch in den 1. Kappelerkrieg gedichtetes *Herr, nun heb den Wagen selbst.* Schon 1519, während der Pesterkrankung, hat der Zürcher Reformator auch drei ergreifende Gebetslieder mit der Bitte um Hilfe, um Trost und mit dem Dank für die Heilung gedichtet, und um 1525 brachte er den 65. Psalm in Versform. Aber solche Gebilde werden in der erneuerten Kirche Zürichs zunächst keine liturgischen Elemente wie in der Wittenberger Reformation. Zwingli hat, obschon er musikalisch begabt war, mit den Bildern, mit Orgelklang und dem Chor der Geistlichen auch das Gemeindelied vom Gottesdienst ausgeschlossen, und die Kirche der Stadt Zürich blieb bis zum Jh.ende einer Verkündigung allein durch das Wort treu. Indessen drang bald von außen her aus benachbarten Kulturzentren — nicht unmittelbar aus dem Lutherkreis — evangel. Liedgut und der Brauch des Gemeindegesanges in die Randorte der Schweiz ein. Nach Basel kam schon 1526 die Anregung aus Straßburg, wo auch schon ein auswärtig gedrucktes Liederbuch zirkulierte, von Augsburg her nach St. Gallen, und besonders nachhaltig wirkte schließlich Konstanz auf die Entfaltung des Kirchenliedes im Gottesdienst der evangel. Schweiz ein. Als erstes gedrucktes Gesangbuch unseres Landes erschien 1533, wahrscheinlich bei Froschauer in Zürich, das Bändchen des Dominik Z i l i für St. Gallen, das aber nur im Umkreis der Abt-Stadt in Gebrauch kam.

Erst das anno 1540 in einer uns bekannten Auflage, wohl aber schon 1533 oder 1534 erstmals herausgekommene Konstanzer Gesangbuch, das *Nüw gsangbüchle*, welches Johannes Z w i c k in Zusammenarbeit mit Ambrosius B l a r e r geschaffen hatte, gewann einen durchschlagenden Erfolg und setzte sich in verschiedenen, z. T. von A. Blarer allein, später von J. Funckelin betreuten Neuausgaben mit mancherlei örtlichen Ergänzungen durch, so daß doch von ihm aus ein in den Grundzügen übereinstimmendes „Einheits-Gesangbuch" der dt.

Schweiz im Reformationsjahrhundert erwachsen konnte. Es enthält freilich seiner Herkunft nach nicht durchwegs schweizerisches Liedgut. Vielmehr haben die Bearbeiter auch protestant. Texte und Melodien von jenseits der Grenzen, dazu Schöpfungen der Böhmischen Brüder, ja sogar der Wiedertäufer, übernommen. Schon im ersten Konstanzer Gesangbuch sind von den 150 Liedern nur etwa ein Drittel eidgenöss. Ursprungs. Der Kreis der Verfasser darin ist „denkbar weit und offen; eine gewisse ökumenische Haltung muß dem Buch nachgesagt werden" (M. Jenny). Nicht bei den in seinem 1. Teil untergebrachten gereimten Psalmen, wohl aber bei den Lobgesängen im folgenden Teil haben auch die Herausgeber J. Zwick (1496-1543) und A. Blarer (1492-1567) eigene Dichtungen beigefügt, ja sie können mit ihrem schlichten kirchenpoetischen Schaffen geradezu als die Schöpfer der weiterwirkenden Gattung des biblischen Festlieds für das Kirchenjahr innerhalb der reformierten Bewegung gelten.

Bedeutende Liederdichter auf schweiz. Boden sind der zuerst in Konstanz, später auch als Dramatiker und Schulmeister in Biel wirkende Jakob F u n c k e l i n (1523 bis 1565), der heute mit großer Wahrscheinlichkeit auch als der tatkräftige Fortführer der Tradition des Konstanzer Gesangbuchs in der Schweiz, nachdem 1548 die Bodenseestadt rekatholisiert worden war, erwiesen ist. Aus Basel wären etwa zu nennen Joh. J. G r y n ä u s (1540-1617), der Schulmeisterdichter Joh. K o l r o s s (ca. 1487-1558), Joh. Z i m m e r m a n n (Xylotectus, 1498 bis 1526); aus Zürich ausser Z w i n g l i dessen enger Mitarbeiter Leo J u d (1482 bis 1542), Zwinglis Nachfolger Heinrich B u l l i n g e r (1504-1575), der Wörterbuchgelehrte Johannes F r i e s (1505-1565) und der Antistes Rud. G w a l t h e r d. A e.; aus St. Gallen Dominik Z i l i (ca. 1500- bis 1542), Johannes K e s s l e r (1503 bis 1574); aus dem Bernerland Joh. H a l l e r (1523-1575) und allenthalben noch zahlreiche andere (vgl. die Zusammenstellung bei M. Jenny, S. 361 ff.).

Der reiche Kirchenliederschatz weist auf das Bedürfnis der Zeit nach Ausdruck im evangel. Lied. Mählich sind denn auch alle Schweizer Städte, und mit ihnen, teilweise sogar ihnen voraus — wie im Kanton Zü-

rich — ist das Land zum Gemeindegesang im Gottesdienst übergegangen. Auf Basel und St. Gallen folgte um 1559 Winterthur, danach Schaffhausen und Bern. In Zürich, das durch die Froschauersche Druckerei zum eigentlichen Zentrum der Gesangbuchtradition geworden war, hat schließlich 1596 der Archidiakon Raphael E g l i , der das ursprünglich in Konstanz geschaffene Gesangbuch noch einmal revidierte, die Einführung des Gemeindegesangs in die Zwinglikirche empfohlen, wurde aber zunächst abgewiesen. Doch schon im Jahr 1598 hielt das Lied denn auch in den Zürcher Stadtkirchen seinen Einzug.

Das ist jedoch der Zeitpunkt, wo die Wirksamkeit des im 16. Jh. erwachsenen gemeinschweizerisch-evangel. Liederbuchs zu Ende ging. Denn vom Beginn des 17. Jh.s an schloß sich die ganze reformierte Schweiz der aus calvinistischer Tradition stammenden Psalmenliedersammlung an, die der Lutheraner Ambrosius L o b w a s s e r in trockenem Deutsch 1673 mit dem vierstimmigen franz. Tonsatz herausgebracht hat und die rasch und zwei Jh.e lang dann auch das offizielle Gesangbuch der reformierten schweizerischen Kirchen wurde. Damit schließt auch hier eine Entwicklung in der Zeit gegen 1600 ab.

Außerhalb dieser Gesangbuchtraditition gab es in der Schweiz auch, oft auf fliegenden Blättern verbreitete, religiöse Einzellieder, die nie in den Gottesdienst aufgenommen wurden, und es gab auch hier regionale wie sektengebundene Sonderentwicklungen des religiösen Lieds. Etwas Seltsames sind die etwa von der Mitte des 16. bis in die 2. Hälfte des 17. Jh.s im Berner Oberland herumgebotenen religiösen Liedtexte naiv dichtenden Laien. Der bekannteste und produktivste unter ihnen ist der aus dem Toggenburg eingewanderte Benedicht G l e t t i n g , der neben allerlei langatmigen Historien, biblischen Stoffen wie auch Tagesaktualitäten verschiedene kirchliche Volkslieder verfaßte, denen er die Melodie weltlicher Gesänge unterlegte. Ihre eigenen Liederdichter hatten, wie erwähnt, aber auch die Wiedertäufer. Unter den Einheimischen werden genannt die in der Zürcher Reformation verfolgten Felix M a n z , Jörg B l a u r o c k und der Churer Jörg F r e l l . Die Zeitgenossen haben ihnen den Sektierer Ludwig H ä t z e r , einen leidenschaftlichen Menschen, der um 1500 geboren und schon 1529 in Konstanz hingerichtet wurde (Histor.-biogr. Lex. d.Schweiz IV, 48), an die Seite gestellt, obschon er sich selber nicht zu den Wiedertäufern zählte. So läßt sich feststellen, daß das 16. Jh. im Gefolge der Reformation einen bedeutsamen evangelischen Liederschatz hervor- oder doch zusammengebracht hat.

Philipp W a c k e r n a g e l, *Bibliographie zur Gesch. d. dt. Kirchenliedes im 16. Jh.* (1855). Ders., *Das dt. Kirchenlied von d. ältesten Zeit bis zu Anfang d. 17. Jh.s.* 5 Bde (1864-1877). Heinrich W e b e r, *Gesch. d. Kirchengesanges in d. dt. reformierten Schweiz seit d. Reformation. Mit genauer Beschreibung d. Kirchengesangbücher d. 16. Jh.s* (Zürich 1876). Theodor O d i n g a, *Das dt. Kirchenlied in d. Schweiz im Reformationszeitalter* (1889). Arnold G e e r i n g, *Die Vokalmusik in d. Schweiz zur Zeit d. Reformation* (Aarau 1933; Jb. f. Schweizer Musikwiss. 6). A.-E. C h e r b u l i e z, *Zwingli, Zwick u. d. Kirchengesang.* Zwingliana 4 (1921/28) S. 353-377. Ders., *Die Schweiz in d. dt. Musikgeschichte* (1932; Die Schweiz im dt. Geistesleben 18). Markus J e n n y, *Gesch. d. dt.-schweizer. evangelischen Gesangbuches im 16. Jh.* (Basel 1962). Ders., *Die Lieder Zwinglis.* Jb. f. Liturgik u. Hymnologie 14 (1969) S. 63-102. Ders., *Gesch. u. Verbreitung d. Lieder Zwinglis.* Kerygma und Melos. Chr. Mahrenholz 70 Jahre. Hg. v. Walter Blankenburg u. a. (1970) S. 319-332. — *Nüw gsang büchle* (1540). Faks. des sog. Zwick'schen Gesangbuchs (Zürich, Zwingli Verl. 1946). Theodor O d i n g a (Hg.), *Benedikt Gletting. E. Berner Volksdichter d. 16. Jh.s* (Bern 1891). Über Gletting s. auch: Histor.-biogr. Lex. d. Schweiz III, 568 ff. J. F. G o e t e r s, *Ludwig Hätzer, Spiritualist u. Antitrinitarier. E. Randfigur der frühen Täuferbewegung* (1957; Quellen u. Fschgn z. Reformationsgesch. 25). Ders., *Ludwig Hätzers Lieder. E. hymnologischer Versuch.* Mennonitische Geschichtsbll. 16 (Karlsruhe 1959) S. 3-14. — Vgl. auch den Artikel *Kirchenlied* (Reallex. I, 819-852).

§ 17. Nicht so bestimmt läßt sich dies vom namenlosen weltlichen V o l k s l i e d sagen, das uns im 16. Jh. erstmals in breiterer Fülle überliefert ist und das neben der religiösen Gattung, von der es nicht überall leicht getrennt werden kann, als die entscheidende l y r i s c h e Leistung dieser Zeit in deutscher Sprache angesehen werden muß; denn das volkstümliche Weihnachts- wie Osterlied und ähnliches berührt sich mit dem Kirchenfestgesang. Als Volkslieder darf man auch im 16. Jh. einfache, meist namenlos überlieferte Gebilde, die von Einzelpersönlichkeiten aus verschiedenen Schichten und Berufen gedichtet worden sind, nur im Hinblick darauf bezeichnen, daß sie in allen Kreisen gesungen wurden. Größere Sammlungen von Volksliedern sind — gelegentlich zusammen mit der standesgebundenen Kunstdichtung der sog. Gesellschaftslieder

(s. d.) — vor allem in städtepatrizischen und adeligen Zirkeln entstanden, vorher aber auch schon meist in Einzeldrucken verbreitet und auf Jahrmärkten verkauft worden.

Sicher ist die druckfreudige Zeit, aber auch ihr offenkundiges Singbedürfnis daran schuld, daß das 16. Jh. gern als die schöpferische Epoche dieser lyrischen Liedgattung angesehen wird. Ihre Wurzeln reichen aber weit zurück, und es wirken noch immer Elemente des höfischen Minnesangs, etwa das Wächterlied, als „gesunkenes Kulturgut" nach. Was das volkstümliche 16. Jh. neu hinzufügt, ist das Aufbrechen des unmittelbar Gemüthaften, verbunden mit einer bürgerlichen Tendenz zur Realität, indem das Geschehen örtlich und zeitlich ins Alltagsleben eingefügt wird. Verfasserstrophen und Ortsangaben gehören freilich oft zu den bloß sekundären und auswechselbaren Teilen in der durch Umsingen gekennzeichneten Entwicklung dieses Liedgutes, und es hält deshalb schwer, die Herkunft dieser lyrischen Gebilde landschaftlich zu fixieren, etwa ein typisch schweizer. Volkslied nach Entstehung und Wesen zu bestimmen. Solches wird erst in einer späteren Zeit einigermaßen möglich, wo dann oft die Mundart eindeutigere Hinweise auf die Liedheimat zu bieten vermag. Im 16. Jh. sind aber die Texte in den Drucken schweizer. Offizinen allein im gehobenen Ausdruck des damaligen alemannischen Schriftdeutsch überliefert.

Wie weit erst aus der Folgezeit bekannte Volksweisen noch ins 16. Jh. zurückgehen, ist meist nicht auszumachen. Am ehesten dürften die Hirtenmelodien mit ihren Lockrufen und unterlegten Kurzstrophen, die wir „Kuhreihen" (s. d.) nennen, in die tiefere Vergangenheit des schweizer. Volkslebens hinabreichen. Wenigstens ist uns schon eine erste Aufzeichnung mit der Überschrift *Appenzeller Kureien, Lobe. Lobe.* in Georg Rhaws *Bicinien* (1545) — freilich noch ohne Text — übermittelt. Allerlei sonst verschollene Liedstrophen oder nur Liedanfänge, Relikte eines anscheinend mächtigen volksläufigen Singgutes, sind uns auch etwa noch aus dramatischen Werken des 16. Jh.s bekannt, z. B. bei Niklaus Manuel die Hinweise auf „Frisch frölich wend wir singen . . .", „Hänsli uf der Schiterbi-

gen . . .", „Ich weiss mir ein frye frow
fischerin . . .", andere in Bolz' *Weltspiegel*
und weiterhin.

Von den fliegenden Einzelblattdrucken und
Heftchen, die ganze Lieder vermitteln und etwa von 1530 an auf Jahrmärkten feil geboten
wurden, ist wohl der größte Teil verloren. Bekannte Hersteller solcher „Schlager"-Publika-
tionen waren in Basel der schon anfangs der
30er Jahre wirkende Lux S c h o u b e r, in
Bern vor allem Mathias A p i a r i u s,
der schon in Straßburg begonnen hatte, 1537 in
Bern seine Werkstatt eröffnete und dessen
Nachkommen dann in Bern mit der väterlichen
Offizin auch den Liederdruck weiterführten,
während ein Sohn Samuel sich 1566 in Basel
niederließ. Aus der Berner Presse ist uns ein
charakteristisch eidgenöss. Bauernlobgedicht
Der Edel Buwman/ vnd ist zů singen im Spae-
ten thon noch erhalten. Auf einem andern,
leicht beschnittenen Blatt fand man unlängst
(E)in hüpsch nüw (lie)d genant/Schürtz dich
Gretlin, schürtz dich etc. und *Es hat ein Bur*
ein Töchterlin etc. . . . Eine reiche schweizer.
Liederhandschrift ist die des Basler Juristen
Ludwig I s e l i n, an der 13 Hände geschrieben hatten und die dem 15jährigen Studenten
1575 als Geschenk zugekommen war.

Was so in der dt. Schweiz an Volkslied-
gut umging — Liebesweisen, Wanderlieder,
Berufs- und Standeslieder, geistliche Texte —,
das gehört zum größten Teil aber eben
doch zum Gemeingut des dt. Volkes, und so
lassen sich Varianten immer wieder auf dem
weiten dt. Sprachgebiet auffinden. Es gibt
in unserm Bereich kaum etwas der ganzen
Schweiz Eigentümliches, und besonders
„das ältere Volkslied reicht ähnlich wie Sage
und Märchen über politische Grenzen hinweg" (R. Weiss).

Nationale Züge weist dagegen vom Inhaltlichen her das in der Schweiz reich gepflegte und verbreitete H i s t o r i s c h e
V o l k s l i e d (s. d.) auf, das man besser
einfach als das „Politische Lied" bezeichnet,
weil es sich deutlicher als individuelles
Kunstgebilde darstellt, häufig unter bekanntem Verfassernamen einfach als Druck-
erzeugnis erscheint und durch die Vielstro-
phigkeit des epischen Ablaufs kaum zum
frei gesungenen Gebilde werden kann. In
ihm vereinigen sich die volkstümlichen Tendenzen der Zeit mit den nationalen, ja sie
zeugen vor allem vom ersten Erwachen eines patriotischen Sinnes, der sich freilich
zunächst auf die engere Heimat, später aber
durch die gemeinsamen Kriege der alten
Orte immer deutlicher auf die ganze Eid-

genossenschaft bezieht. Die eigentliche Blütezeit des polit. Liedes sind denn auch die
Jahre der eidgenöss. Siege von der Sem-
pacherschlacht bis in die Zeit der Mailänder
Feldzüge und auch noch in deren tragischen
Ausgang hinein, bis etwa um 1530. Der
größte Teil des politischen Liedgutes bezieht sich eben auf histor. Ereignisse, an
denen die Verfasser selbst teilgenommen
haben oder doch vorgeben, sie miterlebt zu
haben. Zahlreiche dieser sog. histor. Volkslieder sind nämlich erst Jahrzehnte später
im Stolz auf die eigene Vergangenheit entstanden. Preis des Siegs und Schmähung
der Gegner ist ihr Gehalt. Das Geschehen
wird oft dramatisch durch herausfordernde
Anrede und Gegenrede vergegenwärtigt.
Der Ausdruck, besonders in den frühen
Texten, ist kraftvoll, bildhaft. Heraldische
Tiersymbole für die verbündeten oder ver-
fehdeten Städte und Länder gehören zu
den sprechenden volkstümlichen Darstel-
lungsmitteln. Nach den 30er Jahren des
16. Jh.s zerfällt der dichterische Wert dieser
Gattung: die Lieder werden langatmiger
und erschöpfen sich in bloßen Handlungs-
berichten oder überschäumen in gehässiger
Polemik.

Ob das in lat. Distichen verfaßte Gedicht
des Mönchs Rudolf von R a n d e g g vom
Überfall der Schwyzer auf sein Kloster Einsiedeln von 1314 schon zum polit. „Lied" der
aleman. Schweiz gezählt werden kann, bleibt
fraglich. Die volkstümlichen histor. Lieder setzen in der Eidgenossenschaft erst in den späteren Jahrzehnten ein. Das älteste, das uns
erhalten ist, dürfte das Lied vom Gümmnen-
krieg (1331/2) sein, das ein Parteigänger Berns,
wahrscheinlich noch vor 1334, verfaßt hat, um
die einst verbündeten ehemaligen Zähringer-
städte Bern und Freiburg wieder zur Einigkeit
zu bringen. Die beiden Stadtstaaten werden in
holzschnittartiger Bildhaftigkeit symbolisch als
zwei mächtige Ochsen dargestellt, die auf einer
gemeinsamen Weide sind, aber von Wolf und
Fuchs, dem bernfeindlichen Adel, gegeneinander aufgehetzt werden. Eindrückliche Lieder
besingen den Guglerkrieg (1385), die Schlacht
bei Näfels (1388), in mehreren Fassungen ist
der für die Eidgenossenschaft schicksalbestim-
mende Sieg bei Sempach (1386) über den Herzog Leopold und den österr. Adel verherrlicht
worden: zunächst durch einen einfachen, wohl
unmittelbar nach dem Ringen verfaßten *Spruch*
von der Sempacher Schlacht, dann durch ein
wohl erst viel später gedichtetes, wieder mit
kraftvollen Wappensymbolen belebtes Sem-
pacherlied, das wir erstmals nach 1480 in der
Chronik des Luzerners Melchior Ruf finden,
und schließlich das auf über 60 Strophen er-

weiterte große Sempacher Gedicht, dessen Verfasser sich in der Schlußstrophe H a l b s u t e r nennt.

Wilde Leidenschaft innereidgenöss. Entfremdung offenbaren die während des alten Zürichkriegs (1436-1450) erwachsenen gegenseitigen Schmählieder. Trotz eingehender Schilderung der Kriegshandlung ist das Gedicht auf die Schlacht bei Ragaz (1446) doch von packender Vergegenwärtigung. Auch hier nennt sich zum Schluß der Verfasser: „zuo Luzern ein guot geselle, Hans Ower ist er's genannt". Neben diesem Hans A u e r, der aus Schaffhausen stammte, haben auch andere in Luzern Ansässige oder Zugezogene polit. Lieder geschaffen, etwa Toni S t e i n h a u s e r, der den „Zug nach Waldshut" (1468) besang, Rudolf M o n t i g e l, Verfasser der *Schlacht bei Granson* (1476), Hans V i o l, der ein Lied auf den Kampf bei Murten (1476) und bei Giornico (1478), Hans W i c k, der das Treffen bei Schwaderloh (1499) besang. Luzern erscheint so als eine Pflanzstätte der polit. Lieddichtung in der Zeit gegen 1500 und, da die Verfasser ja z. T. Ereignisse der „alten Schweizer" verherrlichten, auch noch über die Jh.-wende hinaus. Allerdings blüht das „Historische Volkslied" auch an anderen Orten. Zum eidgen. Murtensieg über Karl den Kühnen gibt es verschiedene Texte: einen davon hat der im schweizer. Liederhort gut vertretene Veit W e b e r, der auch andere eidgenöss. Ereignisse behandelt hat, in kräftiger Sprache geschaffen. Er, der sich meist in den Schlußstrophen zu erkennen gibt, war kein Einheimischer, sondern war, wie er im „Zug nach Héricourt" (1474) verrät, ein Auswärtiger: „Veit Weber ist er ouch genant/ zuo Friburg in Briszgoue/ ist er gar wol erkant". Ein anderes Murtenschlacht-Lied stammt von dem später in Bern wohnhaften Matthias Z o l l e r aus Laufenburg. Es gibt auch ein Lied über die Schlacht an der Calven im sog. „Schwaben-", in Deutschland „Schweizer"-Krieg, das ein Graubündner ersonnen hat: „er sitzt im grauen bund;/ zuo Cur ist er gar wolbekant..."

Die nachhaltigste politische, aber auch literar. Wirkung unter den einschlägigen Liedgebilden des 15. Jh.s geht jedoch vom „a l t e n T e l l e n l i e d" aus. Es ist uns, bereits ein wenig überarbeitet, in den Einleitungsstrophen eines Liedes vom Ursprung der Eidgenossenschaft aus der Zeit nach den Burgunderkriegen um 1477 erhalten, dem sog. *Bundeslied,* und es mußten hier mit philologischer Akribie seine echten alten Strophen herausgearbeitet werden. Der alte Liedkern, mehr noch ein german. Heldenlied als ein „historisches Volkslied, besingt nur den Apfelschuß, die Vertreibung der Vögte und den Bundesschwur, noch nicht aber den Tod Geßlers durch

Tells Geschoß. In diesem Gebilde läßt sich der Anfang des eidgenöss. Nationalmythus erstmals fassen, der dann in die Chroniken hinüberwirkt und im alten *Urner Tellenspiel* einen neuen packenden Ausdruck findet. Der Ursprung des „alten Tellenlieds", wohl in der 1. Hälfte des 15. Jh.s und dessen Vorformen wie auch die Frage, ob etwa fastnächtliche Tellaufzüge mitspielten und wie sich die Übermittlung des nordischen Stoffes vollzogen hat, bleiben ungesichert.

Wohl erst im folgenden Jh. hat sich ein n e u e s T e l l e n l i e d herausgebildet, das uns in der nun weitverbreiteten, patriotisch wirkungsvollen Gestalt des vom Urner Pritschmeister Hieronymus M u h e i m nachgeschaffenen Textes „Wilhelm bin ich der Telle..." überliefert ist.

Das 16. Jh. mit seinen Feldzügen im fremden Dienste und der reformatorisch-sozialen Zwietracht, die aber die Besinnung auf die alteidgenöss. Einigkeit und Tugend wecken, bringt eine neue Fülle von polit. Liedgut hervor, z. T. freilich noch die erwähnten „unzeitgemäßen" Dichtungen, die die Siege der vergangenen Jahrzehnte besingen. Sorge um die politische Gegenwart klingt schon aus den beiden Gedichten, die Z w i n g l i um 1510, lange vor seiner kirchlichen Wirksamkeit noch in Glarus verfaßt hat. Das erste, das *Labyrinth,* kann wegen seines gelehrt-humanistischen Einschlags griechischer Mythologie allerdings nicht als Volkslied bezeichnet werden, wenn auch die Tiersymbolik für die europäischen Mächte — Frankreich als Hahn, Venedig als Löwe, Bern als Bär usw. — durchaus dessen volkstümlichen Stil verraten. Zwischen polit. Lehrgedicht und histor. Lied bleibt auch Zwinglis *Fabelisch gedicht von eim ochsen vnd etlichen tieren, ietz louffender dinge begriffenlich,* das die weltpolitische Lage wieder allegorisch in der Auseinandersetzung zwischen wildem Getier aufzeigt: das Füchslein ist Venedig, Katzen sind die Parteigänger der Franzosen, der Hund ist die Geistlichkeit. Das Ganze wendet sich gegen die franz. Politik und Kriegerwerbung und steht ein für einen christlichen Frieden in der Welt.

Doch werden solche Töne eben vom Kriegslärm der damaligen histor. Lieder überschallt. Zu den dichterisch kraftvollsten

Gebilden aus dem frühen 16. Jh. gehört Niklaus M a n u e l s *Bicoccalied*, in dem der Malerdichter — träf und grob — auf die Herausforderung eines gegnerischen Landsknechts antwortend, die Niederlage der Eidgenossen mit den modernen Waffen und der Hinterhältigkeit des Feindes zu rechtfertigen sucht. Auch der in Basel dichtende und druckende Pamphilus G e n g e n b a c h hat polit. Zeitgedichte verfaßt, und in Luzern wirkt neben dem als Chronist, Dramatiker und Pamphletist bekannten Hans S a l a t in der ersten Hälfte des 16. Jh.s noch Hans B i r c h e r , ein Reisläufer und Regierungsmann zugleich, der verschiedene Kriegsereignisse im Ausland schildert, bei denen er selbst dabei war. Mit persönlichen Verfassernamen sind uns aus der Zeit noch zahlreiche polit. Lieder bekannt. Aber nach der Leidenschaft um Zwinglis Wirken und Tod und nach dem Rückzug der Eidgenossen von der eigenen Weltpolitik wie der sozialen Umschichtung von den bürgerlichen zu den aristokratischen Stadtorten beginnt der Strom doch zu versiegen, und — wenn auch nicht so deutlich wie beim Kirchenlied — bedeutet der Übergang ins neue Jh. doch auch hier eine Art Ende des polit. Volksliedes. Es lebt später nur noch auf, wo wieder neue Ereignisse aufbrechen und das Volk in Bewegung gerät, z. B. in den Bündner Wirren der 1. Hälfte des 17. Jh.s.

Dem histor. Volkslied nahe stehen die auch für die dt. Schweiz mit ihrem bürgerlichen Stadtleben im 16. Jh. charakteristischen P r i t s c h m e i s t e r g e d i c h t e (s. d.), die vor allem bei den beliebten Schützenfesten vorgetragen wurden. Über die Landesgrenzen hinaus bekannt wurde zumindest einer dieser fahrenden Spruchsänger: Heinrich W i r r i aus Aarau, der in seinem ruhelosen Wanderleben an verschiedenen Orten wohnhaft geworden ist und sich selbst als „obersten Pritschmeister in Schweiz und Oesterreich" bezeichnet hat. Von ihm stammen neben Schützensprüchen auch Hochzeitscarmina für fürstliche Höfe und allerlei Beschreibungen von Tagesereignissen. Weniger bedeutend ist ein ebenfalls in Aarau beheimateter „Sänger" Ulrich W i r r i , nachweisbar zwischen 1577-1583. Auch er hat an Schützenfesten als Poet mitgewirkt, hat aber, wie sein zeitge-

nöss. Partner Heinrich Wirri, ebenfalls Verse zum Städtelob verfaßt. Solche Lobsprüche auf die einzelnen Orte der Eidgenossenschaft waren damals Mode, und es beteiligten sich daran namhafte Persönlichkeiten wie der Zürcher Chronist Johannes S t u m p f , der Luzerner Stadtschreiber Zacharias B l e t z , Paul S c h u l e r aus Glarus und andere.

Wolfgang S t a m m l e r , *Von der Mystik zum Barock 1400-1600* (2. Aufl. 1950; Epochen d. dt. Lit. 2, 1) S. 245 ff. Jakob B a e c h t o l d , *Gesch. d. dt. Lit. in d. Schweiz* (1892) S. 191 ff., 402 ff. Gustav E h r i s m a n n , *Schlußband*, S. 549 ff. — Volkslied: *Dt. Leben im Volkslied um 1530.* Hg. v. Rochus Frh. v. L i l i e n c r o n (1884; DNL. 13). Ludwig T o b l e r (Hg.), *Schweizer. Volkslieder.* 2 Bde (1882/84; Bibl. älterer Schriftwerke d. dt. Schweiz 4). Otto v. G r e y e r z , *Das Volkslied d. dt. Schweiz* (1927; Die Schweiz im dt. Geistesleben 48/49). F. R a n k e , *Zum Begriff „Volkslied" im ausgehenden MA.* Mittlgn. d. Schles. Ges. f. Volkskunde 33 (1933) S. 100-129. *Dreißig Volkslieder aus d. ersten Presse d. Apiarius.* Im Faks.-Dr. hg. v. Hans B l o e s c h (Bern 1937). Peter H e g g , *Ein unbekannter Apiarius-Druck.* Schweizer. Gutenbergmuseum 39 (1953) S. 51-65. Max M e i e r , *Das Liederbuch Ludwig Iselins.* Diss. Basel 1913.

Histor. Volkslied: s. Reallex. I, 666 bzw. 668 b und *Politische Dichtung* § 19 u. 20 (Reallex. Bd. 3, S. 182-189). — Rochus Frh. v. L i l i e n c r o n , *Die histor. Volkslieder der Deutschen vom 13.-16. Jh.* 4 Bde mit Nachtr. (1865-1869).— Otto von G r e y e r z (Hg.), *Histor. Volkslieder d. dt. Schweiz* (1922; Die Schweiz im dt. Geistesleben 1). Fritz J a k o b s o h n , *Der Darstellungsstil d. histor. Volkslieder d. 14. u. 15 Jh.s u. d. Lieder von der Schlacht bei Sempach.* Diss. Berlin 1914. Hans-Georg F e r n i s , *Die polit. Volksdichtung d. dt. Schweizer als Quelle für ihr völkisches u. staatliches Bewußtsein vom 14.-16. Jh.* Dt. Archiv f. Landes- u. Volksforschung 2 (1938) S. 600-639. Ludwig T o b l e r (s. o.) Bd. 1, S. 1-73 u. Bd. 2, S. 3-151. Gerold M e y e r v o n K n o n a u , *Die schweizer. histor. Volkslieder d. 15. Jh.s.* Vortrag (Zürich 1870). — Max W e h r l i (Hg.), *Das Lied von der Entstehung d. Eidgenossenschaft* und *Das Urner Tellenspiel*, in: *Quellenwerk z. Entstehung d. schweiz. Eidgenossenschaft.* Abt. III, Bd. 2, T. 1 (Aarau 1952), über das Lied S. 3-51. Hans T r ü m p y , *Bemerkungen zum alten Tellenlied.* Basler Zs. f. Altertumskde 65 (1965) S. 113-132. Philipp Z i n s l i , *Polit. Gedichte aus der Zeit der Bündner Wirren, 1603-1639* (Zürich 1910; Schweizer Studien zur Geschichtswiss. 2, 1) und Texte Chur 1911).

Pritschmeister: Über Heinrich und Ulrich Wirr (Wirry, Wiri, Wire) s. Jakob B ä c h -

t o l d , *Gesch. d. dt. Lit. in d. Schweiz* (1892)
S. 416-417, außerdem E. H o f f m a n n -
K r a y e r , *Heinrich Wirri.* ADB 55 (1910)
S. 385-387. Vgl. auch den Artikel *Pritsch-
meister* (Reallex. III, 257 ff., bes. S. 259).

§ 18. In der Nähe des histor. Liedes und
der eben erwähnten Ereignisgedichte liegt
die G e s c h i c h t s s c h r e i b u n g unseres Zeitabschnitts, die ja zunächst auch nicht
nach „objektiver" Berichterstattung strebt,
sondern oft parteigebundene Stellung bezieht und sich nicht nur auf urkundliche
Dokumente, sondern dazu auf Sage, Legende und mündliche Tradition stützt. In
vielen zeitgenöss. C h r o n i k e n (s. d.)
kommt auch die webende Phantasie und die
künstlerische Ausdruckskraft des Verfassers
zur Geltung. Und es offenbart sich in dieser
„Geschichtsepik" wohl ebenso eindrücklich
wie im „historischen Volkslied" die schon
im 15. Jh. erwachte nationalpatriotische Gesinnung im mählich enger verbundenen eidgenöss. Gemeinwesen, aber zugleich auch
die volkstümliche Strömung, die diesen
bäuerlich-stadtbürgerlichen Staatsverband
trägt, und dazu tritt hier deutlich als dritte
Kraft schon bald die aufkommende humanistische Bildung, die am Werden der Gattung immer nachhaltiger beteiligt ist.

Dem histor. Volkslied am nächsten steht
die Form der R e i m c h r o n i k , deren
Wurzel in die höfische Zeit hinabreicht, sich
nun aber aus der Weltsicht der adligen Vorgänger in eine Darstellung bloß landschaftlicher Ereignisse zurückbildet. Dies zeigt
sich gleich in der ersten dieser poetischen
Zeitdokumente unserer Epoche, in der sog.
Reimchronik des Appenzellerkrieges (1400
bis 1404). Ihr unbekannter, wenig kunst-
begabter Verf. steht nicht auf der Seite der
rebellischen Bauern, sondern wird am ehesten als ein verarmter, dem Landadel der
Stiftslandschaft entstammender Stadtbürger
von St. Gallen betrachtet werden müssen.
Er hat zur Zeit des Krieges gelebt und seine
Verse fast gleichzeitig mit den besungenen
Ereignissen niedergeschrieben. Am Jh.ende
hat der Schwabenkrieg 1499 nochmals zwei
„Historiendichter" erweckt, beides gebürtige Nichtschweizer, die aber mit ihren
langatmigen Reimchroniken Sache und Sieg
der Schweizer vertreten: Johann L e n z ,
ein Süddeutscher, Schulmeister in Freiburg
i. Ue., später Stadtschreiber zu Brugg

(† 1541), schildert unmittelbar nach dem
Kampfgeschehen, nicht ohne dichterische
Phantasie, durch ein Zwiegespräch mit einem einsamen Waldbruder die Zeitläufe
von der Gründung des Schwäbischen Bundes 1488 bis zum Ende des Krieges mit der
Schlacht bei Dorneck. Noch weiter ausho-
lend bis zur Einwanderung der Schwyzer aus
Schweden, besingt in seiner schon 1500 gedruckten Reimchronik der aus Reutlingen
stammende, 1505 in Luzern eingebürgerte
Niklaus Schradin dasselbe Geschehen in
seinem einseitig eidgenöss. eingestellten
und den 13 Orten gewidmeten Werk.

Historisch wertvoller sind einige der zahlreichen p r o s a i s c h e n Darstellungen
von Zeitereignissen in der Eidgenossenschaft. Als Fortsetzer der klösterlichen Ge-
schichtsschreibertradition, der alten Casus
Sti. Galli des Mönchs Eckehart IV. und seiner Nachfolger erscheint, nachdem in der
Abtei längst die kulturschaffende Bildung
erloschen war, der St. Galler Stadtbürger
Christian K u c h i m e i s t e r , der um
1335, nun in dt. Sprache, seine *Nüwen
Casus* niederschreibt, welche bescheiden
und in zuverlässiger Treue den Zerfall des
Klosters mit den einschlägigen Fakten bis
auf seine Gegenwart festhält. Besonders
reich an chronikalischen Darstellungen ist
der mächtig aufstrebende Stadtort Bern, wo
der Rat seinem Schreiber Konrad J u s t i n -
g e r 1420 den Auftrag erteilt, die Entwicklung des Gemeinwesens seit der Gründung
bis zur damaligen Gegenwart darzulegen.
An diese schon mit bemerkenswertem historischem Sinn geschaffene Chronik fügt
sich später — wieder im öffentlichen Auftrag — die neue Stadtchronik des 1460 von
Luzern nach Bern übergesiedelten Diebold
S c h i l l i n g († 1485) an. Der als Gerichtsschreiber wirkende und dann auch
unter die 200 (CC) aufgenommene Schilling verfaßte ein prachtvolles Werk von drei
Bänden mit 600 farbigen Illustrationen, in
dem Berns staatliche Ereignisse von 1424
bis 1483 festgehalten sind. Bedeutenden
Einzelgeschehnissen gelten zwei weitere
Berner Geschichtsarbeiten: in der Beschreibung des sog. „Twingherrenstreits" von
1470 hat der damalige Stadtschreiber und
Gesandte Thüring F r i c k e r (um 1429
bis 1519, vgl. Histor.-biogr. Lex. d. Schweiz
III, 331) als Augen- und Ohrenzeuge die so-

gar die ganze Eidgenossenschaft erregende sozialpolitische Auseinandersetzung der handwerklichen Bürgerschaft mit dem eingebürgerten Landadel lebendig durch die damals gefallenen Wechselreden dargestellt. Die Darstellungen Justingers und Schillings wurden zu Beginn des neuen Jh.s weitergeführt in der großen, eindrücklich gestalteten Berner Chronik des aus Rottweil zugezogenen, nun als Schulmeister und Stadtarzt wirkenden Valerius A n s h e l m , eig. V. Rüd, † ca. 1547 (Ebda I, 382). Sein Werk enthält nach einer kurzen zusammenfassenden Einleitung in breiter Ausführung die Ereignisse von der Zeit der Burgunderkriege 1474 bis zum Jahre 1536, über welche er seit 1505 als mitlebender und die Reformation unterstützender Berner Zeitgenosse berichten konnte.

Auch die andern schweizer. Orte haben ihre Chronisten, deren Interesse zusehends über das Lokale in die gemeineidgenössischen Belange, ja seit den Burgunderkriegen und Reislaufverträgen in die damalige Weltpolitik hineinreicht. Manchmal bleiben es freilich bloß kleine Tagesereignisse, denen aus der heimatlichen Enge großes Gewicht beigemessen wird, gelegentlich überwiegt der Parteieifer, und häufig schreiben auch die Verfasser ihre Vorgänger einfach aus, so daß sich dann eine ganze Kette „legendärer" Überlieferungen bilden kann. Von den zahlreichen Chronisten des 15. und 16. Jh.s seien hier nur einige genannt, etwa Johann F r ü n d , Landschreiber von Schwyz († 1469), der eine, freilich sehr parteigebundene Beschreibung des alten Zürichkriegs mit Einschlägen von Selbsterlebtem hinterlassen hat. Die Geschehnisse der Reformation haben Zwinglis Nachfolger Heinrich B u l l i n g e r (1504-75) mit dem Willen zu Klarsicht und Zurückhaltung, der Luzerner Hans S a l a t (1498-1561) dagegen von altgläubiger Seite her mit dem leidenschaftlichen Temperament, das ihm eigen war, noch aus Gegenwartsnähe zu zeichnen versucht. Gerold E d l i b a c h (1454-1530) behandelte neben dem alten Zürichkrieg auch die reformatorischen Ereignisse von 1520-26 in der Limmatstadt (Histor.-biogr. Lex. d. Schweiz II, 781); Bernh. S p r ü n g l i verfaßte 1532 eine *Beschribung beyder Cappelerkriege* (Ebda. VI, 483), Bernhard W y s s (1463-1531) eine Reformationschronik von 1519-1530 (Ebda. VII, 612), der zu Zwinglis neuem Glauben übergetretene Innerschweizer Geistliche Werner S t e i n e r (1492-1542) hinterließ neben einer Reformationschronik auch eine Darstellung der Mailänderkriege (Ebda. VI, 536 [b]), und vom Graubündner Maler und Schulmeister Hans A r d ü s e r (1557 bis ca. 1617; Ebda. I, 427) haben wir neben einer Zusammenstellung „herrlicher hochvernampter Personen" in Rätien (1598), neben Selbstbiographie und Gedichten

auch eine *Rätische Chronik* für die Jahre 1572 bis 1614. Johannes K e s s l e r aus St. Gallen (1502-74) überliefert uns in seinen *Sabbata* (Feierstunden) die reformatorischen Wandlungen in seiner Vaterstadt im Rahmen der eidgenöss. Zusammenhänge, und er füllt sein lebendiges Geschichtswerk mit mancherlei auch kulturkundlich aufschlußreichen persönlichen Reminiszenzen. Mit umfassender Gelehrsamkeit hat der ihm befreundete Humanist Joachim v o n W a t t (Vadianus; 1484-1551) in seiner großen und in der kleinen Chronik der Äbte von St. Gallen die einst von den Mönchen begonnene, dann vom Bürger Kuchimeister weitergeführte St. Galler Klostergeschichte, nun wohlgestützt auf histor. Quellen, weitergeführt bis in die damalige Gegenwart. Durch Beiträge Vadians gefördert, ist schließlich auch die große, reich bebilderte Schweizer Chronik des Johannes Stumpf aus Bruchsal (1500-1576) erwachsen. Mitten aus seiner Tätigkeit als reformierter Pfarrer im Zürcherland heraus und neben anderen histor. Arbeiten schuf der aus der Fremde Zugezogene mit erstaunlichem Fleiß dieses angesehene, formal und sprachlich gemeisterte Werk, das nun die Geschichte seiner Wahlheimat in weiten europäischen Bezügen zu erschließen suchte. Durch Klarheit und schlichte Wahrhaftigkeit zeichnet sich auch die enger gefaßte Basler Chronik des Christian W u r s t i s e n (1544-1588) vor manchen anderen aus. Eine farbenreiche Mischung von Phantasie, sagenhafter Überlieferung und geschichtlichen Elementen stellt dagegen die Strettlinger Chronik des Eulogius K y b u r g e r († 1506) dar, eines geistlichen Verfassers, der nicht ohne kirchenpolitische Absichten über die Geschichte des Berner Oberlands Auskunft zu geben trachtet. In seinem Bericht *Vom Herkommen der Schwyzer und Oberhasler* hat er bereits an die Grundlagen der nun einsetzenden Überlieferung von der Entstehung der Eidgenossenschaft gerührt.

Die nationale Idee wurde denn auch im Bereich der Geschichtsschreibung mächtig gefördert durch die Darstellung der Befreiungssage und des Tell-Mythus. Die Gestalt Tells erscheint zum ersten Mal im *Alten Tellenlied*, dessen nicht mehr voll bekannte Urfassung wohl in die erste Hälfte des 15. Jh.s fällt (s. § 17). Das Motiv wird dann vor allem im *Weissen Buch von Sarnen* (zw. 1467 und 1476) aufgenommen und mit dem Tyrannenmord und dem Bundesschwur verbunden. Von da an erscheint die Gestalt des Schützen Tell in allen geschichtlichen Werken, eingefügt in den Zusammenhang der Gründung der Eidgenossenschaft. Melchior R u s s hat die Erzählung in seiner *Luzerner Chronik* (beg. 1482) zuerst übernommen, Petermann E t t e r l i n folgt ihm 1507, und die weitere Geschichtsschreibung hält die Tradition aufrecht. Zum Volkshelden wird der Schütze im sog. *Urner Tellenspiel* (s. § 23), in Jakob R u f s erweitertem Drama von 1545 und späteren Spieltexten. Der eigentliche Tell-Chronist ist für das allgemeine Bewußtsein aber der Glarner Aegidius T s c h u d i (1505-72) geworden, dessen umfassendes geschichtliches Werk zum großen Teil erst spät durch den Druck zugänglich wurde. Die *Schweizer Chronik*, die den landesgeschichtlichen Zeitraum von 1000-1470 umfaßt, kam erst im 18. Jh. als Buch heraus, das dann wegen seines Gehalts und seiner kraftvollen Sprache freilich noch große Wirkung ausübte, u. a. auf unsere dt. Klassiker (Schillers *Tell*). Auch ein anderes Werk des Aegidius (Gilg) Tschudi erschien gedruckt erst im Jahre 1758, seine *Gallia Comata*, eine topographisch-histor. Beschreibung des alten Gallien und seiner benachbarten german. Landschaften. Auch diese kenntnis- und materialreiche Darstellung verrät freilich den für alle Quellen, auch die sagenhaften und mündlich tradierten, offenen und dazu frei konstruierenden Geist des Verfassers, der z. B. kühn die keltische und die germanische Sprache in eins setzt und dt. Volkstum für die Urbewohner der Alpen in Anspruch nimmt. Landesbeschreibungen, vor allem aus der Sicht gelehrter Humanisten (s. § 26) und meist in lat. Sprache, sind damals mancherorts entstanden.

Weit über bloße Chronistenarbeit und gelehrte Topographie hinaus reicht aber das gewaltige literar. Lebenswerk des Luzerner Politikers und Gelehrten Renward C y s a t (1545-1614). Was er neben seiner Wirksamkeit als Apotheker, Ratschreiber und Staatsmann und neben seinen dramaturgischen Notizen, Texten wie seiner Regententätigkeit für die Luzerner Osterspiele (s. § 23) im Laufe der Jahrzehnte beobachtete und aufzeichnete, betraf die ganze Fülle des damals gegenwärtigen und vergangenen kulturellen Lebens im Luzernerland und weit darüber hinaus in der damaligen Schweiz. Denn Cysat war ein äußerst vielseitig begabter Mann von ungeheurer Arbeitskraft und sowohl mit der Historie wie mit Medizin und Naturwissenschaften wohlvertraut. Reiche Beziehungen verbanden ihn mit der gelehrten Welt der Zeit. Aber auch mit dem Volke gewann er auf seinen

vielen Wanderungen überall Kontakt, und er interessierte sich lebhaft für dessen Lebensgewohnheiten, Bräuche und Erzählungen, so daß man ihn mit einigem Recht auch den „Vater der schweizerischen Volkskunde" genannt hat. Das alles ist eingegangen in sein Lebenswerk, das er schlicht *Collectanea und denkwürdige Sachen pro chronica Lucernensi et Helvetiae* nannte und das mit seinen 22 handgeschriebenen Folianten von ungefähr faustbreiter Dicke ein fast unerschöpfliches Quellenmaterial zur heimischen Geschichte, Kultur- und Kirchenhistorie, Volks- und Pflanzenkunde bietet. Da es auch vom eigenen Tun und Erleben handelt, ersteht in der Vielfalt der Aufzeichnungen zugleich das Charakterbild dieses renaissanceartigen Universalgenies.

Reimchronik des Appenzellerkrieges (1400 bis 1404), hg. v. Traugott S c h i e s s (St. Gallen 1919; Mittlgn z. vaterländ. Gesch. 35). — Christian K u c h i m e i s t e r, *Nüwe Casus Monasterii S. Galli*. Hg. v. Gerold M e y e r von Knonau (St. Gallen 1881; Mittlgn. z. vaterländ. Gesch. 18). Eberhard U r l, *Das mal. Geschichtswerk ‚Casus sancti Galli'* (1969; Neujahrbl. d. Histor. Ver. St. Gallen 109). — Aegidus T s c h u d i, *Chronicon Helveticum*. Bearb. v. Bernh. S t a d l e r u. Bernh. S t e t t l e r (Bern 1968 ff.; Quellen z. Schweizer Gesch. NF. I, 7). Max W e h r l i, *Aegidius Tschudi, Geschichtsforscher u. Erzähler*. Schweiz. Zs. f. Gesch. 6 (1956) S. 433-455. — Wilh. M e y e r, *Der Chronist Werner Steiner 1492 bis 1542*. Diss. Freiburg, Schw. 1910, zugleich Geschichtsfreund 65 (1910), mit Lit. — Renward C y s a t, *Collectanea chronica u. denkwürdige Sachen pro chronica Lucernensi et Helvetiae*. 3 Bde. Bearb. v. Josef S c h m i d. Bd. 1, 1-3 (Luzern 1969-1972; Quellen u. Forschungen z. Kulturgesch. v. Luzern 4).

§ 19. Der Sinn für die Darstellung des eigenen Lebens und Wesens beginnt nun in unserer neuzeitlichen Epoche zu erwachen. Das Erbe der Mystik, die individualistische Verantwortung im reformatorischen Denken, das aufkommende Selbstbewußtsein eines stolzen städtischen Bürgertums und vor allem der Humanismus, der sich auf antike Vorbilder wie etwa Caesars Wirkensberichte besinnt, führen mählich zu der besonderen Gattung der S e l b s t b i o g r a p h i e (s. d.). Frühe Ansätze bleiben freilich noch in der Tradition der Stadt- und Familienchroniken stecken und gebunden in das Gemeinschaftsleben. Für eine vertiefte psychologisch-kritische Selbstbeobachtung ist denn auch das ganze 16. Jh. noch nicht reif. Vielmehr verbleibt es bei der farbigen Schilderung äußerer Erlebnisse, bei der Freude am unmittelbar Abenteuerlichen, und das Biographische ist häufig verbunden mit den damals beliebten Reiseberichten.

Eine erste sporadische Ablösung individuellen Bewußtseins von den dargestellten Sippenzusammenhängen zeigt sich bei dem Berner Ludwig von D i e s s b a c h (1452 bis 1527). Seine Aufzeichnungen gelten der Genealogie seines aristokratischen Geschlechts, der Entwicklung seines Besitztums, dem Begründen seiner Verschuldung und der Erbansprüche. Dabei berichtet er auch von seinen zwei Heiraten, seinen Kindern und Verwandten. Und mitten in der sachlich-realistischen Schilderung dringt gelegentlich das persönliche seelische Erleben des Verfassers durch, etwa da, wo er beim Sterben seiner ersten Frau 1487 zu Baden in bittere Klagen ausbricht und von Lebensüberdruß erfaßt wird, aber sich dann bald darauf doch wieder über die weltliche Ehre freut, die ihm durch das Geleite von Edel und Unedel zugekommen ist.

Sehr verschiedenartig ist das Lebens- und Persönlichkeitsbild in den späteren schweizer. Autobiographien, je nach sozialer und landschaftlicher Herkunft wie individueller Entwicklung und Bildung der Verfasser. Die meisten unter ihnen sind einfache, selbständig aufgestiegene und in den Bürgerstand gewachsene Leute.

Einer armen bergbäuerlichen Familie im Wallis entstammt der spätere humanistische Schulmeister, zeitweilige Seiler und Drucker und schließlich wohlhabend gewordene Stadtbürger von Basel Thomas P l a t t e r (1499-1582). Seine erst im Alter verfaßte Lebensbeschreibung gehört zu den eindrücklichsten Selbstzeugnissen der Zeit. Mit besonderem Anteil schildert er seine entbehrungsreiche Jugend als Hirtenbub in den Bergen, sein unseliges Wanderleben als Scholar, dann seine Wendung zum neuen Glauben in Zürich, die harte Zeit der jungen Ehe und die berufliche Laufbahn. Überall klingt in den packend-naiven Schilderungen nun auch das innere Geschehen des seelischen Erleidens und Entscheidens auf.

Von andersartiger menschlicher Haltung zeugt bereits die Biographie seines schon als Basler Städter aufgewachsenen Sohnes Felix P l a t t e r (1536-1614). Sein Dasein ist schon früh auf die humanistische Bildung ausgerichtet. Das volkstümlich-bäuerliche Element ist ihm fremd. Bezeichnend, daß er auf dem ärmlichen Holzhaus der großelterlichen Familie, das er bei seinem Besuch in Grächen noch vorfindet, sein Wappen anbringen läßt, das Stammhaus aber auch gleich auf Nimmerwiedersehen verläßt, da ihn ein Grausen vor dem Gebirge heimwärts treibt. Felix ist von äußerst sensibler, musikalischer, durchaus urbaner Wesensart, voll von Erkenntnisdrang und Wirkenskraft. Er hat es zum vielbesuchten Medizinprofessor und international anerkannten Gelehrten gebracht. In Reiseaufzeichnungen aus den Jahren 1595-1600 spiegelt sich das Jugendleben von Felix' nachgeborenem Bruder Thomas P l a t t e r d. J. (1574-1628), der wie vorher Felix in Montpellier studierte und danach in Uzès als Arzt wirkte. Die Beschreibung dieser Praxiszeit ist uns leider nicht erhalten geblieben. Doch besitzen wir seine Schilderung der Universitätsstudien und lernen dadurch auch das damalige Wesen und seltsame Treiben an dieser berühmten Hochschule kennen, und wir reisen mit dem Studenten durch Lande und Städte Frankreichs, durch Spanien, England und die Niederlande.

Das bürgerliche Dasein eines Kaufmanns im damaligen Basel malen mit einer noch gewandteren Feder, als sie die gelehrten Platter führten, die biographischen Darlegungen des Tuch- und Ratsherrn Andreas R y f f (1550-1603) bis in liebenswürdige Einzelheiten aus (Histor.-Biogr. Lex. d. Schweiz V, 776).

Einen anderen Typus des humanist. Gelehrtenstandes in der Rheinstadt verkörpert der selbstbewußte Theologe, Mediziner und Polyhistor Heinrich P a n t a l e o n (1522-1595), der zuerst in lat. Sprache eine Sammlung von Biographien großer Männer der Weltgeschichte verfaßt und dann erweitert als *Teutscher Nation Heldenbuch* (1568-71) in der Muttersprache herausgebracht hat (Histor.-biogr. Lex. d. Schweiz V, 373). Die Reihe dieser bereits mit Adam beginnenden Lebensbilder endet schließlich in der Gegenwart mit einer ruhmreichen Darstellung von Dasein und Wirken des nicht allzu bescheidenen Heinrich Pantaleon selbst.

In einem Zürcher Pfarrhaus entstand die anspruchslose, liebenswürdige und von Humor durchleuchtete Hauschronik, die der Seelsorger und bekannte Wörterbuchverfasser Josua M a a l e r (1528-99) noch im Alter für seine Kinder zusammenschrieb (Histor.-biogr. Lex. d. Schweiz V, 7).

Nirgends wie in der Autobiographie tritt auch die soziale Wirklichkeit der Zeit unmittelbar zutage, und es ist bezeichnend, daß jetzt Leute aus den einfachsten Schichten ihr hartes Dasein zu dokumentieren beginnen. Wir besitzen zwei schriftstellerisch anspruchslose, aber durch ihren Gehalt packende Lebensbeschreibungen aus Graubünden, und beide bezeugen — wie bei Thomas Platter d. Ae. — vor allem auch die entbehrungsreiche Bitternis der Kindheits- und Wanderjahre damaliger Menschen aus ärmlichen Verhältnissen.

Hart traf das Schicksal den Churer Sohn eines Nachtwächters und Schleifers Jörg F r e l l (ca. 1530 bis ca. 1597), den zwar der Vater, trotz drückender Armut noch zur Schule schickte. Aber nach dessen Tod, dem auch bald die Mutter und fünf von den sechs Geschwistern folgten, zog er „wie ein anders arm weyszli" in die Welt hinaus. Das 10jährige, elende Wanderleben mit viel Hunger und Verfolgung führte ihn über Zürich, Zurzach, Rheinfelden im Elsass und immer durch Arbeitslosigkeit oder Ausgenütztwerden bedrängt, weiter nach Frankfurt, wo die Schiffbuben ihn im Rhein ertränken wollten, schließlich über Köln und zahlreiche Stationen der Rückreise 1555 wieder nach der Heimatstadt Chur. Hier, wo er sich mit einer großen Familie als Buchdrucker und Buchbinder durchzuschlagen suchte, wurde er zum bekennenden Führer der verfolgten Täufergemeinde, stand 8mal vor der Obrigkeit und wurde 3mal des Landes verwiesen. In seiner Verbannung verfaßte er 1571 als eine Art Rechtfertigungs- und Bekenntnisschrift seine biographischen Aufzeichnungen, deren mit Bibelzitaten und Gebeten vermischte Schilderung die wunderkräftige Hilfe Gottes bezeugen sollten.

Nüchterner in Lebenshaltung und Glaubensfragen, aber doch von einer unpolemischen Frömmigkeit getragen sind die autobiographischen Darstellungen des Bündner Chronisten und Malers Hans A r d ü s e r (1557 bis ca. 1617; Histor.-biogr. Lex. d. Schweiz I, 427). Aufgewachsen war er in der kinderreichen Walserfamilie des Landammanns Hans Ardüser zu Davos, wurde dann mit 13 Jahren auf die Schule nach Chur geschickt, und später zog er, zum Prädikanten bestimmt, nach Zürich, wo dem hier verlorenen Bergbauernbuben aber das Studium endgültig verleidet wurde. Nach ersten Schulmeister- und Liebeserfahrungen in Maienfeld konnte er sich, da ihn nun das Malen „geliebet", wenigstens vorübergehend in Künstlerateliers zu Feldkirch und Chur einige Erfahrungen holen. Sein ganzes Leben verbrachte er damit, daß er wintersüber in verschiedenen Orten Bündens, auch katholischen, als wohlbesuchter Schulmeister verbrachte, im Sommer jedoch als fahrender Wandermaler über Straßen und Pässe zog, um Aufträge für Fassadenmalereien und Innendekorationen zu erlangen. Er hat denn einst auch in seiner Heimat und darüber hinaus Hunderte von solchen mehr oder minder kunstreichen Wandbildern geschaffen, von denen heute freilich der größte Teil wieder verschwunden ist. Ardüsers Aufzeichnungen geben peinlich genau Aufschluß über den materiellen Gewinn und Verlust jedes Jahres. Sie künden aber dazu von seinem Lesehunger und der gewaltigen Lektüre, die der autodidaktische Gelehrte und Maler zu allem bewältigte. Immer wieder bricht auch das seelische Erleben des oft durch Not und Krankheit Geplagten durch, vor allem ergreifend beim Tod seiner Frau Menga, die ihn, sein Malzeug schleppen helfend, auf so vielen, oft vergeblichen Arbeitswanderungen begleitet hatte. Ein jüngst ans Licht gezogenes kalligraphisches Manuskript zeigt, daß sich Hans Ardüser durch all die Jahre neben seiner Geschichtsschreibung auch als Dichter betätigt hat und daß ihm bei aller Gebundenheit doch hie und da ein persönlicher Ausdruck gelungen ist.

Reiseberichte und Lebenszeugnisse berühren sich eben in dieser selbst in der Autobiographie noch stark auf die äußeren Erfahrungen und Erlebnisse eingestellten Epoche aufs engste. Doch läßt sich die Gattung der eigentlichen R e i s e b e s c h r e i b u n g — bei den Humanisten hat sie den eigenen Namen *Hodoeporicon* angenommen — wohl abheben, da sie meist nur einen abenteuerlichen Lebensabschnitt wiedergibt. Besonders eindrücklich sind in unserem Bereich, seit der Ritter Hans Bernhard von Eptingen aus Pratteln († 1484) seine Jerusalemerlebnisse von 1460 verfaßt hatte (s. Baechtold, S. 138 u.), noch immer Pilgerfahrten nach dem hl. Lande. Einer unter anderen „Morgenlandreisenden" und darüber Berichtenden war Hans S t o c k a r aus Schaffhausen, der auch ein Tagebuch der Jahre 1520-29 hinterlassen hat und der 1519 mit dem Landvogt zu Werdenberg, Ludwig T s c h u d i, nach Palästina zog und die Begebnisse in seinem Reisebuch lebendig beschrieben hat. Eine 1523 mit Heinrich Ziegler unternommene Pilgerfahrt nach dem Hl. Land hat der Zürcher Glokkengießer und Artilleriehauptmann Peter III.

F ü s s l i (1482-1548) unternommen und aufgezeichnet. — Auch humanistische Gelehrte haben, außer ihren gebundenen Hodoeporica, prosaische Reiseberichte verfaßt, wie etwa der Berner Heinrich W o e l f l i n, gen. Lupulus (1470 - ca. 1534), der seine 1520/21 durchgeführte Pilgerfahrt lateinisch erzählte (Histor.-biogr. Lex. d. Schweiz VII, 579).

Werner M a h r h o l z, *Dt. Selbstzeugnisse. E. Beitr. z. Gesch. d. Selbstbiographie von d. Mystik bis z. Pietismus* (1919). Otto von G r e y e r z, *Von unseren Vätern. Bruchstücke aus Schweiz. Selbstbiographien vom 15.-19. Jh.* (Bern 1912). — Thomas P l a t t e r, *Lebensbeschreibung.* Mit e. Vorw. v. Walter M u s c h g hg. v. Alfred H a r t - m a n n (Basel 1944; Samml. Klosterberg). Felix P l a t t e r, *Selbstbiographie.* Hg. v. Heinr. B o s s (1878). Ders., *Tagebuchblätter.* Hg. v. Horst K o h l (1914). Thomas P l a t t e r, *Briefe an seinen Sohn.* Hg. v. Achilles B u r c k h a r d t (Basel 1890). Thomas P l a t - t e r d. J., *Beschreibung d. Reisen durch Frankreich, Spanien, England u. d. Niederlande, 1595-1600.* Hg. v. Rut K e i s e r. 2 Bde (Basel 1968). Johann K a r c h e r, *Felix Platter. Lebensbild d. Basler Stadtarztes* (Basel 1949). — Ludwig v. D i e s s - b a c h, *Selbstbiographie.* Schweiz. Geschichtsforscher 8 (1830) S. 165-215. Hans v. G r e y e r z, *Die Selbstbiographie Ludwig v. Diesbachs.* Arch. d. Histor. Ver. d. Kantons Bern 35 (1940) S. 198-211. — Hans A r d ü s e r, *Selbstbiographie u. Rätische Chronik.* Hg. nebst histor. Komm. v. Jacob B o t t (Chur 1877; Beil. zu d. Jahresber. d. Naturhist. Ges. 15/20). — Hans S t o c k a r, *Heimfahrt von Jerusalem im Jar nach Kristus Geburtt, 1519 und Tagebuch von 1520-1529.* Hg. v. Joh. Heinrich M a u - r e r - C o n s t a n t (Schaffhausen 1839). — Georg F r e l l, *Autobiographie.* Hg. v. Simon R a g e t h, eingel. v. Oscar Vasella. Zwingliana 7 (1938/43) S. 444-469. Andreas R y f f, *Selbstbiographie.* Hg. v. W. V i - s c h e r (Basel 1870; Beiträge z. vaterländ. Gesch. 9). Albert G e s s l e r, *Der Anteil Basels an d. dt. Lit. d. 16. Jh.s* (Aarau 1889), u. a. über A. Ryff. — Josua M a a l e r, *Selbstbiographie.* Hg. v. Jakob B ä c h t o l d. Zürcher Taschenbuch NF. 8 (1885) S. 123-214 u. 9 (1886) S. 125-203. Reisebeschreibungen: siehe R u p p r i c h Bd. 2, S. 486. — Peter F ü s s l i, *Wahrhafte reiss gen Venedig und Jerusallem.* Zürcher Taschenbuch NF. 7 (1884) S. 136-193.

§ 20. Nach den zaghaften Ansätzen im 15. Jh. breitet sich zu Beginn des neuen Saeculums gerade in der dt. Schweiz h u m a - n i s t i s c h e G e l e h r s a m k e i t und n e u l a t e i n i s c h e L i t e r a t u r nachhaltig aus.

Die klassischen Studien und die vom neuen Geiste erfüllten Werke werden hier getragen von Einheimischen wie dem erwähnten Berner Heinrich W ö l f f l i n (Histor.-biogr. Lex. d. Schweiz I, 338), dem berühmten St. Galler Joachim von W a t t, gen. Vadianus (1484-1551, Ebda. VII, 429), der der Wiener Humanistenschule angehörte und von Kaiser Maximilian zum Dichter gekrönt worden war, den Glarnern Heinrich L o r i t i, genannt Glareanus (1488-1563; Ebda. III, 538) und Aegidius T s c h u d i (Ebda. VII, 79), Arbogast S t r u b (1482/3-1510; Ebda VI, 579), Vadians jungverstorbenem Nachfolger an der Hochschule in Wien, ferner dem jugendlichen Z w i n g l i aus dem Toggenburg, auch seinem späteren Nachfolger, dem in Emmerich und Köln ausgebildeten Heinrich B u l l i n g e r aus Bremgarten AG (1504-75), einem frühen Anhänger Reuchlins, dem Zürcher Rudolf G w a l t h e r (Ebda. IV, 26), dem im Kanton Schwyz 1493 als Sohn einer Einsiedlerin und eines schwäb. Vaters geborenen Arzt und Naturphilosophen Theophrast P a r a c e l s u s (1493-1541; Ebda V, 374/5) und anderen Schweizern, aber auch von illustren Zugezogenen wie dem Basler Gelehrten und Reformator Johannes O e k o l a m - p a d (gen. Haußschein; 1482-1531; Ebda V, 334), dem Freund und Mitarbeiter Zwinglis in Zürich Leo J u d (1482-1542), welcher aus Gernar im Elsaß stammte (Ebda IV, 471), dem Weltchronisten Sebastian M ü n s t e r (1489-1552; Ebda V, 199), dem Hebräisten und reformierten Theologen Konrad P e l l i k a n (1478-1556, aus Ruffach im Elsass; Ebda V, 388), dem in Bern wirkenden Valerius A n s - h e l m aus Rottweil, Thomas S c h ö p f aus Breisach († 1577; Ebda, Suppl. S. 154) und weiteren Gästen, die durch ihr Lehren und Schaffen der kriegsberühmten Eidgenossenschaft den neuen Glanz der Bildung verliehen. Der größte unter diesen gelehrten Gästen war der universale E r a s m u s v o n R o t t e r d a m. Er wirkte von 1521 an in der altbekannten Universitätsstadt Basel, wo er 1539 auch verstarb. Die besten jungen Schweizer Humanisten zählte er zu seinen zeitweiligen Schülern, und mit der gelehrten Welt stand er in weltweitem Briefwechsel.

Das Schaffen dieser Humanisten der Blütezeit beschränkte sich auch in der Schweiz nicht auf lateinische, griechische und hebräische Sprachstudien, sondern erfaßte in lat. wie dt. Fassung die ganze theoretische Literatur, die eben nach verschiedenen Gattungen skizziert wurde. Diese Gelehrten waren ja vielfach die Hintermänner der dialogischen Flugschriften, einer neuen Form, als deren Begründer Ulrich von H u t t e n zu gelten hat. Sie waren großenteils auch die Schöpfer der dt.gefaßten zeitgenöss. Geschichtsschreibung, doch auch lat. Chroniken (wie etwa Rud. Gwalthers *De Helvetiae origine, successu, incremento etc.* 1538), Autoren von Selbstdarstellungen, auch lat. (wie z. B. Konrad Pellikans für die persönliche Entfaltung damaliger Humanisten wie für die kulturellen Zeitverhältnisse lebendig zeugendes *Chronikon*). Doch ist es wohl für die soziale Herkunft der meisten dieser Persönlichkeiten wie für die Eigenart des in der Eidgenossenschaft erwachten Humanismus bezeichnend, daß so viele ihrer großen Arbeiten in der Muttersprache abgefaßt oder von ihnen noch in diese übersetzt worden sind. Der reformierte Pfarrherr Kaspar F r e y aus Baden hat damals Seb. Brants *Geschichte von Jerusalem* verdeutscht (erschienen 1518 in Straßburg). Als Übersetzer ins Deutsche hat sich neben Heinrich P a n t a l e o n in Basel (s. § 19) vor allem einen Namen gemacht der in der Schule Wimpfelings erwachsene und seit 1514 als Stadtarzt in Schaffhausen wirkende Johann A d e l p h u s (Adelphi, Histor.-biogr. Lex. d. Schweiz I, 104/5), welcher neben verschiedenen Ausgaben zeitgenöss. humanistischer und religiöser Werke auch zahlreiche Übertragungen medizinischer, historischer, pädagogischer und religiöser Werke geschaffen hat und 1520 eine Monographie über Kaiser Friedrich Barbarossa zusammenschrieb, die — wohl inspiriert von seinem dt. patriotischen Lehrer — von nationalem Selbstgefühl durchdrungen ist.

Das nationale Fühlen war bei den Humanisten im Norden vor allem erwacht, seit die *Germania* des Tacitus aufgefunden worden war, die das Leben der german. Vorfahren den Römern als sittliches Vorbild darstellte. Was sich aber sonst als allgemein dt. Volksbewußtsein regte, entfaltete sich in der Schweiz, gestärkt durch die neuesten Ereignisse des Schwabenkrieges, noch enger zum besonderen Nationalbewußtsein der dt. Eidgenossenschaft. Ein Zwingli, der eigentlich aus dem äbtischen Toggenburg stammt, hat sich stolz als Eidgenosse bekannt, und er erklärt einmal, es berühre ihn stets schmerzlich, wenn jemand etwas gegen sein Vaterland sage.

Nicht nur die humanistisch gebildeten Historiker, auch die Dichter unter ihnen wenden sich nun gern den Stoffen vaterländischer Geschichte zu und besingen episch etwa die jüngsten Siege (vgl. § 18). Der Bündner Simon L e m n i u s (Margadant ° 1550), dessen unruhiges Leben sich zwischen Wittenberg, Halle und Chur bewegte und der zum persönlich-pamphletistischen Gegner Luthers wurde, verherrlichte nach dem Vorbild der *Ilias* die Calvenschlacht von 1499 in seinem Epos *Raeteis*. Heinrich L o r i t i (Glareanus) begann 1510 ein großes Heldengedicht, das den Sieg der mit den Eidgenossen verbundenen Glarner bei Näfels über Österreich 1386 besingen sollte. Die Wendung vom klassischen Altertum zur heimatlichen Umwelt, eher vielleicht die Verbindung beider Interessen, offenbart sich in den zahlreichen T o p o g r a p h i e n aus der Feder gelehrter Männer, denen die Darstellung heimischer Landschaft, eigenen Volkstums — meist auf der Grundlage leicht angenommener antiker Kontinuität — zum persönlichen Anliegen wurde. Der eben erwähnte Glareanus, dessen Zeitbedeutung vorwiegend auf dem Gebiet der Musiktheorie lag, besang sein helvetisches Vaterland in begeisterten lat. Versen mit seiner *Helvetiae descriptio et in laudatissimum Helvetorium foedus panegyricum.* Aegidius T s c h u d i hinterließ neben seiner berühmten Schweizer Chronik und der *Urallt warhafftig Raetia* (1538), auch die historisch-topographische Schilderung der *Gallia Comata*, des alten Galliens (gedr. erst 1758). Josias S i m l e r, 1530-1576 (Histor.-biogr. Lex. d. Schweiz VI, 372) wurde am meisten bekannt durch seine *Vallesiae descriptio, de Alpibus commentarius* (1574) und sein *Regiment gemeiner loblicher Eydgnoschafft* (1577), eine historische, geographische und staatsrechtliche Enzyklopädie der Schweiz. Der Bündner Ulrich C a m p e l l (ca. 1510 bis 1582; Ebda II, 481) veröffentlichte seine kenntnisreichen heimatkundlichen Werke *Raetiae alpestris Topografica* und *Historia Raetica*. Ein großer naturwissenschaftlicher Gelehrter war der Zürcher Konrad G e s s n e r 1515-65 (Ebda III, 498), der in seinen *Opera botanica* eine Pflanzensystematik aufbaute und in der vierbändigen *Historia animalium* die Tierwelt, teils aus eigener Anschauung, teils nach lit. und mündlichen Quellen, beschrieb, wobei er allerdings auch Fabelwesen wie die Drachen im Gebirge wissenschaftlich einreihte. Als einer der ersten wagte sich dieser Zürcher Humanist selbst ins damals gefürchtete Gebirge hinauf und bestieg mit Freunden den Pilatus.

Mit nicht geringerem Fleiß als den Naturwundern widmet sich der universal interessierte Gessner aber auch literar. und sprachlichen Studien. Neben der vierbändigen *Bibliotheca universalis* ..., einer Enzyklopädie der klassischen Textüberlieferung, verfaßte er in seinem richtungweisenden *Mithridates* (1555) einen vergleichenden Überblick über die Sprachverschiedenheiten und -eigenarten von der Antike bis zur Gegenwart mit Einbezug seiner dt. Mutterrede.

So erwächst in humanist. Kreisen ein neues Interesse an der eigenen dt. Sprache. Es ist einerseits begründet in der lat. Schule mit ihrer Übersetzungstechnik — wie seinerzeit schon bei Notker, dem Deutschen von St. Gallen —, andererseits aber auch im Stolz auf eigenes Wesen. Da liest man etwa bei Valerius Anshelm, die Eidgenossen hätten beschlossen, „man sollte fürahin allen herren (nur noch) in guter, eidgenossischer Sprach schriben". Und im *Acolastus* des humanist. Dramatikers Georg Binder steht die Ermunterung: „Ne pudeat te incomptae et agrestis dialecti, — patria est". Der Basler Schulmann Johann K o l r o s s (Histor.-biogr. Lex. d. Schweiz IV, 530) hat seinem *Enchiridion, Handbüchlin tütscher Orthographie* (1530) denn auch nicht die Gemeinsprache zugrunde gelegt, sondern das einheimische Schriftdeutsch, „offenbar weil er lokale, überhaupt schweizerische Verhältnisse im Auge hatte".

Die beiden Wörterbücher des Johannes F r i e s aus Zürich (Frisius Tigurinus) 1505-1565 (Ebda III, 338) belegen die Sorgfalt, die der Gelehrte auch dem heimischen Wortgut zuwandte: das große *Dictionarium latino-germanicum* (1541) und das für die lernende Jugend konzipierte *Dictionariolum puerorum latino-germanicum* (1554); es finden sich da nach der alphabetischen Aufreihung auch sachlich geordnete Verzeichnisse, deren dt. Teil ein lebendiges Bild der damaligen eidgenöss. Sprachwirklichkeit vermittelt. Schon im Titel auf die eigene Muttersprache ausgerichtet ist das große Lebenswerk des Pfarrers und Hauschronisten Josua M a a l e r (s. § 19) *Die Teutsche Spraach* (1561), zu dem Konrad Geßner ein Vorwort schrieb.

In diesen Sprachkompendien ist freilich nur der Wortschatz von wesentlich aleman. Gepräge; die Laute sind teilweise bereits der neuen Entwicklung angepaßt, durch die die altschweizer. Kanzleischriftsprache sich der werdenden hochdt. Gemeinsprache anzugleichen begann, d. h. vor allem in dem auffälligsten Merkmal, den neuen Diphthongen. Dieser modern schriftsprachliche An- und Ausgleich beginnt bereits um die Jh.-wende bei dem süddt. Raum enger verbundenen Druckern der Stadt Basel, wird dann aber durch die Verbreitung der Lutherbibel mächtig gefördert. Schon 1522 druckte der Basler Adam Petri die Septemberbibel, die Übersetzung des Neuen Testaments durch den Wittenberger Reformator, ab und wurde nur genötigt, dem Schweizer Leser einen Teil des neuartigen Wortschatzes durch ein beigefügtes Glossar verständlich zu machen.

Max W e h r l i , *Der Nationalgedanke im dt. u. schweizer. Humanismus*, in: *Nationalismus in Germanistik u. Dichtung. Dokumentation d. Germanistentages in München v. 17.-22. Okt. 1966* (1967) S. 126-144. Vgl. Art. *Humanismus* (Reallex. I, S. 693-727). — Heinrich G l a r e a n u s , *Helvetiae descriptio, panegyricum (Beschreibung d. Schweiz, Lob d. Dreizehn Orte)*. Hg. u. übers. v. Werner N ä f (St. Gallen 1948), lat.-dt. Ausg. Werner N ä f , *Schweizer. Humanismus. Zu Glareanus' ‚Helvetiae Descriptio'*. Schweizer. Beitr. z. allgem. Gesch. 5 (1947) S. 186-198. — Ulrich C a m p e l l , *Raetiae alpestris topografica descriptio*. Hg. v. C. J. K i n d (Basel 1884; Quell. z. schweiz. Gesch. 7). Zu Adam Petris Glossar: Friedr. K l u g e , *Von Luther bis Lessing* (5. Aufl. 1918) S. 105 ff.

§ 21. Bezeichnend ist der sprachliche Wandel in den Z ü r c h e r B i b e l ü b e r s e t z u n g e n , einem gewaltigen wissenschaftlichen Unternehmen, an dem theologische Bemühungen wie humanist. Gelehrsamkeit im selben Maße Anteil haben. Unter Zwinglis Einfluß ist 1524 bei Froschauer in zwei Ausgaben und einer weiteren bei Hager das Neue Testament nach dem Luthertext herausgekommen, wobei aber vor allem der Lautstand wieder auf die mhd.-schweizerdt. Langvokale zurückgebracht, d. h. die neuen Zwielaute des Petri-Nachdrucks rückgängig gemacht, dazu jedoch auch einiges am Ausdruck, was dem damaligen Schweizer noch fremd klang, verändert wurde. Es sollte damit wohl die Eigenständigkeit der Zürcher Glaubensgemeinschaft bekräftigt werden, wie auch in Zwinglis 1525 erschienenem *Enchiridion psalmorum* noch altschweizer. Sprachklang und Wortgebrauch festgehalten ist und der Zürcher Reformator überhaupt in seinen persönlichen Schriften beim besonderen schweizer. Lautcharakter verblieb. Doch schon in der Duodezausgabe von 1527 ist der Text mit den neuen Diphthongen versehen, was wohl nicht als Anpassung an Luthers Sprache, sondern an den hergebrachten Schriftausdruck der angrenzenden oberdt. Landschaften zu verstehen ist, auf die die Zürcher Reformation Einfluß zu nehmen suchte.

Als eindrücklich humanistisch-wissenschaftliche Leistung ist vor allem die weitere Bibelübersetzungsarbeit zu bewerten. Sie wurde — soweit wie möglich allerdings Luthers bereits vorliegenden Text nützend — durch Zwingli in seiner *Prophezey,* d. h. durch die mit den Zürcher Theologen und Studenten gemeinsame Übertragung und Ausdeutung von nichtapokryphen Teilen des Alten Testaments, zum größten Teil aber noch ohne Vorlage, vor allem als Leistung des gelehrten Leo J u d (s. o.) aus dem Urtext hergestellt. 1529 lagen die Propheten und Apokryphen in deutscher Sprache vor, 1531 aber brachte Froschauer die durch den Zürcher Gelehrteneinfluß noch vor Luther verdeutschte vollständige Bibel in zwei Foliobänden heraus.

In diesem Werk ist die nhd. Diphtongierung (*mein,* nicht *mîn, haus,* nicht *hûs* usw.) durchgeführt, und diese neuen Lautungen sind nun auch im weiteren hauptsächlich wissenschaftlichen Schrifttum der Zürcher Offizinen beibehalten. Aber sonst — am längsten im amtlichen Schriftverkehr — bleibt der Lautstand noch hochalemannisch-helvetisch; besonders die mhd. Diphthonge halten sich noch weiter (*güete,* nicht *Güte, guot,* nicht *gut* etc.), und bodenständig-schweizer. Wortgut wird dem ostmitteldt.-lutherischen Ausdruck auch im Bibeldruck noch entgegengestellt. Erst in den Textrevisionen der folgenden Jahrzehnte verstärkt sich der lautliche und lexikalische Ausgleich, und eine entschiedene „neuhochdeutsche" Angleichung bringt erst der erneuerte Text von 1665-67. Die für einen weiten dt. Leserkreis bestimmten Drucke folgen — zunächst noch im Gegensatz zu den privaten und der lokalen Amtssprache — den fortschrittlichen Änderungen der Bibel. Aber auch die anderen eidgenössischen Orte passen sich in verschiedenen zeitlichen Abständen und mit lokalen Unterschieden je nach Leserkreis für die Drucke und nach Einstellung der Kanzleien der werdenden Gemeinsprachnorm mählich an. Doch bringt das 16. Jh. noch keine Entscheidung, und der volle Einzug der gemeindt. Hochsprache in die Schweiz fällt erst ins 18. Jh.

J. J. M e z g e r, *Gesch. d. dt. Bibelübersetzungen in d. schweizerisch-reformierten Kirche von d. Reformation bis zur Gegenwart* (Basel 1876). Jakob Z o l l i n g e r, *Der Übergang Zürichs zur nhd. Schriftsprache unter Führung d. Zürcher Bibel.* Diss. Zürich 1920/21. Wilh. H a d o r n, *Die dt. Bibel in d. Schweiz* (1925; Die Schweiz im dt. Geistesleben 39).

§ 22. Gegenüber dem gelehrten humanistischen Schrifttum nimmt sich das d i c h t e r i s c h e Vermächtnis der Schweizer Humanisten eher bescheiden aus. Wohl fast jeder in der neuen Bildung Geschulte hat sich nach der Mode der Zeit einmal zu einem lat. Widmungs- oder panegyrischen Lobgedicht verstiegen und sonstwie nach antikem Vorbild Verse geschmiedet. Aber die schöpferischen Persönlichkeiten im Bereich des Lyrischen sind selten. Zu ihnen darf man vielleicht den vielseitig schaffenden Joachim von W a t t (Vadianus) aus St. Gallen (1484-1551) zählen, der 1501 Schüler von Celtis in Wien war und danach sein Nachfolger wurde. Die noch im Stil des Meisters verfaßte Jugendlyrik (*Minusculae poeticae* 1512) ist leider verloren. Aber neben dem philosophisch-histor. Werk Vadians zeugen doch für seine poetische Begabung sein Streitgespräch mit dem Tode, ein Osterhymnus in Odenform, verschiedene Eulogien, Epitaphien und eine Fausekloge.

Auch der Philologe und Musiktheoretiker Heinrich L o r i t i, gen. Glareanus (1488 bis 1563), der 1512 ebenfalls zum poeta laureatus erhoben wurde, hat in den 1516 Zwingli gewidmeten *Duo elegiarum libri* und in anderen von lyrischen Zügen durchsetzten Dichtungen seine Kunst bewiesen.

Weitaus der leidenschaftlichste und in seiner Lyrik auch als einmalige Persönlichkeit hervortretende neulat. Dichter der Schweiz war zweifellos der Bündner Simon L e m n i u s, eig. Margadant, sich aber nach dem mütterlichen Namen Lemm bezeichnend (ca. 1511-1550; Histor.-biogr. Lex. d. Schweiz IV, 652 [s. o.]). Sein unruhevolles Leben führte ihn aus der Schule von Chur über verschiedene dt. Universitätsstädte nach Wittenberg, wo er die Freundschaft Melanchthons genoß, aber mit einer Sammlung von Epigrammen 1538 den Zorn Luthers erweckte, von der Hochschule verwiesen wurde und nun ein unstetes Wanderleben antrat. Berühmt wurde seine unflätige, gegen Luthers Verheiratung gerichtete satir. Komödie *Monachopornomachia*. Als er 1539 wieder in Chur war und an der dortigen Nicolaischule angestellt wurde, publizierte er seine *Amorum libri IV*, eine von Sinnenfreude und niederer Minne erfüllte Liebeslyrik, die ihm gleich die Entlassung als Churer Schulmeister einbrachte. Im weniger moralisch gebundenen Italien wurde er darauf 1543 zum Dichter gekrönt, kehrte aber bald wieder nach Chur zurück, wo er aufs neue als Lehrer angestellt wurde, jedoch schon 1550 an der Pest verstarb. Außer der Lyrik, zu der auch noch die nachgelassenen bukolischen Gedichte gehören, verfaßte Lemnius das erwähnte patriotische Heldenepos *Raeteis* und unter anderem die erste bedeutende Übersetzung von Homers *Odyssee* ins Lateinische.

Wenigstens erwähnt seien noch drei Zürcher, die sich im epischen Schaffen versucht haben: der Antistes Rudolf G w a l t h e r (1519-1586; Histor.-biogr. Lex. d. Schweiz IV, 26) hat ein heroisches Gedicht *Monomachia Davidis et Goliathi* verfaßt, sein Sohn Rudolf G w a l t h e r d. J. (1552-77; Ebda IV, 26) hat die *Argo Tigurina* (1576) beschrieben, d. h. die Zürcher Hirsebreifahrt nach Straßburg, die später Fischart die Anregung zu seinem bedeutenderen *Glückhaften Schiff* gegeben hat. Schließlich wäre noch als frühe Alpendichtung auf die *Stockhornias* des Johannes M ü l l e r, nach seiner Zürcher Heimat Rellikon auch R h e l l i c a n u s genannt (1473-1542; Ebda V, 191a) hinzuweisen, in welcher der „Stockhornus mons versibus heroicis" nach einer kühnen Besteigung des Gipfels im Jahr 1536 beschrieben wird.

An der Entfaltung der neulat. D r a m a -t i k sind die Schweizer Humanisten kaum wesentlich beteiligt. Der bereits erwähnte Zürcher Rudolf G w a l t h e r d. A e. schrieb das christl. Trostspiel *Nabal* (1549), das in dt. Übersetzung 1559 zu Schaffhausen aufgeführt wurde. Auch der Basler Chronist und Mediziner Heinrich P a n t a l e o n verfaßte eine lat. Wucherer-Komödie *Philargyrus* (1546) und eine *Comoedia nova et sacra de Zachaeo publicanorum principe*.

Die eigentlichen Schöpfer des lat. Reformationsdramas wie des humanist Schuldramas waren Niederländer und Reichsdeutsche. Wohl aber hat man auch in der Schweiz an vielen Orten neulat. und antike Dramen aufgeführt, so daß die Mitbürger von Schaffhausen den Schulmeister und Dramaturgen Seb. G r ü b e l 1559 auffordern mußten,

statt der lat. einmal ein dt. Spiel an die Hand zu nehmen. In Zürich wurde durch Georg B i n d e r neben Komödien Terenz' sogar unter Mitwirkung Zwinglis 1531 der *Plutos* des Aristophanes in griech. Sprache und bei persönlichem Einsatz namhafter weiterer Gelehrter der Stadt gegeben.

Auf die Entfaltung des schweizerischen Volksschauspiels, das sich im Laufe der Jahrzehnte mit dem eig. Schuldrama vermischte, haben jedoch die Humanisten, die Schöpfer einer neuantiken Literatur, vornehmlich nur formal durch die Einteilung der kaum unterbrochenen „Aufzugsspiele" in Akte und Szenen, hie und da durch Einführung eines Chors, vor allem aber stofflich durch Motive des klassischen Altertums eingewirkt.

Literatur zu Vadian und Glarean siehe R u p p r i c h Bd. 1, S. 794. — Zu Lemnius: G. E. L e s s i n g, *Rettung des Simon Lemnius*, in: Lessing, *Kritische Briefe* 1-8 (*Schriften*, 3. Aufl. Hg. v. K. Lachmann u. F. Muncker, Bd. 5, 1890, S. 41-63). Paul M e r k e r, *Simon Lemnius, ein Humanistenleben* (1908; QF. 104). Georg E l l i n g e r, *Simon Lemnius als Lyriker*. Festgabe f. Friedr. Bezold (1921) S. 221-233.

§ 23. Der bedeutendste Beitrag der aleman. Schweiz in der Entfaltung der dt. Lit. des 16. Jh.s — zumindest nach Umfang und stofflicher Vielfalt — liegt im Bereich des dt.sprachigen D r a m a s, genauer des volkstümlichen „Spiels", das meist als Fastnachtspiel bezeichnet wird, obschon es inhaltlich durchaus nicht allein auf fastnächtliche Scherze eingestellt ist und nicht unmittelbar mit der Nürnberger Überlieferung zusammenhängt. Wohl aber führt eine besondere Tradition in den „Osterspielen" auch noch die mal. Mysterienaufführungen in neuer Entfaltung weiter. Das 16. Jh. hat auf Schweizer Boden eine heute kaum mehr überblickbare Fülle von Texten und Inszenierungen hervorgebracht. Diese dramat. Produktion ist so umfangreich, daß schon J. Baechtold in seiner *Literaturgeschichte der deutschen Schweiz* (1892) ihr volle 153 Seiten widmen mußte, und sein *Chronologisches Verzeichnis der datierten Aufführungen dt. Dramen in der Schweiz* bezeugt im Anhang für die Zeit von 1500-1627 ohne Berücksichtigung der urkundlichen Belege, die keine genauen Zeitbestimmungen vermitteln, und ohne die lit. Stücke, über 200 solcher öffentlicher Spieldarbietungen. Doch müssen es in Wirklichkeit weit mehr gewesen sein, da seither manche Zeugnisse hinzugekommen sind, z. B. für das *Churer Antichristspiel* von 1517, und da natürlich lange nicht alle eine amtliche Aufzeichnung gefunden haben. Nach heutiger Kenntnis dürften in diesem Zeitraum gegen 300 Aufführungen stattgefunden haben. Spielorte sind alle größeren Schweizer Städte, gelegentlich aber auch einmal ein kleinerer Ort wie Alpnach, Beromünster, Wülfingen (Kt. Zürich). Im ganzen ist das Schweizer Spiel des 16. Jh.s getragen von den Stadtbürgersöhnen — die Schweiz gilt geradezu als das „Ausgangsland des deutschsprachigen Bürgerspiels" (Rupprich), und der Bauer wird darin — im Gegensatz zu seiner bevorzugten Stellung in den zeitgenöss. Flugschriften — oft noch nach überlieferter Fastnachtsspielweise verspottet.

Verfasser der ästhetisch überwiegend anspruchslosen, auf stoffliche Darstellung und auf Tendenz ausgerichteten Stücke waren vor allem Lehrer und Pfarrherren wie Vertreter verschiedener Gewerbe, also einfache Leute, die dem schlichten Mitbürger Unterhaltung und Belehrung zu vermitteln suchten.

Die verschiedenen Spielgattungen — bloße fastnächtliche Satire, polit. und reformator. Tendenzstück, Bibel- und Schuldrama, Moralitäten, Weltgerichts- und Antichristspiele, auf kath. Seite auch Legenden- und Mysterienaufführungen — lösen sich nur teilweise zeitlich ab, finden sich meist aber nebeneinander, einmal da, einmal dort. Nur daß nach den befriedenden Kappelerkriegen und besonders in der späteren 2. Hälfte des Jh.s die polemischen Stücke zurücktreten und das neutrale, aber nun oft auch spannungslose und schon barock aufgeschwellte Bibel- und Schuldrama zu überwiegen beginnt.

Bis tief ins 15. Jh. oder gar weiter hinab reicht keiner der überlieferten volkstümlichen Spieltexte. Wohl aber ist zu erschließen, daß der Spielkern einiger — noch in der Form des landläufigen Umzugs zur Fastenzeit — aus früheren Zeiten stammt, etwa im *Utzenstorfer Altweiberspiel* oder in dem philologisch problematischen, halbernsten Text von *Entkrists Fasnacht* (s. u.).

Für das 16. Jh. sind im (textlich faßbaren) Schweizer Drama zunächst, den bewegten Zeitläufen entsprechend, die polit. Motive

bezeichnend. Das *Spiel von Wilhelm Tell*, „ein hüpsch Spyl gehalten zů Ury in der Eydgnosschafft", ist uns nur in einer durch einen humanistisch Gebildeten mit Prologen und Epilogen erweiterten Fassung eines Zürcher Drucks erhalten. Die Tellhandlung darin beruht auf dem Alten Tellenlied, Etterlins Chronik von 1507, wohl aber auch auf besonderer Volkstradition. Sicher war das patriotische Stück bestimmt, in Erinnerung an die Bundesgründung die Zeitgenossen zu Wehr und neuer Einigkeit aufzurufen.

Dieselben Mahnworte erklingen aus dem polit. Drama *Von den alten und jungen Eidgenossen*, das wahrscheinlich am Neujahrstag 1514 in Zürich aufgeführt worden ist. Brennende Tagesfragen werden darin diskutiert, und in der Gegenüberstellung der gegenwärtigen, dem Abenteuer und Luxus verfallenen Generation mit den schlichten Vorfahren geht es um den Gedanken einer Wiedergeburt der Eidgenossenschaft aus dem Geiste ihres ersten Ursprungs. Auch der humanistisch geschulte Verfasser dieses Stücks weist auf das Vorbild antiker Helden für den eigenen demokratischen Staat. Die späteren Römerdramen führen diese polit. Absicht fort und möchten die kleine eidgenöss. Republik mit ihrem virtus-Begriff als Fortsetzerin des römisch-republikanischen Staatsgedankens sehen. Als hervorragendes Beispiel darf Heinrich B u l l i n g e r s (1504-1575), des späteren Hüters der Zürcher Kirche nach Zwingli, *Spiel von der edlen Römerin Lucretia und dem standhaften Brutus* gelten, das der humanist. Verfasser noch als Lehrer an der Klosterschule von Kappel um 1526 gedichtet hat und das — ausgezeichnet in Form und Ausdruck — das edle Vorbild der Tugend zugleich mit der Warnung vor fremdem Geld und Verräterei den Zeitgenossen entgegenhält.

Politische Motive, nun aber bald überdeckt von den aktuellen religiösen Auseinandersetzungen, beherrschen auch das Werk der beiden bedeutendsten Dramatiker des frühen 16. Jh.s in der Schweiz. Pamphilus G e n g e n b a c h (ca. 1480 bis ca. 1525), eine in ihrem unsteten Leben nun faßbare Dichterpersönlichkeit, — Drucker, Buchhändler, Wirt und Dichter in Basel —, beginnt mit dem dialogischen Poem *Der welsch Flusz*, das unter dem Bild des Kartenspielens das polit. Spiel der Großen damaliger Welt bloßstellt, und ähnlich wie im Zürcher Drama *Von den alten und jungen Eidgenossen* warnt sein Rollengedicht *Der alt Eydgnosz* die Schweizer vor eigener Zwietracht und vor den Tücken der Weltmächte. Zur Gattung der Moralitäten gehören dann seine Stücke *Die X Alter dieser Welt*, der *Nollhart* und die *Gouchmatt*, aus denen ebenfalls die Kritik an der polit. und sozialen Gegenwart mehr als deutlich vernehmbar wird. Den entscheidenden Schritt in Neuland wagt der satirische Basler jedoch mit seinem letzten Drama *Die Totenfresser*, das die Bereicherung der Kirche durch die teuren Seelenmessen darstellt, Papst und Klerisei aufs schärfste angreift, ja sie schließlich im Gefolge des Teufels „ad infernum springen" läßt.

Das Motiv dieses frühen Angriffs des auf der Lutherseite stehenden Verfassers hat der Berner Maler und künftige Staatsmann Niklaus M a n u e l , mit dem Künstlernamen D e u t s c h (ca. 1484-1530), aufgenommen und ausgeweitet, als er im Jahr 1523 mit gleichgesinnten Stadtbürgern sein breitangelegtes Spiel *Vom Papst und seiner Priesterschaft*, vom Chronisten Anshelm auch *Die Totenfresser genannt*, zu Bern an der Kreuzgasse aufführte. In der 1. Szene wird wieder das Geldmachen mit Seelenmessen, nun eingeleitet von einer wirklich dramatischen Handlung, zur Schau gestellt, und es folgen noch mannigfaltigere Anklagen und Selbstbezichtigungen geistlicher und weltlicher Gestalten. Daran reiht sich eine Gegenwartshandlung, in der gezeigt wird, wie der Papst um eigener kriegerischer Interessen willen, das von den Heiden bedrängte Rhodos preisgibt. In der nächsten Szene haben die Bauern das Wort, und es wird mit ihrer Not auch der berüchtigte Ablaßhandel im Berner Münster zur Sprache gebracht. Dann treten die einfachen Apostel Petrus und Paulus persönlich auf und distanzieren sich von ihrem angeblichen Nachfolger und Statthalter Christi in Rom. Der Papst aber mustert nun seine Kriegerscharen, — und der Mann aus dem Volke muß die Lasten tragen. Zuletzt steht der einsichtige Doktor Lüpolt Schüchnit, in dem alle den Berner Reformator Berchtold Haller erkannten, allein als Vertreter eines erneuerten Christentums da und richtet ein ergreifendes

Gebet an seinen einzigen Herrn und Meister mit der Bitte um Gnade und Hilfe in der Not der Zeit. — Noch in den gleichen Fastnachtstagen inszenierten Manuel und seine Kameraden den antiklerikalen Aufzug *Von Papsts und Christi Gegensatz*, wo in einem bunten lebenden Bild auf der einen Seite der höchste Kirchenherr mit seinem kriegerischen Gefolge in Pracht und Gepränge einherritt, auf der anderen Seite aber Christus auf einem Eselein mit seinen schlichten Jüngern einer langen Reihe von Armen, Blinden, Lahmen und anderen „Bresthaftigen" vorbeizog. Zwei Bauern — hier wie in den Flugschriften als Vertreter wahrhaft christlichen Wissens und Gewissens dargestellt — kommentieren in bitteren Worten diesen offensichtlichen Widerspruch. Manuel ist mit seiner leidenschaftlich-erregenden Dichtung recht eigentlich zum Begründer des reformatorischen Kampfspieles in der deutschen Schweiz geworden.

Ein kleines Meisterstück religiös-polemischer Dramatik bleibt Manuels *Ablaßkrämer* von 1525, in dem der geschäftstüchtige Heiltumsverkäufer — die Handlung erinnert wieder an die bedenkliche Tätigkeit des Mönches Samson im Spätherbst 1518 — den Ablaß, den ihm in der Stadt niemand mehr abkaufen will, nun den Bauern auf dem Land anpreist, Er wird jedoch auch hier entlarvt und dazu noch übel zugerichtet. Im folgenden Jahr erschien aus Manuels Feder das satirische „kurtzwylig Gespräch" mit dem Titel *Barbali*, in dem ein einfaches Bauernmädchen sich weigert, in ein Kloster einzutreten, und den überklugen Theologen darlegt, daß es als Mutter im bürgerlichen Leben Gott besser zu dienen vermöge. Zu Unrecht hat man an dieser Dichtung die mangelnde dramatische Spannung kritisiert; denn das *Barbali* ist nicht als aufführbares Spiel erdacht, sondern eher als Lesedrama; es wird jener zeitgemäßen Dialoggattung anzugliedern sein, an deren Anfang Huttens *Gespräche* stehen. Nicht sicher Niklaus Manuel zugesprochen werden kann das im Todesjahr unseres Dichters 1530 zu Bern aufgeführte *Elsli Tragdenknaben*, ein überaus lebendiges, derbes, aus dem überlieferten Motiv der „actio de sponsu" neu dramatisiertes Fastnachtspiel. Da es die offene antirömische Tendenz der Manuelschen Dramen nicht kennt und da

Manuel in den späten Lebensjahren wegen seiner staatspolitischen Belastung kaum Zeit zum Malen und Dichten gefunden haben kann, mag es sich bestenfalls um ein ganz frühes Werk des Meisters handeln.

Als eines der künstlerisch besten Stücke der Frühzeit des 16. Jh.s hat das *Zürcher Spiel vom reichen Mann und dem armen Lazarus,* das 1529 in der Limmatstadt aufgeführt wurde, zu gelten. Der unbekannte Verfasser hat das Gleichnis nach Lukas, 16. Kap., dramatisch meisterhaft ausgebaut und mit lebendig handelnden Gestalten das Schlemmerleben beim Gastmahl wie das irdische Schicksal des armen Bettelmanns veranschaulicht, im 2. Teil dann einprägsam und nicht ohne sozialkritische Absicht das letzte Urteil über den Reichen und seine Umwelt ausgedrückt.

Dies bedeutende Werk steht am Anfang des neuen protestantischen B i b e l d r a - m a s in der Schweiz und reiht sich würdig in die Kette eines nun auch gesamtdeutsch abgewandelten Stoffkreises, der durch Burkard Waldis' 1527 zu Riga inszenierten *Verlorenen Sohn* eingesetzt hat. Kaum ein späteres Werk in dieser motivisch überaus mannigfaltigen Reihe erreicht den Wert des Zürcher Lazarus-Spiels, und auch unter den zahlreichen übrigen Spielstoffen findet sich nur wenig, was überhaupt den Dramen der ersten drei Jahrzehnte des 16. Jh.s in der Schweiz an dichterischer Qualität gleichzusetzen wäre.

Mit Recht hat man nach dem 2. Kappeler Frieden (1531) einen Einschnitt auch im dramatischen Schaffen der dt. Schweiz erkannt. Die Kampfjahre der reformatorischen Bewegung sind vorbei, auch die hohe Zeit des Humanismus geht zu Ende, und das Gemeinschaftsleben mündet in ein mehr oder weniger behagliches, autoritär verwaltetes Bürgerdasein, das zwar eben noch viele unterhaltsame und belehrende Stücke hervorbringt und mit Eifer ein öffentliches Theater pflegt, das aber immer weniger von ideellen Auseinandersetzungen beherrscht wird. Auch trennt sich von nun an deutlich eine reformierte und eine kath. Linie der Spieltradition. Produktive und teilweise auch noch einfallsreiche Persönlichkeiten der n e u - g l ä u b i g e n Richtung finden sich an verschiedenen helvetischen Zentren: in B e r n wirkt in der Nachfolge des Niklaus Manuel

und zunächst auch noch unter dessen Nachwirkung der erst 1528 hierher gekommene und als Rats- und Gerichtsschreiber angestellte Hans von R ü t e († in Zofingen 1558). In seinem 1531 zu Bern aufgeführten Spiel *Vom Ursprung und Ende heidnischer und päpstlicher Abgötterei* wird noch einmal der leidenschaftliche Angriff der Reformation aufgenommen. Hier wird heidnischer, d. h. röm. und griech. „Götzendienst" mit kath. Heiligenverehrung in eins gesetzt und beides in dieser von Klerisei, Teufelsmeute, Toten, Volksgestalten und Vertretern der neuen Lehre überfüllten bitteren Satire, in der auch eine Frau Wirrwärr, in damaliger Bedeutung „Wortstreit", eine verheerende Rolle spielt, einfach als derselbe Aberglaube dargestellt. Gegenüber Manuel fehlt dem Dichter die genügende Gestaltungskraft zur schlagkräftigen Handlung, und es bleibt in diesem angeschwollenen Stück bei der Vielfalt der Gestalten und einer bloß gedanklichen Konzeption.

Inzwischen war im 2. Kappeler Frieden ein Verbot von Glaubensschmähschriften erlassen worden, und der Berner Rat wachte darüber, daß die Bürger durch mutwillige Spiele keinen Anstoß bei den kath. Orten erregen könnten. So wandte sich von Rüte mit den meisten reformierten Dramatikern nun dem Bibeldrama zu, wo die antirömische Tendenz nur noch in verdeckter Weise zum Ausdruck gelangen konnte. Er verfaßte u. a. einen *Joseph, Gedeon, Noe, Goliath* — alles breitausladende, metrisch wenig gepflegte und ziemlich spannungslose Poeme.

Erfrischend wirkt solch langatmig gewordener, frommer Produktion gegenüber Hans Rudolf M a n u e l s (1525-1571) Spiel *Vom edlen Wein und der trunkenen Rotte* (1548). Der Sohn Niklaus Manuels, der seinem Vater als Maler, Staatsmann und nun auch als Dichter nachfolgte, hat eine motivische Anregung aus dessen Erlacher Brief von 1526 mit manchen Anklängen aus der satir. Lit. der Zeit lebendig und erweitert zum weinfröhlichen Spiel ausgestaltet. Bloß ein unterhaltsames wirkliches Fastnachtspiel, das ein altes volkstümliches Motiv in der überlieferten Form des Aufzugs aufnimmt, ist das zu Utzendorf im Kanton Bern aufgeführte, angeblich von einem Hans Hechler bearbeitete Stück *Wie man alte Weiber jung schmiedet* (gedr. 1540). Und zum Besten, was in Bern an Spielgut hervorgebracht wurde, ist aber das etwas später entstandene kleine Drama *Appius und Virginia* eines noch unbekannten Verfassers zu zählen, worin die bekannte röm. Handlung durch belustigende episodische Zwischenszenen aufgelockert wird.

In dem damals noch politisch eigenständigen Städtchen B i e l treffen wir mit dem Pfarrer, Schulmeister und Theatermann Jakob F u n c k e l i n (Fünklein; * 1522 oder 1523 in Konstanz, † an der Pest 1565 in Biel) einen der fruchtbarsten und bedeutendsten Dramatiker des späteren 16. Jh.s, der sich auch als Dichter und Herausgeber von Kirchenliedern einen Namen gemacht hat (s. § 16). Von seinen biblischen Spielen sind drei als Drucke erhalten: der neubearbeitete Zürcher *Reiche Mann und arme Lazarus* (1550), die *Auferweckung des Lazarus* und das Spiel *Von der Empfängnis und Geburt Jesu Cristi* (1553). Funckelin hat diese und zahlreiche andere — wohl z. T. auch noch weitere eigene — Stücke mit der Bieler Jugend aufgeführt. Charakteristisch für seinen Stil ist die „vorbarocke" Breite der Darstellung mit eingefügten Zwischenspielen, aber auch die humanist. Aufteilung in Akte und Szenen. Funckelin gilt, auch bei seinen biblischen Stoffen, bereits als charakteristischer Vertreter des Schuldramas. Unter den bisher verschollenen Stücken ist neulich die *History von der ufersteung und uffart unseres lieben herren Jesu Christ*, die 1562 im Ring zu Biel aufgeführt wurde, mit der handschriftlich erhaltenen sog. *Ältern Zürcher Auferstehung* identifiziert worden. Funckelin hat in diesem seinem bedeutendsten Werk zum ersten Mal im protestant. Gebiet die von Luther als Spielstoff ausgeschlossene Passions- oder „Osterpiel"-handlung wirkungsvoll dargestellt, und er hat als echter Dramatiker alle Geschehnisse, die er auch dem biblischen Text gegenüber kritisch sichtet, in wirkliche Aktion umzusetzen vermocht.

In B a s e l , dem Mittelpunkt humanist. Studien, mußte das Schauspiel sich in Richtung auf das dt.sprachige Schuldrama in stärkerem Maße antiker Form nähern. Das zeigt sich, wenn auch recht äußerlich, schon bei Johann K o l r o s z (Rhodotracius, † um 1558). Dieser, Lehrer an der Knabenschule zu Barfüßern, läßt in seinen *Fünferlei Betrachtussen, die den Menschen zur Busse reizen*, einer Art „Jedermann-Handlung" mit optimistischem Ausgang, den vom Tod nach einem sündigen Leben großmütig freigegebenen Jüngling sich nun in seiner Tugend bewähren und zum tüchtigen Bürger werden. Hier hat der Verfasser auch Chöre mit sapphischen Strophen eingeführt.

Der aus Augsburg stammende Sixt B i r k (Xystus Betulejus, 1501-54; Histor.-biogr. Lex. d. Schweiz II, 253) hat während seines Aufenthaltes als Student und Schulmann in Basel verschiedene biblische Stoffe dramatisiert. Davon wurde 1532 seine *Susanna*, ein auch bei anderen Zeitgenossen beliebter lehrhafter Vorwurf, und 1535 seine *Tragödie wider die Abgötterei* in der Rheinstadt auch aufgeführt. — Um die Jh.mitte wirkte in Basel als Spitalpfarrer der Elsässer Valentin B o l z († 1560; Ebda II, 298). Er hat in dieser Zeitspanne das ebenfalls inszenierte Spiel von *Pauli Bekehrung* (1546) und die *Oelung Davids* (1554) verfaßt. Als ein umfänglich gewaltiges „Machwerk" erweist sich sein *Weltspiegel*, ein zwei Tage dauerndes Drama, in dem der Autor gleichsam die ganze Welt in ihrem Geschehen und Verderben zur Schau stellen wollte. Eine Masse von Gestalten bevölkert die Bühne von den allegorischen Figuren der Üppigkeit, Klugheit, Hoffart und Demut, von den biblischen Gestalten des Adam, Moses, der Propheten bis hin zum geschichtlichen Bruder Klaus. Über die verworfenen Vertreter der geistlichen Orden über eidgenössische Stände und Ereignisse, über Narren und Bettler hinweg führt die lange, dürftige Handlung bis zu Tod und Weltgericht.

Auch Z ü r i c h hat seine Dramendichter im späten 16. Jh. Hier ist aber auch schon an den frühen Spielen die Einwirkung humanist. Gelehrsamkeit spürbar geworden. Eine besondere Leistung in dieser Richtung erbrachte der gebildete Freund Zwinglis und Vadians Georg B i n d e r († 1545; Histor.-biogr. Lex. d. Schweiz II, 247), Lehrer an der Großmünsterschule. Er hat nicht nur mit Schülern und Kollegen wiederholt Komödien des Terenz und Aristophanes in der Ursprache aufgeführt. Binder hat sich auch für die dt. Muttersprache eingesetzt, indem er des Niederländer Wilhelm Gnaphaeus' erstes Schuldrama *Acolastus*, die später auf protestant. Seite noch häufig dramatisierte Parabel vom *Verlorenen Sohn*, recht frei und mit eigenen erheiternden Einschüben übersetzte, aber sich doch an die antikische Einteilung in Akte und Szenen hielt und ins deutsche Versmaß wenigstens eine gewisse Abwechslung zu bringen versuchte.

Einer der vielseitigsten und fruchtbarsten Zürcher Dramatiker ist der auch als Wundarzt schriftstellerisch tätige Jakob R u o f f († 1558; Histor.-biogr. Lex d. Schweiz V, 752) gewesen. Er bearbeitete, teilweise lebendig und sprachlich gewandt, meist aber auch nach der Zeitmode allzu breit, biblische Themen im reformierten Geist, so den *Hiob*, aufgeführt in Zürich 1535, das Gleichnis *Von des Herren Weinberg*, 1539 ebenda in Szene gesetzt, einen *Josef* (1540), das *Leiden unseres Herrn Jesu Christi*, wohl im Anschluß an Funckelins *Auferstehung* konzipiert (1545), und als letztes Werk gilt das *Adam und Eva*-Spiel (1550), das bereits auf zwei Tage ausgedehnt ist. Für den heutigen Betrachter fesselnder sind Ruoffs polit. und sozialkritische Dramen: der *Etter Heini*, ein Spiel „vom Wohl und Übelstand einer löblichen Eidgenossenschaft" (1538), das nach dem Kerngehalt als eine breitangelegte Neufassung des Zürcher Spiels *Von den alten und jungen Eidgenossen* aus dem Jahr 1514 zu betrachten ist. Und ebenfalls eine bloße Neubearbeitung des alten *Urner Tellenspiels* von 1512 ist Jakob Ruofs *Tellenspiel* von 1545, das nun allzu breit in fünf Akte angelegt und mit zahlreichen Gestalten erweitert, den eidgen. Gründungsmythus mit den üblichen Mahnungen am Schluß und sogar mit einer wenig demokratischer Verneigung vor den hohen Stadtbehörden vorführt.

Ebenfalls vielseitig begabt war der Glasmaler, Topograph, Mathematiker und Staatsbeamte Jos M u r e r (1530-80; Histor.-biogr. Lex. d. Schweiz V, 56). Er ist der Schöpfer breit angelegter, wenig spannungskräftiger, aber im einzelnen auch mit lebendigen Handlungen und Charakterzeichnungen geschaffener Bibeldramen, verfaßte einen *Naboth*, eine zwei Tage dauernde *Belagerung der Stadt Babylon*, einen *Absolom*, eine *Auferständnus unseres Herrn Jesu Christi* (1566), im wesentlichen eine verkürzte Fassung des Funckelin zugeschriebenen Auferstehungsspiels, eine *Hester* (1567), und schließlich auch einen gleichfalls in Zürich aufgeführten *Zorobabel*. Das originellste seiner Werke dürfte aber der *Jungmannenspie-*

gel sein, der 1560 inszeniert wurde. In diesem moralischen Tugendspiel wird — im Anschluß an das Acolastus-Motiv und an eine ital. Novelle — das Schicksal eines jungen Mannes vorgeführt, der sein Leben und Erbe vertut, aber am Schluß durch eine seltsame vorausblickende Verfügung seines verstorbenen Vaters noch vor dem Selbstmord gerettet und auch bekehrt wird.

Der A a r g a u ist in unserer Zeitspanne durch den volkstümlichen Dramatiker Herman H a b e r e r, der 1537-54 als Landschreiber zu Lenzburg und 1571-77 als Stiftsschreiber zu Zofingen nachgewiesen ist, vertreten. Er schrieb u. a. den 1562 in Lenzburg aufgeführten *Abraham*, ein fünfaktiges, figuren- und szenenreiches Stück von allerdings geringer künstlerischer Bedeutung (Baechtold S. 367).

Einen Künstler-Dichter hat S c h a f f - h a u s e n hervorgebracht in der Gestalt des 1539 hier geborenen und um 1585 aus reicher malerischer und besonders graphischer Wirksamkeit in Straßburg verstorbenen Tobias S t i m m e r. Seine einzige, schon renaissancehaft-frivole *Comedia oder Schimpfspiel von zweien jungen Eheleuten, wie sie sich in fürfallender Reis beiderseits verhalten*, gehört mit der straffen Handlung, den lebendig gezeichneten Personen und geistreichen Wendungen zum Besten, was die Zeit an Spielheiterkeit zu schaffen vermochte.

In den k a t h o l i s c h e n O r t e n der dt. Schweiz, insbesondere in den Städten Luzern, Freiburg und Solothurn, wurde das Drama mit nicht minderem Eifer gepflegt als in den neugläubigen Städten, hier aber noch nach alter örtlicher Tradition. Die fastnächtliche Festzeit, die da bis heute lebendig geblieben ist, hat auch das bloß unterhaltsame und zugleich belehrende Spiel beibehalten.

So schrieb Zacharias B l e t z, Schulmeister, Gerichts- wie Stadtschreiber und Großrat von Luzern (1511-1570), ein wirklich fastnächtlich-derbes *Markolfus*-Spiel nach einem altüberlieferten und mehrfach dramatisierten Stoff, in dem der pfiffige Bauer, der hohen Weisheit des Königs Salomo überlegen, ein Schnippchen übers andere schlägt. Von Bletz stammen auch die späteren Fastnachtstücke vom *Wunderdoktor* (1560) und vom *Narrenfresser*. Die Narrenfigur spielt zu dieser Zeit im Schweizer Drama eine besondere Rolle. — Manuel ernstes Reformationsspiel verzichtete dann freilich auf den derben Spaßmacher. Es gibt aber auch rein fastnächtliche Narrendramen wie die zu Mellnau im Kt. Aargau aufgeführte *Narrenbeschwörung*. Die populäre Gestalt des Wunderarztes erscheint etwa in den *Praktika kalkuliert durch Doktor Rosschwanz von Langenlederbach*, einem 1560 zu Freiburg gehaltenen Stück.

Die kathol. Schweiz hat aber auch das zeitgemäße Bibeldrama aufgenommen. Bezeichnenderweise hat sich als erster der leidenschaftlich angriffige Hans S a l a t (s. § 15) aus Luzern gerade den Stoff vom verlorenen Sohn, den die Reformierten schon im antikatholischen Sinn dramatisiert hatten, zunutze gemacht und sich mit umgekehrter Spitze in seinem eigenartigen und wirkungsvoll gebauten *Verlornen oder güdigen Sun* (1573) gegen den neuen Glauben gewandt.

Von echter dramatischer Begabung erweist sich der altgläubige, aber in seinem dichterischen Werk erstaunlich zurückhaltende, gelehrte Solothurner Stiftsprediger Johannes A a l (ca. 1500–1551; Histor.-biogr. Lex. d. Schweiz I, 3) in seiner 1549 während zwei Tagen zu Solothurn aufgeführten *Tragoedia Johannis des Täufers*, einem nach humanist. Weise eingeteilten und gebauten Drama, in welchem dem Zuschauer mit psychologischer Einsicht und fein ausgemalter Einzelhandlung das Geschehen um den Tod des Johannes nahegebracht wird. — Gewaltiger an Umfang sind die Stücke des Solothurner Bürgers und Eisenhändlers Georg G o t t h a r t (1552-1619), der in der Spätzeit des Jh.s nur noch mit geringer Kunst und großem Aufwand Dramen zusammenschrieb. Sein letztes Werk, der zweitägige *Tobias*, umfaßt volle 11 000 Verse und entfaltet in handlungsarmer Folge — ausdrücklich nach der kathol. Dietenbergischen Bibelübersetzung — den auch sonst häufig dramatisierten alttestamentlichen Stoff. Vorher hatte sich der wenig begabte Gotthart schon klassischen Motiven zugewandt mit dem *Kampf zwischen den Römern und denen von Alba* (1584) und der noch breiteren und figurenreicheren *Tragödie von der Zerstörung der Stadt Troja* (gedruckt 1599). Diese Spiele sind bezeichnend für die in die Breite und Leere geratene Entwicklung des Schweizer Dramas am Jh.ende.

Wir übergehen des widersetzlichen kathol. Geistlichen Jakob S c h e r t w e g s (1543-1628) zu Olten 1579 inszenierten *Bigandus* und andere wenig bedeutende Stücke der Zeit und wenden uns mit der Person des Einsiedler Malers und Bildschnitzers Felix B ü c h s e r (ca. 1540-1578; Histor.-biogr. Lex. d. Schweiz II, 394) noch dem für die altgläubige Dramenliteratur typischen Legendenspiel zu. Büchser hat den legendären Bericht über den Ortsheiligen Meinrad, seltsam verwoben mit einer zweiten Handlung von Uli Bösbub und ausgestattet mit wildem Teufelsspuk, in einer epischen Bilderreihe zur frommen und belehrenden Schau gestellt. Legendenspiele brachten die kathol. Orte noch in größerer Zahl hervor, führten etwa das *St. Moritzen- und St. Ursen-*

spiel des Solothurners Johannes W a g n e r auf, den *St. Wilhelm* des Luzerner Schulmeisters Jakob Wilh. R i t z, den *St. Oswald* des Zuger Pfarrers Joh. M a h l e r, vor allem aber auch Spiele über den innerschweizerischen Heiligen Bruder Niklaus von der Flüe: Der Sarner Pfarrer Johann Z u r f l ü e ließ 1601 sein Drama vom *Bruder Klaus* während zweier Tage entstehen, und noch später, zwischen 1601 und 1620, hat der genannte Zuger Johann Mahler eine eigene, 5aktige, phantasiereich mit geschichtlichen und polit. Einfällen bereicherte *Bruder-Klaus*-Handlung verfaßt.

Die hervorragendste, an Bedeutung über die Landesgrenzen hinausreichende Leistung hat aber die Stadt L u z e r n mit ihren berühmten Osterspielen erbracht, jener durch anderthalb Jh.e reichenden Folge von Darstellungen der Passion und Auferstehung, ja schließlich des ganzen christlichen Heilsgeschehens bis ins jüngste Gericht hinein. Festtagsspiele der christlichen Kirche gab es in vorreformatorischer Zeit auch sonst an verschiedenen Orten der Schweiz, ebenso Weihnachts-, Dreikönigs-, Himmelfahrtsaufführungen. Solche Mysterienspiele, dramatische Darstellungen christlicher Stoffe, reichen bis ins hohe MA. zurück, erfahren aber im Laufe des 15. Jh.s eine besonders reiche Entfaltung. Ein biblisches Motiv, an dessen dramatischer Gestaltung die Schweiz entscheidenden Anteil hat, ist das W e l t g e r i c h t, das uns in zahlreichen Handschriften überliefert ist. Am frühesten hält das eschatologische Geschehen ein Rheinauer Manuskript von 1467, das aber auf eine ältere Fassung des 14. Jh.s zurückgehen muß — wahrscheinlich die erste Konzeption des Stücks —, fest. Mit ergreifender Klage und Warnung wird hier in apokalyptischen Bildern das unerbittliche Endschicksal der Menschheit samt seinem Vorgeschehen und dem Gericht im Tal Josaphat vor Augen geführt. Andere Handschriften zeigen, wie sich das Drama in Strängen mit eigenen Motiven und Handlungserweiterungen entfaltet. Zu diesen Ausläufern des alemannischen Spieltyps der Rheinauer Prägung gehört auch das sog. *Berner Weltgerichtsspiel*, dessen 1465 datierte Handschrift jedoch aus Luzern stammt und das offenbar der postulierten Urfassung des Stoffs noch am nächsten steht. Zu den seltsamsten Gebilden gehört aber das Manuskript eines Weltgerichtspiels, das in C h u r 1517 — mit eigenartigen örtlichen Einschlägen — aufgeführt wurde, jedoch mit einem Text der Bayer.

Staatsbibliothek manche Eigenarten teilt; seltsam wirkt es vor allem, weil hier das Geschehen des Endgerichts unvermittelt in eine A n t i c h r i s t - Spielhandlung übergeht. Das Auftreten des Antichrist, für das offenbar der sog. *Tegernseer Antichrist* ein über Jh.e reichendes dramatisches Vorbild geworden ist, gehört eigentlich zu den Vorzeichen des Weltgerichts und müßte ihm vorausgehen. — Den Abglanz eines alten, bedeutenderen Spiels mit diesem endzeitlichen Stoff haben wir anscheinend in dem die biblische Handlung plötzlich abbrechenden, zum fastnächtlichen Scherz abgewandelten und nur in einer Handschrift des 15. Jh.s mit bayr. Sprachformen durchsetzten Text, der unter dem Titel *Des Endkrist Vasnacht* bekannt ist. Man hat dessen ernste Urform in die Mitte des 14. Jh.s zurückverlegt und den Dichter im Umkreis von Zürich lokalisiert. Auch der Luzerner Zacharias B l e t z (s. o.) hat 1549 in der Stadt an der Reuss ein *Jüngstes Gericht* an zwei Tagen aufgeführt. Der erste Tag war — damals nicht ohne religiös-politische Spitze gegen die Reformation — ganz der Erscheinung des Antichrists gewidmet, der zweite malt das Weltgericht breit aus, offensichtlich aber wieder auf der Grundstruktur der Rheinauer Überlieferung.

In Aufbau und Aufmachung haben jedoch Bletzens Dramen den Stil des erwähnten traditionellen L u z e r n e r O s t e r - s p i e l s. Diese wiederkehrende festliche Spielfolge beginnt um die Mitte des 15. Jh.s, wird zuerst getragen von geistlichen Persönlichkeiten, die aber um 1470 schon von einer weltlichen Spielgemeinschaft abgelöst werden, in welcher selbst Magistratspersonen sich um die begehrten Hauptrollen bewerben und dafür beträchtliche Summen hergeben. Das ursprüngliche Spielbuch wurde im Laufe der Zeiten immer wieder überarbeitet und erweitert. Die Aufführungen fanden seit 1480 mit großer Pracht und viel Aufwendung des Stadtstaates, seit der Jh.wende zweitägig, auf dem Weinmarkt statt. Spielleiter waren bekannte und begabte Männer, die eben auch jeweilen den Text nach ihrem Sinn und dem Geschmack der Zeit neu formten, so etwa Hans Salat, danach Zacharias Bletz und zuletzt mit besonderem Eifer und auch theoretischem Interesse für die Aufführungen von 1583 und

1597, ja vorbereitend sogar noch für die letzte von 1616, der vielfältig wirkende Renwart C y s a t (s. § 18), der die aufeinanderfolgenden Bilder zu einer Großhandlung verflocht und dem Spiel die reiche, nun schon barocke Form vermittelte. Ein breites Publikum, unter dem sich stets auch reformierte Landsleute befanden, strömte jedes Mal aus weiter Ferne schaulustig zu diesen Monstre-Spielen, die das menschliche Schicksal auf der Erde zwischen Himmel und Hölle eindrücklich zu offenbaren suchten. Mit dieser letzten Ausgestaltung Cysats sind die Luzerner Osterspiele aber stilistisch bereits der neueren Zeit des 17. Jh.s verpflichtet. Die bürgerliche Welt, die sie lange getragen hat, ist allenthalben in den schweizer Städten im Zerfall gegenüber einer neuen aristokratischen Ordnung. Und in Luzern ziehen nun die Jesuiten ein, beherrschen Schule und Bildung und lösen das Volksschauspiel des 16. Jh.s durch ihr eigenes modernes Ordens- und Schultheater ab. Das Osterspiel von 1616 ist der Schlußpunkt einer großen dramatischen Tradition der theaterfreudigsten Bürgerschaft einer altgläubig verbliebenen Schweizerstadt.

Aber auch im protestant. Bereich ist das volkstümliche Schauspiel des 16. Jh.s am Verklingen. Hier wurde das Drama nach Form und Gehalt zur leeren Stoffhäufung und hat dabei Handlungskraft und ideelle Mitte völlig verloren. Es ist zu einem unaufführbaren Lesedrama, einem belehrenden Lesebuch geworden. Das beweist vor allem die Produktion verschiedener zeitgenöss. Berner „Dramatiker", am deutlichsten vielleicht das Werk des angesehenen Chronisten Michael S t e t t l e r (1580-1642), der in seinem Spiel *Vom Ursprung der Eidgenossenschaft* (1605) durch 33 Akte die schweizer Geschichte bis auf den 13örtigen Bund „verdichtet" hat. Nicht besser wirkt sein unvollendetes, 22aktiges Drama von der *Erbauung Berns*.

Lebendiges Theater der Zeit brachten damals die auch die Schweiz berührenden e n g l i s c h e n K o m ö d i a n t e n (s. d.) und andere fremde Schauspielergruppen aus dem Reich, besonders aus dem nahen Elsaß und Frankreich. Wohin das einst tatkräftig die Reformation einleitende schweizer Volksschauspiel des 16. Jh.s gelangt war, zeigt eindrücklich die 1624 erschienene Schrift des Zürcher Antistes J. J. B r e i t i n g e r (1575-1645) *Bedenken von Komödien,* in der vor der Sündhaftigkeit theatralischer Aufführungen gewarnt wird, besonders vor den heidnisch-antiken. Aber auch die christlichen, mit ihren biblischen Stoffen seien letztes Endes verwerflich, weil da Männer sich in Weiberkleidung darstellten, was dem Herrn ein Greuel sei, weil schon das Spielen von Teufels-, Todes- oder anderer feindlicher und böser Gestalten die dämonische Kraft des bloß Dargestellten auf den Spieler übertrüge usw. —

Das Ende des 16. Jh.s, das eine soziologisch-polit. wie geistig-künstlerische Zeitenwende einleitet, hat sich so auch allgemein im Bereich der Lit. der dt. Schweiz, nicht nur beim Drama, sondern auch in andern Gattungen, z. B. beim Kirchenlied, als eigentlicher Abschluß einer Epoche erwiesen.

Schweizerische Schauspiele d. 16. Jh.s. Hg. v. Jakob B ä c h t o l d. 3 Bde (Zürich 1890-1893; Schriften der Stiftung Schnyder v. Wartensee 3). Heinz W y s s, *Der Narr im schweizer. Drama d. 16. Jh.s* (Bern 1959; SprDchtg. NF. 4). Hans S t r i c k e r, *Die Selbstdarstellung d. Schweizers im Drama d. 16. Jh.s* (Bern 1961; SprDchtg. NF. 7). Vgl. auch Reallex. I, 519 f., II, 389 ff. — *Tellenspiel:* Neue krit. Ausg.: Max W e h r l i (Hg.), *Das Urner Tellenspiel,* in: *Quellenwerk z. Entstehung d. schweiz. Eidgenossenschaft.* Abt. III, Bd. 2, T. 1 (Aarau 1952) S. 55-99. — *Alte und junge Eidgenossen:* Erstausg. Jakob R u e f f, *Etter Heini uss dem Schwitzerland samt einem Vorspiel.* Hg. v. H. Marcus K o t t i n g e r (1847; Bibl. d. ges. Nationallit. I, 4). Neuausg.: *Das Spiel ,Von den alten u. jungen Eidgenossen'.* Hg. v. Friederike C h r i s t - K u t t e r (Bern 1963; Adt-Übgtexte 18). — Pamphilus G e n g e n b a c h : Ausg. hg. v. Karl G o e d e k e (1856). Ders., *Die Totenfresser,* hg. v. Jos. S c h m i d t (1969; Reclams Universal-Bibl. 8304). Karl L e n d i, *Der Dichter Pamphilus Gengenbach. Beiträge zu seinem Leben u. zu s. Werken* (Bern 1926; SprDchtg. 39). Rudolf R a i l l a r d, *P. Gengenbach u. d. Reformation.* Diss. Zürich 1936. — Niklaus M a n u e l : *Fastnachtspiele.* Hg. v. Jakob B a e c h t o l d (1878; Bibl. älterer Schriftwerke d. dt. Schweiz. 2). Ders., *Die Totenfresser.* Hg. v. Ferd. V e t t e r (1923; Die Schweiz im dt. Geistesleben 16). Ders., *Der Wundersame Traum.* Hg. v. Fritz B u r g. Neues Berner Taschenbuch auf das Jahr 1897 (Bern 1896) S. 1-36. Ders., *Der Ablaßkrämer.* Hg. v. Paul Z i n s l i (Bern 1960; AdtÜbgtexte 17). Ders., *Écrits satiriques.* Choisis, trad. et comm. par Conrad André B e e r l i (Genève 1947; Écrits et documents de pein-

tres 6). Ältere Biographien: Samuel S c h e u r e r, *Leben u. wichtige Verrichtungen Niclaus Manuels.* Bernisches Mausoleum 5. Stück = Bd. 2 (1742) S. 205-396. Carl v. G r ü n e i s e n, *Niklaus Manuel, Leben u. Werke e. Malers u. Dichters, Kriegers u. Staatsmannes u. Reformators im 16. Jh.* (1837). Jean-Paul T a r d e n t, *Nikolaus Manuel als Staatsmann* (Bern 1967; Arch. d. Hist. Ver. d. Kantons Bern 51). — Adolf K a i s e r, *Die Fastnachtsspiele von der actio de sponsu* (1899). — Hans von R ü t e, *Auszüge aus dem ,Spil von d. heidnischen u. päbstlichen Abgötterei'.* Hg. v. W. C r e c e l i u s. Alemannia 3 (1875) S. 53-61, 120-128. — Hans Rudolf M a n u e l, *Weinspiel.* Hg. v. Theodor O d i n g a (1892; NDL. 101/102). — Dieter Werner G l a u s, *Die ,Utzendorfer Altweiberschmiede'. Interpretation, Motivgeschichte, Textausgabe.* (Masch.) Diss. Bern 1974. — Zu Funckelin: Newton Stephen A r n o l d, *A Swiss Resurrection play of the sixteenth century.* Publ. from the original manuscr. with introd. and notes (New York 1949). — André Jean R a c i n e, *Jos Murer. E. Zürcher Dramatiker aus d. zweiten Hälfte d. 16. Jh.s.* Im Anh.: *Textgetreue Wiedergabe von Murers ,Der jungen Mannen Spiegel'* (Zürich 1973; Schriftenreihe d. Stiftung Schnyder v. Wartensee 51). — Tobias S t i m m e r, *Comedia.* Mit 18 Federzeichnungen hg. v. Jakob O e r i (1891). — Hans S a l a t, *Drama vom verlornen Sohn.* Hg. v. Jakob B a e c h t o l d. Geschichtsfreund 36 (1881) S. 1-90. — Joh. A a l, *Tragoedia Johannis des Täufers.* Hg. v. Ernst M e y e r (1929; NDL. 263-267). — Mattheus R o t b l e t z, *Samson, 1558.* Nebst e. Anh.: Hieronymus Z i e g l e r, *Samson, 1547.* Hg. v. Emil E r m a t i n g e r (Zürich 1936; Ältere Schriftwerke d. dt. Schweiz 1). — *Das Luzerner Osterspiel.* Gestützt auf die Textabschrift v. M. Blakemore Evans u. unter Verw. s. Vorarbeiten zu e. krit. Edition nach d. Hss. hg. v. Heinz W y s s. 3 Bde (Bern 1967; Schriften hg. unter d. Patronat d. Schweizer geisteswiss. Ges. 7). — Rudolf K l e e, *Das mhd. Spiel vom jüngsten Tage.* Diss. Marburg 1906. Karl R e u s c h e l, *Die dt. Weltgerichtsspiele. Nebst Abdr. d. ,Luzerner Antichrist' von 1549* (1906; Teutonia 4). *Berner Weltgerichtsspiel.* Hg. v. Wolfgang S t a m m l e r (1962; Texte d. späten MA.s 15). Victor M i c h e l s, *Studien über d. ältesten Fastnachtsspiele* (1896; QF. 77), über die Urform von *Des Endkrist Vasnacht,* S. 79-83.

Paul Zinsli

Vom B a r o c k b i s z u r G e g e n w a r t

§ 24. Im Gegensatz zum 16. Jh. ist der Anteil der Schweiz an der „B a r o c k" - Lit. kaum von Bedeutung. Der Grund ist leicht einzusehen: es fehlen die höfischen Voraussetzungen. Die Kultur der wenigen dt.-schweiz. Hauptstädte konnte mit der der reichsstädt. Zentren nicht wetteifern, und man hatte auch nicht den Ehrgeiz dazu. Das Reformiertentum hatte natürlich seinen Anteil daran. Von den Wirren des 30jähr. Krieges blieb die dt. Schweiz so gut wie verschont. Damit entfiel für sie auch das große Erfahrungsthema des dt. Barock-Jh.s. Dagegen hielt sich im 17. Jh. der religiöse Moralismus der Reformationsdramen, -satiren und -streitgespräche.

Das Fehlen der höfischen Voraussetzungen wirkt sich besonders auf das Verhältnis zum Roman aus, der in Deutschland (abgesehen von Grimmelshausen und Moscherosch) im wesentlichen auf die high society der Höfe zugeschnitten ist. Es ist ein sinnvoller Zufall, daß der Zürcher Johann Gotthard H e i d - e g g e r in seiner *Mythoscopia Romantica oder Diskurs von den so benannten Romans* (1698) nicht nur den vermutlich frühesten Beleg für das Wort „romantisch" im ursprünglichen Sinn erbringt, sondern auch eine der entschiedensten Streitschriften gegen die Gattung des höfischen Romans. Aber schon vor Heidegger erscheint 1686-88 der antihöfische Roman des Schwyzer Kapuziners Rudolf G a s s e r *Gedichte mit Wahrheit besprengte Historia von Philologo einem portugiesischen Cavalieren, und Carabella einer Kaiserin in China.* Das dreibändige Monstrum von fast 3000 Seiten ist natürlich ein kathol. Tendenzroman wider das höfische Genre.

Auch was das Drama angeht, so ist in Zeiten des Barocks die kath. Schweiz der eigentliche Erbe der reichen dramat. Produktion des Reformationsjh.s. Es ist das Ordens-, vor allem das Jesuitendrama, das innerhalb der kath. Schweiz, von Deutschland und Österreich herüberwirkend, an den Ordensschulen und -zentren Fuß faßt. Solche Zentren sind Luzern, Freiburg i. Ue., Solothurn und Sitten. Jacob Gretser wirkte Ende des 16. Jh.s (mit neun Dramen) in Freiburg und Luzern. Aber auch sein schwäb. Landsmann Jacob Bidermann (seit 1594 Jesuit) wurde nebst anderen bedeutenden Ordensdramatikern in Luzern, Freiburg, Sitten aufgeführt. Das gleiche gilt für einige Dramen Jacob Baldes, des Elsässers. Geborene Schweizer waren nur wenige unter den Jesuiten-Autoren. So Heinrich H e n - r i c h (1614-82) und Caspar R h e y l (1570-1625), wenn man die Grenzstadt Säckingen

noch mit dazu rechnen will, auch der bedeutende Jakob K e l l e r (1568-1631). Es handelt sich aber weniger um den eigenen schöpferischen Anteil der Schweiz als vielmehr um die Befruchtung des helvetischen Theaterlebens durch das weitgespannte Repertoire des Ordensdramas in den Jesuitenzentren, die zur rheinischen Provinz gehörten, die die politischen Grenzen übergriff.

Es gab ebenfalls keine schweizer. Lyrik von Bedeutung, von einigen trockenen Kirchenlieddichtern abgesehen wie Johann Wilhelm S i m l e r (1605-72). Die weltliche Lyrik hat einige bessere Vertreter aufzuweisen, die doch nicht mehr als Epigonen von Opitz, Rist und Zesen sind. Unter diese Erscheinungen fallen die *Vier Bücher geistlicher und weltlicher Gedichte* (1661) von Johann Melchior H a r d m e y e r (1626 bis ca. 1700). Es fehlt dieser Lyrik die formale Besessenheit des dt. Hochbarock, aber auch dessen geschichtliche Erfahrungen und Leiden in der Motivation.

Nicht verwunderlich ist dagegen, daß die stärker rationale Gattung des Epigramms einen gewichtigen Vertreter hat: Johannes G r o b (1643-97), kaiserlicher poeta laureatus, durch weite Reisen hochgebildet. Baechtold stellt ihn nicht ohne Recht mit Logau zusammen, an dessen Stil er sich freilich anschließt. (Grobs beide Gedichtsammlungen: *Versuchsgabe*, 1678, und *Reinholds von Freienthals poetisches Spazierwäldlein*, posthum 1700.) Das Interesse für das Epigramm in der Schweiz erweist übrigens schon viel früher die in die Tausende gehende Sammlung epigrammatischer Gedichte und Sprüche in *Deutscher weltlicher Poematum erstes bis drittes Tausend* (1642). Der Herausgeber der Anthologie, J. H. v. T r a u n s d o r f f , war zwar kein Berner, sondern ein Zugereister, konnte offenbar doch in Bern und der übrigen Schweiz für ein so umfängliches Werk auf seine Leser rechnen.

Versdichtung, wenn auch keine lyrische, sondern episches Lehrgedicht ist das monströse *Gastmahl und Gespräch zweier Berge, des Niesen und Stockhorn* (1606), ebenfalls nach Bern gehörig. Der geistliche Verf. Hans Rudolf R e b m a n n (1566-1605) arbeitete nach Sebastian Münster, Sebastian Frank und der *Stumpfschen Chronik.* Doch deutet seine Lehrtendenz ganz von weitem auf die spätere rationalistische Naturbetrachtung bei Brockes und Haller voraus. Immerhin, die traditionelle Form des Dialogs, der hier mythologisch zwischen zwei Bergen stattfindet, bleibt barock schon durch den Umfang von 14 000 Versen.

Daß eines der bedeutendsten in der Schweiz erschienenen Barockwerke der Gattung der Satire angehört, läge auch im Bereich der Schweizer Eigenart. Freilich ist der erst von W. Weigum 1969 eruierte Verf. nur Geburtsschweizer aus Payerne, der Herkunft nach aber Franzose, zeitweise kurpfälzischer Diplomat, zeitweise Glaubensemigrant in Zürich, engverbunden übrigens mit dem Straßburger frühbarocken Kreis, in dem sich Opitz' junger Ruhm begründet hatte. Es ist Hans Franz V e i r a s (Jean Francois de Veyras, 1576 oder 77-1672). Und das Werk ist die *Heutelia, das ist: Beschreibung einer Reise so zween Exulanten durch Heuteliam gethan ...* (1658). „Heutelia" ist anagrammatisch leicht in Helvetia aufzulösen, und der Gegenstand ist tatsächlich die mit dem Auge des Komikers und Satirikers von Rang gesehene damalige Schweiz. Der Verf. mußte ein außergewöhnlicher Kenner der Verhältnisse sein, weswegen man bis 1969 den geborenen Berner Jakob G r a v i s s e t (Graviseth † 1658), Herrn von Liebegg, als Autor ansah. Nach den Ergebnissen der kritischen Edition ist aber an Veiras' Verfasserschaft kaum noch zu zweifeln. Dagegen besticht die Hypothese, daß Graviseth vielleicht der Übersetzer der ursprünglich lateinisch geschriebenen Satire sei. Aber ganz unabhängig von der Verf.-Frage erweist sich die Schrift als so lebendig, frisch, treffsicher, daß man sie unter die besten Satiren des daran nicht armen Barock-Jh.s rechnen muß. Der Reisende durchzieht die helvetischen Gaue mit einem realistischen Scharfblick für die sittlichen, religiösen, ökonomischen und politischen Angriffsflächen, die sie bieten, der erstaunlich ist. Es ist danach verständlich, daß kein Geringerer als Grimmelshausen sich (wenige Jahre nach dem Erscheinen der *Heutelia*) für den *Simplicissimus* und die erste *Continuatio* für sein Bild der Schweiz der Veirasschen Satire bedient.

Johannes M ü l l e r , *Das Jesuitendrama in d. Ländern dt. Zunge vom Anfang, 1555, bis zum Hochbarock, 1665* (1930; Schriften z. dt. Lit. 7 u. 8). — Hans Franz V e i r a s , *Heutelia*. Krit. Neuausg. hg. v. Walter W e i g u m (1969; Dt. Barock-Lit. 6).

§ 25. Schweizer Tradition und Charakter entspricht, im Gegensatz zum Barock-Jh., in unvergleichlich stärkerem Maße das Heraufkommen und die Entfaltung der A u f k l ä r u n g . Die Barocklit. würde ohne die Schweiz nicht anders aussehen, als sie sich allgemein entwickelt hat. Nicht so die Lit. im Zeitalter des Rationalismus. Sie ist von der Schweiz in erheblichem Maße mitgeprägt. Die Gründe liegen nicht allein im nüchternen Realismus des Volkscharakters. Sie liegen auch auf der Bildungsseite. Die Schweiz wird neben Hamburg zum zweiten großen Einfallstor für englische Philosophie und Dichtung auf dem Kontinent.

Erstes Anzeichen sind schon die *Lettres sur les Anglais et les Français* von Beat von M u r a l t , einem Berner Patrizier, noch gegen Ende des Barock-Jh.s entstanden. Muralts England-Bild ist erstaunlich enthusiastisch und modern, geprägt vom Sinn für die englische Freiheit und Originalität, auch für Einbildungskraft und Humor der englischen Dichter und selbst den dramatischen Realismus Shakespeares. In Deutschland kommt dieses England- und insbesondere Shakespeare-Bild erst eigentlich mit Lessing auf.

Englische Popularphilosophie und vor allem Shaftesbury haben auch Entscheidendes zum Weltbild von Albrecht von H a l l e r (1708-77) beigetragen. Haller, in erster Linie ja der Naturwissenschaftler weltweiten Ranges, hat dennoch als Dichter im dt. Raum die größere Wirkung gehabt. Für einen Möser oder Lessing war er schlechthin „unser großer Haller". Hallers Gedichte sind Sache seiner jugendlichen Lebensepoche. In seinem Alter wird er zum Autor dreier Staatsromane aus dem Geist englischer Anregungen und schweizerisch-konservativen Denkens.

Neben Brockes, von dem eine indirekte Wirkung durch den in Basel ansässig gewordenen Karl Philipp Drollinger (1688 bis 1742) auf ihn ausstrahlt, ist Hallers Lyrik und Versepik vielleicht das Bedeutendste, was der Frührationalismus dt. Zunge hervorgebracht hat. Es drückt sich aus in seinem *Versuch schweizerischer Gedichten* (1732), aber auch in seinem epochemachenden Versepos *Die Alpen* (1729). Wie bei Brockes sind die frühesten Gedichte noch vom Spätbarock (Lohenstein, Hofmannswaldau) beeinflußt, gewinnen dann aber zusehends an Originalität und Subjektivität, vor allem in den Klagoden über die früh verlorene Frau Marianne.

Von den Liebesgedichten abgesehen überwiegt das Didaktische. Zeit und Ewigkeit, Vernunft und Aberglauben, das allgemeine Zeitthema der Theodicee behandelt er eindringlich, mit einer eigenen Fähigkeit der Verbindung von Abstraktion und Sinnlichkeit. Auch für das große Naturgedicht *Die Alpen* gilt das. Sie verschmelzen descriptive Sinnlichkeit mit aufgeklärtem Naturenthusiasmus, wobei das goldene Zeitalter menschlicher Ursprünglichkeit in das Beroberländer Hirtendasein zu stehen kommt. Bei den drei Altersromanen *Usong* (1771), *Alfred, König der Angelsachsen* (1773) und *Fabius und Cato* (1774) fällt es schwer, sich die historische Gleichzeitigkeit mit dem Sturm und Drang vorzustellen. Sie sind in erster Linie verspätetes rationalistisches Zeitdenken, hinter dem die dichterische Funktion des Romans, mindestens nach dem *Usong*, entschieden zurücktritt.

Zieht man die Summe von Hallers literar. Bedeutung, so erweist sie sich zunächst als eine stilgeschichtliche, noch stärker aber als eine von jenem selber anerkannte Vorläuferschaft der späteren Gedankendichtung Schillers.

Hans-Gerhard O e f t e r i n g , *Naturgefühl u. Naturgestaltung bei den alemann. Dichtern von Beat L. v. Muralt bis J. Gotthelf* (1940; GermSt. 226). Otto v. G r e y e r z , *Beat Ludwig v. Muralt. E. literar- u. kulturgesch. Studie* (1888). B. L. v. M u r a l t , *Lettres sur les Anglais et les Français.* Hg. v. Otto v. G r e y e r z (Bern 1897). Ed. par Charles G o u l d u. Charles O l d h a m (Paris 1933; Bibl. de la RLC. 86). Albrecht von H a l l e r , *Gedichte.* Hg. v. Ludwig H i r z e l (1882; Bibl. älterer Schriftwerke d. dt. Schweiz 3). Ders., *Versuch schweizerischer Gedichte.* 9., verm. u. veränd. Aufl. Nachdr. d. Ausg. v. 1762 mit e. Anh. *Nicht veröff. Gedichte* u. e. Nachw. v. Jos. H e l b l i n g (Bern 1969). Ders., *Die Alpen.* Bearb. v. Harold T. B e t t e r i d g e (1959). Ders., *Literaturkritik.* Hg. v. Karl S. G u t h - k e (1970; FDH., Reihe d. Schriften 21). — Forschungsbericht: Christoph S i e g r i s t , *A. v. Haller* (1967; Samml. Metzler 57). Studien: Adolf H a l l e r , *A. v. Hallers Leben* (Basel 1954). Karl S. G u t h k e , *Haller u. d. Literatur* (1962; Arbeiten aus d. Niedersächs. Staats- u. Univ.bibl. Göttingen 4). Ders., *Neues zu Hallers Literaturkritik.* Lessing-Yearbook 5 (1973) S. 198-218. Giorgio T o n e l l i , *Poesia e pensiero in*

A. v. Haller (2. ed. Torino 1965). W. K o h l - s c h m i d t , *Hallers Gedichte u. d. Tradition*, in: Kohlschmidt, *Dichter, Tradition u. Zeitgeist* (1965) S. 206-221. Josef H e l b - l i n g , *A. v. Haller als Dichter* (Bern 1970; Europäische Hochschulschriften I, 39). Zu einzelnen Gedichten: Werner G ü n t h e r , *Zu Struktur u. Sprache von Hallers ,Alpen',* in: Günther, *Form u. Sinn* (1968) S. 89-110. Eduard S t ä u b l e , *A. v. Hallers ,Über d. Ursprung d. Übels'* (Zürich 1953). Karl S. G u t h k e , *Hallers ,Unvollkommene Ode über die Ewigkeit'. Veranlassung u. Entstehung.* DVLG. 48 (1974) S. 528-545. Zu den Romanen: Anneliese F r e y , *Hallers Staatsromane.* Diss. Freiburg 1929.

Karl Friedrich D r o l l i n g e r , *Gedichte.* Faks.-Dr. nach d. Ausg. v. 1743. Kommentiert von Uwe-K. K e t e l s e n (1972; Dt. Neudrucke, Texte d. 18. Jh.s).

§ 26. Nach dem Gesagten ist es nicht verwunderlich, daß die frührationalistische engl. Aussageform der Moral. Wochenschriften (s. d.) dem bedeutenden Anteil der Schweiz an der dt.sprachigen Aufklärungslit. in hohem Maße entspricht. Der in dieser Gattung investierte ausdrückliche Erziehungs- und Bildungswille entsprach nicht nur einer schweizer. Anlage, die in der pädagogischen Ideologie und Praxis Pestalozzis sich noch im gleichen Jh. erfüllte, sondern auch dem helvet. Verständnis für Demokratie, der die Popularisierungstendenz der Moral. Wochenschriften wesensverwandt ist. (C. F. Lang weist bis zum Ausgang des 18. Jh.s fast 150 belehrende und unterhaltende Periodica in der Schweiz nach.) So beginnt auch das, was sich zu dem berühmten Z ü r c h e r L i t e - r a t u r s t r e i t , der Auseinandersetzung Bodmers und Breitingers mit Gottsched, entwickelt wird, unter dem Zeichen einer Wochenschrift, die in der Geschichte dieser Gattung als schweizer. Variante Epoche machte: *Die Discourse der Mahlern* (1721-1723). Literatursoziologisch war es das Ergebnis einer lokalen Kreisbildung (Gesellschaft der Mahlern), motivlich die Fiktion eines inneren Zusammenhanges von Bildender Kunst und Dichtung, die damals in anderen Landschaften durchaus noch nicht in der Zeittendenz lag. Doch war das erst das Vorspiel. Die Inauguratoren Joh. Jakob B o d m e r (1698—1783) und Joh. Jakob B r e i t i n g e r (1701-1776) bestimmten das literar. Leben weit über ihre Metropole Zürich hinaus bis zum Sturm und Drang hin. Noch Klopstock, der junge Wieland, Goethe und die Stolbergs waren nebst vielen anderen bei Bodmer zu Gast. Gerade diese Namen werfen die Frage auf, was der alte Zürcher Gymnasiarch den Stürmern und Drängern zu bieten hatte. Zunächst war es der berühmte Zürcher Literaturstreit mit Gottsched, der schon die 40er Jahre des Jh.s erschüttert hatte. 1740 war Breitingers *Kritische Dichtkunst*, im gleichen Jahr Bodmers *Abhandlung von dem Wunderbaren in der Poesie erschienen;* 1741 war Bodmers *Kritische Betrachtung über die poetischen Gemälde der Dichter* gefolgt. Alles dieses mußte der eitle Gottsched als eine Attacke gegen seine bisher anerkannte Ästhetik auffassen. Es ging den Zürchern, summarisch ausgedrückt, um die Rettung der Phantasie, die Gottsched in den Fesseln seiner Nachahmungstheorie gehalten hatte. Hatte Gottsched sogar die letzte Freiheit zur Phantasie, den Harlekin der Komödie, öffentlich von der Bühne vertreiben lassen, so verteidigten die Schweizer eben die dichterische Phantasie als das „Auge der Seele". Sie setzten dabei an der großen Phantasiedichtung Miltons an. Aber auch Shakespeare, der Gottsched nichts anderes als ein Barbar war, mußte dabei aufgewertet werden. Die gegen-Gottschedische Zürcher Ästhetik gipfelt im 6. Abschnitt von Breitingers *Kritischer Dichtkunst (Von dem Wunderbaren und dem Wahrscheinlichen),* in dem das Wunderbare als „äußerste Staffel des Neuen" definiert wird. Um diese Freigebung der Phantasie ging es Gottsched freilich nicht.

Das Eintreten der Zürcher für die große Phantasiekunst geschieht aber auch auf dem Hintergrund der Aufwertung der altdt. Dichtung, nicht nur in der Richtung auf Homer, Shakespeare, Milton. Bodmer hat sowohl das Interesse für das *Annolied*, das *Nibelungenlied* und Wolframs *Parzival* als auch das für den Minnesang in seiner hohen, der Staufferzeit wieder erweckt *(Von den vortrefflichen Umständen für die Poesie unter den Kaisern aus dem schwäbischen Hause,* 1743; *Proben der alten schwäbischen Poesie des 13. Jh.s,* 1748; *Sammlung von Minnesängern aus dem schwäbischen Zeitpunkte,* 1758/59).

30 Jahre nach dem Zürcher Literaturstreit und dem sich nicht gerade in feinen Grenzen haltenden nachfolgenden Zeitschriften- und Satirenwechsel zwischen Leipzig und Zürich hat noch einmal ein Schweizer zeitbestim-mend in die ästhetische Auseinandersetzung eingegriffen. Es war Joh. Georg S u l z e r , ein Winterthurer (1720-1779). Allerdings hat ihn sein Schicksal für eine große Zeit seines Lebens nach Preußen verschlagen, als Dozent wie als aktives Mitglied der Berliner Akademie. Er kam aber dorthin als ein Schüler Bodmers, dem er seine Bildung verdankte. Sulzers Wirkung kam erst anfangs der 70er Jahre zum Zuge. Sie beruhte auf den Schriften *Allgemeine Theorie der schönen Künste* (ab 1771), einem ästhetischen Lexikon, und *Die schönen Künste, in ihrem Ursprung, ihrer wahren Natur und besten Anwendung betrachtet* (1772), einer Sonderausgabe des Artikels *Künste* aus dem Lexikon. Sulzer hatte damit einen ähnlichen Erfolg in den breiten bürgerlich gelehrten Schichten wie vorher Ramler mit der Bearbeitung des berühmten Batteux. Wohlverständlich geschrieben, dem ästhetischen Interesse der Zeit entgegenkommend, alle Fragen und Themen umfassend, wenn auch nicht gerade „tiefschürfend", erlebte die *Theorie* Ausgabe um Ausgabe. Jedoch war die Zeitsituation eine grundsätzlich andere als für Bodmer und Breitinger. Diese griffen vor, Sulzer griff zurück. Das spiegelt sich in der Kritik. Während Merck und der junge Goethe ihn in den *Frankfurter gelehrten Anzeigen* mit satirischen Tönen verwarfen, waren Kant sowohl wie Haller Sulzers ästhet. System wohlgesinnt. Das war natürlich, weil in einem Fall die aufkommende Geniebewegung, im anderen Falle die Aufklärung selber sprach, deren Denken Sulzer verspätet spiegelte. Nach seinen Prinzipien sind die schönen Künste erzieherisch, vor allem für den Künstler selber. Sulzers Kunstlehre ist daher dezidiert idealistisch und kann vom aufkommenden Realismus des Sturm und Drang nicht akzeptiert werden, besonders nicht wegen der Anwendung der Grundsätze in concreto (auf die Kunstarten und -gattungen). Der verspätete rationalistische Idealismus von Sulzers *Theorie* mußte daher in den 70er Jahren auf die Jungen provozierend wirken, und zwar provozierend konservativ. Von Haller bis Sulzer bedeutet das auch einen Ausdruck schweizer. Charakters; wie denn das zähe Festhalten an rationalistischen Prinzipien auch noch im 19. Jh. für die Rolle des Fortschrittsglaubens in der Schweiz kennzeichnend bleibt.

Friedr. B r a i t m a i e r, *Gesch. d. poet. Theorie u. Kritik von den ,Diskursen der Maler' bis auf Lessing* (1888/89). Gonzague de R e y n o l d, *Histoire de la Suisse au 18e siècle*. Bd. 2: *Bodmer et l'école suisse* (Lausanne 1912). Bruno M a r k w a r d t, *Gesch. d. dt. Poetik*. Bd. 1 u. 2 (1937-1958; PGrundr. 13, 1/2). Pierre G r a n d, *La Suisse et l'Allemagne dans leurs rapports littéraires au 18e siècle* (Clermont-Ferrand 1939). Carl Ludwig L a n g, *Die Zeitschriften d. dt. Schweiz 1694-1798* (1939). Armand N i v e l l e, *Kunst- und Dichtungstheorie zwischen Aufklärung u. Klassik* (1960). Hans Peter H e r r m a n n, *Naturnachahmung u. Einbildungskraft. Zur Entw. d. dt. Poetik von 1670-1740* (1970; Ars poetica 8). Vgl. hierzu Jan B r u c k, Eckart F e l d m e i s t e r u. a., *Der Mimesisbegriff Gottscheds u. d. Schweizer*. ZfdPh. 90 (1971) S. 563-578. — Texte: Joh. Jak. B o d m e r, *Briefwechsel von d. Natur d. poet. Geschmacks*. Faks.-Dr. d. Ausg. v. 1736. Mit e. Nachw. v. Wolfgang B e n d e r (1966). Joh. Jak. B o d m e r u. Joh. Jak. B r e i t i n g e r, *Die Discourse d. Mahlern*. Nachdr. d. Ausg. Zürich 1721-23 (1969). Joh. Jak. B r e i t i n g e r, *Critische Dichtkunst*. Faks.-Dr. d. Ausg. v. 1740. Mit e. Nachw. v. Wolfgang B e n d e r. 2 Bde (1966) Ders., *Critische Abhandlung von d. Natur*. Faks.-Dr. d. Ausg. v. 1740. Mit e. Nachw. v. Manfred W i n d f u h r (1967). Vgl. hierzu Enrico S t r a u b, *Marginalien zu Neudrukken d. Werke Bodmers u. Breitingers*. Arcadia 3 (1968) S. 307-314. *Joh. Chr. Gottsched u. d. Schweizer Joh. Jak. Bodmer u. Joh. Jak. Breitinger*. Hg. v. Joh. Crüger (1884; Neudr. 1965). — Forschungsbericht: Wolfgang B e n d e r, *J. J. Bodmer u. J. J. Breitinger* (1973; Samml. Metzler 113). — Studien: Hans B o d m e r, *Die Gesellschaft der Maler in Zürich u. ihre Diskurse 1721-1723*. Diss. Zürich 1895. Herm. B o d m e r, *Joh. Jak. Breitinger 1701-1776. Sein Leben u. s. literar. Bedeutung*. Diss. Zürich 1897/98. *Johann Jacob Bodmer. Denkschrift zum 200. Geburtstag* (Zürich 1900; Schriften hg. durch d. Stiftung v. Schnyder v. Wartensee 10). Martin H ü r l i m a n n, *Die Aufklärung in Zürich* (1924). Tadeusz W o j t o w i c z, *Die Logik von J. J. Breitinger* (Paris 1947). Dorothy K n i g h t, *J. J. Bodmer's contribution to the knowledge and appreciation of Middle High German literature*. MA These London 1949. E. F l u e l e r, *Die Beurteilung J. J. Bodmers in d. dt. Literaturgesch. und Lit*. Diss. Fribourg 1951. Martin B i r c h e r u. Heinrich S t r a u m a n n, *Shakespeare u. d. dt. Schweiz bis zum Beginn d. 19. Jh.s. E. Bibliographie raisonnée* (1971).

Joh. Georg S u l z e r, *Briefe*. Hg. v. Rudolf H u n z i k e r (Zürich 1929). Joh. L e o, *Joh. G. Sulzer u. d. Entstehung s. ,Allgem. Theorie d. schönen Künste'* (1907). Anna T u m a r k i n, *Der Ästhetiker Joh.*

G. Sulzer (1933; Die Schweiz im dt. Geistesleben 79/80). E. N. H o o k e r, *The discussion of taste from 1750—1770*. PMLA 49 (1934) S. 577-592. O. W a l z e l, *Joh. G. Sulzer über Poesie*. ZfdPh. 62 (1937) S. 267-303. A. N i v e l l e, *Sulzer als Neuerer*. Worte u. Werte. Bruno Markwardt z. 60. Geb. (1961) S. 281—288.

§ 27. In den durch Justus Möser und Thomas Abbt gekennzeichneten Kreis von Popularphilosophen fügt sich der Arzt Joh. Georg Z i m m e r m a n n aus Brugg im Aargau (1728-1795), der es, im Drang der heimatlichen Enge, zum Leibarzt des Königs von Hannover brachte, Schüler Hallers in seiner Göttinger Zeit und Biograph seines Lehrers. Noch als Stadtphysikus in Brugg hat Zimmermann seine beiden Hauptwerke *Betrachtungen über die Einsamkeit* (1756) und *Von dem Nationalstolze* (1758) entworfen. Das erste ist in der späteren Gestalt *Über die Einsamkeit* (4 Bde 1784/85) bekannt geworden, nachdem Zimmermann inzwischen die großen Berliner Rationalisten, aber auch den jungen Goethe, Herder und die führenden Hainbündler nebst Klopstock kennengelernt hatte. Das Einsamkeitsmotiv ist bei Zimmermann noch eine Vorform des Sturm- und Drang-Weltschmerzes. Man wird den Autor deswegen nicht, wie das J. C. Mörikofer (*Die Schweizer Lit. d. 18. Jh.s*, 1861) noch tut, als „Repräsentanten der Sturm und Drang-Zeit" einordnen können, obwohl Lavater Zimmermann den Anstoß zu seiner *Physiognomik* schuldete. Aber *Über die Einsamkeit* beruht weltanschaulich noch immer weitgehend auf der alten Stoa, die dem Sturm- und Drang ein Greuel war, und gehört von daher höchstens in dessen empfindsame Vorgeschichte. Ebenso wohl von dieser aus läßt sich auch der starke Anteil des Idylls an diesem Werke lesen, namentlich in seinem 4. Bande. Daneben gibt es auch viel Polemik und Kritik. Denn Zimmermann hatte ein galliges Temperament.

In die Nähe Abbts und Mösers gehört vor allem *Von dem Nationalstolze*, aber auch die Verehrung für Friedrich d. Gr., den er kennengelernt hatte (*Über Friedrich d. Gr. und meine Unterredung mit ihm, kurz vor seinem Tode*, 1788). Neben Sulzer ist dies der zweite Schweizer, den der dt. Norden sich ganz integriert hat. Es zeigt die Enge der wechselseitigen Beziehungen im Aufklärungsjahrhundert.

Daß die dt. Schweiz auch zu der in dieser Gattung so fruchtbaren Idyllendichtung des Jh.s eine der bedeutendsten und wegweisenden Erscheinungen, Salomon G e ß n e r , beigesteuert hat, liegt gleichfalls in ihrer landschaftlichen Tradition sowohl von Haller wie von den Zürchern her. Geßner (1730-1788), Zürcher von Herkunft und einer der Mittelpunkte des dortigen Dichterkreises, hatte, wie mehrere bedeutende Schweizer, die Doppelbegabung als Maler und Schriftsteller, was man auch seinen *Idyllen* anmerkt. Als malerischer Kleinmeister konnte er sich und seine Familie gerade materiell durchbringen. Aber später ermöglichte ihm auch eine ländliche Sinecure im Forstwesen das Idyll als Leben.

Geßners *Idyllen* (1756) und *Neue Idyllen* (1772) beruhen auf der Lektüre Theokrits, des Longus und Vergils. Im Gegensatz zu Ewald v. Kleist sind es Prosa-Idyllen, ganz anders mit dem Auge des Malers ausgeführt. Vor allem aber sind sie Ausdruck der aufklärerisch empfindsamen Tugendlehre. Vielleicht konnten sie auch deswegen beim europäischen Publikum so wohl ankommen. Denn Geßner nahm das Idyll durchaus existenziell. Seine Hirten und Hirtinnen haben ihre Idyllik in edler Gesinnung und guten Taten zu demonstrieren. Nicht der Gegensatz zur Stadt (Zürich, das damals Kleinstadt war) allein macht das Idyll aus. Die reine Natur ist auch die reine Tugend. Die schöne Seele ist die Voraussetzung der Fähigkeit zum Idyll und der ihm zugrundeliegenden Empfindsamkeit für das Schöne wie für das Gute.

Daß Geßner überdies auf Klopstocks Spuren 1758 im Epos sich hervortat *(Der Tod Abels)* und Schäferspiele *(Evander und Alcimna* und *Erast)* schrieb, korrespondiert mit seiner Bedeutung als Idylliker, die ihrer Publikumswirkung nach europäisch war.

Mag man immerhin Zimmermann und Geßner wegen der Stärke ihrer Sentimentalität als schon „zugewandte Orte" des Schweizer Sturm und Drang (wenn auch mit ihrem Schwerpunkt noch in der Aufklärung) akzeptieren, so sind die eigentlichen Sturm- und Drang-Promotoren (Bern und Basel fallen aus) in Zürich Joh. Caspar Lavater und Christoph Kaufmann, der sogar der dt. Geniebewegung diesen Namen verschaffte, dazu der Malerdichter Joh. Heinr. Füssli und

die bäuerliche Variante in der Erscheinung Uli Bräkers, des „Armen Mannes aus dem Toggenburg", während die überragende Gestalt Pestalozzis in den einen Bereich (Goethezeit) wie in den anderen (Sturm und Drang, auf Rousseau beruhend) hineinreicht.

Joh. Georg Z i m m e r m a n n : *Über d. Einsamkeit* (Ausz.). Hg. v. Jacob M i n o r (1884; DNL 73). Ders., *Von dem Nationalstolze.* Hg. v. Robert W e b e r (Aarau 1884; 2. Aufl. 1903). Faks.-Ausg. hg. v. Konrad B e s t e (1937). Ders., *Friedr. d. Gr. letzte Tage.* Hg. v. Ricarda H u c h (Basel 1920). Ders., *Briefe an A. v. Haller.* Hg. v. R. I s c h e r , Neues Berner Taschenbuch (1904) S. 1-57. Forts. ebda bis 1910. Rud. I s c h e r , *Joh. Georg Zimmermanns Leben u. Werk* (Bern 1893). Auguste B o u v i e r , *Joh. Georg Zimmermann* (Genève 1925). Leo M a d u s c h k a , *Das Problem d. Einsamkeit im 18. Jh., im bes. bei Joh. Georg Zimmermann* (1933; FschgnNLitg. 66). Werner M i l c h , *Die Einsamkeit. Zimmermann u. Obereit im Kampf um d. Überwindung d. Aufklärung* (1937; Die Schweiz im dt. Geistesleben 83/85). — Salomon G e ß n e r , *Sämtliche Schriften.* Hg. v. Martin B i r c h e r . 2 Bde. (Zürich 1972). Ders., *Idyllen.* Vollst. Ausg. mit Lesarten hg. v. E. Theodor V o s s (1972; Reclams Universalbibl. 9431/ 35). Heinr. W ö l f f l i n , *Salomon Geßner* (1889). Fritz B e r g e m a n n , *Salomon Geßner. E. literarhistor.-biogr. Einl.* (1913). Paul L e e m a n n v a n E i c k , *Salomon Geßner. S. Lebensbild mit beschr. Verz. s. literar. u. künstler. Werke* (1930; Monographien z. Schweizer Kunst 6). Max W e h r l i , *Salomon Geßner,* in: *Große Schweizer* (Zürich 1942). Renate B ö s c h e n s t e i n - S c h ä f e r , *Idylle* (1967; Samml. Metzler 63). Burghard D e d n e r , *Topos, Ideal u. Realitätspostulat. Studien z. Darstellung d. Landlebens im Roman d. 18. Jh.s* (1969; Studien z. dt. Lit. 16). G. H o f f m e i s t e r , *Geßners ,Daphnis'* — *das Ende d. europäischen Schäferromans.* StNeophil. 44 (1972) S. 127-141.

§ 28. Daß es überhaupt zu diesen Beziehungen zum dt. Sturm und Drang kommen konnte, wäre eher erstaunlich, wenn man nicht den Pietismus mit in Rechnung stellte, der sich, von Deutschland ausgehend, von Rußland bis England und natürlich auch bis zur Nordschweiz ausgebreitet hatte. Aus ihm erwuchs, ohne seine religiöse Subjektivität nicht denkbar, der Sturm und Drang wie dessen Zürcher Freundschaft. Die in der Wirkung mächtigste Figur, die Lavaters, mit ihrem ausgesprochenen Sinn für Freundschafts- und Kreisbildung, auch für Organisation muß man hier als Mittelpunkt be-

trachten. Der Theologe Joh. Kaspar L a -
v a t e r (1741-1801) kam auch aus der
Schule Bodmers und Breitingers, also von
deren an Milton und anderer Phantasiekunst
orientierten Dichtungsanschauung. Begei-
sterungsfähig, missionsbewußt, jedoch nicht
ohne zweideutige Züge bei so viel Emphase,
trieb er Religiöses, Psychologisches, Ästhetisches, Freundschaft und Polemik immer
unbedingt, häufig auch unbedacht. Er war
nicht nur der Freund aller Welt (was denn
nicht selten ins Gegenteil umschlagen konnte wie z. B. Goethe und Fritz Jacobi gegenüber), sondern auch ihr Lehrer und psychologischer Diagnost. Davon zeugt zunächst
das in der Konzeption utopische Werk der
Physiognomischen Fragmente (1775-78),
für das er den jungen Goethe und einen
ganzen Harst jüngerer dt. Mitarbeiter
gewann. Es erregte die Zeit, zog aber
im Grunde nur eine aus der pietistischen Selbstbeobachtung folgende Konsequenz. Der volle Titel der *Physiognomischen
Fragmente* heißt ja: ... *Zur Beförderung der
Menschenkenntnis und Menschenliebe,* und
„Menschenkenntnis" (vor allem als Selbst-
kenntnis) war ja eine der Grundforderungen
des Pietismus. Die Autobiographie und der
psychologische Roman (Jung Stilling, K. Ph.
Moritz) hatte sich unmittelbar daraus entwickelt. Zu dieser Gattung steuerte Lavater
Bedeutendes bei: das *Geheime Tagebuch
von einem Beobachter seiner selbst* (1772/73)
und *Aussichten in die Ewigkeit (Briefe an
Zimmermann 1768-78).* Seinen Missionswil-
len drückt er noch später aus in *Pontius Pilatus oder der Mensch in allen Gestalten*
(1782-85). Dieses schwärmerische Werk haben die dt. Jugendfreunde allerdings kaum
noch geschluckt.

Lavater als Dichter von Schweizer und
christlichen Liedern reüssierte nicht. Die
Lyrik blieb hinter seiner Bedeutung als
Prosaist erheblich zurück. Das Hauptge-
wicht seiner Wirkung lag in seiner Bekeh-
rungsprosa und in seiner Fähigkeit zur gefühlvollen Freundschaft. Hier war die Wirkung allerdings enorm.

Zu Lavaters Kreise gehörte auch der andere Dichter aus Zürich, Joh. Heinr. F ü ß -
l i (1772-1825), den sein Leben freilich
später für lange Zeit nach Italien und
England führte. Man kann den Maler Füßli
einen der wenigen Künstler aus Sturm und

Drang-Geist nennen mit seinen Themen aus
Shakespeare und der Ossianischen Nebel-
welt, mit seinem ausgesprochenen Sinn für
das Dämonische. Als Schriftsteller war Füßli
nicht nur laudator Rousseaus, dessen Darstellung Mason „als eins der eindruckvollsten
Zeugnise des neuen Lebensgefühls" bezeichnet hat. Er war aber auch von den 60er
Jahren bis nach der Jh.wende Odendichter,
stilistisch gewiß von Klopstock beeinflußt, in
Motivation und Thematik aber zum Teil so
gefühlsgespannt, daß man sie auf die Seite
des Sturms und Drangs stellen muß. Es
sind z. T. Oden über die Kunst und Künstlertum mit einzelnen schon vorhölderlin-
schen Tönen. Es sind, wie bei Klopstock und
Hölderlin, auch Oden an Personen, aus
denen man die an den Freund Lavater besonders hervorheben mag; übrigens war
Füßli erklärlicherweise auch Mitarbeiter an
der *Physiognomik* gewesen.

Lavater hat auch das seltsame Naturgenie
begünstigt, das, Autodidakt von ganz eigener Form, aus dem benachbarten Toggenburg stammte: den „Näbis-Uli", Ulrich
B r ä k e r (1735-1798). Bräker hatte seinem
ärmlichen Kleinbauerntum und kümmerli-
chen Garnhandel doch eine weitere Lebenserfahrung hinzuzufügen: eine Zeit als Soldat
im fridericianischen Heer. Sonst aber kannte
er rein gar nichts von der Welt. Glücklicher-
weise fand er in Zürich keinen Mäzen, der
ihn verkünstelte, wie es das andere „Naturgenie" der Zeit, die Karschin, durch Ramler
erfuhr. So holte er seine Selbstbildung, vor
allem seine umfassende Shakespearelektüre,
in voller Einfachheit des Herzens nach. Es
entstanden dabei die *Lebensgeschichte und
natürliche Ebentheuer des Armen Mannes
in Tockenburg* (1789 erschienen) und schon
vorher *Etwas über William Shakespeares
Schauspiele* (1777). Die Autobiographie
steht natürlich nicht isoliert von dem durch
den Pietismus allgemein angeregten und
durch den nahen Lavater originell vertretenen Hang zu dieser Gattung. Aber in ihr
spricht ein schwer vergleichlicher, naiv
schwärmerischer „Beobachter seiner selbst".
Nicht minder gehört die Shakespeare-Interpretation als ein Zeugnis eines literar. Stillen
im Lande, der sich in seiner einfachen Form
unmittelbar mit seinem Dichter identifiziert
(in diesem Fall Shakespeare), mit dem von

Herder ausgehenden Zug, in die Mitte des Sturms und Drangs.

Eine andere Seite dieser Zeitbewegung, die von nah oder fern unter Lavaters Anregung stand, das Gegenteil sozusagen von Näbis-Ulis Naivität, repräsentiert der Kraftapostel Christoph K a u f m a n n aus Winterthur (1753-95), ein verworrenes Geschöpf, mystischer Winkelprediger und Prophet, der sich selbst als „Gottesspürhund" definierte und der nicht durch seine literar. Produktivität, sondern als bramabarsierender Pseudomissionar der Geniebewegung dt. Literaturgeschichte mitmachte. Von ihm hat nämlich der Sturm und Drang seinen Namen, mit dem er Klingers, ursprünglich *Wirrwarr* genanntes programmatisches Stück betitelte. Schneller als Goethe mit Kaufmanns Anreger Lavater wußte der „Kraftapostel" es durch sein unbeherrschtes genialisches Auftreten freilich mit Herder und Goethe zu verderben.

Zieht man die Summe des Schweizer Anteils am Sturm und Drang, so erweist sich dieser nicht nur durch seine Produktion als bedeutend, sondern kaum minder durch seine Ausstrahlungskraft nach Deutschland hin. Es war ohne Zweifel eine gesteigerte, vielleicht über sich selbst hinaus gesteigerte Epoche alemann. Mentalität. Vielleicht war schon der Ansatz Bodmers und Breitingers, im Gegensatz zum nüchternen Gottsched, die entscheidende Voraussetzung gewesen. Vergegenwärtigt man sich die geradezu auffällige Absenz der Schweiz im unmittelbar nachfolgenden Zeitalter der Romantik, so scheint die Anwesenheit der (Ost-)Schweiz in der Literatur des Sturm und Drang eher erstaunlich. Vielleicht ist sie doch theologisch-pietistisch, d. h. von der zentralen Figur Lavaters aus vor allem zu erklären.

Paul W e r n l e , *Der schweizer. Protestantismus im 18. Jh.* 3 Bde (1923-25) — Joh. Kaspar L a v a t e r , *Physiognomische Fragmente.* Faks.-Dr. d. Ausg. v. 1775-1778 4 Bde (Zürich 1968/70). Eduard C a s t l e , *Lavater u. d. Seinen* (Wien 1922; Die Sammlung Lavater, Mappe 1). Christian J a n e n t z k y , *Lavaters Sturm u. Drang im Zusammenhang seines religiösen Bewußtseins* (1916). Ders., *Joh. Kaspar Lavater* (1928; Die Schweiz im dt. Geistesleben 53). Alexander V ö m e l , *Lavaters Leben 1741/1801* (2. Aufl. 1927). Ruth Z ü s t , *Die Grundzüge der ‚Physiognomik' J. K. Lavaters.* Diss. Zürich 1948. Kamal R a d w a n , *Die Sprache*

Lavaters im Spiegel d. Geistesgesch. (1972; Göppinger Arbeiten z. Germanistik 75). — Joh. Heinrich F ü s s l i , *Remarks on the writings and conduct of Rousseau.* Engl. u. dt. Mit e. Einf., dt. Übers. u. Komm. hg. v. Eudo C. M a s o n (Zürich 1962; Schweiz. Inst. f. Kunstwiss., Kl. Schriften 4). Ders., *Unveröffentlichte Gedichte.* Hg. v. Eudo C. M a s o n (Zürich 1951; Zürcher Kunstges. Neujahrsbl. 111). Ders., *Sämtliche Gedichte.* Hg. v. Karl S. G u t h k e u. Martin B i r c h e r (Zürich 1973). Ursula D i t c h b u r n - B o s c h , *Joh. H. Füsslis Kunstlehre u. ihre Auswirkung auf s. Shakespeare-Interpretation.* Diss. Zürich 1960. Karl S. G u t h k e , *J. H. Füssli u. d. Anfänge d. Rousseauismus in Deutschland,* in: Guthke, *Wege zur Literatur* (1967) S. 133-146. — Ulrich B r ä k e r , *Lebensgeschichte u. natürliche Ebentheuer d. armen Mannes in Tockenburg.* Mit e. Nachw. v. Wolfgang P f e i f f e r - B e l l i (1965; Die Fundgrube 7). Nachdr. d. Ausg. Zürich 1789. Mit e. Nachw. hg. v. Werner G ü n t h e r (1969; Reclams Universalbibl. 2601/02 a). Ders., *Etwas über William Shakespeares Schauspiele.* Hg. v. Walter M u s c h g (Basel 1942; Sammlung Klosterberg). Ders., *Werke in einem Band.* Ausgew. u. eingel. v. Hans-Günther T h a l h e i m (1964). Salomon V o e l l m y , *Daniel Girtaner von St. Gallen, Ulrich Bräker aus dem Toggenburg u. ihr Freundeskreis.* Diss. Basel 1928. Ders. (Hg.), *Ulrich Bräker, Leben u. Schriften dargestellt u. hg.* 3 Bde (Basel 1945; Birkhäuser-Klassiker 39/41). Hans M a y e r , *Ulrich Bräker, d. Mann im Tockenburg,* in: Mayer, *Studien z. dt. Lit.gesch.* (2. Aufl. 1955) S. 63-78. Ders., *Aufklärer u. Plebejer. Ulrich Bräker, ‚Der arme Mann im Tockenburg',* in: Mayer, *Von Lessing bis Thomas Mann* (1959) S. 110-133. H.-G. T h a l h e i m , *Ulrich Bräker. Ein Naturdichter d. 18. Jh.s,* in: Thalheim, *Zur Literatur d. Goethezeit* (1969) S. 38-84.

§ 29. Man darf Joh. Heinr. P e s t a l o z z i (1746-1827) neben Bodmer und Lavater als die Figur des Zürcher Kreises ansprechen, deren Ausstrahlung mit am weitesten über die Grenzen der Schweiz hinausging. Zwar war der Grund hierfür vor allem die pädagogische Herausforderung, die er durch seine Schul- und Heimgründungen für das auf Erziehungsreformen seit Rousseau erpichte Europa darstellte. Wie denn Goethes „Pädagogische Provinz" in *Wilhelm Meisters Wanderjahre* ohne die Anregungen, die von Pestalozzis Ideen und Experimenten ausgingen, so nicht zu denken wäre. Literarhistorisch muß man diese Erscheinungen aber nicht nur als die Krönung der Entwicklungsbewegung ansehen, die von Rousseau über Herder und Basedow zu Pestalozzi führt, sondern auch als eine Brückenerscheinung vom Sturm und Drang zur Klassik. Pestalozzis Jugendwerk *Die Abendstunde eines Einsiedlers* (1780) ist in seiner hymnischen Form und seiner philosophischen (über Kant zur Gefühlsphilosophie hin tendierenden) Motivik durchaus schweizer. Sturm und Drang. Der Ausgangspunkt seines pädagogischen Realismus hat seine nächste Verwandtschaft außer in Rousseau auch in Herders *Reisejournal.* Doch mündet diese Strömung, wie schon angedeutet, schließlich in die klassische Bildungslehre ein. In Pestalozzis einleitender Formel „möglichst sorgfältige Nachahmung der Natur", die er seinem berühmt gewordenen Roman *Lienhard und Gertrud* (der eigentlich dichterische erste Teil 1781) voranstellt, kann man beides sehen: Sturm und Drang wie Klassik. Es sollte ein „Volksbuch" sein. Aber ob nicht mehr die Bildungsfreudigen des Jh.s davon profitierten, bleibe dahingestellt. Ganz offenbar ist der zwei Jahrzehnte spätere Nachkömmling *Wie Gertrud ihre Kinder lehrt* (1801) durch seine pädagogische Systematik eher ein Buch für Pädagogen als fürs Volk. Daß hingegen „vom Hause ausgehen soll, was leuchten soll im Vaterlande" (Gotthelf), — das bestimmt schon alles in *Lienhard und Gertrud.* Die intakte Familie der — in diesem Falle bäuerlich dörflichen Gesellschaft — das bleibt ein schweizer. Leitgedanke noch über Gotthelf hinaus bis zu Keller. In der Familie liegt alle Voraussetzung des natürlichen Wachstums. Das ist nun freilich weder Rousseau noch „Pädagogische Provinz". Es ist die naturgegebene Schweizer Variante des Erziehungs- und Bildungsgedankens, der übrigens wie letztlich doch der der Klassik ein realistischer war. Nur daß die ihm zugrundeliegende Ethik weniger auf kantischer Strenge als vielmehr auf Werten wie Herz, Gefühl, Gemüt beruhte (was wieder Sturm und Drang-Mitgift war).

Der pädagogische Eros, neben dem Hang zum Idyll ein unzweifelhaftes Kennzeichen der schweizer. Literatur, prägt auch den posthum berühmt gewordenen Beitrag Berns zur Gattung der Robinsonade. Es ist der *Schweizerische Robinson* des Pfarrers Joh. David W y s s, 1792-1798 für den Familiengebrauch geschrieben, aber erst von 1811 an durch den Sohn Joh. Rud. Wyss in Druck gebracht. Für diese Robinsonade hat exi-

stentiell zu gelten der Ausgang des Erziehungsgedankens von der Familie her, also die Leitidee von Pestalozzi bis Gotthelf. Dieses Existentielle wiegt umso mehr, als der Konzeption die Druckmöglichkeit völlig fern liegt. Unter den vielen Robinsonaden ist dies diejenige, die Schiffbruch und Inseldasein einer kompletten Familie, Eltern wie der Kinderschar, zukommen läßt. Das ungewollte Exil wird damit zum Bildungsasyl. Die Robinsonade wird erzieherisch, nicht im trockenen Sinne der Belehrung, sondern der Selbsterfahrung: geographische, erdgeschichtliche, zoologische und botanische Weltbildung im vorweggenommenen Humboldt-Sinne, rousseauisch durch den Erfahrungsweg, alles aber im Schoß der Familie verarbeitet: das ist der *Schweizerische Robinson,* der nach dem Tode des Verfassers unter der Fülle der Robinsonaden als Jugendbuch sich durchsetzte über die Grenzen hinaus.

Hatte der Berner Wyss mit seiner Robinsonade ähnlich Pestalozzi den realistischen Erziehungsgedanken von der Familie aus aufgefaßt, so versuchte ein Glied des Bodmer Kreises Joh. Kaspar H i r z e l (1725 bis 1803), Arzt wie Zimmermann, ein menschliches Idealbild vom Bauernstand und seiner Ökonomie her aufzustellen. Sein Ideal war der „Kleinjogg", Porträt keiner erfundenen, sondern historischen Figur, die er in *Die Wirthschaft eines philosophischen Bauers* (1761) weiterhin berühmt machte. Das Urbild mag etwas Außergewöhnliches gewesen sein, wie auch der „arme Mann im Tockenburg" das war. Rousseau hat auch hier Pate gestanden. Aber die Häufung des Idealischen und Sentimentalen bei Hirzel bestimmte Goethe, ihn strikt abzulehnen. Übrigens war Hirzel auch der betriebsame Organisator der für das geistige Leben der Schweiz bedeutsam werdenden „Helvetischen Gesellschaft", einer sehr patriotischen Institution. Ihre landesgeschichtlichen Bestrebungen lassen zurückdenken an die besondere Rolle, die die Schweiz vom Humanismus an in der Geschichtsschreibung gespielt hat. So war eine treibende Kraft in der helvet. Gesellschaft auch der Baseler Isaak I s e l i n (1722-82), Hirzel in schwärmerischer Menschenfreundschaft verwandt (*Philosophische und patriotische Träume eines Menschenfreundes,* 1755). Letztlich steht auch *Über die Geschichte der Mensch-*

heit, Iselins wirksamste Schrift, (ab 1764) unter dem Zeichen allgemeiner Humanität; wie denn auch Herder das Werk als Vorstufe zu seinen *Ideen* anerkannt hat.

> Joh. Heinr. Pestalozzi, *Sämtliche Werke u. Briefe*, begonnen v. Artur Buchenau, Ed. Spranger, Hans Stettbacher (1927 ff.), Bd. 6, hg. v. Emanuel Dejung: *Lienhard u. Gertrud. Entwürfe zum verlorenen 5. Teil* (1960). Josef Reinhard, *H. Pestalozzi. E. Lebensbild* (5. Aufl. Basel 1928; Jubiläumsausg. in neuer Bearb. 1945). Theod. Litt, *Der lebendige Pestalozzi. E. sozialpädag. Besinnung* (1952). Hans Barth, *Pestalozzis Philosophie der Politik* (Erlenbach-Zürich 1954). Friedrich Delekat, *J. H. Pestalozzi. Mensch, Philosoph, Politiker, Erzieher* (3. Aufl. 1968). — Joh. Rud. Wyss, *Blumenlese aus d. sämtl. Werken*. Mit e. Lebensabriß d. Verf. hg. v. Otto v. Greyerz (1872). Otto v. Greyerz, *Sprache, Dichtung, Heimat* (Bern 1933) darin: S. 162-188: *Der Anteil d. Schweiz an d. dt. Jugendlit.*, S. 358-373: *Der Schweizer. Robinson*. — Hans Hubschmid, *Gott, Mensch u. Welt in d. schweizer. Aufklärung. E. Unters. über Optimismus u. Fortschrittsgedanken bei Joh. Jac. Scheuchzer, Joh. Heinr. Tschudi, Joh. Jak. Bodmer u. Isaak Iselin* (Affoltern 1950). Ulrich Im Hof, *Isaak Iselin. Sein Leben u. d. Entw. s. Denkens bis zur Abfassung d. ,Gesch. d. Menschheit' von 1764* (Basel 1947). Ders., *Isaak Iselin u. d. Spätaufklärung* (Bern 1967). Ders., *Aufklärung in d. Schweiz* (1970; Monographien z. schweiz. Gesch. 5).

§ 30. Um die literar. Lage der Schweiz gegen die Jh.wende 1800 zu beurteilen, vor allem auch, um zu verstehen, warum die Romantik so gut wie ohne Beteiligung dieses Landes stattgefunden hat, muß man auf all diese Erscheinungen zurückgreifen, die noch um einige Fakten zu ergänzen wären. Besonders zäh hält sich in der Schweiz der Geist der Aufklärung, für dessen Annihilierung in Deutschland der Sturm und Drang aggressiver gesorgt hat als in der Schweiz und um 1808 die Romantik mit philosophischen Mitteln weiter sorgte. Auf solche Gegner stieß der Rationalismus im Schweizer Raum nicht. Daher konnte es in der Schweiz in besonderem Maße zu einem unmittelbaren Übergang vom Spätrationalismus und seiner Empfindsamkeit zum literar. „Biedermeier" und seiner Sentimentalität kommen. Der spezifisch schweizerische Hang zu aller Pädagogik wirkt dabei mit. So kommt es hier weder zu einer eigentlichen Klassik noch Romantik. Gewiß, Joh. Peter

Hebel ist als Lyriker wie als Erzähler eine Art Klassiker. Doch ist er trotz seiner klassischen Funktion als Dialektdichter, Kurpfälzer und Badener von Herkunft, sprachlich aber „Wahlschweizer". Der einzige bedeutende Schweizer, der existentiell in das Deutschland der Romantik verstrickt war, Joh. v. Müller (1752-1809), ist nicht Dichter, sondern der große Historiograph der Schweizer Geschichte, freilich aus dem Geiste Herders und der romant. Geschichtsbegeisterung. Das eigentliche literar. Leben in der Schweiz aber kennzeichnen damals einmal die revenants aus dem 18. Jh. und sodann ein überaus eifriger Literaturbetrieb für das bürgerl. Haus. Das ist unter dem unmittelbaren Übergang vom Rationalismus zum Biedermeier zu verstehen. Es ist dies auch nicht denkbar ohne das Weiterleben oder Neuaufkommen von Wochenschriften, Neujahrsblättern, gemeinnützigen Gesellschaften, Almanachen. Deren Wirkung greift, der sozialen Struktur der Schweiz entsprechend, von den mittelgroßen Zentren Basel, Bern und Zürich weit ins Land hinaus über, z. B. in die Pfarrer-, Lehrer- und Juristenhäuser, ja sie kalkulieren diese Leserschaft wie selbstverständlich ein. So ist die Periode von etwa 1800 bis zum Jungen Deutschland, also etwa 1830, eher literarsoziologisch als literarisch interessant. Übrigens liegt im Ganzen das Schwergewicht immer noch auf der Ostschweiz. Doch ist es eine Welt der Kleinmeister von zweitrangiger, oft auch nur lokaler Bedeutung.

Dichter dieser Übergangsperiode sind etwa Joh. Martin Usteri (1763-1827) und Joh. Gaudenz v. Salis-Seewis (1762-1834), beide in ihrer Jugend noch Kinder der Aufklärung, im Alter noch in die Biedermeier - Generation hineinreichend. Usteri ist zum guten Teil Dialektdichter, aber auch Autor von Fest-, Tafel- und Gesellschaftsliedern. Sein Rundgesang *Freut euch des Lebens* hat ihn bekannt gemacht. Salis' Freund und z. T. auch Epigone Fr. v. Matthisons, dem Beruf nach eigentlich Militär, war in erster Linie Naturdichter und Landschaftspoet mit erstaunlich zarten Tönen.

Wie bei Matthison das Stimmungsgedicht mit Alpenthema dominiert, so gilt das ähnlich für die Motive des in Bern durch Heirat und Familie beheimatet gewordenen

Dänen Jens B a g g e s e n (1764-1826), Freund und Briefpartner der dt. Klassiker von Herder und Schiller bis zu Goethe und Jean Paul, der den Alpen-Enthusiasmus des 18. Jh.s in zahlreichen Gedichten, vor allem aber in seinem Versepos *Parthenäis oder die Alpenreise* (letzte Fassung noch 1823) unmittelbar in die biedermeierliche Alpensentimentalität überführt.

Baggesen war ein enger Freund des Berners Joh. Rudolf Wyss (der Jüngere), der seines Vaters *Schweizerischen Robinson* zum Druck brachte und eine sehr betriebsame Rolle als Geschichts- und Sagenerzähler, überhaupt als Volksschriftsteller, vor allem aber als Editor und Organisator des wirksamen Almanachs *Alpenrosen* (ab 1811) entfaltete. Das alles, wie etwa auch die weitreichende Volksschriftstellerei des in Bünden eingebürgerten Norddeutschen Heinrich Z s c h o k k e traf sich wohl mit dem Historismus der Spätromantik, war aber zugleich auch eigenständiges schweiz. Geschichts- und Erziehungsbewußtsein von alters her. Dieses drückte sich überhaupt im literar. Taschenbuch-, Almanach- und Kalenderwesen (s. *Musenalmanach*) aus. Das war, entsprechend den helvetischen Verhältnissen, auch oft mit polit. Engagement verbunden. So auf höherem Niveau bei dem Winterthurer Ulrich H e g n e r (1759-1840), dem nachträglichen Darsteller der Tage der Helvetik (*Sallys Revoluzionstage*, 1814), vor allem aber dem Verfasser der Briefnovelle *Die Molkenkur* (1812), deren Handlung umfassende Zeit-, Kultur- und Gesellschaftskritik in sich schließt.

So entwickelt sich in der Schweiz eine literarsoziologisch ganz bestimmte Situation, eine Mischung von Pädagogischem und Ästhetischem, von Historischem und Politischem, die natürlich auf alle Stände zielt und in der auch dem Volk langatmige Geschichtsepen und Balladen so gut wie Fabeln, Sprüche und Sagenerzählungen zugemutet werden. Da ist der Aargauer Abraham Emanuel F r ö h l i c h (1796-1865), Freund und konservativer Gesinnungsgenosse Gotthelfs, der diese erzieherische Richtung äußerst fruchtbar, wenn auch keineswegs genial vertritt. Oder der St. Galler Joseph Anton H e n n e, auch er Versepiker und Sagenerzähler, Kalender- und Zeitschriftenmann, wie schließlich auch J. J. R e i t h a r d

(1806-57). Reithards Anschluß an die Radikalen nach 1830 kühlte eine früher vorhandene Beziehung zu Gotthelf ab.

Johannes v. M ü l l e r, *Sämtliche Werke.* Hg. v. J. G. Müller. 2. Aufl. 40 Bde (1831-35). Ausw. hg. v. Karl H e n k i n g, *Johannes v. Müller.* 2 Bde (1909-1928). Ders., *Briefwechsel mit Joh. G. Herder u. Caroline Herder.* Hg. v. Karl Emil H o f f m a n n (St. Gallen 1939). A. L e i t z m a n n, *Goethes Beziehungen zu Joh. v. Müller.* Histor. Zs. 152 (1935) S. 481-518. Ch. S c h e r e r, *Zum Briefwechsel zwischen Goethe u. Joh. v. Müller* (1936). Heinrich H e n e l, *Die Entwicklung des geschichtl. dt. Prosastils bei Joh. v. Müller* (1929; Histor. Studien 179). Werner K i r c h n e r, *Studien zu e. Darstellung Joh. v. Müllers.* Diss. Heidelberg 1931. — Rud. M a j u t, *Zur Wirkungsgesch. von Usteris ‚Freut euch des Lebens'.* GRM. NF. 17 (1967) S. 322-327. — Joh. Gaudenz von S a l i s - S e e w i s, *Gesammelte Gedichte.* Hg. v. Christian E r n i (Chur 1964). A. F r e y, *Joh. Gaudenz v. Salis-Seewis* (1890). A. R u f e r, *Salis-Seewis als Bündner Patriot u. helvetischer Generalstabschef* (1938). Rose F r i e d e m a n n, *Die Wandlungen in d. Gedichten v. Salis-Seewis.* Diss. Zürich 1917. — August B a g g e s e n, *Jens Baggesens Biographie.* 4 Bde. Kopenhagen (1843-56). Otto Z ü r c h e r, *Jens Baggesens ‚Parthenais'* (1912; UntersNSprLitg. NF. 11). Leif Ludwig A l b e r t s e n, *Baggesens ‚Parthenais' und ‚Faust'.* Nerthus. Nordisch-dt. Beitr. 1 (1964) S. 106-137. Ders., *Baggesen zwischen Vorromantik u. Biedermeier.* ZfdPh. 84 (1965) S. 563-580. Werner K o h l s c h m i d t, *Musen u. Grazien in d. Schweiz. Bemerkungen zu e. Gedicht von Baggesen,* in: Kohlschmidt, *Dichter, Tradition u. Zeitgeist* (1965) S. 222-228. — Max S c h n e i d e r r e i t, *Heinrich Zschokke. Seine Weltanschauung u. Lebensweisheit* (1904; Lebensphilosophie in gemeinverständl. Darst. 2). Margarete P r i e g e r, *Heinrich Zschokkes Erzählkunst.* (Masch.) Diss. München 1924. Paul S c h a f f r o t h, *Heinrich Zschokke als Politiker u. Publizist während d. Restauration u. Regeneration* (Aarau 1949). — Abraham Emanuel F r ö h l i c h, *Briefwechsel mit Jeremias Gotthelf.* Hg. v. Rudolf Hunziker (Winterthur 1906). Robert F a e s i, *Abraham Emanuel Fröhlich* (Zürich 1907). — Karl Heinr. R e i n a c h e r, *Joseph Anton Henne.* Diss. Freiburg, Schweiz 1916.

§ 31. Sekundäre Talente und Mediocritäten beherrschen die schweiz. Szene, kultivieren aber ein literar. Leben durch eifrige Produktivität, aus dem immerhin der erste große Realist Jeremias G o t t h e l f (Albert Bitzius) (1797-1854) sich literarisch entfalten konnte. Denn Gotthelfs dichterische Konzeption eines Volksschriftstellers, eines Prosaepikers und Kalendermannes verdankte ihre früheren Anregungen dem eben geschilderten literar. Milieu. Nur daß er durch die Macht seiner Sprache, die Fülle seiner Bilder, die Zurückdrängung der Sentimentalität und den missionarischen Elan das Genre ins Geniale erhob. Es bleiben Reste dieser Sphäre auch in Gotthelfs Meisternovellen hier und da sichtbar, bezeichnenderweise besonders an bestimmten sentimentalen Schlüssen seiner historischen Erzählungen. An ihnen merkt man, daß sich der Emmentaler Pfarrer seine geschichtlichen Stoffe aus der Sphäre der Fröhlich, Reithard, Henne und Wyss d. J. holte.

Zunächst freilich muß festgelegt werden, wie es sich bei diesem Dichter mit dem Dialekt verhält: Gotthelf ist kein Dialektdichter wie der Lyriker Hebel, schon gar nicht wie die ndt. Fritz Reuter und Klaus Groth, wie die schlesischen und bajuwarisch-österreich. Dialektdichter Holtei, Stelzhamer, Pocci oder wie der Hesse Niebergall. Er bildet sich vielmehr eine in der dt. Tradition einmalige Synthese von epischer Hochsprache, die freilich mit Idiotismen durchsättigt ist, unter Einschaltung von Dialektpartien vorzugsweise im Gespräch. Die Wirkung ist die Mischung von monumentaler Eindringlichkeit und intimer Herzlichkeit, die zudem zu äußerster Lebenswahrheit und Ausdrucksfähigkeit gesteigert werden kann. So gehört seine Prosaepik auch nicht zur „Dorfgeschichte" im Stile Auerbachs; wenn auch der Schauplatz nahezu immer ländlich ist. Die Eindringlichkeit und Wirklichkeitsnähe beruht auf der Stoßsicherheit in Richtung auf sein Erziehungsziel: Seelsorge als Literatur.

So entsteht die biographisch, wie bei Keller und Meyer verspätete Reihe seiner Romane und Novellen, binnen anderthalb Jahrzehnten. Die Produktivität war kurz, aber um so erfüllter. Gotthelfs große Kunst bestand darin, das physisch Nahe und Alltägliche, dem Volk Vertraute, auf einen metaphysischen Nenner zu bringen, ohne Einbuße an Sinnlichkeit. So entstanden keine aufklärerischen oder gar kirchlichen Handschriften, sondern eigentümlich realistische, ja gelegentlich naturalistische Gebilde, deren Leibhaftigkeit und Unmittelbarkeit durch einen überlegenen Humor nicht zuletzt zustande kam. Denn Gotthelf ist nicht nur einer der großen Realisten, sondern auch einer der großen Humoristen seines Jh.s, gerade auch zumeist, wenn er todernste Dinge im Auge hat: Aberglauben, bäuerlichen Geiz und bäuerliches Protzentum, Leichtsinn, Hochmut, Verfall und Verderbtheit der Stadt und der polit. Verhältnisse. Humor wie Ernst aber konnten hier nur zu großer Epik werden auf der Grundlage einer durchdringenden Menschenkenntnis und einer außergewöhnlichen Fähigkeit, sie literarisch in Psychologie umzusetzen.

Gotthelfs Themen sind vorwiegend sozialer Art. So in *Der Bauernspiegel* (1836) und *Leiden und Freuden eines Schulmeisters* (1838/39) die Untugenden der bäuerlichen Gesellschaft und der Schule, in den bekanntesten, den beiden *Uli*-Romanen (1841 u. 48) die Gefährdung des Dienstbotenlebens, in *Anne Bäbi Jowäger* (1843 u. 44) Herrschsucht und Aberglauben, in *Geld und Geist* die Versuchungen des bäuerl. Reichtums und der Politik, in *Jakobs des Handwerksgesellen Wanderungen* (1846 u. 47) ebenfalls die der Politik, aber auch der Liederlichkeit, in *Die Käserei in der Vehfreude* (1850) das gerade aufkommende ländliche Genossenschaftswesen und die Reaktion der dörflichen Gesellschaft, in *Zeitgeist und Bernergeist* (1852) wieder die Verführung *durch* die Politik, in *Käthi die Großmutter* (1847) Not und Glück der Armut, in *Der Geltstag* (1845) und *Erlebnisse eines Schuldenbauers* (1853) die zerstörende Wirkung falscher Ökonomie für den Charakter.

Alle diese Themen tauchen, z. T. genial individuell abgewandelt, auch in den Novellen auf; nur daß der z. B. in den *Uli*-Romanen oder in der *Käserei in der Vehfreude*, auch in *Anne Bäbi Jowäger* schon so stark mitbestimmende Humor in den Erzählungen und Kurzgeschichten sich häufig spielerisch verselbständigt, was auch in den polit. satirischen Geschichten vorkommen kann. So ist es in den drei Brautschau-Novellen der 40er Jahre (*Wie Joggeli eine Frau sucht, Wie Christen eine Frau gewinnt, Michels Brautschau*) unter den polit. satirischen in *Dr. Dorbach der Wühler* (1848). Aber selbst in der unter den histor. Novellen weitaus bedeutendsten *Die schwarze Spinne* (1842) lebt sich Gotthelfs Humor aus und zwar im Rahmen, der die düstere mal. Pestsage heiter-gegenwärtig im Motiv des Tauffestes umschließt.

Gotthelf hat eine eigene Kunst des Rahmens entwickelt, die das erzählte Vergangene mit der erzählenden Gegenwart kontrastierend oder hinweisend verbindet. So z. B. auch in *Erdbeer-Mareili* (1851), wo der Rahmen der stillen Heldin als Erzählung dem Ortspfarrer zufällt.

Gotthelf hat einen eigenen Heldenbegriff, nämlich den der Stillen im Lande, als Gegensatz zu den äußerlich heroischen üblichen Romanhelden auch programmatisch vertreten (in *Geld und Geist*). Nicht zuletzt erklärt das Geheimnis seiner Wirkung auch das, was er aus den einfachsten menschlichen Formen durch Sprache und Psychologie an erzähltem Alltagsheldentum zu gewinnen weiß.

Ganz anders geartet ist der Beitrag, den der Zürcher Gottfried K e l l e r (1819-1890) zum dt. Realismus leistet. Ein bewegteres Leben als die äußerlich ruhige Landpfarrer-Existenz Gotthelfs trägt dazu bei. Wie Stifter zuerst zwischen Malerei und Dichtung schwankend, als Maler in München scheiternd, dann in Heidelberg und Berlin, damaligen Zentren geistigen Lebens, z. T. bittere Not leidend, wird aus dem einstigen Bohémien ein unerwartet seriöser erster Staatsschreiber seines Heimatkantons. Dies hat Keller während einer langen krisenhaften Entwicklung „männlich" im Sinne Goethes in resignierender Selbstdisziplin aus sich gemacht. Resignation bestimmte auch das Verhältnis des Junggesellen zu den Frauen. Im Bereich des dichterischen Selbstbewußtseins herrschte sie nicht. Sie wurde als Haltung im Gegenteil das fruchtbare Stimulans seiner späteren Meisterschaft. Zu dieser kam auch er spät; jedoch legte er den Grund dazu noch in den bewegten Jahren in Heidelberg und Berlin. In Heidelberg wurde Feuerbachs Philosophie für ihn lebensbestimmend und im Ästhetischen auch die Begegnung mit Hermann Hettner. In Berlin lernte er die große literar. Welt von damals kennen, freilich eher kritisch und widerwillig. Alles dies schlägt sich ausgereift im späteren Werke nieder.

Keller hat als politisch-weltanschaulicher Lyriker im Zeitstile Heines und Herweghs eingesetzt. Seine erste Gedichtsammlung (1846) ist einer der stärksten Beiträge zur aufgeregten Lyrik des Jahrzehnts. Doch finden sich hier schon Natur- und Liebesgedichte, die später, gesammelt in der Ausgabe von 1883, den bedeutendsten Beitrag Kellers zum lyrischen Bestand des Jh.s ausmachen werden.

Der Erzähler Keller setzt mit dem unter heftigen Krisen erst zustandegekommenen Erziehungs- und Entwicklungsroman *Der grüne Heinrich* ein, in dem er zugleich seinen eigenen Werdegang mitverarbeitet. Die erste, z. T. noch spätromantische Fassung (1855) wird im Alter abgelöst durch eine zweite (1879/80). Eher noch spätromantisch ist der Schluß der ersten Ausgabe, der mit dem Sühnetod des verlorenen Sohnes endet. In der späteren hat er sich noch in bewußter Resignation unter Verzicht auf Glück in Arbeit zu bewähren. Das Ethos der Männlichkeit ist nicht das einzige, was Kellers Roman mit dem *Wilhelm Meister* verbindet. Auch Aufbau und Sprache tun das. Schon hier zeichnet sich, im Gegensatz zu Gotthelf, die Goethe-Sprache als Ausdrucksform und -ziel Kellers ab, der dem Dialekt als Literatursprache grundsätzlich kritisch gegenüberstand.

Kellers Novellen sind samt und sonders in Zyklen eingebaut (*Die Leute von Seldwyla* 1856-74, *Sieben Legenden* 1872, *Züricher Novellen* 1878, *Das Sinngedicht* 1882). Mit Ausnahme der *Legenden*, die eine preziöse Gattung für sich bilden, halb und halb Parodie oder Kontrafraktur zu denen des alten Kosegarten, sind es Musterstücke der eigentl. Novellengattung. In ihnen breiten sich weite Flächen des Menschlich-Allzumenschlichen alltäglicher oder wohlerfundener histor. Schicksale aus. Auch Keller ist ein Meister psychologischer Darstellung. Doch unterscheidet sich seine Psychologie von der Gotthelfs. Sie hat nicht dessen Dostojewskische Seite, auch nicht dessen manchmal ins Groteske verliebten Humor. Zwar geht es auch bei Keller nur selten um histor. Helden heroischer Art, sondern überwiegend um solche des Alltags, aber sie sind weder so vital noch so verworfen, wie sie es bei Gotthelf sein können. Auch das Gewissensmotiv ist (mit Ausnahme der beiden Romane) bedingter, die Sünde mehr Irrtum, alles weniger metaphysisch als bei Gotthelf, ohne deswegen flach zu sein. Der Schauplatz Seldwyla, Sinnbild der kleinstädtischen Gesellschaft, bleibt im begrenzten Rahmen auch der Anfechtungen des Kleinbürgers. (Nur gelegentlich in Berührung mit weiteren Horizonten, aber auch dann ohne Pathos.) Das gilt für die histor. Erzählung *Dietegen* so gut wie für die aufrechte Nicht-Seldwylerin Frau Regel Amrain und deren Erziehungswerk an ihrem Jüngsten. Auch für *Spiegel das Kätzchen*, Märchen der Gattung nach, aber durch und durch humoristisch-realistisch. Die Mehrzahl der Seldwyler Geschichten ist freilich in die Psyche der teils leichtfertigen, teils verbohrten Kleinstädter vertieft. Dabei bleibt Seldwyla Charakter- und Gesellschaftssymbol.

Eindringlich realistische Darstellung von MA. und Reformation ist die Mehrzahl der *Züricher Novellen*. Auch hier ist der Rahmen wie der von Seldwyla pädagogisch angesetzt. Das Patenkind soll durch die Erzählungen des Götti korrigiert werden. Und dazu wird die Erzählmotivik horizontal wie vertikal absichtlich weitgespannt, dunkle wie helle Züge der menschlichen Seele bekommen auch hier Symbolcharakter. *Ursula, Hadlaub, Der Landvogt von Greifensee*, suchen sie in der Geschichte, *Romeo und Julia auf dem Dorfe* und *Das Fähnlein der sieben Aufrechten* im ganz Gegenwärtigen.

Wenn der die Zyklen verbindende Rahmen in den Seldwyler Geschichten und den *Züricher Novellen* nicht gleichwertig durchgehalten wird, so ist die Rahmenhandlung im *Sinngedicht* geradezu meisterlich. Denn der Rahmen, in den der Logau-Spruch gestellt ist, ist selber eine humoristische Liebeshandlung, die in stetem Bezug zu den eingeschalteten Erzählungen steht und gerade durch sie zum glücklichen Ende kommt.

Wenn aber auch hier wie in den früheren Novellenzyklen Ernst und Scherz sich verbinden mit tieferer Bedeutung, so gilt das in ganz ausgezeichnetem Maße für die *Sieben Legenden*. Nicht nur die Wahl der Gattung, auch die Meisterschaft des Erzählstils sind erstaunlich. Selten hat ein Erzähler deutscher Zunge eine solche Leichtigkeit und wirkliche Anmut der Sprache erreicht, eine solche Souveränität im Parodieren, alles bei zugleich höchst hintergründiger Motivik. Die Rahmenhandlung des *Sinngedichtes* und *Der Landvogt von Greifensee* stehen hier den *Legenden* im Rang vielleicht am nächsten, doch mögen diese noch eine tiefere Spielschicht haben.

Nicht so Kellers Altersroman *Martin Salander* (1886). Hier herrschen Ironie, wo nicht Satire. Denn im Gegensatz zum *Grünen Heinrich* handelt es sich hier um Zeitkritik und Gesellschaftsanalyse von starker Schlagkraft, jedoch nicht ohne Bitterkeit. Die liberale Ära, die der junge Politiker Keller in den 40er Jahren selbst mit hatte heraufführen wollen, hatte den Alternden z. T. in der Phase der Korruption der Gründerzeit tief enttäuscht. Das Ausdrucksziel war hier als (diesmal konservative) Tendenz vorgegeben. Aber es bleibt die Kraft, es durch lebendige Gestalten zu decken. Die Mittelpunktsfigur des emporgekommenen Kaufherrn und Industriellen Salander ist dabei so lebendig herausgekommen wie sein Widerpart Louis Wohlwend, der gewissenlose Spekulant. Aber Kellers Realismus bewährt sich auch an einer Fülle von begleitenden Figuren. Der von der Tendenz getroffene Liberalismus hat dem *Salander* zu Unrecht Altersschwäche des Dichters diagnostiziert. Man muß den *Salander* aber nur mit Gustav Freytag oder Paul Heyse vergleichen, um in ihm einen Zeitroman von hohem Wirklichkeitsgehalt und überlegenem Realismus des Stils zu erkennen.

Robert S a i t s c h i c k , *Meister d. schweizer. Dichtung d. 19. Jh.s* (1894). Oskar W a l z e l , *Die Wirklichkeitsfreude in d. neueren schweizer. Dichtung*. Antrittsvorlesung (1908). — Jeremias G o t t h e l f , *Sämtliche Werke*. Hg. v. Rud. Hunziker, Hans Bloesch, Kurt Guggisberg u. Werner Juker. Bd. 1-24 nebst Erg.-Bd. 1-15 (1911-1961). Forschungsberichte: Friedr. S e n g l e , *Zum Wandel d. Gotthelfbildes*. GRM 38 (1957) S. 244-253. Karl F e h r , *Jeremias Gotthelf* (1967; Samml. Metzler 60), Roger P a u l i n , *Jeremias Gotthelf*, in: *Zur Literatur d. Restaurationsepoche*, hg. v. Jost Hermand u. Manfred Windfuhr (1970) S. 263-284. Studien: Walter M u s c h g , *Jeremias Gotthelf. Die Geheimnisse d. Erzählens* (1931; Nachdr. 1967). Ders., *Jeremias Gotthelf. E. Einf. in s. Werk* (2. Aufl. 1960; Samml. Dalp 63). Herbert M. W a i d s o n , *Jeremias Gotthelf. An introduction* (Oxford 1953). Werner G ü n t h e r , *Jeremias Gotthelf. Wesen u. Werk* (Neue, erw. u. überarb. Ausg. 1954). Ders., *Neue Gotthelf-Studien* (Bern 1958). Karl F e h r , *Jeremias Gotthelf* (Zürich 1954). Werner K o h l s c h m i d t , *Dichter, Tradition u. Zeitgeist. Gesammelte Studien z. Literaturgesch.* (1965), darin: *Das Gotthelf-Bild im Secularjahr* u. andere Gotthelf-Studien. — Gottfried K e l l e r , *Sämtl. Werke*. Hg. v. Jonas Fränkel u. Carl Helbling. 22 Bde (1926-1949). Bibliographie u. Forschungsberichte: Charles G.

Z i p p e r m a n n , *Gottfried Keller. Biblio-graphie 1844-1934* (Zürich 1935). Wolfgang P r e i s e n d a n z , *Die Keller-Forschung d. Jahre 1939-1957.* GRM 39 (1958) S. 144-178. Hermann B ö s c h e n s t e i n , *Gottfried Keller* (1969; Samml. Metzler 84). Studien: Emil E r m a t i n g e r , *Gottfried Kellers Leben, Briefe u. Tagebücher.* Auf Grund d. Biogr. Jakob Baechtolds dargest. u. hg. 3 Bde (1915-1919; 8. Aufl. 1950). Georg L u k á c s , *Gottfried Keller* (geschr. 1939), in: Lucács, *Dt. Realisten d. 19. Jh.s* (1952) S. 147-230 (wiederh. in: Lukács, *Werke*, Bd. 7, 1964). Rud. W i l d b o l z , *Gottfried Kellers Menschenbild* (1964). Michael K a i s e r , *Literatursoziologische Studien zu Gottfried Kellers Dichtung* (1965; Abhndlgn. z. Kunst-, Musik- u. Lit.wiss. 24). Louis W i e s m a n n , *Gottfried Keller. Das Werk als Spiegel d. Persönlichkeit* (1967; Wirkung u. Gestalt 2). Hanna W i l d b o l z , *Mensch u. Stand im Werke Gottfried Kellers* (Bern 1969; SprDchtg. NF. 15). Rätus L u c k , *Gottfried Keller als Literaturkritiker* (1970). Karl F e h r , *Der Realismus in d. Schweiz. Literatur* (1965).

§ 32. Hat der Realismus in Gotthelf und Keller schweizer. Repräsentanten von heute unumstrittenen Rang, so muß man den dritten wirklich bedeutenden Schweizer Dichter des 19. Jh.s C. F. M e y e r (1825-1898) vielleicht vorsichtiger als Übergang vom psychologischen Spätrealismus zum Symbolismus auffassen. Auf jeden Fall gilt das für die Lyrik, die zum Bedeutendsten nicht nur ihrer Zeit gehört. Nicht umsonst hat auf der Höhe des Symbolismus Stefan George Meyers Lyrik in seiner Anthologie mehr Gewicht gegeben als der Heines.

Meyer, wie Gotthelf aus dem Stadtpatriziertum stammend, war weltkundiger und historisch wie kunstgeschichtlich interessierter und gebildeter als dieser und Keller. Dafür fehlte ihm Kellers philosophisches Interesse und Gotthelfs eingehende Psychologie des Naiven. In seiner Jugend war Meyer dagegen lebhaft theologisch engagiert. Alles dies brachte es mit sich, daß seine Anfänge wie seine Meisterjahre in der Linie des dt. Historismus liegen, vor allem seine Prosaepik. Hofmannsthal hat das später nur negativ gesehen, als literar. Repräsentation der Makart-Zeit. Die hohen Formqualitäten von Meyers Erzählkunst sind freilich dabei nicht mitberücksichtigt, so wenig wie der ästhet. Rang seiner besten Gedichte. Die Wiederentdeckung der Renaissance, erst für sich, dann an Hand von Jac. Burckhardt

war existentiell, nicht bloß historisch. Sie wurde dichterisch zum Versuch eines hochkultivierten Spätlings, der Meyer sicher war: Den Vitalismus einer hohen Zeit europ. Geschichte mit dem eigenen Lebensideal zu verschmelzen und auf diese Weise am Lebensgefühl großer geschichtl. Gestalten Anteil zu gewinnen, war sein Anliegen. Er hat daher unter den großen Schweizer Realisten am meisten Pathos in Sprache und Gebärde. Damit ergibt sich für ihn auch ein dezidiert anderer Heldenbegriff als der des schlichten Heldentums Gotthelfs und Kellers. Es ist bei ihm mehr der idealistische Begriff des Helden der Tradition: der große Täter, Selbstverwirklichung und Selbstopfer, aber durch die Größe wertfrei, nicht moralistisch. Der Held kann stets auch der große Sünder sein. Das gilt sowohl für die Balladenhelden, mit denen Meyers verspätete Produktion einsetzt (*Zwanzig Balladen von einem Schweizer* 1864, *Romanzen und Bilder* 1870) wie für die Versepen (*Huttens letzte Tage* 1871, *Engelberg* 1872), wie natürlich auch für die späteren Geschichtsgedichte und Balladen, z. T. Neufassungen älterer Stücke, deren endgültige Form erst die 5. Aufl. der *Gedichte* (1892) präsentiert. Zwischen den Versepen und dieser Gedichtausgabe liegt die Zeit der großen Novellenproduktion, durch die Meyer in Deutschland bekannter wurde als durch seine Lyrik. Zu Unrecht. Denn wenn die Haupteigenschaft des Lyrikers Meyer nicht die Spontaneität (das Tirili der Lerche, das Storm bei ihm vermißte), so ist dafür eine solche Verantwortung für die Sprache in Wort und Wendung, in Rhythmus und Klang in dt. Zunge ziemlich einzigartig. Dies ist im Romanischen zu Hause, im Deutschen nur in der Überlieferung, die von Platen herkommt und zu Stefan George hin führt und in die der Lyriker C. F. Meyer am ehesten mit hineingehört: Zucht und Strenge gegen sich selbst (wie gegen andere), das „Wort" als zentraler Wert, Dichte und Kürze. Von hier aus muß man das so oft bemäkelte Auftreten immer wieder überprüfter und stets verdichteter Gedichtfassungen interpretieren, nicht vom Gesichtspunkt eines hypertrophierten Ästhetizismus oder gar des Mangels an Erfindung. Niemand würde einem Dichter von ähnlichem Formbewußtsein etwa in Frankreich einen

Vorwurf daraus machen, daß er unermüdlich feilt und ändert.

Seit dem ausgezeichneten Buch von H. Henel ist aber auch wissenschaftlich klargestellt, daß es sich bei Meyers reiner Lyrik — Naturgedicht, Liebesgedicht — Dinggedicht um symbolist. Formen handelt, keineswegs um historische Epigonenlyrik. Nicht völlig gilt das für Meyers Balladen, die nun einmal unter der Gattungstradition von Strachwitz und Platen her stehen.

Dagegen gilt es wieder für die besten seiner Erzählungen (hier einschließl. seiner Versepik gemeint). Meyer hat selbst in einer oft zitierten Briefstelle seine histor. Figuren als Verkleidungen (Masken) seiner eigenen Existenzproblematik bezeichnet. In diesem Sinne war ihm auch seine Geschichtsmotivik zugleich Distanzierung und Annäherung. Es lag dem Erzähler letztlich nicht daran, Geschichtliches so zur Darstellung zu bringen, wie es „wirklich war". Gerade dies trennt ihn vom Historismus der romantischen Chroniknovelle, vom eigentlichen Historismus. Die Geschichte wurde ihm vielmehr zum Sinnbild des Menschlichen durch Zeiten, Typen und individuelle Schicksale hin.

So geht es ihm bei einem Hutten (*Huttens letzte Tage* 1871), einem Jenatsch (*Jürg Jenatsch* 1874), einem Gustaf Adolf (*Gustaf Adolfs Page* 1882), einem Pescara (*Die Versuchung des Pescara* 1887) oder einer *Angela Borgia* (1891) überall um die inneren Bedingungen und Probleme der „Größe", denen er mit sublimer psychologischer Gestaltungskraft und kristallklarer Sprache nachgeht. Auch die Konzeptionen und die Strukturen seiner Novellen liegen klar und offen. Das gilt auch von den beiden komischen Erzählungen *Der Schuß von der Kanzel* (1878) und *Plautus im Nonnenkloster* (1881), die er, seiner Natur eigentlich fremder als der des Humoristen Keller, im Wetteifer mit dessen *Züricher Novellen* geschaffen hat. Doch hat Meyer auch hier seinen Renaissance-Vitalismus kräftig mit eingemischt. (Dies sogar in seinem zweiten Versepos *Engelberg* 1872). Seine ganze Kunst bewährt sich aber nicht allein an den „Helden"-Figuren, sie hebt auch deren Gegenspieler und Umgebung in helles, gleichsam plastisches Licht. So etwa die Hauptakteure der Bartholomäusnacht in *Das Amulett*

(1873), die Figur Ludwig XIV. in *Die Leiden eines Knaben* (1883), das Verona Cangrandes in *Die Hochzeit des Mönchs* (1883/84), das hohe politische Spiel der ital.-span.-habsburg. Politik im *Jenatsch* und im *Pescara* den Renaissance-Hof der Este in Ferrara mit dem Hintergrund des hohen Spiels der Familie Borgia.

Eine Eigentümlichkeit der Erzählkunst Meyers ist das Motiv der vitalen Kraft, die er auch den meisten seiner Frauengestalten zuschreibt. So etwa der Lucretia Planta im *Jenatsch*, der unvergleichlich erfundenen Kraftgestalt der Richterin (*Die Richterin* 1885) oder der Lucretia in der *Borgia*-Novelle. Sogar in beiden komischen Novellen liegen Entschlossenheit und Energie bei den Frauengestalten. Das zeigt die Reichweite des Lebensgefühls als Hauptwert des Menschlichen.

Die außergewöhnliche Kunst realist. psychologischer Charakterisierung, über die Meyer verfügt, gipfelnd wohl in dem hintergründig zweideutigen Charakter Thomas Beckets (*Der Heilige* 1879/80), des Mönchs Vicedomini und des Pescara, zeigt sich auch in Meyers souveränen Abwandlungen des Rahmenmotivs. Von *Der Heilige* an haben seine Novellen vorwiegend einen Erzählrahmen, der der jeweiligen Situation meisterhaft angepaßt ist. Das berühmteste (und raffinierteste) Beispiel ist *Die Hochzeit des Mönchs*, deren Erzählung Dante selber am Kamin Cangrandes zufällt, jedoch so sublim, daß Dante die Figuren der Novelle aus den anwesenden Fürsten- und Höflingsgestalten gleichsam vor deren Augen und Ohren selber entwickelt (s. *Rahmenerzählung*).

Meyer erobert sich die dt. Leserschaft ebenso umfassend wie Gotthelf, umfassender als Keller. Doch lag sein Publikum z. T. auf anderer Ebene: er war von den drei großen Schweizer Erzählern der einzige, der Kontakt zur franz. Erzählkunst hatte, deren durchdringendem Psychologismus er am ehesten verwandt ist. Dies gehört mit zu seinem individuellen Beitrag zur dt. Novellistik, so wie die Tradition der klassizistischen dt. Formkunst den Stil seiner Gedichte mitgeprägt hat.

Jedoch nur mit-geprägt. Man merkt den Unterschied zu einem wirklichen Epigonen der von Platen herkommenden Formkunst im Vergleich von Meyers Lyrik mit der von

Heinrich L e u t h o l d (1827-79). Dieser Zürcher war 1857 zum Münchner Kreise Geibels und Heyses gestoßen, hatte sich mit Geibel zu Übersetzungen zusammengeschlossen und war in dessen *Münchner Dichterbuch* (1862) mit nicht weniger als 13 Gedichten vertreten. Bekannt wurde Leuthold, der nach einem sehr undisziplinierten und zerrissenen Leben in der Zürcher Irrenanstalt endete, erst durch die von J. Bächtold besorgte Gesamtausgabe seiner *Gedichte* (1879). Doch mischte sich sein Ruf dadurch mit einem eher fatalen Mitleidseffekt. In Wahrheit war er nur ein formales Talent, das von Platen, Heine und Herwegh bis zu Geibel in viele traditionelle Töne einzuschlüpfen wußte, kein verkanntes Genie. In der Romanze wie im Ghasel wie im Sonett wie in der Ode wohl zu Hause, auch als lyr. Liederdichter in dieser Tradition beheimatet, ist er im wesentlichen doch nicht mehr als ein talentierter Nachdichter überlieferter Töne. Daher paßte dieser im Wesen unbeherrschte Schweizer als Poet wohl in die Münchner Situation.

Daß C. F. Meyer mit dem *Hutten*, einem Modemotiv des Jungen Deutschland, sich noch mit diesem berührt, wie das auch die polit. Lyrik des jungen Keller getan hat, das erfordert noch einen literarsoziologischen Hinweis auf die in der Schweiz sich hartnäckig haltende Tendenzlyrik aus dem Geiste der jungdt. Zeit. Die Großen haben sie überwunden oder auch wie Gotthelf fanatisch bekämpft. Es war eine Schulmeisterlyrik vorwiegend der Primar- und Sekundarlehrer und radikalen Redakteure, die aber zugleich mit den sogenannten Fortschrittsideen in einem selbstgerechten Patriotismus nur so watete. Aus dieser Sphäre stammt z. B. die derzeitige Schweizer Nationalhymne *Trittst im Morgenrot daher.* Für die dt.-sprachige Dichtung hat sie nur Lokalwert. Doch eignet ihr eine nachhaltige bis über die Jh.wende hinausreichende pseudoreligiöse Tendenz. Diese ist teils antikathol. und antiorthodox (immer noch im Sinne von Kellers Erstling *Jesuitenlied),* teils verschwommen-naturgläubig, vermeintlich pantheistisch. Die heutige Nationalhymne ist ein Musterbeispiel auch für dies. Ein Nachfahre dieser breiten Strömung ist noch auf etwas höherer Ebene der Berner Ferdinand von S c h m i d (Pseudonym Dranmor, 1823

bis 1888), Bankier und Kaufmann, im Literarischen Dilettant. Seine *Gesammelte Dichtungen* (1873) interessieren histor. (nicht ästhet.) durch die Konsequenz, mit der sie die pantheist.-atheist. Tendenz durchhalten. Daß diese Gedichte (!) binnen fünf Jahren drei Aufl., und nicht etwa in der Schweiz, sondern bei dem angesehenen Berliner Verlag Paetel erleben konnten, zeigt soziologisch, wie stark die Gründerzeit noch vom religiösen Liberalismus und Radikalismus der Epoche David Friedr. Strauß' beherrscht war.

Conrad Ferdinand M e y e r , *Sämtliche Werke.* Histor.-krit. Ausg., hg. v. Hans Z e l l e r u. Alfred Z ä c h (Bern 1958 ff.). Forschungsbericht: Karl F e h r , *C. F. Meyer* (1971; Samml. Metzler 102). Studien: Adolf F r e y , *C. F. Meyer. Sein Leben u. s. Werk* (1900; 3. Aufl. 1919). Robert d ' H a r c o u r t , *C. F. Meyer. Sa vie, son œuvre* (Paris 1913). Franz Ferdinand B a u m g a r t e n , *Das Werk C. F. Meyers. Renaissance-empfinden u. Stilkunst* (1917; Neuausg. hg. v. Hans S c h u m a c h e r , Zürich 1948). Heinrich H e n e l , *The poetry of C. F. Meyer* (Madison 1954). Louis W i e s m a n n , *C. F. Meyer, der Dichter d. Todes u. d. Maske* (1958; Basler Studien 19). Georges B r u n e t , *C. F. Meyer et la nouvelle* (Paris 1967). — Heinrich L e u t h o l d , *Gesammelte Dichtungen.* Hg. v. Gottfried B o h n e n b l u s t , Bd. 1-3 (1914). Adolf Wilh. E r n s t , *Heinrich Leuthold. E. Dichterporträt* (1891; 2. Aufl. 1893). Ders., *Neue Beiträge zu H. Leutholds Dichterporträt* (1897). Heinrich S c h n e i d e r , *Die freundschaftliche Begegnung H. Leutholds u. E. Geibels im Münchener Dichterkreis* (1961; Veröff. d. Stadtbibl. Lübeck NF. 4). — Ferdinand v. S c h m i d (pseud. Dranmor), *Ges. Dichtungen* (1873; 4. Aufl. 1900). Ders., *Gedichte.* Ausgew. u. eingel. v. Otto v. G r e y e r z (1924; Die Schweiz im dt. Geistesleben 28). Ferdinand V e t t e r , *F. v. Schmid. E. litterar. Studie* (Bern 1897; Bund, Sonntagsbeil. Nr. 28-31).

§ 33. Von der großen Erzählkunst vor allem Gotthelfs und Kellers, darüber hinaus aber beeinflußt auch vom dt. Naturalismus und der von ihm in allen Sprachlandschaften entfachten „Heimatkunst" ist auch dieser in der Schweiz besonders fertile Bereich. Die starke Produktivität in diesem Genre hängt aber auch mit der langen Tradition des schweiz. Stammes- und Staatsgefühls zusammen, die ohne weiteres in den allgemeinen Naturalismus der 80er und 90er Jahre sich fügen konnte. (Seit dem 18. Jh. bereits gab es das berühmte Schweizer „Heimweh", eine Wortkomposition, die zuerst auch in der

Schweiz bezeugt ist.) Adolf Bartels, der Inaugurator der „Heimatkunst", hatte den Modebegriff des Jh.endes schon von einem Schweizer, nämlich von Gotthelf her, wenn auch zu unrecht, entwickelt. Die „Dorfgeschichte" Auerbachs hat hier eher Pate gestanden. Nur daß der Naturalismus diese Gattung mit neuen Darstellungsmethoden versah: dem modernen Psychologismus, dem Vulgärwortschatz, dem Realismus der Landschafts- und Naturschilderung. Wie gesagt, war diese Übernahme für die Schweiz nach ihrer Erzähltradition, ihrer dialekt. Umgangssprache und ihrem Heimwehkomplex bruchlos und natürlich. So ging ihr Anteil an der Heimatkunst außergewöhnlich in die Breite. Es ist hier nicht möglich, mehr als einige der hervortretenden Namen zu nennen: J. C. Heer, Heinr. Federer, Ernst Zahn, Meinrad Lienert, Alfr. Huggenberger, Jakob Bosshard nebst einer ganzen Anzahl von heimatdichtenden Frauen. Der bedeutendste aus dieser Gruppe (weil durch ihn eine Steigerung der Heimatliteratur über sich selbst stattgefunden hat) bleibt trotz seiner polit. Mißgriffe Jakob Schaffner. Ließ er sich mit der Blut- und Boden-Theorie des Dritten Reiches ein, so war sein Werk freier von dieser als das mancher anderer schweizer. Heimatdichter.

Übrigens liegt auch im Zuge dieser Strömung der starke Anteil, den die Schweiz an der Jugendlit. hat, von Johanna Spyri bis Elisabeth Müller, ja selbst bis zu Spittelers, des hohen Artisten, Kindergeschichte *Die Mädchenfeinde*. Selbstverständlich ist die „Heimatkunst" nicht immer Idyll einer noch heilen Welt. Besonders für Schaffner gilt das nicht. Vom dt. und franz. Naturalismus hat sie das Interesse an den Hintergründen der Seele, an Ursachen und Entwicklungen menschlicher Eigenschaften, die Sonderlinge und Käuze zur Schau tragen oder die sich als böse, ja kriminell bezeugen. Doch bleibt diese Welt gleichwohl zumeist ohne die Differenzierungen, über die Balzacs oder Zolas Realismus verfügt. Es fehlte nicht nur Paris, sondern damals überhaupt jede echte Großstadtbevölkerung im Land. „Einfache Formen" auch im Psychologischen, dabei mußte es, wenigstens überwiegend, bleiben. Daher entspricht dem Umfang der schweiz. Heimatliteratur bis auf einige Ausnahmen der dichterische Rang nicht, obwohl sie bis heute

ihre Leserschaft findet und ihre Nachzügler hat: ein Genre zahlreicher „Kleinmeister", nicht mehr großer Einzelner. Gleichwohl wäre hier als ein ausgezeichneter Name der von Meinrad I n g l i n zu nennen, des Verfassers des *Schweizer Spiegel* und von Erzählungen von Rang wie *Die Welt von Ingoldau*, als Erzähler Jacob Schaffner verwandt.

Von den neueren Schweizer Dichtern, die schon geschichtlich geworden sind, muß man die beiden miteinander befreundeten Carl S p i t t e l e r (1845-1924) und Joseph Viktor W i d m a n n (1842-1911), beides Baselbieter, hervorheben, weil in ihnen sich der schweiz. Beitrag zu Symbolismus und Jugendstil am deutlichsten darstellt. Der um vieles bedeutendere ist Spitteler. Beide kamen ursprünglich von der Theologie her und wurden dann im bürgerlichen Beruf Journalisten, wovon auch ein erheblicher Anteil von Literatur- und Zeitkritik zeugt. Spitteler vor allem schuf sich eine breite Gemeinde auch in der dt. Jugendbewegung, die sich in Gustav Wynekens Landerziehungsheim Wickersdorf fast bis zum Kult steigern konnte. Sein Verleger Eugen Diederichs brachte Spittelers Werke an die weitere dt. Öffentlichkeit. Für Spitteler wie für Widmann ist übrigens bezeichnend die keineswegs bruchlose Art, wie sie Symbolistisches und Naturalistisches in ihrem Werk nebeneinander verfolgen. Jedoch hat ihre „Modernität" Grenzen. Konservativ sind sie nämlich eher in der Wahl ihrer Gattungen. Spitteler in der Wahl des Versepos für sein bedeutendstes Werk *Der olympische Frühling* (vierbändig, 1900-1906, mit nachfolgender Umarbeitung); Widmann in einer Neigung zur Idylle. Spitteler setzt schon sehr früh mit ausgesprochen symbolistischen Werken ein (*Prometheus und Epimetheus*, 1880/81, *Extramundana*, 1883), die sich eng mit Nietzsche berühren und wie *Der Olympische Frühling* kosmogonische Mythen erfinden, in denen eine Nietzsche nahe aristokratische und erheblich pessimistische Weltanschauung zum Ausdruck kommt. Spitteler, damals noch hinter dem ebenfalls symbolistischen Pseudonym Felix Tandem verborgen, hat das selber mit der Formel kosmischer Idealismus bezeichnet. Er treibt ihn in den beiden Frühwerken in rhythmischer Prosa und in fünffüßigen Trochäen. Im *Olympischen Frühling* werden es sechsfüßige Jamben. Keller und

Meyer, mit denen der junge Tandem naiv Kontakt aufnahm, waren ob seiner artifiziellen Suche nach einem geeigneten Versmaß für sich distanziert verwundert. Übrigens hat Spitteler auch den Vers des *Olympischen Frühling* noch in seiner späten Prometheus-Dichtung (*Prometheus der Dichter*, 1924) verwendet. Von der Klassik her bestimmte Mythologie also — versehen mit großenteils ironischen Variationen oder Neuerfindungen in der Nähe Nietzsches, aber auch von der klassischen Tradition her abgeleitete Rhythmik, das ist für den Kern seines Werkes charakteristisch. Ohne die Mitgift kluger eigener Erfindungen hätte dies sich freilich schwerlich durchgesetzt, seine Form auch schwerlich ohne die Beimischung gallischer Ironie.

Eine fast modellhafte Repräsentation des literar. Jugendstils ist Spittelers Novelle *Imago* (1906). Sie soll Freud zu seiner berühmten Imago-Konzeption angeregt haben.

Bleibenden Wert haben von Widmanns Schriften kaum die traditionellen Dramen und Idyllen der 60er und 70er Jahre, sondern eher das Schauspiel mit dem Nietzsche-Titel *Jenseits von Gut und Böse* (1893) und das Drama *Die Muse des Aretin* (1902), dazu *Der Heilige und die Tiere* (1905), vor allem aber die Mischung von Symbolismus und Tierfabel, die für die *Maikäferkomödie* (1897) bezeichnend ist. Auch die ihr zugrundeliegende Weltanschauung ist in Komödienverkleidung der heroische Pessimismus Nietzsches und Wagners.

Carl S p i t t e l e r , *Gesammelte Werke.* Hg. v. Gottfried Bohnenblust, Wilh. Altwegg, Robert Faesi. Bd. 1-10 (Zürich 1945-1958). Gottfried B o h n e n b l u s t , *Carl Spitteler,* mit e. Bibliogr. v. Wilh. F r e l s . SchLit. 26 (1925) S. 97-108, Bibliogr. S. 109-116; 205. Robert F a e s i , *Spittelers Weg u. Werk* (1933; Die Schweiz im dt. Geistesleben, Ill. Reihe 20). Leonhard B e r i g e r , *Carl Spitteler in d. Erinnerung s. Freunde.* Ges. u. hg. (Zürich 1947). Otto R o m m e l , *Spittelers ‚Olympischer Frühling' u. s. epische Form* (1965). Luigi Q u a t t r o c c h i , *Spitteler narratore* (Roma 1968). Werner S t a u f f a c h e r , *Carl Spitteler. Biographie* (1973).

Josef Viktor W i d m a n n , *Feuilletons.* Ausw., Zusammenst. u. Hg. v. Jonas Fränkel (Bern 1964). Ders., *Briefwechsel mit Gottfried Keller.* Hg. v. Max Widmann (1922). Ders., *Briefwechsel mit Henriette Feuerbach u. Ricarda Huch.* Hg. v. Charlotte v. Dach, Einf. v. Max Rychner (1965). G. B o h n e n b l u s t , *Ein Jugendbund zweier Schweizerdichter* [C. Spitteler u. J. V. Widmann] im *Zeichen Jean Pauls,* Festg. f. Ed. Berend z. 75. Geb. (1959) S. 170-179. Jonas F r ä n k e l , *J. V. Widmann* (2., umgearb. Aufl. St. Gallen 1960). Werner G ü n t h e r , *Dichter d. neueren Schweiz.* 2 Bde (1963-68), passim.

§ 34. Bedeutenden Anteil am E x p r e s s i o n i s m u s hat dagegen die Schweiz, wenn man von einigen Namen zweiten Ranges wie Hermann Kesten und Max Pulver absieht, nicht genommen. Auch dies ist vielleicht nicht zufällig. Die Neigung des Expressionismus zum Unbedingten, ja Chaotischen, zur All-herrschaft des Gefühls und zur polit. Anarchie war nicht so sehr Sache des schweizer. Charakters. Daß „Dada" ausgerechnet in Zürich aus der Taufe gehoben wurde, lag vor allem an den Nicht-Schweizern Ball, Arp, Tristan Tzara. Dies liegt auf ähnlicher Ebene wie das dt. Emigrantenkabarett *Die Pfeffermühle* in Zürich (zur Zeit Hitlers), dessen spiritus rector bekanntlich Erika Mann war. Eine Geschichte der E m i g r a n t e n l i t e r a t u r (s. d.) in der Schweiz als Asylland kann in diesem Artikel überhaupt nicht ins Auge gefaßt werden. Sie wäre, vom Jungen Deutschland an, vielfältig genug, jedoch ein anderes Blatt. Ebenfalls kann nur andeutend hier die Rede sein von der noch nicht eigentlich geschichtlich gewordenen G e g e n w a r t s l i t e r a t u r . Den Übergang von der Tradition zu ihr bildet das prosaepische und lyrische Werk des frühverstorbenen Albin Zollinger (1895—1941). Daß für das moderne Drama wie für die Prosadichtung augenblicklich höchst bedeutende Impulse durch Dramatik und Erzählkunst der noch Lebenden, des Berners Friedrich Dürrenmatt und des Zürchers Max Frisch ausgehen und virulent bleiben, wobei das Menschenbild Kierkegaards stark mit im Spiel, ist offenkundig. Weltangst, Sorge um die eigene Identität, gesellschaftliche Zwänge, der Gewissens- und Gerichtsgedanke kommen in beider Werk eher zu eindrücklicherer Gestaltung als im Nachkriegsdeutschland, mit starker Bühnenwirkung sowohl wie in der Kunst der Prosaepik.

Hans B ä n z i g e r , *Frisch u. Dürrenmatt* (1960; 5. Aufl. 1967). Hans M a y e r , *Dürrenmatt u. Frisch. Anmerkungen* (1963; Opuscula aus Wiss. u. Dichtung 4). Thorbjörn L e n g b o r n , *Schriftsteller u. Gesellschaft in d. Schweiz. E. Studie zur Gesellschaftsproblematik bei A. Zollinger, Max Frisch u. Friedr. Dürrenmatt* (1972). W. K o h l s c h m i d t , *Selbstrechenschaft u. Schuldbewußtsein im Menschenbild d. Gegen-*

*wartsdichtung. E. Interpretation d. ‚Stillers'
von Max Frisch u. d. ‚Panne' von Friedr.
Dürrenmatt*, in: *Das Menschenbild in d. Dichtung*. Hg. v. Albert Schaefer (1965) S. 174-
193. — Eduard S t ä u b l e , *Max Frisch. E.
Schweizer Dichter d. Gegenwart. Versuch e.
Gesamtdarstellung* (Amriswil 1957; 3., umgearb. Aufl. St. Gallen 1967). Ulrich W e i s -
s t e i n , *Max Frisch* (New York 1967;
Twayne's world authors ser. Germany 21).
Über Max Frisch. Hg. v. Thomas B e c k e r -
m a n n (1971; ed. Suhrkamp 404). *Max
Frisch. Beiträge z. Wirkungsgesch*. Hg. v.
Albrecht S c h a u (1971; Materialien z. dt.
Lit. 2).

Werner Kohlschmidt

Schwulst

§ 1. Wortgeschichte. § 2. Stildefinitorische
Problematik. § 3. Grundlagen in Rhetorik und
Poetik. § 4. Rezeption im 17. Jh. § 5. Genesis
des literaturkritischen Terminus. § 6. Polemik
gegen den Roman. § 7. Gottscheds Kritik.
§ 8. Kritik der Schweizer. § 9. Klassizistische
und romantische Rezeption. § 10. Grundlagen
der Forschungsgeschichte.

§ 1. Die mhd. Bezeichnungen *swulst* und
geswulst (ahd. *giswulst*) für Krankheitsschwellung setzen sich in nhd. *Geschwulst*
fort. In der Lit. des 17. Jh.s tritt noch
häufig Sch. für Tumorkrankheiten auf; daneben bereits außerhalb des medizinischen Bedeutungsfeldes Sch. und *Schwolst* für Wölbungen (z. B. *des Meerschaums Schwolst*).
Die übertragene Bedeutung von Sch. für
sprachlich stilistische Erscheinungen findet
sich schon bei Luther. Der moderne literaturwissenschaftliche und umgangssprachliche
Gebrauch basiert auf der stilkritischen Begriffsverwendung im letzten Drittel des 17.
Jh.s und ihrer allgemeinen Verbreitung
durch G o t t s c h e d , Joh. Jak. B o d m e r
und B r e i t i n g e r . Zur selben Zeit ist
im Franz. *phébus* und im Engl. *bombast*
literaturkritisch im Gebrauch. Der literaturkritische Begriff Sch. bezieht sich ursprünglich auf die Dichtung der Pegnitzschäfer und
die der sogen. zweiten schlesischen Schule
(Lohenstein, Hofmannswaldau). Während
der Aufklärung kommt der Begriff auch pejorativ in Bezug auf die antike Dichtung zur
Anwendung. Seither kursiert Sch. als überepochale Bezeichnung des umgangssprachlichen Sinns von geschwollener Sprache.

Jacob u. Wilhelm G r i m m , *Deutsches
Wörterbuch*. Bd. 9 (1894) Sp. 2751-2754.
Friedrich K l u g e , *Etymologisches Wörterbuch* (20. Aufl. 1967) S. 695.

§ 2. Sch. läßt sich als Beschreibungsformel
zur Klassifizierung von Textdokumenten des
17. Jh.s nur bedingt verwenden, da sich die
wissenschaftliche Begriffsanwendung unmittelbar aus innerpoetischer, vorwissenschaftlicher Polemik des 18. und 19. Jh.s entwickelte. Neben der rein negativ gebrauchten Wertungsvokabel, deren intentionale Tendenz
an die jeweils aktuellen Maximen der Literaturkritik gebunden war, hielten sich auch
die historisch-stilistischen Einschätzungsversuche der frühen dt. Philologie in den Grenzen, die bereits während der Zeit G o t t -
s c h e d s abgesteckt waren. In einigen Aspekten können noch J. H. S c h o l t e s
Ausführungen (Art. *Schwulst*, in: Reallex.
1. Aufl. Bd. 3, 1928, S. 234—236) repräsentativ für die allgemeine Negativwertung stehen. Auch die wertfreiere Beschreibung des
Sch. bedient sich nach Scholte der seit 1700
gängigen Charakteristika Bilderhäufigkeit,
Überladenheit, Geziertheit des Ausdrucks
und moralisierender Inhaltsdeutung. Als allgemeine Definition des stilklassifikatorischen
Begriffs Sch. sind diese Bestimmungsversuche zu ungenau, da sie sich auf Stilformen
außerhalb des 17. Jh.s, sogar auf solche, die
sich in keinerlei Ähnlichkeitsbild des europäischen Manierismus einfügen lassen, anwenden lassen. Eine präzise linguistische
Charakterisierung des Sch. liegt bis heute
nicht vor.

Unproblematisch ist die exemplarische Definition des Sch. In dieser Definition werden
die Werke L o h e n s t e i n s (1635—1683),
H o f m a n n s w a l d a u s (1617—1679),
K l a j s (1616—1656) und Z i g l e r s
(1663—1696) als repräsentativ für Sch.-Stil
erfaßt. Während des 18. und 19. Jh.s betrachtete die literar. Kritik häufig Lohensteins *Arminius*-Roman und seine Trauerspiele als bezeichnendste Beispiele der
Sch.-Dichtung und verwendete deshalb die
Bezeichnung *Lohensteinischer Schwulst*.

Sch. ist eine Stilform, die sich in die europäische M a n i e r i s m u s b e w e g u n g
eingliedern läßt, jedoch keineswegs auf den
im modernen Sinn künstlerischen Bereich beschränkt ist. Die typisch schwülstigen Formulierungsarten der exemplarischen Autoren
Lohenstein und Hofmannswaldau finden
sich auch in außerpoetischen Texten. Die
Eigentümlichkeiten dieses Sprachtyps beherrschen im Zeitraum von etwa 1660—1720

mit Dominanz die Disziplin der übergreifenden *rhetorica*, der *poesia* und der *Sekretariatskunst*. Sch. hatte seine schriftliche und mündliche Realität in der absolutistischen Ausführungspraxis der Schreibstuben, in der repräsentativ funktionalen Redepraxis, in der Praxis des Briefeschreibens und in der im modernen Sinn literarischen, d. h. poetischen Praxis. Die Einengung der germanist. Manierismusdiskussion auf den Bereich des Künstlerischen — im Sinne des Kunstbegriffs, wie ihn das Bürgertum des 19. Jh.s im Anschluß an die Goethezeit formulierte — ist darauf zurückzuführen, daß schon die frühaufklärerische Sch.-Kritik ihre Polemik mehr und mehr von der Rhetorik auf die Poetik verlagerte und außerpoetische Bereiche, wie den der Sekretariatskunst fast unberücksichtigt ließ.

Die Philologien konnten sich zu keiner einheitlichen begrifflichen Fassung des Manierismus vorarbeiten. Neben einer eingegrenzten Anwendung des M.-Begriffs auf die Dichtung der ital. Secentisten stehen Anwendungen, die von einer allgemeinen, überepochalen Stil- und Wirkungseigenart des M. ausgehen.

Trotz der terminologischen Uneinigkeit lassen sich gemeinsame Merkmale der Stilformen sammeln, die bisher unter verschiedener Akzentuierung des M.-Begriffs subsumiert wurden. Die Gemeinsamkeiten liegen vor allem in der rhetorischen, poetischen und kanzlistischen T h e o r i e , weniger in der Schreib p r a x i s . Es ist die Einigkeit über die Lehre vom Scharfsinn *(argutia)*, vom Ziel des Überredens *(persuasio)*, von der Bedeutung des frappierenden Einfalls *(ingenio)*, nicht aber die eindeutige Stilanalogie zwischen ital. *manierismo* (Tesauro, Guarini, Marino), span. *estilo culto* (Gongora), engl. *euphuism* (Lyly) und dt. Sch., die die Gemeinsamkeiten der Manierismusbewegung ausmacht. Den dt. Manieristen, Vertretern des Sch. wie Lohenstein, Hofmannswaldau, Klaj und Zigler war die stilkritische Kategorie Sch. nicht geläufig, obwohl bereits vor Morhofs Kritik schwülstiger Schreibart in seinem *Unterricht von Der Teutschen Sprache und Poesie* (1682) verbale und adjektivische Formen des Sch.-Begriffs wie a u f s c h w e l l e n und s c h w ü l s t i g im Gebrauch waren. Erst die Schülergeneration

Lohensteins und Hofmannswaldaus (Hunold, Wahl, Schröter) stellte sich den Argumenten der Sch.-Kritiker in apologetischer Weise. Sch. ist als literarkritischer, nicht als poetologischer Begriff verbreitet worden; er versammelt verschiedene stilkritische Perspektiven, die den Sch.-Autoren nicht oder allenfalls in der Form der rhetorischen Lehre vom *decorum* gegenwärtig waren.

A. M. B o a s e , *The Definition of Mannerism*. Actes du IIIe Congrès de l'Association Internationale de Littérature Compareé (1962) S. 143-155. Ernst Robert C u r t i u s , *Europäische Literatur u. lat. MA.* (2. Aufl. 1954) S. 277-305. Hugo F r i e d r i c h , Art. *Manierismus*, in: *Fischer-Lexikon, Literatur* 2/2 (1965) S. 353-358. Rainer H e s s , Art. *Manierismus*, in: *Literaturwissenschaftliches Wörterbuch für Romanisten. Erg. Ausgabe* (1972) S. 104-106. Davy A. C a r o z z a , *For a Definition of Mannerism: The Hatzfeldian Thesis.* Colloquia Germanica (1967) S. 66-77.

§ 3. Die histor. Grundlagen des Sch. reichen in die poetischen Lehren der Renaissance zurück. Italienischem Manierismus und dt. Sch. ist die literartheoretische Orientierung an der Rhetorik gemeinsam. Bereits die Poetik M. G. V i d a s (1527) bedient sich in Anlehnung an Quintilian der Unterteilung in die rhetorices partes nach inventio, dispositio, elocutio (J. D y c k , *Tichtkunst*, S. 14).

Obwohl die ersten Vermittler der italienischen Renaissancepoetik in Dt. selbst keine Sch.-Dichtung verfaßten, übermittelten sie einige in der spätbarocken Dichtung zur Wirkung gelangende Voraussetzungen. In Anlehnung an S c a l i g e r entwickelten Martin Opitz und später August Buchner die neuhdt. Dichtungslehre mit Hilfe der rhetorischen Funktionsbestimmung *delectare, docere, movere*. Sowohl Opitz wie Buchner akzentuierten die Lehre vom *decorum* gemäß der klassischen rhetorischen Auffassung als stilkontrollierendes Moment der Angemessenheit von Ausdruck und Inhalt nach d e r L e h r e v o n d e n d r e i S t i l l a g e n . Neben dieser, dem Sch.-Stil ungünstigen Grundlegung finden sich schon Aspekte, die das *decorum* nicht explizit berücksichtigten. O p i t z bescheinigt „getichten" eine „sonderliche anmutigkeit", die mit neuen Wortfügungen arbeiten *(Buch von der Tt. Poeterey*, hg. v. Richard Alewyn, 1963, S. 26), und führte damit trotz mäßigender Warnung vor übertriebener Anwendung ein Kompositionsprinzip in die Poetik ein, das in seiner spätbarocken Ausführung ein zentrales Angriffsziel der Sch.-Kritik werden sollte. Opitz ermunterte die dt. Poeten zur Übersetzung griechischer und lateinischer Vorbilder:

> Eine guete art der ubung aber ist/das wir uns zuweilen auß den Griechischen und Lateinischen Poeten etwas zue ubersetzen vornemen: dadurch denn die eigenschafft und glantz der wörter/die menge der figuren/und das vermögen auch dergleichen zue erfinden zue wege gebracht wird." *(Buch v. d. Tt. Poetery.* S. 54)

Lohenstein brachte diese Übungstechnik direkt in seinen Trauerspielen zur Anwendung, indem er ganze Passagen antiker Autoren, besonders einzelne Figuren, wörtlich in seine Trauerspieldialoge übernahm.

August B u c h n e r billigte die dichterische Unklarheit in den Fällen, in denen der dunkle Stil tabuisierte Inhalte verdecken konnte:

> „So es je die Nothdurft erfordert/wie ofters geschieht/von sothanen Sachen/die entweder einen Eckel machen oder eine Scham uns austreiben können/Meldung zu thun/soll es in verdeckter Art und verblümeter Weise/und mehr mit einer Umschreibung/als klaren und eigentlichen Worten herausgesagt werden" (Augustus Buchner, *Anleitung z. dt. Poeterey*, 1665, S. 31).

Die bedeutenderen Impulse gingen von der Modifikation der Rhetorik in der 2. Hälfte des 17. Jh.s aus. Auch in der Dichtung rückte die Funktion des *movere* und ihr stilistisches Instrumentarium in den Vordergrund. Die emotionsgebundene *persuasio* wurde zur wichtigsten Bestimmung barocker Wirkungsabsicht. Innerhalb der rhetorischen Technik war die *persuasio* praktisch durch die *elocutio* zu leisten. Besonders die in der *elocutio* eingegliederte Figurenlehre ist direkt an das Überzeugen über die Einsichten der Affektenlehre gekoppelt. Die Figuren, die teils anschaulich gleichnishaften, teils formalen Schmuckelemente dienten der Aufstachelung der Affekte. Mit der Betonung der affektiven Überredung und der Unterschlagung diskursiver rationaler Argumentation ging die immer weiter ausufernde Anwendung der Figurenlehre einher. Die damit verbundene stilistische Komplexion verstärkte sich durch das Prinzip *mehrstendiger Sinnbilder*, die nach Schottels Auffassung (*Ausführliche Arbeit von der Teutschen Haubt Sprache*, 1663, S. 1107) bis zu fünf bildliche Elemente in Wechselbeziehung zu einem Bedeutungszusammenhang anordnen sollten. Die Lehre von den drei Stillagen konnte, da sie nur als Ständeklausel verstanden wurde, für die Anwendung des hohen Stils im Trauerspiel und im historischen Roman keine mäßigende Wirkung haben. Auf der Ebene der Dichtungslehre ließ sich bereits nachweisen, daß die Lehre vom *decorum* im Verlauf des 17. Jh.s umgedeutet bzw. verdrängt wurde (L. F i s c h e r, *Gebundene Rede*, S. 214—252). Literatursoziologische Grundlagen der Bevorzugung der *elocutio* gegenüber *dispositio* und *inventio* im Sch. sind noch nicht untersucht.

Die poetologischen Grundlagen des Sch. beschränken sich nicht nur auf die dt.-sprachigen Anweisungen zur Rede-, Dicht- und Sekretariatskunst. Bedeutend war der Einfluß der Theorie des italienischen Manierismus (E. T e s a u r o, *Il Cannocchiale Aristotelico*, 1654), die unmittelbare Einwirkung stilistischer Vorbilder aus Italien (Übersetzungen von G u a r i n i s *Pastor Fido* durch Paul Fleming, Chr. H. v. Hofmannswaldau und H. Assmann v. Abschatz) und die Wirkung der Schriften des spanischen Jesuiten Balthasar G r a c i á n (*Agudeza y arte de ingenio*, 1642). Tesauros Lehre von der *argutia* und Graciáns Lehre von der *agudeza* wurden in der dt. Auffassung von S c h a r f s i n n i g k e i t aufgegriffen. Lohenstein, der Graciáns *Ferdinando Catholico* übersetzte, galt seiner Zeit als hervorragender Vertreter des Scharfsinns, des sinnreichen Stils. Diese Schreibweise versuchte dem Ideal des *poeta doctus* zu genügen, indem polyhistorisches Wissen unter Ausnützung aller Mittel des barocken *ornatus* ausgebreitet wurde. Zum Teil bestand das stilistische Repertoire aus emblematisch konventionierten Sinnbildern und Übersetzungen antiker Vorbilder, teilweise aus eigener Wort- und Satzkombinatorik, die nach dem Muster möglichst dichter metaphorischer Anspielungshäufung verfuhr. Diese Technik bediente sich der Analogiewahrnehmung und Ähnlichkeitskonstruktion zwischen Erscheinungen der antiken Mythologie, der politischen Geschichte, der Astrologie und der Tier- bzw. Pflanzenkunde. Während der Zeit des Sch.-Stils betrachtete die Mehrheit der Rezipienten das dichte Netz dieser Analogien nicht als verunklarende Konstruktion, sondern als Ausdruck poetischer Gelehrtheit und Scharfsinnigkeit, als eigentliche Erkenntnisdimension der Sprache. Gemäß der vorherrschenden Theorie der poetischen und rhetorischen Anweisungen ist der Zusammenhang zwischen den *realia*, die aus Kollektaneen entnommen sein können, und der aktuellen Aussagevorstellung durch die *applicatio* zu leisten. Den Aussagewert erreicht die *applicatio* mit der Beobachtung einer Analogierelation zwischen Bildelementen und Elementen der in der *inventio* aufgefundenen *res*. Unter Einsatz aller bildlichen Mittel verfügte die Stilistik somit über ein erhebliches Maß prinzipiell unbegrenzter Analogierelationen, die sich scheinargumentativ verwenden ließen; dies ist besonders drastisch in der polit. Panegyrik geschehen. Ch. Weise bemerkte die möglichen Beliebigkeiten des Bildeinsatzes bereits (*Politischer Redner*, 1677, S. 492) und deckte trotz seiner positiven Einstellung gegenüber der *argutia* und expliziter Anlehnung an Tesauro und Saavedra Fajardo mit Hilfe der logischen Grundorientierung seiner Rhetorik die Schlußweisen à contrario im bildlichen Stil auf.

Wilfried B a r n e r, *Barockrhetorik, Untersuchungen zu ihren geschichtlichen Grundlagen* (1970). August B u c k, *Dichtungslehren der Renaissance und des Barock.* Neues Handbuch der Literaturwissenschaft. Bd. 9, hg. v. Klaus von See (1972) S. 28–60. Joachim D y c k, *Ticht-Kunst. Dt. Barockpoetik und rhetorische Tradition* (2. Aufl. 1969; Ars Poetica, Texte u. Beiträge zur Dichtungslehre u. Dichtkunst 1). Ludwig F i s c h e r, *Gebundene Rede. Dichtung und Rhetorik in der literarischen Theorie des Barock in Dt.* (1968; Untersuchungen z. dt. Lit. 10). Klaus Peter L a n g e, *Theoretiker des literarischen Manierismus. Tesauros und Pellegrinis Lehre von der ‚acutezza‘ oder von der Macht der Sprache* (1968; Humanist. Bibl. R. I: Abh. 4). Rocco M o n t a n o, *Metaphysical and Verbal Argutia and the Essence of the Baroque.* Colloquia Germanica 1967, S. 49–65. Karl Heinz M u l a g k, *Phänomene d. polit. Menschen im 17. Jh. Propädeutische Studien zum Werk Lohensteins unter besonderer Berücksichtigung Diego Saavedra Fajardos u. Balthasar Graciáns* (1973; Philologische Studien u. Quellen 66). Erwin R o t e r m u n d, *Affekt u. Artistik. Studien zur Leidenschaftsdarstellung u. zum Argumentationsverfahren bei H. v. Hofmannswaldau* (1972). Gerhart S c h r ö d e r, *Gracián u. die span. Moralistik. Moralistik, Handelskapitalismus u. Absolutismus.* Neues Handbuch der Literaturwissenschaft. Bd. 10, hg. v. Klaus v. See (1972) S. 257–279. Conrad W i e d e m a n n, *Barockdichtung in Dt.*, Neues Handbuch der Literaturwissenschaft Bd. 10, hg. v. Klaus v. See (1972) S. 177–201.

§ 4. Die Wirkung von Lohensteins *Arminius-Roman* kann als typisch für die Rezeption des scharfsinnig-sinnreichen Stils im 17. Jh. angesehen werden. An diesem Roman konstatierten die Zeitgenossen unübertreffliche Leistungen des Scharfsinns und der Gelehrtheit. Noch 1704 erschien Christian Schröters Anweisung zur dt. Oratorie, eine rhetorische Exemplasammlung, die auf den Musterreden des *Arminius*-Romans aufbaut. In Schröters Kapitel *De Argutiis Et Inscriptionibus* ist die Funktion der Scharfsinnigkeit zusammengefaßt:

„A r g u t i a e sind scharfsinnige Reden/welche bey dem Leser ein sonderbares Nachdenken und Verwunderung verursachen. Man braucht sie in allerlei Reden/wenn man seinen Worten einen großen Nachdruck geben will: vornehmlich zu Anfange/damit der Zuhörer desto aufmerksamer auf alle Worte Achtung gebe; und zu Ende der Rede/daß man noch ein Aculeum und Stachel in den Gemüthern der Menschen hinterlasse." (Ch. Schröter, *Gründliche Anweisung zur Dt. Oratorie*, 1704, S. 501)

Schröter bezeichnete Lohenstein als Meister der *argutia* und stand damit neben Autoritäten wie L e i b n i z und T h o m a s i u s. Positive Besprechungen des *Arminius*-Romans erscheinen 1689 in Thomasius' *Monatsgespräche* und in den *Acta Eruditorum*, im selben Jahr in T e n t z e l s *Monatliche Unterredungen*. Noch während der Frühaufklärung fand die später als Sch. abgelehnte Stilform breite Anerkennung. Thomasius rückte den Lehrgehalt des *Arminius*-Romans, seine Bedeutung als Sammlung wissenschaftlicher und disputatorischer Fähigkeit gegenüber spätbarocker Stilistik in den Vordergrund (Dieter Kafitz, *Lohensteins Arminius*, S. 39).

Neben der allgemein verbreiteten Bewunderung des *Arminius*-Romans meldeten sich schon im 17. Jh. krit. Oppositionen. In der protestant. Predigtlehre finden sich Warnungen vor der häufigen Anwendung des *ornatus*. Diese Warnungen verhallten ohne Erfolg in der Praxis der Prediger (J. Dyck, *Ornatus*). In der an den Universitäten institutionalisierten Rhetoriklehre kam bereits vor der eigentlichen Sch.-Phase des Barocks eine radikale Metaphernkritik zu Wort. Der Marburger Rhetorikprofessor S c h u p p kritisierte 1638 in der satirischen Rede *Ineptus Orator* „Kunstwörter" und „aufgeblasene Empfindungen" (W. Barner, *Barockrhetorik*, S. 162). Ähnliche Kritik vertraten L a u r e m b e r g und C o n r i n g. Auch in den Lehrbüchern zur Sekretariatskunst häufen sich in der 2. Hälfte des 17. Jh.s die kritischen Stimmen. Caspar S t i e l e r bestätigte in *Der Allezeitfertige Secretarius* die größere stilistische Freiheit von Poetik und Rhetorik gegenüber der Formulierungsweise des K a n z l e i s t i l s, rückte zugleich die Schreibweise des politischen Sekretärs in deutlichen Gegensatz zu den Gepflogenheiten rhetorisch poetischen Betriebs:

„Ein Secretarius ist ein distilirter Orator, der gleichsam über den Helm der Vernunft gezogen/ das Phlegma oder Wässerige der schwammichten Beredsamkeit/in dem unnützen Abgange/ welches die Feuerarbeiter caput mortuum nennen/zurück lässet/und den gefünfften Geist/ oder quintam essentiam, alleine zu seinem Gebrauch ihme vorbehält." (C. S t i e l e r, *Der Allezeitfertige Secretarius* 2. Aufl. (1686) Seite 32 f.)

Ein Teil der rhetorischen Lehre und der Sekretariatskunst wirkte im letzten Drittel des 17. Jh.s stilbildend gegen die immer komplizierteren syntaktischen und metaphorischen Techniken der Sch.-Autoren. Dabei sind es vor allem praktische Erfordernisse, die zu einer Überprüfung des gewollt dunklen Stils führen. Den meisten noch im 17. Jh. liegenden Reformansätzen ist die Auseinandersetzung mit dem Gegensatz höfischer Kurzbündigkeit und gelehrter Weltläufigkeit gemeinsam. Und so waren es auch die Bereiche, die unmittelbar im zeitpolit. Kontext standen — das Komplimentierwesen, die Kanzlistik und das Zeitungswesen, die zuerst die Eigenheiten der herrschaftseffektiven höfischen Befehls- und Verwaltungssprache mit der umständlichen Gelehrtensprache konfrontierten.

Joachim D y c k, *Ornatus u. Decorum im Predigtstil d. 17. Jh. s.* ZfdA. 94 (1965) S. 225-236. Dieter K a f i t z, *Lohensteins ‚Arminius'. Disputatorisches Verfahren und Lehrgehalt in einem Roman zwischen Barock u. Aufklärung* (1970; Germ. Abh. 32) S. 26-53. Manfred W i n d f u h r, *Die barocke Bildlichkeit u. ihre Kritiker. Stilhaltungen in der dt. Literatur des 17. u. 18. Jh.s* (1966) S. 339-375.

§ 5. Sch. als literaturkritischer Terminus entstand durch die metaphorische Übertragung der Bezeichnung der Krankheitsschwellung auf stilistische Erscheinungen. Die lat. Bezeichnungen *tumor* bzw. *tumidus* machten in der Spätantike eine vergleichbare Bedeutungsentwicklung durch. Als kritisch-abwertende zielten diese Begriffe auf den a s i a n i s c h e n S t i l des Hellenismus und die Stilformen der spätröm. Kaiserzeit. Die Auffassungen der Forschung über die Vergleichbarkeit von antiken und neuzeitlichen Formen des Sch. sind kontrovers. (Lessing sprach vom Sch. des Aeschylus). Gesichert ist die Gemeinsamkeit antiker *obscuritas* und neuzeitlicher Dunkelheit auf der Grundlage des Ideals vom *poeta doctus*. Für die griechische Literatur sind L y k o p h r o n, K a l l i m a c h o s und A i s c h y l o s, für die römische der Tragödiendichter S e n e c a und der Satiriker P e r s i u s repräsentativ. Erst die Literaturkritik des 18. Jh.s bezog die antiken *obscuritas*-Phänomene in die Sch.-Betrachtung ein. Die für G o t t s c h e d typische Berücksichtigung positiver (Isokrates, Cicero) und negativer (Seneca, Persius) antiker Beispiele findet sich nicht in der frühen Genesis des Sch.-Begriffs.

Die stilistische Bedeutung des Sch.-Begriffs zeichnete sich in adjektivischer und verbaler Form bei A. B u c h n e r (*Anleitung zur dt. Poeterey*, 1665) ab. Buchner warnte vor dunklen „Metaphoren", die allzuweit hergeholt seien (S. 67), warnte vor Wortneuschöpfungen mit unbeschränkter Silbenzahl, („Denn sonst würden sie die Rede gleich als aufschwellen", S. 46) und lehnte ungewöhnliche Verse als „schwülstig und vollbrätig" (S. 53) ab. In seinem *Unterricht Von der Teutschen Sprache und Poesie* verwandte Morhof das Adjektiv s c h w ü l s t i g in Bezug auf den Nürnberger Dichterkreis.

Die polemische Auseinandersetzung über Sch. begann mit dem Erscheinen von Christian W e r n i c k e s *Epigrammen* (1697-1704). Die Schärfe des an Wernickes Schrift anschließenden H a m b u r g e r L i t e r a t u r s t r e i t s ist darauf zurückzuführen, daß Wernickes Stilkritik nicht vor den Autoritäten Lohenstein und Hofmannswaldau halt macht. Die früher datierbaren Epigramme Wernickes bewerten L. und H.

noch eindeutig positiv, die späteren gelangen zu einer kritischen Einschätzung:

„Die Sache kurz zu machen, so ist man annoch der Meinung, dass die S c h l e s i s c h e nicht allein unsre b e s t e P o e t e n, sondern auch mit den b e s t e n a u s l ä n d i s c h e n P o e t e n möchten zu vergleichen sein, wenn die zwey berühmten Männer L o h e n s t e i n und H o f m a n n s w a l d a u es bey der reinen und natürlichen S c h r e i b a r t des Opitz und G r i p h s hätten bewenden lassen; und nichts anders als ihr eigene Scharfsinnigkeit derselben zugefügt hätten." (W e r n i c k e, *Epigramme*, hg. v. Rudolf Pechel, 1909, S. 315).

Obwohl Wernicke den Sch.-Begriff nicht verwandte, antizipierte er wichtige Elemente der späteren Kritik mit den Begriffen W a h r s c h e i n l i c h k e i t und N a t ü r l i c h k e i t. Die rhetorische Lehre vom *decorum* wurde gegen Ende des 17. Jh.s allmählich vom Stilideal des Natürlichen verdrängt (W. Barner, *Barockrhetorik*, S. 16 f). Erste Vorläufer des Natürlichkeitsideals sind in den B r i e f s t e l l e r n beobachtet worden: Ansätze entwickelte S t i e l e r (1672), deutlicher noch Ch. W e i s e mit seinem Ideal der *simplicitas* (1691). (R. M. G. Nikkisch, *Stilprinzipien*, S. 218). Die konkrete Ausformulierung des Natürlichkeitsideals nahm mehrere Jahrzehnte in Anspruch. Bedeutender Einfluß ging von dem G e - s c h m a c k s b e g r i f f der höfischen Verhaltenslehre B. G r a c i á n s aus. Innerhalb der Literaturkritik wurde der G.-Begriff übernommen und ausgehend von höfisch galantem Sprachverhalten zu einer konstruktiven Stilnorm entfaltet. Die für das 18. Jh. bestimmende Konzeption des G e - s c h m a c k s (s. d.) entstand unter Einfluß der Ästhetik B o i l e a u s und lieferte ein Grundmuster für die Ablehnung des Sch. So wird in Johann Ulrich K ö n i g s *Untersuchung von dem guten Geschmack in der Dicht- und Redekunst* (1727 in Anhang zu C a n i z, *Gedichte)* der Sch. M a r i n o s und der Schule Lohensteins als Geschmacklosigkeit verurteilt.

Manfred F u h r m a n n, *Obscuritas. Das Problem d. Dunkelheit in d. rhetorischen u. literarästhetischen Theorie d. Antike*, in: *Immanente Ästhetik. Ästhetische Reflexion. Lyrik als Paradigma der Moderne* (1966; Poetik und Hermeneutik 2) S. 47-72. Bernhard K y t z l e r, *„Manierismus" in der klassischen Antike?* Colloquia Germanica 1967, S. 2-25. Reinhard M. G. N i c k i s c h, *Die Stilprinzipien in d. dt. Briefstellern d. 17. u. 18. Jh.s. Mit e. Bibliographie zur Briefschreib-*

lehre 1474-1800 (1969; Pal. 254). Fritz S c h ü m m e r, *Die Entwicklung d. Geschmacksbegriffs in der Philosophie des 17. und 18. Jh.s:* Archiv für Begriffsgeschichte 1 (1955) S. 120-141.

§ 6. Für die Ablehnung des Sch. ist nicht nur der Entwicklungszusammenhang innerstilistischer Wertsetzungen bedeutungsvoll geworden. Es bestand ein Zusammenhang zwischen Stilistik und Moral, der sich in stilkritisch kaschierter Inhaltswertung niederschlug. Vor allem von theologischer Seite fundierte sich seit Gotthard H e i d e g g e r s Schrift *Mythoscopia Romantica* (1698) die Diskriminierung des Romans, die weit bis hinein ins 18. Jh. aktuell blieb. Heidegger lehnte die Romanform als „Heydnischen Tand" ab, dessen gefahrvolle Wirkung er vor allem in der offenen Darstellung erotischer Szenen sah. Die Kritik des hohen Romanstils, des „geschwollnen kindischen Stylus" ging bei Heidegger eine folgenschwere Symbiose mit der theologischen Tabuisierung der Erotik ein. Heideggers tendenzielle Wertungen überdauerten das 18. und 19. Jh. Noch bei zahlreichen Literaturwissenschaftlern des 20. Jh.s galt die sogenannte „Schlüpfrigkeit" des Sch. als eines seiner negativen Charakteristika.

Heideggers Schrift wurde von L e i b n i z in einer anonymen Rezension erwidert (*Monatlicher Auszug* 1700, S. 881-894). Leibniz betonte den Vorurteilscharakter der *Mythoscopia Romantica* und bemühte sich um eine positiv pädagogische Aufgabe der Romanform.

Neben der moraltheologischen Perspektive Heideggers, dem Angebot, die Romanlektüre durch christliche Erbauungslektüre und Bibelstudium zu ersetzen, finden sich auch bedeutende Ansätze rein stilistischer Art in seiner Schrift. Diese Ansätze wurden bei Bodmer und Breitinger aufgegriffen.

Walter Ernst S c h ä f e r, *Hinweg nun Amadis und deinesgleichen Grillen! Die Polemik gegen den Roman im 17. Jh.* GRM 46 (1965) S. 366-384. Dieter K a f i t z, *Lohensteins ‚Arminius',* siehe § 4.

§ 7. In der poetischen und rhetorischen Theorie J. Ch. G o t t s c h e d s entstand die umfangreichste Auseinandersetzung mit dem Sch. Erst seit Gottscheds Polemik setzte sich die Negativwertung spätbarocken Stils allgemein durch. Die Entgegensetzung von L o h e n s t e i n i s c h e m S c h w u l s t und W e i s e s c h e r W a s s e r p o e s i e (die Bez. meint nicht das Romanwerk Weises) wurde von Gottsched aufgegriffen und als polares Exempelpaar von der sogenannten vernunftmäßigen und natürlichen Schreibart abgehoben. In *Handlexikon oder Kurzgefaßtes Wörterbuch der schönen Wissenschaften und freyen Künste* (1760) faßte Gottsched den zentralen Aspekt seiner Sch.-Kritik zusammen:

„Schwulst in der Beredsamkeit und Dichtkunst, besteht in einem Scheine der Hoheit, welcher nur auf prächtigen Worten beruhet, die man so ungefähr zusammen gestoppelt hat. Er hat nur von außen etwas großes, und einen beträchtlichen Schein; innerlich aber ist er hohl und leer. Er scheint hoch zu seyn; und ist doch wirklich tief" (Sp. 1471).

In der *Critischen Dichtkunst* entwickelte Gottsched die Lehre von einer neuen poetischen Schreibart an Hand zahlreicher Angriffe auf die Barockdichtung. Gottscheds Literaturprogramm entstand auf der Basis breiter Kenntnis der westeuropäischen Literatur, vor allem der franz. Rhetorik und Ästhetik (Rapin, Collin, Bouhours, Boileau u. a.) und der antiken Dichtungslehre und Redekunst. Lohenstein wird als extremster Vertreter des Sch. „deutscher Seneca" genannt, Sch. als überepochales, internationales Phänomen erfaßt:

„Auf die Menge verblümter Redensarten, und die ungeschickte Vermischung derselben in einer Schrift kömmt hauptsächlich derjenige Fehler der poetischen Schreibart an, den man das P h ö b u s oder den Schwulst zu nennen pflegt. Die Franzosen haben diesen Namen einer schwülstigen Art des Ausdrucks, soviel mir wissend ist, zuerst beygelegt, und die Engländer nennen dieselbe Bombast" *(Versuch einer Crit. Dichtkunst*, 4. Aufl. 1751, S. 621).

Gottsched trug seine Sch.-Kritik anfangs gemeinsam mit den Schweizern B o d m e r und B r e i t i n g e r vor, trennte sich jedoch von den beiden unter dem Eindruck der Meinungsverschiedenheit über die poetische Rolle der Gemütskräfte, wie sie sich in der unterschiedlichen Einschätzung M i l t o n s manifestierte.

Die Grundkategorien der Gottschedpoetik, N a t ü r l i c h k e i t , G e s c h m a c k und W a h r s c h e i n l i c h k e i t , wurden ihrerseits nur teilweise inhaltlich aufgefüllt; ihre Verdeutlichung gelang mit Hilfe der negativ-

kontrastiven Sch.-Beispiele. Gottsched versuchte die Tradition des spätbarocken *ornatus* dadurch abzubrechen, daß er den Zusammenhang von Figurenlehre und Affektenwirkung in Frage stellte und die emotive Ornamentik durch vernünftige inhaltliche Wahrscheinlichkeit ersetzte. Das Maß dieser Wahrscheinlichkeit wollte Gottsched (mit kritischer Ausdehnung auf „vornehme Standespersonen") aus den Verhaltensregeln des sozialen Lebens entwickeln und somit eine reduzierte Affektivität der Dichtung gewährleisten:

„Die beste allgemeine Regel, die man hier geben kann, ist: die Natur eines jeden Affekts im gemeinen Leben zu beobachten, und dieselbe aufs genaueste nachzuahmen" *(Crit. Dichtkunst*, S. 621).

Gottsched ging von einer Vorstellung der literar. Rezeption aus, die sich an Natürlichkeit als stilistischem Resultat des adäquaten Verhältnisses von Dichtungsinhalt und Sprachform orientierte. Der bei Gottsched grundlegend neu formulierte Aspekt der traditionellen Diskussion des Verhältnisses von *res* und *verba* liegt in der Forderung nach einem die Literaturproduktion kritisch mit seinem Urteil begleitenden Lesepublikum. Die literaturpraktische Entwicklung tendierte seit den Journalen der Frühaufklärung (D e n y s d e S a l l o , *Journal des Sçavans* 1665; O. M e n c k e n und Ch. T h o m a s i u s , *Acta Eruditorum* 1682 und *Monatsgespräche* 1688) von den teilweise lateinisch verfaßten Periodika weniger Gelehrter zum allgemein innerhalb des Bürgertums, gerade auch von Frauen rezipierbaren Bildungsjournal (Gottsched, *Vernünftige Tadlerinnen* 1725). Wie sehr ein neues Rezeptionsideal den Kern von Gottscheds schwulstkritischer Literaturtheorie mitbestimmte, erhellt seine Auseinandersetzung mit der Oper. Die Prachtentfaltung der barocken Oper diente Gottsched als Negativmuster des Trauerspiels, da er in ihr die Dominanz emotiver über kognitive Wirkungsmöglichkeiten sah (Mattenklott/Scherpe, S. 86).

Der Beitrag Gottscheds für eine Neuordnung der R e d e k u n s t entwickelte die kritischen Perspektiven gegenüber der in das Repräsentativsystem einbezogenen Rhetorik durch die Neufassung der *persuasio*-Lehre. Die Funktion des Überredens, die in der Praxis der Sch.-Autoren (Gottsched nennt L e h m s als typischen Vertreter) von der Erregung der Affekte erfüllt wurde, sollte nun nach Gottsched von inhaltlich genau nachvollziehbaren „Vernunftsschlüssen" ersetzt werden. Gottsched bezeichnete den „Beweis" als das wichtigste der Rede:

> „Die ganze Überredung nämlich muß aus dem Beweise entstehen: und folglich ist dieser der rechte Kern und Mittelpunkt der Redekunst" (Gottsched, *Akadem. Redekunst,* 1759, S. 104).

Die „Erregung der Affekten" verwies Gottsched in den Schlußteil der Rede, der erst nach Ausführung vernunftmäßiger Demonstration des Hauptsatzes einsetzen durfte (Gottsched, *Grundriß zu einer vernunftgemäß Redek.,* 1729, S. 24. — Ders., *Ausführliche Redekunst,* 1739, S. 234).

Die für Sch. charakteristischen „Allegorien, schematischen Sätze" und „Metaphoren" betrachtete Gottsched als mögliche Quellen logisch falscher Gedankengänge (Gottsched, *Grundriß,* S. 63). Sofern Gleichnisse in der Redekunst Gottscheds zugelassen sind, werden sie der Forderung nach O r i g i n a l i t ä t und Allgemeinverständlichkeit unterworfen. Die „natürliche Schreibart" sah er in der Nähe zur „gemeinen Art des Ausdrucks, deren man sich im täglichen Umgange bedienet", gewährleistet. Dies gemeinsprachliche Interesse schränkte Gottsched mit der Stilabgrenzung gegenüber dem „niederen Pöbel" ein. Natürlichkeit und Verständlichkeit erwachsen innerhalb der Klassengrenzen des Bürgertums und dessen alltäglicher Stilkonvention. Obwohl Gottsched die Sch.-Stilistik gerne im kulturellen und administrativen Raum der Adelsgesellschaft lokalisiert wissen wollte, orientierte er seine Stilistik am Verhaltenstyp des Vornehmen und versuchte derart in der Gleichsetzung von Vornehmheit und Scharfsinn eine Abgrenzung des bürgerlichen Gelehrten von den unteren Ständen.

Der Kern der Sch.-Kritik Gottscheds liegt in der Einschätzung der Bedeutung des Denkens für die Schreibart. In der Terminologie Gottscheds ist die Gestaltung des rhetorischen Stils ein Gebiet der V e r n u n f t l e h r e, nicht mehr der für Sch. typischen Figurenlehre und deren praktischer Bewältigung in der Verwendung von Realiensammlungen (Gottsched, *Akad. Redek.,* S. 233).

In *Erste Gründe der gesamten Weltweisheit* bezeichnete Gottsched die Tendenz, Worte in Unklarheit ihrer Bedeutung zu verwenden, als die Eigenschaft von „hochtrabenden Rednern und schwülstigen Poeten" (S. 123) und formulierte dagegen das Ideal größter sprachlicher „Deutlichkeit" in Anlehnung an die methodischen Fortschritte der Leibnizschen Arithmetik. Unter Berufung auf Leibniz inaugurierte Gottsched die Wissenschaft einer allgemeinen „Zeichenkunst":

> „Leibniz hat zuerst den Begriff davon gehabt und wäre am geschicktesten gewesen, eine Probe davon zu geben. Ja es ist kein Zweifel, daß nicht, an statt unserer Wörter und Redensarten, noch bequemere Zeichen ausgedacht werden könnten: durch deren Verbindung und Trennung sodann alle unsere Urtheile und Vernunftsschlüsse in eine gewisse Rechenkunst verwandelt werden würden." (S. 499 f.)

Gottsched war der Überzeugung, daß auch die „freyen Künste" den Idealen definitorischer Exaktheit und Überprüfbarkeit wie die Mathematik zu genügen vermöchten, sobald sie sich der strikten Kontrolle logischer Regeln unterwürfen (S. 243). Der Divergenzpunkt gegenüber dem Sch. bestand in Gottscheds Systematisierungsversuch der Einbildungskraft. Die erkenntniskritische Grundlegung der Schwulstkritik entwarf Gottsched in der Vorstellung von der klaren Empfindung „aus dem beobachtenden Unterschiede des Mannigfaltigen" (S. 485), während die *argutia* des Sch. ihre eigentlich poetisch-rhetorische Kraft aus der Annahme der universalen Präsenz des Ununterscheidbaren, der mit Scharfsinnigkeit noch im Entferntesten aufgespürten Analogie hatte.

Joachim B i r k e, *Gottscheds Neuorientierung der deutschen Poetik an der Philosophie Wolffs.* ZfdPh. 85 (1966) S. 560-575. Leo B a l e t, *Die Verbürgerlichung d. dt. Kunst, Literatur u. Musik im 18. Jh.* (1936). Gert M a t t e n k l o t t u. Klaus S c h e r p e (Hg.), *Der Hof als Adressat großbürgerlicher Aufklärung. Die Auseinandersetzung mit der feudalabsolutistischen Repräsentationskunst in J. Ch. Gottscheds Literaturprogramm,* in: *Westberliner Projekt: Grundkurs im 18. Jh.* 1974; Literatur im hist. Prozeß 4/1) S. 74-119. Hans F r e i e r, *Kritische Poetik, Legitimation u. Kritik d. Poesie in „Gottscheds Dichtkunst"* (1973). Eugen R e i c h e l, *Gottsched* 2 Bde. (1908/12). Werner R i e c k, *J. Ch. Gottsched. Eine kritische Würdigung seines Werkes* (1972). Karl S c h m i d t, *Die Kritik am barocken Trau-*

erspiel in der ersten Hälfte des 18. Jh.s. (Masch. vervielf.) Diss. Köln 1967.

§ 8. Wie Gottsched betrachteten auch die S c h w e i z e r B o d m e r und B r e i t i n g e r das Werk Lohensteins als typische stilistische Entartungserscheinung. Die Eigentümlichkeit des Sch. benannte Bodmer mit der allzuhäufigen Anwendung der poetischen Figuren *(Krit. Betrachtungen über die poetischen Gemälde der Dichter,* 1741, S. 107). Als typisches Beispiel erwähnte Bodmer die figuralen Ausschmückungen in Lohsteins Tragödie *Cleopatra:*

> „Einige von diesen verblümten Ausdrücken könnten schön heißen, wenn sie nur einzel angebracht würden, aber die hyperbolische Verschwendung derselben und die Vermischung so vieler Kostbarkeiten verwirret den Begriff" *(Krit. Betr.,* S. 161).

Bodmer sah den konsistenten Charakteraufbau der Dramenfiguren durch die Technik der barocken Metapher gefährdet. Das für Lohenstein typische Schwanken der Dramenfiguren, eine Eigenheit von Lohensteins skeptischer Fassung der Leidenschaftslehre und des Verhängnisglaubens, galt Bodmer lediglich als Ausdruck eines konzeptionslosen Tragödienbegriffs.

Bodmer verurteilte die „gelehrte Spitzfindigkeit" und die „Schulgelahrtheit" Lohensteins. Dem Leser sei nur mit Hilfe einer weitläufigen Wissenschaft vieler, für das „gemeine Leben" nutzloser Dinge möglich, den *Arminius*-Roman zu verstehen.

Breitinger widmete der kritischen Theorie der poetischen Gleichnisse seine umfangreiche *Critische Abhandlung von der Natur, den Absichten und dem Gebrauch der Gleichnisse* (1740). Die Grundlagen der bildlichen Rede werden in dieser Schrift in den Gemütskräften, nicht in den für die zweite Hälfte des 17. Jh.s so typischen Kombinationsformen exotisch-universalen Wissens gesucht.

Ursprünglich hatten Bodmer und Breitinger die Gleichnislehre als Rhetorikkritik konzipiert. Die frühe, Ch. Wolff gewidmete Abhandlung *Von dem Einfluß und Gebrauche der Einbildungskraft* (1727) wurde von Fortführungstendenzen des logischen Idealismus beeinflußt. Ganz ähnlich wie bei Gottsched sollten allgemein gültige ästhetische Prinzipien den Gebrauch der niederen Verstandeskräfte (Vorstellungskraft des Ge-

müts, Einbildungskraft) mit „mathematischer Gewißheit" sichern (E. Cassirer, *Freiheit u. Form,* S. 106 ff.). Da die positive Formulierung des literar. Geschmacks, der Fähigkeit, die niederen Verstandeskräfte im Sinne logisch richtiger Aussagen zu gebrauchen, systematisch nicht gelang, war man auf die exemplarische Verdeutlichung phantasiehaft „falschen" Stils angewiesen. Wie Gottsched wählten die Schweizer Sch.-Phänomene zur Demonstration stilistisch bedingter „Denkfehler".

Für die Sch.-Kritik Bodmers, Breitingers und auch Gottscheds war bedeutungsvoll, daß die Tradition der Emblematik während der ersten Jahrzehnte des 18. Jh.s allmählich abriß. Wernicke hatte noch Restbestände der emblematischen Bildlichkeit bewahrt, die Schweizer und Gottsched trennten sich von der Emblemtradition.

> Ernst C a s s i r e r, *Freiheit u. Form. Studien zur dt. Geistesgeschichte* (1916) S. 105-128. Albrecht S c h ö n e, *Emblematik u. Drama im Zeitalter des Barock* (1964). S. 119-135. Karl S c h m i d t, *Die Kritik am barocken Trauerspiel,* siehe § 7.

§ 9. Seit Gottsched und den Schweizern bürgerte sich der Sch.-Begriff als negativ wertende Bezeichnung allgemein ein. Der Begriff diente im Umkreis klassizistischer Vorstellungen der Polemik gegen zeitgenössische Stile, die klassizistischen Forderungen nicht genügten. Moses M e n d e l s s o h n hatte mit der positiven Bewertung des „prosaischen Stils" des *Arminius*-Romans noch versucht, gegen die Pauschalformel vom „Lohensteinischen Sch." anzugehen. *(Briefe die neueste Lit. betreffend,* Fortsetzung des 311. Briefes). Die Tendenzen literar. Wertung blieben davon unberührt. Die zeittypischen Wertungen systematisierte J. G. S u l z e r in seinem Artikel über Sch. *(Allgemeine Theorie der Schönen Künste* Bd. 4, 2. Aufl., 1792, S. 349—352), indem er Sch. unter Orientierung an Winkelmanns Geschmackskonzept begrifflich als „falsche blos scheinbare Größe" (S. 349) faßte. Bei W i n c k e l m a n n hatte sich die Reduktion der von Gottsched ursprünglich erkenntniskritischen Bedeutung des Geschmackbegriffs gemäß der Idealistik griechischer Vorbilder vollzogen *(Gedanken über die Nachahmung griechischer Werke in der Malerei u. Bildhauerkunst,* 1755, § 1).

Winckelmanns Stilwertungen verdeutlichen die Einflußrolle der Bildenden Kunst und ihrer Kritik für die literarische Begriffsgeschichte des Sch. Winckelmanns Sch.-Begriff wurde nicht aus genetischer literarischer Herkunft entlehnt, sondern bezüglich der ägyptischen Plastik in seiner ursprünglichen medizinischen Anschaulichkeit wieder aufgegriffen.

Die Verschränkung stilistischer Kritik und außerliterarischer Normen, die bereits ein Motiv der frühen Sch.-Kritik des ausgehenden 17. Jh.s war, bestimmte auch die Rezeption des klassisch-romantischen Zeitraums. Noch die literarkritischen Abhandlungen Johann Baptist R o u s s e a u s (Kunst-Studien 1834; Dramaturgische Parallelen 1834) diskreditierten den „blumigen Sch." Lohensteins mit Dikta über „ausländische Frivolität" (Dramaturg. Parallelen 1. Bd., S. 194) und „Abscheulichkeit" (S. 190). Vergleichbare Wertungen lieferten auch Friedrich S c h l e g e l in seiner Geschichte der Alten und Neuen Literatur (Krit. F. Schlegel Ausg. Bd. 6), Joseph v. E i c h e n d o r f f in seiner Geschichte der Poetischen Literatur Deutschlands (Hist.-Krit. Ausg. Bd. 9) und Ludwig T i e c k in der Vorrede zum 2. Bd. seiner Sammlung Deutsches Theater (1817), in die er Lohensteins Ibrahim Bassa aufnahm.

Eine partielle Relativierung der Ablehnungshaltung gegenüber der Literatur des 17. Jh.s bahnte sich durch die romantisch-poetologische Konzeption des Phantasiebegriffs an. Zum vollen Eingeständnis positiven Urteils über den sogen. spätbarocken Stil Lohensteins kam es nur bei August Wilhelm S c h l e g e l (Vorlesungen über Schöne Lit. u. Kunst, 2. u. 3. Teil, 1802—1804) unter dem Eindruck einer Neueinschätzung der ital. Secentisten.

> Heinz Günter B r i e t z k e , Zur Geschichte d. Barockwertung von Winckelmann bis Burckhardt 1755-1855. (Masch.) Diss. Berlin FU 1954.

§ 10. Die Rezeptionsgeschichte des Sch. verdeutlicht, daß es keinen homogen beschreibbaren literarischen Kern der extremen Stilformen des 17. Jh.s gibt, sondern verschiedene thematische und stilistische Phänomene, die der literarischen Kritik aus unterschiedlichen Perspektiven angreifbar

erschienen. Bereits die Polemik des frühen 18. Jh.s konnte die Klassifizierung und Bewertung des Sch. nicht einheitlich lösen, da sich der Gegensatz Gottschedscher und Bodmer-Breitingerscher Vorstellungen als unausräumbar erwies. Und Uneinheitlichkeit beherrschte auch die histor. Rahmenbedingungen des Sch. selbst: Rein aristokratische Repräsentationskunst, bürgerliche Kopien und selbständige Korrelate erfüllten ebenso wie klerikale Überredungsmuster in grundsätzlich verschiedenen literaturpraktischen Situationen den Kanon der Regeln und exempla rhetorisch-poetischer Anweisungen. Der rhetorische Charakter repräsentativer Sprachkunst bestätigte sich im letzten Drittel des 17. Jh.s innerhalb feudalabsolutistischer Kulturpraxis ähnlich wie in der Wortornamentik der bürgerlichen politici (Beamtenaristokratie).

Die breite literaturkrit. Anwendung der abwertenden Bezeichnung Sch. hatte nach Gottsched mit der Akzentverschiebung vom Rhetorischen zum Manieristisch-Artistischen bei der Wertung der Literatur des 17. Jh.s kaum Rücksicht auf die spezifische Bedeutungsorganisation und Wirkungsgebundenheit des ‚überladenen Stils' genommen. Dieser Umstand und die über zwei Jh.e wirksame Tendenz, das stilistisch heterogene Erscheinungsbild des Sch. zur Kontrastierung eigener poetischer Doktrinen zu verwenden, blieb nicht ohne Einfluß für den Gang der Literaturgeschichte. Sch. erhielt in der frühen dt. Philologie zusätzliche Negativbestimmungen durch die Unterscheidung eines epochalen Verlaufsbildes von Blütezeit und Verfall. Das Werk Lohensteins und Hofmannswaldaus wurde als Sch. im Sinne einer spätepochalen Entartung gedeutet.

Einzelne Literaturwissenschaftler lehnten sich explizit an die frühe Wirkungsgeschichte und an die romantische Literaturgeschichtsschreibung an. So nimmt H. H e t t n e r Bezug auf Thomasius, Bodmer und Eichendorff (Gesch. d. dt. Lit. im 18. Jh., 7. Aufl. 1925, S. 132), und G. F. G e r v i n u s beruft sich auf Bodmer und Breitinger (Geschichte d. dt. Dichtung Bd. 3, 5. Aufl. 1872, S. 569 f.). Die Wendung vom Lohensteinischen Geschmack blieb für die Literaturwissenschaftler des 19. Jh.s als Überbegriff für Metaphernhäufigkeit, offene erotische Darstellung und polyhistorische Gelehrsamkeit in dem Sinn abwertend geltend, den bereits Gottsched befestigt hatte. Dasselbe gilt für den Gegensatz von Lohensteinischem Sch. und Weisescher Wasserpoesie (A. F. C. V i l m a r , *Gesch. der dt. Nationallit.*, bearb. v. J. Rohr 1936, S. 214). Positive Einschätzungsversuche finden sich nur vereinzelt, so bei D i l t h e y s Bezugnahme auf die Bedeutung der höfischen Feste und der Oper (*Studien z. Gesch. d. dt. Geistes*, 1927), bei S c h e r e r im Zusammenhang einer Würdigung „patriotischer Gesinnung" des *Arminius*-Romans (*Gesch. d. dt. Lit.*, 6. Aufl. 1891, S. 363).

Noch die Forschungsgeschichte des 20. Jh.s ähnelt in mancher Hinsicht der Wertungstendenz, die die Auseinandersetzung mit der Barockliteratur seit 1730 bestimmt hatte. Die vorläufige Nichtbeachtung des rhetorischen Grundzugs der Barockzeit hatte fast zwangsläufig eine Betrachtung des Sch. als peripheres Negativum einer ausgehenden Epoche zur Folge. Wichtige Ansätze zu einer vorurteilslosen Untersuchung des Sch. leistete W. B e n j a m i n mit der Deutung des Sch. als „planvolle, konstruktive Sprachgebärde" (*Ursprung d. dt. Trauerspiels*, 1963, S. 226). Nachdem Benjamins (bereits 1928 erschienene) Arbeit von der Fachwissenschaft lange Zeit unbeachtet blieb, konnte sich erst in den 60er Jahren eine neue Betrachtungsweise des Sch. abzeichnen. Grundlegend wurden dafür unter dem Aspekt entstehungsgeschichtlicher Bedingungen die Arbeiten von Schöne (s. o. § 8.), von Windfuhr (s. o. § 4) von Dyck (s. o. § 3. u. § 4.), von Fischer (s. o. § 3.), von Barner (s. o. § 3.) und von Rotermund (s. o. § 3.).

Hans-Harald M ü l l e r , *Barockforschung. Ideologie u. Methode. Ein Kapitel dt. Wissenschaftsgeschichte 1870-1930* (1973). Herbert J a u m a n n , *Die dt. Barockliteratur. Wertung - Umwertung. E. wertungsgeschichtl. Studie in systemat. Absicht* (1975; Abh. z. Kunst-, Musik- u. Lit.wiss. 181). Volkmar B r a u n b e h r e n s , *Nationalbildung u. Nationalliteratur. Zur Rezeption d. Lit. d. 17. Jh.s von Gottsched bis Gervinus* (1974). Solveig O l s e n , *Christian H. Postel (1658-1705). Bibliographie.* Beschreibende Bibliogr. hg. v. C. Minis, 4. Heft (1974).

Peter Schwind

Science Fiction

§ 1. science fiction, auch Science Fiction (Abk. sf, SF) amerik., belegt seit 1929, seit den 30er Jahren in den USA als Genrebezeichnung geläufig. Vorläufer: scientifiction (belegt seit 1926), scientific fiction (belegt seit 1876); im 19. Jh. auch: tales of the strange, utopian romances, wondrous discoveries, extraordinary voyages u. a. Im Anglo-amerik. finden sich gelegentlich und mit Bedeutungsnuancierungen auch: imaginative fiction, science fantasy, science and fantasy fiction, scientific fantasy, speculative fiction. In Europa seit Anfang der 50er Jahre geläufig (in der BRD belegt seit 1952). Als Schreibweise scheint sich — entgegen dem Duden-Vorschlag: Science-fiction, Science-fiction-Film — Science Fiction, Science-Fiction Film durchzusetzen. Frühere und gelegentlich noch heute auftauchende dt. Genrebezeichnungen: phantastischer Abenteuerroman, phantastisch-naturwissenschaftlicher Roman, Phantasieroman, technisch-utopischer Roman, technische Utopie, technischer Zukunftsroman, Utopia-Roman, utopistischer Roman, Weltraumroman, Zukunftsroman u. ä. Neuere Wortschöpfungen wie „Social Science Fiction" (Alfred Behrens, 1971) oder „Science Creation" (Robert Jungk, 1969) sind als kritische Gegenbegriffe zur SF gemeint. In den sozialistischen Staaten hat sich die Bezeichnung „wissenschaftliche Phantastik" (russ.: naučnaja fantástika, belegt seit Anfang der 20er Jahre) bzw. „wissenschaftlich-phantastischer Roman" durchgesetzt, in Italien fantascienza, in Frankreich science-fiction und littérature d'anticipation.

Als eine jüngere Form der Massenliteratur hat sich die SF weitgehend abseits der literaturwissenschaftlich beachteten und anerkannten Genres entwickelt. Ihre Definition blieb bis in jüngste Zeit vornehmlich Sache ihrer engagierten Anhänger („Fans"), Manager und Autoren und daher von Absichten der Apologie, Produktwerbung und Imagepflege bestimmt. Meist bestehen die Definitionen aus Abgrenzungsversuchen zur übrigen sog. „mainstream"-Literatur („realistische" Literatur), zu Seitenzweigen des SF-Marktes wie „fantasy" und „weird-fiction" (Schauer- und Horrorliteratur), zur phantastischen Literatur allgemein oder zur

Utopie, wobei die SF meist als zeitgenössische Form der Utopie ausgegeben wird.

Ob und inwieweit die SF als aktuelle Version der Utopie gelten kann, hängt vom jeweils eingebrachten Utopiebegriff ab: wird eine „wertfreie" Utopiedefinition vertreten, bei der die Intention der Postulierung einer besseren Gesellschaft im Sinne der Sozialutopien lediglich als zeitbedingte und inzwischen überwundene Ausprägung des Utopischen angesehen wird, und wird als Charakteristikum zugleich eine erzählperspektivische „utopische Methode" (vgl. § 4) verstanden, so kann die SF als dessen zeitgemäße Form gelten. Wird dagegen die sozialkritische Intention der Utopie als ausschlaggebend angesehen, so sind bloße Projektionen und Phantastika ohne kritische und verändernde Intention in bezug auf die Gegenwart nicht ausreichend für die Zuerkennung utopischer Qualitäten. Im Gegenteil: die Masse der SF erweist sich unter ideologiekritischen Aspekten als geradezu antiutopisch, d. h. als affirmative oder gar reaktionäre Fortsetzung des gesellschaftlichen status quo vor futuristischer Kulisse.

Die Mehrzahl der Definitionen der SF beschränkt sich auf eine Anhäufung von Topoi, Motiven und Handlungsmustern (Weltraum, Zukunft, Zeitreise, Erfindungen und Entdeckungen, außerirdische Lebewesen, Telepathie, Roboter, Bedrohung der Erde aus dem Weltraum, Weltkatastrophe etc.), auf Erzähltechniken („Extrapolation" des Futuristischen aus schon Bekanntem) und auf den spezifischen Wissenschaftsbezug (Plausibilität und Legitimation des Spekulativen durch Verweis auf erfundene oder tatsächliche wissenschaftliche Theorien und/oder deren technologische Folgerungen). Daß derartige Definitionsversuche nur teilweise befriedigen und von der Textwirklichkeit oft weit entfernt sind, liegt auch daran, daß „SF" inzwischen als Etikett für einen Verbund verschiedenster Medien (Texte, Comics, Film, Fernsehen, Rundfunk- und Schallplattenhörspiele, Posters, Formen der Popmusik, Spiele und Spielzeug) steht und sich die SF-Literatur dadurch auszeichnet, daß sie nicht nur Grundmuster aller Erzählformen (Gut gegen Böse, Mann und Frau usw.), sondern auch Spezifika anderer Genres (exotischer Roman, Abenteuer-, Kriegs-, Kriminal-, Reise-, Schauer-, Wildwest- und Reiseroman, historischer Roman usw.) übernimmt. Demgegenüber steht die Beobachtung, daß die SF durch ein spezifisches Design von Reihentiteln, Romantiteln, dem ausdrücklichen Zusatz „SF" und einschlägige Titelillustrationen um Unverkennbarkeit bemüht ist und bei Anhängern wie distanzierten Betrachtern festumrissene Vorstellungen auslöst. Diesem Warencharakter im Sinne eines Produktimages versuchen Definitionen Rechnung zu tragen, die SF pragmatisch als das definieren, was die Verlage erfolgreich unter diesem Etikett herausgeben.

Evgeni B r a n d i s , Vladimir D m i - t r e v s k y , *In the Land of Science Fiction*. Soviet Literature. H. 5 (1968) S. 145-150. Reiner J e h m l i c h , *Es war einmal im Jahre 17 000*, in: Jehmlich u. Hartmut Lück (Hg.), *Die deformierte Zukunft* (1974) Seite 9-22. Hans Jürgen K r y m a n s k i , *Die utopische Methode* (1963; Dortmunder Schriften z. Sozialforschung 21) S. 100-139. Arnhelm N e u s ü s s , *Utopie. Begriff und Phänomen des Utopischen* (1968; Soziologische Texte 44). Michael P e h l k e , Norbert L i n g f e l d , *Roboter und Gartenlaube* (1970; Reihe Hanser 56) S. 9-22. Robert M. P h i l - m u s , *Into the Unknown* (Berkeley, Los Angeles 1970) S. 1-36. Martin S c h w o n k e , *Vom Staatsroman zur Science Fiction* (1957; Göttinger Abhdlgn. z. Soziologie 2) S. 91-146. Hans-Georg S o e f f n e r , *Der geplante Mythos* (1974) S. 35-64. Dieter W e s s e l s , *Welt im Chaos* (1974) S. 1-35.

§ 2. In bezug auf die Genese der SF lassen sich zunächst zwei gegensätzliche Theorien feststellen. Wird das Imaginäre, das Phantastische oder gar das Numinose als Merkmal der SF angesehen, so läßt sich unschwer eine Ahnenreihe über die Sozialutopien zum Märchen, zu den phantastischen Reiseerzählungen der Antike und zum Mythos konstruieren. Die andere geläufige Version läßt die Geschichte der SF mit der Kreierung des Begriffs und der Gründung der ersten spezialisierten SF-Magazine (1926/1929) beginnen. Differenziertere literaturhistorische Untersuchungen engen das Entstehungs- bzw. Mutationsproblem auf das 18. und 19. Jh. ein: auf einen Wandel der literarischen Sozialutopien, die Entstehung einer „wissenschaftlich" argumentierenden Schauerliteratur oder die Herausbildung einer serienmäßig produzierten und vertriebenen Zukunfts- und Horrorliteratur seit dem letzten Drittel des 19. Jh.

§ 3. Die verbreitete Meinung, die SF sei ein genuin amerikanisches Phänomen, beruht auf einer verengten nationalen Perspektive der Amerikanistik bzw. auf der unzulässigen Rückübertragung gegenwärtiger Marktverhältnisse auf die Vergangenheit (begünstigt durch die allgemeine Vernachlässigung populärer Lit. in der germanist. Wissenschaft und bibliothekarischen Dokumentation). Der spezifisch amerikan. Beitrag lag zunächst in der Einbeziehung dieses Genres in eine neue Publikations- und Vermarktungsform populärer Literatur: die „dime novels" und „pulp magazines" („pulps"). Die im letzten Drittel des 19. Jh.s entwickelten „dime novels" waren Groschenromane, die — im Gegensatz zu den monströsen aber abgeschlossenen Lieferungsromanen des europäischen Kolportagebetriebs — jeweils in sich abgeschlossene Abenteuer eines Serienhelden enthielten und (für 10 Cents) einzeln erhältlich und lesbar waren. Angeregt von den Serienerfolgen Jules Vernes auf dem Jugendliteraturmarkt, wurden auch „dime novel"-Serien mit SF-Thematik für Jugendliche publiziert (z. B. die *Frank Reade Library* von Luis P. S e n a r e s , 1892—1898, 191 Hefte à 32 S.). Seit der Jh.wende wurden auch in den allgemeinen Unterhaltungsmagazinen (z. B. *All-Story, Argosy, All Around,* und in populärwissenschaftlichen Zeitschriften zunehmend phantastische und spekulative Literatur abgedruckt. Die ersten speziellen SF-Magazine wurden 1926 *(Amazing Stories)* und 1929 *(Science Wonder Stories)* von Hugo Gernsback herausgegeben. In den 30er Jahren nahm dann die Zahl dieser SF-„Pulps" stetig zu. Für die Stabilisierung und weitere Entwicklung des Genres war dies insofern von Bedeutung, als sich um diese Magazine ein Stamm professioneller SF-Autoren bildete, der Zwang zur serienmäßigen Produktion (Wort-Honorar) typische literar. Techniken förderte und zu einer Organisierung des (meist männlichen und jugendlichen) Publikums („Fandom") führte. Der eigentliche Marktdurchbruch gelang in den USA durch die Etablierung eines sich gegenseitig gratifizierenden Medienverbunds aus SF-Magazinen (1941 waren 20 auf dem Markt), Comics (z. B. *Buck Rodgers in the 25th Century* ab 1929, *Flash Gordon* ab 1935), „radio adventures" (Hör-

spiele) und Filmserien in Form der billig und fließbandmäßig hergestellten „B-Serials". Diese wirtschaftlich erfolgreiche Produktdiversifikation führte jedoch zugleich zu einer literarischen und ideologischen Isolierung der SF: die nennenswerten literar. Leistungen jener Jahre fanden außerhalb dieses Marktes statt (z. B. James H i l t o n , *Lost Horizon,* 1933; Aldous H u x l e y , *Brave New World,* 1933; Clive Staples L e w i s , *Out of the Silent Planet,* 1938, *Perelandra,* 1943, *That Hideous Strength,* 1945; Olaf S t a p l e d o n , *Last Man and First Man* 1930, *The Star Maker,* 1935).

Zu Beginn der 50er Jahre wurde die spezifisch amerikan. Marktstrategie nach den übrigen westlichen Staaten und Japan exportiert und dominierte dort bald gegenüber nationalen SF-Traditionen. Hinzukam, daß auch in den USA sich das SF-Geschäft stärker auf den Taschenbuchmarkt verlagerte und es durch anspruchsvollere thematische und formale Gestaltung gelang, ein älteres Publikum hinzu zu gewinnen. Zu den schon in der „Magazin-Ära" erfolgreichen Autoren (z. B. Isaac A s i m o v , Alfred B e s t e r , Ray B r a d b u r y , Frederic B r o w n , Arthur C. C l a r k e , Robert A. H e i n l e i n , Henry K u t t n e r , Clifford S i m a k , Edward E. S m i t h , Lyon Sprague d e C a m p , A. E. v a n V o g t , Jack W i l - l i a m s o n) kam eine Reihe neuer populärer Autoren wie Brian A l d i s s , Poul A n d e r s o n , James G. B a l l a r d , James B l i s h , John B r u n n e r , Philip K. D i c k , Fred H o y l e , Keith L a u m e r , Ursula le G u i n , Ann M c C a f f r e y , Larry N i - v e n , Robert S i l v e r b e r g , Cordwainer S m i t h , Theodore S t u r g e o n , Kurt V o n n e g u t , Kate W i l h e l m und das Team Frederic P o h l und Cyril K o r n - b l u t h . Anfang der 70er Jahre gewann eine hauptsächlich von England ausgehende „New Wave" innerhalb der irrationalistisch orientierten „Pop-Kultur" (auch in der Musik und Malerei) an Bedeutung. Hauptvertreter dieser „neuen Welle" der SF, die versuchten, literarische Techniken der neueren und älteren Avantgarde (William B u r - r o u g h s , E. E. C u m m i n g s , James J o y c e , Franz K a f k a u. a.) und den Typus des Anti-Helden mit Sf- und mythologischen Themen zu verbinden: Brian A l -

diss, James G. B a l l a r d, Samuel R. D e l a n y, Thomas D i s c h, Harlan E l l i s o n, John S l a d e k, Norman S p i n r a d, Roger Z e l a s n y. Auf dem breiten Markt ist dagegen eher ein Rückgriff auf atavistische Formen der SF (z .B. „Sword and Sorcery") zu beobachten.

Eine von der amerikan. Dominanz unabhängigere SF ist in den sozialistischen Staaten feststellbar. Zu den auch international bekannten Autoren zählen Alexander B e l j a j e w, Anatolji D n e p r o w, Iwan J e f r e m o w, Alexander K a z a n z e w, Vladimir N e m z o w, Arkadi und Boris S t r u g a t z k i (UdSSR), Josef N e s v a d b a (CSSR) und Stanislaw L e m (Polen). Lem, der das herkömmliche Niveau der SF inzwischen hinter sich gelassen hat, wird außerhalb des eigentlichen SF-Marktes publiziert und rezipiert.

Bibliographien, Nachschlagewerke: *Bibliografiaja Utopiszitkus Tudamanyos Fantasztikus Müvek* (Miskolc 1970). Heinz B i n g e n h e i m e r, *Transgalaxis* (1959/1960). Robert E. B r i n e y, Edward W o o d, *SF Bibliographies* (Chicago 1972). *Catalogo Generale della Fantascienza* (Venezia 1968). Thomas D. C l a r e s o n, *Science Fiction Criticism: An Annotated Bibliography* (Kent 1972). Bradford M. D a y, *The Checklist of Fantastic Literature in Paperbound Books* (Woodhaven, N. Y. 1961). Ders., *The Supplemental Checklist of Fantastic Literature* (Dencer 1963). Ders., *The Complete Checklist of Science-Fiction Magazines* (Woodhaven, N. Y. 1961). Boris L j a p u n o w, *Bibliografija*, in: A. F. B r i t i k o v, *Russkij sovjetskij nautschno-fantastitscheski roman* (Leningrad 1970) S. 363-436. Walt L e e, *Reference Guide to Fantastic Films. Science Fiction, Fantasy and Horror*, Bd. 1-3 (Los Angeles 1972-74). Norman M e t c a l f, *The Index of Science Fiction Magazines 1951 to 1965* (El Cerrito, Calif. 1968). N e w E n g l a n d S c i e n c e F i c t i o n A s s o c i a t i o n, *Index to the Science Fiction Magazines 1966-1970* (Cambridge, Mass. 1971). Graham S t o n e, *Australian Science Fiction Index 1925-1967* (Canberra 1958). Donald H. T u c k, *The Encyclopedia of Science Fiction and Fantasy*, Bd. 1-3 (Chicago 1974 ff.). Pierre V e r s i n s, *Encyclopédie de l'Utopie, des Voyages Extraordinaires et de la Science Fiction* (Lausanne 1972). Donald C. W i l l i s, *Horror and Science Fiction Films: A Checklist* (Metuchen, N. J. 1972). — Monographien, Sammelbände, Aufsätze: Brian W. A l d i s s, *Billion Year Spree* (London 1973). Kingsley A m i s, *New Maps of Hell* (New York 1960). James Osler B a i l e y, *Pilgrims Through Space*

and Times, 2. Aufl. (New York 1972). Eike B a r m e y e r (Hg.), *Science Fiction. Theorie u. Geschichte* (1972). Reginald B r e t n o r (Hg.), *Modern Science Fiction* (New York 1953). Ders., *Science Fiction, Today and Tomorrow* (ebd. 1974). Hermann B u c h e r, *Programmiertes Glück, Sozialkritik in der utopischen Sowjetliteratur* (1970). Lyon Sprague d e C a m p, *Science Fiction Handbook* (New York 1953). Hans F ö l d e a k, *Neuere Tendenzen d. sowjet. Science Fiction* (1975; Slavist. Beitr. 88). H. Bruce F r a n k l i n, *Future Perfect. American Science Fiction of the Nineteenth Century* (New York 1966). Tony G o o d s t o n e, *The Pulps* (New York 1970). Vera G r a a f, *Homo Futurus. E. Analyse d. modernen Science Fiction* (1971). Dieter H a s s e l b l a t t, *Grüne Männchen vom Mars* (1974). Jörg H i e n g e r, *Literarische Zukunftsphantastik* (1972). R. J e h m l i c h, H. L ü c k (a. a. O.). Sam M o s k o w i t z, *Explorers of the Infinite* (Cleveland, New York 1963). Ders., *Seekers of Tomorrow* (edd. 1963). Ders., *Science Fiction by Gaslight* (ebd. 1968). Ders., *Under the Moons of Mars* (New York usw. 1970). R. M. P h i l m u s (a. a. O.). Jacques S a d o u l, *Hier, l'An 2000* (Paris 1973). Ders., *Histoire de la Science Fiction Moderne* (Paris 1973). Bernd R u l l k ö t t e r, *Die Wissenschaftliche Phantastik der Sowjetunion. E. vgl. Untersuchung der spekulativen Lit. in Ost u. West* (1975; Europ. Hochschulschr. 18, 5). — SF in Film, Rundfunk und Fernsehen: David A n n a n, *Cinefantastic* London 1974). Alan G. B a r b o u r, *Days of Thrills and Adventures* (New York, London 1970). John B a x t e r, *Science Fiction in Cinema* (New York, London 1970). Hadley C a n t r i l l, *The Invasion from Mars*, 2. Aufl. (New York 1966). Luis G a s c a, *Fantascienza e Cinema* (Milano 1972). Jürgen M e n n i n g e n, *Filmbuch Science Fiction* (1975). Arthur S h u l m a n, Roger Y o u m a n, *How Sweet It Was. Television: A Pictorial Look* (New York 1966). Susan S o n t a g, *Die Katastrophenphantasie*, in: Sontag, *Kunst und Antikunst* (1968). — SF-Comics: Dagmar v. D o e t i n c h e m, Klaus H a r t u n g, *Zum Thema Gewalt in Superhelden-Comics* (1974; Basis, Theorie 2). Stan L e e, *Origins of Marvel Comics* (New York 1974), Jim S t e r a n k o, *The Steranko History of Comics*, Bd. 1-2, (Reading 1970/72). SF-Clubs („Fandom"): Sam M o s k o w i t z, *The Immortal Storm* (2. Aufl. Westport, Conn. 1974). Frederic W e r t h a m, *The World of Fanzines* (1974). — Zeitschriften: *Extrapolation* (Wooster, Ohio). *Foundation* (Dogenham, Essex, England). *Riverside Quarterly* (Regina, Canada). *Science-Fiction Studies* (Terre Haute, Indinana).

§ 4. Die Sozialutopien zeigten im Laufe des 18. Jh.s auch in Deutschland Auflösungs-

und Amalgamierungstendenzen. Die Realistik exotischer, phantastischer und futuristischer Details, die der Tarnung und Glaubwürdigkeit der politischen Intention gedient hatte, verselbständigte sich wieder zum exotisch-phantastischen Abenteuerroman. Beispielhaft zeigt sich diese Mutation in den Fortsetzungen von Johann Gottfried S c h n a b e l s *Insel Felsenburg (Wunderliche Fata einiger See-Fahrer,* Bd. 1-4, 1731-43, Neuausgabe 1973). Heinrich Z s c h o k k e läßt seinen Räuberroman *Die schwarzen Brüder* (Bd. 1-3, 1791-95) im 24. Jh. enden. In Julius von V o ß ' *Ini. Ein Roman aus den ein und zwanzigsten Jahrhundert* (1810) wird die politische Intention belanglos gegenüber der Fülle sensationeller Erfindungen und der abenteuerlich-trivialen Handlung.

Aus der politisch intendierten Utopie wird eine utopische Methode, deren sich die politische Reaktion (D. G. G. M e h r i n g, *Das Jahr 2500,* 1794; Wilhelm Friedrich v o n M e y e r n, *Dya-Na-Sore,* Bd. 1-5, 1785-1800) ebenso bediente wie unpolitische Unterhaltungsschriftsteller. Nur Jean Paul wählt in *Des Luftschiffers Giannozzo Seebuch (Komischer Anhang zum Titan,* 1800/01) den umgekehrten Weg; die Erfindung des Ballons durch die Brüder Montgolfier und die erste bemannte Ballonfahrt von Pilâtre de Rozier in Paris (21. Nov. 1783) inspirierten ihn zur Gestalt des scheiternden Himmelsstürmers Giannozzo und zu einer Satire auf das „prosaische Jahrhundert", in der Adel und Spießbürgertum, aber auch das zerbrochene „Ideal vom höheren Menschen" aus neu gewonnener literar. 'Vogelschau' gesehen werden. In einigen Romanen des Vormärz hielten sich utopische Staffage und kritische Absicht noch die Waage (A. E. P a p i n g a, *Das Leben und Weben im Planeten Venus,* 1835 und in den mehrbändigen *Reiseblüthen* von Eduard B o a s, 1834, 1836). Die neuen Impulse der spätromantischen, rationalistisch und szientistisch argumentierenden Schauerliteratur (Mary S h e l l e y, *Frankenstein; or, The Modern Prometheus,* 1818, Edgar Allan P o e) fanden in der Belletristik der politisch und industriell „verspäteten Nation" Deutschland zunächst kaum Anklang. Vergleichbares findet sich dagegen in Abhandlungen über Grenzgebiete der Wissenschaften *(Die Unterwelt,* 1812, 2 Tl. 1832; Gotthilf Heinrich S c h u b e r t, *Ansichten von der Nachtseite der Naturwissenschaft,* 1808 u. öfter, Neuausg. 1967; die unter dem Pseud. „Dr. Mises" von Gustav Theodor F e c h n e r veröffentlichten Spekulationen, 1821-46).

Der entscheidende Anstoß zur Weiterentwicklung einer wissenschaftlich-phantastisch argumentierenden Unterhaltungsliteratur ging seit der Mitte des 19. Jh.s vom Darwinismus aus, dessen Evolutionstheorie zum Legitimations-, Darstellungs- und Handlungsprinzip einer nun bis in urzeitliche Vergangenheit, endzeitliche Zukunft und kosmische Regionen ausgreifenden Phantastik wurde (z. B. Max H a u s h o f e r, *Planetenfeuer,* 1899 und *An des Daseins Grenzen,* 1908). Eine das Genre institutionalisierende Wirkung ging auch in Deutschland von den Serienerfolgen Jules V e r n e s und seiner Plagiatoren aus *(Reise um die Welt in 72 Tagen,* 100 Lfgn., 1893/94; *Der Untergang der Welt,* 72 Lfgn., 1899/ 1900). Zugleich profitierte die frühe SF von der spiritistischen, okkultistischen, christlichen und theosophischen Reaktion gegen die populäre naturwissenschaftliche Aufklärungswelle (vgl. die Schriften von Madame B l a v a t s k y und Camille F l a m m a r i o n). Eine für England, Frankreich und Deutschland spezifische Erscheinung war die 1871 einsetzende Flut der Zukunftskriegsliteratur. Seit der Jh.wende waren SF-Sujets fester Bestandteil der Jugend- und Massenliteratur (z. B. Robert K r a f t s Groschen- und Kolportageromane, die Wells-Imitationen von „J o h n M e r r i m a n" und Robert H e y m a n, die Groschenheftserie *Der Luftpirat,* ca. 165 Hefte zwischen 1908 und 1912, Erzählungen von Kurd L a ß w i t z und dessen Marsroman *Auf zwei Planeten,* 1897 u. öfter). Der erfolgreichste deutschsprachige Roman des Genres ist bis heute Bernhard K e l l e r m a n n s *Der Tunnel* (1913, 1940 im 358. Tsd.) geblieben.

Die nach dem ersten Weltkrieg erneut stark zunehmende wissenschaftlich-phantastische Populärliteratur war in Deutschland mehr als anderswo von einer restaurativen Tendenz geprägt, in der technokratische und mythische Wunderglläubigkeit sich mit pseudowissenschaftlichen Theorien verband.

Atlantis- und Thulemythos, Welteislehre, Hohlwelttheorie und die abstruse *Theozoologie* (1905) eines Adolf Josef L a n z - Liebenfels gehörten zu den „wissenschaftlichen" Grundlagen der imaginären Kriegs-, Zukunfts- und Weltraumromane. Kosmische Katastrophen, das Genie deutscher Erfinder und Ingenieure, selbst die Bewohner fremder Planeten und Sonnensysteme, verband das Ziel einer antisozialistischen innenpolitischen Stabilisierung bzw. einer deutschen Revanche gegenüber der restlichen Welt. Zwischen der dt. SF der 20er und 30er Jahre läßt sich daher weder vom Inhalt noch von den Autoren ein Bruch feststellen. Eine sich kurz vor 1933 anbahnende Verbindung zum amerikan. SF-Markt (Übersetzungen dt. SF-Autoren in *Wonder Stories*, amerikanischer in der *Bibliothek der Unterhaltung und des Wissens)* wurde durch den Nationalsozialismus abgebrochen. Die populärsten und fruchtbarsten SF-Autoren zwischen 1918 und 1945 waren: Stanislaus B i a l k o w s k i, Bruno H. B ü r g e l, Albert K. B u r m e s t e r (d. i. Axel Berger), Rudolf Heinrich D a u m a n n, Hans D o m i n i k, Otto Willi G a i l, Dietrich K ä r r n e r, Walther K e g e l, Edmund K i s s, Karl Ludwig K o s s a k - R a y t e n a u, Karl August von L a f f e r t, Heinrich Theodor M a y e r, Lok M y l e r (d. i. Paul Alfred Müller), Hans R i c h t e r, Paul Eugen S i e g, Kurt S i o d m a k, Max V a l i e r und Bruno S. W i e k. Nennenswerte literar. Leistungen, die häufig auch an phantastischem Einfallsreichtum die gängige SF weit in den Schatten stellten (Alfred D ö b l i n s *Berge Meere und Giganten*, 1924, Neufass. 1932 u. d. T. *Giganten. Ein Abenteuerbuch;* Hans F l e s c h [-Brunning]s *Balthasar Tipho. Eine Geschichte vom Stern Karina*, 1919; Paul G u r k s [Franz Grau] *Tuzub 37. Der Mythos von der grauen Menschheit oder von der Zahl 1*, 1935; Hermann H e s s e s *Das Glasperlenspiel*, 1943; Franz W e r f e l s *Der Stern der Ungeborenen*, 1946), blieben für das Genre ebenso unrepräsentativ und einflußlos wie die wenigen Romane mit sozialkritischer, antimilitaristischer und sozialistischer Intention (Werner I l l i n g s *Utopolis*, 1930, Wilhelm L a m s z u s' *Das Menschenschlachthaus, Bilder vom kommenden Krieg*, 1912; Konrad L o e l e s *Zül-*

linger und seine Zucht, 1920; Ri T o k k o s [Pseud.] *Das Automatenzeitalter. Ein prognostischer Roman*, 1931).

Ein eigenständiger dt. SF-Markt ist bis zur Mitte der 50er Jahre feststellbar, als ältere Romane (von Daumann und Dominik) wieder aufgelegt, neue von älteren Autoren (P. A. M ü l l e r, Erich D o l e z a l, B e r g, S i e g u. a.) — z. T. unter neuen Pseudonymen — und einige dt. Romanheft- und Comicreihen erschienen. Insbesondere die eigens für die gewerblichen Leihbüchereien produzierten „utopischen" Romane waren in der Ära des „kalten Krieges" und vor der dt. Wiederbewaffnung als Ersatz für militaristische Landser- und Kriegsromane konzipiert. Seit 1954/55 begann die amerik. SF den dt. Markt in allen Medien (bis hin zur Organisierung des Stammpublikums in Fan-Clubs) zu dominieren. Die dt. Leihbuch-, Heft- und Taschenbuchautoren glichen sich den amerik. Mustern an. Der Anteil der SF am Romanheftmarkt beträgt etwa 25 %. Insbesondere auf dem Sektor des Taschenbuchs steigt die Tendenz zur SF an (größte Reihen: H e y n e - S F und G o l d m a n n s W e l t r a u m - T a s c h e n b ü c h e r bzw. G o l d m a n n S c i e n c e F i c t i o n).

Thematisch und literar. anspruchsvollere Werke, die aber eher der sozialkritischen Utopie und Satire zuzurechnen sind, bleiben dagegen zumeist ohne vergleichbaren Erfolg und erreichen das Stammpublikum der SF in der Regel nicht (z. B. Carl A m e r y, *Das Königsprojekt*, 1974; Johanna u. Günter B r a u n, *Der Irrtum des Großen Zauberers*, 1972 [DDR], 1974; Oskar Maria G r a f, *Die Eroberung der Welt*, 1948; Ernst J ü n g e r, *Heliopolis*, 1949; Hans Erich N o s s a k, *Nach dem letzten Aufstand*, 1961; Heinz R i s s e, *Wenn die Erde bebt*, 1950; Arno S c h m i d t, *Die Gelehrtenrepublik*, 1957; Wolfdietrich S c h n u r r e, *Das Los unserer Stadt*, 1959; Peter von T r a m i n, *Die Tür im Fenster*, 1967; Hannelore V a l e n c a k, *Die Höhlen Noahs*, 1961; Karl W i e s i n - g e r, *Zemm*, 1975). Neuerdings ist eine verstärkte Tendenz zur SF im Bereich der Kinder- und Jugendliteratur festzustellen. Von Deutschland ausgehende Phänomene sind die internationalen Erfolge der pseudowissenschaftlichen, mit der SF in Zusammenhang stehenden Spekulationen Erich von D ä n i k e n s und der als Fortsetzungs- roman konzipierten Heftreihe *Perry Rhodan* (seit 1961, bis Mitte 1975 über 700 Hefte, Wochenaufl. ca. 250 000, Lexikon und Jahr- bücher, Schallplatten, eine Verfilmung, ei- gener Fan-Club). Kennzeichnend für die serienmäßig produzierte und massenhaft verbreitete SF ist nach wie vor der strikte Realismus der Darstellung und die Gewiß- heit, daß auch in fernsten Zeiten und Re- gionen und unter phantastischsten Umstän- den sich Handlung und Ideologie nach den Regeln der unterhaltenden Konformlitera- tur richten. Unter den Werken der literar. Avantgarde, die mit Elementen der SF ope- riert, zeigt der letzte Teil von Alexander K l u g e s *Lernprozessen mit tödlichem Ausgang* (1973) eine besonders intime Kenntnis gängiger SF.

B a r m e y e r, a. a. O. Beate u. Jürgen E l l e r b r o c k, Frank T h i e ß e, *Perry Rhodan. Untersuchung e. Science Fiction- Heftromanserie* (1976). Ronald M. H a h n, Werner F u c h s, *Die Lust am Spekulati- ven*, buchmarkt H. 11, 1972 S. 38-55, H. 12, 1972, S. 37-46. Gerd H a l l e n b e r g e r, Heinrich K e i m, *Die Zukunft als Ware*, kürbiskern H. 1, 1975 S. 76-90. H a s s e l - b a t t, a. a. O. J e h m l i c h, L ü c k, a. a. O. Friedrich L e i n e r, Jürgen G u t s c h, *Science-fiction*, 2 Bde., 1971/72. Manfred N a g l, *Science Fiction in Deutschland* (1972; Untersuchungn. d. Ludw.-Uhland-Inst. d. Univ. Tübingen 30). Ders., *Unser Mann im All.* Zeitnahe Schularbeit, H. 4/5, 1969 S. 189-208. Conrad S c h u h l e r, *Perry Rhodan*, kürbiskern H. 4, 1970 S. 588-597. Wolfgang R e i f, *Zivilisationsflucht u. lite- rar. Wunschräume. Der exotistische Roman im ersten Viertel d. 20. Jh.s* (1975).

Zeitschriften: *Science Fiction Times* (Bre- merhaven), *Quarber Merkur* (ebd.). Alma- nache: *Insel Almanach auf das Jahr 1972*, hg. v. Franz R o t t e n s t e i n e r (1971), *Polaris 1, 2, 3*, hg. v. dems. (1973, 1974, 1975), *Päicon 1*, hg. v. Rein A. Z o n d e r - g e l d (1974).

Manfred Nagl

Segen, s. Zauberspruch.

Selbstbiographie

§ 1. Das W o r t ist, ebenso wie Auto- biographie, eine relativ späte Bildung. Die Gattung existiert länger als das Wort und der allgemeine Gebrauch. Ähnlich verhält es sich bereits bei „Biographie"; dieser Aus- druck erscheint zuerst bei Demaskios (um

530 n. Chr.), einem Neuplatoniker der athe- nischen Schule (s. J. Romein, *Die Biogra- phie*, 1948, S. 14). In der Neuzeit findet sich der früheste Beleg 1683 bei John Dryden, dem engl. Übersetzer des Plutarch; Dryden gebraucht die Formen „biographia" und „biography". Das Wort „Biographie" ist im 18. Jh. sowohl in Frankreich als auch in Deutschland in Verwendung; Romein nennt an der angegebenen Stelle 1709 als das Jahr der Übernahme vom Franz. ins Deut- sche. Freilich läßt sich in den zeitgenössi- schen Wörterbüchern der ersten Hälfte des Jh.s weder hier noch dort der Ausdruck auf- finden, die franz. Wörterbücher nennen le- diglich „Biograph", und zwar 1721 und dann 1751. Erst 1771 wird im *Dictionnaire de Trévoux* „Biographie" definiert (s. J. Voi- sine, *Naissance et évolution du terme litté- raire „autobiographie"*, in: *La Littérature comparée en Europe Orientale*, Budapest 1963, S. 279). Der neue Ausdruck ist jeden- falls längere Zeit in Konkurrenz mit den früheren Bezeichnungen „Vita", „Leben", „Lebensbeschreibung", „Lebenslauf" ge- standen. Erst gegen Ende des 18. Jh.s wird „Biographie" häufig gebraucht. In diesen Jahren taucht auch die gelehrte Zusammen- setzung S. auf, so etwa 1796 im Titel der von D. Chr. Seybold veranstalteten Samm- lung von *S. en berühmter Männer*. In der Folge läßt sich die synonyme Verwendung von S. mit dem bald nachher gebildeten Ausdruck „Autobiographie" beobachten. „Autobiography" erscheint (s. Voisine, S. 281 f.) zuerst 1809 in einer Veröffentli- chung Robert Southeys im Quarterly Re- view, ist aber keineswegs rasch rezipiert worden. So tragen die engl. Übersetzungen der Lebensbeschreibungen Alfieris (1810) und Goethes (1824) noch den traditionellen Titel „Memoirs". Erst 1844 findet sich das Wort im *Royal Dictionary*, English and French, erschienen bei Didot in Paris, und zwar im Bd. „Engl.-Franz."; hier wird auch die heute übliche Definition gegeben. Um diese Zeit muß der Ausdruck in England schon allgemein geläufig gewesen sein, denn 1848 trägt die engl. Übersetzung von *Dich- tung und Wahrheit* (von I. Oxenford) den Titel *The Auto-Biography of Goethe*, und für das folgende Jahr ist Samuel Roberts Werk *Autobiography and Select Remains* zu registrieren. In Frankreich sind zunächst

einige Bedeutungsschwankungen festzustellen, bis dann 1856 „autobiographe" und „autobiographie" von der Akademie im heutigen Sinne sanktioniert werden. Im sechsten Band des *Deutschen Wörterbuches* der Brüder Grimm (1885) sind „Lebensbeschreiber" und „Lebensbeschreibung" aufgenommen. Damit ist der um 1800 bestehende Gebrauch fixiert; tatsächlich lassen sich für die Jh.wende die Bezeichnungen „Leben", „Lebensbeschreibung" mit den Zusätzen „von ihm selbst", „eigen" u. dgl. häufiger belegen als das — von Seybold verwendete — Wort S. Aber auch „Bekenntnis" ist üblich. So trägt die — ungefähr gleichzeitig mit Seybold — von J. G. Müller hg. Sammlung von S.en noch den Titel *Bekenntnisse merkwürdiger Männer von sich selbst* (1791), und Herder bedient sich in seinen *Einleitenden Biefen* dazu der Ausdrücke „Konfession", „Lebensbeschreibung", „Denkwürdigkeiten" (*Sämtliche Werke*, hg. v. B. Suphan, Bd. 18 [1883], S. 359-376). Bei Jean Paul finden sich neben S., „Selbbiograph" auch die Bildungen „Selbstlebensbeschreibung", „Selblebensbeschreibung" und vor allem „Selberlebensbeschreibung". (Vom Hg. Eduard Berend wurde diese letzte Bezeichnung als Titel für Jean Pauls autobiographische Niederschriften gewählt; *Sämtliche Werke*. Hist.-krit. Ausg., hg. v. d. Preuß. Akad. d. Wiss., II. Abt. 4. Bd., S. XVII ff., 69 ff., 357 ff.) Für den Anfang des 19. Jh.s läßt sich sehr oft aber bloß „Biographie" als Bezeichnung für die Darstellung der eigenen Lebensgeschichte feststellen — so bei Goethe im Vorwort von *Dichtung und Wahrheit*, häufig auch „Memoiren". Im Laufe des Jh.s bürgert sich S. jedoch langsam ein; neben „Selbstbekenntnis" erscheint im zehnten Band (1905) des *Deutschen Wörterbuches* der Brüder Grimm auch „Selbstbiographie".

§ 2. In der wiss. Lit. wird der B e - g r i f f S. in verschiedenstem Umfang gebraucht. Schon in den näheren Erläuterungen der Übersetzung (griech. autos = selbst, bios = Leben, graphein = schreiben) weichen die Autoren voneinander ab. Hauptursache der definitorischen Unsicherheit dürfte das eigentümliche innere Identitätsverhältnis sein, das in der S. vorliegt. Es

kommt leicht zu einer Vermischung mit den Begriffen „Erlebnis-" bzw. „Bekenntnisdichtung". Balzacs Ausspruch „Les grands événements de ma vie sont mes oeuvres" und Goethes Charakteristik seiner Werke als „Bruchstücke einer großen Konfession" dienen immer wieder dazu, alle Dichtungen, sofern sie individuellem Erleben des Autors entsprungen sind, seine persönliche Eigenart bezeugen, nicht nur „autobiographisch", sondern geradezu „Autobiographien" zu nennen. Die Formulierung „La vie, l'oeuvre, l'autobiographie appairaissant ainsi comme trois aspects d'une même affirmation, unies par un régime de constante interférence" (G. Gusdorf, *Conditions et aspects de l'autobiographie*, in: Formen der Selbstdarstellung, Festschr. f. F. Neubert, 1956, S. 123) zeigt deutlich, wie leicht es, eben aufgrund dieser „interférence", zur Amalgamierung verschiedenartiger Ausdrucksformen der Persönlichkeit kommen kann. In konsequenter Folge müßte man dann aber auch jedes Denkresultat, jedes philosophische System, ja jedes nur irgendwie individuell gefärbte Ergebnis eines Arbeitsprozesses dem Terminus S. subsumieren. Zur Gewinnung eines praktikablen Arbeitsbegriffes ist es nötig, den fundamentalen Unterschied zwischen der selbstbiographischen S u b s t a n z künstlerischer Schöpfungen und der Gestaltung des Autobiographischen in einem e i g e n s t ä n d i g e n Werk zu beachten. Im ersten Fall gibt je und je ein Erlebnis den Impuls zu einer Dichtung, im zweiten wird das L e - b e n eines Menschen als Ganzes zum Gegenstand eines Werkes gemacht. So ist die S. wohl eine der vielen Formen der Selbstdarstellung, aber sie hat ihre eigenen Gesetze, ihr eigenes Gepräge, und der Autor hat dabei eine spezifische Aufgabe zu bewältigen.

Diese Eigengesetzlichkeit wird deutlich, wenn man die Gattung im Zusammenhang mit dem Gesamtkomplex des „a u t o b i o - g r a p h i s c h e n S c h r i f t t u m s" betrachtet. Im allgemeinen zählt man zu dieser Gruppe die „eigentliche S.", Memoiren, Erinnerungen, Bekenntnisse, den autobiographischen Roman und das Tagebuch; ferner den Brief, das lit. Selbstporträt, die philosophische Reflexion über das Ich, Reisebeschreibungen, Apologien, hin und wieder auch Chroniken. Obwohl die Variationsbreite dieses Begriffes groß ist — er deckt sich in etwa mit M. Beyer-Fröhlichs „Selbstzeugnissen" — und im Benennungssystem weithin Unklarheit herrscht, besteht eine durchgehende (freilich oft nicht scharf konturierte) Vorstellung davon, daß sich die S. von den benachbarten Arten unterscheidet. Dies kommt schon in den Bezeichnungen „eigentliche", „echte", „förmliche" Autobiographie, „Autobiographie sensu stricto", „autobiography proper", „l'autobiographie proprement" zum Ausdruck; man meint damit Werke, in denen sich das Spezifische der Form am deutlichsten ausprägt, also etwa Augustins *Confessiones*, Rousseaus *Confessions*, Goethes *Aus meinem Leben. Dichtung und Wahrheit*. Hier geht die Intention auf Gestaltung des Lebenszusammenhanges, das Werden der Persönlichkeit, die Totalität des Individuums. Relativ leicht lassen sich davon jene Arten abheben, die den erwähnten Merkmalen in entscheidenden Punkten widersprechen, sei es, daß sie durch punktuelle Erfassung des Ich und bewußte Hinwendung zum anderen gekennzeichnet sind (B r i e f, s. d.), nur einen kurzen Abschnitt aus dem Leben eines Menschen geben (R e i s e b e s c h r e i b u n g) oder einen Teilaspekt besonders betonen (T a t e n b e r i c h t). Vielfach müssen autobiographische Aufzeichnungen überhaupt fragmentarisch genannt werden; die Fakten dominieren, sind z. T. unverbunden aufgereiht, erhalten ihren Sinn nicht von einem Lebensganzen her (R e c h n u n g s b ü c h e r mit persönlichen Einsprengseln, N o t i z b ü c h e r, z. T. C h r o n i k e n, s. d.). Ferner Schilderungen eines Autors von seinen Kriegserlebnissen, seiner Gefangenschaft, Berichte von Kaufmannsreisen, diplomatischen Missionen und Gesandtschaften, von bemerkenswerten Familienereignissen können gelegentlich aufschlußreiche s e l b s t b i o g r a p h i s c h e D o k u m e n t e sein, beschreiben aber meist nur eine relativ kurze (wenn auch bedeutsame) Lebensperiode oder eine spezielle Aufgabe. Auch zwischen Autobiographie und l i t e r a r i s c h e m S e l b s t p o r t r ä t bzw. p h i l o s o p h i s c h e r R e f l e x i o n über das Ich sind disjunktive Kriterien mit einiger Sicherheit auszumachen. So lassen sich statische Ich-Analysen mit dem histor. Aspekt der S. nicht vereinbaren; primär introspektive Zielsetzung führt häufig zur Vernachlässigung des biographischen Gerüsts, der chronologischen Faktenordnung. Entscheidend aber ist, daß sowohl dem Selbstporträt wie der philosophischen Reflexion die wichtigsten Charakteristika jeder großen S. fehlen: Wechselwirkung zwischen Ich und Umwelt, ständige Integration individueller Erfahrung und retrospektive Wertung. Schwieriger gestaltet sich der nächste Unterscheidungsversuch. „Eine Grenze zu ziehen zwischen Autobiographie und Memoiren oder Erinnerungen ist schwer — eigentlich gibt es überhaupt keine scharfe Grenze" (R. Pascal, *Die Autobiographie*, 1965, S. 16). Demgemäß reichen die Ansichten der Forschung von der synonymen Verwendung der Begriffe über die umfassende Bezeichnung „Memoirenliteratur" für alle Arten selbstbiographischen Schrifttums bis zum Versuch vorsichtiger Trennung. Orientiert man sich am Ursprung des Wortes (franz. mémoires = Denkwürdigkeiten) und an den wohl bedeutendsten Werken dieser Art in Frankreich, so ist zunächst nur zu sagen, daß der Verfasser von M e m o i r e n sich ebenfalls an sein vergangenes Leben erinnert, es erzählt und Rechenschaft darüber ablegt; ähnlich verfährt auch der Autobiograph. Allerdings fällt auf, daß die Memoiren die Beziehungen zur Umgebung stärker betonen, überhaupt äußeren Ereignissen mehr Platz einräumen. (Wobei die Memoiren eher von ö f f e n t l i c h e n Geschehnissen berichten, die Erinnerungen von p e r s ö n l i c h e n Kontakten.) Man könnte von einem größeren Offensein der Welt gegenüber sprechen, wodurch dann häufiger Konfliktsituationen und in der Folge apologetische Tendenzen auftreten. Der Akzent liegt jedenfalls auf der Schilderung äußerer (oft politischer) Verhältnisse und der Charakteristik von Persönlichkeiten des öffentlichen Lebens, die Erzählstruktur ist, im Vergleich zur S., lockerer, der eigentliche „autobiographische Antrieb" (Pascal, S. 19) — die Frage nach der eigenen Existenz — fehlt. Selbstdarstellung im umfassenden Sinn ist auch das T a g e b u c h, insofern es sich dabei um (relativ) regelmäßige Aufzeichnungen aus dem eigenen Leben handelt, nicht um bloßes Notieren und kalendarisches Registrieren. Wichtige Unterschiede zur S. hat bereits W. Grenzmann (*Das Tagebuch als literar. Form*, WirkWort 9, 1959, S. 84-93) formuliert. So fehlt dem Tagebuch der Zusammenhang des Ganzen, die einheitliche Komposition, der histor. Aspekt. Die jeweils andere Einstellung des Verfassers wirkt sich in der S. im ruhigen Fluß der Erzählung, im Tagebuch in der noch vom aktuellen Anlaß geprägten Niederschrift aus. Grenzmann will in beiden Gattungen Manifestationen bestimmter menschlicher Grundhaltungen sehen; die S. zeige den „Menschen fester Ordnungen", das Tagebuch den „Problematiker, der immer auf der Suche ist". Demgegenüber muß man freilich betonen, daß der Begriff des „literarischen Tagebuches" noch wenig geklärt erscheint. Da die Gattung verschiedenste literar. Formen aufnehmen kann, erweisen sich sehr strenge Einteilungsversuche als wenig praktisch, so die Typologie H. R. Kurzrocks (*Das Tagebuch als literar. Form*, Diss. Berlin 1955), der nur das „existentielle Tagebuch" („unmittelbares Wortwerden des Daseins in seiner Ganzheit") als literarisch angesehen wissen will, das „Notiz-Tagebuch" („vermittelnder, funktioneller Charakter") und „Reflexions-Tagebuch" („Kommentar zum Werk") hingegen nicht; im dt. Sprachraum sei der erste Typus nur durch die Tagebücher Kafkas repräsentiert. A. Gräsers Anschauung (*Das literar. Tagebuch*, 1955), nur im sprachkünstlerisch geformten Tagebuch offenbare sich das eigentliche Wesen der Gattung, steht die Auffassung G. R. Hockes (*Das europäische Tagebuch*, 1963) gegenüber, der als „echte" Diarien nur Tagebücher ohne ursprüngliche Veröffentlichungsabsicht anerkennt. Vom „echten" trennt er das „literar. Pseudo-Tagebuch" und das „fingierte Tagebuch". Freilich sind auch hier Überschneidungen offensichtlich; so muß Hocke etwa den Tagebüchern Kafkas, Musils, J. Kleppers und A. Gides „echt diaristischen, zugleich auch literarischen Charakter" zugestehen. Auffallend sind, betrachtet man die Geschichte des Tagebuches, die diskontinuierlichen Übergänge. „Vorformen", d. h. kalendarische Register, deren Eintragungen hauptsächlich aus Stichworten bestehen, werden auch noch später geführt, als bereits sprachkünstlerisch gestaltete Diarien vorlie-

gen. Überraschend tauchen hohe Leistungen auf, die starke Strukturwandlungen der Gattung bewirken. So markiert etwa die Mitte des 18. Jh.s eine wichtige Stufe. Ungefähr hundert Jahre später, in den Tagebüchern Hebbels, zeigen sich wieder neue Elemente, so die Führung des Diariums über eine sehr lange Zeitspanne hinweg, die größeren Abstände in den Datierungen, im Zusammenhang damit die Ausbildung einer historischen Perspektive: Innehalten in den Aufzeichnungen, Versuche zur Rückschau, Rechtfertigung des bisherigen Lebens. Im modernen lit. Tagebuch findet sich die Weiterentwicklung dieser Ansätze. E. Jüngers Tagebücher erstrecken sich über ungef. 35 Jahre, die O. Loerkes reichen von 1903 bis 1939, jene Kafkas immerhin von 1910 bis 1923. Rückblicke auf vergangene Lebensabschnitte, Versuche einer Gesamtschau, Entwürfe zu S.n sind auffallend häufig, bes. in den tagebuchartigen Aufzeichnungen Hofmannsthals, *Ad me ipsum*, den Diarien Kafkas und Musils. E. Jüngers Tagebücher, vor allem die *Strahlungen*, offenbaren sehr deutlich die Distanzhaltung. Bemerkenswert ist die Tatsache, daß im 20. Jh. die Dichter für ihre Selbstdarstellung das Tagebuch bevorzugen, viel seltener die S. wählen (s. § 4). Wenn man auch zu scharfe Grenzziehungen zwischen Tagebuch und S. — bes. im Hinblick auf moderne Ausprägungen — vermeiden sollte, so hat doch jede der beiden Gattungen ihre spezifischen Merkmale. Wesentlich komplexer sind die Beziehungen zwischen S., a u t o b i o g r a p h i s c h e m R o m a n und B i l d u n g s - r o m a n (s. d.). Auf die Nähe des Bildungsromans zur S. hat man seit Dilthey in der Forschung immer wieder hingewiesen, und tatsächlich ist die Verwandtschaft augenfällig. Beide schildern den Weg eines Individuums zu einem bestimmten Ziel, in beiden findet eine Wechselwirkung zwischen Ich und Welt statt, in beiden werden von einem erhöhten Standpunkt aus wahre und falsche Tendenzen des vergangenen Lebensweges festzustellen versucht. Und in den bedeutenden S.n erscheint das Ich nicht in zufälliges Geschehen verwickelt, sondern als Repräsentant einer sinnvollen Entwicklung. Aufgrund dieser Parallelen ist die Grenze zwischen S. und Bildungsroman keineswegs leicht zu ermitteln, und man behilft sich mit der Bezeichnung „autobiographischer Roman", bes. häufig für K. Ph. Moritz' *Anton Reiser*, Ch. Dickens' *David Copperfield*, G. Kellers *Der grüne Heinrich* (meist die 2. Fassg.). Als Merkmale dieser Werke führt man an, daß der Held wohl (im Gegensatz zum Bildungsroman) größere Nähe zum Autor aufweise, es sich aber dennoch um eine (im Vergleich zur S.) „vom Ich abgerückte Figur" handle; ferner sei das Selbsterlebte mit dichterischer Freiheit umgestaltet, wodurch „größere Objektivität" erreicht werde (G. v. Wilpert, *Sachwb. d. Lit.*, 5. Aufl. 1969, S. 59 u. 345). Dem „Zwang der Sinnfindung" stehe hier die „Freiheit der Sinngebung" gegenüber (M. Schüz, *Die Autobiographie als Kunstwerk*, Diss. Kiel 1963, S. 4). Das Plus, das der autobiographische Roman der S. hinzufüge, sei auf „logische Weise" mit dem Charakter des Autors verknüpft; es handle sich dabei nicht um reines Erfinden, sondern um „Entbinden" von latent vorhanden Gewesenem (Pascal, S. 194 f.). All diese Bestimmungen können, ähnlich wie Diltheys Argument, der Bildungsroman stelle im Gegensatz zur S. das „Allgemein-Menschliche" dar, nur dann als disjunktive Kriterien gelten, wenn man sie im Sinne der Abstraktion versteht: „Autobiographie und deutscher Bildungsroman unterscheiden sich durch den Grad der Abstraktion von der Wirklichkeit, der Sublimierung des Wirklichen zur ‚Poesie', der aus dem Prinzip der dichterischen Auswahl, Konzentration und Stilisierung allein nicht zu erklären ist" (L. Köhn, *Entwicklungs- und Bildungsroman*, 2. Aufl. 1969, S. 447 f.). Dennoch bleiben diese Abgrenzungsversuche problematisch. Der springende Punkt liegt nämlich in der Frage, was denn nun eigentlich eine in Ich-Form geschriebene Darstellung eines Lebens, das aber tatsächlich nie in dieser Weise geführt wurde, von der S. einer histor. Persönlichkeit unterscheidet. Es zeigt sich nämlich (etwa für die Frühformen des realistischen Ich-Romans), daß in allen jenen Fällen, in denen die fiktive Gestalt nicht mit der historischen identifiziert werden kann, eine Reihe unlösbarer Schwierigkeiten auftaucht. Einerseits steht fest, daß das Erschaffen einer Gestalt und eines Lebensweges geradezu d e n Wesenszug des Romans ausmacht, im Unterschied zur S. Ist aber die histor. Per-

sönlichkeit nicht zu ermitteln, muß das Problem „fiktive Biographie" oder „authentische S." offenbleiben. Es gibt tatsächlich (freilich seltene) Beispiele für die gegenseitige Durchdringung von biographisch-realer und biographisch-fiktiver Erzählung. In solchen Fällen können offenbar nur noch ä u ß e r e Kriterien entscheiden, ob ein Werk schöpferischer Gestaltung oder die Lebensbeschreibung einer geschichtlichen Persönlichkeit vorliegt (vgl. F. Wölcken, *Major Ramkins' Memoirs*, in: Anglia 75, 1957, S. 411—428). Die Existenz dieser eigentümlichen Übergangszone hat auch die Sprachtheorie beschäftigt, und deren Ergebnisse stimmen darin überein, daß es Zweifelsfälle gibt, bei denen wir nicht entscheiden können, „ob wir es mit einer echten Autobiographie oder mit einem schon romanhaften Gebilde zu tun haben" (K. Hamburger, *Die Logik der Dichtung*, 2. Aufl. 1968, S. 248). Deshalb sollte man die erwähnten „äußeren" Kriterien bei der Unterscheidung von S. und Bildungsroman nicht vernachlässigen. Will der Verfasser seiner Lebensgeschichte historisch gesehen werden, sind seine Angaben nachprüfbar, dokumentiert er dies mit ständigen Verweisen auf die geschichtliche Wirklichkeit, so ist sein Werk als S. zu bezeichnen (s. § 3). Nennt der Autor hingegen eine Lebensgeschichte „Roman", treten die Realitätsbezüge zurück, wird eine eigene, geschlossene Welt aufgebaut, so haben wir es — trotz eventuell vorhandener Ich-Form — mit Fiktion zu tun. Damit erweisen sich die Termini „autobiographischer Roman", „fingierte Autobiographie" und „Semiautobiographie" (Wilpert, S. 59, 701) als Hilfsbegriffe, die die Sachlage eher verwirren als klären.

§ 3. Das Wesen der Gattung liegt in ihrer eigentümlichen Zwischenstellung. Die starke Bindung an die Empirie trennt die S. von fiktionalen Gattungen, vor allem vom Roman; aber die eigene Lebensbeschreibung ist doch auch wieder mehr als bloßer Tatsachenbericht. Aus dieser Stellung zwischen Historiographie und Dichtung resultiert eine Reihe von S t r u k t u r g e s e t z l i c h - k e i t e n und - m e r k m a l e n.

1. Der Autor kann von seinem Stoff, dem schon in bestimmter Art geprägten Lebenslauf, nur in begrenztem Maß abstra-

hieren. Es gibt einen natürlichen Rahmen der S. Der Verfasser vermag weder den Ursprung seines Lebens noch den eigenen Tod zu beschreiben — tut er es dennoch, so ist dies höchstens durch die Wirkung des Außergewöhnlichen interessant (vgl. z. B. Franz Blei, *Erzählung eines Lebens*, 1930). Er kann sein Leben nur bis zur Abfassung seines Werkes schildern, und über seine Zukunft kann er nur Vermutungen anstellen.

2. Innerhalb dieser Grenzen muß sich der Autor im wesentlichen an das halten, was sich realiter in seinem Leben ereignet hat. Er darf keine Personen erfinden, die ihm nicht wirklich begegnet sind, und auch keine Geschehnisse, die sich nicht tatsächlich zugetragen haben. Es handelt sich also vor allem um Auswahl, Anordnung und Akzentuierung des Stoffes. Aber auch diese Tätigkeit ist nicht der Willkür des Verfassers überlassen. Wohl braucht er Details, isolierte Fakten, nebensächliche Vorkommnisse nicht zu erwähnen; hingegen wird er Geschehnisse und Einflüsse, die für seine Entwicklung wichtig waren, nicht verschweigen dürfen, will er nicht den Vorwurf der Entstellung provozieren. Wie Goethes Schilderung seines Leipziger Aufenthaltes in *Dichtung und Wahrheit* zeigt, besteht die Stoffgebundenheit des Autobiographen in relativ großer Freiheit vom Detail, aber in relativ enger Bindung an Abläufe und Bewegungen in seinem Dasein, weil solche Prozesse in hohem Grad die Persönlichkeit formen und sich in ihnen der Zusammenhang mit der Umwelt am klarsten ausprägt. Wenn also Hebbel in seiner abgebrochenen S. seine proletarische Herkunft — und damit alle negativen Einflüsse, die seinen Lebensweg entscheidend bestimmten — zu verschleiern sucht, so gerät er in Gefahr, sein Selbstbild zu verfälschen. Die beiden Beispiele verdeutlichen, worauf sich die „halb poetische, halb historische Behandlung" (Goethe, *Dichtung u. Wahrheit*, Vorwort) des biographischen Substrats zu konzentrieren hat. Einerseits auf die richtige Auswahl der Einzelheiten, um das Wesentliche einer Lebensepoche klar hervortreten zu lassen; andererseits auf die Umwandlung der Fakten mit stetem Blick auf die Realität, denn in der· S. hat vor allem „die Wirklichkeit ... in ihren wesentlichen Erscheinungen ein unbestreitbares Recht" (G. W. Fr. Hegel, *Ästhetik*, hg. v. Fr. Bassenge, Bd. 2, 1965, S. 359).

3. Diese Rahmenbestimmungen sind für das in der Forschung vieldiskutierte Problem der Wahrheit in der S. relevant. Bis zu einem gewissen Grad nämlich lassen sich bei der Niederschrift der eigenen Lebensgeschichte Gedächtnisfehler und Subjektivität durch Sachlichkeit und Tatsachentreue (Heranziehen von Dokumenten), überhaupt durch den Willen zur Aufrichtigkeit vermeiden. Freilich trifft diese Feststellung schon für den „äußeren" Lebenslauf nur bedingt zu; es unterlaufen, trotz bester Absicht der Verfasser, doch immer wieder verschiedene Irrtümer. Aber das Problem reicht tiefer. Versucht der Autor nämlich, seine „innere" Entwicklung zu schildern, dann ändert sich die Situation entscheidend. Das Ich muß sich dabei gleichsam auf die Gegenstandsebene projizieren, damit es die Möglichkeit hat, sich selbst zu sehen und zu begreifen. Das erkennende Subjekt wird zugleich Objekt, das erkannt werden soll, wobei — im Falle der S. — die Intention auf das eigene Gewordensein zielt, und zwar mit Hilfe der Erinnerung und Deutung. Für den autobiographischen Prozeß wichtig ist, daß der Vorgang des Erinnerns Gesetzlichkeiten unterliegt, die eine adäquate Reproduktion vergangenen Lebens grundsätzlich unmöglich machen (vgl. H. R. Günther, *Das Problem des Sichselbstverstehens*, 1934). Die Aporie des Autobiographen liegt in der Differenz zwischen dem Gewesenen, in dem latent die Fülle der Möglichkeiten beschlossen war, und dem nun in bestimmter Weise geprägten Ich, das darum weiß, welche der Möglichkeiten verwirklicht wurde. Eng damit verbunden ist die „teleologische Tendenz", d. h. das Suchen nach Sinnzusammenhängen, nach einer Zielgerichtetheit im Ablauf des eigenen Lebens. Beides, Wissen um das Gewesene und Neigung zur Deutung des Vergangenen, dominiert in der Retrospektive, so daß „absolute truthfulness, even in matters of fact, cannot be hoped for, and ‚truthful' recreation of the whole life, precisely as it was lived, is impossible" (W. Shumaker, *English Autobiography*, S. 45 f.). Man hat das Problem so zu lösen versucht, daß man den autobiographischen Prozeß als „schöpferischen

Akt" (Gusdorf, S. 119) interpretierte. Demnach würde es sich bei der Wahrheit der S. primär um eine Wahrheit f ü r den Autor handeln, gewonnen aus Selbstprüfung und Selbsterkenntnis. Diese immanente Beurteilung der Aufrichtigkeit übersieht jedoch, daß es sich bei der eigenen Lebensdarstellung wohl um Selbstschöpfung, nicht aber um f r e i e Selbstschöpfung handeln kann. Gewiß warten wir mit dem Urteil über die Wahrheit der Autobiographie nicht, bis wir sämtliche Angaben nachgeprüft haben, sondern lassen uns von einem Eindruck der Echtheit überzeugen, der unmittelbar aus dem Werk hervorgeht. Diese Wirkung aber beruht zum großen Teil auf der breiten biographisch-chronologischen Schicht, d. h. also den Realitätsbezügen. Denn die Verweise auf jene Wirklichkeit, mit der sich der Autor im Lauf seines Lebens auseinandersetzen mußte, haben etwas Zwingendes, das notwendig zur S. gehört. Es wird bei der Lektüre mitgewußt und bildet einen Teil der ästhetischen Wirkung der Gattung. Dieses Mitwissen des Lesers ist am ehesten mit dem Eindruck der Ähnlichkeit zu vergleichen, den ein bedeutendes Porträt (bzw. Selbstporträt) auf den Betrachter macht, obwohl diesem die geschichtliche Persönlichkeit, die es zeigt, oft nur wenig vertraut ist. Wie das ästhetische Erleben des Romans mit dem Wissen um das Erfundensein des Dargestellten verknüpft ist, so verbindet es sich im Falle der S. mit der Überzeugung von der Glaubwürdigkeit, der Dokumentierbarkeit des Berichteten. Mit der Lenkung der Erwartung steht auch die Versicherung der Aufrichtigkeit im Zusammenhang, die man (nach A. R. Burr, *The Autobiography*, S. 7) „autobiographical intention" nennt.

4. Ziel der Darstellung ist der Autor selbst, besser: die Vorstellung, die er von seinem Werden und seinem Ich hat. Sie ist Bezugs- und Organisationspunkt zugleich, denn das Gesamtbild der eigenen Persönlichkeit wirkt wieder auf die Gestaltung zurück. Diesen beiden Sinnbereichen, der Frage nach dem eigenen Ich und dem Wiederaufbau der eigenen Existenz, entsprechen strukturell zwei Ebenen, a) die Zeit der Abfassung — der Autor blickt zurück und sucht sein Leben erzählend zu wiederholen —, b) die Zeit der jeweils dargestellten Phase der Vergangenheit, grob gesprochen also Kindheit, Jugend, Reife. Dem erinnernden Ich (des Autors) steht das erinnerte Ich (im jeweiligen Stadium des Werdens) gegenüber. Diese Spannung wird am Verhältnis der Gegenwarts- zur Vergangenheitsschicht im Werk selbst greifbar. Reflexion, Betrachtung, Kommentar usw. verdeutlichen die Stellungnahme des Verfassers zum Erzählten. Aber auch ohne ausdrückliche Kommentierung wird die Wertung des Autors erkennbar: Auswahl und Anordnung zeigen Vergangenes auf den gegenwärtigen Standpunkt bezogen. Die „frühere" Persönlichkeit läßt sich an den einzelnen Stadien des Lebenslaufes ablesen, Ausdruck der „späteren" sind Konzeption und Formung des individuellen Lebensganges.

5. Aus der Identität zwischen erinnerndem und erinnertem Ich, zwischen Autor und „Held" der S., ergibt sich die dem autobiographischen Erzählen adäquate Form: die Ich-Form. Durchgehend — oder beinahe durchgehend — verwendete Er-Form findet sich in der S. selten (K. Ph. Moritz, Jung-Stilling, F. L. Jahn, F. Blei), denn sie entspricht nicht dem spezifischen Charakter des „„Für-Sich-Seins" (Pascal, S. 192). Hingegen sind Abschnitte in der Er-Form häufig anzutreffen, werden vom Verfasser bewußt im Sinne schärferer Distanzierung — und damit zur besonderen Hervorhebung einer Lebenssituation — verwendet (vgl. etwa *Dichtung u. Wahrheit*, Ende des 1. Buches). Wichtig ist, daß durch das vorhandene Wissen von einem sich selbst darstellenden Ich dabei eine zusätzliche Spannung entsteht. Ähnlich verhält es sich auch bei der Verwendung der Wir-Form; das „Wir" aktualisiert das Gefühl des Mitlebens in einer Gemeinschaft (vgl. *Dichtung u. Wahrheit*, 11. Buch).

6. Die Zeitdarstellung ergibt sich aus der spezifischen Situation der Rückschau und dem prozessualen Charakter des Erinnerungs- und Erzählvorganges. Der Autobiograph ist der natürlichen Ordnung der Sukzession in besonderem Maß unterworfen. Im allgemeinen stellt er sein Leben von einem bestimmten Zeitpunkt, meist dem der Geburt, bis zu einem anderen, oft dem der Abfassung, entlang einer geraden oder et-

was ineinander verschobenen Zeitlinie dar. Kaum je wiederholt der Verfasser die Ereignisse strikt in jener Abfolge, in der sie sich tatsächlich abgespielt haben, sondern greift vor oder blickt zurück, häufig nur geringfügig, manchmal weit über die erzählte Zeitlinie hinaus, weshalb man neben den beiden oben erwähnten Zeitschichten grundsätzlich noch eine dritte annehmen muß (Shumaker, S. 113). In den meisten S.n findet man jedoch die „memorialistische Erzählform" (H. R. Jauß, *Zeit und Erinnerung in Marcel Prousts 'A la recherche du temps perdu'*, 1955, S. 52) des geringfügig modifizierten Nacheinander. Nur in wenigen Werken der Gattung gibt es eine stärkere Destruktion des chronologischen Schemas (Umstellung in größeren Blöcken), so bei Th. Fontane, H. Mann, A. Bronnen, C. Zuckmayer, auch bei G. Moore und R. Church. Wenig geklärt ist die Frage der Zeiterstreckung. Wie viele Jahre machen ein „Leben" aus? Die S. der Kindheit nimmt in der Tradition einen festen Platz ein, und sie gilt dann als „vollständige" S., wenn im Rahmen dieser kurzen Zeitspanne die wesentlichen Züge der späteren Persönlichkeit bereits vorgeformt erscheinen. Als Extreme kann man jedenfalls die vier Jahre der ersten Lebenszeit, die C. Spitteler (*Meine frühesten Erlebnisse*, 1914) beschreibt, und die beinahe sieben Jahrzehnte, die H. Carossas Lebensbücher umfassen, bezeichnen.

7. In diesem Zusammenhang interessiert auch die „Schlußproblematik". Die S. hat kein Ende im Sinne des Romans, da sie zum Verfasser hin offensteht. Das Ich ist stärker als im Roman Bezugspunkt des Ganzen, seine Selbstdefinition hat aufgrund der Realitätsbezüge mehr Gewicht. So richtet sich schon zu Beginn die Intention nicht darauf, das abzuschließen, was in Wirklichkeit noch nicht abgeschlossen ist. Dieses Problem wird verschieden gelöst, meist in Form der „Schlußtopik" (Heraufführen der Lebensgeschichte bis zur Zeit der Abfassung) oder in Form der „Lebenswende"; dann erzählt der Autor nur bis zu einer bestimmten Situation, die einen markanten Einschnitt in seinem Leben bedeutet hat. Die ästhetische Schwierigkeit besteht darin, diesen Schluß nicht als idealisierten, saturierten oder sentimentalisierten Zustand zu fixieren, aber auch den unmittelbaren Abbruch zu vermeiden. Goethes Lösung zeigt die Lebenswende in adäquater Gestalt: als vorläufigen Abschluß und zugleich als Vorbereitung auf Kommendes.

8. In der Schilderung nichtfiktionaler Individualgeschichte tritt der Gegensatz zwischen Ich und Umwelt besonders deutlich hervor. Ein Einzeldasein besteht nicht nur aus Tatsachen und erklärbaren Vorgängen, sondern es ist auch „von relativen Umständen begleitet, von Zufälligkeiten umhäuft und durch Willkürlichkeiten verunreinigt" (Hegel, II 359). Wohl bleibt „das Individuum ein und dasselbe, aber die Begebenheiten, in die es verwickelt wird, können schlechthin unabhängig auseinanderfallen und das Subjekt nur in ihrem ganz äußerlichen und zufälligen Verknüpfungspunkt behalten" (Hegel, II 426). In Roman und Novelle ist es, mit Hilfe erzählerischer Mittel, möglich, aus dem vorhandenen Stoff eine Fabel zu gestalten, in der die realen Erlebnisse gleichsam „aufgehoben" sind. Eine solche „innere Consequenz" (Goethe, *Der deutsche Gil Blas*) fehlt der S., und dieser Mangel ist, wie die erwähnte polare Struktur, bereits eine Eigenart des Stoffes. Die Lebensbeschreibung hat, da sie von der Realität her determiniert ist, keine epische Handlung im Sinne des Romans. Das ästhetische Problem besteht daher darin, das Auseinanderfallen von Individualgeschichte und Umweltgeschehen zu vermeiden. Die S. muß deshalb die episch-integrative Funktion des Helden entsprechend steigern. Ist eine historische Persönlichkeit, die unmittelbar durch ihre Taten auf die Welt gewirkt hat, der „Held" einer biographischen Darstellung, dann kann er verhältnismäßig leicht diese Aufgabe, Zusammenhänge und Verknüpfungen herzustellen, übernehmen. Schwieriger wird dies, wenn der Künstler und Wissenschaftler seine Leistungen in der Lebensbeschreibung gestalten will. Da sich aus den e r z ä h l b a r e n Fakten, Ereignissen, Episoden, Begegnungen usw. des Privatlebens die eigentliche Bedeutung großer Leistungen genetisch nicht ableiten läßt — aus den Erlebnissen Goethes allein sind Entstehung, Rang und Wirkung des *Werther* keineswegs verständlich —, so ergibt sich für die S. der schöpferischen Persönlichkeit die Relevanz der historiographischen

Methode (vgl. G. Lukács, *Die biographische Form und ihre Problematik*, in: Lukács *Der historische Roman*, 1965). Das schmale Band des biographischen Einzelschicksals muß in seinen Verflechtungen und Verschränkungen mit den großen gesellschaftlich-geschichtlichen Bewegungen gezeigt werden. Voraussetzung dafür ist, daß „das Individuum sich und sein Jahrhundert kenne, sich, inwiefern es unter allen Umständen dasselbe geblieben, das Jahrhundert, als welches sowohl den Willigen als Unwilligen mit sich fortreißt, bestimmt und bildet, dergestalt, daß man wohl sagen kann, ein jeder, nur zehn Jahre früher oder später geboren, dürfte, was seine eigene Bildung und die Wirkung nach außen betrifft, ein ganz anderer geworden sein" (Goethe, *Dichtung und Wahrheit*, Vorwort).

9. Aus der Tatsache der geringeren Abstraktionsmöglichkeit der S. ergeben sich weitere Beschränkungen bei der Verwendung erzählerischer Mittel. Ereignisse, die sich außerhalb der Erlebnissphäre des Autors abgespielt haben, können lediglich vorausgesetzt, genannt, kommentiert, interpretiert, nicht in der Art des Romans und der Novelle geschildert werden. Auch polyperspektivisches Erzählen ist der S. eher fremd; es scheint, wie die ständig gebrauchte Er-Form, die spezifisch autobiographische Sicht zu stören. Das Wissen des Selbstbiographen ist, bei aller Distanz, die er von seiner Vergangenheit gewonnen haben kann, doch im Hinblick auf die Beweggründe, Anschauungen usw. anderer Personen, die in seinem Leben eine Rolle gespielt haben, begrenzt. Allerdings kann er, wie *Dichtung u. Wahrheit* zeigt, das Mittel der szenischen Darstellung durchaus verwenden. Freilich ist die Gestaltung von Situationen und Gesprächen nur innerhalb gewisser Grenzen frei, auch von der individuellen Erinnerung bereits in bestimmter Weise gefärbt. (Dieser ganz persönliche Erinnerungsraum stellt, bei vielen sonstigen Ähnlichkeiten, ein Plus der S. gegenüber der Biographie dar; muß doch der Biograph das Wissen von der inneren Entwicklung seines Helden, das der Autobiograph intuitiv schon hat, erst erarbeiten.)

§ 4. Die S. hat zwei Wurzeln, eine weltliche und eine religiöse. In der G e schichte der Gattung lassen sich demgemäß zwei grundlegende Tendenzen unterscheiden. Die Ansätze zur weltlichen S. (Tatenbericht, Chronik usw.) spiegeln einen bestimmten, subjektiv ausgewählten Teil des äußeren Lebens. Im Extremfall dominieren die Fakten, der Verfasser fungiert vor allem als Zeuge und Übermittler. Die Seelengeschichte hingegen, entstanden aus der christlichen Gewissenserforschung und Beichte, will den Lebensweg vor allem als Weg zu Gott beschreiben. Im Extremfall überwiegt das Schicksal der Seele so stark, daß die Realität unwichtig wird. Die Gattung konnte sich weder in alleiniger Weltzuwendung noch in reiner Ichbefangenheit vollenden; ihre gültige Gestalt erlangte sie erst, als Ich und Welt gleichberechtigt nebeneinander und in Wechselwirkung miteinander traten.

Die S. ist im wesentlichen europäisch und vor allem neuzeitlich. Die antiken Ansätze standen vorerst im Schatten der Biographie (Plutarch, Sueton); Autobiographisches gab es im Umkreis der polit. Sphäre, in der Spätantike im Zusammenhang mit Apologie und philosophischer Betrachtung (Boethius, Marcus Aurelius). Den *Confessiones* Augustins (um 400), aus der Verbindung höchster antiker Bildung mit dem Christentum entstanden, kommt in der Geschichte der Gattung besondere Bedeutung zu. Es handelt sich um ein „Buch von Gott und der Seele" (E. Trunz, Kommentar zu *Dichtung u. Wahrheit*, Hamburg. Ausg. Bd. 9, 5. Aufl. 1964, S. 627), das nur vom Religiösen, nicht vom Historischen her zu fassen ist. Die Seelengeschichte hat ihren Ausgangspunkt im Sündenstand und in der Verstrickung in die Welt, entwickelt sich weiter in der Abkehr vom Weltleben und löst sich in der Bekehrung. Garantiert wird die Kontinuität der Entwicklung durch das ständige „Ziehen" Gottes auch in der größten Gottesferne des Ich. Ziel und Sinn des Weges ist die Bekehrung, und sie bildet mit ihren unmittelbaren Folgen den Abschluß des autobiographischen Teiles der „Confessiones". Die außerordentliche Wirkung dieser Selbstdarstellung ist bekannt; die Bekenntnisse Augustins sind die klassische Präfiguration der pietistischen Bekehrungsgeschichte und haben Einfluß auch auf die selbstbiographischen Aufzeichnungen der Mystik ausgeübt.

Im MA. entstand ein neues Genre der Lebensbeschreibung, die V i t a von Eremiten, Märtyrern und anderen Heiligen. Vieles aus dem Neuen Testament, den apokryphen Schriften, aber auch aus der griech.-röm. Biographik ist in dieses hagiographische Schrifttum eingegangen. Die ältesten der sog. Märtyrerakten erwecken noch den Eindruck einer gewissen Unmittelbarkeit und enthalten u. a. auch Aufzeichnungen von eigener Hand. Später trat jedoch der historische und individuelle Wahrheitsgehalt hinter den erbaulichen Zweck zurück: Wunder- und Visionserzählungen wurden in verstärktem Maß aufgenommen; die L e g e n d e (s. d.) begann sich auszubilden. Erwähnung verdienen die Viten deshalb, weil sie dem autobiographischen Schrifttum mit Wundern, Visionen und Träumen neue Elemente vermittelten; so zeigen Reisebeschreibungen und Pilgerschriften auch noch des ausgehenden MA.s eine eigentümliche Vorliebe für das Seltsame.

Das in der Spätantike aufgetauchte Gefühl für die Einzigartigkeit jedes menschlichen Lebens kam in der Religiosität der Mystik erneut zur Geltung. Die persönliche Beziehung zu Gott steigerte das Ichgefühl; eine planmäßige und intensive Selbstprüfung und Selbstschau bildete sich aus. So offenbart sich in den Selbstzeugnissen der dt. Mystik die Seele eines indivduellen Ich in ganz außergewöhnlicher Weise, und die psychologische Verfeinerung ist auffallend. Aber sogar in Heinrich Seuses *Vita* (um 1360) dominieren Vision, Betrachtung, Bekehrung über die „Weltseite". Insgesamt lassen es die selbstbiographischen Aufzeichnungen der deutschen Mystik „an Genauigkeit in der Beobachtung der Außenwelt fehlen und versäumen, äußeres Geschehen und innere Erfahrung bedeutungsvoll aufeinander zu beziehen" (Pascal, S. 36). Das Ziel ist Loslösung v o m Leben, nicht die Erfahrung d e s Lebens. Es handelt sich um einen religiösen Prozeß, der fast immer — hier anders als bei Augustin und später bei den Pietisten — mit der Bekehrung einsetzt und in einer Folge von Stufen zur Unio führt. (Teresa von Avila zeigt in ihrer Lebensbeschreibung — um die Mitte des 16. Jh.s — wesentlich mehr Sinn für ihre Umwelt; das letztlich Entscheidende und

Interessierende sind aber doch „Durchbruch" und Unio.)

Auch auf dem Gebiet der weltlichen Selbstdarstellung bleibt es vorerst bei Ansätzen; vom Vorkommen autobiographischer Elemente bzw. von knappen Zusammenfassungen läßt sich sprechen bei Ulrich von Lichtenstein (*Frauendienst*, 1255), im späten MA. bei der franz. Ritterbiographie, der *Selbstbiographie* Karls IV. (bis 1346) und jener Maximilians I.

Während die dt. Mystik gegen Ende des 14. Jh.s keine bedeutenden Werke selbstbiographischen Charakters mehr hervorbrachte, kam es in Italien zur Wiederbelebung der antiken Biographie und zum Beginn der sog. „Renaissance-Autobiographie". Petrarcas *Epistula ad posteros* (1351) zeigt in der Art der Stilisierung allerdings noch Nachwirkungen der stoischen Überlieferung; wichtiger aber ist doch das wache Interesse für das nicht mehr primär vom Religiösen her verstandene Ich. Benvenuto Cellinis S., um die Mitte des 16. Jh.s verfaßt, offenbart bereits überraschende Weltfülle. Dieses Künstlerdasein ist gleichsam gesättigt von Abenteuern, Zufällen, Erfahrungen, dramatischen Ereignissen. Wesentlich nüchterner gibt sich Girolamo Cardano in seiner *Eigenen Lebensbeschreibung* (1555), die sich durch die analytische Schärfe auszeichnet, mit der der Arzt sein Ich „seziert". Von Michel de Montaigne existiert wohl keine Autobiographie; seine *Essais* aber enthalten viel Persönliches und zeigen ein bemerkenswert „modernes" Selbstbewußtsein.

Die Aufzeichnungen autobiographischer Art, die im 15. und dann vor allem im 16. Jh. in Deutschland entstanden, erreichen nicht die Höhe ital. Selbstdarstellungen, aber sie sind kulturhistorische Zeugnisse ersten Ranges. Erwachsen im Umkreis des städtischen Bürgertums, berührt von humanistischem Geist und reformatorischen Bestrebungen, sind diese Dokumente nur in seltenen Fällen (Ritterbiographie) Weiterführungen mal. Ausprägungen. Sie haben vielmehr ihre Wurzeln in den „literarischen Erzeugnissen der bürgerlichen Welt, der städtischen Kultur, so wie sie uns am Ausgang des Mittelalters entgegentritt" (A. Rein, *Über die Entwicklung der Selbstbiographie im ausgehenden MA.*, in:

ArchfKultg. 14, 1919, S. 195). Aus Tage- und Rechnungsbüchern, aus Stadt- und Familienchroniken entstanden viele selbstbiographische Schriften, indem man Wichtiges aus der eigenen Lebensgeschichte einbezog (Jugenderlebnisse, Studien, Bildungsfahrten usw.). Daneben gewannen die Reiseberichte an Bedeutung. Es gab sie schon zur Zeit der Kreuzzüge, aber sie waren vom Erbaulichen, rein Faktischen, gelegentlich vom Phantastischen her bestimmt. Allmählich entwickelten sich aus den Reiseaufzeichnungen der Pilger, Kaufleute, Kriegsgefangenen, der Künstler, Abenteurer, Forschungsreisenden lebendige, auf Wirklichkeitserfassung abzielende autobiographische Schilderungen. Auch die religiösen und politischen Apologien nahmen im Lauf des Jh.s viel Selbstbiographisches auf. — All diese Niederschriften tragen oft Tagebuch-Charakter, noch häufiger Züge der Memoiren. Sie überraschen durch Weltaufgeschlossenheit, Weite des Blicks, durch den Eifer, mit dem alles „Merkwürdige" notiert wird. Die Art der Schilderung könnte man als eine Art von „naivem Realismus" bezeichnen. Von Naivität muß aber auch im Hinblick auf die (sehr geringen) Ansätze zur Darstellung des Persönlichen, Innerlichen gesprochen werden. Nirgends findet sich die Problematik der Individualität berührt. (Überhaupt ist die Fähigkeit zur Gestaltung des Persönlichkeitsbildes noch gering; welche Diskrepanz zwischen bildender Kunst und sprachlicher Darstellung herrschte, verdeutlicht der Vergleich von A. Dürers *Tagebuch der Reise in die Niederlande* [1520/21] mit den Blättern aus den beiden Skizzenbüchern. Die Höhe der Individualitätserfassung, die Dürers Porträts zeigen, wird in der Literatur erst mit Goethes *Dichtung u. Wahrheit* erreicht.) Neben den häufig genannten Aufzeichnungen — der Lebensbeschreibung des Götz von Berlichingen (vermutl. 1561), den *Denkwürdigkeiten* der Charitas Pirckheimer (aus den Jahren 1524—28), der Lebensgeschichte bzw. dem Tagebuch von Thomas und Felix Platter (um 1580/1612) — können sich daraus behaupten: die autobiographischen Schriften Siegmunds von Herberstein (neben der Beschreibung seines Lebens, die bis 1553 reicht, der große Bericht über die Reisen nach Rußland [dt. 1577]), die Denkwürdigkeiten Hermanns von

Weinsberg (1587 abgeschl.), die Erlebnisberichte des Sebastian Schertlin von Burtenbach (um 1570), die Aufzeichnungen, die Hans von Schweinichen während der Jahre 1568 bis 1602 machte, vor allem aber Bartholomäus Sastrows Selbstdarstellung (1595) und das über bloße Schilderung von „Reisen und Gefangenschaft" weit hinausreichende Werk Hans Ulrich Kraffts (1616 abgeschl.).

Diese vielversprechenden Ansätze aber fanden im Deutschland des 17. Jh. keine weitere Entfaltung. Die Entwicklung wurde „zurückgeworfen und gehemmt" (M. Beyer-Fröhlich, Einleitung zu: *Selbstzeugnisse aus dem 30jähr. Krieg und dem Barock*, 1930, S. 6), der Blickwinkel verengte sich, der Sinn für größere Zusammenhänge ging verloren. Eine Weiterführung der im 16. Jh. erworbenen Selbst- und Welterfassung findet sich innerhalb des rationalistisch-aufklärerischen autobiographischen Schrifttums nur selten, so etwa in den erzählfreudigen Mitteilungen des weitgereisten Johann Dietz (1666-1738), die eine geglückte Verbindung von Berufsbiographie und Reisebericht darstellen. Im allgemeinen aber war das Jahrhundert die „große Zeit der Memoiren- und Tagebuchschreiber" (Pascal, S. 46), nicht der Selbstbiographien. So entstand in Frankreich die bedeutende Reihe autobiographischer Nachrichten aus hohen Gesellschaftskreisen (Memoiren des Kardinals von Retz, der Herzöge von La Rochefoucauld, von Saint-Simon, der Madame de Motteville, die Briefe der Madame de Sévigné), in England wurden vor allem die wichtigen Tagebücher mit politisch-persönlichem Inhalt verfaßt (John Evelyn, Samuel Pepys). All diese Schriften sind Spiegelbilder zeitgenössischer gesellschaftlich-politischer Ereignisse, gesehen durch die verschiedensten Temperamente, begleitet von ausführlichem Kommentar und Räsonnement, ausgezeichnet durch die hohe Kunst der Porträtschilderung, die für die dt. S. im 18. Jh. wichtig werden sollte. Zunächst freilich gingen von der westeuropäischen religiösen Selbstdarstellung (Miguel de Molinos, Madame de Guyon) nachhaltige Wirkungen aus. Auch England (John Bunyan *Grace Abounding*, 1666) blieb nicht ohne Einfluß auf den dt. Pietismus, der gegen Ende des 17. Jh.s innerhalb des Protestantismus entstand. Eine bewußt dogmenferne, vom Gefühl bestimmte Frömmigkeit förderte, da die lutherische Rechtfertigungslehre beibehalten wurde, die ständige Selbstbeobachtung; der Pietist war angehalten, sich Rechenschaft über den jeweiligen Seelenzustand, über Anfechtungen, Sünden, Gnadenbeweise abzulegen, und diese Übung schlug sich in einer Fülle von Selbstzeugnissen nieder, häufig in Form des Tagebuches, oft aber auch in Gestalt zusammenhängender Lebensdarstellungen. Das Muster dafür bildete nicht die Lebensbeschreibung des Gründers der Bewegung, Philipp Jacob Speners (1683/86), sondern jene seines Schülers August Hermann Franckes (1690/91). Bei Francke zeigt sich deutlich die augustinische Tradition, die einzelnen Stationen der Bekehrung sind jedoch viel gedrängter dargeboten. Bei den vielen Nachfolgern erstarrte die Franckesche Darstellungsform zum bloßen Schema. Freilich weisen die pietistischen Lebensläufe nicht durchwegs diese Uniformität auf. Neuere Untersuchungen (G. Niggl, *Zur Säkularisation der pietistischen Autobiographie im 18. Jh.*, in: *Prismata*, 1974, S. 155-172) haben gezeigt, daß 1. schon sehr früh eine thematische Erweiterung der Erweckungsgeschichte stattfindet, also eine Überlagerung der autobiographischen Konfession durch den vom Beruf des Verfassers geprägten Lebensbericht (etwa bei Georg Hamann [1758], Aug. Gottl. Spangenberg [1784], Joachim Lange [1744 gedr.]), 2. im Zusammenhang damit das Vorsehungsschema mit zunehmend didaktisch-apologetischer Tendenz immer stärker die pietistische Selbstdarstellung strukturiert. Eine Veränderung des Vorsehungsschemas in Richtung auf die psychologisch motivierte Individualgeschichte zeichnet sich erst nach 1750 ab, vorbereitet durch die psychologische Autoanalyse im pietistischen Tagebuch (Haller, Gellert, Lavater). Freilich führt die erwähnte Überlagerung der religiösen Konfession durch die sog. Berufsautobiographie vorerst keineswegs zu einer stärkeren Berücksichtigung der Außenwelt. Denn diese — meist von Gelehrten verfaßten — Lebensläufe sind zum überwiegenden Teil lediglich Bestandsaufnahmen, Protokoll und Bilanz eines häufig schwierigen, pflichterfüllten Daseins. Leben und Wirken werden isoliert von den politisch-gesellschaftlichen Vorgängen der Epoche behandelt; wenn „Welt" zur Kenntnis genommen wird, beschränkt man sich auf Registrieren (so etwa Jacob Friedr. Reimann) und gewissenhaftes Sammeln von Fakten und Aktenmaterial (Stephan Pütter). Im allgemeinen aber bleibt man im engen Bereich von Familie und beruflicher Laufbahn. Auch Christian Wolff, Joh. Jac. Moser, Joh. Salom. Semler und Christian Felix Weiße stehen in dieser Tradition der pragmatischen Lebensbeschreibung. Bestenfalls lassen sich autobiographische Aufzeichnungen dieser Art gelegentlich als „merkwürdig" charakterisieren, so etwa der Lebensbericht von Barth. Heinr. Brockes, der vom konventionellen Schema durch die eigenartige Technik abweicht, mit der der Verfasser seine materialistischen Interessen zu verschleiern sucht.

Mit den S.n Jung-Stillings (Tle. 1-3, 1777/78), K. Ph. Moritz' (1785-90) und Ulrich Bräkers (1788/89) wird ein wichtiger Schritt in Richtung auf eine Ausbalancierung von Ich-Seite und Welt-Seite getan. Insofern stehen diese Selbstdarstellungen — wie auch jene Franklins, Gibbons, Goldonis und Alfieris — im Vorfeld der „klassischen Autobiographie". „Welt" bedeutet hier z. T. schon individuelle Umwelt mit ihrer Fülle von Details, sie bedeutet aber auch bereits Zeitgeschehen, und zwar nicht mehr als bloße Aneinanderreihung von Begebenheiten. Das Ich, befreit vom Bann primär religiös gebundener Introspektion, vermag seine Beziehungen zu historischen Bewegungen zu erkennen und so die private Geschichte im Zusammenhang mit Zeitphänomenen zu sehen. Diese „Öffnung" charakterisiert sowohl Jung-Stillings Erzählung seiner Kindheit und seines Aufstiegs vom Schulmeister zum Medizinstudenten als auch Ulrich Bräkers S., in der er seinen ungewöhnlichen Lebens- und Bildungsweg schildert. Moritz' *Anton Reiser* nimmt eine Sonderstellung ein: als „psychologischer Roman", ja als psychoanalytisches Dokument, als S., die in der dritten Person erzählt wird, als Geschichte eines Scheiterns an den Verhältnissen, schließlich als kulturgeschichtliches Zeugnis. In allen drei Werken ist freilich das Gleichgewicht zwischen Individuum und Umwelt nicht durchgehend ausgependelt; bei Jung finden wir es am ehesten in der Jugendgeschichte, bei Bräker in der Darstellung der Kindheit und der Soldatenzeit, bei Moritz wird es erkennbar in der Härte und Unerbittlichkeit, mit der er „Welt" als Widerstand und dem Ich entgegenstehende Kraft erfährt.

Auch Rousseau erreicht in seinen *Bekenntnissen* (1782) noch nicht das vollkommene Gleichgewicht von Ich und Welt. Dennoch muß man seine S. zu den klassischen Ausprägungen der Gattung rechnen, weil Apologie, Polemik und psychologische Analyse jener zentralen Aufgabe der Autobiographie untergeordnet sind, die Rousseau mit einzigartiger Konsequenz verfolgt: die „vérité", die Wahrheit seiner Existenz, zu ergründen. Wenn er dabei in Kreisbewegungen immer wieder die Epoche seiner Kindheit aufsucht, so steht dem die Spiraltendenz in Wordsworth' *The Prelude* (1. Fassg. 1804/05, 2. Fssg. 1839) gegenüber; Wordsworth unternimmt es, den Ursprüngen und dem Reifen seiner imaginativen Kraft nachzugehen, und er vermag, anders als Rousseau, auch die falschen Tendenzen, die Irrtümer seines Lebens als letztlich doch fördernde Elemente zu sehen.

In *Dichtung u. Wahrheit* erst (3 Tle 1812-14; 4. T. 1833) ist der entscheidende Schritt in Richtung auf die Vollendung der Gattung getan: Ich und Welt stehen in bisher nie erreichter Ponderation und Korrelation. Goethe wollte in seiner Lebensbeschreibung Entstehung und Zusammenhang seiner Werke erläutern, und er stellte sich dabei keine psychologische, sondern eine historische Aufgabe. Einseitige Seelenanalyse lehnte er ab: „Der Mensch kennt nur sich selbst, insofern er die Welt kennt, die er nur in sich und sich nur in ihr gewahr wird" (Goethe, *Bedeutende Fördernis durch ein einziges geistreiches Wort*). Und tatsächlich steht die Umwelt in dieser S. dem Individuum nicht in Starrheit und Zufälligkeit gegenüber, sondern wird in Wechselwirkung mit dem Ich gesehen. Entwicklung erscheint als Prozeß, bei dem innere Strebungen und äußere Einflüsse ineinanderspielen, gemäß der gültigen Formulierung im Vorwort: „Denn dieses scheint die Hauptaufgabe der Biographie zu sein, den Menschen in seinen Zeitverhältnissen darzustellen, und zu zeigen, inwiefern ihm das Ganze widerstrebt, inwiefern es ihn begünstigt, wie er

sich eine Welt- und Menschenansicht daraus gebildet, und wie er sie, wenn er Künstler, Dichter, Schriftsteller ist, wieder nach außen abgespiegelt". Goethe erreicht die Synthese der beiden Pole der Persönlichkeitsdarstellung, indem er die jeweils wichtigen Lebenssituationen aus einem ungewöhnlich breiten Feld herausentwickelt und so Voraussetzungen und Bedingungen seiner künstlerischen Leistung wahrscheinlich macht. Er verwendet nicht nur Mittel der Erzählung, sondern auch der Geschichtsschreibung. Keine Ideal-, sondern eine Realentwicklung wird geschildert, keiner „menschlichen Metamorphose" (H. Mayer, *Zur deutschen Klassik und Romantik*, 1963, S. 118) wird die S. angenähert, sondern ein Leben bleibt im Blick, in dem die Umstände dem Ich als tatsächliche Gegebenheiten, d. h. als auch ungünstige und gefährliche, gegenübergestanden sind. Ja noch mehr: Der Entwicklungsbegriff ist schon im Ansatz weit genug, um sogar das Unvorhersehbare des menschlichen Lebens einzuschließen. Goethe versteht dieses unaufhebbare Zufällige als Wechsel von Freiheit und Notwendigkeit, die er in „unbegreiflicher Weise" gemischt sieht, und er entfaltet im letzten Buch von *Dichtung u. Wahrheit* diese Problematik im Begriff des Dämonischen in paradoxer Antithese. Durch die Aufnahme auch dieses Elementes in die formende Grundidee konnte hier, den Anforderungen der Gattung gemäß, das r e a l e Werden der eigenen Persönlichkeit unter r e a l e n Umständen dargestellt werden. Lebenswirklichkeit heißt allerdings nicht pure Faktizität, sondern Auswahl des Bedeutsamen. Es kennzeichnet die Leistung Goethes, daß dies nicht die Ablösung vom konkret-biographischen Verlaufsbild zur Folge hatte. Vielmehr trägt das Allgemeine (das im Symbol, Bild, Vergleich usw. erscheint) immer auch den Keim des Besonderen in sich, das in der erzählten, konkret bestimmten Lebenssituation hervortritt. „Dichtung" meint nicht „Erdichtung", sondern jenes dichterische Vermögen, das die Tatsachenwahrheit im Sinne des „Grundwahren" umgestaltet und so die „befriedigende Totalität" (Tagebucheintragung Goethes v. 18.V.1810) der S. ermöglicht.

§ 5. *Dichtung u. Wahrheit* ist Höhe- und Kulminationspunkt der Gattung. (Ungefähr gleichzeitig beginnt auch die Problematisierung der S. Goethe nennt sein Vorhaben bereits ein „immer bedenkliches Unternehmen" [*Dichtung u. Wahrheit*, Vorwort], Fr. Aug. Carus, W. v. Humboldt betonen die Schwierigkeiten autobiographischer Darstellung, und dieser Prozeß setzt sich fort bis G. Benn und H. v. Hofmannsthal, die die Unmöglichkeit erkennen, das „Doppelleben" des modernen Künstlers in der traditionellen Form zu erfassen.) Vor allem die S. des Schriftstellers ist im 19. u. 20. Jh. von der Auseinandersetzung mit Goethes Lebensbeschreibung bestimmt. Die strukturdeterminierende Energie des klassischen Musters macht sich freilich in verschiedener Weise bemerkbar. Fr. Hebbel, K. A. Varnhagen von Ense, F. Grillparzer, H. Carossa, E. Wiechert etwa verkennen *Dichtung u. Wahrheit* als Produkt retrospektiver Harmonisierung und übersehen die zeitbedingte Möglichkeit einer Synthese von Ich und Welt. Der Unterschied zwischen Goethes Leben in seiner gesellschaftlichen Repräsentanz und der geänderten Stellung des Dichters in der Folgezeit mußte jedoch eine Lebensbeschreibung nach dem Vorbild der klassischen Komposition erschweren. Die genannten Autoren sind gezwungen, die inhärente Problematik ihres Lebens zu überdecken oder zu eliminieren, woraus ein immer größerer Abstand zu Fragen moderner Individualität resultiert (vgl. Friedrich Hebbels *Aufzeichnungen aus meinem Leben,* verf. 1846-1854, Karl August Varnhagens *Denkwürdigkeiten des eignen Lebens*, 3. Aufl. 1971, Franz Grillparzers *Selbstbiographie*, verf. 1853/54, Hans Carossas *Eine Kindheit, Verwandlungen einer Jugend, Das Jahr der schönen Täuschungen, Der Tag des jungen Arztes, Führung und Geleit, Rumänisches Tagebuch, Ungleiche Welten*, 1922-1955, Ernst Wiecherts *Wälder und Menschen,* 1936; *Jahre und Zeiten*, 1949). Andere Autoren, z. B. Karl Immermann (*Memorabilien*, 1840), Karl Gutzkow (*Aus der Knabenzeit*, 1852; *Rückblick auf mein Leben*, 1875), später Hugo von Hofmannsthal (*Ad me ipsum,* posth. 1930), Gerhart Hauptmann (*Das Abenteuer meiner Jugend*, 1937), erkennen die Unmöglichkeit, den Stoff ihres Lebens der — im wesentlichen erfolgreich fortschreitenden — Persönlichkeitsdarstellung Goethes anzupassen, fallen aber in der künstlerischen Praxis wieder hinter ihre vorästhetischen Einsichten zurück. Wohl versuchen sie, der Komplexität des modernen Selbst- und Weltverständnisses Rechnung zu tragen, finden aber nicht die angemessene Form für die gewandelten Inhalte. Als einer der ersten vermag sich Theodor Fontane (*Meine Kinderjahre*, 1893; *Von Zwanzig bis Dreißig*, 1898) der Suggestion von *Dichtung u. Wahrheit* auch in der Praxis zu entziehen; er erreicht erneut die der Gattung gemäße Totalität der Persönlichkeitserfassung, allerdings unter Preisgabe der klassischen autobiographischen Erzählperspektive und mit Hilfe einer — damit verbundenen — tiefgreifenden Veränderung der Form. Heinrich Mann (*Ein Zeitalter wird besichtigt*, 1945) ist zu noch größerer Restriktion der erzählten Biographie gezwungen und kann letztlich nur im utopischen Entwurf seine Absicht, Individualgeschichte und Epochengeschichte zu vereinen, bewältigen. In dem Maß, in dem H. Mann die Konsequenzen aus der veränderten zeitgeschichtlichen Situation zieht, unterscheidet sich seine Selbstdarstellung von jener Carossas. In der ästhetischen Problematik aber dokumentieren beide Werke, daß biographisches Erzählen, stärker als fiktionales Erzählen, fragwürdig geworden ist.

Dem widerspricht scheinbar das ungeheure Anwachsen des autobiographischen Schrifttums im Lauf des 19. u. 20. Jh.s. Aber nur wenige Werke davon sind der eigentlichen S. zuzuzählen. Indirekt bezeugen Zahl und Art der „abgebrochenen" S.n — der bloßen Kindheitsgeschichten — die Unsicherheit der Gattung gegenüber. Denn es handelt sich selten um Erfassen jener Ansätze, die später im Leben verwirklicht wurden (s. § 3, Abschn. 6), sondern um Aneinanderreihung von Genrebildern und -szenen. Die Liste reicht von Jean Pauls *Die Wahrheit aus Jean Pauls Leben* (1826) über Bogumil Goltz' *Buch der Kindheit* (1847), Justinus Kerners *Bilderbuch aus meiner Knabenzeit* (1849) bis Theodor Storms *Aus der Jugendzeit* (1888), Marie von Ebner-Eschenbachs *Meine Kinderjahre* (1906), Karl Spittelers *Meine frühesten Erlebnisse* (1914) und Anton Wildgans' *Musik der Kindheit* (1928). Oft bleibt die Verklärungstendenz auch bei der Schilderung der folgenden Lebensperiode erhalten, so bei Goltz (*Ein Jugendleben*, 1865), Wilhelm von Kügelgen (*Jugenderinnerungen eines alten Mannes*, posth. 1870), Ludwig Richter (*Lebenserinnerungen eines deutschen Malers*, posth. 1885), Rochus von Liliencron (*Aus frohen Jugendtagen*, 1902). All dies ist „biographisches Idyll", wie der Untertitel von Goltz' *Jugendleben* lautet. — Neben der Bevorzugung dieser Genremalerei läßt sich ein Anwachsen jener „Erinnerungen" konstatieren, die sich auf Häusliches und Familiäres, auf Ereignisse der wissenschaftlichen und künstlerischen Laufbahn beschränken, neben dem Bericht über äußere Begebenheiten aber auch die innere Entwicklung zu schildern suchen. Die Selbstzeugnisse der Familie Grimm (bes. die *Erinnerungen aus meinem Leben* von Ludwig Grimm, posth. 1912) sind hier zu nennen, ferner Gotth. H. Schuberts autobiographische Aufzeichnungen (*Der Erwerb aus einem vergangenen und die Erwartungen von einem zukünftigen Leben*", 1854/56), die Werke von Hans Thoma (*Im Herbste des Lebens*, 1909; *Im Winter des Lebens*, 1919) und Friedrich Georg Jünger (*Grüne Zweige*, 1951; *Spiegel der Jahre*, 1958). Die Darstellungen schwanken oft zwischen der Konzentration auf die geistige Ausbildung (was Nachrichten von häufigen Begegnungen mit bedeutenden Persönlichkeiten einschließt) und der gelegentlichen Berücksichtigung politischer Ereignisse und Vorgänge, so bei Carl Gustav Carus (*Erinnerungen und Denkwürdigkeiten*, 1865), Georg Gottfried Gervinus (*Gervinus' Leben, von ihm selbst*, posth. 1893), Rudolf Haym (*Aus meinem Leben*, 1902), Wilhelm Wundt (*Erlebtes und Bekanntes*, 1920), Herm. Graf Keyserling (*Reise durch die Zeit*, posth. 1948/58). Häufig findet sich auch, bes. im 20. Jh., die Beschränkung auf einen bestimmten literar. Kreis oder eine literar. Bewegung, z. B. bei Michael Georg Conrad (*Von Zola bis Gerhart Hauptmann*, 1902), Heinrich Hart (*Literarische Erinnerungen*, 1907), Johannes Schlaf (*Aus meinem Leben*, 1941), Franz Theodor Csokor (*Auf fremden Straßen 1939-1945*, 1955), Richard Hülsenbeck (*Mit Witz, Licht und Grütze*, 1957), Kasimir Edschmid (*Lebendiger Expressionismus*, 1961). Die Übergänge zu den Aufzeichnungen stärker memoiren-

haften Charakters (Erinnerungen vor allem aus der Welt des Theaters, der Bühne, dem Literaturbetrieb, vermischt mit Reiseschilderungen) sind fließend. Deutlich wird dies bei Karl von Holtei (*Vierzig Jahre*, 1843-50), Heinrich Anschütz (*Erinnerungen aus dem Leben und Wirken von Heinrich Anschütz*, posth. 1866), Karoline Bauer (*Aus meinem Bühnenleben*, 1871), Heinrich Laube (*Erinnerungen 1810-1840*, 1875). In vielfältiger Weise auch berühren sich die genannten Gruppen mit den „Denkwürdigkeiten", selbstbiographischen Aufzeichnungen mit ausgeprägten Bezügen zur Zeitgeschichte und Politik; hierher gehören die vielen Berichte von Kriegserlebnissen, von Schicksalen aus Perioden innenpolitischer Spannungen, Anklage- und Rechtfertigungsschriften von Soldaten, Politikern, Diplomaten, aber auch von politisch engagierten Schriftstellern. Man könnte die *Memoiren* (1842) des Ritters von Lang hier nennen, die *Erinnerungen aus meinem Leben* (posth. 1889/90) von Hermann v. Boyen, Julius Fröbels *Ein Lebenslauf* (1890 u. 1891), Karl v. Schurz' *Lebenserinnerungen* (1. Bd. 1911), Bertha v. Suttners *Memoiren* (1909), Ernst Tollers *Eine Jugend in Deutschland* (1933), Stefan Zweigs *Die Welt von gestern* (1942).

All diese memoirenartigen Schriften, in ihrer Vielfalt kaum mehr überschaubar, sind meist wertvoll als kultur-, sozial-, geistes- und religionsgeschichtliche Dokumente, und die besten von ihnen vermitteln jenen Eindruck, um dessentwillen Goethe Selbstdarstellungen der Geschichtsschreibung vorzug; sie sind interessant, „denn man lebt mit Lebendigen" (Goethe, Entwurf zum dritten Teil von *Dichtung u. Wahrheit*). Aber es handelt sich kaum je um die große Form der politisch-gesellschaftlichen Memoiren, wie sie in Frankreich geprägt wurde. Mit einer Ausnahme allerdings: Otto von Bismarcks *Gedanken und Erinnerungen* (1898) sind das bedeutendste Beispiel dt. Memoirenschreibung, und man hat sie zu Recht mit dem Werk des Kardinals von Retz verglichen (Th. Klaiber, *Die deutsche Selbstbiographie*, 1921, S. 299).

Eine noch wenig erforschte Gruppe bilden jene autobiographischen Darstellungen, die stringent auf die Wiedergabe eines wissenschaftlichen oder künstlerischen Werdeganges, auf Darlegung eines Systems oder einer Methode ausgerichtet sind — Berufsautobiographien moderner Art. Obwohl sie vieles aussparen, lassen sie in ihrer Prägnanz doch ganz wesentliche Züge der Verfasser hervortreten, wie dies z. B. bei Werner v. Siemens' *Lebenserinnerungen* (1892) der Fall ist, auch bei Richard Wagners *Mein Leben* (1911), Siegmund Freuds *Selbstdarstellung* (1925 bzw. 1936), Ernst Barlachs *Ein selbsterzähltes Leben* (1928), Albert Schweitzers *Aus meinem Leben und Denken* (1950).

Auf die eine oder andere Weise bedeuten diese Ausprägungen moderner Selbstdarstellung Verkürzung oder Einschränkung der klassischen Großform der eigentlichen S. Die tiefgreifenden Formveränderungen — nicht nur bei Fontane und H. Mann, sondern auch bei Arnolt Bronnen *Gibt zu Protokoll* (1954) und Carl Zuckmayer *Als wär's ein Stück von mir* (1966) — sind ebenfalls als strukturelle Konsequenzen der Einsicht zu werten, daß Ich und Welt im einfachen Nacheinander konventionellen autobiographischen Erzählens nicht mehr miteinander vermittelt werden können. — Bereits um die Mitte des 19. Jh.s aber zeigt sich ein neuer Ansatz, der es erlaubt, sowohl dem Widerspruch zwischen der souveränen Retrospektive Goethes und der veränderten zeitgeschichtlichen Situation, die diese zusammenfassend-gültige Schau auf das eigene Leben nicht mehr gestattet, zu entgehen als auch ein Ausweichen in Abbruch, Verknappung und Restriktion zu vermeiden. Nicht Hebbels fragmentarische S. nämlich, sondern seine *Tagebücher* scheinen einen Einschnitt in der Entwicklung der Selbstdarstellung zu markieren. Diese Diarien lassen an bestimmten Punkten Lebensrückblicke aus naher Distanz, aber eben aus wechselnder Perspektive erkennen. Insofern wird hier eine Vorstufe des modernen Tagebuches etabliert, das jene Autoren, die sich auf der Höhe ihrer Zeit befinden, im 20. Jh. als Form ihrer Selbstdarstellung wählen (F. Kafka, R. Musil, O. Loerke, E. Jünger, Th. Haecker, H. v. Doderer). Neben den Diarien sind es vor allem essayistische Aufzeichnungen, in denen man, vielfach noch experimentierend, versucht, die eigene Individualität zu erfassen (G. Benn, R. Kassner).

Bibliographie: Max W i e s e r, *Mensch u. Welt. Lebensbeschreibungen, Erinnerungen, Memoiren, Biographien, Briefe, Tagebücher aus Literatur, Geschichte, Politik, Kunst, Musik, Philosophie, Pädagogik, Medizin, Naturkunde, Technik, Wirtschaft* (Stadtbücherei Spandau 1926). Ingrid B o d e, *Die Autobiographien zur deutschen Lit., Kunst u. Musik 1900-1965. Bibliographie u. Nachweise d. persönlichen Begegnungen u. Charakteristiken* (1966; Repertorien z. dt. Lit.gesch. 2).

Auswahlausgaben: Max W e s t p h a l, *Die besten dt. Memoiren, Lebenserinnerungen u. S.n aus sieben Jh.n* (1923; Nachdr. 1971; Kl. Literaturführer 5). Marianne B e y e r - F r ö h l i c h, *Dt. Selbstzeugnisse.* Bd. 1, 4-9; 10-12 hg. v. Ernst V o l k m a n n (1930-1943; DtLit., Reihe 10). Gisela M ö l l e r, *Dt. Selbstbiographien aus drei Jh.n* (1967).

Gesamtdarstellungen: Giorgio R o s s i, *Le Autobiografie e gli Epistolari* (Milano 1912; Storia dei generi letterari italiani). — Georg M i s c h, *Gesch. d. Autobiographie* (1907). Erw. Aufl. in 4 Bdn (mit z. T. veränd. Aufl.): 1949-1969. Dem Dilthey-Schüler Misch geht es nicht primär um die S. als Literaturgattung, er betrachtet sie vielmehr in „universalgeschichtlichen Zusammenhängen", d. h. als „Zeugnis für die Entwicklung des Persönlichkeitsbewußtseins der abendländischen Menschheit" (Bd. I, 1, S. 2 ff.). Der Ausweitung des Untersuchungsfeldes entspricht die Vertiefung im Ansatzpunkt. Misch geht auf die psychologische Wurzel der S., das Phänomen des Selbstbewußtseins, zurück, sucht das die Gattung Bedingende, die „Lebensäußerung". Diese Konzeption bedingt die breite Anlage des Werkes, das der letzte Bearbeiter, Bernd Neumann, nur dadurch zu einem gewissen Abschluß bringen konnte, daß er das Thema des letzten Teilbandes (*Von der Renaissance bis zu den autobiographischen Hauptwerken des 18. u. 19. Jh.s*) erheblich komprimierte. — Roy P a s c a l, *Design and Truth in Autobiography* (London 1960). Dt. Übers.: *Die Autobiographie. Gehalt u. Gestalt* (1965; Sprache u. Lit. 19). Pascal trennt die eigentliche S. streng vom anderen autobiographischem Schrifttum und erzielt damit Übersichtlichkeit. — Paul M. K e n d a l l, *Biographical Literature,* in: *The New Encyclopaedia Britannica. Macropaedia.* Bd. 2 (15. Aufl. 1974) S. 1006-1014. Philippe L e j e u n e, *L'Autobiographie en France* (Paris 1971; Collection U 2. 180).

Psychologie und S.: Léon B r u n s c h w i c g, *De la Connaissance de Soi* (Paris 1931; Bibl. de philosophie contemporaine 715). Charlotte B ü h l e r, *Der menschliche Lebenslauf als psychologisches Problem* (1933; Psycholog. Monographien 4). Dies., *Zur Psychologie d. menschl. Lebenslaufes.* Psycholog. Rundschau 8 (1957) S. 1-14. Hans R. G ü n t h e r, *Das Problem d. Sichselbstverstehens* (1934). Siegfried N a g l e r, *Selbstdarstellungen in objektiver Kontrolle.*

(Masch.) Diss. Wien 1948. August S e i f -
f e r t, *Die Struktur d. Erinnerung.* Philosophia Naturalis 1 (1950/52) S. 415-434, 511-
531. Nikolai B e r d i a j e w, *Selbsterkenntnis* (1953). Norbert G r o e b e n, *Literatur-
psychologie. Literaturwissenschaft zwischen
Hermeneutik u. Empirie* (1972; Sprache u.
Lit. 80). Bruce M a z l i s h, *Autobiographie
u. Psychoanalyse. Zwischen Wahrheit u.
Selbsttäuschung* (engl. Original 1970), in:
Psycho-Pathographien. Bd. 1. *Schriftsteller u.
Psychoanalyse.* Hg. v. Alexander Mitscherlich
(1972) S. 261-287.

S. als Quelle (mit gelegentlicher Berücks.
literaturwiss. Fragen): Hans G l a g a u, *Die
moderne S. als historische Quelle* (1903).
Hans W. G r u h l e, *Die S. als Quelle histor.
Erkenntnis.* Hauptprobleme d. Soziologie. Er-
innerungsgabe f. Max Weber. Bd. 1 (1923)
S. 155-177. Louis G o t t s c h a l k, Clyde
K l u c k h o h n, u. R. A n g e l l, *The Use
of Personal Documents in History, Anthro-
pology and Sociology* (New York 1945; Social
Science Research Council, Bulletin 53). Clyde
K l u c k h o h n, *Needed Refinements in the
Biographical Approach,* in: *Culture and
Personality.* Ed. by S. Stansfeld-Sargent u.
Marian W. Smith (New York 1949) S. 75-92.
Lois B a l c o m, *The Value of a Compara-
tive Analysis of an Author's Autobiographical
and Fictional Writings for Interpretation of
Aspects of his Personality.* Diss. New York
1955. Axel v. H a r n a c k, *Die S., ihr
Wesen u. ihre Wirkung.* Universitas 10 (1955)
S. 689-698. Hans Heinrich M u c h o w, *Über
d. Quellenwert d. Autobiographie f. d. Zeit-
geistforschung.* Zs. f. Religions- u. Geistes-
gesch. 18 (1966) S. 297-310. — Gordon W.
A l l p o r t, *The Use of Personal Documents
in Psychological Science* (New York 1942;
Social Science Research Council, Bulletin 49).
Arthur P. A n n i s, *The Autobiography: Its
Uses and Value in Professional Psychology.*
Journal of Counseling Psychology 14 (1967) 1,
S. 7-19. — Karl U h l i g, *Die Autobiographie
als erziehungswiss. Quelle* (1936). Jürgen
H e n n i g s e n, *Autobiographie u. Erzie-
hungswiss.* Neue Sammlung. Göttinger Bll. f.
Kultur u. Erz. 2 (1962) S. 450-461. Erika
H o f f m a n n, *Kindheitserinnerungen als
Quelle pädagogischer Kinderkunde* (1960).
Zur Begriffsgeschichte: Jacques V o i s i n e,
*Naissance et évolution du terme littéraire
'autobiographie'.* In: *La Littérature comparée
en Europe Orientale. Conférence de Buda-
pest 26-29 Octobre 1962* (Budapest 1963)
S. 278-286.

Zur Theorie: G. W. Fr. H e g e l, *Ästhetik,*
hg. v. Friedrich Bassenge. 2 Bde (1965).
Wilh. D i l t h e y, *Das Erlebnis u. d. Dichtung* (1906; 14. Aufl. 1965; Kl. Vandenhoeck-
Reihe 191). Anna Robeson B u r r, *The Autobiography* (New York 1909). Benjamin C r é -
m i e u x, *Sincérité et imagination.* Nouv.
Revue Française 12 (1924) S. 528-548. Bernhard G r o e t h u y s e n, *De quelques aspects du temps.* Recherches philosophiques 5

(1935/36) S. 139-195. Ernst Stuart B a t e s,
Inside Out. 2 Bde (Oxford 1936-37). George
Peabody G o o c h, *Political Autobiography,*
in: Gooch, *Studies in Diplomacy and States-
craft* (London, New York 1942) S. 227-290.
W. M ü l l e r - S e i d e l, *Autobiographie
als Dichtung in d. neueren Prosa.* Deutsch-
untArb. 3 (1951) S. 29-50. Stephen S p e n -
d e r, *Confessions et Autobiography,* in:
Spender, *The Making of a Poem* (London
1955). Hans Robert J a u ß, *Zeit u. Erinnerung in Marcel Prousts 'A la recherche du
temps perdu'* (1955; Heidelberg. Forschungen
3). Georges G u s d o r f, *Conditions et limi-
tes de l'autobiographie.* Formen d. Selbstdarstellung. Festg. f. Fritz Neubert (1956) S. 105-
123. Alan Price J o n e s, *The Personal Story,*
in: *The Craft of Letters. A symposium,* ed.
by John Lehmann (Boston 1957) S. 26-43.
Fritz W ö l c k e n, *Major Ramkins Memoirs.*
Anglia 75 (1957) S. 411-428. Roy P a s c a l,
Autobiography as an Art Form. Stil- und
Formprobleme d. Lit., hg. v. Paul Böckmann
(1959) S. 114-119. Monika S c h ü z, *Die
Autobiographie als Kunstwerk. Vgl. Untersuchungen zu Dichter-Autobiographien im
Zeitalter Goethes.* (Masch.) Diss. Kiel 1963.
Henri P e y r e, *Literature and Sincerity*
(1963; Yale Romanic Studies, Sec. Ser. 9).
Alfred K a z i n, *Autobiography as Narrative,*
in: *To the young Writer.* Ed. by Arno L.
Bader (Ann Arbor 1965; Hopwood Lectures
2) S. 181-193. Georg L u k á c s, *Die biographische Form u. ihre Problematik,* in:
Lukács, *Der historische Roman* (1965; Werke
6) S. 368-394. Robert M ü l l e r, *Zur autobiographischen Literatur.* Neue Perspektiven
aus Wirtschaft und Recht. Festschr. f. Hans
Schäffer z. 80. Geb. (1966) S. 509-530. Helmut
H e i ß e n b ü t t e l, *Anmerkungen zu e.
Literatur d. Selbstentblößer.* Merkur 20
(1966) S. 568-577. Ingrid S c h i e w e k,
*Zur Manifestation d. Individuellen in d. frü-
hen dt. Selbstdarstellung. E. Studie zum Au-
tobiographen Bartholomäus Sastrow, 1520-
1603.* Weimarer Beitr. 13 (1967) S. 885-915.
Wulf S e g e b r e c h t, *Autobiographie u.
Dichtung. E. Studie zum Werk E. T. A.
Hoffmanns* (1967; Germanist. Abhdlgn. 19).
Werner N e u b e r t, *Welt u. Ich.* Neue Dt.
Lit. 16 (1968) S. 3-9. Wolfgang I s e r, *Re-
duktionsformen d. Subjektivität,* in: *Die nicht
mehr schönen Künste,* hg. v. Hans Robert
Jauß (1968; Poetik u. Hermeneutik 3) S. 435-
492. Käte H a m b u r g e r, *Die Logik d.
Dichtung* (2. Aufl. 1968). Barret John M a n -
d e l, *The Autobiographer's Art.* The Journal of Aesthetics and Art Criticism 27 (1968/
69), H. 2, S. 215-226. Lothar K ö h n, *Ent-
wicklungs- u. Bildungsroman. E. Forschungsbericht.* DVLG. 42 (1968) S. 427-473; 590-632,
auch als Sonderdr. 1969 (= Referate aus
DVLG.). Rolf T a r o t, *Mimesis u. Imitatio.*
Euph. 64 (1970) S. 125-142. Ingrid A i c h i n -
g e r, *Probleme d. Autobiographie als Sprach-
kunstwerk.* Österreich in Gesch. u. Lit. 14
(1970) S. 418-434. Jan S t a r o b i n s k i, *Le*

style de l'autobiographie. Poétique 1 (1970), H. 3, S. 257-265. Bernd N e u m a n n, *Identität u. Rollenzwang. Zur Theorie d. Autobiographie* (1970; Athenäum Paperbacks Germanistik 3). Jacques B o r e l, *Problèmes de l'autobiographie,* in: *Positions et oppositions sur le roman contemporain.* Hg.: Michel Mansuy (Paris 1971; Actes et Colloques 8) S. 79-90. Hans R e i s s, *Problems of Demarcations in the Study of Literature.* DVLG. 46 (1972) S. 189-212. Ralf Alexander B a l t z e r, *Autobiographie zwischen Belletristik u. Sachbuch.* Diss. New York 1972. Elizabeth P. W. B r u s s, *Autobiography: The Changing Structure of a Literary Act.* Diss. Michigan 1972. Peter de M e n d e l s - s o h n, *Biographie u. Autobiographie. Grenzlinien mit Wegweisern,* in: P. de Mendelssohn, *Von deutscher Repräsentanz* (1972) S. 9-47. James O l n e y, *Metaphors of Self. The Meaning of Autobiography* (Princeton 1972). Horst B e l k e, *Literarische Gebrauchsformen* (1973; Grundstudium d. Lit.wiss. 9). Eckhard K e ß l e r, *Autobiographie als philosophisches Argument. E. Aspekt d. Philosophierens bei Cicero u. d. gegenwärtige Praxis der Philosophie.* Studia humanitatis. Ernesto Grassi zum 70. Geb. (1973; Humanist. Bibl. 1, 16) S. 173-187. Stephan O t t o, *Zum Desiderat einer Kritik d. histor. Vernunft u. zur Theorie d. Autobiographie.* Ebda, S. 221-235. Elizabeth P. W. B r u s s, *L'autobiographie considerée comme acte littéraire.* Poétique 5 (1974), H. 17, S. 14-26. Philippe L e j e u n e, *Le pacte autobiographique.* Poétique 4 (1973), H. 14, S. 137-162.

Zur Geschichte: Max D e s s o i r, *Gesch. d. neueren dt. Psychologie.* Bd. 1: *Von Leibniz bis Kant* (2., völlig umgearb. Aufl. 1897-1902). Werner M a h r h o l z, *Dt. Selbstbekenntnisse* (1919). Theodor K l a i b e r, *Die dt. S.* (1921). Arthur Melville C l a r k, *Autobiography* (Edinburgh, London 1935). Wayne S h u m a k e r, *English Autobiography* (Berkeley 1954; Univ. of California publications. Engl. studies 8). Herbert N. W e t h e r e d, *The curious Art of Autobiography* (London 1956).

Friedrich v. B e z o l d, *Über die Anfänge d. S. u. ihre Entwicklung im MA.,* in: Bezold, *MA. u. Renaissance* (1918) S. 196-219. Adolf R e i n, *Über d. Entwicklung d. S. im ausgehenden MA.* ArchfKultg 14 (1909) S. 195-215. Josef I j s e w i j n, *Humanistic Autobiography.* Studia humanitatis. Ernesto Grassi zum 70. Geb. (1973; Humanist. Bibl. 1, 16) S. 209-219. Georg M i s c h, *Die Autobiographie d. franz. Aristokratie d. 17. Jh.s.* DVLG. 1 (1923) S. 172-213. Fritz S t e m m e, *Karl Philipp Moritz u. d. Entwicklung von d. piet. Autobiographie zur Erfahrungsseelenkunde.* (Masch.) Diss. Marburg 1950. Ingo B e r t o l i n i, *Studien zur Autobiographie d. dt. Pietismus.* (Masch.) Diss. Wien 1968. Günter N i g g l, *Zur Säkularisation d. piet. Autobiographie im 18. Jh.* Prismata. Dank an Bernhard Hanssler (1974) S. 155-172. Ders.,

Geschichte d. dt. Autobiographie im 18. Jh. Theoret. Grundlegung u. literar. Entfaltg. (1977). Ralph-Rainer W u t h e n o w, *Das erinnerte Ich. Europ. Autobiographie u. Selbstdarstellung im 18. Jh.* (1974). Donald A. S t a u f f e r, *The Art of Biography in 18th Century England.* 2 Bde (Princeton, London 1941). Kurt J a h n, *Goethes 'Dichtg. u. W.'* (1908). Manfred B e y e r, *Goethes 'Dichtg. u. W.'.* (Masch.) Diss. Jena 1955. Hans M a y e r, *Goethe: 'Dichtg. u. W.',* in: Mayer, *Zur dt. Klassik u. Romantik* (1963) S. 93-121. Derek B o w m a n, *Life into Autobiography. A study of Goethe's 'Dichtg. u. W.'* (1971; German studies in America 5). Eward Albert G r e a t w o o d, *Die dichter. Selbstdarst. d. Jungen Deutschland* (1935; NFschg. 27). Martin S o m m e r f e l d, *Die dichterische Autobiographie seit Goethes 'Dichtg. u. W.'.* Die Ernte. Franz Muncker z. 70. Geb. (1926) S. 177-203. Keith R i n e h a r t, *Studies in Victorian Autobiography.* (Masch.) Diss. Wisconsin 1951. Johann V o g e l s a n g, *Studien z. österr. Autobiographie im 19. Jh.* (Masch.) Diss. Wien 1947. Ursula M ü n c h o w, *Frühe dt. Arbeiterautobiographie* (1973; Lit. u. Gesellschaft. 10). Ursula H a r t m a n n, *Typen dichter. S. in den letzten Jahrzehnten.* Diss. Breslau 1940. Walter H u b a t s c h, *Dt. Memoiren 1945-1953* (1954). Rudolf K l u g e, *Autobiographische Äußerungen ehemal. Expressionisten über ihre expressionist. Zeit.* ⟨Veröff. nach 1945⟩. (Masch.) Diss. Jena 1971. Christel R i n g e l, *Die S. in unserer Zeit. Begegnungen. Korresp. f. Kultur- u. Geistesleben* 10 (1955) S. 289-291.

Zum Tagebuch: Richard M. M e y e r, *Zur Entwicklungsgesch. d. Tagebuches,* in: Meyer, *Gestalten u. Probleme* (1905) S. 281-298. Agnes R o s e n b u s c h, *Die Tagebücher Friedrich Hebbels* (1935; FschgnNLitG 68). Magdalena B u c h h o l z, *Die Anfänge d. dt. Tagebuchschreibung.* (Masch.) Diss. Königsberg 1942. Percy Mansell J o n e s, *French Introspectives from Montaigne to André Gide* (Cambridge 1937). Michèle L e l e u, *Les Journaux intimes* (Paris 1952). Wolfgang S c h m e i s s e r *Studien über d. vorromantische u. romantische Tagebuch.* (Masch.) Diss. Freiburg i. Br. 1952. Fritz N e u b e r t, *Zur Problematik d. franz. 'Journaux-Intimes'.* Wiss. Zs. d. Friedr.-Schiller-Univ. Jena 5 (1955/56), Gesellsch. u. Sprachw. Reihe, H. 2/3, S. 305-324. Albert G r ä s e r, *Das literar. Tagebuch* (1955). Ruprecht Heinrich K u r z r o c k, *Das Tagebuch als literar. Form.* (Masch.) Diss. Berlin (F. U.) 1955. Wilhelm G r e n z m a n n, *Das Tagebuch als literar. Form.* WirkWort 9 (1959) S. 84-95. Gustav René H o c k e, *Das europäische Tagebuch* (1963). Marie Luise K a s c h n i t z, *Das Tagebuch d. Schriftstellers.* AbhAkMainz, Kl. d. Lit. 1965, 1. Horst R ü d i g e r, *Das Tagebuch als Literarform d. 20. Jh.s: Jünger u. Pavese.* Erscheinungen u. Probleme d. dt. u. ital. Kultur d. 20. Jh.s.

Akten d. 2. internat. **Tagung dt.-ital. Studien.** (Meran 1965) S. 363-369. Klaus Günther J u s t , *Das Tagebuch als literar. Form,* in: Just, Übergänge (1966) S. 25-41. Peter B ö r - n e r , *Tagebuch* (1968; Sammlung Metzler 85).

Ingrid Aichinger

Sezessionismus

§ 1. Im letzten Jahrzehnt des 19. Jh.s artikuliert sich unter bildenden Künstlern ein internationales Unbehagen an ihren Organisationen nicht mehr ausschließlich in der Bildung eines Anti-Salons. Um dem „Monopol eines Vereins" (O. J. Bierbaum) zu entgehen, gründen die Unzufriedenen zwar erneut Vereine, verzichten aber auf ein bestimmtes Programm. Der Vorgang der Neugründung selbst gilt als programmatisch und kommt im dt. Namen der neuen Organisationen zum Ausdruck: Sie nennen sich in München (1892), Wien (1897) und Berlin (1898) nach polit. Vorgängen im Alten Rom und in der Neuen Welt S e c e s s i o n . Die juristisch problematische Legalität des Begriffs äußert sich auch im Bereich der Künstlervereinigungen, die zwar „die nothwendigen Kräfte der Zerstörung und Vernichtung" fordern, sich aber vor der „Wegräumung des Hinderlichen" scheuen (H. Bahr). Der voluntaristische Ansatz „agitatorischer Vereine" (H. Bahr) ohne konkretes Ziel erschöpft sich in der Hypostasierung von Innovation, der als dem Ganz-Anderen Qualität zugesprochen wird. Konsequenterweise lehnen die Secessionen jede Festlegung auf S e c e s s i o n s s t i l oder zeitgenössische Synonyme wie A r t N o u - v e a u , M o d e r n S t y l e , J u g e n d - s t i l ab und damit auch die Einordnung in ein vom Historismus übernommenes Stildenken, das sie in jenem bekämpfen zugunsten absoluter Neuheiten; die jungen Vereinigungen nehmen Parteigänger der verschiedensten Richtungen in sich auf, deren Gemeinsamkeit sie im Individualistischen sehen — ein Widerspruch, der die Begriffsfindung erst ermöglicht. Der Terminus S e z e s s i o n i s m u s , der sich an den Orten der Secessionen im Anschluß an ihre Gründung einstellt, erfährt Billigung, weil er die Intention des generellen Abweichens präzisiert. Das Postulat der Überschreitung von Grenzen zielt auf die älteren Künstlervereine nicht nur als Organisatio-

nen, sondern als Träger eines veralteten Kunstbegriffs, als überholte Koordinatoren von Kunst in der Gesellschaft. Das Neue, das sich demgegenüber auch jung und zukunftsweisend nennt, firmiert als d e k o r a t i v e K u n s t . Sie ist die erklärte Perspektive der Secessionen zur Zeit ihrer Entstehung; während diese aber die Jh.wende überdauern, bleibt das spezifisch Dekorative ein Phänomen der Situation um 1900, damals auch außerhalb der so genannten Vereine als sezessionistisch diskutiert.

Secession. Europäische Kunst um d. Jh.-wende (München 1964. Katalog). — v a n E y c k [d. i. Karl Voll], *Sezessionismus.* Das Atelier 3 (1892) H. 49 (1. 11.) S. 1-3. Otto Julius B i e r b a u m , *Aus beiden Lagern* (1893). *Die Münchener Secession u. ihre Galerie* (München 1975. Katalog). — Hermann B a h r , *Secession* (1900). Ludwig H e v e s i , *Acht Jahre Secession* (1906). Robert W a i s s e n b e r g e r , *Die Wiener Secession* (1971). — Georg M a l k o w s k y , *Die Secession auf d. Berliner Kunst-Ausstellung* (1893). Curt G l a s e r , *Die Gesch. d. Berliner Secession.* Oberrhein. Kunst 26 (1927) S. 14-20, 66-70.

§ 2. Obwohl die Secessionen Vereinigungen bildender Künstler sind, prägt sich S. auch in Lit. und (weniger stark) in Musik aus; um 1900 sprach man von „Secessionslyrik", gründete man „Secessionsbühnen". Seiner Genese entsprechend definiert sich der Terminus dennoch mit primär kunstwiss. Begriffen. Signifikanz erhält in S. die dekorative nämlich vor der „alten" Kunst zugesprochen auf folgenden drei Ebenen: Einerseits (a) wird hier a n g e w a n d t e K u n s t als Synthese von Kunst und Kunstgewerbe postuliert, um jene „für alle" rezipierbar zu machen („Eine Kunst, die prinzipiell nur für wenige da ist, ist dem Verfall bestimmt." J. Meier-Graefe) und um in dieser das Proletariat als Produzenten zu gewinnen („in den Kunstindustrien Arbeiter heranzuziehen, denen künstlerische Gesichtspunkte geläufig sind" A. Endell). Dieses vermeintlich sozialistische Postulat will Arbeit in „Freude" überführen durch Identifikation von Gebrauchsobjekt und Kunstprodukt.

Eine zweite Ebene (b) der dekorativen, die d e k o r i e r e n d e K u n s t , übernimmt die doppelte Aufgabe, die Objekte in einer künstlerisch ansprechenden und zugleich den Gebrauch erleichternden Form zu gestalten.

Das Kunstgewerbe führt hier zur Elimination figürlicher zugunsten abstrakt-ornamentaler Verzierung, und wegen seiner Synthese mit autonomer Kunst muß auch diese „in erster Linie nicht berichten, sondern schmücken" (F. Carstanjen): Das „dekorative Gemälde" paßt sich einerseits durch seinen jetzt vom Künstler mitgeschaffenen Rahmen ins Interieur ein, andererseits übernimmt es das abstrakte Ornament auch als Bildgegenstand (den Rezipienten um 1900 häufig als Karikatur, Groteske, Märchen verdrängten). In dem Maße, wie „die Möglichkeit, aus einem bürgerlichen Raum ein Kunstwerk zu machen" (J. Meier-Graefe), realisiert wird, stellt sich die Frage nach der Ausgrenzbarkeit von Kunst und — am Werk — nach der des Abbilds: Ein Gemälde fungiert in der Umgebung von gleicher Voraussetzung entsprungenen Objekten als deren Thematisierung (Kunst) und erhält zugleich (wegen der Synthese) deren Warencharakter (Kunstgewerbe).

Mit diesem Ergebnis ist S. an das Ziel dekorativer Kunst in ihrer dritten Ebene (c) gelangt: Die Produktion „für alle", in der Industrie, nach utilitaristischen Aspekten bezeichnet der Terminus s a c h l i c h e K u n s t, in deren Konsequenz die Reproduktion von Waren liegt. Hier scheint die Autonomie von Kunst ebenso suspendiert zu sein wie die gesellschaftliche Isolation der Künstler; der anonyme Markt bleibt jedoch außerhalb der Reichweite, und die gesellschaftsverändernde Kraft jener „Modelle der Schönheit" (H. Bahr) verdinglicht sich in durch Ästhetisierung unbrauchbaren Produkten. Die vermeintliche „Democratisierung der Kunst" erweitert durch ihre außerhalb des Artefakts liegende Funktion (ihre Synthese mit Kunstgewerbe) zwar den Kunstbegriff, jedoch zum Vorteil des Kunsthandels, und bringt die Urheber in die Position von „Modenummern" (W. Sombart).

Die Synthese von Kunst und Kunstgewerbe entspringt einer Extensität der Kunst, die auch der Expansion der verschiedenen Künste ineinander zugrunde liegt. So treffen sich im S. Lit. und Graphik etwa in einem gemeinsamen Interesse an Bühnenkunst, Typographie, Layout von Zeitschriften und Büchern. Publizistik, Theater, außerdem Kabarett bilden zugleich die Kristallisationspunkte, an denen Lit. des S.

gern ihre Anwendbarkeit demonstriert. Wegen dieses vom Naturalismus übernommenen und vermeintlich durch direkten Praxisbezug radikalisierten sozialen Engagements akzeptiert S. alle Sprachebenen, auch die triviale. Seiner Intention gemäß müßte er also Symbolismus ausschließen; das verhindert aber die zweite Komponente des S.: Die den Gebrauch, also primär die Rezeption erleichternde Form verwendet als Mittel nämlich Suggestion, die letzten Endes jede Kommunikationsmöglichkeit wieder zum Problem macht; diese „Gebrauchsliteratur" entzieht sich dem Rezipienten, weil sie ein Reich der Kunst suggeriert, das autark sein soll. Durch solche thematische Reduktion ergibt sich auch die Notwendigkeit steter Selbstreflexion der Lit., die im Glauben an Magie nicht selten zu Abstraktion findet. Die Spannung, die im S. zwischen „Dienstbarmachung" (O. J. Bierbaum) und Autonomie von Kunst besteht, spiegelt sich im Dichtungsverständnis seiner Autoren, so bei St. George, der zwar Kunst „frei von jedem dienst" halten will, ihr aber eine Gebrauchsfunktion im „Kreis" und bald über diesen hinaus zubilligt. Wie weit S. diese Spannung aushält, ist eine Frage der Wertung; so kann man besonders bei dieser Lit. unterstellen, daß sie zumindest in den versöhnlichen Formen ihrer Begegnung mit dem Publikum konsumfähig wird, ihren modischen Charakter kommerzialisiert.

Dem histor. Ambiente entnommen, geht das Werk des S. heute vielfach seiner Synthese verlustig; es wirkt entweder als Kunst oder als Kunstgewerbe und zwar auf Grund seiner Ornamentalität. So bleibt die dekorierende die signifikante Ebene der dekorativen Kunst im S. auch bei Künstlern, bei denen sich die beiden anderen Komponenten nicht mehr leicht nachweisen lassen. Wenn auf diese Weise O. J. Bierbaum neben St. George oder P. Altenberg neben Gg. Heym zu stehen kommen, so erweist sich der Terminus nicht als inkonsistent, er überantwortet vielmehr seine Produkte der Wertung. Zugleich kann aber S. nicht als Epochenstil der Jh.wende fungieren, weil er nur eine ästhetische Verhaltensweise repräsentiert, die freilich vom Naturalismus bis zum Expressionismus möglich war. Von den anderen Strömungen aus gesehen, erscheint S. als simultane Aktivierung heterogener Faktoren. Die um 1900 auftretenden Kunstrichtungen unterscheiden sich auf verschiedenen Ebenen, stimmen aber auch in mehr als der Komponente überein, die für S. charakteristisch ist.

Georg L u k á c s , *Ästhetik.* Bd. 1 (1963; *Werke* 12) S. 458-473. Max B e n s e , *Einführung in d. informationstheoret. Ästhetik* (1969; rowohlts dt. enzykl. 320). Jan M u k a ř o v s k ý , *Kapitel aus der Ästhetik* (1970; edition suhrkamp 428). Wolfgang Fritz H a u g , *Kritik d. Warenästhetik* (2. Aufl. 1972; edition suhrkamp 513). Hans Heinz H o l z , *Vom Kunstwerk z. Ware* (1972; Slg. Luchterhand 65). Sebastian M ü l l e r , *Kunst u. Industrie* (1974). Hans-Ulrich S i m o n , *Sezessionismus* (1976). — Alexander D o r - n e r , *Überwindung d. 'Kunst'* (1959). Otto S t e l z e r , *Die Vorgesch. d. abstrakten Kunst (1964).* Barbara L e u n e r , *Emotion u. Abstraktion im Bereich d. Künste* (1967). Werner H o f m a n n , *Von d. Nachahmung z. Erfindung d. Wirklichkeit* (1970). — Wal- ter B e n j a m i n , *Zentralpark,* in: Benjamin, *Ges. Schr.* I, 2 (1974) S. 655-690. Ernst B l o c h , *Das Prinzip Hoffnung* (1959; Gesamtausg. 5) S. 435-460. Peter G o r s e n , *Das Bild Pygmalions* (1969; Rowohlt Paperback 76). Wolf L e p e - n i e s , *Melancholie u. Gesellschaft* (1969). Theodor W. A d o r n o , *Ästhet. Theorie* (1970; *Ges.Schr.* 7). Berthold H i n z , *Zur Dialektik d. bürgerl. Autonomie-Begriffs,* in: *Autonomie d. Kunst* (1972; edition suhrkamp 592) S. 173-198. Ariane T h o m a l l a , *Die 'femme fragile'* (1972; Lit. in d. Gesellsch. 15). Herbert S c h e r e r , *Bürgerl.-oppositionelle Literaten u. sozialdem. Arbeiterbewegung nach 1890* (1974). — Bruno M a r k w a r d t , *Gesch. d. dt. Poetik* Bd. 5 (1967) S. 134-461. Edgar H e r r e n b r ü c k , *Lit.verständnis im wilhelmin. Bürgertum.* Diss. Göttingen 1970. Gunter M a r t e n s , *Vitalismus u. Expressionismus* (1971; Stud. z. Poetik u. Gesch d. Lit. 22). Gerhard S c h m i d t - H e n k e l , *Mythos u. Dichtung* (1967). Carl B a u m a n n , *Lit. u. intellektueller Kitsch* (1964). Gert U e d i n g , *Glanzvolles Elend* (1973; edition suhrkamp 622). Horst B e l k e , *Lit. Gebrauchsformen* (1973; Grundstudium Lit.wiss. 9). Dieter P r o k o p [Hrsg.], *Massenkommunikationsforschung* Bd. 2 (1973; Fischer Taschenbuch 6152).

§ 3. Die F o r s c h u n g über dieses Syndrom stellte sich erst neuerdings unter soziologischen Aspekten ein. Frühere wissenschaftl. Ansätze untersuchten nur Teilbereiche, sog. Art Nouveau, Secessions- und J u g e n d s t i l , entwickelten aber seit den 60er Jahren eine eigene Dynamik, die der Suspension von Emotionsabwehr entsprach

— parallel zum Übergang von abstrakter in figurale Kunst, zur Kitsch-Affektion des „camp" und der postulierten Formenvariation innerhalb des Funktionalismus. — In der K u n s t h i s t o r i e fanden die lange Zeit wertend auf verschiedenste Objekte festgelegten Begriffe internationale Anerkennung, doch mit diskrepanten Ergebnissen: Ein Gegensatz zwischen organisch-regressivem „Jugendstil" und funktionalistisch-progressivem „Secessionsstil" erscheint ebenso konstruiert wie der Versuch, „Jugendstil" für Deutschland zu reservieren, österr. Kunst der Jh.wende dem „Secessionsstil" und franz. dem „Art Nouveau" zuzuweisen; hier wurde ein historisch homogenes Phänomen künstlich aufgesplittert — trotz gleichzeitiger Verweise auf seine internationale Identität. Dem Stilpluralismus um 1900 zollte man voreilig Tribut; dennoch gelang eine Abgrenzung gegenüber Stilen vor, während und nach der Jh.wende kaum.

Die L i t e r a t u r w i s s e n s c h a f t hatte vor allem in Deutschland (und vornehmlich germanistisch) an dieser Forschung teil, obwohl sie kaum befriedigend erklären konnte, warum es möglich und nötig sei, von literar. „Jugendstil" zu sprechen; ebensowenig plausibel wurde, warum die Literatur- die Kunstwiss. als Regulativ benötigte, zumal sie nicht selten auch deren Irrtümern (z. B. Einbeziehung der Präraffeliten und Symbolisten — Böcklins!) aufsaß: Ausschlag gaben wohl die geringe Effizienz anderer Termini und der Bedeutung tragende Name „Jugendstil": „Jugend eines Stils" (des 20. Jh.s), Stil junger Künstler (Frühwerk) oder stilisierte Jugendlichkeit (Epigonentum); als revolutionärer Aufbruch (Jugend) trotz einer Gebundenheit (Stil) erfuhr der kontradiktorische Ausdruck schließlich Anerkennung, bot er sich doch für zwei polare Interpretationsperspektiven an, für den Lebensbegriff der Jh.wende sowie für ihre „Stilbewegung". So brachte man „Jugendstil" sogar als Epochenbegriff in Vorschlag — ohne Einigung auf seine Fixierung (1898-1902 oder 1890-1950). Bei solchen Diskrepanzen erscheint es fraglich, ob dem Terminus „Jugendstil" überhaupt ein genügend ausgrenzbares Phänomen zugrunde liege oder ob sich dieses nur den Methoden entziehe. Die Literaturwiss. will der bildenden Kunst analoge Produkte nachweisen, interessiert sich aber mehr für einzelne Autoren als für die Bewegung und entwickelt dennoch Verfahren, die gewöhnlich A n a l o g i e b i l d u n g nicht illustrativ gebrauchen, sondern absolut setzen: Wegen der primär optischen Qualität des S. nimmt man für „Jugendstil" einen M o t i v - k a n o n (Schwan, Weiher, Garten, Blüten, Tanz usw.) als Charakteristikum an und bezieht in der Literaturwiss. (auf der Suche nach Pendants der Malerei und Graphik) auch Bildgedichte, Plateaus, preziöse Metaphern, Gebärden, Situationen ein. Unberücksichtigt bleibt, daß sich S. vornehmlich in Übergangsbereichen zu Kunstgewerbe und Architektur auswirkt, die in der Regel nicht bildlich konzipiert sein können; die Kunstgewerblichkeit des S. wird nur z. T. respektiert, insofern man lit. „Jugendstil" an „Kleinwerk" = Lyrik verifizieren will. Auch sind viele der angegebenen Motive als Topoi nicht signifikant allein für lit. „Jugendstil", abgesehen von der tendenziellen Substituierbarkeit, der sie im S. unterliegen. Auf Grund solcher Ergebnisse berücksichtigt man F o r m e n , durch welche die Motive im S. prävalent erscheinen: Die Lit.geschichte spricht (metaphorisch) von Flächenhaftigkeit, Kurven und Rahmen in der „Jugendstil"-Dichtung, interpretiert oft mehr äußere Erscheinung und grobe Gliederung des Textes als diesen selbst, zieht immer noch Malerei und Graphik für ihr Analogieverfahren heran oder bleibt subjektiv (wenn Sprachmelodie „wirkt wie" Wellenbewegung). Bei Modifikationen, etwa der Übertragung kunstwiss. Formbegriffe auf literar. Motive, der Vermittlung durch Vorstellungsweisen und Stimmungslagen, oder dem Vergleich der Räumlichkeit bildender Kunst mit der Zeitstruktur der Lit. greift das Verfahren zu kurz, weil es die Möglichkeit eines dargestellten (eines „Jugendstils" in der Lit.), d. h. eines literarisch nicht-genuinen „Jugendstils" einschließt, Spannungen zwischen motivlicher und formaler Struktur nicht erwägt oder wegen zu allgemeiner Abstraktion Ergebnisse zeitigt, die für das ganze 20. Jh. Signifikanz haben. Ähnlich scheitern Bemühungen, die spezifischen Motive und Formen auf grundlegende T h e m e n zurückzuführen und über sie Beziehung zu stiften, an der zeitlichen Fixiertheit des „Ju-

gendstil"-Begriffs: Man geht von Komponenten (z. B. Lebensphilosophie) aus, die nicht für die Jh.wende allein Gültigkeit haben, oder von Autoren (wie R. M. Rilke), die schon im Frühwerk einen ausgeprägten Personalstil entwickelten; deswegen erscheint es problematisch, eine Ebene herauszulösen und „Jugendstil" zu nennen.

Daneben verfolgt die Literaturwiss. unter der richtigen Voraussetzung, daß sich Künstler im S. gern zu Kreisen, Kolonien verbinden, b i o g r a p h i s t i s c h persönliche Beziehungen von Schriftstellern zu Künstlern, welche die Kunstgesch. als Beiträger zu „Jugendstil" kennzeichnet. Demselben Begriff muß das literar. Werk aber nicht entsprechen, da trotz psychischer Übereinstimmung bei der künstlerischen Produktion verschiedene gattungsbedingte Zwänge obwalten können; für die häufig als beweiskräftige Belege genannten Doppelbegabungen (u. a. R. A. Schröder, H. Vogeler) und Tendenzen zu einem Gesamtkunstwerk fehlt noch eine eingehende Untersuchung. Auch bei Berücksichtigung t h e o r e t i s c h e r Äußerungen, ansetzend mit Programmschriften bildender Künstler des „Jugendstils" oder idealtypischer Ordnung der verschiedenen Kunsttheorien der Jh.wende, bleibt die Zuweisung assoziativ und verleitet zu einem induktiven Verfahren; der Ausgangspunkt dieser Methode ist zu eng (wo sie sich nur auf einen Autor stützt) oder zu spekulativ (wo sie eine unter diesem Namen nie formulierte „Jugendstil"-Ästhetik annimmt). Der Weg dieses Verfahrens erlaubt einen Vergleich zwischen Theorie und Praxis, führt bisweilen zur Erkenntnis ihrer Diskrepanz oder zur Reduktion des Begriffs auf eine Intention. Der Ausdruck „Jugendstil" wird in diesen Beiträgen immer seltener gebraucht. Das kennzeichnet auch die l i t e r a t u r s o z i o l o g i s c h e n Arbeiten zum Thema, wenn sie nicht gar „Begriffsfossilien der Literaturgeschichte" opfern zugunsten direkter Konfrontation mit Werken; dadurch zeigt sich hier besonders deutlich jenes Gefälle der Wertungen, das die „Jugenstil"-Forschung und ihren Terminus als inkonsistent charakterisiert: Die Motive dieser Kunst seien Fetische der Jugend, eines schönen Lebens — sie stellten die Melancholie und Bedrohung eines geordneten Lebens dar; ihre Themen zielten auf die hymnische Feier einer vitalistischen Einheit, was die Vorliebe für vegetabilische Formen bezeuge, — sie könnten als Spiegelungen des Nichts gelten, zumal auch die formale Komposition auf einen horror vacui verweise; die Künstler hätten ein Rentnerdasein gelebt und sich aus Statusunsicherheit in Zirkel gerettet — sie seien als Lebensreformer gegen die kapitalistische Gesellschaft angetreten.

Jost H e r m a n d , *Jugendstil. Ein Forschungsbericht* (1965). Ders. [Hrsg.], *Jugendstil* (1971; Wege d. Forschung 110). — Fritz S c h m a l e n b a c h , *Jugendstil* (1934). Henry F. L e n n i n g , *The Art Nouveau* (The Hague 1951). Robert S c h m u t z l e r , *Art Nouveau-Jugendstil* (1962). Helmut S e l i n g [Hrsg.], *Jugendstil* (1959). Stefan Tschudi M a d s e n , *Jugendstil* (1967). Gert S e l l e , *Jugendstil u. Kunst-Industrie* (1974). — Dominik J o s t , *Literar. Jugendstil* (1969; Slg. Metzler 81). — Elisabeth K l e i n , *Jugendstil in dt. Lyrik* (1957). Kurt M a u t z , *Mythologie u. Gesellsch. im Expressionismus* (1961). Jost Hermand [Hrsg.], *Lyrik d. Jugendstils* (1964; Reclams Universalbibl. 8928). Jean B. N e v e u x , *R. Musil, Jugendstil et Sezession.* EtGerm. 23 (1968) S. 582-599, 24 (1969) S. 36-47. — Richard H a m a n n u. Jost H e r m a n d , *Dt. Kunst u. Kultur von d. Gründerzeit bis z. Expressionismus* (1959-1967). Wolfdietrich R a s c h , *Zur dt. Lit. seit d. Jh.wende* (1967). Renate von H e y d e b r a n d u. Klaus Günther J u s t [Hrsg.], *Wissenschaft als Dialog* (1969). Roswitha H o l l e r - K e l l e r , *Jugendstilelemente in R. Huchs früher Prosa.* Diss. Kiel 1969. Edelgard H a j e k , *Literar. Jugendstil* (1971; Lit. in d. Gesellsch. 6). — Willy H a a s , *Vom Jugendstil z. Expressionismus,* in: Haas, *Gestalten* (1962) S. 56-65. Jost H e r m a n d , *Rilkes 'Gesang der Frauen an den Dichter'.* MhDtUnt. 56 (1964) S. 49-60. Friedrich R o t h e , *F. Wedekinds Dramen* (1968; Germanist. Abhh. 23). Dominik J o s t , *Jugendstil u. Expressionismus,* in: Wolfgang R o t h e [Hrsg.], *Expressionismus als Lit.* (1969) S. 87-106. Marieluise Kallenbach C h a m p a g n e , *Rilke u. d. Jugendstil.* (Masch.) Diss. Tulane, Michigan 1972. — Gertrud W a g n e r , *Die Einflüsse d. Wiener Secession auf d. zeitgenöss. Schrifttum.* (Masch.) Diss. Wien 1939. André W i l h e l m , *Lechter u. George* (Masch.) Diss. Münster 1949. Carol Elisabeth Bartlett B e d w e l l , *The Parallelism of Artistic and Literary Tendencies in Germany 1880-1910.* Diss. Indiana Univ. 1962. Paul R e q u a d t , *Jugendstil im Frühwerk Th. Manns.* DVLG. 40 (1966) S. 206-216. — Erich R u p r e c h t u. Dieter B ä n s c h [Hrsg.], *Literar. Manifeste d. Jh.wende* (1970). Horst F r i t z , *Literar. Jugendstil u. Expressionismus. Zur Kunsttheorie, Dichtung u. Wirkung R. Deh-*mels (1969; Germanist. Abhh. 29). Klaus Peter D e n c k e r , *Literar. Jugendstil im Drama. Studien z. F. Braun* (1971). Adalbert S c h l i n k m a n n , *'Einheit' u. 'Entwicklung'.* Diss. Freiburg 1974. — Walter B e n j a m i n , *Rückblick auf St. George,* in: Benjamin, *Ges. Schr.* Bd. 3 (1972) S. 392-399. Ernst B l o c h , *Herbst, Sumpf, Heide u. Sezession,* in: Bloch, *Literar. Aufsätze* (1965; Gesamtausg. 9) S. 439-448. Dolf S t e r n b e r g e r , *Über Jugendstil* (1956). Otto B a s i l , *Arabeske über d. Jugendstilfrau,* in: Basil [Hrsg.], *Ein wilder Garten ist Dein Leib* (1968) S. 107-123. Herbert L e h n e r t , *Satirische Botschaft an d. Leser,* in: Helmut K r e u z e r [Hrsg.], *Gestaltungsgesch. u. Gesellschaftsgesch.* (1969) S. 487-515. Gert M a t t e n k l o t t , *Bilderdienst* (1970).

§ 4. Das D r a m a des S. ist primär angelegt auf I n s z e n a t o r i k und hat deshalb trotz möglicher Hypostase immer einen demonstrierenden Effekt (und eine Nähe zur Parodie), erhält bei aller Lyrisierung einen epischen Akzent; es thematisiert sich deswegen auch selbst weniger durch Spiel im Spiel als durch Ausstellung der Szene und überführt Illusions- in Traumtheater, um noch dieses in übersteigerter Theatralik zu suspendieren. Sein Spiel-Charakter macht für dieses Drama Tragisches unmöglich und erlaubt ihm kaum mehr Komik; z y k l i s c h e F o r m e n werden hier relevant, die eine solche Spezifizierung bei Einakter-Reihung und Karussellform nicht gestatten, beim Übergang in Revue und Ballett gar nicht verlangen. Die Figuren erscheinen marionettengleich in Tableaus; diese finden Bühnen-Realisation als lebende Bilder, in denen die Szene erstarrt, um Schönheit zu präsentieren und Künstlichkeit zu decouvrieren: Kunst als „Überschwang" des Lebens (Gg. Fuchs) oder als „Begierde nach dem wirklichen Leben" (H. v. Hofmannsthal); das Drama führt deshalb konsequent weiter in Schattenspiel und Pantomime, wobei die Möglichkeiten der Groteske genutzt werden, die Figuren aber auch als Sprachrohre für Weltanschauung fungieren können. Der im S. propagierte „D r a m e n e x t r a k t" reduziert die Themendifferenzierung zugunsten suggestiver Variation einer typisierten Situation, so daß die Figuren kollektiv, zumindest nicht-individuell agieren, wenn die betonte Inszenatorik (unter dem Einfluß japanischen Theaters) nicht gar Handlung sistiert. Vorgeführt werden nur mehr Gefühle von (oft konfliktlosen) Personen, die Spiel und Wirklichkeit nicht zu unterscheiden vermögen. In ihrer Sprache versagt der Dialog, wird das Unbewußte virulent. Damit korrespondiert die beliebte Auflockerung oder gar Überführung der Statik dieses Dramas in Tanz, der jedenfalls vorgeprägt ist durch die v a r i i e r e n d e S t r u k t u r der Texte; sie benötigt keine auffällige Organisation (wie in A. Schnitzlers *Reigen;* 1900) um als solche erkannt zu werden: In F. Wedekinds *Erdgeist* (1895) vollziehe jeder Akt „dieselbe Handlung" (R. Hamann), H. v. Hofmannsthals *Elektra* (1904) sei charakterisiert „durch Häufungen desselben Zuges" (A. Kerr). Paradoxerweise rechtfertigt sich diese Struktur bisweilen durch Mimesis, durch den Versuch nämlich, „ein Milieu so genau hinzustellen, daß einfach die Grenzen der Dinge den Umriß der Gestalt ergeben." (R. M. Rilke) Die Suggestion, die hier auf der Bühne erwartet wird, soll sich über die Rampe hinweg auf die Zuschauer übertragen; die Demonstration ihres bedingten Charakters verhindert aber Identifikation, woraus Interpretationsschwierigkeiten bei Dramen von O. Wilde bis C. Sternheim entstehen. Die Inszenatorik kann als notwendiges Korrelat zur „Dienstbarmachung" des Dramas im S. gelten, die sich mit Vorliebe auf zwei polaren Ebenen vollzieht und damit eine Irrelevanz von Stillagen akzentuiert: Mit dem Postulat „Hinaus über die Literatur!" intendiert z. B. Gg. Fuchs gesellschaftlich integriertes Theater. Ein Affekt gegen den „lehrhaften" Naturalismus verbindet sich mit der Überzeugung, durch Fest- und W e i h e s p i e l e das Publikum „in geistig gehobener Stimmung" zur Gemeinde zusammenschließen zu können; dies sind Voraussetzung und Bedingung seiner „angewandten Kunst der Schau-Bühne". Ebenso wollen die K a b a - r e t t s laut O. J. Bierbaum „nicht dem Drama, sondern der Kleinkunst des Worts" dienen; durch Einakter, „singende Bilder", stilisierte Tänze und Pantomimen versucht E. v. Wolzogen in seinem „Bunten Theater", Kunst „für das praktische Leben auszunutzen und dem Verständnis der Menge zugänglich zu machen"; mit solcher „Slangkunst" im direkten Publikumskontakt propagiert K. v. Levetzow „einen verstehenden

Ausgleich der sozialen Affinitäten". Die Kunstform des Dramas wird bei solchen Experimenten häufig suspendiert im Übergang zu Oratorium, Tanzspiel, Revue, Sketch und kann sich in Improvisation verlaufen; diese Texte sind im Hinblick auf szenische Realisationsmöglichkeit produziert und wollen nur aus der Interaktion mit dem Publikum bewertet sein. Für ihre strukturelle Identität spricht auch, daß sie sich in der Regel auf der von P. Behrens und Gg. Fuchs entwickelten, schnell zur Konvention gewordenen „Reliefbühne" (handlungshemmend und betont optisch) spielen ließen.

Das F e s t s p i e l führt seine Figuren als Allegorien vor, die (in R. Dehmels *Lebensmesse;* 1897 etwa als Lebensalter und Geschlechter) bei weitgehend immaterialisierter Handlung ein gemeinsames Thema rezitativ vortragen; die eingeschränkte Problematik ihrer Rollen und Reden kontrastiert mit dem gehobenen Ton des Textganzen. Wie A. Holz seine groteske *Blechschmiede* ursprünglich (1900) „Festspiel" nannte, so lassen sich in St. Georges *Festzügen* Formen der Revue erkennen; diese ist unter jene „raffinierte Salonkunst" (E. v. Wolzogen) subsumiert, die das Kabarett neben G r o t e s k - bzw. S c h l e i e r t a n z und D r a m e n p a r o d i e pflegt: Das wortlose Agieren nach bestimmten Bewegungsmustern (zumal bei Tanzgruppen) erfährt von den Zeitgenossen ebenso tiefgründige Rezeption (A. Lindner entdeckt bei den Five Sisters Barrison Satire auf St. Mallarmé, M. Barrès, P. Verlaine) wie der Verzicht auf eigene Worte in der Komik freisetzenden Umstellung fremder Texte (M. Reinhardts zyklischer *Don Carlos* à la M. Maeterlinck, G. Hauptmann u. a.; 1901) oder die hypertrophen Formen eines „Monodramas in einem Satz" (H. v. Gumppenberg, *Der Nachbar;* 1901); die aufwendige Inszenierung bietet informativ nur die Negation von Bekanntem. In T a n z - s p i e l e n (wie O. J. Bierbaums *Pan im Busch;* 1900) werden Schritte und Gestik der Protagonisten von Figurengruppen in Läufen und „Schreitetänzen" paraphrasierend vergrößert; die Beschreibung der stummen Handlungselemente im Libretto ist notwendig selbst geprägt durch Wiederholungen. Schließlich läßt sich hier auch das

Psychodramenkonzept R. v. Meerheimbs nennen, das sich auf die verbale Selbstdarstellung des „Helden" beschränkt und Nebenpersonen die stumme Illustration von dessen Worten zuweist; es verknüpft somit auf der Bühne ungebrochene Artikulationsfähigkeit psychischer Vorgänge mit determiniert gestischer Aktion in Sprachlosigkeit.

Zwischen dem liturgischen und kabarettistischen Extrem bilden sich zahlreiche Mischformen: „Anfänger, die zum Theater noch nicht, und Betriebsamkeiten, die zum Theater nicht mehr verwendbar sind" (F. Salten), z. B. jene unter Autoren beliebten S p i e l e , Szenen, Lyrischen Momente, die bei der „Theater-Dekoration" (als Bezeichnung für die Inszenierung, nicht für die Kulisse allein) die angestrebte hedonistische Rezeption häufig verfehlen. Das im Grunde zu Abstraktion tendierende Angebot an Formalem fördert reserviert-delektierende Aufnahme und läßt solche Dramen zu Konsumgütern schwinden, zumal die vielfältigen Implikationen von Tanz und „Körperkunst" weniger die „Tugendlüge" aufs Korn nehmen, als erotische Wirkung evozieren. Die vermeintlich funktionalistische Einplanung der Bühnenrealisation für ein großes Publikum kalkuliert offensichtlich nur auf das größere Geschäft.

Edith D i e t z , R. Dehmels dramat. Werk. (Masch.) Diss. Wien 1937. Howard R o m a n , Rilke's Psychodramas. JEGPh. 43 (1944) S. 402-410. Burkhard S e u b e r t , Die 'Blechschmiede' von A. Holz. (Masch.) Diss. München 1954. Ernst K ö n i g , Das Überbrettl E. v. Wolzogens u. d. Berliner Überbrettl-Bewegung. (Masch.) Diss. Kiel 1956. Herbert A h l , Eitelkeit u. Schein. O. J. Bierbaum, in: Ahl, Literar. Portraits (1962) S. 325-333. Peter S z o n d i , Theorie d. modernen Dramas (1963; edition suhrkamp 27). Friedbert A s p e t s b e r g e r , 'Drei Akte in einem'. Zum Formentyp von Schnitzlers Drama. ZfdPh. 85 (1966) S. 285-308. Günther E r k e n , Hofmannsthals dramat. Stil. (1967; Hermaea NF. 20). Rudolf H ö s c h , Kabarett von gestern. Bd. 1 (1969). Lenz P r ü t t i n g , Die Revolution d. Theaters. Studien über Gg. Fuchs (1971; Münchner Beitr. z. Theaterwiss. 2). Peter H a i d a , Komödie um 1900 (1973; Krit. Information 7). Horst Albert G l a s e r , A. Schnitzler u. F. Wedekind, in: Glaser [Hrsg.], Wollüstige Phantasie (1974; Reihe Hanser 147) S. 148-184.

§ 5. S. konzentriert L y r i k auf eines ihrer allgemein konstituierenden Elemente,

auf den Vergleich; das Beispiel der manieristisch anmutenden Reihung von wie-so-Bezügen erhält Signifikanz für S. als P e r s e v e r a t i o n e i n e s r e d u z i e r t e n F o r m e n k a n o n s . Weit häufiger erscheint jedoch der Vergleich auf Identifikation verkürzt, wobei Konkretes und Abstraktes aufeinander bezogen, ja grundsätzlich alles verfügbar sein kann: In einheitlicher Tonlage und nach einem starren, komplizierten, womöglich traditionellen Schema verbinden sich dann Partikel verschiedenen Realitätsgrades, die sich in befremdenden Wortverquickungen spiegeln und einer Fixierung auf positive oder negative Wertsphären entziehen. Die Ausweitung dieser Struktur führt häufig zu zyklischen Formen, der abkürzenden Tendenz von Lyrik entgegenarbeitend; die im S. beliebte Gattung der „Gedichte in Prosa" wird von hier aus verständlich. Wegen g e n e r e l l e r V e r f ü g b a r k e i t verfällt im S. Symbolik, verbleibt der Sprache letztlich nur Registratur; diese Lyrik verläßt sich auf Benennung und wird im Motiv der Namengebung selbst thematisch (Wortproduktion). Die Wörter erscheinen in Äquivalenz tendentiell substituierbar, korrigieren sich gegenseitig; ihre „Bedeutung" liegt weniger in ihrer Anordnung als in ihrem Erscheinen; sie verweisen auf sich selbst: Auch als optisch akzentuierte Signale, die ihr Ziel nicht artikulieren, frappieren und dupieren sie den Rezipienten. Konsequenterweise entstehen Gedichte „auch ohne allen Sinn und Zusammenhang" (Novalis) — eine von Neuromantik unterscheidbare Romantik-Rezeption, denn sie tendiert weniger zu Stimmung als zu Esoterik. (Dabei darf man nicht übersehen, daß diese Dichtung häufig in Kreisen von „Eingeweihten" entsteht und deshalb jenseits jener Grenzen hermetisch wirken kann.) Die N ä h e v o n D i s p a r a t e m (mit Intention zu simultaner Rezeption) bewirkt eine durch ihre Künstlichkeit gebrochene bunte Einheit und schillert als Faszinosum, das um 1900 häufig befremdete, mit Recht als raffiniert und naiv zugleich beschrieben wurde: Die steten Vergleichungen erreichen Identifikation von allem, lassen in der willkürlichen Kombinationsmöglichkeit aber Freiheit (als Setzung) erkennen; der attributive Stil dieser Gedichte zielt deswegen gerade nicht auf Sicherung des Individuellen, sondern auf Disjunktion von Wort und Begriff. Dahinter verbirgt sich V i r t u o s i t ä t, die durch Selbstdistanz der Interpretation von Zurücknahme, Dichtungsthematik oder Parodie Raum gibt. So wirkte auf H. Bahr ein Gedicht F. Dörmanns „wie eine Sammlung der besten Citate", und St. George mußte sich von A. Möller-Bruck vorwerfen lassen, „daß sein Deutsch wie übersetzt klingen kann"; beide Autoren wurden von ihren Kritikern in diesem Zusammenhang „decorativ" genannt. Das Werk jener Frühexpressionisten (Gg. Heym, G. Benn z. B.), das man als Parodie auf Symbolismus fassen will, paßt sich hier ein.

Virtuosität eröffnet sich durch genaue Kenntnis des grundlegenden Materials Möglichkeiten, daraus (also abstrakt) Bedeutung zu gewinnen; dabei besteht aber stets die Gefahr, Lyrik auf ihr zunächst Äußerliches zu reduzieren. Beide Seiten gehen im S. zusammen wegen seiner Intention, Lit. in den Gebrauch überzuführen: O. J. Bierbaum prägt den Terminus „angewandte Lyrik" mit den Komponenten Singbarkeit und Gemeinverständlichkeit für das C h a n s o n, das die Barriere der „Kunstpoesie" überwinden, aber auch die „Unkunst" des Schlagers verdrängen und somit den „Geschmack der größeren Menge" verbessern soll. Die Kabaretts schließen sich der von A. Lichtwark initiierten Dilettantismus-Bewegung an und lassen das Publikum selbstfabrizierte Gedichte vortragen, engagieren Laien als Rezitatoren und treiben die Gleichung von Kunst und Leben so weit, daß eine Diseuse wie Y. Guilbert Arbeit als Luxus prophezeit. Aber nicht nur „echte Kunst im Variétéstil" (E. v. Wolzogen) will das ganze „Variété-Theater des Lebens" (O. J. Bierbaum) mit Kunst durchsetzen; aus Frankreich importiert H. Bahr beispielsweise auch den Gedanken der Versprachlichung der Städte durch Gedichtplakate auf Architektur: Reklame „für edle Gefühle", die „Erbauung des Volkes" dienen ihm als ideologisches Alibi für sein Experiment, „mit Worten decorativ zu wirken". Damit steht er allerdings in einem weiteren Rahmen des S.: Lyrik akzentuiert durch außergewöhnliche T y p o g r a p h i e nach dem Mittelachsenprinzip von A. Holz etwa oder im interpunktionsscheuen M. Lechter-Alpha-

bet St. Georges eine spezifisch neue Emphase des Worts: eine doppelte Codierung, die nicht Figurengedicht oder visuelle Poesie, sondern Ikonik erstrebt. Mancher Künstler (schon 1891 R. Dehmel in *Erlösungen*) rechtfertigt das besondere Druckbild als Hilfe beim lauten Lesen; hier münden die graphischen Erörterungen gewissermaßen in das Postulat der Singbarkeit (vgl. R. Boehringer *Über hersagen von gedichten;* 1911). In beiden Fällen ergeben sich extreme Sprachexperimente, die zugleich ein Licht werfen auf die weniger outrierten Formen.

In St. Georges *Teppich des Lebens* (1900), R. Dehmels *Zwei Menschen* (1903) und A. Holz' *Phantasus* (1898, 1916, 1925) begründet sich gleichermaßen die besondere Typographie mit einer diffizilen Zahlenarchitektonik als Aufbauprinzip: Das Werk von Holz ist bestimmt von einer Euphorie des Benennens, die in Wortregistratur übergeht, Mimesis dann suspendiert und bald schon Esoterik erlangt; dagegen verwendet Dehmel eine fast stereotyp wiederkehrende Struktur, aus der allein die oft inhaltlich wenig konkreten Romanzen ihren Sinn beziehen, zumal Dehmel seine privaten „Mythen und in einem „Wort" wie „WRwlt" chiffriert. In diesem Übergang des Worts in graphische Buchstabenkonstellation aber konzentriert sich ein Vorgang, der über Holz hinaus auch für George Signifikanz erlangt: P r o t e s t g e g e n g e w o h n t e B e d e u t u n g s ü b e r m i t t l u n g und Beschwörung eines alles Konventionelle übersteigenden Moments, Nennung eines Namenlosen und P r ä s e n t a t i o n d e r C o d i e r u n g selbst (*Fisches Nachtgesang;* 1905 von Ch. Morgenstern stellt einen extremen, aber keinen Einzelfall dar). Nicht anders beim Chanson, das (laut R. M. Rilke) „in einem Atem Schauerliches und Schönes, Drolliges und Tiefsinniges sagen kann" und sich im S. mit einer sog. „neuen Humormode" verbindet, um moderne Lyrik durch P a r o d i e zu propagieren; nicht selten spielt Selbstparodie mit, führt der Text über U l k zu N o n s e n s, zumal sich wegen des Vorwurfs der Unverständlichkeit häufig sinnvolle mit bedeutungsloser Sprache vermengt. Die „Buntheit" des Chansons im S. ist auf den Begriff gebracht: Indifferenz gegenüber dem Inhalt, aber zugleich auch Demonstration kommunikativen Scheiterns.

Freilich bringen Typographie und Spiel mit Sinnlosigkeit im S. der Lyrik auch einen „Mehrwert" ein, der sich leicht verselbständigt; nur das äußere Signum „moderner" Poesie erliegt der Imitation und dem Vertrieb als modischer Artikel: Lyrikbände erscheinen weit eher als B i l d e r b ü c h e r denn als Gedichtsammlungen, und die Kritik der Chansons verpufft in alberner „Polterabend-Stimmung". Auf solcher Ebene wird die Kluft zwischen dem Rezipienten und der Kunst mit dieser selbst suspendiert. Im Ziel auf das „Früchtebringende" sei „das Fruchtbare des Gedankens" einer „angewandten Lyrik" gescheitert, meint E. v. Wolzogen mit Blick auf das Kabarett. Aber auch außerhalb dieser Institution erstreben Literaten die „Kapitalisierung" (A. Holz) ihrer Produkte, z. B. in dem 1902 von A. Holz und R. Dehmel versuchten „Kartell lyrischer Autoren".

Renate S c h a r f f e n b e r g , *Der Beitrag d. Dichters z. Formenwandel in d. äußeren Gestalt d. Buches um die Wende vom 19. z. 20. Jh.* (Masch.) Diss. Marburg 1953. Alfred L i e d e , *Dichtung als Spiel.* Bd. 1 (1963). Käte H a m b u r g e r , *Philosopie d. Dichter* (1966) S. 212-224. Heinz G r e u l , *Bretter, die d. Zeit bedeuten.* Bd. 1 (1971; dtv 743). Wolfgang Victor R u t t k o w s k i , *Das lit. Chanson in Deutschland* (1966). Helmut S c h e u e r , *A. Holz im literar. Leben d. ausgehenden 19. Jh.s* (1971). Gerhard S c h u l z , *A. Holz* (1974). Ingrid S t r o h - schneider-Kohrs, *Sprache u. Wirklichkeit bei A. Holz.* Poetica 1 (1967) S. 44-66. Theodor W. A d o r n o , *George u. Hofmannsthal,* in: Adorno, *Prismen* (1955) S. 232-282. Manfred D u r z a k , *Der junge St. George* (1968; Erkenntnis d. Dichtung 3). Gabriel S i m o n s , *Die zyklische Kunst im Jugendwerk St. Georges.* Diss. Köln 1965. Wolfram M a u s e r , *Sensitive Lust u. Skepsis. Zur frühen Lyrik Hofmannsthals,* in: Wolfgang P a u l s e n [Hrsg.], *Das Nachleben d. Romantik* (1969) S. 116-129. Jürgen Z i e g l e r , *Form u. Subjektivität* (1972; Abhh. z. Kunst-, Musik- u. Lit.wiss 125).

§ 6. Der Tendenz zur Episierung von Lyrik antwortet P r o s a im S. mit der Aufnahme einer ursprünglich lyrischen Struktur, der Wiederholung — in Spezifikation auf die Form der V a r i a t i o n : Bedeutung kommt entweder der Differenz zu, die sich bei verändernder Wiederaufnahme einstellt, oder deren Summe. Damit ist

angedeutet, daß Prosa im S. zwar durch Umschreibung zu erläutern vermeint (oder vorgibt), durch ihre Methode aber Diffusion betreibt; skeptische und emphatische Bedeutungssuche stehen nebeneinander, belassen das Rätselhafte im Mehrdeutigen und spielen mit dem Leser (R. M. Rilkes *Cornet* läßt sich in der Fassung von 1899 „so lesen, oder auch auf folgende Art"). Potentiell unendliche Paraphrasen dienen nicht der Anschaulichkeit, weil Reproduktion von Varianten zu keinem eigentlichen Ergebnis führt; die stete Supposition kann nur willkürlich abgebrochen werden: Sprache gewinnt und verliert Sinn in einem und demselben Vorgang. E x z e n t r i k v o n I n - f o r m a t i o n u n d E r z ä h l a u f w a n d attestiert „Macht über die Sprache" (R. Schaukal) und demonstriert ihre „Souveränität" (H. Bahr). Empirische Realität erscheint verfremdet, proportionslos, wo die Sprache immer wieder Neues, Ungewöhnliches entdeckt; der Verweis auf die Begriffe des Unerhörten, Wunderbaren in der Novellentradition geht insofern nicht fehl, als die Prosa des S. Kleinformen bevorzugt, diese allerdings gern zu umfangreicheren Formationen verbindet: Der Episoden-Addition auf der einen entspricht auf der anderen Seite die fortschreitende Fragmentierung des Romans; identisch ist im Ergebnis eine parataktische Struktur, die statisch wirkt, das Geschehen in Z u s t ä n d l i c h - k e i t oder G l e i c h z e i t i g k e i t bannt. Die ihren Gegenstand umkreisenden Paraphrasen wirken polyperspektivisch, ohne Subjektivität zu verhindern, denn diese Prosa legt keinen Wert auf kritische Reflexion; sie verwendet vielmehr Erinnerung, Traum bei ihrer Konzentration auf das Problem, „das U n a u s s p r e c h l i c h e doch auszusprechen". Aus diesem Grund postuliert H. Bahr Umschreibungsreihen, die „durch eine gewisse Correspondenz" beeinflussen, aber auf Mimesis verzichten und „die natürliche Magie der Worte" nützen. Die den Wiederaufnahmen inhärente Ironie schließt eine innige Beziehung zum Gegenstand nicht aus; Prosa des S. ist stets geneigt, (auto-)biographische Formen als Fiktion auszugeben, wie ihr umgekehrt auch keine sachlichen Texte gelingen. Sie muß daher den Weg zur Kurzgeschichte trotz aller „Dienstbarmachung" in einer Verbindung mit Publizistik verpassen; dennoch ist hier der Grund zu suchen, weshalb Prosa die Gattung im S. darstellt, die seiner grundlegenden Unentschiedenheit zwischen Künstlichkeit und Trivialisierung am ehesten nahekommt.

Als „Kunst im Dienste des Journalismus" definiert sich im S. F e u i l l e t o n i s m u s auf zwei Ebenen: Hier soll Kunst den Rezipienten zugleich in der Form von Kunst vermittelt werden; „dekorative Kritik" heißt die Thematisierung dekorativer Kunst in deren eigenen Formen; Zweckhaftigkeit und Autonomie überlagern einander und muten lyrisch an. (Umgekehrt kritisiert R. Dehmel jüngste Lyrik wegen „Überladenheit" als „Feuilleton-Prosa", obgleich er selbst in *Zwei Menschen* einen „Roman in Romanzen" versucht.) Sogar Populärwissenschaft erreicht hier eine Synthese mit Lit. (etwa in B. Wille, *Offenbarungen des Wacholderbaums;* 1901). Solche vermeintliche Synthese von Leben und Kunst rechtfertigt auch eine bisweilen unvermittelte Bindung an Realität in (fiktiver) Autobiographie, Brief-, Schlüsselroman (von R. Schaukal bis E. Lasker-Schüler) und sog. „ I n s e r a t e n - l i t t e r a t u r " : F. Wedekind (für Maggi) und W. Schäfer (für Tropon) schaffen in „Reklame-Novellen" ein „ehrliches Kunstgewerbe" (W. Schäfer). Prosa im S. entwickelt eine ausgesprochene Überredungsstrategie, die allerdings mehr sich selbst als ihr Ziel im Auge hat; der Versuch, Kunst für viele zu erklären, schlägt um in Kunst für die Kunst. Dieses Verfahren geht zwar von der Kunstkritik aus, und die Zeitschriften bilden wegen ihrer mannigfaltigen Übergänge zwischen Fiktion und Journalismus einen Hort des S.; aber es führt auch über die kleine Prosa weiter zu vielteiligen Großformen (H. v. Hofmannsthal 1895: „Heute ist man journaliste, das Wort als Adjektiv genommen").

Die Kritik erneuert für sich den D i a - l o g , der (wie R. Schaukals *Der Litterat und der Künstler* 1904), die Fiktion des Spontanen (Erlebten) erlaubt und mit dem Gegeneinander der Gesprächspartner ein „Umkreisen" des Themas motiviert; auch der E s s a y erfährt in diesem Zusammenhang neue Beliebtheit, weil er durch spielerische Neukombination von Standpunkten und überraschende Faktenzusammenstel-

lung sich der subjektiven Anspielung öffnet und vor Festlegung bewahrt (was H. Bahrs Sammlung *Bildung;* 1900 belegt). Kunstkritik und K u n s t t h e m a t i s i e r e n - d e Prosa unterscheiden sich im S. häufig nur mehr durch den Grad an Aktualität; einen Übergang zwischen beiden bezeichnet A. Lindners „Kunsttraum" über *Die Barrisons* (1897 unter dem Pseudonym Pierre d'Aubecq), ein Text, der „Zeitsatire" am Beispiel der Tanzgruppe untersucht, quasi traumatisch aber in Fiktion übergeht und hier den Tanz und seine Wirkungen variiert; Wortrausch, -erotik erscheinen als Vehikel des Schreibens. Dagegen steht bereits auf der Seite von Kunst das Werk P. Altenbergs, der seine „kleinen Sachen" nicht als Dichtungen, sondern wegen ihrer Nähe zur Realität als „ E x t r a c t e d e s L e - b e n s " ausgibt; dennoch bietet er z. B. in *Prodromos* (1906) über seine aphoristischen „diätetischen Wahlsprüche" hinaus Gebilde von einer raffinierten, nicht allein textinternen Anspielungstechnik, die im historischen Kontext reizvoll wirkte, für spätere Interpreten aber Deutungs- als Wertungsfragen stellt. (Die vielfältigen zeitgenössischen Allusionsebenen in Th. Manns *Tristan;* 1903 kehren dieses Problem um.) Die Großform des Romans erreicht neben P. Scheerbart (z. B. in *Ich liebe dich!;* 1897) nahezu typisch R. Beer-Hofmann mit *Der Tod Georgs* (1900); das Buch korrigiert in großen Kapiteln wie in kleineren Absätzen stets die gleiche Situation und füllt kompliziert gebaute Perioden mit so vielen Vergleichen, daß sie Logik verschleiern und mehr das E r i n n e r u n g s v e r m ö g e n des Lesers als das der Figur zu testen scheinen. Mit Variationen kann Prosa zwar eindrucksvoll erzählen, aber auch zu bloßer Unterhaltung gerinnen; der Variations- entspricht die Innovationsstruktur der anonymen Mode sowie der imperativischen Reklame; Realität erscheint dadurch oft in ihrer modischen Marktlage. Die G r e n z e z u r W a r e überschreitet diese Prosa schließlich im *Roman der XII* (1909): Ohne sich zu thematisieren, ist hier Sprache zum Gegenstand geworden, denn über sie gilt es in einem Preisausschreiben zu erraten, welcher der zwölf Autoren welchen Teil des „Romans" geschrieben habe. Dieses Buch fungiert als Reklame für seine Autoren — wie die „dekorative Kritik", die dem Werke die Aura des „Unaussprechlichen" beläßt und den Autor glorifiziert.

Georg R a m s e g e r, *Literar. Zeitschriften um d. Jh.wende* (1941; GermSt 231). Jost H e r m a n d, *Peter Spinell.* MLN. 79 (1964) S. 439-447. Wolfgang I s k r a, *Die Darstellung d. Sichtbaren in d. dichter. Prosa um 1900* (1967; Münster. Beitr. z. dt. Lit.wiss. 2). Horst F r i t z, *G. Benns Anfänge.* Jb. d. dt. Schiller-Ges. 12 (1968) S. 383-402. Hans-Dieter S c h ä f e r, *P. Altenberg u. d. Wiener 'Belle Epoque'.* Lit. u. Kritik H. 26/27 (1968) S. 382-390. Ursula K i r c h h o f f, *Die Darstellung d. Festes im Roman um 1900* (1969; Münster. Beitr. z. dt. Lit.wiss. 3). Gotthart W u n b e r g, *Utopie u. fin de siècle.* DVLG. 43 (1969) S. 685-705. Christian R u o s c h, *Die phantast.-surreale Welt im Werke P. Scheerbarts* (1970; Europ. Hochschulschr. I, 42). Angelika K o c h, *Die Bedeutung d. Spiels bei E. Lasker-Schüler im Rahmen von Expressionismus u. Manierismus* (1971). R. Z e l l w e g e r, *Genèse et Fortune du 'Cornette' de Rilke* (1971). Jens Malte F i s c h e r, *R. Beer-Hofmann 'Der Tod Georgs'.* Sprachkunst 2 (1971) S. 211-227. E. K u n n e-I b s c h, *Der Wille z. schönen Leben.* Neophil. 57 (1973) S. 217-231, 317-329. Gustav K a r s, *1874* [zu R. Schaukal u. a.]. Lit. u. Kritik H. 83 (1974) S. 144-161.

§ 7. Unter der bewußten Definition angewandter Kunst als Kunst in praxi intendiert S. keine distanzierte Rezeption; zur Erleichterung einer hedonistischen Aufnahme dienen die Inszenatorik der Texte bzw. ihre programmierte Inszenierungsmöglichkeit. Trotz seines s o z i a l e n E n g a g e m e n t s basiert S. auf P r ä s e n t a t i o n v o n Ä s t h e t i s c h e m und nützt dessen suggestive Wirkung. Negation der Realität liegt zwar der Fiktion des S. zugrunde, aber in einer identifikationsbefördernden Form, die nicht Welt reflektiert, sich eher als Erfüllung von Sehnsüchten anbietet. Die Problematisierung der Rezeption kann als Form der Sprachskepsis gelten, die allerdings zu Versprachlichung führt, so daß der Informationswert weniger interessiert; die Informationsweise wirkt als appellbewußte Zugabe in Form von „Verpackung" und hat gleichzeitig die erotische Struktur von Werbung. Die Uneigentlichkeit dieser Lit. bietet beliebige Bezugspunkte und damit keinen Halt, so daß sie sich der Sentimentalität öffnet. Die sinnliche Prägnanz bei inhaltlicher Unbestimmtheit verwirrt den Rezipienten, dem es deshalb überlassen bleibt,

Texten des S. Bedeutung zu- oder abzuerkennen, ein Urteil über ihren Kunstcharakter zu fällen; um 1900 wirken sie als Garanten von Glück zumindest angenehm, was für ihre Einschätzung als Produkte der Kulturindustrie spricht. Durch ihre eigene Konsumierbarkeit fördert diese Kunst allgemein Konsum; ihr soziales Engagement erweist sich als pervertiert.

Die Konsequenz einer „Kunst für Alle" (mehr in Opposition zur Kunst für wenige als zu ihren Besitzern) entspringt einem D e m o k r a t i s i e r u n g s v e r s u c h : Nicht die Liquidierung bürgerlicher Kunst, sondern die Minimierung ihrer Erkenntnisschwelle ist Methode, und das Ergebnis besteht kaum im Verlust von Aura, obwohl durch den erleichterten Zugang die Kunst sich der Verwendung gefügig macht; der inszenatorische Aufwand bietet stets einen (oft mehr künstlichen als künstlerischen) Gegenwert, so daß sich gewissermaßen Profanierung und Sakralisierung durchdringen. Zugleich bestätigend und irritierend (deshalb zynisch), kommt S. zum Erfolg auf einer mittleren Ebene, der die Problematik von M o d e eignet: Ihre Nivellierung prägt letztlich auch die Form, denn die Struktur der Variation erlaubt Individualität nur noch in der abweichenden Nuance. Der Affront gegen bürgerliches Kunstverständnis, der im Verzicht auf Autonomie liegt, erstreckt sich nicht auf diese Gesellschaft; S. befördert sie vielmehr, weil er sich ihren Verwertungszusammenhängen einpaßt. Damit vergibt S. die utopische Komponente einer „Kunst für Alle" und verfehlt zugleich die Gegenwart, weil er mit seiner Demokratisierung die Zukunft vorwegzunehmen meint. Ebenso erfolgt ein Abbau der Isolation des Autors nicht durch Veränderung der Gesellschaft, vielmehr durch dessen Einordnung — im Extrem als Werbetexter für die Gesellschaft.

Die Produktion inszenatorischer Texte, d. h. für die Anwendung in Theater, Kabarett, Zeitschrift, impliziert zwar eine Erweiterung der Autorschaft, jedoch nicht Ablösung individueller Kunst; die Tendenz zur Anonymität in der Anpassung an die von S. „vorgeschriebene" ornamentale Form darf man nicht überbewerten. Soziologisch ist der Zusammenschluß der Künstler in solchen Institutionen und Kreisen, Kolonien signifikant als Flucht aus der Gesellschaft, aber in ihr, trotz vermeintlicher Sozialkritik verbunden mit merkantilen Interessen. Verachtung und Verehrung der Gesellschaft liegt in der Position von Autoren, die sich selbst spöttisch „S o z i a l a r i s t o k r a - t e n " (A. Holz) nennen. Das kreisinterne Verhalten der Autoren pendelt zwischen Liturgik und Bierulk und führt zu entsprechenden Selbststilisationen nach außen: Eine Bohème, die den Salon nicht auf den Kopf stellt, sich vielmehr in seiner ironischen Imitation befreit fühlt, wird von der Gesellschaft akzeptiert; dieses Image (wie das des Dandys) läßt sich gut vermarkten. In dem zunächst selbstauferlegten, dann zum Zwang gewordenen Rollenverhalten liegt der Grund der Uneigentlichkeit, Ineffektivität des S. und seiner pathologischen Komponente: Im Blick des Blasierten nimmt alles gleichen Wert an. Die enge Interaktion zwischen Produzenten und Rezipienten beruht auf Bedingungen der Großstadt; S. erscheint als urbanes Phänomen.

Mit der Verschränkung von Autonomie und Fremdbestimmung bringt sich S. auf einen vom traditionellen K u n s t b e g r i f f abweichenden Weg: Seine Produkte wollen zeitgemäß sein und verfallen deswegen leicht einem späteren rigorosen Urteil; die extendierende, auch Gewerbe erfassende Kunst läßt sich als Kunstgewerbe qualifizieren. Was für den Gebrauch geschrieben wird, will nicht zeitunabhängig sein; deshalb findet diese Kunst, wo sie ihr Ziel erreicht, in ihrer Zeit Erfüllung und versagt sich spätere Wirkung gemäß ihrer Intention; dann kann S. wegen seines erfolgreichen gesellschaftlichen „Engagements" heute nicht mehr als Kunst gelten. Bevor man seine Werke aber als Nippes abwertet, muß man sie befragen auf eine „Aussage" über problematische Kunstdefinitionen in einer der Antikunst ähnlichen Struktur. Zumindest in einigen Bereichen des S., z. B. in den zu Tanz tendierenden Dramen, auf Bildwirkung zielenden Gedichten und mit Feuilleton kokettierenden Prosatexten schlägt die Extensität dieser Kunst um: Hier belegt sie Ebenen mit Kunstwert, die gemeinhin nur zum Ästhetischen gerechnet werden. Weil S. nicht Kunstloses als Kunst anbietet, erhält er nicht den Rang von Anti-

kunst; mit dem Angebot des Ästhetischen steht er aber in deren Vorfeld. Doch suspendiert S. in seinem Synthesestreben häufig auch Kunst; die Gattungsüberschreitung z. B. auf der Ebene von Typographie erzielt als Extrem des verselbständigten Schriftbildes oft ein zwar optisch wirksames Gebilde, aber keinen lesbaren Text. Hier gibt Lit. nicht Unkunst, sondern unliterar. Kunst als Dichtung aus; der Wert dieser graphischen „Kunst" steht jedoch in Frage. Einen ähnlichen Zwischenbereich bewirken die vielfachen parodistischen Formen, die virtuos mit Zitaten spielen, aber nicht Montage, Collage genannt werden können, weil sie kaum auf Präsentation von Heterogenem zielen. Der Effekt einer Überlagerung von fremdbestimmten (parodierten) und autonomen (parodierenden) Textteilen liegt auch häufig nicht mehr in der Allusion, sondern in der Deformation von Zusammenhängen, ja von Sprache. Auf diese Weise stehen die mannigfachen Wendungen des S. gegen „hohe" Kunst auf einer problematischen Ebene zwischen Anti- und Un-Kunst.

Hans-Ulrich Simon

Singspiel

§ 1. Als Singspiel kann in Unterscheidung zur durchgängig gesungenen Oper allgemein das gesprochene Theaterstück mit Gesangseinlagen bezeichnet werden. — Im speziellen Sinn ist der B e g r i f f mit der Gattung des dt. Singspiels im 18. Jh. verbunden. Es versteht sich als eigenständige Theatergattung und als dt.sprachige Sonderform der Oper. Seine Geschichte spielt sich zwischen ca. 1760 und ca. 1800 ab. — Seit dem 18. Jh. wird die Bezeichnung S. auch synonym oder als Diminutiv für „Oper" gebraucht. — Allen Formen des Singspiels — in seinen Anfängen einschließlich des dt. S.s — ist gemeinsam, daß die Gesangsnummern Einlagen sind. Sie prägen zwar den Charakter des Spielverlaufs, sind jedoch dem Dialog und dem Handlungsrahmen untergeordnet. Die Musik tritt somit nicht wie in der Oper mit Kunstanspruch und als dramatisch konstitutives Medium auf. Im Unterschied zur Oper, die auch musikalisch gattungsbildend wirkte (Rezitativ, Arie, Ensemble), wird im S. gewöhnlich die jeweils vorhandene liedhafte und mehr volkstümliche Musik verwendet. Singspielartiges Theater kam daher immer dann zum Zuge, wenn nicht nur höhere Schichten des Publikums angesprochen werden sollten. Diese Tendenz zum Populären, Einfachen blieb auch in den Fällen wirksam, in denen das S. sich in Richtung auf die Oper entwickelte (franz. Opéra comique und deutsches S.).

Zur allgemeinen Orientierung: Stefan K u n z e , *Singspiel*. Riemanns Musiklexikon. 12., völlig neu bearb. Aufl. hg. v. W. Gurlitt u. H. H. Eggebrecht. Sachteil (1967) S. 874-875 u. Wilh. P f a n n k u c h , *Oper*. MGG. 10 (1962) Sp. 1-89. Weiterhin: Guido A d - l e r , *Handbuch d. Musikgeschichte* (2. Aufl. 1929; Nachdr. 1961), T. 2, S. 749-768 (Robert Haas). Heinz K i n d e r m a n n , *Theatergeschichte Europas*. Bd. 5 (1962). *The New Oxford History of Music*. Bd. 7: *The Age of Enlightenment 1745-1790*. Ed. by Egon W e l l e s z u. Frederick S t e r n f e l d (London 1973) S. 79-89 *(German Singspiel)*, S. 89-97 *(Viennese Singspiel)*. Donald Jay G r o u t , *A Short History of Opera* (London 1947) S. 147-164 u. S. 263-270. Hans-Albrecht K o c h , *Das dt. Singspiel* (1974; Samml. Metzler 133).

§ 2. Als S. im allgemeinsten Sinn kann bereits das für den Hof des Artois in Neapel bestimmte und 1275 oder 1285 aufgeführte P a s t o r a l s t ü c k *Le Jeu de Robin et de Marion* von Adam de la Halle gelten. Die eingelegten Liedmelodien, die erhalten sind, gehören in den Bereich der einstimmigen weltlichen Musik der Trouvères. Wegen ihrer Nähe zum Stegreiftheater sind solche und ähnliche Stücke nur ausnahmsweise überliefert. Seit dem 12. Jh. nehmen musikalische Einlagen auch in Mysterien-, Passions- und geistlichen Lustspielen, sowie in den *Laudi spirituali* oft einen breiten Raum ein. Der Kategorie singspielartiger Stücke sind in Spanien die *Farsa* oder *Comedia con música* (seit dem 15. Jh.), *Entremés*, *Zarzuela* (seit der 1. Hälfte des 17. Jh.s) und *Tonadilla* (seit der Mitte des 18. Jh.s) zuzurechnen. — Im 16. Jh. pflegte man in Italien in die pastoralen *Favole boscareccie* und in andere ähnliche dramatische Darbietungen Villoten bzw. Madrigale und Tänze einzulegen. Ein Teil dieser Stücke gehört in die Vorgeschichte der Oper. — Aus singspielartigen Vorstellungen der englischen Komödientruppen und der „englischen Instrumentisten" (schon 1586 erwähnt) ging die englische B a l l a d -

O p e r a („Lieder-Oper") hervor. Sie bestand aus gesprochenem Dialog und eingeschalteten volkstümlichen *ballad tunes*. Diesem Theatergenre gehören Cottey's *Devil to Pay* (1731), ein Stück, das zur Entstehung des dt. S.s beitrug, und die *Beggars opera* (1727) von John Gay an, die wegen ihres sozialkritischen, satirischen Tons Aufsehen erregte und in neuerer Zeit durch Bertolt Brecht (*Dreigroschenoper*, 1928) eine Erneuerung und Verschärfung erfuhr. — Die von Ludwig XIV. nach Paris engagierten ital. S t e g r e i f - K o m ö d i a n t e n legten den Grund zur franz. O p é r a c o m i q u e , die ihrerseits dem dt. S. zum Muster diente. Man spielte zunächst in ital., dann in franz. Sprache. Den Stegreifstücken folgten bald ausgearbeitete Komödien, in die Straßenlieder (Vaudevilles) eingestreut wurden. Insbesondere die populären Gesangseinlagen stellten die Beziehung zu der Tageswirklichkeit her. Gegenstand der V a u d e v i l l e s , ebenso wie der Komödien selbst war in erster Linie die Satire auf aktuelle Ereignisse. Daß 1697 die *Italiens* verjagt und erst 1716 wieder zugelassen wurden, ergab keinen Bruch. Der S.-Typus, den sie begründet hatten, war bereits zur Tradition geworden. Als Dichter von Vaudeville-Komödien (Komödien mit Musikeinlagen) nahm A. R. Le Sage, der Autor des *Gil Blas*, seit 1712 an der Entwicklung maßgeblich teil. (Seine Stücke finden sich in der Sammlung von Le Sage und d'Orneval: *Le Théâtre de la Foire ou l'Opéra comique*, Paris 1721 ff.) Die gesprochene Jahrmarkts-Komödie mit Vaudeville-Einlagen mündete in die franz. komische Oper (Opéra comique) ein, die mit ihrem Wechsel von Prosadialog und geschlossenen Gesangs- und Instrumentalstücken auch dem dt. S. die Form vorzeichnete. Den entscheidenden Anstoß zur Verselbständigung der Opéra comique als einer Gattung des Musiktheaters aber gab um 1750 die ital. O p e r a b u f f a (musikalische Komödie) und das Wirken des Textverfassers Charles Favart sowie der Komponisten Egidio Romualdo Duni (1709-1775), François André Philidor (1726-1795), Pierre Alexandre Monsigny (1729-1817) und Christoph Willibald Gluck. Dieses Theater bevorzugte, wie schon die schauspielhaften Frühformen, auf die Tagesaktualität bezogene, der alltäglichen Welt des Bürgers, Handwerkers und Bauern entnommene Stoffe. Nicht zuletzt durch diese thematische Öffnung ist den Gedanken, die später zur franz. Revolution geführt haben, der Boden bereitet worden. Um die Grundlegung eines französischsprachigen S.s bemühte sich auch Jean Jacques Rousseau, angeregt durch das Gastspiel einer ital. Operntruppe, die im Jahr 1752 u. a. mit der Aufführung von Giovanni Battista Pergolesis berühmter Musikkomödie (Intermezzo) *La serva padrona* (1733) großes Aufsehen erregte. In seinem *Devin du village* (1752), einem rezitativisch komponierten Dialog mit eingelegten Gesangsstücken, der in der Folge mehrfach bearbeitet wurde und auch in Deutschland wirkte (siehe § 7), kommt in pastoralem Gewand der aufgeklärte Naturbegriff zur Geltung. Die rezitativische Form des Dialogs setzte sich aber nicht durch. Man blieb bei der gesprochenen. Der ambivalente Charakter der Opéra comique als gesprochenes und zugleich musikalisches Theater ließ ästhetische Probleme entstehen, die sich auch im dt. S. auswirkten und reflektiert wurden. — In Deutschland begegnen seit dem 16. Jh. vom Schuldrama der Jesuiten bis zur Stegreifkomödie eine Vielfalt von S p r e c h s t ü c k e n m i t M u s i k e i n - l a g e n , ohne daß sich daraus festumrissene Gattungen herauslösten. Zu nennen wären etwa die Fastnachts- und *Sigets-spile* von Hans Sachs (1494-1576) und J. Ayrer (gest. 1665 Nürnberg). Die *Singecomödien* wurden im 17. Jh. zu einem Begriff. Unter ihn fallen etwa die Lustspiele von Andreas Gryphius (z. B. *Verlibtes Gespenste. Gesang-Spil* 1660). Ein geschichtlicher Zusammenhang zur späteren Gattung des dt. S.s besteht indessen nicht. Die ital. Oper als ausschließlich gesungenes Drama beherrschte seit Ende des 17. Jh.s die europäischen, insbesondere die höfischen Bühnen und stellte die gesamte Produktion des volkstümlichen Theaters in den Schatten. S.e nannte man in dieser Zeit Übersetzungen ital. und franz. Opern, die oft mit gesprochenem Dialog aufgeführt wurden, und gelegentlich dt. Opern, die während der kurzlebigen Hamburger Opernunternehmung (1693-1738) entstanden. Musikalisch und dramatisch waren jedoch diese Stücke im wesentlichen von der italienischen Oper abhängig.

Auguste F o n t , *Favart, l'opéra-comique et la comédie-vaudeville aux 17e et 18e siècles* (Paris 1894). Julien T i e r s o t , *Sur le 'Jeu de Robin et de Marion' d'Adam de la Halle* (Paris 1897). Johann Baptiste B e c k , *The Play of Robin and Marion. Reconstructed and harmonized* (Boston 1928). — G. C o h e n , *Adam Le Bossu ... 'Le Jeu de Robin et de Marion', suivi du 'Jeu du Pélerin'*. Musikal. Übertragung v. J. C h a i l l e y (Paris 1935). — Gregor S a r r a z i n , *J. Gays Singspiele* (1898; Engl. Textbibl. 2). P. R. K i r b y , *A Thirteenth Century Ballad Opera*. Music and Letters 11 (1930) S. 163-171. *The Beggar's Opera*. Hg. v. H. B i s h o p (London 1805). John G a y , *The Plays*. 2 Bde (London 1923). Frank K i d s o n , *The Beggar's Opera, its Predecessors and Successors* (Cambridge 1922; Repr. New York 1969). Geoffrey H a n d l e y - T a y l o r u. Frank Granville B a r k e r , *John Gay and the Beggar's Opera* (London, New York 1956; Music-book 9), hier auch Bibliographie. Joh. B o l t e , *Die Singspiele d. engl. Komödianten* (1893; ThgFschgn. 7).

§ 3. Zu den Voraussetzungen des dt. S.s als einer selbständigen Gattung des musikalischen Theaters gehört außer der Opéra comique, die zunächst in Übersetzungen und Bearbeitungen, dann auch in Nachahmungen in Deutschland erschien, auch die englische *Jigg* des 16.-17. Jh.s: komische, durch populäre Melodien und Tänze unterbrochene Dialoge zum Abschluß von Theaterdarbietungen. Solche Stücke wurden auch in Deutschland durch englische Komödianten bekannt. Den eigentlichen Anstoß zur E n t s t e h u n g des dt. S.s gab denn auch die Aufführung der ins deutsche übertragenen englischen Komödie von Coffey *Der Teufel ist los*, wahrscheinlich mit den Liedern des Originalstücks. Eine zweite Bearbeitung von Christian Felix Weiße (1726-1804) mit Musikstücken von J. C. Standfuß fand 1752 in Leipzig großen Anklang. Den durchschlagenden Erfolg brachte aber erst die dritte Bearbeitung, zu der Johann Adam H i l l e r (1728-1804) 1766 die Musik schrieb. Hiller ist dadurch, vor allem aber durch seine weitere Aktivität in Zusammenarbeit mit Chr. F. Weiße, der seinerseits dem Kreis um Lessing und Ewald von Kleist nahestand, der Begründer des dt. S.s in seinem in erster Linie in Mittel- und Norddeutschland ausgeprägten Typus geworden. Mit *Lottchen am Hofe* (1767) erschien zum ersten Mal ein Original-S.

Es folgten *Die Liebe auf dem Lande* (1768), *Die Jagd* (1770) u. a. Damals war bereits die franz. Opéra comique, vor allem die Stücke von Favart, die man in Übersetzung übernahm, inhaltlich und formal zum beherrschenden Vorbild für das dt. S. geworden. Demgemäß ist es durch die Verbindung von gesprochenem Prosa-Dialog und zunächst eher einfachen, volkstümlichen Musikeinlagen gekennzeichnet. In der Frühzeit tendierte das S. noch zum Schauspiel mit Musik. Es waren in der Regel Schauspieler, nicht ausgebildete Sänger, die in den S.en auftraten (Sing-Schauspieler). Nach und nach nahm aber — schon bei Hiller — die Musik mehr Raum ein. Damit trat die ursprüngliche Absicht des S.s, eine der dt. Sprache entsprechende Form des Gesangs zu begründen, in den Hintergrund. Liedhafte schlichte Ariatten wechselten mit größeren Arien ab und bald wurden, vor allem unter dem Eindruck der ital. Opera buffa, auch Ensemble-Sätze einbezogen. Den Schluß bildete meist ein Vaudeville genannter Rundgesang mit Chor. Noch Mozart hielt sich in der *Entführung aus dem Serail* (1781/82), ursprünglich gegen seine Intention, an diesen Abschlußtypus. Die S.-Lieder von J. A. Hiller und ihre Texte vermittelten Goethe wichtige Anregungen. Der Dresdener Komponist Joh. Gottlieb N a u m a n n (1741-1801), der 1776 mit Klopstock Gedanken ausgetauscht hatte, verfolgte in Berlin den Plan einer dt. nationalen Oper. Durch Vermittlung von Gottfried Körner sollte auch Schiller zugezogen werden. — Wie in der Opéra comique entnahm man die Stoffe aus der bürgerlichen oder ländlichen Sphäre. Oft spielte der Gegensatz von Stadt und Land eine Rolle. Christoph Fr. B r e t z n e r (1748-1807), in Leipzig wirkender Verfasser von zahlreichen S.en (u. a. *Belmont und Constanze oder die Entführung aus dem Serail* Leipzig 1781) erweiterte diese Thematik um zauberhafte und romantische Stoffe. Der bürgerliche und oft lehrhafte Charakter der Stücke wendete sich jedoch in Deutschland häufig zum Hausbacken-Philiströsen und zur sentimentalen Verengung. Als S.-Komponisten sind neben Hiller Johann A n d r é in Offenbach (1741-99), der mit Goethe bekannt war, Chr. G. N e e f e (1748-98) in Leipzig und Bonn — in Bonn Lehrer des jungen

Beethoven — und Georg B e n d a (1722-95) mit den Hauptwerken *Der Dorfjahrmarkt* (1775; Text von Goethes Jugendfreund Fr. Wilh. Gotter), sowie *Romeo und Julia* (1776), Anton S c h w e i t z e r (1735-87), Johann S c h u s t e r (1748-1812), Franz S e y d e l m a n n (1748-1806) u. a. zu nennen. Seit ca. 1775 wird das S. im textlichen und dramaturgischen Bau immer mehr den Libretti der Opera buffa angeglichen, der gesprochene Prosadialog aber beibehalten. Das S., das als Schauspiel mit Musik begonnen hatte, bewegt sich in Richtung auf die regelrechte Oper. Damit gewinnen der damals maßgebliche musikalische Satz und die musikalischen Formen der Opera buffa und der Opéra comique immer mehr an Gewicht. Dazu trug bei, daß viele Texte der Opera buffa in Übersetzungen erschienen und sich als S.e empfahlen (z. B. Eschenburgs Übersetzungen, die er „Singschauspiele" nannte, und J. Chr. Bock, *Komische Opern der Italiener, Zum Gebrauch für die deutschen Bühnen herausgegeben*, 2 Teile, 1783). Man kann das dt. S. im allgemeinen als die dt.sprachige Synthese von Opéra comique und Opera buffa bezeichnen, wobei die ital. Buffa ihrerseits auch in Frankreich den Anstoß zur Entstehung einer eigenständigen Musikkomödie gab. Allerdings blieb im dt. S. die Grenze zum Sprechtheater fließend. So wurden in Wien zuweilen S.e von Weiße als Prosalustspiele aufgeführt. Vorzug und Schwäche des dt. S.s bestand darin, daß es nach keiner Seite festgelegt war, jenseits der etablierten Gattung stand und daß es, obwohl als mehr leichtes Genre des Theaters der Komödie zuneigend, doch ernste Züge und Charaktere des Rührstücks nicht ausschloß.

Johann Friedr. R e i c h a r t, *Über d. dt. komische Oper* (Hamburg 1774), hauptsächl. Analyse von Hillers *Jagd*. Chr. Martin W i e l a n d, *Versuche über d. dt. Singspiel* (1775), wiederholt in: Wieland, *Ges. Schriften*. Abt. 1, Bd. 14 (1929). Ders., *Singspiele u. Abhandlungen* (Wien 1812). Hans Michel S c h l e t t e r e r, *Das dt. Singspiel von s. ersten Anfängen bis auf d. neueste Zeit, mit e. Samml. von Textbüchern u. Auszügen* (1863; Nachdr. 1970). Max F r i e d l ä n d e r, *Das dt. Lied im 18. Jh.* 2 Bde (1902; Nachdr. in 3 Bdn 1962). Kurt L ü t h g e, *Die dt. Spieloper* (1924). Ludwig S c h i e d e r m a i r, *Die dt. Oper* (1930) S. 97-112 u. 134-146. Karl W e s s e l e r, *Untersuchungen zur Darstellung d. S.s auf d. dt. Bühne d.*

18. Jh.s. (Masch.) Diss. Köln 1955. — Torben K r o g h , *Zur Gesch. d. dänischen S.s im 18. Jh.* Diss. Berlin 1923, auch: Kopenhagen 1924. Jürgen M a i n k a , *Parodie u. Realität im norddt. u. dän. S. von 1790.* Dt. Jb. f. Musikwiss. 13 (1968) S. 82-114. — Herbert G r a f , *Das Repertoire d. öffentlichen Opern- u. Singspielbühnen Berlins seit d. Jahre 1771.* Bd. 1 (1934). Arnold S c h e - r i n g , *Musikgeschichte Leipzigs.* Bd. 3 (1941), 2. Buch: *Das Zeitalter J. A. Hillers 1750-1800.* Robert H a a s , *Die Musik in d. Wiener dt. Steggreifkomödie.* Studien z. Musikwiss. 12 (1925) S. 1-64. — Georgy C a l - m u s , *Die ersten dt. S.e von Standfuß u. Hiller* (1908; Publ. d. Intern. Musik-Ges., Beih. 2, 6). Kyoko K a w a d a , *Studien zu d. S.en von Joh. Adam Hiller.* Diss. Marburg 1969. Christian Felix W e i ß e , *Gesammel- te Dichtungen.* 3 Bde (1777). Jakob M i n o r , *Chr. Felix Weiße u. s. Beziehungen z. dt. Lit. d. 18. Jh.s* (Innsbruck 1880). Wilh. S t a u d e r , *Johann André.* E. Beitr. z. Gesch. d. dt. S.s. Archiv f. Musikforschung 1 (1936) S. 318-360. Georg B e n d a , *Der Jahrmarkt,* Hg. v. Theodor Wilhelm W e r n e r (1930; Denkmäler dt. Tonkunst 64). Fritz B r ü c k n e r , *Georg Benda u. d. dt. S.* Sammelbde d. Intern. Musik-Ges. 5 (1903/ 04) S. 571-621. Arthur Simeon W i n d s o r , *The Melodrams and Singspiels of Georg Benda.* (Masch.) Diss. Univ. of Michigan 1967. Julius M a u r e r , *Anton Schweitzer als dramatischer Komponist* (1912; Publ. d. Intern. Musik-Ges., Beih. 2, 11). Arnold S c h e r i n g , *Zwei S.e des Sperontes.* Zs. f. Musikwiss. 7 (1924/25) S. 214-220. Bernd B a s e l t , *Georg Philipp Telemann u. d. dt. Singspiel.* 4. Magdeburger Telemann-Festtage 1970, S. 50-56.

§ 4.   Die Bemühungen um ein dt.sprachi- ges Musiktheater vermischen sich in der zweiten Hälfte des 18. Jh.s mit den Bestre- bungen, das Problem der Verbindung von dramatischer Sprache und Musik theoretisch und praktisch zu durchdringen. Zur selben Zeit wird im dt. Lied, den „Liedern im Volkston", und in der „Theorie des Lieds" die Verschmelzung von lyrischer Dichtung und einer dem Versbau und -gehalt an- gepaßten Melodie angestrebt. Der Gedan- ke, daß die Poesie als Musik in Erschei- nung treten, die sprachliche Aussage in unmittel- bar ansprechende musikalische umgesetzt werden könne, sofern der Kunstanspruch des Gesangs aufgegeben würde, hat zweifel- los auch die Ideen um die Konstituierung des dt. S.s bzw. der dt.sprachigen Oper be- fruchtet. Durch die aktive Beteiligung von Chr. M. Wieland und Goethe in Weimar erhielten diese Bemühungen auch eine lite-

rarisch bedeutsame Dimension. Im Unter- schied zu Goethe, der zunächst an die Rich- tung des S.s von Chr. Fr. Weiße und J. A. Hiller anknüpfte, schwebte W i e l a n d eher eine am Vorbild der ital. ernsten Oper, der Opera seria orientierte „Oper in deut- scher Zunge" vor, die statt der Prosa (nach Analogie des Seccorezitativs in der ital. Oper) einen versgebundenen rezitativisch komponierten Dialog verwendete. In Zu- sammenarbeit mit dem Weimarer Hofkom- ponisten Anton Schweitzer entstand die vor allem dichterisch gewichtige deutsche Oper *Alceste. Ein Singspiel in fünf Aufzügen,* die 1773 und 1774 im Weimarer Hoftheater aufgeführt wurde. In der Anlage unterschei- det sich dieser erste Versuch einer dt. Oper, dem bald die textlich weit weniger ge- glückte, aber dafür musikalisch bedeuten- dere Oper *Günther von Schwarzburg* (Mannheim 1776; Text von A. Klein) von Ignaz Holzbauer folgte, von ital. Vorbildern Metastasios nur durch die Fünfaktigkeit und durch die Wahl eines Stoffs aus der griech. Mythologie statt eines Sujets aus der grie- chisch-röm. Geschichte. Damit berührte sich Wielands und Schweitzers *Alceste* mit den Reformbestrebungen Glucks (*Alceste,* Wien 1767). In dieselbe Richtung gehen die Ideen, die Wieland in den *Versuchen über das deut- sche Singspiel* (als *Briefe über die Alceste* im *Teutschen Merkur* 1773 I, S. 34-72 und S. 223-243 erschienen) entwickelte. Er emp- fiehlt durchaus im Sinne des bereits beste- henden dt. S.s der Hiller-Weißeschen Pro- venienz das S. gegenüber der aufwendigen Oper als „neue und interessante Art von Schauspielen", die bloß auf die „Vereini- gung der Poesie, Musik und Aktion" ge- richtet seien und auch in kleineren Städten etabliert werden könnten. Die neue Gat- tung des S.s solle frei sein von den Fehlern der Oper. Denn Musik, die „Sprache der Leidenschaften" (Rousseaus Definition der Musik als „langage du coeur") sei die Sprache des S.s. Die Stoffe müßten sich da- her für die musikalische Behandlung eignen. Die Bevorzugung heroischer, mythologischer Stoffe aus der „Region des Wunderbaren", aber auch von Stoffen des utopischen Arka- diens, wie sie Salomon Gessner ausführte, ergibt sich aus der Auffassung, daß im S. „Musik und Gesang eine Art i d e a l i - s c h e r Sprache", eine „Göttersprache" darstellten, „die über die gewöhnliche Menschensprache weit erhoben ist . . ." Vielleicht noch wesentlicher, weil repräsentativ einerseits für das dt. S. im allgemeinen, andererseits für Glucks Erneuerungsideen, ist Wielands Postulat der Einfachheit in Plan und Ausführung, die möglichst vollständige Ausschaltung des Episodischen, die Sammlung auf das Hauptinteresse der Handlung, sowie deren restlose Umwandlung in Empfindung und Affekt. In diesem Punkt wich Wieland von den ästhetischen Maximen der repräsentativen Oper Metastasianischer Prägung ab. Es wird darüber hinaus deutlich, daß das S. nicht etwa das Ergebnis des Rückzugs aus der Oper in das Schauspiel gewesen ist, sondern daß es im Gegenteil auf die Herstellung der Einheit von Sprache und Musik in den Gesangsnummern abzielte. Andererseits kennzeichnen Wielands Bestrebungen ein Stadium in der Geschichte des dt. S.s, in dem durch Annäherung an die Form und den Anspruch der Oper das Grundprinzip des S.s, nämlich die Verknüpfung von Prosadialog und musikalischer Einlage, verlassen wird. Die *Alceste* und einige weitere S.e Wielands und Schweitzers (*Die Wahl des Hercules. Ein lyrisches Drama*, Weimar 1773, *Das Urteil das Midas. Ein komisches S.*, 1775 und *Rosemunde*, Mannheim 1779) blieben indessen ohne weiterreichende Resonanz. Die Musik von Schweitzer hielt sich in den üblichen Bahnen, war daher kaum geeignet, nachdem der Reiz des Neuen verbraucht war, die Aufmerksamkeit weiter zu fesseln. — G o e t h e , der sich mit der Farce *Götter, Helden und Wieland* (1773) gegen Wielands dem Zeitgeschmack anverwandelte Antike und gegen die Euripides-Polemik in den *Alceste-Briefen* des *Teutschen Merkur* gewendet hatte, ging in seiner Auseinandersetzung mit dem S. vom Schauspiel mit Musik aus, um die Musik ausschließlich an die liedhafte Lyrik zu binden und dem Gesang gerade durch die Trennung der Medien im Verlauf des Spiels seine ursprüngliche Macht zurückzugeben. Abweichend vom Typus Chr. Fr. Weißes, den „Handwerks-Opern", dachte er, angeregt durch die spanische Literatur, an „romantische Gegenstände, Verknüpfung edler Gesinnungen mit vagabundischen Handlungen" (*Dichtung und Wahrheit*). Nicht zu übersehen ist auch die Absicht, die S.-Texte sprachlich auf ein höheres Niveau zu heben. Das Bühnengeschehen und das Wort sollte gegenüber der Musik den Vorrang haben, in Liedern und Gesängen die Vielfalt der Empfindungen aber rein zur Geltung kommen. Das S. ist für Goethe nicht zuletzt eine Möglichkeit, die liedhafte Lyrik und Ballade dramatisch wirksam werden zu lassen. In der Befassung Goethes mit dem S. in den Jahren 1773 bis ca. 1785 spiegelt sich indessen ebenfalls der Prozeß der Annäherung an die Oper. Wurden *Erwin und Elmire* (1773) und *Claudine von Villa Bella, Ein Schauspiel mit Gesang* (1774) noch in der Nachfolge von Weiße-Hiller und nach dem Vorbild der „französischen Operetten" vollendet, so wird in den späteren Fassungen das schauspielhafte Element, d. h. der Dialog, zugunsten der musikalischen Teile zurückgedrängt. Die Texte nehmen die Gestalt von Librettos an, unterwerfen sich dem Formgesetz der Opera buffa. Ihrer Faszination vermochte sich auch Goethe nicht zu entziehen. Das Resultat war die Unterordnung der Dichtung unter die Musik, der Ersatz des Prosadialogs durch Verse für das Rezitativ, die Ausdehnung der Gesangsstücke und die Verminderung der Personenzahl. „In die eigentliche italienische Opernform und ihre Vorteile hatte ich mich, bei meinem Aufenthalte in dem musikalischen Lande, recht eingedacht und eingeübt; deshalb unternahm ich mit Vergnügen, *Claudine von Villa Bella* metrisch zu bearbeiten, ingleichen *Erwin und Elmire*, und sie dem Komponisten zu freudiger Behandlung entgegenzuführen". (Goethe in: *Tag- und Jahreshefte, 1787 bis 1788*, Hamb. Ausg. Bd. 10) Über die ursprüngliche Konzeption und die spätere Bearbeitung der beiden S.e heißt es in der *Italienischen Reise* (November 1787): „Der prosaische Dialog dagegen erinnerte zu sehr an jene franz. Operetten, denen wir zwar ein freundliches Andenken zu gönnen haben, indem sie zuerst ein heiteres singbares Wesen auf unser Theater herüberbrachten, die mir aber jetzt nicht mehr genügen wollten als einem eingebürgerten Italiener, der den melodischen Gesang durch einen rezitierenden und deklamatorischen wenigstens wollte verknüpft sehen. In diesem Sinne wird man nunmehr beide Opern bearbeitet finden . . ." (Hamb. Ausg. Bd. 11, S. 436). Produkt dieser Wendung ist das von Christoph Kayser komponierte S. *Scherz, List und Rache* (1784). Goethes S.en, zu denen außer den genannten noch *Lila* (1776), *Jery und Bätely* (1779), *Die Fischerin* (1782) gehören, blieb indessen, wie er selbst bekannte, eine überlokale Wirkung versagt. Vor allem die Komponisten (der Weimarer Kammerherr von Seckendorf, J. F. Reichardt, Chr. Kayser, Tr. M. Eberwein u. a.) konnten den Anspruch kaum erfüllen, der durch die Annäherung an die Opera buffa, somit durch den Vorrang der Musik aufgestellt war. Goethe umriß die Situation präzis, indem er Mozarts *Entführung* (1781/82) für die Aussichtslosigkeit der eigenen Versuche im Genre des S.s verantwortlich machte: „Alles unser Bemühen daher, uns im Einfachen und Beschränkten abzuschließen, ging verloren, als Mozart auftrat. Die *Entführung aus dem Serail* schlug alles nieder, und es ist auf dem Theater von unserm so sorgsam gearbeiteten Stück (sc. *Scherz, List und Rache*) niemals die Rede gewesen". (*Italienische* Reise, November 1787, Hamb. Ausg. Bd. 10, S. 437). (Die erste Aufführung der *Entführung* in Weimar hatte 1785 stattgefunden.)

Chr. Martin W i e l a n d , *Werke.* Hg. v. Fritz Martini u. Hans Werner Seiffert. Bd. 3 (1967) S. 75-107 *(Alceste)*, 806-811 (Kommentar). A. A. A b e r t , *Der Geschmackswandel auf d. Opernbühne, am Alcestis-Stoff dargest.* Musikforschung 6 (1953) S. 214-235. A. F u c h s , *Wieland et l'esthétique de l'opéra.* RLC 10 (1930) S. 608-633. A. R. N e u m a n n , *The Changing Concept of the Singspiel in the 18th Century,* in: Studies in German Lit. Hg. v. C. Hammer (1963; Lousiana State Univ. Studies. Humanity Ser. 13) S. 63-71. G. B o b r i k , *Wielands 'Oberon' und 'Don Sylvio' auf d. dt. Singspielbühne.* Diss. München 1909. L. J. P a r k e r , *Wielands musical Play 'Die Wahl des Herkules' and Goethe.* GLL. 15 (1961/62 S. 175-180. — Waldemar M a r t i n s e n , *Goethes S.e im Verhältnis z. d. Weißeschen Operetten.* Diss. Gießen 1887. Karl B l e c h s c h m i d t , *Goethe in s. Beziehungen zur Oper.* Diss. Frankfurt 1937. Elmar B ö t t c h e r , *Goethes Singspiele 'Erwin u. Elmire' u. 'Claudine von 'Villa Bella' u. d. opera buffa* (1912). A n n a A m a l i a , Herzogin zu Sachsen-Weimar-Eisenach, *Erwin u. Elmire. Ein Schauspiel mit Gesang von Goethe.* Komponiert. Nach d. handschr. Partitur hg. v. Max Friedländer (1921), H. H. B o r c h e r d t , *Die Entstehungs-*

gesch. von 'Erwin u. Elmire'. GoetheJb. 32 (1911) S. 73-82. Gottfried D i e n e r , *Goethes 'Lila'. Heilung eines 'Wahnsinns' durch 'psychische Kur'. Vgl. Interpretation der 3 Fassungen. Mit ungedr. Texten u. Noten u. e. Anh. über psychische Kuren der Goethe-Zeit u. d. Psychodrama* (1971). Heinz D ü n t z e r , *Neue Goethe-Studien* (1861) S. 87-105 *(Jery u. Bätely).*

§ 5. Unter dem Einfluß Goethes und im Zusammenhang mit dem dt. Lied und dem nord- und mitteldt. S. verband erstmals Johann Friedrich R e i c h a r d t einen schlichten gesprochenen Dialog mit volkstümlichen Liedern und bezeichnete dieses in erster Linie für das eigene häusliche Musizieren gedachte Genre als „Liederspiel". Sein erstes Stück dieser Art, *Lieb und Treue* wurde 1800 in Berlin öffentlich aufgeführt. In einem programmatischen Aufsatz der *Allgemeinen Musikalischen Zeitung* (1801, S. 709-717) äußerte er sich über seine Absicht: „Ich nannte das Stück Liederspiel, weil Lied und nichts als Lied den musikalischen Inhalt des Stücks ausmachte, und ich mich sichern wollte, daß das Publikum nichts Größeres erwarten sollte". Das Liederspiel sollte als dt. lyrisches Gegenstück zum franz. Vaudeville gelten. Mit den Liederspielen Friedrich Heinrich Himmels (1765-1814; *Frohsinn und Schwärmerei* 1801, u. a.) und Karl Eberweins (1786-1868) wurden die Grenzen zum S. fließend. Dagegen versuchten Felix Mendelssohn-Bartholdy und Albert Lortzing die Wiederbelebung im älteren Sinn. In späteren, schließlich auch konzertmäßigen Liedspielen entfiel der Dialog (Ludwig Berger, *Die schöne Müllerin* 1816, R. Schumann, *Spanisches Liederspiel* 1849, J. Brahms *Liebeslieder-Walzer,* u. a.).

Heinrich Christoph K o c h , *Musikalisches Lexicon* (Frankfurt 1802) Sp. 904-907 (Liederspiel). Ludwig K r a u s , *Das dt. Liederspiel in d. Jahren 1800-1830.* (Masch.) Diss. Halle 1921. — Hans Michel S c h l e t t e r e r , *Joh. Friedr. Reichardt. Sein Leben u. s. musikalische Thätigkeit* (1865; Nachdr. 1972). Rolf P r ö p p e r , *Die Bühnenwerke Joh. Friedr. Reichardts, 1752-1814. E. Beitr. z. Gesch. d. Oper in d. Zeit d. Stilwandels zwischen Klassik u. Romantik.* 2 Bde (1965; Abhdlgn z. Kunst-, Musik- u. Litwiss. 25). Walter S a l m e n , *Joh. Friedr. Reichardt. Komponist, Schriftsteller, Kapellmeister u. Verwaltungsbeamter d. Goethezeit* (1963). Ders., *Goethe u. Reichardt.* Jb. d. Sammlung Kippenberg.

N. F. 1 (1963) S. 52-69. — Günter W ö l l - n e r , *Romantik in statu nascendi. E. T. A. Hoffmanns Singspiel 'Die lustigen Musikanten'.* Neue Zs. f. Musik 128 (1967) S. 208-212. Ders., *Romantische Züge in d. Partitur d. 'Lustigen Musikanten'.* Mitteilungen d. E. T. A. Hoffmann-Ges. 12 (1966) S. 20-30. — Felix M e n d e l s s o h n , *Die beiden Pädagogen Singspiel in 1 Aufzug.* Mit Vorw. u. Rev.-Bericht, Part. hg. v. Karl-Heinz K ö h l e r (1967; Leipziger Ausg. d. Werke Felix Mendelssohn-Bartholdys 5, 1).

§ 6. Nicht ohne Wirkung auf das dt. S. blieb das trotz ästhetischer Bedenken um 1780 zu fast modischer Beliebtheit gelangte M e l o d r a m (melologo) als „neue Gattung des Schauspiels". Gesprochener Text (gewöhnlich Prosa) wird mit einer deutenden, deskriptiven und gliedernden Musik versehen. Dieser Typus, der, sofern er monologisch war, als Monodram (s. d.) bezeichnet wurde, zielte, trotz des Verzichts auf den Gesang, nicht ab auf die Trennung von Musik und Sprache, sondern im Gegenteil auf die ideelle Verschmelzung, bzw. auf das Ineinanderwirken von Sprache und Musik. Sie sollten sich gegenseitig ergänzen. Die im S. gegebene Trennung zwischen gesungenen und gesprochenen Teilen entfällt im Melodram, ohne daß der freie Duktus des Sprechens durch musikalische Fixierung der Deklamation (rezitativisch) eingeengt werden mußte. Anregungen gingen von J. J. Rousseaus Scène lyrique *Pygmalion* aus (1770 Lyon und 1775 Paris; Musik von Coignet, nur zwei Stücke von Rousseau). Bereits 1772 fand in Weimar eine Aufführung mit Musik (verloren) von A. Schweitzer statt. Doch wirksameres Vorbild waren für die bedeutendsten Monodramen *Ariadne auf Naxos* (Gotha 1775; Text von Brandes) und *Medea* (Leipzig 1775; Text Fr. Wilh. Gotter) von Georg Benda, die auch Mozart beeindruckten, die großen pathetischen Accompagnato-Szenen der Opera seria. Mit der *Proserpina* (1776) steuerte auch Goethe eine Melodram-Dichtung bei. In die Reihe der Versuche, das Melodram als eigenständigen Typus des Schauspiels einzuführen, gehört auch die *Sophonisbe* (1778; mit Chor) des auch im S. erfolgreichen Chr. G. Neefe. Die enge Aufeinanderbezogenheit von Musik und dichterischen Text, die man anstrebte, belebte den Willen zu einer deutschen National-Oper. Das Melodram fand

gelegentlich Eingang in S.e (z. B. Mozarts *Zaide*), in die dt. Oper (Beethoven *Fidelio*, Kerkerszene; Weber *Freischütz*, Wolfsschluchtszene; Marschner *Hans Heiling),* aber auch in das Schauspiel (Beethovens Schauspielmusik zu Goethes *Egmont).* Als Ausnahmeform hielt sich das Melodram bis in die neueste Zeit.

Edgar I s t e l , *Die Entstehung d. dt. Melodrams* (1906). Jan van der V e e n , *Le mélodrame musical de Rousseau au Romantisme* ('s-Gravenhage 1955). — Friedrich S c h n a p p , *Die Quelle von Sodens Melodram 'Dirna'.* Mitteilgn. d. E. T. A. Hoffmann-Ges. 15 (1969) S. 4-30. G. A l l r o g - g e n , *Hoffmanns Musik zur 'Dirna'.* Ebd., S. 31-39.

§ 7. Ohne direkte Beziehung zum S. in Nord- und Mitteldeutschland, aber angeregt durch die allgemeinen Bestrebungen zur Errichtung eines nationalen, d. h. deutschsprachigen Theaters (1767 in Hamburg, 1779 in Mannheim unter Dalberg, 1786 in Berlin) wurde, nachdem 1776 in Wien das Hof- und Nationaltheater begründet worden war, auf Geheiß Kaiser Joseph II. das W i e n e r N a t i o n a l - S i n g s p i e l am Burgtheater ins Leben gerufen und im Jahr 1778 mit den *Bergknappen* von Ignaz U m l a u f f (1746-1796) (Text von Josef Weidmann) eröffnet. Schon seit 1671 war in Wien der Gedanke eines Nationaltheaters aufgekommen. Die Idee einer nationalen Sprechbühne wird um 1775 erneut aufgenommen (Joseph von Sonnenfels, *Briefe über die Wienerische Schaubühne,* aus dem Französischen übersetzt, Wien 1768. Hg. v. August Sauer in: Wiener Neudrucke, Bd. 7, Wien 1884). Auch das S. wurde in die Überlegungen einbezogen; umsomehr als sich 1777 der Niedergang des in Wien bestehenden ital. Operntheaters abzeichnete und man die Oper als mögliche Konkurrenz für das dt. Prosatheater ansah. Im November 1777 erging die Weisung zur Begründung des dt. S.s, das der Kaiser als Versuch auffaßte. Gleichzeitig wurden die ital. Oper und das Ballett aufgehoben. Die besondere Situation in Wien bestand darin, daß im National-Theater Prosa- und S.theater nebeneinander existierten. Man unterschied nicht immer zwischen S. und Sprechstück. Das „Lustspiel mit Gesang" (z. B. *Die Wildschützen* von Stephanie d. J.

mit 5 Gesangsnummern von J. Starzer 1777) vertrat dabei eine burleske Spielart des Schauspiels. Schauspiel und S. öffneten sich dem bürgerlichen Publikum. Der enge Zusammenhang mit dem Prosatheater, aber auch die aufklärerische Grundtendenz des Unternehmens erhellt schon daraus, daß die Sänger in Sprache und Aktion unterrichtet werden sollten, daß man in Anlehnung an das franz. Theater auf die Stilechtheit der Bühnenbilder und der Kostüme wert legte. Der stark moralisierende Charakter und das humane Ethos vieler Stücke (zu erinnern wäre etwa an den Bassa Selim der Mozartschen *Entführung)* ist sicherlich nicht bloß auf die Zensur-Praktiken zurückzuführen, sondern auf die aufklärerische Idee eines Theaters als „moralischer Anstalt". Ähnlich wie im nord- und mitteldt. S. entnahm man die Stoffe dem Milieu des dritten Standes, der Handwerker, Bürger und Bauern. Beliebt waren indessen auch exotische Stoffe, vor allem die sog. Türkenopern, ein Genre, dem Glucks *Pilgrime von Mekka* (Bearb. der Opéra comique *La rencontre imprévue* 1764) und Mozarts *Entführung* angehören. Aber mehr als anderswärts war man in Wien der Ansicht, daß insbesondere musikalisch die ital. Opera buffa für das S. wegweisend sein müsse. Nach dem Erfolg der *Bergknappen* war man bestrebt, „musikalische Virtuosen und keine Liedersänger" zu engagieren. Obwohl in Wien die „Original-S.e" gegenüber den Übersetzungen aus dem Französischen und Italienischen in der Minderzahl waren, wurden im Unterschied zum S. in Nord- und Mitteldeutschland auch die bodenständigen Traditionen und Typen wirksam, so etwa das volkstümliche Marionettentheater, die „Maschinenkomödie", die Figur des Hanswurst (Kasperl). In der Wiener Stegreifkomödie, die vorwiegend burlesken Charakter hatte, war es üblich, den extemporierten Dialog um feststehende Arien und andere Gesangsnummern zu gruppieren. Unüberhörbar ist in den Wiener S.en außerdem der süddeutsche, volkstümliche Ton der Musik. Man begegnete dem S. mit größerer Unbefangenheit als in Norddeutschland. Nicht zuletzt aus diesem Grund — es blieb musikalisch und textlich bei einer Klitterung verschiedenster Elemente (z. B. volkstümliche Lieder, Bravourarien, Ensemble-Nummern

nach Buffa-Manier) — kam es zu keiner Konsolidierung. Man fand die Werke unzulänglich. Dem National-S., das seit 1779 vom Schauspiel-Dichter und S.-Textverfasser Gottlieb Stephanie d. J. (1741-1800) geleitet wurde, war daher keine lange Lebensdauer beschieden. Mozarts *Entführung* blieb ein Einzelfall. Mit der vollen Wiederherstellung der ital. Oper, die sich während der fünfjährigen Bevorzugung des S.s in bescheidenem Rahmen gehalten hatte, wurde es 1783 aufgehoben. Als Komponisten von „Original-S.n" waren bis dahin außer J. Umlauff, Florian G a s s m a n n (1729-1774) und Antonio S a l i e r i (1750-1825, *Die Rauchfangkehrer* 1781) aufgetreten. Doch auch noch nach der endgültigen Auflösung des S.-Ensembles im Jahr 1787 war die Aktivität keineswegs unterbrochen, obwohl das S. auf weniger renommierte Bühnen, vor allem auf die Wiener Vorstadttheater ausgewichen war und nur noch ausnahmsweise im Burgtheater erschien. Fast 10 Jahre lang dominierte die ital. Oper in Wien. Erst 1794/95 wurde die Pflege des Singspiels wieder energischer aufgenommen (*Die gute Mutter* von Alxinger mit der Musik von Paul Wranitzky, 1795). Bis 1806 die ital. Operngesellschaft entlassen wurde, bestanden ital. und dt. Oper nebeneinander. Die Wiener S.e der späten Phase, K. Ditters von D i t t e r s - d o r f , *Doktor und Apotheker* (1786), Johann S c h e n k s *Dorfbarbier* (1796) übertrafen ihre Vorgänger bei weitem an Popularität. Musikalisch wurde indessen der Unterschied zwischen Oper und S. zunehmend unscheinbarer, zumal sich seit den späten 80er Jahren die dt.sprachige, somit singspielartige Aufführung ital. Opern immer mehr einbürgerte. Am gesprochenen Prosadialog hielt das S. aber ebenso fest wie an der Einfachheit des „Plans" und an der Vermeidung lang ausgedehnter Ensemblesätze, wie sie in der Opera buffa vor allem als Finales üblich waren. Unbestritten blieb der Vorrang der Musik, die sich spätestens seit Mozarts *Entführung* als das maßgebliche Medium erwiesen hatte.

Robert H a a s , Zum Wiener S.: Einl. zur Ausgabe von Ignaz Umlaufs *Bergknappen* (1911; Nachdr. 1959; Denkmäler d. Tonkunst in Österreich 18, 1) S. IX-XXXIII. Ders., *Joh. Ernst Eberlins Schuldramen u. Oratorien.* Studien zur Musikwiss. 8 (1921) S. 9-44.

Vladimir H e l f e r t , *Zur Gesch. d. Wiener Singspiels.* Zs. f. Musikwiss. 5 (1922/23) S. 194-209. Otto M i c h t n e r , *Das alte Burgtheater als Opernbühne. Von d. Einführung d. dt. Singspiels* ⟨1778⟩ *bis zum Tode Kaiser Leopolds II.* ⟨1792⟩ (1970; Theatergeschichte Österreichs 3, 1).

§ 8. Die ungemein erfolgreiche erste Aufführung von M o z a r t s *Entführung aus dem Serail* (Text nach Bretzner von Stephanie d. J.) am 16. Juli 1782 und der anschließende Siegeszug des Werks, das bereits J. F. Reichardt übereinstimmend mit Goethe als den Kulminationspunkt des dt. S. auffaßte (*Musikal. Kunstmagazin*, Berlin 1781-91, Bd. 2, S. 153), setzte nicht nur neue Maßstäbe, sondern bewies gegenüber der ital. Oper auch die Tragfähigkeit des S.s als Gattung. Mit der *Entführung* tritt nicht nur Mozarts Musik endgültig in ihre reife, klassische Phase ein. Die Wiener Klassik manifestierte sich in diesem Werk auch erstmals als Theater. Trotz Mozarts berühmtem Wort, in der Oper müsse die „Poesie der Musick gehorsame Tochter sein" (Brief vom 13. Oktober 1781), liegt es nahe, in der Offenheit der Gattung und in dem von poetischen Traditionen unbelasteten unvermittelten Ton im S. ein auslösendes Moment zu sehen. Zwar hatte Mozart sich schon seit früher Jugend mit der Oper befaßt — unmittelbar vor der *Entführung* war der bedeutende *Idomeneo* entstanden — doch erst in der *Entführung* wurden das Bühnengeschehen, Sprache und Aktion der Personen restlos transparent für den Sinngehalt der Mozartschen Musik. Noch um die Mitte der 70er Jahre verhielt sich Mozart gegenüber dem dt. S. reserviert. Ein Versuch, die musikalische Sprache der ital. Oper dem Deutschen und den Möglichkeiten des S.s anzupassen, die 1779 begonnene *Zaïde* (Titel ist nicht authentisch), blieb unvollendet liegen. Mehr ein Zufall ist es, daß das S. *Bastien und Bastienne* (Wien 1768), eines der geglücktesten Werke aus der frühesten Jugend, als bearbeitete Übersetzung von J. J. Rousseaus *Le devin du village* (1752) an einem Stück ansetzte, das für die Entstehung einer nationalen Musikkomödie in Frankreich und indirekt für das dt. S. von Belang war. Mit lebhafter Anteilnahme verfolgte Mozart später das Schicksal des National-S.s in Wien und beklagte den Niedergang, den er der mangelnden Aktivität der Beteiligten zuschrieb (Brief vom 5. Februar 1783: „—es ist, als wenn sie, da die teutsche oper ohne dies nach ostern stirbt, sie noch vor der zeit umbringen wollten; — und das thun selbst teutsche — pfui teufel! —"). „Jede Nation hat ihre Oper — warum sollen wir Teutsche sie nicht haben? — ist die teutsche sprache nicht so gut singbar wie die französische und Englische? — nicht singbarer als die Russische?" (ebda.) Damals bestand der Plan einer „teutschen opera" nach Goldonis *Diener zweier Herren*, den er aber bald wieder fallen ließ. Mozarts Eintreten für das S. ist nicht bloß patriotisch motiviert, wie es scheinen könnte, sondern steht im Zeichen der Emanzipation von der Vormundschaft des ital. Musiktheaters und der ital. Musik. (Brief vom 21. Mai 1785: „wäre nur ein einziger Patriot mit am brette — es (sc. das S.) sollte ein anders gesicht bekommen! — doch da würde vielleicht das so schön aufkeimende N a t i o n a l - t h e a t e r zur blüthe gedeihen, und das wäre ja ein Ewiger Schandfleck für teutschland, wenn wir teütsche einmal mit Ernst anfiengen teutsch zu denken — teutsch zu handeln — teutsch zu reden, und gar teutsch — zu Singen!!! —") Die Tradition der ital. Oper, vorab der Buffa, war für die Verselbständigung des S.s zwar von fundamentaler Bedeutung, doch im S., in der *Entführung*, fand Mozart im Theater zu sich selbst. Die großen ital. Buffa-Werke der Folgezeit setzen die in der *Entführung* gesammelten Erfahrungen voraus. Auch Mozarts letztes Wort auf dem Theater, die „teutsche Oper" („große Oper" heißt es im Textbuch) *Die Zauberflöte* (1791) auf den Text von Emanuel Schikaneder (1748-1812) ist der Gattung nach ein S. Sie gehört dem in Wien heimischen Typus der Zauberposse, der „Maschinenkomödie" an. In Wien erfreute sich um 1790 das Zauber-S., das vor allem durch die Komponisten Paul Wranitzky (1766-1808) und Wenzel Müller (1759-1835) gepflegt wurde, großer Beliebtheit. Der sich seit der ersten Aufführung am 30. September 1791 unablässig steigernde Erfolg der *Zauberflöte* veranlaßte G o e t h e , der den Rang des Werkes erkannte, zu einer Fortsetzung *(Der Zauberflöte zweiter Teil*, 1795-1798), die nicht zuletzt daran scheiterte, daß sich kein Komponist fand, der sie hätte angemessen vertonen können. In Peter v. Winters wenig bedeutender Oper *Das Labyrinth, 2. Teil der Zauberflöte* (1798) bekundet sich indessen die Situation, die durch die *Zauberflöte* entstanden war. Ebenso wie die *Entführung* war auch die *Zauberflöte* unwiederholbar und unerreichbar. Aber als Werke, die fortdauerten, legten sie, ohne Nachfolge zu gestatten, den Kunstanspruch des Genres fest. Das S. einschließlich der dieser Gattung zugehörigen Werke Mozarts kannte den Gegensatz von hohem und niederem Theater nicht. Es bewahrte in seinen besten Momenten den volkstümlichen Ton und den Charakter eines nicht artifiziellen populären Theaters, schloß aber das Kunstwerk nicht aus. Um 1800 begannen sich die Wege zu trennen. Dieser Prozeß ist etwa in B e e t h o v e n s *Fidelio* (1814) zu beobachten. Das Werk, durch den Rang und das Ethos der Musik ein Unikum des Opertheaters, ist der Form nach ein S., obwohl Stoff und Textbearbeitung in die Tradition der franz. Rettungs- und Schrekkensoper gehörten. Der Charakter des S.s wird denn auch schon im 1. Akt verlassen. Das S. führte einerseits zur dt. romantischen Oper Carl Maria von Webers *(Freischütz* 1821), H. Marschners, L. Spohrs u. a., die sich als anspruchsvolles hohes Theater verstand, zum Sonderzweig der „Spielopern" von Albert Lortzing, andererseits zu den wieder mehr dem Schauspiel zuneigenden und im Wiener Volkstheater wurzelnden Stücken Ferdinand Raimunds (1790-1836) und Johann Nestroys (1801-62). In den Coupleteinlagen, die musikalisch dem populären Lied und dem Gassenhauer nahestehen, artikulierte sich Zeitkritik und die pointierte politische Anspielung in Form des Strophenlieds. Von Stücken wie Ferdinand K a u e r s (1751-1831) *Donauweibchen* (1795) schließlich zweigte die Wiener Operette von Franz von Suppé und Johann Strauss (Sohn) und seiner Nachfolger als Form des niederen Musiktheaters ab. Die Bezeichnung „Operette", die noch im 18. Jh. gleichbedeutend mit „kleiner Oper" gebraucht wurde, erhielt den pejorativen Beiklang. Er weist auf die Kluft zwischen ernster und leichter bzw. mittlerer Musik, die im Lauf des 19. Jh.s immer tiefer wurde.

Die Geschichte des deutschen S.s ging noch im 18. Jh. zuende, nachdem einer der wesentlichen Impulse, nämlich liedhafte Dichtung unmittelbar in Gesang zu verwandeln, verebbt war. Die dt. romantische Oper, die zunächst äußerlich dem S. entspricht und sich schon seit ca. 1790 aus dem S. herauslöst, unterscheidet sich von diesem außer durch ihre spezielle Thematik und durch den Charakter der Musik, vor allem darin, daß die Idee des Liedhaften im Sinne einer ursprünglichen und an die lyrische Sprache gebundenen Aussage nicht mehr wirksam ist.

Hermann A b e r t , *W. A. Mozart.* Neu bearb. u. erw. Ausg. von O. Jahns *Mozart* (1919-1921), 2 Bde. Neudr. mit Reg. v. A. A. Abert (1955). Otto B e e r , *Mozart u. d. Wiener Singspiel.* (Masch.) Diss. Wien 1932. Walter P r e i b i s c h , *Quellenstudien zu Mozarts 'Entführung'.* Sammelbde d. Intern. Musik-Ges. 10 (1908/09) S. 430-476. Götz F r i e d r i c h , *Die humanistische Idee der 'Zauberflöte'. E. Beitr. z. Dramaturgie d. Oper* (1954). — Viktor J u n k , *Goethes Fortsetzung der Mozartschen 'Zauberflöte'* (1900; FschgnNLitg. 12). H.-A. K o c h , *Goethes Fortsetzung d. Schikanederschen 'Zauberflöte'.* JbFDH 1969, S. 121-163. — Willy H e s s , *Zwei patriotische S.e von Friedrich Treitschke.* Beethoven-Jb. 6 (1965/68) S. 269-319.

§ 9. Die Formen des Sprechstücks mit Musik sind seit etwa 1800 zu vielfältig, als daß man sie sinnvoll noch unter einen Begriff zu fassen vermöchte. Das Prinzip der Verbindung von gesprochenem Dialog und Musikeinlagen begegnet jetzt allerdings ausschließlich auf dem Feld des „leichten" Theaters von der Operette bis zu Kabarett und Revue und ist verknüpft mit den verschiedensten Formen einer Musik, die von der Travestie bis zur popularisierten Opernmusik, zur Gebrauchsmusik und zum Schlager reicht. Dies schloß jedoch Stücke ersten Ranges nicht aus (J. Strauß, J. Offenbach u. a.). Nur in Frankreich hielt sich die Tradition der Opéra comique als Oper mit gesprochenen Dialogen (z. B. noch Bizets *Carmen* 1875 und Offenbachs *Les contes d'Hoffmann* 1880). — In Deutschland erlangte das nach dem Vorbild des Pariser Kabaretts etablierte „Brettl" und das 1901 in Berlin von Ernst von Wolzogen unter Mitwirkung von Otto Julius Bierbaum und Frank Wedekind gegründete „Überbrettl" als zeitsatirisches Kabarett-Theater mit intellektuellem Anspruch, und die von Wolzogen herausgegebenen Zeitschriften *Das moderne Brettl* sowie *Bühne und Brettl* vorübergehend Bedeutung. Der um 1910 von Wolzogen propagierten Erneuerung des S.s war indessen kein Erfolg beschieden. — In seiner Bemühung um ein gesellschaftskritisch wirksames Theater mit politischer Stoßkraft bediente sich Bertolt Brecht in *Aufstieg und Fall der Stadt Mahagonny* (1927 und 1929, Musik von Kurt Weill) und in der in Anlehnung an die *Beggar's Opera* von J. Gay konzipierten *Dreigroschenoper* (1928, Musik von Weill) der Form des Sprechstücks mit Musikeinlagen (Songs), in denen Elemente der Gebrauchsmusik (z. B. Jazz) einen artifiziell antiästhetischen und aggressiven Zuschnitt erhielten. — An die Stelle der Operette, die sich in den 30er Jahren überlebte, ist heute das aus den USA (vor allem aus den Broadway-Theatern) stammende Musical getreten, das in seinen musikalischen Teilen mehr noch als die Operette an der Tanz- und Unterhaltungsmusik und insbesondere am Jazz orientiert ist.

A. H e r t w i g , *Ernst v.Wolzogens Überbrettl* (1901). Ernst K ö n i g , *Das Überbrettl E. v. Wolzogens u. d. Berliner Überbrettl-Bewegung.* (Masch.) Diss. Kiel 1956. — Cäcilie T o l k s d o r f , *J. Gays Beggar's Opera und Brechts 'Dreigroschenoper'.* Diss. Bonn 1934. Heinz K u h n e r t , *Zur Rolle d. Songs im Werk von Bertolt Brecht.* Neue dt. Literatur 11 (1963) H. 3, S. 77-100. Sammy M c L e a n , *The Bänkelsang and the work of Bertolt Brecht* (The Hague 1972; De proprietatibus litterarum. Ser. practica 29).

Stefan Kunze

Skandinavische Literaturen
(Einfluß auf die deutsche)

§ 1. Die Literaturen der nordischsprachigen Länder, die dänische, schwedische, norwegische und isländische (*Finn. Lit.* s. d.) sind in der folgenden Darstellung, die chronologisch vorgeht, unter dem Sammelbegriff „skandinavische Literaturen" zu verstehen. Von dem Zeitpunkt an, wo man von einem Einfluß der skand. Literaturen auf die deutsche reden kann, setzt ein Einflußgebiet ein, das die Jh.e hindurch seine Wirkung behält: Der Einfluß des alten skand. Schrifttums auf die dt. Literatur. Er

wird mächtig namentlich in den Zeiten, in denen die altnord. Lit. auch für Skandinavien selbst viel bedeutet, im Humanismus, 18. Jh. und in der Romantik und weiter bis ins frühe 20. Jh. Dank der Tatsache, daß der Norden eine frühe ins Vorchristliche reichende Lit. besaß, die an Umfang und Formenreichtum weit über die der anderen germ. und auch kelt. Völker hinausging, lag es nahe, daß die anderen keltogerm. Völker in dieser Lit. nach ihren eigenen Ursprüngen suchten. Neben Deutschland, in dessen Geistesgeschichte diese Komponente des Interesses am Norden und Nordischen ein Kontinuum ist, findet sich eine ähnliche Einstellung auch in Frankreich und England. Immer stärker aber wirkt in den Jh.n der Neuzeit neben der altnord. Lit. die literar. Gegenwart Skandinaviens (einen Höhepunkt bildet das ausgehende 19. Jh.) unmittelbar nach Deutschland. In der nachstehenden Skizze, die dem Entwicklungsgang der dt. Lit. folgt, begegnet uns so neben der Besinnung auf die alte Lit. des Nordens in verschiedenen Epochen von Zeit zu Zeit dieser unmittelbare Einfluß der skand. Literaturen auf die deutsche.

In der 1. Auflage des Reallex. wird einige Male auf den Artikel *Skand. Literaturen* verwiesen, aber geschrieben wurde er nicht. Die Ursachen sind für den Kenner der Geschichte der dt. Germanistik nicht unschwer auszumachen. Die skand. Literaturen werden bis in die jüngste Zeit nur am Rand der Germanistik behandelt, die wissenschaftliche Beschäftigung mit den skand. Sprachen und Literaturen beschränkte sich im wesentlichen auf Sprache und Lit. des MA.s: das Altnordische, das in Forschung und Lehre der Altgermanistik zugezählt wurde. Zur neueren sk. Lit. und besonders zum Komplex der sk.-dt. Literaturbeziehungen hat Leopold Magon (1887-1968) eine Anzahl gewichtiger Arbeiten veröffentlicht. Beiträge zu Detailfragen des Einflusses der sk. Lit.n auf die dt. finden sich auch in den vom Nordischen Institut der Univ. Greifswald herausgegebenen *Nordischen Studien* (Bd.1-21, 1921-1939). Im 3. Band der *Deutschen Philologie im Aufriß* schreibt der dän. Germanist Carl Roos (1884-1962) über *Die nordischen Literaturen* in dem Abschnitt *Ausländische Einflüsse;* in der 2. Auflage nennt er seine Abhandlung genauer *Die nordischen Literaturen in ihrer Bedeutung für die deutsche,* um damit anzudeuten, daß diese Darstellung zum einen allgemeiner gehalten ist und zum anderen weniger konkret dem Einfluß der skand. Lit.n auf die deutsche nachgeht. Auf die nicht wenigen Lücken in der Erforschung der dt.-sk. Literaturbeziehungen weist George C. Schoolfield in einem Aufsatz aus dem

Jahr 1966 hin. Seine Feststellung trifft nicht nur für die wechselseitigen literar. Beziehungen zwischen dem Norden und Deutschland zu, sie gilt im gleichen Maße für die Forschung auf dem Gebiet des Einflusses der skand. Lit. Lit.n auf die dt., wie die nachfolgende Darstellung wieder und wieder belegen wird.

An dieser Stelle möchte ich dem Herausgeber Wolfgang Mohr herzlich danken für unsere Gespräche über den Gegenstand dieses Artikels, denn nicht wenige seiner Gedanken und Anregungen sind in meine Darstellung eingegangen. Einen Teil des § 11 und den § 29 hat er entworfen bzw. selbst geschrieben.

Leopold M a g o n , *Deutschland u. Skandinavien in ihren geistigen Wechselbeziehungen. E. geschichtl. Abriß.* In: *Deutschland u. d. Kultur d. Ostsee,* hg. v. Georg Schreiber, (1927; Deutschtum u. Ausland 10) S. 40-126. Ders., *Die Gesch. d. nord. Studien u. d. Begründung d. Nordischen Instituts. Zugl. e. Beitr. zur Geschichte d. dt.-nord. kulturellen Verbindungen.* In: *Festschr. zur 500-Jahrfeier d. Univ. Greifswald.* Bd. 2 (1956) S. 239-272. Carl R o o s , *Die nord. Literaturen in ihrer Bedeutung für d. deutsche.* In: Stammler Aufr. Bd. 3 (2. Aufl. 1962) Sp. 373-406. Steffen S t e f f e n s e n , *Carl Roos u. d. literar. Beziehungen zwischen Dänemark u. Deutschland.* Nerthus 1 (1964) S. 191-194. — Edw. S c h r ö d e r , *Dt.-schwedische u. schwedisch-dt. Kulturbeziehungen in alter u. neuer Zeit.* Vortrag (1922). Carl P e t e r s e n , *Dt. u. nordischer Geist, ihre Wechselwirkungen im Verlauf ihrer Geschichte. Versuch e. Umrisses.* In: *Deutschland u. d. Norden. Umrisse, Reden, Vorträge. E. Gedenkbuch.* (1931) S. 1-80. Ders., *Dt. u. nordischer Geist. Ihre Wechselwirkungen bis zum Ende d. Romantik* (2. Auflage 1937). Ders., *Deutschland u. d. Norden in ihren geschichtlich-kulturellen Beziehungen.* In: *Deutschland und der Norden* (1935; Auslandkundl. Vorträge d. Techn. Hochschule Stuttgart 10/11) S. 30-52. — Friedrich B r a b e c , *Die Abhängigkeit d. dt. Dichtung von den nord. Vorbildern* (1930). — Horst O p p e l , *Von d. Aufgaben e. dt.-nordischen Literaturbetrachtung.* DuV. 38 (1937) S. 494-505. — Erich K u n z e , *Wirkungsgeschichte d. finnischen Dichtung.* Stammler Aufr. Bd. 3 (2. Aufl. 1962) Sp. 407-418; bringt Hinweise auf die schwedischsprachige Lit. Finnlands. — Martin G e r h a r d t u. Walther H u b a t s c h , *Deutschland u. Skandinavien im Wandel d. Jh.e* (1950; Nachdr. mit e. Fortführung bis zur Gegenwart von W. Hubatsch in Vorber.). — Walther H u b a t s c h , *Die Deutschen und der Norden. E. Beitr. zur polit. Ideengesch. vom Humanismus bis zur Gegenw. in Dokumenten* (1951). — George C. S c h o o l f i e l d , *Scandinavian-German Literary Relations.* Yearbook of Comparative and General Lit. 15 (1966) S. 19-35. — Fritz M e y e n , *Die nordeuropäischen Länder im Spiegel d. dt. Universitätsschriften 1885-1957. E. Bibliographie* (1958; Bonner Beiträge zur Bibliotheks-

u. Bücherkunde 4). Barbara G e n t i k o w , *Skandinavische u. dt. Literatur. Bibliographie d. Schriften zu d. literar., histor. und kulturgeschichtlichen Wechselbeziehungen* (1975; Skandinavist. Studien 3), umfaßt Autoren vom 16.-20. Jh.; Endpunkt der systematischen Erfassung ist 1970. Leopold M a g o n u. Herbert J a c o b , *Skandinavien.* Goedekes Grundriß 15 (1966) S. 425-498. — Otto O b e r h o l z e r , *Die Neuskandinavistik in Forschung u. Lehre.* Christiana Albertina, Kieler Universitäts-Zeitschrift, H. 8, November 1969, S. 52-56. — Oskar B a n d l e , *Begriff und Aufgaben der nordischen Philologie.* Separatdruck Neue Zürcher Zeitung 1969, 22 S. — Zeitschriften, Periodica: *Ausblick.* Mitteilungsblatt d. dt. Auslandgesellschaft, Lübeck 1 (1949) ff. — *Nordeuropa.* Jb. für nordische Studien. (= Wiss. Zs. d. Ernst-Moritz-Arndt-Univ. Greifswald) 1 (1966) ff. — *Skandinavistik.* Zs. für Sprache, u. Kultur d. nord. Länder 1 (1971) ff. — *Skandinavistische Studien.* Hg. Otto O b e r h o l z e r . Diese seit 1971 erscheinende Reihe bringt auch Arbeiten zum Komplex der dt.-skandinav. Wechselbeziehungen, insbesondere zur Rezeption der skandinav. Lit. in Deutschland.

§ 2. Das Werk einer der bedeutendsten Gestalten des sk. MA.s übt im Spätmittelalter und am Beginn der Neuzeit eine beträchtliche Wirkung auf die dt. Lit. aus. Die Offenbarungen *(Revelationes)* der St. B i r g i t t a von Schweden (1303-1373) erscheinen in lat. Sprache oder Übersetzungen in einer Reihe von Hss. und dann auch mehrfach im Druck im 15. und 16. Jh. In weiten Teilen Deutschlands, besonders Oberdeutschlands, ist ihr Werk vollständig oder in Auswahl in volkssprachlichen Übersetzungen verbreitet. Die Birgittenklöster nehmen natürlich in der Verbreitung der Offenbarungen ihrer Ordensheiligen eine Sonderstellung ein, besonderes Interesse finden sie bei den für die mystische Lit. aufnahmebereiten Dominikanerinnen. Die mystisch-prophetischen Offenbarungen der Heiligen Birgitta erfahren für über zwei Jh.e eine interessierte Aufnahme (bes. durch das Büchlein des Theologen Johannes Tortsch [gest. 1445] mit dem Titel *Onus mundi* bzw. *Bürde der Welt)* und beeinflussen vor allem die religiös-erbauliche Lit. im oberdt. Sprachgebiet.

Stoffe aus der altnord. Sagengeschichte begegnen in den zwei Dramen *Rosimunda* (1555) und *Hagwartus* (1556) und einer Reihe Historien von Hans S a c h s , dem als Quelle die 1545 in Straßburg gedruckte *Dennmärckische, Swedische und Norwägi-*

sche *Chronica* des Hamburgischen Dom-
dechanten Albert K r a n t z (1448-1517)
diente. Der gelehrte Humanist Krantz, der
viel zur Verbreitung der Kenntnis der Geschichte des Nordens beitrug, benutzte u. a.
als Vorlage für seine lateinisch geschriebene
Chronica, die erst ein Jahr nach der dt.
Übersetzung von Henrich von Eppendorff
erscheint, die *Gesta Danorum* (geschr. zwischen 1185 und 1222) des S a x o G r a m -
m a t i c u s (gest. 1216), die 1514 zu Paris
im Druck herausgekommen waren. Der
Herausgeber Christiern Pedersen (ca. 1480-
1554) ist eine bedeutende Gestalt des dän.
Humanismus, der sich nicht nur durch das
vom europ. Humanismus übernommene Interesse für das Altertum, sondern auch
durch einen sehr akzentuierten Nationalismus auszeichnet. Mehr noch gilt dies für
den schwed. Humanismus, wo Johannes
Magnus (1488-1544) sich in der *Historia
de omnibus gothorum sveonumque regibus*
(1554) auf die ma. „götische" Tradition —
die Schweden werden mit den Goten gleichgesetzt — beruft; diese Königschronik wird
zur Quelle eines nationalen Mythos, der für
lange Zeit die Phantasie und selbst die
Politik Schwedens beeinflussen wird. Ein
weiteres bedeutsames Zeugnis schwed. humanistischer Geschichtsschreibung ist die
geogr.-ethnogr. *Historia de gentibus sep-
tentrionalibus* (1555) seines Bruders Olaus
Magnus (1490-1557), die sich in ihrer Darstellung u. a. auf Saxos Buch bezieht.

Zur *Birgitta*-Forschung vgl. S. S u d h o f,
in: VerfLex. Bd. 5 (1955) S. 94-98. — Ulrich
M o n t a g, *Das Werk d. heiligen Birgitta
von Schweden in oberdt. Überlieferung.
Texte u. Untersuchungen* (1968; Münchener
Texte u. Untersuchungen zur dt. Lit. d. MA.s
18). Axel M a n t e (Hg.), *Eine niederdt. Bir-
gitta-Legende aus der Mitte des 15. Jh.s.*
(1971; Acta Universitatis Stockholmiensis,
Stockholmer Germanist. Fschgn. 8). —
Torgny L i n d g r e n, *Birgittinordens utbred-
ning.* Credo, Katolsk Tidskrift, Uppsala 54
(1973) S. 123-128. — Hans R u p p r i c h,
*Das ausgehende MA., Humanismus u. Renais-
sance 1370-1570* (1970; *Gesch. der dt. Lit.,*
hg. v. H. de Boor u. R. Newald. IV, 1)
S. 332; Bibl. S. 766. — Birgit K l o c k a r s,
*Medeltidens religiösa litteratur. Ny illustr.
svensk litteraturhistoria.* Hg. E. N. Tigerstedt,
2. Aufl., Bd. 1 (Stockholm 1967) S. 125-225;
Bibl. S. 390. — Oluf F r i i s, *Den danske
litteraturs historie,* Bd. I (København 1945,
S. 65-75; 201-220; 413-426. — Richard
B a t k a, *Altnord. Stoffe u. Studien in
Deutschland.* Teil 1: *Von Gottfried Schütze*

bis Klopstock. Euph. 3, Erg.-H. 2 (1896) S. 1-
70. Hier: S. 3/4. — Ernst S c h ä f e r, *Zur
Geschichtsschreibung d. Albert Krantz.* Zs.
für Hamburgische Gesch. 10 (1889), S. 385 ff.
Heinrich R e i n c k e, *Albert Krantz als Geschichtsforscher u. Geschichtsschreiber.* Festschr. der Hamburgischen Universität, Werner
von Melle dargebr. (1933), S. 111-147. Wolfgang G o l t h e r, *Hans Sachs u. d. Chronist
Albert Krantz.* Hans Sachs Forschungen. Festschr. zur 400. Geburtsfeier des Dichters (1894)
S. 263 ff.

§ 3. S a x o s Werk überträgt der Däne
Anders Sørensen V e d e l (1542-1616) in
die Muttersprache (1575); von ihm stammt
auch die erste gedruckte Liedsammlung *Et
hundrede udvalde danske viser* (1591). Im
17. Jh. macht Martin O p i t z zum ersten
Mal auf die Heldengedichte und die
Kiempe-Wyser bei den Dänen aufmerksam.
1620/21 findet Opitz in Jütland Zuflucht vor
den Kriegswirren; in dem dort entstandenen
*Trostgedichte in Widerwertigkeit deß Krie-
ges* schreibt er u. a. im dritten Buch: „Vnd
wie man auch jetzund in Cimbrien hier
find/ Da sehr viel Reimen noch von alters
vbrig sind", er nennt die Folkeviser „schöne
geistreiche Lieder, die die alten Dänen von
ihren Helden gedichtet haben und die noch
von vielen gesungen werden" und zitiert im
Kommentar zum *Annolied* (1639) dän.
Verse aus Anders Sørensen Vedels Sammlung.

Eine breitere Darstellung der „nordischen Poeterey" bringt Daniel Georg
M o r h o f (1639-1691), Prof. der Poesie
und Rhetorik in Kiel, im 8. Kapitel des
2. Teils seines *Unterrichts von der teutschen
Sprache und Poesie* (1682). Von der zeitgenössischen Dichtung Schwedens erwähnt
er Georg Stiernhielms *Ballette/Sonnete/ und
andere Carmina* und Olaus Rudbeck; von
der dän. Lit. nennt er Dorothea Engelberts
Datter. Vor allem aber spricht er über die
beiden Edden und die Skalden, die im 14.
Cap. des 3. Teils (*Von den Helden-Gedich-
ten*) nochmals vorgestellt werden.

Einen Einfluß von Saxos *Gesta Danorum*
und dem Drama *Swanhuita* (1613) des
Schweden Johannes Messenius (ca. 1579-
1636) zeigen die beiden Dramen *Regnerus*
(aufgef. 1684) und *Ulvilda* (aufgef. 1685)
von Christian W e i s e (1641-1708). Wesentliche Züge entnehmen die Stücke dem
zweiten Buch Saxos, nicht wenige Über-

einstimmungen zwischen *Regnerus* und dem erwähnten Schuldrama von Messenius machen es wahrscheinlich, daß Weise das Stück des Schweden durch Aufführungen dt. Theatertruppen kennengelernt hat.

Für die Lit. im Zeitalter des Barocks ist literar. Einfluß doch von weitaus geringerer Bedeutung als das Auftreten einer polit.-histor. Persönlichkeit: Der schwed. König G u s t a v II. A d o l f (1594-1632), der „Löwe aus dem Norden" und „Verteidiger des Glaubens", wird in Versen von B. Schupp (1610-1661), P. Fleming (1609-1640), J. Rist (1607-1667) u. a. als der Retter der protestantischen Sache begrüßt, festspielartige Dramen erscheinen über ihn vor und nach seinem Tod auf dem Schlachtfeld von Lützen, epische Darstellungen bemühen sich, Leben und Kriegstaten des Heldenkönigs zu beschreiben.

Carl R o o s , *Das erste Bekanntwerden d. dänischen Kaempe- oder Folkevise im Ausland.* Orbis litterarum 6 (1948) S. 100-114. Ders., *Die dänische Folkevise in d. Weltliteratur.* Forschungsprobleme der vergl. Literaturgeschichte. Intern. Beiträge zur Tübinger Literaturhistorikertagung. Sept. 1950, Hg. Kurt Wais. (1951) S. 79-99. — Daniel Georg M o r h o f , *Unterricht von der teutschen Sprache und Poesie.* Hg. v. Henning B o e t i u s (1969; Ars poetica. Texte u. Studien z. Dichtungslehre u. Dichtkunst. Texte 1). — P a u l S c h ä t z l e i n , *Saxo Grammaticus in d. dt. Dichtung vom Ausgang des MA.s bis zum Verfall der Romantik.* Diss. Münster 1913. Christian W e i s e , 'Regnerus' und 'Ulvilda' nebst e. Abh. zur dt. u. schwed. Literaturgeschichte. Hg. v. Wolf von U n w e r t h (1914; Germ. Abh. 46). Wolf von U n w e r t h , *Zu Christian Weises Dramen 'Regnerus' u. 'Ulvilda'.* ZfdPh. 47 (1918) S. 376-380. — Über die sk. Lit. im 17. Jh. und Beziehungen zur dt. Lit. vgl. Wilhelm F r i e s e , *Nordische Barockdichtung* (1968). Herbert B l u m e , *Søren Terkelsen, Philipp von Zesen, Gottfried Hegenitz und Konrad von Höfeln.* Daphnis. Zs. für mittlere dt. Lit. 2 (1973) S. 54-70. — Werner M i l c h , *Gustav Adolf in der dt. u. schwed. Lit.* (1928; GermAbh. 59). Elisabeth F r e n z e l , *Gustav II. Adolf.* In: Frenzel, *Stoffe der Weltliteratur* (2. Aufl. 1963; Kröners Taschenausg. 300) S. 227 ff. (mit bibl. Angaben). Jean M. W o o d s , *Weckherlin's 'Ebenbild' on Gustavus Adolphus and the Swedish Intelligencer.* Daphnis 3 (1974) S. 83-88. Ulrich M o e r k e , *Die Anfänge d. weltlichen Barocklyrik in Schleswig-Holstein.* Hudemann, Rist, Lund .(1972; Kieler Studien zur dt. Lit.gesch., Bd. 8).

§ 4. 1 8. J a h r h u n d e r t. In die Geschichte der geistigen Beziehungen zwischen Deutschland u. Sk. macht die Aufklärung einen tiefen Einschnitt. Hatte Deutschland in den Jh.en zuvor die Rolle des Vermittlers und Anregers gespielt, so wird es im Zeitalter der Aufklärung aus dieser Stellung verdrängt. Das geistige Band mit Deutschland lockert sich zugunsten neuer Verbindungen, welche die sk. Länder mit Westeuropa verknüpfen. Für Ludvig H o l b e r g (1684-1754), die bedeutendste Gestalt der dän.-norweg. Aufkl., verbindet sich mit dem Namen Deutschland der Begriff pedantischer Gelehrsamkeit, barocken Schwulstes, platter Geschmacklosigkeit; gelten läßt er nur Leibniz, Thomasius und den Rechtslehrer Pufendorf. Im bewußten Gegensatz zu Deutschland und im engsten Anschluß an die engl.-franz. Philosophie tritt er für diese im Doppelkönigreich ein. Weniger der Historiograph und Autor moralphilosophischer Schriften als der Komödienschreiber Holberg wird für die dt.-sprachige Lit. von Bedeutung. J. Chr. G o t t s c h e d (1700-1766) entdeckt ihn für die dt. Bühne. Seit 1740 werden Stücke des norweg.-dän. Dichters übertragen und auf den Bühnen gebracht, die fünfbändige *Dänische Schaubühne von dem Freyherrn Ludwig von Holberg* erscheint 1750-55 in Copenhagen und Leipzig. Holbergs meistgespielte Stücke im 18. Jh. sind *Der politische Kannegießer, Bramarbas, Jean de France* (oder *Der Deutsch-Franzose*) — diese drei Stücke in der Übers. von Georg August Detharding finden sich in Gottscheds *Deutscher Schaubühne,* 1740/42 —, *Maskerade, Die Wochenstube, Der beschäftigte Müssiggänger;* weniger erfolgreich erweisen sich *Jeppe vom Berge* und *Erasmus Montanus;* das erste ist vielleicht zu „dänisch" und das letztere für ein nichtakademisches Publikum nicht leicht verständlich, so wurde es besonders in süddt. Ordensschulen gern gespielt. Die bürgerliche und bäuerliche Welt Dänemarks, die derbe Komik waren für eine Übertragung auf dt. Verhältnisse besser als Holbergs Vorbilder Molière und Plautus geeignet. Seine Lustspiele, Charakterkomödien, sind dem Gesetz der Wirkungspoetik unterworfen, und eben diese Akzentuierung der moralischen Wirkung forderte auch Gottsched.

Von einem unmittelbaren Einfluß Holbergs dürfen wir bei der derb-realistischen Posse *Der Bookesbeutel* (1741) des Begründers der Hamburger Lokalkomödie Hinrich Borkenstein (1705-1777) sprechen; er ist aber auch in einigen Komödien Johann Elias S c h l e g e l s (1718-1749), so z. B. in *Der geschäftige Müßiggänger* (1741), *Der gute Rat* (1745) und *Der Geheimnisvolle* (1747), zu bemerken. Für Schlegel, der 1743 als Sekretär des sächsischen Gesandten nach Kopenhagen kommt und dort Holberg kennenlernt, schlägt sich diese Bekanntschaft mit dem dän. Dichter, der sein Wochenblatt *Der Fremde* (1745-46) schätzte und der ihm 1748 eine Professur an der Ritterakademie in Sorø verschafft, weit nachhaltiger in den theoretischen Abhandlungen *Schreiben von der Errichtung eines Theaters in Kopenhagen* (1747) und *Gedanken zur Aufnahme des dän. Theaters* (1747; Erstdruck beider Arbeiten *Werke* III, 1764) nieder. Insbesondere in der letztgenannten Schrift, einer entschiedenen Absage an Gottscheds Theaterauffassung und wohl dem Besten, was vor Lessing von einem Deutschen über dramatische Dinge geschrieben wird, bezieht er sich mehrere Male auf die „Holbergischen Komödien". In Dänemark findet Schlegel auch einen Stoff für sein Trauerspiel *Canut* (1746) in Saxo Grammaticus' *Gesta Danorum* (X. Buch). Die Aufnahme der Werke Holbergs aber wird stark durch den Kampf gegen die Frankomanie in den Stücken des Dänen begünstigt. Das zentrale Thema von *Jean de France*, der Nachweis vom unheilvollen Einfluß der franz. Erziehung, greift so *Die Hausfranzösin oder die Mamsell* (1744) von Luise Adelgunde Victorie G o t t s c h e d i n (1713-1762) auf. Ein anderes Motiv, die Gestalt der falschen Gräfin, übernimmt Christian Felix W e i ß e (1726-1804) aus Holbergs Lustspiel für seine Komödie *Der Projektmacher* (1766). L e s - s i n g s Jugendlustspiel *Der junge Gelehrte* (1747) mit dem traditionsreichen und bewährten Motiv des gelehrten Pedanten, der Entlarvung des überheblichen Pseudowissenschaftlers mag auf die Kenntnis von H.s Tragikomödie *Erasmus Montanus* zurückgehen, sicher aber übernimmt eine Figur wie die des Riccaut de la Marlinière in *Minna von Barnhelm* (1767) einige Züge

des Jean de Francetypus. Holberg-Motive finden sich auch in Chr. F. G e l l e r t s (1715-1769) Lustspielen *Das Los in der Lotterie* (1746) und *Die zärtlichen Schwestern* (1747). Doch gilt für Gellert wie die anderen Lustspielautoren des 18. Jh.s, daß direkter Einfluß Holbergs nur schwer nachweisbar ist, da die dt. Komödie dieser Zeit Holberg so aufgenommen hat, daß es sehr eingehender Untersuchungen bedürfte, um den direkten Einfluß des norweg.-dän. Komödiendichters aufzuzeigen. Eigentlich lebendig auf der dt. Bühne ist Holberg nur im 18. Jh.; in den 70er Jahren verschwindet er mehr und mehr, wird nur noch gelegentlich aufgeführt, denn für die neue Geschmacksrichtung wirkte er allzu grobschlächtig. An der Wende vom 18. zum 19. Jh. erzielt der Erfolgsdramatiker und geschmähteste Autor seiner Zeit, August Ferdinand von K o t z e b u e (1761-1819), einige Wirkung mit seinen Holberg-Bearbeitungen. Er entnimmt Motive aus den Stücken des Dänen, bearbeitet sie und bringt gern, wie Holberg, am Schluß die Moral in Versen. Literarhistor. am interessantesten ist *Der hyperboräische Esel* (1799). Das Gerüst der Handlung dieser Satire auf die Herausgeber der Zeitschrift *Athenäum*, die Brüder Schlegel, entlehnt er Holbergs *Erasmus Montanus*, die Dialoge entstammen z. T. F. Schlegels Roman *Lucinde* (1799). F. Schlegel aber gehört auch jenem Kreis der Romantiker an, der sich bemüht, bei Holberg — wie bei Shakespeare — stärker künstlerische Maßstäbe zu verwenden und eine künstlerische Interpretation zu fordern; F. Schlegel gibt sogar Holberg den Vorzug vor Molière (vgl. *Europa. Eine Zeitschrift*, II, 1, Frankfurt 1803, S. 172 ff.).

Einen Versuch, die Komödien Holbergs originalgetreu wiederzugeben, unternimmt Adam O e h l e n s c h l ä g e r. Er überträgt 23 Stücke in den Jahren 1822/23, doch hat er die Sprache verweichlicht und eingeebnet und manches getilgt, was seinem Geschmack nicht entsprach. Die Übers. hat so nicht jene Wirkung in Deutschland, die er sich erhofft hatte. In der zweiten Hälfte des 19. Jh.s bemüht sich Robert P r u t z (1857/1868), Holberg den Deutschen näherzubringen; er erblickt in ihm „einen der ersten comischen Genien aller Völker und aller Jahrhunderte". Friedrich H e b b e l hingegen rechnet in seiner Besprechung der Prutz-Ausgabe Holberg zu den „comischen Dichtern vom zweiten Rang". — Eine Neuausgabe der *Dänischen Schaubühne* (2 Bde, 1885-1888) veranstalten P. Schlenther und J. Hoffory (s. § 19). Auch das 20. Jh. kennt Neuübertragungen: Carl Morburger, 1913; Hans und Agathe Holtorf, 1943, und Bearbeitungen: Hartmut Lange, *Jeppe vom Berge*, 1975. Doch die Wiederbelebungsversuche haben nicht viel Interesse für Holberg erwecken können. Für das dt. Theaterpublikum im 20. Jh. gibt es ihn so gut wie nicht.

§ 5. Nachhaltiger als in Deutschland und weitaus wirksamer sollte der Einfluß Holbergs in Ö s t e r r e i c h sein. Sahen Gottsched und das Theater nördlich der Mainlinie in der Moral das wesentliche Element der Holberg-Komödie, so hatten sie Holberg nur zur Hälfte verstanden; die andere Hälfte, jener Teil, den Holberg selbst als „Festivitas, Gayeté und die Kunst, die Leute zum Lachen zu bringen", beschreibt, wird in Österreich richtiger erfaßt. Nicht nur in diesem Fall ist eine dänisch-österreich. Geistesverwandtschaft zu registrieren. In Österreich und besonders in Wien verschmilzt die Holbergsche Komödie mit den vielseitigen Formen der dortigen V o l k s - k o m ö d i e. Durch diese ist dem Lustspiel des Dänen ein geistiger Nährboden bereitet, denn der Vorwurf der Derbheit, der Clownsspäße, den man in Norddeutschland schon gegen dies erhebt, noch bevor der Geschmackswandel, die Bevorzugung der feineren gefühlvollen Komödie in den 50er und 60er Jahren es aus der Gunst des anspruchsvollen Publikums verdrängt, zieht hier nicht. Das 18. Jh. ist das Jahrhundert der Volkskomödie, und bis zur Mitte des 19. Jh.s, bis zu ihrem Höhepunkt bei Raimund und Nestroy, lassen sich Holbergs Spuren verfolgen. Wie viele Motive, Situationen und Einfälle Holbergs freilich im Wiener Volksschauspiel im einzelnen zu finden sind, läßt sich schwer ausmachen. Schon für das 18. Jh. besteht die Schwierigkeit einer Scheidung des Holbergschen Motivgutes von dem traditionellen oder anderer Herkunft; dies gilt noch mehr für das 19. Jh. Doch läßt sich einiges Sichere über Holbergs Nachleben in Österreich sagen (vgl. insbesondere Ernst Alker). In Öster-

reich dominiert wie in Dänemark die Komödie auf Kosten der Tragödie; eine direkte Berührung und Beeinflussung findet aber von jenem Augenblick an statt, da sich die bislang übliche Stegreifkomödie mehr um eine textliche Fassung bemüht. Zu bemerken ist dies zuerst bei Philipp H a f n e r s (1731-1764) Dramen. Für die Fortsetzung seines ersten großen Erfolges *Megära, die förchterliche Hexe* (1764), für *Der förchterlichen Hexe Megära zweyter Teil* entleiht er beträchtliche Dialogpassagen von Holbergs *Wochenstube*. Nicht nur den Dialog, auch die durchgehende Fabel, den Zusammenhang der Szenen, all das, was das Stegreifspiel beim Übergang zur Komödie benötigt, findet Hafner bei Holberg. Der norweg.-dän. Komödienschreiber konnte ihm auch dabei helfen, den Hanswursttypus zum Charaktertypus hin zu entwickeln und die Figuren, die noch ihre Herkunft aus der commedia dell'arte herleiteten, zu Typen aus dem Wiener Alltag zu machen. Entlehnungen aus Holbergs Komödien finden sich so bei dem „Vater des Wiener Volksstückes" nicht nur in dem Zauberspiel *Megära II*, sondern auch in *Die bürgerliche Dame* (1763), *Evakathel und Schnudi* (1765) und *Der Furchtsame* (1774). Sehr stark hält sich auch Joseph Freiherr von Petrasch (1714-1772) an Motive und Anregungen in Holbergs Stücken. Seine Lustspiele, die 1765 in zwei Bänden erscheinen, wären ohne den Einfluß seines Vorbildes noch schwächer, als sie ohnedies sind. Motive aus Holbergs Komödien leben auch weiter im 19. Jh. In Ferdinand R a i m u n d s (1790-1836) *Das Mädchen aus der Feenwelt oder der Bauer als Millionär* (1826) ist das Jeppe-Motiv schwach auszumachen, in Johann N e s t r o y s (1801-1862) Zauberposse mit Gesang *Der böse Geist Lumpazivagabundus oder Das liederliche Kleeblatt* (1833) sind Anklänge an den *Politischen Kannegießer* und *Jeppe* zu vernehmen, und dies gilt ebenfalls für die Stücke des erfolgreichen Bühnenautors Eduard von Bauernfeld (1802-1890).

Carl R o o s, *Det 18. Aarhundredes tyske Oversættelser af Holbergs Komedier, deres Oprindelse, Karakter og Skæbne* (Kopenhagen 1922). Ders., *Holberg u. d. dt. Komödie.* Deutsch-nordisches Jb. für Kulturaustausch u. Volkskunde 9 (1928) S. 27-40. Ders., *Holberg og Lenz. En tysk Literaturmythe.* Danske

Studier 1914, S. 21-28. Ders., *Holberg i Tyskland i det 19. Aarhundrede*. Danske Studier
1917, S. 111-133. Ders., *Den politiske Kan-
destøber som tysk Vaudeville*. Holberg Aarbog 1920, S. 7-35. Ulrich L a u t e r b a c h,
Holberg u. d. dt. Bühne. Dänische Rund-
schau, Nr. 5, 1954, S. 12-14. A. S t e n d e r -
P e t e r s e n, *Holberg i sydtyske ordenssko-
ler i det 18. aarhundrede*. Holberg Aarbog
1922, S. 202-204. John Wallace E a t o n,
Holberg and Germany. JEGPh. 36 (1937)
S. 505-514. Ders., *Johann Elias Schlegel in
Denmark*. MLR. 23 (1928) S. 28-42. Gustav
A l b e c k u. F. J. B i l l e s k o v J a n s e n,
Dansk Litteraturhistorie. Bd. 1 (Kopenhagen
1964) S. 384/385. Alfred N o w a k, *Holbergs
Komödien in Deutschland*. (Masch.) Diss.
Wien 1930. E. L e h m a n n, *Die Holberg-
Übersetzungen*. Dt. Volkstum 20 (1938) S.
126 f. Adolf S c h i m b e r g, *Über d. Einfluß
Holbergs u. Destouches' auf Lessings Jugend-
dramen*. Progr. Görlitz 1883. Horst S t e i n -
m e t z, *Die Komödie d. Aufklärung* (2. Aufl.
1971; Slg. Metzler 47), bes. S. 24 ff. Horst
N ä g e l e, *Friedrich Hebbel über d. Komödie. E. Studie zu Hebbels Holbergkritik*.
Hebbel-Jb. 1970, S. 112-126. Robert P r u t z,
*Ludwig Holberg. E. Beitr. z. Gesch. d. dän.
Lit., in ihrem Verhältnis z. deutschen*. Literarhistor. Taschenbuch, hg. v. R. Prutz. 2
(1844), S. 243-383. Rudolph G ö h l e r, *Andersen u. Robert Prutz*. Euph. 15 (1908)
S. 548-551. Paul S c h l e n t h e r, *Holberg
u. Deutschland*. Dänische Schaubühne, hg.
v. J. Hoffory und P. Schlenther, Bd. 1 (1888),
S. 75-123. — Ernst A l k e r, *Über die Beziehungen Holbergs zu Philipp Hafner u.
Joseph Freiherrn von Petrasch*. Holberg Aarbog 1925, S. 113-170. Ders., *Philipp Hafner.
Ein Altwiener Komödiendichter* (Wien 1923;
Theater u. Kultur 9). Leopold M a g o n,
*Die Begegnung d. Komödien Ludwig Hol-
bergs mit dem Wiener Volksschauspiel. Ein
Beitr. z. Wirkungsgeschichte Holbergs*. Festschrift Walter Baetke (Weimar 1966) S. 271-
283. — Otto O b e r h o l z e r, *Das Schicksal
d. Komödien Holbergs in d. dt.sprachigen
Ländern*. Germanistische Streifzüge. Fest-
schrift für Gustav Korlén (Stockholm 1974;
Acta Universitatis Stockholmiensis. Stockh.
Germanist. Fschgn. 16) S. 168-183.

§ 6. Von der sk. Lit. des 18. Jh.s sind es
neben Holberg, dem bedeutendsten sk.
Lustspielautor überhaupt, noch zwei Schweden, die für die dt. Lit. von einiger Bedeutung sind: Emanuel Swedenborg und
Carl Mikael Bellman. Die Lehren und
Visionen des schwed. Mystikers und Theosophen Emanuel S w e d e n b o r g (1688-
1772), besonders das Hauptwerk aus den
Anfängen seiner visionären Epoche, *Arcana
Coelestia* (1749-56), fordern Immanuel Kant
zu bissigem Widerspruch heraus. *Träume*

eines Geistersehers nennt er eine 1766 veröffentlichte Schrift, in der er sich äußerst
kritisch mit den „acht Quartbänden voll
Unsinn" des schwed. „Erzphantasten unter
allen Phantasten" auseinandersetzt. Das
scharfe Urteil Kants aber verhindert nicht,
daß Swedenborg im dt. Geistesleben gleichwohl ein nicht geringes Ansehen erwirbt.
Ein beredter Fürsprecher ist der schwäbische pietistische Mystiker und Theosoph
Friedrich Christoph O e t i n g e r (1702-
1782), der eine ausführliche Darstellung der
Lehre S.s unter dem Titel *Swedenborgs
und anderer irrdische und himmlische Philosophie zur Prüfung des Besten ans Licht
gestellt* (1765) veröffentlicht. Bei den
Schwaben wirken diese Ideen bis tief ins
19. Jh. hinein nach, so steht der Spätroman-
tiker Justinus K e r n e r (1786-1862) in
der *Seherin von Prevorst* (erschienen 1829),
einem Grenzfall zwischen Dichtung und
romantischer Naturphilosophie, ganz offensichtlich unter dem Einfluß Swedenborgs.
Aber nicht nur auf die philosophischen
Strömungen der Romantik, die sich in den
Lehren F. W. Schellings, G. H. Schuberts,
Franz von Baaders u. a. manifestieren, wirken die Ideen Swedenborgs ein, bereits Herder und Lavater stehen unter seinem Einfluß.
G o e t h e, der in einer Rezension von
1772 zu Lavaters *Die Aussichten in die
Ewigkeit* (1768-78) auf ihn hinweist, lernt
die Lehren des schwed. Mystikers im Kreis
der Susanna von Klettenberg kennen. Swedenborgs Geisteruniversum nimmt in der
Anschauungswelt des jungen Goethe einen
breiten Raum ein, und von der Einheitlichkeit seiner Korrespondenzlehre fühlt er sich
tief angesprochen. Im *Faust*, von der Erd-
geistszene im *Urfaust* bis zum *Prolog im
Himmel* im ersten Teil und der Schluß-
szene im zweiten Teil, hat er später Swe-
denborgianisches anklingen lassen. Einflüsse des „schwedischen" oder „nordischen
Geistersehers" (Schelling) lassen sich auch
in den Werken *Szenen aus dem Geisterreich*
(1797/1801) und *Theorie der Geisterkunde*
(1808) des pietistischen Schriftstellers Johann Heinrich J u n g - S t i l l i n g (1740-
1817) nachweisen. Dies gilt selbst für Heinrich H e i n e (1797-1856), der im Zuge
seiner späten Rückkehr zu einem persönlichen Gott sich mit der Eschatologie Swedenborgs — „eine grundehrliche Haut" —

in ihrer Verflechtung mit den gesamten anthropologischen und theologischen Fragenkomplex auf seine ihm eigene Weise auseinandersetzt und sogar verständnisvolle Anerkennung für des „großen skandinavischen Sehers" Lehre vom Fortleben nach dem Tode im Nachwort zu *Romanzero* (1851) aufbringt.

Ernst B e n z , *Swedenborg in Deutschland. F. C. Oetingers u. Immanuel Kants Auseinandersetzung mit der Person u. Lehre Emanuel Swedenborgs, nach neuen Quellen bearbeitet* (1947). Ders., *Swedenborg u. Lavater. Über die religiösen Grundlagen der Physiognomik.* Zs. für Kirchengeschich. 57 (1938) S. 153-216. Ders., *Swedenborg als geistiger Wegbahner d. dt. Idealismus u. d. dt. Romantik.* DVLG. 19 (1941) S. 1-32. James L. L a r s o n , *Kant's Swedenborg.* Scandinavica 14 (1975) S. 45-51. Christian J a n e n t z k y , *J. C. Lavaters Sturm und Drang im Zusammenhang seines religiösen Bewußtseins* (1916) S. 61 ff. Max M o r r i s , *Swedenborg im Faust.* Euph. 6 (1899) S. 491-510. Ders., *Swedenborg im Faust.* In: Morris *Goethe-Studien,* Bd. 1 (2. Aufl. 1902) S. 13-41. C. N u g e n t , *The Influence of Swedenborg upon Goethe.* New Church Review 7 (1900) S. 541-547. Gerhard G o l l w i t z e r , *Rosensegen u. Höllenbrauch. Swedenborgs Schriften als Quelle zu Faust II.* Forum 11 (1964) S. 147-151. Hans Gerhard G r ä f , *Goethe u. Schweden. Ein Versuch.* In: Gräf, *Goethe. Skizze zu d. Dichters Leben u. Werken.* (1924) S. 1-114. Adolf Ludwig G o e r w i t z , *Goethe u. Swedenborg* (Zürich 1949; aus: Die neue Kirche 66. 1949). Robert S c h n e i d e r , *Schellings u. Hegels schwäbische Geistesahnen* (1938). Friedemann H o r n , *Schelling und Swedenborg. E. Beitr. z. Problemgeschichte d. dt. Idealismus u. z. Gesch. Swedenborgs in Deutschland* (Zürich 1954).

§ 7. Mit einem der beliebtesten Dichter Schwedens in der zweiten Hälfte des 18. Jh.s, dem Liedersänger Carl Mikael B e l l m a n (1740-1795), macht Ernst Moritz A r n d t (1769-1860) als einer der ersten den dt. Leser in seiner faktenreichen, freilich oft romantisch gefärbten *Reise durch Schweden im Jahre 1804* (1806), die auch zwei schwed. Auflagen 1807/08 und 1813/17 erlebt, bekannt. Der Greifswalder Geschichtsdozent beeinflußte sogar im Heimatland des Dichters für lange Zeit, bis in die 60er Jahre des 19. Jh.s, Auffassung und Wertung seines poetischen Werkes und seiner Persönlichkeit. Bellmans Verse in *Fredmans epistler* (1790) und *Fredmans sånger* (1791), die Trinklieder des Titelhelden und seiner Freunde, die vom Genuß des Augenblicks, der Vergänglichkeit und dem Tod künden, finden im 19. und 20. Jh. — bis in die Gegenwart: Peter Hacks, 1965, Fritz Grasshoff, 1966 — immer wieder ihre Übersetzer und Nachdichter. R. M. Rilke schreibt eine *Ode an Bellman,* Klabund, Brecht versuchen ihn nachzugestalten, und Carl Zuckmayer läßt in einem Drama in acht Szenen den schwed. Rokokodichter und seine erdichteten Figuren aus dem Stockholm Gustav III. (1771-1792) Gestalt annehmen. Eine 1937/38 entstandene erste Fassung *Bellmann* ersetzt er durch eine zweite Fassung *Ulla Winblad oder Musik und Leben des Carl Michael Bellman* (1953). Über die Entstehung dieses durch Lieder und Musik bestimmten balladesken Bilderbogens erzählt Zuckmayer in seinen Erinnerungen *Als wär's ein Stück von mir* (1966).

Leopold M a g o n , *Die Geschichte d. nord. Studien ...,* a.a.O., S. 251-253. — Richard W o l f r a m , *Ernst Moritz Arndt u. Schweden. Zur Gesch. d. dt. Nordsehnsucht* (1933; FschgnNLitg. 65). Rez. von L. M a g o n , in: AnzfdA. 54 (1935) S. 125-132. Uno W i l l e r s , *Ernst Moritz Arndt och hans svenska förbindelser* (Stockholm 1945). — Ernst Moritz A r n d t , *Reise durch Schweden im Jahre 1804.* Th. 1-4 (Berlin 1806), über Bellman im 4. Teil, S. 99-102; Neuaufl. 1976. Steffen S t e f f e n s e n , *Rilke u. Skandinavien* (Kopenhagen 1958). Rolf R o h n e r , *Peter Hacks.* In: *Literatur der DDR in Einzeldarstellungen* (1972; Kröners Taschenausg. 416) S. 454-472. — Carl Z u c k m a y e r , *Ulla Winblad oder Musik und Leben des Carl Michael Bellman* (1953). Ders., *Als wär's ein Stück von mir* (1966) S. 115 ff. u. 290 ff. Ders., *Wie 'Ulla Winblad' entstand.* Moderna språk 59 (1965) S. 30-32. I. C. L o r a m , *'Ulla Winblad': Words and Music by Zuckmayer and Bellman.* MhDtUnt. 47 (1955) S. 11-18.

§ 8. Als weitaus bedeutsamer und von viel größerer Nachwirkung für die dt. Lit. wird sich die Entdeckung und Beschäftigung mit der m a l . L i t . des Nordens erweisen. Um die Mitte des 18. Jh.s wendet sich in Skandinavien selbst aufs neue die Aufmerksamkeit der ältesten Vergangenheit der nord. Völker zu. Es ist jene Zeit, da K l o p s t o c k und G e r s t e n b e r g in Kopenhagen den geistigen Mittelpunkt eines Kreises deutscher Dichter, Schöngeister und Gelehrter bilden, und mit ihrem Namen verknüpft sich vor allen Dingen die Wiederbelebung des Interesses für das nord. Altertum in Deutschland (s. *Barden-dichtung*). Vor ihnen lenkt der „Advokat der alten deutschen und nordischen Völker", der Altonaer Rektor Gottfried S c h ü t z e (1719-1784), mit meheren Arbeiten das Augenmerk der dt. gelehrten Welt nach dem Norden. Muten seine Schriften (zu nennen sind vor allem *Schutzschriften für die alten Deutschen*, 2 Bde, 1. Aufl. 1746/47; zweite „vermehrte und verbesserte" Aufl., 1773/76, und *Lehrbegriff der alten deutschen und nordischen Völker von dem Zustande der Seelen nach dem Tode überhaupt und von dem Himmel und der Hölle insbesondere*, 1750) auch bisweilen für einen modernen Leser „kurios-warmherzig" (Magon) an, so ist er es, der die nord. Studien zu einer Sache nationaler Bedeutung macht. Indem er nord. und dt. Verhältnisse identifizierte, wird er auch Vorläufer jener Vorstellungen, die seit der Romantik das Bild vom Norden in Deutschland weithin bestimmen. Folgenreicher noch als Schützes Werke werden die Arbeiten des Genfer Paul Henri M a l l e t *Introduction à l'histoire de Dannemarc* (1755) und *Monuments de la mythologie et de la poésie des Celtes particulièrement des anciens Scandinaves* (1756), die 1765/69 mit einem Vorwort Schützes in dt. Übersetzung vorliegen. Die Lehre von der Identität der Kelten und Germanen, im 18. Jh. allgemeines Bildungsgut, geht wohl mit auf dieses Werk zurück; denn für Mallet bedeuteten die überlieferten Stammesnamen der Völker nördlich der Alpen nur regionale Bezeichnungen für den umfassenden Begriff der Kelten. Mallet liefert den Dichtern den Stoff, der es ihnen erlaubt, die römische Mythologie durch die germanische zu ersetzen. H e r d e r veröffentlicht 1765 in den *Königsbergschen Gelehrten und Politischen Zeitungen* (12. 8.) eine begeisterte Rezension, in der er die Verwandtschaft der nord. Völker mit dem dt. Volk, die er in dem Werk zu finden glaubt, hervorhebt und seiner Hoffnung Ausdruck gibt, daß dieses Buch „eine Rüstkammer eines neuen deutschen Genies" sein möge, „das sich auf den Flügeln der celtischen Einbildungskraft in neue Wolken erhebt und Gedichte schaffet, die uns immer angemessener wä-

ren, als die Mythologien der Römer". (Suphan, Bd. I S. 73 f.)

Mallet und Schütze sind es, die das Interesse für den Norden erwecken; das Verdienst, als erster konsequent nord. Mythologie in seine Dichtung eingeführt, nicht nur nebelhafte Schemen gegen die blutvollen, plastischen Gestalten der klassischen Mythologie ausgewechselt zu haben, das Wesen der nord. Götterwelt zu erfassen versucht und vor phantasielosem Gleichsetzen der Mythologien gewarnt zu haben, dieses Verdienst gebührt Heinrich Wilhelm von G e r s t e n b e r g (1737-1823). Als ein Schüler Schützes überträgt sich dessen Begeisterung für das nord. Altertum auf ihn, entscheidend aber wird für ihn die Übersiedlung nach Kopenhagen im Jahr 1763. Mit seinem *Gedicht eines Skalden* (1766) erfährt die Rezeption nord. Stoffe und nord. Mythologie ihren eigentlichen Beginn, wenn es auch schon wenige Jahre zuvor erste Versuche gab, altnord. Dichtung im Dt. nachzubilden. Bahnbrechend waren auch Gerstenbergs Mittlerdienste, die er für die Verbreitung des Altnord. in der dt. Öffentlichkeit durch die *Briefe über Merkwürdigkeiten der Litteratur* (1766-1767), nach dem Ort ihres Erscheinens als *Schleswigsche Literaturbriefe* bezeichnet, leistete: den achten, elften und einundzwanzigsten Brief widmet er ganz der altnord. Dichtung, im neunzehnten berichtet er über die zeitgenössische dän. Poesie. Die Vorstellung der dän. *Kiämpe-Viser* (8. Brief) zeitigte ihre Nachwirkungen von Herder über Goethe bis zu den Romantikern (*Elvers-Höhe*). Gerstenbergs Wunsch, durch das *Gedicht eines Skalden* die Aufmerksamkeit „auf das zu vernachlässigte Studium einer alten Fabellehre, die in ihrer Art ganz einzig, und wo ich nicht sehr irre, der griechischen weit vorzuziehen ist" (21. Brief) gelenkt zu haben, sollte sich erfüllen. Nach 1766 beginnt K l o p s t o c k, der Gerstenberg in dem Kopenhagener „deutschen Kreis" kennenlernt, immer häufiger die nord. Mythologie zu verwenden, und er ersetzt sogar die griechische seiner früheren Oden durch sie. Die Reihe der „teutonischen" Oden hebt 1766 an, wenn auch Ansätze zu dieser Art Poesie schon in Gedichten vor diesem Zeitpunkt zu erkennen sind. Klopstock schafft sich eine eigene „teutonische" Mythologie,

wie er sie nennt, in der Nordisches, Alt-
deutsches, Keltisches neben Elementen, die
seiner eigenen Phantasie entsprungen sind,
zu einer neuen Einheit verschmelzen. Statt
in „mächtigen Dithyramben" singt er nun
im „Bardenliede", und der Titel einer Ode,
Der Hügel und der Hain — Höhepunkt in
der Verwendung nord. Mythologie — verweist auf das Zentrum der Klopstockschen
„teutonischen" Mythologie: nicht Walhalla,
sondern der Bardenhain steht im Mittelpunkt. Klopstock macht die nord. Mythologie
seinem Patriotismus dienstbar, er verwendet
sie sparsam, und nach 1768 vermeidet er sie
fast völlig. In den Bardieten (*Hermanns
Schlacht*, 1769; *Hermann und die Fürsten*,
1784; *Hermanns Tod*, 1787) finden wir außer nord. Götternamen keine Anklänge an
das Nordische. Klopstocks Bardiete bilden
den Höhepunkt der Bardendichtung (s. d.),
deren Ausläufer sich bis in den Beginn des
19. Jh.s erstrecken. Doch schon der engste
Jüngerkreis Klopstocks, der Göttinger Hain
(s. d.), wendet sich vom german. Altertum
ab und dem dt. MA. zu.

Leopold M a g o n, *Ein Jh. geistiger u.
literar. Beziehungen zwischen Deutschland u.
Skandinavien 1750-1850. 1. Bd.: Die Klopstockzeit in Dänemark. Johannes Ewald*
(1926). Otto S p r i n g e r, *Die nord. Renaissance in Skandinavien*. (1936; TübGermArb.
22.) Richard B a t k a, *Altnord. Stoffe u.
Studien in Deutschland. Teil 1: Von Gottfried
Schütze bis Klopstock*. Euph. 3, Erg. H. 2
(1896) S. 1-70. Ders., *Altnord. Stoffe u. Studien in Deutschland. Teil 2: Klopstock u. d.
Barden. 1. Klopstock*. Euph. 6 (1899), S. 67-
83. — Albert Malte W a g n e r, *Heinrich
Wilhelm von Gerstenberg und der Sturm u.
Drang*. 2 Bde (1920/24). H. W. von G e r -
s t e n b e r g, *Briefe über die Merkwürdigkeiten der Literatur*. Hg. v. Alexander von
W e i l e n (1888/90; DLD. 29/30). Werner
P f a u, *Das Altnordische bei Gerstenberg*.
VjsLitg. 2 (1889) S. 161-195. Per El J ø r -
g e n s e n, *Zwei Gerstenbergprobleme*. Nerthus 2 (1969) S. 128-130. Otto O b e r h o l -
z e r, *Heinrich Wilhelm Gerstenberg: 'Das
Gedicht eines Skalden'*. Skandinavistik 0
(1970) S. 3-17. Hermann E n g s t e r, *Dich-
tungsideologie in Gerstenbergs 'Gedicht eines Skalden' und Iduna*. Skandinavistik 2
(1972) S. 99-106. — Willy S c h e e l, *Klopstocks Kenntnis d. germ. Alterthums*. VjsLitg.
6 (1893) S. 186-212. — Wolfgang G o l t h e r,
Die Edda in dt. Nachbildung. ZfvglLitg.
N. F. 6. Bd. (1893) S. 275-304. Uwe E b e l,
*Studien zur Rezeption der 'Edda' in der
Neuzeit*. Literaturwiss. Jb. N. F. 14 (1973)
S. 123-182. — Fritz S t r i c h, *Die Mythologie in d. dt. Lit. von Klopstock bis*

Wagner. 2 Bde (1910). — Leopold M a -
g o n, *Schweden und Deutschland in der
Aufklärungszeit*. Festschrift August Sauer
(1925) S. 181-201. — Klaus von S e e,
*Dt. Germanen-Ideologie vom Humanismus
bis zur Gegenwart* (1970) S. 19 ff.: *Das Germanenbild d. 18. Jh.s.*

§ 9. Etwa seit der Mitte der 60er Jahre
des 18. Jh.s wird in der altnord. Dichtung
eine verehrungswürdige Vorstufe der dt.
Poesie erblickt. War das Wort „nordisch"
in der ersten Hälfte des 18. Jh.s lediglich ein
Sammelbegriff und Ausdruck einer negativen Einstellung gewesen: nicht rationalistisch, sondern impulsiv, nicht französisch, regelmäßig, sondern national, deutsch, germanisch, volkstümlich, nicht antik, beherrscht,
sondern barbarisch, „wild", so wird nun bei
H e r d e r das Wort „nordisch" zum Symbol für den schönen, starken Traum vom
idealen, aber nun verlorenen Naturzustand
der Menschheit und im engeren Sinn der
Germanen. Schon 1769, im selben Jahr, da
er Denis' *Ossian*-Übersetzung bespricht, beschäftigt sich Herder mit dem germ. Ridens-
moriar-Motiv im dritten Kap. des ersten,
Lessings *Laokoon* gewidmeten *Kritischen
Wäldchen*, doch erst 1772/73 beginnt er,
in Bückeburg, ernsthaft mit Übersetzungen
aus dem Altnord. Seinen eigenen Angaben
zufolge waren seine Vorlagen die *Kiämpe-
Viser* — er führt Gerstenbergs Äußerung
in den Briefen an — und die vielen Werke
skand. Sammeleifers und der humanistisch-
barocken Gelehrsamkeit des 17. Jh.s. Herder kann nicht Altnord. lesen, er ist auf die
lat. und engl. Übers. und die gleichzeitigen
dt. Beschreibungen der altnord. Texte und
Übersetzungsversuche angewiesen. Intuitiv
gelingt es ihm, Stimmung und Rhythmus
des Originals zu erfühlen. Erste Proben
enthält der *Ossianaufsatz* von 1773; die
Mehrzahl der Übersetzungen steht in den
Alten Volksliedern (1774) und den *Volksliedern* (1778/79), neben den Übers. aus
dem Nordisch/Skaldischen finden sich hier
die Übertragungen aus den dän. Kiämpe-
Viser: *Elvershöh, Nordlands Künste, Der
Wassermann* und *Erlkönigs Tochter*. Bei H.
wird das dän. *Ellerkonge* (= *Elvekonge*
= 'Elfenkönig') zu Erlkönig, der auf diese
Weise in die dt. Dichtung (Goethe, *Erlkönig*, 1782) gelangt. Herder versteht es,
den Geist des dän. Liedes in freier Übers.

der dt. Mentalität so nahe zu bringen, daß das Fremdartige — man vgl. dazu die genauere Übers. W. Grimms in *Altdänische Heldenlieder, Balladen und Märchen*, 1811, S. 91 ff. — so abgeschwächt wird, daß es in den dt. Liedschatz übernommen werden konnte. Die Vorstellungen Herders über die altnord. Dichtung und Metrik bleiben ungenau, sie sind so unklar wie seine Vorstellungen über das Volkslied. Nach 1774 nimmt Herders Begeisterung für die altnord. Lit. ab, sein fortdauerndes Interesse für den Norden aber zeigen der *Horenaufsatz Iduna, oder der Apfel der Verjüngung* (1796, Bd. V, H. 1) und die den Gedanken von der poetischen Bedeutung der altnord. Mythologie nochmals aufgreifende Abhandlung *Über Zutritt der nordischen Mythologie* (1803).

Herders Entdeckung des Volksliedes wird nach der Jh.wende zur Sammelleidenschaft der Romantiker führen. Auf dem Weg zu ihnen begegnet die Gestalt Friedrich David G r ä t e r s (1768-1830), der sich sein Leben lang um die Aneignung und Verbreitung der sk. Lit. bemüht hat. 1789 gibt er eine Sammlung *Nordische Blumen* heraus, die neben Übersetzungen altnord. Dichtung Abhandlungen über die nord. Mythologie enthält. Er stützt sich dabei auf den 1787 in Kopenhagen erschienenen ersten Band der Gesamtausg. der *Edda*, die eine Anzahl Götterlieder mit lat. Anmerkungen enthält. Auf sein *Litterarisches Magazin der Deutschen und Nordischen Vorzeit*, das von 1791 bis 1816 erscheint, folgt schließlich die kurzlebige Zeitschrift *Die Druiden an der Donau* (1826-1828). Gräters nord. Studien, die neben dem Altnord. und der nord. Mythologie auch die Folkevise und die zeitgen. dän. Dichtung umfassen, sind oft Stückwerk, unvollkommen und dilettantisch. Er versucht sich sogar nach dem Vorbild von J. Baggesens (1764-1826) *Poesiens Oprindelse* (1785) im Schreiben einer komischen Verserzählung, doch die Burleske *Odin und Gunnlöda*, von der einige Partien in Wielands *Neuem teutschen Merkur* (April 1805, S. 264 ff.) erscheinen, bleibt fragmentarisch. Unter den Männern, die sich zwischen Aufklärung und Romantik mit der sk. Lit. befassen, nimmt er eine Sonderstellung ein. Nicht nur im Bereich des Volksliedes geht er andere Wege als die Romantiker, indem

er die Grimmsche Prämisse für das Volkslied in Frage stellt, auch die Beschäftigung mit dem Nordischen läßt ihn Wege beschreiten, die die dt. Nordistik erst 1¹/₂ Jh.e später gehen wird: Sein Interesse gilt dem gesamten Bereich der Nord. Philologie und nicht nur der im Rahmen der German. Philologie betriebenen Wissenschaft, eine Praxis, an der die dt. Universitäten lange Zeit festhalten.

Wilhelm G r o h m a n n , *Herders nord. Studien*. Diss. Rostock. 1899. Heinz S t o l p e , *Herders Auffassung von d. nord. Vorzeit*. In: Stolpe, *Die Auffassung d. jungen Herder vom MA*. (1955; Beiträge z. dt. Klassik. Abh. 1) S. 335-451. Otto O b e r h o l z e r , *Herder's Übersetzungen aus d. Nordischen*. Nerthus 2 (1969) S. 94-116. Uwe E b e l , *Studien . . . a. a. O. bes. S. 140 ff.* Hinrich S i u t s , *Herr Oluf. Herders Übers. eines dän. Liedes u. deren Wirkung auf d. dt. Kunst- und Volksdichtung*. Märchen, Mythos, Dichtung. Festschr. zum 90. Geb. Fr. von der Leyens (1963) S. 213-230. Dieter L o h m e i e r , *Herder u. Klopstock* (1968; Ars poetica, Studien 4), darin: *Die Bardiete und die Bardenlyrik*, S. 126-132. *Briefwechsel zwischen Klopstock u. den Grafen Christian und Friedrich Leopold Stolberg*. Hg. v. Jürgen B e h r e n s . Mit e. Anh.: *Briefwechsel zwischen Klopstock u. Herder*. (1964; Kieler Studien zur dt. Lit.gesch. 3). C. K a m e n e t s k y , *Herder u. d. Mythos d. Nordens*. RLC. 47, 1973, S. 23-41. Susanna P e r t z , *Das Wort „nordisch". Seine Gesch. bis zur Jh.wende*. Diss. Leipzig 1939. — Irmgard S c h w a r z , *Friedrich David Gräter. E. Beitr. z. Gesch. d. german. Philologie u. z. Gesch. d. dt.-nord. Beziehungen*. (1935; Nord. Studien 17). *Friedrich David Gräter 1768-1830* (1968; Württembergisch Franken. Bd. 52). Darin: Hermann B a u s i n g e r , *Gräters Beitrag zur Volksliedforschung*, S. 73-94; Wilhelm F r i e s e , *F. D. Gröter u. d. zeitgen. dän. Literatur. E. Beitr. z. Gesch. d. nord. Studien in Deutschland*, S. 95-109. — Leopold M a g o n , *Die Gesch. d. nordischen Studien . . ., a.a.O., S. 268.* — Carl R o o s , *Die dän. Folkevise in der Weltliteratur*. Forschungsprobleme der vergl. Literaturgesch., hg. v. K. W a i s , a.a.O., S. 79-99. John H e n n i g , *Perception and Deception in Goethe's 'Erlkönig' and its Sources*. MLQ. 17 (1956) S. 227-235.

§ 10. 1 9. J a h r h u n d e r t . Die sk. Literaturen gewinnen im 19. Jh. eine ständig zunehmende Bedeutung für die dt. Lit. und darüber hinaus für das dt. Geistesleben. Die Begegnung mit den Literaturen des Nordens befruchtet in den ersten Jahrzehnten vor allem jene Universitätsdisziplin, die in der R o m a n t i k wurzelt und die sich bis in die Mitte des 20. Jh.s als „Wissenschaft vom geistigen Leben des dt. Volkes" (Stammler) interpretiert: die Germanistik. Ihre vordringlichste Aufgabe erblickt sie in der Erforschung des Volksgeistes; sie entdeckt zunächst das dt. MA., und in ihren Bemühungen um die Denkmäler des MA.s gelangt sie zum german. Altertum; vom mhd. Nibelungenlied stößt sie auf die stoffverwandten Lieder der Edda. In dieser umfassend verstandenen germanist. Wissenschaft werden Sprache, Lit. und Kultur des Nordens für die dt. Grammatik, für die Rechtsaltertümer und religiösen Vorstellungen herangezogen und befragt. Jakob Grimms Wort vor der preußischen Akademie der Künste, daß „für den dt. Forscher Skandinavien klassischer Grund und Boden" sei, „wie Italien für jeden, der die Spuren der alten Römer verfolgt" (1844), zieht die Summe aus seinem und seiner Zeitgenossen Bemühen um den Norden. Die altnord. Dichtung, d. h. die mal. nord. Lit. steht so mit an der Wiege der Germanistik, Nordistik und germ. Altertumskunde in Deutschland. Doch nicht nur die Gelehrten beschäftigen sich mit den Stoffen und mytholog. Vorstellungen der Edda, mit Saxos dän. Geschichte oder den Folkeviser, auch die Dichter dieser Zeit entdecken die Lit. des Nordens.

Josef D ü n n i n g e r , *Gesch. d. dt. Philologie.* Stammler Aufr. Bd. 1 (2. Aufl. 1957) S. 83-222, bes. Die Grimm-Zeit, S. 148 ff. Paul M e r k e r , *Dt. u. skandinav. Romantik.* VDtArtSprDchtg. 4 (1941), S. 205-250. Heinrich F a u t e c k , *Die skandinav. Romantik.* In: *Die europäische Romantik* (1972) S. 406-478. Eberhard L ä m m e r t , *Germanistik — eine dt. Wissenschaft.* In: *Germanistik eine dt. Wissenschaft* (1967; Ed. Suhrkamp 204), S. 7-41. — Jakob G r i m m , *Ital. u. Scandinavische Eindrücke.* In: Grimm, *Kleinere Schriften.* Bd. 1 (1864) S. 57-82. Leopold M a g o n , *Jakob Grimm. Leistung u. Vermächtnis.* SBAKBln., Kl. f. Spr., Lit. u. Kunst 1963, 5. — Wolfgang G o l t h e r , *Die Edda in dt. Nachbildung.* (1893), S. 275-304; auch in: Golther, *Ges. Aufsätze* (1911) S. 215 ff. — Phillip M. M i t c h e l l , *Old Norse-Icelandic Literature in Germany 1789-1849.* Diss. Urbana 1942. — Carl R o o s , *Drømmen om Norden i tysk åndsliv.* In: Roos, *Essays om tysk litteratur* (Kopenhagen 1967; Gyldendals Uglebøger 178) S. 223-235. F. J. B i l l e s k o v J a n s e n , *Nord. Vergangenheit u. europäische Strömungen in der skandinav. Hochromantik.* In: *Tradition und Ursprüng-*

lichkeit. Hg. W. K o h l s c h m i d t und H. M e y e r (1966) S. 39-52. Victor A. S c h m i t z , *Dänische Dichtungen, Gestalten u. Motive in d. dt. Lit. nach 1800.* In: Schmitz, *Dänische Dichter in ihrer Begegnung mit dt. Klassik u. Romantik.* (1974; Studien zur Philos. u. Lit d. 19. Jh.s 23) S. 175-196.

§ 11.   Schon die Humanisten Deutschlands und Skandinaviens entwarfen in ihrer Hinwendung zur germ. und „got." Frühzeit eine Art Geschichtsmythos (vgl. § 2), der auch im Barock wirksam blieb. Der germ.-keltische Barden-Mythos der Klopstockzeit (vgl. § 8) beschränkte sich auf einen Kreis von Poeten. In der R o m a n t i k erfahren Wort- und Begriffssphäre „Norden" einen Umschlag, weil Dichter und (politisierende) Philosophen sich von der Wissenschaft (der vergl. Sprachwissenschaft und in deren Gefolge den Anläufen einer vergl. Altertumswissenschaft, die Mythos, Recht, Sitte und Dichtung zum Gegenstand nimmt) bestätigt sehen. Der Mythos vom Norden steht am Beginn eines Ideologisierungsprozesses, der weit in das 20. Jh. hineinreichen wird. In der Lit. der Romantik liegt die Wurzel für den mystischen Unterton des Wortes, hier taucht der „Norden" in jener prophetischen Bedeutung auf, die für gewisse Strömungen und Tendenzen der dt. Lit. im 19. und 20. Jh. charakteristisch sein wird. Der Norden und das Nördliche werden in A. W. S c h l e g e l s von 1801 bis 1804 in Berlin gehaltenen *Vorlesungen über schöne Lit. und Kunst* zum Symbol des Fernen und Entstofflichten, der Bereich des Utopischen tut sich auf. Mit dieser „moralischen" Interpretation der Himmelsrichtungen befindet er sich in Übereinstimmung mit bestimmten Tendenzen seiner Zeit. In dieser Vorlesungsreihe spricht Schlegel auch über die altdt. Dichtung, er hebt das *Nibelungenlied* als das große dt. Nationalepos hervor und eröffnet die literarhist. Beschäftigung mit diesem Werk. Einbezogen werden auch die nord. Texte: *Über die Entstehung der altdt. Poesie und ihr Verhältnis zu der nordischen* (1808) nennt W. G r i m m eine Abhandlung, und in einem Brief an Goethe meint er: „Uns Deutschen gehören diese eddischen Lieder in so vielen Beziehungen an, daß sie kaum etwas Ausländisches heißen können" (1816). Eine gegensätzliche Position bezieht Christian Friedrich R ü h s (1781-1820), Schüler des Göttinger Historikers August Ludwig Schlözer (1735-1809), dessen skeptisch-kritische Haltung gegenüber dem geschichtlichen Wert der Volkstraditionen und der Sagas und Edda er übernimmt. In seiner *Edda, nebst einer Einleitung über nord. Poesie und Mythologie und einen Anhang über die histor. Lit. der Isländer* (1812) hält er die Lieder für ausschließlich isländ. und betont ihren Charakter als Kunstdichtung. Er ist so ein Gegner der Grimms und der herrschenden Lehrmeinung der Zeit, die auch von Friedrich Heinrich von der H a g e n (1780-1856) vertreten wird, der als a. o. Prof. für dt. Sprache und Lit. in Breslau im WS 1812/13 als erster an einer dt. Universität über ein nord. Thema — die *Völsungasaga* — spricht. 1812 gibt von der Hagen die Heldenlieder der *Edda* heraus, 1814 veröffentlicht er erstmalig dt. die Lieder des Nibelungenstoffes in der *Edda*, verbunden mit Erklärungen. Ein Jahr später, 1815, folgt die *Edda* der Brüder Grimm: sie stellen dem erläuterten altnord. Text eine dt. Übertragung gegenüber und bringen außerdem eine freiere Nacherzählung der vorgestellten Heldenlieder, in der sie dt. Namen wie Wieland, Siegfried, Hagen usw. verwenden. 1811 bereits veröffentlicht W. Grimm die *Altdänischen Heldenlieder, Balladen und Märchen,* für die sich Friedrich de la Motte F o u q u é (1777-1843) als Mitarbeiter angeboten hatte. Fouqué ist es, der als erster dt. Dichter die altnord. Texte des Nibelungenstoffes einem poetischen Werk zugrundelegt: der dramat. Trilogie *Der Held des Nordens.* In *Sigurd, der Schlangentöter* (1808), *Sigurds Rache* (1809) und *Aslauga* (1810) gestaltet er, teilweise unter Verwendung der Alliteration, eine romantische Schicksalstragödie nach den Heldenliedern der *Edda*, nach Snorris *Prosaedda* und der *Völsungasaga.* Nord. Motive werden auch in der Folgezeit immer wieder in der Lyrik, Prosa und den sogen. „Heldenspielen" des Vielschreibers und zu seiner Zeit viel gelesenen Fouqué auftauchen.

Eine Parallelentwicklung verbindet Ludwig U h l a n d (1787-1862) mit Fouqué. Beide werden über das *Nibelungenlied* zu den nord. Stoffen geführt, beide empfangen Anregungen zu dramatischen Plänen von A. W. Schlegel, so überrascht es nicht, daß Uhland seine lyrisch-dramat. Dichtung *Normännischer Brauch* (1815) Fouqué widmet. Uhlands nord. Motive beinhaltende Gedichte sind in den Jugendjahren geschrieben und verdanken der Saxo-Lektüre ihre Entstehung; seine nord. Studien fallen in die 30er Jahre, als er als a. o. Professor für dt. Sprache und Lit. Vorlesungen über nord. Sagengeschichte, Mythologie (*Der Mythos von Thor*, 1836) und Balladen hält.

Eine Nachwirkung erzielt Fouqués Sigurd-Drama, ist es doch eine Vorstufe zu Richard W a g n e r s Bühnenfestspiel *Der Ring des Nibelungen* (Erstausgb. 1853). Viele verschiedenartige Quellen wirken in Wagners Tetralogie zusammen. Das Jahrzehnt, in dem er sich erstmals mit dem Stoff des *Rings* beschäftigt, sieht in der Nibelungensage von der Wälsungengeschichte bis Etzels Tod eine uralte germ. Einheit. Siegmund und Siegfried gehören zusammen, und beide wurzeln in der Mythologie: die Wälsungen sind Abkommen Wotans. Verpflichtet ist Wagner der romantischen Auffassung, die ihm bei Franz Mone und v. d. Hagen begegnet, daß das Uralter der Nibelungenfabel durch ihre Symbole gewährleistet ist. Neben der Lektüre von Jakob Grimms *Deutscher Mythologie* (1835) zählen v. d. Hagens *Volsunga-Saga oder Sigurd der Fafnirstödter und die Niflungen* (Breslau 1815) und vor allem die eddischen Lieder *Völuspá* (Der Seherin Gesicht), *Baldrs Draumar* (Baldrs Träume), *Lokasenna* (Zankreden des Loki) und *Vafþrúðnismál* (Sprüche des V.) zu den Texten, die ihn beeinflussen und das Götterdrama bilden helfen. Nach dem nord. Vorbild übernimmt Wagner auch den Stabreim, doch müssen seine Bemühungen um eine neue sprachliche Form im Zusammenhang der Stilgebung im Sinne des Historismus gesehen werden. Wagner entnimmt so seinen nord. Quellen sowohl die über Generationen sich hinziehende tragisch-heroisch menschliche Handlung wie auch das Zusammenspiel dieser mit einem ebenso tragischen Göttergeschehen und schließlich das Symbol des Hortes („Rings"), das beide Spielebenen zusammenhält und das ihm zudem ermöglicht, den Vorzeitmythos zum aktuellen politisch-weltanschaulichen Mythos umzuschmelzen. Doch liegt darin wohl nicht die entscheidende Qualität seines Konzepts, vielmehr hier wie auch sonst (im *Tristan* oder *Parsifal*) in der sicheren Auswahl der Motive und Verflechtungen, die dramatisch wirksame und zielgerichtete Szenen und Abläufe gewähren, und zwar nicht nur tragischen, sondern auch komödienhaften Charakters (*Rheingold, Siegfried;* es sind vor allem die Märchenmotive, die Komödie schaffen). Im übrigen sprachen R. Wagner vielfach solche Themen und Motive an, bei denen die literarhistor. Forschung des späten 19. und des 20. Jh.s (Andreas Heusler, Hermann Schneider u. a.) — ob zurecht oder nicht — schon in den mal. Quellen Züge eines späten, sentimalisch nachempfundenen Pseudoheidentums zu erspüren glaubte. Über Wagners *Ring* rezipiert auch Thomas Mann einen Stoff aus der altnord. Lit.; denn das ihn zu seiner Novelle *Wälsungenblut* (entst. 1905, Erstausg. 1921) anregende Inzestmotiv geht letztlich auf die *Völsunga saga* zurück.

Horst O p p e l , *Studien zur Auffassung d. Nordischen in d. Goethezeit.* (1944; DVLG., Buchr. 28). Klaus von S e e , *Dt. Germanen-Ideologie* (1970) S. 34 ff.: *Das Germanenbild d. Romantik.* Heinz G o l l w i t z e r , *Zum polit. Germanismus d. 19. Jh.s.* Festschr. für Hermann Heimpel zum 70. Geb., Bd. 1 (1972; Veröff. d. Max-Planck-Inst. f. Geschichte. 36/1) S. 282-356. — Wilhelm F r i e s e , *Nordische Barockdichtung* (1968) S. 59-62. — Karl Heinz B o h r e r , *Der Mythos vom Norden. Studien z. romant. Geschichtsprophetie.* Diss. Heidelberg 1962. — *Briefwechsel der Gebrüder Grimm mit nord. Gelehrten.* Hg. v. Erich S c h m i d t (1885; Nachdr. 1974). Helmut H e n n i n g , *Die Wechselbeziehungen zwischen den Brüdern Grimm u. d. Norden.* Brüder Grimm Gedenken (1963) S. 451-467. — Max K ä m m e r e r , *'Der Held des Nordens' von Friedrich Baron de la Motte Fouqué u. s. Stellung in der dt. Lit.* Diss. Rostock 1909. Julian H i r s c h , *Fouqués 'Held des Nordens'. Seine Quellen u. s. Komposition. Mit Berücks. d. übrigen nord. Stoffe Fouqués.* Diss. Würzburg 1910. J. K r e j č i , *Nord. Stoffe bei Fouqué.* VjsLitg. 6 (1893) S. 553-570. — Wilhelm M o e s t u e , *Uhlands nord. Studien.* Diss. Tübingen 1902. Herm. S c h n e i d e r , *Uhland u. d. dt. Heldensage.* AbhAkBln 1918, 9. Leopold M a g o n , *Die Geschichte d. nord. Studien...,* a.a.O., S. 248/49 — Wolfgang G o l t h e r , *Die sagengeschichtl. Grundlagen d. Ringdichtung R. Wagners* (1902). Ernst M e i n c k , *Die sagenwissenschaftl. Grundlagen d. Nibelungendichtung Richard Wag-*

ners (1892). Friedrich P a n z e r , *Richard Wagner u. Fouqué.* JbFDH. (1907) S. 157-194. Philipp M. M i t c h e l l , *Literarische Erneuerung. Formenwandel.* Festschr. zum 65. Geb. v. P. Böckmann (1964) S. 500-509. Herm. S c h n e i d e r , *Richard Wagner u. d. german. Altertum.* (1939; Philosophie u. Gesch., 66); auch in: Schneider, *Kleinere Schriften z. german. Heldensage u. Lit. d. MA.s.* Hg. v. K. H. Halbach u. W. Mohr (1962), S. 107-124. Ders., *Richard Wagner u. d. 'Edda'.* GLL. 3 (1938/39) S. 161-171. Erika M a y e r , *Die Nibelungen bei Fouqué und Wagner.* Diss. Wien 1948.

§ 12. Eine der großen Schauerromanzen der Frühromantik, das balladenartige Gedicht *Die letzten Worte des Pfarrers zu Drottning auf Seeland* (entst. 1800, gedr. 1802 im *Musenalmanach,* hg. v. A. W. Schlegel u. L. Tieck), veröffentlicht unter dem Pseudonym Bonaventura, geht auf einen Stoff zurück, den der für die dän. Romantik und darüber hinaus für die sk. Lit. zu Beginn des 19. Jh.s so bedeutsam gewordene Henrich S t e f f e n s (1773-1845), der 1804 eine Professur in Deutschland erhält, seinem Lehrer und lebenslangen Freund Friedrich Wilhelm Joseph Schelling (1775-1854) liefert. Der in Norwegen geborene Steffens, durch seine *Beyträge zur innern Naturgeschichte der Erde* (1801) und andere naturphilosophische Schriften bei den Romantikern bekannt und berühmt, ist es auch, der Ludwig T i e c k , jenen Tieck, der Holberg „den lustigen Veteranen" wieder in Deutschland „einbürgern" wollte (vgl. § 4), durch eines ihrer Gespräche über die Natur und ihre Geheimnisse zu der Märchenerzählung *Der Runenberg* (1804) inspirierte. Als Freund Fouqués, A. W. Schlegel nahestehend und jenem Berliner „Bund" zugehörend, der sich kurz nach 1800 unter dem Symbol des „Nordsterns" zu nächtlichen Gesprächen zusammenfindet, kommt Adalbert von C h a m i s s o (1781-1838) mit der Dichtung des Nordens in Berührung. Chamisso, der, wie er in seinem literar. Tagebuch *Reise um die Welt* schreibt, im Sommer 1815 „vielleicht die heitersten und fröhlichsten Tage" seines Lebens in Kopenhagen, wo er u. a. Oehlenschläger bei der Übersetzung von Fouqués *Undine* antrifft, „verlebte", versucht sich an einer „leichten Verdeutschung" der *Thrymsqvida,* dabei die Alliteration verwendend, überzeugender aber gelingen ihm eigene Gedichte „nach dem Dänischen von Andersen", darunter u. a. *Der Soldat (Es geht bei gedämpfter Trommel Klang).*

Georg S c h o l z , *Die Balladendichtung d. dt. Frühromantik.* Diss. Breslau 1935, S. 29. Steffen S t e f f e n s e n , *Den tyske ballade.* Festskrift udg. af Københavns Univ. i anledning af Universitetets årsfest november 1960, bes. Kap. 3: *Det nordiske element i den tyske ballade,* S. 42-60. — Helge H u l t - b e r g , *Den unge Henrich Steffens 1773-1811.* Festskrift udg. af Københavns Univ. i anledning af universitetets årsfest november 1973, S. 1-115. Fritz P a u l , *Henrich Steffens. Naturphilosophie u. Universalromantik* (1973). Viktor W a s c h n i t i u s , *Henrich Steffens* (1939; Veröff. d. Schleswig-Holst. Universitätsges. 49). Ingeborg M ø l l e r , *Henrik Steffens* (Oslo 1948; dt. Ausg. 1962). — Henrich S t e f f e n s , *Was ich erlebte.* 10 Bde (1840-44) — *Ludwig Tieck,* hg. v. Uwe S c h w e i k e r t , Bd. 1 (1971; Dichter über ihre Dichtungen 9, 1) S. 255 ff. — Wolfgang G o l t h e r , *Die Edda in dt. Nachbildung,* a.a.O., S. 290.

§ 13. Für die Symbolwelt der romant. Poesie ist die Natur die ursprünglichste, gewaltigste und rätselvollste Macht, die dem Menschen gegenübertritt. In der Urzeit des menschlichen Geschlechts, im „goldenen Zeitalter" der Menschheit, waren Mensch und Natur eins, und nun ist es der Dichter, der die Sprache der Natur versteht und ihre Schrift zu deuten vermag. Komprimiert findet sich diese Überzeugung auch in Gotthilf Heinrich S c h u b e r t s (1780-1860) *Ansichten von der Nachtseite der Naturwissenschaft* (1808), die einen weiteren Kreis gleichfalls mit einem Erzählstoff bekannt machen, den er wahrscheinlich aus Hülfers *Dagbok öfwer en Resa igenom de under Stora Koppar-Bergs Höfdingdöme lydande Lähn och Dalarne år 1757* (1762, S. 420) kennt. Es handelt sich um die Darstellung eines wunderbaren Ereignisses im Bergwerk von Falun: die Leiche eines jungen Bergmanns, der 1670 in den Kupfergruben verunglückte, wird 1719, von Kupfervitriol durchtränkt und unverändert, in einem wiedergeöffneten Stollen gefunden und seine einstige Braut erkennt ihn. Dieser Stoff erfährt in der Folge zahlreiche und im Niveau recht unterschiedliche poetische Bearbeitungen. Erwähnt seien nur J. P. Hebels schlichte Erzählung *Unverhofftes Wiedersehen* (1810) im *Schatzkästlein des Rheinischen Hausfreundes,* Achim von

Arnims Ballade *Des ersten Bergmanns ewige Jugend* in der *Gräfin Dolores* (1810), E. T. A. Hoffmanns Novelle *Die Bergwerke zu Falun* in den *Serapionsbrüdern* (1819/21) und Friedrich Hebbels Erzählung *Treue Liebe* (1828). In der langen Reihe der Tradition dieses Stoffes stehen im 20. Jh. u. a. Hugo von Hofmannsthals Drama *Das Bergwerk zu Falun* (erschienen 1932) und die Elis-Gedichte Georg Trakls.

Elisabeth F r e n z e l , in: *Stoffe der Weltliteratur* (2. Aufl. 1963; Kröners Taschenausg. 300), Art. *Bergwerk zu Falun,* S. 77-79. Georg F r i e d m a n n , *Die Bearbeitung d. Geschichte von dem Bergmann von Falun.* Diss. Berlin 1887. Karl R e u s c h e l , *Über Bearbeitungen d. Gesch. d. Bergmannes von Falun.* StvglLitg. 3 (1903) S. 1-28. Emil Franz L o r e n z , *Die Gesch. d. Bergmannes von Falun, vornehmlich bei E. T. A. Hoffmann, Richard Wagner u. Hugo von Hofmannsthal.* Imago 3 (1914) S. 250-301. Gotthart W u n - b e r g , *Bemerkungen zu Hofmannsthals Vorspiel 'Das Bergwerk zu Falun'.* Neue Sammlung, Göttinger Blätter für Kultur u. Erz. 5 (1965) S. 174-191. Clemens H e s e l - h a u s , *Die Elis-Gedichte von Georg Trakl.* DVLG. 28 (1954) S. 384-413, bes. S. 388 ff. J. S t i n c h c o m b e , *Trakl's 'Elis' Poems and E. T. A. Hoffmann's 'Die Bergwerke zu Falun'.* MLR. 59 (1964) S. 609-615.

§ 14. Der in der ersten Hälfte des 19. Jh. nach dem Norden gerichtete Blick entdeckt nun auch manches Übersetzenswerte in der zeitgenöss. sk. Lit. Dem dt. Leser werden so u. a. Werke der Dänen Bernhard Severin Ingemann (1789-1862), Johannes Carsten Hauch (1790-1872), Steen Steensen Blicher (1782-1848), Christian Winther (1796-1876), Adam Oehlenschläger (1779-1850), des schwed. Lyrikers Esaias Tegnér (1782-1846) und der Romanautorinnen Frederika Bremer (1801-1865) und Emilie Flygare-Carlén (1807-1892) und des Finnlandschweden Johan Ludwig Runeberg (1804-1877) zugänglich gemacht. Vieles davon ist ganz gewiß nicht mehr als handwerkliche Brotarbeit, doch bilden die Übertragungen die Voraussetzung für ein besseres Kennenlernen der sk. Lit. und für den allmählich zunehmenden Einfluß auf die dt. Lit. Von den genannten dän. Autoren erzielt keiner eine größere Bedeutung für die dt. Lit.; dies gilt auch für den etwas älteren Jens B a g g e s e n (1764-1826), der sich zeitweise in Deutschland und der Schweiz aufhält, eine Mittlerrolle bei der Gewährung eines dän. Stipendiums an Schiller für die Jahre 1792 bis 1794 spielt und von dem fünf Bände *Poetischer Werke in deutscher Sprache* von seinen Söhnen 1836 herausgegeben werden. O e h l e n s c h l ä g e r meint wohl 1806, es sei eine gute Zeit „als teutscher Schriftsteller" aufzutreten, und er besitzt auch einen Namen in Deutschland, doch war er nur einer der vielen poetae minores der dt. Lit. jener Zeit. Von einem Einfluß Oehlenschlägers dürfen wir bei Heinrich H e i n e sprechen, der sich sein ganzes Leben hindurch von dem dän. Dichter angezogen fühlt. Zwei lyrische Jugendtragödien verfaßt er im Stil Oehlenschlägers, und die Meeresschilderungen in dessen *Helge* (1814) hat er gekannt und geliebt, bevor er seine *Nordsee*gedichte schrieb, die neben dän. Reminiszenzen auch Elemente des „Nordischen" — er beschäftigte sich für einige Zeit mit *Edda*-Liedern und *Kaempe-viser* in dt. Übersetzung, im 5. Kap. der *Memoiren des Herren von Schnabelewopski* wird die Ballade „Sven Vonved" zitiert — aufweisen. Aus der Lektüre Oehlenschlägerscher Stücke bezieht Christian Dietrich G r a b b e u. a. seine literar. Muster für die Tragödie *Herzog Theodor von Gotland* (entw. 1822, gedr. 1827), jenes maßlose Kolossaldrama, das „in einigen Punkten" (Grabbe) an die Handlung der Saga von Harald Harfagr erinnert. Mehr kurioserweise sei erwähnt, daß Annette von Droste-Hülshoff versucht hat, nach Oehlenschlägers Singspiel *Tordenskiold* (1821; dt. 1823) eine Oper zu komponieren.

Ein stärkeres Echo als in Deutschland ist Oehlenschläger in Österreich beschieden. 1815 erlebt seine dt. geschriebene Tragödie *Correggio* (gedr. 1816) in Wien die erste Aufführung, sie wird zum Ausgangspunkt eines spezifisch österr. Künstlerdramas. G r i l l p a r z e r erkannte als die Wesensmitte der dramat. Werke Oehlenschlägers das Harmonisierende und das Poetisierende, und vielleicht ist der Tod Valborgs in der Liebestragödie *Axel og Valborg* (1810; dt. 1817), die am Burgtheater erfolgreich war, das Vorbild für Heros Tod in *Des Meeres und der Liebe Wellen* (Urauff. 1831) gewesen. Eine Folge der dän.-österr. Beziehungen in dieser Zeit ist Nikolaus L e n a u s Romanzendichtung *Savonarola*

(1837). Aus der Freundschaft und engen Zusammenarbeit zwischen ihm und Hans Lassen Martensen (1808-1884), jenem dän. Theologen, dessen Wort vom „Wahrheitszeugen" bei der Grabrede für seinen Vorgänger, den Bischof J. P. Mynster (gest. 1854), für Kierkegaards letzte Phase als religiöser Schriftsteller von ausschlaggebender Bedeutung war, entsteht diese Dichtung des entschiedenen Bekenntnisses zum Christentum. Der „Wahrheitszeuge" sollte erst in der dt. geistesgeschichtl. Forschung des 20. Jh. eine gewisse Bedeutung erlangen, im 19. Jh. findet er ebensowenig ein Echo wie die Schriften Kierkegaards.

Leopold M a g o n, *Deutschland u. Skandinavien in ihren geistigen Wechselbeziehungen...*, a.a.O., S. 111/112. Ders., *Wegbereiter nord. Dichtung in Deutschland.* 100 Jahre Reclams Universal-Bibliothek 1867-1967. Beiträge zur Verlagsgeschichte (Leipzig 1967; Reclams Universalbibl. 384) S. 204-252, hier: S. 210. — Literatur zu Baggesen vgl. Goedekes Grundriß. Bd. 6 (1898) S. 161-165; Bd. 15, 1 (1966) S. 432-441. Horst N ä g e l e, *Der dt. Idealismus in d. existenziellen Kategorie d. Humors. E. Studie zu J. Baggesens ideolinguistisch orientiertem Epos 'Adam und Eva'* (1971; Skandinavistische Studien 1). — Albert S e r g e l, *Oehlenschläger in s. persönlichen Beziehungen zu Goethe, Tieck u. Hebbel.* Diss. Rostock 1907. Helge H u l t b e r g, *Heine und Oehlenschläger.* Nerthus 2 (1969) S. 186-189. Ders., *Die Stellung Oehlenschlägers in der dt. Literatur.* Nerthus 3 (1972) S. 101-111. Heinz Stolte, *Adam Oehlenschläger, d. Förderer Friedrich Hebbels. E. Kapitel dän. dt. Beziehungen.* Hebbel-Jb. 1964, S. 74-104. Karl S c h u l t e - K e m m i n g h a u s, *Annette von Droste-Hülshoff u. d. nord. Literatur. Gleichzeitig e. Beitr. zu d. Thema „die Droste als Komponistin".* Beiträge zur dt. u. nord. Literatur. Festgabe für Leopold Magon zum 70. Geb. (1958; Veröff. d. Inst. f. dt. Spr. u. Lit. 11) S. 329-339. Carl R o o s, *Nord. Elemente im Werke H. Heines.* Orbis litterarum 11 (1956) S. 150-165. Dt. Fassung von: *Nordiske elementer i H. H.s værker.* Festskrift til L. L. Hammerich (Kopenhagen 1952) S. 193-207. Paul P r ü s s - m a n n, *Grabbes 'Herzog Theodor von Gotland'.* (Masch.) Diss. Marburg 1922. — Erik L u n d i n g, *Österreichisch-dänische Begegnungen in der Biedermeierzeit.* Peripherie u. Zentrum. Studien z. österr. Literatur. Festschr. für Adalbert Schmidt (1971) S. 137-163, bes. S. 142-144. Ernst K r a u s, *Grillparzerfunde in Neuhaus.* Euphorion 15 (1908) S. 510-522, 739-753. Wilhelm D i e t r i c h, *Grillparzer u. d. Däne Oehlenschläger.* Österr. Rundschau 1917, S. 182 ff. Eduard C a s t l e, *Nicolaus Lenaus 'Savonarola'.* Euphorion 3 (1896) S. 74 ff.

§ 15. Von der s c h w e d i s c h e n Kultur und Literatur empfängt Ernst Moritz A r n d t (1769-1860) starke Eindrücke: der Kontakt mit dem seit 1795 an der zu jener Zeit schwed. Universität Greifswald lehrenden Dichter-Philosophen Thomas Thorild (1759-1808), Reisen nach Schweden (vgl. § 7), im hohen Alter die Lektüre der Volksliedsammlungen von Geijer und Afzelius (1814) und Arvidson (1834/42) hinterlassen einen unübersehbaren Eindruck in seinem gesamten Werk. Den stärksten Nachhall einer schwed. romantischen Dichtung erfährt Esaias T e g n é r s (1782-1846) Romanzenzyklus *Frithjofs saga* (in Buchform 1825), sie wird in Deutschland kaum weniger gelesen als im damaligen Schweden. Nur ein Jahr später bringt Amalia von Helvig (1776-1831) eine dt. Übersetzung heraus, und diese ist wohl ihre bedeutendste Leistung bei der Verbreitung schwed. Geistesgutes in Deutschland. Selbst Goethe, dem Norden nicht sonderlich gewogen, geht in seiner Zeitschrift *Über Kunst und Alterthum* auf die Dichtung ein, nachdem die Übersetzerin ihn darauf aufmerksam gemacht hat. Neben ihrer Buchausgabe von 1826 erscheinen im gleichen Jahr noch zwei weitere Überetzungen, von denen Tegnér am meisten die von Gottlieb Mohnike (1781-1841) schätzte. Tegnérs Dichtungen widmet sich eine ganze Reihe von Übersetzern, unter ihnen findet sich Friedrich Wilhelm W e - b e r (1813-1894). Webers Interesse gilt außerdem auch Johann Ludwig Runeberg (1804-1877), und seine Bemühungen um die schwed. Dichtung hinterlassen unverkennbar Spuren in seinem Werk. In formaler und ideeller Hinsicht wird sein lyrischepisches Gedicht *Dreizehnlinden* (1878), ein weit verbreitetes und viel gelesenes Hausbuch im 19. Jh., von der *Frithjofs saga* beeinflußt: nicht nur der christlich-humanistische Geist der schwed. Dichtung begegnet in Webers Verserzählung, auch seine beiden so überaus tugendhaften Liebenden sind in Frithjof und Ingeborg vorgezeichnet.

Gustav E r d m a n n, *Ernst Moritz Arndt. Freiheitssänger u. Patriot* (1960; Veröff. d. Stadtarchivs Stralsund 3) Wesentliche Lit. zu A. S. 75-85. — Leopold M a g o n, *Die Gesch. d. nord. Studien* . . . , a.a.O., S. 251-255. — August O b e r r e u t e r, *Amalia von Helvig als Mittlerin zwischen Schweden u. Deutschland.* Beiträge zur dt. und nord. Lit. Festg. f. L. Magon zum 70. Geb. (1958)

S. 304-328. Hans Gerhard G r ä f, *Sverige i Goethes liv och skrifter* (Stockholm 1921). Übers. in: Gräf, *Goethe* (1924) S. 1-114. Erika W i e h e, *Gottlieb Mohnike als Vermittler u. Übersetzer nord. Literatur* (1934; Nord. Studien 15). Detlef B r e n n e c k e, *Tegnér in Deutschland. E. Studie zu den Übersetzungen Amalie von Helvigs und Gottlieb Mohnikes* (1975; Skandinavist. Arbeiten 1). Albertine G i e s e, *Die Beziehungen Friedrich Wilhelm Webers zur nord. Dichtung.* T. 1: *F. W. Weber als Übersetzer schwed. Dichtung* (1930; Nord. Studien, Bd. 12). Erich K u n z e, *Wirkungsgeschichte der finnischen Dichtung.* Stammler Aufr. Bd. 3 (2. Aufl. 1962) S. 407-418, hier: S. 416.

§ 16. Die Biedermeierzeit bringt in Deutschland eine Art Nordlandschwärmerei mit sich: uneingeschränkt werden die Natur und Bewohner Skandinaviens bewundert. Viktor von S c h e f f e l s Gedicht *Islandfahrt* erfreut sich mit seinem historisierendsentimentalen Ton großer Beliebtheit, und *Die Gartenlaube*, das Unterhaltungsblatt der bürgerlichen Kreise, berichtet nicht wenige Male in recht unkritischer Weise vom Norden. Die Romane der Schwedin Frederika B r e m e r (1801-1865), die „voll echt germanischer Blüten aus dem sittenreichen Nordlande" sind, wie es in einer Rezension heißt, genießen in den vierziger und fünfziger Jahren eine ungemeine Popularität, sie werden den „Erzeugnissen der Jungen Deutschen mit ihrem Reformschwindel" und den „französischen Teufeleien . . . eines Balzac" als moralisch einwandfrei gegenübergestellt und den zeitgenössischen Schriftstellern als Vorbild dargestellt.

Walther H u b a t s c h, *Die Deutschen u. d. Norden. E. Beitr. zur polit. Ideengeschichte vom Humanismus bis zur Gegenwart in Dokumenten* (1951) S. 116/117. Karin Carsten M o n t é n, *Hur Frederika Bremer har översatts, recenserats och diskuterats i Tyskland.* Litteratur och samhälle. Meddelande från Avd. för litteratursociologi vid Litteraturvetenskapliga institutionen. Uppsala, årg. 8 (1972). Dies., *Zur Rezeptionsgeschichte Frederika Bremers in Deutschland. Verlag, Übersetzung, Publikum.* Scripta Minora. Regiae Societatis Humaniorum Litterarum Lundensis. Studier utgvn. av Kungl. Humanistiska Vetenskapssamfundet i Lund 1975/76, 2.

§ 17. Eine rasche und weite Verbreitung in Deutschland erfahren Hans Christian A n d e r s e n s (1805-1875) Werke. Seine Aufnahme und sein Berühmtwerden in Deutschland sind in gewisser Weise Ursache dafür, daß er auch in Dänemark anerkannt wird. Bereits 1846 liegt eine achtbändige Ausgabe von Andersens Schriften vor, und die *Gesammelten Werke,* eine vom Dichter besorgte Ausgabe, erscheinen von 1847 bis 1872 in fünfzig Bänden. Daß Andersens Selbstbiographie *Das Märchen meines Lebens ohne Dichtung* — der erste Band der *Gesammelten Werke* — zuerst in deutscher Sprache erschien, ehe sie 1855 in einer erweiterten dän. Fassung herauskommt, macht deutlich, wie sehr Andersen in Deutschland heimisch geworden war. In den dt.sprachigen Ländern sollten immer wieder bis in die Gegenwart neue Übersetzungen erscheinen, und Deutschland ist wohl das Land, das von Andersen am stärksten Besitz ergriffen hat (vgl. auch § 12). Besonders mit seinen Märchen sind Generationen groß geworden — Richard Dehmel nennt A. einmal den „Goethe der Kinderzeit" —, ohne sich der dän. Herkunft des Erzählers bewußt zu werden, und in Deutschland wird auch die Reihe der Märchenausgaben am häufigsten von anderen wichtigen Werken Andersens unterbrochen. Um so befremdlicher ist es, daß noch immer keine umfassende Arbeit über seine Wirkung in Deutschland erschienen ist. Wahrscheinlich ist seine Einwirkung auf dt. Autoren auch nicht zu sehr im Stoff zu suchen; weniger der Märchenerzähler als der Stilist und Humorist ist von einer gewissen Bedeutung gewesen (V. A. Schmitz). Es wird nicht leicht sein, einen Einfluß nachzuweisen; denn gewisse Gemeinsamkeiten, die dt. Autoren mit Andersens Märchen zu eigen haben, werden sehr wahrscheinlich auf die Lektüre in der Kinderzeit zurückzuführen sein, und so ist der Hinweis auf einen möglicherweise vorhandenen Einfluß der Märchen Andersens auf R. M. Rilkes *Geschichten vom lieben Gott* (1900) oder auf Gerhart Hauptmanns *Rautendelein (Die kleine Seejungfrau)* und *Hannele (Das Mädchen mit den Schwefelhölzern)* nur mit äußerster Vorsicht aufzunehmen.

Ganz im Gegensatz zu Andersen hat eine der bedeutendsten Persönlichkeiten der dän. Kultur des 19. Jh.s, Nicolai Frederik G r u n d t v i g (1783-1872), für Deutschland nur geringe Bedeutung gehabt. Im 19. Jh. wird aus seinem umfangreichen Werk nicht viel übertragen; während der

Dichter Grundtvig auch in der Folgezeit unbekannt bleiben soll, lernt man im 20. Jh. den Volkserzieher Grundtvig kennen. Besonders in den Jahren der Weimarer Republik werden von seiner Volkshochschulidee einige Gedanken von der dt. Pädagogik übernommen: Grundtvigs „aufgeklärter und nützlicher Bürger" findet ein gewisses Echo, so wird u. a. Adolf R e i c h w e i n (1898-1944) durch A. H. Hollmanns Buch über die dänische Volkshochschule *(Die Volkshochschule und die geistigen Grundlagen der Demokratie,* 2. Aufl., 1919) stark von Grundtvigs volkstümlicher Erziehung beeindruckt. In Jena, wo Reichwein eine Volkshochschule leitet, erscheint dann auch 1927 eine Auswahl *Schriften zur Volkserziehung und Volkheit* in zwei Bänden.

Victor A. S c h m i t z, *H. C. Andersens Märchendichtung. E. Beitr. zur Gesch. d. dän. Spätromantik. Mit Ausblicken auf das dt. romantische Kunstmärchen.* (1925; Nord. Studien 7). Ders., *Andersen in Deutschland.* In: *Handwörterbuch des dt. Märchens,* hg. v. J. Bolte u. L. Mackensen. Bd. 1 (1930/1933) S. 67-73 (mit bibliogr. Angaben). Ders., *H. C. Andersen in Deutschland.* Ruperto Carola 7 (Heidelberg 1955) S. 125-131. Ders., *Andersen u. d. dt. Romantik.* In: *Dänische Dichter ...* a.a.O., S. 121-133 (Lit.-angaben S. 232-237). Gustav N e c k e l, *H. C. Andersen u. Deutschland.* ZfDtk. 41 (1927) S. 126-133. Friedrich S c h n a p p, *Robert Schumann og H. C. Andersen.* Gads Danske Magasin 18 (1924) S. 393-404. Friedrich von der L e y e n, *H. C. Andersen u. d. dt. Märchen.* Dänische Rundschau 7 (1955) S. 7-11. Gerhart S c h w a r z e n b e r g e r, *H. C. Andersen og Tyskland.* Anderseniana, Rk. 2, Bd. 4 (København 1961) S. 173-191. Ders., *Es begann in Deutschland.* Dänische Rundschau 44, Sonderausgb. anläßl. d. 100. Todestages des Dichters H. C. Andersen (1975) S. 28-31. — Seit 1967 ist G. Schwarzenberger im Auftrag des Staatlichen humanistischen Forschungsrates Dänemarks mit einer größeren Arbeit über die Wechselbeziehungen zwischen H. C. A. und Deutschland beschäftigt. Erik D a l, *H. C. Andersen in achtzig Sprachen.* In: *Ein Buch über den dän. Dichter H. C. Andersen. Sein Leben u. s. Werk* (Kopenhagen 1955) S. 139-212. George C. S c h o o l f i e l d, *Scandinavian-German Literary Relations,* a.a.O., S. 22/23. O. P. S t r a u b i n g e r, *H. C. Andersens Beziehungen zu Franz Grillparzer.* Jb. d. Grillparzer-Ges. Folge 3, Bd. 8 (1970) S. 131-142. Poul E n g b e r g, *N. F. S. Grundtvig. Ein nord. Volkserzieher* (1950; Die erziehungswiss. Bücherei I, 2), mit Lit.-angaben. Adolf R e i c h w e i n, *Ein Lebensbild aus Briefen und Dokumenten.* Ausgew.

v. Rosemarie Reichwein. Hg. u. Komm. v. Ursula Schulz (1974). Victor A. S c h m i t z , *Dänische Dichter . . .* , a.a.O., S. 224 ff. (Lit.-angaben zu Grundtvig).

§ 18. Die romantisierend-idealisierende dt. Auffassung vom Norden läßt sich gut an den Werken von Moritz Graf von S t r a c h w i t z (1822-1847) und Felix D a h n (1834-1912) verfolgen. Aus einer sentimentalischen Begeisterung für das Germanisch-Nordische, aus der Flucht in die reinere Welt des Nordens wird Historismus, schließlich Pose und völkisches Pathos. Die Balladen und Gedichte von Strachwitz machen aber auch deutlich, daß immer noch ein „bardischer" Norden im 19. Jh. nachlebt. Das nord. Epos *Ragnar Lodbrok* nach Fr. v. d. Hagens *Nordischen Heldenromanen* (1828), der wie die Brüder Grimm zu seinen Lehrern zählte, bleibt Konzept, die „Nordland"-Gedichte erscheinen, nachdem er sie zuvor im Berliner literar. Verein „Tunnel über der Spree" vorgetragen hat, in seinen *Neuen Gedichten* (1848). Bei Dahn läßt sich stilgeschichtlich und stofflich eine Abhängigkeit von Fouqué beobachten: Unter den altnord. Themen, die er in seinen histor. Erzählungen, Romanen und dramatischen Arbeiten mehrfach aufgreift, befindet sich auch ein von Fouqué in einem seiner „Heldenspiele" behandelter Stoff (vgl. § 11). Ist Dahn, zur Mitte des Jh.s Mitglied des Berliner „Tunnels", ein Repräsentant jener geistig-literar. Strömung, die das Mystische und Mythische des Nordens betont, so wird der diesem Verein ebenfalls zugehörende Theodor F o n t a n e (1819-1898), der in seinen nord. Stoffe aufgreifenden Versen als Strachwitz-Nachfolger beginnt, mit dazu beitragen, ein anderes Bild vom Norden und von der sk. Lit. für Deutschland zu gewinnen. Nach der Jh.mitte findet er für seine Gedichte Stoffe in schwed. u. norweg. Volksliedern, bei Saxo und in Holbergs *Dänischer Reichs-Historie* (dt. 1743/44), seine persönlichen Eindrücke aus dem Norden verarbeitet er, und für den Roman *Unwiederbringlich* (1892), dessen Handlung er zum Teil in das Kopenhagen Friedrich VII. „transponiert", verwendet er für die Gestaltung des Kolorits seine recht guten Kenntnisse von und über Dänemark. Der alte Fontane wird schließlich als Theater-

kritiker entschlossen, wenn auch mit Vorbehalten für den Gegenwartsdramatiker Henrik Ibsen kämpfen.

Steffen S t e f f e n s e n , *Den tyske ballade,* a.a.O., S. 54-60. — Moritz Graf S t r a c h w i t z , *Sämtliche Lieder u. Balladen,* hg. v. Hans Martin Elster (1912). — Karl R e u s c h e l , *Theodor Fontanes nord. Balladen u. Bilder.* Festschr. Eugen Mogk zum 70. Geb. (1924) S. 335-349. Jørgen H e n d r i k s e n , *Theodor Fontane og Norden* (Kopenhagen 1935; Tyske Studier 4). Karsten J e s s e n , *Theodor Fontane u. Skandinavien.* Diss. Kiel 1975. Dieter L o h - m e i e r , *Vor dem Niedergang. Dänemark in Fontanes Roman 'Unwiederbringlich'.* Skandinavistik 2 (1972) S. 27-53. Sven-Aage J ø r g e n s e n , Kommentar u. Nachwort in: Fontane, *Unwiederbringlich* (1972; Reclams Universalbibl. 9320/23). Hans-Heinrich R e u t e r , *Fontane,* 2 Bd.e (1968). Vgl. Bd. I, S. 185-201, 399-402; Bd. II, S. 568/ 69, 709-723. — Ruth D z u l k o , *Ibsen u. d. dt. Bühne.* (Masch.) Habil.-Schrift Jena 1952, S. 85-87. Ernst A l k e r , *Die dt. Lit. im 19. Jh., 1832-1914* (3. Aufl. 1969; Kröners Taschenbuchausg. 339) S. 413/14, 439. Fritz P a u l , *Fontane u. Ibsen.* Edda Jg. 57, Bd. 70 (1970) S. 169-177. Anni C a r l s s o n , *Ibsenspuren im Werk Fontanes u. Thomas Manns.* DVLG. 43 (1969) S. 289-296. — Theodor F o n t a n e , *Alexander Kielland: Arbeiter.* In: Fontane, *Sämtl. Werke,* Bd. XXI/1 [Literar. Essays u. Studien, 1. Teil] (1963) S. 472-477.

§ 19. Für die zunehmende Bedeutung der sk. Lit. seit den 70er Jahren des 19. Jh.s — ihren Höhepunkt erreicht sie in den Jahrzehnten unmittelbar vor und nach 1900 — gibt es zumindest zwei Erklärungen: Einmal ist es die seit der Romantik lebendige Idealvorstellung vom Norden und Nordischen, zum anderen aber ist es die Qualität der zeitgen. sk. Lit. Das Interessante an dieser Entwicklung ist, daß die enthusiastisch aufgenommene sk. Lit. in nicht wenigen Zügen völlig im Gegensatz zu dem traditionellen dt. Bild vom Norden steht. Das kündigt sich z. T. schon bei H. C. Andersen und seiner Rezeption an. Wenn auch jene Lit., die das „Germanisch-Nordische" betont, nie ganz verschwindet, so wendet sich doch das Hauptinteresse der literar. führenden Kreise anderen Strömungen zu. Die Kultur- und Literaturzeitschriften der 80er Jahre fordern die Gestaltung der Wirklichkeit, dies eben hatte Georg B r a n d e s (1832-1927) bereits 1871 für die sk. Lit. verlangt. Sein Wort, „Probleme zur Debatte" zu stellen, da dies allein das wesentliche Kennzeichen einer Lit. sei, die „in unseren Tagen" lebt, löste in den siebziger Jahren jene literar. Strömung in Sk. (den „modernen Durchbruch") aus, die dem „jüngsten Deutschland", den jungen Revolutionären nach 1880 in ihrem Kampf wider die Salonlit. der Gründerzeit so sehr entgegenkommen sollte. Brandes' Aufenthalt in Berlin von 1877 bis 1883 macht ihn, den „Zwischenhändler literar. Werte zwischen sämtlichen Völkern" (Carl Bleibtreu), zu einem Mittler zwischen dem sk. und dt. Geistesleben. Hier interessiert nur seine Vermittlerrolle in der Nord-Süd-Richtung. Brandes kommt in ein geistig-literar. Klima, das von dt. Zeitgenossen als konventionelle Erstarrung, Verflachung des Theaters und Mangel an Ideen und Problemen beschrieben wird, und in diese Situation kommen auch jene Dramatiker und Autoren, die, nach Brandes, die Phalanx der „Männer des modernen Durchbruchs" in Sk. bilden: die norweg. „großen Vier" Björnson, Ibsen, Lie, Kielland, der Däne J. P. Jacobsen und der Schwede Strindberg. Nicht zu übersehen ist ferner, daß Brandes' von Taine übernommene literaturwiss. Betrachtungsweise — Erklären aus Milieubedingtheit —, die Lit.kritik des „jüngsten Deutschlands" stark beeinflußte.

Neben Brandes ist der Däne Julius H o f - f o r y (1855-1897), der sich 1884 an der Berliner Universität habilitiert und für den 1887 eine a. o. Prof. für Nord. Phil. dort geschaffen wird, ein sehr wichtiges Bindeglied zwischen der sk. und dt. Lit. Bundesgenossen findet er in den Berliner Vorkämpfern der Moderne, Julius Elias (1861-1927), Otto Brahm (1856-1912) und Paul Schlenther (1854-1916), Studienkollegen und Altersgenossen. In Samuel Fischer, dessen Interesse vor allem Ibsen und seinem Werk gilt, gewinnt er schließlich einen Verleger für die *Sammlung moderner Erzählungen und Schauspiele*, die ab 1888 als *Nordische Bibliothek* (bis 1891 17 Bd.e) erscheint.

Von den sk. Dramatikern ist es freilich nicht Ibsen, sondern sein Landsmann Björnstjerne B j ö r n s o n (1832-1910), der als erster in Deutschland bekannt wird. Sein Schauspiel *Ein Fallissement* (1875; dt. 1875) mußte in der Gründerzeit aktuell wirken. Viele seiner Dramen erscheinen in

den folgenden Jahren, keines erweckt ein so nachhaltiges Echo wie *Über die Kraft* (1883; dt. 1886). Das dt. Publikum kennt Björnson bereits seit den 60er Jahren, als seine Bauernerzählungen großen Anklang finden; sie kommen der dt. Vorstellung vom „nordischen Ideal" entgegen, und der Übersetzer Edmund Lobedanz gibt der norweg. Lit. den Vorzug vor den anderen sk., weil sie mehr von der „urnordgermanischen oder nordischen Abkunft" bewahrt habe. Ganz im Kielwasser dieser literar. Strömung befindet sich Jahre später der Novellenband *Aus Norwegens Hochlanden* (1883), in dem sich Carl Bleibtreu ungewollt eine wahre Stilblütenlese der „nordischen" Mode leistet. 1911 wird Björnson von S. Fischer in einer recht erfolgreichen fünfbändigen Volksausgabe herausgebracht, über einen Einfluß auf die dt. Lit. wissen wir bis heute recht wenig. Hat sich die dt. Literaturwissenschaft mit ihm und seiner Wirkung noch nicht befaßt, weil Björnson „mehr als Kämpfer und weniger als Dichter" (S. Fischer) gesehen wurde?

Valdemar V e d e l , *Georg Brandes og Tyskland.* Tilskueren 29, 1 (1912) S. 177-190. Leopold M a g o n , *Wegbereiter nord. Dichtung in Deutschland.* 100 Jahre Reclams Universal-Bibliothek 1867-1967. Beiträge zur Verlagsgeschichte (1967) S. 204-252, hier bes. S. 213 ff. Ders., *Lit. über Brandes.* Euph. 27 (1926) S. 604-615. — Hans-Joachim S a n d b e r g , *Suggestibilität u. Widerspruch — Thomas Manns Auseinandersetzung mit Brandes.* Nerthus 3 (1972) S. 119-163. — Carl B l e i b t r e u , *Die Vertreter des Jahrhunderts.* Bd. 1 (1904) S. 285. Peter de M e n d e l s s o h n , *S. Fischer u. sein Verlag* (1970), Kap. 3 u. 4. — Fritz M e y e n , *Björnstjerne Björnson im dt. Schrifttum. E. Bibliographie* (1933). Harald N o r e n g , *Björnson Research. A Survey.* Scandinavica 4 (1965) S. 1-15. — Roy C. C o w e n , *Der Naturalismus. Kommentar zu einer Epoche* (1973), vgl. Lit.-angaben. Sigfrid H o e f e r t , *Das Drama d. Naturalismus* (2. Aufl. 1973; Slg Metzler 75), vgl. Lit.-angaben: *Sk. Vorbilder*, S. 5/6. Richard H a m a n n / Jost H e r m a n d , *Epochen d. dt. Kultur von 1870 bis zur Gegenwart.* Bd. 1: *Gründerzeit*, Bd. 2: *Naturalismus* (1971/72; Samml. Dialog 54 u. 55).

§ 20. Mehr noch als Björnsons *Ein Fallissement* (1875; dt. 1875) kommt dem dt. Publikumsgeschmack Henrik I b s e n s (1828-1906) Schauspiel *Stützen der Gesellschaft* (1877; dt. 1877) entgegen. 1878 wird es an fünf Berliner Theatern ungefähr gleichzeitig aufgeführt, im gleichen Jahr erscheint es im Repertoire von 26 dt. Theatern; bis 1889 erlebt das Stück etwa 1000 Aufführungen auf 50 dt. Bühnen. Die idealistische Beschwörung des Geistes der Wahrheit und der Freiheit zur Überwindung der durch skrupellose Erwerbssucht brüchig gewordenen Moral der bürgerlichen Gesellschaft findet Verständnis und Beifall. Auf das Publikum der Berliner Vorstadtbühnen wirkt das Stück weitaus stärker als Brandmarkung reicher Unternehmer, und so geht es 1890 als Eröffnungsvorstellung der „Freien Volksbühne" in Szene. Das fälschlicherweise *Nora* genannte Stück *Ein Puppenheim* (1879; dt. 1879) stößt auf viel Kritik, so sollte es bis 1887 währen, ehe mit den *Gespenstern* (1881; dt. 1884) die Ibsenwelle auf dem dt. Theater einsetzt. „Von hier und heute fängt eine neue Epoche der Literaturgeschichte an", erinnert sich Otto Brahm, und in der Tat beginnt mit den *Gespenstern* Ibsens Einfluß auf das Drama des dt. Naturalismus. Seine Dramen werden als Produkte eines „Wahrheitsfanatikers" aufgefaßt, der sich mit der bürgerlichen Moral auseinandersetzt. Neben den genannten Stücken bieten *Ein Volksfeind* (1882; dt. 1883), *Die Wildente* (1884; dt. 1887) und *Rosmersholm* (1886; dt. 1887) Diskussionsstoff in den 80er Jahren, Ausdrücke wie „Lebenslüge", „ideale Forderung" oder „kompakte Mehrheit", Figuren wie Nora oder Rebekka West werden feste Begriffe. Das rigorose Streben nach Wahrheit, die Stellungnahme für die freie Entwicklung des Individuums, die ätzende Gesellschaftskritik und die Technik seiner Dramen werden bewundert und nachgeahmt. 1889 wird mit den *Gespenstern* in Berlin die „Freie Bühne" — die gleichnamige Wochenschrift „für modernes Leben" behandelt die sk. Lit. bevorzugt — eröffnet, kurz darauf erfolgt mit Gerhart Hauptmanns *Vor Sonnenaufgang* (1889) der Auftakt des neuen dt. Dramas: ein Stück, das von Ibsens analytischer Handlungsführung gelernt und aus den *Gespenstern* Motive übernommen hat. Ibsens Muster lassen auch *Das Friedensfest* (1890) und *Einsame Menschen* (1891) erkennen; er ist ein Vorbild für Schnitzlersche Dramatik, und der junge Hermann Bahr widmet ihm *Die gro-* ße Sünde (1888), doch zeichnet sich in diesem bürgerl. Trauerspiel bereits Bahrs Hinwendung zum symbolistischen Theater ab, für das auch Ibsen um die Jh.wende bedeutungsvoll wird. Max Halbe, Hermann Sudermann, Max Dreyer, Wilhelm Weigand u. a. natural. Dramatiker minderen Ranges werden durch die dramatische Kunst Ibsens beeinflußt.

Von geringerer Bedeutung für das Drama des Naturalismus sind August S t r i n d b e r g s (1849-1912) aus seiner „naturalistischen" Phase stammenden Stücke *Der Vater* (1887 dt. 1888) oder *Fräulein Julie* (1888; dt. 1888), da sie sich erst nach 1900 eigentlich durchsetzen. Möglicherweise sind Frank Wedekinds *Frühlings Erwachen* (Erstdruck 1891) und Max Halbes *Mutter Erde* (1897) von Strindbergs psychologisch-naturalistischen Dramen beeinflußt. Das Menschenbild von Strindbergs Ehedramen begegnet später in Arthur Schnitzlers *Zwischenspiel* (1906), G. Hauptmanns *Gabriel Schillings Flucht* (1912) und Karl Schönherrs *Der Weibsteufel* (1914). Die Eroberung der dt. Bühne durch Strindberg setzt erst nach der Jh.wende ein, doch findet der dramaturgische Terminus „Einakter" durch Strindbergs Essay *Der Einakter* (1889; zuerst unter dem Titel *Über modernes Drama und Theater*) Eingang in die Lit.wissenschaft.

Vgl. Art. *Naturalismus; Modern, Die Moderne,* bes. S. 391 ff. — Fritz M e y e n, *Ibsen,* mit e. Einf. *Ibsen und Deutschland* von Werner M ö h r i n g (1928; Nord. Bibliographie, I. Reihe, H. 1). — Sigfrid H o e f e r t, *Das Drama d. Naturalismus* (2. Aufl. 1973; Slg. Metzler 75), S. 5/6 u. a. Lit.angaben. — David E. R. G e o r g e, *Henrik Ibsen in Deutschland. Rezeption u. Revision.* (1968; Pal. 251). Vgl. Rez. von Fritz P a u l in: Edda 69 (1969) S. 138-140. David E. R. G e o r g e, *Ibsen and German Naturalist Drama.* Ibsen-Årbok 1967, S. 119-139. Ruth D z u l k o, *Ibsen u. d. dt. Bühne* (Masch.) Habil.-Schrift Jena 1952. *Henrik Ibsen auf d. dt. Bühne. Texte zur Rezeption.* Ausgew., eingel. u. hg. v. Wilhelm F r i e s e (1966; Dt. Texte 38). — Peter de M e n d e l s s o h n, *S. Fischer u. s. Verlag,* a.a.O., bes. Kap. 4. — James W. M c F a r l a n e, *Hauptmann, Ibsen, and the Concept of Naturalism.* In: *Hauptmann Centenary Lectures,* hg. v. K. G. Knight u. F. Norman (London 1964) S. 31-60. Rosemarie Z a n d e r, *Der junge Gerhart Hauptmann u. Henrik Ibsen.* Diss. Frankfurt 1948. Franz F a s s b a e n d e r, *Ibsen — Sudermann — Hauptmann. Literar. Würdigung* (1926).

G. H u r u m , *Henrik Ibsens Einfluß auf Gerhart Hauptmann.* Diss. Oslo 1960. Norbert O e l l e r s , *Spuren Ibsens in Gerhart Hauptmanns frühen Dramen.* Teilnahme u. Spiegelung. Festschr. f. Horst Rüdiger. Hg. v. Beda Allemann u. Erwin Koppen (1975) S 397-414. Hans J ü r g e n s e n , *Henrik Ibsens Einfluß auf Hermann Sudermann.* Diss. Lausanne 1903. O. L. B o c k s t a h l e r , *Sudermann and Ibsen.* GermQuart. 5 (1932) S. 54-57. A. E. Z u c k e r , *The Ibsenian Villain in Sudermann's 'Heimat'.* GermQuart. 1 (1928) S. 208-217. — Albert S o e r g e l , *Dichtung u. Dichter d. Zeit.* Bd. 1 (1911) S. 462. — Rüdiger B e r n h a r d t , *Die Herausbildung d. naturalistischen dt. Dramas bis 1890 unter d. Einfluß Henrik Ibsens.* (Masch. vervielf.) Diss. Halle 1968. — Arthur B u r k h a r d , *Strindberg and modern German drama.* GermQuart. 6 (1933) S. 163-174. Maurice G r a v i e r , *Strindberg et le Théâtre naturaliste allemand.* Etud Germ. 2 (1947) S. 201-211, 334-348; 3 (1948) S. 25-36, 383-396; 4 (1949) S. 13-26. Ders., *Strindberg et le Théâtre moderne: I. L'Allemagne.* (Lyon/Paris 1949; Bibliothèque de la Société des Etudes Germaniques 2). Ders., *Strindberg et Wedekind.* EtudGerm. 3 (1948) S. 309-318. Erich R u c k g a b e r , *Das Drama August Strindbergs u. s. Einfluß auf d. dt. Drama.* (Masch.) Diss. Tübingen 1953. Hans-Peter B a y e r d ö r f e r , *Traditionelles Kurzdrama u. moderner Einakter. Zur Entwicklung d. Dramatik vom 19. zum 20. Jh.* (Masch.) Habil.-Schrift, Tübingen 1974, bes. S. 156-193.

§ 21. Die Welle der Übersetzungen sk. Prosa setzt in den Jahren von 1870 bis 1889 ein, sie läuft langsam an und entwickelt sich von 1890 bis 1900 zu einer Hochflut, um nach der Jh.wende allmählich wieder abzuebben. Das große Angebot sk. Lit., das auch viel bloße Unterhaltungs- und Triviallit. enthält, wird durch den für die dt. Verleger günstigen Umstand gefördert, daß die sk. Staaten erst viele Jahre nach Abschluß der Berner Konvention von 1886 dieser beitreten: Norwegen 1896, Dänemark 1903, Schweden 1904. Der Import aus dem Norden und seine Nachwirkung zeigt dabei seine zwei Gesichter. Die traditionelle Nordlandbegeisterung waltet z. B. in Bleibtreus *Aus Norwegens Hochlanden* (1883, vgl. § 19) und M. G. Conrads utopischem Staatsroman *In purpurner Finsternis* (1895). Andererseits ist Skandinavien das Land des modernen Naturalismus, so daß Arno Holz und Joh. Schlaf ihr naturalistisches Muster- und Programmwerk *Papa Hamlet* (1889) unter dem Pseudonym Bjarne P. Holmsen hinausgehen lassen. Skandi-

navien bringt mit dem Naturalismus auch die Gesellschaftskritik, die es in Deutschland in der Weise nicht gab, und der sk. Gesellschaftsroman wird zum Bestandteil der eigenen literar. Kultur. Die ausschlaggebende Rolle spielen die Norweger Jonas L i e (1833-1908), Alexander K i e l l a n d (1849-1906) und Björnstjerne B j ö r n s o n (1832-1910; vgl. § 19), deren Prosawerke sämtlich eingedeutscht werden, hinzu kommen Romane ihres Landsmannes Arne G a r b o r g (1851-1924) und August Strindbergs *Rotes Zimmer* (1879; dt. 1889). Die Lektüre Lies und Kiellands wirkt in T. Manns *Buddenbrooks* (1901) nach, er findet bei den Norwegern jene „atmosphärische Verwandtschaft", die er nur in seine lübsche „Familiengeschichte" zu transponieren braucht. Stoffliche und stilistische Gemeinsamkeiten sind vorhanden, dies gilt z. B. auch für *Tonio Kröger* (1903). Eine beträchtliche Nachwirkung hat auch der sk. Künstler- oder Bohemienroman. Arbeiten Hermann Conradis verweisen auf *Fra Kristiania-Bohemen* (1885; dt. 1889) des Norwegers Henrik J æ g e r (1854-1910), das Muster von Strindbergs *Rotem Zimmer* ist in Romanen C. Bleibtreus, M. G. Conrads und C. Albertis auszumachen.

Fritz M e y e n , *Die dt. Übersetzungen norweg. Schönliteratur 1730-1941* (Oslo 1942; Norweg. Bibliographie T. 2). Peter de M e n d e l s s o h n , *S. Fischer u. s. Verlag,* a.a.O., S. 72. — Irmgard G ü n t h e r , *Die Einwirkung d. sk. Romans auf d. dt. Naturalismus, 1870-1900.* (1934; Nord. Studien 14). — Frode R i m s t a d , *Norsk litteratur i Tyskland 1890-1900. Kritikk, mottakelse og kulturell bakgrunn* (Oslo 1971; Hovedfagsoppgave, Masch.). Zu T. M a n n allein ist vgl.: Harry M a t t e r , *Die Lit. über T. M. Eine Bibliographie 1898-1969.* Bd. 2 (1972) S. 425 ff. Walter G r ü t e r s , *Der Einfluß d. norweg. Lit. auf T. M.s 'Buddenbrooks'.* Diss. Bonn 1961. Jørgen B r e i t e n s t e i n , *T. M. og Kielland.* Edda 63 (1963) S. 147-160. Klaus M a t t h i a s , *T. M. u. Skandinavien* (1969; Veröff. d. Kultusverw. d. Hansestadt Lübeck 3). Anni C a r l s s o n , *Ibsenspuren im Werke Fontanes u. T. M.s.* DVLG. 43 (1969) S. 289-296. Walter P a c h e , *Ein Ibsen-Gedicht im 'Doktor Faustus'.* CompLit. 25 (1973) S. 212-220. Uwe E b e l , *Rezeption u. Integration skandinavischer Literatur in Thomas Manns 'Buddenbrooks'* (1974; Skandinavist. Studien 2). — Johs. A. D a l e , *Garborg i Tyskland.* In: Dale, *Garborg-studiar* (Oslo 1969) S. 86-135. — In einem Forschungsprojekt *Beiträge von Kritikern, Übersetzern und literarischen Institutionen zur*

Rezeption skandinavischer Literatur in Deutschland von 1870 bis 1914 wird am Nordischen Institut der Univ. Kiel (Sonderforschungsbereich 17: Skandinavien- und Ostseeraumforschung, finanziert von der DFG) dieser bedeutsame Zeitabschnitt der skandinav.-dt. Lit.-beziehungen unter Zuhilfenahme der jüngsten Erkenntnisse der Rezeptionsforschung (Jauß, Mandelkow u. a.) untersucht. Es steht zu hoffen, daß in nicht allzu ferner Zeit die Resultate auch im Druck vorliegen werden.

§ 22. Nach 1890 wird die sk. Lit. in dt. Zeitschriften in einer großen Zahl Essays vorgestellt. Neben Beiträgen von Kritikern und Übersetzern stammen viele aus der Feder sk. Autoren, diese Werbung und die Hochflut der Übersetzungen währt die ganzen 90er Jahre hindurch. Neben Lie, Kielland und Björnson erscheinen nun Knut Hamsun (1859-1952), die Dänen Jens Peter Jacobsen (1847-1885) und Herman Bang (1857-1912), die Schweden Selma Lagerlöf (1858-1940), Gustaf Fröding (1860-1911), Erik Axel Karlfeldt (1864-1931) und Ellen Key (1849-1926). Die Lyrik dieser Autoren erzielt keine größere Nachwirkung; Themen, Motive und selbst die Schreibweise der Prosa (Übersetzung) aber beeinflussen die dt. Lit. der Jh.wende und des 20. Jh.s viel stärker als die real.-natural. Tendenzromane, starke Impulse empfängt die Jugendbewegung und Pädagogik durch die Schriften E. Keys, bes. *Das Jahrhundert des Kindes* (1900; dt. 1902). J a c o b s e n s Werke erzielen auch zahlenmäßig große Erfolge, von der artistischen Sensibilität und Tristesse, der Fin-de-siècle-Stimmung und Schwermut der lyrischen und epischen Dichtung des Dänen sind die Leser fasziniert: Jacobsen gehört zu den typischen Jugenderlebnissen dieser Jahre. Die Kritik beschäftigt sich immer wieder mit seinem Werk, insbesondere mit *Niels Lyhne* (1888; dt. Buchform 1889), dem Roman über den „künstlerischen Menschen". Der passiv-reflektierende Anti-Held und das Spannungsverhältnis Traum und Wirklichkeit, ein Grundproblem seiner Dichtung, beeinflussen u. a. Carl Hauptmann, Hugo von Hofmannsthal, Arthur Schnitzler. Das Wiener Geistesleben vor allem bringt dem „Dichter der Sehnsucht" (O. Hansson) großes Interesse entgegen: Robert F. Arnold übersetzt Jacobsens Ly-

rik, und Arnold Schönberg beginnt um 1900 mit der Vertonung der *Gurrelieder*. Ein Gefühl des Hingezogenseins zeigt besonders Rainer Maria R i l k e. Viele Briefäußerungen lassen eine nahe Beziehung zu sk. Autoren erkennen, so u. a. zu H. Bang, S. Obstfelder und E. Key; die Bekanntschaft mit ihrem Werk oder zumindest einigen ihrer Arbeiten läßt sich in seiner Dichtung nachweisen. Waren sie in bestimmten Schaffensperioden und auch da nur neben anderen Dichtern bedeutsam, so übt Jacobsens Persönlichkeit und Werk eine starke Wirkung auf ihn über mehrere Jahre hinaus aus. Er lernt Dänisch, um Jacobsen und Søren Kierkegaard (vgl. § 26) im Original lesen zu können, er plant eine Monographie über den Dichter, überträgt Gedichte. Jacobsen verhilft ihm dazu, zu sich selbst zu kommen, die malerisch-impressionistische Seite im Werk Jacobsens beeinflußt und fördert sein Schaffen, eine Reihe Motive aus *Niels Lyhne* und *Frau Marie Grubbe* (1876; dt. 1878) kehren in den *Aufzeichnungen des Malte Laurids Brigge* (1910) wieder, schon der Name des Helden weist ja auf diese Zusammenhänge hin. Enger noch sind die formalen Beziehungen zu Sigbjörn O b s t - f e l d e r s (1866-1900) Werk, mit dem auch in bestimmten Tendenzen und Motiven eine Gemeinsamkeit besteht. Reminiszenzen an Verner von Heidenstams (1859-1940) Roman *Karl XII. und seine Krieger* (1897/98; dt. 1898) zeigt *Das Buch der Bilder* (1902).

Irmgard G ü n t h e r, *Die Einwirkung d. sk. Romans auf d. dt. Naturalismus, 1870-1900*, a.a.O., S. 19. — R. M. R i l k e, *Briefe aus d. Jahren 1902-1906*, hg. v. Ruth Sieber-Rilke u. Carl Sieber (1929). Ders., *Briefe aus d. Jahren 1906-1907* (1930). Ellen K e y, *En österrikisk diktare. Ord och Bild* 13 (1904) S. 513-525; 558-569. Paula H u b e r, *Rainer Maria Rilke und Jens Peter Jacobsen.* (Masch.) Diss. Wien 1934. Werner K o h l - s c h m i d t, *Rilke u. Jacobsen.* In: Kohlschmidt, *Rilke-Interpretationen* (1948) S. 9-36. Ders., *Rilke u. Obstfelder.* Festschr. f. Friedrich Maurer, (1963) S. 458-477; wiederh. in: Kohlschmidt, *Dichter, Tradition u. Zeitgeist* (1965) S. 176-189. B. G. M a d - s e n, *Influences from J. P. Jacobsen and S. Obstfelder on R. M. Rilkes 'Die Aufzeichnungen d. Malte Laurids Brigge'.* Scandinavian Studies 26 (1954) S. 105-114. Reidar E k n e r, *En sällsam Gemenskap. Baudelaire, Söderberg, Obstfelder, Rilke. Litteraturhistoriska essäer* (Stockholm 1967) S. 138 ff.;

152 ff. Ders., *Rilke, Ellen Key och Sverige.* Samlaren 86 (1965) S. 5-43. Käte H a m b u r g e r, *R. M. Rilkes svenska resa.* Bonniers Litterära Magasin 1944, S. 611 ff. — Erik L u n d i n g, *J. P. Jacobsen — Wirkung und Wesen.* Probleme des Erzählens in der Weltliteratur. Festschr. für K. Hamburger z. 75. Geb, hg. v. Fritz Martini (1971) S. 195-211. Ders., Rez. von Niels B a r f o e d : *Omkring Niels Lyhne* (København 1970). In: Orbis litterarum 26 (1971) S. 158-164. Ruth S c h m i d t - W i e g a n d, *Der burde have været Roser. J. P. Jacobsen und die Überwindung des Naturalismus in D.* Beiträge z. dt. u. nord. Lit. Festgabe für L. Magon z. 70. Geb. (1958) S. 359-376. — Horst N ä g e l e, *J. P. Jacobsen* (1973; Slg. Metzler 117). Vgl. Kap. VII. zur Frage nach ,Reflexen' in der dt. Literatur, S. 51-69. — C. C. S c h o o l f i e l d, *Charles XII Rides in Worpswede.* MLQ 16 (1955) S. 258-267. Ders., *Rilke and Heidenstam: public thanks and hidden trails.* Studies in German literature of the 19th and 20th centuries. Festschr. f. F. E. Coenen (Chapel Hill 1970) S. 186-200. Ders., *Rilke and Narcissus.* On Romanticism and the Art of Translation. Studies in Honor of E. H. Zeydel. (Princeton 1956) S. 197-231.

§ 23. Neben Rilke wissen sich eine beträchtliche Anzahl Autoren der Jh.wende Jacobsen verpflichtet, nicht nur Th. Mann, der ihn zu seinen „Lehrmeistern" zählt, auch Jakob Wassermann, Hermann Stehr und Arthur Schnitzler. Stärker noch aber stehen sie im Bann der Prosa Herman B a n g s (1857-1912), die Melancholie, Sinnenoffenheit und etwas müde Passivität spricht vor allem die Wiener Autoren an, denn die seelische Verfeinerung, Sehnsucht, Ironie und „kulturvolle Müdigkeit" (Alker) der dän. Lit. jener Jahre hat vieles gemeinsam mit der österr. Die Ähnlichkeit zwischen den Arbeiten A. S c h n i t z l e r s und Peter Nansens (1861-1918) — erotische Themen, gedämpfte Atmosphäre und Erzählweise — ist ganz offensichtlich; und daß Schnitzler wie auch Hermann Bahr ihre ersten Arbeiten an Georg Brandes, dessen Urteil im literar. Europa ungemein viel gilt, senden, ist so kaum verwunderlich. Interessanterweise beruht der Einfluß der beiden Dänen Jacobsen und Bang auf der Sprache von Übersetzungen, die zumeist das Niveau guter Mittelmäßigkeit kaum überschreiten. Lag es an A. Strindbergs Übersetzer Emil Schering, daß die Prosa des Schweden, von dem verschiedene Romane und autobiographische Arbeiten bis zur Jh.wende erscheinen, ohne Echo blieb?

Von schwed. Autoren erzielt der zu jener Zeit in Deutschland berühmte Ola Hansson (1860-1925) eine gewisse Wirkung, so auf das frühe Werk des Wiener Impressionisten Peter Altenberg und Carl Hauptmanns *Sonnenwanderer* (1897). Der Einfluß Selma L a g e r l ö f s (1858-1940) ist verglichen mit ihrem großen Erfolg beim dt. Publikum z. T. gering. Ihre Erzählung *Herr Arnes Schatz* (1904; dt. 1904) dient G. Hauptmann als Vorlage für die dramat. Dichtung *Winterballade* (1917), Nelly Sachs verehrt in S. Lagerlöf „ihr leuchtendes Vorbild" und widmet ihr einen frühen Band *Legenden und Erzählungen* (1921), Bertolt Brecht denkt anfangs der 20er Jahre daran, nach einer dramatisierten Form des Romans *Gösta Berling* (1891; dt. 1896) ein Stück zu schreiben, doch über ein Vorspiel kommt er nicht hinaus. Die Wirkung, die von Werken wie *Gösta Berling* oder *Nils Holgersson* ausgeht, ist der von Andersens Märchen vergleichbar. *Gösta Berling* bringt wiederum die Gestalt Bellmans und seines Kavalierskreises ins Spiel. Die *Christuslegenden* üben starken Einfluß auf die Epoche des Jugendstils aus. Wichtig ist auch der Mensch S. Lagerlöf: Ihr fürsprechendes Wort verschafft im Mai 1940 Nelly Sachs die Ausreise nach Schweden (vgl. § 31).

Fritz M e y e n, *Norweg. Lit. (außer Ibsen)* (1928; Nord. Bibliographie, Reihe 1, H. 2). — Klaus M a t t h i a s, *T. Mann u. Skandinavien,* a.a.O., S. 37 ff. Arthur B u r k h a r d, *Th. Mann's Indebtedness to Scandinavia.* PMLA 45 (1930) S. 615. — Georg B r a n d e s und Arthur S c h n i t z l e r, *Ein Briefwechsel,* hg. v. Kurt Bergel (Bern 1956). — Ernst A l k e r, *Über d. Einfluß von Übersetzungen aus d. nord. Sprachen auf d. Sprachstil d. dt. Lit. seit 1890.* Stil- und Formprobleme in d. Lit. Vorträge d. VII. Kongresses f. moderne Sprachen u. Lit., hg. v. Paul Böckmann (1959) S. 453-458. Walther B o e h l i c h, *Vom Kreuz d. Übersetzens. Zu e. neuen Strindberg-Ausgabe.* Der Monat 9 (1957) S. 63-70. — Walter A. B e r e n d s o h n, *Selma Lagerlöf. Heimat u. Leben, Künstlerschaft, Werke, Wirkung u. Wert* (1927). *Das Buch der Nelly Sachs,* hg. v. v. Bengt H o l m q v i s t (1968). — Bertolt B r e c h t, *Ges. Werke in 20 Bd.en,* Bd. 7 (1967) S. 2883-2892. — Alfred B ü s c h e r, *Lagerlöf-Bibliographie.* Mit e. Einf. S. *Lagerlöf* von Leopold M a g o n (1930; Nord. Bibl. 2, 1). Zum Einfluß S. Lagerlöfs: Vielleicht mehr im Stil zu suchen (z. B. im 'balladesken' Ton der Heimatkunst) und weniger in Motiven u. Themen. Genauere Untersuchungen fehlen noch.

§ 24. Die frühen Romane Knut H a m - s u n s (1859-1952) finden in Deutschland ein nachhaltiges Echo, seine Darstellung des „unbewußten Seelenlebens", die Rebellion wider die bürgerliche Sattheit und die Abkehr von dem Luxus der Zivilisation in *Hunger* (1890; dt. 1891), *Pan* (1894; dt. 1895) und *Victoria* (1898; dt. 1899) werden begeistert aufgenommen. Themen und Stil dieser Bücher entsprechen dem literar. Jugendstil, und sie kommen jenen Bestrebungen in der dt. Lit. entgegen, die „eine kunst frei von jedem dienst" (*Blätter für die Kunst*, 1899) fordern. Von dem tiefen Eindruck, den Hamsuns Bücher auf die Jugend machen, zeugen Bernhard Kellermanns Romane *Yester und Li* (1904), *Ingeborg* (1906), *Der Tor* (1909) und *Das Meer (1910)*, Musterbeispiele der Aneignung eines auf dem Weg der Übersetzung zugänglich gewordenen Stils, verstärkt durch die Übernahme ähnlicher oder gleicher Themen.

Die Zivilisationsmüdigkeit in Hamsuns frühen Romanen wird bei dem Dänen Karl G j e l l e r u p (1857-1919) in dessen nach der Jh.wende geschriebenen Werken zur Europamüdigkeit. Einige späte Arbeiten des in Dresden gestorbenen Autors und Nobelpreisträgers von 1917 erscheinen zuerst in dt. Sprache; Stoff und Thema seines Legendenromans *Der Pilger Kamanita* (dt. 1906) haben möglicherweise Hermann Hesse u. a. zu der indischen Dichtung *Siddharta* (entst. 1919/22; Erstausgb. 1922) angeregt. Seit 1906 erscheinen bei S. Fischer, der auch den Bestseller-Autor Laurids Bruun (1864-1935) mit seinen *Van Zanten*-Romanen verlegt, jährlich ein oder zwei Titel von Johs. V. J e n s e n (1873-1950). Sein erfolgreichstes Werk *Der Gletscher* (1908; dt. 1911), das zu dem Roman-Zyklus *Die lange Reise* gehört, stellt, nach Oskar Loerke, die „Urkräfte seiner nordisch-germanischen Heimat von ihrem kosmischen Ursprunge ... bis zur Mündung in die Kulturmenschheit" dar, dieses Thema greift Hans Friedrich Blunck (vgl. § 28) in den vorgeschichtlichen und histor. Romanen *Werdendes Volk* (1934) — die Trilogie entsteht bereits in den zwanziger Jahren — und *Die große Fahrt* (1935), in dem ein Deutscher zwanzig Jahre vor Kolumbus Amerika entdeckt, auf.

Wilhelm F r i e s e , *Das dt. Hamsun-Bild.* Edda 65 (1965) S. 257-276. Ders., *Hamsun u. d. Jugendstil.* Edda 67 (1967) S. 427-449. Anni C a r l s s o n , *Noch einmal: Das dt. Hamsunbild.* In: Edda (66) 1966, S. 278-288. Walter B e r e n d s o h n , *Knut Hamsuns Aufnahme in Deutschland.* Deutsch-nord. Jb. 1929, S. 85-92. — Peter de M e n d e l s - s o h n , *S. Fischer u. s. Verlag*, a.a.O., S. 522 ff. Ernst A l k e r , *Über d. Einfluß von Übersetzungen...*, a.a.O. — Fritz P a u l , *Gjellerup und die Aufwertung des Jugendstils.* Danske Studier 1971, S. 81-90.

§ 25. Georg B r a n d e s , der 1883 Deutschland verläßt, führt über viele Jahre eine rege Korrespondenz mit dt. Autoren und bleibt weiterhin der wichtigste Interpret der sk. Lit. Der „gute Europäer" und „Cultur-Missionär", wie ihn F. Nietzsche, den er im Norden einführt, nennt, findet nun zu einem „aristokratischen Radikalismus" (Titel der Schrift über Nietzsche), doch für die fortschrittlich-liberale Jugend Deutschlands bleibt er das Symbol bis zu seinem Tod: An seinem Grab spricht Ernst Toller Worte der Trauer. Von 1898 bis 1904 gibt er zusammen mit J. Elias und P. Schlenther Ibsens *Sämtliche Werke* in zehn Bänden heraus. Deutschland hatte zuerst die gesellschaftskritischen Dramen Ibsens kennengelernt, diese Festlegung auf den Gesellschaftskritiker steht den späten Werken von der *Frau am Meer* (1888; dt. 1888) bis *Wenn wir Tote erwachen* (1899; dt. 1900) für eine Zeit im Weg und hat ebenfalls zur Folge, daß das frühe dramat. Gedicht *Peer Gynt* (1867; dt. 1881 u. ö.) erst 1902 die dt. Erstaufführung in Wien erlebt. Das Haupt der jüngsten Wiener Dichtergeneration, Hermann Bahr, der 1891 die „Überwindung des Naturalismus" ankündigt, erkennt als einer der ersten I b s e n s Bedeutung für die neuromant. Strömung der Jh.wende. Er sieht den „wahren" Ibsen nicht länger mehr in den gesellschaftskrit. Stücken, sondern in den „romantischen " Problemdichtungen *Brand* (1866; dt. 1872) und *Peer Gynt*. Ein anderer dieses Wiener Kreises, Hugo von Hofmannsthal, entdeckt in seinen Stücken einen „sehr reichen, sehr modernen und sehr scharf geschauten Menschentypus", der „zwischen den Menschen keinen rechten Platz" hat „und mit dem Leben nichts anfangen" kann. Als er dies schreibt, arbeitet er an *Der Tor und der Tod* (1893), in dem die Hauptperson eben jener ästhetische Egoist ist, den er in Ibsens Dramen zu finden wähnt. Ibsens bedeutendster Interpret nach der Jh.wende auf dem Theater wird Max Reinhardt in Berlin, der sich Edvard Munch (1863-1944), den norweg. Repräsentanten des Jugendstils und Befruchter des Expressionismus — für Lyriker wie R. Dehmel und M. Dauthendey ist seine Kunst von einiger Bedeutung —, als Bühnenbildner holt. Doch nicht nur vom Szenenbild, auch von der Dramentechnik des „frühen" Ibsen gehen Anregungen für das expressionistische Theater aus: von der „offenen" Technik des *Peer Gynt* — 1922 das erfolgreichste Stück der dt. Bühne — und dem Stationendrama *Brand*, das 1898 die erste dt. Aufführung erlebt.

Beeindruckt vom „frühen" Ibsen zeigt sich auch Stefan George, der kurze Passagen aus den *Heermannen auf Helgeland (Hærmændene paa Helgeland,* 1858) und aus Ibsens Erstlingswerk *Catilina* (1850) überträgt: der Enthusiasmus des Dramas und das Streben des Helden begeistern George, dessen Jugendwerk *Manuel* zum Teil durch dieses Stück beeinflußt ist.

Zur B r a n d e s - Rezeption in Deutschland fehlen eingehende Untersuchungen. Über die Bedeutung B.s' für die Entwicklung Heinrich Manns, insbesondere für dessen Geschichtsauffassung, vgl. Klaus S c h r ö t e r , *Literar. Einflüsse im Jugend- und Frühwerk von Heinrich Mann. 1892-1907. Ihre Bedeutung für sein Gesamtwerk.* (Masch. vervielf.) Diss. Hamburg 1960, S. 52-84. Ders., *Anfänge H. Manns. Zu den Grundlagen s. Gesamtwerkes.* (1965; Germanist. Abhandlgn. 10) S. 42-68. Zur Auseinandersetzung Th. Manns mit Brandes vgl. Hans-Joachim S a n d b e r g , *Suggestibilität u. Widerspruch. Thomas Manns Auseinandersetzung mit Brandes.* Nerthus 3 (1972) S. 119-163. Uwe E b e l , *Rezeption u. Integration . . . ,* a.a.O., Kap. 3, S. 33-69. — Georg B r a n d e s , *Correspondance.* Lettres choisies et annotées par Paul K r ü g e r . Bd. 3: *L'Allemagne* (Kopenhagen 1966). Vgl. auch Bd. 4: *Notes et Références* (Kopenhagen 1952/66), bes. S. 441. — Friedrich N i e t z s c h e , *Ges. Briefe,* Bd. 3 (1904) S. 274 u. 277. Georg B r a n d e s und Arthur S c h n i t z l e r , *Ein Briefwechsel,* hg. v. Kurt Bergel (1956), S. 16. — M. E l l e h a u g e , *Ibsens indflydelse paa de moderne tysksprigske dramatikere.* Tilskueren 2 (1928) S. 131-144. — Hermann B a h r , *Zur Überwindung d. Naturalismus. Theoret. Schriften 1887-1904.* Ausgew., eingel. u. erl. v. Gotthart Wunberg (1968; Sprache u. Lit. 46). —

David E. R. G e o r g e , *Ibsen in Deutschland,* a.a.O., S. 51 ff. Hugo von H o f m a n n s t h a l , *Die Menschen in Ibsens Dramen.* In: *Ges. Werke, Prosa I* (1950) S. 99-112. Brian C o g h l a n , *Ibsen u. Hofmannsthal.* Hofmannsthal-Forschungen 1 (1971) S. 36-47. Ruth D z u l k o , *Ibsen u. d. dt. Bühne,* a.a.O., S. 214-236. — Wolfdietrich R a s c h , *Edvard Munch u. d. literar. Berlin d. 90er Jahre.* In: *Edvard Munch. Probleme, Forschungen, Thesen,* hg. v. H. Bock u. G. Busch (1973) S. 14-24. Hans M i d b ø e , *Max Reinhardts iscenesettelse av Ibsens 'Gespenster' i Kammerspiele des Deutschen Theaters 1906 — Dekor Edvard Munch* (1969; Det Kgl. Norske Videnskabers Selskabs Skrifter 4). — Zu Ibsens möglicher Bedeutung für Sigmund Freud s. Gunnar B r a n d e l l , *Freud och hans tid* (Stockholm 1970), dt. Ausg. 1976. — George C. S c h o o l f i e l d , *Stefan George's Translation of Jens Peter Jacobsen.* Kentucky Foreign Language Quarterly 10 (1963) S. 31-40. — Stefan G e o r g e , *Ges. Werke* 18 (1934) S. 115-127. Ders., *Werke II* (1958) S. 492; 586-593. Claude D a v i d , *Stefan George. Sein dichter. Werk* (1967) S. 22. W. K o h l s c h m i d t , *Stefan Georges Jacobsen-Übersetzungen.* Festschr. f. Herman Meyer (1976) S. 576-591. — Joris D u y t s c h a e v e r , *Alfred Döblins Ibsens-Rezeption.* Arcadia 9 (1974) S. 161-167.

§ 26. Seit den letzten Jahrzehnten des 19. Jh.s erscheinen einzelne Werke Søren K i e r k e g a a r d s (1813-1855) in dt. Übersetzung, die eigentliche Rezeption aber beginnt mit der zwölfbändigen Jenenser Ausgabe von 1909-1922 (2. Aufl. 1922-1925), die H. Gottsched und Chr. Schrempf veranstalten. Diese Ausgabe macht die Deutschen mit seinem Werk bekannt, und auf ihr, einer recht umstrittenen Übertragung, beruht die Wirkung Kierkegaards auf die Existenzphilosophie und die protestantische dialektische Theologie: Philosophen von Husserl bis zu Heidegger und Jaspers, Theologen von Barth bis zu Gogarten u. a. stützen sich auf sie. In der ersten Hälfte des 20. Jh.s werden über Søren Kierkegaard mehr Arbeiten in deutscher als in allen anderen Sprachen zusammen geschrieben. Seit 1950 bzw. 1951 erscheinen, nachdem in den 20er Jahren eine Auswahl der *Tagebücher* in Theodor Haeckers (1879-1945) Übersetzung hinzukam, zwei neue Ausgaben: die von H. Diem und W. Rest besorgte sogenannte Jubiläumsausgabe und die von E. Hirsch herausgegebene Gesamtausgabe, zu der auch die von H. Gerdes zusammengestellte und übersetzte Auswahl *Tagebücher* (5 Bde., 1962-1974) gehört.

Verglichen mit der Wirkung Kierkegaards auf die dt. Philosophie und Theologie ist der Einfluß auf die dt. Dichtung nicht allzu groß. Autoren werden von den Begriffen Sünde, Gnade, Schuld, Vergebung und Angst ergriffen, aber das Christliche des dän. Denkers, das Entweder/Oder Kierkegaards, klammern sie zumeist aus: darin befinden sie sich in Übereinstimmung mit den ersten Übersetzern und Herausgebern. Stark erlebnismäßig ist der Einfluß Kierkegaards für Franz K a f k a , der sich, wie seine Tagebücher belegen, in seinem Menschsein immer wieder als ihm verwandt empfindet, und für Hermann H e s s e , dessen Geist und Gewissen durch diese unerbittliche Stimme auf einmalige Weise geweckt werden. Mit Kierkegaard setzt sich R. M. R i l k e über ein Jahrzehnt, besonders nach Abschluß des *Malte*, auseinander; das radikal christliche Element des dän. Philosophen übernimmt er nicht, aber dessen Kritik an jenem ästhetischen Menschenbild, das Rilkes Werk bis zum *Malte* prägt. Seine Dichtung seit den *Duineser Elegien* wird durch Kierkegaards Dialektik bestimmt, und die intensive Beschäftigung mit ihm mag auch seine religiöse Sprache beeinflußt haben. Für den österr. philosophischen Schriftsteller Rudolf K a s s n e r , der mit Rilke lange Zeit engen Kontakt pflegte, wird Kierkegaard von erheblicher Bedeutung. Er transponiert Kierkegaards Gedanken, z. T. unter Verwendung der Terminologie des dän. Philosophen, in seine Vorstellungswelt. Vermutlich beschäftigen sich auf seine Anregung hin Hugo von Hofmannsthal und Georg Lukács mit Kierkegaard. Thomas Mann wird von Theodor W. Adorno, der über *Kierkegaard. Konstruktion des Ästhetischen* (1931, umgearb. ersch. 1933) geschrieben hat, auf den dän. Denker hingewiesen, doch sagt ihm der Stil — Übersetzung! — nicht zu, er entdeckt aber eine Verwandtschaft zwischen *Entweder — Oder* und dem *Doktor Faustus*, an dem er gerade arbeitet. Vielleicht aber gibt Th. Manns abfälliges Urteil über die Sprache eine Erklärung für den verhältnismäßig geringen Einfluß Kierkegaards auf die dt. Lit. im engeren Sinn: eine wesentliche Ursache ist die mittelmäßige Qualität der Schrempf'schen Übersetzung. Interessanterweise aber macht die

eigenmächtige Übersetzung Schrempfs ein Kierkegaard-Zitat für Max Frischs Motto zum *Stiller* (1954) erst tauglich; der Roman und das Drama *Don Juan oder Die Liebe zur Geometrie* (1953) stehen unter einem nachweisbaren Einfluß Kierkegaards, in späteren Arbeiten wird er erwähnt, aber für die Thematik des Schweizer Autors ist er nicht mehr wichtig.

Heinz-Horst S c h r e y , *Sören Kierkegaard* (1971; Wege der Forschung 179). — Aage K a b e l l , *Kierkegaardstudiet i norden* (Kopenhagen 1948). — Helmut F a h r e n b a c h , *Die gegenwärtige K.-Auslegung in d. dt.-sprachigen Lit. von 1948-1962*. Mit e. Nachtr. zu Adorno, *Kierkegaard* (1962; Philosoph. Rundschau, Beih. 3). — Hans Joachim S c h o e p s , *Über das Frühecho S. Kierkegaards in Deutschland*. Zs. f. Religions- u. Geistesgesch. 3 (1951), H. 2., S. 160-165. Walter B o e h l i c h , *Kierkegaard als Verführer*. Merkur 7 (1953) S. 1075-1088. Ders., *Kierkegaard u. Deutschland*. Dän. Rundschau 1955, H. 8, S. 7-11. — Franz K a f k a , *Ges. Werke*, hg. v. M. Brod: *Tagebücher 1910-1923* (1954) S. 318, 511 f., 584. — Hermann H e s s e , *Schriften zur Lit.* Bd. 2 (1970) S. 284 ff. — Werner K o h l s c h m i d t , *Rilke u. Kierkegaard.* In: Kohlschmidt, *Die entzweite Welt. Studien zum Menschenbild in d. neueren Dichtung* (1953) S. 88-97. O. J a n c k e , *Rilke u. Kierkegaard*. DVLG. 39 (1938) S. 314-329. — Helmut R e h d e r , *Thomas Mann — and Kierkegaard? Some Reflections on Irony and a Letter.* In: Saga og språk. Studies in language and literature. In honor of Lee M. Hollander. Hg. v. John M. Weinstock (Austin 1972) S. 291-300. — Zu Frisch u. Kierkegaard: Werner K o h l s c h m i d t in: *Das Menschenbild in d. Dichtung*, hg. v. Albert Schaefer (1965) S. 174-195. Philip M a n g e r , *Kierkegaard in 'Max Frisch's Novel 'Stiller'.* GLL 20 (1967) S. 119-131. Jürgen B r u m m a c k , *Max Frisch u. Kierkegaard* (Unveröffentl. Habil.-Vortrag Tübingen 1971). — Heinrich F a u t e c k , *Kierkegaard — ein konservativer Revolutionär. Zum Abschluß der dt. Ausgabe s. Tagebücher.* NRs. 86 (1975) S. 141-151. Über K.s Werk als Dichtkunst liegen zwei Studien von dän. Literaturwissenschaftlern vor: F. J. Billeskov J a n s e n , *Studier i S. K.s litterære kunst* (København 1951). Aage H e n r i k s e n , *K.s romaner* (2. Aufl. København 1969).

§ 27. Im Jahrzehnt nach der Jh.wende ist die Zeit für S t r i n d b e r g s Dramen noch nicht reif. Seitdem die *Sämtl. Werke* (1902—1930), vom Dichter selbst unter Mitwirkung von Emil Schering als Übersetzer veranstaltet, zu erscheinen beginnen, empfiehlt die Literaturkritik die Arbeiten des schwed. Dramatikers, doch auf dem Theater will sich kein Erfolg einstellen. Nach den „naturalistischen" Stücken, die bis 1900 zur Aufführung gelangen, interessiert man sich von der Jh.wende bis zum 1. Weltkrieg sowohl für die älteren wie die jüngeren Werke, doch die eigentliche „Strindbergseuche" beginnt erst während und nach dem Krieg: nun wird das Metaphysisch-Kosmische verstanden. Auf den Bühnen setzt sich Strindberg gegen Ibsen durch, den Höhepunkt der Aufführungen in Deutschland bringt die Spielzeit 1921/22. Die Werke der Nach-*Inferno*-Zeit haben eine starke Wirkung auf das expressionistische Theater. Bernhard Diebold, Theaterkritiker jener Zeit, bezeichnet die dramat. Dichtung *Nach Damaskus* (1898-1904; dt. 1899 ff. u. ö.) als die „Mutterzelle des expressionistischen Dramas". Hier und in *Ein Traumspiel* (1902; dt. 1903) liefert Strindberg dem zeitgenössischen Theater die Mittel für eine neue Bühnentechnik durch das monologische Drama und das epische Stationen-Theater, das mit szenischen Bildern, die seelische Zustände optisch formulieren, argumentiert. Nicht nur seine Formkunst wird zum Vorbild, er stärkt auch das „religiöse metaphysische Rückgrat des modernen Dramas". Ohne Strindbergs „Unbekannten" ist Reinhard Sorges *Der Bettler* (1912) nicht denkbar, die „magische Trilogie" Franz Werfels, *Der Spiegelmensch* (1920), läßt *Nach Damaskus* deutlich als Muster erkennen. Mehr oder weniger starke Einflüsse zeigen Dramen von Carl Hauptmann, Georg Kaiser, Ernst Barlach, Paul Kornfeld, Fritz von Unruh, Oskar Kokoschka u. a. expression. Dramatikern (s. auch § 32). Einen viel geringeren Einfluß übt der Erzähler Strindberg aus, zurückzuführen ist dies wohl zum Teil auf die schlechte Übersetzung E. Scherings. Franz Kafka findet so trotz seiner Strindberg-Begeisterung weniger Anregungen für sein literar. Werk als für persönliche Probleme. Es gibt auffällige gemeinsame Züge im Leben und Werk der beiden Autoren, Übereinstimmungen biographischer, weltanschaulicher und religiöser Art; des Schweden Traumspieltechnik scheint verwandt mit Kafkas traumhafter Welt, doch ob von einem Einfluß gesprochen werden darf, ist fraglich.

Über einen nicht auszuschließenden stilistischen Einfluß der frühen Romane Hamsuns auf die expression. Prosa stehen Untersuchungen noch aus. Hans Henny Jahnn wählt für *Perrudja* (1929) — der Name der Titelfigur bedeutet im altertüml. Norwegisch „zerrütteter Per" — Menschen und Landschaft Norwegens, wo er sich von 1915-1918 aufhält; die bald exakte, bald phantastisch-manieristische Sprache zeigt eine gewisse Ähnlichkeit mit Hamsuns Erzählweise, die Jahnn sehr schätzte. Ein mehr symbolisches Element ist das Nordische in dem norweg. Bauerndrama *Armut, Reichtum, Mensch und Tier* (Entst. 1933; Erstausg. 1948), in dem Prosaepos *Fluß ohne Ufer* (1949/50 zeigt das erzählende Ich Züge des von Jahnn verehrten dän. Komponisten Carl Nielsen (1865-1931).

Erich Ruckgaber, *Das Drama August Strindbergs u. s. Einfluß auf d. dt. Drama.* (Masch.) Diss. Tübingen 1953. — Bernhard Diebold, *Anarchie im Drama* (1921). Ludwig Marcuse, *Das expressionistische Drama.* In: *Weltlit. der Gegenwart.* Hg. v. Ludw. Marcuse, Bd.: *Deutschland.* T. 2 (1924) S. 137-169. Annalisa Viviani, *Das Drama d. Expressionismus. Kommentar zu einer Epoche* (1970). — Maurice Gravier, *Strindberg et Kafka.* EtudGerm 8 (1953) S. 118-140. Max Brod, *Strindberg u. Kafka.* Meddelanden från Strindbergssälskapet, Stockholm (Januar 1949). Walter A. Berendsohn, *August Strindberg u. Franz Kafka.* DVLG. 35 (1961) S. 630-633. Friedr. Tramer, *A. Strindberg u. F. Kafka.* DVLG. 34 (1960) S. 249-256. Walter Baumgartner, *Kafkas Strindberglektüre.* Scandinavica 6 (1967) S. 95-107. Ders., *Kafka u. Strindberg.* Nerthus 2 (1969) S. 9-51. Peter A. Stenberg, *Strindberg and Hofmannsthal.* MLR 70 (1975) S. 820-829. — Otto Oberholzer, *Wandlungen d. Strindbergbildes.* Neues Winterthurer Tagblatt, 79. Jg., Nr. 144, 23. Juni 1956. — Ernst Alker, *Über den Einfluß von Übersetzungen aus d. nordischen Sprachen...*, a.a.O., S. 458. — James W. McFarlane, *The Whisper of the Blood: A Study of Knut Hamsuns early novels.* PMLA 71 (1956) S. 563-594. Reinhard H. Friedrich. *Kafka and Hamsun's 'Mysteries'.* CompLit. 28 (1976) S. 34-50. — Hans Henny Jahnn, *Ausw. aus dem Werk.* Mit e. Einl., hg. v. Walter Muschg (Olten 1959). Ders., *Werke u. Tagebücher in sieben Bänden.* Bd. 7: *Schriften, Tagebücher.* Hg. v. Thomas Freeman u. Thomas Scheuffelen (1974). Bernd Goldmann, *H. H. Jahnn, Schriftsteller, Orgelbauer. 1884-1959. Eine Ausstellung.* Katalog (1973; Akad. d. Wiss. u. Lit. Mainz) S. 33. — *Strindberg u. d. deutschen Bühnen.* Hg. v.

Drei Masken-Verlag (1915). *Max Reinhardt. Sein Theater in Bildern.* Hg. v. d. Salzburger Max-Reinhardt-Forschungsstätte (1968). Kela K v a m , *Max Reinhardt og Strindbergs visionaere dramatik* (Kopenhagen 1974; Teatervidenskabelige Studier 3). Hans-Peter B a y e r d ö r f e r , *Strindberg u. die dt. Bühnen. Anm. z. Wirkungsgeschichte s. Einakter bis 1920.* In: Bayerdörfer, *Traditionelles Kurzdrama u. moderner Einakter. Zur Entw. d. Dramatik vom 19. zum 20. Jh.* (Masch.) Habil. Schrift Tübingen 1974, S. 192/93. Fritz P a u l , *Episches Theater bei Strindberg?* GRM 55 (1974) S. 323-339. Walter A. B e r e n d s o h n , *Dt. u. schwed. Beiträge z. Gestaltung d. Strindbergbildes.* In: Berendsohn, *August Strindberg. Der Mensch u. s. Umwelt, das Werk, der schöpferische Künstler* (Amsterdam 1974; Amsterd. Publ. z. Sprache u. Lit. 4) S. 1-15). — Knut B r y n h i l d s v o l d , *Myrdun. Ernst Jüngers Briefe aus Norwegen. Kommentar og kritikk.* Edda 73 (1973) S. 229-245.

§ 28. Ein großes und nachhaltiges Echo findet in Deutschland die Erzählkunst Knut H a m s u n s (1859-1952; vgl. auch § 24), insbesondere der Roman *Segen der Erde* (1917; dt. 1918): Das zentrale Thema — der Mensch im Einklang mit der Natur, der Urkraft des Lebens — übernahmen in den 20er und 30er Jahren Autoren, sie gestalten ihre Figuren nach Hamsuns Modellen, ahmen den Stil der Übersetzung nach. Friedrich Griese, H. E. Busse, K. H. Waggerl und andere Vertreter der Heimatkunst (s. d.) stehen zeitweise im Bann der Kunst des norweg. Erzählers. Jenes in all seinen Büchern vorhandene Ressentiment gegen die großstädtische und rationalistische Welt findet sich auch bei den Autoren der sogen. „konservativen Revolution": *Das einfache Leben* (1939), ein Romantitel Ernst Wiecherts, die Romantisierung des Bauerndaseins, die Abneigung gegen den „großen Haufen" kommt einem weit verbreiteten Kulturpessimismus entgegen. Unterstützt werden derartige Tendenzen im dt. Geistesleben durch aus dem 19. Jh. überkommene Vorstellungen, die in der ersten Hälfte des 20. Jh.s wieder an Boden gewinnen. Eine german. bzw. nordische Wiedergeburt beschwört Arthur Bonus in seiner „Germanenbibel", dem *Isländerbuch* (1. Aufl. 1907), und ähnliche Ideen begegnen in Börries von Münchhausens Balladen, bei Gustav Frenssen, Adolf Bartels, Josefa Berens-Totenohl, Will Vesper, Hans Grimm oder Hans Friedrich Blunck. Diese „nordische Renaissance",

wie sie Ernst Bertram im *Nornenbuch* (1925) nennt, mag nach Ansicht mancher Autoren zu einer „völkischen Gesundung" führen. Die Hüter und Pfleger des „nordischen Gedankens" erhalten aber in der nationalsozialistischen Rassenideologie einen gefährlichen Bundesgenossen. Die „volkhafte" Dichtung und die „Blut-und-Boden"-Literatur mit betont antizivilisatorischem Affekt kann sich auf Hamsuns Prosaepos vom Oedlandbauern berufen, noch mehr aber sollte ihn seine Einstellung und Haltung zum Nationalsozialismus zu einem Kronzeugen aus dem Norden machen. Doch er bleibt allein; denn die bedeutenden Autoren Skandinaviens — Pär Lagerkvist, Eyvind Johnson, Vilhelm Moberg, H. C. Branner, Martin A. Hansen, Martin Andersen Nexø, Halldór Laxness — beziehen eine klare und unmißverständliche Haltung dem dt. Faschismus gegenüber: viele von ihnen werden von den Machthabern des „Dritten Reiches" auf die Liste der verbotenen Schriftsteller gesetzt.

Rudolf F u c h s , *Der Einfluß von Knut Hamsun auf die dt. Dichtung in Bayern.* (Masch.) Diss. Wien 1939. Ilse S c h ü l e r , *Der Einfluß Knut Hamsuns auf Karl Heinrich Waggerl.* (Masch.) Diss. Innsbruck 1951. Wilhelm F r i e s e , *Das dt. Hamsun-Bild.* Edda 65 (1965) S. 257-276. — Franz S c h ö n a u e r , *Dt. Literatur im Dritten Reich* (1961), bes. S. 77 ff. u. 82 ff. R. G e i ß l e r , *Dichter u. Dichtung d. Nationalsozialismus.* In: *Handbuch d. dt. Gegenwartsliteratur,* hg. v. H. Kunisch (1965) S. 721-730. Armin M o h l e r , *Die konservative Revolution in Deutschland 1918-1932. Ein Handbuch* (2., völlig neu bearb. u. erw. Fassung 1972). — Ernst B e r t r a m , *Nordische Renaissance.* In: Bertram, *Deutsche Gestalten* (1934) S. 168 ff. — Hans Jürgen L u t z h ö f t , *Der nord. Gedanke in Deutschland 1920-1940* (1971; Kieler Histor. Studien 14). — Wilhelm F r i e s e , *Nordische Literaturen im 20. Jh.* (1971; Kröners Taschenausg. 389).

§ 29. Den Versuch, mit Hilfe der altnord. Lit. zu einem Germanenbild zu kommen, unternehmen Vertreter der Altgermanistik, zu nennen ist hier insbesondere Andreas H e u s l e r (1865-1940). Bereits die Romantik hatte sich von dem Germanen-Kelten-Bild früherer Jh.e getrennt, nun bemüht man sich um eine genauere historische Staffelung, wobei sich das vermeintlich Urtümliche — Heroen-Götter-Sagen —, das für

Richard Wagner u. a. (vgl. § 11) entscheidendes Movens wurde, als geschichtlich sekundär zu erweisen schien. Die Vorstellung eines „klassischen" germ. Altertums, diese Formulierung findet sich bei Hermann S c h n e i d e r (1886-1961) in der Einleitung der von ihm herausgegebenen *Germanischen Altertumskunde* (1938), geht vor allem auf A. Heusler zurück. Die isländ. Familiensaga wird im Rahmen dieser Betrachtungsweise zu einer Art verspäteter Sonder-„Klassik". Nicht zu übersehen ist, daß dieses neue Bild des mal. Nordens geistesgeschichtlich u. a. bedingt ist durch Nietzsche, der für Heusler eine große Rolle spielte. Z. T. bringt das neu gewonnene Bild wirklich fundierte wissenschaftliche Einsichten darüber, wo und in wie weit die reiche mal. nord. Überlieferung Zeugnis über verlorene süd- und ostgerman. Dichtung abgeben kann, am unmittelbarsten für das Heldenlied (s. d.), nur indirekt für das Preislied (s. *Politische Dichtung*, § 8). Andererseits versperrt aber Heuslers Mißtrauen gegen den Mythos, vor allem da, wo er sich in menschliche Heldensage einmischt, den Weg für eine vergleichende nordisch-germanische Mythologie; weiterhin läßt ihn seine Beurteilung der Saga als ausschließlich mündliche Traditionskunst nicht erkennen, daß die Saga auch als ein Bestandteil der hochmittelalterlichen europäischen „Klassik" aufgefaßt werden kann, bei der Traditionsgut in den verschiedenen Volkssprachen im strengen Sinn literarisch, d. h. zum Schriftwerk, wird. Die außer-wissenschaftliche Wirkung des neuen Germanenbildes muß abgesetzt werden von der in § 28 skizzierten Heimatkunst bzw. „Blut- und-Boden"-Literatur. Sie entfaltet sich vor allem in der Erschließung des mal. Materials in zum größten Teil gut kommentierten Übersetzungen: Hauptträger wurde die Sammlung *Thule* (1912-1930). Daß ihre „Tendenz" nicht „heimatkundlich", sondern eher altertumskundlich und folkloristisch gemeint war, geht daraus hervor, daß der gleiche Verlag (Diederichs) die Märchen der Weltliteratur und die Frobenius-Reihe der afrikanischen Volksüberlieferungen betreute.

Die unmittelbare Wirkung auf moderne Lit. blieb gering. „Saga" wurde zwar — in Deutschland und außerhalb — gelegentlich zum literarischen Terminus — meist mißverstanden, da die Qualitäten des Saga-Stils kaum auf die Produkte, die sich „Saga" nannten, abfärbten. (Am ehesten noch auf Hans Grimms *Olewagen-Saga*, 1918). Die weitere Wirkung der *Thule*-Sammlung wurde dadurch abgeschnitten, daß sich der Nationalsozialismus auf seine Weise des Germanentums annahm. Was die Zukunft erwarten läßt, ist noch nicht zu sagen. Weder läßt sich die Neuausgabe der Sammlung *Thule* (1963-1967) mit neuem Einleitungsband von Hans K u h n (*Das alte Island*, 1971) hinsichtlich ihrer Wirkung beurteilen, noch ist überhaupt dieser ganze Komplex bisher literarhistorisch durchforscht.

Andreas H e u s l e r , *Die altgerm. Dichtung.* (Neubearb. u. verm. Ausg. 1941; Hb. d. Literaturwissenschaft.) Ders., *Germanentum* (1934; Kultur u. Sprache 8). Diese Sammlung von Aufsätzen enthält u. a. den Beitrag: *Die altisländische Saga u. unser dt. Prosastil*, S. 131-143. Kurt M a y , *Das Wiederaufleben der Saga in der jüngsten dt. Prosa.* VDtArtSprDchtg 4 (1941) S. 415-434 (stark vom Zeitgeist beeinflußt) — Herm. S c h n e i d e r , *German. Altertumskunde* (Verb. Nachdr. d. 1938 ersch. 1. Aufl. 1951). — Wolfgang M o h r , *Entstehungsgeschichte u. Heimat d. jüngeren Eddalieder südgerman. Stoffes.* ZfdA. 75 (1938) S. 217-280. Ders., *Wortschatz u. Motive d. jüngeren Eddalieder mit südgerman. Stoff.* ZfdA. 76 (1939) S. 149-217. — *Thule. Altnord. Dichtung u. Prosa* (1912-1930); 24 Bde. u. Einleitungsbd.: Felix N i e d n e r , *Islands Kultur zur Wikingerzeit.* — Neuausgb. mit kurzen Nachworten u. bibliogr. Hinweisen (1963-1967); Einleitungsbd.: Hans K u h n , *Das alte Island* (1971). — Klaus von S e e , *German. Verskunst* (1971; Samml. Metzler 67). Ders., *German. Heldensage. Stoffe. Probleme. Methoden. E. Einf.* (1971). Heiko U e c k e r , *German. Heldensage* (1972; Samml. Metzler 106). — *Saga.* Hg. v. Kurt S c h i e r . Von den geplanten sechs Bänden dieser Reihe, die einige der bedeutendsten Texte altnord. Prosa in neuer Übers. bringen soll, ist Bd. 2 (1974) erschienen. — Kurt S c h i e r , *Altgerman. Dichtung.* In: *Handlexikon zur Literaturwissenschaft*, hg. v. Diether Krywalski (1974) S. 29-34.

§ 30. Die nationalsoz. „Machtübernahme" beendet das Wirken des „Dichters des Proletariats", Martin A n d e r s e n N e x ø (1869-1954), in Deutschland. Der Däne, der seit Erscheinen seines ersten Buches bei dem südlichen Nachbarn zu Beginn des Jh.s viele Leser gefunden hat und der von 1923 bis 1930 in Deutschland lebt, ist unter den Arbeitern bekannter als viele seiner zeitgenössischen dt. Autoren. Ein Großteil seiner Werke wird in den sozialistischen Zeitungen der dt.-sprachigen Länder gebracht, *Pelle der Eroberer* (1906-1910; dt. 1912) wird als „Proletarier-Bibel" bezeichnet. Seine Romane und Erzählungen werden vom Publikum nicht als Übersetzungen empfunden, manch einem proletarischen Autor haben sie als Muster gedient. Thematisch und stilistisch stehen Willi Bredels Trilogie *Verwandte und Bekannte* (1943-1953) und Hans Marchwitzas *Die Kumiaks* (1934) in seiner Schuld, beide halten sich in ihren in einer einfachen Sprache geschriebenen Werken an die Schreibweise des sozialistischen Realismus, die sie z. T. bei Andersen Nexø vorfinden. Nach 1945 nimmt sich die DDR seines Werkes an: die Auflage steigt auf weit über 1½ Millionen Exemplare bis in die Mitte der 60er Jahre. 1951 nimmt er seinen Wohnsitz in Dresden, dort stirbt er auch. Für ihn, wie für viele sk. Autoren gilt sein Wort, daß Deutschland „uns in nicht geringem Umfang in die Welt hineingetragen" hat.

Walter A. B e r e n d s o h n, *Martin Andersen Nexøs Weg in d. Weltliteratur* (1949), bes. Kap. V. *Die Aufnahme im Mittterland Deutschland*. Über Andersen Nexøs Einfluß auf die dt. Lit. — seit Berendsohn behauptet und ganz gewiß vorhanden — gibt es keine größere wiss. Untersuchung. — Leopold M a g o n, *Wegbereiter nord. Dichtung in Deutschland*, a.a.O., S. 249. Børge H o u - m a n, *Martin Andersen Nexø u. s. Verhältnis zu Deutschland*. Wiss. Zs. d. Ernst-Moritz-Arndt-Univ. Greifswald, Ges.- u. sprachwiss. Reihe 15 (1966) Nr. 1, S. 43-51. Erika K o s m a l l a, *Probleme des Übergangs vom kritischen zum sozialistischen Realismus im Schaffen Martin Andersen Nexøs*. (Masch.) Diss. Greifswald 1965.

§ 31. Einige Partien von Andersen Nexøs *Erinnerungen* (1932-1939; dt. 1946-1948) übersetzt Bertolt B r e c h t mit M. Steffin während seiner dän. Exiljahre. Brecht kann nicht viel Dänisch und interessiert sich auch nicht für die dän. Lit., außer Nexø übersetzt er gemeinsam mit M. Steffin Hans Kirks (1898-1962) Kollektivroman *Die Fischer* (1928; dt. 1969), in Hollywood schreibt er ein Filmbuch nach J. P. Jacobsens Roman *Frau Marie Grubbe* für Greta Garbo. Sk. Eindrücke verarbeitet er in mehreren Werken; literar. Einfluß

zeigt neben *Mutter Courage und ihre Kinder* (1939), in der die Titelfigur Züge von Lotta Svärd, einer Marketenderin aus Johan Ludvig Runebergs (1804-1877) Gedichtszyklus *Fänrik Ståls sägner* (II, 1848/60), aufweist, vor allem das Stück *Die Tage der Commune* (1957), das Brecht als „eine Art Gegenentwurf" zu dem Schauspiel *Die Niederlage* (1936; dt. 1947) des Norwegers Nordahl Grieg (1902-1943) geschrieben hat.

Stärker hat die sk. Lit., genauer die schwed. Sprache und Lit., Nelly S a c h s beeinflußt. Nach ihrer Ausreise im Jahr 1940 (vgl. § 23) erlernt sie im Alter von fünfzig Jahren die schwed. Sprache und überträgt zeitgen. schwed. Lyrik. Durch die intensive Beschäftigung mit den Werken von Edith Södergran (1892-1923), Gunnar Ekelöf (1907-1968), Erik Lindegren (1910-1968), Karl Vennberg (geb. 1910) und Johannes Edfelt (geb. 1904) — mit einigen von ihnen ist sie später freundschaftlich verbunden — empfängt sie für ihre eigene nach der Jh.mitte erscheinende Dichtung starke Impulse.

Ein nicht gering zu schätzender Beitrag für die dt. Lit., wenn auch nicht im Sinne eines literar. Einflusses, bildet die 1938 in Stockholm mit Hilfe des schwed. Verlagshauses Albert Bonnier erfolgte Errichtung des Bermann-Fischer Verlages, der bei Kriegsende wohl bedeutendste unter den Verlagen, in denen dt. Exil.-Lit. herausgegeben wurde (s. *Emigrantenlit.*). Nicht zu vergessen ist in diesem Zusammenhang Max Tau, der 1938 nach Norwegen emigriert und 1940 vor den heranrückenden Deutschen nach Schweden flieht. Als Cheflektor eines norweg. Verlages war er ein bedeutsamer Mittler zwischen Norwegen und Deutschland: ein Wegbereiter für S. Undset, O. Duun, T. Vesaas u. a. Autoren.

Zu den dt.-skandinav. Beziehungen während dieser Jahre vgl. *Deutschland und der Norden 1933-1915* (1962; Sonderdruck aus d. Internat. Jb. für Geschichtsunterricht 1961/62). Harald E n g b e r g, *Brecht på Fyn*. 2 Bde. (Odense 1966). Dt. Ausg. (1974). Reinhold G r i m m, *Bertolt Brecht* (3. Aufl. 1971; Slg. Metzler 4). Vgl. Angaben unter den entsprechenden Stichwörtern. Jan O l s - s o n, *Kontakte Brechts mit schwed. Theatergruppen*. Nerthus 3 (1972) S. 229-234. — Peter H a m m, *Auf der Flucht — allein mit der Sprache. Nelly Sachs als Übersetzerin schwed. Lyrik*. In: *Nelly Sachs zu Ehren*

(1961) S. 77-84. Bengt H o l m q v i s t , *Die Sprache der Sehnsucht.* In: *Das Buch der Nelly Sachs,* hg. v. Bengt Holmqvist (1968) S. 7-70. Hellmut G e i ß n e r , *Nelly Sachs.* In: *Dt. Lit. seit 1945 in Einzeldarstellungen,* hg. v. Dietrich W e b e r (1968; Kröners Taschenausg. 382) S. 15-36. — Peter de M e n d e l s s o h n , *S. Fischer u. s. Verlag,* a.a.O., S. 1325 ff. Gottfried B e r m a n n F i s c h e r , *Bedroht, bewahrt. Weg e. Verlegers* (1967). Helmut M ü s s e n e r , *Die dt.sprachige Emigration in Schweden nach 1933, ihre Geschichte u. kulturelle Leistung.* Diss. Stockholm 1971. Ders., *Von Bert Brecht bis Peter Weiss. Die kulturelle dt.sprachige Emigration nach Schweden, 1933-1945* (Saltsjö-Duvnäs 1971; Language Monographs 12). Ders., *Die Exilsituation in Skandinavien.* In: *Die dt. Exilliteratur 1933-1945,* hg. v. Manfred Durzak (1973) S. 115-134. Ders., *Exil in Schweden. Polit. u. kulturelle Emigration nach 1933* (1974). Max T a u , *Ein Flüchtling findet sein Land* (1964).

§ 32. Nach dem Ende des 2. Weltkrieges leben die literar. Beziehungen zwischen Sk. und Deutschland allmählich wieder auf. Bücher aus dem Norden (u. a. von Pär Lagerkvist [1891-1974], Eyvind Johnson [1900-1976] und Halldór Laxness [geb. 1902]) werden übersetzt und finden ihr Publikum, wenn auch in geringerem Umfang als zu Beginn des Jh.s. Die Teilung Deutschlands bringt verschiedenartige Rezeption der sk. Lit. mit sich: Neben der „klassischen" Dichtung, die in beiden Teilen erscheint, widmen sich die Verleger der Bundesrepublik Deutschland und die der Schweiz vorzugsweise der sog. „modernistischen" Gegenwartsdichtung, während in der DDR die realistisch-gesellschaftskritische Lit. von den Verlagen bevorzugt wird. Nicht unerwähnt bleiben darf hier der beträchtliche Publikumserfolg einiger sk. Werke, die ein aus dem 19. Jh. überkommenes Idealbild vom „Norden" und „nordischen" Menschen tradieren; so z. B. Tryggve Gulbranssens Bauernromane *Und ewig singen die Wälder* (1933; dt. 1936) und *Das Erbe von Björndal* (1934/35; dt. 1936) oder die heiter-iron. Beschreibung der Welt der Wikinger in Frans G. Bengtssons *Die Abenteuer des Röde Orm* (1941/45; dt. 1951): Die nord.-german. Welt ist Gegenstand der Unterhaltungs- und Trivialliteratur geworden.

Von einem Einfluß, wenn auch geringen, darf wohl erst wieder in den 60er Jahren gesprochen werden; denn Heinrich Bölls Äußerung über eine möglicherweise vorhandene Beeinflussung durch die realistische Schreibweise Sigrid Undsets (1882-1949) — die Nobelpreisträgerin von 1928 wurde in kathol. Kreisen Deutschlands gern und viel gelesen — bedürfen einer Prüfung, und Max Frischs Kierkegaard-Reminiszenzen (vgl. § 26) sind doch mehr als ein Resultat der existenzialistischen Welle der Nachkriegsjahre zu sehen. Eine tragikomische-groteske Adaption von A. Strindbergs Drama *Dödsdansen* (1901; *Totentanz,* 1904) bildet Friedrich Dürrenmatts *Play Strindberg* (1969), und Tankred Dorsts (geb. 1925) Stück *Eiszeit* (1973), das an Knut Hamsuns letzte Erzählung *Auf überwachsenen Pfaden* (1949; dt. 1950) denken läßt, scheint ein Nachklang der einstigen dt. Begeisterung für den norweg. Erzähler (s. § 24 u. 28), wenn auch wohl unbeabsichtigt, zu sein.

Von gewisser Bedeutung für die sog. „dokumentarische" Lit. wird die schwed. Prosa der 60er Jahre. Werke von Per Olof Sundman (geb. 1922), Per Olov Enquist (geb. 1934) oder Sara Lidman (geb. 1923), die zwischen protokollarischer Feststellbarkeit und ideologischer Prämissenlit. liegen, mögen Autoren wie Günter Wallraff, Erika Runge und andere der Dortmunder „gruppe 61" zu ihren Reportagen und dokumentarischen Protokollen aus der industriellen Arbeitswelt inspiriert haben. Nicht zu übersehen ist auch das beträchtliche Echo der Kinderbücher Astrid Lindgrens (geb. 1907). Berührungspunkte zeigen sich zwischen einigen Autoren (z. B. H. M. Enzensberger und Lars Gustafsson) der jüngsten schwed. und dt. Lit., die nach der gesellschaftlichen Funktion und politischen Wirkungskraft der Lit. im herkömmlichen Sinn fragen: Peter Weiss, der 1939 nach Schweden emigriert und seine ersten Arbeiten in schwed. Sprache veröffentlicht, ist ganz gewiß nicht unbeträchtlich durch die Lit. und Kultur Schwedens beeinflußt worden.

Leopold M a g o n , *Wegbereiter nord. Dichtung in Deutschland,* a.a.O., S. 248 ff. Heinrich J e s s e n , *Kritische Betrachtungen zu den Übersetzungen aus dem Norden.* Ausblick 17 (1966), S. 57-64. Ders., *Noch einmal: Wie steht es mit der Übersetzungsliteratur?* Ausblick 20 (1969) S. 5-8. Hanns G r ö s s e l , *Die nördliche Grenze. Zur Re-*

zeption skandinavischer Literatur in Deutschland nach 1945. NRs. 84 (1973) S. 126-133. — Otto O b e r h o l z e r, *Skandinaviens Lyrik in d. dt.sprachigen Ländern des Westens.* In: *Skandinavische Lyrik der Gegenwart. 9. Studienkonferenz der IASS, Kiel 16.-22. Juli 1972. Referate u. Berichte.* Hg. v. O. Oberholzer (1973) S. 58-66. — Horst B i e n, *Norsk litteratur i DDR.* Norsk litterær Årbok 1970, S. 158-169. Artur B e t h k e, *Edition u. Erforschung moderner nord. Romane in der DDR.* In: *Den moderna roman og romanforskning i Norden* (Oslo 1971) S. 197-204. — Wilhelm F r i e s e, *Das Bild d. Wikingers im modernen sk. Roman.* Scandinavica 9 (1970) S. 24-33. Rev. u. erw. Fassung: *Die Darstellung d. Wikingers in der modernen Erzählkunst des Nordens.* 'Getempert

und gemischet' für Wolfgang Mohr zum 65. Geb. von s. Tübinger Schülern, hg. v. Franz Hundsnurscher u. Ulrich Müller (1972; Göppinger Arbeiten z. Germanistik 65) S. 377-395. — Matthías J o h a n n e s s e n, *Med rætur í íslenzkum jarðvegi.* Lesbók Morgunblaðsins, Reykjavík 21.1.1973, S. 20. — Egon E. D a h i n t e n, *stockholmer katalog der dortmunder gruppe 61* (Stockholm 1970). Am Dt. Inst. d. Univ. Stockholm sind unter Gustav K o r l é n einige (maschinenschriftl.) Abhandlungen zur dt. Rezeption moderner schwedischer Lit. entstanden. Markus P r i t z - k e r, *Strindberg u. Dürrenmatt.* In: Studien zur dän. u. schwed. Lit. d. 19. Jh.s (1976; Beiträge zur nord. Philologie 4) S. 241-255.

Wilhelm Friese

Nach 23jähriger Herausgeberschaft haben die bisherigen Editoren, Werner Kohlschmidt und Wolfgang Mohr, beide nun im Ruhestand, den begreiflichen Wunsch, das Reallexikon jüngeren Händen zu übergeben.

Sie freuen sich zusammen mit dem Verlag, daß die nicht leichte Aufgabe von Achim Masser (für die Altgermanistik) und Klaus Kanzog (für die neuere Zeit) bereitwillig übernommen wird. Die Kontinuität wird auch durch die Person von Herrn Kanzog gewährleistet, der bereits von Anfang an die Redaktion besorgte.

Das Reallexikon wird also ab Band IV unter folgendem Titel erscheinen:

Reallexikon der deutschen Literaturgeschichte
begründet von Paul Merker und Wolfgang Stammler

Zweite Auflage

Band 1—3

Herausgegeben von
Werner Kohlschmidt und Wolfgang Mohr

Band 4

Herausgegeben von
Klaus Kanzog und Achim Masser